LARO

CONCISE
FRENCH ENGLISH
ENGLISH FRENCH
DICTIONARY

ISBN 978-2-03-540160-1
Larousse, Paris

ISBN 978-2-03-541012-2 (hardcover edition)
ISBN 978-2-03-541011-5 (paperback edition)

Diffusion/Sales : Houghton Mifflin Company, Boston
Library of Congress CIP Data has been applied for

Imprimé en Juin 2010 chez Rotolito Lombarda (Italia)

LAROUSSE

DICTIONNAIRE COMPACT

FRANÇAIS ANGLAIS

ANGLAIS FRANÇAIS

Troisième Édition / *Third Edition*

Coordination éditoriale / *Coordinating Editor*
Marc Chabrier

Secrétariat d'édition / *Copy preparation*
Anne-Claire Brabant, Christy Johnson, Michèle Savath

Consultant américain / *American consultant*
Peter Weisman

Protocole typographique / *Layout*
Sophie Compagne

Composition / *Typesetter*
APS - Chromostyle

Deuxième Édition / *Second Edition*

Direction / *General Editor*
Valérie Katzaros

Rédaction / *Editors*
Frances Illingworth, Marie Ollivier, Paloma Cabot,
Peggy Loison

Première Édition / *First Edition*

Direction de l'ouvrage / *General Editor*
Catherine Love

Coordination éditoriale / *Coordinating Editors*
Wendy Lee, Patrick White, Catherine Julia

Rédaction / *Editors*
Véronique Athukorala, Jean Bertrand, Charlotte Boynton, Callum Brines,
Harry Campbell, Liliane Charrier, Sabine Citron, Carole Coen, Huw Davies,
Valérie Dupin, Françoise Fauchet, Karen George, Jane Goldie, Carine Lipski,
Florence Millar, Sara Montgomery, Margaret Ross, Calum Short, Donald Watt

SOMMAIRE

Au lecteur	IX
Liste des abréviations	XI-XIII
Liste des domaines	XIV-XV
Phonétique	XVI-XVII
Liste des encadrés culturels	XIX
Comment utiliser le dictionnaire	XX-XXIII
How to use the dictionary	XXIV-XXVII
Dictionnaire Français-Anglais	
Guide pratique	
Dictionnaire Anglais-Français	
Conjugaisons des verbes français	
Verbes irréguliers anglais	

CONTENTS

To our readers	IX
Abbreviations	XI-XIII
Field labels	XIV-XV
Phonetics	XXVI-XVII
List of cultural boxes	XIX
Comment utiliser le dictionnaire	XX-XXIII
How to use the dictionary	XXIV-XXVII
French-English Dictionary	
Central part on numerals, weights and measures, time and the date	
English-French Dictionary	
French verbs	
English irregular verbs	

AU LECTEUR

La gamme COMPACT offre l'outil de travail idéal pour un large éventail de situations, allant du travail scolaire ou en auto-apprentissage au contexte quotidien du bureau.

Le COMPACT français/anglais vise à répondre rapidement et efficacement au plus grand nombre des questions posées par la lecture de l'anglais d'aujourd'hui et par la rédaction de travaux, de lettres, de rapports en anglais.

Avec plus de 100 000 mots et expressions éclairés par plus de 130 000 traductions, ce dictionnaire permet de pleinement apprécier textes littéraires et documents, de mieux comprendre la presse quotidienne ou hebdomadaire, de déchiffrer prospectus et notices, de faire une traduction rapide ou une synthèse. De nombreux sigles et noms propres, les termes les plus courants des affaires et de l'informatique, en font une référence particulièrement actuelle. Par le traitement clair et détaillé du vocabulaire fondamental, les exemples de constructions grammaticales, les tournures idiomatiques, les indications de sens soulignant la ou les traductions appropriées, il permet de rédiger dans la langue étrangère sans risque de contresens et sans hésitation. Par ailleurs, un traitement spécifique des variantes de l'anglais a permis de distinguer systématiquement l'anglais britannique de l'anglais américain.

Une présentation et une typographie très étudiées concourent à rendre plus aisée la consultation. Pour l'usager qui n'est plus un vrai débutant sans prétendre être un spécialiste, le COMPACT est l'ouvrage de référence pour parfaire son anglais.

N'hésitez pas à nous faire part de vos observations, questions ou critiques éventuelles ; vous contribuerez ainsi à rendre cet ouvrage encore meilleur.

L'Éditeur

TO OUR READERS

The Larousse CONCISE dictionary is the perfect companion for a wide variety of situations, from language learning at school and at home to everyday use in the office.

This French dictionary is designed to provide fast and efficient solutions to the various problems encountered when reading present-day French. It will also be an invaluable aid in preparing written work of all kinds, from schoolwork to letters and reports.

The CONCISE has over 100,000 references and 130,000 translations. It enables the user to read and enjoy a wide range of fiction and journalism, to understand trade literature, brochures and manuals, and to summarize and translate from French quickly and accurately. This entirely new dictionary also features up-to-date coverage of common abbreviations and acronyms, proper names, business terms and computing vocabulary.

Writing French accurately and confidently is no longer a problem thanks to the CONCISE 's detailed coverage of essential vocabulary, and helpful sense-markers which guide the user to the most appropriate translation.

Careful thought has gone into the presentation of the entries, both in terms of layout and typography. For the user who has moved beyond beginners' level but is not intending to pursue French at an academic level, the CONCISE is the ideal reference work.

Send us your comments or queries – you will be helping us to make this dictionary an even better book in future.

The Publisher

ABBREVIATIONS

ABRÉVIATIONS

Grammatical, register and regional labels		**Étiquettes grammaticales, stylistiques et dialectales**
abbreviation	*abbr / abr*	abréviation
adjective	*adj*	adjectif
adverb	*adv*	adverbe
slang	*arg*	argot
article	*art*	article
Australian English	*Australia*	anglais australien
auxiliary	*aux*	auxiliaire
before noun	*avant n*	avant le nom
indicates that the translation is always used attributively, i.e. directly before the noun which it modifies		appliqué à la traduction d'un adjectif français, indique l'emploi d'un nom anglais avec valeur d'adjectif ; souligne aussi les cas où la traduction d'un adjectif est nécessairement antéposée
Belgian French	*Belgique*	belgicisme
Canadian English	*Can*	canadianisme
compound	*comp*	nom anglais utilisé en apposition
a noun used to modify another noun, e.g. **gardening** in **gardening book** or **airforce** in **airforce base**		nom anglais utilisé en apposition par exemple **gardening** dans **gardening book** ou **airforce** dans **airforce base**
comparative	*compar*	comparatif
conjunction	*conj*	conjonction
continuous	*cont*	progressif
definite	*def / déf*	défini
demonstrative	*dem / dém*	démonstratif
especially	*esp*	particulièrement
exclamation	*excl*	interjection
feminine	*f*	féminin
informal	*fam*	familier
figurative	*fig*	figuré
formal	*fml*	soutenu
generally, in most cases	*gen / gén*	généralement
identifies the most common translation of a word		indique la traduction la plus courante d'un mot
humorous	*hum*	humoristique
indefinite	*indef / indéf*	indéfini
informal	*inf*	familier
infinitive	*infin*	infinitif
inseparable	*insep*	non séparable
shows that a phrasal verb is inseparable, e.g. **look after** where the object cannot come between the verb and the particle, e.g. **I looked after him** but not **I looked him after**		indique qu'un verbe anglais à particule (« phrasal verb ») ne peut pas être séparé de sa particule, c'est-à-dire qu'un complément d'objet ne peut être inséré entre les deux, par exempleI **looked after him** (et non **I looked him after**)
exclamation	*interj*	interjection
interrogative	*interr*	interrogatif

invariable applied to a noun to indicate that the plural and singular forms are the same, e.g. **garde-boue** *m inv* : **les garde-boue, sheep** *pl inv* : **four sheep** ; applied to a French adjective to indicate that feminine and plural forms same as masculine, e.g. **vieux jeu** *inv* : **ils sont/elle est vieux jeu**	*inv*	invariable avec un nom, signifie que la forme du pluriel est identique à la forme du singulier, par exemple **garde-boue** *m inv* : **les garde-boue, sheep** *pl inv* : **four sheep** ; avec un adjectif, signifie que la forme du féminin et celle du pluriel sont identiques à la forme du masculin, par exemple **vieux jeu** *inv* : **ils sont/elle est vieux jeu**
ironic	*iro / iron*	ironique
literal in conjunction with *fig*, shows that both a literal and figurative sense is being covered by the same translation	*lit / litt*	littéral conjointement à l'étiquette *fig*, indique que la traduction donnée couvre à la fois le sens littéral et le sens figuré
phrase(s)	*loc*	locution(s)
adjectival phrase	*loc adj*	locution adjectivale
adverbial phrase	*loc adv*	locution adverbiale
conjunctival phrase	*loc conj*	locution conjonctive
prepositional phrase adjectives, adverbs, conjunctions and prepositions consisting of more than one word, e.g. **d'affilée, par dépit, en dépit de, bien que**	*loc prép*	locution prépositionnelle adjectifs, adverbes, conjonctions et prépositions composés de plusieurs mots, par exemple **d'affilée, par dépit, en dépit de, bien que**
noun	*n*	nom
feminine noun	*nf*	nom féminin
masculine noun	*nm*	nom masculin
masculine or feminine noun depending on gender, e.g. **dentiste** *nmf* where you would say **un dentiste** or **le dentiste** for a man and **une dentiste** or **la dentiste** for a woman	*nmf*	nom masculin ou féminin **dentiste** *nmf* pouvant être **un dentiste** ou **une dentiste**, selon le sexe
numeral	*num*	numéral
masculine	*m*	masculin
oneself	*o.s.*	
pejorative implies disapproval, e.g. **bimbo, catty, macho**	*pej / péj*	péjoratif implique une nuance dépréciative, par exemple **accoutré**
personal	*pers*	personnel
phrase(s)	*phr*	locution(s)
plural	*pl*	pluriel
possessive	*poss*	possessif
past participle	*pp*	participe passé
present participle	*ppr*	participe présent
preposition	*prep / prép*	préposition
pronoun	*pron*	pronom
past tense	*pt*	passé
	qqch	quelque chose
	qqn	quelqu'un
Canadian French	*Québec*	Québecisme
registered trademark words considered to be trademarks have been designated in this dictionary by the symbol ®. However, neither the presence nor the absence of such designation should be regarded as affecting the legal status of any trademark.	®	nom déposé les noms de marque sont désignés dans ce dictionnaire par le symbole ®. Néanmoins, ni ce symbole ni son absence éventuelle ne peuvent être considérés comme susceptibles d'avoir une incidence quelconque sur le statut légal d'une marque.

relative	*rel*	relatif
someone, somebody	*sb*	
Scottish English	*Scotland*	anglais écossais
separable shows that a phrasal verb is separable, e.g. **let in, help out** where the object can come between the verb and the particle, **I let her in, he helped me out**	*sep*	séparable indique qu'un verbe anglais à particule (« phrasal verb ») peut être séparé de sa particule, c'est-à-dire qu'un complément d'objet peut être inséré entre les deux, par exemple **I let her in, I helped him out**
singular	*sg*	singulier
slang	*sl*	argot
formal	*sout*	soutenu
something	*sthg*	
subject	*subj / suj*	sujet
Swiss French	*Suisse*	helvétisme
superlative	*superl*	superlatif
very informal	*tfam*	très familier
uncountable noun i.e. an English noun which is never used in the plural or with "a"; used when the French word is or can be a plural, e.g. **applause** *n (U)* applaudissements *mpl*, **battement** *nm* beat, beating *(U)*	*U*	substantif non comptable désigne en anglais les noms qui ne sont jamais utilisés au pluriel, lorsque le terme français est un pluriel ou peut être mis au pluriel, par exemple **applause** *n (U)* applaudissements *mpl*, **battement** *nm* beat, beating *(U)*
British English	*UK*	anglais britannique
American English	*US*	anglais américain
usually	*usu*	habituellement
link verb followed by a predicative adjective or noun	*v attr*	verbe suivi d'un attribut
verb	*vb / v*	verbe
intransitive verb	*vi*	verbe intransitif
impersonal verb (always used with the subject "it")	*v impers*	verbe impersonnel
very informal	*v inf*	très familier
pronominal verb	*vp*	verbe pronominal
transitive verb	*vt*	verbe transitif
vulgar, offensive	*vulg*	vulgaire, susceptible de choquer
cultural equivalent	~	équivalence culturelle
introduces a new part of speech within an entry	◇	introduit une nouvelle catégorie grammaticale dans une entrée
introduces a sub-entry, such as a plural form with its own specific meaning or a set phrase containing the headword (e.g. a phrasal verb or adverbial phrase)	◆	introduit une sous-entrée, par exemple une forme plurielle ayant un sens propre, une locution adjectivale ou adverbiale, un verbe pronominal, etc.

FIELDS LABELS		DOMAINES
administration, administrative	ADMIN	administration
aeronautics, aviation	AERON / AÉRON	aéronautique
agriculture, farming	AGR(IC)	agriculture
anatomy	ANAT	anatomie
archaeology	ARCHAEOL / ARCHÉOL	archéologie
architecture	ARCHIT	architecture
astrology	ASTROL	astrologie
astronomy	ASTRON	astronomie
automobile, cars	AUT(OM)	automobile
biology	BIOL	biologie
botany	BOT	botanique
chemistry	CHEM / CHIM	chimie
cinema, film-making	CIN(EMA)	cinéma
commerce, business	COMM	commerce
computers, computer science	COMPUT	informatique
construction,	CONSTR	construction
sewing	COUT	couture
culinary, cooking	CULIN	cuisine, art culinaire
juridical, legal	DR	juridique
ecology	ÉCOL	écologie
economics	ECON / ÉCON	économie
electricity	ELEC / ÉLECTR	électricité
electronics	ELECTRON / ÉLECTRON	électronique
finance, financial	FIN	finances
soccer	FTBL	football
geography, geographical	GEOGR / GÉOGR	géographie
geology, geological	GEOL / GÉOL	géologie
geometry	GEOM / GÉOM	géométrie
grammar	GRAM(M)	grammaire
history	HIST	histoire

FIELDS LABELS		DOMAINES
industry	IND	industrie
computers, computer science	INFORM	informatique
linguistics	LING	linguistique
mathematics	MATH(S)	mathématiques
medicine	MED / MÉD	médecine
weather, meteorology	METEOR / MÉTÉOR	météorologie
military, armaments	MIL	domaine militaire
music	MUS	musique
mythology	MYTH	mythologie
nautical, maritime	NAUT	navigation
pharmacology, pharmaceutics	PHARM	pharmacologie
philosophy	PHILO	philosophie
photography	PHOT	photographie
physics	PHYS	physique
politics	POL(IT)	politique
psychology, psychiatry	PSYCH(OL)	psychologie
railways	RAIL	rail
religion	RELIG	religion
school	SCH / SCOL	domaine scolaire, éducation
sociology	SOCIOL	sociologie
stock exchange	ST EX	Bourse
technology, technical	TECH(NOL)	technique, technologie
telecommunications	TELEC / TÉLÉCOM	télécommunications
television	TV / TÉLÉ	télévision
printing, typography	TYPO	typographie
university	UNIV	université
veterinary science	VETER	médecine vétérinaire
zoology	ZOOL	zoologie

PHONETIC TRANSCRIPTION

TRANSCRIPTION PHONÉTIQUE

English vowels

[ɪ]	pit, big, rid
[e]	pet, tend
[æ]	pat, bag, mad
[ʌ]	putt, cut
[ɒ]	pot, log
[ʊ]	put, full
[ə]	mother, suppose
[iː]	bean, weed
[ɑː]	barn, car, laugh
[ɔː]	born, lawn
[uː]	loop, loose
[ɜː]	burn, learn, bird

Voyelles françaises

[i]	fille, île
[e]	pays, année
[ɛ]	bec, aime
[a]	lac, papillon
[o]	drôle, aube
[ɔ]	botte, automne
[u]	outil, goût
[y]	usage, lune
[ø]	aveu, jeu
[œ]	peuple, bœuf
[ə]	le, je

English Diphtongs

[eɪ]	bay, late, great
[aɪ]	buy, light, aisle
[ɔɪ]	boy , foil
[əʊ]	no, road, blow
[aʊ]	now, shout, town
[ɪə]	peer, fierce, idea
[eə]	pair, bear, share
[ʊə]	poor, sure, tour

Nasales françaises

[ɛ̃]	timbre, main
[ɑ̃]	champ, ennui
[ɔ̃]	ongle, mon
[œ̃]	parfum, brun

Semi-vowels / Semi-voyelles

Semi-vowels		Semi-voyelles
you, spaniel	[j]	yeux, lieu
wet, why, twin	[w]	ouest, oui
	[ɥ]	lui, nuit

Consonants / Consonnes

Consonants		Consonnes
pop, people	[p]	prendre, grippe
bottle, bib	[b]	bateau, rosbif
train, tip	[t]	théâtre, temps
dog, did	[d]	dalle, ronde
come, kitchen	[k]	coq, quatre
loch	[x]	
gag, great	[g]	garder, épilogue
chain, wretched	[tʃ]	
jig, fridge	[dʒ]	
fib, physical	[f]	physique, fort
vine, livid	[v]	voir, rive
think, fifth	[θ]	

PHONETIC TRANSCRIPTION

TRANSCRIPTION PHONÉTIQUE

this, with	[ð]	
seal, peace	[s]	cela, savant
zip, his	[z]	fraise, zéro
sheep, machine	[ʃ]	charrue, schéma
usual, measure	[ʒ]	rouge, jabot
how, perhaps	[h]	
metal, comb	[m]	mât, drame
night, dinner	[n]	nager, trône
sung, parking	[ŋ]	dancing, smoking
	[ɲ]	agneau, peigner
little, help	[l]	halle, lit
right, carry	[r]	arracher, sabre

The symbol ['] has been used to represent the French "h aspiré", e.g. hachis ['aʃi].

Le symbole ['] représente le « h aspiré » français, p. ex. hachis ['aʃi].

The symbol [ˈ] indicates that the following syllable carries primary stress and the symbol [ˌ] that the following syllable carries secondary stress.

Les symboles [ˈ] et [ˌ] indiquent respectivement un accent primaire et un accent secondaire sur la syllabe suivante.

The symbol [ʳ] in English phonetics indicates that the final "r" is pronounced only when followed by a word beginning with a vowel. Note that it is nearly always pronounced in American English.

Le symbole [ʳ] indique que le « r » final d'un mot anglais ne se prononce que lorsqu'il forme une liaison avec la voyelle du mot suivant ; le « r » final est presque toujours prononcé en anglais américain.

A phonetic transcription has been given where appropriate after every French headword (the main word which starts an entry). All one-word English headwords similarly have phonetics. For English compound headwords, whether hyphenated or of two or more words, phonetics are given for any element which does not appear elsewhere in the dictionary as a headword in its own right.

Une transcription phonétique – quand elle a été jugée nécessaire – suit chaque libellé (terme-vedette de l'entrée) français, ainsi que chaque libellé anglais écrit en un seul mot. Pour les mots composés anglais (avec ou sans trait d'union, et composés de deux éléments ou plus), la phonétique est présente pour ceux des éléments qui n'apparaissent pas dans le dictionnaire en tant que libellés à part entière.

A NOTE ON FRENCH VERBS

French verbs have a number (from [1] to [116]) which refers to the conjugation table given at the back of the dictionary. This number is not repeated for reflexive verbs when these are sub-entries.

VERBES FRANÇAIS

Les verbes français comportent une numérotation (de [1] à [116]) qui renvoie aux conjugaisons fournies en fin d'ouvrage. Ce chiffre n'est pas répété après les verbes pronominaux lorsqu'ils apparaissent comme sous-libellés.

A NOTE ON FRENCH COMPOUNDS

A compound is a word or expression which has a single meaning but is made up of more than one word, e.g. **point of order**, **kiss of life**, **virtual reality**, **World Series** and **International Monetary Fund**. It is a feature of this dictionary that English compounds appear in the A-Z list in strict alphabetical order. The compound **blood pressure** will therefore come after **bloodless** which itself follows **blood group**.

MOTS COMPOSÉS ANGLAIS

On désigne par composés des entités lexicales ayant un sens autonome mais qui sont composées de plus d'un mot. Nous avons pris le parti de faire figurer les composés anglais dans l'ordre alphabétique général. Le composé **blood pressure** est ainsi présenté après **bloodless**, qui suit **blood group**.

LISTE DES ENCADRÉS CULTURELS FRANÇAIS
LIST OF FRENCH CULTURAL BOXES

L'Académie française
Arrondissements
L'Assemblée nationale
Audimat
Le festival d'Avignon
Bac +
Baccalauréat
Bastille
Beaubourg
Bibliothèque nationale de France
Bizutage
Café
Canal+
Le festival de Cannes
Les Césars
Charges
Chrysanthème
Classes préparatoires
Coefficient
Cohabitation
Collège
Le Collège de France
La Comédie-Française
Comité d'entreprise
Le coq gaulois
Département
DEUG, DEUST
DOM-TOM
Grande école
L'Élysée
Fête
Fête de la musique
Francophonie
L'Institut de France
Le journal officiel
La fête du 14 Juillet
Le Louvre
Lycée
Mai 68
Marianne
Matignon
Médecins sans frontières
Muguet
Pâques
Paris
L'Institut Pasteur
Poisson d'avril
Quai
Le quartier Latin
Le Québec
Régions
La rentrée
La révolution française
Rive droite, rive gauche
Tirer les rois
Rose
RTT
Sécurité sociale
Le seizième
Le Sénat
TGV
Le Tour de France
La Toussaint
Verlan
Vouvoiement

LIST OF ENGLISH CULTURAL BOXES
LISTE DES ENCADRÉS CULTURELS ANGLAIS

The Albert Hall
A level
April Fools' Day
best man
Bill of Rights
Bingo
Booker Prize
British Council
British Library
Broadsheet
Building society
Caucus
The Church of England
The City
The Commonwealth
Congress
Constitution
Continental breakfast
Covent Garden
Devolution
Downing Street
Edinburgh Festival
Emblems
English breakfast
Fete
Fleet Street
Grammar school
Great Britain
Ground Zero
Guy Fawkes' Night
Hallowe'en
Highland Games
House of Commons
House of Lords
House of Representatives
ice cream truck/van
L
Licensing hours
mid-term elections
Pantomime
Pentagon
Politically correct
Poppy Day
Primaries
Privy Council
Pub
Public school
Pulitzer Prize
Saint Patrick's Day
The Scottish Parliament
Senate
Sponsored walk
The Stars and Stripes
Sunday paper
The Super Bowl
The Supreme Court
Tabloid
Thanksgiving
The Union Jack
Wall Street
The Welsh Assembly
Westminster
Whitehall
Yellow lines

COMMENT UTILISER LE DICTIONNAIRE

I. Comment trouver le mot ou l'expression que l'on recherche

Il faut d'abord se poser plusieurs questions :
S'agit-il d'un mot isolé, d'un mot à trait d'union ou d'une abréviation ?
S'agit-il d'un nom composé ?
S'agit-il d'une expression ou d'une locution ?
S'agit-il d'un verbe pronominal ?
S'agit-il d'un verbe à particules anglais ?
S'agit-il d'une forme irrégulière ?

Mots isolés, mots à trait d'union et abréviations

En règle générale, on trouve le mot recherché à la place qui lui correspond dans l'ordre alphabétique.

Les entrées commençant par une *majuscule* apparaissent après celles qui s'écrivent de la même façon mais commencent par une minuscule.

> **réunion** [reynjɔ̃] *nf* **- 1.** [séance] meeting **- 2.** [jonction] union, merging.
> **Réunion** [reunjɔ̃] *nf* **: (l'île de) la ~** Réunion.

Si le mot avec majuscule et le mot avec minuscule sont liés du point de vue du sens, on trouvera la version avec majuscule sous son équivalent avec minuscule, après un losange noir (◆). Il s'agit d'un type de « sous-entrée » (voir plus bas).

> **administration** [əd,mɪnɪ'streɪʃn] *n* administration *f*.
> ◆ **Administration** *n US* **: the Administration** le gouvernement.

Les mots comportant un *trait d'union*, un *point* ou une *apostrophe* viennent après ceux qui s'écrivent de la même façon mais sans aucun de ces signes.

> **second-hand** ['sekənd-] ◇ *adj* **- 1.** [goods, shop] d'occasion **- 2.** *fig* [information] de seconde main. ◇ *adv* **- 1.** [not new] d'occasion **- 2.** *fig* [indirectly] **: to hear sthg ~** apprendre qqch de seconde main *OR* indirectement.

Les entrées portant un *accent* se trouvent après celles qui s'écrivent de la même façon mais sans accent.

> **ou** [u] *conj* [indique une alternative, une approximation] or...
> **où** [u] *pron rel* [spatial] where...

Dans certains cas, l'entrée est suivie d'un chiffre en *exposant*. Ceci veut dire que, juste avant ou juste après, figure une autre entrée, elle aussi suivie d'un chiffre, qui s'écrit de la même façon mais a un sens ou une prononciation totalement différents. Ce sont ce que l'on appelle des homographes. Il faut s'assurer que l'on ne se trompe pas d'entrée. Faisons donc bien attention à la catégorie grammaticale et à la prononciation. Dans l'exemple ci-dessus, les deux mots « tear » n'ont pas la même phonétique ; il faut par ailleurs se demander si l'on recherche un nom *(n)* ou un verbe transitif *(vt)*.

> **tear**[1] [tɪəʳ] *n* larme *f* ; **in ~s** en larmes.
> **tear**[2] [teəʳ] *vt* (*pt* **tore**, *pp* **torn**) [rip] déchirer...

Certains mots sont traités en sous-entrée, précédés d'un losange noir (◆). Il s'agit notamment, comme on l'a vu plus haut, de formes avec majuscule sous la forme équivalente sans majuscule, ou bien de noms placés sous un adjectif.

animal, **e**, **aux** [animal, o] *adj* - **1.** [propre à l'animal] animal *(avant n)* - **2.** [instinctif] instinctive.
◆ **animal** *nm* [bête] animal ; **~ en peluche** stuffed animal.

Si l'on cherche un nom qui, au *pluriel*, a un sens différent de celui du singulier (comme **glass/glasses** en anglais), c'est sous la forme au singulier qu'on le trouvera : le mot au pluriel y figure en sous-entrée.

glass [glɑːs] ◇ *n* - **1.** [gen] verre *m* - **2.** *(U)* [glassware] verrerie *f.* ◇ *comp* [bottle, jar] en *OR* de verre ; [door, partition] vitré, -e *f.*
◆ **glasses** *npl* [spectacles] lunettes *fpl.*

Certains noms apparaissent directement au pluriel dans la liste alphabétique, soit parce qu'ils n'existent pas au singulier, soit parce que ce dernier est rare (**scissors** en anglais, **abats** en français).

Noms composés

Un nom composé est une expression dotée d'une signification globale, mais constituée de plusieurs mots (p. ex. **homme d'affaires** ou **joint venture**). Dans la partie français-anglais, on trouve ces composés dans le dictionnaire à l'entrée correspondant au premier élément. Ainsi, **homme d'affaires** sera sous **homme**. Au sein d'une entrée, les différents noms composés sont classés par ordre alphabétique, sans tenir compte de la préposition médiane ; dans l'entrée **café**, par exemple, **café au lait** vient après **café glacé** et **café en grains**.

Certains composés français dont le sens est éloigné du mot d'entrée sont mis en relief dans l'article et figurent après un losange noir (◆).

fuseau, **x** [fyzo] *nm* - **1.** [outil] spindle - **2.** [pantalon] ski pants *(pl).*
◆ **fuseau horaire** *nm* time zone.

Du côté anglais, les noms composés apparaissent comme des entrées à part entière.

Il existe aussi des composés dont les deux éléments sont séparés par un trait d'union. Ils figurent dans le dictionnaire en entrée, par exemple **train-spotter** ou **time-sharing**.

tea break *n UK pause pour prendre le thé,* ≃ pause-café *f.*

tea caddy [-ˌkædɪ] *n* boîte *f* à thé.

teacake ['tiːkeɪk] *n UK petit pain rond avec des raisins secs.*

Expressions et locutions

Par « expression » on entend un groupe de mots qui se manifestent toujours dans le même ordre et qui ont un sens global (**prendre part à qqch, to do sb credit**). C'est notamment le cas des expressions figurées et idiomatiques, ainsi que des proverbes (**avoir un chat dans la gorge, to pull sb's leg**).

Toutes les expressions sont à chercher sous le premier nom dont elles se composent (**prendre part à qqch** sous **part, to do sb credit** sous **credit**). S'il n'y a pas de nom dans l'expression, on cherchera sous le verbe.

Certaines expressions très figées ayant une valeur grammaticale globale (locutions) sont traitées en sous-entrée sous le premier élément signifiant, précédées du symbole ◆, de façon à mettre en relief la différence de sens et de fonction grammaticale entre la locution et l'entrée à laquelle elle se rattache.

part [par] *nf* [de gâteau] portion ; [de bonheur, d'héritage] share ; [partie] part ; **réclamer sa ~** to claim one's share.
◆ **d'autre part** *loc adv* besides, moreover.
◆ **de part en part** *loc adv* right through.

Verbes pronominaux

La plupart des verbes pronominaux sont placés en sous-entrée sous la forme principale qui leur correspond après le symbole ◆.

cacher [3] [kaʃe] *vt* - **1.** [gén] to hide ; **je ne vous cache pas que...** to be honest,... - **2.** [vue] to mask.
◆ **se cacher** *vp* : **se ~ (de qqn)** to hide (from sb).

Verbes à particules anglais

Les verbes à particules anglais figurent en sous-entrée sous la forme principale du verbe.

get [get] (*UK*, *pt & pp* **got**, *cont* **-ting**, *US*, *pt* **got**, *pp* **gotten**, *cont* **-ting**) ◇ *vt* - **1.** [cause to do] : **to ~ sb to do sthg** faire faire qqch à qqn.
◆ **get across** *vt sép* [idea, policy] communiquer ; **to ~ one's message across** se faire comprendre.
◆ **get ahead** *vi* avancer.
◆ **get up** ◇ *vi* se lever. ◇ *vt insép* [petition, demonstration] organiser.

Formes irrégulières

Les formes irrégulières des noms, adjectifs et verbes sont données en entrée dans le dictionnaire.

belle [bɛl] *adj & nf* ▷ **beau.**

went [went] *pt* ▷ **go.**

En outre, une liste des verbes irréguliers anglais avec leurs différentes formes figure en annexe.

II. Comment trouver la bonne traduction anglaise

Une fois que l'on aura localisé en français le mot ou l'expression recherchés, il apparaîtra peut-être qu'il existe plusieurs traductions possibles. Qu'à cela ne tienne, on trouvera dans le dictionnaire tous les éléments nécessaires pour identifier la bonne traduction.

Comment fonctionne une entrée de dictionnaire ? Examinons l'entrée **sauter**.

Les losanges blancs (◇) introduisent une catégorie grammaticale lorsqu'un même mot peut en avoir plusieurs - ici, *vi* (verbe intransitif) puis *vt* (verbe transitif). Voir la liste des abréviations p. XI.

Chaque catégorie grammaticale est alors divisée en catégories de sens, introduites par des chiffres en gras (**-1.**, **-2.**), lorsque le mot a plusieurs sens. Des indicateurs entre crochets ([bondir]) ou des indicateurs de domaine (CULIN) permettent d'identifier le sens recherché.

> **sauter** [3] [sote] ◇ *vi* **- 1.** [bondir] to jump, to leap ; **~ à la corde** to skip *UK*, to skip *ou* jump rope *US* ; **~ de joie** *fig* to jump for joy ; **~ au cou de qqn** *fig* to throw one's arms around sb **- 2.** [exploser] to blow up ; [fusible] to blow **- 3.** [être projeté - bouchon] to fly out ; [- serrure] to burst off ; [- bouton] to fly off **- 4.** *fam* [employé] to get the sack *UK* **- 5.** [être annulé] to be cancelled **- 6.** CULIN : **faire ~ qqch** to sauté sthg **- 7.** *loc* **et que ça saute!** *fam* and get a move on! ◇ *vt* **- 1.** [fossé, obstacle] to jump *ou* leap over **- 2.** *fig* [page, repas] to skip **- 3.** *vulg* [personne].

Imaginons que l'on veuille traduire **tu as sauté un chapitre**.

La phrase à traduire comporte un verbe dont nous savons qu'il peut être soit intransitif, soit transitif ; ici, c'est le verbe ***transitif*** qui nous intéresse (◇ vt) puisqu'il y a un complément d'objet dans la phrase.

Examinons le sens du verbe : le contexte étant celui d'un livre, c'est dans la catégorie **-2**. que l'on trouvera la traduction souhaitée, qui est **to skip**.

Concernant le mot **chapitre**, il n'y a pas de confusion possible entre différentes catégories grammaticales. En revanche, c'est au sens **-1.** [de livre & RELIG], que se trouve la solution : **chapter**.

> **chapitre** [ʃapitr] *nm* **- 1.** [de livre & RELIG] chapter **- 2.** [de budget] head, item **- 3.** *fig* [sujet] subject.

Il ne reste plus qu'à combiner les mots trouvés pour traduire la phrase, en mettant bien sûr le verbe **to skip** au temps et à la forme voulus : **you have skipped a chapter.**

III. Informations d'ordre culturel

Afin de mieux comprendre et de mieux parler une langue étrangère, il est nécessaire d'obtenir des informations concernant les spécificités culturelles du pays concerné. De tels renseignements ne seraient pas à leur place à l'intérieur des entrées du dictionnaire. Ainsi, le lecteur français trouvera dans la partie anglais-français des **encadrés** qui le renseigneront sur les particularités culturelles du Royaume-Uni et des États-Unis.

L'encadré **Emblems** traite des emblèmes qui symbolisent les différentes régions du Royaume-Uni.

> **emblem** ['embləm] *n* emblème *m*.
>
> **Emblems**
>
> La Grande-Bretagne est souvent symbolisée par le personnage de Britannia, une femme en robe longue portant un bouclier au motif de l'Union Jack (drapeau du Royaume-Uni). Les emblèmes de l'Angleterre sont la rose rouge et le lion. Le pays de Galles est traditionnellement représenté par le poireau, ainsi que par la jonquille ou le dragon rouge. L'emblème de l'Écosse, lui, est le chardon. Le trèfle et la harpe symbolisent, quant à eux, l'Irlande.

HOW TO USE THE DICTIONARY

I. Finding the word or phrase you are looking for

First you can ask yourself some basic questions:
Is it a single word, a hyphenated word or an abbreviation?
Is it a compound noun?
Is it a phrase or an idiom?
Is it a reflexive verb?
Is it a phrasal verb?
Is it an irregular form?

Single words, hyphenated words and abbreviations

As a general rule you will find the word you are looking for in its alphabetical order in the dictionary, whether it is a single word, a hyphenated word or an abbreviation.

Words that are written with an *initial capital letter* appear as separate entries to another word spelt in the same way but not capitalized.

> **réunion** [reynjɔ̃] *nf* - **1.** [séance] meeting - **2.** [jonction] union, merging.
> **Réunion** [reunjɔ̃] *nf* : **(l'île de) la ~** Réunion.

If however the capitalized word is related in meaning to the non-capitalized word, it will appear as a sub-entry. Sub-entries are introduced by a black diamond and help highlight items within an entry.

> **réunionnais, e** [reynjɔnɛ, ɛz] *adj* of/from Réunion Island.
> ◆ **Réunionnais, e** *nm, f* native *ou* inhabitant of Réunion.

Words with a *hyphen*, a *full stop* or an *apostrophe* come after those spelled the same way but without any of these punctuation marks.

> **SA** (*abr de* **société anonyme**) *nf* ≃ Ltd *UK*, ≃ Inc. *US*.
> **S.A.** (*abr écrite de* **Son Altesse**) H.H.

Accented words come after entries that are spelt in the same way but are not accented. So you will find the entry **où** after the entry **ou**.

> **ou** [u] *conj* [indique une alternative, une approximation] or...
> **où** [u] *pron rel* [spatial] where...

Some entries are followed by a *superscript* number. These are homographs: words that are spelt in the same way but that have distinct meanings or pronunciations. You must be careful to identify correctly the entry you need, either by looking at the grammatical category or the phonetic transcription.

> **car**[1] [kar] *nm* coach *UK*, bus *US*.
> **car**[2] [kar] *conj* because, for.

If you are looking for a noun which in the **plural** has its own distinct meaning, you will find it under the singular form as a sub-entry.

> **anglais, e** [ɑ̃glɛ, ɛz] *adj* English...
> ◆ **anglaises** *nfpl* ringlets.

Some plural nouns appear as headwords when they are never or rarely used in the singular, e.g. **scissors** in English or **abats** in French

Compound nouns

A compound is a word or expression which has a single meaning but is made up of more than one word e.g. **people carrier, International Monetary Fund**.

On the English-French side of the dictionary compound nouns are to be found as separate entries in their alphabetical order in the dictionary. The compound **blood donor** will therefore come after **bloodcurdling** which itself follows **blood count**.

> **bloodcurdling** ['blʌd,kɜːdlɪŋ] *adj* à vous glacer le sang.
>
> **blood count** *n* numération *f* globulaire.
>
> **blood donor** *n* donneur *m*, -euse *f* de sang.

On the French-English side however you should look under the first element of the compound. So, for example, you will find **homme d'affaires** at the entry **homme**. If there is more than one compound within an entry, they will appear in their alphabetical order within the entry, regardless of any preposition between the two parts of the compound. So at **café** you will find **café au lait** after **café en grains** and before **café liégeois**.

Some compounds that have distinct meanings from the main entry are treated separately as sub-entries, preceded by a black diamond.

> **fuseau, x** [fyzo] *nm* **- 1.** [outil] spindle **- 2.** [pantalon] ski pants *(pl)*.
> ◆ **fuseau horaire** *nm* time zone.

Phrases and idioms

Phrases and idioms, such as **avoir un chat dans la gorge** or **to pull sb's leg**, are to be found under the first noun element of the phrase. So you would look for **avoir un chat dans la gorge** at the entry **chat** and **to pull sb's leg** at **leg**.

> **chat, chatte** [ʃa, ʃat] *nm, f* cat ; **~ de gouttière** ordinary cat, alley cat *US* ; **~ persan/siamois** Persian/Siamese cat ; **il n'y a pas un ~** *fam* there's not a soul ; **appeler un ~ un ~** to call a spade a spade ; **avoir d'autres ~s à fouetter** to have other fish to fry ; **avoir un ~ dans la gorge** to have a frog in one's throat.

> **spite** [spaɪt] ◇ *n* rancune *f* ; **to do sthg out of** *OR* **from ~** faire qqch par malice. ◇ *vt* contrarier.
> ◆ **in spite of** *prep* en dépit de, malgré.

Some very fixed phrases like **in spite of** in English or **d'autre part** in French are entered under the first noun element as sub-entries.

> **part** [par] *nf* [de gâteau] portion ; [de bonheur, d'héritage] share ; [partie] part ; **réclamer sa ~** to claim one's share.
> ◆ **d'autre part** *loc adv* besides, moreover.
> ◆ **de part en part** *loc adv* right through.

French reflexive verbs

French reflexive verbs are entered under the main form as sub-entries.

cacher [3] [kaʃe] *vt* - **1.** [gén] to hide ; **je ne vous cache pas que...** to be honest,... - **2.** [vue] to mask.
◆ **se cacher** *vp* : **se ~ (de qqn)** to hide (from sb).

English phrasal verbs

English phrasal verbs appear as sub-entries.

amount [əˈmaʊnt] *n* [quantity] quantité *f* ; **a great ~ of** beaucoup de...
◆ **amount to** *vt insép* - **1.** [total] s'élever à - **2.** [be equivalent to] revenir à, équivaloir à.

Irregular forms

Irregular forms of nouns, adjectives and verbs appear in the dictionary as entries with cross-references to the main form.

vieil ▷ **vieux**.

caught [kɔːt] *pt* & *pp* ▷ **catch**.

II. Finding the right translation

When you have found the word you are looking for, you will have to identify the right translation. Some entries may only have one translation, but others may be subdivided into different grammatical categories and these in turn may be subdivided into different sense categories. If a word has more than one part of speech, each grammatical category is separated and introduced by a white diamond.

skip [skɪp] ◇ *n* - **1.** [jump] petit saut *m* - **2.** *UK* [container] benne *f*. ◇ *vt* (*pt* & *pp* **-ped**, *cont* **-ping**) [page, class, meal] sauter. ◇ *vi* (*pt* & *pp* **-ped**, *cont* **-ping**) - **1.** [gen] sauter, sautiller - **2.** *UK* [over rope] sauter à la corde.

Here we can see that **skip** is a noun *(n)*, a transitive verb *(vt)* and an intransitive verb *(vi)*. See page XI for a full list of abbreviations used in the dictionary. If you had to translate the sentence **"you've skipped a page"**, you must first decide what part of speech **skip** is in this instance. It is a verb with a direct object and therefore you must look for the translation under the transitive verb category, marked "vt". To further reassure you that this is the right category you will find the noun "page" along with other nouns that are used typically with the verb **skip** in square brackets before the translation. So the translation you need here is **sauter**.

Now look at the word **page**.

page [peɪdʒ] ◇ *n* - **1.** [of book] page *f* - **2.** [sheet of paper] feuille *f* ◇ *vt* - **1.** [using a pager] biper - **2.** [in airport] appeler au micro.

Again you must decide what part of speech the word is. Here it is a noun. You will notice that the noun category is divided again into different senses. When a word has several meanings within one part of speech, these are separated into numbered categories. To choose the right numbered sense category, you must use the information provided in the brackets to pinpoint the exact meaning of the word in its context. This may be a synonym, another word frequently used with the entry word, a label indicating the subject area (computing, business, military etc) or an indicator such as here in sense **-1.** (of book). In the sentence **"you have skipped a page"**, we may assume that it is a page in a book rather than a single sheet of paper so the correct translation is **page**. After the translation you will notice the letter "*f*" in italics. This indicates that the French noun is feminine.

You can now translate the sentence correctly, once you have conjugated the verb, as: **"tu as sauté une page"**.

To help you conjugate verbs in French, there are conjugation tables at the back of the dictionary. Each verb on the French-English side of the dictionary has a bracketed number after its phonetic transcription that refers to a conjugation model.

III. Cultural notes

In order to fully understand a foreign language it is often useful to have extra information on the culture of the country. It is not always possible to give this kind of information within a dictionary entry, but you will find boxed notes after certain entries that provide fuller explanations of certain aspects of culture. For example, on the French-English side of the dictionary there is a note describing the significance of the "grandes écoles" which have certain connotations for a native French speaker.

école [ekɔl] *nf* [gén] school...

Grande école

The *grandes écoles* are relatively small non-university establishments awarding highly respected diplomas. Admission to these schools, most of which have close links with industry, is usually only possible after two years of intensive preparatory studies and a competitive examination.The *grandes écoles* include l'École des hautes études commerciales, or HEC (management and business), l'École polytechnique (engineering) and l'École normale supérieure (the humanities). A diploma from a *grande école* is comparable in prestige to an Oxbridge degree in Britain or an Ivy League education in the United States.

FRANÇAIS-ANGLAIS
FRENCH-ENGLISH

a[1], **A** [a] *nm inv* a, A ; **prouver par a + b** to prove conclusively ; **de A à Z** from beginning to end.

◆ **A - 1.** *abr de* **anticyclone - 2.** (*abr écrite de* **ampère**) A, amp **- 3.** (*abr écrite de* **autoroute**) M *UK*.

a[2] ◇ ▷ **avoir**. ◇ (*abr écrite de* **are**) a.

à [a] (*contraction de à + le =* **au**, *contraction de à + les =* **aux**) *prep* **- 1.** [introduisant un complément d'objet indirect] to ; **parler à qqn** to speak to sb ; **donner qqch à qqn** to give sthg to sb, to give sb sthg ; **penser à qqch** to think about sthg **- 2.** [introduisant un complément de lieu - situation] at, in ; [- direction] to ; **être à la maison/au bureau** to be at home/at the office ; **il habite à Paris/à la campagne** he lives in Paris/in the country ; **il vit au Pérou** he lives in Peru ; **aller à Paris/à la campagne/au Pérou** to go to Paris/to the country/to Peru ; **un voyage à Londres/aux Seychelles** a journey to London/to the Seychelles **- 3.** [introduisant un complément de temps] : **à onze heures** at eleven o'clock ; **au mois de février** in the month of February ; **à lundi!** see you (on) Monday! ; **à plus tard!** see you later! ; **de huit à dix heures** from eight to ten o'clock ; **se situer à une heure/à 10 kilomètres de l'aéroport** to be situated an hour/10 kilometres (away) from the airport **- 4.** [introduisant un complément de manière, de moyen] : **à haute voix** out loud, aloud ; **rire aux éclats** to roar with laughter ; **agir à son gré** to do as one pleases ; **acheter à crédit** to buy on credit ; **à pied/cheval** on foot/horseback **- 5.** [indiquant une caractéristique] with ; **une fille aux cheveux longs** a girl with long hair ; **l'homme à l'imperméable** the man with the raincoat **- 6.** [introduisant un chiffre] : **ils sont venus à dix** ten of them came ; **un livre à 10 euros** a 10-euro book, a book costing 10 euros ; **la vitesse est limitée à 50 km à l'heure** the speed limit is 50 km per *ou* an hour ; **un groupe de 10 à 12 personnes** a group of 10 to 12 people, a group of between 10 and 12 people ; **deux à deux** two by two **- 7.** [marque l'appartenance] : **c'est à moi/toi/lui/elle** it's mine/yours/his/hers ; **ce vélo est à ma soeur** this bike is my sister's *ou* belongs to my sister ; **une amie à moi** a friend of mine **- 8.** [introduit le but] : **coupe à champagne** champagne goblet ; **le courrier à poster** the mail to be posted ; **appartement à vendre/louer** flat for sale/to let.

AB[1] (*abr écrite de* **assez bien**) *fair grade (as assessment of schoolwork)*, ≃ B-.

AB[2] (*abr écrite de* **agriculture biologique**) *food label guaranteeing that a product is made from at least 95% organic ingredients (100% in the case of a single ingredient).*

abaisser [4] [abese] *vt* **- 1.** [rideau, voile] to lower ; [levier, manette] to push *ou* pull down **- 2.** [diminuer] to reduce, to lower **- 3.** *sout* [avilir] to debase.

◆ **s'abaisser** *vp* **- 1.** [descendre - rideau] to fall, to come down ; [- terrain] to fall away **- 2.** [s'humilier] to demean o.s. ; **s'~ à faire qqch** to lower o.s. to do sthg.

abandon [abɑ̃dɔ̃] *nm* **- 1.** [désertion, délaissement] desertion ; **à l'~** [jardin, maison] neglected, in a state of neglect **- 2.** [renonciation] abandoning, giving up **- 3.** [cession] renunciation, giving up ; **faire ~ de qqch (au profit de qqn)** to make sthg over (to sb) **- 4.** [nonchalance, confiance] abandon.

abandonner [3] [abɑ̃dɔne] *vt* **- 1.** [quitter - femme, enfants] to abandon, to desert ; [- voiture, propriété] to abandon ; **~ son poste** to desert one's post **- 2.** [renoncer à] to give up, to abandon **- 3.** [se retirer de - course, concours] to withdraw from **- 4.** [céder] : **~ qqch à qqn** to leave sthg to sb, to leave sb sthg.

◆ **s'abandonner** *vp* **- 1.** [se laisser aller] : **s'~ à qqch** to give o.s. up to sthg **- 2.** [s'épancher] to pour out one's feelings.

abasourdi, **e** [abazurdi] *adj* stunned.

abasourdir [32] [abazurdir] *vt* to stun.

abat-jour [abaʒur] *nm inv* lampshade.

abats [aba] *nmpl* [d'animal] offal *(U)* ; [de volaille] giblets.

abattage [abataʒ] *nm* [d'arbre] felling.

abattement [abatmɑ̃] *nm* - **1.** [faiblesse physique] weakness - **2.** [désespoir] dejection - **3.** [déduction] reduction ; **~ fiscal** tax allowance *US*, exemption *US*.

abattis [abati] *nmpl* giblets.

abattoir [abatwar] *nm* abattoir, slaughterhouse.

abattre [83] [abatr] *vt* - **1.** [faire tomber - mur] to knock down ; [- arbre] to cut down, to fell ; [- avion] to bring down - **2.** [tuer - gén] to kill ; [- dans un abattoir] to slaughter - **3.** [épuiser] to wear out ; [démoraliser] to demoralize.

◆ **s'abattre** *vp* : **s'~ (sur)** [toit, arbre] to crash down (on) ; [pluie] to beat down (on) ; [avion, insectes, rapaces] to swoop down (on) ; [maladie, fléau] to descend (on).

abattu, **e** [abaty] ◇ *pp* ▻ **abattre**. ◇ *adj* - **1.** [déprimé] demoralized, dejected - **2.** [affaibli] very weak.

abbaye [abei] *nf* abbey.

abbé [abe] *nm* - **1.** [prêtre] priest - **2.** [de couvent] abbot.

abc [abese] *nm* basics *(pl)*.

abcès [apsɛ] *nm* abscess ; **crever l'~** *fig* to root out the problem.

abdication [abdikasjɔ̃] *nf* abdication.

abdiquer [3] [abdike] ◇ *vt* - **1.** [renoncer à] to renounce - **2.** [suj: roi] to abdicate. ◇ *vi* - **1.** [roi] to abdicate - **2.** [renoncer] to give up.

abdomen [abdɔmɛn] *nm* abdomen.

abdominal, **e**, **aux** [abdɔminal, o] *adj* abdominal.

◆ **abdominaux** *nmpl* - **1.** [muscles] abdominal *ou* stomach muscles - **2.** [exercices] : **faire des abdominaux** to do exercises for the stomach muscles.

abdos [abdo] *nmpl* - **1.** [muscles] abs, stomach muscles - **2.** [exercices] stomach exercises, abs (exercises) ; **faire des ~** to do abs *ou* stomach exercises.

abécédaire [abesedɛr] *nm* ABC *(book)*.

abeille [abɛj] *nf* bee.

aberrant, **e** [abɛrɑ̃, ɑ̃t] *adj* absurd.

aberration [abɛrasjɔ̃] *nf* aberration.

abhorrer [3] [abɔre] *vt sout* to abhor.

abîme [abim] *nm* abyss, gulf.

abîmer [3] [abime] *vt* [détériorer - objet] to damage ; [- partie du corps, vue] to ruin.

◆ **s'abîmer** *vp* - **1.** [gén] to be damaged ; [fruits] to go bad - **2.** *fig* [personne] : **s'~ dans** [lecture] to bury o.s. in ; [pensées] to lose o.s. in.

abject, **e** [abʒɛkt] *adj* despicable, contemptible.

abjurer [3] [abʒyre] *vt* RELIG to renounce.

ablatif [ablatif] *nm* ablative.

ablation [ablasjɔ̃] *nf* MÉD removal.

ablutions [ablysjɔ̃] *nfpl* : **faire ses ~** to perform one's ablutions.

abnégation [abnegasjɔ̃] *nf* selflessness.

aboie, **aboies** *etc* ▻ **aboyer**.

aboiement [abwamɑ̃] *nm* bark, barking *(U)*.

abois [abwa] *nmpl* : **être aux ~** *fig* to be in dire straits.

abolir [32] [abɔlir] *vt* to abolish.

abolition [abɔlisjɔ̃] *nf* abolition.

abominable [abɔminabl] *adj* appalling, awful.

abominablement [abɔminabləmɑ̃] *adv* - **1.** [très mal] abominably - **2.** [extrêmement] awfully.

abomination [abɔminasjɔ̃] *nf* abomination.

abondamment [abɔ̃damɑ̃] *adv* - **1.** [beaucoup] plentifully - **2.** [largement] extensively.

abondance [abɔ̃dɑ̃s] *nf* - **1.** [profusion] abundance ; **en ~** in abundance - **2.** [opulence] affluence ; **vivre dans l'~** to live in affluence.

abondant, **e** [abɔ̃dɑ̃, ɑ̃t] *adj* [gén] plentiful ; [végétation, chevelure] luxuriant ; [pluie] heavy.

abonder [3] [abɔ̃de] *vi* to abound, to be abundant ; **~ en qqch** to be rich in sthg ; **~ dans le sens de qqn** to be entirely of sb's opinion.

abonné, **e** [abɔne] *nm, f* - **1.** [à un journal, à une chaîne de télé] subscriber ; [à un théâtre] season-ticket holder - **2.** [à un service public] consumer.

abonnement [abɔnmɑ̃] *nm* - **1.** [à un journal, à une chaîne de télé] subscription ; [à un théâtre] season ticket - **2.** [au téléphone] rental ; [au gaz, à l'électricité] standing charge.

abonner [3] [abɔne] ◆ **s'abonner** *vp* : **s'~ à qqch** [journal, chaîne de télé] to take out a subscription to sthg ; [service public] to get connected to sthg ; [théâtre] to buy a season ticket for sthg.

abord [abɔr] *nm* : **être d'un ~ facile/difficile** to be very/not very approachable ; **au premier ~, de prime ~** at first sight ; **dès l'~** from the outset.

◆ **abords** *nmpl* [gén] surrounding area *(sing)* ; [de ville] outskirts.

◆ **d'abord** *loc adv* - **1.** [en premier lieu] first - **2.** [avant tout] : **(tout) d'~** first (of all), in the first place.

abordable [abɔrdabl] *adj* [lieu] accessible ; [personne] approachable ; [de prix modéré] affordable.

abordage [abɔrdaʒ] *nm* boarding.

aborder [3] [abɔrde] ◇ *vi* to land. ◇ *vt* - **1.** [personne, lieu] to approach - **2.** [question] to tackle.

aborigène [abɔriʒɛn] *adj* aboriginal.
◆ **Aborigène** *nmf* (Australian) aborigine.

abouti, e [abuti] *adj* - **1.** [projet, démarche] successful - **2.** [œuvre] accomplished.

aboutir [32] [abutir] *vi* - **1.** [chemin] : **~ à/dans** to end at/in - **2.** [négociation] to be successful ; **~ à qqch** to result in sthg.

aboutissement [abutismɑ̃] *nm* outcome.

aboyer [13] [abwaje] *vi* to bark.

abracadabrant, e [abrakadabrɑ̃, ɑ̃t] *adj* preposterous.

abrasif, ive [abrazif, iv] *adj* abrasive.
◆ **abrasif** *nm* abrasive.

abrégé, e [abreʒe] *adj* abridged.
◆ **abrégé** *nm* résumé, summary ; **en ~** in abbreviated form.

abréger [22] [abreʒe] *vt* [visite, réunion] to cut short ; [discours] to shorten ; [mot] to abbreviate.

abreuver [5] [abrœve] *vt* [animal] to water ; **~ qqn de** *fig* to shower sb with.
◆ **s'abreuver** *vp* to drink.

abreuvoir [abrœvwar] *nm* [lieu] watering place ; [installation] drinking trough.

abréviation [abrevjasjɔ̃] *nf* abbreviation.

abri [abri] *nm* shelter ; **à l'~ de** sheltered from ; *fig* safe from ; **se mettre à l'~ (de)** to shelter (from), to take shelter (from) ; **~ antiatomique** nuclear fallout shelter ; **~ de jardin** garden shed.

Abribus® [abribys] *nm* bus shelter.

abricot [abriko] *nm & adj inv* apricot.

abricotier [abrikɔtje] *nm* apricot tree.

abriter [3] [abrite] *vt* - **1.** [protéger] : **~ qqn/qqch (de)** to shelter sb/sthg (from) - **2.** [héberger] to accommodate.
◆ **s'abriter** *vp* : **s'~ (de)** to shelter (from).

abroger [17] [abrɔʒe] *vt* to repeal.

abrupt, e [abrypt] *adj* - **1.** [raide] steep - **2.** [rude] abrupt, brusque.

abruti, e [abryti] *fam* ◇ *adj* moronic. ◇ *nm, f* moron.

abrutir [32] [abrytir] *vt* - **1.** [abêtir] : **~ qqn** to deaden sb's mind - **2.** [accabler] : **~ qqn de travail** to work sb silly - **3.** [étourdir] to daze.
◆ **s'abrutir** *vp* - **1.** [s'épuiser] : **s'~ de travail** to work o.s. stupid - **2.** [s'abêtir] to become moronic.

abrutissant, e [abrytisɑ̃, ɑ̃t] *adj* - **1.** [bruit, travail] stupefying - **2.** [jeu, feuilleton] moronic.

abrutissement [abrytismɑ̃] *nm* - **1.** [épuisement] exhaustion - **2.** [intellectuel] mindless state.

ABS (*abr de* **Antiblockiersystem**) *nm* ABS.

absence [apsɑ̃s] *nf* - **1.** [de personne] absence ; **en l'~ de** in the absence of - **2.** [carence] lack.

absent, e [apsɑ̃, ɑ̃t] ◇ *adj* - **1.** [personne] : **~ (de)** [gén] away (from) ; [pour maladie] absent (from) - **2.** [regard, air] vacant, absent - **3.** [manquant] lacking. ◇ *nm, f* absentee.

absentéisme [apsɑ̃teism] *nm* absenteeism.

absenter [3] [apsɑ̃te] ◆ **s'absenter** *vp* : **s'~ (de la pièce)** to leave (the room).

abside [apsid] *nf* apse.

absinthe [apsɛ̃t] *nf* [plante] wormwood ; [boisson] absinth.

absolu, e [apsɔly] *adj* [gén] absolute ; [décision, jugement] uncompromising.
◆ **absolu** *nm* : **l'~** the Absolute ; **dans l'~** out of context.

absolument [apsɔlymɑ̃] *adv* absolutely.

absolution [apsɔlysjɔ̃] *nf* absolution.

absolutisme [apsɔlytism] *nm* absolutism.

absorbant, e [apsɔrbɑ̃, ɑ̃t] *adj* - **1.** [matière] absorbent - **2.** [occupation] absorbing.

absorber [3] [apsɔrbe] *vt* - **1.** [gén] to absorb - **2.** [manger] to take - **3.** [entreprise] to take over.
◆ **s'absorber** *vp* : **s'~ dans qqch** to get *ou* become absorbed in sthg.

absorption [apsɔrpsjɔ̃] *nf* - **1.** [gén] absorption - **2.** ÉCON takeover.

abstenir [40] [apstənir] ◆ **s'abstenir** *vp* - **1.** [ne rien faire] : **s'~ (de qqch/de faire qqch)** to refrain (from sthg/from doing sthg) - **2.** [ne pas voter] to abstain.

abstention [apstɑ̃sjɔ̃] *nf* abstention.

abstentionnisme [apstɑ̃sjɔnism] *nm* abstaining.

abstenu, e [apstəny] *pp* ▷ **abstenir**.

abstiendrai, abstiendras *etc* ▷ **abstenir**.

abstinence [apstinɑ̃s] *nf* abstinence ; **faire ~** to abstain (from eating meat).

abstraction [apstraksjɔ̃] *nf* abstraction ; **faire ~ de** to disregard.

abstrait, e [apstrɛ, ɛt] *adj* abstract.
◆ **abstrait** *nm* : **l'~** the abstract.

absurde [apsyrd] <> *adj* absurd. <> *nm* : **l'~** the absurd ; **raisonnement par l'~** reductio ad absurdum.

absurdité [apsyrdite] *nf* absurdity ; **dire des ~s** to talk nonsense *(U)*.

abus [aby] *nm* abuse ; **~ de confiance** breach of trust ; **~ de pouvoir** abuse of power.

abuser [3] [abyze] <> *vi* - **1.** [dépasser les bornes] to go too far - **2.** [user] : **~ de** [autorité, pouvoir] to overstep the bounds of ; [femme] to take advantage of ; [temps] to take up too much of ; **~ de ses forces** to overexert o.s. <> *vt sout* to mislead.
◆ **s'abuser** *vp* : **s'~ sur** to delude o.s. about.

abusif, ive [abyzif, iv] *adj* - **1.** [excessif] excessive - **2.** [fautif] improper.

AC (*abr de* **appellation contrôlée**) *nf label guaranteeing origin of wine.*

acabit [akabi] *nm* : **du même ~** *péj* of the same type.

acacia [akasja] *nm* acacia.

académicien, enne [akademisjɛ̃, ɛn] *nm, f* academician ; [de l'Académie française] member of the French Academy.

académie [akademi] *nf* - **1.** SCOL & UNIV ≃ regional education authority *UK*, ≃ school district *US* - **2.** [institut] academy ; **l'Académie française** the French Academy *(learned society of leading men and women of letters)* ; **l'Académie Goncourt** *literary society whose members choose the winner of the Prix Goncourt.*

L'Académie française

Founded in 1635 by Cardinal Richelieu, the *Académie française* consists of forty distinguished writers known as *les Quarante* or *les Immortels*. Their chief task is to produce a definitive grammar and dictionary, the 9th edition of which dates from 1986, and to be the ultimate authority on matters concerning the French language.

académique [akademik] *adj* - **1.** UNIV academic - **2.** [conventionnel] conventional.

acajou [akaʒu] *nm* & *adj inv* mahogany.

acariâtre [akarjatr] *adj* bad-tempered, cantankerous.

acarien [akarjɛ̃] *nm* [gén] acarid ; [de poussière] dust mite.

accablant, e [akablɑ̃, ɑ̃t] *adj* - **1.** [soleil, chaleur] oppressive - **2.** [preuve, témoignage] overwhelming.

accabler [3] [akable] *vt* - **1.** [surcharger] : **~ qqn de** [travail] to overwhelm sb with ; **~ qqn d'injures** to shower sb with abuse - **2.** [accuser] to condemn.

accalmie [akalmi] *nf litt* & *fig* lull.

accaparer [3] [akapare] *vt* to monopolize ; **son travail l'accapare** his work takes up all his time.
◆ **s'accaparer** *vp* : **s'~ qqch** to seize sthg.

accéder [18] [aksede] ◆ **accéder à** *vt* - **1.** [pénétrer dans] to reach, to get to - **2.** [parvenir à] to attain - **3.** [consentir à] to comply with.

accélérateur [akseleratœr] *nm* accelerator.

accélération [akselerasjɔ̃] *nf* [de voiture, machine] acceleration ; [de projet] speeding up.

accélérer [18] [akselere] <> *vt* to accelerate, to speed up. <> *vi* AUTO to accelerate.

accent [aksɑ̃] *nm* - **1.** [gén] accent ; **~ aigu/grave/circonflexe** acute/grave/circumflex (accent) - **2.** [intonation] tone ; **~ tonique** stress ; **mettre l'~ sur** to stress, to emphasize.

accentuation [aksɑ̃tɥasjɔ̃] *nf* - **1.** [à l'écrit] accenting ; [en parlant] stress - **2.** [intensification] intensification.

accentuer [7] [aksɑ̃tɥe] *vt* - **1.** [insister sur, souligner] to emphasize, to accentuate - **2.** [intensifier] to intensify - **3.** [à l'écrit] to put the accents on ; [en parlant] to stress.
◆ **s'accentuer** *vp* to become more pronounced.

acceptable [aksɛptabl] *adj* satisfactory, acceptable.

acceptation [aksɛptasjɔ̃] *nf* acceptance.

accepter [4] [aksɛpte] *vt* to accept ; **~ de faire qqch** to agree to do sthg ; **~ que** *(+ subjonctif)* : **~ que qqn fasse qqch** to agree to sb doing sthg ; **je n'accepte pas qu'il me parle ainsi** I won't have him talking to me like that.

acception [aksɛpsjɔ̃] *nf* sense.

accès [aksɛ] *nm* - **1.** [entrée] entry ; **avoir/donner ~ à** to have/to give access to ; **'~ interdit'** 'no entry' ; **'~ réservé aux riverains'** 'residents only' - **2.** [voie d'entrée] entrance - **3.** [abord] : **être d'un ~ facile/difficile** [personne] to be approachable/unapproachable ; [livre] to be easy/difficult (to read) - **4.** [crise] bout ; **~ de colère** fit of anger.

accessible [aksesibl] *adj* - **1.** [lieu, livre] accessible ; [personne] approachable ; [prix, équipement] affordable - **2.** [sensible] : **~ à** susceptible to.

accession [aksɛsjɔ̃] *nf* : **~ à** [trône, présidence] accession to ; [indépendance] attainment of.

accessoire [akseswar] <> *nm* - **1.** [gén] accessory - **2.** [de théâtre, cinéma] prop. <> *adj* secondary.

accessoirement [akseswarmɑ̃] *adv* if need be.

accident [aksidɑ̃] *nm* accident ; **par ~** by chance, by accident ; **~ de parcours** hiccup ; **~ de la route/de voiture/du travail** road/car/industrial accident ; **~ de terrain** bump.

accidenté, **e** [aksidɑ̃te] ◇ *adj* - **1.** [terrain, surface] uneven - **2.** [voiture] damaged - **3.** [vie] eventful. ◇ *nm, f (gén pl)* ~ **de la route** accident victim.

accidentel, **elle** [aksidɑ̃tɛl] *adj* accidental.

accidentellement [aksidɑ̃tɛlmɑ̃] *adv* [rencontrer] by chance, accidentally ; [mourir] in an accident.

acclamation [aklamasjɔ̃] *nf (gén pl)* cheers *(pl)*, cheering *(U)*.

acclamer [3] [aklame] *vt* to cheer.

acclimatation [aklimatasjɔ̃] *nf* acclimatization.

acclimater [3] [aklimate] *vt* to acclimatize ; *fig* to introduce.

◆ **s'acclimater** *vp* : **s'~ à** to become acclimatized to.

accointances [akwɛ̃tɑ̃s] *nfpl* : **avoir des ~ dans/avec** *péj* to have contacts in/with.

accolade [akɔlad] *nf* - **1.** TYPO brace - **2.** [embrassade] embrace ; **donner l'~ à qqn** to embrace sb.

accoler [3] [akɔle] *vt* - **1.** [par accolade] to bracket together - **2.** [adjoindre] : **~ qqch à** to add sthg to.

accommodant, **e** [akɔmɔdɑ̃, ɑ̃t] *adj* obliging.

accommodement [akɔmɔdmɑ̃] *nm* compromise.

accommoder [3] [akɔmɔde] *vt* - **1.** CULIN to prepare - **2.** [mettre en accord] : **~ qqch à** to adapt sthg to.

◆ **s'accommoder** *vp* : **s'~ de** to put up with ; **s'~ à** to adapt to.

accompagnateur, **trice** [akɔ̃paɲatœr, tris] *nm, f* - **1.** MUS accompanist - **2.** [guide] guide.

accompagnement [akɔ̃paɲmɑ̃] *nm* - **1.** MUS accompaniment - **2.** CULIN side dish.

accompagner [3] [akɔ̃paɲe] *vt* - **1.** [personne] to go with, to accompany - **2.** [agrémenter] : **~ qqch de** to accompany sthg with ; **elle accompagna sa réponse d'un sourire** she answered with a smile - **3.** MUS to accompany ; **~ qqn au piano/à la guitare** to accompany sb on the piano/guitar.

accompli, **e** [akɔ̃pli] *adj* accomplished.

accomplir [32] [akɔ̃plir] *vt* to carry out.

◆ **s'accomplir** *vp* to come about.

accomplissement [akɔ̃plismɑ̃] *nm* [d'apprentissage] completion ; [de travail] fulfilment.

accord [akɔr] *nm* - **1.** [gén & LING] agreement ; **en ~ avec** in harmony with ; **d'un commun ~** with one accord ; **~ à l'amiable** COMM out-of-court settlement, mutual agreement - **2.** MUS chord - **3.** [acceptation] approval ; **donner son ~ à qqch** to approve sthg.

◆ **d'accord** ◇ *loc adv* OK, all right. ◇ *loc adj* : **être d'~ (avec)** to agree (with) ; **tomber** *ou* **se mettre d'~** to come to an agreement, to agree.

accordéon [akɔrdeɔ̃] *nm* accordion ; **avoir les chaussettes en ~** to have one's socks down around one's ankles.

accorder [3] [akɔrde] *vt* - **1.** [donner] : **~ qqch à qqn** to grant sb sthg - **2.** [attribuer] : **~ qqch à qqch** to accord sthg to sthg ; **~ de l'importance à** to attach importance to - **3.** [harmoniser] to match - **4.** GRAMM : **~ qqch avec qqch** to make sthg agree with sthg - **5.** MUS to tune.

◆ **s'accorder** *vp* - **1.** [gén] : **s'~ (pour faire qqch)** to agree (to do sthg) ; **s'~ à faire qqch** to be unanimous in doing sthg - **2.** [être assorti] to match - **3.** GRAMM to agree.

accordeur [akɔrdœr] *nm* tuner.

accoster [3] [akɔste] ◇ *vt* - **1.** NAUT to come alongside - **2.** [personne] to accost. ◇ *vi* NAUT to dock.

accotement [akɔtmɑ̃] *nm* [de route] shoulder ; **~ stabilisé** hard shoulder ; **~ non stabilisé** soft verge *UK*, soft shoulder *US*.

accouchement [akuʃmɑ̃] *nm* childbirth ; **~ sans douleur** natural childbirth ; **~ sous X** *a woman's right to anonymity in childbirth.*

accoucher [3] [akuʃe] *vi* : **~ (de)** to give birth (to).

accouder [3] [akude] ◆ **s'accouder** *vp* to lean on one's elbows ; **s'~ à** to lean one's elbows on.

accoudoir [akudwar] *nm* armrest.

accouplement [akupləmɑ̃] *nm* mating, coupling.

accourir [45] [akurir] *vi* to run up, to rush up.

accours, **accourt** *etc* ▷ **accourir**.

accouru, **e** [akury] *pp* ▷ **accourir**.

accoutré, **e** [akutre] *adj péj* **être bizarrement ~** to be oddly got up.

accoutrement [akutrəmɑ̃] *nm péj* getup.

accoutrer [3] [akutre] ◆ **s'accoutrer** *vp péj* **s'~ bizarrement** to get o.s. up very strangely.

accoutumance [akutymɑ̃s] *nf* [adaptation] adaptation ; MÉD addiction.

accoutumé, **e** [akutyme] *adj* usual.

◆ **comme à l'accoutumée** *loc adv sout* as usual.

accoutumer [3] [akutyme] *vt* : **~ qqn à qqn/qqch** to get sb used to sb/sthg ; **~ qqn à faire qqch** to get sb used to doing sthg.

◆ **s'accoutumer** *vp* : **s'~ à qqn/qqch** to get used to sb/sthg ; **s'~ à faire qqch** to get used to doing sthg.

accréditation [akreditasjɔ̃] *nf* FIN accreditation.

accréditer [3] [akredite] *vt* [rumeur] to substantiate ; **~ qqn auprès de** to accredit sb to.
◆ **s'accréditer** *vp* to gain substance.

accro [akro] *fam* ◇ *adj* : **~ à** hooked on. ◇ *nmf* : **c'est une ~ de la planche** she's a windsurfing freak.

accroc [akro] *nm* - **1.** [déchirure] tear ; **faire un ~ à** to tear - **2.** [incident] hitch ; **sans ~** without a hitch.

accrochage [akrɔʃaʒ] *nm* - **1.** [accident] collision - **2.** *fam* [dispute] row - **3.** [de tableaux] hanging.

accroche [akrɔʃ] *nf* COMM catch line.

accrocher [3] [akrɔʃe] *vt* - **1.** [suspendre] : **~ qqch (à)** to hang sthg up (on) - **2.** [déchirer] : **~ qqch (à)** to catch sthg (on) - **3.** [attacher] : **~ qqch (à)** to hitch sthg (to) - **4.** [heurter] to bump into - **5.** [retenir l'attention de] to attract.
◆ **s'accrocher** *vp* - **1.** [s'agripper] : **s'~ (à)** to hang on (to) ; **s'~ à qqn** *fig* to cling to sb - **2.** *fam* [se disputer] to row, to have a row - **3.** *fam* [persévérer] to stick at it.

accrocheur, euse [akrɔʃœr, øz] *adj* - **1.** [qui retient l'attention] eye-catching - **2.** [opiniâtre] tenacious.

accroire [akrwar] *vt sout* **en faire ~ à qqn** to take sb in.

accroissement [akrwasmɑ̃] *nm* increase, growth.

accroître [94] [akrwatr] *vt* to increase.
◆ **s'accroître** *vp* to increase, to grow.

accroupir [32] [akrupir] ◆ **s'accroupir** *vp* to squat.

accru, e [akry] *pp* ▻ **accroître.**

accu [aky] *nm* : **recharger ses ~s** *fam fig* to recharge one's batteries.

accueil [akœj] *nm* - **1.** [lieu] reception - **2.** [action] welcome, reception.

accueillant, e [akœjɑ̃, ɑ̃t] *adj* welcoming, friendly.

accueillir [41] [akœjir] *vt* - **1.** [gén] to welcome - **2.** [loger] to accommodate.

acculer [3] [akyle] *vt* - **1.** [repousser] : **~ qqn contre/à** to drive sb up against/into - **2.** *fig* **~ qqn à** [ruine, désespoir] to drive sb to ; [faute] to force sb into.

accumulateur [akymylatœr] *nm* accumulator, battery.

accumulation [akymylasjɔ̃] *nf* accumulation.

accumuler [3] [akymyle] *vt* to accumulate ; *fig* to store up.
◆ **s'accumuler** *vp* to pile up.

accusateur, trice [akyzatœr, tris] ◇ *adj* accusing. ◇ *nm, f* accuser.

accusation [akyzasjɔ̃] *nf* - **1.** [reproche] accusation - **2.** DR charge ; **mettre en ~** to indict ; **l'~** the prosecution.

accusé, e [akyze] *nm, f* accused, defendant.
◆ **accusé de réception** *nm* acknowledgement (of receipt).

accuser [3] [akyze] *vt* - **1.** [porter une accusation contre] : **~ qqn (de qqch)** to accuse sb (of sthg) - **2.** DR : **~ qqn de qqch** to charge sb with sthg - **3.** [mettre en relief] to emphasize.

acerbe [asɛrb] *adj* acerbic.

acéré, e [asere] *adj* sharp.

acériculture [aserikyltyr] *nf* maple sugar production.

acétate [asetat] *nm* acetate.

acétone [asetɔn] *nf* acetone.

achalandé, e [aʃalɑ̃de] *adj* [en marchandises] : **bien ~** well-stocked.

acharné, e [aʃarne] *adj* [combat] fierce ; [travail] unremitting.

acharnement [aʃarnəmɑ̃] *nm* relentlessness.

acharner [3] [aʃarne] ◆ **s'acharner** *vp* - **1.** [combattre] : **s'~ contre** *OU* **après** *OU* **sur qqn** [ennemi, victime] to hound sb ; [suj: malheur] to dog sb - **2.** [s'obstiner] : **s'~ (à faire qqch)** to persist (in doing sthg).

achat [aʃa] *nm* purchase ; **faire des ~s** to go shopping ; **~ d'espace** COMM buying of (advertising) space.

acheminer [3] [aʃmine] *vt* to dispatch.
◆ **s'acheminer** *vp* : **s'~ vers** [lieu, désastre] to head for ; [solution, paix] to move towards *OU* toward *US*.

acheter [28] [aʃte] *vt litt* & *fig* to buy ; **~ qqch à** *OU* **pour qqn** to buy sthg for sb, to buy sb sthg ; **~ qqch à qqn** [commerçant] to buy sthg from sb.

acheteur, euse [aʃtœr, øz] *nm, f* buyer, purchaser.

achevé, e [aʃve] *adj sout* **d'un ridicule ~** utterly ridiculous.

achèvement [aʃɛvmɑ̃] *nm* completion.

achever [19] [aʃve] *vt* - **1.** [terminer] to complete, to finish (off) - **2.** [tuer, accabler] to finish off.
◆ **s'achever** *vp* to end, to come to an end.

achoppement [aʃɔpmɑ̃] ▻ **pierre.**

acide [asid] ◇ *adj* - **1.** [saveur] sour - **2.** [propos] sharp, acid - **3.** CHIM acid. ◇ *nm* - **1.** CHIM acid ; **~ acétique/chlorhydrique/sulfurique** acetic/hydrochloric/sulphuric acid ; **~ aminé** amino acid - **2.** *arg crime* acid.

acidité [asidite] *nf* - **1.** CHIM acidity - **2.** [saveur] sourness - **3.** [de propos] sharpness.

acid jazz [asiddʒaz] *nm* acid jazz.

acidulé, e [asidyle] *adj* slightly acid, ▻ bonbon.

acier [asje] *nm* steel ; **~ inoxydable** stainless steel.

aciérie [asjeri] *nf* steelworks *(sing)*.

acné [akne] *nf* acne ; **~ juvénile** teenage acne.

acolyte [akɔlit] *nm péj* henchman.

acompte [akɔ̃t] *nm* deposit ; **verser un ~** to put down *OU* pay a deposit.

acoquiner [3] [akɔkine] ◆ **s'acoquiner** *vp* : **s'~ avec qqn** to gang up with sb.

à-côté [akote] (*pl* **à-côtés**) *nm* - **1.** [point accessoire] side issue - **2.** [gain d'appoint] extra.

à-coup [aku] (*pl* **à-coups**) *nm* jerk ; **par ~s** in fits and starts.

acoustique [akustik] ◇ *nf* - **1.** [science] acoustics *(U)* - **2.** [d'une salle] acoustics *(pl)*. ◇ *adj* acoustic.

acquéreur [akerœr] *nm* buyer.

acquérir [39] [akerir] *vt* - **1.** [gén] to acquire - **2.** [conquérir] to win.

◆ **s'acquérir** *vp* : **s'~ qqch** to win sthg, to gain sthg.

acquiers, acquiert *etc* ▻ **acquérir**.

acquiescement [akjɛsmɑ̃] *nm* approval.

acquiescer [21] [akjese] *vi* to acquiesce ; **~ à** to agree to.

acquis, e [aki, iz] ◇ *pp* ▻ **acquérir**. ◇ *adj* - **1.** [caractère] acquired - **2.** [droit, avantage] established.

◆ **acquis** *nmpl* [connaissances] knowledge *(U)*.

acquisition [akizisjɔ̃] *nf* acquisition.

acquit [aki] *nm* receipt ; **pour ~** COMM received ; **faire qqch par ~ de conscience** *fig* to do sthg to set one's mind at rest.

acquittement [akitmɑ̃] *nm* - **1.** [d'obligation] settlement - **2.** DR acquittal.

acquitter [3] [akite] *vt* - **1.** DR to acquit - **2.** [régler] to pay - **3.** [libérer] : **~ qqn de** to release sb from.

◆ **s'acquitter** *vp* : **s'~ de qqch** [payer] to settle sthg ; *fig* to carry sthg out.

âcre [akr] *adj* - **1.** [saveur] bitter - **2.** [fumée] acrid.

acrimonie [akrimɔni] *nf* acrimony.

acrobate [akrɔbat] *nmf* acrobat.

acrobatie [akrɔbasi] *nf* acrobatics *(U)* ; **~s aériennes** aerobatics *(pl)*.

acrobatique [akrɔbatik] *adj* acrobatic.

acronyme [akrɔnim] *nm* acronym.

acrylique [akrilik] *adj & nm* acrylic.

acte [akt] *nm* - **1.** [action] act, action ; **faire ~ d'autorité** to exercise one's authority ; **faire ~ de bonne volonté** to make a gesture of goodwill ; **faire ~ de candidature** to submit an application - **2.** THÉÂTRE act - **3.** DR deed ; **~ d'accusation** charge ; **~ de naissance/de mariage** birth/marriage certificate ; **~ notarié** deed executed by a notary ; **~ de vente** bill of sale - **4.** RELIG certificate ; **~ de baptême** baptismal certificate - **5.** *loc* **faire ~ de présence** to put in an appearance ; **prendre ~ de** to note, to take note of.

◆ **actes** *nmpl* [de colloque] proceedings.

acteur, trice [aktœr, tris] *nm, f* actor (*f* actress).

actif, ive [aktif, iv] *adj* [gén] active ; **la population active** the working population.

◆ **actif** *nm* - **1.** FIN assets *(pl)* - **2.** *loc* **avoir qqch à son ~** to have sthg to one's credit.

action [aksjɔ̃] *nf* - **1.** [gén] action ; **passer à l'~** to go into action ; MIL to go into battle ; **sous l'~ de** under the effect of - **2.** [acte] action, act ; **bonne/mauvaise ~** good/bad deed - **3.** DR action, lawsuit - **4.** FIN share - **5.** RELIG : **~ de grâces** thanksgiving.

actionnaire [aksjɔnɛr] *nmf* FIN shareholder, stockholder *US*.

actionner [3] [aksjɔne] *vt* to work, to activate.

activement [aktivmɑ̃] *adv* actively.

activer [3] [aktive] *vt* to speed up.

◆ **s'activer** *vp* to bustle about.

activisme [aktivism] *nm* activism.

activiste [aktivist] *adj & nmf* activist.

activité [aktivite] *nf* [gén] activity ; **en ~** [volcan] active ; **~ d'éveil** early learning experience ; **~ professionnelle** job, profession.

actuaire [aktɥɛr] *nmf* actuary.

actualisation [aktɥalizasjɔ̃] *nf* [d'un texte] updating.

actualiser [3] [aktɥalize] *vt* to bring up to date.

actualité [aktɥalite] *nf* - **1.** [d'un sujet] topicality ; **être d'~** to be topical - **2.** [événements] : **l'~ sportive/politique/littéraire** the current sports/political/literary scene.

◆ **actualités** *nfpl* : **les ~s** the news *(sing)*.

actuel, elle [aktɥɛl] *adj* - **1.** [contemporain, présent] current, present ; **à l'heure ~le** at the present time - **2.** [d'actualité] topical.

actuellement [aktɥɛlmɑ̃] *adv* at present, currently.

acuité [akɥite] *nf* acuteness ; **~ visuelle** keenness of sight.

acupuncture, **acuponcture** [akypɔ̃ktyr] *nf* acupuncture.

adage [adaʒ] *nm* adage, saying.

adaptable [adaptabl] *adj* adaptable.

adaptateur, **trice** [adaptatœr, tris] *nm, f* adapter.
◆ **adaptateur** *nm* ÉLECTR adapter.

adaptation [adaptasjɔ̃] *nf* adaptation.

adapter [3] [adapte] *vt* **- 1.** [gén] to adapt **- 2.** [fixer] to fit ; **~ qqch à qqch** to fit sthg to sthg.
◆ **s'adapter** *vp* : **s'~ (à)** to adapt (to).

ADD (*abr de* **analogique/digital/digital**) ADD.

additif [aditif] *nm* **- 1.** [supplément] rider, additional clause **- 2.** [substance] additive.

addition [adisjɔ̃] *nf* **- 1.** [ajout, calcul] addition **- 2.** [note] bill, check *US*.

additionnel, **elle** [adisjɔnɛl] *adj* extra, additional.

additionner [3] [adisjɔne] *vt* **- 1.** [mélanger] : **~ une poudre d'eau** to add water to a powder **- 2.** [chiffres] to add up.
◆ **s'additionner** *vp* to add up.

adduction [adyksjɔ̃] *nf* [des eaux, du gaz] supply.

adepte [adɛpt] *nmf* follower.

adéquat, **e** [adekwa, at] *adj* suitable, appropriate.

adhérence [aderɑ̃s] *nf* [de pneu] grip.

adhérent, **e** [aderɑ̃, ɑ̃t] ◇ *adj* : **~ à** which adheres *ou* sticks to. ◇ *nm, f* : **~ (de)** member (of).

adhérer [18] [adere] *vi* **- 1.** [coller] to stick, to adhere ; **~ à** [se fixer sur] to stick *ou* adhere to ; [être d'accord avec] *fig* to support, to adhere to **- 2.** [être membre] : **~ à** to become a member of, to join.

adhésif, **ive** [adezif, iv] *adj* sticky, adhesive.
◆ **adhésif** *nm* adhesive.

adhésion [adezjɔ̃] *nf* **- 1.** [à une idée] : **~ (à)** support (for) **- 2.** [de pneu] : **une bonne ~ à la route** good road-holding *(U)* **- 3.** [à un parti] : **~ (à)** membership (of).

adieu [adjø] ◇ *interj* goodbye!, farewell! ; **dire ~ à qqch** *fig* to say goodbye to sthg. ◇ *nm (gén pl)* farewell ; **faire ses ~x à qqn** to say one's farewells to sb.

adipeux, **euse** [adipø, øz] *adj* [tissu] adipose ; [personne] fat.

adjacent, **e** [adʒasɑ̃, ɑ̃t] *adj* adjoining, adjacent.

adjectif [adʒɛktif] *nm* GRAMM adjective ; **~ attribut** predicative adjective ; **~ épithète** attributive adjective.

adjoindre [82] [adʒwɛ̃dr] *vt* : **~ qqch à qqch** to add sthg to sthg.
◆ **s'adjoindre** *vp* to appoint, to take on.

adjoint, **e** [adʒwɛ̃, ɛ̃t] ◇ *adj* deputy *(avant n)*, assistant *(avant n)*. ◇ *nm, f* deputy, assistant ; **~ au maire** deputy mayor.

adjonction [adʒɔ̃ksjɔ̃] *nf* addition ; **sans ~ de sel/sucre/conservateurs** with no added salt/sugar/preservatives.

adjudant [adʒydɑ̃] *nm* [dans la marine] warrant officer ; [dans l'armée] company sergeant major ; **~ chef** [dans la marine] warrant officer 1st class *UK*, chief warrant officer *US* ; [dans l'armée] regimental sergeant major.

adjudicataire [adʒydikatɛr] *nmf* successful bidder.

adjudication [adʒydikasjɔ̃] *nf* **- 1.** [vente aux enchères] sale by auction **- 2.** ADMIN awarding.

adjuger [17] [adʒyʒe] *vt* : **~ qqch (à qqn)** [aux enchères] to auction sthg (to sb) ; [décerner] to award sthg (to sb) ; **adjugé!** sold!
◆ **s'adjuger** *vp* : **s'~ qqch** to give o.s. sthg.

adjurer [3] [adʒyre] *vt sout* to implore, to beg.

adjuvant [adʒyvɑ̃] *nm* **- 1.** [médicament] adjuvant **- 2.** [stimulant] stimulant.

admets *etc* ▷ **admettre**.

admettre [84] [admɛtr] *vt* **- 1.** [tolérer, accepter] to allow, to accept **- 2.** [supposer] to suppose, to assume ; **admettons que** *(+ subjonctif)* supposing *ou* assuming (that) **- 3.** [autoriser] to allow ; **être admis à faire qqch** to be allowed to do sthg **- 4.** [accueillir, reconnaître] to admit.

administrateur, **trice** [administratœr, tris] *nm, f* **- 1.** [gérant] administrator ; **~ de biens** administrator of an estate ; **~ judiciaire** receiver **- 2.** [de conseil d'administration] director **- 3.** INFORM : **~ de site (Web)** webmaster.

administratif, **ive** [administratif, iv] *adj* administrative.

administration [administrasjɔ̃] *nf* **- 1.** [service public] : **l'Administration** ≃ the Civil Service **- 2.** [gestion] administration.

administrer [3] [administre] *vt* **- 1.** [gérer] to manage, to administer **- 2.** [médicament, sacrement] to administer.

admirable [admirabl] *adj* **- 1.** [personne, comportement] admirable **- 2.** [paysage, spectacle] wonderful.

admirablement [admirabləmɑ̃] *adv* admirably.

admirateur, **trice** [admiratœr, tris] *nm, f* admirer.

admiratif, **ive** [admiratif, iv] *adj* admiring.

admiration [admirasjɔ̃] *nf* admiration ; **être en ~ devant qqn/qqch** to be filled with admiration for sb/sthg.

admirer [3] [admire] *vt* to admire.

admis, **e** [admi, iz] *pp* ⊳ **admettre**.

admissible [admisibl] ◇ *adj* - **1.** [attitude] acceptable - **2.** SCOL eligible. ◇ *nmf* SCOL eligible candidate.

admission [admisjɔ̃] *nf* admission.

admonester [3] [admɔnɛste] *vt sout* to admonish.

ADN (*abr de* **acide désoxyribonucléique**) *nm* DNA.

ado [ado] (*abr de* **adolescent**) *nmf fam* teenager.

adolescence [adɔlesɑ̃s] *nf* adolescence.

adolescent, **e** [adɔlesɑ̃, ɑ̃t] ◇ *adj* adolescent. ◇ *nm, f* adolescent, teenager.

adonis [adɔnis] *nm* Adonis.

adonner [3] [adɔne] ◆ **s'adonner** *vp* : **s'~ à** [sport, activité] to devote o.s. to ; [vice] to take to.

adopter [3] [adɔpte] *vt* - **1.** [gén] to adopt - **2.** [loi] to pass.

adoptif, **ive** [adɔptif, iv] *adj* [famille] adoptive ; [pays, enfant] adopted.

adoption [adɔpsjɔ̃] *nf* adoption ; **d'~** [pays, ville] adopted ; [famille] adoptive.

adorable [adɔrabl] *adj* adorable, delightful.

adorateur, **trice** [adɔratœr, tris] ◇ *adj* adoring, worshipping *UK*, worshiping *US*. ◇ *nm, f* - **1.** [de personne] admirer - **2.** RELIG worshipper *UK*, worshiper *US*.

adoration [adɔrasjɔ̃] *nf* - **1.** [amour] adoration ; **être en ~ devant qqn** to worship sb - **2.** RELIG worship.

adorer [3] [adɔre] *vt* - **1.** [personne, chose] to adore - **2.** RELIG to worship.

adosser [3] [adose] *vt* : **~ qqch à qqch** to place sthg against sthg.
◆ **s'adosser** *vp* : **s'~ à** *ou* **contre qqch** to lean against sthg.

adoucir [32] [adusir] *vt* - **1.** [gén] to soften - **2.** [chagrin, peine] to ease, to soothe.
◆ **s'adoucir** *vp* - **1.** [temps] to become *ou* get milder - **2.** [personne] to mellow.

adoucissant, **e** [adusisɑ̃, ɑ̃t] *adj* soothing.
◆ **adoucissant** *nm* softener.

adoucissement [adusismɑ̃] *nm* - **1.** [de température] : **il y a eu un ~ de la température** the weather has become milder - **2.** [de peine] soothing, easing - **3.** [de l'eau] softening.

adoucisseur [adusisœr] *nm* : **~ d'eau** water softener.

adrénaline [adrenalin] *nf* adrenalin.

adresse [adrɛs] *nf* - **1.** [gén & INFORM] address ; **ce restaurant est une bonne ~** this restaurant is a good place to go ; **à l'~ de** *fig* for the benefit of ; **~ électronique** e-mail address - **2.** [habileté] skill - **3.** [mot] headword.

adresser [4] [adrese] *vt* - **1.** [faire parvenir] : **~ qqch à qqn** to address sthg to sb - **2.** [envoyer] : **~ qqn à qqn** to refer sb to sb.
◆ **s'adresser** *vp* : **s'~ à** [parler à] to speak to ; [être destiné à] to be aimed at, to be intended for.

Adriatique [adriatik] *nf* : **l'~** the Adriatic.

adroit, **e** [adrwa, at] *adj* skilful *US*, skillful *US*.

adroitement [adrwatmɑ̃] *adv* skilfully *UK*, skillfully *US*.

ADSL (*abr de* **asymmetric digital subscriber line**) *nm* ADSL ; **passer à l'~** to switch *ou* upgrade *ou* go over to ADSL.

aduler [3] [adyle] *vt* to adulate.

adulte [adylt] *nmf* & *adj* adult.

adultère [adyltɛr] ◇ *nm* [acte] adultery. ◇ *adj* adulterous.

adultérin, **e** [adylterɛ̃, in] *adj* illegitimate.

advenir [40] [advənir] *v impers* to happen ; **qu'advient-il de...?** what is happening to...? ; **qu'est-il advenu de...?** what has happened to *ou* become of...? ; **advienne que pourra** come what may.

advenu [advəny] *pp* ⊳ **advenir**.

adverbe [advɛrb] *nm* adverb.

adversaire [advɛrsɛr] *nmf* adversary, opponent.

adverse [advɛrs] *adj* [opposé] opposing, ⊳ **parti**.

adversité [advɛrsite] *nf* adversity.

advient ⊳ **advenir**.

advint ⊳ **advenir**.

AE (*abr de* **adjoint d'enseignement**) *nm non-certified teacher.*

AELE (*abr de* **Association européenne de libre-échange**) *nf* EFTA.

AEN (*abr de* **Agence pour l'énergie nucléaire**) *nf French nuclear energy agency*, ≃ AEA *UK*, ≃ AEC *US*.

aération [aerasjɔ̃] *nf* [circulation d'air] ventilation ; [action] airing.

aéré, **e** [aere] *adj* - **1.** [pièce] well-ventilated ; **mal ~** stuffy - **2.** *fig* [présentation] well-spaced.

aérer [18] [aere] *vt* - **1.** [pièce, chose] to air - **2.** *fig* [présentation, mise en page] to lighten.
◆ **s'aérer** *vp* [sortir] to get some fresh air.

aérien, **enne** [aerjɛ̃, ɛn] *adj* - **1.** [grâce] ethereal ; [démarche] light - **2.** [câble] overhead *(avant n)* - **3.** [transports, attaque] air *(avant n)* ; **compagnie ~ne** airline (company).

aérobic [aerɔbik] *nm* aerobics *(U)*.

aérodrome [aerɔdrom] *nm* airfield.

aérodynamique [aerɔdinamik] ◇ *nf* aerodynamics *(U)*. ◇ *adj* streamlined, aerodynamic.

aérogare [aerɔgar] *nf* - **1.** [aéroport] airport - **2.** [gare] air terminal.

aéroglisseur [aerɔglisœr] *nm* hovercraft.

aérogramme [aerɔgram] *nm* aerogramme, aerogram *US*, air letter.

aéromodélisme [aerɔmɔdelism] *nm* model aircraft making.

aéronautique [aerɔnotik] ◇ *nf* aeronautics *(U)*. ◇ *adj* aeronautical.

aéronaval, **e**, **als** [aerɔnaval] *adj* air and sea *(avant n)*.

aérophagie [aerɔfaʒi] *nf* abdominal wind.

aéroport [aerɔpɔr] *nm* airport.

aéroporté, **e** [aerɔpɔrte] *adj* airborne.

aérosol [aerɔsɔl] *nm* & *adj inv* aerosol.

aérospatial, **e**, **aux** [aerɔspasjal, o] *adj* aerospace *(avant n)*.

◆ **aérospatiale** *nf* aerospace industry.

AF ◇ *nfpl* (*abr de* **allocations familiales**) = allocation. ◇ *nf* (*abr de* **Assemblée fédérale**) (Swiss) Federal Assembly.

affabilité [afabilite] *nf* affability.

affable [afabl] *adj* - **1.** [personne] affable, agreeable - **2.** [parole] kind.

affabulation [afabylasjɔ̃] *nf* fabrication.

affaiblir [32] [afeblir] *vt litt* & *fig* to weaken.

◆ **s'affaiblir** *vp litt* & *fig* to weaken, to become weaker.

affaiblissement [afeblismɑ̃] *nm* weakening.

affaire [afɛr] *nf* - **1.** [question] matter - **2.** [situation, polémique] affair - **3.** [marché] deal ; **faire une ~** to get a bargain *ou* a good deal ; **une ~ en or** a real bargain - **4.** [entreprise] business - **5.** [procès] case - **6.** *loc* **avoir ~ à qqn** to deal with sb ; **vous aurez ~ à moi!** you'll have me to deal with! ; **c'est l'~ d'une minute** it will only take a minute ; **faire l'~** to do nicely ; **j'en fais mon ~** leave it to me ; **tirer qqn d'~** to get sb out of trouble.

◆ **affaires** *nfpl* - **1.** COMM business *(U)* - **2.** [objets personnels] things, belongings - **3.** [activités] affairs ; **les ~s de l'État** affairs of state ; **les Affaires étrangères** ≃ the Foreign Office *UK (sing)* ; **se mêler** *ou* **s'occuper de ses ~s** to mind one's own business ; **toutes ~s cessantes** forthwith.

affairé, **e** [afere] *adj* busy.

affairer [4] [afere] ◆ **s'affairer** *vp* to bustle about.

affairisme [aferism] *nm* racketeering.

affaissement [afɛsmɑ̃] *nm* GÉOGR subsidence.

affaisser [4] [afese] ◆ **s'affaisser** *vp* - **1.** [se creuser] to subside, to sink - **2.** [tomber] to collapse.

affaler [3] [afale] ◆ **s'affaler** *vp* to collapse.

affamé, **e** [afame] *adj* starving.

affectation [afɛktasjɔ̃] *nf* - **1.** [attribution] : **~ de qqch à** allocation of sthg to - **2.** [nomination] appointment, posting - **3.** [manque de naturel] affectation.

affecter [4] [afɛkte] *vt* - **1.** [consacrer] : **~ qqch à** to allocate sthg to - **2.** [nommer] : **~ qqn à** to appoint sb to - **3.** [feindre] to feign - **4.** [émouvoir] to affect, to move.

affectif, **ive** [afɛktif, iv] *adj* emotional.

affection [afɛksjɔ̃] *nf* - **1.** [sentiment] affection ; **avoir de l'~ pour** to be fond of - **2.** [maladie] complaint.

affectionner [3] [afɛksjɔne] *vt* to be fond of.

affectivité [afɛktivite] *nf* emotions *(pl)*.

affectueusement [afɛktɥøzmɑ̃] *adv* affectionately.

affectueux, **euse** [afɛktɥø, øz] *adj* affectionate.

afférent, **e** [aferɑ̃, ɑ̃t] *adj* - **1.** DR : **~ à qqch** pertaining *ou* relating to sthg - **2.** ANAT afferent.

affermir [32] [afɛrmir] *vt* [gén] to strengthen ; [chairs] to tone up.

◆ **s'affermir** *vp* - **1.** [matière] to be strengthened ; [chairs] to be toned up - **2.** [pouvoir] to be consolidated.

affichage [afiʃaʒ] *nm* - **1.** [d'un poster, d'un avis] putting up, displaying - **2.** ÉLECTRON : **~ à cristaux liquides** LCD, liquid crystal display ; **~ numérique** digital display.

affiche [afiʃ] *nf* [gén] poster ; [officielle] notice ; **~ publicitaire** (advertising) poster ; **être à l'~** *fig* to be on.

afficher [3] [afiʃe] *vt* - **1.** [liste, poster] to put up ; [vente, réglementation] to put up a notice about - **2.** [laisser transparaître] to display, to exhibit.

◆ **s'afficher** *vp* : **s'~ avec qqn** to flaunt o.s. with sb.

affichette [afiʃɛt] *nf* small poster.

afficheur [afiʃœr] *nm* - **1.** [entreprise] billposter - **2.** ÉLECTRON display.

affilée [afile] ◆ **d'affilée** *loc adv* : **trois jours d'~** three days running.

affiler [3] [afile] *vt* to sharpen.

affilié, e [afilje] *adj* : **~ à** affiliated to.

affiner [3] [afine] *vt litt & fig* to refine.
◆ **s'affiner** *vp* [silhouette] to become thinner ; [devenir plus raffiné] to become more refined.

affinité [afinite] *nf* affinity ; **avoir des ~s avec** to have an affinity with.

affirmatif, ive [afirmatif, iv] *adj* - **1.** [réponse] affirmative - **2.** [personne] positive.
◆ **affirmatif** *adv* affirmative.
◆ **affirmative** *nf* : **dans l'affirmative** if yes, if the answer is yes ; **répondre par l'affirmative** to reply in the affirmative.

affirmation [afirmasjɔ̃] *nf* assertion.

affirmativement [afirmativmɑ̃] *adv* : **répondre ~** to answer in the affirmative.

affirmer [3] [afirme] *vt* - **1.** [certifier] to maintain, to claim - **2.** [exprimer] to assert.
◆ **s'affirmer** *vp* to assert o.s.

affixe [afiks] *nm* affix.

affleurer [5] [aflœre] *vi fig* to rise to the surface.

affliction [afliksjɔ̃] *nf* affliction.

affligeant, e [afliʒɑ̃, ɑ̃t] *adj* - **1.** [désolant] saddening, distressing - **2.** [lamentable] appalling.

affliger [17] [afliʒe] *vt sout* - **1.** [attrister] to sadden, to distress - **2.** [de défaut, de maladie] : **être affligé de** to be afflicted with.
◆ **s'affliger** *vp sout* **s'~ de** to be distressed at *ou* about.

affluence [aflyɑ̃s] *nf* crowd, crowds *(pl)*.

affluent [aflyɑ̃] *nm* tributary.

affluer [3] [aflye] *vi* - **1.** [choses] to pour in, to flood in - **2.** [personnes] to flock - **3.** [sang] : **~ (à)** to rush (to).

afflux [afly] *nm* - **1.** [de liquide, dons, capitaux] flow - **2.** [de personnes] flood.

affolant, e [afɔlɑ̃, ɑ̃t] *adj* - **1.** [inquiétant] frightening - **2.** [troublant] disturbing.

affolé, e [afɔle] *adj* horrified.

affolement [afɔlmɑ̃] *nm* panic.

affoler [3] [afɔle] *vt* - **1.** [inquiéter] to terrify - **2.** [émouvoir] to drive mad.
◆ **s'affoler** *vp* [paniquer] to panic.

affranchi, e [afrɑ̃ʃi] *adj* - **1.** [lettre - avec timbre] stamped ; [- à la machine] franked - **2.** [personne, esclave] liberated.

affranchir [32] [afrɑ̃ʃir] *vt* - **1.** [lettre - avec timbre] to stamp ; [- à la machine] to frank - **2.** *arg crime* [renseigner] to put in the picture, to fill in - **3.** [libérer] : **~ qqn de qqch** to liberate *ou* free sb from sthg - **4.** [esclave] to set free, to liberate.
◆ **s'affranchir** *vp* : **s'~ de qqch** [se libérer de] to free o.s. from sthg.

affranchissement [afrɑ̃ʃismɑ̃] *nm* - **1.** [de lettre - avec timbre] stamping ; [- à la machine] franking - **2.** [libération] liberation, emancipation.

affres [afr] *nfpl litt* throes.

affréter [18] [afrete] *vt* to charter.

affreusement [afrøzmɑ̃] *adv* - **1.** [horriblement] horribly - **2.** [énormément] awfully.

affreux, euse [afrø, øz] *adj* - **1.** [repoussant] horrible - **2.** [effrayant] terrifying - **3.** [détestable] awful, dreadful.

affriolant, e [afrijɔlɑ̃, ɑ̃t] *adj* enticing.

affront [afrɔ̃] *nm* insult, affront ; **faire un ~ à qqn** to insult sb.

affrontement [afrɔ̃tmɑ̃] *nm* confrontation.

affronter [3] [afrɔ̃te] *vt* to confront.
◆ **s'affronter** *vp* to confront each other.

affubler [3] [afyble] *vt péj* **être affublé de** to be got up in.
◆ **s'affubler** *vp* : **s'~ de qqch** *péj* to get o.s. up in sthg.

affût [afy] *nm* : **être à l'~ (de)** to be lying in wait (for) ; *fig* to be on the lookout (for).

affûter [3] [afyte] *vt* to sharpen.

afghan, e [afgɑ̃, an] *adj* Afghan.
◆ **afghan** *nm* [langue] Afghan, Pashto.
◆ **Afghan, e** *nm, f* Afghan.

Afghanistan [afganistɑ̃] *nm* : **l'~** Afghanistan.

afin [afɛ̃] ◆ **afin de** *loc prép* in order to.
◆ **afin que** *loc conj (+ subjonctif)* so that.

AFNOR, Afnor [afnɔr] (*abr de* **Association française de normalisation**) *nf French industrial standards authority,* ≃ BSI ***UK***, ≃ ASA ***US***.

a fortiori [afɔrsjɔri] *adv* all the more.

AFP (*abr de* **Agence France-Presse**) *nf French press agency.*

africain, e [afrikɛ̃, ɛn] *adj* African.
◆ **Africain, e** *nm, f* African.

afrikaner [afrikanɛr], **afrikaander** [afrikɑ̃dɛr] *adj* Afrikaner.
◆ **Afrikaner, Afrikaander** *nmf* Afrikaner.

Afrique [afrik] *nf* : **l'~** Africa ; **l'~ australe** Southern Africa ; **l'~ noire** sub-Saharan Africa ; **l'~ du Nord** North Africa ; **l'~ du Sud** South Africa.

after-shave [aftœrʃɛv] *nm inv & adj inv* aftershave, = **après-rasage**.

ag. *abr de* **agence**.

AG (*abr de* **assemblée générale**) *nf* ≃ AGM ***UK***.

agaçant, e [agasɑ̃, ɑ̃t] *adj* irritating.

agacement [agasmɑ̃] *nm* irritation.

agacer [16] [agase] *vt* to irritate.

agate [agat] *nf* agate.

âge [aʒ] *nm* age ; **à l'~ de** at the age of ; **en ~ de faire qqch** old enough to do sthg ; **en bas ~** very young ; **quel ~ as-tu?** how old are you? ; **d'un certain ~** middle-aged ; **prendre de l'~** to age ; **l'~ adulte** adulthood ; **l'~ ingrat** the awkward *ou* difficult age ; **d'un ~ avancé** elderly ; **~ de fer/de bronze** Iron/Bronze Age ; **~ mental** mental age ; **d'~ mûr** of mature years ; **~ d'or** golden age ; **~ de raison** age of reason ; **le troisième ~** [personnes] the over-sixties, senior citizens.

âgé, e [aʒe] *adj* old, elderly ; **être ~ de 20 ans** to be 20 years old *ou* of age ; **un enfant ~ de 3 ans** a 3-year-old child.

agence [aʒɑ̃s] *nf* agency ; **~ immobilière** estate agent's *UK*, real estate agency *US* ; **~ matrimoniale** marriage bureau ; **Agence nationale pour l'emploi** ≃ job centre *UK* ; **~ de publicité** advertising agency ; **~ de voyages** travel agent's, travel agency.

agencement [aʒɑ̃smɑ̃] *nm* arrangement.

agencer [16] [aʒɑ̃se] *vt* to arrange ; *fig* to put together.
◆ **s'agencer** *vp* to fit together.

agenda [aʒɛ̃da] *nm* diary.

agenouiller [3] [aʒnuje] ◆ **s'agenouiller** *vp* to kneel ; **s'~ devant** *fig* to bow down before.

agent [aʒɑ̃] *nm* agent ; **~ de change** stockbroker ; **~ commercial** sales representative ; **~ immobilier** estate agent *UK*, real estate agent *US* ; **~ de police** police officer ; **~ de publicité** advertising agent ; **~ secret** secret agent.

agglomérat [aglɔmera] *nm* GÉOL *fig* agglomerate.

agglomération [aglɔmerasjɔ̃] *nf* - **1.** [amas] conglomeration - **2.** [ville] conurbation ; **l'~ parisienne** the Parisian urban area.

aggloméré [aglɔmere] *nm* chipboard.

agglomérer [18] [aglɔmere] *vt* to mix together.
◆ **s'agglomérer** *vp* - **1.** [surface] to bind - **2.** [foule] to gather.

agglutiner [3] [aglytine] *vt* to stick together.
◆ **s'agglutiner** *vp* [foule] to gather, to congregate.

aggravation [agravasjɔ̃] *nf* worsening, aggravation.

aggraver [3] [agrave] *vt* to make worse.
◆ **s'aggraver** *vp* to get worse, to worsen.

agile [aʒil] *adj* agile, nimble.

agilement [aʒilmɑ̃] *adv* agilely.

agilité [aʒilite] *nf litt* & *fig* agility.

agios [aʒjo] *nmpl* FIN bank charges.

agir [32] [aʒir] *vi* - **1.** [faire, être efficace] to act - **2.** [se comporter] to behave - **3.** [influer] : **~ sur** to have an effect on.
◆ **s'agir** *v impers* : **il s'agit de...** it's a matter of... ; **il s'agit de faire qqch** we/you must do sthg ; **de quoi s'agit-il?** what's it about? ; **de quoi s'agit-il dans ce film/cette lettre ?** what is this film/letter about?

agissements [aʒismɑ̃] *nmpl péj* schemes, intrigues.

agitateur, trice [aʒitatœr, tris] *nm, f* POLIT agitator.

agitation [aʒitasjɔ̃] *nf* agitation ; [politique, sociale] unrest.

agité, e [aʒite] *adj* - **1.** [gén] restless ; [enfant, classe] restless, fidgety ; [journée, atmosphère] hectic - **2.** [mer] rough.

agiter [3] [aʒite] *vt* - **1.** [remuer - flacon, objet] to shake ; [- drapeau, bras] to wave ; **'~ avant l'emploi'** 'shake well before use' - **2.** [énerver] to perturb.
◆ **s'agiter** *vp* [personne] to move about, to fidget ; [mer] to stir ; [population] to get restless.

agneau [aɲo] *nm* - **1.** [animal, viande] lamb ; **doux comme un ~** gentle as a lamb - **2.** [cuir] lambskin.

agonie [agɔni] *nf* [de personne] mortal agony ; *fig* death throes *(pl)* ; **être à l'~** to be at death's door.

agoniser [3] [agɔnize] *vi* [personne] to be dying ; *fig* to be on its last legs.

agoraphobie [agɔrafɔbi] *nf* agoraphobia.

agrafe [agraf] *nf* - **1.** [de bureau] staple - **2.** MÉD clip.

agrafer [3] [agrafe] *vt* - **1.** [attacher] to fasten - **2.** *fam fig* [attraper] to nab.

agrafeuse [agraføz] *nf* stapler.

agraire [agrɛr] *adj* agrarian.

agrandir [32] [agrɑ̃dir] *vt* - **1.** [élargir - gén & PHOTO] to enlarge ; [- rue, écart] to widen - **2.** *fig* [développer] to expand - **3.** [faire paraître plus grand] : **~ qqch** to make sthg look bigger.
◆ **s'agrandir** *vp* - **1.** [s'étendre] to grow - **2.** *fig* [se développer] to expand.

agrandissement [agrɑ̃dismɑ̃] *nm* - **1.** [gén & PHOTO] enlargement - **2.** *fig* [développement] expansion.

agréable [agreabl] *adj* pleasant, nice.

agréablement [agreabləmɑ̃] *adv* pleasantly.

agréé, e [agree] *adj* [concessionnaire, appareil] authorized.

agréer [15] [agree] *vt sout* - **1.** [accepter] : **faire ~ qqch** to have sthg accepted ; **veuillez ~ mes salutations distinguées** *ou* **l'expression de mes sentiments distingués** yours faithfully - **2.** [convenir] : **~ à qqn** to suit *ou* please sb.

agrégat [agrega] *nm* - **1.** [agglomérat] aggregate - **2.** *fig* & *péj* [amas] hotchpotch *UK*, hodgepodge *US*.

agrégation [agregasjɔ̃] *nf competitive examination for secondary school and university teachers.*

agrégé, e [agreʒe] *nm, f holder of the agrégation.*

agrément [agremɑ̃] *nm* - **1.** [caractère agréable] attractiveness ; **d'~** [jardin] ornamental ; [voyage] pleasure *(avant n)* - **2.** [approbation] consent, approval.

agrémenter [3] [agremɑ̃te] *vt* : **~ qqch (de qqch)** to embellish sthg (with sthg).
◆ **s'agrémenter** *vp* : **s'~ de qqch** [vêtement] to be trimmed *ou* adorned with sthg.

agrès [agrɛ] *nmpl* SPORT gym apparatus *(U)*.

agresser [4] [agrɛse] *vt* - **1.** [suj: personne] to attack - **2.** *fig* [suj: bruit, pollution] to assault.

agresseur [agrɛsœr] *nm* attacker.

agressif, ive [agrɛsif, iv] *adj* aggressive.

agression [agrɛsjɔ̃] *nf* attack ; MIL & PSYCHO aggression.

agressivement [agrɛsivmɑ̃] *adv* aggressively.

agressivité [agrɛsivite] *nf* aggressiveness.

agricole [agrikɔl] *adj* agricultural.

agriculteur, trice [agrikyltœr, tris] *nm, f* farmer.

agriculture [agrikyltyr] *nf* agriculture, farming.

agripper [3] [agripe] *vt* - **1.** [personne] to cling *ou* hang on to - **2.** [objet] to grip, to clutch.
◆ **s'agripper** *vp* : **s'~ à qqn** to cling *ou* hang on to sb ; **s'~ à qqch** to grip *ou* clutch sthg.

agroalimentaire [agroalimɑ̃tɛr] ◇ *adj* : **industrie ~** food-processing industry ; **les produits ~s** processed foods *ou* foodstuffs. ◇ *nm* : **l'~** the food-processing industry.

agronome [agrɔnɔm] *nmf* agronomist.

agronomie [agrɔnɔmi] *nf* agronomy.

agronomique [agrɔnɔmik] *adj* agronomic.

agrume [agrym] *nm* citrus fruit.

aguerrir [32] [agerir] *vt* to harden.
◆ **s'aguerrir** *vp* : **s'~ (contre)** to become hardened (to).

aguets [agɛ] ◆ **aux aguets** *loc adv* : **être/rester aux ~** to be *ou* keep on the lookout.

aguichant, e [agiʃɑ̃, ɑ̃t] *adj* enticing.

ah [a] *interj* oh!, ah! ; **ah bon?** really? ; **ah, quelle bonne surprise!** what a nice surprise!

Ah (*abr écrite de* **ampère-heure**) ah.

ahuri, e [ayri] *adj* : **être ~ (par qqch)** to be taken aback (by sthg).

ahurir [32] [ayrir] *vt* [étonner] to astound.

ahurissant, e [ayrisɑ̃, ɑ̃t] *adj* astounding.

ahurissement [ayrismɑ̃] *nm* astonishment.

ai [ɛ] ▷ **avoir.**

aide [ɛd] ◇ *nf* - **1.** [gén] help ; **à l'~!** help! ; **appeler (qqn) à l'~** to call (to sb) for help ; **venir en ~ à qqn** to come to sb's aid, to help sb ; **~ ménagère** home help *UK*, home helper *US* - **2.** [secours financier] aid ; **~ sociale** social security *UK*, welfare *US*. ◇ *nmf* [adjoint] assistant ; **~ de camp** MIL aide-de-camp.
◆ **à l'aide de** *loc prép* with the help *ou* aid of.

aide-éducateur, trice [ɛdedykatœr, tris] *nm, f* SCOL teaching assistant.

aide-mémoire [ɛdmemwar] *nm inv* aide-mémoire ; [pour examen] revision notes *(pl)*.

aider [4] [ede] *vt* to help ; **~ qqn à faire qqch** to help sb to do sthg ; **~ à faire qqch** to help to do sthg ; **~ qqn dans qqch** to help sb with sthg ; **se faire ~ par** *ou* **de qqn** to be helped by sb, to get help from sb ; **~ à faire qqch** to help to do sthg.
◆ **s'aider** *vp* - **1.** [s'assister mutuellement] to help each other - **2.** [avoir recours] : **s'~ de** to use, to make use of.

aide-soignant, e [ɛdswaɲɑ̃, ɑ̃t] (*mpl* **aides-soignants**, *fpl* **aides-soignantes**) *nm, f* nursing auxiliary *UK*, nurse's aide *US*.

aie, aies *(etc)* ▷ **avoir.**

aïe [aj] *interj* - **1.** [exprime la douleur] ow!, ouch! - **2.** [exprime le désagrément] oh dear!, oh no!

AIEA (*abr de* **Agence internationale de l'énergie atomique**) *nf* IAEA.

aïeul, e [ajœl] *nm, f sout* grandparent, grandfather (*f* grandmother).

aïeux [ajø] *nmpl* ancestors.

aigle [ɛgl] *nm* eagle.

aiglon [ɛglɔ̃] *nm* eaglet.

aigre [ɛgr] *adj* - **1.** [gén] sour - **2.** [propos] harsh.

aigre-doux, aigre-douce [ɛgrədu, ɛgrədus] *adj* - **1.** CULIN sweet-and-sour - **2.** [propos] bittersweet.

aigrelet, ette [ɛgrəlɛ, ɛt] *adj* - **1.** [vin] vinegary - **2.** [voix] sharpish.

aigrement [ɛgrəmɑ̃] *adv* bitterly.

aigrette [ɛgrɛt] *nf* egret.

aigreur [ɛgrœr] *nf* - **1.** [d'un aliment] sourness - **2.** [d'un propos] harshness.
◆ **aigreurs d'estomac** *nfpl* heartburn *(U)*.

aigri, e [egri] *adj* embittered.

aigrir [32] [egrir] *vt* - **1.** [aliment] to make sour - **2.** [personne] to embitter.
◆ **s'aigrir** *vp* - **1.** [aliment] to turn sour - **2.** [personne] to become bitter.

aigu, uë [egy] *adj* - **1.** [son] high-pitched - **2.** [objet, lame] sharp ; [angle] acute - **3.** [douleur] sharp, acute - **4.** [conflit, grève] bitter - **5.** [intelligence, sens] acute, keen.
◆ **aigu** *nm* high note.

aiguillage [egɥijaʒ] *nm* [RAIL - manœuvre] shunting *UK*, switching *US* ; [- dispositif] points *(pl) UK*, switch *US*.

aiguille [egɥij] *nf* - **1.** [gén] needle ; **~ à tricoter** knitting needle ; **~ de pin** pine needle ; **chercher une ~ dans une botte de foin** *fig* to look for a needle in a haystack - **2.** [de pendule] hand - **3.** GÉOGR peak.

aiguiller [3] [egɥije] *vt* - **1.** RAIL to shunt *UK*, to switch *US* - **2.** [personne, conversation] to steer, to direct.

aiguilleur [egɥijœr] *nm* - **1.** RAIL pointsman *UK*, switchman *US* - **2.** AÉRON : **~ du ciel** air-traffic controller.

aiguillon [egɥijɔ̃] *nm* - **1.** [dard] sting - **2.** [stimulant] spur, incentive.

aiguiser [3] [egize] *vt litt* & *fig* to sharpen ; **~ l'appétit** to whet the appetite.

aïkido, aikido [ajkido] *nm* aikido.

ail [aj] (*pl* **ails** *ou* **aulx** [o]) *nm* garlic *(U)* ; : **~ des bois** *Québec* wild leek.

aile [ɛl] *nf* - **1.** [gén] wing ; **battre de l'~** to be in a bad way ; **donner des ~s à qqn** to lend sb wings ; **voler de ses propres ~s** to stand on one's own two feet - **2.** [de moulin] sail.

aileron [ɛlrɔ̃] *nm* - **1.** [de requin] fin - **2.** [d'avion] aileron.

ailier [elje] *nm* winger.

aille, ailles *etc* ▷ **aller**.

ailleurs [ajœr] *adv* elsewhere, somewhere *ou* someplace *US* else ; **elle avait l'esprit ~** *fig* her mind was on other things ; **nulle part ~** nowhere *ou* noplace *US* else ; **partout ~** everywhere *ou* everyplace *US* else.
◆ **d'ailleurs** *loc adv* moreover, besides.
◆ **par ailleurs** *loc adv* moreover, furthermore.

ailloli, aïoli [ajɔli] *nm* garlic mayonnaise.

aimable [ɛmabl] *adj* kind, nice.

aimablement [ɛmabləmɑ̃] *adv* kindly.

aimant[1], e [ɛmɑ̃, ɑ̃t] *adj* loving.

aimant[2] [ɛmɑ̃] *nm* magnet.

aimanter [3] [ɛmɑ̃te] *vt* to magnetize.

aimer [4] [eme] *vt* - **1.** [gén] to like ; **~ bien qqch/qqn** to like sthg/sb, to be fond of sthg/sb ; **~ bien faire qqch** to (really) like doing sthg ; **~ (à) faire qqch** to like to do sthg, to like doing sthg ; **j'aime à croire que...** I like to think that... ; **elle aime qu'on l'appelle par son surnom** she likes being called by her nickname ; **je n'aime pas que tu rentres seule le soir** I don't like you coming home alone at night ; **j'aimerais (bien) que tu viennes avec moi** I'd like you to come with me ; **j'aimerais bien une autre tasse de café** I wouldn't mind another cup of coffee ; **~ mieux qqch** to prefer sthg ; **~ mieux faire qqch** to prefer doing *ou* to do sthg - **2.** [d'amour] to love.
◆ **s'aimer** *vp* - **1.** *(emploi réfléchi)* to like o.s. - **2.** *(emploi réciproque)* to love each other ; **s'~ bien** to like each other.

aine [ɛn] *nf* groin.

aîné, e [ene] ◇ *adj* [plus âgé] elder, older ; [le plus âgé] eldest, oldest. ◇ *nm, f* [plus âgé] older *ou* elder child, older *ou* eldest son/daughter ; [le plus âgé] oldest *ou* eldest child, oldest *ou* eldest son/daughter ; **elle est mon ~e de deux ans** she is two years older than me.

aînesse [ɛnɛs] ▷ **droit**.

ainsi [ɛ̃si] *adv* - **1.** [manière] in this way, like this - **2.** [valeur conclusive] thus ; **~ donc** so ; **et ~ de suite** and so on, and so forth ; **pour ~ dire** so to speak ; **~ soit-il** RELIG so be it, amen.
◆ **ainsi que** *loc conj* - **1.** [comme, de même que] as - **2.** [et] as well as.

aïoli = ailloli.

air [ɛr] *nm* - **1.** [gén] air ; **le grand ~** the fresh air ; **à l'~ libre** in the open air ; **en plein ~** (out) in the open air, outside ; **prendre l'~** to get some (fresh) air ; **en l'~** [projet] (up) in the air ; *fig* [paroles] empty ; **~ comprimé** compressed air ; **~ conditionné** air-conditioning ; **s'envoyer en l'~** *vulg* to get laid - **2.** [apparence, mine] air, look ; **il a l'~ triste** he looks sad ; **il a l'~ de bouder** it looks as if he's sulking ; **il a l'~ de faire beau** it looks like being a nice day ; **sans en avoir l'~** without showing it ; **d'un ~ dégagé** in a casual manner ; **n'avoir l'~ de rien** to look *ou* seem unremarkable, to look *ou* seem insignificant ; **un ~ de famille** a family resemblance - **3.** MUS tune.

Airbag® [ɛrbag] *nm* airbag.

aire [ɛr] *nf* - **1.** [gén] area ; **~ d'atterrissage** landing strip ; **~ de jeu** playground ; **~ de repos** lay-by *UK*, rest area *US* ; **~ de stationnement** parking area - **2.** [nid] eyrie.

airelle [ɛrɛl] *nf* bilberry.

aisance [ɛzɑ̃s] *nf* - **1.** [facilité] ease - **2.** [richesse] : **il vit dans l'~** he has an affluent lifestyle.

aise [ɛz] ◇ *nf sout* pleasure ; **être à l'~** *ou* **à son ~** [confortable] to feel comfortable ; [financièrement] to be comfortably off ; **mettez-vous à l'~** make yourself comfortable ; **mettre qqn mal à l'~** to make sb feel ill at ease *ou* uneasy ; **en prendre à son ~** to do as one likes ; **à votre ~** please yourself, as you wish. ◇ *adj* : **être bien ~ (de faire qqch)** to be delighted (to do sthg).
◆ **aises** *nfpl* : **aimer ses ~s** to like one's (home) comforts ; **prendre ses ~s** to make o.s. comfortable.

aisé, e [eze] *adj* **- 1.** [facile] easy **- 2.** [riche] well-off.

aisément [ezemɑ̃] *adv* easily.

aisselle [ɛsɛl] *nf* armpit.

ajonc [aʒɔ̃] *nm* gorse *(U)*.

ajournement [aʒurnəmɑ̃] *nm* adjournment, postponement.

ajourner [3] [aʒurne] *vt* **- 1.** [reporter - décision etc] to postpone ; [- réunion, procès] to adjourn **- 2.** [candidat] to refer.

ajout [aʒu] *nm* addition.

ajouter [3] [aʒute] *vt* to add ; **~ que** to add that ; **~ foi à qqch** *sout* to give credence to sthg.
◆ **s'ajouter** *vp* : **s'~ à qqch** to be in addition to sthg.

ajustage [aʒystaʒ] *nm* fitting.

ajusté, e [aʒyste] *adj* [coupé] fitted, tailored.

ajuster [3] [aʒyste] *vt* **- 1.** [monter] : **~ qqch (à)** to fit sthg (to) **- 2.** [régler] to adjust **- 3.** [vêtement] to alter **- 4.** [tir, coup] to aim **- 5.** [arranger - coiffure, cravate] to adjust.
◆ **s'ajuster** *vp* to be adaptable.

ajusteur [aʒystœr] *nm* fitter.

alaise, alèse [alɛz] *nf* undersheet.

alambiqué, e [alɑ̃bike] *adj* convoluted.

alarmant, e [alarmɑ̃, ɑ̃t] *adj* alarming.

alarme [alarm] *nf* alarm ; **donner l'~** to give *ou* raise the alarm.

alarmer [3] [alarme] *vt* to alarm.
◆ **s'alarmer** *vp* to get *ou* become alarmed.

alarmiste [alarmist] ◇ *nmf* scaremonger. ◇ *adj* alarmist.

albanais, e [albanɛ, ɛz] *adj* Albanian.
◆ **albanais** *nm* [langue] Albanian.
◆ **Albanais, e** *nm, f* Albanian.

Albanie [albani] *nf* : **l'~** Albania.

albâtre [albatr] *nm* alabaster.

albatros [albatros] *nm* albatross.

albinos [albinos] *nmf* & *adj inv* albino.

album [albɔm] *nm* album ; **~ (de) photo** photo album.

albumine [albymin] *nf* albumin.

alcalin, e [alkalɛ̃, in] *adj* alkaline.

alchimiste [alʃimist] *nmf* alchemist.

alcool [alkɔl] *nm* alcohol ; **~ à brûler** methylated spirits *(pl)* ; **~ à 90 degrés** surgical spirit ; **~ de prune/poire** plum/pear brandy.

alcoolémie [alkɔlemi] *nf* : **taux d'~** blood alcohol level.

alcoolique [alkɔlik] *nmf* & *adj* alcoholic.

alcoolisé, e [alkɔlize] *adj* alcoholic.

alcoolisme [alkɔlism] *nm* alcoholism.

Alc(o)otest® [alkɔtɛst] *nm* ≃ Breathalyser®, ≃ Breathalyzer® ; **passer un ~** to be breathalysed *UK ou* breathalyzed *US*.

alcôve [alkov] *nf* recess ; **secret d'~** intimate secret.

aléa [alea] *nm (gén pl) sout* hazard.

aléatoire [aleatwar] *adj* **- 1.** [avenir] uncertain **- 2.** [choix] random.

alémanique [alemanik] *adj* : **Suisse ~** German-speaking (part of) Switzerland.

alentour [alɑ̃tur] *adv* around, round about.
◆ **alentours** *nmpl* surroundings ; **les ~s de la ville** the outskirts of the city ; **aux ~s de** [spatial] in the vicinity of ; [temporel] around.

alerte [alɛrt] ◇ *adj* **- 1.** [personne, esprit] agile, alert **- 2.** [style, pas] lively. ◇ *nf* alarm, alert ; **donner l'~** to sound *ou* give the alert ; **~ à la bombe** bomb scare ; **fausse ~** false alarm.

alerter [3] [alɛrte] *vt* to warn, to alert.

alèse = **alaise**.

alexandrin [alɛksɑ̃drɛ̃] *nm* alexandrine.

algèbre [alʒɛbr] *nf* algebra.

Alger [alʒe] *n* Algiers.

Algérie [alʒeri] *nf* : **l'~** Algeria.

algérien, enne [alʒerjɛ̃, ɛn] *adj* Algerian.
◆ **Algérien, enne** *nm, f* Algerian.

algue [alg] *nf* seaweed *(U)*.

alias [aljas] *adv* alias.

alibi [alibi] *nm* alibi.

aliénation [aljenasjɔ̃] *nf* alienation ; **~ mentale** insanity.

aliéné, e [aljene] ◇ *adj* **- 1.** MÉD insane **- 2.** DR alienated. ◇ *nm, f* MÉD insane person.

aliéner [18] [aljene] *vt* to alienate.

alignement [aliɲmɑ̃] *nm* alignment, lining up ; **~ sur** alignment with ; **être dans l'~ de** to be in line with.

aligner [3] [aliɲe] *vt* - **1.** [disposer en ligne] to line up, to align - **2.** [présenter] to set out - **3.** [adapter] : ~ **qqch sur** to align sthg with, to bring sthg into line with.
◆ **s'aligner** *vp* to line up ; **s'~ sur** POLIT to align o.s. with.

aliment [alimɑ̃] *nm* [nourriture] food *(U)*.

alimentaire [alimɑ̃tɛr] *adj* - **1.** [gén] food *(avant n)* ; **c'est juste un travail ~** I'm doing this job just for the money - **2.** DR maintenance *(avant n)*.

alimentation [alimɑ̃tasjɔ̃] *nf* - **1.** [nourriture] diet ; **magasin d'~** food store - **2.** [approvisionnement] : ~ **(en)** supply *ou* supplying *(U)* (of).

alimenter [3] [alimɑ̃te] *vt* - **1.** [nourrir] to feed - **2.** [approvisionner] : ~ **qqch en** to supply sthg with - **3.** *fig* [entretenir] to keep going.
◆ **s'alimenter** *vp* to eat.

alinéa [alinea] *nm* - **1.** [retrait de ligne] indent - **2.** [dans un document officiel] paragraph.

aliter [3] [alite] *vt* : **être alité** to be bedridden.
◆ **s'aliter** *vp* to take to one's bed.

allaitement [alɛtmɑ̃] *nm* [d'enfant] breast-feeding ; [d'animal] suckling.

allaiter [4] [alete] *vt* [enfant] to breast-feed ; [animal] to suckle.

allant [alɑ̃] *nm* : **plein d'~** dynamic.

allé, e [ale] *pp* ▻ **aller.**

alléchant, e [aleʃɑ̃, ɑ̃t] *adj* mouth-watering, tempting.

allécher [18] [aleʃe] *vt* : **il a été alléché par l'odeur/la perspective** the smell/prospect made his mouth water.

allée [ale] *nf* - **1.** [dans un jardin] path ; [dans une ville] avenue - **2.** [passage] aisle - **3.** [trajet] : **~s et venues** comings and goings - **4.** *Québec* [golf] fairway.

allégation [alegasjɔ̃] *nf* allegation.

allégé, e [aleʒe] *adj* [régime, produit] low-fat.

allégeance [aleʒɑ̃s] *nf* allegiance.

alléger [22] [aleʒe] *vt* - **1.** [fardeau] to lighten - **2.** [douleur] to soothe.

allégorie [alegɔri] *nf* allegory.

allègre [alɛgr] *adj* - **1.** [ton] cheerful - **2.** [démarche] jaunty.

allégresse [alegrɛs] *nf* elation.

alléguer [18] [alege] *vt* : ~ **une excuse** to put forward an excuse ; ~ **que** to plead (that).

Allemagne [almaɲ] *nf* : **l'~** Germany ; **l'(ex-)~ de l'Est** (former) East Germany ; **l'(ex-)~ de l'Ouest** (former) West Germany.

allemand, e [almɑ̃, ɑ̃d] *adj* German.
◆ **allemand** *nm* [langue] German.
◆ **Allemand, e** *nm, f* German ; **un Allemand de l'Est/l'Ouest** an East/a West German.

aller [31] [ale] ◇ *nm* - **1.** [trajet] outward journey - **2.** [billet] single ticket *UK*, one-way ticket *US*. ◇ *vi* - **1.** [gén] to go ; **allez!** come on! ; **allez, au revoir!** bye then! ; **vas-y!** go on! ; **allons-y!, on y va!** let's go!, off we go! - **2.** *(+ infinitif)* ~ **faire qqch** to go and do sthg ; ~ **chercher les enfants à l'école** to go and fetch the children from school ; ~ **travailler/se promener** to go to work/for a walk - **3.** [indiquant un état] : **comment vas-tu?** how are you? ; **je vais bien** I'm very well, I'm fine ; **comment ça va? ça va** [santé] how are you? fine *ou* all right ; [situation] how are things? fine *ou* all right ; ~ **mieux** to be better - **4.** [convenir] : **ce type de clou ne va pas pour ce travail** this kind of nail won't do *ou* isn't suitable for this job ; ~ **avec** to go with ; ~ **à qqn** to suit sb ; [suj: vêtement, taille] to fit sb ; **ces couleurs ne vont pas ensemble** these colours don't go well together - **5.** *loc* **cela va de soi, cela va sans dire** that goes without saying ; **il y va de votre vie!** your life is at stake!, your life depends on it! ; **il en va de... comme...** the same goes for... as... ; **il en va de même pour lui** the same goes for him. ◇ *v aux (+ infinitif)* [exprime le futur proche] to be going to, will ; **je vais arriver en retard** I'm going to arrive late, I'll arrive late ; **nous allons bientôt avoir fini** we'll soon have finished.
◆ **s'en aller** *vp* - **1.** [partir] to go, to be off ; **allez-vous-en!** go away! - **2.** [disparaître] to go away.

allergie [alɛrʒi] *nf* allergy.

allergique [alɛrʒik] *adj* : ~ **(à)** allergic (to).

aller-retour [alerətur] *nm* return *UK ou* round trip *US* (ticket).

alliage [aljaʒ] *nm* alloy.

alliance [aljɑ̃s] *nf* - **1.** [union - stratégique] alliance ; [- par le mariage] union, marriage ; **cousin par ~** cousin by marriage - **2.** [bague] wedding ring - **3.** [organisation] : **l'Alliance française** *organization promoting French language and culture abroad.*

allié, e [alje] ◇ *adj* : ~ **(à)** allied (to). ◇ *nm, f* ally.
◆ **Alliés** *nmpl* : **les Alliés** the Allies.

allier [9] [alje] *vt* - **1.** [métaux] to alloy - **2.** [associer] to combine.
◆ **s'allier** *vp* to become allies ; **s'~ qqn** to win sb over as an ally ; **s'~ à qqn** to ally with sb.

alligator [aligatɔr] *nm* alligator.

allitération [aliterasjɔ̃] *nf* alliteration.

allô [alo] *interj* hello!

allocation [alɔkasjɔ̃] *nf* - **1.** [attribution] allocation - **2.** [aide financière] : ~ **chômage** unemployment benefit *(U) UK ou* compensation *(U) US* ;

~ **logement** housing benefit *(U) UK*, rent subsidy *(U) US* ; **~s familiales** child benefit *(U) UK*, welfare *(U) US*.

allocs [alɔk] *(abr de* **allocations familiales**) *fam nfpl* : **les ~** social security *UK*, welfare *US*.

allocution [alɔkysjɔ̃] *nf* short speech.

allongé, e [alɔ̃ʒe] *adj* - **1.** [position] : **être ~** to be lying down *ou* stretched out - **2.** [forme] elongated.

allongement [alɔ̃ʒmɑ̃] *nm* lengthening.

allonger [17] [alɔ̃ʒe] <> *vt* - **1.** [gén] to lengthen, to make longer - **2.** [jambe, bras] to stretch (out) - **3.** [personne] to lay down - **4.** *fam* [argent] to dish out - **5.** *fam* [coup] to aim. <> *vi* [jours] to grow longer.

◆ **s'allonger** *vp* - **1.** [gén] to get longer - **2.** [se coucher] to lie down - **3.** [se déployer] to stretch (out).

allopathique [alɔpatik] *adj* allopathic.

allouer [6] [alwe] *vt* : **~ qqch à qqn** to allocate sthg to sb.

allumage [alymaʒ] *nm* - **1.** [de feu] lighting - **2.** [d'appareil électrique] switching *ou* turning on - **3.** [de moteur] ignition.

allume-cigares [alymsigar] *nm inv* cigar lighter.

allume-gaz [alymgaz] *nm inv* gas lighter.

allumer [3] [alyme] *vt* - **1.** [lampe, radio, télévision] to turn *ou* switch on ; **allume dans la cuisine** turn the kitchen light on - **2.** [gaz] to light ; [cigarette] to light (up) - **3.** *fam* [personne] to turn on.

◆ **s'allumer** *vp* - **1.** [gén] to light up ; **s'~ de** *fig* [de joie, curiosité] to light up with - **2.** ÉLECTR to come *ou* go on.

allumette [alymɛt] *nf* match ; **craquer une ~** to strike a match.

allumeuse [alymøz] *nf fam péj* tease.

allure [alyr] *nf* - **1.** [vitesse] speed ; **à toute ~** at top *ou* full speed - **2.** [prestance] presence ; **avoir de l'~** to have style - **3.** [apparence générale] appearance ; **avoir une drôle d'~** to look odd ; **avoir fière ~** to cut a striking figure.

allusion [alyzjɔ̃] *nf* allusion ; **faire ~ à** to refer *ou* allude to.

almanach [almana] *nm* almanac.

aloès [alɔɛs] *nm* aloe.

aloi [alwa] *nm* : **de bon ~** [mesure] of real worth ; **de mauvais ~** [gaîté] not genuine ; [plaisanterie] in bad taste.

alors [alɔr] *adv* - **1.** [jadis] then, at that time - **2.** [à ce moment-là] then - **3.** [exprimant la conséquence] then, so ; **et ~, qu'est-ce qui s'est passé?** so what happened? ; **il va se mettre en colère [---] et ~?** he'll be angry [---] so what? - **4.** [emploi expressif] well (then) ; **~, qu'est-ce qu'on fait?** well, what are we doing? ; **ça ~!** well fancy that!

◆ **d'alors** *loc adv* at that time.

◆ **jusqu'alors** *loc adv* (up) until then.

◆ **alors que** *loc conj* - **1.** [exprimant le temps] while, when - **2.** [exprimant l'opposition] even though ; **elle est sortie ~ que c'était interdit** she went out even though it was forbidden ; **ils aiment le café ~ que nous, nous buvons du thé** they like coffee whereas we drink tea.

alouette [alwɛt] *nf* lark.

alourdir [32] [alurdir] *vt* - **1.** [gén] to weigh down, to make heavy - **2.** *fig* [impôts] to increase.

◆ **s'alourdir** *vp* - **1.** [taille] to get bigger - **2.** [paupières] to grow heavy.

aloyau [alwajo] *nm* sirloin.

alpage [alpaʒ] *nm* high mountain pasture.

Alpes [alp] *nfpl* : **les ~** the Alps.

alpestre [alpɛstr] *adj* alpine.

alphabet [alfabɛ] *nm* alphabet.

alphabétique [alfabetik] *adj* alphabetical.

alphabétisation [alfabetizasjɔ̃] *nf* teaching of literacy.

alphabétiser [3] [alfabetize] *vt* : **~ qqn** to teach sb (how) to read and write ; **~ un pays** to eliminate illiteracy from a country.

alpin, e [alpɛ̃, in] *adj* alpine.

alpinisme [alpinism] *nm* mountaineering.

alpiniste [alpinist] *nmf* mountaineer.

Alsace [alzas] *nf* : **l'~** Alsace.

alsacien, enne [alzasjɛ̃, ɛn] *adj* Alsatian.

◆ **alsacien** *nm* [dialecte] Alsatian.

◆ **Alsacien, enne** *nm, f* Alsatian.

altération [alterasjɔ̃] *nf* - **1.** [dégradation - gén] alteration, distortion ; [- de santé] deterioration - **2.** MUS inflection.

altercation [altɛrkasjɔ̃] *nf* altercation.

alter ego [altɛrego] *nm inv* alter ego.

altérer [18] [altere] *vt* - **1.** [détériorer] to spoil - **2.** [santé] to harm, to affect ; [vérité, récit] to distort.

◆ **s'altérer** *vp* - **1.** [matière - métal] to deteriorate ; [- aliment] to go off, to spoil - **2.** [santé] to deteriorate.

alternance [altɛrnɑ̃s] *nf* - **1.** [succession] alternation ; **en ~** alternately - **2.** POLIT change of government party.

alternatif, ive [altɛrnatif, iv] *adj* - **1.** [périodique] alternating - **2.** [parallèle] alternative.

◆ **alternative** *nf* alternative.

alternativement [altɛrnativmɑ̃] *adv* alternately.

alterner [3] [altɛrne] ◇ *vt* : **(faire) ~ qqch et qqch** to alternate sthg with sthg. ◇ *vi* [se succéder] : **~ (avec)** to alternate (with).

altesse [altɛs] *nf* : **Son Altesse** His/Her Highness.

altier, ère [altje, ɛr] *adj* haughty.

altimètre [altimɛtr] *nm* altimeter.

altiport [altipɔr] *nm* *airport at high altitude, used especially to serve ski resorts.*

altitude [altityd] *nf* altitude, height ; **en ~** at (high) altitude ; **monter en ~** to climb to altitude ; **prendre de l'~** AÉRON to gain height *ou* altitude.

alto [alto] *nm* [MUS - voix] alto ; [- instrument] viola.

alu [aly] *fam* ◇ *nm* [métal] aluminium *UK*, aluminum *US* ; [papier] aluminium *UK ou* aluminum *US* foil, tinfoil. ◇ *adj* : **papier ~** aluminium *UK ou* aluminum *US* foil, tinfoil.

aluminium [alyminjɔm] *nm* aluminium *UK*, aluminum *US*.

alunir [32] [alynir] *vi* to land on the moon.

alunissage [alynisaʒ] *nm* moon landing.

alvéole [alveɔl] *nf* - **1.** [cavité] cavity ; **~ dentaire** tooth socket - **2.** [de ruche, poumon] alveolus.

amabilité [amabilite] *nf* kindness ; **avoir l'~ de faire qqch** to be so kind as to do sthg.

amadouer [6] [amadwe] *vt* [adoucir] to tame, to pacify ; [persuader] to coax.
◆ **s'amadouer** *vp* to relent.

amaigrir [32] [amegrir] *vt* to make thin *ou* thinner.
◆ **s'amaigrir** *vp* to get thin *ou* thinner.

amaigrissant, e [amegrisɑ̃, ɑ̃t] *adj* slimming *(avant n) UK*, reducing *(avant n) US*.

amaigrissement [amegrismɑ̃] *nm* loss of weight.

amalgame [amalgam] *nm* - **1.** TECHNOL amalgam - **2.** [de styles] mixture - **3.** [d'idées, de notions] : **il ne faut pas faire l'~ entre ces deux questions** the two issues must not be confused.

amalgamer [3] [amalgame] *vt* to combine.
◆ **s'amalgamer** *vp* : **s'~ avec** *ou* **à** to be combined *ou* mixed with.

amande [amɑ̃d] *nf* almond ; **en ~** *fig* almond-shaped.

amandier [amɑ̃dje] *nm* almond tree.

amanite [amanit] *nf* : **~ phalloïde** death-cap (mushroom).

amant [amɑ̃] *nm* lover.

amarre [amar] *nf* rope, cable ; **larguer les ~s** [bateau] to cast off ; *fam fig* [partir] to hit the road.

amarrer [3] [amare] *vt* - **1.** NAUT to moor - **2.** [fixer] to tie down.

amaryllis [amarilis] *nf* amaryllis.

amas [ama] *nm* pile.

amasser [3] [amase] *vt* - **1.** [objets] to pile up - **2.** [argent] to accumulate.
◆ **s'amasser** *vp* - **1.** [gén] to pile up - **2.** [foule] to gather.

amateur [amatœr] *nm* - **1.** [connaisseur - d'art, de bon café] : **~ de** lover of - **2.** [non-professionnel] amateur ; **faire qqch en ~** to do sthg as a hobby - **3.** *péj* [dilettante] amateur.

amateurisme [amatœrism] *nm* - **1.** SPORT amateurism - **2.** *péj* [dilettantisme] amateurishness.

amazone [amazon] *nf* horsewoman ; **monter en ~** to ride sidesaddle.

Amazone [amazon] *nf* : **l'~** the Amazon (River).

Amazonie [amazoni] *nf* : **l'~** the Amazon (Basin).

amazonien, enne [amazonjɛ̃, ɛn] *adj* Amazonian ; **la forêt ~ne** the Amazon rain forest.

ambages [ɑ̃baʒ] ◆ **sans ambages** *loc adv* *sout* without beating about the bush.

ambassade [ɑ̃basad] *nf* embassy.

ambassadeur, drice [ɑ̃basadœr, dris] *nm, f* ambassador.

ambiance [ɑ̃bjɑ̃s] *nf* atmosphere ; **il y a de l'~!** there's a good atmosphere!

ambiant, e [ɑ̃bjɑ̃, ɑ̃t] *adj* : **température ~e** room temperature.

ambidextre [ɑ̃bidɛkstr] ◇ *nmf* ambidextrous person. ◇ *adj* ambidextrous.

ambigu, uë [ɑ̃bigy] *adj* ambiguous.

ambiguïté [ɑ̃bigɥite] *nf* ambiguity ; **sans ~** [parler, répondre] unambiguously ; [réponse, attitude] unambiguous.

ambitieux, euse [ɑ̃bisjø, øz] ◇ *nm, f* ambitious person. ◇ *adj* ambitious.

ambition [ɑ̃bisjɔ̃] *nf* - **1.** *péj* [arrivisme] ambitiousness - **2.** [désir] ambition ; **avoir l'~ de faire qqch** to have an ambition to do sthg.

ambitionner [3] [ɑ̃bisjɔne] *vt* : **~ qqch/de faire qqch** to seek sthg/to do sthg.

ambivalent, e [ɑ̃bivalɑ̃, ɑ̃t] *adj* ambivalent.

ambre [ɑ̃br] *nm* - **1.** [couleur] amber - **2.** [matière] : **~ (gris)** ambergris.

ambré, e [ɑ̃bre] *adj* [couleur] amber.

ambulance [ɑ̃bylɑ̃s] *nf* ambulance.

ambulancier, **ère** [ɑ̃bylɑ̃sje, ɛr] *nm, f* ambulanceman (*f* ambulancewoman).

ambulant, **e** [ɑ̃bylɑ̃, ɑ̃t] *adj* travelling *UK*, traveling *US (avant n).*

âme [ɑm] *nf* - **1.** [gén] soul ; **dans l'~** [par goût] at heart ; [accompli] through and through ; **avoir une ~ de comédien** to be a born actor ; **une bonne ~** *hum* a kind soul ; **~ sœur** soulmate ; **être l'~ de qqch** to be the heart and soul of sthg - **2.** [caractère] spirit, soul - **3.** *loc* **en mon ~ et conscience** in all honesty ; **sans rencontrer ~ qui vive** without seeing a living soul ; **rendre l'~** to breathe one's last.

amélioration [ameljɔrasjɔ̃] *nf* improvement.

améliorer [3] [ameljɔre] *vt* to improve.
◆ **s'améliorer** *vp* to improve.

amen [amɛn] *adv* amen.

aménagement [amenaʒmɑ̃] *nm* - **1.** [de lieu] fitting out ; **~ du territoire** development, planning - **2.** [de programme] planning, organizing.

aménager [17] [amenaʒe] *vt* - **1.** [pièce] to fit out - **2.** [programme] to plan, to organize.

amende [amɑ̃d] *nf* fine ; **mettre qqn à l'~** to penalize sb ; **faire ~ honorable** to admit one's mistake.

amendement [amɑ̃dmɑ̃] *nm* POLIT amendment.

amender [3] [amɑ̃de] *vt* - **1.** POLIT to amend - **2.** AGRIC to enrich.
◆ **s'amender** *vp* to mend one's ways.

amène [amɛn] *adj sout* amiable, affable.

amener [19] [amne] *vt* - **1.** [mener] to bring - **2.** [inciter] : **~ qqn à faire qqch** [suj: circonstances] to lead sb to do sthg ; [suj: personne] to get sb to do sthg - **3.** [occasionner, préparer] to bring about.
◆ **s'amener** *vp fam* - **1.** [arriver] to turn up, to show up - **2.** [venir] to come.

aménorrhée [amenɔre] *nf* MÉD amenorrhoea.

amenuiser [3] [amənɥize] *vt* - **1.** [rendre plus petit] : **ses cheveux amenuisent son visage** her hair makes her face look thinner - **2.** [réduire] to diminish, to reduce.
◆ **s'amenuiser** *vp* to dwindle, to diminish.

amer, **ère** [amɛr] *adj* bitter.

amèrement [amɛrmɑ̃] *adv* bitterly.

américain, **e** [amerikɛ̃, ɛn] *adj* American.
◆ **américain** *nm* [langue] American English.
◆ **Américain**, **e** *nm, f* American.

américanisme [amerikanism] *nm* Americanism.

amérindien, **enne** [amerɛ̃djɛ̃, ɛn] *adj* Native American.
◆ **Amérindien**, **enne** *nm, f* Native American.

Amérique [amerik] *nf* : **l'~** America ; **l'~ centrale** Central America ; **l'~ du Nord** North America ; **l'~ du Sud** South America ; **l'~ latine** Latin America.

amerrir [32] [amerir] *vi* [hydravion] to land (on the sea) ; [cabine spatiale] to splash down.

amertume [amɛrtym] *nf* bitterness.

améthyste [ametist] *nf* amethyst.

ameublement [amœbləmɑ̃] *nm* [meubles] furniture ; [action de meubler] furnishing.

ameublir [32] [amœblir] *vt* [sol] to break up.

ameuter [3] [amœte] *vt* [curieux] to draw a crowd of ; [quartier, voisins] to bring out.

ami, **e** [ami] ◇ *adj* friendly. ◇ *nm, f* - **1.** [camarade] friend ; **~ d'enfance** childhood friend ; **petit ~** boyfriend ; **petite ~e** girlfriend - **2.** [partisan] supporter, friend.
◆ **faux ami** *nm* false friend.

amiable [amjabl] *adj* [accord] friendly, informal.
◆ **à l'amiable** *loc adv* & *loc adj* out of court.

amiante [amjɑ̃t] *nm* asbestos.

amibe [amib] *nf* amoeba.

amibien, **enne** [amibjɛ̃, ɛn] *adj* amoebic.
◆ **amibien** *nm* amoeba.

amical, **e**, **aux** [amikal, o] *adj* friendly.
◆ **amicale** *nf* association, club *(for people with a shared interest).*

amicalement [amikalmɑ̃] *adv* - **1.** [de façon amicale] amicably, in a friendly way - **2.** [dans une lettre] yours (ever), (with) best wishes.

amidon [amidɔ̃] *nm* starch.

amidonner [3] [amidɔne] *vt* to starch.

amincir [32] [amɛ̃sir] ◇ *vt* : **~ qqn** to make sb look slimmer. ◇ *vi* to get slimmer *ou* thinner.
◆ **s'amincir** *vp fig* [diminuer] to dwindle, to diminish.

amincissant, **e** [amɛ̃sisɑ̃, ɑ̃t] *adj* slimming.

amiral, **aux** [amiral, o] *nm* admiral.

amitié [amitje] *nf* - **1.** [affection] affection ; **prendre qqn en ~** to befriend sb - **2.** [rapports amicaux] friendship ; **faire ses ~s à qqn** to give sb one's good *ou* best wishes.

AMM (*abr de* **Autorisation de mise sur le marché**) *nf official authorization for marketing a pharmaceutical product.*

ammoniac, **aque** [amɔnjak] *adj* CHIM ammoniac.
◆ **ammoniac** *nm* ammonia.

◆ **ammoniaque** *nf* ammonia (water).

amnésie [amnezi] *nf* amnesia.

amniocentèse [amnjɔsɛ̃tɛz] *nf* amniocentesis.

amnistie [amnisti] *nf* amnesty.

amnistier [9] [amnistje] *vt* to amnesty.

amocher [3] [amɔʃe] *vt fam* to mess up.
◆ **s'amocher** *vp fam* to mess o.s. up.

amoindrir [32] [amwɛ̃drir] *vt* to diminish.
◆ **s'amoindrir** *vp* to dwindle, to diminish.

amollir [32] [amɔlir] *vt* [personne] to make soft.
◆ **s'amollir** *vp* [personne] to go soft.

amonceler [24] [amɔ̃sle] *vt* to accumulate.
◆ **s'amonceler** *vp* to pile up, to accumulate.

amoncelle, **amoncelles** *etc* ▻ amonceler.

amont [amɔ̃] *nm* upstream (water) ; **en ~ de** [rivière] upriver *ou* upstream from ; *fig* prior to.

amoral, **e**, **aux** [amɔral, o] *adj* - **1.** [qui ignore la morale] amoral - **2.** *fam* [débauché] immoral.

amorce [amɔrs] *nf* - **1.** [d'explosif] priming ; [de cartouche, d'obus] cap - **2.** [à la pêche] bait - **3.** *fig* [commencement] beginnings *(pl)*, germ.

amorcer [16] [amɔrse] *vt* - **1.** [explosif] to prime - **2.** [à la pêche] to bait - **3.** *fig* [commencer] to begin, to initiate.
◆ **s'amorcer** *vp* to begin.

amorphe [amɔrf] *adj* - **1.** [personne] lifeless - **2.** [matériau] amorphous.

amortir [32] [amɔrtir] *vt* - **1.** [atténuer - choc] to absorb ; [- bruit] to deaden, to muffle - **2.** [dette] to pay off - **3.** [achat] to write off.

amortissement [amɔrtismɑ̃] *nm* - **1.** [de choc] absorption ; [de bruit] deadening, muffling - **2.** [de dette] payment, paying off - **3.** [d'achat] writing off.

amortisseur [amɔrtisœr] *nm* AUTO shock absorber.

amour [amur] *nm* - **1.** [gén] love ; **~ maternel/filial** maternal/filial love ; **pour l'~ de** for the love of ; **pour l'~ du ciel** for heaven's sake ; **faire l'~** to make love ; **filer le parfait ~** to live out love's dream - **2.** [jolie chose] : **un ~ de a** darling (little) - **3.** [personne] : **un ~** an angel, a dear.
◆ **amours** *nfpl* [vie sentimentale] love-life ; **à tes ~s!** [toast] here's to you! ; [quand on éternue] bless you!

amouracher [3] [amuraʃe] ◆ **s'amouracher** *vp* : **s'~ de** to become infatuated with.

amourette [amurɛt] *nf* passing fancy, brief love affair.

amoureusement [amurøzmɑ̃] *adv* amorously.

amoureux, **euse** [amurø, øz] ◇ *adj* - **1.** [personne] in love ; **être/tomber ~ (de)** to be/fall in love (with) - **2.** [regard, geste] loving. ◇ *nm, f* - **1.** [prétendant] suitor - **2.** [passionné] : **~ de** lover of ; **un ~ de la nature** a nature lover.

amour-propre [amurprɔpr] *nm* pride, self-respect.

amovible [amɔvibl] *adj* - **1.** [déplaçable] detachable, removable - **2.** [fonctionnaire] removable.

ampère [ɑ̃pɛr] *nm* amp, ampere.

amphétamine [ɑ̃fetamin] *nf* amphetamine.

amphi [ɑ̃fi] *nm fam* lecture hall *ou* theatre *UK* ; **cours en ~** lecture.

amphibie [ɑ̃fibi] ◇ *nm* amphibian. ◇ *adj* amphibious.

amphithéâtre [ɑ̃fiteatr] *nm* - **1.** HIST amphitheatre - **2.** [d'université] lecture hall *ou* theatre *UK*.

ample [ɑ̃pl] *adj* - **1.** [vêtement - gén] loose-fitting ; [- jupe] full - **2.** [projet] extensive ; **pour de plus ~s informations** for further details - **3.** [geste] broad, sweeping.

amplement [ɑ̃pləmɑ̃] *adv* [largement] fully, amply.

ampleur [ɑ̃plœr] *nf* - **1.** [de vêtement] fullness - **2.** [d'événement, de dégâts] extent - **3.** *loc* **prendre toute son ~** to reach its height.

ampli [ɑ̃pli] *nm* amp.

amplificateur, **trice** [ɑ̃plifikatœr, tris] *adj* ÉLECTR amplifying ; **un phénomène ~ de la croissance** *fig* a phenomenon which increases growth.
◆ **amplificateur** *nm* - **1.** [gén] amplifier - **2.** PHOTO enlarger.

amplifier [9] [ɑ̃plifje] *vt* - **1.** [mouvement, son] to amplify ; [image] to magnify, to enlarge - **2.** [scandale] to increase ; [événement, problème] to highlight.
◆ **s'amplifier** *vp* [son] to grow *ou* get louder ; *fig* [revendications, phénomène] to grow.

amplitude [ɑ̃plityd] *nf* - **1.** [de geste] fullness - **2.** [d'onde] amplitude - **3.** [de température] range.

ampoule [ɑ̃pul] *nf* - **1.** [de lampe] bulb - **2.** [sur la peau] blister - **3.** [médicament] ampoule, phial.

ampoulé, **e** [ɑ̃pule] *adj péj* pompous.

amputation [ɑ̃pytasjɔ̃] *nf* MÉD amputation.

amputer [3] [ɑ̃pyte] *vt* MÉD to amputate ; *fig* [couper] to cut (back *ou* down) ; **son article a été amputé d'un tiers** his article was cut by a third.

amulette [amylɛt] *nf* amulet.

amusant, e [amyzɑ̃, ɑ̃t] *adj* [drôle] funny ; [distrayant] amusing ; **c'est très ~** it's great fun.

amuse-gueule [amyzgœl] *nm inv fam* cocktail snack, (party) nibble.

amusement [amyzmɑ̃] *nm* amusement *(U)*.

amuser [3] [amyze] *vt* to amuse, to entertain.
◆ **s'amuser** *vp* to have fun, to have a good time ; **s'~ à faire qqch** to amuse o.s. (by) doing sthg.

amygdale [amidal] *nf* tonsil.

an [ɑ̃] *nm* year ; **avoir sept ~s** to be seven (years old) ; **l'~ dernier/prochain** last/next year ; **en l'~ 2000** in the year 2000 ; **le premier** *ou* **le jour de l'~** New Year's Day ; **le nouvel ~** the New Year ; **bon ~ mal ~** taking the good years with the bad.

anabolisant [anabɔlizɑ̃] *nm* anabolic steroid.

anachronique [anakrɔnik] *adj* anachronistic.

anagramme [anagram] *nf* anagram.

ANAH (*abr de* **Agence nationale pour l'amélioration de l'habitat**) *nf national agency responsible for housing projects and restoration grants.*

anal, e, aux [anal, o] *adj* anal ; **stade ~** PSYCHO anal phase.

analgésique [analʒezik] *nm* & *adj* analgesic.

anallergique [analɛrʒik] *adj* hypoallergenic.

analogie [analɔʒi] *nf* analogy.

analogique [analɔʒik] *adj* analogue, analog *US*.

analogue [analɔg] ◇ *nm* equivalent, analogue *UK*, analog *US*. ◇ *adj* analogous, comparable.

analphabète [analfabɛt] *nmf* & *adj* illiterate.

analyse [analiz] *nf* - **1.** [étude] analysis ; **en dernière ~** in the final analysis - **2.** CHIM & MÉD test, analysis - **3.** [psychanalyse] analysis *(U)*.

analyser [3] [analize] *vt* - **1.** [étudier, psychanalyser] to analyse *UK*, to analyze *US* - **2.** CHIM & MÉD to test, to analyse *UK*, to analyze *US*.
◆ **s'analyser** *vp* to be analysed *UK ou* analyzed *US ou* understood ; **un tel comportement ne s'analyse pas facilement** such behaviour *UK ou* behavior *US* is not easy to understand.

analyste [analist] *nmf* analyst.

analyste-programmeur, euse [analistprɔgramœr, øz] (*mpl* **analystes-programmeurs**) (*fpl* **analystes-programmeuses**) *nm, f* systems analyst.

analytique [analitik] *adj* analytical.

ananas [anana(s)] *nm* pineapple.

anar [anar] *nmf* & *adj fam* anarchist.

anarchie [anarʃi] *nf* - **1.** POLIT anarchy - **2.** [désordre] chaos, anarchy.

anarchique [anarʃik] *adj* anarchic.

anarchiste [anarʃist] *nmf* & *adj* anarchist.

anathème [anatɛm] *nm* anathema ; **jeter l'~ sur** *fig* & *sout* to curse.

anatomie [anatɔmi] *nf* anatomy.

anatomique [anatɔmik] *adj* anatomical.

ancestral, e, aux [ɑ̃sɛstral, o] *adj* ancestral.

ancêtre [ɑ̃sɛtr] *nmf* [aïeul] ancestor ; *fig* [forme première] forerunner, ancestor ; *fig* [initiateur] father (*f* mother).

anchois [ɑ̃ʃwa] *nm* anchovy.

ancien, enne [ɑ̃sjɛ̃, ɛn] *adj* - **1.** [gén] old ; **l'~ franc** the old franc - **2.** *(avant n)* [précédent] former, old - **3.** [qui a de l'ancienneté] senior - **4.** [du passé] ancient ; **l'Ancien Régime** the Ancien Régime.
◆ **ancien** *nm* [mobilier] : **l'~** antiques *(pl)*.
◆ **anciens** *nmpl* elders.

anciennement [ɑ̃sjɛnmɑ̃] *adv* formerly, previously.

ancienneté [ɑ̃sjɛnte] *nf* - **1.** [d'une tradition] oldness - **2.** [d'un employé] seniority.

ancre [ɑ̃kr] *nf* NAUT anchor ; **jeter l'~** to drop anchor ; **lever l'~** to weigh anchor ; *fam* [partir] to make tracks.

ancrer [3] [ɑ̃kre] *vt* [bateau] to anchor ; *fig* [idée, habitude] to root.

Andes [ɑ̃d] *nfpl* : **les ~** the Andes ; **la cordillère des ~** the Andes Mountain Ranges.

Andorre [ɑ̃dɔr] *nf* : **(la principauté d')~** (the principality of) Andorra.

andouille [ɑ̃duj] *nf* - **1.** [charcuterie] *type of sausage made of chitterlings (pig's intestines eaten cold)* - **2.** *fam* [imbécile] prat, twit.

andouillette [ɑ̃dujɛt] *nf type of sausage made of chitterlings (pig's intestines) eaten hot.*

androgyne [ɑ̃drɔʒin] ◇ *nmf* androgynous person. ◇ *adj* androgynous.

âne [an] *nm* - **1.** ZOOL ass, donkey - **2.** *fam* [imbécile] ass.

anéantir [32] [aneɑ̃tir] *vt* - **1.** [détruire] to annihilate ; *fig* to ruin, to wreck - **2.** [démoraliser] to crush, to overwhelm.
◆ **s'anéantir** *vp* [disparaître] to vanish.

anéantissement [aneɑ̃tismɑ̃] *nm* - **1.** [destruction] annihilation ; *fig* wrecking, ruin - **2.** [abattement] dejection.

anecdote [anɛkdɔt] *nf* anecdote.

anecdotique [anɛkdɔtik] *adj* anecdotal.

anémie [anemi] *nf* MÉD anaemia *UK*, anemia *US* ; *fig* enfeeblement.

anémié, **e** [anemje] *adj* anaemic *UK*, anemic *US*.

anémier [9] [anemje] *vt* MÉD to make anaemic *UK ou* anemic *US* ; *fig* to weaken.
◆ **s'anémier** *vp* MÉD to become anaemic *UK ou* anemic *US* ; *fig* to weaken.

anémique [anemik] *adj* anaemic *UK*, anemic *US*.

anémone [anemɔn] *nf* anemone.

ânerie [anri] *nf fam* - **1.** [caractère] stupidity *(U)* - **2.** [parole, acte] : **dire/faire une ~** to say/do something stupid.

ânesse [anɛs] *nf* she-ass, she-donkey.

anesthésie [anɛstezi] *nf* anaesthesia *UK*, anesthesia *US* ; **sous ~** under (the) anaesthetic *UK ou* anesthetic *US*, under anaesthesia ; **~ locale** local anaesthetic *UK ou* anesthetic *US* ; **~ générale** general anaesthetic *UK ou* anesthetic *US*.

anesthésier [9] [anɛstezje] *vt* to anaesthetize *UK*, to anesthetize *US*.

anesthésique [anɛstezik] *nm & adj* anaesthetic *UK*, anesthetic *US*.

anesthésiste [anɛstezist] *nmf* anaesthetist *UK*, anesthetist *US*.

aneth [anɛt] *nm* dill.

anfractuosité [ɑ̃fraktɥozite] *nf* crevice.

ange [ɑ̃ʒ] *nm* angel ; **~ gardien** guardian angel ; **être aux ~s** *fig* to be in seventh heaven.

angélique [ɑ̃ʒelik] ◇ *nf* angelica. ◇ *adj* angelic.

angélus [ɑ̃ʒelys] *nm* [sonnerie] angelus (bell).

angevin, **e** [ɑ̃ʒvɛ̃, in] *adj* - **1.** [de l'Anjou] of/from Anjou - **2.** [d'Angers] of/from Angers.
◆ **Angevin**, **e** *nm, f* - **1.** [de l'Anjou] person from Anjou - **2.** [d'Angers] person from Angers.

angine [ɑ̃ʒin] *nf* [pharyngite] pharyngitis ; [amygdalite] tonsillitis ; **~ de poitrine** angina (pectoris).

anglais, **e** [ɑ̃glɛ, ɛz] *adj* English.
◆ **anglais** *nm* [langue] English.
◆ **Anglais**, **e** *nm, f* Englishman (*f* Englishwoman) ; **les Anglais** the English.
◆ **anglaises** *nfpl* ringlets.
◆ **à l'anglaise** *loc adv* CULIN boiled ; **filer à l'~e** *fig* to make *ou* sneak off.

angle [ɑ̃gl] *nm* - **1.** [coin] corner ; **~ mort** [zone invisible] blind spot ; **arrondir les ~s** *fig* to smooth things over - **2.** MATH angle ; **~ droit/aigu/obtus** right/acute/obtuse angle ; **voir les choses sous un certain ~** *fig* to see things from a certain point of view.

Angleterre [ɑ̃glətɛr] *nf* : **l'~** England.

anglican, **e** [ɑ̃glikɑ̃, an] *adj & nm, f* Anglican.

anglophone [ɑ̃glɔfɔn] ◇ *nmf* English-speaker. ◇ *adj* English-speaking, anglophone.

anglo-saxon, **onne** [ɑ̃glosaksɔ̃, ɔn] *adj* Anglo-Saxon.
◆ **anglo-saxon** *nm* [langue] Anglo-Saxon, Old English.
◆ **Anglo-Saxon**, **onne** *nm, f* Anglo-Saxon.

angoisse [ɑ̃gwas] *nf* anguish.

angoissé, **e** [ɑ̃gwase] ◇ *adj* anguished. ◇ *nmf* neurotic.

angoisser [3] [ɑ̃gwase] *vt* [effrayer] to cause anxiety to.
◆ **s'angoisser** *vp* - **1.** [être anxieux] to be overcome with anxiety - **2.** *fam* [s'inquiéter] to fret.

Angola [ɑ̃gola] *nm* : **l'~** Angola.

angolais, **e** [ɑ̃gɔlɛ, ɛz] *adj* Angolan.
◆ **Angolais**, **e** *nm, f* Angolan.

angora [ɑ̃gɔra] *nm & adj* angora.

anguille [ɑ̃gij] *nf* eel ; **il y a ~ sous roche** *fig* something's up, something's going on.

anguleux, **euse** [ɑ̃gylø, øz] *adj* angular.

anicroche [anikrɔʃ] *nf* hitch.

animal, **e**, **aux** [animal, o] *adj* - **1.** [propre à l'animal] animal *(avant n)* - **2.** [instinctif] instinctive.
◆ **animal** *nm* - **1.** [bête] animal ; **~ en peluche** stuffed animal ; **~ sauvage/domestique** wild/domestic animal - **2.** *péj* [personne] lout, oaf.

animalerie [animalri] *nf* pet shop.

animateur, **trice** [animatœr, tris] *nm, f* - **1.** RADIO & TV presenter *UK* - **2.** [socioculturel, sportif] activities organizer - **3.** [de manifestation] organizer.

animation [animasjɔ̃] *nf* - **1.** [de rue] activity, life ; [de conversation, visage] animation - **2.** [publicitaire] demonstration, promotion - **3.** [activités] activities *(pl)* - **4.** CINÉ animation.

animé, **e** [anime] *adj* [rue] lively ; [conversation, visage] animated ; [objet] animate.

animer [3] [anime] *vt* - **1.** [mettre de l'entrain dans] to animate, to liven up - **2.** [présenter] to present - **3.** [organiser des activités pour] to organize activities for.
◆ **s'animer** *vp* - **1.** [visage] to light up - **2.** [rue] to come to life, to liven up.

animisme [animism] *nm* animism.

animiste [animist] *nmf & adj* animist.

animosité [animozite] *nf* animosity.

anis [ani(s)] *nm* BOT anise ; CULIN aniseed.

anisette [anizɛt] *nf* anisette.

ankylosé, **e** [ɑ̃kiloze] *adj* [paralysé] stiff ; [engourdi] numb.

annales [anal] *nfpl* - **1.** [revue] review *(sing)*, journal *(sing)* - **2.** [d'examen] past papers *UK* ; **les ~ du bac** ≃ A-level past papers - **3.** [chronique annuelle] chronicle *(sing)*, annals ; **rester dans les ~** *fig* to go down in history.

anneau, **x** [ano] *nm* - **1.** [gén] ring - **2.** [maillon] link - **3.** [de reptile] coil.
◆ **anneaux** *nmpl* SPORT rings.

année [ane] *nf* year ; **d'~ en ~** from year to year ; **souhaiter la bonne ~ à qqn** to wish sb a Happy New Year ; **~ bissextile** leap year ; **~ fiscale** financial *ou* fiscal *ou* tax year ; **~-lumière** light year ; **~ scolaire** school year.

annexe [anɛks] ◇ *nf* - **1.** [de dossier] appendix, annexe - **2.** [de bâtiment] annexe. ◇ *adj* related, associated.

annexer [4] [anɛkse] *vt* - **1.** [incorporer] : **~ qqch (à qqch)** to append *ou* annex sthg (to sthg) - **2.** [pays] to annex.
◆ **s'annexer** *vp* - **1.** [s'attribuer] to grab - **2.** [s'ajouter] : **s'~ à qqch** to be associated with sthg.

annexion [anɛksjɔ̃] *nf* annexation.

annihiler [3] [aniile] *vt* [réduire à néant] to destroy, to wreck.
◆ **s'annihiler** *vp* to be destroyed, to be wrecked.

anniversaire [anivɛrsɛr] ◇ *nm* [de mariage, mort, événement] anniversary ; [de naissance] birthday ; **bon** *ou* **joyeux ~!** happy birthday! ◇ *adj* anniversary *(avant n)*.

annonce [anɔ̃s] *nf* - **1.** [déclaration] announcement ; *fig* sign, indication - **2.** [texte] advertisement ; **~ commerciale** display ad ; **passer une ~** to place an advert *UK ou* advertisement ; **petite ~** classified advertisement, small ad *UK*, want ad *US*.

annoncer [16] [anɔ̃se] *vt* - **1.** [faire savoir] to announce - **2.** [indiquer] to herald - **3.** [prédire] to predict.
◆ **s'annoncer** *vp* : **s'~ bien/mal** to look promising/unpromising ; **la crise s'annonce** there is a crisis looming.

annonceur, **euse** [anɔ̃sœr, øz] *nm, f* advertiser.

annonciateur, **trice** [anɔ̃sjatœr, tris] *adj* : **~ de qqch** heralding sthg.

Annonciation [anɔ̃sjasjɔ̃] *nf* [événement] Annunciation ; [jour] Annunciation (Day).

annoter [3] [anɔte] *vt* to annotate.

annuaire [anɥɛr] *nm* annual, yearbook ; **~ téléphonique** telephone directory, phone book.

annuel, **elle** [anɥɛl] *adj* - **1.** [tous les ans] annual, yearly - **2.** [d'une année] annual.

annuellement [anɥɛlmɑ̃] *adv* annually, yearly.

annuité [anɥite] *nf* - **1.** [paiement] annual payment, annual instalment *UK ou* installment *US* - **2.** [année de service] year (of service).

annulaire [anylɛr] ◇ *nm* ring finger. ◇ *adj* ring-shaped, annular.

annulation [anylasjɔ̃] *nf* - **1.** [de rendez-vous, réservation] cancellation - **2.** [de mariage] annulment.

annuler [3] [anyle] *vt* - **1.** [rendez-vous, réservation] to cancel - **2.** [mariage] to annul - **3.** [procédure] to declare invalid - **4.** INFORM to undo.
◆ **s'annuler** *vp* to cancel each other out.

anoblir [32] [anɔblir] *vt* to ennoble.

anodin, **e** [anɔdɛ̃, in] *adj* - **1.** [blessure] minor - **2.** [propos] harmless - **3.** [détail, personne] insignificant.

anomalie [anɔmali] *nf* anomaly.

ânon [anɔ̃] *nm* young donkey *ou* ass.

ânonner [3] [anɔne] *vt & vi* to recite in a drone.

anonymat [anɔnima] *nm* anonymity ; **garder l'~** to remain anonymous.

anonyme [anɔnim] ◇ *nm* [écrivain] anonymous author. ◇ *adj* anonymous.

anorak [anɔrak] *nm* anorak.

anorexie [anɔrɛksi] *nf* anorexia.

anormal, **e**, **aux** [anɔrmal, o] ◇ *adj* - **1.** [inhabituel] abnormal, not normal - **2.** [intolérable, injuste] wrong, not right - **3.** [arriéré] (mentally) subnormal. ◇ *nm, f* mental defective.

anormalement [anɔrmalmɑ̃] *adv* abnormally.

ANPE (*abr de* **Agence nationale pour l'emploi**) *nf French national employment agency*, ≃ job centre *UK* ; **s'inscrire à l'~** to register as unemployed.

anse [ɑ̃s] *nf* - **1.** [d'ustensile] handle - **2.** GÉOGR cove.

antagonisme [ɑ̃tagɔnism] *nm* antagonism.

antagoniste [ɑ̃tagɔnist] ◇ *nmf* antagonist. ◇ *adj* antagonistic.

antan [ɑ̃tɑ̃] ◆ **d'antan** *loc adj litt* of old, of yesteryear.

antarctique [ɑ̃tarktik] *adj* Antarctic ; **le cercle polaire ~** the Antarctic Circle.
◆ **Antarctique** *nm* - **1.** [continent] : **l'~** Antarctica - **2.** [océan] : **l'~** the Antarctic (Ocean).

antécédent [ɑ̃tesedɑ̃] *nm* - **1.** *(gén pl)* [passé] history *(sing)* - **2.** GRAMM antecedent.

antédiluvien, **enne** [ɑ̃tedilyvjɛ̃, ɛn] *adj* antediluvian, ancient.

antenne [ɑ̃tɛn] *nf* - **1.** [d'insecte] antenna, feeler ; **avoir des ~s** *fam fig* to have a sixth sense - **2.** [de télévision, de radio] aerial *UK*, antenna ; **~ parabolique** dish aerial *ou* antenna *US*, satellite dish ; **être à l'~** to be on the air ; **hors ~** off the air - **3.** [bâtiment] unit - **4.** [succursale] branch, office.

antenne-relais (*pl* **antennes-relais**) [ɑ̃tɛnrəlɛ] *nf* TÉLÉCOM mobile phone mast.

antépénultième [ɑ̃tepenyltjɛm] ◇ *nf* LING antepenultimate (syllable). ◇ *adj* antepenultimate.

antérieur, e [ɑ̃terjœr] *adj* - **1.** [dans le temps] earlier, previous ; **~ à** previous *ou* prior to - **2.** [dans l'espace] front *(avant n)*.

antérieurement [ɑ̃terjœrmɑ̃] *adv* earlier, previously ; **~ à** prior to.

anthologie [ɑ̃tɔlɔʒi] *nf* anthology.

anthracite [ɑ̃trasit] ◇ *nm* anthracite. ◇ *adj inv* charcoal grey *UK ou* gray *US*.

anthropologie [ɑ̃trɔpɔlɔʒi] *nf* anthropology.

anthropométrie [ɑ̃trɔpɔmetri] *nf* anthropometry.

anthropophage [ɑ̃trɔpɔfaʒ] ◇ *nmf* cannibal. ◇ *adj* cannibalistic.

antiacarien [ɑ̃tiakarjɛ̃,ɛ] ◇ *adj* anti-mite ; **traitement** *ou* **shampooing antiacarien** antimite treatment *ou* shampoo. ◇ *nm* antimite treatment.

antiaérien, enne [ɑ̃tiaerjɛ̃, ɛn] *adj* anti-aircraft.

anti-âge [ɑ̃tiaʒ] *adj* : **crème ~** anti-ageing cream.

antialcoolique [ɑ̃tialkɔlik] *adj* : **ligue ~** temperance league.

antibactérien, enne [ɑ̃tibakterjɛ̃, ɛn] *adj* antibacterial.

antibiotique [ɑ̃tibjɔtik] *nm & adj* antibiotic.

antibrouillard [ɑ̃tibrujar] *nm & adj inv* : **(phare** *ou* **feu) ~** fog lamp *UK*, foglight *US*.

antibruit [ɑ̃tibrɥi] *adj inv* anti-noise ; **mur ~** noise reduction barrier.

antibuée [ɑ̃tibɥe] ▷ **dispositif**.

antichambre [ɑ̃tiʃɑ̃br] *nf* antechamber ; **faire ~** *fig* to wait patiently *(to see somebody)*.

anticipation [ɑ̃tisipasjɔ̃] *nf* - **1.** FIN advance ; **paiement par ~** advance payment, payment in advance - **2.** LITTÉR : **roman d'~** science fiction novel.

anticipé, e [ɑ̃tisipe] *adj* early.

anticiper [3] [ɑ̃tisipe] ◇ *vt* to anticipate. ◇ *vi* : **~ (sur qqch)** to anticipate (sthg).

anticléricalisme [ɑ̃tiklerikalism] *nm* anticlericalism.

anticolonialisme [ɑ̃tikɔlɔnjalism] *nm* anticolonialism.

anticolonialiste [ɑ̃tikɔlɔnjalist] *nmf & adj* anticolonialist.

anticommunisme [ɑ̃tikɔmynism] *nm* anticommunism.

anticonformiste [ɑ̃tikɔ̃fɔrmist] *adj & nmf* non-conformist.

anticonstitutionnel, elle [ɑ̃tikɔ̃stitysjɔnɛl] *adj* unconstitutional.

anticorps [ɑ̃tikɔr] *nm* antibody.

anticyclone [ɑ̃tisiklon] *nm* anticyclone.

antidater [3] [ɑ̃tidate] *vt* to backdate.

antidémarrage [ɑ̃tidemaraʒ] *adj inv* : **système ~** immobilizer.

antidépresseur [ɑ̃tidepresœr] *nm & adj m* antidepressant.

antidérapant, e [ɑ̃tiderapɑ̃, ɑ̃t] *adj* [pneu] non-skid ; [semelle, surface] non-slip.
◆ **antidérapant** *nm* [pneu] anti-skid tyre *UK ou* tire *US*.

antidopage [ɑ̃tidɔpaʒ], **antidoping** [ɑ̃tidɔpiŋ] *adj inv* : **contrôle ~** dope test, drugs test.

antidote [ɑ̃tidɔt] *nm* antidote.

anti-effraction [ɑ̃tiefraksjɔ̃] *adj inv* [dispositif] antitheft.

antigang [ɑ̃tigɑ̃g] ◇ *adj* ▷ **brigade**. ◇ *nf* ≃ serious crime squad.

antigel [ɑ̃tiʒɛl] *nm inv & adj inv* antifreeze.

antillais, e [ɑ̃tijɛ, ɛz] *adj* West Indian.
◆ **Antillais, e** *nm, f* West Indian.

Antilles [ɑ̃tij] *nfpl* : **les ~** the West Indies ; **aux ~** in the West Indies.

antilope [ɑ̃tilɔp] *nf* antelope.

antimilitarisme [ɑ̃timilitarism] *nm* antimilitarism.

antimilitariste [ɑ̃timilitarist] *nmf & adj* antimilitarist.

antimite [ɑ̃timit] *adj inv* : **boule ~** mothball.

anti-mondialisation [ɑ̃timɔ̃djalizasjɔ̃] *adj inv* anti-globalization.

anti-mondialiste [ɑ̃timɔ̃djalist] *adj* anti-globalization.

antinucléaire [ɑ̃tinykleɛr] *adj* antinuclear.

Antiope [ɑ̃tjɔp] *n information system available via the French television network*, ≃ Teletext *UK*.

antiparasite [ɑ̃tiparazit] ◇ *nm* suppressor. ◇ *adj inv* anti-interference.

antipathie [ɑ̃tipati] *nf* antipathy, hostility.

antipathique [ɑ̃tipatik] *adj* unpleasant ; **elle m'est ~** I dislike her, I don't like her.

antipelliculaire [ɑ̃tipelikylɛr] *adj* : **shampooing ~** anti-dandruff shampoo.

antiphrase [ɑ̃tifraz] *nf* antiphrasis.

antipode [ɑ̃tipɔd] *nm* : **être à l'~** *ou* **aux ~s (de)** [lieu] to be on the other side of the world (from) ; *fig* to be diametrically opposed (to).

antipoison [ɑ̃tipwazɔ̃] ▷ **centre.**

antiquaire [ɑ̃tikɛr] *nmf* antique dealer.

antique [ɑ̃tik] *adj* - **1.** [de l'antiquité - civilisation] ancient ; [- vase, objet] antique - **2.** [vieux] antiquated, ancient.

antiquité [ɑ̃tikite] *nf* - **1.** [époque] : **l'Antiquité** antiquity - **2.** [ancienneté] great age, antiquity - **3.** [objet] antique.

antirabique [ɑ̃tirabik] *adj* : **vaccin ~** rabies vaccine.

antiraciste [ɑ̃tirasist] *adj* & *nmf* antiracist.

antireflet [ɑ̃tirəflɛ] *adj inv* [surface] non-reflecting.

antirides [ɑ̃tirid] *adj inv* anti-wrinkle.

antirouille [ɑ̃tiruj] *adj inv* [traitement] rust *(avant n)* ; [revêtement, peinture] rustproof.

antisèche [ɑ̃tisɛʃ] *nf arg scol* crib, cheat sheet *US*, pony *US*.

antisémite [ɑ̃tisemit] ◇ *nmf* anti-Semite. ◇ *adj* anti-Semitic.

antiseptique [ɑ̃tisɛptik] *nm* & *adj* antiseptic.

antisismique [ɑ̃tisismik] *adj* earthquake-proof.

antislash [ɑ̃tislaʃ] *nm* INFORM backslash.

antithèse [ɑ̃titɛz] *nf* antithesis.

antitranspirant, e [ɑ̃titrɑ̃spirɑ̃, ɑ̃t] *adj* anti-perspirant.

antitussif, ive [ɑ̃titysif, iv] *adj* cough *(avant n)*.
◆ **antitussif** *nm* cough mixture.

antiviral, aux [ɑ̃tiviral, o] *nm* antivirus.

antivirus [ɑ̃tivirys] *nm* INFORM anti-virus software.

antivol [ɑ̃tivɔl] ◇ *nm inv* anti-theft device. ◇ *adj inv* anti-theft.

antre [ɑ̃tr] *nm* den, lair.

anus [anys] *nm* anus.

anxiété [ɑ̃ksjete] *nf* anxiety ; **être dans l'~** to be very worried *ou* anxious.

anxieusement [ɑ̃ksjøzmɑ̃] *adv* anxiously.

anxieux, euse [ɑ̃ksjø, øz] ◇ *adj* anxious, worried ; **être ~ de qqch** to be worried *ou* anxious about sthg ; **être ~ de faire qqch** to be anxious to do sthg. ◇ *nm, f* worrier.

AOC (*abr de* **appellation d'origine contrôlée**) *nf label guaranteeing origin of French wine.*

aorte [aɔrt] *nf* aorta.

août [u(t)] *nm* August ; **le quinze août** Assumption Day, *voir aussi* **septembre.**

aoûtat [auta] *nm* harvest tick.

apaisement [apɛzmɑ̃] *nm* - **1.** [moral] comfort - **2.** [de douleur] alleviation - **3.** [de tension, de crise] calming.

apaiser [4] [apeze] *vt* - **1.** [personne] to calm down, to pacify - **2.** [conscience] to salve ; [douleur] to soothe ; [soif] to slake, to quench ; [faim] to assuage.
◆ **s'apaiser** *vp* - **1.** [personne] to calm down - **2.** [besoin] to be assuaged ; [tempête] to subside, to abate ; [douleur] to die down ; [scrupules] to be allayed.

apanage [apanaʒ] *nm sout* privilege ; **être l'~ de qqn/qqch** to be the prerogative of sb/sthg.

aparté [aparte] *nm* - **1.** THÉÂTRE aside - **2.** [conversation] private conversation ; **prendre qqn en ~** to take sb aside.

apartheid [apartɛd] *nm* apartheid.

apathie [apati] *nf* apathy.

apathique [apatik] *adj* apathetic.

apatride [apatrid] ◇ *nmf* stateless person. ◇ *adj* stateless.

APEC [apɛk] (*abr de* **association pour l'emploi des cadres**) *nf employment agency for professionals and managers.*

apercevoir [52] [apɛrsəvwar] *vt* - **1.** [voir] to see, to catch sight of - **2.** [comprendre] to see, to perceive.
◆ **s'apercevoir** *vp* : **s'~ de qqch** to notice sthg ; **s'~ que** to notice (that).

aperçois, aperçoit *etc* ▷ **apercevoir.**

aperçu, e [apɛrsy] *pp* ▷ **apercevoir.**
◆ **aperçu** *nm* general idea ; **donner un ~ de qqch** to give a general idea of sthg.

apéritif, ive [aperitif, iv] *adj* which whets the appetite.
◆ **apéritif** *nm* aperitif ; **prendre l'~** to have an aperitif, to have drinks *(before a meal)*.

apesanteur [apəzɑ̃tœr] *nf* weightlessness.

à-peu-près [apøprɛ] *nm inv* approximation.

aphasie [afazi] *nf* aphasia.

aphone [afɔn] *adj* voiceless.

aphorisme [afɔrism] *nm* aphorism.

aphrodisiaque [afrɔdizjak] *nm* & *adj* aphrodisiac.

aphte [aft] *nm* mouth ulcer.

API (*abr de* **alphabet phonétique international**) *nm* IPA.

apiculteur, trice [apikyltœr, tris] *nm, f* beekeeper.

apiculture [apikyltyr] *nf* beekeeping.

apitoie, apitoies *etc* ▷ **apitoyer.**

apitoiement [apitwamɑ̃] *nm* pity.

apitoyer [13] [apitwaje] *vt* to move to pity.
◆ **s'apitoyer** *vp* to feel pity ; **s'~ sur** to feel sorry for.

ap. J.-C. (*abr écrite de* **après Jésus-Christ**) AD.

APL (*abr de* **aide personnalisée au logement**) *nf* housing benefit *UK*, rent subsidy *US*.

aplanir [32] [aplanir] *vt* - **1.** [aplatir] to level - **2.** *fig* [difficulté, obstacle] to smooth away, to iron out.
◆ **s'aplanir** *vp fig* [se résoudre] to be ironed out.

aplatir [32] [aplatir] *vt* [gén] to flatten ; [couture] to press flat ; [cheveux] to smooth down.
◆ **s'aplatir** *vp* - **1.** [s'écraser] to be flattened - **2.** [s'étaler] to lie flat ; **s'~ devant qqn** *fig* to grovel before sb.

aplomb [aplɔ̃] *nm* - **1.** [stabilité] balance - **2.** [audace] nerve, cheek ; **garder/perdre son ~** to keep/lose one's nerve.
◆ **d'aplomb** *loc adv* steady ; **se tenir d'~** to be steady ; **ne pas se sentir d'~** to feel out of sorts.

APN *nm abr de* **appareil photo numérique**.

apnée [apne] *nf* : **plonger en ~** to dive without breathing apparatus.

apocalypse [apɔkalips] *nf* apocalypse.

apocalyptique [apɔkaliptik] *adj* apocalyptic.

apogée [apɔʒe] *nm* ASTRON apogee ; *fig* peak.

apolitique [apɔlitik] *adj* apolitical, unpolitical.

apologie [apɔlɔʒi] *nf* justification, apology ; **faire l'~ de qqn/qqch** to praise sb/sthg.

apoplexie [apɔplɛksi] *nf* apoplexy.

apostrophe [apɔstrɔf] *nf* - **1.** [signe graphique] apostrophe - **2.** [interpellation] rude remark.

apostropher [3] [apɔstrɔfe] *vt* : **~ qqn** to speak rudely to sb.

apothéose [apɔteoz] *nf* - **1.** [consécration] great honour *UK ou* honor *US* - **2.** [point culminant - d'un spectacle] grand finale ; [- d'une carrière] crowning glory.

apôtre [apotr] *nm* apostle, disciple ; **se faire l'~ de qqch** *fig* to be the *ou* an advocate of sthg.

Appalaches [apalaʃ] *nmpl* : **les ~** the Appalachians.

apparaissais, **apparaissions** *etc* ▻ **apparaître**.

apparaître [91] [aparɛtr] ◇ *vi* - **1.** [gén] to appear - **2.** [se dévoiler] to come to light. ◇ *v impers* : **il apparaît que** it seems *ou* appears that.

apparat [apara] *nm* pomp ; **d'~** [dîner, habit] ceremonial ; **en grand ~** with great pomp and ceremony.

appareil [aparɛj] *nm* - **1.** [gén] device ; [électrique] appliance ; **porter un ~ (auditif)/(dentaire)** to wear a hearing aid/a brace - **2.** [téléphone] phone, telephone ; **qui est à l'~?** who's speaking? - **3.** [avion] aircraft - **4.** [structure] apparatus - **5.** *loc* **dans le plus simple ~** in one's birthday suit.
◆ **appareil digestif** *nm* digestive system.
◆ **appareil photo** *nm* camera ; **~ photo numérique** digital camera.

appareillage [aparɛjaʒ] *nm* - **1.** [équipement] equipment - **2.** NAUT getting under way.

appareiller [4] [apareje] ◇ *vt* [assortir] to match up. ◇ *vi* NAUT to get under way.

apparemment [aparamɑ̃] *adv* apparently.

apparence [aparɑ̃s] *nf* appearance ; **malgré les** *ou* **en dépit des ~s** in spite of appearances ; **sauver les ~s** to keep up appearances.
◆ **en apparence** *loc adv* seemingly, apparently.

apparent, **e** [aparɑ̃, ɑ̃t] *adj* - **1.** [superficiel, illusoire] apparent - **2.** [visible] visible ; **coutures ~es** top-stitched seams - **3.** [évident] obvious.

apparenté, **e** [aparɑ̃te] *adj* : **~ à** [personne] related to ; *fig* [ressemblant] similar to ; [affilié] affiliated to.

appariteur [aparitœr] *nm* porter *UK (in university)*.

apparition [aparisjɔ̃] *nf* - **1.** [gén] appearance ; **faire son ~** to make one's appearance - **2.** [vision RELIG vision ; [- de fantôme] apparition.

appart [apart] (*abr de* **appartement**) *nm fam* flat *UK*, apartment *US*.

appartement [apartəmɑ̃] *nm* flat *UK*, apartment *US*.

appartenance [apartənɑ̃s] *nf* : **~ à** [famille] belonging to ; [parti] membership of.

appartenir [40] [apartənir] *vi* - **1.** [être la propriété de] : **~ à qqn** to belong to sb - **2.** [faire partie de] : **~ à qqch** to belong to sthg, to be a member of sthg ; **il ne m'appartient pas de faire...** *fig & sout* it's not up to me to do...

appartenu [apartəny] *pp inv* ▻ **appartenir**.

appartiendrai, **appartiendrais** *etc* ▻ **appartenir**.

apparu, **e** [apary] *pp* ▻ **apparaître**.

appât [apa] *nm* [à la pêche] bait, lure.

appâter [3] [apate] *vt litt & fig* to lure.

appauvrir [32] [apovrir] *vt* to impoverish.
◆ **s'appauvrir** *vp* to grow poorer, to become impoverished.

appel [apɛl] *nm* - **1.** [gén] call ; **faire ~ à qqn** to appeal to sb ; **faire ~ à qqch** [nécessiter] to call for sthg ; [avoir recours à] to call on sthg ; **~ (téléphonique)** (phone) call - **2.** DR appeal ; **faire ~** DR to appeal ; **sans ~** final - **3.** [pour vérifier - gén] roll-call ; SCOL registration ; **manquer à l'~** to be absent - **4.** COMM : **~ d'offre** invitation to tender - **5.** [signe] : **faire un ~ de phares** to flash *ou* blink *US* one's headlights.

appelant [aplɑ̃] *nm* [leurre] decoy ; *Québec* [sifflet] birdcall.

appelé [aple] *nm* conscript, draftee *US*.

appeler [24] [aple] ◇ *vt* - **1.** [gén] to call ; **~ au secours** *ou* **à l'aide** to call for help - **2.** [téléphoner] to ring *UK*, to call - **3.** [exiger] to call for - **4.** [entraîner] to lead to - **5.** [nommer] : **être appelé à un poste** to be appointed to a post - **6.** [amener] : **~ qqn à faire qqch** to call on sb to do sthg. ◇ *vi* [solliciter] : **en ~ à qqch** to appeal to sthg.

◆ **s'appeler** *vp* - **1.** [se nommer] to be called ; **comment cela s'appelle?** what is it called? ; **il s'appelle Patrick** his name is Patrick, he's called Patrick - **2.** [se téléphoner] : **on s'appelle demain?** shall we talk tomorrow?

appellation [apɛlasjɔ̃] *nf* designation, name ; **~ contrôlée** *guarantee that a wine conforms to certain conditions of origin, strength and quality* ; **~ d'origine** DR label of origin.

appelle, appelles *etc* ▷ **appeler**.

appendice [apɛ̃dis] *nm* appendix.

appendicite [apɛ̃disit] *nf* appendicitis.

appentis [apɑ̃ti] *nm* lean-to.

appesantir [32] [apəzɑ̃tir] *vt* [démarche] to slow down.

◆ **s'appesantir** *vp* - **1.** [s'alourdir] to become heavy - **2.** [insister] : **s'~ sur qqch** to dwell on sthg.

appétissant, e [apetisɑ̃, ɑ̃t] *adj* [nourriture] appetizing.

appétit [apeti] *nm* appetite ; **~ de qqch/de faire qqch** *fig* appetite for sthg/for doing sthg ; **bon ~!** enjoy your meal! ; **couper/ouvrir l'~ à qqn** to spoil/whet sb's appetite ; **manger de bon ~** to eat heartily.

applaudir [32] [aplodir] ◇ *vt* to applaud. ◇ *vi* to clap, to applaud ; **~ à qqch** *fig* to applaud sthg ; **~ à tout rompre** *fig* to bring the house down.

applaudissements [aplodismɑ̃] *nmpl* applause *(U)*, clapping *(U)*.

applicable [aplikabl] *adj* : **~ (à)** applicable (to).

application [aplikasjɔ̃] *nf* [gén & INFORM] application ; **mettre qqch en ~** to apply sthg.

applique [aplik] *nf* wall lamp.

appliquer [3] [aplike] *vt* [gén] to apply ; [loi] to enforce.

◆ **s'appliquer** *vp* - **1.** [s'étaler, se poser] : **cette peinture s'applique facilement** this paint goes on easily - **2.** [concerner] : **s'~ à qqn/qqch** to apply to sb/sthg - **3.** [se concentrer] : **s'~ (à faire qqch)** to apply o.s. (to doing sthg).

appoint [apwɛ̃] *nm* - **1.** [monnaie] change ; **faire l'~** to give the right money - **2.** [aide] help, support ; **d'~** [salaire, chauffage] extra ; **lit d'~** spare bed.

appointements [apwɛ̃tmɑ̃] *nmpl* salary *(sing)*.

apport [apɔr] *nm* - **1.** [gén & FIN] contribution - **2.** [de chaleur] input.

apporter [3] [apɔrte] *vt* - **1.** [gén] to bring ; **ça m'a beaucoup apporté** *fig* I got a lot from it - **2.** [raison, preuve] to provide, to give - **3.** [contribuer à] to give, to bring ; [provoquer] to bring about - **4.** [mettre - soin] to exercise ; [- attention] to give.

apposer [3] [apoze] *vt* - **1.** [affiche] to put up - **2.** [signature] to append.

apposition [apozisjɔ̃] *nf* GRAMM apposition ; **en ~** in apposition.

appréciable [apresjabl] *adj* - **1.** [notable] appreciable - **2.** [précieux] : **un grand jardin, c'est ~!** I/we really appreciate having a big garden.

appréciation [apresjasjɔ̃] *nf* - **1.** [de valeur] valuation ; [de distance, poids] estimation - **2.** [jugement] judgment - **3.** SCOL assessment.

apprécier [9] [apresje] *vt* - **1.** [gén] to appreciate - **2.** [évaluer] to estimate, to assess.

◆ **s'apprécier** *vp* to like one other.

appréhender [3] [apreɑ̃de] *vt* - **1.** [arrêter] to arrest - **2.** [craindre] : **~ qqch/de faire qqch** to dread sthg/doing sthg.

appréhension [apreɑ̃sjɔ̃] *nf* apprehension.

apprenais ▷ **apprendre**.

apprendre [79] [aprɑ̃dr] *vt* - **1.** [étudier] to learn ; **~ à faire qqch** to learn (how) to do sthg - **2.** [enseigner] to teach ; **~ qqch à qqn** to teach sb sthg ; **~ à qqn à faire qqch** to teach sb (how) to do sthg - **3.** [nouvelle] to hear of, to learn of ; **~ que** to hear that, to learn that ; **~ qqch à qqn** to tell sb of sthg.

apprenne ▷ **apprendre**.

apprenti, e [aprɑ̃ti] *nm, f* [élève] apprentice ; *fig* beginner ; **~ sorcier** *fig* sorcerer's apprentice.

apprentissage [aprɑ̃tisaʒ] *nm* - **1.** [de métier] apprenticeship - **2.** [formation] learning ; **~ de la vie** learning about life.

apprêter [4] [aprete] *vt* to prepare.

◆ **s'apprêter** *vp* - **1.** [être sur le point] : **s'~ à faire qqch** to get ready to do sthg - **2.** [s'habiller] : **s'~ pour qqch** to dress up for sthg.

appris, e [apri, iz] *pp* ▷ **apprendre.**

apprivoiser [3] [aprivwaze] *vt* to tame.

◆ **s'apprivoiser** *vp* - **1.** [animal] to become tame - **2.** [personne] to become more sociable.

approbateur, trice [aprɔbatœr, tris] *adj* approving.

approbation [aprɔbasjɔ̃] *nf* approval.

approchant, e [aprɔʃɑ̃, ɑ̃t] *adj* similar ; **quelque chose d'~** something similar.

approche [aprɔʃ] *nf* [arrivée] approach ; **à l'~ des fêtes** as the Christmas holidays draw near ; **il a pressé le pas à l'~ de la maison** he quickened his step as he approached the house.

◆ **approches** *nfpl* [abords] surrounding area *(sing).*

approcher [3] [aprɔʃe] ◇ *vt* - **1.** [mettre plus près] to move near, to bring near ; **~ qqch de qqn/qqch** to move sthg near (to) sb/sthg - **2.** [aborder] to go up to, to approach. ◇ *vi* to approach, to go/come near ; **approchez!** come nearer! ; **n'approchez pas!** keep *ou* stay away! ; **~ de** [moment, fin] to approach.

◆ **s'approcher** *vp* to come/go near, to approach ; **s'~ de qqn/qqch** to approach sb/sthg.

approfondir [32] [aprɔfɔ̃dir] *vt* - **1.** [creuser] to make deeper - **2.** [développer] to go further into.

◆ **s'approfondir** *vp* - **1.** [se creuser] to become deeper - **2.** [se compliquer] to deepen.

approprié, e [aprɔprije] *adj* : **~ (à)** appropriate (to).

approprier [10] [aprɔprije] *vt* - **1.** [adapter] to adapt - **2.** *belgicisme* to clean.

◆ **s'approprier** *vp* [s'adjuger] to appropriate.

approuver [3] [apruve] *vt* - **1.** [gén] to approve of ; **~ qqn de faire qqch** to commend sb for doing sthg - **2.** DR to approve.

approvisionnement [aprɔvizjɔnmɑ̃] *nm* supplies *(pl)*, stocks *(pl)*.

approvisionner [3] [aprɔvizjɔne] *vt* - **1.** [compte en banque] to pay money into - **2.** [magasin, pays] to supply.

◆ **s'approvisionner** *vp* : **s'~ chez/à** [suj: particulier] to shop at/in ; [suj: commerçant] to get one's supplies from.

approximatif, ive [aprɔksimatif, iv] *adj* approximate, rough.

approximation [aprɔksimasjɔ̃] *nf* approximation.

approximativement [aprɔksimativmɑ̃] *adv* approximately, roughly.

appt *abr de* **appartement.**

appui [apɥi] *nm* - **1.** [soutien] support ; **à l'~ de** in support of - **2.** [de fenêtre] sill.

appuie, appuies *etc* ▷ **appuyer.**

appui-tête [apɥitɛt] (*pl* **appuis-tête**) *nm* headrest.

appuyer [14] [apɥije] ◇ *vt* - **1.** [poser] : **~ qqch sur/contre qqch** to lean sthg on/against sthg, to rest sthg on/against sthg - **2.** [presser] : **~ qqch sur/contre** to press sthg on/against - **3.** *fig* [soutenir] to support. ◇ *vi* - **1.** [reposer] : **~ sur** to lean *ou* rest on - **2.** [presser] to push ; **~ sur** [bouton] to press - **3.** *fig* [insister] : **~ sur** to stress - **4.** [se diriger] : **~ sur la** *ou* **à droite** to bear right.

◆ **s'appuyer** *vp* - **1.** [se tenir] : **s'~ contre/sur** to lean against/on, to rest against/on - **2.** [se baser] : **s'~ sur** to rely on - **3.** [compter] : **s'~ sur** to rely on, to count on - **4.** *fam* [supporter, prendre en charge] : **s'~ qqn** to put up with sb ; **s'~ qqch** to take sthg on, to take on sthg.

apr. *abr de* **après.**

âpre [apr] *adj* - **1.** [goût, discussion, combat] bitter - **2.** [ton, épreuve, critique] harsh - **3.** [concurrence] fierce.

âprement [aprəmɑ̃] *adv* bitterly, fiercely.

après [aprɛ] ◇ *prep* - **1.** [gén] after ; **~ avoir mangé, ils...** after having eaten *ou* after they had eaten, they... ; **~ cela** after that ; **~ quoi** after which - **2.** [indiquant l'attirance, l'attachement, l'hostilité] : **soupirer ~ qqn** to yearn for sb ; **aboyer ~ qqn** to bark at sb ; **se fâcher ~ qqn** to get angry at *ou* with sb. ◇ *adv* - **1.** [temps] afterwards ; **~, je rentrerai à la maison** I'll go home afterwards ; **un mois ~** one month later ; **le mois d'~** the following *ou* next month - **2.** [lieu, dans un ordre, dans un rang] : **la rue d'~** the next street ; **c'est ma sœur qui vient ~** my sister's next.

◆ **après coup** *loc adv* afterwards, after the event.

◆ **après que** *loc conj (+ indicatif)* after ; **je le verrai ~ qu'il aura fini** I'll see him after *ou* when he's finished ; **~ qu'ils eurent dîné,...** after dinner *ou* after they had dined,...

◆ **après tout** *loc adv* after all.

◆ **d'après** *loc prép* according to ; **d'~ moi** in my opinion ; **d'~ lui** according to him.

◆ **et après** *loc adv (employée interrogativement)* - **1.** [questionnement sur la suite] and then what? - **2.** [exprime l'indifférence] so what?

après-demain [aprɛdmɛ̃] *adv* the day after tomorrow.

après-guerre [aprɛgɛr] *nm* post-war years *(pl)* ; **d'~** post-war.

après-midi [aprɛmidi] *nm inv* & *nf inv* afternoon.

après-rasage [aprɛrazaʒ] (*pl* **après-rasages**) *nm* & *adj inv* aftershave.

après-ski [apreski] (*pl* **après-skis**) *nm* [chaussure] snow-boot.

après-soleil [apresɔlej] *adj inv* after-sun (*avant n*).

après-vente [aprevɑ̃t] ▷ **service**.

âpreté [aprəte] *nf* - **1.** [de goût, discussion, combat] bitterness - **2.** [de voix, épreuve, critique] harshness - **3.** [de concurrence] ferocity.

à-propos [aprɔpo] *nm inv* [de remarque] aptness ; **faire preuve d'~** to show presence of mind.

APS (*abr de* **Advanced Photo System**) *nm* APS.

apte [apt] *adj* : **~ à qqch/à faire qqch** capable of sthg/of doing sthg ; **~ (au service)** MIL fit (for service).

aptitude [aptityd] *nf* : **~ (à** *ou* **pour qqch)** aptitude (for sthg) ; **~ à** *ou* **pour faire qqch** ability to do *ou* for doing sthg.

aquagym [akwaʒim] *nf* aquarobics *(U)*.

aquarelle [akwarel] *nf* watercolour *UK*, watercolor *US*.

aquarium [akwarjɔm] *nm* aquarium.

aquatique [akwatik] *adj* [plante, animal] aquatic ; [milieu, paysage] watery, marshy.

aqueduc [akdyk] *nm* aqueduct.

aqueux, euse [akø, øz] *adj* watery.

aquilin [akilɛ̃] ▷ **nez**.

Aquitaine [akitɛn] *nf* : **l'~** Aquitaine.

AR ◇ *nm* - **1.** *abr de* **accusé de réception** - **2.** *abr de* **aller-retour**. ◇ *abr de* **arrière**.

arabe [arab] ◇ *adj* [peuple] Arab ; [désert] Arabian. ◇ *nm* [langue] Arabic.
◆ **Arabe** *nmf* Arab.

arabesque [arabesk] *nf* - **1.** [ornement] arabesque - **2.** [ligne sinueuse] flourish.

Arabie [arabi] *nf* : **l'~** Arabia ; **l'~ Saoudite** Saudi Arabia.

arabophone [arabɔfɔn] ◇ *adj* Arabic-speaking. ◇ *nmf* Arabic speaker.

arachide [araʃid] *nf* - **1.** [plante] groundnut - **2.** [graine] peanut, groundnut *UK*.

araignée [areɲe] *nf* spider ; **avoir une ~ dans le** *ou* **au plafond** *fam fig* to have a screw loose.
◆ **araignée de mer** *nf* spider crab.

araser [3] [araze] *vt* GÉOL to erode.

arbalète [arbalet] *nf* crossbow.

arbitrage [arbitraʒ] *nm* - **1.** [SPORT - gén] refereeing ; [- au tennis, cricket] umpiring - **2.** DR arbitration.

arbitraire [arbitrer] *adj* arbitrary.

arbitrairement [arbitrɛrmɑ̃] *adv* arbitrarily.

arbitre [arbitr] *nm* - **1.** [SPORT - gén] referee ; [- au tennis, cricket] umpire - **2.** [conciliateur] arbitrator.
◆ **libre arbitre** *nm* free will.

arbitrer [3] [arbitre] *vt* - **1.** [SPORT - gén] to referee ; [- au tennis, cricket] to umpire - **2.** [conflit] to arbitrate.

arborer [3] [arbɔre] *vt* - **1.** [exhiber] to display, to sport - **2.** [expression] to wear.

arborescence [arbɔresɑ̃s] *nf* INFORM tree.

arboriculteur, trice [arbɔrikyltœr, tris] *nm, f* tree grower.

arboriculture [arbɔrikyltyr] *nf* tree growing.

arbouse [arbuz] *nf* arbutus berry.

arbre [arbr] *nm* - **1.** BOT *fig* tree ; **~ fruitier** fruit tree ; **~ généalogique** family tree ; **~ de Noël** Christmas tree - **2.** [axe] shaft ; **~ de transmission** AUTO drive shaft, propeller shaft.

arbrisseau, x [arbriso] *nm* shrub.

arbuste [arbyst] *nm* shrub.

arc [ark] *nm* - **1.** [arme] bow - **2.** [courbe] arc ; **~ de cercle** arc of a circle - **3.** ARCHIT arch.

arcade [arkad] *nf* - **1.** ARCHIT arch ; **~s** arcade *(sing)* - **2.** ANAT : **~ sourcilière** arch of the eyebrows.

arc-bouter [3] [arkbute] ◆ **s'arc-bouter** *vp* to brace o.s.

arceau, x [arso] *nm* - **1.** ARCHIT arch - **2.** [objet métallique] hoop.

arc-en-ciel [arkɑ̃sjɛl] (*pl* **arcs-en-ciel**) *nm* rainbow.

archaïque [arkaik] *adj* archaic.

arche [arʃ] *nf* ARCHIT arch.

archéologie [arkeɔlɔʒi] *nf* archaeology.

archéologique [arkeɔlɔʒik] *adj* archaeological.

archéologue [arkeɔlɔg] *nmf* archaeologist.

archer [arʃe] *nm* archer.

archet [arʃɛ] *nm* MUS bow.

archétype [arketip] *nm* archetype.

archevêché [arʃəveʃe] *nm* [charge] archbishopric ; [logement] archbishop's palace.

archevêque [arʃəvɛk] *nm* archbishop.

archipel [arʃipɛl] *nm* archipelago.

architecte [arʃitɛkt] *nmf* architect ; **~ d'intérieur** interior designer.

architectural, e, aux [arʃitɛktyral, o] *adj* architectural.

architecture [arʃitɛktyr] *nf* architecture ; *fig* structure.

archiver [3] [arʃive] *vt* to archive.

archives [arʃiv] *nfpl* [de bureau] records ; [de musée] archives.

archiviste [arʃivist] *nmf* archivist.

arctique [arktik] *adj* Arctic ; **le cercle polaire ~** the Arctic Circle.
◆ **Arctique** *nm* : **l'~** the Arctic.

ardemment [ardamɑ̃] *adv* fervently, passionately.

ardent, e [ardɑ̃, ɑ̃t] *adj* - **1.** [soleil] blazing - **2.** [soif, fièvre] raging ; [passion] burning - **3.** [yeux, couleur] blazing.

ardeur [ardœr] *nf* - **1.** [vigueur] fervour *UK*, fervor *US*, enthusiasm - **2.** [chaleur] blazing heat.

ardoise [ardwaz] *nf* slate.

ardu, e [ardy] *adj* - **1.** [travail] arduous ; [problème] difficult - **2.** [pente] steep.

are [ar] *nm 100 square metres.*

aréna [arena] *nm Québec sports centre with skating rink* arena *US*.

arène [arɛn] *nf* arena ; **l'~ politique** the political arena.
◆ **arènes** *nfpl* [romaines] amphitheatre *UK*, amphitheater *US (sing)* ; [pour corridas] bullring *(sing)*.

arête [arɛt] *nf* - **1.** [de poisson] bone - **2.** [d'un toit, d'une montagne] ridge - **3.** [du nez] bridge.

arg. *abr de* **argus**.

argent [arʒɑ̃] *nm* - **1.** [métal, couleur] silver - **2.** [monnaie] money ; **~ comptant** cash ; **~ liquide** (ready) cash ; **~ de poche** pocket money *UK*, allowance *US* ; **en avoir pour son ~** to get one's money's worth.

argenté, e [arʒɑ̃te] *adj* silvery, silver.

argenterie [arʒɑ̃tri] *nf* silverware.

argentin, e [arʒɑ̃tɛ̃, in] *adj* - **1.** [son] silvery - **2.** [d'Argentine] Argentinian.
◆ **Argentin, e** *nm, f* Argentinian.

Argentine [arʒɑ̃tin] *nf* : **l'~** Argentina.

argile [arʒil] *nf* clay.

argileux, euse [arʒilø, øz] *adj* clayey.

argot [argo] *nm* slang.

argotique [argɔtik] *adj* slang *(avant n)*, slangy.

arguer [8] [argɥe] *vi sout* [prétexter] : **~ de qqch (pour)** to put sthg forward as a reason (for).

argument [argymɑ̃] *nm* argument ; **tirer ~ de qqch** to use sthg as an argument ; **~ de vente** COMM selling point.

argumentation [argymɑ̃tasjɔ̃] *nf* argumentation.

argus [argys] *nm* : **coté à l'~** *rated in the guide to secondhand car prices.*

aride [arid] *adj litt & fig* arid ; [travail] thankless.

aridité [aridite] *nf* aridity.

aristocrate [aristɔkrat] *nmf* aristocrat.

aristocratie [aristɔkrasi] *nf* aristocracy.

aristocratique [aristɔkratik] *adj* aristocratic.

arithmétique [aritmetik] ◇ *nf* arithmetic. ◇ *adj* arithmetical.

armagnac [armaɲak] *nm* armagnac.

armateur [armatœr] *nm* ship owner.

armature [armatyr] *nf* - **1.** CONSTR *fig* framework - **2.** [de parapluie] frame ; [de soutien-gorge] underwiring - **3.** MUS key signature.

arme [arm] *nf litt & fig* weapon ; **~ blanche** blade ; **~ à feu** firearm ; **passer l'~ à gauche** *fam fig* to snuff it.
◆ **armes** *nfpl* - **1.** [armée] : **les ~s** the army - **2.** [blason] coat of arms *(sing)* - **3.** *loc* **faire ses premières ~s** [apprendre] to learn the ropes ; **fourbir ses ~s** to prepare for battle ; **partir avec ~s et bagages** to leave taking everything.

armée [arme] *nf* army ; **l'~ de l'air** the air force ; **l'~ de terre** the army.
◆ **Armée du salut** *nf* : **l'Armée du salut** the Salvation Army.

armement [arməmɑ̃] *nm* - **1.** [MIL - de personne] arming ; [- de pays] armament ; [- ensemble d'armes] arms *(pl)* ; **la course aux ~s** the arms race - **2.** [de fusil] cocking - **3.** [d'appareil photo] winding-on - **4.** [de navire] fitting-out.

Arménie [armeni] *nf* : **l'~** Armenia.

arménien, enne [armenjɛ̃, ɛn] *adj* Armenian.
◆ **arménien** *nm* [langue] Armenian.
◆ **Arménien, enne** *nm, f* Armenian.

armer [3] [arme] *vt* - **1.** [pourvoir en armes] to arm ; **être armé pour qqch/pour faire qqch** *fig* [préparé] to be equipped for sthg/to do sthg - **2.** [fusil] to cock - **3.** [appareil photo] to wind on - **4.** [navire] to fit out.
◆ **s'armer** *vp litt & fig* **s'~ (de)** to arm o.s. (with).

armistice [armistis] *nm* armistice.

armoire [armwar] *nf* [gén] cupboard *UK*, closet *US* ; [garde-robe] wardrobe ; **~ à glace** wardrobe with a mirror ; **c'est une ~ à glace!** *fam fig* he's built like a tank! ; **~ à pharmacie** medicine cabinet.

armoiries [armwari] *nfpl* coat of arms *(sing)*.

armure [armyr] *nf* armour *UK*, armor *US*.

armurerie [armyrri] *nf* [magasin] gunsmith's (shop).

armurier [armyrje] *nm* [d'armes à feu] gunsmith ; [d'armes blanches] armourer *UK*, armorer *US*.

ARN (*abr de* **acide ribonucléique**) *nm* RNA.

arnaque [arnak] *nf fam* rip-off.

arnaquer [3] [arnake] *vt fam* to do *UK*, to swindle ; **se faire ~** to be had.

aromate [arɔmat] *nm* [épice] spice ; [fine herbe] herb.

aromathérapie [arɔmaterapi] *nf* aromatherapy.

aromatique [arɔmatik] *adj* aromatic.

aromatiser [3] [arɔmatize] *vt* to flavour *UK*, to flavor *US*.

arôme [arom] *nm* - **1.** [gén] aroma ; [de fleur, parfum] fragrance - **2.** [goût] flavour *UK*, flavor *US*.

arpège [arpɛʒ] *nm* arpeggio.

arpenter [3] [arpɑ̃te] *vt* - **1.** [marcher] to pace up and down - **2.** [terrain] to survey.

arpenteur [arpɑ̃tœr] *nm* surveyor.

arqué, e [arke] *adj* - **1.** [objet] curved - **2.** [jambe] bow *(avant n)*, bandy ; [nez] hooked ; [sourcil] arched.

arr. *abr de* **arrondissement.**

arraché [araʃe] ◆ **à l'arraché** *loc adv* : **gagner** *ou* **emporter la victoire à l'~** to snatch victory.

arrachement [araʃmɑ̃] *nm fig* wrench.

arrache-pied [araʃpje] ◆ **d'arrache-pied** *loc adv* : **travailler d'~** to work away furiously.

arracher [3] [araʃe] *vt* - **1.** [extraire - plante] to pull up *ou* out ; [- dent] to extract - **2.** [déchirer - page] to tear off *ou* out ; [- chemise, bras] to tear off - **3.** [prendre] : **~ qqch à qqn** to snatch sthg from sb ; *fig* [extorquer] to extract sthg from sb ; [susciter] to wring sthg from sb - **4.** [soustraire] : **~ qqn à** [milieu, lieu] to drag sb away from ; [lit, sommeil] to drag sb from ; [habitude, torpeur] to force sb out of ; [mort, danger] to snatch sb from.

◆ **s'arracher** *vp* - **1.** [se détacher] : **s'~ de** *ou* **à** [milieu, lieu] to drag o.s. away from ; [lit, sommeil] to drag o.s. from - **2.** [se disputer] : **s'~ qqn/qqch** to fight over sb/sthg - **3.** *fam* [partir] to split, to beat it.

arraisonner [3] [arɛzɔne] *vt* [navire] to stop and inspect.

arrangeant, e [arɑ̃ʒɑ̃, ɑ̃t] *adj* obliging.

arrangement [arɑ̃ʒmɑ̃] *nm* - **1.** [gén] arrangement - **2.** [accord] agreement, arrangement.

arranger [17] [arɑ̃ʒe] *vt* - **1.** [gén] to arrange - **2.** [convenir à] to suit - **3.** [régler] to settle - **4.** [améliorer] to sort out - **5.** [réparer] to fix.

◆ **s'arranger** *vp* to come to an agreement ; **s'~ pour faire qqch** to manage to do sthg ; **arrangez-vous pour être là à cinq heures** make sure you're there at five o'clock ; **cela va s'~** things will work out.

arrdt. *abr de* **arrondissement.**

arrérages [areraʒ] *nmpl* arrears.

arrestation [arɛstasjɔ̃] *nf* arrest ; **être en état d'~** to be under arrest.

arrêt [arɛ] *nm* - **1.** [d'un mouvement] stopping ; **à l'~** [véhicule] stationary ; [machine] (switched) off ; **tomber en ~ devant qqch** to stop dead in front of sthg - **2.** [interruption] interruption ; **sans ~** [sans interruption] non-stop ; [sans relâche] constantly, continually ; **être en ~ maladie** to be on sick leave ; **~ maladie** *ou* **de travail** doctor's certificate ; **~ du travail** stoppage - **3.** [station] : **~ (d'autobus)** (bus) stop ; **~ facultatif** request stop *UK*, flag stop *US* - **4.** DR decision, judgment.

arrêté [arete] *nm* - **1.** FIN settlement - **2.** ADMIN order, decree ; **par ~ préfectoral** by order of the prefect.

arrêter [4] [arete] ◇ *vt* - **1.** [gén] to stop - **2.** INFORM [ordinateur] to shut down - **3.** [cesser] : **~ de faire qqch** to stop doing sthg ; **~ de fumer** to stop smoking - **4.** [abandonner - gén] to give up ; [- école] to leave - **5.** [voleur] to arrest - **6.** [fixer] to decide on. ◇ *vi* to stop.

◆ **s'arrêter** *vp* to stop ; **s'~ à qqch : il ne s'arrête pas à ces détails** he's not going to dwell on these details ; **s'~ de faire** to stop doing ; **s'~ chez qqn** to stay with sb.

arrhes [ar] *nfpl* deposit *(sing)*.

arrière [arjɛr] ◇ *adj inv* back, rear ; **roue ~** rear *ou* back wheel ; **marche ~** reverse gear. ◇ *nm* - **1.** [partie postérieure] back ; **à l'~** at the back *UK*, in back *US* ; **assurer ses ~s** *fig* to play safe - **2.** SPORT back.

◆ **en arrière** *loc adv* - **1.** [dans la direction opposée] back, backwards ; **faire un pas en ~** to take a step back *ou* backwards - **2.** [derrière, à la traîne] behind ; **rester en ~** to lag behind.

◆ **en arrière de** *loc prép* behind.

arriéré, e [arjere] *adj* - **1.** [mentalité, pays] backward - **2.** [dette] outstanding, overdue.

◆ **arriéré** *nm* arrears *(pl)*.

arrière-boutique [arjɛrbutik] (*pl* **arrière-boutiques**) *nf* back shop.

arrière-garde [arjɛrgard] (*pl* **arrière-gardes**) *nf* rearguard ; **combat d'~** *litt* & *fig* rearguard action.

arrière-goût [arjɛrgu] (*pl* **arrière-goûts**) *nm* aftertaste.

arrière-grand-mère [arjɛrgrɑ̃mɛr] (*pl* **arrière-grands-mères**) *nf* great-grandmother.

arrière-grand-père [arjɛrgrɑ̃pɛr] (*pl* **arrière-grands-pères**) *nm* great-grandfather.

arrière-pays [arjɛrpei] *nm inv* hinterland.

arrière-pensée [arjɛrpɑ̃se] (*pl* **arrière-pensées**) *nf* **- 1.** [raison intéressée] ulterior motive **- 2.** [réserve] : **sans ~** without reservation.

arrière-plan [arjɛrplɑ̃] (*pl* **arrière-plans**) *nm* background.

arrière-saison [arjɛrsɛzɔ̃] (*pl* **arrière-saisons**) *nf* late autumn.

arrière-train [arjɛrtrɛ̃] (*pl* **arrière-trains**) *nm* hindquarters *(pl)*.

arrimer [3] [arime] *vt* **- 1.** [attacher] to secure **- 2.** NAUT to stow.

arrivage [arivaʒ] *nm* **- 1.** [de marchandises] consignment, delivery **- 2.** [de touristes] influx.

arrivant, e [arivɑ̃, ɑ̃t] *nm, f* [personne] arrival.

arrivée [arive] *nf* **- 1.** [venue] arrival **- 2.** TECHNOL inlet.

arriver [3] [arive] ◇ *vi* **- 1.** [venir] to arrive ; **en ~ à faire qqch** *fig* to begin to do sthg ; **j'arrive!** (I'm) coming! ; **~ à Paris** to arrive in *ou* reach Paris ; **l'eau m'arrivait aux genoux** the water came up to my knees **- 2.** [réussir dans la vie] to succeed, to get on **- 3.** [parvenir] : **~ à faire qqch** to manage to do sthg, to succeed in doing sthg ; **il n'arrive pas à faire ses devoirs** he can't do his homework. ◇ *v impers* to happen ; **il arrive que** *(+ subjonctif)* : **il arrive qu'il soit en retard** he is sometimes late ; **il arrive à tout le monde de se décourager** we all get fed up sometimes ; **il arrive à tout le monde de se tromper** anyone can make a mistake ; **il lui arrive d'oublier quel jour on est** he sometimes forgets what day it is ; **quoi qu'il arrive** whatever happens.

arrivisme [arivism] *nm péj* ambition.

arrobas, arobas [arɔbas] *nf* [dans une adresse électronique] at.

arrogance [arɔgɑ̃s] *nf* arrogance.

arrogant, e [arɔgɑ̃, ɑ̃t] ◇ *adj* arrogant. ◇ *nm, f* arrogant person.

arroger [17] [arɔʒe] ◆ **s'arroger** *vp* : **s'~ le droit de faire qqch** to take it upon o.s. to do sthg.

arrondi [arɔ̃di] *nm* [de jupe] hemline.

arrondir [32] [arɔ̃dir] *vt* **- 1.** [forme] to make round **- 2.** [capital] to increase **- 3.** [chiffre - au-dessus] to round up ; [- en dessous] to round down.

◆ **s'arrondir** *vp* [corps, visage] to fill out.

arrondissement [arɔ̃dismɑ̃] *nm* **- 1.** ADMIN arrondissement *(administrative division of a département or city)* **- 2.** [de somme - au-dessus] rounding up ; [- en dessous] rounding down.

Arrondissements

France's three largest cities (Paris, Lyon(s) and Marseilles) are divided into *arrondissements*. They have no historical meaning; in Paris for instance they were named following a spiral starting at the *Île de la Cité*. The *Marais*, for example, is in the third and fourth *arrondissements*. When *Paris* is followed by an ordinal number, this refers to an *arrondissement*: *Paris 15e (Paris quinzième), Paris 4e (Paris quatrième)*, etc. The arrondissement is also an administrative division of the *département*.

arrosage [arozaʒ] *nm* [de jardin] watering ; [de rue] spraying.

arroser [3] [aroze] *vt* **- 1.** [jardin] to water, to spray **- 2.** [couler à travers] to flow through **- 3.** *fam* [café] : **~ son café (avec)** to lace one's coffee (with) **- 4.** *fam* [repas] to wash down **- 5.** *fam* [célébrer] to celebrate **- 6.** *fam* [soudoyer] : **~ qqn** to grease sb's palm.

arrosoir [arozwar] *nm* watering can.

arsenal, aux [arsənal, o] *nm* **- 1.** [de navires] naval dockyard **- 2.** [d'armes] arsenal ; **~ de pêcheur** fishing gear.

arsenic [arsənik] *nm* arsenic.

art [ar] *nm* art ; **l'~ de faire qqch** the art of doing sthg ; **~ culinaire** art of cooking ; **~ dramatique /graphique** dramatic/graphic art ; **le septième ~** cinema.

◆ **arts** *nmpl* : **~s appliqués** applied arts ; **~s et métiers** *state-funded institution offering vocational courses by correspondence or evening classes* ; **Salon des Arts ménagers** ≃ Ideal Home Exhibition *UK*, home crafts exhibition *ou* show *US* ; **~s martiaux** martial arts.

art. *abr de* **article**.

Arte [arte] *n Franco-German cultural television channel.*

artère [artɛr] *nf* **- 1.** ANAT artery ; **~ coronaire** coronary artery **- 2.** [rue] arterial road *UK*, main road *US*.

artériel, elle [arterjɛl] *adj* arterial.

artériosclérose [arterjɔskleroz] *nf* arteriosclerosis.

arthrite [artrit] *nf* arthritis.

arthrose [artroz] *nf* osteoarthritis.

artichaut [artiʃo] *nm* artichoke.

article [artikl] *nm* - **1.** [gén] article ; **~ défini/indéfini** definite/indefinite article ; **~ de fond** feature ; **~s de bureau** office supplies - **2.** INFORM record - **3.** *loc* **faire l'~** to make a sales pitch ; **à l'~ de la mort** at death's door.

articulation [artikylasjɔ̃] *nf* - **1.** ANAT & TECHNOL joint - **2.** [prononciation] articulation - **3.** [d'une démonstration] structure.

articulé, e [artikyle] *adj* jointed.

articuler [3] [artikyle] *vt* - **1.** [prononcer] to articulate - **2.** ANAT & TECHNOL to articulate, to joint - **3.** DR to set out.
◆ **s'articuler** *vp* to hang together ; **s'~ sur/autour de qqch** [réflexion] to be based *ou* centred on sthg.

artifice [artifis] *nm* - **1.** [moyen astucieux] clever device *ou* trick - **2.** [tromperie] trick.

artificiel, elle [artifisjɛl] *adj* artificial.

artificiellement [artifisjɛlmɑ̃] *adv* artificially.

artillerie [artijri] *nf* MIL artillery.

artisan, e [artizɑ̃, an] *nm, f* craftsman (*f* craftswoman).
◆ **artisan** *nm* [responsable] : **être l'~ de** *fig* to be the architect of.

artisanal, e, aux [artizanal, o] *adj* craft (*avant n*) ; **fabrication ~e** cottage industry.

artisanat [artizana] *nm* [métier] craft ; [classe] craftsmen.

artiste [artist] *nmf* - **1.** [créateur] artist ; **~ peintre** painter - **2.** [interprète] performer.

artistique [artistik] *adj* artistic.

as[1] [a] ▷ **avoir.**

as[2] [as] *nm* - **1.** [carte] ace - **2.** [premier] number one - **3.** [champion] star, ace - **4.** *loc* **être fringué comme l'~ de pique** *fam* to look like a scarecrow ; **passer à l'~** *fam* to go by the board ; **être plein aux ~** *fam* to be rolling in it.

a/s (*abr écrite de* **aux soins de**) c/o.

AS (*abr de* **association sportive**) *nf* sports association.

ASA, Asa [aza] (*abr de* **American Standards Association**) *nf* ASA.

asc. *abr de* **ascenseur.**

ascendant, e [asɑ̃dɑ̃, ɑ̃t] *adj* rising.
◆ **ascendant** *nm* - **1.** [influence] influence, power ; **avoir de l'~ sur qqn** to have influence over sb - **2.** ASTROL ascendant.

ascenseur [asɑ̃sœr] *nm* - **1.** [in a building] lift *UK*, elevator *US* - **2.** INFORM scroll bar.

ascension [asɑ̃sjɔ̃] *nf* - **1.** [de montagne] ascent - **2.** [d'avion] climb - **3.** [progression] rise.
◆ **Ascension** *nf* : **l'Ascension** Ascension (Day).

ascensionnel, elle [asɑ̃sjɔnɛl] *adj* upward.

ascèse [asɛz] *nf* asceticism.

ascète [asɛt] *nmf* ascetic.

ASE (*abr de* **Agence spatiale européenne**) *nf* ESA.

aseptique [asɛptik] *adj* aseptic.

asiatique [azjatik] *adj* - **1.** [de l'Asie en général] Asian - **2.** [d'Extrême-Orient] oriental.
◆ **Asiatique** *nmf* Asian.

Asie [azi] *nf* : **l'~** Asia ; **l'~ centrale** Central Asia ; **l'~ du Sud-Est** Southeast Asia.

asile [azil] *nm* - **1.** [refuge] refuge - **2.** POLIT : **demander/accorder l'~ politique** to seek/to grant political asylum - **3.** *vieilli* [psychiatrique] asylum.

asocial, e, aux [asɔsjal, o] ◇ *adj* antisocial.
◇ *nm, f* social misfit.

aspect [aspɛ] *nm* - **1.** [apparence] appearance ; **d'~ agréable** nice-looking - **2.** [angle & LING] aspect - **3.** [vue] : **à l'~ de** *sout* at the sight of.

asperge [aspɛrʒ] *nf* [légume] asparagus.

asperger [17] [aspɛrʒe] *vt* : **~ qqch de qqch** to spray sthg with sthg ; **~ qqn de qqch** [arroser] to spray sb with sthg ; [éclabousser] to splash sb with sthg.
◆ **s'asperger** *vp* : **s'~ de qqch** to spray o.s. with sthg.

aspérité [asperite] *nf* [du sol] bump.

asphalte [asfalt] *nm* asphalt.

asphyxie [asfiksi] *nf* - **1.** MÉD asphyxia, suffocation - **2.** *fig* [de l'économie] paralysis.

asphyxier [9] [asfiksje] *vt* - **1.** MÉD to asphyxiate, to suffocate - **2.** *fig* [économie] to paralyse *UK*, to paralyze *US*.
◆ **s'asphyxier** *vp* to suffocate.

aspic [aspik] *nm* [vipère] asp.

aspirant, e [aspirɑ̃, ɑ̃t] *adj* : **hotte ~e** cooker hood *UK*, extractor hood ; **pompe ~e** suction pump.
◆ **aspirant** *nm* [armée] ≃ officer cadet ; [marine] ≃ midshipman.

aspirateur [aspiratœr] *nm* Hoover® *UK*, vacuum cleaner ; **passer l'~** to do the vacuuming *ou* hoovering *UK*.

aspiration [aspirasjɔ̃] *nf* - **1.** [souffle] inhalation - **2.** TECHNOL suction - **3.** LING aspiration.
◆ **aspirations** *nfpl* aspirations.

aspirer [3] [aspire] *vt* - **1.** [air] to inhale ; [liquide] to suck up - **2.** TECHNOL to suck up, to draw up - **3.** [désirer] : **~ à qqch/à faire qqch** to aspire to sthg/to do sthg.

aspirine [aspirin] *nf* aspirin.

assagir [32] [asaʒir] *vt* to quieten down.
◆ **s'assagir** *vp* to quieten down.

assaillant, **e** [asajɑ̃, ɑ̃t] <> *adj* attacking. <> *nm, f* assailant, attacker.

assaillir [47] [asajir] *vt* to attack, to assault ; **~ qqn de qqch** *fig* to assail *ou* bombard sb with sthg.

assainir [32] [asenir] *vt* **- 1.** [logement] to clean up **- 2.** [eau] to purify **- 3.** ÉCON to rectify, to stabilize.

assainissement [asenismɑ̃] *nm* **- 1.** [de quartier] cleaning up **- 2.** [d'eau] purification **- 3.** ÉCON stabilization.

assaisonnement [asɛzɔnmɑ̃] *nm* [sauce] dressing ; [condiments] seasoning.

assaisonner [3] [asɛzɔne] *vt* **- 1.** [salade] to dress ; [viande, plat] to season **- 2.** [propos] to season **- 3.** *fam* [gronder] to tell off ; **se faire ~ par qqn** to get a (good) telling-off from sb.

assassin, **e** [asasɛ̃, in] *adj* provocative.
◆ **assassin** *nm* [gén] murderer ; POLIT assassin.

assassinat [asasina] *nm* [gén] murder ; POLIT assassination.

assassiner [3] [asasine] *vt* [tuer - gén] to murder ; POLIT to assassinate.

assaut [aso] *nm* **- 1.** [attaque] assault, attack ; **prendre d'~** [lieu] to storm ; [personne] to attack **- 2.** SPORT bout **- 3.** *loc* **faire ~ de** to vie with each other in.

assécher [18] [aseʃe] *vt* to drain.
◆ **s'assécher** *vp* to become dry, to dry up.

ASSEDIC, **Assedic** [asedik] (*abr de* **Association pour l'emploi dans l'industrie et le commerce**) *nfpl French unemployment insurance scheme* ; **toucher les ~** to get unemployment benefit *UK ou* welfare *US*.

assemblage [asɑ̃blaʒ] *nm* **- 1.** [gén] assembly **- 2.** INFORM : **langage d'~** assembler *ou* assembly language.

assemblée [asɑ̃ble] *nf* **- 1.** [réunion] meeting **- 2.** [public] gathering **- 3.** ADMIN & POLIT assembly ; **~ constituante** constituent assembly ; **~ consultative** advisory body ; **l'Assemblée nationale** *lower house of the French parliament*.

L'Assemblée nationale

The French parliament has two chambers: the National Assembly and the Senate. The members of the National Assembly (the *députés*) are elected in the *élections législatives* held every five years.

assembler [asɑ̃ble] *vt* **- 1.** [monter] to put together **- 2.** [réunir - objets] to gather (together) **- 3.** [associer] to connect **- 4.** [personnes - gén] to bring together, to assemble ; [- députés] to convene.
◆ **s'assembler** *vp* to gather.

assener [19] [asəne], **asséner** [18] [asene] *vt* : **~ un coup à qqn** [frapper] to strike sb, to deal sb a blow.

assentiment [asɑ̃timɑ̃] *nm* assent ; **donner son ~ à qqch** to give one's assent to sthg.

asseoir [65] [aswar] <> *vt* **- 1.** [sur un siège] to put **- 2.** [fondations] to lay **- 3.** *fig* [réputation] to establish ; **~ qqch sur qqch** to base sthg on sthg ; **~ l'impôt sur le revenu** to base taxation on income. <> *vi* : **faire ~ qqn** to seat sb, to ask sb to take a seat.
◆ **s'asseoir** *vp* to sit (down).

assermenté, **e** [asɛrmɑ̃te] *adj* **- 1.** [fonctionnaire, expert] sworn **- 2.** [témoin] under oath.

assertion [asɛrsjɔ̃] *nf* assertion.

assesseur [asesœr] *nm* assessor.

asseyais, **asseyions** *etc* ▷ **asseoir**.

asseyez, **asseyons** *etc* ▷ **asseoir**.

assez [ase] *adv* **- 1.** [suffisamment] enough ; **~ grand pour qqch/pour faire qqch** big enough for sthg/to do sthg ; **~ de** enough ; **~ de lait/chaises** enough milk/chairs ; **il en reste juste ~** there is/are just enough left ; **en avoir ~ de qqn/qqch** to have had enough of sb/sthg, to be fed up with sb/sthg **- 2.** [plutôt] quite, rather.

assidu, **e** [asidy] *adj* **- 1.** [élève] diligent **- 2.** [travail] painstaking **- 3.** [empressé] : **~ (auprès de qqn)** attentive (to sb).

assiduité [asidɥite] *nf* **- 1.** [zèle] diligence **- 2.** [fréquence] : **avec ~** regularly.
◆ **assiduités** *nfpl péj & sout* attentions ; **poursuivre qqn de ses ~s** to press one's attentions on sb.

assidûment [asidymɑ̃] *adv* **- 1.** [avec zèle] assiduously, diligently **- 2.** [fréquemment] regularly.

assiégeant, **e** [asjeʒɑ̃, ɑ̃t] *adj* besieging.
◆ **assiégeant** *nm* besieger.

assiéger [22] [asjeʒe] *vt litt & fig* to besiege.

assiette [asjɛt] *nf* **- 1.** [vaisselle] plate ; **~ creuse** *ou* **à soupe** soup plate ; **~ à dessert** dessert plate ; **~ plate** dinner plate **- 2.** [de cavalier] seat **- 3.** [d'impôt] base **- 4.** CULIN : **~ anglaise** assorted cold meats *(pl) UK*, cold cuts *(pl) US* ; **~ de crudités** *raw vegetables served as an hors-d'œuvre* **- 5.** *loc* **ne pas être dans son ~** to feel off colour *UK ou* color *US*.

assiettée [asjete] *nf* plate, plateful.

assignation [asiɲasjɔ̃] *nf* **- 1.** [attribution] : **~ de qqch à qqn** allocation of sthg to sb **- 2.** DR summons.

assigner [3] [asiɲe] *vt* **- 1.** [fonds, tâche] : **~ qqch à qqn** to allocate *ou* assign sthg to sb **- 2.** [personne] : **~ qqn à qqch** to assign sb to sthg **- 3.** DR : **~ qqn en justice** to issue a writ against sb.

assimilation [asimilasjɔ̃] *nf* assimilation ; **~ de qqch à qqch** assimilation of sthg with sthg ; **~ de qqn à qqn** comparison of sb to sb.

assimiler [3] [asimile] *vt* - **1.** [aliment, connaissances] to assimilate - **2.** [confondre] : **~ qqch (à qqch)** to liken sthg (to sthg) ; **~ qqn à qqn** to compare sb to *ou* with sb.

◆ **s'assimiler** *vp* - **1.** [se comparer] : **s'~ à qqn** to be (able to be) compared to sb - **2.** [s'intégrer] to integrate.

assis, e [asi, iz] ◇ *pp* ▷ **asseoir**. ◇ *adj* sitting, seated ; **place ~e** seat.

◆ **assise** *nf* - **1.** [base] seat, seating - **2.** BIOL & GÉOL stratum.

◆ **assises** *nfpl* - **1.** DR : **(cour d')~s** crown court *UK*, circuit court *US* - **2.** [congrès] conference *(sing)*.

assistance [asistɑ̃s] *nf* - **1.** [aide] assistance ; **prêter ~ à qqn** to lend assistance to sb ; **l'Assistance publique** *French authority which manages the social services and state-owned hospitals* ; **être à l'Assistance (publique)** to be in care *UK* ; **~ technique** technical aid - **2.** [auditoire] audience.

assistant, e [asistɑ̃, ɑ̃t] *nm, f* - **1.** [auxiliaire] assistant ; **~e sociale** social worker - **2.** UNIV assistant lecturer.

assister [3] [asiste] ◇ *vi* : **~ à qqch** to be at sthg, to attend sthg. ◇ *vt* to assist.

associatif, ive [asɔsjatif, iv] *adj* - **1.** [mémoire] associative - **2.** [vie] community *(avant n)*.

association [asɔsjasjɔ̃] *nf* - **1.** [gén] association ; **~ d'idées** association of ideas - **2.** [union] society, association ; **~ à but non lucratif** DR non-profit-making *UK ou* non-profit *US* organization ; **~ humanitaire** charity organization ; **~ sportive** sports club - **3.** COMM partnership.

associé, e [asɔsje] ◇ *adj* associated. ◇ *nm, f* - **1.** [collaborateur] associate - **2.** [actionnaire] partner.

associer [9] [asɔsje] *vt* - **1.** [personnes] to bring together - **2.** [idées] to associate - **3.** [faire participer] : **~ qqn à qqch** [inclure] to bring sb in on sthg ; [prendre pour partenaire] to make sb a partner in sthg.

◆ **s'associer** *vp* - **1.** [prendre part] : **s'~ à qqch** [participer] to join *ou* participate in sthg ; [partager] to share sthg - **2.** [collaborer] : **s'~ à** *ou* **avec qqn** to join forces with sb - **3.** [se combiner] : **s'~ à qqch** to be combined with sthg.

assoiffé, e [aswafe] *adj* thirsty ; : **~ de pouvoir** *fig* power-hungry.

assois ▷ **asseoir**.

assombrir [32] [asɔ̃brir] *vt* - **1.** [plonger dans l'obscurité] to darken - **2.** *fig* [attrister] to cast a shadow over.

◆ **s'assombrir** *vp* - **1.** [devenir sombre] to grow dark - **2.** *fig* [s'attrister] to darken.

assommant, e [asɔmɑ̃, ɑ̃t] *adj péj* deadly boring.

assommer [3] [asɔme] *vt* - **1.** [frapper] to knock out - **2.** [ennuyer] to bore stiff - **3.** [de reproches] to overwhelm.

Assomption [asɔ̃psjɔ̃] *nf* : **l'~** the Assumption.

assorti, e [asɔrti] *adj* - **1.** [accordé] : **bien ~** well-matched ; **mal ~** ill-matched ; **une cravate ~e au costume** a tie which matches the suit - **2.** [varié] assorted.

assortiment [asɔrtimɑ̃] *nm* assortment, selection.

assortir [32] [asɔrtir] *vt* - **1.** [objets] : **~ qqch à qqch** to match sthg to *ou* with sthg - **2.** [magasin] to stock.

◆ **s'assortir** *vp* to match ; **s'~ de qqch** to be accompanied by *ou* with sthg.

assoupi, e [asupi] *adj* - **1.** [endormi] dozing - **2.** *fig* & *litt* [sens, intérêt] dulled ; [passion, haine] spent ; [querelle] dormant.

assoupir [32] [asupir] *vt* - **1.** *sout* [enfant] to send to sleep - **2.** *fig* & *litt* [douleur] to soothe.

◆ **s'assoupir** *vp* - **1.** [s'endormir] to doze off - **2.** *fig* & *litt* [douleur] to die down.

assoupissement [asupismɑ̃] *nm* - **1.** [sommeil] doze - **2.** *fig* & *sout* **l'~ culturel** cultural apathy.

assouplir [32] [asuplir] *vt* - **1.** [corps] to make supple - **2.** [matière] to soften - **3.** [règlement] to relax - **4.** [caractère] to mellow.

◆ **s'assouplir** *vp* - **1.** [physiquement] to become supple - **2.** [moralement] to mellow.

assouplissement [asuplismɑ̃] *nm* - **1.** [de corps] making supple - **2.** [de matière] softening - **3.** [de règlement] easing, relaxation - **4.** [de caractère] mellowing.

assourdir [32] [asurdir] *vt* - **1.** [rendre sourd] to deafen - **2.** [abrutir] to exhaust, to wear out - **3.** [amortir] to deaden, to muffle.

assouvir [32] [asuvir] *vt* to satisfy.

◆ **s'assouvir** *vp litt* to be satisfied.

ASSU, Assu [asy] (*abr de* **Association du sport scolaire et universitaire**) *nf former schools and university sports association.*

assujetti, e [asyʒeti] *adj* : **~ à l'impôt** subject to tax *ou* taxation.

assujettir [32] [asyʒetir] *vt* - **1.** [peuple] to subjugate - **2.** [soumettre] : **~ qqn à qqch** to subject sb to sthg - **3.** [fixer] to secure.

◆ **s'assujettir** *vp* : **s'~ à qqch** to submit to sthg.

assumer [3] [asyme] *vt* - **1.** [fonction - exercer] to carry out ; [- prendre] to take on - **2.** [risque, responsabilité] to accept - **3.** [condition] to come to terms with - **4.** [frais] to meet.
◆ **s'assumer** *vp* to come to terms with o.s.

assurance [asyrɑ̃s] *nf* - **1.** [gén] assurance - **2.** [contrat] insurance ; **contracter** *OU* **prendre une ~** to take out insurance ; **~ maladie** health insurance ; **~ tous risques** AUTO comprehensive insurance ; **~-vie** life assurance *UK*, life insurance *US*.

assuré, **e** [asyre] *nm, f* policy holder ; **~ social** National Insurance contributor *UK*, Social Security contributor *US*.

assurément [asyremɑ̃] *adv sout* certainly.

assurer [3] [asyre] *vt* - **1.** [promettre] : **~ à qqn que** to assure sb (that) ; **~ qqn de qqch** to assure sb of sthg - **2.** [permanence, liaison] to provide - **3.** [voiture] to insure - **4.** [paix] to ensure - **5.** [échelle] to secure, to fix.
◆ **s'assurer** *vp* - **1.** [vérifier] : **s'~ que** to make sure (that) ; **s'~ de qqch** to ensure sthg, to make sure of sthg - **2.** COMM : **s'~ (contre qqch)** to insure o.s. (against sthg) - **3.** [obtenir] : **s'~ qqch** to secure sthg - **4.** [se stabiliser] to steady o.s.

astérisque [asterisk] *nm* asterisk.

asthmatique [asmatik] *nmf* & *adj* asthmatic.

asthme [asm] *nm* MÉD asthma.

asticot [astiko] *nm* maggot.

astigmate [astigmat] *nmf* & *adj* astigmatic.

astiquer [3] [astike] *vt* to polish.

astrakan [astrakɑ̃] *nm* astrakhan.

astral, **e**, **aux** [astral, o] *adj* astral, star *(avant n)*.

astre [astr] *nm* star.

astreignant, **e** [astrɛɲɑ̃, ɑ̃t] *adj* demanding.

astreindre [81] [astrɛ̃dr] *vt* : **~ qqn à qqch** to subject sb to sthg ; **~ qqn à faire qqch** to compel sb to do sthg.
◆ **s'astreindre** *vp* : **s'~ à qqch** to subject o.s. to sthg ; **s'~ à faire qqch** to compel o.s. to do sthg.

astreint, **e** [astrɛ̃, ɛ̃t] *pp* ▷ **astreindre**.

astringent, **e** [astrɛ̃ʒɑ̃, ɑ̃t] *adj* astringent.
◆ **astringent** *nm* astringent.

astrologie [astrɔlɔʒi] *nf* astrology.

astrologique [astrɔlɔʒik] *adj* astrological.

astrologue [astrɔlɔg] *nm* astrologer.

astronaute [astrɔnot] *nmf* astronaut.

astronautique [astrɔnotik] *nf* astronautics *(U)*.

astronome [astrɔnɔm] *nmf* astronomer.

astronomie [astrɔnɔmi] *nf* astronomy.

astronomique [astrɔnɔmik] *adj* astronomical.

astrophysique [astrɔfisik] *nf* astrophysics *(U)*.

astuce [astys] *nf* - **1.** [ruse] (clever) trick - **2.** [ingéniosité] shrewdness *(U)* - **3.** [plaisanterie] wisecrack.

astucieux, **euse** [astysjø, øz] *adj* - **1.** [idée] clever - **2.** [personne] shrewd.

asymétrique [asimetrik] *adj* asymmetric, asymmetrical.

atavisme [atavism] *nm* atavism.

atelier [atəlje] *nm* - **1.** [d'artisan] workshop - **2.** [de peintre] studio.

atermoiement [atɛrmwamɑ̃] *nm* - **1.** [tergiversation] procrastination - **2.** DR postponement.

athée [ate] ◇ *nmf* atheist. ◇ *adj* atheistic.

athénée [atene] *nm Belgique* secondary school.

Athènes [atɛn] *n* Athens.

athénien, **enne** [atenjɛ̃, ɛn] *adj* Athenian.
◆ **Athénien**, **enne** *nm, f* Athenian.

athlète [atlɛt] *nmf* athlete.

athlétique [atletik] *adj* athletic.

athlétisme [atletism] *nm* athletics *(U) UK*, track and fields *US*.

Atlantide [atlɑ̃tid] *nf* : **l'~** Atlantis.

atlantique [atlɑ̃tik] *adj* Atlantic.
◆ **Atlantique** *nm* : **l'Atlantique** the Atlantic (Ocean).

atlas [atlas] *nm* atlas.

atmosphère [atmɔsfɛr] *nf* atmosphere.

atmosphérique [atmɔsferik] *adj* atmospheric.

atoca [atɔka] *nm Québec large cranberry.*

atoll [atɔl] *nm* atoll.

atome [atom] *nm* atom ; **avoir des ~s crochus avec qqn** to be on the same wavelength as sb.

atomique [atɔmik] *adj* - **1.** [gén] nuclear - **2.** CHIM & PHYS atomic.

atomiseur [atɔmizœr] *nm* spray.

atone [atɔn] *adj* - **1.** [inexpressif] lifeless - **2.** MÉD atonic - **3.** [voyelle] unstressed.

atours [atur] *nmpl litt* **paré de** *OU* **dans ses plus beaux ~** in all one's finery.

atout [atu] *nm* - **1.** [carte] trump ; **~ cœur/pique/trèfle/carreau** hearts/spades/clubs/diamonds are trumps - **2.** *fig* [ressource] asset, advantage.

ATP ◇ *nf* (*abr de* **Association des tennismen professionnels**) ATP. ◇ *nfpl* (*abr de* **arts et traditions populaires**) arts and crafts ; **musée des ~** arts and crafts museum.

âtre [atr] *nm litt* hearth.

atroce [atrɔs] *adj* - **1.** [crime] atrocious, dreadful - **2.** [souffrance] horrific, atrocious - **3.** [temps] terrible.

atrocement [atrɔsmɑ̃] *adv* - **1.** [horriblement] horribly, terribly - **2.** [exagérément] terribly.

atrocité [atrɔsite] *nf* - **1.** [horreur] atrocity - **2.** [calomnie] insult.

atrophie [atrɔfi] *nf* atrophy.

atrophier [9] [atrɔfje] ◆ **s'atrophier** *vp* to atrophy.

attabler [3] [atable] ◆ **s'attabler** *vp* to sit down (at the table) ; **s'~ devant qqch** to sit down to sthg.

attachant, e [ataʃɑ̃, ɑ̃t] *adj* lovable.

attache [ataʃ] *nf* [lien] fastening.
◆ **attaches** *nfpl* links, connections.

attaché, e [ataʃe] *nm, f* attaché ; **~ d'ambassade** attaché ; **~ commercial /culturel/militaire** commercial/cultural/military attaché ; **~ de presse** [diplomatique] press attaché ; [d'organisme, d'entreprise] press officer.

attaché-case [ataʃekɛz] (*pl* **attachés-cases**) *nm* attaché case.

attachement [ataʃmɑ̃] *nm* attachment.

attacher [3] [ataʃe] ◇ *vt* - **1.** [lier] : **~ qqch (à)** to fasten *ou* tie sthg (to) ; *fig* [associer] to attach sthg (to) - **2.** [paquet] to tie up - **3.** [lacet] to do up ; [ceinture de sécurité] to fasten - **4.** *fig* [émotionnellement] : **~ qqn à** to bind sb to. ◇ *vi* CULIN : **~ (à)** to stick (to).
◆ **s'attacher** *vp* - **1.** [émotionnellement] : **s'~ à qqn/qqch** to become attached to sb/sthg - **2.** [se fermer] to fasten ; **s'~ avec** *ou* **par qqch** to do up *ou* fasten with sthg - **3.** [s'appliquer] : **s'~ à qqch/à faire qqch** to devote o.s. to sthg/to doing sthg, to apply o.s. to sthg/to doing sthg.

attaquant, e [atakɑ̃, ɑ̃t] ◇ *adj* attacking. ◇ *nm, f* attacker.

attaque [atak] *nf* - **1.** [gén & MÉD] attack ; **~ à main armée** holdup ; *fig* **~ contre qqn/qqch** attack on sb/sthg - **2.** MUS [de note] attack - **3.** *loc* **être d'~** to be on *UK ou* in *US* form ; **être/se sentir d'~ pour faire qqch** to be/feel up to doing sthg.

attaquer [3] [atake] *vt* - **1.** [gén] to attack - **2.** [DR - personne] to take to court ; [- jugement] to contest - **3.** *fam* [plat] to tuck into - **4.** [tâche] to tackle.
◆ **s'attaquer** *vp* - **1.** [combattre] : **s'~ à qqn** to attack sb - **2.** *fig* **s'~ à qqch** [tâche] to tackle sthg.

attardé, e [atarde] ◇ *adj* - **1.** [idées] outdated - **2.** [passants] late - **3.** [enfant] backward. ◇ *nm, f* [enfant] backward child.

attarder [3] [atarde] ◆ **s'attarder** *vp* : **s'~ sur qqch** to dwell on sthg ; **s'~ à faire qqch** to stay on to do sthg, to stay behind to do sthg.

atteignais, atteignions *etc* ▷ **atteindre.**

atteindre [81] [atɛ̃dr] *vt* - **1.** [gén] to reach - **2.** [toucher] to hit - **3.** [affecter] to affect.

atteint, e [atɛ̃, ɛ̃t] ◇ *pp* ▷ **atteindre.** ◇ *adj* - **1.** [malade] : **être ~ de** to be suffering from - **2.** *fam* [fou] touched.
◆ **atteinte** *nf* - **1.** [préjudice] : **~e à** attack on ; **porter ~e à** to undermine ; **hors d'~e** [hors de portée] out of reach ; [inattaquable] beyond reach - **2.** [effet] effect.

attelage [atlaʒ] *nm* - **1.** [chevaux] team - **2.** [harnachement] harnessing *(U)*.

atteler [24] [atle] *vt* - **1.** [animaux, véhicules] to hitch up ; [wagons] to couple - **2.** [à une tâche] : **~ qqn à** to assign sb to.
◆ **s'atteler** *vp* : **s'~ à** to get down to.

attelle [atɛl] *nf* splint.

attenant, e [atnɑ̃, ɑ̃t] *adj* : **~ (à qqch)** adjoining (sthg).

attendre [73] [atɑ̃dr] ◇ *vt* - **1.** [gén] to wait for ; **le déjeuner nous attend** lunch is ready ; **~ que** *(+ subjonctif)* : **~ que la pluie s'arrête** to wait for the rain to stop ; **faire ~ qqn** [personne] to keep sb waiting ; **les résultats se font ~** we're all waiting for the results - **2.** [espérer] : **~ qqch (de qqn/qqch)** to expect sthg (from sb/sthg) - **3.** [suj: surprise, épreuve] to be in store for. ◇ *vi* to wait ; **attends!** hang on!
◆ **s'attendre** *vp* : **s'~ à** to expect.
◆ **en attendant** *loc adv* - **1.** [pendant ce temps] meanwhile, in the meantime - **2.** [quand même] all the same.

attendrir [32] [atɑ̃drir] *vt* - **1.** [viande] to tenderize - **2.** [personne] to move.
◆ **s'attendrir** *vp* : **s'~ (sur qqn/qqch)** to be moved (by sb/sthg).

attendrissant, e [atɑ̃drisɑ̃, ɑ̃t] *adj* moving, touching.

attendrissement [atɑ̃drismɑ̃] *nm* pity.

attendrisseur [atɑ̃drisœr] *nm* meat tenderizer.

attendu, e [atɑ̃dy] *pp* ▷ **attendre.**
◆ **attendu** ◇ *nm* DR reasoning *(U)*. ◇ *prep* considering.
◆ **attendu que** *loc conj* since, considering that.

attentat [atɑ̃ta] *nm* attack ; **~ à la bombe** bomb attack, bombing ; **~ à la pudeur** DR indecent assault.

attentat-suicide [atɑ̃tasɥisid] (*pl* **attentats-suicides**) *nm* suicide attack ; [à la bombe] suicide bombing.

attente [atɑ̃t] *nf* **- 1.** [station] wait ; **en ~** in abeyance **- 2.** [espoir] expectation ; **contre toute ~** contrary to all expectations ; **répondre aux ~s de qqn** to live up to sb's expectations.

attenter [3] [atɑ̃te] *vi* : **~ à** [liberté, droit] to violate ; **~ à ses jours** to attempt suicide ; **~ à la vie de qqn** to make an attempt on sb's life.

attentif, **ive** [atɑ̃tif, iv] *adj* **- 1.** [auditoire] : **~ (à qqch)** attentive (to sthg) **- 2.** [soin] careful, scrupulous.

attention [atɑ̃sjɔ̃] ◇ *nf* attention ; **à l'~ de** for the attention of ; **faire ~ à** [prudence] to be careful of ; [concentration] to pay attention to ; **porter qqch à l'~ de qqn** to bring sthg to sb's attention. ◇ *interj* watch out!, be careful! ; **'~ chien méchant'** 'beware of the dog' ; **~ à la marche** mind the step ; **'~ peinture fraîche'** 'wet paint'.

attentionné, **e** [atɑ̃sjɔne] *adj* thoughtful ; **~ auprès de** attentive to.

attentisme [atɑ̃tism] *nm* [gén] waiting game ; POLIT policy of wait-and-see.

attentivement [atɑ̃tivmɑ̃] *adv* attentively, carefully.

atténuante [atenɥɑ̃t] ▷ **circonstance.**

atténuation [atenɥasjɔ̃] *nf* [de lumière] dimming ; [de propos] toning down ; [de douleur] easing ; **~ de peine** DR reduction in sentence.

atténuer [7] [atenɥe] *vt* [douleur] to ease ; [propos, ton] to tone down ; [lumière] to dim, to subdue ; [bruit] to quieten.
◆ **s'atténuer** *vp* [lumière] to dim, to fade ; [bruit] to fade ; [douleur] to ease.

atterrer [4] [atere] *vt* to stagger.

atterrir [32] [aterir] *vi* to land ; **~ dans qqch** *fig* to land up in sthg.

atterrissage [aterisaʒ] *nm* landing ; **~ sans visibilité** blind landing ; **~ forcé** emergency landing.

attestation [atɛstasjɔ̃] *nf* **- 1.** [certificat] certificate **- 2.** [action] attestation **- 3.** [preuve] proof.

attester [3] [atɛste] *vt* **- 1.** [confirmer] to vouch for, to testify to **- 2.** [certifier] to attest.

attifer [3] [atife] *vt* to get up.
◆ **s'attifer** *vp* to get *ou* doll o.s. up.

attique [atik] *nm* ARCHIT attic.

attirail [atiraj] *nm fam* [équipement] gear.

attirance [atirɑ̃s] *nf* attraction ; **avoir/éprouver de l'~ pour** to be/to feel attracted to.

attirant, **e** [atirɑ̃, ɑ̃t] *adj* attractive.

attirer [3] [atire] *vt* **- 1.** [gén] to attract **- 2.** [amener vers soi] : **~ qqn à/vers soi** to draw sb to/towards one **- 3.** [provoquer] : **~ des ennuis à qqn** to cause trouble for sb.
◆ **s'attirer** *vp* : **s'~ qqch** to bring sthg on o.s.

attiser [3] [atize] *vt* **- 1.** [feu] to poke **- 2.** *fig* [haine] to stir up.

attitré, **e** [atitre] *adj* **- 1.** [habituel] usual **- 2.** [titulaire - fournisseur] by appointment ; [- représentant] accredited.

attitude [atityd] *nf* **- 1.** [comportement, approche] attitude **- 2.** [posture] posture.

attouchement [atuʃmɑ̃] *nm* caress.

attractif, **ive** [atraktif, iv] *adj* **- 1.** [force] magnetic **- 2.** [prix] attractive.

attraction [atraksjɔ̃] *nf* **- 1.** [gén] attraction **- 2.** [force] : **~ magnétique** magnetic force ; **l'~ terrestre** the earth's gravitational force.
◆ **attractions** *nfpl* **- 1.** [jeux] amusements **- 2.** [spectacle] attractions.

attrait [atrɛ] *nm* **- 1.** [séduction] appeal **- 2.** [intérêt] attraction.
◆ **attraits** *nmpl* attractions.

attrape [atrap] *nf* trick.

attrape-nigaud [atrapnigo] (*pl* **attrape-nigauds**) *nm* con.

attraper [3] [atrape] *vt* **- 1.** [gén] to catch **- 2.** *fam* [gronder] to tell off ; **se faire ~ (par qqn)** to get a telling-off (from sb) **- 3.** [habitude, accent] to pick up **- 4.** *fam* [tromper] to take in.

attrayant, **e** [atrɛjɑ̃, ɑ̃t] *adj* attractive.

attribuer [7] [atribɥe] *vt* **- 1.** [tâche, part] : **~ qqch à qqn** to assign *ou* allocate sthg to sb, to assign *ou* allocate sb sthg ; [privilège] to grant sthg to sb, to grant sb sthg ; [récompense] to award sthg to sb, to award sb sthg **- 2.** [faute] : **~ qqch à qqn** to attribute sthg to sb, to put sthg down to sb.
◆ **s'attribuer** *vp* **- 1.** [s'approprier] to appropriate (for o.s.) **- 2.** [revendiquer] to claim (for o.s.).

attribut [atriby] *nm* **- 1.** [gén] attribute **- 2.** GRAMM complement.

attribution [atribysjɔ̃] *nf* **- 1.** [de prix] awarding, award **- 2.** [de part, tâche] allocation, assignment **- 3.** [d'avantage] bestowing.
◆ **attributions** *nfpl* [fonctions] duties.

attrister [3] [atriste] *vt* to sadden.
◆ **s'attrister** *vp* to be saddened.

attroupement [atrupmɑ̃] *nm* crowd.

attrouper [3] [atrupe] ◆ **s'attrouper** *vp* to form a crowd, to gather.

au [o] ▷ **à.**

aubade [obad] *nf* dawn serenade.

aubaine [obɛn] *nf* piece of good fortune.

aube [ob] *nf* - **1.** [aurore] dawn, daybreak ; **à l'~** at dawn ; **à l'~ de** *fig* at the dawn of - **2.** RELIG alb.

aubépine [obepin] *nf* hawthorn.

auberge [obɛrʒ] *nf* [hôtel] inn ; **~ de jeunesse** youth hostel ; **on n'est pas sorti de l'~** *fam fig* we're not out of the woods yet.

aubergine [obɛrʒin] ◇ *nf* - **1.** BOT aubergine *UK*, eggplant *US* - **2.** *péj* [contractuelle] traffic warden *UK*, meter maid *US*. ◇ *adj inv* [couleur] aubergine.

aubergiste [obɛrʒist] *nmf* innkeeper.

auburn [obœrn] *adj inv* auburn.

aucun, e [okœ, yn] ◇ *adj indéf* - **1.** [sens négatif] **: ne... ~** no ; **il n'y a ~e voiture dans la rue** there aren't any cars in the street, there are no cars in the street ; **sans faire ~ bruit** without making a sound - **2.** [sens positif] any ; **il lit plus qu'~ autre enfant** he reads more than any other child. ◇ *pron indéf* - **1.** [sens négatif] none ; **~ des enfants** none of the children ; **~ d'entre nous** none of us ; **~ (des deux)** neither (of them) - **2.** [sens positif] **: plus qu'~ de nous** more than any of us ; **d'~s** *sout* some (people).

aucunement [okynmɑ̃] *adv* not at all, in no way.

audace [odas] *nf* - **1.** [hardiesse] daring, boldness - **2.** [insolence] audacity ; **avoir l'~ de faire qqch** to have the cheek *ou* audacity to do sthg - **3.** [innovation] daring innovation.

audacieux, euse [odasjø, øz] ◇ *adj* - **1.** [projet] daring, bold - **2.** [personne, geste] bold. ◇ *nm, f* daring person.

au-dedans [odədɑ̃] *loc adv* inside.
◆ **au-dedans de** *loc prép* inside.

au-dehors [odəɔr] *loc adv* outside.
◆ **au-dehors de** *loc prép* outside.

au-delà [odəla] ◇ *loc adv* - **1.** [plus loin] beyond - **2.** [davantage, plus] more. ◇ *nm* **: l'~** the hereafter, the afterlife.
◆ **au-delà de** *loc prép* beyond.

au-dessous [odəsu] *loc adv* below, underneath.
◆ **au-dessous de** *loc prép* below, under.

au-dessus [odəsy] *loc adv* above.
◆ **au-dessus de** *loc prép* above, over.

au-devant [odəvɑ̃] *loc adv* ahead.
◆ **au-devant de** *loc prép* **: aller ~ de** to go to meet ; **aller ~ du danger** to court danger.

audible [odibl] *adj* audible.

audience [odjɑ̃s] *nf* - **1.** [public, entretien] audience - **2.** DR hearing.

Audimat [odimat] *nm* audience rating, ≃ Nielsen® ratings *US*.

> **Audimat**
> Viewing statistics for French television are calculated using a device which is installed for a period of time in selected households.

audionumérique [odjɔnymerik] *adj* digital audio.

audiovisuel, elle [odjɔvizɥɛl] *adj* audiovisual.
◆ **audiovisuel** *nm* TV and radio.

audit [odit] *nm* audit ; **~ marketing** COMM marketing audit.

auditeur, trice [oditœr, tris] *nm, f* listener.
◆ **auditeur** *nm* - **1.** UNIV **: ~ libre** *person allowed to attend lectures without being registered* auditor *US* - **2.** FIN auditor.

auditif, ive [oditif, iv] *adj* - **1.** [appareil] hearing *(avant n)* - **2.** [mémoire] auditory.

audition [odisjɔ̃] *nf* - **1.** [fait d'entendre] hearing - **2.** DR examination - **3.** THÉÂTRE audition - **4.** MUS recital.

auditionner [3] [odisjɔne] *vt & vi* to audition.

auditoire [oditwar] *nm* [public] audience ; **~ cible** COMM target audience.

auditorium [oditɔrjɔm] *nm* [de concert] auditorium ; [d'enregistrement] studio.

auge [oʒ] *nf* [pour animaux] trough.

augmentation [ogmɑ̃tasjɔ̃] *nf* **: ~ (de)** increase (in) ; **~ (de salaire)** rise *UK ou* raise *US* (in salary).

augmenter [3] [ogmɑ̃te] ◇ *vt* to increase ; [prix, salaire] to raise ; [personne] to give a rise to *UK*, to give a raise to *US*. ◇ *vi* to increase, to rise ; **le froid augmente** it's getting colder ; **la douleur augmente** the pain is getting worse.

augure [ogyr] *nm* [présage] omen ; **être de bon/mauvais ~** to be a good/bad sign.

augurer [3] [ogyre] *vt* **: ~ bien/mal de qqch** to augur well/ill for sthg.

auguste [ogyst] *adj* august.

aujourd'hui [oʒurdɥi] *adv* today.

aulx ▷ ail.

aumône [omon] *nf* **: faire l'~ à qqn** to give alms to sb ; **faire l'~ de qqch à qqn** *fig* to favour *UK ou* favor *US* sb with sthg.

aumônier [omonje] *nm* RELIG chaplain.

auparavant [oparavɑ̃] *adv* - **1.** [tout d'abord] first (of all) - **2.** [avant] before, previously.

auprès [oprɛ] ◆ **auprès de** *loc prép* - **1.** [à côté de] beside, next to - **2.** [dans l'opinion de] in the eyes of - **3.** [comparé à] compared with - **4.** [en s'adressant à] to.

auquel [okɛl] ▻ **lequel**.

aurai, **auras** *etc* ▻ **avoir**.

auréole [oreɔl] *nf* - **1.** ASTRON & RELIG halo - **2.** [trace] ring.

auréoler [3] [oreɔle] *vt* : **être auréolé de** to be crowned with.

auriculaire [orikylɛr] *nm* little finger.

aurore [orɔr] *nf* dawn ; **~ boréale** northern lights *(pl)*, aurora borealis ; **à l'~ de** *fig* at the dawn of.

ausculter [3] [oskylte] *vt* MÉD to sound.

auspice [ospis] *nm (gén pl)* sign, auspice ; **sous d'heureux ~s** promisingly ; **sous les ~s de qqn** under the auspices of sb.

aussi [osi] *adv* - **1.** [pareillement, en plus] also, too ; **moi ~** me too ; **j'y vais ~** I'm going too *ou* as well ; **il parle anglais et ~ espagnol** he speaks English as well as Spanish - **2.** [dans une comparaison] : **~... que** as... as ; **il n'est pas ~ intelligent que son frère** he's not as clever as his brother ; **je n'ai jamais rien vu d'~ beau** I've never seen anything so beautiful ; **~ léger qu'il soit, je ne pourrai pas le porter** even though it's light *ou* light though it is, I won't be able to carry it ; **~ incroyable que cela paraisse** incredible though *ou* as it may seem - **3.** *sout* [introduisant une explication] so.

◆ **(tout) aussi bien** *loc adv* just as easily, just as well ; **j'aurais pu (tout) ~ bien refuser** I could just as easily have said no.

◆ **aussi bien... que** *loc conj* as well... as ; **tu le sais ~ bien que moi** you know as well as I do.

aussitôt [osito] *adv* immediately.

◆ **aussitôt que** *loc conj* as soon as.

austère [ostɛr] *adj* - **1.** [personne, vie] austere - **2.** [vêtement] severe ; [paysage] harsh.

austérité [osterite] *nf* - **1.** [de personne, vie] austerity - **2.** [de vêtement] severeness ; [de paysage] harshness.

austral, **e** [ostral] (*pl* **australs** *ou* **austraux** [ostro]) *adj* southern.

Australie [ostrali] *nf* : **l'~** Australia ; **l'~-Méridionale** South Australia ; **l'~-Occidentale** Western Australia.

australien, **enne** [ostraljɛ̃, ɛn] *adj* Australian.

◆ **Australien**, **-enne** *nm, f* Australian.

autant [otɑ̃] *adv* - **1.** [comparatif] : **~ que** as much as ; **ce livre coûte ~ que l'autre** this book costs as much as the other one ; **~ de (... que)** [quantité] as much (... as) ; [nombre] as many (... as) ; **il a dépensé ~ d'argent que moi** he spent as much money as I did ; **il y a ~ de femmes que d'hommes** there are as many women as men ; **~ il est gentil avec moi ~ il est désagréable avec elle** he is as kind to me as he is unpleasant to her - **2.** [à un tel point, en si grande quantité] so much ; [en si grand nombre] so many ; **~ de patience** so much patience ; **~ de gens** so many people ; **il ne peut pas en dire ~** he can't say the same ; **en faire ~** to do likewise - **3.** [il vaut mieux] : **~ dire la vérité** we/you *etc* may as well tell the truth.

◆ **autant que** *loc conj* : **(pour) ~ que je sache** as far as I know.

◆ **d'autant** *loc adv* accordingly, in proportion.

◆ **d'autant mieux** *loc adv* all the better ; **d'~ mieux que** all the better since.

◆ **d'autant que** *loc conj* : **d'~ (plus) que** all the more so since ; **d'~ moins que** all the less so since.

◆ **pour autant** *loc adv* for all that.

autarcie [otarsi] *nf* autarky.

autel [otɛl] *nm* altar.

auteur [otœr] *nm* - **1.** [d'œuvre] author - **2.** [inventeur] originator - **3.** [responsable] perpetrator.

authenticité [otɑ̃tisite] *nf* authenticity, genuineness.

authentifier [9] [otɑ̃tifje] *vt* to authenticate.

authentique [otɑ̃tik] *adj* authentic, genuine.

autisme [otism] *nm* autism.

autiste [otist] ◇ *nmf* autistic person. ◇ *adj* autistic.

autistique [otistik] *adj* autistic.

auto [oto] *nf* car ; **~ tamponneuse** Dodgems® *UK*, bumper car.

autobiographie [otɔbjɔgrafi] *nf* autobiography.

autobiographique [otɔbjɔgrafik] *adj* autobiographical.

autobronzant, **e** [otɔbrɔ̃zɑ̃, ɑ̃t] *adj* self-tanning ; **lotion ~e** self-tanning lotion.

◆ **autobronzant** *nm* self-tanning product.

autobus [otɔbys] *nm* bus ; **~ à impériale** ≃ double-decker bus.

autocar [otɔkar] *nm* coach *UK*, bus *US*.

autochtone [otɔktɔn] *nmf* & *adj* native.

autocollant, **e** [otɔkɔlɑ̃, ɑ̃t] *adj* self-adhesive, sticky.

◆ **autocollant** *nm* sticker.

autocouchettes [otɔkuʃɛt] *adj inv* : **train ~** ≃ Motorail® train.

autocritique [otɔkritik] *nf* self-criticism.

autocuiseur [otɔkɥizœr] *nm* pressure cooker.

autodéfense [otɔdefɑ̃s] *nf* self-defence *UK*, self-defense *US*.

autodétermination [otɔdeterminasjɔ̃] *nf* self-determination.

autodétruire [98] [otɔdetrɥir] ◆ **s'autodétruire** *vp* - **1.** [machine] to self-destruct - **2.** [personne] to destroy o.s.

autodidacte [otɔdidakt] ◇ *nmf* self-taught person. ◇ *adj* self-taught.

autodiscipline [otɔdisiplin] *nf* self-discipline.

auto-école [otɔekɔl] (*pl* **auto-écoles**) *nf* driving school.

autofinancement [otɔfinɑ̃smɑ̃] *nm* self-financing.

autofocus [otɔfɔkys] *nm & adj inv* autofocus.

autogène [otɔʒɛn] *adj* : **training ~** autogenic training.

autogéré, e [otɔʒere] *adj* worker-controlled, self-managed.

autogestion [otɔʒɛstjɔ̃] *nf* workers' control.

autographe [otɔgraf] ◇ *nm* autograph. ◇ *adj* autograph *(avant n)*.

autoguidé, e [otɔgide] *adj* self-guided.

automate [otɔmat] *nm* [robot] automaton.

automatique [otɔmatik] ◇ *nm* - **1.** [pistolet] automatic - **2.** TÉLÉCOM ≃ direct dialling *UK* *OU* dialing *US*. ◇ *adj* automatic.

automatiquement [otɔmatikmɑ̃] *adv* automatically.

automatisation [otɔmatizasjɔ̃] *nf* automation.

automatisme [otɔmatism] *nm* - **1.** [de machine] automatic operation - **2.** [réflexe] automatic reaction, automatism.

automédication [otɔmedikasjɔ̃] *nf* self-medication.

automitrailleuse [otɔmitrajøz] *nf* armoured *UK* *OU* armored *US* vehicle.

automnal, e, aux [otɔnal, o] *adj* autumnal, autumn *(avant n)*.

automne [otɔn] *nm* autumn, fall *US* ; **en ~** in the autumn, in the fall *US* ; **être à l'~ de sa vie** *fig* to be in the autumn of one's life.

automobile [otɔmɔbil] ◇ *nf* car, automobile *US*. ◇ *adj* [industrie, accessoires] car *(avant n)*, automobile *(avant n) US* ; [véhicule] motor *(avant n)*.

automobiliste [otɔmɔbilist] *nmf* driver, motorist *UK*.

automoteur, trice [otɔmɔtœr, tris] *adj* self-propelled.
◆ **automoteur** *nm large self-propelled river barge.*
◆ **automotrice** *nf* railcar.

autonettoyant, e [otɔnɛtwajɑ̃, ɑ̃t] *adj* self-cleaning.

autonome [otɔnɔm] *adj* - **1.** [gén] autonomous, independent - **2.** INFORM off-line - **3.** [appareil] self-contained.

autonomie [otɔnɔmi] *nf* - **1.** [indépendance] autonomy, independence - **2.** AUTO [aviation] range ; **~ de vol** [aviation] flight range - **3.** POLIT autonomy, self-government.

autonomiste [otɔnɔmist] *nmf & adj* separatist.

autoportrait [otɔpɔrtrɛ] *nm* self-portrait.

autopropulsé, e [otɔprɔpylse] *adj* self-propelled.

autopsie [otɔpsi] *nf* post-mortem, autopsy.

autoradio [otɔradjo] *nm* car radio.

autorail [otɔraj] *nm* railcar.

auto-reverse [otɔrivɛrs] *adj inv* auto-reverse.

autorisation [otɔrizasjɔ̃] *nf* - **1.** [permission] permission, authorization ; **avoir l'~ de faire qqch** to be allowed to do sthg ; **demander/accorder l'~ de faire qqch** to request/grant permission to do sthg - **2.** [attestation] pass, permit.

autorisé, e [otɔrize] *adj* [personne] in authority ; **milieux ~s** official circles.

autoriser [3] [otɔrize] *vt* to authorize, to permit ; **~ qqn à faire qqch** [permission] to give sb permission to do sthg ; [possibilité] to permit *OU* allow sb to do sthg.

autoritaire [otɔritɛr] *adj* authoritarian.

autoritarisme [otɔritarism] *nm* authoritarianism.

autorité [otɔrite] *nf* authority ; **faire ~** [ouvrage] to be authoritative ; [personne] to be an authority ; **faire qqch d'~** to do sthg out of hand.

autoroute [otɔrut] *nf* motorway *UK*, highway *US*, freeway *US* ; : **~ de l'information** INFORM information highway *OU* superhighway.

autoroutier, ère [otɔrutje, ɛr] *adj* motorway *(avant n) UK*, freeway *(avant n) US*.

auto-stop [otɔstɔp] *nm* hitchhiking ; hitching ; **faire de l'~** to hitchhike, to hitch ; **prendre quelqu'un en ~** to pick up a hitchhiker.

auto-stoppeur, euse [otɔstɔpœr, øz] (*mpl* **auto-stoppeurs**, *fpl* **auto-stoppeuses**) *nm, f* hitchhiker, hitcher.

autosuggestion [otɔsygʒɛstjɔ̃] *nf* autosuggestion.

autour [otur] *adv* round *UK*, around.
◆ **autour de** *loc prép* - **1.** [sens spatial] round *UK*, around - **2.** [sens temporel] about, around.

autre [otr] ◇ *adj indéf* - **1.** [distinct, différent] other, different ; **je préfère une ~ marque de café** I prefer another *OU* a different brand of coffee ; **l'un et l'~ projets** both projects ;

ni l'une ni l'~ maison neither house ; **~ chose** something else - **2.** [supplémentaire] other ; **tu veux une ~ tasse de café?** would you like another cup of coffee? - **3.** [qui est différent par une certaine supériorité] **: c'est un (tout) ~ homme que son père** he's not at all like his father, he's a different man from his father - **4.** [qui reste] other, remaining ; **les ~s passagers ont été rapatriés en autobus** the other *ou* remaining passengers were bussed home. <> *pron indéf* : **l'~** the other (one) ; **un ~** another (one) ; **les ~s** [personnes] the others ; [objets] the others, the other ones ; **l'un à côté de l'~** side by side ; **d'une semaine à l'~** from one week to the next ; **aucun ~, nul ~, personne d'~** no one else, nobody else ; **quelqu'un d'~** somebody else, someone else ; **rien d'~** nothing else ; **l'une chante, l'~ danse** one sings and the other dances ; **l'un et l'~ sont venus** they both came, both of them came ; **l'un ou l'~ ira** one or other (of them) will go ; **ni l'un ni l'~ n'est venu** neither (of them) came.

autrefois [otrəfwa] *adv* in the past, formerly.

autrement [otrəmɑ̃] *adv* - **1.** [différemment] otherwise, differently ; **je n'ai pas pu faire ~ que d'y aller** I had no choice but to go ; **~ dit** in other words - **2.** [sinon] otherwise - **3.** *sout* [beaucoup plus] far more ; **je n'en suis pas ~ étonné** it doesn't particularly surprise me.

Autriche [otriʃ] *nf* : **l'~** Austria.

autrichien, enne [otriʃjɛ̃, ɛn] *adj* Austrian.
◆ **Autrichien, enne** *nm, f* Austrian.

autruche [otryʃ] *nf* ostrich ; **avoir un estomac d'~** *fig* to have a cast-iron stomach ; **pratiquer la politique de l'~** *fig* to bury one's head in the sand.

autrui [otrɥi] *pron indéf inv* others, other people.

auvent [ovɑ̃] *nm* canopy.

aux [o] ▷ **à**.

auxiliaire [oksiljɛr] <> *nmf* [assistant] assistant ; **~ médical** medical auxiliary. <> *nm* GRAMM auxiliary (verb). <> *adj* - **1.** [secondaire] auxiliary - **2.** ADMIN assistant *(avant n)*.

auxquels, auxquelles [okɛl] ▷ **lequel**.

av. *abr de* **avenue**.

AV <> *nm (abr de* **avis de virement***) notification of bank transfer*. <> *abr de* **avant**.

avachi, e [avaʃi] *adj* - **1.** [gén] misshapen - **2.** [personne] listless ; **il était ~ dans un fauteuil** he was slumped in an armchair.

aval, als [aval] *nm* backing *(U)*, endorsement.
◆ **en aval** *loc adv litt & fig* downstream.
◆ **en aval de** *loc prép litt & fig* downstream of.

avalanche [avalɑ̃ʃ] *nf litt & fig* avalanche.

avaler [3] [avale] *vt* - **1.** [gén] to swallow - **2.** *fig* [supporter] to take ; **dur à ~** difficult to swallow.

avaliser [3] [avalize] *vt* - **1.** [traite] to endorse - **2.** [décision, projet] to back.

avance [avɑ̃s] *nf* - **1.** [progression, somme d'argent] advance - **2.** [distance, temps] lead ; **le train a dix minutes d'~** the train is ten minutes early ; **le train a une ~ de dix minutes sur l'horaire** the train is running ten minutes ahead of schedule ; **prendre de l'~ (dans qqch)** to get ahead (in sthg).
◆ **avances** *nfpl* : **faire des ~s à qqn** to make advances towards sb.
◆ **à l'avance** *loc adv* in advance.
◆ **d'avance** *loc adv* in advance.
◆ **en avance** *loc adv* : **être en ~** to be early ; **être en ~ sur qqch** to be ahead of sthg.
◆ **par avance** *loc adv* in advance.

avancement [avɑ̃smɑ̃] *nm* - **1.** [développement] progress - **2.** [promotion] promotion.

avancer [16] [avɑ̃se] <> *vt* - **1.** [objet, tête] to move forward ; [date, départ] to bring forward ; [main] to hold out - **2.** [projet, travail] to advance - **3.** [montre, horloge] to put forward - **4.** [argent] : **~ qqch à qqn** to advance sb sthg. <> *vi* - **1.** [approcher] to move forward - **2.** [progresser] to advance ; **~ dans qqch** to make progress in sthg - **3.** [faire saillie] : **~ (dans/sur)** to jut out (into/over), to project (into/over) - **4.** [montre, horloge] : **ma montre avance de dix minutes** my watch is ten minutes fast - **5.** [servir] : **ça n'avance à rien** that won't get us/you anywhere.
◆ **s'avancer** *vp* - **1.** [s'approcher] to move forward ; **s'~ vers qqn/qqch** to move towards *ou* toward *US* sb/sthg - **2.** [prendre de l'avance] : **s'~ (dans qqch)** to get ahead (in sthg) - **3.** [s'engager] to commit o.s.

avant [avɑ̃] <> *prep* before. <> *adv* before ; **quelques jours ~** a few days earlier *ou* before ; **tu connais le cinéma? ma maison se situe un peu ~** do you know the cinema? my house is just this side of it ; **bien ~** [spatial] well before ; [temporel] well before *ou* beforehand. <> *adj inv* front ; **les roues ~** the front wheels. <> *nm* - **1.** [partie antérieure] front - **2.** SPORT forward.
◆ **avant de** *loc prép* : **~ de faire qqch** before doing sthg ; **~ de partir** before leaving.
◆ **avant que** *loc conj (+ subjonctif)* **je dois te parler ~ que tu partes** I must speak to you before you leave.
◆ **avant tout** *loc adv* above all ; **sa carrière passe ~ tout** his career comes first.
◆ **en avant** *loc adv* forward, forwards.
◆ **en avant de** *loc prép* in front of.

avantage [avɑ̃taʒ] *nm* [gén & TENNIS] advantage ; **se montrer à son ~** to look one's best ; **~s en nature** fringe benefits, perks ; **~s sociaux** welfare benefits.

avantager [17] [avɑ̃taʒe] *vt* - **1.** [favoriser] to favour *UK*, to favor *US* - **2.** [mettre en valeur] to flatter.

avantageusement [avɑ̃taʒøzmɑ̃] *adv* favourably *UK*, favorably *US*.

avantageux, euse [avɑ̃taʒø, øz] *adj* - **1.** [attrayant] attractive - **2.** [profitable] profitable, lucrative - **3.** [économique - prix] reasonable - **4.** [flatteur] flattering - **5.** *sout* [présomptueux] : **prendre l'air ~** to look superior.

avant-bras [avɑ̃bra] *nm inv* forearm.

avant-centre [avɑ̃sɑ̃tr] (*pl* **avants-centres**) *nm* centre *UK ou* center *US* forward.

avant-coureur [avɑ̃kurœr] ▷ **signe**.

avant-dernier, ère [avɑ̃dɛrnje, ɛr] (*mpl* **avant-derniers**, *fpl* **avant-dernières**) *adj* second to last, penultimate.

avant-garde [avɑ̃gard] (*pl* **avant-gardes**) *nf* - **1.** MIL vanguard - **2.** [idées] avant-garde ; **d'~** avant-garde.

avant-goût [avɑ̃gu] (*pl* **avant-goûts**) *nm* foretaste.

avant-hier [avɑ̃tjɛr] *adv* the day before yesterday.

avant-première [avɑ̃prəmjɛr] (*pl* **avant-premières**) *nf* preview ; **présenté en ~** [film, pièce] previewed.

avant-projet [avɑ̃prɔʒɛ] (*pl* **avant-projets**) *nm* draft.

avant-propos [avɑ̃prɔpo] *nm inv* foreword.

avant-veille [avɑ̃vɛj] (*pl* **avant-veilles**) *nf* : **l'~** two days earlier.

avare [avar] ◇ *nmf* miser. ◇ *adj* miserly ; **être ~ de qqch** *fig* to be sparing with sthg.

avarice [avaris] *nf* avarice.

avarie [avari] *nf* damage *(U)*.

avarié, e [avarje] *adj* rotting, bad.

avatar [avatar] *nm* [transformation] metamorphosis.
◆ **avatars** *nmpl fam* [mésaventures] misfortunes.

avec [avɛk] ◇ *prep* - **1.** [gén] with ; **~ respect** with respect, respectfully ; **c'est fait ~ du cuir** it's made from leather ; **et ~ ça?, et ~ ceci?** *fam* [dans un magasin] anything else? - **2.** [vis-à-vis de] to, towards, toward *US*. ◇ *adv fam* with it/him *etc* ; **tiens mon sac, je ne peux pas courir ~!** hold my bag, I can't run with it!

Ave (Maria) [ave(marja)] *nm inv* Hail Mary.

avenant, e [avnɑ̃, ɑ̃t] *adj* pleasant.
◆ **avenant** *nm* DR additional clause.
◆ **à l'avenant** *loc adv* in the same vein.

avènement [avɛnmɑ̃] *nm* - **1.** [d'un roi] accession - **2.** *fig* [début] advent.

avenir [avnir] *nm* future ; **avoir de l'~** to have a future ; **d'~** [profession, concept] with a future, with prospects.
◆ **à l'avenir** *loc adv* in future.

Avent [avɑ̃] *nm* : **l'~** Advent.

aventure [avɑ̃tyr] *nf* - **1.** [gén] adventure - **2.** [liaison amoureuse] affair - **3.** *loc* **dire la bonne ~ à qqn** to tell sb's fortune.
◆ **d'aventure** *loc adv* by (any) chance.

aventurer [3] [avɑ̃tyre] *vt* - **1.** [risquer] to risk - **2.** *sout* [remarque] to venture.
◆ **s'aventurer** *vp* to venture (out) ; **s'~ à faire qqch** *fig* to venture to do sthg.

aventureux, euse [avɑ̃tyrø, øz] *adj* - **1.** [personne, vie] adventurous - **2.** [projet] risky.

aventurier, ère [avɑ̃tyrje, ɛr] *nm, f* adventurer.

avenu, e [avny] *adj* : **nul et non ~** DR null and void.

avenue [avny] *nf* avenue.

avérer [18] [avere] ◆ **s'avérer** *vp* : **il s'est avéré (être) à la hauteur** he proved (to be) up to it ; **il s'est avéré (être) un musicien accompli** he proved to be an accomplished musician.

averse [avɛrs] *nf* downpour ; **~ de neige** snowflurry.

aversion [avɛrsjɔ̃] *nf* : **~ pour** aversion to, loathing for ; **prendre qqn/qqch en ~** to take an intense dislike to sb/sthg ; **avoir qqn/qqch en ~** to have an aversion to sb/sthg.

averti, e [avɛrti] *adj* - **1.** [expérimenté] experienced - **2.** [initié] : **~ (de)** informed *ou* well-informed (about).

avertir [32] [avɛrtir] *vt* - **1.** [mettre en garde] to warn - **2.** [prévenir] to inform ; **avertissez-moi dès que possible** let me know as soon as possible.

avertissement [avɛrtismɑ̃] *nm* - **1.** [gén] warning - **2.** [avis] notice, notification.

avertisseur, euse [avɛrtisœr, øz] ◇ *adj* warning *(avant n)*. ◇ *nm* - **1.** [Klaxon] horn - **2.** [d'incendie] alarm.

aveu, x [avø] *nm* confession ; **de l'~ de tout le monde, c'est lui le responsable** everyone agrees that he is responsible ; **passer aux ~x** to make a confession.

aveuglant, e [avœglɑ̃, ɑ̃t] *adj* - **1.** [lumière] blinding - **2.** *fig* [vérité] blindingly obvious.

aveugle [avœgl] ◇ *nmf* blind person ; **les ~s** the blind. ◇ *adj litt & fig* blind.

aveuglement [avœgləmɑ̃] *nm* blindness.

aveuglément [avœglemɑ̃] *adv* blindly.

aveugler [5] [avœgle] *vt* - **1.** *litt & fig* [priver de la vue] to blind - **2.** [fenêtre] to board up.
◆ **s'aveugler** *vp* : **s'~ sur qqn** to be blind to sb's faults.

aveuglette [avœglɛt] ◆ **à l'aveuglette** *loc adv* : **marcher à l'~** to grope one's way ; **avancer à l'~** *fig* to be in the dark.

aviateur, trice [avjatœr, tris] *nm, f* aviator.

aviation [avjasjɔ̃] *nf* - **1.** [transport aérien] aviation - **2.** MIL airforce.

aviculture [avikyltyr] *nf* [gén] bird-breeding ; [de volailles] poultry farming.

avide [avid] *adj* - **1.** [vorace, cupide] greedy - **2.** [désireux] : ~ **(de qqch/de faire qqch)** eager (for sthg/to do sthg).

avidement [avidmɑ̃] *adv* - **1.** [avec appétit, convoitise] greedily - **2.** [avec intérêt] avidly - **3.** [avec passion] eagerly.

avidité [avidite] *nf* - **1.** [voracité, cupidité] greed - **2.** [passion] eagerness.

Avignon [aviɲɔ̃] *n* Avignon ; **en ~** in Avignon ; **le festival d'~** the Avignon Festival.

Le festival d'Avignon

Founded by Jean Vilar in 1947 and held every summer in and around Avignon, this arts festival is a showcase for new theatre and dance performances. The fringe festival, known in France as the "festival off", has grown in renown over the years.

avilir [32] [avilir] *vt* - **1.** [personne] to degrade - **2.** [monnaie, marchandise] to devalue.

◆ **s'avilir** *vp* - **1.** [personne] to demean o.s. - **2.** [monnaie, marchandise] to depreciate.

aviné, e [avine] *adj* - **1.** [personne] inebriated - **2.** [haleine] smelling of alcohol.

avion [avjɔ̃] *nm* plane, aeroplane *US*, airplane *US* ; **en ~** by plane, by air ; **par ~** [courrier] airmail ; **~ de ligne** airliner ; **~ à réaction** jet (plane).

aviron [avirɔ̃] *nm* - **1.** [rame] oar - **2.** SPORT : **l'~** rowing.

avis [avi] *nm* - **1.** [opinion] opinion ; **changer d'~** to change one's mind ; **être d'~ que** to think that, to be of the opinion that ; **à mon ~** in my opinion ; **les ~ sont partagés** opinion is divided - **2.** [conseil] advice *(U)* - **3.** [notification] notification, notice ; **sauf ~ contraire** unless otherwise informed ; **jusqu'à nouvel ~** until further notice ; **~ de débit/crédit** debit/credit advice ; **~ de recherche** [d'un criminel] wanted (person) poster ; [d'un disparu] missing person poster.

avisé, e [avize] *adj* [sensé] sensible ; **être bien/mal ~ de faire qqch** to be well-advised/ill-advised to do sthg.

aviser [3] [avize] ◇ *vt* - **1.** [informer] : **~ qqn de qqch** to inform sb of sthg - **2.** *sout* [apercevoir] to notice. ◇ *vi* to reassess the situation.

◆ **s'aviser** *vp* - **1.** *sout* [s'apercevoir] : **s'~ de qqch** to notice sthg ; **s'~ que** to notice (that) - **2.** [oser] : **s'~ de faire qqch** to take it into one's head to do sthg ; **ne t'avise pas de répondre!** don't you dare answer me back!

av. J.-C. (*abr écrite de* **avant Jésus-Christ**) BC.

avocat, e [avɔka, at] *nm, f* - **1.** DR barrister *UK*, attorney-at-law *US* ; **~ d'affaires** commercial lawyer ; **~ de la défense** counsel for the defence *UK*, defense counsel *US* ; **~ général** ≃ counsel for the prosecution *UK*, ≃ prosecuting attorney *US* - **2.** [défenseur] : **se faire l'~ de qqch** to champion sthg ; **se faire l'~ du diable** *fig* to play devil's advocate.

◆ **avocat** *nm* [fruit] avocado.

avoine [avwan] *nf* oats *(pl)*.

avoir [1] [avwar] ◇ *nm* - **1.** [biens] assets *(pl)* - **2.** [document] credit note. ◇ *v aux* to have ; **j'ai fini** I have finished ; **il a attendu pendant deux heures** he waited for two hours. ◇ *vt* - **1.** [posséder] to have (got) ; **il a deux enfants/les cheveux bruns** he has (got) two children/brown hair ; **la maison a un grand jardin** the house has (got) a large garden - **2.** [être âgé de] : **il a 20 ans** he is 20 (years old) ; **il a deux ans de plus que son frère** he is two years older than his brother - **3.** [obtenir] to get - **4.** [éprouver] to have ; **~ du chagrin** to feel sorrowful ; **~ de la sympathie pour qqn** to have a liking for sb, *voir aussi* **faim**, *voir aussi* **peur**, *voir aussi* **soif** *(etc)* - **5.** *loc* **se faire ~** *fam* to be had *ou* conned ; **en ~ assez (de qqch/de faire qqch)** to have had enough (of sthg/of doing sthg) ; **j'en ai pour cinq minutes** it'll take me five minutes ; **en ~ après qqn** to have (got) it in for sb.

◆ **avoir à** *v+prép* [devoir] : **~ à faire qqch** to have to do sthg ; **tu n'avais pas à lui parler sur ce ton** you had no need to speak to him like that, you shouldn't have spoken to him like that ; **tu n'avais qu'à me demander** you only had to ask me ; **tu n'as qu'à y aller toi-même** just go (there) yourself, why don't you just go (there) yourself?

◆ **il y a** *v impers* - **1.** [présentatif] there is/are ; **il y a un problème** there's a problem ; **il y a des problèmes** there are (some) problems ; **qu'est-ce qu'il y a?** what's the matter?, what is it? ; **il n'y a qu'à en finir** we'll/you'll *etc* just have to have done (with it) - **2.** [temporel] : **il y a trois ans** three years ago ; **il y a longtemps de cela** that was a long time ago ; **il y a longtemps qu'il est parti** he left a long time ago.

avoisinant, e [avwazinɑ̃, ɑ̃t] *adj* - **1.** [lieu, maison] neighbouring *UK*, neighboring *US* - **2.** [sens, couleur] similar.

Avoriaz [avɔrjaz] *n* : **le festival d'~** *festival of science fiction and horror films held annually at Avoriaz in the French Alps.*

avortement [avɔrtəmɑ̃] *nm* - **1.** MÉD abortion - **2.** *fig* [d'un projet] abandonment.

avorter [3] [avɔrte] *vi* - **1.** MÉD : **(se faire) ~** to have an abortion - **2.** [échouer] to fail.

avorton [avɔrtɔ̃] *nm péj* [nabot] runt.

avouer [6] [avwe] *vt* - **1.** [confesser] to confess (to) - **2.** [reconnaître] to admit - **3.** [déclarer] to avow.

◆ **s'avouer** *vp* to admit (to being) ; **s'~ vaincu** to admit defeat.

avril [avril] *nm* April, *voir aussi* **septembre**.

AVS (*abr de* **assurance vieillesse et survivants**) *nf Swiss pension scheme.*

axe [aks] *nm* - **1.** GÉOMÉTRIE & PHYS axis - **2.** [de roue] axle - **3.** [route] : **les grands ~s** the major roads ; **~ rouge** *section of the Paris road system where parking is prohibited to avoid congestion* - **4.** [prolongement] : **dans l'~ de** directly in line with - **5.** [de politique, de parti] line.

axer [3] [akse] *vt* : **~ qqch sur qqch** to centre *UK* OU center *US* sthg on sthg ; **~ qqch autour de qqch** to centre *UK* OU center *US* sthg around sthg.

axial, **e**, **aux** [aksjal, o] *adj* axial.

axiome [aksjom] *nm* axiom.

ayant [ɛjɑ̃] *p prés* ▷ **avoir**.

ayant droit [ɛjɑ̃drwa] (*pl* **ayants droit**) *nm* beneficiary.

ayatollah [ajatɔla] *nm* ayatollah.

azalée [azale] *nf* azalea.

azimut [azimyt] ◆ **tous azimuts** *loc adj* [défense, offensive] all-out.

azote [azɔt] *nm* nitrogen.

aztèque [aztɛk] *adj* Aztec.
◆ **Aztèque** *nmf* Aztec.

azur [azyr] *nm litt* - **1.** [couleur] azure - **2.** [ciel] skies *(pl)*.

azyme [azim] ▷ **pain**.

B

b, **B** [be] *nm inv* b, B.
◆ **B** (*abr écrite de* **bien**) *good grade (as assessment on schoolwork)*, ≃ B+.

BA (*abr de* **bonne action**) *nf fam* good deed.

baba [baba] ◇ *nm* - **1.** CULIN : **~ (au rhum)** rum baba - **2.** [hippie] *person practising hippie lifestyle and values.* ◇ *adj inv fam* **en rester ~** to be flabbergasted.

babeurre [babœr] *nm* buttermilk.

babil [babil] *nm* [d'enfant] babble, babbling.

babiller [3] [babije] *vi* to babble.

babines [babin] *nfpl* chops ; **se lécher les ~** *fig* to lick one's lips.

babiole [babjɔl] *nf* - **1.** [objet] knick-knack - **2.** [broutille] trifling matter.

bâbord [babɔr] *nm* port ; **à ~** to port, on the port side.

babouin [babwɛ̃] *nm* baboon.

baby-foot [babifut] *nm inv* table football.

baby-sitter [bebisitœr] (*pl* **baby-sitters**) *nmf* baby-sitter.

baby-sitting [bebisitiŋ] (*pl* **baby-sittings**) *nm* baby-sitting ; **faire du ~** to baby-sit.

bac [bak] *nm* - **1.** SCOL : **~ +** *level of studies after the baccalauréat* = **baccalauréat** - **2.** [bateau] ferry - **3.** [de réfrigérateur] : **~ à glace** ice tray ; **~ à légumes** vegetable drawer ; [d'imprimante, de photocopieuse] : **~ à papier** paper tray - **4.** [d'évier] sink.

Bac +

The different levels of university studies in France are referred to in terms of *Bac +* (*Bac + 2* for the *DEUG*, *Bac + 3* for the *licence*, *Bac + 4* for the *maîtrise*, *Bac + 5* for a *DEA* or a *DESS)* and are used in job advertisements, CVs and day-to-day life indicate one's level or years of studies.

BAC [bak] (*abr de* **brigade anticriminalité**) *nf police squad specializing in patrols to combat crime.*

baccalauréat [bakalɔrea] *nm school-leaving examinations leading to university entrance qualification.*

Baccalauréat

The *baccalauréat*, informally *bac*, is an examina taken by French pupils who have completed their final year of secondary education; successful candidates may go on to university. There are three types of *baccalauréat*: students taking the *bac L* concentrate on humanities subjects, those taking the *bac S* concentrate on the sciences, and those taking the *bac ES* focus on economics. Despite this variety, all forms of the exam have subjects in common: philosophy, sport, history, geography, French and one foreign language. The French exam is taken at the end of the *première*, one year before the other exams. Alternatively, students can take vocational courses like the *bac STI* or the *bac STT* leading to a qualification in industrial science and technology, computer studies or other technical subjects.

bâche [baʃ] *nf* [toile] tarpaulin.

bachelier, **ère** [baʃəlje, ɛr] *nm, f holder of the baccalauréat.*

bachot [baʃo] *vieilli* = **baccalauréat**.

bachotage [baʃɔtaʒ] *nm* cramming.

bacille [basil] *nm* bacillus.

bâcler [3] [bakle] *vt* to botch.

bacon [bekɔn] *nm* bacon.

bactéricide [bakterisid] *adj* bactericidal.

bactérie [bakteri] *nf* bacterium.

badaud, e [bado, od] *nm, f* stroller.

badge [badʒ] *nm* badge.

badger [badʒe] *vi* [en arrivant] to clock in *ou* on ; [en sortant] to clock out *ou* off.

badgeuse [badʒøz] *nf* swipe card reader.

badigeon [badiʒɔ̃] *nm* whitewash.

badigeonner [3] [badiʒɔne] *vt* - **1.** [mur] to whitewash - **2.** [plaie] to paint - **3.** [tarte, pain] to brush.

badin, e [badɛ̃, in] *adj* playful.

badinage [badinaʒ] *nm* ***sout*** joking.

badiner [3] [badine] *vi* ***sout*** to joke ; **ne pas ~ avec qqch** not to treat sthg lightly.

badminton [badmintɔn] *nm* badminton.

BAFA, Bafa [bafa] (*abr de* **brevet d'aptitude aux fonctions d'animation**) *nm diploma for youth leaders and workers.*

baffe [baf] *nf* ***fam*** slap.

baffle [bafl] *nm* speaker.

bafouer [6] [bafwe] *vt* - **1.** [principe] to trample upon - **2.** [personne] to ridicule.

bafouille [bafuj] *nf* ***fam*** letter.

bafouiller [3] [bafuje] *vi* & *vt* to mumble.

bâfrer [3] [bafre] ***fam*** ◇ *vi* to guzzle. ◇ *vt* to wolf down.

bagage [bagaʒ] *nm* - **1.** *(gén pl)* [valises, sacs] luggage *(U)*, baggage *(U)* ; **faire ses ~s** to pack ; **~s à main** hand luggage ; **plier ~** to pack one's bags (and leave) - **2.** [connaissances] (fund of) knowledge ; **~ intellectuel/culturel** intellectual/cultural baggage.

bagagiste [bagaʒist] *nmf* [chargement des avions] baggage handler ; [à l'hôtel etc] porter ; [fabricant] travel goods manufacturer.

bagarre [bagar] *nf* brawl, fight ; **chercher la ~** ***fam*** to look for a fight.

bagarrer [3] [bagare] *vi* to fight.
◆ **se bagarrer** *vp* to fight.

bagarreur, euse [bagarœr, øz] ◇ *adj* aggressive, who likes a fight. ◇ *nm, f* ***fig*** fighter.

bagatelle [bagatɛl] *nf* - **1.** [objet] trinket - **2.** [somme d'argent] : **acheter qqch pour une ~** to buy sthg for next to nothing ; **la ~ de X euros** ***iron*** a mere X euros - **3.** [chose futile] trifle - **4.** [sexe] : **être porté sur la ~** to be quite a one for the ladies.

bagnard [baɲar] *nm* convict.

bagne [baɲ] *nm* - **1.** [prison] labour ***UK*** *ou* labor ***US*** camp - **2.** [sentence] hard labour ***UK*** *ou* labor ***US*** ; **c'est le ~ ici** ***fig*** it's slave labour ***UK*** *ou* labor ***US*** here.

bagnole [baɲɔl] *nf* ***fam*** car.

bagou(t) [bagu] *nm* patter ; **avoir du ~** to have the gift of the gab.

bague [bag] *nf* - **1.** [bijou, anneau] ring ; **~ de fiançailles** engagement ring - **2.** [de cigare] band - **3.** TECHNOL : **~ de serrage** clip.

baguer [3] [bage] *vt* [oiseau, arbre] to ring.

baguette [bagɛt] *nf* - **1.** [pain] French stick ***UK***, baguette ***US*** - **2.** [petit bâton] stick ; **~ magique** magic wand ; **~ de tambour** drumstick ; **mener qqn à la ~** to rule sb with a rod of iron - **3.** [pour manger] chopstick - **4.** [de chef d'orchestre] baton.

Bahamas [baamas] *nfpl* : **les ~** the Bahamas ; **aux ~** in the Bahamas.

bahut [bay] *nm* - **1.** [buffet] sideboard - **2.** [coffre] chest - **3.** ***arg scol*** [lycée] secondary school - **4.** ***fam péj*** [voiture] old banger.

baie [bɛ] *nf* - **1.** [fruit] berry - **2.** GÉOGR bay - **3.** [fenêtre] : **~ vitrée** picture window.

baignade [bɛɲad] *nf* [action] bathing *(U)* ***UK***, swimming *(U)* ; **'~ interdite'** 'no bathing/swimming'.

baigner [4] [beɲe] ◇ *vt* - **1.** [donner un bain à] to bath ***UK***, to bathe ***US*** - **2.** [tremper, remplir] to bathe ; **baigné de soleil** bathed in sunlight. ◇ *vi* : **~ dans le luxe** to be surrounded by wealth ; **~ dans son sang** to lie in a pool of blood ; **les tomates baignaient dans l'huile** the tomatoes were swimming in oil ; **tout/ça baigne** ***fam*** everything's/it's great.
◆ **se baigner** *vp* - **1.** [dans la mer] to go swimming, to swim - **2.** [dans une baignoire] to have ***UK*** *ou* take a bath.

baigneur, euse [bɛɲœr, øz] *nm, f* bather ***UK***, swimmer.
◆ **baigneur** *nm* [poupée] baby doll.

baignoire [bɛɲwar] *nf* bath ***UK***, bathtub.

bail [baj] (*pl* **baux** [bo]) *nm* - **1.** DR lease ; **renouveler un ~** to renew a lease ; **~ à loyer** residential lease ; **~ reconductible** renewable lease - **2.** ***loc*** **ça fait un ~ que** ***fam*** it's ages since.

bâillement [bajmɑ̃] *nm* yawning *(U)*, yawn.

bâiller [3] [baje] *vi* - **1.** [personne] to yawn - **2.** [vêtement] to gape.

bailleur, eresse [bajœr, bajrɛs] *nm, f* lessor ; **~ de fonds** backer.

bâillon [bajɔ̃] *nm* gag.

bâillonner [3] [bajɔne] *vt* to gag.

bain [bɛ̃] *nm* - **1.** [gén] bath ; **faire couler un ~** to run a bath ; **prendre un ~** to have ***UK*** *ou* take a bath ; ~ **moussant** foaming bath oil ; ~ **à remous** spa bath, whirlpool bath ; ~**s-douches** public baths - **2.** [dans mer, piscine] swim ; ~ **de mer** sea bathing *UK ou* swimming - **3.** [de partie du corps] : ~ **de bouche** mouthwash ; ~ **de pieds** foot-bath - **4.** *loc* **se mettre dans le** ~ to get the hang of things ; **prendre un** ~ **de foule** to go on a walkabout *UK* ; **prendre un** ~ **de soleil** to sunbathe.

bain-marie [bɛ̃mari] (*pl* **bains-marie**) *nm* : au ~ in a bain-marie.

baïonnette [bajɔnɛt] *nf* - **1.** [arme] bayonet - **2.** ÉLECTR bayonet fitting.

baise [bɛz] *nf vulg* fucking.

baisemain [bɛzmɛ̃] *nm* : **faire le** ~ **à qqn** to kiss sb's hand.

baiser [4] [beze] ◇ *nm* kiss. ◇ *vt vulg* [avoir des relations sexuelles avec] to fuck. ◇ *vi vulg* to fuck.

baisse [bɛs] *nf* - **1.** [gén] : ~ **(de)** drop (in), fall (in) ; **en** ~ falling ; **la tendance est à la** ~ there is a downward trend - **2.** INFORM : ~ **de tension** brownout.

baisser [4] [bese] ◇ *vt* [gén] to lower ; [radio] to turn down ; ~ **le ton** to modify one's tone ; ~ **les yeux** to look down. ◇ *vi* - **1.** [descendre] to go down ; **le jour baisse** it's getting dark - **2.** [santé, vue] to fail - **3.** [prix] to fall - **4.** [s'affaiblir - malade] to grow weaker ; [- talent] to decline.

◆ **se baisser** *vp* to bend down.

bajoues [baʒu] *nfpl* jowls.

bakchich [bakʃiʃ] *nm* baksheesh.

bal [bal] *nm* ball ; ~ **masqué/costumé** masked/fancy-dress ball ; ~ **populaire** *ou* **musette** *popular old-fashioned dance accompanied by accordion.*

BAL, **Bal** (*abr de* **boîte aux lettres (électronique)**) *nf* E-mail.

balade [balad] *nf fam* stroll ; **faire une** ~ to go for a stroll.

balader [3] [balade] ◇ *vt* - **1.** *fam* [traîner avec soi] to trail around - **2.** [emmener en promenade] to take for a walk. ◇ *vi* : **envoyer** ~ **qqn** to send sb packing.

◆ **se balader** *vp fam* - **1.** [se promener - à pied] to go for a walk ; [- en voiture] to go for a drive - **2.** [traîner] to be kicking around.

baladeur, **euse** [baladœr, øz] *adj* wandering.

◆ **baladeur** *nm* personal stereo.

◆ **baladeuse** *nf* inspection lamp.

balafre [balafr] *nf* - **1.** [blessure] gash - **2.** [cicatrice] scar.

balafré, **e** [balafre] *adj* scarred.

balai [balɛ] *nm* - **1.** [de nettoyage] broom, brush ; ~ **mécanique** carpet sweeper - **2.** [d'essuie-glace] wiper blade - **3.** *fam* [an] : **il a 50** ~**s** he's 50 years old.

balai-brosse [balɛbrɔs] (*pl* **balais-brosses**) *nm* (long-handled) scrubbing *UK ou* scrub *US* brush.

balaie, **balaies** ▻ **balayer**.

balance [balɑ̃s] *nf* - **1.** [instrument] scales *(pl)* ; **faire pencher la** ~ *fig* to tip the balance - **2.** COMM & POLIT balance ; ~ **des paiements/commerciale** balance of payments/of trade ; ~ **des pouvoirs** balance of power.

◆ **Balance** *nf* ASTROL Libra ; **être Balance** to be (a) Libra.

balancement [balɑ̃smɑ̃] *nm* [mouvement - d'objet, de hanches] swaying ; [- de bras, de jambe] swinging ; [- de navire] motion.

balancer [16] [balɑ̃se] ◇ *vt* - **1.** [bouger] to swing - **2.** *fam* [lancer] to chuck - **3.** *fam* [jeter] to chuck out. ◇ *vi* - **1.** *sout* [hésiter] to waver - **2.** [osciller] to swing.

◆ **se balancer** *vp* - **1.** [sur une chaise] to rock backwards and forwards - **2.** [sur une balançoire] to swing - **3.** *fam* **se** ~ **de qqch** not to give a damn about sthg.

balancier [balɑ̃sje] *nm* - **1.** [de pendule] pendulum - **2.** [de funambule] pole.

balançoire [balɑ̃swar] *nf* [suspendue] swing ; [bascule] seesaw.

balayage [balɛjaʒ] *nm* [gén] sweeping ; TECHNOL scanning.

balayer [11] [baleje] *vt* - **1.** [nettoyer] to sweep - **2.** [chasser] to sweep away - **3.** *fig* [écarter] to brush aside - **4.** [suj: radar] to scan ; [suj: projecteurs] to sweep (across).

balayette [balɛjɛt] *nf* small brush.

balayeur, **euse** [balɛjœr, øz] *nm, f* roadsweeper *UK*, street cleaner *US*.

◆ **balayeuse** *nf* [machine] roadsweeper *UK*, street cleaner *US*.

balayures [balejyr] *nfpl* sweepings.

balbutiement [balbysimɑ̃] *nm* - **1.** [bredouillement] stammering - **2.** *fig* ~**s** [débuts] infancy *(U)*.

balbutier [9] [balbysje] ◇ *vi* - **1.** [bafouiller] to stammer - **2.** *fig* [débuter] to be in its infancy. ◇ *vt* [bafouiller] to stammer (out).

balcon [balkɔ̃] *nm* - **1.** [de maison - terrasse] balcony ; [- balustrade] parapet - **2.** [de théâtre, de cinéma] circle.

balconnet [balkɔnɛ] *nm* : **soutien-gorge à** ~ half-cup bra.

baldaquin [baldakɛ̃] *nm* - **1.** ARCHIT canopy - **2.** ▻ **lit**.

Bâle [bal] *n* Basel.

Baléares [balear] *nfpl* : **les** ~ the Balearic Islands ; **aux** ~ in the Balearic Islands.

baleine [balɛn] *nf* - **1.** [mammifère] whale - **2.** [de corset] whalebone - **3.** [de parapluie] rib.

baleinier, ère [balɛnje, ɛr] *adj* whaling *(avant n).*
◆ **baleinier** *nm* whaler.
◆ **baleinière** *nf* [bateau] whaler.

Bali [bali] *n* Bali ; **à ~** in Bali.

balinais, e [balinɛ, ɛz] *adj* Balinese.
◆ **Balinais, e** *nm, f* Balinese *(inv).*

balisage [balizaʒ] *nm* **- 1.** [action] marking out **- 2.** [signaux NAUT markers *(pl)*, marker buoys *(pl)* ; AÉRON runway lights *(pl)* ; AUTO road signs *(pl).*

balise [baliz] *nf* **- 1.** NAUT marker (buoy) **- 2.** AÉRON runway light **- 3.** AUTO road sign **- 4.** INFORM tag.

baliser [3] [balize] ◇ *vt* to mark out. ◇ *vi fam* to be scared stiff.

balistique [balistik] ◇ *nf* ballistics *(U).* ◇ *adj* ballistic.

balivernes [balivɛrn] *nfpl* nonsense *(U).*

Balkans [balkɑ̃] *nmpl* : **les ~** the Balkans.

ballade [balad] *nf* ballad.

ballant, e [balɑ̃, ɑ̃t] *adj* : **les bras ~s** arms dangling.
◆ **ballant** *nm* [mouvement] : **avoir du ~** to sway.

ballast [balast] *nm* **- 1.** [chemin de fer] ballast **- 2.** NAUT ballast tank.

balle [bal] *nf* **- 1.** [d'arme à feu] bullet ; **~ perdue** stray bullet **- 2.** [de jeu] ball ; **~ de ping-pong/tennis** table-tennis/tennis ball **- 3.** [de marchandises] bale **- 4.** *fam* [argent] franc **- 5.** *loc* **se renvoyer la ~** to pass the buck ; **saisir la ~ au bond** to jump at the chance.

ballerine [balrin] *nf* **- 1.** [danseuse] ballerina **- 2.** [chaussure] ballet shoe.

ballet [balɛ] *nm* [gén] ballet ; *fig* [activité intense] to-ing and fro-ing.

ballon [balɔ̃] *nm* **- 1.** [jeux & SPORT] ball ; **~ de football** football *UK*, soccer ball *US* ; **le ~ ovale** rugby ; **le ~ rond** football *UK*, soccer *US* **- 2.** [montgolfière, de fête] balloon **- 3.** [verre de vin] : **~ de rouge** glass of red (wine).

ballonné, e [balɔne] *adj* : **avoir le ventre ~, être ~** to be bloated.

ballot [balo] *nm* **- 1.** [de marchandises] bundle **- 2.** *vieilli* [imbécile] twit.

ballottage [balɔtaʒ] *nm* POLIT second ballot ; **en ~** standing for a second ballot *UK*, running in the secound round *US*.

ballotter [3] [balɔte] ◇ *vt* to toss about ; **être ballotté entre** *fig* to be torn between. ◇ *vi* [chose] to roll around.

ballottine [balɔtin] *nf* : **~ de foie gras** *type of galantine made with foie gras.*

ball-trap [baltrap] *nm* clay pigeon shooting.

balluchon = **baluchon**.

balnéaire [balneɛr] *adj* : **station ~** seaside resort.

balourd, e [balur, urd] ◇ *adj* clumsy. ◇ *nm, f* clumsy idiot.

balte [balt] *adj* Baltic.
◆ **Balte** *nmf* native of the Baltic states.

Baltique [baltik] *nf* : **la ~** the Baltic (Sea).

baluchon, balluchon [balyʃɔ̃] *nm* bundle ; **faire son ~** *fam* to pack one's bags (and leave).

balustrade [balystrad] *nf* **- 1.** [de terrasse] balustrade **- 2.** [rambarde] guardrail.

bambin [bɑ̃bɛ̃] *nm* kiddie.

bambou [bɑ̃bu] *nm* **- 1.** [plante] bamboo ; **pousse de ~** bamboo shoot **- 2.** [matériau] : **en ~** bamboo *(avant n).*

bamboula [bɑ̃bula] *nf* : **faire la ~** *fam* to have a wild time.

ban [bɑ̃] *nm* **- 1.** [de mariage] : **publier** *ou* **afficher les ~s** to publish *ou* display the banns **- 2.** [applaudissements] round of applause **- 3.** *loc* **être/mettre qqn au ~ de la société** to be outlawed/to outlaw sb (from society) ; **le ~ et l'arrière-~** the whole lot of them.

banal, e, als [banal] *adj* commonplace, banal ; **pas** *ou* **peu ~** unusual.

banaliser [3] [banalize] *vt* : **voiture banalisée** unmarked police car.
◆ **se banaliser** *vp* to become commonplace.

banalité [banalite] *nf* **- 1.** [caractère banal] banality **- 2.** [cliché] commonplace ; **échanger des ~s** to make smalltalk.

banane [banan] *nf* **- 1.** [fruit] banana **- 2.** [sac] bum-bag *UK*, fanny bag *US* **- 3.** [coiffure] quiff *UK*.

bananier, ère [bananje, ɛr] *adj* banana *(avant n)* ; **république bananière** banana republic.
◆ **bananier** *nm* **- 1.** [arbre] banana tree **- 2.** [cargo] banana boat.

banc [bɑ̃] *nm* [siège] bench ; **le ~ des accusés** DR the dock ; **~ d'essai** test-bed ; **être au ~ d'essai** *fig* to be at the test stage ; **~ des joueurs** [hockey] players' bench ; **~ de neige** *Québec* snowbank ; **~ des pénalités** *ou* **des punitions** [hockey] penalty box ; **~ de poissons** shoal of fish ; **~ de sable** sandbank.

bancaire [bɑ̃kɛr] *adj* bank *(avant n)*, banking *(avant n).*

bancal, e, als [bɑ̃kal] *adj* **- 1.** [personne] lame **- 2.** [meuble] wobbly **- 3.** [théorie, idée] unsound.

bandage [bɑ̃daʒ] *nm* [de blessé] bandage.

bande [bɑ̃d] *nf* **- 1.** [de tissu, de papier] strip ; **~ dessinée** comic strip **- 2.** [bandage] bandage ; **~ Velpeau®** crepe bandage **- 3.** [de billard] cushion ; **par la ~** *fig* by a roundabout route **- 4.** [groupe] band ; **~ de...!** *fam* bunch of...! ;

en ~ in a group ; **faire ~ à part** to keep to o.s. - **5.** [pellicule de film] film - **6.** [d'enregistrement] tape ; **~ audionumérique** DAT tape ; **~ magnétique** (magnetic) tape ; **~ originale** CINÉ original soundtrack ; **~ vidéo** video (tape) - **7.** [voie] : **~ d'arrêt d'urgence** hard shoulder - **8.** RADIO : **~ de fréquence** waveband - **9.** NAUT : **donner de la ~** to list.

bande-annonce [bɑ̃danɔ̃s] (*pl* **bandes-annonces**) *nf* trailer.

bandeau [bɑ̃do] *nm* - **1.** [sur les yeux] blindfold - **2.** [dans les cheveux] headband.

bandelette [bɑ̃dlɛt] *nf* strip (of cloth).

bander [3] [bɑ̃de] ◇ *vt* - **1.** MÉD to bandage ; **~ les yeux de qqn** to blindfold sb - **2.** [arc] to draw back - **3.** [muscle] to flex. ◇ *vi vulg* to have a hard-on.

banderole [bɑ̃drɔl] *nf* streamer.

bande-son [bɑ̃dsɔ̃] (*pl* **bandes-son**) *nf* soundtrack.

bandit [bɑ̃di] *nm* - **1.** [voleur] bandit - **2.** [personne sans scrupules] crook.

banditisme [bɑ̃ditism] *nm* serious crime.

bandoulière [bɑ̃duljɛr] *nf* bandolier ; **en ~** across the shoulder.

bangladais, e [bɑ̃gladɛ, ɛz] *adj* Bangladeshi.
◆ **Bangladais, e** *nm, f* Bangladeshi.

Bangladesh [bɑ̃gladɛʃ] *nm* : **le ~** Bangladesh ; **au ~** in Bangladesh.

banlieue [bɑ̃ljø] *nf* suburbs *(pl)* ; **en ~** in the suburbs ; **la grande ~** the outer suburbs ; **la ~ parisienne** the Paris suburbs ; **réseau de ~** commuter *ou* suburban network.

banlieusard, e [bɑ̃ljøzar, ard] *nm, f person living in the suburbs.*

bannière [banjɛr] *nf* [étendard] banner.

bannir [32] [banir] *vt* : **~ qqn/qqch (de)** to banish sb/sthg (from).

banque [bɑ̃k] *nf* - **1.** [activité] banking - **2.** [établissement, au jeu] bank ; **Banque centrale européenne** European Central Bank ; **Banque de France** Bank of France - **3.** INFORM : **~ de données** data bank - **4.** MÉD : **~ d'organes/du sang/du sperme** organ/blood/sperm bank.

banqueroute [bɑ̃krut] *nf* bankruptcy ; **faire ~** to go bankrupt.

banquet [bɑ̃kɛ] *nm* (celebration) dinner ; [de gala] banquet.

banquette [bɑ̃kɛt] *nf* seat ; **~ arrière** back seat.

banquier, ère [bɑ̃kje, ɛr] *nm, f* banker.

banquise [bɑ̃kiz] *nf* ice field.

baobab [baɔbab] *nm* baobab.

baptême [batɛm] *nm* - **1.** RELIG baptism, christening - **2.** [première fois] : **~ de l'air** maiden flight ; **~ du feu** baptism of fire.

baptiser [3] [batize] *vt* to baptize, to christen.

baptismal, e, aux [batismal, o] *adj* baptismal, ▷ **fonts.**

baquet [bakɛ] *nm* - **1.** [cuve] tub - **2.** [siège] bucket seat.

bar [bar] *nm* - **1.** [café, unité de pression] bar ; **~ à café** *helvétisme* coffee bar ; **~ à vin** wine bar - **2.** [poisson] bass.

baragouiner [3] [baragwine] *vt fam* - **1.** [langue] : **il baragouine le français** he speaks broken French - **2.** [bredouiller] to gabble.

baraka [baraka] *nf fam* **avoir la ~** to be lucky.

baraque [barak] *nf* - **1.** [cabane] hut - **2.** *fam* [maison] house - **3.** [de forain] stall, stand.

baraqué, e [barake] *adj fam* well-built.

baraquement [barakmɑ̃] *nm* camp *(of huts for refugees, workers etc).*

baratin [baratɛ̃] *nm fam* smooth talk ; **faire du ~ à qqn** to sweet-talk sb.

baratiner [3] [baratine] *fam* ◇ *vt* [femme] to chat up *UK*, to sweet-talk *US* ; [client] to give one's sales pitch to. ◇ *vi* to be a smooth talker.

barbant, e [barbɑ̃, ɑ̃t] *adj fam* deadly dull *ou* boring.

barbare [barbar] ◇ *nm* barbarian. ◇ *adj* - **1.** *péj* [non civilisé] barbarous - **2.** [cruel] barbaric.

barbarisme [barbarism] *nm* GRAMM barbarism.

barbe [barb] *nf* beard ; **se laisser pousser la ~** to grow a beard ; **~ à papa** candyfloss *UK*, cotton candy *US* ; **faire qqch au nez et à la ~ de qqn** *fig* to do sthg right under sb's nose ; **quelle** *ou* **la ~!** *fam* what a drag!

barbecue [barbəkju] *nm* barbecue.

barbelé, e [barbəle] *adj* barbed ; **fil de fer ~** barbed wire.
◆ **barbelé** *nm* barbed wire *(U)*.

barber [3] [barbe] *vt fam* to bore stiff.
◆ **se barber** *vp fam* to be bored stiff.

barbiche [barbiʃ] *nf* goatee (beard).

barbiturique [barbityrik] *nm* barbiturate.

barboter [3] [barbɔte] ◇ *vi* to paddle. ◇ *vt fam* to nick *UK*, to pinch.

barboteuse [barbɔtøz] *nf* rompersuit.

barbouillé, e [barbuje] *adj* : **être ~, avoir l'estomac ~** to feel sick *UK ou* nauseous *US*.

barbouiller [3] [barbuje] *vt* - **1.** [salir] : **~ qqch (de)** to smear sthg (with) - **2.** *péj* [peindre] to daub - **3.** *fam* [écrire sur] to scribble on.

barbu, **e** [barby] *adj* bearded.
◆ **barbu** *nm* bearded man.
◆ **barbue** *nf* [poisson] brill.

barda [barda] *nm* - **1.** *arg mil* kit - **2.** *fam* [attirail] gear ; **avec tout son ~** with all his/her gear.

barde [bard] ◇ *nm* [poète] bard. ◇ *nf* CULIN bacon, bard.

bardé, **e** [barde] *adj* : **il est ~ de diplômes** he's got heaps of diplomas.

barder [3] [barde] ◇ *vt* CULIN to bard. ◇ *vi fam* **ça va ~** there'll be trouble.

barème [barɛm] *nm* [de référence] table ; [de salaires] scale.

barge [barʒ] *nf* [bateau] barge.

baril [baril] *nm* barrel ; **un ~ de pétrole** a barrel of oil.

barillet [barijɛ] *nm* - **1.** [petit baril] cask - **2.** [de revolver, de serrure] cylinder.

bariolé, **e** [barjɔle] *adj* multicoloured *UK*, multicolored *US*.

barjo(t) [barʒo] *adj inv fam* nuts.

barmaid [barmɛd] *nf* barmaid.

barman [barman] (*pl* **barmans** *ou* **barmen** [barmɛn]) *nm* barman *UK*, bartender *US*.

baromètre [barɔmɛtr] *nm* barometer.

baron, **onne** [barɔ̃, ɔn] *nm, f* baron (*f* baroness).
◆ **baron** *nm* [magnat] baron.

baroque [barɔk] ◇ *nm* ART : **le ~** the Baroque style. ◇ *adj* - **1.** [style] baroque - **2.** [bizarre] weird.

baroud [barud] *nm* : **~ d'honneur** last stand.

barque [bark] *nf* small boat ; **savoir mener sa ~** *fig* to be well-organized.

barquette [barkɛt] *nf* - **1.** [tartelette] pastry boat - **2.** [récipient - de fruits] punnet *UK*, basket *US* ; [- de frites] carton ; [- de crème glacée] tub.

barrage [baraʒ] *nm* - **1.** [de rue] roadblock - **2.** CONSTR dam.

barre [bar] *nf* - **1.** [gén & DR] bar ; **~ fixe** [gymnastique] high bar ; **~ des témoins** DR witness box *UK ou* stand *US* ; **c'est le coup de ~** *fig* it's a rip-off ; **avoir un coup de ~** *fig* to be shattered *UK ou* pooped *US* - **2.** NAUT helm ; **être à la ~** NAUT *fig* to be at the helm - **3.** [trait] stroke - **4.** INFORM : **~ d'espacement** space bar ; **~ d'état** status bar ; **~ de défilement** scroll bar ; **~ de menu** menu bar ; **~ d'outils** tool bar.

barreau [baro] *nm* bar ; **le ~** DR the Bar.

barrer [3] [bare] *vt* - **1.** [rue, route] to block - **2.** [mot, phrase] to cross out - **3.** [bateau] to steer.
◆ **se barrer** *vp fam* to clear off.

barrette [barɛt] *nf* [pince à cheveux] (hair) slide *UK*, barrette *US*.

barreur, **euse** [barœr, øz] *nm, f* NAUT helmsman ; [à l'aviron] cox.

barricade [barikad] *nf* barricade ; **monter sur les ~s** *fig* to man the barricades.

barricader [3] [barikade] *vt* to barricade.
◆ **se barricader** *vp* to barricade o.s. ; **se ~ chez soi** to shut o.s. away (at home).

barrière [barjɛr] *nf litt & fig* barrier ; **~ de dégel** *ban on heavy lorries on certain roads during a thaw.*

barrique [barik] *nf* barrel.

barrir [32] [barir] *vi* to trumpet.

baryton [baritɔ̃] *nm* baritone.

bas, **basse** [ba, baz (*devant nm commençant par voyelle ou h muet* [bas]/)] *adj* - **1.** [gén] low - **2.** *péj* [vil] base, low - **3.** MUS bass.
◆ **bas** ◇ *nm* - **1.** [partie inférieure] bottom, lower part ; **avoir/connaître des hauts et des ~** to have/go through ups and downs - **2.** [vêtement] stocking ; **~ de laine** woollen *UK ou* woolen *US* stocking ; *fig* nest egg ; **~ résille** fishnet stockings. ◇ *adv* low ; **à ~...!** down with...! ; **parler ~** to speak in a low voice, to speak softly ; **mettre ~** [animal] to give birth.
◆ **en bas** *loc adv* at the bottom ; [dans une maison] downstairs.
◆ **en bas de** *loc prép* at the bottom of ; **attendre qqn en ~ de chez lui** to wait for sb downstairs.
◆ **bas de gamme** ◇ *adj* downmarket. ◇ *nm* bottom of the range.

basalte [bazalt] *nm* basalt.

basané, **e** [bazane] *adj* tanned.

bas-bleu [bablø] (*pl* **bas-bleus**) *nm péj* bluestocking.

bas-côté [bakote] (*pl* **bas-côtés**) *nm* [de route] verge *UK*, shoulder *US*.

bascule [baskyl] *nf* - **1.** [balance] weighing machine - **2.** [balançoire] seesaw.

basculer [3] [baskyle] ◇ *vi* to fall over, to overbalance ; [benne] to tip up ; **~ dans qqch** *fig* to tip over into sthg. ◇ *vt* to tip up, to tilt.

base [baz] *nf* - **1.** [partie inférieure] base ; **la ~** [d'entreprise, de syndicat] the rank and file - **2.** [principe fondamental] basis ; **à ~ de** based on ; **de ~** basic ; **une boisson à ~ d'orange** an orange-based drink ; **sur la ~ de** on the basis of - **3.** INFORM : **~ de données** database - **4.** [cosmétique] : **~ de maquillage** make-up base - **5.** *Québec* **~ de plein air** outdoor recreation area.
◆ **base de loisir** *nf* (outdoor) leisure *ou* sports complex.

base-ball [bɛzbol] (*pl* **base-balls**) *nm* baseball.

baser [3] [baze] *vt* to base ; **~ qqch sur** *fig* to base sthg on.

◆ **se baser** *vp* : **sur quoi vous basez-vous pour affirmer cela?** what are you basing this statement on?

bas-fond [bafɔ̃] (*pl* **bas-fonds**) *nm* [de l'océan] shallow.

◆ **bas-fonds** *nmpl fig* - **1.** [de la société] dregs - **2.** [quartiers pauvres] slums.

basilic [bazilik] *nm* [plante] basil.

basilique [bazilik] *nf* basilica.

basique [bazik] *adj* basic.

basket [baskɛt] ◇ *nm* = **basket-ball.** ◇ *nf* [chaussure] trainer *UK*, sneaker *US* ; **lâche-moi les ~s!** *fam fig* get off my back!

basket-ball [baskɛtbol] *nm* basketball.

basmati [basmati] *nm* basmati (rice).

basque [bask] ◇ *adj* Basque ; **le Pays ~** the Basque country. ◇ *nm* [langue] Basque. ◇ *nf* [vêtement] tail *(of coat)* ; **être toujours pendu aux ~s de qqn** *fam fig* to be always tagging along after sb.

◆ **Basque** *nmf* Basque.

bas-relief [barəljɛf] (*pl* **bas-reliefs**) *nm* bas-relief.

basse [bas] ◇ *adj* ▷ **bas.** ◇ *nf* MUS bass.

basse-cour [baskur] (*pl* **basses-cours**) *nf* - **1.** [volaille] poultry - **2.** [partie de ferme] farmyard.

bassement [basmɑ̃] *adv* despicably ; **être ~ intéressé** to be motivated by petty self-interest.

bassesse [basɛs] *nf* - **1.** [mesquinerie] baseness, meanness - **2.** [action vile] despicable act.

basset [basɛ] *nm* basset hound.

bassin [basɛ̃] *nm* - **1.** [cuvette] bowl - **2.** [pièce d'eau] (ornamental) pond - **3.** [de piscine] : **petit/grand ~** children's/main pool - **4.** ANAT pelvis - **5.** GÉOL basin ; **~ houiller** coalfield ; **le Bassin parisien** the Paris basin.

bassine [basin] *nf* bowl, basin.

bassiner [3] [basine] *vt* - **1.** [humecter] to bathe - **2.** *fam* [importuner] to bore.

bassiste [basist] *nmf* bass player.

basson [basɔ̃] *nm* [instrument] bassoon ; [personne] bassoonist.

bastide [bastid] *nf traditional farmhouse or country house in southern France ; walled town (in south-west France).*

Bastille [bastij] *nf* : **la prise de la ~** the storming of the Bastille.

Bastille

A state prison, the Bastille fell to the people of Paris on 14 July 1789 - today celebrated as Bastille Day and remembered as the beginning of the French Revolution. The square where the Bastille once stood is now the home of the new Paris opera house, known as *l'Opéra-Bastille*. There are many restaurants and bars in the area, making it a popular night spot.

bastingage [bastɛ̃gaʒ] *nm* (ship's) rail.

bastion [bastjɔ̃] *nm litt & fig* bastion.

baston [bastɔ̃] *nf tfam* punch-up.

bas-ventre [bavɑ̃tr] (*pl* **bas-ventres**) *nm* lower abdomen.

bât [ba] *nm* packsaddle ; **c'est là que le ~ blesse** *fig* that's his/her *etc* weak point.

bataille [bataj] *nf* - **1.** MIL battle - **2.** [bagarre] fight - **3.** [jeu de cartes] ≃ beggar-my-neighbour *UK* - **4.** *loc* **en ~** [cheveux] dishevelled *UK*, disheveled *US*.

batailler [3] [bataje] *vi* : **~ pour qqch/pour faire qqch** to fight for sthg/to do sthg.

bataillon [batajɔ̃] *nm* MIL battalion ; *fig* horde.

bâtard, e [batar, ard] ◇ *adj* - **1.** [enfant] illegitimate - **2.** *péj* [style, solution] hybrid. ◇ *nm, f* illegitimate child.

◆ **bâtard** *nm* - **1.** [pain] *short loaf of bread* - **2.** [chien] mongrel.

batavia [batavja] *nf* Webb lettuce *UK*, iceberg lettuce.

bateau [bato] *nm* - **1.** [embarcation - gén] boat ; [- plus grand] ship ; **~ à voile/moteur** sailing/motor boat ; **~ de pêche** fishing boat ; **mener qqn en ~** *fig* to take sb for a ride - **2.** [de trottoir] driveway entrance *(low kerb)* - **3.** *(en apposition inv)* **encolure ~** boat neck - **4.** *(en apposition inv)* [sujet, thème] well-worn ; **c'est ~!** it's the same old stuff!

bateau-bus [batobys] (*pl* **bateaux-bus**) *nm* riverbus ; **prendre le ~** to take the riverbus.

bateau-mouche [batomuʃ] (*pl* **bateaux-mouches**) *nm* riverboat *(on the Seine)*.

bateleur, euse [batlœr, øz] *nm, f* street acrobat.

bâti, e [bati] *adj* - **1.** [terrain] developed - **2.** [personne] : **bien ~** well-built.

◆ **bâti** *nm* - **1.** COUT tacking - **2.** CONSTR frame, framework.

batifoler [3] [batifɔle] *vi* to frolic.

bâtiment [batimɑ̃] *nm* - **1.** [édifice] building - **2.** [dans l'industrie] : **le ~** the building trade - **3.** NAUT ship, vessel.

bâtir [32] [batir] *vt* - **1.** CONSTR to build - **2.** *fig* [réputation, fortune] to build (up) ; [théorie, phrase] to construct - **3.** COUT to tack.
◆ **se bâtir** *vp* to be built.

bâtisse [batis] *nf* house.

bâton [batɔ̃] *nm* - **1.** [gén] stick ; **~ de réglisse** liquorice stick ; **~ de ski** ski pole - **2.** *fam fig* 10,000 francs - **3.** *loc* **mettre des ~s dans les roues à qqn** to put a spoke in sb's wheel ; **à ~s rompus** [conversation] rambling ; **parler à ~s rompus** to talk of this and that.

bâtonnet [batɔnɛ] *nm* rod.

bâtonnier [batɔnje] *nm* DR ≃ President of the Bar.

batracien [batrasjɛ̃] *nm* amphibian.

battage [bataʒ] *nm* : **~ (publicitaire** *ou* **médiatique)** (media) hype.

battant, e [batɑ̃, ɑ̃t] ◇ *adj* : **sous une pluie ~e** in the pouring *ou* driving rain ; **le cœur ~** with beating heart. ◇ *nm, f* fighter.
◆ **battant** *nm* - **1.** [de porte] door *(of double doors)* ; [de fenêtre] half *(of double window)* - **2.** [de cloche] clapper.

batte [bat] *nf* SPORT bat.

battement [batmɑ̃] *nm* - **1.** [mouvement - d'ailes] flap, beating *(U)* ; [- de cœur, pouls] beat, beating *(U)* ; [- de cils, paupières] flutter, fluttering *(U)* - **2.** [bruit - de porte] banging *(U)* ; [- de la pluie] beating *(U)* - **3.** [intervalle de temps] break ; **une heure de ~** an hour free.

batterie [batri] *nf* - **1.** ÉLECTR & MIL battery ; **recharger ses ~s** *fig* to recharge one's batteries - **2.** [attirail] : **~ de cuisine** kitchen utensils *(pl)* - **3.** MUS drums *(pl)* - **4.** [série] : **une ~ de** a string of.

batteur [batœr] *nm* - **1.** MUS drummer - **2.** CULIN beater, whisk - **3.** [SPORT - de cricket] batsman ; [- de base-ball] batter.

batteuse [batøz] *nf* AGRIC thresher.

battoir [batwar] *nm* - **1.** [à tapis] carpet beater - **2.** *fig* [main] great mitt *ou* paw.

battre [83] [batr] ◇ *vt* - **1.** [gén] to beat ; **~ en neige** [blancs d'œufs] to beat until stiff - **2.** [parcourir] to scour - **3.** [cartes] to shuffle. ◇ *vi* [gén] to beat ; **~ des cils** to blink ; **~ des mains** to clap (one's hands).
◆ **se battre** *vp* to fight ; **se ~ contre qqn** to fight sb.

battu, e [baty] ◇ *pp* ▷ **battre.** ◇ *adj* - **1.** [tassé] hard-packed ; **jouer sur terre ~e** TENNIS to play on clay - **2.** [fatigué] : **avoir les yeux ~s** to have shadows under one's eyes.
◆ **battue** *nf* - **1.** [chasse] beat - **2.** [chasse à l'homme] manhunt.

baud [bo] *nm* baud.

baudroie [bodrwa] *nf* monkfish.

baudruche [bodryʃ] *nf* - **1.** [ballon] balloon - **2.** *fig* [personne] front man.

baume [bom] *nm litt* & *fig* balm ; **mettre du ~ au cœur de qqn** to comfort sb.

baux ▷ **bail.**

bauxite [boksit] *nf* bauxite.

bavard, e [bavar, ard] ◇ *adj* talkative. ◇ *nm, f* chatterbox ; *péj* gossip.

bavardage [bavardaʒ] *nm* - **1.** [papotage] chattering - **2.** *(gén pl)* [racontar] gossip *(U)*.

bavarder [3] [bavarde] *vi* to chatter ; *péj* to gossip.

bavarois, e [bavarwa, waz] *adj* Bavarian.
◆ **bavarois** *nm*, **bavaroise** *nf* [gâteau] ≃ mousse *fam.*
◆ **Bavarois, e** *nm, f* Bavarian.

bave [bav] *nf* - **1.** [salive] dribble - **2.** [d'animal] slaver - **3.** [de limace] slime.

baver [3] [bave] *vi* - **1.** [personne] to dribble - **2.** [animal] to slaver - **3.** [limace] to leave a trail - **4.** [stylo] to leak - **5.** *loc* **en ~** *fam* to have a hard *ou* rough time of it.

bavette [bavɛt] *nf* - **1.** [bavoir, de tablier] bib - **2.** [viande] flank - **3.** *loc* **tailler une ~ (avec qqn)** *fam* to have a chinwag (with sb).

baveux, euse [bavø, øz] *adj* - **1.** [bébé] dribbling - **2.** [lettre] blurred - **3.** [omelette] runny.

bavoir [bavwar] *nm* bib.

bavure [bavyr] *nf* - **1.** [tache] smudge - **2.** [erreur] blunder.

bayer [3] [baje] *vi* : **~ aux corneilles** to stand gazing into space.

bazar [bazar] *nm* - **1.** [boutique] general store - **2.** *fam* [désordre] jumble, clutter.

bazarder [3] [bazarde] *vt fam* to chuck out, to get rid of.

BCBG (*abr de* **bon chic bon genre**) *nmf* & *adj term used to describe an upper-class lifestyle reflected especially in expensive and conservative clothes* ; **il est très ~** ≃ he's a real preppie type.

BCE (*abr de* **Banque centrale européenne**) *nf* ECB.

BCG (*abr de* **bacille Calmette-Guérin**) *nm* BCG.

bcp *abr de* **beaucoup.**

bd *abr de* **boulevard.**

BD, bédé [bede] (*abr de* **bande dessinée**) *nf* : **une ~** a comic strip ; **la ~** comic strips *(pl)*.

beach-volley [bitʃvolɛ] (*pl* **beach-volleys**) *nm* beach volleyball ; **jouer au ~** to play beach volleyball.

béant, e [beɑ̃, ɑ̃t] *adj* [plaie, gouffre] gaping ; [yeux] wide open.

béarnais, e [bearnɛ, ɛz] *adj* of *ou* from the Béarn.

◆ **Béarnais**, **e** *nm, f* native *ou* inhabitant of the Béarn.

◆ **béarnaise** *nf* : **(sauce) ~e** Béarnaise sauce.

béat, **e** [bea, at] *adj* - **1.** [content de soi] smug - **2.** [heureux] blissful.

béatement [beatmɑ̃] *adv* blissfully.

béatitude [beatityd] *nf* - **1.** RELIG beatitude - **2.** [bonheur] bliss.

beau, **belle**, **beaux** [bo, bɛl] *adj* (**bel** [bɛl] *devant voyelle ou h muet*) - **1.** [joli - femme] beautiful, good-looking ; [- homme] handsome, good-looking ; [- chose] beautiful - **2.** [temps] fine, good - **3.** *(toujours avant le n)* [important] fine, excellent ; **une belle somme** a tidy sum (of money) - **4.** *iron* [mauvais] : **une belle grippe** a nasty dose of the flu ; **un ~ travail** a fine piece of work - **5.** *(sens intensif)* **un ~ jour** one fine day - **6.** [noble] fine, noble - **7.** *loc* **elle a ~ jeu de dire ça** it's easy *ou* all very well for her to say that.

◆ **beau** ◇ *adv* : **il fait ~** the weather is good *ou* fine ; **j'ai ~ essayer...** however hard I try..., try as I may... ; **j'ai ~ dire...** whatever I say... ◇ *nm* : **être au ~ fixe** to be set fair ; **avoir le moral au ~ fixe** *fig* to have a sunny disposition ; **faire le ~** [chien] to sit up and beg.

◆ **belle** *nf* - **1.** [femme] lady friend - **2.** [dans un jeu] decider - **3.** *fam loc* **(se) faire la belle** to escape.

◆ **bel et bien** *loc adv* well and truly, actually.

◆ **de plus belle** *loc adv* more than ever.

Beaubourg [bobur] *n name commonly used to refer to the Pompidou Centre.*

Beaubourg

Officially, *Beaubourg* refers to the area surrounding the Pompidou Centre in the Halles district of Paris but it has come to mean the Pompidou Centre itself. The unusual design of the building, with its elaborate network of tubes, caused much controversy when it was built in 1977. It houses a modern art gallery, a cinema, an open-stack library and other cultural exhibits. With 8 million visitors a year it is one of the most popular monuments in Paris.

beaucoup [boku] ◇ *adv* - **1.** [un grand nombre] : **~ de** a lot of, many ; **il y en a ~** there are many *ou* a lot (of them) - **2.** [une grande quantité] : **~ de** a lot of ; **~ d'énergie** a lot of energy ; **il n'a pas ~ de temps** he hasn't a lot of *ou* much time ; **il n'en a pas ~** he doesn't have much *ou* a lot (of it) - **3.** *(modifiant un verbe)* a lot ; **il boit ~** he drinks a lot ; **c'est ~ dire** that's saying a lot - **4.** *(modifiant un adjectif comparatif)* much, a lot ; **c'est ~ mieux** it's much *ou* a lot better ; **~ trop vite** much too quickly. ◇ *pron inv* many ; **nous sommes ~ à penser que...** many of us think that...

◆ **de beaucoup** *loc adv* by far.

beauf [bof] *nm* - **1.** *péj stereotype of average French man with narrow views* - **2.** *fam* [beau-frère] brother-in-law.

beau-fils [bofis] (*pl* **beaux-fils**) *nm* - **1.** [gendre] son-in-law - **2.** [de remariage] stepson.

beau-frère [bofrɛr] (*pl* **beaux-frères**) *nm* brother-in-law.

beau-père [bopɛr] (*pl* **beaux-pères**) *nm* - **1.** [père du conjoint] father-in-law - **2.** [de remariage] stepfather.

beauté [bote] *nf* beauty ; **de toute ~** absolutely beautiful ; **en ~** [magnifiquement] in great style ; *sout* [femme] ravishing.

beaux-arts [bozar] *nmpl* fine art *(sing)*.

◆ **Beaux-Arts** *nmpl* : **les Beaux-Arts** *French national art school.*

beaux-parents [boparɑ̃] *nmpl* - **1.** [de l'homme] husband's parents, in-laws - **2.** [de la femme] wife's parents, in-laws.

bébé [bebe] ◇ *nm* baby ; **~ phoque** seal pup, baby seal. ◇ *adj inv* babyish.

bébé-bulle [bebebyl] (*pl* **bébés-bulles**) *nm* bubble baby.

bébé-éprouvette [bebeepruvɛt] (*pl* **bébés-éprouvette**) *nm* test-tube baby.

bébête [bebɛt] *adj* silly.

bec [bɛk] *nm* - **1.** [d'oiseau] beak - **2.** [d'instrument de musique] mouthpiece - **3.** [de casserole etc] lip ; **~ de gaz** [réverbère] gaslamp *(in street)* ; **~ verseur** spout - **4.** *fam* [bouche] mouth ; **ouvrir le ~** to open one's mouth ; **clouer le ~ à qqn** to shut sb up.

bécane [bekan] *nf fam* - **1.** [moto, vélo] bike - **2.** [ordinateur etc] machine.

bécasse [bekas] *nf* - **1.** [oiseau] woodcock - **2.** *fam* [femme sotte] silly goose.

bécassine [bekasin] *nf* - **1.** [oiseau] snipe - **2.** *fam* [jeune fille naïve] silly little goose.

bec-de-lièvre [bɛkdəljɛvr] (*pl* **becs-de-lièvre**) *nm* harelip.

béchamel [beʃamɛl] *nf* : **(sauce) ~** béchamel sauce.

bêche [bɛʃ] *nf* spade.

bêcher [4] [beʃe] *vt* to dig.

bêcheur, **euse** [beʃœr, øz] *nm, f fam* stuck-up person.

bécoter [3] [bekɔte] *vt fam* to snog *UK ou* smooch with.

◆ **se bécoter** *vp* to snog *UK*, to smooch.

becquée [beke] *nf* : **donner la ~ à** to feed.

becqueter, **béqueter** [27] [bɛkte] *vt* to peck at.

becter [4] [bɛkte] *vi fam* to eat.

bedaine [bədɛn] *nf* potbelly.

bédé = BD.

bedeau, x [bədo] *nm* verger.

bedonnant, e [bədɔnɑ̃, ɑ̃t] *adj* potbellied.

bédouin, e [bedwɛ̃, in] *adj* Bedouin.
◆ **Bédouin, e** *nm, f* Bedouin.

bée [be] *adj* : **bouche ~** open-mouthed.

bégaiement [begɛmɑ̃] *nm* stammering.

bégayer [11] [begeje] ◇ *vi* to have a stutter *ou* stammer. ◇ *vt* to stammer (out).

bégonia [begɔnja] *nm* begonia.

bègue [bɛg] ◇ *adj* : **être ~** to have a stutter *ou* stammer. ◇ *nmf* stutterer, stammerer.

bégueule [begœl] *fam péj* ◇ *adj* prudish. ◇ *nf* prude.

béguin [begɛ̃] *nm fam* **avoir le ~ pour qqn** to have a crush on sb ; **avoir le ~ pour qqch** to be mad keen on sthg.

beige [bɛʒ] *adj & nm* beige.

beigne [bɛɲ] *nf fam* slap.

beignet [bɛɲɛ] *nm* fritter.

bel [bɛl] ▷ **beau.**

bêler [4] [bele] *vi* to bleat.

belette [bəlɛt] *nf* weasel.

belge [bɛlʒ] *adj* Belgian.
◆ **Belge** *nmf* Belgian.

belgicisme [bɛlʒisism] *nm* [mot] Belgian word ; [tournure] Belgian expression.

Belgique [bɛlʒik] *nf* : **la ~** Belgium.

bélier [belje] *nm* - **1.** [animal] ram - **2.** [poutre] battering ram.
◆ **Bélier** *nm* ASTROL Aries ; **être Bélier** to be (an) Aries.

belladone [beladɔn] *nf* deadly nightshade.

bellâtre [bɛlatr] *nm péj* smoothie.

belle [bɛl] *adj & nf* ▷ **beau.**

belle-famille [bɛlfamij] (*pl* **belles-familles**) *nf* - **1.** [de l'homme] husband's family, in-laws *(pl)* - **2.** [de la femme] wife's family, in-laws *(pl)*.

belle-fille [bɛlfij] (*pl* **belles-filles**) *nf* - **1.** [épouse du fils] daughter-in-law - **2.** [de remariage] stepdaughter.

belle-mère [bɛlmɛr] (*pl* **belles-mères**) *nf* - **1.** [mère du conjoint] mother-in-law - **2.** [de remariage] stepmother.

belles-lettres [bɛllɛtr] *nfpl* (great) literature *(U)*.

belle-sœur [bɛlsœr] (*pl* **belles-sœurs**) *nf* sister-in-law.

belligérant, e [beliʒerɑ̃, ɑ̃t] *adj & nm, f* belligerent.

belliqueux, euse [belikø, øz] *adj* [peuple] warlike ; [humeur, tempérament] aggressive.

belote [bəlɔt] *nf French card game.*

belvédère [bɛlvedɛr] *nm* - **1.** [construction] belvedere - **2.** [terrasse] viewpoint.

bémol [bemɔl] *adj & nm* MUS flat.

bénédictin, e [benediktɛ̃, in] ◇ *adj* Benedictine. ◇ *nm, f* Benedictine ; **travail de ~** *fig* painstaking task.
◆ **Bénédictine** *nf* [liqueur] Benedictine.

bénédiction [benediksjɔ̃] *nf* blessing ; **donner sa ~ à** *fig* to give one's blessing to.

bénéfice [benefis] *nm* - **1.** [avantage] advantage, benefit ; **au ~ de** in aid of ; **accorder à qqn le ~ du doute** to give sb the benefit of the doubt - **2.** [profit] profit ; **~ net/brut** net/gross profit ; **intéressement aux ~s** profit-sharing ; **rapport cours-~** price-earnings ratio ; **~s commerciaux** trading profit *(sing)*.

bénéficiaire [benefisjɛr] ◇ *nmf* [gén] beneficiary ; [de chèque] payee. ◇ *adj* [marge] profit *(avant n)* ; [résultat, société] profit-making.

bénéficier [9] [benefisje] *vi* : **~ de** [profiter de] to benefit from ; [jouir de] to have, to enjoy ; [obtenir] to have, to get.

bénéfique [benefik] *adj* beneficial.

Bénélux [benelyks] *nm* : **le ~** Benelux ; **les pays du ~** the Benelux countries.

benêt [bənɛ] ◇ *nm* clod. ◇ *adj (seulement masculin)* silly, simple.

bénévolat [benevɔla] *nm* voluntary work.

bénévole [benevɔl] ◇ *adj* voluntary. ◇ *nmf* volunteer, voluntary worker.

bénévolement [benevɔlmɑ̃] *adv* voluntarily, for nothing.

Bengale [bɛ̃gal] *nm* : **le ~** Bengal ; **au ~** in Bengal.

bénin, igne [benɛ̃, iɲ] *adj* - **1.** [maladie, accident] minor ; [tumeur] benign - **2.** *sout* [bienveillant] benign.

Bénin [benɛ̃] *nm* : **le ~** Benin ; **au ~** in Benin.

béninois, e [beninwa, waz] *adj* Beninese.
◆ **Béninois, e** *nm, f* Beninese *(inv)*.

bénir [32] [benir] *vt* - **1.** [gén] to bless - **2.** [se réjouir de] to thank God for.

bénit, e [beni, it] *adj* consecrated ; **eau ~e** holy water.

bénitier [benitje] *nm* holy water font.

benjamin, e [bɛ̃ʒamɛ̃, in] *nm, f* [de famille] youngest child ; [de groupe] youngest member.

benne [bɛn] *nf* - **1.** [de camion] tipper - **2.** [de téléphérique] car - **3.** [pour déchets] skip *UK*, dump truck.

benzine [bɛ̃zin] *nf* benzine.

béotien, **enne** [beɔsjɛ̃, ɛn] *nm, f* philistine.

BEP, **Bep** (*abr de* **brevet d'études professionnelles**) *nm school-leaver's diploma (taken at age 18).*

BEPC, **Bepc** (*abr de* **brevet d'études du premier cycle**) *nm former school certificate (taken at age 16).*

béqueter = **becqueter**.

béquille [bekij] *nf* **- 1.** [pour marcher] crutch **- 2.** [d'un deux-roues] stand.

berbère [bɛrbɛr] *adj & nm* Berber.
◆ **Berbère** *nmf* Berber.

bercail [bɛrkaj] *nm* fold ; **rentrer au ~** *fig* to return to the fold.

berceau, **x** [bɛrso] *nm* cradle.

bercer [16] [bɛrse] *vt* **- 1.** [bébé, bateau] to rock ; **son enfance a été bercée de cette musique** he was brought up on this kind of music **- 2.** *fig* [tromper] : **~ qqn de** to delude sb with.
◆ **se bercer** *vp fig* **se ~ de** to delude o.s. with ; **se ~ d'illusions** to delude o.s.

berceuse [bɛrsøz] *nf* **- 1.** [chanson] lullaby **- 2.** *Québec* [fauteuil] rocking chair.

Bercy [bɛrsi] *n* **- 1.** [ministère] *the French Ministry of Finance* **- 2.** [stade] *large sports and concert hall in Paris.*

BERD, **Berd** [bɛrd] (*abr de* **Banque européenne pour la reconstruction et le développement**) *nf* EBRD.

béret [berɛ] *nm* beret ; **~ basque** (French) beret.

bergamote [bɛrgamɔt] *nf* bergamot orange.

berge [bɛrʒ] *nf* **- 1.** [bord] bank **- 2.** *fam* [an] : **il a plus de 50 ~s** he's over 50.

berger, **ère** [bɛrʒe, ɛr] *nm, f* shepherd (*f* shepherdess).
◆ **bergère** *nf* [canapé] wing chair.
◆ **berger allemand** *nm* Alsatian *UK*, German shepherd.

bergerie [bɛrʒəri] *nf* sheepfold.

bergeronnette [bɛrʒərɔnɛt] *nf* wagtail.

berk [bɛrk] *interj fam* ugh, yuk.

Berlin [bɛrlɛ̃] *n* Berlin ; **~-Est** East Berlin ; **~-Ouest** West Berlin ; **le mur de ~** the Berlin Wall.

berline [bɛrlin] *nf* saloon (car) *UK*, sedan *US*.

berlingot [bɛrlɛ̃go] *nm* **- 1.** [de lait] carton **- 2.** [bonbon] boiled sweet.

berlue [bɛrly] *nf* : **j'ai la ~!** I must be seeing things!

bermuda [bɛrmyda] *nm* bermuda shorts *(pl)*.

Bermudes [bɛrmyd] *nfpl* : **les ~** Bermuda *(sing)* ; **aux ~** in Bermuda ; **le triangle des ~** the Bermuda Triangle.

bernard-l'ermite [bɛrnarlɛrmit] *nm inv* hermit crab.

berne [bɛrn] *nf* : **en ~** ≃ at half-mast.

berner [3] [bɛrne] *vt* to fool.

berrichon, **onne** [beriʃɔ̃, ɔn] *adj* of *ou* from the Berry.

besace [bəzas] *nf* pouch.

besicles [bezikl] *nfpl hum* specs.

besogne [bəzɔɲ] *nf* job, work *(U)* ; **aller vite en ~** *fig* to be a fast worker.

besoin [bəzwɛ̃] *nm* need ; **avoir ~ de qqch/de faire qqch** to need sthg/to do sthg ; **au ~** if necessary, if need *ou* needs be ; **être dans le ~** to be in need.
◆ **besoins** *nmpl* **- 1.** [exigences] needs **- 2.** *loc* **faire ses ~s** to relieve o.s. ; **pour les ~s de la cause** for our purposes.

bestial, **e**, **aux** [bɛstjal, o] *adj* bestial, brutish.

bestiole [bɛstjɔl] *nf* (little) creature.

best-seller [bɛstsɛlɛr] (*pl* **best-sellers**) *nm* best-seller.

bétail [betaj] *nm* cattle *(pl)*.

bête [bɛt] ◇ *nf* **- 1.** [animal] animal ; [insecte] insect ; **~ à bon Dieu** ladybird *UK*, ladybug *US* ; **~ féroce** wild animal ; **~ de somme** beast of burden **- 2.** *loc* **chercher la petite ~** to nitpick ; **c'est sa ~ noire** that's his/her pet hate. ◇ *adj* **- 1.** [stupide] stupid **- 2.** [simple] : **c'est tout ~** there's nothing to it.

bêtement [bɛtmɑ̃] *adv* **- 1.** [de façon bête] stupidly **- 2.** [simplement] : **tout ~** just, quite simply.

bêtifiant, **e** [betifjɑ̃, ɑ̃t] *adj* idiotic.

bêtise [betiz] *nf* **- 1.** [stupidité] stupidity **- 2.** [action, remarque] stupid thing ; **faire/dire une ~** to do/say something stupid ; **faire des ~s** to be stupid *ou* silly.

béton [betɔ̃] *nm* **- 1.** [matériau] concrete ; **~ armé** reinforced concrete **- 2.** *fig* **en ~** [argument] cast-iron.

bétonner [3] [betɔne] ◇ *vt* to concrete. ◇ *vi* FOOTBALL to play defensively.

bétonnière [betɔnjɛr] *nf* cement mixer.

bette [bɛt], **blette** [blɛt] *nf* Swiss chard.

betterave [betrav] *nf* beetroot *UK*, beet *US* ; **~ fourragère** mangel-wurzel ; **~ sucrière** *ou* **à sucre** sugar beet.

beuglement [bøgləmɑ̃] *nm* **- 1.** [de bovin] mooing *(U)*, lowing *(U)* **- 2.** [de radio] blaring *(U)*.

beugler [5] [bøgle] *vi* **- 1.** [bovin] to moo, to low **- 2.** *fam* [personne] to bellow ; [radio] to blare out.

beur [bœr] *nmf person born in France of North African immigrant parents.*

beurk [bœrk] *fam* = **berk**.

beurre [bœr] *nm* **- 1.** [aliment] butter ; **~ de cacahuètes** peanut butter ; **~ de cacao** cocoa butter ; **~ demi-sel** slightly-salted butter ; **~ noir** brown butter sauce **- 2.** *loc* **compter pour du ~** to count for nothing ; **faire son ~** to make one's pile ; **mettre du ~ dans les épinards** to make life a little more comfortable.

beurré, e [bœre] *adj* **- 1.** [couvert de beurre] buttered **- 2.** *fam* [ivre] plastered.

beurrer [5] [bœre] *vt* to butter.

beurrier, ère [bœrje, ɛr] *adj* [industrie] butter *(avant n)* ; [région] butter-producing.

beurrier [bœrje] *nm* butter dish.

beuverie [bœvri] *nf* drinking session.

bévue [bevy] *nf* blunder ; **faire** *ou* **commettre une ~** to slip up.

Beyrouth [berut] *n* Beirut ; **~-Est** East Beirut ; **~-Ouest** West Beirut.

BHV (*abr de* **Bazar de l'Hôtel de Ville**) *nm large department store in central Paris.*

biais [bjɛ] *nm* **- 1.** [ligne oblique] slant ; **en** *ou* **de ~** [de travers] at an angle ; *fig* indirectly **- 2.** COUT bias ; **tailler un tissu dans le ~** to cut a piece of cloth on the bias **- 3.** [aspect] angle **- 4.** [moyen détourné] expedient ; **par le ~ de** by means of.

biaiser [4] [bjeze] *vi fig* to dodge the issue.

bibande [bibɑ̃d] *adj* dual-band.

bibelot [biblo] *nm* trinket, curio.

biberon [bibrɔ̃] *nm* baby's bottle ; **nourrir au ~** to bottle-feed.

bible [bibl] *nf* bible.

bibliobus [biblijɔbys] *nm* mobile library.

bibliographie [biblijɔgrafi] *nf* bibliography.

bibliographique [biblijɔgrafik] *adj* bibliographical.

bibliophile [biblijɔfil] *nmf* book lover.

bibliothécaire [biblijɔtekɛr] *nmf* librarian.

bibliothèque [biblijɔtɛk] *nf* **- 1.** [meuble] bookcase **- 2.** [édifice, collection] library ; **~ municipale** public library ; **la Bibliothèque nationale de France** *the French national library.*

Bibliothèque nationale de France

The Bibliothèque nationale de France or *BNF* is a large copyright deposit library that includes the *Bibliothèque nationale* or *BN*, situated in the rue de Richelieu, and the *Bibliothèque de France* or *Bibliothèque François Mitterrand*, the new and ultramodern complex in the 13th arrondissement. The *BN* houses the library's priceless collection of manuscripts, engravings, coins, medals and maps, while the bulk of the book collection is in the new complex.

biblique [biblik] *adj* biblical.

Bic® [bik] *nm* ball-point pen.

bicarbonate [bikarbɔnat] *nm* : **~ (de soude)** bicarbonate of soda.

bicentenaire [bisɑ̃tnɛr] ◇ *adj* two-hundred-year-old *(avant n)*. ◇ *nm* bicentenary *UK*, bicentennial *US*.

biceps [bisɛps] *nm* biceps.

biche [biʃ] *nf* ZOOL hind, doe.

bichonner [3] [biʃɔne] *vt* [choyer] to cosset, to pamper.

◆ **se bichonner** *vp* to spruce o.s. up ; [femme] to doll o.s. up.

bicolore [bikɔlɔr] *adj* two-coloured *UK*, two-colored *US*.

bicoque [bikɔk] *nf péj* house.

bicorne [bikɔrn] *nm* cocked hat.

bicyclette [bisiklɛt] *nf* bicycle ; **rouler à ~** to cycle.

bidasse [bidas] *nm fam* squaddie *UK*, grunt *US*.

bide [bid] *nm fam* **- 1.** [ventre] belly **- 2.** [échec] flop.

bidet [bidɛ] *nm* **- 1.** [sanitaire] bidet **- 2.** *hum* [cheval] nag.

bidon [bidɔ̃] *nm* **- 1.** [récipient] can **- 2.** *fam* [ventre] belly **- 3.** *(en apposition inv) fam* [faux] phoney, phony *US* **- 4.** *fam* [simulation] **: c'est du ~** it's (a load of) rubbish.

bidonner [3] [bidɔne] ◆ **se bidonner** *vp fam* to laugh one's head off.

bidonville [bidɔ̃vil] *nm* shantytown.

bidouilleur [bidujœr] *nm* INFORM do-it-yourselfer.

bidule [bidyl] *nm fam* thing, thingy.

bielle [bjɛl] *nf* connecting rod.

biélorusse [bjelɔrys] *adj* Belorussian, Byelorussian.

◆ **Biélorusse** *nmf* Belorussian, Byelorussian.

Biélorussie [bjelɔrysi] *nf* : **la ~** Belorussia, Byelorussia.

bien [bjɛ̃] (*comp* **mieux**, *superl* **mieux**) ◇ *adj inv* **- 1.** [satisfaisant] good ; **il est ~ comme prof** he's a good teacher ; **il est ~, ce bureau** this is a good office **- 2.** [en bonne santé] well ; **je ne me sens pas ~** I don't feel well **- 3.** [joli] good-looking ; **tu ne trouves pas qu'elle est ~ comme ça?** don't you think she looks good *ou* nice like that? **- 4.** [à l'aise] comfortable **- 5.** [convenable] respectable. ◇ *nm* **- 1.** [sens moral] : **le ~** good ; **le ~ et le mal** good and evil **- 2.** [intérêt] good ; **je te dis ça pour ton ~** I'm telling you this for your own good **- 3.** [richesse, propriété] property, possession ; **~s de consommation** consumer goods **- 4.** *loc* **faire**

du ~ à qqn to do sb good ; **dire du ~ de qqn/qqch** to speak well of sb/sthg ; **mener à ~** to bring to fruition, to complete ; **en tout ~ tout honneur** with the best of intentions. ◇ *adv* - **1.** [de manière satisfaisante] well ; **on mange ~ ici** the food's good here ; **il ne s'est pas ~ conduit** he didn't behave well ; **tu as ~ fait** you did the right thing ; **tu ferais ~ d'y aller** you would be wise to go ; **c'est ~ fait!** it serves him/her *etc* right! - **2.** [sens intensif] quite, really ; **~ souvent** quite often ; **en es-tu ~ sûr?** are you quite sure (about it)? ; **j'espère ~ que...** I do hope that... ; **on a ~ ri** we had a good laugh ; **il y a ~ trois heures que j'attends** I've been waiting for at least three hours ; **c'est ~ aimable à vous** it's very kind *ou* good of you - **3.** [renforçant un comparatif] : **il est parti ~ plus tard** he left much later ; **on était ~ moins riches** we were a lot worse off *ou* poorer - **4.** [servant à conclure ou à introduire] : **bien, c'est fini pour aujourd'hui** well, that's it for today ; **~, je t'écoute** well, I'm listening ; **très ~, je vais avec toi** all right then, I'll go with you - **5.** [en effet] : **c'est ~ lui** it really IS him ; **c'est ~ ce que je disais** that's just what I said. ◇ *interj* : **eh ~!** oh well! ; **eh ~, qu'en penses-tu?** well, what do you think?

◆ **biens** *nmpl* property *(U)*.

◆ **bien de, bien des** *loc adj* : **~ des gens sont venus** quite a lot of people came ; **~ des fois** many times ; **il a ~ de la chance** he's very *ou* really lucky ; **il a eu ~ de la peine à me convaincre** he had quite a lot of trouble convincing me.

◆ **bien entendu** *loc adv* of course.

◆ **bien que** *loc conj (+ subjonctif)* although, though.

◆ **bien sûr** *loc adv* of course, certainly.

bien-aimé, e [bjɛ̃neme] (*mpl* **bien-aimés**, *fpl* **bien-aimées**) *adj* & *nm, f* beloved.

bien-être [bjɛ̃nɛtr] *nm inv* - **1.** [physique] well-being - **2.** [matériel] wellbeing, comfort.

bienfaisance [bjɛ̃fəzɑ̃s] *nf* charity.

bienfaisant, e [bjɛ̃fəzɑ̃, ɑ̃t] *adj* beneficial.

bienfait [bjɛ̃fɛ] *nm* - **1.** [effet bénéfique] benefit - **2.** [faveur] kindness.

bienfaiteur, trice [bjɛ̃fɛtœr, tris] *nm, f* benefactor.

bien-fondé [bjɛ̃fɔ̃de] (*pl* **bien-fondés**) *nm* validity.

bienheureux, euse [bjɛ̃nørø, øz] *adj* - **1.** RELIG blessed - **2.** [heureux] happy.

biennal, e, aux [bjenal, o] *adj* biennial.

◆ **biennale** *nf* biennial festival.

bien-pensant, e [bjɛ̃pɑ̃sɑ̃, ɑ̃t] (*mpl* **bien-pensants**, *fpl* **bien-pensantes**) *adj* & *nm, f péj* conformist.

bienséance [bjɛ̃seɑ̃s] *nf* decorum.

◆ **bienséances** *nfpl* conventions.

bientôt [bjɛ̃to] *adv* soon ; **à ~!** see you soon!

bienveillance [bjɛ̃vejɑ̃s] *nf* kindness.

bienveillant, e [bjɛ̃vejɑ̃, ɑ̃t] *adj* kindly.

bienvenu, e [bjɛ̃vny] ◇ *adj* [qui arrive à propos] welcome. ◇ *nm, f* : **être le ~/la ~e** to be welcome ; **soyez le ~!** welcome!

◆ **bienvenue** *nf* welcome ; **souhaiter la ~e à qqn** to welcome sb.

bière [bjɛr] *nf* - **1.** [boisson] beer ; **~ blonde** lager ; **~ brune** brown ale ; **~ pression** draught *UK ou* draft *US* beer - **2.** [cercueil] coffin.

biffer [3] [bife] *vt sout* to cross out.

bifidus [bifidys] *nm* bifidus ; **yaourt au ~** bio yogurt, yogurt containing bifidus.

bifteck [biftɛk] *nm* steak.

bifurcation [bifyrkasjɔ̃] *nf* [embranchement] fork ; *fig* new direction.

bifurquer [3] [bifyrke] *vi* - **1.** [route, voie ferrée] to fork - **2.** [voiture] to turn off - **3.** *fig* [personne] to branch off.

bigame [bigam] ◇ *adj* bigamous. ◇ *nmf* bigamist.

bigamie [bigami] *nf* bigamy.

bigarreau, x [bigaro] *nm* cherry.

bigophone [bigɔfɔn] *nm fam vieilli* [téléphone] blower *UK*, horn *US*.

bigorneau, x [bigɔrno] *nm* winkle.

bigot, e [bigo, ɔt] *péj* ◇ *adj* bigoted. ◇ *nm, f* bigot.

bigoudi [bigudi] *nm* curler.

bigrement [bigrəmɑ̃] *adv fam vieilli* [beaucoup] a lot ; [très] very.

bijou, x [biʒu] *nm* - **1.** [joyau] jewel - **2.** *fig* [chef-d'œuvre] gem.

bijouterie [biʒutri] *nf* - **1.** [magasin] jeweller's *UK ou* jeweler's *US* (shop) - **2.** [activité] jewellery-making *UK*, jewelry-making *US* - **3.** [commerce] jewellery *UK ou* jewelry *US* trade.

bijoutier, ère [biʒutje, ɛr] *nm, f* jeweller *UK*, jeweler *US*.

Bikini® [bikini] *nm* bikini.

bilan [bilɑ̃] *nm* - **1.** FIN balance sheet ; **déposer son ~** to declare bankruptcy - **2.** [état d'une situation] state of affairs ; **faire le ~ (de)** to take stock (of) ; **~ de santé** checkup.

bilatéral, e, aux [bilateral, o] *adj* - **1.** [stationnement] on both sides (of the road) - **2.** [contrat, accord] bilateral.

bile [bil] *nf* bile ; **déverser sa ~** to vent one's spleen ; **se faire de la ~** *fam* to worry.

biliaire [biljɛr] *adj* biliary ; **calcul ~** gallstone ; **vésicule ~** gall bladder.

bilieux, **euse** [biljø, øz] *adj* - **1.** [teint] bilious - **2.** [tempérament] irascible.

bilingue [bilɛ̃g] <> *adj* bilingual. <> *nmf* [personne] bilingual person. <> *nm* [dictionnaire] bilingual dictionary.

bilinguisme [bilɛ̃gɥism] *nm* bilingualism.

billard [bijar] *nm* - **1.** [jeu] billiards *(U)* - **2.** [table de jeu] billiard table - **3.** *loc* **passer** *ou* **monter sur le ~** *fam* to go under the knife.

bille [bij] *nf* - **1.** [d'enfant] marble - **2.** [de billard] ball - **3.** *fam* [tête] face - **4.** [de bois] block of wood.

billet [bijɛ] *nm* - **1.** [lettre] note ; **~ doux** love letter - **2.** [argent] : **~ (de banque)** (bank) note, bill *US* ; **un ~ de 100 euros** a 100-euro note - **3.** [ticket] ticket ; **~ de train/d'avion** train/plane ticket ; **~ de faveur** complimentary ticket ; **~ de loterie** lottery ticket.

billetterie [bijɛtri] *nf* - **1.** [à l'aéroport] ticket desk ; [à la gare] booking office *ou* hall - **2.** [bureau, service] ticket office - **3.** BANQUE cash dispenser *UK*, ATM *US*.

billion [biljɔ̃] *nm* billion *UK*, trillion *US*.

bimensuel, **elle** [bimɑ̃sɥɛl] *adj* fortnightly *UK*, twice monthly.

◆ **bimensuel** *nm* fortnightly review *UK*, semimonthly *US*.

bimestriel, **elle** [bimɛstrijɛl] *adj* two-monthly.

bimoteur [bimɔtœr] <> *adj* twin-engined. <> *nm* twin-engined plane.

binaire [binɛr] *adj* binary.

biner [3] [bine] *vt* to hoe.

biniou [binju] *nm* (Breton) bagpipes *(pl)*.

binocle [binɔkl] *nm* pince-nez.

◆ **binocles** *nmpl fam vieilli* specs.

bio [bjo] *adj inv* organic ; **aliments ~** organic food.

biocarburant [bjɔkarbyrɑ̃] *nm* biofuel.

biochimie [bjɔʃimi] *nf* biochemistry.

biodégradable [bjɔdegradabl] *adj* biodegradable.

biodiversité [bjɔdivɛrsite] *nf* biodiversity.

biographie [bjɔgrafi] *nf* biography.

biographique [bjɔgrafik] *adj* biographical.

biologie [bjɔlɔʒi] *nf* biology.

biologique [bjɔlɔʒik] *adj* - **1.** [sciences] biological - **2.** [naturel] organic.

biopsie [bjɔpsi] *nf* biopsy.

biorythme [bjɔritm] *nm* biorhythm.

biotechnologie [bjɔtɛknɔlɔʒi] *nf* biotechnology.

bioterrorisme [bjɔtɛrɔrism] *nm* bioterrorism.

bip [bip] *nm* - **1.** [signal] tone, beep ; **parlez après le ~ (sonore)** please speak after the beep *ou* tone - **2.** [appareil] bleeper *UK*, beeper *US*.

bipède [bipɛd] *nm* & *adj* biped.

biper [3] [bipe] *vt* to page.

bique [bik] *nf* - **1.** *fam* [chèvre] (nanny) goat - **2.** *péj* [femme] : **vieille ~** old bag.

BIRD [bœrd] (*abr de* **Banque internationale pour la reconstruction et le développement**) *nf* IBRD.

biréacteur [bireaktœr] *nm* twin-engined jet.

birman, **e** [birmɑ̃, an] *adj* Burmese.

◆ **birman** *nm* [langue] Burmese.

◆ **Birman**, **e** *nm, f* Burmese.

Birmanie [birmani] *nf* : **la ~** Burma.

bis[1], **e** [bi, biz] *adj* greyish-brown ; **pain ~** brown bread.

bis[2] [bis] <> *adv* - **1.** [dans adresse] : **5 ~** 5a - **2.** [à la fin d'un spectacle] encore. <> *nm* encore.

bisannuel, **elle** [bizanɥɛl] *adj* biennial.

bisbille [bizbij] *nf* squabble, tiff ; **être en ~ (avec)** to be on bad terms (with).

biscornu, **e** [biskɔrny] *adj* - **1.** [difforme] irregularly shaped - **2.** [bizarre] weird.

biscotte [biskɔt] *nf toasted bread sold in packets and often eaten for breakfast.*

biscuit [biskɥi] *nm* - **1.** [sec] biscuit *UK*, cookie *US* ; [salé] cracker - **2.** [gâteau] sponge.

bise [biz] *nf* - **1.** [vent] north wind - **2.** *fam* [baiser] kiss ; **grosses ~s** love and kisses.

biseau, **x** [bizo] *nm* bevel ; **en ~** bevelled *UK*, beveled *US*.

bison [bizɔ̃] *nm* bison.

bisou [bizu] *nm fam* kiss.

bisque [bisk] *nf thick soup, the ingredients of which have been pureed* ; **~ de homard** lobster bisque.

bissextile [bisɛkstil] ▷ **année**.

bistouri [bisturi] *nm* lancet.

bistrot, **bistro** [bistro] *nm fam* cafe, bar.

bit [bit] *nm* INFORM bit.

BIT (*abr de* **Bureau international du travail**) *nm* ILO.

bit(t)e [bit] *nf vulg* cock.

bitume [bitym] *nm* - **1.** [revêtement] asphalt - **2.** CHIM bitumen.

bivouac [bivwak] *nm* bivouac.

bivouaquer [3] [bivwake] *vi* to bivouac.

bizarre [bizar] *adj* strange, odd.

bizarrement [bizarmɑ̃] *adv* strangely, oddly.

bizarrerie [bizarri] *nf* strangeness.

bizutage [bizytaʒ] *nm practical jokes played on new arrivals in a school or college.*

Bizutage

In some French schools students dressed in costumes take to the streets and play practical jokes (sometimes very cruel ones) on each other and on passers-by at the beginning of the school year. These traditional initiation ceremonies vary from school to school and are known as *bizutage*.

blabla, **bla-bla** [blabla] *nm inv fam* waffle.

blackbouler [3] [blakbule] *vt* - **1.** [à une élection] to blackball - **2.** *fam* [à un examen] to fail.

black-out [blakawt] *nm* blackout.

blafard, **e** [blafar, ard] *adj* pale.

blague [blag] *nf* - **1.** [plaisanterie] joke ; **~ à part** joking apart ; **sans ~!** no!, really? - **2.** [sac] : **~ à tabac** tobacco pouch.

blaguer [3] [blage] *fam vi* to joke.

blagueur, **euse** [blagœr, øz] *fam* ◇ *adj* jokey. ◇ *nm, f* joker.

blaireau, **x** [blɛro] *nm* - **1.** [animal] badger - **2.** [de rasage] shaving brush - **3.** *fam péj* [homme] ≃ Essex man *UK*, ≃ Joe Sixpack *US* [femme] ≃ Essex girl *UK*.

blairer [4] [blɛre] *vt fam* **je ne peux pas la ~** I can't stand her.

blâme [blam] *nm* - **1.** [désapprobation] disapproval - **2.** [sanction] reprimand.

blâmer [3] [blame] *vt* - **1.** [désapprouver] to blame - **2.** [sanctionner] to reprimand.

blanc, **blanche** [blɑ̃, blɑ̃ʃ] *adj* - **1.** [gén] white - **2.** [non écrit] blank - **3.** [pâle] pale.

◆ **blanc** *nm* - **1.** [couleur] white ; **~ cassé** off-white - **2.** [personne] white (man) - **3.** [linge de maison] : **le ~** the (household) linen - **4.** [sur page] blank (space) ; **en ~** [chèque] blank ; **laisser en ~** to leave blank - **5.** [dans conversation] gap - **6.** [de volaille] white meat - **7.** [vin] white (wine) ; **~ de ~s** *white wine from white grapes* - **8.** *loc* **chauffé à ~** white-hot ; **tirer à ~** to shoot *ou* fire blanks.

◆ **blanche** *nf* - **1.** [personne] white (woman) - **2.** MUS minim *UK*, half note *US*.

◆ **blanc d'œuf** *nm* egg white.

blanc-bec [blɑ̃bɛk] (*pl* **blancs-becs**) *nm péj & vieilli* greenhorn.

blanchâtre [blɑ̃ʃatr] *adj* whitish.

blanche ⊳ **blanc**.

blancheur [blɑ̃ʃœr] *nf* whiteness.

blanchiment [blɑ̃ʃimɑ̃] *nm* - **1.** [décoloration] bleaching - **2.** [coloration en blanc] whitewashing ; **~ d'argent** *fig* money laundering.

blanchir [32] [blɑ̃ʃir] ◇ *vt* - **1.** [mur] to whitewash - **2.** [linge, argent] to launder - **3.** [légumes] to blanch - **4.** [sucre] to refine ; [papier, tissu] to bleach - **5.** *fig* [accusé] : **~ qqn de qqch** to clear sb of sthg. ◇ *vi* : **~ (de)** to go white (with).

blanchissage [blɑ̃ʃisaʒ] *nm* - **1.** [de linge] laundering - **2.** [de sucre] refining.

blanchisserie [blɑ̃ʃisri] *nf* laundry.

blanchon [blɑ̃ʃɔ̃] *nm Québec* whitecoat *(baby seal)*.

blanquette [blɑ̃kɛt] *nf* - **1.** CULIN *stew of veal, lamb or chicken served in a white sauce* ; **~ de veau** veal blanquette - **2.** [vin] : **~ de Limoux** *sparkling wine from Limoux.*

blasé, **e** [blaze] ◇ *adj* blasé. ◇ *nm, f* blasé person.

blason [blazɔ̃] *nm* coat of arms.

blasphématoire [blasfematwar] *adj* blasphemous.

blasphème [blasfɛm] *nm* blasphemy.

blasphémer [18] [blasfeme] *vt & vi* to blaspheme.

blatte [blat] *nf* cockroach.

blazer [blazɛr] *nm* blazer.

blé [ble] *nm* - **1.** [céréale] wheat, corn *UK* ; **~ en herbe** unripe corn *UK ou* wheat ; **~ noir** buckwheat ; **blond comme les ~s** with corn-coloured hair - **2.** *fam* [argent] dough.

bled [blɛd] *nm* - **1.** [brousse] *North African interior* - **2.** *fam péj* [village isolé] godforsaken place.

blême [blɛm] *adj* : **~ (de)** pale (with).

blêmir [32] [blemir] *vi* to go *ou* turn pale.

blennorragie [blenɔraʒi] *nf* gonorrhoea.

blessant, **e** [blɛsɑ̃, ɑ̃t] *adj* hurtful.

blessé, **e** [blese] *nm, f* wounded *ou* injured person ; **un grand ~** a badly wounded *ou* injured person.

blesser [4] [blese] *vt* - **1.** [physiquement - accidentellement] to injure, to hurt ; [- par arme] to wound ; **ses chaussures lui blessent les pieds** his shoes make his feet sore - **2.** [moralement] to hurt.

◆ **se blesser** *vp* to injure o.s., to hurt o.s. ; **elle s'est blessée au bras** she injured *ou* hurt her arm.

blessure [blesyr] *nf litt & fig* wound.

blet, **blette** [blɛ, blɛt] *adj* overripe.

blette = bette.

bleu, **e** [blø] *adj* - **1.** [couleur] blue ; **~ pâle/pétrole/roi** pale/petrol/royal blue - **2.** [viande] very rare.

◆ **bleu** *nm* - **1.** [couleur] blue - **2.** [meurtrissure] bruise - **3.** *fam* [novice - à l'armée] raw recruit ; [- à l'université] freshman, fresher *UK* - **4.** [fromage]

blue cheese - **5.** [antiseptique] : **~ de méthylène** methylene blue - **6.** [vêtement] : **~ de travail** overalls *pl*, coveralls *pl US*.

bleuet [blœɛ] *nm* cornflower ; *Québec* [fruit] blueberry.

bleuetière [bløtjɛr] *nf Québec* blueberry field.

bleuir [32] [bløir] *vt* & *vi* to turn blue.

bleuté, e [bløte] *adj* bluish.

blindé, e [blɛ̃de] *adj* - **1.** [véhicule] armoured *UK*, armored *US* ; [porte, coffre] armour-plated *UK*, armor-plated *US* - **2.** *fam fig* [personne] hardened.

◆ **blindé** *nm* armoured *UK ou* armored *US* car.

blinder [3] [blɛ̃de] *vt* - **1.** [véhicule] to armour *UK*, to armor *US* ; [porte, coffre] to armour-plate *UK*, to armor-plate *US* - **2.** *fam* [endurcir] to harden.

◆ **se blinder** *vp fam fig* to harden o.s.

blini [blini] *nm* blini.

blizzard [blizar] *nm* blizzard.

bloc [blɔk] *nm* - **1.** [gén] block ; **en ~** wholesale ; **faire ~** to unite - **2.** [assemblage] unit ; **~ d'alimentation** INFORM power pack ; **~ opératoire** operating theatre *UK ou* room *US* ; **~ sanitaire** toilet block.

blocage [blɔkaʒ] *nm* - **1.** ÉCON freeze, freezing *(U)* - **2.** [de roue] locking - **3.** PSYCHO (mental) block - **4.** CONSTR rubble.

blockhaus [blɔkos] *nm* blockhouse.

bloc-moteur [blɔkmɔtœr] (*pl* **blocs-moteurs**) *nm* engine block.

bloc-notes [blɔknɔt] (*pl* **blocs-notes**) *nm* notepad, scratchpad *US*.

blocus [blɔkys] *nm* blockade.

blond, e [blɔ̃, blɔ̃d] ◇ *adj* fair, blond. ◇ *nm, f* fair-haired *ou* blond man, fair-haired *ou* blonde woman.

◆ **blond** *nm* : **~ cendré/vénitien/platine** ash/strawberry/platinum blond.

◆ **blonde** *nf* - **1.** [cigarette] Virginia cigarette - **2.** [bière] lager.

blondeur [blɔ̃dœr] *nf* blondness, fairness.

blondir [32] [blɔ̃dir] *vi* to go *ou* turn blond ; **faire ~** CULIN to fry gently without browning.

bloquer [3] [blɔke] *vt* - **1.** [porte, freins] to jam ; [roues] to lock - **2.** [route, chemin] to block ; [personne] : **être bloqué** to be stuck - **3.** [prix, salaires, crédit] to freeze - **4.** [regrouper] to combine - **5.** PSYCHO : **être bloqué** to have a (mental) block.

◆ **se bloquer** *vp* - **1.** [se coincer] to jam - **2.** PSYCHO : **se ~ contre** to have a (mental) block about.

blottir [32] [blɔtir] ◆ **se blottir** *vp* : **se ~ (contre)** to snuggle up (to).

blouse [bluz] *nf* - **1.** [de travail, d'écolier] smock - **2.** [chemisier] blouse.

blouser [3] [bluze] ◇ *vi* to be full. ◇ *vt fam* **~ qqn** to pull a fast one on sb.

blouson [bluzɔ̃] *nm* bomber jacket, blouson *US* ; **~ noir** ≃ teddy boy *UK*.

blue-jean [bludʒin] (*pl* **blue-jeans** [bludʒins]) *nm* jeans *(pl)*.

blues [bluz] *nm inv* blues.

bluff [blœf] *nm* bluff.

bluffer [3] [blœfe] *fam vi* & *vt* to bluff.

blush [blœʃ] *nm* blusher.

BN *nf abr de* **Bibliothèque nationale**.

BNF *nf abr de* **Bibliothèque nationale de France**.

boa [bɔa] *nm* boa.

boat people [botpipəl] *nmpl* boat people.

bob [bɔb] *nm* SPORT bob.

bobard [bɔbar] *nm fam* fib.

bobine [bɔbin] *nf* - **1.** [cylindre] reel, spool - **2.** ÉLECTR coil - **3.** *fam vieilli* [visage] face.

bobo[1] [bɔbo] *nm (langage enfantin)* **se faire ~** to hurt o.s. ; **j'ai ~ à la tête** my head hurts.

bobo[2] [bobo] (*abr de* **Bourgeois bohème**) *fam nmf left-leaning yuppie.*

bobsleigh [bɔbslɛg] *nm* bobsleigh *UK*, bobsled *US*.

bocage [bɔkaʒ] *nm* - **1.** [bois] grove - **2.** GÉOGR bocage.

bocal, aux [bɔkal, o] *nm* jar.

bock [bɔk] *nm* beer mug.

body-building [bɔdibildiŋ] *nm* : **le ~** body building *(U)*.

bœuf [bœf] (*pl* **-s** [bø]) *nm* - **1.** [animal] ox - **2.** [viande] beef ; **~ bourguignon** *beef stew in a red-wine sauce* ; **~ en daube** *beef braised in wine and stock* ; **~ miroton** *slices of beef reheated in stock.*

bof [bɔf] *interj fam* [exprime le mépris] so what? ; [exprime la lassitude] I don't really care.

bogue [bɔg], **bug** [bʌg] *nm* INFORM bug ; **le ~ de l'an 2000** the millennium bug.

bohème [bɔɛm] ◇ *adj* bohemian. ◇ *nf* : **la ~** bohemia.

Bohême [bɔɛm] *nf* : **la ~** Bohemia.

bohémien, enne [bɔemjɛ̃, ɛn] ◇ *adj* - **1.** [tsigane] gipsy *(avant n)* - **2.** [non-conformiste] bohemian. ◇ *nm, f* - **1.** [tsigane] gipsy - **2.** [non-conformiste] bohemian.

◆ **Bohémien, enne** *nm, f* Bohemian.

boire [108] [bwar] ◇ *vt* - **1.** [s'abreuver] to drink - **2.** [absorber] to soak up, to absorb. ◇ *vi* to drink.

bois [bwa] ◇ *nm* wood ; **en ~** wooden ; **~ mort** dead wood *UK*, deadwood *US* ; **~ vert** green wood ; **chèque en ~** *fig* rubber cheque *UK*, bad check *US* ; **petit ~** kindling ; **toucher du ~** *fam fig* to touch wood *UK*, to knock on wood *US*. ◇ *nmpl* - **1.** MUS woodwind *(U)* - **2.** [cornes] antlers.

boisé, e [bwaze] *adj* wooded.

boiser [3] [bwaze] *vt* to afforest.

boiserie [bwazri] *nf* panelling *(U) UK*, paneling *(U) US*.

boisson [bwasɔ̃] *nf* - **1.** [breuvage] drink ; **~ chaude/froide** hot/cold drink ; **être pris de ~** to be intoxicated - **2.** [habitude] drink, drinking *(U)*.

boîte [bwat] *nf* - **1.** [récipient] box ; **en ~** tinned *UK*, canned ; **~ de conserve** tin *UK*, can ; **~ aux lettres** [pour la réception] letterbox ; [pour l'envoi] postbox *UK*, mailbox *US* ; **~ à musique** musical box *UK*, music box *US* ; **~ noire** black box ; **~ postale** post office box ; **mettre qqn en ~** *fig* to pull sb's leg - **2.** AUTO : **~ à gants** glove compartment, glove box ; **~ de vitesses** gearbox *UK*, transmission *US* - **3.** INFORM : **~ de dialogue** dialog box ; **~ aux lettres électronique** electronic mailbox ; **~ vocale** voice mail - **4.** *fam* [entreprise] company, firm ; [lycée] school - **5.** *fam* [discothèque] : **~ (de nuit)** nightclub, club.

boiter [3] [bwate] *vi* - **1.** [personne] to limp - **2.** [meuble] to wobble.

boiteux, euse [bwatø, øz] ◇ *adj* - **1.** [personne] lame - **2.** [meuble] wobbly - **3.** *fig* [raisonnement] shaky. ◇ *nm, f* lame person.

boîtier [bwatje] *nm* - **1.** [boîte] case - **2.** TECHNOL casing.

boitiller [3] [bwatije] *vi* to limp slightly.

bol [bɔl] *nm* - **1.** [récipient] bowl - **2.** [contenu] bowl, bowlful - **3.** *loc* **avoir du ~** *fam* to be lucky ; **prendre un ~ d'air** to get some fresh air.

bolet [bɔlɛ] *nm* boletus.

bolide [bɔlid] *nm* - **1.** [véhicule] racing *UK* OU race *US* car ; **comme un ~** like a rocket - **2.** ASTRON meteor.

Bolivie [bɔlivi] *nf* : **la ~** Bolivia.

bolivien, enne [bɔlivjɛ̃, ɛn] *adj* Bolivian.
◆ **Bolivien, enne** *nm, f* Bolivian.

bombance [bɔ̃bɑ̃s] *nf* : **faire ~** *fam* to have a feast.

bombardement [bɔ̃bardəmɑ̃] *nm* bombardment, bombing *(U)*.

bombarder [3] [bɔ̃barde] *vt* - **1.** MIL to bomb - **2.** [assaillir] : **~ qqn/qqch de** to bombard sb/sthg with - **3.** *fam fig* [nommer] : **~ qqn chef de personnel** to pitchfork sb into the job of personnel manager.

bombardier [bɔ̃bardje] *nm* - **1.** [avion] bomber - **2.** [aviateur] bombardier.

bombe [bɔ̃b] *nf* - **1.** [projectile] bomb ; *fig* bombshell ; **~ atomique** atomic bomb ; **~ incendiaire** incendiary OU fire bomb ; **~ à retardement** time bomb - **2.** [casquette] riding hat - **3.** [atomiseur] spray, aerosol - **4.** CULIN : **~ glacée** (ice-cream) bombe - **5.** *loc* **faire la ~** to live it up.

bombé, e [bɔ̃be] *adj* bulging, rounded.

bomber[1] [3] [bɔ̃be] ◇ *vt* - **1.** [torse] to stick out - **2.** *fam* [dessiner à la bombe] to spray. ◇ *vi* - **1.** [devenir convexe] to bulge - **2.** *fam* [aller vite] to bomb along.

bomber[2] [bɔ̃bœr] *nm* bomber jacket.

bon, bonne [bɔ̃, bɔn] (*comp* **meilleur**, *superl* **meilleur**) *adj* - **1.** [gén] good - **2.** [généreux] good, kind - **3.** [utilisable - billet, carte] valid - **4.** [correct] right - **5.** [dans l'expression d'un souhait] : **bonne année!** Happy New Year! ; **bonne chance!** good luck! ; **bonnes vacances!** have a nice holiday *UK* OU vacation ! - **6.** *loc* **être ~ pour qqch/pour faire qqch** *fam* to be fit for sthg/for doing sthg ; **tu es ~ pour une contravention** you'll end up with OU you'll get a parking ticket ; **~ à** *(+ infinitif)* fit to ; **c'est ~ à savoir** that's worth knowing.
◆ **bon** ◇ *adv* : **à quoi ~...?** what's the use...? ; **il fait ~** the weather's fine, it's fine ; **sentir ~** to smell good ; **tenir ~** to stand firm. ◇ *interj* - **1.** [marque de satisfaction] good! - **2.** [marque de surprise] : **ah ~!** really? ◇ *nm* - **1.** [constatant un droit] voucher ; **~ de commande** order form ; **~ du Trésor** FIN treasury bill OU bond - **2.** *(gén pl)* [personne] : **les ~s et les méchants** good people and wicked people - **3.** [éléments valables] good *(U)*.
◆ **pour de bon** *loc adv* seriously, really.

bonbon [bɔ̃bɔ̃] *nm* - **1.** [friandise] sweet *UK*, piece of candy *US* ; **~ acidulé** acid drop - **2.** *belgicisme* [gâteau] biscuit.

bonbonne [bɔ̃bɔn] *nf* demijohn.

bonbonnière [bɔ̃bɔnjɛr] *nf* - **1.** [boîte] sweetbox *UK*, candy box *US* - **2.** *fig* [appartement] bijou flat *UK* OU apartment *US*.

bond [bɔ̃] *nm* [d'animal, de personne] leap, bound ; [de balle] bounce ; **faire un ~** to leap (forward) ; **faire faux ~ à qqn** to let sb down.

bonde [bɔ̃d] *nf* - **1.** [d'évier] plug - **2.** [trou] bunghole - **3.** [bouchon] bung.

bondé, e [bɔ̃de] *adj* packed.

bondieuserie [bɔ̃djøzri] *nf péj* - **1.** [bigoterie] religiosity - **2.** [objet] religious trinket.

bondir [32] [bɔ̃dir] *vi* **- 1.** [sauter] to leap, to bound ; **~ sur qqn/qqch** to pounce on sb/sthg **- 2.** [s'élancer] to leap forward **- 3.** *fig* [réagir violemment] : **~ (de)** to jump (with).

bonheur [bɔnœr] *nm* **- 1.** [félicité] happiness **- 2.** [chance] (good) luck, good fortune ; **par ~** happily, fortunately ; **au petit ~** haphazardly ; **porter ~** to be lucky, to bring good luck.

bonhomie [bɔnɔmi] *nf* good-naturedness, good nature.

bonhomme [bɔnɔm] (*pl* **bonshommes** [bɔ̃zɔm]) *nm* **- 1.** *fam péj* [homme] fellow **- 2.** [petit garçon] fellow **- 3.** [représentation] man ; **~ de neige** snowman **- 4.** *loc* **aller son petit ~ de chemin** *fig* to jog along.

boniche [bɔniʃ] *nf péj* servant, skivvy *UK*.

bonification [bɔnifikasjɔ̃] *nf* **- 1.** [de terre, de vin] improvement **- 2.** SPORT bonus points *(pl)*.

bonifier [9] [bɔnifje] *vt* to improve.

◆ **se bonifier** *vp* to improve.

boniment [bɔnimɑ̃] *nm* **- 1.** [baratin] sales talk *(U)* **- 2.** [mensonge] (tall) story.

bonjour [bɔ̃ʒur] *nm* hello ; [avant midi] good morning ; [après midi] good afternoon ; **c'est simple comme ~** it's (as) easy as ABC.

bonne [bɔn] ◇ *nf* maid. ◇ *adj* ▷ **bon**.

bonne-maman [bɔnmamɑ̃] (*pl* **bonnes-mamans**) *nf* granny, grandma.

bonnement [bɔnmɑ̃] *adv* : **tout ~** just, simply.

bonnet [bɔnɛ] *nm* **- 1.** [coiffure] (woolly) hat ; **~ d'âne** ≃ dunce's cap ; **~ de bain** swimming cap ; **~ de nuit** *fig* [personne] misery ; **gros ~** *fig* [personne] big cheese ; **~ phrygien** Phrygian cap *(worn by the sans-culottes during the French Revolution)* **- 2.** [de soutien-gorge] cup **- 3.** *loc* **~ blanc et blanc ~** six of one and half a dozen of the other.

bonneterie [bɔnɛtri] *nf* **- 1.** [magasin] hosier's (shop) **- 2.** [marchandise] hosiery *(U)* **- 3.** [commerce] hosiery (business *ou* trade).

bon-papa [bɔ̃papa] (*pl* **bons-papas**) *nm* grandad, grandpa.

bonsoir [bɔ̃swar] *nm* [en arrivant] hello, good evening ; [en partant] goodbye, good evening ; [en se couchant] good night.

bonté [bɔ̃te] *nf* **- 1.** [qualité] goodness, kindness ; **avoir la ~ de faire qqch** *sout* to be so good *ou* kind as to do sthg **- 2.** *(gén pl)* [acte] act of kindness.

bonus [bɔnys] *nm* [prime d'assurance] no-claims bonus.

booléen, enne [buleɛ̃, ɛn] *adj* Boolean.

boom [bum] *nm* boom.

boomerang [bumrɑ̃g] *nm* boomerang.

booster [3] [buste] *vt* to boost.

borborygme [bɔrbɔrigm] *nm* rumbling *(U)*.

bord [bɔr] *nm* **- 1.** [de table, de vêtement] edge ; [de verre, de chapeau] rim ; **à ras ~s** to the brim **- 2.** [de rivière] bank ; [de lac] edge, shore ; **au ~ de la mer** at the seaside **- 3.** [de bois, jardin] edge ; [de route] edge, side **- 4.** [d'un moyen de transport] : **passer par-dessus ~** to fall overboard ; **virer de ~** NAUT to tack **- 5.** *loc* **être du même ~** *fig* to be on the same side.

◆ **à bord de** *loc prép* : **à ~ de qqch** on board sthg.

◆ **au bord de** *loc prép* at the edge of ; *fig* on the verge of.

bordeaux [bɔrdo] ◇ *nm* **- 1.** [vin] Bordeaux **- 2.** [couleur] claret. ◇ *adj inv* claret.

bordée [bɔrde] *nf* broadside ; **~ d'injures** *fig* torrent of abuse ; **~ de neige** *Québec* heavy snowfall.

bordel [bɔrdɛl] *nm vulg* **- 1.** [maison close] brothel **- 2.** [désordre] shambles *(sing)*.

border [3] [bɔrde] *vt* **- 1.** [vêtement] : **~ qqch de** to edge sthg with **- 2.** [être en bordure de] to line **- 3.** [voile] to haul on **- 4.** [couverture, personne] to tuck in.

bordereau, x [bɔrdəro] *nm* **- 1.** [liste] schedule **- 2.** [facture] invoice **- 3.** [relevé] slip ; **~ de salaire** pay slip.

bordure [bɔrdyr] *nf* **- 1.** [bord] edge ; **en ~ de** on the edge of **- 2.** [de fleurs] border **- 3.** [de vêtement] edge, edging.

boréal, e, aux [bɔreal, o] *adj* northern.

borgne [bɔrɲ] ◇ *nmf* [personne] one-eyed person. ◇ *adj* **- 1.** [personne] one-eyed **- 2.** [fenêtre] with an obstructed view **- 3.** *fig* [sordide] disreputable.

borne [bɔrn] *nf* **- 1.** [marque] boundary marker ; **~ kilométrique** ≃ milestone **- 2.** [limite] limit, bounds *(pl)* ; **dépasser les ~s** to go too far ; **sans ~s** boundless **- 3.** *fam* [kilomètre] kilometre *UK*, kilometer *US* **- 4.** INFORM : **~ interactive** interactive terminal **- 5.** ÉLECTR terminal.

borné, e [bɔrne] *adj* **- 1.** [horizon] limited **- 2.** [personne] narrow-minded ; [esprit] narrow.

Bornéo [bɔrneo] *n* Borneo ; **à ~** in Borneo.

borner [3] [bɔrne] *vt* [terrain] to limit ; [projet, ambition] to limit, to restrict.

◆ **se borner** *vp* : **se ~ à qqch/à faire qqch** [suj: personne] to confine o.s. to sthg/to doing sthg.

bosniaque [bɔsnjak] *adj* Bosnian.

◆ **Bosniaque** *nmf* Bosnian.

Bosnie [bɔsni] *nf* : **la ~** Bosnia.

bosquet [bɔskɛ] *nm* copse.

bosse [bɔs] *nf* **- 1.** [sur tête, sur route] bump **- 2.** [de bossu, chameau] hump **- 3.** *loc* **avoir la ~ des maths** *fam* to have a good head for maths *UK ou* math *US* ; **rouler sa ~** *fam* to knock around *ou* about.

bosseler [24] [bɔsle] *vt* - **1.** [cabosser] to dent - **2.** [travailler] to emboss.

bosser [3] [bɔse] *vi fam* to work hard.

bosseur, **euse** [bɔsœr, øz] *fam* ◇ *adj* hard-working. ◇ *nm, f* hard worker.

bossu, **e** [bɔsy] ◇ *adj* hunchbacked. ◇ *nm, f* hunchback.

bot [bo] ▻ **pied.**

botanique [bɔtanik] ◇ *adj* botanical. ◇ *nf* : **la ~** botany.

botte [bɔt] *nf* - **1.** [chaussure] boot ; **~ de caoutchouc** wellington (boot) ***UK***, rubber boot ***US*** ; **lécher les ~s de qqn** ***fam fig*** to lick sb's boots ; **en avoir plein les ~s** ***fam fig*** to have had a bellyful - **2.** [de légumes] bunch - **3.** [en escrime] thrust, lunge.

botter [3] [bɔte] *vt* - **1.** [chausser] : **être botté de cuir** to be wearing leather boots - **2.** ***fam*** [donner un coup de pied à] to boot - **3.** ***fam vieilli*** [plaire à] : **ça me botte** I dig it.

bottier [bɔtje] *nm* [de bottes] bootmaker ; [de chaussures] shoemaker.

bottillon [bɔtijɔ̃] *nm* (ankle) boot.

Bottin® [bɔtɛ̃] *nm* phone book.

bottine [bɔtin] *nf* (ankle) boot.

bouc [buk] *nm* - **1.** [animal] (billy) goat ; **~ émissaire** ***fig*** scapegoat - **2.** [barbe] goatee.

boucan [bukɑ̃] *nm fam* row, racket.

bouche [buʃ] *nf* - **1.** [gén] mouth ; **~ d'incendie** fire hydrant ; **~ de métro** metro entrance *OU* exit - **2.** ***loc*** **garder qqch pour la bonne ~** to save sthg till last *OU* the end ; **de ~ à oreille** by word of mouth ; **faire la fine ~** to be awkward, to make difficulties.

bouché, **e** [buʃe] *adj* - **1.** [en bouteille] bottled - **2.** ***fam*** [personne] dumb, thick.

bouche-à-bouche [buʃabuʃ] *nm inv* : **faire du ~ à qqn** to give sb mouth-to-mouth resuscitation.

bouchée [buʃe] *nf* mouthful ; **~ à la reine** CULIN chicken vol-au-vent ; **pour une ~ de pain** ***fig*** for a song.

boucher[1] [3] [buʃe] *vt* - **1.** [fermer - bouteille] to cork ; [- trou] to fill (in *OU* up) - **2.** [passage, vue] to block.

◆ **se boucher** *vp* to get blocked (up) ; **se ~ le nez** to hold one's nose.

boucher[2], **ère** [buʃe, ɛr] *nm, f* butcher.

boucherie [buʃri] *nf* - **1.** [magasin] butcher's (shop) ; **~ chevaline** horse butcher's - **2.** [commerce] butchery (trade) - **3.** ***fig*** [carnage] slaughter.

boucherie-charcuterie [buʃriʃarkytri] (*pl* **boucheries-charcuteries**) *nf* butcher's.

bouche-trou [buʃtru] (*pl* **bouche-trous**) *nm* - **1.** [personne] : **servir de ~** to make up (the) numbers - **2.** [objet] stopgap.

bouchon [buʃɔ̃] *nm* - **1.** [pour obturer - gén] top ; [- de réservoir] cap ; [- de bouteille] cork ; **~ de cire** buildup of wax in the ear - **2.** [de canne à pêche] float - **3.** [embouteillage] traffic jam.

bouchonner [3] [buʃɔne] ◇ *vt* - **1.** [cheval] to rub down - **2.** [enfant] to pamper. ◇ *vi* : **ça bouchonne sur l'autoroute** there is a traffic jam on the motorway.

boucle [bukl] *nf* - **1.** [de ceinture, soulier] buckle - **2.** [bijou] : **~ d'oreille** earring - **3.** [de cheveux] curl - **4.** [de fleuve, d'avion & INFORM] loop.

bouclé, **e** [bukle] *adj* [cheveux] curly ; [personne] curly-haired.

boucler [3] [bukle] *vt* - **1.** [attacher] to buckle ; [ceinture de sécurité] to fasten - **2.** [fermer] to shut - **3.** ***fam*** [enfermer - voleur] to lock up ; [- malade] to shut away - **4.** [encercler] to seal off - **5.** [terminer] to finish.

bouclier [buklije] *nm litt & fig* shield.

bouddha [buda] *nm* [statuette] buddha.

◆ **Bouddha** *nm* Buddha.

bouddhisme [budism] *nm* Buddhism.

bouddhiste [budist] *nmf & adj* Buddhist.

bouder [3] [bude] ◇ *vi* to sulk. ◇ *vt* [chose] to dislike ; [personne] to shun ; **elle me boude depuis que je lui ai fait faux bond** she has cold-shouldered me ever since I let her down.

boudeur, **euse** [budœr, øz] ◇ *adj* sulky. ◇ *nm, f* sulky person.

boudin [budɛ̃] *nm* - **1.** CULIN blood pudding ***UK*** *OU* sausage ***US*** ; **~ blanc/noir** white/black pudding ***UK*** - **2.** ***fam péj*** [personne] podge ***UK***.

boudiné, **e** [budine] *adj* - **1.** [gros] podgy ***UK***, pudgy ***US*** - **2.** [serré] : **être ~ dans ses vêtements** to be squeezed into one's clothes.

boudoir [budwar] *nm* - **1.** [salon] boudoir - **2.** [biscuit] sponge finger ***UK***, ladyfinger ***US***.

boue [bu] *nf* mud ; **traîner qqn dans la ~, couvrir qqn de ~** ***fig*** to drag sb *OU* sb's name through the mud.

bouée [bwe] *nf* - **1.** [balise] buoy - **2.** [pour flotter] rubber ring ; **~ de sauvetage** lifebelt.

boueux, **euse** [buø, øz] *adj* muddy.

◆ **boueux** *nm fam* dustman ***UK***, garbage collector ***US***.

bouffant, **e** [bufɑ̃, ɑ̃t] *adj* [manche, jupe] full ; [cheveux] bouffant.

bouffe [buf] *nf fam* grub.

bouffée [bufe] *nf* - **1.** [de fumée] puff ; [de parfum] whiff ; [d'air] breath ; **~s de chaleur** (hot) flushes ***UK***, hot flashes ***US*** - **2.** [accès] surge ; **~s délirantes** mad fits.

bouffer [3] [bufe] ◇ *vi* [manches] to puff out. ◇ *vt fam* [manger] to eat.

bouffi, e [bufi] *adj* : **~ (de)** swollen (with).

bouffon, onne [bufɔ̃, ɔn] *adj* farcical.
◆ **bouffon** *nm* - **1.** HIST jester - **2.** [pitre] clown.

bouge [buʒ] *nm péj* - **1.** [taudis] hovel - **2.** [café] dive.

bougeoir [buʒwar] *nm* candlestick.

bougeotte [buʒɔt] *nf* : **avoir la ~** to have itchy feet.

bouger [17] [buʒe] ◇ *vt* [déplacer] to move. ◇ *vi* - **1.** [remuer] to move ; **je ne bouge pas (de chez moi) aujourd'hui** I'm staying at home today - **2.** [vêtement] to shrink - **3.** [changer] to change - **4.** [s'agiter] : **ça bouge partout dans le monde** there is unrest all over the world.
◆ **se bouger** *vp fam* - **1.** [faire des efforts] to move *ou* shift o.s. - **2.** [se déplacer] to move (over).

bougie [buʒi] *nf* - **1.** [chandelle] candle - **2.** [de moteur] spark plug, sparking plug *UK*.

bougon, onne [bugɔ̃, ɔn] ◇ *adj* grumpy. ◇ *nm, f* grumbler.

bougonner [3] [bugɔne] *vt* & *vi* to grumble.

bougre, esse [bugr, ɛs] *nm, f fam* [homme] bloke *UK*, guy ; [femme] (old) girl.
◆ **bougre** *nm fam* : **~ d'andouille!** you damned idiot!, you bloody fool! *UK*.

boui-boui [bwibwi] (*pl* **bouis-bouis**) *nm fam péj* (cheap) caff *UK*, dive.

bouillabaisse [bujabɛs] *nf* bouillabaisse *(Provençal fish soup)*.

bouillant, e [bujɑ̃, ɑ̃t] *adj* - **1.** [qui bout] boiling - **2.** [très chaud] boiling hot - **3.** *fig* [ardent] fiery.

bouille [buj] *nf fam* [visage] face.

bouilleur [bujœr] *nm* : **~ de cru** *small-scale distiller*.

bouillie [buji] *nf* baby's cereal ; **réduire en ~** [légumes] to puree ; [personne] to reduce to a pulp.

bouillir [48] [bujir] *vi* - **1.** [aliments] to boil ; **faire ~** to boil - **2.** *fig* [personne] : **~ (de)** to seethe (with).

bouilloire [bujwar] *nf* kettle.

bouillon [bujɔ̃] *nm* - **1.** [soupe] stock - **2.** [bouillonnement] bubble ; **faire bouillir à gros ~s** to bring to a rolling boil - **3.** [bactériologique] : **~ de culture** culture medium.

bouillonner [3] [bujɔne] *vi* - **1.** [liquide] to bubble - **2.** [torrent] to foam - **3.** *fig* [personne] to seethe.

bouillotte [bujɔt] *nf* hot-water bottle.

boul. *abr de* **boulevard**.

boulanger, ère [bulɑ̃ʒe, ɛr] ◇ *adj* bakery *(avant n)*, baking *(avant n)*. ◇ *nm, f* baker.

boulangerie [bulɑ̃ʒri] *nf* - **1.** [magasin] baker's (shop) - **2.** [commerce] bakery trade.

boulangerie-pâtisserie [bulɑ̃ʒripatisri] (*pl* **boulangeries-pâtisseries**) *nf* ≃ baker's (shop).

boule [bul] *nf* - **1.** [gén] ball ; [de loto] counter ; [de pétanque] bowl ; **~ de commande** INFORM trackball ; **~ de neige** snowball ; **faire ~ de neige** to snowball - **2.** *loc* **se mettre en ~** *fam* to blow one's top ; **perdre la ~** *fam* to lose one's marbles.
◆ **boules** *nfpl* - **1.** [jeux] *game played on bare ground with steel bowls* - **2.** *tfam* **avoir les ~s** [être effrayé] to be scared stiff ; [être furieux] to be pissed off *tfam* ; [être déprimé] to be feeling down.
◆ **boules Quiès**® *nfpl earplugs made of wax*.

bouleau, x [bulo] *nm* silver birch.

bouledogue [buldɔg] *nm* bulldog.

boulet [bulɛ] *nm* - **1.** [munition] : **~ de canon** cannonball ; **tirer à ~s rouges sur qqn** *fig* to let fly at sb - **2.** [de forçat] ball and chain - **3.** *fig* [fardeau] millstone (round one's neck).

boulette [bulɛt] *nf* - **1.** [petite boule] pellet - **2.** [de viande] meatball.

boulevard [bulvar] *nm* - **1.** [rue] boulevard ; **les grands ~s** *Paris boulevards running from the Place de la République to la Madeleine* - **2.** THÉÂTRE light comedy *(U)*.

bouleversant, e [bulvɛrsɑ̃, ɑ̃t] *adj* distressing.

bouleversement [bulvɛrsəmɑ̃] *nm* disruption.

bouleverser [3] [bulvɛrse] *vt* - **1.** [objets] to turn upside down - **2.** [modifier] to disrupt - **3.** [émouvoir] to distress.

boulgour [bulgur] *nm* bulgar *ou* bulgur wheat.

boulier [bulje] *nm* abacus.

boulimie [bulimi] *nf* bulimia.

bouliste [bulist] *nmf* bowls player.

Boulle [bul] *n* : **l'école ~** *prestigious school training cabinetmakers*.

boulon [bulɔ̃] *nm* bolt.

boulonner [3] [bulɔne] ◇ *vt* to bolt. ◇ *vi fam* to slog (away).

boulot[1], **otte** [bulo, ɔt] *adj* dumpy.

boulot[2] [bulo] *nm fam* - **1.** [travail] work - **2.** [emploi] job.

boum [bum] ◇ *interj* bang! ◇ *nm* - **1.** [bruit] bang ; **faire ~** to go bang - **2.** ÉCON *fig* boom. ◇ *nf fam vieilli* party.

bouquet [bukɛ] *nm* - **1.** [de fleurs - gén] bunch (of flowers) ; [- formel] bouquet - **2.** [crevette] prawn - **3.** [de vin] bouquet - **4.** [de feu d'artifice] crowning piece - **5.** CULIN : **~ garni** bouquet garni - **6.** TV : **~ de programmes** multi-channel package ; **~ numérique** channel package, channel bouquet - **7.** *loc* **ça c'est le ~!** *fam* that takes the cake *OU* biscuit *UK*!

bouquetin [buktɛ̃] *nm* ibex.

bouquin [bukɛ̃] *nm fam* book.

bouquiner [3] [bukine] *vi & vt fam* to read.

bouquiniste [bukinist] *nmf* secondhand bookseller.

bourbeux, euse [burbø, øz] *adj* muddy.

bourbier [burbje] *nm* [lieu] quagmire, mire ; *fig* mess.

bourbon [burbɔ̃] *nm* [whisky] bourbon.

bourde [burd] *nf* - **1.** [baliverne] rubbish *(U)* - **2.** *fam* [erreur] blunder.

bourdon [burdɔ̃] *nm* - **1.** [insecte] bumblebee - **2.** [cloche] (large) bell - **3.** [ton grave] drone - **4.** *loc* **avoir le ~** *fam* to be (feeling) down.

bourdonnement [burdɔnmɑ̃] *nm* - **1.** [d'insecte, de voix, de moteur] buzz *(U)* - **2.** *loc* **avoir des ~s d'oreilles** to have a ringing in one's ears.

bourdonner [3] [burdɔne] *vi* - **1.** [insecte, machine, voix] to buzz - **2.** [oreille] to ring.

bourg [bur] *nm* market town.

bourgade [burgad] *nf* village.

bourgeois, e [burʒwa, az] ◇ *adj* - **1.** [valeur] middle-class - **2.** [cuisine] plain - **3.** *péj* [personne] bourgeois. ◇ *nm, f* bourgeois.

bourgeoisie [burʒwazi] *nf* ≃ middle classes *(pl)*.

bourgeon [burʒɔ̃] *nm* bud.

bourgeonner [3] [burʒɔne] *vi* to bud.

bourgmestre [burgmɛstr] *nm* burgomaster.

bourgogne [burgɔɲ] *nm* Burgundy *(wine)*.

Bourgogne [burgɔɲ] *nf* : **la ~** Burgundy.

bourguignon, onne [burgiɲɔ̃, ɔn] *adj* [de Bourgogne] Burgundian.

◆ **Bourguignon, onne** *nm, f* Burgundian.

bourlinguer [3] [burlɛ̃ge] *vi fam* [voyager] to bum around the world.

bourrade [burad] *nf* thump.

bourrage [buraʒ] *nm* [de coussin] stuffing.

◆ **bourrage de crâne** *fam nm* - **1.** [bachotage] swotting *UK*, cramming - **2.** [propagande] brainwashing.

bourrasque [burask] *nf* gust of wind.

bourratif, ive [buratif, iv] *adj* stodgy.

bourre [bur] *nf* - **1.** [de coussin] stuffing - **2.** [de laine] flock - **3.** [de bourgeon] down - **4.** *loc* **être à la ~** *fam* [dans travail] to be behind ; [dans activité] to be running late.

bourré, e [bure] *adj fam* - **1.** [plein] : **~ (de)** [salle] packed (with) ; *fig* chock-full (of) - **2.** [ivre] plastered.

bourreau, x [buro] *nm* - **1.** HIST executioner - **2.** [personne cruelle] torturer ; **~ de travail** workaholic.

bourrelé [burle] ▷ **remords.**

bourrelet [burlɛ] *nm* - **1.** [de graisse] roll of fat - **2.** [de porte] draught *UK OU* draft *US* excluder.

bourrer [3] [bure] *vt* - **1.** [remplir - coussin] to stuff ; [- pipe] to fill ; [- sac, armoire] : **~ qqch (de)** to cram sthg full (with) - **2.** *fam* [gaver] : **~ qqn (de)** to stuff sb (with) - **3.** *fam* [estomac] : **ça bourre!** it's really filling!

◆ **se bourrer** *vp fam* - **1.** [se gaver] : **se ~ (de qqch)** to stuff o.s. (with sthg) - **2.** [se soûler] : **se ~ la gueule** to get plastered.

bourricot [buriko] *nm* (small) donkey.

bourrique [burik] *nf* - **1.** [ânesse] she-ass ; **faire tourner qqn en ~** *fam fig* to drive sb up the wall - **2.** *fam* [personne] pigheaded person.

bourru, e [bury] *adj* [peu aimable] surly.

bourse [burs] *nf* - **1.** [porte-monnaie] purse ; **sans ~ délier** without spending anything - **2.** [d'études] grant.

◆ **Bourse** *nf* [marché] stock exchange, stock market ; **la Bourse de Paris** the Paris Stock Exchange ; **jouer en Bourse** to speculate on the stock exchange *OU* stock market ; **Bourse de commerce** commodity market.

boursicoter [3] [bursikɔte] *vi* to dabble (on the stock market).

boursier, ère [bursje, ɛr] ◇ *adj* - **1.** [élève] on a grant *OU* scholarship - **2.** FIN stock-exchange, stock-market *(avant n)*. ◇ *nm, f* - **1.** [étudiant] student on a grant *OU* scholarship - **2.** FIN stockbroker.

boursouflé, e [bursufle] *adj* - **1.** [enflé] swollen - **2.** [emphatique] overblown.

boursoufler [3] [bursufle] *vt* to puff up, to swell.

◆ **se boursoufler** *vp* [peinture] to blister.

bous, bout *etc* ▷ **bouillir.**

bousculade [buskylad] *nf* - **1.** [cohue] crush - **2.** [agitation] rush.

bousculer [3] [buskyle] *vt* - **1.** [pousser] to shove - **2.** [faire tomber] to knock over - **3.** [presser] to rush - **4.** [modifier] to overturn.

◆ **se bousculer** *vp* to jostle each other.

bouse [buz] *nf* : **~ de vache** cow dung.

bousiller [3] [buzije] *vt fam* - **1.** [abîmer] to ruin, to knacker *UK* - **2.** [bâcler] to botch.

boussole [busɔl] *nf* compass.

bout [bu] *nm* - **1.** [extrémité, fin] end ; **~ à ~** end to end ; **au ~ de** [temps] after ; [espace] at the end of ; **d'un ~ à l'autre** [de ville etc] from one end to the other ; [de livre] from beginning to end ; ~ **filtre** filter tip - **2.** [morceau] bit - **3.** *loc* **au ~ du compte** all things considered ; **à tout ~ de champ** every five minutes ; **être à ~** to be exhausted ; **il n'est pas au ~ de ses peines** his troubles are not over yet ; **à ~ de souffle** out of breath, breathless ; **être à ~ de forces** to have no strength left ; **mener qqn par le ~ du nez** to lead sb by the nose ; **à ~ portant** at point-blank range ; **pousser qqn à ~** to drive sb to distraction ; **être au ~ du rouleau** to have come to the end of the road ; **venir à ~ de** [personne] to get the better of ; [difficulté] to overcome.

◈ **bout de chou** *nm fam* poppet *UK*, sweetie.

boutade [butad] *nf* [plaisanterie] jest.

boute-en-train [butɑ̃trɛ̃] *nm inv* live wire ; **il était le ~ de la soirée** he was the life and soul of the party.

bouteille [butɛj] *nf* bottle ; **mettre en ~** *ou* **~s** to bottle ; **prendre de la ~** *fam fig* to be getting on a bit.

boutique [butik] *nf* [gén] shop ; [de mode] boutique ; **~ hors-taxe** duty-free shop ; **fermer ~** to shut up shop ; **parler ~** to talk shop.

bouton [butɔ̃] *nm* - **1.** COUT button ; **~ de manchette** cuff link - **2.** [sur la peau] spot *UK*, pimple *US* - **3.** [de porte] knob - **4.** [commutateur] switch - **5.** [bourgeon] bud.

bouton-d'or [butɔ̃dɔr] (*pl* **boutons-d'or**) *nm* buttercup.

boutonner [3] [butɔne] *vt* to button (up).

◈ **se boutonner** *vp* [vêtement] to button.

boutonneux, euse [butɔnø, øz] *adj* spotty *UK*, pimply *US*.

boutonnière [butɔnjɛr] *nf* [de vêtement] buttonhole.

bouton-pression [butɔ̃presjɔ̃] (*pl* **boutons-pression**) *nm* press-stud *UK*, snap fastener *US*.

bouture [butyr] *nf* cutting.

bouvier [buvje] *nm* - **1.** [personne] herdsman - **2.** [chien] sheepdog.

bouvreuil [buvrœj] *nm* bullfinch.

bovidé [bɔvide] *nm* bovine.

bovin, e [bɔvɛ̃, in] *adj* bovine.

◈ **bovins** *nmpl* cattle.

bowling [buliŋ] *nm* - **1.** [jeu] bowling - **2.** [lieu] bowling alley.

box [bɔks] (*pl* **boxes**) *nm* - **1.** [d'écurie] loose box - **2.** [compartiment] cubicle ; **le ~ des accusés** the dock - **3.** [parking] lockup garage *UK*.

boxe [bɔks] *nf* boxing.

boxer[1] [3] [bɔkse] ◇ *vi* to box. ◇ *vt fam* to thump.

boxer[2] [bɔksɛr] *nm* [chien] boxer.

boxeur [bɔksœr] *nm* SPORT boxer.

boyau [bwajo] *nm* - **1.** [chambre à air] inner tube - **2.** [corde] catgut - **3.** [galerie] narrow gallery.

◈ **boyaux** *nmpl* [intestins] guts.

boycott [bɔjkɔt] *nm* boycott.

boycotter [3] [bɔjkɔte] *vt* to boycott.

boy-scout [bɔjskut] (*pl* **boy-scouts**) *nm vieilli* boy scout.

BP (*abr de* **boîte postale**) *nf* PO Box.

BPF (*abr écrite de* **bon pour francs**) *printed on cheques before space where amount is to be inserted.*

bracelet [braslɛ] *nm* - **1.** [bijou] bracelet - **2.** [de montre] strap.

bracelet-montre [braslɛmɔ̃tr] (*pl* **bracelets-montres**) *nm* wristwatch.

braconnage [brakɔnaʒ] *nm* poaching.

braconner [3] [brakɔne] *vi* to go poaching, to poach.

braconnier [brakɔnje] *nm* poacher.

brader [3] [brade] *vt* [solder] to sell off ; [vendre à bas prix] to sell for next to nothing.

braderie [bradri] *nf* clearance sale.

braguette [bragɛt] *nf* flies *pl UK*, fly *US*.

braille [braj] *nm* Braille.

brailler [3] [braje] ◇ *vi* to bawl. ◇ *vt* to bawl (out).

braire [112] [brɛr] *vi* - **1.** [âne] to bray - **2.** *fam* [personne] to bellow.

braise [brɛz] *nf* embers (*pl*) ; **cuire sous la ~** to cook in the embers of a fire ; **de ~** *fig* fiery.

braiser [4] [breze] *vt* to braise.

bramer [3] [brame] *vi* [cerf] to bell.

brancard [brɑ̃kar] *nm* - **1.** [civière] stretcher - **2.** [de charrette] shaft ; **ruer dans les ~s** *fig* to rebel, to protest.

brancardier, ère [brɑ̃kardje, ɛr] *nm, f* stretcher-bearer.

branchage [brɑ̃ʃaʒ] *nm* branches (*pl*).

branche [brɑ̃ʃ] *nf* - **1.** [gén] branch - **2.** [de lunettes] arm - **3.** [de compas] leg.

branché, e [brɑ̃ʃe] *adj* - **1.** ÉLECTR plugged in, connected - **2.** *fam* [à la mode] trendy.

branchement [brɑ̃ʃmɑ̃] *nm* - **1.** [raccordement] connection, plugging in - **2.** [bifurcation] branch.

brancher [3] [brɑ̃ʃe] *vt* - **1.** [raccorder & INFORM] to connect ; **~ qqch sur** ÉLECTR to plug sthg into - **2.** *fam* [orienter] to steer ; **~ qqn sur qqch** to start sb off on sthg ; **~ la conversation sur** to steer the conversation towards *ou* toward *US* - **3.** *fam* [plaire] to appeal to.

branchies [brɑ̃ʃi] *nfpl* [de poisson] gills.

brandade [brɑ̃dad] *nf* : **~ de morue** *creamed salt cod.*

brandir [32] [brɑ̃dir] *vt* to wave.

branlant, e [brɑ̃lɑ̃, ɑ̃t] *adj* [escalier, mur] shaky ; [meuble, dent] wobbly.

branle [brɑ̃l] *nm* : **mettre en ~** to set in motion.

branle-bas [brɑ̃lba] *nm inv* pandemonium *(U)* ; **~ de combat** action stations *(pl).*

branler [3] [brɑ̃le] ◇ *vt* - **1.** [hocher] : **~ la tête** to shake one's head - **2.** *tfam* [faire] : **qu'est-ce qu'il branle?** what is he playing at? ◇ *vi* [escalier, chaise] to be shaky ; [dent, meuble] to be wobbly.
◆ **se branler** *vp vulg* to wank *UK*, to jerk off.

braquage [brakaʒ] *nm* - **1.** AUTO lock - **2.** [attaque] holdup.

braquer [3] [brake] ◇ *vt* - **1.** [diriger] : **~ qqch sur** [arme] to aim sthg at ; [télescope] to train sthg on ; [regard] to fix sthg on - **2.** [contrarier] to antagonize - **3.** *fam* [attaquer] to hold up. ◇ *vi* to turn (the wheel).
◆ **se braquer** *vp* [personne] to take a stand.

bras [bra] *nm* - **1.** [gén] arm ; **~ dessus ~ dessous** arm in arm ; **le ~ en écharpe** with one's arm in a sling ; **~ droit** right-hand man *OU* woman ; **~ de fer** [jeu] arm wrestling ; *fig* trial of strength ; **baisser les ~** to throw in the towel ; **en ~ de chemise** in one's shirtsleeves ; **se croiser les ~** just to sit there ; **avoir le ~ long** [avoir de l'influence] to have pull - **2.** [main-d'œuvre] hand, worker - **3.** [de cours d'eau] branch ; **~ de mer** arm of the sea.

brasier [brazje] *nm* [incendie] blaze, inferno.

Brasilia [brazilja] *n* Brasilia.

bras-le-corps [bralkɔr] ◆ **à bras-le-corps** *loc adv* bodily.

brassage [brasaʒ] *nm* - **1.** [de bière] brewing - **2.** *fig* [mélange] mixing.

brassard [brasar] *nm* armband.

brasse [bras] *nf* [nage] breaststroke ; **~ coulée** breaststroke ; **~ papillon** butterfly (stroke).

brassée [brase] *nf* armful.

brasser [3] [brase] *vt* - **1.** [bière] to brew - **2.** [mélanger] to mix - **3.** *fig* [manier] to handle.

brasserie [brasri] *nf* - **1.** [usine] brewery - **2.** [industrie] brewing (industry) - **3.** [café-restaurant] brasserie.

brasseur, euse [brasœr, øz] *nm, f* - **1.** [de bière] brewer - **2.** *fig* **~ d'affaires** wheeler-dealer - **3.** [nageur] breaststroke swimmer.

brassière [brasjɛr] *nf* - **1.** [de bébé] (baby's) vest *UK OU* undershirt *US* - **2.** [gilet de sauvetage] life jacket - **3.** *Québec* [soutien-gorge] bra.

bravade [bravad] *nf* bravado ; **par ~** out of bravado.

brave [brav] ◇ *adj* - **1.** *(après n)* [courageux] brave - **2.** *(avant n)* [honnête] decent - **3.** [naïf et gentil] nice. ◇ *nmf* : **mon ~** my good man.

bravement [bravmɑ̃] *adv* - **1.** [courageusement] bravely - **2.** [résolument] determinedly.

braver [3] [brave] *vt* - **1.** [parents, règlement] to defy - **2.** [mépriser] to brave.

bravo [bravo] *interj* bravo!
◆ **bravos** *nmpl* cheers.

bravoure [bravur] *nf* bravery.

BRB (*abr de* **Brigade de répression du banditisme**) *nf French serious crime squad.*

break [brɛk] *nm* - **1.** [voiture] estate (car) *UK*, station wagon *US* - **2.** [jazz] break - **3.** [pause] *fam* break ; **faire un ~** to take a break - **4.** SPORT : **faire le ~** [tennis] to break service ; *fig* to pull away.

brebis [brəbi] *nf* ewe ; **~ galeuse** black sheep.

brèche [brɛʃ] *nf* - **1.** [de mur] gap - **2.** MIL breach - **3.** *loc* **battre qqn en ~** [attaquer] to knock sb down ; **battre qqch en ~** *fig* to demolish sthg ; **être sur la ~** to be hard at work.

bredouille [brəduj] *adj* : **être/rentrer ~** to be/to return empty-handed.

bredouillement [brədujmɑ̃] *nm* stammering.

bredouiller [3] [brəduje] ◇ *vi* to stammer. ◇ *vt* to stammer (out).

bref, brève [brɛf, brɛv] *adj* - **1.** [gén] short, brief ; **soyez ~!** make it brief! - **2.** LING short.
◆ **bref** *adv* in short, in a word ; **en ~** briefly.
◆ **brève** *nf* PRESSE brief news item.

brelan [brəlɑ̃] *nm* : **un ~** three of a kind ; **un ~ de valets** three jacks.

breloque [brəlɔk] *nf* charm.

brème [brɛm] *nf* [poisson] bream.

Brésil [brezil] *nm* : **le ~** Brazil ; **au ~** in Brazil.

brésilien, enne [breziljɛ̃, ɛn] *adj* Brazilian.
◆ **Brésilien, enne** *nm, f* Brazilian.

Bretagne [brətaɲ] *nf* : **la ~** Brittany.

bretelle [brətɛl] *nf* - **1.** [d'autoroute] access road, slip road *UK* - **2.** [de fusil] sling - **3.** [de pantalon] : **~s** braces *UK*, suspenders *US* - **4.** [de bustier] strap.

breton, onne [brətɔ̃, ɔn] *adj* Breton.
◆ **breton** *nm* [langue] Breton.
◆ **Breton, onne** *nm, f* Breton.

breuvage [brœvaʒ] *nm* [boisson] beverage.

brève ▷ **bref.**

brevet [brəvɛ] *nm* - **1.** [certificat] certificate ; **~ de secouriste** first-aid certificate - **2.** [diplôme] diploma ; **~ des collèges** *school* *certificate taken after four years of secondary education* - **3.** [d'invention] patent ; **déposer un ~** to file a patent - **4.** *fig* [assurance] guarantee.

breveter [27] [brəvte] *vt* to patent ; **faire ~ qqch** to take out a patent on sthg, to patent sthg.

bréviaire [brevjɛr] *nm* breviary.

bribe [brib] *nf* [fragment] scrap, bit ; *fig* snippet ; **~s de conversation** snatches of conversation.

bric [brik] ◆ **de bric et de broc** *loc adv* any old how.

bric-à-brac [brikabrak] *nm inv* bric-a-brac.

bricolage [brikɔlaʒ] *nm* - **1.** [travaux] do-it-yourself, DIY *UK* - **2.** [réparation provisoire] patching up.

bricole [brikɔl] *nf* - **1.** [babiole] trinket - **2.** [chose insignifiante] trivial matter.

bricoler [3] [brikɔle] ◇ *vi* to do odd jobs (around the house). ◇ *vt* - **1.** [réparer] to fix, to mend *UK* - **2.** [fabriquer] to make, to knock up *UK*.

bricoleur, euse [brikɔlœr, øz] ◇ *adj* handy (about the house). ◇ *nm, f* home handyman (*f* handywoman).

bride [brid] *nf* - **1.** [de cheval] bridle ; **à ~ abattue** at full tilt ; **lâcher la ~ à qqn** to give sb his/her head - **2.** [de chapeau] string - **3.** COUT bride, bar - **4.** TECHNOL flange.

bridé [bride] ▷ **œil**.

brider [3] [bride] *vt* [cheval] to bridle ; *fig* to rein (in).

bridge [bridʒ] *nm* bridge.

brie [bri] *nm* [fromage] Brie.

briefer [3] [brife] *vt* to brief.

briefing [brifiŋ] *nm* briefing.

brièvement [brijɛvmɑ̃] *adv* briefly.

brièveté [brijɛvte] *nf* brevity, briefness.

brigade [brigad] *nf* - **1.** [d'ouvriers, de soldats] brigade - **2.** [détachement] squad ; **~ antigang** *police squad concerned with combating terrorism and organized crime* ; **~ des mœurs/des stups** vice/drugs squad ; **~ volante** flying squad.

brigadier [brigadje] *nm* - **1.** MIL corporal - **2.** [de police] sergeant.

brigand [brigɑ̃] *nm* - **1.** [bandit] bandit - **2.** [homme malhonnête] crook.

brigandage [brigɑ̃daʒ] *nm* - **1.** [vol à main armée] armed robbery - **2.** [action malhonnête] robbery.

briguer [3] [brige] *vt sout* to aspire to ; **~ un second mandat** to seek re-election.

brillamment [brijamɑ̃] *adv* [gén] brilliantly ; [réussir un examen] with flying colours *UK ou* colors *US*.

brillant, e [brijɑ̃, ɑ̃t] *adj* - **1.** [qui brille - gén] sparkling ; [- cheveux] glossy ; [- yeux] bright - **2.** [remarquable] brilliant.

◆ **brillant** *nm* - **1.** [diamant] brilliant - **2.** [éclat] shine.

brillantine [brijɑ̃tin] *nf* brilliantine.

briller [3] [brije] *vi* to shine.

brimade [brimad] *nf* - **1.** [vexation] harassment *(U)* - **2.** [de bizutage] bullying *(U)*.

brimer [3] [brime] *vt* to victimize, to bully.

brin [brɛ̃] *nm* - **1.** [tige] twig ; **~ d'herbe** blade of grass ; **un beau ~ de fille** a fine figure of a girl - **2.** [fil] strand - **3.** [petite quantité] : **un ~ (de)** a bit (of) ; **faire un ~ de toilette** to have a quick wash.

brindille [brɛ̃dij] *nf* twig.

bringue [brɛ̃g] *nf fam* binge ; **faire la ~** to go on a binge.

bringuebaler, brinquebaler [3] [brɛ̃gbale] *vi* [voiture] to jolt along.

brio [brijo] *nm* - **1.** MUS brio - **2.** [talent] : **avec ~** brilliantly.

brioche [brijɔʃ] *nf* - **1.** [pâtisserie] brioche - **2.** *fam* [ventre] paunch.

brioché, e [brijɔʃe] *adj* [pain] brioche-style.

brique [brik] ◇ *nf* - **1.** [pierre] brick - **2.** [emballage] carton - **3.** *fam* [argent] *10,000 francs*. ◇ *adj inv* brick red.

briquer [3] [brike] *vt* to scrub.

briquet [brikɛ] *nm* (cigarette) lighter.

briqueterie [brikɛtri] *nf* brickworks *(sing)*.

briquette [brikɛt] *nf* [conditionnement] carton.

bris [bri] *nm* [destruction] breaking ; **~ de glace** broken windows.

brisant [brizɑ̃] *nm* [écueil] reef.

◆ **brisants** *nmpl* [récif] breakers.

brise [briz] *nf* breeze.

brisé, e [brize] *adj fig* broken ; **~ de chagrin** overwhelmed by sorrow ; **~ de fatigue** exhausted.

brise-glace(s) [brizglas] *nm inv* [navire] icebreaker.

brise-jet [brizʒɛ] *nm inv* nozzle *(for tap)*.

brise-lames [brizlam] *nm inv* breakwater.

brise-mottes [brizmɔt] *nm inv* harrow.

briser [3] [brize] *vt* - **1.** [gén] to break - **2.** *fig* [carrière] to ruin ; [conversation] to break off ; [espérances] to shatter.

◆ **se briser** *vp* - **1.** [gén] to break - **2.** *fig* [espoir] to be dashed ; [efforts] to be thwarted.

briseur, **euse** [brizœr, øz] *nm, f* : **~ de grève** strike-breaker.

bristol [bristɔl] *nm* **- 1.** [papier] Bristol board **- 2.** *vieilli* [carte de visite] visiting card.

britannique [britanik] *adj* British.
◆ **Britannique** *nmf* British person, Briton ; **les Britanniques** the British.

broc [bro] *nm* jug.

brocante [brɔkɑ̃t] *nf* **- 1.** [commerce] secondhand trade **- 2.** [objets] secondhand goods *(pl)*.

brocanteur, **euse** [brɔkɑ̃tœr, øz] *nm, f* dealer in secondhand goods.

brocart [brɔkar] *nm* brocade.

broche [brɔʃ] *nf* **- 1.** [bijou] brooch **- 2.** CULIN spit ; **cuire à la ~** to spit-roast **- 3.** ÉLECTR & MÉD pin **- 4.** [de métier à filer] spindle.

broché, **e** [brɔʃe] *adj* **- 1.** [tissu] brocade *(avant n)*, brocaded **- 2.** TYPO : **livre ~** paperback (book).

brochet [brɔʃɛ] *nm* pike.

brochette [brɔʃɛt] *nf* **- 1.** [ustensile] skewer **- 2.** [plat] kebab **- 3.** *fam fig* [groupe] string, row.

brochure [brɔʃyr] *nf* **- 1.** [imprimé] brochure, booklet **- 2.** [de livre] binding **- 3.** [de tissu] brocaded pattern.

brocoli [brɔkɔli] *nm* broccoli *(U)*.

brodequin [brɔdkɛ̃] *nm* boot.

broder [3] [brɔde] *vt & vi* to embroider.

broderie [brɔdri] *nf* **- 1.** [art] embroidery **- 2.** [ouvrage] (piece of) embroidery.

broie, **broies** *etc* ▷ **broyer**.

bromure [brɔmyr] *nm* bromide.

bronche [brɔ̃ʃ] *nf* bronchus ; **j'ai des problèmes de ~s** I've got chest problems.

broncher [3] [brɔ̃ʃe] *vi* to stumble ; **sans ~** without complaining, uncomplainingly.

bronchiolite [brɔ̃kjɔlit] *nf* bronchiolitis.

bronchite [brɔ̃ʃit] *nf* bronchitis *(U)*.

bronzage [brɔ̃zaʒ] *nm* **- 1.** [de peau] tan, suntan **- 2.** [de métal] bronzing.

bronzant, **e** [brɔ̃zɑ̃, ɑ̃t] *adj* suntan *(avant n)*.

bronze [brɔ̃z] *nm* bronze.

bronzé, **e** [brɔ̃ze] *adj* tanned, suntanned.

bronzer [3] [brɔ̃ze] *vi* [peau] to tan ; [personne] to get a tan.

brosse [brɔs] *nf* brush ; **~ à cheveux** hairbrush ; **~ à dents** toothbrush ; **~ à habits** clothes brush ; **avoir les cheveux en ~** to have a crew cut.

brosser [3] [brɔse] *vt* **- 1.** [habits, cheveux] to brush **- 2.** [paysage, portrait] to paint.
◆ **se brosser** *vp* to brush one's clothes, to brush o.s. down ; **se ~ les cheveux/les dents** to brush one's hair/teeth.

brou ◆ **brou de noix** *nm* **- 1.** [liqueur] walnut liqueur **- 2.** [teinture] walnut stain.

brouet [bruɛ] *nm* gruel.

brouette [bruɛt] *nf* wheelbarrow.

brouhaha [bruaa] *nm* hubbub.

brouillard [brujar] *nm* [léger] mist ; [dense] fog ; **~ givrant** freezing fog ; **être dans le ~** *fig* to be lost.

brouille [bruj] *nf* quarrel.

brouillé, **e** [bruje] *adj* **- 1.** [fâché] : **être ~ avec qqn** to be on bad terms with sb ; **être ~ avec qqch** *fig* to be hopeless OU useless at sthg **- 2.** [teint] muddy **- 3.** ▷ **œuf**.

brouiller [3] [bruje] *vt* **- 1.** [désunir] to set at odds, to put on bad terms **- 2.** [vue] to blur **- 3.** [RADIO - accidentellement] to cause interference to ; [- délibérément] to jam **- 4.** [rendre confus] to muddle (up).
◆ **se brouiller** *vp* **- 1.** [se fâcher] to fall out ; **se ~ avec qqn (pour qqch)** to fall out with sb (over sthg) **- 2.** [se troubler] to become blurred **- 3.** [devenir confus] to get muddled (up), to become confused **- 4.** MÉTÉOR to cloud over.

brouilleur [brujœr] *nm* INFORM scrambler.

brouillon, **onne** [brujɔ̃, ɔn] *adj* careless, untidy.
◆ **brouillon** *nm* rough copy, draft.

broussaille [brusaj] *nf* : **les ~s** the undergrowth ; **en ~** *fig* [cheveux] untidy ; [sourcils] bushy.

broussailleux, **euse** [brusajø, øz] *adj* **- 1.** [région] scrubby **- 2.** [sourcils] bushy.

brousse [brus] *nf* GÉOGR scrubland, bush.

brouter [3] [brute] ◇ *vt* to graze on. ◇ *vi* **- 1.** [animal] to graze **- 2.** TECHNOL to judder *UK*, to shudder *US*.

broutille [brutij] *nf* trifle.

broyer [13] [brwaje] *vt* to grind, to crush.

broyeur [brwajœr] *nm* : **évier à ~** sink with waste disposal unit.

bru [bry] *nf sout* daughter-in-law.

brucelles [brysɛl] *nfpl* **- 1.** [pince] (pair of) tweezers **- 2.** *helvétisme* [pince à épiler] (pair of) eyebrow tweezers.

brugnon [bryɲɔ̃] *nm* nectarine.

bruine [brɥin] *nf* drizzle.

bruire [105] [brɥir] *vi* [feuilles, étoffe] to rustle ; [eau] to murmur.

bruissement [brɥismɑ̃] *nm* [de feuilles, d'étoffe] rustle, rustling *(U)* ; [d'eau] murmur, murmuring *(U)*.

bruit [brɥi] *nm* - **1.** [son] noise, sound ; **~ de fond** background noise - **2.** [vacarme & TECHNOL] noise ; **faire du ~** to make a noise ; **sans ~** silently, noiselessly - **3.** [rumeur] rumour *UK*, rumor *US* - **4.** [retentissement] fuss ; **faire du ~** to cause a stir.

bruitage [brɥitaʒ] *nm* sound effects *(pl)*.

brûlant, e [brylɑ̃, ɑ̃t] *adj* - **1.** [gén] burning (hot) ; [liquide] boiling (hot) ; [plat] piping hot - **2.** *fig* [amour, question] burning.

brûle-pourpoint [brylpurpwɛ̃] ◆ **à brûle-pourpoint** *loc adv* point-blank, straight out.

brûler [3] [bryle] ◇ *vt* - **1.** [gén] to burn ; [suj: eau bouillante] to scald ; **la fumée me brûle les yeux** the smoke is making my eyes sting - **2.** [café] to roast - **3.** [feu rouge] to drive through ; [étape] to miss out, to skip. ◇ *vi* - **1.** [gén] to burn ; [maison, forêt] to be on fire - **2.** [être brûlant] to be burning (hot) ; **~ de** *fig* to be consumed with ; **~ de faire qqch** to be longing *ou* dying to do sthg ; **~ de fièvre** to be running a high temperature.
◆ **se brûler** *vp* to burn o.s.

brûlis [bryli] *nm* burn-off.

brûlure [brylyr] *nf* - **1.** [lésion] burn ; **~ au premier/troisième degré** first-degree/third-degree burn - **2.** [sensation] burning (sensation) ; **avoir des ~s d'estomac** to have heartburn.

brume [brym] *nf* mist.

brumeux, euse [brymø, øz] *adj* misty ; *fig* hazy.

brun, e [brœ̃, bryn] ◇ *adj* brown ; [cheveux] dark. ◇ *nm, f* dark-haired man (*f* woman).
◆ **brun** *nm* [couleur] brown.
◆ **brune** *nf* - **1.** [cigarette] *cigarette made of dark tobacco* - **2.** [bière] brown ale.

brunâtre [brynatr] *adj* brownish.

brunir [32] [brynir] ◇ *vt* - **1.** [peau] to tan - **2.** [métal] to polish, to burnish. ◇ *vi* [personne] to get a tan ; [peau] to tan.

Brushing® [brœʃiŋ] *nm* : **faire un ~ à qqn** to give sb a blow-dry, to blow-dry sb's hair.

brusque [brysk] *adj* abrupt.

brusquement [bryskəmɑ̃] *adv* abruptly.

brusquer [3] [bryske] *vt* to rush ; [élève] to push.

brusquerie [bryskəri] *nf* abruptness.

brut, e [bryt] *adj* - **1.** [pierre précieuse, bois] rough ; [sucre] unrefined ; [métal, soie] raw ; [champagne] extra dry ; **(pétrole) ~** crude (oil) - **2.** *fig* [fait, idées] crude, raw - **3.** ÉCON gross.
◆ **brute** *nf* brute.

brutal, e, aux [brytal, o] *adj* - **1.** [violent] violent, brutal ; **être ~ avec qqn** to be brutal to sb - **2.** [soudain] sudden - **3.** [manière] blunt.

brutalement [brytalmɑ̃] *adv* - **1.** [violemment] brutally - **2.** [soudainement] suddenly - **3.** [sèchement] bluntly.

brutaliser [3] [brytalize] *vt* to mistreat.

brutalité [brytalite] *nf* - **1.** [violence] violence, brutality - **2.** [caractère soudain] suddenness.
◆ **brutalités** *nfpl* brutality *(U)*.

Bruxelles [bry(k)sɛl] *n* Brussels.

bruxellois, e [brysɛlwa, az] *adj* of/from Brussels.
◆ **Bruxellois, e** *nm, f* native *ou* inhabitant of Brussels.

bruyamment [brɥijamɑ̃] *adv* noisily.

bruyant, e [brɥijɑ̃, ɑ̃t] *adj* noisy.

bruyère [bryjɛr] *nf* - **1.** [plante] heather - **2.** [lande] heathland.

BT ◇ *nm* (*abr de* **brevet de technicien**) *vocational training certificate (taken at age 18)*. ◇ *nf* (*abr de* **basse tension**) LT.

BTA (*abr de* **brevet de technicien agricole**) *nm agricultural training certificate (taken at age 18)*.

BTP (*abr de* **bâtiment et travaux publics**) *nmpl building and public works sector*.

BTS (*abr de* **brevet de technicien supérieur**) *nm advanced vocational training certificate (taken at the end of a 2-year higher education course)*.

bu, e [by] *pp* ▷ **boire**.

BU (*abr de* **bibliothèque universitaire**) *nf university library*.

buanderie [byɑ̃dri] *nf* laundry.

buccal, e, aux [bykal, o] *adj* buccal ; **par voie ~e** orally.

bûche [byʃ] *nf* - **1.** [bois] log ; **~ de Noël** Yule log ; **prendre** *ou* **ramasser une ~** *fam* to fall flat on one's face - **2.** *fam* [personne] lump.

bûcher[1] [byʃe] *nm* - **1.** [supplice] : **le ~** the stake - **2.** [funéraire] pyre.

bûcher[2] [3] [byʃe] *fam* ◇ *vi* to swot *UK*, to grind *US*. ◇ *vt* to swot up *UK*, to grind *US*.

bûcheron, onne [byʃrɔ̃, ɔn] *nm, f* forestry worker.

bûcheur, euse [byʃœr, øz] ◇ *adj* hard-working. ◇ *nm, f fam* swot *UK*, grind *US*.

bucolique [bykɔlik] *adj* pastoral.

budget [bydʒɛ] *nm* budget.

budgétaire [bydʒetɛr] *adj* budgetary ; **année ~** financial *UK ou* fiscal *US* year.

budgétiser [3] [bydʒetize] *vt* to budget for.

buée [bɥe] *nf* [sur vitre] condensation.

buffet [byfɛ] *nm* - **1.** [meuble] sideboard - **2.** [repas] buffet - **3.** [café-restaurant] : **~ de gare** station buffet.

buffle [bufl] *nm* [animal] buffalo.

bug [bʌg] *nm* = **bogue**.

buis [bɥi] *nm* box(wood).

buisson [bɥisɔ̃] *nm* bush.

buissonnière [bɥisɔnjɛr] ▷ **école**.

bulbe [bylb] *nm* bulb.

bulgare [bylgar] *adj* Bulgarian.
◆ **bulgare** *nm* [langue] Bulgarian.
◆ **Bulgare** *nmf* Bulgarian.

Bulgarie [bylgari] *nf* : **la ~** Bulgaria.

bulldozer [byldozɛr] *nm* bulldozer.

bulle [byl] *nf* **- 1.** [gén] bubble ; **~ de savon** soap bubble **- 2.** [de bande dessinée] speech balloon **- 3.** INFORM : **~ d'aide** pop-up text, tooltip **- 4.** RELIG (papal) bull.

bulletin [byltɛ̃] *nm* **- 1.** [communiqué] bulletin ; **~ (de la) météo** weather forecast ; **~ de santé** medical bulletin **- 2.** [imprimé] form ; **~ de vote** ballot paper **- 3.** SCOL report *UK*, report card *US* **- 4.** [certificat] certificate ; **~ de consigne** left luggage ticket *UK*, luggage room *ou* checkroom ticket *US* ; **~ de salaire** *ou* **de paye** pay slip.

bulletin-réponse [byltɛ̃repɔ̃s] (*pl* **bulletins-réponse**) *nm* reply form.

bungalow [bœ̃galo] *nm* [maison] bungalow ; [de vacances] chalet.

bunker [bunkœr] *nm* bunker.

buraliste [byralist] *nmf* **- 1.** [d'un bureau de tabac] tobacconist *UK* **- 2.** [préposé] clerk.

bure [byr] *nf* **- 1.** [étoffe] *coarse brown woollen cloth* **- 2.** [de moine] frock.

bureau [byro] *nm* **- 1.** [gén] office ; **~ d'aide sociale** social security office ; **~ de change** [banque] bureau de change, foreign exchange office ; [comptoir] bureau de change, foreign exchange counter ; **~ d'études** design office ; **~ de poste** post office ; **~ de tabac** tobacconist's *UK* ; **~ de vote** polling station **- 2.** [meuble] desk **- 3.** [comité] committee **- 4.** INFORM desktop.

bureaucrate [byrokrat] *nmf* bureaucrat.

bureaucratie [byrokrasi] *nf* bureaucracy.

bureaucratique [byrokratik] *adj* **péj** bureaucratic.

bureautique [byrotik] *nf* office automation.

burette [byrɛt] *nf* **- 1.** [flacon] cruet **- 2.** [de chimiste] burette **- 3.** [de mécanicien] oilcan.

burin [byrɛ̃] *nm* **- 1.** [outil] chisel **- 2.** [gravure] engraving.

buriné, e [byrine] *adj* engraved ; [visage, traits] lined.

Burkina [byrkina] *nm* : **le ~** Burkina Faso ; **au ~** in Burkina Faso.

burkinabé [byrkinabe] *adj* from Burkina Faso.
◆ **Burkinabé** *nmf* native *ou* inhabitant of Burkina Faso.

burlesque [byrlɛsk] ◇ *adj* **- 1.** [comique] funny **- 2.** [ridicule] ludicrous, absurd **- 3.** THÉÂTRE burlesque. ◇ *nm* : **le ~** the burlesque.

burnous [byrnu] *nm* **- 1.** [manteau] burnous **- 2.** [de bébé] hooded cape.

burundais, e [burundɛ, ɛz] *adj* Burundian.
◆ **Burundais, e** *nm, f* Burundian.

Burundi [burundi] *nm* : **le ~** Burundi ; **au ~** in Burundi.

bus [bys] *nm* bus.

buse [byz] *nf* **- 1.** [oiseau] buzzard **- 2.** [tuyau] pipe, duct **- 3.** ***fam fig*** twit *UK*, idiot.

busqué [byske] ▷ **nez**.

buste [byst] *nm* [torse] chest ; [poitrine de femme, sculpture] bust.

bustier [bystje] *nm* [corsage] strapless top ; [soutien-gorge] longline bra.

but [byt] *nm* **- 1.** [point visé] target **- 2.** [objectif] goal, aim, purpose ; **errer sans ~** to wander aimlessly ; **il touche au ~** he's nearly there ; **à ~ non lucratif** DR non-profit-making *UK*, non-profit *US* ; **aller droit au ~** to go straight to the point ; **dans le ~ de faire qqch** with the aim *ou* intention of doing sthg **- 3.** SPORT goal ; **marquer un ~** to score a goal **- 4.** *loc* **de ~ en blanc** point-blank, straight out.

butane [bytan] *nm* : **(gaz) ~** butane ; [domestique] Calor gas® *UK*, butane.

buté, e [byte] *adj* stubborn.
◆ **butée** *nf* **- 1.** ARCHIT abutment **- 2.** TECHNOL stop.

buter [3] [byte] ◇ *vi* **- 1.** [se heurter] : **~ sur/contre qqch** to stumble on/over sthg, to trip on/over sthg ; ***fig*** to run into/come up against sthg **- 2.** SPORT to score a goal. ◇ *vt* **- 1.** [étayer] to support **- 2.** ***tfam*** [tuer] to do in, to bump off.
◆ **se buter** *vp* to dig one's heels in ; **se ~ contre** ***fig*** to refuse to listen to.

butin [bytɛ̃] *nm* [de guerre] booty ; [de vol] loot ; [de recherche] finds *(pl)*.

butiner [3] [bytine] ◇ *vi* to collect nectar. ◇ *vt* [suj: abeille] to collect nectar from ; ***fig*** to gather.

butoir [bytwar] *nm* **- 1.** [de porte] doorstop **- 2.** [de chemin de fer] buffer.

butte [byt] *nf* [colline] mound, rise ; **~ de tir** butts *(pl)* ; **être en ~ à** ***fig*** to be exposed to.

buvable [byvabl] *adj* [boisson] drinkable ; [ampoule] (to be) taken orally.

buvard [byvar] *nm* [papier] blotting-paper ; [sous-main] blotter.

buvette [byvɛt] *nf* - **1.** [café] refreshment room, buffet - **2.** [de station thermale] pump room.

buveur, **euse** [byvœr, øz] *nm, f* drinker.

buvez, **buvons** *etc* ▷ **boire**.

BVA (*abr de* **Brulé Ville Associés**) *n French market research company.*

BVP (*abr de* **Bureau de vérification de la publicité**) *nm French advertising standards authority*, ≃ ASA *UK*.

Byzance [bizɑ̃s] *n* - **1.** HIST Byzantium - **2.** *loc* **c'est ~!** it's fantastic!

BZH (*abr écrite de* **Breizh**) Brittany *(as nationality sticker on a car).*

c[1], **C** [se] *nm inv* c, C.

◆ **C** - **1.** (*abr écrite de* **celsius, centigrade**) C - **2.** (*abr écrite de* **coulomb**) C - **3.** *abr de* **code**.

c[2] *abr de* **centime**.

c' ▷ **ce**.

ca *abr de* **centiare**.

CA ◇ *nm* - **1.** *abr de* **chiffre d'affaires** - **2.** *abr de* **conseil d'administration** - **3.** *abr de* **corps d'armée**. ◇ *nf* (*abr de* **chambre d'agriculture**) *local government body responsible for agricultural matters.*

ça [sa] *pron dém* - **1.** [désignant un objet - éloigné] that ; [- proche] this - **2.** [sujet indéterminé] it, that ; **comment ~ va?** how are you?, how are things? ; **~ ira comme ~** that will be fine ; **~ y est** that's it ; **c'est ~** that's right - **3.** [renforcement expressif] : **où ~?** where? ; **qui ~?** who?

çà [sa] *adv* : **~ et là** here and there.

caban [kabɑ̃] *nm* reefer (jacket), pea jacket.

cabane [kaban] *nf* - **1.** [abri] cabin, hut ; [remise] shed ; **~ à lapins** hutch - **2.** *fam* [prison] : **en ~** in the clink.

cabanon [kabanɔ̃] *nm* - **1.** [à la campagne] cottage - **2.** [sur la plage] chalet - **3.** [cellule] padded cell - **4.** [de rangement] shed.

cabaret [kabarɛ] *nm* cabaret.

cabas [kaba] *nm* shopping bag.

cabillaud [kabijo] *nm* (fresh) cod.

cabine [kabin] *nf* - **1.** [de navire, d'avion, de véhicule] cabin - **2.** [compartiment, petit local] cubicle ; **~ d'essayage** fitting room ; **~ téléphonique** phone box *UK*, phone booth *US*.

cabinet [kabinɛ] *nm* - **1.** [pièce] : **~ de toilette** ≃ bathroom ; **~ de travail** study - **2.** [toilettes] toilet - **3.** [local professionnel] office ; **~ dentaire/médical** dentist's/doctor's surgery *UK*, dentist's/doctor's office *US* - **4.** [de ministre] advisers *(pl)*.

◆ **cabinets** *nmpl* toilet *(sing)*.

câble [kabl] *nm* cable ; **télévision par ~** cable television.

câblé, **e** [kable] *adj* TV equipped with cable TV.

cabosser [3] [kabɔse] *vt* to dent.

cabot [kabo] ◇ *adj* theatrical. ◇ *nm* - **1.** [personne] poser - **2.** *fam* [chien] mutt.

cabotage [kabɔtaʒ] *nm* coastal navigation.

caboteur [kabɔtœr] *nm* [navire] coaster.

cabotin, **e** [kabɔtɛ̃, in] *péj* ◇ *adj* theatrical. ◇ *nm, f* - **1.** *fam* [acteur] ham (actor) - **2.** [frimeur] poser.

cabrer [3] [kabre] ◆ **se cabrer** *vp* - **1.** [cheval] to rear (up) ; [avion] to climb steeply - **2.** *fig* [personne] to take offence *UK* *ou* offense *US*.

cabri [kabri] *nm* kid.

cabriole [kabrijɔl] *nf* [bond] caper ; [pirouette] somersault.

cabriolet [kabrijɔlɛ] *nm* convertible.

CAC, **Cac** [kak] (*abr de* **Compagnie des agents de change**) *nf* : **l'indice ~-40** *the French stock exchange shares index.*

caca [kaka] *nm fam* pooh *UK*, poop *US* ; **faire ~** to do a pooh *UK ou* poop *US* ; **~ d'oie** greeny-yellow.

cacahouète, **cacahuète** [kakawɛt] *nf* peanut.

cacao [kakao] *nm* - **1.** [poudre] cocoa (powder) - **2.** [boisson] cocoa - **3.** [graine] cocoa bean.

cachalot [kaʃalo] *nm* sperm whale.

cache [kaʃ] ◇ *nf* [cachette] hiding place. ◇ *nm* - **1.** [masque] card *(for masking text etc)* - **2.** CINÉ & PHOTO mask.

cache-cache [kaʃkaʃ] *nm inv* : **jouer à ~** to play hide-and-seek.

cache-col [kaʃkɔl] *nm inv* scarf.

cachemire [kaʃmir] *nm* - **1.** [laine] cashmere - **2.** [dessin] paisley.

cache-nez [kaʃne] *nm inv* scarf.

cache-oreilles [kaʃɔrɛj] *nm inv* earmuffs.

cache-pot [kaʃpo] *nm inv* flowerpot holder.

cacher [3] [kaʃe] *vt* - **1.** [gén] to hide ; **je ne vous cache pas que...** to be honest,... - **2.** [vue] to mask.

◆ **se cacher** *vp* : **se ~ (de qqn)** to hide (from sb).

cache-sexe [kaʃsɛks] *nm inv* G-string.

cachet [kaʃɛ] *nm* - **1.** [comprimé] tablet, pill - **2.** [marque] postmark - **3.** [style] style, character ; **avoir du ~** to have character - **4.** [rétribution] fee - **5.** [sceau] seal.

cacheter [27] [kaʃte] *vt* to seal.

cachette [kaʃɛt] *nf* hiding place ; **en ~** secretly.

cachot [kaʃo] *nm* - **1.** [cellule] cell - **2.** [punition] solitary confinement.

cachotterie [kaʃɔtri] *nf* little secret ; **faire des ~s (à qqn)** to hide things (from sb).

cachottier, **ère** [kaʃɔtje, ɛr] ◇ *adj* secretive. ◇ *nm, f* secretive person.

cachou [kaʃu] *nm sweet taken to freshen the breath.*

cacophonie [kakɔfɔni] *nf* din.

cactus [kaktys] *nm* cactus.

c.-à-d. (*abr écrite de* **c'est-à-dire**) i.e.

cadastre [kadastr] *nm* [registre] ≃ land register ; [service] ≃ land registry, ≃ land office *US*.

cadavérique [kadaverik] *adj* deathly.

cadavre [kadavr] *nm* corpse, (dead) body ; **un ~ ambulant** a walking skeleton.

caddie [kadi] *nm* [golf] caddie.

Caddie® [kadi] *nm* [chariot] trolley *UK*, shopping cart *US*.

cadeau, **x** [kado] ◇ *nm* present, gift ; **faire ~ de qqch à qqn** to give sthg to sb (as a present) ; **~ d'anniversaire** birthday present ; **il ne nous a pas fait de ~** *fam* he didn't do us any favours. ◇ *adj inv* : **idée ~** gift idea ; **paquet ~** gift-wrapped parcel *UK ou* package *US*.

cadenas [kadna] *nm* padlock.

cadenasser [3] [kadnase] *vt* to padlock.

◆ **se cadenasser** *vp* to padlock.

cadence [kadɑ̃s] *nf* - **1.** [rythme musical] rhythm ; **en ~** in time - **2.** [de travail] rate.

cadencé, **e** [kadɑ̃se] *adj* rhythmical.

cadet, **ette** [kadɛ, ɛt] ◇ *adj* younger. ◇ *nm, f* - **1.** [de deux enfants] younger ; [de plusieurs enfants] youngest ; **il est mon ~ de deux ans** he's two years younger than me ; **c'est le ~ de mes soucis** *fig* that's the least of my worries - **2.** SPORT junior.

cadran [kadrɑ̃] *nm* dial ; **~ solaire** sundial.

cadre [kadr] *nm* - **1.** [de tableau, de porte] frame - **2.** [contexte] context ; **dans le ~ de** as part of ; [limite] within the limits *ou* scope of ; **sortir du ~ de** to go beyond (the scope of) - **3.** [décor, milieu] surroundings *(pl)* - **4.** [responsable] : **~ moyen/supérieur** middle/senior manager ; **jeune ~ dynamique** *iron* dynamic young executive ; **être rayé des ~s** to be dismissed - **5.** [sur formulaire] box.

cadrer [3] [kadre] ◇ *vi* to agree, to tally. ◇ *vt* CINÉ, PHOTO & TV to frame.

cadreur, **se** [kadrœr, øz] *nm, f* cameraman (*f* camerawoman).

caduc, **caduque** [kadyk] *adj* - **1.** [feuille] deciduous - **2.** [qui n'est plus valide] obsolete.

CAF ◇ *nf* (*abr de* **Caisse d'allocations familiales**) *family allowance office.* ◇ (*abr de* **coût, assurance, fret**) cif.

cafard [kafar] *nm* - **1.** *fam* SCOL sneak ; [à la police] grass *UK* - **2.** [insecte] cockroach - **3.** *fig* [mélancolie] : **avoir le ~** to feel low *ou* down.

cafarder [3] [kafarde] *vi* - **1.** [dénoncer SCOL to sneak ; [- à la police] to grass *UK* - **2.** [déprimer] to feel low *ou* down.

cafardeux, **euse** [kafardø, øz] *adj* low, down.

café [kafe] ◇ *nm* - **1.** [plante, boisson] coffee ; **~ crème** *coffee with frothy milk* ; **~ glacé** iced coffee ; **~ en grains** coffee beans ; **~ au lait** white coffee *UK*, coffee with milk *US (with hot milk)* ; **~ liégeois** *coffee ice cream with whipped cream poured over* ; **~ moulu** ground coffee ; **~ noir** black coffee ; **~ en poudre** *ou* **soluble** instant coffee - **2.** [lieu] bar, café. ◇ *adj inv* coffee-coloured *UK*, coffee-colored *US*.

Café

French cafés serve a wide range of drinks and sometimes sandwiches or light meals. At lunchtime, most of them offer about the same variety of dishes as a restaurant even though some concentrate on a *plat du jour*. They often have outdoor seating areas and the large plate-glass windows look directly onto the street. Paris cafés have also traditionally played an important role in French political, cultural and literary life.
In French cafés, a small cup of strong black coffee is called *un (petit) café*, *un express* or, colloquially, *un petit noir*. This may be served *serré* (extra-strong), *léger* (weak) or *allongé* (diluted with hot water). An *express* with a tiny amount of milk added is called *une noisette*. A large cup of black coffee is *un grand café*, *un double express* or, colloquially, *un grand noir*. Coffee with frothy, steam-heated milk is called *un (grand/petit) crème*. The term *café au lait* is almost never used in cafés.

caféine [kafein] *nf* caffeine ; **sans ~** caffeine-free.

cafétéria [kafeterja] *nf* cafeteria.

café-théâtre [kafeteatr] (*pl* **cafés-théâtres**) *nm* ≃ cabaret.

cafetier [kaftje] *nm* café owner.

cafetière [kaftjɛr] *nf* - **1.** [récipient] coffeepot - **2.** [électrique] coffeemaker ; [italienne] percolator.

cafouiller [3] [kafuje] *vi fam* - **1.** [s'embrouiller] to get into a mess - **2.** [moteur] to misfire ; TV to be on the blink.

cafter [3] [kafte] *vi fam* to sneak, to snitch.

cafteur, **euse** [kaftœr, øz] *nm, f fam* sneak, snitch.

cage [kaʒ] *nf* - **1.** [pour animaux] cage - **2.** [dans une maison] : **~ d'escalier** stairwell - **3.** ANAT : **~ thoracique** rib cage.

cageot [kaʒo] *nm* [caisse] crate.

cagibi [kaʒibi] *nm* boxroom *UK*, storage room *US*.

cagneux, **euse** [kaɲø, øz] *adj* : **avoir les genoux ~** to be knock-kneed.

cagnotte [kaɲɔt] *nf* - **1.** [caisse commune] kitty - **2.** [économies] savings *(pl)*.

cagoule [kagul] *nf* - **1.** [passe-montagne] balaclava - **2.** [de moine] cowl - **3.** [de voleur, de pénitent] hood.

cahier [kaje] *nm* - **1.** [de notes] exercise book *UK*, notebook ; **~ de brouillon** rough book *UK*, notebook *US* ; **~ de textes** homework book - **2.** COMM : **~ des charges** specification.

cahin-caha [kaɛ̃kaa] *adv* : **aller ~** to be jogging along.

cahot [kao] *nm* bump, jolt.

cahoter [3] [kaɔte] ◇ *vi* to jolt around. ◇ *vt* - **1.** [secouer] to jolt - **2.** *fig* [malmener] to knock around.

cahute [kayt] *nf* shack.

caïd [kaid] *nm* - **1.** [chef de bande] leader - **2.** *fam* [homme fort] big shot.

caillasse [kajas] *nf fam* loose stones *(pl)*.

caille [kaj] *nf* quail.

caillé, **e** [kaje] *adj* [lait] curdled ; [sang] clotted.
◆ **caillé** *nm* CULIN curds *(pl)*.

cailler [3] [kaje] *vi* - **1.** [lait] to curdle ; [sang] to clot - **2.** *fam* [avoir froid] to be freezing.
◆ **se cailler** *vp* - **1.** [lait] to curdle ; [sang] to clot - **2.** *fam* [avoir froid] : **on se caille** it's freezing.

caillot [kajo] *nm* clot.

caillou, **x** [kaju] *nm* - **1.** [pierre] stone, pebble - **2.** *fam* [pierre précieuse] rock - **3.** *fam* [crâne] head.

caillouteux, **euse** [kajutø, øz] *adj* stony.

caïman [kaimɑ̃] *nm* cayman.

Caire [kɛr] *n* : **Le ~** Cairo.

caisse [kɛs] *nf* - **1.** [boîte] crate, box ; **~ à outils** toolbox - **2.** TECHNOL case - **3.** MUS : **grosse ~** bass drum - **4.** [guichet] cash desk, till ; [de supermarché] checkout, till ; **~ enregistreuse** cash register - **5.** [recette] takings *(pl)* ; **tenir la ~** *fig* to hold the purse strings ; **~ noire** slush fund - **6.** [organisme] : **~ d'allocation** ≃ social security office ; **~ d'épargne** [fonds] savings fund ; [établissement] savings bank ; **~ de prévoyance** contingency fund ; **~ de retraite** pension fund.

caissette [kɛsɛt] *nf* small box.

caissier, **ère** [kesje, ɛr] *nm, f* cashier.

caisson [kɛsɔ̃] *nm* - **1.** MIL & TECHNOL caisson - **2.** ARCHIT coffer.

cajoler [3] [kaʒɔle] *vt* to make a fuss of, to cuddle.

cajolerie [kaʒɔlri] *nf* cuddle.

cajou [kaʒu] ▷ **noix**.

cake [kɛk] *nm* fruitcake.

cal [1] [kal] *nm* callus.

cal [2] (*abr écrite de* **calorie**) cal.

calamar [kalamar], **calmar** [kalmar] *nm* squid.

calaminé, **e** [kalamine] *adj* coked up.

calamité [kalamite] *nf* disaster.

calandre [kalɑ̃dr] *nf* - **1.** [de voiture] radiator grille - **2.** [machine] calender.

calanque [kalɑ̃k] *nf* rocky inlet.

calcaire [kalkɛr] ◇ *adj* [eau] hard ; [sol] chalky ; [roche] limestone *(avant n)*. ◇ *nm* limestone.

calciner [3] [kalsine] *vt* to burn to a cinder.

calcium [kalsjɔm] *nm* calcium.

calcul [kalkyl] *nm* - **1.** [opération] : **le ~** arithmetic ; **~ mental** mental arithmetic - **2.** [compte] calculation - **3.** *fig* [plan] plan ; **agir par ~** to act out of self-interest - **4.** MÉD : **~ (rénal)** kidney stone.

calculateur, **trice** [kalkylatœr, tris] *adj péj* calculating.
◆ **calculateur** *nm* computer.
◆ **calculatrice** *nf* calculator ; **calculatrice de poche** pocket calculator.

calculer [3] [kalkyle] ◇ *vt* - **1.** [déterminer] to calculate, to work out - **2.** [prévoir] to plan ; **mal/bien ~ qqch** to judge sthg badly/well. ◇ *vi* - **1.** [faire des calculs] to calculate - **2.** *péj* [dépenser avec parcimonie] to count the pennies.

calculette [kalkylɛt] *nf* pocket calculator.

Calcutta [kalkyta] *n* Calcutta.

cale [kal] *nf* - **1.** [de navire] hold ; **~ sèche** dry dock - **2.** [pour immobiliser] wedge.

calé, **e** [kale] *adj fam* - **1.** [personne] clever, brainy ; **être ~ en** to be good at - **2.** [problème] tough.

calebasse [kalbas] *nf* gourd.

calèche [kalɛʃ] *nf* (horse-drawn) carriage.

caleçon [kalsɔ̃] *nm* - **1.** [sous-vêtement masculin] boxer shorts *(pl)*, pair of boxer shorts ; **~ long** longjohns *(pl)*, pair of longjohns - **2.** [vêtement féminin] leggings *(pl)*, pair of leggings.

Calédonie [kaledɔni] *nf* : **la ~** Caledonia.

calembour [kalɑ̃bur] *nm* pun, play on words.

calendes [kalɑ̃d] *nfpl* : **renvoyer qqch aux ~ grecques** to postpone sthg indefinitely.

calendrier [kalɑ̃drije] *nm* - **1.** [système, agenda, d'un festival] calendar - **2.** [emploi du temps] timetable *UK*, schedule *US* - **3.** [d'un voyage] schedule.

cale-pied [kalpje] (*pl* **cale-pieds**) *nm* toe-clip.

calepin [kalpɛ̃] *nm* notebook.

caler [3] [kale] ◇ *vt* - **1.** [avec cale] to wedge - **2.** [stabiliser, appuyer] to prop up - **3.** *fam* [remplir] : **ça cale (l'estomac)** it's filling. ◇ *vi* - **1.** [moteur, véhicule] to stall - **2.** *fam* [personne] to give up.

calfeutrer [3] [kalføtre] *vt* to draughtproof *UK*.

◆ **se calfeutrer** *vp* to shut o.s. up *ou* away.

calibre [kalibr] *nm* - **1.** [de tuyau] diameter, bore ; [de fusil] calibre ; [de fruit, d'œuf] size ; **de gros ~** large-calibre - **2.** *fam fig* [envergure] calibre ; **du même ~** of the same calibre.

calibrer [3] [kalibre] *vt* - **1.** [machine, fusil] to calibrate - **2.** [fruit, œuf] to grade.

calice [kalis] *nm* - **1.** RELIG chalice - **2.** BOT calyx.

calicot [kaliko] *nm* - **1.** [tissu] calico - **2.** [banderole] banner.

Californie [kalifɔrni] *nf* : **la ~** California ; **la Basse ~** Lower California.

californien, enne [kalifɔrnjɛ̃, ɛn] *adj* Californian.

◆ **Californien, enne** *nm, f* Californian.

califourchon [kalifurʃɔ̃] ◆ **à califourchon** *loc adv* astride ; **être (assis) à ~ sur qqch** to sit astride sthg.

câlin, e [kalɛ̃, in] *adj* affectionate.

◆ **câlin** *nm* cuddle ; **faire un ~ à qqn** to give sb a cuddle.

câliner [3] [kaline] *vt* to cuddle.

calisson [kalisɔ̃] *nm small iced cake made with almond paste.*

calleux, euse [kalø, øz] *adj* calloused.

call-girl [kɔlgœrl] (*pl* **call-girls**) *nf* call girl.

calligraphie [kaligrafi] *nf* calligraphy.

callosité [kalozite] *nf* callus.

calmant, e [kalmɑ̃, ɑ̃t] *adj* soothing.

◆ **calmant** *nm* [pour la douleur] painkiller ; [pour l'anxiété] tranquillizer, sedative.

calmar ▻ **calamar**.

calme [kalm] ◇ *adj* quiet, calm. ◇ *nm* - **1.** [gén] calm, calmness ; **dans le ~** quietly, calmly ; **du ~!** calm down! ; **rétablir le ~** to restore order ; **le ~ plat** [de la mer] dead calm ; **c'est le ~ plat en ce moment** *fig* things are very quiet at the moment - **2.** [absence de bruit] peace (and quiet).

calmer [3] [kalme] *vt* - **1.** [apaiser] to calm (down) - **2.** [réduire - douleur] to soothe ; [- inquiétude] to allay.

◆ **se calmer** *vp* - **1.** [s'apaiser - personne, discussion] to calm down ; [- tempête] to abate ; [- mer] to become calm - **2.** [diminuer - douleur] to ease ; [- fièvre, inquiétude, désir] to subside.

calomnie [kalɔmni] *nf* [écrits] libel ; [paroles] slander.

calomnier [9] [kalɔmnje] *vt* [par écrit] to libel ; [verbalement] to slander.

calomnieux, euse [kalɔmnjø, øz] *adj* [écrits] libellous *UK*, libelous *US* ; [propos] slanderous.

calorie [kalɔri] *nf* calorie.

calorifère [kalɔrifɛr] ◇ *nm* stove. ◇ *adj* heat-giving.

calorifique [kalɔrifik] *adj* calorific.

calorifuge [kalɔrifyʒ] ◇ *adj* insulating. ◇ *nm* insulation.

calorique [kalɔrik] *adj* calorific.

calot [kalo] *nm* - **1.** [de militaire] ≃ beret - **2.** [bille] (large) marble.

calotte [kalɔt] *nf* - **1.** [bonnet] skullcap - **2.** *fam* [gifle] slap - **3.** GÉOGR : **~ glaciaire** ice cap.

calque [kalk] *nm* - **1.** [dessin] tracing - **2.** [papier] : **(papier) ~** tracing paper - **3.** *fig* [imitation] (exact) copy ; **il est le ~ de son père** he's the spitting image of his father - **4.** [traduction] calque, loan translation.

calquer [3] [kalke] *vt* - **1.** [carte] to trace - **2.** [imiter] to copy exactly ; **~ qqch sur qqch** to model sthg on sthg - **3.** [traduire littéralement] to translate literally.

calvados [kalvados] *nm* Calvados.

calvaire [kalvɛr] *nm* - **1.** [croix] wayside cross - **2.** *fig* [épreuve] ordeal.

◆ **Calvaire** *nm* : **le Calvaire** Calvary.

calviniste [kalvinist] *adj* & *nmf* Calvinist.

calvitie [kalvisi] *nf* baldness ; **~ précoce** premature baldness.

camaïeu [kamajø] *nm* monochrome ; **en ~** in monochrome, monochrome *(avant n)*.

camarade [kamarad] *nmf* - **1.** [compagnon, ami] friend ; **~ de classe** classmate ; **~ d'école** schoolfriend - **2.** POLIT comrade.

camaraderie [kamaradri] *nf* - **1.** [familiarité, entente] friendship - **2.** [solidarité] comradeship, camaraderie.

cambiste [kɑ̃bist] FIN <> *adj* foreign exchange *(avant n)*. <> *nmf* foreign exchange dealer.

Cambodge [kɑ̃bɔdʒ] *nm* : **le ~** Cambodia ; **au ~** in Cambodia.

cambodgien, enne [kɑ̃bɔdʒjɛ̃, ɛn] *adj* Cambodian.
◆ **Cambodgien, enne** *nm, f* Cambodian.

cambouis [kɑ̃bwi] *nm* dirty grease.

cambré, e [kɑ̃bre] *adj* arched.

cambrer [3] [kɑ̃bre] *vt* : **~ les reins** *ou* **la taille** to arch one's back.
◆ **se cambrer** *vp* [se redresser] to arch one's back.

cambriolage [kɑ̃brijɔlaʒ] *nm* burglary.

cambrioler [3] [kɑ̃brijɔle] *vt* to burgle *UK*, to burglarize *US*.

cambrioleur, euse [kɑ̃brijɔlœr, øz] *nm, f* burglar.

cambrousse [kɑ̃brus] *nf fam* **en pleine ~** out in the sticks.

cambrure [kɑ̃bryr] *nf* **- 1.** [de pied] instep ; **~ des reins** *ou* **du dos** small of the back **- 2.** [de poutre] curve ; [de chaussure] arch.

came [kam] *nf* **- 1.** TECHNOL cam **- 2.** *tfam* [drogue] stuff.

camé, e [kame] *tfam* <> *adj* [drogué] stoned. <> *nm, f* junkie.

camée [kame] *nm* cameo.

caméléon [kameleɔ̃] *nm litt & fig* chameleon.

camélia [kamelja] *nm* camellia.

camelote [kamlɔt] *nf* [marchandise de mauvaise qualité] junk, rubbish *UK*.

camembert [kamɑ̃bɛr] *nm* **- 1.** [fromage] Camembert **- 2.** [graphique] pie chart.

caméra [kamera] *nf* **- 1.** CINÉ & TV camera **- 2.** [d'amateur] cinecamera.

cameraman [kameraman] (*pl* **cameramen** [kameramɛn] , *pl* **cameramans**) *nm* cameraman.

Cameroun [kamrun] *nm* : **le ~** Cameroon ; **au ~** in Cameroon.

camerounais, e [kamrunɛ, ɛz] *adj* Cameroonian.
◆ **Camerounais, e** *nm, f* Cameroonian.

Caméscope® [kameskɔp] *nm* camcorder.

camion [kamjɔ̃] *nm* lorry *UK*, truck *US* ; **~ de déménagement** removal van *UK*, moving van *US*.

camion-citerne [kamjɔ̃sitɛrn] (*pl* **camions-citernes**) *nm* tanker *UK*, tanker truck *US*.

camionnage [kamjɔnaʒ] *nm* road haulage *UK*, trucking *US*.

camionnette [kamjɔnɛt] *nf* van.

camionneur [kamjɔnœr] *nm* **- 1.** [conducteur] lorry-driver *UK*, truckdriver *US* **- 2.** [entrepreneur] road haulier *UK*, trucker *US*.

camion-poubelle (*pl* **camions-poubelles**) [kamjɔ̃pubɛl] *nm* dustcart, (dust)bin lorry *UK*, garbage truck *US*.

camisole [kamizɔl] ◆ **camisole de force** *nf* straitjacket.

camomille [kamɔmij] *nf* **- 1.** [plante] camomile **- 2.** [tisane] camomile tea.

camouflage [kamuflaʒ] *nm* [déguisement] camouflage ; *fig* [dissimulation] concealment.

camoufler [3] [kamufle] *vt* [déguiser] to camouflage ; *fig* [dissimuler] to conceal, to cover up ; **~ qqch en qqch** to camouflage sthg as sthg.
◆ **se camoufler** *vp* [se cacher] to hide.

camouflet [kamuflɛ] *nm litt* [affront] snub ; **infliger un ~ à qqn** to snub sb.

camp [kɑ̃] *nm* **- 1.** [gén] camp ; **~ de concentration** concentration camp ; **~ retranché** fortified camp, fortress ; **~ de vacances** holiday *UK ou* vacation *US* camp ; **~ volant** temporary camp ; **ficher le ~** *fam* to get lost, to clear off ; **lever le ~** to break camp ; *fig* to clear off *ou* out **- 2.** SPORT half (of the field) **- 3.** [parti] side.

campagnard, e [kɑ̃paɲar, ard] <> *adj* **- 1.** [de la campagne] country *(avant n)* **- 2.** [rustique] rustic. <> *nm, f* countryman (*f* countrywoman).

campagne [kɑ̃paɲ] *nf* **- 1.** [régions rurales] country ; **à la ~** in the country ; **en rase ~** in open country ; **battre la ~** [police] to comb the countryside ; [divaguer] to wander **- 2.** MIL & POLIT [publicité] campaign ; **partir en ~** POLIT to start campaigning ; **faire ~ pour/contre** to campaign for/against ; **~ d'affichage** poster campaign ; **~ électorale** election campaign ; **~ de presse** press campaign ; **~ publicitaire** advertising campaign ; **~ de vente** sales campaign.

campanule [kɑ̃panyl] *nf* bellflower, campanula.

campé, e [kɑ̃pe] *adj* : **bien ~** [personnage] well-rounded ; [récit] well-constructed ; **être bien ~ (sur ses jambes)** to stand firmly on one's feet.

campement [kɑ̃pmɑ̃] *nm* camp, encampment.

camper [3] [kɑ̃pe] <> *vi* to camp. <> *vt* **- 1.** [poser solidement] to place firmly **- 2.** *fig* [esquisser] to portray.
◆ **se camper** *vp* : **se ~ devant qqn/qqch** to plant o.s. in front of sb/sthg.

campeur, euse [kɑ̃pœr, øz] *nm, f* camper.

camphre [kɑ̃fr] *nm* camphor.

camphré, e [kɑ̃fre] *adj* camphorated.

camping [kɑ̃piŋ] *nm* - **1.** [activité] camping ; **faire du ~** to go camping ; **~ sauvage** camping in the wild, wilderness camping *US* - **2.** [terrain] campsite.

camping-car [kɑ̃piŋkar] (*pl* **camping-cars**) *nm* camper, Dormobile® *UK*.

Camping-Gaz® [kɑ̃piŋgaz] *nm inv* ≃ Primus® stove.

campus [kɑ̃pys] *nm* campus.

camus [kamy] ▷ **nez**.

Canada [kanada] *nm* : **le ~** Canada ; **au ~** in Canada.

Canadair® [kanadɛr] *nm plane equipped with water tanks to fight forest fires.*

canadianisme [kanadjanism] *nm* Canadianism.

canadien, **enne** [kanadjɛ̃, ɛn] *adj* Canadian.

◆ **canadienne** *nf* [veste] sheepskin jacket.

◆ **Canadien**, **enne** *nm, f* Canadian.

canaille [kanaj] ◇ *adj* - **1.** [coquin] roguish - **2.** [vulgaire] crude. ◇ *nf* - **1.** [scélérat] scoundrel - **2.** *hum* [coquin] little devil.

canal, **aux** [kanal, o] *nm* - **1.** [gén] channel ; **par le ~ de qqn** *fig* [par l'entremise de] through sb ; **~ de distribution** distribution channel - **2.** [voie d'eau] canal - **3.** ANAT canal, duct.

◆ **Canal** *nm* : **Canal+** *French TV pay channel.*

Canal+

Canal+ broadcasts programmes that have to be unscrambled using a special decoding unit, although for part of the day, usually in the early evening, its programmes can be seen without this device.

canalisation [kanalizasjɔ̃] *nf* - **1.** [conduit] pipe - **2.** *litt & fig* [action de canaliser] channelling.

canaliser [3] [kanalize] *vt* - **1.** [cours d'eau] to canalize - **2.** *fig* [orienter] to channel.

canapé [kanape] *nm* - **1.** [siège] sofa ; **~ convertible** sofa bed - **2.** CULIN canapé.

canapé-lit [kanapeli] (*pl* **canapés-lits**) *nm* sofa bed.

canaque, **kanak** [kanak] *adj* Kanak.

◆ **Canaque** *nmf* Kanak.

canard [kanar] *nm* - **1.** [oiseau] duck - **2.** [fausse note] wrong note - **3.** *fam* [journal] rag.

canari [kanari] ◇ *nm* canary. ◇ *adj inv* : **jaune ~** canary yellow.

Canaries [kanari] *nfpl* : **les ~** the Canaries ; **aux ~** in the Canaries.

Canberra [kɑ̃bera] *n* Canberra.

cancan [kɑ̃kɑ̃] *nm* - **1.** [ragot] piece of gossip ; **dire des ~s sur qqn** to spread gossip about sb - **2.** [danse] cancan.

cancaner [3] [kɑ̃kane] *vi* - **1.** [canard] to quack - **2.** [médire] to spread gossip ; **~ sur qqn** to spread gossip about sb.

cancanier, **ère** [kɑ̃kanje, ɛr] ◇ *adj* gossipy. ◇ *nm, f* gossip.

cancer [kɑ̃sɛr] *nm* MÉD cancer.

◆ **Cancer** *nm* - **1.** ASTROL Cancer ; **être Cancer** to be (a) Cancer - **2.** GÉOGR : **le tropique du Cancer** the tropic of Cancer.

cancéreux, **euse** [kɑ̃serø, øz] ◇ *adj* - **1.** [personne] suffering from cancer - **2.** [tumeur] cancerous. ◇ *nm, f* [personne] cancer sufferer.

cancérigène [kɑ̃seriʒɛn] *adj* carcinogenic.

cancre [kɑ̃kr] *nm fam* dunce.

cancrelat [kɑ̃krəla] *nm* cockroach.

candélabre [kɑ̃delabr] *nm* candelabra.

candeur [kɑ̃dœr] *nf* ingenuousness.

candi [kɑ̃di] *adj* : **sucre ~** (sugar) candy.

candidat, **e** [kɑ̃dida, at] *nm, f* : **~ (à)** candidate (for).

candidature [kɑ̃didatyr] *nf* - **1.** [à un poste] application ; **poser sa ~ pour qqch** to apply for sthg - **2.** [à une élection] candidature *UK*, candidacy *US*.

candide [kɑ̃did] *adj* ingenuous.

cane [kan] *nf* (female) duck.

caneton [kantɔ̃] *nm* (male) duckling.

canette [kanɛt] *nf* - **1.** [de fil] spool - **2.** [petite cane] (female) duckling - **3.** [de boisson - bouteille] bottle ; [- boîte] can.

canevas [kanva] *nm* - **1.** COUT canvas - **2.** [plan] structure.

caniche [kaniʃ] *nm* poodle.

canicule [kanikyl] *nf* heatwave.

canif [kanif] *nm* penknife.

canin, **e** [kanɛ̃, in] *adj* canine ; **exposition ~e** dog show.

◆ **canine** *nf* canine (tooth).

caniveau (*pl* **-x**) [kanivo] *nm* gutter.

cannabis [kanabis] *nm* cannabis.

canne [kan] *nf* - **1.** [bâton] walking stick ; **~ à pêche** fishing rod - **2.** *fam* [jambe] pin.

◆ **canne à sucre** *nf* sugar cane.

canné, **e** [kane] *adj* cane *(avant n)*.

cannelé, **e** [kanle] *adj* fluted.

cannelle [kanɛl] ◇ *nf* - **1.** [aromate] cinnamon - **2.** [robinet] tap *UK*, faucet *US*. ◇ *adj inv* [couleur] cinnamon.

cannelure [kanlyr] *nf* - **1.** [de colonne] flute - **2.** BOT & GÉOL striation.

Cannes [kan] *n* Cannes ; **le festival de ~** the Cannes Film Festival.

Le festival de Cannes

This international film festival takes place in Cannes every May. The jury, which consists of celebrities from the world of show business, awards several prizes, the most prestigious of which is the *Palme d'or* for the best film of the year. The award ceremonies take place in the *Palais des festivals* situated on the seafront, known as *la Croisette*.

cannibale [kanibal] *nmf & adj* cannibal.

cannibalisme [kanibalism] *nm* cannibalism.

canoë [kanɔe] *nm* canoe.

canoë-kayak [kanɔekajak] (*pl* **canoës-kayaks**) *nm* kayak.

canon [kanɔ̃] ◇ *nm* - **1.** [arme] gun ; HIST cannon - **2.** [tube d'arme] barrel - **3.** *fam* [verre de vin] glass (of wine) - **4.** MUS : **chanter en ~** to sing in canon - **5.** [norme & RELIG] canon. ◇ *adj* ▷ **droit.**

canonique [kanɔnik] *adj* canonical ; **d'un âge ~** *fig* of a venerable age.

canoniser [3] [kanɔnize] *vt* to canonize.

canot [kano] *nm* dinghy ; **~ pneumatique** inflatable dinghy ; **~ de sauvetage** lifeboat.

canotage [kanɔtaʒ] *nm* rowing, boating ; **faire du ~** to go rowing *ou* boating.

canotier [kanɔtje] *nm* - **1.** [rameur] rower - **2.** [chapeau] boater.

canopée [kanɔpe] *nf* [écologie] canopy.

cantal [kɑ̃tal] *nm semi-hard cheese from the Auvergne.*

cantate [kɑ̃tat] *nf* cantata.

cantatrice [kɑ̃tatris] *nf* prima donna.

cantine [kɑ̃tin] *nf* - **1.** [réfectoire] canteen *UK*, cafeteria *US* - **2.** [malle] trunk.

cantique [kɑ̃tik] *nm* hymn.

canton [kɑ̃tɔ̃] *nm* - **1.** [en France] ≃ district - **2.** [en Suisse] canton.

cantonade [kɑ̃tɔnad] ◆ **à la cantonade** *loc adv* : **parler à la ~** to speak to everyone (in general).

cantonais, e [kɑ̃tɔnɛ, ɛz] *adj* Cantonese ; **riz ~** egg fried rice.

◆ **cantonais** *nm* [langue] Cantonese.

◆ **Cantonais, e** *nm, f* native *ou* inhabitant of Canton.

cantonal, e, aux [kɑ̃tɔnal, o] *adj* - **1.** [en France] ≃ district *(avant n)* - **2.** [en Suisse] cantonal.

cantonnement [kɑ̃tɔnmɑ̃] *nm* [MIL - action] billeting ; [- lieu] billet.

cantonner [3] [kɑ̃tɔne] *vt* - **1.** MIL to quarter, to billet *UK* - **2.** [maintenir] to confine ; **~ qqn à** *ou* **dans** to confine sb to.

◆ **se cantonner** *vp* : **se ~ dans** to confine o.s. to.

cantonnier [kɑ̃tɔnje] *nm* roadman.

canular [kanylar] *nm fam* hoax.

canyon, cañon [kanjɔn, kanjɔ̃] *nm* canyon.

canyoning [kaɲɔniŋ] *nm* canyoning.

CAO (*abr de* **conception assistée par ordinateur**) *nf* CAD.

caoutchouc [kautʃu] *nm* - **1.** [substance] rubber ; **en ~** rubber *(avant n)* ; **~ mousse** foam rubber - **2.** [plante] rubber plant - **3.** [élastique] elastic *UK ou* rubber band.

caoutchouteux, euse [kautʃutø, øz] *adj* rubbery.

cap [kap] *nm* - **1.** GÉOGR cape ; **le ~ de Bonne-Espérance** the Cape of Good Hope ; **le ~ Horn** Cape Horn ; **passer le ~ de qqch** *fig* to get through sthg ; **passer le ~ de la quarantaine** *fig* to turn forty - **2.** [direction] course ; **changer de ~** to change course ; **mettre le ~ sur** to head for.

◆ **Cap** *nm* : **Le Cap** Cape Town.

CAP (*abr de* **certificat d'aptitude professionnelle**) *nm vocational training certificate (taken at secondary school).*

capable [kapabl] *adj* - **1.** [apte] : **~ (de qqch/de faire qqch)** capable (of sthg/of doing sthg) - **2.** [à même] : **~ de faire qqch** likely to do sthg ; **~ de réussir** likely to succeed - **3.** DR competent.

capacité [kapasite] *nf* - **1.** [de récipient] capacity - **2.** [de personne] ability - **3.** DR [mentale] capacity - **4.** UNIV : **~ en droit** [diplôme] *qualifying certificate in law gained by examination after 2 years' study.*

cape [kap] *nf* [vêtement] cloak ; **rire sous ~** *fig* to laugh up one's sleeve.

CAPES, Capes [kapɛs] (*abr de* **certificat d'aptitude au professorat de l'enseignement du second degré**) *nm secondary school teaching certificate.*

capésien, enne [kapesjɛ̃, ɛn] *nm, f person holding a secondary school teaching qualification.*

CAPET, Capet [kapɛt] (*abr de* **certificat d'aptitude au professorat de l'enseignement technique**) *nm specialized teaching certificate.*

capharnaüm [kafarnaɔm] *nm* mess.

capillaire [kapilɛr] ◇ *adj* - **1.** [lotion] hair *(avant n)* - **2.** ANAT & BOT capillary. ◇ *nm* - **1.** BOT maidenhair fern - **2.** ANAT capillary.

capillarité [kapilarite] *nf* PHYS capillarity.

capitaine [kapitɛn] *nm* captain ; **~ au long cours** NAUT master mariner.

capitainerie [kapitɛnri] *nf* harbour *UK ou* harbor *US* master's office.

capital, e, aux [kapital, o] *adj* - **1.** [décision, événement] major - **2.** DR capital.

◆ **capital** *nm* FIN capital ; **~ d'exploitation** working capital ; **~ santé** *fig* reserves *(pl)* of health ; **~ social** authorized *ou* share capital.

◆ **capitale** *nf* [ville, lettre] capital.

◆ **capitaux** *nmpl* capital *(U)*.

capitaliser [3] [kapitalize] ◇ *vt* FIN to capitalize ; *fig* to accumulate. ◇ *vi* to save.

◆ **capitaliser sur** *v+prép* to cash in on, to capitalize on.

capitalisme [kapitalism] *nm* capitalism.

capitaliste [kapitalist] *nmf & adj* capitalist.

capiteux, euse [kapitø, øz] *adj* - **1.** [vin] intoxicating ; [parfum] heady - **2.** [charme] alluring.

capitonné, e [kapitɔne] *adj* padded ; **~ de cuir** with leather upholstery.

capituler [3] [kapityle] *vi* to surrender ; **~ devant qqn/qqch** to surrender to sb/sthg.

caporal, aux [kapɔral, o] *nm* - **1.** MIL lance corporal - **2.** [tabac] caporal.

caporal-chef [kaporalʃɛf] (*pl* **caporaux-chefs** [kaporoʃɛf]) *nm* corporal.

capot [kapo] ◇ *adj inv* [aux jeux de cartes] : **mettre qqn ~** to take all the tricks from sb. ◇ *nm* - **1.** [de voiture] bonnet *UK*, hood *US* - **2.** [de machine] (protective) cover.

capote [kapɔt] *nf* - **1.** [de voiture] hood *UK*, top *US* - **2.** [manteau] greatcoat, overcoat - **3.** [chapeau] bonnet - **4.** *fam* [préservatif] : **~ (anglaise)** condom.

capoter [3] [kapɔte] *vi* - **1.** [se retourner] to overturn - **2.** *Québec* [perdre la tête] to lose one's head - **3.** [échouer] to come to nothing.

câpre [kapr] *nf* caper.

caprice [kapris] *nm* whim ; **les ~s de la météo** the vagaries of the weather ; **faire des ~s** to be temperamental.

capricieux, euse [kaprisjø, øz] ◇ *adj* [changeant] capricious ; [coléreux] temperamental. ◇ *nm, f* temperamental person.

capricorne [kaprikɔrn] *nm* ZOOL capricorn beetle.

◆ **Capricorne** *nm* - **1.** ASTROL Capricorn ; **être Capricorne** to be (a) Capricorn - **2.** GÉOGR : **le tropique du Capricorne** the tropic of Capricorn.

capsule [kapsyl] *nf* - **1.** [de bouteille] cap - **2.** ASTRON, BOT & MÉD capsule.

capter [3] [kapte] *vt* - **1.** [recevoir sur émetteur] to pick up - **2.** [source, rivière] to harness - **3.** *fig* [attention, confiance] to gain, to win.

capteur [kaptœr] *nm* PHYS sensor ; **~ solaire** solar panel.

captieux, euse [kapsjø, øz] *adj* specious.

captif, ive [kaptif, iv] ◇ *adj* captive ; **être ~ de qqch** *fig* to be a slave to sthg. ◇ *nm, f* prisoner.

captivant, e [kaptivɑ̃, ɑ̃t] *adj* [livre, film] enthralling ; [personne] captivating.

captiver [3] [kaptive] *vt* to captivate.

captivité [kaptivite] *nf* captivity ; **en ~** in captivity.

capture [kaptyr] *nf* - **1.** [action] capture - **2.** [prise] catch - **3.** INFORM : **~ d'écran** [image] screenshot ; [action] screen capture.

capturer [3] [kaptyre] *vt* to catch, to capture.

capuche [kapyʃ] *nf* (detachable) hood.

capuchon [kapyʃɔ̃] *nm* - **1.** [bonnet - d'imperméable] hood ; [- de religieux] cowl - **2.** [bouchon] cap, top.

capucin [kapysɛ̃] *nm* RELIG Capuchin.

capucine [kapysin] *nf* [fleur] nasturtium.

Cap-Vert [kapvɛr] *nm* Cape Verde.

caquelon [kaklɔ̃] *nm* fondue dish.

caquet [kakɛ] *nm* - **1.** [de poule] cackling *(U)* - **2.** *péj* [bavardage] chatter *(U)* ; **rabattre le ~ à** *ou* **de qqn** to shut sb up.

caqueter [27] [kakte] *vi* - **1.** [poule] to cackle - **2.** *péj* [personne] to chatter.

car[1] [kar] *nm* coach *UK*, bus *US*.

car[2] [kar] *conj* because, for.

carabine [karabin] *nf* rifle.

carabiné, e [karabine] *adj fam* [tempête] violent ; [rhume] stinking ; [amende] heavy.

Caracas [karakas] *n* Caracas.

caraco [karako] *nm* loose blouse.

caracoler [3] [karakɔle] *vi* - **1.** [cheval] to prance ; [cavalier] to caracole - **2.** *fig* [sautiller] to prance about.

caractère [karaktɛr] *nm* - **1.** [gén] character ; **avoir du ~** to have character ; **avoir mauvais ~** to be bad-tempered ; **en petits/gros ~s** in small/large print ; **~s d'imprimerie** block capitals - **2.** [caractéristique] feature, characteristic.

caractériel, elle [karakterjɛl] ◇ *adj* [troubles] emotional ; [personne] emotionally disturbed. ◇ *nm, f* emotionally disturbed person.

caractérisé, e [karakterize] *adj* [net] clear ; **être d'une grossièreté ~e** to be downright rude.

caractériser [3] [karakterize] *vt* to be characteristic of.
◆ **se caractériser** *vp* : **se ~ par qqch** to be characterized by sthg.

caractéristique [karakteristik] ◇ *nf* characteristic, feature. ◇ *adj* : **~ (de)** characteristic (of).

carafe [karaf] *nf* [pour vin, eau] carafe ; [pour alcool] decanter ; **rester en ~** *fam* to be left stranded.

carafon [karafɔ̃] *nm* small carafe.

caraïbe [karaib] *adj* Caribbean.
◆ **Caraïbe** *nmf* Carib.
◆ **Caraïbes** [karaib] *nfpl* : **les ~s** the Caribbean ; **dans les Caraïbes** in the Caribbean.

carambolage [karɑ̃bɔlaʒ] *nm* pileup.

caramel [karamɛl] ◇ *nm* - **1.** CULIN caramel - **2.** [bonbon - dur] toffee *UK*, taffy *US*, caramel ; [- mou] fudge. ◇ *adj inv* [couleur] caramel.

caraméliser [3] [karamelize] *vt* [sucre] to caramelize ; [gâteau] to coat with caramel.
◆ **se caraméliser** *vp* to caramelize.

carapace [karapas] *nf* shell ; *fig* protection, shield.

carapater [3] [karapate] ◆ **se carapater** *vp fam* to scarper, to hop it *UK*, to skedaddle.

carat [kara] *nm* carat *UK*, karat *US* ; **or à 9 ~s** 9-carat gold.

caravane [karavan] *nf* - **1.** [de camping, de désert] caravan - **2.** [groupe de personnes] procession.

caravaning [karavaniŋ] *nm* caravanning *UK*.

carbone [karbɔn] *nm* carbon ; **(papier) ~** carbon paper.

carbonique [karbɔnik] *adj* : **gaz ~** carbon dioxide ; **neige ~** dry ice.

carboniser [3] [karbɔnize] *vt* to burn to a cinder.

carbonnade [karbɔnad] *nf* CULIN *type of stew*.

carburant [karbyrɑ̃] ◇ *adj m* : **mélange ~** (fuel) mixture. ◇ *nm* fuel.

carburateur [karbyratœr] *nm* carburettor *UK*, carburetor *US*.

carbure [karbyr] *nm* carbide.

carburer [3] [karbyre] *vi* - **1.** [moteur] : **~ bien/mal** to be well/badly tuned - **2.** *fam* [être en forme] to be fine.

carcajou [karkaʒu] *nm* wolverine.

carcan [karkɑ̃] *nm* HIST iron collar ; *fig* yoke.

carcasse [karkas] *nf* - **1.** [d'animal] carcass - **2.** [de bâtiment, navire] framework - **3.** [de véhicule] shell.

carcéral, e, aux [karseral, o] *adj* prison *(avant n)*.

carcinome [karsinɔm] *nm* carcinoma.

cardan [kardɑ̃] *nm* universal joint.

carder [3] [karde] *vt* to card.

cardiaque [kardjak] ◇ *adj* cardiac ; **être ~** to have a heart condition ; **crise ~** heart attack. ◇ *nmf* heart patient.

cardigan [kardigɑ̃] *nm* cardigan.

cardinal, e, aux [kardinal, o] *adj* cardinal.
◆ **cardinal** *nm* - **1.** RELIG cardinal - **2.** [nombre] cardinal number.

cardiologue [kardjɔlɔg] *nmf* heart specialist, cardiologist.

cardio-vasculaire [kardjovaskylɛr] (*pl* **cardio-vasculaires**) *adj* cardiovascular.

Carême [karɛm] *nm* : **le ~** Lent.

carence [karɑ̃s] *nf* - **1.** [de personne, gouvernement] inadequacy, incompetence - **2.** [manque] : **~ (en)** deficiency (in).

carène [karɛn] *nf* NAUT hull.

caréner [18] [karene] *vt* - **1.** [navire] to careen - **2.** [carrosserie] to streamline.

caressant, e [karɛsɑ̃, ɑ̃t] *adj* affectionate.

caresse [karɛs] *nf* caress ; **faire une ~ à qqn** to caress sb.

caresser [4] [karese] *vt* - **1.** [personne] to caress ; [animal, objet] to stroke - **2.** *fig* [espoir] to cherish.

car-ferry [karferi] (*pl* **car-ferries**) *nm* car ferry.

cargaison [kargezɔ̃] *nf* - **1.** [transports] cargo - **2.** *fam* [grande quantité] load, pile.

cargo [kargo] *nm* - **1.** [navire] freighter - **2.** [avion] cargo plane.

cari = curry.

caribou [karibu] *nm* caribou.

caricatural, e, aux [karikatyral, o] *adj* [récit] exaggerated.

caricature [karikatyr] *nf* - **1.** [gén] caricature - **2.** *péj* [personne] sight.

carie [kari] *nf* - **1.** MÉD caries - **2.** BOT blight.

carillon [karijɔ̃] *nm* - **1.** [cloches] bells *(pl)* - **2.** [d'horloge, de porte] chime.

carillonner [3] [karijɔne] ◇ *vi* to ring. ◇ *vt* - **1.** [heure] to strike, to chime - **2.** *fig* [nouvelle] to announce.

caritatif, ive [karitatif, iv] *adj* charitable.

carlingue [karlɛ̃g] *nf* - **1.** [d'avion] cabin - **2.** [de navire] keelson.

carmélite [karmelit] *nf* Carmelite (nun).

carmin [karmɛ̃] ◇ *adj inv* crimson. ◇ *nm* [couleur] crimson ; [colorant] cochineal.

carnage [karnaʒ] *nm* slaughter, carnage.

carnassier, ère [karnasje, ɛr] *adj* carnivorous.

carnassier [karnasje] *nm* carnivore.

carnaval [karnaval] *nm* carnival.

carnet [karnɛ] *nm* **- 1.** [petit cahier] notebook ; **~ d'adresses** address book ; **~ de notes** SCOL report card **- 2.** [bloc de feuilles] book ; **~ de chèques** cheque book *UK*, checkbook *US* ; **~ de tickets** book of tickets ; **~ de timbres** book of stamps.

carnivore [karnivɔr] ◇ *adj* carnivorous. ◇ *nm* carnivore.

carotide [karɔtid] ANAT ◇ *adj* carotid. ◇ *nf* carotid artery.

carotte [karɔt] ◇ *nf* carrot ; **~s râpées** grated carrots ; **~s Vichy** glazed carrots ; **les ~s sont cuites** *fam* they've/we've *etc* had it. ◇ *adj inv* [couleur] carroty.

carpe [karp] ◇ *nf* carp ; **être muet comme une ~** *fig* not to say a word. ◇ *nm* ANAT carpus.

carpette [karpɛt] *nf* **- 1.** [petit tapis] rug **- 2.** *fam péj* [personne] doormat.

carquois [karkwa] *nm* quiver.

carré, e [kare] *adj* **- 1.** [gén] square ; **20 mètres ~s** 20 square metres **- 2.** [franc] straightforward.

◆ **carré** *nm* **- 1.** [quadrilatère] square ; **élever un nombre au ~** MATH to square a number ; **~ blanc** TV *white square in the corner of the screen indicating that a television programme is not recommended for children* ; **~ de soie** [foulard] silk square **- 2.** [sur un navire] wardroom **- 3.** CARTES : **un ~ d'as** four aces **- 4.** CULIN : **~ d'agneau** rack of lamb **- 5.** [petit terrain] patch, plot.

carreau (*pl* **-x**) [karo] *nm* **- 1.** [carrelage] tile **- 2.** [sol] tiled floor ; **rester sur le ~** *fig* to be knocked out **- 3.** [vitre] window pane **- 4.** [motif carré] check ; **à ~x** [tissu] checked ; [papier] squared **- 5.** CARTES diamond ; **l'atout est ~** diamonds are trumps **- 6.** *loc* **se tenir à ~** to watch one's step.

carrefour [karfur] *nm* **- 1.** [de routes, de la vie] crossroads *(sing)* **- 2.** [forum] forum, conference.

carrelage [karlaʒ] *nm* **- 1.** [action] tiling **- 2.** [surface] tiles *(pl)*.

carreler [24] [karle] *vt* to tile.

carrelet [karlɛ] *nm* **- 1.** [poisson] plaice **- 2.** [filet de pêche] net.

carreleur [karlœr] *nm* tiler.

carrément [karemɑ̃] *adv* **- 1.** [franchement] bluntly **- 2.** [complètement] completely, quite **- 3.** [sans hésiter] straight.

carrer [3] [kare] ◆ **se carrer** *vp* : **se ~ dans** to settle o.s. in.

carrière [karjɛr] *nf* **- 1.** [profession] career ; **embrasser une ~** to take up a career ; **faire ~ dans qqch** to make a career (for o.s.) in sthg **- 2.** [gisement] quarry.

carriériste [karjerist] *nmf péj* careerist.

carriole [karjɔl] *nf* **- 1.** [petite charrette] cart **- 2.** *Québec* [traîneau] sleigh.

carrossable [karɔsabl] *adj* suitable for vehicles.

carrosse [karɔs] *nm* (horse-drawn) coach.

carrosserie [karɔsri] *nf* **- 1.** [de voiture] bodywork, body **- 2.** [industrie] coachbuilding *UK*.

carrossier [karɔsje] *nm* coachbuilder *UK*.

carrousel [karuzɛl] *nm* [équitation] carousel ; **~ d'avions** *fig* aerial display.

carrure [karyr] *nf* **- 1.** [de personne] build ; *fig* stature **- 2.** [de vêtement] width across the shoulders.

cartable [kartabl] *nm* schoolbag.

carte [kart] *nf* **- 1.** [gén] card ; **~ d'abonnement** season ticket ; **~ d'anniversaire** birthday card ; **~ bancaire** cash card *UK*, bank card ; **~ de crédit** credit card ; **~ d'électeur** polling card *UK*, voter registration card *US* ; **~ d'étudiant** student card ; **~ graphique** INFORM graphics board ; **~ à gratter** scratch card ; **~ grise** ≃ logbook *UK*, ≃ car registration papers *US* ; **~ d'identité** identity card ; **~ à mémoire** memory card ; **~ mère** INFORM motherboard ; **~ nominative** personal identity card ; **Carte Orange** season ticket *(for use on public transport in Paris)* ; **~ postale** postcard ; **~ à puce** smart card ; **~ de séjour** residence permit ; **~ son** INFORM soundcard ; **~ téléphonique** phonecard ; **Carte Vermeil** *card entitling senior citizens to reduced rates in cinemas, on public transport etc* ; **~ de vœux** New Year greetings card ; **~ de visite** visiting card *UK*, calling card *US* ; **donner ~ blanche à qqn** *fig* to give sb a free hand **- 2.** [de jeu] : **~ (à jouer)** (playing) card ; **abattre ses ~s** to lay down one's cards ; *fig* to show one's hand ; **battre les ~s** to shuffle the cards ; **brouiller les ~s** *fig* to cloud *OU* obscure the issue ; **tirer les ~s à qqn** to read sb's cards **- 3.** GÉOGR map ; **~ d'état-major** ≃ Ordnance Survey map *UK*, ≃ Geological Survey map *US* ; **~ routière** road map **- 4.** [au restaurant] menu ; **à la ~** [menu] à la carte ; [horaires] flexible ; **~ des vins** wine list.

cartel [kartɛl] *nm* **- 1.** ÉCON cartel **- 2.** POLIT coalition.

carter [kartɛr] *nm* **- 1.** [de bicyclette] chain guard **- 2.** [de moteur] crankcase, sump *UK*.

carte-réponse [kartrepɔ̃s] (*pl* **cartes-réponses**) *nf* reply card.

cartésien, enne [kartezjɛ̃, ɛn] ◇ *adj* **- 1.** [rationnel] logical, rational **- 2.** [relatif à Descartes] Cartesian. ◇ *nm, f* Cartesian.

cartilage [kartilaʒ] *nm* cartilage.

cartilagineux, **euse** [kartilaʒinø, øz] *adj* - **1.** [tissu] cartilaginous - **2.** [viande] gristly.

cartographie [kartɔgrafi] *nf* cartography.

cartomancien, **enne** [kartɔmɑ̃sjɛ̃, ɛn] *nm, f* fortune-teller *(using cards)*.

carton [kartɔ̃] *nm* - **1.** [matière] cardboard ; **en ~** cardboard ; **~ ondulé** corrugated cardboard - **2.** [emballage] cardboard box ; **~ à dessin** portfolio - **3.** [cible] target ; **faire un ~** *fam* to target-shoot ; *fig* to take potshots - **4.** [carte] : **~ d'invitation** formal invitation - **5.** FOOTBALL : **~ jaune** yellow card ; **~ rouge** red card.

cartonné, **e** [kartɔne] *adj* [livre] hardback.

carton-pâte [kartɔ̃pat] (*pl* **cartons-pâtes**) *nm* pasteboard ; **de** *ou* **en ~** cardboard.

cartouche [kartuʃ] *nf* - **1.** [gén & INFORM] cartridge - **2.** [de cigarettes] carton.

cas [ka] *nm* case ; **au ~ où** in case ; **auquel ~** in which case ; **dans** *ou* **en ce ~** in that case ; **en aucun ~** under no circumstances ; **en tout ~** in any case, anyway ; **en ~ de** in case of ; **en ~ d'urgence** in an emergency ; **en ~ de besoin** if need be ; **c'est le ~ de le dire** you've hit the nail on the head ; **le ~ échéant** if the need arises, if need be ; **~ de conscience** matter of conscience ; **~ de force majeure** emergency ; **~ social** person with social problems ; **faire grand ~ de** to set great store by.

casanier, **ère** [kazanje, ɛr] *adj* & *nm, f* stay-at-home.

casaque [kazak] *nf* - **1.** [veste] overblouse ; **tourner ~** *fig* to change sides - **2.** [équitation] blouse.

cascade [kaskad] *nf* - **1.** [chute d'eau] waterfall ; *fig* stream, torrent ; **en ~** *fig* one after the other - **2.** CINÉ stunt.

cascadeur, **euse** [kaskadœr, øz] *nm, f* - **1.** [au cirque] acrobat - **2.** CINÉ stuntman (*f* stuntwoman).

cascher = **kas(c)her**.

case [kaz] *nf* - **1.** [habitation] hut - **2.** [de boîte, tiroir] compartment ; [d'échiquier] square ; [sur un formulaire] box.

casemate [kazmat] *nf* bunker.

caser [3] [kaze] *vt* - **1.** *fam* [trouver un emploi pour] to get a job for - **2.** *fam* [loger] to put up - **3.** *fam* [marier] to marry off - **4.** [placer] to put.

◆ **se caser** *vp fam* - **1.** [trouver un emploi] to get (o.s.) a job - **2.** [se marier] to get hitched - **3.** [se loger] to find a place to live.

caserne [kazɛrn] *nf* barracks.

cash [kaʃ] *nm* cash ; **payer ~** to pay (in) cash.

casher = **kas(c)her**.

casier [kazje] *nm* - **1.** [compartiment] compartment ; [pour le courrier] pigeonhole - **2.** [meuble - à bouteilles] rack ; [- à courrier] set of pigeonholes - **3.** [à la pêche] lobster pot.

◆ **casier judiciaire** *nm* police record ; **~ judiciaire vierge** clean (police) record.

casino [kazino] *nm* casino.

Caspienne [kaspjɛn] *n* : **la ~** the Caspian Sea.

casque [kask] *nm* - **1.** [de protection] helmet ; **~ intégral** crash helmet - **2.** [séchoir] hairdryer - **3.** [à écouteurs] headphones *(pl)*.

◆ **Casques bleus** *nmpl* : **les Casques bleus** the UN peace-keeping force, the blue berets.

casqué, **e** [kaske] *adj* wearing a helmet.

casquer [3] [kaske] *vi fam* to cough up.

casquette [kaskɛt] *nf* cap.

cassant, **e** [kasɑ̃, ɑ̃t] *adj* - **1.** [fragile - verre] fragile ; [- cheveux] brittle - **2.** [dur] brusque.

cassation [kasasjɔ̃] ⊳ **cour**.

casse [kas] ◇ *nf* - **1.** [action] breakage - **2.** *fam* [violence] aggro *UK* - **3.** [de voitures] scrapyard - **4.** TYPO : **haut/bas de ~** upper/lower case. ◇ *nm fam* [cambriolage] break-in.

cassé, **e** [kase] *adj* - **1.** [voûté, courbé] stooped - **2.** [voix] trembling, breaking.

casse-cou [kasku] *nmf* [personne] daredevil.

casse-croûte [kaskrut] *nm inv* snack.

casse-noisettes [kasnwazɛt], **casse-noix** [kasnwa] *nm inv* nutcrackers *(pl)*.

casse-pieds [kaspje] *fam* ◇ *adj inv* annoying. ◇ *nmf* pain (in the neck).

casser [3] [kase] ◇ *vt* - **1.** [briser] to break ; **à tout ~** *fam fig* [extraordinaire] fabulous, fantastic ; [tout au plus] at (the) most - **2.** DR to quash - **3.** COMM : **~ les prix** to slash prices. ◇ *vi* to break.

◆ **se casser** *vp* - **1.** [se briser] to break - **2.** [membre] : **se ~ un bras** to break one's arm - **3.** *fam* [se fatiguer] to strain o.s. - **4.** *fam* [s'en aller] to hop it, to push off - **5.** *loc* **se ~ la figure** *fam ou* **gueule** *tfam* [personne] to come a cropper *UK*, to take a tumble ; [livre, carafe] to crash to the ground ; [projet] to bite the dust, to take a dive.

casserole [kasrɔl] *nf* - **1.** [ustensile] saucepan ; **à la ~** CULIN braised - **2.** [voiture] (old) banger *UK* - **3.** *fam* [instrument] : **être une vraie ~** to sound tinny - **4.** *loc* **passer à la ~** *fam* to be bumped off ; [sexuellement] to get laid.

casse-tête [kastɛt] *nm inv* - **1.** *fig* [problème] headache - **2.** [jeu] puzzle.

cassette [kasɛt] *nf* - **1.** [coffret] casket - **2.** [de musique, vidéo] cassette - **3.** INFORM : **~ audionumérique** DAT tape.

casseur [kasœr] *nm* - **1.** [cambrioleur] burglar - **2.** [manifestant] rioting demonstrator.

cassis [kasis] *nm* - **1.** [fruit] blackcurrant ; [arbuste] blackcurrant bush ; [liqueur] blackcurrant liqueur - **2.** [sur la route] dip.

cassonade [kasɔnad] *nf* brown sugar.

cassoulet [kasulɛ] *nm stew of haricot beans and meat.*

cassure [kasyr] *nf* break.

castagnettes [kastaɲɛt] *nfpl* castanets.

caste [kast] *nf* caste.

casting [kastiŋ] *nm* [acteurs] cast ; [sélection] casting ; **aller à un ~** to go to an audition.

castor [kastɔr] *nm* beaver.

castration [kastrasjɔ̃] *nf* castration.

castrer [3] [kastre] *vt* to castrate ; [chat] to neuter ; [chatte] to spay.

cataclysme [kataklism] *nm* cataclysm.

catacombes [katakɔ̃b] *nfpl* catacombs.

catadioptre [katadjɔptr], **Cataphote**® [katafɔt] *nm* - **1.** [sur la route] cat's eye *UK*, highway reflector *US* - **2.** [de véhicule] reflector.

catalan, e [katalɑ̃, an] *adj* Catalan, Catalonian.

◆ **catalan** *nm* [langue] Catalan.

◆ **Catalan, e** *nm, f* Catalan, Catalonian.

Catalogne [katalɔɲ] *nf* : **la ~** Catalonia.

catalogue [katalɔg] *nm* catalogue, catalog *US*.

cataloguer [3] [katalɔge] *vt* - **1.** [classer] to catalogue, to catalog *US* - **2.** *péj* [juger] to label.

catalyseur [katalizœr] *nm* CHIM *fig* catalyst.

catalytique [katalitik] ▻ **pot**.

catamaran [katamarɑ̃] *nm* - **1.** [voilier] catamaran - **2.** [d'hydravion] floats *(pl).*

Cataphote® = **catadioptre**.

cataplasme [kataplasm] *nm* poultice.

catapulter [3] [katapylte] *vt* to catapult.

cataracte [katarakt] *nf* cataract.

catarrhe [katar] *nm* catarrh.

catastrophe [katastrɔf] *nf* disaster, catastrophe ; **~ naturelle** natural disaster ; [assurances] act of God ; **atterrir en ~** to crash-land ; **partir en ~** to leave in a mad rush.

catastrophé, e [katastrɔfe] *adj* shocked, upset.

catastrophique [katastrɔfik] *adj* disastrous, catastrophic.

catch [katʃ] *nm* wrestling.

catéchisme [kateʃism] *nm* catechism.

catégorie [kategɔri] *nf* [gén] category ; [de personnel] grade ; [de viande, fruits] quality ; **~ socio-professionnelle** ÉCON socio-economic group.

catégorique [kategɔrik] *adj* categorical.

catégoriquement [kategɔrikmɑ̃] *adv* categorically.

caténaire [katenɛr] *adj & nf* catenary.

cathédrale [katedral] *nf* cathedral.

cathode [katɔd] *nf* cathode.

cathodique [katɔdik] ▻ **tube**.

catholicisme [katɔlisism] *nm* Catholicism.

catholique [katɔlik] *adj* Catholic ; **pas (très) ~** *fig* dubious, dodgy *UK*.

catimini [katimini] ◆ **en catimini** *loc adv* secretly.

catogan [katɔgɑ̃] *nm* ribbon *(securing hair at the back of the neck).*

cauchemar [koʃmar] *nm litt & fig* nightmare.

cauchemardesque [koʃmardɛsk] *adj* nightmarish.

caudal, e, aux [kodal, o] *adj* caudal, tail *(avant n).*

causal, e, als *ou* **aux** [kozal, o] *adj* causal.

causalité [kozalite] *nf* causality.

causant, e [kozɑ̃, ɑ̃t] *adj* : **peu ~** not very chatty.

cause [koz] *nf* - **1.** [gén] cause ; **gagner qqn à sa ~** to win sb over (to one's cause) ; **à ~ de** because of ; **pour ~ de** on account of, because of ; **et pour ~!** and for good reason! ; **faire ~ commune avec qqn** to make common cause with sb - **2.** DR case - **3.** *loc* **être en ~** [intérêts] to be at stake ; [honnêteté] to be in doubt *ou* in question ; **être hors de ~** to be beyond suspicion ; **remettre en ~** to challenge, to question.

causer [3] [koze] ◇ *vt* : **~ qqch à qqn** to cause sb sthg. ◇ *vi* - **1.** [bavarder] : **~ (de)** to chat (about) - **2.** [jaser] : **~ (sur)** to gossip (about).

causerie [kozri] *nf* talk.

causette [kozɛt] *nf fam* chat ; **faire la ~ avec qqn** to have a chat with sb.

causticité [kostisite] *nf* causticness, causticity.

caustique [kostik] *adj & nm* caustic.

cauteleux, euse [kotlø, øz] *adj* sly.

cautériser [3] [koterize] *vt* to cauterize.

caution [kosjɔ̃] *nf* - **1.** [somme d'argent] guarantee ; **libérer qqn sous ~** DR to free sb on bail ; **payer la ~ de qqn** to stand bail for sb - **2.** [personne] guarantor ; **se porter ~ pour qqn** to act as guarantor for sb - **3.** [soutien] support, backing.

cautionner [3] [kosjɔne] *vt* - **1.** [se porter garant de] to guarantee - **2.** *fig* [appuyer] to support, to back.

cavalcade [kavalkad] *nf* - **1.** [de cavaliers] cavalcade - **2.** [d'enfants] stampede.

cavale [kaval] *nf fam* **être en ~** to be on the run.

cavaler [3] [kavale] *vi fam* [courir] to run *ou* rush around ; **~ après qqn/qqch** to chase (after) sb/sthg.

cavalerie [kavalri] *nf* - **1.** MIL cavalry - **2.** [de cirque] horses *(pl)*.

cavalier, ère [kavalje, ɛr] ◇ *adj* - **1.** [destiné aux cavaliers] : **allée cavalière** bridle path - **2.** *sout* [impertinent] offhand. ◇ *nm, f* - **1.** [à cheval] rider - **2.** [partenaire] partner ; **faire ~ seul** *fig* to go it alone.
◆ **cavalier** *nm* [aux échecs] knight.

cavalièrement [kavaljɛrmɑ̃] *adv* in an offhand manner.

cave [kav] ◇ *nf* - **1.** [sous-sol] cellar - **2.** [de vins] (wine) cellar - **3.** [cabaret] cellar nightclub. ◇ *nm arg crime* outsider. ◇ *adj* [joues] hollow ; [yeux] sunken.

caveau (*pl* **-x**) [kavo] *nm* - **1.** [petite cave] small cellar - **2.** [cabaret] nightclub - **3.** [sépulture] vault.

caverne [kavɛrn] *nf* cave.

caverneux, euse [kavɛrnø, øz] ▻ **voix.**

caviar [kavjar] *nm* caviar.

cavité [kavite] *nf* cavity.

CB (*abr de* **citizen's band, canaux banalisés**) *nf* CB.

cc - **1.** (*abr écrite de* **cuillère à café**) tsp - **2.** (*abr de* **charges comprises**) = **charge.**

CC (*abr de* **corps consulaire**) CC.

CCE (*abr de* **Commission des communautés européennes**) *nf* ECC.

CCI (*abr de* **Chambre de commerce et d'industrie**) *nf* CCI.

CCP (*abr de* **compte chèque postal, compte courant postal**) *nm post office account,* ≃ Giro *UK*.

CD *nm* - **1.** (*abr de* **chemin départemental**) minor road - **2.** (*abr de* **compact disc**) CD - **3.** (*abr de* **comité directeur**) steering committee - **4.** (*abr de* **corps diplomatique**) CD.

CDD *nm* (*abr de* **contrat à durée déterminée**) = **contrat** ; **elle est en ~** she's on a fixed-term contract.

CdF (*abr de* **Charbonnages de France**) *nmpl French national coal board,* ≃ NCB *UK*.

CDI *nm* - **1.** (*abr de* **centre de documentation et d'information**) *school library* - **2.** *abr de* **contrat à durée indéterminée** ; **elle est en ~** she's got a permanent work contract.

CD-Rom [sederɔm] (*abr de* **compact disc read only memory**) *nm* CD-Rom.

CDS (*abr de* **Centre des démocrates sociaux**) *nm French political party.*

CDU (*abr de* **Classification décimale universelle**) *nf* DDS.

ce [sə] ◇ *adj dém* (*m* **ce**, *m* **cet** *(devant voyelle ou h muet)* [sɛt] , *f* **cette** [sɛt] , *pl* **ces** [se]) [proche] this, these *(pl)* ; [éloigné] that, those *(pl)* ; **~ mois, ~ mois-ci** this month ; **cette année, cette année-là** that year ; **regarde de ~ côté-ci et pas de ~ côté-là** look on this side, not that side. ◇ *pron dém inv* **(c'** *devant le verbe être 3ième personne singulier)* : **c'est** it is, it's ; **~ sont** they are, they're ; **c'est mon bureau** this is my office, it's my office ; **~ sont mes enfants** these are my children, they're my children ; **c'est à Paris** it's in Paris ; **c'était hier** it was yesterday ; **qui est-~?** who is it? ; **~ qui, ~ que** what ; **ils ont eu ~ qui leur revenait** they got what they deserved ;..., **~ qui est étonnant**..., which is surprising ; **elle n'achète même pas ~ dont elle a besoin** she doesn't even buy what she needs ; **vous savez bien ~ à quoi je pense** you know exactly what I'm thinking about ; **faites donc ~ pour quoi on vous paie** do what you're paid to do.

CE ◇ *nm* - **1.** *abr de* **comité d'entreprise** - **2.** (*abr de* **cours élémentaire**) ; **~1** *second year of primary school* ; **~2** *third year of primary school.* ◇ *nf* (*abr de* **Communauté européenne**) EC.

CEA (*abr de* **Commissariat à l'énergie atomique**) *nm French atomic energy commission,* ≃ AEA *UK*, ≃ AEC *US*.

CECA, Ceca [seka] (*abr de* **Communauté européenne du charbon et de l'acier**) *nf* ECSC.

ceci [səsi] *pron dém inv* this ; **~ pour vous dire que...** this is just to say (that)... ; **~ n'explique pas cela** this doesn't explain that ; **~ (étant) dit** having said that ; **à ~ près que** with the exception that, except that.

cécité [sesite] *nf* blindness.

céder [18] [sede] ◇ *vt* - **1.** [donner] to give up ; **'cédez le passage'** 'give way *UK*', yield *US* ; **~ le passage à qqn** to let sb through, to make way for sb - **2.** [revendre] to sell. ◇ *vi* - **1.** [personne] : **~ (à)** to give in (to), to yield (to) - **2.** [chaise, plancher] to give way.

cédérom [sederɔm] *nm* INFORM CD-ROM.

CEDEX, Cedex [sedɛks] (*abr de* **courrier d'entreprise à distribution exceptionnelle**) *nm accelerated postal service for bulk users.*

cédille [sedij] *nf* cedilla ; **c ~** c cedilla.

cèdre [sɛdr] *nm* cedar.

CEI (*abr de* **Communauté d'États Indépendants**) *nf* CIS.

ceindre [81] [sɛ̃dr] *vt* - **1.** [entourer] : **~ qqch de qqch** to put sthg around sthg - **2.** [mettre] to put on.

ceinture [sɛ̃tyr] *nf* - **1.** [gén] belt ; **attachez vos ~s** fasten your seat *ou* safety belts ; **~ à enrouleur** inertia-reel seat belt ; **~ noire** [judo] black belt ; **~ de sauvetage** life belt ; **~ de sécurité** safety *ou* seat belt ; **~ verte** green belt ; **se serrer la ~** *fig* to tighten one's belt - **2.** ANAT waist - **3.** COUT waistband.

ceinturon [sɛ̃tyrɔ̃] *nm* belt.

cela [səla] *pron dém inv* that ; **~ ne vous regarde pas** it's *ou* that's none of your business ; **il y a des années de ~** that was many years ago ; **c'est ~** that's right ; **~ dit...** having said that... ; **malgré ~** in spite of that, nevertheless.

célébration [selebrasjɔ̃] *nf* celebration.

célèbre [selɛbr] *adj* famous.

célébrer [18] [selebre] *vt* - **1.** [gén] to celebrate - **2.** [faire la louange de] to praise.

célébrité [selebrite] *nf* - **1.** [renommée] fame - **2.** [personne] celebrity.

céleri [sɛlri] *nm* celery ; **~ rémoulade** CULIN *grated celeriac in mustard dressing.*

◆ **céleri rave, céleri-rave** *nm* celeriac.

célérité [selerite] *nf* speed.

céleste [selɛst] *adj* heavenly.

célibat [seliba] *nm* celibacy.

célibataire [selibatɛr] ◇ *adj* single, unmarried ; **père** *ou* **mère ~** single parent. ◇ *nmf* single person, single man (*f* woman) ; **~ endurci** confirmed bachelor.

celle ▷ **celui.**

celle-ci ▷ **celui-ci.**

celle-là ▷ **celui-là.**

celles ▷ **celui.**

celles-ci ▷ **celui-ci.**

celles-là ▷ **celui-là.**

cellier [selje] *nm* storeroom.

Cellophane® [selɔfan] *nf* Cellophane® ; **sous ~** (wrapped) in cellophane.

cellulaire [selylɛr] *adj* - **1.** BIOL & TÉLÉCOM cellular - **2.** [destiné aux prisonniers] : **régime ~** solitary confinement ; **voiture ~** prison van.

cellule [selyl] *nf* - **1.** [gén & INFORM] cell ; **~ photoélectrique** photoelectric cell - **2.** [groupe] unit ; **~ de crise** [groupe] emergency committee ; [réunion] emergency committee meeting.

cellulite [selylit] *nf* cellulite.

celluloïd [selylɔid] *nm* celluloid.

cellulose [selyloz] *nf* cellulose.

celte [sɛlt] *adj* Celtic.

◆ **Celte** *nmf* Celt.

celtique [sɛltik] ◇ *adj* Celtic. ◇ *nm* [langue] Celtic.

celui [səlɥi] (*f* **celle** [sɛl] , *mpl* **ceux** [sø] , *fpl* **celles** [sɛl]) *pron dém* - **1.** [suivi d'un complément prépositionnel] the one ; **celle de devant** the one in front ; **ceux d'entre vous qui...** those of you who... - **2.** [suivi d'un pronom relatif] : **~ qui** [objet] the one which *ou* that ; [personne] the one who ; **c'est celle qui te va le mieux** that's the one which *ou* that suits you best ; **~ que vous voyez** the one (which *ou* that) you can see, the one whom you can see ; **ceux que je connais** those I know - **3.** [suivi d'un adjectif, d'un participe] the one.

celui-ci [səlɥisi] (*f* **celle-ci** [sɛlsi] , *mpl* **ceux-ci** [søsi] , *fpl* **celles-ci** [sɛlsi]) *pron dém* this one, these ones *(pl)*.

celui-là [səlɥila] (*f* **celle-là** [sɛlla] , *mpl* **ceux-là** [søla] , *fpl* **celles-là** [sɛlla]) *pron dém* that one, those ones *(pl)* ; **~... celui-ci** the former... the latter.

cénacle [senakl] *nm* [coterie] circle.

cendre [sɑ̃dr] *nf* ash ; **réduire qqch en ~s** to reduce sthg to ashes.

◆ **cendres** *nfpl* [restes des morts] ashes ; **renaître de ses ~s** *fig* to rise from the ashes.

◆ **Cendres** *nfpl* : **le mercredi des Cendres** Ash Wednesday.

cendré, e [sɑ̃dre] *adj* [chevelure] : **blond ~** ash blond.

cendrier [sɑ̃drije] *nm* - **1.** [de fumeur] ashtray - **2.** [de poêle] ashpan.

cène [sɛn] *nf* (Holy) Communion.

◆ **Cène** *nf* : **la Cène** the Last Supper.

censé, e [sɑ̃se] *adj* : **être ~ faire qqch** to be supposed to do sthg.

censément [sɑ̃semɑ̃] *adv sout* supposedly.

censeur [sɑ̃sœr] *nm* - **1.** SCOL ≃ deputy head *UK*, ≃ vice-principal *US* - **2.** CINÉ & PRESSE censor - **3.** *fig* [juge] critic.

censure [sɑ̃syr] *nf* - **1.** [presse & CINÉ] [- contrôle] censorship ; [- censeurs] censors *(pl)* - **2.** POLIT censure - **3.** PSYCHO censor.

censurer [3] [sɑ̃syre] *vt* - **1.** CINÉ, PRESSE & PSYCHO to censor - **2.** [juger] to censure.

cent [sɑ̃] ◇ *adj num inv* one hundred, a hundred. ◇ *nm* - **1.** [nombre] a hundred, *voir aussi* **six** - **2.** [mesure de proportion] : **pour ~** percent ; **~ pour ~** a hundred percent - **3.** [monnaie] cent.

centaine [sɑ̃tɛn] *nf* - **1.** [cent unités] hundred - **2.** [un grand nombre] : **une ~ de** about a hundred ; **des ~s (de)** hundreds (of) ; **plusieurs ~s de** several hundred ; **par ~s** in hundreds.

centenaire [sɑ̃tnɛr] ◇ *adj* hundred-year-old *(avant n)* ; **être ~** to be a hundred years old. ◇ *nmf* centenarian. ◇ *nm* [anniversaire] centenary *UK*, centennial *US*.

centiare [sɑ̃tjar] *nm* square metre *UK ou* meter *US*.

centième [sɑ̃tjɛm] ◇ *adj num inv, nm* & *nmf* hundredth, *voir aussi* **sixième**. ◇ *nf* THÉÂTRE hundredth performance.

centigrade [sɑ̃tigrad] ▷ **degré**.

centigramme [sɑ̃tigram] *nm* centigram.

centilitre [sɑ̃tilitr] *nm* centilitre *UK*, centiliter *US*.

centime [sɑ̃tim] *nm* cent.

centimètre [sɑ̃timɛtr] *nm* - **1.** [mesure] centimetre *UK*, centimeter *US* ; **~ cube** cubic centimetre *UK ou* centimeter *US* - **2.** [ruban, règle] tape measure.

central, **e**, **aux** [sɑ̃tral, o] *adj* central.
◆ **central** *nm* - **1.** TENNIS centre *UK ou* center *US* court - **2.** [de réseau] : **~ téléphonique** telephone exchange.
◆ **centrale** *nf* - **1.** [usine] power plant *ou* station ; **~e hydroélectrique** hydroelectric power station ; **~e nucléaire** nuclear power plant *ou* station - **2.** [syndicale] *group of affiliated trade unions* - **3.** COMM : **~e d'achat** buying group.
◆ **Centrale** *nf grande école training highly-qualified engineers.*

centralien, **enne** [sɑ̃traljɛ̃, ɛn] *nm, f* engineering student.

centralisation [sɑ̃tralizasjɔ̃] *nf* centralization.

centraliser [3] [sɑ̃tralize] *vt* to centralize.

centre [sɑ̃tr] *nm* [gén] centre *UK*, center *US* ; **~ d'accueil** reception centre *UK ou* center *US* ; **~ aéré** outdoor centre *UK ou* center *US* ; **~ antipoison** poison centre *UK ou* center *US* ; **~ d'appels** call centre *UK ou* center *US* ; **~ commercial** shopping centre *UK ou* mall *US* ; **~ culturel** arts centre *UK ou* center *US* ; **~ de documentation** reference library ; **~ équestre** riding school ; **~ de gravité** centre *UK ou* center *US* of gravity ; **~ nerveux** nerve centre *UK ou* center *US* ; **~ de rééducation** rehabilitation centre *UK ou* center *US*.

centrer [3] [sɑ̃tre] *vt* to centre *UK*, to center *US*.

centre-ville [sɑ̃trəvil] (*pl* **centres-villes**) *nm* city centre *UK ou* center *US*, town centre *UK ou* downtown *US*.

centrifuge [sɑ̃trifyʒ] ▷ **force**.

centrifugeuse [sɑ̃trifyʒøz] *nf* - **1.** TECHNOL centrifuge - **2.** CULIN juice extractor.

centriste [sɑ̃trist] POLIT ◇ *adj* centre *(avant n) UK*, center *(avant n) US*. ◇ *nmf* centrist.

centuple [sɑ̃typl] *nm* : **être le ~ de qqch** to be a hundred times sthg ; **au ~** a hundredfold.

centupler [3] [sɑ̃typle] *vt* & *vi* to increase a hundredfold.

cep [sɛp] *nm* stock.

CEP (*abr de* **certificat d'études primaires**) *nm school-leaving certificate formerly taken at end of primary education.*

cépage [sepaʒ] *nm* (type of) vine.

cèpe [sɛp] *nm* cep.

cependant [səpɑ̃dɑ̃] *conj* however, yet.

céramique [seramik] *nf* - **1.** [matière, objet] ceramic - **2.** [art] ceramics *(U)*, pottery.

cerbère [sɛrbɛr] *nm* strict caretaker *UK ou* doorkeeper.

cerceau (*pl* **-x**) [sɛrso] *nm* hoop.

cercle [sɛrkl] *nm* circle ; **~ d'amis** circle of friends ; **~ vicieux** vicious circle.

cerclé, **e** [sɛrkle] *adj* ringed ; **des lunettes ~es d'écaille** horn-rimmed glasses.

cercueil [sɛrkœj] *nm* coffin.

céréale [sereal] *nf* cereal.

cérébral, **e**, **aux** [serebral, o] ◇ *adj* - **1.** [du cerveau] cerebral - **2.** [personne, activité] intellectual. ◇ *nm, f* intellectual.

cérémonial, **als** [seremɔnjal] *nm* ceremonial.

cérémonie [seremɔni] *nf* ceremony ; **sans ~** without ceremony, informally ; **faire des ~s** to make a fuss.

cérémonieux, **euse** [seremɔnjø, øz] *adj* ceremonious.

CERES [serɛs] (*abr de* **Centre d'études, de recherches et d'éducation socialiste**) *nm formerly the intellectual section of the French socialist party.*

cerf [sɛr] *nm* stag.

cerfeuil [sɛrfœj] *nm* chervil.

cerf-volant [sɛrvɔlɑ̃] (*pl* **cerfs-volants**) *nm* - **1.** [jouet] kite - **2.** [insecte] stag beetle.

cerise [səriz] ◇ *nf* cherry ; **~ à grappes** choke berry ; **la ~ sur le gâteau** *fig* the icing on the cake. ◇ *adj inv* cherry.

cerisier [sərizje] *nm* [arbre] cherry (tree) ; [bois] cherry (wood).

CERN, **Cern** [sɛrn] (*abr de* **Conseil européen pour la recherche nucléaire**) *nm* CERN.

cerne [sɛrn] *nm* ring.

cerné [sɛrne] ▷ **œil**.

cerner [3] [sɛrne] *vt* - **1.** [encercler] to surround - **2.** [entourer d'un trait] to ring - **3.** *fig* [sujet] to define.

certain, **e** [sɛrtɛ̃, ɛn] ◇ *adj* certain ; **c'est une chose ~e** there's no doubt about it ; **être ~ de qqch** to be certain *ou* sure of sthg ; **être ~ que** to be certain *ou* sure (that) ; **je suis pourtant ~ d'avoir mis mes clés là** but I'm certain *ou* sure I left my keys there. ◇ *adj indéf (avant n)* certain ; **il a un ~ talent** he has some talent *ou* a certain talent ; **à un**

~ **moment** at some point ; **~s jours** some days ; **un ~ temps** for a while ; **dans une certaine mesure** to a certain extent ; **avoir un ~ âge** to be getting on, to be past one's prime ; **c'est un monsieur d'un ~ âge** he's getting on a bit ; **un ~ M. Lebrun** a Mr Lebrun.
◆ **certains** (*fpl* **certaines**) *pron indéf pl* some.

certainement [sɛrtɛnmɑ̃] *adv* [probablement] most probably, most likely ; [bien sûr] certainly.

certes [sɛrt] *adv* of course.

certificat [sɛrtifika] *nm* **- 1.** [attestation, diplôme] certificate ; **~ d'aptitude professionnelle** vocational training certificate ; **~ d'études** *primary school-leaving certificate* ; **~ médical** medical certificate ; **~ de scolarité** *certificate of regular attendance at school or university* **- 2.** [référence] reference.

certifié, e [sɛrtifje] *adj* : **professeur ~** qualified teacher.

certifier [9] [sɛrtifje] *vt* **- 1.** [assurer] : **~ qqch à qqn** to assure sb of sthg **- 2.** [authentifier] to certify.

certitude [sɛrtityd] *nf* certainty.

cérumen [serymɛn] *nm* wax, earwax.

cerveau [sɛrvo] *nm* brain.

cervelas [sɛrvəla] *nm* saveloy.

cervelle [sɛrvɛl] *nf* **- 1.** ANAT brain **- 2.** [facultés mentales, aliment] brains *(pl)* **- 3.** *loc* **se brûler la ~** to blow one's brains out ; **se creuser la ~** to rack one's brains.

cervical, e, aux [sɛrvikal, o] *adj* cervical ; **(vertèbre) ~e** cervical vertebra.

ces ▷ **ce**.

CES *nm* **- 1.** (*abr de* **collège d'enseignement secondaire**) *former secondary school* **- 2.** *abr de* **Contrat emploi-solidarité**.

César [sezar] *nm* : **les ~s** *French cinema awards*.

Les Césars

The *César* awards are the French version of the Oscars. Every March since 1976, film industry professionals have honoured the Best French Film, the Best Foreign Film, the Best Director, Actor and Supporting Actor, the Best Soundtrack, etc. The name *César* comes from the name of the artist who designed the trophies given to the winners.

césarienne [sezarjɛn] *nf* caesarean (section).

cessante [sɛsɑ̃t] ▷ **affaire**.

cessation [sɛsasjɔ̃] *nf* suspension.

cesse [sɛs] *nf* : **n'avoir de ~ que** *(+ subjonctif)* *sout* not to rest until.
◆ **sans cesse** *loc adv* continually, constantly.

cesser [4] [sese] ◇ *vi* to stop, to cease. ◇ *vt* to stop ; **~ de faire qqch** to stop doing sthg.

cessez-le-feu [seselfø] *nm inv* cease-fire.

cession [sɛsjɔ̃] *nf* transfer.

c'est-à-dire [setadir] *conj* **- 1.** [en d'autres termes] : **~ (que)** that is (to say) **- 2.** [introduit une restriction, précision, réponse] : **~ que** well..., actually...

cet ▷ **ce**.

cétacé [setase] *nm* cetacean.

cette ▷ **ce**.

ceux ▷ **celui**.

ceux-ci ▷ **celui-ci**.

ceux-là ▷ **celui-là**.

cévenol, e [sevnɔl] *adj* of/from the Cévennes region.

Ceylan [selɑ̃] *nm* Ceylon.

cf. (*abr écrite de* **confer**) cf.

CFA ◇ *nf* (*abr de* **Communauté financière africaine**) ; **franc ~** *currency used in former French African colonies*. ◇ *nm* (*abr de* **centre de formation des apprentis**) *centre for apprenticeship training*.

CFAO (*abr de* **conception de fabrication assistée par ordinateur**) *nf* CAM.

CFC (*abr de* **chlorofluorocarbone**) *nm* CFC.

CFDT (*abr de* **Confédération française démocratique du travail**) *nf French trade union*.

CFES (*abr de* **certificat de fin d'études secondaires**) *nm school-leaving certificate*.

CFF (*abr de* **Chemins de fer fédéraux**) *nmpl Swiss railways*.

CFL (*abr de* **Chemins de fer luxembourgeois**) *nmpl Luxembourg railways*.

CFP (*abr de* **Compagnie française des pétroles**) *nf French oil company*.

CFTC (*abr de* **Confédération française des travailleurs chrétiens**) *nf French trade union*.

CGC (*abr de* **Confédération générale des cadres**) *nf French management union*.

CGT (*abr de* **Confédération générale du travail**) *nf French trade union (affiliated to the Communist party)*.

ch. **- 1.** (*abr de* **charges**) = **charge** **- 2.** *abr de* **chauffage** **- 3.** (*abr de* **cherche**) ▷ **chercher**.

CH (*abr écrite de* **Confédération helvétique**) *Switzerland (as nationality sticker on a car)*.

chacal [ʃakal] *nm* jackal.

chacun, e [ʃakœ̃, yn] *pron indéf* each (one) ; [tout le monde] everyone, everybody ; **~ de nous/de vous/d'eux** each of us/you/them ; **~ pour soi** every man for himself ; **tout un ~** every one of us/them.

chagrin, **e** [ʃagrɛ̃, in] *adj* [personne] grieving ; [caractère, humeur] morose.
◆ **chagrin** *nm* grief ; **avoir du ~** to grieve.

chagriner [3] [ʃagrine] *vt* - **1.** [peiner] to grieve, to distress - **2.** [contrarier] to upset.

chahut [ʃay] *nm* uproar.

chahuter [3] [ʃayte] ◇ *vi* to cause an uproar. ◇ *vt* - **1.** [importuner - professeur] to rag, to tease ; [- orateur] to heckle - **2.** [bousculer] to jostle.

chahuteur, **euse** [ʃaytœr, øz] ◇ *adj* disruptive, rowdy. ◇ *nm, f* - **1.** [enfant] disruptive child - **2.** [manifestant] heckler.

chai [ʃɛ] *nm* wine and spirits store *ou* storehouse.

chaîne [ʃɛn] *nf* - **1.** [gén] chain ; **~ de montagnes** mountain range - **2.** [dans l'industrie] : **~ de fabrication/de montage** production/assembly line ; **travail à la ~** production-line work ; **produire qqch à la ~** to mass-produce sthg - **3.** TV channel ; **~ câblée** cable channel ; **~ cryptée** pay channel *(for which one needs a special decoding unit)* ; **une ~ payante** a subscription TV channel ; **~ à péage** pay TV channel ; **~ de télévision** television channel, TV channel ; **~ thématique** specialized channel - **4.** [appareil] stereo (system) ; **~ hi-fi** hi-fi system.
◆ **chaînes** *nfpl fig* chains, bonds.

chaînette [ʃɛnɛt] *nf* small chain.

chaînon [ʃɛnɔ̃] *nm litt & fig* link.

chair [ʃɛr] ◇ *nf* flesh ; **bien en ~** plump ; **en ~ et en os** in the flesh ; **~ à saucisse** sausage meat ; **avoir la ~ de poule** to have goose pimples *ou* gooseflesh, to have goosebumps *US*. ◇ *adj inv* flesh-coloured *UK*, flesh-colored *US*.

chaire [ʃɛr] *nf* - **1.** [estrade - de prédicateur] pulpit ; [- de professeur] rostrum - **2.** UNIV chair.

chaise [ʃɛz] *nf* chair ; **~ électrique** electric chair ; **~ haute** high chair ; **~ longue** deckchair ; **être assis entre deux ~s** *fig* to be in an awkward situation.

chaland [ʃalɑ̃] *nm* [bateau] barge.

châle [ʃal] *nm* shawl.

chalet [ʃalɛ] *nm* - **1.** [de montagne] chalet - **2.** *Québec* [maison de campagne] (holiday) cottage.

chaleur [ʃalœr] *nf* heat ; [agréable] warmth ; **avec ~** [accueillir] warmly ; **en ~** [animal] on *UK ou* in heat.

chaleureusement [ʃalœrøzmɑ̃] *adv* warmly.

chaleureux, **euse** [ʃalœrø, øz] *adj* warm.

challenge [ʃalɑ̃ʒ] *nm* - **1.** SPORT tournament - **2.** *fig* [défi] challenge.

challenger [tʃalɛndʒœr] *nm* SPORT *fig* challenger.

chaloupe [ʃalup] *nf* rowing boat *UK*, rowboat *US*.

chalumeau [ʃalymo] *nm* - **1.** TECHNOL blowlamp *UK*, blowtorch *US* - **2.** [paille] (drinking) straw.

chalutier [ʃalytje] *nm* - **1.** [bateau] trawler - **2.** [pêcheur] trawlerman.

chamade [ʃamad] *nf* : **battre la ~** [cœur] to pound.

chamailler [3] [ʃamaje] ◆ **se chamailler** *vp fam* to squabble.

chambardement [ʃɑ̃bardəmɑ̃] *nm fam* [bouleversement] upheaval.

chambarder [3] [ʃɑ̃barde] *vt fam* - **1.** [pièce] to turn upside down - **2.** [projet] to upset.

chambouler [3] [ʃɑ̃bule] *vt fam* to make a mess of, to turn upside down.

chambranle [ʃɑ̃brɑ̃l] *nm* [de porte, fenêtre] frame ; [de cheminée] mantelpiece.

chambre [ʃɑ̃br] *nf* - **1.** [où l'on dort] : **~ (à coucher)** bedroom ; **garder la ~** to stay in one's room ; **faire ~ à part** to sleep in separate rooms ; **~ à un lit, ~ pour une personne** single room ; **~ pour deux personnes** double room ; **~ à deux lits** twin-bedded room ; **~ d'amis** spare room ; **~ d'hôte** bed and breakfast - **2.** [local] room ; **~ forte** strongroom ; **~ froide** cold store ; **~ noire** darkroom - **3.** DR division ; **~ d'accusation** court of criminal appeal - **4.** POLIT chamber, house ; **Chambre des députés** ≃ House of Commons *UK*, ≃ House of Representatives *US* - **5.** COMM : **~ de commerce** chamber of commerce ; **~ des métiers** guild chamber - **6.** TECHNOL chamber ; **~ à air** [de pneu] inner tube.

chambrée [ʃɑ̃bre] *nf* room, roomful ; [de soldats] barrack room.

chambrer [3] [ʃɑ̃bre] *vt* - **1.** [vin] to bring to room temperature - **2.** *fam* [se moquer] : **~ qqn** to pull sb's leg, to wind sb up *UK*.

chameau, **x** [ʃamo] *nm* - **1.** [mammifère] camel - **2.** *fam injur* [homme] pig ; [femme] cow.

chamois [ʃamwa] ◇ *nm* chamois ; [peau] chamois (leather). ◇ *adj inv* [couleur] fawn.

champ [ʃɑ̃] *nm* - **1.** [gén & INFORM] field ; **~ de bataille** battlefield ; **~ de courses** racecourse ; **~ magnétique** magnetic field ; **fleurs des ~s** wild flowers ; **~ visuel** field of vision *ou* view ; **laisser le ~ libre à qqn** *fig* to leave the field open *ou* clear for sb - **2.** [étendue] area ; **~ d'action** sphere of activity.

champagne [ʃɑ̃paɲ] *nm* champagne ; **~ rosé** pink champagne.

champagnisé [ʃɑ̃aɲize] ▷ **vin**.

champenois, e [ʃɑ̃pənwa, az] *adj* : **méthode ~e** champagne-style.

champêtre [ʃɑ̃pɛtr] *adj* rural.

champignon [ʃɑ̃piɲɔ̃] *nm* - **1.** BOT & MÉD fungus ; **pousser comme des ~s** *fig* to mushroom - **2.** [comestible] mushroom ; **~ de Paris** button mushroom ; **~ vénéneux** toadstool - **3.** *fam* [accélérateur] accelerator ; **appuyer sur le ~** to put one's foot down *UK*, to step on the gas *US*.

champion, onne [ʃɑ̃pjɔ̃, ɔn] ◇ *nm, f* champion ; **~ du monde** world champion. ◇ *adj fam* brilliant.

championnat [ʃɑ̃pjɔna] *nm* championship ; **~ du monde** world championship.

chance [ʃɑ̃s] *nf* - **1.** [bonheur] luck *(U)* ; **avoir de la ~** to be lucky ; **ne pas avoir de ~** to be unlucky ; **bonne ~!** good luck! ; **quelle ~!** what luck!, how lucky! ; **porter ~** to bring good luck - **2.** [probabilité, possibilité] chance, opportunity ; **avoir des ~s de faire qqch** to have a chance of doing sthg ; **donner sa ~ à qqn** to give sb a chance ; **il y a peu de ~s que...** there's not much chance that...

chancelant, e [ʃɑ̃slɑ̃, ɑ̃t] *adj* - **1.** [titubant, bancal] unsteady - **2.** *fig* [mémoire, santé] shaky.

chanceler [24] [ʃɑ̃sle] *vi* [personne, gouvernement] to totter ; [meuble] to wobble.

chancelier [ʃɑ̃səlje] *nm* - **1.** [premier ministre] chancellor - **2.** [de consulat, d'ambassade] secretary.

◆ **Chancelier** *nm* : **le Chancelier de l'Échiquier** the Chancellor of the Exchequer.

chancellerie [ʃɑ̃sɛlri] *nf* - **1.** [ministère de la justice] chancery *UK*, Department of Justice *US* - **2.** [en Allemagne] chancellor's office - **3.** [de consulat, d'ambassade] chancery.

chanceux, euse [ʃɑ̃sø, øz] *adj* lucky.

chancre [ʃɑ̃kr] *nm* - **1.** MÉD chancre - **2.** BOT canker.

chandail [ʃɑ̃daj] *nm* (thick) sweater.

Chandeleur [ʃɑ̃dlœr] *nf* Candlemas.

chandelier [ʃɑ̃dəlje] *nm* [pour une bougie] candlestick ; [à plusieurs branches] candelabra.

chandelle [ʃɑ̃dɛl] *nf* [bougie] candle ; **dîner aux ~s** candlelit dinner ; **brûler la ~ par les deux bouts** *fig* to burn the candle at both ends ; **devoir une fière ~ à qqn** *fig* to owe sb a big favour *UK ou* favor *US* ; **tenir la ~** to play gooseberry *UK* ; **voir trente-six ~s** *fam fig* to see stars.

change [ʃɑ̃ʒ] *nm* - **1.** [troc & FIN] exchange ; **donner le ~ à qqn** to pull the wool over sb's eyes ; **gagner au ~** to be better off ; **perdre au ~** to lose out - **2.** [couche de bébé] disposable nappy *UK*, diaper *US*.

changeant, e [ʃɑ̃ʒɑ̃, ɑ̃t] *adj* - **1.** [temps, humeur] changeable - **2.** [reflet] shimmering.

changement [ʃɑ̃ʒmɑ̃] *nm* change ; **~ de programme** change of plan ; **~ de vitesse** gear lever *UK*, gearshift *US*.

changer [17] [ʃɑ̃ʒe] ◇ *vt* - **1.** [gén] to change ; **~ qqch contre** to change *ou* exchange sthg for ; **~ qqn en** to change sb into ; **~ des euros en dollars** to change euros into dollars, to exchange euros for dollars - **2.** [modifier] to change, to alter ; **ne rien ~ à qqch** not to make any changes to sthg ; **ça me/te changera** that will be a (nice) change for me/you. ◇ *vi* - **1.** [gén] to change ; **~ de train (à)** to change trains (at) ; **~ d'avis** to change one's mind ; **ça changera!** that'll make a change! ; **~ de direction** to change direction ; **~ de place (avec qqn)** to change places (with sb) ; **~ de vitesse** AUTO to change gear ; **~ de voiture** to change one's car ; **pour ~** for a change - **2.** [modifier] to change, to alter ; **~ de comportement** to alter one's behaviour *UK ou* behavior *US*.

◆ **se changer** *vp* - **1.** [se rhabiller] to change, to get changed - **2.** [se transformer] : **se ~ en** to change into.

changeur [ʃɑ̃ʒœr] *nm* - **1.** [personne] moneychanger - **2.** [appareil] : **~ de monnaie** change machine.

chanoine [ʃanwan] *nm* canon.

chanson [ʃɑ̃sɔ̃] *nf* song ; **c'est toujours la même ~** *fig* it's the same old story.

chansonnette [ʃɑ̃sɔnɛt] *nf* ditty.

chansonnier, ère [ʃɑ̃sɔnje, ɛr] *nm, f* cabaret singer-songwriter.

chant [ʃɑ̃] *nm* - **1.** [chanson] song, singing *(U)* ; [sacré] hymn ; **~ du cygne** *fig* swansong ; **~ grégorien** Gregorian chant - **2.** [art] singing.

chantage [ʃɑ̃taʒ] *nm litt & fig* blackmail ; **faire du ~** to use *ou* resort to blackmail ; **faire du ~ à qqn** to blackmail sb.

chantant, e [ʃɑ̃tɑ̃, ɑ̃t] *adj* - **1.** [accent, voix] lilting - **2.** [musique, air] catchy.

chanter [3] [ʃɑ̃te] ◇ *vt* - **1.** [chanson] to sing - **2.** *fam* [raconter] to tell - **3.** *litt* [célébrer] to sing *ou* tell of ; **~ les louanges de qqn** to sing sb's praises. ◇ *vi* - **1.** [gén] to sing ; **~ juste** to sing in tune ; **~ faux** to sing off key - **2.** *loc* **faire ~ qqn** to blackmail sb ; **si ça vous chante!** *fam* if you feel like *ou* fancy it *UK*!

chanterelle [ʃɑ̃trɛl] *nf* [champignon] chanterelle.

chanteur, euse [ʃɑ̃tœr, øz] *nm, f* singer.

chantier [ʃɑ̃tje] *nm* - **1.** CONSTR (building) site ; [sur la route] roadworks *(pl)* ; **en ~** *fig* in progress ; **~ naval** shipyard, dockyard - **2.** *fig* [désordre] shambles *(sing)*, mess.

Chantilly [ʃɑ̃tiji] *nf* : **(crème) ~** *stiffly whipped cream sweetened and flavoured.*

chantonner [3] [ʃɑ̃tɔne] *vt & vi* to hum.

chanvre [ʃɑ̃vr] *nm* hemp.

chaos [kao] *nm* chaos.

chaotique [kaɔtik] *adj* chaotic.

chap. (*abr écrite de* **chapitre**) ch.

chaparder [3] [ʃaparde] *vt fam* to steal.

chapeau, x [ʃapo] *nm* - **1.** [coiffure] hat ; **~ melon** bowler hat ; **tirer son ~ à qqn** to take one's hat off to sb - **2.** PRESSE introductory paragraph - **3.** *loc* **chapeau!** *fam* nice one! ; **démarrer sur les ~x de roues** *fam* to take off like a bat out of hell.

chapeauter [3] [ʃapote] *vt* [service] to head ; [personnes] to supervise.

chapelain [ʃaplɛ̃] *nm* chaplain.

chapelet [ʃaplɛ] *nm* - **1.** RELIG rosary ; **dire son ~** to say one's rosary, to tell one's beads - **2.** [de saucisses, d'oignons] string - **3.** *fig* [d'injures] string, torrent.

chapelier, ère [ʃapəlje, ɛr] ◇ *adj* hat *(avant n)*. ◇ *nm, f* [pour hommes] hatter ; [pour femmes] milliner.

chapelle [ʃapɛl] *nf* - **1.** [petite église] chapel ; [partie d'église] choir ; **~ ardente** chapel of rest - **2.** [coterie] clique.

chapelure [ʃaplyr] *nf* (dried) breadcrumbs *(pl)*.

chaperon [ʃaprɔ̃] *nm* - **1.** LITTÉR : **le Petit ~ Rouge** Little Red Riding Hood - **2.** [personne] chaperone.

chapiteau [ʃapito] *nm* - **1.** [de colonne] capital - **2.** [de cirque] big top.

chapitre [ʃapitr] *nm* - **1.** [de livre & RELIG] chapter - **2.** [de budget] head, item - **3.** *fig* [sujet] subject.

chapitrer [3] [ʃapitre] *vt sout* to reprimand.

chapon [ʃapɔ̃] *nm* - **1.** [volaille] capon - **2.** [en-cas] *piece of bread rubbed with garlic and oil.*

chaque [ʃak] *adj indéf* each, every ; **~ personne** each person, everyone ; **j'ai payé ces livres 100 euros ~** I paid 100 euros each for these books.

char [ʃar] *nm* - **1.** MIL : **~ (d'assaut)** tank - **2.** [charrette] cart, waggon *UK*, wagon - **3.** [de carnaval] float - **4.** *Québec* [voiture] car - **5.** HIST chariot.

charabia [ʃarabja] *nm* gibberish.

charade [ʃarad] *nf* charade.

charbon [ʃarbɔ̃] *nm* - **1.** [combustible] coal ; **~ de bois** charcoal ; **être sur des ~s ardents** *fig* to be like a cat on hot bricks *UK ou* on a hot tin roof *US* - **2.** [maladie] anthrax.

charbonnage [ʃarbɔnaʒ] *nm* coalmining ; **les ~s** collieries, coalmines.

charbonnier, ère [ʃarbɔnje, ɛr] *adj* coal *(avant n)*.

◆ **charbonnier** *nm* - **1.** [cargo] collier - **2.** [vendeur] coal merchant ; [livreur] coalman.

charcuter [3] [ʃarkyte] *vt fam péj* to butcher.

charcuterie [ʃarkytri] *nf* - **1.** [magasin] pork butcher's - **2.** [produits] pork meat products - **3.** [commerce] pork meat trade.

charcutier, ère [ʃarkytje, ɛr] *nm, f* [commerçant] pork butcher.

chardon [ʃardɔ̃] *nm* - **1.** [plante] thistle - **2.** [sur un mur] spikes *(pl)*.

chardonneret [ʃardɔnrɛ] *nm* goldfinch.

charentais, e [ʃarɑ̃tɛ, ɛz] *adj* of/from Charente.

◆ **charentaise** *nf* (bedroom) slipper.

charge [ʃarʒ] *nf* - **1.** [fardeau] load - **2.** [fonction] office - **3.** [responsabilité] responsibility ; **être à la ~ de** [personne] to be dependent on ; **les travaux sont à la ~ du propriétaire** the owner is liable for the cost of the work ; **prendre qqch en ~** [payer] to pay (for) sthg ; [s'occuper de] to take charge of sthg ; **prendre qqn en ~** to take charge of sb - **4.** ÉLECTR, DR & MIL charge ; **revenir à la ~** to return to the fray - **5.** *loc* **j'accepte, à ~ de revanche** I accept, provided that you'll let me do the same for you some time.

◆ **charges** *nfpl* - **1.** [d'appartement] service charge - **2.** ÉCON expenses, costs ; **~s sociales** ≃ employer's contributions.

Charges

Householders and tenants in blocks of flats are required to pay *charges*, a monthly contribution towards the general upkeep of the building. In estate agencies, rent is expressed either including this sum (*charges comprises* or *cc*) or excluding it (*hors charges* or *charges en sus*). Sometimes the *charges* include heating costs.

chargé, e [ʃarʒe] ◇ *adj* - **1.** [véhicule, personne] : **~ (de)** loaded (with) - **2.** [responsable] : **~ (de)** responsible (for) - **3.** [occupé] full, busy. ◇ *nm, f* : **~ d'affaires** chargé d'affaires ; **~ de cours** ≃ lecturer ; **~ de mission** head of mission.

chargement [ʃarʒəmɑ̃] *nm* - **1.** [action] loading - **2.** [marchandises] load.

charger [17] [ʃarʒe] *vt* - **1.** [gén & INFORM] to load - **2.** [remplir] to fill - **3.** ÉLECTR, DR & MIL to charge - **4.** [donner une mission à] : **~ qqn de faire qqch** to put sb in charge of doing sthg.

◆ **se charger** *vp* : **se ~ de qqn/qqch** to take care of sb/sthg, to take charge of sb/sthg ; **se ~ de faire qqch** to undertake to do sthg.

chargeur [ʃarʒœr] *nm* - **1.** ÉLECTR charger - **2.** [d'arme] magazine - **3.** [d'appareil photo] cartridge, cassette - **4.** [personne - qui expédie une charge] shipper ; [- qui charge] docker *UK*, longshoreman *US*, stevedore *US*.

chariot [ʃarjo] *nm* - **1.** [charrette] handcart - **2.** [à bagages, dans un hôpital] trolley *UK*, cart *US* ; **~ élévateur** forklift truck - **3.** [de machine à écrire] carriage.

charismatique [karismatik] *adj* charismatic.

charisme [karism] *nm* charisma.

charitable [ʃaritabl] *adj* charitable ; [conseil] friendly.

charité [ʃarite] *nf* - **1.** [aumône & RELIG] charity ; **faire la ~ à qqn** to give sb charity - **2.** [bonté] kindness.

charivari [ʃarivari] *nm* hullabaloo.

charlatan [ʃarlatɑ̃] *nm péj* charlatan.

charlotte [ʃarlɔt] *nf* CULIN charlotte.

charmant, e [ʃarmɑ̃, ɑ̃t] *adj* charming.

charme [ʃarm] *nm* - **1.** [séduction] charm ; **faire du ~ (à qqn)** to turn on the charm (for sb) - **2.** [enchantement] spell ; **rompre le ~** to break the spell - **3.** [arbre] ironwood, hornbeam - **4.** *loc* **se porter comme un ~** *fam* to be as fit as a fiddle.

charmer [3] [ʃarme] *vt* to charm ; **être charmé de faire qqch** to be delighted to do sthg.

charmeur, euse [ʃarmœr, øz] ◇ *adj* charming. ◇ *nm, f* charmer ; **~ de serpents** snake charmer.

charnel, elle [ʃarnɛl] *adj* carnal.

charnier [ʃarnje] *nm* mass grave.

charnière [ʃarnjɛr] ◇ *nf* hinge ; *fig* turning point. ◇ *adj* [période] transitional.

charnu, e [ʃarny] *adj* fleshy.

charognard [ʃarɔɲar] *nm litt & fig* vulture.

charogne [ʃarɔɲ] *nf* - **1.** [d'animal] carrion *(U)* - **2.** *tfam* [crapule - homme] bastard ; [- femme] bitch.

charpente [ʃarpɑ̃t] *nf* - **1.** [de bâtiment, de roman] framework - **2.** [ossature] frame.

charpenté, e [ʃarpɑ̃te] *adj* : **être bien ~** [personne] to be well-built ; [roman] to be well-constructed.

charpentier [ʃarpɑ̃tje] *nm* carpenter.

charretier, ère [ʃartje, ɛr] ◇ *adj* cart *(avant n).* ◇ *nm, f* carter ; **jurer comme un ~** to swear like a trooper.

charrette [ʃarɛt] *nf* cart.

charrier [9] [ʃarje] ◇ *vt* - **1.** [personne, fleuve] to carry - **2.** *fam* [se moquer de] : **~ qqn** to take sb for a ride. ◇ *vi fam* [exagérer] to go too far.

charrue [ʃary] *nf* plough *UK*, plow *US* ; **mettre la ~ avant les bœufs** *fam fig* to put the cart before the horse.

charte [ʃart] *nf* charter ; **l'École nationale des ~s** *grande école for archivists and librarians.*

charter [ʃartɛr] ◇ *nm* chartered plane. ◇ *adj inv (en apposition)* charter *(avant n).*

chartreuse [ʃartrøz] *nf* - **1.** RELIG Carthusian monastery - **2.** [liqueur] Chartreuse.

chas [ʃa] *nm* eye *(of needle).*

chasse [ʃas] *nf* - **1.** [action] hunting ; **aller à la ~** to go hunting ; **~ à courre** hunting *(on horseback with hounds)* - **2.** [période] : **la ~ est ouverte/fermée** it's the open/close season - **3.** [domaine] : **~ gardée** private hunting *ou* shooting preserve ; *fig* preserve - **4.** [poursuite] chase ; **faire la ~ à qqch** to chase sthg ; **faire la ~ à qqn/qqch** *fig* to hunt (for) sb/sthg, to hunt sb/sthg down ; **prendre qqn/qqch en ~** to give chase to sb/sthg ; **~ à l'homme** manhunt - **5.** [des cabinets] : **~ (d'eau)** flush ; **tirer la ~** to flush the toilet.

◆ **chasse au trésor** *nf* treasure hunt.

chassé-croisé [ʃasekrwaze] *(pl* **chassés-croisés***)* *nm* toing and froing.

chasse-neige [ʃasnɛʒ] *nm inv* snowplough *UK*, snowplow *US*.

chasser [3] [ʃase] ◇ *vt* - **1.** [animal] to hunt - **2.** [faire partir - personne] to drive *ou* chase away ; [- odeur, souci] to dispel. ◇ *vi* - **1.** [aller à la chasse] to go hunting, to hunt - **2.** [roues] to skid.

chasseur, euse [ʃasœr, øz] *nm, f* hunter.

◆ **chasseur** *nm* - **1.** [d'hôtel] page, messenger, bellhop *US* - **2.** MIL : **~ alpin** *soldier specially trained for operations in mountainous terrain* - **3.** [avion] fighter.

◆ **chasseur de têtes** *nm* headhunter.

châssis [ʃasi] *nm* - **1.** [de fenêtre, de porte, de machine] frame - **2.** [de véhicule] chassis - **3.** [de tableau] stretcher.

chaste [ʃast] *adj* chaste.

chasteté [ʃastəte] *nf* chastity.

chasuble [ʃazybl] ◇ *nf* chasuble. ◇ *adj* ▷ **robe**.

chat[1]**, chatte** [ʃa, ʃat] *nm, f* cat ; **~ de gouttière** ordinary cat, alley cat *US* ; **~ sauvage** wildcat ; *Québec* [raton laveur] raccoon ; **~ persan/siamois** Persian/Siamese cat ; **il n'y a pas un ~** *fam* there's not a soul ; **appeler un ~ un ~** to call a spade a spade ; **avoir d'autres ~s à fouetter** to have other fish to fry ; **avoir un ~ dans la gorge** to have a frog in one's throat.

chat[2] [tʃat] *nm* INFORM chat.

châtaigne [ʃatɛɲ] *nf* - **1.** [fruit] chestnut - **2.** *fam* [coup] clout.

châtaignier [ʃateɲe] *nm* [arbre] chestnut (tree) ; [bois] chestnut.

châtain [ʃatɛ̃] *adj & nm* chestnut, chestnut-brown.

château, **x** [ʃato] *nm* - **1.** [forteresse] : **~ (fort)** castle - **2.** [résidence - seigneuriale] mansion ; [- de monarque, d'évêque] palace ; **~ de cartes** *litt* & *fig* house of cards ; **~ gonflable** [jeu de plage, attraction] bouncy castle ; **~ de sable** sandcastle ; **les châteaux de la Loire** the Châteaux of the Loire ; **bâtir des ~x en Espagne** *fig* to build castles in Spain - **3.** [vignoble] château, vineyard - **4.** [réservoir] : **~ d'eau** water tower.

chateaubriand, **châteaubriant** [ʃatobrijɑ̃] *nm thickest part of a fillet of beef.*

châtelain, **e** [ʃatlɛ̃, ɛn] *nm, f* lord (*f* lady) of the manor.

châtier [9] [ʃatje] *vt sout* - **1.** [punir] to punish - **2.** [polir] to refine, to hone.

chatière [ʃatjɛr] *nf* - **1.** [pour chat] cat-flap - **2.** [d'aération] air vent.

châtiment [ʃatimɑ̃] *nm* punishment.

chaton [ʃatɔ̃] *nm* - **1.** [petit chat] kitten - **2.** BOT catkin - **3.** [de bague] setting - **4.** [pierre] stone.

chatouiller [3] [ʃatuje] *vt* - **1.** [faire des chatouilles à] to tickle - **2.** *fig* [titiller] to titillate.

chatouilles [ʃatuj] *nfpl* tickling *(U)*.

chatouilleux, **euse** [ʃatujø, øz] *adj* - **1.** [sensible aux chatouilles] ticklish - **2.** *fig* [susceptible] touchy.

chatoyant, **e** [ʃatwajɑ̃, ɑ̃t] *adj* [reflet, étoffe] shimmering ; [bijou] sparkling.

chatoyer [13] [ʃatwaje] *vi* [reflet, étoffe] to shimmer ; [bijou] to sparkle.

châtrer [3] [ʃatre] *vt* to castrate ; [chat] to neuter ; [chatte] to spay.

chatte ▷ **chat**.

chatterton [ʃatɛrtɔn] *nm* ÉLECTR insulating tape *UK*, friction tape *US*.

chaud, **e** [ʃo, ʃod] *adj* - **1.** [gén] warm ; [de température très élevée, sensuel] hot - **2.** *fig* [enthousiaste] : **être ~ pour qqch/pour faire qqch** to be keen on sthg/on doing sthg - **3.** [animé] tense.

◆ **chaud** ◇ *adv* : **avoir ~** to be warm *ou* hot ; **il fait ~** it's warm *ou* hot ; **manger ~** to have something hot (to eat) ; **tenir ~** to keep warm ; **j'ai eu ~** [l'échapper belle] I had a narrow *ou* lucky escape ; [avoir peur] I had a nasty shock *ou* fright. ◇ *nm* heat ; **rester au ~** to stay in the warm ; **un ~ et froid** a chill.

chaudement [ʃodmɑ̃] *adv* warmly.

chaud-froid [ʃofrwa] (*pl* **chauds-froids**) *nm poultry or game served cold in a thick white sauce glazed with jelly.*

chaudière [ʃodjɛr] *nf* boiler.

chaudron [ʃodrɔ̃] *nm* cauldron.

chauffage [ʃofaʒ] *nm* - **1.** [action] heating - **2.** [appareil] heating (system) ; **~ central** central heating.

chauffant, **e** [ʃofɑ̃, ɑ̃t] *adj* heating ; **couverture ~e** electric blanket ; **plaque ~e** hotplate.

chauffard [ʃofar] *nm péj* reckless driver.

chauffe-biberon [ʃofbibrɔ̃] (*pl* **chauffe-biberons**) *nm* bottle-warmer.

chauffe-eau [ʃofo] *nm inv* waterheater.

chauffe-plats [ʃofpla] *nm inv* hotplate, chafing dish.

chauffer [3] [ʃofe] ◇ *vt* [rendre chaud] to heat (up) ; **~ à blanc** to heat until white-hot. ◇ *vi* - **1.** [devenir chaud] to heat up - **2.** [moteur] to overheat - **3.** *fam* [barder] : **ça va ~** there's going to be trouble.

◆ **se chauffer** *vp* : **se ~ à qqch** to heat one's house with sthg.

chaufferette [ʃofrɛt] *nf* - **1.** [réchaud] hotplate, chafing dish - **2.** [pour les pieds] footwarmer.

chaufferie [ʃofri] *nf* boiler room.

chauffeur [ʃofœr] *nm* - **1.** AUTO driver ; **~ du dimanche** Sunday driver ; **~ de taxi** taxi driver - **2.** [de chaudière] stoker.

chaume [ʃom] *nm* - **1.** [paille] thatch - **2.** [de céréales] stubble.

chaumière [ʃomjɛr] *nf* cottage.

chaussée [ʃose] *nf* road, roadway ; **'~ déformée'** 'uneven road surface'.

chausse-pied [ʃospje] (*pl* **chausse-pieds**) *nm* shoehorn.

chausser [3] [ʃose] ◇ *vt* - **1.** [chaussures, lunettes, skis] to put on ; **~ qqn** to put sb's shoes on - **2.** [fournir] to supply shoes to - **3.** [suj: chaussures] to fit. ◇ *vi* : **~ du 39** to take size 39 (shoes).

◆ **se chausser** *vp* to put one's shoes on.

chausse-trape (*pl* **chausse-trapes**), **chausse-trappe** (*pl* **chausse-trappes**) [ʃostrap] *nf* trap.

chaussette [ʃosɛt] *nf* sock.

chausseur [ʃosœr] *nm* shoemaker.

chausson [ʃosɔ̃] *nm* - **1.** [pantoufle] slipper - **2.** [de danse] ballet shoe - **3.** [de bébé] bootee - **4.** CULIN turnover ; **~ aux pommes** apple turnover.

chaussure [ʃosyr] *nf* - **1.** [soulier] shoe ; **~ basse** low-heeled shoe, flat shoe ; **~ à crampons** [pour football, rugby] studded boot ; [pour athlétisme] spiked shoe ; **~ de marche** [de randonnée] hiking *ou* walking boot ; [confortable] walking shoe ; **~ montante** (ankle) boot ; **~ à scratch** shoe with Velcro® fastenings ; **~ de ski** ski boot ; **~s à talon** (shoes with) heels ; **trouver ~ à son pied** *fam fig* to find Mr/Miss Right - **2.** [industrie] footwear industry.

chauve [ʃov] ◇ *adj* [sans cheveux] bald. ◇ *nm* bald man.

chauve-souris [ʃovsuri] (*pl* **chauves-souris**) *nf* bat.

chauvin, e [ʃovɛ̃, in] ◇ *adj* chauvinistic. ◇ *nm, f* chauvinist.

chauvinisme [ʃovinism] *nm* chauvinism.

chaux [ʃo] *nf* lime ; **blanchi à la ~** whitewashed.

chavirer [3] [ʃavire] ◇ *vi* - **1.** [bateau] to capsize - **2.** *fig* [tourner] to spin - **3.** *fig* [échouer] to founder. ◇ *vt* - **1.** [bateau] to capsize - **2.** [meuble] to tip over.

chéchia [ʃeʃja] *nf* fez.

check-up [tʃɛkœp] *nm inv* checkup.

chef [ʃɛf] *nm* - **1.** [d'un groupe] head, leader ; [au travail] boss ; **en ~** in chief ; **~ de chantier** foreman ; **~ d'entreprise** company head ; **~ d'État** head of state ; **~ de fabrication** production manager ; **~ de famille** head of the family ; **~ de file** POLIT (party) leader ; **~ de gare** stationmaster ; **~ de marque** brand manager ; **~ d'orchestre** conductor ; **~ de produit** product manager ; **~ de projet** project manager ; **~ de rayon** departmental manager *ou* supervisor ; **~ de service** ADMIN departmental manager - **2.** [cuisinier] chef - **3.** *loc* **de son propre ~** on one's own initiative ; **opiner du ~** to nod agreement.
◆ **chef d'accusation** *nm* charge, count.

chef-d'œuvre [ʃɛdœvr] (*pl* **chefs-d'œuvre**) *nm* masterpiece.

chef-lieu [ʃɛfljø] (*pl* **chefs-lieux**) *nm* ≃ county town *UK*, ≃ county seat *US*.

cheik [ʃɛk] *nm* sheikh.

chemin [ʃəmɛ̃] *nm* - **1.** [voie] path ; **~ vicinal** byroad, minor road ; **~ d'accès** path - **2.** [parcours] way ; *fig* road ; **en ~** on the way ; **faire du ~** to cover a lot of ground ; *fig* to gain ground ; **rebrousser ~** to turn back ; **le ~ de croix** the way of the cross ; **prendre le ~ des écoliers** *fig* to go the long way round ; **suivre le droit ~** *fig* to stay on the straight and narrow.
◆ **chemin de fer** *nm* railway *UK*, railroad *US*.

cheminée [ʃəmine] *nf* - **1.** [foyer] fireplace - **2.** [conduit d'usine] chimney - **3.** [encadrement] mantelpiece - **4.** [de paquebot, locomotive] funnel.

cheminement [ʃəminmɑ̃] *nm* [progression] advance ; *fig* [d'idée] development.

cheminer [3] [ʃəmine] *vi* [avancer] to make one's way ; *fig* [idée] to develop.

cheminot [ʃəmino] *nm* railwayman *UK*, railroad man *US*.

chemise [ʃəmiz] *nf* - **1.** [d'homme] shirt ; **~ de nuit** [de femme] nightdress, nightgown - **2.** [dossier] folder.

chemiserie [ʃəmizri] *nf* [magasin] shirtmaker's ; [industrie] shirtmaking.

chemisette [ʃəmizɛt] *nf* [d'homme] short-sleeved shirt ; [de femme] short-sleeved blouse.

chemisier [ʃəmizje] *nm* - **1.** [vêtement] blouse - **2.** [marchand, fabricant] shirtmaker.

chenal, aux [ʃənal, o] *nm* [canal] channel.

chenapan [ʃnapɑ̃] *nm* *hum* rascal.

chêne [ʃɛn] *nm* [arbre] oak (tree) ; [bois] oak.

chenet [ʃənɛ] *nm* firedog.

chenil [ʃənil] *nm* [pour chiens] kennel.

chenille [ʃənij] *nf* - **1.** [insecte] caterpillar - **2.** [courroie] caterpillar track.

chenu, e [ʃəny] *adj litt* [tête, barbe] hoary.

cheptel [ʃɛptɛl] *nm* [bétail] livestock *(U)*.

chèque [ʃɛk] *nm* cheque *UK*, check *US* ; **faire un ~** to write a cheque *UK ou* check *US* ; **toucher un ~** to cash a cheque *UK ou* check *US* ; **~ (bancaire)** (bank) cheque *UK ou* check *US* ; **~ barré** crossed cheque *UK ou* check *US* ; **~ en blanc** blank cheque *UK ou* check *US* ; **~ postal** post office cheque *UK ou* check *US* ; **~ sans provision** bad cheque *UK ou* check *US* ; **~ de voyage** traveller's cheque *UK*, traveler's check *US*.

chèque-cadeau [ʃɛkkado] (*pl* **chèques-cadeaux**) *nm* gift token.

chèque-repas [ʃɛkrəpa] (*pl* **chèques-repas**), **chèque-restaurant** [ʃɛkrɛstɔrɑ̃] (*pl* **chèques-restaurant**) *nm* luncheon voucher.

chèque-vacances (*pl* **chèques-vacances**) [sɛkvakɑ̃s] *nm* voucher that can be used to pay for holiday accommodation, activities, meals, *etc.*

chéquier [ʃekje] *nm* chequebook *UK*, checkbook *US*.

cher, chère [ʃɛr] ◇ *adj* - **1.** [aimé] : **~ (à qqn)** dear (to sb) ; **Cher Monsieur** [au début d'une lettre] Dear Sir ; **Chère Madame** [au début d'une lettre] Dear Madam - **2.** [produit, vie, commerçant] expensive. ◇ *nm, f hum* **mon ~** dear.
◆ **cher** *adv* : **valoir ~, coûter ~** to be expensive, to cost a lot ; **payer ~** to pay a lot ; **je l'ai payé ~** *litt* & *fig* it cost me a lot.
◆ **chère** *nf* : **aimer la bonne chère** *sout* to like to eat well.

chercher [3] [ʃɛrʃe] ◇ *vt* - **1.** [gén] to look for ; **vous l'aurez cherché!** you're asking for it! - **2.** [prendre] : **aller/venir ~ qqn** [à un rendez-vous] to (go/come and) meet sb ; [en voiture] to (go/come and) pick sb up ; **aller/venir ~ qqch** to (go/come and) get sthg - **3.** *fam* [atteindre] : **ça va ~ dans les 15 euros** it will come to about 15 euros. ◇ *vi* : **~ à faire qqch** to try to do sthg.
◆ **se chercher** *vp* to try to find o.s.

chercheur, **euse** [ʃɛrʃœr, øz] ◇ *adj* - **1.** [esprit] inquiring - **2.** ▷ **tête**. ◇ *nm, f* [scientifique] researcher.

chèrement [ʃɛrmɑ̃] *adv* dearly.

chéri, **e** [ʃeri] ◇ *adj* dear. ◇ *nm, f* darling.

chérir [32] [ʃerir] *vt* [personne] to love dearly ; [chose, idée] to cherish.

cherté [ʃɛrte] *nf* high cost.

chétif, **ive** [ʃetif, iv] *adj* - **1.** [malingre] sickly, weak - **2.** [rabougri] stunted, puny - **3.** *litt* [insuffisant] meagre *UK*, meager *US*.

cheval, **aux** [ʃəval, o] *nm* - **1.** [animal] horse ; **à ~** on horseback ; **être à ~ sur qqch** [être assis] to be sitting astride sthg ; *fig* [siècles] to straddle sthg ; *fig* [tenir à] to be a stickler for sthg ; **~ d'arçons** horse *(in gymnastics)* ; **~ de bataille** *fig* hobby horse ; **~ de course** racehorse ; **~ de trait** draught *UK ou* draft *US* horse ; **chevaux de bois** merry-go-round *(sing)* ; **monter sur ses grands chevaux** to get on one's high horse - **2.** [équitation] riding, horse-riding ; **faire du ~** to ride - **3.** AUTO : **~, ~-vapeur** horsepower.

chevaleresque [ʃəvalrɛsk] *adj* chivalrous.

chevalerie [ʃəvalri] *nf* - **1.** [qualité] chivalry - **2.** HIST knighthood.

chevalet [ʃəvalɛ] *nm* [de peintre] easel.

chevalier [ʃəvalje] *nm* knight ; **~ servant** (faithful) admirer.

chevalière [ʃəvaljɛr] *nf* [bague] signet ring.

chevalin, **e** [ʃəvalɛ̃, in] *adj* [de cheval] horse *(avant n)* ; *fig* horsey.

chevauchée [ʃəvoʃe] *nf* - **1.** [course] ride, horse-ride - **2.** [cavalcade] cavalcade.

chevaucher [3] [ʃəvoʃe] *vt* [être assis] to sit *ou* be astride.

◆ **se chevaucher** *vp* to overlap.

chevelu, **e** [ʃəvly] *adj* hairy.

chevelure [ʃəvlyr] *nf* [cheveux] hair.

chevet [ʃəvɛ] *nm* head *(of bed)* ; **être au ~ de qqn** to be at sb's bedside.

cheveu, **x** [ʃəvø] *nm* [chevelure] hair ; **avoir les ~x taillés en brosse** to have a crew cut ; **se faire couper les ~x** to have one's hair cut ; **s'arracher les ~x** to tear one's hair out ; **avoir un ~ sur la langue** to have a lisp ; **arriver comme un ~ sur la soupe** to come at an awkward moment ; **couper les ~x en quatre** to split hairs ; **tiré par les ~x** farfetched, contrived.

cheville [ʃəvij] *nf* - **1.** ANAT ankle ; **il ne t'arrive pas à la ~** *fam fig* he can't hold a candle to you - **2.** [pour fixer une vis] Rawlplug® ; **~ ouvrière** AUTO *fig* kingpin.

chèvre [ʃɛvr] ◇ *nf* [animal] goat ; **ménager la ~ et le chou** to run with the hare and hunt with the hounds. ◇ *nm* [fromage] goat's cheese.

chevreau, **x** [ʃəvro] *nm* kid.

chèvrefeuille [ʃɛvrəfœj] *nm* honeysuckle.

chevreuil [ʃəvrœj] *nm* - **1.** [animal] roe deer - **2.** CULIN venison.

chevron [ʃəvrɔ̃] *nm* - **1.** CONSTR rafter - **2.** [motif décoratif] chevron.

chevronné, **e** [ʃəvrɔne] *adj* [expérimenté] experienced.

chevrotant, **e** [ʃəvrɔtɑ̃, ɑ̃t] *adj* tremulous.

chevrotine [ʃəvrɔtin] *nf* buckshot.

chewing-gum [ʃwiŋgɔm] (*pl* **chewing-gums**) *nm* chewing gum *(U)*.

chez [ʃe] *prep* - **1.** [dans la maison de] : **il est ~ lui** he's at home ; **il rentre ~ lui** he's going home ; **être ~ le coiffeur/médecin** to be at the hairdresser's/doctor's ; **aller ~ le coiffeur/médecin** to go to the hairdresser's/doctor's ; **il va venir ~ nous** he is going to come to our place *ou* house ; **il habite ~ nous** he lives with us - **2.** [en ce qui concerne] : **~ les jeunes** among young people ; **~ les Anglais** in England - **3.** [dans les œuvres de] : **~ Proust** in (the works of) Proust - **4.** [dans le caractère de] : **cette réaction est normale ~ lui** this reaction is normal for *ou* with him ; **ce que j'apprécie ~ lui, c'est sa gentillesse** what I like about him is his kindness.

chez-soi [ʃeswa] *nm inv* home, place of one's own.

chialer [3] [ʃjale] *vi fam* to blubber.

chiant, **e** [ʃjɑ̃, ɑ̃t] *adj tfam* - **1.** [très ennuyeux] bloody *UK ou* damned boring - **2.** [contrariant] bloody *UK ou* damned annoying ; **c'est ~** it's a bloody *UK ou* damned pain.

chic [ʃik] ◇ *adj (inv en genre)* - **1.** [élégant] smart, chic - **2.** *vieilli* [serviable] nice. ◇ *nm* style ; **bon ~ bon genre** ≃ Sloaney *UK*, ≃ preppie *US* ; **avoir le ~ pour faire qqch** to have the knack of doing sthg. ◇ *interj* : **~ (alors)!** great!

chicane [ʃikan] *nf* [querelle] squabble.

chicaner [3] [ʃikane] ◇ *vt* : **~ qqn sur qqch** to quibble with sb over sthg. ◇ *vi* [contester] : **~ (sur qqch)** to quibble (over *ou* about sthg).

◆ **se chicaner** *vp* to squabble, to bicker.

chiche [ʃiʃ] ◇ *adj* - **1.** [avare] mean ; **être ~ de** to be sparing with - **2.** [peu abondant] meagre *UK*, meager *US*, scanty - **3.** *fam* [capable] : **il n'est pas ~ de le faire!** he wouldn't dare (do it)! ◇ *interj* : **~!** (you) want a bet?

chichement [ʃiʃmɑ̃] *adv* [pauvrement] meagrely *UK*, meagerly *US*.

chichi [ʃiʃi] *nm* : **faire des ~s** *fam* to make a fuss.

chicorée [ʃikɔre] *nf* [salade] endive *UK* ; [à café] chicory ; ~ **frisée** curly endive.

chien [ʃjɛ̃] *nm* - **1.** [animal] dog ; ~ **d'aveugle** guide dog ; ~ **de chasse** [d'arrêt] gundog ; ~ **esquimau** husky ; ~ **de garde** guard dog ; ~ **policier/savant** police/performing dog ; **entre** ~ **et loup** at dusk *ou* twilight ; **se regarder en ~s de faïence** to stare grimly at each other - **2.** [d'arme] hammer - **3.** *loc* **avoir un mal de** ~ **à faire qqch** to have a lot of trouble doing sthg ; **en** ~ **de fusil** curled up ; **avoir du** ~ to have class *ou* style.

chiendent [ʃjɛ̃dɑ̃] *nm* couch grass.

chien-loup [ʃjɛ̃lu] (*pl* **chiens-loups**) *nm* Alsatian (dog).

chienne [ʃjɛn] *nf* (female) dog, bitch.

chier [9] [ʃje] *vi vulg* to shit ; **faire** ~ **qqn** to get on sb's tits *UK* ; **se faire** ~ to be bored shitless.

chiffe [ʃif] *nf* : **c'est une** ~ **molle** he's spineless, he's a weed *UK*.

chiffon [ʃifɔ̃] *nm* [linge] rag ; **parler ~s** to talk clothes.

chiffonné, **e** [ʃifɔne] *adj* [visage, mine] worn.

chiffonner [3] [ʃifɔne] *vt* - **1.** [vêtement] to crumple, to crease ; [papier] to crumple - **2.** *fam fig* [contrarier] to bother.

chiffonnier, **ère** [ʃifɔnje, ɛr] *nm, f* rag-and-bone man (*f* woman) *UK*.

◆ **chiffonnier** *nm* [meuble] chiffonier.

chiffre [ʃifr] *nm* - **1.** [caractère] figure, number ; ~ **arabe/romain** Arabic/Roman numeral - **2.** [montant] sum ; ~ **d'affaires** COMM turnover *UK*, sales revenue *US* ; ~ **rond** round number ; ~ **de ventes** sales figures *(pl)* - **3.** [code secret] code.

chiffrer [3] [ʃifre] ◇ *vt* - **1.** [numéroter] to number - **2.** [évaluer] to calculate, to assess - **3.** [coder] to encode. ◇ *vi fam* to mount up.

◆ **se chiffrer** *vp* : **se** ~ **à** to add up to.

chignole [ʃiɲɔl] *nf* drill.

chignon [ʃiɲɔ̃] *nm* bun *(in hair)* ; **se crêper le** ~ *fig* to scratch each other's eyes out.

Chili [ʃili] *nm* : **le** ~ Chile ; **au** ~ in Chile.

chilien, **enne** [ʃiljɛ̃, ɛn] *adj* Chilean.

◆ **Chilien**, **enne** *nm, f* Chilean.

chimère [ʃimɛr] *nf* - **1.** MYTHOL chimera - **2.** [illusion] illusion, dream.

chimérique [ʃimerik] *adj* - **1.** [illusoire] illusory - **2.** [rêveur] fanciful.

chimie [ʃimi] *nf* chemistry.

chimiothérapie [ʃimjɔterapi] *nf* chemotherapy.

chimique [ʃimik] *adj* chemical.

chimiquement [ʃimikmɑ̃] *adv* chemically.

chimiste [ʃimist] *nmf* chemist.

chimpanzé [ʃɛ̃pɑ̃ze] *nm* chimpanzee.

chinchilla [ʃɛ̃ʃila] *nm* chinchilla.

Chine [ʃin] *nf* : **la** ~ China.

chiné, **e** [ʃine] *adj* mottled.

chiner [3] [ʃine] *vi* to look for bargains.

chinois, **e** [ʃinwa, az] *adj* Chinese.

◆ **chinois** *nm* - **1.** [langue] Chinese ; **c'est du** ~ *fig* it's all Greek to me - **2.** [passoire] conical sieve.

◆ **Chinois**, **e** *nm, f* Chinese person ; **les Chinois** the Chinese.

chinoiserie [ʃinwazri] *nf* [objet] Chinese curio, piece of chinoiserie ; *fig* unnecessary complication.

◆ **chinoiseries** *nfpl* unnecessary complications, red tape *(sing)*.

chiot [ʃjo] *nm* puppy.

chiottes [ʃjɔt] *nfpl vulg* shithouse *(sing)*.

chiper [3] [ʃipe] *vt fam* [voler] to pinch, to nick *UK*.

chipie [ʃipi] *nf* vixen *péj*.

chipolata [ʃipɔlata] *nf* chipolata.

chipoter [3] [ʃipɔte] *fam vi* : ~ **(sur)** [nourriture] to pick (at) ; [contester] to quibble (over *ou* about).

chips [ʃips] *nfpl* : **(pommes)** ~ (potato) crisps *UK*, (potato) chips *US*.

chiqué [ʃike] *nm* : **c'est du** ~ it's all sham.

chiquenaude [ʃiknod] *nf* flick.

chiquer [3] [ʃike] ◇ *vt* to chew. ◇ *vi* to chew tobacco.

chiromancien, **enne** [kirɔmɑ̃sjɛ̃, ɛn] *nm, f* palmist.

chiropraticien, **enne** [kirɔpratisjɛ̃, ɛn] *nm, f*, **chiropracteur** [kirɔpraktœr] *nm* chiropractor.

chirurgical, **e**, **aux** [ʃiryrʒikal, o] *adj* surgical.

chirurgie [ʃiryrʒi] *nf* surgery ; ~ **esthétique** plastic surgery.

chirurgien [ʃiryrʒjɛ̃] *nm* surgeon.

chirurgien-dentiste [ʃiryrʒjɛ̃dɑ̃tist] (*pl* **chirurgiens-dentistes**) *nm* dental surgeon.

chiure [ʃjyr] *nf* : ~ **(de mouche)** flyspecks *(pl)*.

ch.-l. *abr de* **chef-lieu**.

chlinguer = schlinguer.

chlore [klɔr] *nm* chlorine.

chloroforme [klɔrɔfɔrm] *nm* chloroform.

chlorophylle [klɔrɔfil] *nf* chlorophyll.

chlorure [klɔryr] *nm* chloride.

chnoque = schnock.

choc [ʃɔk] *nm* - **1.** [heurt, coup] impact ; **de ~** *fig* shock *(avant n)* - **2.** [conflit] clash - **3.** [émotion] shock ; **~ opératoire** post-operative shock - **4.** *(en apposition)* **images-~s** shock pictures ; **prix-~** amazing bargain.

chocolat [ʃɔkɔla] <> *nm* chocolate ; **~ au lait/noir** milk/plain chocolate ; **~ à cuire/à croquer** cooking/eating chocolate ; **~ Liégeois** *chocolate ice cream with Chantilly cream.* <> *adj inv* chocolate (brown).

chocolaté, **e** [ʃɔkɔlate] *adj* chocolate (flavoured).

chocolatier, **ère** [ʃɔkɔlatje, ɛr] <> *adj* chocolate *(avant n)*. <> *nm, f* [fabricant] chocolate manufacturer ; [commerçant] confectioner.

◆ **chocolatière** *nf* [récipient] chocolate pot.

chœur [kœr] *nm* - **1.** [chorale] choir ; [d'opéra] *fig* chorus ; **chanter en ~** to sing in chorus ; **en ~** *fig* all together - **2.** [d'église] choir, chancel.

choir [72] [ʃwar] *vt litt* **laisser ~ qqch** to let sthg fall ; **laisser ~ qqn** *fig* & *litt* to let sb down ; **se laisser ~ dans qqch** to drop *ou* fall into sthg.

choisi, **e** [ʃwazi] *adj* selected ; [termes, langage] carefully chosen.

choisir [32] [ʃwazir] <> *vt* : **~ (de faire qqch)** to choose (to do sthg). <> *vi* to choose.

choix [ʃwa] *nm* - **1.** [gén] choice ; **le livre de ton ~** any book you like ; **au ~** as you prefer ; **avoir le ~** to have the choice - **2.** [qualité] : **de premier ~** grade *ou* class one ; **articles de second ~** seconds.

choléra [kɔlera] *nm* cholera.

cholestérol [kɔlɛsterɔl] *nm* cholesterol.

chômage [ʃomaʒ] *nm* unemployment ; **en ~, au ~** unemployed ; **~ partiel** short time *UK ou* part time *US* (working) ; **être mis au ~ technique** to be laid off.

chômer [3] [ʃome] <> *vt* to keep. <> *vi* to be unemployed ; *fig* to be idle.

chômeur, **euse** [ʃomœr, øz] *nm, f* : **les ~s** the unemployed.

chope [ʃɔp] *nf* tankard.

choper [3] [ʃɔpe] *vt fam* - **1.** [voler, arrêter] to nick *UK*, to pinch - **2.** [attraper] to catch.

choquant, **e** [ʃɔkɑ̃, ɑ̃t] *adj* shocking.

choquer [3] [ʃɔke] *vt* - **1.** [scandaliser] to shock - **2.** [traumatiser] to shake (up).

choral, **e**, **als**,, **aux** [kɔral, o] *adj* choral.

◆ **choral**, **als** *nm* [chant] chorale.

◆ **chorale** *nf* [groupe] choir.

chorégraphie [kɔregrafi] *nf* choreography.

choriste [kɔrist] *nmf* chorister.

chose [ʃoz] <> *nf* thing ; **c'est (bien) peu de ~** it's nothing really ; **c'est la moindre des ~s** it's the least I/we can do ; **chaque ~ en son temps** everything in good time ; **de deux ~s l'une** (it's got to be) one thing or the other ; **dire bien des ~s à qqn** to give sb one's regards ; **ne pas faire les ~s à moitié** not to do things by halves ; **parler de ~s et d'autres** to talk of this and that ; **regarder les ~s en face** to face up to things. <> *nm fam* - **1.** [truc] thingy, whatsit - **2.** [personne] thingy, what's-his-name (*f* what's-her-name). <> *adj inv* : **se sentir (tout) ~** to feel a bit peculiar.

chou, **x** [ʃu] <> *nm* - **1.** [légume] cabbage ; **~ de Bruxelles** Brussels sprout ; **faire ~ blanc** *fam fig* to draw a blank - **2.** [pâtisserie] choux bun ; **~ à la crème** cream puff - **3.** [personne] : **mon ~** darling. <> *adj inv* sweet, cute.

choucas [ʃuka] *nm* jackdaw.

chouchou, **oute** [ʃuʃu, ut] *nm, f* favourite *UK*, favorite *US* ; [élève] teacher's pet.

◆ **chouchou** *nm* [pour les cheveux] scrunchy, scrunchie.

chouchouter [3] [ʃuʃute] *fam vt* to pet.

choucroute [ʃukrut] *nf* sauerkraut ; **~ garnie** *sauerkraut with meat and potatoes.*

chouette [ʃwɛt] <> *nf* [oiseau] owl. <> *adj fam* great. <> *interj* : **~ (alors)!** great!

chou-fleur [ʃuflœr] (*pl* **choux-fleurs**) *nm* cauliflower.

choyer [13] [ʃwaje] *vt sout* to pamper.

CHR (*abr de* **centre hospitalier régional**) *nm* regional hospital.

chrétien, **enne** [kretjɛ̃, ɛn] *adj* & *nm, f* Christian.

chrétienté [kretjɛ̃te] *nf* Christendom.

Christ [krist] *nm* Christ.

christianiser [3] [kristjanize] *vt* - **1.** [personne] to convert (to Christianity) - **2.** [pays] to christianize.

christianisme [kristjanism] *nm* Christianity.

chromatique [krɔmatik] *adj* - **1.** MUS [en optique] chromatic - **2.** BIOL chromosomal.

chrome [krom] *nm* - **1.** [de voiture] chrome - **2.** CHIM chromium.

chromé, **e** [krome] *adj* chrome-plated ; **acier ~** chrome steel.

chromosome [krɔmɔzom] *nm* chromosome.

chronique [krɔnik] <> *nf* - **1.** [annales] chronicle ; **défrayer la ~** to be the talk of the town - **2.** PRESSE : **~ sportive** sports section. <> *adj* chronic.

chrono [krɔno] = **chronomètre**.

chronologie [krɔnɔlɔʒi] *nf* chronology.

chronologique [krɔnɔlɔʒik] *adj* chronological.

chronomètre [krɔnɔmɛtr] *nm* SPORT stopwatch.

chronométrer [18] [krɔnɔmetre] *vt* to time.

chronométreur [krɔnɔmetrœr] *nm* [hockey] timekeeper.

chrysalide [krizalid] *nf* chrysalis.

chrysanthème [krizɑ̃tɛm] *nm* chrysanthemum.

Chrysanthème

Chrysanthemums are often associated with funerals in France, as they are traditionally used to decorate graves, especially on All Saints' Day. In case of a death, the flowers are sent directly to the church or the cemetery where ceremonies take palce.

CHS (*abr de* **Comité d'hygiène et de sécurité**) *nm* health and safety committee.

chu, e [ʃy] *pp* ▷ **choir.**

CHU (*abr de* **centre hospitalo-universitaire**) *nm* *teaching hospital.*

chuchotement [ʃyʃɔtmɑ̃] *nm* whisper.
◆ **chuchotements** *nmpl* whispering *(U)*.

chuchoter [3] [ʃyʃɔte] *vt & vi* to whisper.

chuinter [3] [ʃɥɛ̃te] *vi* [siffler] to hiss.

chut [ʃyt] *interj* sh!, hush!

chute [ʃyt] *nf* - **1.** [gén] fall ; **faire une ~** to (have *ou* take a) fall ; **~ de cheveux** hair loss ; **~ d'eau** waterfall ; **~ libre** free fall ; **~ de neige** snowfall ; **~ de pierres** falling rocks ; **~ de reins** small of the back ; **la ~ du mur de Berlin** the fall of the Berlin Wall - **2.** [de tissu] scrap.

chuter [3] [ʃyte] *vi* - **1.** [baisser] to fall, to drop - **2.** [tomber] to fall.

Chypre [ʃipr] *nf* Cyprus ; **à ~** in Cyprus.

chypriote [ʃipriɔt], **cypriote** [sipriɔt] *adj* Cypriot.
◆ **Chypriote, Cypriote** *nmf* Cypriot.

ci [si] *adv (après n)* **ce livre-~** this book ; **ces jours-~** these days.

Ci (*abr écrite de* **curie**) Ci.

CIA (*abr de* **Central Intelligence Agency**) *nf* CIA.

ci-après [siaprɛ] *adv* below.

cibiste [sibist] *nmf* CB enthusiast.

cible [sibl] *nf litt & fig* target ; **groupe ~** target group.

ciblé [sible] *adj* COMM targeted.

cibler [3] [sible] *vt* to target.

ciboire [sibwar] *nm* ciborium.

ciboulette [sibulɛt] *nf* chives *(pl)*.

cicatrice [sikatris] *nf* scar.

cicatriser [3] [sikatrize] *vt litt & fig* to heal.
◆ **se cicatriser** *vp litt & fig* to heal.

ci-contre [sikɔ̃tr] *adv* opposite.

CICR (*abr de* **Comité international de la Croix-Rouge**) *nm* IRCC.

ci-dessous [sidəsu] *adv* below.

ci-dessus [sidəsy] *adv* above.

CIDEX, Cidex [sidɛks] (*abr de* **courrier individuel à distribution exceptionnelle**) *nm system grouping letter boxes in country areas.*

CIDJ (*abr de* **centre d'information et de documentation de la jeunesse**) *nm careers advisory service.*

cidre [sidr] *nm* cider *UK*, hard cider *US* ; **~ bouché** *superior bottled cider* ; **~ doux/brut** sweet/dry cider.

CIDUNaTI [sidynati] (*abr de* **Comité interprofessionnel d'information et de défense de l'union nationale des travailleurs indépendants**) *nm union of self-employed craftsmen.*

Cie (*abr écrite de* **compagnie**) Co.

ciel ◇ *nm* - **1.** (*pl* **ciels** [sjɛl]) [firmament] sky ; **~ de plomb** leaden sky ; **à ~ ouvert** open-air ; **être au septième ~** to be in seventh heaven ; **remuer ~ et terre (pour faire qqch)** to move heaven and earth (to do sthg) ; **tomber du ~** *fam* to be heaven-sent *ou* a godsend - **2.** (*pl* **cieux** [sjø]) [paradis, providence] heaven ; **c'est le ~ qui l'envoie!** he's heaven-sent! ◇ *interj hum & sout* good heavens!
◆ **cieux** *nmpl* heaven *(sing)*.

CIEP (*abr de* **Centre international d'études pédagogiques**) *nm French centre for educational research.*

cierge [sjɛrʒ] *nm* RELIG (votive) candle.

cigale [sigal] *nf* cicada.

cigare [sigar] *nm* cigar.

cigarette [sigarɛt] *nf* cigarette ; **~ blonde/brune** cigarette made from Virginia/dark tobacco.

cigarillo [sigarijo] *nm* cigarillo.

ci-gît [siʒi] *adv* here lies.

cigogne [sigɔɲ] *nf* stork.

ci-inclus, e [siɛ̃kly, yz] *adj* enclosed.
◆ **ci-inclus** *adv* enclosed.

ci-joint, e [siʒwɛ̃, ɛ̃t] *adj* enclosed.
◆ **ci-joint** *adv* : **veuillez trouver ~...** please find enclosed...

cil [sil] *nm* ANAT eyelash, lash.

ciller [3] [sije] *vi* to blink (one's eyes) ; **sans ~** *fig* without blinking.

cimaise [simɛz] *nf* [de salle d'exposition] gallery wall.

cime [sim] *nf* [d'arbre, de montagne] top ; *fig* height.

ciment [simɑ̃] *nm* cement.

cimenter [3] [simɑ̃te] *vt* to cement.

cimetière [simtjɛr] *nm* cemetery.

ciné [sine] *nm fam* cinema *UK*, movies *US*.

cinéaste [sineast] *nmf* film-maker.

ciné-club [sineklœb] (*pl* **ciné-clubs**) *nm* film club.

cinéma [sinema] *nm* - **1.** [salle, industrie] cinema *UK*, movies *US* ; **aller au ~** to go to the cinema *UK ou* the movies *US* - **2.** [art] cinema, film ; **un acteur de ~** a film star ; **~ publicitaire** COMM cinema screen advertising *UK* ; **faire du ~** to be in film ; *fig* to put on an act.

cinémathèque [sinematɛk] *nf* film archive ; **la Cinémathèque française** *the French film institute.*

cinématographique [sinematɔgrafik] *adj* cinematographic.

cinéphile [sinefil] *nmf* film buff.

cinétique [sinetik] ◇ *nf* kinetics *(U)*. ◇ *adj* kinetic.

cinglant, **e** [sɛ̃glɑ̃, ɑ̃t] *adj litt & fig* biting ; [pluie] driving.

cinglé, **e** [sɛ̃gle] *fam* ◇ *adj* nuts, nutty. ◇ *nm, f* nutcase.

cingler [3] [sɛ̃gle] ◇ *vt* to lash. ◇ *vi litt* [naviguer] to sail.

cinq [sɛ̃k] ◇ *adj num inv* five. ◇ *nm* five ; **il était moins ~** *fam* it was a near thing, *voir aussi* **six**.

cinquantaine [sɛ̃kɑ̃tɛn] *nf* - **1.** [nombre] : **une ~ de** about fifty - **2.** [âge] : **avoir la ~** to be in one's fifties.

cinquante [sɛ̃kɑ̃t] *adj num inv & nm* fifty, *voir aussi* **six**.

cinquantenaire [sɛ̃kɑ̃tnɛr] ◇ *nmf person in his/her fifties.* ◇ *nm* [de personne] fiftieth birthday ; [d'événement] fiftieth anniversary ; [d'institution] golden jubilee. ◇ *adj* fifty-year-old.

cinquantième [sɛ̃kɑ̃tjɛm] *adj num inv, nm & nmf* fiftieth, *voir aussi* **sixième**.

cinquième [sɛ̃kjɛm] ◇ *adj num inv, nm & nmf* fifth. ◇ *nf* SCOL ≃ second year *ou* form *UK*, ≃ seventh grade *US* ; *voir aussi* **sixième**.

cinquièmement [sɛ̃kjɛmmɑ̃] *adv* fifthly, in the fifth place.

cintre [sɛ̃tr] *nm* - **1.** [pour vêtements] coat hanger - **2.** ARCHIT arch, curve.

cintré, **e** [sɛ̃tre] *adj* - **1.** COUT waisted - **2.** ARCHIT arched, vaulted.

CIO (*abr de* **Comité international olympique**) *nm* IOC.

cirage [siraʒ] *nm* - **1.** [action] polishing - **2.** [produit] shoe polish - **3.** *loc* **être dans le ~** *fam* to be in a daze.

circoncision [sirkɔ̃sizjɔ̃] *nf* circumcision.

circonférence [sirkɔ̃ferɑ̃s] *nf* - **1.** GÉOM circumference - **2.** [pourtour] boundary.

circonflexe [sirkɔ̃flɛks] ▷ **accent**.

circonscription [sirkɔ̃skripsjɔ̃] *nf* district ; **~ électorale** [nationale] constituency *UK*, district *US* ; [locale] ward *UK*.

circonscrire [99] [sirkɔ̃skrir] *vt* - **1.** géometrie to circumscribe - **2.** [incendie, épidémie] to contain - **3.** *fig* [sujet] to define.

◆ **se circonscrire** *vp* : **se ~ autour de** to be centred *UK ou* centered *US* on *ou* around.

circonspect, **e** [sirkɔ̃spɛ, ɛkt] *adj* cautious.

circonspection [sirkɔ̃spɛksjɔ̃] *nf* caution, wariness.

circonstance [sirkɔ̃stɑ̃s] *nf* - **1.** [occasion] occasion - **2.** *(gén pl)* [contexte, conjoncture] circumstance ; **~s atténuantes** DR mitigating circumstances ; **de ~** appropriate.

circonstancié, **e** [sirkɔ̃stɑ̃sje] *adj* detailed.

circonstanciel, **elle** [sirkɔ̃stɑ̃sjɛl] *adj* GRAMM adverbial.

circuit [sirkɥi] *nm* - **1.** [chemin] route - **2.** [parcours touristique] tour ; **~ touristique** tourist route - **3.** SPORT & TECHNOL circuit ; **en ~ fermé** [en boucle] closed-circuit *(avant n)* ; *fig* within a limited circle ; **~ imprimé/intégré** printed/integrated circuit - **4.** ÉCON network.

circulaire [sirkylɛr] *nf & adj* circular.

circulation [sirkylasjɔ̃] *nf* - **1.** [mouvement] circulation ; **mettre en ~** to circulate ; **retirer de la ~** to withdraw from circulation ; **~ (du sang)** circulation - **2.** [trafic] traffic ; **route à grande ~** main road, trunk road *UK* ; **'~ alternée'** 'traffic control ahead' ; **disparaître de la ~** *fig* to disappear from the scene.

circulatoire [sirkylatwar] *adj* circulatory.

circuler [3] [sirkyle] *vi* - **1.** [sang, air, argent] to circulate ; **faire ~ qqch** to circulate sthg - **2.** [aller et venir] to move (along) ; **circulez!** move along! ; **on circule mal en ville** the traffic is bad in town - **3.** [train, bus] to run - **4.** *fig* [rumeur, nouvelle] to spread.

cire [sir] *nf* - **1.** [matière] wax ; **~ d'abeilles** beeswax ; **~ à cacheter** sealing wax - **2.** [encaustique] polish.

ciré, **e** [sire] *adj* - **1.** [parquet] polished - **2.** ▷ **toile**.

◆ **ciré** *nm* oilskin.

cirer [3] [sire] *vt* - **1.** [chaussures] to polish - **2.** *loc* **(n')en avoir rien à ~ (de qqch)** not to give a damn (about sthg) ; **j'en ai rien à ~** I don't give a damn.

cireux, euse [sirø, øz] *adj* - **1.** [pâle] waxen - **2.** [matière] waxy.
◆ **cireuse** *nf* floor polisher.

cirque [sirk] *nm* - **1.** [gén] circus - **2.** GÉOL cirque - **3.** *fam fig* [désordre, chahut] chaos *(U)*.

cirrhose [siroz] *nf* cirrhosis *(U)*.

cisaille [sizaj] *nf* shears *(pl)*.

cisaillement [sizajmɑ̃] *nm* [de métal] cutting ; [de branches] pruning.

cisailler [3] [sizaje] *vt* [métal] to cut ; [branches] to prune.

ciseau, x [sizo] *nm* chisel.
◆ **ciseaux** *nmpl* scissors.

ciseler [25] [sizle] *vt* - **1.** [pierre, métal] to chisel - **2.** [bijou] to engrave - **3.** *fig* [parfaire] to polish (up).

ciselure [sizlyr] *nf* [bois] carving ; [objet précieux] engraving.

Cisjordanie [sizʒɔrdani] *nf* : **la ~** the West Bank.

cisjordanien, enne [sizʒɔrdanjɛ̃, ɛn] *adj* of/from the West Bank.
◆ **Cisjordanien, enne** *nm, f* native *ou* inhabitant of the West Bank.

cistercien, enne [sistɛrsjɛ̃, ɛn] *adj* Cistercian.
◆ **cistercien** *nm* Cistercian.

citadelle [sitadɛl] *nf litt & fig* citadel.

citadin, e [sitadɛ̃, in] ◇ *adj* city *(avant n)*, urban. ◇ *nm, f* city dweller.

citation [sitasjɔ̃] *nf* - **1.** DR summons *(sing)* - **2.** [extrait] quote, quotation.

cité [site] *nf* - **1.** [ville] city - **2.** [lotissement] housing estate *UK ou* project *US* ; **~ ouvrière** (workers') housing estate *UK ou* project *US* ; **~ universitaire** halls *(pl)* of residence.

cité-dortoir [sitedɔrtwar] (*pl* **cités-dortoirs**) *nf* dormitory town, bedroom community *US*.

citer [3] [site] *vt* - **1.** [exemple, propos, auteur] to quote - **2.** DR [convoquer] to summon - **3.** MIL : **être cité à l'ordre du jour** to be mentioned in dispatches.

citerne [sitɛrn] *nf* - **1.** [d'eau] water tank - **2.** [cuve] tank ; **~ à mazout** oil tank.

cité U [sitey] *nf fam abr de* **cité universitaire**.

citoyen, enne [sitwajɛ̃, ɛn] *nm, f* citizen.

citoyenneté [sitwajɛnte] *nf* citizenship.

citron [sitrɔ̃] ◇ *nm* lemon ; **~ pressé** fresh lemon juice ; **~ vert** lime. ◇ *adj inv* lemon yellow.

citronnade [sitrɔnad] *nf* (still) lemonade.

citronnelle [sitrɔnɛl] *nf* [plante] lemon balm.

citronnier [sitrɔnje] *nm* lemon tree.

citrouille [sitruj] *nf* pumpkin.

civet [sivɛ] *nm* stew ; **~ de lièvre** jugged hare.

civière [sivjɛr] *nf* stretcher.

civil, e [sivil] ◇ *adj* - **1.** [gén] civil - **2.** [non militaire] civilian. ◇ *nm, f* civilian ; **dans le ~** in civilian life ; **policier en ~** plain-clothes policeman (*f* policewoman) ; **soldat en ~** soldier in civilian clothes.

civilement [sivilmɑ̃] *adv* : **se marier ~** to get married at a registry office.

civilisation [sivilizasjɔ̃] *nf* civilization.

civilisé, e [sivilize] *adj* civilized.

civiliser [3] [sivilize] *vt* to civilize.
◆ **se civiliser** *vp* to become civilized.

civilité [sivilite] *nf* civility.
◆ **civilités** *nfpl sout* compliments.

civique [sivik] *adj* civic ; **instruction ~** civics *(U)*.

civisme [sivism] *nm* sense of civic responsibility.

cl (*abr écrite de* **centilitre**) cl.

clac [klak] *interj* [porte] slam! ; [taquets] click!

clafoutis [klafuti] *nm* [gâteau] *cake made from a batter poured over fruit.*

claie [klɛ] *nf* - **1.** [treillis] rack - **2.** [clôture] hurdle.

clair, e [klɛr] *adj* - **1.** [gén] clear ; **c'est ~ et net** there's no two ways about it ; **il est ~ que c'est impossible** it's clear that it's impossible, clearly it's impossible - **2.** [lumineux] bright - **3.** [pâle - couleur, teint] light ; [- tissu, cheveux] light-coloured *UK*, light-colored *US*.
◆ **clair** ◇ *adv* : **voir ~ (dans qqch)** *fig* to have a clear understanding (of sthg). ◇ *nm* : **passer le plus ~ de son temps à faire qqch** to spend most *ou* the bulk of one's time doing sthg ; **mettre** *ou* **tirer qqch au ~** to shed light upon sthg.
◆ **clair de lune** (*pl* **clairs de lune**) *nm* moonlight *(U)*.
◆ **en clair** *loc adv* TV unscrambled *(esp of a private TV channel)*.

clairement [klɛrmɑ̃] *adv* clearly.

claire-voie [klɛrvwa] ◆ **à claire-voie** *loc adv* openwork *(avant n)*.

clairière [klɛrjɛr] *nf* clearing.

clairon [klɛrɔ̃] *nm* bugle.

claironner [3] [klɛrɔne] ◇ *vi* to play the bugle. ◇ *vt fig* [crier] : **~ qqch** to shout sthg from the rooftops.

clairsemé, e [klɛrsəme] *adj* [cheveux] thin ; [arbres] scattered ; [population] sparse.

clairvoyant, e [klɛrvwajɑ̃, ɑ̃t] *adj* perceptive.

clamer [3] [klame] *vt* to proclaim.

clameur [klamœr] *nf* clamour *UK*, clamor *US*.

clamser [3] [klamse] *vi tfam* to kick the bucket, to snuff it *UK*.

clan [klɑ̃] *nm* clan.

clandestin, **e** [klɑ̃dɛstɛ̃, in] ◇ *adj* [journal, commerce] clandestine ; [activité] covert. ◇ *nm, f* [étranger] illegal immigrant *ou* alien ; [voyageur] stowaway.

clandestinité [klɑ̃destinite] *nf* clandestine nature ; **dans la ~** [travailler] clandestinely ; [vivre] underground.

clapet [klapɛ] *nm* - **1.** TECHNOL valve - **2.** *fam fig* [bouche] trap.

clapier [klapje] *nm* [à lapins] hutch.

clapotement [klapɔtmɑ̃], **clapotis** [klapɔti] *nm* [de vagues] lapping *(U)*.

clapoter [3] [klapɔte] *vi* [vagues] to lap.

clapotis = **clapotement**.

claquage [klakaʒ] *nm* MÉD strain ; **se faire un ~** to pull *ou* to strain a muscle.

claque [klak] *nf* - **1.** [gifle] slap ; **donner une ~ à qqn** to slap sb - **2.** THÉÂTRE claque - **3.** *Québec* [pour chaussures] galosh, rubber *US* - **4.** *loc* **en avoir sa ~ (de)** *fam* to be fed up to the back teeth (with) *UK*.

claqué, **e** [klake] *adj fam* [éreinté] whacked *UK*, bushed.

claquement [klakmɑ̃] *nm* - **1.** [de porte - qui se ferme] slam, slamming *(U)* ; [- mal fermée] banging *(U)* - **2.** [de doigts] snap, snapping *(U)*.

claquemurer [3] [klakmyre] ◆ **se claquemurer** *vp* to shut o.s up *ou* away.

claquer [3] [klake] ◇ *vt* - **1.** [fermer] to slam - **2.** : **faire ~** [langue] to click ; [doigts] to snap ; [fouet] to crack - **3.** *fam* [gifler] to slap - **4.** *fam* [dépenser] to blow - **5.** *fam* [fatiguer] to wear out. ◇ *vi* - **1.** [porte, volet] to bang - **2.** *fam* [personne] to kick the bucket, to snuff it *UK* - **3.** *fam* [machine] to conk out - **4.** [ampoule] to burn out, to go.

◆ **se claquer** *vp* - **1.** [se fatiguer] to wear o.s. out - **2.** [se déchirer] : **se ~ un muscle** to pull *ou* tear a muscle.

claquettes [klakɛt] *nfpl* [danse] tap dancing *(U)*.

clarification [klarifikasjɔ̃] *nf litt & fig* clarification.

clarifier [9] [klarifje] *vt litt & fig* to clarify.
◆ **se clarifier** *vp fig* to become clear.

clarinette [klarinɛt] *nf* [instrument] clarinet.

clarté [klarte] *nf* - **1.** [lumière] brightness - **2.** [transparence] clearness - **3.** [netteté] clarity.

classe [klas] *nf* - **1.** [gén] class ; **de grande ~** first-class, high-class ; **~ ouvrière** working class ; **~ touriste** economy *ou* coach *US* class - **2.** SCOL : **aller en ~** to go to school ; **~ de neige** skiing trip *(with school)* ; **~ préparatoires** *school preparing students for Grandes Écoles entrance exams* ; **~ de rattrapage** remedial class ; **~ verte** field trip *(with school)* - **3.** [catégorie] category, type - **4.** MIL rank - **5.** *loc* **la** *ou* **quelle ~!** *fam* first class!, fantastic! ; **faire ses ~s** MIL to do one's training.

Classes préparatoires

After the *baccalauréat*, very successful students may choose to attend the classes préparatoires, two-year preparatory schools with strict academic standards and a much heavier workload than in universities. The programmes of study are specialized in different domains: scientific (*maths sup* and *maths spé*), literary (*hypokhâgne* and *khâgne*), economics (*HEC*), biology (*maths sup bio*) and veterinary (*véto*). Afterwards, the students take extremely difficult exams in hopes of entering one of the prestigious *grandes écoles*.

classé, **e** [klase] *adj* [monument] listed *UK*.

classement [klasmɑ̃] *nm* - **1.** [rangement] filing - **2.** [classification] classification - **3.** [rang] SCOL position ; SPORT placing - **4.** [liste] SCOL class list ; SPORT final placings *(pl)* ; **~ général** overall placings *(pl)*.

classer [3] [klase] *vt* - **1.** [ranger] to file - **2.** [plantes, animaux] to classify - **3.** [cataloguer] : **~ qqn (parmi)** to label sb (as) - **4.** [attribuer un rang à] to rank.

◆ **se classer** *vp* to be classed, to rank ; **se ~ troisième** to come third.

classeur [klasœr] *nm* - **1.** [meuble] filing cabinet - **2.** [portefeuille] file, folder - **3.** [d'écolier] ring binder.

classification [klasifikasjɔ̃] *nf* classification ; **~ périodique des éléments** CHIM periodic table.

classique [klasik] ◇ *nm* - **1.** [auteur] classical author ; **les grands ~s** the great classical authors - **2.** [œuvre] classic - **3.** ART & MUS : **le ~** [musique] classical (music) ; [architecture] classical architecture ; [beaux-arts] classical art. ◇ *adj* - **1.** ART & MUS classical - **2.** [sobre] classic - **3.** [habituel] classic ; **ça, c'est l'histoire ~!** it's the usual story!

clause [kloz] *nf* clause.

claustrer [3] [klostre] ◆ **se claustrer** *vp sout* to shut o.s. away *ou* up.

claustrophobie [klostrɔfɔbi] *nf* claustrophobia.

clavecin [klavsɛ̃] *nm* harpsichord.

clavicule [klavikyl] *nf* collarbone.

clavier [klavje] *nm* keyboard.

clé, **clef** [kle] ◇ *nf* - **1.** [gén] key ; **la ~ du mystère** the key to the mystery ; **fermer qqch à ~** to lock sthg ; **~s en main** [usine] turnkey ; [logement] ready for immediate entry ; **mettre qqn/qqch sous ~** to lock sb/sthg up ; **~ de contact** AUTO ignition key ; **mettre la ~ sous la porte** to clear out - **2.** [outil] : **~ anglaise** *ou* **à molette** adjustable spanner *UK ou* wrench *US*, monkey wrench - **3.** MUS [signe] clef ; **~ de sol/fa** treble/bass clef ; **à la ~** *fig* at the end (of it all). ◇ *adj* : **industrie/rôle ~** key industry/role.
◆ **clé de voûte** *nf litt & fig* keystone.

clean [klin] *adj fam* [chose, lieu] neat ; [personne] clean-living.

clef = clé.

clématite [klematit] *nf* clematis.

clémence [klemɑ̃s] *nf* - **1.** *sout* [indulgence] clemency - **2.** *fig* [douceur] mildness.

clément, **e** [klemɑ̃, ɑ̃t] *adj* - **1.** [indulgent] lenient - **2.** *fig* [température] mild.

clémentine [klemɑ̃tin] *nf* clementine.

cleptomane = kleptomane.

clerc [klɛr] *nm* [assistant] clerk ; **~ de notaire** lawyer's clerk.

clergé [klɛrʒe] *nm* clergy.

clérical, **e**, **aux** [klerikal, o] ◇ *adj* clerical. ◇ *nm, f* clericalist.

CLES, **Cles** [klɛs] (*abr de* **contrat local emploi-solidarité**) *nm community work scheme for young unemployed people.*

cliquable [klikabl] *adj* clickable ; **plan ~** sensitive map.

Clic-Clac® [klikklac] *nm* pull-out sofa bed.

cliché [kliʃe] *nm* - **1.** PHOTO negative - **2.** [banalité] cliché.

client, **e** [kliɑ̃, ɑ̃t] *nm, f* - **1.** [de notaire, d'agence] client ; [de médecin] patient - **2.** [acheteur] customer - **3.** [habitué] regular (customer).

clientèle [kliɑ̃tɛl] *nf* - **1.** [ensemble des clients] customers *(pl)* ; [de profession libérale] clientele - **2.** [fait d'être client] : **accorder sa ~ à** to give one's custom to.

cligner [3] [kliɲe] ◇ *vt* : **~ les yeux** to blink. ◇ *vi* : **~ de l'œil** to wink ; **~ des yeux** to blink.

clignotant, **e** [kliɲɔtɑ̃, ɑ̃t] *adj* [lumière] flickering.
◆ **clignotant** *nm* - **1.** AUTO indicator *UK*, turn signal *US* ; **mettre son ~** to indicate *UK* - **2.** ÉCON *fig* warning sign.

clignoter [3] [kliɲɔte] *vi* - **1.** [yeux] to blink - **2.** [lumière] to flicker.

climat [klima] *nm litt & fig* climate.

climatique [klimatik] *adj* climatic.

climatisation [klimatizasjɔ̃] *nf* air-conditioning.

climatisé, **e** [klimatize] *adj* air-conditioned.

clin [klɛ̃] ◆ **clin d'œil** *nm* : **faire un ~ d'œil (à)** to wink (at) ; **en un ~ d'œil** in a flash.

clinique [klinik] ◇ *nf* clinic. ◇ *adj* clinical.

clinquant, **e** [klɛ̃kɑ̃, ɑ̃t] *adj litt & fig* flashy.
◆ **clinquant** *nm* - **1.** [faux bijou] imitation jewellery *(U) UK ou* jewelry *(U) US* - **2.** *fig* [éclat] gloss.

clip [klip] *nm* - **1.** [vidéo] pop video - **2.** [boucle d'oreilles] clip-on earring.

clique [klik] *nf péj* clique.
◆ **cliques** *nfpl* : **prendre ses ~s et ses claques** *fam* to pack one's bags (and go).

cliquer [3] [klike] *vi* INFORM to click.

cliqueter [27] [klikte] *vi* - **1.** [pièces, clés, chaînes] to jingle, to jangle - **2.** [verres] to clink.

cliquetis [klikti] *nm* - **1.** [de pièces, clés, chaînes] jingling *(U)*, jangling *(U)* - **2.** [de verres] clinking *(U)*.

clitoris [klitɔris] *nm* clitoris.

clivage [klivaʒ] *nm* - **1.** GÉOL cleavage - **2.** *fig* [division] division.

cloaque [klɔak] *nm* [lieu] cesspit.

clochard, **e** [klɔʃar, ard] *nm, f* tramp.

cloche [klɔʃ] ◇ *nf* - **1.** [d'église] bell - **2.** [couvercle] : **~ à fromage** glass cover for cheese - **3.** *fam* [idiot] idiot, clot *UK* - **4.** *(en apposition)* [jupe] flared. ◇ *adj fam* **ce qu'elle peut être ~, celle-là!** she can be a right idiot!

cloche-pied [klɔʃpje] ◆ **à cloche-pied** *loc adv* hopping ; **sauter à ~** to hop.

clocher[1] [klɔʃe] *nm* [d'église] church tower.

clocher[2] [3] [klɔʃe] *vi* : **il y a quelque chose qui cloche** there's something wrong here.

clochette [klɔʃɛt] *nf* - **1.** [petite cloche] (little) bell - **2.** [de fleur] bell.

clodo [klɔdo] *nmf fam* tramp.

cloison [klwazɔ̃] *nf* [mur] partition.

cloisonner [3] [klwazɔne] *vt* [pièce, maison] to partition (off) ; *fig* to compartmentalize.

cloître [klwatr] *nm* cloister.

cloîtrer [3] [klwatre] *vt* - **1.** RELIG to cloister - **2.** [enfermer] to shut away (from the outside world).
◆ **se cloîtrer** *vp* - **1.** [s'enfermer] to shut o.s. away ; **se ~ dans** *fig* to retreat into - **2.** [RELIG - sœur] to enter a convent ; [- moine] to enter a monastery.

clonage [klonaʒ] *nm* cloning ; **~ thérapeutique** therapeutic cloning.

clone [klɔn] *nm* clone.

clope [klɔp] *nm & nf fam* cigarette, fag *UK*.

clopin-clopant [klɔpɛ̃klɔpɑ̃] *adv* : **aller ~** [person] to hobble along ; *fig* to struggle along.

clopiner [3] [klɔpine] *vi* to hobble along.

cloporte [klɔpɔrt] *nm* woodlouse.

cloque [klɔk] *nf* blister.

cloquer [3] [klɔke] *vi* to blister.

clore [113] [klɔr] *vt* to close ; [négociations] to conclude ; **~ une session** INFORM to log out.

clos, e [klo, kloz] ◇ *pp* ⊳ **clore**. ◇ *adj* closed.

◆ **clos** *nm* - **1.** [terrain] enclosed field - **2.** [vignoble] vineyard.

clôture [klotyr] *nf* - **1.** [haie] hedge ; [de fil de fer] fence ; **~ électrifiée** *OU* **électrique** electric fence - **2.** [fermeture] closing, closure - **3.** [fin] end, conclusion.

clôturer [3] [klotyre] *vt* - **1.** [terrain] to enclose - **2.** [négociation] to close, to conclude.

clou [klu] *nm* - **1.** [pointe] nail ; **~ de girofle** CULIN clove ; **des ~s!** *fam* no chance! ; **maigre comme un ~** as thin as a rake ; **mettre au ~** [en gage] to pawn ; [en prison] to put in the clink - **2.** [attraction] highlight.

◆ **clous** *nmpl* pedestrian crossing *(sing) UK*, crosswalk *US*.

clouer [3] [klue] *vt* [fixer - couvercle, planche] to nail (down) ; [- tableau, caisse] to nail (up) ; *fig* [immobiliser] : **rester cloué sur place** to be rooted to the spot ; **être cloué au lit (par)** *fam* to be laid up in bed (with).

clouté, e [klute] *adj* [vêtement] studded.

clown [klun] *nm* clown ; **faire le ~** to clown around, to act the fool.

CLT (*abr de* **Compagnie luxembourgeoise de télévision**) *nf Luxembourg TV company.*

club [klœb] *nm* club.

cm (*abr écrite de* **centimètre**) cm.

CM ◇ *nf* (*abr de* **Chambre des métiers**) *chamber of commerce for trades.* ◇ *nm* (*abr de* **cours moyen**) ; **~1** *fourth year of primary school* ; **~2** *fifth year of primary school.*

CNAC [knak] (*abr de* **Centre national d'art et de culture**) *nm official name of the Pompidou Centre.*

CNAM [knam] (*abr de* **Conservatoire national des arts et métiers**) *nm science and technology school in Paris.*

CNC *nm* - **1.** (*abr de* **Conseil national de la consommation**) *official consumer protection organization* - **2.** (*abr de* **Centre national de la cinématographie**) *national cinematographic organization.*

CNDP (*abr de* **Centre national de documentation pédagogique**) *nm national organization for educational resources.*

CNE (*abr de* **Caisse nationale d'épargne**) *nf national savings bank.*

CNEC [knɛk] (*abr de* **Centre national de l'enseignement par correspondance**) *nm national education body organizing correspondence courses,* ≃ Open University *UK*.

CNES, Cnes [knɛs] (*abr de* **Centre national d'études spatiales**) *nm French national space research centre.*

CNIL [knil] *nf abr de* **Commission nationale de l'informatique et des libertés.**

CNIT, Cnit [knit] (*abr de* **Centre national des industries et des techniques**) *nm exhibition centre at la Défense near Paris.*

CNJA (*abr de* **Centre national des jeunes agriculteurs**) *nm young farmers' union.*

CNPF (*abr de* **Conseil national du patronat français**) *nm national council of French employers,* ≃ CBI *UK*.

CNRS (*abr de* **Centre national de la recherche scientifique**) *nm national scientific research organization.*

CNTS (*abr de* **Centre national de transfusion sanguine**) *nm national blood transfusion centre.*

CNUCED, Cnuced [knysɛd] (*abr de* **Conférence des Nations unies pour le commerce et l'industrie**) *nf* UNCTAD.

coaguler [3] [kɔagyle] ◇ *vt* - **1.** [sang] to clot - **2.** [lait] to curdle. ◇ *vi* - **1.** [sang] to clot - **2.** [lait] to curdle.

◆ **se coaguler** *vp* - **1.** [sang] to clot - **2.** [lait] to curdle.

coaliser [3] [kɔalize] *vt* to group together, to unite.

◆ **se coaliser** *vp* - **1.** [s'allier] to form a coalition *OU* an alliance - **2.** [s'unir] to unite.

coalition [kɔalisjɔ̃] *nf* coalition.

coasser [3] [kɔase] *vi* [grenouille] to croak.

COB, Cob [kɔb] (*abr de* **Commission des opérations de Bourse**) *nf commission for supervision of stock exchange operations,* ≃ SIB *UK*, ≃ SEC *US*.

cobalt [kɔbalt] *nm* cobalt.

cobaye [kɔbaj] *nm litt & fig* guinea pig.

cobra [kɔbra] *nm* cobra.

coca [kɔka] ◇ *nm* BOT coca. ◇ *nf* coca extract.

Coca® [kɔka] *nm* [boisson] Coke®.

cocagne [kɔkaɲ] ⊳ **mât**, ⊳ **pays**.

cocaïne [kɔkain] *nf* cocaine.

cocaïnomane [kokainɔman] *nmf* cocaine addict.

cocarde [kɔkard] *nf* - **1.** [insigne] roundel - **2.** [distinction] rosette.

cocardier, **ère** [kɔkardje, ɛr] <> *adj* [chauvin] jingoistic. <> *nm, f* jingoist.

cocasse [kɔkas] *adj* funny.

coccinelle [kɔksinɛl] *nf* - **1.** [insecte] ladybird *UK*, ladybug *US* - **2.** [voiture] Beetle.

coccyx [kɔksis] *nm* coccyx.

coche [kɔʃ] *nm* : **manquer le ~** *fam fig* to miss the boat.

cocher[1] [kɔʃe] *nm* coachman.

cocher[2] [3] [kɔʃe] *vt* to tick (off) *UK*, to check (off) *US*.

cochère [kɔʃɛr] ▷ **porte**.

cocheur [kɔʃœr] *nm* *Québec* [golf] : **~ d'allée** pitching wedge ; **~ de sable** sand wedge.

cochon, **onne** [kɔʃɔ̃, ɔn] <> *adj* dirty, smutty. <> *nm, f* *fam péj* pig ; **un tour de ~** a dirty trick.

◆ **cochon** *nm* pig ; **~ d'Inde** guinea pig ; **~ de lait** sucking pig.

cochonnaille [kɔʃɔnaj] *nf* *fam* [charcuterie] pork.

cochonner [3] [kɔʃɔne] *vt fam* to mess up.

cochonnerie [kɔʃɔnri] *nf fam* - **1.** [nourriture] muck *(U)* - **2.** [chose] rubbish *(U)* - **3.** [saleté] mess *(U)* - **4.** [obscénité] dirty joke, smut *(U)*.

cochonnet [kɔʃɔnɛ] *nm* - **1.** [petit cochon] piglet - **2.** [jeux] jack.

cocker [kɔkɛr] *nm* cocker spaniel.

cockpit [kɔkpit] *nm* cockpit.

cocktail [kɔktɛl] *nm* - **1.** [réception] cocktail party - **2.** [boisson] cocktail - **3.** *fig* [mélange] mixture ; **~ Molotov** Molotov cocktail.

coco [koko] *nm* - **1.** ▷ **noix** - **2.** *fam péj* [individu] bloke *UK*, guy - **3.** *péj* [communiste] commie.

cocon [kɔkɔ̃] *nm* ZOOL *fig* cocoon.

cocooning [kɔkuniŋ] *nm* : **faire du ~** to cocoon o.s.

cocorico [kɔkɔriko] *nm* [du coq] cock-a-doodle-doo.

cocotier [kɔkɔtje] *nm* coconut tree.

cocotte [kɔkɔt] *nf* - **1.** [marmite] casserole (dish) - **2.** [poule] hen ; **~ en papier** paper shape - **3.** *péj* [courtisane] tart.

Cocotte-Minute® [kɔkɔtminyt] *nf* pressure cooker.

cocu, **e** [kɔky] *nm, f* & *adj fam* cuckold.

code [kɔd] *nm* - **1.** [gén] code ; **~-barres** bar code ; **~ de caractères** INFORM character code ; **~ civil** *ou* **Napoléon** civil code ; **~ génétique** genetic code ; **~ pénal** penal code ; **~ postal** postcode *UK*, zip code *US* ; **~ de la route** highway code *UK* ; **~ secret** [pour carte de crédit] PIN number - **2.** [phares] dipped headlights *pl UK*, dimmed headlights *pl US* ; **se mettre en ~s** to dip *UK ou* dim *US* one's headlights.

codéine [kɔdein] *nf* codeine.

coder [3] [kɔde] *vt* to code.

codétenu, **e** [kɔdetny] *nm, f* (fellow) prisoner.

codifier [9] [kɔdifje] *vt* to codify.

coefficient [kɔefisjɑ̃] *nm* coefficient ; **~ d'erreur** margin of error.

Coefficient

In *baccalauréat* examinations, the grades for each subject are given following a 20-point scale. This grade is then multiplied by a *coefficient*, which is determined by the type of baccalauréat chosen. For a *bac S*, which has a scientific bias, the *coefficient* for maths will be higher than the philosophy *coefficient*, for example.

coéquipier, **ère** [kɔekipje, ɛr] *nm, f* teammate.

cœur [kœr] *nm* heart ; **au ~ de l'hiver** in the depths of winter ; **au ~ de l'été** at the height of summer ; **au ~ du conflit** at the height of the conflict ; **de bon ~** willingly ; **de tout son ~** with all one's heart ; **à ~ ouvert** MÉD open-heart ; **parler à ~ ouvert à qqn** to have a heart-to-heart with sb ; **apprendre par ~** to learn by heart ; **avoir qqch à ~** to have one's heart set on sthg ; **avoir bon ~** to be kind-hearted ; **avoir le ~ sur la main** to be big-hearted ; **avoir mal au ~** to feel sick ; **avoir un ~ d'artichaut** to fall in love very easily ; **en avoir le ~ net** to be clear in one's (own) mind ; **avoir le ~ serré** *ou* **gros** to have a heavy heart ; **briser** *ou* **fendre le ~ de qqn** to break sb's heart ; **s'en donner à ~ joie** [prendre beaucoup de plaisir] to have a whale of a time ; **manquer de ~, ne pas avoir de ~** to be heartless ; **ne pas avoir le ~ de faire qqch** not to have the heart to do sthg ; **serrer qqn contre son ~** to clasp sb to one's breast ; **soulever le ~ à qqn** to make sb feel sick ; **tenir à ~** to be close to one's heart.

◆ **cœur de pierre** *nm* heart of stone.

coexistence [kɔɛgzistɑ̃s] *nf* coexistence.

coexister [3] [kɔɛgziste] *vi* to coexist.

COFACE [kɔfas] (*abr de* **Compagnie française d'assurance pour le commerce extérieur**) *nf* *export insurance company*, ≃ ECGD.

coffrage [kɔfraʒ] *nm* [pour le béton] formwork *(U)* ; [charpente] coffering.

coffre [kɔfr] *nm* - **1.** [meuble] chest - **2.** [de voiture] boot *UK*, trunk *US* - **3.** [coffre-fort] safe - **4.** *loc* **avoir du ~** *fam fig* to have a lot of puff *UK*.

coffre-fort [kɔfrəfɔr] (*pl* **coffres-forts**) *nm* safe.

coffrer [3] [kɔfre] *vt* - **1.** *fam* [emprisonner] to bang up *UK* - **2.** TECHNOL to put up shuttering for.

coffret [kɔfrɛ] *nm* - **1.** [petit coffre] casket ; **~ à bijoux** jewellery *UK ou* jewelry *US* box - **2.** [de disques] boxed set.

cogestion [kɔʒɛstjɔ̃] *nf* joint management.

cogitation [kɔʒitasjɔ̃] *nf hum* cogitation.

cogiter [3] [kɔʒite] *vi hum* to cogitate.

cognac [kɔɲak] *nm* cognac, brandy.

cogner [3] [kɔɲe] ◇ *vt fam* to beat up. ◇ *vi* - **1.** [heurter] to bang - **2.** *fam* [donner des coups] to hit - **3.** [soleil] to beat down.

◆ **se cogner** *vp* - **1.** [se heurter] to bump o.s. ; **se ~ à** *ou* **contre qqch** to bump into sthg ; **se ~ la tête/le genou** to hit one's head/knee - **2.** *fam* [se battre] to have a punch-up *UK*.

cohabitation [kɔabitasjɔ̃] *nf* - **1.** [de personnes] living together, cohabitation - **2.** POLIT cohabitation.

Cohabitation

Describes a situation in which the president represents one political party and the government another. The term was first used to describe the 1986-1988 period when Socialist president François Mitterrand had a right-wing prime minister, Jacques Chirac. *Cohabitation* again became a part of French political life during 1995-2002, when Chirac, now president, worked with Socialist Prime Minister Lionel Jospin.

cohabiter [3] [kɔabite] *vi* - **1.** [habiter ensemble] to live together - **2.** POLIT to cohabit.

cohérence [kɔerɑ̃s] *nf* consistency, coherence.

cohérent, e [kɔerɑ̃, ɑ̃t] *adj* - **1.** [logique] consistent, coherent - **2.** [unifié] coherent.

cohéritier, ère [kɔeritje, ɛr] *nm, f* joint heir (*f* heiress).

cohésion [kɔezjɔ̃] *nf* cohesion.

cohorte [kɔɔrt] *nf* [groupe] troop.

cohue [kɔy] *nf* - **1.** [foule] crowd - **2.** [bousculade] crush.

coi, coite [kwa, kwat] *adj* : **rester ~** *sout* to remain silent.

coiffe [kwaf] *nf* headdress.

coiffé, e [kwafe] *adj* : **être bien/mal ~** to have tidy/untidy hair ; **être ~ d'une casquette** to be wearing a cap.

coiffer [3] [kwafe] *vt* - **1.** [mettre sur la tête] : **~ qqn de qqch** to put sthg on sb's head - **2.** [les cheveux] : **~ qqn** to do sb's hair - **3.** [recouvrir] to top, to cover - **4.** [diriger] to head.

◆ **se coiffer** *vp* - **1.** [les cheveux] to do one's hair - **2.** [mettre sur sa tête] : **se ~ de** to wear, to put on.

coiffeur, euse [kwafœr, øz] *nm, f* hairdresser.

◆ **coiffeuse** *nf* [meuble] dressing table.

coiffure [kwafyr] *nf* - **1.** [chapeau] hat - **2.** [cheveux] hairstyle - **3.** [profession] hairdressing.

coin [kwɛ̃] *nm* - **1.** [angle] corner ; **au ~ du feu** by the fireside ; **envoyer qqn au ~** to make sb stand in the corner ; **à tous les ~s de rue** on every street corner ; **regarder qqn du ~ de l'œil** [à la dérobée] to look at sb out of the corner of one's eye - **2.** [parcelle, endroit] place, spot ; **du ~** local ; **dans le ~** in the area ; **un ~ de ciel bleu** a patch of blue sky ; **dans un ~ de ma mémoire** *fig* in a corner of my memory ; **~ cuisine** kitchen area ; **le petit ~** *fam* the little boys'/girls' room - **3.** [outil] wedge - **4.** [matrice] die.

coincé, e [kwɛ̃se] *adj fam* [personne] hung up.

coincer [16] [kwɛ̃se] *vt* - **1.** [bloquer] to jam - **2.** *fam* [prendre] to nab ; *fig* to catch out *UK* - **3.** [acculer] to corner, to trap.

◆ **se coincer** *vp* to get stuck.

coïncidence [kɔɛ̃sidɑ̃s] *nf* coincidence.

coïncider [3] [kɔɛ̃side] *vi* to coincide.

coing [kwɛ̃] *nm* [fruit] quince.

coït [kɔit] *nm* coitus.

coke [kɔk] ◇ *nf* [cocaïne] coke. ◇ *nm* [combustible] coke.

col [kɔl] *nm* - **1.** [de vêtement] collar ; **faux ~** detachable collar ; **~ roulé** polo neck *UK*, turtleneck *US* - **2.** [partie étroite] neck - **3.** ANAT : **~ du fémur** neck of the thighbone *ou* femur ; **~ de l'utérus** cervix, neck of the womb - **4.** GÉOGR pass.

col. *abr de* colonne.

colchique [kɔlʃik] *nm* [plante] autumn crocus.

coléoptère [kɔleɔptɛr] *nm* beetle.

colère [kɔlɛr] *nf* - **1.** [irritation] anger ; **être/se mettre en ~** to be/get angry ; **ravaler sa ~** to keep one's temper - **2.** [accès d'humeur] fit of anger *ou* rage ; **piquer une ~** to fly into a rage.

coléreux, euse [kɔlerø, øz], **colérique** [kɔlerik] *adj* [tempérament] fiery ; [personne] quick-tempered.

colifichet [kɔlifiʃɛ] *nm* [bijou] trinket.

colimaçon [kɔlimasɔ̃] ◆ **en colimaçon** *loc adv* spiral.

colin [kɔlɛ̃] *nm* [merlu] hake.

colin-maillard [kɔlɛ̃majar] (*pl* **colin-maillards**) *nm* blind man's buff.

colique [kɔlik] *nf* - **1.** *(gén pl)* [douleur] colic *(U)* - **2.** [diarrhée] diarrhoea *UK*, diarrhea *US*.

colis [kɔli] *nm* parcel *UK*, package *US*.

colistier, ère [kɔlistje, ɛr] *nm, f* fellow candidate.

coll. - **1.** *abr de* **collection** - **2.** (*abr de* **collaborateurs**) ; **et ~** et al.

collabo [kɔlabo] *nmf* HIST *péj* collaborator.

collaborateur, trice [kɔlabɔratœr, tris] *nm, f* - **1.** [employé] colleague - **2.** [de journal] contributor - **3.** HIST collaborator.

collaboration [kɔlabɔrasjɔ̃] *nf* collaboration.

collaborer [3] [kɔlabɔre] *vi* - **1.** [coopérer, sous l'Occupation] to collaborate - **2.** [participer] : **~ à** to contribute to.

collage [kɔlaʒ] *nm* - **1.** [action] sticking, gluing - **2.** ART collage.

collant, e [kɔlɑ̃, ɑ̃t] *adj* - **1.** [substance] sticky - **2.** [vêtement] close-fitting, tight-fitting - **3.** *fam* [personne] clinging, clingy.
◆ **collant** *nm* tights *(pl) UK*, panty hose *(pl) US*.

collatéral, e, aux [kɔlateral, o] ◇ *adj* - **1.** ANAT collateral - **2.** ARCHIT side *(avant n)* - **3.** DR collateral. ◇ *nm, f* collateral.

collation [kɔlasjɔ̃] *nf* [repas] snack.

colle [kɔl] *nf* - **1.** [substance] glue - **2.** [question] poser ; **poser une ~ à qqn** to set sb a (real) poser - **3.** [SCOL - interrogation] test ; [- retenue] detention ; **avoir une heure de ~** to get an hour's detention.

collecte [kɔlɛkt] *nf* collection.

collecteur, trice [kɔlɛktœr, tris] ◇ *adj* : **égout ~** main sewer. ◇ *nm, f* : **~ de fonds** fundraiser ; **~ d'impôts** tax collector.

collectif, ive [kɔlɛktif, iv] *adj* - **1.** [responsabilité, travail] collective - **2.** [billet, voyage] group *(avant n)*.
◆ **collectif** *nm* - **1.** [équipe] team - **2.** LING collective noun - **3.** FIN : **~ budgétaire** collection of budgetary measures.

collection [kɔlɛksjɔ̃] *nf* - **1.** [d'objets, de livres, de vêtements] collection ; **faire la ~ de** to collect - **2.** COMM line.

collectionner [3] [kɔlɛksjɔne] *vt litt & fig* to collect.

collectionneur, euse [kɔlɛksjɔnœr, øz] *nm, f* collector.

collectivité [kɔlɛktivite] *nf* community ; **les ~s locales** ADMIN the local communities ; **~ territoriale** ADMIN (partially) autonomous region.

collège [kɔlɛʒ] *nm* - **1.** SCOL ≃ secondary school ; **le Collège de France** the Collège de France - **2.** [de personnes] college ; **~ électoral** electoral college.

Collège

A state secondary school for French children aged 11 to 15. The school years covered go from *sixième* to *cinquième* and *quatrième* to *troisième*, the final year, when pupils take an exam known as the *brevet des collèges*. They may then go on to study for the *baccalauréat* at a *lycée*.

Le Collège de France

This place of learning near the Sorbonne holds public lectures given by prominent academics and specialists. The seminars' content is freely decided by their presenters, and there are more than 50 scholars teaching and doing research on a very wide variety of subjects from economics to history and linguistics. Attending the conferences is free as the *Collège* is not a university and does not confer degrees. Its members, however, are designated by the French president, and it is controlled by the Ministry of Education.

collégial, e, aux [kɔleʒjal, o] *adj* collegial, collegiate.
◆ **collégiale** *nf* collegiate church.

collégien, enne [kɔleʒjɛ̃, ɛn] *nm, f* schoolboy (*f* schoolgirl).

collègue [kɔlɛg] *nmf* colleague.

coller [3] [kɔle] ◇ *vt* - **1.** [fixer - affiche] to stick (up) ; [- timbre] to stick - **2.** [appuyer] to press - **3.** INFORM to paste - **4.** *fam* [mettre] to stick, to dump - **5.** SCOL to give (a) detention to, to keep behind - **6.** [embarrasser] to catch out *UK* - **7.** *fam* [suivre] to cling to - **8.** *fam* [donner] : **~ qqch à qqn** to give sthg to sb, to give sb sthg. ◇ *vi* - **1.** [adhérer] to stick - **2.** [être adapté] : **~ à qqch** [vêtement] to cling to sthg ; *fig* to fit in with sthg, to adhere to sthg - **3.** *fam* [bien se passer] to be *ou* go OK - **4.** [suivre] : **~ à** to stick close to.
◆ **se coller** *vp* - **1.** *fam* [subir] to get landed with - **2.** [se plaquer] : **se ~ contre qqn/qqch** to press o.s. against sb/sthg.

collerette [kɔlrɛt] *nf* - **1.** [de vêtement] ruff - **2.** [de tuyau] flange.

collet [kɔlɛ] *nm* - **1.** [de vêtement] collar ; **mettre la main au ~ de qqn** to grab sb by the collar *ou* the scruff of the neck ; **être ~ monté** [affecté, guindé] to be straitlaced - **2.** [piège] snare.

collier [kɔlje] *nm* - **1.** [bijou] necklace ; **~ de perles** pearl necklace - **2.** [d'animal] collar - **3.** [barbe] *fringe of beard along the jawline*.

collimateur [kɔlimatœr] *nm* : **avoir qqn dans le ~** *fam* to have sb in one's sights.

colline [kɔlin] *nf* hill.

collision [kɔlizjɔ̃] *nf* [choc] collision, crash ; **entrer en ~ avec** to collide with.

colloque [kɔlɔk] *nm* colloquium.

collusion [kɔlyzjɔ̃] *nf* collusion.

collyre [kɔlir] *nm* eye lotion.

colmater [3] [kɔlmate] *vt* - **1.** [fuite] to plug, to seal off - **2.** [brèche] to fill, to seal.

colo [kɔlo] *nf fam* children's holiday camp *UK*, summer camp *US*.

colocataire [kɔlɔkatɛr] *nmf* ADMIN co-tenant ; [gen] flatmate.

colombage [kɔlɔ̃baʒ] *nm* half-timbering ; **à ~s** half-timbered.

colombe [kɔlɔ̃b] *nf* dove.

Colombie [kɔlɔ̃bi] *nf* : **la ~** Colombia.

colombien, enne [kɔlɔ̃bjɛ̃, ɛn] *adj* Colombian.

◆ **Colombien, enne** *nm, f* Colombian.

Colombo [kɔlɔ̃bo] *n* Colombo.

colon [kɔlɔ̃] *nm* settler.

côlon [kolɔ̃] *nm* colon.

colonel [kɔlɔnɛl] *nm* colonel.

colonelle [kɔlɔnɛl] *nf* colonel's wife.

colonial, e, aux [kɔlɔnjal, o] *adj* colonial.

colonialisme [kɔlɔnjalism] *nm* colonialism.

colonialiste [kɔlɔnjalist] *nmf* & *adj* colonialist.

colonie [kɔlɔni] *nf* - **1.** [territoire] colony - **2.** [d'expatriés] community ; **~ de vacances** holiday *UK ou* summer camp *US*.

colonisation [kɔlɔnizasjɔ̃] *nf* colonization.

coloniser [3] [kɔlɔnize] *vt litt* & *fig* to colonize.

colonne [kɔlɔn] *nf* column ; **en ~** in a line *ou* column.

◆ **colonne vertébrale** *nf* spine, spinal column.

colorant, e [kɔlɔrɑ̃, ɑ̃t] *adj* colouring *UK*, coloring *US*.

◆ **colorant** *nm* colouring *UK*, coloring *US* ; **~ alimentaire** food colouring *UK ou* coloring *US*.

coloration [kɔlɔrasjɔ̃] *nf* colour *UK*, color *US*, colouring *UK*, coloring *US*.

coloré, e [kɔlɔre] *adj* - **1.** [de couleur] coloured *UK*, colored *US* - **2.** *fig* [diversifié, imagé] colourful *UK*, colorful *US*.

colorer [3] [kɔlɔre] *vt* [teindre] to colour *UK*, to color *US* ; **~ qqch de** *fig* to colour *UK ou* color *US* sthg with.

◆ **se colorer** *vp* [les cheveux] to colour *UK*, to color *US*, to dye ; **se ~ de** *fig* to be coloured *UK ou* colored *US* with.

coloriage [kɔlɔrjaʒ] *nm* - **1.** [action] colouring *UK*, coloring *US* - **2.** [dessin] drawing.

colorier [9] [kɔlɔrje] *vt* to colour in *UK*, to color in *US*.

coloris [kɔlɔri] *nm* shade.

colorisation [kɔlɔrizasjɔ̃] *nf* CINÉ colourization *UK*, colorization *US*.

coloriser [3] [kɔlɔrize] *vt* CINÉ to colourize *UK*, to colorize *US*.

colossal, e, aux [kɔlɔsal, o] *adj* colossal, huge.

colosse [kɔlɔs] *nm* - **1.** [homme] giant - **2.** [statue] colossus.

colportage [kɔlpɔrtaʒ] *nm* hawking.

colporter [3] [kɔlpɔrte] *vt* [marchandise] to hawk ; [information] to spread.

◆ **se colporter** *vp* [information] to spread.

colporteur, euse [kɔlpɔrtœr, øz] *nm, f* - **1.** [de marchandises] hawker - **2.** [de ragots] gossip.

coltiner [3] [kɔltine] ◆ **se coltiner** *vp fam* to be landed with.

colza [kɔlza] *nm* rape (seed).

coma [kɔma] *nm* coma ; **être dans le ~** to be in a coma.

comateux, euse [kɔmatø, øz] ◇ *adj* comatose. ◇ *nm, f* person in a coma.

combat [kɔ̃ba] *nm* - **1.** [bataille] battle, fight ; **mettre/être hors de ~** to put/be out of the fight ; *fig* to put/be out of the game - **2.** *fig* [lutte] struggle - **3.** SPORT fight.

combatif, ive [kɔ̃batif, iv] *adj* [humeur] fighting *(avant n)* ; [troupes] willing to fight.

combativité [kɔ̃bativite] *nf* fighting spirit.

combattant, e [kɔ̃batɑ̃, ɑ̃t] ◇ *adj* fighting *(avant n)*. ◇ *nm, f* [en guerre] combatant ; [dans bagarre] fighter ; **ancien ~** veteran.

combattre [83] [kɔ̃batr] ◇ *vt litt* & *fig* to fight (against). ◇ *vi* to fight.

combattu, e [kɔ̃baty] *pp* ▻ **combattre**.

combien [kɔ̃bjɛ̃] ◇ *conj* how much ; **~ de** [nombre] how many ; [quantité] how much ; **~ de temps?** how long? ; **ça fait ~?** [prix] how much is that? ; [longueur, hauteur *etc*] how long/high *etc* is it? ◇ *adv* how (much). ◇ *nm inv* : **le ~ sommes-nous?** what date is it? ; **tous les ~?** how often?

combientième [kɔ̃bjɛ̃tjɛm] ◇ *nmf* : **il est le ~?** where did he come? ◇ *adj* : **c'est le ~ examen qu'on passe?** that makes how many exams we've taken?

combinaison [kɔ̃binɛzɔ̃] *nf* - **1.** [d'éléments] combination - **2.** [de femme] slip - **3.** [vêtement - de mécanicien] boiler suit *UK*, overalls *(pl) UK*, overall *US* ; [- de ski] ski suit - **4.** [de coffre] combination - **5.** [manœuvre] scheme.

combine [kɔ̃bin] *nf fam* trick.

combiné [kɔ̃bine] *nm* receiver.

combiner [3] [kɔ̃bine] *vt* - **1.** [arranger] to combine - **2.** [organiser] to devise.

◆ **se combiner** *vp* to turn out.

comble [kɔ̃bl] ◇ *nm* height ; **le ~ de** the height of ; **c'est un** *ou* **le ~!** that beats everything! ; **être au ~ du désespoir** to be in the depths of despair ; **être au ~ du bonheur** to be overjoyed. ◇ *adj* packed.
◆ **combles** *nmpl* attic *(sing)*, loft *(sing)* ; **loger sous les ~s** to live in an attic.

combler [3] [kɔ̃ble] *vt* - **1.** [gâter] to spoil ; **~ qqn de** to shower sb with - **2.** [boucher] to fill in - **3.** [déficit] to make good ; [lacune] to fill.

combustible [kɔ̃bystibl] ◇ *nm* fuel. ◇ *adj* combustible.

combustion [kɔ̃bystjɔ̃] *nf* combustion.

COMECON, Comecon [kɔmekɔn] (*abr de* **Council for Mutual Economic Assistance**) *nm* COMECON.

comédie [kɔmedi] *nf* - **1.** CINÉ & THÉÂTRE comedy ; **la Comédie-Française** the Comédie Française ; **~ musicale** musical ; **jouer la ~** *fig* to put on an act - **2.** [complication] palaver.

La Comédie-Française

This state-subsidized company dates back to the seventeenth century; the theatre itself, officially called *le Théâtre-Français* or *le Français*, is situated on the rue de Richelieu in Paris. Its repertoire consists mainly of classical works, although modern plays are sometimes staged.

comédien, enne [kɔmedjɛ̃, ɛn] ◇ *nm, f* [acteur] actor (*f* actress) ; *fig* & *péj* sham. ◇ *adj fig* & *péj* **être ~** to be a sham.

COMES, Comes [kɔmɛs] (*abr de* **Commissariat à l'énergie solaire**) *nm solar energy commission.*

comestible [kɔmɛstibl] *adj* edible.
◆ **comestibles** *nmpl* food *(U)*.

comète [kɔmɛt] *nf* comet ; **tirer des plans sur la ~** *fig* to count one's chickens (before they are hatched).

comice [kɔmis] *nm* : **~ agricole** *local farmers' meeting.*

comique [kɔmik] ◇ *nm* - **1.** THÉÂTRE comic actor - **2.** [genre] : **le ~** comedy. ◇ *adj* - **1.** [style] comic - **2.** [drôle] comical, funny.

comité [kɔmite] *nm* committee ; **en petit ~** *fig* with a few close friends ; **~ d'entreprise** works council *UK (also organizing leisure activities)*.

Comité d'entreprise

The *comité d'entreprise*, or *CE*, is required in French companies with at least 50 employees. Its members, who are chosen from lists proposed by unions active in the company, look after employees' general welfare and organize subsidized leisure activities (outings, holidays, etc.) The *CE* also provides support for families with children or colleagues in financial difficulty.

commandant [kɔmɑ̃dɑ̃] *nm* commander ; **~ de bord** AÉRON captain.

commande [kɔmɑ̃d] *nf* - **1.** [de marchandises] order ; **passer une ~** to place an order ; **sur ~** to order ; **disponible sur ~** available on request - **2.** TECHNOL control ; **être aux ~s (de), tenir les ~s (de)** [d'avion, de machine] to be at the controls (of) ; NAUT *fig* to be at the helm (of) - **3.** INFORM command ; **~ numérique** digital control.

commandement [kɔmɑ̃dmɑ̃] *nm* command ; **les dix ~s** RELIG the Ten Commandments.

commander [3] [kɔmɑ̃de] ◇ *vt* - **1.** [ordonner] to order, to command - **2.** MIL to command - **3.** [contrôler] to operate, to control - **4.** COMM to order. ◇ *vi* to be in charge ; **~ à qqn de faire qqch** to order sb to do sthg.
◆ **se commander** *vp* : **ça ne se commande pas** *fig* it is uncontrollable.

commanditaire [kɔmɑ̃ditɛr] DR ◇ *nm* backer. ◇ *adj* : **(associé) ~** sleeping partner *UK*, silent partner *US*.

commanditer [3] [kɔmɑ̃dite] *vt* - **1.** [entreprise] to finance - **2.** [meurtre] to put up the money for.

commando [kɔmɑ̃do] *nm* commando (unit).

comme [kɔm] ◇ *conj* - **1.** [introduisant une comparaison] like ; **il sera médecin ~ son père** he'll become a doctor (just) like his father ; **nous nagerons ~ quand nous étions en Sicile** we'll go swimming as *ou* like we did when we were in Sicily ; **il se mit à pleurer ~ pour m'émouvoir** he started to cry as though to move me - **2.** [exprimant la manière] as ; **fais ~ il te plaira** do as you wish ; **~ tu le dis** as you say ; **il était ~ fou** he was like a madman ; **~ prévu/convenu** as planned/agreed ; **~ bon vous semble** as you think best ; **~ ci ~ ça** *fam* so-so - **3.** [tel que] like, such as ; **les arbres ~ le marronnier** trees such as *ou* like the chestnut - **4.** [en tant que] as ; **~ professeur, il est nul** as a teacher he's hopeless - **5.** [ainsi que] : **les filles ~ les garçons iront jouer au foot** both girls and boys will play football ; **l'un ~ l'autre sont très gentils** the one is as kind as the other, they are equally kind - **6.** [introduisant une cause] as, since ; **~ il pleuvait nous sommes rentrés** as it was raining we went back. ◇ *adv excl* [marquant l'intensité] how ; **~ tu as grandi!** how you've grown! ; **~ c'est difficile!** it's so difficult! ; **regarde ~ il nage bien!** (just) look what a good swimmer he is!, (just) look how well he swims!
◆ **comme si** *loc conj* as if.
◆ **comme quoi** *loc adv* to the effect that ; **~ quoi, on ne peut pas tout prévoir** which just goes to show you can't think of everything.

◆ **quelque chose comme** *loc adv* [à peu près] something like ; **cela fait quelque chose ~ 2 000 euros** that comes to something like 2,000 euros.

commémoration [kɔmemɔrasjɔ̃] *nf* commemoration.

commémorer [3] [kɔmemɔre] *vt* to commemorate.

commencement [kɔmɑ̃smɑ̃] *nm* beginning, start ; **au ~** at first, in the beginning.

commencer [16] [kɔmɑ̃se] ◇ *vt* [entreprendre] to begin, to start ; [être au début de] to begin. ◇ *vi* to start, to begin ; **~ à faire qqch** to begin *ou* start to do sthg, to begin *ou* start doing sthg ; **~ par faire qqch** to begin *ou* start by doing sthg ; **~ mal/bien** to start badly/ well.

comment [kɔmɑ̃] ◇ *adv interr* how ; **~?** what? ; **~ ça va?** how are you? ; **~ cela?** how come? ◇ *adv excl* : **~ donc!** of course!, sure thing! ; **et ~!** *fam* and how!, absolutely! ◇ *nm inv* ▷ **pourquoi**.

commentaire [kɔmɑ̃tɛr] *nm* - **1.** [explication] commentary - **2.** [observation] comment ; **sans ~!** enough said!

commentateur, trice [kɔmɑ̃tatœr, tris] *nm, f* RADIO & TV commentator ; **~ sportif** sports commentator.

commenter [3] [kɔmɑ̃te] *vt* to comment on.

commérage [kɔmeraʒ] *nm péj* gossip *(U)*.

commerçant, e [kɔmɛrsɑ̃, ɑ̃t] ◇ *adj* [rue] shopping *(avant n)* ; [quartier] commercial ; [personne] business-minded. ◇ *nm, f* shopkeeper ; **petit ~** small trader.

commerce [kɔmɛrs] *nm* - **1.** [achat et vente] commerce, trade ; **dans le ~** in the shops *UK* *ou* stores *US* ; **~ de gros/détail** wholesale/retail trade ; **~ électronique** electronic commerce, e-commerce ; **~ équitable** fair trade ; **~ extérieur** foreign trade - **2.** [magasin] business ; **le petit ~** small shopkeepers *(pl)* - **3.** *loc* **être d'un ~ agréable** *sout* to be easy to get on with.

commercial, e, aux [kɔmɛrsjal, o] ◇ *adj* [entreprise, valeur] commercial ; [politique] trade *(avant n)*. ◇ *nm, f* marketing man *(f* woman).

commercialisation [kɔmɛrsjalizasjɔ̃] *nf* marketing.

commercialiser [3] [kɔmɛrsjalize] *vt* to market.

commère [kɔmɛr] *nf péj* gossip.

commets ▷ **commettre**.

commettre [84] [kɔmɛtr] *vt* to commit.

◆ **se commettre** *vp sout* **se ~ avec** to become involved with.

commis, e [kɔmi, iz] *pp* ▷ **commettre**.

◆ **commis** *nm* assistant ; **~ voyageur** commercial traveller *UK ou* traveler *US*.

commisération [kɔmizerasjɔ̃] *nf sout* commiseration.

commissaire [kɔmisɛr] *nm* commissioner ; **~ aux comptes** auditor ; **~ de police** (police) superintendent *UK*, (police) captain *US*.

commissaire-priseur [kɔmisɛrprizœr] *(pl* **commissaires-priseurs**) *nm* auctioneer.

commissariat [kɔmisarja] *nm* : **~ de police** police station.

commission [kɔmisjɔ̃] *nf* - **1.** [délégation] commission, committee ; **~ d'enquête** commission of inquiry *UK*, fact-finding committee *US* ; **la Commission nationale de l'informatique et des libertés** *watchdog committee supervising the application of data protection legislation* ; **~ parlementaire** parliamentary committee - **2.** [message] message - **3.** [rémunération] commission.

◆ **commissions** *nfpl* shopping *(U)* ; **faire les ~s** to do the shopping.

commissionnaire [kɔmisjɔnɛr] *nm* [intermédiaire] agent ; [d'un message] messenger ; [d'un objet] delivery boy *ou* man.

commissure [kɔmisyr] *nf* : **la ~ des lèvres** the corner of the mouth.

commode [kɔmɔd] ◇ *nf* chest of drawers. ◇ *adj* - **1.** [pratique - système] convenient ; [- outil] handy - **2.** [aimable] : **pas ~** awkward - **3.** [facile] easy.

commodité [kɔmɔdite] *nf* convenience.

◆ **commodités** *nfpl* [conforts] comforts.

commotion [kɔmosjɔ̃] *nf* MÉD shock ; **~ cérébrale** concussion.

commuer [7] [kɔmɥe] *vt* : **~ qqch en** to commute sthg to.

commun, e [kɔmœ̃, yn] *adj* - **1.** [gén] common ; [décision, effort] joint ; [salle, jardin] shared ; **~ à** common to ; **avoir qqch en ~** to have sthg in common ; **faire qqch en ~** to do sthg together - **2.** [courant] usual, common.

◆ **commun** *nm* : **le ~** the ordinary ; **hors du ~** out of the ordinary ; **le ~ des mortels** ordinary people.

◆ **commune** *nf* town.

◆ **Commune** *nf* HIST Paris Commune.

◆ **communs** *nmpl* outhouses.

communal, e, aux [kɔmynal, o] *adj* [école] local ; [bâtiments] council *(avant n)*.

communautaire [kɔmynotɛr] *adj* community *(avant n)*.

communauté [kɔmynote] *nf* - **1.** [groupe] community ; **vivre en ~** to live communally - **2.** [de sentiments, d'idées] identity - **3.** POLIT : **la Communauté européenne** the European

Community ; **la Communauté d'États indépendants** the Commonwealth of Independent States.

commune ▷ **commun.**

communément [kɔmynemɑ̃] *adv* commonly.

communiant, e [kɔmynjɑ̃, ɑ̃t] *nm, f* communicant ; **premier ~** *child taking first communion.*

communicatif, ive [kɔmynikatif, iv] *adj* - **1.** [rire, éternuement] infectious - **2.** [personne] communicative.

communication [kɔmynikasjɔ̃] *nf* - **1.** [gén] communication ; **~ en entreprise** communication ; **~ de masse** mass media - **2.** TÉLÉCOM : **~ (téléphonique)** (phone) call ; **être en ~ avec qqn** to be talking to sb ; **obtenir la ~** to get through ; **recevoir/prendre une ~** to receive/take a (phone) call ; **~ interurbaine** long-distance (phone) call.

communier [9] [kɔmynje] *vi* RELIG to take communion ; **~ (dans)** *fig* to be united (in).

communion [kɔmynjɔ̃] *nf* RELIG communion ; **être en ~ avec** *fig & litt* to commune with.

communiqué [kɔmynike] *nm* communiqué ; **~ de presse** press release.

communiquer [3] [kɔmynike] ◇ *vt* : **~ qqch à** [information, sentiment] to pass on *ou* communicate sthg to ; [chaleur] to transmit sthg to ; [maladie] to pass sthg on to. ◇ *vi* : **~ avec** to communicate with.

◆ **se communiquer** *vp* [se propager] to spread.

communisme [kɔmynism] *nm* communism.

communiste [kɔmynist] *nmf & adj* communist.

commutateur [kɔmytatœr] *nm* switch.

commutation [kɔmytasjɔ̃] *nf* - **1.** DR : **~ de peine** commutation of sentence - **2.** TECHNOL switching.

Comores [kɔmɔr] *nfpl* : **les ~** the Comoro Islands, the Comoros ; **aux ~** in the Comoro Islands.

comorien, enne [kɔmɔrjɛ̃, ɛn] *adj* Comoran, Comorian.

◆ **Comorien, enne** *nm, f* Comoran, Comorian.

compact, e [kɔ̃pakt] *adj* - **1.** [épais, dense] dense - **2.** [petit] compact.

◆ **compact** *nm* [disque laser] compact disc, CD.

compagne ▷ **compagnon.**

compagnie [kɔ̃paɲi] *nf* - **1.** [gén & COMM] company ; **fausser ~ à qqn** to slip away from sb ; **tenir ~ à qqn** to keep sb company ; **et ~** and company ; *iron* and the rest ; **~ aérienne** airline (company) ; **~ d'assurances** insurance company ; **~ de navigation** shipping company ; **en ~ de** in the company of - **2.** [assemblée] gathering.

compagnon [kɔ̃paɲɔ̃], **compagne** [kɔ̃paɲ] *nm, f* companion.

◆ **compagnon** *nm* HIST journeyman.

comparable [kɔ̃parabl] *adj* comparable.

comparaison [kɔ̃parɛzɔ̃] *nf* [parallèle] comparison ; **en ~ de, par ~ avec** compared with, in *ou* by comparison with.

comparaître [91] [kɔ̃parɛtr] *vi* DR : **~ (devant)** to appear (before).

comparatif, ive [kɔ̃paratif, iv] *adj* comparative.

◆ **comparatif** *nm* GRAMM comparative.

comparativement [kɔ̃parativmɑ̃] *adv* comparatively.

comparé, e [kɔ̃pare] *adj* comparative ; [mérites] relative.

comparer [3] [kɔ̃pare] *vt* - **1.** [confronter] : **~ (avec)** to compare (with) - **2.** [assimiler] : **~ qqch à** to compare *ou* liken sthg to.

comparse [kɔ̃pars] *nmf **péj*** stooge.

compartiment [kɔ̃partimɑ̃] *nm* compartment.

compartimenter [3] [kɔ̃partimɑ̃te] *vt* [meuble] to partition ; ***fig*** [administration] to compartmentalize.

comparu, e [kɔ̃pary] *pp* ▷ **comparaître.**

comparution [kɔ̃parysjɔ̃] *nf* DR appearance.

compas [kɔ̃pa] *nm* - **1.** [de dessin] pair of compasses, compasses *(pl)* - **2.** NAUT compass.

compassé, e [kɔ̃pase] *adj **sout*** staid, stuffy.

compassion [kɔ̃pasjɔ̃] *nf **sout*** compassion.

compatible [kɔ̃patibl] *adj* : **~ (avec)** compatible (with).

compatir [32] [kɔ̃patir] *vi* : **~ (à)** to sympathize (with).

compatissant, e [kɔ̃patisɑ̃, ɑ̃t] *adj* sympathetic.

compatriote [kɔ̃patrijɔt] *nmf* compatriot, fellow countryman (*f* countrywoman).

compensation [kɔ̃pɑ̃sasjɔ̃] *nf* - **1.** [dédommagement] compensation ; **en ~** in compensation - **2.** [équilibrage] balance.

compensé, e [kɔ̃pɑ̃se] *adj* built-up.

compenser [3] [kɔ̃pɑ̃se] ◇ *vt* to compensate *ou* make up for. ◇ *vi* to compensate, to make up.

compétence [kɔ̃petɑ̃s] *nf* - **1.** [qualification] skill, ability - **2.** DR competence ; **cela n'entre pas dans mes ~s** that's outside my scope.

compétent, e [kɔ̃petɑ̃, ɑ̃t] *adj* - **1.** [capable] capable, competent - **2.** ADMIN & DR competent ; **les autorités ~es** the relevant authorities.

compétitif, ive [kɔ̃petitif, iv] *adj* competitive.

compétition [kɔ̃petisjɔ̃] *nf* competition ; **faire de la ~** to go in for competitive sport ; **~ automobile** motor race.

compétitivité [kɔ̃petitivite] *nf* competitiveness.

compil [kɔ̃pil] *nf fam* compilation album.

compilation [kɔ̃pilasjɔ̃] *nf* compilation.

complainte [kɔ̃plɛ̃t] *nf* lament.

complaire [110] [kɔ̃plɛr] *vi* : **~ à qqn** *sout* to please sb.

◆ **se complaire** *vp* : **se ~ dans qqch/à faire qqch** to revel in sthg/in doing sthg.

complaisance [kɔ̃plɛzɑ̃s] *nf* - **1.** [obligeance] kindness - **2.** [indulgence] indulgence - **3.** [autosatisfaction] : **avec ~** indulgently.

complaisant, e [kɔ̃plɛzɑ̃, ɑ̃t] *adj* - **1.** [aimable] obliging, kind - **2.** [indulgent] indulgent.

complément [kɔ̃plemɑ̃] *nm* - **1.** [gén & GRAMM] complement ; **~ d'information** additional *ou* further information ; **~ du nom** possessive phrase ; **~ d'objet direct** direct object ; **~ d'objet indirect** indirect object - **2.** [reste] remainder.

complémentaire [kɔ̃plemɑ̃tɛr] *adj* - **1.** [supplémentaire] supplementary - **2.** [caractères, couleurs] complementary.

complet, ète [kɔ̃plɛ, ɛt] *adj* - **1.** [gén] complete ; **c'est ~!** *fam* that's all I/we need ; **la famille au (grand) ~** the whole family - **2.** [plein] full.

◆ **complet(-veston)** *nm* suit.

complètement [kɔ̃plɛtmɑ̃] *adv* - **1.** [vraiment] absolutely, totally - **2.** [entièrement] completely.

compléter [18] [kɔ̃plete] *vt* [gén] to complete, to complement ; [somme d'argent] to make up.

◆ **se compléter** *vp* to complement one another.

complexe [kɔ̃plɛks] ◇ *nm* - **1.** PSYCHO complex ; **avoir des ~s** to have hang-ups, to be hung up ; **sans ~** *ou* **~s** well-adjusted ; **~ d'infériorité/de supériorité** inferiority/superiority complex - **2.** [ensemble] complex ; **~ hospitalier/scolaire/sportif** hospital/school/sports complex ; **~ multisalle** multiplex (cinema). ◇ *adj* complex, complicated.

complexé, e [kɔ̃plɛkse] *adj* hung up, mixed up.

complexifier [kɔ̃plɛksifje] *vt* to make (more) complex.

complexité [kɔ̃plɛksite] *nf* complexity.

complication [kɔ̃plikasjɔ̃] *nf* intricacy, complexity.

◆ **complications** *nfpl* complications.

complice [kɔ̃plis] ◇ *nmf* accomplice. ◇ *adj* [sourire, regard, air] knowing.

complicité [kɔ̃plisite] *nf* complicity.

compliment [kɔ̃plimɑ̃] *nm* compliment.

complimenter [3] [kɔ̃plimɑ̃te] *vt* to compliment.

compliqué, e [kɔ̃plike] *adj* [problème] complex, complicated ; [personne] complicated.

compliquer [3] [kɔ̃plike] *vt* to complicate.

◆ **se compliquer** *vp* to get complicated.

complot [kɔ̃plo] *nm* plot.

comploter [3] [kɔ̃plɔte] *vt* & *vi litt* & *fig* to plot.

comportement [kɔ̃pɔrtəmɑ̃] *nm* behaviour *UK*, behavior *US*.

comportemental, e, aux [kɔ̃pɔrtəmɑ̃tal, o] *adj* behavioural *UK*, behavioral *US*.

comporter [3] [kɔ̃pɔrte] *vt* - **1.** [contenir] to include, to contain - **2.** [être composé de] to consist of, to be made up of.

◆ **se comporter** *vp* to behave.

composant, e [kɔ̃pozɑ̃, ɑ̃t] *adj* constituent, component.

◆ **composant** *nm* component.

◆ **composante** *nf* component.

composé, e [kɔ̃poze] *adj* compound.

◆ **composé** *nm* - **1.** [mélange] combination - **2.** CHIM & LING compound.

composer [3] [kɔ̃poze] ◇ *vt* - **1.** [constituer] to make up, to form ; **être composé de** to be made up of - **2.** [créer - roman, lettre, poème] to write ; [- musique] to compose, to write - **3.** [numéro de téléphone] to dial ; [code] to key in. ◇ *vi* to compromise.

◆ **se composer** *vp* [être constitué] : **se ~ de** to be composed of, to be made up of.

composite [kɔ̃pozit] ◇ *nm* composite. ◇ *adj* - **1.** [disparate - mobilier] assorted, of various types ; [- foule] heterogeneous - **2.** [matériau] composite.

compositeur, trice [kɔ̃pozitœr, tris] *nm, f* - **1.** MUS composer - **2.** TYPO typesetter.

composition [kɔ̃pozisjɔ̃] *nf* - **1.** [gén] composition ; [de roman] writing, composition - **2.** TYPO typesetting - **3.** SCOL test ; **~ française** French composition - **4.** [caractère] : **être de bonne ~** to be good-natured.

compost [kɔ̃pɔst] *nm* compost.

composter [3] [kɔ̃pɔste] *vt* [ticket, billet] to date-stamp.

compote [kɔ̃pɔt] *nf* compote ; **~ de pommes** stewed apple, apple sauce ; **j'ai les jambes en ~** *fam fig* my legs feel like jelly.

compotier [kɔ̃pɔtje] *nm* fruit bowl.

compréhensible [kɔ̃preɑ̃sibl] *adj* [texte, parole] comprehensible ; *fig* [réaction] understandable.

compréhensif, ive [kɔ̃preɑ̃sif, iv] *adj* understanding.

compréhension [kɔ̃preɑ̃sjɔ̃] *nf* **- 1.** [de texte] comprehension, understanding **- 2.** [indulgence] understanding.

comprenais, comprenions *etc* ▷ **comprendre.**

comprendre [79] [kɔ̃prɑ̃dr] ◇ *vt* **- 1.** [gén] to understand ; **je comprends!** I see! ; **se faire ~** to make o.s. understood ; **mal ~** to misunderstand **- 2.** [comporter] to comprise, to consist of **- 3.** [inclure] to include. ◇ *vi* to understand.

◆ **se comprendre** *vp* to understand one another ; **ça se comprend** that's understandable.

comprenne, comprennes *etc* ▷ **comprendre.**

compresse [kɔ̃prɛs] *nf* compress.

compresser [4] [kɔ̃prese] *vt* [gén] to pack (tightly) in, to pack in tight ; [informatique] to compress.

compresseur [kɔ̃presœr] ▷ **rouleau.**

compression [kɔ̃presjɔ̃] *nf* [de gaz] compression ; *fig* cutback, reduction.

comprimé, e [kɔ̃prime] *adj* compressed.

◆ **comprimé** *nm* tablet ; **~ effervescent** effervescent tablet.

comprimer [3] [kɔ̃prime] *vt* **- 1.** [gaz, vapeur] to compress **- 2.** [personnes] : **être comprimés dans** to be packed into.

compris, e [kɔ̃pri, iz] ◇ *pp* ▷ **comprendre.** ◇ *adj* **- 1.** [situé] lying, contained **- 2.** [inclus] : **service (non) ~** (not) including service, service (not) included ; **tout ~** all inclusive, all in ; **y ~** including.

compromets ▷ **compromettre.**

compromettant, e [kɔ̃prɔmetɑ̃, ɑ̃t] *adj* compromising.

compromettre [84] [kɔ̃prɔmɛtr] *vt* to compromise.

◆ **se compromettre** *vp* : **se ~ (avec qqn/dans qqch)** to compromise o.s. (with sb/in sthg).

compromis, e [kɔ̃prɔmi, iz] *pp* ▷ **compromettre.**

◆ **compromis** *nm* compromise.

compromission [kɔ̃prɔmisjɔ̃] *nf péj* base action.

comptabiliser [3] [kɔ̃tabilize] *vt* to enter in an account.

comptabilité [kɔ̃tabilite] *nf* [comptes] accounts *(pl)* ; [service] : **la ~** accounts, the accounts department.

comptable [kɔ̃tabl] ◇ *nmf* accountant. ◇ *adj* accounting *(avant n)*.

comptant [kɔ̃tɑ̃] ◇ *adj inv* cash, in cash. ◇ *adv* : **payer** *ou* **régler ~** to pay cash.

◆ **au comptant** *loc adv* : **payer au ~** to pay cash.

compte [kɔ̃t] *nm* **- 1.** [action] count, counting *(U)* ; [total] number ; **faire le ~ (de)** countdown ; **~ à rebours** countdown ; **~ rond** round number **- 2.** BANQUE & COMM account ; **ouvrir un ~** to open an account ; **régler un ~** to settle an account ; **~ bancaire** *ou* **en banque** bank account ; **~ courant** current account *UK*, checking account *US* ; **~ créditeur** account in credit ; **~ débiteur** overdrawn account ; **~ de dépôt** deposit account ; **~ d'épargne** savings account ; **~ d'exploitation** operating account ; **~ joint** joint account ; **~ postal** post office account **- 3.** *loc* **avoir son ~** to have had enough ; **être/se mettre à son ~** to be/become self-employed ; **prendre qqch en ~, tenir ~ de qqch** to take sthg into account ; **régler son ~ à qqn** *fam fig* to sort sb out *UK* ; **rendre ~ de** to account for ; **se rendre ~ de qqch** to realize sthg ; **se rendre ~ que** to realize (that) ; **s'en tirer à bon ~** to get off lightly ; **tout ~ fait** all things considered.

◆ **comptes** *nmpl* accounts ; **devoir des ~s à** to be accountable to ; **faire ses ~s** to do one's accounts ; **faire des ~s d'apothicaire** to account for every last penny ; **régler ses ~s avec qqch** to come to terms with sthg ; **régler ses ~s avec qqn** to have it out with sb.

compte-chèques *(pl inv)*, **compte chèques** *(pl inv)* [kɔ̃tʃɛk] *nm* current account *UK*, checking account *US*.

compte-gouttes [kɔ̃tgut] *nm inv* dropper ; **au ~** *fig* sparingly.

compter [3] [kɔ̃te] ◇ *vt* **- 1.** [dénombrer] to count **- 2.** [avoir l'intention de] : **~ faire qqch** to intend to do sthg, to plan to do sthg. ◇ *vi* **- 1.** [calculer] to count **- 2.** [être important] to count, to matter ; **~ pour** to count for **- 3.** : **~ sur** [se fier à] to rely *ou* count on **- 4.** : **~ avec** [tenir compte de] to reckon with, to take account of **- 5.** : **~ parmi** [faire partie de] to be included amongst, to rank amongst.

◆ **à compter de** *loc prép* as from, starting from.

◆ **sans compter** ◇ *loc prép* [excepté] not including. ◇ *loc adv* : **se dépenser sans ~** *fig* to give unsparingly of o.s.

◆ **sans compter que** *loc conj* besides which.

compte rendu (*pl* **comptes rendus**), **compte-rendu** (*pl* **comptes-rendus**) [kɔ̃trɑ̃dy] *nm* report, account.

compte-tours [kɔ̃ttur] *nm inv* rev counter, tachometer.

compteur [kɔ̃tœr] *nm* meter ; **remettre les ~s à zéro** *fig* to go back to square one, to start all over again.

comptine [kɔ̃tin] *nf* nursery rhyme.

comptoir [kɔ̃twar] *nm* - **1.** [de bar] bar ; [de magasin] counter - **2.** HIST trading post - **3.** *helvétisme* [foire] trade fair.

compulser [3] [kɔ̃pylse] *vt* to consult.

comte [kɔ̃t] *nm* count.

comté [kɔ̃te] *nm* - **1.** [fromage] *type of cheese similar to Gruyère* - **2.** ADMIN [au Canada] county - **3.** HIST earldom.

comtesse [kɔ̃tɛs] *nf* countess.

con, **conne** [kɔ̃, kɔn] *tfam* ◇ *adj* bloody *UK* ou damned stupid. ◇ *nm, f* stupid bastard (*f* bitch).

concasser [3] [kɔ̃kase] *vt* to crush ; [poivre] to grind.

concave [kɔ̃kav] *adj* concave.

concéder [18] [kɔ̃sede] *vt* : **~ qqch à** [droit, terrain] to grant sthg to ; [point, victoire] to concede sthg to ; **~ que** to admit (that), to concede (that).

concentration [kɔ̃sɑ̃trasjɔ̃] *nf* concentration.

concentré, **e** [kɔ̃sɑ̃tre] *adj* - **1.** [gén] concentrated - **2.** [personne] : **elle était très ~e** she was concentrating hard - **3.** ▷ **lait**.

◆ **concentré** *nm* concentrate ; **~ de tomates** CULIN tomato purée.

concentrer [3] [kɔ̃sɑ̃tre] *vt* to concentrate.

◆ **se concentrer** *vp* - **1.** [se rassembler] to be concentrated - **2.** [personne] to concentrate.

concentrique [kɔ̃sɑ̃trik] *adj* concentric.

concept [kɔ̃sɛpt] *nm* concept.

concepteur, **trice** [kɔ̃sɛptœr, tris] *nm, f* designer.

conception [kɔ̃sɛpsjɔ̃] *nf* - **1.** [gén] conception - **2.** [d'un produit, d'une campagne] design, designing *(U)*.

concernant [kɔ̃sɛrnɑ̃] *prep* regarding, concerning.

concerner [3] [kɔ̃sɛrne] *vt* to concern ; **être/se sentir concerné par qqch** to be/feel concerned by sthg ; **en ce qui me concerne** as far as I'm concerned.

concert [kɔ̃sɛr] *nm* - **1.** MUS concert - **2.** [entente] accord ; **de ~ avec qqn** together with sb.

concertation [kɔ̃sɛrtasjɔ̃] *nf* consultation.

concerter [3] [kɔ̃sɛrte] *vt* [organiser] to devise (jointly).

◆ **se concerter** *vp* to consult (each other).

concerto [kɔ̃sɛrto] *nm* concerto.

concession [kɔ̃sesjɔ̃] *nf* - **1.** [compromis & GRAMM] concession ; **faire des ~s (à qqn)** to make concessions (to sb) - **2.** [autorisation] rights *(pl)*, concession.

concessionnaire [kɔ̃sesjɔnɛr] ◇ *nmf* - **1.** [automobile] (car) dealer - **2.** [qui possède une franchise] franchise holder. ◇ *adj* concessionary.

concevable [kɔ̃səvabl] *adj* conceivable.

concevoir [52] [kɔ̃səvwar] *vt* - **1.** [enfant, projet] to conceive - **2.** [comprendre] to conceive of ; **je ne peux pas ~ comment/pourquoi** I cannot conceive how/why - **3.** *sout* [éprouver] to feel.

◆ **se concevoir** *vp* to be imagined.

concierge [kɔ̃sjɛrʒ] *nmf* caretaker *UK*, superintendent *US*, concierge.

concile [kɔ̃sil] *nm* council.

conciliabule [kɔ̃siljabyl] *nm* [discussion] consultation.

conciliant, **e** [kɔ̃siljɑ̃, ɑ̃t] *adj* conciliating.

conciliation [kɔ̃siljasjɔ̃] *nf* - **1.** [règlement d'un conflit] reconciliation, reconciling - **2.** [accord & DR] conciliation.

concilier [9] [kɔ̃silje] *vt* - **1.** [mettre d'accord, allier] to reconcile ; **~ qqch et** ou **avec qqch** to reconcile sthg with sthg - **2.** [gagner à sa cause] : **~ qqn à** to win sb over to.

◆ **se concilier** *vp* : **se ~ qqn** to win sb over ; **se ~ qqch** to gain sthg.

concis, **e** [kɔ̃si, iz] *adj* [style, discours] concise ; [personne] terse.

concision [kɔ̃sizjɔ̃] *nf* conciseness, concision.

concitoyen, **enne** [kɔ̃sitwajɛ̃, ɛn] *nm, f* fellow citizen.

conclu, **e** [kɔ̃kly] *pp* ▷ **conclure**.

concluant, **e** [kɔ̃klyɑ̃, ɑ̃t] *adj* [convaincant] conclusive.

conclure [96] [kɔ̃klyr] ◇ *vt* to conclude ; **~ de qqch que** to conclude from sthg that ; **en ~ que** to deduce (that). ◇ *vi* : **les experts ont conclu à la folie** the experts concluded he/she was mad ; **le tribunal a conclu au suicide** the court returned a verdict of suicide.

conclusion [kɔ̃klyzjɔ̃] *nf* - **1.** [gén] conclusion ; **en arriver à la ~ que** to come to the conclusion that - **2.** [partie finale] close.

concocter [3] [kɔ̃kɔkte] *vt* to concoct.

concombre [kɔ̃kɔ̃br] *nm* cucumber.

concomitant, **e** [kɔ̃kɔmitɑ̃, ɑ̃t] *adj* concomitant.

concordance [kɔ̃kɔrdɑ̃s] *nf* [conformité] agreement ; **~ des temps** GRAMM sequence of tenses.

concorde [kɔ̃kɔrd] *nf* concord.

Concorde® [kɔ̃kɔrd] *nm* Concorde®.

concorder [3] [kɔ̃kɔrde] *vi* - **1.** [coïncider] to agree, to coincide - **2.** [être en accord] : **~ (avec)** to be in accordance (with) - **3.** [avoir un même but] to coincide.

concourir [45] [kɔ̃kurir] *vi* - **1.** [contribuer] : **~ à** to work towards *ou* toward *US* - **2.** [participer à un concours] to compete.

concours [kɔ̃kur] *nm* - **1.** [examen] competitive examination ; **~ de recrutement** competitive entry examination - **2.** [compétition] competition, contest ; **hors ~** [dans une compétition] ineligible ; *fig* exceptional ; **~ hippique** horse show - **3.** [collaboration] help ; **avec le ~ de qqn** with sb's help *ou* assistance - **4.** [coïncidence] : **~ de circonstances** combination of circumstances.

concret, ète [kɔ̃krɛ, ɛt] *adj* concrete.

concrètement [kɔ̃krɛtmɑ̃] *adv* [en réalité] in real *ou* practical terms.

concrétiser [3] [kɔ̃kretize] *vt* [projet] to give shape to ; [rêve, espoir] to give solid form to.

◆ **se concrétiser** *vp* [projet] to take shape ; [rêve, espoir] to materialize.

conçu, e [kɔ̃sy] *pp* ▷ **concevoir.**

concubin, e [kɔ̃kybɛ̃, in] *nm, f* partner, common-law husband (*f* wife).

concubinage [kɔ̃kybinaʒ] *nm* living together, cohabitation.

concupiscent, e [kɔ̃kypisɑ̃, ɑ̃t] *adj* concupiscent.

concurremment [kɔ̃kyramɑ̃] *adv* jointly.

concurrence [kɔ̃kyrɑ̃s] *nf* - **1.** [rivalité] rivalry - **2.** ÉCON competition ; **~ déloyale** unfair competition ; **des prix défiant toute ~** unbeatable prices - **3.** [montant] : **jusqu'à ~ de** to the amount of, not exceeding.

concurrent, e [kɔ̃kyrɑ̃, ɑ̃t] ◇ *adj* rival, competing. ◇ *nm, f* competitor.

concurrentiel, elle [kɔ̃kyrɑ̃sjɛl] *adj* competitive.

condamnable [kɔ̃danabl] *adj* reprehensible.

condamnation [kɔ̃danasjɔ̃] *nf* - **1.** DR sentence - **2.** [dénonciation] condemnation.

condamné, e [kɔ̃dane] *nm, f* convict, prisoner.

condamner [3] [kɔ̃dane] *vt* - **1.** DR : **~ qqn (à)** to sentence sb (to) ; **~ qqn à une amende** to fine sb - **2.** *fig* [obliger] : **~ qqn à qqch** to condemn sb to sthg - **3.** [malade] : **être condamné** to be terminally ill - **4.** [interdire] to forbid - **5.** [blâmer] to condemn - **6.** [fermer] to fill in, to block up.

condensateur [kɔ̃dɑ̃satœr] *nm* condenser.

condensation [kɔ̃dɑ̃sasjɔ̃] *nf* condensation.

condensé [kɔ̃dɑ̃se] ◇ *nm* summary. ◇ *adj* ▷ **lait.**

condenser [3] [kɔ̃dɑ̃se] *vt* to condense.

◆ **se condenser** *vp* to condense.

condescendant, e [kɔ̃desɑ̃dɑ̃, ɑ̃t] *adj* condescending.

condescendre [73] [kɔ̃desɑ̃dr] *vi sout* **~ à qqch/à faire qqch** to condescend to sthg/to do sthg.

condescendu [kɔ̃desɑ̃dy] *pp inv* ▷ **condescendre.**

condiment [kɔ̃dimɑ̃] *nm* condiment.

condisciple [kɔ̃disipl] *nm* fellow student.

condition [kɔ̃disjɔ̃] *nf* - **1.** [gén] condition ; **~ sine qua non** essential condition ; **remplir une ~** to fulfil a condition ; **se mettre en ~** [physiquement] to get into shape - **2.** [place sociale] station ; **la ~ des ouvriers** the workers' lot.

◆ **conditions** *nfpl* - **1.** [circonstances] conditions ; **~s de vie** living conditions ; **~s atmosphériques** atmospheric conditions - **2.** [de paiement] terms.

◆ **à condition de** *loc prép* providing *ou* provided (that).

◆ **à condition que** *loc conj (+ subjonctif)* providing *ou* provided (that).

◆ **sans conditions** ◇ *loc adj* unconditional. ◇ *loc adv* unconditionally.

conditionné, e [kɔ̃disjɔne] *adj* - **1.** [emballé] : **~ sous vide** vacuum-packed - **2.** ▷ **air.**

conditionnel, elle [kɔ̃disjɔnɛl] *adj* conditional.

◆ **conditionnel** *nm* GRAMM conditional.

conditionnement [kɔ̃disjɔnmɑ̃] *nm* - **1.** [action d'emballer] packaging, packing - **2.** [emballage] package - **3.** PSYCHO & TECHNOL conditioning.

conditionner [3] [kɔ̃disjɔne] *vt* - **1.** [déterminer] to govern - **2.** PSYCHO & TECHNOL to condition - **3.** [emballer] to pack.

condoléances [kɔ̃dɔleɑ̃s] *nfpl* condolences.

conducteur, trice [kɔ̃dyktœr, tris] ◇ *adj* conductive. ◇ *nm, f* [de véhicule] driver.

◆ **conducteur** *nm* ÉLECTR conductor.

conduire [98] [kɔ̃dɥir] ◇ *vt* - **1.** [voiture, personne] to drive - **2.** [transmettre] to conduct - **3.** *fig* [diriger] to manage - **4.** *fig* [à la ruine, au désespoir] : **~ qqn à qqch** to drive sb to sthg. ◇ *vi* - **1.** AUTO to drive - **2.** [mener] : **~ à** to lead to.

◆ **se conduire** *vp* to behave.

conduisais, **conduisions** *etc* ▷ **conduire.**

conduit, **e** [kɔ̃dɥi, it] *pp* ▷ **conduire.**

◆ **conduit** *nm* - **1.** [tuyau] conduit, pipe - **2.** ANAT duct, canal.

◆ **conduite** *nf* - **1.** [pilotage d'un véhicule] driving ; **~e à droite/gauche** right-hand/left-hand drive ; **~e en état d'ébriété** drunken driving - **2.** [direction] running - **3.** [comportement] behaviour *(U) UK*, behavior *(U) US* - **4.** [canalisation] : **~e de gaz/d'eau** gas/water main, gas/water pipe.

cône [kon] *nm* géometrie cone.

confection [kɔ̃fɛksjɔ̃] *nf* - **1.** [réalisation] making - **2.** [industrie] clothing industry.

confectionner [3] [kɔ̃fɛksjɔne] *vt* to make.

confédéral, **e**, **aux** [kɔ̃federal, o] *adj* confederal.

confédération [kɔ̃federasjɔ̃] *nf* - **1.** [d'états] confederacy - **2.** [d'associations] confederation.

conférence [kɔ̃ferɑ̃s] *nf* - **1.** [exposé] lecture - **2.** [réunion] conference ; **~ de presse** press conference ; **~ au sommet** summit conference.

conférencier, **ère** [kɔ̃ferɑ̃sje, ɛr] *nm, f* lecturer.

conférer [18] [kɔ̃fere] *vt* [accorder] : **~ qqch à qqn** to confer sthg on sb.

confesse [kɔ̃fɛs] *nf* : **aller à ~** to go to confession.

confesser [4] [kɔ̃fese] *vt* - **1.** [avouer] to confess - **2.** RELIG : **~ qqn** to hear sb's confession.

◆ **se confesser** *vp* to go to confession.

confession [kɔ̃fesjɔ̃] *nf* confession.

confessionnal, **aux** [kɔ̃fesjɔnal, o] *nm* confessional.

confessionnel, **elle** [kɔ̃fesjɔnɛl] *adj* RELIG denominational.

confetti [kɔ̃feti] *nm* confetti *(U)*.

confiance [kɔ̃fjɑ̃s] *nf* confidence ; **avoir ~ en** to have confidence *ou* faith in ; **avoir ~ en soi** to be self-confident ; **en toute ~** with complete confidence ; **de ~** trustworthy ; **faire ~ à qqn/qqch** to trust sb/sthg.

confiant, **e** [kɔ̃fjɑ̃, ɑ̃t] *adj* - **1.** [sans méfiance] trusting - **2.** [assuré] : **~ (en qqch)** confident (of sthg).

confidence [kɔ̃fidɑ̃s] *nf* confidence ; **en ~** in confidence ; **faire des ~s à qqn** to confide in sb ; **être dans la ~** to be in the know.

confident, **e** [kɔ̃fidɑ̃, ɑ̃t] *nm, f* confidant (*f* confidante).

confidentiel, **elle** [kɔ̃fidɑ̃sjɛl] *adj* confidential.

confier [9] [kɔ̃fje] *vt* - **1.** [donner] : **~ qqn/qqch à qqn** to entrust sb/sthg to sb - **2.** [dire] : **~ qqch à qqn** to confide sthg to sb.

◆ **se confier** *vp* : **se ~ à qqn** to confide in sb.

configuration [kɔ̃figyrasjɔ̃] *nf* TECHNOL configuration ; [conception] layout.

confiné, **e** [kɔ̃fine] *adj* - **1.** [air] stale ; [atmosphère] enclosed - **2.** [enfermé] shut away.

confins [kɔ̃fɛ̃] *nmpl* : **aux ~ de** on the borders of.

confirmation [kɔ̃firmasjɔ̃] *nf* confirmation.

confirmer [3] [kɔ̃firme] *vt* [certifier] to confirm ; **~ qqn dans qqch** to confirm sb in sthg ; **il n'a pas été confirmé dans ses fonctions** he was not retained in the post.

◆ **se confirmer** *vp* to be confirmed.

confiscation [kɔ̃fiskasjɔ̃] *nf* confiscation.

confiserie [kɔ̃fizri] *nf* - **1.** [magasin] sweet shop *UK*, candy store *US*, confectioner's - **2.** [sucreries] sweets *(pl) UK*, candy *(U) US*, confectionery *(U)*.

confiseur, **euse** [kɔ̃fizœr, øz] *nm, f* confectioner.

confisquer [3] [kɔ̃fiske] *vt* to confiscate.

confit, **e** [kɔ̃fi, it] *adj* ▷ **fruit.**

◆ **confit** *nm* conserve.

confiture [kɔ̃fityr] *nf* jam.

conflagration [kɔ̃flagrasjɔ̃] *nf* cataclysm.

conflictuel, **elle** [kɔ̃fliktyɛl] *adj* conflicting.

conflit [kɔ̃fli] *nm* - **1.** [situation tendue] clash, conflict - **2.** [entre États] conflict.

confluent [kɔ̃flyɑ̃] *nm* confluence ; **au ~ de** at the confluence of.

confondre [75] [kɔ̃fɔ̃dr] *vt* - **1.** [ne pas distinguer] to confuse - **2.** [accusé] to confound - **3.** [stupéfier] to astound.

◆ **se confondre** *vp* - **1.** [se mêler] to merge - **2.** *fig* **se ~ en excuses** to apologize profusely ; **il s'est confondu en remerciements** he thanked me/him *etc* profusely.

confondu, **e** [kɔ̃fɔ̃dy] *pp* ▷ **confondre.**

conformation [kɔ̃fɔrmasjɔ̃] *nf* structure.

conforme [kɔ̃fɔrm] *adj* : **~ à** in accordance with.

conformé, **e** [kɔ̃fɔrme] *adj* : **bien ~** well-formed ; **mal ~** ill-formed.

conformément [kɔ̃fɔrmemɑ̃] ◆ **conformément à** *loc prép* in accordance with.

conformer [3] [kɔ̃fɔrme] *vt* : **~ qqch à** to shape sthg according to.

◆ **se conformer** *vp* : **se ~ à** [s'adapter] to conform to ; [obéir] to comply with.

conformiste [kɔ̃fɔrmist] ◇ *nmf* conformist. ◇ *adj* - **1.** [traditionaliste] conformist - **2.** [Anglican] Anglican.

conformité [kɔ̃fɔrmite] *nf* - **1.** [ressemblance] : ~ **(à)** conformity (to) - **2.** [accord] : **être en ~ avec** to be in accordance with.

confort [kɔ̃fɔr] *nm* comfort ; **tout ~** with all mod cons *UK*, with all modern conveniences *US*.

confortable [kɔ̃fɔrtabl] *adj* comfortable.

confortablement [kɔ̃fɔrtabləmɑ̃] *adv* comfortably ; **~ payé** well-paid.

conforter [3] [kɔ̃fɔrte] *vt* : **~ qqn (dans qqch)** to strengthen sb (in sthg).

confrère [kɔ̃frɛr], **consœur** [kɔ̃sœr] *nm, f* colleague.

confrérie [kɔ̃freri] *nf* brotherhood.

confrontation [kɔ̃frɔ̃tasjɔ̃] *nf* - **1.** [face à face] confrontation - **2.** [comparaison] comparison.

confronter [3] [kɔ̃frɔ̃te] *vt* - **1.** [mettre face à face] to confront ; *fig* **être confronté à** to be confronted *ou* faced with - **2.** [comparer] to compare.

confus, e [kɔ̃fy, yz] *adj* - **1.** [indistinct, embrouillé] confused - **2.** [gêné] embarrassed ; **je suis vraiment ~** I'm really very sorry.

confusément [kɔ̃fyzemɑ̃] *adj* - **1.** [pêle-mêle] in confusion - **2.** [indistinctement] indistinctly - **3.** [vaguement] vaguely.

confusion [kɔ̃fyzjɔ̃] *nf* - **1.** [gén] confusion - **2.** [embarras] confusion, embarrassment.

congé [kɔ̃ʒe] *nm* - **1.** [arrêt de travail] leave *(U)* ; **~ (de) maladie** sick leave ; **~ de maternité** maternity leave - **2.** [vacances] holiday *UK*, vacation *US* ; **en ~** on holiday *UK ou* vacation *US* ; **~ annuel** annual leave ; **~s payés** paid holiday *(U) ou* holidays *ou* leave *(U) UK*, paid vacation *US* ; **une journée/semaine de ~** a day/week off - **3.** [renvoi] notice ; **donner son ~ à qqn** to give sb his/her notice ; **prendre ~ (de qqn)** *sout* to take one's leave (of sb).

congédier [9] [kɔ̃ʒedje] *vt* to dismiss.

congé-formation [kɔ̃ʒefɔrmasjɔ̃] (*pl* **congés-formation**) *nm* training leave.

congélateur [kɔ̃ʒelatœr] *nm* freezer.

congeler [25] [kɔ̃ʒle] *vt* to freeze.

congénital, e, aux [kɔ̃ʒenital, o] *adj* congenital.

congère [kɔ̃ʒɛr] *nf* snowdrift.

congestion [kɔ̃ʒɛstjɔ̃] *nf* congestion ; **~ pulmonaire** pulmonary congestion.

conglomérat [kɔ̃glɔmera] *nm* conglomerate.

Congo [kɔ̃go] *nm* [pays] : **le ~** the Congo ; **au ~** in the Congo ; **la République démocratique du ~** the Democratic Republic of Congo ; [fleuve] : **le ~** the Congo.

congolais, e [kɔ̃gɔlɛ, ɛz] *adj* Congolese.
◆ **congolais** *nm* CULIN coconut cake.
◆ **Congolais, e** *nm, f* Congolese person.

congratuler [3] [kɔ̃gratyle] *vt* to congratulate.

congre [kɔ̃gr] *nm* conger eel.

congrégation [kɔ̃gregasjɔ̃] *nf* congregation.

congrès [kɔ̃grɛ] *nm* - **1.** [colloque] assembly - **2.** HIST [réunion] congress.
◆ **Congrès** *nm* [parlement américain] : **le Congrès** Congress.

congressiste [kɔ̃gresist] *nmf* congress participant.

congrue [kɔ̃gry] ▷ **portion**.

conifère [kɔnifɛr] *nm* conifer.

conique [kɔnik] *adj* conical.

conjecture [kɔ̃ʒɛktyr] *nf* conjecture ; **se perdre en ~s** to lose o.s. in conjecture.

conjecturer [3] [kɔ̃ʒɛktyre] *vt & vi* to conjecture.

conjoint, e [kɔ̃ʒwɛ̃, ɛ̃t] ◇ *adj* joint. ◇ *nm, f* spouse.

conjointement [kɔ̃ʒwɛ̃tmɑ̃] *adv* : **~ (avec qqn)** jointly (with sb).

conjonctif, ive [kɔ̃ʒɔ̃ktif, iv] *adj* - **1.** ▷ **tissu** - **2.** GRAMM conjunctive.

conjonction [kɔ̃ʒɔ̃ksjɔ̃] *nf* conjunction ; **~ de coordination/de subordination** GRAMM coordinating/subordinating conjunction.

conjonctivite [kɔ̃ʒɔ̃ktivit] *nf* conjunctivitis *(U)*.

conjoncture [kɔ̃ʒɔ̃ktyr] *nf* ÉCON situation, circumstances *(pl)*.

conjoncturel, elle [kɔ̃ʒɔ̃ktyrɛl] *adj* [situation, tendance] economic.

conjugaison [kɔ̃ʒygɛzɔ̃] *nf* - **1.** [union] uniting - **2.** GRAMM conjugation.

conjugal, e, aux [kɔ̃ʒygal, o] *adj* conjugal.

conjuguer [3] [kɔ̃ʒyge] *vt* - **1.** [unir] to combine - **2.** GRAMM to conjugate.

conjuration [kɔ̃ʒyrasjɔ̃] *nf* - **1.** [conspiration] conspiracy - **2.** [exorcisme] exorcism.

conjurer [3] [kɔ̃ʒyre] *vt* - **1.** [supplier] to beg ; **je vous en conjure!** *sout* I beg (of) you! - **2.** [exorciser] to exorcize - **3.** [écarter] to avert.
◆ **se conjurer** *vp* to plot, to conspire.

connaissais, connaissions *etc* ▷ **connaître**.

connaissance [kɔnɛsɑ̃s] *nf* - **1.** [savoir] knowledge *(U)* ; **à ma ~** to (the best of) my knowledge ; **en ~ de cause** with full knowledge of the facts ; **prendre ~ de qqch** to study sthg, to examine sthg - **2.** [personne] acquaintance ; **une vieille ~** an old acquaintance ; **faire ~ (avec qqn)** to become acquainted (with sb) ; **faire la ~ de** to meet - **3.** [conscience] : **perdre/reprendre ~** to lose/regain consciousness ; **sans ~** unconscious.

connaisseur, **euse** [kɔnɛsœr, øz] ◇ *adj* expert *(avant n)*. ◇ *nm, f* connoisseur.

connaître [91] [kɔnɛtr] *vt* - **1.** [gén] to know ; **~ qqn de nom/de vue** to know sb by name/sight - **2.** [éprouver] to experience.

◆ **se connaître** *vp* - **1.** : **s'y ~ en** [être expert] to know about ; **il s'y connaît** he knows what he's talking about/doing - **2.** [soi-même] to know o.s. - **3.** [se rencontrer] to meet (each other) ; **il se connaissent** they've met each other.

connecter [4] [kɔnɛkte] *vt* to connect.

◆ **se connecter** *vp* to log on, to log in ; **se ~ sur Internet** to log onto the Internet.

connecteur [kɔnɛktœr] *nm* : **~ à broche** INFORM pin connector.

connerie [kɔnri] *nf tfam* stupidity *(U)* ; **faire/dire des ~s** to do/to say something bloody stupid *UK*, to do/to say something damned stupid.

connexe [kɔnɛks] *adj* related.

connexion [kɔnɛksjɔ̃] *nf* connection.

connivence [kɔnivɑ̃s] *nf* connivance ; **être de ~ (avec qqn)** to be in league (with sb).

connotation [kɔnɔtasjɔ̃] *nf* connotation.

connu, **e** [kɔny] ◇ *pp* ▷ **connaître**. ◇ *adj* - **1.** [célèbre] well-known, famous - **2.** [su] : **~ de qqn** known to sb.

conquérant, **e** [kɔ̃kerɑ̃, ɑ̃t] ◇ *adj* conquering. ◇ *nm, f* conqueror.

conquérir [39] [kɔ̃kerir] *vt* to conquer.

conquête [kɔ̃kɛt] *nf* conquest ; **faire la ~ de qqch** to conquer sthg ; **faire la ~ de qqn** to win sb over.

conquiers, **conquiert** *etc* ▷ **conquérir**.

conquis, **e** [kɔ̃ki, iz] *pp* ▷ **conquérir**.

consacré, **e** [kɔ̃sakre] *adj* - **1.** [habituel] established, accepted - **2.** RELIG consecrated.

consacrer [3] [kɔ̃sakre] *vt* - **1.** RELIG to consecrate - **2.** [employer] : **~ qqch à** to devote sthg to.

◆ **se consacrer** *vp* : **se ~ à** to dedicate o.s. to, to devote o.s. to.

consanguin, **e** [kɔ̃sɑ̃gɛ̃, in] *adj* : **frère ~** half-brother ; **sœur ~e** half-sister, *voir aussi* **mariage**.

consciemment [kɔ̃sjamɑ̃] *adv* knowingly, consciously.

conscience [kɔ̃sjɑ̃s] *nf* - **1.** [connaissance & PSYCHO] consciousness ; **avoir ~ de qqch** to be aware of sthg - **2.** [morale] conscience ; **agir selon sa ~** to follow one's conscience ; **avoir qqch sur la ~** to have sthg on one's conscience ; **bonne/mauvaise ~** clear/guilty conscience ; **~ professionnelle** professional integrity, conscientiousness.

consciencieusement [kɔ̃sjɑ̃sjøzmɑ̃] *adv* conscientiously.

consciencieux, **euse** [kɔ̃sjɑ̃sjø, øz] *adj* conscientious.

conscient, **e** [kɔ̃sjɑ̃, ɑ̃t] *adj* conscious ; **être ~ de qqch** [connaître] to be conscious of sthg.

conscription [kɔ̃skripsjɔ̃] *nf* conscription, draft *US*.

conscrit [kɔ̃skri] *nm* conscript, recruit, draftee *US*.

consécration [kɔ̃sekrasjɔ̃] *nf* - **1.** [reconnaissance] recognition ; [de droit, coutume] establishment - **2.** RELIG consecration.

consécutif, **ive** [kɔ̃sekytif, iv] *adj* - **1.** [successif & GRAMM] consecutive - **2.** [résultant] : **~ à** resulting from.

conseil [kɔ̃sɛj] *nm* - **1.** [avis] piece of advice, advice *(U)* ; **donner un ~** *ou* **des ~s (à qqn)** to give (sb) advice ; **suivre le ~ de qqn** to take somebody's advice - **2.** [personne] : **~ (en)** consultant (in) - **3.** [assemblée] council ; **~ d'administration** board of directors ; **~ de classe** staff meeting ; **le Conseil constitutionnel** *French government body ensuring that laws, elections and referenda are constitutional* ; **~ de discipline** disciplinary committee ; **le Conseil d'État** the (French) Council of State ; **le Conseil des ministres** ≃ the Cabinet ; **~ municipal** town council *UK*, city council *US* ; **le Conseil supérieur de la magistrature** *French state body that appoints members of the judiciary*.

conseiller[1] [4] [kɔ̃seje] ◇ *vt* - **1.** [recommander] to advise ; **~ qqch à qqn** to recommend sthg to sb - **2.** [guider] to advise, to counsel. ◇ *vi* [donner un conseil] : **~ à qqn de faire qqch** to advise sb to do sthg.

conseiller[2], **ère** [kɔ̃seje, ɛr] *nm, f* - **1.** [guide] counsellor *UK*, counselor *US* ; **~ matrimonial** marriage counsellor *UK ou* counselor *US* - **2.** [d'un conseil] councillor *UK*, councilor *US* ; **~ municipal** town councillor *UK*, city councilman (*f* councilwoman) *US*.

consensuel, **elle** [kɔ̃sɑ̃sɥɛl] *adj* : **politique ~le** consensus politics.

consensus [kɔ̃sɛ̃sys] *nm* consensus.

consentement [kɔ̃sɑ̃tmɑ̃] *nm* consent.

consentir [37] [kɔ̃sɑ̃tir] ◇ *vt* - **1.** [accorder] : **~ qqch à qqn** to grant sb sthg - **2.** [accepter] :

~ **que** *(+ subjonctif)* : **je consens qu'il vienne** I consent to his coming. ◇ *vi* : ~ **à qqch** to consent to sthg.

conséquence [kɔ̃sekɑ̃s] *nf* consequence, result ; **avoir des ~s (sur qqch)** to have consequences (for sthg) ; **sans ~** [sans importance] of no importance ; **ne pas tirer à ~** to be of no consequence.

conséquent, e [kɔ̃sekɑ̃, ɑ̃t] *adj* - **1.** [cohérent] consistent - **2.** *fam* [important] sizeable, considerable.

◆ **par conséquent** *loc adv* therefore, consequently.

conservateur, trice [kɔ̃sɛrvatœr, tris] ◇ *adj* conservative. ◇ *nm, f* - **1.** POLIT conservative - **2.** [administrateur] curator.

◆ **conservateur** *nm* preservative.

conservation [kɔ̃sɛrvasjɔ̃] *nf* - **1.** [état, entretien] preservation - **2.** [d'aliment] preserving.

conservatoire [kɔ̃sɛrvatwar] *nm* academy ; ~ **de musique** music college ; **le Conservatoire national supérieur d'art dramatique, le Conservatoire** *national drama school in Paris*.

conserve [kɔ̃sɛrv] *nf* tinned *UK* ou canned food ; **en ~** [en boîte] tinned *UK*, canned ; [en bocal] preserved, bottled.

◆ **de conserve** *loc adv* together.

conserver [3] [kɔ̃sɛrve] *vt* - **1.** [garder, entretenir] to keep - **2.** [entreposer - en boîte] to can ; [- en bocal] to bottle ; **'~ au frais'** 'keep in a cool place' - **3.** [personne] : **être bien conservé** to be well-preserved.

◆ **se conserver** *vp* to keep.

considérable [kɔ̃siderabl] *adj* considerable.

considération [kɔ̃siderasjɔ̃] *nf* - **1.** [réflexion, motivation] consideration ; **en ~ de qqch** in consideration of sthg ; **prendre qqch en ~** to take sthg into consideration - **2.** [estime] respect.

considérer [18] [kɔ̃sidere] *vt* to consider ; **tout bien considéré** all things considered.

consigne [kɔ̃siɲ] *nf* - **1.** [ordre] orders *(pl)* - **2.** *(gén pl)* [instruction] instructions *(pl)* - **3.** [entrepôt de bagages] left-luggage office *UK*, checkroom *US*, baggage room *US* ; ~ **automatique** lockers *(pl)*, left-luggage lockers *(pl) UK* - **4.** [somme d'argent] deposit.

consigné, e [kɔ̃siɲe] *adj* returnable.

consigner [3] [kɔ̃siɲe] *vt* - **1.** [bagages] to leave in the left-luggage office *UK* ou checkroom *US* ou baggage room *US* - **2.** *sout* [relater] to record, to set down - **3.** MIL to confine to barracks - **4.** *vieilli* & SCOL : ~ **qqn** to give sb detention.

consistance [kɔ̃sistɑ̃s] *nf* [solidité] consistency ; *fig* substance ; **sans ~** [fade] colourless *UK*, colorless *US*.

consistant, e [kɔ̃sistɑ̃, ɑ̃t] *adj* - **1.** [épais] thick - **2.** [nourrissant] substantial - **3.** [fondé] sound.

consister [3] [kɔ̃siste] *vi* : ~ **en** to consist of ; ~ **à faire qqch** to consist in doing sthg.

consœur ⊳ **confrère**.

consolation [kɔ̃sɔlasjɔ̃] *nf* consolation.

console [kɔ̃sɔl] *nf* - **1.** [table] console (table) - **2.** INFORM : ~ **de jeux** games console ; ~ **de visualisation** VDU, visual display unit.

consoler [3] [kɔ̃sɔle] *vt* - **1.** [réconforter] : ~ **qqn (de qqch)** to comfort sb (in sthg) - **2.** [apaiser] to soothe.

◆ **se consoler** *vp* : **se ~ de qqch** to get over sthg.

consolider [3] [kɔ̃sɔlide] *vt litt* & *fig* to strengthen.

consommateur, trice [kɔ̃sɔmatœr, tris] *nm, f* [acheteur] consumer ; [d'un bar] customer.

consommation [kɔ̃sɔmasjɔ̃] *nf* - **1.** [utilisation] consumption ; **faire une grande** ou **grosse ~ de** to use (up) a lot of - **2.** [boisson] drink.

consommé, e [kɔ̃sɔme] *adj sout* consummate.

◆ **consommé** *nm* consommé.

consommer [3] [kɔ̃sɔme] ◇ *vt* - **1.** [utiliser] to use (up) - **2.** [manger] to eat ; **'à ~ avant 05/2005'** 'best before ou use by 5/05' - **3.** [énergie] to consume, to use. ◇ *vi* - **1.** [boire] to drink - **2.** [voiture] : **cette voiture consomme beaucoup** this car uses a lot of fuel.

consonance [kɔ̃sɔnɑ̃s] *nf* consonance ; **un nom aux ~s harmonieuses** a beautiful name.

consonne [kɔ̃sɔn] *nf* consonant.

consort [kɔ̃sɔr] ⊳ **prince**.

◆ **consorts** *nmpl* : **et ~s** *péj* and his/their sort, and the like.

consortium [kɔ̃sɔrsjɔm] *nm* consortium.

conspirateur, trice [kɔ̃spiratœr, tris] *nm, f* conspirator.

conspiration [kɔ̃spirasjɔ̃] *nf* conspiracy.

conspirer [3] [kɔ̃spire] ◇ *vt* [comploter] to plot. ◇ *vi* to conspire.

conspuer [7] [kɔ̃spɥe] *vt* to boo.

constamment [kɔ̃stamɑ̃] *adv* constantly.

constance [kɔ̃stɑ̃s] *nf* - **1.** [persévérance] perseverance ; **avoir de la ~** to be indefatigable - **2.** [permanence, fidélité] constancy.

constant, e [kɔ̃stɑ̃, ɑ̃t] *adj* constant.

constat [kɔ̃sta] *nm* - **1.** [procès-verbal] report ; ~ **à l'amiable** *joint insurance statement made by drivers after an accident* ; ~ **d'huissier** *affidavit made before a bailiff* - **2.** [constatation] established fact ; **faire le ~ de qqch** to note sthg ; **~ d'échec** acknowledgement of failure.

constatation [kɔ̃statasjɔ̃] *nf* - **1.** [révélation] observation - **2.** [fait retenu] finding.

constater [3] [kɔ̃state] *vt* - **1.** [se rendre compte de] to see, to note - **2.** [consigner - fait, infraction] to record ; [- décès, authenticité] to certify.

constellation [kɔ̃stelasjɔ̃] *nf* ASTRON constellation.

consternation [kɔ̃stɛrnasjɔ̃] *nf* dismay.

consterner [3] [kɔ̃stɛrne] *vt* to dismay.

constipation [kɔ̃stipasjɔ̃] *nf* constipation.

constipé, e [kɔ̃stipe] *adj* - **1.** MÉD constipated - **2.** *fam fig* [manière, air] ill at ease.

constituant, e [kɔ̃stitɥɑ̃, ɑ̃t] *adj* constituent, *voir aussi* **assemblée.**

constitué, e [kɔ̃stitɥe] *adj* - **1.** [personne] : **normalement/bien ~** of normal/sound constitution - **2.** [composé] : **~ de** consisting of, composed of - **3.** [établi par la loi] constituted.

constituer [7] [kɔ̃stitɥe] *vt* - **1.** [élaborer] to set up - **2.** [composer] to make up - **3.** [représenter] to constitute - **4.** [établir] to agree, to settle (on).

◆ **se constituer** *vp* : **se ~ de** to be made up of, to consist of ; **se ~ en** to form ; **se ~ prisonnier** to give o.s. up ; **se ~ partie civile** DR to sue privately for damages.

constitution [kɔ̃stitysjɔ̃] *nf* - **1.** [création] setting up - **2.** [de pays, de corps] constitution - **3.** [composition] composition - **4.** [établissement] establishment.

constitutionnel, elle [kɔ̃stitysjɔnɛl] *adj* constitutional.

constructeur [kɔ̃stryktœr] *nm* - **1.** [fabricant] manufacturer ; [de navire] shipbuilder - **2.** [bâtisseur] builder.

constructif, ive [kɔ̃stryktif, iv] *adj* - **1.** [créateur] creative - **2.** [positif] constructive.

construction [kɔ̃stryksjɔ̃] *nf* - **1.** [dans l'industrie] building, construction ; **~ navale** shipbuilding - **2.** [édifice] structure, building - **3.** GRAMM *fig* construction.

construire [98] [kɔ̃strɥir] *vt* - **1.** [bâtir, fabriquer] to build - **2.** [roman] to structure - **3.** [théorie, phrase] to construct.

construisais, construisions *etc* ▷ **construire.**

construit, e [kɔ̃strɥi, it] *pp* ▷ **construire.**

consul [kɔ̃syl] *nm* consul ; **~ honoraire** honorary consul.

consulat [kɔ̃syla] *nm* - **1.** [charge] consulship - **2.** [résidence] consulate.

consultatif, ive [kɔ̃syltatif, iv] *adj* consultative, advisory.

consultation [kɔ̃syltasjɔ̃] *nf* - **1.** [d'ouvrage] : **de ~ aisée** easy to use - **2.** MÉD & POLIT consultation - **3.** [d'expert] (professional) advice.

consulter [3] [kɔ̃sylte] ◇ *vt* - **1.** [compulser] to consult - **2.** [interroger, demander conseil à] to consult, to ask - **3.** [spécialiste] to consult, to see. ◇ *vi* [médecin] to take *ou* hold surgery *UK*, to see patients *US* ; [avocat] to be available for consultation.

◆ **se consulter** *vp* to confer.

consumer [3] [kɔ̃syme] *vt* - **1.** *sout* [brûler] to burn, to destroy - **2.** *fig & litt* [épuiser] to consume, to eat up.

◆ **se consumer** *vp* to waste away ; **se ~ de qqch** *litt* to be eaten up *ou* consumed with sthg.

consumérisme [kɔ̃symerism] *nm* consumerism.

contact [kɔ̃takt] *nm* - **1.** [gén] contact ; **le ~ du marbre est froid** marble is cold to the touch ; **mettre qqn et qqn en ~, mettre qqn en ~ avec qqn** to put sb in touch with sb ; **prendre ~ avec** to make contact with ; **rester en ~ (avec)** to stay in touch (with) ; **au ~ de** on contact with ; **au ~ des jeunes** through mixing *ou* associating with young people - **2.** AUTO ignition ; **mettre/couper le ~** to switch on/off the ignition.

contacter [3] [kɔ̃takte] *vt* to contact.

contagieux, euse [kɔ̃taʒjø, øz] ◇ *adj* MÉD contagious ; *fig* infectious. ◇ *nm, f* contagious patient.

contagion [kɔ̃taʒjɔ̃] *nf* MÉD contagion ; *fig* infectiousness.

container ▷ **conteneur.**

contaminer [3] [kɔ̃tamine] *vt* [infecter] to contaminate ; *fig* to contaminate, to infect.

conte [kɔ̃t] *nm* story ; **~ de fées** fairy tale.

contemplation [kɔ̃tɑ̃plasjɔ̃] *nf* contemplation ; **rester en ~ devant** to gaze in contemplation at.

contempler [3] [kɔ̃tɑ̃ple] *vt* to contemplate.

contemporain, e [kɔ̃tɑ̃pɔrɛ̃, ɛn] ◇ *adj* : **~ (de)** contemporary (with). ◇ *nm, f* contemporary.

contenance [kɔ̃tnɑ̃s] *nf* - **1.** [capacité volumique] capacity - **2.** [attitude] : **se donner une ~** to give an impression of composure ; **perdre ~** to lose one's composure.

conteneur [kɔ̃tənœr], **container** [kɔ̃tɛnɛr] *nm* (freight) container.

contenir [40] [kɔ̃tnir] *vt* to contain, to hold, to take.

◆ **se contenir** *vp* to contain o.s., to control o.s.

content, **e** [kɔ̃tɑ̃, ɑ̃t] *adj* - **1.** [joyeux] happy - **2.** [satisfait] : **~ (de qqn/qqch)** happy (with sb/sthg), content (with sb/sthg) ; **~ de faire qqch** happy to do sthg.
◆ **content** *nm* : **avoir son ~ de** to have one's fill of.

contentement [kɔ̃tɑ̃tmɑ̃] *nm* satisfaction.

contenter [3] [kɔ̃tɑ̃te] *vt* to satisfy.
◆ **se contenter** *vp* : **se ~ de qqch/de faire qqch** to content o.s. with sthg/with doing sthg ; **se ~ de peu** to be content with little.

contentieux [kɔ̃tɑ̃sjø] *nm* [litige] dispute ; [service] legal department.

contenu, **e** [kɔ̃tny] *pp* ▻ **contenir**.
◆ **contenu** *nm* - **1.** [de récipient] contents *(pl)* - **2.** [de texte, discours] content.

conter [3] [kɔ̃te] *vt* to tell.

contestable [kɔ̃tɛstabl] *adj* questionable.

contestataire [kɔ̃tɛstatɛr] ◇ *nmf* anti-establishment figure. ◇ *adj* anti-establishment.

contestation [kɔ̃tɛstasjɔ̃] *nf* - **1.** [protestation] protest, dispute - **2.** POLIT : **la ~** anti-establishment activity.

conteste [kɔ̃tɛst] ◆ **sans conteste** *loc adv* unquestionably.

contester [3] [kɔ̃tɛste] ◇ *vt* to dispute, to contest. ◇ *vi* to protest.

conteur, **euse** [kɔ̃tœr, øz] *nm, f* storyteller.

contexte [kɔ̃tɛkst] *nm* context.

contiens, **contient** *etc* ▻ **contenir**.

contigu, **uë** [kɔ̃tigy] *adj* : **~ (à)** adjacent (to).

continent [kɔ̃tinɑ̃] *nm* continent.

continental, **e**, **aux** [kɔ̃tinɑ̃tal, o] *adj* continental.

contingence [kɔ̃tɛ̃ʒɑ̃s] *nf (gén pl)* contingency.

contingent [kɔ̃tɛ̃ʒɑ̃] *nm* - **1.** MIL national service conscripts *(pl)* *UK*, draft *US* - **2.** COMM quota.

contingenter [3] [kɔ̃tɛ̃ʒɑ̃te] *vt* to put a quota on.

continu, **e** [kɔ̃tiny] *adj* continuous.

continuation [kɔ̃tinɥasjɔ̃] *nf* continuation.

continuel, **elle** [kɔ̃tinɥɛl] *adj* - **1.** [continu] continuous - **2.** [répété] continual.

continuellement [kɔ̃tinɥɛlmɑ̃] *adv* continually.

continuer [7] [kɔ̃tinɥe] ◇ *vt* - **1.** [poursuivre] to carry on with, to continue (with) - **2.** [prolonger] to continue. ◇ *vi* to continue, to go on ; **~ à** *ou* **de faire qqch** to continue to do *ou* doing sthg.
◆ **se continuer** *vp* to continue, to carry on.

continuité [kɔ̃tinɥite] *nf* continuity.

contondant, **e** [kɔ̃tɔ̃dɑ̃, ɑ̃t] *adj* blunt.

contorsionner [3] [kɔ̃tɔrsjɔne] ◆ **se contorsionner** *vp* to contort (o.s.), to writhe.

contour [kɔ̃tur] *nm* - **1.** [limite] outline - **2.** *(gén pl)* [courbe] bend.

contourner [3] [kɔ̃turne] *vt litt & fig* to bypass, to get round *UK ou* around.

contraceptif, **ive** [kɔ̃trasɛptif, iv] *adj* contraceptive.
◆ **contraceptif** *nm* contraceptive.

contraception [kɔ̃trasɛpsjɔ̃] *nf* contraception.

contracter [3] [kɔ̃trakte] *vt* - **1.** [muscle] to contract, to tense ; [visage] to contort - **2.** [maladie] to contract, to catch - **3.** [engagement] to contract ; [assurance] to take out - **4.** [moralement] to make tense *ou* nervous - **5.** [habitude] to pick up, to acquire.

contraction [kɔ̃traksjɔ̃] *nf* contraction ; [état de muscle] tenseness ; **avoir des ~s** to have contractions.

contractuel, **elle** [kɔ̃traktɥɛl] ◇ *adj* contractual. ◇ *nm, f* traffic warden *UK*, traffic policeman *(f* policewoman) *US*.

contradiction [kɔ̃tradiksjɔ̃] *nf* contradiction.

contradictoire [kɔ̃tradiktwar] *adj* contradictory ; **débat ~** open debate.

contraignais, **contraignions** *etc* ▻ **contraindre**.

contraignant, **e** [kɔ̃trɛɲɑ̃, ɑ̃t] *adj* restricting.

contraindre [80] [kɔ̃trɛ̃dr] *vt* : **~ qqn à faire qqch** to compel *ou* force sb to do sthg ; **être contraint de faire qqch** to be compelled *ou* forced to do sthg.
◆ **se contraindre** *vp* - **1.** *sout* [se maîtriser] to contain o.s., to control o.s. - **2.** [s'obliger] : **se ~ à faire qqch** to make o.s. do sthg, to force o.s. to do sthg.

contraint, **e** [kɔ̃trɛ̃, ɛ̃t] ◇ *pp* ▻ **contraindre**. ◇ *adj* forced ; **~ et forcé** under duress.
◆ **contrainte** *nf* constraint ; **sans ~e** freely.

contraire [kɔ̃trɛr] ◇ *nm* : **le ~** the opposite ; **je n'ai jamais dit le ~** I have never denied it. ◇ *adj* opposite ; **~ à** [non conforme à] contrary to ; [nuisible à] harmful to, damaging to.
◆ **au contraire** *loc adv* on the contrary.
◆ **au contraire de** *loc prép* unlike.

contrairement [kɔ̃trɛrmɑ̃] ◆ **contrairement à** *loc prép* contrary to.

contrariant, e [kɔ̃trarjɑ̃, ɑ̃t] *adj* - **1.** [personne] contrary, perverse - **2.** [événement] annoying, tiresome.

contrarier [9] [kɔ̃trarje] *vt* - **1.** [contrecarrer] to thwart, to frustrate - **2.** [irriter] to annoy.

◆ **se contrarier** *vp* to contrast.

contrariété [kɔ̃trarjete] *nf* annoyance.

contraste [kɔ̃trast] *nm* contrast ; **faire ~ avec** to contrast with.

contraster [3] [kɔ̃traste] *vt* & *vi* to contrast.

contrat [kɔ̃tra] *nm* contract, agreement ; **remplir son ~** *fig* to keep *ou* fulfil one's promise ; **~ d'apprentissage** apprenticeship contract ; **~ collectif** collective agreement ; **~ à durée déterminée/indéterminée** fixed-term/permanent contract ; **Contrat emploi-solidarité** *government-sponsored contract for the unempoyed involving professional training* ; **~ reconductible** renewable agreement.

contravention [kɔ̃travɑ̃sjɔ̃] *nf* [amende] fine ; **~ pour stationnement interdit** parking ticket ; **dresser une ~ à qqn** to fine sb.

contre [kɔ̃tr] ◇ *prep* - **1.** [juxtaposition, opposition] against - **2.** [proportion, comparaison] : **élu à 15 voix ~ 9** elected by 15 votes to 9 ; **parier à 10 ~ 1** to bet 10 to 1 - **3.** [échange] (in exchange) for. ◇ *adv* - **1.** [juxtaposition] : **prends la rampe et appuie-toi ~** take hold of the rail and lean against it - **2.** [opposition] : **vous êtes pour ou ~?** are you for or against? ◇ *nm* ▷ **pour.**

◆ **par contre** *loc adv* on the other hand.

contre-attaque [kɔ̃tratak] (*pl* **contre-attaques**) *nf* counterattack.

contrebalancer [16] [kɔ̃trəbalɑ̃se] *vt* to counterbalance, to offset.

◆ **se contrebalancer** *vp* : **se ~ de** *fam* not to give a damn about.

contrebande [kɔ̃trəbɑ̃d] *nf* [activité] smuggling ; [marchandises] contraband ; **passer qqch en ~** to smuggle sthg.

contrebandier, ère [kɔ̃trəbɑ̃dje, ɛr] *nm, f* smuggler.

contrebas [kɔ̃trəba] ◆ **en contrebas** *loc adv* (down) below.

contrebasse [kɔ̃trəbas] *nf* - **1.** [instrument] (double) bass - **2.** [musicien] (double) bass player.

contrecarrer [3] [kɔ̃trəkare] *vt* to thwart, to frustrate.

contrecœur [kɔ̃trəkœr] ◆ **à contrecœur** *loc adv* grudgingly.

contrecoup [kɔ̃trəku] *nm* consequence.

contre-courant [kɔ̃trəkurɑ̃] ◆ **à contre-courant** *loc adv* against the current.

contredire [103] [kɔ̃trədir] *vt* to contradict.

◆ **se contredire** *vp* - **1.** *(emploi réciproque)* to contradict (each other) - **2.** *(emploi réfléchi)* to contradict o.s.

contredit, e [kɔ̃trədi, it] *pp* ▷ **contredire.**

contrée [kɔ̃tre] *nf* [pays] land ; [région] region.

contre-écrou [kɔ̃trekru] (*pl* **contre-écrous**) *nm* lock-nut.

contre-espionnage [kɔ̃trɛspjɔnaʒ] *nm* counterespionage.

contre-exemple [kɔ̃trɛgzɑ̃pl] (*pl* **contre-exemples**) *nm* example to the contrary.

contre-expertise [kɔ̃trɛkspɛrtiz] (*pl* **contre-expertises**) *nf* second (expert) opinion.

contrefaçon [kɔ̃trəfasɔ̃] *nf* [activité] counterfeiting ; [produit] forgery.

contrefaire [109] [kɔ̃trəfɛr] *vt* - **1.** [signature, monnaie] to counterfeit, to forge - **2.** [voix] to disguise.

contrefait, e [kɔ̃trəfɛ, ɛt] *adj* - **1.** [frauduleux] forged - **2.** *sout* [difforme] deformed.

contreficher [3] [kɔ̃trəfiʃe] ◆ **se contreficher** *vp* : **se ~ de** *fam* not to give a damn about.

contre-filet [kɔ̃trəfilɛ] (*pl* **contre-filets**) *nm* sirloin.

contrefort [kɔ̃trəfɔr] *nm* - **1.** [pilier] buttress - **2.** [de chaussure] back.

◆ **contreforts** *nmpl* foothills.

contre-indication [kɔ̃trɛ̃dikasjɔ̃] (*pl* **contre-indications**) *nf* contraindication.

contre-interrogatoire [kɔ̃trɛ̃terɔgatwar] (*pl* **contre-interrogatoires**) *nm* cross-examination.

contre-jour [kɔ̃trəʒur] ◆ **à contre-jour** *loc adv* against the light.

contremaître, esse [kɔ̃trəmɛtr, ɛs] *nm, f* foreman (*f* forewoman).

contremarque [kɔ̃trəmark] *nf* [pour sortir d'un spectacle] pass-out ticket *UK*.

contre-offensive [kɔ̃trɔfɑ̃siv] (*pl* **contre-offensives**) *nf* counteroffensive.

contre-OPA [kɔ̃trɔpea] *nf inv* counterbid.

contre-ordre = **contrordre.**

contrepartie [kɔ̃trəparti] *nf* - **1.** [compensation] compensation - **2.** [contraire] opposing view.

◆ **en contrepartie** *loc adv* in return.

contre-performance [kɔ̃trəpɛrfɔrmɑ̃s] (*pl* **contre-performances**) *nf* disappointing performance.

contrepèterie [kɔ̃trəpɛtri] *nf* spoonerism.

contre-pied [kɔ̃trəpje] *nm* : **prendre le ~ de** to do the opposite of.

contreplaqué, **contre-plaqué** [kɔ̃trəplake] *nm* plywood.

contrepoids [kɔ̃trəpwa] *nm litt* & *fig* counterbalance, counterweight.

contrepoint [kɔ̃trəpwɛ̃] *nm* counterpoint.

contrepoison [kɔ̃trəpwazɔ̃] *nm* antidote.

contre-pouvoir [kɔ̃trəpuvwar] (*pl* **contre-pouvoirs**) *nm* counterbalance.

contre-publicité [kɔ̃trəpyblisite] (*pl* **contre-publicités**) *nf* - **1.** [mauvaise publicité] adverse *ou* bad publicity *(U)* - **2.** [publicité offensive] negative advertising *(U)*.

contrer [3] [kɔ̃tre] *vt* - **1.** [s'opposer à] to counter - **2.** CARTES to double.

contresens [kɔ̃trəsɑ̃s] *nm* - **1.** [erreur - de traduction] mistranslation ; [- d'interprétation] misinterpretation - **2.** [absurdité] nonsense *(U)*.
◆ **à contresens** *loc adv litt* & *fig* the wrong way.

contresigner [3] [kɔ̃trəsiɲe] *vt* to countersign.

contretemps [kɔ̃trətɑ̃] *nm* hitch, mishap.
◆ **à contretemps** *loc adv* MUS out of time ; *fig* at the wrong moment.

contrevenant, **e** [kɔ̃trəvnɑ̃, ɑ̃t] *nm, f* offender.

contrevenir [40] [kɔ̃trəvnir] *vi* : **~ à** to contravene, to infringe.

contrevenu [kɔ̃trəvny] *pp inv* ▻ **contrevenir**.

contribuable [kɔ̃tribɥabl] *nmf* taxpayer.

contribuer [7] [kɔ̃tribɥe] *vi* : **~ à** to contribute to *ou* towards.

contribution [kɔ̃tribysjɔ̃] *nf* : **~ (à)** contribution (to) ; **mettre qqn à ~** to call on sb's services.
◆ **contributions** *nfpl* taxes ; **~s directes/indirectes** direct/indirect taxation.

contrit, **e** [kɔ̃tri, it] *adj* contrite.

contrôle [kɔ̃trol] *nm* - **1.** [vérification - de déclaration] check, checking *(U)* ; [- de documents, billets] inspection ; **~ d'identité** identity check ; **~ parental** parental control ; **~ de qualité** quality control ; **~ radar** AUTO radar speedtrap ; **~ de routine** routine inspection - **2.** [maîtrise, commande] control ; **perdre le ~ de qqch** to lose control of sthg ; **~ des naissances** birth control ; **~ des prix** price control - **3.** [salle] control room - **4.** SCOL test ; **~ continu** UNIV continuous assessment - **5.** [direction] running, supervision.

contrôler [3] [kɔ̃trole] *vt* - **1.** [vérifier - documents, billets] to inspect ; [- déclaration] to check ; [- connaissances] to test - **2.** [maîtriser, diriger] to control - **3.** TECHNOL to monitor, to control - **4.** [superviser] to supervise.
◆ **se contrôler** *vp* to control o.s.

contrôleur, **euse** [kɔ̃trolœr, øz] *nm, f* [de train] ticket inspector ; [d'autobus] (bus) conductor (*f* conductress) ; **~ aérien** air traffic controller.

contrordre, **contre-ordre** (*pl* **contre-ordres**) [kɔ̃trɔrdr] *nm* countermand ; **sauf ~** unless otherwise instructed.

controverse [kɔ̃trɔvɛrs] *nf* controversy.

controversé, **e** [kɔ̃trɔvɛrse] *adj* [personne, décision] controversial.

contumace [kɔ̃tymas] *nf* DR : **condamné par ~** sentenced in absentia.

contusion [kɔ̃tyzjɔ̃] *nf* bruise, contusion.

conurbation [kɔnyrbasjɔ̃] *nf* conurbation.

convaincant, **e** [kɔ̃vɛ̃kɑ̃, ɑ̃t] *adj* convincing.

convaincre [114] [kɔ̃vɛ̃kr] *vt* - **1.** [persuader] : **~ qqn (de qqch)** to convince sb (of sthg) ; **~ qqn (de faire qqch)** to persuade sb (to do sthg) - **2.** DR : **~ qqn de** to find sb guilty of, to convict sb of.

convaincu, **e** [kɔ̃vɛ̃ky] ◇ *pp* ▻ **convaincre**. ◇ *adj* [partisan] committed ; **d'un ton ~, d'un air ~** with conviction.

convainquais, **convainquions** *etc* ▻ **convaincre**.

convainquant [kɔ̃vɛ̃kɑ̃] *p prés* ▻ **convaincre**.

convalescence [kɔ̃valesɑ̃s] *nf* convalescence ; **être en ~** to be convalescing *ou* recovering.

convalescent, **e** [kɔ̃valesɑ̃, ɑ̃t] *adj* & *nm, f* convalescent.

convenable [kɔ̃vnabl] *adj* - **1.** [manières, comportement] polite ; [tenue, personne] decent, respectable - **2.** [approprié] suitable - **3.** [acceptable] adequate, acceptable.

convenablement [kɔ̃vnabləmɑ̃] *adv* - **1.** [s'habiller, se tenir] properly - **2.** [être payé] decently - **3.** [travailler] adequately.

convenance [kɔ̃vnɑ̃s] *nf* : **à ma/votre ~** to my/your convenience.
◆ **convenances** *nfpl* proprieties.

convenir [40] [kɔ̃vnir] *vi* - **1.** [décider] : **~ de qqch/de faire qqch** to agree on sthg/to do sthg - **2.** [plaire] : **~ à qqn** to suit sb, to be convenient for sb - **3.** [être approprié] : **~ à** *ou* **pour** to be suitable for ; **il convient de...** it is advisable to... - **4.** *sout* [admettre] : **~ de qqch** to admit to sthg ; **~ que** to admit (that) ; **j'en conviens** *sout* I admit it.

convention [kɔ̃vɑ̃sjɔ̃] *nf* - **1.** [règle, assemblée] convention - **2.** [accord] agreement ; **~ collective** collective agreement.
◆ **conventions** *nfpl* : **les ~s** convention *(sing)*.

◆ **de convention** *loc adj* conventional.

conventionné, **e** [kɔ̃vɑ̃sjɔne] *adj* subsidized, ≃ National Health *(avant n) UK*.

conventionnel, **elle** [kɔ̃vɑ̃sjɔnɛl] *adj* conventional.

convenu, **e** [kɔ̃vny] ◇ *pp* ▷ **convenir**. ◇ *adj* - **1.** [décidé] : **comme ~** as agreed - **2.** *péj* [stéréotypé] conventional.

convergent, **e** [kɔ̃vɛrʒɑ̃, ɑ̃t] *adj* convergent.

converger [17] [kɔ̃vɛrʒe] *vi* : **~ (vers)** to converge (on).

conversation [kɔ̃vɛrsasjɔ̃] *nf* conversation ; **détourner la ~** to change the subject ; **être en grande ~ avec** to be deep in conversation with.

converser [3] [kɔ̃vɛrse] *vi sout* **~ (avec)** to converse (with).

conversion [kɔ̃vɛrsjɔ̃] *nf* - **1.** [gén] : **~ (à/en)** conversion (to/into) - **2.** SKI kick turn.

converti, **e** [kɔ̃vɛrti] *nm, f* : **prêcher un ~** *fig* to preach to the converted.

convertible [kɔ̃vɛrtibl] ◇ *nm* [canapé-lit] sofa bed. ◇ *adj* convertible.

convertir [32] [kɔ̃vɛrtir] *vt* : **~ qqn (à)** to convert sb (to) ; **~ qqch (en)** to convert sthg (into).

◆ **se convertir** *vp* : **se ~ (à)** to be converted (to).

convexe [kɔ̃vɛks] *adj* convex.

conviction [kɔ̃viksjɔ̃] *nf* conviction ; **avoir la ~ que** to be convinced (that).

conviendrai, **conviendrons** *etc* ▷ **convenir**.

convier [9] [kɔ̃vje] *vt* : **~ qqn à** to invite sb to.

convive [kɔ̃viv] *nmf* guest *(at a meal)*.

convivial, **e**, **aux** [kɔ̃vivjal, o] *adj* - **1.** [réunion] convivial - **2.** INFORM user-friendly.

convocation [kɔ̃vɔkasjɔ̃] *nf* [avis écrit] summons *(sing)*, notification to attend.

convoi [kɔ̃vwa] *nm* - **1.** [de véhicules] convoy ; **~ exceptionnel** wide load - **2.** [train] train.

convoiter [3] [kɔ̃vwate] *vt* to covet.

convoitise [kɔ̃vwatiz] *nf* covetousness.

convoler [3] [kɔ̃vɔle] ▷ **noces**.

convoquer [3] [kɔ̃vɔke] *vt* - **1.** [assemblée] to convene - **2.** [pour un entretien] to invite - **3.** [subalterne, témoin] to summon - **4.** [à un examen] : **~ qqn** to ask sb to attend.

convoyer [13] [kɔ̃vwaje] *vt* to escort.

convoyeur, **euse** [kɔ̃vwajœr, øz] ◇ *adj* escort *(avant n)*. ◇ *nm, f* escort ; **~ de fonds** security guard.

convulser [3] [kɔ̃vylse] *vt* to convulse.

◆ **se convulser** *vp* to convulse.

convulsif, **ive** [kɔ̃vylsif, iv] *adj* convulsive.

convulsion [kɔ̃vylsjɔ̃] *nf* convulsion.

cookie [kuki] *nm* - **1.** [petit gâteau] cookie *US*, biscuit *UK* - **2.** INFORM cookie.

cool [kul] *adj inv fam* [décontracté] laid-back, cool.

coopérant [kɔɔperɑ̃] *nm* - **1.** MIL *person engaged in voluntary work abroad as an alternative to military service* - **2.** ÉCON *foreign expert working in developing country*.

coopératif, **ive** [kɔɔperatif, iv] *adj* cooperative.

◆ **coopérative** *nf* [groupement] cooperative ; **coopérative de consommation** consumers' cooperative.

coopération [kɔɔperasjɔ̃] *nf* - **1.** [collaboration] cooperation ; **en ~ avec qqn** in collaboration with sb - **2.** [aide] : **la ~** ≃ overseas development.

coopérer [18] [kɔɔpere] *vi* : **~ (à)** to cooperate (in).

cooptation [kɔɔptasjɔ̃] *nf* co-opting.

coordinateur, **trice** [kɔɔrdinatœr, tris] ◇ *adj* coordinating. ◇ *nm, f* coordinator.

coordination [kɔɔrdinasjɔ̃] *nf* coordination, *voir aussi* **conjonction**.

coordonnée [kɔɔrdɔne] *nf* - **1.** LING coordinate clause - **2.** MATH coordinate.

◆ **coordonnées** *nfpl* - **1.** GÉOGR coordinates - **2.** [adresse] address and phone number, details.

coordonner [3] [kɔɔrdɔne] *vt* to coordinate.

copain, **ine** [kɔpɛ̃, in] ◇ *adj* friendly, matey *UK* ; **être très ~s** to be great pals. ◇ *nm, f* [ami] friend, mate *UK* ; [petit ami] boyfriend (*f* girlfriend).

copeau, **x** [kɔpo] *nm* [de bois] (wood) shaving.

Copenhague [kɔpɛnag] *n* Copenhagen.

copie [kɔpi] *nf* - **1.** [double, reproduction] copy ; **~ (certifiée) conforme** certified copy - **2.** [SCOL - de devoir] fair copy ; [- d'examen] paper, script - **3.** INFORM : **~ d'écran** screenshot.

copier [9] [kɔpje] ◇ *vt* [gén & INFORM] to copy. ◇ *vi* : **~ sur qqn** to copy from sb.

copier-coller [kɔpjekɔle] *nm inv* INFORM copy and paste.

copieur, **euse** [kɔpjœr, øz] *nm, f* [étudiant] copier.

◆ **copieur** *nm* [photocopieur] copier, photocopier.

copieusement [kɔpjøzmɑ̃] *adv* copiously.

copieux, **euse** [kɔpjø, øz] *adj* copious.

copilote [kɔpilɔt] *nmf* copilot.

copine ▷ **copain**.

coprocesseur [kɔprɔsɛsœr] *nm* : ~ **mathématique** INFORM maths *UK ou* math *US* coprocessor.

coproducteur, trice [kɔprɔdyktœr, tris] *nm, f* [pour spectacle] coproducer.

coproduction [kɔprɔdyksjɔ̃] *nf* coproduction ; **en** ~ coproduced.

copropriétaire [kɔprɔprijetɛr] *nmf* co-owner, joint owner, condo owner *US*.

copropriété [kɔprɔprijete] *nf* co-ownership, joint ownership, condominium *US*.

copuler [3] [kɔpyle] *vi* to copulate.

copyright [kɔpirajt] *nm* copyright.

coq [kɔk] *nm* cock, cockerel, rooster *US* ; ~ **de bruyère** grouse ; **le** ~ **gaulois** the French cockerel ; ~ **au vin** *chicken cooked with red wine, bacon, mushrooms and shallots* ; **fier comme un** ~ *fig* as proud as a peacock ; **être comme un** ~ **en pâte** *fig* to be in clover ; **sauter** *ou* **passer du** ~ **à l'âne** to jump from one subject to another.

Le coq gaulois

The cockerel is one of the well-known symbols of France. Its cry, *cocorico!*, is sometimes used humorously to express national pride: *trois médailles d'or pour la France - cocorico!*

coque [kɔk] *nf* - **1.** [de noix] shell - **2.** [de navire] hull.

coquelet [kɔklɛ] *nm* cockerel.

coquelicot [kɔkliko] *nm* poppy.

coqueluche [kɔklyʃ] *nf* whooping cough ; **être la** ~ **de** *fig* to be the idol *ou* darling of.

coquet, ette [kɔkɛ, ɛt] *adj* - **1.** [vêtements] smart, stylish ; [ville, jeune fille] pretty - **2.** *(avant n) hum* [important] : **la ~te somme de 100 livres** the tidy sum of £100.

◆ **coquette** *nf* flirt.

coquetier [kɔktje] *nm* eggcup.

coquetterie [kɔkɛtri] *nf* - **1.** [désir de plaire] coquettishness - **2.** [élégance] smartness, stylishness.

coquillage [kɔkijaʒ] *nm* - **1.** [mollusque] shellfish - **2.** [coquille] shell.

coquille [kɔkij] *nf* - **1.** [de mollusque, noix, œuf] shell ; ~ **de noix** [embarcation] cockleshell ; ~ **Saint-Jacques** scallop ; **rentrer dans sa** ~ *fig* to go back into one's shell - **2.** TYPO misprint.

coquillettes [kɔkijɛt] *nfpl* pasta shells.

coquin, e [kɔkɛ̃, in] ◇ *adj* [sous-vêtement] sexy, naughty ; [regard, histoire] saucy. ◇ *nm, f* rascal.

cor [kɔr] *nm* - **1.** [instrument] horn ; ~ **de chasse** hunting horn - **2.** [au pied] corn.

◆ **à cor et à cri** *loc adv* : **réclamer qqch à** ~ **et à cri** to clamour *UK ou* clamor *US* for sthg.

corail, aux [kɔraj, o] *nm* - **1.** [gén] coral - **2.** RAIL : **train** ~ ≃ express train.

◆ **corail** *adj inv* coral (pink).

Coran [kɔrɑ̃] *nm* : **le** ~ the Koran.

coranique [kɔranik] *adj* Koranic.

corbeau, x [kɔrbo] *nm* - **1.** [oiseau] crow - **2.** [délateur] writer of poison-pen letters.

corbeille [kɔrbɛj] *nf* - **1.** [panier] basket ; ~ **à papier** wastepaper basket - **2.** INFORM trash (can) - **3.** THÉÂTRE (dress) circle - **4.** [de Bourse] stockbrokers' enclosure *(at Paris Stock Exchange)*.

corbillard [kɔrbijar] *nm* hearse.

cordage [kɔrdaʒ] *nm* - **1.** [de bateau] rigging *(U)* - **2.** [de raquette] strings *(pl)*.

corde [kɔrd] *nf* - **1.** [filin] rope ; ~ **à linge** washing line *UK*, clothesline *US* ; ~ **à sauter** skipping rope *UK*, jump rope *US* - **2.** [d'instrument, arc] string ; **avoir plus d'une** ~ **à son arc** *fig* to have more than one string to one's bow - **3.** ANAT : **~s vocales** vocal cords - **4.** [équitation] rails *(pl)* ; [athlétisme] inside (lane) - **5.** *loc* **usé jusqu'à la** ~ [vêtement] threadbare ; [histoire] well-worn, hackneyed ; **faire vibrer la** ~ **sensible** to strike the right chord.

◆ **cordes** *nfpl* - **1.** MUS strings - **2.** [boxe] : **les ~s** the ropes - **3.** *loc* **être dans les ~s de qqn** to be (in) sb's line ; **il tombe** *ou* **pleut des ~s** it's raining cats and dogs.

cordeau [kɔrdo] *nm* [de jardinier] line ; **tracé au** ~ *fig* [route] dead straight.

cordée [kɔrde] *nf* [alpinisme] roped party *(of mountaineers)*.

cordelette [kɔrdəlɛt] *nf* string.

cordial, e, aux [kɔrdjal, o] *adj* warm, cordial.

◆ **cordial, aux** *nm vieilli* tonic, pick-me-up.

cordialement [kɔrdjalmɑ̃] *adv* [saluer] warmly, cordially ; [en fin de lettre] kind regards.

cordialité [kɔrdjalite] *nf* warmth.

cordon [kɔrdɔ̃] *nm* string, cord ; ~ **ombilical** umbilical cord ; ~ **de police** police cordon.

cordon-bleu [kɔrdɔ̃blø] (*pl* **cordons-bleus**) *nm* cordon bleu cook.

cordonnerie [kɔrdɔnri] *nf* - **1.** [magasin] shoe repairer's, cobbler's - **2.** [activité, commerce] shoe repairing.

cordonnier, ère [kɔrdɔnje, ɛr] *nm, f* shoe repairer, cobbler.

Corée [kɔre] *nf* Korea ; **la** ~ **du Nord/du Sud** North/South Korea.

coréen, enne [kɔreɛ̃, ɛn] *adj* Korean.
◆ **Coréen, enne** *nm, f* Korean.

coreligionnaire [kɔrɛliʒjɔnɛr] *nmf* fellow Jew/Christian *etc.*

coriace [kɔrjas] *adj litt & fig* tough.

coriandre [kɔrjɑ̃dr] *nf* coriander.

cormoran [kɔrmɔrɑ̃] *nm* cormorant.

corne [kɔrn] *nf* - **1.** [gén] horn ; [de cerf] antler ; **~ d'abondance** *fig* horn of plenty ; **~ de brume** foghorn - **2.** [callosité] hard skin *(U)*, callus.

cornée [kɔrne] *nf* cornea.

corneille [kɔrnɛj] *nf* crow.

cornélien, enne [kɔrneljɛ̃, ɛn] *adj involving the conflict between love and duty.*

cornemuse [kɔrnəmyz] *nf* bagpipes *(pl)*.

corner[1] [3] [kɔrne] ◇ *vi* [sirène] to blare (out). ◇ *vt* [page] to turn down the corner of.

corner[2] [kɔrnɛr] *nm* FOOTBALL corner (kick).

cornet [kɔrnɛ] *nm* - **1.** [d'aliment] cornet *UK*, cone - **2.** [de jeu] (dice) shaker.

corniaud, corniot [kɔrnjo] *nm* - **1.** [chien] mongrel - **2.** *fam* [imbécile] twit.

corniche [kɔrniʃ] *nf* - **1.** [route] cliff road - **2.** [moulure] cornice.

cornichon [kɔrniʃɔ̃] *nm* - **1.** [condiment] gherkin, pickle *US* - **2.** *fam* [imbécile] twit.

corniot = **corniaud.**

Cornouailles [kɔrnwaj] *nf* : **la ~** Cornwall.

corollaire [kɔrɔlɛr] *nm* corollary.

corolle [kɔrɔl] *nf* corolla.

coron [kɔrɔ̃] *nm* [village] mining village.

coronaire [kɔrɔnɛr] ▷ **artère.**

corporation [kɔrpɔrasjɔ̃] *nf* corporate body.

corporel, elle [kɔrpɔrɛl] *adj* - **1.** [physique - besoin] bodily ; [- châtiment] corporal - **2.** DR tangible.

corps [kɔr] *nm* - **1.** [gén] body ; **être au ~ à ~** to fight hand-to-hand ; **le ~ du délit** DR corpus delicti ; **~ étranger** foreign body ; **~ gras** fat - **2.** [groupe] : **~ d'armée** (army) corps ; **~ diplomatique** diplomatic corps ; **le ~ électoral** the electorate ; **~ enseignant** [profession] teaching profession ; [d'école] teaching staff ; **~ expéditionnaire** task force ; **le ~ législatif** the legislative body ; **le ~ médical** the medical profession - **3.** *loc* **à mon ~ défendant** against my will ; **faire ~ avec** to form (an integral) part of ; **se dévouer ~ et âme à** to commit o.s. body and soul to ; **se jeter** *ou* **se lancer à ~ perdu dans qqch** to throw o.s. (headlong) into sthg ; **prendre ~** to take shape ; **sombrer ~ et biens** to go down with all hands.

corpulent, e [kɔrpylɑ̃, ɑ̃t] *adj* corpulent, stout.

corpus [kɔrpys] *nm* corpus.

corpuscule [kɔrpyskyl] *nm* corpuscle.

correct, e [kɔrɛkt] *adj* - **1.** [exact] correct, right - **2.** [honnête] correct, proper - **3.** [acceptable] decent ; [travail] fair.

correctement [kɔ̃rɛktəmɑ̃] *adv* - **1.** [sans faute] accurately - **2.** [décemment] properly.

correcteur, trice [kɔrɛktœr, tris] ◇ *adj* corrective. ◇ *nm, f* - **1.** [d'examen] examiner, marker *UK*, grader *US* - **2.** TYPO proofreader.
◆ **correcteur orthographique** *nm* spellchecker.

correctif, ive [kɔrɛktif, iv] *adj* corrective.
◆ **correctif** *nm* rider ; **apporter un ~ à qqch** to qualify sthg.

correction [kɔrɛksjɔ̃] *nf* - **1.** [d'erreur] correction - **2.** [punition] punishment ; **donner une ~ à qqn** to give sb a good hiding - **3.** [modification] correction - **4.** TYPO proofreading - **5.** [notation] marking - **6.** [qualité] correctness - **7.** [bienséance] propriety.

correctionnel, elle [kɔrɛksjɔnɛl] *adj* DR : **tribunal ~** ≃ magistrate's court ; **peine ~le** *sentence of up to five years' imprisonment.*
◆ **correctionnelle** *nf* DR ≃ magistrate's court ; **passer en ~le** to appear before the magistrate.

corrélation [kɔrelasjɔ̃] *nf* correlation.

correspondance [kɔrɛspɔ̃dɑ̃s] *nf* - **1.** [gén] correspondence ; **cours par ~** correspondence course - **2.** [transports] connection ; **assurer la ~ avec** to connect with.

correspondant, e [kɔrɛspɔ̃dɑ̃, ɑ̃t] ◇ *adj* corresponding. ◇ *nm, f* - **1.** [par lettres] penfriend *UK*, pen pal *US*, correspondent - **2.** [par téléphone] : **je vous passe votre ~** I'll put you through - **3.** PRESSE correspondent ; **de notre ~ à New York** from our New York correspondent ; **~ de guerre/de presse** war/newspaper correspondent.

correspondre [75] [kɔrɛspɔ̃dr] *vi* - **1.** [être conforme] : **~ à** to correspond to - **2.** [communiquer] to communicate - **3.** [par lettres] : **~ avec** to correspond with.
◆ **se correspondre** *vp* [s'accorder] to correspond.

correspondu, e [kɔrɛspɔ̃dy] *pp* ▷ **correspondre.**

corrida [kɔrida] *nf* bullfight.

corridor [kɔridɔr] *nm* corridor.

corrigé [kɔriʒe] *nm* correct version.

corriger [17] [kɔriʒe] *vt* - **1.** TYPO to correct, to proofread - **2.** [noter] to mark - **3.** [modifier] to correct - **4.** [guérir] : **~ qqn de** to cure sb of - **5.** [punir] to give a good hiding to.

◆ **se corriger** *vp* - **1.** [d'un défaut] : **se ~ de** to cure o.s. of - **2.** [devenir raisonnable] to mend one's ways.

corroborer [3] [kɔrɔbɔre] *vt* to corroborate.

corroder [3] [kɔrɔde] *vt* [ronger] to corrode ; *fig* to erode.

corrompre [78] [kɔrɔ̃pr] *vt* - **1.** [soudoyer] to bribe - **2.** [dépraver] to corrupt - **3.** *fig* [gâter] to spoil.

corrompu, e [kɔrɔ̃py] ◇ *pp* ▷ **corrompre.** ◇ *adj* [fonctionnaire, âme] corrupt.

corrosif, ive [kɔrozif, iv] *adj* - **1.** [acide] corrosive - **2.** *fig* [ironie] biting.

◆ **corrosif** *nm* corrosive.

corrosion [kɔrozjɔ̃] *nf* corrosion.

corruption [kɔrypsjɔ̃] *nf* - **1.** [subornation] bribery ; **~ de fonctionnaire** bribery of a public official - **2.** [dépravation] corruption - **3.** [décomposition] decomposition - **4.** [altération] debasing.

corsage [kɔrsaʒ] *nm* - **1.** [chemisier] blouse - **2.** [de robe] bodice.

corsaire [kɔrsɛr] *nm* - **1.** [navire, marin] corsair, privateer - **2.** [pantalon] pedal-pushers *(pl)*.

corse [kɔrs] ◇ *adj* Corsican. ◇ *nm* [langue] Corsican.

◆ **Corse** ◇ *nmf* Corsican. ◇ *nf* : **la Corse** Corsica ; **en Corse** in Corsica.

corsé, e [kɔrse] *adj* [café] strong ; [vin] full-bodied ; [plat, histoire] spicy.

corser [3] [kɔrse] *vt* - **1.** [plat, sauce] to spice up - **2.** [histoire] to liven up - **3.** [vin] to strengthen.

◆ **se corser** *vp* [se compliquer] to get complicated ; **ça se corse** things are getting serious.

corset [kɔrsɛ] *nm* corset ; **~ orthopédique** MÉD surgical corset.

cortège [kɔrtɛʒ] *nm* procession ; **~ funèbre** funeral procession, cortege.

cortisone [kɔrtizɔn] *nf* cortisone.

corvée [kɔrve] *nf* - **1.** MIL fatigue (duty) - **2.** [activité pénible] chore.

cosignataire [kosiɲatɛr] *nmf* DR cosignatory.

cosinus [kɔsinys] *nm* cosine.

cosmétique [kɔsmetik] *nm & adj* cosmetic.

cosmique [kɔsmik] *adj* cosmic.

cosmonaute [kɔsmɔnot] *nmf* cosmonaut.

cosmopolite [kɔsmɔpɔlit] *adj* cosmopolitan.

cosmos [kɔsmos] *nm* - **1.** [univers] cosmos - **2.** [espace] outer space.

cosse [kɔs] *nf* - **1.** [de légume] pod - **2.** *fam vieilli* [paresse] : **avoir la ~** to feel lazy.

cossu, e [kɔsy] *adj* - **1.** [personne] wealthy, moneyed - **2.** [maison] opulent.

Costa Rica [kɔstarika] *nm* : **le ~** Costa Rica ; **au ~** in Costa Rica.

costaricien, enne [kɔstarisjɛ̃, ɛn] *adj* Costa Rican.

◆ **Costaricien, enne** *nm, f* Costa Rican.

costaud (*f* **costaud,** , *f* **-e**) [kɔsto, od] *adj* sturdily built.

◆ **costaud** *nm* strapping man.

costume [kɔstym] *nm* - **1.** [folklorique, de théâtre] costume - **2.** [vêtement d'homme] suit ; **~ trois-pièces** three-piece suit.

costumé, e [kɔstyme] *adj* fancy-dress *(avant n)*.

costumier, ère [kɔstymje, ɛr] *nm, f* THÉÂTRE wardrobe master (*f* mistress).

cotation [kɔtasjɔ̃] *nf* FIN quotation ; **~ en Bourse** quoting on the stock exchange.

cote [kɔt] *nf* - **1.** [marque de classement] classification mark ; [marque numérale] serial number - **2.** FIN quotation - **3.** [de valeur] valuation - **4.** [de cheval] odds *(pl)* - **5.** [popularité] rating ; **avoir la ~ (auprès de qqn)** *fam* to be popular (with sb) - **6.** [niveau] level ; **~ d'alerte** [de cours d'eau] danger level ; *fig* crisis point.

coté, e [kɔte] *adj* [estimé] popular ; **être ~** to be well thought of ; **être bien/mal ~** to be highly/poorly rated.

côte [kot] *nf* - **1.** ANAT & BOT [de bœuf] rib ; [de porc, mouton, agneau] chop ; **~ à ~** side by side - **2.** [pente] hill - **3.** [littoral] coast ; **la Côte d'Azur** the French Riviera - **4.** [tissu] : **velours à ~s** corduroy.

côté [kote] *nm* - **1.** [gén] side ; **être couché sur le ~** to be lying on one's side ; **être aux ~s de qqn** *fig* to be by sb's side ; **d'un ~..., de l'autre ~...** on the one hand..., on the other hand... ; **et ~ finances, ça va?** *fam* how are things moneywise? - **2.** [endroit, direction] direction, way ; **de quel ~ est-il parti?** which way did he go? ; **de l'autre ~ de** on the other side of ; **de tous ~s** from all directions ; **du ~ de** [près de] near ; [direction] towards, toward *US* ; [provenance] from.

◆ **à côté** *loc adv* - **1.** [lieu - gén] nearby ; [- dans la maison adjacente] next door - **2.** [cible] : **tirer à ~** to shoot wide (of the target).

◆ **à côté de** *loc prép* - **1.** [proximité] beside, next to - **2.** [en comparaison avec] beside, compared to - **3.** [en dehors de] : **être à ~ du sujet** to be off the point.

◆ **de côté** *loc adv* - **1.** [se placer, marcher] sideways - **2.** [en réserve] aside ; **mettre/laisser qqch de ~** to put/leave sthg aside.

coteau [kɔto] *nm* - **1.** [colline] hill - **2.** [versant] slope.

Côte-d'Ivoire [kotdivwar] *nf* : **la ~** the Ivory Coast.

côtelé, **e** [kotle] *adj* ribbed ; **velours ~** corduroy.

côtelette [kotlɛt] *nf* [de porc, mouton, d'agneau] chop ; [de veau] cutlet.

coter [3] [kɔte] *vt* - **1.** [marquer, noter] to mark - **2.** FIN to quote - **3.** [carte, plan] to mark spot heights on.

coterie [kɔtri] *nf péj* & *vieilli* set, clique.

côtier, **ère** [kotje, ɛr] *adj* coastal.

cotisation [kɔtizasjɔ̃] *nf* [à club, parti] subscription ; [à la Sécurité sociale] contribution.

cotiser [3] [kɔtize] *vi* [à un club, un parti] to subscribe ; [à la Sécurité sociale] to contribute.
◆ **se cotiser** *vp* to club together.

coton [kɔtɔ̃] *nm* cotton ; **~ (hydrophile)** cotton wool *UK*, (absorbent) cotton *US* ; **filer un mauvais ~** *fig* to be in a bad way.

cotonnade [kɔtɔnad] *nf* cotton fabric.

Coton-Tige® [kɔtɔ̃tiʒ] (*pl* **Cotons-Tiges**) *nm* cotton bud *UK*, Q-tip® *US*.

côtoyer [13] [kotwaje] *vt* - **1.** [longer] to run alongside - **2.** *fig* [frôler] to verge on - **3.** *fig* [fréquenter] to mix with.

cotte [kɔt] *nf* HIST tunic ; **~ de mailles** coat of mail.

cou [ku] *nm* [de personne, bouteille] neck ; **se jeter au ~ de qqn, sauter au ~ de qqn** to throw one's arms around sb's neck ; **jusqu'au ~** *fig* up to one's eyes ; **se pendre au ~ de qqn** to hang round *UK ou* around *UK* sb's neck.

couac [kwak] *nm* false *ou* wrong note.

couard, **e** [kwar, ard] *sout* ◇ *adj* cowardly. ◇ *nm, f* coward.

couchage [kuʃaʒ] *nm* sleeping arrangements *(pl)*, ▷ **sac**.

couchant [kuʃɑ̃] ◇ *adj* ▷ **soleil**. ◇ *nm* west.

couche [kuʃ] *nf* - **1.** [de peinture, de vernis] coat, layer ; [de poussière] film, layer - **2.** [épaisseur] layer ; **~ d'ozone** ozone layer ; **en avoir** *ou* **en tenir une ~** *fam* to be (as) thick as two short planks *UK* - **3.** [de bébé] nappy *UK*, diaper *US* - **4.** [classe sociale] stratum.
◆ **couches** *nfpl vieilli* confinement *(U)*, labour *(U) UK*, labor *(U) US*.
◆ **fausse couche** *nf* miscarriage.

couché, **e** [kuʃe] *adj* : **être ~** [étendu] to be lying down ; [au lit] to be in bed.

couche-culotte [kuʃkylɔt] (*pl* **couches-culottes**) *nf* disposable nappy *UK ou* diaper *US*.

coucher[1] [3] [kuʃe] ◇ *vt* - **1.** [enfant] to put to bed - **2.** [objet, blessé] to lay down - **3.** *sout* [inscrire] to mention. ◇ *vi* - **1.** [dormir] to sleep - **2.** [passer la nuit] to spend the night ; **un nom à ~ dehors** *fam* an impossible name - **3.** *fam* [avoir des rapports sexuels] : **~ avec** to sleep with.
◆ **se coucher** *vp* - **1.** [s'allonger] to lie down - **2.** [se mettre au lit] to go to bed - **3.** [se courber] to bend over - **4.** [astre] to set.

coucher[2] [kuʃe] *nm* [d'astre] setting ; **au ~ du soleil** at sunset.

couchette [kuʃɛt] *nf* - **1.** [de train] couchette - **2.** [de navire] berth.

coucheur [kuʃœr] *nm* : **mauvais ~** *fig* awkward customer.

couci-couça [kusikusa] *adv fam* so-so.

coucou [kuku] ◇ *nm* - **1.** [oiseau] cuckoo - **2.** [pendule] cuckoo clock - **3.** *péj* [avion] crate. ◇ *interj* peekaboo!

coude [kud] *nm* - **1.** [de personne, de vêtement] elbow ; **être au ~ à ~** to be shoulder to shoulder ; **jouer des ~s** to elbow people aside ; **se serrer les ~s** to stick together - **2.** [courbe] bend.

coudée [kude] *nf* : **avoir les ~s franches** to have room to move *ou* elbow room.

cou-de-pied [kudpje] (*pl* **cous-de-pied**) *nm* instep.

coudoyer [13] [kudwaje] *vt* to rub shoulders with.

coudre [86] [kudr] ◇ *vt* - **1.** [bouton] to sew on - **2.** MÉD to sew up, to stitch. ◇ *vi* to sew.

coudrier [kudrije] *nm* hazel tree.

couenne [kwan] *nf* [de lard] rind.

couette [kwɛt] *nf* - **1.** [édredon] duvet *UK* - **2.** [coiffure] bunches *(pl) UK*.

couffin [kufɛ̃] *nm* - **1.** [berceau] Moses basket - **2.** [cabas] basket.

couille [kuj] *nf (gén pl) vulg* ball.

couiner [3] [kwine] *vi* - **1.** [animal] to squeal - **2.** [pleurnicher] to whine.

coulant, **e** [kulɑ̃, ɑ̃t] *adj* - **1.** [fluide] runny - **2.** [style] fluent - **3.** *fam* [indulgent] easy-going, laid-back.

coulée [kule] *nf* - **1.** [de matière liquide] : **~ de lave** lava flow ; **~ de boue** mudslide - **2.** [de métal] casting.

couler [3] [kule] ◇ *vi* - **1.** [liquide] to flow ; **faire ~ un bain** to run a bath - **2.** [beurre, fromage, nez] to run - **3.** [robinet] to drip ; [tonneau, stylo] to leak - **4.** [temps] to slip by - **5.** [navire, entreprise] to sink. ◇ *vt* - **1.** [navire] to sink - **2.** [métal, bronze] to cast - **3.** *fam* [personne, entreprise] to ruin.
◆ **se couler** *vp* [se glisser] to slip ; **se la ~ douce** *fam* to have an easy life.

couleur [kulœr] ◇ *nf* - **1.** [teinte, caractère] colour *UK*, color *US* ; **télévision en ~s** colour *UK ou* color *US* television ; **haut en ~** [personne] high-coloured *UK*, high-colored *US* ; [quartier, récit] colourful *UK*, colorful *US* - **2.** [linge] coloureds *(pl) UK*, coloreds *(pl) US* - **3.** CARTES suit - **4.** [d'opinion] leaning - **5.** *loc* **annoncer la ~** to state one's intentions ; **en faire voir de toutes les ~s à qqn** to give sb a hard time ; **sous ~ de qqch/de faire qqch** under the guise of sthg/of doing sthg. ◇ *adj inv* [télévision, pellicule] colour *(avant n) UK*, color *(avant n) US*.

couleuvre [kulœvr] *nf* grass snake ; **avaler des ~s** *fam fig* [être impassible] to swallow insults.

coulis [kuli] *nm* CULIN puree.

coulissant, e [kulisɑ̃, ɑ̃t] *adj* sliding *(avant n)*.

coulisse [kulis] *nf* - **1.** [glissière] : **fenêtre/porte à ~** sliding window/door - **2.** COUT hem.

◆ **coulisses** *nfpl* THÉÂTRE wings ; **dans les ~s** *fig* behind the scenes.

coulisser [3] [kulise] *vi* to slide.

couloir [kulwar] *nm* - **1.** [corridor] corridor - **2.** GÉOGR gully - **3.** SPORT [transports] lane ; **~ aérien** air lane ; **~ d'autobus** bus lane.

coulommiers [kulɔmje] *nm soft cheese made from cow's milk*.

coulpe [kulp] *nf* : **battre sa ~** to repent one's sins openly.

coup [ku] *nm* - **1.** [choc - physique, moral] blow ; **donner un ~ de coude à qqn** to nudge sb ; **rouer qqn de ~s** to give sb a beating ; **c'est un ~ bas!** *fig* that's below the belt! ; **~ de couteau** stab *(with a knife)* ; **un ~ dur** *fig* a heavy blow ; **donner un ~ de fouet à qqn** *fig* to give sb a shot in the arm ; **~ de grâce** *litt & fig* coup de grâce, death blow ; **~ de pied** kick ; **~ de poing** punch - **2.** [action nuisible] trick ; **faire un sale ~ à qqn** *fam* to play a dirty trick on sb ; **~ fourré** stab in the back - **3.** [SPORT - au tennis] stroke ; [- en boxe] blow, punch ; [- au football] kick ; **~ franc** free kick - **4.** [d'éponge, de chiffon] wipe ; **un ~ de crayon** a pencil stroke ; **donner un ~ de balai** to give the floor a sweep - **5.** [bruit] noise ; **~ de feu** shot, gunshot ; **~ de sonnette** ring ; **~ de tonnerre** thunderclap - **6.** [action spectaculaire] : **~ d'éclat** feat ; **~ d'État** coup (d'état) ; **~ de théâtre** *fig* dramatic turn of events - **7.** *fam* [fois] time - **8.** *loc* **avoir un ~ de barre/de pompe** *fam* to feel shattered *UK* *OU* pooped *US*, I feel tired all of a sudden ; **boire un ~** to have a drink ; **donner un ~ de main à qqn** to give sb a helping hand ; **être dans le ~** [être à la mode] to be up to date ; [être au courant] to be in the know ; **faire les quatre cents ~s** to lead a wild life ; **frapper un grand ~** to strike a decisive blow ; **jeter un ~ d'œil à** to glance at ; **marquer le ~** to mark the occasion ; **en prendre un ~** to take a knock ; **tenir le ~** to hold out ; **tenter le ~** to have a go ; **valoir le ~** to be well worth it.

◆ **coup de fil** *nm* phone call.

◆ **coup de foudre** *nm* love at first sight.

◆ **coup du lapin** *nm* AUTO whiplash *(U)*.

◆ **coup de soleil** *nm* sunburn *(U)*.

◆ **coup de téléphone** *nm* telephone *OU* phone call ; **donner** *OU* **passer un ~ de téléphone à qqn** to telephone *OU* phone sb.

◆ **coup de vent** *nm* gust of wind ; **partir en ~ de vent** to rush off.

◆ **à coup sûr** *loc adv* definitely.

◆ **du coup** *loc adv* as a result.

◆ **coup sur coup** *loc adv* one after the other.

◆ **du premier coup** *loc adv* first time, at the first attempt.

◆ **sur le coup** *loc adv* - **1.** [mourir] instantly - **2.** [à ce moment-là] straightaway, there and then ; **je n'ai pas compris sur le ~** I didn't understand immediately *OU* straightaway.

◆ **sous le coup de** *loc prép* - **1.** [sous l'action de] : **tomber sous le ~ de la loi** to be a statutory offence *UK* *OU* offense *US* - **2.** [sous l'effet de] in the grip of.

◆ **tout à coup** *loc adv* suddenly.

coupable [kupabl] ◇ *adj* - **1.** [personne, pensée] guilty ; **plaider ~/non ~** DR to plead guilty/not guilty - **2.** [action, dessein] culpable, reprehensible ; [négligence, oubli] sinful. ◇ *nmf* guilty person *OU* party.

coupant, e [kupɑ̃, ɑ̃t] *adj* - **1.** [tranchant] cutting - **2.** *fig* [sec] sharp.

coupe [kup] *nf* - **1.** [verre] glass ; **~ de champagne** glass of champagne - **2.** [à fruits] dish - **3.** SPORT cup ; **Coupe du monde** World Cup - **4.** [d'arbres] felling - **5.** [de vêtement, aux cartes] cut - **6.** : **~ (de cheveux)** haircut - **7.** [plan, surface] (cross) section - **8.** [de phrase] break - **9.** [réduction] cut, cutback.

coupé, e [kupe] *adj* : **bien/mal ~** well/badly cut.

◆ **coupé** *nm* coupé.

coupe-circuit [kupsirkɥi] (*pl* **coupe-circuit** *OU* **coupe-circuits**) *nm* circuit breaker.

coupe-faim [kupfɛ̃] *nm inv* appetite suppressant.

coupe-feu [kupfø] ◇ *nm inv* firebreak. ◇ *adj inv* fire *(avant n)*.

coupe-gorge [kupgɔrʒ] *nm inv* dangerous place.

coupelle [kupɛl] *nf* dish.

coupe-ongles [kupɔ̃gl] *nm inv* nail clippers.

coupe-papier [kuppapje] (*pl* **coupe-papier** *OU* **coupe-papiers**) *nm* paper knife.

couper [3] [kupe] ◇ *vt* - **1.** [gén & INFORM] to cut - **2.** [arbre] to cut down - **3.** [pain] to slice ; [rôti] to carve - **4.** [envie, appétit] to take away - **5.** [vin] to dilute - **6.** [jeux de cartes - avec atout] to trump ; [- paquet] to cut - **7.** [découper] to cut out - **8.** [interrompre, trancher] to cut off - **9.** [traverser] to cut across. ◇ *vi* - **1.** [gén] to cut - **2.** *fam* [échapper] : **~ à** to get out of - **3.** *loc* **~ court à qqch** to cut sthg short.

◆ **se couper** *vp* - **1.** [se blesser] to cut o.s. - **2.** [se croiser] to cross - **3.** [s'isoler] : **se ~ de** to cut o.s. off from.

couper-coller *nm inv* INFORM : **faire un ~** to cut and paste.

couperet [kuprɛ] *nm* - **1.** [de boucher] cleaver - **2.** [de guillotine] blade.

couperose [kuproz] *nf* [sur le visage] blotchiness.

couperosé, **e** [kuproze] *adj* blotchy.

coupe-vent [kupvɑ̃] *nm inv* [vêtement] windcheater *UK*, windbreaker *US*.

couple [kupl] *nm* [de personnes] couple ; [d'animaux] pair.

couplé, **e** [kuple] *adj* [équitation] doubled.
◆ **couplé** *nm* [équitation] double.

coupler [3] [kuple] *vt* [objets] to couple.

couplet [kuplɛ] *nm* verse.

coupole [kupɔl] *nf* ARCHIT dome, cupola.

coupon [kupɔ̃] *nm* - **1.** [d'étoffe] remnant - **2.** FIN coupon - **3.** [billet] ticket.

coupon-réponse [kupɔ̃repɔ̃s] (*pl* **coupons-réponse**) *nm* reply coupon.

coupure [kupyr] *nf* - **1.** [gén] cut ; [billet de banque] : **petite ~** small denomination note ; **~ de courant** ÉLECTR power cut ; INFORM blackout ; **~ de presse** (press) cutting *UK*, clipping *US* ; **~ publicitaire** commercial break - **2.** *fig* [rupture] break.

cour [kur] *nf* - **1.** [espace] courtyard, yard ; **~ de récréation** playground *UK*, schoolyard *US* - **2.** [du roi, tribunal] court ; *fig* & *hum* following ; **Cour de cassation** Court of Appeal ; **la Cour des comptes** *the French audit office* ; **Haute ~ (de justice)** High Court ; **~ martiale** court-martial - **3.** *loc* **faire la ~ à** [femme] to court ; *fig* to charm, to woo.

courage [kuraʒ] *nm* courage ; **bon ~!** good luck! ; **prendre son ~ à deux mains** to pluck up courage ; **je n'ai pas le ~ de faire mes devoirs** I can't bring myself to do my homework.

courageusement [kuraʒøzmɑ̃] *adv* courageously.

courageux, **euse** [kuraʒø, øz] *adj* - **1.** [brave] brave - **2.** [qui a de l'énergie] energetic - **3.** [audacieux] bold.

couramment [kuramɑ̃] *adv* - **1.** [parler une langue] fluently - **2.** [communément] commonly.

courant, **e** [kurɑ̃, ɑ̃t] *adj* - **1.** [habituel] everyday *(avant n)* - **2.** [en cours] present.
◆ **courant** *nm* - **1.** [marin, atmosphérique, électrique] current ; **couper le ~** to cut off the power ; **~ d'air** draught *UK*, draft *US* ; **~ alternatif** alternating current - **2.** [d'idées] current - **3.** [laps de temps] : **dans le ~ du mois/de l'année** in the course of the month/the year ; **~ décembre** in the course of December.
◆ **au courant** *loc adv* : **être au ~** to know (about it) ; **mettre qqn au ~ (de)** to tell sb (about) ; **tenir qqn au ~ (de)** to keep sb informed (about) ; **se mettre/se tenir au ~ (de)** to get/keep up to date (with).

courbatu, **e** [kurbaty] *adj* aching.

courbature [kurbatyr] *nf* ache.

courbaturé, **e** [kurbatyre] *adj* aching.

courbe [kurb] ◇ *nf* curve ; **~ de niveau** [sur une carte] contour (line) ; **~ de température** MÉD temperature curve. ◇ *adj* curved.

courber [3] [kurbe] ◇ *vt* - **1.** [tige] to bend - **2.** [tête] to bow. ◇ *vi* to bow.
◆ **se courber** *vp* - **1.** [chose] to bend - **2.** [personne] to bow, to bend down.

courbette [kurbɛt] *nf* [révérence] bow ; **faire des ~s** *fig* to bow and scrape.

coureur, **euse** [kurœr, øz] *nm, f* - **1.** SPORT runner ; **~ cycliste** racing cyclist - **2.** *fam fig* [amateur] : **~ (de jupons)** womanizer.

courge [kurʒ] *nf* - **1.** [légume] marrow *UK*, squash *US* - **2.** *fam* [imbécile] dimwit.

courgette [kurʒɛt] *nf* courgette *UK*, zucchini *US*.

courir [45] [kurir] ◇ *vi* - **1.** [aller rapidement] to run ; **~ après qqn/qqch** *fig* to chase after sb/sthg, to run after sb/sthg ; **laisse ~!** *fig* let it go! ; **faire ~ qqn** *fig* to pull sb's leg - **2.** SPORT to race - **3.** [se précipiter, rivière] to rush - **4.** [se propager] : **le bruit court que...** rumour *UK* OU rumor *US* has it that... ; **faire ~ un bruit** to spread a rumour *UK* OU rumor *US*. ◇ *vt* - **1.** SPORT to run in - **2.** [parcourir] to roam (through) - **3.** [faire le tour de] to go round *UK* OU around *US* - **4.** [fréquenter - bals, musées] to do the rounds of.

couronne [kurɔn] *nf* - **1.** [ornement, autorité] crown - **2.** [de fleurs] wreath ; **~ mortuaire** OU **funéraire** funeral wreath - **3.** [monnaie - de Suède, d'Islande] krona ; [- du Danemark, de Norvège] krone ; [- de la République tchèque] crown.

couronnement [kurɔnmɑ̃] *nm* - **1.** [de monarque] coronation - **2.** [d'édifice] crown - **3.** *fig* [apogée] crowning achievement.

couronner [3] [kurɔne] *vt* - **1.** [monarque] to crown - **2.** [récompenser] to give a prize to ; **être couronné de succès** *fig* to be crowned with success.

courrai, **courras** *etc* ▷ **courir**.

courre [kur] ▷ **chasse**.

courriel [kurjɛl] *Québec nm* INFORM email.

courrier [kurje] *nm* mail, letters *(pl)* ; **~ du cœur** agony column *UK*, Dear Abby *US* ; **~**

direct COMM direct mailshot *UK* ; **~ électronique** INFORM electronic mail, e-mail ; **~ des lecteurs** [rubrique] letters to the editor.

courroie [kurwa] *nf* TECHNOL belt ; [attache] strap ; **~ de transmission** driving belt ; **~ de ventilateur** fanbelt.

courroucer [16] [kuruse] *vt litt* to anger.

courroux [kuru] *nm litt* wrath, rage.

cours [kur] ◇ ▻**courir**. ◇ *nm* - **1.** [écoulement] flow ; **~ d'eau** waterway ; **donner** *ou* **laisser libre ~ à** *fig* to give free rein to - **2.** [déroulement] course ; **au ~ de** during, in the course of ; **en ~** [année, dossier] current ; [affaires] in hand ; **en ~ de route** on the way ; **entraver le ~ de la justice** to hinder the course of justice ; **suivre son ~** to take its course - **3.** FIN price ; **~ du change** exchange rate ; **avoir ~** [monnaie] to be legal tender - **4.** [leçon] class, lesson ; **donner des ~ (à qqn)** to teach (sb) ; **~ intensifs** crash course *(sing)* ; **~ magistral** lecture ; **~ particuliers** private lessons ; **~ de rattrapage/du soir** remedial/evening class - **5.** [classe] : **~ élémentaire** *years two and three of primary school* ; **~ moyen** *last two years of primary school* ; **~ préparatoire** ≃ first-year infants *UK*, ≃ nursery school *US* - **6.** [avenue] avenue.

course [kurs] *nf* - **1.** [action] running *(U)* ; **au pas de ~** at a run ; **être dans la ~** *fig* to be in touch *ou* in the know - **2.** [compétition] race ; **~ attelée** *ou* **sous harnais** harness race ; **~ automobile/cycliste** car/cycle race ; **~ à pied** (foot) race - **3.** [excursion] trip - **4.** [en taxi] journey - **5.** [mouvement] flight, course - **6.** [commission] errand ; **faire des ~s** to go shopping.

coursier, ère [kursje, ɛr] *nm, f* messenger.

coursive [kursiv] *nf* gangway.

court, e [kur, kurt] *adj* short.

◆ **court** ◇ ▻**courir**. ◇ *adv* : **être à ~ d'argent/d'idées/d'arguments** to be short of money/ideas/arguments ; **prendre qqn de ~** to catch sb unawares ; **tourner ~** to stop suddenly. ◇ *nm* : **~ de tennis** tennis court.

court-bouillon [kurbujɔ̃] (*pl* **courts-bouillons**) *nm* court-bouillon.

court-circuit [kursirkɥi] (*pl* **courts-circuits**) *nm* short circuit.

court-circuiter [3] [kursirkɥite] *vt* ÉLECTR to short-circuit ; *fig* to bypass.

courtier, ère [kurtje, ɛr] *nm, f* broker.

courtisan, e [kurtizɑ̃, an] *nm, f* - **1.** HIST courtier - **2.** [flatteur] sycophant.

◆ **courtisane** *nf* courtesan.

courtiser [3] [kurtize] *vt* - **1.** [femme] to woo, to court - **2.** *péj* [flatter] to flatter.

court-jus [kurʒy] (*pl* **courts-jus**) *nm fam* short.

court-métrage [kurmetraʒ] (*pl* **courts-métrages**) *nm* short (film).

courtois, e [kurtwa, az] *adj* courteous.

courtoisie [kurtwazi] *nf* courtesy.

couru, e [kury] ◇ *pp* ▻**courir**. ◇ *adj* popular ; **c'est ~ (d'avance)** *fam fig* it's a foregone conclusion.

cousais, cousions *etc* ▻**coudre**.

couscous [kuskus] *nm* couscous, *traditional North African dish of semolina served with a spicy stew of meat and vegetables.*

cousin, e [kuzɛ̃, in] *nm, f* cousin ; **~ germain** first cousin.

coussin [kusɛ̃] *nm* - **1.** [de siège] cushion ; **~ d'air** air cushion - **2.** *Québec* [baseball] base.

coussinet [kusinɛ] *nm* - **1.** [coussin] small cushion - **2.** [de patte d'animal] pad.

cousu, e [kuzy] ◇ *pp* ▻**coudre**. ◇ *adj* : **c'est du ~ main** *fam fig* it's top-quality stuff ; **~ de fil blanc** *fig* obvious.

coût [ku] *nm* cost ; **le ~ de la vie** the cost of living ; **~s de distribution** COMM distribution costs.

coûtant [kutɑ̃] ▻**prix**.

couteau, x [kuto] *nm* - **1.** [gén] knife ; **~ à cran d'arrêt** flick knife *UK*, switchblade *US* ; **~ de cuisine** kitchen knife ; **à couper au ~** *fig* that you could cut with a knife ; **avoir le ~ sous la gorge** *fig* to have a gun to one's head ; **être à ~x tirés (avec qqn)** *fig* to be at daggers drawn (with sb) - **2.** [coquillage] razor shell *UK*, razor clam *US*.

coutelas [kutla] *nm* [grand couteau] large knife.

coutellerie [kutɛlri] *nf* [industrie, produits] cutlery ; [atelier] cutlery factory ; [magasin] cutler's (shop).

coûter [3] [kute] ◇ *vi* - **1.** [valoir] to cost ; **ça coûte combien?** how much is it? ; **~ cher** to be expensive, to cost a lot ; *fig* to be costly ; **~ cher à qqn** to cost sb a lot ; *fig* to cost sb dear *ou* dearly - **2.** *fig* [être pénible] to be difficult. ◇ *vt fig* to cost.

◆ **coûte que coûte** *loc adv* at all costs.

coûteux, euse [kutø, øz] *adj* costly, expensive.

coutume [kutym] *nf* [gén & DR] custom ; **avoir ~ de faire qqch** to be in the habit of doing sthg ; **la ~ veut que...** tradition dictates that...

coutumier, ère [kutymje, ɛr] *adj* customary ; **il est ~ du fait** he's always doing that.

couture [kutyr] *nf* - **1.** [action] sewing ; **faire de la ~** to sew - **2.** [points] seam ; **~ apparente** topstitching, overstitching - **3.** [activité] dressmaking ; **haute ~** designer fashion.

couturier, **ère** [kutyrje, ɛr] *nm, f* couturier ; **grand ~** fashion designer, couturier.

couvée [kuve] *nf* [d'œufs] clutch ; [de poussins] brood.

couvent [kuvɑ̃] *nm* [de sœurs] convent ; [de moines] monastery.

couver [3] [kuve] ◇ *vt* - **1.** [œufs] to sit on - **2.** [dorloter] to mollycoddle - **3.** [maladie] to be sickening for *UK*, to be coming down with *US*. ◇ *vi* [poule] to brood ; *fig* [complot] to hatch.

couvercle [kuvɛrkl] *nm* [de casserole, boîte] lid, cover ; [de flacon, bombe, aérosol] top, cap.

couvert, **e** [kuvɛr, ɛrt] ◇ *pp* ▷ **couvrir**. ◇ *adj* - **1.** [submergé] covered ; **~ de** covered with - **2.** [habillé] dressed ; **être bien ~** to be well wrapped up - **3.** [nuageux] overcast.

◆ **couvert** *nm* - **1.** [abri] : **se mettre à ~** to take shelter ; **sous le ~ de l'amitié** *fig* under a cloak of friendship - **2.** [place à table] place (setting) ; **mettre** *ou* **dresser le ~** to set *ou* lay the table.

◆ **couverts** *nmpl* cutlery *(U)*.

couverture [kuvɛrtyr] *nf* - **1.** [gén] cover ; **~ sociale** social security cover - **2.** [de lit] blanket ; **~ chauffante** electric blanket ; **tirer la ~ à soi** *fam fig* to take (all) the credit (for o.s.) - **3.** [toit] roofing *(U)* - **4.** PRESSE coverage.

couveuse [kuvøz] *nf* - **1.** [poule] sitting hen - **2.** [machine] incubator.

couvre-chef [kuvrəʃɛf] (*pl* **couvre-chefs**) *nm hum* hat.

couvre-feu [kuvrəfø] (*pl* **couvre-feux**) *nm* curfew.

couvre-lit [kuvrəli] (*pl* **couvre-lits**) *nm* bedspread.

couvre-pied (*pl* **couvre-pieds**) *nm*, **couvre-pieds** *nm inv* [kuvrəpje] quilt, eiderdown.

couvreur [kuvrœr] *nm* roofer.

couvrir [34] [kuvrir] *vt* - **1.** [gén] to cover ; **~ qqn/qqch de** *litt* & *fig* to cover sb/sthg with - **2.** [protéger] to shield - **3.** [son] to drown (out).

◆ **se couvrir** *vp* - **1.** [se vêtir] to wrap up - **2.** [se recouvrir] : **se ~ de feuilles/de fleurs** to come into leaf/blossom - **3.** [ciel] to cloud over - **4.** [se protéger] to cover o.s.

cover-girl [kɔvœrgœrl] (*pl* **cover-girls**) *nf* cover girl.

covoiturage [kɔvwatyraʒ] *nm* car sharing, car pooling ; **pratiquer le ~** to belong to a car pool.

cow-boy [kɔbɔj] (*pl* **cow-boys**) *nm* cowboy.

coyote [kɔjɔt] *nm* coyote.

CP *nm abr de* **cours préparatoire**.

CPAM (*abr de* **caisse primaire d'assurances maladie**) *nf national health insurance office.*

cps (*abr écrite de* **caractères par seconde**) cps.

cpt *abr de* **comptant**.

CQFD (*abr de* **ce qu'il fallait démontrer**) QED.

crabe [krab] *nm* crab.

crac [krak] *interj* crack!

crachat [kraʃa] *nm* spit *(U)*.

craché, **e** [kraʃe] *adj* : **c'est son père tout ~** he's the spitting image of his father.

cracher [3] [kraʃe] ◇ *vi* - **1.** [personne] to spit - **2.** [crépiter] to crackle - **3.** *fam fig* [dénigrer] : **~ sur qqn** to run sb down - **4.** *fam* [dédaigner] : **ne pas ~ sur qqch** not to turn one's nose up at sthg. ◇ *vt* [sang] to spit (up) ; [lave, injures] to spit (out).

crachin [kraʃɛ̃] *nm* drizzle.

crachoir [kraʃwar] *nm* spittoon ; **tenir le ~** *fam fig* to monopolize the conversation.

crack [krak] *nm* - **1.** [cheval] top horse - **2.** *fam* [as] star (performer) ; **c'est un ~ en mathématiques** he's a whiz at maths *UK ou* math *US* - **3.** [drogue] crack.

crado [krado] *adj fam* filthy.

craie [krɛ] *nf* chalk.

craignais, **craignions** *etc* ▷ **craindre**.

craindre [80] [krɛ̃dr] *vt* - **1.** [redouter] to fear, to be afraid of ; **~ de faire qqch** to be afraid of doing sthg ; **je crains d'avoir oublié mes papiers** I'm afraid I've forgotten my papers ; **~ que** *(+ subjonctif)* to be afraid (that) ; **je crains qu'il oublie** *ou* **n'oublie** I'm afraid he may forget - **2.** [être sensible à] to be susceptible to.

craint, **e** [krɛ̃, ɛ̃t] *pp* ▷ **craindre**.

crainte [krɛ̃t] *nf* fear ; **de ~ de faire qqch** for fear of doing sthg ; **de ~ que** *(+ subjonctif)* for fear that ; **il a fui de ~ qu'on ne le voie** he fled for fear that he might be seen *ou* for fear of being seen.

craintif, **ive** [krɛ̃tif, iv] *adj* timid.

cramer [3] [krame] *vt* & *vi fam* to burn.

◆ **se cramer** *vp fam* to burn o.s. ; **se ~ le doigt** to burn one's finger.

cramoisi, **e** [kramwazi] *adj* crimson.

crampe [krɑ̃p] *nf* cramp.

crampon [krɑ̃pɔ̃] *nm* - **1.** [crochet - gén] clamp ; [- pour alpinisme] crampon - **2.** *fam* [personne] (persistent) bore.

cramponner [3] [krɑ̃pɔne] ◆ **se cramponner** *vp* [s'agripper] to hang on ; **se ~ à qqn/qqch** *litt* & *fig* to cling to sb/sthg.

cran [krɑ̃] *nm* - **1.** [entaille, degré] notch, cut - **2.** *(U)* [audace] guts *(pl)* ; **avoir du ~** to have guts.

crâne [kran] *nm* skull ; **se mettre qqch dans le ~** *fig* to get sthg into one's head.

crâner [3] [krane] *vi fam* to show off.

crâneur, euse [kranœr, øz] *fam* ◇ *adj* boastful. ◇ *nm, f* show-off.

crânien, enne [kranjɛ̃, ɛn] *adj* : **boîte ~ne** skull ; **traumatisme ~** head injury.

crapaud [krapo] *nm* toad.

crapule [krapyl] *nf* scum *(U)*.

crapuleux, euse [krapylø, øz] *adj* sordid.

craqueler [24] [krakle] *vt* to crack.
◆ **se craqueler** *vp* to crack.

craquelure [kraklyr] *nf* crack.

craquement [krakmɑ̃] *nm* crack, cracking *(U)*.

craquer [3] [krake] ◇ *vi* - **1.** [produire un bruit] to crack ; [plancher, chaussure] to creak - **2.** [se déchirer] to split - **3.** [s'effondrer - personne] to crack up ; [- régime, projet] to be falling apart - **4.** *fam* [être séduit par] : **~ pour** to fall for. ◇ *vt* [allumette] to strike.

crash [kraʃ] (*pl* **crashs** *ou* **crashes**) *nm* crash landing.

crasse [kras] ◇ *nf* - **1.** [saleté] dirt, filth - **2.** *fam* [mauvais tour] dirty trick. ◇ *adj* crass.

crasseux, euse [krasø, øz] *adj* filthy.

cratère [kratɛr] *nm* crater.

cravache [kravaʃ] *nf* riding crop.

cravacher [3] [kravaʃe] ◇ *vt* to whip. ◇ *vi fam fig* to pull out all the stops.

cravate [kravat] *nf* tie.

crawl [krol] *nm* crawl.

crayon [krɛjɔ̃] *nm* - **1.** [gén] pencil ; **~ à bille** ballpoint (pen) ; **~ de couleur** crayon ; **~ noir** pencil - **2.** TECHNOL pen ; **~ optique** light pen.

crayon-feutre [krɛjɔ̃føtr] (*pl* **crayons-feutres**) *nm* felt-tip (pen).

crayonner [3] [krɛjɔne] *vt* [dessin] to sketch.

CRDP (*abr de* **centre régional de documentation pédagogique**) *nm local centre for educational resources.*

créance [kreɑ̃s] *nf* COMM debt.

créancier, ère [kreɑ̃sje, ɛr] *nm, f* creditor.

créateur, trice [kreatœr, tris] ◇ *adj* creative. ◇ *nm, f* creator.
◆ **Créateur** *nm* : **le Créateur** the Creator.

créatif, ive [kreatif, iv] *adj* creative.
◆ **créatif** *nm* ideas man, designer.

création [kreasjɔ̃] *nf* creation ; **la ~ (du monde)** RELIG the Creation.

créativité [kreativite] *nf* creativity.

créature [kreatyr] *nf* creature.

crécelle [kresɛl] *nf* rattle.

crèche [krɛʃ] *nf* - **1.** [de Noël] crib *UK*, crèche *US* - **2.** [garderie] crèche *UK*, day-care center *US*.

crécher [18] [kreʃe] *vi fam* to crash, to kip down *UK*.

crédibiliser [3] [kredibilize] *vt* to make credible.

crédibilité [kredibilite] *nf* credibility.

crédible [kredibl] *adj* credible.

CREDIF, Crédif [kredif] (*abr de* **Centre de recherche et d'étude pour la diffusion du français**) *nm official body promoting use of the French language.*

crédit [kredi] *nm* - **1.** [gén] credit ; **faire ~ à qqn** to give sb credit ; **acheter/vendre qqch à ~** to buy/sell sthg on credit ; **~ municipal** pawnshop ; **~ relais** bridging loan - **2.** *fig & sout* influence.

crédit-bail [kredibaj] (*pl* **crédits-bails**) *nm* leasing.

créditer [3] [kredite] *vt* [compte] to credit ; *fig* **~ qqn de qqch** to credit sb with sthg.

créditeur, trice [kreditœr, tris] ◇ *adj* in credit. ◇ *nm, f* creditor.

credo [kredo] *nm* creed, credo.

crédule [kredyl] *adj* credulous.

crédulité [kredylite] *nf* credulity.

créer [15] [kree] *vt* - **1.** RELIG [inventer] to create - **2.** [fonder] to found, to start up - **3.** [causer] : **~ des problèmes à qqn** to create trouble for sb.

crémaillère [kremajɛr] *nf* - **1.** [de cheminée] trammel ; **pendre la ~** *fig* to have a housewarming (party) - **2.** TECHNOL rack.

crémation [kremasjɔ̃] *nf* cremation.

crématoire [krematwar] ▷ **four**.

crématorium [krematɔrjɔm] *nm* crematorium *UK*, crematory *US*.

crème [krɛm] ◇ *nf* - **1.** [gén] cream ; **~ dépilatoire/à raser** depilatory/shaving cream ; **~ fouettée/fraîche/glacée** whipped/fresh/ice cream ; **~ anglaise** custard *UK* ; **~ autobronzante** self-tanning cream ; **~ de cassis** blackcurrant liqueur ; **~ glacée** ice cream ; **~ hydratante** moisturizer ; **~ pâtissière** confectioner's custard ; **~ renversée** custard cream *UK*, cup custard *US* - **2.** [personne] : **la ~ des maris/des hommes** the best of husbands/of men. ◇ *adj inv* cream.

crémerie [krɛmri] *nf* dairy.

crémeux, euse [kremø, øz] *adj* creamy.

crémier, ère [kremje, ɛr] *nm, f* dairyman (*f* dairywoman).

créneau, x [kreno] *nm* - **1.** [de fortification] crenel - **2.** [pour se garer] : **faire un ~** to reverse into a parking space - **3.** [de marché] niche - **4.** [horaire] window, gap.

crénelé, **e** [krenle] *adj* crenelated.

créole [kreɔl] *adj & nm* creole.
◆ **créoles** *nfpl* dangly earrings.

crêpe [krɛp] ◇ *nf* CULIN pancake. ◇ *nm* [tissu] crepe.

crêper [4] [krepe] *vt* to backcomb.

crêperie [krɛpri] *nf* pancake restaurant.

crépi [krepi] *nm* roughcast.

crépinette [krepinɛt] *nf flat sausage.*

crépir [32] [krepir] *vt* to roughcast.

crépiter [3] [krepite] *vi* [feu, flammes] to crackle ; [pluie] to patter.

crépon [krepɔ̃] ◇ *adj* ▷ **papier**. ◇ *nm* seersucker.

CREPS, **Creps** [krɛps] (*abr de* **centre régional d'éducation physique et sportive**) *nm regional sports centre.*

crépu, **e** [krepy] *adj* frizzy.

crépuscule [krepyskyl] *nm* [du jour] dusk, twilight ; *fig* twilight ; **au ~** at dusk, at twilight.

crescendo [kreʃɛndo, kreʃẽdo] ◇ *adv* crescendo ; **aller ~** *fig* [bruit] to get *ou* grow louder and louder ; [dépenses, émotion] to grow apace. ◇ *nm inv* MUS *fig* crescendo.

cresson [kresɔ̃] *nm* watercress.

Crète [krɛt] *nf* : **la ~** Crete.

crête [krɛt] *nf* - **1.** [de coq] comb - **2.** [de montagne, vague, oiseau] crest.

crétin, **e** [kretɛ̃, in] *fam* ◇ *adj* cretinous, idiotic. ◇ *nm, f* cretin, idiot.

crétois, **e** [kretwa, az] *adj* Cretan.
◆ **Crétois**, **e** *nm, f* Cretan.

cretonne [krətɔn] *nf* cretonne.

creuser [3] [krøze] *vt* - **1.** [trou] to dig - **2.** [objet] to hollow out - **3.** [taille, reins] to arch - **4.** *fig* [approfondir] to go into deeply - **5.** *loc* **ça creuse!** *fam* that gives you an appetite!
◆ **se creuser** *vp* - **1.** [devenir creux] to become hollow - **2.** *fam fig* [réfléchir] to rack one's brains - **3.** *fig* [s'élargir] to deepen, to widen.

creuset [krøzɛ] *nm* crucible ; *fig* melting pot.

creux, **creuse** [krø, krøz] *adj* - **1.** [vide, concave] hollow - **2.** [période - d'activité réduite] slack ; [- à tarif réduit] off-peak - **3.** [paroles] empty.
◆ **creux** *nm* - **1.** [concavité] hollow ; **le ~ de la main** the hollow of one's hand - **2.** [période] lull - **3.** *loc* **être au ~ de la vague** *fig* to be at a low point.

crevaison [krəvɛzɔ̃] *nf* puncture *UK*, flat (tire) *US*.

crevant, **e** [krəvɑ̃, ɑ̃t] *adj fam* - **1.** [fatigant] exhausting, knackering *UK* - **2.** [amusant] hilarious.

crevasse [krəvas] *nf* [de mur] crevice, crack ; [de glacier] crevasse ; [sur la main] crack.

crevé, **e** [krəve] *adj* - **1.** [pneu] burst, punctured, flat *US* - **2.** *fam* [fatigué] dead, shattered *UK*.

crève [krɛv] *nf fam* bad *ou* stinking cold ; **attraper la ~** to catch one's death (of cold).

crève-cœur [krɛvkœr] *nm inv* heartbreak.

crever [19] [krəve] ◇ *vi* - **1.** [éclater] to burst - **2.** *tfam* [mourir] to die ; **~ de** *fig* [jalousie, orgueil] to be bursting with. ◇ *vt* - **1.** [percer] to burst - **2.** *fam* [épuiser] to wear out.
◆ **se crever** *vp fam* to wear o.s. out.

crevette [krəvɛt] *nf* : **~ (grise)** shrimp ; **~ (rose)** prawn.

CRF (*abr de* **Croix-Rouge française**) *nf French Red Cross.*

cri [kri] *nm* - **1.** [de personne] cry, shout ; [perçant] scream ; [d'animal] cry ; **pousser un ~** to cry (out), to shout ; **pousser des ~s de joie** to shout for *ou* with joy ; **pousser un ~ de douleur** to cry out in pain ; **à grands ~s** *fig* loudly - **2.** [appel] cry ; **le dernier ~** *fig* the latest thing ; **~ du cœur** cri de cœur.

criailler [3] [kriaje] *vi* to scream, to squawk.

criant, **e** [krijɑ̃, ɑ̃t] *adj* [injustice] blatant.

criard, **e** [krijar, ard] *adj* - **1.** [voix] strident, piercing - **2.** [couleur] loud.

crible [kribl] *nm* [instrument] sieve ; **passer qqch au ~** *fig* to examine sthg closely.

criblé, **e** [krible] *adj* riddled ; **être ~ de dettes** to be up to one's eyes in debt.

cric [krik] *nm* jack.

cricket [krikɛt] *nm* cricket.

criée [krije] ▷ **vente**.

crier [10] [krije] ◇ *vi* - **1.** [pousser un cri] to shout (out), to yell - **2.** [parler fort] to shout - **3.** [protester] : **~ contre** *ou* **après qqn** to nag sb, to go on at sb - **4.** *sout* [grincer] to creak. ◇ *vt* to shout (out).

crime [krim] *nm* - **1.** [délit] crime ; **~ de lèse-majesté** *fig* treason *(U)* - **2.** [meurtre] murder ; **~ passionnel** crime of passion ; **~s contre l'humanité** crime against humanity.

Crimée [krime] *nf* : **la ~** the Crimea ; **la guerre de ~** the Crimean War.

criminalité [kriminalite] *nf* crime.

criminel, **elle** [kriminɛl] ◇ *adj* criminal. ◇ *nm, f* criminal ; **~ de guerre** war criminal.

crin [krɛ̃] *nm* [d'animal] hair ; **à tout ~** *fig* dyed-in-the-wool.

crinière [krinjɛr] *nf* mane.

crique [krik] *nf* creek.

criquet [krikɛ] *nm* locust ; [sauterelle] grasshopper.

crise [kriz] *nf* - **1.** MÉD attack ; ~ **cardiaque** heart attack ; ~ **de foie** bilious attack ; ~ **de tétanie** muscle spasm - **2.** [accès] fit ; ~ **de larmes** fit of tears ; ~ **de nerfs** attack of nerves ; **piquer une** ~ *fam* to have a fit, to fly off the handle - **3.** [élan] (sudden) urge - **4.** [phase critique] crisis ; **en** ~ in crisis.

crispant, e [krispɑ̃, ɑ̃t] *adj* irritating, frustrating.

crispation [krispasjɔ̃] *nf* - **1.** [contraction] contraction - **2.** [agacement] irritation.

crispé, e [krispe] *adj* tense, on edge.

crisper [3] [krispe] *vt* - **1.** [contracter - visage] to tense ; [- poing] to clench - **2.** [agacer] to irritate.

◆ **se crisper** *vp* - **1.** [se contracter] to tense (up) - **2.** [s'irriter] to get irritated.

criss [kris] *nm* kris.

crisser [3] [krise] *vi* [pneu] to screech ; [étoffe] to rustle.

cristal, aux [kristal, o] *nm* crystal ; **en** ~ crystal *(avant n)* ; ~ **de roche** quartz.

cristallin, e [kristalɛ̃, in] *adj* - **1.** [limpide] crystal clear, crystalline - **2.** [roche] crystalline.

◆ **cristallin** *nm* crystalline lens.

cristalliser [3] [kristalize] *vt litt & fig* to crystallize.

◆ **se cristalliser** *vp* to crystallize.

critère [kritɛr] *nm* criterion.

critérium [kriterjɔm] *nm* qualifier.

critiquable [kritikabl] *adj* [décision] debatable ; [personne] open to criticism.

critique [kritik] ◇ *adj* critical. ◇ *nmf* critic ; ~ **d'art** art critic ; ~ **littéraire** literary critic. ◇ *nf* criticism ; **la** ~ the critics *(pl)*.

critiquer [3] [kritike] *vt* to criticize.

croasser [3] [krɔase] *vi* to croak, to caw.

croate [krɔat] *adj* Croat, Croatian.

◆ **Croate** *nmf* Croat, Croatian.

Croatie [krɔasi] *nf* : **la** ~ Croatia.

croc [kro] *nm* - **1.** [de chien] fang ; **montrer les ~s** *fig* to bare one's teeth - **2.** [crochet] hook.

croc-en-jambe [krɔkɑ̃ʒɑ̃b] (*pl* **crocs-en-jambe**) *nm* : **faire un ~ à qqn** to trip sb up.

croche [krɔʃ] *nf* quaver *UK*, eighth (note) *US*.

croche-pied [krɔʃpje] (*pl* **croche-pieds**) *nm* : **faire un ~ à qqn** to trip sb up.

crochet [krɔʃɛ] *nm* - **1.** [de métal] hook ; **vivre aux ~s de qqn** to live off sb - **2.** [tricot] crochet hook - **3.** TYPO square bracket - **4.** [détour] : **faire un** ~ to make a detour - **5.** [boxe] : ~ **du gauche/du droit** left/right hook.

crocheter [28] [krɔʃte] *vt* to pick.

crochu, e [krɔʃy] *adj* [doigts] claw-like ; [nez] hooked.

croco [krɔko] *nm fam* crocodile (skin).

crocodile [krɔkɔdil] *nm* crocodile.

crocus [krɔkys] *nm* crocus.

croire [107] [krwar] ◇ *vt* - **1.** [chose, personne] to believe ; **à l'en ~, on n'y arrivera jamais** to hear him talk, you'd think we'd never manage it - **2.** [penser] to think ; **tu crois?** do you think so? ; **il te croyait parti** he thought you'd left ; ~ **que** to think (that). ◇ *vi* : ~ **à** to believe in ; ~ **en** to believe in, to have faith in.

◆ **se croire** *vp* - **1.** [prétendre être] : **il se croit plus fort que moi** he thinks he's stronger than me ; **se ~ tout permis** to think one can get away with anything ; **s'y ~** *fam* to think one is it - **2.** [penser se trouver] : **on se croirait au Japon** you'd think you were in Japan.

croisade [krwazad] *nf* HIST *fig* crusade.

croisé, e [krwaze] *adj* [veste] double-breasted.

◆ **croisé** *nm* HIST crusader.

◆ **croisée** *nf* - **1.** [fenêtre] casement, window - **2.** [croisement] : **à la ~e des chemins** *litt & fig* at a crossroads.

croisement [krwazmɑ̃] *nm* - **1.** [intersection] junction, intersection - **2.** BIOL crossbreeding.

croiser [3] [krwaze] ◇ *vt* - **1.** [jambes] to cross ; [bras] to fold - **2.** [passer à côté de] to pass - **3.** [chemin] to cross, to cut across - **4.** [métisser] to interbreed. ◇ *vi* NAUT to cruise.

◆ **se croiser** *vp* [chemins] to cross, to intersect ; [personnes] to pass ; [lettres] to cross ; [regards] to meet.

croisière [krwazjɛr] *nf* cruise.

croisillon [krwazijɔ̃] *nm* : **à ~s** lattice *(avant n)*.

croissais, croissions *etc* ▷ **croître**.

croissance [krwasɑ̃s] *nf* growth, development ; ~ **économique** economic growth *ou* development.

croissant, e [krwasɑ̃, ɑ̃t] *adj* increasing, growing.

◆ **croissant** *nm* - **1.** [de lune] crescent - **2.** CULIN croissant.

croître [93] [krwatr] *vi* - **1.** [grandir] to grow - **2.** [augmenter] to increase.

croix [krwa] *nf* cross ; **en** ~ in the shape of a cross ; ~ **gammée** swastika ; **mettre** *ou* **faire une ~ sur qqch** *fig* to write sthg off ; **la ~ et la bannière** *fig* the devil's own job.

Croix-Rouge [krwaruʒ] *nf* : **la** ~ the Red Cross.

croquant, e [krɔkɑ̃, ɑ̃t] *adj* crisp, crunchy.

◆ **croquant** *nm vieilli* yokel.

croque-madame [krɔkmadam] *nm inv croque-monsieur with a fried egg.*

croque-mitaine [krɔkmitɛn] (*pl* **croque-mitaines**) *nm* bogeyman.

croque-monsieur [krɔkməsjø] *nm inv toasted cheese and ham sandwich.*

croque-mort [krɔkmɔr] (*pl* **croque-morts**) *nm fam* undertaker.

croquer [3] [krɔke] ◇ *vt* - **1.** [manger] to crunch - **2.** [dessiner] to sketch ; **(jolie) à ~** *fig* pretty as a picture. ◇ *vi* to be crunchy.

croquette [krɔkɛt] *nf* croquette.

croquis [krɔki] *nm* sketch ; **faire un ~** to make a sketch.

cross [krɔs] *nm* [exercice] cross-country (running) ; [course] cross-country race.

crosse [krɔs] *nf* - **1.** [d'évêque] crozier - **2.** [de fusil] butt - **3.** [hockey] hockey stick.

crotale [krɔtal] *nm* rattlesnake.

crotte [krɔt] *nf* [de lapin etc] droppings *(pl)* ; [de chien] dirt ; **~!** *fam* damn!

crottin [krɔtɛ̃] *nm* [de cheval] (horse) manure.

croulant, **e** [krulɑ̃, ɑ̃t] ◇ *adj* crumbling. ◇ *nm, f fam* (old) fogy, wrinkly.

crouler [3] [krule] *vi* to crumble ; **~ sous** *litt* & *fig* to collapse under.

croupe [krup] *nf* rump ; **monter en ~** to ride pillion.

croupier [krupje] *nm* croupier.

croupion [krupjɔ̃] *nm* ZOOL rump ; CULIN parson's nose.

croupir [32] [krupir] *vi litt* & *fig* to stagnate.

CROUS, **Crous** [krus] (*abr de* **centre régional des œuvres universitaires et scolaires**) *nm student representative body dealing with accommodation, catering etc.*

croustade [krustad] *nf* croustade.

croustillant, **e** [krustijɑ̃, ɑ̃t] *adj* - **1.** [croquant - pain] crusty ; [- biscuit] crunchy - **2.** [grivois] spicy, juicy.

croustiller [3] [krustije] *vi* to be crusty.

croûte [krut] *nf* - **1.** [du pain, terrestre] crust ; **casser la ~** *fam fig* to have a bite to eat ; **gagner sa ~** *fam fig* to earn a crust *UK* - **2.** CULIN : **en ~** in piecrust *ou* pastry - **3.** [de fromage] rind - **4.** [de plaie] scab - **5.** *fam péj* [tableau] daub.

croûton [krutɔ̃] *nm* - **1.** [bout du pain] crust - **2.** [pain frit] crouton - **3.** *fam péj* [personne] fuddy-duddy.

croyable [krwajabl] *adj* believable ; **c'est pas ~!** it's unbelievable *ou* incredible!

croyais, **croyions** *etc* ▷ **croire**.

croyance [krwajɑ̃s] *nf* belief.

croyant, **e** [krwajɑ̃, ɑ̃t] ◇ *p prés* ▷ **croire**. ◇ *adj* : **être ~** to be a believer. ◇ *nm, f* believer.

CRS (*abr de* **Compagnie républicaine de sécurité**) *nm member of the French riot police* ; **on a fait appel aux ~** the riot police were called in.

cru, **e** [kry] ◇ *pp* ▷ **croire**. ◇ *adj* - **1.** [non cuit] raw - **2.** [violent] harsh - **3.** [direct] blunt - **4.** [grivois] crude.

◆ **cru** *nm* [vin] vintage, wine ; [vignoble] vineyard ; **du ~** *fig* local ; **un grand ~** a fine wine ; **de son propre ~** *fig* of one's own devising.

crû [kry] *pp* ▷ **croître**.

cruauté [kryote] *nf* cruelty.

cruche [kryʃ] *nf* - **1.** [objet] jug *UK*, pitcher *US* - **2.** *fam péj* [personne niaise] twit *UK*, nitwit.

crucial, **e**, **aux** [krysjal, o] *adj* crucial.

crucifix [krysifi] *nm* crucifix.

crucifixion [krysifiksjɔ̃] *nf* crucifixion.

cruciverbiste [krysivɛrbist] *nmf* crossword enthusiast.

crudité [krydite] *nf* crudeness.

◆ **crudités** *nfpl* crudités.

crue [kry] *nf* rise in the water level ; **en ~** in spate.

cruel, **elle** [kryɛl] *adj* cruel.

cruellement [kryɛlmɑ̃] *adv* cruelly.

crûment [krymɑ̃] *adv* - **1.** [sans ménagement] bluntly - **2.** [avec grossièreté] crudely.

crustacé [krystase] *nm* shellfish, crustacean ; **~s** shellfish *(U)*.

cryoconservation [krijɔkɔ̃sɛrvasjɔ̃] *nf* cryonics, cryopreservation *f*.

cryptage [kriptaʒ] *nm* encryption.

crypte [kript] *nf* crypt.

crypter [kripte] *vt* to encrypt ; **chaîne cryptée** encrypted channel.

cs (*abr écrite de* **cuillère à soupe**) tbs, tbsp.

CSA (*abr de* **Conseil supérieur de l'audiovisuel**) *nm French broadcasting supervisory body.*

CSCE (*abr de* **Conférence sur la sécurité et la coopération en Europe**) *nf* CSCE.

CSEN (*abr de* **Confédération des syndicats de l'Éducation nationale**) *nf confederation of teachers' unions.*

CSG (*abr de* **contribution sociale généralisée**) *nf income-related tax contribution.*

CSP (*abr de* **catégorie socio-professionnelle**) *nf socio-professional group.*

Cuba [kyba] *n* Cuba ; **à ~** in Cuba.

cubain, **aine** [kybɛ̃, ɛn] *adj* Cuban.

◆ **Cubain, aine** *nm, f* Cuban.

cube [kyb] *nm* cube ; **4 au ~ = 64** 4 cubed is 64 ; **élever au ~** MATH to cube ; **mètre ~** cubic metre *UK ou* meter *US*.
◆ **gros cube** *nm* big motorbike *UK ou* motorcycle *US*, hog *US*.

cubique [kybik] *adj* cubic.

cubisme [kybism] *nm* cubism.

cubitus [kybitys] *nm* ulna.

cucu(l) [kyky] *adj inv fam* silly.

cueille, cueilles *etc* ▷ **cueillir**.

cueillette [kœjɛt] *nf* picking, harvesting.

cueilli, e [kœji] *pp* ▷ **cueillir**.

cueillir [41] [kœjir] *vt* **- 1.** [fruits, fleurs] to pick **- 2.** *fam* [personne] to catch, to nab.

cuillère, cuiller [kɥijɛr] *nf* spoon ; **~ à café** coffee spoon ; CULIN teaspoon ; **~ à dessert** dessertspoon ; **~ à soupe** soup spoon ; CULIN tablespoon ; **petite ~** teaspoon.

cuillerée [kɥijere] *nf* spoonful ; **~ à café** CULIN teaspoonful ; **~ à soupe** CULIN tablespoonful.

cuir [kɥir] *nm* leather ; [non tanné] hide ; **en ~** leather *(avant n)* ; **~ chevelu** ANAT scalp.

cuirasse [kɥiras] *nf* [de chevalier] breastplate ; *fig* armour *UK*, armor *US*.

cuirassé [kɥirase] *nm* battleship.

cuire [98] [kɥir] ◇ *vt* **- 1.** [viande, œuf] to cook ; [tarte, gâteau] to bake **- 2.** [briques, poterie] to fire. ◇ *vi* **- 1.** [viande, œuf] to cook ; [tarte, gâteau] to bake ; **faire ~ qqch** to cook/bake sthg **- 2.** *fig* [personne] to roast, to be boiling ; **il vous en cuira!** *fig* you'll suffer (for it)!, you'll regret it!

cuisais, cuisions *etc* ▷ **cuire**.

cuisant, e [kɥizɑ̃, ɑ̃t] *adj* [douloureux] stinging, smarting ; *fig* bitter.

cuisine [kɥizin] *nf* **- 1.** [pièce] kitchen **- 2.** [art] cooking, cookery ; **faire la ~** to do the cooking, to cook ; **~ bourgeoise** home cooking **- 3.** *fam* [combine] schemings *(pl)*, schemes *(pl)* ; **~ électorale** electoral hanky-panky *(U)*.

cuisiné, e [kɥizine] *adj* : **plat ~** ready-cooked meal.

cuisiner [3] [kɥizine] ◇ *vt* **- 1.** [aliment] to cook **- 2.** *fam* [personne] to grill. ◇ *vi* to cook ; **bien/mal ~** to be a good/bad cook.

cuisinier, ère [kɥizinje, ɛr] *nm, f* cook.
◆ **cuisinière** *nf* cooker *UK*, stove *US* ; **cuisinière électrique/à gaz** electric/gas cooker *UK ou* stove *US*.

cuissardes [kɥisard] *nfpl* [de pêcheur] waders ; [de femme] thigh boots.

cuisse [kɥis] *nf* **- 1.** ANAT thigh **- 2.** CULIN leg ; **~s de grenouille** frog's legs.

cuisson [kɥisɔ̃] *nf* cooking.

cuissot [kɥiso] *nm* haunch ; **~ de chevreuil** haunch of venison.

cuistot [kɥisto] *nm fam* cook.

cuistre [kɥistr] *litt* ◇ *nm* prig. ◇ *adj* priggish.

cuit, e [kɥi, kɥit] ◇ *pp* ▷ **cuire**. ◇ *adj* : **bien ~** [steak] well-done ; **trop ~** overcooked, overdone ; **être ~** *fam fig* to have had it.
◆ **cuite** *nf fam* **prendre une ~e** to get plastered *ou* smashed.

cuiter [3] [kɥite] ◆ **se cuiter** *vp fam* to get plastered *ou* smashed.

cuivre [kɥivr] *nm* **- 1.** [métal] : **~ (rouge)** copper ; **~ jaune** brass **- 2.** *(gén pl)* [objet] brass (object).
◆ **cuivres** *nmpl* : **les ~s** MUS the brass.

cuivré, e [kɥivre] *adj* [couleur, reflet] coppery ; [teint] bronzed.

cul [ky] *nm* **- 1.** *tfam* [postérieur] bum *UK*, ass *US* ; **avoir le ~ entre deux chaises** to be in an awkward position ; **en avoir plein le ~ de qqch** *tfam* to be sick and tired of sthg ; **être comme ~ et chemise** to be as thick as thieves **- 2.** [de bouteille] bottom ; **faire ~ sec** *fam* to down one's drink in one.

culasse [kylas] *nf* **- 1.** [d'arme à feu] breech **- 2.** AUTO cylinder head.

culbute [kylbyt] *nf* **- 1.** [saut] somersault **- 2.** [chute] tumble, fall.

culbuter [3] [kylbyte] ◇ *vt* [objet] to knock over. ◇ *vi* **- 1.** [faire une chute] to (take a) tumble **- 2.** [se renverser] to (do a) somersault.

cul-de-jatte [kydʒat] (*pl* **culs-de-jatte**) *nm* legless cripple.

cul-de-sac [kydsak] (*pl* **culs-de-sac**) *nm* dead end.

culinaire [kylinɛr] *adj* culinary.

culminant [kylminɑ̃] ▷ **point**.

culminer [3] [kylmine] *vi* [surplomber] to tower ; **~ à** [s'élever à] to reach its highest point at ; *fig* to peak at.

culot [kylo] *nm* **- 1.** *fam* [toupet] cheek, nerve ; **avoir le ~ de** to have the cheek *ou* nerve to ; **avoir du ~** to have a lot of nerve **- 2.** [de cartouche, ampoule] cap.

culotte [kylɔt] *nf* **- 1.** [sous-vêtement féminin] knickers *(pl) UK*, panties *(pl)*, pair of knickers *UK ou* of panties **- 2.** [vêtement] : **~s courtes/longues** short/long trousers ; **porter la ~** *fam fig* to wear the trousers.

culotté, e [kylɔte] *adj* [effronté] : **elle est ~e** she's got a nerve.

culpabiliser [3] [kylpabilize] ◇ *vt* : **~ qqn** to make sb feel guilty. ◇ *vi* to feel guilty.

culpabilité [kylpabilite] *nf* guilt.

culte [kylt] *nm* - **1.** [vénération, amour] worship - **2.** [religion] religion.

cultivateur, **trice** [kyltivatœr, tris] *nm, f* farmer.

cultivé, **e** [kyltive] *adj* [personne] educated, cultured.

cultiver [3] [kyltive] *vt* - **1.** [terre, goût, relation] to cultivate - **2.** [plante] to grow.
◆ **se cultiver** *vp* to cultivate *ou* improve one's mind.

culture [kyltyr] *nf* - **1.** AGRIC cultivation, farming ; **les ~s** cultivated land - **2.** [savoir] culture, knowledge ; **~ générale** [connaissances] general knowledge ; [éducation] general education ; **~ physique** physical training - **3.** [civilisation] culture.

culturel, **elle** [kyltyrɛl] *adj* cultural.

culturisme [kyltyrism] *nm* bodybuilding.

cumin [kymɛ̃] *nm* cumin.

cumul [kymyl] *nm* [de fonctions, titres] holding simultaneously ; [de salaires] drawing simultaneously.

cumuler [3] [kymyle] *vt* [fonctions, titres] to hold simultaneously ; [salaires] to draw simultaneously.

cumulus [kymylys] *nm* cumulus.

cupide [kypid] *adj* greedy.

cupidité [kypidite] *nf* greed, cupidity.

curaçao [kyraso] *nm* curaçao.

curatif, **ive** [kyratif, iv] *adj* curative.

cure [kyr] *nf* (course of) treatment ; **faire une ~ de fruits** to go on a fruit-based diet ; **~ d'amaigrissement** slimming course *UK*, reducing treatment *US* ; **~ de désintoxication** [d'alcool] drying-out treatment ; [de drogue] detoxification treatment ; **~ de sommeil** sleep therapy ; **faire une ~ thermale** to take the waters.

curé [kyre] *nm* parish priest.

cure-dents [kyrdɑ̃] *nm inv* toothpick.

cure-pipes *nm inv*, **cure-pipe** *nm* (*pl* **-s**) [kyrpip] pipe cleaner.

curer [3] [kyre] *vt* to clean out.
◆ **se curer** *vp* : **se ~ les ongles** to clean one's nails.

curetage [kyrtaʒ] *nm* curettage.

curie [kyri] *nf* curia.

curieusement [kyrjøzmɑ̃] *adv* curiously, strangely.

curieux, **euse** [kyrjø, øz] ◇ *adj* - **1.** [intéressé] curious ; **~ de qqch/de faire qqch** curious about sthg/to do sthg - **2.** [indiscret] inquisitive - **3.** [étrange] strange, curious. ◇ *nm, f* busybody.

curiosité [kyrjozite] *nf* curiosity.
◆ **curiosités** *nfpl* interesting sights.

curiste [kyrist] *nmf person undergoing treatment at a spa.*

curling [kœrliŋ] *nm* curling.

curriculum vitae [kyrikylɔmvite] *nm inv* curriculum vitae, résumé *US*.

curry [kyri], **carry** [kari], **cari** [kari] *nm* - **1.** [épice] curry powder - **2.** [plat] curry.

curseur [kyrsœr] *nm* cursor.

cursus [kyrsys] *nm* degree course.

cutané, **e** [kytane] *adj* cutaneous, skin *(avant n)*.

cuti [kyti] *nf* : **virer sa ~** *fam fig* to throw off one's shackles.

cutiréaction, **cuti-réaction** (*pl* **cuti-réactions**) [kytireaksjɔ̃] *nf* skin test.

cutter [kœtɛr] *nm* Stanley knife®.

cuve [kyv] *nf* - **1.** [citerne] tank - **2.** [à vin] vat.

cuvée [kyve] *nf* - **1.** [récolte] vintage - **2.** [contenu de cuve] vatful.

cuver [3] [kyve] *vt* - **1.** [faire séjourner en cuve] to put in a vat to ferment - **2.** [alcool, déception] : **~ qqch** to sleep sthg off.

cuvette [kyvɛt] *nf* - **1.** [récipient] basin, bowl - **2.** [de lavabo] basin ; [de W.-C.] bowl - **3.** GÉOGR basin.

cv (*abr écrite de* **cheval-vapeur**) [puissance] HP.

CV *nm* - **1.** (*abr de* **curriculum vitae**) CV, résumé *US* ; **ça fera bien dans ton ~** it'll look good on your CV - **2.** (*abr écrite de* **cheval-vapeur**) hp ; [puissance fiscale] *classification of former car tax.*

CVS (*abr de* **corrigées des variations saisonnières**) *adj* seasonally adjusted.

cx *nm* [coefficient de pénétration dans l'air] drag coefficient.

cyanure [sjanyr] *nm* cyanide.

cybercafé [sibɛrkafe] *nm* cybercafé, internet café.

cybercommerce [sibɛrkɔmɛrs] *nm* e-commerce.

cybercrime [sibɛrkrim] *nm* INFORM : **cybercrime** e-crime.

cyberespace [sibɛrɛspas], **cybermonde** [sibɛrmɔ̃d] *nm* cyberspace.

cybernaute [sibɛrnot] *nm* (net) surfer, cybersurfer, cybernaut.

cyclable [siklabl] ▷ **piste**.

cyclamen [siklamɛn] *nm* cyclamen.

cycle [sikl] *nm* cycle ; **~ menstruel** menstrual cycle ; **premier ~** UNIV ≃ first and second year ; SCOL middle school *UK*, junior high school *US* ; **second ~** UNIV ≃ final year *UK*

≃ senior year *US* ; SCOL upper school *UK*, high school *US* ; **troisième ~** UNIV ≃ postgraduate year *ou* years.

cyclique [siklik] *adj* cyclic, cyclical.

cyclisme [siklism] *nm* cycling.

cycliste [siklist] ◇ *nmf* cyclist. ◇ *adj* cycle *(avant n)*.

cyclo-cross [siklɔkrɔs] *nm inv* cyclo-cross.

cyclomoteur [siklɔmɔtœr] *nm* moped.

cyclone [siklon] *nm* cyclone.

cyclothymique [siklɔtimik] *nmf* & *adj* manic-depressive.

cyclotourisme [siklɔturism] *nm* cycle touring.

cygne [siɲ] *nm* swan.

cylindre [silɛ̃dr] *nm* - **1.** AUTO & GÉOM cylinder - **2.** [rouleau] roller.

cylindrée [silɛ̃dre] *nf* engine capacity.

cylindrique [silɛ̃drik] *adj* cylindrical.

cymbale [sɛ̃bal] *nf* cymbal.

cynique [sinik] ◇ *nmf* cynic. ◇ *adj* cynical.

cynisme [sinism] *nm* cynicism.

cyprès [siprɛ] *nm* cypress.

cypriote, **Cypriote** ▷ **chypriote**.

cyrillique [sirilik] *adj* Cyrillic.

cystite [sistit] *nf* cystitis *(U)*.

cytise [sitiz] *nm* laburnum.

D

d, **D** [de] *nm inv* d, D.

d' ▷ **de**.

da (*abr écrite de* **déca**) da.

d'abord [dabɔr] ▷ **abord**.

d'accord [dakɔr] *loc adv* : **~!** all right!, OK! ; **être ~ avec** to agree with.

DAB [deabe, dab] (*abr de* **distributeur automatique de billets**) *nm* ATM.

dactylo [daktilo] *nf* [personne] typist ; [procédé] typing.

dactylographier [9] [daktilɔgrafje] *vt* to type.

dada [dada] *nm* - **1.** [cheval] gee-gee *UK*, horsie *US* - **2.** *fam* [occupation] hobby - **3.** *fam* [idée] hobby-horse - **4.** ART Dadaism.

dadais [dadɛ] *nm* fool ; **un grand ~** a big *ou* great lump.

dahlia [dalja] *nm* dahlia.

daigner [4] [deɲe] *vi* to deign.

daim [dɛ̃] *nm* - **1.** [animal] fallow deer - **2.** [peau] suede.

dais [dɛ] *nm* canopy.

Dakar [dakar] *n* Dakar.

dal (*abr écrite de* **décalitre**) dal.

dallage [dalaʒ] *nm* [action] paving ; [dalles] pavement.

dalle [dal] *nf* [de pierre] slab ; [de lino] tile ; **avoir la ~** *fam fig* to be famished *ou* starving ; **que ~!** *fam fig* damn all! *UK*, zilch! *US*, not a (damn) thing!

dalmatien, **enne** [dalmasjɛ̃, ɛn] *nm, f* dalmatian.

daltonien, **enne** [daltɔnjɛ̃, ɛn] ◇ *adj* colour-blind *UK*, color-blind *US*. ◇ *nm, f* colour-blind *UK ou* color-blind *US* person.

dam[1] [dam] *nm* : **au grand ~ de** [déplaisir] to the great displeasure of.

dam[2] (*abr écrite de* **décamètre**) dam.

Damas [damas] *n* Damascus.

dame [dam] *nf* - **1.** [femme] lady - **2.** CARTES [échecs] queen.

◆ **dames** *nfpl* draughts *UK*, checkers *US*.

dame-jeanne [damʒan] (*pl* **dames-jeannes**) *nf* demijohn.

damer [3] [dame] *vt* to pack down.

damier [damje] *nm* - **1.** [de jeu] draught board *UK*, checkerboard *US* - **2.** [motif] : **à ~** checked.

damnation [danasjɔ̃] *nf* damnation.

damné, **e** [dane] ◇ *adj fam* damned. ◇ *nm, f* damned person.

damner [3] [dane] *vt* to damn.

◆ **se damner** *vp* to be damned ; **se ~ pour** *fig* to risk damnation for.

dancing [dɑ̃siŋ] *nm* dance hall.

dandiner [3] [dɑ̃dine] ◆ **se dandiner** *vp* to waddle.

dandy [dɑ̃di] *nm* dandy.

Danemark [danmark] *nm* : **le ~** Denmark ; **au ~** in Denmark.

danger [dɑ̃ʒe] *nm* danger ; **en ~** in danger ; **hors de ~** out of danger ; **courir un ~** to run a risk ; **narguer le ~** to flout danger ; **~ public** public menace.

dangereusement [dɑ̃ʒrøzmɑ̃] *adv* dangerously.

dangereux, **euse** [dɑ̃ʒrø, øz] *adj* dangerous.

danois, **e** [danwa, az] *adj* Danish.
◆ **danois** *nm* - **1.** [langue] Danish - **2.** [chien] Great Dane.
◆ **Danois**, **e** *nm, f* Dane.

dans [dɑ̃] *prep* - **1.** [dans le temps] in ; **je reviens ~ un mois** I'll be back in a month *ou* in a month's time - **2.** [dans l'espace] in ; **~ une boîte** in *ou* inside a box ; **c'est ~ ma chambre/mon sac** it's in my room/my bag - **3.** [avec mouvement] into ; **entrer ~ une chambre** to come into a room, to enter a room - **4.** [indiquant un état, une manière] in ; **vivre ~ la misère** to live in poverty ; **il est ~ le commerce** he's in business - **5.** [environ] : **~ les...** about... ; **ça coûte ~ les 30 euros** it costs about 30 euros.

dansant, **e** [dɑ̃sɑ̃, ɑ̃t] *adj litt & fig* dancing ; **soirée ~e** dance ; **thé ~** tea dance.

danse [dɑ̃s] *nf* - **1.** [art] dancing ; **~ classique/folklorique/moderne** ballet/folk/modern dancing ; **~ du ventre** belly dance - **2.** [musique] dance.

danser [3] [dɑ̃se] ◇ *vi* - **1.** [personne] to dance - **2.** [bateau] to bob ; [flammes] to flicker. ◇ *vt* to dance.

danseur, **euse** [dɑ̃sœr, øz] *nm, f* dancer ; **en danseuse** [cyclisme] standing on the pedals ; **~ étoile** principal dancer.

dantesque [dɑ̃tɛsk] *adj* Dantesque, Dantean.

DAO (*abr de* **dessin assisté par ordinateur**) *nm* CAD.

dard [dar] *nm* [d'animal] sting.

darder [3] [darde] *vt* to beat down ; **~ un regard sur** *fig* to shoot a glance at.

dare-dare [dardar] *adv fam* on the double.

darne [darn] *nf* [de poisson] steak.

dartre [dartr] *nf* sore.

DAT (*abr de* **digital audio tape**) DAT.

DATAR, **Datar** [datar] (*abr de* **Délégation à l'aménagement du territoire et à l'action régionale**) *nf regional land development agency.*

datation [datasjɔ̃] *nf* dating.

date [dat] *nf* - **1.** [jour+mois+année] date ; **~ limite de consommation** use-by date ; **~ limite de vente** sell-by *UK ou* pull *US* date ; **de longue ~** long-standing ; **~ de naissance** date of birth - **2.** [moment] event.

dater [3] [date] ◇ *vt* to date. ◇ *vi* - **1.** [marquer] to be *ou* mark a milestone - **2.** *fam* [être démodé] to be dated.
◆ **à dater de** *loc prép* as of *ou* from.

dateur, **euse** [datœr, øz] *adj* date *(avant n).*
◆ **dateur** *nm* [timbre] datestamp ; [de montre] date indicator.

datif [datif] *nm* GRAMM dative.

datte [dat] *nf* date.

dattier [datje] *nm* date palm.

daube [dob] *nf* CULIN ≃ stew.

dauphin [dofɛ̃] *nm* - **1.** [mammifère] dolphin - **2.** HIST heir apparent.

dauphine [dofin] *nf* HIST heir apparent.

daurade [dɔrad] *nf* sea bream.

davantage [davɑ̃taʒ] *adv* - **1.** [plus] more ; **~ de** more - **2.** [plus longtemps] (any) longer.

dB (*abr écrite de* **décibel**) dB.

DB (*abr de* **division blindée**) *nf* armoured *UK ou* armored *US* division.

DCA (*abr de* **défense contre aéronefs**) *nf* AA *(anti-aircraft).*

DCT (*abr de* **diphtérie coqueluche tétanos**) *nm vaccine against diphtheria, tetanus and whooping cough.*

DDA (*abr de* **Direction départementale de l'agriculture**) *nf local offices of the Ministry of Agriculture.*

DDASS, **Ddass** [das] (*abr de* **Direction départementale d'action sanitaire et sociale**) *nf* ≃ DSS *UK*, ≃ SSA *US* ; **un enfant de la ~** a state orphan.

DDD (*abr de* **digital digital digital**) DDD.

DDE (*abr de* **Direction départementale de l'Équipement**) *nf local offices of the Ministry of the Environment.*

DDT (*abr de* **dichloro-dyphényl-trichloréthane**) *nm* DDT.

DDTAB (*abr de* **diphtérie, tétanos, typhoïde, paratyphoïde A**) *nm vaccine against diphtheria, tetanus, typhoid and paratyphoid.*

de [də] *(formes contractées de :'de + le' =* **du**, *'de + les' =* **des***)* ◇ *prep* - **1.** [provenance] from ; **revenir ~ Paris** to come back *ou* return from Paris ; **il est sorti ~ la maison** he left the house, he went out of the house - **2.** [avec à] : **~... à** from... to ; **~ Paris à Tokyo** from Paris to Tokyo ; **~ dix heures à midi** from ten o'clock to *ou* till midday ; **il y avait ~ quinze à vingt mille spectateurs** there were between fifteen and twenty thousand spectators - **3.** [appartenance] of ; **la porte du salon** the door of the sitting room, the sitting room door ; **le frère ~ Pierre** Pierre's brother ; **la maison ~ mes parents** my parents' house - **4.** [indique la détermination, la qualité] : **un verre d'eau** a glass of water ; **un peignoir ~ soie** a silk dressing gown ; **un appartement ~ 60 m²** a flat 60 metres square ; **un bébé ~ trois jours** a three-day-old baby ; **une ville ~ 500 000 habitants** a town with *ou* of 500,000 inhabitants ; **le train ~ 9 h 30** the 9.30 train. ◇ *art partitif*

- **1.** [dans une phrase affirmative] some ; **je voudrais du vin/du lait** I'd like (some) wine/(some) milk ; **boire ~ l'eau** to drink (some) water ; **acheter des légumes** to buy some vegetables - **2.** [dans une interrogation ou une négation] any ; **ils n'ont pas d'enfants** they don't have any children, they have no children ; **avez-vous du pain?** do you have any bread?, have you got any bread? ; **voulez-vous du thé?** would you like some tea?

DE (*abr de* **diplômé d'État**) *adj* qualified ; **infirmière ~** qualified nurse, ≃ RGN *UK*.

dé [de] *nm* - **1.** [à jouer] dice, die - **2.** [morceau] dice, cube ; **couper en ~s** CULIN to dice - **3.** COUT : **~ (à coudre)** thimble.

DEA (*abr de* **diplôme d'études approfondies**) *nm* postgraduate diploma.

dealer[1] [dile] *vt* to deal.

dealer[2] [dilœr] *nm* ***fam*** dealer.

déambuler [3] [deɑ̃byle] *vi* to stroll (around).

débâcle [debakl] *nf* [débandade] rout ; ***fig*** collapse.

déballage [debalaʒ] *nm* ***litt*** unpacking.

déballer [3] [debale] *vt* to unpack ; ***fam fig*** to pour out.

débandade [debɑ̃dad] *nf* dispersal.

débaptiser [3] [debatize] *vt* to rename.

débarbouiller [3] [debarbuje] *vt* : **~ qqn** to wash sb's face.

◆ **se débarbouiller** *vp* to wash one's face.

débarcadère [debarkadɛr] *nm* landing stage.

débardeur [debardœr] *nm* - **1.** [ouvrier] docker - **2.** [vêtement] slipover.

débarquement [debarkəmɑ̃] *nm* [de marchandises] unloading ; **le Débarquement** HIST the D-Day landings.

débarquer [3] [debarke] ◇ *vt* [marchandises] to unload ; [passagers & MIL] to land. ◇ *vi* - **1.** [d'un bateau] to disembark - **2.** MIL to land - **3.** ***fam*** [arriver à l'improviste] to turn up ; ***fig*** to know nothing.

débarras [debara] *nm* junk room ; **bon ~!** ***fig*** good riddance!

débarrasser [3] [debarase] *vt* - **1.** [pièce] to clear up ; [table] to clear - **2.** [ôter] : **~ qqn de qqch** to take sthg from sb.

◆ **se débarrasser** *vp* : **se ~ de** to get rid of.

débat [deba] *nm* debate ; **élargir le ~** to broaden *OU* widen the debate.

◆ **débats** *nmpl* debates, proceedings.

débattre [83] [debatr] ◇ *vt* to debate, to discuss. ◇ *vi* : **~ de qqch** to debate *OU* discuss sthg.

◆ **se débattre** *vp* to struggle ; **se ~ avec** *OU* **contre** ***fig*** to struggle with *OU* against.

débattu, e [debaty] *pp* ▷ **débattre.**

débauche [deboʃ] *nf* debauchery ; **une ~ de** ***fig*** a profusion of.

débauché, e [deboʃe] ◇ *adj* debauched. ◇ *nm, f* debauched person.

débaucher [3] [deboʃe] *vt* - **1.** [corrompre] to debauch, to corrupt - **2.** [licencier] to make redundant *UK*, to lay off *US*.

débile [debil] ◇ *nmf* - **1.** [attardé] retarded person ; **~ mental** mentally retarded person ; **~ profond** profoundly retarded person - **2.** ***fam*** [idiot] moron. ◇ *adj* ***fam*** stupid.

débilitant, e [debilitɑ̃, ɑ̃t] *adj* debilitating.

débilité [debilite] *nf* - **1.** [stupidité] stupidity - **2.** [maladie] debility, deficiency.

débiner [3] [debine] ◆ **se débiner** *vp* ***fam*** to clear off.

débit [debi] *nm* - **1.** [de marchandises] (retail) sale - **2.** [magasin] : **~ de boissons** bar ; **~ de tabac** tobacconist's *UK*, tobacco shop *US* - **3.** [coupe] sawing up, cutting up - **4.** [de liquide] (rate of) flow - **5.** [élocution] delivery - **6.** FIN debit ; **avoir un ~ de 100 euros** to be 100 euros overdrawn.

débitant, e [debitɑ̃, ɑ̃t] *nm, f* - **1.** [de boissons] licensed grocer *UK* - **2.** [de tabac] tobacconist *UK*, tobacco dealer *US*.

débiter [3] [debite] *vt* - **1.** [marchandises] to sell - **2.** [arbre] to saw up ; [viande] to cut up - **3.** [suj: robinet] to have a flow of - **4.** ***fam fig*** [prononcer] to spout - **5.** FIN to debit.

débiteur, trice [debitœr, tris] ◇ *adj* - **1.** [personne] debtor *(avant n)* - **2.** FIN debit *(avant n)*, in the red. ◇ *nm, f* debtor.

déblaiement [deblɛmɑ̃], **déblayage** [deblɛjaʒ] *nm* clearing.

déblatérer [18] [deblatere] *vi* ***fam péj*** [médire] : **~ contre** to rant on about.

déblayage = déblaiement.

déblayer [11] [debleje] *vt* [dégager] to clear ; **~ le terrain** ***fig*** to clear the ground.

débloquer [3] [deblɔke] ◇ *vt* - **1.** [machine] to get going again - **2.** [crédit] to release - **3.** [compte, salaires, prix] to unfreeze. ◇ *vi* ***fam*** to talk rubbish *UK*.

déboguer [debɔge] *vt* to debug.

déboires [debwar] *nmpl* - **1.** [déceptions] disappointments - **2.** [échecs] setbacks - **3.** [ennuis] trouble *(U)*, problems.

déboisement [debwazmɑ̃] *nm* deforestation.

déboiser [3] [debwaze] *vt* [région] to deforest ; [terrain] to clear (of trees).

◆ **se déboiser** *vp* to become deforested.

déboîter [3] [debwate] ◇ *vt* - **1.** [objet] to dislodge ; **~ une porte** to take a door off its hinges - **2.** [membre] to dislocate. ◇ *vi* AUTO to pull out.
◆ **se déboîter** *vp* - **1.** [se démonter] to come apart ; [porte] to come off its hinges - **2.** [membre] to dislocate.

débonnaire [debɔnɛr] *adj* good-natured, easy-going.

débordant, e [debɔrdɑ̃, ɑ̃t] *adj* - **1.** [activité] bustling - **2.** [personne] : **~ de** [joie, vie] overflowing with ; [santé, énergie] bursting with.

débordement [debɔrdəmɑ̃] *nm* - **1.** [de fleuve, récipient] overflowing - **2.** [de joie, tendresse] outburst.
◆ **débordements** *nmpl* excesses.

déborder [3] [debɔrde] ◇ *vi* [fleuve, liquide] to overflow ; *fig* to flood ; **~ de** [vie, joie] to be bubbling with. ◇ *vt* [limite] to go beyond.

débouché [debuʃe] *nm* - **1.** [issue] end - **2.** *(gén pl)* COMM outlet - **3.** [de carrière] prospect, opening.

déboucher [3] [debuʃe] ◇ *vt* - **1.** [bouteille] to open - **2.** [conduite, nez] to unblock. ◇ *vi* : **~ sur** [arriver] to open out into ; *fig* to lead to, to achieve.

débouler [3] [debule] ◇ *vi* [personne - arriver] to charge up ; [animal] to bolt. ◇ *vt* to hurtle down.

déboulonner [3] [debulɔne] *vt* [statue] to dismantle.

débourser [3] [deburse] *vt* to pay out.

déboussoler [3] [debusɔle] *vt fam* to throw, to disorientate *UK*, to disorient *US*.

debout [dəbu] *adv* - **1.** [gén] : **être ~** [sur ses pieds] to be standing (up) ; [réveillé] to be up ; [objet] to be standing up *ou* upright ; **mettre qqch ~** to stand sthg up ; **se mettre ~** to stand up ; **~!** get up!, on your feet! - **2.** *loc* **tenir ~** [bâtiment] to remain standing ; [argument] to stand up ; **il ne tient pas ~** he's asleep on his feet.

débouter [3] [debute] *vt* DR to dismiss.

déboutonner [3] [debutɔne] *vt* to unbutton, to undo.
◆ **se déboutonner** *vp* [défaire ses boutons] to undo one's buttons/one's jacket *etc*.

débraillé, e [debraje] *adj* dishevelled *UK*, disheveled *US*.

débrancher [3] [debrɑ̃ʃe] *vt* - **1.** [appareil] to unplug - **2.** [téléphone] to disconnect.

débrayage [debrɛjaʒ] *nm* - **1.** [AUTO - pièce] clutch ; [- action] disengagement of the clutch - **2.** [arrêt de travail] stoppage.

débrayer [11] [debreje] *vi* - **1.** AUTO to disengage the clutch, to declutch *UK* - **2.** [cesser le travail] to stop work.

débridé, e [debride] *adj fig & sout* [imagination, sensualité] unbridled.

débris [debri] ◇ *nm* piece, fragment. ◇ *nmpl* - **1.** [restes] leftovers - **2.** *fig & litt* [d'armée, fortune] remains ; [d'un état] ruins.

débrouillard, e [debrujar, ard] *fam* ◇ *adj* resourceful. ◇ *nm, f* resourceful person.

débrouillardise [debrujardiz] *nf fam* resourcefulness.

débrouiller [3] [debruje] *vt* - **1.** [démêler] to untangle - **2.** *fig* [résoudre] to unravel, to solve.
◆ **se débrouiller** *vp* : **se ~ (pour faire qqch)** to manage (to do sthg) ; **se ~ en anglais/math** to get by in English/maths ; **débrouille-toi!** you'll have to sort it out (by) yourself!

débroussailler [3] [debrusaje] *vt* [terrain] to clear ; *fig* to do the groundwork for.

débuguer [3] [debyge] *vt* = **déboguer**.

débusquer [3] [debyske] *vt* - **1.** [gibier] to drive out - **2.** [personne] to flush out.

début [deby] *nm* beginning, start ; **au ~** at the start *ou* beginning ; **au ~ de** at the beginning of ; **dès le ~** (right) from the start.
◆ **débuts** *nmpl* debut *(sing)*.

débutant, e [debytɑ̃, ɑ̃t] *nm, f* beginner.

débuter [3] [debyte] *vi* - **1.** [commencer] : **~ (par)** to begin (with), to start (with) - **2.** [faire ses débuts] to start out.

déca [deka] *nm fam* decaff.

deçà [dəsa] ◆ **deçà delà** *loc adv* here and there. ◆ **en deçà de** *loc prép* - **1.** [de ce côté-ci de] on this side of - **2.** [en dessous de] short of.

décacheter [27] [dekaʃte] *vt* to open.

décade [dekad] *nf* period of ten days.

décadence [dekadɑ̃s] *nf* - **1.** [déclin] decline - **2.** [débauche] decadence.

décadent, e [dekadɑ̃, ɑ̃t] *adj* decadent.

décaféiné, e [dekafeine] *adj* decaffeinated.
◆ **décaféiné** *nm* decaffeinated coffee.

décalage [dekalaʒ] *nm* gap ; *fig* gulf, discrepancy ; **~ horaire** [entre zones] time difference ; [après un vol] jet lag.

décalcification [dekalsifikasjɔ̃] *nf* decalcification.

décalcomanie [dekalkɔmani] *nf* transfer *(adhesive) UK*, decal *US*.

décaler [3] [dekale] *vt* - **1.** [dans le temps - avancer] to bring forward ; [- retarder] to put back - **2.** [dans l'espace] to move, to shift.
◆ **se décaler** *vp* to move.

décalquer [3] [dekalke] *vt* to trace.

décamper [3] [dekɑ̃pe] *vi fam* to clear off.

décan [dekɑ̃] *nm* ASTROL *one of three subdivisions of each star sign.*

décanter [3] [dekɑ̃te] ◇ *vt* : **laisser ~** [liquide] to allow to settle ; *fig* [idée] to allow to settle down *ou* become clearer. ◇ *vi* [liquide] to settle ; *fig* [idées] to become clear.
◆ **se décanter** *vp* [idées] to become clear.

décapant, **e** [dekapɑ̃, ɑ̃t] *adj* - **1.** [nettoyant] stripping - **2.** *fig* [incisif] cutting, caustic.
◆ **décapant** *nm* (paint) stripper.

décaper [3] [dekape] *vt* to strip, to sand.

décapiter [3] [dekapite] *vt* - **1.** [personne - volontairement] to behead ; [- accidentellement] to decapitate - **2.** [arbre] to cut the top off - **3.** *fig* [organisation, parti] to remove the leader *ou* leaders of.

décapotable [dekapɔtabl] *nf* & *adj* convertible.

décapsuler [3] [dekapsyle] *vt* to take the top off, to open.

décapsuleur [dekapsylœr] *nm* bottle opener.

décarcasser [3] [dekarkase] ◆ **se décarcasser** *vp fam* **se ~ (à faire qqch)** to slog away (at doing sthg).

décédé, **e** [desede] *adj* deceased.

décéder [18] [desede] *vi* to die.

déceler [25] [desle] *vt* - **1.** [révéler] to reveal - **2.** [repérer] to detect.

décélération [deselerasjɔ̃] *nf* deceleration.

décembre [desɑ̃br] *nm* December, *voir aussi* **septembre**.

décemment [desamɑ̃] *adv* - **1.** [convenablement] properly - **2.** [raisonnablement] reasonably.

décence [desɑ̃s] *nf* decency.

décennie [deseni] *nf* decade.

décent, **e** [desɑ̃, ɑ̃t] *adj* decent.

décentralisation [desɑ̃tralizasjɔ̃] *nf* decentralization.

décentraliser [3] [desɑ̃tralize] *vt* to decentralize.

décentrer [3] [desɑ̃tre] *vt* to move off-centre *UK ou* off-center *US*.

déception [desɛpsjɔ̃] *nf* disappointment.

décerner [3] [desɛrne] *vt* : **~ qqch à** to award sthg to.

décès [desɛ] *nm* death.

décevant, **e** [desəvɑ̃, ɑ̃t] *adj* disappointing.

décevoir [52] [desəvwar] *vt* to disappoint.

déchaîné, **e** [deʃene] *adj* - **1.** [vent, mer] stormy, wild - **2.** [passion] unrestrained ; [opinion publique] raging - **3.** [personne] wild.

déchaîner [4] [deʃene] *vt* [passion] to unleash ; [rires] to cause an outburst of.
◆ **se déchaîner** *vp* - **1.** [éléments naturels] to erupt - **2.** [personne] to fly into a rage.

déchanter [3] [deʃɑ̃te] *vi* to become disillusioned.

décharge [deʃarʒ] *nf* - **1.** DR discharge - **2.** ÉLECTR discharge ; **~ électrique** electric *UK ou* electrical *US* shock - **3.** [reçu] receipt - **4.** [dépotoir] rubbish tip *UK ou* dump *UK*, garbage dump *US* ; **~ municipale** city/town dump.

déchargement [deʃarʒəmɑ̃] *nm* unloading.

décharger [17] [deʃarʒe] *vt* - **1.** [véhicule, marchandises] to unload - **2.** [arme - tirer] to fire, to discharge ; [- enlever la charge de] to unload - **3.** [soulager - cœur] to unburden ; [- conscience] to salve ; [- colère] to vent - **4.** [libérer] : **~ qqn de** to release sb from.
◆ **se décharger** *vp* - **1.** ÉLECTR to go flat - **2.** [se libérer] : **se ~ de qqch sur** to offload sthg onto - **3.** [rivière] : **se ~ dans** to flow into.

décharné, **e** [deʃarne] *adj* [maigre] emaciated.

déchausser [3] [deʃose] *vt* : **~ qqn** to take sb's shoes off.
◆ **se déchausser** *vp* - **1.** [personne] to take one's shoes off - **2.** [dent] to come loose.

dèche [dɛʃ] *nf fam* **être dans la ~** to be on one's uppers.

déchéance [deʃeɑ̃s] *nf* - **1.** [déclin] degeneration, decline - **2.** [d'un souverain] dethronement - **3.** DR loss.

déchet [deʃɛ] *nm* [de matériau] scrap.
◆ **déchets** *nmpl* refuse *(U)*, waste *(U)* ; **~s radioactifs** radioactive waste.

déchetterie® [deʃɛtri] *nf* recycling centre *UK ou* center *US*.

déchiffrer [3] [deʃifre] *vt* - **1.** [inscription, hiéroglyphes] to decipher ; [énigme] to unravel - **2.** MUS to sight-read.

déchiqueter [27] [deʃikte] *vt* to tear to shreds.

déchirant, **e** [deʃirɑ̃, ɑ̃t] *adj* heartrending.

déchirement [deʃirmɑ̃] *nm* - **1.** [division] rift, split - **2.** [souffrance morale] heartbreak, distress.

déchirer [3] [deʃire] *vt* - **1.** [papier, tissu] to tear up, to rip up - **2.** *fig* [diviser] to tear apart.
◆ **se déchirer** *vp* - **1.** [personnes] to tear each other apart - **2.** [matériau, muscle] to tear.

déchirure [deʃiryr] *nf* tear ; *fig* wrench ; **~ musculaire** MÉD torn muscle.

déchoir [71] [deʃwar] *vi sout* [s'abaisser] to demean o.s.

déchu, **e** [deʃy] ◇ *pp* ⊳ **déchoir**. ◇ *adj* - **1.** [homme, ange] fallen ; [souverain] deposed - **2.** DR : **être ~ de** to be deprived of.

deci-delà [dəsi] *adv sout* here and there.

décibel [desibɛl] *nm* decibel.

décidé, **e** [deside] *adj* - **1.** [résolu] determined - **2.** [arrêté] settled.

décidément [desidemɑ̃] *adv* really.

décider [3] [deside] *vt* - **1.** [prendre une décision] : **~ (de faire qqch)** to decide (to do sthg) ; **~ que** to decide (that) - **2.** [convaincre] : **~ qqn à faire qqch** to persuade sb to do sthg - **3.** [déterminer] : **~ de qqch** to decide on sthg.
◆ **se décider** *vp* - **1.** [personne] : **se ~ (à faire qqch)** to make up one's mind (to do sthg) - **2.** [affaire] to be decided, to be settled - **3.** [choisir] : **se ~ pour** to decide on, to settle on.

décideur [desidœr] *nm* decision-maker.

décilitre [desilitr] *nm* decilitre.

décimal, **e**, **aux** [desimal, o] *adj* decimal.
◆ **décimale** *nf* decimal.

décimer [3] [desime] *vt* to decimate.

décimètre [desimɛtr] *nm* - **1.** [dixième de mètre] decimetre - **2.** [règle] ruler ; **double ~** ≃ foot rule.

décisif, **ive** [desizif, iv] *adj* decisive.

décision [desizjɔ̃] *nf* decision ; **prendre une ~** to take *ou* make a decision.

décisionnaire [desizjɔnɛr] *nmf* decision-maker.

déclamer [3] [deklame] *vt* to declaim.

déclaration [deklarasjɔ̃] *nf* - **1.** [orale] declaration, announcement ; **faire une ~** to make a statement ; **~ de guerre/d'amour** declaration of war/of love - **2.** [écrite] report, declaration ; [d'assurance] claim ; **~ de naissance/de décès** registration of birth/death ; **~ d'impôts** tax return ; **~ de revenus** statement of income.

déclarer [3] [deklare] *vt* - **1.** [annoncer] to declare ; **~ que** to declare (that) - **2.** [signaler] to report ; **rien à ~** nothing to declare ; **~ une naissance** to register a birth.
◆ **se déclarer** *vp* - **1.** [se prononcer] : **se ~ pour/contre qqch** to come out in favour of/against sthg - **2.** [se manifester] to break out.

déclasser [3] [deklase] *vt* - **1.** [personne - gén] to downgrade ; SPORT to relegate - **2.** [objets] to get out of order.

déclenchement [deklɑ̃ʃmɑ̃] *nm* [de mécanisme] activating, setting off ; *fig* launching.

déclencher [3] [deklɑ̃ʃe] *vt* [mécanisme] to activate, to set off ; *fig* to launch.
◆ **se déclencher** *vp* [mécanisme] to go off, to be activated ; *fig* to be triggered off.

déclic [deklik] *nm* - **1.** [mécanisme] trigger - **2.** [bruit] click.

déclin [deklɛ̃] *nm* - **1.** [de civilisation, population, santé] decline ; **une personnalité sur son ~** *fig* a celebrity on the wane - **2.** [fin] close.

déclinaison [deklinɛzɔ̃] *nf* GRAMM declension.

décliner [3] [dekline] ◇ *vi* - **1.** [santé, population, popularité] to decline - **2.** [jour] to draw to a close. ◇ *vt* - **1.** [offre, honneur] to decline ; **~ une invitation** to decline an invitation ; **~ toute responsabilité** to accept no responsibility - **2.** GRAMM to decline ; *fig* [gamme de produits] to develop - **3.** [énoncer] to state.
◆ **se décliner** *vp* GRAMM to decline.

déclivité [deklivite] *nf* slope, incline.

décloisonner [3] [deklwazɔne] *vt fig* to decompartmentalize.

déclouer [3] [deklue] *vt* to take the nails out of.

décocher [3] [dekɔʃe] *vt litt* & *fig* to let fly ; **~ un regard** to shoot a glance.

décoction [dekɔksjɔ̃] *nf* decoction.

décodage [dekɔdaʒ] *nm* decoding.

décoder [3] [dekɔde] *vt* to decode.

décodeur [dekɔdœr] *nm* decoder.

décoiffer [3] [dekwafe] *vt* [cheveux] to mess up.
◆ **se décoiffer** *vp* - **1.** [cheveux] to be messed up - **2.** [enlever son chapeau] to take off one's hat.

décoincer [16] [dekwɛ̃se] *vt* - **1.** [chose] to loosen ; [mécanisme] to unjam - **2.** *fam* [personne] to loosen up.
◆ **se décoincer** *vp* - **1.** [mécanisme] to loosen - **2.** *fam fig* [personne] to loosen up.

déçois, **déçoit** *etc* ⊳ **décevoir**.

décolérer [18] [dekɔlere] *vi* : **il n'a pas décoléré** he hasn't calmed down.

décollage [dekɔlaʒ] *nm litt* & *fig* takeoff.

décollé, **e** [dekɔle] *adj* : **il a les oreilles ~es** his ears stick out.

décollement [dekɔlmɑ̃] *nm* : **~ de la rétine** MÉD detachment of the retina.

décoller [3] [dekɔle] ◇ *vt* [étiquette, timbre] to unstick ; [papier peint] to strip (off). ◇ *vi litt* & *fig* to take off.
◆ **se décoller** *vp* [étiquette, timbre] to come unstuck ; [papier peint] to peel off.

décolleté, **e** [dekɔlte] *adj* [vêtement] low-cut.
◆ **décolleté** *nm* - **1.** [de personne] neck and shoulders *(pl)* - **2.** [de vêtement] neckline, neck.

décolonisation [dekɔlɔnizasjɔ̃] *nf* decolonization.

décolorant, **e** [dekɔlɔrɑ̃, ɑ̃t] *adj* bleaching *(avant n)*.
◆ **décolorant** *nm* bleach.

décoloration [dekɔlɔrasjɔ̃] *nf* bleaching.

décolorer [3] [dekɔlɔre] *vt* [par décolorant] to bleach, to lighten ; [par usure] to fade.
◆ **se décolorer** *vp* **- 1.** [se ternir] to fade **- 2.** [cheveux] to bleach.

décombres [dekɔ̃br] *nmpl* debris *(U)*.

décommander [3] [dekɔmɑ̃de] *vt* to cancel.
◆ **se décommander** *vp* to cancel one's appointment.

décomposé, **e** [dekɔ̃poze] *adj* **- 1.** [pourri] decomposed **- 2.** [visage] haggard ; [personne] in shock.

décomposer [3] [dekɔ̃poze] *vt* **- 1.** [gén] : **~ (en)** to break down (into) **- 2.** *fig* [troubler] to distort.
◆ **se décomposer** *vp* **- 1.** [se putréfier] to rot, to decompose **- 2.** [se diviser] **: se ~ en** to be broken down into **- 3.** *fig* [s'altérer] to be distorted.

décomposition [dekɔ̃pozisjɔ̃] *nf* **- 1.** [putréfaction] decomposition **- 2.** *fig* [analyse] breaking down, analysis.

décompresser [4] [dekɔ̃prese] ◇ *vt* TECHNOL to decompress, to uncompress. ◇ *vi* to unwind.

décompression [dekɔ̃presjɔ̃] *nf* decompression.

décompte [dekɔ̃t] *nm* **- 1.** [calcul] breakdown (of an amount) **- 2.** [réduction] deduction ; **j'ai fait le ~ de ce que tu me dois** I've deducted *ou* taken off what you owe me.

décompter [3] [dekɔ̃te] *vt* to deduct.

déconcentrer [3] [dekɔ̃sɑ̃tre] *vt* **- 1.** [disséminer] to decentralize **- 2.** [distraire] to distract.
◆ **se déconcentrer** *vp* to be distracted.

déconcertant, **e** [dekɔ̃sɛrtɑ̃, ɑ̃t] *adj* disconcerting.

déconcerter [3] [dekɔ̃sɛrte] *vt* to disconcert.

déconfit, **e** [dekɔ̃fi, it] *adj* crestfallen.

déconfiture [dekɔ̃fityr] *nf* collapse, ruin.

décongeler [25] [dekɔ̃ʒle] *vt* to defrost.

décongestionner [3] [dekɔ̃ʒɛstjɔne] *vt* to relieve congestion in ; **~ la circulation** to reduce traffic.

déconnecter [4] [dekɔnɛkte] *vt* to disconnect ; **être déconnecté** *fam* to be out of touch.
◆ **se déconnecter** *vp* INFORM to disconnect, to log off.

déconner [3] [dekɔne] *vi tfam* [dire] to talk rubbish *UK*, to talk crap *US* ; [faire] to muck around.

déconseillé, **e** [dekɔ̃seje] *adj* : **c'est fortement ~** it's extremely inadvisable.

déconseiller [4] [dekɔ̃seje] *vt* : **~ qqch à qqn** to advise sb against sthg ; **~ à qqn de faire qqch** to advise sb against doing sthg.

déconsidérer [18] [dekɔ̃sidere] *vt* to discredit.
◆ **se déconsidérer** *vp* to be discredited.

décontaminer [3] [dekɔ̃tamine] *vt* to decontaminate.

décontenancer [16] [dekɔ̃tnɑ̃se] *vt* to put out.
◆ **se décontenancer** *vp* to be put out.

décontracté, **e** [dekɔ̃trakte] *adj* **- 1.** [muscle] relaxed **- 2.** [détendu] casual, laid-back.

décontracter [3] [dekɔ̃trakte] *vt* to relax.
◆ **se décontracter** *vp* to relax.

déconvenue [dekɔ̃vny] *nf* disappointment.

décor [dekɔr] *nm* **- 1.** [cadre] scenery **- 2.** [ornement] decoration **- 3.** THÉÂTRE scenery *(U)* ; CINÉ sets *(pl)*, décor.

décorateur, **trice** [dekɔratœr, tris] *nm, f* CINÉ & THÉÂTRE designer ; **~ d'intérieur** interior decorator.

décoratif, **ive** [dekɔratif, iv] *adj* decorative.

décoration [dekɔrasjɔ̃] *nf* decoration.

décorer [3] [dekɔre] *vt* to decorate.

décortiquer [3] [dekɔrtike] *vt* [noix] to shell ; [graine] to husk ; *fig* to analyse *UK ou* analyze *US* in minute detail.

décorum [dekɔrɔm] *nm* decorum.

découcher [3] [dekuʃe] *vi* to stay out all night.

découdre [86] [dekudr] *vt* COUT to unpick ; **en ~** to come to blows.
◆ **se découdre** *vp* to come unstitched.

découler [3] [dekule] *vi* : **~ de** to follow from.

découpage [dekupaʒ] *nm* **- 1.** [action] cutting out ; [résultat] paper cutout **- 2.** CINÉ preparation of screenplay **- 3.** ADMIN : **~ (électoral)** division into constituencies **- 4.** *fig* [de texte] cutting, editing.

découper [3] [dekupe] *vt* **- 1.** [couper] to cut up **- 2.** *fig* [diviser] to cut out.
◆ **se découper** *vp fig* **se ~ sur** to stand out against.

découplé, **e** [dekuple] *adj* : **bien ~** well-proportioned.

découpure [dekupyr] *nf* [bord] indentations *(pl)*, jagged outline.

décourageant, **e** [dekuraʒɑ̃, ɑ̃t] *adj* discouraging.

découragement [dekuraʒmɑ̃] *nm* discouragement.

décourager [17] [dekuraʒe] *vt* to discourage ; **~ qqn de qqch** to put sb off sthg ; **~ qqn de faire qqch** to discourage sb from doing sthg.
◆ **se décourager** *vp* to lose heart.

décousu, e [dekuzy] ◇ *pp* ⊳ **découdre**. ◇ *adj fig* [conversation] disjointed.

découvert, e [dekuvɛr, ɛrt] ◇ *pp* ⊳ **découvrir**. ◇ *adj* [tête] bare ; [terrain] exposed.
◆ **découvert** *nm* BANQUE overdraft ; **être à ~ (de 1 000 euros)** to be (1,000 euros) overdrawn.
◆ **découverte** *nf* discovery ; **aller à la ~e de** to explore.

découvrir [34] [dekuvrir] *vt* - **1.** [trouver, surprendre] to discover - **2.** [ôter ce qui couvre, mettre à jour] to uncover - **3.** [laisser voir] to reveal.
◆ **se découvrir** *vp* - **1.** [se dévêtir] to take off one's clothes, to undress - **2.** [ôter son chapeau] to take off one's hat - **3.** [ciel] to clear - **4.** [se trouver - cousin, penchant] to discover.

décrasser [3] [dekrase] *vt* to scrub.

décrépit, e [dekrepi, it] *adj* decrepit.

décrépitude [dekrepityd] *nf* - **1.** [de personne] decrepitude - **2.** [d'objet] dilapidation.

decrescendo [dekreʃɛndo] ◇ *nm inv* decrescendo. ◇ *adv* MUS decrescendo ; **aller ~** *fig* to wane.

décret [dekrɛ] *nm* decree ; **~ ministériel** order in council.

décréter [18] [dekrete] *vt* - **1.** ADMIN to decree - **2.** [décider] : **~ que** to decide that.

décrier [10] [dekrije] *vt sout* to decry.

décrire [99] [dekrir] *vt* to describe.

décrisper [3] [dekrispe] *vt* - **1.** [personne] to put at ease - **2.** [atmosphère] to ease.
◆ **se décrisper** *vp* to relax.

décrit, e [dekri, it] *pp* ⊳ **décrire**.

décrochement [dekrɔʃmɑ̃] *nm* - **1.** GÉOL thrust fault - **2.** [action] unhooking - **3.** [partie en retrait] recess.

décrocher [3] [dekrɔʃe] ◇ *vt* - **1.** [enlever] to take down - **2.** [téléphone] to pick up - **3.** *fam* [obtenir] to land. ◇ *vi fam* [abandonner] to drop out.
◆ **se décrocher** *vp* to fall down.

décroiser [3] [dekrwaze] *vt* to unfold, to uncross.

décroissant, e [dekrwasɑ̃, ɑ̃t] *adj* [courbe] decreasing ; [influence] diminishing ; **par ordre ~** in descending order.

décroître [94] [dekrwatr] *vi* to decrease, to diminish ; [jours] to get shorter.

décrotter [3] [dekrɔte] *vt* to clean the mud off.

décru, e [dekry] *pp* ⊳ **décroître**.
◆ **décrue** *nf* drop in the water level.

décrypter [3] [dekripte] *vt* to decipher.

déçu, e [desy] ◇ *pp* ⊳ **décevoir**. ◇ *adj* disappointed.

déculotter [3] [dekylɔte] *vt* : **~ qqn** to take sb's trousers off.
◆ **se déculotter** *vp* to take off one's trousers.

déculpabiliser [3] [dekylpabilize] *vt* : **~ qqn** to free sb from guilt.
◆ **se déculpabiliser** *vp* to free o.s. from guilt.

décupler [3] [dekyple] *vt* & *vi* to increase tenfold.

dédaigner [4] [dedeɲe] *vt* - **1.** [mépriser - personne] to despise ; [- conseils, injures] to scorn - **2.** [refuser] : **~ de faire qqch** *sout* to disdain to do sthg ; **ne pas ~ qqch/de faire qqch** not to be above sthg/above doing sthg.

dédaigneusement [dedɛɲøzmɑ̃] *adv* disdainfully.

dédaigneux, euse [dedɛɲø, øz] *adj* disdainful.

dédain [dedɛ̃] *nm* disdain, contempt.

dédale [dedal] *nm litt* & *fig* maze.

dedans [dədɑ̃] *adv* & *nm* inside.
◆ **de dedans** *loc adv* from inside, from within.
◆ **en dedans** *loc adv* inside, within.
◆ **en dedans de** *loc prép* inside, within, *voir aussi* **là-dedans**.

dédicace [dedikas] *nf* dedication.

dédicacer [16] [dedikase] *vt* : **~ qqch (à qqn)** to sign *ou* autograph sthg (for sb).

dédié, e [dedje] *adj* INFORM dedicated.

dédier [9] [dedje] *vt* : **~ qqch (à qqn/à qqch)** to dedicate sthg (to sb/to sthg).

dédire [103] [dedir] ◆ **se dédire** *vp sout* to go back on one's word.

dédit [dedi] *nm* DR penalty (clause).

dédommagement [dedɔmaʒmɑ̃] *nm* compensation.

dédommager [17] [dedɔmaʒe] *vt* - **1.** [indemniser] to compensate - **2.** *fig* [remercier] to repay.

dédouanement [dedwanmɑ̃], **dédouanage** [dedwanaʒ] *nm* customs clearance.

dédouaner [3] [dedwane] *vt* [marchandises] to clear through customs.

dédoublement [dedubləmɑ̃] *nm* halving, splitting (in two) ; **~ de la personnalité** PSYCHO *fig* split personality.

dédoubler [3] [deduble] *vt* to halve, to split ; [fil] to separate.

◆ **se dédoubler** *vp* - **1.** PSYCHO *fig* to have a split personality - **2.** *fig* & *hum* [être partout] to be in two places at once.

dédramatiser [3] [dedramatize] *vt* [événement] to play down ; [situation] to defuse.

déductible [dedyktibl] *adj* deductible.

déduction [dedyksjɔ̃] *nf* deduction.

déduire [98] [dedɥir] *vt* : **~ qqch (de)** [ôter] to deduct sthg (from) ; [conclure] to deduce sthg (from).

déduisais, **déduisait** *etc* ▻ **déduire.**

déduit, **e** [dedɥi, it] *pp* ▻ **déduire.**

déesse [deɛs] *nf* goddess.

DEFA, **Defa** [defa] (*abr de* **diplôme d'État relatif aux fonctions d'animation**) *nm diploma for senior youth leaders.*

défaillance [defajɑ̃s] *nf* - **1.** [incapacité - de machine] failure ; [- de personne, organisation] weakness - **2.** [malaise] blackout, fainting fit ; **~ cardiaque** MÉD heart failure.

défaillant, **e** [defajɑ̃, ɑ̃t] *adj* [faible] failing.

défaillir [47] [defajir] *vi* - **1.** [s'évanouir] to faint - **2.** [faire défaut] to fail.

défaire [109] [defɛr] *vt* - **1.** [détacher] to undo ; [valise] to unpack ; [lit] to strip - **2.** *sout* [vaincre] to defeat.

◆ **se défaire** *vp* - **1.** [ne pas tenir] to come undone - **2.** *sout* [se séparer] : **se ~ de** to get rid of.

défaisais, **défaisions** *etc* ▻ **défaire.**

défait, **e** [defɛ, ɛt] ◇ *pp* ▻ **défaire.** ◇ *adj fig* [épuisé] haggard.

◆ **défaite** *nf* defeat.

défaitisme [defetism] *nm* defeatism.

défaitiste [defetist] *nmf* & *adj* defeatist.

défalcation [defalkasjɔ̃] *nf* deduction.

défalquer [3] [defalke] *vt* to deduct.

défasse, **défasses** *etc* ▻ **défaire.**

défaut [defo] *nm* - **1.** [imperfection - gén] flaw ; [- de personne] fault, shortcoming ; **~ de fabrication** manufacturing fault - **2.** [manque] lack ; **à ~ de** for lack *ou* want of ; **l'eau fait (cruellement) ~** there is a serious water shortage ; **par ~** [être jugé] in one's absence ; [calculer] to the nearest decimal point.

défaveur [defavœr] *nf* disfavour *UK*, disfavor *US* ; **être en ~** to be out of favour *UK ou* favor *US* ; **tomber en ~** to fall out of favour *UK ou* favor *US*.

défavorable [defavɔrabl] *adj* unfavourable *UK*, unfavorable *US*.

défavorisé, **e** [defavɔrize] *adj* disadvantaged, underprivileged.

défavoriser [3] [defavɔrize] *vt* to handicap, to penalize.

défectif, **ive** [defɛktiv, iv] *adj* GRAMM defective.

défection [defɛksjɔ̃] *nf* - **1.** [absence] absence - **2.** [abandon] defection.

défectueux, **euse** [defɛktɥø, øz] *adj* faulty, defective.

défendable [defɑ̃dabl] *adj litt* & *fig* defensible.

défendais, **défendions** *etc* ▻ **défendre.**

défendeur, **eresse** [defɑ̃dœr, rɛs] *nm, f* defendant.

défendre [73] [defɑ̃dr] *vt* - **1.** [personne, opinion, client] to defend - **2.** [interdire] to forbid ; **~ qqch à qqn** to forbid sb sthg ; **~ à qqn de faire qqch** to forbid sb to do sthg ; **~ que qqn fasse qqch** to forbid sb to do sthg.

◆ **se défendre** *vp* - **1.** [se battre, se justifier] to defend o.s. - **2.** *fam* [se débrouiller] : **se ~ (en)** to get by (in) - **3.** [nier] : **se ~ de faire qqch** to deny doing sthg - **4.** [thèse] to stand up.

défendu, **e** [defɑ̃dy] ◇ *pp* ▻ **défendre.** ◇ *adj* : **'il est ~ de jouer au ballon'** 'no ball games'.

défense [defɑ̃s] *nf* - **1.** [d'éléphant] tusk - **2.** [interdiction] prohibition, ban ; **'~ de fumer/de stationner/d'entrer'** 'no smoking/parking/entry' ; **'~ d'afficher'** 'stick *UK ou* post no bills' - **3.** [protection] defence *UK*, defense *US* ; **prendre la ~ de** to stand up for ; **~ antiaérienne** MIL anti-aircraft defence *UK ou* defense *US* ; **~ des consommateurs** consumer protection ; **la ~ nationale** MIL national defence *UK ou* defense *US* ; **légitime ~** DR self-defence *UK*, self-defense *US*.

défenseur [defɑ̃sœr] *nm* - **1.** DR counsel for the defence *UK*, defense attorney *US* - **2.** [partisan] champion - **3.** [hockey] : **~ droit** right defence *UK ou* defense *US* ; **~ gauche** left defence *UK ou* defense *US*.

défensif, **ive** [defɑ̃sif, iv] *adj* defensive.

◆ **défensive** *nf* : **être sur la défensive** to be on the defensive.

déféquer [18] [defeke] *vi* to defecate.

déférence [deferɑ̃s] *nf* deference.

déférer [18] [defere] ◇ *vt* DR to refer. ◇ *vi sout* [céder] : **~ à** to defer to.

déferlement [defɛrləmɑ̃] *nm* [de vagues] breaking ; *fig* surge, upsurge.

déferler [3] [defɛrle] *vi* [vagues] to break ; *fig* to surge.

défi [defi] *nm* challenge ; **mettre qqn au ~ de faire qqch** to challenge sb to do sthg ; **relever le ~** to take up the challenge.

défiance [defjɑ̃s] *nf* distrust, mistrust.

défiant, **e** [defjɑ̃, ɑ̃t] *adj* distrustful, mistrustful.

déficeler [24] [defisle] *vt* to untie.

déficience [defisjɑ̃s] *nf* deficiency.

déficient, e [defisjɑ̃, ɑ̃t] *adj* deficient.

déficit [defisit] *nm* - **1.** FIN deficit ; **être en ~** to be in deficit - **2.** [manque] deficiency.

déficitaire [defisitɛr] *adj* in deficit.

défier [9] [defje] *vt* - **1.** [braver] : **~ qqn de faire qqch** to defy sb to do sthg - **2.** *vieilli* [provoquer] : **~ (qqn à)** to challenge (sb to).

◆ **se défier** *vp litt* **se ~ de qqn/qqch** to mistrust sb/sthg.

défigurer [3] [defigyre] *vt* - **1.** [blesser] to disfigure - **2.** [enlaidir] to deface.

défilé [defile] *nm* - **1.** [parade] parade ; **~ de mode** fashion parade - **2.** [couloir] defile, narrow pass.

défiler [3] [defile] *vi* - **1.** [dans une parade] to march past - **2.** [se succéder] to pass.

◆ **se défiler** *vp fam* to back out.

défini, e [defini] *adj* - **1.** [précis] clear, precise - **2.** GRAMM definite.

définir [32] [definir] *vt* to define.

définitif, ive [definitif, iv] *adj* definitive, final.

◆ **en définitive** *loc adv* in the end.

définition [definisjɔ̃] *nf* definition ; **par ~** by definition.

définitivement [definitivmɑ̃] *adv* for good, permanently.

défiscaliser [3] [defiskalize] *vt* to exempt from taxation.

déflagration [deflagrasjɔ̃] *nf* explosion.

déflation [deflasjɔ̃] *nf* deflation.

déflationniste [deflasjɔnist] *adj* deflationary, deflationist.

déflecteur [deflɛktœr] *nm* quarterlight *UK*, vent *US*.

déflorer [3] [deflɔre] *vt* [jeune fille] to deflower ; *fig* to taint.

défonce [defɔ̃s] *nf arg crime* high.

défoncé, e [defɔ̃se] *adj* - **1.** [abîmé - route] with large potholes ; [- chaise] broken, broken-down - **2.** *arg crime* [drogué] high, stoned.

défoncer [16] [defɔ̃se] *vt* [caisse, porte] to smash in ; [route] to break up ; [mur] to smash down ; [chaise] to break.

◆ **se défoncer** *vp* - **1.** *arg crime* to trip, to get high - **2.** *fam* [se surpasser] to go all out, to work flat out.

déformant, e [defɔrmɑ̃, ɑ̃t] *adj* distorting.

déformation [defɔrmasjɔ̃] *nf* - **1.** [d'objet, de théorie] distortion - **2.** MÉD deformity ; **~ professionnelle** *mental conditioning caused by one's job.*

déformer [3] [defɔrme] *vt* to distort.

◆ **se déformer** *vp* [changer de forme] to be distorted, to be deformed ; [se courber] to bend.

défoulement [defulmɑ̃] *nm* unwinding, letting off steam.

défouler [3] [defule] *vt fam* to unwind.

◆ **se défouler** *vp fam* to let off steam, to unwind.

défrayer [11] [defreje] *vt* [payer] : **~ qqn** to pay sb's expenses *OU* costs.

défricher [3] [defriʃe] *vt* [terrain] to clear ; *fig* [question] to do the groundwork for.

défriser [3] [defrize] *vt* - **1.** [cheveux] to straighten - **2.** *fam fig* [déplaire] to bother.

défroisser [3] [defrwase] *vt* to smooth out.

défunt, e [defœ̃, œ̃t] ◇ *adj* [décédé] late. ◇ *nm, f* deceased.

dégagé, e [degaʒe] *adj* - **1.** [ciel, vue] clear ; [partie du corps] bare - **2.** [désinvolte] casual, airy - **3.** [libre] : **~ de** free from.

dégagement [degaʒmɑ̃] *nm* - **1.** [passage] passage - **2.** [émanation] emission - **3.** [évacuation] freeing, extricating.

dégager [17] [degaʒe] ◇ *vt* - **1.** [odeur] to produce, to give off - **2.** [délivrer - blessé] to free, to extricate - **3.** [idée] to bring out - **4.** [bénéfice] to show - **5.** [budget] to release - **6.** [pièce] to clear - **7.** [libérer] : **~ qqn de** to release sb from. ◇ *vi fam* [partir] to clear off.

◆ **se dégager** *vp* - **1.** [se délivrer] : **se ~ de qqch** to free o.s. from sthg ; *fig* to get out of sthg - **2.** [se désencombrer] to clear - **3.** [émaner] to be given off - **4.** [émerger] to emerge.

dégaine [degɛn] *nf fam* gawkiness *(U)*.

dégainer [4] [degene] *vt* [épée, revolver] to draw.

dégarnir [32] [degarnir] *vt* to strip, to clear.

◆ **se dégarnir** *vp* [vitrine] to be cleared ; [arbre] to lose its leaves ; **sa tête se dégarnit, il se dégarnit** he's going bald.

dégât [dega] *nm litt & fig* damage *(U)* ; **~s matériels** structural damage ; **faire des ~s** to cause damage ; **limiter les ~s** *fig* to call a halt before things get any worse.

dégel [deʒɛl] *nm* - **1.** [fonte des glaces] thaw - **2.** FIN unfreezing.

dégeler [25] [deʒle] ◇ *vt* - **1.** [produit surgelé] to thaw - **2.** FIN to unfreeze - **3.** *fig* [dérider] to warm up. ◇ *vi* to thaw.

◆ **se dégeler** *vp fig* to thaw, to warm up.

dégénéré, e [deʒenere] *adj & nm, f* degenerate.

dégénérer [18] [deʒenere] *vi* to degenerate ; **~ en** to degenerate into.

dégénérescence [deʒeneresɑ̃s] *nf* degeneration, degeneracy.

dégingandé, e [deʒɛ̃gɑ̃de] *adj fam* gangling.

dégivrer [3] [deʒivre] *vt* [pare-brise] to de-ice ; [réfrigérateur] to defrost.

dégivreur [deʒivrœr] *nm* [de voiture, avion] de-icer ; [de réfrigérateur] defroster.

déglinguer [3] [deglɛ̃ge] *vt fam* to smash (to pieces).
◆ **se déglinguer** *vp fam* to fall to pieces.

déglutition [deglytisjɔ̃] *nf* swallowing.

dégonflé, e [degɔ̃fle] ◇ *adj* [pneu, roue] flat. ◇ *nm, f fam* [personne] chicken, yellow-belly.

dégonfler [3] [degɔ̃fle] ◇ *vt* to deflate, to let down *UK*. ◇ *vi* to go down ; **faire ~** to reduce the swelling of.
◆ **se dégonfler** *vp* **- 1.** [objet] to go down **- 2.** *fam* [personne] to chicken out.

dégorger [17] [degɔrʒe] ◇ *vt* **- 1.** [tuyau] to clear (out) **- 2.** [eau] to discharge **- 3.** [soie, laine] to purify. ◇ *vi* **- 1.** [tissu] to run **- 2.** CULIN : **faire ~** to soak.

dégot(t)er [3] [degɔte] *vt fam* to dig up.
◆ **se dégot(t)er** *vp fam* to dig up for o.s.

dégouliner [3] [deguline] *vi* to trickle.

dégourdi, e [degurdi] ◇ *adj* clever. ◇ *nm, f* clever person.

dégourdir [32] [degurdir] *vt* **- 1.** [membres - ankylosés] to restore the circulation to ; [- gelés] to warm up **- 2.** *fig* [déniaiser] : **~ qqn** to teach sb a thing or two.
◆ **se dégourdir** *vp* **- 1.** [membres] : **se ~ les jambes** to stretch one's legs **- 2.** *fig* [acquérir de l'aisance] to learn a thing or two.

dégoût [degu] *nm* disgust, distaste ; **le ~ de la vie** world-weariness ; **ravaler son ~** to swallow one's distaste.

dégoûtant, e [degutɑ̃, ɑ̃t] ◇ *adj* **- 1.** [sale] filthy, disgusting **- 2.** [révoltant, grossier] disgusting. ◇ *nm, f* disgusting person.

dégoûté, e [degute] ◇ *adj* [écœuré] disgusted ; **~ de** sick of. ◇ *nm, f* : **faire le ~** to be fussy.

dégoûter [3] [degute] *vt* to disgust ; **~ qqn de qqch/de faire qqch** to put sb off sthg/off doing sthg.

dégoutter [3] [degute] *vi* : **~ (de qqch)** to drip (with sthg).

dégradant, e [degradɑ̃, ɑ̃t] *adj* degrading.

dégradation [degradasjɔ̃] *nf* **- 1.** [de bâtiment] damage ; [du sol] erosion **- 2.** [de moral] decline **- 3.** [de personne] degradation **- 4.** [de situation] deterioration.

dégradé, e [degrade] *adj* [couleur] shading off.
◆ **dégradé** *nm* gradation ; **un ~ de bleu** a blue shading.
◆ **en dégradé** *loc adv* [cheveux] layered.

dégrader [3] [degrade] *vt* **- 1.** [officier] to degrade **- 2.** [abîmer - bâtiment] to damage ; [- sol] to erode **- 3.** *fig* [avilir] to degrade, to debase.
◆ **se dégrader** *vp* **- 1.** [bâtiment, santé] to deteriorate **- 2.** *fig* [personne] to degrade o.s.

dégrafer [3] [degrafe] *vt* to undo, to unfasten.
◆ **se dégrafer** *vp* to come undone.

dégraissage [degrɛsaʒ] *nm* **- 1.** [de vêtement] dry-cleaning **- 2.** [de personnel] trimming, cutting back.

dégraisser [4] [degrese] *vt* **- 1.** [vêtement] to dry-clean **- 2.** [personnel] to trim, to cut back.

degré [dəgre] *nm* **- 1.** [gén] degree ; **~s centigrades** *OU* **Celsius** degrees centigrade *OU* Celsius ; **~ de parenté** degree of kinship ; **prendre qqn/qqch au premier ~** to take sb/sthg at face value **- 2.** *sout* [marche] step.

dégressif, ive [degresif, iv] *adj* : **tarif ~** decreasing price scale.

dégrèvement [degrɛvmɑ̃] *nm* tax relief.

dégriffé, e [degrife] *adj* ex-designer label *(avant n)*.
◆ **dégriffé** *nm* ex-designer label garment.

dégringolade [degrɛ̃gɔlad] *nf litt & fig* tumble.

dégringoler [3] [degrɛ̃gɔle] *fam* ◇ *vt* to tumble down. ◇ *vi* [tomber] to tumble ; *fig* to crash.

dégriser [3] [degrize] *vt sout* [désenivrer] to sober up ; **~ qqn** *fig* to bring sb to his/her senses.

dégrossir [32] [degrosir] *vt* **- 1.** [matériau] to rough-hew **- 2.** *fig* [affaire, question] to rough out **- 3.** *fig* [personne] to polish.
◆ **se dégrossir** *vp* [personne] to become more polished.

déguenillé, e [degənije] *adj* ragged.

déguerpir [32] [degɛrpir] *vi* to clear off.

dégueulasse [degœlas] *tfam* ◇ *adj* **- 1.** [très sale, grossier] filthy ; **blague ~** dirty joke **- 2.** [très mauvais - plat] disgusting ; [- temps] lousy. ◇ *nmf* scum *(U)*.

dégueuler [5] [degœle] *vi fam* to throw up.

déguisé, e [degize] *adj* disguised ; [pour s'amuser] in fancy dress.

déguisement [degizmɑ̃] *nm* disguise ; [pour bal masqué] fancy dress.

déguiser [3] [degize] *vt* to disguise.
◆ **se déguiser** *vp* : **se ~ en** [pour tromper] to disguise o.s. as ; [pour s'amuser] to dress up as.

dégustation [degystasjɔ̃] *nf* tasting, sampling ; **~ de vin** wine tasting.

déguster [3] [degyste] ◇ *vt* [savourer] to taste, to sample. ◇ *vi fam* [subir] : **il va ~!** he'll be in for it!

déhancher [3] [deɑ̃ʃe] ◆ **se déhancher** *vp* [en marchant] to swing one's hips ; [en restant immobile] to put all one's weight on one leg.

dehors [dəɔr] ◇ *adv* outside ; **aller ~** to go outside ; **dormir ~** to sleep out of doors, to sleep out ; **jeter** *ou* **mettre qqn ~** to throw sb out. ◇ *nm* outside. ◇ *nmpl* : **les ~** [les apparences] appearances.
◆ **en dehors** *loc adv* outside, outwards, outward *US*.
◆ **en dehors de** *loc prép* [excepté] apart from.

déjà [deʒa] *adv* - **1.** [dès cet instant] already - **2.** [précédemment] already, before - **3.** [au fait] : **quel est ton nom ~?** what did you say your name was? - **4.** [renforce une affirmation] : **ce n'est ~ pas si mal** that's not bad at all.

déjanter [3] [deʒɑ̃te] *vt* : **~ un pneu** to take a tyre *UK ou* tire *US* off the rim.

déjà-vu [deʒavy] *nm inv* : **c'est du ~** it's old hat.

déjection [deʒɛksjɔ̃] *nf* [action] evacuation.
◆ **déjections** *nfpl* excrement *(U)*.

déjeuner [5] [deʒœne] ◇ *vi* - **1.** [le matin] to have breakfast - **2.** [à midi] to have lunch. ◇ *nm* - **1.** [repas de midi] lunch ; **~ d'affaires** business lunch - **2.** *Québec* [dîner] dinner.

déjouer [6] [deʒwe] *vt* to frustrate ; **~ la surveillance de qqn** to elude sb's surveillance.

delà [dəla] ▷ **au-delà**.

délabré, e [delabre] *adj* ruined.

délabrement [delabrəmɑ̃] *nm* - **1.** [de bâtiment] dilapidation, ruining - **2.** [de personne] ruin.

délacer [16] [delase] *vt* to unlace, to undo.

délai [delɛ] *nm* - **1.** [temps accordé] period ; **dans un ~ de** within (a period of) ; **dans les ~s impartis** by the deadline ; **sans ~** immediately, without delay ; **~ de livraison** delivery time, lead time - **2.** [sursis] extension (of deadline).

délaissé, e [delese] *adj* abandoned.

délaisser [4] [delese] *vt* - **1.** [abandonner] to leave - **2.** [négliger] to neglect.

délassement [delasmɑ̃] *nm* relaxation.

délasser [3] [delase] *vt* to refresh.
◆ **se délasser** *vp* to relax.

délateur, trice [delatœr, tris] *nm, f* informer.

délation [delasjɔ̃] *nf* informing.

délavé, e [delave] *adj* faded.

délayage [delɛjaʒ] *nm* verbiage, waffle.

délayer [11] [deleje] *vt* - **1.** [diluer] : **~ qqch dans qqch** to mix sthg with sthg - **2.** *fig* [exposer longuement] to pad out.

Delco® [dɛlko] *nm* AUTO distributor.

délectable [delɛktable] *adj sout* delectable.

délectation [delɛktasjɔ̃] *nf* [plaisir] delight ; **avec ~** in delight.

délecter [4] [delɛkte] ◆ **se délecter** *vp* : **se ~ de qqch/à faire qqch** to delight in sthg/in doing sthg.

délégation [delegasjɔ̃] *nf* delegation ; **agir par ~** to be delegated to act.

délégué, e [delege] ◇ *adj* [personne] delegated. ◇ *nm, f* [représentant] : **~ (à)** delegate (to) ; **~ de classe/du personnel/syndical** class/staff/trade union representative.

déléguer [18] [delege] *vt* : **~ qqn (à qqch)** to delegate sb (to sthg).

délestage [delɛstaʒ] *nm* - **1.** [de ballon, de navire] removal of ballast - **2.** [de circulation] (temporary) diversion *UK*, detour *US*.

délester [3] [delɛste] *vt* - **1.** [ballon, navire] to remove ballast from - **2.** [circulation routière] to set up a diversion on, to divert *UK*, to detour *US* - **3.** *fig & hum* [voler] : **~ qqn de qqch** to relieve sb of sthg.

délibératif, ive [deliberatif, iv] *adj* : **avoir voix délibérative** to have voting rights.

délibération [deliberasjɔ̃] *nf* deliberation.

délibéré, e [delibere] *adj* - **1.** [intentionnel] deliberate - **2.** [résolu] determined.
◆ **délibéré** *nm* DR judge's deliberations *(pl)*.

délibérément [deliberemɑ̃] *adv* - **1.** [en connaissance de cause] after deliberation *ou* due consideration - **2.** [intentionnellement] deliberately, on purpose.

délibérer [18] [delibere] *vi* : **~ (de** *ou* **sur)** to deliberate (on *ou* over).

délicat, e [delika, at] *adj* - **1.** [gén] delicate - **2.** [aimable] thoughtful, sensitive - **3.** [exigeant] fussy, difficult ; **faire le ~** to be fussy.

délicatement [delikatmɑ̃] *adv* delicately.

délicatesse [delikatɛs] *nf* - **1.** [gén] delicacy - **2.** [tact] delicacy, tact.

délice [delis] *nm* delight.

délicieusement [delisjøzmɑ̃] *adv* [agréablement] delightfully.

délicieux, euse [delisjø, øz] *adj* - **1.** [savoureux] delicious - **2.** [agréable] delightful.

délictueux, euse [deliktɥø, øz] *adj* criminal.

délié, e [delje] *adj* [doigts] nimble.

délier [9] [delje] *vt* to untie ; **~ qqn de** *fig & sout* to release sb from.

délimitation [delimitasjɔ̃] *nf* - **1.** [de territoire] fixing of the boundaries - **2.** [de fonction] demarcation - **3.** *fig* [de sujet] definition.

délimiter [3] [delimite] *vt* [frontière] to fix ; *fig* [question, domaine] to define, to demarcate.

délinquance [delɛ̃kɑ̃s] *nf* delinquency ; **~ informatique** cybercrime ; **~ juvénile** juvenile delinquency.

délinquant, e [delɛ̃kɑ̃, ɑ̃t] ◇ *adj* delinquent. ◇ *nm, f* delinquent ; **petit ~** petty criminal.

déliquescent, e [delikesɑ̃, ɑ̃t] *adj fam* [personne] feeble ; *vieilli* [mœurs] decaying.

délirant, e [delirɑ̃, ɑ̃t] *adj* - **1.** MÉD delirious - **2.** [extravagant] frenzied - **3.** *fam* [extraordinaire] crazy.

délire [delir] *nm* MÉD delirium ; **en ~** *fig* frenzied.

délirer [3] [delire] *vi* MÉD to be *ou* become delirious ; *fam fig* to rave.

délit [deli] *nm* crime, offence *UK*, offense *US* ; **en flagrant ~** red-handed, in the act ; **~ de fuite** failure to stop *(after an accident)* ; **~s d'initiés** FIN insider trading *(U)*.

délivrance [delivrɑ̃s] *nf* - **1.** [libération] freeing, release - **2.** [soulagement] relief - **3.** [accouchement] delivery.

délivrer [3] [delivre] *vt* - **1.** [prisonnier] to free, to release - **2.** [pays] to deliver, to free ; **~ de** to free from ; *fig* to relieve from - **3.** [remettre] : **~ qqch (à qqn)** to issue sthg (to sb) - **4.** [marchandise] to deliver.

◆ **se délivrer** *vp* - **1.** [se libérer] : **se ~ (de)** to free o.s. (from) - **2.** [passeport] to be issued.

déloger [17] [delɔʒe] *vt* : **~ (de)** to dislodge (from).

déloyal, e, aux [delwajal, o] *adj* - **1.** [infidèle] disloyal - **2.** [malhonnête] unfair.

Delphes [delf] *n* Delphi.

delta [delta] *nm* delta.

deltaplane, delta-plane (*pl* **delta-planes**) [deltaplan] *nm* hang glider.

déluge [delyʒ] *nm* - **1.** RELIG : **le Déluge** the Flood ; **remonter au Déluge** *fig* to go back to the year dot *UK* - **2.** [pluie] downpour, deluge ; **un ~ de** *fig* a flood of.

déluré, e [delyre] *adj* [malin] quick-witted ; *péj* [dévergondé] saucy.

démagogie [demagɔʒi] *nf* pandering to public opinion, demagogy.

démagogique [demagɔʒik] *adj* demagogic.

démagogue [demagɔg] *nmf* demagogue.

demain [dəmɛ̃] ◇ *adv* - **1.** [le jour suivant] tomorrow ; **~ matin** tomorrow morning - **2.** *fig* [plus tard] in the future. ◇ *nm* tomorrow ; **à ~!** see you tomorrow!

demande [dəmɑ̃d] *nf* - **1.** [souhait] request ; **à la ~ générale** by popular demand ; **accéder à une ~** to accede to a demand - **2.** [démarche] proposal ; **~ en mariage** proposal of marriage - **3.** [candidature] application ; **~ d'emploi** job application ; **'~s d'emploi'** 'situations wanted' - **4.** [commande] order - **5.** ÉCON demand - **6.** DR petition.

demandé, e [dəmɑ̃de] *adj* in demand.

demander [3] [dəmɑ̃de] ◇ *vt* - **1.** [réclamer, s'enquérir] to ask for ; **~ qqch à qqn** to ask sb for sthg - **2.** [appeler] to call ; **on vous demande à la réception/au téléphone** you're wanted at reception/on the telephone ; **qui demandez-vous?** who do you want? - **3.** [désirer] to ask, to want ; **je ne demande pas mieux** I'd be only too pleased (to), I'd love to - **4.** [exiger] : **tu m'en demandes trop** you're asking too much of me - **5.** [nécessiter] to require - **6.** [chercher] to look for, to require. ◇ *vi* - **1.** [réclamer] : **~ à qqn de faire qqch** to ask sb to do sthg ; **ne ~ qu'à...** to be ready to... - **2.** [nécessiter] : **ce projet demande à être étudié** this project requires investigation *ou* needs investigating.

◆ **se demander** *vp* : **se ~ (si)** to wonder (if *ou* whether).

demandeur[1], euse [dəmɑ̃dœr, øz] *nm, f* [solliciteur] : **~ d'asile** asylum-seeker ; **~ d'emploi** job-seeker.

demandeur[2], eresse [dəmɑ̃dœr, dres] *nm, f* DR plaintiff.

démangeaison [demɑ̃ʒezɔ̃] *nf* [irritation] itch, itching *(U)* ; *fam fig* urge.

démanger [17] [demɑ̃ʒe] *vi* [gratter] to itch ; **ça me démange de...** *fig* I'm itching *ou* dying to...

démanteler [25] [demɑ̃tle] *vt* [construction] to demolish ; *fig* to break up.

démaquillant, e [demakijɑ̃, ɑ̃t] *adj* make-up-removing *(avant n)*.

◆ **démaquillant** *nm* make-up remover.

démaquiller [3] [demakije] *vt* to remove make-up from.

◆ **se démaquiller** *vp* to remove one's make-up.

démarcation [demarkasjɔ̃] *nf* [frontière] demarcation ; *fig* separation.

démarchage [demarʃaʒ] *nm* : **~ à domicile** door-to-door selling.

démarche [demarʃ] *nf* - **1.** [manière de marcher] gait, walk - **2.** [raisonnement] approach, method - **3.** [requête] step ; **faire les ~s pour faire qqch** to take the necessary steps to do sthg.

démarcheur, **euse** [demarʃœr, øz] *nm, f* - **1.** [représentant] door-to-door salesman (*f* saleswoman) - **2.** [prospecteur] canvasser.

démarque [demark] *nf* [solde] marking down.

démarquer [3] [demarke] *vt* - **1.** [solder] to mark down - **2.** SPORT not to mark.

◆ **se démarquer** *vp* - **1.** SPORT to shake off one's marker - **2.** *fig* [se distinguer] : **se ~ (de)** to distinguish o.s. (from).

démarrage [demaraʒ] *nm* starting, start ; **~ en côte** hill start.

démarrer [3] [demare] ◇ *vi* - **1.** [véhicule] to start (up) ; [conducteur] to drive off - **2.** SPORT to break away - **3.** *fig* [affaire, projet] to get off the ground. ◇ *vt* - **1.** [véhicule] to start (up) ; **faire ~** to start - **2.** *fam fig* [commencer] : **~ qqch** to get sthg going.

démarreur [demarœr] *nm* starter.

démasquer [3] [demaske] *vt* - **1.** [personne] to unmask - **2.** *fig* [complot, plan] to unveil.

◆ **se démasquer** *vp* to show one's true colours *UK ou* colors *US*.

démêlant, **e** [demɛlɑ̃, ɑ̃t] *adj* conditioning *(avant n)*.

◆ **démêlant** *nm* conditioner.

démêlé [demɛle] *nm* quarrel ; **avoir des ~s avec la justice** to get into trouble with the law.

démêler [4] [demɛle] *vt* [cheveux, fil] to untangle ; *fig* to unravel.

◆ **se démêler** *vp* : **se ~ les cheveux** to comb out one's hair ; **se ~ de** *fig* to extricate o.s. from.

démembrer [3] [demɑ̃bre] *vt* [animal] to dismember ; *fig* [réseau] to break up.

déménagement [demenaʒmɑ̃] *nm* removal.

déménager [17] [demenaʒe] ◇ *vt* to move. ◇ *vi* to move, to move house *US*.

déménageur [demenaʒœr] *nm* removal man *UK*, mover *US*.

démence [demɑ̃s] *nf* MÉD dementia ; [bêtise] madness.

démener [19] [demne] ◆ **se démener** *vp litt & fig* to struggle.

dément, **e** [demɑ̃, ɑ̃t] ◇ *adj* MÉD demented ; *fam* [extraordinaire, extravagant] crazy. ◇ *nm, f* demented person.

démenti [demɑ̃ti] *nm* denial ; **apporter un ~ à qqch** to deny sthg (formally).

démentiel, **elle** [demɑ̃sjɛl] *adj* MÉD demented ; *fam* [incroyable] crazy.

démentir [37] [demɑ̃tir] *vt* - **1.** [réfuter] to deny - **2.** [contredire] to contradict.

◆ **se démentir** *vp* : **ne pas se ~** *sout* to remain unchanged.

démerder [3] [demɛrde] ◆ **se démerder** *vp tfam* [se débrouiller] to (know how to) look after o.s.

démériter [3] [demerite] *vi* - **1.** [être indigne] : **~ de** to show o.s. (to be) unworthy of - **2.** [être dévalorisé] : **en quoi a-t-il démérité?** what has he done wrong? ; **~ auprès de qqn** to come down in sb's eyes *ou* estimation.

démesure [deməzyr] *nf* excess, immoderation.

démesurément [deməzyremɑ̃] *adv* excessively.

démets *etc* ▷ **démettre**.

démettre [84] [demɛtr] *vt* - **1.** MÉD to put out (of joint) - **2.** [congédier] : **~ qqn de** to dismiss sb from.

◆ **se démettre** *vp* - **1.** MÉD : **se ~ l'épaule** to put one's shoulder out (of joint) - **2.** [démissionner] : **se ~ de ses fonctions** to resign.

demeurant [dəmœrɑ̃] ◆ **au demeurant** *loc adv* all things considered.

demeure [dəmœr] *nf* - **1.** *sout* [domicile, habitation] residence - **2.** DR : **mettre qqn en ~ (de faire qqch)** to order sb (to do sthg).

◆ **à demeure** ◇ *loc adj* permanent. ◇ *loc adv* permanently.

demeuré, **e** [dəmœre] ◇ *adj* simple, half-witted. ◇ *nm, f* half-wit.

demeurer [5] [dəmœre] *vi* - **1.** *(aux: avoir)* [habiter] to live - **2.** *(aux: être)* [rester] to remain.

demi, **e** [dəmi] *adj* half ; **un kilo et ~** one and a half kilos ; **il est une heure et ~e** it's half past one ; **à ~** half ; **dormir à ~** to be nearly asleep ; **ouvrir à ~** to half-open ; **faire les choses à ~** to do things by halves.

◆ **demi** *nm* - **1.** [bière] beer, ≃ half-pint *UK* - **2.** FOOTBALL midfielder ; **~ de mêlée** [rugby] scrumhalf ; **~ d'ouverture** [rugby] fly half, standoff (half).

◆ **demie** *nf* : **à la ~e** on the half-hour.

demi-bouteille [dəmibutɛj] (*pl* **demi-bouteilles**) *nf* half-bottle.

demi-cercle [dəmisɛrkl] (*pl* **demi-cercles**) *nm* semicircle ; **en ~** semicircular.

demi-douzaine [dəmiduzɛn] (*pl* **demi-douzaines**) *nf* half-dozen ; **une ~ (de)** half a dozen.

demi-fin, **e** [dəmifɛ̃, in] (*mpl* **demi-fins**, *fpl* **demi-fines**) *adj* [haricots] medium.

demi-finale [dəmifinal] (*pl* **demi-finales**) *nf* semifinal.

demi-frère [dəmifrɛr] (*pl* **demi-frères**) *nm* half-brother.

demi-gros [dəmigro] *nm* : **(commerce de) ~** cash and carry.

demi-heure [dəmijœr] (*pl* **demi-heures**) *nf* half an hour, half-hour.

demi-jour [dəmiʒur] *nm* half-light.

demi-journée [dəmiʒurne] (*pl* **demi-journées**) *nf* half a day, half-day.

démilitariser [3] [demilitarize] *vt* to demilitarize.

demi-litre [dəmilitr] (*pl* **demi-litres**) *nm* half a litre *UK ou* liter *US*, half-litre *UK*, half-liter *US*.

demi-mal [dəmimal] (*pl* **demi-maux**) *nm* : **ce n'est que ~** things *ou* it could have been worse.

demi-mesure [dəmiməzyr] (*pl* **demi-mesures**) *nf* - **1.** [quantité] half a measure - **2.** [compromis] half-measure.

demi-mot [dəmimo] ◆ **à demi-mot** *loc adv* : **comprendre à ~** to understand without things having to be spelled out.

déminage [deminaʒ] *nm* [de sol] mine clearance ; [d'eau] minesweeping.

déminer [3] [demine] *vt* to clear of mines.

demi-pension [dəmipɑ̃sjɔ̃] (*pl* **demi-pensions**) *nf* - **1.** [d'hôtel] half-board - **2.** [d'école] : **être en ~** to take school dinners *(pl)*.

demi-pensionnaire [dəmipɑ̃sjɔnɛr] (*pl* **demi-pensionnaires**) *nmf child who has school dinners.*

demi-place [dəmiplas] (*pl* **demi-places**) *nf* - **1.** [pour spectacle] half-price ticket - **2.** [dans transports publics] half-fare.

démis, e [demi, iz] *pp* ▷ **démettre**.

demi-saison [dəmisɛzɔ̃] *nf* : **une veste de ~** a spring/autumn jacket.

demi-sel [dəmisɛl] *adj inv* slightly salted.

demi-sœur [dəmisœr] (*pl* **demi-sœurs**) *nf* half-sister.

demi-soupir [dəmisupir] (*pl* **demi-soupirs**) *nm* quaver rest *UK*, eighth note rest *US*.

démission [demisjɔ̃] *nf* resignation ; **remettre sa ~** to hand in one's notice.

démissionnaire [demisjɔnɛr] ◇ *nmf* person resigning. ◇ *adj* resigning *(avant n)* ; [ministre] outgoing *(avant n)*.

démissionner [3] [demisjɔne] ◇ *vi* [d'un emploi] to resign ; *fig* to give up. ◇ *vt hum* **~ qqn** to give sb the boot.

demi-tarif [dəmitarif] (*pl* **demi-tarifs**) ◇ *adj* half-price. ◇ *nm* - **1.** [tarification] half-fare - **2.** [billet] half-price ticket.

demi-teinte [dəmitɛ̃t] (*pl* **demi-teintes**) *nf* halftone ; **en ~, en ~s** *fig* subtle.

demi-ton [dəmitɔ̃] (*pl* **demi-tons**) *nm* semitone *UK*, halftone *US*.

demi-tour [dəmitur] (*pl* **demi-tours**) *nm* [gén] half-turn ; MIL about-turn ; **faire ~** to turn back.

démo [demo] *nf fam* demonstration ; **faire une ~ à qqn** to give s.o. a demonstration.

démobiliser [3] [demɔbilize] *vt* MIL to demobilize ; **être démobilisé** *fig* to be demotivated.

démocrate [demɔkrat] ◇ *nmf* democrat. ◇ *adj* democratic.

démocrate-chrétien, enne [demɔkratkretjɛ̃, ɛn] (*mpl* **démocrates-chrétiens**, *fpl* **démocrates-chrétiennes**) ◇ *adj* Christian-Democratic. ◇ *nm, f* Christian Democrat.

démocratie [demɔkrasi] *nf* democracy ; **les ~s occidentales** the Western democracies.

démocratique [demɔkratik] *adj* democratic.

démocratisation [demɔkratizasjɔ̃] *nf* democratization.

démocratiser [3] [demɔkratize] *vt* to democratize.

démodé, e [demɔde] *adj* old-fashioned.

démographie [demɔgrafi] *nf* demography.

démographique [demɔgrafik] *adj* demographic.

demoiselle [dəmwazɛl] *nf* - **1.** [jeune fille] maid ; **~ d'honneur** bridesmaid - **2.** [libellule] dragonfly.

démolir [32] [demɔlir] *vt* - **1.** [gén] to demolish - **2.** *fam* [frapper] : **~ qqn** to smash sb's face in ; **se faire ~** to get one's face smashed in.

démolisseur [demɔlisœr] *nm* demolition worker.

démolition [demɔlisjɔ̃] *nf* demolition ; **en ~** in the course of being demolished.

démon [demɔ̃] *nm* - **1.** [diable, personne] devil, demon ; **le ~** RELIG the Devil - **2.** *fig* **le ~ de l'alcool/de la curiosité** the demon drink/curiosity ; **le ~ de midi** middle-aged lust.

démoniaque [demɔnjak] *adj* - **1.** [diabolique] diabolical - **2.** [possédé du démon] possessed.

démonstrateur, trice [demɔ̃stratœr, tris] *nm, f* demonstrator.

démonstratif, ive [demɔ̃stratif, iv] *adj* - **1.** [argument] convincing - **2.** [personne & GRAMM] demonstrative.

◆ **démonstratif** *nm* GRAMM demonstrative.

démonstration [demɔ̃strasjɔ̃] *nf* - **1.** [gén] demonstration - **2.** MIL show, demonstration.

démontable [demɔ̃tabl] *adj* collapsible.

démontage [demɔ̃taʒ] *nm* dismantling, taking to pieces ; [de moteur] stripping down.

démonté, **e** [demɔ̃te] *adj* [océan] raging.

démonte-pneu [demɔ̃tpnø] (*pl* **démonte-pneus**) *nm* tyre lever *UK*, tire iron *US*.

démonter [3] [demɔ̃te] *vt* - **1.** [appareil] to dismantle, to take apart - **2.** [troubler] : **~ qqn** to put sb out.

◆ **se démonter** *vp fam* to be put out.

démontrer [3] [demɔ̃tre] *vt* - **1.** [prouver] to prove, to demonstrate - **2.** [témoigner de] to show, to demonstrate.

démoralisant, **e** [demɔralizɑ̃, ɑ̃t] *adj* demoralizing.

démoraliser [3] [demɔralize] *vt* to demoralize.

◆ **se démoraliser** *vp* to lose heart.

démordre [76] [demɔrdr] *vt* : **ne pas ~ de** to stick to.

démordu [demɔrdy] *pp inv* ▷ **démordre**.

démotiver [3] [demɔtive] *vt* to demotivate.

démouler [3] [demule] *vt* to turn out of a mould, to remove from a mould.

démultiplication [demyltiplikasjɔ̃] *nf* TECHNOL reduction in gear ratio.

démunir [32] [demynir] *vt* to deprive.

◆ **se démunir** *vp* : **se ~ de** to part with.

démystifier [9] [demistifje] *vt* - **1.** [concept] to demystify - **2.** [personne] to disabuse.

dénatalité [denatalite] *nf* fall in the birthrate.

dénationaliser [3] [denasjɔnalize] *vt* to denationalize.

dénaturé, **e** [denatyre] *adj* - **1.** [parents] unfit - **2.** [goût] unnatural - **3.** TECHNOL denatured.

dénaturer [3] [denatyre] *vt* - **1.** [goût] to impair, to mar - **2.** TECHNOL to denature - **3.** [déformer] to distort.

dénégation [denegasjɔ̃] *nf* denial.

déneigement [denɛʒmɑ̃] *nm* snow clearance.

déneiger [23] [deneʒe] *vt* to clear snow from.

déneigeuse [deneʒøz] *nf Québec* snowblower.

déni [deni] *nm* denial ; **~ de justice** DR denial of justice.

déniaiser [4] [denjeze] *vt hum & vieilli* **~ qqn** to teach sb a thing or two.

dénicher [3] [deniʃe] *vt fig* - **1.** [personne] to flush out - **2.** *fam* [objet] to unearth.

denier [dənje] *nm* denier *(coin)*.

◆ **deniers** *nmpl* : **les ~s publics** the public purse *(sing)* ; **les ~s de l'État** the State coffers.

dénigrer [3] [denigre] *vt* to denigrate, to run down.

dénivelé [denivle] *nm* difference in level *ou* height.

dénivellation [denivɛlasjɔ̃] *nf* - **1.** [différence de niveau] difference in height *ou* level - **2.** [de route] bumps *(pl)*, unevenness *(U)* - **3.** [pente] slope.

dénombrer [3] [denɔ̃bre] *vt* [compter] to count ; [énumérer] to enumerate.

dénominateur [denɔminatœr] *nm* denominator ; **~ commun** MATH *fig* common denominator.

dénomination [denɔminasjɔ̃] *nf* name.

dénommé, **e** [denɔme] *adj* : **un ~ Robert** someone by the name of Robert.

dénoncer [16] [denɔ̃se] *vt* - **1.** [gén] to denounce ; **~ qqn à qqn** to denounce sb to sb, to inform on sb - **2.** *fig* [trahir] to betray.

dénonciation [denɔ̃sjasjɔ̃] *nf* denunciation.

dénoter [3] [denɔte] *vt* to show, to indicate.

dénouement [denumɑ̃] *nm* - **1.** [issue] outcome - **2.** [d'un film, d'un livre] denouement.

dénouer [6] [denwe] *vt* [nœud] to untie, to undo ; *fig* to unravel.

dénoyauter [3] [denwajote] *vt* [fruit] to stone *UK*, to pit *US*.

denrée [dɑ̃re] *nf* [produit] produce *(U)* ; **~s alimentaires** foodstuffs ; **~ rare** *fig* rare commodity.

dense [dɑ̃s] *adj* - **1.** [gén] dense - **2.** [style] condensed.

densité [dɑ̃site] *nf* density ; **~ de population** population density ; **double/haute ~** INFORM double/high density.

dent [dɑ̃] *nf* - **1.** [de personne, d'objet] tooth ; **il claquait des ~s** his teeth were chattering ; **faire ses ~s** to cut one's teeth, to teethe ; **mordre à belles ~s dans** to get one's teeth into ; **~ de lait** milk *UK ou* baby *US* tooth ; **~ de sagesse** wisdom tooth ; **en ~s de scie** jagged, serrated ; **avoir les ~s longues** to have high hopes ; **avoir une ~ contre qqn** to have it in for sb ; **ne rien avoir à se mettre sous la ~** to have nothing left to eat ; **ne pas desserrer les ~s** not to open one's mouth ; **grincer des ~s** to gnash one's teeth - **2.** GÉOGR peak.

dentaire [dɑ̃tɛr] *adj* dental.

dental, **e**, **aux** [dɑ̃tal, o] *adj* LING dental.

denté, **e** [dɑ̃te] *adj* - **1.** TECHNOL toothed ; **roue ~e** cogwheel - **2.** [feuille] dentate.

dentelé, **e** [dɑ̃tle] *adj* serrated, jagged.

dentelle [dɑ̃tɛl] *nf* lace *(U)*.

dentier [dɑ̃tje] *nm* - **1.** [dents] dentures *(pl)* - **2.** TECHNOL set of teeth, teeth *(pl)*.

dentifrice [dɑ̃tifris] *nm* toothpaste.

dentiste [dɑ̃tist] *nmf* dentist.

dentition [dɑ̃tisjɔ̃] *nf* teeth *(pl)*, dentition.

dénuder [3] [denyde] *vt* to leave bare ; [fil électrique] to strip.
◆ **se dénuder** *vp* to strip (off).

dénué, **e** [denɥe] *adj sout* ~ **de** devoid of.

dénuement [denymɑ̃] *nm* destitution *(U)*.

dénutrition [denytrisjɔ̃] *nf* malnutrition.

déodorant, **e** [deɔdɔrɑ̃, ɑ̃t] *adj* deodorant.
◆ **déodorant** *nm* deodorant.

déontologie [deɔ̃tɔlɔʒi] *nf* professional ethics *(pl)*.

dép. - **1.** *abr de* **départ** - **2.** *abr de* **département**.

dépannage [depanaʒ] *nm* repair ; **service de ~** AUTO breakdown service *UK*.

dépanner [3] [depane] *vt* - **1.** [réparer] to repair, to fix - **2.** *fam* [aider] to bail out.

dépanneur, **euse** [depanœr, øz] *nm, f* repairman (*f* repairwoman).
◆ **dépanneuse** *nf* [véhicule] (breakdown) recovery vehicle *UK*, tow truck *US*, wrecker *US*.

dépareillé, **e** [depareje] *adj* [ensemble] nonmatching ; [paire] odd.

déparer [3] [depare] *vt* to spoil.

départ [depar] *nm* - **1.** [de personne] departure, leaving ; [de véhicule] departure ; **les grands ~s** the holiday exodus *(sing)* - **2.** SPORT *fig* start ; **faux ~** false start.
◆ **au départ** *loc adv* to start with.

départager [17] [departaʒe] *vt* - **1.** [concurrents, opinions] to decide between - **2.** [lors d'une élection] to choose between - **3.** [séparer] to separate.

département [departəmɑ̃] *nm* - **1.** [territoire] *territorial and administrative division of France* - **2.** [service] department.

Département

The *département* is one of the three main administrative divisions in France. There are a hundred in all, four of which are overseas. They are numbered in alphabetical order, except for the ones in *Île-de-France*: since they were created later than the others, they were numbered starting at 91.
These numbers are used on French licence plates to refer to the *département* where the car is registered. They are also often used in place of the department name itself, and it is not uncommon to hear people say *j'habite dans le 91* meaning *j'habite dans l'Essonne*.

départemental, **e**, **aux** [departəmɑ̃tal, o] *adj of a French département*.
◆ **départementale** *nf* secondary road, ≃ B road *UK*.

départir [32] [departir] ◆ **se départir** *vp* : **ne pas se ~ de** to retain.

dépassé, **e** [depase] *adj* - **1.** [périmé] old-fashioned - **2.** *fam* [déconcerté] : **~ par** overwhelmed by.

dépassement [depasmɑ̃] *nm* - **1.** [en voiture] overtaking *UK*, passing *US* ; **~ sans visibilité** overtaking blind *UK* - **2.** FIN overspending.

dépasser [3] [depase] ◇ *vt* - **1.** [doubler] to overtake *UK*, to pass *US* - **2.** [être plus grand que] to be taller than - **3.** [être plus long que] to be longer than - **4.** [excéder] to exceed, to be more than - **5.** [durer plus longtemps que] : **~ une heure** to go on for more than an hour - **6.** [surpasser] to outshine - **7.** [aller au-delà de] to exceed - **8.** [franchir] to pass - **9.** *loc* **ça me dépasse** *fam* it's beyond me. ◇ *vi* : **~ (de)** to stick out (from).
◆ **se dépasser** *vp* to excel o.s.

dépassionner [3] [depasjɔne] *vt* to take the heat out of.

dépaysement [depeizmɑ̃] *nm* change of scene, disorientation.

dépayser [3] [depeize] *vt* - **1.** [désorienter] to disorientate *UK*, to disorient *US* - **2.** [changer agréablement] to make a change of scene for.

dépecer [29] [depəse] *vt* - **1.** [découper] to chop up - **2.** [déchiqueter] to tear apart.

dépêche [depɛʃ] *nf* dispatch.

dépêcher [4] [depeʃe] *vt sout* [envoyer] to dispatch.
◆ **se dépêcher** *vp* to hurry up ; **se ~ de faire qqch** to hurry to do sthg.

dépeignais, **dépeignions** *etc* ▷ **dépeindre**.

dépeindre [81] [depɛ̃dr] *vt* to depict, to describe.

dépeint, **e** [depɛ̃, ɛ̃t] *pp* ▷ **dépeindre**.

dépénaliser [3] [depenalize] *vt* to decriminalize.

dépendance [depɑ̃dɑ̃s] *nf* - **1.** [de personne] dependence ; **être sous la ~ de** to be dependent on - **2.** [à la drogue] dependency - **3.** [de bâtiment] outbuilding.

dépendant, **e** [depɑ̃dɑ̃, ɑ̃t] *adj* : **~ (de)** dependent (on).

dépendre [73] [depɑ̃dr] *vt* - **1.** [être soumis] : **~ de** to depend on ; **ça dépend** it depends - **2.** [appartenir] : **~ de** to belong to - **3.** [décrocher] to take down.

dépendu [depɑ̃dy] *pp inv* ▷ **dépendre**.

dépens [depɑ̃] *nmpl* DR costs ; **aux ~ de qqn** at sb's expense ; **je l'ai appris à mes ~** I learned that to my cost.

dépense [depɑ̃s] *nf* - **1.** [frais] expense - **2.** FIN *fig* expenditure *(U)* ; **les ~s publiques** public spending *(U)* - **3.** [consommation] consumption.

dépenser [3] [depɑ̃se] *vt* - **1.** [argent] to spend ; **~ sans compter** to spend lavishly - **2.** *fig* [énergie] to expend.

◆ **se dépenser** *vp litt* & *fig* to exert o.s.

dépensier, ère [depɑ̃sje, ɛr] *adj* extravagant.

déperdition [depɛrdisjɔ̃] *nf* loss ; **~ de chaleur** heat loss.

dépérir [32] [deperir] *vi* - **1.** [personne] to waste away - **2.** [santé, affaire] to decline - **3.** [plante] to wither.

dépêtrer [4] [depetre] ◆ **se dépêtrer** *vp* : **se ~ de** *fam* [se dégager de] to get out of ; *fig* [se sortir de] to extricate o.s. from ; *fig* [se débarrasser de] to get rid of.

dépeuplement [depœpləmɑ̃] *nm* - **1.** [de pays] depopulation - **2.** [d'étang, de rivière, de forêt] emptying of wildlife.

dépeupler [5] [depœple] *vt* - **1.** [pays] to depopulate - **2.** [étang, rivière, forêt] to drive the wildlife from.

◆ **se dépeupler** *vp* - **1.** [pays] to become depopulated - **2.** [rivière, étang] to have a diminishing *ou* disappearing wildlife population.

déphasé, e [defaze] *adj* ÉLECTR out of phase ; *fam fig* out of touch.

dépiauter [3] [depjote] *vt fam* [animal] to skin ; *fig* [texte] to pull to pieces.

dépilatoire [depilatwar] *adj* : **crème ~** depilatory cream.

dépistage [depistaʒ] *nm* - **1.** [de gibier, de voleur] tracking down - **2.** [de maladie] screening ; **~ du SIDA** AIDS testing.

dépister [3] [depiste] *vt* - **1.** [gibier, voleur] to track down - **2.** [maladie] to screen for - **3.** [déjouer] to throw off the scent - **4.** *fig* [découvrir] to detect.

dépit [depi] *nm* pique, spite ; **par ~** out of pique *ou* spite.

◆ **en dépit de** *loc prép* in spite of.

dépité, e [depite] *adj* cross, annoyed.

déplacé, e [deplase] *adj* - **1.** [propos, attitude, présence] out of place - **2.** [personne] displaced.

déplacement [deplasmɑ̃] *nm* - **1.** [d'objet] moving ; **~ de vertèbre** MÉD slipped disc *UK ou* disk *US* - **2.** [voyage] travelling *(U) UK*, traveling *(U) US* ; **en ~** away on business ; **valoir le ~** *fig* to be worth going.

déplacer [16] [deplase] *vt* - **1.** [objet] to move, to shift ; *fig* [problème] to shift the emphasis of - **2.** [muter] to transfer.

◆ **se déplacer** *vp* - **1.** [se mouvoir - animal] to move (around) ; [- personne] to walk - **2.** [voyager] to travel - **3.** MÉD : **se ~ une vertèbre** to slip a disc *UK ou* disk *US*.

déplaire [110] [deplɛr] *vt* - **1.** [ne pas plaire] : **cela me déplaît** I don't like it - **2.** [irriter] to displease ; **n'en déplaise à mon patron** *hum* whether my boss likes it or not.

déplaisant, e [deplɛzɑ̃, ɑ̃t] *adj sout* unpleasant.

déplaisir [deplezir] *nm sout* displeasure.

dépliant [deplijɑ̃] *nm* leaflet ; **~ touristique** tourist brochure.

déplier [10] [deplije] *vt* to unfold.

◆ **se déplier** *vp* to unfold.

déploiement [deplwamɑ̃] *nm* - **1.** MIL deployment - **2.** [d'ailes] spreading - **3.** [de voile] unfurling, opening - **4.** *fig* [d'efforts] display ; **un grand ~ de** a major display of.

déplorable [deplɔrabl] *adj* deplorable.

déplorer [3] [deplɔre] *vt* - **1.** [regretter] to deplore - **2.** [pleurer] to mourn.

déployer [13] [deplwaje] *vt* - **1.** [déplier - gén] to unfold ; [- plan, journal] to open ; [ailes] to spread - **2.** MIL to deploy - **3.** [mettre en œuvre] to expend - **4.** [manifester] to display.

déplu [deply] *pp* ▷ **déplaire**.

dépoitraillé, e [depwatraje] *adj fam péj* with one's shirt wide open.

dépoli, e [depɔli] *adj* [métal] tarnished ; [verre] frosted.

dépolitiser [3] [depɔlitize] *vt* to depoliticize.

déportation [depɔrtasjɔ̃] *nf* - **1.** [exil] deportation - **2.** [internement] transportation to a concentration camp.

déporté, e [depɔrte] *nm, f* - **1.** [exilé] deportee - **2.** [interné] prisoner *(in a concentration camp)*.

déporter [3] [depɔrte] *vt* - **1.** [dévier] to carry off course - **2.** [exiler] to deport - **3.** [interner] to send to a concentration camp.

déposant, e [depozɑ̃, ɑ̃t] *nm, f* - **1.** FIN depositor - **2.** DR deponent.

déposé, e [depoze] *adj* : **marque ~e** registered trademark ; **modèle ~** patented design.

déposer [3] [depoze] ◇ *vt* - **1.** [poser] to put down - **2.** [personne, paquet] to drop - **3.** [argent, sédiment] to deposit - **4.** ADMIN to register - **5.** DR to file ; **~ son bilan** FIN to go into liquidation - **6.** [monarque] to depose - **7.** [moteur] to take out. ◇ *vi* - **1.** DR to testify, to give evidence - **2.** [sédiment] to form a deposit.

◆ **se déposer** *vp* to settle.

dépositaire [depozitɛr] *nmf* - **1.** COMM agent - **2.** [d'objet] bailee ; **~ de** *fig* person entrusted with.

déposition [depozisjɔ̃] *nf* deposition.

déposséder [18] [depɔsede] *vt* : **~ qqn de** to dispossess sb of.

dépôt [depo] *nm* - **1.** [d'objet, d'argent, de sédiment] deposit, depositing *(U)* ; **verser un ~ (de garantie)** to put down a deposit ; **~ d'ordures** (rubbish) dump *UK*, garbage dump *US* - **2.** ADMIN registration ; **~ légal** copyright registration - **3.** [garage] depot - **4.** [entrepôt] store, warehouse - **5.** [prison] ≃ police cells *(pl)*.

dépoter [3] [depɔte] *vt* [plante] to remove from the pot.

dépotoir [depɔtwar] *nm* - **1.** [décharge] (rubbish) dump *UK*, garbage dump *US* ; *fam fig* dump, tip *UK* - **2.** [usine] sewage works, sewage reprocessing plant.

dépouille [depuj] *nf* - **1.** [peau] hide, skin - **2.** [humaine] remains *(pl)* ; **~ mortelle** mortal remains.

◆ **dépouilles** *nfpl* spoils.

dépouillement [depujmɑ̃] *nm* - **1.** [sobriété] austerity, sobriety - **2.** [examen] perusal ; **~ de scrutin** counting of the votes.

dépouiller [3] [depuje] *vt* - **1.** [priver] : **~ qqn (de)** to strip sb (of) - **2.** [examiner] to peruse ; **~ un scrutin** to count the votes.

◆ **se dépouiller** *vp* : **se ~ de** to divest o.s. of.

dépourvu, e [depurvy] *adj* : **~ de** without, lacking in.

◆ **au dépourvu** *loc adv* : **prendre qqn au ~** to catch sb unawares.

dépoussiérer [18] [depusjere] *vt* to dust (off).

dépravation [depravasjɔ̃] *nf* depravity.

dépravé, e [deprave] ◇ *adj* depraved. ◇ *nm, f* degenerate.

dépraver [3] [deprave] *vt* to deprave.

◆ **se dépraver** *vp* to become depraved.

dépréciation [depresjasjɔ̃] *nf* depreciation.

déprécier [9] [depresje] *vt* - **1.** [marchandise] to reduce the value of - **2.** [œuvre] to disparage.

◆ **se déprécier** *vp* - **1.** [marchandise] to depreciate - **2.** [personne] to put o.s. down.

dépressif, ive [depresif, iv] ◇ *adj* depressive. ◇ *nm, f* depressive (person).

dépression [depresjɔ̃] *nf* depression ; **faire de la ~** to be depressed ; **~ nerveuse** nervous breakdown.

déprimant, e [deprimɑ̃, ɑ̃t] *adj* depressing.

déprime [deprim] *nf fam* **faire une ~** to be (feeling) down.

déprimé, e [deprime] *adj* depressed.

déprimer [3] [deprime] ◇ *vt* to depress. ◇ *vi fam* to be (feeling) down.

déprogrammer [3] [deprɔgrame] *vt* to remove from the schedule ; TV to take off the air.

dépuceler [24] [depysle] *vt fam* **~ qqn** to take sb's virginity.

depuis [dəpɥi] ◇ *prep* - **1.** [à partir d'une date ou d'un moment précis] since ; **je ne l'ai pas vu ~ son mariage** I haven't seen him since he got married ; **il est parti ~ hier** he's been away since yesterday ; **~ le début jusqu'à la fin** from beginning to end - **2.** [exprimant une durée] for ; **il est malade ~ une semaine** he has been ill for a week ; **~ 10 ans/longtemps** for 10 years/a long time ; **~ toujours** always - **3.** [dans l'espace] from ; **~ la route, on pouvait voir la mer** you could see the sea from the road ; **~ le premier jusqu'au dernier** from the first to the last. ◇ *adv* since (then) ; **~, nous ne l'avons pas revu** we haven't seen him since (then).

◆ **depuis lors** *loc adv* since then.

◆ **depuis que** *loc conj* since ; **je ne l'ai pas revu ~ qu'il s'est marié** I haven't seen him since he got married.

dépuratif, ive [depyratif, iv] *adj* cleansing, eliminating.

◆ **dépuratif** *nm* depurative.

députation [depytasjɔ̃] *nf* - **1.** [délégation] deputation - **2.** [fonction] : **candidat à la ~** parliamentary candidate *UK*.

député [depyte] *nm* - **1.** [délégué] representative - **2.** [au parlement] member of parliament *UK*, representative *US* ; **~ européen** Euro-MP, MEP ; **~-maire** *MP and mayor*.

députer [3] [depyte] *vt* to send as representative.

déraciner [3] [derasine] *vt litt* & *fig* to uproot.

déraillement [derajmɑ̃] *nm* derailment.

dérailler [3] [deraje] *vi* - **1.** [train] to leave the rails, to be derailed - **2.** *fam fig* [mécanisme] to go on the blink - **3.** *fam fig* [personne] to go to pieces.

dérailleur [derajœr] *nm* [de bicyclette] derailleur.

déraison [derɛzɔ̃] *nf* lack of reason.

déraisonnable [derɛzɔnabl] *adj* unreasonable.

déraisonner [3] [derɛzɔne] *vi sout* to talk nonsense.

dérangement [derɑ̃ʒmɑ̃] *nm* trouble ; **en ~** out of order.

déranger [17] [derɑ̃ʒe] ◇ *vt* - **1.** [personne] to disturb, to bother ; **ça vous dérange si je**

fume? do you mind if I smoke? **- 2.** [plan] to disrupt **- 3.** [maison, pièce] to disarrange, to make untidy. ◇ *vi* to be disturbing.

◆ **se déranger** *vp* **- 1.** [se déplacer] to move **- 2.** [se gêner] to put o.s. out.

dérapage [derapaʒ] *nm* [glissement] skid ; *fig* excess ; **~ contrôlé** controlled skid.

déraper [3] [derape] *vi* [glisser] to skid ; *fig* to get out of hand.

dératé, e [derate] *nm, f fam* **courir comme un ~** to run flat out.

dératisation [deratizasjɔ̃] *nf* extermination of rats.

derechef [dərəʃɛf] *adv sout* once again.

dérèglement [derɛgləmɑ̃] *nm* [de machine] malfunction ; [de fonction corporelle] upset.

déréglementation [dereglәmɑ̃tasjɔ̃] *nf* deregulation.

déréglementer [3] [dereglәmɑ̃te] *vt* to deregulate.

dérégler [18] [deregle] *vt* [mécanisme] to put out of order ; *fig* to upset.

◆ **se dérégler** *vp* [mécanisme] to go wrong ; *fig* to be upset *ou* unsettled.

dérider [3] [deride] *vt fig* **~ qqn** to cheer sb up.

◆ **se dérider** *vp* to cheer up.

dérision [derizjɔ̃] *nf* derision ; **tourner qqch en ~** to hold sthg up to ridicule.

dérisoire [derizwar] *adj* derisory.

dérivatif, ive [derivatif, iv] *adj* derivative.

◆ **dérivatif** *nm* distraction.

dérivation [derivasjɔ̃] *nf* **- 1.** [de cours d'eau, circulation] diversion *UK*, detour *US* **- 2.** LING & MATH derivation.

dérive [deriv] *nf* **- 1.** [aileron] centreboard *UK*, centerboard *US* **- 2.** [mouvement] drift, drifting *(U)* ; **aller** *ou* **partir à la ~** *fig* to fall apart.

dérivé [derive] *nm* derivative.

dérivée [derive] *nf* MATH derivative.

dériver [3] [derive] ◇ *vt* **- 1.** [détourner] to divert *UK*, to detour *US* **- 2.** LING to derive. ◇ *vi* **- 1.** [aller à la dérive] to drift **- 2.** *fig* [découler] : **~ de** to derive from.

dériveur [derivœr] *nm* sailing dinghy *(with centreboard)*.

dermato [dɛrmato] *nmf fam* dermatologist.

dermatologie [dɛrmatɔlɔʒi] *nf* dermatology.

dermatologue [dɛrmatɔlɔg] *nmf* dermatologist.

dernier, ère [dɛrnje, ɛr] ◇ *adj* **- 1.** [gén] last ; **samedi ~** last Saturday ; **l'année dernière** last year **- 2.** [ultime] last, final **- 3.** [plus récent] latest. ◇ *nm, f* last ; **ce ~** the latter ; **petit ~** baby of the family.

◆ **en dernier** *loc adv* last.

dernièrement [dɛrnjɛrmɑ̃] *adv* recently, lately.

dernier-né, dernière-née [dɛrnjene, dɛrnjɛrne] (*mpl* **derniers-nés**, *fpl* **dernières-nées**) *nm, f* [bébé] youngest (child) ; **la dernière-née de Fiat®** *fig* the new Fiat®.

dérobade [derɔbad] *nf* evasion, shirking *(U)*.

dérobé, e [derɔbe] *adj* **- 1.** [volé] stolen **- 2.** [caché] hidden.

◆ **à la dérobée** *loc adv* surreptitiously.

dérober [3] [derɔbe] *vt sout* to steal.

◆ **se dérober** *vp* **- 1.** [se soustraire] : **se ~ à qqch** to shirk sthg **- 2.** [s'effondrer] to give way.

dérogation [derɔgasjɔ̃] *nf* [action] dispensation ; [résultat] exception.

déroger [17] [derɔʒe] *vi* : **~ à** to depart from.

dérouiller [3] [deruje] *vt* **- 1.** [nettoyer] to remove the rust from **- 2.** *fam* [frapper] : **~ qqn** to give sb a belting.

◆ **se dérouiller** *vp fig* to stretch (o.s.)

déroulement [derulmɑ̃] *nm* **- 1.** [de bobine] unwinding **- 2.** *fig* [d'événement] development.

dérouler [3] [derule] *vt* [fil] to unwind ; [papier, tissu] to unroll.

◆ **se dérouler** *vp* to take place.

déroutant, e [derutɑ̃, ɑ̃t] *adj* disconcerting, bewildering.

déroute [derut] *nf* MIL rout ; *fig* collapse ; **mettre en ~** to rout.

dérouter [3] [derute] *vt* **- 1.** [déconcerter] to disconcert, to put out **- 2.** [dévier] to divert *UK*, to detour *US*.

derrick [derik] *nm* derrick.

derrière [dɛrjɛr] ◇ *prep* & *adv* behind. ◇ *nm* **- 1.** [partie arrière] back ; **la porte de ~** the back door **- 2.** [partie du corps] bottom, behind.

des [de] ◇ *art indéf* ▷ **un**. ◇ *prep* ▷ **de**.

dès [dɛ] *prep* from ; **~ son arrivée** the minute he arrives/arrived, as soon as he arrives/arrived ; **~ l'enfance** since childhood ; **~ 1900** as far back as 1900, as early as 1900 ; **~ maintenant** from now on ; **~ demain** starting *ou* from tomorrow.

◆ **dès lors** *loc adv* from then on.

◆ **dès lors que** *loc conj* [puisque] since.

◆ **dès que** *loc conj* as soon as.

désabusé, e [dezabyze] *adj* disillusioned.

désaccord [dezakɔr] *nm* disagreement.

désaccordé, e [dezakɔrde] *adj* out of tune.

désaccoutumer [3] [dezakutyme] *vt* : ~ **qqn de** to get sb out of the habit of.
◆ **se désaccoutumer** *vp* : **se ~ de qqch/de faire qqch** to become unaccustomed to sthg/to doing sthg.

désaffecté, **e** [dezafɛkte] *adj* disused.

désaffection [dezafɛksjɔ̃] *nf* disaffection.

désagréable [dezagreabl] *adj* unpleasant.

désagréablement [dezagreabləmɑ̃] *adv* unpleasantly.

désagréger [22] [dezagreʒe] *vt* to break up.
◆ **se désagréger** *vp* to break up.

désagrément [dezagremɑ̃] *nm* annoyance.

désaltérant, **e** [dezalterɑ̃, ɑ̃t] *adj* thirst-quenching.

désaltérer [18] [dezaltere] ◇ *vt* to quench the thirst of. ◇ *vi* to be thirst-quenching.
◆ **se désaltérer** *vp* to quench one's thirst.

désamorcer [16] [dezamɔrse] *vt* [arme] to remove the primer from ; [bombe] to defuse ; *fig* [complot] to nip in the bud.

désappointer [3] [dezapwɛ̃te] *vt* to disappoint.

désapprendre [79] [dezaprɑ̃dr] *vt* to forget.

désapprobateur, **trice** [dezaprɔbatœr, tris] *adj* disapproving.

désapprobation [dezaprɔbasjɔ̃] *nf* disapproval.

désapprouver [3] [dezapruve] ◇ *vt* to disapprove of. ◇ *vi* to be disapproving.

désarçonner [3] [dezarsɔne] *vt* *litt* & *fig* to throw.

désargenté, **e** [dezarʒɑ̃te] *adj* short (of money).

désarmant, **e** [dezarmɑ̃, ɑ̃t] *adj* disarming.

désarmement [dezarməmɑ̃] *nm* disarmament.

désarmer [3] [dezarme] ◇ *vt* to disarm ; [fusil] to unload. ◇ *vi* - **1.** [pays] to disarm - **2.** *fig* [personne] to give up ; [haine] to cease.

désarroi [dezarwa] *nm* confusion.

désassorti, **e** [dezasɔrti] *adj* [dépareillé] non-matching.

désastre [dezastr] *nm* disaster.

désastreux, **euse** [dezastrø, øz] *adj* disastrous.

désavantage [dezavɑ̃taʒ] *nm* disadvantage.

désavantager [17] [dezavɑ̃taʒe] *vt* to disadvantage.

désavantageux, **euse** [dezavɑ̃taʒø, øz] *adj* unfavourable *UK*, unfavorable *US*.

désaveu, **x** [dezavø] *nm* - **1.** [reniement] denial - **2.** [désapprobation] disapproval.

désavouer [6] [dezavwe] *vt* to disown.
◆ **se désavouer** *vp* to go back on one's word.

désaxé, **e** [dezakse] ◇ *adj* [mentalement] disordered, unhinged. ◇ *nm, f* unhinged person.

descendance [desɑ̃dɑ̃s] *nf* - **1.** [origine] descent - **2.** [progéniture] descendants *(pl)*.

descendant, **e** [desɑ̃dɑ̃, ɑ̃t] *nm, f* [héritier] descendant.

descendre [73] [desɑ̃dr] ◇ *vt (aux: avoir)* - **1.** [escalier, pente] to go/come down ; **~ la rue en courant** to run down the street - **2.** [rideau, tableau] to lower - **3.** [apporter] to bring/take down - **4.** *fam* [personne, avion] to shoot down. ◇ *vi (aux: être)* - **1.** [gén] to go/come down ; [température, niveau] to fall - **2.** [passager] to get off ; **~ d'un bus** to get off a bus ; **~ d'une voiture** to get out of a car - **3.** [loger] : **~ chez** to stay with ; **~ à l'hôtel** to stay in a hotel - **4.** [être issu] : **~ de** to be descended from - **5.** [marée] to go out.

descendu, **e** [desɑ̃dy] *pp* ⊳ **descendre**.

descente [desɑ̃t] *nf* - **1.** [action] descent - **2.** [pente] downhill slope *ou* stretch - **3.** *fam fig* [capacité à boire] : **il a une bonne ~** he can certainly put it away - **4.** [irruption] raid - **5.** [tapis] : **~ de lit** bedside rug.

descriptif, **ive** [dɛskriptif, iv] *adj* descriptive.
◆ **descriptif** *nm* [de lieu] particulars *(pl)* ; [d'appareil] specification.

description [dɛskripsjɔ̃] *nf* description.

désemparé, **e** [dezɑ̃pare] *adj* [personne] helpless ; [avion, navire] disabled.

désemplir [32] [dezɑ̃plir] *vi* : **ce restaurant ne désemplit pas** this restaurant is always packed.

désencombrer [3] [dezɑ̃kɔ̃bre] *vt* to clear.

désendettement [dezɑ̃dɛtmɑ̃] *nm* degearing *UK*, debt reduction.

désenfler [3] [dezɑ̃fle] *vi* to go down, to become less swollen.

désengagement [dezɑ̃gaʒmɑ̃] *nm* disengagement.

désensibiliser [3] [desɑ̃sibilize] *vt* to desensitize.

déséquilibre [dezekilibr] *nm* imbalance.

déséquilibré, **e** [dezekilibre] *nm, f* unbalanced person.

déséquilibrer [3] [dezekilibre] *vt* - **1.** [physiquement] : **~ qqn** to throw sb off balance - **2.** [perturber] to unbalance.

désert, e [dezɛr, ɛrt] *adj* [désertique - île] desert *(avant n)* ; [peu fréquenté] deserted.
◆ **désert** *nm* desert.

déserter [3] [dezɛrte] *vt* & *vi* to desert.

déserteur [dezɛrtœr] *nm* MIL deserter ; *fig* & *péj* traitor.

désertification [dezɛrtifikasjɔ̃], **désertisation** [desɛrtizasjɔ̃] *nf* desertification ; [de région] depopulation.

désertion [dezɛrsjɔ̃] *nf* desertion.

désertique [dezɛrtik] *adj* desert *(avant n)*.

désertisation = **désertification.**

désespérant, e [dezɛsperɑ̃, ɑ̃t] *adj* - **1.** [déprimant] depressing - **2.** [affligeant] hopeless.

désespéré, e [dezɛspere] *adj* - **1.** [regard] desperate - **2.** [situation] hopeless.

désespérément [dezɛsperemɑ̃] *adv* - **1.** [sans espoir] hopelessly - **2.** [avec acharnement] desperately.

désespérer [18] [dezɛspere] <> *vt* - **1.** [décourager] : **~ qqn** to drive sb to despair - **2.** [perdre espoir] : **~ que qqch arrive** to give up hope of sthg happening. <> *vi* : **~ (de)** to despair (of).
◆ **se désespérer** *vp* to despair.

désespoir [dezɛspwar] *nm* despair ; **en ~ de cause** as a last resort ; **faire le ~ de qqn** to be the despair of sb.

déshabillé [dezabije] *nm* negligee.

déshabiller [3] [dezabije] *vt* to undress.
◆ **se déshabiller** *vp* to undress, to get undressed.

déshabituer [7] [dezabitɥe] *vt* : **~ qqn de faire qqch** to get sb out of the habit of doing sthg.
◆ **se déshabituer** *vp* : **se ~ de qqch** to become unaccustomed to sthg.

désherbant, e [dezɛrbɑ̃, ɑ̃t] *adj* weed-killing.
◆ **désherbant** *nm* weedkiller.

désherber [3] [dezɛrbe] *vt* & *vi* to weed.

déshérité, e [dezerite] <> *adj* - **1.** [privé d'héritage] disinherited - **2.** [pauvre] deprived. <> *nm, f* [pauvre] deprived person.

déshériter [3] [dezerite] *vt* to disinherit.

déshonneur [dezɔnœr] *nm* disgrace.

déshonorant, e [dezɔnɔrɑ̃, ɑ̃t] *adj* dishonourable *UK*, dishonorable *US*.

déshonorer [3] [dezɔnɔre] *vt* to disgrace, to bring disgrace on.
◆ **se déshonorer** *vp* to disgrace o.s.

déshumaniser [3] [dezymanize] *vt* to dehumanize.

déshydratation [dezidratasjɔ̃] *nf* dehydration.

déshydrater [3] [dezidrate] *vt* to dehydrate.
◆ **se déshydrater** *vp* to become dehydrated.

desiderata [deziderata] *nmpl* requirements.

design [dizajn] <> *adj inv* modern. <> *nm inv* modernism.

désignation [deziɲasjɔ̃] *nf* - **1.** [appellation] designation, name - **2.** [nomination] appointment.

désigner [3] [deziɲe] *vt* - **1.** [choisir] to appoint - **2.** [signaler] to point out - **3.** [nommer] to designate.
◆ **se désigner** *vp* : **se ~ (volontaire) pour qqch/pour faire qqch** to volunteer for sthg/to do sthg.

désillusion [dezilyzjɔ̃] *nf* disillusion.

désillusionner [3] [dezilyzjɔne] *vt* to disillusion.

désincarné, e [dezɛ̃karne] *adj* - **1.** RELIG disembodied - **2.** [éthéré] unearthly.

désindustrialisation [dezɛ̃dystrijalizasjɔ̃] *nf* deindustrialization.

désinence [dezinɑ̃s] *nf* LING ending.

désinfectant, e [dezɛ̃fɛktɑ̃, ɑ̃t] *adj* disinfectant.
◆ **désinfectant** *nm* disinfectant.

désinfecter [4] [dezɛ̃fɛkte] *vt* to disinfect.

désinflation [dezɛ̃flasjɔ̃] *nf* disinflation.

désinformation [dezɛ̃fɔrmasjɔ̃] *nf* disinformation.

désinstaller [3] [dezɛ̃stale] *vt* INFORM to uninstall.

désintégration [dezɛ̃tegrasjɔ̃] *nf* [désagrégation] disintegration ; *fig* break-up.

désintégrer [18] [dezɛ̃tegre] *vt* to break up.
◆ **se désintégrer** *vp* to disintegrate, to break up.

désintéressé, e [dezɛ̃terese] *adj* disinterested.

désintéresser [4] [dezɛ̃terese] ◆ **se désintéresser** *vp* : **se ~ de** to lose interest in.

désintérêt [dezɛ̃terɛ] *nm* lack of interest.

désintoxication [dezɛ̃tɔksikasjɔ̃] *nf* detoxification.

désinvolte [dezɛ̃vɔlt] *adj* - **1.** [à l'aise] casual - **2.** *péj* [sans-gêne] offhand.

désinvolture [dezɛ̃vɔltyr] *nf* - **1.** [légèreté] casualness - **2.** *péj* [sans-gêne] offhandedness ; **avec ~** in an offhand manner.

désir [dezir] *nm* - **1.** [souhait] desire, wish - **2.** [charnel] desire.

désirable [dezirabl] *adj* desirable.

désirer [3] [dezire] *vt* - **1.** *sout* [chose] : ~ **faire qqch** to wish to do sthg ; **vous désirez?** [dans un magasin] can I help you? ; [dans un café] what can I get you? - **2.** [sexuellement] to desire - **3.** *loc* **laisser à ~** to leave a lot to be desired.

désireux, euse [dezirø, øz] *adj sout* ~ **de faire qqch** anxious to do sthg.

désistement [dezistəmɑ̃] *nm* : ~ **(de)** withdrawal (from).

désister [3] [deziste] ◆ **se désister** *vp* - **1.** DR : **se ~ de qqch** to withdraw sthg - **2.** [se retirer] to withdraw, to stand down.

désobéir [32] [dezɔbeir] *vi* : ~ **(à qqn)** to disobey (sb).

désobéissance [dezɔbeisɑ̃s] *nf* disobedience.

désobéissant, e [dezɔbeisɑ̃, ɑ̃t] *adj* disobedient.

désobligeant, e [dezɔbliʒɑ̃, ɑ̃t] *adj sout* offensive.

désodorisant, e [dezɔdɔrizɑ̃, ɑ̃t] *adj* deodorant.

◆ **désodorisant** *nm* air freshener.

désodoriser [3] [dezɔdɔrize] *vt* to deodorize.

désœuvré, e [dezœvre] *adj* idle.

désœuvrement [dezœvrəmɑ̃] *nm* idleness.

désolant, e [dezɔlɑ̃, ɑ̃t] *adj* disappointing.

désolation [dezɔlasjɔ̃] *nf* - **1.** [destruction] desolation - **2.** *sout* [affliction] distress.

désolé, e [dezɔle] *adj* - **1.** [ravagé] desolate - **2.** [très affligé] distressed - **3.** [contrarié] very sorry.

désoler [3] [dezɔle] *vt* - **1.** [affliger] to sadden - **2.** [contrarier] to upset, to make sorry.

◆ **se désoler** *vp* [être contrarié] to be upset.

désolidariser [3] [desɔlidarize] *vt* - **1.** [choses] : ~ **qqch (de)** to disengage *ou* disconnect sthg (from) - **2.** [personnes] to estrange.

◆ **se désolidariser** *vp* : **se ~ de** to dissociate o.s. from.

désopilant, e [dezɔpilɑ̃, ɑ̃t] *adj* hilarious.

désordonné, e [dezɔrdɔne] *adj* [maison, personne] untidy ; *fig* [vie] disorganized.

désordre [dezɔrdr] *nm* - **1.** [fouillis] untidiness ; **en ~** untidy ; **dans le ~** in random order - **2.** *fig* [confusion] disorder - **3.** [agitation] disturbances *(pl)*, disorder *(U)*.

désorganiser [3] [dezɔrganize] *vt* to disrupt.

◆ **se désorganiser** *vp* to become disorganized.

désorienté, e [dezɔrjɑ̃te] *adj* disoriented, disorientated *UK*.

désorienter [3] [dezɔrjɑ̃te] *vt* [égarer] to disorient, to disorientate *UK* ; *fig* [déconcerter] to bewilder.

désormais [dezɔrmɛ] *adv* from now on, in future.

désosser [3] [dezɔse] *vt* to bone.

despote [dɛspɔt] ◇ *nm* [chef d'État] despot ; *fig* & *péj* tyrant. ◇ *adj* despotic.

despotique [dɛspɔtik] *adj* despotic.

despotisme [dɛspɔtism] *nm* [gouvernement] despotism ; *fig* & *péj* tyranny.

desquels, desquelles [dekɛl] ▷ **lequel**.

DESS (*abr de* **diplôme d'études supérieures spécialisées**) *nm postgraduate diploma*.

dessaisir [32] [desezir] *vt* DR : ~ **qqn d'une affaire** to withdraw a case from sb.

◆ **se dessaisir** *vp sout* **se ~ de qqch** to relinquish sthg.

dessaler [3] [desale] ◇ *vt* [poisson] : **faire ~** to soak. ◇ *vi* NAUT to capsize.

dessaouler, dessoûler [3] [desule] ◇ *vt* to sober up. ◇ *vi* to sober up ; **ne pas ~** *fam* to be permanently plastered.

dessécher [18] [deseʃe] *vt* [peau] to dry (out) ; *fig* [cœur] to harden.

◆ **se dessécher** *vp* [peau, terre] to dry out ; [plante] to wither ; *fig* to harden.

dessein [desɛ̃] *nm sout* intention.

◆ **à dessein** *loc adv* intentionally, on purpose.

desserrer [4] [desere] *vt* to loosen ; [poing, dents] to unclench ; [frein] to release.

dessert [desɛr] *nm* dessert.

desserte [desɛrt] *nf* - **1.** [transports] (transport) service - **2.** [meuble] sideboard.

desservir [38] [desɛrvir] *vt* - **1.** [transports] to serve - **2.** [table] to clear - **3.** [désavantager] to do a disservice to.

dessin [desɛ̃] *nm* - **1.** [graphique] drawing ; **~ animé** cartoon *(film)* ; **~ humoristique** cartoon *(drawing)* ; **~ industriel** draughtsmanship *UK*, draftsmanship *US* - **2.** *fig* [contour] outline.

dessinateur, trice [desinatœr, tris] *nm, f* artist, draughtsman (*f* draughtswoman) *UK*, draftsman (*f* draftswoman) *US* ; **~ industriel** draughtsman *UK*, draftsman *US*.

dessiner [3] [desine] ◇ *vt* [représenter] to draw ; *fig* to outline. ◇ *vi* to draw.

◆ **se dessiner** *vp* [se former] to take shape ; *fig* to stand out.

dessoûler = **dessaouler**.

dessous [dəsu] ◇ *adv* underneath. ◇ *prep* underneath, under. ◇ *nm* - **1.** [partie inférieure - gén] underside ; [- d'un tissu] wrong side - **2.** *loc* **avoir le ~** to come off worst ; **être au trente-sixième ~** to be in dire straits ; **connaître le ~ des cartes (de)** to have inside information (on) ; **les ~ de la politique/la finance** the hidden side of politics/the financial world. ◇ *nmpl* [sous-vêtements féminins] underwear *(U)*.

◆ **en dessous** *loc adv* underneath ; [plus bas] below ; **ils habitent l'appartement d'en ~** they live in the flat below *ou* downstairs ; **agir par en ~** to act in an underhand way.

◆ **en dessous de** *loc prép* below.

dessous-de-plat [dəsudpla] *nm inv* tablemat.

dessous-de-table [dəsudtabl] *nm inv* backhander *UK*.

dessus [dəsy] ◇ *adv* on top ; **n'oubliez pas d'inscrire l'adresse ~** don't forget to write the address on it ; **faites attention à ne pas marcher ~** be careful not to walk on it. ◇ *nm* - **1.** [partie supérieure] top - **2.** [étage supérieur] upstairs ; **les voisins du ~** the upstairs neighbours - **3.** *loc* **avoir le ~** to have the upper hand ; **reprendre le ~** to get over it ; **sens ~ dessous** upside down.

◆ **en dessus** *loc adv* on top.

dessus-de-lit [dəsydli] *nm inv* bedspread.

déstabilisateur, **trice** [destabilizatœr, tris] *adj* destabilizing.

déstabilisation [destabilizasjɔ̃] *nf* destabilization.

déstabiliser [3] [destabilize] *vt* to destabilize.

destin [dɛstɛ̃] *nm* fate.

destinataire [dɛstinatɛr] *nmf* addressee.

destination [dɛstinasjɔ̃] *nf* - **1.** [direction] destination ; **arriver à ~** to reach one's destination ; **un avion à ~ de Paris** a plane to *ou* for Paris - **2.** [rôle] purpose.

destinée [dɛstine] *nf* destiny.

destiner [3] [dɛstine] *vt* - **1.** [consacrer] : **~ qqch à** to intend sthg for, to mean sthg for - **2.** [vouer] : **~ qqn à qqch/à faire qqch** [à un métier] to destine sb for sthg/to do sthg ; [sort] to mark sb out for sthg/to do sthg.

◆ **se destiner** *vp* : **se ~ à** to intend to go into.

destituer [7] [dɛstitɥe] *vt* to dismiss.

destitution [dɛstitysjɔ̃] *nf* dismissal.

destructeur, **trice** [dɛstryktœr, tris] ◇ *adj* destructive. ◇ *nm, f* destroyer.

destruction [dɛstryksjɔ̃] *nf* destruction.

déstructuration [destryktyrasjɔ̃] *nf* breaking down.

déstructurer [3] [destryktyre] *vt* to break down.

désuet, **ète** [dezɥɛ, ɛt] *adj* [expression, coutume] obsolete ; [style, tableau] outmoded.

désuétude [dezɥetyd] *nf* : **tomber en ~** [expression, coutume] to become obsolete ; [style, tableau] to become outmoded.

désuni, **e** [dezyni] *adj* divided.

désunion [dezynjɔ̃] *nf* division, dissension.

désunir [32] [dezynir] *vt* [scinder] to divide, to separate ; *fig* to divide.

◆ **se désunir** *vp* [athlète] to lose one's stride.

détachable [detaʃabl] *adj* detachable, removable.

détachage [detaʃaʒ] *nm* stain removal.

détachant, **e** [detaʃɑ̃, ɑ̃t] *adj* stain-removing.

◆ **détachant** *nm* stain remover.

détaché, **e** [detaʃe] *adj* detached ; **~ à** *ou* **auprès de** seconded to.

détachement [detaʃmɑ̃] *nm* - **1.** [d'esprit] detachment - **2.** [de fonctionnaire] secondment *UK* - **3.** MIL detachment.

détacher [3] [detaʃe] *vt* - **1.** [enlever] : **~ qqch (de)** [objet] to detach sthg (from) ; *fig* to free sthg (from) ; **coupon à ~** tear-off coupon - **2.** [nettoyer] to remove stains from, to clean - **3.** [délier] to undo ; [cheveux] to untie - **4.** ADMIN : **~ qqn auprès de** to second sb to *UK*.

◆ **se détacher** *vp* - **1.** [tomber] : **se ~ (de)** to come off ; *fig* to free o.s. (from) - **2.** [se défaire] to come undone - **3.** [ressortir] : **se ~ sur** to stand out on - **4.** [se désintéresser] : **se ~ de qqn** to drift apart from sb.

détail [detaj] *nm* - **1.** [précision] detail - **2.** [description] : **faire le ~ de** to give a detailed breakdown *ou* description of - **3.** COMM : **le ~** retail.

◆ **au détail** *loc adj & loc adv* retail.

◆ **en détail** *loc adv* in detail.

détaillant, **e** [detajɑ̃, ɑ̃t] ◇ *adj* retail. ◇ *nm, f* retailer.

détaillé, **e** [detaje] *adj* detailed.

détailler [3] [detaje] *vt* - **1.** [expliquer] to give details of - **2.** [vendre] to retail.

détaler [3] [detale] *vi* - **1.** [personne] to clear out - **2.** [animal] to bolt.

détartrant, **e** [detartrɑ̃, ɑ̃t] *adj* descaling.

◆ **détartrant** *nm* descaling agent.

détartrer [3] [detartre] *vt* to scale, to descale.

détaxe [detaks] *nf* : **~ (sur)** [suppression] removal of tax (from) ; [réduction] reduction in tax (on).

détecter [4] [detɛkte] *vt* to detect.

détecteur, **trice** [detɛktœr, tris] *adj* detecting, detector *(avant n)*.
◆ **détecteur** *nm* detector ; **~ de fumée** smoke detector.

détection [detɛksjɔ̃] *nf* detection.

détective [detɛktiv] *nm* detective ; **~ privé** private detective.

déteindre [81] [detɛ̃dr] ◇ *vt* to fade. ◇ *vi* to fade ; **~ sur** *fig* to rub off on ; **~ au lavage** to run (in the wash).

déteint, **e** [detɛ̃, ɛ̃t] *pp* ⊳ **déteindre**.

dételer [24] [detle] ◇ *vt* - **1.** [cheval] to unharness - **2.** [wagon] to unhitch. ◇ *vi fam fig* **sans ~** at a stretch.

détendre [73] [detɑ̃dr] *vt* - **1.** [corde] to loosen, to slacken ; *fig* to ease - **2.** [personne] to relax.
◆ **se détendre** *vp* - **1.** [se relâcher] to slacken ; *fig* [situation] to ease ; [atmosphère] to become more relaxed - **2.** [se reposer] to relax.

détendu, **e** [detɑ̃dy] ◇ *pp* ⊳ **détendre**. ◇ *adj* - **1.** [corde] loose, slack - **2.** [personne] relaxed.

détenir [40] [detnir] *vt* - **1.** [objet] to have, to hold - **2.** [personne] to detain, to hold.

détente [detɑ̃t] *nf* - **1.** [de ressort] release - **2.** [d'une arme] trigger - **3.** [repos] relaxation - **4.** POLIT détente - **5.** [d'athlète] thrust - **6.** *loc* **être dur à la ~** to be slow on the uptake.

détenteur, **trice** [detɑ̃tœr, tris] *nm, f* [d'objet, de secret] possessor ; [de prix, record] holder.

détention [detɑ̃sjɔ̃] *nf* - **1.** [possession] possession - **2.** [emprisonnement] detention ; **~ préventive** remand (in custody).

détenu, **e** [detny] ◇ *pp* ⊳ **détenir**. ◇ *adj* detained. ◇ *nm, f* prisoner.

détergent, **e** [detɛrʒɑ̃, ɑ̃t] *adj* detergent *(avant n)*.
◆ **détergent** *nm* detergent.

détérioration [deterjɔrasjɔ̃] *nf* [de bâtiment] deterioration ; [de situation] worsening.

détériorer [3] [deterjɔre] *vt* - **1.** [abîmer] to damage - **2.** [altérer] to ruin.
◆ **se détériorer** *vp* - **1.** [bâtiment] to deteriorate ; [situation] to worsen - **2.** [s'altérer] to be spoiled.

déterminant, **e** [detɛrminɑ̃, ɑ̃t] *adj* decisive, determining.
◆ **déterminant** *nm* - **1.** LING determiner - **2.** MATH determinant.

détermination [detɛrminasjɔ̃] *nf* - **1.** [définition] determining *(U)* - **2.** [fixation] determination - **3.** [résolution] decision.

déterminé, **e** [detɛrmine] *adj* - **1.** [quantité] given *(avant n)* - **2.** [expression] determined.

déterminer [3] [detɛrmine] *vt* - **1.** [préciser] to determine, to specify - **2.** [provoquer] to bring about ; **~ qqn à faire qqch** to cause sb to do sthg.
◆ **se déterminer** *vp* : **se ~ à faire qqch** to decide to do sthg.

déterminisme [detɛrminism] *nm* determinism.

déterré, **e** [detere] *adj* : **avoir une mine de ~** to look like death warmed up.

déterrer [4] [detere] *vt* to dig up.

détersif, **ive** [detɛrsif, iv] *adj* detergent *(avant n)*.
◆ **détersif** *nm* detergent.

détestable [detɛstabl] *adj* dreadful.

détester [3] [detɛste] *vt* to detest.

détiendrai, **détiendras** *etc* ⊳ **détenir**.

détonant, **e** [detɔnɑ̃, ɑ̃t] *adj* explosive.

détonateur [detɔnatœr] *nm* TECHNOL detonator ; *fig* trigger.

détonation [detɔnasjɔ̃] *nf* detonation.

détoner [3] [detɔne] *vi* to detonate.

détonner [3] [detɔne] *vi* MUS to be out of tune ; [couleur] to clash ; [personne] to be out of place.

détour [detur] *nm* - **1.** [crochet] detour ; **faire un ~ (par)** to make a detour (through) - **2.** [méandre] bend ; **au ~ du chemin** at the bend in the road ; **sans ~** *fig* directly.

détourné, **e** [deturne] *adj* [dévié] indirect ; *fig* roundabout *(avant n)*.

détournement [deturnəmɑ̃] *nm* diversion *UK*, detour *US* ; **~ d'avion** hijacking, skyjacking ; **~ de fonds** embezzlement ; **~ de mineur** corruption of a minor.

détourner [3] [deturne] *vt* - **1.** [dévier - gén] to divert *UK*, to detour *US* ; [- avion] to hijack, to skyjack - **2.** [écarter] : **~ qqn de** to distract sb from, to divert sb from - **3.** [la tête, les yeux] to turn away - **4.** [argent] to embezzle.
◆ **se détourner** *vp* to turn away ; **se ~ de** *fig* to move away from.

détracteur, **trice** [detraktœr, tris] *nm, f* detractor.

détraqué, **e** [detrake] *fam* ◇ *adj* - **1.** [déréglé] on the blink - **2.** [fou] nutty, loopy. ◇ *nm, f* nutter *UK*, nutcase.

détraquer [3] [detrake] *vt fam* [dérégler] to break ; *fig* to upset.
◆ **se détraquer** *vp fam* [se dérégler] to go wrong ; *fig* to become unsettled.

détrempe [detrɑ̃p] *nf* ART tempera.

détremper [3] [detrɑ̃pe] *vt* - **1.** [sol] to soften - **2.** [peinture] to thin.

détresse [detrɛs] *nf* distress ; **en ~** in distress.

détriment [detrimɑ̃] ◆ **au détriment de** *loc prép* to the detriment of.

détritus [detrity(s)] *nm* detritus.

détroit [detrwa] *nm* strait ; **le ~ de Bering** the Bering Strait ; **le ~ de Gibraltar** the Strait of Gibraltar.

détromper [3] [detrɔ̃pe] *vt* to disabuse.
◆ **se détromper** *vp* to disabuse o.s. ; **détrompez-vous!** think again!

détrôner [3] [detrone] *vt* [souverain] to dethrone ; *fig* to oust.

détrousser [3] [detruse] *vt vieilli* to rob.

détruire [98] [detrɥir] *vt* - **1.** [démolir, éliminer] to destroy - **2.** [massacrer] to wipe out - **3.** *fig* [anéantir] to ruin.
◆ **se détruire** *vp* to destroy o.s.

détruisais, **détruise** *etc* ▷ **détruire.**

détruit, **e** [detrɥi, it] *pp* ▷ **détruire.**

dette [dɛt] *nf* debt ; **avoir des ~s** to have debts ; **la ~ publique** the national debt ; **être criblé de ~s** to be crippled by debt.

DEUG, **Deug** [dœg] (*abr de* **diplôme d'études universitaires générales**) *nm university diploma taken after two years of humanities-oriented courses.*

DEUG, DEUST

In French universities, students are awarded the *DEUG* or the *DEUST* after two years of courses. The DEUG sanctions a humanities-oriented course of study, while the DEUST is awarded upon completion of a more scientific program. After these first two years, students may take further courses leading to the *licence* (the equivalent of a bachelor's degree).

deuil [dœj] *nm* [douleur, mort] bereavement ; [vêtements, période] mourning *(U)* ; **en ~** in mourning ; **porter le ~** to be in *ou* wear mourning ; **faire son ~ de qqch** *fig* to wave sthg goodbye.

DEUST, **Deust** [dœst] (*abr de* **diplôme d'études universitaires scientifiques et techniques**) *nm university diploma taken after two years of science courses, voir aussi* **DEUG.**

deux [dø] ◇ *adj num inv* two ; **ses ~ fils** both his sons, his two sons ; **tous les ~ jours** every other day, every two days, every second day ; **en moins de ~** *fam fig* in no time at all, in two ticks *UK*. ◇ *nm* two ; **les ~** both ; **par ~** in pairs, *voir aussi* **six.**

deuxième [døzjɛm] *adj num inv, nm & nmf* second, *voir aussi* **sixième.**

deuxièmement [døzjɛmmɑ̃] *adv* secondly.

deux-pièces [døpjɛs] *nm inv* - **1.** [appartement] two-room flat *UK ou* apartment *US* - **2.** [bikini] two-piece (swimming costume).

deux-points [døpwɛ̃] *nm inv* colon.

deux-roues [døru] *nm inv* two-wheeled vehicle.

deux-temps [døtɑ̃] *nm inv* [mécanique] two-stroke (engine).

dévaler [3] [devale] ◇ *vt* to run down. ◇ *vi* to hurtle down.

dévaliser [3] [devalize] *vt* [cambrioler - maison] to ransack ; [- personne] to rob ; *fig* to strip bare.

dévalorisant, **e** [devalɔrizɑ̃, ɑ̃t] *adj* demeaning.

dévalorisation [devalɔrizasjɔ̃] *nf* depreciation.

dévaloriser [3] [devalɔrize] *vt* - **1.** [monnaie] to devalue - **2.** [personne] to run *ou* put down.
◆ **se dévaloriser** *vp* - **1.** [monnaie] to fall in value - **2.** [personne] *fig* to run *ou* put o.s. down.

dévaluation [devalɥasjɔ̃] *nf* devaluation.

dévaluer [7] [devalɥe] ◇ *vt* to devalue. ◇ *vi* to devalue.
◆ **se dévaluer** *vp* to devalue.

devancer [16] [dəvɑ̃se] *vt* - **1.** [précéder] to arrive before - **2.** [surpasser] to be in front of - **3.** [anticiper] to anticipate.

devant [dəvɑ̃] ◇ *prep* - **1.** [en face de] in front of - **2.** [en avant de] ahead of, in front of ; **aller droit ~ soi** to go straight ahead *ou* on - **3.** [en présence de, face à] in the face of. ◇ *adv* - **1.** [en face] in front - **2.** [en avant] in front, ahead. ◇ *nm* front ; **prendre les ~s** to make the first move, to take the initiative.
◆ **de devant** *loc adj* [pattes, roues] front *(avant n).*

devanture [dəvɑ̃tyr] *nf* shop window ; **à la ~ de** on display in.

dévastateur, **trice** [devastatœr, tris] *adj* devastating.

dévastation [devastasjɔ̃] *nf* devastation.

dévaster [3] [devaste] *vt* to devastate.

déveine [devɛn] *nf fam* bad luck.

développement [devlɔpmɑ̃] *nm* - **1.** [gén] development - **2.** PHOTO developing - **3.** [exposé] exposition - **4.** ÉCON : **~ durable** sustainable development.
◆ **développements** *nmpl* developments.

développer [3] [devlɔpe] *vt* to develop ; [industrie, commerce] to expand ; PHOTO to develop ; **faire ~ des photos** to have some photos developed.
◆ **se développer** *vp* - **1.** [s'épanouir] to spread - **2.** ÉCON to grow, to expand.

développeur [devlɔpœr] *nm* [INFORM - entreprise] software development *ou* design company ; [- personne] software developer *ou* designer.

devenir [40] [dəvnir] *vi* to become ; **que devenez-vous?** *fig* how are you doing?

devenu, e [dəvny] *pp* ▷ **devenir**.

dévergondé, e [devɛrgɔ̃de] ◇ *adj* shameless, wild. ◇ *nm, f* shameless person.

dévergonder [3] [devɛrgɔ̃de] ◆ **se dévergonder** *vp* to go to the bad, to get into bad ways.

déverrouiller [3] [devɛruje] *vt* - **1.** [porte] to unbolt - **2.** [arme] to release the catch of.

déverser [3] [devɛrse] *vt* - **1.** [liquide] to pour out - **2.** [ordures] to tip (out) *UK* - **3.** [bombes] to unload, to drop - **4.** *fig* [injures] to pour out.
◆ **se déverser** *vp* : **se ~ dans** to flow into.

déversoir [devɛrswar] *nm* overflow.

dévêtir [44] [devetir] *vt sout* to undress.
◆ **se dévêtir** *vp sout* to undress, to get undressed.

dévêtu, e [devɛty] *pp* ▷ **dévêtir**.

déviant, e [devjɑ̃, ɑ̃t] *adj* deviant.

déviation [devjasjɔ̃] *nf* - **1.** [gén] deviation - **2.** [d'itinéraire] diversion *UK*, detour *US*.

dévider [3] [devide] *vt* [fil] to unwind.

deviendrai, deviendras *etc* ▷ **devenir**.

devienne, devient ▷ **devenir**.

dévier [9] [devje] ◇ *vi* : **~ de** to deviate from. ◇ *vt* to divert *UK*, to detour *US*.

devin, devineresse [dəvɛ̃, dəvinrɛs] *nm, f* : **je ne suis pas ~!** I'm not psychic!

deviner [3] [dəvine] *vt* to guess.
◆ **se deviner** *vp* - **1.** [aller de soi] to just come naturally - **2.** [se voir] : **ça se devine facilement** that's easy to see.

devinette [dəvinɛt] *nf* riddle.

devis [dəvi] *nm* estimate ; **faire un ~** to (give an) estimate.

dévisager [17] [devizaʒe] *vt* to stare at.

devise [dəviz] *nf* - **1.** [formule] motto - **2.** [monnaie] currency.
◆ **devises** *nfpl* [argent] currency *(U)*.

deviser [3] [dəvize] *vi* - **1.** *sout* [parler] : **~ de** *ou* **sur** to converse about - **2.** *helvétisme* [faire un devis] to estimate.

dévisser [3] [devise] ◇ *vt* to unscrew. ◇ *vi* [alpinisme] to fall (off).

de visu [dəvizy] *adv* : **constater qqch ~** to see sthg with one's own eyes.

dévoiler [3] [devwale] *vt* to unveil ; *fig* to reveal.

devoir [53] [dəvwar] ◇ *nm* - **1.** [obligation] duty ; **faire son ~** to do one's duty - **2.** SCOL homework *(U)* ; **faire ses ~s** to do one's homework. ◇ *vt* - **1.** [argent, respect] : **~ qqch (à qqn)** to owe (sb) sthg - **2.** [être redevable de] : **~ qqch à qqn** to owe sthg to sb ; **je lui dois d'être ici** it's thanks to him that I'm here - **3.** [marque l'obligation] : **~ faire qqch** to have to do sthg ; **je dois partir à l'heure ce soir** I have to *ou* must leave on time tonight ; **tu devrais faire attention** you should be *ou* ought to be careful ; **il n'aurait pas dû mentir** he shouldn't have lied, he ought not to have lied - **4.** [marque la probabilité] : **il doit faire chaud là-bas** it must be hot over there ; **il a dû oublier** he must have forgotten - **5.** [marque le futur, l'intention] : **~ faire qqch** to be (due) to do sthg, to be going to do sthg ; **elle doit arriver à 6 heures** she's due to arrive at 6 o'clock ; **je dois voir mes parents ce week-end** I'm seeing *ou* going to see my parents this weekend - **6.** [être destiné à] : **il devait mourir trois ans plus tard** he was to die three years later ; **cela devait arriver** it had to happen, it was bound to happen.
◆ **se devoir** *vp* : **se ~ de faire qqch** to be duty-bound to do sthg ; **comme il se doit** as is proper.

dévolu, e [devɔly] *adj sout* **~ à** allotted to.
◆ **dévolu** *nm* : **jeter son ~ sur** to set one's sights on.

dévorer [3] [devɔre] *vt* to devour ; **être dévoré de** *fig* to be eaten up by *ou* with.

dévot, e [devo, ɔt] ◇ *adj* devout. ◇ *nm, f* devout person.

dévotion [devɔsjɔ̃] *nf* devotion ; **avec ~** [prier] devoutly ; [soigner, aimer] devotedly ; **faire ses ~s** to perform one's devotions.

dévoué, e [devwe] *adj* devoted.

dévouement [devumɑ̃] *nm* devotion.

dévouer [6] [devwe] ◆ **se dévouer** *vp* - **1.** [se consacrer] : **se ~ à** to devote o.s. to - **2.** *fig* [se sacrifier] : **se ~ pour qqch/pour faire qqch** to sacrifice o.s. for sthg/to do sthg.

dévoyé, e [devwaje] *adj & nm, f* delinquent.

dévoyer [13] [devwaje] *vt litt* to lead astray.
◆ **se dévoyer** *vp litt* to go astray.

devrai, devras *etc* ▷ **devoir**.

dextérité [dɛksterite] *nf* dexterity, skill ; **avec ~** skilfully.

dézipper [3] [dezipe] *vt* INFORM to unzip.

dg (*abr écrite de* **décigramme**) dg.

DG (*abr de* **directeur général**) *nm* GM.

DGE (*abr de* **dotation globale d'équipement**) *nf state contribution to local government capital budget.*

DGF (*abr de* **dotation globale de fonctionnement**) *nf state contribution to local government revenue budget.*

DGI (*abr de* **Direction générale des impôts**) *nf central tax office.*

DGSE (*abr de* **Direction générale de la sécurité extérieure**) *nf French intelligence and espionage service,* ≃ MI6 *UK*, ≃ CIA *US*.

diabète [djabɛt] *nm* diabetes *(U)*.

diabétique [djabetik] *nmf* & *adj* diabetic.

diable [djabl] *nm* devil ; **au ~** [loin] miles from anywhere ; **avoir le ~ au corps** to be a real handful ; **tirer le ~ par la queue** to live from hand to mouth.

diablement [djabləmɑ̃] *adv vieilli* horribly.

diablesse [djablɛs] *nf* she-devil ; [femme turbulente] shrew, vixen.

diablotin [djablɔtɛ̃] *nm* imp.

diabolique [djabɔlik] *adj* diabolical.

diabolo [djabɔlo] *nm* - **1.** [jouet] diabolo - **2.** [boisson] fruit cordial and lemonade ; **~ menthe** mint (cordial) and lemonade.

diacre [djakr] *nm* RELIG deacon.

diadème [djadɛm] *nm* diadem.

diagnostic [djagnɔstik] *nm* MÉD *fig* diagnosis.

diagnostiquer [3] [djagnɔstike] *vt* MÉD *fig* to diagnose.

diagonale [djagɔnal] *nf* diagonal ; **en ~** diagonally ; **lire en ~** *fig* to skim.

diagramme [djagram] *nm* graph.

dialecte [djalɛkt] *nm* dialect.

dialectique [djalɛktik] *nf* & *adj* dialectic.

dialogue [djalɔg] *nm* discussion ; **c'est un ~ de sourds** they're/you're *etc* never going to agree.

◆ **dialogues** *nmpl* dialogue *(sing)*, dialog *(sing) US*.

dialoguer [3] [djalɔge] *vi* - **1.** [converser] to converse - **2.** INFORM to interact.

dialyse [djaliz] *nf* dialysis.

diamant [djamɑ̃] *nm* [pierre] diamond.

diamétralement [diametralmɑ̃] *adv* : **~ opposé** diametrically opposed.

diamètre [djamɛtr] *nm* diameter.

diantre [djɑ̃tr] *interj litt* & *vieilli* by Jove!

diapason [djapazɔ̃] *nm* [instrument] tuning fork ; **se mettre au ~** *fig* to get on the same wavelength.

diaphane [djafan] *adj* [peau, teint] translucent ; [tissu] diaphanous.

diaphragme [djafragm] *nm* diaphragm.

diapositive [djapozitiv] *nf* slide.

diarrhée [djare] *nf* diarrhoea *UK*, diarrhea *US*.

diatribe [djatrib] *nf sout* diatribe.

dichotomie [dikɔtɔmi] *nf* dichotomy.

dico [diko] *nm fam* dictionary.

Dictaphone® [diktafɔn] *nm* Dictaphone®.

dictateur [diktatœr] *nm* dictator.

dictatorial, e, aux [diktatɔrjal, o] *adj* dictatorial.

dictature [diktatyr] *nf* dictatorship.

dictée [dikte] *nf* dictation.

dicter [3] [dikte] *vt* to dictate.

diction [diksjɔ̃] *nf* diction.

dictionnaire [diksjɔnɛr] *nm* dictionary ; **~ bilingue/encyclopédique** bilingual/encyclopedic dictionary.

dicton [diktɔ̃] *nm* saying, dictum.

didactique [didaktik] *adj* didactic.

dièse [djɛz] ◇ *adj* sharp ; **do/fa ~** C/F sharp. ◇ *nm* sharp ; [symbole] hash ; **appuyez sur la touche ~** press the hash key.

diesel [djezɛl] *adj inv* diesel ; **moteur ~** diesel engine.

diète [djɛt] *nf* diet ; **être à la ~** [régime] to be on a diet ; [jeûne] to be fasting.

diététicien, enne [djetetisjɛ̃, ɛn] *nm, f* dietician.

diététique [djetetik] ◇ *nf* dietetics *(U)*. ◇ *adj* [considération, raison] dietary ; [produit, magasin] health *(avant n)*.

dieu, x [djø] *nm* god ; **comme un ~** *fig* & *hum* divinely.

◆ **Dieu** *nm* God ; **mon Dieu!** my God! ; **Dieu sait où/comment** God knows where/how ; **Dieu merci!** thank God!

diffamation [difamasjɔ̃] *nf* [écrite] libel ; [orale] slander ; **attaquer qqn en ~** to sue sb for slander/libel.

diffamatoire [difamatwar] *adj* defamatory.

différant [diferɑ̃] *pp* ▷ **différer**.

différé, e [difere] *adj* recorded.

◆ **différé** *nm* : **en ~** TV recorded ; INFORM offline.

différemment [diferamɑ̃] *adv* differently.

différence [diferɑ̃s] *nf* difference.

différencier [9] [diferɑ̃sje] *vt* : **~ qqch de qqch** to differentiate sthg from sthg.

◆ **se différencier** *vp* : **se ~ de** to be different from.

différend [diferɑ̃] *nm* [désaccord] difference of opinion ; **avoir un ~ avec** to have a difference of opinion with.

différent, e [diferɑ̃, ɑ̃t] *adj* : **~ (de)** different (from).

différentiel, elle [diferɑ̃sjɛl] *adj* differential.

différer [18] [difere] ◇ *vt* [retarder] to postpone. ◇ *vi* : **~ de** to differ from, to be different from ; **~ (selon)** to vary (according to).

difficile [difisil] ◇ *adj* difficult. ◇ *nm* : **faire le/la ~** to be hard to please.

difficilement [difisilmɑ̃] *adv* with difficulty.

difficulté [difikylte] *nf* **- 1.** [complexité, peine] difficulty **- 2.** [obstacle] problem ; **en ~** in difficulty.

difforme [difɔrm] *adj* deformed.

difformité [difɔrmite] *nf* deformity.

diffraction [difraksjɔ̃] *nf* diffraction.

diffus, e [dify, yz] *adj* diffused ; *fig* vague.

diffuser [3] [difyze] *vt* **- 1.** [lumière] to diffuse **- 2.** [émission] to broadcast **- 3.** [livres] to distribute.

diffuseur [difyzœr] *nm* **- 1.** [appareil] diffuser **- 2.** [de livres] distributor.

diffusion [difyzjɔ̃] *nf* **- 1.** [d'émission, d'onde] broadcast **- 2.** [de livres] distribution.

digérer [18] [diʒere] ◇ *vi* to digest. ◇ *vt* **- 1.** [repas, connaissance] to digest **- 2.** *fam fig* [désagrément] to put up with.

digeste [diʒɛst] *adj* (easily) digestible.

digestible [diʒɛstibl] *adj* digestible.

digestif, ive [diʒɛstif, iv] *adj* digestive.
◆ **digestif** *nm* liqueur.

digestion [diʒɛstjɔ̃] *nf* digestion.

digital, e, aux [diʒital, o] *adj* **- 1.** TECHNOL digital **- 2.** ▷ **empreinte.**
◆ **digitale** *nf* digitalis.

digne [diɲ] *adj* **- 1.** [honorable] dignified **- 2.** [méritant] : **~ de** worthy of ; **~ de foi** trustworthy.

dignement [diɲmɑ̃] *adv* with dignity.

dignitaire [diɲitɛr] *nm* dignitary ; **haut ~** mandarin.

dignité [diɲite] *nf* dignity ; **se draper dans sa ~** to stand on one's dignity.

digression [digresjɔ̃] *nf* digression.

digue [dig] *nf* dike.

diktat [diktat] *nm* diktat.

dilapider [3] [dilapide] *vt* to squander.

dilatation [dilatasjɔ̃] *nf* dilation.

dilater [3] [dilate] *vt* to dilate.
◆ **se dilater** *vp* to expand, to dilate.

dilatoire [dilatwar] *adj* delaying *(avant n)*.

dilemme [dilɛm] *nm* dilemma.

dilettante [diletɑ̃t] *nmf* dilettante ; **faire qqch en ~** to dabble in sthg.

diligence [diliʒɑ̃s] *nf* HIST *sout* diligence.

diligent, e [diliʒɑ̃, ɑ̃t] *adj vieilli* diligent.

diluant [dilɥɑ̃] *nm* thinner.

diluer [7] [dilɥe] *vt* to dilute.

diluvien, enne [dilyvjɛ̃, ɛn] *adj* torrential.

dimanche [dimɑ̃ʃ] *nm* Sunday ; **~ des Rameaux** Palm Sunday, *voir aussi* **samedi.**

dimension [dimɑ̃sjɔ̃] *nf* **- 1.** [mesure] dimension **- 2.** [taille] dimensions *(pl)*, size **- 3.** *fig* [importance] magnitude ; **à la ~ de** equal to.
◆ **à deux dimensions** *loc adj* two-dimensional.
◆ **à trois dimensions** *loc adj* three-dimensional.

diminué, e [diminɥe] *adj* diminished.

diminuer [7] [diminɥe] ◇ *vt* [réduire] to diminish, to reduce. ◇ *vi* [intensité] to diminish, to decrease.
◆ **se diminuer** *vp* to put o.s. down.

diminutif, ive [diminytif, iv] *adj* diminutive.
◆ **diminutif** *nm* diminutive.

diminution [diminysjɔ̃] *nf* diminution.

DIN, Din [din] (*abr écrite de* **Deutsche Industrie Norm**) DIN.

dinde [dɛ̃d] *nf* **- 1.** [animal] turkey **- 2.** *péj* [femme] stupid woman.

dindon [dɛ̃dɔ̃] *nm* turkey ; **être le ~ de la farce** *fig* to be made a fool of.

dîner [3] [dine] ◇ *vi* to dine. ◇ *nm* dinner ; **~ d'affaires/aux chandelles** business/candlelit dinner.

dînette [dinɛt] *nf* doll's tea party ; **faire la ~** to have a snack ; **jouer à la ~** to have a doll's tea party.

dingue [dɛ̃g] *fam* ◇ *adj* **- 1.** [personne] crazy **- 2.** [histoire] incredible. ◇ *nmf* loony.

dinosaure [dinozɔr] *nm* dinosaur.

diocèse [djɔsɛz] *nm* diocese.

diode [djɔd] *nf* diode.

dioptrie [djɔptri] *nf* dioptre *UK*, diopter *US*.

dioxine [diɔksin] *nf* dioxin.

diphasé, e [difaze] *adj* two-phase.

diphtérie [difteri] *nf* diphtheria.

diphtongue [diftɔ̃g] *nf* diphthong.

diplomate [diplɔmat] ◇ *nmf* [ambassadeur] diplomat. ◇ *nm* [gâteau] ≃ trifle *UK*. ◇ *adj* diplomatic.

diplomatie [diplɔmasi] *nf* diplomacy.

diplomatique [diplɔmatik] *adj* diplomatic.

diplôme [diplom] *nm* diploma.

diplômé, e [diplome] ◇ *adj* : **être ~ de/en** to be a graduate of/in. ◇ *nm, f* graduate.

dire [102] [dir] *vt* : **~ qqch (à qqn)** [parole] to say sthg (to sb) ; [vérité, mensonge, secret] to tell (sb) sthg ; **~ à qqn de faire qqch** to tell sb to do sthg ; **il m'a dit que...** he told me (that)... ; **cela va sans ~** that goes without saying ; **c'est vite dit** *fam* that's easy (for you/him *etc*) to say ; **c'est beaucoup ~** that's saying a lot ; **elle est vraiment difficile, et ce n'est pas peu ~** she's very difficult - and I mean difficult ; **en ~ long** *fig* to speak volumes ; **entre nous soit dit** between you and me ; **la ville proprement dite** the actual town ; **~ du bien/du mal (de)** to speak well /ill (of) ; **que dirais-tu de...?** what would you say to...? ; **qu'en dis-tu?** what do you think (of it)? ; **on dit que...** they say (that)... ; **on dirait que...** it looks as if... ; **on dirait de la soie** it looks like silk, you'd think it was silk ; **et ~ que je n'étais pas là!** and to think I wasn't there! ; **ça ne me dit rien** [pas envie] I don't fancy that ; [jamais entendu] I've never heard of it.

◆ **se dire** *vp* - **1.** [penser] to think (to o.s.) - **2.** [s'employer] : **ça ne se dit pas** [par décence] you mustn't say that ; [par usage] people don't say that, nobody says that - **3.** [se traduire] : **'chat' se dit 'gato' en espagnol** the Spanish for 'cat' is 'gato'.

◆ **au dire de** *loc prép* according to.

◆ **cela dit** *loc adv* having said that.

◆ **dis donc** *loc adv fam* so ; [au fait] by the way ; [à qqn qui exagère] look here!

◆ **pour ainsi dire** *loc adv* so to speak.

◆ **à vrai dire** *loc adv* to tell the truth.

direct, e [dirɛkt] *adj* direct.

◆ **direct** *nm* - **1.** [boxe] jab ; **un ~ du gauche** a straight left - **2.** [train] nonstop train - **3.** RADIO & TV : **le ~** live transmission *(U)* ; **en ~** live.

directement [dirɛktəmɑ̃] *adv* directly.

directeur, trice [dirɛktœr, tris] ◇ *adj* - **1.** [dirigeant] leading ; **comité ~** steering committee - **2.** [central] guiding. ◇ *nm, f* director, manager ; **~ commercial/du marketing** sales/marketing director, sales/marketing manager ; **~ général** general manager, managing director *UK*, chief executive officer *US* ; **~ de la communication** director of communications ; **~ du personnel** *ou* **des ressources humaines** personnel *ou* human resources manager ; **~ de thèse** UNIV thesis supervisor ; **~ des ventes** sales manager.

direction [dirɛksjɔ̃] *nf* - **1.** [gestion, ensemble des cadres] management ; **sous la ~ de** under the management of - **2.** [orientation] direction ; **en** *ou* **dans la ~ de** in the direction of ; **'toutes ~s'** 'all routes' - **3.** AUTO steering ; **~ assistée** power steering.

directive [dirɛktiv] *nf* directive.

directorial, e, aux [dirɛktɔrjal, o] *adj* managerial.

directrice ▻ **directeur.**

dirigeable [diriʒabl] *nm* : **(ballon) ~** airship.

dirigeant, e [diriʒɑ̃, ɑ̃t] ◇ *adj* ruling. ◇ *nm, f* [de pays] leader ; [d'entreprise] manager.

diriger [17] [diriʒe] *vt* - **1.** [mener - entreprise] to run, to manage ; [- orchestre] to conduct ; [- film, acteurs] to direct ; [- recherches, projet] to supervise - **2.** [conduire] to steer - **3.** [orienter] : **~ qqch sur** to aim sthg at ; **~ qqch vers** to aim sthg towards *ou* toward *US*.

◆ **se diriger** *vp* : **se ~ vers** to go towards *ou* toward *US*, to head towards *ou* toward *US*.

dirigisme [diriʒism] *nm* interventionism.

disais, disions *etc* ▻ **dire.**

discal, e, aux [diskal, o] ▻ **hernie.**

discernement [disɛrnəmɑ̃] *nm* - **1.** [jugement] discernment - **2.** *sout* [distinction] distinction.

discerner [3] [disɛrne] *vt* - **1.** [distinguer] : **~ qqch de** to distinguish sthg from - **2.** [deviner] to discern.

disciple [disipl] *nmf* disciple.

disciplinaire [disiplinɛr] *adj* disciplinary ; **mesure ~** disciplinary measure.

discipline [disiplin] *nf* discipline ; **~ de fer** iron rule.

discipliné, e [disipline] *adj* disciplined.

discipliner [3] [discipline] *vt* [personne] to discipline ; [cheveux] to control.

disc-jockey [diskʒɔkɛ] (*pl* **disc-jockeys**) *nm* disc jockey.

disco [disko] ◇ *adj inv* disco *(avant n)*. ◇ *nm* disco (music).

discographie [diskɔgrafi] *nf* discography.

discontinu, e [diskɔ̃tiny] *adj* [ligne] broken ; [bruit, effort] intermittent.

discontinuer [7] [diskɔ̃tinɥe] *vi* : **sans ~** without interruption.

discordance [diskɔrdɑ̃s] *nf* discrepancy.

discordant, e [diskɔrdɑ̃, ɑ̃t] *adj* discordant.

discorde [diskɔrd] *nf* discord.

discothèque [diskɔtɛk] *nf* - **1.** [boîte de nuit] night club - **2.** [de prêt] record library.

discount [disk(a)unt] *nm* discount.

discourir [45] [diskurir] *vi* to talk at length ; **~ sur** to hold forth on.

discours [diskur] *nm* - **1.** [allocution] speech ; **faire un ~** to make a speech - **2.** LING : **~ direct/indirect** direct/reported speech.

discouru, e [diskury] *pp* ▻ **discourir.**

discrédit [diskredi] *nm* discredit, disrepute ; **jeter le ~ sur** to bring disgrace on.

discréditer [3] [diskredite] *vt* to discredit.
◆ **se discréditer** *vp* to discredit o.s.

discret, **ète** [diskrɛ, ɛt] *adj* [gén] discreet ; [réservé] reserved.

discrètement [diskrɛtmɑ̃] *adv* discreetly.

discrétion [diskresjɔ̃] *nf* - **1.** [réserve, tact, silence] discretion - **2.** [sobriété] sobriety, simplicity ; **avec ~** discreetly.
◆ **à discrétion** ◇ *loc adj* unlimited. ◇ *loc adv* as much as you want.

discrétionnaire [diskresjɔnɛr] *adj* discretionary.

discrimination [diskriminasjɔ̃] *nf* discrimination ; **sans ~** indiscriminately.

discriminatoire [diskriminatwar] *adj* discriminatory.

disculper [3] [diskylpe] *vt* to exonerate.
◆ **se disculper** *vp* to exonerate o.s.

discussion [diskysjɔ̃] *nf* - **1.** [conversation, examen] discussion - **2.** [contestation, altercation] argument ; **sans ~** without argument.

discutable [diskytabl] *adj* - **1.** [contestable] questionable - **2.** [douteux] doubtful, questionable.

discutailler [3] [diskytaje] *vi fam péj* to argue over trivialities *ou* details.

discuter [3] [diskyte] ◇ *vt* - **1.** [débattre] : **~ (de) qqch** to discuss sthg - **2.** [contester] to dispute. ◇ *vi* - **1.** [parlementer] to discuss - **2.** [converser] to talk - **3.** [contester] to argue.
◆ **se discuter** *vp* to be questionable *ou* debatable.

disert, **e** [dizɛr, ɛrt] *adj litt* articulate.

disette [dizɛt] *nf sout* [famine] famine ; *fig* [manque] shortage.

diseur, **euse** [dizœr, øz] *nm, f* : **~ de bonne aventure** fortune-teller.

disgrâce [disgras] *nf* disgrace.

disgracieux, **euse** [disgrasjø, øz] *adj* - **1.** [sans grâce] awkward, graceless - **2.** [laid] plain.

disjoindre [82] [disʒwɛ̃dr] *vt* [planches, tuiles] to take apart ; *fig* to separate, to distinguish.
◆ **se disjoindre** *vp* to come apart.

disjoint, **e** [disʒwɛ̃, ɛ̃t] *pp* ▷ **disjoindre**.

disjoncter [disʒɔ̃kte] *vi* - **1.** ÉLECTR to short-circuit - **2.** *fam* [perdre la tête] to flip, to crack up.

disjoncteur [disʒɔ̃ktœr] *nm* trip switch, circuit breaker.

dislocation [dislɔkasjɔ̃] *nf* MÉD dislocation.

disloquer [3] [dislɔke] *vt* - **1.** MÉD to dislocate - **2.** [machine, empire] to dismantle.
◆ **se disloquer** *vp* [machine] to fall apart *ou* to pieces ; *fig* [empire] to break up.

disparaissais, **disparaissions** *etc* ▷ **disparaître**.

disparaître [91] [disparɛtr] *vi* - **1.** [gén] to disappear, to vanish ; **disparais!** vanish! ; **faire ~** [personne] to get rid of ; [obstacle] to remove - **2.** [mourir] to die.

disparate [disparat] *adj* [éléments] disparate ; [couleurs, mobilier] badly matched.

disparité [disparite] *nf* - **1.** [écart] disparity - **2.** [différence - d'éléments] disparity ; [- de couleurs] mismatch.

disparition [disparisjɔ̃] *nf* - **1.** [gén] disappearance ; [d'espèce] extinction ; **en voie de ~** endangered - **2.** [mort] passing.

disparu, **e** [dispary] ◇ *pp* ▷ **disparaître**. ◇ *nm, f* dead person, deceased.

dispatcher [3] [dispatʃe] *vt* to dispatch, to despatch.

dispendieux, **euse** [dispɑ̃djø, øz] *adj sout* expensive.

dispensaire [dispɑ̃sɛr] *nm* community clinic *UK*, free clinic *US*.

dispense [dispɑ̃s] *nf* - **1.** [exemption] exemption ; **~ d'âge** special dispensation *(in the matter of age)* - **2.** [certificat] certificate of exemption.

dispenser [3] [dispɑ̃se] *vt* - **1.** [distribuer] to dispense - **2.** [exempter] : **~ qqn de qqch** [corvée] to excuse sb sthg, to let sb off sthg ; **je te dispense de tes réflexions!** *fig* spare us the comments!, keep your comments to yourself!
◆ **se dispenser** *vp* : **se ~ de qqch/de faire qqch** to get out of sthg/of doing sthg.

disperser [3] [disperse] *vt* to scatter (about *ou* around) ; [collection, brume, foule] to break up ; *fig* [efforts, forces] to dissipate, to waste.
◆ **se disperser** *vp* - **1.** [feuilles, cendres] to scatter ; [brume, foule] to break up, to clear - **2.** [personne] to take on too much at once, to spread o.s. too thin.

dispersion [dispɛrsjɔ̃] *nf* scattering ; [de collection, brume, foule] breaking up ; *fig* [d'efforts, de forces] waste, squandering.

disponibilité [disponibilite] *nf* - **1.** [de choses] availability - **2.** [de fonctionnaire] leave of absence ; **en ~** on leave of absence - **3.** [d'esprit] alertness, receptiveness.
◆ **disponibilités** *nfpl* available funds, liquid assets.

disponible [disponibl] *adj* - **1.** [place, personne] available, free - **2.** [fonctionnaire] on leave of absence.

dispos, **e** [dispo, oz] *adj* fresh, full of energy.

disposé, e [dispoze] *adj* : **être ~ à faire qqch** to be prepared *ou* willing to do sthg ; **être bien ~ envers qqn** to be well-disposed towards *ou* toward *US* sb.

disposer [3] [dispoze] ◇ *vt* - **1.** [arranger] to arrange - **2.** [inciter] : **~ qqn à faire qqch** to lead *ou* move sb to do sthg. ◇ *vi* : **~ de** [moyens, argent] to have available (to one), to have at one's disposal ; [chose] to have the use of ; [temps] to have free *ou* available ; **vous pouvez ~** *fig* & *sout* you may leave *ou* go.
◆ **se disposer** *vp* : **se ~ à qqch/à faire qqch** *sout* to prepare for sthg/to do sthg.

dispositif [dispozitif] *nm* [mécanisme] device, mechanism ; **~ antibuée** demister ; **~ antiparasite** suppressor ; **~ de sûreté** safety device.

disposition [dispozisjɔ̃] *nf* - **1.** [arrangement] arrangement - **2.** [disponibilité] : **à la ~ de** at the disposal of, available to.
◆ **dispositions** *nfpl* - **1.** [mesures] arrangements, measures - **2.** DR provisions - **3.** [dons] : **avoir des ~s pour** to have a gift for.

disproportion [disprɔpɔrsjɔ̃] *nf* disproportion.

disproportionné, e [disprɔpɔrsjɔne] *adj* out of proportion.

dispute [dispyt] *nf* argument, quarrel.

disputer [3] [dispyte] *vt* - **1.** [SPORT - course] to run ; [- match] to play - **2.** [lutter pour] to fight for.
◆ **se disputer** *vp* - **1.** [se quereller] to quarrel, to fight - **2.** SPORT to be played - **3.** [lutter pour] to fight over *ou* for.

disquaire [diskɛr] *nm* record dealer.

disqualification [diskalifikasjɔ̃] *nf* disqualification.

disqualifier [9] [diskalifje] *vt* to disqualify.

disque [disk] *nm* - **1.** MUS record ; [vidéo] videodisc *UK ou* videodisk *US* ; **~ compact** *ou* **laser** compact disc - **2.** ANAT disc *UK*, disk *US* - **3.** INFORM disk ; **~ dur** hard disk - **4.** SPORT discus.
◆ **disque de stationnement** *nm* parking disc *UK ou* permit *US*.

disquette [diskɛt] *nf* diskette, floppy disk ; **~ haute/double densité** high/double density disk ; **~ système** system diskette.

dissection [disɛksjɔ̃] *nf* dissection.

dissemblable [disɑ̃blabl] *adj* dissimilar.

dissémination [diseminasjɔ̃] *nf* - **1.** [dispersion] scattering, spreading (out) ; *fig* dissemination, spreading - **2.** [répartition] scattering.

disséminer [3] [disemine] *vt* [graines, maisons] to scatter, to spread (out) ; *fig* [idées] to disseminate, to spread.

dissension [disɑ̃sjɔ̃] *nf* dissent.

disséquer [18] [diseke] *vt litt* & *fig* to dissect.

dissertation [disɛrtasjɔ̃] *nf* essay.

disserter [3] [disɛrte] *vi* : **~ sur** [à l'écrit] to write on ; [à l'oral] to speak on.

dissidence [disidɑ̃s] *nf* dissent, dissidence.

dissident, e [disidɑ̃, ɑ̃t] *adj* & *nm, f* dissident.

dissimulation [disimylasjɔ̃] *nf* - **1.** [hypocrisie] duplicity - **2.** [de la vérité] concealment.

dissimulé, e [disimyle] *adj* [hypocrite] dissembling, duplicitous.

dissimuler [3] [disimyle] *vt* to conceal.
◆ **se dissimuler** *vp* - **1.** [se cacher] to conceal o.s., to hide - **2.** [refuser de voir] : **se ~ qqch** to close one's eyes to sthg.

dissipation [disipasjɔ̃] *nf* - **1.** [dispersion] dispersal, breaking up ; *fig* [de malentendu] clearing up ; [de craintes] dispelling - **2.** [indiscipline] indiscipline, misbehaviour *UK*, misbehavior *US* - **3.** [dilapidation] squandering - **4.** [débauche] dissipation.

dissipé, e [disipe] *adj* - **1.** [turbulent] unruly, badly behaved - **2.** [frivole] dissipated, dissolute.

dissiper [3] [disipe] *vt* - **1.** [chasser] to break up, to clear ; *fig* to dispel - **2.** [dilapider, gâcher] to squander - **3.** [distraire] to lead astray.
◆ **se dissiper** *vp* - **1.** [brouillard, fumée] to clear - **2.** [élève] to misbehave - **3.** *fig* [malaise, fatigue] to go away ; [doute] to be dispelled.

dissocier [9] [disɔsje] *vt* - **1.** [séparer] to separate, to distinguish - **2.** CHIM to dissociate.

dissolu, e [disɔly] *adj* dissolute.

dissolution [disɔlysjɔ̃] *nf* - **1.** DR dissolution - **2.** [mélange] dissolving - **3.** *sout* [débauche] dissipation.

dissolvais, dissolvions *(etc)* ▷ **dissoudre.**

dissolvant, e [disɔlvɑ̃, ɑ̃t] *adj* solvent.
◆ **dissolvant** *nm* [solvant] solvent ; [pour vernis à ongles] nail varnish remover.

dissonance [disɔnɑ̃s] *nf* dissonance ; *fig* clash, discord.

dissoudre [87] [disudr] *vt* : **(faire) ~** to dissolve.
◆ **se dissoudre** *vp* - **1.** [substance] to dissolve - **2.** DR to be dissolved.

dissous, oute [disu, ut] *pp* ▷ **dissoudre.**

dissuader [3] [disɥade] *vt* to dissuade.

dissuasif, ive [disɥazif, iv] *adj* deterrent.

dissuasion [disɥazjɔ̃] *nf* dissuasion ; **force de ~** deterrent (effect).

dissymétrique [disimetrik] *adj* dissymmetrical.

distance [distɑ̃s] *nf* - **1.** [éloignement] distance ; **à ~** at a distance ; [télécommander] by remote control ; **à une ~ de 300 mètres** 300 metres away ; **se tenir à ~** to keep one's distance ;

garder ses **~s** to keep one's distance ; **prendre ses ~s** *fig* to stand back *ou* aloof - **2.** [intervalle] interval - **3.** [écart] gap.

distancer [16] [distɑ̃se] *vt* to outstrip.

distanciation [distɑ̃sjasjɔ̃] *nf* distance.

distancier [9] [distɑ̃sje] ◆ **se distancier** *vp* : **se ~ de** to distance o.s. from.

distant, e [distɑ̃, ɑ̃t] *adj* - **1.** [éloigné] : **une ville ~e de 10 km** a town 10 km away ; **des villes ~es de 10 km** towns 10 km apart - **2.** [froid] distant.

distendre [73] [distɑ̃dr] *vt* [ressort, corde] to stretch ; [abdomen] to distend.
◆ **se distendre** *vp* to distend.

distendu, e [distɑ̃dy] *pp* ⊳ **distendre**.

distillation [distilasjɔ̃] *nf* distilling, distillation.

distiller [3] [distile] *vt* [alcool] to distil *UK*, to distill *US* ; [pétrole] to refine ; [miel] to secrete ; *fig* & *litt* to exude.

distillerie [distilri] *nf* [industrie] distilling ; [lieu] distillery.

distinct, e [distɛ̃, ɛ̃kt] *adj* distinct.

distinctement [distɛ̃ktəmɑ̃] *adv* distinctly, clearly.

distinctif, ive [distɛ̃ktif, iv] *adj* distinctive.

distinction [distɛ̃ksjɔ̃] *nf* distinction.

distingué, e [distɛ̃ge] *adj* distinguished.

distinguer [3] [distɛ̃ge] *vt* - **1.** [différencier] to tell apart, to distinguish - **2.** [percevoir] to make out, to distinguish - **3.** [rendre différent] : **~ de** to distinguish from, to set apart from.
◆ **se distinguer** *vp* - **1.** [se différencier] : **se ~ (de)** to stand out (from) - **2.** [s'illustrer] to distinguish o.s. - **3.** [être perçu] : **au loin se distinguait la côte** you could make out the coast in the distance.

distraction [distraksjɔ̃] *nf* - **1.** [inattention] inattention, absent-mindedness ; **par ~** absent-mindedly - **2.** [passe-temps] leisure activity.

distraire [112] [distrɛr] *vt* - **1.** [déranger] to distract - **2.** [divertir] to amuse, to entertain.
◆ **se distraire** *vp* to amuse o.s.

distrait, e [distrɛ, ɛt] ◇ *pp* ⊳ **distraire**. ◇ *adj* absent-minded.

distraitement [distrɛtmɑ̃] *adv* absent-mindedly, absently.

distrayais, distrayons *etc* ⊳ **distraire**.

distrayant, e [distrɛjɑ̃, ɑ̃t] *adj* entertaining.

distribanque [distribɑ̃k] *nm* cash dispenser *UK*, ATM *US*.

distribuer [7] [distribɥe] *vt* to distribute ; [courrier] to deliver ; [ordres] to give out ; [cartes] to deal ; [coups, sourires] to dispense.

distributeur, trice [distribytœr, tris] *nm, f* distributor.
◆ **distributeur** *nm* - **1.** AUTO & COMM distributor - **2.** [machine] : **~ (automatique) de billets** BANQUE cash machine, cash dispenser *UK*, ATM *US* ; [transports] ticket machine ; **~ de boissons** drinks machine.

distribution [distribysjɔ̃] *nf* - **1.** [répartition, diffusion, disposition] distribution ; **~ du courrier** postal *ou* mail delivery ; **~ des prix** SCOL prize-giving - **2.** [approvisionnement] supply - **3.** CINÉ & THÉÂTRE cast.

district [distrikt] *nm* district.

dit, dite [di, dit] ◇ *pp* ⊳ **dire**. ◇ *adj* - **1.** [appelé] known as - **2.** DR said, above - **3.** [fixé] : **à l'heure ~e** at the appointed time.

dites, dîtes ⊳ **dire**.

dithyrambique [ditirɑ̃bik] *adj* eulogistic.

DIU (*abr de* **dispositif intra-utérin**) *nm* MÉD IUD.

diurétique [djyretik] *nm* & *adj* diuretic.

diurne [djyrn] *adj* diurnal.

diva [diva] *nf* prima donna, diva.

divagation [divagasjɔ̃] *nf* wandering.

divaguer [3] [divage] *vi* to ramble.

divan [divɑ̃] *nm* divan *(seat)*.

divergeant [divɛrʒɑ̃] *p prés* ⊳ **diverger**.

divergence [divɛrʒɑ̃s] *nf* divergence, difference ; [d'opinions] difference.

divergent, e [divɛrʒɑ̃, ɑ̃t] *adj* divergent.

diverger [17] [divɛrʒe] *vi* to diverge ; [opinions] to differ.

divers, e [divɛr, ɛrs] ◇ *dét* - **1.** [différent] different, various - **2.** [disparate] diverse - **3.** *(avant n)* [plusieurs] several, various ; **en ~es occasions** on several *ou* various occasions ; **à usages ~** multipurpose *(avant n)* - **4.** PRESSE : **'divers'** 'miscellaneous'. ◇ *adj* POLIT others ; **les ~ droite/gauche** other right/left-wing parties.

diversement [divɛrsəmɑ̃] *adv* variously, in different ways.

diversification [divɛrsifikasjɔ̃] *nf* diversification.

diversifier [9] [divɛrsifje] *vt* to vary, to diversify.
◆ **se diversifier** *vp* to diversify.

diversion [divɛrsjɔ̃] *nf* diversion ; **créer une ~, faire ~** to create a diversion.

diversité [divɛrsite] *nf* diversity.

divertir [32] [divɛrtir] *vt* [distraire] to entertain, to amuse.

◆ **se divertir** *vp* to amuse o.s., to entertain o.s.

divertissant, e [divɛrtisɑ̃, ɑ̃t] *adj* entertaining, amusing.

divertissement [divɛrtismɑ̃] *nm* - **1.** [passe-temps] form of relaxation - **2.** MUS divertimento.

dividende [dividɑ̃d] *nm* dividend.

divin, e [divɛ̃, in] *adj* divine.

divination [divinasjɔ̃] *nf* divination.

divinement [divinmɑ̃] *adv* divinely.

divinité [divinite] *nf* divinity.

diviser [3] [divize] *vt* - **1.** [gén] to divide, to split up ; ~ **pour régner** *fig* divide and rule - **2.** MATH to divide ; ~ **8 par 4** to divide 8 by 4.

◆ **se diviser** *vp* - **1.** [se séparer] to divide - **2.** [diverger] to be divided.

divisible [divizibl] *adj* divisible.

division [divizjɔ̃] *nf* division ; ~ **aéroportée** MIL airborne division.

divisionnaire [divizjɔnɛr] *adj* divisional.

divorce [divɔrs] *nm* - **1.** DR divorce ; **demander le** ~ to ask for a divorce, to sue for divorce - **2.** *fig* [divergence] gulf, separation.

divorcé, e [divɔrse] ◇ *adj* divorced. ◇ *nm, f* divorcee, divorced person.

divorcer [16] [divɔrse] *vi* to divorce.

divulgation [divylgasjɔ̃] *nf* disclosure.

divulguer [3] [divylge] *vt* to divulge.

dix [dis] *adj num inv* & *nm* ten, *voir aussi* **six**.

dix-huit [dizɥit] *adj num inv* & *nm* eighteen, *voir aussi* **six**.

dix-huitième [dizɥitjɛm] *adj num inv, nm* & *nmf* eighteenth, *voir aussi* **sixième**.

dixième [dizjɛm] ◇ *nf* SCOL ≃ third year *ou* form *(at primary school)* *UK*, ≃ second grade *US*. ◇ *adj num inv, nm* & *nmf* tenth, *voir aussi* **sixième**.

dix-neuf [diznœf] *adj num inv* & *nm* nineteen, *voir aussi* **six**.

dix-neuvième [diznœvjɛm] *adj num inv, nm* & *nmf* nineteenth, *voir aussi* **sixième**.

dix-sept [disɛt] *adj num inv* & *nm* seventeen, *voir aussi* **six**.

dix-septième [disɛtjɛm] *adj num inv, nm* & *nmf* seventeenth, *voir aussi* **sixième**.

dizaine [dizɛn] *nf* - **1.** MATH ten - **2.** [environ dix] : **une** ~ **de** about ten ; **par** ~**s** [en grand nombre] in their dozens.

DJ [didʒi, didʒe] (*abr de* **disc-jockey**) *nm* DJ.

Djakarta [dʒakarta] *n* Jakarta.

djellaba [dʒɛlaba] *nf* jellaba.

Djibouti [dʒibuti] *n* Djibouti.

djiboutien, enne [dʒibutjɛ̃, ɛn] *adj* of/from Djibouti.

◆ **Djiboutien, enne** *nm, f* person from Djibouti.

dm (*abr écrite de* **décimètre**) dm.

DM (*abr écrite de* **deutsche Mark**) DM.

do[1] [do] *nm inv* MUS C ; [chanté] doh.

do[2] (*abr écrite de* **dito**) do.

doberman [dobɛrman] *nm* Doberman (pinscher).

doc [dɔk] (*abr de* **documentation**) *nf* literature, brochures *(pl)* ; **pouvez-vous me donner de la** ~ **sur cet ordinateur?** could you give me some literature about this computer?

doc. (*abr écrite de* **document**) doc.

docile [dɔsil] *adj* - **1.** [obéissant] docile - **2.** [cheveux] manageable.

docilement [dɔsilmɑ̃] *adv* meekly, obediently.

docilité [dɔsilite] *nf* obedience.

dock [dɔk] *nm* - **1.** [bassin] dock - **2.** [hangar] warehouse.

docker [dɔkɛr] *nm* docker, longshoreman *US*, stevedore *US*.

docte [dɔkt] *adj iron* professorial.

doctement [dɔktəmɑ̃] *adv* [savamment] learnedly.

docteur [dɔktœr] *nm* - **1.** [médecin] doctor ; ~ **en médecine** doctor of medicine - **2.** UNIV : ~ **ès lettres/sciences** ≃ PhD ; ~ **honoris causa** ≃ Hon. PhD.

doctoral, e, aux [dɔktɔral, o] *adj* **péj** pompous, professorial.

doctorat [dɔktɔra] *nm* - **1.** [grade] doctorate, PhD *US* ; ~ **d'État** ≃ D. Litt. *higher doctorate awarded for aptitude for advanced research* ; ~ **du troisième cycle** *doctorate awarded for three years' study and a work of research* - **2.** [épreuve] doctoral exam.

doctoresse [dɔktɔrɛs] *nf* woman *ou* lady doctor.

doctrinaire [dɔktrinɛr] *adj* - **1.** [dogmatique] doctrinaire - **2.** [sentencieux] sententious.

doctrine [dɔktrin] *nf* doctrine.

document [dɔkymɑ̃] *nm* document.

documentaire [dɔkymɑ̃tɛr] *nm* & *adj* documentary.

documentaliste [dɔkymɑ̃talist] *nmf* [d'archives] archivist ; PRESSE & TV researcher.

documentation [dɔkymɑ̃tasjɔ̃] *nf* - **1.** [travail] research - **2.** [documents] paperwork, papers *(pl)* - **3.** [brochures] documentation.

documenté, e [dɔkymɑ̃te] *adj* - **1.** [personne] well-informed - **2.** [étude] well-documented.

documenter [3] [dɔkymɑ̃te] *vt* to document.

◆ **se documenter** *vp* to do some research.

dodeliner [3] [dɔdəline] *vi* : **~ de la tête** to nod gently.

dodo [dɔdo] *nm fam* beddy-byes ; **faire ~** to sleep.

dodu, **e** [dɔdy] *adj fam* [enfant, joue, bras] chubby ; [animal] plump.

dogmatique [dɔgmatik] *adj* dogmatic.

dogme [dɔgm] *nm* dogma.

dogue [dɔg] *nm* mastiff.

doigt [dwa] *nm* finger ; **un ~ de** (just) a drop *ou* finger of ; **montrer qqch du ~** to point at sthg ; **~ de pied** toe ; **être à deux ~s de faire qqch** to be within an ace of doing sthg ; **mettre le ~ dans l'engrenage** to embark on sthg, to get involved ; **se mettre le ~ dans l'œil** *fam* to be kidding o.s. ; **je m'en mords les ~s** I could kick myself (for it) ; **obéir à qqn au ~ et à l'œil** to obey sb's every whim, to be at sb's beck and call.

doigté [dwate] *nm* delicacy, tact.

dois ▷ **devoir**.

doive ▷ **devoir**.

doléances [dɔleɑ̃s] *nfpl sout* grievances.

dollar [dɔlar] *nm* dollar.

dolmen [dɔlmɛn] *nm* dolmen.

DOM [dɔm] (*abr de* **département d'outre-mer**) *nm French overseas département*.

domaine [dɔmɛn] *nm* - **1.** [propriété] estate - **2.** [secteur, champ d'activité] field, domain ; **tomber dans le ~ public** be out of copyright.

domanial, **e**, **aux** [dɔmanjal, o] *adj* national, state *(avant n)*.

dôme [dom] *nm* - **1.** ARCHIT dome - **2.** GÉOGR rounded peak.

domestication [dɔmɛstikasjɔ̃] *nf* domestication.

domestique [dɔmɛstik] ◇ *nmf* (domestic) servant. ◇ *adj* family *(avant n)* ; [travaux] household *(avant n)*.

domestiquer [3] [dɔmɛstike] *vt* - **1.** [animal] to domesticate - **2.** [éléments naturels] to harness.

domicile [dɔmisil] *nm* - **1.** [gén] (place of) residence ; **travailler à ~** to work from *ou* at home ; **ils livrent à ~** they do deliveries ; **sans ~ fixe** of no fixed abode ; **élire ~** to take up residence ; **~ conjugal** DR marital home - **2.** [d'entreprise] (registered) address.

domiciliation [dɔmisiljasjɔ̃] *nf* : **~ bancaire** domiciliation.

domicilié, **e** [dɔmisilje] *adj* : **~ à** (officially) resident in *ou* at.

dominant, **e** [dɔminɑ̃, ɑ̃t] *adj* - **1.** [qui prévaut] dominant - **2.** [qui surplombe] dominating.

◆ **dominante** *nf* - **1.** [caractéristique] dominant feature *ou* characteristic - **2.** [couleur] dominant colour *UK ou* color *US* - **3.** MUS dominant.

domination [dɔminasjɔ̃] *nf* - **1.** [autorité] domination, dominion - **2.** [influence] influence.

dominer [3] [dɔmine] ◇ *vt* - **1.** [surplomber, avoir de l'autorité sur] to dominate - **2.** [surpasser] to outclass - **3.** [maîtriser] to control, to master - **4.** *fig* [connaître] to master. ◇ *vi* - **1.** [régner] to dominate, to be dominant - **2.** [prédominer] to predominate - **3.** [triompher] to be on top, to hold sway.

◆ **se dominer** *vp* to control o.s.

dominicain, **e** [dɔminikɛ̃, ɛn] *adj* Dominican.

◆ **Dominicain**, **e** *nm, f* Dominican.

dominical, **e**, **aux** [dɔminikal, o] *adj* Sunday *(avant n)*.

Dominique [dɔminik] *nf* : **la ~** Dominica.

domino [dɔmino] *nm* domino.

dommage [dɔmaʒ] *nm* - **1.** [préjudice] harm *(U)* ; **~s et intérêts, ~s-intérêts** damages ; **quel ~!** what a shame! ; **c'est ~ que** *(+ subjonctif)* it's a pity *ou* shame (that) - **2.** [dégâts] damage *(U)*.

dompter [3] [dɔ̃te] *vt* - **1.** [animal, fauve] to tame - **2.** [rebelles, enfants] to subdue - **3.** *fig* [maîtriser] to overcome, to control.

dompteur, **euse** [dɔ̃tœr, øz] *nm, f* [de fauves] tamer.

DOM-TOM [dɔmtɔm] (*abr de* **départements d'outre-mer/territoires d'outre-mer**) *nmpl French overseas départements and territories.*

DOM-TOM

The four French overseas *départements* are Guadeloupe, Guyana, Martinique and Réunion. The overseas territories –New Caledonia, French Polynesia, Wallis and Futuna and French territories at the Poles– enjoy greater autonomy than the *départements*.

don [dɔ̃] *nm* - **1.** [cadeau] gift ; **faire ~ de** to make a gift *ou* present of ; **~ du sang** blood donation - **2.** [aptitude] knack.

DON [dɔn] (*abr de* **disque optique numérique**) *nm digital optical disk*.

donateur, **trice** [dɔnatœr, tris] *nm, f* donor.

donation [dɔnasjɔ̃] *nf* settlement.

donc [dɔ̃k] *conj* so ; **je disais ~...** so as I was saying... ; **allons ~!** come on! ; **tais-toi ~!** will you be quiet!

donjon [dɔ̃ʒɔ̃] *nm* keep.

donjuanisme [dɔ̃ʒyanism] *nm* womanizing.

donnant [dɔnɑ̃] ◆ **donnant donnant** *loc adv* fair's fair.

donne [dɔn] *nf* [jeux] deal.

donné, **e** [dɔne] *adj* given ; **c'est ~** it's a gift ; **c'est pas ~** it's not exactly cheap ; **étant ~ que** given that, considering (that).

◆ **donnée** *nf* - **1.** INFORM & MATH datum, piece of data ; **~es numériques** numerical data - **2.** [élément] fact, particular.

donner [3] [dɔne] ◇ *vt* - **1.** [gén] to give ; [se débarrasser de] to give away ; **~ qqch à qqn** to give sb sthg, to give sthg to sb ; **~ qqch à faire à qqn** to give sb sthg to do, to give sthg to sb to do ; **~ sa voiture à réparer** to leave one's car to be repaired ; **quel âge lui donnes-tu?** how old do you think he/she is? - **2.** *fam* [dénoncer] to shop *UK*, to denounce *US* - **3.** [occasionner] to give, to cause ; **ne rien ~** to be no use *ou* good, to be unproductive. ◇ *vi* - **1.** [tomber] : **~ dans** to fall into ; *fig* to have a tendency towards *ou* toward *US* - **2.** [s'ouvrir] : **~ sur** to look out onto - **3.** [produire] to produce, to yield - **4.** [amener] : **~ à penser/entendre que** to lead sb to think/understand that.

◆ **se donner** *vp* - **1.** [se consacrer] : **se ~ à qqch** to give *ou* devote o.s. to sthg - **2.** [céder] : **se ~ à qqn** to give o.s. to sb.

donneur, **euse** [dɔnœr, øz] *nm, f* - **1.** MÉD donor ; **~ de sang** blood donor - **2.** CARTES dealer.

dont [dɔ̃] *pron rel* - **1.** [complément de verbe ou d'adjectif] : **la personne ~ tu parles** the person you're speaking about, the person about whom you are speaking ; **l'accident ~ il est responsable** the accident for which he is responsible ; **c'est quelqu'un ~ on dit le plus grand bien** he's someone about whom people speak highly *(la traduction varie selon la préposition anglaise utilisée avec le verbe ou l'adjectif)* - **2.** [complément de nom ou de pronom - relatif à l'objet] of which, whose ; [- relatif à personne] whose ; **un meuble ~ le bois est vermoulu** a piece of furniture with woodworm ; **la boîte ~ le couvercle est jaune** the box whose lid is yellow, the box with the yellow lid ; **c'est quelqu'un ~ j'apprécie l'honnêteté** he's someone whose honesty I appreciate ; **celui ~ les parents sont divorcés** the one whose parents are divorced - **3.** [indiquant la partie d'un tout] : **plusieurs personnes ont téléphoné, ~ ton frère** several people phoned, one of which was your brother *ou* and among them was your brother ; **j'ai vu plusieurs films ~ deux étaient particulièrement intéressants** I saw several films, two of which were particularly interesting.

dopage [dɔpaʒ] *nm* doping.

dopant, **e** [dɔpɑ̃, ɑ̃t] *adj* stimulant.

◆ **dopant** *nm* dope *(U)*.

dope [dɔp] *nf fam* dope.

doper [3] [dɔpe] *vt* to dope.

◆ **se doper** *vp* to take stimulants.

dorade [dɔrad] = **daurade**.

doré, **e** [dɔre] *adj* - **1.** [couvert de dorure] gilded, gilt ; **~ sur tranche** gilt-edged - **2.** [couleur] golden.

dorénavant [dɔrenavɑ̃] *adv* from now on, in future.

dorer [3] [dɔre] ◇ *vt* - **1.** [couvrir d'or] to gild - **2.** [peau] to tan - **3.** CULIN to glaze. ◇ *vi* CULIN : **faire ~** to brown.

◆ **se dorer** *vp* to tan.

dorloter [3] [dɔrlɔte] *vt* to pamper, to cosset.

dormant, **e** [dɔrmɑ̃, ɑ̃t] *adj* [eau] still.

dormeur, **euse** [dɔrmœr, øz] *nm, f* sleeper.

dormir [36] [dɔrmir] *vi* - **1.** [sommeiller] to sleep ; **~ debout** to be asleep on one's feet ; **à ~ debout** unbelievable, implausible - **2.** [rester inactif - personne] to slack, to stand around (doing nothing) ; [- capitaux] to lie idle.

dorsal, **e**, **aux** [dɔrsal, o] *adj* dorsal.

dortoir [dɔrtwar] *nm* dormitory.

dorure [dɔryr] *nf* - **1.** [couche d'or] gilt - **2.** [ce qui est doré] golden *ou* gilt decoration.

doryphore [dɔrifɔr] *nm* colorado beetle.

dos [do] *nm* back ; **~ à ~** back to back ; **de ~** from behind ; **sur le ~** on one's back ; **'voir au ~'** 'see over' ; **à ~ d'âne** (riding) on a mule ; **ne rien avoir à se mettre sur le ~** to have nothing to wear ; **tourner le ~ à** [être tourné] to have one's back to ; *litt & fig* [se tourner] to turn one's back on ; **~ crawlé** backstroke ; **avoir bon ~** to be the one who always gets the blame ; **en avoir plein le ~** *fam* to be fed up (to the back teeth) *UK*, to have had it up to here *US* ; **se mettre qqn à ~** to put sb's back up.

DOS, **Dos** [dɔs] (*abr de* **Disk Operating System**) *nm* DOS.

dosage [dozaʒ] *nm* [de médicament] dose ; [d'ingrédient] amount.

dos-d'âne [dodan] *nm inv* bump.

dose [doz] *nf* - **1.** [quantité de médicament] dose ; **'ne pas dépasser la ~ prescrite'** 'do not exceed the prescribed dose' - **2.** [quantité] share ; **forcer la ~** *fam fig* to overdo it ; **une (bonne) ~ de bêtise** *fam fig* a lot of silliness ; **j'en ai eu ma ~** *fam fig* I've had enough.

doser [3] [doze] *vt* [médicament, ingrédient] to measure out ; *fig* to weigh up *UK*.

doseur [dozœr] *nm* [appareil] measure ; [de cuisine] measuring jug.

dossard [dosar] *nm* number *(on competitor's back)*.

dossier [dosje] *nm* - **1.** [de fauteuil] back - **2.** [documents] file, dossier ; **~ suspendu** suspension file - **3.** [classeur] file, folder - **4.** INFORM folder - **5.** UNIV : **~ d'inscription** registration forms - **6.** *fig* [question] question.

dot [dɔt] *nf* dowry.

dotation [dɔtasjɔ̃] *nf* - **1.** DR endowment - **2.** ADMIN grant.

doter [3] [dɔte] *vt* [pourvoir] : **~ de** [talent] to endow with ; [machine] to equip with.

douairière [dwɛrjɛr] *nf* [veuve] dowager.

douane [dwan] *nf* - **1.** [service, lieu] customs *(pl)* ; **passer la ~** to go through customs - **2.** [taxe] (import) duty.

douanier, ère [dwanje, ɛr] ◇ *adj* customs *(avant n)*. ◇ *nm, f* customs officer.

doublage [dublaʒ] *nm* - **1.** [renforcement] lining - **2.** [de film] dubbing - **3.** [d'acteur] understudying.

double [dubl] ◇ *adj* double. ◇ *adv* double ; **voir ~** to see double, to have double vision. ◇ *nm* - **1.** [quantité] : **le ~** double - **2.** [copie] copy ; **en ~** in duplicate - **3.** [d'une personne] double - **4.** TENNIS doubles *(pl)*.

doublé [duble] *nm* - **1.** [en orfèvrerie] rolled gold - **2.** [réussite double] double.

double-clic, doubles-clics [dublklik] *nm* INFORM double-click.

double-cliquer [3] [dublklike] *vt* INFORM to double-click on ; **double-cliquer sur l'image** to double-click on the picture.

doublement [dubləmɑ̃] ◇ *adv* doubly. ◇ *nm* [de lettre] doubling.

doubler [3] [duble] ◇ *vt* - **1.** [multiplier] to double - **2.** [plier] to (fold) double - **3.** [renforcer] : **~ (de)** to line (with) - **4.** [dépasser] to overtake *UK*, to pass *US* - **5.** [film, acteur] to dub - **6.** *fam* [trahir] to con, to double-cross - **7.** [augmenter] to double. ◇ *vi* - **1.** [véhicule] to overtake *UK*, to pass *US* - **2.** [augmenter] to double.

◆ **se doubler** *vp* : **se ~ de** to be coupled with.

doublure [dublyr] *nf* - **1.** [renforcement] lining - **2.** CINÉ stand-in.

douce ▷ **doux**.

douceâtre [dusatr] *adj* sickly (sweet), cloying.

doucement [dusmɑ̃] *adv* - **1.** [descendre] carefully ; [frapper] gently ; **~!** gently *ou* easy (does it)! - **2.** [traiter] gently ; [parler] softly - **3.** [médiocrement] (only) so-so.

doucereux, euse [dusrø, øz] *adj* - **1.** [saveur] sickly (sweet), cloying - **2.** [mielleux] smooth, suave.

doucette [dusɛt] *nf* BOT lamb's lettuce.

douceur [dusœr] *nf* - **1.** [de saveur, parfum] sweetness - **2.** [d'éclairage, de peau, de musique] softness - **3.** [de climat] mildness - **4.** [de caractère] gentleness - **5.** [plaisir] pleasure.

◆ **douceurs** *nfpl* [friandises] sweets *UK*, candy *US*.

◆ **en douceur** ◇ *loc adv* smoothly. ◇ *loc adj* smooth.

douche [duʃ] *nf* - **1.** [appareil, action] shower ; **prendre une ~** to take *ou* have a shower - **2.** *fam fig* [déception] letdown ; **~ écossaise** shock to the system.

doucher [3] [duʃe] *vt* - **1.** [donner une douche à] : **~ qqn** to give sb a shower - **2.** *fam fig* [décevoir] to let down.

◆ **se doucher** *vp* to take *ou* have a shower, to shower.

douchette [duʃɛt] *nf* bar-code reader *ou* scanner *(for bulky items)*.

doudou [dudu] *nm fam* [langage enfantin] *security blanket*.

doudoune [dudun] *nf* quilted jacket.

doué, e [dwe] *adj* talented ; **être ~ pour** to have a gift for.

douer [6] [due] *vt* : **~ qqn de** to endow sb with.

douille [duj] *nf* - **1.** [d'ampoule] socket - **2.** [de cartouche] cartridge.

douillet, ette [dujɛ, ɛt] ◇ *adj* - **1.** [confortable] snug, cosy - **2.** [sensible] soft. ◇ *nm, f* wimp.

douillettement [dujɛtmɑ̃] *adv* snugly.

douleur [dulœr] *nf litt & fig* pain ; **se tordre de ~** to writhe in pain ; **nous avons la ~ de vous annoncer...** it is with great sorrow that we announce...

douloureux, euse [dulurø, øz] *adj* - **1.** [physiquement] painful - **2.** [moralement] distressing - **3.** [regard, air] sorrowful.

doute [dut] *nm* doubt ; **avoir des ~s sur** to have misgivings about ; **mettre qqch en ~** to cast doubt on sthg.

◆ **sans doute** *loc adv* no doubt ; **sans aucun ~** without (a) doubt.

douter [3] [dute] ◇ *vt* [ne pas croire] : **~ que** *(+ subjonctif)* to doubt (that). ◇ *vi* [ne pas avoir confiance] : **~ de qqn/de qqch** to doubt sb/sthg, to have doubts about sb/sthg ; **j'en doute** I doubt it.

◆ **se douter** *vp* : **se ~ de qqch** to suspect sthg ; **je m'en doutais** I thought so ; **je m'en doute** I'm not surprised.

douteux, euse [dutø, øz] *adj* - **1.** [incertain] doubtful - **2.** [contestable] questionable - **3.** *péj* [mœurs] dubious ; [vêtements, personne] dubious-looking.

douves [duv] *nfpl* [de château] moat *(sing)*.

Douvres [duvr] *n* Dover.

doux, **douce** [du, dus] *adj* - **1.** [éclairage, peau, musique] soft - **2.** [saveur, parfum] sweet - **3.** [climat, condiment] mild - **4.** *sout* [agréable] pleasant - **5.** [pente, regard, caractère] gentle.
◆ **doux** *loc adv* : **il fait ~** the weather is mild.
◆ **en douce** *loc adv* secretly.

douzaine [duzɛn] *nf* - **1.** [douze] dozen - **2.** [environ douze] : **une ~ de** about twelve.

douze [duz] *adj num inv* & *nm* twelve, *voir aussi* **six**.

douzième [duzjɛm] *adj num inv, nm* & *nmf* twelfth, *voir aussi* **sixième**.

doyen, **enne** [dwajɛ̃, ɛn] *nm, f* [le plus ancien] most senior member.

DP (*abr de* **délégué du personnel**) *nm staff representative.*

DPLG (*abr de* **diplômé par le gouvernement**) *adj holder of official certificate for architects, engineers etc.*

dr. (*abr écrite de* **droite**) R, r.

Dr (*abr écrite de* **Docteur**) Dr.

draconien, **enne** [drakɔnjɛ̃, ɛn] *adj* draconian.

dragage [dragaʒ] *nm* dredging.

dragée [draʒe] *nf* - **1.** [confiserie] sugared almond ; **tenir la ~ haute à qqn** to hold out against sb - **2.** [comprimé] pill.

dragon [dragɔ̃] *nm* - **1.** [monstre, personne autoritaire] dragon - **2.** [soldat] dragoon.

drague [drag] *nf* - **1.** TECHNOL dredger - **2.** *fam fig* [flirt] picking up.

draguer [3] [drage] *vt* - **1.** [nettoyer] to dredge - **2.** *fam* [personne] to chat up *UK*, to get off with *UK*, to try to pick up *US*.

dragueur, **euse** [dragœr, øz] *nm, f fam* [homme] womanizer ; **quelle dragueuse!** she's always chasing after men!
◆ **dragueur** *nm* [bateau] dredger.

drainage [drɛnaʒ] *nm* draining.

drainer [4] [drene] *vt* - **1.** [terrain, plaie] to drain - **2.** *fig* [attirer] to drain off.

dramatique [dramatik] ◇ *nf* play. ◇ *adj* - **1.** THÉÂTRE dramatic - **2.** [grave] tragic.

dramatisation [dramatizasjɔ̃] *nf* dramatization.

dramatiser [3] [dramatize] *vt* [exagérer] to dramatize.

drame [dram] *nm* - **1.** [catastrophe] tragedy ; **faire un ~ de qqch** *fig* to make a drama of sthg - **2.** LITTÉR drama.

drap [dra] *nm* - **1.** [de lit] sheet ; **~ housse** fitted sheet - **2.** [tissu] woollen *UK* OU woolen *US* cloth ; **être dans de beaux ~s** *fig* to be in a real mess.

drapeau, **x** [drapo] *nm* flag ; **~ blanc** white flag ; **le ~ tricolore** the tricolour *UK*, the tricolor *US*, the French flag ; **être sous les ~x** *fig* to be doing military service.

draper [3] [drape] *vt* to drape.
◆ **se draper** *vp* : **se ~ dans** to drape o.s. in.

draperie [drapri] *nf* - **1.** [tenture] drapery - **2.** [industrie] cloth industry.

drap-housse [draus] (*pl* **draps-housses**) *nm* fitted sheet.

drapier, **ère** [drapje, ɛr] ◇ *adj* clothing (*avant n*). ◇ *nm, f* - **1.** [fabricant] cloth manufacturer - **2.** [marchand] draper.

drastique [drastik] *adj* drastic.

drave [drav] *nf Québec* drive (of floating logs).

dressage [dresaʒ] *nm* [d'animal] training, taming.

dresser [4] [drese] *vt* - **1.** [lever] to raise - **2.** [faire tenir] to put up - **3.** *sout* [construire] to erect - **4.** [acte, liste, carte] to draw up ; [procès-verbal] to make out - **5.** [dompter] to train - **6.** *fig* [opposer] : **~ qqn contre qqn** to set sb against sb.
◆ **se dresser** *vp* - **1.** [se lever] to stand up - **2.** [s'élever] to rise (up) ; *fig* to stand ; **se ~ contre qqch** to rise up against sthg.

dresseur, **euse** [dresœr, øz] *nm, f* trainer.

dressoir [dreswar] *nm* dresser.

DRH ◇ *nf* (*abr de* **direction des ressources humaines**) personnel department. ◇ *nm* (*abr de* **directeur des ressources humaines**) personnel manager.

dribbler [3] [drible] SPORT ◇ *vi* to dribble. ◇ *vt* : **~ qqn** to dribble past sb.

drille [drij] *nm* : **un joyeux ~** a cheery person.

driver [3] [golf] ◇ *nm* [drajvœr] driver. ◇ *vi* [drajve] to drive.

drogue [drɔg] *nf* - **1.** [stupéfiant] *fig* drug ; **la ~** drugs (*pl*) ; **~ dure** hard drug - **2.** [médicament] medicine.

drogué, **e** [drɔge] ◇ *adj* drugged. ◇ *nm, f* drug addict.

droguer [3] [drɔge] *vt* [victime] to drug.
◆ **se droguer** *vp* [de stupéfiants] to take drugs.

droguerie [drɔgri] *nf* hardware shop.

droguiste [drɔgist] *nmf* : **chez le ~** at the hardware shop.

droit, **e** [drwa, drwat] *adj* - **1.** [du côté droit] right - **2.** [rectiligne, vertical, honnête] straight ; **~ comme un i** straight as a ramrod, bolt upright.
◆ **droit** ◇ *adv* straight ; **tout ~** straight ahead ; **aller ~ au but** *fig* to go straight to the point. ◇ *nm* - **1.** DR law ; **~ canon** canon law ; **~ civil** civil law ; **~ coutumier** common law ; **~ pénal** criminal law ; **de ~ commun**

common-law *(avant n)* - **2.** [prérogative] right ; **avoir ~ à** to be entitled to ; **avoir le ~ de faire qqch** to be allowed to do sthg ; **être dans son ~** to be within one's rights ; **être en ~ de faire qqch** to have a right to do sthg ; **de quel ~?** by what right? ; **~ d'aînesse** birthright ; **~ d'asile** right of asylum ; **~ de grâce** power of pardon ; **~ de regard** right of access ; **~ de visite** visiting rights *(pl)*, access ; **~ d'aînesse** birthright ; **~ de vote** right to vote ; **~s d'auteur** royalties ; **~s de l'homme** human rights ; **~s d'inscription** registration fees ; **à qui de ~** to the proper authority.

◆ **droite** *nf* - **1.** [gén] right, right-hand side ; **à ~e** on the right ; **à ~e de** to the right of ; **garder/serrer sa ~e** to keep to the right - **2.** POLIT : **la ~e** the right (wing) ; **de ~e** right-wing.

droitier, **ère** [drwatje, ɛr] ◇ *adj* right-handed. ◇ *nm, f* right-handed person, right-hander.

droiture [drwatyr] *nf* straightforwardness.

drôle [drol] *adj* - **1.** [amusant] funny - **2.** : **~ de** [bizarre] funny ; *fam* [remarquable] amazing.

drôlement [drolmɑ̃] *adv* - **1.** *fam* [très] tremendously - **2.** [bizarrement] in a strange way - **3.** [de façon amusante] in a funny way.

drôlerie [drolri] *nf* humour *UK*, humor *US*.

dromadaire [drɔmadɛr] *nm* dromedary.

dru, **e** [dry] *adj* thick.

◆ **dru** *adv* : **tomber ~** to fall heavily.

drugstore [drœgstɔr] *nm* drugstore.

druide [drɥid] *nm* druid.

ds *abr de* **dans**.

DST (*abr de* **Direction de la surveillance du territoire**) *nf counterespionage section.*

DT (*abr de* **diphtérie, tétanos**) *nm vaccine against diphtheria and tetanus.*

D.T.COQ. (*abr de* **diphtérie, tétanos, coqueluche**) *nm vaccine against diphtheria, tetanus and whooping cough.*

du *art partitif* ▷ **de**.

dû, **due** [dy] ◇ *pp* ▷ **devoir**. ◇ *adj* due, owing.

◆ **dû** *nm* due ; **réclamer son ~** to demand one's due.

dualité [dɥalite] *nf* duality.

Dubayy [dybaj] *n* Dubai.

dubitatif, **ive** [dybitatif, iv] *adj* doubtful.

Dublin [dyblɛ̃] *n* Dublin.

dublinois, **e** [dyblinwa, waz] *adj* of/from Dublin.

◆ **Dublinois**, **e** *nm, f* Dubliner.

duc [dyk] *nm* duke.

ducal, **e**, **aux** [dykal, o] *adj* ducal.

duché [dyʃe] *nm* duchy.

duchesse [dyʃɛs] *nf* duchess.

duel [dɥɛl] *nm* duel.

duffel-coat (*pl* **duffel-coats**), **duffle-coat** (*pl* **duffle-coats**) [dœfœlkot] *nm* duffel coat.

dûment [dymɑ̃] *adv* duly.

dumping [dœmpiŋ] *nm* COMM dumping.

dune [dyn] *nf* dune.

duo [dɥo] *nm* - **1.** MUS duet ; **en ~** in duet - **2.** [couple] duo.

dupe [dyp] ◇ *nf* dupe. ◇ *adj* gullible ; **être/ne pas être ~** to be/not to be taken in.

duper [3] [dype] *vt sout* to dupe, to take sb in.

duplex [dyplɛks] *nm* - **1.** [appartement] split-level flat, maisonette *UK*, duplex *US* - **2.** RADIO & TV link-up ; **en ~** link-up *(avant n)*.

duplicata [dyplikata] *nm inv* duplicate.

duplicité [dyplisite] *nf* duplicity.

dupliquer [3] [dyplike] *vt* [document] to duplicate.

duquel [dykɛl] ▷ **lequel**.

dur, **e** [dyr] ◇ *adj* - **1.** [matière, personne, travail] hard ; [carton] stiff - **2.** [viande] tough - **3.** [climat, punition, loi] harsh. ◇ *nm, f fam* **~ (à cuire)** tough nut.

◆ **dur** *adv* hard.

◆ **à la dure** *loc adv* : **coucher à la ~e** to sleep rough *UK* ; **être élevé à la ~e** to have been brought up the hard way.

durable [dyrabl] *adj* lasting.

durablement [dyrabləmɑ̃] *adv* durably.

durant [dyrɑ̃] *prep* - **1.** [pendant] for - **2.** [au cours de] during.

durcir [32] [dyrsir] ◇ *vt litt* & *fig* to harden. ◇ *vi* to harden, to become hard.

◆ **se durcir** *vp litt* & *fig* to harden.

durcissement [dyrsismɑ̃] *nm* hardening.

durée [dyre] *nf* length ; **(de) longue ~** long-lasting ; **'~ de conservation...'** 'best before...'

durement [dyrmɑ̃] *adv* - **1.** [violemment] hard, vigorously - **2.** [péniblement] severely - **3.** [méchamment] harshly.

durer [3] [dyre] *vi* to last.

dureté [dyrte] *nf* - **1.** [de matériau, de l'eau] hardness - **2.** [de problème] difficulty - **3.** [d'époque, de climat, de personne] harshness - **4.** [de punition] severity.

durillon [dyrijɔ̃] *nm* [sur le pied] corn ; [sur la main] callus.

dus, **dut** *etc* ▷ **devoir**.

DUT (*abr de* **diplôme universitaire de technologie**) *nm university diploma in technology.*

duvet [dyvɛ] *nm* - **1.** [plumes, poils fins] down - **2.** [sac de couchage] sleeping bag.

DVD (*abr de* **Digital Video ou Versatile Disc**) *nm inv* DVD.

DVD-ROM [dvdrɔm] (*abr de* **Digital Video ou Versatile Disc Read Only Memory**) *nm* DVD-ROM.

dynamique [dinamik] ◇ *nf* - **1.** PHYS dynamics *(U)* - **2.** *fig* ~ **de groupe** group dynamics *(pl)*. ◇ *adj* dynamic.

dynamiser [3] [dinamize] *vt* to inspire with energy.

dynamisme [dynamism] *nm* dynamism.

dynamite [dinamit] *nf* dynamite.

dynamiter [3] [dinamite] *vt* to dynamite.

dynamo [dinamo] *nf* dynamo.

dynamomètre [dinamɔmɛtr] *nm* dynamometer.

dynastie [dinasti] *nf* dynasty.

dysenterie [disɑ̃tri] *nf* dysentery.

dyslexique [dislɛksik] ◇ *nmf* dyslexic person. ◇ *adj* dyslexic.

dyspepsie [dispɛpsi] *nf* dyspepsia.

e, **E** [ə] *nm inv* e, E.
◆ **E** (*abr écrite de* **est**) E.

EAO (*abr de* **enseignement assisté par ordinateur**) *nm* CAL.

eau, **x** [o] *nf* water ; **prendre l'~** to leak ; **~ douce/salée/de mer** fresh/salt/sea water ; **~ gazeuse/plate** fizzy/still water ; **~ bénite** holy water ; **~ courante** running water ; **~ distillée** distilled water ; **~ minérale** mineral water ; **~ oxygénée** hydrogen peroxide ; **~ de pluie** rainwater ; **~ du robinet** tap water ; **~ de source** spring water ; **~ de toilette** toilet water ; **~x dormantes** still waters ; **les Eaux et Forêts** ≃ the Forestry Commission ; **les ~x territoriales** territorial waters ; **les ~x usées** waste water *(U)* ; **à l'~ de rose** soppy, sentimental ; **mettre** *ou* **faire venir l'~ à la bouche** to make one's mouth water ; **mettre de l'~ dans son vin** to calm down, to tone it down a bit ; **tomber à l'~** *fig* to fall through.

EAU (*abr de* **Émirats arabes unis**) *nmpl* UAE.

eau-de-vie [odvi] (*pl* **eaux-de-vie**) *nf* brandy.

eau-forte [ofɔrt] (*pl* **eaux-fortes**) *nf* etching.

ébahi, **e** [ebai] *adj* staggered, astounded.

ébahissement [ebaismɑ̃] *nm* amazement.

ébats [eba] *nmpl litt* frolics ; **~ amoureux** lovemaking *(U)*.

ébattre [83] [ebatr] ◆ **s'ébattre** *vp litt* to frolic.

ébauche [eboʃ] *nf* [esquisse] sketch ; *fig* outline ; **l'~ d'un sourire** the ghost of a smile.

ébaucher [3] [eboʃe] *vt* - **1.** [esquisser] to rough out - **2.** *fig* [commencer] : **~ un geste** to start to make a gesture.

ébène [ebɛn] *nf* ebony.

ébéniste [ebenist] *nm* cabinet-maker.

ébénisterie [ebenistəri] *nf* - **1.** [métier] cabinet-making - **2.** [travail] cabinet work.

éberlué, **e** [ebɛrlɥe] *adj* flabbergasted.

éblouir [32] [ebluir] *vt* to dazzle.

éblouissant, **e** [ebluisɑ̃, ɑ̃t] *adj* dazzling.

éblouissement [ebluismɑ̃] *nm* - **1.** [aveuglement] glare, dazzle - **2.** [vertige] dizziness - **3.** [émerveillement] amazement.

ébonite [ebɔnit] *nf* vulcanite, ebonite.

éborgner [3] [ebɔrɲe] *vt* : **~ qqn** to put sb's eye out.

éboueur [ebwœr] *nm* dustman *UK*, garbage collector *US*.

ébouillanter [3] [ebujɑ̃te] *vt* to scald.
◆ **s'ébouillanter** *vp* to scald o.s.

éboulement [ebulmɑ̃] *nm* caving in, fall.

éboulis [ebuli] *nm* mass of fallen rocks.

ébouriffer [3] [eburife] *vt* - **1.** [cheveux] to ruffle - **2.** *fam* [étonner] to amaze.

ébranler [3] [ebrɑ̃le] *vt* - **1.** [bâtiment, opinion] to shake - **2.** [gouvernement, nerfs] to weaken.
◆ **s'ébranler** *vp* [train] to move off.

ébrécher [18] [ebreʃe] *vt* [assiette, verre] to chip ; *fam fig* to break into.

ébriété [ebrijete] *nf* drunkenness.

ébrouer [3] [ebrue] ◆ **s'ébrouer** *vp* [animal] to shake o.s.

ébruiter [3] [ebrɥite] *vt* to spread.
◆ **s'ébruiter** *vp* to become known.

ébullition [ebylisjɔ̃] *nf* - **1.** [de liquide] boiling point ; **porter à ~** CULIN to bring to the boil - **2.** [effervescence] : **en ~** *fig* in a state of agitation.

écaille [ekaj] *nf* - **1.** [de poisson, reptile] scale ; [de tortue] shell - **2.** [de plâtre, peinture, vernis] flake - **3.** [matière] tortoiseshell ; **en ~** [lunettes] horn-rimmed.

écailler[1], **ère** [ekaje, ɛr] *nm, f* oyster seller.

écailler[2] [3] [ekaje] *vt* - **1.** [poisson] to scale - **2.** [huîtres] to open.
◆ **s'écailler** *vp* to flake *ou* peel off.

écarlate [ekarlat] *adj* & *nf* scarlet ; **devenir ~** to turn crimson *ou* scarlet.

écarquiller [3] [ekarkije] *vt* : **~ les yeux** to stare wide-eyed.

écart [ekar] *nm* - **1.** [espace] space - **2.** [temps] gap - **3.** [différence] difference - **4.** [déviation] : **faire un ~** [personne] to step aside ; [cheval] to shy ; **être à l'~** to be in the background ; *fig* **tenir qqn à l'~ de** to keep sb out of *ou* away from - **5.** [gymnastique] : **grand ~** splits *(pl)*.

écarteler [25] [ekartəle] *vt fig* to tear apart.

écartement [ekartəmɑ̃] *nm* : **~ entre** space between.

écarter [3] [ekarte] *vt* - **1.** [bras, jambes] to open, to spread ; **~ qqch de** to move sthg away from - **2.** [obstacle, danger] to brush aside - **3.** [foule, rideaux] to push aside ; [solution] to dismiss ; **~ qqn de** to exclude sb from.
◆ **s'écarter** *vp* - **1.** [se séparer] to part - **2.** [se détourner] : **s'~ de** to deviate from.

ecchymose [ekimoz] *nf* bruise.

ecclésiastique [eklezjastik] ◇ *nm* clergyman. ◇ *adj* ecclesiastical.

écervelé, e [esɛrvəle] ◇ *adj* scatty, scatterbrained. ◇ *nm, f* scatterbrain.

échafaud [eʃafo] *nm* scaffold.

échafaudage [eʃafodaʒ] *nm* - **1.** CONSTR scaffolding - **2.** [amas] pile.

échafauder [3] [eʃafode] ◇ *vt* - **1.** [empiler] to pile up - **2.** [élaborer] to construct. ◇ *vi* to put up scaffolding.

échalas [eʃala] *nm* - **1.** [perche] stake, pole - **2.** *péj* [personne] beanpole.

échalote [eʃalɔt] *nf* shallot.

échancré, e [eʃɑ̃kre] *adj* - **1.** [vêtement] low-necked - **2.** [côte] indented.

échancrure [eʃɑ̃kryr] *nf* - **1.** [de robe] low neckline - **2.** [de côte] indentation.

échange [eʃɑ̃ʒ] *nm* - **1.** [de choses] exchange ; **en ~ (de)** in exchange (for) ; **~ standard** *replacement of faulty goods with the same item* ; **~ de bons procédés** exchange of favours - **2.** COMM : **les ~s** trade *(sing)* ; **libre-~** free trade.

échangeable [eʃɑ̃ʒabl] *adj* exchangeable.

échanger [17] [eʃɑ̃ʒe] *vt* - **1.** [troquer] to swap, to exchange - **2.** [marchandise] : **~ qqch (contre)** to change sthg (for) - **3.** [communiquer] to exchange.

échangeur [eʃɑ̃ʒœr] *nm* interchange.

échangisme [eʃɑ̃ʒism] *nm* [de partenaires sexuels] partner-swapping.

échantillon [eʃɑ̃tijɔ̃] *nm* [de produit, de population] sample ; *fig* example.

échantillonnage [eʃɑ̃tijɔnaʒ] *nm* [série d'échantillons] range of samples.

échappatoire [eʃapatwar] *nf* way out.

échappée [eʃape] *nf* - **1.** SPORT breakaway - **2.** [vue] vista.

échappement [eʃapmɑ̃] *nm* - **1.** AUTO exhaust, ▷ **pot** - **2.** [d'horloge] escapement.

échapper [3] [eʃape] *vi* - **1.** : **~ à** [personne, situation] to escape from ; [danger, mort] to escape ; [suj: détail, parole, sens] to escape - **2.** [glisser] : **~ de** to slip from *ou* out of ; **laisser ~** to let slip - **3.** *loc* **l'~ belle** to have a narrow escape.
◆ **s'échapper** *vp* : **s'~ (de)** to escape (from).

écharde [eʃard] *nf* splinter.

écharpe [eʃarp] *nf* scarf ; **en ~** in a sling ; **l'~ tricolore** *mayoral sash worn by French mayors at civic functions* ; **prendre en ~** *fig* to hit on the side.

écharper [3] [eʃarpe] *vt* to rip to pieces *ou* shreds.

échasse [eʃas] *nf* [de berger, oiseau] stilt.

échassier [eʃasje] *nm* wader.

échauder [3] [eʃode] *vt* - **1.** [ébouillanter] to scald - **2.** *fam fig* [enseigner] : **~ qqn** to teach sb a lesson.

échauffement [eʃofmɑ̃] *nm* - **1.** [de moteur] overheating ; [de terre] heating up - **2.** SPORT warm-up - **3.** [surexcitation] overheating - **4.** MÉD inflammation.

échauffer [3] [eʃofe] *vt* - **1.** [chauffer] to overheat - **2.** [exciter] to excite - **3.** [énerver] to irritate.
◆ **s'échauffer** *vp* - **1.** SPORT to warm up - **2.** *fig* [s'animer] to become heated.

échauffourée [eʃofure] *nf* brawl, skirmish.

échéance [eʃeɑ̃s] *nf* - **1.** [délai] expiry ; **à courte** *ou* **brève ~** in the short term ; **à longue ~** in the long term - **2.** [date] payment date ; **arriver à ~** to fall due.

échéancier [eʃeɑ̃sje] *nm* bill-book *UK*, tickler *US*.

échéant [eʃeɑ̃] *adj* : **le cas ~** if necessary, if need be.

échec [eʃɛk] *nm* - **1.** [insuccès] failure ; **un ~ cuisant** a bitter defeat ; **essuyer un ~** to suffer a defeat ; **être en situation d'~ scolaire** to have learning difficulties ; **tenir qqn en ~** to hold sb in check ; **voué à l'~** doomed to failure - **2.** [jeux] : **~ et mat** checkmate.
◆ **échecs** *nmpl* chess *(U)*.

échelle [eʃɛl] *nf* - **1.** [objet] ladder ; **~ de corde** rope ladder ; **faire la courte ~ à qqn** *litt* & *fig* to give sb a leg up - **2.** [ordre de grandeur] scale ; **à l'~ de** on the level of ; **sur une grande ~** on a large scale.

échelon [eʃlɔ̃] *nm* - **1.** [barreau] rung - **2.** *fig* [niveau] level ; **gravir les ~s (de)** to climb the rungs (of).

échelonner [3] [eʃlɔne] *vt* [espacer] to spread out.
◆ **s'échelonner** *vp* to be spread out.

écheveau, x [eʃvo] *nm* skein.

échevelé, e [eʃəvle] *adj* - **1.** [ébouriffé] dishevelled *UK*, disheveled *US* - **2.** [frénétique] wild.

échine [eʃin] *nf* ANAT spine ; **courber l'~** *fig* to submit.

échiner [3] [eʃine] ◆ **s'échiner** *vp fam* [s'épuiser] : **s'~ (à faire qqch)** to exhaust o.s. (doing sthg).

échiquier [eʃikje] *nm* - **1.** [jeux] chessboard - **2.** *fig* [scène] scene ; **l'~ politique** the political scene.

écho [eko] *nm* echo ; **il se fait l'~ de la direction** he repeats what the managers say ; **rester sans ~** to get no response.

échographie [ekɔgrafi] *nf* [examen] ultrasound (scan).

échoir [70] [eʃwar] *vi* - **1.** [être dévolu] : **~ à** to fall to - **2.** [expirer] to fall due.

échoppe [eʃɔp] *nf* stall.

échouer [6] [eʃwe] *vi* - **1.** [ne pas réussir] to fail ; **~ à un examen** to fail an exam - **2.** [navire] to run aground - **3.** *fam fig* [aboutir] to end up.
◆ **s'échouer** *vp* [navire] to run aground.

échu, e [eʃy] *pp* ▷ **échoir**.

éclabousser [3] [eklabuse] *vt* - **1.** [suj: liquide] to spatter - **2.** *fig* [compromettre] to compromise.

éclaboussure [eklabusyr] *nf* - **1.** [de liquide] splash - **2.** *fig* blot (on one's reputation).

éclair [eklɛr] ◇ *nm* - **1.** [de lumière] flash of lightning - **2.** *fig* [instant] : **~ de** flash of ; **en un ~** in a flash - **3.** [gâteau] : **~ au chocolat/café** chocolate/coffee éclair. ◇ *adj inv* : **visite ~** flying visit ; **guerre ~** blitzkrieg.

éclairage [eklɛraʒ] *nm* - **1.** [lumière] lighting - **2.** *fig* [point de vue] light.

éclaircie [eklɛrsi] *nf* bright interval, sunny spell.

éclaircir [32] [eklɛrsir] *vt* - **1.** [rendre plus clair] to lighten - **2.** [rendre moins épais] to thin - **3.** *fig* [clarifier] to clarify.
◆ **s'éclaircir** *vp* - **1.** [devenir plus clair] to clear - **2.** [devenir moins épais] to thin - **3.** [se clarifier] to become clearer.

éclaircissement [eklɛrsismɑ̃] *nm* [explication] explanation.

éclairer [4] [eklere] *vt* - **1.** [de lumière] to light up - **2.** [expliquer] to clarify - **3.** *litt* [renseigner] : **~ qqn sur qqch** to throw light on sthg for sb.
◆ **s'éclairer** *vp* - **1.** [personne] to light one's way - **2.** [regard, visage] to light up - **3.** [situation] to become clear - **4.** [rue, ville] to light up.

éclaireur [eklɛrœr] *nm* scout ; **partir en ~** to have a scout around.

éclat [ekla] *nm* - **1.** [de verre, d'os] splinter ; [de pierre] chip ; **voler en ~s** to fly into pieces - **2.** [de lumière] brilliance - **3.** [de couleur] vividness - **4.** [beauté] radiance - **5.** [faste] splendour *UK*, splendor *US* - **6.** [bruit] burst ; **~ de rire** burst of laughter ; **~s de voix** shouts ; **faire un ~** to cause a scandal - **7.** *loc* **rire aux ~s** to roar *OU* shriek with laughter.

éclatant, e [eklatɑ̃, ɑ̃t] *adj* - **1.** [brillant, resplendissant] brilliant, bright ; [teint, beauté] radiant ; **~ de** bursting with - **2.** [admirable] resounding - **3.** [perçant] loud.

éclater [3] [eklate] *vi* - **1.** [exploser - pneu] to burst ; [- verre] to shatter ; [- obus] to explode ; **faire ~** [- ballon] to burst ; [- bombe] to explode ; [- pétard] to let off - **2.** [incendie, rires] to break out - **3.** [joie] to shine ; **laisser ~** to give vent to - **4.** [bijou] to sparkle, to glitter - **5.** *fig* [nouvelles, scandale] to break.
◆ **s'éclater** *vp fam* to have a great time.

éclectique [eklɛktik] *adj* eclectic.

éclipse [eklips] *nf* - **1.** ASTRON eclipse ; **~ de lune/soleil** eclipse of the moon/sun - **2.** *fig* [période de défaillance] eclipse - **3.** *fig* [disparition] disappearance.

éclipser [3] [eklipse] *vt* to eclipse.
◆ **s'éclipser** *vp* - **1.** ASTRON to go into eclipse - **2.** *fam* [s'esquiver] to slip away.

éclopé, e [eklɔpe] ◇ *adj* lame. ◇ *nm, f* lame person.

éclore [113] [eklɔr] *vi* - **1.** [s'ouvrir - fleur] to open out, to blossom ; [- œuf] to hatch ; **faire ~** [- œuf] to hatch ; *fig* [- vocation] to develop - **2.** *fig* [naître] to dawn.

éclos, e [eklo, oz] *pp* ▷ **éclore**.

éclosion [eklozjɔ̃] *nf* - **1.** [de fleur] blossoming - **2.** [d'œuf] hatching - **3.** *fig* [naissance] blossoming, birth.

écluse [eklyz] *nf* lock.

écluser [3] [eklyze] *vt* - **1.** [NAUT - fleuve] to construct locks on ; [- bateau] to take through a lock - **2.** *fam* [boire] to knock back.

écœurant, e [ekœrɑ̃, ɑ̃t] *adj* - **1.** [gén] disgusting - **2.** [démoralisant] sickening.

écœurement [ekœrmɑ̃] *nm* - **1.** [nausée] nausea - **2.** [répugnance] disgust - **3.** [découragement] discouragement.

écœurer [5] [ekœre] *vt* - **1.** [dégoûter] to sicken, to disgust - **2.** *fig* [indigner] to sicken - **3.** [décourager] to discourage.

école [ekɔl] *nf* - **1.** [gén] school ; **aller à l'~** to go to school ; **~ communale** local primary *UK ou* grade *US* school ; **~ maternelle** nursery school ; **~ normale** ≃ teacher training college *UK*, ≃ teachers college *US* ; **École normale supérieure** *grande école for secondary and university teachers* ; **~ primaire/secondaire** primary/secondary school *UK*, grade/high school *US* ; **~ publique** state school *UK*, public school *US* ; **grande ~** *specialist training establishment, entered by competitive exam and highly prestigious* ; **faire l'~ buissonnière** to play truant *UK ou* hooky *US* ; **être à bonne ~** to be in good hands ; **faire ~** to be accepted - **2.** [éducation] schooling ; **l'~ libre** education at an école libre *(Catholic school, partly state-funded)* ; **l'~ privée** private education.

Grande école

The *grandes écoles* are relatively small non-university establishments awarding highly respected diplomas. Admission to these schools, most of which have close links with industry, is usually only possible after two years of intensive preparatory studies and a competitive examination.The *grandes écoles* include l'École des hautes études commerciales, or HEC (management and business), l'École polytechnique (engineering) and l'École normale supérieure (the humanities). A diploma from a *grande école* is comparable in prestige to an Oxbridge degree in Britain or an Ivy League education in the United States.

écolier, ère [ekɔlje, ɛr] *nm, f* - **1.** [élève] pupil - **2.** *fig* [novice] beginner.

écolo [ekɔlo] *nmf fam* ecologist ; **les ~s** the Greens.

écologie [ekɔlɔʒi] *nf* ecology.

écologique [ekɔlɔʒik] *adj* ecological.

écologiste [ekɔlɔʒist] *nmf* ecologist.

écomusée [ekɔmyze] *nm* museum of the environment.

éconduire [98] [ekɔ̃dɥir] *vt* [repousser - demande] to dismiss ; [- visiteur, soupirant] to show to the door.

économat [ekɔnɔma] *nm* - **1.** [fonction] bursarship - **2.** [magasin] staff shop.

économe [ekɔnɔm] ◇ *nmf* bursar. ◇ *adj* careful, thrifty ; **être ~ de** to be sparing of.

économie [ekɔnɔmi] *nf* - **1.** [science] economics *(U)* - **2.** POLIT economy ; **~ dirigée** state-controlled economy ; **~ de marché** market economy ; **~ mixte** mixed economy - **3.** [parcimonie] economy, thrift - **4.** *litt* & *fig* [épargne] saving ; **~s d'énergie** energy savings - **5.** *(gén pl)* [pécule] savings *(pl)* ; **faire des ~s** to save up - **6.** *(gén pl)* **~s d'échelle** economies of scale.

économique [ekɔnɔmik] *adj* - **1.** ÉCON economic - **2.** [avantageux] economical.

économiquement [ekɔnɔmikmɑ̃] *adv* economically.

économiser [3] [ekɔnɔmize] *vt litt* & *fig* to save.

économiste [ekɔnɔmist] *nmf* economist.

écoper [3] [ekɔpe] ◇ *vt* - **1.** NAUT to bale out - **2.** *fam* [sanction] : **~ (de) qqch** to get sthg. ◇ *vi fam* [être puni] to get the blame.

écoproduit [ekɔprɔdɥi] *nm* green product.

écorce [ekɔrs] *nf* - **1.** [d'arbre] bark - **2.** [d'agrume] peel ; **~ d'orange** orange peel - **3.** GÉOL crust.

écorché [ekɔrʃe] *nm* - **1.** ANAT *cut-away anatomical figure* - **2.** TECHNOL cut-away - **3.** *loc* **un ~ vif** a soul in torment.

écorcher [3] [ekɔrʃe] *vt* - **1.** [lapin] to skin - **2.** [bras, jambe] to scratch - **3.** *fig* [langue, nom] to mispronounce.

◆ **s'écorcher** *vp* to graze o.s.

écorchure [ekɔrʃyr] *nf* graze, scratch.

écorecharge [ekɔrəʃarʒ] *nf* ecorefill.

écorner [3] [ekɔrne] *vt* [endommager - meuble] to damage ; [- page] to dog-ear.

écossais, e [ekɔsɛ, ɛz] *adj* - **1.** [de l'Écosse] Scottish ; [whisky] Scotch - **2.** [tissu] tartan.

◆ **écossais** *nm* - **1.** [langue] Scots - **2.** [tissu] tartan.

◆ **Écossais, e** *nm, f* Scot, Scotsman *(f* Scotswoman).

Écosse [ekɔs] *nf* : **l'~** Scotland.

écosser [3] [ekɔse] *vt* to shell.

écosystème [ekɔsistɛm] *nm* ecosystem.

écot [eko] *nm* share ; **payer son ~** to pay one's share.

écotourisme [ekɔturism] *nm* ecotourism.

écoulement [ekulmɑ̃] *nm* - **1.** [gén] flow - **2.** [du temps] passing - **3.** [de marchandises] selling.

écouler [3] [ekule] *vt* to sell.

◆ **s'écouler** *vp* - **1.** [eau] to flow - **2.** [personnes] to flow out - **3.** [temps] to pass.

écourter [3] [ekurte] *vt* to shorten.

écoute [ekut] *nf* - **1.** [action d'écouter] listening ; **être à l'~ de** to be listening to - **2.** [audience] audience ; **heure de grande ~** RADIO peak listening time, prime time ; TV peak viewing time - **3.** [surveillance] : **les ~s téléphoniques** phone tapping *(U)* ; **être sur table d'~** to have one's phone tapped.

écouter [3] [ekute] *vt* to listen to.
◆ **s'écouter** *vp fig* - **1.** [écouter soi-même] to listen to o.s. - **2.** [s'observer] to coddle o.s.

écouteur [ekutœr] *nm* [de téléphone] earpiece.
◆ **écouteurs** *nmpl* [de radio] headphones.

écoutille [ekutij] *nf* hatchway.

écrabouiller [3] [ekrabuje] *vt fam* [écraser] to crush, to squash.

écran [ekrɑ̃] *nm* - **1.** CINÉ & INFORM screen ; **le petit ~** television ; **~ orientable** tiltable screen ; **~ tactile** tactile screen touch - **2.** [de protection] shield ; **~ de fumée** smoke screen.

écrasant, **e** [ekrazɑ̃, ɑ̃t] *adj* - **1.** [lourd] crushing - **2.** *fig* [accablant] overwhelming.

écraser [3] [ekraze] ◇ *vt* - **1.** [comprimer - cigarette] to stub out ; [- pied] to tread on ; [- insecte, raisin] to crush - **2.** [accabler] : **~ qqn (de)** to burden sb (with) - **3.** [vaincre] to crush - **4.** [renverser] to run over. ◇ *vi fam* **en ~** to sleep like a log.
◆ **s'écraser** *vp* - **1.** [avion, automobile] : **s'~ (contre)** to crash (into) - **2.** [foule] to be crushed - **3.** *fam* [se taire] to shut up.

écrémer [18] [ekreme] *vt* - **1.** [lait] to skim - **2.** *fig* [bibliothèque, collection] to cream off the best from.

écrevisse [ekrəvis] *nf* crayfish ; **rouge comme une ~** (as) red as a beetroot.

écrier [10] [ekrije] ◆ **s'écrier** *vp* to cry out.

écrin [ekrɛ̃] *nm* case.

écrire [99] [ekrir] *vt* - **1.** [phrase, livre] to write - **2.** [orthographier] to spell.
◆ **s'écrire** *vp* [s'épeler] to be spelled.

écrit, **e** [ekri, it] ◇ *pp* ▷ **écrire**. ◇ *adj* written ; **bien/mal ~** well/badly written.
◆ **écrit** *nm* - **1.** [ouvrage] writing - **2.** [examen] written exam - **3.** [document] piece of writing.
◆ **par écrit** *loc adv* in writing.

écriteau, **x** [ekrito] *nm* notice.

écriture [ekrityr] *nf* - **1.** [gén] writing - **2.** *(gén pl)* COMM [comptes] books *(pl)* - **3.** [bible] : **l'Écriture sainte** the Holy Scripture.

écrivain [ekrivɛ̃] *nm* writer, author ; **~ public** (public) letter-writer.

écrivais, **écrivions** *etc* ▷ **écrire**.

écrou [ekru] *nm* TECHNOL nut.

écrouer [3] [ekrue] *vt* to imprison.

écroulement [ekrulmɑ̃] *nm litt* & *fig* collapse.

écrouler [3] [ekrule] ◆ **s'écrouler** *vp litt* & *fig* to collapse.

écru, **e** [ekry] *adj* [naturel] unbleached.

ecsta [ɛksta] (*abr de* **ecstasy**) *nm* ecstasy, E.

ecstasy [ɛkstazi] *nm* [drogue] ecstasy.

ectoplasme [ɛktɔplasm] *nm* ectoplasm.

écu [eky] *nm* - **1.** [bouclier, armoiries] shield - **2.** [monnaie ancienne] crown.

écueil [ekœj] *nm* - **1.** [rocher] reef - **2.** *fig* [obstacle] stumbling block.

écuelle [ekɥɛl] *nf* - **1.** [objet] bowl - **2.** [contenu] bowlful.

éculé, **e** [ekyle] *adj* - **1.** [chaussure] down-at-heel - **2.** *fig* [plaisanterie] hackneyed.

écume [ekym] *nf* - **1.** [mousse, bave] foam - **2.** *fig* [lie] dregs *(pl)*.

écumer [3] [ekyme] ◇ *vt* - **1.** [confiture] to skim - **2.** *fig* [mer, ville] to scour. ◇ *vi* - **1.** [mer] to foam, to boil - **2.** [animal] to foam at the mouth - **3.** *fig* [être furieux] : **~ (de)** to boil (with).

écumoire [ekymwar] *nf* skimmer.

écureuil [ekyrœj] *nm* squirrel ; **l'Écureuil** *nickname for the Caisse d'Épargne (whose logo is a squirrel).*

écurie [ekyri] *nf* - **1.** [pour chevaux & SPORT] stable - **2.** *fig* [local sale] pigsty.

écusson [ekysɔ̃] *nm* - **1.** [d'armoiries] coat-of-arms - **2.** MIL badge.

écuyer, **ère** [ekɥije, ɛr] *nm, f* [de cirque] rider.
◆ **écuyer** *nm* [de chevalier] squire.

eczéma [ɛgzema] *nm* eczema.

éd. (*abr écrite de* **édition**) ed., edit.

edelweiss [edɛlvɛs] *nm* edelweiss.

éden [edɛn] *nm* : **un ~** a garden of Eden ; **l'Éden** the garden of Eden.

édenté, **e** [edɑ̃te] *adj* toothless.

EDF, **Edf** (*abr de* **Électricité de France**) *nf French national electricity company.*

édifiant, **e** [edifjɑ̃, ɑ̃t] *adj* edifying.

édification [edifikasjɔ̃] *nf* - **1.** [de temple, empire] building - **2.** *fig* [de fidèles] edification.

édifice [edifis] *nm* - **1.** [construction] building ; **~ public** public building - **2.** *fig* [institution] : **l'~ social** the fabric of society.

édifier [9] [edifje] *vt* - **1.** [ville, église] to build - **2.** *fig* [théorie] to construct - **3.** [personne] to edify ; *iron* to enlighten.

Édimbourg [edɛ̃bur] *n* Edinburgh.

édit [edi] *nm* edict.

édit. *abr de* **éditeur**.

éditer [3] [edite] *vt* to publish.

éditeur, **trice** [editœr, tris] *nm, f* publisher.

édition [edisjɔ̃] *nf* **- 1.** [profession] publishing **- 2.** [de journal, livre] edition ; **dernière ~** last edition ; **~ électronique** electronic publishing ; **~ originale** first edition.

édito [edito] *nm fam* editorial.

éditorial, **aux** [editɔrjal, o] *nm* leader *UK*, editorial.

éditorialiste [editɔrjalist] *nmf* leader writer *UK*, editorialist.

édredon [edrədɔ̃] *nm* eiderdown *UK*, comforter *US*.

éducateur, **trice** [edykatœr, tris] ◇ *adj* educational. ◇ *nm, f* teacher ; **~ spécialisé** *teacher of children with special educational needs.*

éducatif, **ive** [edykatif, iv] *adj* educational.

éducation [edykasjɔ̃] *nf* **- 1.** [apprentissage] education ; **~ civique** civics *(U)* ; **l'Éducation nationale** ≃ the Department for Education *UK*, ≃ the Department of Education *US* ; **~ physique** physical education, phys ed *US* ; **~ sexuelle** sex education **- 2.** [parentale] upbringing **- 3.** [savoir-vivre] breeding.

édulcorant [edylkɔrɑ̃] *nm* : **~ (de synthèse)** (artificial) sweetener.

édulcorer [3] [edylkɔre] *vt* **- 1.** *sout* [tisane] to sweeten **- 2.** *fig* [propos] to tone down.

éduquer [3] [edyke] *vt* [enfant] to bring up ; [élève] to educate.

effacé, **e** [efase] *adj* **- 1.** [teinte] faded **- 2.** [modeste - rôle] unobtrusive ; [- personne] self-effacing.

effacer [16] [efase] *vt* **- 1.** [mot] to erase, to rub out ; INFORM to delete **- 2.** [souvenir] to erase **- 3.** [réussite] to eclipse.
◆ **s'effacer** *vp* **- 1.** [s'estomper] to fade (away) **- 2.** *sout* [s'écarter] to move aside **- 3.** *fig* [s'incliner] to give way.

effarant, **e** [efarɑ̃, ɑ̃t] *adj* frightening.

effaré, **e** [efare] *adj* frightened, scared.

effarement [efarmɑ̃] *nm* fear, alarm.

effarer [3] [efare] *vt* to frighten, to scare.

effaroucher [3] [efaruʃe] *vt* **- 1.** [effrayer] to scare off **- 2.** [intimider] to overawe.

effectif, **ive** [efɛktif, iv] *adj* **- 1.** [remède] effective **- 2.** [aide] positive.
◆ **effectif** *nm* **- 1.** MIL strength **- 2.** [de groupe] total number.

effectivement [efɛktivmɑ̃] *adv* **- 1.** [réellement] effectively **- 2.** [confirmation] in fact.

effectuer [7] [efɛktɥe] *vt* [réaliser - manœuvre] to carry out ; [- trajet, paiement] to make.
◆ **s'effectuer** *vp* to be made.

efféminé, **e** [efemine] *adj* effeminate.

effervescence [efɛrvesɑ̃s] *nf* **- 1.** PHYS effervescence **- 2.** [agitation] turmoil ; **en ~** in turmoil.

effervescent, **e** [efɛrvesɑ̃, ɑ̃t] *adj* [boisson] effervescent ; *fig* [pays] in turmoil.

effet [efɛ] *nm* **- 1.** [gén] effect ; **avoir pour ~ de faire qqch** to have the effect of doing sthg ; **à ~ rétroactif** DR retrospective ; **~ secondaire** MÉD side-effect ; **~s spéciaux** CINÉ special effects ; **rester sans ~** to be ineffective ; **sous l'~ de** under the effects of ; [alcool] under the influence of ; **faire de l'~** to have an effect ; **~ de serre** greenhouse effect **- 2.** [impression recherchée] impression ; **faire son ~** to cause a stir **- 3.** COMM [titre] bill.
◆ **en effet** *loc adv* in fact, indeed.
◆ **à cet effet** *loc adv* with this end in view.

effeuiller [5] [efœje] *vt* [arbre] to remove the leaves from ; [fleur] to remove the petals from.
◆ **s'effeuiller** *vp* [arbre] to lose its leaves ; [fleur] to lose its petals.

efficace [efikas] *adj* **- 1.** [remède, mesure] effective **- 2.** [personne, machine] efficient.

efficacité [efikasite] *nf* **- 1.** [de remède, mesure] effectiveness **- 2.** [de personne, machine] efficiency.

efficience [efisjɑ̃s] *nf* efficiency.

effigie [efiʒi] *nf* effigy.

effilé, **e** [efile] *adj* [doigt, silhouette] slim, slender ; [lame] sharp ; [voiture] streamlined.

effiler [3] [efile] *vt* **- 1.** [tissu] to fray **- 2.** [lame] to sharpen **- 3.** [cheveux] to thin.
◆ **s'effiler** *vp* to fray.

effilocher [3] [efilɔʃe] *vt* to fray.
◆ **s'effilocher** *vp* to fray.

efflanqué, **e** [eflɑ̃ke] *adj* emaciated.

effleurer [5] [eflœre] *vt* **- 1.** [visage, bras] to brush (against) **- 2.** *fig* [problème, thème] to touch on **- 3.** *fig* [suj: pensée, idée] : **~ qqn** to cross sb's mind.

effluve [eflyv] *nm* exhalation ; *fig* [d'enfance, du passé] breath.

effondrement [efɔ̃drəmɑ̃] *nm* collapse.

effondrer [3] [efɔ̃dre] ◆ **s'effondrer** *vp litt & fig* to collapse.

efforcer [16] [efɔrse] ◆ **s'efforcer** *vp* to force o.s. ; **s'~ de faire qqch** to make an effort to do sthg.

effort [efɔr] *nm* **- 1.** [de personne] effort ; **faire un ~** to make an effort ; **faire l'~ de faire qqch** to make the effort to do sthg ; **sans ~** [victoire] effortless **- 2.** TECHNOL stress.

effraction [efraksjɔ̃] *nf* breaking in ; **entrer par ~ dans** to break into.

effrayant, **e** [efrɛjɑ̃, ɑ̃t] *adj* - **1.** [cauchemar] terrifying - **2.** *fam* [appétit, prix] tremendous, awful.

effrayer [11] [efreje] *vt* to frighten, to scare.
◆ **s'effrayer** *vp* to be frightened, to take fright.

effréné, **e** [efrene] *adj* - **1.** [course] frantic - **2.** [désir] unbridled.

effriter [3] [efrite] *vt* to cause to crumble.
◆ **s'effriter** *vp* - **1.** [mur] to crumble - **2.** *fig* [majorité] to be eroded.

effroi [efrwa] *nm* fear, dread.

effronté, **e** [efrɔ̃te] ◇ *adj* insolent. ◇ *nm, f* insolent person.

effrontément [efrɔ̃temɑ̃] *adv* insolently, brazenly.

effronterie [efrɔ̃tri] *nf* insolence.

effroyable [efrwajabl] *adj* - **1.** [catastrophe, misère] appalling - **2.** [laideur] hideous.

effusion [efyzjɔ̃] *nf* - **1.** [de liquide] effusion ; **sans ~ de sang** without bloodshed - **2.** [de sentiments] effusiveness.

égal, **e**, **aux** [egal, o] ◇ *adj* - **1.** [équivalent] equal - **2.** [régulier] even - **3.** *fam* [indifférent] : **ça m'est ~, c'est ~** I don't mind. ◇ *nm, f* equal ; **d'~ à ~** as an equal ; **sans ~** unequalled *UK*, unequaled *US*.

également [egalmɑ̃] *adv* - **1.** [avec égalité] equally - **2.** [aussi] as well, too.

égaler [3] [egale] *vt* - **1.** MATH to equal - **2.** [beauté] to match, to compare with.

égalisation [egalizasjɔ̃] *nf* equalization ; SPORT equalizing *UK*, tying *US*.

égaliser [3] [egalize] ◇ *vt* [haie, cheveux] to trim. ◇ *vi* SPORT to equalize *UK*, to tie *US*.

égalitaire [egalitɛr] *adj* egalitarian.

égalitarisme [egalitarism] *nm* egalitarianism.

égalité [egalite] *nf* - **1.** [gén] equality ; **être à ~** to be level *ou* equal - **2.** [d'humeur] evenness - **3.** SPORT : **être à ~** to be level *UK*, to be tied *US* ; [au tennis] at deuce.

égard [egar] *nm* consideration ; **à cet ~** in this respect ; **par ~ pour** *sout* out of consideration for ; **eu ~ à** considering.
◆ **à l'égard de** *loc prép* with regard to, towards, toward *US*.
◆ **à certains égards** *loc adv* in some respects.

égaré, **e** [egare] *adj* - **1.** [perdu - voyageur] lost ; [- animal] stray *(avant n)* - **2.** [regard, air] distraught.

égarement [egarmɑ̃] *nm* - **1.** [de jeunesse] wildness - **2.** [de raisonnement] aberration.

égarer [3] [egare] *vt* - **1.** [objet] to mislay, to lose - **2.** [personne] to mislead - **3.** *fig* & *sout* [suj: passion] to lead astray.
◆ **s'égarer** *vp* - **1.** [lettre] to get lost, to go astray ; [personne] to get lost, to lose one's way - **2.** [discussion] to wander from the point - **3.** *fig* & *sout* [personne] to stray from the point.

égayer [11] [egeje] *vt* - **1.** [personne] to cheer up - **2.** [pièce] to brighten up.
◆ **s'égayer** *vp* to enjoy o.s.

égérie [eʒeri] *nf* muse.

égide [eʒid] *nf* protection ; **sous l'~ de** *litt* under the aegis of.

églantier [eglɑ̃tje] *nm* wild rose (bush).

églantine [eglɑ̃tin] *nf* wild rose.

églefin, **aiglefin** [egləfɛ̃] *nm* haddock.

église [egliz] *nf* church ; **aller à l'~** to go to church.
◆ **Église** *nf* : **l'Église** the Church ; **l'Église catholique/protestante** the Catholic/Protestant Church.

ego [ego] *nm* ego.

égocentrique [egɔsɑ̃trik] ◇ *nmf* self-centred *UK ou* self-centered *US* person. ◇ *adj* self-centred *UK*, self-centered *US*, egocentric.

égocentrisme [egɔsɑ̃trism] *nm* self-centredness *UK*, self-centeredness *US*.

égoïsme [egɔism] *nm* selfishness, egoism.

égoïste [egɔist] ◇ *nmf* selfish person. ◇ *adj* selfish, egoistic.

égorger [17] [egɔrʒe] *vt* - **1.** [animal, personne] to cut the throat of - **2.** *fig* [client] to bleed white.

égosiller [3] [egɔzije] ◆ **s'égosiller** *vp fam* - **1.** [crier] to bawl, to shout - **2.** [chanter] to sing one's head off.

égout [egu] *nm* sewer.

égoutter [3] [egute] *vt* - **1.** [vaisselle] to leave to drain - **2.** [légumes, fromage] to drain.
◆ **s'égoutter** *vp* to drip, to drain.

égouttoir [egutwar] *nm* - **1.** [à légumes] colander, strainer - **2.** [à vaisselle] rack *(for washing-up)*.

égratigner [3] [egratiɲe] *vt* to scratch ; *fig* to have a go *ou* dig at.
◆ **s'égratigner** *vp* : **s'~ la main** to scratch one's hand.

égratignure [egratiɲyr] *nf* scratch, graze ; *fig* dig.

égrener [19] [egrəne] *vt* - **1.** [détacher les grains de - épi, cosse] to shell ; [- grappe] to pick grapes from - **2.** [chapelet] to tell - **3.** *fig* [marquer] to mark.

◆ **s'égrener** *vp* - **1.** [raisins] to drop off the bunch - **2.** [personnes] to spread out.

égrillard, **e** [egrijar, ard] *adj* ribald, bawdy.

Égypte [eʒipt] *nf* : **l'~** Egypt.

égyptien, **enne** [eʒipsjɛ̃, ɛn] *adj* Egyptian.
◆ **égyptien** *nm* [langue] Egyptian.
◆ **Égyptien**, **enne** *nm, f* Egyptian.

égyptologie [eʒiptɔlɔʒi] *nf* Egyptology.

eh [e] *interj* hey! ; **~ bien** well.

éhonté, **e** [eɔ̃te] ◇ *adj* shameless. ◇ *nm, f* shameless person.

Eiffel [efɛl] *n* : **la tour ~** the Eiffel Tower.

éjaculation [eʒakylasjɔ̃] *nf* ejaculation ; **~ précoce** premature ejaculation.

éjectable [eʒɛktabl] *adj* : **siège ~** ejector seat.

éjecter [4] [eʒɛkte] *vt* - **1.** [douille] to eject - **2.** *fam* [personne] to kick out.

élaboration [elabɔrasjɔ̃] *nf* [de plan, système] working out, development.

élaboré, **e** [elabɔre] *adj* elaborate.

élaborer [3] [elabɔre] *vt* [plan, système] to work out, to develop.

élagage [elagaʒ] *nm litt* & *fig* pruning.

élaguer [3] [elage] *vt litt* & *fig* to prune.

élan [elɑ̃] *nm* - **1.** ZOOL elk - **2.** SPORT run-up ; *Québec* [golf] swing ; : **prendre son ~** to take a run-up, to gather speed - **3.** *fig* [de joie] outburst.

élancé, **e** [elɑ̃se] *adj* slender.

élancement [elɑ̃smɑ̃] *nm* [douleur] shooting pain.

élancer [16] [elɑ̃se] *vi* MÉD to give shooting pains.
◆ **s'élancer** *vp* - **1.** [se précipiter] to rush, to dash - **2.** SPORT to take a run-up - **3.** *fig* [s'envoler] to soar.

élargir [32] [elarʒir] ◇ *vt* to widen ; [vêtement] to let out ; *fig* to expand. ◇ *vi fam* [forcir] to fill out.
◆ **s'élargir** *vp* - **1.** [s'agrandir] to widen ; [vêtement] to stretch ; *fig* to expand - **2.** *fam* [grossir] to put on weight.

élargissement [elarʒismɑ̃] *nm* widening ; [de vêtement] letting out ; *fig* expansion.

élasticité [elastisite] *nf* - **1.** PHYS elasticity - **2.** [de personne, corps] flexibility.

élastique [elastik] ◇ *nm* - **1.** [pour attacher] elastic *UK ou* rubber *US* band - **2.** [matière] elastic. ◇ *adj* - **1.** PHYS elastic - **2.** [corps] flexible - **3.** *fig* [conscience] accommodating.

élastomère [elastɔmɛr] *nm* elastomer.

eldorado [ɛldɔrado] *nm* El Dorado.

électeur, **trice** [elɛktœr, tris] *nm, f* voter, elector.

élection [elɛksjɔ̃] *nf* - **1.** [vote] election ; **~ partielle** by-election *UK*, off-year election *US* ; **~ présidentielle** presidential election ; **~s municipales** local elections - **2.** *fig* [choix] choice ; **d'~** chosen.

électoral, **e**, **aux** [elɛktɔral, o] *adj* electoral ; [campagne, réunion] election *(avant n)*.

électoralisme [elɛktɔralism] *nm* electioneering.

électorat [elɛktɔra] *nm* electorate.

électricien, **enne** [elɛktrisjɛ̃, ɛn] *nm, f* electrician.

électricité [elɛktrisite] *nf* electricity ; **il y a de l'~ dans l'air** *fig* the atmosphere is electric.

électrification [elɛktrifikasjɔ̃] *nf* electrification.

électrifier [9] [elɛktrifje] *vt* to electrify.

électrique [elɛktrik] *adj litt* & *fig* electric.

électriser [3] [elɛktrize] *vt litt* & *fig* to electrify.

électroaimant [elɛktrɔɛmɑ̃] *nm* electromagnet.

électrocardiogramme [elɛktrɔkardjɔgram] *nm* electrocardiogram.

électrochoc [elɛktrɔʃɔk] *nm* electroshock therapy.

électrocuter [3] [elɛktrɔkyte] *vt* to electrocute.

électrode [elɛktrɔd] *nf* electrode.

électroencéphalogramme [elɛktrɔɑ̃sefalɔgram] *nm* electroencephalogram.

électrogène [elɛktrɔʒɛn] *adj* : **groupe ~** generating unit.

électrolyse [elɛktrɔliz] *nf* electrolysis.

électromagnétique [elɛktrɔmaɲetik] *adj* electromagnetic.

électroménager [elɛktrɔmenaʒe] ◇ *adj* : **appareil ~** household electrical appliance. ◇ *nm* household electrical appliances *(pl)*.

électron [elɛktrɔ̃] *nm* electron.

électronicien, **enne** [elɛktrɔnisjɛ̃, ɛn] *nm, f* electronics specialist.

électronique [elɛktrɔnik] ◇ *nf* [sciences] electronics *(U)*. ◇ *adj* electronic ; [microscope] electron *(avant n)*.

électrophone [elɛktrɔfɔn] *nm* record player.

élégamment [elegamɑ̃] *adv* elegantly.

élégance [elegɑ̃s] *nf* - **1.** [de personne, style] elegance - **2.** [délicatesse - de solution, procédé] elegance ; [- de conduite] generosity.

élégant, **e** [elegɑ̃, ɑ̃t] *adj* - **1.** [personne, style] elegant - **2.** [délicat - solution, procédé] elegant ; [- conduite] generous.

élément [elemɑ̃] *nm* - **1.** [gén] element ; **les bons/mauvais ~s** the good/bad elements ; **les quatre ~s** the four elements ; **être dans son ~** to be in one's element - **2.** [de machine] component.

élémentaire [elemɑ̃tɛr] *adj* - **1.** [gén] elementary - **2.** [installation, besoin] basic.

éléphant [elefɑ̃] *nm* elephant.

éléphantesque [elefɑ̃tɛsk] *adj fam* gigantic.

élevage [ɛlvaʒ] *nm* breeding, rearing ; [installation] farm.

élévateur, **trice** [elevatœr, tris] *adj* elevator *(avant n)*.

◆ **élévateur** *nm* lift *UK*, elevator *US*.

élévation [elevasjɔ̃] *nf* - **1.** [gén] raising ; **~ à** MATH raising to ; *fig* elevation to - **2.** [tertre] rise, mound - **3.** [de sentiments] nobility.

élevé, **e** [ɛlve] *adj* - **1.** [haut] high - **2.** *fig* [sentiment, âme] noble - **3.** [enfant] : **bien/mal ~** well/ badly brought up.

élève [elɛv] *nmf* - **1.** [écolier, disciple] pupil - **2.** MIL cadet.

élever [19] [ɛlve] *vt* - **1.** [gén] to raise - **2.** [fardeau] to lift, to raise - **3.** [statue] to put up, to erect - **4.** [à un rang supérieur] to elevate - **5.** [esprit] to improve - **6.** [enfant] to bring up - **7.** [poulets] to rear, to breed.

◆ **s'élever** *vp* - **1.** [gén] to rise - **2.** [montant] : **s'~ à** to add up to - **3.** [protester] : **s'~ contre qqn/ qqch** to protest against sb/sthg.

éleveur, **euse** [ɛlvœr, øz] *nm, f* breeder.

elfe [ɛlf] *nm* elf.

élider [3] [elide] *vt* to elide.

◆ **s'élider** *vp* to be elided.

éligible [eliʒibl] *adj* eligible.

élimé, **e** [elime] *adj* threadbare.

élimination [eliminasjɔ̃] *nf* elimination ; **procéder par ~** to proceed by elimination.

éliminatoire [eliminatwar] ◇ *nf (gén pl)* SPORT qualifying heat *ou* round. ◇ *adj* qualifying *(avant n)*.

éliminer [3] [elimine] *vt* to eliminate.

élire [106] [elir] *vt* to elect.

élisais, **élisions** *etc* ▷ **élire**.

élision [elizjɔ̃] *nf* elision.

élite [elit] *nf* elite ; **d'~** choice, select.

élitiste [elitist] *nmf* & *adj* elitist.

élixir [eliksir] *nm* elixir.

elle [ɛl] *pron pers* - **1.** [sujet - personne] she ; [- animal] it, she ; [- chose] it - **2.** [complément - personne] her ; [- animal] it, her ; [- chose] it.

◆ **elles** *pron pers pl* - **1.** [sujet] they - **2.** [complément] them.

◆ **elle-même** *pron pers* [personne] herself ; [animal] itself, herself ; [chose] itself.

◆ **elles-mêmes** *pron pers pl* themselves.

ellipse [elips] *nf* - **1.** GÉOM ellipse - **2.** LING ellipsis.

elliptique [eliptik] *adj* elliptical.

élocution [elɔkysjɔ̃] *nf* delivery ; **défaut d'~** speech defect.

éloge [elɔʒ] *nm* - **1.** [discours] eulogy - **2.** [louange] praise ; **faire l'~ de qqn/qqch** [louer] to speak highly of sb/sthg ; **couvrir qqn d'~s** to shower sb with praise.

élogieux, **euse** [elɔʒjø, øz] *adj* laudatory.

éloigné, **e** [elwaɲe] *adj* distant.

éloignement [elwaɲmɑ̃] *nm* - **1.** [mise à l'écart] removal - **2.** [séparation] absence - **3.** [dans l'espace, le temps] distance.

éloigner [3] [elwaɲe] *vt* - **1.** [écarter] to move away ; **~ qqch de** to move sthg away from - **2.** [détourner] to turn away - **3.** [chasser] to dismiss.

◆ **s'éloigner** *vp* - **1.** [partir] to move *ou* go away - **2.** *fig* [du sujet] to stray from the point - **3.** [se détacher] to distance o.s.

élongation [elɔ̃gasjɔ̃] *nf* MÉD : **~ de muscle** pulled muscle.

éloquence [elɔkɑ̃s] *nf* - **1.** [d'orateur, d'expression] eloquence - **2.** [de données] significance.

éloquent, **e** [elɔkɑ̃, ɑ̃t] *adj* - **1.** [avocat, silence] eloquent - **2.** [données] significant.

élu, **e** [ely] ◇ *pp* ▷ **élire**. ◇ *adj* POLIT elected. ◇ *nm, f* - **1.** POLIT elected representative - **2.** RELIG chosen one ; **l'~ de son cœur** *hum* & *sout* one's heart's desire.

élucider [3] [elyside] *vt* to clear up.

élucubration [elykybrasjɔ̃] *nf* raving.

éluder [3] [elyde] *vt* to evade.

Élysée [elize] *nm* : **l'~** *the official residence of the French President and, by extension, the President himself.*

L'Élysée

This eighteenth-century palace near the Champs-Élysées is the official residence of the French president. The name is often used in the media to refer to the presidency itself.

émacié, **e** [emasje] *adj litt* emaciated.

émail, **aux** [emaj, emo] *nm* enamel ; **en ~** enamel, enamelled *UK*, enameled *US*.

◆ **émaux** *nmpl* enamelwork *(U)*.

e-mail [imɛl] (*pl* **e-mails**) *nm* e-mail, E-mail.

émanation [emanasjɔ̃] *nf* emanation ; **être l'~ de** *fig* to emanate from.

émancipation [emɑ̃sipasjɔ̃] *nf* emancipation.

émanciper [3] [emɑ̃sipe] *vt* to emancipate.
◆ **s'émanciper** *vp* - **1.** [se libérer] to become free *ou* liberated - **2.** *fam* [se dévergonder] to become emancipated.

émaner [3] [emane] *vi* : **~ de** to emanate from.

émarger [17] [emarʒe] ◇ *vt* - **1.** [signer] to sign - **2.** [enlever la marge de] to trim the margins of. ◇ *vi* to sign.

émasculer [3] [emaskyle] *vt* to emasculate.

emballage [ɑ̃balaʒ] *nm* packaging.

emballement [ɑ̃balmɑ̃] *nm* - **1.** [enthousiasme] sudden craze - **2.** [de moteur] racing *(U)*.

emballer [3] [ɑ̃bale] *vt* - **1.** [objet] to pack (up), to wrap (up) - **2.** [moteur] to race - **3.** *fam* [plaire à] to thrill.
◆ **s'emballer** *vp* - **1.** [moteur] to race - **2.** [cheval] to bolt - **3.** *fam* [personne - s'enthousiasmer] to get carried away ; [- s'emporter] to lose one's temper.

embarcadère [ɑ̃barkadɛr] *nm* landing stage.

embarcation [ɑ̃barkasjɔ̃] *nf* small boat.

embardée [ɑ̃barde] *nf* swerve ; **faire une ~** to swerve.

embargo [ɑ̃bargo] *nm* embargo.

embarquement [ɑ̃barkəmɑ̃] *nm* - **1.** [de marchandises] loading - **2.** [de passagers] boarding ; **~ immédiat** immediate boarding.

embarquer [3] [ɑ̃barke] ◇ *vt* - **1.** [marchandises] to load - **2.** [passagers] to (take on) board - **3.** *fam* [dans une voiture] to take, to give a lift to - **4.** *fam* [arrêter] to pick up - **5.** *fam fig* [engager] : **~ qqn dans** to involve sb in - **6.** *fam* [emmener] to cart off. ◇ *vi* : **~ (pour)** to sail (for).
◆ **s'embarquer** *vp* - **1.** [sur un bateau] to (set) sail - **2.** *fam fig* [s'engager] : **s'~ dans** to get involved in.

embarras [ɑ̃bara] *nm* - **1.** [incertitude] (state of) uncertainty ; **avoir l'~ du choix** to be spoilt for choice - **2.** [situation difficile] predicament ; **être dans l'~** to be in a predicament ; **mettre qqn dans l'~** to place sb in an awkward position ; **tirer qqn d'~** to get sb out of a tight spot - **3.** [perplexité] confusion - **4.** [gêne] embarrassment - **5.** [souci] difficulty, worry.

embarrassant, e [ɑ̃barasɑ̃, ɑ̃t] *adj* - **1.** [encombrant] cumbersome - **2.** [délicat] embarrassing.

embarrassé, e [ɑ̃barase] *adj* - **1.** [encombré - pièce, bureau] cluttered ; **avoir les mains ~es** to have one's hands full - **2.** [gêné] embarrassed - **3.** [confus] confused.

embarrasser [3] [ɑ̃barase] *vt* - **1.** [encombrer - pièce] to clutter up ; [- personne] to hamper - **2.** [gêner] to put in an awkward position.
◆ **s'embarrasser** *vp* - **1.** [se charger] : **s'~ de qqch** to burden o.s. with sthg ; *fig* to bother about sthg - **2.** [s'empêtrer] : **s'~ dans** to get tangled up in.

embauche [ɑ̃boʃ] *nf*, **embauchage** [ɑ̃boʃaʒ] *nm* hiring, employment.

embaucher [3] [ɑ̃boʃe] *vt* - **1.** [employer] to employ, to take on - **2.** *fam* [occuper] : **je t'embauche!** I need your help!

embaumer [3] [ɑ̃bome] ◇ *vt* - **1.** [cadavre] to embalm - **2.** [parfumer] to scent. ◇ *vi* to be fragrant.

embellie [ɑ̃beli] *nf* [éclaircie] bright *ou* clear spell ; *fig* (temporary) improvement.

embellir [32] [ɑ̃belir] ◇ *vt* - **1.** [agrémenter] to brighten up - **2.** *fig* [enjoliver] to embellish. ◇ *vi* [devenir plus beau] to become more attractive ; *fig* & *hum* to grow, to increase.

emberlificoter [3] [ɑ̃bɛrlifikɔte] *vt fam fig* to sweet-talk.
◆ **s'emberlificoter** *vp fam* to get tangled up.

embêtant, e [ɑ̃bɛtɑ̃, ɑ̃t] *adj fam* annoying.

embêtement [ɑ̃bɛtmɑ̃] *nm fam* trouble.

embêter [4] [ɑ̃bɛte] *vt fam* [contrarier, importuner] to annoy.
◆ **s'embêter** *vp fam* [s'ennuyer] to be bored.

emblée [ɑ̃ble] ◆ **d'emblée** *loc adv* right away.

emblème [ɑ̃blɛm] *nm* emblem.

embobiner [3] [ɑ̃bɔbine] *vt* - **1.** [fil] to wind - **2.** *fam* [personne] to fool.

emboîter [3] [ɑ̃bwate] *vt* : **~ qqch dans qqch** to fit sthg into sthg ; **~ le pas à qqn** [suivre] to follow close on sb's heels ; *fig* to follow sb's lead.
◆ **s'emboîter** *vp* to fit together.

embolie [ɑ̃bɔli] *nf* embolism.

embonpoint [ɑ̃bɔ̃pwɛ̃] *nm* stoutness ; **prendre de l'~** to get stout.

embouché, e [ɑ̃buʃe] *adj fam* **mal ~** foul-mouthed.

embouchure [ɑ̃buʃyr] *nf* - **1.** [d'instrument] mouthpiece - **2.** [de fleuve] mouth ; **l'~ du Rhône** the mouth of the Rhône.

embourber [3] [ɑ̃burbe] ◆ **s'embourber** *vp* [s'enliser] to get stuck in the mud ; *fig* to get bogged down.

embourgeoisement [ɑ̃burʒwazmɑ̃] *nm* [de personne] adoption of middle-class values ; [de quartier] gentrification.

embourgeoiser [3] [ɑ̃burʒwaze] *vt* [personne] to instil *UK ou* instill *US* middle-class values in ; [quartier] to gentrify.

◆ **s'embourgeoiser** *vp* [personne] to adopt middle-class values ; [quartier] to become gentrified.

embout [ɑ̃bu] *nm* [protection] tip ; [extrémité d'un tube] nozzle.

embouteillage [ɑ̃butɛjaʒ] *nm* - **1.** [circulation] traffic jam - **2.** [mise en bouteilles] bottling.

emboutir [32] [ɑ̃butir] *vt* - **1.** *fam* [voiture] to crash into - **2.** TECHNOL to stamp.

embranchement [ɑ̃brɑ̃ʃmɑ̃] *nm* - **1.** [carrefour] junction - **2.** [division] branching (out) ; *fig* branch.

embraser [3] [ɑ̃braze] *vt* [incendier, éclairer] to set ablaze ; *fig* [d'amour] to (set on) fire, to inflame.

◆ **s'embraser** *vp* [prendre feu, s'éclairer] to be ablaze ; *fig* & *litt* to be inflamed.

embrassade [ɑ̃brasad] *nf* embrace.

embrasse [ɑ̃bras] *nf* tieback.

embrasser [3] [ɑ̃brase] *vt* - **1.** [donner un baiser à] to kiss - **2.** [étreindre] to embrace - **3.** *fig* [du regard] to take in.

◆ **s'embrasser** *vp* to kiss (each other).

embrasure [ɑ̃brazyr] *nf* : **dans l'~ de la fenêtre** in the window.

embrayage [ɑ̃brɛjaʒ] *nm* - **1.** [action] engaging the clutch - **2.** [mécanisme] clutch.

embrayer [11] [ɑ̃breje] *vi* - **1.** AUTO to engage the clutch - **2.** *fam fig* [s'engager] : **~ sur** to get onto the subject of.

embrigader [3] [ɑ̃brigade] *vt* to recruit.

◆ **s'embrigader** *vp* to join.

embringuer [3] [ɑ̃brɛ̃ge] *vt fam* to involve.

◆ **s'embringuer** *vp fam* **s'~ dans** to get mixed up in.

embrocher [3] [ɑ̃brɔʃe] *vt* to skewer.

◆ **s'embrocher** *vp fam* to stab o.s.

embrouillamini [ɑ̃brujamini] *nm fam* muddle.

embrouille [ɑ̃bruj] *nf fam* shenanigans *(pl)*.

embrouiller [3] [ɑ̃bruje] *vt* - **1.** [mélanger] to mix (up), to muddle (up) - **2.** *fig* [compliquer] to confuse.

embruns [ɑ̃brœ̃] *nmpl* spray *(U)*.

embryologie [ɑ̃brijɔlɔʒi] *nf* embryology.

embryon [ɑ̃brijɔ̃] *nm litt* & *fig* embryo.

embryonnaire [ɑ̃brijɔnɛr] *adj litt* & *fig* embryonic.

embûche [ɑ̃byʃ] *nf* pitfall.

embuer [7] [ɑ̃bɥe] *vt* - **1.** [de vapeur] to steam up - **2.** [de larmes] to mist (over).

embuscade [ɑ̃byskad] *nf* ambush.

embusquer [3] [ɑ̃byske] *vt* - **1.** [poster] to position for an ambush - **2.** [mettre à l'abri] to post away from the front line.

◆ **s'embusquer** *vp* - **1.** [se poster] to lie in ambush - **2.** [se mettre à l'abri] to be posted away from the front line.

éméché, **e** [emeʃe] *adj fam* merry, tipsy.

émeraude [emrod] ◇ *nf* emerald. ◇ *adj inv (en apposition)* **vert ~** emerald (green).

émergence [emɛrʒɑ̃s] *nf* emergence.

émergent, **e** [emɛrʒɑ̃, ɑ̃t] *adj* : **pays ~** emerging country.

émerger [17] [emɛrʒe] *vi* - **1.** [gén] to emerge - **2.** NAUT *fig* to surface.

émeri [ɛmri] *nm* : **papier** *ou* **toile ~** emery paper.

émérite [emerit] *adj* distinguished, eminent.

émerveillement [emɛrvɛjmɑ̃] *nm* wonder.

émerveiller [4] [emɛrveje] *vt* to fill with wonder.

◆ **s'émerveiller** *vp* : **s'~ (de)** to marvel (at).

émets ▷ **émettre.**

émetteur, **trice** [emetœr, tris] *adj* transmitting ; **poste ~** transmitter.

◆ **émetteur** *nm* [appareil] transmitter ; **~-récepteur** transmitter-receiver.

émettre [84] [emɛtr] *vt* - **1.** [produire] to emit - **2.** [diffuser] to transmit, to broadcast - **3.** [mettre en circulation] to issue - **4.** [exprimer] to express.

émeus, **émeut** *etc* ▷ **émouvoir.**

émeute [emøt] *nf* riot.

émeutier, **ère** [emøtje, ɛr] *nm, f* rioter.

émietter [4] [emjete] *vt* - **1.** [du pain] to crumble - **2.** [morceler] to divide up.

émigrant, **e** [emigrɑ̃, ɑ̃t] *adj* & *nm, f* emigrant.

émigration [emigrasjɔ̃] *nf* - **1.** [de personnes] emigration - **2.** ZOOL migration.

émigré, **e** [emigre] ◇ *adj* migrant. ◇ *nm, f* emigrant.

émigrer [3] [emigre] *vi* - **1.** [personnes] to emigrate - **2.** [animaux] to migrate.

émincé, **e** [emɛ̃se] *adj* sliced thinly.

◆ **émincé** *nm thin slices of meat served in a sauce.*

éminemment [eminamɑ̃] *adv* eminently.

éminence [eminɑ̃s] *nf* hill.

◆ **Éminence** *nf* Eminence ; **Son Éminence** His Eminence.
◆ **éminence grise** *nf* éminence grise.

éminent, **e** [eminɑ̃, ɑ̃t] *adj* eminent, distinguished.

émir [emir] *nm* emir.

émirat [emira] *nm* emirate.
◆ **Émirat** *nm* : **les Émirats arabes unis** the United Arab Emirates.

émis, **e** [emi, iz] *pp* ▷ **émettre**.

émissaire [emisɛr] ◇ *nm* - **1.** [envoyé] emissary, envoy - **2.** TECHNOL outlet, drainage channel. ◇ *adj* - **1.** ANAT emissary - **2.** ▷ **bouc**.

émission [emisjɔ̃] *nf* - **1.** [de gaz, de son etc] emission - **2.** [RADIO & TV - transmission] transmission, broadcasting ; [- programme] programme *UK*, program *US* - **3.** [mise en circulation] issue.

emmagasiner [3] [ɑ̃magazine] *vt* - **1.** [stocker] to store - **2.** *fig* [accumuler] to store up.

emmailloter [3] [ɑ̃majɔte] *vt* to wrap up.

emmanchure [ɑ̃mɑ̃ʃyr] *nf* armhole.

Emmaüs [emays] *n* : ~ **International** *charity organization which helps the poor and homeless.*

emmêler [4] [ɑ̃mele] *vt* - **1.** [fils] to tangle up - **2.** *fig* [idées] to muddle up, to confuse.
◆ **s'emmêler** *vp* - **1.** [fils] to get into a tangle - **2.** *fig* [personne] to get mixed up.

emménagement [ɑ̃menaʒmɑ̃] *nm* moving in.

emménager [17] [ɑ̃menaʒe] *vi* to move in.

emmener [19] [ɑ̃mne] *vt* to take.

emmerdant, **e** [ɑ̃mɛrdɑ̃, ɑ̃t] *adj tfam* bloody *UK ou* damned annoying.

emmerdement [ɑ̃mɛrdəmɑ̃] *nm tfam* hassle, bloody *UK ou* damned nuisance ; **avoir des ~s** to have problems.

emmerder [3] [ɑ̃mɛrde] *vt tfam* to piss off.
◆ **s'emmerder** *vp tfam* [s'embêter] to be bored stiff.

emmerdeur, **euse** [ɑ̃mɛrdœr, øz] *nm, f tfam* pain in the arse *UK ou* ass *US*.

emmitoufler [3] [ɑ̃mitufle] *vt* to wrap up.
◆ **s'emmitoufler** *vp* to wrap o.s. up.

émoi [emwa] *nm* - **1.** *sout* [agitation] agitation, commotion ; **en ~** in turmoil - **2.** [émotion] emotion.

émollient, **e** [emɔljɑ̃, ɑ̃t] *adj* emollient.
◆ **émollient** *nm* emollient.

emoticon [emɔtikɔ] *nm* INFORM emoticon.

émotif, **ive** [emɔtif, iv] ◇ *adj* emotional. ◇ *nm, f* emotional person.

émotion [emosjɔ̃] *nf* - **1.** [sentiment] emotion - **2.** [peur] fright, shock ; **donner des ~s à qqn** to give sb a fright *ou* shock.

émotionnel, **elle** [emosjɔnel] *adj* emotional.

émotionner [3] [emosjɔne] *vt fam* to move (to the brink of tears).

émotivité [emɔtivite] *nf* emotionalism.

émoulu, **e** [emuly] ▷ **frais**.

émousser [3] [emuse] *vt litt & fig* to blunt.
◆ **s'émousser** *vp* [lame] to become blunt ; *fig* to die down, to lessen.

émoustiller [3] [emustije] *vt* - **1.** [rendre gai] to liven up - **2.** [exciter] to arouse, to excite.

émouvant, **e** [emuvɑ̃, ɑ̃t] *adj* moving.

émouvoir [55] [emuvwar] *vt* - **1.** [troubler] to disturb, to upset - **2.** [susciter la sympathie de] to move, to touch.
◆ **s'émouvoir** *vp* to show emotion, to be upset.

empailler [3] [ɑ̃paje] *vt* - **1.** [animal] to stuff - **2.** [chaise] to upholster (with straw).

empaler [3] [ɑ̃pale] *vt* to impale.
◆ **s'empaler** *vp* : **s'~ sur** to be impaled on *ou* upon.

empaqueter [27] [ɑ̃pakte] *vt* to pack (up), to wrap (up).

emparer [3] [ɑ̃pare] ◆ **s'emparer** *vp* : **s'~ de** [suj: personne] to seize ; [suj: sentiment] to take hold of.

empâté, **e** [ɑ̃pate] *adj* [visage, traits] bloated ; [bouche, langue] coated.

empâter [3] [ɑ̃pate] *vt* - **1.** [visage, traits] to fatten out - **2.** [bouche, langue] to coat, to fur up.
◆ **s'empâter** *vp* to put on weight.

empattement [ɑ̃patmɑ̃] *nm* - **1.** AUTO wheelbase - **2.** TYPO serif.

empêchement [ɑ̃pɛʃmɑ̃] *nm* obstacle ; **j'ai un ~** something has come up.

empêcher [4] [ɑ̃peʃe] *vt* to prevent ; **~ qqn/qqch de faire qqch** to prevent sb/sthg from doing sthg ; **~ que qqn (ne) fasse qqch** to prevent sb from doing sthg ; **(il) n'empêche que** nevertheless, all the same.
◆ **s'empêcher** *vp* : **s'~ de faire qqch** to stop o.s. doing sthg ; **je ne peux pas m'~ de pleurer** I can't help crying.

empêcheur, **euse** [ɑ̃pɛʃœr, øz] *nm, f fam* **~ de tourner en rond** killjoy.

empeigne [ɑ̃pɛɲ] *nf* upper.

empereur [ɑ̃prœr] *nm* emperor.

empesé, **e** [ɑ̃pəze] *adj* - **1.** [linge] starched - **2.** *fig* [style] stiff.

empester [3] [ɑ̃pɛste] ◇ *vt* to stink out. ◇ *vi* to stink.

empêtrer [4] [ɑ̃petre] *vt* : **être empêtré dans** to be tangled up in.
◆ **s'empêtrer** *vp* : **s'~ (dans)** to get tangled up (in).

emphase [ɑ̃faz] *nf péj* pomposity.

emphatique [ɑ̃fatik] *adj péj* pompous.

empiècement [ɑ̃pjɛsmɑ̃] *nm* yoke.

empiéter [18] [ɑ̃pjete] *vi* : **~ sur** to encroach on.

empiffrer [3] [ɑ̃pifre] ◆ **s'empiffrer** *vp fam* to stuff o.s.

empilement [ɑ̃pilmɑ̃], **empilage** [ɑ̃pilaʒ] *nm* [action] piling up, stacking up ; [pile] pile, stack.

empiler [3] [ɑ̃pile] *vt* - **1.** [entasser] to pile up, to stack up - **2.** *tfam* [duper] to rip off.
◆ **s'empiler** *vp* to pile up.

empire [ɑ̃pir] *nm* - **1.** HIST *fig* empire ; **l'Empire** *the Empire under Napoleon I* ; **le Second Empire** the Second Empire *(under Napoleon III)* ; **pour un ~** *fig* for the world - **2.** *sout* [contrôle] influence ; **sous l'~ de** [la boisson] under the influence of ; [la colère] gripped by.

empirer [3] [ɑ̃pire] *vi & vt* to worsen.

empirique [ɑ̃pirik] *adj* empirical.

empirisme [ɑ̃pirism] *nm* empiricism.

emplacement [ɑ̃plasmɑ̃] *nm* [gén] site, location ; [dans un camping] place.

emplâtre [ɑ̃platr] *nm* - **1.** [pommade] plaster - **2.** *péj* [incapable] lazy lump.

emplette [ɑ̃plɛt] *nf (gén pl)* purchase ; **faire des ~s** to go shopping ; **faire l'~ de** to purchase.

emplir [32] [ɑ̃plir] *vt sout* **~ (de)** to fill (with).
◆ **s'emplir** *vp* : **s'~ (de)** to fill (with).

emploi [ɑ̃plwa] *nm* - **1.** [utilisation] use ; **faire double ~** to be unnecessary *ou* redundant ; **~ du temps** timetable *UK*, schedule *US* ; **mode d'~** instructions *(pl)* (for use) - **2.** [travail] job.

employé, **e** [ɑ̃plwaje] *nm, f* employee ; **~ de bureau** office employee *ou* worker.

employer [13] [ɑ̃plwaje] *vt* - **1.** [utiliser] to use - **2.** [salarier] to employ.
◆ **s'employer** *vp* to be used ; **s'~ à qqch** to be working on sthg, to apply o.s. to sthg ; **s'~ à faire qqch** to apply o.s. to doing sthg.

employeur, **euse** [ɑ̃plwajœr, øz] *nm, f* employer.

empocher [3] [ɑ̃pɔʃe] *vt fam* to pocket.

empoignade [ɑ̃pwaɲad] *nf* row.

empoigne [ɑ̃pwaɲ] ▻ **foire**.

empoigner [3] [ɑ̃pwaɲe] *vt* - **1.** [saisir] to grasp - **2.** *fig* [émouvoir] to grip.
◆ **s'empoigner** *vp fig* to come to blows.

empoisonnant, **e** [ɑ̃pwazɔnɑ̃, ɑ̃t] *adj* - **1.** [ennuyeux] boring - **2.** [insupportable] irritating.

empoisonnement [ɑ̃pwazɔnmɑ̃] *nm* - **1.** [intoxication] poisoning - **2.** *fam fig* [souci] trouble *(U)*.

empoisonner [3] [ɑ̃pwazɔne] *vt* - **1.** [gén] to poison - **2.** [empuantir] to stink out - **3.** *fam* [ennuyer] to annoy, to bug.

emporté, **e** [ɑ̃pɔrte] *adj* short-tempered.

emportement [ɑ̃pɔrtəmɑ̃] *nm* anger.

emporte-pièce [ɑ̃pɔrtəpjɛs] *nm inv* punch.
◆ **à l'emporte-pièce** *loc adj* incisive.

emporter [3] [ɑ̃pɔrte] *vt* - **1.** [emmener] to take (away) ; **à ~** [plats] to take away *UK*, to take out *US*, to go *US* - **2.** [entraîner] to carry along - **3.** [arracher] to tear off, to blow off - **4.** [faire mourir] to carry off - **5.** [gagner] to win - **6.** [surpasser] : **l'~ sur** to get the better of.
◆ **s'emporter** *vp* to get angry, to lose one's temper.

empoté, **e** [ɑ̃pɔte] *fam* ◇ *adj* clumsy. ◇ *nm, f* clumsy person.

empourprer [3] [ɑ̃purpre] ◆ **s'empourprer** *vp litt* to turn crimson.

empreinte [ɑ̃prɛ̃t] *nf* [trace] print ; *fig* mark, trace ; **~ génétique** genetic fingerprint ; **~s digitales** fingerprints.

empressé, **e** [ɑ̃prese] ◇ *adj* attentive. ◇ *nm, f* attentive person.

empressement [ɑ̃prɛsmɑ̃] *nm* - **1.** [zèle] attentiveness - **2.** [enthousiasme] eagerness.

empresser [4] [ɑ̃prese] ◆ **s'empresser** *vp* : **s'~ de faire qqch** to hurry to do sthg ; **s'~ auprès de qqn** to be attentive to sb.

emprise [ɑ̃priz] *nf* - **1.** [ascendant] influence ; **sous l'~ de** [l'alcool] under the influence of ; [la colère] gripped by - **2.** DR expropriation.

emprisonnement [ɑ̃prizɔnmɑ̃] *nm* imprisonment.

emprisonner [3] [ɑ̃prizɔne] *vt* - **1.** [voleur] to imprison - **2.** [partie du corps] to fit tightly round *UK ou* around *US*.

emprunt [ɑ̃prœ̃] *nm* - **1.** FIN loan ; **couvrir un ~** to guarantee a loan ; **lancer un ~** to float a loan ; **~ d'État** government loan - **2.** LING *fig* borrowing.

emprunté, **e** [ɑ̃prœ̃te] *adj* awkward, self-conscious.

emprunter [3] [ɑ̃prœ̃te] *vt* - **1.** [gén] to borrow ; **~ qqch à** to borrow sthg from - **2.** [route] to take.

empuantir [32] [ɑ̃pɥɑ̃tir] *vt* to stink out.

EMT (*abr de* **éducation manuelle et technique**) *nf* practical sciences *(pl)*.

ému, e [emy] ◇ *pp* ▷ **émouvoir**. ◇ *adj* [personne] moved, touched ; [regard, sourire] emotional.

émulation [emylasjɔ̃] *nf* - **1.** [concurrence] rivalry - **2.** [imitation] emulation.

émule [emyl] *nmf* - **1.** [imitateur] emulator - **2.** [concurrent] rival.

émulsion [emylsjɔ̃] *nf* emulsion.

en [ɑ̃] ◇ *prep* - **1.** [temps] in ; **~ 1994** in 1994 ; **~ hiver/septembre** in winter/September - **2.** [lieu] in ; [direction] to ; **une maison ~ Suède** a house in Sweden ; **habiter ~ Sicile/ville** to live in Sicily/town ; **aller ~ Sicile/ville** to go to Sicily/town ; **aller de ville ~ ville** to go from town to town - **3.** [matière] made of ; **c'est ~ métal** it's (made of) metal ; **une théière ~ argent** a silver teapot - **4.** [état, forme, manière] : **les arbres sont ~ fleurs** the trees are in blossom ; **du sucre ~ morceaux** sugar cubes ; **du lait ~ poudre** powdered milk ; **je la préfère ~ vert** I prefer it in green ; **agir ~ traître** to behave treacherously ; **je l'ai eu ~ cadeau** I was given it as a present ; **dire qqch ~ anglais** to say sthg in English ; **~ vacances** on holiday - **5.** [moyen] by ; **~ avion/bateau/train** by plane/boat/train - **6.** [mesure] in ; **vous l'avez ~ 38?** do you have it in a 38? ; **compter ~ dollars** to calculate in dollars - **7.** [devant un participe présent] : **~ arrivant à Paris** on arriving in Paris, as he/she *etc* arrived in Paris ; **~ faisant un effort** by making an effort ; **~ mangeant** while eating ; **elle répondit ~ souriant** she replied with a smile. ◇ *pron pers* - **1.** [complément de verbe, de nom, d'adjectif] : **il s'~ est souvenu** he remembered it ; **nous ~ avons déjà parlé** we've already spoken about it ; **on ~ meurt, de ce genre de maladie** people die from this sort of illness ; **je m'~ porte garant** I'll vouch for it ; **j'~ garde un très bon souvenir** I have very happy memories of it ; **sa maison ~ est pleine** his house is full of them - **2.** [avec un indéfini, exprimant une quantité] : **j'~ connais un/plusieurs** I know one/several of them ; **j'ai du chocolat, tu ~ veux?** I've got some chocolate, do you want some? ; **tu ~ as?** have you got any?, do you have any? ; **il y ~ a plusieurs** there are several (of them) - **3.** [provenance] from there ; **j'~ viens à l'instant** I've just come from there.

ENA, Ena [ena] (*abr de* **École nationale d'administration**) *nf prestigious grande école training future government officials.*

énarque [enark] *nmf graduate of the École nationale d'administration (ENA).*

encablure [ɑ̃kablyr] *nf* cable length.

encadrement [ɑ̃kadrəmɑ̃] *nm* - **1.** [de tableau, porte] frame - **2.** [dans une entreprise] managerial staff ; [à l'armée] officers *(pl)* ; [à l'école] staff - **3.** [du crédit] restriction.

encadrer [3] [ɑ̃kadre] *vt* - **1.** [photo, visage] to frame - **2.** [employés] to supervise ; [soldats] to be in command of ; [élèves] to teach - **3.** [détenu] to flank - **4.** *fam* [arbre] to crash into.

encadreur [ɑ̃kadrœr] *nm* framer.

encaisse [ɑ̃kɛs] *nf* ready cash.

encaissé, e [ɑ̃kese] *adj* [vallée] deep and narrow ; [rivière] steep-banked.

encaisser [4] [ɑ̃kese] *vt* - **1.** [argent, coups, insultes] to take - **2.** [chèque] to cash - **3.** *loc* **ne pas pouvoir ~ qqn** *fam* not to be able to stand sb.

encanailler [3] [ɑ̃kanaje] ◆ **s'encanailler** *vp* to slum it.

encart [ɑ̃kar] *nm* insert ; **~ publicitaire** advertising insert.

en-cas, encas [ɑ̃ka] *nm inv* snack.

encastrable [ɑ̃kastrabl] *adj* that can be fitted (in).

encastrer [3] [ɑ̃kastre] *vt* to fit.
◆ **s'encastrer** *vp* to fit (exactly).

encaustique [ɑ̃kostik] *nf* - **1.** [cire] polish - **2.** [peinture] encaustic.

encaustiquer [3] [ɑ̃kostike] *vt* to polish.

enceinte [ɑ̃sɛ̃t] ◇ *adj f* pregnant ; **~ de 4 mois** 4 months pregnant. ◇ *nf* - **1.** [muraille] wall - **2.** [espace] : **dans l'~ de** within (the confines of) - **3.** [baffle] : **~ (acoustique)** speaker.

encens [ɑ̃sɑ̃] *nm* incense.

encenser [3] [ɑ̃sɑ̃se] *vt* - **1.** [brûler de l'encens dans] to burn incense in - **2.** *fig* [louer] to flatter.

encensoir [ɑ̃sɑ̃swar] *nm* censer.

encercler [3] [ɑ̃sɛrkle] *vt* - **1.** [cerner, environner] to surround - **2.** [entourer] to circle.

enchaînement [ɑ̃ʃɛnmɑ̃] *nm* - **1.** [succession] series - **2.** [liaison] link - **3.** MUS progression.

enchaîner [4] [ɑ̃ʃene] ◇ *vt* - **1.** [attacher] to chain up - **2.** *fig* [asservir] to enslave - **3.** [coordonner] to link. ◇ *vi* : **~ (sur)** to move on (to).
◆ **s'enchaîner** *vp* [se suivre] to follow on from each other.

enchanté, e [ɑ̃ʃɑ̃te] *adj* - **1.** [ravi] delighted ; **~ de faire votre connaissance** pleased to meet you - **2.** [ensorcelé] enchanted.

enchantement [ɑ̃ʃɑ̃tmɑ̃] *nm* - **1.** [sortilège] magic spell ; **comme par ~** as if by magic - **2.** *sout* [ravissement] delight - **3.** [merveille] wonder.

enchanter [3] [ɑ̃ʃɑ̃te] *vt* - **1.** [ensorceler, charmer] to enchant - **2.** [ravir] to delight.

enchanteur, **eresse** [ɑ̃ʃɑ̃tœr, trɛs] ◇ *adj* enchanting. ◇ *nm, f* - **1.** [magicien] enchanter - **2.** [charmeur] charmer.

enchâsser [3] [ɑ̃ʃase] *vt* - **1.** [encastrer] to fit - **2.** [sertir] to set.

enchère [ɑ̃ʃɛr] *nf* bid ; **faire monter les ~s** to raise the bidding ; **vendre qqch aux ~s** to sell sthg at *ou* by auction.

enchérir [32] [ɑ̃ʃerir] *vi* : **~ sur** to bid higher than ; *fig & litt* [dépasser] to go beyond.

enchevêtrer [4] [ɑ̃ʃəvɛtre] *vt* [emmêler] to tangle up ; *fig* to muddle, to confuse.

enclave [ɑ̃klav] *nf* enclave.

enclencher [3] [ɑ̃klɑ̃ʃe] *vt* - **1.** [mécanisme] to engage - **2.** *fig* [projet] to set in motion.
◆ **s'enclencher** *vp* - **1.** TECHNOL to engage - **2.** *fig* [commencer] to begin.

enclin, **e** [ɑ̃klɛ̃, in] *adj* : **~ à qqch/à faire qqch** inclined to sthg/to do sthg.

enclore [113] [ɑ̃klɔr] *vt* to fence in, to enclose.

enclos, **e** [ɑ̃klo, oz] *pp* ▷ **enclore**.
◆ **enclos** *nm* enclosure.

enclume [ɑ̃klym] *nf* anvil.

encoche [ɑ̃kɔʃ] *nf* notch.

encoder [3] [ɑ̃kɔde] *vt* to encode.

encodeur [ɑ̃kɔdœr] *nm* INFORM encoder.

encoignure [ɑ̃kwaɲyr, ɑ̃kɔɲyr] *nf* - **1.** [coin] corner - **2.** [meuble] corner cupboard.

encolure [ɑ̃kɔlyr] *nf* neck.

encombrant, **e** [ɑ̃kɔ̃brɑ̃, ɑ̃t] *adj* cumbersome ; *fig* [personne] undesirable.

encombre [ɑ̃kɔ̃br] ◆ **sans encombre** *loc adv* without a hitch.

encombré, **e** [ɑ̃kɔ̃bre] *adj* [lieu] busy, congested ; *fig* saturated.

encombrement [ɑ̃kɔ̃brəmɑ̃] *nm* - **1.** [d'une pièce] clutter - **2.** [d'un objet] overall dimensions *(pl)* - **3.** [embouteillage] traffic jam - **4.** INFORM footprint.

encombrer [3] [ɑ̃kɔ̃bre] *vt* to clutter (up).
◆ **s'encombrer** *vp fam* **s'~ de qqn** to be lumbered with sb *UK* ; **s'~ de qqch** to burden o.s. with sthg ; *fig* to bother about sthg.

encontre [ɑ̃kɔ̃tr] ◆ **à l'encontre de** *loc prép* : **aller à l'~ de** to go against, to oppose.

encorbellement [ɑ̃kɔrbɛlmɑ̃] *nm* corbelled structure ; **en ~** corbelled, overhanging.

encorder [3] [ɑ̃kɔrde] ◆ **s'encorder** *vp* to rope up.

encore [ɑ̃kɔr] *adv* - **1.** [toujours] still ; **il dort ~** he's still asleep ; **~ un mois** one more month ; **pas ~** not yet ; **elle ne travaille pas ~** she's not working yet - **2.** [de nouveau] again ; **il m'a ~ menti** he's lied to me again ; **quoi ~?** what now? ; **l'ascenseur est en panne - ~!** the lift's out of order - not again! ; **~ de la glace?** some more ice cream? ; **~ une fois** once more, once again - **3.** [marque le renforcement] even ; **~ mieux/pire** even better/worse - **4.** [marque une restriction] : **il ne suffit pas d'être beau, ~ faut-il être intelligent** it's not enough to be good-looking, you have to be intelligent too.
◆ **et encore** *loc adv* : **j'ai eu le temps de prendre un sandwich, et ~!** I had time for a sandwich, but only just! ; **ça vaut 15 euros, et ~** it's worth 15 euros, if that.
◆ **mais encore** *loc adv* what else?
◆ **si encore** *loc adv* if only.
◆ **encore que** *loc conj (+ subjonctif)* although.

encourageant, **e** [ɑ̃kuraʒɑ̃, ɑ̃t] *adj* encouraging.

encouragement [ɑ̃kuraʒmɑ̃] *nm* - **1.** [parole] (word of) encouragement - **2.** [action] encouragement.

encourager [17] [ɑ̃kuraʒe] *vt* to encourage ; **~ qqn à faire qqch** to encourage sb to do sthg.

encourir [45] [ɑ̃kurir] *vt sout* to incur.

encourrai, **encourras** *etc* ▷ **encourir**.

encouru, **e** [ɑ̃kury] *pp* ▷ **encourir**.

encrasser [3] [ɑ̃krase] *vt* - **1.** TECHNOL to clog up - **2.** *fam* [salir] to make dirty *ou* filthy.
◆ **s'encrasser** *vp* - **1.** TECHNOL to clog up - **2.** *fam* [se salir] to get dirty *ou* filthy.

encre [ɑ̃kr] *nf* ink ; **~ de Chine** Indian *UK ou* India *US* ink.

encrer [3] [ɑ̃kre] *vt* to ink.

encreur [ɑ̃krœr] ▷ **tampon**, ▷ **rouleau**.

encrier [ɑ̃krije] *nm* inkwell.

encroûter [3] [ɑ̃krute] ◆ **s'encroûter** *vp fam* to get into a rut ; **s'~ dans ses habitudes** to become set in one's ways.

enculé [ɑ̃kyle] *nm vulg* arsehole *UK*, asshole *US*.

enculer [3] [ɑ̃kyle] *vt vulg* to bugger.

encyclique [ɑ̃siklik] *nf* RELIG encyclical.

encyclopédie [ɑ̃siklɔpedi] *nf* encyclopedia.

encyclopédique [ɑ̃siklɔpedik] *adj* encyclopedic.

endémique [ɑ̃demik] *adj* endemic.

endettement [ɑ̃dɛtmɑ̃] *nm* debt.

endetter [4] [ɑ̃dete] ◆ **s'endetter** *vp* to get into debt.

endeuiller [5] [ɑ̃dœje] *vt* to plunge into mourning.

endiablé, **e** [ɑ̃djable] *adj* [frénétique] frantic, frenzied.

endiguer [3] [ɑ̃dige] *vt* - **1.** [fleuve] to dam - **2.** *fig* [réprimer] to stem.

endimanché, **e** [ɑ̃dimɑ̃ʃe] *adj* in one's Sunday best.

endimancher [3] [ɑ̃dimɑ̃ʃe] ◆ **s'endimancher** *vp* to put on one's Sunday best.

endive [ɑ̃div] *nf* chicory *(U)* *UK*, endive *US*.

endoctrinement [ɑ̃dɔktrinmɑ̃] *nm* indoctrination.

endoctriner [3] [ɑ̃dɔktrine] *vt* to indoctrinate.

endommager [17] [ɑ̃dɔmaʒe] *vt* to damage.

endormi, **e** [ɑ̃dɔrmi] *adj* - **1.** [personne] sleeping, asleep - **2.** *fig* [village] sleepy ; [jambe] numb ; [passion] dormant ; *fam* [apathique] sluggish.

endormir [36] [ɑ̃dɔrmir] *vt* - **1.** [assoupir, ennuyer] to send to sleep - **2.** [anesthésier - patient] to anaesthetize *UK*, anesthetize *US* ; [- douleur] to ease - **3.** *fig* [tromper] to allay - **4.** *fig* [affaiblir] to dull.
◆ **s'endormir** *vp* - **1.** [s'assoupir] to fall asleep - **2.** [s'affaiblir] to be allayed - **3.** *fig* [jambe] to go to sleep.

endoscopie [ɑ̃dɔskɔpi] *nf* endoscopy.

endosser [3] [ɑ̃dose] *vt* - **1.** [vêtement] to put on - **2.** FIN & DR to endorse ; **~ un chèque** to endorse a cheque *UK* *OU* check *US* - **3.** *fig* [responsabilité] to take on.

endroit [ɑ̃drwa] *nm* - **1.** [lieu, point] place ; **à quel ~?** where? - **2.** [passage] part - **3.** [côté] right side ; **à l'~** the right way round *UK* *OU* around *US*.
◆ **à l'endroit de** *prep litt* with regard to.

enduire [98] [ɑ̃dɥir] *vt* : **~ qqch (de)** to coat sthg (with).

enduisais, **enduisions** *etc* ▷ **enduire**.

enduit, **e** [ɑ̃dɥi, it] *pp* ▷ **enduire**.
◆ **enduit** *nm* coating.

endurance [ɑ̃dyrɑ̃s] *nf* endurance.

endurant, **e** [ɑ̃dyrɑ̃, ɑ̃t] *adj* tough, resilient.

endurci, **e** [ɑ̃dyrsi] *adj* - **1.** [aguerri] hardened - **2.** *fig* [insensible] hard.

endurcir [32] [ɑ̃dyrsir] *vt* to harden.
◆ **s'endurcir** *vp* : **s'~ à** to become hardened to.

endurer [3] [ɑ̃dyre] *vt* to endure.

énergétique [enɛrʒetik] *adj* - **1.** [ressource] energy *(avant n)* - **2.** [aliment] energy-giving.

énergie [enɛrʒi] *nf* energy ; **~ nucléaire/solaire** nuclear/solar energy ; **~ éolienne** wind power ; **~ renouvelable** renewable energy.

énergique [enɛrʒik] *adj* [gén] energetic ; [remède] powerful ; [mesure] drastic.

énergiquement [enɛrʒikmɑ̃] *adv* energetically.

énergisant, **e** [enɛrʒizɑ̃, ɑ̃t] *adj* stimulating.
◆ **énergisant** *nm* tonic.

énergumène [enɛrgymɛn] *nmf* rowdy character.

énervant, **e** [enɛrvɑ̃, ɑ̃t] *adj* annoying, irritating.

énervé, **e** [enɛrve] *adj* - **1.** [irrité] annoyed, irritated - **2.** [surexcité] overexcited.

énervement [enɛrvəmɑ̃] *nm* - **1.** [irritation] irritation - **2.** [surexcitation] excitement.

énerver [3] [enɛrve] *vt* to irritate, to annoy.
◆ **s'énerver** *vp* [être irrité] to get annoyed ; [être excité] to get worked up *OU* excited.

enfance [ɑ̃fɑ̃s] *nf* - **1.** [âge] childhood ; **retomber en ~** to lapse into one's second childhood - **2.** [enfants] children *(pl)* - **3.** *fig* [débuts] infancy ; [de civilisation, de l'humanité] dawn ; **l'~ de l'art** *fig* child's play.

enfant [ɑ̃fɑ̃] *nmf* - **1.** [gén] child ; **~ illégitime** *OU* **naturel** illegitimate child ; **~ martyr** abused child ; **~ prodige** child prodigy ; **attendre un ~** to be expecting a baby - **2.** [originaire] native ; **c'est un ~ de la balle** his/her parents were in the theatre/circus *etc*.
◆ **bon enfant** *loc adj* good-natured.

enfantement [ɑ̃fɑ̃tmɑ̃] *nm litt* childbirth ; *fig* creation.

enfanter [3] [ɑ̃fɑ̃te] *vt litt* to give birth to.

enfantillage [ɑ̃fɑ̃tijaʒ] *nm* childishness *(U)*.

enfantin, **e** [ɑ̃fɑ̃tɛ̃, in] *adj* - **1.** [propre à l'enfance] childlike ; *péj* childish ; [jeu, chanson] children's *(avant n)* - **2.** [facile] childishly simple.

enfer [ɑ̃fɛr] *nm* - **1.** RELIG *fig* hell ; **d'~** *fig* hellish, infernal - **2.** [de bibliothèque] restricted books department.
◆ **Enfers** *nmpl* : **les Enfers** the Underworld *(sing)*.

enfermer [3] [ɑ̃fɛrme] *vt* - **1.** [séquestrer, ranger] to shut away - **2.** *litt* [enclore] to enclose.
◆ **s'enfermer** *vp* to shut o.s. away *OU* up ; **s'~ dans** *fig* to retreat into.

enfilade [ɑ̃filad] *nf* row ; **en ~** in a row.

enfiler [3] [ɑ̃file] *vt* - **1.** [aiguille, sur un fil] to thread - **2.** [vêtements] to slip on.
◆ **s'enfiler** *vp fam* [ingurgiter] to put away.

enfin [ɑ̃fɛ̃] *adv* - **1.** [en dernier lieu] finally, at last ; [dans une liste] lastly - **2.** [avant une récapitulation] in a word, in short - **3.** [introduit une rectification] that is, well - **4.** [introduit une concession] anyway.

enflammé, **e** [ɑ̃flame] *adj* - **1.** [en flammes] burning - **2.** *fig* [déclaration, discours] passionate ; [discussion] heated.

enflammer [3] [ɑ̃flame] *vt* - **1.** [bois] to set fire to - **2.** *fig* [exalter] to inflame.
◆ **s'enflammer** *vp* - **1.** [bois] to catch fire - **2.** *fig* [s'exalter] to flare up.

enflé, **e** [ɑ̃fle] *adj* [style] turgid.

enfler [3] [ɑ̃fle] *vi* to swell (up).

enflure [ɑ̃flyr] *nf* [de corps] swelling.

enfoncé, **e** [ɑ̃fɔ̃se] *adj* deep-set.

enfoncer [16] [ɑ̃fɔ̃se] *vt* - **1.** [faire pénétrer] to drive in ; **~ qqch dans qqch** to drive sthg into sthg - **2.** [enfouir] : **~ ses mains dans ses poches** to thrust one's hands into one's pockets - **3.** [défoncer] to break down - **4.** *fam* [vaincre] to hammer, to thrash.
◆ **s'enfoncer** *vp* - **1.** : **s'~ dans** [eau, boue] to sink into ; [bois, ville] to disappear into - **2.** [céder] to give way.

enfouir [32] [ɑ̃fwir] *vt* - **1.** [cacher] to hide - **2.** [ensevelir] to bury.
◆ **s'enfouir** *vp* to bury o.s.

enfourcher [3] [ɑ̃furʃe] *vt* to get on, to mount.

enfourner [3] [ɑ̃furne] *vt* - **1.** [pain] to put in the oven - **2.** *fam* [avaler] to gobble up.

enfreignais, **enfreignions** *etc* ▻ **enfreindre**.

enfreindre [81] [ɑ̃frɛ̃dr] *vt* to infringe.

enfreint, **e** [ɑ̃frɛ̃, ɛ̃t] *pp* ▻ **enfreindre**.

enfuir [35] [ɑ̃fɥir] ◆ **s'enfuir** *vp* - **1.** [fuir] to run away - **2.** *litt* [passer] to slip away.

enfumer [3] [ɑ̃fyme] *vt* to fill with smoke.

enfuyais, **enfuyions** *etc* ▻ **enfuir**.

engagé, **e** [ɑ̃gaʒe] *adj* committed.

engageant, **e** [ɑ̃gaʒɑ̃, ɑ̃t] *adj* engaging.

engagement [ɑ̃gaʒmɑ̃] *nm* - **1.** [promesse] commitment ; **sans ~** COMM without obligation - **2.** DR contract - **3.** [embauche] engagement, taking on - **4.** [MIL - de soldats] enlistment ; [- combat] engagement - **5.** FOOTBALL [rugby] kickoff - **6.** [encouragement] encouragement.

engager [17] [ɑ̃gaʒe] ◇ *vt* - **1.** [lier] to commit - **2.** [embaucher] to take on, to engage - **3.** [faire entrer] : **~ qqch dans** to insert sthg into - **4.** [commencer] to start - **5.** [impliquer] to involve - **6.** [encourager] : **~ qqn à faire qqch** to urge sb to do sthg. ◇ *vi* - **1.** [football, rugby] to kick off - **2.** [lier] : **cela n'engage à rien** there is no obligation.
◆ **s'engager** *vp* - **1.** [promettre] : **s'~ à qqch/à faire qqch** to commit o.s. to sthg/to doing sthg - **2.** MIL : **s'~ (dans)** to enlist (in) - **3.** [pénétrer] : **s'~ dans** to enter - **4.** *fig* [débuter] to begin - **5.** [militer] to be committed.

engeance [ɑ̃ʒɑ̃s] *nf litt* riffraff.

engelure [ɑ̃ʒlyr] *nf* chilblain.

engendrer [3] [ɑ̃ʒɑ̃dre] *vt* - **1.** *litt* to father - **2.** MATH to generate - **3.** *fig* [produire] to cause, to give rise to ; [sentiment] to engender.

engin [ɑ̃ʒɛ̃] *nm* - **1.** [machine] machine - **2.** MIL missile - **3.** *fam péj* [objet] thing.

engineering [ɛnʒiniriŋ] *nm* engineering.

englober [3] [ɑ̃glɔbe] *vt* to include.

engloutir [32] [ɑ̃glutir] *vt* - **1.** [dévorer] to gobble up - **2.** [faire disparaître] to engulf - **3.** *fig* [dilapider] to squander.
◆ **s'engloutir** *vp* to be engulfed.

engluer [3] [ɑ̃glɥe] *vt* - **1.** [oiseau] to catch (using birdlime) - **2.** [piège] to smear with birdlime.
◆ **s'engluer** *vp* : **s'~ (de)** to get sticky (with) ; **s'~ (dans)** *fig* to become bogged down (in).

engorgement [ɑ̃gɔrʒəmɑ̃] *nm* - **1.** MÉD engorgement - **2.** *fig* [de marché] glutting, swamping.

engorger [17] [ɑ̃gɔrʒe] *vt* - **1.** [obstruer] to block, to obstruct - **2.** MÉD to engorge.
◆ **s'engorger** *vp* to become blocked.

engouement [ɑ̃gumɑ̃] *nm* - **1.** [enthousiasme] infatuation - **2.** MÉD strangulation (of hernia).

engouer [6] [ɑ̃gue] ◆ **s'engouer** *vp* : **s'~ de** to become infatuated with.

engouffrer [3] [ɑ̃gufre] *vt fam* - **1.** [dévorer] to wolf down - **2.** [dilapider] to squander.
◆ **s'engouffrer** *vp* : **s'~ dans** to rush into.

engourdi, **e** [ɑ̃gurdi] *adj* numb ; *fig* dull.

engourdir [32] [ɑ̃gurdir] *vt* to numb ; *fig* to dull.
◆ **s'engourdir** *vp* to go numb.

engourdissement [ɑ̃gurdismɑ̃] *nm* - **1.** [raideur] numbness - **2.** [torpeur] torpor.

engrais [ɑ̃grɛ] *nm* fertilizer ; **~ chimique** chemical fertilizer.

engraisser [4] [ɑ̃grese] ◇ *vt* - **1.** [animal] to fatten - **2.** [terre] to fertilize. ◇ *vi* to put on weight.
◆ **s'engraisser** *vp fam fig* to grow fat.

engranger [17] [ɑ̃grɑ̃ʒe] *vt* - **1.** [foin] to bring in - **2.** *fig* [accumuler] to store up.

engrenage [ɑ̃grənaʒ] *nm* - **1.** TECHNOL gears *(pl)* - **2.** *fig* [circonstances] : **être pris dans l'~** to be caught up in the system.

engrosser [3] [ɑ̃grose] *vt fam* to get pregnant.

engueulade [ɑ̃gœlad] *nf fam* bawling out.

engueuler [5] [ɑ̃gœle] *vt fam* **~ qqn** to bawl sb out.
◆ **s'engueuler** *vp fam* to have a row, to have a slanging match *UK*.

enguirlander [3] [ɑ̃girlɑ̃de] *vt* - **1.** *fam* [gronder] to tell off - **2.** *litt* [décorer] to decorate.

enhardir [32] [ɑ̃ardir] *vt* to make bold.
◆ **s'enhardir** *vp* to pluck up one's courage.

ENI [eni] (*abr de* **École normale d'instituteurs**) *nf training college for primary school teachers.*

énième [enjɛm] *adj fam* **la ~ fois** the nth time.

énigmatique [enigmatik] *adj* enigmatic.

énigme [enigm] *nf* - **1.** [mystère] enigma - **2.** [jeu] riddle.

enivrant, e [ɑ̃nivrɑ̃, ɑ̃t] *adj litt & fig* intoxicating.

enivrer [3] [ɑ̃nivre] *vt litt* to get drunk ; *fig* to intoxicate.
◆ **s'enivrer** *vp* : **s'~ (de)** to get drunk (on) ; *fig* to become intoxicated (with).

enjambée [ɑ̃ʒɑ̃be] *nf* stride ; **marcher à grandes ~s** to stride (along).

enjamber [3] [ɑ̃ʒɑ̃be] ◇ *vt* - **1.** [obstacle] to step over - **2.** [cours d'eau] to straddle. ◇ *vi* [empiéter] : **~ sur** to encroach on.

enjeu [ɑ̃ʒø] *nm* [mise] stake ; **quel est l'~ ici?** *fig* what's at stake here?

enjoignais, enjoignions *etc* ▷ **enjoindre.**

enjoindre [82] [ɑ̃ʒwɛ̃dr] *vt litt* **~ à qqn de faire qqch** to enjoin sb to do sthg.

enjoint [ɑ̃ʒwɛ̃] *pp inv* ▷ **enjoindre.**

enjôler [3] [ɑ̃ʒole] *vt* to coax.

enjôleur, euse [ɑ̃ʒolœr, øz] ◇ *adj* wheedling. ◇ *nm, f* wheedler.

enjoliver [3] [ɑ̃ʒɔlive] *vt* to embellish.

enjoliveur [ɑ̃ʒɔlivœr] *nm* [de roue] hubcap ; [de calandre] badge.

enjoué, e [ɑ̃ʒwe] *adj* cheerful.

enlacer [16] [ɑ̃lase] *vt* - **1.** [prendre dans ses bras] to embrace, to hug - **2.** [entourer] to wind round *UK ou* around *US*.
◆ **s'enlacer** *vp* - **1.** [s'entrelacer] to intertwine - **2.** [s'embrasser] to embrace, to hug.

enlaidir [32] [ɑ̃ledir] ◇ *vt* to make ugly. ◇ *vi* to become ugly.

enlevé, e [ɑ̃lve] *adj* : **(bien) ~** spirited.

enlèvement [ɑ̃lɛvmɑ̃] *nm* - **1.** [action d'enlever] removal ; **l'~ des ordures (ménagères)** refuse collection - **2.** [rapt] abduction.

enlever [19] [ɑ̃lve] *vt* - **1.** [gén] to remove ; [vêtement] to take off - **2.** [prendre] : **~ qqch à qqn** to take sthg away from sb - **3.** [obtenir] to win - **4.** [kidnapper] to abduct - **5.** *litt* [faire mourir] to carry off.
◆ **s'enlever** *vp* to be removable.

enliser [3] [ɑ̃lize] ◆ **s'enliser** *vp* - **1.** [s'embourber] to sink, to get stuck - **2.** *fig* [piétiner] : **s'~ dans qqch** to get bogged down in sthg.

enluminure [ɑ̃lyminyr] *nf* illumination.

ENM (*abr de* **École nationale de la magistrature**) *nf grande école training lawyers.*

enneigé, e [ɑ̃neʒe] *adj* snow-covered.

enneigement [ɑ̃nɛʒmɑ̃] *nm* snow cover ; **bulletin d'~** snow report.

ennemi, e [ɛnmi] ◇ *adj* enemy *(avant n).* ◇ *nm, f* enemy ; **passer à l'~** to defect ; **~ juré** sworn enemy ; **~ public** public enemy.

ennui [ɑ̃nɥi] *nm* - **1.** [lassitude] boredom - **2.** [contrariété] annoyance ; **l'~, c'est que...** the annoying thing is that... - **3.** [problème] trouble *(U)* ; **attirer des ~s à qqn** to cause trouble for sb ; **s'attirer des ~s** to cause trouble for o.s. ; **avoir des ~s** to have problems.

ennuyer [14] [ɑ̃nɥije] *vt* - **1.** [agacer, contrarier] to annoy ; **cela t'ennuierait de venir me chercher?** would you mind picking me up? - **2.** [lasser] to bore - **3.** [inquiéter] to bother.
◆ **s'ennuyer** *vp* - **1.** [se morfondre] to be bored - **2.** [déplorer l'absence] : **s'~ de qqn/qqch** to miss sb/sthg.

ennuyeux, euse [ɑ̃nɥijø, øz] *adj* - **1.** [lassant] boring - **2.** [contrariant] annoying.

énoncé [enɔ̃se] *nm* - **1.** [libellé] wording - **2.** LING utterance.

énoncer [16] [enɔ̃se] *vt* - **1.** [libeller] to word - **2.** [exposer] to expound ; [théorème] to set forth.

énonciation [enɔ̃sjasjɔ̃] *nf* - **1.** [libellé] wording - **2.** LING utterance.

enorgueillir [32] [ɑ̃nɔrgœjir] ◆ **s'enorgueillir** *vp* : **s'~ de qqch/de faire qqch** to pride o.s. on sthg/on doing sthg.

énorme [enɔrm] *adj* - **1.** *litt & fig* [immense] enormous - **2.** *fam fig* [incroyable] far-fetched.

énormément [enɔrmemɑ̃] *adv* enormously ; **~ de** a great deal of.

énormité [enɔrmite] *nf* - **1.** [gigantisme] enormity - **2.** [absurdité] : **dire des ~s** to say the most awful things.

enquérir [39] [ɑ̃kerir] ◆ **s'enquérir** *vp sout* **s'~ de qqn** to ask after sb ; **s'~ de qqch** to inquire about sthg.

enquête [ɑ̃kɛt] *nf* - **1.** [de police, recherches] investigation ; **~ de routine** routine inquiry - **2.** [sondage] survey.

enquêter [4] [ɑ̃kete] *vi* - **1.** [police, chercheur] to investigate - **2.** [sonder] to conduct a survey.

enquêteur, **euse**,, **trice** [ɑ̃kɛtœr, øz, tris] *nm, f* investigator.

enquiers, **enquiert** *etc* ▷ **enquérir**.

enquiquinant, **e** [ɑ̃kikinɑ̃, ɑ̃t] *adj fam* annoying.

enquis, **e** [ɑ̃ki, iz] *pp* ▷ **enquérir**.

enraciner [3] [ɑ̃rasine] *vt* - **1.** [planter] to dig in - **2.** *fig* [idée, préjugé] to implant.

◆ **s'enraciner** *vp* - **1.** [plante, idée] to take root - **2.** [personne] to put down roots.

enragé, **e** [ɑ̃raʒe] ◇ *adj* - **1.** [chien] rabid, with rabies - **2.** *fig* [invétéré] keen. ◇ *nm, f* : **c'est un ~ de football** he's mad about *ou* on football.

enrageant, **e** [ɑ̃raʒɑ̃, ɑ̃t] *adj* infuriating.

enrager [17] [ɑ̃raʒe] *vi* to be furious ; **faire ~ qqn** to infuriate sb.

enrayer [11] [ɑ̃reje] *vt* - **1.** [épidémie] to check, to stop - **2.** [mécanisme] to jam.

◆ **s'enrayer** *vp* [mécanisme] to jam.

enrégimenter [3] [ɑ̃reʒimɑ̃te] *vt* [dans l'armée] to enlist ; [dans un groupe] to enrol *UK*, to enroll *US*.

enregistrement [ɑ̃rəʒistrəmɑ̃] *nm* - **1.** [de son, d'images, d'informations] recording ; **~ pirate** pirate recording - **2.** [inscription] registration - **3.** [à l'aéroport] check-in ; **~ des bagages** baggage registration.

enregistrer [3] [ɑ̃rəʒistre] *vt* - **1.** [son, images, informations] to record - **2.** INFORM to store - **3.** [inscrire] to register - **4.** [à l'aéroport] to check in - **5.** *fam* [mémoriser] to make a mental note of.

enregistreur, **euse** [ɑ̃rəʒistrœr, øz] *adj* recording *(avant n)* ; **caisse enregistreuse** cash register.

enrhumé, **e** [ɑ̃ryme] *adj* : **je suis ~** I have a cold.

enrhumer [3] [ɑ̃ryme] ◆ **s'enrhumer** *vp* to catch (a) cold.

enrichi, **e** [ɑ̃riʃi] *adj* - **1.** [personne] nouveau riche - **2.** [matériau] enriched - **3.** *fig* [orné] : **~ de** enhanced by.

enrichir [32] [ɑ̃riʃir] *vt* - **1.** [financièrement] to make rich - **2.** [terre] *fig* to enrich.

◆ **s'enrichir** *vp* - **1.** [financièrement] to grow rich - **2.** [sol] *fig* to become enriched.

enrichissant, **e** [ɑ̃riʃisɑ̃, ɑ̃t] *adj* enriching.

enrichissement [ɑ̃riʃismɑ̃] *nm* - **1.** [gén] enrichment - **2.** [financier] increased wealth.

enrobé, **e** [ɑ̃rɔbe] *adj* - **1.** [recouvert] : **~ de** coated with - **2.** *fam* [grassouillet] plump.

enrober [3] [ɑ̃rɔbe] *vt* - **1.** [recouvrir] : **~ qqch de** to coat sthg with - **2.** *fig* [requête, nouvelle] to wrap up.

◆ **s'enrober** *vp* to put on weight.

enrôlement [ɑ̃rolmɑ̃] *nm* enrolment *UK*, enrollment *US*.

enrôler [3] [ɑ̃role] *vt* to enrol *UK*, to enroll *US* ; MIL to enlist.

◆ **s'enrôler** *vp* to enrol *UK*, to enroll *US* ; MIL to enlist.

enroué, **e** [ɑ̃rwe] *adj* hoarse.

enrouer [6] [ɑ̃rwe] ◆ **s'enrouer** *vp* to become hoarse.

enroulement [ɑ̃rulmɑ̃] *nm* rolling up.

enrouler [3] [ɑ̃rule] *vt* to roll up ; **~ qqch autour de qqch** to wind sthg round *UK ou* around *US* sthg.

◆ **s'enrouler** *vp* - **1.** [entourer] : **s'~ sur** *ou* **autour de qqch** to wind around sthg - **2.** [se pelotonner] : **s'~ dans qqch** to wrap o.s. up in sthg.

enrouleur, **euse** [ɑ̃rulœr, øz] *adj* winding.

ENS (*abr de* **École normale supérieure**) *nf grande école training secondary school and university teachers.*

ensabler [3] [ɑ̃sable] *vt* to silt up.

◆ **s'ensabler** *vp* to silt up.

ENSAD, **Ensad** [ɛnsad] (*abr de* **École nationale supérieure des arts décoratifs**) *nf grande école for applied arts.*

ENSAM, **Ensam** [ɛnsam] (*abr de* **École nationale supérieure des arts et métiers**) *nf grande école for engineering.*

enseignant, **e** [ɑ̃sɛɲɑ̃, ɑ̃t] ◇ *adj* teaching *(avant n)*. ◇ *nm, f* teacher.

enseigne [ɑ̃sɛɲ] *nf* - **1.** [de commerce] sign ; **~ lumineuse** neon sign - **2.** [drapeau, soldat] ensign - **3.** *loc* **être logé à la même ~** to be in the same boat.

◆ **à telle enseigne que** *loc conj* so much so that.

enseignement [ɑ̃sɛɲmɑ̃] *nm* - **1.** [gén] teaching ; **~ primaire/secondaire** primary/secondary education ; **~ privé** private education - **2.** [leçon] lesson.

enseigner [4] [ɑ̃seɲe] *vt litt & fig* to teach ; **~ qqch à qqn** to teach sb sthg, to teach sthg to sb.

ensemble [ɑ̃sɑ̃bl] ◇ *adv* together ; **aller ~** to go together. ◇ *nm* - **1.** [totalité] whole ; **l'~ de** all of ; **idée d'~** general idea ; **dans l'~** on the whole - **2.** [harmonie] unity - **3.** [vêtement] outfit - **4.** [série] collection - **5.** MATH set - **6.** ARCHIT development ; **grand ~** housing estate *UK ou* project *US* - **7.** MUS ensemble.

ensemblier [ɑ̃sɑ̃blije] *nm* interior decorator ; CINÉ & TV set designer.

ensemencer [16] [ɑ̃səmɑ̃se] *vt* - **1.** [terre] to sow - **2.** [rivière] to stock.

enserrer [4] [ɑ̃sere] *vt* [entourer] to encircle ; *fig* to imprison.

ENSET, Enset [ɛnsɛt] (*abr de* **École nationale supérieure de l'enseignement technique**) *nf grande école training science and technology teachers.*

ensevelir [32] [ɑ̃səvlir] *vt litt & fig* to bury.
◆ **s'ensevelir** *vp* to bury o.s. (away).

ensoleillé, e [ɑ̃sɔleje] *adj* sunny.

ensoleillement [ɑ̃sɔlɛjmɑ̃] *nm* sunshine.

ensommeillé, e [ɑ̃sɔmeje] *adj* sleepy.

ensorceler [24] [ɑ̃sɔrsəle] *vt* to bewitch.

ensorcellement [ɑ̃sɔrsɛlmɑ̃] *nm* bewitching.

ensuite [ɑ̃sɥit] *adv* - **1.** [après, plus tard] after, afterwards, later - **2.** [puis] then, next, after that ; **et ~?** what then?, what next?

ensuivre [89] [ɑ̃sɥivr] ◆ **s'ensuivre** *vp* to follow ; **il s'ensuit que** it follows that ; **et tout ce qui s'ensuit** and all that that entails.

entaille [ɑ̃taj] *nf* cut.

entailler [3] [ɑ̃taje] *vt* to cut.
◆ **s'entailler** *vp* : **s'~ le doigt** to cut one's finger.

entame [ɑ̃tam] *nf* first slice.

entamer [3] [ɑ̃tame] *vt* - **1.** [gâteau, fromage] to start (on) ; [bouteille, conserve] to start, to open - **2.** [capital] to dip into - **3.** [cuir, réputation] to damage - **4.** [courage] to shake.

entartrer [3] [ɑ̃tartre] *vt* to fur up.
◆ **s'entartrer** *vp* to fur up.

entassement [ɑ̃tasmɑ̃] *nm* - **1.** [d'objets] pile ; [action] piling up - **2.** [de personnes] squeezing.

entasser [3] [ɑ̃tase] *vt* - **1.** [accumuler, multiplier] to pile up - **2.** [serrer] to squeeze.
◆ **s'entasser** *vp* - **1.** [objets] to pile up - **2.** [personnes] : **s'~ dans** to squeeze into.

entendement [ɑ̃tɑ̃dmɑ̃] *nm* understanding ; **dépasser l'~ (de qqn)** to be beyond (sb's) comprehension.

entendeur [ɑ̃tɑ̃dœr] *nm* : **à bon ~ salut!** so be warned!

entendre [73] [ɑ̃tɑ̃dr] *vt* - **1.** [percevoir, écouter] to hear ; **~ dire que** to hear (that) ; **~ parler de qqch** to hear of *ou* about sthg ; **à l'~...** to hear him/her talk... ; **qu'est-ce qu'il ne faut pas entendre!** *fam* give me a break! - **2.** *sout* [comprendre] to understand ; **laisser ~ que** to imply that ; **ne rien y ~ à qqch** not to know the first thing about sthg - **3.** *sout* [vouloir] : **~ faire qqch** to intend to do sthg - **4.** [vouloir dire] to mean.
◆ **s'entendre** *vp* - **1.** [sympathiser] : **s'~ avec qqn** to get on with sb - **2.** [s'accorder] to agree - **3.** [savoir] : **s'~ en qqch/à faire qqch** to be very good at sthg/at doing sthg ; **s'y ~** to know all about it - **4.** [être compris] to be understood ; **cela s'entend** that is understood - **5.** [s'écouter] : **on ne s'entend plus** we can't hear ourselves think.

entendu, e [ɑ̃tɑ̃dy] ◇ *pp* ▷ **entendre.**
◇ *adj* - **1.** [compris] agreed, understood ; **~!** right!, O.K.! - **2.** [complice] knowing.

entente [ɑ̃tɑ̃t] *nf* - **1.** [harmonie] understanding - **2.** [accord] agreement - **3.** [compréhension] : **à double ~** with a double meaning.

entériner [3] [ɑ̃terine] *vt* to ratify.

entérite [ɑ̃terit] *nf* enteritis *(U)*.

enterrement [ɑ̃tɛrmɑ̃] *nm* burial.

enterrer [4] [ɑ̃tere] *vt litt & fig* to bury ; **~ sa vie de garçon** to have a stag party.
◆ **s'enterrer** *vp fig* to bury o.s. (away).

entêtant, e [ɑ̃tɛtɑ̃, ɑ̃t] *adj* heady.

en-tête [ɑ̃tɛt] (*pl* **en-têtes**) *nm* heading.

entêté, e [ɑ̃tete] ◇ *adj* stubborn. ◇ *nm, f* stubborn person.

entêtement [ɑ̃tɛtmɑ̃] *nm* stubbornness.

entêter [4] [ɑ̃tete] ◆ **s'entêter** *vp* to persist ; **s'~ à faire qqch** to persist in doing sthg ; **s'~ dans qqch** to persist in sthg.

enthousiasme [ɑ̃tuzjasm] *nm* enthusiasm.

enthousiasmer [3] [ɑ̃tuzjasme] *vt* to fill with enthusiasm.
◆ **s'enthousiasmer** *vp* : **s'~ pour** to be enthusiastic about.

enthousiaste [ɑ̃tuzjast] ◇ *nmf* enthusiast. ◇ *adj* enthusiastic.

enticher [3] [ɑ̃tiʃe] ◆ **s'enticher** *vp* : **s'~ de qqn/qqch** to become obsessed with sb/sthg.

entier, ère [ɑ̃tje, ɛr] *adj* whole, entire.
◆ **en entier** *loc adv* in its/their entirety.

entièrement [ɑ̃tjɛrmɑ̃] *adv* - **1.** [complètement] fully - **2.** [pleinement] wholly, entirely.

entité [ɑ̃tite] *nf* entity.

entomologie [ɑ̃tɔmɔlɔʒi] *nf* entomology.

entonner [3] [ɑ̃tɔne] *vt* [chant] to strike up.

entonnoir [ɑ̃tɔnwar] *nm* - **1.** [instrument] funnel - **2.** [cavité] crater.

entorse [ɑ̃tɔrs] *nf* MÉD sprain ; **se faire une ~ à la cheville/au poignet** to sprain one's ankle/wrist ; **faire une ~ à** *fig* [loi, règlement] to bend.

entortiller [3] [ɑ̃tɔrtije] *vt* - **1.** [entrelacer] to twist - **2.** [envelopper] : **~ qqch autour de qqch** to wrap sthg round *UK ou* around *US* sthg - **3.** *fam fig* [personne] to sweet-talk.

entourage [ɑ̃turaʒ] *nm* - **1.** [milieu] entourage - **2.** [clôture] surround.

entouré, e [ɑ̃ture] *adj* - **1.** [enclos] surrounded - **2.** [soutenu] popular.

entourer [3] [ɑ̃ture] *vt* - **1.** [enclore, encercler] : **~ (de)** to surround (with) - **2.** *fig* [soutenir] to rally round.
◆ **s'entourer** *vp* : **s'~ de** to surround o.s. with.

entourloupette [ɑ̃turlupɛt] *nf fam* dirty trick.

entournure [ɑ̃turnyr] *nf* : **être gêné aux ~s** *fig* [financièrement] to feel the pinch ; [être mal à l'aise] to feel awkward.

entracte [ɑ̃trakt] *nm* interval ; *fig* interlude *UK*, intermission *US*.

entraide [ɑ̃trɛd] *nf* mutual assistance.

entraider [4] [ɑ̃trede] ◆ **s'entraider** *vp* to help each other.

entrailles [ɑ̃traj] *nfpl* - **1.** [intestins] entrails - **2.** *sout* [profondeurs] depths - **3.** *fig* [siège des sentiments] soul *(sing)*.

entrain [ɑ̃trɛ̃] *nm* drive.

entraînement [ɑ̃trɛnmɑ̃] *nm* - **1.** [mécanisme] drive - **2.** [préparation] practice ; SPORT training ; **manquer d'~** to be out of training ; *fig* to be out of practice.

entraîner [4] [ɑ̃trene] *vt* - **1.** TECHNOL to drive - **2.** [tirer] to pull - **3.** [susciter] to lead to - **4.** SPORT to coach - **5.** [emmener] to take along - **6.** [séduire] to influence ; **~ qqn à faire qqch** to talk sb into sthg.
◆ **s'entraîner** *vp* to practise *UK*, to pratice *US* ; SPORT to train ; **s'~ à faire qqch** to practise *UK ou* practice *US* doing sthg.

entraîneur, euse [ɑ̃trɛnœr, øz] *nm, f* trainer, coach.
◆ **entraîneuse** *nf* [dans un cabaret etc] hostess.

entrant, e [ɑ̃trɑ̃, ɑ̃t] *adj* incoming.

entrapercevoir, entr'apercevoir [52] [ɑ̃trapɛrsəvwar] *vt* to glimpse.

entrave [ɑ̃trav] *nf* hobble ; *fig* obstruction.

entraver [3] [ɑ̃trave] *vt* to hobble ; *fig* to hinder.

entre [ɑ̃tr] *prep* - **1.** [gén] between ; **~ nous** between you and me, between ourselves - **2.** [parmi] among ; **l'un d'~ nous ira** one of us will go ; **généralement ils restent ~ eux** they tend to keep themselves to themselves ; **ils se battent ~ eux** they're fighting among *ou* amongst themselves.
◆ **entre autres** *loc prép* : **~ autres (choses)** among other things ; **~ autres (personnes)** among others.

entrebâillement [ɑ̃trəbajmɑ̃] *nm* opening ; **dans l'~ de la porte** through the half-open door.

entrebâiller [3] [ɑ̃trəbaje] *vt* to open slightly.

entrechat [ɑ̃trəʃa] *nm* - **1.** [danse] entrechat - **2.** [saut] leap ; **faire des ~s** to leap about.

entrechoquer [3] [ɑ̃trəʃɔke] *vt* to bang together.
◆ **s'entrechoquer** *vp* to bang into each other.

entrecôte [ɑ̃trəkot] *nf* entrecôte.

entrecoupé, e [ɑ̃trəkupe] *adj* : **~ de** interspersed with.

entrecouper [3] [ɑ̃trəkupe] *vt* to intersperse.

entrecroiser [3] [ɑ̃trəkrwaze] *vt* to interlace.
◆ **s'entrecroiser** *vp* to intersect.

entre-déchirer [3] [ɑ̃trədeʃire] ◆ **s'entre-déchirer** *vp* to tear each other to pieces.

entre-deux [ɑ̃trədø] *nm inv* gap, space ; **dans l'~** *fig* in the interim.

entre-deux-guerres [ɑ̃trədøgɛr] *nm inv* inter-war years.

entrée [ɑ̃tre] *nf* - **1.** [arrivée, accès] entry, entrance ; **'~ interdite'** 'no admittance' ; **'~ libre'** [dans un musée] 'admission free' ; [dans une boutique] 'browsers welcome' ; **~ en scène** entrance - **2.** [porte] entrance ; **~ des artistes** stage door ; **~ de service** tradesmen's entrance - **3.** [vestibule] (entrance) hall - **4.** [billet] ticket - **5.** [plat] starter, first course - **6.** [début] onset ; **~ en matière** introduction - **7.** [rubrique] entry - **8.** INFORM input, entry - **9.** *loc* **d'~ de jeu** from the outset ; **avoir ses ~s chez qqn** to have sb's ear.

entrefaites [ɑ̃trəfɛt] *nfpl* : **sur ces ~** just at that moment.

entrefilet [ɑ̃trəfilɛ] *nm* paragraph.

entregent [ɑ̃trəʒɑ̃] *nm* : **avoir de l'~** to know how to behave.

entrejambe, entre-jambes [ɑ̃trəʒɑ̃b] *nm* crotch.

entrelacer [16] [ɑ̃trəlase] *vt* to intertwine.
◆ **s'entrelacer** *vp* to intertwine.

entrelarder [3] [ɑ̃trəlarde] *vt* - **1.** CULIN to lard - **2.** *fam fig* [discours] : **~ de** to lace with.

entremêler [4] [ɑ̃trəmele] *vt* to mix ; **~ de** to mix with.
◆ **s'entremêler** *vp* to mingle.

entremets [ɑ̃trəmɛ] *nm* dessert.

entremettais, entremettions *etc* ▷ entremettre.

entremetteur, euse [ɑ̃trəmɛtœr, øz] *nm, f* mediator.
◆ **entremetteuse** *nf péj* go-between.

entremettre [84] [ɑ̃trəmɛtr] ◆ **s'entremettre** *vp* : **s'~ (dans)** to mediate (in).

entremis, **e** [ɑ̃trəmi, iz] *pp* ▷ **entremettre**.

entremise [ɑ̃trəmiz] *nf* intervention ; **par l'~ de** through.

entrepont [ɑ̃trəpɔ̃] *nm* steerage.

entreposer [3] [ɑ̃trəpoze] *vt* to store.

entrepôt [ɑ̃trəpo] *nm* warehouse.

entreprenais, **entreprenions** *etc* ▷ **entreprendre**.

entreprenant, **e** [ɑ̃trəprənɑ̃, ɑ̃t] *adj* enterprising ; [auprès des femmes] forward.

entreprendre [79] [ɑ̃trəprɑ̃dr] *vt* to undertake ; [commencer] to start ; **~ de faire qqch** to undertake to do sthg ; **~ qqn sur** to engage sb in conversation about.

entrepreneur, **euse** [ɑ̃trəprənœr, øz] *nm, f* - **1.** [de services & CONSTR] contractor - **2.** [patron] businessman (*f* businesswoman).

entreprenne, **entreprennes** *etc* ▷ **entreprendre**.

entrepris, **e** [ɑ̃trəpri, iz] *pp* ▷ **entreprendre**.

entreprise [ɑ̃trəpriz] *nf* - **1.** [travail, initiative] enterprise ; **libre ~** ÉCON free enterprise - **2.** [société] company ; **~ nationalisée** nationalized industry.

entrer [3] [ɑ̃tre] ◇ *vi (aux: être)* - **1.** [pénétrer] to enter, to go/come in ; **~ dans** [gén] to enter ; [pièce] to go/come into ; [bain, voiture] to get into ; *fig* [sujet] to go into ; **~ dans un mur** to crash into a wall ; **~ par** to go in *ou* enter by ; **entrez!** come in! ; **faire ~ qqn** to show sb in ; **faire ~ qqch** to bring sthg in - **2.** [faire partie] : **~ dans** to go into, to be part of - **3.** [être admis, devenir membre] : **~ à** [club, parti] to join ; **~ dans** [les affaires, l'enseignement] to go into ; [la police, l'armée] to join ; **~ en politique** to go into politics ; **~ à l'université** to enter university *UK*, to go to college *US* ; **~ à l'hôpital** to go into hospital *UK*, to enter the hospital *US* - **4.** [être au début] : **~ en** to start, to begin. ◇ *vt (aux : avoir)* - **1.** [gén] to bring in - **2.** INFORM to enter, to input.

entresol [ɑ̃trəsɔl] *nm* mezzanine.

entre-temps [ɑ̃trətɑ̃] *adv* meanwhile.

entretenir [40] [ɑ̃trətnir] *vt* - **1.** [faire durer] to keep alive - **2.** [cultiver] to maintain - **3.** [soigner] to look after - **4.** [personne, famille] to support - **5.** [parler à] : **~ qqn de qqch** to speak to sb about sthg.

◆ **s'entretenir** *vp* - **1.** [se parler] : **s'~ (de)** to talk (about) - **2.** [prendre soin de soi] to look after o.s.

entretenu, **e** [ɑ̃trətny] ◇ *pp* ▷ **entretenir**. ◇ *adj* - **1.** [soigné] well-kept ; **bien/mal ~** well-/badly kept - **2.** [femme] kept *(avant n)*.

entretien [ɑ̃trətjɛ̃] *nm* - **1.** [de voiture, jardin] maintenance, upkeep - **2.** [conversation] discussion ; [colloque] debate ; **~ d'embauche** job interview.

entretiendrai, **entretiendras** *etc* ▷ **entretenir**.

entre-tuer [7] [ɑ̃trətɥe] ◆ **s'entre-tuer** *vp* to kill each other.

entreverrai, **entreverras** *etc* ▷ **entrevoir**.

entrevoir [62] [ɑ̃trəvwar] *vt* - **1.** [distinguer] to make out - **2.** [voir rapidement] to see briefly - **3.** *fig* [deviner] to glimpse.

◆ **s'entrevoir** *vp* - **1.** [se voir] to see each other briefly - **2.** [se profiler] to be visible.

entrevoyais, **entrevoyions** *etc* ▷ **entrevoir**.

entrevu, **e** [ɑ̃trəvy] *pp* ▷ **entrevoir**.

entrevue [ɑ̃trəvy] *nf* meeting.

entrouvert, **e** [ɑ̃truvɛr, ɛrt] ◇ *pp* ▷ **entrouvrir**. ◇ *adj* half-open.

entrouvrir [34] [ɑ̃truvrir] *vt* to open partly.

◆ **s'entrouvrir** *vp* to open partly.

énumération [enymerasjɔ̃] *nf* enumeration.

énumérer [18] [enymere] *vt* to enumerate.

env. (*abr écrite de* **environ**) approx.

envahir [32] [ɑ̃vair] *vt* - **1.** [gén & MIL] to invade - **2.** *fig* [suj: sommeil, doute] to overcome - **3.** *fig* [déranger] to intrude on.

envahissant, **e** [ɑ̃vaisɑ̃, ɑ̃t] *adj* - **1.** [herbes] invasive - **2.** [personne] intrusive.

envahissement [ɑ̃vaismɑ̃] *nm* invasion.

envahisseur [ɑ̃vaisœr] *nm* invader.

enveloppe [ɑ̃vlɔp] *nf* - **1.** [de lettre] envelope ; **mettre sous ~** to put in an envelope ; **~ à fenêtre** window envelope ; **~ timbrée** stamped addressed envelope - **2.** [d'emballage] covering - **3.** [membrane] membrane ; [de graine] husk - **4.** *fig* & *litt* [apparence] exterior.

◆ **enveloppe budgétaire** *nf* budget.

envelopper [3] [ɑ̃vlɔpe] *vt* - **1.** [emballer] to wrap (up) - **2.** [suj: brouillard] to envelop - **3.** [déguiser] to mask.

◆ **s'envelopper** *vp* : **s'~ dans** to wrap o.s. up in.

envenimer [3] [ɑ̃vnime] *vt* - **1.** [blessure] to infect - **2.** *fig* [querelle] to poison.

◆ **s'envenimer** *vp* - **1.** [s'infecter] to become infected - **2.** *fig* [se détériorer] to become poisoned.

envergure [ɑ̃vɛrgyr] *nf* - **1.** [largeur] span ; [d'oiseau, d'avion] wingspan - **2.** *fig* [qualité] calibre - **3.** *fig* [importance] scope ; **prendre de l'~** to expand.

enverrai, **enverras** *etc* ▷ **envoyer**.

envers[1] [ɑ̃vɛr] *prep* towards, toward *US* ; **~ et contre tous** in spite of all opposition.

envers[2] [ɑ̃vɛr] *nm* - **1.** [de tissu] wrong side ; [de feuillet etc] back ; [de médaille] reverse - **2.** [face cachée] other side ; **l'~ du décor** *fig* behind the scenes.

◆ **à l'envers** *loc adv* [vêtement] inside out ; [portrait, feuille] upside down ; *fig* the wrong way.

envi [ɑ̃vi] ◆ **à l'envi** *loc adv litt* trying to outdo each other.

enviable [ɑ̃vjabl] *adj* enviable.

envie [ɑ̃vi] *nf* - **1.** [désir] desire ; **avoir ~ de qqch/de faire qqch** to feel like sthg/like doing sthg, to want sthg/to do sthg ; **mourir d'~ de faire qqch** to be dying to do sthg - **2.** [convoitise] envy ; **ce tailleur me fait ~** I'd love to buy that suit.

envier [9] [ɑ̃vje] *vt* to envy ; **n'avoir rien à ~ à qqn/à qqch** to have no reason to envy sb/sthg.

envieux, **euse** [ɑ̃vjø, øz] ◇ *adj* envious. ◇ *nm, f* envious person ; **faire des ~** to make other people envious.

environ [ɑ̃virɔ̃] *adv* [à peu près] about.

environnant, **e** [ɑ̃virɔnɑ̃, ɑ̃t] *adj* surrounding.

environnement [ɑ̃virɔnmɑ̃] *nm* environment ; INFORM environment, platform.

environnemental, **e**, **aux** [ɑ̃virɔnmɑ̃tal, o] *adj* environmental.

environnementaliste [ɑ̃virɔnmɑ̃talist] *nmf* environmentalist.

environner [3] [ɑ̃virɔne] *vt* to surround.

environs [ɑ̃virɔ̃] *nmpl* (surrounding) area *(sing)* ; **dans les ~ de** in the vicinity of ; **aux ~ de** [lieu] near ; [époque] round about *UK*, around.

envisager [17] [ɑ̃vizaʒe] *vt* to consider ; **~ de faire qqch** to be considering doing sthg.

envoi [ɑ̃vwa] *nm* - **1.** [action] sending, dispatch ; **~ contre remboursement** cash on delivery - **2.** [colis] parcel.

envoie, **envoies** *etc* ▷ **envoyer**.

envol [ɑ̃vɔl] *nm* takeoff.

envolée [ɑ̃vɔle] *nf* - **1.** [d'oiseaux] *fig* flight - **2.** [augmentation] : **l'~ du dollar** the rapid rise in the value of the dollar.

envoler [3] [ɑ̃vɔle] ◆ **s'envoler** *vp* - **1.** [oiseau] to fly away - **2.** [avion] to take off - **3.** [disparaître] to disappear into thin air - **4.** [se disperser] to blow away.

envoûtement [ɑ̃vutmɑ̃] *nm* enchantment.

envoûter [3] [ɑ̃vute] *vt* to bewitch.

envoyé, **e** [ɑ̃vwaje] ◇ *adj* : **bien ~** well-aimed. ◇ *nm, f* envoy ; **~ spécial** special correspondent.

envoyer [30] [ɑ̃vwaje] *vt* to send ; **~ qqch à qqn** [expédier] to send sb sthg, to send sthg to sb ; [jeter] to throw sb sthg, to throw sthg to sb ; **~ qqn faire qqch** to send sb to do sthg ; **~ chercher qqn/qqch** to send for sb/sthg ; **~ promener qqn** *fam fig* to send sb packing.

envoyeur, **euse** [ɑ̃vwajœr, øz] *nm, f* sender.

enzyme [ɑ̃zym] *nmf* enzyme.

éolien, **enne** [eɔljɛ̃, ɛn] *adj* wind *(avant n)*.

◆ **éolienne** *nf* windmill *(for generating power)*, wind turbine.

épagneul [epaɲœl] *nm* spaniel.

épais, **aisse** [epɛ, ɛs] *adj* - **1.** [large, dense] thick - **2.** [trapu] thickset - **3.** [grossier] crude.

épaisseur [epɛsœr] *nf* - **1.** [largeur, densité] thickness - **2.** *fig* [consistance] depth.

épaissir [32] [epesir] *vt* & *vi* to thicken.

◆ **s'épaissir** *vp* - **1.** [liquide] to thicken - **2.** *fig* [mystère] to deepen.

épanchement [epɑ̃ʃmɑ̃] *nm* - **1.** [effusion] outpouring - **2.** MÉD effusion ; **~ de synovie** water on the knee.

épancher [3] [epɑ̃ʃe] *vt* to pour out.

◆ **s'épancher** *vp* [se confier] to pour one's heart out.

épanoui, **e** [epanwi] *adj* - **1.** [fleur] in full bloom - **2.** [expression] radiant - **3.** [corps] fully formed ; **aux formes ~es** well-rounded.

épanouir [32] [epanwir] *vt* [personne] to make happy.

◆ **s'épanouir** *vp* - **1.** [fleur] to open - **2.** [visage] to light up - **3.** [corps] to fill out - **4.** [personnalité] to blossom.

épanouissement [epanwismɑ̃] *nm* - **1.** [de fleur] blooming, opening - **2.** [de visage] brightening - **3.** [de corps] filling out - **4.** [de personnalité] flowering.

épargnant, **e** [eparɲɑ̃, ɑ̃t] ◇ *adj* thrifty. ◇ *nm, f* saver ; **les petits ~s** small savers.

épargne [eparɲ] *nf* - **1.** [action, vertu] saving - **2.** [somme] savings *(pl)* ; **~ logement** savings account *(to buy property)*.

épargner [3] [eparɲe] *vt* - **1.** [gén] to spare ; **~ qqch à qqn** to spare sb sthg - **2.** [économiser] to save.

◆ **s'épargner** *vp* to save *OU* spare o.s.

éparpiller [3] [eparpije] *vt* - **1.** [choses, personnes] to scatter - **2.** *fig* [forces] to dissipate.

◆ **s'éparpiller** *vp* - **1.** [se disperser] to scatter - **2.** *fig* [perdre son temps] to lack focus.

épars, **e** [epar, ars] *adj sout* [objets] scattered ; [végétation, cheveux] sparse.

épatant, **e** [epatɑ̃, ɑ̃t] *adj fam* great.

épate [epat] *nf fam* **faire de l'~** to show off.

épaté, **e** [epate] *adj* - **1.** [nez] flat - **2.** *fam* [étonné] amazed.

épater [3] [epate] *vt fam* [étonner] to amaze.

épaule [epol] *nf* shoulder ; **hausser les ~s** to shrug (one's shoulders) ; **~ d'agneau** CULIN shoulder of lamb.

épaulement [epolmɑ̃] *nm* - **1.** [mur] retaining wall - **2.** GÉOL escarpment.

épauler [3] [epole] <> *vi* to raise one's rifle. <> *vt* to support, to back up.

épaulette [epolɛt] *nf* - **1.** MIL epaulet - **2.** [rembourrage] shoulder pad.

épave [epav] *nf* wreck.

épée [epe] *nf* sword ; **~ de Damoclès** sword of Damocles ; **coup d'~ dans l'eau** *fig* wasted effort.

épeler [24] [eple] *vt* to spell.

épépiner [3] [epepine] *vt* to seed.

éperdu, **e** [epɛrdy] *adj* [sentiment] passionate ; **~ de** [personne] overcome with.

éperdument [epɛrdymɑ̃] *adv* - **1.** [travailler] frantically - **2.** [aimer] passionately.

éperlan [epɛrlɑ̃] *nm* smelt.

éperon [eprɔ̃] *nm* [de cavalier, de montagne] spur ; [de navire] ram ; **~ rocheux** rocky outcrop.

éperonner [3] [eprɔne] *vt* to spur on.

épervier [epɛrvje] *nm* sparrowhawk.

éphèbe [efɛb] *nm hum* Adonis.

éphémère [efemɛr] <> *adj* [bref] ephemeral, fleeting. <> *nm* ZOOL mayfly.

éphéméride [efemerid] *nf* tear-off calendar.

épi [epi] *nm* - **1.** [de céréale] ear ; **~ de maïs** CULIN corn on the cob - **2.** [cheveux] tuft ; **~ rebelle** unruly tuft of hair.

épice [epis] *nf* spice.

épicé, **e** [epise] *adj* spicy.

épicéa [episea] *nm* spruce.

épicentre [episɑ̃tr] *nm* epicentre *UK*, epicenter *US*.

épicer [16] [epise] *vt* - **1.** [plat] to spice - **2.** [récit] to spice up.

épicerie [episri] *nf* - **1.** [magasin] grocer's (shop) - **2.** [denrées] groceries *(pl)* ; **~ fine** delicatessen.

épicier, **ère** [episje, ɛr] *nm, f* grocer.

épicurien, **enne** [epikyrjɛ̃, ɛn] <> *adj* epicurean. <> *nm, f* epicure.

épidémie [epidemi] *nf* epidemic.

épidémique [epidemik] *adj* contagious.

épiderme [epidɛrm] *nm* epidermis.

épidermique [epidɛrmik] *adj* [de l'épiderme] skin *(avant n)* ; **réaction ~** *fig* kneejerk reaction.

épier [9] [epje] *vt* - **1.** [espionner] to spy on - **2.** [observer] to look for.

épieu [epjø] *nm* - **1.** [de guerre] pike - **2.** [de chasse] spear.

épigramme [epigram] *nf* epigram.

épilation [epilasjɔ̃] *nf* hair removal ; **~ à la cire** waxing.

épilepsie [epilɛpsi] *nf* epilepsy.

épileptique [epilɛptik] *nmf* & *adj* epileptic.

épiler [3] [epile] *vt* [jambes] to remove hair from ; [sourcils] to pluck.

◆ **s'épiler** *vp* **: s'~ les jambes** to remove the hair from one's legs ; [à la cire] to wax one's legs ; **: s'~ les sourcils** to pluck one's eyebrows.

épilogue [epilɔg] *nm* - **1.** [de roman] epilogue, epilog *US* - **2.** [d'affaire] outcome.

épiloguer [3] [epilɔge] *vi* to hold forth.

épinards [epinar] *nmpl* spinach *(U)* ; **~s en branches** leaf spinach.

épine [epin] *nf* - **1.** [arbrisseau] thorn bush - **2.** [piquant - de rosier] thorn ; [- de hérisson] spine ; **tirer une ~ du pied à qqn** *fig* to get sb out of a tight corner.

◆ **épine dorsale** *nf* backbone, spine.

épineux, **euse** [epinø, øz] *adj* thorny.

épingle [epɛ̃gl] *nf* [instrument] pin ; **~ à cheveux** hairpin ; **~ à nourrice** *ou* **de sûreté** safety pin ; **monter qqch en ~** *fig* to blow sthg up ; **tirer son ~ du jeu** *fig* to extricate o.s. ; **tiré à quatre ~s** *fig* impeccably turned out.

épingler [3] [epɛ̃gle] *vt* - **1.** [fixer] to pin (up) - **2.** *fam fig* [arrêter] to nab, to nick *UK*.

épinière [epinjɛr] ▷ **moelle**.

Épiphanie [epifani] *nf* Epiphany.

épique [epik] *adj* epic.

épiscopal, **e**, **aux** [episkɔpal, o] *adj* episcopal.

épiscopat [episkɔpa] *nm* episcopate.

épisiotomie [epizjɔtɔmi] *nf* episiotomy.

épisode [epizɔd] *nm* episode.

épisodique [epizɔdik] *adj* - **1.** [occasionnel] occasional - **2.** [secondaire] minor.

épistémologie [epistemɔlɔʒi] *nf* epistemology.

épistolaire [epistɔlɛr] *adj* - **1.** [échange] of letters ; **être en relations ~s avec qqn** to be in (regular) correspondence with sb - **2.** [roman] epistolary.

épitaphe [epitaf] *nf* epitaph.

épithète [epitɛt] ◇ *nf* - **1.** GRAMM attribute - **2.** [qualificatif] term. ◇ *adj* attributive.

épître [epitr] *nf* epistle.

éploré, **e** [eplɔre] *adj* [personne] in tears ; [visage, air] tearful.

épluchage [eplyʃaʒ] *nm* - **1.** [de légumes] peeling - **2.** [de textes] dissection ; [de comptes] scrutiny.

épluche-légumes [eplyʃlegym] *nm inv* potato peeler.

éplucher [3] [eplyʃe] *vt* - **1.** [légumes] to peel - **2.** [textes] to dissect ; [comptes] to scrutinize.

épluchure [eplyʃyr] *nf* peelings *(pl)*.

éponge [epɔ̃ʒ] *nf* sponge ; **jeter l'~** *fig* to throw in the towel ; **passer l'~** *fig* to wipe the slate clean.

éponger [17] [epɔ̃ʒe] *vt* - **1.** [liquide, déficit] to mop up - **2.** [visage] to mop, to wipe.
◆ **s'éponger** *vp* [personne] to mop o.s. ; **s'~ le front** to mop one's brow.

épopée [epɔpe] *nf* epic.

époque [epɔk] *nf* - **1.** [de l'année] time - **2.** [de l'histoire] period ; **à l'~** at the time ; **d'~** period ; **la Belle Époque** ≃ the Edwardian era - **3.** GÉOL period, age.

épouiller [3] [epuje] *vt* to delouse.

époumoner [3] [epumɔne] ◆ **s'époumoner** *vp* to shout o.s. hoarse.

épouse ⊳ **époux**.

épouser [3] [epuze] *vt* - **1.** [personne] to marry - **2.** [forme] to hug - **3.** *fig* [idée, principe] to espouse.

épousseter [27] [epuste] *vt* to dust.

époustouflant, **e** [epustuflɑ̃, ɑ̃t] *adj fam* amazing.

époustoufler [3] [epustufle] *vt fam* to flabbergast, to amaze.

épouvantable [epuvɑ̃tabl] *adj* dreadful.

épouvantail [epuvɑ̃taj] *nm* [à moineaux] scarecrow ; *fig* bogeyman.

épouvante [epuvɑ̃t] *nf* terror, horror ; **film d'~** horror film.

épouvanter [3] [epuvɑ̃te] *vt* to terrify.

époux, **épouse** [epu, epuz] *nm, f* spouse ; **prendre pour ~** to marry.

éprendre [79] [eprɑ̃dr] ◆ **s'éprendre** *vp sout* **s'~ de** to fall in love with.

épreuve [eprœv] *nf* - **1.** [essai, examen] test ; **à l'~ du feu** fireproof ; **à l'~ des balles** bulletproof ; **mettre à l'~** to put to the test ; **à toute ~** unfailing ; **~ écrite/orale** written/oral test ; **~ de force** *fig* trial of strength - **2.** [malheur] ordeal - **3.** SPORT event - **4.** TYPO proof - **5.** PHOTO print.

épris, **e** [epri, iz] ◇ *pp* ⊳ **éprendre**. ◇ *adj sout* **~ de** in love with.

éprouvant, **e** [epruvɑ̃, ɑ̃t] *adj* testing, trying.

éprouvé, **e** [epruve] *adj* - **1.** [méthode] tried and tested - **2.** [personne] sorely tried.

éprouver [3] [epruve] *vt* - **1.** [tester] to test - **2.** [ressentir] to feel - **3.** [faire souffrir] to distress ; **être éprouvé par** to be afflicted by - **4.** [difficultés, problèmes] to experience.

éprouvette [epruvɛt] *nf* - **1.** [tube à essai] test tube - **2.** [échantillon] sample.

EPS (*abr de* **éducation physique et sportive**) *nf* PE.

épuisant, **e** [epɥizɑ̃, ɑ̃t] *adj* exhausting.

épuisé, **e** [epɥize] *adj* - **1.** [personne, corps] exhausted - **2.** [marchandise] sold out, out of stock ; [livre] out of print.

épuisement [epɥizmɑ̃] *nm* exhaustion ; **jusqu'à ~ des stocks** while stocks last.

épuiser [3] [epɥize] *vt* to exhaust.

épuisette [epɥizɛt] *nf* landing net.

épuration [epyrasjɔ̃] *nf* - **1.** [des eaux] purification - **2.** POLIT purge.

épure [epyr] *nf* technical drawing.

épurer [3] [epyre] *vt* - **1.** [eau, huile] to purify - **2.** POLIT to purge - **3.** *fig* [langage] to refine.

équarrir [32] [ekarir] *vt* - **1.** [animal] to cut up - **2.** [poutre] to square - **3.** *fig* [personne] : **mal équarri** rough, crude.

équateur [ekwatœr] *nm* equator.

Équateur [ekwatœr] *nm* : **l'~** Ecuador.

équation [ekwasjɔ̃] *nf* equation ; **~ du premier/second degré** simple/quadratic equation.

équatorial, **e**, **aux** [ekwatɔrjal, o] *adj* equatorial.

équatorien, **enne** [ekwatɔrjɛ̃, ɛn] *adj* Ecuadoran, Ecuadorian.
◆ **Équatorien**, **enne** *nm, f* Ecuadoran, Ecuadorian.

équerre [ekɛr] *nf* [instrument] set square ; [en T] T-square ; **en ~** at right angles.

équestre [ekɛstr] *adj* equestrian.

équeuter [3] [ekøte] *vt* to remove the stalk *ou* stalks from.

équidistance [ekɥidistɑ̃s] *nf* equidistance ; **à ~ de... et de...** equidistant between... and...

équidistant, **e** [ekɥidistɑ̃, ɑ̃t] *adj* equidistant.

équilatéral, e, aux [ekɥilateral, o] *adj* equilateral.

équilibre [ekilibr] *nm* - **1.** [gén] balance ; **en ~** balanced ; **perdre l'~** to lose one's balance - **2.** [psychique] stability.

équilibré, e [ekilibre] *adj* - **1.** [personne] well-balanced - **2.** [vie] stable - **3.** ARCHIT : **aux proportions ~es** well-proportioned.

équilibrer [3] [ekilibre] *vt* to balance.
◆ **s'équilibrer** *vp* to balance each other out.

équilibriste [ekilibrist] *nmf* tightrope walker.

équipage [ekipaʒ] *nm* crew.

équipe [ekip] *nf* team ; **d'~** team *(avant n)* ; **faire ~ avec** to team up with ; **travailler en ~** to work together *ou* as a team ; **~ de secours** rescue team.

équipé, e [ekipe] *adj* : **cuisine ~e** fitted kitchen.

équipée [ekipe] *nf* - **1.** [aventure] venture - **2.** [promenade] outing.

équipement [ekipmɑ̃] *nm* - **1.** [matériel] equipment - **2.** [aménagement] facilities *(pl)* ; **plan d'~ national** national development plan ; **~s sportifs/scolaires** sports/educational facilities.

équiper [3] [ekipe] *vt* - **1.** [navire, armée] to equip - **2.** [personne, local] to equip, to fit out ; **~ qqn/qqch de** to equip sb/sthg with, to fit sb/sthg out with.
◆ **s'équiper** *vp* : **s'~ (de)** to equip o.s. (with).

équipier, ère [ekipje, ɛr] *nm, f* team member.

équitable [ekitabl] *adj* fair.

équitablement [ekitabləmɑ̃] *adv* fairly.

équitation [ekitasjɔ̃] *nf* riding, horse-riding *UK*, horseback riding *US* ; **faire de l'~** to go riding *ou* horse-riding *UK ou* horseback riding *US*, to ride.

équité [ekite] *nf* fairness.

équivalent, e [ekivalɑ̃, ɑ̃t] *adj* equivalent.
◆ **équivalent** *nm* equivalent.

équivaloir [60] [ekivalwar] *vi* : **~ à** to be equivalent to.

équivalu [ekivaly] *pp inv* ▷ **équivaloir**.

équivaut ▷ **équivaloir**.

équivoque [ekivɔk] ◇ *adj* - **1.** [ambigu] ambiguous - **2.** [mystérieux] dubious. ◇ *nf* ambiguity ; **sans ~** unequivocal *(adj)*, unequivocally *(adv)*.

érable [erabl] *nm* maple.

érablière [erablijɛr] *nf* maple grove, sugar bush *US*.

éradication [eradikasjɔ̃] *nf* - **1.** [suppression] eradication - **2.** [ablation] removal.

éradiquer [3] [eradike] *vt* to eradicate.

érafler [3] [erafle] *vt* - **1.** [peau] to scratch - **2.** [mur, voiture] to scrape.
◆ **s'érafler** *vp* to scratch o.s.

éraflure [eraflyr] *nf* - **1.** [de peau] scratch - **2.** [de mur, voiture] scrape.

éraillé, e [eraje] *adj* [voix] hoarse.

ère [ɛr] *nf* era ; **l'an 813 de notre ~** the year 813 A.D.

érection [erɛksjɔ̃] *nf* erection ; **en ~** erect.

éreintant, e [erɛ̃tɑ̃, ɑ̃t] *adj* exhausting.

éreinter [3] [erɛ̃te] *vt* - **1.** [fatiguer] to exhaust - **2.** [critiquer] to pull to pieces.

érémiste [eremist] *nmf fam* = **RMiste**.

ergonomique [ɛrgɔnɔmik] *adj* ergonomic.

ergot [ɛrgo] *nm* - **1.** [de coq] spur ; **se dresser sur ses ~s** to get one's hackles up - **2.** [de mammifère] dewclaw - **3.** [de blé] ergot.

ergoter [3] [ɛrgɔte] *vi* to quibble.

ergothérapie [ɛrgɔterapi] *nf* occupational therapy.

ériger [17] [eriʒe] *vt* - **1.** [monument] to erect - **2.** [tribunal] to set up - **3.** *fig* [transformer] : **~ qqn en** to set sb up as.
◆ **s'ériger** *vp* : **s'~ en** to set o.s. up as.

ermite [ɛrmit] *nm* hermit.

éroder [3] [erɔde] *vt* to erode.

érogène [erɔʒɛn] *adj* erogenous.

érosion [erozjɔ̃] *nf* erosion.

érotique [erɔtik] *adj* erotic.

érotisme [erɔtism] *nm* eroticism.

errance [ɛrɑ̃s] *nf* wandering.

errant, e [ɛrɑ̃, ɑ̃t] *adj* [chien, chat] stray *(avant n)*.

erratum [eratɔm] (*pl* **errata** [erata]) *nm* erratum.

errements [ɛrmɑ̃] *nmpl* bad habits.

errer [4] [ɛre] *vi* to wander.

erreur [ɛrœr] *nf* mistake ; **par ~** by mistake ; **sauf ~ de ma part** unless I'm mistaken ; **faire ~** to be mistaken ; **faire une ~** to make a mistake ; **~ judiciaire** miscarriage of justice.

erroné, e [ɛrɔne] *adj sout* wrong.

ersatz [ɛrzats] *nm inv* ersatz.

éructer [3] [erykte] *vi* to belch.

érudit, e [erydi, it] ◇ *adj* erudite, learned. ◇ *nm, f* learned person, scholar.

érudition [erydisjɔ̃] *nf* learning, erudition, scholarship.

éruption [erypsjɔ̃] *nf* - **1.** MÉD rash - **2.** [de volcan] eruption.

es ▷ **être**.

ès [ɛs] *prep* of *(in certain titles)* ; **docteur ~ lettres** ≃ PhD, doctor of philosophy.

E/S (*abr écrite de* **entrée/sortie**) I/O.

ESA, **Esa** [eza] (*abr de* **European Space Agency**) *nf* ESA.

esbroufe [ɛzbruf] *nf fam* showing-off ; **faire de l'~** to show off.

escabeau, **x** [ɛskabo] *nm* - **1.** [échelle] stepladder - **2.** *vieilli* [tabouret] stool.

escadre [ɛskadr] *nf* - **1.** [navires] fleet - **2.** [avions] wing.

escadrille [ɛskadrij] *nf* - **1.** [navires] flotilla - **2.** [avions] flight.

escadron [ɛskadrɔ̃] *nm* squadron.

escalade [ɛskalad] *nf* - **1.** [de montagne, grille] climbing - **2.** [des prix, de violence] escalation.

escalader [3] [ɛskalade] *vt* to climb.

escale [ɛskal] *nf* - **1.** [lieu - pour navire] port of call ; [- pour avion] stopover - **2.** [arrêt - de navire] call ; [- d'avion] stopover, stop ; **~ technique** refuelling stop ; **faire ~ à** [- navire] to put in at, to call at ; [- avion] to stop over at.

escalier [ɛskalje] *nm* stairs *(pl)* ; **descendre/monter l'~** to go downstairs/upstairs ; **~ en colimaçon** spiral staircase ; **~ de secours** fire escape ; **~ de service** backstairs ; **~ roulant** *ou* **mécanique** escalator.

escalope [ɛskalɔp] *nf* escalope ; **~ panée** escalope in breadcrumbs.

escamotable [ɛskamɔtabl] *adj* - **1.** [train d'atterrissage] retractable ; [antenne] telescopic - **2.** [table] folding.

escamoter [3] [ɛskamɔte] *vt* - **1.** [faire disparaître] to make disappear - **2.** [voler] to lift - **3.** [rentrer] to retract - **4.** [phrase, mot] to swallow - **5.** [éluder - question] to evade ; [- objection] to get round *UK ou* around *US*.

escampette [ɛskɑ̃pɛt] ▷ **poudre**.

escapade [ɛskapad] *nf* - **1.** [voyage] outing - **2.** [fugue] escapade.

escarbille [ɛskarbij] *nf* cinder.

escargot [ɛskargo] *nm* snail ; **comme un ~** [très lentement] at a snail's pace.

escarmouche [ɛskarmuʃ] *nf* skirmish.

escarpé, **e** [ɛskarpe] *adj* steep.

escarpement [ɛskarpəmɑ̃] *nm* - **1.** [de pente] steep slope - **2.** GÉOGR escarpment.

escarpin [ɛskarpɛ̃] *nm* court shoe *UK*, pump *US*.

escarre [ɛskar] *nf* bedsore, pressure sore.

Escaut [ɛsko] *nm* : **l'~** the River Scheldt.

escient [esjɑ̃] *nm* : **à bon ~** advisedly ; **à mauvais ~** ill-advisedly.

esclaffer [3] [ɛsklafe] ◆ **s'esclaffer** *vp* to burst out laughing.

esclandre [ɛsklɑ̃dr] *nm sout* scene ; **faire un ~** to make a scene.

esclavage [ɛsklavaʒ] *nm* slavery.

esclavagisme [ɛsklavaʒism] *nm* slavery.

esclave [ɛsklav] ◇ *nmf* slave. ◇ *adj* : **être ~ de** to be a slave to.

escogriffe [ɛskɔgrif] *nm fam* **un grand ~** a beanpole.

escompte [ɛskɔ̃t] *nm* discount.

escompter [3] [ɛskɔ̃te] *vt* - **1.** [prévoir] to count on - **2.** FIN to discount.

escorte [ɛskɔrt] *nf* escort.

escorter [3] [ɛskɔrte] *vt* to escort.

escouade [ɛskwad] *nf* squad.

escrime [ɛskrim] *nf* fencing.

escrimer [3] [ɛskrime] ◆ **s'escrimer** *vp* : **s'~ à faire qqch** to work (away) at doing sthg.

escroc [ɛskro] *nm* swindler.

escroquer [3] [ɛskrɔke] *vt* to swindle ; **~ qqch à qqn** to swindle sb out of sthg.

escroquerie [ɛskrɔkri] *nf* swindle, swindling *(U)*.

eskimo, **Eskimo** ▷ **esquimau**.

ésotérique [ezɔterik] *adj* esoteric.

espace [ɛspas] *nm* space ; **~ publicitaire** advertising space ; **~ vert** green space, green area ; **~ vital** living space.

espacement [ɛspasmɑ̃] *nm* - **1.** [spatial] spacing - **2.** [temporel] spacing out.

espacer [16] [ɛspase] *vt* - **1.** [dans l'espace] to space out - **2.** [dans le temps - visites] to space out ; [- paiements] to spread out.
◆ **s'espacer** *vp* to become less frequent.

espadon [ɛspadɔ̃] *nm* - **1.** [poisson] swordfish - **2.** [épée] two-handed sword.

espadrille [ɛspadrij] *nf* espadrille.

Espagne [ɛspaɲ] *nf* : **l'~** Spain.

espagnol, **e** [ɛspaɲɔl] *adj* Spanish.
◆ **espagnol** *nm* [langue] Spanish.
◆ **Espagnol**, **e** *nm, f* Spaniard ; **les Espagnols** the Spanish.

espagnolette [ɛspaɲɔlɛt] *nf* latch *(for window or shutter)*.

espalier [ɛspalje] *nm* - **1.** [arbre] espalier - **2.** SPORT wall bars *(pl)*.

espèce [ɛspɛs] *nf* - **1.** BIOL, BOT & ZOOL species ; **~ en voie de disparition** endangered species - **2.** [sorte] kind, sort ; **~ d'idiot!** you stupid fool! - **3.** [circonstance] : **en l'~** *litt* in the case in point.
◆ **espèces** *nfpl* cash ; **payer en ~s** to pay (in) cash.

espérance [ɛsperɑ̃s] *nf* hope ; **~ de vie** life expectancy.

espéranto [ɛsperɑ̃to] *nm* Esperanto.

espérer [18] [ɛspere] ◇ *vt* to hope for ; **~ que** to hope (that) ; **~ faire qqch** to hope to do sthg. ◇ *vi* to hope ; **~ en qqn/qqch** to trust in sb/sthg.

espiègle [ɛspjɛgl] ◇ *nmf* little rascal. ◇ *adj* mischievous.

espièglerie [ɛspjɛgləri] *nf* **- 1.** [malice] mischievousness **- 2.** [tour, farce] prank.

espion, onne [ɛspjɔ̃, ɔn] *nm, f* spy.

espionnage [ɛspjɔnaʒ] *nm* spying ; **~ industriel** industrial espionage.

espionner [3] [ɛspjɔne] *vt* to spy on.

esplanade [ɛsplanad] *nf* esplanade.

espoir [ɛspwar] *nm* hope ; **avoir bon ~ que** to be confident that ; **nourrir l'~ de faire qqch** to live in hope of doing sthg ; **sans ~** hopeless ; **sans ~ de** without hope of.

esprit [ɛspri] *nm* **- 1.** [entendement, personne, pensée] mind ; **avoir l'~ mal tourné** to have a dirty *ou* filthy mind ; **être large d'~** to be broad-minded ; **ouvrir l'~ de qqn** to open sb's eyes ; **reprendre ses ~s** to recover ; **venir à l'~ de qqn** to cross sb's mind **- 2.** [attitude] spirit ; **~ de caste** class consciousness ; **~ de compétition** competitive spirit ; **~ de contradiction** argumentative nature, contrariness ; **~ critique** critical acumen ; **~ d'équipe** team spirit ; **~ maison** company spirit **- 3.** [humour] wit ; **faire de l'~** to try to be funny **- 4.** [fantôme] spirit, ghost.

esquif [ɛskif] *nm litt* skiff.

esquimau, aude, aux, eskimo [ɛskimo, od] *adj* Eskimo.
◆ **esquimau, eskimo** *nm* [langue] Eskimo.
◆ **Esquimau, aude** *nm, f*, **Eskimo** *nmf* Eskimo *(beware: the term 'Esquimau', like its English equivalent, is often considered offensive in North America. The term 'Inuit' is preferred)*.

Esquimau®, **x** [ɛskimo] *nm inv* : **~ (glacé)** *ice cream on a stick.*

esquinter [3] [ɛskɛ̃te] *vt fam* **- 1.** [abîmer] to ruin **- 2.** [critiquer] to slate *UK*, to pan.
◆ **s'esquinter** *vp* : **s'~ à faire qqch** to kill o.s. doing sthg.

esquisse [ɛskis] *nf* [croquis] sketch ; *fig* [de projet] outline ; *fig* [de geste, sourire] trace.

esquisser [3] [ɛskise] *vt* to sketch ; **~ un sourire** *fig* to give a half-smile.
◆ **s'esquisser** *vp* to take shape.

esquiver [3] [ɛskive] *vt* to dodge.
◆ **s'esquiver** *vp* to slip away.

essai [esɛ] *nm* **- 1.** [vérification] test, testing *(U)* ; **à l'~** on trial **- 2.** [tentative] attempt **- 3.** [étude] : **~ (sur)** essay (on) **- 4.** [rugby] try.

essaie, essaies *etc* ▷ **essayer.**

essaim [esɛ̃] *nm litt & fig* swarm.

essaimer [4] [eseme] *vi* to swarm ; *fig* to spread.

essayage [esɛjaʒ] *nm* fitting.

essayer [11] [eseje] *vt* to try ; **~ de faire qqch** to try to do sthg ; **essaie un peu, pour voir!** go on then, why don't you try?
◆ **s'essayer** *vp* : **s'~ à qqch/à faire qqch** to try one's hand at sthg/at doing sthg.

ESSEC, Essec [esɛk] (*abr de* **École supérieure des sciences économiques et commerciales**) *nf grande école for management and business studies.*

essence [esɑ̃s] *nf* **- 1.** [fondement, de plante] essence ; **par ~** *sout* in essence **- 2.** [carburant] petrol *UK*, gas *US* ; **prendre de l'~** to get some petrol **- 3.** [d'arbre] species.

essentiel, elle [esɑ̃sjɛl] *adj* **- 1.** [indispensable] essential **- 2.** [fondamental] basic.
◆ **essentiel** *nm* **- 1.** [point] : **l'~** [le principal] the essential *ou* main thing ; [objets] the essentials *(pl)* ; **l'~ est que** *(+ subjonctif)* the essential *ou* main thing is that **- 2.** [quantité] : **l'~ de** the main *ou* greater part of.

essentiellement [esɑ̃sjɛlmɑ̃] *adv* **- 1.** [avant tout] above all **- 2.** [par essence] essentially.

esseulé, e [esœle] *adj litt* forsaken.

essieu, x [esjø] *nm* axle.

essor [esɔr] *nm* flight, expansion, boom ; **en plein ~** booming ; **prendre son ~** to take flight ; *fig* to take off.

essorage [esɔraʒ] *nm* [manuel, à rouleaux] wringing (out) ; [à la machine] spin-drying.

essorer [3] [esɔre] *vt* [à la main, à rouleaux] to wring out ; [à la machine] to spin-dry *UK*, to tumble-dry ; [salade] to spin, to dry.

essoreuse [esɔrøz] *nf* [à rouleaux] mangle ; [électrique] spin-dryer *UK*, tumble-dryer ; [à salade] salad spinner.

essouffler [3] [esufle] *vt* to make breathless.
◆ **s'essouffler** *vp* to be breathless *ou* out of breath ; *fig* to run out of steam.

essuie, essuies *etc* ▷ **essuyer.**

essuie-glace [esɥiglas] (*pl* **essuie-glaces**) *nm* windscreen wiper *UK*, windshield wiper *US*.

essuie-mains [esɥimɛ̃] *nm inv* hand towel.

essuie-tout [esɥitu] *nm inv* kitchen roll *UK*, paper towels *US*.

essuyer [14] [esɥije] *vt* - **1.** [sécher] to dry - **2.** [nettoyer] to wipe - **3.** *fig* [subir] to suffer.
◆ **s'essuyer** *vp* to dry o.s.

est[1] [ɛst] ◇ *nm* east ; **un vent d'~** an easterly wind ; **le vent d'~** the east wind ; **à l'~** in the east ; **à l'~ (de)** to the east (of). ◇ *adj inv* [gén] east ; [province, région] eastern.

est[2] [ɛ] ▷ **être**.

establishment [ɛstabliʃmɛnt] *nm* : **l'~** the Establishment.

estafette [ɛstafɛt] *nf* dispatch rider ; MIL liaison officer.

estafilade [ɛstafilad] *nf* slash, gash.

est-allemand, **e** [ɛstalmɑ̃, ɑ̃d] *adj* East German.

estaminet [ɛstaminɛ] *nm* ≃ inn.

estampe [ɛstɑ̃p] *nf* print.

estamper [3] [ɛstɑ̃pe] *vt* - **1.** [monnaie] to mint - **2.** *fam* [escroquer] to fleece.

estampille [ɛstɑ̃pij] *nf* stamp.

est-ce que [ɛskə] *adv interr* : **est-ce qu'il fait beau?** is the weather good? ; **~ vous aimez l'accordéon?** do you like the accordion? ; **où ~ tu es?** where are you?

esthète [ɛstɛt] *nmf* aesthete.

esthéticien, **enne** [ɛstetisjɛ̃, ɛn] *nm, f* - **1.** [spécialiste] beautician - **2.** PHILO aesthetician.

esthétique [ɛstetik] ◇ *nf* : **l'~** aesthetics *(U)*. ◇ *adj* - **1.** [relatif à la beauté] aesthetic - **2.** [harmonieux] attractive.

estimable [ɛstimabl] *adj* - **1.** [digne d'estime] honorable, respected - **2.** [évaluable] : **facilement/difficilement ~** easy/difficult to estimate.

estimatif, **ive** [ɛstimatif, iv] *adj* estimated.

estimation [ɛstimasjɔ̃] *nf* estimate, estimation.

estime [ɛstim] *nf* respect, esteem ; **avoir de l'~ pour qqn** to respect sb.

estimer [3] [ɛstime] *vt* - **1.** [expertiser] to value - **2.** [évaluer] to estimate ; **j'estime la durée du voyage à 2 heures** I reckon the journey time is 2 hours - **3.** [respecter] to respect - **4.** [penser] : **~ que** to feel (that).
◆ **s'estimer** *vp* to consider o.s.

estival, **e**, **aux** [ɛstival, o] *adj* summer *(avant n)*.

estivant, **e** [ɛstivɑ̃, ɑ̃t] *nm, f* (summer) holiday-maker *UK* *ou* vacationer *US*.

estocade [ɛstɔkad] *nf* death blow.

estomac [ɛstɔma] *nm* - **1.** ANAT stomach ; **avoir l'~ barbouillé** to feel sick ; **avoir un ~ d'autruche** *fig* to have a cast-iron digestion ; **avoir l'~ dans les talons** *fig* to be starving - **2.** [culot, cran] nerve.

estomaquer [3] [ɛstɔmake] *vt fam* to stagger.

estomper [3] [ɛstɔ̃pe] *vt* to blur ; *fig* [douleur] to lessen.
◆ **s'estomper** *vp* to become blurred ; *fig* [douleur] to lessen.

Estonie [ɛstɔni] *nf* : **l'~** Estonia.

estonien, **enne** [ɛstɔnjɛ̃, ɛn] *adj* Estonian.
◆ **estonien** *nm* [langue] Estonian.
◆ **Estonien**, **enne** *nm, f* Estonian.

estrade [ɛstrad] *nf* dais.

estragon [ɛstragɔ̃] *nm* tarragon.

estropié, **e** [ɛstrɔpje] ◇ *adj* crippled. ◇ *nm, f* cripple.

estropier [9] [ɛstrɔpje] *vt* [personne] to cripple ; *fig* [nom, mot] to mispronounce.
◆ **s'estropier** *vp* to cripple o.s.

estuaire [ɛstɥɛr] *nm* estuary.

estudiantin, **e** [ɛstydjɑ̃tɛ̃, in] *adj* student *(avant n)*.

esturgeon [ɛstyrʒɔ̃] *nm* sturgeon.

et [e] *conj* - **1.** [gén] and ; **~ moi?** what about me? - **2.** [dans les fractions et les nombres composés] : **vingt ~ un** twenty-one ; **il y a deux ans ~ demi** two and a half years ago ; **à deux heures ~ demie** at half past two.

ét. (*abr écrite de* **étage**) fl.

ETA (*abr de* **Euskadi ta Askatasuna**) *nf* ETA.

étable [etabl] *nf* cowshed.

établi [etabli] *nm* workbench.

établir [32] [etablir] *vt* - **1.** [gén] to establish ; [record] to set - **2.** [dresser] to draw up.
◆ **s'établir** *vp* - **1.** [s'installer] to settle - **2.** [créer son entreprise] to set o.s. up - **3.** [s'instaurer] to become established.

établissement [etablismɑ̃] *nm* establishment ; **~ hospitalier** hospital ; **~ public** public body ; **~ scolaire** educational establishment.

étage [etaʒ] *nm* - **1.** [de bâtiment] floor, storey *UK*, story *US* ; **à l'~** upstairs ; **un immeuble à quatre ~s** a four-storey block of flats *UK*, a four-story block of apartments *US* ; **au premier ~** on the first floor *UK*, on the second floor *US* - **2.** [de fusée] stage - **3.** [de terrain, placard] level - **4.** [condition] : **de bas ~** second-rate.

étager [17] [etaʒe] *vt* to arrange in tiers.
◆ **s'étager** *vp* to be terraced.

étagère [etaʒɛr] *nf* - **1.** [rayon] shelf - **2.** [meuble] shelves *(pl)*, set of shelves.

étain [etɛ̃] *nm* - **1.** [métal] tin ; [alliage] pewter - **2.** [objet] piece of pewter.

étais, **était** *etc* ⊳ **être**.

étal [etal] (*pl* **-s** *ou* **étaux** [eto]) *nm* **- 1.** [éventaire] stall **- 2.** [de boucher] butcher's block.

étalage [etalaʒ] *nm* **- 1.** [action, ensemble d'objets] display ; **faire ~ de** *fig* to flaunt **- 2.** [devanture] window display.

étalagiste [etalaʒist] *nmf* **- 1.** [décorateur] window dresser **- 2.** [vendeur] stallholder *US*.

étalement [etalmɑ̃] *nm* **- 1.** [dans l'espace] spreading out **- 2.** [dans le temps] staggering.

étaler [3] [etale] *vt* **- 1.** [exposer] to display **- 2.** [étendre] to spread out **- 3.** [dans le temps] to stagger **- 4.** [mettre une couche de] to spread **- 5.** [exhiber] to parade.

◆ **s'étaler** *vp* **- 1.** [s'étendre] to spread **- 2.** [dans le temps] : **s'~ (sur)** to be spread (over) **- 3.** *fam* [s'avachir] to sprawl **- 4.** *fam* [tomber] to come a cropper *UK*, to fall flat on one's face.

étalon [etalɔ̃] *nm* **- 1.** [cheval] stallion **- 2.** [mesure] standard ; **~-or** gold standard.

étalonner [3] [etalɔne] *vt* [graduer] to calibrate.

étamine [etamin] *nf* **- 1.** [de fleur] stamen **- 2.** [tissu] muslin.

étanche [etɑ̃ʃ] *adj* watertight ; [montre] waterproof.

étanchéité [etɑ̃ʃeite] *nf* watertightness.

étancher [3] [etɑ̃ʃe] *vt* **- 1.** [sang, larmes] to stem (the flow of) **- 2.** [rendre étanche] to make watertight **- 3.** [assouvir] to quench.

étang [etɑ̃] *nm* pond.

étant *p prés* ⊳ **être**.

étape [etap] *nf* **- 1.** [gén] stage ; **brûler les ~s** *fig* to race ahead **- 2.** [halte] stop ; **faire ~ à** to break one's journey at.

état [eta] *nm* **- 1.** [manière d'être] state ; **être en ~/hors d'~ de faire qqch** to be in a/in no fit state to do sthg ; **en bon/mauvais ~** in good/poor condition ; **en ~ d'ivresse** under the influence of alcohol ; **en ~ de marche** in working order ; **laisser les choses en l'~** to leave things as they stand ; **remettre en ~** to repair ; **~ d'âme** mood ; **~ d'esprit** state of mind ; **~ de santé** (state of) health ; **être dans un ~ second** to be in a daze ; **~ de siège** state of siege ; **~ stationnaire** stable condition ; **~ d'urgence** state of emergency ; **être dans tous ses ~s** *fig* to be in a state **- 2.** [métier, statut] status ; **de son ~** by profession ; **~ civil** ADMIN ≃ marital status **- 3.** [inventaire - gén] inventory ; [- de dépenses] statement ; **faire ~ de qqch** to give an account of sthg ; **~ des lieux** *inventory and inspection of rented property*.

◆ **État** *nm* [nation] state ; **l'État** the State ; **État membre** member state ; **les États du Golfe** the Gulf States.

◆ **en tout état de cause** *loc adv* in any case.

étatique [etatik] *adj* state *(avant n)*.

étatiser [3] [etatize] *vt* to bring under state control.

étatisme [etatism] *nm* state control.

état-major [etamaʒɔr] (*pl* **états-majors**) *nm* **- 1.** ADMIN & MIL staff ; [de parti] leadership **- 2.** [lieu] headquarters *(pl)*.

États-Unis [etazyni] *nmpl* : **les ~ (d'Amérique)** the United States (of America) ; **aux ~** in the United States.

étau, **x** [eto] *nm* vice, vise *US*.

étayer [11] [eteje] *vt* to prop up ; *fig* to back up.

etc. (*abr écrite de* **et cætera**) etc.

été [ete] ◇ *pp inv* ⊳ **être**. ◇ *nm* summer ; **en ~** in (the) summer ; **~ indien** Indian summer.

éteignais, **éteignions** *etc* ⊳ **éteindre**.

éteindre [81] [etɛ̃dr] *vt* **- 1.** [incendie, bougie, cigarette] to put out ; [radio, chauffage, lampe] to turn off, to switch off **- 2.** [soif] to quench **- 3.** DR [annuler] to extinguish **- 4.** INFORM to shut down.

◆ **s'éteindre** *vp* **- 1.** [feu, lampe] to go out **- 2.** [bruit, souvenir] to fade (away) **- 3.** *fig* & *litt* [personne] to pass away **- 4.** [race] to die out.

éteint, **e** [etɛ̃, ɛ̃t] ◇ *pp* ⊳ **éteindre**. ◇ *adj* **- 1.** [couleur] faded **- 2.** [voix] faint ; [regard] dull.

étendage [etɑ̃daʒ] *nm* hanging out.

étendard [etɑ̃dar] *nm* standard.

étendre [73] [etɑ̃dr] *vt* **- 1.** [déployer] to stretch ; [journal, linge] to spread (out) **- 2.** [coucher] to lay **- 3.** [appliquer] to spread **- 4.** [accroître] to extend **- 5.** *fam fig* [candidat] to fail **- 6.** [diluer] to dilute ; [sauce] to thin.

◆ **s'étendre** *vp* **- 1.** [se coucher] to lie down **- 2.** [s'étaler au loin] : **s'~ (de/jusqu'à)** to stretch (from/as far as) **- 3.** [croître] to spread **- 4.** [s'attarder] : **s'~ sur** to elaborate on.

étendu, **e** [etɑ̃dy] ◇ *pp* ⊳ **étendre**. ◇ *adj* **- 1.** [bras, main] outstretched **- 2.** [plaine, connaissances] extensive.

◆ **étendue** *nf* **- 1.** [surface] area, expanse **- 2.** [durée] length **- 3.** [importance] extent **- 4.** MUS range.

éternel, **elle** [etɛrnɛl] *adj* eternal ; **ce ne sera pas ~** this won't last for ever.

◆ **Éternel** *nm* : **l'Éternel** the Eternal.

éternellement [etɛrnɛlmɑ̃] *adv* eternally.

éterniser [3] [etɛrnize] *vt* [prolonger] to drag out.

◆ **s'éterniser** *vp* **- 1.** [se prolonger] to drag out **- 2.** *fam* [rester] to stay for ever.

éternité [etɛrnite] *nf* eternity ; **il y a une ~ que je ne t'ai pas vu** I haven't seen you for ages.

éternuement [etɛrnymɑ̃] *nm* sneeze.

éternuer [7] [etɛrnɥe] *vi* to sneeze.

êtes ▷ être.

étêter [4] [etete] *vt* to cut the head off.

éther [etɛr] *nm* ether.

éthéré, e [etere] *adj* ethereal.

Éthiopie [etjɔpi] *nf* : **l'~** Ethiopia.

éthiopien, enne [etjɔpjɛ̃, ɛn] *adj* Ethiopian.
◆ **Éthiopien, enne** *nm, f* Ethiopian.

éthique [etik] ◇ *nf* ethics *(U or pl)*. ◇ *adj* ethical.

ethnie [ɛtni] *nf* ethnic group.

ethnique [ɛtnik] *adj* ethnic.

ethnographie [ɛtnɔgrafi] *nf* ethnography.

ethnologie [ɛtnɔlɔʒi] *nf* ethnology.

ethnologue [ɛtnɔlɔg] *nmf* ethnologist.

éthologie [etolɔʒi] *nf* ethology.

éthylique [etilik] ◇ *nmf* alcoholic. ◇ *adj* alcoholic ; **alcool ~** ethyl alcohol, ethanol.

éthylisme [etilism] *nm* alcoholism.

étiez, étions *etc* ▷ **être**.

étincelant, e [etɛ̃slɑ̃, ɑ̃t] *adj* sparkling.

étinceler [24] [etɛ̃sle] *vi* to sparkle.

étincelle [etɛ̃sɛl] *nf* spark.

étioler [3] [etjɔle] ◆ **s'étioler** *vp* [plante] to wilt ; [personne] to weaken ; [mémoire] to go.

étique [etik] *adj litt* [plante] stunted ; [personne] skinny.

étiqueter [27] [etikte] *vt litt* & *fig* to label.

étiquette [etikɛt] *nf* - **1.** [marque] *fig* label - **2.** [protocole] etiquette.

étirer [3] [etire] *vt* to stretch.
◆ **s'étirer** *vp* to stretch.

Etna [ɛtna] *nm* : **l'~** Mount Etna.

étoffe [etɔf] *nf* fabric, material ; **avoir l'~ de** *fig* to have the makings of.

étoffer [3] [etɔfe] *vt* to flesh out.
◆ **s'étoffer** *vp* to fill out.

étoile [etwal] *nf* star ; **l'~ du berger** the evening star ; **~ filante** shooting star ; **un trois ~s** a three-star hotel ; **à la belle ~** *fig* under the stars ; **être né sous une bonne ~** *fig* to be born under a lucky star.
◆ **étoile de mer** *nf* starfish.

étoilé, e [etwale] *adj* - **1.** [ciel, nuit] starry ; **la bannière ~e** the Star-Spangled Banner - **2.** [vitre, pare-brise] shattered.

étole [etɔl] *nf* stole.

étonnamment [etɔnamɑ̃] *adv* surprisingly, astonishingly.

étonnant, e [etɔnɑ̃, ɑ̃t] *adj* astonishing.

étonné, e [etɔne] *adj* surprised, astonished.

étonnement [etɔnmɑ̃] *nm* astonishment, surprise ; **au grand ~ de** to the great astonishment of.

étonner [3] [etɔne] *vt* to surprise, to astonish ; **ça m'étonnerait!** I'd be (very) surprised!
◆ **s'étonner** *vp* : **s'~ (de)** to be surprised (by) ; **s'~ que** *(+ subjonctif)* to be surprised (that).

étouffant, e [etufɑ̃, ɑ̃t] *adj* stifling.

étouffée [etufe] ◆ **à l'étouffée** *loc adv* steamed ; [viande] braised ; **faire cuire à l'~** to steam ; [viande] to braise.

étouffement [etufmɑ̃] *nm* - **1.** [asphyxie] suffocation - **2.** [répression] suppression.

étouffer [3] [etufe] ◇ *vt* - **1.** [gén] to stifle - **2.** [asphyxier] to suffocate - **3.** [feu] to smother - **4.** [scandale, révolte] to suppress. ◇ *vi* to suffocate.
◆ **s'étouffer** *vp* - **1.** [s'étrangler] to choke - **2.** *fig* [se presser, s'écraser] to stifle.

étouffoir [etufwar] *nm fam* oven.

étourderie [eturdəri] *nf* - **1.** [distraction] thoughtlessness - **2.** [bévue] careless mistake ; [acte irréfléchi] thoughtless act.

étourdi, e [eturdi] ◇ *adj* scatterbrained. ◇ *nm, f* scatterbrain.

étourdiment [eturdimɑ̃] *adv* without thinking.

étourdir [32] [eturdir] *vt* - **1.** [assommer] to daze - **2.** [fatiguer] to wear out.
◆ **s'étourdir** *vp* to be *ou* become dazed ; **s'~ de** to get drunk on.

étourdissant, e [eturdisɑ̃, ɑ̃t] *adj* - **1.** [fatigant] wearing - **2.** [sensationnel] stunning.

étourdissement [eturdismɑ̃] *nm* dizzy spell.

étourneau, x [eturno] *nm* starling.

étrange [etrɑ̃ʒ] *adj* strange.

étrangement [etrɑ̃ʒmɑ̃] *adv* strangely.

étranger, ère [etrɑ̃ʒe, ɛr] ◇ *adj* - **1.** [gén] foreign - **2.** [différent, isolé] unknown, unfamiliar ; **être ~ à qqn** to be unknown to sb ; **être ~ à qqch** to have no connection with sthg ; **se sentir ~** to feel like an outsider. ◇ *nm, f* - **1.** [de nationalité différente] foreigner - **2.** [inconnu] stranger - **3.** [exclu] outsider.
◆ **étranger** *nm* : **l'~** foreign countries *(pl)* ; **à l'~** abroad.

étrangeté [etrɑ̃ʒte] *nf* strangeness.

étranglement [etrɑ̃gləmɑ̃] *nm* - **1.** [strangulation] strangulation - **2.** [rétrécissement] constriction.

étrangler [3] [etrɑ̃gle] *vt* - **1.** [gén] to choke - **2.** [stranguler] to strangle - **3.** [réprimer] to stifle - **4.** [serrer] to constrict.
◆ **s'étrangler** *vp* - **1.** [s'étouffer] to choke - **2.** [sanglots] to catch.

étrave [etrav] *nf* stem.

être [2] [ɛtr] ◇ *nm* being ; **les ~s vivants/humains** living/human beings. ◇ *v aux* - **1.** [pour les temps composés] to have/to be ; **il est parti hier** he left yesterday ; **il est déjà arrivé** he has already arrived ; **il est né en 1952** he was born in 1952 - **2.** [pour le passif] to be ; **la maison a été vendue** the house has been *ou* was sold. ◇ *v att* - **1.** [état] to be ; **il est grand/heureux** he's tall/happy ; **la maison est blanche** the house is white ; **il est médecin** he's a doctor ; **sois sage!** be good! - **2.** [possession] : **~ à qqn** to be sb's, to belong to sb ; **c'est à vous, cette voiture?** is this your car?, is this car yours? ; **cette maison est à lui/eux** this house is his/theirs, this is his/their house. ◇ *v impers* - **1.** [exprimant le temps] : **quelle heure est-il?** what time is it?, what's the time? ; **il est dix heures dix** it's ten past ten *UK*, it's ten after ten *US* - **2.** [suivi d'un adjectif] : **il est...** it is... ; **il est inutile de** it's useless to ; **il serait bon de/que** it would be good to/if, it would be a good idea to/if. ◇ *vi* - **1.** [exister] to be ; **n'~ plus** *sout* [être décédé] to be no more - **2.** [indique une situation, un état] to be ; **il est à Paris** he's in Paris ; **nous sommes au printemps/en été** it's spring/summer - **3.** [indiquant une origine] : **il est de Paris** he's from Paris.
◆ **être à** *v+prép* - **1.** [indiquant une obligation] : **c'est à vérifier** it needs to be checked ; **cette chemise est à laver** this shirt needs washing ; **c'est à voir** that remains to be seen - **2.** [indiquant une continuité] : **il est toujours à ne rien faire** he never does a thing ; **il est toujours à s'inquiéter** he's always worrying.

étreindre [81] [etrɛ̃dr] *vt* - **1.** [embrasser] to hug, to embrace - **2.** *fig* [tenailler] to grip, to clutch.
◆ **s'étreindre** *vp* to embrace each other.

étreinte [etrɛ̃t] *nf* - **1.** [enlacement] embrace - **2.** [pression] stranglehold.

étrenner [4] [etrene] *vt* to use for the first time.

étrennes [etrɛn] *nfpl* Christmas box *(sing) UK*.

étrier [etrije] *nm* stirrup.

étriller [3] [etrije] *vt* - **1.** [cheval] to curry - **2.** [personne] to wipe the floor with ; [film] to tear to pieces.

étriper [3] [etripe] *vt* - **1.** [animal] to disembowel - **2.** *fam fig* [tuer] to murder.
◆ **s'étriper** *vp fam* to tear each other to pieces.

étriqué, **e** [etrike] *adj* - **1.** [vêtement] tight ; [appartement] cramped - **2.** [esprit] narrow.

étroit, **e** [etrwa, at] *adj* - **1.** [gén] narrow - **2.** [intime] close - **3.** [serré] tight.
◆ **à l'étroit** *loc adj* : **être à l'~** to be cramped.

étroitement [etrwatmɑ̃] *adv* closely.

étroitesse [etrwatɛs] *nf* narrowness ; **~ d'esprit** *fig* narrow-mindedness.

étude [etyd] *nf* - **1.** [gén] study ; **à l'~** under consideration ; **~ de faisabilité** feasibility study ; **~ médias** media research ; **~ de marché** market research *(U)* - **2.** [de notaire - local] office ; [- charge] practice - **3.** MUS étude.
◆ **études** *nfpl* studies ; **faire des ~s** to study ; **~s primaires/secondaires** primary/secondary education *(U)*.

étudiant, **e** [etydjɑ̃, ɑ̃t] ◇ *adj* student *(avant n)*. ◇ *nm, f* student.

étudié, **e** [etydje] *adj* studied.

étudier [9] [etydje] *vt* to study.

étui [etɥi] *nm* case ; **~ à cigarettes/lunettes** cigarette/glasses case.

étuve [etyv] *nf* - **1.** [local] steam room ; *fig* oven - **2.** [appareil] sterilizer.

étuvée [etyve] ◆ **à l'étuvée** *loc adv* braised ; **faire cuire à l'~** to braise.

étymologie [etimɔlɔʒi] *nf* etymology.

étymologique [etimɔlɔʒik] *adj* etymological.

eu, **e** [y] *pp* ▷ **avoir**.

E-U, **E-U A** *(abr de* **États-Unis (d'Amérique)***)* *nmpl* US, USA.

eucalyptus [økaliptys] *nm* eucalyptus.

eucharistie [økaristi] *nf* Eucharist.

euh [ø] *interj* er.

eunuque [ønyk] *nm* eunuch.

euphémisme [øfemism] *nm* euphemism ; **par ~** euphemistically.

euphorie [øfɔri] *nf* euphoria.

euphorique [øfɔrik] *adj* euphoric.

euphorisant, **e** [øfɔrizɑ̃, ɑ̃t] *adj* exhilarating.
◆ **euphorisant** *nm* antidepressant.

eurasien, **enne** [ørazjɛ̃, ɛn] *adj* Eurasian.
◆ **Eurasien**, **enne** *nm, f* Eurasian.

eurent ▷ **avoir**.

euro [ørɔ] *nm* euro ; **zone ~** euro zone, euro area.

eurocentrisme [ørɔsɑ̃trism] *nm* Eurocentrism.

eurocrate [ørɔkrat] *nmf* Eurocrat.

eurodéputé [ørɔdepyte] *nm* Euro MP.

eurodevise [ørɔdəviz] *nf* Eurocurrency.

eurodollar [ørɔdɔlar] *nm* Eurodollar.

euromissile [ørɔmisil] *nm* Euromissile.

Europe [ørɔp] *nf* : **l'~** Europe ; **l'~ centrale** Central Europe ; **l'~ de l'Est** Eastern Europe ; **ils ont parlé de l'~ verte** they discussed agriculture in the EC.

européen, **enne** [ørɔpeɛ̃, ɛn] *adj* European.
◆ **Européen**, **enne** *nm, f* European.
◆ **européennes** *nfpl* POLIT European elections, Euro-elections, elections to the European Parliament.

Eurovision® [ørovizjɔ̃] *npr f* Eurovision®.

eus, **eut** *etc* ▻ **avoir**.

eût ▻ **avoir**.

euthanasie [øtanazi] *nf* euthanasia.

euthanasier [9] [øtanazje] *vt* [animal] to put down, to put to sleep ; [personne] to practise euthanasia on, to help to die.

eux [ø] *pron pers* - **1.** [sujet] they ; **ce sont ~ qui me l'ont dit** they're the ones who told me - **2.** [complément] them.
◆ **eux-mêmes** *pron pers* themselves.

eV (*abr écrite de* **électron-volt**) eV.

évacuation [evakɥasjɔ̃] *nf* - **1.** [gén] evacuation - **2.** [de liquide] draining.

évacuer [7] [evakɥe] *vt* - **1.** [gén] to evacuate - **2.** [liquide] to drain.

évadé, **e** [evade] *nm, f* escaped prisoner.

évader [3] [evade] ◆ **s'évader** *vp* : **s'~ (de)** to escape (from).

évaluation [evalɥasjɔ̃] *nf* [action] valuation ; [résultat] estimate.

évaluer [7] [evalɥe] *vt* [distance] to estimate ; [tableau] to value ; [risque] to assess.

évanescent, **e** [evanesɑ̃, ɑ̃t] *adj* fleeting.

évangélique [evɑ̃ʒelik] *adj* evangelical.

évangélisation [evɑ̃ʒelizasjɔ̃] *nf* evangelizing.

évangéliser [3] [evɑ̃ʒelize] *vt* to evangelize.

évangéliste [evɑ̃ʒelist] *nm* - **1.** [auteur] Evangelist - **2.** [prédicateur] evangelist.

évangile [evɑ̃ʒil] *nm* gospel ; **l'Évangile selon Saint Jean** the Gospel according to St. John.

évanouir [32] [evanwir] ◆ **s'évanouir** *vp* - **1.** [défaillir] to faint - **2.** [disparaître] to fade.

évanouissement [evanwismɑ̃] *nm* - **1.** [syncope] fainting fit - **2.** [disparition] fading.

évaporation [evapɔrasjɔ̃] *nf* evaporation.

évaporer [3] [evapɔre] ◆ **s'évaporer** *vp* to evaporate.

évasé, **e** [evaze] *adj* flared.

évaser [3] [evaze] *vt* to flare.
◆ **s'évaser** *vp* to flare.

évasif, **ive** [evazif, iv] *adj* evasive.

évasion [evazjɔ̃] *nf* escape.

évasivement [evazivmɑ̃] *adv* evasively.

évêché [eveʃe] *nm* [territoire] diocese ; [résidence] bishop's palace.

éveil [evɛj] *nm* awakening ; **en ~** on the alert.

éveillé, **e** [eveje] *adj* - **1.** [qui ne dort pas] wide awake - **2.** [vif, alerte] alert.

éveiller [4] [eveje] *vt* to arouse ; [intelligence, dormeur] to awaken.
◆ **s'éveiller** *vp* - **1.** [dormeur] to wake, to awaken - **2.** [curiosité] to be aroused - **3.** [esprit, intelligence] to be awakened - **4.** [s'ouvrir] : **s'~ à qqch** to discover sthg.

événement [evɛnmɑ̃] *nm* event.

événementiel, **elle** [evɛnmɑ̃sjɛl] *adj* [histoire] factual.

éventail [evɑ̃taj] *nm* - **1.** [objet] fan ; **en ~** fan-shaped - **2.** [choix] range.

éventaire [evɑ̃tɛr] *nm* - **1.** [étalage] stall, stand - **2.** [corbeille] tray.

éventé, **e** [evɑ̃te] *adj* stale.

éventer [3] [evɑ̃te] *vt* - **1.** [rafraîchir] to fan - **2.** [divulguer] to give away.
◆ **s'éventer** *vp* - **1.** [se rafraîchir] to fan o.s. - **2.** [parfum, vin] to go stale.

éventrer [3] [evɑ̃tre] *vt* - **1.** [étriper] to disembowel - **2.** [fendre] to rip open.

éventualité [evɑ̃tɥalite] *nf* - **1.** [possibilité] possibility - **2.** [circonstance] eventuality ; **dans l'~ de** in the event of ; **parer à toute ~** to be ready for any eventuality.

éventuel, **elle** [evɑ̃tɥɛl] *adj* possible.

éventuellement [evɑ̃tɥɛlmɑ̃] *adv* possibly.

évêque [evɛk] *nm* bishop.

évertuer [7] [evɛrtɥe] ◆ **s'évertuer** *vp* : **s'~ à faire qqch** to strive to do sthg.

éviction [eviksjɔ̃] *nf* eviction.

évidemment [evidamɑ̃] *adv* obviously.

évidence [evidɑ̃s] *nf* [caractère] evidence ; [fait] obvious fact ; **à l'~** obviously ; **mettre en ~** to emphasize, to highlight ; **se rendre à l'~** to face facts.

évident, **e** [evidɑ̃, ɑ̃t] *adj* obvious ; **ce n'est pas ~** [pas facile] it's not that easy.

évider [3] [evide] *vt* to hollow out.

évier [evje] *nm* sink.

évincer [16] [evɛ̃se] *vt* : **~ qqn (de)** to oust sb (from).

éviter [3] [evite] *vt* - **1.** [esquiver] to avoid - **2.** [s'abstenir] : ~ **de faire qqch** to avoid doing sthg - **3.** [épargner] : ~ **qqch à qqn** to save sb sthg.
◆ **s'éviter** *vp* - **1.** [se bouder] to avoid each other - **2.** [s'épargner] to spare o.s.

évocateur, trice [evɔkatœr, tris] *adj* - **1.** [film, roman] : ~ **(de)** evocative (of) - **2.** [geste, regard] meaningful.

évocation [evɔkasjɔ̃] *nf* evocation.

évolué, e [evɔlɥe] *adj* - **1.** [développé] developed - **2.** [libéral, progressiste] broad-minded.

évoluer [7] [evɔlɥe] *vi* - **1.** [changer] to evolve ; [personne] to change - **2.** [se mouvoir] to move about.

évolutif, ive [evɔlytif, iv] *adj* - **1.** [système] evolutionary - **2.** MÉD progressive - **3.** [travail] : **un poste** ~ a job with prospects.

évolution [evɔlysjɔ̃] *nf* - **1.** [transformation] development - **2.** BIOL evolution - **3.** MÉD progress.
◆ **évolutions** *nfpl* movements.

évoquer [3] [evɔke] *vt* - **1.** [souvenir] to evoke ; **son nom ne m'évoque rien** his name means nothing to me - **2.** [problème] to refer to - **3.** [esprits, démons] to call up.

ex [ɛks] *nmf* ex.

ex- [ɛks] *préf* ex-.

exacerbé, e [ɛgzasɛrbe] *adj* exacerbated.

exacerber [3] [ɛgzasɛrbe] *vt* to heighten.

exact, e [ɛgzakt] *adj* - **1.** [calcul] correct - **2.** [récit, copie] exact - **3.** [ponctuel] punctual.

exactement [ɛgzaktəmɑ̃] *adv* exactly.

exaction [ɛgzaksjɔ̃] *nf* extortion.

exactitude [ɛgzaktityd] *nf* - **1.** [de calcul, montre] accuracy - **2.** [ponctualité] punctuality.

ex æquo [ɛgzeko] ◇ *adj inv* & *nmf* equal. ◇ *adv* equal ; **troisième** ~ third equal, tied for third.

exagération [ɛgzaʒerasjɔ̃] *nf* exaggeration.

exagéré, e [ɛgzaʒere] *adj* exaggerated.

exagérément [ɛgzaʒeremɑ̃] *adv* exaggeratedly.

exagérer [18] [ɛgzaʒere] *vt* & *vi* to exaggerate.
◆ **s'exagérer** *vp* to exaggerate.

exaltant, e [ɛgzaltɑ̃, ɑ̃t] *adj* exhilarating.

exalté, e [ɛgzalte] ◇ *adj* [sentiment] elated ; [tempérament] over-excited ; [imagination] vivid. ◇ *nm, f* fanatic.

exalter [3] [ɛgzalte] *vt* to excite.
◆ **s'exalter** *vp* to get carried away.

examen [ɛgzamɛ̃] *nm* examination ; SCOL exam, examination ; ~ **médical** medical (examination) *UK*, physical (examination) *US* ; **mise en** ~ DR indictment.

examinateur, trice [ɛgzaminatœr, tris] *nm, f* examiner.

examiner [3] [ɛgzamine] *vt* to examine.

exaspérant, e [ɛgzasperɑ̃, ɑ̃t] *adj* exasperating.

exaspération [ɛgzasperasjɔ̃] *nf* exasperation.

exaspérer [18] [ɛgzaspere] *vt* to exasperate.

exaucer [16] [ɛgzose] *vt* to grant ; ~ **qqn** to answer sb's prayers.

ex cathedra [ɛkskatedra] *loc adv* with authority.

excédant, e [ɛksedɑ̃, ɑ̃t] *adj* exasperating.

excédent [ɛksedɑ̃] *nm* surplus ; **en** ~ surplus *(avant n)* ; ~ **de bagages** [dans l'avion] excess luggage *ou* baggage ; ~ **commercial** trade surplus.

excédentaire [ɛksedɑ̃tɛr] *adj* surplus *(avant n)*.

excéder [18] [ɛksede] *vt* - **1.** [gén] to exceed - **2.** [exaspérer] to exasperate.

excellemment [ɛkselamɑ̃] *adv* excellently.

excellence [ɛkselɑ̃s] *nf* excellence ; **par** ~ par excellence.
◆ **Excellence** *nf* : **Son Excellence** His/Her Excellency.

excellent, e [ɛkselɑ̃, ɑ̃t] *adj* excellent.

exceller [4] [ɛksele] *vi* : ~ **en** *ou* **dans qqch** to excel at *ou* in sthg ; ~ **à faire qqch** to excel at doing sthg.

excentré, e [ɛksɑ̃tre] *adj* : **c'est très** ~ it's quite a long way out.

excentrique [ɛksɑ̃trik] ◇ *nmf* eccentric. ◇ *adj* - **1.** [gén] eccentric - **2.** [quartier] outlying.

excepté, e [ɛksɛpte] *adj* : **tous sont venus, lui** ~ everyone came except (for) him.
◆ **excepté** *prep* apart from, except.

exception [ɛksɛpsjɔ̃] *nf* exception ; **faire** ~ to be an exception ; **d'**~ exceptional ; **à l'**~ **de** except for.

exceptionnel, elle [ɛksɛpsjɔnɛl] *adj* exceptional.

exceptionnellement [ɛksɛpsjɔnɛlmɑ̃] *adv* - **1.** [par exception] in this (one) instance - **2.** [extrêmement] exceptionally.

excès [ɛksɛ] ◇ *nm* excess ; ~ **de vitesse** speeding ; ~ **de zèle** overzealousness ; **à l'**~ to excess, excessively ; **sans** ~ moderately. ◇ *nmpl* excesses.

excessif, ive [ɛksesif, iv] *adj* - **1.** [démesuré] excessive - **2.** *fam* [extrême] extreme.

excessivement [ɛksesivmɑ̃] *adv* - **1.** [démesurément] excessively - **2.** *fam* [extrêmement] extremely.

excipient [ɛksipjɑ̃] *nm* excipient.

excision [ɛksizjɔ̃] *nf* excision.

excitant, e [ɛksitɑ̃, ɑ̃t] *adj* - **1.** [stimulant, passionnant] exciting - **2.** MÉD stimulating.
◆ **excitant** *nm* stimulant.

excitation [ɛksitasjɔ̃] *nf* - **1.** [énervement] excitement - **2.** [stimulation] encouragement - **3.** MÉD stimulation.

excité, e [ɛksite] ◇ *adj* [énervé] excited. ◇ *nm, f* hothead.

exciter [3] [ɛksite] *vt* - **1.** [gén] to excite - **2.** [inciter] : **~ qqn (à qqch/à faire qqch)** to incite sb (to sthg/to do sthg) - **3.** MÉD to stimulate.
◆ **s'exciter** *vp* : **s'~ (sur)** to lose one's temper (with).

exclamation [ɛksklamasjɔ̃] *nf* exclamation.

exclamer [3] [ɛksklame] ◆ **s'exclamer** *vp* : **s'~ (devant)** to exclaim (at *ou* over).

exclu, e [ɛkskly] ◇ *pp* ▷ **exclure**. ◇ *adj* excluded. ◇ *nm, f* outsider.

exclure [96] [ɛksklyr] *vt* to exclude ; [expulser] to expel.

exclusif, ive [ɛksklyzif, iv] *adj* exclusive ; **~ de** exclusive of.

exclusion [ɛksklyzjɔ̃] *nf* expulsion ; **à l'~ de** to the exclusion of.

exclusivement [ɛksklyzivmɑ̃] *adv* - **1.** [uniquement] exclusively - **2.** [non inclus] exclusive.

exclusivité [ɛksklyzivite] *nf* - **1.** COMM exclusive rights *(pl)* ; **avoir l'~ (de)** to have exclusive rights (to) - **2.** CINÉ sole screening rights *(pl)* ; **en ~** exclusively - **3.** [de sentiment] exclusiveness.

excommunier [9] [ɛkskɔmynje] *vt* to excommunicate.

excrément [ɛkskremɑ̃] *nm (gén pl)* excrement *(U)*.

excroissance [ɛkskrwasɑ̃s] *nf* excrescence.

excursion [ɛkskyrsjɔ̃] *nf* excursion ; **faire une ~** to go on a trip.

excursionniste [ɛkskyrsjɔnist] *nmf* day-tripper.

excusable [ɛkskyzabl] *adj* excusable.

excuse [ɛkskyz] *nf* excuse ; **avoir une ~** to have an excuse ; **se confondre en ~s** to apologize profusely ; **présenter ses ~s à qqn** to apologize to sb.

excuser [3] [ɛkskyze] *vt* to excuse ; **excusez-moi** [pour réparer] I'm sorry ; [pour demander] excuse me ; **se faire ~** to ask to be excused.
◆ **s'excuser** *vp* [demander pardon] to apologize ; **s'~ de qqch/de faire qqch** to apologize for sthg/for doing sthg.

exécrable [ɛgzekrabl] *adj* atrocious.

exécrer [18] [ɛgzekre] *vt* to loathe.

exécutant, e [ɛgzekytɑ̃, ɑ̃t] *nm, f* - **1.** [personne] underling - **2.** MUS performer.

exécuter [3] [ɛgzekyte] *vt* - **1.** [réaliser] to carry out ; [tableau] to paint - **2.** MUS to play, to perform - **3.** [mettre à mort] to execute.
◆ **s'exécuter** *vp* to comply.

exécuteur, trice [ɛgzekytœr, tris] *nmf* : **~ testamentaire** executor.

exécutif, ive [ɛgzekytif, iv] *adj* executive.
◆ **exécutif** *nm* : **l'~** the executive.

exécution [ɛgzekysjɔ̃] *nf* - **1.** [réalisation] carrying out ; [de tableau] painting ; **mettre à ~** to carry out - **2.** MUS performance - **3.** [mise à mort] execution.

exécutoire [ɛgzekytwar] *adj* binding.

exégèse [ɛgzeʒɛz] *nf* exegesis.

exemplaire [ɛgzɑ̃plɛr] ◇ *nm* copy. ◇ *adj* exemplary.

exemple [ɛgzɑ̃pl] *nm* example ; **par ~** for example, for instance ; **ça, par ~!** [exprime la surprise] well, well!, good heavens! ; **pour l'~** as an example ; **citer qqn en ~** to quote sb as an example ; **montrer l'~** to set an example ; **prendre ~ sur qqn** to take a leaf out of sb's book ; **à l'~ de** following in the footsteps of.

exempt, e [ɛgzɑ̃, ɑ̃t] *adj* : **~ de** [dispensé de] exempt from ; [dépourvu de] free of ; **~ de taxes** tax-free *UK*, tax-exempt *US*.

exempté, e [ɛgzɑ̃te] *adj* : **~ (de)** exempt (from).

exemption [ɛgzɑ̃psjɔ̃] *nf* exemption.

exercer [16] [ɛgzɛrse] *vt* - **1.** [entraîner, mettre en usage] to exercise ; [autorité, influence] to exert - **2.** [métier] to carry on ; [médecine] to practise *UK*, to practice *US*.
◆ **s'exercer** *vp* - **1.** [s'entraîner] to practise *UK*, to practice *US* ; **s'~ à qqch/à faire qqch** to practise *UK ou* to practice *US* sthg/doing sthg - **2.** [se manifester] : **s'~ (sur *ou* contre)** to be exerted (on).

exercice [ɛgzɛrsis] *nm* - **1.** [gén] exercise ; **~s d'assouplissement** keep-fit exercises *UK* - **2.** [entraînement] practice - **3.** [de métier, fonction] carrying out ; **dans l'~ de ses fonctions** in the execution of one's duties ; **en ~** in office - **4.** FIN financial year *UK*, fiscal year *US*.

exergue [ɛgzɛrg] *nm* inscription ; **mettre qqch en ~** to emphasize sthg.

exhalaison [ɛgzalɛzɔ̃] *nf* odour *UK*, odor *US*.

exhaler [3] [ɛgzale] *vt litt* - **1.** [odeur] to give off - **2.** *fig* [colère, rage] to vent - **3.** [plainte, soupir] to utter.
◆ **s'exhaler** *vp* - **1.** [odeur] to rise - **2.** [plainte, soupir] : **s'~ de** to rise from.

exhausser [3] [ɛgzose] *vt* to raise.

exhaustif, **ive** [ɛgzostif, iv] *adj* exhaustive.

exhiber [3] [ɛgzibe] *vt* [présenter] to show ; [faire étalage de] to show off.
◆ **s'exhiber** *vp* to make an exhibition of o.s.

exhibitionniste [ɛgzibisjɔnist] *nmf* exhibitionist.

exhortation [ɛgzɔrtasjɔ̃] *nf* exhortation.

exhorter [3] [ɛgzɔrte] *vt* : **~ qqn à qqch/à faire qqch** to urge sb to sthg/to do sthg.

exhumer [3] [ɛgzyme] *vt* to exhume ; *fig* to unearth, to dig up.

exigeant, **e** [ɛgziʒɑ̃, ɑ̃t] *adj* demanding.

exigence [ɛgziʒɑ̃s] *nf* - **1.** [caractère] demanding nature - **2.** [demande] demand.

exiger [17] [ɛgziʒe] *vt* - **1.** [demander] to demand ; **~ que** *(+ subjonctif)* to demand that ; **~ qqch de qqn** to demand sthg from sb - **2.** [nécessiter] to require.

exigible [ɛgziʒibl] *adj* payable.

exigu, **ë** [ɛgzigy] *adj* cramped.

exiguïté [ɛgzigɥite] *nf* lack of space.

exil [ɛgzil] *nm* exile ; **en ~** exiled.

exilé, **e** [ɛgzile] *nm, f* exile.

exiler [3] [ɛgzile] *vt* to exile.
◆ **s'exiler** *vp* - **1.** POLIT to go into exile - **2.** *fig* [partir] to go into seclusion.

existence [ɛgzistɑ̃s] *nf* existence.

existentialisme [ɛgzistɑ̃sjalism] *nm* existentialism.

existentiel, **elle** [ɛgzistɑ̃sjɛl] *adj* existential.

exister [3] [ɛgziste] ◇ *vi* to exist. ◇ *v impers* : **il existe** [il y a] there is/are.

exode [ɛgzɔd] *nm* exodus ; **~ rural** rural depopulation.

exonération [ɛgzɔnerasjɔ̃] *nf* exemption ; **~ de qqch** exemption from sthg ; **~ d'impôts** tax exemption.

exonérer [18] [ɛgzɔnere] *vt* : **~ qqn de qqch** to exempt sb from sthg.

exorbitant, **e** [ɛgzɔrbitɑ̃, ɑ̃t] *adj* exorbitant.

exorbité, **e** [ɛgzɔrbite] ▷ **œil**.

exorciser [3] [ɛgzɔrsize] *vt* to exorcize.

exotique [ɛgzɔtik] *adj* exotic.

exotisme [ɛgzɔtism] *nm* exoticism.

expansé, **e** [ɛkspɑ̃se] *adj* expanded.

expansif, **ive** [ɛkspɑ̃sif, iv] *adj* expansive.

expansion [ɛkspɑ̃sjɔ̃] *nf* expansion ; **~ démographique** population growth.

expansionniste [ɛkspɑ̃sjɔnist] *nmf & adj* expansionist.

expatrié, **e** [ɛkspatrije] *adj & nm, f* expatriate.

expatrier [10] [ɛkspatrije] *vt* to expatriate.
◆ **s'expatrier** *vp* to leave one's country.

expectative [ɛkspɛktativ] *nf* : **être dans l'~** to wait and see.

expectorant, **e** [ɛkspɛktɔrɑ̃, ɑ̃t] *adj* expectorant.
◆ **expectorant** *nm* expectorant.

expédient [ɛkspedjɑ̃] *nm* expedient ; **vivre d'~s** to live by one's wits.

expédier [9] [ɛkspedje] *vt* - **1.** [lettre, marchandise] to send, to dispatch - **2.** [personne] to get rid of ; [question] to dispose of - **3.** [travail] to dash off.

expéditeur, **trice** [ɛkspeditœr, tris] ◇ *adj* dispatching *(avant n)*. ◇ *nm, f* sender.

expéditif, **ive** [ɛkspeditif, iv] *adj* quick, expeditious.

expédition [ɛkspedisjɔ̃] *nf* - **1.** [envoi] sending - **2.** [voyage, campagne militaire] expedition ; **~ punitive** punitive raid.

expéditionnaire [ɛkspedisjɔnɛr] ▷ **corps**.

expérience [ɛksperjɑ̃s] *nf* - **1.** [pratique] experience ; **avoir de l'~** to have experience, to be experienced - **2.** [essai] experiment ; **faire l'~ de qqch** to experience *ou* try sthg ; **tenter l'~** to try.

expérimental, **e**, **aux** [ɛksperimɑ̃tal, o] *adj* experimental.

expérimentation [ɛksperimɑ̃tasjɔ̃] *nf* experimentation.

expérimenté, **e** [ɛksperimɑ̃te] *adj* experienced.

expérimenter [3] [ɛksperimɑ̃te] *vt* to test.

expert, **e** [ɛkspɛr, ɛrt] *adj* expert ; **être ~ (en la matière)** to be an expert (on the subject).
◆ **expert** *nm* expert.

expert-comptable [ɛkspɛrkɔ̃tabl] (*pl* **experts-comptables**) *nm* chartered accountant *UK*, certified public accountant *US*.

expertise [ɛkspɛrtiz] *nf* - **1.** [examen] expert appraisal ; [estimation] (expert) valuation - **2.** [compétence] expertise.

expertiser [3] [ɛkspɛrtize] *vt* to value ; [dégâts] to assess.

expiation [ɛkspjasjɔ̃] *nf* atonement.

expier [9] [ɛkspje] *vt* to pay for.

expiration [ɛkspirasjɔ̃] *nf* - **1.** [d'air] exhalation - **2.** [de contrat] expiry *UK*, expiration *US* ; arriver à ~ to expire by ; **date d'~** expiry date.

expirer [3] [ɛkspire] ◇ *vt* to breathe out. ◇ *vi* - **1.** [personne] to pass away - **2.** [contrat] to expire.

explicable [ɛksplikabl] *adj* explicable.

explicatif, **ive** [ɛksplikatif, iv] *adj* explanatory.

explication [ɛksplikasjɔ̃] *nf* explanation ; **demander des ~s à qqn** to demand an explanation from sb ; **~ de texte** (literary) criticism.

explicite [ɛksplisit] *adj* explicit.

explicitement [ɛksplisitmɑ̃] *adv* explicitly.

expliciter [3] [ɛksplisite] *vt* to make explicit.

expliquer [3] [ɛksplike] *vt* - **1.** [gén] to explain - **2.** [texte] to criticize.

◆ **s'expliquer** *vp* - **1.** [se justifier] to explain o.s. - **2.** [comprendre] to understand - **3.** [discuter] to have it out - **4.** [devenir compréhensible] to be explained, to become clear.

exploit [ɛksplwa] *nm* exploit, feat ; *iron* [maladresse] achievement.

exploitable [ɛksplwatabl] *adj* [gisement] exploitable ; [renseignement] usable ; INFORM machine-readable.

exploitant, **e** [ɛksplwatɑ̃, ɑ̃t] *nm, f* farmer.

exploitation [ɛksplwatasjɔ̃] *nf* - **1.** [mise en valeur] running ; [de mine] working - **2.** [entreprise] operation, concern ; **~ agricole** farm - **3.** [d'une personne] exploitation.

exploiter [3] [ɛksplwate] *vt* - **1.** [gén] to exploit - **2.** [entreprise] to operate, to run.

exploiteur, **euse** [ɛksplwatœr, øz] *nm, f* exploiter.

explorateur, **trice** [ɛksplɔratœr, tris] *nm, f* explorer.

exploration [ɛksplɔrasjɔ̃] *nf* exploration.

exploratoire [ɛksplɔratwar] *adj* exploratory.

explorer [3] [ɛksplɔre] *vt* to explore.

exploser [3] [ɛksploze] *vi* to explode.

explosif, **ive** [ɛksplozif, iv] *adj* explosive.

◆ **explosif** *nm* explosive.

explosion [ɛksplozjɔ̃] *nf* explosion ; [de colère, joie] outburst.

expo [ɛkspo] *nf fam* exhibition.

exponentiel, **elle** [ɛkspɔnɑ̃sjɛl] *adj* exponential.

exportateur, **trice** [ɛkspɔrtatœr, tris] ◇ *adj* exporting. ◇ *nm, f* exporter.

exportation [ɛkspɔrtasjɔ̃] *nf* export.

exporter [3] [ɛkspɔrte] *vt* to export.

exposant, **e** [ɛkspozɑ̃, ɑ̃t] *nm, f* exhibitor.

◆ **exposant** *nm* exponent.

exposé, **e** [ɛkspoze] *adj* - **1.** [orienté] : **bien ~** facing the sun - **2.** [vulnérable] exposed.

◆ **exposé** *nm* account ; SCOL talk.

exposer [3] [ɛkspoze] *vt* - **1.** [orienter, mettre en danger] to expose ; **~ sa vie** to risk one's life - **2.** [présenter] to display ; [tableaux] to show, to exhibit - **3.** [expliquer] to explain, to set out.

◆ **s'exposer** *vp* : **s'~ à qqch** to expose o.s. to sthg.

exposition [ɛkspozisjɔ̃] *nf* - **1.** [présentation] exhibition - **2.** [orientation] aspect - **3.** [explication] exposition.

exposition-vente [ɛkspozisjɔ̃vɑ̃t] (*pl* **expositions-ventes**) *nf* exhibition *(where purchases can be made)*.

exprès[1], **esse** [ɛksprɛs] *adj* [formel] formal, express.

◆ **exprès** *adj inv* [urgent] express ; **en ~** by express *UK ou* special *US* delivery.

exprès[2] [ɛksprɛ] *adv* on purpose ; **faire ~ de faire qqch** to do sthg deliberately *ou* on purpose.

express [ɛksprɛs] ◇ *nm inv* - **1.** [train] express - **2.** [café] espresso. ◇ *adj inv* express.

expressément [ɛkspresemɑ̃] *adv* expressly.

expressif, **ive** [ɛkspresif, iv] *adj* expressive.

expression [ɛkspresjɔ̃] *nf* expression ; **~ idiomatique** idiom, idiomatic expression ; **réduire qqch à sa plus simple ~** *fig* to reduce sthg to its simplest form ; **selon l'~ consacrée** as the saying goes.

expressionnisme [ɛksprɛsjɔnism] *nm* expressionism.

expressivité [ɛkspresivite] *nf* expressiveness.

expresso [ɛkspreso] *nm* espresso, = **express**.

exprimable [ɛksprimabl] *adj* which can be expressed ; **difficilement ~** difficult to express.

exprimer [3] [ɛksprime] *vt* [pensées, sentiments] to express ; **~ qqch par qqch** to express sthg with sthg.

◆ **s'exprimer** *vp* to express o.s.

expropriation [ɛksprɔprijasjɔ̃] *nf* expropriation.

exproprier [10] [ɛksprɔprije] *vt* to expropriate.

expulser [3] [ɛkspylse] *vt* : **~ (de)** to expel (from) ; [locataire] to evict (from).

expulsion [ɛkspylsjɔ̃] *nf* expulsion ; [de locataire] eviction.

expurger [17] [ɛkspyrʒe] *vt* to expurgate.

exquis, e [ɛkski, iz] *adj* - **1.** [délicieux] exquisite - **2.** [distingué, agréable] delightful.

exsangue [ɛksɑ̃g] *adj* [blême] deathly pale.

extase [ɛkstaz] *nf* ecstasy ; **tomber en ~ devant** to go into ecstasies over.

extasier [9] [ɛkstazje] ◆ **s'extasier** *vp* : **s'~ devant** to go into ecstasies over.

extatique [ɛkstatik] *adj* ecstatic.

extenseur [ɛkstɑ̃sœr] ◇ *nm* [gymnastique] chest expander. ◇ *adj* ▷ **muscle**.

extensible [ɛkstɑ̃sibl] *adj* stretchable.

extensif, ive [ɛkstɑ̃sif, iv] *adj* extensive.

extension [ɛkstɑ̃sjɔ̃] *nf* - **1.** [étirement] stretching - **2.** [développement] spread - **3.** [élargissement] extension ; **par ~** by extension ; **~ de nom de fichier** INFORM (filename) extension.

exténuant, e [ɛkstenɥɑ̃, ɑ̃t] *adj* exhausting.

exténuer [7] [ɛkstenɥe] *vt* to exhaust.

extérieur, e [ɛksterjœr] *adj* - **1.** [au dehors] outside ; [étranger] external ; [apparent] outward - **2.** ÉCON & POLIT foreign.
◆ **extérieur** *nm* - **1.** [dehors] outside ; [de maison] exterior ; **à l'~ de qqch** outside sthg - **2.** ÉCON & POLIT : **l'~** foreign countries *(pl)*.

extérieurement [ɛksterjœrmɑ̃] *adv* - **1.** [à l'extérieur] on the outside, externally - **2.** [en apparence] outwardly.

extérioriser [3] [ɛksterjɔrize] *vt* to show.
◆ **s'extérioriser** *vp* to show one's feelings.

extermination [ɛkstɛrminasjɔ̃] *nf* extermination.

exterminer [3] [ɛkstɛrmine] *vt* to exterminate.

externaliser [3] [ɛkstɛrnalize] *vt* to outsource.

externat [ɛkstɛrna] *nm* - **1.** SCOL day school - **2.** MÉD *non-resident medical studentship*.

externe [ɛkstɛrn] ◇ *nmf* - **1.** SCOL day pupil - **2.** MÉD *non-resident medical student*, ≃ extern *US*. ◇ *adj* outer, external ; **~ à qqch** outside sthg.

extincteur [ɛkstɛ̃ktœr] *nm* (fire) extinguisher.

extinction [ɛkstɛ̃ksjɔ̃] *nf* - **1.** [action d'éteindre] putting out, extinguishing ; **~ des feux** lights out - **2.** *fig* [disparition] extinction ; **~ de voix** loss of one's voice.

extirper [3] [ɛkstirpe] *vt* : **~ (de)** [épine, réponse, secret] to drag (out of) ; [plante] to uproot (from) ; [erreur, préjugé] to root out (of).
◆ **s'extirper** *vp* : **s'~ de qqch** to struggle out of sthg.

extorquer [3] [ɛkstɔrke] *vt* : **~ qqch à qqn** to extort sthg from sb.

extorsion [ɛkstɔrsjɔ̃] *nf* extortion ; **~ de fonds** extortion of money.

extra [ɛkstra] ◇ *nm inv* - **1.** [employé] extra help *(U)* - **2.** [chose inhabituelle] (special) treat. ◇ *adj inv* - **1.** [de qualité] top-quality - **2.** *fam* [génial] great, fantastic.

extraction [ɛkstraksjɔ̃] *nf* extraction.

extrader [3] [ɛkstrade] *vt* to extradite.

extradition [ɛkstradisjɔ̃] *nf* extradition.

extraire [112] [ɛkstrɛr] *vt* : **~ (de)** to extract (from).

extrait, e [ɛkstrɛ, ɛt] *pp* ▷ **extraire**.
◆ **extrait** *nm* extract ; **~ de café** coffee extract ; **~ de naissance** birth certificate.

extralucide [ɛkstralysid] ▷ **voyant**.

extraordinaire [ɛkstraɔrdinɛr] *adj* extraordinary.

extraplat, e [ɛkstrapla, at] *adj* wafer-thin.

extrapoler [3] [ɛkstrapɔle] *vt & vi* to extrapolate.

extraterrestre [ɛkstraterɛstr] *nmf & adj* extraterrestrial.

extravagance [ɛkstravagɑ̃s] *nf* extravagance.

extravagant, e [ɛkstravagɑ̃, ɑ̃t] *adj* extravagant ; [idée, propos] wild.

extraverti, e [ɛkstravɛrti] *nm, f & adj* extrovert.

extrême [ɛkstrɛm] ◇ *nm* extreme ; **d'un ~ à l'autre** from one extreme to the other. ◇ *adj* extreme ; [limite] furthest ; **les sports ~s** extreme sports.

extrêmement [ɛkstrɛmmɑ̃] *adv* extremely.

extrême-onction [ɛkstrɛmɔ̃ksjɔ̃] (*pl* **extrêmes-onctions**) *nf* last rites *(pl)*, extreme unction.

Extrême-Orient [ɛkstrɛmɔrjɑ̃] *nm* : **l'~** the Far East.

extrémiste [ɛkstremist] *nmf & adj* extremist.

extrémité [ɛkstremite] *nf* - **1.** [bout] end - **2.** [situation critique] straits *(pl)* ; **à la dernière ~** *fig* at death's door.

exubérant, e [ɛgzyberɑ̃, ɑ̃t] *adj* - **1.** [personne] exuberant - **2.** [végétation] luxuriant.

exulter [3] [ɛgzylte] *vi* to exult.

exutoire [ɛgzytwar] *nm* outlet.

ex-voto [ɛksvɔto] *nm inv* votive offering.

eye-liner [ajlajnɛr] (*pl* **eye-liners**) *nm* eyeliner.

f, **F** [ɛf] *nm inv* f, F ; **F3** three-room flat *UK ou* apartment *US*.
◆ **F - 1.** *abr de* **femme - 2.** *abr de* **féminin - 3.** (*abr écrite de* **Fahrenheit**) F **- 4.** (*abr écrite de* **franc**) F, Fr.

fa [fa] *nm inv* F ; [chanté] fa.

FAB [fab] (*abr de* **franco à bord**) FOB, fob.

fable [fabl] *nf* fable.

fabricant, **e** [fabrikɑ̃, ɑ̃t] *nm, f* manufacturer.

fabrication [fabrikasjɔ̃] *nf* manufacture, manufacturing ; **de ~ artisanale** handmade.

fabrique [fabrik] *nf* [usine] factory.

fabriquer [3] [fabrike] *vt* **- 1.** [confectionner] to manufacture, to make ; **fabriqué en France** made in France **- 2.** *fam* [faire] : **qu'est-ce que tu fabriques?** what are you up to? **- 3.** [inventer] to fabricate.

fabulation [fabylasjɔ̃] *nf* fabrication.

fabuleusement [fabyløzmɑ̃] *adv* fabulously.

fabuleux, **euse** [fabylø, øz] *adj* fabulous.

fac [fak] *nf fam* college, uni *UK*.

FAC (*abr de* **franc d'avarie commune**) *adj* FGA, fga.

façade [fasad] *nf litt & fig* facade.

face [fas] *nf* **- 1.** [visage] face ; **perdre la ~** to lose face ; **sauver la ~** to save face **- 2.** [côté] side ; **faire ~ à qqch** [maison] to face sthg, to be opposite sthg ; *fig* [affronter] to face up to sthg ; **de ~** from the front ; **en ~ de qqn/qqch** opposite sb/sthg ; **d'en ~** across the street, opposite ; **~ à** facing ; **~ à qqch** [situation] faced with sthg ; **~ à ~** face to face ; **regarder qqch en ~** *fig* to face up to sthg.

face-à-face [fasafas] *nm inv* debate.

facétie [fasesi] *nf* practical joke.

facétieux, **euse** [fasesjø, øz] ◇ *adj* playful. ◇ *nm, f* joker.

facette [fasɛt] *nf litt & fig* facet.

fâché, **e** [faʃe] *adj* **- 1.** [en colère] angry ; [contrarié] annoyed **- 2.** [brouillé] on bad terms.

fâcher [3] [faʃe] *vt* [mettre en colère] to anger, to make angry ; [contrarier] to annoy, to make annoyed.
◆ **se fâcher** *vp* **- 1.** [se mettre en colère] : **se ~ (contre qqn)** to get angry (with sb) **- 2.** [se brouiller] : **se ~ (avec qqn)** to fall out (with sb).

fâcherie [faʃri] *nf* disagreement.

fâcheux, **euse** [faʃø, øz] *adj* unfortunate.

facho [faʃo] *nmf & adj fam* fascist.

facial, **e**, **aux** [fasjal, o] *adj* facial.

faciès [fasjɛs] *nm péj* [visage] features *(pl)*.

facile [fasil] *adj* **- 1.** [aisé] easy ; **~ à faire/prononcer** easy to do/pronounce **- 2.** [peu subtil] facile **- 3.** [conciliant] easy-going ; **~ à vivre** easy to get on with.

facilement [fasilmɑ̃] *adv* easily.

facilité [fasilite] *nf* **- 1.** [de tâche, problème] easiness **- 2.** [capacité] ease **- 3.** [dispositions] aptitude **- 4.** COMM : **~s de paiement** easy (payment) terms ; **~s de crédit** credit facilities.

faciliter [3] [fasilite] *vt* to make easier.

façon [fasɔ̃] *nf* **- 1.** [manière] way ; **~ de parler** figure of speech **- 2.** [travail] work ; COUT making-up **- 3.** [imitation] : **~ cuir** imitation leather.
◆ **façons** *nfpl* manner *(sing)*, ways ; **faire des ~s** to make a fuss.
◆ **de façon à** *loc prép* so as to.
◆ **de façon que** *(+ subjonctif) loc conj* so that.
◆ **de toute façon** *loc adv* anyway, in any case.
◆ **sans façon** ◇ *loc adj* unpretentious. ◇ *loc adv* [sincèrement] really, honestly ; [accepter] without fuss.

façonner [3] [fasɔne] *vt* **- 1.** [travailler, former] to shape **- 2.** [fabriquer] to manufacture, to make.

fac-similé [faksimile] (*pl* **fac-similés**) *nm* facsimile.

facteur, **trice** [faktœr, tris] *nm, f* [des postes] postman (*f* postwoman) *UK*, mailman *US*, mail *ou* letter carrier *US*.
◆ **facteur** *nm* **- 1.** MUS [fabricant] maker ; **~ d'orgues** organ-builder **- 2.** [élément & MATH] factor ; **~ rhésus** MÉD Rhesus factor ; **~ vent** *Québec* windchill factor.

factice [faktis] *adj* artificial.

faction [faksjɔ̃] *nf* **- 1.** [groupe] faction **- 2.** MIL : **être en** *ou* **de ~** to be on guard (duty) *ou* on sentry duty.

factotum [faktɔtɔm] *nm* odd-job man *UK*, odd jobber *US*.

factuel, **elle** [faktɥɛl] *adj* factual.

facturation [faktyrasjɔ̃] *nf* **- 1.** [action] invoicing **- 2.** [bureau] invoice office.

facture [faktyr] *nf* **- 1.** COMM invoice ; [de gaz, d'électricité] bill **- 2.** ART technique **- 3.** MUS [fabrication] making.

facturer [3] [faktyre] *vt* COMM to invoice.

facultatif, ive [fakyltatif, iv] *adj* optional.

facultativement [fakyltativmɑ̃] *adv* optionally.

faculté [fakylte] *nf* - **1.** [don & UNIV] faculty ; **~ de lettres/de droit/de médecine** Faculty of Arts/Law/Medicine - **2.** [possibilité] freedom - **3.** [pouvoir] power.
◆ **facultés** *nfpl* (mental) faculties.

fada [fada] *fam* ◇ *nm* nutcase. ◇ *adj* nuts.

fadaises [fadɛz] *nfpl* drivel *(U)*.

fade [fad] *adj* - **1.** [sans saveur] bland - **2.** [sans intérêt] insipid.

fagot [fago] *nm* bundle of sticks ; **de derrière les ~s** *fig* kept for a special occasion.

fagoté, e [fagɔte] *adj fam* dressed.

fagoter [3] [fagɔte] *vt fam* to dress up.
◆ **se fagoter** *vp fam* to dress o.s. up.

Fahrenheit [farɛnajt] *npr* Fahrenheit.

faible [fɛbl] ◇ *adj* - **1.** [gén] weak ; **être ~ en maths** to be not very good at maths - **2.** [petit - montant, proportion] small ; [- revenu] low - **3.** [lueur, bruit] faint. ◇ *nmf* weak person ; **~ d'esprit** feeble-minded person. ◇ *nm* weakness ; **avoir un ~ pour** to have a weakness for.

faiblement [fɛbləmɑ̃] *adv* - **1.** [mollement] weakly, feebly - **2.** [imperceptiblement] faintly - **3.** [peu] slightly.

faiblesse [fɛblɛs] *nf* - **1.** [gén] weakness ; **~ d'esprit** feeble-mindedness - **2.** [petitesse] smallness.

faiblir [32] [feblir] *vi* - **1.** [personne, monnaie] to weaken - **2.** [forces] to diminish, to fail - **3.** [tempête, vent] to die down.

faïence [fajɑ̃s] *nf* earthenware.

faignant, e = **fainéant**.

faille [faj] ◇ ▷ **falloir**. ◇ *nf* - **1.** GÉOL fault - **2.** [défaut] flaw.

faillible [fajibl] *adj* fallible.

faillir [46] [fajir] *vi* - **1.** [manquer] : **~ à** [promesse] not to keep ; [devoir] not to do - **2.** [être sur le point de] : **~ faire qqch** to nearly *ou* almost do sthg.

faillite [fajit] *nf* FIN bankruptcy ; **faire ~** to go bankrupt ; **en ~** bankrupt.

faim [fɛ̃] *nf* hunger ; **avoir ~** to be hungry ; **avoir ~ de** *fig* to hunger for ; **mourir de ~** to be starving ; **ne pas manger à sa ~** not to eat one's fill ; **rester sur sa ~** to be still hungry ; *fig* to be unsatisfied *ou* disappointed ; **avoir une ~ de loup** to be starving.

fainéant, e [feneɑ̃, ɑ̃t], **feignant, e, faignant, e** [fɛɲɑ̃, ɑ̃t] ◇ *adj* lazy, idle. ◇ *nm, f* lazybones.

fainéanter [3] [feneɑ̃te] *vi* to laze about.

faire [109] [fɛr] ◇ *vt* - **1.** [fabriquer, préparer] to make ; **~ une maison** to build a house ; **~ une tarte/du café/un film** to make a tart/coffee/a film ; **~ qqch de qqch** [transformer] to make sthg into sthg ; **~ qqch de qqn** *fig* to make sthg of sb ; **il veut en ~ un avocat** he wants him to be a lawyer, he wants to make a lawyer of him - **2.** [s'occuper à, entreprendre] to do ; **qu'est-ce qu'il fait dans la vie?** what does he do (for a living)? ; **que fais-tu dimanche?** what are you doing on Sunday? ; **qu'est-ce que je peux ~ pour vous aider?** what can I do to help you? - **3.** [étudier] to do ; **~ de l'anglais/des maths/du droit** to do English/maths/law - **4.** [sport, musique] to play ; **~ du football/de la clarinette** to play football/the clarinet - **5.** [effectuer] to do ; **~ le ménage** to do the housework ; **~ la cuisine** to cook, to do the cooking ; **~ la lessive** to do the washing - **6.** [occasionner] : **~ de la peine à qqn** to hurt sb ; **~ du mal à** to harm ; **~ du bruit** to make a noise ; **ça m'a fait quelque chose** it affected me ; **ça ne fait rien** it doesn't matter - **7.** [tenir le rôle de] to be, to play - **8.** [imiter] : **~ le sourd/l'innocent** to act deaf/(the) innocent - **9.** [calcul, mesure] : **un et un font deux** one and one are *ou* make two ; **ça fait combien (de kilomètres) jusqu'à la mer?** how far is it to the sea? ; **la table fait 2 mètres de long** the table is 2 metres *UK ou* meters *US* long ; **~ du 38** to take a size 38 - **10.** [coûter] to be, to cost ; **ça vous fait 10 euros en tout** that'll be 10 euros altogether - **11.** [dire] : **«tiens», fit-elle** "really", she said - **12.** : **ne ~ que** [faire sans cesse] to do nothing but ; **elle ne fait que bavarder** she does nothing but gossip, she's always gossiping ; **je ne fais que passer** I've just popped in. ◇ *vi* [agir] to do, to act ; **fais vite!** hurry up! ; **que ~?** what is to be done? ; **tu ferais bien d'aller voir ce qui se passe** you ought to *ou* you'd better go and see what's happening ; **~ comme chez soi** to make o.s. at home. ◇ *v att* [avoir l'air] to look ; **~ démodé/joli** to look old-fashioned/pretty ; **ça fait jeune** it makes you look young. ◇ *verbe substitut* to do ; **je lui ai dit de prendre une échelle mais il ne l'a pas fait** I told him to use a ladder but he didn't ; **faites!** please do! ◇ *v impers* - **1.** [climat, temps] : **il fait beau/froid** it's fine/cold ; **il fait 20 degrés** it's 20 degrees ; **il fait jour/nuit** it's light/dark ; **il fait bon se reposer** it's *ou* it feels good to have a rest - **2.** [exprime la durée, la distance] : **ça fait six mois que je ne l'ai pas vu** it's six months since I last saw him ; **ça fait six mois que je fais du portugais** I've been going to Portuguese classes for six months ; **ça fait 30 kilomètres qu'on roule sans phares** we've been driving without lights for 30 kilometres. ◇ *v aux* - **1.** [à l'actif] to make ; **~ démarrer une voiture** to start a car ; **~ tomber qqch** to make sthg fall ; **l'aspirine fait baisser la fièvre** aspirin brings down the temperature ; **~ travailler qqn** to make sb work ; **~ traverser**

la rue à un aveugle to help a blind man cross the road - **2.** [au passif] : **~ faire qqch (par qqn)** to have sthg done (by sb) ; **~ réparer sa voiture/nettoyer ses vitres** to have one's car repaired/one's windows cleaned.

◆ **se faire** *vp* - **1.** [avoir lieu] to take place - **2.** [être à la mode] to be in - **3.** [être convenable] : **ça ne se fait pas (de faire qqch)** it's not done (to do sthg) - **4.** [devenir] : **se ~** *(+ adj)* to get, to become ; **il se fait tard** it's getting late ; **se ~ beau** to make o.s. beautiful - **5.** [causer] *(+ n)* **se ~ mal** to hurt o.s. ; **se ~ des amis** to make friends ; **se ~ une idée sur qqch** to get some idea about sthg - **6.** *(+ infinitif)* **se ~ écraser** to get run over ; **se ~ opérer** to have an operation ; **se ~ aider (par qqn)** to get help (from sb) ; **se ~ faire un costume** to have a suit made (for o.s.) - **7.** *loc* **comment se fait-il que...?** how is it that...?, how come...? ; **s'en ~** to worry ; **ne vous en faites pas!** don't worry!

◆ **se faire à** *vp+prép* to get used to.

faire-part [fɛrpar] *nm inv* announcement ; **~ de naissance/mariage** birth/wedding announcement.

faire-valoir [fɛrvalwar] *nm inv* [personne] foil.

fair-play [fɛrplɛ] *adj inv* sporting ; **se montrer ~** to be sporting.

fais, fait *(etc)* ▻ **faire.**

faisable [fəzabl] *adj* feasible.

faisan, e [fəzɑ̃, ɑn] *nm, f* pheasant.

faisandé, e [fəzɑ̃de] *adj* CULIN high.

faisceau, x [fɛso] *nm* - **1.** [rayon] beam ; **~ lumineux** beam of light - **2.** [fagot] bundle.

faiseur, euse [fəzœr, øz] *nm, f* maker ; **~ d'embarras** fusspot.

faisons ▻ **faire.**

fait, e [fɛ, fɛt] ◇ *pp* ▻ **faire.** ◇ *adj* - **1.** [fabriqué] made ; **être ~ pour** *litt & fig* to be made *ou* meant for ; **il n'est pas ~ pour mener cette vie** he's not cut out for this kind of life ; **ils sont ~s l'un pour l'autre** they are made for each other ; **~ sur mesure** made to measure - **2.** [physique] : **bien ~** well-built - **3.** [fromage] ripe - **4.** *loc* **c'est bien ~ pour lui** (it) serves him right ; **c'en est ~ de nous** we're done for.

◆ **fait** *nm* - **1.** [acte] act ; **mettre qqn devant le ~ accompli** to present sb with a fait accompli ; **prendre qqn sur le ~** to catch sb in the act ; **~s et gestes** doings, actions - **2.** [événement] event ; **~s divers** news in brief - **3.** [réalité] fact ; **le ~ est que...** the fact is (that)...

◆ **au fait** *loc adv* by the way.

◆ **en fait** *loc adv* in (actual) fact.

◆ **en fait de** *loc prép* by way of.

◆ **du fait de** *loc prép* because of.

faîte [fɛt] *nm* - **1.** [de toit] ridge - **2.** [d'arbre] top - **3.** *fig* [sommet] pinnacle.

faites ▻ **faire.**

faîtière [fɛtjɛr] *nf* skylight.

fait-tout (*pl* **fait-tout**), **faitout** (*pl* **faitouts**) [fɛtu] *nm* stewpan.

fakir [fakir] *nm* fakir.

falaise [falɛz] *nf* cliff.

falbalas [falbala] *nmpl* furbelows.

fallacieux, euse [falasjø, øz] *adj* - **1.** [promesse] false - **2.** [argument] fallacious.

falloir [69] [falwar] *v impers* : **il me faut du temps** I need (some) time ; **il lui faudra de l'énergie** he'll need (a lot of) energy ; **il te faut un peu de repos** you need some rest ; **il faut que tu partes** you must go *ou* leave, you'll have to go *ou* leave ; **il faut toujours qu'elle intervienne!** she always has to interfere! ; **il faut agir** we/you *etc* must act ; **il faut faire attention** we/you *etc* must be careful, we'll/you'll *etc* have to be careful ; **s'il le faut** if necessary.

◆ **s'en falloir** *v impers* : **il s'en faut de peu pour qu'il puisse acheter cette maison** he can almost afford to buy the house ; **il s'en faut de 20 cm pour que l'armoire tienne dans le coin** the cupboard is 20 cm too big to fit into the corner ; **il s'en faut de beaucoup pour qu'il ait l'examen** it'll take a lot for him to pass the exam ; **peu s'en est fallu qu'il démissionne** he very nearly resigned, he came close to resigning ; **tant s'en faut** far from it, on the contrary.

fallu [faly] *pp inv* ▻ **falloir.**

falot, e [falo, ɔt] *adj* dull.

◆ **falot** *nm* lantern.

falsification [falsifikasjɔ̃] *nf* - **1.** [de document] forgery ; [de monnaie] counterfeiting - **2.** [de produit alimentaire] adulteration.

falsifier [9] [falsifje] *vt* - **1.** [document, signature, faits] to falsify - **2.** [pensée, paroles] to misrepresent - **3.** [produit alimentaire] to adulterate.

famé, e [fame] *adj* : **mal ~** with a (bad) reputation.

famélique [famelik] *adj* half-starved.

fameusement [faməzmɑ̃] *adv fam* really.

fameux, euse [famø, øz] *adj* - **1.** [célèbre] famous - **2.** *fam* [remarquable] great ; **pas ~** not up to much, nothing great.

familial, e, aux [familjal, o] *adj* family *(avant n)*.

◆ **familiale** *nf* estate car *UK*, station wagon *US*.

familiariser [3] [familjarize] *vt* : **~ qqn avec** to familiarize sb with.

◆ **se familiariser** *vp* : **se ~ avec** to get used to.

familiarité [familjarite] *nf* familiarity.

◆ **familiarités** *nfpl* liberties.

familier, **ère** [familje, ɛr] *adj* familiar.
◆ **familier** *nm* regular (customer).

famille [famij] *nf* family ; [ensemble des parents] relatives, relations ; **de bonne ~** of good family ; **fonder une ~** to start a family ; **~ d'accueil** [lors d'un séjour linguistique] host family ; [pour enfant en difficulté] foster home ; **~ monoparentale** single-parent *ou* lone-parent family ; **~ nombreuse** large family ; **~ recomposée** blended family.

famine [famin] *nf* famine ; **crier ~** *fig* to complain of one's poverty.

fan [fan] *nmf fam* fan.

fanal, **aux** [fanal, o] *nm* **- 1.** [de phare] beacon **- 2.** [de train] headlight **- 3.** [lanterne] lantern.

fanatique [fanatik] ◇ *nmf* fanatic. ◇ *adj* fanatical.

fanatiser [3] [fanatize] *vt* to make fanatics out of.

fanatisme [fanatism] *nm* fanaticism.

fane [fan] *nf* **- 1.** [de carotte] top **- 2.** [d'arbre] fallen leaf.

faner [3] [fane] ◇ *vt* [altérer] to fade. ◇ *vi* **- 1.** [fleur] to wither **- 2.** [beauté, couleur] to fade.
◆ **se faner** *vp* **- 1.** [fleur] to wither **- 2.** [beauté, couleur] to fade.

fanfare [fɑ̃far] *nf* **- 1.** [orchestre] brass band **- 2.** [musique] fanfare ; **en ~** noisy.

fanfaron, **onne** [fɑ̃farɔ̃, ɔn] ◇ *adj* boastful. ◇ *nm, f* braggart.

fanfaronnade [fɑ̃farɔnad] *nf* boasting *(U)*.

fanfreluche [fɑ̃frəlyʃ] *nf* trimming.

fange [fɑ̃ʒ] *nf litt* mire ; **traîner qqn dans la ~** to drag sb through the mire.

fanion [fanjɔ̃] *nm* pennant.

fantaisie [fɑ̃tezi] ◇ *nf* **- 1.** [caprice] whim **- 2.** *(U)* [goût] fancy **- 3.** [imagination] imagination ; **de ~** imaginary **- 4.** MUS fantasia. ◇ *adj inv* : **chapeau ~** fancy hat ; **bijoux ~** fake/costume jewellery *UK ou* jewelry *US*.

fantaisiste [fɑ̃tezist] ◇ *nmf* entertainer. ◇ *adj* **- 1.** [fumiste] dilettante **- 2.** [bizarre] fanciful.

fantasmagorique [fɑ̃tasmagɔrik] *adj* phantasmagorical, extraordinary.

fantasme [fɑ̃tasm] *nm* fantasy.

fantasmer [3] [fɑ̃tasme] *vi* to fantasize.

fantasque [fɑ̃task] *adj* **- 1.** [personne] whimsical **- 2.** [humeur] capricious **- 3.** [chose] fantastic.

fantassin [fɑ̃tasɛ̃] *nm* infantryman.

fantastique [fɑ̃tastik] ◇ *adj* fantastic. ◇ *nm* : **le ~** the fantastic.

fantoche [fɑ̃tɔʃ] ◇ *adj* puppet *(avant n)*. ◇ *nm* puppet.

fantomatique [fɑ̃tɔmatik] *adj* ghostly.

fantôme [fɑ̃tom] ◇ *nm* ghost. ◇ *adj* **- 1.** [spectral] ghostly **- 2.** [inexistant] phantom.

FAO *nf* **- 1.** (*abr de* **fabrication assistée par ordinateur**) CAM **- 2.** (*abr de* **Food and Agriculture Organisation**) FAO.

faon [fɑ̃] *nm* fawn.

FAP (*abr de* **franc d'avarie particulière**) *adj* FPA, fpa.

far [far] *nm* : **~ breton** *sweet flan containing plums.*

faramineux, **euse** [faraminø, øz] *adj fam* **- 1.** [prix] astronomical **- 2.** [génial] fantastic.

farandole [farɑ̃dɔl] *nf* farandole.

farce [fars] *nf* **- 1.** CULIN stuffing **- 2.** [blague] (practical) joke ; **faire une ~ à qqn** to play a (practical) joke on sb ; **~s et attrapes** jokes and novelties **- 3.** LITTÉR farce.

farceur, **euse** [farsœr, øz] *nm, f* (practical) joker.

farci, **e** [farsi] *adj* **- 1.** CULIN stuffed **- 2.** *fig* [plein] stuffed, crammed.

farcir [32] [farsir] *vt* **- 1.** CULIN to stuff **- 2.** [remplir] : **~ qqch de** to stuff *ou* cram sthg with.
◆ **se farcir** *vp fam* **- 1.** [faire] : **se ~ qqch** to get stuck with sthg **- 2.** [supporter] : **se ~ qqn** to put up with sb **- 3.** [manger] : **se ~ qqch** to scoff sthg *UK*.

fard [far] *nm* make-up ; **~ à joues** blusher ; **~ à paupières** eyeshadow ; **piquer un ~** *fam fig* to blush.

fardeau, **x** [fardo] *nm* [poids] load ; *fig* burden.

farder [3] [farde] *vt* **- 1.** [maquiller] to make up **- 2.** *fig* [masquer] to disguise.
◆ **se farder** *vp* to make o.s. up, to put on one's make-up.

farfadet [farfadɛ] *nm* sprite.

farfelu, **e** [farfəly] *fam* ◇ *adj* weird. ◇ *nm, f* weirdo.

farfouiller [3] [farfuje] *vi fam* to rummage.

farine [farin] *nf* flour ; **~ animale** animal flour ; **rouler qqn dans la ~** *fig* to take sb for a ride.

farineux, **euse** [farinø, øz] *adj* **- 1.** [aspect, goût] floury **- 2.** [aliment] farinaceous.
◆ **farineux** *nm* starchy food.

farniente [farnjɛnte] *nm* idleness.

farouche [faruʃ] *adj* **- 1.** [animal] wild, not tame ; [personne] shy, withdrawn **- 2.** [sentiment] fierce.

farouchement [faruʃmɑ̃] *adv* fiercely.

fart [far(t)] *nm* (ski) wax.

farter [3] [farte] *vt* to wax.

fascicule [fasikyl] *nm* part, instalment *UK*, installment *US*.

fascinant, e [fasinɑ̃, ɑ̃t] *adj* - **1.** [regard] alluring, captivating - **2.** [personne, histoire] fascinating.

fascination [fasinasjɔ̃] *nf* fascination.

fasciner [3] [fasine] *vt* to fascinate.

fascisant, e [faʃizɑ̃, ɑ̃t] *adj* fascistic.

fascisme [faʃism] *nm* fascism.

fasciste [faʃist] *nmf* & *adj* fascist.

fasse, fassions *(etc)* ▷ **faire**.

faste [fast] ◇ *nm* splendour *UK*, splendor *US*. ◇ *adj* [favorable] lucky.

fast-food [fastfud] (*pl* **fast-foods**) *nm* fast food.

fastidieux, euse [fastidjø, øz] *adj* boring.

fastueux, euse [fastɥø, øz] *adj* luxurious.

fatal, e [fatal] *adj* - **1.** [mortel, funeste] fatal - **2.** [inévitable] inevitable.

fatalement [fatalmɑ̃] *adv* inevitably.

fataliste [fatalist] ◇ *nmf* fatalist. ◇ *adj* fatalistic.

fatalité [fatalite] *nf* - **1.** [destin] fate - **2.** [inéluctabilité] inevitability.

fatidique [fatidik] *adj* fateful.

fatigant, e [fatigɑ̃, ɑ̃t] *adj* - **1.** [épuisant] tiring - **2.** [ennuyeux] tiresome.

fatiguant [fatigɑ̃] *p prés* ▷ **fatiguer**.

fatigue [fatig] *nf* tiredness ; **tomber de ~, être mort de ~** to be dead tired.

fatigué, e [fatige] *adj* tired ; [cœur, yeux] strained.

fatiguer [3] [fatige] ◇ *vt* - **1.** [épuiser] to tire - **2.** [cœur, yeux] to strain - **3.** [ennuyer] to wear out. ◇ *vi* - **1.** [personne] to grow tired - **2.** [moteur] to strain.

◆ **se fatiguer** *vp* to get tired ; **se ~ de qqch** to get tired of sthg ; **se ~ à faire qqch** to wear o.s. out doing sthg.

fatras [fatra] *nm* jumble.

fatuité [fatɥite] *nf litt* complacency.

faubourg [fobur] *nm* suburb.

fauché, e [foʃe] *adj fam* broke, hard-up.

faucher [3] [foʃe] *vt* - **1.** [couper - herbe, blé] to cut - **2.** *fam* [voler] : **~ qqch à qqn** to pinch sthg from sb *UK* - **3.** [piéton] to run over - **4.** *fig* [suj: mort, maladie] to cut down.

faucille [fosij] *nf* sickle.

faucon [fokɔ̃] *nm* hawk.

faudra ▷ **falloir**.

faufil [fofil] *nm* tacking *ou* basting thread.

faufiler [3] [fofile] *vt* to tack, to baste.

◆ **se faufiler** *vp* : **se ~ dans** to slip into ; **se ~ entre** to thread one's way between.

faune [fon] ◇ *nf* - **1.** [animaux] fauna - **2.** *péj* [personnes] : **la ~ qui fréquente ce bar** the sort of people who hang round that bar. ◇ *nm* MYTHOL faun.

faussaire [fosɛr] *nmf* forger.

faussement [fosmɑ̃] *adv* - **1.** [à tort] wrongly - **2.** [prétendument] falsely.

fausser [3] [fose] *vt* - **1.** [déformer] to bend - **2.** [rendre faux] to distort.

◆ **se fausser** *vp* [voix] to become strained.

fausset [fosɛ] ▷ **voix**.

fausseté [foste] *nf* - **1.** [hypocrisie] duplicity - **2.** [de jugement, d'idée] falsity.

faut ▷ **falloir**.

faute [fot] *nf* - **1.** [erreur] mistake, error ; **faire une ~** to make a mistake *ou* an error ; **~ de calcul** miscalculation ; **~ de frappe** [à la machine à écrire] typing error ; [à l'ordinateur] keying error ; **~ de goût** error of taste ; **~ d'inattention** careless mistake ; **~ d'orthographe** spelling mistake - **2.** [méfait, infraction] offence *UK*, offense *US* ; **prendre qqn en ~** to catch sb out ; **~ professionnelle** professional misdemeanour *UK ou* misdemeanor *US* - **3.** TENNIS fault ; FOOTBALL foul - **4.** [responsabilité] fault ; **de ma/ta** *etc* **~** my/your *etc* fault ; **par la ~ de qqn** because of sb ; **rejeter la ~ sur qqn** to shift the blame onto sb.

◆ **faute de** *loc prép* for want *ou* lack of ; **~ de mieux** for want *ou* lack of anything better.

◆ **sans faute** ◇ *loc adv* without fail. ◇ *loc adj* faultless.

fauteuil [fotœj] *nm* - **1.** [siège] armchair ; **~ à bascule** rocking chair ; **~ roulant** wheelchair - **2.** [de théâtre] seat ; **~ d'orchestre** seat in the stalls *UK ou* orchestra *US* - **3.** [de président] chair ; [d'académicien] seat.

fauteur, trice [fotœr, tris] *nm, f* : **~ de troubles** troublemaker.

fautif, ive [fotif, iv] ◇ *adj* - **1.** [coupable] guilty - **2.** [défectueux] faulty. ◇ *nm, f* guilty party.

fauve [fov] ◇ *nm* - **1.** [animal] big cat - **2.** [couleur] fawn - **3.** ART Fauve. ◇ *adj* - **1.** [animal] wild - **2.** [cuir, cheveux] tawny - **3.** ART Fauvist.

fauvette [fovɛt] *nf* warbler.

faux, fausse [fo, fos] *adj* - **1.** [incorrect] wrong - **2.** [postiche, mensonger, hypocrite] false ; **~ témoignage** DR perjury - **3.** [monnaie, papiers] forged, fake ; [bijou, marbre] imitation, fake - **4.** [injustifié] : **fausse alerte** false alarm ; **c'est un ~ problème** that's not an issue (here).

◆ **faux** ◇ *nm* [document, tableau] forgery, fake. ◇ *nf* scythe. ◇ *adv* : **chanter/jouer ~** MUS to sing/play out of tune ; **sonner ~** *fig* not to ring true.

faux-filet (*pl* **faux-filets**), **faux filet** (*pl* **faux filets**) [fofilɛ] *nm* sirloin.

faux-fuyant [fofɥijɑ̃] (*pl* **faux-fuyants**) *nm* excuse.

faux-monnayeur [fomɔnɛjœr] (*pl* **faux-monnayeurs**) *nm* counterfeiter.

faux-semblant [fosɑ̃blɑ̃] (*pl* **faux-semblants**) *nm* pretence *UK*, pretense *US*.

faux-sens [fosɑ̃s] *nm inv* mistranslation.

faveur [favœr] *nf* favour *UK*, favor *US* ; **faire une ~ à qqn** to do sb a favour *UK ou* favor *US* ; **intercéder en ~ de qqn** to intercede on sb's behalf.
◆ **à la faveur de** *loc prép* thanks to.
◆ **en faveur de** *loc prép* in favour *UK ou* favor *US* of.

favorable [favɔrabl] *adj* : **~ (à)** favourable *UK ou* favorable *US* (to).

favorablement [favɔrabləmɑ̃] *adv* favourably *UK*, favorably *US*.

favori, **ite** [favɔri, it] *adj & nm, f* favourite *UK*, favorite *US*.
◆ **favoris** *nmpl* side whiskers.

favoriser [3] [favɔrize] *vt* - **1.** [avantager] to favour *UK*, to favor *US* - **2.** [contribuer à] to promote - **3.** [aider] to assist.

favoritisme [favɔritism] *nm* favouritism *UK*, favoritism *US*.

fax [faks] *nm* fax.

faxer [3] [fakse] *vt* to fax.

fayot [fajo] *nm fam* [personne] creep, crawler.

FB (*abr écrite de* **franc belge**) BF.

FBI [ɛfbiaj] (*abr de* **Federal Bureau of Investigation**) *nm* FBI.

FC (*abr de* **Football club**) *nm* FC.

FCFA (*abr écrite de* **franc CFA**) *currency still used in former French colonies in Africa.*

FCFP (*abr écrite de* **franc CFP**) *currency still used in former French colonies in the Pacific.*

fébrile [febril] *adj* feverish.

fébrilement [febrilmɑ̃] *adv* feverishly.

fécal, **e**, **aux** [fekal, o] ▷ **matière.**

fécond, **e** [fekɔ̃, ɔ̃d] *adj* - **1.** [femelle, terre, esprit] fertile - **2.** [écrivain] prolific - **3.** [histoire, situation] : **~ en qqch** rich in sthg.

fécondation [fekɔ̃dasjɔ̃] *nf* fertilization ; **~ in vitro** in vitro fertilization.

féconder [3] [fekɔ̃de] *vt* - **1.** [ovule] to fertilize - **2.** [femme, femelle] to impregnate - **3.** *litt* [fertiliser] to make fertile.

fécondité [fekɔ̃dite] *nf* - **1.** [gén] fertility - **2.** [d'écrivain] productiveness.

fécule [fekyl] *nf* starch.

féculent, **e** [fekylɑ̃, ɑ̃t] *adj* starchy.
◆ **féculent** *nm* starchy food.

fédéral, **e**, **aux** [federal, o] *adj* federal.

fédéralisme [federalism] *nm* federalism.

fédératif, **ive** [federatif, iv] *adj* federative.

fédération [federasjɔ̃] *nf* federation.

fée [fe] *nf* fairy ; **~ du logis** model housekeeper.

feed-back [fidbak] *nm inv* feedback.

féerie [fe(e)ri] *nf* - **1.** THÉÂTRE spectacular ; CINÉ fantasy - **2.** [de lieu] enchantment ; [de vision] enchanting sight.

féerique [fe(e)rik] *adj* [enchanteur] enchanting.

feignais, **feignions** *etc* ▷ **feindre.**

feignant, **e** = **fainéant.**

feindre [81] [fɛ̃dr] ◇ *vt* to feign ; **~ de faire qqch** to pretend to do sthg. ◇ *vi* to pretend.

feint, **e** [fɛ̃, fɛ̃t] *pp* ▷ **feindre.**

feinte [fɛ̃t] *nf* - **1.** [ruse] ruse - **2.** FOOTBALL dummy ; [boxe] feint.

fêlé, **e** [fele] ◇ *adj* - **1.** [assiette] cracked - **2.** *fam* [personne] cracked, loony. ◇ *nm, f fam* freak, nutter *UK*.

fêler [4] [fele] *vt* to crack.
◆ **se fêler** *vp* to crack.

félicitations [felisitasjɔ̃] *nfpl* congratulations ; **avec les ~ du jury** highly commended.

féliciter [3] [felisite] *vt* to congratulate.
◆ **se féliciter** *vp* : **se ~ de** to congratulate o.s. on.

félin, **e** [felɛ̃, in] *adj* feline.
◆ **félin** *nm* big cat.

fêlure [felyr] *nf* crack.

femelle [fəmɛl] *nf & adj* female.

féminin, **e** [feminɛ̃, in] *adj* - **1.** [gén] feminine - **2.** [revue, équipe] women's *(avant n)*.
◆ **féminin** *nm* GRAMM feminine.

féminiser [3] [feminize] *vt* - **1.** [efféminer] to make effeminate - **2.** BIOL to feminize.
◆ **se féminiser** *vp* - **1.** [institution] to attract more women - **2.** [homme] to become effeminate.

féminisme [feminism] *nm* feminism.

féministe [feminist] *nmf & adj* feminist.

féminité [feminite] *nf* femininity.

femme [fam] *nf* - **1.** [personne de sexe féminin] woman ; **bonne ~** *péj* woman ; **contes/remèdes de bonne ~** old wives' tales/remedies ; **~ d'affaires** businesswoman ; **~ de chambre** chambermaid ; **~ fatale** femme fatale ; **~ au foyer** housewife ; **~ de ménage** cleaning woman ; **~ du monde** society woman ; **~ de tête** forceful woman - **2.** [épouse] wife ; **prendre ~** *vieilli* to take a wife.

femmelette [famlɛt] *nf péj* weakling.

fémur [femyr] *nm* femur.

FEN [fɛn] (*abr de* **Fédération de l'éducation nationale**) *nf teachers' trade union.*

fenaison [fənɛzɔ̃] *nf* haymaking.

fendiller [3] [fɑ̃dije] *vt* to crack.
◆ **se fendiller** *vp* to crack.

fendre [73] [fɑ̃dr] *vt* - **1.** [bois] to split - **2.** [foule, flots] to cut through.
◆ **se fendre** *vp* - **1.** [se crevasser] to crack - **2.** *fam* [d'une somme] : **se ~ de qqch** to part with sthg.

fendu, e [fɑ̃dy] *pp* ⊳ **fendre.**

fenêtre [fənɛtr] *nf* [gén & INFORM] window ; **~ à guillotine** sash window.

fenouil [fənuj] *nm* fennel.

fente [fɑ̃t] *nf* - **1.** [fissure] crack - **2.** [interstice, de vêtement] slit.

féodal, e, aux [feɔdal, o] *adj* feudal.
◆ **féodal, aux** *nm* feudal lord.

féodalité [feɔdalite] *nf* feudalism.

fer [fɛr] *nm* iron ; **en ~, de ~** iron *(avant n)* ; **~ à cheval** horseshoe ; **~ forgé** wrought iron ; **~ de lance** spearhead ; **~ à repasser** iron ; **~ à souder** soldering iron ; **les quatre ~s en l'air** flat on one's back ; **croire qqch dur comme ~** to firmly believe sthg ; **il faut battre le ~ quand il est chaud** strike while the iron is hot ; **marquer qqn au ~ rouge** to brand sb.

ferai, feras *(etc)* ⊳ **faire.**

fer-blanc [fɛrblɑ̃] (*pl* **fers-blancs**) *nm* tinplate, tin ; **en ~** tin *(avant n).*

ferblanterie [fɛrblɑ̃tri] *nf* - **1.** [commerce] tin industry - **2.** [ustensiles] tinware.

férié, e [ferje] ⊳ **jour.**

férir [ferir] *vt* : **sans coup ~** without meeting any resistance *ou* obstacle.

ferme[1] [fɛrm] *nf* farm.

ferme[2] [fɛrm] ◇ *adj* firm ; **être ~ sur ses jambes** to be steady on one's feet. ◇ *adv* - **1.** [beaucoup] a lot - **2.** [définitivement] : **acheter/vendre ~** to make a firm purchase/sale - **3.** *loc* **tenir ~** to stand firm.

fermement [fɛrməmɑ̃] *adv* firmly.

ferment [fɛrmɑ̃] *nm* - **1.** [levure] ferment - **2.** *fig* [germe] seed, seeds *(pl).*

fermentation [fɛrmɑ̃tasjɔ̃] *nf* CHIM fermentation ; *fig* ferment.

fermenter [3] [fɛrmɑ̃te] *vi* CHIM *fig* to ferment.

fermer [3] [fɛrme] ◇ *vt* - **1.** [porte, tiroir, yeux] to close, to shut ; [rideaux] to close, to draw ; [store] to pull down ; [enveloppe] to seal - **2.** [bloquer] to close ; **~ son esprit à qqch** to close one's mind to sthg - **3.** [gaz, lumière] to turn off - **4.** [vêtement] to do up - **5.** [entreprise] to close down - **6.** [interdire] : **~ qqch à qqn** to close sthg to sb - **7.** *loc* **la ferme!, ferme-la!** *fam* shut up! ◇ *vi* - **1.** [gén] to shut, to close - **2.** [vêtement] to do up - **3.** [entreprise] to close down.
◆ **se fermer** *vp* - **1.** [porte] to close, to shut - **2.** [plaie] to close up - **3.** [vêtement] to do up - **4.** *fig* [s'endurcir] : **se ~ (à qqch)** to close o.s. off (from sthg).

fermeté [fɛrməte] *nf* firmness.

fermeture [fɛrmətyr] *nf* - **1.** [de porte] closing ; **~ automatique des portes** doors close automatically - **2.** [de vêtement, sac] fastening ; **~ Éclair®** zip *UK*, zipper *US* - **3.** [d'établissement - temporaire] closing ; [- définitive] closure ; **~ hebdomadaire/annuelle** weekly/annual closing.

fermier, ère [fɛrmje, ɛr] ◇ *adj* farm *(avant n).* ◇ *nm, f* farmer.

fermoir [fɛrmwar] *nm* clasp.

féroce [ferɔs] *adj* [animal, appétit] ferocious ; [personne, désir] fierce.

férocement [ferɔsmɑ̃] *adv* fiercely.

férocité [ferɔsite] *nf* ferocity.

ferraille [fɛraj] *nf* - **1.** [vieux fer] scrap iron *(U)* ; **bon à mettre à la ~** fit for the scrap heap - **2.** *fam* [monnaie] loose change.

ferré, e [fɛre] *adj* - **1.** [soulier] hobnailed - **2.** *fam fig* [calé] : **être ~ en** to be well up on.

ferrer [4] [fɛre] *vt* - **1.** [cheval] to shoe - **2.** [poisson] to strike - **3.** [soulier] to put hobnails on.

ferreux, euse [fɛrø, øz] *adj* ferrous.

ferronnerie [fɛrɔnri] *nf* - **1.** [objet, métier] ironwork *(U)* - **2.** [atelier] ironworks *(sing).*

ferroviaire [fɛrɔvjɛr] *adj* rail *(avant n).*

ferrugineux, euse [fɛryʒinø, øz] *adj* ferruginous.

ferrure [fɛryr] *nf* - **1.** [de porte] fitting - **2.** [de cheval] shoeing.

ferry-boat [fɛribot] (*pl* **ferry-boats**) *nm* ferry.

fertile [fɛrtil] *adj litt & fig* fertile ; **~ en** *fig* filled with, full of.

fertilisant, e [fɛrtilizɑ̃, ɑ̃t] *adj* fertilizing.

fertiliser [3] [fɛrtilize] *vt* to fertilize.

fertilité [fɛrtilite] *nf* fertility.

féru, e [fery] *adj sout* [passionné] : **être ~ de qqch** to have a passion for sthg.

férule [feryl] *nf* : **(être) sous la ~ de qqn** *sout* (to be) under sb's iron rule.

fervent, e [fɛrvɑ̃, ɑ̃t] ◇ *adj* [chrétien] fervent ; [amoureux, démocrate] ardent. ◇ *nm, f* devotee.

ferveur [fɛrvœr] *nf* - **1.** [dévotion] fervour *UK*, fervor *US* - **2.** [zèle] zeal.

fesse [fɛs] *nf* buttock.

fessée [fese] *nf* spanking, smack (on the bottom).

fessier, ère [fesje, ɛr] *adj* buttock *(avant n)*.
◆ **fessier** *nm* buttocks *(pl)*.

festin [fɛstɛ̃] *nm* banquet, feast.

festival, als [fɛstival] *nm* festival.

festivités [fɛstivite] *nfpl* festivities.

feston [fɛstɔ̃] *nm* - **1.** ARCHIT festoon - **2.** COUT scallop.

festoyer [13] [fɛstwaje] *vi* to feast.

fêtard, e [fɛtar, ard] *nm, f* fun-loving person.

fête [fɛt] *nf* - **1.** [congé] holiday ; **les ~s (de fin d'année)** the Christmas holidays ; **~ légale** public holiday ; **~ nationale** national holiday - **2.** [réunion, réception] celebration ; **~ de famille** family celebration - **3.** [kermesse] fair ; **en ~** in festive mood ; **~ foraine** funfair *UK*, carnival *US* ; **la ~ de l'Humanité** *annual festival organized by the Communist daily newspaper 'l'Humanité'* ; **la ~ de la musique** *annual music festival which takes place in the streets* - **4.** [jour de célébration - de personne] saint's day ; [- de saint] feast (day) ; **~ des mères/des pères** Mother's/Father's Day - **5.** [soirée] party - **6.** *loc* **ça va être ta ~** *fam* you'll get it in the neck ; **faire ~ à qqn** to make a fuss of sb ; **faire la ~** to have a good time.

Fête

The French traditionally wish 'bonne fête' to the person who has the same name as the saint commemorated on a particular day.

Fête de la musique

This annual music festival begun in the 1980s is becoming increasingly popular. On 21st June in cities throughout France, the streets fill with both professional and amateur musicians who offer everything from classical to jazz, rock and rap. All concerts are free.

Fête-Dieu [fɛtdjø] (*pl* **Fête-Dieu** *OU* **Fêtes-Dieu**) *nf* Corpus Christi.

fêter [4] [fete] *vt* [événement] to celebrate ; [personne] to have a party for.

fétiche [fetiʃ] *nm* - **1.** [objet de culte] fetish - **2.** [mascotte] mascot.

fétichisme [fetiʃism] *nm* - **1.** [culte, perversion] fetishism - **2.** [vénération] idolatry.

fétide [fetid] *adj* fetid.

fétu [fety] *nm* : **~ (de paille)** wisp (of straw).

feu¹, e [fø] *adj* : **~ M. X** the late Mr X ; **~ mon mari** my late husband.

feu², x [fø] *nm* - **1.** [flamme, incendie] fire ; **au ~!** fire! ; **en ~** *litt & fig* on fire ; **avez-vous du ~?** have you got a light? ; **faire ~** MIL to fire ; **mettre le ~ à qqch** to set fire to sthg, to set sthg on fire ; **prendre ~** to catch fire ; **~ de bois** wood fire ; **~ de camp** camp fire ; **~ de cheminée** chimney fire ; **~ follet** will-o'-the-wisp ; **~ de joie** bonfire ; **être pris entre deux ~x** to be caught in the crossfire ; **jouer avec le ~** to play with fire ; **mettre à ~ et à sang** to ravage - **2.** [signal] light ; **tous ~x éteints** without any lights ; **~ rouge/vert** red/green light ; **~x de croisement** dipped *UK OU* dimmed *US* headlights ; **~x de position** sidelights ; **~x de route** headlights on full beam ; **~x de stationnement** parking lights ; **donner son** *OU* **le ~ vert (à qqn)** to give (sb) the go-ahead - **3.** CULIN ring *UK*, burner *US* ; **à ~ doux/vif** on a low/high flame ; **à petit ~** gently - **4.** CINÉ & THÉÂTRE light *(U)* - **5.** *loc* **ne pas faire long ~** not to last long.
◆ **feu d'artifice** *nm* firework.

feuillage [fœjaʒ] *nm* foliage.

feuille [fœj] *nf* - **1.** [d'arbre] leaf ; **~ morte** dead leaf ; **~ de vigne** BOT vine leaf - **2.** [page] sheet ; **~ blanche** blank sheet ; **~ de papier** sheet of paper ; **~ volante** loose leaf - **3.** [document] form ; **~ de soins** *claim form for reimbursement of medical expenses* - **4.** [journal] paper ; **~ de chou** *fam péj* rag.

feuillet [fœjɛ] *nm* page.

feuilleté, e [fœjte] *adj* - **1.** CULIN : **pâte ~e** puff pastry - **2.** GÉOL foliated.
◆ **feuilleté** *nm* pastry.

feuilleter [27] [fœjte] *vt* to flick through.

feuilleton [fœjtɔ̃] *nm* serial ; **~ télévisé** soap opera.

feuillu, e [fœjy] *adj* leafy.
◆ **feuillu** *nm* broad-leaved tree.

feutre [føtr] *nm* - **1.** [étoffe] felt - **2.** [chapeau] felt hat - **3.** [crayon] felt-tip pen.

feutré, e [føtre] *adj* - **1.** [garni de feutre] trimmed with felt ; [qui a l'aspect du feutre] felted - **2.** [bruit, cri] muffled.

feutrer [3] [føtre] ◇ *vt* - **1.** [garnir de feutre] to trim with felt - **2.** [bruit, cri] to muffle. ◇ *vi* to felt (up).
◆ **se feutrer** *vp* to felt (up).

feutrine [føtrin] *nf* lightweight felt.

fève [fɛv] *nf* broad bean.

février [fevrije] *nm* February, *voir aussi* **septembre**.

FF (*abr écrite de* **francs français**) FF.

FFI (*abr de* **Forces françaises de l'intérieur**) *nfpl* *French Resistance forces operating within France during World War II.*

FFL (*abr de* **Forces françaises libres**) *nfpl free French Army during World War II.*

FFR (*abr de* **Fédération française de rugby**) *nf French rugby federation.*

fg *abr de* **faubourg**.

FGEN (*abr de* **Fédération générale de l'éducation nationale**) *nf teachers' trade union.*

fi [fi] *interj* : **faire ~ de** to scorn.

fiabilité [fjabilite] *nf* reliability.

fiable [fjabl] *adj* reliable.

FIAC [fjak] (*abr de* **Foire internationale d'art contemporain**) *nf international contemporary art fair held annually in Paris.*

fiacre [fjakr] *nm* hackney carriage.

fiançailles [fjɑ̃saj] *nfpl* engagement *(sing).*

fiancé, **e** [fjɑ̃se] *nm, f* fiancé (*f* fiancée).

fiancer [16] [fjɑ̃se] ◆ **se fiancer** *vp* : **se ~ (avec)** to get engaged (to).

fiasco [fjasko] *nm* fiasco ; **faire ~** to be a fiasco.

fibre [fibr] *nf* - **1.** ANAT, BIOL & TECHNOL fibre *UK*, fiber *US* ; **~ optique** fibre *UK ou* fiber *US* optics *(U)* ; **~ de verre** fibreglass *UK ou* fiberglass *US*, glass fibre *UK* - **2.** *fig* [sentiment] feeling ; **avoir la ~ maternelle** to have the maternal instinct.

fibreux, **euse** [fibrø, øz] *adj* fibrous ; [viande] stringy.

fibrome [fibrom] *nm* fibroma.

ficelé, **e** [fisle] *adj fam* dressed ; **être mal ~** to be scruffy.

ficeler [24] [fisle] *vt* [lier] to tie up.

ficelle [fisɛl] *nf* - **1.** [fil] string ; **tirer les ~s** to pull the strings - **2.** [pain] *thin French stick* - **3.** *(gén pl)* [truc] trick.

fiche [fiʃ] *nf* - **1.** [document] card ; **~ de paie** pay slip ; **~ signalétique** identification sheet ; **~ technique** technical data sheet - **2.** ÉLECTR & TECHNOL pin.

ficher [3] [fiʃe] *vt* - **1.** (*pp* **fiché**) [enfoncer] : **~ qqch dans** to stick sthg into - **2.** (*pp* **fiché**) [inscrire] to put on file - **3.** (*pp* **fichu**) *fam* [faire] : **qu'est-ce qu'il fiche?** what's he doing? - **4.** (*pp* **fichu**) *fam* [mettre] to put ; **~ qqn par terre** to send sb flying ; **~ qqch par terre** *fig* to mess *ou* muck *UK* sthg up ; **~ qqn dehors** *ou* **à la porte** to throw sb out.

◆ **se ficher** *vp* - **1.** [s'enfoncer - suj: clou, pique] : **se ~ dans** to go into - **2.** *fam* [se moquer] : **se ~ de** to make fun of - **3.** *fam* [ne pas tenir compte] : **se ~ de** not to give a damn about - **4.** *loc* **se ~ dedans** *fam* to get it all wrong.

fichier [fiʃje] *nm* file.

fichu, **e** [fiʃy] *adj* - **1.** *fam* [cassé, fini] done for - **2.** *(avant n)* [désagréable] nasty - **3.** *loc* **être mal ~** *fam* [personne] to feel rotten ; [objet] to be badly made ; **il n'est même pas ~ de faire son lit** *fam* he can't even make his own bed.

◆ **fichu** *nm* scarf.

fictif, **ive** [fiktif, iv] *adj* - **1.** [imaginaire] imaginary - **2.** [faux] false - **3.** [valeur] face *(avant n).*

fiction [fiksjɔ̃] *nf* - **1.** LITTÉR fiction - **2.** [monde imaginaire] dream world.

ficus [fikys] *nm* ficus.

fidèle [fidɛl] ◇ *nmf* - **1.** RELIG believer - **2.** [adepte] fan. ◇ *adj* - **1.** [loyal, exact, semblable] : **~ (à)** faithful (to) ; **~ à la réalité** accurate - **2.** [habitué] regular.

fidèlement [fidɛlmɑ̃] *adv* - **1.** [loyalement, exactement] faithfully - **2.** [régulièrement] regularly.

fidéliser [3] [fidelize] *vt* to attract and keep.

fidélité [fidelite] *nf* faithfulness.

Fidji [fidʒi] *n* Fiji ; **à ~** in Fiji.

fidjien, **enne** [fidʒjɛ̃, ɛn] *adj* Fijian.

◆ **Fidjien**, **enne** *nm, f* Fijian.

fief [fjɛf] *nm* fief ; *fig* stronghold.

fieffé, **e** [fjefe] *adj* arrant.

fiel [fjɛl] *nm litt* & *fig* gall.

fiente [fjɑ̃t] *nf* droppings *(pl).*

fier¹, **fière** [fjɛr] *adj* - **1.** [gén] proud ; **~ de qqn/qqch** proud of sb/sthg ; **~ de faire qqch** proud to be doing sthg - **2.** [noble] noble.

fier² [9] [fje] ◆ **se fier** *vp* : **se ~ à** to trust, to rely on.

fièrement [fjɛrmɑ̃] *adv* proudly.

fierté [fjɛrte] *nf* - **1.** [satisfaction, dignité] pride - **2.** [arrogance] arrogance.

fièvre [fjɛvr] *nf* - **1.** MÉD fever ; **avoir de la ~** to have a fever ; **avoir 40 de ~** to have a temperature of 105 (degrees) ; [vétérinaire] : **~ aphteuse** foot and mouth disease - **2.** *fig* [excitation] excitement.

fiévreusement [fjevrøzmɑ̃] *adv* feverishly.

fiévreux, **euse** [fjevrø, øz] *adj litt* & *fig* feverish.

fig. *abr de* **figure**.

figé, **e** [fiʒe] *adj* fixed.

figer [17] [fiʒe] *vt* to paralyse *UK*, to paralyze *US* ; **être figé sur place** to be rooted to the spot.

◆ **se figer** *vp* - **1.** [s'immobiliser] to freeze - **2.** [se solidifier] to congeal.

fignoler [3] [fiɲɔle] *vt* to put the finishing touches to.

figue [fig] *nf* fig.

figuier [figje] *nm* fig tree.

figurant, **e** [figyrɑ̃, ɑ̃t] *nm, f* extra.

figuratif, **ive** [figyratif, iv] *adj* figurative.

figuration [figyrasjɔ̃] *nf* CINÉ & THÉÂTRE : **faire de la ~** to work as an extra.

figure [figyr] *nf* **- 1.** [gén] figure ; **faire ~ de** to look like ; **~s imposées/libres** SPORT compulsory/freestyle section ; **~ de proue** figurehead ; *fig* leading light ; **~ de rhétorique** LING figure of speech ; **~ de style** LING stylistic device **- 2.** [visage] face ; **faire bonne ~** *fig* to put on a good face.

figuré, e [figyre] *adj* [sens] figurative.

◆ **figuré** *nm* : **au ~** in the figurative sense.

figurer [3] [figyre] ◇ *vt* to represent. ◇ *vi* : **~ dans/parmi** to figure in/among.

figurine [figyrin] *nf* figurine.

fil [fil] *nm* **- 1.** [brin] thread ; **~ à plomb** plumb line ; **~ conducteur** *fig* main idea ; **c'est cousu de ~ blanc** it doesn't fool anybody ; **de ~ en aiguille** gradually ; **donner du ~ à retordre** *fig* to make life difficult ; **perdre le ~ (de qqch)** *fig* to lose the thread (of sthg) ; **ne tenir qu'à un ~** *fig* to hang by a thread **- 2.** [câble] wire ; **~ de fer** wire ; **avoir qqn au bout du ~** to have sb on the line **- 3.** [cours] course ; **au ~ de** in the course of **- 4.** [tissu] linen **- 5.** [tranchant] edge.

filament [filamɑ̃] *nm* **- 1.** ANAT & ÉLECTR filament **- 2.** [végétal] fibre *UK*, fiber *US* **- 3.** [de colle, bave] thread.

filandreux, euse [filɑ̃drø, øz] *adj* [viande] stringy.

filant, e [filɑ̃, ɑ̃t] ▷ **étoile.**

filasse [filas] ◇ *nf* tow. ◇ *adj inv* flaxen.

filature [filatyr] *nf* **- 1.** [usine] mill ; [fabrication] spinning **- 2.** [poursuite] tailing ; **prendre qqn en ~** to tail sb.

file [fil] *nf* line ; **à la ~** in a line ; **en double ~** in two lines ; **se garer en double ~** to double-park ; **en ~ indienne** in single *OU* Indian file ; **se mettre en ~** to line up ; **~ d'attente** queue *UK*, line *US*.

filer [3] [file] ◇ *vt* **- 1.** [soie, coton] to spin **- 2.** [personne] to tail **- 3.** *fam* [donner] : **~ qqch à qqn** to slip sthg to sb, to slip sb sthg. ◇ *vi* **- 1.** [bas] to ladder *UK*, to run *US* **- 2.** [aller vite - temps, véhicule] to fly (by) **- 3.** *fam* [partir] to dash off **- 4.** *loc* **~ doux** to behave nicely.

filet [filɛ] *nm* **- 1.** [à mailles] net ; **~ à papillons** butterfly net ; **~ de pêche** fishing net ; **~ à provisions** string bag ; **travailler sans ~** *fig* to take risks ; **tendre un ~** *fig* to set a trap **- 2.** CULIN fillet, filet *US* ; **~ de bœuf** fillet *OU* filet *US* of beef ; **~ de sole** fillet *OU* filet *US* of sole **- 3.** [de liquide] drop, dash ; [de lumière] shaft **- 4.** [de vis] thread.

filial, e, aux [filjal, o] *adj* filial.

◆ **filiale** *nf* ÉCON subsidiary.

filiation [filjasjɔ̃] *nf* **- 1.** [lien de parenté] line **- 2.** *fig* [enchaînement] logical relationship.

filière [filjɛr] *nf* **- 1.** [voie] : **suivre la ~** [professionnelle] to work one's way up ; **suivre la ~ hiérarchique** to go through the right channels **- 2.** [réseau] network.

filiforme [filifɔrm] *adj* skinny.

filigrane [filigran] *nm* [dessin] watermark ; **en ~** *fig* between the lines.

filin [filɛ̃] *nm* rope.

fille [fij] *nf* **- 1.** [enfant] daughter **- 2.** [femme] girl ; **jeune ~** girl ; **~ de joie** prostitute ; **~ mère** *péj* single mother ; **vieille ~** *péj* spinster ; **courir les ~s** *fig* to chase women.

fillette [fijɛt] *nf* little girl.

filleul, e [fijœl] *nm, f* godchild.

film [film] *nm* **- 1.** [gén] film, movie *US* ; **~ d'action** action film ; **~ catastrophe** disaster movie ; **~ culte** cult film *UK*, cult movie *US* ; **~ d'épouvante** horror film ; **~ noir** film noir ; **~ policier** detective film **- 2.** *fig* [déroulement] course.

filmer [3] [filme] *vt* to film.

filmographie [filmɔgrafi] *nf* filmography, films *(pl).*

filon [filɔ̃] *nm* **- 1.** [de mine] vein **- 2.** *fam fig* [possibilité] cushy number.

filou [filu] *nm* rogue.

filouterie [filutri] *nf* fraud.

fils [fis] *nm* son ; **~ de famille** boy from a privileged background ; **~ à papa** *péj* daddy's boy ; **le ~ prodigue** the prodigal son.

filtrage [filtraʒ] *nm* filtering ; *fig* screening.

filtrant, e [filtrɑ̃, ɑ̃t] *adj* [verre] tinted.

filtre [filtr] *nm* filter ; **~ à air** AUTO air filter ; **~ à café** coffee filter ; **filtre parental** INFORM internet filter, parental control filter.

filtrer [3] [filtre] ◇ *vt* to filter ; *fig* to screen. ◇ *vi* to filter ; *fig* to filter through.

fin, fine [fɛ̃, fin] ◇ *adj* **- 1.** [gén] fine **- 2.** [partie du corps] slender ; [couche, papier] thin **- 3.** [subtil] shrewd **- 4.** [ouïe, vue] keen **- 5.** *(avant n)* [spécialiste] expert. ◇ *adv* finely ; **~ prêt** quite ready.

◆ **fin** *nf* end ; **~ mars** at the end of March ; **mettre ~ à** to put a stop *OU* an end to ; **prendre ~** to come to an end ; **tirer** *OU* **toucher à sa ~** to draw to a close ; **~ de citation** (quote) unquote ; **~ de saison** end of season ; **arrondir ses ~s de mois** to make ends meet ; **arriver** *OU* **parvenir à ses ~s** to achieve one's ends *OU* aims ; **c'est la ~ des haricots** it's the last straw ; **mener à bonne ~** to bring to a successful conclusion ; **mettre ~ à ses jours** to put an end to one's life ; **à toutes ~s utiles** just in case.

◆ **fin de série** *nf* oddment.

◆ **à la fin** *loc adv* : **tu vas m'écouter, à la ~?** will you listen to me?

◆ **à la fin de** *loc prép* at the end of.
◆ **en fin de** *loc prép* at the end of.
◆ **sans fin** *loc adj* endless.

final, e [final] (*pl* **finals** *ou* **finaux** [fino]) *adj* final.
◆ **final(e)** *nm* MUS finale.
◆ **finale** *nf* - **1.** SPORT final - **2.** [de mot] last syllable.

finalement [finalmɑ̃] *adv* finally.

finaliser [3] [finalize] *vt* to finalize.

finaliste [finalist] *nmf* & *adj* finalist.

finalité [finalite] *nf sout* [fonction] purpose.

finance [finɑ̃s] *nf* finance ; **la haute ~** high finance.
◆ **finances** *nfpl* finances.
◆ **Finances** *nfpl* : **les Finances** ≃ the Treasury, the Exchequer *UK*.

financement [finɑ̃smɑ̃] *nm* financing, funding.

financer [16] [finɑ̃se] *vt* to finance, to fund.

financier, ère [finɑ̃sje, ɛr] *adj* financial.
◆ **financier** *nm* financier.

financièrement [finɑ̃sjɛrmɑ̃] *adv* financially.

finasser [3] [finase] *vi fam* to resort to tricks.

finaud, e [fino, od] *adj* wily, crafty.

fine [fin] *nf type of brandy*.

finement [finmɑ̃] *adv* - **1.** [délicatement] finely - **2.** [adroitement] cleverly - **3.** [subtilement] subtly.

finesse [finɛs] *nf* - **1.** [gén] fineness - **2.** [minceur] slenderness - **3.** [perspicacité] shrewdness - **4.** [subtilité] subtlety.

fini, e [fini] *adj* - **1.** *péj* [fieffé] : **un crétin ~** a complete idiot - **2.** *fam* [usé, diminué] finished - **3.** [limité] finite.
◆ **fini** *nm* [d'objet] finish.

finir [32] [finir] ◇ *vt* - **1.** [gén] to finish, to end - **2.** [vider] to empty - **3.** *fam* [user] to wear out. ◇ *vi* - **1.** [gén] to finish, to end ; **~ par faire qqch** to do sthg eventually ; **tu vas ~ par tomber!** you're going to fall! ; **mal ~** to end badly - **2.** [arrêter] : **~ de faire qqch** to stop doing sthg ; **en ~ (avec)** to finish (with) ; **à n'en plus ~** never-ending.

finish [finiʃ] *nm* finish ; **au ~** to the finish.

finition [finisjɔ̃] *nf* - **1.** [action] finishing - **2.** [d'objet] finish.

finlandais, e [fɛ̃lɑ̃dɛ, ɛz] *adj* Finnish.
◆ **Finlandais, e** *nm, f* Finn.

Finlande [fɛ̃lɑ̃d] *nf* : **la ~** Finland.

finnois, e [finwa, az] *adj* Finnish.
◆ **finnois** *nm* [langue] Finnish.
◆ **Finnois, e** *nm, f* Finn.

FINUL, Finul [finyl] (*abr de* **Forces intérimaires des Nations unies au Liban**) *nfpl* UNIFIL.

fiole [fjɔl] *nf* flask.

fioriture [fjɔrityr] *nf* flourish.

fioul = **fuel**.

FIP [fip] (*abr de* **France Inter Paris**) *nf French national radio station broadcasting music and traffic information.*

firmament [firmamɑ̃] *nm* firmament.

firme [firm] *nf* firm.

fis, fit *etc* ⊳ **faire**.

FIS [fis] (*abr de* **Front islamique du salut**) *nm* : **le ~** the Islamic Salvation Front.

fisc [fisk] *nm* ≃ Inland Revenue *UK*, ≃ Internal Revenue Service *US*.

fiscal, e, aux [fiskal, o] *adj* tax (*avant n*), fiscal.

fiscaliser [3] [fiskalize] *vt* to (make) subject to tax.

fiscalité [fiskalite] *nf* tax system.

fissure [fisyr] *nf litt* & *fig* crack.

fissurer [3] [fisyre] *vt* [fendre] to crack ; *fig* to split.
◆ **se fissurer** *vp* to crack.

fiston [fistɔ̃] *nm fam* son.

fitness [fitnɛs] *nm* keep-fit *UK*.

FIV [fiv] (*abr de* **fécondation in vitro**) *nf* IVF.

FIVETE, Fivete [fivɛt] (*abr de* **fécondation in vitro et transfert d'embryon**) *nf* GIFT ; **une ~** a test-tube baby.

fixateur, trice [fiksatœr, tris] *adj* - **1.** PHOTO fixing (*avant n*) - **2.** [lotion, crème] setting (*avant n*).
◆ **fixateur** *nm* PHOTO fixer.

fixatif [fiksatif] *nm* fixative.

fixation [fiksasjɔ̃] *nf* - **1.** [action de fixer] fixing - **2.** [attache] fastening, fastener ; [de ski] binding - **3.** PSYCHO fixation.

fixe [fiks] *adj* fixed ; [encre] permanent ; **à heure ~** at set *ou* fixed times.
◆ **fixe** *nm* fixed salary.

fixement [fiksəmɑ̃] *adv* fixedly ; **regarder ~ qqn/qqch** to stare at sb/sthg.

fixer [3] [fikse] *vt* - **1.** [gén] to fix ; [règle] to set ; **~ son choix sur** to decide on - **2.** [monter] to hang - **3.** [regarder] to stare at - **4.** [renseigner] : **~ qqn sur qqch** to put sb in the picture about sthg ; **être fixé sur qqch** to know all about sthg.
◆ **se fixer** *vp* to settle ; **se ~ sur** [suj: choix, personne] to settle on ; [suj: regard] to rest on.

fixité [fiksite] *nf* steadiness.

fjord [fjɔrd] *nm* fjord.

fl. (*abr écrite de* **fleuve**) R.

FL (*abr écrite de* **florin**) Fl, F, G.

flacon [flakɔ̃] *nm* small bottle ; **~ à parfum** perfume bottle.

flageller [4] [flaʒɛle] *vt* - **1.** [fouetter] to flagellate - **2.** *fig* [fustiger] to denounce.

flageoler [3] [flaʒɔle] *vi* to tremble.

flageolet [flaʒɔlɛ] *nm* - **1.** [haricot] flageolet bean - **2.** MUS flageolet.

flagornerie [flagɔrnəri] *nf* flattery.

flagrant, **e** [flagrɑ̃, ɑ̃t] *adj* flagrant, ▷ **délit**.

flair [flɛr] *nm* sense of smell ; **avoir du ~** *fig* to be intuitive.

flairer [4] [flɛre] *vt* to sniff, to smell ; *fig* to scent.

flamand, **e** [flamɑ̃, ɑ̃d] *adj* Flemish.

◆ **flamand** *nm* [langue] Flemish.

◆ **Flamand**, **e** *nm, f* Flemish person, Fleming.

flamant [flamɑ̃] *nm* flamingo ; **~ rose** pink flamingo.

flambant, **e** [flɑ̃bɑ̃, ɑ̃t] *adj* : **~ neuf** brand new.

flambeau, **x** [flɑ̃bo] *nm* torch ; *fig* flame ; **se passer le ~** *fig* to hand on the torch.

flambée [flɑ̃be] *nf* - **1.** [feu] blaze - **2.** *fig* [de colère] outburst ; [de violence] outbreak ; **il y a eu une ~ des prix** prices have sky-rocketed.

flamber [3] [flɑ̃be] ◇ *vi* - **1.** [brûler] to blaze - **2.** *fam* [jeux] to play for high stakes. ◇ *vt* - **1.** [crêpe] to flambé - **2.** [volaille] to singe.

flamboie, **flamboies** *(etc)* ▷ **flamboyer**.

flamboyant, **e** [flɑ̃bwajɑ̃, ɑ̃t] *adj* - **1.** [ciel, regard] blazing ; [couleur] flaming - **2.** ARCHIT flamboyant.

flamboyer [13] [flɑ̃bwaje] *vi* to blaze.

flamingant, **e** [flamɛ̃gɑ̃, ɑ̃t] *adj* - **1.** [nationaliste] Flemish-nationalist - **2.** [de langue] Flemish-speaking.

◆ **Flamingant**, **e** *nm, f* - **1.** [nationaliste] Flemish nationalist - **2.** [de langue] Flemish speaker.

flamme [flam] *nf* flame ; *fig* fervour *UK*, fervor *US*, fire.

flan [flɑ̃] *nm* baked custard.

flanc [flɑ̃] *nm* [de personne, navire, montagne] side ; [d'animal, d'armée] flank ; **à ~ de coteau** on the hillside ; **être sur le ~** *fig* to feel washed out ; **tirer au ~** *fam fig* to shirk, to skive *UK*.

flancher [3] [flɑ̃ʃe] *vi fam* to give up.

flanelle [flanɛl] *nf* flannel.

flâner [3] [flane] *vi* - **1.** [se promener] to stroll - **2.** [s'attarder] to hang about, to lounge about.

flânerie [flanri] *nf* stroll.

flâneur, **euse** [flanœr, øz] *nm, f* stroller.

flanquer [3] [flɑ̃ke] *vt* - **1.** *fam* [jeter] : **~ qqch par terre** to fling sthg to the ground ; **~ qqn dehors** to chuck *ou* fling sb out - **2.** *fam* [donner] : **~ une gifle à qqn** to clout sb round the ear ; **~ la frousse à qqn** to put the wind up sb *UK* - **3.** [accompagner] : **être flanqué de** to be flanked by.

◆ **se flanquer** *vp fam* : **se ~ par terre** to fall flat on one's face.

flapi, **e** [flapi] *adj fam* dead beat.

flaque [flak] *nf* pool ; **~ (d'eau)** puddle.

flash [flaʃ] *nm* - **1.** PHOTO flash - **2.** RADIO & TV : **~ (d'information)** newsflash ; **~ de publicité** commercial.

flash-back [flaʃbak] (*pl* **flash-back** *ou* **flash-backs**) *nm* CINÉ flashback.

flasher [3] [flaʃe] *vi fam* **~ sur qqn/qqch** to be turned on by sb/sthg ; **faire ~ qqn** to turn sb on.

flasque [flask] ◇ *nf* flask. ◇ *adj* flabby, limp.

flatter [3] [flate] *vt* - **1.** [louer] to flatter - **2.** [caresser] to stroke.

◆ **se flatter** *vp* to flatter o.s. ; **je me flatte de le convaincre** I flatter myself that I can convince him ; **se ~ de faire qqch** to pride o.s. on doing sthg.

flatterie [flatri] *nf* flattery.

flatteur, **euse** [flatœr, øz] ◇ *adj* flattering. ◇ *nm, f* flatterer.

flatulence [flatylɑ̃s] *nf* flatulence, wind.

FLE, **fle** [flə] (*abr de* **français langue étrangère**) *nm French as a foreign language*.

fléau, **x** [fleo] *nm* - **1.** *litt* & *fig* [calamité] scourge - **2.** [instrument] flail.

flèche [flɛʃ] *nf* - **1.** [gén] arrow - **2.** [d'église] spire - **3.** *fig* [critique] shaft - **4.** *loc* **monter en ~** to shoot up ; **partir comme une ~** to shoot off.

flécher [18] [fleʃe] *vt* to mark (with arrows).

fléchette [fleʃɛt] *nf* dart.

◆ **fléchettes** *nfpl* darts *(sing)*.

fléchir [32] [fleʃir] ◇ *vt* to bend, to flex ; *fig* to sway. ◇ *vi* to bend ; *fig* to weaken.

fléchissement [fleʃismɑ̃] *nm* flexing, bending ; *fig* weakening.

flegmatique [flɛgmatik] *adj* phlegmatic.

flegme [flɛgm] *nm* composure.

flemmard, **e** [flɛmar, ard] *fam* ◇ *adj* lazy. ◇ *nm, f* lazybones *(sing)*.

flemmarder [3] [flɛmarde] *vi fam* to lounge about.

flemme [flɛm] *nf fam* laziness ; **j'ai la ~ (de sortir)** I can't be bothered (to go out).

flétan [fletɑ̃] *nm* halibut.

flétrir [32] [fletrir] *vt* [fleur, visage] to wither.
◆ **se flétrir** *vp* to wither.

fleur [flœr] *nf* BOT *fig* flower ; **en ~, en ~s** [arbre] in flower, in blossom ; **à ~s** [motif] flowered ; **la fine ~ de** *fig* the flower *ou* the cream of ; **~ de lys** fleur-de-lis ; **dans la ~ de l'âge** in the prime of life ; **être ~ bleue** to be a romantic, to be sentimental ; **faire une ~ à qqn** *fam* to do sb a good turn ; **avoir les nerfs à ~ de peau** to be all on edge.

fleurer [5] [flœre] *vt* : **~ bon la vanille** to have a pleasant smell of vanilla.

fleuret [flœrɛ] *nm* foil.

fleurette [flœrɛt] *nf* : **conter ~ à qqn** *vieilli* & *hum* to whisper sweet nothings to sb.

fleuri, **e** [flœri] *adj* - **1.** [jardin, pré] in flower ; [vase] of flowers ; [tissu] flowered ; [table, appartement] decorated with flowers - **2.** *fig* [style] flowery.

fleurir [32] [flœrir] ◇ *vi* to blossom ; *fig* to flourish. ◇ *vt* [maison] to decorate with flowers ; [tombe] to lay flowers on.

fleuriste [flœrist] *nmf* florist.

fleuron [flœrɔ̃] *nm* *fig* jewel.

fleuve [flœv] *nm* - **1.** [cours d'eau] river - **2.** *(en apposition)* [interminable] lengthy, interminable ; **un discours-~** an interminable speech.

flexible [flɛksibl] *adj* flexible.

flexion [flɛksjɔ̃] *nf* - **1.** [de genou, de poutre] bending - **2.** LING inflexion.

flibustier [flibystje] *nm* buccaneer.

flic [flik] *nm* *fam* cop.

flingue [flɛ̃g] *nm* *fam* gun.

flinguer [3] [flɛ̃ge] *vt* *fam* to gun down.
◆ **se flinguer** *vp* *fam* to blow one's brains out.

flipper[1] [flipœr] *nm* pinball machine.

flipper[2] [3] [flipe] *vi* *fam* - **1.** [être déprimé] to feel down - **2.** [planer] to freak out.

flirt [flœrt] *nm* - **1.** [amourette] flirtation - **2.** [personne] boyfriend (*f* girlfriend).

flirter [3] [flœrte] *vi* : **~ (avec qqn)** to flirt (with sb) ; **~ avec qqch** *fig* to flirt with sthg.

FLN (*abr de* **Front de libération nationale**) *nm* *Algerian national liberation front.*

FLNC (*abr de* **Front de libération nationale corse**) *nm* *Corsican national liberation front.*

FLNKS (*abr de* **Front de libération nationale kanak et socialiste**) *nm* *political movement in New Caledonia.*

flocon [flɔkɔ̃] *nm* flake ; **~ de neige** snowflake ; **~s d'avoine** oat flakes.

flonflon [flɔ̃flɔ̃] *nm* *(gén pl)* blare.

flop [flɔp] *nm* [échec] flop, failure.

flopée [flɔpe] *nf* *fam* **une ~ de** heaps of, masses of.

floraison [flɔrɛzɔ̃] *nf* *litt* & *fig* flowering, blossoming.

floral, **e**, **aux** [flɔral, o] *adj* floral.

floralies [flɔrali] *nfpl* flower show *(sing)*.

flore [flɔr] *nf* flora.

Florence [flɔrɑ̃s] *n* Florence.

Floride [flɔrid] *nf* : **la ~** Florida.

florilège [flɔrilɛʒ] *nm* anthology.

florissant, **e** [flɔrisɑ̃, ɑ̃t] *adj* [santé] blooming ; [économie] flourishing.

flot [flo] *nm* flood, stream ; **être à ~** [navire] to be afloat ; *fig* to be back to normal ; **couler à ~s** *fig* to flow like water.
◆ **flots** *nmpl* *litt* waves.

flottage [flɔtaʒ] *nm* floating *(of logs)*.

flottaison [flɔtɛzɔ̃] *nf* floating.

flottant, **e** [flɔtɑ̃, ɑ̃t] *adj* - **1.** [gén] floating ; [esprit] irresolute - **2.** [robe] loose-fitting.

flotte [flɔt] *nf* - **1.** AÉRON & NAUT fleet ; **~ aérienne** air fleet - **2.** *fam* [eau] water - **3.** *fam* [pluie] rain.

flottement [flɔtmɑ̃] *nm* - **1.** [de drapeau] fluttering - **2.** [indécision] hesitation, wavering - **3.** [de monnaie] floating.

flotter [3] [flɔte] ◇ *vi* - **1.** [sur l'eau] to float - **2.** [drapeau] to flap ; [brume, odeur] to drift - **3.** [dans un vêtement] : **tu flottes dedans** it's baggy on you. ◇ *v impers fam* **il flotte** it's raining.

flotteur [flɔtœr] *nm* [de ligne de pêche, d'hydravion] float ; [de chasse d'eau] ballcock.

flou, **e** [flu] *adj* - **1.** [couleur, coiffure] soft - **2.** [photo] blurred, fuzzy - **3.** [pensée] vague, woolly.
◆ **flou** *nm* [de photo] fuzziness ; [de décision] vagueness ; **le ~ artistique** CINÉ & PHOTO soft focus ; *fig* vagueness.

flouer [3] [flue] *vt* *fam* to do *UK*, to swindle.

fluctuant, **e** [flyktɥɑ̃, ɑ̃t] *adj* fluctuating.

fluctuation [flyktɥasjɔ̃] *nf* fluctuation.

fluctuer [3] [flyktɥe] *vi* to fluctuate.

fluet, **ette** [flyɛ, ɛt] *adj* [personne] thin, slender ; [voix] thin.

fluide [flɥid] ◇ *nm* - **1.** [matière] fluid - **2.** *fig* [pouvoir] (occult) power. ◇ *adj* [matière] fluid ; [circulation] flowing freely.

fluidifier [9] [flɥidifje] *vt* [trafic] to improve the flow of.

fluidité [flɥidite] *nf* [gén] fluidity ; [de circulation] easy flow.

fluor [flyɔr] *nm* fluorine.

fluorescent, **e** [flyɔresɑ̃, ɑ̃t] *adj* fluorescent.

flûte [flyt] ◇ *nf* - **1.** MUS flute ; **~ à bec** recorder ; **~ traversière** flute - **2.** [verre] flute (glass) ; **~ à champagne** champagne flute - **3.** [pain] thin loaf of French bread. ◇ *interj fam* bother! *UK*.

flûtiste [flytist] *nmf* flautist *UK*, flutist *US*.

fluvial, e, aux [flyvjal, o] *adj* [eaux, pêche] river *(avant n)* ; [alluvions] fluvial.

flux [fly] *nm* - **1.** [écoulement] flow ; **un ~ de** *fig* a flood of - **2.** [marée] flood tide ; **le ~ et le reflux** the ebb and flow - **3.** PHYS flux - **4.** SOCIOL : **~ migratoire** massive population movement.

fluxion [flyksjɔ̃] *nf* inflammation ; **~ de poitrine** pneumonia.

FM (*abr de* **frequency modulation**) *nf* FM.

FMI (*abr de* **Fonds monétaire international**) *nm* IMF.

FN (*abr de* **Front national**) *nm extreme right-wing French political party.*

FNAC, Fnac [fnak] (*abr de* **Fédération nationale des achats des cadres**) *nf chain of large stores selling books, records, audio and video equipment etc.*

FNEF, Fnef [fnɛf] (*abr de* **Fédération nationale des étudiants de France**) *nf students' union.*

FNSEA (*abr de* **Fédération nationale des syndicats d'exploitants agricoles**) *nf farmers' union.*

FO (*abr de* **Force ouvrière**) *nf workers' trade union.*

foc [fɔk] *nm* jib.

focal, e, aux [fɔkal, o] *adj* focal.

focaliser [3] [fɔkalize] *vt* to focus.
◆ **se focaliser** *vp fig* **se ~ sur qqch** to focus on sthg.

fœtal, e, aux [fetal, o] *adj* foetal.

fœtus [fetys] *nm* foetus.

foi [fwa] *nf* - **1.** RELIG faith - **2.** [confiance] trust ; **avoir ~ en qqn/qqch** to trust sb/sthg, to have faith in sb/sthg - **3.** *loc* **ajouter ~ à** *sout* to lend credence to ; **faire ~** to serve as proof ; **être de bonne/mauvaise ~** to be in good/bad faith ; **ma ~...** well... ; **sur la ~ de** on the strength of.

foie [fwa] *nm* ANAT & CULIN liver ; **~ de veau/de volaille** calf's/chicken liver ; **~ gras** foie gras ; **avoir les ~s** *fam fig* to be scared out of one's wits.

foin [fwɛ̃] *nm* hay ; **faire les ~s** to make hay ; **faire du ~** *fam fig* to make a din.

foire [fwar] *nf* - **1.** [fête] funfair *UK*, carnival *US* - **2.** [exposition, salon] trade fair - **3.** *fam* [agitation] circus ; **~ d'empoigne** free-for-all ; **faire la ~** *fam fig* to have a wild time.

foirer [3] [fware] *vi fam* [projet] to fall through.

foireux, euse [fwarø, øz] *adj fam* [raté] disastrous ; [qui va rater] doomed.

fois [fwa] *nf* time ; **une ~** once ; **deux ~** twice ; **trois/quatre ~** three/four times ; **deux ~ plus long** twice as long ; **neuf ~ sur dix** nine times out of ten ; **deux ~ trois** two times three ; **cette ~** this time ; **il était une ~...** once upon a time there was... ; **pour une ~ (que)** for once ; **pour la énième ~** for the umpteenth time ; **une autre ~** another time ; **une (bonne)~ pour toutes** once and for all ; **une ~ n'est pas coutume** just the once won't hurt.
◆ **à la fois** *loc adv* at the same time, at once.
◆ **des fois** *loc adv* [parfois] sometimes ; **non, mais des ~!** *fam* look here!
◆ **si des fois** *loc conj fam* if ever.
◆ **une fois que** *loc conj* once.

foison [fwazɔ̃] ◆ **à foison** *loc adv* in abundance.

foisonnement [fwazɔnmɑ̃] *nm* abundance.

foisonner [3] [fwazɔne] *vi* to abound ; **~ en** *ou* **de** to abound in.

folâtre [fɔlatr] *adj* playful.

folâtrer [3] [fɔlatre] *vi* to romp (about).

folichon, onne [fɔliʃɔ̃, ɔn] *adj* : **ça n'est pas ~** *fam* it's not much fun.

folie [fɔli] *nf litt & fig* madness ; **à la ~** madly ; **c'est de la ~** it's madness *ou* lunacy ; **avoir la ~ des grandeurs** to have delusions of grandeur ; **faire des ~s** *fig* to be extravagant.

folio [fɔljo] *nm* folio.

folk [fɔlk] ◇ *nm* folk music. ◇ *adj inv* folk ; **la musique ~** folk music.

folklore [fɔlklɔr] *nm* [de pays] folklore ; **c'est du ~** *fig* you can't take it seriously.

folklorique [fɔlklɔrik] *adj* - **1.** [danse] folk - **2.** *fig* [situation, personne] bizarre, quaint.

folle ▻ **fou.**

follement [fɔlmɑ̃] *adv* madly, wildly ; **~ amoureux** madly in love.

follet [fɔlɛ] ▻ **feu.**

fomenter [3] [fɔmɑ̃te] *vt* to foment.

foncé, e [fɔ̃se] *adj* dark.

foncer [16] [fɔ̃se] ◇ *vt* to darken, to make darker. ◇ *vi* - **1.** [teinte] to darken - **2.** [se ruer] : **~ sur** to rush at - **3.** *fam* [se dépêcher] to get a move on.

fonceur, euse [fɔ̃sœr, øz] ◇ *adj* dynamic, go-ahead. ◇ *nm, f* dynamic person.

foncier, ère [fɔ̃sje, ɛr] *adj* - **1.** [impôt] land *(avant n)* ; **propriétaire ~** landowner - **2.** [fondamental] basic, fundamental.

foncièrement [fɔ̃sjɛrmɑ̃] *adv* basically.

fonction [fɔ̃ksjɔ̃] *nf* - **1.** [gén] function ; **faire ~ de** to act as - **2.** [profession] post ; **se démettre de ses ~s** to resign ; **entrer en ~** to take up one's post *ou* duties ; **la ~ publique** the civil service.
◆ **en fonction de** *loc prép* according to.
◆ **de fonction** *loc adj* : **appartement** *ou* **logement de ~** tied accommodation *UK*, accommodation that goes with the job.

fonctionnaire [fɔ̃ksjɔnɛr] *nmf* [de l'État] state employee ; [dans l'administration] civil servant ; **haut ~** senior civil servant.

fonctionnariat [fɔ̃ksjɔnarja] *nm* employment by the state.

fonctionnariser [3] [fɔ̃ksjɔnarize] *vt* - **1.** [personne] to make an employee of the state - **2.** [service] to take into the public sector.

fonctionnel, **elle** [fɔ̃ksjɔnɛl] *adj* functional.

fonctionnement [fɔ̃ksjɔnmɑ̃] *nm* working, functioning.

fonctionner [3] [fɔ̃ksjɔne] *vi* to work, to function.

fond [fɔ̃] *nm* - **1.** [de récipient, puits, mer] bottom ; [de pièce] back ; **un ~** [petite quantité] a drop ; **sans ~** bottomless ; **au fin ~ de** in the depths of ; **de ~ en comble** from top to bottom - **2.** [substance] heart, root ; **avoir un très bon ~** to be a good person at heart ; **le ~ de ma pensée** what I really think ; **le ~ et la forme** content and form ; **aller au ~ des choses** to go to the heart *ou* root of things - **3.** [arrière-plan] background ; **~ sonore** background music.
◆ **fond d'artichaut** *nm* artichoke heart.
◆ **fond de bouteille** *nm* lees *(pl)*, dregs *(pl)*.
◆ **fond de teint** *nm* foundation.
◆ **à fond** *loc adv* - **1.** [entièrement] thoroughly ; **se donner à ~** to give one's all - **2.** [très vite] at top speed.
◆ **au fond**, **dans le fond** *loc adv* basically.
◆ **au fond de** *loc prép* : **au ~ de moi-même/lui-même** *etc* at heart, deep down.

fondais, **fondions** *(etc)* ▷ **fondre**.

fondamental, **e**, **aux** [fɔ̃damɑ̃tal, o] *adj* fundamental.

fondamentalement [fɔ̃damɑ̃talmɑ̃] *adv* fundamentally.

fondamentaliste [fɔ̃damɑ̃talist] *nmf & adj* fundamentalist.

fondant, **e** [fɔ̃dɑ̃, ɑ̃t] *adj* [neige, glace] melting ; [aliment] which melts in the mouth.
◆ **fondant** *nm* [gâteau] fondant.

fondateur, **trice** [fɔ̃datœr, tris] *nm, f* founder.

fondation [fɔ̃dasjɔ̃] *nf* foundation.
◆ **fondations** *nfpl* CONSTR foundations.

fondé, **e** [fɔ̃de] *adj* [craintes, reproches] justified, well-founded ; **non ~** unfounded ; **être ~ à faire qqch** to have good reason to do sthg.
◆ **fondé de pouvoir** *nm* authorized representative.

fondement [fɔ̃dmɑ̃] *nm* [base, motif] foundation ; **sans ~** groundless, without foundation.

fonder [3] [fɔ̃de] *vt* - **1.** [créer] to found - **2.** [baser] : **~ qqch sur** to base sthg on ; **~ de grands espoirs sur qqn** to pin one's hopes on sb.
◆ **se fonder** *vp* : **se ~ sur** [suj: personne] to base o.s. on ; [suj: argument] to be based on.

fonderie [fɔ̃dri] *nf* [usine] foundry.

fondeur, **euse** [fɔ̃dœr, øz] *nm, f* SKI cross-country skier.

fondre [75] [fɔ̃dr] ◇ *vt* - **1.** [beurre, neige] to melt ; [sucre, sel] to dissolve ; [métal] to melt down - **2.** [mouler] to cast - **3.** [mêler] to blend. ◇ *vi* - **1.** [beurre, neige] to melt ; [sucre, sel] to dissolve ; *fig* to melt away - **2.** [maigrir] to lose weight - **3.** [se ruer] : **~ sur** to swoop down on.
◆ **se fondre** *vp* : **se ~ dans la brume/la foule** to melt away into the fog/the crowd.

fonds [fɔ̃] ◇ *nm* - **1.** [ressources] fund ; **~ commun de placement** unit trust *UK*, mutual fund *US* ; **le Fonds monétaire international** the International Monetary Fund ; **~ de roulement** working capital - **2.** [bien immobilier] : **~ (de commerce)** business. ◇ *nmpl* funds ; **~ publics/secrets** public/secret funds ; **~ de pension** FIN (private) pension fund.

fondu, **e** [fɔ̃dy] *pp* ▷ **fondre**.
◆ **fondu** *nm* - **1.** [CINÉ - ouverture] fade-in ; [- fermeture] fade-out ; **~ enchaîné** dissolve - **2.** [de couleurs] blend.
◆ **fondue** *nf* fondue ; **~ e au fromage** *ou* **savoyarde** cheese fondue ; **~e bourguignonne** meat fondue.

fongicide [fɔ̃ʒisid] ◇ *nm* fungicide. ◇ *adj* fungicidal.

font ▷ **faire**.

fontaine [fɔ̃tɛn] *nf* [naturelle] spring ; [publique] fountain.

fonte [fɔ̃t] *nf* - **1.** [de glace, beurre] melting ; [de métal] melting down ; **la ~ des neiges** the thaw - **2.** [alliage] cast iron ; **en ~** cast-iron.

fonts [fɔ̃] *nmpl* : **~ baptismaux** (baptismal) font *(sing)*.

foot [fut] = **football**.

football [futbol] *nm* football *UK*, soccer ; **~ américain** American football *UK*, football *US*.

footballeur, **euse** [futbolœr, øz] *nm, f* footballer *UK*, soccer player.

footing [futiŋ] *nm* jogging ; **faire du ~** to go jogging.

for [fɔr] *nm* : **dans son ~ intérieur** in his/her heart of hearts.

FOR (*abr écrite de* **forint**) F, Ft.

forage [fɔraʒ] *nm* drilling.

forain, e [fɔrɛ̃, ɛn] *adj* ▷ **fête**.
◆ **forain** *nm* stallholder *UK*.

forban [fɔrbɑ̃] *nm* - **1.** [corsaire] pirate - **2.** [escroc] crook.

forçat [fɔrsa] *nm* convict.

force [fɔrs] *nf* - **1.** [vigueur] strength ; **avoir de la ~** to be strong ; **en ~** [passer] by (physical) effort ; [arriver] in force ; **être une ~ de la nature** to be a human dynamo ; **être de ~ à faire qqch** to be up to doing sthg ; **c'est ce qui fait sa ~** that's where his strength lies ; **~ de caractère** strength of character ; **dans la ~ de l'âge** *fig* in the prime of life - **2.** [violence, puissance, MIL & PHYS] force ; **faire faire qqch à qqn de ~** to force sb to do sthg ; **par la ~ des choses** by force of circumstances ; **avoir ~ de loi** to have force of law ; **obtenir qqch par la ~** to obtain sthg by force ; **~ centrifuge** PHYS centrifugal force ; **~ de dissuasion** deterrent power ; **~ de frappe** strike force ; **~ d'inertie** PHYS force of inertia ; **~ de vente** COMM sales force.
◆ **forces** *nfpl* - **1.** [physique] strength *(sing)* ; **être à bout de ~s** to have no strength left ; **de toutes ses ~s** with all his/her strength ; **recouvrer ses ~s** to get one's strength back ; **reprendre des ~s** to recover one's strength - **2.** [organisation] : **les ~s armées** the armed forces ; **~s d'intervention** rapid deployment force *(sing)* ; **les ~s de l'ordre** the police *(sing)* ; **les ~s de police** the police force *(sing)*.
◆ **à force de** *loc prép* by dint of.

forcé, e [fɔrse] *adj* forced.

forcément [fɔrsemɑ̃] *adv* inevitably.

forcené, e [fɔrsəne] ◇ *adj* [haine, critique] frenzied ; [partisan] fanatical. ◇ *nm, f* maniac.

forceps [fɔrsɛps] *nm* forceps *(pl)*.

forcer [16] [fɔrse] ◇ *vt* - **1.** [gén] to force ; **~ qqn à qqch/à faire qqch** to force sb into sthg/to do sthg - **2.** [admiration, respect] to compel, to command - **3.** [talent, voix] to strain. ◇ *vi* : **ça ne sert à rien de ~, ça ne passe pas** there's no point in forcing it, it won't go through ; **~ sur qqch** to overdo sthg.
◆ **se forcer** *vp* [s'obliger] : **se ~ à faire qqch** to force o.s. to do sthg.

forcing [fɔrsiŋ] *nm* SPORT *fig* pressure ; **faire du ~** to push o.s.

forcir [32] [fɔrsir] *vi* to put on weight.

forer [3] [fɔre] *vt* to drill.

forestier, ère [fɔrɛstje, ɛr] *adj* forest *(avant n)*.
◆ **forestier** *nm* forestry worker.

forêt [fɔrɛ] *nf* forest.

foreuse [fɔrøz] *nf* drill.

forfait [fɔrfɛ] *nm* - **1.** [prix fixe] fixed price ; **être au ~** [pour l'imposition] to pay an estimated amount of tax - **2.** [séjour] package deal - **3.** SPORT : **déclarer ~** [abandonner] to withdraw ; *fig* to give up - **4.** *litt* [crime] heinous crime.

forfaitaire [fɔrfɛtɛr] *adj* inclusive.

forfait-vacances [fɔrfɛvakɑ̃s] (*pl* **forfaits-vacances**) *nm* package holiday *UK* OU vacation *US*.

forfanterie [fɔrfɑ̃tri] *nf* bragging.

forge [fɔrʒ] *nf* forge.

forger [17] [fɔrʒe] *vt* - **1.** [métal] to forge - **2.** *fig* [caractère] to form - **3.** [plan, excuse] to concoct.

forgeron [fɔrʒərɔ̃] *nm* blacksmith.

formaliser [3] [fɔrmalize] *vt* to formalize.
◆ **se formaliser** *vp* : **se ~ (de)** to take offence *UK* OU offense *US* (at).

formalisme [fɔrmalism] *nm* formality.

formaliste [fɔrmalist] ◇ *nmf* formalist. ◇ *adj* [milieu] conventional ; [personne] : **être ~** to be a stickler for the rules.

formalité [fɔrmalite] *nf* formality ; **les ~s d'usage** the usual formalities.

format [fɔrma] *nm* - **1.** [dimension] size ; **grand/petit ~** large/small size - **2.** INFORM format.

formatage [fɔrmataʒ] *nm* INFORM formatting.

formater [3] [fɔrmate] *vt* INFORM to format.

formateur, trice [fɔrmatœr, tris] ◇ *adj* formative. ◇ *nm, f* trainer.

formation [fɔrmasjɔ̃] *nf* - **1.** [gén] formation - **2.** [apprentissage] training ; **~ en alternance** sandwich course ; **~ continue** continuing education ; **~ professionnelle** vocational training.

forme [fɔrm] *nf* - **1.** [aspect] shape, form ; **en ~ de** in the shape of ; **sous ~ de** in the form of ; **sous toutes ses ~s** in all its forms ; **prendre ~** to take shape - **2.** [état] form ; **être en (pleine) ~** to be in (great) shape, to be on *UK* OU in *US* (top) form - **3.** *loc* **en bonne et due ~** in due form ; **faire qqch dans les ~s** to do sthg in the correct way ; **pour la ~** for form's sake ; **sans autre ~ de procès** without further ado.
◆ **formes** *nfpl* figure *(sing)*.

formel, elle [fɔrmɛl] *adj* - **1.** [définitif, ferme] positive, definite - **2.** [poli] formal.

formellement [fɔrmɛlmɑ̃] *adv* - **1.** [refuser] positively ; [promettre] definitely - **2.** [raisonner] formally.

former [3] [fɔrme] *vt* - **1.** [gén] to form - **2.** [personnel, élèves] to train - **3.** [goût, sensibilité] to develop.
◆ **se former** *vp* - **1.** [se constituer] to form - **2.** [s'instruire] to train o.s.

Formica® [fɔrmika] *nm inv* Formica®.

formidable [fɔrmidabl] *adj* - **1.** [épatant] great, tremendous - **2.** [incroyable] incredible.

formol [fɔrmɔl] *nm* formalin.

formosan, e [fɔrmɔzɑ̃, an] *adj* Formosan.
◆ **Formosan, e** *nm, f* Formosan.

Formose [fɔrmɔz] *n* Formosa ; **à ~** in Formosa.

formulaire [fɔrmylɛr] *nm* form ; **remplir un ~** to fill in a form.

formulation [fɔrmylasjɔ̃] *nf* wording, formulation.

formule [fɔrmyl] *nf* - **1.** [expression] expression ; **~ de politesse** [orale] polite phrase ; [épistolaire] letter ending - **2.** CHIM & MATH formula - **3.** [méthode] way, method ; **nouvelle ~** new style of show/restaurant *etc* - **4.** [slogan] : **~ publicitaire** advertising slogan.
◆ **formule 1** *nf* Formula One.

formuler [3] [fɔrmyle] *vt* to formulate, to express.

forniquer [3] [fɔrnike] *vi* to fornicate.

forsythia [fɔrsisja] *nm* forsythia.

fort, e [fɔr, fɔrt] ◇ *adj* - **1.** [gén] strong ; **et le plus ~, c'est que...** and the most amazing thing about it is... ; **c'est un peu ~!** *fam* that's a bit much! ; **c'est plus ~ que moi** I can't help it - **2.** [corpulent] heavy, big - **3.** [doué] gifted ; **être ~ en qqch** to be good at sthg - **4.** [puissant - voix] loud ; [- vent, lumière, accent] strong - **5.** [considérable] large ; **il y a de ~es chances qu'il gagne** there's a good chance he'll win. ◇ *adv* - **1.** [frapper, battre] hard ; [sonner, parler] loud, loudly - **2.** *sout* [très] very ; **avoir ~ à faire (avec qqn)** to have a hard job (with sb). ◇ *nm* - **1.** [château] fort - **2.** [personne] : **un ~ en qqch** a person who is good at sthg - **3.** [spécialité] : **ce n'est pas mon ~** it's not my forte *ou* strong point.
◆ **au plus fort de** *loc prép* [hiver] in the depths of ; [tempête, dispute] at the height of.

fortement [fɔrtəmɑ̃] *adv* - **1.** [avec force] hard - **2.** [très - intéressé, ému] deeply - **3.** [beaucoup - bégayer, loucher] badly.

forteresse [fɔrtərɛs] *nf* fortress.

fortifiant, e [fɔrtifjɑ̃, ɑ̃t] *adj* fortifying.
◆ **fortifiant** *nm* tonic.

fortification [fɔrtifikasjɔ̃] *nf* fortification.

fortifier [9] [fɔrtifje] *vt* [personne, ville] to fortify ; **~ qqn dans qqch** *fig* to strengthen sb in sthg.

fortuit, e [fɔrtɥi, it] *adj* chance *(avant n)*, fortuitous.

fortune [fɔrtyn] *nf* - **1.** [richesse] fortune ; **faire ~** to make one's fortune - **2.** [hasard] luck, fortune.

fortuné, e [fɔrtyne] *adj* - **1.** [riche] wealthy - **2.** [chanceux] fortunate, lucky.

forum [fɔrɔm] *nm* forum ; **~ de discussion** INFORM chat room.

fosse [fos] *nf* - **1.** [trou] pit ; **~ septique** septic tank ; **~ aux lions** lions' den ; **~ d'orchestre** orchestra pit ; **~ de sable** *Québec* [golf] bunker, sand trap *US* - **2.** [tombe] grave ; **~ commune** common grave.

fossé [fose] *nm* ditch ; *fig* gap.

fossette [fosɛt] *nf* dimple.

fossile [fosil] ◇ *adj* fossil *(avant n)*, fossilized. ◇ *nm* - **1.** [de plante, d'animal] fossil - **2.** *fig & péj* [personne] fossil, fogy.

fossoyeur, euse [foswajœr, øz] *nm, f* gravedigger.

fou, folle [fu, fɔl] ◇ *adj* (**fol** *devant voyelle ou h muet)* mad, insane ; [prodigieux] tremendous ; **être ~ de qqn/qqch** to be mad about sb/sthg ; **être ~ de joie** to be deliriously happy ; **~ à lier** raving mad. ◇ *nm, f* madman (*f* madwoman) ; **~ furieux** manic ; **faire le ~** *fig* to act the fool.

foudre [fudr] *nf* lightning ; **encourir** *ou* **s'attirer les ~s de qqn** *fig* to bring down sb's wrath on o.s.

foudroyant, e [fudrwajɑ̃, ɑ̃t] *adj* - **1.** [progrès, vitesse] lightning *(avant n)* ; [succès] stunning - **2.** [nouvelle] devastating ; [regard] withering.

foudroyer [13] [fudrwaje] *vt* - **1.** [suj: foudre] to strike ; **l'arbre a été foudroyé** the tree was struck by lightning - **2.** *fig* [abattre] to strike down, to kill ; **~ qqn du regard** to glare at sb.

fouet [fwɛ] *nm* - **1.** [en cuir] whip ; **de plein ~** direct ; **il prit la pluie de plein ~** the rain hit him full in the face - **2.** CULIN whisk.

fouetter [4] [fwete] *vt* - **1.** [gén] to whip ; [suj: pluie] to lash (against) - **2.** [stimuler] to stimulate.

fougasse [fugas] *nf type of unleavened bread.*

fougère [fuʒɛr] *nf* fern.

fougue [fug] *nf* ardour *UK*, ardor *US*.

fougueux, euse [fugø, øz] *adj* ardent, spirited.

fouille [fuj] *nf* - **1.** [de personne, maison] search - **2.** [du sol] dig, excavation.
◆ **fouilles** *nfpl fam* pockets.

fouiller [3] [fuje] ◇ *vt* - **1.** [gén] to search - **2.** *fig* [approfondir] to examine closely. ◇ *vi* : **~ dans** to go through.

fouillis [fuji] *nm* jumble, muddle.

fouine [fwin] *nf* stone-marten.

fouiner [3] [fwine] *vi* to ferret about.

foulard [fular] *nm* scarf.

foule [ful] *nf* - **1.** [de gens] crowd ; **en ~** in great numbers ; **attirer les ~s** *fig* to draw the crowds - **2.** *péj* [peuple] : **la ~** the masses *(pl)* - **3.** *fig* [multitude] : **une ~ de** masses of.

foulée [fule] *nf* [de coureur] stride ; **je suis sorti faire des courses et dans la ~...** I went out to do some shopping and while I was at it...

fouler [3] [fule] *vt* [raisin] to press ; [sol] to walk on.
◆ **se fouler** *vp* - **1.** MÉD : **se ~ le poignet/la cheville** to sprain one's wrist/ankle - **2.** *fam fig* [se fatiguer] : **ne pas se ~** not to strain o.s.

foulure [fulyr] *nf* sprain.

four [fur] *nm* - **1.** [de cuisson] oven ; **cuit au ~** baked ; **~ électrique/à micro-ondes** electric/microwave oven ; **~ crématoire** HIST oven ; **je ne peux pas être (à la fois) au ~ et au moulin** *fig* I haven't got two pairs of hands, I can't be in two places at once ; **noir comme dans un ~** *fig* black as pitch - **2.** THÉÂTRE flop ; **faire un ~** to flop.

fourbe [furb] ◇ *adj* treacherous, deceitful. ◇ *nmf* rogue.

fourbi [furbi] *nm fam* - **1.** [attirail] gear - **2.** [fouillis] mess.

fourbir [32] [furbir] *vt litt & fig* to polish.

fourbu, e [furby] *adj* tired out, exhausted.

fourche [furʃ] *nf* - **1.** [outil] pitchfork - **2.** [de vélo, route] fork - **3.** *belgicisme* SCOL free period.

fourcher [3] [furʃe] *vi* - **1.** [cheveux] to split - **2.** *loc* **sa langue a fourché** he made a slip of the tongue.

fourchette [furʃɛt] *nf* - **1.** [couvert] fork - **2.** [écart] range, bracket.

fourchu, e [furʃy] *adj* forked.

fourgon [furgɔ̃] *nm* - **1.** [camionnette] van ; **~ cellulaire** police van *UK*, patrol wagon *US* ; **~ mortuaire** hearse - **2.** [ferroviaire] : **~ à bestiaux** cattle truck ; **~ postal** mail van *UK*, mail truck *US*.

fourgonnette [furgɔnɛt] *nf* small van.

fourguer [3] [furge] *vt fam* **~ qqch à qqn** to palm sthg off on sb.

fourmi [furmi] *nf* [insecte] ant ; *fig* hard worker ; **avoir des ~s dans les bras/les jambes** to have pins and needles in one's arms/legs.

fourmilière [furmiljɛr] *nf* anthill.

fourmillement [furmijmɑ̃] *nm* - **1.** [d'insectes, de personnes] swarming - **2.** [picotement] pins and needles *(pl)*.

fourmiller [3] [furmije] *vi* [pulluler] to swarm ; **~ de** *fig* to be swarming with.

fournaise [furnɛz] *nf* furnace.

fourneau, x [furno] *nm* - **1.** [cuisinière, poêle] stove - **2.** [de fonderie] furnace - **3.** [de pipe] bowl.

fournée [furne] *nf* batch.

fourni, e [furni] *adj* [barbe, cheveux] thick.

fournil [furnil] *nm* bakery.

fournir [32] [furnir] ◇ *vt* - **1.** [procurer] : **~ qqch à qqn** to supply *ou* provide sb with sthg - **2.** [produire] : **~ un effort** to make an effort - **3.** [approvisionner] : **~ qqn (en)** to supply sb (with). ◇ *vi* : **~ à** to provide for.
◆ **se fournir** *vp* : **se ~ chez/en** to get supplies from/of.

fournisseur, euse [furnisœr, øz] *nm, f* supplier ; **~ d'accès** INFORM service provider.

fourniture [furnityr] *nf* supply, supplying *(U)*.
◆ **fournitures** *nfpl* : **~s de bureau** office supplies ; **~s scolaires** school supplies.

fourrage [furaʒ] *nm* fodder.

fourrager[1], **ère** [furaʒe, ɛr] *adj* fodder *(avant n)*.

fourrager[2] [17] [furaʒe] *vi fam* **~ dans qqch** to rummage through sthg.

fourré [fure] *nm* thicket.

fourreau, x [furo] *nm* - **1.** [d'épée] sheath ; [de parapluie] cover - **2.** [robe] sheath dress.

fourrer [3] [fure] *vt* - **1.** CULIN to stuff, to fill - **2.** *fam* [mettre] : **~ qqch (dans)** to stuff sthg (into).
◆ **se fourrer** *vp* : **se ~ dans le pétrin** to get into a mess ; **se ~ une idée dans la tête** to get an idea into one's head ; **je ne savais plus où me ~** I didn't know where to put myself.

fourre-tout [furtu] *nm inv* - **1.** [pièce] lumber room *UK*, junk room *US* - **2.** [sac] holdall *UK*, carryall *US* - **3.** *fig & péj* [d'idées] hotchpotch *UK*, hodgepodge *US*.

fourreur [furœr] *nm* furrier.

fourrière [furjɛr] *nf* pound ; **mettre à la ~** [voiture] to tow away.

fourrure [furyr] *nf* fur ; **un manteau en fausse ~** a fake fur coat.

fourvoyer [13] [furvwaje] ◆ **se fourvoyer** *vp sout* [s'égarer] to lose one's way ; [se tromper] to go off on the wrong track.

foutaise [futɛz] *nf fam* crap *(U)*.

foutoir [futwar] *nm fam* pigsty.

foutre [116] [futr] *vt tfam* - **1.** [mettre] to shove, to stick ; **~ qqn dehors** *ou* **à la porte** to chuck sb out - **2.** [donner] : **~ la trouille à qqn** to put the wind up sb *UK* ; **il lui a foutu une baffe** he thumped him one - **3.** [faire] to do ; **ne rien ~ de la journée** to not do a damn thing all day ; **j'en ai rien à ~** I don't give a toss *UK*.

◆ **se foutre** *vp tfam* - **1.** [se mettre] : **se ~ dans** [situation] to get o.s. into - **2.** [se moquer] : **se ~ de (la gueule de) qqn** to laugh at sb, to take the mickey out of sb *UK* - **3.** [ne pas s'intéresser] : **je m'en fous** I don't give a damn about it.

foutu, e [futy] *adj fam* - **1.** [maudit] bloody *UK*, damned ; [caractère] nasty - **2.** [fait, conçu] : **bien ~** [projet, maison] great ; **elle est bien ~e, celle-là** [femme] she's a real stunner - **3.** [perdu] : **il est ~** he's/it's had it - **4.** [capable] : **être ~ de faire qqch** to be liable *ou* quite likely to do sthg.

fox-terrier [fɔksterje] (*pl* **fox-terriers**) *nm* fox terrier.

foyer [fwaje] *nm* - **1.** [maison] home ; **rentrer au ~** to go home - **2.** [famille] family ; **fonder un ~** to set up home - **3.** [résidence] home, hostel - **4.** [point central] centre *UK*, center *US* - **5.** [de lunettes] focus ; **verres à double ~** bifocals.

FP (*abr de* **franchise postale**) PP.

FPA (*abr de* **formation professionnelle des adultes**) *nf state-run adult training scheme*.

FPLP (*abr de* **Front populaire de libération de la Palestine**) *nm* PFLP.

frac [frak] *nm* tails *(pl)*.

fracas [fraka] *nm* roar.

fracassant, e [frakasɑ̃, ɑ̃t] *adj* [bruyant] thunderous ; *fig* staggering, sensational.

fracasser [3] [frakase] *vt* to smash, to shatter.

◆ **se fracasser** *vp* : **se ~ contre/sur** to crash against/into.

fraction [fraksjɔ̃] *nf* fraction.

fractionner [3] [fraksjɔne] *vt* to divide (up), to split up.

◆ **se fractionner** *vp* to split up.

fracture [fraktyr] *nf* MÉD fracture ; **~ du crâne** fractured skull ; **~ sociale** gap between the rich and the poor.

fracturer [3] [fraktyre] *vt* - **1.** MÉD to fracture - **2.** [coffre, serrure] to break open.

◆ **se fracturer** *vp* to break, to fracture.

fragile [fraʒil] *adj* [gén] fragile ; [peau, santé] delicate.

fragiliser [3] [fraʒilize] *vt* to weaken.

fragilité [fraʒilite] *nf* fragility.

fragment [fragmɑ̃] *nm* - **1.** [morceau] fragment - **2.** [extrait - d'œuvre] extract ; [- de conversation] snatch.

fragmentaire [fragmɑ̃tɛr] *adj* fragmentary.

fragmenter [3] [fragmɑ̃te] *vt* to fragment, to break up.

◆ **se fragmenter** *vp* to fragment, to break up.

fraîche ▷ **frais**.

fraîchement [frɛʃmɑ̃] *adv* - **1.** [récemment] recently - **2.** [froidement] coolly.

fraîcheur [frɛʃœr] *nf* - **1.** [d'air, d'accueil] coolness - **2.** [de teint, d'aliment] freshness.

fraîchir [32] [frɛʃir] *vi* to freshen.

frais, fraîche [frɛ, frɛʃ] *adj* - **1.** [air, accueil] cool ; **boisson fraîche** cold drink ; **'servir ~'** 'serve chilled' - **2.** [récent - trace] fresh ; [- encre] wet ; **~ émoulu (de)** fresh (from) - **3.** [teint] fresh, clear ; **~ et dispos** hale and hearty.

◆ **frais** ◇ *nm* : **mettre qqch au ~** to put sthg in a cool place ; **prendre le ~** to take a breath of fresh air. ◇ *nmpl* [dépenses] expenses, costs ; **aux ~ de la maison** at the company's expense ; **faire des ~** to spend a lot of money ; **rentrer dans ses ~** to cover one's expenses ; **faux ~** incidentals ; **~ d'entretien** upkeep ; **~ d'équipement** capital expenditure ; **~ fixes** fixed costs ; **~ généraux** overheads *UK*, overhead *US* ; **~ de justice** legal costs ; **~ de représentation** entertainment allowance ; **à grands ~** at a high price ; **à peu de ~** cheaply ; **faire les ~ de qqch** to bear the brunt of sthg. ◇ *adv* : **il fait ~** it's cool.

fraise [frɛz] *nf* - **1.** [fruit] strawberry ; **~ des bois** wild strawberry - **2.** [de dentiste] drill ; [de menuisier] bit.

fraiser [4] [freze] *vt* to countersink.

fraiseuse [frɛzøz] *nf* milling machine.

fraisier [frɛzje] *nm* - **1.** [plante] strawberry plant - **2.** [gâteau] strawberry sponge.

framboise [frɑ̃bwaz] *nf* - **1.** [fruit] raspberry - **2.** [liqueur] raspberry liqueur.

framboisier [frɑ̃bwazje] *nm* - **1.** [plante] raspberry bush - **2.** [gâteau] raspberry sponge.

franc, franche [frɑ̃, frɑ̃ʃ] *adj* - **1.** [sincère] frank - **2.** [net] clear, definite.

◆ **franc** *nm* franc ; **ancien/nouveau ~** old/new franc ; **~ français/belge/suisse** French/Belgian/Swiss franc.

français, e [frɑ̃sɛ, ɛz] *adj* French.

◆ **français** *nm* [langue] French.

◆ **Français, e** *nm, f* Frenchman (*f* Frenchwoman) ; **les Français** the French ; **le Français moyen** the average Frenchman.

France [frɑ̃s] *nf* : **la ~** France ; **~ 2, ~ 3** TV *French state-owned television channels* ; **France-Inter** RADIO *radio station broadcasting mainly current affairs programmes, interviews and debates*.

franche ▷ **franc**.

franchement [frɑ̃ʃmɑ̃] *adv* - **1.** [sincèrement] frankly - **2.** [nettement] clearly - **3.** [tout à fait] completely, downright.

franchir [32] [frɑ̃ʃir] *vt* - **1.** [obstacle] to get over - **2.** [porte] to go through ; [seuil] to cross - **3.** [distance] to cover.

franchise [frɑ̃ʃiz] *nf* - **1.** [sincérité] frankness - **2.** COMM franchise ; **agent en ~** franchise holder - **3.** [d'assurance] excess - **4.** [détaxe] exemption.

francilien, enne [frɑ̃siljɛ̃, ɛn] *adj* of *ou* from the Île-de-France.

◆ **Francilien, enne** *nm, f* inhabitant of the Île-de-France.

franciscain, e [frɑ̃siskɛ̃, ɛn] *adj* & *nm, f* Franciscan.

franciser [3] [frɑ̃size] *vt* to frenchify.

franc-jeu [frɑ̃ʒø] *nm* : **jouer ~** to play fair.

franc-maçon, onne [frɑ̃masɔ̃, ɔn] (*mpl* **francs-maçons**) (*fpl* **franc-maçonnes**) *adj* masonic.

◆ **franc-maçon** *nm* freemason.

franc-maçonnerie [frɑ̃masɔnri] (*pl* **franc-maçonneries**) *nf* freemasonry *(U)*.

franco [frɑ̃ko] *adv* - **1.** *fam* [franchement] : **y aller ~** to go straight to the point - **2.** COMM : **~ à bord** free on board ; **~ de port** carriage paid.

francophile [frɑ̃kɔfil] *nmf* & *adj* francophile.

francophone [frɑ̃kɔfɔn] ◇ *adj* French-speaking. ◇ *nmf* French speaker.

francophonie [frɑ̃kɔfɔni] *nf* : **la ~** French-speaking nations *(pl)*.

Francophonie

This is a wide-ranging cultural and political concept involving the promotion of French-speaking communities around the world, with a view to creating a 'French Commonwealth' with a strong identity.

franc-parler [frɑ̃parle] (*pl* **francs-parlers**) *nm* : **avoir son ~** to speak one's mind.

franc-tireur [frɑ̃tirœr] (*pl* **francs-tireurs**) *nm* - **1.** MIL irregular - **2.** *fig* [indépendant] freelance ; **agir en ~** to act independently.

frange [frɑ̃ʒ] *nf* fringe.

frangin, e [frɑ̃ʒɛ̃, frɑ̃ʒin] *nm, f fam* brother (*f* sister).

frangipane [frɑ̃ʒipan] *nf* almond paste.

franglais [frɑ̃glɛ] *nm* Franglais.

franquette [frɑ̃kɛt] ◆ **à la bonne franquette** *loc adv* informally, without any ceremony.

frappant, e [frapɑ̃, ɑ̃t] *adj* striking.

frappe [frap] *nf* - **1.** [de monnaie] minting, striking - **2.** [à la machine] typing ; INFORM keying - **3.** [de boxeur] punch - **4.** *péj* [voyou] lout, yob *UK*.

frappé, e [frape] *adj* - **1.** [champagne] chilled - **2.** *fam* [personne] crazy, nutty.

frapper [3] [frape] ◇ *vt* - **1.** [gén] to strike - **2.** [boisson] to chill. ◇ *vi* to knock.

frasques [frask] *nfpl* pranks, escapades.

fraternel, elle [fratɛrnɛl] *adj* fraternal, brotherly.

fraterniser [3] [fratɛrnize] *vi* to fraternize.

fraternité [fratɛrnite] *nf* brotherhood.

fratricide [fratrisid] ◇ *nmf* fratricide. ◇ *adj* fratricidal.

fraude [frod] *nf* fraud ; **passer qqch en ~** to smuggle sthg in ; **~ électorale** ballot-rigging ; **~ fiscale** tax evasion ; **~ informatique** computer crime.

frauder [3] [frode] *vt* & *vi* to cheat.

fraudeur, euse [frodœr, øz] *nm, f* cheat.

frauduleux, euse [frodylø, øz] *adj* fraudulent.

frayer [11] [frɛje] ◇ *vt* : **~ la voie à qqn** to clear the way for sb. ◇ *vi* [fréquenter] : **~ avec** to associate *ou* mix with.

◆ **se frayer** *vp* : **se ~ un chemin (à travers une foule)** to force one's way through (a crowd).

frayeur [frɛjœr] *nf* fright, fear.

fredaines [frədɛn] *nfpl* pranks.

fredonner [3] [frədɔne] *vt* & *vi* to hum.

freezer [frizœr] *nm* freezer compartment.

frégate [fregat] *nf* - **1.** [bateau] frigate - **2.** [oiseau] frigate-bird.

frein [frɛ̃] *nm* - **1.** AUTO brake ; **~ à main** handbrake ; **~ moteur** engine brake - **2.** *fig* [obstacle] brake, check ; **mettre un ~ à** to curb - **3.** *loc* **ronger son ~** *fig* to champ at the bit.

freinage [frɛnaʒ] *nm* braking.

freiner [4] [frene] ◇ *vt* - **1.** [mouvement, véhicule] to slow down ; [inflation, dépenses] to curb - **2.** [personne] to restrain. ◇ *vi* to brake.

frelaté, e [frəlate] *adj* [vin] adulterated ; *fig* corrupt.

frêle [frɛl] *adj* - **1.** [enfant, voix] frail - **2.** [construction] flimsy, fragile.

frelon [frəlɔ̃] *nm* hornet.

freluquet [frəlykɛ] *nm péj* whippersnapper.

frémir [32] [fremir] *vi* - **1.** [corps, personne] to tremble - **2.** [eau] to simmer.

frémissement [fremismɑ̃] *nm* - **1.** [de corps, personne] shiver, trembling *(U)* - **2.** [d'eau] simmering.

frêne [frɛn] *nm* ash.

frénésie [frenezi] *nf* frenzy.

frénétique [frenetik] *adj* frenzied.

frénétiquement [frenetikmɑ̃] *adv* [applaudir] furiously.

fréquemment [frekamɑ̃] *adv* frequently.

fréquence [frekɑ̃s] *nf* frequency.

fréquent, **e** [frekɑ̃, ɑ̃t] *adj* frequent.

fréquentable [frekɑ̃tabl] *adj* respectable.

fréquentation [frekɑ̃tasjɔ̃] *nf* - **1.** [d'endroit] frequenting - **2.** [de personne] association.
◆ **fréquentations** *nfpl* company *(U)* ; **avoir de mauvaises ~s** to keep bad company.

fréquenté, **e** [frekɑ̃te] *adj* : **très ~** busy ; **c'est très bien/mal ~** the right/wrong sort of people go there.

fréquenter [3] [frekɑ̃te] *vt* - **1.** [endroit] to frequent - **2.** [personne] to associate with ; [petit ami] to go out with, to see.

frère [frɛr] ◇ *nm* brother ; **faux ~** false friend ; **~ de lait** foster brother ; **grand ~** big brother. ◇ *adj* [parti, pays] sister *(avant n)*.

fresque [frɛsk] *nf* fresco.

fret [frɛ] *nm* freight.

frétiller [3] [fretije] *vi* [poisson, personne] to wriggle ; **~ de joie** *fig* to quiver with delight.

fretin [frətɛ̃] *nm* : **le menu ~** the small fry.

freudien, **enne** [frødjɛ̃, ɛn] *adj* Freudian.

friable [frijabl] *adj* crumbly.

friand, **e** [frijɑ̃, ɑ̃d] *adj* : **être ~ de** to be partial to.
◆ **friand** *nm* savoury *UK ou* savory *US* tartlet.

friandise [frijɑ̃diz] *nf* delicacy.

fric [frik] *nm fam* cash.

fricassée [frikase] *nf* fricassee.

fric-frac [frikfrak] *nm inv fam* break-in.

friche [friʃ] *nf* fallow land ; **en ~** fallow.

fricoter [3] [frikɔte] *vt litt & fig* to cook up.

friction [friksjɔ̃] *nf* - **1.** [massage] massage - **2.** *fig* [désaccord] friction.

frictionner [3] [friksjɔne] *vt* to rub.

Frigidaire® [friʒidɛr] *nm* fridge *UK*, refrigerator.

frigide [friʒid] *adj* frigid.

frigidité [friʒidite] *nf* frigidity.

frigo [frigo] *nm fam* fridge *UK*.

frigorifié, **e** [frigɔrifje] *adj fam* frozen.

frigorifique [frigɔrifik] *adj* refrigerated.

frileux, **euse** [frilø, øz] *adj* - **1.** [craignant le froid] sensitive to the cold - **2.** [prudent] unadventurous.

frimas [frima] *nm litt* foggy winter weather.

frime [frim] *nf fam* showing off.

frimer [3] [frime] *vi fam* [bluffer] to pretend ; [se mettre en valeur] to show off.

frimeur, **euse** [frimœr, øz] *nmf* show-off.

frimousse [frimus] *nf fam* dear little face.

fringale [frɛ̃gal] *nf fam* **avoir la ~** to be starving.

fringant, **e** [frɛ̃gɑ̃, ɑ̃t] *adj* high-spirited.

fringuer [3] [frɛ̃ge] *fam vt* to dress.
◆ **se fringuer** *vp* to get dressed.

fringues [frɛ̃g] *nfpl fam* clothes.

fripe [frip] *nf* : **les ~s** secondhand clothes.

friper [3] [fripe] *vt* to crumple.
◆ **se friper** *vp* to crumple.

fripier, **ère** [fripje, ɛr] *nm, f* secondhand clothes dealer.

fripon, **onne** [fripɔ̃, ɔn] ◇ *nm, f fam vieilli* rogue, rascal. ◇ *adj* mischievous, cheeky.

fripouille [fripuj] *nf fam* scoundrel ; **petite ~** little devil.

frire [115] [frir] ◇ *vt* to fry. ◇ *vi* to fry ; **faire ~** to fry.

Frisbee® [frizbi] *nm* Frisbee®.

frise [friz] *nf* ARCHIT frieze.

frisé, **e** [frize] *adj* [cheveux] curly ; [personne] curly-haired.
◆ **frisée** *nf* [salade] curly endive.

friser [3] [frize] ◇ *vt* - **1.** [cheveux] to curl - **2.** *fig* [ressembler à] to border on. ◇ *vi* to curl.

frisette [frizɛt] *nf* curl.

frisotter [3] [frizɔte] ◇ *vt* to crimp, to frizz. ◇ *vi* to be frizzy.

frisquet, **ette** [friskɛ] *adj* : **il fait ~** it's chilly.

frisson [frisɔ̃] *nm* [gén] shiver ; [de dégoût] shudder.

frissonner [3] [frisɔne] *vi* - **1.** [trembler] to shiver ; [de dégoût] to shudder - **2.** [s'agiter - eau] to ripple ; [- feuillage] to tremble.

frit, **e** [fri, frit] *pp* ▷ **frire**.

frite [frit] *nf* chip *UK*, (French) fry *US*.

friterie [fritri] *nf* ≃ chip shop *UK*.

friteuse [fritøz] *nf* deep-fat fryer.

friture [frityr] *nf* - **1.** [action de frire] frying - **2.** [poisson] fried fish ; **petite ~** fried whitebait - **3.** *fam* RADIO crackle.

frivole [frivɔl] *adj* frivolous.

frivolité [frivɔlite] *nf* frivolity.

froc [frɔk] *nm* - **1.** RELIG habit - **2.** *fam* [pantalon] trousers *(pl) UK*, pants *(pl) US*.

froid, **froide** [frwa, frwad] *adj litt & fig* cold ; **rester ~** to be unmoved.
◆ **froid** ◇ *nm* - **1.** [température] cold ; **prendre ~** to catch (a) cold ; **crever de ~** *fam* to be freezing to death ; **grand ~** intense cold ; **il fait un ~ de canard** it's freezing cold ; **n'avoir pas ~ aux yeux** *fig* to be bold *ou* adventurous - **2.** [tension] coolness ; **être en ~ (avec qqn)** to

be on bad terms (with sb). ◇ *adv* : **il fait ~** it's cold ; **avoir ~** to be cold ; **manger ~** to have something cold (to eat).
◆ **à froid** *loc adv* [dire, faire] coolly, unemotionally.

froidement [frwadmɑ̃] *adv* - **1.** [accueillir] coldly - **2.** [écouter, parler] coolly - **3.** [tuer] cold-bloodedly.

froideur [frwadœr] *nf* - **1.** [indifférence] coldness - **2.** [impassibilité] coolness.

froisser [3] [frwase] *vt* - **1.** [tissu, papier] to crumple, to crease - **2.** *fig* [offenser] to offend.
◆ **se froisser** *vp* - **1.** [tissu] to crumple, to crease - **2.** MÉD : **se ~ un muscle** to strain a muscle - **3.** [se vexer] to take offence *UK ou* offense *US*.

frôler [3] [frole] *vt* to brush against ; *fig* to have a brush with, to come close to.

fromage [frɔmaʒ] *nm* cheese ; **~ à pâte molle/dure** soft/hard cheese ; **~ de brebis** sheep's milk ; **~ de chèvre** goat's cheese ; **~ de tête** brawn *UK*, headcheese *US*.

fromager, **ère** [frɔmaʒe, ɛr] ◇ *adj* cheese *(avant n)*. ◇ *nm, f* [fabricant] cheesemaker.

fromagerie [frɔmaʒri] *nf* cheese shop.

froment [frɔmɑ̃] *nm* wheat.

fronce [frɔ̃s] *nf* gather.

froncement [frɔ̃smɑ̃] *nm* : **~ de sourcils** frown.

froncer [16] [frɔ̃se] *vt* - **1.** COUT to gather - **2.** [plisser] : **~ les sourcils** to frown.

frondaison [frɔ̃dɛzɔ̃] *nf* - **1.** [phénomène] foliation - **2.** [feuillage] foliage.

fronde [frɔ̃d] *nf* - **1.** [arme] sling ; [jouet] catapult *UK*, slingshot *US* - **2.** [révolte] rebellion.

frondeur, **euse** [frɔ̃dœr, øz] ◇ *nm, f* rebel. ◇ *adj* rebellious.

front [frɔ̃] *nm* - **1.** ANAT forehead - **2.** *fig* [audace] cheek ; **avoir le ~ de faire qqch** to have the cheek to do sthg - **3.** [avant] front ; [de bâtiment] front, façade ; **~ de mer** (sea) front ; **de ~** [attaquer] head on - **4.** MÉTÉOR, MIL & POLIT front - **5.** *loc* **faire ~ à** to face up to ; **mener plusieurs activités de ~** to do several things at the same time.

frontal, **e**, **aux** [frɔ̃tal, o] *adj* - **1.** ANAT frontal - **2.** [collision, attaque] head-on.

frontalier, **ère** [frɔ̃talje, ɛr] ◇ *adj* frontier *(avant n)* ; **travailleur ~** *person who lives on one side of the border and works on the other.* ◇ *nm, f* inhabitant of border area.

frontière [frɔ̃tjɛr] ◇ *adj* border *(avant n)*. ◇ *nf* frontier, border ; *fig* frontier.

frontispice [frɔ̃tispis] *nm* frontispiece.

fronton [frɔ̃tɔ̃] *nm* - **1.** ARCHIT pediment - **2.** SPORT *upper part of the wall in the game of pelota.*

frottement [frɔtmɑ̃] *nm* - **1.** [action] rubbing - **2.** [contact, difficulté] friction.

frotter [3] [frɔte] ◇ *vt* to rub ; [parquet] to scrub. ◇ *vi* to rub, to scrape.
◆ **se frotter** *vp* - **1.** [se blottir] : **se ~ contre** *ou* **à** to rub (up) against ; **il ne faut pas s'y ~** *fig* don't cross swords with him - **2.** [se laver] to rub o.s.

frottis [frɔti] *nm* smear ; **~ vaginal** cervical smear *UK*, Pap smear *US*.

froufrou, **s** [frufru] *nm* rustle, swish.
◆ **froufrous** *nmpl* [de robe] frills.

froussard, **e** [frusar, ard] *adj & nm, f fam* chicken.

frousse [frus] *nf fam* fright ; **avoir la ~** to be scared stiff.

fructifier [9] [fryktifje] *vi* - **1.** [investissement] to give *ou* yield a profit ; **faire ~ son argent** to make one's money grow - **2.** [terre] to be productive - **3.** [arbre, idée] to bear fruit.

fructose [fryktoz] *nm* fructose.

fructueux, **euse** [fryktɥø, øz] *adj* fruitful, profitable.

frugal, **e**, **aux** [frygal, o] *adj* frugal.

fruit [frɥi] *nm litt & fig* fruit *(U)* ; **~ confit** candied fruit ; **le ~ défendu** the forbidden fruit ; **~ sec** dried fruit *(U)* ; **~s de mer** seafood *(U)*.

fruité, **e** [frɥite] *adj* fruity.

fruitier, **ère** [frɥitje, ɛr] ◇ *adj* [arbre] fruit *(avant n)*. ◇ *nm, f* fruiterer *UK*, fruit seller *US*.
◆ **fruitier** *nm* [local] storeroom for fruit.

frusques [frysk] *nfpl* gear *(U)*, clobber *(U) UK*.

fruste [fryst] *adj* uncouth.

frustrant, **e** [frystrɑ̃, ɑ̃t] *adj* frustrating.

frustration [frystrasjɔ̃] *nf* frustration.

frustré, **e** [frystre] ◇ *adj* frustrated. ◇ *nm, f* frustrated person.

frustrer [3] [frystre] *vt* - **1.** [priver] : **~ qqn de** to deprive sb of - **2.** [décevoir] to frustrate.

FS (*abr écrite de* **franc suisse**) SFr.

FTP (*abr de* **francs-tireurs et partisans**) *nmpl Communist Resistance forces during World War II.*

fuchsia [fyʃja] *nm* fuchsia.

fuel, **fioul** [fjul] *nm* - **1.** [de chauffage] fuel - **2.** [carburant] fuel oil.

fugace [fygas] *adj* fleeting.

fugitif, **ive** [fyʒitif, iv] ◇ *adj* fleeting. ◇ *nm, f* fugitive.

fugue [fyg] *nf* - **1.** [de personne] flight ; **faire une ~** to run away - **2.** MUS fugue.

fuguer [3] [fyge] *vi* to run off *ou* away.

fugueur, **euse** [fygœr, øz] *adj & nm, f* runaway.

fui [fɥi] *pp inv* ▷ **fuir**.

fuir [35] [fɥir] ◇ *vi* - **1.** [détaler] to flee - **2.** [tuyau] to leak - **3.** *fig* [s'écouler] to fly by. ◇ *vt* [éviter] to avoid, to shun.

fuis, fuit *(etc)* ▷ **fuir**.

fuite [fɥit] *nf* - **1.** [de personne] escape, flight ; **en ~** on the run ; **prendre la ~** to take flight ; **mettre qqn en ~** to put sb to flight - **2.** [écoulement, d'information] leak.

fulgurant, e [fylgyrɑ̃, ɑ̃t] *adj* - **1.** [découverte] dazzling - **2.** [vitesse] lightning *(avant n)* - **3.** [douleur] searing - **4.** *litt* [regard] of thunder.

fulminant, e [fylminɑ̃, ɑ̃t] *adj* [menaçant] threatening.

fulminer [3] [fylmine] *vi* - **1.** [personne] : **~ (contre)** to fulminate (against) - **2.** CHIM to detonate.

fumant, e [fymɑ̃, ɑ̃t] *adj* - **1.** [cheminée] smoking - **2.** [plat] steaming.

fumé, e [fyme] *adj* - **1.** CULIN smoked - **2.** [verres] tinted.

fumée [fyme] *nf* - **1.** [de combustion] smoke ; **partir en ~** *fig* to go up in smoke - **2.** [vapeur] steam.
◆ **fumées** *nfpl litt* fumes.

fumer [3] [fyme] ◇ *vi* - **1.** [personne, cheminée] to smoke - **2.** [bouilloire, plat] to steam - **3.** *fam* [être furieux] to fume, to rage. ◇ *vt* - **1.** [cigarette, aliment] to smoke - **2.** AGRIC to spread manure on.

fumet [fymɛ] *nm* - **1.** [odeur] aroma - **2.** CULIN greatly reduced stock.

fumette [fymɛt] *nf fam* smoking marijuana ; **se faire une ~** to get stoned.

fumeur, euse [fymœr, øz] *nm, f* smoker.

fumeux, euse [fymø, øz] *adj* confused, woolly.

fumier [fymje] *nm* - **1.** AGRIC dung, manure - **2.** *vulg* [salaud] shit.

fumigation [fymigasjɔ̃] *nf* fumigation.

fumiste [fymist] *nmf péj* skiver *UK*, shirker.

fumisterie [fymistəri] *nf fam* skiving *UK*, shirking.

fumoir [fymwar] *nm* - **1.** [pour aliments] smokehouse - **2.** [pièce] smoking room.

funambule [fynɑ̃byl] *nmf* tightrope walker.

funèbre [fynɛbr] *adj* - **1.** [de funérailles] funeral *(avant n)* - **2.** [lugubre] funereal ; [sentiments] dismal.

funérailles [fyneraj] *nfpl* funeral *(sing)*.

funéraire [fynerɛr] *adj* funeral *(avant n)*.

funeste [fynɛst] *adj* - **1.** [accident] fatal - **2.** [initiative, erreur] disastrous - **3.** [présage] of doom.

funiculaire [fynikylɛr] *nm* funicular railway.

FUNU, Funu [fyny] *(abr de* **Force d'urgence des Nations unies***) nf* UNEF.

fur [fyr] ◆ **au fur et à mesure** *loc adv* as I/you *etc* go along ; **au ~ et à mesure des besoins** as (and when) needed. ◆ **au fur et à mesure que** *loc conj* as (and when).

furax [fyraks] *adj inv fam* hopping mad.

furet [fyrɛ] *nm* - **1.** [animal] ferret - **2.** [personne] nosy parker - **3.** [jeu] hunt-the-slipper.

fureter [28] [fyrte] *vi* - **1.** [fouiller] to ferret around - **2.** [chasser] to go ferreting.

fureur [fyrœr] *nf* - **1.** [colère] fury - **2.** [passion] passion ; **faire ~** to be all the rage.

furibard, e [fyribar, ard] *adj fam* mad.

furibond, e [fyribɔ̃, ɔ̃d] *adj* furious.

furie [fyri] *nf* - **1.** [colère, agitation] fury ; **en ~** [personne] infuriated ; [éléments] raging - **2.** *fig* [femme] shrew - **3.** [passion] passion.

furieusement [fyrjøzmɑ̃] *adv* - **1.** [avec fureur] furiously - **2.** [extrêmement] tremendously.

furieux, euse [fyrjø, øz] *adj* - **1.** [personne] furious - **2.** [violent] violent - **3.** [énorme] tremendous.

furoncle [fyrɔ̃kl] *nm* boil.

furtif, ive [fyrtif, iv] *adj* furtive.

furtivement [fyrtivmɑ̃] *adv* furtively.

fus, fut *(etc)* ▷ **être**.

fusain [fyzɛ̃] *nm* - **1.** [crayon] charcoal - **2.** [dessin] charcoal drawing - **3.** [arbre] spindle tree.

fuseau, x [fyzo] *nm* - **1.** [outil] spindle - **2.** [pantalon] ski pants *(pl)*.
◆ **fuseau horaire** *nm* time zone.

fusée [fyze] *nf* - **1.** [pièce d'artifice & AÉRON] rocket - **2.** TECHNOL spindle ; AUTO stub axle.

fuselage [fyzlaʒ] *nm* fuselage.

fuselé, e [fyzle] *adj* [doigts] tapering ; [jambes] slender.

fuser [3] [fyze] *vi* [cri, rire] to burst forth *ou* out.

fusible [fyzibl] *nm* fuse.

fusil [fyzi] *nm* - **1.** [arme] gun ; **changer son ~ d'épaule** *fig* to change one's approach - **2.** [personne] marksman.

fusillade [fyzijad] *nf* - **1.** [combat] gunfire *(U)*, fusillade - **2.** [exécution] shooting.

fusiller [3] [fyzije] *vt* - **1.** [exécuter] to shoot ; **~ qqn du regard** *fig* to look daggers at sb - **2.** *fam* [bousiller] to muck up *UK*, to ruin.

fusil-mitrailleur [fyzimitrajœr] *(pl* **fusils-mitrailleurs***) nm* machine gun.

fusion [fyzjɔ̃] *nf* - **1.** [gén] fusion - **2.** [fonte] smelting ; **en ~** molten - **3.** ÉCON & POLIT merger.

fusionnel, elle [fyʒɔnɛl] *adj* [couple] inseparable, intense ; [relation] intense.

fusionner [3] [fyzjɔne] *vt & vi* to merge.

fustiger [17] [fystiʒe] *vt* to castigate.

fut ▷ être.

fût [fy] *nm* - **1.** [d'arbre] trunk - **2.** [tonneau] barrel, cask - **3.** [d'arme] stock - **4.** [de colonne] shaft.

futaie [fytɛ] *nf* wood.

futé, e [fyte] *fam* ◇ *adj* cunning. ◇ *nm, f* sharp cookie.

futile [fytil] *adj* - **1.** [insignifiant] futile - **2.** [frivole] frivolous.

futilité [fytilite] *nf* - **1.** [d'action] futility - **2.** [vétille] triviality.

futur, e [fytyr] ◇ *adj* future *(avant n)* ; **la vie ~e** RELIG the life to come ; **~s mariés** bride-and groom-to-be. ◇ *nm, f* [fiancé] intended.
◆ **futur** *nm* future ; **~ antérieur** LING future perfect.

futuriste [fytyrist] ◇ *nmf* futurist. ◇ *adj* futuristic.

futurologue [fytyrɔlɔg] *nmf* futurologist.

fuyant, e [fɥijɑ̃, ɑ̃t] *adj* - **1.** [perspective, front] receding *(avant n)* - **2.** [regard] evasive.

fuyard, e [fɥijar, ard] *nm, f* runaway.

fuyez, fuyons *(etc)* ▷ **fuir.**

FV (*abr de* **fréquence vocale**) VF.

G

g [1], **G** [ʒe] *nm inv* g, G.

g [2] (*abr écrite de* **gauche**) L, l.
◆ **G** (*abr écrite de* **giga**) G.

GAB [gab] (*abr de* **guichet automatique de banque**) *nm* cash dispenser *UK*, ATM *US*.

gabardine [gabardin] *nf* gabardine.

gabarit [gabari] *nm* - **1.** [appareil de mesure] gauge - **2.** [dimension] size - **3.** [valeur] calibre ; **du même ~** of the same calibre.

gabegie [gabʒi] *nf* muddle, disorder.

Gabon [gabɔ̃] *nm* : **le ~** Gabon ; **au ~** in Gabon.

gabonais, e [gabɔnɛ, ɛz] *adj* Gabonese.
◆ **Gabonais, e** *nm, f* Gabonese.

gâche [gaʃ] *nf* - **1.** [de serrure] striking plate - **2.** [outil] trowel.

gâcher [3] [gaʃe] *vt* - **1.** [gaspiller] to waste - **2.** [gâter] to spoil - **3.** CONSTR to mix.

gâchette [gaʃɛt] *nf* trigger ; **appuyer sur la ~** to pull the trigger.

gâchis [gaʃi] *nm* - **1.** [gaspillage] waste *(U)* - **2.** [désordre] mess - **3.** CONSTR mortar.

gadelle [gadɛl] *nf Québec* currant.

gadget [gadʒɛt] *nm* gadget.

gadoue [gadu] *nf fam* [boue] mud ; [engrais] sludge.

gaélique [gaelik] ◇ *adj* Gaelic. ◇ *nm* Gaelic ; **~ d'Écosse** Scots Gaelic ; **~ d'Irlande** Irish Gaelic.

gaffe [gaf] *nf* - **1.** *fam* [maladresse] clanger *UK* ; **faire une ~** to drop a clanger *UK* - **2.** [outil] boat hook - **3.** *loc* **faire ~** *fam* to take care.

gaffer [3] [gafe] ◇ *vt* to hook. ◇ *vi fam* to put one's foot in it.

gaffeur, euse [gafœr, øz] *fam* ◇ *adj* blundering. ◇ *nm, f* blunderer.

gag [gag] *nm* gag.

gaga [gaga] *adj fam* gaga, doddering.

gage [gaʒ] *nm* - **1.** [dépôt] pledge ; **mettre qqch en ~** to pawn sthg - **2.** [assurance, preuve] proof ; **en ~ de** as a token of - **3.** [dans jeu] forfeit.

gager [17] [gaʒe] *vt* : **~ que** to bet (that).

gageure [gaʒyr] *nf* challenge.

gagnant, e [gaɲɑ̃, ɑ̃t] ◇ *adj* winning *(avant n)*. ◇ *nm, f* winner.

gagne-pain [gaɲpɛ̃] *nm inv* livelihood.

gagne-petit [gaɲpəti] *nm inv* person earning a pittance.

gagner [3] [gaɲe] ◇ *vt* - **1.** [salaire, argent, repos] to earn - **2.** [course, prix, affection] to win - **3.** [obtenir, économiser] to gain ; **~ du temps/de la place** to gain time/space - **4.** [vaincre] : **~ qqn de vitesse** to outpace sb - **5.** [atteindre - généralement] to reach ; [- suj: feu, engourdissement] to spread to ; [- suj: sommeil, froid] to overcome - **6.** [se concilier] to win over. ◇ *vi* - **1.** [être vainqueur] to win - **2.** [bénéficier] to gain ; **~ à faire qqch** to be better off doing sthg ; **qu'est-ce que j'y gagne?** what do I get out of it? - **3.** [s'améliorer] : **~ en** to increase in ; **~ à être connu** to improve on acquaintance.

gagneur, euse [gaɲœr, øz] *nm, f* winner.

gai, e [gɛ] *adj* - **1.** [joyeux] cheerful, happy - **2.** [vif, plaisant] bright.

gaiement [gemɑ̃] *adv* cheerfully.

gaieté [gete] *nf* - **1.** [joie] cheerfulness ; **de ~ de cœur** enthusiastically - **2.** [vivacité] brightness.

gaillard, **e** [gajar, ard] ◇ *adj* - **1.** [alerte] sprightly, spry - **2.** [licencieux] ribald. ◇ *nm, f* strapping individual.

gain [gɛ̃] *nm* - **1.** [profit] gain, profit - **2.** [succès] winning ; **avoir** *ou* **obtenir ~ de cause** to win one's case - **3.** [économie] saving.
◆ **gains** *nmpl* earnings.

gaine [gɛn] *nf* - **1.** [étui, enveloppe] sheath - **2.** [sous-vêtement] girdle, corset.

gaine-culotte [gɛnkylɔt] (*pl* **gaines-culottes**) *nf* panty girdle.

gainer [4] [gene] *vt* to sheathe.

gala [gala] *nm* gala, reception ; **de ~** gala *(avant n)*.

galamment [galamɑ̃] *adv* politely, gallantly.

galant, **e** [galɑ̃, ɑ̃t] *adj* - **1.** [courtois] gallant - **2.** [amoureux] flirtatious.
◆ **galant** *nm* admirer.

galanterie [galɑ̃tri] *nf* - **1.** [courtoisie] gallantry, politeness - **2.** [flatterie] compliment.

galantine [galɑ̃tin] *nf boned meat or poultry pressed into a loaf shape.*

galaxie [galaksi] *nf* galaxy.

galbe [galb] *nm* curve.

galbé, **e** [galbe] *adj* - **1.** [objet] curved - **2.** [jambe] shapely.

gale [gal] *nf* MÉD scabies *(U)*.

galère [galɛr] *nf* NAUT galley ; **quelle ~!** *fig* what a hassle!, what a drag!

galérer [18] [galere] *vi fam* to have a hard time.

galerie [galri] *nf* - **1.** [gén] gallery ; **~ marchande** *ou* **commerciale** shopping arcade ; **~ de peinture** picture gallery - **2.** THÉÂTRE circle ; **amuser la ~** *fig* to play to the gallery - **3.** [porte-bagages] roof rack *UK*.

galet [galɛ] *nm* - **1.** [caillou] pebble - **2.** TECHNOL wheel, roller.

galette [galɛt] *nf* - **1.** CULIN pancake *(made from buckwheat flour)* ; **~ des Rois** *cake eaten on Twelfth Night* - **2.** *fam* [argent] dough, cash.

galeux, **euse** [galø, øz] ◇ *adj* - **1.** MÉD scabious - **2.** ▷ **brebis**. ◇ *nm, f* scruffy person.

galimatias [galimatja] *nm* gibberish *(U)*.

galipette [galipɛt] *nf fam* somersault ; **faire des ~s** to do somersaults.

Galles [gal] ▷ **pays**.

gallicisme [galisism] *nm* [expression] French idiom ; [dans une langue étrangère] gallicism.

gallinacé, **e** [galinase] *adj* domestic.
◆ **gallinacé** *nm* domestic fowl.

gallois, **e** [galwa, az] *adj* Welsh.
◆ **gallois** *nm* [langue] Welsh.
◆ **Gallois**, **e** *nm, f* Welshman (*f* Welshwoman) ; **les Gallois** the Welsh.

gallo-romain, **e** [galɔrɔmɛ̃, ɛn] (*mpl* **gallo-romains**, *fpl* **gallo-romaines**) *adj* Gallo-Roman.
◆ **Gallo-Romain**, **e** *nm, f* Gallo-Roman.

galoche [galɔʃ] *nf* clog.

galon [galɔ̃] *nm* - **1.** COUT braid *(U)* - **2.** MIL stripe ; **prendre du ~** *fig* to be promoted.

galop [galo] *nm* [allure] gallop ; **au ~** [cheval] at a gallop ; *fig* at the double *UK*, on the double *US*.

galopade [galɔpad] *nf* - **1.** [de cheval] gallop - **2.** [de personne] stampede.

galopant, **e** [galɔpɑ̃, ɑ̃t] *adj fig* galloping, runaway.

galoper [3] [galɔpe] *vi* - **1.** [cheval] to gallop - **2.** [personne] to run about - **3.** [imagination] to run riot.

galopin [galɔpɛ̃] *nm fam* brat.

galvaniser [3] [galvanize] *vt litt & fig* to galvanize.

galvauder [3] [galvode] *vt* [ternir] to tarnish.
◆ **se galvauder** *vp* to demean o.s.

gambade [gɑ̃bad] *nf* leap.

gambader [3] [gɑ̃bade] *vi* [sautiller] to leap about ; [agneau] to gambol.

gamberger [17] [gɑ̃bɛrʒe] *vi fam* to think hard.

gambette [gɑ̃bɛt] *nf fam* leg, pin.

Gambie [gɑ̃bi] *nf* : **la ~** Gambia.

gambien, **enne** [gɑ̃bjɛ̃, ɛn] *adj* Gambian.
◆ **Gambien**, **enne** *nm, f* Gambian.

gamelle [gamɛl] *nf* - **1.** [plat] mess tin *UK*, kit *US* - **2.** *fam* [chute] : **se ramasser une ~** to come a cropper.

gamin, **e** [gamɛ̃, in] ◇ *adj* - **1.** [espiègle] lively, mischievous - **2.** [puéril] childish. ◇ *nm, f* - **1.** *fam* [enfant] kid - **2.** [des rues] street urchin.

gaminerie [gaminri] *nf* - **1.** [espièglerie] mischievousness - **2.** [enfantillage] childishness ; **faire des ~s** to be childish.

gamme [gam] *nf* - **1.** [série] range ; **~ de produits** product range ; **haut/bas de ~** at the top/bottom of the range - **2.** MUS scale.

Gand [gɑ̃] *n* Ghent.

gang [gɑ̃g] *nm* gang.

Gange [gɑ̃ʒ] *nm* : **le ~** the (River) Ganges.

ganglion [gɑ̃glijɔ̃] *nm* ganglion.

gangrène [gɑ̃grɛn] *nf* gangrene ; *fig* corruption, canker.

gangster [gɑ̃gstɛr] *nm* gangster ; *fig* crook.

gangue [gɑ̃g] *nf* - **1.** [de minerai] gangue - **2.** *fig* [carcan] straitjacket.

gant [gɑ̃] *nm* glove ; **~ de boxe** boxing glove ; **~ de caoutchouc** rubber glove ; **~ de crin** friction glove ; **~ de toilette** facecloth, flannel *UK* ; **aller comme un ~ à qqn** to fit sb like a glove ; **prendre des ~s** to be cautious ; **prendre des ~s avec qqn** to handle sb with kid gloves.

garage [garaʒ] *nm* garage.

garagiste [garaʒist] *nmf* [propriétaire] garage owner ; [réparateur] garage mechanic.

garant, e [garɑ̃, ɑ̃t] *nm, f* [responsable] guarantor ; **se porter ~ de** to vouch for.

◆ **garant** *nm* [garantie] guarantee.

garantie [garɑ̃ti] *nf* - **1.** [gén] guarantee - **2.** [de police d'assurance] cover *UK*, coverage *US*.

◆ **sous garantie** *loc adj* under guarantee ; **un appareil sous ~** an appliance under guarantee.

garantir [32] [garɑ̃tir] *vt* - **1.** [assurer & COMM] to guarantee ; **~ à qqn que** to assure *ou* guarantee sb that - **2.** [protéger] : **~ qqch (de)** to protect sthg (from).

garce [gars] *nf péj* bitch.

garçon [garsɔ̃] *nm* - **1.** [enfant] boy ; **~ manqué** tomboy - **2.** [célibataire] : **vieux ~** confirmed bachelor - **3.** [serveur] : **~ (de café)** waiter ; **~!** waiter!

garçonne [garsɔn] *nf* : **coiffure à la ~** urchin cut.

garçonnet [garsɔnɛ] *nm* little boy.

garçonnière [garsɔnjɛr] *nf* bachelor flat *UK ou* apartment *US*.

garde [gard] ◇ *nf* - **1.** [surveillance] protection - **2.** [veille] : **de ~** on duty ; **pharmacie de ~** duty chemist *UK*, emergency drugstore *US* ; **~ de nuit** night duty - **3.** MIL guard ; **monter la ~** to go on guard - **4.** DR : **avoir la ~ d'un enfant** to have custody of a child ; **~ alternée** divided *ou* alternated custody *(of the children)* ; **~ à vue** ≃ police custody - **5.** *loc* **être/se tenir sur ses ~s** to be/stay on one's guard ; **mettre qqn en ~ contre qqch** to put sb on their guard about sthg ; **prendre ~ à qqch** to watch out for sthg ; **prendre ~ à ne pas faire qqch** to take care not to do sthg ; **prendre ~ que** *(+ subjonctif)* to take care that ; **mise en ~** warning. ◇ *nmf* keeper ; **~ du corps** bodyguard ; **~ d'enfants** childminder *UK*, babysitter *US* ; **~ forestier** forest ranger ; **le ~ des Sceaux** the Minister of Justice, ≃ Lord Chancellor *UK*, ≃ Attorney General *US*.

◆ **Garde** ◇ *nf* : **la Garde républicaine** the Republican Guard. ◇ *npr* ▷ **lac.**

garde-à-vous [gardavu] *nm inv* attention ; **se mettre au ~** to stand to attention.

garde-barrière [gardəbarjɛr] (*pl* **gardes-barrière** *ou* **gardes-barrières**) *nmf* level-crossing keeper *UK*, gatemen at grade crossing *US*.

garde-boue [gardəbu] *nm inv* mudguard, fender *US*.

garde-chasse [gardəʃas] (*pl* **gardes-chasse** *ou* **gardes-chasses**) *nm* gamekeeper.

garde-chiourme [gardəʃjurm] (*pl* **gardes-chiourme** *ou* **gardes-chiourmes**) *nm* warder *UK*, prison guard *US* ; *fig* slavedriver.

garde-fou [gardəfu] (*pl* **garde-fous**) *nm* railing, parapet.

garde-malade [gardəmalad] (*pl* **gardes-malades**) *nmf* nurse.

garde-manger [gardəmɑ̃ʒe] *nm inv* [pièce] pantry, larder ; [armoire] meat safe *UK*, cooler *US*.

garde-meuble [gardəmœbl] (*pl* **garde-meuble** *ou* **garde-meubles**) *nm* warehouse.

gardénia [gardenja] *nm* gardenia.

garde-pêche [gardəpɛʃ] (*pl* **gardes-pêche**) ◇ *nm* [personne] water bailiff *UK*, fishwarden *US*. ◇ *nm inv* [bateau] fishery protection vessel.

garder [3] [garde] *vt* - **1.** [gén] to keep ; [vêtement] to keep on - **2.** [surveiller] to mind, to look after ; [défendre] to guard - **3.** [protéger] : **~ qqn de qqch** to save sb from sthg.

◆ **se garder** *vp* - **1.** [se conserver] to keep - **2.** [se méfier] : **se ~ de qqn/qqch** to beware of sb/sthg - **3.** [s'abstenir] : **se ~ de faire qqch** to take care not to do sthg.

garderie [gardəri] *nf* crèche *UK*, day nursery *UK*, day-care center *US*.

garde-robe [gardərɔb] (*pl* **garde-robes**) *nf* wardrobe.

gardien, enne [gardjɛ̃, ɛn] *nm, f* - **1.** [surveillant] guard, keeper ; **~ de but** goalkeeper ; **~ de nuit** night watchman ; **~ de prison** prison warder *UK ou* officer - **2.** *fig* [défenseur] protector, guardian - **3.** [agent] : **~ de la paix** policeman.

gardiennage [gardjɛnaʒ] *nm* caretaking.

gardon [gardɔ̃] *nm* roach ; **frais comme un ~** *fig* fresh as a daisy.

gare[1] [gar] *nf* station ; **~ maritime** harbour *UK ou* harbor *US* station ; **~ routière** [de marchandises] road haulage depot *UK* ; [pour passagers] bus station ; **~ de triage** marshalling yard *UK*.

gare[2] [gar] *interj* - **1.** [attention] watch out! ; **~ aux voleurs** watch out for pickpockets ; **sans crier ~** *fig* without warning - **2.** [menace] : **~ à toi!** watch out!, watch it!

garer [3] [gare] *vt* - **1.** [ranger] to park - **2.** [mettre à l'abri] to put in a safe place.

◆ **se garer** *vp* **- 1.** [stationner] to park **- 2.** [se ranger] to pull over **- 3.** [éviter] : **se ~ de qqch** to avoid sthg.

gargariser [3] [gargarize] ◆ **se gargariser** *vp* **- 1.** [se rincer] to gargle **- 2.** *péj* [se délecter] : **se ~ de** to delight *ou* revel in.

gargarisme [gargarism] *nm* gargle.

gargote [gargɔt] *nf* cheap restaurant, greasy spoon.

gargouille [garguj] *nf* gargoyle.

gargouillement [gargujmɑ̃] *nm* gurgling *(U)*.

gargouiller [3] [garguje] *vi* **- 1.** [eau] to gurgle **- 2.** [intestins] to rumble.

garnement [garnəmɑ̃] *nm* rascal, pest.

garni [garni] *nm vieilli* furnished accommodation *(U) UK ou* accommodations *(pl) US*.

Garnier [garnje] *npr* : **le palais ~** *the old Paris Opera House*.

garnir [32] [garnir] *vt* **- 1.** [équiper] to fit out, to furnish **- 2.** [couvrir] : **~ qqch (de)** to cover sthg (with) **- 3.** [remplir] to fill **- 4.** [orner] : **~ qqch de** to decorate sthg with ; COUT to trim sthg with.

◆ **se garnir** *vp* to fill up.

garnison [garnizɔ̃] *nf* garrison.

garniture [garnityr] *nf* **- 1.** [ornement] trimming ; [de lit] bed linen **- 2.** AUTO : **~ de frein** brake lining ; **~ (intérieure)** upholstery **- 3.** [CULIN - pour accompagner] garnish *UK*, fixings *(pl) US* ; [- pour remplir] filling ; **~ de légumes** vegetables *(pl)*.

garrigue [garig] *nf* scrub.

garrot [garo] *nm* **- 1.** [de cheval] withers *(pl)* **- 2.** MÉD tourniquet **- 3.** [de torture] garrotte.

garrotter [3] [garɔte] *vt* **- 1.** [attacher] to tie up **- 2.** *fig* [museler] to muzzle.

gars [ga] *nm fam* **- 1.** [garçon, homme] lad **- 2.** [type] guy, bloke *UK*.

gascon, onne [gaskɔ̃, ɔn] *adj* Gascon.

◆ **Gascon, onne** *nm, f* Gascon.

gas-oil [gazɔjl, gazwal], **gazole** [gazɔl] *nm* diesel oil.

gaspillage [gaspijaʒ] *nm* waste.

gaspiller [3] [gaspije] *vt* to waste.

gastrique [gastrik] *adj* gastric.

gastrite [gastrit] *nf* gastritis *(U)*.

gastro-entérite [gastroɑ̃terit] (*pl* **gastro-entérites**) *nf* gastroenteritis *(U)*.

gastronome [gastrɔnɔm] *nmf* gourmet.

gastronomie [gastrɔnɔmi] *nf* gastronomy.

gastronomique [gastrɔnɔmik] *adj* gastronomic.

gâteau, x [gato] *nm* cake ; **~ d'anniversaire** birthday cake ; **~ de miel** honeycomb ; **~ sec** biscuit *UK*, cookie *US* ; **c'est du ~** *fam* it's a piece of cake.

gâter [3] [gate] *vt* **- 1.** [gén] to spoil ; [vacances, affaires] to ruin, to spoil **- 2.** *iron* [combler] to be too good to ; **on est gâté!** just marvellous!

◆ **se gâter** *vp* **- 1.** [aliments] to spoil, to go off *UK* **- 2.** [temps] to change for the worse **- 3.** [situation] to take a turn for the worse.

gâterie [gatri] *nf* treat.

gâteux, euse [gatø, øz] ◇ *adj* senile ; **être ~ de** *fig* to be daft about *UK ou* besotted with. ◇ *nm, f* **- 1.** [sénile] doddering old man (*f* woman) **- 2.** [radoteur] old bore.

gâtisme [gatism] *nm* **- 1.** [vieillissement] senility **- 2.** [stupidité] stupidity.

GATT, Gatt [gat] (*abr de* **General Agreement on Tariffs and Trade**) *nm* GATT.

gauche [goʃ] ◇ *nf* **- 1.** [côté] left, left-hand side ; **rouler sur la ~** to drive on the left ; **à ~ (de)** on the left (of) ; **à ma/ta** *etc* **~** on my/your *etc* left ; **de ~** on the left **- 2.** POLIT : **la ~** the left (wing) ; **de ~** left-wing. ◇ *nm* [boxe] left. ◇ *adj* **- 1.** [côté] left **- 2.** [personne] clumsy.

gauchement [goʃmɑ̃] *adv* clumsily.

gaucher, ère [goʃe, ɛr] ◇ *adj* left-handed. ◇ *nm, f* left-handed person.

gauchir [32] [goʃir] ◇ *vi* to warp. ◇ *vt fig* to distort.

gauchisant, e [goʃizɑ̃, ɑ̃t] *adj* leftist.

gauchisme [goʃism] *nm* leftism.

gauchiste [goʃist] ◇ *nmf* leftist. ◇ *adj* left-wing.

gaufre [gofr] *nf* waffle.

gaufrer [3] [gofre] *vt* to emboss.

gaufrette [gofrɛt] *nf* wafer.

gaule [gol] *nf* **- 1.** [perche] pole **- 2.** [canne à pêche] fishing rod.

gauler [3] [gole] *vt* to bring *ou* shake down.

gaulliste [golist] *nmf* & *adj* Gaullist.

gaulois, e [golwa, az] *adj* **- 1.** [de Gaule] Gallic **- 2.** [osé] ribald.

◆ **Gaulois, e** *nm, f* Gaul.

gauloiserie [golwazri] *nf* bawdy story.

gausser [3] [gose] ◆ **se gausser** *vp* : **se ~ de** *litt* to make fun of.

gaver [3] [gave] *vt* **- 1.** [animal] to force-feed **- 2.** [personne] : **~ qqn de** to feed sb full of.

◆ **se gaver** *vp* : **se ~ de** to gorge o.s. on.

gay [gɛ] *adj inv* & *nm* gay.

gaz [gaz] *nm inv* gas ; **à pleins ~** *fam* AUTO flat out ; **~ carbonique** carbon dioxide ; **~ lacrymogène** tear gas ; **~ naturel** natural gas.

Gaza [gaza] *n* Gaza ; **la bande de ~** the Gaza Strip.

gaze [gaz] *nf* gauze.

gazelle [gazɛl] *nf* gazelle.

gazer [3] [gaze] ◇ *vt* to gas. ◇ *vi fam* to go at top speed ; **ça gaze!** everything's great! ; **ça gaze?** how are things?

gazette [gazɛt] *nf* newspaper, gazette.

gazeux, euse [gazø, øz] *adj* - **1.** CHIM gaseous - **2.** [boisson] fizzy.

gazoduc [gazɔdyk] *nm* gas pipeline.

gazole = **gas-oil**.

gazomètre [gazɔmɛtr] *nm* gasometer.

gazon [gazɔ̃] *nm* [herbe] grass ; [terrain] lawn.

gazouiller [3] [gazuje] *vi* - **1.** [oiseau] to chirp, to twitter - **2.** [bébé] to gurgle.

gazouillis [gazuji] *nm* - **1.** [d'oiseau] chirping, twittering - **2.** [de bébé] gurgling.

GB, G-B (*abr écrite de* **Grande-Bretagne**) *nf* GB.

gd *abr de* **grand**.

GDF, Gdf (*abr de* **Gaz de France**) *French national gas company*.

geai [ʒɛ] *nm* jay.

géant, e [ʒeɑ̃, ɑ̃t] ◇ *adj* gigantic, giant. ◇ *nm, f* giant.

geignement [ʒɛɲəmɑ̃] *nm* moaning.

geindre [81] [ʒɛ̃dr] *vi* - **1.** [gémir] to moan - **2.** *fam* [pleurnicher] to whine.

gel [ʒɛl] *nm* - **1.** MÉTÉOR frost - **2.** [d'eau] freezing - **3.** [cosmétique] gel.

gélatine [ʒelatin] *nf* gelatine.

gélatineux, euse [ʒelatinø, øz] *adj* gelatinous.

gelée [ʒəle] *nf* - **1.** MÉTÉOR frost ; **~ blanche** hoarfrost - **2.** CULIN jelly ; **en ~** in jelly ; **~ royale** royal jelly.

geler [25] [ʒəle] *vt* & *vi* - **1.** [gén] to freeze - **2.** [projet] to halt.

◆ **se geler** *vp fam* to freeze.

gélule [ʒelyl] *nf* capsule.

Gémeaux [ʒemo] *nmpl* ASTROL Gemini ; **être ~** to be (a) Gemini.

gémir [32] [ʒemir] *vi* - **1.** [gén] to moan - **2.** [par déception] to groan.

gémissement [ʒemismɑ̃] *nm* - **1.** [gén] moan ; [du vent] moaning *(U)* - **2.** [de déception] groan.

gemme [ʒɛm] *nf* gem, precious stone.

gênant, e [ʒenɑ̃, ɑ̃t] *adj* - **1.** [encombrant] in the way - **2.** [embarrassant] awkward, embarrassing - **3.** [énervant] : **être ~** to be a nuisance.

gencive [ʒɑ̃siv] *nf* gum.

gendarme [ʒɑ̃darm] *nm* policeman.

gendarmerie [ʒɑ̃darməri] *nf* - **1.** [corps] police force - **2.** [lieu] police station.

gendre [ʒɑ̃dr] *nm* son-in-law.

gène [ʒɛn] *nm* gene.

gêne [ʒɛn] *nf* - **1.** [physique] difficulty - **2.** [psychologique] embarrassment ; **être sans ~** to be inconsiderate - **3.** [financière] difficulty ; **être dans la ~** to be in financial difficulties.

gêné, e [ʒene] *adj* - **1.** [physiquement] : **être ~ pour marcher** to have difficulty walking - **2.** [psychologiquement] embarrassed - **3.** [financièrement] in financial difficulties.

généalogie [ʒenealɔʒi] *nf* genealogy.

généalogique [ʒenealɔʒik] *adj* genealogical ; **arbre ~** family tree.

gêner [4] [ʒene] *vt* - **1.** [physiquement - gén] to be too tight for ; [- suj: chaussures] to pinch - **2.** [moralement] to embarrass - **3.** [incommoder] to bother - **4.** [encombrer] to hamper.

◆ **se gêner** *vp* to put o.s out ; **ne pas se ~ pour faire qqch** to feel free to do sthg ; *hum* to make no bones about doing sthg ; **ne vous gênez pas!** *hum* don't mind me!

général, e, aux [ʒeneral, o] *adj* general ; **en ~** generally, in general ; **répétition ~e** dress rehearsal.

◆ **général** *nm* MIL general.

◆ **générale** *nf* - **1.** THÉÂTRE dress rehearsal - **2.** MIL alarm.

généralement [ʒeneralmɑ̃] *adv* generally.

généralisation [ʒeneralizasjɔ̃] *nf* generalization.

généraliser [3] [ʒeneralize] *vt* & *vi* to generalize.

◆ **se généraliser** *vp* to become general *ou* widespread.

généraliste [ʒeneralist] ◇ *nmf* GP *UK*, family doctor. ◇ *adj* general.

généralité [ʒeneralite] *nf* - **1.** [idée] generality - **2.** [universalité] general nature.

◆ **généralités** *nfpl* generalities.

générateur, trice [ʒeneratœr, tris] *adj* generating.

◆ **générateur** *nm* TECHNOL generator.

◆ **génératrice** *nf* ÉLECTR generator.

génération [ʒenerasjɔ̃] *nf* generation ; **la nouvelle ~** the younger generation ; **~ spontanée** [sciences] spontaneous generation.

générer [18] [ʒenere] *vt* to generate.

généreusement [ʒenerøzmɑ̃] *adv* generously.

généreux, euse [ʒenerø, øz] *adj* generous ; [terre] fertile.

générique [ʒenerik] ◇ *adj* generic ; **médicament ~** MÉD generic drug. ◇ *nm* - **1.** CINÉ & TV credits *(pl)* - **2.** MÉD generic drug.

générosité [ʒenerɔzite] *nf* generosity.

genèse [ʒənɛz] *nf* [création] genesis.
◆ **Genèse** *nf* [bible] Genesis.

genêt [ʒənɛ] *nm* broom.

génétique [ʒenetik] ◇ *adj* genetic. ◇ *nf* genetics *(U)*.

gêneur, **euse** [ʒɛnœr, øz] *nm, f* nuisance.

Genève [ʒənɛv] *n* Geneva.

genevois, **e** [ʒənvwa, az] *adj* Genevan.

génial, **e**, **aux** [ʒenjal, o] *adj* - **1.** [personne] of genius - **2.** [idée, invention] inspired - **3.** *fam* [formidable] : **c'est ~!** that's great!, that's terrific!

génie [ʒeni] *nm* - **1.** [personne, aptitude] genius ; **avoir du ~** to be a genius - **2.** MYTHOL spirit, genie - **3.** TECHNOL engineering ; **le ~** MIL ≃ the Royal Engineers *UK*, ≃ the (Army) Corps of Engineers *US* ; **~ civil** civil engineering ; **~ maritime** [corps] marine architects.

genièvre [ʒənjɛvr] *nm* juniper.

génisse [ʒenis] *nf* heifer.

génital, **e**, **aux** [ʒenital, o] *adj* genital.

géniteur, **trice** [ʒenitœr, tris] *nm, f* parent ; [d'animal] sire (*f* dam).

génitif [ʒenitif] *nm* genitive (case).

génocide [ʒenɔsid] *nm* genocide.

génoise [ʒenwa, az] *nf* sponge cake.

génome [ʒenom] *nm* genome *m*.

génotype [ʒenɔtip] *nm* genotype.

genou, **x** [ʒənu] *nm* knee ; **à ~x** on one's knees, kneeling ; **se mettre à ~x** to kneel (down) ; **tenir** *ou* **avoir qqn sur ses ~x** to hold sb in one's lap *ou* on one's knee ; **être à ~x devant qqn** *fig* to worship sb ; **être sur les ~x** *fam fig* to be worn out, to be on one's last legs.

genouillère [ʒənujɛr] *nf* - **1.** [bandage] knee bandage - **2.** SPORT kneepad.

genre [ʒɑ̃r] *nm* - **1.** [type] type, kind ; **en tous ~s** of all kinds ; **le ~ humain** the human race - **2.** LITTÉR genre - **3.** [style de personne] style ; **avoir mauvais ~** to be coarse-looking - **4.** GRAMM gender.

gens [ʒɑ̃] *nmpl* people.

gentiane [ʒɑ̃sjan] *nf* gentian.

gentil, **ille** [ʒɑ̃ti, ij] *adj* - **1.** [agréable] nice - **2.** [aimable] kind, nice ; **être ~ avec qqn** to be nice *ou* kind to sb.

gentilhomme [ʒɑ̃tijɔm] (*pl* **gentilshommes**) *nm* gentleman.

gentillesse [ʒɑ̃tijɛs] *nf* kindness ; **avoir la ~ de faire qqch** to be so kind as to do sthg.

gentillet, **ette** [ʒɑ̃tijɛ, ɛt] *adj* - **1.** [petit et gentil] nice little - **2.** *péj* [assez agréable] nice enough.

gentiment [ʒɑ̃timɑ̃] *adv* - **1.** [sagement] nicely - **2.** [aimablement] kindly, nicely - **3.** *helvétisme* [tranquillement] calmly, quietly.

gentleman [dʒɛntləman] (*pl* **gentlemen** [dʒɛntləmɛn]) *nm* gentleman.

génuflexion [ʒenyflɛksjɔ̃] *nf* genuflexion.

géographe [ʒeɔgraf] *nmf* geographer.

géographie [ʒeɔgrafi] *nf* geography.

géographique [ʒeɔgrafik] *adj* geographical.

geôlier, **ère** [ʒolje, ɛr] *nm, f* gaoler *UK*, jailer *US*.

géologie [ʒeɔlɔʒi] *nf* geology.

géologique [ʒeɔlɔʒik] *adj* geological.

géologue [ʒeɔlɔg] *nmf* geologist.

géomètre [ʒeɔmɛtr] *nmf* - **1.** [spécialiste] geometer, geometrician - **2.** [technicien] surveyor.

géométrie [ʒeɔmetri] *nf* geometry.

géométrique [ʒeɔmetrik] *adj* geometric.

géophysique [ʒeɔfizik] ◇ *nf* geophysics *(U)*. ◇ *adj* geophysical.

géopolitique [ʒeɔpɔlitik] ◇ *nf* geopolitics *(U)*. ◇ *adj* geopolitical.

géosphère [ʒeɔsfɛr] *nf* geosphere.

gérance [ʒerɑ̃s] *nf* management.

géranium [ʒeranjɔm] *nm* geranium.

gérant, **e** [ʒerɑ̃, ɑ̃t] *nm, f* manager.

gerbe [ʒɛrb] *nf* - **1.** [de blé] sheaf ; [de fleurs] spray - **2.** [d'étincelles, d'eau] shower.

gercé, **e** [ʒɛrse] *adj* chapped.

gerber [3] [ʒɛrbe] ◇ *vt* - **1.** [blé] to bind into sheaves - **2.** [sacs, caisses] to pile (up). ◇ *vi* - **1.** [fusée] to burst in a shower of sparks - **2.** *tfam* [vomir] to puke.

gerboise [ʒɛrbwaz] *nf* jerboa.

gercer [16] [ʒɛrse] *vt* & *vi* to crack, to chap.
◆ **se gercer** *vp* to crack, to chap.

gérer [18] [ʒere] *vt* to manage.

gériatrie [ʒerjatri] *nf* geriatrics *(U)*.

gériatrique [ʒerjatrik] *adj* geriatric.

germain, **e** [ʒɛrmɛ̃, ɛn] ▷ **cousin**.

germanique [ʒɛrmanik] *adj* Germanic.

germaniste [ʒɛrmanist] *nmf* - **1.** [spécialiste] German specialist - **2.** [étudiant] German student, student of German.

germe [ʒɛrm] *nm* - **1.** BOT & MÉD germ ; [de pomme de terre] eye ; **~s de soja** beansprouts - **2.** *fig* [origine] seed, cause.

germer [3] [ʒɛrme] *vi* to germinate.

germination [ʒɛrminasjɔ̃] *nf* germination.

gérondif [ʒerɔ̃dif] *nm* [latin] gerundive ; [français] gerund.

gérontologie [ʒerɔ̃tɔlɔʒi] *nf* gerontology.

gésier [ʒezje] *nm* gizzard.

gésir [49] [ʒezir] *vi litt* to lie.

gestation [ʒɛstasjɔ̃] *nf* gestation ; **en ~** *fig* in gestation.

geste [ʒɛst] *nm* **- 1.** [mouvement] gesture **- 2.** [acte] act, deed ; **faire un ~** *fig* to make a gesture.

gesticuler [3] [ʒɛstikyle] *vi* to gesticulate.

gestion [ʒɛstjɔ̃] *nf* management ; DR administration ; **~ d'entreprise** business administration ; **~ de fichiers** INFORM file management.

gestionnaire [ʒɛstjɔnɛr] ◇ *nmf* [personne] manager. ◇ *adj* management *(avant n)*. ◇ *nm* INFORM : **~ de données** data manager.

gestuel, elle [ʒɛstɥɛl] *adj* [langage] sign *(avant n)*.

Ghana [gana] *nm* : **le ~** Ghana.

ghanéen, enne [ganeɛ̃, ɛn] *adj* Ghanaian.
◆ **Ghanéen, enne** *nm, f* Ghanaian.

ghetto [gɛto] *nm litt & fig* ghetto.

ghettoïsation [gɛtoizasjɔ̃] *nf* ghettoization.

gibecière [ʒibsjɛr] *nf* game bag ; [d'écolier] satchel.

gibelotte [ʒiblɔt] *nf rabbit cooked in white wine.*

gibet [ʒibɛ] *nm* gallows *(sing)*, gibbet.

gibier [ʒibje] *nm* game ; *fig* [personne] prey ; **du gros ~** big game ; *fig* [personne] important catch.

giboulée [ʒibule] *nf* sudden shower.

giboyeux, euse [ʒibwajø, øz] *adj* abounding in game.

Gibraltar [ʒibraltar] *nm* Gibraltar ; **à ~** in Gibraltar.

GIC (*abr de* **Groupe interministériel de contrôle**) *nm official body controlling the use of telephone tapping.*

giclée [ʒikle] *nf* squirt, spurt.

gicler [3] [ʒikle] *vi* to squirt, to spurt.

gicleur [ʒiklœr] *nm* jet.

gifle [ʒifl] *nf* slap ; **donner une ~ à qqn** to slap sb.

gifler [3] [ʒifle] *vt* to slap ; *fig* [suj: vent, pluie] to whip, to lash.

GIG (*abr de* **grand invalide de guerre**) *nm* war invalid.

gigantesque [ʒigɑ̃tɛsk] *adj* gigantic.

giga-octet [ʒigaɔktɛ] *nm* INFORM gigabyte.

GIGN (*abr de* **Groupe d'intervention de la gendarmerie nationale**) *nm special crack force of the French police,* ≃ SAS *UK*, ≃ SWAT *US*.

gigogne [ʒigɔɲ] ▷ **lit**, ▷ **table**.

gigolo [ʒigɔlo] *nm* gigolo.

gigot [ʒigo] *nm* CULIN leg.

gigoter [3] [ʒigɔte] *vi* to squirm, to wriggle.

gilet [ʒilɛ] *nm* **- 1.** [cardigan] cardigan **- 2.** [sans manches] waistcoat *UK*, vest *US* ; **~ pare-balles** bulletproof vest ; **~ de sauvetage** life jacket.

gin [dʒin] *nm* gin.

gingembre [ʒɛ̃ʒɑ̃br] *nm* ginger.

gingivite [ʒɛ̃ʒivit] *nf* inflammation of the gums, gingivitis *(U)*.

girafe [ʒiraf] *nf* giraffe.

giratoire [ʒiratwar] *adj* gyrating ; **sens ~** roundabout *UK*, traffic circle *US*.

girofle [ʒirɔfl] ▷ **clou**.

giroflée [ʒirɔfle] *nf* stock.

girolle [ʒirɔl] *nf* chanterelle.

giron [ʒirɔ̃] *nm* lap ; **le ~ familial** *fig* the bosom of one's family.

girouette [ʒirwɛt] *nf* weathercock.

gisait, gisions *(etc)* ▷ **gésir**.

gisant [ʒizɑ̃] ◇ *p prés* ▷ **gésir**. ◇ *nm* recumbent figure *(on tomb)*.

gisement [ʒizmɑ̃] *nm* deposit.

gît ▷ **gésir**.

gitan, e [ʒitɑ̃, an] *adj* Gipsy *(avant n)*.
◆ **Gitan, e** *nm, f* Gipsy.

Gitane® [ʒitan] *nf* [cigarette] Gitane®.

gîte [ʒit] *nm* **- 1.** [logement] : **~ (rural)** gîte *self-catering accommodation in the country* **- 2.** *litt* [abri] lodging ; **le ~ et le couvert** board and lodging **- 3.** [du lièvre] form **- 4.** [du bœuf] shin *UK*, shank *US*.

gîter [3] [ʒite] *vi* **- 1.** [lièvre] to lie **- 2.** [bateau] to list.

givrant, e [ʒivrɑ̃, ɑ̃t] *adj* freezing.

givre [ʒivr] *nm* frost.

givré, e [ʒivre] *adj* **- 1.** CULIN : **orange** *etc* **~e** orange *etc* sorbet *UK ou* sherbet *US (served in the hollowed-out fruit)* **- 2.** *fam* [personne] round the twist.

glabre [glabr] *adj* hairless.

glaçage [glasaʒ] *nm* **- 1.** [de gâteau] icing, frosting *US* **- 2.** [de tissu] glazing.

glaçant, e [glasɑ̃, ɑ̃t] *adj* cold.

glace [glas] *nf* **- 1.** [eau congelée] ice ; **rester de ~** *fig* to be unmoved ; **rompre la ~** *fig* to break

the ice - **2.** [crème glacée] ice cream - **3.** [vitre] pane ; [de voiture] window - **4.** [miroir] mirror ; **~ sans tain** two-way mirror.
◆ **glaces** *nfpl* ice floes.

glacé, e [glase] *adj* - **1.** [gelé] frozen - **2.** [très froid] freezing - **3.** *fig* [hostile] cold - **4.** [dessert] iced ; [viande] glazed ; [fruit] glacé.

glacer [16] [glase] *vt* - **1.** [geler, paralyser] to chill - **2.** [étoffe, papier] to glaze - **3.** [gâteau] to ice *UK*, to frost *US*.
◆ **se glacer** *vp* [sang] to run cold.

glaciaire [glasjɛr] *adj* glacial.

glacial, e, aux [glasjal, o] *adj litt* & *fig* icy.

glaciel, elle [glasjɛl] *adj Québec* of an ice floe.
◆ **glaciel** *nm Québec* ice floe.

glacier [glasje] *nm* - **1.** GÉOGR glacier - **2.** [marchand] ice cream seller *ou* man.

glacière [glasjɛr] *nf* icebox.

glaçon [glasɔ̃] *nm* - **1.** [dans boisson] ice cube - **2.** [sur toit] icicle - **3.** *fam fig* [personne] iceberg.

glaïeul [glajœl] *nm* gladiolus.

glaire [glɛr] *nf* - **1.** MÉD phlegm - **2.** [d'œuf] white.

glaise [glɛz] *nf* clay.

glaive [glɛv] *nm* sword.

gland [glɑ̃] *nm* - **1.** [de chêne] acorn - **2.** [ornement] tassel - **3.** ANAT glans.

glande [glɑ̃d] *nf* gland ; **~ endocrine** endocrine gland.

glander [3] [glɑ̃de] *vi tfam* to bugger about *UK*.

glaner [3] [glane] *vt* to glean.

glapir [32] [glapir] *vi* to yelp, to yap.

glapissement [glapismɑ̃] *nm* yelping, yapping.

glas [gla] *nm* knell ; **sonner le ~** to toll the bell ; **sonner le ~ de** *fig* to sound the death knell for.

glaucome [glokom] *nm* glaucoma.

glauque [glok] *adj* - **1.** [couleur] bluey-green - **2.** *fam* [lugubre] gloomy - **3.** *fam* [sordide] sordid.

glissade [glisad] *nf* slip ; **faire des ~s** to slide.

glissant, e [glisɑ̃, ɑ̃t] *adj* slippery.

glissement [glismɑ̃] *nm* - **1.** [action de glisser] gliding, sliding ; **~ de terrain** landslip, landslide - **2.** *fig* [électoral] swing, shift.

glisser [3] [glise] ◇ *vi* - **1.** [se déplacer] : **~ (sur)** to glide (over), to slide (over) - **2.** [déraper] : **~ (sur)** to slip (on) - **3.** *fig* [passer rapidement] : **~ sur** to skate over - **4.** [surface] to be slippery - **5.** [progresser] to slip ; **~ dans** to slip into, to slide into ; **~ vers** to slip towards *ou* toward *US*, to slide towards *ou* toward *US* - **6.** INFORM to drag. ◇ *vt* to slip ; **~ un regard à qqn** *fig* to give sb a sidelong glance.
◆ **se glisser** *vp* to slip ; **se ~ dans** [lit] to slip *ou* slide into ; *fig* to slip *ou* creep into.

glissière [glisjɛr] *nf* runner ; **à ~** sliding ; **~ de sécurité** crash barrier.

glissoire [gliswar] *nf* slide.

global, e, aux [glɔbal, o] *adj* global.

globalement [glɔbalmɑ̃] *adv* on the whole.

globalisation [glɔbalizasjɔ̃] *nf* [d'un marché] globalization.

globalité [glɔbalite] *nf* entirety.

globe [glɔb] *nm* - **1.** [sphère, terre] globe ; **le ~ terrestre** the globe - **2.** [de verre] glass cover.

globe-trotter [glɔbtrɔtœr] (*pl* **globe-trotters**) *nmf* globetrotter.

globule [glɔbyl] *nm* corpuscle, blood cell ; **~ blanc/rouge** white/red corpuscle.

globuleux [glɔbylø] ▷ **œil.**

gloire [glwar] *nf* - **1.** [renommée] glory ; [de vedette] fame, stardom - **2.** [mérite] credit ; **à la ~ de** in praise of.

glorieux, euse [glɔrjø, øz] *adj* [mort, combat] glorious ; [héros, soldat] renowned.

glorifier [9] [glɔrifje] *vt* to glorify, to praise.
◆ **se glorifier** *vp* : **se ~ de** to glory in.

gloriole [glɔrjɔl] *nf* vainglory.

glose [gloz] *nf* gloss.

gloser [3] [gloze] ◇ *vi* : **~ sur** to gossip about. ◇ *vt* to gloss.

glossaire [glɔsɛr] *nm* glossary.

glotte [glɔt] *nf* glottis.

glouglou [gluglu] *nm* - **1.** *fam* [de liquide] gurgling - **2.** [de dindon] gobbling.

gloussement [glusmɑ̃] *nm* - **1.** [de poule] cluck, clucking *(U)* - **2.** *fam* [de personne] chortle, chuckle.

glousser [3] [gluse] *vi* - **1.** [poule] to cluck - **2.** *fam* [personne] to chortle, to chuckle.

glouton, onne [glutɔ̃, ɔn] ◇ *adj* greedy. ◇ *nm, f* glutton.

gloutonnerie [glutɔnri] *nf* gluttony, greed.

glu [gly] *nf* - **1.** [colle] glue - **2.** *fam fig* [personne] limpet, leech.

gluant, e [glyɑ̃, ɑ̃t] *adj* sticky.

glucide [glysid] *nm* glucide.

glucose [glykoz] *nm* glucose.

gluten [glytɛn] *nm* gluten.

glycémie [glisemi] *nf* glycaemia.

glycérine [gliserin] *nf* glycerine.

glycine [glisin] *nf* wisteria.

GMT (*abr de* **Greenwich Mean Time**) GMT.

gnangnan [ɲɑ̃ɲɑ̃] *adj inv fam* spineless, wet *UK*.

GNL (*abr de* **gaz naturel liquéfié**) *nm* LNG.

gnôle [ɲol] *nf* brandy.

gnome [gnom] *nm* gnome.

gnon [ɲɔ̃] *nm fam* thump.

go [go] ◆ **tout de go** *loc adv* straight.

GO (*abr de* **grandes ondes**) *nfpl* LW.

goal [gol] *nm* goalkeeper.

gobelet [gɔblɛ] *nm* beaker, tumbler.

gober [3] [gɔbe] *vt* - **1.** [avaler] to gulp down - **2.** *fam* [croire] to swallow - **3.** *fam* [aimer] : **je ne peux pas la ~** I can't stand her.

goberger [17] [gɔbɛrʒe] ◆ **se goberger** *vp fam* - **1.** [manger] to stuff o.s. - **2.** [se prélasser] to take it easy.

godasse [gɔdas] *nf fam* shoe.

godet [gɔdɛ] *nm* - **1.** [récipient] jar, pot - **2.** COUT flare.

godiller [3] [gɔdije] *vi* - **1.** [rameur] to scull - **2.** [skieur] to wedeln.

goéland [gɔelɑ̃] *nm* gull, seagull.

goélette [gɔelɛt] *nf* schooner.

goémon [gɔemɔ̃] *nm* wrack.

gogo [gogo] ◆ **à gogo** *loc adv fam* galore.

goguenard, e [gɔgnar, ard] *adj* mocking.

goguette [gɔgɛt] ◆ **en goguette** *loc adv fam* a bit tight *ou* tipsy.

goinfre [gwɛ̃fr] *nmf fam* pig.

goinfrer [3] [gwɛ̃fre] ◆ **se goinfrer** *vp* : **se ~ de** *fam* to stuff *ou* pig o.s. with.

goitre [gwatr] *nm* goitre.

golden [gɔldɛn] *nf* Golden Delicious.

golf [gɔlf] *nm* [sport] golf ; [terrain] golf course.

golfe [gɔlf] *nm* gulf, bay ; **le ~ de Gascogne** the Bay of Biscay ; **le ~ Persique** the (Persian) Gulf.

gommage [gɔmaʒ] *nm* - **1.** [d'écriture] erasing, rubbing out - **2.** [cosmétique] face scrub.

gomme [gɔm] *nf* - **1.** [substance, bonbon] gum - **2.** [pour effacer] rubber *UK*, eraser - **3.** *loc* **à la ~** *fam* hopeless, useless.

gommé, e [gɔme] *adj* gummed.

gommer [3] [gɔme] *vt* to rub out, to erase ; *fig* to erase.

gond [gɔ̃] *nm* hinge ; **sortir de ses ~s** *fam fig* to fly off the handle.

gondole [gɔ̃dɔl] *nf* gondola.

gondoler [3] [gɔ̃dɔle] *vi* [bois] to warp ; [carton] to curl.

◆ **se gondoler** *vp* - **1.** [bois] to warp - **2.** *fam* [rire] to split one's sides laughing.

gonflable [gɔ̃flabl] *adj* inflatable.

gonfler [3] [gɔ̃fle] ◇ *vt* - **1.** [ballon, pneu] to blow up, to inflate ; [rivière, poitrine, yeux] to swell ; [joues] to blow out - **2.** *fig* [grossir] to exaggerate - **3.** *loc* **être gonflé** *fam* [être courageux] to have guts ; [exagérer] to have a cheek *ou* a nerve. ◇ *vi* to swell.

◆ **se gonfler** *vp* - **1.** [se distendre] to swell - **2.** [être envahi] : **se ~ de** [orgueil] to swell with ; [espoir] to be filled with.

gonflette [gɔ̃flɛt] *nf fam* **faire de la ~** to pump iron.

gonfleur [gɔ̃flœr] *nm* pump.

gong [gɔ̃g] *nm* gong.

gonzesse [gɔ̃zɛs] *nf tfam* bird *UK*, chick.

goret [gɔrɛ] *nm* - **1.** [cochon] piglet - **2.** *fam* [garçon] dirty little pig.

gorge [gɔrʒ] *nf* - **1.** [gosier, cou] throat ; **avoir la ~ serrée** to have a lump in one's throat ; **s'éclaircir la ~** to clear one's throat ; **faire des ~s chaudes de qqch** to laugh sthg to scorn ; **prendre qqn à la ~** to put sb in a difficult situation ; **rire à ~ déployée** to laugh heartily - **2.** *litt* [poitrine] breast, bosom - **3.** *(gén pl)* [vallée] gorge.

gorgée [gɔrʒe] *nf* mouthful ; **à petites ~s** in sips.

gorger [17] [gɔrʒe] *vt* : **~ qqn de qqch** [gaver] to stuff sb with sthg ; [combler] to heap sthg on sb ; **~ qqch de** to fill sthg with.

◆ **se gorger** *vp* : **se ~ de** to gorge o.s. on.

gorille [gɔrij] *nm* - **1.** [animal] gorilla - **2.** *fam* [personne] bodyguard.

gosier [gozje] *nm* throat, gullet.

gosse [gɔs] *nmf fam* kid.

gothique [gɔtik] *adj* - **1.** ARCHIT Gothic - **2.** TYPO : **écriture ~** Gothic script.

◆ **gothique** *nm* : **le ~** the Gothic style.

gouache [gwaʃ] *nf* gouache.

gouaille [gwaj] *nf* cheek.

goudron [gudrɔ̃] *nm* tar.

goudronner [3] [gudrɔne] *vt* to tar.

gouffre [gufr] *nm* abyss ; **le ~ de l'oubli/du désespoir** the depths of oblivion/despair ; **au bord du ~** *fig* on the edge of the abyss.

goujat [guʒa] *nm* boor.

goujaterie [guʒatri] *nf* boorishness.

goujon [guʒɔ̃] *nm* [poisson] gudgeon ; **taquiner le ~** to do a bit of fishing.

goulet [gulɛ] *nm* narrows *(pl)* ; **~ d'étranglement** bottleneck.

goulot [gulo] *nm* neck ; **boire au ~** to drink straight from the bottle.

goulu, e [guly] ◇ *adj* greedy, gluttonous. ◇ *nm, f* glutton.

goulûment [gulymɑ̃] *adv* greedily.

goupille [gupij] *nf* pin.

goupiller [3] [gupije] *vt fam* to fix.
◆ **se goupiller** *vp fam* to work out.

goupillon [gupijɔ̃] *nm* - **1.** RELIG (holy water) sprinkler - **2.** [à bouteille] bottle brush.

gourd, e [gur, gurd] *adj* numb.

gourde [gurd] ◇ *nf* - **1.** [récipient] flask, water bottle - **2.** *fam* [personne] idiot, clot *UK*. ◇ *adj fam* thick.

gourdin [gurdɛ̃] *nm* club.

gourer [3] [gure] ◆ **se gourer** *vp fam* to slip up.

gourgane [gurgan] *nf Québec* broad bean.

gourmand, e [gurmɑ̃, ɑ̃d] ◇ *adj* greedy ; **~ de** fond of. ◇ *nm, f* glutton.

gourmandise [gurmɑ̃diz] *nf* - **1.** [caractère] greed, greediness - **2.** [sucrerie] sweet thing.

gourme [gurm] *nf* - **1.** MÉD impetigo - **2.** [maladie du cheval] strangles *(U)* - **3.** *loc* **jeter sa ~** *vieilli* to sow one's wild oats.

gourmet [gourmɛ] *nm* : **(fin) ~** gourmet.

gourmette [gurmɛt] *nf* chain bracelet.

gourou [guru] *nm* guru.

gousse [gus] *nf* pod ; **~ d'ail** clove of garlic.

gousset [gusɛ] *nm* [de gilet] fob pocket.

goût [gu] *nm* taste ; **au ~ du jour** fashionable ; **avoir du ~** to have taste ; **avoir le ~ de qqch** to have a taste *ou* liking for sthg ; **de bon ~** [élégant] tasteful, in good taste ; *hum* [bienséant] advisable ; **de mauvais ~** tasteless, in bad taste ; **il n'a ~ à rien** he doesn't feel like doing anything ; **prendre ~ à qqch** to take a liking to sthg ; **chacun ses ~s, à chacun son ~** each to his own.

goûter [3] [gute] ◇ *vt* - **1.** [déguster] to taste - **2.** [savourer] to enjoy - **3.** *litt* [estimer] to appreciate. ◇ *vi* to have an afternoon snack ; **~ à** to taste ; **~ de** *litt* & *fig* to have a taste of. ◇ *nm afternoon snack for children, typically consisting of bread, butter, chocolate and a drink.*

goutte [gut] ◇ *nf* - **1.** [de pluie, d'eau] drop ; **la ~ (d'eau) qui fait déborder le vase** *fig* the last straw ; **une ~ dans l'océan** a drop in the ocean ; **se ressembler comme deux ~s d'eau** to be as like as two peas in a pod - **2.** *fam* [alcool] : **la ~** the hard stuff - **3.** MÉD [maladie] gout. ◇ *adv (de négation) litt* **ne... ~** not a thing, nothing ; **je n'y vois ~** I can't see a thing.
◆ **gouttes** *nfpl* MÉD drops.

goutte-à-goutte [gutagut] *nm inv* (intravenous) drip *UK*, IV *US*.

gouttelette [gutlɛt] *nf* droplet.

gouttière [gutjɛr] *nf* - **1.** [CONSTR - horizontale] gutter ; [- verticale] drainpipe - **2.** MÉD splint.

gouvernail [guvɛrnaj] *nm* rudder.

gouvernante [guvɛrnɑ̃t] *nf* - **1.** [d'enfants] governess - **2.** [de maison] housekeeper.

gouverne [guvɛrn] *nf* AÉRON control surface ; **~ de direction** rudder ; **pour ma/ta ~** *fig* for my/your guidance.

gouvernement [guvɛrnəmɑ̃] *nm* government.

gouvernemental, e,, aux [guvɛrnəmɑ̃tal, o] *adj* [politique, organisation] government *(avant n)* ; [journal] pro-government.

gouverner [3] [guvɛrne] *vt* to govern.

gouverneur [guvɛrnœr] *nm* governor.

GPL (*abr de* **gaz de pétrole liquéfié**) *nm* LPG.

GPS (*abr de* **global positionning system**) *nm* GPS.

GQG (*abr de* **grand quartier général**) *nm* GHQ.

gr *abr de* **grade**.

GR (*abr de* **(sentier de) grande randonnée**) *nm long-distance hiking path.*

grabataire [grabatɛr] ◇ *nmf* invalid. ◇ *adj* bedridden.

grabuge [grabyʒ] *nm fam* trouble.

grâce [gras] *nf* - **1.** [charme] grace ; **de bonne ~** with good grace, willingly ; **de mauvaise ~** with bad grace, reluctantly - **2.** [faveur] favour *UK*, favor *US* ; **être dans les bonnes ~s de qqn** to be in sb's good books ; **faire ~ de qqch à qqn** to spare sb sthg - **3.** [miséricorde] mercy ; **rendre ~ à** *litt* to give thanks to.
◆ **de grâce** *interj* for heaven's sake!
◆ **grâce à** *loc prép* thanks to.

gracier [9] [grasje] *vt* to pardon.

gracieusement [grasjøzmɑ̃] *adv* - **1.** [avec grâce] graciously - **2.** [gratuitement] free (of charge).

gracieux, euse [grasjø, øz] *adj* - **1.** [charmant] graceful - **2.** [gratuit] free.

gracile [grasil] *adj* slender.

gradation [gradasjɔ̃] *nf* gradation.

grade [grad] *nm* [échelon] rank ; [universitaire] qualification ; **monter en ~** to be promoted ; **en prendre pour son ~** to get hauled over the coals.

gradé, e [grade] ◇ *adj* non-commissioned. ◇ *nm, f* non-commissioned officer, NCO.

gradin [gradɛ̃] *nm* [de stade, de théâtre] tier ; [de terrain] terrace ; **en ~s** terraced.

graduation [gradɥasjɔ̃] *nf* graduation.

gradué, e [gradɥe] *belgicisme* <> *adj* [étudiant] college *(avant n)*. <> *nm, f* college graduate.

graduel, elle [gradɥɛl] *adj* gradual ; [difficultés] increasing.

graduellement [gradɥɛlmɑ̃] *adv* gradually.

graduer [7] [gradɥe] *vt* - **1.** [récipient, règle] to graduate - **2.** *fig* [effort, travail] to increase gradually.

graff [graf] (*abr de* **graffiti**) *nm* (piece of) graffiti.

graffiti [grafiti] *nm inv* graffiti *(U)*.

grailler [3] [graje] *vi fam* to nosh *UK*, to chow down *US*.

graillon [grajɔ̃] *nm péj* burnt fat.

grain [grɛ̃] *nm* - **1.** [gén] grain ; [de moutarde] seed ; [de café] bean ; **~ de raisin** grape - **2.** [point] : **~ de beauté** mole, beauty spot - **3.** [averse] squall - **4.** *fig* [petite quantité] : **un ~ de** a touch of ; **un ~ de bon sens** an ounce of common sense - **5.** *loc* **avoir un ~** *fam* to be a bit touched ; **mettre son ~ de sel** *péj* to put one's oar in ; **veiller au ~** to be on one's guard.

graine [grɛn] *nf* - **1.** BOT seed ; **mauvaise ~** *fig* bad lot - **2.** *loc* **être de la ~ de voleur** to be a thief in the making ; **en prendre de la ~** *fam* to follow my/his *etc* example ; **monter en ~** [salade] to bolt, to run to seed ; *fig* to shoot up.

grainetier, ère [grɛntje, ɛr] *nm, f* seed merchant.

graissage [grɛsaʒ] *nm* lubrication.

graisse [grɛs] *nf* - **1.** ANAT & CULIN fat - **2.** [pour lubrifier] grease.

graisser [4] [grɛse] *vt* - **1.** [machine] to grease, to lubricate - **2.** [vêtements] to get grease on.

graisseux, euse [grɛsø, øz] *adj* - **1.** [papier] greasy - **2.** [bourrelet] of fat.

grammaire [gramɛr] *nf* grammar.

grammatical, e, aux [gramatikal, o] *adj* grammatical.

grammaticalement [gramatikalmɑ̃] *adv* grammatically.

gramme [gram] *nm* gram, gramme *UK* ; **il n'a pas un ~ de jugeote** he hasn't got an ounce of common sense.

grand, e [grɑ̃, grɑ̃d] <> *adj* - **1.** [en hauteur] tall ; [en dimensions] big, large ; [en quantité, nombre] large, great ; **une ~e partie de** a large *ou* great proportion of ; **un ~ nombre de** a large *ou* great number of ; **en ~** [dimension] full-size - **2.** [âgé] grown-up ; **les ~es personnes** grown-ups ; **~ frère** big *ou* older brother ; **~e sœur** big *ou* older sister ; **il est assez ~ pour...** he's old enough to... - **3.** [puissant] big, leading - **4.** [important, remarquable] great ; **un ~ homme** a great man - **5.** [intense] : **un ~ blessé/brûlé** a person with serious wounds/burns ; **un ~ buveur/fumeur** a heavy drinker/smoker. <> *nm, f (gén pl)* - **1.** [personnage] great man (*f* woman) ; **c'est l'un des ~s de l'électroménager** he's one of the big names in electrical appliances - **2.** [enfant] older *ou* bigger boy (*f* girl).

◆ **grand** *adv* : **voir ~** to think big.

grand-angle [grɑ̃tɑ̃gl] (*pl* **grands-angles**), **grand-angulaire** [grɑ̃tɑ̃gylɛr] (*pl* **grands-angulaires**) <> *adj* wide-angle. <> *nm* wide-angle lens.

grand-chose [grɑ̃ʃoz] ◆ **pas grand-chose** <> *pron indéf* not much. <> *nmf fam* worthless person.

grand-duché [grɑ̃dyʃe] (*pl* **grands-duchés**) *nm* grand duchy.

Grande-Bretagne [grɑ̃dbrətaɲ] *nf* : **la ~** Great Britain.

grandement [grɑ̃dmɑ̃] *adv* - **1.** [beaucoup] greatly - **2.** [largement] a lot ; **avoir ~ de quoi vivre** to have plenty to live on.

grandeur [grɑ̃dœr] *nf* - **1.** [taille] size ; **~ nature** life-size, life-sized - **2.** [apogée] *fig* greatness ; **~ d'âme** *fig* magnanimity.

grand-guignolesque [grɑ̃giɲɔlɛsk] *adj* bloodthirsty and melodramatic.

grandiloquent, e [grɑ̃dilɔkɑ̃, ɑ̃t] *adj* grandiloquent.

grandiose [grɑ̃djoz] *adj* imposing.

grandir [32] [grɑ̃dir] <> *vt* : **~ qqn** [suj: chaussures] to make sb look taller ; *fig* to increase sb's standing. <> *vi* [personne, plante] to grow ; [obscurité, bruit] to increase, to grow ; **~ dans l'estime de qqn** to go up in sb's estimation.

◆ **se grandir** *vp* to make o.s. (appear) taller ; *fig* to increase one's standing.

grandissant, e [grɑ̃disɑ̃, ɑ̃t] *adj* growing.

grand-maman [grɑ̃mamɑ̃] (*pl* **grand-mamans** *ou* **grands-mamans**) *nf* granny, grandma.

grand-mère [grɑ̃mɛr] (*pl* **grand-mères**, , *pl* **grands-mères**) *nf* grandmother ; *fam fig* old biddy ; **~ maternelle/paternelle** maternal/paternal grandmother.

grand-messe [grɑ̃mɛs] (*pl* **grand-messes** *ou* **grands-messes**) *nf* high mass.

grand-oncle [grɑ̃tɔ̃kl] (*pl* **grands-oncles**) *nm* great-uncle.

grand-papa [grɑ̃papa] (*pl* **grands-papas**) *nm* grandpa, grandad.

grand-peine [grɑ̃pɛn] ◆ **à grand-peine** *loc adv* with great difficulty.

grand-père [grɑ̃pɛr] (*pl* **grands-pères**) *nm* grandfather ; *fam fig* old geezer ; **~ maternel/paternel** maternal/paternal grandfather.

grands-parents [grɑ̃parɑ̃] *nmpl* grandparents.

grand-tante [grɑ̃tɑ̃t] (*pl* **grand-tantes** *ou* **grands-tantes**) *nf* great-aunt.

grand-voile [grɑ̃vwal] (*pl* **grands-voiles**) *nf* mainsail.

grange [grɑ̃ʒ] *nf* barn.

granit(e) [granit] *nm* granite.

granité, e [granite] *adj* [tissu] pebble-weave.
◆ **granité** *nm* - **1.** [tissu] pebble weave - **2.** [glace] granita.

granule [granyl] *nm* - **1.** [grain] granule - **2.** MÉD pill.

granulé, e [granyle] *adj* [surface] granular.
◆ **granulé** *nm* tablet.

granuleux, euse [granylø, øz] *adj* granular.

grape-fruit [grɛpfrut] (*pl* **grape-fruits**) *nm* grapefruit.

graphe [graf] *nm* graph.

graphie [grafi] *nf* spelling.

graphique [grafik] ◇ *nm* diagram ; [graphe] graph. ◇ *adj* graphic.

graphisme [grafism] *nm* - **1.** [écriture] handwriting - **2.** ART style of drawing.

graphiste [grafist] *nmf* graphic artist.

graphologie [grafɔlɔʒi] *nf* graphology.

graphologue [grafɔlɔg] *nmf* graphologist, handwriting expert.

grappe [grap] *nf* - **1.** [de fruits] bunch ; [de fleurs] stem ; **~ de raisin** bunch of grapes - **2.** *fig* [de gens] knot.

grappiller [3] [grapije] ◇ *vt litt* & *fig* to gather, to pick up. ◇ *vi* [financièrement] to make money.

grappin [grapɛ̃] *nm* [ancre] grapnel ; **mettre le ~ sur** *fig* & *péj* to get one's claws into sb.

gras, grasse [gra, gras] *adj* - **1.** [personne, animal] fat - **2.** [plat, aliment] fatty ; **matières grasses** fats - **3.** [cheveux, mains] greasy - **4.** [sol] clayey ; [crayon] soft - **5.** *fig* [plaisanterie] crude - **6.** *fig* [rire] throaty ; [toux] phlegmy - **7.** *fig* [plante] succulent.
◆ **gras** ◇ *nm* - **1.** [du jambon] fat - **2.** [de jambe] soft *ou* fleshy part - **3.** TYPO bold (type). ◇ *adv* : **manger ~** to eat fatty foods ; **tousser ~** to have a loose cough.

gras-double [gradubl] (*pl* **gras-doubles**) *nm* tripe.

grassement [grasmɑ̃] *adv* - **1.** [rire] coarsely - **2.** [payer] a lot.

grassouillet, ette [grasujɛ, ɛt] *adj fam* plump.

gratifiant, e [gratifjɑ̃, ɑ̃t] *adj* gratifying.

gratification [gratifikasjɔ̃] *nf* - **1.** [en argent] bonus - **2.** [psychologique] gratification.

gratifier [9] [gratifje] *vt* - **1.** [accorder] : **~ qqn de qqch** to present sb with sthg, to present sthg to sb ; *fig* to reward sb with sthg - **2.** [stimuler] to gratify.

gratin [gratɛ̃] *nm* - **1.** CULIN *dish sprinkled with breadcrumbs or cheese and browned* ; **~ dauphinois** *sliced potatoes baked with cream and browned on top* - **2.** *fam fig* [haute société] upper crust.

gratiné, e [gratine] *adj* - **1.** CULIN *sprinkled with breadcrumbs or cheese and browned* - **2.** *fam fig* [ardu] stiff - **3.** *fam fig* [déroutant] weird.
◆ **gratinée** *nf onion soup sprinkled with cheese and browned.*

gratiner [3] [gratine] *vt to sprinkle with breadcrumbs or cheese and then brown.*

gratis [gratis] *adv* free.

gratitude [gratityd] *nf* : **~ (envers)** gratitude (to *ou* towards).

gratte-ciel [gratsjɛl] *nm inv* skyscraper.

grattement [gratmɑ̃] *nm* scratching.

gratte-papier [gratpapje] *nm inv fam* penpusher.

gratter [3] [grate] ◇ *vt* - **1.** [gén] to scratch ; [pour enlever] to scrape off - **2.** *fam* [gagner] to make - **3.** *fam* [devancer] to overtake. ◇ *vi* - **1.** [démanger] to itch, to be itchy - **2.** *fam* [écrire] to scribble - **3.** [frapper] : **~ à la porte** to tap at the door - **4.** *fam* [travailler] to slave, to slog - **5.** *fam* [jouer] : **~ de** [violon] to scrape away at ; [guitare] to strum on.
◆ **se gratter** *vp* to scratch.

grattoir [gratwar] *nm* - **1.** [outil] scraper - **2.** [de boîte d'allumettes] striking surface.

gratuit, e [gratɥi, it] *adj* - **1.** [entrée] free - **2.** [hypothèse] unwarranted - **3.** [violence] gratuitous.

gratuité [gratɥite] *nf* - **1.** [d'entrée] free nature - **2.** [d'hypothèse] unwarranted nature.

gratuitement [gratɥitmɑ̃] *adv* - **1.** [sans payer] free, for nothing - **2.** [sans raison] gratuitously.

gravats [grava] *nmpl* rubble *(U)*.

grave [grav] ◇ *adj* - **1.** [attitude, faute, maladie] serious, grave ; **ce n'est pas ~** [ce n'est rien] don't worry about it - **2.** [voix] deep - **3.** LING : **accent ~** grave accent. ◇ *nm (gén pl)* MUS low register.

graveleux, euse [gravlø, øz] *adj* - **1.** [sol] gravelly - **2.** [fruit] gritty - **3.** [propos] crude.

gravement [gravmɑ̃] *adv* gravely, seriously.

graver [3] [grave] *vt* - **1.** [gén] to engrave - **2.** [bois] to carve - **3.** INFORM to burn.

graveur, euse [gravœr, øz] *nm, f* engraver.

◆ **graveur** *nm* INFORM CD-RW drive, (CD-) burner.

gravier [gravje] *nm* gravel *(U)*.

gravillon [gravijɔ̃] *nm* fine gravel *(U)*.

gravir [32] [gravir] *vt* to climb.

gravité [gravite] *nf* - **1.** [importance] seriousness, gravity ; **sans ~** not serious - **2.** PHYS gravity.

graviter [3] [gravite] *vi* - **1.** [astre] to revolve - **2.** *fig* [évoluer] to gravitate.

gravure [gravyr] *nf* - **1.** [technique] : **~ (sur)** engraving (on) ; **~ sur bois** woodcutting - **2.** [reproduction] print ; [dans livre] plate.

gré [gre] *nm* - **1.** [goût] : **à mon/son ~** for my/his taste, for my/his liking - **2.** [volonté] : **bon ~ mal ~** willy nilly ; **contre mon/son ~** against my/his will ; **de ~ ou de force** *fig* whether you/they *etc* like it or not ; **de mon/son plein ~** of my/his own free will ; **au ~ de qqn/qqch** at the will of sb/sthg, at the pleasure of sb /sthg - **3.** [gratitude] : **je vous saurais ~ de bien vouloir...** *litt* I should be grateful if you would...

grec, **grecque** [grɛk] *adj* Greek.

◆ **grec** *nm* [langue] Greek ; **~ ancien/moderne** ancient/modern Greek.

◆ **grecque** *nf* CULIN : **à la grecque** *stewed in oil (with tomatoes) and served cold.*

◆ **Grec**, **Grecque** *nm, f* Greek.

Grèce [grɛs] *nf* : **la ~** Greece.

gredin, **e** [grədɛ̃, in] *nm, f* rogue.

gréement [gremɑ̃] *nm* rigging.

green [grin] *nm* [golf] green.

Greenwich [grinwitʃ] *n* Greenwich ; **le méridien de ~** the Greenwich Meridian.

gréer [15] [gree] *vt* to rig.

greffe [grɛf] ◇ *nf* - **1.** MÉD transplant ; [de peau] graft ; **~ du cœur** heart transplant - **2.** BOT graft. ◇ *nm* DR : **~ (du tribunal)** office of the clerk of court.

greffer [4] [grɛfe] *vt* - **1.** MÉD to transplant ; [peau] to graft ; **~ un rein/un cœur à qqn** to give sb a kidney/heart transplant - **2.** BOT to graft.

◆ **se greffer** *vp* : **se ~ sur qqch** to be added to sthg.

greffier [grɛfje] *nm* clerk of the court.

grégaire [gregɛr] *adj* gregarious.

grège [grɛʒ] ▷ **soie**.

grégorien, **enne** [gregɔrjɛ̃, ɛn] *adj* Gregorian.

grêle [grɛl] ◇ *nf* hail. ◇ *adj* - **1.** [jambes] spindly - **2.** [son] shrill.

grêlé, **e** [grele] *adj* pockmarked.

grêler [4] [grele] ◇ *v impers* to hail ; **il grêle** it's hailing. ◇ *vt* to devastate by hail.

grêlon [grɛlɔ̃] *nm* hailstone.

grelot [grəlo] *nm* bell.

grelotter [3] [grəlɔte] *vi* : **~ (de)** to shiver (with).

grenade [grənad] *nf* - **1.** [fruit] pomegranate - **2.** MIL grenade ; **~ lacrymogène** tear-gas grenade.

grenadier [grənadje] *nm* - **1.** [arbre] pomegranate tree - **2.** MIL grenadier.

grenadine [grənadin] *nf* grenadine *(pomegranate syrup)*.

grenat [grəna] ◇ *nm* garnet. ◇ *adj inv* dark red.

grenier [grənje] *nm* - **1.** [de maison] attic - **2.** [à foin] loft - **3.** *fig* [région] breadbasket.

grenouille [grənuj] *nf* frog ; **~ de bénitier** *fig* fanatical churchgoer.

grenouillère [grənujɛr] *nf* [de bébé] all-in-one.

grenu, **e** [grəny] *adj* - **1.** [cuir] grained - **2.** [roche] granular.

grès [grɛ] *nm* - **1.** [roche] sandstone - **2.** [poterie] stoneware.

grésil [grezil] *nm* hail.

grésillement [grezijmɑ̃] *nm* [de friture] sizzling ; [de feu] crackling.

grésiller [3] [grezije] *vi* - **1.** [friture] to sizzle ; [feu] to crackle - **2.** [radio] to crackle.

grève [grɛv] *nf* - **1.** [arrêt du travail] strike ; **être en ~** to be on strike ; **faire ~** to strike, to go on strike ; **~ de la faim** hunger strike ; **~ générale** general strike ; **~ sauvage** wildcat strike ; **~ sur le tas** sit-down strike ; **~ tournante** rotating strike ; **~ du zèle** work-to-rule *UK* - **2.** [rivage] shore.

grever [19] [grəve] *vt* to burden ; [budget] to put a strain on.

gréviste [grevist] ◇ *nmf* striker. ◇ *adj* striking.

GRH (*abr de* **gestion des ressources humaines**) *nf* personnel management.

gribouillage [gribujaʒ] *nm* - **1.** [écriture] scrawl - **2.** [dessin] doodle.

gribouiller [3] [gribuje] *vt & vi* - **1.** [écrire] to scrawl - **2.** [dessiner] to doodle.

gribouillis [gribuji] = **gribouillage**.

grief [grijɛf] *nm* grievance ; **faire ~ de qqch à qqn** to hold sthg against sb.

grièvement [grijɛvmɑ̃] *adv* seriously.

griffe [grif] *nf* - **1.** [d'animal] claw ; **montrer les ~s** *litt & fig* to bare *ou* show one's claws ; **tomber dans les ~s de qqn** *fig* to fall into sb's clutches - **2.** [de créateur] hallmark ; [de couturier] label - **3.** ***belgicisme*** [éraflure] scratch.

griffer [3] [grife] *vt* - **1.** [suj: chat etc] to claw - **2.** [suj: créateur] to put one's name to.

griffonner [3] [grifɔne] <> *vt* - **1.** [écrire] to scrawl - **2.** [dessiner] to make a rough sketch of. <> *vi* - **1.** [écrire] to scrawl - **2.** [dessiner] to make a rough sketch.

griffure [grifyr] *nf* scratch.

grignoter [3] [griɲɔte] <> *vt* - **1.** [manger] to nibble - **2.** ***fam fig*** [réduire - capital] to eat away (at) - **3.** ***fam fig*** [gagner - avantage] to gain. <> *vi* - **1.** [manger] to nibble - **2.** ***fam fig*** [prendre] : **~ sur** to nibble away at.

grigou [grigu] *nm fam* skinflint.

gri-gri (*pl* **gris-gris**), **grigri** (*pl* **grigris**) [gri-gri] *nm* talisman, charm.

gril [gril] *nm* grill ; **sur le ~** on the grill ; **être sur le ~** *fig* to be like a cat on hot bricks.

grillade [grijad] *nf* CULIN grilled meat.

grillage [grijaʒ] *nm* - **1.** [de porte, de fenêtre] wire netting - **2.** [clôture] wire fence.

grillager [17] [grijaʒe] *vt* to put wire netting on.

grille [grij] *nf* - **1.** [portail] gate - **2.** [d'orifice, de guichet] grille ; [de fenêtre] bars *(pl)* - **3.** [de mots croisés, de loto] grid - **4.** [tableau] table ; **~ des programmes** programme *UK ou* program *US* listings *(pl)* ; **~ des salaires** salary scale.

grille-pain [grijpɛ̃] *nm inv* toaster.

griller [3] [grije] <> *vt* - **1.** [viande] to grill *UK*, to broil *US* ; [pain] to toast ; [café, marrons] to roast ; **~ une cigarette** *fam* to have a fag *UK* - **2.** *fig* [au soleil - personne] to burn ; [- végétation] to shrivel - **3.** [moteur] to burn out - **4.** ***fam fig*** [dépasser - concurrents] to outstrip ; **~ un feu rouge** to jump the lights ; **~ une étape** to rush ahead - **5.** *fig* [compromettre] to ruin ; **être grillé** to be done for. <> *vi* - **1.** [viande] to grill *UK*, to broil *US* - **2.** [ampoule] to blow - **3.** [personne] : **~ de** [envie, impatience] to be burning with ; **~ de faire qqch** to be longing to do sthg.

◆ **se griller** *vp fam* to be done for ; **se ~ auprès de qqn** to blow it with sb.

grillon [grijɔ̃] *nm* [insecte] cricket.

grimace [grimas] *nf* grimace ; **faire des ~s** to pull faces ; **faire la ~** to pull a face.

grimacer [16] [grimase] *vi* to grimace.

grimer [3] [grime] *vt* CINÉ & THÉÂTRE to make up.

◆ **se grimer** *vp* CINÉ & THÉÂTRE to make (o.s.) up.

grimoire [grimwar] *nm* [de sorcier] book of spells.

grimpant, e [grɛ̃pɑ̃, ɑ̃t] *adj* climbing *(avant n)*.

grimper [3] [grɛ̃pe] <> *vt* to climb. <> *vi* to climb ; **~ à un arbre/une échelle** to climb a tree/a ladder.

grimpeur, euse [grɛ̃pœr, øz] <> *adj* climbing *(avant n)*. <> *nm, f* climber.

grinçant, e [grɛ̃sɑ̃, ɑ̃t] *adj* - **1.** [charnière] squeaking ; [porte, plancher] creaking - **2.** *fig* [ironie] jarring.

grincement [grɛ̃smɑ̃] *nm* [de charnière] squeaking ; [de porte, plancher] creaking ; **~s de dents** *fig* gnashing of teeth.

grincer [16] [grɛ̃se] *vi* [charnière] to squeak ; [porte, plancher] to creak.

grincheux, euse [grɛ̃ʃø, øz] <> *adj* grumpy. <> *nm, f* moaner, grumbler.

gringalet [grɛ̃galɛ] *nm* weakling.

griotte [grijɔt] *nf* morello (cherry).

grippe [grip] *nf* MÉD flu *(U)* ; **avoir la ~** to have (the) flu ; **~ intestinale** gastric flu ; **prendre qqn/qqch en ~** *fig* to take a sudden dislike to sb/sthg.

grippé, e [gripe] *adj* [malade] : **être ~** to have flu.

gripper [3] [gripe] *vi* - **1.** [mécanisme] to jam - **2.** *fig* [processus] to stall.

◆ **se gripper** *vp* - **1.** [mécanisme] to jam - **2.** *fig* [système] to seize up.

grippe-sou [gripsu] (*pl* **grippe-sou** *ou* **grippe-sous**) *nm fam* skinflint.

gris, e [gri, griz] *adj* - **1.** [couleur] grey *UK*, gray *US* - **2.** *fig* [morne] dismal - **3.** [saoul] tipsy.

◆ **gris** *nm* - **1.** [couleur] grey *UK*, gray *US* - **2.** [tabac] shag.

grisaille [grizaj] *nf* - **1.** [de ciel] greyness *UK*, grayness *US* - **2.** *fig* [de vie] dullness.

grisant, e [grizɑ̃, ɑ̃t] *adj* intoxicating.

grisâtre [grizatr] *adj* greyish *UK*, grayish *US*.

grisé [grize] *nm* grey *UK ou* gray *US* shading.

griser [3] [grize] *vt* to intoxicate.

◆ **se griser** *vp* : **se ~ de** [vin] to get tipsy on ; [air, succès] to get drunk on.

grisonnant, e [grizɔnɑ̃, ɑ̃t] *adj* greying *UK*, graying *US*.

grisonner [3] [grizɔne] *vi* to turn grey *UK ou* gray *US*.

grisou [grizu] *nm* firedamp.

grive [griv] *nf* thrush.

grivois, e [grivwa, az] *adj* ribald.

Groenland [grɔɛnlɑ̃d] *nm* : **le ~** Greenland ; **au ~** in Greenland.

grog [grɔg] *nm* (hot) toddy.

groggy [grɔgi] *adj inv* - **1.** [boxeur] groggy - **2.** *fig* [assommé] stunned.

grogne [grɔɲ] *nf* discontent, grumbling.

grognement [grɔɲmɑ̃] *nm* - **1.** [son] grunt ; [d'ours, de chien] growl - **2.** [protestation] grumble.

grogner [3] [grɔɲe] *vi* - **1.** [émettre un son] to grunt ; [ours, chien] to growl - **2.** [protester] to grumble.

grognon, onne [grɔɲɔ̃, ɔn] *adj* grumpy.

groin [grwɛ̃] *nm* snout.

grommeler [24] [grɔmle] *vt & vi* to mutter.

grondement [grɔ̃dmɑ̃] *nm* [d'animal] growl ; [de tonnerre, de train] rumble ; [de torrent] roar.

gronder [3] [grɔ̃de] ◇ *vi* - **1.** [animal] to growl ; [tonnerre] to rumble - **2.** *litt* [grommeler] to mutter. ◇ *vt* to scold.

groom [grum] *nm* page, bellhop *US*.

gros, grosse [gro, gros] ◇ *adj (gén avant n)* - **1.** [gén] large, big ; *péj* big - **2.** *(avant ou après n)* [corpulent] fat - **3.** [grossier] coarse - **4.** [fort, sonore] loud - **5.** [important, grave - ennuis] serious ; [- dépense] major - **6.** [plein] : **~ de** full of. ◇ *nm, f* - **1.** [personne corpulente] fat person - **2.** [personnage important] big shot.

◆ **gros** ◇ *adv* [beaucoup] a lot ; **en avoir ~ sur le cœur** to be upset. ◇ *nm* - **1.** [partie] : **le (plus) ~ (de qqch)** the main part (of sthg) ; **le (plus)~ du travail** the bulk of the work - **2.** COMM : **le ~** wholesale.

◆ **de gros** *loc adj* COMM wholesale.

◆ **en gros** *loc adv & loc adj* - **1.** COMM wholesale - **2.** [en grands caractères] in large letters - **3.** [grosso modo] roughly.

groseille [grozɛj] ◇ *nf* currant ; **~ blanche** white currant ; **~ à maquereau** gooseberry ; **~ rouge** redcurrant. ◇ *adj inv* red.

groseillier [grozeje] *nm* currant bush.

gros-porteur [gropɔrtœr] (*pl* **gros-porteurs**) *nm* jumbo (jet).

grosse [gros] ◇ *nf* - **1.** [douze douzaines] gross - **2.** DR engrossment. ◇ *adj* ▻ **gros**.

grossesse [grosɛs] *nf* pregnancy ; **~ extra-utérine** ectopic pregnancy ; **~ nerveuse** phantom pregnancy.

grosseur [grosœr] *nf* - **1.** [dimension, taille] size - **2.** [corpulence] fatness - **3.** MÉD lump.

grossier, ère [grosje, ɛr] *adj* - **1.** [matière] coarse - **2.** [sommaire] rough - **3.** [insolent] rude - **4.** [vulgaire] crude - **5.** [erreur] crass.

grossièrement [grosjɛrmɑ̃] *adv* - **1.** [sommairement] roughly - **2.** [vulgairement] crudely.

grossièreté [grosjɛrte] *nf* - **1.** [vulgarité] crudeness - **2.** [parole grossière] crude remark - **3.** [superficialité] superficiality.

grossir [32] [grosir] ◇ *vi* - **1.** [prendre du poids] to put on weight ; **faire ~** to add pounds, to make you put on weight ; [être calorique] to be fattening ; **ça fait ~** it's fattening - **2.** [augmenter] to grow - **3.** [s'intensifier] to increase - **4.** [cours d'eau] to swell. ◇ *vt* - **1.** [suj: microscope, verre] to magnify - **2.** [suj: vêtement] : **~ qqn** to make sb look fatter - **3.** [exagérer] to exaggerate.

grossissant, e [grosisɑ̃, ɑ̃t] *adj* [verre] magnifying.

grossissement [grosismɑ̃] *nm* - **1.** [de personne] increase in weight - **2.** [de loupe, de microscope] magnification - **3.** [exagération] exaggeration.

grossiste [grosist] *nmf* wholesaler.

grosso modo [grosomɔdo] *adv* roughly.

grotesque [grɔtɛsk] ◇ *adj* grotesque, ludicrous. ◇ *nm* : **le ~** the grotesque.

grotte [grɔt] *nf* cave.

grouillant, e [grujɑ̃, ɑ̃t] *adj* - **1.** [foule] milling - **2.** [lieu] : **~ (de)** swarming (with).

grouiller [3] [gruje] *vi* : **~ (de)** to swarm (with).

◆ **se grouiller** *vp fam* to get a move on ; **se ~ de faire qqch** to rush to do sthg.

groupage [grupaʒ] *nm* bulking.

groupe [grup] *nm* group ; **en ~** as a group ; **~ armé** armed group ; **~ de pression** pressure group.

◆ **groupe électrogène** *nm* generator.

◆ **groupe sanguin** *nm* blood group.

groupement [grupmɑ̃] *nm* - **1.** [action] grouping - **2.** [groupe] group.

grouper [3] [grupe] *vt* to group.

◆ **se grouper** *vp* to come together.

groupie [grupi] *nmf* groupie.

groupuscule [grupyskyl] *nm* faction.

gruau [gryo] *nm* [farine] wheat flour.

grue [gry] *nf* TECHNOL & ZOOL crane ; **faire le pied de ~** *fig* to stand about.

gruger [17] [gryʒe] *vt litt* to dupe.

grumeau, x [grymo] *nm* lump.

grumeleux, euse [grymlø, øz] *adj* - **1.** [pâte] lumpy - **2.** [fruit] gritty - **3.** [peau] bumpy.

grunge [grʌnʒ] *adj* grunge *(modif)*.

gruyère [gryjɛr] *nm* Gruyère (cheese).

guacamole [gwakamol(e)] *nm* guacamole.

Guadeloupe [gwadlup] *nf* : **la ~** Guadeloupe ; **à la ~** in Guadeloupe.

guadeloupéen, enne [gwadlupeɛ̃, ɛn] *adj* of/from Guadeloupe.

◆ **Guadeloupéen, enne** *nm, f* native *ou* inhabitant of Guadeloupe.

Guatemala [gwatemala] *nm* : **le ~** Guatemala ; **au ~** in Guatemala.

guatémaltèque [gwatemaltɛk] *adj* Guatemalan.

◆ **Guatémaltèque** *nmf* Guatemalan.

gué [ge] *nm* ford ; **traverser à ~** to ford.

guenilles [gənij] *nfpl* rags.

guenon [gənɔ̃] *nf* female monkey.

guépard [gepar] *nm* cheetah.

guêpe [gɛp] *nf* wasp.

guêpier [gepje] *nm* wasp's nest ; *fig* hornet's nest ; **aller se fourrer dans un ~** to stir up a hornet's nest.

guère [gɛr] *adv* [peu] hardly ; **ne** *(+ verbe)* **~** [peu] hardly ; **il ne l'aime ~** he doesn't like him/her very much ; **l'appel n'a ~ eu de succès** the appeal met with very little success ; **ne** *(+ verbe)* **plus ~ : il ne m'écrit plus ~** he hardly (ever) writes (to me) now *ou* any more ; **il n'y a ~ plus de six ans** it's barely more than six years ago ; **il n'y a ~ de** there are hardly any.

guéridon [geridɔ̃] *nm* pedestal table.

guérilla [gerija] *nf* guerrilla warfare.

guérir [32] [gerir] ◇ *vt* to cure ; **~ qqn de** *litt* & *fig* to cure sb of. ◇ *vi* to recover, to get better.

guérison [gerizɔ̃] *nf* **- 1.** [de malade] recovery **- 2.** [de maladie] cure.

guérissable [gerisabl] *adj* curable.

guérisseur, euse [gerisœr, øz] *nm, f* healer.

guérite [gerit] *nf* MIL sentry box.

Guernesey [gɛrnəzɛ] *n* Guernsey ; **à ~** on Guernsey.

guerre [gɛr] *nf* **- 1.** MIL *fig* war ; **en ~** at war ; **déclarer la ~** to declare war ; **faire la ~ à un pays** to make *ou* wage war on a country ; **faire la ~ à qqch** to wage war on sthg ; **Première/Seconde Guerre mondiale** First/Second World War ; **~ atomique/nucléaire** atomic/nuclear war ; **~ civile** civil war ; **~ économique** trade war ; **~ froide** cold war ; **~ des nerfs** war of nerves ; **~ de religion** war of religion ; **~ sainte** holy war **- 2.** [technique] warfare *(U)* ; **~ biologique/chimique** biological/chemical warfare ; **~ bactériologique** germ warfare **- 3.** *loc* **à la ~ comme à la ~** you'll/we'll *etc* just have to make the best of things ; **c'est de bonne ~** that's fair enough *ou* perfectly fair ; **de ~ lasse** for the sake of peace.

guerrier, ère [gɛrje, ɛr] *adj* **- 1.** [de guerre] war *(avant n)* **- 2.** [peuple] warlike.

◆ **guerrier** *nm* warrior.

guerroyer [13] [gerwaje] *vi litt* to wage war.

guet [gɛ] *nm* : **faire le ~** to be on the look-out.

guet-apens [gɛtapɑ̃] (*pl* **guets-apens**) *nm* ambush ; *fig* trap ; **tomber dans un ~** to fall into an ambush *ou* a trap.

guêtre [gɛtr] *nf* gaiter ; **traîner ses ~s** *fam* to lounge about.

guetter [4] [gete] *vt* **- 1.** [épier] to lie in wait for **- 2.** [attendre] to be on the look-out for, to watch for **- 3.** [menacer] to threaten.

gueulante [gœlɑ̃t] *nf* **fam** uproar ; **pousser une ~** to yell (one's head off).

gueulard, e [gœlar, ard] **fam** ◇ *adj* who shouts a lot. ◇ *nm, f* person who shouts a lot.

◆ **gueulard** *nm* TECHNOL throat.

gueule [gœl] *nf* **- 1.** [d'animal, ouverture] mouth **- 2.** *tfam* [bouche de l'homme] gob ***UK***, yap ***US*** ; **ta ~!** shut your gob!, shut it! ; **c'est une grande ~** he/she is all mouth **- 3.** *fam* [visage] face **- 4.** *loc* **avoir la ~ de bois** to have a hangover ; **casser la ~ à qqn** to smash sb's face in ; **se casser la ~** *fam* [tomber] to fall flat on one's face ; **faire la ~** *fam* to pull a long face, to sulk ; **se jeter dans la ~ du loup** to enter the lion's den.

gueule-de-loup [gœldəlu] (*pl* **gueules-de-loup**) *nf* snapdragon.

gueuler [5] [gœle] *fam* ◇ *vt* to yell. ◇ *vi* **- 1.** [crier] to yell **- 2.** [protester] to kick up a stink, to scream and shout.

gueuleton [gœltɔ̃] *nm* **fam** blowout.

gueux, gueuse [gø, gøz] *nm, f* **litt** beggar.

gui [gi] *nm* mistletoe.

guichet [giʃɛ] *nm* counter ; [de gare, de théâtre] ticket office ; **jouer à ~s fermés** *fig* to be sold out.

guide [gid] ◇ *nm* **- 1.** [gén] guide ; **~ de montagne** mountain guide **- 2.** [livre] guidebook. ◇ *nf* Girl Guide ***UK***, Girl Scout ***US***.

◆ **guides** *nfpl* reins.

guider [3] [gide] *vt* to guide.

guidon [gidɔ̃] *nm* handlebars *(pl)*.

guigne [giɲ] *nf* **fam** bad *ou* rotten luck.

guigner [3] [giɲe] *vt* **fam** **- 1.** [regarder] to eye **- 2.** [convoiter] to have one's eye on.

guignol [giɲɔl] *nm* **- 1.** [marionnette] glove puppet **- 2.** [théâtre] ≃ Punch and Judy show ; **faire le ~** *fig* to act *ou* play the fool.

guillemet [gijmɛ] *nm* inverted comma ***UK***, quotation mark ; **entre ~s** in inverted commas ***UK*** *ou* quotation marks ; **ouvrir/fermer les ~s** to open/close quotation marks.

guilleret, ette [gijrɛ, ɛt] *adj* perky.

guillotine [gijɔtin] *nf* **- 1.** [instrument] guillotine **- 2.** [de fenêtre] sash.

guillotiner [3] [gijɔtine] *vt* to guillotine.

guimauve [gimov] *nf* - **1.** [confiserie, plante] marshmallow - **2.** *fam* [sentimentalité] mush.

guimbarde [gɛ̃bard] *nf* - **1.** MUS Jew's harp - **2.** *fam* [voiture] jalopy.

guindé, **e** [gɛ̃de] *adj* stiff.

Guinée [gine] *nf* : **la ~** Guinea ; **la ~-Bissau** Guinea-Bissau ; **la ~Équatoriale** Equatorial Guinea.

guinéen, **enne** [gineɛ̃, ɛn] *adj* Guinean.
◆ **Guinéen, enne** *nm, f* Guinean.

guingois [gɛ̃gwa] ◆ **de guingois** *adv sout* lopsidedly.

guinguette [gɛ̃gɛt] *nf* open-air dance floor.

guirlande [girlɑ̃d] *nf* - **1.** [de fleurs] garland - **2.** [de papier] chain ; [de Noël] tinsel *(U)*.

guise [giz] *nf* : **à ma ~** as I please *ou* like ; **en ~ de** by way of.

guitare [gitar] *nf* guitar ; **~ électrique** electric guitar.

guitariste [gitarist] *nmf* guitarist.

Gulf Stream [gœlfstrim] *nm* : **le ~** the Gulf Stream.

gustatif, **ive** [gystatif, iv] *adj* : **sensibilité gustative** sense of taste.

guttural, **e**, **aux** [gytyral, o] *adj* guttural.

Guyana [gɥijana] *nf* : **la ~** Guyana.

Guyane [gɥijan] *nf* : **la ~** French Guiana.

gym [ʒim] *nf* gym *(U)*.

gymkhana [ʒimkana] *nm* rally.

gymnase [ʒimnaz] *nm* gymnasium.

gymnaste [ʒimnast] *nmf* gymnast.

gymnastique [ʒimnastik] *nf* SPORT *fig* gymnastics *(U)* ; **faire de la ~** to do keep-fit exercises *UK* ; **~ corrective** remedial gymnastics.

gynéco [ʒineko] *nmf fam* gynaecologist *UK*, gynecologist *US*.

gynécologie [ʒinekɔlɔʒi] *nf* gynaecology *UK*, gynecology *US*.

gynécologique [ʒinekɔlɔʒik] *adj* gynaecological *UK*, gynecological *US*.

gynécologue [ʒinekɔlɔg] *nmf* gynaecologist *UK*, gynecologist *US*.

gypse [ʒips] *nm* gypsum.

gyrophare [ʒirɔfar] *nm* flashing light.

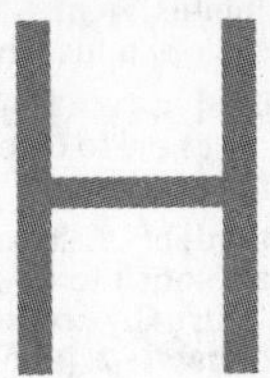

h[1], **H** [aʃ] *nm inv* h, H ; **~ aspiré/muet** aspirate/silent h.

h[2] - **1.** (*abr écrite de* **heure**) hr - **2.** (*abr écrite de* **hecto**) h.
◆ **H** - **1.** *abr de* **homme** - **2.** (*abr écrite de* **hydrogène**) H.

ha (*abr écrite de* **hectare**) ha.

hab. *abr de* **habitant**.

habile [abil] *adj* skilful ; [démarche] clever.

habilement [abilmɑ̃] *adv* skilfully *UK*, skillfully *US* ; [manœuvrer] cleverly.

habileté [abilte] *nf* skill.

habiliter [3] [abilite] *vt* to authorize ; **être habilité à faire qqch** to be authorized to do sthg.

habillage [abijaʒ] *nm* - **1.** [action] dressing - **2.** [enveloppe, protection] covering.

habillé, **e** [abije] *adj* [tenue] dressy ; [réception] smart.

habillement [abijmɑ̃] *nm* - **1.** [action] clothing - **2.** [tenue] outfit - **3.** [profession] clothing trade.

habiller [3] [abije] *vt* - **1.** [vêtir] : **~ qqn (de)** to dress sb (in) - **2.** [suj: fournisseur] to provide with clothing ; [suj: fabricant] to make clothes for - **3.** [recouvrir] to cover.
◆ **s'habiller** *vp* - **1.** [se vêtir] to dress, to get dressed ; **s'~ de** to dress in - **2.** [se vêtir élégamment] to dress up - **3.** [se fournir en vêtements] to buy one's clothes.

habilleur, **euse** [abijœr, øz] *nm, f* dresser.

habit [abi] *nm* - **1.** [costume] suit ; **~ de neige** *Québec* snowsuit ; **~ de soirée** evening dress - **2.** RELIG habit.
◆ **habits** *nmpl* [vêtements] clothes.

habitable [abitabl] *adj* habitable.

habitacle [abitakl] *nm* [d'avion] cockpit ; [de voiture] passenger compartment.

habitant, **e** [abitɑ̃, ɑ̃t] *nm, f* - **1.** [de pays] inhabitant ; **loger chez l'~** to stay with local people - **2.** [d'immeuble] occupant - **3.** *Québec* [paysan] farmer.

habitat [abita] *nm* - **1.** [conditions de logement] housing conditions *(pl)* - **2.** [mode de peuplement] settlement - **3.** [d'animal] habitat.

habitation [abitasjɔ̃] *nf* - **1.** [fait d'habiter] housing - **2.** [résidence] house, home.

habiter [3] [abite] ◇ *vt* - **1.** [résider] to live in - **2.** [suj: passion, sentiment] to dwell within. ◇ *vi* to live ; ~ **à** to live in.

habitude [abityd] *nf* - **1.** [façon de faire] habit ; **avoir l'~ de faire qqch** to be in the habit of doing sthg ; **d'~** usually ; **comme d'~** as usual ; **par ~** out of habit - **2.** [coutume] custom.

habitué, e [abitye] *nm, f* regular.

habituel, elle [abitɥɛl] *adj* - **1.** [coutumier] usual, customary - **2.** [caractéristique] typical.

habituellement [abitɥɛlmɑ̃] *adv* usually.

habituer [7] [abitɥe] *vt* : ~ **qqn à qqch/à faire qqch** to get sb used to sthg/to doing sthg.
◆ **s'habituer** *vp* : **s'~ à qqch/à faire qqch** to get used to sthg/to doing sthg.

hâbleur, euse ['ablœr, øz] *litt* ◇ *adj* boastful. ◇ *nm, f* braggart.

hache ['aʃ] *nf* axe, ax *US* ; **enterrer la ~ de guerre** *fig* to bury the hatchet.

haché, e ['aʃe] *adj* - **1.** [coupé - gén] finely chopped ; [- viande] minced *UK*, ground *US* - **2.** [entrecoupé] jerky.

hacher [3] ['aʃe] *vt* - **1.** [couper - gén] to chop finely ; [- viande] to mince *UK*, to grind *US* - **2.** [entrecouper] to interrupt.

hachette ['aʃɛt] *nf* hatchet.

hachis ['aʃi] *nm* : **un ~ de persil** finely chopped parsley ; **un ~ de porc** minced pork *UK*, ground pork *US* ; **~ Parmentier** ≃ shepherd's pie, ≃ cottage pie.

hachisch = **haschisch**.

hachoir ['aʃwar] *nm* - **1.** [couteau] chopper - **2.** [appareil] mincer *UK*, grinder *US* - **3.** [planche] chopping board, cutting board *US*.

hachure ['aʃyr] *nf* hatching.

hachurer [3] ['aʃyre] *vt* to hatch.

haddock ['adɔk] *nm* smoked haddock.

hagard, e ['agar, ard] *adj* haggard.

hagiographie [aʒjɔgrafi] *nf* hagiography.

haï, e ['ai] *pp* ▷ **haïr**.

haie ['ɛ] *nf* - **1.** [d'arbustes] hedge - **2.** [de personnes] row ; [de soldats, d'agents de police] line ; **~ d'honneur** guard of honour *UK* OU honor *US* - **3.** SPORT hurdle ; **400 mètres ~s** 400 metres *UK* OU meters *US* hurdles.

haillons ['ajɔ] *nmpl* rags.

haine ['ɛn] *nf* hatred.

haineusement ['ɛnøzmɑ̃] *adv* with hatred.

haineux, euse ['ɛnø, øz] *adj* full of hatred.

haïr [33] ['air] *vt* to hate.

hais, hait *(etc)* ▷ **haïr**.

haïssable ['aisabl] *adj* hateful.

haïssais, haïssions *(etc)* ▷ **haïr**.

Haïti [aiti] *n* Haiti ; **à ~** in Haiti.

haïtien, enne [aisjɛ̃, ɛn] *adj* Haitian.
◆ **Haïtien, enne** *nm, f* Haitian.

hâle ['al] *nm* tan.

hâlé, e ['ale] *adj* tanned.

haleine [alɛn] *nf* breath ; **avoir l'~ forte, avoir mauvaise ~** to have bad breath ; **courir à perdre ~** to run until one is breathless ; **hors d'~** out of breath ; **de longue ~** exacting and time-consuming ; **reprendre ~** to catch one's breath ; **tenir qqn en ~** to keep sb in suspense.

haler [3] ['ale] *vt* - **1.** [tirer] to haul in - **2.** [remorquer] to tow.

haletant, e ['altɑ̃, ɑ̃t] *adj* panting.

halètement ['alɛtmɑ̃] *nm* panting.

haleter [28] ['alte] *vi* to pant.

hall ['ol] *nm* - **1.** [vestibule, entrée] foyer, lobby - **2.** [salle publique] concourse ; **~ d'arrivée/de départ** arrival/departure hall.

halle ['al] *nf* covered market.
◆ **halles** *nfpl* wholesale food market *(sing)*.

hallucinant, e [alysinɑ̃, ɑ̃t] *adj* - **1.** [incroyable] extraordinary - **2.** [grandiose] impressive.

hallucination [alysinasjɔ̃] *nf* hallucination.

halluciné, e [alysine] ◇ *adj* crazed. ◇ *nm, f* lunatic.

hallucinogène [alysinɔʒɛn] ◇ *nm* hallucinogen. ◇ *adj* hallucinogenic.

halo ['alo] *nm* - **1.** [cercle lumineux] halo - **2.** *fig* [rayonnement] aura.

halogène [alɔʒɛn] *nm* & *adj* halogen.

halte ['alt] ◇ *nf* stop ; **faire ~** to stop. ◇ *interj* stop!

haltère [altɛr] *nm* dumbbell.

haltérophile [alterɔfil] ◇ *nmf* weightlifter. ◇ *adj* weightlifting *(avant n)*.

haltérophilie [alterɔfili] *nf* weightlifting.

hamac ['amak] *nm* hammock.

hamburger ['ɑ̃burgœr] *nm* hamburger.

hameau, x ['amo] *nm* hamlet.

hameçon [amsɔ̃] *nm* fishhook ; **mordre à l'~** *fig* to rise to the bait.

hammam ['amam] *nm* Turkish baths *(pl)*.

hampe ['ɑ̃p] *nf* [de drapeau] pole.

hamster ['amstɛr] *nm* hamster.

hanche ['ɑ̃ʃ] *nf* hip ; **rouler des ~s** to swing one's hips.

handball ['ɑ̃dbal] *nm* handball.

handicap ['ɑ̃dikap] *nm* handicap.

handicapé, **e** ['ɑ̃dikape] ◇ *adj* handicapped ; **être ~ par qqch** *fig* to be handicapped by sthg. ◇ *nm, f* handicapped person ; **~ mental** mentally handicapped person ; **~ moteur** spastic.

handicaper [3] ['ɑ̃dikape] *vt* to handicap.

hangar ['ɑ̃gar] *nm* shed ; AÉRON hangar.

hanneton ['antɔ̃] *nm* cockchafer.

Hanoi ['anɔj] *n* Hanoi.

hanter [3] ['ɑ̃te] *vt* to haunt.

hantise ['ɑ̃tiz] *nf* obsession ; **avoir la ~ de qqch/de faire qqch** to be obsessed by the fear of sthg/of doing sthg.

happer [3] ['ape] *vt* **- 1.** [attraper] to snap up **- 2.** [accrocher] to strike.

hara-kiri ['arakiri] *nm* : **(se) faire ~** to commit hara-kiri.

harangue ['arɑ̃g] *nf* harangue.

haranguer [3] ['arɑ̃ge] *vt* to harangue.

haras ['ara] *nm* stud (farm).

harassant, **e** ['arasɑ̃, ɑ̃t] *adj* exhausting.

harasser [3] ['arase] *vt* to exhaust.

harcèlement ['arsɛlmɑ̃] *nm* harassment ; **~ moral** bullying *(in the workplace)* ; **~ sexuel** sexual harassment.

harceler [25] ['arsəle] *vt* **- 1.** [relancer] to harass **- 2.** MIL to harry **- 3.** [importuner] : **~ qqn (de)** to pester sb (with).

hardes ['ard] *nfpl* old clothes.

hardi, **e** ['ardi] *adj* bold, daring.

hardiesse ['ardjɛs] *nf* boldness, daring.

hardware ['ardwɛr] *nm* INFORM hardware.

harem ['arɛm] *nm* harem.

hareng ['arɑ̃] *nm* herring ; **~ saur** kipper.

harfang ['arfɑ̃] *nm* snowy owl.

hargne ['arɲ] *nf* spite *(U)*, bad temper.

hargneux, **euse** ['arɲø, øz] *adj* [personne] spiteful, bad-tempered ; [remarque] spiteful, vicious.

haricot ['ariko] *nm* bean ; **~s verts/blancs/rouges** green OU string/haricot/kidney beans.

harmonica [armɔnika] *nm* harmonica, mouth organ.

harmonie [armɔni] *nf* **- 1.** [gén] harmony ; **vivre en ~ (avec qqn)** to live in harmony (with sb) **- 2.** [de visage] symmetry **- 3.** [fanfare] wind band.

harmonieusement [armɔnjøzmɑ̃] *adv* harmoniously.

harmonieux, **euse** [armɔnjø, øz] *adj* **- 1.** [gén] harmonious **- 2.** [voix] melodious **- 3.** [traits, silhouette] regular.

harmonique [armɔnik] *adj* harmonic.

harmonisation [armɔnizasjɔ̃] *nf* **- 1.** [coordination] harmonization **- 2.** MUS harmonizing.

harmoniser [3] [armɔnize] *vt* MUS *fig* to harmonize ; [salaires] to bring into line.

harmonium [armɔnjɔm] *nm* harmonium.

harnachement ['arnaʃmɑ̃] *nm* **- 1.** [équipement de cheval] harness **- 2.** [action] harnessing **- 3.** *fig* [attirail] gear.

harnacher [3] ['arnaʃe] *vt* [cheval] to harness ; **être harnaché** *fig* to be got up.

harnais ['arnɛ] *nm* **- 1.** [de cheval, de parachutiste] harness **- 2.** TECHNOL train.

haro ['aro] *nm sout* **crier ~ sur** to rail against.

harpagon [arpagɔ̃] *nm* ≃ Scrooge.

harpe ['arp] *nf* harp.

harpie ['arpi] *nf* harpy.

harpon ['arpɔ̃] *nm* harpoon.

harponner [3] ['arpɔne] *vt* **- 1.** [poisson] to harpoon **- 2.** *fam* [personne] to collar.

hasard ['azar] *nm* chance ; **au ~** at random ; **à tout ~** on the off chance ; **par ~** by accident, by chance ; **comme par ~** *iron* as if by chance ; **si par ~** if by chance.

hasarder [3] ['azarde] *vt* **- 1.** [tenter] to venture **- 2.** [risquer] to hazard.

◆ **se hasarder** *vp* : **se ~ à faire qqch** to risk doing sthg.

hasardeux, **euse** ['azardø, øz] *adj* risky.

haschisch, **haschich**, **hachisch** ['aʃiʃ] *nm* hashish.

hâte ['at] *nf* haste ; **à la ~, en ~** hurriedly, hastily ; **avoir ~ de faire qqch** to be eager to do sthg.

hâter [3] ['ate] *vt* **- 1.** [activer] to hasten **- 2.** [avancer] to bring forward.

◆ **se hâter** *vp* to hurry ; **se ~ de faire qqch** to hurry to do sthg.

hâtif, **ive** ['atif, iv] *adj* [précipité] hurried, hasty.

hauban ['obɑ̃] *nm* NAUT shroud.

hausse ['os] *nf* [augmentation] rise, increase ; **à la ~, en ~** rising.

haussement ['osmɑ̃] *nm* : **~ d'épaules** shrug (of the shoulders).

hausser [3] ['ose] *vt* to raise.

haut, **e** [o, ot] *adj* **- 1.** [gén] high ; **~ de 20 m** 20 m high **- 2.** [classe sociale, pays, région] upper **- 3.** [responsable] senior.

◆ **haut** ◇ *adv* **- 1.** [gén] high ; [placé] highly **- 2.** [fort] loudly ; **dire bien ~ ce que l'on pense tout bas** to say out loud what everyone else is thinking. ◇ *nm* **- 1.** [hauteur] height ; **faire 2**

m de ~ to be 2 m high *ou* in height **- 2.** [sommet, vêtement] top **- 3.** *loc* **avoir** *ou* **connaître des ~s et des bas** to have one's ups and downs.
◆ **de haut** *loc adv* [avec dédain] haughtily ; **le prendre de ~** to react haughtily.
◆ **de haut en bas** *loc adv* from top to bottom.
◆ **du haut de** *loc prép* from the top of.
◆ **en haut** *loc adv* at the top ; [dans une maison] upstairs.
◆ **en haut de** *loc prép* at the top of.
◆ **là-haut** *loc adv* up there.

hautain, e ['otɛ̃, ɛn] *adj* haughty.

hautbois ['obwa] *nm* oboe.

haut-de-forme ['odfɔrm] (*pl* **hauts-de-forme**) *nm* top hat.

haut de gamme [odgam] ◇ *adj* upmarket, top-of-the-line *US* ; **une chaîne ~** a state-of-the-art hi-fi system. ◇ *nm* top of the range, top-of-the-line *US*.

haute-fidélité [otfidelite] (*pl* **hautes-fidélités**) *nf* high fidelity, hi-fi.

hautement ['otmɑ̃] *adv* highly.

hauteur ['otœr] *nf* height ; **à ~ d'épaule** at shoulder level *ou* height ; **ne pas être à la ~ de qqch** not to be up to sthg.

haut-fond ['ofɔ̃] (*pl* **hauts-fonds**) *nm* shallows *(pl)*.

haut-fourneau ['ofurno] (*pl* **hauts-fourneaux**) *nm* blast furnace.

haut-le-cœur ['olkœr] *nm inv* retch ; **avoir des ~** to retch.

haut-le-corps ['olkɔr] *nm inv* : **avoir un ~** to start, to jump.

haut-parleur ['oparlœr] (*pl* **haut-parleurs**) *nm* loudspeaker.

havane ['avan] ◇ *nm* Havana cigar. ◇ *adj inv* tobacco-coloured *UK*, tobacco-colored *US*.

Havane ['avan] *n* : **La ~** Havana.

hâve ['av] *adj litt* haggard.

havre ['avr] *nm* [refuge] haven.

Hawaii ['awaj] *n* Hawaii ; **à ~** in Hawaii.

hawaiien, enne ['awajɛ̃, ɛn] *adj* Hawaiian.
◆ **Hawaiien, enne** *nm, f* Hawaiian.

Haye ['ɛ] *n* : **La ~** the Hague.

hayon ['ajɔ̃] *nm* hatchback.

HCR (*abr de* **Haut-commissariat des Nations unies pour les réfugiés**) *nm* UN-HCR.

hé ['e] *interj* hey!

hebdo [ɛbdo] *nm fam* weekly.

hebdomadaire [ɛbdɔmadɛr] *nm & adj* weekly.

hébergement [ebɛrʒəmɑ̃] *nm* accommodation *UK*, accommodations *(pl) US*.

héberger [17] [ebɛrʒe] *vt* **- 1.** [loger] to put up **- 2.** [suj: hôtel] to take in.

hébété, e [ebete] *adj* dazed.

hébétement [ebɛtmɑ̃] *nm* stupor.

hébétude [ebetyd] *nf litt* stupor.

hébraïque [ebraik] *adj* Hebrew.

hébreu, x [ebrø] *adj* Hebrew.
◆ **hébreu** *nm* [langue] Hebrew.
◆ **Hébreu, x** *nm* Hebrew.

HEC (*abr de* **(école des) Hautes études commerciales**) *n grande école for management and business studies.*

hécatombe [ekatɔ̃b] *nf litt & fig* slaughter.

hectare [ɛktar] *nm* hectare.

hectolitre [ɛktɔlitr] *nm* hectolitre, hectoliter *US*.

hédonisme [edɔnism] *nm* hedonism.

hédoniste [edɔnist] ◇ *nmf* hedonist. ◇ *adj* hedonistic.

hégémonie [eʒemɔni] *nf* hegemony.

hégire [eʒir] *nf* hegira.

hein ['ɛ̃] *interj fam* eh?, what? ; **tu m'en veux, ~?** you're cross with me, aren't you?

hélas [elas] *interj* unfortunately, alas.

héler [18] ['ele] *vt sout* to hail.

hélice [elis] *nf* **- 1.** [d'avion, de bateau] propeller **- 2.** MATH helix.

hélicoïdal, e, aux [elikɔidal, o] *adj* **- 1.** [forme] spiral, helical **- 2.** MATH helical.

hélicoptère [elikɔptɛr] *nm* helicopter.

héliomarin, e [eljɔmarɛ̃, in] *adj* MÉD [cure] using sun and sea air.

héliport [elipɔr] *nm* heliport.

hélitreuiller [elitrœje] *vt* to wind to safety.

héliporté, e [elipɔrte] *adj* [troupes, fournitures] transported by helicopter ; [opération] helicopter *(avant n)*.

hélium [eljɔm] *nm* helium.

Helsinki ['ɛlsiŋki] *n* Helsinki.

helvétisme [ɛlvetism] *nm* Swiss expression.

hem ['ɛm] *interj* [indique le doute] hmm.

hématologie [ematɔlɔʒi] *nf* h(a)ematology.

hématome [ematom] *nm* MÉD h(a)ematoma.

hémicycle [emisikl] *nm* POLIT : **l'~** the Assemblée Nationale.

hémiplégique [emipleʒik] *nmf & adj* hemiplegic.

hémisphère [emisfɛr] *nm* hemisphere ; **l'~ nord/sud** northern/southern hemisphere ; **~ cérébral** ANAT cerebral hemisphere.

hémoglobine [emɔglɔbin] *nf* h(a)emoglobin.

hémophile [emɔfil] <> *nmf* h(a)emophiliac. <> *adj* h(a)emophilic.

hémorragie [emɔraʒi] *nf* - **1.** MÉD haemorrhage ; **~ cérébrale** brain haemorrhage ; **~ interne** internal bleeding *(U)* - **2.** *fig* [perte, fuite] loss.

hémorroïdes [emɔrɔid] *nfpl* h(a)emorrhoids, piles.

henné [ˈene] *nm* henna.

hennir [32] [ˈenir] *vi* to neigh, to whinny.

hennissement [ˈenismɑ̃] *nm* neigh, whinny.

hep [ˈɛp] *interj* hey!

hépatique [epatik] <> *nmf* person with liver problems. <> *adj* liver *(avant n)*.

hépatite [epatit] *nf* MÉD hepatitis ; **~ B** hepatitis B ; **~ C** hepatitis C ; **~ virale** viral hepatitis.

heptagone [ɛptagɔn] *nm* heptagon.

herbacé, e [ɛrbase] *adj* herbaceous.

herbage [ɛrbaʒ] *nm* pasture.

herbe [ɛrb] *nf* - **1.** BOT grass ; **mauvaise ~** weed - **2.** CULIN & MÉD herb ; **fines ~s** herbs - **3.** *fam* [marijuana] grass - **4.** *loc* **en ~** budding ; **couper l'~ sous les pieds de qqn** to cut the ground from under sb's feet.

herbeux, euse [ɛrbø, øz] *adj* grassy.

herbicide [ɛrbisid] <> *nm* weedkiller, herbicide. <> *adj* herbicidal.

herbier [ɛrbje] *nm* herbarium.

herbivore [ɛrbivɔr] <> *nm* herbivore. <> *adj* herbivorous.

herboriste [ɛrbɔrist] *nmf* herbalist.

herboristerie [ɛrbɔristəri] *nf* herbalist's (shop).

herculéen, enne [ɛrkyleɛ̃, ɛn] *adj* Herculean.

hère [ˈɛr] *nm* : **pauvre ~** poor wretch.

héréditaire [erediter] *adj* hereditary.

hérédité [eredite] *nf* - **1.** [génétique] heredity - **2.** [de biens, de titre] inheritance.

hérésie [erezi] *nf* heresy.

hérétique [eretik] <> *nmf* heretic. <> *adj* heretical.

hérisser [3] [ˈerise] *vt* - **1.** [dresser] : **~ son poil** to bristle - **2.** [garnir] : **être hérissé de** [de clous] to be studded with ; *fig* [de difficultés] to be fraught with - **3.** [irriter] : **~ qqn** to get sb's back up.

hérisson [ˈerisɔ̃] *nm* - **1.** ZOOL hedgehog - **2.** [brosse] chimneysweep's brush.

héritage [eritaʒ] *nm* - **1.** [de biens] inheritance ; **faire un ~** to come into an inheritance ; **en ~** as an inheritance - **2.** [culturel] heritage.

hériter [3] [erite] <> *vi* to inherit ; **~ de qqch** to inherit sthg. <> *vt* : **~ qqch de qqn** *litt* & *fig* to inherit sthg from sb.

héritier, ère [eritje, ɛr] *nm, f* heir *(f* heiress).

hermaphrodite [ɛrmafrɔdit] *nmf* & *adj* hermaphrodite.

hermétique [ɛrmetik] *adj* - **1.** [étanche] hermetic - **2.** [incompréhensible] inaccessible, impossible to understand - **3.** [impénétrable] impenetrable.

hermétiquement [ɛrmetikmɑ̃] *adv* hermetically.

hermétisme [ɛrmetism] *nm* [de texte] obscurity.

hermine [ɛrmin] *nf* - **1.** [animal] stoat - **2.** [fourrure] ermine.

hernie [ˈɛrni] *nf* hernia ; **~ discale** slipped disc *UK ou* disk *US*.

héroïne [erɔin] *nf* - **1.** [personne] heroine - **2.** [drogue] heroin.

héroïnomane [erɔinɔman] *nmf* heroin addict.

héroïque [erɔik] *adj* heroic.

héroïquement [erɔikmɑ̃] *adv* heroically.

héroïsme [erɔism] *nm* heroism.

héron [ˈerɔ̃] *nm* heron.

héros [ˈero] *nm* hero.

herpès [ɛrpɛs] *nm* herpes.

herse [ˈɛrs] *nf* - **1.** AGRIC harrow - **2.** [grille] portcullis.

hertz [ˈɛrts] *nm inv* hertz.

hésitant, e [ezitɑ̃, ɑ̃t] *adj* hesitant.

hésitation [ezitasjɔ̃] *nf* hesitation ; **avec ~** hesitantly ; **sans ~** without hesitation, unhesitatingly.

hésiter [3] [ezite] *vi* to hesitate ; **~ entre/sur** to hesitate between/over ; **~ à faire qqch** to hesitate to do sthg.

hétéro [etero] *adj* & *nmf* hetero.

hétéroclite [eterɔklit] *adj* motley.

hétérogène [eterɔʒɛn] *adj* heterogeneous.

hétérogénéité [eterɔʒeneite] *nf* heterogeneity.

hétérosexuel, elle [eterɔsɛksɥɛl] *adj* & *nm, f* heterosexual.

hêtre [ˈɛtr] *nm* beech.

heure [œr] *nf* - **1.** [unité de temps] hour ; **250 km à l'~** 250 km per *ou* an hour ; **faire des ~s supplémentaires** to work overtime - **2.** [moment du jour] time ; **il est deux ~s** it's two o'clock ;

donner/demander l'~ à qqn to tell/ask sb the time ; quelle ~ est-il? what time is it? ; être à l'~ to be on time ; mettre à l'~ [montre, pendule] to put right ; ~ d'affluence [dans les transports] rush hour ; [au magasin] peak time ; à quelle ~? when?, (at) what time? ; ~ de battement break ; ~ creuse off-peak time, slack period ; ~ d'ouverture/de fermeture opening/closing time ; ~ de pointe rush hour ; ~s de bureau office hours ; ~s de réception office/surgery *UK etc* hours - 3. [fuseau horaire] : l'~ d'été British Summer Time *UK*, daylight (saving) time *US* ; passer à l'~ d'été/d'hiver to put the clocks forward/back - 4. SCOL class, period - 5. *loc* à ~ fixe at a set time ; à l'~ actuelle at the present time ; à l'~ qu'il est at this moment in time ; à la bonne ~! that's wonderful! ; à la première ~ at the crack of dawn ; à toute ~ at any time ; c'est l'~ (de faire qqch) it's time (to do sthg) ; de bonne ~ early ; de la première ~ right from the start ; sur l'~ at once.

heureusement [œrøzmɑ̃] *adv* - 1. [par chance] luckily, fortunately - 2. [favorablement] successfully.

heureux, euse [œrø, øz] ◇ *adj* - 1. [gén] happy ; [favorable] fortunate ; **être ~ de faire qqch** to be happy to do sthg - 2. [réussi] successful, happy - 3. *loc* **encore ~ (que)** *(+ subjonctif)*... *fam* it's just as well (that)... ◇ *nm, f* : **faire un ~** to make somebody's day.

heurt ['œr] *nm* - 1. [choc] collision, impact - 2. [désaccord] clash ; **sans ~s** smoothly.

heurter [3] ['œrte] ◇ *vt* - 1. [rentrer dans - gén] to hit ; [- suj: personne] to bump into - 2. [offenser - personne, sensibilité] to offend - 3. [bon sens, convenances] to go against. ◇ *vi* : **~ contre qqch** to bump into sthg.

◆ **se heurter** *vp* - 1. [gén] : **se ~ (contre)** to collide (with) - 2. [rencontrer] : **se ~ à qqch** to come up against sthg.

heurtoir ['œrtwar] *nm* knocker.

hexagonal, e, aux [ɛgzagɔnal, o] *adj* - 1. GÉOM hexagonal - 2. [français] French.

hexagone [ɛgzagɔn] *nm* GÉOM hexagon.

◆ **Hexagone** *nm* : **l'Hexagone** (metropolitan) France.

HF (*abr écrite de* **hautes fréquences**) HF.

hiatus [jatys] *nm inv* hiatus.

hibernation [ibɛrnasjɔ̃] *nf* hibernation.

hiberner [3] [ibɛrne] *vi* to hibernate.

hibiscus [ibiskys] *nm* hibiscus.

hibou, x ['ibu] *nm* owl.

hic ['ik] *nm fam* snag.

hideux, euse ['idø, øz] *adj* hideous.

hier [ijɛr] *adv* yesterday ; **~ matin/soir** yesterday morning/evening.

hiérarchie ['jerarʃi] *nf* hierarchy.

hiérarchique ['jerarʃik] *adj* hierarchical.

hiéroglyphe [jerɔglif] *nm* hieroglyph, hieroglyphic.

◆ **hiéroglyphes** *nmpl* hieroglyphics.

hilarant, e [ilarɑ̃, ɑ̃t] *adj* hilarious.

hilare [ilar] *adj* beaming.

hilarité [ilarite] *nf* hilarity ; **provoquer l'~ générale** to give rise to general hilarity.

Himalaya [imalaja] *nm* : **l'~** the Himalayas *(pl)*.

himalayen, enne [imalajɛ̃, jɛn] *adj* Himalayan.

hindou, e [ɛ̃du] *adj* Hindu.

◆ **Hindou, e** *nm, f* Hindu.

hindouisme [ɛ̃duism] *nm* Hinduism.

hippie, hippy ['ipi] (*pl* **hippies**) *nmf & adj* hippy.

hippique [ipik] *adj* horse *(avant n)*.

hippisme [ipism] *nm* horse riding, horseback riding *US*.

hippocampe [ipɔkɑ̃p] *nm* seahorse.

hippodrome [ipɔdrom] *nm* racecourse, racetrack.

hippopotame [ipɔpɔtam] *nm* hippopotamus.

hirondelle [irɔ̃dɛl] *nf* swallow.

hirsute [irsyt] *adj* [chevelure, barbe] shaggy.

hispanique [ispanik] *adj* - 1. [gén] Hispanic - 2. [aux États-Unis] Spanish-American.

◆ **Hispanique** *nmf* [aux États-Unis] Spanish American.

hispano-américain, e [ispanoamerikɛ̃, ɛn] (*mpl* **hispano-américains**, *fpl* **hispano-américaines**) *adj* Spanish-American.

◆ **Hispano-Américain, e** *nm, f* Spanish-American, Hispanic.

hispanophone [ispanɔfɔn] ◇ *nmf* Spanish-speaker. ◇ *adj* Spanish-speaking.

hisser [3] ['ise] *vt* - 1. [voile, drapeau] to hoist - 2. [charge] to heave, to haul.

◆ **se hisser** *vp* - 1. [grimper] : **se ~ (sur)** to heave *OU* haul o.s. up (onto) - 2. *fig* [s'élever] : **se ~ à** to pull o.s. up to.

histoire [istwar] *nf* - 1. [science] history ; **~ ancienne/moderne/contemporaine** ancient/modern/contemporary history ; **~ de l'art** art history ; **~ de France** French history ; **~ naturelle** natural history ; **~ sainte** Biblical history ; **~ sociale/économique** social/economic history - 2. [récit, mensonge] story ; **c'est une autre ~** that's another story ; **~ à dormir**

debout tall story - **3.** [aventure] funny *OU* strange thing - **4.** *(gén pl)* [ennui] trouble *(U)* ; **faire des ~s** *fam* to make a fuss.

historien, enne [istɔrjɛ̃, ɛn] *nm, f* historian.

historique [istɔrik] *adj* - **1.** [roman, recherches] historical - **2.** [monument, événement] historic.

historiquement [istɔrikmɑ̃] *adv* historically.

hit-parade [ˈitparad] *(pl* **hit-parades)** *nm* : **le ~** the charts *(pl)*.

hiver [ivɛr] *nm* winter ; **en ~** in (the) winter.

hivernal, e, aux [ivɛrnal, o] *adj* winter *(avant n)*.

hiverner [3] [ivɛrne] *vi* to (spend the) winter.

hl *(abr écrite de* **hectolitre)** hl.

HLM *(abr de* **habitation à loyer modéré)** *nm & nf low-rent, state-owned housing,* ≃ council house/flat *UK*, ≃ public housing unit *US*.

hm *(abr écrite de* **hectomètre)** hm.

ho [ˈo] *interj* oh!

hobby [ˈɔbi] *(pl* **hobbies)** *nm* hobby.

hochement [ˈɔʃmɑ̃] *nm* : **~ de tête** [affirmatif] nod (of the head) ; [négatif] shake of the head.

hocher [3] [ˈɔʃe] *vt* : **~ la tête** [affirmativement] to nod (one's head) ; [négativement] to shake one's head.

hochet [ˈɔʃɛ] *nm* rattle.

hockey [ˈɔkɛ] *nm* hockey ; **~ sur glace** ice hockey *UK*, hockey *US* ; **~ sur gazon** field hockey.

holà [ˈɔla] ◇ *interj* - **1.** [pour appeler] hey! - **2.** [pour arrêter] hold on! ◇ *nm* : **mettre le ~ à qqch** *fam* to put a stop to sthg.

holding [ˈɔldiŋ] *nm & nf* holding company.

hold-up [ˈɔldœp] *nm inv* holdup.

hollandais, e [ˈɔlɑ̃dɛ, ɛz] *adj* Dutch.
◆ **hollandais** *nm* [langue] Dutch.
◆ **Hollandais, e** *nm, f* Dutchman *(f* Dutchwoman).

Hollande [ˈɔlɑ̃d] *nf* : **la ~** Holland ; **en ~** in Holland.

holocauste [ɔlɔkost] *nm* holocaust.

hologramme [ɔlɔgram] *nm* hologram.

homard [ˈɔmar] *nm* lobster ; **~ à l'armoricaine** *OU* **l'américaine** *lobster sautéed in oil with white wine, garlic and tomatoes.*

home [ˈom] *nm* : **~ d'enfants** holiday centre *UK* *OU* vacation center *US* for children.

homélie [ɔmeli] *nf* homily.

homéopathe [ɔmeɔpat] ◇ *nmf* homeopath. ◇ *adj* homeopathic.

homéopathie [ɔmeɔpati] *nf* homeopathy.

homéopathique [ɔmeɔpatik] *adj* homeopathic.

homicide [ɔmisid] ◇ *nm* [meurtre] murder ; **~ involontaire** manslaughter ; **~ volontaire** murder. ◇ *adj* homicidal.

hommage [ɔmaʒ] *nm* [témoignage d'estime] tribute ; **rendre ~ à qqn/qqch** to pay tribute to sb/sthg.
◆ **hommages** *nmpl* [salutations] respects ; **mes ~s** *sout* my respects.

hommasse [ɔmas] *adj péj* mannish, butch.

homme [ɔm] *nm* man ; **vêtements d'~** menswear *(U)* ; **grand ~** great man ; **~ d'affaires** businessman ; **~ d'État** statesman ; **~ de main** hired man ; **~ du monde** man about town ; **~ de paille** stooge ; **~ politique** politician ; **l'~ de la rue** the man in the street ; **d'~ à ~** man to man ; **comme un seul ~** as one (man).

homme-grenouille [ɔmgrənuj] *(pl* **hommes-grenouilles)** *nm* frogman.

homme-orchestre [ɔmɔrkɛstr] *(pl* **hommes-orchestres)** *nm* one-man band.

homme-sandwich [ɔmsɑ̃dwitʃ] *(pl* **hommes-sandwiches)** *nm* sandwich man.

homogène [ɔmɔʒɛn] *adj* homogeneous.

homogénéisé, e [ɔmɔʒeneize] *adj* homogenized.

homogénéité [ɔmɔʒeneite] *nf* homogeneity.

homologue [ɔmɔlɔg] ◇ *nm* counterpart, opposite number. ◇ *adj* equivalent.

homologuer [3] [ɔmɔlɔge] *vt* [ratifier] to approve ; SPORT to recognize, to ratify.

homonyme [ɔmɔnim] *nm* - **1.** LING homonym - **2.** [personne, ville] namesake.

homophobe [ɔmɔfɔb] *adj* homophobe.

homosexualité [ɔmɔsɛksɥalite] *nf* homosexuality.

homosexuel, elle [ɔmɔsɛksɥɛl] *adj & nm, f* homosexual.

Honduras [ˈɔ̃dyras] *nm* : **le ~** Honduras ; **au ~** in Honduras ; **le ~ britannique** British Honduras.

hondurien, enne [ˈɔ̃dyrjɛ̃, ɛn] *adj* Honduran.
◆ **Hondurien, enne** *nm, f* Honduran.

Hongkong, Hong Kong [ˈɔ̃gkɔ̃g] *n* Hong Kong.

Hongrie [ˈɔ̃gri] *nf* : **la ~** Hungary.

hongrois, e [ˈɔ̃grwa, az] *adj* Hungarian.
◆ **hongrois** *nm* [langue] Hungarian.
◆ **Hongrois, e** *nm, f* Hungarian.

honnête [ɔnɛt] *adj* - **1.** [intègre] honest - **2.** [correct] honourable *UK*, honorable *US* - **3.** [convenable - travail, résultat] reasonable.

honnêtement [ɔnɛtmɑ̃] *adv* - **1.** [de façon intègre, franchement] honestly - **2.** [correctement] honourably *UK*, honorably *US*.

honnêteté [ɔnɛtte] *nf* honesty.

honneur [ɔnœr] *nm* honour *UK*, honor *US* ; **en l'~ de** in honour *UK ou* honor *US* of ; **être à l'~** to be in favour *UK ou* favor *US* ; **à qui ai-je l'~?** *sout* to whom do I have the honour *UK ou* honor *US* of speaking? ; **faire ~ à qqn/à qqch** to be a credit to sb/to sthg ; **faire ~ à un repas** *fig* to do justice to a meal ; **sauver l'~** to save one's honour *UK ou* honor *US*.

◆ **honneurs** *nmpl* honours *UK*, honors *US*.

Honolulu [ˈonolyly] *n* Honolulu.

honorable [ɔnɔrabl] *adj* - **1.** [digne] honourable *UK*, honorable *US* - **2.** [convenable] respectable.

honorablement [ɔnɔrabləmɑ̃] *adv* honourably *UK*, honorably *US*.

honoraire [ɔnɔrɛr] *adj* honorary.

◆ **honoraires** *nmpl* fee *(sing)*, fees.

honorer [3] [ɔnɔre] *vt* - **1.** [vénérer, gratifier] : **~ qqn (de)** to honour *UK ou* honor *US* sb (with) - **2.** [faire honneur à] to be a credit to - **3.** [payer] to honour *UK*, to honor *US*.

◆ **s'honorer** *vp* : **s'~ de qqch** to pride o.s. on sthg.

honorifique [ɔnɔrifik] *adj* honorary *UK*, ceremonial *US*.

honte [ˈɔ̃t] *nf* - **1.** [sentiment] shame ; **avoir ~ de qqn/qqch** to be ashamed of sb/sthg ; **avoir ~ de faire qqch** to be ashamed of doing sthg ; **faire ~ à qqn** to make sb (feel) ashamed - **2.** [action scandaleuse] : **c'est une ~!** it's a disgrace!

honteusement [ˈɔ̃tøzmɑ̃] *adv* shamefully.

honteux, **euse** [ˈɔ̃tø, øz] *adj* shameful ; [personne] ashamed.

hooligan, **houligan** [ˈuligan] *nm* hooligan.

hop [ˈɔp] *interj* - **1.** [pour faire sauter] hup! - **2.** [pour stimuler] off you go!

hôpital, **aux** [ɔpital, o] *nm* hospital ; **~ militaire/psychiatrique** military/psychiatric hospital ; **~ de jour** outpatients unit.

hoquet [ˈɔkɛ] *nm* hiccup ; **avoir le ~** to have (the) hiccups.

hoqueter [27] [ˈɔkte] *vi* to hiccup.

horaire [ɔrɛr] ◇ *nm* - **1.** [de départ, d'arrivée] timetable *UK*, schedule *US* - **2.** [de travail] hours *(pl)* (of work) ; **~ mobile** *ou* **flexible** *ou* **à la carte** flexitime. ◇ *adj* hourly.

horde [ˈɔrd] *nf* horde.

horions [ˈɔrjɔ̃] *nmpl litt* blows.

horizon [ɔrizɔ̃] *nm* - **1.** [ligne, perspective] horizon ; **à l'~** *litt* & *fig* on the horizon - **2.** [panorama] view.

horizontal, **e**, **aux** [ɔrizɔ̃tal, o] *adj* horizontal.

◆ **horizontale** *nf* MATH horizontal ; **à l'~e** horizontal, in a horizontal position ; [couché] flat out.

horizontalement [ɔrizɔ̃talmɑ̃] *adv* horizontally.

horloge [ɔrlɔʒ] *nf* clock ; **~ parlante** speaking clock *UK*, Time *US*.

horloger, **ère** [ɔrlɔʒe, ɛr] ◇ *adj* clock/watch making *(avant n)*. ◇ *nm, f* clock maker, watchmaker.

horlogerie [ɔrlɔʒri] *nf* clock/watch making.

hormis [ˈɔrmi] *prep* save.

hormonal, **e**, **aux** [ɔrmɔnal, o] *adj* hormonal.

hormone [ɔrmɔn] *nf* hormone.

hormonothérapie [ɔrmɔnɔterapi] *nf* MÉD hormone therapy ; [pour femmes ménopausées] hormone replacement therapy.

horodateur [ɔrɔdatœr] *nm* [à l'usine] clock ; [au parking] ticket machine.

horoscope [ɔrɔskɔp] *nm* horoscope.

horreur [ɔrœr] *nf* horror ; **avoir ~ de qqn/qqch** to hate sb/sthg ; **avoir ~ de faire qqch** to hate doing sthg ; **avoir qqn/qqch en ~** to hate sb/sthg ; **faire ~ à qqn** to disgust sb ; **quelle ~!** how dreadful!, how awful!

horrible [ɔribl] *adj* - **1.** [affreux] horrible - **2.** *fig* [terrible] terrible, dreadful.

horriblement [ɔribləmɑ̃] *adv* horribly.

horrifiant, **e** [ɔrifjɑ̃, ɑ̃t] *adj* horrifying.

horrifier [9] [ɔrifje] *vt* to horrify.

horripilant, **e** [ɔripilɑ̃, ɑ̃t] *adj* exasperating.

horripiler [3] [ɔripile] *vt* to exasperate.

hors [ˈɔr] *prep* ▷ **pair**, ▷ **service**.

◆ **hors de** *loc prép* outside ; **~ d'ici!** get out of here! ; **être ~ de soi** to be beside o.s.

hors-bord [ˈɔrbɔr] *nm inv* speedboat.

hors-d'œuvre [ˈɔrdœvr] *nm inv* hors d'oeuvre, starter *UK*, appetizer.

hors-jeu [ˈɔrʒø] *nm inv* & *adj inv* offside.

hors-la-loi [ˈɔrlalwa] *nm inv* outlaw.

hors-piste [ˈɔrpist] *nm inv* off-piste skiing.

hors-série [ɔrseri] ◇ *adj inv* special. ◇ *nm* special issue *ou* edition.

hortensia [ɔrtɑ̃sja] *nm* hydrangea.

horticole [ɔrtikɔl] *adj* horticultural.

horticulteur, trice [ɔrtikyltœr, tris] *nm, f* horticulturalist.

horticulture [ɔrtikyltyr] *nf* horticulture.

hospice [ɔspis] *nm* home.

hospitalier, ère [ɔspitalje, ɛr] *adj* **- 1.** [accueillant] hospitable **- 2.** [relatif aux hôpitaux] hospital *(avant n).*

hospitalisation [ɔspitalizasjɔ̃] *nf* hospitalization.

hospitaliser [3] [ɔspitalize] *vt* to hospitalize.

hospitalité [ɔspitalite] *nf* hospitality.

hostie [ɔsti] *nf* host.

hostile [ɔstil] *adj* : **~ (à)** hostile (to).

hostilité [ɔstilite] *nf* hostility.
◆ **hostilités** *nfpl* hostilities.

hôte, hôtesse [ot, otɛs] *nm, f* host (*f* hostess) ; **hôtesse d'accueil** receptionist ; **hôtesse de l'air** air hostess *UK*, stewardess *US*.
◆ **hôte** *nm* [invité] guest.

hôtel [otɛl] *nm* **- 1.** [d'hébergement] hotel ; **descendre à l'~** to stay at a hotel ; **~ trois étoiles** three-star hotel **- 2.** [demeure] : **~ (particulier)** mansion **- 3.** [établissement public] public building ; **~ de ville** town *UK*, city hall *US* **- 4.** [demeure] : **~ (particulier)** (private) mansion.

hôtelier, ère [otəlje, ɛr] ◇ *adj* hotel *(avant n).* ◇ *nm, f* hotelier.

hôtellerie [otɛlri] *nf* **- 1.** [métier] hotel trade **- 2.** [hôtel-restaurant] inn.

hot line ['ɔtlaɪn] (*pl* **hot lines**) *nf* hot line.

hotte ['ɔt] *nf* **- 1.** [panier] basket **- 2.** [d'aération] hood ; **~ aspirante** extractor hood.

houblon ['ublɔ̃] *nm* **- 1.** BOT hop **- 2.** [de la bière] hops *(pl).*

houe ['u] *nf* hoe.

houille ['uj] *nf* coal ; **~ blanche** hydroelectric power.

houiller, ère ['uje, ɛr] *adj* coal *(avant n).*
◆ **houillère** *nf* coalmine.

houle ['ul] *nf* swell.

houlette ['ulɛt] *nf sout* **sous la ~ de qqn** under the guidance of sb.

houleux, euse ['ulø, øz] *adj litt & fig* turbulent.

houppe ['up] *nf* **- 1.** [à poudre] powder puff **- 2.** [de cheveux] tuft.

houppette ['upɛt] *nf* powder puff.

hourra, hurrah ['ura] ◇ *nm* cheer. ◇ *interj* hurrah!, hurray!

house [aws], **house music** [awsmjuzik] *nf* house (music).

houspiller [3] ['uspije] *vt* to tell off.

housse ['us] *nf* cover ; **~ de couette** duvet cover.

houx ['u] *nm* holly.

HS (*abr de* **hors service**) *adj* out of order ; **la télé est complètement ~** *fam* the telly's on the blink ; **je suis ~** *fam* I'm completely washed out.

HT (*abr de* **hors taxe**) ◇ *adj* exclusive of tax ; **300 F ~** ≃ 300 F plus VAT. ◇ *nf* (*abr de* **haute tension**) HT.

HTML (*abr de* **hypertext markup language**) *nm* INFORM HTML.

huard ['ɥar] *nm Québec* loon.

hublot ['yblo] *nm* **- 1.** [de bateau] porthole **- 2.** [de four, cuisinière] window.

huche ['yʃ] *nf* : **~ à pain** bread bin *UK*, bread box *US*.

hue ['y] *interj* gee up!, giddy up!

huées ['ɥe] *nfpl* boos.

huer [7] ['ɥe] ◇ *vt* [siffler] to boo. ◇ *vi* [chouette, hibou] to hoot.

huile [ɥil] *nf* **- 1.** [gén] oil ; **~ d'arachide/d'olive** groundnut *UK ou* peanut/olive oil ; **~ de coude** *fam fig* elbow grease ; **~ essentielle** essential oil ; **~ de foie de morue** cod-liver oil ; **~ de paraffine** paraffin *UK*, kerosene *US* ; **~ solaire** suntan oil/lotion ; **jeter de l'~ sur le feu** to add fuel to the flames **- 2.** [peinture] oil painting **- 3.** *fam* [personnalité] bigwig.

huiler [3] [ɥile] *vt* to oil.

huileux, euse [ɥilø, øz] *adj* oily.

huilier [ɥilje] *nm* **- 1.** [accessoire] oil and vinegar set **- 2.** [fabricant] oil producer.

huis [ɥi] *nm litt* door ; **à ~ clos** DR in camera.

huissier [ɥisje] *nm* **- 1.** [appariteur] usher **- 2.** DR bailiff.

huit ['ɥit] ◇ *adj num inv* eight. ◇ *nm* eight ; **lundi en ~** a week on Monday *UK*, Monday week *UK*, a week from Monday *US*, *voir aussi* **six**.

huitaine ['ɥitɛn] *nf* : **sous** *ou* **à ~** in a week's time, a week today *UK*.

huitième ['ɥitjɛm] ◇ *adj num inv & nmf* eighth. ◇ *nm* eighth ; **le ~ de finale** *round before the quarterfinal.* ◇ *nf* SCOL ≃ second year *ou* form *(at junior school) UK*, ≃ fourth grade *US*, *voir aussi* **sixième**.

huître [ɥitr] *nf* oyster.

hululement = **ululement**.

hululer = **ululer**.

hum ['œm] *interj* **- 1.** [marque le doute] hmm! **- 2.** [pour attirer l'attention] ahem!

humain, e [ymɛ̃, ɛn] *adj* **- 1.** [gén] human **- 2.** [sensible] humane.
◆ **humain** *nm* [être humain] human (being).

humainement [ymɛnmɑ̃] *adv* - **1.** [matériellement] humanly - **2.** [avec bonté] humanely.

humaniser [3] [ymanize] *vt* to humanize.
◆ **s'humaniser** *vp* to become more human.

humaniste [ymanist] ◇ *nmf* - **1.** [philosophe] humanist - **2.** [lettré] classicist. ◇ *adj* humanistic.

humanitaire [ymanitɛr] ◇ *adj* humanitarian ; **couloir ~** humanitarian *ou* safe corridor. ◇ *nm* : **l' ~** humanitarian *ou* relief work ; **travailler dans l'~** to work for a humanitarian organization.

humanité [ymanite] *nf* humanity.
◆ **humanités** *nfpl* **belgicisme** humanities.

humanoïde [ymanɔid] *nmf & adj* humanoid.

humble [œbl] *adj* humble.

humblement [œbləmɑ̃] *adv* humbly.

humecter [4] [ymɛkte] *vt* to moisten.
◆ **s'humecter** *vp* to moisten.

humer [3] ['yme] *vt* to smell.

humérus [ymerys] *nm* humerus.

humeur [ymœr] *nf* - **1.** [disposition] mood ; **être de bonne/mauvaise ~** to be in a good/bad mood - **2.** [caractère] nature - **3.** *sout* [irritation] temper ; **avec ~** angrily - **4.** *vieilli* & ANAT [liquide] humour *UK*, humor *US*.

humide [ymid] *adj* [air, climat] humid ; [terre, herbe, mur] wet, damp ; [saison] rainy ; [front, yeux] moist.

humidificateur [ymidifikatœr] *nm* humidifier.

humidifier [9] [ymidifje] *vt* to humidify.

humidité [ymidite] *nf* [de climat, d'air] humidity ; [de terre, mur] dampness.

humiliant, e [ymiljɑ̃, ɑ̃t] *adj* humiliating.

humiliation [ymiljasjɔ̃] *nf* humiliation.

humilier [9] [ymilje] *vt* to humiliate.
◆ **s'humilier** *vp* : **s'~ devant qqn** to grovel to sb.

humilité [ymilite] *nf* humility.

humoriste [ymɔrist] ◇ *nmf* humorist. ◇ *adj* humoristic.

humoristique [ymɔristik] *adj* humorous.

humour [ymur] *nm* humour *UK*, humor *US* ; **avoir de l'~** to have a sense of humour *UK ou* humor *US* ; **manquer d'~** to have no sense of humour *UK ou* humor *US* ; **~ noir** black humour *UK ou* humor *US*, gallows humour *UK ou* humor *US*.

humus [ymys] *nm* humus.

huppé, e ['ype] *adj* - **1.** *fam* [société] upper-crust - **2.** [oiseau] crested.

hurlant, e ['yrlɑ̃, ɑ̃t] *adj* - **1.** [gén] howling - **2.** *fig* [couleurs] clashing.

hurlement ['yrləmɑ̃] *nm* howl.

hurler [3] ['yrle] *vi* - **1.** [gén] to howl - **2.** [couleurs] to clash.

hurluberlu, e [yrlybɛrly] *nm, f fam* crank.

hurrah = **hourra.**

hussard ['ysar] *nm* hussar.
◆ **hussarde** *nf* : **à la ~e** brutally.

hutte ['yt] *nf* hut.

hybride [ibrid] *nm & adj* hybrid.

hydratant, e [idratɑ̃, ɑ̃t] *adj* moisturizing.
◆ **hydratant** *nm* moisturizer.

hydratation [idratasjɔ̃] *nf* - **1.** CHIM hydration - **2.** [de peau] moisturizing.

hydrate [idrat] *nm* hydrate ; **~ de carbone** carbohydrate.

hydrater [3] [idrate] *vt* - **1.** CHIM to hydrate - **2.** [peau] to moisturize.

hydraulique [idrolik] ◇ *nf* hydraulics *(U)*. ◇ *adj* hydraulic.

hydravion [idravjɔ̃] *nm* seaplane, hydroplane.

hydre [idr] *nf* hydra.

hydrocarbure [idrɔkarbyr] *nm* hydrocarbon.

hydrocution [idrɔkysjɔ̃] *nf* immersion syncope.

hydroélectrique [idrɔelɛktrik] *adj* hydroelectric.

hydrogène [idrɔʒɛn] *nm* hydrogen.

hydrogéné, e [idrɔʒene] *adj* hydrogenated.

hydroglisseur [idrɔglisœr] *nm* jetfoil, hydroplane.

hydrographie [idrɔgrafi] *nf* hydrography.

hydrologie [idrɔlɔʒi] *nf* hydrology.

hydrophile [idrɔfil] *adj* - **1.** [qui absorbe] absorbent - **2.** ▷ **coton.**

hyène [jɛn] *nf* hyena.

hygiène [iʒjɛn] *nf* hygiene ; **~ dentaire/intime** dental/personal hygiene.

hygiénique [iʒjenik] *adj* - **1.** [sanitaire] hygienic - **2.** [bon pour la santé] healthy.

hymen [imɛn] *nm* - **1.** ANAT hymen - **2.** *litt* [mariage] marriage.

hymne [imn] *nm* hymn ; **~ national** national anthem.

hyperbole [ipɛrbɔl] *nf* - **1.** MATH hyperbola - **2.** LING hyperbole.

hyperglycémie [ipɛrglisemi] *nf* hyperglycaemia.

hypermarché [ipɛrmarʃe] *nm* hypermarket.

hypermétrope [ipɛrmetrɔp] ◇ *nmf* longsighted *UK ou* farsighted *US* person. ◇ *adj* longsighted *UK*, farsighted *US*.

hypersensible [ipɛrsɑ̃sibl] ◇ *nmf* hypersensitive person. ◇ *adj* hypersensitive.

hypertension [ipɛrtɑ̃sjɔ̃] *nf* high blood pressure, hypertension ; **faire de l'~** to have high blood pressure.

hypertexte [ipɛrtɛkst] ◇ *adj* : **lien ~** hyperlink. ◇ *nm* hypertext.

hypertrophié [ipɛrtrɔfje] *adj* hypertrophic ; *fig* exaggerated.

hypnose [ipnoz] *nf* hypnosis.

hypnotique [ipnɔtik] *nm* & *adj* hypnotic.

hypnotiser [3] [ipnɔtize] *vt* to hypnotize ; *fig* to mesmerize.

◆ **s'hypnotiser** *vp* : **s'~ sur qqch** to be mesmerized by sthg.

hypoallergénique [ipɔalɛrʒenik] *adj* hypoallergenic.

hypocondriaque [ipɔkɔ̃drijak] *nmf* & *adj* hypochondriac.

hypocrisie [ipɔkrizi] *nf* hypocrisy.

hypocrite [ipɔkrit] ◇ *nmf* hypocrite. ◇ *adj* hypocritical.

hypocritement [ipɔkritmɑ̃] *adv* hypocritically.

hypodermique [ipɔdɛrmik] *adj* hypodermic.

hypoglycémie [ipɔglisemi] *nf* hypoglycaemia.

hypokhâgne [ipɔkaɲ] *nf first year of a two-year preparatory arts course taken prior to the competitive examination for entry to the École normale supérieure.*

hypophyse [ipɔfiz] *nf* pituitary gland.

hypotension [ipɔtɑ̃sjɔ̃] *nf* low blood pressure ; **faire de l'~** to have low blood pressure.

hypoténuse [ipɔtenyz] *nf* hypotenuse.

hypothécaire [ipɔtekɛr] *adj* [prêt, contrat] mortgage *(avant n)*.

hypothèque [ipɔtɛk] *nf* mortgage ; **grevé d'~s** [maison] heavily mortgaged.

hypothéquer [18] [ipɔteke] *vt* to mortgage.

hypothèse [ipɔtɛz] *nf* hypothesis ; **dans l'~ où** assuming.

hypothétique [ipɔtetik] *adj* hypothetical.

hystérie [isteri] *nf* hysteria ; **~ collective** mass hysteria.

hystérique [isterik] ◇ *nmf* hysterical person. ◇ *adj* hysterical.

Hz (*abr écrite de* **hertz**) Hz.

I

i, I [i] *nm inv* i, I ; **mettre les points sur les i** to dot the i's and cross the t's.

IA (*abr de* **intelligence artificielle**) *nf* AI.

IAC (*abr de* **insémination artificielle entre conjoints**) *nf* AIH.

IAD (*abr de* **insémination artificielle par donneur extérieur**) *nf* AID.

ibérique [iberik] *adj* : **la péninsule ~** the Iberian Peninsula.

ibid. (*abr écrite de* **ibidem**) ibid.

iceberg [ajsbɛrg] *nm* iceberg.

ici [isi] *adv* **- 1.** [lieu] here ; **d'~** from around here ; **~ même** on this very spot ; **par ~** [direction] this way ; [alentour] around here ; **~-bas** here below **- 2.** [temps] now ; **d'~ (à) jeudi** between now and Thursday ; **d'~ (à) une semaine** in a week's time, a week from now ; **d'~ là** by then ; **d'~ peu** soon **- 3.** [au téléphone] : **~ Jacques** Jacques speaking *ou* here.

icône [ikon] *nf* INFORM & RELIG icon.

iconique [ikɔnik] *adj* iconic.

iconoclaste [ikɔnɔklast] ◇ *nmf* iconoclast. ◇ *adj* iconoclastic.

iconographie [ikɔnɔgrafi] *nf* iconography.

id. (*abr écrite de* **idem**) id.

idéal, e [ideal] (*pl* **idéals** *ou* **idéaux** [ideo]) *adj* ideal.

◆ **idéal** *nm* ideal.

idéalement [idealmɑ̃] *adv* ideally.

idéalisation [idealizasjɔ̃] *nf* idealization.

idéaliser [3] [idealize] *vt* to idealize.

idéalisme [idealism] *nm* idealism.

idéaliste [idealist] ◇ *nmf* idealist. ◇ *adj* idealistic.

idée [ide] *nf* idea ; **à l'~ de/que** at the idea of/that ; **avoir dans l'~ que...** to have a feeling that... ; **changer d'~** to change one's mind ; **ne pas avoir la moindre ~ (de)** not to have the slightest idea (about) ; **se faire des ~s** to imagine things ; **se faire des ~s sur qqn/qqch** to get ideas about sb/sthg ; **se faire une ~ de** to get an idea of ; **cela ne m'est jamais venu à l'~** it never occurred to me ; **~ fixe**

obsession ; **~ de génie** brainwave ; **~s noires** black thoughts ; **~s reçues** assumptions ; **se rafraîchir les ~s** to refresh one's memory.

idem [idɛm] *adv* idem.

identifiant [idɑ̃tifjɑ̃] *nm* INFORM user name, login name.

identification [idɑ̃tifikasjɔ̃] *nf* : **~ (à)** identification (with).

identifier [9] [idɑ̃tifje] *vt* to identify ; **~ qqn à qqch** to identify sb with sthg.

◆ **s'identifier** *vp* : **s'~ à qqn/qqch** to identify with sb/sthg.

identique [idɑ̃tik] *adj* : **~ (à)** identical (to).

identité [idɑ̃tite] *nf* identity.

idéologie [ideɔlɔʒi] *nf* ideology.

idéologique [ideɔlɔʒik] *adj* ideological.

idiomatique [idjɔmatik] *adj* idiomatic.

idiome [idjom] *nm* idiom.

idiot, e [idjo, ɔt] ◇ *adj* idiotic ; MÉD idiot *(avant n)*. ◇ *nm, f* idiot.

idiotie [idjɔsi] *nf* - **1.** [stupidité] idiocy - **2.** [action, parole] idiotic thing.

idoine [idwan] *adj sout* appropriate.

idolâtrer [3] [idɔlatre] *vt* to idolize.

idole [idɔl] *nf* idol.

IDS (*abr de* **initiative de défense stratégique**) *nf* SDI.

idylle [idil] *nf* - **1.** [amour] romance - **2.** [poème] idyll.

idyllique [idilik] *adj* [idéal] idyllic.

if [if] *nm* yew.

IFOP, Ifop [ifɔp] (*abr de* **Institut français d'opinion publique**) *nm French market research institute.*

Ifremer [ifrəmɛr] (*abr de* **Institut français de recherche pour l'exploitation de la mer**) *nm research establishment for marine resources.*

IGF (*abr de* **impôt sur les grandes fortunes**) *nm former wealth tax.*

IGH (*abr de* **immeuble de grande hauteur**) *nm* very high building.

igloo, iglou [iglu] *nm* igloo.

IGN (*abr de* **Institut géographique national**) *nm national geographical institute,* ≃ Ordnance Survey *UK*.

ignare [iɲar] ◇ *nmf* ignoramus. ◇ *adj* ignorant.

ignifuge [ignifyʒ] ◇ *nm* fireproofing material. ◇ *adj* fireproof.

ignoble [iɲɔbl] *adj* - **1.** [abject] base - **2.** [hideux] vile.

ignominie [iɲɔmini] *nf* - **1.** [état] disgrace - **2.** [action] disgraceful act.

ignominieux, euse [iɲɔminjø, øz] *adj* ignominious.

ignorance [iɲɔrɑ̃s] *nf* ignorance ; **dans l'~ de** in the dark about, in ignorance of.

ignorant, e [iɲɔrɑ̃, ɑ̃t] ◇ *adj* ignorant ; **~ en/de qqch** ignorant of sthg. ◇ *nm, f* ignoramus.

ignoré, e [iɲɔre] *adj* unknown.

ignorer [3] [iɲɔre] *vt* - **1.** [ne pas savoir] not to know, to be unaware of ; **~ que** not to know that - **2.** [ne pas tenir compte de] to ignore - **3.** [ne pas connaître] to have no experience of.

◆ **s'ignorer** *vp* - **1.** [se bouder] to ignore each other - **2.** [méconnaître ses possibilités] to be unaware of one's talent.

IGPN (*abr de* **Inspection générale de la police nationale**) *nf police disciplinary body.*

IGS (*abr de* **Inspection générale des services**) *nf police disciplinary body for Paris.*

il [il] *pron pers* - **1.** [sujet - personne] he ; [- animal] it, he ; [- chose] it - **2.** [sujet d'un verbe impersonnel] it ; **~ pleut** it's raining.

◆ **ils** *pron pers pl* they.

île [il] *nf* island ; **les ~s Anglo-Normandes** the Channel Islands ; **les ~s Baléares** the Balearic Islands ; **les ~s Britanniques** the British Isles ; **les ~s Canaries** the Canary Islands ; **les ~s Malouines** the Falkland Islands ; **l'~ de Man** the Isle of Man ; **l'~ Maurice** Mauritius.

illégal, e, aux [ilegal, o] *adj* illegal.

illégalité [ilegalite] *nf* - **1.** [fait d'être illégal] illegality - **2.** [action illégale] illegal act.

illégitime [ileʒitim] *adj* - **1.** [enfant] illegitimate ; [union] unlawful - **2.** [non justifié] unwarranted.

illettré, e [iletre] *adj* & *nm, f* illiterate.

illicite [ilisit] *adj* illicit.

illico [iliko] *adv fam* right away, pronto.

illimité, e [ilimite] *adj* - **1.** [sans limites] unlimited - **2.** [indéterminé] indefinite.

illisible [ilizibl] *adj* - **1.** [indéchiffrable] illegible - **2.** [incompréhensible & INFORM] unreadable.

illogique [ilɔʒik] *adj* illogical.

illumination [ilyminasjɔ̃] *nf* - **1.** [éclairage] lighting - **2.** [idée soudaine] inspiration.

◆ **illuminations** *nfpl* illuminations.

illuminé, e [ilymine] ◇ *adj* illuminated. ◇ *nm, f péj* crank.

illuminer [3] [ilymine] *vt* to light up ; [bâtiment, rue] to illuminate.

◆ **s'illuminer** *vp* : **s'~ de joie** to light up with joy.

illusion [ilyzjɔ̃] *nf* illusion ; **se faire des ~s** to fool o.s. ; **~ d'optique** optical illusion ; **se bercer d'~s** to live in cloud cuckoo land.

illusionner [3] [ilyzjɔne] *vt* to delude.
◆ **s'illusionner** *vp* to delude o.s.

illusionniste [ilyzjɔnist] *nmf* conjurer.

illusoire [ilyzwar] *adj* illusory.

illustrateur, **trice** [ilystratœr, tris] *nm, f* illustrator.

illustration [ilystrasjɔ̃] *nf* illustration.

illustre [ilystr] *adj* illustrious.

illustré, **e** [ilystre] *adj* illustrated.
◆ **illustré** *nm* illustrated magazine.

illustrer [3] [ilystre] *vt* - **1.** [gén] to illustrate - **2.** [rendre célèbre] to make famous.
◆ **s'illustrer** *vp* to distinguish o.s.

îlot [ilo] *nm* - **1.** [île] small island, islet - **2.** [de maisons] block - **3.** [lieu isolé] island - **4.** *fig* [de résistance] pocket.

ils ▷ **il.**

IMA [ima] (*abr de* **Institut du monde arabe**) *nm* *Paris exhibition centre for Arab culture and art.*

image [imaʒ] *nf* - **1.** [vision mentale, comparaison, ressemblance] image ; **être l'~ de qqn** to be the image of sb ; **~ de marque** [de personne] image ; [d'entreprise] corporate image - **2.** [dessin] picture ; **~ d'Épinal** sentimental picture ; *fig* simplistic argument/theory ; **sage comme une ~** as good as gold.

imagé, **e** [imaʒe] *adj* full of imagery.

imagerie [imaʒri] *nf* MÉD : **~ médicale** medical imaging.

imaginable [imaʒinabl] *adj* imaginable.

imaginaire [imaʒinɛr] ◇ *nm* : **l'~** the imaginary. ◇ *adj* imaginary.

imaginatif, **ive** [imaʒinatif, iv] *adj* imaginative.

imagination [imaʒinasjɔ̃] *nf* imagination ; **avoir de l'~** to be imaginative.
◆ **imaginations** *nfpl litt* & *péj* [chimères] fancies.

imaginer [3] [imaʒine] *vt* - **1.** [supposer, croire] to imagine - **2.** [trouver] to think of.
◆ **s'imaginer** *vp* - **1.** [se voir] to see o.s. - **2.** [croire] to imagine.

imam [imam] *nm* imam.

imbattable [ɛ̃batabl] *adj* unbeatable.

imbécile [ɛ̃besil] ◇ *nmf* imbecile. ◇ *adj* idiotic.

imbécillité [ɛ̃besilite] *nf* - **1.** [manque d'intelligence] imbecility - **2.** [acte, parole] stupid thing.

imberbe [ɛ̃bɛrb] *adj* beardless.

imbiber [3] [ɛ̃bibe] *vt* : **~ qqch de qqch** to soak sthg with *ou* in sthg.
◆ **s'imbiber** *vp* : **s'~ de** to soak up.

imbriqué, **e** [ɛ̃brike] *adj* overlapping.

imbriquer [3] [ɛ̃brike] ◆ **s'imbriquer** *vp* [se chevaucher] to overlap ; *fig* to intertwine.

imbroglio [ɛ̃brɔljo] *nm* imbroglio.

imbu, **e** [ɛ̃by] *adj* : **être ~ de** to be full of ; **être ~ de soi-même** to be full of oneself.

imbuvable [ɛ̃byvabl] *adj* - **1.** [eau] undrinkable - **2.** *fam* [personne] unbearable.

imitateur, **trice** [imitatœr, tris] *nm, f* - **1.** [comique] impersonator - **2.** *péj* [copieur] imitator.

imitation [imitasjɔ̃] *nf* imitation ; **~ cuir** imitation leather ; **à l'~ de** in imitation of.
◆ **en imitation** *loc adj* imitation.

imiter [3] [imite] *vt* - **1.** [s'inspirer de, contrefaire] to imitate - **2.** [reproduire l'aspect de] to look (just) like.

immaculé, **e** [imakyle] *adj* immaculate ; **L'Immaculée Conception** The Immaculate Conception.

immanent, **e** [imanɑ̃, ɑ̃t] *adj* immanent ; **~ à** inherent in.

immangeable [ɛ̃mɑ̃ʒabl] *adj* inedible.

immanquable [ɛ̃mɑ̃kabl] *adj* impossible to miss ; [sort, échec] inevitable.

immanquablement [ɛ̃mɑ̃kabləmɑ̃] *adv* inevitably.

immatériel, **elle** [imaterjɛl] *adj* - **1.** PHILO immaterial - **2.** [beauté] unreal - **3.** [investissement] intangible.

immatriculation [imatrikylasjɔ̃] *nf* registration.

immatriculer [3] [imatrikyle] *vt* to register.

immature [imatyr] *adj* immature.

immaturité [imatyrite] *nf* immaturity.

immédiat, **e** [imedja, at] ◇ *adj* immediate. ◇ *nm* : **dans l'~** for the time being.

immédiatement [imedjatmɑ̃] *adv* immediately.

immémorial, **e**, **aux** [imemɔrjal, o] *adj* ancient.

immense [imɑ̃s] *adj* immense.

immensément [imɑ̃semɑ̃] *adv* immensely.

immensité [imɑ̃site] *nf* immensity, vastness.

immerger [17] [imɛrʒe] *vt* to submerge.
◆ **s'immerger** *vp* to submerge o.s.

immérité, **e** [imerite] *adj* undeserved.

immersion [imɛrsjɔ̃] *nf* immersion.

immettable [ɛ̃metabl] *adj* unwearable.

immeuble [imœbl] ◇ *nm* building. ◇ *adj* DR real.

immigrant, **e** [imigrɑ̃, ɑ̃t] *nm, f* immigrant.

immigration [imigrasjɔ̃] *nf* immigration ; ~ **clandestine** illegal immigration.

immigré, **e** [imigre] *adj & nm, f* immigrant.

immigrer [3] [imigre] *vi* to immigrate.

imminence [iminɑ̃s] *nf* imminence.

imminent, **e** [iminɑ̃, ɑ̃t] *adj* imminent.

immiscer [16] [imise] ◆ **s'immiscer** *vp* : **s'~ dans** to interfere in *ou* with.

immixtion [imiksjɔ̃] *nf* interference.

immobile [imɔbil] *adj* - **1.** [personne, visage] motionless - **2.** [mécanisme] fixed, stationary - **3.** *fig* [figé] immovable.

immobilier, **ère** [imɔbilje, ɛr] *adj* : **biens ~s** property *(U) UK*, real estate *(U) US* ; **société immobilière** property *UK ou* real estate *US* company.
◆ **immobilier** *nm* : **l'~** property *UK*, real estate *US*.

immobilisation [imɔbilizasjɔ̃] *nf* immobilization.
◆ **immobilisations** *nfpl* FIN fixed assets.

immobiliser [3] [imɔbilize] *vt* to immobilize.
◆ **s'immobiliser** *vp* to stop.

immobilisme [imɔbilism] *nm péj* opposition to progress.

immobilité [imɔbilite] *nf* immobility ; [de paysage, de lac] stillness.

immodéré, **e** [imɔdere] *adj* inordinate.

immoler [3] [imɔle] *vt* to sacrifice ; RELIG to immolate ; ~ **qqn/qqch à** to sacrifice sb/sthg to.
◆ **s'immoler** *vp* to immolate o.s.

immonde [imɔ̃d] *adj* - **1.** [sale] foul - **2.** [abject] vile.

immondices [imɔ̃dis] *nfpl* waste *(U)*, refuse *(U)*.

immoral, **e**, **aux** [imɔral, o] *adj* immoral.

immoralité [imɔralite] *nf* - **1.** [dépravation] immorality - **2.** [obscénité] obscenity.

immortaliser [3] [imɔrtalize] *vt* to immortalize.
◆ **s'immortaliser** *vp* to gain immortality.

immortalité [imɔrtalite] *nf* immortality.

immortel, **elle** [imɔrtɛl] *adj* immortal.
◆ **immortelle** *nf* BOT everlasting flower.
◆ **Immortel**, **elle** *nm, f fam member of the Académie française.*

immuable [imɥabl] *adj* - **1.** [éternel - loi] immutable - **2.** [constant] unchanging.

immunisation [imynizasjɔ̃] *nf* immunization.

immuniser [3] [imynize] *vt* - **1.** [vacciner] to immunize - **2.** *fig* [garantir] : ~ **qqn contre qqch** to make sb immune to sthg.

immunitaire [imynitɛr] *adj* immune *(avant n)*.

immunité [imynite] *nf* immunity ; ~ **diplomatique/parlementaire** *fig* diplomatic/parliamentary immunity.

immunodéficience [imynɔdefisjɑ̃s] *nf* immunodeficiency.

immunologique [imynɔlɔʒik] *adj* immunological.

impact [ɛ̃pakt] *nm* impact ; **avoir de l'~ sur** to have an impact on ; **étude d'~** impact study.

impair, **e** [ɛ̃pɛr] *adj* odd.
◆ **impair** *nm* [faux-pas] gaffe.

imparable [ɛ̃parabl] *adj* - **1.** [coup] unstoppable - **2.** [argument] unanswerable.

impardonnable [ɛ̃pardɔnabl] *adj* unforgivable.

imparfait, **e** [ɛ̃parfɛ, ɛt] *adj* - **1.** [défectueux] imperfect - **2.** [inachevé] incomplete.
◆ **imparfait** *nm* GRAMM imperfect (tense).

imparfaitement [ɛ̃parfɛtmɑ̃] *adv* imperfectly.

impartial, **e**, **aux** [ɛ̃parsjal, o] *adj* impartial.

impartialité [ɛ̃parsjalite] *nf* impartiality.

impartir [32] [ɛ̃partir] *vt* : ~ **qqch à qqn** *litt* [délai, droit] to grant sthg to sb ; [don] to bestow sthg upon sb ; [tâche] to assign sthg to sb.

impasse [ɛ̃pas] *nf* - **1.** [rue] dead end - **2.** *fig* [difficulté] impasse, deadlock ; **être dans une ~** *ou* **dans l'~** to be at an impasse, to be deadlocked - **3.** SCOL & UNIV : **faire une ~ sur un sujet** *to give a subject a miss when revising for an exam* - **4.** [jeux] : **faire une ~** to finesse - **5.** FIN : ~ **budgétaire** budget deficit.

impassibilité [ɛ̃pasibilite] *nf* impassivity.

impassible [ɛ̃pasibl] *adj* impassive ; **rester ~** to be *ou* remain impassive.

impatiemment [ɛ̃pasjamɑ̃] *adv* impatiently.

impatience [ɛ̃pasjɑ̃s] *nf* impatience ; **bouillir d'~** to be burning with impatience.

impatient, **e** [ɛ̃pasjɑ̃, ɑ̃t] ◇ *adj* impatient ; **être ~ de faire qqch** to be impatient *ou* longing to do sthg. ◇ *nmf* impatient person.

impatienter [3] [ɛ̃pasjɑ̃te] *vt* to annoy.
◆ **s'impatienter** *vp* : **s'~ (de/contre)** to get impatient (at/with).

impayable [ɛ̃pɛjabl] *adj fam* priceless.

impayé, **e** [ɛ̃pɛje] *adj* unpaid, outstanding.
◆ **impayé** *nm* outstanding payment.

impeccable [ɛ̃pekabl] *adj* - **1.** [parfait] impeccable, faultless - **2.** [propre] spotless, immaculate.

impénétrable [ɛ̃penetrabl] *adj* impenetrable.

impénitent, **e** [ɛ̃penitɑ̃, ɑ̃t] *adj* unrepentant.

impensable [ɛ̃pɑ̃sabl] *adj* unthinkable.

imper [ɛ̃pɛr] *nm fam* mac *UK*.

impératif, **ive** [ɛ̃peratif, iv] *adj* - **1.** [ton, air] imperious - **2.** [besoin] imperative, essential.
◆ **impératif** *nm* GRAMM imperative.

impérativement [ɛ̃perativmɑ̃] *adv* : **il faut ~ faire qqch** it is imperative to do sthg.

impératrice [ɛ̃peratris] *nf* empress.

imperceptible [ɛ̃pɛrsɛptibl] *adj* imperceptible.

imperceptiblement [ɛ̃pɛrsɛptibləmɑ̃] *adv* imperceptibly.

imperfection [ɛ̃pɛrfɛksjɔ̃] *nf* imperfection.

impérial, **e**, **aux** [ɛ̃perjal, o] *adj* imperial.
◆ **impériale** *nf* top deck.

impérialisme [ɛ̃perjalism] *nm* POLIT imperialism ; *fig* dominance.

impérialiste [ɛ̃perjalist] *nmf* & *adj* imperialist.

impérieusement [ɛ̃perjøzmɑ̃] *adv* imperiously.

impérieux, **euse** [ɛ̃perjø, øz] *adj* - **1.** [ton, air] imperious - **2.** [nécessité] urgent.

impérissable [ɛ̃perisabl] *adj* undying.

imperméabilisation [ɛ̃pɛrmeabilizasjɔ̃] *nf* waterproofing.

imperméabiliser [3] [ɛ̃pɛrmeabilize] *vt* to waterproof.

imperméable [ɛ̃pɛrmeabl] ◇ *adj* waterproof ; **~ à** [étanche] impermeable to ; *fig* impervious *ou* immune to. ◇ *nm* raincoat.

impersonnel, **elle** [ɛ̃pɛrsɔnɛl] *adj* impersonal.

impertinence [ɛ̃pɛrtinɑ̃s] *nf* impertinence *(U)*.

impertinent, **e** [ɛ̃pɛrtinɑ̃, ɑ̃t] ◇ *adj* impertinent. ◇ *nm, f* impertinent person.

imperturbable [ɛ̃pɛrtyrbabl] *adj* imperturbable.

impétigo [ɛ̃petigo] *nm* impetigo.

impétueux, **euse** [ɛ̃petɥø, øz] *adj* - **1.** [personne, caractère] impetuous - **2.** *litt* [vent, torrent] raging.

impétuosité [ɛ̃petɥozite] *nf* impetuousness.

impie [ɛ̃pi] *litt* & *vieilli* ◇ *nmf* ungodly person. ◇ *adj* impious.

impiété [ɛ̃pjete] *nf litt* & *vieilli* impiety.

impitoyable [ɛ̃pitwajabl] *adj* merciless, pitiless.

impitoyablement [ɛ̃pitwajabləmɑ̃] *adv* mercilessly, pitilessly.

implacable [ɛ̃plakabl] *adj* implacable.

implant [ɛ̃plɑ̃] *nm* MÉD implant.

implantation [ɛ̃plɑ̃tasjɔ̃] *nf* - **1.** [d'usine, de système] establishment - **2.** [de cheveux] implant.

implanter [3] [ɛ̃plɑ̃te] *vt* - **1.** [entreprise, système] to establish - **2.** *fig* [préjugé] to implant.
◆ **s'implanter** *vp* [entreprise] to set up ; [coutume] to become established.

implication [ɛ̃plikasjɔ̃] *nf* - **1.** [participation] : **~ (dans)** involvement (in) - **2.** *(gén pl)* [conséquence] implication.

implicite [ɛ̃plisit] *adj* implicit.

implicitement [ɛ̃plisitmɑ̃] *adv* implicitly.

impliquer [3] [ɛ̃plike] *vt* - **1.** [compromettre] : **~ qqn dans** to implicate sb in - **2.** [requérir, entraîner] to imply.
◆ **s'impliquer** *vp* : **s'~ dans** *fam* to become involved in.

implorer [3] [ɛ̃plɔre] *vt* to beseech.

imploser [3] [ɛ̃ploze] *vi* to implode.

implosion [ɛ̃plozjɔ̃] *nf* implosion.

impoli, **e** [ɛ̃pɔli] *adj* rude, impolite.

impoliment [ɛ̃pɔlimɑ̃] *adv* rudely, impolitely.

impolitesse [ɛ̃pɔlitɛs] *nf* rudeness, impoliteness.

impondérable [ɛ̃pɔ̃derabl] *adj* imponderable.
◆ **impondérables** *nmpl* imponderables.

impopulaire [ɛ̃pɔpylɛr] *adj* unpopular.

import [ɛ̃pɔr] *nm* - **1.** COMM import - **2.** *belgicisme* [montant] total.

importance [ɛ̃pɔrtɑ̃s] *nf* - **1.** [gén] importance ; [de problème, montant] magnitude ; **attacher de l'~ à** to attach importance to ; **avoir de l'~** to be important ; **d'~** [non négligeable] of some importance ; **sans ~** unimportant ; [accident] minor - **2.** [de dommages] extent - **3.** [de ville] size.

important, **e** [ɛ̃pɔrtɑ̃, ɑ̃t] ◇ *adj* - **1.** [personnage, découverte, rôle] important ; [événement, changement] important, significant - **2.** [quantité,

collection, somme] considerable, sizeable ; [dommages] extensive. <> *nm, f* : **faire l'~** *péj* to act important.
◆ **important** *nm* : **l'~** the (most) important thing, the main thing.

importateur, trice [ɛ̃pɔrtatœr, tris] *adj* importing *(avant n)*.
◆ **importateur** *nm* importer.

importation [ɛ̃pɔrtasjɔ̃] *nf* COMM *fig* import.

importer [3] [ɛ̃pɔrte] <> *vt* to import. <> *v impers* : **~ (à)** to matter (to) ; **il importe de/que** it is important to/that ; **qu'importe!, peu importe!** it doesn't matter! ; **n'importe qui** anyone (at all) ; **n'importe quoi** anything (at all) ; **n'importe où** anywhere (at all) ; **n'importe quand** at any time (at all) ; **n'importe comment** anyhow.

import-export [ɛ̃pɔrɛkspɔr] (*pl* **imports-exports**) *nm* import-export.

importun, e [ɛ̃pɔrtœ̃, yn] <> *adj* - **1.** [indiscret] irksome, troublesome - **2.** [embarrassant] awkward. <> *nmf vieilli* intruder.

importuner [3] [ɛ̃pɔrtyne] *vt* to irk.

imposable [ɛ̃pozabl] *adj* taxable ; **non ~** nontaxable.

imposant, e [ɛ̃pozɑ̃, ɑ̃t] *adj* imposing.

imposé, e [ɛ̃poze] <> *adj* - **1.** [contribuable] taxed - **2.** SPORT [figure] compulsory. <> *nm, f* [contribuable] taxpayer.

imposer [3] [ɛ̃poze] *vt* - **1.** [gén] : **~ qqch/qqn à qqn** to impose sthg/sb on sb - **2.** [impressionner] : **en ~ à qqn** to impress sb - **3.** [taxer] to tax.
◆ **s'imposer** *vp* - **1.** [être nécessaire] to be essential *ou* imperative - **2.** [forcer le respect] to stand out - **3.** [avoir pour règle] : **s'~ de faire qqch** to make it a rule to do sthg.

imposition [ɛ̃pozisjɔ̃] *nf* - **1.** FIN taxation - **2.** RELIG laying on.

impossibilité [ɛ̃pɔsibilite] *nf* impossibility ; **être dans l'~ de faire qqch** to find it impossible to *ou* to be unable to do sthg.

impossible [ɛ̃pɔsibl] <> *adj* impossible. <> *nm* : **tenter l'~** to attempt the impossible.

imposteur [ɛ̃pɔstœr] *nm* impostor.

imposture [ɛ̃pɔstyr] *nf* imposture.

impôt [ɛ̃po] *nm* tax ; **~ direct/indirect** direct/indirect tax ; **~s locaux** council tax *UK*, local tax *US* ; **~ sur les grandes fortunes** wealth tax ; **~ sur les plus-values** capital gains tax ; **~ sur le revenu** income tax ; **être assujetti à l'~** to be subject to tax.

impotence [ɛ̃pɔtɑ̃s] *nf* infirmity.

impotent, e [ɛ̃pɔtɑ̃, ɑ̃t] <> *adj* disabled. <> *nm, f* disabled person.

impraticable [ɛ̃pratikabl] *adj* - **1.** [inapplicable] impracticable - **2.** [inaccessible] impassable.

imprécation [ɛ̃prekasjɔ̃] *nf litt* imprecation.

imprécis, e [ɛ̃presi, iz] *adj* imprecise.

imprécision [ɛ̃presizjɔ̃] *nf* imprecision.

imprégner [18] [ɛ̃preɲe] *vt* [imbiber] : **~ qqch de qqch** to soak sthg in sthg ; **~ qqn de qqch** *fig* to fill sb with sthg.
◆ **s'imprégner** *vp* : **s'~ de qqch** [s'imbiber] to soak sthg up ; *fig* to soak sthg up, to steep o.s. in sthg.

imprenable [ɛ̃prənabl] *adj* - **1.** [forteresse] impregnable - **2.** [vue] unimpeded.

imprésario, impresario [ɛ̃presarjo] *nm* impresario.

impression [ɛ̃presjɔ̃] *nf* - **1.** [gén] impression ; **avoir l'~ que** to have the impression *ou* feeling that ; **faire (une) bonne/mauvaise ~ (à)** to make a good/bad impression (on) - **2.** [de livre, tissu] printing - **3.** PHOTO print.

impressionnable [ɛ̃presjɔnabl] *adj* - **1.** [émotif] impressionable - **2.** PHOTO sensitive.

impressionnant, e [ɛ̃presjɔnɑ̃, ɑ̃t] *adj* - **1.** [imposant] impressive - **2.** [effrayant] frightening.

impressionner [3] [ɛ̃presjɔne] *vt* - **1.** [frapper] to impress - **2.** [choquer] to shock, to upset - **3.** [intimider] to frighten - **4.** PHOTO to expose.

impressionnisme [ɛ̃presjɔnism] *nm* impressionism.

impressionniste [ɛ̃presjɔnist] *nmf & adj* impressionist.

imprévisible [ɛ̃previzibl] *adj* unforeseeable.

imprévoyance [ɛ̃prevwajɑ̃s] *nf* lack of foresight, improvidence.

imprévoyant, e [ɛ̃prevwajɑ̃, ɑ̃t] *adj* improvident.

imprévu, e [ɛ̃prevy] *adj* unforeseen.
◆ **imprévu** *nm* unforeseen situation ; **sauf ~** barring unforeseen circumstances.

imprimante [ɛ̃primɑ̃t] *nf* printer ; **~ laser/à jet d'encre/matricielle** laser/ink-jet/dot-matrix printer.

imprimé, e [ɛ̃prime] *adj* printed.
◆ **imprimé** *nm* - **1.** [mention postale] printed matter *(U)* - **2.** [formulaire] printed form - **3.** [tissu] print.

imprimer [3] [ɛ̃prime] *vt* - **1.** [texte, tissu] to print - **2.** [mouvement] to impart - **3.** [marque, empreinte] to leave.

imprimerie [ɛ̃primri] *nf* - **1.** [technique] printing - **2.** [usine] printing works *(sing)*.

imprimeur [ɛ̃primœr] *nm* printer.

improbable [ɛ̃prɔbabl] *adj* improbable.

improductif, **ive** [ɛ̃prɔdyktif, iv] *adj* unproductive.

impromptu, **e** [ɛ̃prɔ̃pty] *adj* impromptu. ◆ **impromptu** ◇ *adv* impromptu. ◇ *nm* impromptu.

imprononçable [ɛ̃prɔnɔ̃sabl] *adj* unpronounceable.

impropre [ɛ̃prɔpr] *adj* - **1.** GRAMM incorrect - **2.** [inadapté] : ~ **à** unfit for.

impropriété [ɛ̃prɔprijete] *nf* [emploi erroné] incorrectness ; [expression] (language) error.

improvisation [ɛ̃prɔvizasjɔ̃] *nf* improvisation.

improviser [3] [ɛ̃prɔvize] *vt* to improvise. ◆ **s'improviser** *vp* - **1.** [s'organiser] to be improvised - **2.** [devenir] : **s'~ metteur en scène** to act as director.

improviste [ɛ̃prɔvist] ◆ **à l'improviste** *loc adv* unexpectedly, without warning.

imprudemment [ɛ̃prydamɑ̃] *adv* rashly.

imprudence [ɛ̃prydɑ̃s] *nf* - **1.** [de personne, d'acte] rashness - **2.** [acte] rash act.

imprudent, **e** [ɛ̃prydɑ̃, ɑ̃t] ◇ *adj* rash. ◇ *nm, f* rash person.

impubère [ɛ̃pybɛr] ◇ *adj* [avant la puberté] pre-pubescent. ◇ *nmf* DR ≃ minor.

impudence [ɛ̃pydɑ̃s] *nf* - **1.** [de personne, propos] impudence - **2.** [propos] impudent remark.

impudent, **e** [ɛ̃pydɑ̃, ɑ̃t] ◇ *adj* impudent. ◇ *nm, f* impudent person.

impudeur [ɛ̃pydœr] *nf* shamelessness.

impudique [ɛ̃pydik] *adj* shameless.

impuissance [ɛ̃pɥisɑ̃s] *nf* - **1.** [incapacité] : ~ **(à faire qqch)** powerlessness (to do sthg) - **2.** [sexuelle] impotence.

impuissant, **e** [ɛ̃pɥisɑ̃, ɑ̃t] *adj* - **1.** [incapable] : ~ **(à faire qqch)** powerless (to do sthg) - **2.** [homme, fureur] impotent. ◆ **impuissant** *nm* impotent man.

impulsif, **ive** [ɛ̃pylsif, iv] ◇ *adj* impulsive. ◇ *nm, f* impulsive person.

impulsion [ɛ̃pylsjɔ̃] *nf* - **1.** [poussée, essor] impetus - **2.** [instinct] impulse, instinct - **3.** *fig* **sous l'~ de qqn** [influence] at the prompting *ou* instigation of sb ; **sous l'~ de qqch** [effet] impelled by sthg.

impulsivement [ɛ̃pylsivmɑ̃] *adv* impulsively.

impulsivité [ɛ̃pylsivite] *nf* impulsiveness.

impunément [ɛ̃pynemɑ̃] *adv* with impunity.

impuni, **e** [ɛ̃pyni] *adj* unpunished.

impunité [ɛ̃pynite] *nf* impunity ; **en toute ~** with impunity.

impur, **e** [ɛ̃pyr] *adj* impure.

impureté [ɛ̃pyrte] *nf* impurity.

imputable [ɛ̃pytabl] *adj* - **1.** [accident, erreur] : ~ **à** attributable to - **2.** FIN : ~ **à** *ou* **sur** chargeable to.

imputation [ɛ̃pytasjɔ̃] *nf* - **1.** [accusation] charge - **2.** FIN charging.

imputer [3] [ɛ̃pyte] *vt* : ~ **qqch à qqn/à qqch** to attribute sthg to sb/to sthg ; ~ **qqch à qqch** FIN to charge sthg to sthg.

imputrescible [ɛ̃pytresibl] *adj* [bois] rot-proof ; [déchets] non-degradable.

in [in] *adj inv vieilli* in, with it.

INA [ina] (*abr de* **Institut national de l'audiovisuel**) *nm national television archive.*

inabordable [inabɔrdabl] *adj* - **1.** [prix] prohibitive - **2.** GÉOGR inaccessible *(by boat)* - **3.** [personne] unapproachable.

inacceptable [inaksɛptabl] *adj* unacceptable.

inaccessible [inaksesibl] *adj* [destination, domaine, personne] inaccessible ; [objectif, poste] unattainable ; ~ **à** [sentiment] impervious to.

inaccoutumé, **e** [inakutyme] *adj* unaccustomed.

inachevé, **e** [inaʃve] *adj* unfinished, uncompleted.

inactif, **ive** [inaktif, iv] *adj* - **1.** [sans occupation, non utilisé] idle - **2.** [sans effet] ineffective - **3.** [sans emploi] non-working.

inaction [inaksjɔ̃] *nf* inaction.

inactivité [inaktivite] *nf* - **1.** [oisiveté] inactivity - **2.** ADMIN : **en ~** out of active service.

inadapté, **e** [inadapte] ◇ *adj* - **1.** [non adapté] : ~ **(à)** unsuitable (for), unsuited (to) - **2.** [asocial] maladjusted. ◇ *nm, f* maladjusted person.

inadéquat, **e** [inadekwa, at] *adj* : ~ **(à)** inadequate (for).

inadéquation [inadekwasjɔ̃] *nf* : ~ **(à)** inadequacy (for).

inadmissible [inadmisibl] *adj* [conduite] unacceptable.

inadvertance [inadvɛrtɑ̃s] *nf litt* oversight ; **par ~** inadvertently.

inaliénable [inaljenabl] *adj* inalienable.

inaltérable [inalterabl] *adj* - **1.** [matériau] stable - **2.** [sentiment] unfailing.

inamical, **e**, **aux** [inamikal, o] *adj* unfriendly.

inamovible [inamɔvibl] *adj* fixed.

inanimé, **e** [inanime] *adj* - **1.** [sans vie] inanimate - **2.** [inerte, évanoui] senseless.

inanité [inanite] *nf* futility.

inanition [inanisjɔ̃] *nf* : **tomber/mourir d'~** to faint with/die of hunger.

inaperçu, e [inapɛrsy] *adj* unnoticed ; **passer ~** to go *ou* pass unnoticed.

inapplicable [inaplikabl] *adj* inapplicable.

inappliqué, e [inaplike] *adj* - **1.** [étourdi] lazy, lacking in application - **2.** [inemployé] not applied *ou* practised *UK ou* practiced *US*.

inappréciable [inapresjabl] *adj* - **1.** [infime] imperceptible - **2.** [précieux] invaluable.

inapprochable [inaprɔʃabl] *adj* : **il est vraiment ~ en ce moment** you can't say anything to him at the moment.

inapproprié, e [inaprɔprije] *adj* : **~ à** not appropriate for.

inapte [inapt] *adj* - **1.** [incapable] : **~ à qqch/à faire qqch** incapable of sthg/of doing sthg - **2.** MIL unfit.

inaptitude [inaptityd] *nf* - **1.** [incapacité] : **~ à qqch/à faire qqch** incapacity for sthg/for doing sthg - **2.** MIL unfitness.

inarticulé, e [inartikyle] *adj* inarticulate.

inassouvi, e [inasuvi] *adj* [faim] unsatisfied ; [soif] unquenched ; *fig* [sentiment] unsatisfied, unfulfilled.

inattaquable [inatakabl] *adj* - **1.** [imprenable] impregnable - **2.** [irréprochable] irreproachable, beyond reproach - **3.** [irréfutable] irrefutable.

inattendu, e [inatɑ̃dy] *adj* unexpected.

inattentif, ive [inatɑ̃tif, iv] *adj* : **~ à** inattentive to.

inattention [inatɑ̃sjɔ̃] *nf* inattention ; **faute d'~** careless mistake.

inaudible [inodibl] *adj* - **1.** [impossible à entendre] inaudible - **2.** [inécoutable] impossible to listen to.

inaugural, e, aux [inogyral, o] *adj* inaugural *(avant n)*, opening *(avant n)* ; [voyage] maiden *(avant n)*.

inauguration [inogyrasjɔ̃] *nf* - **1.** [cérémonie] inauguration, opening (ceremony) - **2.** [début] dawn.

inaugurer [3] [inogyre] *vt* - **1.** [monument] to unveil ; [installation, route] to open ; [procédé, édifice] to inaugurate - **2.** [époque] to usher in.

inavouable [inavwabl] *adj* unmentionable.

inavoué, e [inavwe] *adj* unconfessed.

INC (*abr de* **Institut national de la consommation**) *nm consumer research organization.*

inca [ɛ̃ka] *adj* Inca.

◆ **Inca** *nmf* Inca.

incalculable [ɛ̃kalkylabl] *adj* incalculable.

incandescence [ɛ̃kɑ̃desɑ̃s] *nf* incandescence.

incandescent, e [ɛ̃kɑ̃desɑ̃, ɑ̃t] *adj* incandescent.

incantation [ɛ̃kɑ̃tasjɔ̃] *nf* incantation.

incapable [ɛ̃kapabl] ◇ *nmf* - **1.** [raté] incompetent - **2.** DR incapable person. ◇ *adj* : **~ de faire qqch** [inapte à] incapable of doing sthg ; [dans l'impossibilité de] unable to do sthg.

incapacité [ɛ̃kapasite] *nf* - **1.** [impossibilité] : **~ à** *ou* **de faire qqch** inability to do sthg ; **être dans l'~ de** to be unable to - **2.** [invalidité] disability ; **~ de travail** industrial disability - **3.** DR incapacity - **4.** [incompétence] incompetence.

incarcération [ɛ̃karserasjɔ̃] *nf* incarceration.

incarcérer [18] [ɛ̃karsere] *vt* to incarcerate.

incarnation [ɛ̃karnasjɔ̃] *nf* incarnation.

incarné, e [ɛ̃karne] *adj* incarnate.

incarner [3] [ɛ̃karne] *vt* - **1.** [personnifier] to be the incarnation of - **2.** CINÉ & THÉÂTRE to play.

◆ **s'incarner** *vp* - **1.** RELIG to be *ou* become incarnate - **2.** [se réaliser] to be incarnated - **3.** MÉD [ongle] to become ingrown.

incartade [ɛ̃kartad] *nf* misdemeanour *UK*, misdemeanor *US*.

incassable [ɛ̃kasabl] *adj* unbreakable.

incendiaire [ɛ̃sɑ̃djɛr] ◇ *nmf* arsonist. ◇ *adj* [bombe] incendiary ; *fig* inflammatory.

incendie [ɛ̃sɑ̃di] *nm* fire ; *fig* flames *(pl)* ; **~ de forêt** forest fire.

incendier [9] [ɛ̃sɑ̃dje] *vt* - **1.** [mettre le feu à] to set alight, to set fire to - **2.** *fig* [faire rougir] to make burn - **3.** *fam* [réprimander] to tear a strip off.

incertain, e [ɛ̃sɛrtɛ̃, ɛn] *adj* - **1.** [gén] uncertain ; [temps] unsettled - **2.** [vague - lumière] dim ; [- contour] blurred.

incertitude [ɛ̃sɛrtityd] *nf* uncertainty ; **être dans l'~** to be uncertain.

incessamment [ɛ̃sesamɑ̃] *adv* at any moment, any moment now.

incessant, e [ɛ̃sesɑ̃, ɑ̃t] *adj* incessant.

incessible [ɛ̃sesibl] *adj* inalienable.

inceste [ɛ̃sɛst] *nm* incest.

incestueux, euse [ɛ̃sɛstɥø, øz] ◇ *adj* - **1.** [liaison, parent] incestuous - **2.** [enfant] born of incest. ◇ *nm, f* incestuous person.

inchangé, e [ɛ̃ʃɑ̃ʒe] *adj* unchanged.

incidemment [ɛ̃sidamɑ̃] *adv* - **1.** [accidentellement] accidentally - **2.** [entre parenthèses] in passing.

incidence [ɛ̃sidɑ̃s] *nf* - **1.** [conséquence] effect, impact *(U)* - **2.** FIN & PHYS incidence.

incident, **e** [ɛ̃sidɑ̃, ɑ̃t] *adj* [accessoire] incidental.
◆ **incident** *nm* - **1.** [gén] incident ; [ennui] hitch ; **sans ~** without incident *ou* a hitch ; **~ diplomatique** diplomatic incident ; **~ de parcours** (minor) setback - **2.** DR point of law.

incinérateur [ɛ̃sineratœr] *nm* incinerator.

incinération [ɛ̃sinerasjɔ̃] *nf* - **1.** [de corps] cremation - **2.** [d'ordures] incineration.

incinérer [18] [ɛ̃sinere] *vt* - **1.** [corps] to cremate - **2.** [ordures] to incinerate.

incise [ɛ̃siz] *nf* LING interpolated clause.

inciser [3] [ɛ̃size] *vt* to incise, to make an incision in.

incisif, **ive** [ɛ̃sizif, iv] *adj* incisive.
◆ **incisive** *nf* incisor.

incision [ɛ̃sizjɔ̃] *nf* incision.

incitation [ɛ̃sitasjɔ̃] *nf* - **1.** [provocation] : **~ à qqch/à faire qqch** incitement to sthg/to do sthg - **2.** [encouragement] : **~ à qqch/à faire qqch** incentive to sthg/to do sthg.

inciter [3] [ɛ̃site] *vt* - **1.** [provoquer] : **~ qqn à qqch/à faire qqch** to incite sb to sthg/to do sthg - **2.** [encourager] : **~ qqn à faire qqch** to encourage sb to do sthg.

incivilité [ɛ̃sivilite] *nf* - **1.** [manque de courtoisie] rudeness, disrespect - **2.** [fraude] petty crime ; [insultes, vandalismes] anti-social behaviour.

inclassable [ɛ̃klasabl] *adj* unclassifiable.

inclinable [ɛ̃klinabl] *adj* reclinable, reclining.

inclinaison [ɛ̃klinɛzɔ̃] *nf* - **1.** [pente] incline - **2.** [de tête, chapeau] angle, tilt.

inclination [ɛ̃klinasjɔ̃] *nf* - **1.** [salut - de tête] nod ; [- du corps entier] bow - **2.** [tendance] inclination ; **avoir une ~ à** to have an inclination *ou* a tendency to ; **avoir une ~ pour** [aimer] to have a liking for - **3.** *litt* [amour] (romantic) attachment.

incliner [3] [ɛ̃kline] ◇ *vt* - **1.** [pencher] to tilt, to lean - **2.** [pousser] : **~ qqn à qqch/à faire qqch** to incline sb to sthg/to do sthg. ◇ *vi* : **~ à qqch/à faire qqch** to be inclined to sthg/to do sthg.
◆ **s'incliner** *vp* - **1.** [se pencher] to tilt, to lean - **2.** [céder] : **s'~ (devant)** to give in (to), to yield (to) - **3.** [respecter] : **s'~ devant** to bow down before.

inclure [96] [ɛ̃klyr] *vt* [mettre dedans] : **~ qqch dans qqch** to include sthg in sthg ; [joindre] to enclose sthg with sthg.

inclus, **e** [ɛ̃kly, yz] ◇ *pp* ⊳ **inclure**. ◇ *adj* - **1.** [compris - taxe, frais] included ; [joint - lettre] enclosed ; : **jusqu'à la page 10 ~e** up to and including page 10 - **2.** [dent] impacted - **3.** MATH : **être ~ dans** to be a subset of.

inclusion [ɛ̃klyzjɔ̃] *nf* inclusion.

inclusivement [ɛ̃klyzivmɑ̃] *adv* inclusive.

incoercible [ɛ̃kɔɛrsibl] *adj* **sout** uncontrollable.

incognito [ɛ̃kɔɲito] ◇ *adv* incognito. ◇ *nm* : **garder l'~** to remain incognito.

incohérence [ɛ̃kɔerɑ̃s] *nf* [de paroles] incoherence ; [d'actes] inconsistency.

incohérent, **e** [ɛ̃kɔerɑ̃, ɑ̃t] *adj* [paroles] incoherent ; [actes] inconsistent.

incollable [ɛ̃kɔlabl] *adj* - **1.** [riz] nonstick - **2.** *fam* [imbattable] unbeatable.

incolore [ɛ̃kɔlɔr] *adj* colourless *UK*, colorless *US*.

incomber [3] [ɛ̃kɔ̃be] *vi* : **~ à qqn** to be sb's responsibility ; **il incombe à qqn de faire qqch** *(emploi impersonnel)* it falls to sb *ou* it is incumbent on sb to do sthg.

incombustible [ɛ̃kɔ̃bystibl] *adj* incombustible.

incommensurable [ɛ̃kɔmɑ̃syrabl] *adj* - **1.** [immense] immeasurable - **2.** MATH : **~ avec** incommensurable with.

incommodant, **e** [ɛ̃kɔmɔdɑ̃, ɑ̃t] *adj* unpleasant.

incommode [ɛ̃kɔmɔd] *adj* - **1.** [heure, lieu] inconvenient - **2.** [position, chaise] uncomfortable.

incommoder [3] [ɛ̃kɔmɔde] *vt* **sout** to trouble.

incommodité [ɛ̃kɔmɔdite] *nf* - **1.** [d'installation] impracticality - **2.** [malaise] indisposition - **3.** [de situation] awkwardness.

incommunicable [ɛ̃kɔmynikabl] *adj* - **1.** [indicible] inexpressible - **2.** DR non-transferable.

incomparable [ɛ̃kɔ̃parabl] *adj* - **1.** [différent] not comparable - **2.** [sans pareil] incomparable.

incomparablement [ɛ̃kɔ̃parabləmɑ̃] *adv* incomparably.

incompatibilité [ɛ̃kɔ̃patibilite] *nf* incompatibility ; **~ d'humeur** (mutual) incompatibility.

incompatible [ɛ̃kɔ̃patibl] *adj* incompatible.

incompétence [ɛ̃kɔ̃petɑ̃s] *nf* - **1.** [incapacité] incompetence - **2.** [ignorance] : **~ en qqch** ignorance about sthg.

incompétent, **e** [ɛ̃kɔ̃petɑ̃, ɑ̃t] *adj* - **1.** [incapable] incompetent - **2.** [ignorant] : **~ en qqch** ignorant about sthg.

incomplet, **ète** [ɛ̃kɔ̃plɛ, ɛt] *adj* incomplete.

incomplètement [ɛ̃kɔ̃plɛtmɑ̃] *adv* incompletely.

incompréhensible [ɛ̃kɔ̃preɑ̃sibl] *adj* incomprehensible.

incompréhensif, **ive** [ɛ̃kɔ̃preɑ̃sif, iv] *adj* unsympathetic.

incompréhension [ɛ̃kɔ̃preɑ̃sjɔ̃] *nf* lack of understanding.

incompressible [ɛ̃kɔ̃presibl] *adj* - **1.** TECHNOL incompressible - **2.** *fig* [dépenses] impossible to reduce - **3.** DR ⊳ **peine**.

incompris, **e** [ɛ̃kɔ̃pri, iz] ◇ *adj* misunderstood, not appreciated. ◇ *nm, f* misunderstood person.

inconcevable [ɛ̃kɔ̃svabl] *adj* unimaginable.

inconciliable [ɛ̃kɔ̃siljabl] *adj* irreconcilable.

inconditionnel, **elle** [ɛ̃kɔ̃disjɔnɛl] ◇ *adj* - **1.** [total] unconditional - **2.** [fervent] ardent. ◇ *nm, f* ardent supporter *ou* admirer.

inconditionnellement [ɛ̃kɔ̃disjɔnɛlmɑ̃] *adv* unconditionally.

inconduite [ɛ̃kɔ̃dɥit] *nf litt* scandalous behaviour *UK ou* behavior *US*.

inconfort [ɛ̃kɔ̃fɔr] *nm* discomfort.

inconfortable [ɛ̃kɔ̃fɔrtabl] *adj* uncomfortable.

incongru, **e** [ɛ̃kɔ̃gry] *adj* - **1.** [malséant] unseemly, inappropriate - **2.** [bizarre] incongruous.

incongruité [ɛ̃kɔ̃grɥite] *nf* - **1.** [qualité bizarre] incongruity *(U)* - **2.** [parole malséante] unseemly remark.

inconnu, **e** [ɛ̃kɔny] ◇ *adj* unknown. ◇ *nm, f* stranger ; **la personne qui a eu le prix Goncourt cette année est un illustre ~** *hum* no one has ever heard of the renowned winner of the prix Goncourt this year.
◆ **inconnue** *nf* - **1.** MATH unknown - **2.** [variable] unknown (factor).

inconsciemment [ɛ̃kɔ̃sjamɑ̃] *adv* - **1.** [sans en avoir conscience] unconsciously, unwittingly - **2.** [à la légère] thoughtlessly.

inconscience [ɛ̃kɔ̃sjɑ̃s] *nf* - **1.** [évanouissement] unconsciousness - **2.** [légèreté] thoughtlessness.

inconscient, **e** [ɛ̃kɔ̃sjɑ̃, ɑ̃t] *adj* - **1.** [évanoui, machinal] unconscious - **2.** [irresponsable] thoughtless.
◆ **inconscient** *nm* : **l'~** the unconscious.

inconséquence [ɛ̃kɔ̃sekɑ̃s] *nf* inconsistency.

inconséquent, **e** [ɛ̃kɔ̃sekɑ̃, ɑ̃t] *adj* inconsistent.

inconsidéré, **e** [ɛ̃kɔ̃sidere] *adj* ill-considered, thoughtless.

inconsistant, **e** [ɛ̃kɔ̃sistɑ̃, ɑ̃t] *adj* - **1.** [aliment] thin, watery - **2.** [caractère] frivolous.

inconsolable [ɛ̃kɔ̃sɔlabl] *adj* inconsolable.

inconstance [ɛ̃kɔ̃sistɑ̃s] *nf* fickleness.

inconstant, **e** [ɛ̃kɔ̃stɑ̃, ɑ̃t] ◇ *adj* fickle. ◇ *nm, f vieilli* fickle heart.

incontestable [ɛ̃kɔ̃tɛstabl] *adj* unquestionable, indisputable.

incontestablement [ɛ̃kɔ̃tɛstabləmɑ̃] *adv* unquestionably, indisputably.

incontesté, **e** [ɛ̃kɔ̃tɛste] *adj* uncontested, unchallenged.

incontinence [ɛ̃kɔ̃tinɑ̃s] *nf* - **1.** MÉD incontinence - **2.** [excès] lack of restraint.

incontinent, **e** [ɛ̃kɔ̃tinɑ̃, ɑ̃t] *adj* - **1.** MÉD incontinent - **2.** [sans retenue] unrestrained.
◆ **incontinent** *adv litt* forthwith.

incontournable [ɛ̃kɔ̃turnabl] *adj* unavoidable.

inconvenance [ɛ̃kɔ̃vnɑ̃s] *nf* impropriety.

inconvenant, **e** [ɛ̃kɔ̃vnɑ̃, ɑ̃t] *adj* improper, unseemly.

inconvénient [ɛ̃kɔ̃venjɑ̃] *nm* - **1.** [obstacle] problem ; **si vous n'y voyez pas d'~** if that is convenient (for you), if you have no objection - **2.** [désavantage] disadvantage, drawback - **3.** [risque] risk.

incorporation [ɛ̃kɔrpɔrasjɔ̃] *nf* - **1.** [intégration] incorporation ; CULIN mixing, blending - **2.** MIL enlistment.

incorporé, **e** [ɛ̃kɔrpɔre] *adj* [intégré] built-in.

incorporel, **elle** [ɛ̃kɔrpɔrɛl] *adj* - **1.** [immatériel] incorporeal - **2.** DR intangible.

incorporer [3] [ɛ̃kɔrpɔre] *vt* - **1.** [gén] to incorporate ; **~ qqch dans** to incorporate sthg into ; **~ qqch à** CULIN to mix *ou* blend sthg into - **2.** MIL to enlist.
◆ **s'incorporer** *vp* : **s'~ à qqch** to become part of sthg.

incorrect, **e** [ɛ̃kɔrɛkt] *adj* - **1.** [faux] incorrect - **2.** [inconvenant] inappropriate ; [impoli] rude - **3.** [déloyal] unfair ; **être ~ avec qqn** to treat sb unfairly.

incorrection [ɛ̃kɔrɛksjɔ̃] *nf* - **1.** [impolitesse] impropriety - **2.** [de langage] grammatical mistake - **3.** [malhonnêteté] dishonesty.

incorrigible [ɛ̃kɔriʒibl] *adj* incorrigible.

incorruptible [ɛ̃kɔryptibl] *adj* incorruptible.

incrédule [ɛ̃kredyl] ◇ *nmf* - **1.** [sceptique] sceptic *UK*, skeptic *US* - **2.** RELIG unbeliever. ◇ *adj* - **1.** [sceptique] incredulous, sceptical *UK*, skeptical *US* - **2.** RELIG unbelieving.

incrédulité [ɛ̃kredylite] *nf* - **1.** [scepticisme] incredulity, scepticism *UK*, skepticism *US* - **2.** RELIG unbelief, lack of belief.

increvable [ɛ̃krəvabl] *adj* - **1.** [ballon, pneu] puncture-proof - **2.** *fam fig* [personne] tireless ; [machine] that will withstand rough treatment.

incriminer [3] [ɛ̃krimine] *vt* - **1.** [personne] to incriminate - **2.** [conduite] to condemn.

incroyable [ɛ̃krwajabl] *adj* incredible, unbelievable.

incroyablement [ɛ̃krwajabləmɑ̃] *adv* incredibly, unbelievably.

incroyant, e [ɛ̃krwajɑ̃, ɑ̃t] ◇ *adj* unbelieving. ◇ *nm, f* unbeliever.

incrustation [ɛ̃krystasjɔ̃] *nf* - **1.** [ornement] inlay - **2.** [dépôt] deposit, fur *(U)*.

incruster [3] [ɛ̃kryste] *vt* - **1.** [insérer] : **~ qqch dans qqch** to inlay sthg into sthg - **2.** [décorer] : **~ qqch de qqch** to inlay sthg with sthg - **3.** [couvrir d'un dépôt] to fur up.

◆ **s'incruster** *vp* - **1.** [s'insérer] : **s'~ dans qqch** to become embedded in sthg - **2.** [chaudière] to fur up - **3.** *fam fig* [personne] to take root.

incubateur, trice [ɛ̃kybatœr, tris] *adj* incubating.

◆ **incubateur** *nm* incubator.

incubation [ɛ̃kybasjɔ̃] *nf* [d'œuf, de maladie] incubation ; *fig* hatching.

inculpation [ɛ̃kylpasjɔ̃] *nf* charge ; **sous l'~ de** on a charge of.

inculpé, e [ɛ̃kylpe] *nm, f* : **l'~** the accused.

inculper [3] [ɛ̃kylpe] *vt* to charge ; **~ qqn de** to charge sb with.

inculquer [3] [ɛ̃kylke] *vt* : **~ qqch à qqn** to instil *UK* *ou* instill *US* sthg in sb.

inculte [ɛ̃kylt] *adj* - **1.** [terre] uncultivated - **2.** [barbe] unkempt - **3.** *péj* [personne] uneducated.

inculture [ɛ̃kyltyr] *nf* - **1.** [intellectuelle] lack of education - **2.** [de terre] lack of cultivation.

incurable [ɛ̃kyrabl] ◇ *nmf* incurably ill person. ◇ *adj* incurable.

incurie [ɛ̃kyri] *nf* negligence.

incursion [ɛ̃kyrsjɔ̃] *nf* incursion, foray.

incurver [3] [ɛ̃kyrve] *vt* to curve.

◆ **s'incurver** *vp* to curve, to bend.

Inde [ɛ̃d] *nf* : **l'~** India.

indéboulonnable [ɛ̃debylɔnabl] *adj* : **il est ~** *hum* they'll never be able to sack him.

indécence [ɛ̃desɑ̃s] *nf* - **1.** [impudeur, immoralité] indecency - **2.** [propos] indecent remark ; [action] indecent act.

indécent, e [ɛ̃desɑ̃, ɑ̃t] *adj* - **1.** [impudique] indecent - **2.** [immoral] scandalous.

indéchiffrable [ɛ̃deʃifrabl] *adj* - **1.** [texte, écriture] indecipherable - **2.** [énigme] inexplicable - **3.** *fig* [regard] inscrutable, impenetrable.

indéchirable [ɛ̃deʃirabl] *adj* tear-proof.

indécis, e [ɛ̃desi, iz] ◇ *adj* - **1.** [personne - sur le moment] undecided ; [- de nature] indecisive - **2.** [sourire] vague - **3.** [résultat] uncertain. ◇ *nm, f* indecisive person.

◆ **indécis** *nmpl* [dans sondage] don't knows.

indécision [ɛ̃desizjɔ̃] *nf* indecision ; [perpétuelle] indecisiveness.

indécrottable [ɛ̃dekrɔtabl] *adj fam* - **1.** [borné] incredibly dumb - **2.** [incorrigible] hopeless.

indéfectible [ɛ̃defɛktibl] *adj* indestructible.

indéfendable [ɛ̃defɑ̃dabl] *adj* indefensible.

indéfini, e [ɛ̃defini] *adj* - **1.** [quantité, pronom] indefinite - **2.** [sentiment] vague.

◆ **indéfini** *nm* GRAMM indefinite.

indéfiniment [ɛ̃definimɑ̃] *adv* indefinitely.

indéfinissable [ɛ̃definisabl] *adj* indefinable.

indéformable [ɛ̃defɔrmabl] *adj* that retains its shape.

indélébile [ɛ̃delebil] *adj* indelible.

indélicat, e [ɛ̃delika, at] *adj* - **1.** [mufle] indelicate - **2.** [malhonnête] dishonest.

indémaillable [ɛ̃demajabl] ◇ *nm* run-resistant material. ◇ *adj* run-resistant.

indemne [ɛ̃dɛmn] *adj* unscathed, unharmed ; **sortir ~ de qqch** to come out of sthg unscathed *ou* unharmed.

indemnisation [ɛ̃dɛmnizasjɔ̃] *nf* compensation.

indemniser [3] [ɛ̃dɛmnize] *vt* : **~ qqn de qqch** [perte, préjudice] to compensate sb for sthg ; [frais] to reimburse sb for sthg.

indemnité [ɛ̃dɛmnite] *nf* - **1.** [de perte, préjudice] compensation ; **~ de licenciement** redundancy payment *UK*, severance pay *US* - **2.** [de frais] allowance ; **~ journalière** daily allowance ; **~ de logement** accommodation *UK* *ou* housing *US* allowance - **3.** [allocation] : **~ parlementaire** MP's *UK* *ou* congressman's *US* salary.

indémodable [ɛ̃demɔdabl] *adj* : **ce style est ~** this style doesn't date.

indéniable [ɛ̃denjabl] *adj* undeniable.

indéniablement [ɛ̃denjabləmɑ̃] *adv* undeniably.

indépendamment [ɛ̃depɑ̃damɑ̃] *adv* : **~ de** [abstraction faite de] regardless *ou* irrespective of ; [outre] apart from ; [sans rapport avec] independently of.

indépendance [ɛ̃depɑ̃dɑ̃s] *nf* independence ; **accéder à l'~** to gain independence.

indépendant, **e** [ɛ̃depɑ̃dɑ̃, ɑ̃t] *adj* - **1.** [gén] independent ; [entrée] separate ; **~ de** independent of ; **~ de ma volonté** beyond my control - **2.** [travailleur] self-employed.

indépendantiste [ɛ̃depɑ̃dɑ̃tist] ◇ *nmf* advocate of political independence. ◇ *adj* independence *(avant n)*.

indéracinable [ɛ̃derasinabl] *adj* [arbre] impossible to uproot ; *fig* ineradicable.

indescriptible [ɛ̃dɛskriptibl] *adj* indescribable.

indésirable [ɛ̃dezirabl] *nmf* & *adj* undesirable.

indestructible [ɛ̃dɛstryktibl] *adj* indestructible.

indéterminé, **e** [ɛ̃detɛrmine] *adj* - **1.** [indéfini] indeterminate, indefinite - **2.** [vague] vague - **3.** [personne] undecided.

indétrônable [ɛ̃detronabl] *adj* inoustable.

index [ɛ̃dɛks] *nm* - **1.** [doigt] index finger - **2.** [aiguille] pointer, needle - **3.** [registre] index ; **mettre à l'~** *fig* to blacklist.

indexation [ɛ̃dɛksasjɔ̃] *nf* indexing.

indexer [4] [ɛ̃dɛkse] *vt* - **1.** ÉCON : **~ qqch sur qqch** to index sthg to sthg - **2.** [livre] to index.

indicateur, **trice** [ɛ̃dikatœr, tris] *adj* : **poteau ~** signpost ; **panneau ~** road sign.
◆ **indicateur** *nm* - **1.** [guide] directory, guide ; **~ des chemins de fer** railway timetable *UK*, train schedule *US* - **2.** TECHNOL gauge ; **~ d'altitude** altimeter ; **~ de vitesse** speedometer - **3.** ÉCON indicator - **4.** [de police] informer.

indicatif, **ive** [ɛ̃dikatif, iv] *adj* indicative.
◆ **indicatif** *nm* - **1.** RADIO & TV signature tune - **2.** [code] : **~ (téléphonique)** dialling code *UK*, area code *US* - **3.** GRAMM : **l'~** the indicative.

indication [ɛ̃dikasjɔ̃] *nf* - **1.** [mention] indication - **2.** [renseignement] information *(U)* - **3.** [directive] instruction ; THÉÂTRE direction ; **sauf ~ contraire** unless otherwise instructed.

indice [ɛ̃dis] *nm* - **1.** [signe] sign - **2.** [dans une enquête] clue - **3.** [taux] rating ; **~ du coût de la vie** ÉCON cost-of-living index ; **~ des prix** ÉCON price index ; **~ de refroidissement** *Québec* windchill factor - **4.** MATH index.

indicible [ɛ̃disibl] *adj* inexpressible.

indien, **enne** [ɛ̃djɛ̃, ɛn] *adj* - **1.** [d'Inde] Indian - **2.** [d'Amérique] American Indian, Native American.
◆ **Indien**, **enne** *nm, f* - **1.** [d'Inde] Indian - **2.** [d'Amérique] American Indian, Native American.

indifféremment [ɛ̃diferamɑ̃] *adv* indifferently.

indifférence [ɛ̃diferɑ̃s] *nf* indifference.

indifférencié, **e** [ɛ̃diferɑ̃sje] *adj* undifferentiated.

indifférent, **e** [ɛ̃diferɑ̃, ɑ̃t] ◇ *adj* - **1.** [gén] : **~ à** indifferent to - **2.** *sout* [égal] immaterial. ◇ *nm, f* unconcerned person.

indifférer [18] [ɛ̃difere] *vt* to be a matter of indifference to.

indigence [ɛ̃diʒɑ̃s] *nf* poverty.

indigène [ɛ̃diʒɛn] ◇ *nmf* native. ◇ *adj* [peuple] native ; [faune, flore] indigenous.

indigent, **e** [ɛ̃diʒɑ̃, ɑ̃t] ◇ *adj* [pauvre] destitute, poverty-stricken ; *fig* [intellectuellement] impoverished. ◇ *nm, f* poor person ; **les ~s** the poor, the destitute.

indigeste [ɛ̃diʒɛst] *adj* indigestible.

indigestion [ɛ̃diʒɛstjɔ̃] *nf* - **1.** [alimentaire] indigestion ; **avoir une ~** to have indigestion - **2.** *fig* [saturation] surfeit ; **avoir une ~ de** to have had one's fill of.

indignation [ɛ̃diɲasjɔ̃] *nf* indignation.

indigne [ɛ̃diɲ] *adj* : **~ (de)** unworthy (of).

indigné, **e** [ɛ̃diɲe] *adj* indignant.

indigner [3] [ɛ̃diɲe] *vt* to make indignant.
◆ **s'indigner** *vp* : **s'~ de** *OU* **contre qqch** to get indignant about sthg ; **s'~ que** *(+ subjonctif)* to be indignant that.

indigo [ɛ̃digo] ◇ *nm* indigo. ◇ *adj inv* indigo (blue).

indiqué, **e** [ɛ̃dike] *adj* - **1.** [convenable] appropriate - **2.** [recommandé] advisable ; **ce n'est pas très ~** it's not very advisable - **3.** [fixé] appointed.

indiquer [3] [ɛ̃dike] *vt* - **1.** [désigner] to indicate, to point out ; **~ qqn/qqch du doigt** to point at sb/sthg, to point sb/sthg out ; **~ qqn/qqch du regard** to glance towards sb/sthg, to glance towardsb/sthg *US* - **2.** [afficher, montrer - suj: carte, pendule, aiguille] to show, to indicate - **3.** [recommander] : **~ qqn/qqch à qqn** to tell sb of sb/sthg, to suggest sb/sthg to sb - **4.** [dire, renseigner sur] to tell ; **~ à qqn comment faire qqch** to tell sb how to do sthg ; **pourriez-vous m'~ l'heure?** could you tell me the time? - **5.** [fixer - heure, date, lieu] to name, to indicate - **6.** [dénoter] to indicate, to point to.

indirect, **e** [ɛ̃dirɛkt] *adj* [gén] indirect ; [itinéraire] roundabout.

indirectement [ɛ̃dirɛktəmɑ̃] *adv* indirectly.

indiscipline [ɛ̃disiplin] *nf* lack of discipline.

indiscipliné, **e** [ɛ̃disipline] *adj* - **1.** [écolier, esprit] undisciplined, unruly - **2.** *fig* [mèches de cheveux] unmanageable.

indiscret, **ète** [ɛ̃diskrɛ, ɛt] ◇ *adj* indiscreet ; [curieux] inquisitive. ◇ *nm, f* indiscreet person.

indiscrètement [ɛ̃diskrɛtmɑ̃] *adv* indiscreetly ; [avec curiosité] inquisitively.

indiscrétion [ɛ̃diskresjɔ̃] *nf* indiscretion ; [curiosité] curiosity ; **sans ~...** without wishing to be indiscreet...

indiscutable [ɛ̃diskytabl] *adj* unquestionable, indisputable.

indiscutablement [ɛ̃diskytabləmɑ̃] *adv* unquestionably, indisputably.

indiscuté, e [ɛ̃diskyte] *adj* undisputed, unquestioned.

indispensable [ɛ̃dispɑ̃sabl] ◇ *adj* indispensable, essential ; **~ à** indispensable to, essential to ; **il est ~ que** *(+ subjonctif)* it is essential *ou* vital that ; **il est ~ de faire qqch** it is essential *ou* vital to do sthg. ◇ *nm* : **l'~** the essentials *(pl)*.

indisponibilité [ɛ̃dispɔnibilite] *nf* unavailability.

indisponible [ɛ̃dispɔnibl] *adj* unavailable.

indisposé, e [ɛ̃dispoze] *adj* [malade] unwell ; **être ~e** [femme] to be indisposed.

indisposer [3] [ɛ̃dispoze] *vt* - **1.** *sout* [rendre malade] to indispose - **2.** *litt* [fâcher] to vex.

indisposition [ɛ̃dispozisjɔ̃] *nf* - **1.** [malaise] indisposition - **2.** [règles] period.

indissociable [ɛ̃disɔsjabl] *adj* indissociable.

indissoluble [ɛ̃disɔlybl] *adj* indissoluble.

indistinct, e [ɛ̃distɛ̃(kt), ɛ̃kt] *adj* indistinct ; [souvenir] hazy.

indistinctement [ɛ̃distɛ̃ktəmɑ̃] *adv* - **1.** [confusément] indistinctly - **2.** [indifféremment] equally well.

individu [ɛ̃dividy] *nm* individual.

individualiste [ɛ̃dividɥalist] ◇ *nmf* individualist. ◇ *adj* individualistic.

individualité [ɛ̃dividɥalite] *nf* - **1.** [personne] individual - **2.** [unicité, originalité] individuality.

individuel, elle [ɛ̃dividɥɛl] *adj* individual.

individuellement [ɛ̃dividɥɛlmɑ̃] *adv* individually.

indivis, e [ɛ̃divi, iz] *adj* - **1.** [propriété] undivided - **2.** [héritier] joint ; **par ~** jointly.

indivisible [ɛ̃divizibl] *adj* indivisible.

Indochine [ɛ̃dɔʃin] *nf* : **l'~** Indochina ; **la guerre d'~** the Indochinese War.

indo-européen, enne [ɛ̃dɔœrɔpeɛ̃, ɛn] (*mpl* **indo-européens**, *fpl* **indo-européennes**) *adj* Indo-European.

indolence [ɛ̃dɔlɑ̃s] *nf* - **1.** [de personne] indolence, lethargy - **2.** [d'organisation] apathy - **3.** [de geste, regard] languidness.

indolent, e [ɛ̃dɔlɑ̃, ɑ̃t] *adj* - **1.** [personne] indolent, lethargic - **2.** [geste, regard] languid.

indolore [ɛ̃dɔlɔr] *adj* painless.

indomptable [ɛ̃dɔ̃tabl] *adj* - **1.** [animal] untamable - **2.** [personne] indomitable - **3.** [sentiment] uncontrollable.

Indonésie [ɛ̃dɔnezi] *nf* : **l'~** Indonesia.

indonésien, enne [ɛ̃dɔnezjɛ̃, ɛn] *adj* Indonesian.

◆ **indonésien** *nm* [langue] Indonesian.

◆ **Indonésien, enne** *nm, f* Indonesian.

indu, e [ɛ̃dy] *adj* - **1.** [heure] ungodly, unearthly - **2.** [dépenses, remarque] unwarranted.

indubitable [ɛ̃dybitabl] *adj* indubitable, undoubted ; **il est ~ que** it is indisputable *ou* beyond doubt that.

indubitablement [ɛ̃dybitabləmɑ̃] *adv* undoubtedly, indubitably.

induction [ɛ̃dyksjɔ̃] *nf* induction ; **par ~** by induction.

induire [98] [ɛ̃dɥir] *vt* to induce ; **~ qqn à faire qqch** to induce sb to do sthg ; **~ qqn en erreur** to mislead sb ; **en ~ que** to infer *ou* gather that.

induit, e [ɛ̃dɥi, ɥit] ◇ *pp* ▷ **induire**. ◇ *adj* - **1.** [consécutif] resulting - **2.** ÉLECTR induced.

indulgence [ɛ̃dylʒɑ̃s] *nf* [de juge] leniency ; [de parent] indulgence ; **avec ~** leniently/indulgently.

indulgent, e [ɛ̃dylʒɑ̃, ɑ̃t] *adj* [juge] lenient ; [parent] indulgent.

indûment [ɛ̃dymɑ̃] *adv* unduly.

industrialisation [ɛ̃dystrijalizasjɔ̃] *nf* industrialization.

industrialisé, e [ɛ̃dystrijalize] *adj* industrialized ; **pays ~** industrialized country.

industrialiser [3] [ɛ̃dystrijalize] *vt* to industrialize.

◆ **s'industrialiser** *vp* to become industrialized.

industrie [ɛ̃dystri] *nf* industry ; **~ alimentaire** food industry ; **~ automobile** car industry ; **~ chimique** chemical industry ; **~ lourde** heavy industry.

industriel, elle [ɛ̃dystrijɛl] *adj* industrial.

◆ **industriel** *nm* industrialist.

industrieux, euse [ɛ̃dystrijø, øz] *adj litt* industrious.

inébranlable [inebrɑ̃labl] *adj* - **1.** [roc] solid, immovable - **2.** *fig* [conviction] unshakeable.

INED, Ined [inɛd] (*abr de* **Institut national d'études démographiques**) *nm national institute for demographic research.*

inédit, e [inedi, it] *adj* - **1.** [texte] unpublished - **2.** [trouvaille] novel, original.

◆ **inédit** *nm* unpublished work.

ineffable [inefabl] *adj* ineffable.

ineffaçable [inefasabl] *adj* indelible.

inefficace [inefikas] *adj* - **1.** [personne, machine] inefficient - **2.** [solution, remède, mesure] ineffective.

inefficacité [inefikasite] *nf* - **1.** [de personne, machine] inefficiency - **2.** [de solution, remède, mesure] ineffectiveness.

inégal, e, aux [inegal, o] *adj* - **1.** [différent, disproportionné] unequal - **2.** [irrégulier] uneven - **3.** [changeant] changeable ; [artiste, travail] erratic.

inégalable [inegalabl] *adj* matchless.

inégalé, e [inegale] *adj* unequalled *UK*, unequaled *US*.

inégalement [inegalmɑ̃] *adv* [gén] unequally ; [irrégulièrement] unevenly.

inégalité [inegalite] *nf* - **1.** [injustice, disproportion] inequality ; **~s sociales** social inequalities - **2.** [différence] difference, disparity - **3.** [irrégularité] unevenness - **4.** [d'humeur] changeability.

inélégant, e [inelegɑ̃, ɑ̃t] *adj* - **1.** [dans l'habillement] inelegant - **2.** *fig* [indélicat] discourteous.

inéligible [ineliʒibl] *adj* ineligible.

inéluctable [inelyktabl] *adj* inescapable.

inéluctablement [inelyktabləmɑ̃] *adv* inescapably.

inénarrable [inenarabl] *adj* very funny.

inepte [inɛpt] *adj* inept.

ineptie [inɛpsi] *nf* - **1.** [bêtise] ineptitude - **2.** [chose idiote] nonsense *(U)* ; **dire des ~s** to talk nonsense.

inépuisable [inepɥizabl] *adj* inexhaustible.

inerte [inɛrt] *adj* - **1.** [corps, membre] lifeless - **2.** [personne] passive, inert - **3.** PHYS inert.

inertie [inɛrsi] *nf* - **1.** [manque de réaction] apathy, inertia - **2.** PHYS inertia.

inespéré, e [inɛspere] *adj* unexpected, unhoped-for.

inesthétique [inɛstetik] *adj* unaesthetic.

inestimable [inɛstimabl] *adj* : **d'une valeur ~** priceless ; *fig* invaluable.

inévitable [inevitabl] *adj* [obstacle] unavoidable ; [conséquence] inevitable.

inévitablement [inevitabləmɑ̃] *adv* inevitably.

inexact, e [inɛgza(kt), akt] *adj* - **1.** [faux, incomplet] inaccurate, inexact - **2.** [en retard] unpunctual.

inexactitude [inɛgzaktityd] *nf* - **1.** [erreur, imprécision] inaccuracy - **2.** [retard] unpunctuality.

inexcusable [inɛkskyzabl] *adj* unforgivable, inexcusable.

inexistant, e [inɛgzistɑ̃, ɑ̃t] *adj* nonexistent.

inexistence [inɛgzistɑ̃s] *nf* nonexistence.

inexorable [inɛgzɔrabl] *adj* inexorable.

inexorablement [inɛgzɔrabləmɑ̃] *adv* inexorably.

inexpérience [inɛksperjɑ̃s] *nf* lack of experience, inexperience.

inexpérimenté, e [inɛksperimɑ̃te] *adj* - **1.** [personne] inexperienced - **2.** [gestes] inexpert - **3.** [produit] untested.

inexplicable [inɛksplikabl] *adj* inexplicable, unexplainable.

inexpliqué, e [inɛksplike] *adj* unexplained.

inexploré, e [inɛksplɔre] *adj litt* & *fig* unexplored ; [mers] uncharted.

inexpressif, ive [inɛkspresif, iv] *adj* inexpressive.

inexprimable [inɛksprimabl] *adj* inexpressible.

inexprimé, e [inɛksprime] *adj* unexpressed.

inexpugnable [inɛkspygnabl] *adj* impregnable.

inextensible [inɛkstɑ̃sibl] *adj* - **1.** [matériau] unstretchable - **2.** [étoffe] non-stretch.

inextinguible [inɛkstɛ̃gibl] *adj* [passion] inextinguishable ; [soif] unquenchable ; [rire] uncontrollable.

in extremis [inɛkstremis] *adv* at the last minute.

inextricable [inɛkstrikabl] *adj* - **1.** [fouillis] inextricable - **2.** *fig* [affaire, mystère] that cannot be unravelled.

inextricablement [inɛkstrikabləmɑ̃] *adv* inextricably.

infaillible [ɛ̃fajibl] *adj* [personne, méthode] infallible ; [instinct] unerring.

infaisable [ɛ̃fəzabl] *adj* unfeasible.

infamant, e [ɛ̃famɑ̃, ɑ̃t] *adj* [marché] dishonourable *UK*, dishonorable *US* ; [propos] defamatory.

infâme [ɛ̃fam] *adj* - **1.** [ignoble] despicable - **2.** *hum* & *litt* [dégoûtant] vile.

infamie [ɛ̃fami] *nf* infamy.

infanterie [ɛ̃fɑ̃tri] *nf* infantry.

infanticide [ɛ̃fɑ̃tisid] ◇ *nmf* infanticide, child-killer. ◇ *adj* infanticidal.

infantile [ɛ̃fɑ̃til] *adj* - **1.** [maladie] childhood *(avant n)* - **2.** [médecine] for children - **3.** [comportement] infantile.

infantiliser [3] [ɛ̃fɑ̃tilize] *vt* to treat like a child.

infarctus [ɛ̃farktys] *nm* infarction, infarct ; **~ du myocarde** coronary thrombosis, myocardial infarction.

infatigable [ɛ̃fatigabl] *adj* **- 1.** [personne] tireless **- 2.** [attitude] untiring.

infatué, e [ɛ̃fatɥe] *adj péj & sout* **~ de** conceited about ; **~ de soi-même** self-important.

infect, e [ɛ̃fɛkt] *adj* **- 1.** [dégoûtant] vile **- 2.** *litt* [marais] foul.

infecter [4] [ɛ̃fɛkte] *vt* **- 1.** [eau] to contaminate **- 2.** [plaie] to infect **- 3.** [empoisonner] to poison.
◆ **s'infecter** *vp* to become infected, to turn septic.

infectieux, euse [ɛ̃fɛksjø, øz] *adj* infectious.

infection [ɛ̃fɛksjɔ̃] *nf* **- 1.** MÉD infection **- 2.** *fig & péj* [puanteur] stench.

inféoder [3] [ɛ̃feɔde] ◆ **s'inféoder** *vp* : **s'~ à** to pledge one's allegiance to.

inférer [18] [ɛ̃fere] *vt litt* **~ qqch de qqch** to infer sthg from sthg.

inférieur, e [ɛ̃ferjœr] ◇ *adj* **- 1.** [qui est en bas] lower **- 2.** [dans une hiérarchie] inferior ; **~ à** [qualité] inferior to ; [quantité] less than ; **~ ou égal à 8** MATH less than or equal to 8. ◇ *nm, f* inferior.

infériorité [ɛ̃ferjɔrite] *nf* inferiority.

infernal, e, aux [ɛ̃fɛrnal, o] *adj* **- 1.** [personne] fiendish **- 2.** *fig* [bruit, chaleur, rythme] infernal ; [vision] diabolical.

infester [3] [ɛ̃fɛste] *vt* to infest ; **être infesté de** [rats, moustiques] to be infested with ; [touristes] to be overrun by.

infidèle [ɛ̃fidɛl] ◇ *adj* **- 1.** [mari, femme, ami] : **~ (à)** unfaithful (to) **- 2.** [traducteur, historien] inaccurate **- 3.** *vieilli* & RELIG infidel. ◇ *nmf vieilli* & RELIG infidel.

infidélité [ɛ̃fidelite] *nf* **- 1.** [trahison] infidelity ; **faire des ~s à** to be unfaithful to **- 2.** [de traduction] inaccuracy **- 3.** [de mémoire] unreliability.

infiltration [ɛ̃filtrasjɔ̃] *nf* infiltration.

infiltrer [3] [ɛ̃filtre] *vt* to infiltrate.
◆ **s'infiltrer** *vp* **- 1.** [pluie, lumière] : **s'~ par/dans** to filter through/into **- 2.** [hommes, idées] to infiltrate.

infime [ɛ̃fim] *adj* minute, infinitesimal.

infini, e [ɛ̃fini] *adj* **- 1.** [sans bornes] infinite, boundless **- 2.** MATH, PHILO & RELIG infinite **- 3.** *fig* [interminable] endless, interminable.
◆ **infini** *nm* infinity.
◆ **à l'infini** *loc adv* **- 1.** MATH to infinity **- 2.** [discourir] ad infinitum, endlessly.

infiniment [ɛ̃finimɑ̃] *adv* extremely, immensely.

infinité [ɛ̃finite] *nf* infinity, infinite number.

infinitésimal, e, aux [ɛ̃finitezimal, o] *adj* infinitesimal.

infinitif, ive [ɛ̃finitif, iv] *adj* infinitive.
◆ **infinitif** *nm* infinitive.

infirme [ɛ̃firm] ◇ *adj* [handicapé] disabled ; [avec l'âge] infirm. ◇ *nmf* disabled person ; **~ de guerre** disabled ex-serviceman (*f* ex-servicewoman).

infirmer [3] [ɛ̃firme] *vt* **- 1.** [démentir] to invalidate **- 2.** DR to annul.

infirmerie [ɛ̃firməri] *nf* infirmary.

infirmier, ère [ɛ̃firmje, ɛr] *nm, f* nurse ; **~ diplômé** ≃ state-registered nurse.

infirmité [ɛ̃firmite] *nf* [handicap] disability ; [de vieillesse] infirmity.

inflammable [ɛ̃flamabl] *adj* inflammable, flammable.

inflammation [ɛ̃flamasjɔ̃] *nf* inflammation.

inflation [ɛ̃flasjɔ̃] *nf* ÉCON inflation ; *fig* increase.

inflationniste [ɛ̃flasjɔnist] *adj & nmf* inflationist.

infléchir [32] [ɛ̃fleʃir] *vt fig* [politique] to modify.
◆ **s'infléchir** *vp* **- 1.** [route] to bend **- 2.** *fig* [politique] to shift.

inflexible [ɛ̃flɛksibl] *adj* inflexible.

inflexion [ɛ̃flɛksjɔ̃] *nf* **- 1.** [de tête] nod **- 2.** [de voix] inflection **- 3.** [de route] bend **- 4.** *fig* [de politique] shift.

infliger [17] [ɛ̃fliʒe] *vt* : **~ qqch à qqn** to inflict sthg on sb ; [amende] to impose sthg on sb.

influençable [ɛ̃flyɑ̃sabl] *adj* easily influenced.

influence [ɛ̃flyɑ̃s] *nf* influence ; [de médicament] effect ; **avoir de l'~ sur qqn** to have an influence on sb ; **avoir une bonne/mauvaise ~ sur** [suj: personne] to have a good/bad influence on, to be a good/bad influence on ; [suj: chose] to have a good/bad effect on ; **agir sous l'~ de qqch** to act under the influence of sthg.

influencer [16] [ɛ̃flyɑ̃se] *vt* to influence.

influent, e [ɛ̃flyɑ̃, ɑ̃t] *adj* influential.

influer [3] [ɛ̃flye] *vi* : **~ sur qqch** to influence sthg, to have an effect on sthg.

Infographie® [ɛ̃fɔgrafi] *nf* computer graphics *(U)*.

informateur, trice [ɛ̃fɔrmatœr, tris] *nm, f* **- 1.** [qui renseigne] informant **- 2.** [de police] informer.

informaticien, enne [ɛ̃fɔrmatisjɛ̃, ɛn] *nm, f* computer scientist.

information [ɛ̃fɔrmasjɔ̃] *nf* - **1.** [renseignement] piece of information - **2.** [renseignements & INFORM] information *(U)* - **3.** [nouvelle] piece of news - **4.** DR inquiry.
◆ **informations** *nfpl* [média] news *(sing)*.

informatique [ɛ̃fɔrmatik] ◇ *nf* - **1.** [technique] computers ; **~ de gestion** business applications *(pl)* - **2.** [science] computer science. ◇ *adj* data-processing *(avant n)*, computer *(avant n)*.

informatisation [ɛ̃fɔrmatizasjɔ̃] *nf* computerization.

informatiser [3] [ɛ̃fɔrmatize] *vt* to computerize.
◆ **s'informatiser** *vp* to become computerized.

informe [ɛ̃fɔrm] *adj* - **1.** [masse, vêtement, silhouette] shapeless - **2.** *fig* [projet] sketchy, rough.

informé, e [ɛ̃fɔrme] *adj* informed ; **bien/mal ~** well/badly informed.
◆ **informé** *nm* : **jusqu'à plus ample ~** pending further information.

informel, elle [ɛ̃fɔrmɛl] *adj* informal.

informer [3] [ɛ̃fɔrme] ◇ *vt* to inform ; **~ qqn sur** *ou* **de qqch** to inform sb about sthg. ◇ *vi* DR : **~ contre qqn/sur qqch** to investigate sb/sthg.
◆ **s'informer** *vp* to inform o.s. ; **s'~ de qqch** to ask about sthg ; **s'~ sur qqch** to find out about sthg.

infortune [ɛ̃fɔrtyn] *nf* misfortune.

infortuné, e [ɛ̃fɔrtyne] *litt* & *vieilli* ◇ *adj* wretched. ◇ *nm, f (gén pl)* unfortunate.

infos [ɛ̃fo] (*abr de* **informations**) *nfpl fam* **les ~** the news *(sing)*.

infraction [ɛ̃fraksjɔ̃] *nf* offence ; **~ à** infringement *ou* breach of ; **être en ~** to be in breach of the law.

infranchissable [ɛ̃frɑ̃ʃisabl] *adj* insurmountable.

infrarouge [ɛ̃fraruʒ] *nm* & *adj* infrared.

infrastructure [ɛ̃frastryktyr] *nf* infrastructure ; **~ hôtelière** hotel facilities *(pl)*.

infréquentable [ɛ̃frekɑ̃tabl] *adj* - **1.** [personne] : **il est ~** you shouldn't mix with him - **2.** [lieu] : **ce café est ~** it's not the kind of café you should go to.

infroissable [ɛ̃frwasabl] *adj* crease-resistant.

infructueux, euse [ɛ̃fryktɥø, øz] *adj* fruitless.

infuse [ɛ̃fyz] ▷ **science.**

infuser [3] [ɛ̃fyze] ◇ *vt* - **1.** [tisane] to infuse ; [thé] to brew ; **laisser ~** to leave to infuse *ou* brew - **2.** *fig* & *litt* **~ qqch à qqn/qqch** to infuse sb/sthg with sthg. ◇ *vi* [tisane] to infuse ; [thé] to brew.

infusion [ɛ̃fyzjɔ̃] *nf* infusion.

ingambe [ɛ̃gɑ̃b] *adj* spry.

ingénier [9] [ɛ̃ʒenje] ◆ **s'ingénier** *vp* : **s'~ à faire qqch** to try hard to do sthg.

ingénierie [ɛ̃ʒeniri] *nf* engineering.

ingénieur [ɛ̃ʒenjœr] *nm* engineer ; **~ agronome/chimiste/électronicien** agricultural/chemical/electronics engineer ; **~ des mines** mining engineer ; **~ des ponts et chaussées** civil engineer ; **~ du son** sound engineer ; **~ des travaux publics** civil engineer.

ingénieux, euse [ɛ̃ʒenjø, øz] *adj* ingenious.

ingéniosité [ɛ̃ʒenjozite] *nf* ingenuity.

ingénu, e [ɛ̃ʒeny] ◇ *adj litt* [candide] artless ; *hum* & *péj* [trop candide] naïve. ◇ *nm, f litt* [candide] naïve person ; THÉÂTRE ingénue ; **jouer les ~s** THÉÂTRE to play ingénue roles ; [dans la vie] to act the sweet young thing.

ingénuité [ɛ̃ʒenɥite] *nf* naïvety.

ingénument [ɛ̃ʒenymɑ̃] *adv* naïvely.

ingérable [ɛ̃ʒerabl] *adj* unmanageable.

ingérence [ɛ̃ʒerɑ̃s] *nf* : **~ dans** interference in.

ingérer [18] [ɛ̃ʒere] *vt* to ingest.
◆ **s'ingérer** *vp* : **s'~ dans** to interfere in.

ingrat, e [ɛ̃gra, at] ◇ *adj* - **1.** [personne] ungrateful - **2.** [métier] thankless, unrewarding - **3.** [sol] barren - **4.** [physique] unattractive. ◇ *nm, f* ungrateful wretch.

ingratitude [ɛ̃gratityd] *nf* ingratitude.

ingrédient [ɛ̃gredjɑ̃] *nm* ingredient.

inguérissable [ɛ̃gerisabl] *adj* incurable.

ingurgiter [3] [ɛ̃gyrʒite] *vt* - **1.** [avaler] to swallow - **2.** *fig* [connaissances] to absorb.

inhabitable [inabitabl] *adj* uninhabitable.

inhabité, e [inabite] *adj* uninhabited.

inhabituel, elle [inabitɥɛl] *adj* unusual.

inhalateur, trice [inalatœr, tris] *adj* : **appareil ~** inhaler.
◆ **inhalateur** *nm* inhaler.

inhalation [inalasjɔ̃] *nf* inhalation.

inhaler [3] [inale] *vt* to inhale, to breathe in.

inhérent, e [inerɑ̃, ɑ̃t] *adj* : **~ à** inherent in.

inhiber [3] [inibe] *vt* to inhibit.

inhibition [inibisjɔ̃] *nf* inhibition.

inhospitalier, ère [inɔspitalje, ɛr] *adj* inhospitable.

inhumain, e [inymɛ̃, ɛn] *adj* inhuman.

inhumation [inymasjɔ̃] *nf* burial.

inhumer [3] [inyme] *vt* to bury.

inimaginable [inimaʒinabl] *adj* incredible, unimaginable.

inimitable [inimitabl] *adj* inimitable.

inimitié [inimitje] *nf* : **~ contre** *ou* **à l'égard de** enmity towards *ou* toward *US*.

ininflammable [inɛ̃flamabl] *adj* non-flammable.

inintelligible [inɛ̃teliʒibl] *adj* unintelligible.

inintéressant, **e** [inɛ̃terɛsɑ̃, ɑ̃t] *adj* uninteresting.

ininterrompu, **e** [inɛ̃tɛrɔ̃py] *adj* [file, vacarme] uninterrupted ; [ligne, suite] unbroken ; [travail, effort] continuous.

inique [inik] *adj* iniquitous.

iniquité [inikite] *nf* iniquity.

initial, **e**, **aux** [inisjal, o] *adj* [lettre] initial.
◆ **initiale** *nf* initial.

initialement [inisjalmɑ̃] *adv* initially.

initialiser [3] [inisjalize] *vt* INFORM to initialize.

initiateur, **trice** [inisjatœr, tris] ◇ *adj* innovative. ◇ *nm, f* - **1.** [maître] initiator - **2.** [précurseur] innovator.

initiation [inisjasjɔ̃] *nf* : **~ (à)** [discipline] introduction (to) ; [rituel] initiation (into).

initiatique [inisjatik] *adj* [rite] initiation *(avant n)*.

initiative [inisjativ] *nf* initiative ; **avoir de l'~** to have initiative ; **prendre l'~ de qqch/de faire qqch** to take the initiative for sthg/in doing sthg ; **de sa propre ~** on one's own initiative.

initié, **e** [inisje] ◇ *adj* initiated. ◇ *nm, f* initiate.

initier [9] [inisje] *vt* : **~ qqn à** to initiate sb into.
◆ **s'initier** *vp* : **s'~ à** to familiarize o.s. with.

injecté, **e** [ɛ̃ʒɛkte] *adj* : **yeux ~s de sang** bloodshot eyes.

injecter [4] [ɛ̃ʒɛkte] *vt* to inject.
◆ **s'injecter** *vp* [yeux] : **s'~ (de sang)** to become bloodshot.

injection [ɛ̃ʒɛksjɔ̃] *nf* injection.

injoignable [ɛ̃jwaɲabl] *adj* : **j'ai essayé de lui téléphoner mais il est ~** I tried to phone him but I couldn't get through to him *ou* reach him *ou* get hold of him.

injonction [ɛ̃ʒɔ̃ksjɔ̃] *nf* injunction.

injure [ɛ̃ʒyr] *nf* insult ; **abreuver qqn d'~s** to hurl insults at sb.

injurier [9] [ɛ̃ʒyrje] *vt* to insult.

injurieux, **euse** [ɛ̃ʒyrjø, øz] *adj* abusive, insulting.

injuste [ɛ̃ʒyst] *adj* unjust, unfair.

injustement [ɛ̃ʒystəmɑ̃] *adv* unjustly, unfairly.

injustice [ɛ̃ʒystis] *nf* injustice.

injustifiable [ɛ̃ʒystifjabl] *adj* unjustifiable.

injustifié, **e** [ɛ̃ʒystifje] *adj* unjustified.

inlassable [ɛ̃lasabl] *adj* tireless.

inlassablement [ɛ̃lasabləmɑ̃] *adv* tirelessly.

inné, **e** [ine] *adj* innate.

innocemment [inɔsamɑ̃] *adv* innocently.

innocence [inɔsɑ̃s] *nf* innocence.

innocent, **e** [inɔsɑ̃, ɑ̃t] ◇ *adj* innocent. ◇ *nm, f* - **1.** DR innocent person - **2.** [inoffensif, candide] innocent ; **faire l'~** *fig* to play the innocent - **3.** *vieilli* [idiot] simpleton.

innocenter [3] [inɔsɑ̃te] *vt* - **1.** DR to clear - **2.** *fig* [excuser] to justify.

innocuité [inɔkɥite] *nf* harmlessness, innocuousness.

innombrable [inɔ̃brabl] *adj* innumerable ; [foule] vast.

innovateur, **trice** [inɔvatœr, tris] ◇ *adj* innovatory. ◇ *nm, f* innovator.

innovation [inɔvasjɔ̃] *nf* innovation.

innover [3] [inɔve] *vi* to innovate ; **~ en matière de** to innovate in the field of.

inobservation [inɔpsɛrvasjɔ̃] *nf* inobservance.

inoccupé, **e** [inɔkype] *adj* - **1.** [lieu] empty, unoccupied - **2.** [personne, vie] idle.

inoculation [inɔkylasjɔ̃] *nf* [volontaire] inoculation ; [accidentelle] infection.

inoculer [3] [inɔkyle] *vt* MÉD : **~ qqch à qqn** [volontairement] to inoculate sb with sthg ; [accidentellement] to infect sb with sthg.

inodore [inɔdɔr] *adj* odourless *UK*, odorless *US*.

inoffensif, **ive** [inɔfɑ̃sif, iv] *adj* harmless.

inondation [inɔ̃dasjɔ̃] *nf* - **1.** [action] flooding - **2.** [résultat] flood.

inonder [3] [inɔ̃de] *vt* to flood ; **~ de** *fig* to flood with.

inopérable [inɔperabl] *adj* inoperable.

inopérant, **e** [inɔperɑ̃, ɑ̃t] *adj* ineffective.

inopiné, **e** [inɔpine] *adj* unexpected.

inopinément [inɔpinemɑ̃] *adv* unexpectedly.

inopportun, **e** [inɔpɔrtœ̃, yn] *adj* inopportune.

inorganisé, e [inɔrganize] ◇ *adj* - **1.** [sans organisation] disorganized - **2.** [politiquement] independent ; [syndicalement] non-union *(avant n).* ◇ *nm, f* [politiquement] independent ; [syndicalement] non-union member.

inoubliable [inublijabl] *adj* unforgettable.

inouï, e [inwi] *adj* incredible, extraordinary.

Inox® [inɔks] *nm inv & adj inv* stainless steel.

inoxydable [inɔksidabl] ◇ *adj* stainless ; [casserole] stainless steel *(avant n).* ◇ *nm* stainless steel.

inqualifiable [ɛ̃kalifjabl] *adj* unspeakable.

inquiet, ète [ɛ̃kjɛ, ɛt] ◇ *adj* - **1.** [gén] anxious - **2.** [tourmenté] feverish. ◇ *nm, f* worrier.

inquiétant, e [ɛ̃kjetɑ̃, ɑ̃t] *adj* disturbing, worrying.

inquiéter [18] [ɛ̃kjete] *vt* - **1.** [donner du souci à] to worry - **2.** [déranger] to disturb.
◆ **s'inquiéter** *vp* - **1.** [s'alarmer] to be worried - **2.** [se préoccuper] : **s'~ de** [s'enquérir de] to enquire about ; [se soucier de] to worry about.

inquiétude [ɛ̃kjetyd] *nf* anxiety, worry.

inquisiteur, trice [ɛ̃kizitœr, tris] *adj* prying.

INR (*abr de* **Institut national de radiodiffusion**) *nm Belgian broadcasting company.*

INRA, Inra [inra] (*abr de* **Institut national de la recherche agronomique**) *nm national institute for agronomic research.*

insaisissable [ɛ̃sezisabl] *adj* - **1.** [personne] elusive - **2.** *fig* [nuance] imperceptible.

insalubre [ɛ̃salybr] *adj* unhealthy.

insalubrité [ɛ̃salybrite] *nf* unhealthiness.

insanité [ɛ̃sanite] *nf* - **1.** [déraison] insanity, madness - **2.** [propos] : **dire** *ou* **proférer des ~s** to say insane things - **3.** [acte] insane act.

insatiable [ɛ̃sasjabl] *adj* insatiable.

insatisfait, e [ɛ̃satisfɛ, ɛt] ◇ *adj* - **1.** [personne] dissatisfied - **2.** [sentiment] unsatisfied. ◇ *nm, f* malcontent.

insaturé, e [ɛ̃satyre] *adj* unsaturated.

inscription [ɛ̃skripsjɔ̃] *nf* - **1.** [action, écrit] inscription - **2.** [enregistrement] enrolment *UK*, enrollment *US*, registration - **3.** DR registration.

inscrire [99] [ɛ̃skrir] *vt* - **1.** [écrire] to write down ; [graver] to inscribe - **2.** [personne] : **~ qqn à qqch** to enrol *UK ou* enroll *US* sb for sthg, to register sb for sthg ; **~ qqn sur qqch** to put sb's name down on sthg - **3.** SPORT [but] to score.
◆ **s'inscrire** *vp* - **1.** [personne] : **s'~ à qqch** to enrol *UK ou* enroll *US* for sthg, to register for sthg ; **s'~ sur qqch** to put one's name down on sthg - **2.** [s'insérer] : **s'~ dans** to come within the scope of - **3.** *loc* **s'~ en faux contre qqch** to deny sthg vigorously.

inscrit, e [ɛ̃skri, it] ◇ *pp* ▷ **inscrire.** ◇ *adj* [sur liste] registered ; **être ~ sur une liste** to have one's name on a list. ◇ *nm, f* registered person.

inscrivais, inscrivions *(etc)* ▷ **inscrire.**

INSEAD [insead] (*abr de* **Institut européen d'administration**) *nm European business school in Fontainebleau.*

insecte [ɛ̃sɛkt] *nm* insect.

insecticide [ɛ̃sɛktisid] *nm & adj* insecticide.

insectivore [ɛ̃sɛktivɔr] ◇ *adj* insectivorous. ◇ *nm* insectivore.

insécurité [ɛ̃sekyrite] *nf* insecurity.

INSEE, Insee [inse] (*abr de* **Institut national de la statistique et des études économiques**) *nm national institute of statistics and information about the economy.*

insémination [ɛ̃seminasjɔ̃] *nf* insemination ; **~ artificielle** artificial insemination.

insensé, e [ɛ̃sɑ̃se] *adj* - **1.** [déraisonnable] insane - **2.** [incroyable, excentrique] extraordinary.

insensibiliser [3] [ɛ̃sɑ̃sibilize] *vt* to anaesthetize *UK*, to anesthetize *US* ; **~ qqn (à)** *fig* to make sb insensitive (to).

insensibilité [ɛ̃sɑ̃sibilite] *nf* : **~ (à)** insensitivity (to).

insensible [ɛ̃sɑ̃sibl] *adj* - **1.** [gén] : **~ (à)** insensitive (to) - **2.** [imperceptible] imperceptible.

insensiblement [ɛ̃sɑ̃sibləmɑ̃] *adv* imperceptibly.

inséparable [ɛ̃separabl] *adj* : **~ (de)** inseparable (from).
◆ **inséparables** *nmpl* [perruches] lovebirds.

insérer [18] [ɛ̃sere] *vt* to insert ; **~ une annonce dans un journal** to put an advertisement in a newspaper.
◆ **s'insérer** *vp* - **1.** [s'intégrer] : **s'~ dans** to fit into - **2.** [s'attacher] to be attached.

INSERM, Inserm [insɛrm] (*abr de* **Institut national de la santé et de la recherche médicale**) *nm national institute for medical research.*

insertion [ɛ̃sɛrsjɔ̃] *nf* - **1.** [d'objet, de texte] insertion - **2.** [de personne] integration.

insidieux, euse [ɛ̃sidjø, øz] *adj* insidious.

insigne [ɛ̃siɲ] ◇ *nm* badge. ◇ *adj* - **1.** *litt* [honneur] distinguished - **2.** *hum* [maladresse] remarkable.

insignifiant, e [ɛ̃siɲifjɑ̃, ɑ̃t] *adj* insignificant.

insinuant, e [ɛ̃sinɥɑ̃, ɑ̃t] *adj* ingratiating.

insinuation [ɛ̃sinɥasjɔ̃] *nf* insinuation, innuendo.

insinuer [7] [ɛ̃sinɥe] *vt* to insinuate, to imply.

◆ **s'insinuer** *vp* : **s'~ dans** [eau, humidité, odeur] to seep into ; *fig* [personne] to insinuate o.s. into.

insipide [ɛ̃sipid] *adj* [aliment] insipid, tasteless ; *fig* insipid.

insistance [ɛ̃sistɑ̃s] *nf* insistence ; **avec ~** insistently.

insistant, e [ɛ̃sistɑ̃, ɑ̃t] *adj* insistent.

insister [3] [ɛ̃siste] *vi* to insist ; **~ sur** to insist on ; **~ pour faire qqch** to insist on doing sthg.

insolation [ɛ̃sɔlasjɔ̃] *nf* - **1.** [malaise] sunstroke *(U)* - **2.** [ensoleillement] sunshine.

insolence [ɛ̃sɔlɑ̃s] *nf* insolence *(U)*.

insolent, e [ɛ̃sɔlɑ̃, ɑ̃t] ◇ *adj* - **1.** [personne, acte] insolent - **2.** [joie, succès] unashamed, blatant. ◇ *nm, f* insolent person.

insolite [ɛ̃sɔlit] *adj* unusual.

insoluble [ɛ̃sɔlybl] *adj* insoluble *UK*, insolvable *US*.

insolvable [ɛ̃sɔlvabl] ◇ *adj* insolvent. ◇ *nmf* bankrupt.

insomniaque [ɛ̃sɔmnjak] *nmf* & *adj* insomniac.

insomnie [ɛ̃sɔmni] *nf* insomnia *(U)* ; **avoir des ~s** to suffer from insomnia.

insondable [ɛ̃sɔ̃dabl] *adj* [gouffre, mystère] unfathomable ; [bêtise] abysmal.

insonore [ɛ̃sɔnɔr] *adj* soundproof.

insonorisation [ɛ̃sɔnɔrizasjɔ̃] *nf* soundproofing.

insonoriser [3] [ɛ̃sɔnɔrize] *vt* to soundproof.

insouciance [ɛ̃susjɑ̃s] *nf* - **1.** [inconscience] : **~ (de)** lack of concern (about) - **2.** [légèreté] carefree attitude.

insouciant, e [ɛ̃susjɑ̃, ɑ̃t] *adj* - **1.** [sans-souci] carefree - **2.** [inconscient] : **~ (de)** unconcerned (about).

insoumis, e [ɛ̃sumi, iz] *adj* - **1.** [caractère] rebellious - **2.** [peuple] unsubjugated - **3.** [soldat] deserting.

◆ **insoumis** *nm* deserter, draft dodger *US*.

insoumission [ɛ̃sumisjɔ̃] *nf* - **1.** [caractère rebelle] rebelliousness - **2.** MIL desertion.

insoupçonné, e [ɛ̃supsɔne] *adj* unsuspected.

insoutenable [ɛ̃sutnabl] *adj* - **1.** [rythme] unsustainable - **2.** [scène, violence] unbearable - **3.** [théorie] untenable.

inspecter [4] [ɛ̃spɛkte] *vt* to inspect.

inspecteur, trice [ɛ̃spɛktœr, tris] *nm, f* inspector ; **~ des finances** ≃ tax inspector *UK*, ≃ Internal Revenue Service agent *US* ; **~ de police** police inspector.

inspection [ɛ̃spɛksjɔ̃] *nf* - **1.** [contrôle] inspection ; **faire l'~ de qqch** to inspect sthg - **2.** [fonction] inspectorate ; **~ générale des Finances** ≃ Inland Revenue *UK*, ≃ Internal Revenue Service *US*.

inspiration [ɛ̃spirasjɔ̃] *nf* - **1.** [gén] inspiration ; [idée] bright idea, brainwave ; **avoir de l'~** to be inspired ; **avoir une bonne/mauvaise ~** to have a good/bad idea - **2.** [d'air] breathing in.

inspiré, e [ɛ̃spire] *adj* inspired ; **être bien ~ de faire qqch** be well-advised to do sthg.

inspirer [3] [ɛ̃spire] *vt* - **1.** [gén] to inspire ; **~ qqch à qqn** to inspire sb with sthg - **2.** [air] to breathe in, to inhale.

◆ **s'inspirer** *vp* [prendre modèle sur] : **s'~ de qqn/qqch** to be inspired by sb/sthg.

instabilité [ɛ̃stabilite] *nf* - **1.** [gén] instability - **2.** [du temps] unsettled nature.

instable [ɛ̃stabl] ◇ *adj* - **1.** [gén] unstable - **2.** [vie, temps] unsettled. ◇ *nmf* unstable person.

installateur, trice [ɛ̃stalatœr, tris] *nm, f* fitter *UK*.

installation [ɛ̃stalasjɔ̃] *nf* - **1.** [de gaz, eau, électricité] installation - **2.** [de personne - comme médecin, artisan] setting up ; [- dans appartement] settling in - **3.** [d'appartement] fitting out - **4.** [de rideaux, étagères] putting up ; [de meubles] putting in - **5.** *(gén pl)* [équipement] installations *(pl)*, fittings *(pl)* ; [usine] plant *(U)* ; [de loisirs] facilities *(pl)* ; **~ électrique** wiring ; **~s sanitaires** plumbing *(U)*.

installer [3] [ɛ̃stale] *vt* - **1.** [gaz, eau, électricité] to install *UK*, to instal *US*, to put in - **2.** INFORM to install - **3.** [appartement] to fit out - **4.** [rideaux, étagères] to put up ; [meubles] to put in - **5.** [personne] : **~ qqn** to get sb settled, to install *UK ou* instal *US* sb.

◆ **s'installer** *vp* - **1.** [comme médecin, artisan etc] to set (o.s.) up - **2.** [emménager] to settle in ; **s'~ chez qqn** to move in with sb - **3.** [dans fauteuil] to settle down - **4.** *fig* [maladie, routine] to set in.

instamment [ɛ̃stamɑ̃] *adv* insistently.

instance [ɛ̃stɑ̃s] *nf* - **1.** [autorité] authority - **2.** DR proceedings *(pl)* - **3.** [insistance] entreaties *(pl)* ; **sur les ~s de** on the insistence of.

◆ **en instance** *loc adj* pending.

◆ **en instance de** *loc adv* on the point of ; **en ~ de divorce** waiting for a divorce.

instant [ɛ̃stɑ̃] *nm* instant ; **à l'~** [il y a peu de temps] a moment ago ; [immédiatement] this minute ; **à l'~ où** (just) as ; **à tout ~** [en permanence] at all times ; [d'un moment à l'autre] at any moment ; **pour l'~** for the moment ; **dans un ~** in a moment *ou* minute ; **dès l'~ où** from the moment (when) ; **un ~!** one moment! ; **en un ~** in a flash *ou* an instant ; **ne pas avoir un ~ de répit** not to have a moment's respite.

instantané, e [ɛ̃stɑ̃tane] *adj* - **1.** [immédiat] instantaneous - **2.** [soluble] instant.
◆ **instantané** *nm* snapshot.

instantanément [ɛ̃stɑ̃tanemɑ̃] *adv* instantaneously, at once.

instar [ɛ̃star] ◆ **à l'instar de** *loc prép* following the example of.

instaurer [3] [ɛ̃stɔre] *vt* [instituer] to establish ; *fig* [peur, confiance] to instil *UK*, to instill *US*.

instigateur, trice [ɛ̃stigatœr, tris] *nm, f* instigator.

instigation [ɛ̃stigasjɔ̃] *nf* instigation.
◆ **à l'instigation de, sur l'instigation de** *loc prép* at the instigation of.

instiller [3] [ɛ̃stile] *vt* - **1.** [substance] to drip - **2.** [sentiment] to instil *UK*, to instill *US*.

instinct [ɛ̃stɛ̃] *nm* instinct ; **d'~** instinctively ; **~ de conservation** instinct for self-preservation ; **~ grégaire** herd instinct ; **~ maternel** maternal instinct.

instinctif, ive [ɛ̃stɛ̃ktif, iv] ◇ *adj* instinctive. ◇ *nm, f* instinctive person.

instinctivement [ɛ̃stɛ̃ktivmɑ̃] *adv* instinctively.

instituer [7] [ɛ̃stitɥe] *vt* - **1.** [pratique] to institute - **2.** DR [personne] to appoint.
◆ **s'instituer** *vp* to be set up *ou* established.

institut [ɛ̃stity] *nm* - **1.** [gén] institute ; **l'Institut (de France)** the Institut de France ; **~ médico-légal** mortuary, morgue ; **l'~ Pasteur** *important medical research centre* - **2.** [de soins] : **~ de beauté** beauty salon ; **~ dentaire** ≃ dental hospital.

L'Institut de France

L'Institut, as it is commonly known, is the learned society which includes the five *Académies* (the *Académie française*, the *Académie des inscriptions et belles-lettres*, the *Académie des sciences*, the *Académie des beaux-arts* and the *Académie des sciences morales et politiques*. Its headquarters are in the building of the same name on the banks of the Seine in Paris.

instituteur, trice [ɛ̃stitytœr, tris] *nm, f* primary school teacher *UK*, grade school teacher *US*.

institution [ɛ̃stitysjɔ̃] *nf* - **1.** [gén] institution - **2.** [école privée] private school - **3.** DR nomination.
◆ **institutions** *nfpl* POLIT institutions.

institutionnaliser [3] [ɛ̃stitysjɔnalize] *vt* to institutionalize.
◆ **s'institutionnaliser** *vp* to become institutionalized.

instructeur [ɛ̃stryktœr] ◇ *nm* instructor. ◇ *adj* MIL : **sergent ~** drill sergeant.

instructif, ive [ɛ̃stryktif, iv] *adj* instructive, educational.

instruction [ɛ̃stryksjɔ̃] *nf* - **1.** [enseignement, savoir] education ; **avoir de l'~** to be educated ; **~ civique** civics *(U)* ; **~ publique** state education ; **~ religieuse** religious education - **2.** [formation] training - **3.** [directive] order - **4.** DR (pre-trial) investigation.
◆ **instructions** *nfpl* instructions.

instruire [98] [ɛ̃strɥir] *vt* - **1.** [éduquer] to teach, to instruct - **2.** *sout* [informer] to inform - **3.** DR [affaire] to investigate ; **~ contre qqn** to investigate sb.
◆ **s'instruire** *vp* - **1.** [se former] to learn - **2.** *sout* [s'informer] : **s'~ de qqch auprès de qqn** to find out about sthg from sb.

instruisais, instruisions *(etc)* ▷ **instruire**.

instruit, e [ɛ̃strɥi, it] ◇ *pp* ▷ **instruire**. ◇ *adj* educated.

instrument [ɛ̃strymɑ̃] *nm* instrument ; **~ à cordes/percussion/vent** stringed/percussion/wind instrument ; **~ contondant** blunt instrument ; **~ de musique** musical instrument ; **~ de travail** tool.

instrumental, e, aux [ɛ̃strymɑ̃tal, o] *adj* instrumental.
◆ **instrumental** *nm* instrumental.

instrumentaliser [3] [ɛ̃strymɑ̃talize] *vt* to use, to manipulate.

instrumentation [ɛ̃strymɑ̃tasjɔ̃] *nf* instrumentation.

instrumentiste [ɛ̃strymɑ̃tist] *nmf* instrumentalist.

insu [ɛ̃sy] ◆ **à l'insu de** *loc prép* : **à l'~ de qqn** without sb knowing ; **ils ont tout organisé à mon ~** they organized it all without my knowing.

insubmersible [ɛ̃sybmɛrsibl] *adj* unsinkable.

insubordination [ɛ̃sybɔrdinasjɔ̃] *nf* insubordination.

insubordonné, e [ɛ̃sybɔrdɔne] *adj* insubordinate.

insuccès [ɛ̃syksɛ] *nm* failure.

insuffisamment [ɛ̃syfizamɑ̃] *adv* insufficiently, inadequately.

insuffisance [ɛ̃syfizɑ̃s] *nf* - **1.** [manque] insufficiency - **2.** MÉD deficiency ; **~ cardiaque** cardiac insufficiency.
◆ **insuffisances** *nfpl* [faiblesses] shortcomings.

insuffisant, e [ɛ̃syfizɑ̃, ɑ̃t] *adj* - **1.** [en quantité] insufficient - **2.** [en qualité] inadequate, unsatisfactory.

insuffler [3] [ɛ̃syfle] *vt* - **1.** [air] to blow - **2.** *fig* [sentiment] : ~ **qqch à qqn** to inspire sb with sthg.

insulaire [ɛ̃sylɛr] ◇ *nmf* islander. ◇ *adj* - **1.** GÉOGR island *(avant n)* - **2.** *fig* [attitude] insular.

insularité [ɛ̃sylarite] *nf* insularity.

insuline [ɛ̃sylin] *nf* insulin.

insultant, e [ɛ̃syltɑ̃, ɑ̃t] *adj* insulting.

insulte [ɛ̃sylt] *nf* insult.

insulter [3] [ɛ̃sylte] *vt* to insult.
◆ **s'insulter** *vp* to insult each other.

insupportable [ɛ̃sypɔrtabl] *adj* unbearable.

insurgé, e [ɛ̃syrʒe] *adj* & *nm, f* insurgent, rebel.

insurger [17] [ɛ̃syrʒe] ◆ **s'insurger** *vp* to rebel, to revolt ; **s'~ contre qqn** to rebel *ou* rise up against sb ; **s'~ contre qqch** to protest against sthg.

insurmontable [ɛ̃syrmɔ̃tabl] *adj* [difficulté] insurmountable ; [dégoût] uncontrollable.

insurrection [ɛ̃syrɛksjɔ̃] *nf* insurrection.

insurrectionnel, elle [ɛ̃syrɛksjɔnɛl] *adj* insurrectionary.

intact, e [ɛ̃takt] *adj* intact.

intangible [ɛ̃tɑ̃ʒibl] *adj* - **1.** *litt* [impalpable] intangible - **2.** [sacré] inviolable.

intarissable [ɛ̃tarisabl] *adj* inexhaustible ; **il est ~** he could go on talking for ever.

intégral, e, aux [ɛ̃tegral, o] *adj* - **1.** [paiement] in full ; [texte] unabridged, complete ; **bronzage ~** all-over tan - **2.** MATH : **calcul ~** integral calculus.
◆ **intégrale** *nf* - **1.** MUS complete works *(pl)* - **2.** MATH integral.

intégralement [ɛ̃tegralmɑ̃] *adv* fully, in full.

intégralité [ɛ̃tegralite] *nf* whole ; **dans son ~** in full.

intégrant, e [ɛ̃tegrɑ̃, ɑ̃t] ▷ **parti.**

intégration [ɛ̃tegrasjɔ̃] *nf* integration.

intègre [ɛ̃tɛgr] *adj* honest, of integrity.

intégré, e [ɛ̃tegre] *adj* - **1.** [logiciel] integrated - **2.** [élément] built-in.

intégrer [18] [ɛ̃tegre] *vt* [assimiler] : ~ **(à** *ou* **dans)** to integrate (into).
◆ **s'intégrer** *vp* - **1.** [s'incorporer] : **s'~ dans** *ou* **à** to fit into - **2.** [s'adapter] to integrate.

intégrisme [ɛ̃tegrism] *nm* fundamentalism.

intégriste [ɛ̃tegrist] *nmf* & *adj* fundamentalist.

intégrité [ɛ̃tegrite] *nf* - **1.** [totalité] entirety - **2.** [honnêteté] integrity.

intellect [ɛ̃telɛkt] *nm* intellect.

intellectualisme [ɛ̃telɛktɥalism] *nm* intellectualism.

intellectuel, elle [ɛ̃telɛktɥɛl] *adj* & *nm, f* intellectual.

intellectuellement [ɛ̃telɛktɥɛlmɑ̃] *adv* intellectually.

intelligemment [ɛ̃teliʒamɑ̃] *adv* intelligently.

intelligence [ɛ̃teliʒɑ̃s] *nf* - **1.** [facultés mentales] intelligence ; ~ **artificielle** artificial intelligence - **2.** [personne] brain - **3.** [compréhension, complicité] understanding ; **agir d'~ avec qqn** to act in complicity with sb.
◆ **intelligences** *nfpl* secret contacts.

intelligent, e [ɛ̃teliʒɑ̃, ɑ̃t] *adj* intelligent.

intelligentsia [ɛ̃teligɛnsja] *nf* intelligentsia.

intelligible [ɛ̃teliʒibl] *adj* - **1.** [voix] clear - **2.** [concept, texte] intelligible.

intello [ɛ̃tɛlo] *adj inv* & *nmf péj* highbrow.

intempérance [ɛ̃tɑ̃perɑ̃s] *nf* - **1.** [abus] excessiveness - **2.** [excès de plaisirs] overindulgence.

intempéries [ɛ̃tɑ̃peri] *nfpl* bad weather *(U)*.

intempestif, ive [ɛ̃tɑ̃pɛstif, iv] *adj* untimely.

intemporel, elle [ɛ̃tɑ̃pɔrɛl] *adj* - **1.** [sans durée] timeless - **2.** *litt* [immatériel] immaterial.

intenable [ɛ̃tənabl] *adj* - **1.** [chaleur, personne] unbearable - **2.** [position] untenable, indefensible.

intendance [ɛ̃tɑ̃dɑ̃s] *nf* - **1.** MIL commissariat ; SCOL & UNIV bursar's office - **2.** *fig* [questions matérielles] housekeeping.

intendant, e [ɛ̃tɑ̃dɑ̃, ɑ̃t] *nm, f* - **1.** SCOL & UNIV bursar - **2.** [de manoir] steward.
◆ **intendant** *nm* MIL quartermaster.

intense [ɛ̃tɑ̃s] *adj* - **1.** [gén] intense - **2.** [circulation] dense.

intensément [ɛ̃tɑ̃semɑ̃] *adv* intensely.

intensif, ive [ɛ̃tɑ̃sif, iv] *adj* intensive.

intensification [ɛ̃tɑ̃sifikasjɔ̃] *nf* intensification.

intensifier [9] [ɛ̃tɑ̃sifje] *vt* to intensify.
◆ **s'intensifier** *vp* to intensify.

intensité [ɛ̃tɑ̃site] *nf* intensity.

intenter [3] [ɛ̃tɑ̃te] *vt* DR : ~ **qqch contre qqn** *ou* **à qqn** to bring sthg against sb.

intention [ɛ̃tɑ̃sjɔ̃] *nf* intention ; **avoir l'~ de faire qqch** to intend to do sthg ; **~ d'achat** COMM purchasing intention ; **~ de vote** voting intention ; **les ~s de vote pour le président** those leaning toward the président ; **agir dans une bonne ~** to act with good intentions.

◆ **à l'intention de** *loc prép* for.

intentionné, e [ɛ̃tɑ̃sjɔne] *adj* : **bien ~** well-meaning ; **mal ~** ill-disposed.

intentionnel, elle [ɛ̃tɑ̃sjɔnɛl] *adj* intentional.

intentionnellement [ɛ̃tɑ̃sjɔnɛlmɑ̃] *adv* intentionally.

inter [ɛ̃tɛr] *nm* - **1.** *vieilli* = **interurbain** - **2.** SPORT : **~ gauche/droit** inside left/right.

interactif, ive [ɛ̃tɛraktif, iv] *adj* interactive.

interaction [ɛ̃tɛraksjɔ̃] *nf* interaction.

interbancaire [ɛ̃tɛrbɑ̃kɛr] *adj* interbank *(avant n)*.

intercalaire [ɛ̃tɛrkalɛr] ◇ *nm* insert. ◇ *adj* : **feuillet ~** insert ; **jour ~** *extra day in a leap year*.

intercaler [3] [ɛ̃tɛrkale] *vt* : **~ qqch dans qqch** [feuillet, citation] to insert sthg in sthg ; [dans le temps] to fit sthg into sthg.

◆ **s'intercaler** *vp* : **s'~ entre** to come between.

intercéder [18] [ɛ̃tɛrsede] *vi* : **~ pour** *OU* **en faveur de qqn auprès de qqn** to intercede with sb on behalf of sb.

intercepter [4] [ɛ̃tɛrsɛpte] *vt* - **1.** [lettre, ballon] to intercept - **2.** [chaleur] to block.

intercession [ɛ̃tɛrsesjɔ̃] *nf* intercession.

interchangeable [ɛ̃tɛrʃɑ̃ʒabl] *adj* interchangeable.

interclasse [ɛ̃tɛrklas] *nm* break.

intercommunal, e, aux [ɛ̃tɛrkɔmynal, o] *adj* intermunicipal.

intercontinental, e, aux [ɛ̃tɛrkɔ̃tinɑ̃tal, o] *adj* intercontinental.

interdépartemental, e, aux [ɛ̃tɛrdepartəmɑ̃tal, o] *adj* interdepartmental.

interdépendance [ɛ̃tɛrdepɑ̃dɑ̃s] *nf* interdependence.

interdépendant, e [ɛ̃tɛrdepɑ̃dɑ̃, ɑ̃t] *adj* interdependent.

interdiction [ɛ̃tɛrdiksjɔ̃] *nf* - **1.** [défense] : **'~ de stationner'** 'strictly no parking' - **2.** [prohibition, suspension] : **~ (de)** ban (on), banning (of) ; **enfreindre/lever une ~** to break/lift a ban ; **~ de séjour** *order banning released prisoner from living in certain areas*.

interdire [103] [ɛ̃tɛrdir] *vt* - **1.** [prohiber] : **~ qqch à qqn** to forbid sb sthg ; **~ à qqn de faire qqch** to forbid sb to do sthg - **2.** [empêcher] to prevent ; **~ à qqn de faire qqch** to prevent sb from doing sthg - **3.** [d'exercer] to ban - **4.** [bloquer] to block.

◆ **s'interdire** *vp* : **s'~ qqch/de faire qqch** to refrain from sthg/from doing sthg.

interdisais, interdisions *(etc)* ▷ **interdire.**

interdisciplinaire [ɛ̃tɛrdisiplinɛr] *adj* interdisciplinary.

interdise, interdises *(etc)* ▷ **interdire.**

interdit, e [ɛ̃tɛrdi, it] ◇ *pp* ▷ **interdire.** ◇ *adj* - **1.** [défendu] forbidden ; **'film ~ aux moins de 18 ans'** ≃ (18) ; **il est ~ de fumer** you're not allowed to smoke - **2.** [ébahi] : **rester ~** to be stunned - **3.** [privé] : **être ~ de chéquier** to have had one's chequebook *UK OU* checkbook *US* facilities withdrawn, to be forbidden to write cheques *UK OU* checks *US* ; **~ de séjour** banned from entering the country.

◆ **interdit** *nm* - **1.** *loc* **jeter l'~ sur qqn** to bar sb ; **lever un ~** to lift a ban - **2.** BANQUE : **~ bancaire** stopping of payment on all cheques *UK OU* checks *US*.

intéressant, e [ɛ̃terɛsɑ̃, ɑ̃t] ◇ *adj* - **1.** [captivant] interesting - **2.** [avantageux] advantageous, good. ◇ *nm, f* : **faire l'~** *péj* to show off.

intéressé, e [ɛ̃terese] ◇ *adj* [concerné] concerned, involved ; *péj* [motivé] self-interested. ◇ *nm, f* person concerned ; **le principal ~** the main person concerned.

intéressement [ɛ̃terɛsmɑ̃] *nm* profit-sharing (scheme).

intéresser [4] [ɛ̃terese] *vt* - **1.** [captiver] to interest ; **~ qqn à qqch** to interest sb in sthg - **2.** COMM [faire participer] : **~ les employés (aux bénéfices)** to give one's employees a share in the profits ; **~ qqn dans son commerce** to give sb a financial interest in one's business - **3.** [concerner] to concern.

◆ **s'intéresser** *vp* : **s'~ à qqn/qqch** to take an interest in sb/sthg, to be interested in sb/sthg.

intérêt [ɛ̃terɛ] *nm* - **1.** [gén] interest ; **~ pour** interest in ; **agir par ~** to act in one's own interest ; **avoir ~ à faire qqch** to be well advised to do sthg ; **dans l'~ général** in everyone's interest - **2.** [importance] significance - **3.** [avantage] advantage.

◆ **intérêts** *nmpl* - **1.** FIN interest *(sing)* ; **~s moratoires** interest on overdue payment - **2.** COMM : **avoir des ~s dans** to have a stake in.

interface [ɛ̃tɛrfas] *nf* INFORM interface ; **~ graphique** graphic interface.

interférence [ɛ̃tɛrferɑ̃s] *nf* - **1.** PHYS & POLIT interference - **2.** *fig* [conjonction] convergence.

interférer [18] [ɛ̃tɛrfere] *vi* - **1.** PHYS to interfere - **2.** *fig* [se rencontrer] to converge - **3.** *fig* [s'immiscer] : **~ dans qqch** to interfere in sthg.

intergalactique [ɛ̃tɛrgalaktik] *adj* intergalactic.

intérieur, e [ɛ̃terjœr] *adj* - **1.** [gén] inner - **2.** [de pays] domestic.
◆ **intérieur** *nm* - **1.** [gén] inside ; **de l'~** from the inside ; **à l'~ de soi-même** *fig* & *litt* inwardly ; **à l'~ (de qqch)** inside (sthg) - **2.** [de pays] interior.

intérieurement [ɛ̃terjœrmɑ̃] *adv* inwardly.

intérim [ɛ̃terim] *nm* - **1.** [période] interim period ; **assurer l'~ (de qqn)** to deputize (for sb) ; **par ~** acting - **2.** [travail temporaire] temporary *ou* casual work ; [dans un bureau] temping ; **faire de l'~, travailler en ~** to temp.

intérimaire [ɛ̃terimɛr] ◇ *adj* - **1.** [ministre, directeur] acting *(avant n)* - **2.** [employé, fonctions] temporary. ◇ *nmf* - **1.** [ministre] acting minister - **2.** [employé] temp.

intérioriser [3] [ɛ̃terjɔrize] *vt* to internalize.

interjection [ɛ̃tɛrʒɛksjɔ̃] *nf* - **1.** LING interjection - **2.** DR lodging of an appeal.

interjeter [27] [ɛ̃tɛrʒəte] *vt* DR : **~ appel** to lodge an appeal.

interligne [ɛ̃tɛrliɲ] ◇ *nm* (line) spacing ; **simple/double ~** single/double spacing. ◇ *nf* TYPO lead, leading.

interlocuteur, trice [ɛ̃tɛrlɔkytœr, tris] *nm, f* - **1.** [dans conversation] speaker ; **mon ~** the person to whom I am/was speaking - **2.** [dans négociation] negotiator.

interlope [ɛ̃tɛrlɔp] *adj* - **1.** [illégal] illegal - **2.** *fig* [louche] suspect, shady.

interloquer [3] [ɛ̃tɛrlɔke] *vt* to disconcert.

interlude [ɛ̃tɛrlyd] *nm* interlude.

intermède [ɛ̃tɛrmɛd] *nm* interlude.

intermédiaire [ɛ̃tɛrmedjɛr] ◇ *nm* intermediary, go-between ; **sans ~** without an intermediary ; **par l'~ de qqn/qqch** through sb/sthg. ◇ *adj* intermediate.

interminable [ɛ̃tɛrminabl] *adj* never-ending, interminable.

interministériel, elle [ɛ̃tɛrministerjɛl] *adj* interdepartmental.

intermittence [ɛ̃tɛrmitɑ̃s] *nf* [discontinuité] : **par ~** intermittently, off and on.

intermittent, e [ɛ̃tɛrmitɑ̃, ɑ̃t] *adj* intermittent ; **les ~s du spectacle** *people working in the performing arts.*

internat [ɛ̃tɛrna] *nm* - **1.** [SCOL - établissement] boarding school ; [- système] boarding - **2.** MÉD & UNIV [- concours] entrance examination ; [- période de stage] period spent as a houseman *UK ou* an intern *US*.

international, e, aux [ɛ̃tɛrnasjɔnal, o] ◇ *adj* international. ◇ *nm, f* SPORT international.
◆ **Internationale** *nf* - **1.** [association] International - **2.** [hymne] Internationale.

internationalisation [ɛ̃tɛrnasjɔnalizasjɔ̃] *nf* internationalization.

internaute [ɛ̃tɛrnɔt] *nmf* INFORM (net) surfer, cybersurfer, cybernaut.

interne [ɛ̃tɛrn] ◇ *nmf* - **1.** [élève] boarder - **2.** MÉD & UNIV houseman *UK*, intern *US*. ◇ *adj* - **1.** ANAT internal ; [oreille] inner - **2.** [du pays] domestic.

interné, e [ɛ̃tɛrne] *nm, f* - **1.** [prisonnier] internee - **2.** MÉD inmate *(of psychiatric hospital)*.

internement [ɛ̃tɛrnəmɑ̃] *nm* - **1.** POLIT internment - **2.** MÉD confinement *(to psychiatric hospital)*.

interner [3] [ɛ̃tɛrne] *vt* - **1.** MÉD to commit *(to psychiatric hospital)* - **2.** POLIT to intern.

Internet, internet [ɛ̃tɛrnɛt] *nm* : **(l') ~** the internet, the Internet.

interpeller [26] [ɛ̃tɛrpəle] *vt* - **1.** [apostropher] to call *ou* shout out to - **2.** [interroger] to take in for questioning.
◆ **s'interpeller** *vp* to exchange insults.

Interphone® [ɛ̃tɛrfɔn] *nm* intercom ; [d'un immeuble] entry phone.

interplanétaire [ɛ̃tɛrplanetɛr] *adj* interplanetary.

interpoler [3] [ɛ̃tɛrpɔle] *vt* to interpolate.

interposer [3] [ɛ̃tɛrpoze] *vt* to interpose.
◆ **s'interposer** *vp* : **s'~ dans qqch** to intervene in sthg ; **s'~ entre qqn et qqn** to intervene *ou* come between sb and sb.

interprétariat [ɛ̃tɛrpretarja] *nm* interpreting.

interprétation [ɛ̃tɛrpretasjɔ̃] *nf* interpretation.

interprète [ɛ̃tɛrprɛt] *nmf* - **1.** [gén] interpreter - **2.** [porte-parole] spokesperson - **3.** CINÉ, MUS & THÉÂTRE performer.

interpréter [18] [ɛ̃tɛrprete] *vt* to interpret.

interprofessionnel, elle [ɛ̃tɛrprɔfɛsjɔnɛl] *adj* interprofessional.

interrogateur, trice [ɛ̃terɔgatœr, tris] ◇ *adj* inquiring *(avant n)*. ◇ *nm, f* SCOL & UNIV oral examiner.

interrogatif, ive [ɛ̃terɔgatif, iv] *adj* - **1.** GRAMM interrogative - **2.** [air, ton] inquiring *(avant n)*.
◆ **interrogatif** *nm* GRAMM interrogative.

interrogation [ɛ̃terɔgasjɔ̃] *nf* - **1.** [de prisonnier] interrogation ; [de témoin] questioning

- **2.** [question] question ; **~ directe/indirecte** GRAMM direct/indirect question - **3.** SCOL test, quiz *US*.

interrogatoire [ɛ̃terɔgatwar] *nm* - **1.** [de police, juge] questioning - **2.** [procès-verbal] statement.

interrogeable [ɛ̃terɔʒabl] *adj* : **répondeur ~ à distance** answerphone with remote playback facility.

interroger [17] [ɛ̃terɔʒe] *vt* - **1.** [questionner] to question ; [accusé, base de données] to interrogate ; **~ qqn (sur qqch)** to question sb (about sthg) - **2.** [faits, conscience] to examine.
◆ **s'interroger** *vp* : **s'~ sur** to wonder about.

interrompre [78] [ɛ̃terɔ̃pr] *vt* to interrupt.
◆ **s'interrompre** *vp* to stop.

interrompu, e [ɛ̃terɔ̃py] *pp* ▷ **interrompre**.

interrupteur [ɛ̃teryptœr] *nm* switch ; **~ à bascule** toggle switch.

interruption [ɛ̃terypsjɔ̃] *nf* - **1.** [arrêt] break ; **sans ~** without a break - **2.** [action] interruption.

intersection [ɛ̃tersɛksjɔ̃] *nf* intersection.

intersidéral, e, aux [ɛ̃tersideral, o] *adj* interstellar.

interstice [ɛ̃terstis] *nm* chink, crack.

intersyndical, e, aux [ɛ̃tersɛ̃dikal, o] *adj* interunion.

intertitre [ɛ̃tertitr] *nm* - **1.** PRESSE subheading - **2.** CINÉ intertitle.

interurbain, e [ɛ̃teryrbɛ̃, ɛn] *adj* long-distance.
◆ **interurbain** *nm* : **l'~** the long-distance telephone service.

intervalle [ɛ̃terval] *nm* - **1.** [spatial] space, gap - **2.** [temporel] interval, period (of time) ; **à 6 jours d'~** after 6 days ; **dans l'~** in the meantime - **3.** MUS interval.

intervenant, e [ɛ̃tervənɑ̃, ɑ̃t] *nm, f* - **1.** [orateur] speaker - **2.** DR intervening party.

intervenir [40] [ɛ̃tervənir] *vi* - **1.** [personne] to intervene ; **~ auprès de qqn** to intervene with sb ; **~ dans qqch** to intervene in sthg ; **faire ~ qqn** to bring *ou* call in sb - **2.** [événement] to take place.

intervention [ɛ̃tervɑ̃sjɔ̃] *nf* - **1.** [gén] intervention - **2.** MÉD operation ; **subir une ~ chirurgicale** to have an operation, to have surgery - **3.** [discours] speech.

interventionniste [ɛ̃tervɑ̃sjɔnist] *nmf* & *adj* interventionist.

intervenu, e [ɛ̃tervəny] *pp* ▷ **intervenir**.

intervertir [32] [ɛ̃tervertir] *vt* to reverse, to invert.

interviendrai, interviendras *(etc)* ▷ **intervenir**.

intervienne, interviennes *(etc)* ▷ **intervenir**.

interviens, intervient *(etc)* ▷ **intervenir**.

interview [ɛ̃tervju] *nf* interview ; **accorder une ~ à qqn** to give *ou* grant an interview to sb.

interviewer[1] [3] [ɛ̃tervjuve] *vt* to interview.

interviewer[2] [ɛ̃tervjuvœr] *nm* interviewer.

intestat [ɛ̃tɛsta] DR ◇ *nmf person who dies intestate.* ◇ *adj* intestate.

intestin, e [ɛ̃tɛstɛ̃, in] *adj sout* internal.

intestin [ɛ̃tɛstɛ̃] *nm* intestine ; **~ grêle** small intestine ; **gros ~** large intestine.

intestinal, e, aux [ɛ̃tɛstinal, o] *adj* intestinal.

intime [ɛ̃tim] ◇ *nmf* close friend. ◇ *adj* [gén] intimate ; [vie, journal] private.

intimement [ɛ̃timmɑ̃] *adv* - **1.** [persuadé] firmly - **2.** [lié] intimately.

intimer [3] [ɛ̃time] *vt* - **1.** [enjoindre] : **~ qqch à qqn** to notify sb of sthg - **2.** DR to summon.

intimidant, e [ɛ̃timidɑ̃, ɑ̃t] *adj* intimidating.

intimidation [ɛ̃timidasjɔ̃] *nf* intimidation.

intimider [3] [ɛ̃timide] *vt* to intimidate.

intimiste [ɛ̃timist] *adj* ART & LITTÉR intimist.

intimité [ɛ̃timite] *nf* - **1.** [secret] depths *(pl)* - **2.** [familiarité, confort] intimacy - **3.** [vie privée] privacy ; **dans l'~** amongst friends, in private ; **dans la plus stricte ~** in complete privacy, in private.

intitulé [ɛ̃tityle] *nm* [titre] title ; [de paragraphe] heading.

intituler [3] [ɛ̃tityle] *vt* to call, to entitle.
◆ **s'intituler** *vp* - **1.** [ouvrage] to be called *ou* entitled - **2.** [personne] to call o.s.

intolérable [ɛ̃tɔlerabl] *adj* intolerable.

intolérance [ɛ̃tɔlerɑ̃s] *nf* - **1.** [religieuse, politique] intolerance - **2.** [de l'organisme] : **~ à qqch** inability to tolerate sthg.

intolérant, e [ɛ̃tɔlerɑ̃, ɑ̃t] *adj* intolerant.

intonation [ɛ̃tɔnasjɔ̃] *nf* intonation.

intouchable [ɛ̃tuʃabl] *nmf* & *adj* untouchable.

intoxication [ɛ̃tɔksikasjɔ̃] *nf* - **1.** [empoisonnement] poisoning ; **~ alimentaire** food poisoning - **2.** *fig* [propagande] brainwashing.

intoxiqué, e [ɛ̃tɔksike] ◇ *adj* : **~ (de)** addicted (to). ◇ *nm, f* addict.

intoxiquer [3] [ɛ̃tɔksike] *vt* : **~ qqn par** [empoisonner] to poison sb with ; *fig* to indoctrinate sb with.

◆ **s'intoxiquer** *vp* to poison o.s.

intraduisible [ɛ̃tradɥizibl] *adj* - **1.** [texte] untranslatable - **2.** [sentiment] inexpressible.

intraitable [ɛ̃trɛtabl] *adj* : ~ **(sur)** inflexible (about).

intranet [ɛ̃tranɛt] *nm* intranet, Intranet.

intransigeance [ɛ̃trɑ̃ziʒɑ̃s] *nf* intransigence.

intransigeant, **e** [ɛ̃trɑ̃ziʒɑ̃, ɑ̃t] *adj* intransigent.

intransitif, **ive** [ɛ̃trɑ̃zitif, iv] *adj* intransitive.

intransportable [ɛ̃trɑ̃spɔrtabl] *adj* : **il est ~** he/it cannot be moved.

intraveineux, **euse** [ɛ̃travɛnø, øz] *adj* intravenous.

intrépide [ɛ̃trepid] *adj* bold, intrepid.

intrépidité [ɛ̃trepidite] *nf* boldness.

intrigant, **e** [ɛ̃trigɑ̃, ɑ̃t] ◇ *adj* scheming. ◇ *nm, f* schemer.

intrigue [ɛ̃trig] *nf* - **1.** [liaison amoureuse] intrigue, affair - **2.** [manœuvre] intrigue - **3.** CINÉ, LITTÉR & THÉÂTRE plot.

intriguer [3] [ɛ̃trige] ◇ *vt* to intrigue. ◇ *vi* to scheme, to intrigue.

intrinsèque [ɛ̃trɛ̃sɛk] *adj* intrinsic.

introductif, **ive** [ɛ̃trɔdyktif, iv] *adj* DR introductory.

introduction [ɛ̃trɔdyksjɔ̃] *nf* - **1.** [gén] : ~ **(à)** introduction (to) - **2.** [insertion] insertion.

introduire [98] [ɛ̃trɔdɥir] *vt* - **1.** [gén] to introduce - **2.** [faire entrer] to show in - **3.** [insérer] to insert - **4.** INFORM to input, to enter.

◆ **s'introduire** *vp* - **1.** [pénétrer] to enter ; **s'~ dans une maison** [cambrioleur] to get into *ou* enter a house - **2.** [s'implanter] to be introduced.

introduisais, **introduisions** *(etc)* ▷ **introduire**.

introduit, **e** [ɛ̃trɔdɥi, it] *pp* ▷ **introduire**.

intronisation [ɛ̃trɔnizasjɔ̃] *nf* RELIG enthronement ; *fig* establishment.

introspection [ɛ̃trɔspɛksjɔ̃] *nf* introspection.

introuvable [ɛ̃truvabl] *adj* nowhere *ou* no place *US* to be found.

introverti, **e** [ɛ̃trɔvɛrti] ◇ *adj* introverted. ◇ *nm, f* introvert.

intrus, **e** [ɛ̃try, yz] ◇ *adj* intrusive. ◇ *nm, f* intruder.

intrusion [ɛ̃tryzjɔ̃] *nf* - **1.** [gén & GÉOL] intrusion - **2.** [ingérence] interference.

intuitif, **ive** [ɛ̃tɥitif, iv] ◇ *adj* intuitive. ◇ *nm, f* intuitive person.

intuition [ɛ̃tɥisjɔ̃] *nf* intuition ; **avoir de l'~** to be intuitive, to have intuition ; **avoir l'~ de qqch** to have an intuition about sthg.

intuitivement [ɛ̃tɥitivmɑ̃] *adv* intuitively.

inuit [inɥit] *adj inv* Inuit.

◆ **Inuit** *nmf* Inuit.

inusable [inyzabl] *adj* hardwearing.

inusité, **e** [inyzite] *adj* unusual, uncommon.

in utero [inyterɔ] *loc adj & loc adv* in utero.

inutile [inytil] *adj* [objet, personne] useless ; [effort, démarche] pointless ; **~ d'insister** it's pointless insisting.

inutilement [inytilmɑ̃] *adv* needlessly, unnecessarily.

inutilisable [inytilizabl] *adj* unusable.

inutilisé, **e** [inytilize] *adj* unused.

inutilité [inytilite] *nf* [de personne, d'objet] uselessness ; [de démarche, d'effort] pointlessness.

inv. (*abr écrite de* **invariable**) inv.

invaincu, **e** [ɛ̃vɛ̃ky] *adj* - **1.** SPORT unbeaten - **2.** [peuple] unconquered.

invalide [ɛ̃valid] ◇ *nmf* disabled person ; **~ de guerre** disabled soldier ; **~ du travail** industrially disabled person. ◇ *adj* disabled.

invalider [3] [ɛ̃valide] *vt* to invalidate.

invalidité [ɛ̃validite] *nf* - **1.** DR invalidity - **2.** MÉD disability.

invariable [ɛ̃varjabl] *adj* - **1.** [immuable] unchanging - **2.** GRAMM invariable.

invariablement [ɛ̃varjabləmɑ̃] *adv* invariably.

invasion [ɛ̃vazjɔ̃] *nf* invasion.

invective [ɛ̃vɛktiv] *nf* invective, abuse.

invectiver [3] [ɛ̃vɛktive] *vt* to abuse.

◆ **s'invectiver** *vp* to hurl abuse at each other.

invendable [ɛ̃vɑ̃dabl] *adj* unsaleable, unsellable.

invendu, **e** [ɛ̃vɑ̃dy] *adj* unsold.

◆ **invendu** *(gén pl) nm* remainder.

inventaire [ɛ̃vɑ̃tɛr] *nm* - **1.** [gén] inventory ; **faire l'~ de qqch** to make an inventory of sthg - **2.** [COMM - activité] stocktaking *UK*, inventory *US* ; [- liste] list.

inventer [3] [ɛ̃vɑ̃te] *vt* to invent.

inventeur [ɛ̃vɑ̃tœr] *nm* - **1.** [de machine] inventor - **2.** DR [de trésor] finder.

inventif, **ive** [ɛ̃vɑ̃tif, iv] *adj* inventive.

invention [ɛ̃vɑ̃sjɔ̃] *nf* - **1.** [découverte, mensonge] invention - **2.** [imagination] inventiveness.

inventorier [9] [ɛ̃vɑ̃tɔrje] *vt* to make an inventory of.

invérifiable [ɛ̃verifjabl] *adj* unverifiable.

inverse [ɛ̃vɛrs] ◇ *nm* opposite, reverse ; **à l'~ de** contrary to. ◇ *adj* **- 1.** [sens] opposite ; [ordre] reverse ; **en sens ~ (de)** in the opposite direction (to) **- 2.** [rapport] inverse.

inversement [ɛ̃vɛrsəmɑ̃] *adv* **- 1.** MATH inversely ; **~ proportionnel à** in inverse proportion to **- 2.** [au contraire] on the other hand **- 3.** [vice versa] vice versa.

inverser [3] [ɛ̃vɛrse] *vt* to reverse.

inversion [ɛ̃vɛrsjɔ̃] *nf* reversal.

invertébré, e [ɛ̃vertebre] *adj* invertebrate.
◆ **invertébré** *nm* invertebrate.

investigation [ɛ̃vɛstigasjɔ̃] *nf* investigation.

investir [32] [ɛ̃vɛstir] *vt* to invest ; **~ qqn d'une fonction** to invest *ou* vest sb with an office.
◆ **s'investir dans** *vp+prép* : **s'~ dans son métier** to be involved *ou* absorbed in one's job ; **une actrice qui s'investit entièrement dans ses rôles** an actress who throws herself heart and soul into every part she plays ; **je me suis énormément investie dans le projet** the project really meant a lot to me.

investissement [ɛ̃vɛstismɑ̃] *nm* investment.

investisseur, euse [ɛ̃vɛstisœr, øz] *nm, f* investor ; **~ institutionnel** institutional investor.

investiture [ɛ̃vɛstityr] *nf* investiture.

invétéré, e [ɛ̃vetere] *adj péj* inveterate.

invincible [ɛ̃vɛ̃sibl] *adj* [gén] invincible ; [difficulté] insurmountable ; [charme] irresistible.

inviolabilité [ɛ̃vjɔlabilite] *nf* **- 1.** DR inviolability **- 2.** [de parlementaire] immunity **- 3.** [de coffre] impregnability.

inviolable [ɛ̃vjɔlabl] *adj* **- 1.** DR inviolable **- 2.** [parlementaire] immune **- 3.** [coffre] impregnable.

invisible [ɛ̃vizibl] *adj* invisible ; **rester ~** [personne] to stay out of sight.

invitation [ɛ̃vitasjɔ̃] *nf* : **~ (à)** invitation (to) ; **à** *ou* **sur l'~ de qqn** at sb's invitation ; **sur ~** by invitation ; **décliner une ~** to turn down an invitation.

invite [ɛ̃vit] *nf* invitation.

invité, e [ɛ̃vite] ◇ *adj* [hôte] invited ; [professeur, conférencier] guest *(avant n)*. ◇ *nm, f* guest.

inviter [3] [ɛ̃vite] *vt* to invite ; **~ qqn à faire qqch** to invite sb to do sthg ; *fig* [suj: chose] to be an invitation to sb to do sthg ; **le beau temps invite à la promenade** this fine weather puts one in the mood for a walk ; **je vous invite!** it's my treat!

in vitro [invitro] ▷ **fécondation**.

invivable [ɛ̃vivabl] *adj* unbearable.

invocation [ɛ̃vɔkasjɔ̃] *nf* invocation ; **~ à** call for.

involontaire [ɛ̃vɔlɔ̃tɛr] *adj* **- 1.** [acte] involuntary **- 2.** [personne] unwilling.

involontairement [ɛ̃vɔlɔ̃tɛrmɑ̃] *adv* involuntarily, unintentionally.

invoquer [3] [ɛ̃vɔke] *vt* **- 1.** [alléguer] to put forward **- 2.** [citer, appeler à l'aide] to invoke ; [paix] to call for.

invraisemblable [ɛ̃vrɛsɑ̃blabl] *adj* **- 1.** [incroyable] unlikely, improbable **- 2.** [extravagant] incredible.

invraisemblance [ɛ̃vrɛsɑ̃blɑ̃s] *nf* improbability.

invulnérable [ɛ̃vylnerabl] *adj* invulnerable.

iode [jɔd] *nm* iodine.

iodé, e [jɔde] *adj* containing iodine.

ion [jɔ̃] *nm* ion.

IPC (*abr de* **indice des prix à la consommation**) *nm* CPI.

Ipsos [ipsos] *n French market research institute.*

IR (*abr de* **infra-rouge**) *adj* IR.

IRA [ira] (*abr de* **Irish Republican Army**) *nf* IRA.

irai, iras *(etc)* ▷ **aller**.

Irak, Iraq [irak] *nm* : **l'~** Iraq.

irakien, enne, iraquien, enne [irakjɛ̃, ɛn] *adj* Iraqi.
◆ **Irakien, enne, Iraquien, enne** *nm, f* Iraqi.

Iran [irɑ̃] *nm* : **l'~** Iran.

iranien, enne [iranjɛ̃, ɛn] *adj* Iranian.
◆ **iranien** *nm* [langue] Iranian.
◆ **Iranien, enne** *nm, f* Iranian.

Iraq = **Irak**.

iraquien = **irakien**.

irascible [irasibl] *adj* irascible.

iris [iris] *nm* ANAT & BOT iris.

irisé, e [irize] *adj* iridescent.

irlandais, e [irlɑ̃dɛ, ɛz] *adj* Irish.
◆ **irlandais** *nm* [langue] Irish.
◆ **Irlandais, e** *nm, f* Irishman (*f* Irishwoman).

Irlande [irlɑ̃d] *nf* : **l'~** Ireland ; **l'~ du Nord/Sud** Northern/Southern Ireland.

IRM (*abr de* **Imagerie par résonance magnétique**) [iɛrɛm] *nm* MÉD MRI.

ironie [irɔni] *nf* irony ; **~ du sort** twist of fate.

ironique [irɔnik] *adj* ironic.

ironiquement [irɔnikmɑ̃] *adv* ironically.

ironiser [3] [irɔnize] *vi* to speak ironically.

IRPP (*abr de* **impôt sur le revenu des personnes physiques**) *nm* income tax.

irradiation [iradjasjɔ̃] *nf* [rayons] radiation ; [action] irradiation.

irradier [9] [iradje] ◇ *vi* to radiate. ◇ *vt* to irradiate.

irraisonné, e [irɛzɔne] *adj* irrational.

irrationnel, elle [irasjɔnɛl] *adj* irrational.

irréalisable [irealizabl] *adj* unrealizable.

irréaliste [irealist] *adj* unrealistic.

irréalité [irealite] *nf* unreality.

irrecevable [irəsəvabl] *adj* inadmissible.

irréconciliable [irekɔ̃siljabl] *adj* irreconcilable.

irrécupérable [irekyperabl] *adj* - **1.** [irrécouvrable] irretrievable - **2.** [irréparable] beyond repair - **3.** *fam* [personne] beyond hope.

irrécusable [irekyzabl] *adj* unimpeachable.

irréductible [iredyktibl] ◇ *nmf* diehard. ◇ *adj* - **1.** CHIM, MATH & MÉD irreducible - **2.** *fig* [volonté] indomitable ; [personne] implacable ; [communiste] diehard *(avant n)*.

irréel, elle [ireɛl] *adj* unreal.

irréfléchi, e [irefleʃi] *adj* unthinking.

irréfutable [irefytabl] *adj* irrefutable.

irrégularité [iregylarite] *nf* - **1.** [gén] irregularity - **2.** [de terrain, performance] unevenness.

irrégulier, ère [iregylje, ɛr] *adj* - **1.** [gén] irregular - **2.** [terrain, surface] uneven, irregular - **3.** [employé, athlète] erratic.

irrégulièrement [iregyljɛrmɑ̃] *adv* irregularly.

irrémédiable [iremedjabl] *adj* - **1.** [irréparable] irreparable - **2.** [incurable] incurable.

irrémédiablement [iremedjabləmɑ̃] *adv* irreparably.

irremplaçable [irɑ̃plasabl] *adj* irreplaceable.

irréparable [ireparabl] ◇ *nm* : **commettre l'~** to do the unforgivable. ◇ *adj* - **1.** [objet] beyond repair - **2.** *fig* [perte, erreur] irreparable.

irrépressible [irepresibl] *adj* irrepressible.

irréprochable [ireprɔʃabl] *adj* irreproachable.

irrésistible [irezistibl] *adj* - **1.** [tentation, femme] irresistible - **2.** [amusant] entertaining.

irrésistiblement [irezistibləmɑ̃] *adv* irresistibly.

irrésolu, e [irezɔly] *adj* - **1.** [indécis] irresolute - **2.** [sans solution] unresolved.

irrespirable [irɛspirabl] *adj* - **1.** [air] unbreathable - **2.** *fig* [oppressant] oppressive.

irresponsable [irɛspɔ̃sabl] ◇ *nmf* irresponsible person. ◇ *adj* irresponsible.

irrévérencieux, euse [ireverɑ̃sjø, øz] *adj* irreverent.

irréversible [ireversibl] *adj* irreversible.

irrévocable [irevɔkabl] *adj* irrevocable.

irrévocablement [irevɔkabləmɑ̃] *adv* irrevocably.

irrigation [irigasjɔ̃] *nf* irrigation.

irriguer [3] [irige] *vt* to irrigate.

irritabilité [iritabilite] *nf* irritability.

irritable [iritabl] *adj* irritable.

irritant, e [iritɑ̃, ɑ̃t] *adj* - **1.** [agaçant] irritating, annoying - **2.** MÉD irritant.

irritation [iritasjɔ̃] *nf* irritation.

irriter [3] [irite] *vt* - **1.** [exaspérer] to irritate, to annoy - **2.** MÉD to irritate.

◆ **s'irriter** *vp* to get irritated ; **s'~ contre qqn/de qqch** to get irritated with sb/at sthg.

irruption [irypsjɔ̃] *nf* - **1.** [invasion] invasion - **2.** [entrée brusque] irruption ; **faire ~ dans** to burst into.

ISBN (*abr de* **International standard book number**) *nm* ISBN.

ISF (*abr de* **impôt de solidarité sur la fortune**) *nm* wealth tax.

islam [islam] *nm* Islam.

islamique [islamik] *adj* Islamic.

islamisation [islamizasjɔ̃] *nf* Islamization.

islamiser [3] [islamize] *vt* to Islamize.

islandais, e [islɑ̃dɛ, ɛz] *adj* Icelandic.

◆ **islandais** *nm* [langue] Icelandic.

◆ **Islandais, e** *nm, f* Icelander.

Islande [islɑ̃d] *nf* : **l'~** Iceland.

isocèle [izɔsɛl] *adj* isoceles.

isolant, e [izɔlɑ̃, ɑ̃t] *adj* insulating.

◆ **isolant** *nm* insulator, insulating material.

isolateur, trice [izɔlatœr, tris] *adj* insulating.

◆ **isolateur** *nm* insulator.

isolation [izɔlasjɔ̃] *nf* insulation ; **~ phonique** soundproofing ; **~ thermique** thermal insulation.

isolationnisme [izɔlasjɔnism] *nm* isolationism.

isolé, e [izɔle] *adj* isolated.

isolement [izɔlmɑ̃] *nm* - **1.** [gén] isolation - **2.** CONSTR & ÉLECTR insulation.

isolément [izɔlemɑ̃] *adv* individually.

isoler [3] [izɔle] *vt* - **1.** [séparer] to isolate ; **~ qqch de qqch** to isolate sthg from sthg - **2.** CONSTR & ÉLECTR to insulate ; **~ qqch du froid** to insulate sthg (against the cold) ; **~ qqch du bruit** to soundproof sthg.

◆ **s'isoler** *vp* : **s'~ (de)** to isolate o.s. (from).

isoloir [izɔlwar] *nm* polling booth.

isotherme [izɔtɛrm] ◇ *nf* isotherm. ◇ *adj* isothermal.

Israël [israɛl] *n* Israel.

israélien, **enne** [israeljɛ̃, ɛn] *adj* Israeli.
◆ **Israélien**, **enne** *nm, f* Israeli.

israélite [israelit] *adj* Jewish.
◆ **Israélite** *nmf* Jew.

issu, **e** [isy] *adj* : **être ~ de** [résulter de] to emerge *ou* stem from ; [personne] to come from.
◆ **issue** *nf* - **1.** [sortie] exit ; **~e de secours** emergency exit - **2.** *fig* [solution] way out, solution ; **sans ~e** hopeless - **3.** [terme] outcome ; **à l'~e de** at the end *ou* close of.

Istanbul [istɑ̃bul] *n* Istanbul.

isthme [ism] *nm* isthmus.

Italie [itali] *nf* : **l'~** Italy.

italien, **enne** [italjɛ̃, ɛn] *adj* Italian.
◆ **italien** *nm* [langue] Italian.
◆ **Italien**, **enne** *nm, f* Italian.

italique [italik] ◇ *nm* - **1.** HIST & LING Italic - **2.** TYPO italics *(pl)* ; **en ~** in italics. ◇ *adj* - **1.** HIST & LING Italic - **2.** TYPO italic.

itinéraire [itinerɛr] *nm* itinerary, route ; **~ bis** diversion.

itinérant, **e** [itinerɑ̃, ɑ̃t] *adj* - **1.** [spectacle, troupe] itinerant - **2.** [ambassadeur] roving *(avant n)*.

itou [itu] *adv fam* as well.

ITP (*abr de* **ingénieur des travaux publics**) *nm* civil engineer.

IUFM (*abr de* **institut universitaire de formation des maîtres**) *nm* ≃ teacher training college *UK*, ≃ teachers college *US*.

IUP (*abr de* **institut universitaire professionnel**) *nm* business school.

IUT (*abr de* **institut universitaire de technologie**) *nm* ≃ technical college.

IVG (*abr de* **interruption volontaire de grossesse**) *nf* abortion.

ivoire [ivwar] *nm* ivory.

ivoirien, **enne** [ivwarjɛ̃, ɛn] *adj* of/from the Ivory Coast.
◆ **Ivoirien**, **enne** *nm, f* native *ou* inhabitant of the Ivory Coast.

ivre [ivr] *adj* drunk ; **~ de colère** wild with anger ; **~ de joie** drunk *ou* mad with joy ; **~ mort** dead drunk.

ivresse [ivrɛs] *nf* drunkenness ; [extase] rapture.

ivrogne [ivrɔɲ] *nmf* drunkard.

ivrognerie [ivrɔɲri] *nf* drunkenness.

j, **J** [ʒi] *nm inv* j, J.
◆ **J** - **1.** (*abr écrite de* **joule**) J - **2.** *abr de* **jour**.

j' ▻ je.

jabot [ʒabo] *nm* - **1.** [d'oiseau] crop - **2.** [de chemise] frill.

jacassement [ʒakasmɑ̃] *nm péj* chattering, jabbering.

jacasser [3] [ʒakase] *vi péj* to chatter, to jabber.

jachère [ʒaʃɛr] *nf* : **en ~** fallow.

jacinthe [ʒasɛ̃t] *nf* hyacinth.

jacobin, **e** [ʒakɔbɛ̃, in] *adj* Jacobin.
◆ **Jacobin** *nm* HIST Jacobin.

Jacuzzi® [ʒakuzi] *nm* Jacuzzi®.

jade [ʒad] *nm* jade.

jadis [ʒadis] *adv* formerly, in former times.

jaguar [ʒagwar] *nm* jaguar.

jaillir [32] [ʒajir] *vi* - **1.** [liquide] to gush ; [flammes] to leap - **2.** [cri] to ring out - **3.** [personne] to spring out.

jais [ʒɛ] *nm* jet ; **noir comme le ~**, **noir de ~** jet-black.

Jakarta = **Djakarta**.

jalon [ʒalɔ̃] *nm* marker pole ; **poser les (premiers) ~s de** *fig* to pave the way for.

jalonner [3] [ʒalɔne] *vt* to mark (out) ; **jalonné de** [bordé de] lined with ; *fig* punctuated with.

jalousement [ʒaluzmɑ̃] *adv* jealously.

jalouser [3] [ʒaluze] *vt* to be jealous of.

jalousie [ʒaluzi] *nf* - **1.** [envie] jealousy ; **être malade** *ou* **crever de ~** *fig* to be green with envy - **2.** [store] blind.

jaloux, **ouse** [ʒalu, uz] *adj* : **~ (de)** jealous (of).

jamaïquain, **e**, **jamaïcain**, **e** [ʒamaikɛ̃, ɛn] *adj* Jamaican.
◆ **Jamaïquain**, **e**, **Jamaïcain**, **e** *nm, f* Jamaican.

Jamaïque [ʒamaik] *nf* : **la ~** Jamaica.

jamais [ʒamɛ] *adv* - **1.** [sens négatif] never ; **ne... ~**, **~ ne** never ; **je ne reviendrai ~**, **~ je ne reviendrai** I'll never come back ; **(ne)... ~ plus**,

plus ~ (ne) never again ; **je ne viendrai ~ plus, plus ~ je ne viendrai** I'll never come here again ; **plus ~!** never again! **- 2.** [sens positif] **: plus que ~** more than ever ; **elle l'aimait plus que ~** she loved him more than ever ; **il est plus triste que ~** he's sadder than ever ; **si ~ tu le vois** if you should happen to see him, should you happen to see him.
◆ **à jamais** *loc adv* for ever.
◆ **pour jamais** *loc adv* for ever.

jambage [ʒɑ̃baʒ] *nm* [de lettre] downstroke.

jambe [ʒɑ̃b] *nf* leg ; **courir à toutes ~s** to run flat out ; **il s'enfuit à toutes ~s** he ran away as fast as his legs would carry him ; **prendre ses ~s à son cou** to take to one's heels ; **tenir la ~ à qqn** *fam fig* to keep sb talking ; **ça me fait une belle ~!** *fam fig* that's no good to me!

jambières [ʒɑ̃bjɛr] *nfpl* [de football] shin pads ; [de cricket] pads.

jambon [ʒɑ̃bɔ̃] *nm* ham ; **~ blanc** ham ; **~ fumé** smoked ham ; **un ~ beurre** *fam* a ham sandwich.

jambonneau, x [ʒɑ̃bɔno] *nm* knuckle of ham.

jante [ʒɑ̃t] *nf* (wheel) rim.

janvier [ʒɑ̃vje] *nm* January, *voir aussi* **septembre**.

Japon [ʒapɔ̃] *nm* **: le ~** Japan ; **au ~** in Japan.

japonais, e [ʒapɔnɛ, ɛz] *adj* Japanese.
◆ **japonais** *nm* [langue] Japanese.
◆ **Japonais, e** *nm, f* Japanese (person) ; **les Japonais** the Japanese.

jappement [ʒapmɑ̃] *nm* yap, yapping *(U)*.

japper [3] [ʒape] *vi* to yap.

jaquette [ʒakɛt] *nf* **- 1.** [vêtement] jacket **- 2.** [de livre] (dust) jacket.

jardin [ʒardɛ̃] *nm* garden [attaché à une maison] yard ; **~ d'enfants** nursery school, kindergarten ; **~ public** park ; **~ zoologique** zoo.

jardinage [ʒardinaʒ] *nm* gardening.

jardiner [3] [ʒardine] *vi* to garden.

jardinet [ʒardinɛ] *nm* small garden.

jardinier, ère [ʒardinje, ɛr] *nm, f* gardener.
◆ **jardinière** *nf* **- 1.** [bac à fleurs] window box **- 2.** CULIN **: jardinière de légumes** mixed vegetables *(pl)*.

jargon [ʒargɔ̃] *nm* **- 1.** [langage spécialisé] jargon **- 2.** *fam* [charabia] gibberish.

jarret [ʒarɛ] *nm* **- 1.** ANAT back of the knee **- 2.** CULIN knuckle of veal.

jarretelle [ʒartɛl] *nf* suspender *UK*, garter *US*.

jarretière [ʒartjɛr] *nf* garter.

jars [ʒar] *nm* gander.

jaser [3] [ʒaze] *vi* [bavarder] to gossip.

jasmin [ʒasmɛ̃] *nm* jasmine.

jatte [ʒat] *nf* bowl.

jauge [ʒoʒ] *nf* [instrument] gauge ; **~ de niveau d'huile** dipstick.

jauger [17] [ʒoʒe] *vt* to gauge.

jaunâtre [ʒonatr] *adj* yellowish.

jaune [ʒon] ◇ *nm* [couleur] yellow. ◇ *adj* yellow. ◇ *adv* **: rire ~** *fig* to force o.s. to laugh.
◆ **jaune d'œuf** *nm* (egg) yolk.

jaunir [32] [ʒonir] *vt & vi* to turn yellow.

jaunisse [ʒonis] *nf* MÉD jaundice ; **en faire une ~** *fam fig* [de jalousie] to be green with envy ; [de déception] to take it badly.

jaunissement [ʒonismɑ̃] *nm* yellowing.

java [ʒava] *nf type of popular dance* ; **faire la ~** *fam fig* to live it up.

Java [ʒava] *n* Java ; **à ~** in Java.

javanais, e [ʒavanɛ, ɛz] *adj* Javanese.
◆ **javanais** *nm* [langue] Javanese.
◆ **Javanais, e** *nm, f* Javanese (person) ; **les Javanais** the Javanese.

Javel [ʒavɛl] *nf* **: eau de ~** bleach.

javelliser [3] [ʒavelize] *vt* to chlorinate.

javelot [ʒavlo] *nm* javelin.

jazz [dʒaz] *nm* jazz.

J.-C. (*abr écrite de* **Jésus-Christ**) J.C.

je [ʒə], **j'** *(devant voyelle et h muet) pron pers* I.

jean [dʒin], **jeans** [dʒins] *nm* jeans *(pl)*, pair of jeans.

Jeep® [dʒip] *nf* Jeep®.

je-m'en-foutisme [ʒmɑ̃futism] *nm* couldn't-give-a-damn attitude.

jérémiades [ʒeremjad] *nfpl* moaning *(U)*, whining *(U)*.

jerrycan, jerricane [ʒerikan] *nm* jerry can.

jersey [ʒɛrzɛ] *nm* jersey ; **point de ~** stocking stitch.

Jersey [ʒɛrzɛ] *n* Jersey ; **à ~** on Jersey.

Jérusalem [ʒeryzalɛm] *n* Jerusalem.

jésuite [ʒezɥit] ◇ *nm* Jesuit. ◇ *adj* Jesuit ; *péj* jesuitical.

Jésus-Christ [ʒezykri] *nm* Jesus Christ.

jet[1] [ʒɛ] *nm* **- 1.** [action de jeter] throw ; **d'un seul ~** *fig* in one go **- 2.** [de liquide] jet ; **~ d'eau** fountain **- 3.** [esquisse] **: premier ~** rough outline *OU* draft.

jet[2] [dʒɛt] *nm* [avion] jet.

jetable [ʒətabl] *adj* disposable.

jetais, jetions *(etc)* ▷ **jeter**.

jeté, e [ʒəte] *pp* ▷ **jeter**.

jetée [ʒəte] *nf* jetty.

jeter [27] [ʒəte] *vt* to throw ; [se débarrasser de] to throw away ; **~ qqch à qqn** [lancer] to throw sthg to sb, to throw sb sthg ; [pour faire mal] to throw sthg at sb ; **~ qqn dehors** to throw sb out ; **~ un coup d'œil (à)** to take a look (at).
◆ **se jeter** *vp* : **se ~ sur** to pounce on ; **se ~ dans** [suj: rivière] to flow into ; **se ~ dans les bras de qqn** to throw o.s. into sb's arms ; **se ~ à l'eau** *fig* to take the plunge.

jeton [ʒətɔ̃] *nm* **- 1.** [de jeu] counter ; [de téléphone] token **- 2.** *loc* **avoir les ~s** *fam* to have the jitters.
◆ **faux-jeton** *nm* hypocrite.
◆ **jeton de présence** *nm fees paid to non-executive directors of a company.*

jet-set [dʒɛtsɛt], **jet-society** [dʒɛtsɔsajti] *nf* jet set ; **membre de la ~** jet-setter.

jette, **jettes** *(etc)* ▷ **jeter**.

jetterai, **jetteras** *(etc)* ▷ **jeter**.

jeu, **x** [ʒø] *nm* **- 1.** [divertissement] play *(U)*, playing *(U)* ; **par ~** for fun ; **~ de mots** play on words, pun **- 2.** [régi par des règles] game ; **en ~** in (play) ; **hors ~** out (of play) ; **mettre un joueur hors ~** to put a player offside ; **~ de l'oie** ≃ snakes and ladders *UK* ; **~ de société** parlour *UK ou* parlor *US* game ; **~ télévisé** game show **- 3.** [d'argent] : **le ~** gambling ; **~ de hasard** game of chance **- 4.** [d'échecs, de clés] set ; **~ de cartes** pack *ou* deck of cards **- 5.** [manière de jouer MUS playing ; THÉÂTRE acting ; SPORT game **- 6.** TECHNOL play ; **il y a du ~** there's a bit of play, it's rather loose **- 7.** *loc* **cacher son ~** to play one's cards close to one's chest ; **être en ~** to be at stake ; **entrer en ~** to come into play ; **entrer dans le ~ de qqn** to play sb's game.
◆ **Jeux Olympiques** *nmpl* : **les Jeux Olympiques** the Olympic Games.

jeudi [ʒødi] *nm* Thursday ; **~ saint** Maundy Thursday, *voir aussi* **samedi**.

jeun [ʒœ̃] ◆ **à jeun** *loc adv* on an empty stomach.

jeune [ʒœn] ◇ *adj* young ; [style, apparence] youthful ; **~ homme/femme** young man/woman ; **~ fille** girl ; **~s gens** [gén] young people ; [garçons] young men ; **~ pousse** ÉCON start up (company). ◇ *adv* : **faire ~** to look young. ◇ *nm* young person ; **les ~s** young people.

jeûne [ʒøn] *nm* fast.

jeûner [3] [ʒøne] *vi* to fast.

jeunesse [ʒœnɛs] *nf* **- 1.** [âge] youth ; [de style, apparence] youthfulness **- 2.** [jeunes gens] young people *(pl)*.

JF, **jf** *abr de* **jeune fille**.

JH *abr de* **jeune homme**.

jingle [dʒingəl] *nm* jingle.

JO ◇ *nm (abr de* **Journal officiel**) *bulletin giving details of laws and official announcements.* ◇ *nmpl (abr de* **Jeux Olympiques**) *Olympic Games.*

joaillerie [ʒɔajri] *nf* **- 1.** [métier] jewel trade **- 2.** [magasin] jeweller's *UK ou* jeweler's *US* (shop).

joaillier, **ère** [ʒɔaje, ɛr] *nm, f* jeweller *UK*, jeweler *US*.

job [dʒɔb] *nm fam* job.

jobard, **e** [ʒɔbar, ard] *adj fam* gullible.

jockey [ʒɔkɛ] *nm* jockey.

jogging [dʒɔgiŋ] *nm* **- 1.** [activité] jogging ; **faire du ~** to go jogging, to go for a jog **- 2.** [vêtement] tracksuit, jogging suit.

joie [ʒwa] *nf* joy ; **avec ~** with pleasure ; **~ de vivre** joie de vivre, joy of living.

joignable [ʒwaɲabl] *adj* contactable.

joignais, **joignions** *(etc)* ▷ **joindre**.

joindre [82] [ʒwɛ̃dr] *vt* **- 1.** [rapprocher] to join ; [mains] to put together ; **(ne pas) arriver à ~ les deux bouts** *fam fig* (to be unable) to make ends meet **- 2.** [ajouter] : **~ qqch (à)** to attach sthg (to) ; **~ un fichier à un message électronique** to attach a file to an email message ; [adjoindre] to enclose sthg (with) **- 3.** [par téléphone] to contact, to reach.
◆ **se joindre** *vp* : **se ~ à qqn** to join sb ; **se ~ à qqch** to join in sthg.

joint, **e** [ʒwɛ̃, ɛ̃t] *pp* ▷ **joindre**.
◆ **joint** *nm* **- 1.** [d'étanchéité] seal **- 2.** *fam* [drogue] joint.
◆ **joint de culasse** *nm* cylinder head gasket.

jointure [ʒwɛ̃tyr] *nf* ANAT joint.

joker [ʒɔkɛr] *nm* joker.

joli, **e** [ʒɔli] *adj* **- 1.** [femme, chose] pretty, attractive **- 2.** [somme, situation] nice **- 3.** *loc* **c'est bien ~, mais...** that's all very well, but... ; **c'est du ~ travail!** *iron* well done!

joliment [ʒɔlimɑ̃] *adv* **- 1.** [bien] prettily, attractively ; *iron* nicely **- 2.** *fam* [beaucoup] really.

jonc [ʒɔ̃] *nm* rush, bulrush.

joncher [3] [ʒɔ̃ʃe] *vt* to strew ; **être jonché de** to be strewn with.

jonction [ʒɔ̃ksjɔ̃] *nf* [de routes] junction.

jongler [3] [ʒɔ̃gle] *vi* to juggle.

jongleur, **euse** [ʒɔ̃glœr, øz] *nm, f* juggler.

jonquille [ʒɔ̃kij] *nf* daffodil.

Jordanie [ʒɔrdani] *nf* : **la ~** Jordan.

jordanien, **enne** [ʒɔrdanjɛ̃, ɛn] *adj* Jordanian.
◆ **Jordanien**, **enne** *nm, f* Jordanian.

jouable [ʒwabl] *adj* - **1.** SPORT playable - **2.** [situation] feasible.

joual [ʒwal] *nm Québec French-Canadian dialect.*

joue [ʒu] *nf* cheek ; **tenir** *ou* **mettre qqn en ~** *fig* to take aim at sb.

jouer [6] [ʒwe] ◇ *vi* - **1.** [gén] to play ; **~ avec qqn/qqch** to play with sb/sthg ; **~ à qqch** [jeu, sport] to play sthg ; **~ de** MUS to play ; **à toi de ~!** (it's) your turn! ; *fig* your move! - **2.** CINÉ & THÉÂTRE to act - **3.** [parier] to gamble - **4.** [s'appliquer] to apply - **5.** *loc* **~ des coudes** to use one's elbows ; **~ de malchance** to be dogged by bad luck ; **~ sur les mots** to play with words. ◇ *vt* - **1.** [carte, partie] to play - **2.** [somme d'argent] to bet, to wager ; *fig* to gamble with - **3.** [THÉÂTRE - personnage, rôle] to play ; [- pièce] to put on, to perform - **4.** [avoir à l'affiche] to show - **5.** MUS to perform, to play - **6.** *loc* **~ la comédie** to put on an act ; **~ le jeu** to play the game ; **~ un tour à qqn** to play a trick on sb.

◆ **se jouer** *vp* : **se ~ de qqch** to make light of sthg ; **se ~ de qqn** to deceive sb.

jouet [ʒwɛ] *nm* toy ; **être le ~ de** *fig* to be the victim of.

joueur, euse [ʒwœr, øz] *nm, f* - **1.** SPORT player ; **~ de football** footballer, football player ; **être beau/mauvais ~** to be a good/bad loser - **2.** [au casino] gambler.

joufflu, e [ʒufly] *adj* [personne] chubby-cheeked.

joug [ʒu] *nm* yoke.

jouir [32] [ʒwir] *vi* - **1.** [profiter] : **~ de** to enjoy - **2.** [sexuellement] to have an orgasm.

jouissance [ʒwisɑ̃s] *nf* - **1.** DR [d'un bien] use - **2.** [sexuelle] orgasm.

joujou, x [ʒuʒu] *nm* toy.

jour [ʒur] *nm* - **1.** [unité de temps] day ; **huit ~s** a week ; **quinze ~s** a fortnight *UK*, two weeks ; **tous les ~s** every day ; **l'autre ~** the other day ; **de ~ en ~** day by day ; **~ après ~** day after day ; **au ~ le ~** from day to day ; **~ et nuit** night and day ; **du ~ au lendemain** overnight ; **~ pour ~** to the day ; **le ~ de l'an** New Year's Day ; **~ chômé** public holiday ; **~ de congé** day off ; **~ férié** public holiday ; **~ de fête** holiday ; **le ~ J** D-Day ; **~ ouvrable** working day - **2.** [lumière] daylight ; **de ~** in the daytime, by day ; **il fait ~** it's light ; **au petit ~** at the crack of dawn ; **au grand ~** in broad daylight - **3.** [époque] day ; **le ~ où** the day (that) ; **un beau ~** one fine day ; **un de ces ~s** one of these days - **4.** *loc* **être à ~** to be up-to-date ; **mettre qqch à ~** to update sthg, to bring sthg up to date ; **de nos ~s** these days, nowadays ; **se faire ~** to become clear ; **sous un ~ nouveau** in a new light.

journal, aux [ʒurnal, o] *nm* - **1.** [publication] newspaper, paper ; **le ~ officiel de la République française** *official publication in which public notices appear* - **2.** TV : **~ télévisé** television news - **3.** [écrit] : **~ (intime)** diary, journal ; **~ de bord** NAUT ship's log ; INFORM log.

> **Le journal officiel**
>
> This daily bulletin prints information about new laws and summaries of parliamentary debates, and informs the public of any other important government business. New companies are obliged by law to publish an announcement of their creation in the *journal officiel*.

journalier, ère [ʒurnalje, ɛr] *adj* daily.

journalisme [ʒurnalism] *nm* journalism.

journaliste [ʒurnalist] *nmf* journalist, reporter.

journalistique [ʒurnalistik] *adj* journalistic.

journée [ʒurne] *nf* day ; **faire la ~ continue** to work through lunch.

journellement [ʒurnɛlmɑ̃] *adv* daily.

joute [ʒut] *nf* joust ; *fig* duel.

jouxter [3] [ʒukste] *vt* to adjoin.

jovial, e, aux [ʒɔvjal, o] *adj* jovial, jolly.

jovialité [ʒɔvjalite] *nf* joviality, jolliness.

joyau, x [ʒwajo] *nm* jewel.

joyeusement [ʒwajøzmɑ̃] *adv* joyfully.

joyeux, euse [ʒwajø, øz] *adj* joyful, happy ; **~ Noël!** Merry Christmas!

JT (*abr de* **journal télévisé**) *nm* television news.

jubilation [ʒybilasjɔ̃] *nf* jubilation.

jubilé [ʒybile] *nm* jubilee.

jubiler [3] [ʒybile] *vi fam* to be jubilant.

jucher [3] [ʒyʃe] *vt* : **~ qqn sur qqch** to perch sb on sthg.

◆ **se jucher** *vp* : **se ~ sur qqch** to perch on sthg.

judaïque [ʒydaik] *adj* [loi] Judaic ; [tradition, religion] Jewish.

judaïsme [ʒydaism] *nm* Judaism.

judas [ʒyda] *nm* [ouverture] peephole.

Judée [ʒyde] *nf* : **la ~** Judaea, Judea.

judéo-chrétien, enne [ʒydeɔkretjɛ̃, ɛn] (*mpl* **judéo-chrétiens**, *fpl* **judéo-chrétiennes**) *adj* Judaeo-Christian.

judiciaire [ʒydisjɛr] *adj* judicial.

judicieusement [ʒydisjøzmɑ̃] *adv* judiciously.

judicieux, euse [ʒydisjø, øz] *adj* judicious.

judo [ʒydo] *nm* judo.

juge [ʒyʒ] *nm* judge ; **~ d'instruction** examining magistrate ; **~ d'enfants** children's judge, juvenile magistrate *UK* ; **~ de ligne**

TENNIS line judge ; ~ **de paix** justice of the peace ; ~ **de touche** FOOTBALL linesman ; [rugby] touch judge.

jugé [ʒyʒe] ◆ **au jugé** *loc adv* by guesswork ; **tirer au** ~ to fire blind.

jugement [ʒyʒmɑ̃] *nm* judgment ; **prononcer un** ~ to pass sentence ; ~ **de valeur** value judgment.

◆ **Jugement** *nm* : **le Jugement dernier** the Last Judgment.

jugeote [ʒyʒɔt] *nf fam* common sense ; **manquer de** ~ to have no common sense.

juger [17] [ʒyʒe] ◇ *vt* to judge ; [accusé] to try ; ~ **que** to judge (that), to consider (that) ; ~ **qqn/qqch inutile** to consider sb/sthg useless ; ~ **bon de faire qqch** to consider it appropriate to do sthg. ◇ *vi* to judge ; ~ **de qqch** to judge sthg ; **si j'en juge d'après mon expérience** judging from my experience ; **jugez de ma surprise!** imagine my surprise!

juguler [3] [ʒygyle] *vt* [maladie] to halt ; [révolte] to put down ; [inflation] to curb.

juif, **ive** [ʒɥif, iv] *adj* Jewish.

◆ **Juif**, **ive** *nm, f* Jew.

juillet [ʒɥijɛ] *nm* July ; **la fête du 14 Juillet** *national holiday to mark the anniversary of the storming of the Bastille*, *voir aussi* **septembre**.

La fête du 14 Juillet

The celebrations to mark the anniversary of the storming of the Bastille begin on July 13th with outdoor public dances in the evening (*les bals du 14 juillet*); they continue on the 14th with a military parade in the morning and a firework display in the evening.

juin [ʒɥɛ̃] *nm* June, *voir aussi* **septembre**.

juke-box [dʒukbɔks] *nm inv* jukebox.

julienne [ʒyljɛn] *nf* : ~ **de légumes** *(clear soup with) very thin strips of vegetable*.

jumeau, **elle**, **x** [ʒymo, ɛl, o] ◇ *adj* twin *(avant n)*. ◇ *nm, f* twin ; **vrais/faux ~x** identical/fraternal twins.

◆ **jumelles** *nfpl* [en optique] binoculars.

jumelage [ʒymlaʒ] *nm* twinning.

jumelé, **e** [ʒymle] *adj* [villes] twinned *UK* ; [maisons] semidetached *UK* ; **roues ~es** double wheels.

jumeler [24] [ʒymle] *vt UK* to twin.

jumelle ▻ **jumeau**.

jument [ʒymɑ̃] *nf* mare.

jungle [ʒœ̃gl] *nf* jungle.

junior [ʒynjɔr] *adj* & *nmf* SPORT junior.

junte [ʒœ̃t] *nf* junta.

jupe [ʒyp] *nf* skirt.

jupe-culotte [ʒypkylɔt] (*pl* **jupes-culottes**) *nf* culottes *(pl)*.

jupon [ʒypɔ̃] *nm* petticoat, slip.

Jura [ʒyra] *nm* : **le** ~ the Jura (Mountains).

juré [ʒyre] *nm* DR juror.

juré, **e** [ʒyre] *adj* : **ennemi** ~ sworn enemy.

jurer [3] [ʒyre] ◇ *vt* : ~ **qqch à qqn** to swear *ou* pledge sthg to sb ; ~ **(à qqn) que...** to swear (to sb) that... ; ~ **de faire qqch** to swear *ou* vow to do sthg ; **je le jure** I swear ; **je vous jure!** *fam* honestly! ; **ne plus** ~ **que par** to swear by. ◇ *vi* - **1.** [blasphémer] to swear, to curse - **2.** [ne pas aller ensemble] : ~ **(avec)** to clash (with).

◆ **se jurer** *vp* : **se** ~ **de faire qqch** to swear *ou* vow to do sthg.

juridiction [ʒyridiksjɔ̃] *nf* jurisdiction.

juridictionnel, **elle** [ʒyridiksjɔnɛl] *adj* jurisdictional.

juridique [ʒyridik] *adj* legal.

juridiquement [ʒyridikmɑ̃] *adv* legally.

jurisprudence [ʒyrisprydɑ̃s] *nf* jurisprudence ; **faire** ~ to set a precedent.

juriste [ʒyrist] *nmf* lawyer.

juron [ʒyrɔ̃] *nm* swearword, oath.

jury [ʒyri] *nm* - **1.** DR jury - **2.** [SCOL - d'examen] examining board ; [- de concours] admissions board.

jus [ʒy] *nm* - **1.** [de fruits, légumes] juice ; ~ **d'orange/de pomme** orange/apple juice - **2.** [de viande] gravy.

jusqu'au-boutiste [ʒyskobutist] *nmf* hard-liner.

jusque, **jusqu'** [ʒysk(ə)] ◆ **jusqu'à** *loc prép* - **1.** [sens temporel] until, till ; **jusqu'à nouvel ordre** until further notice ; **jusqu'à présent** up until now, so far - **2.** [sens spatial] as far as ; **jusqu'au bout** to the end - **3.** [même] even ; **aller jusqu'à faire qqch** *fig* to go as far as to do sthg. ◆ **jusqu'à ce que** *loc conj* until, till. ◆ **jusqu'en** *loc prép* up until. ◆ **jusqu'ici** *loc adv* [lieu] up to here ; [temps] up until now, so far. ◆ **jusque-là** *loc adv* [lieu] up to there ; [temps] up until then.

justaucorps [ʒystokɔr] *nm* [maillot] leotard.

juste [ʒyst] ◇ *adj* - **1.** [équitable] fair - **2.** [exact] right, correct - **3.** [trop petit] tight. ◇ *adv* - **1.** [bien] correctly, right - **2.** [exactement, seulement] just.

◆ **au juste** *loc adv* exactly.

◆ **tout juste** *loc adv* only just.

justement [ʒystəmɑ̃] *adv* - **1.** [avec raison] rightly - **2.** [précisément] exactly, precisely.

justesse [ʒystɛs] *nf* [de remarque] aptness ; [de raisonnement] soundness.

◆ **de justesse** *loc adv* only just.

justice [ʒystis] *nf* - **1.** DR justice ; **se faire ~** [se suicider] to take one's life ; **passer en ~** to stand trial ; **rendre la ~** to dispense justice ; **rendre ~ à qqn/qqch** to do justice to sb/sthg - **2.** [équité] fairness.

justiciable [ʒystisjabl] *adj* : **être ~ de** DR to be answerable to.

justicier, ère [ʒystisje, ɛr] *nm, f* righter of wrongs.

justifiable [ʒystifjabl] *adj* justifiable.

justificatif, ive [ʒystifikatif, iv] *adj* supporting.

◆ **justificatif** *nm* written proof *(U)*.

justification [ʒystifikasjɔ̃] *nf* justification.

justifier [9] [ʒystifje] *vt* - **1.** [gén] to justify - **2.** TYPO : **~ à gauche/à droite** to left-/right-justify.

◆ **se justifier** *vp* to justify o.s.

jute [ʒyt] *nm* jute.

juter [3] [ʒyte] *vi* [fruit] to be juicy.

juteux, euse [ʒytø, øz] *adj* juicy ; **une affaire juteuse** *fam* a nice little earner.

juvénile [ʒyvenil] *adj* youthful.

juxtaposé, e [ʒykstapoze] *adj* juxtaposed.

juxtaposer [3] [ʒykstapoze] *vt* to juxtapose, to place side by side.

juxtaposition [ʒykstapozisjɔ̃] *nf* juxtaposition.

K

k, K [ka] *nm inv* k, K.

K7 [kasɛt] (*abr de* **cassette**) *nf* cassette ; **radio-~** radiocassette.

Kaboul [kabul] *n* Kabul.

kabyle [kabil] ◇ *adj* Kabyle. ◇ *nm* [langue] Kabyle.

◆ **Kabyle** *nmf* Kabyle.

Kabylie [kabili] *nf* : **la ~** Kabylia.

kaki [kaki] ◇ *nm* - **1.** [couleur] khaki - **2.** [fruit] persimmon. ◇ *adj inv* khaki.

kaléidoscope [kaleidɔskɔp] *nm* kaleidoscope.

kamikaze [kamikaz] *nm* kamikaze pilot.

Kampuchéa [kɑ̃pyʃea] *nm* : **le ~** Kampuchea.

kanak = **canaque**.

kangourou [kɑ̃guru] *nm* kangaroo.

kapok [kapɔk] *nm* kapok.

karaoké [karaɔke] *nm* karaoke.

karaté [karate] *nm* karate.

karité [karite] *nm* shea.

kart [kart] *nm* go-kart.

karting [kartiŋ] *nm* go-karting.

kas(c)her, cascher [kaʃɛr] *adj inv* kosher ; **manger ~** to eat kosher food.

Katar = **Qatar**.

kayak [kajak] *nm* kayak.

KCS (*abr écrite de* **couronne tchécoslovaque**) Kcs.

Kenya [kenja] *nm* : **le ~** Kenya ; **au ~** in Kenya.

kenyan, e [kenjɑ̃, an] *adj* Kenyan.

◆ **Kenyan, e** *nm, f* Kenyan.

képi [kepi] *nm* kepi.

kératine [keratin] *nf* keratin.

kermesse [kɛrmɛs] *nf* - **1.** [foire] fair - **2.** [fête de bienfaisance] fête.

kérosène [kerɔzɛn] *nm* kerosene.

ketchup [kɛtʃœp] *nm* ketchup.

keuf [kœf] *nm fam* cop.

keum [kœm] *nm fam* guy, bloke.

KF - **1.** *abr de* **kilofranc** - **2.** *abr de* **café**.

kg (*abr écrite de* **kilogramme**) kg.

KGB (*abr de* **Komitet Gossoudarstvennoï Bezopasnosti**) *nm* KGB.

khâgne [kaɲ] *nf second year of a two-year preparatory arts course taken prior to the competitive examination for entry to the École normale supérieure.*

Khartoum [kartum] *n* Khartoum.

khmer, ère [kmɛr] *adj* Khmer.

◆ **khmer** *nm* [langue] Khmer.

◆ **Khmer, ère** *nm, f* Khmer.

khôl [kol], **kohol** [kɔɔl] *nm* kohl.

kibboutz [kibuts] *nm inv* kibbutz.

kidnapper [3] [kidnape] *vt* to kidnap.

kidnappeur, euse [kidnapœr, øz] *nm, f* kidnapper.

kidnapping [kidnapiŋ] *nm* kidnap.

kif-kif [kifkif] *adj inv fam* **c'est ~** it makes no odds *UK*, it's all the same.

kilo [kilo] *nm* kilo.

kilofranc [kilofrɑ̃] *nm one thousand francs.*

kilogramme [kilɔgram] *nm* kilogram.

kilométrage [kilɔmetraʒ] *nm* **- 1.** [de voiture] ≃ mileage ; **~ illimité** ≃ unlimited mileage **- 2.** [distance] distance.

kilomètre [kilɔmɛtr] *nm* kilometre *UK*, kilometer *US*.

kilométrique [kilɔmetrik] *adj* kilometric.

kilo-octet [kilɔɔktɛ] *nm* INFORM kilobyte.

kilowatt [kilɔwat] *nm* kilowatt.

kilowatt-heure [kilowatœr] (*pl* **kilowatts-heures**) *nm* kilowatt-hour.

kilt [kilt] *nm* kilt.

kimono [kimɔno] *nm* kimono.

kiné [kine] *fam* ◇ *nmf* (*abr de* **kinésithérapeute**) physio. ◇ *nf* (*abr de* **kinésithérapie**) physio ; **5 séances de ~** 5 sessions of physio.

kinésithérapeute [kineziterapøt] *nmf* physiotherapist.

kinésithérapie [kineziterapi] *nf* physiotherapy.

Kinshasa [kinʃasa] *n* Kinshasa.

kiosque [kjɔsk] *nm* **- 1.** [de vente] kiosk ; **~ à journaux** newspaper kiosk **- 2.** [pavillon] pavilion **- 3.** [de navire] pilot house, wheelhouse.

kir [kir] *nm apéritif made with white wine and blackcurrant liqueur.*

kirsch [kirʃ] *nm* cherry brandy.

kit [kit] *nm* kit ; **en ~** in kit form ; **~ mains libres** TÉLÉCOM hands-free kit.

kitchenette [kitʃənɛt] *nf* kitchenette.

kitsch [kitʃ] *adj inv* kitsch.

kiwi [kiwi] *nm* **- 1.** [oiseau] kiwi **- 2.** [fruit] kiwi, kiwi fruit *(U)*.

Klaxon® [klaksɔ̃] *nm* horn.

klaxonner [3] [klaksɔne] *vi* to hoot *UK*, to honk *US*.

kleptomane, **cleptomane** [klɛptɔman] *nmf* kleptomaniac.

kleptomanie [klɛptɔmani] *nf* kleptomania.

km (*abr écrite de* **kilomètre**) km.

km/h (*abr écrite de* **kilomètre par heure**) kph.

Ko (*abr écrite de* **kilo-octet**) K.

K.-O. [kao] *nm* **: mettre qqn ~** to knock sb out.

koala [kɔala] *nm* koala (bear).

kohol = **khôl**.

kosovar, e [kɔsɔvar] *adj* Kosovan.
◆ **Kosovar, e** [kɔsɔvar] *nm, f* Kosovar.

Kosovo [kɔsɔvɔ] *nm* **: le ~** Kosovo ; **au ~** in Kosovo.

kouglof, **kugelhof** [kuglɔf] *nm cake made with dried fruit and almonds.*

Koweït [kɔwɛt] *nm* [pays, ville] Kuwait ; **le ~** Kuwait ; **au ~** in Kuwait.

koweïtien, enne [kɔwɛtjɛ̃, ɛn] *adj* Kuwaiti.
◆ **Koweïtien, enne** *nm, f* Kuwaiti.

krach [krak] *nm* crash ; **~ boursier** stock market crash.

kraft [kraft] *nm* kraft ; **papier ~** brown paper.

KRD (*abr écrite de* **couronne danoise**) Kr, DKr.

KRN (*abr écrite de* **couronne norvégienne**) Kr, NKr.

KRS (*abr écrite de* **couronne suédoise**) Kr, Skr.

Kuala Lumpur [kyalalympyr] *n* Kuala Lumpur.

kugelhof = **kouglof**.

kumquat [kumkwat] *nm* kumquat.

kung-fu [kuŋfu] *nm* kung fu.

kurde [kyrd] ◇ *adj* Kurdish. ◇ *nm* [langue] Kurdish.
◆ **Kurde** *nmf* Kurd.

Kurdistan [kyrdistɑ̃] *nm* **: le ~** Kurdistan ; **au ~** in Kurdistan.

kWh (*abr écrite de* **kilowatt-heure**) kW/hr.

Kyoto [kiɔtɔ] *n* Kyoto.

kyrielle [kirjɛl] *nf* **fam** stream ; [d'enfants] horde.

kyste [kist] *nm* cyst.

l, L [ɛl] ◇ *nm inv* l, L. ◇ (*abr écrite de* **litre**) l.

l' ▷ **le**.

la[1] [la] *art déf & pron pers* ▷ **le**.

la[2] [la] *nm inv* MUS A ; [chanté] la.

là [la] *adv* **- 1.** [lieu] there ; **à 3 kilomètres de ~** 3 kilometres from there ; **passe par ~** go that way ; **c'est ~ que je travaille** that's where I work ; **je suis ~** I'm here ; **les faits sont ~** those are the facts **- 2.** [temps] then ; **à quelques jours de ~** a few days later, a few days after that **- 3.** [dans cela] **: la santé, tout est ~** (good) health is everything ; **~ est le vrai problème** that's the real problem **- 4.** [avec une proposition relative] **: ~ où** [lieu] where ; [temps]

when - **5.** *loc* **de ~ à dire qu'elle est sympathique, il y a loin!** there's a big difference between saying that and saying that she's a nice person ; **nous en sommes ~** that's the stage we've reached ; **s'en tenir ~** to call a halt (there), *voir aussi* **ce**, *voir aussi* **là-bas**, *voir aussi* **là-dedans** *etc* .

là-bas [laba] *adv* (over) there.

label [labɛl] *nm* - **1.** [étiquette] : **~ de qualité** label guaranteeing quality - **2.** [commerce] label, brand name.

labeur [labœr] *nm sout* labour *UK*, labor *US*.

labial, **e**, **aux** [labjal, o] *adj* labial.

labo [labo] (*abr de* **laboratoire**) *nm fam* lab.

laborantin, **e** [labɔrɑ̃tɛ̃, in] *nm, f* laboratory assistant.

laboratoire [labɔratwar] *nm* laboratory ; **~ d'analyses** test laboratory ; **~ de langues** language laboratory.

laborieusement [labɔrjøzmɑ̃] *adv* laboriously.

laborieux, **euse** [labɔrjø, øz] *adj* - **1.** [difficile] laborious - **2.** [travailleur] industrious ; **les classes laborieuses** the working class *(sing)*.

labour [labur] *nm* - **1.** [labourage] ploughing *UK*, plowing *US* - **2.** *(gén pl)* [terres] ploughed *UK ou* plowed *US* field.

labourage [laburaʒ] *nm* ploughing *UK*, plowing *US*.

labourer [3] [labure] *vt* - **1.** AGRIC to plough *UK*, to plow *US* - **2.** *fig* [creuser] to make a gash in.

laboureur [laburœr] *nm* ploughman *UK*, plowman *US*.

labrador [labradɔr] *nm* labrador.

labyrinthe [labirɛ̃t] *nm* labyrinth.

lac [lak] *nm* lake ; **les Grands Lacs** the Great Lakes ; **le ~ Léman** Lake Geneva ; **le ~ Majeur** Lake Maggiore.

lacer [16] [lase] *vt* to tie.

lacérer [18] [lasere] *vt* - **1.** [déchirer] to shred - **2.** [blesser, griffer] to slash.

lacet [lasɛ] *nm* - **1.** [cordon] lace - **2.** [de route] bend - **3.** [piège] snare.

lâche [laʃ] ◇ *nmf* coward. ◇ *adj* - **1.** [nœud] loose - **2.** [personne, comportement] cowardly.

lâchement [laʃmɑ̃] *adv* like a coward/cowards.

lâcher [3] [laʃe] ◇ *vt* - **1.** [libérer - bras, objet] to let go of ; [- animal] to let go, to release - **2.** [émettre - son, mot] to let out, to come out with - **3.** [desserrer] to loosen - **4.** [laisser tomber] : **~ qqch** to drop sthg - **5.** *fam* [abandonner - ami] : **~ qqn** to drop sb. ◇ *vi* to give way. ◇ *nm* : **un ~ de** a release of.

lâcheté [laʃte] *nf* - **1.** [couardise] cowardice - **2.** [acte] cowardly act.

lâcheur, **euse** [laʃœr, øz] *nm, f fam* unreliable person.

lacis [lasi] *nm* [labyrinthe] maze.

laconique [lakɔnik] *adj* laconic.

laconiquement [lakɔnikmɑ̃] *adv* laconically.

lacrymal, **e**, **aux** [lakrimal, o] *adj* lacrimal.

lacrymogène [lakrimɔʒɛn] *adj* tear *(avant n)*.

lactation [laktasjɔ̃] *nf* lactation.

lacté, **e** [lakte] *adj* [régime] milk *(avant n)*.

lactique [laktik] *adj* lactic.

lacunaire [lakynɛr] *adj* [insuffisant] incomplete.

lacune [lakyn] *nf* [manque] gap.

lacustre [lakystr] *adj* [faune, plante] lake *(avant n)* ; [cité, village] on stilts.

lad [lad] *nm* stable lad.

là-dedans [ladədɑ̃] *adv* inside, in there ; **il y a quelque chose qui m'intrigue ~** there's something in that which intrigues me.

là-dessous [ladsu] *adv* underneath, under there ; *fig* behind that.

là-dessus [ladsy] *adv* on that ; **~, il partit** at that point *ou* with that, he left ; **je suis d'accord ~** I agree about that.

ladite ▷ **ledit**.

lagon [lagɔ̃] *nm*, **lagune** [lagyn] *nf* lagoon.

là-haut [lao] *adv* up there.

laïc, **laïque** [laik] ◇ *adj* lay *(avant n)* ; [juridiction] civil *(avant n)* ; [école] state *(avant n)*. ◇ *nm, f* layman (*f* laywoman).

laïcisation [laisizasjɔ̃] *nf* secularization.

laid, **e** [lɛ, lɛd] *adj* - **1.** [esthétiquement] ugly - **2.** [moralement] wicked.

laideron [lɛdrɔ̃] *nm* ugly woman.

laideur [lɛdœr] *nf* - **1.** [physique] ugliness - **2.** [morale] wickedness.

laie [lɛ] *nf* ZOOL wild sow.

lainage [lɛnaʒ] *nm* [étoffe] woollen *UK ou* woolen *US* material ; [vêtement] woolly, woollen *UK ou* woolen *US* garment.

laine [lɛn] *nf* wool ; **~ polaire** polar fleece ; **~ de verre** glass wool ; **pure ~ vierge** pure new wool.

laineux, **euse** [lɛnø, øz] *adj* woolly.

lainier, **ère** [lɛnje, ɛr] ◇ *adj* wool *(avant n)*. ◇ *nm, f* [marchand] wool merchant ; [ouvrier] wool worker.

laïque = **laïc**.

laisse [lɛs] *nf* [corde] lead *UK*, leash ; **tenir en ~** [chien] to keep on a lead *UK ou* leash ; **tenir qqn en ~** *fig* to keep sb on a short lead *UK*.

laissé-pour-compte, **laissée-pour-compte** [lesepurkɔ̃t] (*mpl* **laissés-pour-compte**, *fpl* **laissées-pour-compte**) *adj* - **1.** [article] unsold - **2.** *fig* [personne] rejected.
◆ **laissé-pour-compte** *nm* - **1.** [article] unsold item - **2.** [personne] reject.

laisser [4] [lese] ◇ *v aux (+ infinitif)* ~ **qqn faire qqch** to let sb do sthg ; **laisse-le faire** leave him alone, don't interfere ; ~ **tomber qqch** *litt & fig* to drop sthg ; ~ **tomber qqn** *fam* to drop *ou* ditch sb ; **laisse tomber!** *fam* drop it! ◇ *vt* - **1.** [gén] to leave ; ~ **qqch à qqn** [léguer] to leave sthg to sb, to leave sb sthg ; ~ **qqn/qqch à qqn** [confier] to leave sb/sthg with sb - **2.** [céder] : ~ **qqch à qqn** to let sb have sthg - **3.** *loc* ~ **qqn tranquille** to leave sb in peace *ou* alone ; ~ **à désirer** to leave something to be desired.
◆ **se laisser** *vp* : **se** ~ **faire** to let o.s. be persuaded ; **se** ~ **aller** to relax ; [dans son apparence] to let o.s. go ; **se** ~ **aller dans un fauteuil** to collapse into an armchair ; **se** ~ **aller à qqch** to indulge in sthg ; **se** ~ **tenter par** to be tempted by.

laisser-aller [leseale] *nm inv* carelessness.

laissez-passer [lesepase] *nm inv* pass.

lait [lɛ] *nm* - **1.** [gén] milk ; ~ **de chèvre/vache** goat's/cow's milk ; ~ **entier/écrémé** whole/skimmed milk ; ~ **concentré** *ou* **condensé** [sucré] condensed milk ; [non sucré] evaporated milk ; ~ **maternel** mother's milk ; ~ **en poudre** powdered milk ; ~ **de poule** egg flip - **2.** [cosmétique] : ~ **démaquillant** cleansing milk *ou* lotion.
◆ **au lait** *loc adj* with milk.

laitage [lɛtaʒ] *nm* dairy product.

laiterie [lɛtri] *nf* dairy.

laiteux, **euse** [lɛtø, øz] *adj* milky.

laitier, **ère** [lɛtje, ɛr] ◇ *adj* dairy *(avant n)*. ◇ *nm, f* milkman (*f* milkwoman).
◆ **laitier** *nm* TECHNOL slag.

laiton [lɛtɔ̃] *nm* brass.

laitue [lety] *nf* lettuce.

laïus [lajys] *nm fam* long speech.

lama [lama] *nm* - **1.** ZOOL llama - **2.** RELIG lama.

lambeau, **x** [lɑ̃bo] *nm* - **1.** [morceau] shred ; **mettre qqch en ~x** to tear sthg to pieces *ou* shreds - **2.** *fig* [fragment] fragment.

lambiner [3] [lɑ̃bine] *vi fam* to dawdle.

lambris [lɑ̃bri] *nm* panelling *UK*, paneling *US*.

lambswool [lɑ̃bswul] *nm* lambswool.

lame [lam] *nf* - **1.** [fer] blade ; ~ **de rasoir** razor blade - **2.** [lamelle] strip - **3.** [vague] wave ; ~ **de fond** groundswell.

lamé, **e** [lame] *adj* lamé ; ~ **or/argent** gold/silver lamé.
◆ **lamé** *nm* lamé ; **de** *ou* **en** ~ lamé.

lamelle [lamɛl] *nf* - **1.** [de champignon] gill - **2.** [tranche] thin slice - **3.** [de verre] slide.

lamentable [lamɑ̃tabl] *adj* - **1.** [résultats, sort] appalling - **2.** [ton] plaintive.

lamentablement [lamɑ̃tabləmɑ̃] *adv* miserably.

lamentation [lamɑ̃tasjɔ̃] *nf* - **1.** [plainte] lamentation - **2.** *(gén pl)* [jérémiade] moaning *(U)*.

lamenter [3] [lamɑ̃te] ◆ **se lamenter** *vp* to complain ; **se** ~ **sur qqch** to bemoan sthg ; **se** ~ **d'avoir fait qqch** to complain about having done sthg.

laminage [laminaʒ] *nm* lamination.

laminer [3] [lamine] *vt* [dans l'industrie] to laminate ; *fig* [personne, revenus] to eat away at.

laminoir [laminwar] *nm* rolling mill.

lampadaire [lɑ̃padɛr] *nm* [d'intérieur] standard lamp *UK*, floor lamp *US* ; [de rue] street lamp *ou* light.

lampe [lɑ̃p] *nf* lamp, light ; ~ **à bronzer** sunlamp ; ~ **de chevet** bedside lamp ; ~ **halogène** halogen light ; ~ **à incandescence** incandescent lamp ; ~ **à pétrole** oil lamp ; ~ **de poche** torch *UK*, flashlight *US* ; ~ **à souder** blowtorch ; ~ **témoin** pilot light ; **s'en mettre plein la** ~ *fam fig* to stuff o.s.

lampée [lɑ̃pe] *nf fam* swig.

lampion [lɑ̃pjɔ̃] *nm* Chinese lantern.

lampiste [lɑ̃pist] *nm* [employé, subalterne] underling, dogsbody *UK*.

lance [lɑ̃s] *nf* - **1.** [arme] spear - **2.** [de tuyau] nozzle ; ~ **d'incendie** fire hose.

lancée [lɑ̃se] *nf* : **continuer sur sa** ~ to keep going.

lance-flammes [lɑ̃sflam] *nm inv* flame-thrower.

lancement [lɑ̃smɑ̃] *nm* - **1.** [d'entreprise, produit, navire] launching - **2.** [de javelot, projectile] throwing.

lance-pierres [lɑ̃spjɛr] *nm inv* catapult.

lancer [16] [lɑ̃se] ◇ *vt* - **1.** [pierre, javelot] to throw ; ~ **qqch sur qqn** to throw sthg at sb - **2.** [fusée, produit, style] to launch - **3.** [émettre] to give off ; [cri] to let out ; [injures] to hurl ; [ultimatum] to issue - **4.** [moteur] to start up - **5.** [INFORM - programme] to start ; [- système] to boot (up) - **6.** *fig* [sur un sujet] : ~ **qqn sur qqch** to get sb started on sthg. ◇ *nm* - **1.** [à la pêche] casting - **2.** SPORT throwing ; ~ **du poids** shotput.
◆ **se lancer** *vp* - **1.** [débuter] to make a name for o.s - **2.** [s'engager] : **se** ~ **dans** [dépenses, explication, lecture] to embark on.

lanceur, **euse** [lɑ̃sœr, øz] *nm, f* SPORT thrower ; ~ **de javelot** javelin thrower ; ~ **de poids** shot putter.

◆ **lanceur** *nm* AÉRON launcher.

lancinant, e [lɑ̃sinɑ̃, ɑ̃t] *adj* - **1.** [douleur] shooting - **2.** *fig* [obsédant] haunting - **3.** [monotone] insistent.

lanciner [3] [lɑ̃sine] ◇ *vi* to throb. ◇ *vt fig* to haunt.

landau [lɑ̃do] *nm* - **1.** [d'enfant] pram *UK*, baby carriage *US* - **2.** [carrosse] landau.

lande [lɑ̃d] *nf* moor.

langage [lɑ̃gaʒ] *nm* language ; ~ **machine** INFORM machine language.

lange [lɑ̃ʒ] *nm* nappy *UK*, diaper *US*.

langer [17] [lɑ̃ʒe] *vt* to change.

langoureusement [lɑ̃gurøzmɑ̃] *adv* languorously.

langoureux, euse [lɑ̃gurø, øz] *adj* languorous.

langouste [lɑ̃gust] *nf* crayfish.

langoustine [lɑ̃gustin] *nf* langoustine.

langue [lɑ̃g] *nf* - **1.** ANAT *fig* tongue ; **tirer la ~ à qqn** to stick out one's tongue at sb ; **~ de bœuf** CULIN ox tongue ; **mauvaise ~** *fig* gossip ; **avoir la ~ bien pendue** to be a chatterbox ; **donner sa ~ au chat** to give up ; **ne pas avoir sa ~ dans sa poche** never to be at a loss for words ; **tenir sa ~** *fig* to hold one's tongue - **2.** LING language ; **de ~ française** [livre] French ; [personne] French-speaking ; **les politiciens qui parlent la ~ de bois** politicians who mouth clichés ; **~ maternelle** mother tongue ; **~ morte/vivante** dead/modern language ; **~ officielle** official language.

langue-de-chat [lɑ̃gdəʃa] (*pl* **langues-de-chat**) *nf light finger-biscuit.*

languette [lɑ̃gɛt] *nf* tongue.

langueur [lɑ̃gœr] *nf* - **1.** [dépérissement, mélancolie] languor - **2.** [apathie] apathy.

languir [32] [lɑ̃gir] *vi* - **1.** [dépérir] : **~ (de)** to languish (with) - **2.** *sout* [attendre] to wait ; **faire ~ qqn** to keep sb waiting - **3.** *litt* [désirer] : **~ après** to pine for.

lanière [lanjɛr] *nf* strip.

lanoline [lanɔlin] *nf* lanolin.

lanterne [lɑ̃tɛrn] *nf* - **1.** [éclairage] lantern - **2.** [phare] light - **3.** *loc* **éclairer la ~ de qqn** *fig* to put sb in the know ; **être la ~ rouge** *fam fig* to bring up the rear.

lanterner [3] [lɑ̃tɛrne] *vi fam* to dawdle ; **faire ~ qqn** to keep sb hanging around.

Laos [laɔs] *nm* : **le ~** Laos ; **au ~** in Laos.

laotien, enne [laosjɛ̃, ɛn] *adj* Laotian.
◆ **laotien** *nm* [langue] Laotian.
◆ **Laotien, enne** *nm, f* Laotian.

lapalissade [lapalisad] *nf* statement of the obvious.

laper [3] [lape] *vt* & *vi* to lap.

lapereau, x [lapro] *nm* baby rabbit.

lapidaire [lapidɛr] ◇ *nm* lapidary. ◇ *adj* lapidary ; *fig* [style] terse.

lapider [3] [lapide] *vt* [tuer] to stone.

lapin, e [lapɛ̃, in] *nm, f* - **1.** CULIN & ZOOL rabbit ; **~ de garenne** wild rabbit - **2.** *fam* [personne] : **mon ~** my darling ; **chaud ~** stud - **3.** *loc* **poser un ~ à qqn** *fam* to stand sb up.
◆ **lapin** *nm* [fourrure] rabbit fur.

lapon, onne *ou* **one** [lapɔ̃, ɔn] *adj* Lapp.
◆ **lapon** *nm* [langue] Lapp.
◆ **Lapon, onne** *ou* **one** *nm, f* Lapp, Laplander.

Laponie [lapɔni] *nf* : **la ~** Lapland.

laps [laps] *nm* : **(dans) un ~ de temps** (in) a while.

lapsus [lapsys] *nm* slip (of the tongue/pen) ; **faire un ~** to make a slip (of the tongue/pen).

laquais [lakɛ] *nm* lackey.

laque [lak] *nf* - **1.** [vernis, peinture] lacquer - **2.** [pour cheveux] hair spray, lacquer *UK*.

laqué, e [lake] *adj* lacquered.

laquelle ▻ **lequel**.

laquer [3] [lake] *vt* to lacquer.

larbin [larbɛ̃] *nm* - **1.** [domestique] servant - **2.** [personne servile] yes-man.

larcin [larsɛ̃] *nm* - **1.** [vol] larceny, theft - **2.** [butin] spoils *(pl)*.

lard [lar] *nm* - **1.** [graisse de porc] lard - **2.** [viande] bacon - **3.** *fam* [graisse d'homme] blubber.

larder [3] [larde] *vt* - **1.** CULIN to lard - **2.** *fig* [piquer] : **~ qqn de coups/d'injures** to rain blows/insults on sb - **3.** *fig* [truffer] : **~ qqch de** to cram sthg with.

lardon [lardɔ̃] *nm* - **1.** CULIN *cube or strip of bacon* - **2.** *fam* [enfant] kid.

large [larʒ] ◇ *adj* - **1.** [étendu, grand] wide ; **~ de 5 mètres** 5 metres wide ; **être ~ de hanches/d'épaules** to have broad hips/shoulders - **2.** [important, considérable] large, big - **3.** [esprit, sourire] broad - **4.** [généreux - personne] generous. ◇ *adv* amply ; **voir ~** to think big ; **ne pas en mener ~** *fig* to be afraid. ◇ *nm* - **1.** [largeur] : **5 mètres de ~** 5 metres wide - **2.** [mer] : **le ~** the open sea ; **au ~ de la côte française** off the French coast ; **prendre le ~** [navire] to put to sea ; *fig* to be off.

largement [larʒəmɑ̃] *adv* - **1.** [diffuser, répandre] widely ; **la porte était ~ ouverte** the door was wide open - **2.** [donner, payer] generously ; [dépasser] considerably ; [récompenser] amply ; **avoir ~ le temps** to have plenty of time - **3.** [au moins] easily.

largesse [larʒɛs] *nf* - **1.** [générosité] generosity - **2.** *(gén pl)* [don] gift.

largeur [larʒœr] *nf* - **1.** [d'avenue, de cercle] width - **2.** *fig* [d'idées, d'esprit] breadth.

largué, **e** [large] *adj* : **être ~** to be all at sea.

larguer [3] [large] *vt* - **1.** [voile] to unfurl - **2.** [bombe, parachutiste] to drop - **3.** *fam fig* [abandonner] to chuck ; **se faire ~** to be chucked.

larme [larm] *nf* - **1.** [pleur] tear ; **être en ~s** to be in tears ; **fondre en ~s** to burst into tears ; **pleurer à chaudes ~s** to cry bitterly ; **ravaler ses ~s** to hold back one's tears ; **rire aux ~s** to laugh until one cries ; **~s de crocodile** *fig* crocodile tears - **2.** *fam* [goutte] : **une ~ de** a drop of.

larmoyant, **e** [larmwajɑ̃, ɑ̃t] *adj* - **1.** [yeux, personne] tearful - **2.** *péj* [histoire] tearjerking.

larmoyer [13] [larmwaje] *vi* - **1.** [pleurer - personne] to weep ; [- yeux] to water - **2.** *péj* [se lamenter] to moan.

larron [larɔ̃] *nm vieilli* [voleur] thief.

larve [larv] *nf* - **1.** ZOOL larva - **2.** *péj* [personne] wimp.

larvé, **e** [larve] *adj* - **1.** MÉD larvate - **2.** [latent] latent.

laryngite [larɛ̃ʒit] *nf* laryngitis *(U)*.

larynx [larɛ̃ks] *nm* larynx.

las, **lasse** [la, las] *adj litt* - **1.** [fatigué] weary - **2.** [dégoûté, ennuyé] tired ; **~ de faire qqch** tired of doing sthg ; **~ de qqn/qqch** tired of sb/sthg.

◆ **las** *interj* alas!

lascar [laskar] *nm fam* - **1.** [homme louche] shady character ; [homme rusé] rogue - **2.** [enfant] rascal.

lascif, **ive** [lasif, iv] *adj* lascivious.

laser [lazɛr] ◇ *nm* laser. ◇ *adj inv* laser *(avant n)*.

lassant, **e** [lasɑ̃, ɑ̃t] *adj* tiresome.

lasser [3] [lase] *vt sout* [personne] to weary ; [patience] to try.

◆ **se lasser** *vp* to weary ; **ne pas se ~ de qqch/de faire qqch** not to weary of sthg/of doing sthg.

lassitude [lasityd] *nf* lassitude.

lasso [laso] *nm* lasso.

lat. (*abr écrite de* **latitude**) lat.

latent, **e** [latɑ̃, ɑ̃t] *adj* latent.

latéral, **e**, **aux** [lateral, o] *adj* lateral.

latex [latɛks] *nm inv* latex.

latin, **e** [latɛ̃, in] *adj* Latin.

◆ **latin** *nm* [langue] Latin ; **y perdre son ~** *fig* to be at a loss.

latiniste [latinist] *nmf* [spécialiste] Latinist ; [étudiant] Latin student.

latino-américain, **e** [latinɔamerikɛ̃, ɛn] (*mpl* **latino-américains**, *fpl* **latino-américaines**) *adj* Latin-American, Hispanic.

latitude [latityd] *nf litt* & *fig* latitude.

latrines [latrin] *nfpl* latrines.

latte [lat] *nf* lath, slat.

lattis [lati] *nm* lathwork.

laudatif, **ive** [lodatif, iv] *adj* laudatory.

lauréat, **e** [lɔrea, at] ◇ *adj* prizewinning, winning. ◇ *nm, f* prizewinner, winner.

laurier [lɔrje] *nm* BOT laurel.

◆ **lauriers** *nmpl* [gloire] laurels ; **s'endormir** *ou* **se reposer sur ses ~s** to rest on one's laurels.

laurier-rose [lɔrjeroz] (*pl* **lauriers-roses**) *nm* oleander.

laurier-sauce [lɔrjesos] (*pl* **lauriers-sauce**) *nm* bay (tree).

Lausanne [lozan] *n* Lausanne.

lavable [lavabl] *adj* washable.

lavabo [lavabo] *nm* - **1.** [cuvette] basin *UK*, washbowl *US* - **2.** *(gén pl)* [local] toilet *UK*, washroom *US*.

lavage [lavaʒ] *nm* washing ; **~ à la main/en machine** hand/machine washing ; **~ de cerveau** *fig* brainwashing ; **subir un ~ d'estomac** MÉD to have one's stomach pumped.

lavande [lavɑ̃d] ◇ *nf* - **1.** BOT lavender - **2.** [eau] lavender water. ◇ *adj inv* lavender *(avant n)*.

lavasse [lavas] *nf fam* dishwater *(U)*.

lave [lav] *nf* lava.

lave-glace [lavglas] (*pl* **lave-glaces**) *nm* windscreen washer *UK*, windshield washer *US*.

lave-linge [lavlɛ̃ʒ] *nm inv* washing machine.

lavement [lavmɑ̃] *nm* enema.

laver [3] [lave] *vt* - **1.** [nettoyer] to wash - **2.** *fig* [disculper] : **~ qqn de qqch** to clear sb of sthg.

◆ **se laver** *vp* - **1.** [se nettoyer] to wash o.s., to have a wash *UK*, to wash up *US* ; **se ~ les mains/les cheveux** to wash one's hands/hair - **2.** [se disculper] : **se ~ (de)** to clear o.s. (of).

laverie [lavri] *nf* [commerce] laundry ; **~ automatique** launderette.

lavette [lavɛt] *nf* - **1.** [brosse] washing-up brush *UK* ; [en tissu] dishcloth - **2.** *fam* [homme] drip.

laveur, **euse** [lavœr, øz] *nm, f* washer ; **~ de carreaux** window cleaner *(person)*.

lave-vaisselle [lavvesɛl] *nm inv* dishwasher.

lavis [lavi] *nm* [procédé] washing ; [dessin] wash (painting).

lavoir [lavwar] *nm* - **1.** [lieu] laundry - **2.** [bac] washtub.

laxatif, **ive** [laksatif, iv] *adj* laxative.
◆ **laxatif** *nm* laxative.

laxisme [laksism] *nm* laxity.

laxiste [laksist] ◇ *nmf* over-lenient person. ◇ *adj* lax.

layette [lɛjɛt] *nf* layette.

le [lə], **l'** *(devant voyelle ou 'h' muet)* (*f* **la** [la] , *pl* **les** [le]) ◇ *art déf* - **1.** [gén] the ; **~ lac** the lake ; **la fenêtre** the window ; **l'homme** the man ; **les enfants** the children - **2.** [devant les noms abstraits] : **l'amour** love ; **la liberté** freedom ; **la vieillesse** old age - **3.** [devant les noms géographiques] : **la France** France ; **les États-Unis** America, the United States (of America) ; **la Seine** the Seine ; **les Alpes** the Alps - **4.** [temps] : **~ 15 janvier 1953** 15th January 1953 *UK*, January 15th, 1953 *US* ; **je suis arrivé ~ 15 janvier 1953** I arrived on the 15th of January 1953 *ou* on January 15th, 1953 *US* ; **~ lundi** [habituellement] on Mondays ; [jour précis] on (the) Monday - **5.** [possession] : **se laver les mains** to wash one's hands ; **secouer la tête** to shake one's head ; **avoir les cheveux blonds** to have fair hair - **6.** [distributif] per, a ; **2 euros ~ mètre** 2 euros per metre *UK ou* meter *US*, 2 euros a metre *UK ou* meter *US*. ◇ *pron pers* - **1.** [personne] him (*f* her), them *pl* ; [chose] it, them *pl* ; [animal] it, him (*f* her), them *pl* ; **je ~/la/les connais bien** I know him/her/them well ; **tu dois avoir la clé, donne-la moi** you must have the key, give it to me - **2.** [représente une proposition] : **je ~ sais bien** I know, I'm well aware (of it) ; **je te l'avais bien dit!** I told you so!

LEA (*abr de* **langues étrangères appliquées**) *nfpl applied modern languages.*

leader [lidœr] ◇ *nm* [de parti, course] leader. ◇ *adj* leading.

leadership [lidœrʃip] *nm* leadership.

lèche [lɛʃ] *nf tfam* bootlicking ; **faire de la ~ à qqn** to lick sb's boots.

léché, **e** [leʃe] *adj fam* [fignolé] polished.

lèchefrite [lɛʃfrit] *nf* dripping pan *UK*, broiler pan *US*.

lécher [18] [leʃe] *vt* - **1.** [passer la langue sur, effleurer] to lick ; [suj: vague] to wash against - **2.** *fam* [fignoler] to polish (up).
◆ **se lécher** *vp* : **se ~ les doigts** *fam* to lick one's fingers.

lèche-vitrines [lɛʃvitrin] *nm inv* window-shopping ; **faire du ~** to go window-shopping.

leçon [ləsɔ̃] *nf* - **1.** [gén] lesson ; **~s de conduite** driving lessons ; **~s particulières** private lessons *ou* classes - **2.** [conseil] advice *(U)* ; **faire la ~ à qqn** to lecture sb.

lecteur, **trice** [lɛktœr, tris] *nm, f* - **1.** [de livres] reader - **2.** UNIV foreign language assistant.
◆ **lecteur** *nm* - **1.** [gén] head ; **~ de cassettes/CD** cassette/CD player ; **~ laser universel** audio-video CD player - **2.** INFORM reader ; **~ de disques** disk drive.

lecture [lɛktyr] *nf* reading.

LED (*abr de* **light emitting diode**) *nf* LED.

ledit, **ladite** [lədi, ladit] (*mpl* **lesdits** [ledi]) (*fpl* **lesdites** [ledit]) *adj* the said, the aforementioned.

légal, **e**, **aux** [legal, o] *adj* legal.

légalement [legalmɑ̃] *adv* legally.

légalisation [legalizasjɔ̃] *nf* - **1.** [légitimation] legalization - **2.** [authentification] authentication.

légaliser [3] [legalize] *vt* - **1.** [rendre légal] to legalize - **2.** [certifier authentique] to authenticate.

légalisme [legalism] *nm* legalism.

légalité [legalite] *nf* - **1.** [de contrat, d'acte] legality, lawfulness - **2.** [loi] law.

légataire [legatɛr] *nmf* legatee ; **~ universel** sole legatee.

légation [legasjɔ̃] *nf* legation.

légendaire [leʒɑ̃dɛr] *adj* legendary.

légende [leʒɑ̃d] *nf* - **1.** [fable] legend - **2.** *péj* [invention] story - **3.** [de carte, de schéma] key ; [de photo] caption.

léger, **ère** [leʒe, ɛr] *adj* - **1.** [objet, étoffe, repas] light - **2.** [bruit, différence, odeur] slight - **3.** [alcool, tabac] low-strength - **4.** [femme] flighty - **5.** [insouciant - ton] light-hearted ; [- conduite] thoughtless.
◆ **à la légère** *loc adv* lightly, thoughtlessly.

légèrement [leʒɛrmɑ̃] *adv* - **1.** [s'habiller, poser] lightly - **2.** [agir] thoughtlessly - **3.** [blesser, remuer] slightly.

légèreté [leʒɛrte] *nf* - **1.** [d'objet, de repas, de punition] lightness - **2.** [de style] gracefulness - **3.** [de conduite] thoughtlessness - **4.** [de personne] flightiness.

légiférer [18] [leʒifere] *vi* to legislate.

légion [leʒjɔ̃] *nf* - **1.** MIL legion ; **la Légion étrangère** the Foreign Legion - **2.** [grand nombre] : **une ~ de** a host of ; **être ~** *fig* to be legion.
◆ **Légion** *nf* : **la Légion d'honneur** the Legion of Honour *UK ou* Honor *US*.

légionnaire [leʒjɔnɛr] *nm* legionary.

légion(n)ellose [leʒjɔnɛloz] *nf* MÉD legionnaires' disease.

législateur, **trice** [leʒislatœr, tris] *nm, f* legislator.

législatif, **ive** [leʒislatif, iv] *adj* legislative.
◆ **législatif** *nm* legislature.
◆ **législatives** *nfpl* : **les législatives** the legislative elections, ≃ the general election *(sing) UK*.

législation [leʒislasjɔ̃] *nf* legislation.

législature [leʒislatyr] *nf* - **1.** [période] term of office - **2.** [corps] legislature.

légiste [leʒist] *adj* - **1.** [juriste] jurist - **2.** ▷ **médecin**.

légitimation [leʒitimasjɔ̃] *nf* - **1.** [d'enfant] legitimization - **2.** *litt* [justification] justification.

légitime [leʒitim] *adj* legitimate.

légitimement [leʒitimmɑ̃] *adv* - **1.** [légalement] legitimately - **2.** [justement] fairly.

légitimer [3] [leʒitime] *vt* - **1.** [reconnaître] to recognize ; [enfant] to legitimize - **2.** [justifier] to justify.

légitimité [leʒitimite] *nf* - **1.** [de pouvoir, d'enfant] legitimacy - **2.** [de récompense] fairness.

legs [lɛg] *nm* legacy.

léguer [18] [lege] *vt* : **~ qqch à qqn** DR to bequeath sthg to sb ; *fig* to pass sthg on to sb.

légume [legym] ◇ *nm* vegetable. ◇ *nf fam* **une grosse ~** a bigwig.

leitmotiv [lajtmɔtif, lɛtmɔtif] *nm* leitmotif.

Léman [lemɑ̃] ▷ **lac**.

lendemain [lɑ̃dmɛ̃] *nm* - **1.** [jour] day after ; **le ~ matin** the next morning ; **au ~ de** after, in the days following - **2.** [avenir] tomorrow ; **sans ~** short-lived.

lénifiant, **e** [lenifjɑ̃, ɑ̃t] *adj litt* & *fig* soothing.

léniniste [leninist] *nmf* & *adj* Leninist.

lent, **e** [lɑ̃, lɑ̃t] *adj* slow ; **~ à faire qqch** slow to do sthg.

lente [lɑ̃t] *nf* nit.

lentement [lɑ̃tmɑ̃] *adv* slowly.

lenteur [lɑ̃tœr] *nf* slowness *(U)*.

lentille [lɑ̃tij] *nf* - **1.** BOT & CULIN lentil - **2.** [d'optique] lens ; **~s de contact** contact lenses.

léonin, **e** [leɔnɛ̃, in] *adj* - **1.** [du lion] leonine - **2.** [injuste] one-sided.

léopard [leɔpar] *nm* leopard.

LEP, **Lep** (*abr de* **lycée d'enseignement professionnel**) *nm former secondary school for vocational training.*

lèpre [lɛpr] *nf* - **1.** MÉD leprosy - **2.** *fig* [mal] disease.

lépreux, **euse** [leprø, øz] ◇ *adj* - **1.** MÉD leprous - **2.** *fig* [mur, maison] peeling. ◇ *nm, f* leper.

lequel [ləkɛl] (*f* **laquelle** [lakɛl] , *mpl* **lesquels** [lekɛl] , *fpl* **lesquelles** [lekɛl]) *(contraction de "à + lequel" =* **auquel**, *"de + lequel" =* **duquel**, *"à + lesquels/lesquelles" =* **auxquels/auxquelles**, *"de + lesquels/lesquelles" =* **desquels/desquelles***)* ◇ *pron rel* - **1.** [complément - personne] whom ; [- chose] which - **2.** [sujet - personne] who ; [- chose] which. ◇ *pron interr* : **~?** which (one)?

les ▷ **le**.

lesbienne [lɛsbjɛn] *nf* lesbian.

lesdits, **lesdites** ▷ **ledit**.

lèse-majesté [lɛzmaʒɛste] *nf inv* lese-majesty.

léser [18] [leze] *vt* - **1.** [frustrer] to wrong - **2.** MÉD to injure, to damage.

lésiner [3] [lezine] *vi* to skimp ; **ne pas ~ sur** not to skimp on.

lésion [lezjɔ̃] *nf* lesion.

Lesotho [lɛsɔtɔ] *nm* : **le ~** Lesotho.

lesquels, **lesquelles** ▷ **lequel**.

lessive [lɛsiv] *nf* - **1.** [nettoyage, linge] washing *UK*, laundry *US* - **2.** [produit] washing powder *UK*, detergent *US*.

lessiver [3] [lɛsive] *vt* - **1.** [nettoyer] to wash - **2.** CHIM to leach - **3.** *fam* [épuiser] to wipe out.

lest [lɛst] *nm* ballast ; **lâcher du ~** to jettison ballast ; *fig* to make concessions.

leste [lɛst] *adj* - **1.** [agile] nimble, agile - **2.** [licencieux] crude.

lestement [lɛstəmɑ̃] *adv* - **1.** [agilement] nimbly, agilely - **2.** [grivoisement] crudely.

lester [3] [lɛste] *vt* - **1.** [garnir de lest] to ballast - **2.** *fam* [charger] to fill, to cram.

letchi = **litchi**.

léthargie [letarʒi] *nf litt* & *fig* lethargy ; **tomber en ~** to become lethargic.

léthargique [letarʒik] *adj* lethargic.

letton, **onne** [lɛtɔ̃, ɔn] *adj* Latvian.
◆ **letton** *nm* [langue] Latvian.
◆ **Letton**, **onne** *nm, f* Latvian.

Lettonie [lɛtɔni] *nf* : **la ~** Latvia.

lettre [lɛtr] *nf* - **1.** [gén] letter ; **en toutes ~s** in words, in full ; **~ d'amour** love letter ; **~ de couverture** cover note *UK* ; **~ de motivation** covering *UK ou* cover *US* letter *(in support of one's application)* ; **~ ouverte** open letter ; **~ piégée** letter bomb ; **~ de rappel** reminder ; **~ de recommandation** (letter of) recommendation ; **passer comme une ~ à la poste** *fam* [entretien, examen] to go smoothly ; [personne] to get through easily - **2.** [sens des mots] : **à la ~** to the letter.
◆ **lettres** *nfpl* - **1.** [culture littéraire] letters - **2.** UNIV arts *UK*, humanities *US* ; **~s classiques**

classics ; **~s modernes** French language and literature - **3.** [titre] : **~s de noblesse** letters patent of nobility.

◆ **lettre de change** *nf* bill of exchange.

leucémie [løsemi] *nf* leukemia.

leucocyte [løkɔsit] *nm* leucocyte.

leucorrhée [løkɔre] *nf* leucorrhoea.

leur [lœr] *pron pers inv* (to) them ; **je voudrais ~ parler** I'd like to speak to them ; **je ~ ai donné la lettre** I gave them the letter, I gave the letter to them.

◆ **leur** (*pl* **leurs**) *adj poss* their ; **c'est ~ tour** it's their turn ; **~s enfants** their children.

◆ **le leur** (*f* **la leur**, *pl* **les leurs**) *pron poss* theirs ; **il faudra qu'ils y mettent du ~** they've got to pull their weight.

leurre [lœr] *nm* - **1.** [appât] lure - **2.** *fig* [illusion] illusion - **3.** *fig* [tromperie] deception, trap.

leurrer [5] [lœre] *vt* to deceive.

◆ **se leurrer** *vp* to deceive o.s.

levain [ləvɛ̃] *nm* - **1.** CULIN : **pain au ~/sans ~** leavened/unleavened bread - **2.** *fig* [germe] seeds (*pl*), germ.

levant [ləvɑ̃] ◇ *nm* east. ◇ *adj* ▷ **soleil.**

levé, e [ləve] *adj* [debout] up.

◆ **levée** *nf* - **1.** [de scellés, difficulté] removal ; [de blocus, de siège, d'interdiction] lifting - **2.** [de séance] close, closing - **3.** [d'impôts, du courrier] collection - **4.** [d'armée] raising - **5.** [remblai] dyke - **6.** CARTES trick.

◆ **levée de boucliers** *nf* (general) outcry.

lever [19] [ləve] ◇ *vt* - **1.** [objet, blocus, interdiction] to lift - **2.** [main, tête, armée] to raise - **3.** [scellés, difficulté] to remove - **4.** [séance] to close, to end - **5.** [impôts, courrier] to collect - **6.** [plan, carte] to draw (up) - **7.** [enfant, malade] : **~ qqn** to get sb up. ◇ *vi* - **1.** [plante] to come up - **2.** [pâte] to rise. ◇ *nm* - **1.** [d'astre] rising, rise ; **~ du jour** daybreak ; **~ du soleil** sunrise - **2.** [de personne] : **il est toujours de mauvaise humeur au ~** he's always in a bad mood when he gets up - **3.** THÉÂTRE : **~ de rideau** curtain, curtain-up ; *fig* curtain raiser.

◆ **se lever** *vp* - **1.** [personne] to get up, to rise ; [vent] to get up - **2.** [soleil, lune] to rise ; [jour] to break - **3.** [temps] to clear.

lève-tard [lɛvtar] *nmf* late riser.

lève-tôt [lɛvto] *nmf* early riser.

levier [ləvje] *nm litt* & *fig* lever ; **~ de vitesses** gear lever *UK*, gearshift *US*.

lévitation [levitasjɔ̃] *nf* levitation.

lèvre [lɛvr] *nf* - **1.** ANAT lip ; [de vulve] labium ; **être suspendu aux ~s de qqn** *fig* to hang on sb's every word ; **se mordre les ~s** *fig* to bite one's lip - **2.** [bord] edge.

lévrier, levrette [levrije, ləvrɛt] *nm, f* greyhound.

levure [ləvyr] *nf* yeast ; **~ chimique** baking powder.

lexical, e, aux [lɛksikal, o] *adj* lexical.

lexicographie [lɛksikɔgrafi] *nf* lexicography.

lexique [lɛksik] *nm* - **1.** [dictionnaire] glossary - **2.** [vocabulaire] vocabulary.

lézard [lezar] *nm* - **1.** [animal] lizard ; **faire le ~** *fam fig* to bask in the sun - **2.** [peau] lizard (skin).

lézarde [lezard] *nf* crack.

lézarder [3] [lezarde] ◇ *vt* to crack. ◇ *vi fam* [paresser] to bask.

◆ **se lézarder** *vp* to crack.

Lhassa [lasa] *n* Lhasa.

liaison [ljɛzɔ̃] *nf* - **1.** [jonction, enchaînement] connection - **2.** CULIN & LING liaison - **3.** [contact, relation] contact ; **avoir une ~** to have an affair ; **être/entrer en ~ avec** to be in/establish contact with ; **par ~ radio** by radio link - **4.** [transports] link.

liane [ljan] *nf* creeper.

liant, e [ljɑ̃, ɑ̃t] *adj* sociable.

◆ **liant** *nm* - **1.** [substance] binder - **2.** [élasticité] elasticity.

liasse [ljas] *nf* bundle ; [de billets de banque] wad.

Liban [libɑ̃] *nm* : **le ~** Lebanon ; **au ~** in Lebanon.

libanais, e [libanɛ, ɛz] *adj* Lebanese.

◆ **Libanais, e** *nm, f* Lebanese (person) ; **les Libanais** the Lebanese.

Libé [libe] (*abr de* **Libération**) *nm French left-of-centre newspaper.*

libelle [libɛl] *nm* lampoon.

libellé [libele] *nm* wording.

libeller [4] [libele] *vt* - **1.** [chèque] to make out - **2.** [lettre] to word.

libellule [libelyl] *nf* dragonfly.

libéral, e, aux [liberal, o] ◇ *adj* [attitude, idée, parti] liberal. ◇ *nm, f* POLIT liberal.

libéralement [liberalmɑ̃] *adv* liberally.

libéralisation [liberalizasjɔ̃] *nf* liberalization.

libéraliser [3] [liberalize] *vt* to liberalize.

libéralisme [liberalism] *nm* liberalism.

libéralité [liberalite] *nf* - **1.** [générosité] generosity - **2.** (*gén pl*) [don] generous gift.

libérateur, trice [liberatœr, tris] ◇ *adj* [rire] liberating ; **guerre libératrice** war of liberation. ◇ *nm, f* liberator.

libération [liberasjɔ̃] *nf* - **1.** [de prisonnier] release, freeing - **2.** [de pays, de la femme] liberation ; **la Libération** HIST the Liberation - **3.** [d'énergie] release.

libéré, **e** [libere] *nm, f* freed prisoner.

libérer [18] [libere] *vt* - **1.** [prisonnier, fonds] to release, to free - **2.** [pays, la femme] to liberate ; **~ qqn de qqch** to free sb from sthg - **3.** [passage] to clear - **4.** [énergie] to release - **5.** [instincts, passions] to give free rein to.
◆ **se libérer** *vp* - **1.** [se rendre disponible] to get away - **2.** [se dégager] : **se ~ de** [lien] to free o.s. from ; [engagement] to get out of.

Liberia [liberja] *nm* : **le ~** Liberia ; **au ~** in Liberia.

libérien, **enne** [liberjɛ̃, ɛn] *adj* Liberian.
◆ **Libérien**, **enne** *nm, f* Liberian.

libertaire [libɛrtɛr] *nmf* & *adj* libertarian.

liberté [libɛrte] *nf* - **1.** [gén] freedom ; **en ~** free ; **Liberté, Égalité, Fraternité** Liberty, Equality, Fraternity ; **parler en toute ~** to speak freely ; **vivre en ~** to live in freedom ; **~ d'expression** freedom of expression ; **~ d'opinion** freedom of thought - **2.** DR release ; **~ conditionnelle** parole ; **~ provisoire** bail ; **~ surveillée** probation - **3.** [loisir] free time.

libertin, **e** [libɛrtɛ̃, in] <> *adj* [dissolu] dissolute ; [propos, livre] lewd. <> *nm, f* libertine.

libertinage [libɛrtinaʒ] *nm* [débauche] dissoluteness ; [de propos, livre] lewdness.

libidineux, **euse** [libidinø, øz] *adj* lecherous.

libido [libido] *nf* libido.

libraire [librɛr] *nmf* bookseller.

librairie [librɛri] *nf* - **1.** [magasin] bookshop *UK*, bookstore *US* - **2.** [commerce, activité] book trade.

librairie-papeterie [librɛripapɛtri] (*pl* **librairies-papeteries**) *nf* bookseller's and stationer's.

libre [libr] *adj* - **1.** [gén] free ; **~ de qqch** free from sthg ; **être ~ de faire qqch** to be free to do sthg - **2.** [école, secteur] private - **3.** [passage] clear.

libre-échange [librеʃɑ̃ʒ] (*pl* **libres-échanges**) *nm* free trade *(U)*.

librement [librəmɑ̃] *adv* freely.

libre-penseur, **euse** [librəpɑ̃sœr, øz] (*mpl* **libres-penseurs**) (*fpl* **libres-penseuses**) *nm, f* freethinker.

libre-service [librəsɛrvis] (*pl* **libres-services**) *nm* - **1.** [système] : **le ~** self-service - **2.** [magasin] self-service store *ou* shop ; [restaurant] self-service restaurant.

librettiste [librɛtist] *nmf* librettist.

Libye [libi] *nf* : **la ~** Libya.

libyen, **enne** [libjɛ̃, ɛn] *adj* Libyan.
◆ **Libyen**, **enne** *nm, f* Libyan.

lice [lis] *nf* : **en ~** *fig* in the fray ; **entrer en ~** *fig* to join the fray.

licence [lisɑ̃s] *nf* - **1.** [permis] permit ; COMM licence *UK*, license *US* - **2.** UNIV (first) degree ; **~ ès lettres/en droit** ≃ Bachelor of Arts/Law degree - **3.** *litt* [liberté] licence *UK*, license *US* ; **~ poétique** poetic licence *UK ou* license *US*.

licencié, **e** [lisɑ̃sje] <> *adj* - **1.** UNIV graduate *(avant n)* - **2.** [autorisé] permit-holding *(avant n)* ; COMM licensed. <> *nm, f* - **1.** UNIV graduate - **2.** [titulaire d'un permis] permit holder ; COMM licence holder.

licenciement [lisɑ̃simɑ̃] *nm* dismissal ; [économique] layoff, redundancy *UK*.

licencier [9] [lisɑ̃sje] *vt* [pour faute] to dismiss, to fire ; [pour raison économique] to lay off, to make redundant *UK* ; **se faire ~** to be made redundant *UK*, to be laid off.

licencieux, **euse** [lisɑ̃sjø, øz] *adj* licentious.

lichen [likɛn] *nm* lichen.

licite [lisit] *adj* lawful, legal.

licol [likɔl], **licou** [liku] *nm* halter.

licorne [likɔrn] *nf* unicorn.

licou = **licol**.

lie [li] *nf* [dépôt] dregs *(pl)*, sediment ; **la ~ de la société** *fig* & *litt* the dregs *(pl)* of society.

lié, **e** [lje] *adj* - **1.** [mains] bound - **2.** [amis] : **être très ~ avec** to be great friends with.

lie-de-vin [lidəvɛ̃] *adj inv* burgundy, wine-coloured *UK*, wine-colored *US*.

liège [ljɛʒ] *nm* cork ; **en** *ou* **de ~** cork *(avant n)*.

liégeois, **e** [ljeʒwa, az] *adj* - **1.** GÉOGR of/from Liège - **2.** CULIN : **café/chocolat ~** *coffee or chocolate ice cream topped with whipped cream*.

lien [ljɛ̃] *nm* - **1.** [sangle] bond - **2.** [relation, affinité] bond, tie ; **avoir des ~s de parenté avec** to be related to - **3.** *fig* [enchaînement] connection, link.

lier [9] [lje] *vt* - **1.** [attacher] to tie (up) ; **~ qqn/qqch à** to tie sb/sthg to - **2.** [suj: contrat, promesse] to bind ; **~ qqn/qqch par** to bind sb/sthg by - **3.** [relier par la logique] to link, to connect ; **~ qqch à** to link sthg to, to connect sthg with - **4.** [commencer] : **~ connaissance/conversation avec** to strike up an acquaintance/a conversation with - **5.** [suj: sentiment, intérêt] to unite - **6.** CULIN to thicken.
◆ **se lier** *vp* - **1.** [s'attacher] : **se ~ (d'amitié) avec qqn** to make friends with sb - **2.** [s'astreindre] : **se ~ par une promesse** to be bound by a promise.

lierre [ljɛr] *nm* ivy.

liesse [ljɛs] *nf* jubilation.

lieu, **x** [ljø] *nm* - **1.** [endroit] place ; **en ~ sûr** in a safe place ; **~ de naissance** birthplace ; **~ de perdition** den of vice ; **~ saint** holy place ; **haut ~ de qqch** *fig* centre *UK OU* center *US* of sthg ; **en haut ~** *fig* in high places - **2.** *loc* **avoir ~** to take place ; **avoir ~ de faire qqch** to have grounds for doing sthg ; **donner ~ à** to give rise to ; **tenir ~ de** to take the place of.
◆ **lieux** *nmpl* - **1.** [scène] scene *(sing)*, spot *(sing)* ; **sur les ~x (d'un crime/d'un accident)** at the scene (of a crime/an accident) - **2.** [domicile] premises.
◆ **lieu commun** *nm* commonplace.
◆ **au lieu de** *loc prép* : **au ~ de qqch/de faire qqch** instead of sthg/of doing sthg.
◆ **en dernier lieu** *loc adv* lastly.
◆ **en premier lieu** *loc adv* in the first place.
◆ **en second lieu** *loc adv* in the second place.

lieu-dit [ljødi] (*pl* **lieux-dits**) *nm* locality, place.

lieue [ljø] *nf* league ; **j'étais à cent ~s de penser cela** *fig* I never thought that for a moment.

lieutenant [ljøtnɑ̃] *nm* lieutenant.

lieutenant-colonel [ljøtnɑ̃kɔlɔnɛl] (*pl* **lieutenants-colonels**) *nm* lieutenant-colonel.

lièvre [ljɛvr] *nm* hare ; **courir deux ~s à la fois** *fig* to do more than one thing at a time ; **lever un ~** *fig* to ask an awkward question.

lifter [3] [lifte] *vt* TENNIS to put topspin on.

lifting [liftiŋ] *nm* face-lift.

ligament [ligamɑ̃] *nm* ligament.

ligature [ligatyr] *nf* [MÉD - lien] ligature ; [- opération] ligation, ligature ; **~ des trompes** MÉD tubal ligation.

ligaturer [3] [ligatyre] *vt* - **1.** MÉD to ligature, to ligate - **2.** AGRIC to bind.

lige [liʒ] *adj* : **homme ~** liege man.

ligne [liɲ] *nf* - **1.** [gén] line ; **à la ~** new line *OU* paragraph ; **en ~** [personnes] in a line ; INFORM on line ; **restez en ~!** TÉLÉCOM who's speaking *OU* calling? ; **en ~ droite** as the crow flies ; **lire entre les ~s** *fig* to read between the lines ; **dans sa ~ de mire** in one's line of sight ; **~ de départ/d'arrivée** starting/finishing *UK OU* finish *US* line ; **~ aérienne** airline ; **~ de commande** INFORM command line ; **~ de conduite** line of conduct ; **~ de démarcation** demarcation line ; **~ directrice** guideline ; **~ de flottaison** water line ; **~s de la main** lines of the hand ; **les grandes ~s** [transports] the main lines - **2.** [forme - de voiture, meuble] lines *(pl)* - **3.** [silhouette] : **avoir la ~** to have a good figure ; **garder la ~** to keep one's figure ; **surveiller sa ~** to watch one's waistline - **4.** [de pêche] fishing line ; **pêcher à la ~** to go angling - **5.** *loc* **dans les grandes ~s** in outline ; **entrer en ~ de compte** to be taken into account.

lignée [liɲe] *nf* [famille] descendants *(pl)* ; **dans la ~ de** *fig* [d'écrivains, d'artistes] in the tradition of.

lignite [liɲit] *nm* lignite.

ligoter [3] [ligɔte] *vt* - **1.** [attacher] to tie up ; **~ qqn à qqch** to tie sb to sthg - **2.** *fig* [entraver] to bind.

ligue [lig] *nf* league.

liguer [3] [lige] ◆ **se liguer** *vp* to form a league ; **se ~ contre** to conspire against.

lilas [lila] *nm* & *adj inv* lilac.

limace [limas] *nf* - **1.** ZOOL slug - **2.** *fig* [personne] slowcoach *UK*, slowpoke *US*.

limaille [limaj] *nf* filings *(pl)*.

limande [limɑ̃d] *nf* dab.

limbes [lɛ̃b] *nmpl* RELIG limbo *(sing)* ; **être dans les ~** *fig* to be in limbo.

lime [lim] *nf* - **1.** [outil] file ; **~ à ongles** nail file - **2.** BOT lime.

limer [3] [lime] *vt* [ongles] to file ; [aspérités] to file down ; [barreau] to file through.

limier [limje] *nm* - **1.** [chien] bloodhound - **2.** [détective] sleuth ; **fin ~** first-rate detective.

liminaire [liminɛr] *adj* introductory.

limitatif, **ive** [limitatif, iv] *adj* restrictive.

limitation [limitasjɔ̃] *nf* limitation ; [de naissances] control ; **~ de vitesse** speed limit.

limite [limit] ◇ *nf* - **1.** [gén] limit ; **à la ~** [au pire] at worst ; **à la ~, j'accepterais de le voir** if pushed, I'd agree to see him - **2.** [terme, échéance] deadline ; **~ d'âge** age limit. ◇ *adj* [extrême] maximum *(avant n)* ; **cas ~** borderline case ; **date ~** deadline ; **date ~ de vente/consommation** sell-by/use-by date.
◆ **limites** *nfpl* : **sans ~s** limitless.

limité, **e** [limite] *adj* [peu important] limited.

limiter [3] [limite] *vt* - **1.** [borner] to border, to bound - **2.** [restreindre] to limit.
◆ **se limiter** *vp* - **1.** [se restreindre] : **se ~ à qqch/à faire qqch** to limit o.s. to sthg/to doing sthg - **2.** [se borner] : **se ~ à** to be limited to.

limitrophe [limitrɔf] *adj* - **1.** [frontalier] border *(avant n)* ; **être ~ de** to border on - **2.** [voisin] adjacent.

limogeage [limɔʒaʒ] *nm* dismissal.

limoger [17] [limɔʒe] *vt* to dismiss.

limon [limɔ̃] *nm* - **1.** GÉOL alluvium, silt - **2.** CONSTR stringboard.

limonade [limɔnad] *nf* lemonade.

limpide [lɛ̃pid] *adj* - **1.** [eau] limpid - **2.** [ciel, regard] clear - **3.** [explication, style] clear, lucid.

limpidité [lɛ̃pidite] *nf* - **1.** [d'eau] limpidity - **2.** [du ciel, de regard] clearness - **3.** [d'explication, de style] clarity, lucidity.

lin [lɛ̃] *nm* - **1.** BOT flax - **2.** [tissu] linen.

linceul [lɛ̃sœl] *nm* shroud.

linéaire [lineɛr] *adj* - **1.** [mesure, perspective] linear - **2.** *fig* [récit] one-dimensional.

linge [lɛ̃ʒ] *nm* - **1.** [lessive] washing - **2.** [de lit, de table] linen - **3.** [sous-vêtements] underwear ; **~ sale** dirty washing ; **laver son ~ sale en famille** not to wash one's dirty linen in public - **4.** [morceau de tissu] cloth - **5.** *loc* **blanc** *ou* **pâle comme un ~** as white as a sheet.

lingerie [lɛ̃ʒri] *nf* - **1.** [local] linen room - **2.** [sous-vêtements] lingerie.

lingette [lɛ̃ʒɛt] *nf* wipe ; **~ antibactérienne** anti-bacterial wipe ; **~ démaquillante** eye makeup remover pad.

lingot [lɛ̃go] *nm* ingot ; **~ d'or** gold ingot.

linguiste [lɛ̃gɥist] *nmf* linguist.

linguistique [lɛ̃gɥistik] ◇ *nf* linguistics *(U)*. ◇ *adj* linguistic.

linoléum [linɔleɔm] *nm* lino, linoleum.

linotte [linɔt] *nf* ZOOL linnet ; **tête de ~** *fig* featherbrain.

linteau, x [lɛ̃to] *nm* lintel.

lion, lionne [ljɔ̃, ljɔn] *nm, f* lion (*f* lioness).
◆ **Lion** *nm* ASTROL Leo ; **être Lion** to be (a) Leo.

lionceau, x [ljɔ̃so] *nm* lion cub.

lipide [lipid] *nm* lipid.

lippu, e [lipy] *adj* thick-lipped.

liquéfier [9] [likefje] *vt* to liquefy.
◆ **se liquéfier** *vp* - **1.** [matière] to liquefy - **2.** *fig* [personne] to turn to jelly.

liqueur [likœr] *nf* liqueur.

liquidation [likidasjɔ̃] *nf* - **1.** [de compte & FIN] settlement - **2.** [de société, stock] liquidation - **3.** *arg crime* [de témoin] liquidation, elimination - **4.** *fam fig* [de problème] elimination.

liquide [likid] ◇ *nm* - **1.** [substance] liquid ; **~ vaisselle** washing-up liquid, dish soap *US* - **2.** [argent] cash ; **en ~** in cash. ◇ *nf* LING liquid. ◇ *adj* - **1.** [corps & LING] liquid - **2.** [en argent] cash *(avant n)*.

liquider [3] [likide] *vt* - **1.** [compte & FIN] to settle - **2.** [société, stock] to liquidate - **3.** *fam* [importun] to get rid of - **4.** *arg crime* [témoin] to liquidate, to eliminate ; *fig* [problème] to eliminate, to get rid of.

liquidité [likidite] *nf* liquidity.
◆ **liquidités** *nfpl* liquid assets.

liquoreux, euse [likɔrø, øz] *adj* syrupy.

lire[1] [106] [lir] *vt* to read ; **lu et approuvé** read and approved.

lire[2] [lir] *nf* lira.

lis, lys [lis] *nm* lily.

lisais, lisions *(etc)* ▻ **lire**[1].

Lisbonne [lizbɔn] *n* Lisbon.

lise, lises *(etc)* ▻ **lire**[1].

liseré [lizre], **liséré** [lizere] *nm* - **1.** [ruban] binding - **2.** [bande] border, edging.

liseron [lizrɔ̃] *nm* bindweed.

liseuse [lizøz] *nf* - **1.** [couvre-livre] book cover - **2.** [signet] paper knife *(cum bookmark)* - **3.** [vêtement] bedjacket - **4.** [lampe] reading light.

lisible [lizibl] *adj* - **1.** [écriture] legible - **2.** [roman] readable.

lisiblement [liziblәmɑ̃] *adv* legibly.

lisière [lizjɛr] *nf* - **1.** [limite] edge - **2.** COUT selvage.

lisse [lis] ◇ *nf* - **1.** [rambarde] handrail - **2.** NAUT rib. ◇ *adj* - **1.** [surface, peau] smooth - **2.** [cheveux] straight.

lisser [3] [lise] *vt* - **1.** [papier, vêtements] to smooth (out) - **2.** [moustache, cheveux] to smooth (down) - **3.** [plumes] to preen.

listage [listaʒ] *nm* listing.

liste [list] *nf* list ; **~ d'attente** waiting list ; **~ électorale** electoral roll ; **~ de mariage** wedding present list ; **~ noire** blacklist ; **être sur la ~ rouge** to be ex-directory *UK*, to have an unlisted number *US*.

lister [3] [liste] *vt* to list.

listeriose, listériose [listerjoz] *nf* MÉD listeriosis.

listing [listiŋ] *nm* listing.

lit [li] *nm* - **1.** [gén] bed ; **faire son ~** to make one's bed ; **garder le ~** to stay in bed ; **se mettre au ~** to go to bed ; **~ à baldaquin** four-poster bed ; **~ de camp** camp bed *UK*, cot *US* ; **~ d'enfant** cot *UK*, crib *US* ; **~ gigogne** pull-out bed ; **~ nuptial** marriage bed ; **~s jumeaux/superposés** twin/bunk beds - **2.** DR marriage ; **d'un premier ~** of a first marriage.

LIT (*abr écrite de* **lire italienne**) L, Lit.

litanie [litani] *nf* litany.

litchi [litʃi], **letchi** [lɛtʃi] *nm* lychee.

literie [litri] *nf* bedding.

lithographie [litɔgrafi] *nf* - **1.** [procédé] lithography - **2.** [image] lithograph.

litière [litjɛr] *nf* litter.

litige [litiʒ] *nm* - **1.** DR lawsuit - **2.** [désaccord] dispute.

litigieux, euse [litiʒjø, øz] *adj* - **1.** DR litigious - **2.** [douteux] disputed.

litote [litɔt] *nf* understatement, litotes.

litre [litr] *nm* - **1.** [mesure, quantité] litre *UK*, liter *US* - **2.** [récipient] litre *UK ou* liter *US* bottle.

litron [litrɔ̃] *nm tfam* litre *UK ou* liter *US* of wine.

littéraire [literɛr] ◇ *nmf person who is strong in arts subjects.* ◇ *adj* literary.

littéral, e, aux [literal, o] *adj* - **1.** [gén] literal - **2.** [écrit] written.

littéralement [literalmɑ̃] *adv* literally.

littérature [literatyr] *nf* - **1.** [gén] literature ; **~ comparée** comparative literature - **2.** [profession] writing.

littoral, e, aux [litɔral, o] *adj* coastal.
◆ **littoral** *nm* coast, coastline.

Lituanie [litɥani] *nf* : **la ~** Lithuania.

lituanien, enne [litɥanjɛ̃, ɛn] *adj* Lithuanian.
◆ **lituanien** *nm* [langue] Lithuanian.
◆ **Lituanien, enne** *nm, f* Lithuanian.

liturgie [lityrʒi] *nf* liturgy.

liturgique [lityrʒik] *adj* liturgical.

livide [livid] *adj* [blême] pallid.

livrable [livrabl] *adj* which can be delivered.

livraison [livrɛzɔ̃] *nf* [de marchandise] delivery ; **~ à domicile** home delivery.

livre [livr] ◇ *nm* - **1.** [gén] book ; **~ de bord** log, logbook ; **~ de cuisine** cookery book *UK*, cookbook *US* ; **~ électronique** e-book ; **~ d'images** picture book ; **~ de messe** missal ; **~ d'or** visitors' book *UK* ; **~ de poche** paperback ; **à ~ ouvert** *fig* at sight - **2.** [industrie] book trade. ◇ *nf* pound ; **~ sterling** pound sterling.

livre-cassette [livrəkasɛt] (*pl* **livres-cassettes**) *nm* spoken word cassette.

livrée [livre] *nf* [uniforme] livery.

livrer [3] [livre] *vt* - **1.** COMM to deliver ; **~ qqch à qqn** [achat] to deliver sthg to sb ; *fig* [secret] to reveal *ou* give away sthg to sb - **2.** [coupable, complice] : **~ qqn à qqn** to hand sb over to sb - **3.** [abandonner] : **~ qqch à qqch** to give sthg over to sthg ; **~ qqn à lui-même** to leave sb to his own devices ; **~ passage à qqn** *fig* to let sb pass.
◆ **se livrer** *vp* - **1.** [se rendre] : **se ~ à** [police, ennemi] to give o.s. up to ; [amant] to give o.s. to - **2.** [se confier] : **se ~ à** [ami] to open up to, to confide in - **3.** [se consacrer] : **se ~ à** [occupation] to devote o.s. to ; [excès] to indulge in.

livresque [livrɛsk] *adj* bookish.

livret [livrɛ] *nm* - **1.** [carnet] booklet ; **~ de caisse d'épargne** passbook, bankbook ; **~ de famille** *official family record book, given by registrar to newlyweds* ; **~ scolaire** ≃ school report *UK*, ≃ report card *US* - **2.** [catalogue] catalogue, catalog *US* - **3.** MUS book, libretto.

livreur, euse [livrœr, øz] *nm, f* delivery man (*f* woman).

Ljubljana [ljubljana] *n* Ljubljana.

LO (*abr de* **Lutte ouvrière**) *nf left-wing political party.*

lobby [lɔbi] (*pl* **lobbies**) *nm* lobby.

lobe [lɔb] *nm* - **1.** ANAT & BOT lobe - **2.** ARCHIT foil.

lober [3] [lɔbe] *vt* to lob.

local, e, aux [lɔkal, o] *adj* local ; [douleur] localized.
◆ **local** *nm* room, premises (*pl*).
◆ **locaux** *nmpl* premises, offices.

localement [lɔkalmɑ̃] *adv* locally.

localisation [lɔkalizasjɔ̃] *nf* - **1.** [d'un avion, d'un bruit] location - **2.** [d'une épidémie, d'un conflit, d'un produit multimédia] localization.

localiser [3] [lɔkalize] *vt* - **1.** [avion, bruit] to locate - **2.** [épidémie, conflit, produit multimédia] to localize.
◆ **se localiser** *vp* to be confined.

localité [lɔkalite] *nf* (small) town.

locataire [lɔkatɛr] *nmf* tenant.

locatif, ive [lɔkatif, iv] *adj* [relatif à la location] rental (*avant n*).
◆ **locatif** *nm* GRAMM locative.

location [lɔkasjɔ̃] *nf* - **1.** [de propriété - par propriétaire] letting *UK*, renting *US* ; [- par locataire] renting ; [de machine] leasing ; **~ de voitures/vélos** car/bicycle hire *UK*, car/bicycle rental *US* - **2.** [bail] lease - **3.** [maison, appartement] rented property, rental *US* - **4.** [réservation] booking.

location-vente [lɔkasjɔ̃vɑ̃t] (*pl* **locations-ventes**) *nf* ≃ hire purchase *UK*, ≃ installment plan *US*.

loc. cit. (*abr écrite de* **loco citato**) loc. cit.

lock-out [lɔkaut] *nm inv* lockout.

locomoteur, trice [lɔkɔmɔtœr, tris] *adj* locomotive (*avant n*).

locomotion [lɔkɔmɔsjɔ̃] *nf* locomotion.

locomotive [lɔkɔmɔtiv] *nf* - **1.** [machine] locomotive - **2.** *fig* [leader] moving force.

locuteur, trice [lɔkytœr, tris] *nm, f* speaker.

locution [lɔkysjɔ̃] *nf* expression, phrase.

loden [lɔdɛn] *nm* [étoffe] loden ; [vêtement] loden overcoat.

loft [lɔft] *nm* (converted) loft.

logarithme [lɔgaritm] *nm* logarithm.

loge [lɔʒ] *nf* - **1.** [de concierge, de francs-maçons] lodge - **2.** [d'acteur] dressing room - **3.** [de spectacle] box ; **être aux premières ~s** *fig* to have a ringside seat - **4.** [d'écurie] loose box - **5.** ARCHIT loggia.

logement [lɔʒmɑ̃] *nm* - **1.** [hébergement] accommodation *UK*, accommodations *(pl) US* - **2.** [appartement] flat *UK*, apartment *US* ; **~ de fonction** company flat *UK ou* apartment *US*.

loger [17] [lɔʒe] ◇ *vi* [habiter] to live. ◇ *vt* - **1.** [amis, invités] to put up - **2.** [clé] to put - **3.** [suj: hôtel, maison] to accommodate, to take.

◆ **se loger** *vp* - **1.** [trouver un logement] to find accommodation *UK ou* accommodations *US* - **2.** [se placer - ballon, balle] : **se ~ dans** to lodge in, to stick in ; **se ~ dans** *fig* [angoisse] to take hold of.

logeur, euse [lɔʒœr, øz] *nm, f* landlord (*f* landlady).

loggia [lɔdʒja] *nf* loggia.

logiciel [lɔʒisjɛl] *nm* software *(U)* ; **~ intégré** integrated software ; **~ de navigation** browser.

logique [lɔʒik] ◇ *nf* logic. ◇ *adj* logical.

logiquement [lɔʒikmɑ̃] *adv* logically.

logis [lɔʒi] *nm* abode.

logistique [lɔʒistik] ◇ *nf* logistics *(pl)*. ◇ *adj* logistic.

logo [logo] *nm* logo.

logorrhée [lɔgɔre] *nf* logorrhoea.

loi [lwa] *nf* - **1.** [gén] law ; **faire la ~** to lay down the law ; **la ~ du plus fort** might is right ; **~ de l'offre et de la demande** law of supply and demand ; **la ~ du talion** an eye for an eye ; **la ~ de 1901** *law concerning the setting up of non-profit-making organizations* - **2.** [convention] rule.

loin [lwɛ̃] *adv* - **1.** [dans l'espace] far ; **plus ~** further - **2.** [dans le temps - passé] a long time ago ; [- futur] a long way off.

◆ **au loin** *loc adv* in the distance, far off.

◆ **de loin** *loc adv* - **1.** [depuis une grande distance] from a distance ; **de très ~** from a great distance ; **de plus ~** from further away - **2.** [assez peu] from a distance, from afar - **3.** [de beaucoup] by far.

◆ **de loin en loin** *loc adv* - **1.** [dans l'espace] here and there - **2.** [dans le temps] every now and then, from time to time.

◆ **loin de** *loc prép* - **1.** [gén] far from ; **~ de là!** *fig* far from it! - **2.** [dans le temps] : **il n'est pas ~ de 9 h** it's nearly 9 o'clock, it's not far off 9 o'clock.

lointain, e [lwɛ̃tɛ̃, ɛn] *adj* - **1.** [pays, avenir, parent] distant - **2.** [ressemblance] vague.

◆ **lointain** *nm* : **au** *ou* **dans le ~** in the distance.

loir [lwar] *nm* dormouse ; **dormir comme un ~** *fig* to sleep like a log.

loisible [lwazibl] *adj* : **il m'est ~ de participer** I am at liberty to take part.

loisir [lwazir] *nm* - **1.** [temps libre] leisure ; **avoir le ~ de faire qqch** *sout* to have the time to do sthg ; **à ~** [à satiété] as much as one likes ; [sans hâte] at leisure - **2.** *(gén pl)* [distractions] leisure activities *(pl)*.

lombago = **lumbago**.

lombaire [lɔ̃bɛr] ◇ *nf* lumbar vertebra. ◇ *adj* lumbar.

lombes [lɔ̃b] *nfpl* loins.

Lomé [lome] *n* Lomé.

londonien, enne [lɔ̃dɔnjɛ̃, ɛn] *adj* London *(avant n)*.

◆ **Londonien, enne** *nm, f* Londoner.

Londres [lɔ̃dr] *n* London.

long, longue [lɔ̃, lɔ̃g] *adj* - **1.** [gén] long - **2.** [lent] slow ; **être ~ à faire qqch** to take a long time doing sthg.

◆ **long** ◇ *nm* - **1.** [longueur] : **4 mètres de ~** 4 metres long *ou* in length ; **de ~ en large** up and down, to and fro ; **en ~ et en large** in great detail ; **(tout) le ~ de** [espace] all along ; **tout le ~ du jour** the whole day long ; **tout au ~ de** [année, carrière] throughout ; **tomber de tout son ~** to go full length - **2.** [vêtement] : **le ~** long clothes *(pl)*. ◇ *adv* - **1.** [beaucoup] : **en savoir ~ sur qqch** to know a lot about sthg - **2.** [s'habiller] : **elle est habillée trop ~** her clothes are too long.

◆ **longue** *nf* - **1.** LING long vowel - **2.** MUS long note - **3.** CARTES long suit.

◆ **à la longue** *loc adv* in the end.

long. (*abr écrite de* **longitude**) long.

long-courrier [lɔ̃kurje] *adj* [navire] ocean-going ; [vol] long-haul.

longe [lɔ̃ʒ] *nf* - **1.** [courroie] halter - **2.** [viande] loin.

longer [17] [lɔ̃ʒe] *vt* - **1.** [border] to go along *ou* alongside - **2.** [marcher le long de] to walk along ; [raser] to stay close to, to hug.

longévité [lɔ̃ʒevite] *nf* longevity.

longiligne [lɔ̃ʒiliɲ] *adj* long-limbed.

longitude [lɔ̃ʒityd] *nf* longitude.

longitudinal, e, aux [lɔ̃ʒitydinal, o] *adj* longitudinal.

longtemps [lɔ̃tɑ̃] *adv* (for) a long time ; **avant ~** before long ; **il ne reviendra pas avant ~** he won't be back for some time ; **depuis ~** (for) a long time ; **il y a ~ que...** it's been a long time since... ; **il y a ~ qu'il est là** he's been here a long time ; **mettre ~ à faire qqch** to take a long time to do sthg ; **je n'en ai pas pour ~** I won't be long.

longue ▷ **long**.

longuement [lɔ̃gmɑ̃] *adv* - **1.** [longtemps] for a long time - **2.** [en détail] at length.

longuet, ette [lɔ̃gɛ, ɛt] *adj fam* longish, a bit long.

longueur [lɔ̃gœr] *nf* length ; **faire 5 mètres de ~** to be 5 metres long ; **disposer qqch en ~** to put sthg lengthways ; **à ~ de journée/temps** the entire day/time ; **à ~ d'année** all year long ; **~ d'onde** wavelength ; **être sur la même ~ d'onde** *fig* to be on the same wavelength ; **saut en ~** long jump.
◆ **longueurs** *nfpl* [de film, de livre] boring parts.

longue-vue [lɔ̃gvy] (*pl* **longues-vues**) *nf* telescope.

look [luk] *nm* look ; **avoir un ~** to have a style.

looping [lupiŋ] *nm* loop the loop.

lopin [lɔpɛ̃] *nm* : **~ (de terre)** patch *ou* plot of land.

loquace [lɔkas] *adj* loquacious.

loquacité [lɔkasite] *nf* loquacity.

loque [lɔk] *nf* - **1.** [lambeau] rag ; **en ~s** in rags - **2.** *fig* [personne] wreck.

loquet [lɔkɛ] *nm* latch.

lorgner [3] [lɔrɲe] *vt fam* - **1.** [observer] to eye - **2.** [guigner] to have one's eye on.

lorgnette [lɔrɲɛt] *nf* opera glasses *(pl)*.

lorgnon [lɔrɲɔ̃] *nm* lorgnette.

lors [lɔr] *adv* : **depuis ~** since that time ; **~ de** at the time of.

lorsque [lɔrsk(ə)] *conj* when.

losange [lɔzɑ̃ʒ] *nm* lozenge.

lot [lo] *nm* - **1.** [part] share ; [de terre] plot - **2.** [stock] batch - **3.** [prix] prize ; **le gros ~** the jackpot - **4.** *fig* [destin] fate, lot.

loterie [lɔtri] *nf* lottery ; **la Loterie nationale** the National Lottery.

loti, e [lɔti] *adj* : **être bien/mal ~** to be well/badly off.

lotion [lɔsjɔ̃] *nf* lotion ; **~ après-rasage** after-shave (lotion).

lotir [32] [lɔtir] *vt* to divide up ; **~ qqn de qqch** to allot sthg to sb.

lotissement [lɔtismɑ̃] *nm* - **1.** [terrain] plot - **2.** [division - de terrain] parcelling out.

loto [lɔto] *nm* - **1.** [jeu de société] lotto - **2.** [loterie] *popular national lottery.*

lotte [lɔt] *nf* monkfish.

lotus [lɔtys] *nm* lotus.

louable [lwabl] *adj* - **1.** [méritoire] praiseworthy - **2.** [location] : **facilement/difficilement ~** easy/difficult to let *UK*, easy/difficult to rent *US*.

louage [lwaʒ] *nm* hire *UK*, rental *US* ; **voiture de ~** hire *UK ou* rental *US* car.

louange [lwɑ̃ʒ] *nf* praise ; **chanter les ~s de qqn** *fig* to sing sb's praises.

loubar(d) [lubar] *nm fam* hooligan.

louche[1] [luʃ] *nf* ladle.

louche[2] [luʃ] *adj fam* [personne, histoire] suspicious.

loucher [3] [luʃe] *vi* - **1.** [être atteint de strabisme] to squint - **2.** *fam fig* [lorgner] : **~ sur** to have one's eye on.

louer [6] [lwe] *vt* - **1.** [glorifier] to praise ; **~ qqn de qqch** to praise sb for sthg - **2.** [donner en location] to rent (out) ; **à ~** for rent - **3.** [prendre en location] to rent - **4.** [réserver] to book.
◆ **se louer** *vp* - **1.** *sout* [se féliciter] : **se ~ de qqch/de faire qqch** to be very pleased about sthg/about doing sthg - **2.** [appartement] to be to let *UK ou* for rent *US* - **3.** *péj* [se vanter] to sing one's own praises.

loufoque [lufɔk] *fam* ◇ *nmf* nutter *UK*.
◇ *adj* nuts, crazy.

loup [lu] *nm* - **1.** [carnassier] wolf - **2.** [poisson] bass - **3.** [masque] mask - **4.** *fig* [personne] : **(vieux) ~ de mer** (old) sea dog.

loupe [lup] *nf* - **1.** [optique] magnifying glass ; **regarder qqch à la ~** *fig* to put sthg under the microscope - **2.** BOT burr.

louper [3] [lupe] *vt fam* [travail] to make a mess of ; [train] to miss.

loup-garou [lugaru] (*pl* **loups-garous**) *nm* werewolf.

loupiot, otte [lupjo, ɔt] *nm, f fam* kid.

lourd, e [lur, lurd] *adj* - **1.** [gén] heavy ; **~ de** *fig* full of - **2.** [tâche] difficult ; [faute] serious - **3.** [maladroit] clumsy, heavy-handed - **4.** MÉTÉOR close *UK* - **5.** [esprit] slow.
◆ **lourd** *adv* : **peser ~** to be heavy, to weigh a lot ; **il n'en fait pas ~** *fam* he doesn't do much.

lourdaud, e [lurdo, od] ◇ *adj* clumsy.
◇ *nm, f* oaf.

lourdement [lurdəmɑ̃] *adv* - **1.** [pesamment] heavily - **2.** [maladroitement] heavily, clumsily ; [insister] strenuously.

lourdeur [lurdœr] *nf* - **1.** [gén] heaviness - **2.** MÉTÉOR closeness *UK* - **3.** [d'esprit] slowness.

loustic [lustik] *nm fam* - **1.** [enfant] kid - **2.** [farceur] joker - **3.** *péj* [type] guy.

loutre [lutr] *nf* otter.

louve [luv] *nf* she-wolf.

louveteau, x [luvto] *nm* - **1.** ZOOL wolf cub - **2.** [scout] cub.

louvoyer [13] [luvwaje] *vi* - **1.** NAUT to tack - **2.** *fig* [tergiverser] to beat about the bush.

Louvre [luvr] *n* : **le ~** the Louvre (museum) ; **l'école du ~** *art school in Paris.*

Le Louvre

The Louvre houses one of the biggest museum collections in the world. It is divided into seven sections: Eastern antiquities, Greek and Roman antiquities, paintings, sculpture, objets d'art and graphic arts. The glass pyramid in the courtyard, added amid much controversy in 1989, provides access to the museum's underground entrances. The museum was renovated in 1993 and extended by a wing that was previously home to the Ministry of Finance.

lover [3] [lɔve] ◆ **se lover** *vp* [serpent] to coil up.

loyal, e, aux [lwajal, o] *adj* - **1.** [fidèle] loyal - **2.** [honnête] fair.

loyalement [lwajalmɑ̃] *adv* - **1.** [fidèlement] loyally - **2.** [honnêtement] fairly.

loyauté [lwajote] *nf* - **1.** [fidélité] loyalty - **2.** [honnêteté] fairness.

loyer [lwaje] *nm* rent.

LP (*abr de* **lycée professionnel**) *nm secondary school for vocational training.*

LSD (*abr de* **lysergic acid diethylamide**) *nm* LSD.

lu, e [ly] *pp* ▷ **lire**[1].

lubie [lybi] *nf fam* whim.

lubricité [lybrisite] *nf* lechery.

lubrifiant, e [lybrifjɑ̃, ɑ̃t] *adj* lubricating.
◆ **lubrifiant** *nm* lubricant.

lubrification [lybrifikasjɔ̃] *nf* lubrication.

lubrifier [9] [lybrifje] *vt* to lubricate.

lubrique [lybrik] *adj* lewd.

lucarne [lykarn] *nf* - **1.** [fenêtre] skylight - **2.** FOOTBALL top corner of the net.

lucide [lysid] *adj* lucid.

lucidement [lysidmɑ̃] *adv* lucidly.

lucidité [lysidite] *nf* lucidity.

luciole [lysjɔl] *nf* firefly.

lucratif, ive [lykratif, iv] *adj* lucrative.

lucre [lykr] *nm péj* lucre.

ludique [lydik] *adj* play *(avant n)*.

ludo-éducatif [lydoedykatif] *nm* edutainment.

ludothèque [lydɔtɛk] *nf* toy library.

luette [lɥɛt] *nf* uvula.

lueur [lɥœr] *nf* - **1.** [de bougie, d'étoile] light ; **à la ~ de** by the light of - **2.** *fig* [de colère] gleam ; [de raison] spark ; **~ d'espoir** glimmer of hope.

luge [lyʒ] *nf* toboggan.

lugubre [lygybr] *adj* lugubrious.

lui[1] [lɥi] *pp inv* ▷ **luire.**

lui[2] [lɥi] *pron pers* - **1.** [complément d'objet indirect - homme] (to) him ; [- femme] (to) her ; [- animal, chose] (to) it ; **je ~ ai parlé** I've spoken to him/to her ; **il le ~ a présenté** he introduced him to her ; **il ~ a serré la main** he shook his/her hand - **2.** [sujet, en renforcement de "il"] he ; **qui t'accompagnera? - ~** who will go with you? - he will ; **il sait de quoi je parle, ~ HE** knows what I'm talking about - **3.** [objet, après préposition, comparatif - personne] him ; [- animal, chose] it ; **je n'ai vu que ~** I saw no one else but him ; **si j'étais ~...** if I were him... ; **~, tout le monde le connaît** everyone knows **HIM** ; **sans ~** without him ; **je vais chez ~** I'm going to his place ; **elle est plus jeune que ~** she's younger than him *ou* than he is - **4.** [remplaçant 'soi' en fonction de pronom réfléchi - personne] himself ; [- animal, chose] itself ; **il est content de ~** he's pleased with himself.
◆ **lui-même** *pron pers* [personne] himself ; [animal, chose] itself.

luire [97] [lɥir] *vi* [soleil, métal] to shine ; *fig* [espoir] to glow, to glimmer.

luisais, luisions *(etc)* ▷ **luire.**

luisant, e [lɥizɑ̃, ɑ̃t] *adj* gleaming.
◆ **luisant** *nm* sheen.

lumbago, lombago [lɔ̃bago] *nm* lumbago.

lumière [lymjɛr] *nf* - **1.** [éclairage] *fig* light ; **~ tamisée** subdued light ; **à la ~ de** by the light of ; **faire toute la ~ sur qqch** to make sthg clear ; **mettre qqch en ~** to highlight sthg - **2.** [personne] leading light ; **ce n'est pas une ~** *fam* he's/she's not very bright.

luminaire [lyminɛr] *nm* light.

luminescent, e [lyminɛsɑ̃, ɑ̃t] *adj* luminescent.

lumineux, euse [lyminø, øz] *adj* - **1.** [couleur, cadran] luminous - **2.** *fig* [visage] radiant ; [idée] brilliant - **3.** [explication] clear.

luminosité [lyminozite] *nf* - **1.** [du regard, ciel] radiance - **2.** [sciences] luminosity.

lump [lœ̃p] *nm* : **œufs de ~** lumpfish roe.

lunaire [lynɛr] *adj* - **1.** ASTRON lunar - **2.** *fig* [visage] moon *(avant n)* ; [paysage] lunar.

lunatique [lynatik] ◇ *nmf* temperamental person. ◇ *adj* temperamental.

lunch [lœ̃ʃ] *nm* buffet lunch.

lundi [lœ̃di] *nm* Monday ; **~ de Pâques/Pentecôte** Easter/Whit Monday, *voir aussi* **samedi.**

lune [lyn] *nf* - **1.** ASTRON moon ; **nouvelle ~** new moon ; **pleine ~** full moon ; **~ de miel** *fig* honeymoon ; **dans la ~** *fig* in the clouds ; **décrocher la ~** *fig* to move heaven and earth ; **promettre la ~** *fig* to promise the earth - **2.** *fam fig* [derrière] backside.

luné, e [lyne] *adj* : **être bien/mal ~** to be in a good/bad mood.

lunetier, ère [lyntje, ɛr] ◇ *adj* spectacle-making *(avant n)*. ◇ *nm, f* optician.

lunette [lynɛt] *nf* - **1.** [ouverture] : **la ~ des W.-C.** [cuvette] the toilet bowl ; **~ arrière** rear window - **2.** ASTRON telescope.
◆ **lunettes** *nfpl* glasses ; **~s noires** dark glasses ; **~s de soleil** sunglasses.

lunule [lynyl] *nf* [d'ongle] half-moon.

lupanar [lypanar] *nm sout* brothel.

lupin [lypɛ̃] *nm* lupin *UK*, lupine *US*.

lurette [lyrɛt] *nf* : **il y a belle ~ que...** *fam* it's been ages since...

luron, onne [lyrɔ̃, ɔn] *nm, f fam* **un joyeux ~** a bit of a lad.

lustre [lystr] *nm* - **1.** [luminaire] chandelier - **2.** [éclat] sheen, shine ; *fig* reputation - **3.** *litt* [cinq ans] period of five years ; **ça fait des ~s que...** *fig* it's been ages since...

lustrer [3] [lystre] *vt* - **1.** [faire briller] to make shine - **2.** [user] to wear.

luth [lyt] *nm* lute.

luthérien, enne [lyterjɛ̃, ɛn] *adj* & *nm, f* Lutheran.

luthier [lytje] *nm* maker of stringed instruments.

lutin, e [lytɛ̃, in] *adj* mischievous.
◆ **lutin** *nm* imp.

lutrin [lytrɛ̃] *nm* lectern.

lutte [lyt] *nf* - **1.** [combat] fight, struggle ; **de haute ~** with a hard-fought struggle ; **la ~ des classes** the class struggle ; **~ d'influence** power struggle - **2.** SPORT wrestling.

lutter [3] [lyte] *vi* to fight, to struggle ; **~ contre** to fight (against).

lutteur, euse [lytœr, øz] *nm, f* SPORT wrestler ; *fig* fighter.

luxation [lyksasjɔ̃] *nf* dislocation.

luxe [lyks] *nm* luxury ; **de ~** luxury ; **ce n'est pas un** *OU* **du ~** *fig* it is a necessity ; **s'offrir** *OU* **se payer le ~ de** *fig* to afford the luxury of.

Luxembourg [lyksɑ̃bur] *nm* - **1.** [pays] : **le ~** Luxembourg ; **au ~** in Luxembourg - **2.** [ville] Luxembourg ; **à ~** in (the city of) Luxembourg - **3.** [jardins] : **le ~** the Luxembourg Gardens.

luxembourgeois, e [lyksɑ̃burʒwa, az] *adj* of/from Luxembourg.
◆ **Luxembourgeois, e** *nm, f* native *OU* inhabitant of Luxembourg.

luxer [3] [lykse] *vt* to dislocate.
◆ **se luxer** *vp* : **se ~ l'épaule** to dislocate one's shoulder.

luxueux, euse [lyksɥø, øz] *adj* luxurious.

luxure [lyksyr] *nf* lust.

luxuriant, e [lyksyrjɑ̃, ɑ̃t] *adj* luxuriant.

luzerne [lyzɛrn] *nf* lucerne, alfalfa.

lx (*abr écrite de* **lux**) lx.

lycée [lise] *nm* ≃ secondary school *UK*, ≃ high school *US* ; **~ technique/professionnel** ≃ technical/training college ; **~ pilote** experimental school.

Lycée

A state secondary school in France for pupils aged 15 to 18. The school years covered go from *seconde* to *première* to *terminale*, the final year, when pupils take the *baccalauréat*.

lycéen, enne [liseɛ̃, ɛn] *nm, f* secondary school pupil *UK*, high school pupil *US*.

lymphatique [lɛ̃fatik] *adj* - **1.** MÉD lymphatic - **2.** *fig* [apathique] sluggish.

lymphe [lɛ̃f] *nf* lymph.

lyncher [3] [lɛ̃ʃe] *vt* to lynch.

lynx [lɛ̃ks] *nm* lynx.

Lyon [ljɔ̃] *n* Lyons.

lyonnais, e [ljɔnɛ, ɛz] *adj* of/from Lyons.
◆ **Lyonnais, e** *nm, f* native *OU* inhabitant of Lyons.

lyre [lir] *nf* lyre.

lyrique [lirik] *adj* [poésie] *fig* lyrical ; [drame, chanteur, poète] lyric.

lyrisme [lirism] *nm* - **1.** [poésie] lyricism - **2.** [exaltation] enthusiasm.

lys = **lis**.

m¹, M [ɛm] ◇ *nm inv* m, M. ◇ (*abr écrite de* **mètre**) m.
◆ **M** - **1.** (*abr écrite de* **maxwell**) Mx - **2.** (*abr écrite de* **mile (marin)**) nm - **3.** (*abr écrite de* **méga**) M - **4.** (*abr écrite de* **Major**) M - **5.** (*abr écrite de* **Monsieur**) Mr - **6.** (*abr écrite de* **million**) M - **7.** *abr de* **masculin**.

m² (*abr écrite de* **milli**) m.

m' ▷ **me**.

M6 *n private television channel broadcasting a high proportion of music and aimed at a younger audience.*

ma ▷ mon.

MA (*abr de* **maître auxiliaire**) *nm teacher on short-term contract.*

Maastricht [mastriʃt] *n* Maastricht ; **le traité de ~** the Maastricht treaty.

maboul, e [mabul] *fam* ◇ *adj* crazy. ◇ *nm, f* nutter.

macabre [makabr] *adj* macabre.

macadam [makadam] *nm* [revêtement] macadam ; [route] road.

Macao [makao] *n* Macao ; **à ~** in Macao.

macaque [makak] *nm* **- 1.** ZOOL macaque **- 2.** *fam* [personne] ape.

macareux [makarø] *nm* puffin.

macaron [makarɔ̃] *nm* **- 1.** [pâtisserie] macaroon **- 2.** [coiffure] coil **- 3.** [autocollant] sticker.

macaronis [makarɔni] *nmpl* **- 1.** CULIN macaroni *(U)* **- 2.** *tfam* [Italiens] *offensive term used with reference to Italians,* ≃ Eyeties *UK*.

macchabée [makabe] *nm tfam* stiff.

macédoine [masedwan] *nf* **- 1.** CULIN : **~ de fruits** fruit salad ; **~ de légumes** mixed vegetables **- 2.** *fig* [mélange] jumble.

macérer [18] [masere] ◇ *vt* to steep. ◇ *vi* **- 1.** [mariner] to steep ; **faire ~** to steep **- 2.** *fig* & *péj* [personne] to wallow.

mâche [maʃ] *nf* lamb's lettuce.

mâcher [3] [maʃe] *vt* **- 1.** [mastiquer] to chew **- 2.** TECHNOL to chew up.

machiavélique [makjavelik] *adj* Machiavellian.

mâchicoulis [maʃikuli] *nm* machicolation.

machin [maʃɛ̃] *nm fam* [chose] thing, thingamajig.

Machin, e [maʃɛ̃, in] *nm, f fam* what's his name (*f* what's her name).

machinal, e, aux [maʃinal, o] *adj* mechanical.

machinalement [maʃinalmɑ̃] *adv* mechanically.

machination [maʃinasjɔ̃] *nf* machination.

machine [maʃin] *nf* **- 1.** TECHNOL machine ; **~ à coudre** sewing machine ; **~ à écrire** typewriter ; **~ à laver** washing machine ; **~ à sous** fruit machine *UK*, one-armed bandit *US* ; **~ à tricoter** knitting machine **- 2.** [organisation] machinery *(U)* **- 3.** NAUT engine ; **faire ~ arrière** to reverse engines ; *fig* to back-pedal **- 4.** [locomotive] engine, locomotive.

machine-outil [maʃinuti] (*pl* **machines-outils**) *nf* machine tool.

machiner [3] [maʃine] *vt* to plot.

machiniste [maʃinist] *nm* **- 1.** CINÉ & THÉÂTRE scene shifter **- 2.** [transports] driver.

machisme [matʃism] *nm* machismo.

macho [matʃo] *péj* ◇ *nm* macho man. ◇ *adj inv* macho.

mâchoire [maʃwar] *nf* jaw ; **~ supérieure/inférieure** upper/lower jaw.

mâchonner [3] [maʃɔne] *vt* **- 1.** [mâcher, mordiller] to chew **- 2.** [marmonner] to mutter.

mâchouiller [3] [maʃuje] *vt fam* to chew.

maçon [masɔ̃] *nm* mason.

maçonner [3] [masɔne] *vt* [construire] to build ; [revêtir] to face ; [boucher] to brick up.

maçonnerie [masɔnri] *nf* [travaux] building ; [construction] masonry ; [franc-maçonnerie] freemasonry.

maçonnique [masɔnik] *adj* masonic.

macramé [makrame] *nm* macramé.

macro [makro] *nf* INFORM macro.

macrobiotique [makrɔbjɔtik] ◇ *nf* macrobiotics *(U)*. ◇ *adj* macrobiotic.

macroéconomie [makrɔekɔnɔmi] *nf* macro-economy.

maculer [3] [makyle] *vt* to stain.

Madagascar [madagaskar] *n* Madagascar ; **à ~** in Madagascar.

madame [madam] (*pl* **mesdames** [medam]) *nf* **- 1.** [titre] : **~ X** Mrs X ; **bonjour ~!** good morning! ; [dans hôtel, restaurant] good morning, madam! ; **bonjour mesdames!** good morning (ladies)! ; **Madame la Ministre n'est pas là** the Minister is out **- 2.** HIST Madame *(title given to the wife of the brother of the King of France).*

madeleine [madlɛn] *nf small sponge cake.*
◆ **Madeleine** *nf* : **pleurer comme une Madeleine** to cry one's eyes out.

mademoiselle [madmwazɛl] (*pl* **mesdemoiselles** [medmwazɛl]) *nf* **- 1.** [titre] : **~ X** Miss X ; **bonjour ~!** good morning! ; [à l'école, dans hôtel] good morning, miss! ; **bonjour mesdemoiselles!** good morning (ladies)! **- 2.** HIST Mademoiselle *(title given to a Princess of France).*

madère [madɛr] *nm* Madeira (wine).

Madère [madɛr] *nf* Madeira ; **à ~** in Madeira.

madone [madɔn] *nf* ART & RELIG Madonna.

Madrid [madrid] *n* Madrid.

madrier [madrije] *nm* beam.

madrilène [madrilɛn] *adj* of/from Madrid.
◆ **Madrilène** *nmf* native *ou* inhabitant of Madrid.

maestria [maɛstrija] *nf* mastery ; **avec ~** brilliantly.

maf(f)ia [mafja] *nf* Mafia.

magasin [magazɛ̃] *nm* - **1.** [boutique] shop *UK*, store *US* ; **en ~** in stock ; **grand ~** department store ; **faire les ~s** *fig* to go round *UK* *ou* around *US* the shops *UK* *ou* stores *US* - **2.** [entrepôt] warehouse - **3.** [d'arme, d'appareil photo] magazine.

magasinage [magazinaʒ] *nm* warehousing, storing.

magasinier [magazinje] *nm* warehouseman, storeman.

magazine [magazin] *nm* magazine.

mage [maʒ] *nm* : **les Rois ~s** the Three Wise Men.

Maghreb [magrɛb] *nm* : **le ~** the Maghreb.

maghrébin, **e** [magrebɛ̃, in] *adj* North African.

◆ **Maghrébin**, **e** *nm, f* North African.

magicien, **enne** [maʒisjɛ̃, ɛn] *nm, f* magician.

magie [maʒi] *nf* magic ; **comme par ~** as if by magic ; **~ noire** black magic.

magique [maʒik] *adj* - **1.** [occulte] magic - **2.** [merveilleux] magical.

magistère [maʒistɛr] *nm* authority.

magistral, **e**, **aux** [maʒistral, o] *adj* - **1.** [œuvre, habileté] masterly - **2.** [dispute, fessée] enormous - **3.** [attitude, ton] authoritative.

magistralement [maʒistralmɑ̃] *adv* authoritatively, brilliantly.

magistrat [maʒistra] *nm* magistrate.

magistrature [maʒistratyr] *nf* magistracy, magistrature.

magma [magma] *nm* - **1.** GÉOL magma - **2.** *fig* [mélange] muddle.

magnanerie [maɲanri] *nf* - **1.** [bâtiment] silk farm - **2.** [sériciculture] silkworm breeding, sericulture.

magnanime [maɲanim] *adj* magnanimous.

magnanimité [maɲanimite] *nf* magnanimity.

magnat [maɲa] *nm* magnate, tycoon.

magner [3] [maɲe] ◆ **se magner** *vp fam* to get a move on.

magnésium [maɲezjɔm] *nm* magnesium.

magnétique [maɲetik] *adj* magnetic.

magnétiser [3] [maɲetize] *vt* - **1.** PHYS to magnetize - **2.** [hypnotiser, fasciner] to hypnotize.

magnétisme [maɲetism] *nm* - **1.** PHYS [fascination] magnetism - **2.** [hypnotisme] hypnotism.

magnéto(phone) [maɲetɔ(fɔn)] *nm* tape recorder.

magnétoscope [maɲetɔskɔp] *nm* videorecorder.

magnificence [maɲifisɑ̃s] *nf* magnificence.

magnifier [9] [maɲifje] *vt* to magnify.

magnifique [maɲifik] *adj* magnificent.

magnifiquement [maɲifikmɑ̃] *adv* magnificently.

magnitude [maɲityd] *nf* magnitude.

magnolia [maɲɔlja] *nm* magnolia.

magnum [magnɔm] *nm* magnum.

magot [mago] *nm fam* tidy sum, packet.

magouille [maguj] *nf fam* plot, scheme.

magouiller [3] [maguje] *vi fam* to plot, to scheme.

magret [magrɛ] *nm* fillet, filet *US* ; **~ de canard** breast of duck.

magyar, **e** [magjar] *adj* Magyar.

mai [mɛ] *nm* May ; **le premier ~** May Day ; **(les événements de) ~ 1968** May 1968, *voir aussi* **septembre**.

Mai 68

The events of May 1968 came about when student protests, coupled with widespread industrial unrest, culminated in a general strike and rioting. De Gaulle's government survived the crisis, but the difficult questions raised made the events a turning point in French social history.

maigre [mɛgr] ◇ *adj* - **1.** [très mince] thin - **2.** [aliment] low-fat ; [viande] lean - **3.** [peu important] meagre *UK*, meager *US* ; [végétation] sparse. ◇ *adv* : **faire ~** not to eat meat. ◇ *nmf* thin person. ◇ *nm* lean meat.

maigrelet, **ette** [mɛgrəlɛ, ɛt] *adj* scrawny.

maigreur [mɛgrœr] *nf* thinness.

maigrir [32] [megrir] ◇ *vi* to lose weight. ◇ *vt* : **~ qqn** to make sb look thinner *ou* slimmer.

mail [mel] *nm* INFORM email (message), mail.

mailing [mɛliŋ] *nm* mailing, mailshot *UK*.

maille [maj] *nf* - **1.** [de tricot] stitch ; **~ à l'endroit/l'envers** plain/purl stitch - **2.** [de filet] mesh - **3.** *loc* **avoir ~ à partir avec** to have a set-to with.

maillet [majɛ] *nm* mallet.

maillon [majɔ̃] *nm* link.

maillot [majo] *nm* [de sport] shirt, jersey ; **~ de bain** swimsuit ; **~ (de bain) une pièce/deux pièces** one-piece/two-piece swimsuit ; **~ de corps** vest *UK*, undershirt *US* ; **le ~ jaune** *(the yellow shirt worn by) the leading cyclist in the Tour de France.*

main [mɛ̃] ◇ *nf* hand ; **à pleines ~s** by the handful ; **à quatre ~s** fourhanded, for four hands ; **de ~ de maître** in a masterly fashion ;

en sous ~ secretly ; **attaque à ~ armée** armed attack ; **~ courante** handrail, banister ; **~ libres** [téléphone, kit] hands-free ; **avoir la ~ leste** to be quick with one's hands ; **avoir/prendre qqch en ~** to have/to take sthg in hand ; **avoir qqch sous la ~** to have sthg at hand ; **demander la ~ de qqn** to ask for sb's hand (in marriage) ; **donner la ~ à qqn** to take sb's hand ; **faire ~ basse sur qqch** to help oneself to sthg ; **forcer la ~ à qqn** to force sb's hand ; **se frotter les ~s** to rub one's hands ; **haut la ~** effortlessly, hands down ; **haut les ~s!** hands up! ; **se laver les ~s de qqch** to wash one's hands of sthg ; **mettre la dernière ~ à** to put the finishing touches to ; **mettre la ~ à la pâte** to lend a helping hand ; **ne pas y aller de ~ morte** not to pull one's punches ; **passer la ~** CARTES to pass the deal ; **perdre la ~** *fig* to lose one's touch ; **remettre en ~(s) propre(s)** to hand over personally ; **en venir aux ~s** to come to blows. ◇ *adv* [fabriqué, imprimé] by hand ; **fait/tricoté/trié ~** hand-made/-knitted/-picked.

◆ **à la main** *loc adv* **- 1.** by hand ; [artisanalement] : **fait à la ~** hand-made **- 2.** [dans les mains] : **avoir** *ou* **tenir qqch à la ~** to hold sthg in one's hand.

◆ **à main** *loc adj* [levier, outil] hand *(modif)*, manual.

◆ **à main droite** *loc adv* on the right-hand side.

◆ **à main gauche** *loc adv* on the left-hand side.

◆ **de la main** *loc adv* with one's hand ; **saluer qqn de la ~** [pour dire bonjour] to wave (hello) to sb ; [pour dire au revoir] to wave (goodbye) to sb, to wave sb goodbye ; **de la ~, elle me fit signe d'approcher** she waved me over.

◆ **de la main à la main** *loc adv* directly, without any middleman ; **j'ai payé le plombier de la ~ à la ~** I paid the plumber cash in hand.

◆ **de la main de** *loc prép* **- 1.** [fait par] by ; **la lettre est de la ~ même de Proust/de ma ~** the letter is in Proust's own hand/in my handwriting **- 2.** [donné par] from (the hand of) ; **elle a reçu son prix de la ~ du président** she received her award from the President himself.

◆ **de main en main** *loc adv* from hand to hand, from one person to the next.

◆ **de première main** ◇ *loc adj* [information] first-hand ; [érudition, recherche] original. ◇ *loc adv* : **nous tenons de première ~ que...** we have it on the best authority that...

◆ **de seconde main** *loc adj* [information, voiture] secondhand.

◆ **d'une main** *loc adv* [ouvrir, faire] with one hand ; [prendre] with *ou* in one hand ; **donner qqch d'une ~ et le reprendre de l'autre** to give sthg with one hand and take it back with the other.

◆ **en main** ◇ *loc adj* : **l'affaire est en ~** the question is in hand *ou* is being dealt with ; **le livre est actuellement en ~** [il est consulté] the book is out on loan *ou* is being consulted at the moment. ◇ *loc adv* : **avoir qqch en ~** to be holding sthg ; **avoir** *ou* **tenir qqch (bien) en ~** *fig* to have sthg well in hand *ou* under control ; **quand tu auras la voiture bien en ~** when you've got the feel of the car ; **prendre qqch en ~** to take control of *ou* over sthg ; **prendre qqn en ~** to take sb in hand ; **la société a été reprise en ~** the company was taken over.

◆ **la main dans la main** *loc adv* [en se tenant par la main] hand in hand ; *fig* together ; *péj* hand in glove.

main-d'œuvre [mɛ̃dœvr] *nf* labour *UK*, labor *US*, workforce.

main-forte [mɛ̃fɔrt] *nf* : **prêter ~ à qqn** to come to sb's assistance.

mainmise [mɛ̃miz] *nf* seizure.

maint, e [mɛ̃, mɛ̃t] *adj litt* many a ; **~s** many ; **~es fois** time and time again.

maintenance [mɛ̃tnɑ̃s] *nf* maintenance.

maintenant [mɛ̃tnɑ̃] *adv* now.

◆ **maintenant que** *loc prép* now that.

maintenir [40] [mɛ̃tnir] *vt* **- 1.** [soutenir] to support ; **~ qqn à distance** to keep sb away **- 2.** [garder, conserver] to maintain **- 3.** [affirmer] : **~ que** to maintain (that).

◆ **se maintenir** *vp* **- 1.** [durer] to last **- 2.** [rester] to remain.

maintenu, e [mɛ̃tny] *pp* ▷ **maintenir**.

maintien [mɛ̃tjɛ̃] *nm* **- 1.** [conservation] maintenance ; [de tradition] upholding ; **le ~ de l'ordre** the maintenance of law and order **- 2.** [tenue] posture.

maintiendrai, maintiendras *(etc)* ▷ **maintenir**.

maire [mɛr] *nm* mayor.

mairie [meri] *nf* **- 1.** [bâtiment] town hall *UK*, city hall *US* **- 2.** [administration] town council *UK*, city hall *US*.

mais [mɛ] ◇ *conj* but ; **~ non!** of course not! ; **~ alors, tu l'as vu ou non?** so did you see him or not? ; **il a pleuré, ~ pleuré!** he cried, and how! ; **non ~ ça ne va pas!** that's just not on! ◇ *adv* but ; **vous êtes prêts? - ~ bien sûr!** are you ready? - but of course! ; **~ certainement** but of course ; **~ enfin** but after all ; [marquant l'impatience] really! ◇ *nm* : **il y a un ~** there's a hitch *ou* a snag ; **il n'y a pas de ~** (there are) no buts.

maïs [mais] *nm* maize *UK*, corn *US*.

maison [mɛzɔ̃] *nf* **- 1.** [habitation, lignée & ASTROL] house ; **~ de campagne** house in the country ; **~ individuelle** detached house ; **~s mitoyennes** semidetached houses *UK* **- 2.** [foyer]

home ; [famille] family ; **à la ~** [au domicile] at home ; [dans la famille] in my/your *etc* family **- 3.** COMM company ; **~ mère** parent company **- 4.** [institut] : **~ d'arrêt** prison ; **~ de la culture** arts centre *UK ou* center *US* ; **~ de quartier** ≃ community centre *UK ou* center *US* ; **~ de retraite** old people's home **- 5.** *(en apposition)* [artisanal] homemade ; [dans restaurant - vin] house *(avant n)*.

Maison-Blanche [mɛzɔ̃blɑ̃ʃ] *nf* : **la ~** the White House.

maisonnée [mɛzɔne] *nf* household.

maisonnette [mɛzɔnɛt] *nf* small house.

maître, esse [mɛtr, mɛtrɛs] *nm, f* **- 1.** [professeur] teacher ; **~ auxiliaire** supply teacher *UK*, substitute teacher *US* ; **~ chanteur** blackmailer ; **~ de conférences** UNIV ≃ senior lecturer ; **~ d'école** schoolteacher ; **~ nageur** swimming instructor **- 2.** [modèle, artiste] *fig* master ; **les grands ~s** the Old Masters ; **~ à penser** mentor ; **passer ~ dans l'art de faire qqch** to be a past master in the art of doing sthg **- 3.** [dirigeant] ruler ; [d'animal] master (*f* mistress) ; **~ d'hôtel** head waiter ; **~ de maison** host ; **~ d'œuvre** CONSTR project manager ; *fig* artisan, architect ; **être ~ de soi** to be in control of oneself, to have self-control **- 4.** *(en apposition)* [principal] main, principal.

◆ **Maître** *nm form of address for lawyers.*

◆ **maîtresse** *nf* [amie] mistress.

maître-assistant, e [mɛtrasistɑ̃, ɑ̃t] (*mpl* **maîtres-assistants**) (*fpl* **maîtres-assistantes**) *nm, f* ≃ lecturer *UK*, ≃ assistant professor *US*.

maître-autel [mɛtrotɛl] (*pl* **maîtres-autels**) *nm* high altar.

maîtresse ▷ **maître**.

maîtrisable [metrizabl] *adj* controllable.

maîtrise [metriz] *nf* **- 1.** [sang-froid, domination] control ; **~ de soi** self-control **- 2.** [connaissance] mastery, command ; [habileté] skill **- 3.** UNIV ≃ master's degree.

maîtriser [3] [metrize] *vt* **- 1.** [animal, forcené] to subdue **- 2.** [émotion, réaction] to control, to master **- 3.** [incendie] to bring under control **- 4.** [dépenses] to curb.

◆ **se maîtriser** *vp* to control o.s.

majesté [maʒɛste] *nf* majesty.

◆ **Majesté** *nf* : **Sa Majesté** His/Her Majesty.

majestueux, euse [maʒɛstɥø, øz] *adj* majestic.

majeur, e [maʒœr] *adj* **- 1.** [gén] major **- 2.** [personne] of age.

◆ **majeur** *nm* middle finger.

Majeur [mazœr] ▷ **lac**.

major [maʒɔr] *nm* **- 1.** MIL ≃ adjutant **- 2.** SCOL : **~ (de promotion)** first in *ou* top of one's year group.

majoration [maʒɔrasjɔ̃] *nf* increase.

majordome [maʒɔrdɔm] *nm* majordomo.

majorer [3] [maʒɔre] *vt* to increase.

majorette [maʒɔrɛt] *nf* majorette.

majoritaire [maʒɔritɛr] ◇ *nmf* member of majority group. ◇ *adj* majority *(avant n)* ; **être ~** to be in the majority.

majorité [maʒɔrite] *nf* majority ; **en (grande) ~** in the majority ; **~ absolue/relative** POLIT absolute/relative majority ; **~ civile** voting age.

Majorque [majɔrk] *n* Majorca ; **à ~** in Majorca.

majorquin, e *adj* Majorcan.

◆ **Majorquin, e** *nm, f* Majorcan.

majuscule [maʒyskyl] ◇ *nf* capital (letter) ; **en ~s** in capitals, in capital letters. ◇ *adj* capital *(avant n)*.

mal, maux [mal, mo] *nm* **- 1.** [ce qui est contraire à la morale] evil ; **dire du ~ de qqn** to say bad things about sb **- 2.** [souffrance physique] pain ; **avoir ~ au bras** to have a sore arm ; **avoir ~ au cœur** to feel sick ; **avoir ~ au dos** to have backache *UK ou* a backache *US* ; **avoir ~ à la gorge** to have a sore throat ; **avoir le ~ de mer** to be seasick ; **avoir ~ aux dents** to have toothache *UK ou* a toothache *US* ; **avoir ~ à la tête** to have a headache ; **avoir des maux de tête** to get headaches ; **avoir le ~ des transports** to be travelsick ; **avoir ~ au ventre** to have (a) stomachache ; **faire ~ à qqn** to hurt sb ; **ça fait ~** it hurts ; **se faire ~** to hurt o.s. **- 3.** [difficulté] difficulty ; **avoir du ~ à faire qqch** to have difficulty doing sthg ; **se donner du ~ (pour faire qqch)** to take trouble (to do sthg) **- 4.** [douleur morale] pain, suffering *(U)* ; **avoir le ~ du pays** to be *ou* feel homesick ; **être en ~ de qqch** to long for sthg ; **faire du ~ (à qqn)** to hurt (sb) ; **c'est un moindre ~** it's the lesser of two evils.

◆ **mal** *adv* **- 1.** [malade] ill ; **aller ~** not to be well ; **se sentir ~** to feel ill ; **être au plus ~** to be extremely ill **- 2.** [respirer] with difficulty **- 3.** [informé, se conduire] badly ; **être ~ reçu** to get a poor welcome ; **~ prendre qqch** to take sthg badly ; **~ tourner** to go wrong **- 4.** *loc* **de ~ en pis** from bad to worse ; **~ à propos** inappropriate ; **pas ~** not bad *(adj)*, not badly *(adv)* ; **pas ~ de** quite a lot of.

◆ **mal à l'aise** *loc adj* uncomfortable, ill at ease ; **être/se sentir ~ à l'aise** to be/feel uncomfortable *ou* ill at ease ; **je suis ~ à l'aise devant elle** I feel ill at ease with her.

malabar [malabar] *nm fam* big lad, well-built fellow.

malade [malad] ◇ *nmf* invalid, sick person ; **~ mental** mentally ill person. ◇ *adj* **- 1.** [souffrant - personne] ill, sick ; [- organe] bad ; **tomber ~** to fall ill *ou* sick ; **être ~ du cœur/**

des reins to have heart/kidney trouble ; **être ~ d'inquiétude** *fig* to be sick with worry - **2.** *fam* [fou] crazy - **3.** *fig* [en mauvais état] in bad shape, in a bad way.

maladie [maladi] *nf* - **1.** MÉD illness ; **~ d'Alzheimer** Alzheimer's disease ; **~ contagieuse/héréditaire** contagious/hereditary disease ; **~ de Creutzfeldt-Jakob** Creutzfeldt-Jakob disease ; **~ de Parkinson** Parkinson's disease ; **~ sexuellement transmissible** sexually transmissible *ou* transmitted disease ; **~ de la vache folle** mad cow disease ; **il en fait une ~** he's really worked up about it - **2.** [passion, manie] mania.

maladif, ive [maladif, iv] *adj* - **1.** [enfant] sickly - **2.** [pâleur] *fig* unhealthy.

maladresse [maladrɛs] *nf* - **1.** [inhabileté] clumsiness - **2.** [bévue] blunder.

maladroit, e [maladrwa, at] <> *adj* clumsy. <> *nm, f* clumsy person.

maladroitement [maladrwatmɑ̃] *adv* clumsily.

mal-aimé, e [maleme] (*mpl* **mal-aimés**) (*fpl* **mal-aimées**) *nm, f* unloved person.

malais, e [malɛ, ɛz] *adj* Malay, Malaysian ; **la presqu'île Malaise** the Malay Peninsula.
◆ **malais** *nm* [langue] Malay.
◆ **Malais, e** *nm, f* Malay, Malaysian.

malaise [malɛz] *nm* - **1.** [indisposition] discomfort ; **avoir un ~** to feel faint - **2.** [trouble] unease *(U)* - **3.** [crise] discontent *(U)*.

malaisé, e [maleze] *adj* difficult.

Malaisie [malɛzi] *nf* : **la ~** Malaya ; **en ~** in Malaya.

malappris, e [malapri, iz] <> *adj* uncouth, ill-mannered. <> *nm, f* lout.

malaria [malarja] *nf* malaria.

malaudition [malodisjɔ̃] *nf* MÉD hearing loss, hardness of hearing ; **souffrir de ~** to be hearing-impaired *ou* hard of hearing.

malavisé, e [malavize] *adj* *litt* ill-advised, unwise.

malaxer [3] [malakse] *vt* to knead.

Malaysia [malɛzja] *nf* : **la ~** Malaysia ; **la ~ occidentale** Malaya.

malbouffe [malbuf] *nf* junk food, bad food.

malchance [malʃɑ̃s] *nf* bad luck *(U)* ; **jouer de ~** to be dogged by bad luck.

malchanceux, euse [malʃɑ̃sø, øz] <> *adj* unlucky. <> *nm, f* unlucky person.

malcommode [malkɔmɔd] *adj* inconvenient ; [meuble] impractical.

Maldives [maldiv] *nfpl* : **les (îles) ~** the Maldives.

maldonne [maldɔn] *nf* misdeal ; **il y a ~** the cards have been misdealt ; *fig* there's been a misunderstanding.

mâle [mal] <> *adj* - **1.** [enfant, animal, hormone] male - **2.** [voix, assurance] manly - **3.** ÉLECTR male. <> *nm* male.

malédiction [malediksjɔ̃] *nf* curse.

maléfice [malefis] *nm* *sout* evil spell.

maléfique [malefik] *adj* *sout* evil.

malencontreusement [malɑ̃kɔ̃trøzmɑ̃] *adv* inopportunely.

malencontreux, euse [malɑ̃kɔ̃trø, øz] *adj* [hasard, rencontre] unfortunate.

mal-en-point, mal en point [malɑ̃pwɛ̃] *adj inv* in a bad way *ou* sorry state.

malentendant, e [malɑ̃tɑ̃dɑ̃, ɑ̃t] <> *adj* hard of hearing. <> *nm, f* person who is hard of hearing.

malentendu [malɑ̃tɑ̃dy] *nm* misunderstanding.

malfaçon [malfasɔ̃] *nf* defect.

malfaisant, e [malfəzɑ̃, ɑ̃t] *adj* harmful.

malfaiteur [malfɛtœr] *nm* criminal.

malfamé, e, mal famé, e [malfame] *adj* disreputable.

malformation [malfɔrmasjɔ̃] *nf* malformation.

malfrat [malfra] *nm* *fam* crook.

malgache [malgaʃ] *adj* Madagascan, Malagasy.
◆ **malgache** *nm* [langue] Malagasy.
◆ **Malgache** *nmf* Madagascan, Malagasy.

malgré [malgre] *prep* in spite of ; **~ tout** [quoi qu'il arrive] in spite of everything ; [pourtant] even so, yet.
◆ **malgré que** *loc conj (+ subjonctif) fam* although, in spite of the fact that.

malhabile [malabil] *adj* clumsy.

malheur [malœr] *nm* misfortune ; **le ~** misfortune, bad luck ; **par ~** unfortunately ; **porter ~ à qqn** to bring sb bad luck ; **~ à toi!** woe betide you! ; **faire un ~** *fam fig* [faire un éclat] to do some damage ; [avoir du succès] to be a great hit.

malheureusement [malœrøzmɑ̃] *adv* unfortunately.

malheureux, euse [malœrø, øz] <> *adj* - **1.** [triste] unhappy - **2.** [désastreux, regrettable] unfortunate - **3.** [malchanceux] unlucky - **4.** *(avant n)* [sans valeur] pathetic, miserable. <> *nm, f* - **1.** [infortuné] poor soul - **2.** [indigent] poor person.

malhonnête [malɔnɛt] <> *nmf* dishonest person. <> *adj* - **1.** [personne, affaire] dishonest - **2.** *hum* [proposition, propos] indecent.

malhonnêteté [malɔnɛtte] *nf* - **1.** [de personne] dishonesty - **2.** [action] dishonest action.

Mali [mali] *nm* : **le ~** Mali ; **au ~** in Mali.

malice [malis] *nf* mischief ; **sans ~** without malice.

malicieux, **euse** [malisjø, øz] ◇ *adj* mischievous. ◇ *nm, f* mischievous person.

malien, **enne** [maljɛ̃, ɛn] *adj* Malian.
◆ **Malien**, **enne** *nm, f* Malian.

malignité [maliɲite] *nf* - **1.** [méchanceté] malice, spite - **2.** MÉD malignancy.

malin, **igne** [malɛ̃, iɲ] ◇ *adj* - **1.** [rusé] crafty, cunning ; **ce n'est pas ~!** *fig* that's not very clever! ; [regard, sourire] knowing - **2.** [méchant] malicious, spiteful - **3.** MÉD malignant. ◇ *nm, f* cunning *OU* crafty person ; **faire le ~** to show off.

malingre [malɛ̃gr] *adj* sickly.

malle [mal] *nf* [coffre] trunk ; [de voiture] boot *UK*, trunk *US* ; **se faire la ~** *fam fig* to beat it.

malléable [maleabl] *adj* malleable.

mallette [malɛt] *nf* briefcase.

mal-logé, **e** [mallɔʒe] (*mpl* **mal-logés**) (*fpl* **mal-logées**) *nm, f person living in poor accommodation.*

malmener [19] [malməne] *vt* - **1.** [brutaliser] to handle roughly, to ill-treat - **2.** [dominer] to have the better of.

malnutrition [malnytrisjɔ̃] *nf* malnutrition.

malodorant, **e** [malɔdɔrɑ̃, ɑ̃t] *adj* smelly.

malotru, **e** [malɔtry] *nm, f* lout.

Malouines [malwin] *nfpl* : **les (îles) ~** the Falkland Islands, the Falklands.

malpoli, **e** [malpɔli] ◇ *adj* rude. ◇ *nm, f* rude person.

malpropre [malprɔpr] *adj* [sale] dirty.

malpropreté [malprɔprəte] *nf* [saleté] dirtiness.

malsain, **e** [malsɛ̃, ɛn] *adj* unhealthy.

malséant, **e** [malseɑ̃, ɑ̃t] *adj* unbecoming.

malt [malt] *nm* - **1.** [céréale] malt - **2.** [whisky] malt (whisky).

maltais, **e** [maltɛ, ɛz] *adj* Maltese.
◆ **maltais** *nm* [langue] Maltese.
◆ **Maltais**, **e** *nm, f* Maltese (person) ; **les Maltais** the Maltese.

Malte [malt] *n* Malta ; **à ~** in Malta.

maltraiter [4] [maltrete] *vt* to ill-treat ; [en paroles] to attack, to run down.

malus [malys] *nm increase in car insurance charges, due to loss of no-claims bonus.*

malveillance [malvɛjɑ̃s] *nf* spite.

malveillant, **e** [malvɛjɑ̃, ɑ̃t] *adj* spiteful.

malvenu, **e** [malvəny] *adj* out of place ; **être ~ de faire qqch** *sout* to be wrong to do sthg.

malversation [malvɛrsasjɔ̃] *nf* embezzlement.

malvoyant, **e** [malvwajɑ̃, ɑ̃t] ◇ *adj* partially sighted. ◇ *nm, f* person who is partially sighted.

maman [mamɑ̃] *nf* mummy *UK*, mommy *US*.

mamelle [mamɛl] *nf* teat ; [de vache] udder.

mamelon [mamlɔ̃] *nm* - **1.** [du sein] nipple - **2.** [butte] hillock.

mamie, **mamy** [mami] *nf* granny, grandma.

mammifère [mamifɛr] *nm* mammal.

mammographie [mamɔgrafi] *nf* mammography.

mammouth [mamut] *nm* mammoth.

mamours [mamur] *nmpl fam* billing and cooing *(U)* ; **se faire des ~** to bill and coo.

mamy = **mamie**.

Man [man] ▻ **île**.

management [manadʒmɛnt] *nm* management.

manager¹ [manadʒɛr] *nm* manager.

manager² [17] [manadʒe] *vt* to manage.

manche [mɑ̃ʃ] ◇ *nf* - **1.** [de vêtement] sleeve ; **sans ~s** sleeveless ; **~s courtes/longues** short/long sleeves ; **~s raglan** raglan sleeves ; **être en ~s de chemise** to be in one's shirtsleeves - **2.** [de jeu] round, game ; TENNIS set - **3.** *loc* **faire la ~** *fam* to pass the hat round *UK OU* around *US*. ◇ *nm* - **1.** [d'outil] handle ; **~ à balai** broomstick ; [d'avion] joystick - **2.** MUS neck.

Manche [mɑ̃ʃ] *nf* - **1.** [Normandie] : **la ~** the Manche (region) - **2.** [mer] : **la ~** the English Channel - **3.** [en Espagne] : **la ~** La Mancha.

manchette [mɑ̃ʃɛt] *nf* - **1.** [de chemise] cuff - **2.** [de journal] headline - **3.** [coup] forearm blow.

manchon [mɑ̃ʃɔ̃] *nm* - **1.** [en fourrure] muff - **2.** TECHNOL casing, sleeve.

manchot, **ote** [mɑ̃ʃo, ɔt] ◇ *adj* one-armed. ◇ *nm, f* one-armed person.
◆ **manchot** *nm* penguin.

mandarin [mɑ̃darɛ̃] *nm* - **1.** [en Chine] mandarin - **2.** *péj* [personnage important] mandarin - **3.** [langue] Mandarin.

mandarine [mɑ̃darin] *nf* mandarin (orange).

mandat [mɑ̃da] *nm* - **1.** [pouvoir, fonction] mandate - **2.** DR warrant ; **~ d'amener** ≃ summons ; **~ d'arrêt** ≃ arrest warrant ; **~ de**

perquisition search warrant - **3.** [titre postal] money order ; **~ postal** postal order *UK*, money order *US*.

mandataire [mɑ̃datɛr] *nmf* proxy, representative.

mandat-carte [mɑ̃dakart] (*pl* **mandats-cartes**) *nm* postal order *UK*, money order *US*.

mandater [3] [mɑ̃date] *vt* - **1.** [personne] to appoint - **2.** [somme] to pay by money order.

mandat-lettre [mɑ̃dalɛtr] (*pl* **mandats-lettres**) *nm* postal order *UK*, money order *US*.

mander [3] [mɑ̃de] *vt litt* - **1.** [appeler] to summon - **2.** [faire savoir] : **~ qqch à qqn** to inform sb of sthg.

mandibule [mɑ̃dibyl] *nf* mandible.

mandoline [mɑ̃dɔlin] *nf* mandolin.

mandrill [mɑ̃dril] *nm* mandrill.

mandrin [mɑ̃drɛ̃] *nm* [de serrage] chuck ; [de perçage] punch.

manège [manɛʒ] *nm* - **1.** [attraction] merry-go-round, roundabout *UK*, carousel *US* - **2.** [de chevaux - lieu] riding school - **3.** [manœuvre] scheme, game.

manette [manɛt] *nf* lever.

manga [mɑ̃ga] *nf* manga (comic).

manganèse [mɑ̃ganɛz] *nm* manganese.

mangeable [mɑ̃ʒabl] *adj* edible.

mangeoire [mɑ̃ʒwar] *nf* manger.

manger [17] [mɑ̃ʒe] ◇ *vt* - **1.** [nourriture] to eat - **2.** [étoffe, fer] to eat away - **3.** [fortune] to get through, to squander. ◇ *vi* to eat.

mange-tout [mɑ̃ʒtu] ◇ *adj inv* : **haricots ~** runner beans *UK*, string beans *US*. ◇ *nm inv* [haricot] runner bean *UK*, string bean *US* ; [pois] mangetout *UK*, snow pea *US*.

mangeur, euse [mɑ̃ʒœr, øz] *nm, f* eater ; **gros ~** big eater.

mangue [mɑ̃g] *nf* mango.

maniable [manjabl] *adj* - **1.** [instrument] manageable - **2.** [personne] easily influenced.

maniaque [manjak] ◇ *nmf* - **1.** [méticuleux] fusspot - **2.** [fou] maniac. ◇ *adj* - **1.** [méticuleux] fussy - **2.** [fou] maniacal.

maniaquerie [manjakri] *nf* fussiness.

manichéisme [manikeism] *nm* Manicheism.

manie [mani] *nf* - **1.** [habitude] funny habit ; **avoir la ~ de qqch/de faire qqch** to have a mania for sthg/for doing sthg - **2.** [obsession] mania.

maniement [manimɑ̃] *nm* handling.

manier [9] [manje] *vt* [manipuler, utiliser] to handle ; *fig* [ironie, mots] to handle skilfully.

manière [manjɛr] *nf* - **1.** [méthode] manner, way ; **recourir à la ~ forte** to resort to strong-arm tactics ; **de toute ~** at any rate ; **d'une ~ générale** generally speaking ; **c'est une ~ de parler** it's just my/his *etc* way of putting it - **2.** [style propre à un artiste] style ; **à la ~ de** in the style of.

◆ **manières** *nfpl* manners ; **les bonnes ~s** good manners ; **faire des ~s** *fig* to pussyfoot around.

◆ **de manière à** *loc conj* (in order) to ; **de ~ à ce que** *(+ subjonctif)* so that.

◆ **de manière que** *loc conj (+ subjonctif)* in such a way that.

maniéré, e [manjere] *adj* affected.

maniérisme [manjerism] *nm* mannerism.

manif [manif] *nf fam* demo *UK*.

manifestant, e [manifɛstɑ̃, ɑ̃t] *nm, f* demonstrator.

manifestation [manifɛstasjɔ̃] *nf* - **1.** [témoignage] expression - **2.** [mouvement collectif] demonstration - **3.** [apparition - de maladie] appearance.

manifeste [manifɛst] ◇ *nm* [déclaration] manifesto. ◇ *adj* obvious.

manifestement [manifɛstəmɑ̃] *adv* obviously.

manifester [3] [manifɛste] ◇ *vt* to show, to express. ◇ *vi* to demonstrate.

◆ **se manifester** *vp* - **1.** [apparaître] to show OU manifest itself - **2.** [se montrer] to turn up, to appear.

manigance [manigɑ̃s] *nf fam* scheme, intrigue.

manigancer [16] [manigɑ̃se] *vt fam* to plot.

Manille [manij] *n* Manila.

manioc [manjɔk] *nm* manioc.

manipulateur, trice [manipylatœr, tris] *nm, f* - **1.** [opérateur] technician - **2.** *fig* & *péj* [de personnes] manipulator.

◆ **manipulateur** *nm* TÉLÉCOM key.

manipulation [manipylasjɔ̃] *nf* - **1.** [de produits, d'explosifs] handling ; **~s génétiques** genetic engineering - **2.** *fig* & *péj* [manœuvre] manipulation *(U)*.

manipuler [3] [manipyle] *vt* - **1.** [colis, appareil] to handle - **2.** [statistiques, résultats] to falsify, to rig - **3.** *péj* [personne] to manipulate.

manivelle [manivɛl] *nf* crank.

manne [man] *nf* RELIG manna ; *fig* & *litt* godsend.

mannequin [mankɛ̃] *nm* - **1.** [forme humaine] model, dummy - **2.** [personne] model, mannequin.

manœuvre [manœvr] ◇ *nf* - **1.** [d'appareil, de véhicule] driving, handling ; **fausse ~** driver error ; *fig* false move - **2.** MIL manoeuvre *UK*, maneuver *US*, exercise - **3.** [machination] ploy, scheme. ◇ *nm* labourer *UK*, laborer *US*.

manœuvrer [5] [manœvre] ◇ *vi* to manoeuvre *UK*, to maneuver *US*. ◇ *vt* - **1.** [faire fonctionner] to operate, to work ; [voiture] to manoeuvre *UK*, to maneuver *US* - **2.** [influencer] to manipulate.

manoir [manwar] *nm* manor, country house.

manomètre [manɔmɛtr] *nm* manometer.

manquant, **e** [mɑ̃kɑ̃, ɑ̃t] *adj* missing.

manque [mɑ̃k] *nm* - **1.** [pénurie] lack, shortage ; **par ~ de** for want of - **2.** [de toxicomane] withdrawal symptoms *(pl)* ; **être en (état de) ~** to have *ou* experience withdrawal symptoms - **3.** [lacune] gap ; **~ à gagner** COMM loss of earnings.

◆ **à la manque** *loc adj fam* second-rate.

manqué, **e** [mɑ̃ke] *adj* [raté] failed ; [rendez-vous] missed.

manquement [mɑ̃kmɑ̃] *nm* : **~ (à)** breach (of).

manquer [3] [mɑ̃ke] ◇ *vi* - **1.** [faire défaut] to be lacking, to be missing ; **l'argent/le temps me manque** I don't have enough money/time ; **tu me manques** I miss you - **2.** [être absent] : **~ (à)** to be absent (from), to be missing (from) - **3.** [échouer] to fail - **4.** [ne pas avoir assez] : **~ de qqch** to lack sthg, to be short of sthg - **5.** [faillir] : **il a manqué de se noyer** he nearly *ou* almost drowned ; **ne manquez pas de lui dire** don't forget to tell him ; **je n'y manquerai pas** I certainly will, I'll definitely do it - **6.** [ne pas respecter] : **~ à** [devoir] to fail in ; **~ à sa parole** to break one's word. ◇ *vt* - **1.** [gén] to miss - **2.** [échouer à] to bungle, to botch. ◇ *v impers* : **il manque quelqu'un** somebody is missing ; **il me manque 3 euros** I'm 3 euros short ; **il ne manquait plus que ça** *fig* that's all I/you *etc* needed.

mansarde [mɑ̃sard] *nf* attic.

mansardé, **e** [mɑ̃sarde] *adj* attic *(avant n)*.

mansuétude [mɑ̃sɥetyd] *nf litt* indulgence.

mante [mɑ̃t] *nf* HIST mantle.

◆ **mante religieuse** *nf* praying mantis.

manteau, **x** [mɑ̃to] *nm* - **1.** [vêtement] coat ; **sous le ~** *fig* secretly, clandestinely - **2.** *fig* [de neige] mantle, blanket.

manucure [manykyr] *nmf* manicurist.

manuel, **elle** [manɥɛl] ◇ *adj* manual. ◇ *nm, f* manual worker.

◆ **manuel** *nm* manual.

manufacture [manyfaktyr] *nf* [fabrique] factory.

manuscrit, **e** [manyskri, it] *adj* handwritten.

◆ **manuscrit** *nm* manuscript.

manutention [manytɑ̃sjɔ̃] *nf* handling.

manutentionnaire [manytɑ̃sjɔnɛr] *nmf* warehouseman.

MAP (*abr de* **mise au point**) *nf* focusing.

mappemonde [mapmɔ̃d] *nf* - **1.** [carte] map of the world - **2.** [sphère] globe.

maquereau, **elle**, **x** [makro, ɛl, o] *nm, f fam* pimp (*f* madam).

◆ **maquereau** *nm* mackerel.

maquette [makɛt] *nf* - **1.** [ébauche] paste-up - **2.** [modèle réduit] model.

maquettiste [makɛtist] *nmf* model maker.

maquignon [makiɲɔ̃] *nm* - **1.** [marchand de chevaux] horse dealer - **2.** *péj* [homme d'affaires] crook.

maquillage [makijaʒ] *nm* - **1.** [action, produits] make-up - **2.** [falsification - gén] disguising ; [- de chiffres] doctoring ; [- de passeport] falsification.

maquiller [3] [makije] *vt* - **1.** [farder] to make up - **2.** [fausser - gén] to disguise ; [- passeport] to falsify ; [- chiffres] to doctor.

◆ **se maquiller** *vp* to make up, to put on one's make-up.

maquilleur, **euse** [makijœr, øz] *nm, f* make-up artist.

maquis [maki] *nm* - **1.** [végétation] scrub, brush - **2.** HIST Maquis ; **prendre le ~** to join the Maquis - **3.** *fig* [méli-mélo] maze.

maquisard [makizar] *nm* member of the Resistance.

marabout [marabu] *nm* - **1.** ZOOL marabou - **2.** [guérisseur] marabout.

maraîcher, **ère** [mareʃe, ɛr] ◇ *adj* market garden *(avant n) UK*, truck farming *(avant n) US*. ◇ *nm, f* market gardener *UK*, truck farmer *US*.

marais [marɛ] *nm* [marécage] marsh, swamp ; **~ salant** saltpan ; **le Marais** *historic district in central Paris.*

marasme [marasm] *nm* - **1.** [récession] stagnation - **2.** [accablement] depression.

marathon [maratɔ̃] *nm* marathon.

marâtre [maratr] *nf vieilli* - **1.** [mauvaise mère] bad mother - **2.** [belle-mère] stepmother.

maraude [marod] *nf*, **maraudage** [marodaʒ] *nm* pilfering.

marbre [marbr] *nm* - **1.** [roche, objet] marble ; **en** *ou* **de ~** marble *(avant n)* ; **rester de ~** *fig* to remain impassive - **2.** [dans imprimerie] stone - **3.** *Québec* [baseball] home base *ou* plate.

marbré, **e** [marbre] *adj* - **1.** [gâteau] marble *(avant n)* - **2.** [peau, teint] mottled.

marbrier [marbrije] *nm* monumental mason.

marbrure [marbryr] *nf* - **1.** [imitation du marbre] marbling - **2.** [sur la peau] mottling.

marc [mar] *nm* - **1.** [eau-de-vie] *spirit distilled from grape residue* - **2.** [de fruits] residue ; [de thé] leaves ; **~ de café** grounds *(pl)*.

marcassin [markasɛ̃] *nm* young wild boar.

marchand, e [marʃɑ̃, ɑ̃d] ◇ *adj* [valeur] market *(avant n)* ; [prix] trade *(avant n)*. ◇ *nm, f* [commerçant] merchant ; [détaillant] shopkeeper *UK*, storekeeper *US* ; **~ de journaux** newsagent *UK*, newsdealer *US* ; **~ des quatre-saisons** street trader *(selling fruit and vegetables)*.
◆ **marchand de sable** *nm fig* sandman.

marchandage [marʃɑ̃daʒ] *nm* bargaining.

marchander [3] [marʃɑ̃de] ◇ *vt* - **1.** [prix] to haggle over - **2.** [appui] to begrudge. ◇ *vi* to bargain, to haggle.

marchandise [marʃɑ̃diz] *nf* merchandise *(U)*, goods *(pl)*.

marche [marʃ] *nf* - **1.** [d'escalier] step - **2.** [activité, sport] walking ; **être à deux heures de ~ (de)** to be two hours' walk *ou* a two-hour walk (from) ; **fermer la ~** to bring up the rear ; **ouvrir la ~** to lead the way ; **~ à pied** walking ; **~ à suivre** *fig* correct procedure - **3.** [promenade] walk ; **nous avons fait une ~ de 8 km** we did an 8 km walk - **4.** [défilé] : **~ silencieuse/de protestation** silent/protest march - **5.** MUS march ; **~ funèbre/nuptiale** funeral/wedding march - **6.** [déplacement - du temps, d'astre] course ; **assis dans le sens de la ~** [en train] sitting facing the engine ; **en ~ arrière** in reverse ; **faire ~ arrière** to reverse ; *fig* to backpedal, to backtrack - **7.** [fonctionnement] running, working ; **en ~** running ; **se mettre en ~** to start (up) ; **mettre qqch en ~** to start sthg (up) ; **remettre qqch en ~** to restart sthg.

marché [marʃe] *nm* - **1.** [gén] market ; **faire son ~** to go shopping, to do one's shopping ; **le ~ du travail** the labour *UK ou* labor *US* market ; **~ cible** target market ; **~ noir** black market ; **~ aux puces** flea market - **2.** [contrat] bargain, deal ; **(à) bon ~** cheap ; **meilleur ~** cheaper ; **par-dessus le ~** *fam fig* into the bargain.
◆ **Marché commun** *nm* : **le Marché commun** the Common Market.

marchepied [marʃəpje] *nm* [de train] step ; [escabeau] steps *(pl)* *UK*, stepladder ; *fig* stepping-stone.

marcher [3] [marʃe] *vi* - **1.** [aller à pied] to walk - **2.** [poser le pied] to step - **3.** [avancer] : **~ sur** [ville, ennemi] to march on *ou* upon - **4.** [fonctionner, tourner] to work ; **son affaire marche bien** his business is doing well - **5.** *fam* [accepter] to agree - **6.** *loc* **faire ~ qqn** *fam* to take sb for a ride.

marcheur, euse [marʃœr, øz] *nm, f* walker.

marcottage [markɔtaʒ] *nm* layering.

mardi [mardi] *nm* Tuesday ; **~ gras** Shrove Tuesday, *voir aussi* **samedi**.

mare [mar] *nf* pool.

marécage [marekaʒ] *nm* marsh, bog.

marécageux, euse [marekaʒø, øz] *adj* - **1.** [terrain] marshy, boggy - **2.** [plante] marsh *(avant n)*.

maréchal, aux [mareʃal, o] *nm* marshal.
◆ **maréchal des logis** *nm* sergeant.

maréchal-ferrant [mareʃalferɑ̃] (*pl* **maréchaux-ferrants** [mareʃoferɑ̃]) *nm* blacksmith.

maréchaussée [mareʃose] *nf vieilli* constabulary.

marée [mare] *nf* - **1.** [de la mer] tide ; **(à) ~ haute/basse** (at) high/low tide - **2.** *fig* [de personnes] wave, surge - **3.** [poissons] seafood.
◆ **marée noire** *nf* oil slick.

marelle [marɛl] *nf* hopscotch.

marémoteur, trice [maremɔtœr, tris] *adj* [énergie] tidal ; [usine] tidal power *(avant n)*.

mareyeur, euse [marɛjœr, øz] *nm, f* wholesale fish merchant.

margarine [margarin] *nf* margarine.

marge [marʒ] *nf* - **1.** [espace] margin ; **vivre en ~ de la société** *fig* to live on the fringes of society - **2.** [latitude] leeway ; **~ d'erreur** margin of error ; **~ de sécurité** safety margin - **3.** COMM margin ; **~ bénéficiaire** profit margin ; **~ commerciale** gross margin.

margelle [marʒɛl] *nf* coping.

marginal, e, aux [marʒinal, o] ◇ *adj* - **1.** [gén] marginal - **2.** [groupe] dropout *(avant n)*. ◇ *nm, f* dropout.

marginaliser [3] [marʒinalize] *vt* to marginalize.

marginalité [marʒinalite] *nf* living on the fringes of society.

margoulin [margulɛ̃] *nm fam* shark, conman.

marguerite [margərit] *nf* - **1.** BOT daisy - **2.** [d'imprimante] daisy wheel.

mari [mari] *nm* husband.

mariage [marjaʒ] *nm* - **1.** [union, institution] marriage ; **donner qqn en ~** to give sb away ; **~ d'amour** love match ; **~ blanc** unconsummated marriage ; **~ consanguin** marriage between blood relations ; **~ de raison** marriage of convenience - **2.** [cérémonie] wedding ; **~ civil/religieux** civil/church wedding - **3.** *fig* [de choses] blend.

Marianne [marjan] *n personification of the French Republic.*

Marianne

Marianne is the personification of the French Republic; there is a bust of her in every town hall in France, and her portrait appears on postage stamps. She first appeared in 1792. Her face has changed over the centuries, but she can always be recognized by the *bonnet phrygien* she wears.

marié, **e** [marje] ◇ *adj* married. ◇ *nm, f* groom, bridegroom (*f* bride) ; **jeunes ~s** newlyweds.

marier [9] [marje] *vt* - **1.** [personne] to marry - **2.** *fig* [couleurs] to blend.
◆ **se marier** *vp* - **1.** [personnes] to get married ; **se ~ avec qqn** to marry sb - **2.** *fig* [couleurs] to blend.

marihuana [marirwaɲa], **marijuana** [mariʒɥana] *nf* marijuana.

marin, **e** [marɛ̃, in] *adj* - **1.** [de la mer] sea *(avant n)* ; [faune, biologie] marine - **2.** NAUT [carte, mille] nautical.
◆ **marin** *nm* - **1.** [navigateur] seafarer - **2.** [matelot] sailor ; **~ pêcheur** deep-sea fisherman.
◆ **marine** ◇ *nf* - **1.** [navigation] seamanship, navigation - **2.** [navires] navy ; **~e marchande** merchant navy *UK* *OU* marine *US* ; **~e nationale** navy. ◇ *nm* - **1.** MIL marine - **2.** [couleur] navy (blue). ◇ *adj inv* navy.

marinade [marinad] *nf* marinade.

mariner [3] [marine] ◇ *vt* to marinate. ◇ *vi* - **1.** [aliment] to marinate ; **faire ~ qqch** to marinate sthg - **2.** *fam fig* [attendre] to hang around ; **faire ~ qqn** to let sb stew.

marinier [marinje] *nm* bargee *UK*, bargeman *US*.

marinière [marinjɛr] *nf* smock.

marionnette [marjɔnɛt] *nf* puppet.

marital, **e**, **aux** [marital, o] *adj* : **autorisation ~e** husband's permission.

maritalement [maritalmɑ̃] *adv* : **vivre ~** to cohabit.

maritime [maritim] *adj* [navigation] maritime ; [ville] coastal.

marivaudage [marivodaʒ] *nm litt* banter.

marjolaine [marʒɔlɛn] *nf* marjoram.

mark [mark] *nm* [monnaie] mark.

marketing [markɛtiŋ] *nm* marketing ; **~ téléphonique** telemarketing.

marmaille [marmaj] *nf fam* brood (of kids).

marmelade [marməlad] *nf* stewed fruit ; **en ~** cooked to a pulp ; *fam fig* [nez] smashed to a pulp ; **~ d'oranges** marmalade.

marmite [marmit] *nf* [casserole] pot ; **faire bouillir la ~** *fig* to be the breadwinner.

marmiton [marmitɔ̃] *nm* kitchen boy.

marmonner [3] [marmɔne] *vt & vi* to mutter, to mumble.

marmot [marmo] *nm fam* kid.

marmotte [marmɔt] *nf* marmot.

marmotter [3] [marmɔte] *vt* to mutter, to mumble.

marner [3] [marne] *vi fam* to slog.

Maroc [marɔk] *nm* : **le ~** Morocco ; **au ~** in Morocco.

marocain, **e** [marɔkɛ̃, ɛn] *adj* Moroccan.
◆ **Marocain**, **e** *nm, f* Moroccan.

maroquin [marɔkɛ̃] *nm* morocco (leather).

maroquinerie [marɔkinri] *nf* - **1.** [fabrication] fine-leather production ; [commerce] fine-leather trade - **2.** [magasin] leather-goods shop *UK* *OU* store *US*.

maroquinier [marɔkinje] *nm* - **1.** [artisan] leatherworker - **2.** [commerçant] leather-goods dealer.

marotte [marɔt] *nf* [dada] craze.

marquant, **e** [markɑ̃, ɑ̃t] *adj* outstanding.

marque [mark] *nf* - **1.** [signe, trace] mark ; *fig* stamp, mark - **2.** [label, fabricant] make, brand ; **de ~** designer *(avant n)* ; *fig* important ; **une grande ~** a well-known make *OU* brand ; **~ déposée** registered trademark ; **~ de fabrique** trademark - **3.** SPORT score ; **à vos ~s, prêts, partez!** on your marks, get set, go!, ready, steady, go! *UK* - **4.** [insigne] badge - **5.** [témoignage] sign, token ; **~ d'affection** sign *OU* token of affection.

marqué, **e** [marke] *adj* - **1.** [net] marked, pronounced - **2.** [personne, visage] marked.

marquer [3] [marke] ◇ *vt* - **1.** [gén] to mark - **2.** *fam* [écrire] to write down, to note down - **3.** [indiquer, manifester] to show - **4.** [SPORT - but, point] to score ; [- joueur] to mark ; **~ les points** to keep the score. ◇ *vi* - **1.** [événement, expérience] to leave its mark - **2.** SPORT to score.

marqueterie [markɛtri] *nf* marquetry.

marqueur [markœr] *nm* - **1.** [crayon] marker (pen) - **2.** SPORT scorer.

marqueuse [markøz] *nf* labelling machine.

marquis, **e** [marki, iz] *nm, f* marquis (*f* marchioness).
◆ **marquise** *nf* [auvent] canopy.

Marquises [markiz] *nfpl* : **les ~** the Marquesas Islands.

marraine [marɛn] *nf* - **1.** [de filleul] godmother - **2.** [de navire] christener.

marrant, **e** [marɑ̃, ɑ̃t] *adj fam* funny.

marre [mar] *adv* : **en avoir ~ (de)** *fam* to be fed up (with).

marrer [3] [mare] ◆ **se marrer** *vp fam* to split one's sides.

marron, onne [marɔ̃, ɔn] *adj péj* [médecin] quack *(avant n)* ; [avocat] crooked.
◆ **marron** ◇ *nm* - **1.** [fruit] chestnut ; **~ glacé** candied chestnut ; **~ d'Inde** horse chestnut - **2.** [couleur] brown - **3.** *fam* [coup de poing] thump. ◇ *adj inv* brown.

marronnier [marɔnje] *nm* chestnut tree.

mars [mars] *nm* March, *voir aussi* **septembre**.

marseillais, e [marsɛjɛ, ɛz] *adj* of/from Marseilles.
◆ **Marseillais, e** *nm, f* native *ou* inhabitant of Marseilles.
◆ **Marseillaise** *nf* : **la Marseillaise** *French national anthem.*

Marseille [marsɛj] *n* Marseilles.

marsouin [marswɛ̃] *nm* porpoise.

marsupial, e, aux [marsypjal, o] *adj* marsupial.
◆ **marsupial** *nm* marsupial.

marte = **martre**.

marteau, x [marto] ◇ *nm* - **1.** [gén] hammer ; **~ piqueur** *ou* **pneumatique** pneumatic drill *UK*, jackhammer *US* - **2.** [heurtoir] knocker. ◇ *adj fam* barmy *UK*.

marteau-pilon [martopilɔ̃] (*pl* **marteaux-pilons**) *nm* power hammer.

martel [martɛl] *nm* : **se mettre ~ en tête** to get worked up.

marteler [25] [martəle] *vt* - **1.** [pieu] to hammer ; [table, porte] to hammer on, to pound - **2.** [phrase] to rap out.

martial, e, aux [marsjal, o] *adj* martial.

martien, enne [marsjɛ̃, ɛn] *adj* & *nm, f* Martian.

martinet [martinɛ] *nm* - **1.** ZOOL swift - **2.** [fouet] whip.

martingale [martɛ̃gal] *nf* - **1.** [de vêtement] half-belt - **2.** [jeux] winning system.

Martini® [martini] *nm* Martini®.

martiniquais, e [martinikɛ, ɛz] *adj* of/from Martinique.
◆ **Martiniquais, e** *nm, f* native *ou* inhabitant of Martinique.

Martinique [martinik] *nf* : **la ~** Martinique ; **à la ~** in Martinique.

martin-pêcheur [martɛ̃pɛʃœr] (*pl* **martins-pêcheurs**) *nm* kingfisher.

martre [martr], **marte** [mart] *nf* marten.

martyr, e [martir] ◇ *adj* martyred. ◇ *nm, f* martyr.

◆ **martyre** *nm* martyrdom ; **souffrir le ~e** to suffer agonies.

martyriser [3] [martirize] *vt* to torment.

marxisme [marksism] *nm* Marxism.

marxiste [marksist] *nmf* & *adj* Marxist.

mas [mas] *nm country house or farm in the South of France.*

mascara [maskara] *nm* mascara.

mascarade [maskarad] *nf* - **1.** [mise en scène] masquerade - **2.** [accoutrement] getup.

mascotte [maskɔt] *nf* mascot.

masculin, e [maskylɛ̃, in] *adj* [apparence & GRAMM] masculine ; [métier, population, sexe] male.
◆ **masculin** *nm* GRAMM masculine.

maso [mazo] *fam* ◇ *nm* masochist. ◇ *adj* masochistic.

masochisme [mazɔʃism] *nm* masochism.

masochiste [mazɔʃist] ◇ *nmf* masochist. ◇ *adj* masochistic.

masque [mask] *nm* - **1.** [gén] mask ; **~ à gaz** gas mask ; **~ de plongée** diving mask - **2.** [crème] : **~ (de beauté)** face pack - **3.** *fig* [façade] front, façade ; **lever le ~** *fig* to show one's true colours *UK ou* colors *US*.

masqué, e [maske] *adj* masked.

masquer [3] [maske] *vt* - **1.** [vérité, crime, problème] to conceal - **2.** [maison, visage] to conceal, to hide.

massacrant, e [masakrɑ̃, ɑ̃t] *adj* : **être d'une humeur ~e** to be in a foul temper.

massacre [masakr] *nm litt* & *fig* massacre.

massacrer [3] [masakre] *vt* to massacre ; [voiture] to smash up.

massage [masaʒ] *nm* massage ; **faire un ~ à qqn** to give sb a massage.

masse [mas] *nf* - **1.** [de pierre] block ; [d'eau] volume ; **tomber comme une ~** *fig* to drop like a stone - **2.** [de gens] : **la ~** the majority ; **les ~s** the masses - **3.** [grande quantité] : **une ~ de** masses *(pl) ou* loads *(pl)* of - **4.** PHYS mass ; **~ molaire** molar weight ; **~ moléculaire** molecular weight - **5.** ÉLECTR earth *UK*, ground *US* - **6.** [maillet] sledgehammer.
◆ **masse monétaire** *nf* FIN money supply.
◆ **masse salariale** *nf* payroll.
◆ **en masse** *loc adv* [venir] en masse, all together ; *fam* [acheter] in bulk.

massepain [maspɛ̃] *nm* marzipan.

masser [3] [mase] *vt* - **1.** [assembler] to assemble - **2.** [frotter] to massage.
◆ **se masser** *vp* - **1.** [s'assembler] to assemble, to gather - **2.** [se frotter] : **se ~ le bras** to massage one's arm.

masseur, **euse** [masœr, øz] *nm, f* [personne] masseur (*f* masseuse).
◆ **masseur** *nm* [appareil] massager.

massicot [masiko] *nm* guillotine.

massif, **ive** [masif, iv] *adj* - **1.** [monument, personne, dose] massive - **2.** [or, chêne] solid.
◆ **massif** *nm* - **1.** [de plantes] clump - **2.** [de montagnes] massif ; **le Massif central** the Massif Central.

massivement [masivmɑ̃] *adv* - **1.** [construit] massively - **2.** [répondre] en masse.

massue [masy] ◇ *adj inv* crushing. ◇ *nf* club.

mastic [mastik] *nm* mastic, putty.

mastiquer [3] [mastike] *vt* - **1.** [mâcher] to chew - **2.** [coller] to putty.

mastoc [mastɔk] *adj inv péj* hulking.

mastodonte [mastɔdɔ̃t] *nm* - **1.** [mammifère] mastodon - **2.** *fam* [personne] hulk.

masturbation [mastyrbasjɔ̃] *nf* masturbation.

masturber [3] [mastyrbe] ◆ **se masturber** *vp* to masturbate.

m'as-tu-vu [matyvy] *nmf* show-off.

masure [mazyr] *nf* hovel.

mat, **e** [mat] *adj* - **1.** [peinture, surface] matt *UK*, matte *US* - **2.** [peau, personne] dusky - **3.** [bruit, son] dull - **4.** [aux échecs] checkmated.
◆ **mat** *nm* checkmate.

mât [ma] *nm* - **1.** NAUT mast - **2.** [poteau] pole, post ; **~ de cocagne** greasy pole.

match [matʃ] (*pl* **matches** *ou* **matchs**) *nm* match ; **(faire) ~ nul** (to) draw ; **~ aller/retour** first/second leg.

matelas [matla] *nm inv* [de lit] mattress ; **~ de crin** horsehair mattress ; **~ pneumatique** airbed *UK*.

matelassé, **e** [matlase] *adj* padded.

matelot [matlo] *nm* sailor.

mater [3] [mate] *vt* - **1.** [soumettre, neutraliser] to subdue - **2.** *fam* [regarder] to eye up.

matérialiser [3] [materjalize] ◆ **se matérialiser** *vp* [aspirations] to be realized.

matérialisme [materjalism] *nm* materialism.

matérialiste [materjalist] ◇ *nmf* materialist. ◇ *adj* materialistic.

matériau, **x** [materjo] *nm* material.
◆ **matériaux** *nmpl* - **1.** CONSTR material *(U)*, materials ; **~x de construction** building material *ou* materials - **2.** [documents] material *(U)*.

matériel, **elle** [materjɛl] *adj* - **1.** [être, substance] material, physical ; [confort, avantage, aide] material - **2.** [considération] practical.
◆ **matériel** *nm* - **1.** [gén] equipment *(U)* ; **~ d'exploitation** plant *(U)* ; **~ roulant** rolling stock *(U)* - **2.** INFORM hardware *(U)*.

matériellement [materjɛlmɑ̃] *adv* materially.

maternel, **elle** [matɛrnɛl] *adj* maternal ; [langue] mother *(avant n)* ; **lait ~** mother's milk.
◆ **maternelle** *nf* nursery school.

materner [3] [matɛrne] *vt* to mother.

maternité [matɛrnite] *nf* - **1.** [qualité] maternity, motherhood - **2.** [hôpital] maternity hospital.

mathématicien, **enne** [matematisjɛ̃, ɛn] *nm, f* mathematician.

mathématique [matematik] *adj* mathematical.
◆ **mathématiques** *nfpl* mathematics *(U)*.

matheux, **euse** [matø, øz] *nm, f fam* mathematician.

maths [mat] *nfpl fam* maths *UK*, math *US*.

matière [matjɛr] *nf* - **1.** [substance] matter ; **~s fécales** faeces *UK*, feces *US* ; **~s grasses** fats ; **~ grise** grey *UK ou* gray *US* matter - **2.** [matériau] material ; **~ plastique** plastic ; **~s premières** raw materials - **3.** [discipline, sujet] subject ; **en ~ de sport/littérature** as far as sport/literature is concerned - **4.** *loc* **donner ~ à** to give cause for.

MATIF, **Matif** [matif] (*abr de* **Marché à terme international de France**) *nm body regulating activities on the French stock exchange.*

Matignon [matiɲɔ̃] *n* : **(l'hôtel) ~** *building in Paris which houses the offices of the Prime Minister.*

Matignon

This term is often used in the media to refer to the prime minister and his or her administrative staff: *Matignon ne semble pas être d'accord.*

matin [matɛ̃] *nm* morning ; **le ~** in the morning ; **ce ~** this morning ; **à trois heures du ~** at 3 o'clock in the morning ; **de bon** *ou* **de grand ~** early in the morning ; **du ~ au soir** *fig* from dawn to dusk.

matinal, **e**, **aux** [matinal, o] *adj* - **1.** [gymnastique, émission] morning *(avant n)* - **2.** [personne] : **être ~** to be an early riser.

mâtiné, **e** [matine] *adj* : **~ de** [chien] crossed with ; *fig* [mélangé de] mixed with.

matinée [matine] *nf* - **1.** [matin] morning ; **faire la grasse ~** to have a lie in *UK*, to sleep late - **2.** [spectacle] matinée, afternoon performance.

matines [matin] *nfpl* matins.

matois, e [matwa, az] *litt* ◇ *adj* wily. ◇ *nm, f* wily person.

maton, onne [matɔ̃, ɔn] *nm, f fam arg crime* screw.

matou [matu] *nm* tom, tomcat.

matraquage [matrakaʒ] *nm* - **1.** [bastonnade] beating, clubbing - **2.** *fig* [intoxication] bombardment ; **~ publicitaire** bombardment with adverts *UK ou* ads.

matraque [matrak] *nf* truncheon *UK*, billy club *US*, nightstick *US*.

matraquer [3] [matrake] *vt* - **1.** [frapper] to beat, to club - **2.** *fig* [intoxiquer] to bombard.

matriarcal, e, aux [matrijarkal, o] *adj* matriarchal.

matriarcat [matrijarka] *nm* matriarchy.

matrice [matris] *nf* - **1.** [moule] mould - **2.** MATH matrix - **3.** ANAT womb.

matricule [matrikyl] ◇ *nm* : **(numéro) ~** number. ◇ *nf* register.

matrimonial, e, aux [matrimɔnjal, o] *adj* matrimonial.

matrone [matrɔn] *nf péj* old bag.

maturation [matyrasjɔ̃] *nf* maturing.

mature [matyr] *adj* mature.

mâture [matyr] *nf* masts *(pl)*.

maturité [matyrite] *nf* maturity ; [de fruit] ripeness.

maudire [104] [modir] *vt* to curse.

maudit, e [modi, it] ◇ *pp* ▷ **maudire**. ◇ *adj* - **1.** [réprouvé] accursed - **2.** *(avant n)* [exécrable] damned. ◇ *nm, f* person who is damned.

maugréer [15] [mogree] ◇ *vt* to mutter. ◇ *vi* : **~ (contre)** to grumble (about).

maure, more [mor] *adj* Moorish.

◆ **Maure, More** *nmf* Moor.

mauresque, moresque [morɛsk] *adj* Moorish.

◆ **Mauresque, Moresque** *nf* Moorish woman.

Maurice [moris] ▷ **île**.

mauricien, enne [morisjɛ̃, ɛn] *adj* Mauritian.

◆ **Mauricien, enne** *nm, f* Mauritian.

Mauritanie [moritani] *nf* : **la ~** Mauritania.

mauritanien, enne [moritanjɛ̃, ɛn] *adj* Mauritanian.

◆ **Mauritanien, enne** *nm, f* Mauritanian.

mausolée [mozɔle] *nm* mausoleum.

maussade [mosad] *adj* - **1.** [personne, air] sullen - **2.** [temps] gloomy.

mauvais, e [movɛ, ɛz] *adj* - **1.** [gén] bad - **2.** [moment, numéro, réponse] wrong - **3.** [mer] rough - **4.** [personne, regard] nasty.

◆ **mauvais** *adv* : **il fait ~** the weather is bad ; **sentir ~** to smell bad.

mauve [mov] *nm & adj* mauve.

mauviette [movjɛt] *nf fam* - **1.** [physiquement] weakling - **2.** [moralement] coward, wimp.

maux ▷ **mal**.

max [maks] *(abr de* **maximum***)* *nm fam* **un ~ de fric** loads of money ; **il en a rajouté un ~** he went completely overboard.

max. *(abr écrite de* **maximum***)* max.

maxillaire [maksilɛr] *nm* jawbone.

maximal, e, aux [maksimal, o] *adj* maximum ; [degré] highest.

maxime [maksim] *nf* maxim.

maximum [maksimɔm] *(pl* **maxima** [maksima]) ◇ *nm* maximum ; **le ~ de vitesse/capacité** *etc* maximum speed/capacity *etc* ; **le ~ de personnes** the greatest (possible) number of people ; **au ~** at the most. ◇ *adj* maximum.

maya [maja] *adj* Mayan.

◆ **Maya** *nmf* : **les Mayas** the Maya.

mayonnaise [majɔnɛz] *nf* mayonnaise.

Mazarine [mazarin] *n* : **la bibliothèque ~** *the oldest public library in Paris.*

mazout [mazut] *nm* fuel oil.

mazouté, e [mazute] *adj* polluted with oil.

MDM *nmpl abr de* **Médecins du monde**.

me [mə], **m'** *(devant voyelle ou h muet) pron pers* - **1.** [complément d'objet direct] me - **2.** [complément d'objet indirect] (to) me - **3.** [réfléchi] myself - **4.** [avec un présentatif] : **~ voici** here I am.

Me *(abr écrite de* **maître***)* *title for barristers*, ≃ QC *UK*.

mea culpa [meakulpa] *nm inv* : **faire son ~** *fig* to admit one's mistake.

méandre [meɑ̃dr] *nm* [de rivière] meander, bend.

◆ **méandres** *nmpl* [détours sinueux] meanderings *(pl)*.

mec [mɛk] *nm fam* guy, bloke *UK*.

mécanicien, enne [mekanisjɛ̃, ɛn] ◇ *adj* mechanized. ◇ *nm, f* - **1.** [de garage] mechanic - **2.** [conducteur de train] train driver *UK*, engineer *US*.

mécanique [mekanik] ◇ *nf* - **1.** TECHNOL mechanical engineering - **2.** MATH & PHYS mechanics *(U)* - **3.** [mécanisme] mechanism. ◇ *adj* mechanical.

mécaniquement [mekanikmɑ̃] *adv* mechanically.

mécanisation [mekanizasjɔ̃] *nf* mechanization.

mécaniser [3] [mekanize] *vt* to mechanize.

mécanisme [mekanism] *nm* mechanism.

mécano [mekano] *nm fam* mechanic.

mécénat [mesena] *nm* patronage.

mécène [mesɛn] *nm* patron.

méchamment [meʃamɑ̃] *adv* - **1.** [cruellement] nastily - **2.** *fam* [beaucoup] really, terribly.

méchanceté [meʃɑ̃ste] *nf* - **1.** [attitude] nastiness - **2.** *fam* [rosserie] nasty thing.

méchant, e [meʃɑ̃, ɑ̃t] ◇ *adj* - **1.** [malveillant, cruel] nasty, wicked ; [animal] vicious - **2.** [désobéissant] naughty. ◇ *nm, f* - **1.** [moralement] wicked person - **2.** [en langage enfantin] baddy.

mèche [mɛʃ] *nf* - **1.** [de bougie] wick - **2.** [de cheveux] lock ; **~ rebelle** cowlick - **3.** [de bombe] fuse - **4.** [de perceuse] bit - **5.** *loc* **être de ~ avec qqn** to be hand in glove with sb ; **vendre la ~** to give the game away.

méchoui [meʃwi] *nm whole roast sheep.*

méconnaissable [mekɔnɛsabl] *adj* unrecognizable.

méconnaissance [mekɔnɛsɑ̃s] *nf* ignorance.

méconnu, e [mekɔny] *adj* unrecognized.

mécontent, e [mekɔ̃tɑ̃, ɑ̃t] ◇ *adj* unhappy. ◇ *nm, f* malcontent.

mécontentement [mekɔ̃tɑ̃tmɑ̃] *nm* displeasure, annoyance.

mécontenter [3] [mekɔ̃tɑ̃te] *vt* to displease.

Mecque [mɛk] *n* : **La ~** Mecca.

mécréant, e [mekreɑ̃, ɑ̃t] *nm, f* non-believer.

méd. *abr de* **médecin**.

médaille [medaj] *nf* - **1.** [pièce, décoration] medal - **2.** [bijou] medallion - **3.** [de chien] identification disc *UK* *ou* disk *US*, tag.

médaillé, e [medaje] ◇ *adj* MIL decorated ; SPORT medal-winning *(avant n).* ◇ *nm, f* MIL holder of a medal ; SPORT medal-winner, medallist *UK*, medalist *US*.

médaillon [medajɔ̃] *nm* - **1.** [bijou] locket - **2.** PRESSE : **en ~** inset - **3.** ART & CULIN medallion.

médecin [medsɛ̃] *nm* doctor ; **~ conventionné** ≃ National Health doctor *UK* ; **~ de famille** family doctor, GP *UK* ; **~ de garde** doctor on duty, duty doctor ; **~ généraliste** general practitioner, GP *UK* ; **~ légiste** forensic scientist *UK*, medical examiner *US* ; **votre ~ traitant** your (usual) doctor ; : **Médecins du monde, Médecins sans frontières** *organizations providing medical aid to victims of war and disasters, especially in the Third World* Doctors Without Borders *US*.

Médecins sans frontières

MSF was created in 1971 by a small team of French doctors. An international but private organization, it is made up of volunteer doctors and health workers whose mission is to assist war-torn populations and disaster victims.

médecine [medsin] *nf* medicine ; **~ générale** general medicine.

Medef [medɛf] (*abr de* **Mouvement des entreprises de France**) *nm national council of French employers,* ≃ CBI *UK*.

média [medja] *nm* : **les ~s** the (mass) media.

médian, e [medjɑ̃, an] *adj* median.
◆ **médiane** *nf* median.

médiateur, trice [medjatœr, tris] ◇ *adj* mediating *(avant n).* ◇ *nm, f* mediator ; [dans un conflit de travail] arbitrator.
◆ **médiateur** *nm* ADMIN ombudsman.
◆ **médiatrice** *nf* median.

médiathèque [medjatɛk] *nf* media library.

médiation [medjasjɔ̃] *nf* mediation ; [dans un conflit de travail] arbitration.

médiatique [medjatik] *adj* media *(avant n).*

médiatisation [medjatizasjɔ̃] *nf* saturation media coverage.

médiatiser [3] [medjatize] *vt péj* to turn into a media event.

médical, e, aux [medikal, o] *adj* medical.

médicalisation [medikalizasjɔ̃] *nf* [d'établissement, de service] provision of medical equipment ; [de population] provision of medical care.

médicament [medikamɑ̃] *nm* medicine, drug.

médicamenteux, euse [medikamɑ̃tø, øz] *adj* medicinal.

médication [medikasjɔ̃] *nf* (course of) treatment.

médicinal, e, aux [medisinal, o] *adj* medicinal.

Médicis [medisis] *n* : **le prix ~** *French literary prize.*

médico-légal, e, aux [medikɔlegal, o] *adj* forensic.

médico-social, e, aux [medikɔsɔsjal, o] *adj* public health *(avant n).*

médiéval, e, aux [medjeval, o] *adj* medieval.

médiocre [medjɔkr] ◇ *nmf* mediocre person. ◇ *adj* mediocre.

médiocrité [medjɔkrite] *nf* mediocrity.

médire [103] [medir] *vi* to gossip ; **~ de qqn** to speak ill of sb.

médisance [medizɑ̃s] *nf* - **1.** [calomnie] slander - **2.** [ragot] piece of gossip.

médisant, e [medizɑ̃, ɑ̃t] ◇ *adj* slanderous. ◇ *nm, f* slanderer, scandalmonger.

médit [medi] *pp inv* ▷ **médire**.

méditatif, ive [meditatif, iv] ◇ *adj* thoughtful, reflective. ◇ *nm, f* thoughtful person.

méditation [meditasjɔ̃] *nf* meditation.

méditer [3] [medite] ◇ *vt* - **1.** [projeter] to plan ; **~ de faire qqch** to plan to do sthg - **2.** [approfondir] to meditate on. ◇ *vi* : **~ (sur)** to meditate (on).

Méditerranée [mediterane] *nf* : **la ~** the Mediterranean (Sea).

méditerranéen, enne [mediteraneɛ̃, ɛn] *adj* Mediterranean.

◆ **Méditerranéen, enne** *nm, f* person from the Mediterranean.

médium [medjɔm] *nm* - **1.** [personne] medium - **2.** MUS middle register.

médius [medjys] *nm* middle finger.

méduse [medyz] *nf* jellyfish.

méduser [3] [medyze] *vt* to dumbfound.

meeting [mitiŋ] *nm* meeting ; **~ aérien** air show.

méfait [mefɛ] *nm* misdemeanour *UK*, misdemeanor *US*, misdeed.

◆ **méfaits** *nmpl* [du temps] ravages.

méfiance [mefjɑ̃s] *nf* suspicion, distrust.

méfiant, e [mefjɑ̃, ɑ̃t] *adj* suspicious, distrustful.

méfier [9] [mefje] ◆ **se méfier** *vp* to be wary *ou* careful ; **se ~ de qqn/qqch** to distrust sb/sthg.

méga [mega] *adj* mega.

mégalo [megalo] *nmf* & *adj* *fam* megalomaniac ; **il est complètement ~** he thinks he's God.

mégalomane [megalɔman] *nmf* & *adj* megalomaniac.

mégalomanie [megalɔmani] *nf* megalomania.

méga-octet [megaɔktɛ] *nm* megabyte.

mégaphone [megafɔn] *nm* megaphone, bullhorn *US*.

mégapole [megapɔl] *nf* megalopolis, megacity.

mégarde [megard] ◆ **par mégarde** *loc adv* by mistake.

mégère [meʒɛr] *nf péj* shrew.

mégot [mego] *nm fam* fag-end *UK*, butt *US*.

mégoter [3] [megɔte] *vi fam* **~ sur qqch** to skimp on sthg.

meilleur, e [mɛjœr] ◇ *adj (compar)* better ; *(superl)* best. ◇ *nm, f* best ; **c'est la ~e!** that takes the cake *ou* biscuit!

◆ **meilleur** ◇ *nm* : **le ~** the best. ◇ *adv* better.

méjuger [17] [meʒyʒe] ◇ *vt* to misjudge. ◇ *vi* : **~ de qqn/qqch** to underestimate sb/sthg.

◆ **se méjuger** *vp litt* to underestimate o.s.

mél [mel] *nm* INFORM email.

mélancolie [melɑ̃kɔli] *nf* melancholy.

mélancolique [melɑ̃kɔlik] *adj* melancholy.

Mélanésie [melanezi] *nf* : **la ~** Melanesia.

mélanésien, enne [melanezjɛ̃, ɛn] *adj* Melanesian.

◆ **Mélanésien, enne** *nm, f* Melanesian.

mélange [melɑ̃ʒ] *nm* - **1.** [action] mixing ; **sans ~** *fig* unadulterated - **2.** [mixture] mixture.

mélanger [17] [melɑ̃ʒe] *vt* - **1.** [mettre ensemble] to mix - **2.** [déranger] to mix up, to muddle up.

◆ **se mélanger** *vp* - **1.** [se mêler] to mix - **2.** [se brouiller] to get mixed up.

mélangeur [melɑ̃ʒœr] *nm* - **1.** CINÉ mixer - **2.** **(robinet) ~** mixer tap *UK*, mixing faucet *US*.

mélasse [melas] *nf* - **1.** [liquide] treacle *UK*, molasses *(U) US* - **2.** *fam* [mélange] mess ; **être dans la ~** *fig* to be in a fix.

mêlée [mele] *nf* - **1.** [combat] fray - **2.** [rugby] scrum ; **~ ouverte** ruck.

mêler [4] [mele] *vt* - **1.** [mélanger] to mix - **2.** [déranger] to muddle up, to mix up - **3.** [impliquer] : **~ qqn à qqch** to involve sb in sthg - **4.** [joindre] : **~ qqch à qqch** to mix *ou* combine sthg with sthg.

◆ **se mêler** *vp* - **1.** [se joindre] : **se ~ à** [groupe] to join - **2.** [s'ingérer] : **se ~ de qqch** to get mixed up in sthg ; **mêlez-vous de ce qui vous regarde!** mind your own business!

mélèze [melɛz] *nm* larch.

méli-mélo [melimelo] (*pl* **mélis-mélos**) *nm* muddle ; [d'objets] jumble.

mélo [melo] *nm fam* melodrama.

mélodie [melɔdi] *nf* melody.

mélodieux, euse [melɔdjø, øz] *adj* melodious, tuneful.

mélodique [melɔdik] *adj* melodic.

mélodramatique [melɔdramatik] *adj* melodramatic.

mélodrame [melɔdram] *nm* melodrama.

mélomane [melɔman] ◇ *nmf* music lover. ◇ *adj* music-loving.

melon [məlɔ̃] *nm* - **1.** [fruit] melon - **2.** [chapeau] bowler (hat) *UK*, derby (hat) *US*.

melting-pot [mɛltiŋpɔt] *nm* melting pot.

membrane [mɑ̃bran] *nf* membrane.

membre [mɑ̃br] ◇ *nm* - **1.** [du corps] limb ; **~s supérieurs/inférieurs** upper/lower limbs ; **~s antérieurs/postérieurs** front/back legs ; **~ (viril)** male member - **2.** [personne, pays, partie] member ; **~ fondateur** founder member *UK*, charter member *US*. ◇ *adj* member *(avant n)*.

mémé = mémère.

même [mɛm] ◇ *adj indéf* - **1.** [indique une identité ou une ressemblance] same ; **il a le ~ âge que moi** he's the same age as me - **2.** [sert à souligner] : **ce sont ses paroles ~s** those are his very words ; **elle est la bonté ~** she's kindness itself. ◇ *pron indéf* : **le/la ~** the same one ; **ce sont toujours les ~s qui gagnent** it's always the same people who win ; **elle est toujours la ~** she's always the same. ◇ *adv* even ; **il n'est ~ pas diplômé** he isn't even qualified ; **elle ne va ~ plus au cinéma** she doesn't even go to the cinema any more.

◆ **de même** *loc adv* similarly, likewise ; **il en va de ~ pour lui** the same goes for him.

◆ **de même que** *loc conj* just as.

◆ **tout de même** *loc adv* all the same.

◆ **à même** *loc prép* : **il boit à ~ la bouteille** he drinks (straight) from the bottle ; **s'asseoir à ~ le sol** to sit on the bare ground.

◆ **à même de** *loc prép* : **être à ~ de faire qqch** to be able to do sthg, to be in a position to do sthg.

◆ **même si** *loc conj* even if.

mémento [memɛ̃to] *nm* - **1.** [agenda] pocket diary - **2.** [ouvrage] notes *(title of school textbook)*.

mémère [memɛr], **mémé** [meme] *nf fam* - **1.** [grand-mère] granny - **2.** *péj* [vieille femme] old biddy.

mémoire [memwar] ◇ *nf* [gén & INFORM] memory ; **de ~** from memory ; **avoir bonne/mauvaise ~** to have a good/bad memory ; **avoir de la ~** to have a good memory ; **avoir la ~ des chiffres/noms** to have a good memory for figures/names ; **perdre la ~** to lose one's memory ; **se rafraîchir la ~** to refresh one's memory ; **mettre en ~** INFORM to store ; **~ tampon** INFORM buffer ; **~ virtuelle** INFORM virtual memory ; **~ vive** INFORM random access memory ; **à la ~ de** in memory of ; **de ~ d'homme** in living memory ; **pour ~** for the record. ◇ *nm* - **1.** ADMIN memorandum, report - **2.** UNIV dissertation, paper.

◆ **mémoires** *nmpl* memoirs.

mémorable [memɔrabl] *adj* memorable.

mémorandum [memɔrɑ̃dɔm] *nm* - **1.** [note diplomatique] memorandum - **2.** [carnet] notebook.

mémorial, aux [memɔrjal, o] *nm* [monument] memorial.

mémorisable [memɔrizabl] *adj* INFORM storable.

mémoriser [3] [memɔrize] *vt* - **1.** [suj: personne] to memorize - **2.** INFORM to store.

menaçant, e [mənasɑ̃, ɑ̃t] *adj* threatening.

menace [mənas] *nf* : **~ (pour)** threat (to).

menacer [16] [mənase] ◇ *vt* to threaten ; **~ de faire qqch** to threaten to do sthg ; **~ qqn de qqch** to threaten sb with sthg. ◇ *vi* : **la pluie menace** it looks like rain.

ménage [menaʒ] *nm* - **1.** [nettoyage] housework *(U)* ; **faire le ~** to do the housework ; **faire des ~s** to work as a cleaner - **2.** [couple] couple ; **se mettre en ~** to set up house together ; **~ à trois** ménage à trois - **3.** ÉCON household - **4.** *loc* **faire bon ~ (avec)** to get on well (with).

ménagement [menaʒmɑ̃] *nm* [égards] consideration ; **sans ~** brutally.

ménager[1], **ère** [menaʒe, ɛr] *adj* household *(avant n)*, domestic.

◆ **ménagère** *nf* - **1.** [femme] housewife - **2.** [de couverts] canteen *UK*.

ménager[2] [17] [menaʒe] *vt* - **1.** [bien traiter] to treat gently - **2.** [économiser - réserves] to use sparingly ; [- argent, temps] to use carefully ; **~ ses forces** to conserve one's strength ; **~ sa santé** to take care of one's health - **3.** [préparer - surprise] to prepare.

◆ **se ménager** *vp* to take care of o.s., to look after o.s.

ménagerie [menaʒri] *nf* menagerie.

mendiant, e [mɑ̃djɑ̃, ɑ̃t] *nm, f* beggar.

mendicité [mɑ̃disite] *nf* begging.

mendier [9] [mɑ̃dje] ◇ *vt* - **1.** [argent] to beg for - **2.** [éloges] to seek. ◇ *vi* to beg.

menées [məne] *nfpl* scheming *(U)*.

mener [19] [məne] ◇ *vt* - **1.** [emmener] to take - **2.** [diriger - débat, enquête] to conduct ; [- affaires] to manage, to run ; **~ qqch à bonne fin** *OU* **à bien** to see sthg through, to bring sthg to a successful conclusion - **3.** [être en tête de] to lead. ◇ *vi* to lead.

meneur, euse [mənœr, øz] *nm, f* [chef] ringleader ; **~ d'hommes** born leader ; **~ de jeu** host.

menhir [menir] *nm* standing stone.

méninge [menɛ̃ʒ] *nf* meninx.
◆ **méninges** *nfpl fam* brains.

méningite [menɛ̃ʒit] *nf* meningitis *(U)*.

ménisque [menisk] *nm* meniscus.

ménopause [menɔpoz] *nf* menopause.

menotte [mənɔt] *nf* [main] little hand.
◆ **menottes** *nfpl* handcuffs ; **passer les ~s à qqn** to handcuff sb.

mens ▷ **mentir**.

mensonge [mɑ̃sɔ̃ʒ] *nm* - **1.** [propos] lie ; **un pieux ~** a white lie - **2.** [acte] lying.

mensonger, **ère** [mɑ̃sɔ̃ʒe, ɛr] *adj* false.

menstruation [mɑ̃stryasjɔ̃] *nf* menstruation.

menstruel, **elle** [mɑ̃stryɛl] *adj* menstrual.

mensualiser [3] [mɑ̃sɥalize] *vt* to pay monthly.

mensualité [mɑ̃sɥalite] *nf* - **1.** [traite] monthly instalment *UK ou* installment *US* - **2.** [salaire] (monthly) salary.

mensuel, **elle** [mɑ̃sɥɛl] ◇ *adj* monthly. ◇ *nm, f* salaried employee.
◆ **mensuel** *nm* monthly (magazine).

mensuellement [mɑ̃sɥɛlmɑ̃] *adv* monthly, every month.

mensuration [mɑ̃syrasjɔ̃] *nf* measuring.
◆ **mensurations** *nfpl* measurements.

ment ▷ **mentir**.

mental, **e**, **aux** [mɑ̃tal, o] *adj* mental.

mentalement [mɑ̃talmɑ̃] *adv* mentally.

mentalité [mɑ̃talite] *nf* mentality.

menteur, **euse** [mɑ̃tœr, øz] ◇ *adj* false. ◇ *nm, f* liar.

menthe [mɑ̃t] *nf* mint ; **~ à l'eau** peppermint cordial.

mentholé, **e** [mɑ̃tɔle] *adj* mentholated, menthol *(avant n)*.

menti [mɑ̃ti] *pp inv* ▷ **mentir**.

mention [mɑ̃sjɔ̃] *nf* - **1.** [citation] mention ; **faire ~ de qqch** to mention sthg - **2.** [note] note ; **'rayer la ~ inutile'** 'delete as appropriate' - **3.** UNIV : **avec ~** with distinction ; **avec la ~ très bien/bien/passable** ≃ with First/Second/Third Class Honours *UK*.

mentionner [3] [mɑ̃sjɔne] *vt* to mention.

mentir [37] [mɑ̃tir] *vi* : **~ (à)** to lie (to) ; **sans ~** honestly.

menton [mɑ̃tɔ̃] *nm* chin ; **~ en galoche** prominent chin ; **double ~** double chin.

menu, **e** [məny] *adj* [très petit] tiny ; [mince] thin.
◆ **menu** ◇ *adv* : **hacher ~** to chop finely. ◇ *nm* [gén & INFORM] menu ; [repas à prix fixe] set menu ; **~ déroulant** INFORM pull-down menu ; **~ gastronomique/touristique** gourmet/tourist menu.

menuiserie [mənɥizri] *nf* - **1.** [métier] joinery *UK*, carpentry - **2.** [atelier] joinery (workshop) *UK* - **3.** [ouvrages] joinery *(U) UK*, carpentry *(U)*.

menuisier [mənɥizje] *nm* joiner *UK*, carpenter.

méprenais, **méprenions** *etc* ▷ **méprendre**.

méprendre [79] [meprɑ̃dr] ◆ **se méprendre** *vp litt* **se ~ sur** to be mistaken about ; **se ressembler à s'y ~** to be as like as two peas in a pod.

mépris, **e** [mepri, iz] *pp* ▷ **méprendre**.
◆ **mépris** *nm* - **1.** [dédain] : **~ (pour)** contempt (for), scorn (for) - **2.** [indifférence] : **~ de** disregard for.
◆ **au mépris de** *loc prép* regardless of.

méprisable [meprizabl] *adj* contemptible, despicable.

méprisant, **e** [meprizɑ̃, ɑ̃t] *adj* contemptuous, scornful.

méprise [mepriz] *nf* mistake, error.

mépriser [3] [meprize] *vt* to despise ; [danger, offre] to scorn.

mer [mɛr] *nf* sea ; **en ~** at sea ; **prendre la ~** to put to sea ; **haute** *ou* **pleine ~** open sea ; **ce n'est pas la ~ à boire** it's no big deal ; **la ~ Adriatique** the Adriatic ; **la ~ Baltique** the Baltic Sea ; **la ~ d'Irlande** the Irish Sea ; **la ~ Morte** the Dead Sea ; **la ~ Noire** the Black Sea ; **la ~ du Nord** the North Sea.

mercantile [mɛrkɑ̃til] *adj péj* mercenary.

mercenaire [mɛrsənɛr] *nm* & *adj* mercenary.

mercerie [mɛrsəri] *nf* - **1.** [articles] haberdashery *UK*, notions *(pl) US* - **2.** [boutique] haberdasher's shop *UK*, notions store *US*.

merci [mɛrsi] ◇ *interj* thank you!, thanks! ; **~ beaucoup!** thank you very much! ◇ *nm* : **~ (de** *ou* **pour)** thank you (for) ; **dire ~ à qqn** to thank sb, to say thank you to sb. ◇ *nf* mercy ; **sans ~** merciless ; **être à la ~ de** to be at the mercy of.

mercier, **ère** [mɛrsje, ɛr] *nm, f* haberdasher *UK*, notions dealer *US*.

mercredi [mɛrkrədi] *nm* Wednesday ; **~ des Cendres** Ash Wednesday, *voir aussi* **samedi**.

mercure [mɛrkyr] *nm* mercury.

merde [mɛrd] *tfam* ◇ *nf* shit. ◇ *interj* shit!

merdier [mɛrdje] *nm tfam* **on est dans un ~** we're in the shit.

mère [mɛr] *nf* mother ; **~ biologique** MÉD & BIOL biological *ou* natural mother ; **~ célibataire** single *ou* unmarried mother ; **~ de famille** mother ; **~ indigne** unfit mother ; **~ poule** mother hen ; **~ supérieure** mother superior.

merguez [mɛrgɛz] *nf North African spiced sausage.*

méridien, **enne** [meridjɛ̃, ɛn] *adj* [ligne] meridian.

◆ **méridien** *nm* meridian.

méridional, **e**, **aux** [meridjɔnal, o] *adj* southern ; [du sud de la France] Southern (French).

◆ **Méridional**, **e**, **aux** *nm, f* person from the Mediterranean ; [du sud de la France] person from the South (of France).

meringue [mərɛ̃g] *nf* meringue.

mérinos [merinos] *nm* merino.

merisier [mərizje] *nm* - **1.** [arbre] wild cherry (tree) - **2.** [bois] cherry.

méritant, **e** [meritɑ̃, ɑ̃t] *adj* deserving.

mérite [merit] *nm* merit ; **il a du ~ à y prendre part** it is to his credit that he is taking part.

mériter [3] [merite] *vt* - **1.** [être digne de, encourir] to deserve - **2.** [valoir] to be worth, to merit.

méritoire [meritwar] *adj* commendable.

merlan [mɛrlɑ̃] *nm* whiting.

merle [mɛrl] *nm* blackbird.

merveille [mɛrvɛj] *nf* marvel, wonder ; **à ~** marvellously *UK*, marvelously *US*, wonderfully ; **la huitième ~ du monde** *hum* the eighth wonder of the world.

merveilleusement [mɛrvɛjøzmɑ̃] *adv* marvellously *UK*, marvelously *US*, wonderfully.

merveilleux, **euse** [mɛrvɛjø, øz] *adj* - **1.** [remarquable, prodigieux] marvellous *UK*, marvelous *US*, wonderful - **2.** [magique] magic, magical.

◆ **merveilleux** *nm* : **le ~** the supernatural.

mes ▷ **mon**.

mésalliance [mezaljɑ̃s] *nf* unsuitable marriage, misalliance.

mésange [mezɑ̃ʒ] *nf* ZOOL tit ; **~ bleue/charbonnière** blue/coal tit.

mésaventure [mezavɑ̃tyr] *nf* misfortune.

mesdames ▷ **madame**.

mesdemoiselles ▷ **mademoiselle**.

mésentente [mezɑ̃tɑ̃t] *nf* disagreement.

mésestimer [3] [mezɛstime] *vt litt* to underestimate.

mesquin, **e** [mɛskɛ̃, in] *adj* mean, petty.

mesquinerie [mɛskinri] *nf* - **1.** [étroitesse d'esprit] meanness, pettiness - **2.** [action mesquine] petty act.

mess [mɛs] *nm* mess.

message [mɛsaʒ] *nm* message ; **laisser un ~ à qqn** to leave a message for sb ; **~ publicitaire** commercial, spot.

messager, **ère** [mɛsaʒe, ɛr] *nm, f* messenger.

messagerie [mɛsaʒri] *nf* - **1.** *(gén pl)* [transport de marchandises] freight *(U)* ; **les ~s aériennes** air freight company *(sing)* - **2.** INFORM : **~ électronique** electronic mail ; **~ rose** *computerized dating service* ; **~ vocale électronique** INFORM voice messaging.

messe [mɛs] *nf* mass ; **aller à la ~** to go to mass ; **~ de minuit** midnight mass ; **faire des ~s basses** *fam* to mutter.

messie [mɛsi] *nm* Messiah ; *fig* saviour *UK*, savior *US*.

messieurs ▷ **monsieur**.

mesure [məzyr] *nf* - **1.** [disposition, acte] measure, step ; **prendre des ~s** to take measures *ou* steps ; **~s d'austérité** austerity measures ; **~s de rétorsion** retaliatory measures ; **~ de sécurité** safety measure - **2.** [évaluation, dimension] measurement ; **prendre les ~s de qqn/qqch** to measure sb/sthg - **3.** [étalon, récipient] measure - **4.** MUS time, tempo ; **battre la ~** to beat time - **5.** [modération] moderation - **6.** *loc* **dans la ~ du possible** as far as possible ; **être en ~ de** to be in a position to ; **c'est sans commune ~** there's no possible comparison.

◆ **à la mesure de** *loc prép* worthy of.

◆ **à mesure que** *loc conj* as.

◆ **outre mesure** *loc adv* excessively.

◆ **sur mesure** *loc adj* custom-made ; [costume] made-to-measure.

mesuré, **e** [məzyre] *adj* [modéré] measured.

mesurer [3] [məzyre] *vt* - **1.** [gén] to measure ; **elle mesure 1,50 m** she's 5 feet tall ; **la table mesure 1,50 m** the table is 5 feet long - **2.** [risques, portée, ampleur] to weigh up *UK* ; **~ ses paroles** to weigh one's words - **3.** [limiter] to limit - **4.** [proportionner] : **~ qqch à qqch** to match sthg to sthg.

◆ **se mesurer** *vp* : **se ~ avec** *ou* **à qqn** to pit o.s. against sb.

métabolisme [metabɔlism] *nm* metabolism.

métairie [meteri] *nf* sharecropping farm.

métal, **aux** [metal, o] *nm* metal.

métallique [metalik] *adj* - **1.** [en métal] metal *(avant n)* - **2.** [éclat, son] metallic.

métallo [metalo] *nm fam* metalworker.

métallurgie [metalyrʒi] *nf* - **1.** [industrie] metallurgical industry - **2.** [technique] metallurgy.

métallurgique [metalyrʒik] *adj* metallurgical.

métallurgiste [metalyrʒist] *nm* - **1.** [ouvrier] metalworker - **2.** [industriel] metallurgist.

métamorphose [metamɔrfoz] *nf* metamorphosis.

métamorphoser [3] [metamɔrfoze] *vt* : ~ **qqn/qqch (en)** to transform sb/sthg (into).
◆ **se métamorphoser** *vp* BIOL to metamorphose ; *fig* **se ~ (en)** to be transformed (into).

métaphore [metafɔr] *nf* metaphor.

métaphorique [metafɔrik] *adj* metaphorical.

métaphysique [metafizik] ◇ *nf* metaphysics *(U)*. ◇ *adj* metaphysical.

métayer, **ère** [meteje, metɛjɛr] *nm, f* tenant farmer.

météo [meteo] *nf* - **1.** [bulletin] weather forecast ; **prévisions ~** (weather) forecast - **2.** [service] ≃ Met Office *UK*, ≃ National Weather Service *US*.

météore [meteɔr] *nm* meteor.

météorite [meteɔrit] *nm & nf* meteorite.

météorologie [meteɔrɔlɔʒi] *nf* - **1.** [sciences] meteorology - **2.** [service] ≃ Meteorological Office *UK*, ≃ National Weather Service *US*.

météorologique [meteɔrɔlɔʒik] *adj* meteorological, weather *(avant n)*.

métèque [metɛk] *nm* *vulg racist term used with reference to people from Mediterranean countries.*

méthane [metan] *nm* methane.

méthode [metɔd] *nf* - **1.** [gén] method - **2.** [ouvrage - gén] manual ; [- de lecture, de langue] primer.

méthodique [metɔdik] *adj* methodical.

méthodiquement [metɔdikmɑ̃] *adv* methodically.

méthodiste [metɔdist] *nmf & adj* Methodist.

méthodologie [metɔdɔlɔʒi] *nf* methodology.

méthylène [metilɛn] *nm* - **1.** [alcool] methanol - **2.** CHIM methylene.

méticuleusement [metikyløzmɑ̃] *adv* meticulously.

méticuleux, **euse** [metikylø, øz] *adj* meticulous.

métier [metje] *nm* - **1.** [profession - manuelle] occupation, trade ; [- intellectuelle] occupation, profession ; **de son ~** by trade ; **il est du ~** he's in the same trade *ou* same line of work ; **avoir du ~** to have experience - **2.** [machine] : **~ (à tisser)** loom.

métis, **isse** [metis] ◇ *adj* - **1.** [personne] half-caste, mixed-race *UK*, bi-racial *US* - **2.** [tissu] cotton and linen. ◇ *nm, f* half-caste.
◆ **métis** *nm* [tissu] cotton-linen mix.

métissage [metisaʒ] *nm* [de personnes] interbreeding.

métisser [3] [metise] *vt* to cross, to crossbreed.

métrage [metraʒ] *nm* - **1.** [mesure] measurement, measuring - **2.** [COUT - coupon] length - **3.** CINÉ footage ; **long ~** feature film ; **court ~** short (film).

mètre [mɛtr] *nm* - **1.** LITTÉR & MATH metre *UK*, meter *US* ; **~ carré** square metre *UK ou* meter *US* ; **~ cube** cubic metre *UK ou* meter *US* - **2.** [instrument] rule.

métrer [18] [metre] *vt* [terrain] to survey ; [tissu] to measure out.

métreur, **euse** [metrœr, øz] *nm, f* surveyor.

métrique [metrik] ◇ *nf* LITTÉR metrics *(U)*. ◇ *adj* - **1.** MATH metric - **2.** LITTÉR metrical.

métro [metro] *nm* underground *UK*, subway *US*.

métronome [metrɔnɔm] *nm* metronome.

métropole [metrɔpɔl] *nf* - **1.** [ville] metropolis - **2.** [pays] home country.

métropolitain, **e** [metrɔpɔlitɛ̃, ɛn] *adj* metropolitan ; **la France ~e** metropolitan *ou* mainland France.

mets [mɛ] ◇ ▷ **mettre**. ◇ *nm* CULIN dish.

mettable [mɛtabl] *adj* wearable.

mette ▷ **mettre**.

metteur [metœr] *nm* : **~ en ondes** RADIO producer ; **~ en scène** THÉÂTRE producer *UK* ; CINÉ director.

mettre [84] [mɛtr] *vt* - **1.** [placer] to put ; **~ de l'eau à bouillir** to put some water on to boil - **2.** [revêtir] to put on ; **mets ta robe noire** put your black dress on ; **je ne mets plus ma robe noire** I don't wear my black dress any more - **3.** [consacrer - temps] to take ; [- argent] to spend ; **~ longtemps à faire qqch** to take a long time to do sthg - **4.** [allumer - radio, chauffage] to put on, to switch on - **5.** [installer] to put in ; **faire ~ l'électricité** to have electricity put in ; **faire ~ de la moquette** to have a carpet put down *ou* fitted - **6.** [inscrire] to put (down) - **7.** *loc* **~ bas** [animal] to drop, to give birth ; **y ~ du sien** to do one's bit.
◆ **se mettre** *vp* - **1.** [se placer] : **où est-ce que ça se met?** where does this go? ; **se ~ au lit** to get into bed ; **se ~ à côté de qqn** to sit/stand near to sb - **2.** [devenir] : **se ~ en colère** to get angry - **3.** [commencer] : **se ~ à qqch/à faire qqch** to start sthg/doing sthg - **4.** [revêtir] to put on ; **je n'ai rien à me ~** I haven't got a

thing to wear - **5.** *fam* [se donner des coups] : **qu'est-ce qu'ils se sont mis!** they really set about each other!

meuble [mœbl] <> *nm* piece of furniture ; **~s** furniture *(U)* ; **~s de bureau/jardin** office/garden furniture *(U)* ; **sauver les ~s** *fig* not to lose everything. <> *adj* - **1.** [terre, sol] easily worked - **2.** DR movable.

meublé, e [mœble] *adj* furnished.
◆ **meublé** *nm* furnished room/flat *UK*, furnished apartment *US*.

meubler [5] [mœble] <> *vt* - **1.** [pièce, maison] to furnish - **2.** *fig* [occuper] : **~ qqch (de)** to fill sthg (with). <> *vi* to be decorative.
◆ **se meubler** *vp* to furnish one's home.

meuf [mœf] *nf fam* woman.

meugler [5] [møgle] *vi* to moo.

meule [møl] *nf* - **1.** [à moudre] millstone - **2.** [à aiguiser] grindstone - **3.** [de fromage] round - **4.** AGRIC stack ; **~ de foin** haystack.

meunier, ère [mønje, ɛr] <> *adj* - **1.** [industrie] milling *(avant n)* - **2.** CULIN *coated in flour and fried*. <> *nm, f* miller (*f* miller's wife).

meurs, meurt *(etc)* ▻ **mourir**.

meurtre [mœrtr] *nm* murder.

meurtrier, ère [mœrtrije, ɛr] <> *adj* [épidémie, arme] deadly ; [fureur] murderous ; [combat] bloody. <> *nm, f* murderer.
◆ **meurtrière** *nf* ARCHIT loophole.

meurtrir [32] [mœrtrir] *vt* - **1.** [contusionner] to bruise - **2.** *fig* [blesser] to wound.

meurtrissure [mœrtrisyr] *nf* - **1.** [marque] bruise - **2.** *fig* [blessure] wound.

meute [møt] *nf* pack.

mévente [mevɑ̃t] *nf* poor sales *(pl)*.

mexicain, e [mɛksikɛ̃, ɛn] *adj* Mexican.
◆ **Mexicain, e** *nm, f* Mexican.

Mexico [mɛksiko] *n* Mexico City.

Mexique [mɛksik] *nm* : **le ~** Mexico ; **au ~** in Mexico.

mezzanine [mɛdzanin] *nf* mezzanine.

mezzo-soprano [mɛdzosɔprano] (*pl* **mezzo-sopranos**) *nm* mezzo-soprano.

MF <> *nf* (*abr de* **modulation de fréquence**) FM. <> - **1.** (*abr écrite de* **mark finlandais**) Mk, Fmk - **2.** *abr de* **million de francs**.

Mgr (*abr écrite de* **Monseigneur**) Mgr.

mi [mi] *nm inv* E ; [chanté] mi.

mi- [mi] <> *adj inv* half ; **à la ~juin** in mid-June. <> *adv* half-.

miaou [mjau] *nm* miaow *UK*, meow *US*.

miasme [mjasm] *nm (gén pl)* putrid *ou* foul smell.

miaulement [mjolmɑ̃] *nm* miaowing *UK*, meowing *US*.

miauler [3] [mjole] *vi* to miaow *UK*, to meow *US*.

mi-bas [miba] *nm inv* knee-sock.

mica [mika] *nm* mica.

mi-carême [mikarɛm] *nf feast day on third Thursday in Lent*.

miche [miʃ] *nf* [de pain] *large round loaf*.
◆ **miches** *nfpl fam* - **1.** [fesses] bum *(sing) UK*, butt *(sing) US* - **2.** [seins] boobs.

mi-chemin [miʃmɛ̃] ◆ **à mi-chemin** *loc adv* halfway (there).

mi-clos, e [miklo, oz] *adj* half-closed.

micmac [mikmak] *nm fam* - **1.** [manigance] game, scheme - **2.** [embrouillamini] muddle, chaos.

mi-côte [mikot] ◆ **à mi-côte** *loc adv* halfway up/down the hill.

micro [mikro] <> *nm* - **1.** [microphone] mike - **2.** [micro-ordinateur] micro. <> *nf* microcomputing.

microbe [mikrɔb] *nm* - **1.** MÉD microbe, germ - **2.** *péj* [avorton] (little) runt.

microbien, enne [mikrɔbjɛ̃, ɛn] *adj* bacterial.

microbiologie [mikrɔbjɔlɔʒi] *nf* microbiology.

microchirurgie [mikrɔʃiryrʒi] *nf* microsurgery.

microclimat [mikrɔklima] *nm* microclimate.

microcosme [mikrɔkɔsm] *nm* microcosm.

micro-édition [mikrɔedisjɔ̃] *nf* desktop publishing.

micro-électronique [mikrɔelɛktrɔnik] <> *nf* microelectronics *(U)*. <> *adj* microelectronic.

microfiche [mikrɔfiʃ] *nf* microfiche.

microfilm [mikrɔfilm] *nm* microfilm.

micron [mikrɔ̃] *nm* micron.

Micronésie [mikronezi] *nf* : **la ~** Micronesia ; **les États fédérés de ~** Federated States of Micronesia.

micro-ondes [mikrɔɔ̃d] *nfpl* microwaves ; **four à ~** microwave (oven).

micro-ordinateur [mikrɔɔrdinatœr] (*pl* **micro-ordinateurs**) *nm* micro, microcomputer.

micro-organisme [mikrɔɔrganism] (*pl* **micro-organismes**) *nm* micro-organism.

microphone [mikrɔfɔn] *nm* microphone.

microprocesseur [mikrɔprɔsesœr] *nm* microprocessor.

microprogramme [mikrɔprɔgram] *nm* INFORM firmware.

microscope [mikrɔskɔp] *nm* microscope ; **~ électronique** electron microscope.

microscopique [mikrɔskɔpik] *adj* microscopic.

microsillon [mikrɔsijɔ̃] *nm* LP, long-playing record.

MIDEM, Midem [midɛm] (*abr de* **Marché international du disque et de l'édition musicale**) *nm music industry trade fair.*

midi [midi] *nm* **- 1.** [période du déjeuner] lunchtime **- 2.** [heure] midday, noon ; **chercher ~ à quatorze heures** to look for complications **- 3.** [sud] south.

◆ **Midi** *nm* : **le Midi** the South of France.

midinette [midinɛt] *nf péj* empty-headed girl.

mie [mi] *nf* **- 1.** [de pain] soft part, inside **- 2.** *vieilli* [bien-aimée] : **ma ~** sweetheart.

miel [mjɛl] *nm* honey.

mielleux, euse [mjɛlø, øz] *adj* [personne] unctuous ; [paroles, air] honeyed.

mien [mjɛ̃] ◆ **le mien** (*f* **la mienne** [lamjɛn], *mpl* **les miens** [lemjɛ̃], *fpl* **les miennes** [lemjɛn]) *pron poss* mine ; **les ~s** my family ; **j'y mets du ~** I put in a lot of effort.

miette [mjɛt] *nf* **- 1.** [de pain] crumb, breadcrumb **- 2.** *(gén pl)* [débris] shreds *(pl)* ; **en ~s** in bits *ou* pieces.

mieux [mjø] ◇ *adv* **- 1.** [comparatif] : **~ (que)** better (than) ; **il travaille ~** he's working better ; **il pourrait ~ faire** he could do better ; **il va ~** he's better ; **faire ~ de faire qqch** to do better to do sthg ; **vous feriez ~ de vous taire** you would do better to keep quiet, you would be well-advised to keep quiet ; **~ je le comprends, plus/moins j'ai envie de le lire** the better I understand it, the more/less I want to read it **- 2.** [superlatif] best ; **il est le ~ payé du service** he's the best *ou* highest paid member of the department ; **le ~ qu'il peut** as best he can. ◇ *adj* better. ◇ *nm* **- 1.** *(sans déterminant)* **j'espérais ~** I was hoping for something better ; **faute de ~** for lack of anything better **- 2.** *(avec déterminant)* best ; **il y a un** *ou* **du ~** there's been an improvement ; **faire de son ~** to do one's best.

◆ **au mieux** *loc adv* at best.

◆ **des mieux** *loc adv* : **un appareil des ~ conçus** one of the best-designed devices.

◆ **pour le mieux** *loc adv* for the best.

◆ **on ne peut mieux** *loc adv* : **c'est on ne peut ~** it couldn't be better.

◆ **de mieux en mieux** *loc adv* better and better.

◆ **à qui mieux mieux** *loc adv* : **on criait à qui mieux mieux** it was a case of who could shout (the) loudest.

mieux-être [mjøzɛtr] *nm inv* improvement.

mièvre [mjɛvr] *adj* insipid.

mièvrerie [mjɛvrəri] *nf* insipidness.

mignon, onne [miɲɔ̃, ɔn] ◇ *adj* **- 1.** [charmant] sweet, cute **- 2.** [gentil] nice. ◇ *nm, f* darling, sweetheart.

◆ **mignon** *nm vieilli* favourite *UK*, favorite *US*.

migraine [migrɛn] *nf* headache ; MÉD migraine.

migrant, e [migrɑ̃, ɑ̃t] ◇ *adj* migrant *(avant n)*. ◇ *nm, f* migrant.

migrateur, trice [migratœr, tris] *adj* migratory.

◆ **migrateur** *nm* migratory bird.

migration [migrasjɔ̃] *nf* migration.

mijaurée [miʒore] *nf* affected woman ; **faire la ~** to put on airs.

mijoter [3] [miʒɔte] ◇ *vt* **- 1.** CULIN to simmer **- 2.** *fam* [tramer] to cook up. ◇ *vi* CULIN to simmer.

mi-journée [miʒurne] *nf* : **les informations de la ~** the lunchtime news.

mil[1] [mij] *nm* millet.

mil[2] *adj* = **mille.**

milan [milɑ̃] *nm* kite *(bird)*.

mildiou [mildju] *nm* mildew.

milice [milis] *nf* militia.

milicien, enne [milisjɛ̃, ɛn] *nm, f* militiaman (*f* militiawoman).

milieu, x [miljø] *nm* **- 1.** [centre] middle ; **au ~ de** [au centre de] in the middle of ; [parmi] among, surrounded by ; **au beau** *ou* **en plein ~ de qqch** right in the middle of sthg **- 2.** [stade intermédiaire] middle course ; **juste ~** happy medium **- 3.** BIOL & SOCIOL environment ; **~ familial** family background ; **dans les ~x autorisés** in official circles **- 4.** [pègre] : **le ~** the underworld **- 5.** FOOTBALL : **~ de terrain** midfielder, midfield player.

militaire [militɛr] ◇ *nm* soldier ; **~ de carrière** professional soldier. ◇ *adj* military.

militant, e [militɑ̃, ɑ̃t] *adj & nm, f* militant.

militantisme [militɑ̃tism] *nm* militancy.

militarisation [militarizasjɔ̃] *nf* militarization.

militariste [militarist] ◇ *nmf* militarist. ◇ *adj* militaristic.

militer [3] [milite] *vi* to be active ; **~ pour** to militate in favour *UK ou* favor *US* of ; **~ contre** to militate against.

milk-shake [milkʃɛk] (*pl* **milk-shakes**) *nm* milk shake.

mille, **mil** [mil] ◇ *nm inv* - **1.** [unité] a *ou* one thousand - **2.** [de cible] bull's-eye ; **dans le ~** on target - **3.** NAUT : **~ marin** nautical mile - **4.** *Québec* [distance] mile - **5.** *loc* **des ~ et des cents** *fam* pots *ou* loads of money. ◇ *adj inv* thousand ; **c'est ~ fois trop** it's far too much ; **je lui ai dit ~ fois** I've told him/her a thousand times ; *voir aussi* **six**.

mille-feuille [milfœj] (*pl* **mille-feuilles**) *nm* ≃ vanilla slice *UK*, ≃ napoleon *US*.

millénaire [milenɛr] ◇ *nm* millennium, thousand years *(pl)*. ◇ *adj* thousand-year-old *(avant n)*.

mille-pattes [milpat] *nm inv* centipede, millipede.

millésime [milezim] *nm* - **1.** [de pièce] date - **2.** [de vin] vintage, year.

millésimé, **e** [milezime] *adj* [vin] vintage *(avant n)*.

millet [mijɛ] *nm* millet.

milliard [miljar] *nm* thousand million *UK*, billion *US* ; **par ~s** *fig* in (their) millions.

milliardaire [miljardɛr] *nmf* multimillionaire *UK*, billionaire *US*.

millième [miljɛm] *adj, nm* & *nmf* thousandth, *voir aussi* **sixième**.

millier [milje] *nm* thousand ; **un ~ d'euros** about a thousand euros ; **un ~ de personnes** about a thousand people ; **des ~s de** thousands of ; **par ~s** in (their) thousands.

milligramme [miligram] *nm* milligram, milligramme.

millilitre [mililitr] *nm* millilitre *UK*, milliliter *US*.

millimètre [milimɛtr] *nm* millimetre *UK*, millimeter *US*.

millimétrique [milimetrik] *adj* : **papier ~** graph paper.

million [miljɔ̃] *nm* million ; **un ~ d'euros** a million euros.

millionième [miljɔnjɛm] *adj, nm* & *nmf* millionth.

millionnaire [miljɔnɛr] *nmf* millionaire.

mime [mim] ◇ *nm* mime. ◇ *nmf* mime (artist).

mimer [3] [mime] *vt* - **1.** [exprimer sans parler] to mime - **2.** [imiter] to mimic.

mimétisme [mimetism] *nm* mimicry.

mimique [mimik] *nf* - **1.** [grimace] face - **2.** [geste] sign language *(U)*.

mimosa [mimɔza] *nm* mimosa.

min (*abr écrite de* **minute**) min.

min. (*abr écrite de* **minimum**) min.

MIN (*abr de* **marché d'intérêt national**) *nm* *wholesale market for agricultural produce.*

minable [minabl] *adj fam* - **1.** [misérable] seedy, shabby - **2.** [médiocre] pathetic.

minaret [minarɛ] *nm* minaret.

minauder [3] [minode] *vi* to simper.

mince [mɛ̃s] ◇ *adj* - **1.** [maigre - gén] thin ; [- personne, taille] slender, slim - **2.** *fig* [faible] small, meagre *UK*, meager *US*. ◇ *interj fam* **~ alors!** drat!

minceur [mɛ̃sœr] *nf* - **1.** [gén] thinness ; [de personne] slenderness, slimness - **2.** *fig* [insuffisance] meagreness *UK*, meagerness *US*.

mincir [32] [mɛ̃sir] *vi* to get thinner *ou* slimmer.

mine [min] *nf* - **1.** [expression] look ; **avoir bonne/mauvaise ~** to look well/ill ; **avoir une ~ de déterré** *fam* to look like death warmed up ; **faire grise ~** to look annoyed - **2.** [apparence] appearance ; **faire ~ de faire qqch** to make as if to do sthg ; [faire semblant] to pretend to do sthg ; **~ de rien, il est très costaud** *fam* he's very strong though he doesn't look it ; **ne pas payer de ~** to be not much to look at - **3.** [gisement] *fig* mine ; [exploitation] mining ; **~ de charbon** coalmine - **4.** [explosif] mine - **5.** [de crayon] lead.

miner [3] [mine] *vt* - **1.** MIL to mine - **2.** [ronger] to undermine, to wear away ; *fig* to wear down.
◆ **se miner** *vp* to worry o.s. sick.

minerai [minrɛ] *nm* ore.

minéral, **e**, **aux** [mineral, o] *adj* - **1.** CHIM inorganic - **2.** [eau, source] mineral *(avant n)*.
◆ **minéral** *nm* mineral.

minéralisé, **e** [mineralize] *adj* mineralized.

minéralogie [mineralɔʒi] *nf* mineralogy.

minéralogique [mineralɔʒik] *adj* - **1.** AUTO : **numéro ~** registration number *UK*, license number *US* ; **plaque ~** numberplate *UK*, license plate *US* - **2.** GÉOL mineralogical.

minet, **ette** [minɛ, ɛt] *nm, f fam* - **1.** [chat] pussy cat, pussy - **2.** [personne] trendy.

mineur, **e** [minœr] ◇ *adj* minor. ◇ *nm, f* DR minor.
◆ **mineur** *nm* [ouvrier] miner ; **~ de fond** face worker.

mini *abr de* **minimum**.

miniature [minjatyr] ◇ *nf* miniature ; **en ~** in miniature. ◇ *adj* miniature.

miniaturiser [3] [minjatyrize] *vt* to miniaturize.

minibar [minibar] *nm* minibar.

minibus [minibys] *nm* minibus.

minichaîne [miniʃɛn] *nf* portable hi-fi.

MiniDisc®, **minidisque** [minidisk] *nm* MiniDisc®.

minier, **ère** [minje, ɛr] *adj* mining *(avant n)*.

minijupe [miniʒyp] *nf* miniskirt.

minimal, **e**, **aux** [minimal, o] *adj* minimum.

minimalisme [minimalism] *nm* minimalism.

minime [minim] <> *nmf* SPORT ≃ junior. <> *adj* minimal.

minimiser [3] [minimize] *vt* to minimize.

minimum [minimɔm] (*pl* **minimums** *ou* **minima** [minima]) <> *nm* - **1.** [gén & MATH] minimum ; **au ~** at least ; **le strict ~** the bare minimum ; **le ~ vital** a living wage - **2.** DR minimum penalty. <> *adj* minimum.

mini-ordinateur [miniɔrdinatœr] (*pl* **mini-ordinateurs**) *nm* minicomputer.

ministère [ministɛr] *nm* - **1.** [département] ministry *UK*, department - **2.** [cabinet] government - **3.** RELIG ministry.

◆ **ministère public** *nm* ≃ Crown Prosecution Service *UK*, ≃ District Attorney's office *US*.

ministériel, **elle** [ministerjɛl] *adj* - **1.** [du ministère] departmental, ministerial *UK* - **2.** [progouvernemental] pro-government.

ministre [ministr] *nm* secretary, minister *UK* ; **~ délégué à** secretary for, minister of *UK* ; **~ des Affaires étrangères** ≃ Foreign Secretary *UK*, ≃ Secretary of State *US* ; **~ des Affaires sociales** ≃ Social Services Secretary ; **~ de l'Éducation nationale** ≃ Education Secretary ; **~ d'État** secretary of state, cabinet minister *UK* ; **~ des Finances** ≃ Chancellor of the Exchequer *UK*, ≃ Secretary of the Treasury *US* ; **~ de l'Intérieur** ≃ Home Secretary *UK*, ≃ Secretary of the Interior *US* ; **~ de la Santé** ≃ Health Secretary ; **premier ~** prime minister.

Minitel® [minitɛl] *nm teletext system run by the French national telephone company, providing an information and communication network.*

minitéliste [minitelist] *nmf* Minitel® user.

minois [minwa] *nm* sweet (little) face.

minorer [3] [minɔre] *vt* to reduce.

minoritaire [minɔritɛr] <> *nmf* member of a minority. <> *adj* minority *(avant n)* ; **être ~** to be in the minority.

minorité [minɔrite] *nf* minority ; **en ~** in the minority ; **~ ethnique** ethnic minority.

Minorque [minɔrk] *n* Minorca ; **à ~** in Minorca.

minorquin, **e** [minɔrkɛ̃, in] *adj* Minorcan.

◆ **Minorquin**, **e** *nm, f* Minorcan.

minoterie [minɔtri] *nf* - **1.** [moulin] flourmill - **2.** [industrie] (flour) milling industry.

minuit [minɥi] *nm* midnight.

minuscule [minyskyl] <> *nf* [lettre] small letter ; **en ~s** in small letters. <> *adj* - **1.** [lettre] small - **2.** [très petit] tiny, minuscule.

minutage [minytaʒ] *nm* (precise) timing.

minute [minyt] <> *nf* minute ; **à la ~** at once ; **dans une ~** in a minute ; **d'une ~ à l'autre** in next to no time. <> *interj fam* hang on (a minute)!

minuter [3] [minyte] *vt* - **1.** [chronométrer] to time (precisely) - **2.** DR to draw up.

minuterie [minytri] *nf* [d'éclairage] time switch, timer.

minuteur [minytœr] *nm* timer.

minutie [minysi] *nf* [soin] meticulousness ; [précision] attention to detail ; **avec ~** [avec soin] meticulously ; [dans le détail] in minute detail.

minutieusement [minysjøzmɑ̃] *adv* [avec soin] meticulously ; [dans le détail] minutely, in minute detail.

minutieux, **euse** [minysjø, øz] *adj* [méticuleux] meticulous ; [détaillé] minutely detailed ; **un travail ~** a job requiring great attention to detail.

mioche [mjɔʃ] *nmf fam* kiddy.

mirabelle [mirabɛl] *nf* - **1.** [fruit] mirabelle (plum) - **2.** [alcool] plum brandy.

miracle [mirakl] *nm* miracle ; **par ~** by some *ou* a miracle, miraculously ; **croire aux ~s** to believe in miracles.

miraculé, **e** [mirakyle] <> *adj* lucky to be alive. <> *nm, f person who is lucky to be alive.*

miraculeusement [mirakyløzmɑ̃] *adv* miraculously.

miraculeux, **euse** [mirakylø, øz] *adj* miraculous.

mirador [miradɔr] *nm* MIL watchtower.

mirage [miraʒ] *nm* mirage.

mire [mir] *nf* - **1.** TV test card *UK*, test pattern *US* - **2.** [visée] : **ligne de ~** line of sight.

mirer [3] [mire] *vt* - **1.** [œuf] to candle - **2.** *litt* [refléter] to reflect.

◆ **se mirer** *vp litt* - **1.** [se regarder] to gaze at o.s. - **2.** [se refléter] to be reflected *ou* mirrored.

mirifique [mirifik] *adj* fabulous.

mirobolant, **e** [mirɔbɔlɑ̃, ɑ̃t] *adj* fabulous, fantastic.

miroir [mirwar] *nm* mirror ; **~ aux alouettes** *fig* lure ; **~ de poche** handbag mirror.

miroiter [3] [mirwate] *vi* to sparkle, to gleam ; **faire ~ qqch à qqn** to hold out the prospect of sthg to sb.

miroiterie [mirwatri] *nf* - **1.** [industrie] mirror manufacturing - **2.** [atelier] mirror workshop.

miroton [mirɔtɔ̃] *nm boiled beef in an onion sauce.*

mis, **e** [mi, miz] *pp* ▷ **mettre**.

misaine [mizɛn] *nf* foresail.

misanthrope [mizɑ̃trɔp] ◇ *nmf* misanthropist, misanthrope. ◇ *adj* misanthropic.

mise [miz] *nf* - **1.** [action] putting ; **~ en demeure** formal notice ; **~ à jour** updating ; **~ en liberté provisoire** DR freeing on bail ; **~ en page** making up, composing ; **~ en plis** [coiffure] set ; **~ au point** PHOTO focusing ; TECHNOL adjustment ; *fig* clarification ; **~ en scène** production ; **~ en service** putting into operation - **2.** [d'argent] stake ; **sauver la ~ à qqn** *fig* to get sb out of a tight corner ; **~ de fonds** capital investment - **3.** [tenue] clothing - **4.** *loc* **ne pas être de ~** to be unacceptable.

miser [3] [mize] ◇ *vt* to bet. ◇ *vi* : **~ sur** to bet on ; *fig* to count on.

misérabilisme [mizerabilism] *nm* realism.

misérable [mizerabl] ◇ *nmf* - **1.** [pauvre] poor person - **2.** [coquin] wretch. ◇ *adj* - **1.** [pauvre] poor, wretched - **2.** [déplorable] pitiful - **3.** [sans valeur] paltry, miserable.

misérablement [mizerabləmɑ̃] *adv* - **1.** [pauvrement] in poverty, wretchedly - **2.** [pitoyablement] miserably.

misère [mizɛr] *nf* - **1.** [indigence] poverty ; **~ noire** utter destitution - **2.** [infortune] misery - **3.** *fig* [bagatelle] trifle.

◆ **misères** *nfpl* [ennuis] woes *(pl)*, miseries *(pl)* ; **faire des ~s à qqn** *fam* to put sb through it.

miséreux, **euse** [mizerø, øz] ◇ *adj* poverty-stricken. ◇ *nm, f* down-and-out.

miséricorde [mizerikɔrd] ◇ *nf* [clémence] mercy. ◇ *interj* mercy (me)!

miséricordieux, **euse** [mizerikɔrdjø, øz] *adj* merciful.

misogyne [mizɔʒin] ◇ *nmf* misogynist. ◇ *adj* misogynous.

misogynie [mizɔʒini] *nf* misogyny.

missel [misɛl] *nm* missal.

missile [misil] *nm* missile ; **~ balistique** ballistic missile.

mission [misjɔ̃] *nf* mission ; **en ~** on a mission.

missionnaire [misjɔnɛr] ◇ *nmf* missionary. ◇ *adj* missionary *(avant n)*.

missive [misiv] *nf* letter.

mistral [mistral] *nm strong cold wind that blows down the Rhône Valley and through Southern France.*

mitaine [mitɛn] *nf* fingerless glove.

mite [mit] *nf* (clothes) moth.

mité, **e** [mite] *adj* moth-eaten.

mi-temps [mitɑ̃] ◇ *nf inv* [SPORT - période] half ; [- pause] half-time ; **à la ~** at half-time ; **première/seconde ~** first/second half. ◇ *nm* part-time work.

◆ **à mi-temps** *loc adj* & *loc adv* part-time.

miteux, **euse** [mitø, øz] *fam* ◇ *adj* seedy, dingy. ◇ *nm, f* shabby person.

mitigé, **e** [mitiʒe] *adj* - **1.** [tempéré] lukewarm - **2.** *fam* [mélangé] mixed.

mitonner [3] [mitɔne] ◇ *vt* - **1.** [faire cuire] to simmer - **2.** [préparer avec soin] to prepare lovingly - **3.** *fig* [affaire] to plot, to cook up. ◇ *vi* CULIN to simmer.

◆ **se mitonner** *vp* : **se ~ qqch** to cook sthg up for o.s.

mitoyen, **enne** [mitwajɛ̃, ɛn] *adj* [commun] common ; [attenant] adjoining ; **mur ~** party wall.

mitrailler [3] [mitraje] *vt* - **1.** MIL to machine-gun - **2.** *fam* [photographier] to click away at - **3.** *fig* [assaillir] : **~ qqn (de)** to bombard sb (with).

mitraillette [mitrajɛt] *nf* submachine gun.

mitrailleur [mitrajœr] *nm* machinegunner.

mitrailleuse [mitrajøz] *nf* machinegun.

mitre [mitr] *nf* - **1.** [d'évêque] mitre *UK*, miter *US* - **2.** [de cheminée] cowl.

mi-voix [mivwa] ◆ **à mi-voix** *loc adv* in a low voice.

mixage [miksaʒ] *nm* CINÉ & RADIO (sound) mixing.

mixer[1], **mixeur** [miksœr] *nm* (food) mixer.

mixer[2] [3] [mikse] *vt* to mix.

mixité [miksite] *nf* coeducation.

mixte [mikst] *adj* mixed ; **mariage ~** mixed marriage.

mixture [mikstyr] *nf* - **1.** CHIM & CULIN mixture - **2.** *péj* [mélange] concoction.

MJC (*abr de* **maison des jeunes et de la culture**) *nf youth and cultural centre.*

ml (*abr écrite de* **millilitre**) ml.

MLF (*abr de* **Mouvement de libération de la femme**) *nm women's movement*, ≃ NOW *US*.

Mlle (*abr écrite de* **Mademoiselle**) Miss.

mm (*abr écrite de* **millimètre**) mm.

MM (*abr écrite de* **Messieurs**) Messrs.

Mme (*abr écrite de* **Madame**) Mrs.

mn (*abr écrite de* **minute**) min.

mnémotechnique [mnemɔtɛknik] *adj* mnemonic.

MNS (*abr de* **maître nageur sauveteur**) *nm* lifeguard.

Mo (*abr de* **méga-octet**) MB.

mobile [mɔbil] ◇ *nm* - **1.** [objet] mobile - **2.** [motivation] motive. ◇ *adj* - **1.** [gén] movable, mobile ; [partie, pièce] moving - **2.** [population, main-d'œuvre] mobile - **3.** [fête] movable ; [échelle] sliding.

mobilier, **ère** [mɔbilje, ɛr] *adj* DR movable.
◆ **mobilier** *nm* furniture.

mobilisation [mɔbilizasjɔ̃] *nf* mobilization ; ~ **générale** MIL general mobilization.

mobiliser [3] [mɔbilize] *vt* - **1.** [gén] to mobilize - **2.** [moralement] to rally.
◆ **se mobiliser** *vp* to mobilize, to rally.

mobilité [mɔbilite] *nf* mobility.

Mobylette® [mɔbilɛt] *nf* moped.

mocassin [mɔkasɛ̃] *nm* moccasin.

moche [mɔʃ] *adj fam* - **1.** [laid] ugly - **2.** [triste, méprisable] lousy, rotten.

modalité [mɔdalite] *nf* - **1.** [convention] form ; ~**s de paiement** methods of payment - **2.** DR clause.

mode [mɔd] ◇ *nf* - **1.** [gén] fashion ; **à la** ~ in fashion, fashionable ; **lancer une** ~ to start a fashion ; **lancer la** ~ **de qqch** to start the fashion for sthg ; **passé de** ~ out of fashion - **2.** [coutume] custom, style ; **à la** ~ **de** in the style of. ◇ *nm* - **1.** [manière] mode, form ; ~ **de vie** way of life - **2.** [méthode] method ; ~ **d'emploi** instructions (for use) - **3.** GRAMM mood - **4.** MUS mode.

modelage [mɔdlaʒ] *nm* [action] modelling *UK*, modeling *US*.

modelé [mɔdle] *nm* - **1.** [de visage] contours *(pl)* - **2.** ART & GÉOGR relief.

modèle [mɔdɛl] *nm* - **1.** [gén] model ; **sur le** ~ **de** on the model of ; ~ **déposé** patented design ; ~ **réduit** scale model - **2.** *(en apposition)* [exemplaire] model *(avant n)*.

modeler [25] [mɔdle] *vt* to shape ; ~ **qqch sur qqch** *fig* to model sthg on sthg.
◆ **se modeler** *vp litt* **se** ~ **sur** *fig* to model o.s. on.

modélisme [mɔdelism] *nm* modelling *UK ou* modeling *US (of scale models)*.

modem [mɔdɛm] *nm* modem ; ~ **d'appel** dial-in *UK ou* dial-up *US* modem ; ~ **fax** fax modem.

modérateur, **trice** [mɔderatœr, tris] *adj* moderating.
◆ **modérateur** *nm* - **1.** [personne] moderator - **2.** [mécanisme] regulator.

modération [mɔderasjɔ̃] *nf* moderation.

modéré, **e** [mɔdere] *adj* & *nm, f* moderate.

modérément [mɔderemɑ̃] *adv* in moderation, moderately.

modérer [18] [mɔdere] *vt* to moderate.
◆ **se modérer** *vp* to restrain o.s., to control o.s.

moderne [mɔdɛrn] ◇ *nm* : **le** ~ modern things *(pl)*, (the) modern style. ◇ *adj* modern ; [mathématiques] new.

modernisation [mɔdɛrnizasjɔ̃] *nf* modernization.

moderniser [3] [mɔdɛrnize] *vt* to modernize.
◆ **se moderniser** *vp* to become (more) modern.

modernisme [mɔdɛrnism] *nm* [style] modernism.

modernité [mɔdɛrnite] *nf* modernity.

modeste [mɔdɛst] *adj* modest ; [origine] humble.

modestement [mɔdɛstəmɑ̃] *adv* modestly.

modestie [mɔdɛsti] *nf* modesty ; **fausse** ~ false modesty.

modicité [mɔdisite] *nf* [de prix, salaire] lowness, moderateness.

modifiable [mɔdifjabl] *adj* modifiable, alterable.

modification [mɔdifikasjɔ̃] *nf* alteration, modification.

modifier [9] [mɔdifje] *vt* to alter, to modify.
◆ **se modifier** *vp* to alter.

modique [mɔdik] *adj* modest.

modiste [mɔdist] *nf* milliner.

modulation [mɔdylasjɔ̃] *nf* modulation.

module [mɔdyl] *nm* module.

moduler [3] [mɔdyle] *vt* - **1.** [air] to warble - **2.** [structure] to adjust - **3.** RADIO to modulate.

modus vivendi [mɔdysviɛ̃di] *nm inv* modus vivendi.

moelle [mwal] *nf* ANAT marrow ; ~ **osseuse** bone marrow ; **jusqu'à la** ~ *fig* to the core.
◆ **moelle épinière** *nf* spinal cord.

moelleux, **euse** [mwalø, øz] *adj* - **1.** [canapé, tapis] soft - **2.** [fromage, vin] mellow.

moellon [mwalɔ̃] *nm* rubble stone.

mœurs [mœr(s)] *nfpl* - **1.** [morale] morals - **2.** [coutumes] customs, habits - **3.** ZOOL behaviour *(U) UK*, behavior *(U) US*.

mohair [mɔɛr] *nm* mohair.

moi [mwa] ◇ *pron pers* - **1.** [objet, après préposition, comparatif] me ; **aide-**~ help me ; **il me l'a dit, à** ~ he told ME ; **c'est pour** ~ it's for me ; **plus âgé que** ~ older than me *ou* than I (am) - **2.** [sujet] I ; ~ **non plus, je n'en sais rien** I don't know anything about it either ; **qui est là? - (c'est) ~** who's there? - it's me ; **je l'ai vu hier - ~ aussi** I saw him yesterday - me too ; **c'est ~ qui lui ai dit de venir** I was the one who told him to come ; **~, je n'ai rien dit!** I didn't say anything! ◇ *nm* : **le ~** the ego, the self.

◆ **moi-même** *pron pers* myself.

moignon [mwaɲɔ̃] *nm* stump.

moindre [mwɛ̃dr] ◇ *adj superl* : **le/la ~** the least ; *(avec négation)* the least *ou* slightest ; **les ~s détails** the smallest details ; **sans la ~ difficulté** without the slightest problem ; **c'est la ~ des choses** it's the least I/you *etc* could do. ◇ *adj compar* less ; [prix] lower ; **à un ~ degré** to a lesser extent.

moine [mwan] *nm* monk.

moineau, x [mwano] *nm* sparrow.

moins [mwɛ̃] ◇ *adv* - **1.** [quantité] less ; **~ de** less (than) ; **~ de lait** less milk ; **~ de gens** fewer people ; **~ de dix** less than ten ; **il est un peu ~ de 10 heures** it's nearly 10 o'clock - **2.** [comparatif] : **~ (que)** less (than) ; **il est ~ vieux que ton frère** he's not as old as your brother, he's younger than your brother ; **il vient ~ souvent que Pierre** he doesn't come as often as Pierre, he comes less often than Pierre ; **bien ~ grand que** much smaller than ; **~ il mange, ~ il travaille** the less he eats, the less he works - **3.** [superlatif] : **le ~** (the) least ; **le ~ riche des hommes** the poorest man ; **il est le ~ fort** he's the least strong, he's the weakest ; **c'est lui qui vient le ~ souvent** he comes (the) least often ; **c'est lui qui travaille le ~** he works (the) least ; **le ~ possible** as little as possible ; **pas le ~ du monde** not in the least. ◇ *prep* - **1.** [gén] minus ; **dix ~ huit font deux** ten minus eight is two, ten take away eight is two ; **il fait ~ vingt** it's twenty below, it's minus twenty - **2.** [servant à indiquer l'heure] : **il est 3 heures ~ le quart** it's quarter to 3 ; **il est ~ dix** it's ten to, it's ten of *US*. ◇ *nm* - **1.** [signe] minus (sign) - **2.** *loc* **le ~ qu'on puisse dire, c'est que...** it's an understatement to say...

◆ **à moins de** *loc prép* : **à ~ de battre le record** unless I/you *etc* beat the record.

◆ **à moins que** *loc conj (+ subjonctif)* unless.

◆ **au moins** *loc adv* at least.

◆ **de moins en moins** *loc adv* less and less.

◆ **du moins** *loc adv* at least.

◆ **en moins** *loc adv* : **il a une dent en ~** he's missing *ou* minus a tooth ; **c'était le paradis, les anges en ~** it was heaven, minus the angels.

◆ **en moins de** *loc prép* in less than ; **en ~ de rien** in less than no time.

◆ **on ne peut moins** *loc adv* far from.

◆ **pour le moins** *loc adv* at (the very) least.

◆ **tout au moins** *loc adv* at (the very) least.

moins-value [mwɛ̃valy] (*pl* **moins-values**) *nf* capital loss.

moire [mwar] *nf* [étoffe] moiré.

moiré, e [mware] *adj* - **1.** [tissu] watered - **2.** *litt* [reflet] shimmering.

mois [mwa] *nm* - **1.** [laps de temps] month - **2.** [salaire] (monthly) salary ; **le treizième ~** extra month's salary - **3.** *fam* [loyer] month's rent.

moïse [mɔiz] *nm* wicker cradle.

moisi, e [mwazi] *adj* mouldy *UK*, moldy *US*.

◆ **moisi** *nm* mould *UK*, mold *US*.

moisir [32] [mwazir] *vi* - **1.** [pourrir] to go mouldy *UK ou* moldy *US* - **2.** *fig* [personne] to rot.

moisissure [mwazisyr] *nf* mould *UK*, mold *US*.

moisson [mwasɔ̃] *nf* - **1.** [récolte] harvest ; **faire la ~ *ou* les ~s** to harvest, to bring in the harvest - **2.** *fig* [d'idées, de projets] wealth.

moissonner [3] [mwasɔne] *vt* to harvest, to gather (in) ; *fig* to collect, to gather.

moissonneur, euse [mwasɔnœr, øz] *nm, f* [personne] harvester.

◆ **moissonneuse** *nf* [machine] harvester, reaper.

moissonneuse-batteuse [mwasɔnøzbatøz] (*pl* **moissonneuses-batteuses**) *nf* combine (harvester).

moite [mwat] *adj* [peau, mains] moist, sweaty ; [atmosphère] muggy.

moiteur [mwatœr] *nf* [de peau, mains] moistness ; [d'atmosphère] mugginess.

moitié [mwatje] *nf* - **1.** [gén] half ; **à ~ vide** half-empty ; **faire qqch à ~** to half-do sthg ; **la ~ du temps** half the time ; **à la ~ de qqch** halfway through sthg ; **faire ~-~** to go halves - **2.** [épouse, époux] : **ma/ta ~** *fam hum* my/your better half.

moka [mɔka] *nm* - **1.** [café] mocha (coffee) - **2.** [gâteau] coffee cake.

mol ▷ **mou.**

molaire [mɔlɛr] *nf* molar.

Moldavie [mɔldavi] *nf* : **la ~** Moldavia.

mole [mɔl] *nf* CHIM mole.

môle [mol] *nm* [quai] jetty.

moléculaire [mɔlekylɛr] *adj* molecular.

molécule [mɔlekyl] *nf* molecule.

moleskine [mɔlɛskin] *nf* imitation leather.

molester [3] [mɔlɛste] *vt* to manhandle.

molette [mɔlɛt] *nf* - **1.** [de réglage] knurled wheel - **2.** [outil] glasscutter.

mollasse [mɔlas] *adj fam* - **1.** [mou] flabby - **2.** *fig* [personne] lethargic.

mollasson, onne [mɔlasɔ̃, ɔn] *nm, f fam* (lazy) lump.

molle ▷ mou.

mollement [mɔlmɑ̃] *adv* - **1.** [faiblement] weakly, feebly - **2.** *litt* [paresseusement] sluggishly, lethargically.

mollesse [mɔlɛs] *nf* - **1.** [de chose] softness - **2.** [de personne] lethargy.

mollet [mɔlɛ] ◇ *nm* calf. ◇ *adj* ▷ œuf.

molletière [mɔltjɛr] *adj* : **bande ~** puttee.

molleton [mɔltɔ̃] *nm* flannelette ; [pour table] felt.

mollir [32] [mɔlir] *vi* - **1.** [physiquement, moralement] to give way - **2.** [matière] to soften, to go soft - **3.** [vent] to drop, to die down.

mollo [mɔlo] *adv fam* easy ; **y aller ~** to go easy, to take it easy.

mollusque [mɔlysk] *nm* - **1.** ZOOL mollusc - **2.** *fam fig* [personne] (lazy) lump.

molosse [mɔlɔs] *nm* - **1.** [chien] *large ferocious dog* - **2.** *fig* & *péj* [personne] hulking great brute *ou* fellow.

môme [mom] *fam* ◇ *nmf* [enfant] kid, youngster. ◇ *nf* [jeune fille] bird *UK*, chick.

moment [mɔmɑ̃] *nm* - **1.** [gén] moment ; **au ~ de l'accident** at the time of the accident, when the accident happened ; **au ~ de partir** just as we/you *etc* were leaving ; **au ~ où** just as ; **dans un ~** in a moment ; **d'un ~ à l'autre, à tout ~** (at) any moment, any moment now ; **ne pas avoir un ~ à soi** not to have a moment to oneself ; **à un ~ donné** at a given moment ; **par ~s** at times, now and then ; **sur le ~** at the time ; **en ce ~** at the moment ; **pour le ~** for the moment - **2.** [durée] (short) time ; **avoir de bons ~s avec qqn** to have (some) good times with sb ; **passer un mauvais ~** to have a bad time - **3.** [occasion] time ; **ce n'est pas le ~ (de faire qqch)** this is not the time (to do sthg) ; **c'est le ~ ou jamais** it's now or never.

◆ **du moment que** *loc prép* since, as.

momentané, e [mɔmɑ̃tane] *adj* temporary.

momentanément [mɔmɑ̃tanemɑ̃] *adv* temporarily.

momie [mɔmi] *nf* mummy.

mon [mɔ̃] (*f* **ma** [ma], *pl* **mes** [me]) *adj poss* my.

monacal, e, aux [mɔnakal, o] *adj* monastic.

Monaco [mɔnako] *n* : **(la principauté de) ~** (the principality of) Monaco.

monarchie [mɔnarʃi] *nf* monarchy ; **~ absolue/constitutionnelle** absolute/constitutional monarchy.

monarchique [mɔnarʃik] *adj* monarchical.

monarchiste [mɔnarʃist] *nmf* & *adj* monarchist.

monarque [mɔnark] *nm* monarch.

monastère [mɔnastɛr] *nm* monastery.

monastique [mɔnastik] *adj* monastic.

monceau, x [mɔ̃so] *nm* - **1.** [tas] heap - **2.** *fig* [de fautes, de bêtises] mass.

mondain, e [mɔ̃dɛ̃, ɛn] ◇ *adj* - **1.** [chronique, journaliste] society *(avant n)* - **2.** *péj* [futile] frivolous, superficial. ◇ *nm, f* socialite.

mondanités [mɔ̃danite] *nfpl* - **1.** [événements] society life *(U)* - **2.** [paroles] small talk *(U)* ; [comportements] formalities.

monde [mɔ̃d] *nm* - **1.** [gén] world ; **le/la plus... au ~, le/la plus... du ~** the most... in the world ; **pour rien au ~** not for the world, not for all the tea in China ; **mettre un enfant au ~** to bring a child into the world ; **venir au ~** to come into the world ; **en ce bas ~** RELIG in this world ; **l'autre ~** RELIG the other world ; **le quart ~** the Fourth World - **2.** [gens] people *(pl)* ; **beaucoup/peu de ~** a lot of/not many people ; **tout le ~** everyone, everybody - **3.** *loc* **c'est un ~!** that's really the limit! ; **se faire un ~ de qqch** to make too much of sthg ; **se moquer du ~** to have a nerve ; **noir de ~** packed with people ; **tromper son ~** not to be what one seems.

◆ **Monde** *nm* : **le Nouveau Monde** the New World.

mondial, e, aux [mɔ̃djal, o] *adj* world *(avant n)*.

mondialement [mɔ̃djalmɑ̃] *adv* throughout *ou* all over the world.

mondialisation *nf* globalization.

mondialiste [mɔ̃djalist] *adj* pro-globalization.

monégasque [mɔnegask] *adj* of/from Monaco.

◆ **Monégasque** *nmf* native *ou* inhabitant of Monaco.

monétaire [mɔnetɛr] *adj* monetary.

monétarisme [mɔnetarism] *nm* monetarism.

mongol, e [mɔ̃gɔl] *adj* Mongolian.

◆ **mongol** *nm* [langue] Mongolian.

◆ **Mongol, e** *nm, f* Mongolian.

Mongolie [mɔ̃gɔli] *nf* : **la ~** Mongolia ; **la ~-Extérieure** Outer Mongolia ; **la ~-Intérieure** Inner Mongolia.

mongolien, enne [mɔ̃gɔljɛ̃, ɛn] ◇ *adj* Mongol *(avant n)*. ◇ *nm, f* Mongol.

mongolisme [mɔ̃gɔlism] *nm* Mongolism.

mongoloïde [mɔ̃gɔlɔid] *adj* Mongol *(avant n)*.

moniteur, trice [mɔnitœr, tris] *nm, f* - **1.** [enseignant] instructor, coach ; **~ d'auto-école** driving instructor ; **~ de ski** ski instructor - **2.** [de colonie de vacances] supervisor, leader.

◆ **moniteur** *nm* [appareil & INFORM] monitor.

monnaie [mɔnɛ] *nf* - **1.** [moyen de paiement] money ; **fausse ~** forged currency, counterfeit money ; **~ d'échange** *fig* currency ; **c'est ~ courante** *fig* it's commonplace, it's common practice - **2.** [de pays] currency ; **~ unique** single currency - **3.** [pièces] change ; **avoir de la ~** to have change ; **avoir la ~** to have the change ; **rendre la ~ à qqn** to give sb his/her change ; **avoir la ~ de 20 euros** to have change of *ou* for 20 euros ; **faire (de) la ~** to get (some) change ; **menue ~** small *ou* loose change.

monnayable [mɔnɛjabl] *adj* convertible (into cash) ; *fig* valuable.

monnayer [11] [mɔnɛje] *vt* - **1.** [biens] to convert into cash - **2.** *fig* [silence] to buy.

monochrome [mɔnɔkrom] *adj* monochrome, monochromatic.

monocle [mɔnɔkl] *nm* monocle.

monocoque [mɔnɔkɔk] *nm* & *adj* [bateau] monohull.

monocorde [mɔnɔkɔrd] *adj* - **1.** MUS single-stringed - **2.** [monotone] monotonous.

monoculture [mɔnɔkyltyr] *nf* monoculture.

monogame [mɔnɔgam] *adj* monogamous.

monogamie [mɔnɔgami] *nf* monogamy.

monogramme [mɔnɔgram] *nm* monogram.

monolingue [mɔnɔlɛ̃g] *adj* monolingual.

monolithique [mɔnɔlitik] *adj* monolithic.

monologue [mɔnɔlɔg] *nm* - **1.** THÉÂTRE soliloquy - **2.** [discours individuel] monologue ; **~ intérieur** stream of consciousness.

monologuer [3] [mɔnɔlɔge] *vi* - **1.** THÉÂTRE to soliloquize - **2.** *fig* & *péj* [parler] to talk away.

monôme [mɔnom] *nm* - **1.** MATH monomial - **2.** *arg scol* [procession] ≃ rag day procession *UK*.

mononucléose [mɔnɔnykleoz] *nf* : **~ infectieuse** glandular fever, (infectious) mononucleosis *US*.

monoparental, **e**, **aux** [mɔnɔparɑ̃tal, o] *adj* single-parent *(avant n)*.

monophasé, **e** [mɔnɔfaze] *adj* ÉLECTR single-phase.
◆ **monophasé** *nm* single-phase current.

monoplace [mɔnɔplas] ◇ *nm* single-seater. ◇ *adj* single-seater *(avant n)*.

monopole [mɔnɔpɔl] *nm* monopoly ; **avoir le ~ de qqch** *litt* & *fig* to have a monopoly of *ou* on sthg ; **~ d'État** state monopoly.

monopoliser [3] [mɔnɔpɔlize] *vt* to monopolize.

monorail [mɔnɔraj] ◇ *nm* monorail. ◇ *adj inv* monorail *(avant n)*.

monoski [mɔnɔski] *nm* - **1.** [objet] monoski - **2.** SPORT monoskiing.

monospace [mɔnɔspas] *nm* people carrier *UK*, minivan *US*.

monosyllabe [mɔnɔsilab] ◇ *nm* monosyllable. ◇ *adj* monosyllabic.

monosyllabique [mɔnɔsilabik] *adj* monosyllabic.

monothéisme [mɔnɔteism] *nm* monotheism.

monotone [mɔnɔtɔn] *adj* monotonous.

monotonie [mɔnɔtɔni] *nf* monotony ; **rompre la ~** to break the monotony.

monseigneur [mɔ̃sɛɲœr] (*pl* **messeigneurs** [mesɛɲœr]) *nm* - **1.** [titre - d'évêque, de duc] His Grace ; [- de cardinal] His Eminence ; [- de prince] His (Royal) Highness - **2.** [formule d'adresse - à évêque, à duc] Your Grace ; [- à cardinal] Your Eminence ; [- à prince] Your (Royal) Highness.

monsieur [məsjø] (*pl* **messieurs** [mesjø]) *nm* - **1.** [titre] : **~ X** Mr X ; **bonjour ~** good morning ; [dans hôtel, restaurant] good morning, sir ; **bonjour messieurs** good morning (gentlemen) ; **messieurs dames** ladies and gentlemen ; **Monsieur le Ministre n'est pas là** the Minister is out - **2.** [homme quelconque] gentleman.

monstre [mɔ̃str] *nm* - **1.** [gén] monster ; **~ marin** sea monster ; **~ sacré** idol - **2.** *(en apposition) fam* [énorme] colossal.

monstrueusement [mɔ̃stryøzmɑ̃] *adv* [gros, laid] monstrously ; [intelligent] prodigiously.

monstrueux, **euse** [mɔ̃stryø, øz] *adj* - **1.** [gén] monstrous - **2.** *fig* [erreur] terrible.

monstruosité [mɔ̃stryozite] *nf* monstrosity.

mont [mɔ̃] *nm* - **1.** *litt* [montagne] mountain ; **par ~s et par vaux** *fig* up hill and down dale ; **promettre ~s et merveilles** to promise the earth - **2.** GÉOGR Mount ; **le ~ Blanc** Mont Blanc ; **le ~ Cervin** the Matterhorn - **3.** ANAT : **~ de Vénus** mons veneris.

montage [mɔ̃taʒ] *nm* - **1.** [assemblage] assembly ; [de bijou] setting - **2.** PHOTO photomontage - **3.** CINÉ editing - **4.** ÉLECTR wiring.

montagnard, **e** [mɔ̃taɲar, ard] ◇ *adj* mountain *(avant n)*. ◇ *nm, f* mountain dweller.

montagne [mɔ̃taɲ] *nf* - **1.** [gén] mountain ; **les ~s Rocheuses** the Rocky Mountains - **2.** [région] : **la ~** the mountains *(pl)* ; **à la ~** in the mountains ; **en haute ~** at high altitudes ; **faire de la haute ~** to go mountain climbing - **3.** *loc* **se faire une ~ de qqch** to make a great song and dance about sthg.
◆ **montagnes russes** *nfpl* big dipper *(sing) UK*, roller coaster *(sing)*.

montagneux, **euse** [mɔ̃taɲø, øz] *adj* mountainous.

montant, **e** [mɔ̃tɑ̃, ɑ̃t] *adj* - **1.** [mouvement] rising - **2.** [vêtement] high-necked.
◆ **montant** *nm* - **1.** [pièce verticale] upright - **2.** [somme] total (amount).

mont-blanc [mɔ̃blɑ̃] (*pl* **monts-blancs**) *nm* *pureed chestnuts with whipped cream.*

mont-de-piété [mɔ̃dpjete] (*pl* **monts-de-piété**) *nm* pawnshop.

monté, **e** [mɔ̃te] *adj* : **être ~ en qqch** to be well off for sthg.

monte-charge [mɔ̃tʃarʒ] *nm inv* goods lift *UK*, service elevator *US*.

montée [mɔ̃te] *nf* - **1.** [de montagne] climb, ascent - **2.** [de prix] rise - **3.** [relief] slope, gradient.

Monténégro [mɔ̃tenegro] *nm* : **le ~** Montenegro.

monte-plats [mɔ̃tpla] *nm inv* dumbwaiter.

monter [3] [mɔ̃te] ◇ *vi (aux: être)* - **1.** [personne] to come/go up ; [température, niveau] to rise ; [route, avion] to climb ; **~ sur qqch** to climb onto sthg - **2.** [passager] to get on ; **~ dans un bus** to get on a bus ; **~ dans une voiture** to get into a car - **3.** [cavalier] to ride ; **~ à cheval** to ride ; **~ à cheval sur qqch** *fig* to straddle sthg - **4.** [marée] to go/come in. ◇ *vt (aux: avoir)* - **1.** [escalier, côte] to climb, to come/go up ; **~ la rue en courant** to run up the street - **2.** [chauffage, son] to turn up - **3.** [valise] to take/bring up - **4.** [meuble] to assemble ; COUT to assemble, to put *ou* sew together ; [tente] to put up - **5.** CINÉ to edit, to cut (together) - **6.** [cheval] to mount - **7.** [dispositif] to assemble - **8.** THÉÂTRE to put on - **9.** [société, club] to set up - **10.** CULIN to beat, to whisk (up) - **11.** *loc* **~ qqn contre qqn** to set sb against sb.
◆ **se monter** *vp* - **1.** [s'assembler] : **se ~ facilement** to be easy to assemble - **2.** [atteindre] : **se ~ à** to amount to, to add up to.

monteur, **euse** [mɔ̃tœr, øz] *nm, f* - **1.** TECHNOL fitter - **2.** CINÉ editor.

Montevideo [mɔ̃tevideo] *n* Montevideo.

monticule [mɔ̃tikyl] *nm* mound ; *Québec* [baseball] pitcher's mound.

montre [mɔ̃tr] *nf* watch ; **~ à quartz** quartz watch ; **~ en main** to the minute, exactly ; **contre la ~** [sport] time-trialling *UK*, time-trialing *US* ; [épreuve] time trial ; **une course contre la ~** *fig* a race against time.

Montréal [mɔ̃real] *n* Montreal.

montre-bracelet [mɔ̃trəbraslɛ] (*pl* **montres-bracelets**) *nf* wristwatch.

montrer [3] [mɔ̃tre] *vt* - **1.** [gén] to show ; **~ qqch à qqn** to show sb sthg, to show sthg to sb - **2.** [désigner] to show, to point out ; **~ qqch du doigt** to point at *ou* to sthg.
◆ **se montrer** *vp* - **1.** [se faire voir] to appear - **2.** *fig* [se présenter] to show o.s. - **3.** *fig* [se révéler] to prove (to be).

montreur, **euse** [mɔ̃trœr, øz] *nm, f* : **~ de marionnettes** puppeteer.

monture [mɔ̃tyr] *nf* - **1.** [animal] mount - **2.** [de lunettes] frame - **3.** [de bijou] setting.

monument [mɔnymɑ̃] *nm* - **1.** [gén] : **~ (à)** monument (to) ; **~ aux morts** war memorial - **2.** *fig* & *hum* [chef-d'œuvre] masterpiece.

monumental, **e**, **aux** [mɔnymɑ̃tal, o] *adj* monumental.

moquer [3] [mɔke] ◆ **se moquer** *vp* : **se ~ de** [plaisanter sur] to make fun of, to laugh at ; [ne pas se soucier de] not to give a damn about ; **ne vous moquez pas!** don't mock!, don't laugh!

moquerie [mɔkri] *nf* mockery *(U)*, jibe.

moquette [mɔkɛt] *nf* (fitted) carpet *UK*, wall-to-wall carpet *US*.

moqueur, **euse** [mɔkœr, øz] ◇ *adj* mocking. ◇ *nm, f* mocker.

moraine [mɔrɛn] *nf* moraine.

moral, **e**, **aux** [mɔral, o] *adj* - **1.** [éthique - conscience, jugement] moral ; **il n'a aucun sens ~** he has no sense of morality ; **se sentir dans l'obligation ~e de faire qqch** to feel morally obliged *ou* a moral obligation to do sthg ; **prendre l'engagement ~ de faire qqch** to be morally committed to do sthg ; [édifiant - auteur, conte, réflexion] moral ; **la fin de la pièce n'est pas très ~e!** the end of the play is rather immoral! - **2.** [spirituel - douleur] mental ; [- soutien, victoire, résistance] moral.
◆ **moral** *nm* - **1.** [mental] : **au ~ comme au physique** mentally as well as physically - **2.** [état d'esprit] morale, spirits *(pl)* ; **avoir/ne pas avoir le ~** to be in good/bad spirits ; **j'ai le ~ à zéro** *fam* I feel down in the dumps *ou* really low ; **remonter le ~ à qqn** to cheer sb up ; **se remonter le ~** to cheer (o.s.) up.
◆ **morale** *nf* - **1.** [science] moral philosophy, morals *(pl)* - **2.** [règle] morality - **3.** [mœurs] morals *(pl)* - **4.** [leçon] moral ; **faire la ~e à qqn** to preach at *ou* lecture sb.

moralement [mɔralmɑ̃] *adv* morally.

moralisateur, **trice** [mɔralizatœr, tris] ◇ *adj* moralizing. ◇ *nm, f* moralizer.

moralisme [mɔralism] *nm* morality.

moraliste [mɔralist] ◇ *nmf* moralist. ◇ *adj* moralistic.

moralité [mɔralite] *nf* - **1.** [gén] morality - **2.** [enseignement] morals.

moratoire [mɔratwar] *nm* moratorium.

morbide [mɔrbid] *adj* morbid.

morbidité [mɔrbidite] *nf* morbidity.

morceau, x [mɔrso] *nm* - **1.** [gén] piece ; **manger un ~** *fam* to have a bite to eat ; **mettre en ~x** to pull *ou* tear to pieces ; **cracher le ~** *fam fig* to spill the beans ; **emporter le ~** *fam* to carry it off - **2.** [de poème, de film] passage ; **un ~ de bravoure** a purple passage.

morceler [24] [mɔrsəle] *vt* to break up, to split up.
◆ **se morceler** *vp* to break up.

morcellement [mɔrsɛlmɑ̃] *nm* breaking up, splitting up.

mordant, e [mɔrdɑ̃, ɑ̃t] *adj* biting.
◆ **mordant** *nm* [vivacité] keenness, bite.

mordicus [mɔrdikys] *adv fam* stubbornly, stoutly.

mordiller [3] [mɔrdije] *vt* to nibble.

mordoré, e [mɔrdɔre] *adj* bronze.

mordre [76] [mɔrdr] ◇ *vt* - **1.** [blesser] to bite - **2.** [dépasser] to go over - **3.** *fig* [entamer, ronger] to eat into *ou* away. ◇ *vi* - **1.** [saisir avec les dents] : **~ à** to bite - **2.** [croquer] : **~ dans qqch** to bite into sthg - **3.** SPORT : **~ sur la ligne** to step over the line.

mordu, e [mɔrdy] ◇ *pp* ▷ **mordre**. ◇ *adj* [amoureux] hooked. ◇ *nm, f* : **~ de foot/ski** *etc* football/ski *etc* addict.

more = **maure**.

moresque = **mauresque**.

morfondre [75] [mɔrfɔ̃dr] ◆ **se morfondre** *vp* to mope.

morgue [mɔrg] *nf* - **1.** [attitude] pride - **2.** [lieu] morgue.

moribond, e [mɔribɔ̃, ɔ̃d] ◇ *adj* dying. ◇ *nm, f* dying person.

morigéner [18] [mɔriʒene] *vt litt* to rebuke.

morille [mɔrij] *nf* morel.

mormon, e [mɔrmɔ̃, ɔn] *adj* & *nm, f* Mormon.

morne [mɔrn] *adj* [personne, visage] gloomy ; [paysage, temps, ville] dismal, dreary.

Moroni [mɔrɔni] *n* Moroni.

morose [mɔroz] *adj* gloomy.

morosité [mɔrozite] *nf* gloominess.

morphine [mɔrfin] *nf* morphine.

morphologie [mɔrfɔlɔʒi] *nf* morphology.

morphologique [mɔrfɔlɔʒik] *adj* morphological.

morpion [mɔrpjɔ̃] *nm* - **1.** *fam* MÉD crab - **2.** *fam* [enfant] brat - **3.** [jeu] ≃ noughts and crosses *UK*, ≃ tick-tack-toe *US*.

mors [mɔr] *nm* bit ; **prendre le ~ aux dents** to get the bit between one's teeth.

morse [mɔrs] *nm* - **1.** ZOOL walrus - **2.** [code] Morse (code).

morsure [mɔrsyr] *nf* bite.

mort, e [mɔr, mɔrt] ◇ *pp* ▷ **mourir**. ◇ *adj* dead ; **raide ~** stone dead ; **~ ou vif** dead or alive ; **~ de fatigue** *fig* dead tired ; **~ de peur** *fig* frightened to death. ◇ *nm, f* - **1.** [cadavre] corpse, dead body - **2.** [défunt] dead person.
◆ **mort** ◇ *nm* - **1.** [victime] fatality - **2.** CARTES dummy. ◇ *nf litt* & *fig* death ; **de ~** [silence] deathly ; **être en danger de ~** to be in mortal danger ; **condamner qqn à ~** DR to sentence sb to death ; **se donner la ~** to take one's own life, to commit suicide ; **jusqu'à ce que ~ s'ensuive** to death ; **en vouloir à ~ à qqn** to hate sb's guts ; **~ naturelle/violente** natural/violent death ; **la ~ dans l'âme** sick at heart, with a heavy heart ; **pâle comme la ~** deathly pale.

mortadelle [mɔrtadɛl] *nf* mortadella.

mortalité [mɔrtalite] *nf* mortality, death rate ; **~ infantile** infant mortality.

mort-aux-rats [mɔrora] *nf inv* rat poison.

Morte ▷ **mer**.

mortel, elle [mɔrtɛl] ◇ *adj* - **1.** [humain] mortal - **2.** [accident, maladie] fatal - **3.** *fig* [ennuyeux] deadly (dull). ◇ *nm, f* mortal.

mortellement [mɔrtɛlmɑ̃] *adv* - **1.** [à mort] fatally - **2.** [extrêmement] mortally, deeply ; **s'ennuyer ~** to be bored to death.

morte-saison [mɔrtsɛzɔ̃] (*pl* **mortes-saisons**) *nf* slack season, off-season.

mortier [mɔrtje] *nm* mortar.

mortification [mɔrtifikasjɔ̃] *nf* mortification.

mortifier [9] [mɔrtifje] *vt* to mortify.

mort-né, e [mɔrne] (*mpl* **mort-nés**, *fpl* **mort-nées**) ◇ *adj* [enfant] still-born ; *fig* [projet] abortive. ◇ *nm, f* still-born child.

mortuaire [mɔrtɥɛr] *adj* funeral *(avant n)*.

morue [mɔry] *nf* - **1.** ZOOL cod - **2.** *injur* [prostituée] whore.

morve [mɔrv] *nf* snot.

morveux, euse [mɔrvø, øz] ◇ *adj* runny-nosed, snotty. ◇ *nm, f fam* brat.

mosaïque [mɔzaik] *nf litt* & *fig* mosaic.

Moscou [mɔsku] *n* Moscow.

moscovite [mɔskɔvit] *adj* of/from Moscow.
◆ **Moscovite** *nmf* Muscovite.

mosquée [mɔske] *nf* mosque.

mot [mo] *nm* - **1.** [gén] word ; **avoir toujours le ~ pour rire** to be always able to raise a laugh ; **au bas ~** at the lowest estimate ; **à ~s couverts** in veiled terms ; **le fin ~ de l'histoire** the real story ; **~ d'esprit** witty remark ; **~ d'excuse** SCOL note from one's parents ; **gros ~** swearword ; **~ d'ordre** watchword ; **~ de passe** password ; **~s croisés** crossword (puzzle) *(sing)* ; **~ à ~, ~ pour ~** word for word ; **en un ~** in a word ; **avoir son ~ à dire** to have one's say ; **avoir des ~s avec qqn** to have words with sb ; **avoir le dernier ~** to have the last word ; **avoir deux ~s à dire à qqn** *fam* to give sb a piece of one's mind ; **ne pas mâcher ses ~s** not to mince one's words ; **prendre qqn au ~** to take sb at his/her word ; **en toucher un ~ à qqn** *fam* to have a word with sb - **2.** [message] note, message.

motard [mɔtar] *nm* - **1.** [motocycliste] motorcyclist - **2.** [policier] motorcycle policeman.

motel [mɔtɛl] *nm* motel.

moteur, trice [mɔtœr, tris] *adj* - **1.** [force, énergie] driving *(avant n)* ; **à quatre roues motrices** AUTO with four-wheel drive - **2.** [muscles, nerfs] motor *(avant n)*.

◆ **moteur** *nm* TECHNOL motor, engine ; *fig* driving force ; **~ électrique** electric motor ; **~ à explosion** combustion engine ; **~ à injection** fuel-injection engine ; **~ à réaction** jet engine ; **~ de recherche** INFORM search engine.

◆ **motrice** *nf* RAIL motor coach *UK*, motor car *US*.

motif [mɔtif] *nm* - **1.** [raison] motive, grounds *(pl)* - **2.** [dessin, impression] motif.

motion [mɔsjɔ̃] *nf* POLIT motion ; **~ de censure** motion of censure.

motivant, e [mɔtivɑ̃, ɑ̃t] *adj* motivating.

motivation [mɔtivasjɔ̃] *nf* motivation.

motiver [3] [mɔtive] *vt* - **1.** [stimuler] to motivate - **2.** [justifier] to justify.

moto [mɔto] *nf* motorbike *UK*, motorcycle *US*.

motocross [mɔtɔkrɔs] *nm* motocross.

motoculteur [mɔtɔkyltœr] *nm* ≃ Rotavator®.

motocyclette [mɔtɔsiklɛt] *nf* motorcycle, motorbike *UK*.

motocyclisme [mɔtɔsiklism] *nm* motorcyle racing.

motocycliste [mɔtɔsiklist] *nmf* motorcyclist.

motomarine [mɔtɔmarin] *nf Québec* jet ski, aquaskooter *US*.

motoneige [mɔtɔnɛʒ] *nf Québec* snowmobile.

motorisé, e [mɔtɔrize] *adj* motorized ; **être ~** *fam* to have a car, to have wheels.

motrice ▻ **moteur**.

motricité [mɔtrisite] *nf* motor functions *(pl)*.

motte [mɔt] *nf* : **~ (de terre)** clod, lump of earth ; **~ de beurre** slab of butter.

motus [mɔtys] *interj* not a word! ; **~ et bouche cousue!** mum's the word!

mou, molle [mu, mɔl] *adj* **(mol** *devant voyelle ou h muet)* - **1.** [gén] soft - **2.** [faible] weak - **3.** [résistance, protestation] half-hearted - **4.** *fam* [de caractère] wet, wimpy.

◆ **mou** *nm* - **1.** *fam* [personne] wimp - **2.** [de corde] : **avoir du ~** to be slack - **3.** [abats] lungs *(pl)*, lights *(pl)*.

mouchard, e [muʃar, ard] *nm, f fam* [personne] sneak.

◆ **mouchard** *nm fam* [dans camion, train] spy in the cab.

moucharder [3] [muʃarde] *vi fam* to sneak.

mouche [muʃ] *nf* - **1.** ZOOL fly ; **~ tsé-tsé** tsetse fly ; **fine ~** *fig* shrewd individual - **2.** [accessoire féminin] beauty spot - **3.** *loc* **faire ~** to hit the bull's eye.

moucher [3] [muʃe] *vt* - **1.** [nez] to wipe ; **~ un enfant** to wipe a child's nose - **2.** [chandelle] to snuff out - **3.** *fam fig* [personne] : **~ qqn** to put sb in his/her place.

◆ **se moucher** *vp* to blow *ou* wipe one's nose.

moucheron [muʃrɔ̃] *nm* [insecte] gnat.

moucheté, e [muʃte] *adj* - **1.** [laine] flecked - **2.** [animal] spotted, speckled.

mouchoir [muʃwar] *nm* handkerchief ; **~ en papier** paper handkerchief, tissue ; **grand comme un ~ de poche** *fig* no bigger than a pocket handkerchief.

moudre [85] [mudr] *vt* to grind.

mouds ▻ **moudre**.

moue [mu] *nf* pout ; **faire la ~** to pull a face.

mouette [mwɛt] *nf* seagull.

moufle [mufl] *nf* mitten.

mouflet, ette [muflɛ, ɛt] *nm, f fam* kid, brat.

mouflon [muflɔ̃] *nm* wild sheep.

mouillage [mujaʒ] *nm* - **1.** [coupage] watering (down) - **2.** [NAUT - emplacement] anchorage, moorings *(pl)* ; [- manœuvre] anchoring, mooring.

mouillé, e [muje] *adj* wet.

mouiller [3] [muje] ◇ *vt* - **1.** [personne, objet] to wet ; **se faire ~** to get wet *ou* soaked - **2.** [vin, lait] to water down ; CULIN to add liquid to - **3.** NAUT : **~ l'ancre** to drop anchor - **4.** LING to palatalize - **5.** *fam fig* [compromettre] to involve. ◇ *vi* NAUT to anchor.

◆ **se mouiller** *vp* - **1.** [se tremper] to get wet - **2.** *fam fig* [prendre des risques] to stick one's neck out.

mouillette [mujɛt] *nf* finger of bread, soldier *UK*.

mouise [mwiz] *nf* : **être dans la ~** *fam* to be broke.

moulage [mulaʒ] *nm* - **1.** [action] moulding *UK*, molding *US*, casting - **2.** [objet] cast.

moulant, e [mulɑ̃, ɑ̃t] *adj* close-fitting.

moule [mul] ◇ *nm* mould *UK*, mold *US* ; **~ à gâteau** cake tin *UK ou* pan *US* ; **~ à gaufre** waffle-iron ; **~ à tarte** flan dish. ◇ *nf* ZOOL mussel ; **~s marinières** CULIN *mussels cooked in white wine.*

mouler [3] [mule] *vt* - **1.** [objet] to mould *UK*, to mold *US* - **2.** [forme] to make a cast of - **3.** [corps] to hug.

moulin [mulɛ̃] *nm* mill ; **~ à café** coffee mill ; **~ à eau** watermill ; **~ à paroles** *fig* chatterbox ; **~ à poivre** peppermill ; **~ à scie** *Québec* sawmill ; **~ à vent** windmill.

mouliner [3] [muline] *vt* [aliments] to put through a food mill.

moulinet [mulinɛ] *nm* - **1.** [à la pêche] reel - **2.** [mouvement] : **faire des ~s** to whirl one's arms around.

Moulinette® [mulinɛt] *nf* food mill ; **passer qqn à la ~** *fam fig* to tear sb to pieces.

moult [mult] *adv vieilli* many.

moulu, e [muly] *adj* - **1.** [en poudre] ground - **2.** *fig* [brisé] : **être ~ (de fatigue)** to be worn out.

moulure [mulyr] *nf* moulding.

mourais, mourions *(etc)* ▷ **mourir.**

mourant, e [murɑ̃, ɑ̃t] ◇ *adj* - **1.** [moribond] dying - **2.** *fig* [voix] faint. ◇ *nm, f* dying person.

mourir [42] [murir] *vi* - **1.** [personne] to die ; **~ de froid/soif** *fig* to be dying of cold/thirst ; **s'ennuyer à ~** to be bored to death ; **c'est à ~ de rire** it's a scream - **2.** [civilisation] to die out - **3.** [feu] to die down.

mouroir [murwar] *nm péj* old people's home.

mouron [murɔ̃] *nm* BOT pimpernel ; **se faire du ~** *fam fig* to worry o.s. sick.

mourrai, mourras *(etc)* ▷ **mourir.**

mousquetaire [muskətɛr] *nm* musketeer.

moussant, e [musɑ̃, ɑ̃t] *adj* foaming.

mousse [mus] ◇ *nf* - **1.** BOT moss - **2.** [substance] foam ; **~ carbonique** foam *(for extinguishing fires)* ; **~ à raser** shaving foam - **3.** CULIN mousse ; **~ au chocolat** chocolate mousse - **4.** [matière plastique] foam rubber. ◇ *nm* NAUT cabin boy.

mousseline [muslin] ◇ *nf* muslin. ◇ *adj inv lightened with cream or milk.*

mousser [3] [muse] *vi* to foam, to lather ; **se faire ~** *fam fig* to blow one's own trumpet.

mousseux, euse [musø, øz] *adj* - **1.** [shampooing] foaming, frothy - **2.** [vin, cidre] sparkling.

◆ **mousseux** *nm* sparkling wine.

mousson [musɔ̃] *nf* monsoon.

moussu, e [musy] *adj* mossy, moss-covered.

moustache [mustaʃ] *nf* moustache, mustache *US*.

◆ **moustaches** *nfpl* [d'animal] whiskers.

moustachu, e [mustaʃy] *adj* with a moustache *UK ou* mustache *US*.

◆ **moustachu** *nm man with a moustache.*

moustiquaire [mustikɛr] *nf* mosquito net.

moustique [mustik] *nm* mosquito.

moutard [mutar] *nm fam* kid.

moutarde [mutard] ◇ *nf* mustard ; **la ~ me monte au nez** *fig* I'm losing my temper. ◇ *adj inv* mustard *(avant n)*.

mouton [mutɔ̃] *nm* - **1.** ZOOL *fig* sheep - **2.** [viande] mutton - **3.** *fam* [poussière] piece of fluff, fluff *(U)* - **4.** *loc* **revenons à nos ~s** let's get back to the subject in hand.

◆ **moutons** *nmpl* [vagues] white horses *UK*, whitecaps *US*.

mouture [mutyr] *nf* - **1.** [de céréales, de café] grinding - **2.** [de thème, d'œuvre] rehash.

mouvance [muvɑ̃s] *nf* [domaine] sphere of influence.

mouvant, e [muvɑ̃, ɑ̃t] *adj* - **1.** [terrain] unstable - **2.** [situation] uncertain.

mouvement [muvmɑ̃] *nm* - **1.** [gén] movement ; **en ~** on the move ; **faux ~** clumsy *ou* awkward movement ; **~ alternatif** TECHNOL reciprocating movement - **2.** [de colère, d'indignation] burst, fit ; **~ d'humeur** fit of bad temper.

mouvementé, e [muvmɑ̃te] *adj* - **1.** [terrain] rough - **2.** [réunion, soirée] eventful.

mouvoir [54] [muvwar] *vt* to move.

◆ **se mouvoir** *vp* to move.

moyen, enne [mwajɛ̃, ɛn] *adj* - **1.** [intermédiaire] medium - **2.** [médiocre, courant] average.

◆ **moyen** *nm* means *(sing)*, way ; **par tous les ~s** by any means possible ; **y a-t-il ~ de...?** is there any way of...? ; **~ de communication** means of communication ; **~ d'expression** means of expression ; **~ de locomotion** *ou* **transport** means of transport ; **employer les grands ~s** to resort to extreme measures.

◆ **moyenne** *nf* average ; **en moyenne** on average ; **la moyenne** SCOL the passmark ; **la moyenne d'âge** the average age.

◆ **moyens** *nmpl* - **1.** [ressources] means ; **avoir les ~s** to be comfortably off ; **avoir les ~s de faire qqch** to have the means to do sthg ; **avec les ~s du bord** with the means at one's disposal - **2.** [capacités] powers, ability ; **faire qqch par ses propres ~s** to do sthg on one's own ; **perdre tous ses ~s** to panic.

◆ **au moyen de** *loc prép* by means of.

Moyen Âge [mwajɛnaʒ] *nm* : **le ~** the Middle Ages *(pl)*.

moyenâgeux, **euse** [mwajɛnaʒø, øz] *adj* medieval.

moyen-courrier [mwajɛ̃kurje] (*pl* **moyens-courriers**) <> *nm* medium-haul aircraft. <> *adj* medium-haul *(avant n)*.

moyennant [mwajɛnɑ̃] *prep* for, in return for.

moyennement [mwajɛnmɑ̃] *adv* moderately, fairly.

Moyen-Orient [mwajɛnɔrjɑ̃] *nm* : **le ~** the Middle East ; **au ~** in the Middle East.

moyen-oriental, **e** [mwayɛnɔrjɑ̃tal] *adj* Middle Eastern.

moyeu, **x** [mwajø] *nm* hub.

mozambicain, **e** [mɔzɑ̃bikɛ̃, ɛn] *adj* Mozambican.

◆ **Mozambicain**, **e** *nm, f* Mozambican.

Mozambique [mɔzɑ̃bik] *nm* : **le ~** Mozambique ; **au ~** in Mozambique.

MRAP [mrap] (*abr de* **Mouvement contre le racisme, l'antisémitisme et pour la paix**) *nm pacifist anti-racist organization.*

MRG (*abr de* **Mouvement des radicaux de gauche**) *nm centre-left political party.*

ms (*abr écrite de* **manuscrit**) ms.

MSF (*abr de* **Médecins sans frontières**) *nmpl medical association for aid to Third-World countries.*

MST *nf* - **1.** (*abr de* **maladie sexuellement transmissible**) STD - **2.** (*abr de* **maîtrise de sciences et techniques**) *masters degree in science and technology.*

MT (*abr écrite de* **moyenne tension**) MT.

mû, **mue** [my] *pp* ▷ **mouvoir**.

mucosité [mykozite] *nf* mucus *(U)*.

mucus [mykys] *nm* mucus *(U)*.

mue [my] *nf* - **1.** [de pelage] moulting - **2.** [de serpent] skin, slough - **3.** [de voix] breaking.

muer [7] [mɥe] *vi* - **1.** [mammifère] to moult - **2.** [serpent] to slough its skin - **3.** [voix] to break ; [jeune homme] : **il mue** his voice is breaking.

◆ **se muer** *vp litt* **se ~ en** to turn into.

muesli [mysli] *nm* muesli.

muet, **muette** [mɥɛ, ɛt] <> *adj* - **1.** MÉD dumb - **2.** [silencieux] silent ; **~ d'admiration/d'étonnement** speechless with admiration/surprise - **3.** LING silent, mute. <> *nm, f* mute, dumb person.

◆ **muet** *nm* : **le ~** CINÉ silent films *(pl)*.

muezzin [mɥɛdzin] *nm* muezzin.

mufle [myfl] *nm* - **1.** [d'animal] muzzle, snout - **2.** *fig* [goujat] lout.

muflerie [myfləri] *nf* loutishness.

mufti, **muphti** [myfti] *nm* mufti.

mugir [32] [myʒir] *vi* - **1.** [vache] to moo - **2.** [vent, sirène] to howl.

mugissement [myʒismɑ̃] *nm* - **1.** [de vache] mooing - **2.** [de vent, sirène] howling.

muguet [mygɛ] *nm* - **1.** [fleur] lily of the valley - **2.** MÉD thrush.

Muguet

On May Day in France, bunches of lily of the valley are sold in the streets and given as presents. The flowers are supposed to bring good luck.

mulâtre, **mulâtresse** [mylatr, trɛs] *nm, f* mulatto.

◆ **mulâtre** *adj* mulatto.

mule [myl] *nf* mule.

mulet [mylɛ] *nm* - **1.** [âne] mule - **2.** [poisson] mullet.

muletier, **ère** [myltje, ɛr] *adj* mule *(avant n)*.

◆ **muletier** *nm* muleteer.

mulot [mylo] *nm* field mouse.

multicolore [myltikɔlɔr] *adj* multicoloured *UK*, multicolored *US*.

multicoque [myltikɔk] <> *adj* : **(bateau) ~** multihull *ou* multihulled boat. <> *nm* multihull.

multiculturel, **elle** [myltikyltyrɛl] *adj* multicultural.

multifonction [myltifɔ̃ksjɔ̃] *adj inv* multifunction.

multiforme [myltifɔrm] *adj* multiform.

multilatéral, **e**, **aux** [myltilateral, o] *adj* multilateral.

multi-media [myltimedja] *adj* INFORM multimedia.

multimillionnaire [myltimiljɔnɛr] *nmf* & *adj* multimillionaire.

multinational, **e**, **aux** [myltinasjɔnal, o] *adj* multinational.

◆ **multinationale** *nf* multinational (company).

multiple [myltipl] <> *nm* multiple. <> *adj* - **1.** [nombreux] multiple, numerous - **2.** [divers] many, various.

multiplication [myltiplikasjɔ̃] *nf* multiplication.

multiplicité [myltiplisite] *nf* multiplicity.

multiplier [10] [myltiplije] *vt* - **1.** [accroître] to increase - **2.** MATH to multiply ; **X multiplié par Y égale Z** X multiplied by *ou* times Y equals Z.
◆ **se multiplier** *vp* to multiply.

multipropriété [myltiprɔprijete] *nf* timeshare.

multiracial, e, aux [myltirasjal, o] *adj* multiracial.

multirisque [myltirisk] *adj* comprehensive.

multitude [myltityd] *nf* : **~ (de)** multitude (of).

municipal, e, aux [mynisipal, o] *adj* municipal.
◆ **municipales** *nfpl* : **les ~es** the local government elections.

municipalité [mynisipalite] *nf* - **1.** [commune] municipality - **2.** [conseil] town council *UK*, city council *US*.

munir [32] [mynir] *vt* : **~ qqn/qqch de** to equip sb/sthg with.
◆ **se munir** *vp* : **se ~ de** to equip o.s. with.

munitions [mynisjɔ̃] *nfpl* ammunition *(U)*, munitions.

munster [mœ̃stɛr] *nm* *strong semi-hard cheese.*

muphti = **mufti**.

muqueuse [mykøz] *nf* mucous membrane.

mur [myr] *nm* - **1.** [gén] wall ; **~ antibruit** soundproof wall ; **~ mitoyen** party wall ; **raser les ~s** to hug the walls ; *fig* to tread warily - **2.** *fig* [obstacle] barrier, brick wall ; **~ du son** AÉRON sound barrier.

mûr, mûre [myr] *adj* ripe ; [personne] mature ; **après ~e réflexion** *fig* after careful consideration.
◆ **mûre** *nf* - **1.** [de mûrier] mulberry - **2.** [de ronce] blackberry, bramble.

muraille [myraj] *nf* wall.

mural, e, aux [myral, o] *adj* wall *(avant n)*.

mûrement [myrmɑ̃] *adv* : **après avoir ~ réfléchi** after careful consideration.

murène [myrɛn] *nf* moray eel.

murer [3] [myre] *vt* - **1.** [boucher] to wall up, to block up - **2.** [enfermer] to wall in.
◆ **se murer** *vp* to shut o.s. up *ou* away ; **se ~ dans** *fig* to retreat into.

muret [myrɛ] *nm* low wall.

mûrier [myrje] *nm* - **1.** [arbre] mulberry tree - **2.** [ronce] blackberry bush, bramble bush.

mûrir [32] [myrir] *vi* - **1.** [fruits, légumes] to ripen - **2.** *fig* [idée, projet] to develop - **3.** [personne] to mature.

murmure [myrmyr] *nm* murmur.

murmurer [3] [myrmyre] *vt* & *vi* to murmur.

musaraigne [myzarɛɲ] *nf* shrew.

musarder [3] [myzarde] *vi fam* to dawdle.

musc [mysk] *nm* musk.

muscade [myskad] *nf* nutmeg.

muscadet [myskadɛ] *nm* *dry white wine.*

muscat [myska] *nm* - **1.** [raisin] muscat grape - **2.** [vin] *sweet wine.*

muscle [myskl] *nm* muscle ; **~ extenseur** extensor muscle.

musclé, e [myskle] *adj* - **1.** [personne] muscular - **2.** *fig* [mesure, décision] forceful.

muscler [3] [myskle] *vt* : **~ son corps** to build up one's muscles.
◆ **se muscler** *vp* to build up one's muscles.

musculaire [myskylɛr] *adj* muscular.

musculation [myskylasjɔ̃] *nf* : **faire de la ~** to do muscle-building exercises.

musculature [myskylatyr] *nf* musculature.

muse [myz] *nf* muse.

museau [myzo] *nm* - **1.** [d'animal] muzzle, snout - **2.** *fam* [de personne] face.

musée [myze] *nm* museum ; [d'art] art gallery.

museler [24] [myzle] *vt litt* & *fig* to muzzle.

muselière [myzəljɛr] *nf* muzzle.

musette [myzɛt] ◇ *nf* haversack ; [d'écolier] satchel. ◇ *nm* : **le ~** *dance music played on the accordion.*

muséum [myzeɔm] *nm* museum.

musical, e, aux [myzikal, o] *adj* - **1.** [son] musical - **2.** [émission, critique] music *(avant n)*.

music-hall [myzikol] (*pl* **music-halls**) *nm* music hall *UK*, vaudeville *US*.

musicien, enne [myzisjɛ̃, ɛn] ◇ *adj* musical. ◇ *nm, f* musician.

musicographie [myzikɔgrafi] *nf* musicography.

musicologue [myzikɔlɔg] *nmf* musicologist.

musique [myzik] *nf* music ; **~ de chambre** chamber music ; **~ de film** film *UK ou* movie *US* score ; **connaître la ~** *fam fig* to know the score.

musqué, e [myske] *adj* - **1.** [parfum] musky - **2.** [animal] : **rat ~** muskrat.

must [mœst] *nm fam* must.

musulman, e [myzylmɑ̃, an] *adj* & *nm, f* Muslim.

mutant, **e** [mytɑ̃, ɑ̃t] *adj* & *nm, f* mutant.

mutation [mytasjɔ̃] *nf* - **1.** BIOL mutation - **2.** *fig* [changement] transformation ; **en pleine ~** undergoing a (complete) transformation - **3.** [de fonctionnaire] transfer.

muter [3] [myte] *vt* to transfer.

mutilation [mytilasjɔ̃] *nf* mutilation.

mutilé, **e** [mytile] *nm, f* disabled person.

mutiler [3] [mytile] *vt* to mutilate ; **il a été mutilé du bras droit** he lost his right arm.

mutin, **e** [mytɛ̃, in] *adj litt* impish.
◆ **mutin** *nm* rebel ; MIL & NAUT mutineer.

mutiner [3] [mytine] ◆ **se mutiner** *vp* to rebel ; MIL & NAUT to mutiny.

mutinerie [mytinri] *nf* rebellion ; MIL & NAUT mutiny.

mutisme [mytism] *nm* silence.

mutualiste [mytɥalist] ◇ *nmf* mutualist. ◇ *adj* : **société ~** mutual insurance company.

mutualité [mytɥalite] *nf* [assurance] mutual insurance.

mutuel, **elle** [mytɥɛl] *adj* mutual.
◆ **mutuelle** *nf* mutual insurance company.

mutuellement [mytɥɛlmɑ̃] *adv* mutually.

mycose [mikoz] *nf* mycosis, fungal infection.

myocarde [mjɔkard] *nm* myocardium.

myopathie [mjɔpati] *nf* myopathy.

myope [mjɔp] ◇ *nmf* shortsighted *UK ou* nearsighted *US* person. ◇ *adj* shortsighted *UK ou* nearsighted *US*, myopic.

myopie [mjɔpi] *nf* shortsightedness *UK*, nearsightedness *US*, myopia.

myosotis [mjozɔtis] *nm* forget-me-not.

myriade [mirjad] *nf* : **une ~ de** a myriad of.

myrtille [mirtij] *nf* bilberry *UK*, blueberry *US*.

mystère [mistɛr] *nm* - **1.** [gén] mystery - **2.** CULIN *ice cream covered in meringue and flaked almonds.*

mystérieusement [misterjøzmɑ̃] *adv* mysteriously.

mystérieux, **euse** [misterjø, øz] *adj* mysterious.

mysticisme [mistisism] *nm* mysticism.

mystification [mistifikasjɔ̃] *nf* [tromperie] hoax, practical joke.

mystifier [9] [mistifje] *vt* [duper] to take in.

mystique [mistik] ◇ *nmf* mystic. ◇ *adj* mystic, mystical.

mythe [mit] *nm* myth.

mythifier [9] [mitifje] *vt* to mythicize.

mythique [mitik] *adj* mythical.

mytho [mito] *adj fam* : **il est complètement ~** you can't believe anything he says.

mythologie [mitɔlɔʒi] *nf* mythology.

mythologique [mitɔlɔʒik] *adj* mythological.

mythomane [mitɔman] *nmf* pathological liar.

N

n, **N** [ɛn] *nm inv* [lettre] n, N.
◆ **N** - **1.** (*abr écrite de* **newton**) N - **2.** (*abr écrite de* **nord**) N.

n' ▻ **ne**.

n° (*abr écrite de* **numéro**) no.

nabot, **e** [nabo, ɔt] *nm, f péj* midget.

nac (*abr de* **nouvel animal de compagnie**) [nak] *nm wild animal kept as a pet.*

nacelle [nasɛl] *nf* [de montgolfière] basket.

nacre [nakr] *nf* mother-of-pearl.

nacré, **e** [nakre] *adj* pearly.

nage [naʒ] *nf* - **1.** [natation] swimming ; **~ indienne** side stroke ; **~ papillon** butterfly (stroke) ; **à la ~** CULIN *poached in wine and herbs* ; **traverser à la ~** to swim across - **2.** *loc* **en ~** bathed in sweat.

nageoire [naʒwar] *nf* fin.

nager [17] [naʒe] ◇ *vi* - **1.** [se baigner] to swim - **2.** [flotter] to float - **3.** *fig* [dans vêtement] : **~ dans** to be lost in ; **~ dans la joie** to be incredibly happy. ◇ *vt* to swim.

nageur, **euse** [naʒœr, øz] *nm, f* swimmer.

naguère [nagɛr] *adv litt* a short time ago.

naïade [najad] *nf* water nymph.

naïf, **naïve** [naif, iv] ◇ *adj* - **1.** [ingénu, art] naive - **2.** *péj* [crédule] gullible. ◇ *nm, f* - **1.** *péj* [niais] fool - **2.** [peintre] naive painter.

nain, **e** [nɛ̃, nɛn] ◇ *adj* dwarf (*avant n*). ◇ *nm, f* dwarf ; **~ de jardin** garden gnome.

Nairobi [nɛrɔbi] *n* Nairobi.

naissais, **naissions** *(etc)* ▷ **naître.**

naissance [nɛsɑ̃s] *nf* - **1.** [de personne] birth ; **donner ~ à** to give birth to ; **de ~** [aveugle] from birth ; **le contrôle des ~s** birth control - **2.** [endroit] source ; [du cou] nape - **3.** *fig* [de science, nation] birth ; **donner ~ à** to give rise to ; **prendre ~ dans** to originate in.

naissant, **e** [nɛsɑ̃, ɑ̃t] *adj* - **1.** [brise] rising ; [jour] dawning - **2.** [barbe] incipient.

naître [92] [nɛtr] *vi* - **1.** [enfant] to be born ; **elle est née en 1965** she was born in 1965 - **2.** [espoir] to spring up ; **~ de** to arise from ; **faire ~ qqch** to give rise to sthg.

naïvement [naivmɑ̃] *adv* naively.

naïveté [naivte] *nf* - **1.** [candeur] innocence - **2.** *péj* [crédulité] gullibility.

naja [naʒa] *nm* cobra.

Namibie [namibi] *nf* : **la ~** Namibia.

namibien, **enne** [namibjɛ̃, ɛn] *adj* Namibian.
◆ **Namibien**, **enne** *nm, f* Namibian.

nana [nana] *nf fam* [jeune fille] girl.

nanti, **e** [nɑ̃ti] ◇ *adj* wealthy. ◇ *nm, f* wealthy person ; **les ~s** the rich.

nantir [32] [nɑ̃tir] *vt litt* **~ qqn de** to provide sb with.
◆ **se nantir** *vp litt* **se ~ de** to provide o.s. with.

NAP [nap] (*abr écrite de* **Neuilly Auteuil Passy**) ◇ *adj* ≃ Sloany *UK*, ≃ preppie *US*. ◇ *nf* ≃ Sloane *UK*, ≃ preppie type *US*.

naphtaline [naftalin] *nf* mothballs *(pl)*.

nappage [napaʒ] *nm* CULIN coating.

nappe [nap] *nf* - **1.** [de table] tablecloth, cloth - **2.** *fig* [étendue - gén] sheet ; [- de brouillard] blanket - **3.** [couche] layer ; **~ de mazout** *ou* **pétrole** oil slick.

napper [3] [nape] *vt* CULIN to coat.

napperon [naprɔ̃] *nm* tablemat.

naquis, **naquit** *(etc)* ▷ **naître.**

narcisse [narsis] *nm* BOT narcissus.

narcissique [narsisik] ◇ *nmf* narcissist. ◇ *adj* narcissistic.

narcissisme [narsisism] *nm* narcissism.

narcodollars [narkodɔlar] *nmpl* narcodollars.

narcotique [narkɔtik] *nm* & *adj* narcotic.

narguer [3] [narge] *vt* [danger] to flout ; [personne] to scorn, to scoff at.

narine [narin] *nf* nostril.

narquois, **e** [narkwa, az] *adj* sardonic.

narrateur, **trice** [naratœr, tris] *nm, f* narrator.

narratif, **ive** [naratif, iv] *adj* narrative.

narration [narasjɔ̃] *nf* - **1.** [récit] narration - **2.** SCOL essay.

narrer [3] [nare] *vt litt* to narrate.

NASA, **Nasa** [naza] (*abr de* **National Aeronautics and Space Administration**) *nf* NASA.

nasal, **e**, **aux** [nazal, o] *adj* nasal.

nasaliser [3] [nazalize] *vt* to nasalize.

naseau, **x** [nazo] *nm* nostril.

nasillard, **e** [nazijar, ard] *adj* nasal.

nasiller [3] [nazije] *vi* - **1.** [personne] to speak through one's nose - **2.** [machine] to whine.

nasse [nas] *nf* keep net.

natal, **e**, **als** [natal] *adj* [d'origine] native.

natalité [natalite] *nf* birth rate.

natation [natasjɔ̃] *nf* swimming ; **faire de la ~** to swim.

natif, **ive** [natif, iv] ◇ *adj* - **1.** [originaire] native *(avant n)* ; **~ de** native of - **2.** [inné] innate. ◇ *nm, f* native.

nation [nasjɔ̃] *nf* nation.
◆ **Nations unies** *nfpl* : **les Nations unies** the United Nations.

national, **e**, **aux** [nasjɔnal, o] *adj* national.
◆ **nationale** *nf* : **(route) ~e** ≃ A road *UK*, ≃ state highway *US*.

nationalisation [nasjɔnalizasjɔ̃] *nf* nationalization.

nationaliser [3] [nasjɔnalize] *vt* to nationalize.

nationalisme [nasjɔnalism] *nm* nationalism.

nationaliste [nasjɔnalist] *nmf* & *adj* nationalist.

nationalité [nasjɔnalite] *nf* nationality ; **de ~ française** of French nationality ; **double ~** dual nationality.

nativité [nativite] *nf* nativity.

natte [nat] *nf* - **1.** [tresse] plait - **2.** [tapis] mat.

natter [3] [nate] *vt* to plait.

naturalisation [natyralizasjɔ̃] *nf* - **1.** [de personne, de plante] naturalization - **2.** [taxidermie] stuffing.

naturalisé, **e** [natyralize] ◇ *adj* - **1.** [personne, plante] naturalized - **2.** [empaillé] stuffed. ◇ *nm, f* naturalized person.

naturaliser [3] [natyralize] *vt* - **1.** [personne, plante] to naturalize ; **se faire ~** to become naturalized - **2.** [empailler] to stuff.

naturaliste [natyralist] ◇ *nmf* - **1.** LITTÉR & ZOOL naturalist - **2.** [empailleur] taxidermist. ◇ *adj* naturalistic.

nature [natyr] ◇ *nf* nature ; **par ~** by nature ; **payer en ~** to pay in kind. ◇ *adj inv* - **1.** [simple] plain - **2.** *fam* [spontané] natural.

◆ **nature morte** *nf* still life.

naturel, elle [natyrɛl] *adj* natural.
◆ **naturel** *nm* - **1.** [tempérament] nature ; **être d'un ~ affable/sensible** *etc* to be affable/sensitive *etc* by nature - **2.** [aisance, spontanéité] naturalness - **3.** CULIN : **thon au ~** tuna in brine.

naturellement [natyrɛlmɑ̃] *adv* - **1.** [gén] naturally - **2.** [logiquement] rationally.

naturisme [natyrism] *nm* naturism.

naturiste [natyrist] ◇ *nmf* naturist. ◇ *adj* naturist *(avant n)*, nudist *(avant n)*.

naturopathie [natyrɔpati] *nf* naturopathy.

naufrage [nofraʒ] *nm* - **1.** [navire] shipwreck ; **faire ~** to be wrecked - **2.** *fig* [effondrement] collapse.

naufragé, e [nofraʒe] ◇ *adj* shipwrecked. ◇ *nm, f* shipwrecked person.

nauséabond, e [nozeabɔ̃, ɔ̃d] *adj* nauseating.

nausée [noze] *nf* - **1.** MÉD nausea ; **avoir la ~** to feel nauseous *ou* sick *UK* ; **donner la ~ à qqn** *litt* & *fig* to make sb (feel) sick - **2.** [dégoût] disgust.

nautique [notik] *adj* nautical ; [ski, sport] water *(avant n)*.

nautisme [notism] *nm* water sports *(pl)*.

naval, e, als [naval] *adj* naval.

navarin [navarɛ̃] *nm lamb stew*.

navet [navɛ] *nm* - **1.** BOT turnip - **2.** *fam péj* [œuvre] load of rubbish.

navette [navɛt] *nf* shuttle ; **~ spatiale** AÉRON space shuttle ; **faire la ~** to shuttle.

navigable [navigabl] *adj* navigable.

navigant, e [navigɑ̃, ɑ̃t] ◇ *adj* navigation *(avant n)*. ◇ *nm, f* : **les ~s** the flight crew.

navigateur, trice [navigatœr, tris] *nm, f* navigator.
◆ **navigateur** *nm* INFORM browser.

navigation [navigasjɔ̃] *nf* navigation ; COMM shipping ; **~ aérienne/spatiale** air/space travel ; INFORM browsing.

naviguer [3] [navige] *vi* - **1.** [voguer] to sail - **2.** *fam* [voyager] to travel - **3.** [piloter] to navigate - **4.** INFORM to browse.

navire [navir] *nm* ship ; **~ de guerre** warship ; **~ marchand** merchant ship.

navrant, e [navrɑ̃, ɑ̃t] *adj* - **1.** [triste] upsetting, distressing - **2.** [regrettable, mauvais] unfortunate.

navrer [3] [navre] *vt* to upset ; **être navré de qqch/de faire qqch** to be sorry about sthg/to do sthg.

nazi, e [nazi] ◇ *adj* Nazi *(avant n)*. ◇ *nm, f* Nazi.

nazisme [nazism] *nm* Nazism.

NB (*abr de* **Nota Bene**) NB.

NBC (*abr de* **nucléaire, bactériologique, chimique**) *adj* NBC.

nbreuses (*abr de* **nombreuses**) ▷ **nombreux**.

nbrx *abr de* **nombreux**.

n.c. - **1.** (*abr écrite de* **non communiqué**) n.a. - **2.** (*abr écrite de* **non connu**) n.a.

n.d. - **1.** (*abr écrite de* **non daté**) n.d - **2.** (*abr écrite de* **non disponible**) n.a.

N-D (*abr écrite de* **Notre-Dame**) OL.

NDA (*abr écrite de* **note de l'auteur**) author's note.

NDLR (*abr écrite de* **note de la rédaction**) editor's note.

NDT (*abr écrite de* **note du traducteur**) translator's note.

ne [nə], **n'** *(devant voyelle ou h muet) adv* - **1.** [négation] ▷ **pas**[2], ▷ **plus**, ▷ **rien** *etc* - **2.** [négation implicite] : **il se porte mieux que je ~ (le) croyais** he's in better health than I thought (he would be) - **3.** [avec verbes ou expressions marquant le doute, la crainte etc] : **je crains qu'il n'oublie** I'm afraid he'll forget ; **j'ai peur qu'il n'en parle** I'm frightened he'll talk about it.

né, e [ne] *adj* born ; **~ en 1965** born in 1965 ; **~ le 17 juin** born on the 17th June *UK*, born on June 17th *US* ; **~ de** born to *ou* of ; **Mme X, ~e Y** Mrs X née Y ; **je ne suis pas ~ d'hier** I wasn't born yesterday.

néanmoins [neɑ̃mwɛ̃] *adv* nevertheless.

néant [neɑ̃] *nm* - **1.** [absence de valeur] worthlessness - **2.** [absence d'existence] nothingness ; **réduire à ~** to reduce to nothing.

nébuleux, euse [nebylø, øz] *adj* - **1.** [ciel] cloudy - **2.** [idée, projet] nebulous.
◆ **nébuleuse** *nf* - **1.** ASTRON nebula - **2.** *fig* [groupe] nebulous group.

nécessaire [nesesɛr] ◇ *adj* necessary ; **~ à** necessary for ; **il est ~ de faire qqch** it is necessary to do sthg ; **il est ~ que** *(+ subjonctif)* : **il est ~ qu'elle vienne** she must come. ◇ *nm* - **1.** [biens] necessities *(pl)* ; **le strict ~** the bare essentials *(pl)* - **2.** [mesures] : **faire le ~** to do the necessary - **3.** [trousse] bag ; **~ de couture** sewing kit ; **~ de toilette** toilet bag.

nécessairement [nesesɛrmɑ̃] *adv* - **1.** [fatalement] necessarily, of necessity - **2.** [absolument] absolutely, positively.

nécessité [nesesite] *nf* - **1.** [obligation, situation] necessity ; **être dans la ~ de faire qqch** to have no choice *ou* alternative but to do sthg - **2.** [besoin] need.
◆ **nécessités** *nfpl* necessities.

nécessiter [3] [nesesite] *vt* to necessitate.

nec plus ultra [nɛkplyzyltra] *nm inv* : **le ~ de** the last word in.

nécrologie [nekrɔlɔʒi] *nf* [notice] obituary ; [rubrique] deaths *(pl)*.

nécrologique [nekrɔlɔʒik] *adj* obituary *(avant n)*.

nécromancien, enne [nekrɔmɑ̃sjɛ̃, ɛn] *nm, f* necromancer.

nécrose [nekroz] *nf* necrosis.

nectar [nɛktar] *nm* nectar ; **~ d'abricot/de pêche** apricot/peach nectar.

nectarine [nɛktarin] *nf* nectarine.

néerlandais, e [neɛrlɑ̃dɛ, ɛz] *adj* Dutch.
◆ **néerlandais** *nm* [langue] Dutch.
◆ **Néerlandais, e** *nm, f* Dutchman (*f* Dutchwoman) ; **les Néerlandais** the Dutch.

nef [nɛf] *nf* **- 1.** [d'église] nave **- 2.** *litt* [bateau] vessel.

néfaste [nefast] *adj* **- 1.** [jour, événement] fateful **- 2.** [influence] harmful.

nèfle [nɛfl] *nf* medlar.

néflier [nɛflije] *nm* medlar tree.

négatif, ive [negatif, iv] *adj* negative.
◆ **négatif** *nm* PHOTO negative.
◆ **négative** *nf* : **répondre par la négative** to reply in the negative.

négation [negasjɔ̃] *nf* **- 1.** [rejet] denial **- 2.** GRAMM negative.

négativement [negativmɑ̃] *adv* negatively.

négligé, e [negliʒe] *adj* **- 1.** [travail, tenue] untidy **- 2.** [ami, jardin] neglected.
◆ **négligé** *nm* **- 1.** [laisser-aller] untidiness **- 2.** [déshabillé] negligée.

négligeable [negliʒabl] *adj* negligible.

négligemment [negliʒamɑ̃] *adv* **- 1.** [sans soin] carelessly **- 2.** [avec indifférence] casually.

négligence [negliʒɑ̃s] *nf* **- 1.** [laisser-aller] carelessness **- 2.** [omission] negligence ; **par ~** out of negligence.

négligent, e [negliʒɑ̃, ɑ̃t] ◇ *adj* **- 1.** [sans soin] careless **- 2.** [indifférent] casual. ◇ *nm, f* casual person.

négliger [17] [negliʒe] *vt* **- 1.** [ami, jardin] to neglect ; **~ de faire qqch** to fail to do sthg **- 2.** [avertissement] to ignore.
◆ **se négliger** *vp* to neglect o.s.

négoce [negɔs] *nm* business.

négociable [negɔsjabl] *adj* negotiable.

négociant, e [negɔsjɑ̃, ɑ̃t] *nm, f* dealer.

négociateur, trice [negɔsjatœr, tris] *nm, f* negotiator.

négociation [negɔsjasjɔ̃] *nf* negotiation ; **~s de paix** peace negotiations ; **~s au sommet** summit meeting *(sing)*.

négocier [9] [negɔsje] *vt* to negotiate.

nègre, négresse [nɛgr, negrɛs] *nm, f* Negro (*f* negress) *(beware: the terms 'nègre' and 'négresse' are considered racist)*.
◆ **nègre** ◇ *nm fam* ghost writer. ◇ *adj* Negro *(avant n) (beware: the term 'nègre' is considered racist)*.

négrier [negrije] *nm* **- 1.** [esclavagiste] slave trader **- 2.** *fig* [exploiteur] slave driver.

négro [negro] *nm racist term used with reference to black people.*

neige [nɛʒ] *nf* **- 1.** [flocons] snow ; **aller à la ~** ≃ to go skiing ; **blanc comme ~** as white as snow ; *fig* pure as the driven snow ; **~ fabriquée** *Québec* artificial snow **- 2.** *loc* **battre en ~** CULIN to beat *ou* whip until stiff.
◆ **neige carbonique** *nf* dry ice.

neiger [23] [neʒe] *v impers* : **il neige** it is snowing.

neigeux, euse [nɛʒø, øz] *adj* snowy.

nénuphar [nenyfar] *nm* water lily.

néo-calédonien, enne [neɔkaledɔnjɛ̃, ɛn] (*mpl* **néo-calédoniens**) (*fpl* **néo-calédoniennes**) *adj* New Caledonian.
◆ **Néo-Calédonien, enne** *nm, f* New Caledonian.

néo-colonialiste [neɔkɔlɔnjalist] (*pl* **néo-colonialistes**) *nmf & adj* neo-colonialist.

néologisme [neɔlɔʒism] *nm* neologism.

néon [neɔ̃] *nm* **- 1.** [gaz] neon **- 2.** [enseigne] neon light.

néonatal, e, als [neɔnatal] *adj* neonatal.

néophyte [neɔfit] ◇ *nmf* novice. ◇ *adj* novice *(avant n)*.

néo-zélandais, e [neɔzelɑ̃dɛ, ɛz] (*mpl* **néo-zélandais**) (*fpl* **néo-zélandaises**) *adj* New Zealand *(avant n)*.
◆ **Néo-Zélandais, e** *nm, f* New Zealander.

Népal [nepal] *nm* : **le ~** Nepal ; **au ~** in Nepal.

népalais, e [nepalɛ, ɛz] *adj* Nepalese.
◆ **népalais** *nm* [langue] Nepali, Nepalese.
◆ **Népalais, e** *nm, f* Nepalese (person) ; **les Népalais** the Nepalese.

néphrite [nefrit] *nf* nephritis.

népotisme [nepɔtism] *nm* nepotism.

nerf [nɛr] *nm* **- 1.** ANAT nerve ; **~ optique/rachidien** optic/spinal nerve **- 2.** *fig* [vigueur] spirit.
◆ **nerfs** *nmpl* nerves ; **avoir les ~s solides/d'acier** to have strong nerves/nerves of steel ; **être à bout de ~s** to be at the end of

one's tether ; **être sur les ~s** to be tense ; **taper sur les ~s de qqn** *fam* to get on sb's nerves.

nerveusement [nɛrvøzmɑ̃] *adv* nervously.

nerveux, euse [nɛrvø, øz] ◇ *adj* - **1.** [gén] nervous - **2.** [viande] stringy - **3.** [style] vigorous ; [voiture] nippy *UK*. ◇ *nm, f* nervous person.

nervosité [nɛrvozite] *nf* nervousness.

nervure [nɛrvyr] *nf* - **1.** [de feuille, d'aile] vein - **2.** [de voûte] rib.

n'est-ce pas [nɛspa] *adv* : **vous me croyez, ~?** you believe me, don't you? ; **c'est délicieux, ~?** it's delicious, isn't it? ; **~ que vous vous êtes bien amusés?** you enjoyed yourselves, didn't you?

net, nette [nɛt] *adj* - **1.** [écriture, image, idée] clear - **2.** [propre, rangé] clean, neat - **3.** COMM & FIN net ; **~ d'impôt** tax-free, tax-exempt *US* - **4.** [visible, manifeste] definite, distinct.

◆ **net** *adv* - **1.** [sur le coup] on the spot ; **s'arrêter ~** to stop dead ; **se casser ~** to break clean off - **2.** [franchement - parler] plainly.

Net [nɛt] *nm fam* **le ~** the Net, the net ; **surfer sur le ~** to surf the Net.

netéconomie [nɛtekɔnomi] *nf* (inter)net economy.

nettement [nɛtmɑ̃] *adv* - **1.** [clairement] clearly - **2.** [incontestablement] definitely ; **~ mieux** definitely better ; **~ plus/moins** much more/less.

netteté [nɛtte] *nf* clearness.

nettoie, nettoies *(etc)* ▷ **nettoyer**.

nettoyage [netwajaʒ] *nm* [de vêtement] cleaning ; **~ à sec** dry cleaning.

nettoyant [netwajɑ̃] *nm* cleaning fluid.

nettoyer [13] [nɛtwaje] *vt* - **1.** [gén] to clean - **2.** [grenier] to clear out - **3.** [suj: police, soldats] to clean up.

neuf[1], **neuve** [nœf, nœv] *adj* new ; **flambant ~** brand new.

◆ **neuf** *nm* : **vêtu de ~** wearing new clothes ; **quoi de ~?** what's new? ; **rien de ~** nothing new ; **refaire** *ou* **remettre à ~** to make as good as new, to refurbish.

neuf[2] [nœf] *adj num inv* & *nm* nine, *voir aussi* **six**.

neurasthénie [nørasteni] *nf* depression.

neurasthénique [nørastenik] *nmf* & *adj* depressive.

neurochirurgie [nørɔʃiryrʒi] *nf* neurosurgery.

neurodégénératif, ive [nørɔdeʒeneratif, iv] *adj* MÉD neurodegenerative.

neuroleptique [nørɔlɛptik] ◇ *nm* neuroleptic drug. ◇ *adj* neuroleptic.

neurologie [nørɔlɔʒi] *nf* neurology.

neurologique [nørɔlɔʒik] *adj* neurological.

neurologue [nørɔlɔg] *nmf* neurologist.

neuropsychiatre [nøropsikjatr] *nmf* neuropsychiatrist.

neurovégétatif, ive [nøroveʒetatif, iv] *adj* : **système ~** nervous system.

neutralisation [nøtralizasjɔ̃] *nf* neutralization.

neutraliser [3] [nøtralize] *vt* to neutralize.

neutralité [nøtralite] *nf* neutrality.

neutre [nøtr] ◇ *nm* LING neuter. ◇ *adj* - **1.** [gén] neutral - **2.** LING neuter.

neutron [nøtrɔ̃] *nm* neutron.

neuve ▷ **neuf**[1].

neuvième [nœvjɛm] ◇ *adj num inv, nm* & *nmf* ninth, *voir aussi* **sixième**. ◇ *nf* SCOL ≃ first year *ou* form *(at junior school) UK*, ≃ third grade *US*.

névé [neve] *nm* snowbank.

neveu, x [nəvø] *nm* nephew.

névralgie [nevralʒi] *nf* - **1.** MÉD neuralgia - **2.** [mal de tête] headache.

névralgique [nevralʒik] *adj* - **1.** [douloureux] neuralgic - **2.** *fig* [sensible] sensitive.

névrite [nevrit] *nf* neuritis.

névrose [nevroz] *nf* neurosis.

névrosé, e [nevroze] *adj* & *nm, f* neurotic.

névrotique [nevrɔtik] *adj* neurotic.

New Delhi [njudeli] *n* New Delhi.

New York [njujɔrk] *n* - **1.** [ville] New York (City) ; **à ~** in New York (City) - **2.** [état] New York State ; **dans l'État de ~** in New York State.

new-yorkais, e [njujɔrkɛ, ɛz] *(mpl* **new-yorkais**, *fpl* **new-yorkaises)** *adj* from New York.

◆ **New-Yorkais, e** *nm, f* New Yorker.

nez [ne] *nm* nose ; **saigner du ~** to have a nosebleed ; **~ aquilin** aquiline nose ; **~ busqué** hooked nose ; **~ camus** pug nose ; **~ retroussé** snub nose ; **avoir le ~ fin** to have a good sense of smell ; *fig* to have foresight ; **~ à ~** face to face ; **ça lui pend au ~** *fam* he's got it coming to him ; **faire qqch au ~ et à la barbe de qqn** to do sthg (right) under sb's nose ; **mettre le ~ dehors** to put one's nose outside ; **mettre le ~ à la fenêtre** to show one's face at the window ; **raccrocher au ~ de qqn** to hang up on sb ; **rire au ~ de qqn** to laugh in sb's face.

NF (*abr de* **Norme française**) *French industrial standard*, ≃ BS *UK*.

ni [ni] *conj* : **sans pull ~ écharpe** without a sweater or a scarf ; **je ne peux ~ ne veux venir** I neither can nor want to come.

◆ **ni... ni** *loc corrélative* neither... nor ; **~ lui ~ moi** neither of us ; **~ l'un ~ l'autre n'a parlé** neither of them spoke ; **je ne les aime ~ l'un ~ l'autre** I don't like either of them.

niable [njabl] *adj* deniable.

Niagara [njagara] *nm* : **les chutes du ~** Niagara Falls.

niais, e [njɛ, njɛz] ◇ *adj* silly, foolish. ◇ *nm, f* fool.

niaisement [njɛzmɑ̃] *adv* foolishly.

niaiserie [njɛzri] *nf* foolishness *(U)* ; **dire des ~s** to talk rubbish.

Nicaragua [nikaragwa] *nm* : **le ~** Nicaragua ; **au ~** in Nicaragua.

nicaraguayen, enne [nikaragwajɛ̃, ɛn] *adj* Nicaraguan.
◆ **Nicaraguayen, enne** *nm, f* Nicaraguan.

niche [niʃ] *nf* - **1.** [de chien] kennel *UK*, doghouse *US* - **2.** [de statue] niche - **3.** *fam* [farce] trick.

nicher [3] [niʃe] *vi* - **1.** [oiseaux] to nest - **2.** *fam* [personne] to live.
◆ **se nicher** *vp* to hide.

nickel [nikɛl] ◇ *nm* nickel. ◇ *adj inv fam* spotless, spick and span.

niçois, e [niswa, az] *adj* of/from Nice ; **salade ~e** *salad made out of lettuce, green peppers, tuna fish, tomatoes, anchovy and hard-boiled egg.*
◆ **Niçois, e** *nm, f* native *ou* inhabitant of Nice.

nicotine [nikɔtin] *nf* nicotine.

nid [ni] *nm* nest ; **~-d'abeilles** [tissu] waffle cloth ; **~ à poussière** *fig* dust trap.
◆ **nid de poule** *nm* pothole.

nièce [njɛs] *nf* niece.

nier [9] [nje] *vt* to deny.

nigaud, e [nigo, od] ◇ *adj* silly. ◇ *nm, f* simpleton.

Niger [niʒɛr] *nm* - **1.** [fleuve] : **le ~** the River Niger - **2.** [État] : **le ~** Niger ; **au ~** in Niger.

Nigeria [niʒerja] *nm* : **le ~** Nigeria ; **au ~** in Nigeria.

nigérian, e [niʒerjɑ̃, an] *adj* Nigerian.
◆ **Nigérian, e** *nm, f* Nigerian.

nigérien, enne [niʒerjɛ̃, ɛn] *adj* Nigerien.
◆ **Nigérien, enne** *nm, f* Nigerien.

night-club [najtklœb] (*pl* **night-clubs**) *nm* nightclub.

Nil [nil] *nm* : **le ~** the Nile ; **le ~ Blanc** the White Nile ; **le ~ Bleu** the Blue Nile.

n'importe ▷ **importer.**

nippes [nip] *nfpl fam* gear *(U)*.

nippon, one [nipɔ̃, ɔn] *adj* Japanese.
◆ **Nippon, one** *nm, f* Japanese (person) ; **les Nippons** the Japanese.

nirvana [nirvana] *nm* nirvana.

nitrate [nitrat] *nm* nitrate.

nitrique [nitrik] *adj* nitric.

nitroglycérine [nitrɔgliserin] *nf* nitroglycerine.

niveau, x [nivo] *nm* - **1.** [gén] level ; **de même ~** *fig* of the same standard ; **~ à bulle** spirit level ; **au-dessus du ~ de la mer** above sea level ; **~ scolaire** standard of education ; **~ de vie** standard of living ; **au ~ de** at the level of ; *fig* [en ce qui concerne] as regards - **2.** LING : **~ de langue** register.

niveler [24] [nivle] *vt* to level ; *fig* to level out.

nivellement [nivɛlmɑ̃] *nm* levelling *UK*, leveling *US* ; *fig* levelling *UK ou* leveling *US* out ; **~ par le bas** levelling *UK ou* leveling *US* down.

NN (*abr écrite de* **nouvelle norme**) *revised standard of hotel classification.*

noble [nɔbl] ◇ *nmf* nobleman (*f* noblewoman). ◇ *adj* noble.

noblement [nɔbləmɑ̃] *adv* nobly.

noblesse [nɔblɛs] *nf* nobility.

noce [nɔs] *nf* - **1.** [mariage] wedding - **2.** [invités] wedding party - **3.** *loc* **faire la ~** *fam* to live it up.
◆ **noces** *nfpl* wedding *(sing)* ; **convoler en justes ~s** to be married ; **elle l'a épousé en secondes ~s** he is her second husband ; **~s d'or/d'argent** golden/silver wedding (anniversary).

nocif, ive [nɔsif, iv] *adj* - **1.** [produit, gaz] noxious - **2.** *fig* [théorie, doctrine] harmful.

nocivité [nɔsivite] *nf* - **1.** [de produit, gaz] noxiousness - **2.** *fig* [de théorie, doctrine] harmfulness.

noctambule [nɔktɑ̃byl] *nmf* night bird.

nocturne [nɔktyrn] ◇ *nm* - **1.** MUS nocturne - **2.** ZOOL night hunter. ◇ *nm & nf* - **1.** [d'un magasin] late opening ; **ouvert en ~** open late - **2.** SPORT : **match en ~** evening game. ◇ *adj* - **1.** [émission, attaque] night *(avant n)* - **2.** [animal] nocturnal.

nodule [nɔdyl] *nm* nodule.

Noël [nɔɛl] *nm* Christmas ; **joyeux ~!** happy *ou* merry Christmas!

nœud [nø] *nm* - **1.** [de fil, de bois] knot ; **~ coulant** slipknot ; **double ~** double knot - **2.** NAUT knot ; **filer à X ~s** NAUT to do X knots - **3.** *fig & litt* [attachement] bond - **4.** [de l'action, du problème] crux - **5.** [ornement] bow ; **~ de cravate** knot *(in one's tie)* ; **~ papillon** bow tie - **6.** ANAT, ASTRON, ÉLECTR & RAIL node.

noie, noies *etc* ▷ **noyer.**

noierai, **noieras** *(etc)* ▷ **noyer**.

noir, **e** [nwar] *adj* - **1.** [gén] black ; **~ de** [poussière, suie] black with - **2.** [pièce, couloir] dark - **3.** *fig* [pressentiment] sombre *UK*, somber *US* - **4.** *fig* [ivre] drunk.
◆ **Noir**, **e** *nm, f* black.
◆ **noir** *nm* - **1.** [couleur] black ; **~ sur blanc** *fig* in black and white - **2.** [obscurité] dark - **3.** *loc* **acheter qqch au ~** to buy sthg on the black market ; **broyer du ~** to be down in the dumps ; **travail au ~** moonlighting ; **travailler au ~** to moonlight ; **voir tout en ~** to see the dark side of everything.
◆ **noire** *nf* crotchet *UK*, quarter note *US*.

noirâtre [nwaratr] *adj* blackish.

noiraud, **e** [nwaro, od] ◇ *adj* swarthy. ◇ *nm, f* swarthy person.

noirceur [nwarsœr] *nf* - **1.** *litt* [couleur] blackness - **2.** *fig* [méchanceté] wickedness.

noircir [32] [nwarsir] ◇ *vi* to darken. ◇ *vt litt* & *fig* to blacken.
◆ **se noircir** *vp* [devenir noir] to darken.

Noire ▷ **mer**.

noise [nwaz] *nf litt* **chercher ~ à qqn** to pick a quarrel with sb.

noisetier [nwaztje] *nm* hazel tree.

noisette [nwazɛt] ◇ *nf* - **1.** [fruit] hazelnut - **2.** [petite quantité] : **une ~ de beurre** a knob of butter. ◇ *adj inv* hazel.

noix [nwa] *nf* - **1.** [fruit] walnut ; **~ de cajou** cashew (nut) ; **~ de coco** coconut ; **~ de muscade** nutmeg - **2.** [de viande] : **~ de veau** cushion of veal - **3.** *loc* **à la ~** *fam* dreadful.

nom [nɔ̃] *nm* - **1.** [gén] name ; **au ~ de** in the name of ; **~ de Dieu!** *tfam* bloody hell! *UK*, God damn it! ; **~ d'un chien** *OU* **d'une pipe!** *fam* drat! ; **faux ~** false name ; **~ déposé** trade name ; **~ d'emprunt** assumed name ; **~ de famille** surname ; **~ de fichier** INFORM filename ; **~ de jeune fille** maiden name ; **traiter qqn de tous les ~s** to call sb all the names under the sun - **2.** [prénom] (first) name - **3.** GRAMM noun ; **~ composé** compound noun ; **~ propre/commun** proper/common noun.

nomade [nɔmad] ◇ *nmf* nomad. ◇ *adj* nomadic.

nombre [nɔ̃br] *nm* number ; **au ~ de** among ; **bon ~ de** a large number of, a good many ; **un bon ~ d'entre nous/eux** many of us/them ; **venir en ~** to come in large numbers ; **~ pair/impair** even/odd number.

nombreux, **euse** [nɔ̃brø, øz] *adj* - **1.** [famille, foule] large - **2.** [erreurs, occasions] numerous ; **peu ~** few.

nombril [nɔ̃bril] *nm* navel ; **il se prend pour le ~ du monde** he thinks the world revolves around him.

nombrilisme [nɔ̃brilism] *nm fam péj* navel-gazing.

nomenclature [nɔmɑ̃klatyr] *nf* - **1.** [terminologie] nomenclature - **2.** [liste] word list.

nominal, **e**, **aux** [nɔminal, o] *adj* - **1.** [liste] of names - **2.** [valeur, autorité] nominal - **3.** GRAMM noun *(avant n)*.

nominalement [nɔminalmɑ̃] *adv* - **1.** [désigner] by name - **2.** GRAMM nominally.

nominatif, **ive** [nɔminatif, iv] *adj* [liste] of names.
◆ **nominatif** *nm* GRAMM nominative.

nomination [nɔminasjɔ̃] *nf* nomination, appointment.

nommé, **e** [nɔme] ◇ *adj* - **1.** [désigné] named - **2.** [choisi] appointed. ◇ *nm, f* aforementioned.

nommément [nɔmemɑ̃] *adv* [citer] by name.

nommer [3] [nɔme] *vt* - **1.** [appeler] to name, to call - **2.** [qualifier] to call - **3.** [promouvoir] to appoint, to nominate - **4.** [dénoncer, mentionner] to name.
◆ **se nommer** *vp* - **1.** [s'appeler] to be called - **2.** [se désigner] to give one's name.

non [nɔ̃] ◇ *adv* - **1.** [réponse négative] no - **2.** [se rapportant à une phrase précédente] not ; **moi ~** not me ; **moi ~ plus** (and) neither am/do *etc* I ; **elle ne travaille pas aujourd'hui, moi ~ plus** she's not working today and neither am I - **3.** [sert à demander une confirmation] : **c'est une bonne idée, ~?** it's a good idea, isn't it? - **4.** [modifie un adjectif ou un adverbe] not ; **~ loin d'ici** not far from here ; **une difficulté ~ négligeable** a not inconsiderable problem. ◇ *nm inv* no.
◆ **non moins** *loc adv* no less.
◆ **non (pas)... mais** *loc corrélative* not... but ; **~ pas maigre, mais mince** not skinny but slim.
◆ **non plus... mais** *loc corrélative* no longer... but.
◆ **non (pas) que... mais** *loc corrélative* not that... but.

nonagénaire [nɔnaʒenɛr] *nmf* & *adj* nonagenarian.

non-agression [nɔnagrɛsjɔ̃] *nf* non-aggression.

non-aligné, **e** [nɔnaliɲe] *adj* non-aligned ; **les pays ~s** the non-aligned countries.

nonante [nɔnɑ̃t] *adj num inv* **belgicisme** & **helvétisme** ninety.

non-assistance [nɔnasistɑ̃s] *nf* non-assistance ; **~ à personne en danger** failure to give assistance to a person in danger.

nonchalance [nɔ̃ʃalɑ̃s] *nf* nonchalance, casualness.

nonchalant, **e** [nɔ̃ʃalɑ̃, ɑ̃t] *adj* nonchalant, casual.

non-combattant, **e** [nɔ̃kɔ̃batɑ̃, ɑ̃t] ◇ *adj* noncombatant. ◇ *nm, f* noncombatant.

non-conformiste [nɔ̃kɔ̃fɔrmist] ◇ *nmf* nonconformist. ◇ *adj* unconventional.

non-conformité [nɔ̃kɔ̃fɔrmite] *nf* nonconformity.

non-dit [nɔ̃di] *nm* unvoiced feeling.

non-fumeur, **euse** [nɔ̃fymœr, øz] ◇ *nm, f* non-smoker. ◇ *adj* non-smoking *(avant n)*.

non-ingérence [nɔnɛ̃ʒerɑ̃s] *nf* noninterference.

non-inscrit, **e** [nɔnɛ̃skri, it] *adj* & *nm, f* POLIT independent.

non-intervention [nɔnɛ̃tɛrvɑ̃sjɔ̃] *nf* nonintervention.

non-lieu [nɔ̃ljø] (*pl* **non-lieux**) *nm* DR dismissal through lack of evidence ; **rendre un ~** to dismiss a case for lack of evidence.

nonne [nɔn] *nf* nun.

nonobstant [nɔnɔpstɑ̃] *sout* ◇ *prep* notwithstanding. ◇ *adv* nevertheless.

non-paiement [nɔ̃pɛmɑ̃] *nm* nonpayment.

non-recevoir [nɔ̃rəsəvwar] ◆ **fin de non-recevoir** *nf* DR objection.

non-résident, **e** [nɔ̃rezidɑ̃] *nm* nonresident.

non-retour [nɔ̃rətur] ◆ **point de non-retour** *nm* point of no return.

non-sens [nɔ̃sɑ̃s] *nm inv* - **1.** [absurdité] nonsense - **2.** [contresens] meaningless word.

non-stop [nɔnstɔp] *adj inv* non-stop.

non-violence [nɔ̃vjɔlɑ̃s] *nf* non-violence.

non-voyant, **e** [nɔ̃vwajɑ̃, ɑ̃t] *nm, f* visually handicapped *UK*, visually impaired *US*.

nord [nɔr] ◇ *nm* north ; **un vent du ~** a northerly wind ; **le vent du ~** the north wind ; **au ~** in the north ; **au ~ (de)** to the north (of) ; **le grand Nord** the frozen North ; **perdre le ~** *fam fig* to lose one's head. ◇ *adj inv* north ; [province, région] northern.

nord-africain, **e** [nɔrafrikɛ̃, ɛn] (*mpl* **nord-africains**) (*fpl* **nord-africaines**) *adj* North African.

◆ **Nord-Africain**, **e** *nm, f* North African.

nord-américain, **e** [nɔramerikɛ̃, ɛn] (*mpl* **nord-américains**) (*fpl* **nord-américaines**) *adj* North American.

◆ **Nord-Américain**, **e** *nm, f* North American.

nord-coréen, **enne** [nɔrkɔreɛ̃, ɛn] (*mpl* **nord-coréens**) (*fpl* **nord-coréennes**) *adj* North Korean.

◆ **Nord-Coréen**, **enne** *nm, f* North Korean.

nord-est [nɔrɛst] *nm* & *adj inv* northeast.

nordicité [nɔrdisite] *nf* **Québec** northerliness.

nordique [nɔrdik] *adj* Nordic, Scandinavian.

◆ **Nordique** *nmf* - **1.** [Scandinave] Scandinavian - **2.** *Québec* North Canadian.

nord-ouest [nɔrwɛst] *nm* & *adj inv* northwest.

normal, **e**, **aux** [nɔrmal, o] *adj* normal.

◆ **normale** *nf* - **1.** [moyenne] : **la ~e** the norm - **2.** *Québec* [golf] par.

normalement [nɔrmalmɑ̃] *adv* normally, usually ; **~ il devrait déjà être arrivé** he should have arrived by now.

normalien, **enne** [nɔrmaljɛ̃, ɛn] *nm, f* - **1.** [élève d'une école normale] student at teacher training college *UK ou* teachers college *US* - **2.** [ancien élève de l'École normale supérieure] graduate of the École normale supérieure.

normalisation [nɔrmalizasjɔ̃] *nf* - **1.** [stabilisation] normalization - **2.** [standardisation] standardization.

normaliser [3] [nɔrmalize] *vt* - **1.** [situation] to normalize - **2.** [produit] to standardize.

◆ **se normaliser** *vp* to return to normal.

normalité [nɔrmalite] *nf* normality, normalcy *US*.

normand, **e** [nɔrmɑ̃, ɑ̃d] *adj* Norman.

◆ **Normand**, **e** *nm, f* Norman.

Normandie [nɔrmɑ̃di] *nf* : **la ~** Normandy.

normatif, **ive** [nɔrmatif, iv] *adj* prescriptive.

norme [nɔrm] *nf* - **1.** [gén] standard, norm ; **être dans la ~** to be within the norm ; **être hors ~s** to be non-standard - **2.** [critère] criterion.

Norvège [nɔrvɛʒ] *nf* : **la ~** Norway.

norvégien, **enne** [nɔrveʒjɛ̃, ɛn] *adj* Norwegian.

◆ **norvégien** *nm* [langue] Norwegian.

◆ **Norvégien**, **enne** *nm, f* Norwegian.

nos ▷ **notre**.

nosocomial, **e**, **aux** [nozɔkɔmjal, o] *adj* nosocomial, contracted in hospital.

nostalgie [nɔstalʒi] *nf* nostalgia ; **avoir la ~ de** to feel nostalgia for.

nostalgique [nɔstalʒik] *adj* nostalgic.

nota bene [nɔtabene] *nm inv* nota bene, NB.

notable [nɔtabl] ◇ *adj* noteworthy, notable. ◇ *nm* notable.

notablement [nɔtabləmɑ̃] *adv* notably.

notaire [nɔtɛr] *nm* ≃ solicitor *UK*, ≃ lawyer.

notamment [nɔtamɑ̃] *adv* in particular.

notarial, **e**, **aux** [nɔtarjal, o] *adj* notarial.

notarié, **e** [nɔtarje] *adj* ≃ drawn up by a solicitor *UK ou* lawyer.

notation [nɔtasjɔ̃] *nf* - **1.** [système] notation - **2.** [remarque] note - **3.** SCOL marking, grading *US*.

note [nɔt] *nf* - **1.** [gén & MUS] note ; **prendre des ~s** to take notes ; **prendre qqch en ~** to make a note of sthg ; **fausse ~** MUS false note ; *fig* sour note ; **~ de bas de page** footnote ; **~ de service** memo - **2.** SCOL & UNIV mark, grade *US* ; **avoir une bonne/mauvaise ~** to have a good/bad mark - **3.** [facture] bill ; **~ de frais** [à remplir] expense *ou* expenses claim (form) ; **présenter sa ~ de frais** to put in for expenses ; **une ~ salée** *fam* a hefty *ou* steep bill.

noter [3] [nɔte] *vt* - **1.** [écrire] to note down - **2.** [constater] to note, to notice - **3.** SCOL & UNIV to mark, to grade *US* - **4.** [marquer] to mark.

notice [nɔtis] *nf* instructions *(pl)* ; **~ explicative** directions for use.

notification [nɔtifikasjɔ̃] *nf* notification.

notifier [9] [nɔtifje] *vt* : **~ qqch à qqn** to notify sb of sthg.

notion [nosjɔ̃] *nf* - **1.** [conscience, concept] notion, concept - **2.** *(gén pl)* [rudiment] smattering *(U)*.

notoire [nɔtwar] *adj* [fait] well-known ; [criminel] notorious.

notoirement [nɔtwarmɑ̃] *adv* notoriously.

notoriété [nɔtɔrjete] *nf* - **1.** [de fait] notoriety ; **être de ~ publique** to be common *ou* public knowledge - **2.** [célébrité] fame.

notre [nɔtr] (*pl* **nos** [no]) *adj poss* our.

nôtre [notr] ◆ **le nôtre** (*f* **la nôtre**, *pl* **les nôtres**) *pron poss* ours ; **les ~s** our family *(sing)* ; **serez-vous des ~s demain?** will you be joining us tomorrow? ; **il faut y mettre du ~** we'll all have to pull our weight.

nouba [nuba] *nf* : **faire la ~** *fam* to paint the town red.

nouer [6] [nwe] *vt* - **1.** [corde, lacet] to tie ; [bouquet] to tie up - **2.** *fig* [gorge, estomac] to knot - **3.** *sout* [alliance, amitié] to make, to form.

◆ **se nouer** *vp* - **1.** [gorge] to tighten up - **2.** [alliance, amitié] to be formed - **3.** [intrigue] to start.

noueux, **euse** [nwø, øz] *adj* [bois] knotty ; [mains] gnarled.

nougat [nuga] *nm* nougat.

nouille [nuj] *nf fam péj* idiot.

◆ **nouilles** *nfpl* [pâtes] pasta *(U)*, noodles *(pl)*.

Nouméa [numea] *n* Nouméa.

nounou [nunu] *nf* nanny.

nourrice [nuris] *nf* - **1.** [garde d'enfants] nanny *UK*, childminder *UK*, nursemaid *US* ; [qui allaite] wet nurse - **2.** [réservoir] jerrycan *UK*, can *US*.

nourrir [32] [nurir] *vt* - **1.** [gén] to feed ; **nourri-logé-blanchi** board, lodging and laundry - **2.** [sentiment, projet] to nurture - **3.** [style, esprit] to improve.

◆ **se nourrir** *vp* to eat ; **se ~ de qqch** *litt & fig* to live on sthg.

nourrissant, **e** [nurisɑ̃, ɑ̃t] *adj* nutritious, nourishing.

nourrisson [nurisɔ̃] *nm* infant.

nourriture [nurityr] *nf* food.

nous [nu] *pron pers* - **1.** [sujet] we - **2.** [objet] us.

◆ **nous-mêmes** *pron pers* ourselves.

nouveau, **elle**, **x** [nuvo, ɛl, o] (**nouvel** *devant voyelle et h muet*) ◇ *adj* new ; **~x mariés** newlyweds. ◇ *nm, f* new boy (*f* new girl).

◆ **nouveau** *nm* : **il y a du ~** there's something new.

◆ **nouvelle** *nf* - **1.** [information] (piece of) news *(U)* - **2.** [court récit] short story.

◆ **nouvelles** *nfpl* news ; **les nouvelles** [média] the news *(sing)* ; **il a donné de ses nouvelles** I/we *etc* have heard from him ; **être sans nouvelles de qqn/qqch** to have no news of sb/sthg ; **aux dernières nouvelles...** the latest is...

◆ **à nouveau** *loc adv* - **1.** [encore] again - **2.** [de manière différente] afresh, anew.

◆ **de nouveau** *loc adv* again.

nouveau-né, **e** [nuvone] (*mpl* **nouveau-nés**, *fpl* **nouveau-nées**) ◇ *adj* newborn. ◇ *nm, f* newborn baby.

nouveauté [nuvote] *nf* - **1.** [actualité] novelty - **2.** [innovation] something new - **3.** [ouvrage] new book/film *etc*.

nouvel, **nouvelle** ▻ **nouveau**.

Nouvelle-Calédonie [nuvɛlkaledɔni] *nf* : **la ~** New Caledonia.

Nouvelle-Écosse [nuvɛlekɔs] *nf* : **la ~** Nova Scotia.

Nouvelle-Guinée [nuvɛlgine] *nf* : **la ~** New Guinea.

nouvellement [nuvɛlmɑ̃] *adv* recently.

Nouvelle-Orléans [nuvɛlɔrleɑ̃] *n* : **La ~** New Orleans.

Nouvelle-Zélande [nuvɛlzelɑ̃d] *nf* : **la ~** New Zealand.

novateur, **trice** [nɔvatœr, tris] ◇ *adj* innovative. ◇ *nm, f* innovator.

novembre [nɔvɑ̃br] *nm* November, *voir aussi* **septembre**.

novice [nɔvis] ◇ *nmf* novice. ◇ *adj* inexperienced.

noyade [nwajad] *nf* drowning.

noyau, x [nwajo] *nm* - **1.** [de fruit] stone *UK*, pit - **2.** ASTRON, BIOL & PHYS nucleus - **3.** *fig* [d'amis] group, circle ; [d'opposants, de résistants] cell ; **~ dur** hard core - **4.** *fig* [centre] core.

noyauter [3] [nwajote] *vt* to infiltrate.

noyé, e [nwaje] <> *adj* - **1.** [personne] drowned - **2.** [inondé] flooded ; **yeux ~s de larmes** eyes swimming with tears. <> *nm, f* drowned person.

noyer [13] [nwaje] *vt* - **1.** [animal, personne] to drown ; **~ son chagrin** to drown one's sorrows - **2.** [terre, moteur] to flood - **3.** [estomper, diluer] to swamp ; [contours] to blur.
◆ **se noyer** *vp* - **1.** [personne] to drown - **2.** *fig* [se perdre] : **se ~ dans** to become bogged down in - **3.** [s'estomper] to be swamped.

NPI (*abr de* **nouveaux pays industrialisés**) *nmpl* NICs.

N/Réf (*abr écrite de* **Notre référence**) O/Ref.

NRF (*abr de* **Nouvelle Revue Française**) *nf* - **1.** [revue] *literary review* - **2.** [mouvement] *literary movement*.

nu, e [ny] *adj* - **1.** [personne] naked - **2.** [paysage, fil électrique] bare - **3.** [style, vérité] plain.
◆ **nu** *nm* nude ; **à ~** stripped, bare ; **mettre à ~** to strip bare.

nuage [nɥaʒ] *nm* - **1.** [gén] cloud ; **être dans les ~s** *fig* to have one's head in the clouds - **2.** [petite quantité] : **un ~ de lait** a drop of milk - **3.** *Québec* [foulard] scarf.

nuageux, euse [nɥaʒø, øz] *adj* - **1.** [temps, ciel] cloudy - **2.** *fig* [esprit] hazy.

nuance [nɥɑ̃s] *nf* - **1.** [de couleur] shade ; [de son, de sens] nuance ; **tout en ~s** extremely subtle - **2.** [touche] : **~ de** touch of, trace of.

nuancer [16] [nɥɑ̃se] *vt* - **1.** [couleurs] to shade - **2.** [pensée] to qualify.

nubile [nybil] *adj* nubile.

nucléaire [nykleɛr] <> *nm* nuclear energy. <> *adj* nuclear.

nudisme [nydism] *nm* nudism, naturism.

nudiste [nydist] *nmf & adj* nudist.

nudité [nydite] *nf* - **1.** [de personne] nudity, nakedness - **2.** [de lieu, style] bareness.

nuée [nɥe] *nf* - **1.** [multitude] : **une ~ de** a horde of - **2.** *litt* [nuage] cloud.

nues [ny] *nfpl* : **tomber des ~** to be completely taken aback.

nui [nɥi] *pp inv* ▷ **nuire**.

nuire [97] [nɥir] *vi* : **~ à** to harm, to injure.
◆ **se nuire** *vp* to harm o.s.

nuisais, nuisions *(etc)* ▷ **nuire**.

nuisance [nɥizɑ̃s] *nf* nuisance *(U)*, harm *(U)* ; **~s sonores** noise pollution.

nuise, nuises *(etc)* ▷ **nuire**.

nuisette [nɥizɛt] *nf* short nightgown, babydoll nightgown.

nuisible [nɥizibl] *adj* harmful.

nuit [nɥi] *nf* - **1.** [laps de temps] night ; **cette ~** [la nuit dernière] last night ; [la nuit prochaine] tonight ; **de ~** at night ; **bateau/vol de ~** night ferry/flight ; **passer la ~ à l'hôtel** to spend the night in a hotel ; **~ blanche** sleepless night - **2.** [obscurité] darkness, night ; **il fait ~** it's dark ; **perdu dans la ~ des temps** lost in the mists of time.

nuitamment [nɥitamɑ̃] *adv litt* by night.

nuitée [nɥite] *nf* overnight stay.

nul, nulle [nyl] <> *adj indéf (avant n) litt* no. <> *adj (après n)* - **1.** [égal à zéro] nil - **2.** [sans valeur] useless, hopeless ; **c'est ~!** *fam* it's rubbish! ; **être ~ en maths** to be hopeless *ou* useless at maths - **3.** [sans résultat] : **match ~** draw *UK*, tie *US* - **4.** [caduc] : **~ et non avenu** DR null and void. <> *nm, f péj* nonentity. <> *pron indéf sout* no one, nobody.
◆ **nulle part** *loc adv* nowhere, no place *US*.

nullement [nylmɑ̃] *adv* by no means.

nullité [nylite] *nf* - **1.** [médiocrité] incompetence - **2.** *péj* [personne] nonentity - **3.** DR invalidity, nullity.

numéraire [nymerɛr] <> *nm* cash. <> *adj* [espèces] legal.

numéral, e, aux [nymeral, o] *adj* numeral.
◆ **numéral, aux** *nm* numeral.

numérateur [nymeratœr] *nm* numerator.

numération [nymerasjɔ̃] *nf* - **1.** MATH numeration - **2.** MÉD : **~ globulaire** blood count.

numérique [nymerik] *adj* - **1.** [gén] numerical - **2.** INFORM digital.

numériquement [nymerikmɑ̃] *adv* numerically.

numéro [nymero] *nm* - **1.** [gén] number ; **composer** *ou* **faire un ~** to dial a number ; **faire un faux ~** to dial a wrong number ; **~ minéralogique** *ou* **d'immatriculation** registration *UK ou* license *US* number ; **~ azur** *telephone number for which calls are charged at the local rate irrespective of the actual distance covered* ; **~ de poste** extension number ; **~ de téléphone** telephone number ; **~ vert** ≃ freefone number *UK*, ≃ 800 *ou* tollfree number *US* ; **tirer le mauvais ~** *fig* to get a raw deal - **2.** [de spectacle] act, turn ; **faire son ~** *fig* to do one's little act - **3.** *fam* [personne] : **quel ~!** what a character!

numéroter [3] [nymerɔte] *vt* to number.

numerus clausus [nymerysklozys] *nm restricted intake of students*.

numismatique [nymismatik] <> *nf* numismatics *(U)*. <> *adj* numismatic.

nu-pieds [nypje] *nm inv* [sandale] sandal.

nuptial, e, aux [nypsjal, o] *adj* nuptial.

nuque [nyk] *nf* nape.

nurse [nœrs] *nf* children's nurse, nanny *UK*.

nursery [nœrsəri] (*pl* **nurseries**) *nf* - **1.** [dans un hôpital] nursery - **2.** [dans un lieu public] parent-and-baby clinic.

nutritif, ive [nytritif, iv] *adj* nutritious.

nutritionniste [nytrisjɔnist] *nmf* nutritionist, dietician.

Nylon® [nilɔ̃] *nm* nylon.

nymphe [nɛ̃f] *nf* nymph.

nymphomane [nɛ̃fɔman] *nf & adj* nymphomaniac.

o, O [o] *nm inv* [lettre] o, O.

◆ **O** (*abr écrite de* **Ouest**) W.

ô [o] *interj* oh!, O!

OACI (*abr de* **Organisation de l'aviation civile internationale**) *nf* ICAO.

OAS (*abr de* **Organisation de l'armée secrète**) *nf organization opposed to independence in Algeria in the 1960s.*

oasis [ɔazis] *nf* - **1.** [dans désert] oasis - **2.** *fig* [de calme] haven, oasis.

obédience [ɔbedjɑ̃s] *nf* - **1.** [appartenance] allegiance, persuasion ; **être d'~ marxiste/catholique** to be a Marxist/Catholic - **2.** [obéissance] obedience.

obéir [32] [ɔbeir] *vi* - **1.** [personne] : **~ à qqn/qqch** to obey sb/sthg - **2.** [freins] to respond.

obéissance [ɔbeisɑ̃s] *nf* obedience ; **devoir ~ à qqn** to owe sb allegiance.

obéissant, e [ɔbeisɑ̃, ɑ̃t] *adj* obedient.

obélisque [ɔbelisk] *nm* obelisk.

obèse [ɔbɛz] ◇ *nmf* obese person. ◇ *adj* obese.

obésité [ɔbezite] *nf* obesity.

objecter [4] [ɔbʒɛkte] *vt* - **1.** [répliquer] to raise as an objection ; **~ que** to object that - **2.** [prétexter] : **~ qqch (à qqn)** to put forward sthg as an excuse (to sb).

objecteur [ɔbʒɛktœr] *nm* objector ; **~ de conscience** conscientious objector.

objectif, ive [ɔbʒɛktif, iv] *adj* objective.

◆ **objectif** *nm* - **1.** PHOTO lens - **2.** [but, cible] objective, target.

objection [ɔbʒɛksjɔ̃] *nf* objection ; **faire ~ à** to object to.

objectivement [ɔbʒɛktivmɑ̃] *adv* objectively.

objectivité [ɔbʒɛktivite] *nf* objectivity.

objet [ɔbʒɛ] *nm* - **1.** [chose] object ; **~ d'art** objet d'art ; **~ de valeur** valuable ; **~s trouvés** lost property office *UK*, lost-and-found (office) *US* - **2.** [sujet] subject ; **être** *ou* **faire l'~ de** to be the subject of - **3.** [but] aim, object ; **cette réunion a pour ~ de...** the aim of this meeting is to... ; **sans ~** pointless.

objurgations [ɔbʒyrgasjɔ̃] *nfpl* - **1.** [remontrances] objurgations - **2.** [prières] pleas.

obligation [ɔbligasjɔ̃] *nf* - **1.** [gén] obligation ; **être dans l'~ de faire qqch** to be obliged to do sthg ; **sans ~ d'achat** COMM (with) no obligation to buy ; **avoir une ~ envers qqn** to be under an obligation to sb - **2.** FIN bond, debenture.

◆ **obligations** *nfpl* obligations, duties ; **avoir des ~s** to have obligations, to have a duty ; **~s militaires** military duties.

obligatoire [ɔbligatwar] *adj* - **1.** [imposé] compulsory, obligatory - **2.** *fam* [inéluctable] inevitable.

obligeance [ɔbliʒɑ̃s] *nf sout* obligingness ; **avoir l'~ de faire qqch** to be good *ou* kind enough to do sthg.

obligeant, e [ɔbliʒɑ̃, ɑ̃t] *adj* helpful, obliging.

obliger [17] [ɔbliʒe] *vt* - **1.** [forcer] : **~ qqn à qqch** to impose sthg on sb ; **~ qqn à faire qqch** to force sb to do sthg ; **être obligé de faire qqch** to be obliged to do sthg - **2.** DR to bind - **3.** [rendre service à] to oblige.

◆ **s'obliger** *vp* : **s'~ à qqch** to impose sthg on o.s. ; **s'~ à faire qqch** to force o.s. to do sthg.

oblique [ɔblik] ◇ *adj* oblique ; **en ~** diagonally. ◇ *nf* oblique line.

obliquer [3] [ɔblike] *vi* to turn off.

oblitérer [18] [ɔblitere] *vt* - **1.** [tamponner] to cancel - **2.** MÉD to obstruct - **3.** [effacer] to obliterate.

oblong, oblongue [ɔblɔ̃, ɔ̃g] *adj* oblong.

obnubiler [3] [ɔbnybile] *vt* to obsess ; **être obnubilé par** to be obsessed with *ou* by.

obole [ɔbɔl] *nf* small contribution.

obscène [ɔpsɛn] *adj* obscene.

obscénité [ɔpsenite] *nf* obscenity.

obscur, **e** [ɔpskyr] *adj* - **1.** [sombre] dark - **2.** [confus] vague - **3.** [inconnu, douteux] obscure.

obscurantisme [ɔpskyrɑ̃tism] *nm* obscurantism.

obscurcir [32] [ɔpskyrsir] *vt* - **1.** [assombrir] to darken - **2.** [embrouiller] to confuse.
◆ **s'obscurcir** *vp* - **1.** [s'assombrir] to grow dark - **2.** [s'embrouiller] to become confused.

obscurément [ɔpskyremɑ̃] *adv* obscurely.

obscurité [ɔpskyrite] *nf* - **1.** [nuit] darkness - **2.** [anonymat] obscurity - **3.** [hermétisme] abstruseness.

obsédant, **e** [ɔpsedɑ̃, ɑ̃t] *adj* haunting.

obsédé, **e** [ɔpsede] ◇ *adj* obsessed. ◇ *nm, f* obsessive ; **~ sexuel** sex maniac.

obséder [18] [ɔpsede] *vt* to obsess, to haunt.

obsèques [ɔpsɛk] *nfpl* funeral *(sing)*.

obséquieux, **euse** [ɔpsekjø, øz] *adj* obsequious.

obséquiosité [ɔpsekjozite] *nf* obsequiousness.

observance [ɔpsɛrvɑ̃s] *nf* observance.

observateur, **trice** [ɔpsɛrvatœr, tris] ◇ *adj* observant. ◇ *nm, f* observer.

observation [ɔpsɛrvasjɔ̃] *nf* - **1.** [gén] observation ; **être en ~ MÉD** to be under observation - **2.** [critique] remark - **3.** [conformité] observance.

observatoire [ɔpsɛrvatwar] *nm* - **1.** ASTRON observatory - **2.** [lieu de surveillance] observation post.

observer [3] [ɔpsɛrve] *vt* - **1.** [regarder, remarquer, respecter] to observe - **2.** [épier] to watch - **3.** [constater] : **~ que** to note that ; **faire ~ qqch à qqn** to point sthg out to sb - **4.** *sout* [attitude] to keep, to maintain.
◆ **s'observer** *vp* - **1.** [se surveiller] to be careful of one's behaviour *UK ou* behavior *US* - **2.** [s'épier] to watch each other.

obsession [ɔpsesjɔ̃] *nf* obsession.

obsessionnel, **elle** [ɔpsesjɔnɛl] *adj* obsessional.

obsolète [ɔpsɔlɛt] *adj* obsolete.

obstacle [ɔpstakl] *nm* - **1.** [entrave] obstacle - **2.** *fig* [difficulté] hindrance ; **faire ~ à qqch/qqn** to hinder sthg/sb ; **rencontrer un ~** to meet an obstacle.

obstétricien, **enne** [ɔpstetrisjɛ̃, ɛn] *nm, f* obstetrician.

obstétrique [ɔpstetrik] *nf* obstetrics *(U)*.

obstination [ɔpstinasjɔ̃] *nf* stubbornness, obstinacy.

obstiné, **e** [ɔpstine] ◇ *adj* - **1.** [entêté] stubborn, obstinate - **2.** [acharné] dogged. ◇ *nm, f* stubborn *ou* obstinate person.

obstinément [ɔpstinemɑ̃] *adv* - **1.** [refuser] obstinately - **2.** [travailler] doggedly.

obstiner [3] [ɔpstine] ◆ **s'obstiner** *vp* to insist ; **s'~ à faire qqch** to persist stubbornly in doing sthg ; **s'~ dans qqch** to cling stubbornly to sthg.

obstruction [ɔpstryksjɔ̃] *nf* - **1.** MÉD obstruction, blockage - **2.** POLIT & SPORT obstruction.

obstructionniste [ɔpstryksjɔnist] *nmf* & *adj* POLIT obstructionist.

obstruer [3] [ɔpstrye] *vt* to block, to obstruct.
◆ **s'obstruer** *vp* to become blocked.

obtempérer [18] [ɔptɑ̃pere] *vi* : **~ à** to comply with.

obtenir [40] [ɔptənir] *vt* to get, to obtain ; **~ qqch de qqn** to get sthg from sb ; **~ de faire qqch** to get permission to do sthg ; **~ qqch à** *ou* **pour qqn** to obtain sthg for sb.

obtention [ɔptɑ̃sjɔ̃] *nf* obtaining.

obtenu, **e** [ɔptəny] *pp* ▷ **obtenir**.

obtiendrai, **obtiendras** *(etc)* ▷ **obtenir**.

obtienne, **obtiennes** *(etc)* ▷ **obtenir**.

obturateur, **trice** [ɔptyratœr, tris] *adj* closing *(avant n)*.
◆ **obturateur** *nm* - **1.** [valve] stop valve - **2.** PHOTO shutter.

obturation [ɔptyrasjɔ̃] *nf* closing, sealing.

obturer [3] [ɔptyre] *vt* to close, to seal ; [dent] to fill.

obtus, **e** [ɔpty, yz] *adj* obtuse.

obus [ɔby] *nm* shell.

OC (*abr écrite de* **ondes courtes**) SW.

occasion [ɔkazjɔ̃] *nf* - **1.** [possibilité, chance] opportunity, chance ; **saisir l'~ (de faire qqch)** to seize *ou* grab the chance (to do sthg) ; **rater une ~ (de faire qqch)** to miss a chance (to do sthg) ; **être l'~ de** to give rise to ; **à l'~** some time ; [de temps en temps] sometimes, on occasion ; **à la première ~** at the first opportunity - **2.** [circonstance] occasion ; **à l'~ de** on the occasion of ; **dans les grandes ~s** on important occasions - **3.** [bonne affaire] bargain.
◆ **d'occasion** *loc adv* & *loc adj* second-hand.

occasionnel, **elle** [ɔkazjɔnɛl] *adj* [irrégulier - visite, problème] occasional ; [- travail] casual.

occasionner [3] [ɔkazjɔne] *vt* to cause.

occident [ɔksidɑ̃] *nm* west.
◆ **Occident** *nm* : **l'Occident** the West.

occidental, **e**, **aux** [ɔksidɑ̃tal, o] *adj* western.
◆ **Occidental**, **e**, **aux** *nm, f* Westerner.

occiput [ɔksipyt] *nm* back of the head.

occitan, **e** [ɔksitɑ̃, an] *adj* Provençal French.
◆ **occitan** *nm* [langue] Provençal French.
◆ **Occitan**, **e** *nm, f* speaker of Provençal French.

occlusion [ɔklyzjɔ̃] *nf* - **1.** MÉD blockage, obstruction - **2.** LING & CHIM occlusion.

occulte [ɔkylt] *adj* occult.

occulter [3] [ɔkylte] *vt* [sentiments] to conceal.

occupant, **e** [ɔkypɑ̃, ɑ̃t] ◇ *adj* occupying. ◇ *nm, f* occupant, occupier.
◆ **occupant** *nm* : **l'~** the occupying power *ou* forces *(pl)*.

occupation [ɔkypasjɔ̃] *nf* - **1.** [activité] occupation, job ; **vaquer à ses ~s** to go about one's business - **2.** MIL occupation - **3.** DR occupancy.
◆ **Occupation** *nf* : **l'Occupation** the Occupation (of France).

occupé, **e** [ɔkype] *adj* - **1.** [personne] busy ; **être ~ à qqch** to be busy with sthg - **2.** [appartement, zone] occupied - **3.** [place] taken ; [toilettes] engaged *UK* ; **c'est ~** [téléphone] it's engaged *UK* *ou* busy *US*.

occuper [3] [ɔkype] *vt* - **1.** [gén] to occupy - **2.** [espace] to take up - **3.** [fonction, poste] to hold - **4.** [main-d'œuvre] to employ.
◆ **s'occuper** *vp* - **1.** [s'activer] to keep o.s. busy ; **s'~ à qqch/à faire qqch** to be busy with sthg/doing sthg - **2.** : **s'~ de qqch** [se charger de] to take care of sthg, to deal with sthg ; [s'intéresser à] to take an interest in, to be interested in ; **occupez-vous de vos affaires!** mind your own business! - **3.** [prendre soin] : **s'~ de qqn** to take care of sb, to look after sb.

occurrence [ɔkyrɑ̃s] *nf* - **1.** [circonstance] : **en l'~** in this case - **2.** LING occurrence.

OCDE (*abr de* **Organisation de coopération et de développement économique**) *nf* OECD.

océan [ɔseɑ̃] *nm* ocean ; **l'~ Antarctique** the Antarctic Ocean ; **l'~ Arctique** the Arctic Ocean ; **l'~ Atlantique** the Atlantic Ocean ; **l'~ Indien** the Indian Ocean ; **l'~ Pacifique** the Pacific Ocean.

Océanie [ɔseani] *nf* : **l'~** Oceania.

océanien, **enne** [ɔseanjɛ̃, ɛn] *adj* Oceanian.
◆ **Océanien**, **enne** *nm, f* Oceanian.

océanique [ɔseanik] *adj* ocean *(avant n)*.

océanographie [ɔseanɔgrafi] *nf* oceanography.

ocelot [ɔslo] *nm* ocelot.

ocre [ɔkr] *adj inv* & *nf* ochre *UK*, ocher *US*.

octante [ɔktɑ̃t] *adj num inv* **belgicisme** & **helvétisme** eighty.

octave [ɔktav] *nf* octave.

octet [ɔktɛ] *nm* INFORM byte.

octobre [ɔktɔbr] *nm* October, *voir aussi* **septembre**.

octogénaire [ɔktɔʒenɛr] *nmf* & *adj* octogenarian.

octogone [ɔktɔgɔn] *nm* octagon.

octroie, **octroies** *(etc)* ▷ **octroyer**.

octroyer [13] [ɔktrwaje] *vt* : **~ qqch à qqn** to grant sb sthg, to grant sthg to sb.
◆ **s'octroyer** *vp* to grant o.s., to treat o.s. to.

oculaire [ɔkylɛr] ◇ *nm* eyepiece. ◇ *adj* ocular, eye *(avant n)* ; **témoin ~** eyewitness.

oculiste [ɔkylist] *nmf* ophthalmologist.

ode [ɔd] *nf* ode.

odeur [ɔdœr] *nf* smell ; **ne pas être en ~ de sainteté (auprès de)** *fig* to be out of favour *UK* *ou* favor *US* (with).

odieusement [ɔdjøzmɑ̃] *adv* abominably.

odieux, **euse** [ɔdjø, øz] *adj* - **1.** [crime] odious, abominable - **2.** [personne, attitude] unbearable, obnoxious.

odorant, **e** [ɔdɔrɑ̃, ɑ̃t] *adj* sweet-smelling, fragrant.

odorat [ɔdɔra] *nm* (sense of) smell.

odoriférant, **e** [ɔdɔriferɑ̃, ɑ̃t] *adj* sweet-smelling, fragrant.

odyssée [ɔdise] *nf* odyssey.

OEA (*abr de* **Organisation des États américains**) *nf* OAS.

œdème [edɛm] *nm* oedema *UK*, edema *US*.

œil [œj] (*pl* **yeux** [jø]) *nm* - **1.** [gén] eye ; **yeux bridés/exorbités/globuleux** slanting/bulging/protruding eyes ; **avoir les yeux cernés** to have bags under one's eyes ; **baisser/lever les yeux** to look down/up, to lower/raise one's eyes ; **du coin de l'~** out of the corner of one's eye ; **écarquiller les yeux** to stare wide-eyed ; **à l'~ nu** to the naked eye ; **sous mes/tes** *etc* **yeux** before my/your *etc* very eyes ; **à vue d'~** visibly - **2.** [bulle de graisse] blob of grease *ou* fat - **3.** *loc* **avoir qqch/qqn à l'~** to have one's eye on sthg/sb ; **avoir un ~ au beurre noir** to have a black eye ; **n'avoir pas froid aux yeux** not to be afraid of anything, to have plenty of nerve ; **avoir des yeux de lynx** to have eyes like a hawk ; **ne pas avoir les yeux dans sa poche** to be very observant ; **couver qqch/qqn des yeux** to look fondly at sthg/sb, to look lovingly at sthg/sb ; **ça crève les yeux** *fam* it's staring you in the face, it's as plain as the nose on your face ; **ne pas en croire ses yeux** not to believe one's eyes ; **dévorer qqn/qqch des yeux** [avec insistance] to eye sb/sthg intently ; [avec convoitise] to eye sb/sthg greedily ; **faire de l'~ à qqn** *fam* to give sb the eye, to eye sb up ; **faire les gros yeux à qqn** to glare at sb ; **fermer les**

yeux sur qqch to close one's eyes to sthg ; **mon ~!** *fam* like hell! ; **ouvrir l'~** to keep one's eyes open ; **se rincer l'~** *fam* to get an eyeful ; **cela saute aux yeux** it's obvious ; **tourner de l'~** *fam* to pass out.

œil-de-bœuf [œjdəbœf] (*pl* **œils-de-bœuf**) *nm* bull's-eye window.

œillade [œjad] *nf* wink ; **lancer une ~ à qqn** to wink at sb.

œillère [œjɛr] *nf* eyebath.
◆ **œillères** *nfpl* blinkers *UK*, blinders *US* ; **avoir des ~s** *fam fig* to be blinkered.

œillet [œjɛ] *nm* - **1.** [fleur] carnation - **2.** [de chaussure] eyelet.

œnologie [enɔlɔʒi] *nf* wine appreciation.

œnologue [enɔlɔg] *nmf* wine expert.

œsophage [ezɔfaʒ] *nm* oesophagus *UK*, esophagus *US*.

œstrogène [ɛstrɔʒɛn] *nm* oestrogen *UK*, estrogen *US*.

œuf [œf] *nm* egg ; **~ à la coque/au plat/poché** boiled/fried/poached egg ; **~ mollet/dur** soft-boiled/hard-boiled egg ; **~ de Pâques** Easter egg ; **~s brouillés** scrambled eggs ; **~s en** *ou* **à la neige** whipped egg whites ; **dans l'~** *fig* in the bud.

œuvre [œvr] ◇ *nf* - **1.** [travail] work ; **être à l'~** to be working *ou* at work ; **se mettre à l'~** to get down to work ; **mettre qqch en ~** to make use of sthg ; [loi, accord, projet] to implement sthg - **2.** [artistique] work ; [ensemble de la production d'un artiste] works *(pl)* ; : **~ d'art** work of art ; : **~ de bienfaisance** charity, charitable organization ; [organisation] charity. ◇ *nm* - **1.** [d'artiste] works *(pl)*, work - **2.** [de bâtiment] : **le gros ~** the shell.

œuvrer [5] [œvre] *vi litt* **~ (pour)** to work (for).

OFCE (*abr de* **Observatoire français des conjonctures économiques**) *nm economic research institute*.

off [ɔf] *adj inv* - **1.** CINÉ [voix, son] off - **2.** [festival] fringe *(avant n)*.

offensant, e [ɔfɑ̃sɑ̃, ɑ̃t] *adj* offensive.

offense [ɔfɑ̃s] *nf* - **1.** [insulte] insult - **2.** RELIG trespass.

offenser [3] [ɔfɑ̃se] *vt* - **1.** [personne] to offend - **2.** [bon goût] to offend against.
◆ **s'offenser** *vp* : **s'~ de** to take offence *UK ou* offense *US* at, to be offended by.

offenseur [ɔfɑ̃sœr] *nm* offender, offending party.

offensif, ive [ɔfɑ̃sif, iv] *adj* offensive.
◆ **offensive** *nf* - **1.** MIL offensive ; **passer à l'offensive** to go on the offensive ; **prendre l'offensive** to take the offensive - **2.** *fig* [du froid] (sudden) onset.

offert, e [ɔfɛr, ɛrt] *pp* ▻ **offrir**.

offertoire [ɔfɛrtwar] *nm* offertory.

office [ɔfis] *nm* - **1.** [bureau] office, agency ; **~ du tourisme** tourist office - **2.** [fonction] : **faire ~ de** to act as ; **remplir son ~** to do its job, to fulfil its function - **3.** RELIG service - **4.** *loc* **recourir aux ~s de qqn** to turn to sb for help.
◆ **d'office** *loc adv* automatically, as a matter of course ; **commis d'~** officially appointed.

officialiser [3] [ɔfisjalize] *vt* to make official.

officiel, elle [ɔfisjɛl] *adj* & *nm, f* official.

officiellement [ɔfisjɛlmɑ̃] *adv* officially.

officier[1] [9] [ɔfisje] *vi* to officiate.

officier[2] [ɔfisje] *nm* officer ; **~ d'ordonnance** aide-de-camp.

officieusement [ɔfisjøzmɑ̃] *adv* unofficially.

officieux, euse [ɔfisjø, øz] *adj* unofficial.

officine [ɔfisin] *nf* - **1.** [pharmacie] pharmacy - **2.** *péj* [repaire] agency.

offrande [ɔfrɑ̃d] *nf* - **1.** [don] offering - **2.** RELIG offertory.

offrant [ɔfrɑ̃] *nm* : **au plus ~** to the highest bidder.

offre [ɔfr] *nf* - **1.** [proposition] offer ; [aux enchères] bid ; [pour contrat] tender ; **'~s d'emploi'** 'situations vacant *UK*', 'help wanted *US*', 'vacancies' ; **~ d'essai** trial offer ; **~ de lancement** introductory offer ; **~ publique d'achat** takeover bid - **2.** ÉCON supply ; **la loi de l'~ et de la demande** the law of supply and demand.

offrir [34] [ɔfrir] *vt* - **1.** [faire cadeau] : **~ qqch à qqn** to give sb sthg, to give sthg to sb - **2.** [proposer] : **~ qqch à qqn** to offer sb sthg *ou* sthg to sb ; **~ (à qqn) de faire qqch** to offer to do sthg (for sb) - **3.** [présenter] to offer, to present ; **son visage n'offrait rien d'accueillant** his/her face showed no sign of welcome.
◆ **s'offrir** *vp* - **1.** [croisière, livre] to treat o.s. to - **2.** [se présenter] to present itself - **3.** [s'exposer] : **s'~ à qqch** to expose o.s. to sthg - **4.** [se proposer] to offer one's services, to offer o.s. ; **s'~ à faire qqch** to offer to do sthg.

offset [ɔfsɛt] ◇ *adj inv* offset. ◇ *nm inv* offset (lithography). ◇ *nf inv* offset press.

offshore [ɔfʃɔr] ◇ *adj inv* - **1.** [exploitation] offshore - **2.** SPORT speedboat *(avant n)* ; **bateau ~** speedboat. ◇ *nm* SPORT speedboat racing.

offusquer [3] [ɔfyske] *vt* to offend.
◆ **s'offusquer** *vp* : **s'~ (de)** to take offence *UK ou* offense *US* (at).

ogive [ɔʒiv] *nf* - **1.** ARCHIT ogive ; **en ~** ribbed - **2.** MIL [d'obus] head ; [de fusée] nosecone ; **~ nucléaire** nuclear warhead.

OGM (*abr de* **organisme génétiquement modifié**) *nm* GMO.

ogre, **ogresse** [ɔgr, ɔgrɛs] *nm, f* ogre (*f* ogress).

oh [o] ◇ *interj* oh! ; **~ là là!** dear oh dear! ◇ *nm inv* : **pousser des ~ et des ah** to ooh and ah.

ohé [ɔe] *interj* hey!

OHQ (*abr de* **ouvrier hautement qualifié**) *nm* highly skilled worker.

oie [wa] *nf* goose ; **~ blanche** *fig* innocent young girl.

oignon [ɔɲɔ̃] *nm* - **1.** [plante] onion ; **mêle-toi de tes ~s** *fam fig* mind your own business ; **soigner qqn aux petits ~s** *fam fig* to take care of sb's every need - **2.** [bulbe] bulb - **3.** MÉD bunion.

oindre [82] [wɛ̃dr] *vt litt* - **1.** [corps] to (rub with) oil - **2.** RELIG to anoint.

oiseau, **x** [wazo] *nm* - **1.** ZOOL bird ; **~ de proie** bird of prey - **2.** *fam péj* [individu] character.

oiseau-mouche [wazomuʃ] (*pl* **oiseaux-mouches**) *nm* hummingbird.

oiseleur [waslœr] *nm* bird catcher.

oiseux, **euse** [wazø, øz] *adj* pointless.

oisif, **ive** [wazif, iv] ◇ *adj* idle. ◇ *nm, f* man of leisure (*f* woman of leisure).

oisillon [wazijɔ̃] *nm* fledgling.

oisiveté [wazivte] *nf* idleness.

oison [wazɔ̃] *nm* gosling.

OIT (*abr de* **Organisation internationale du travail**) *nf* ILO.

O.K. [ɔke] *interj fam* okay.

OL (*abr écrite de* **ondes longues**) LW.

ola [ɔla] *nf* Mexican wave *UK*, wave *US*.

oléagineux, **euse** [ɔleaʒinø, øz] *adj* oleaginous.

◆ **oléagineux** *nm* oleaginous plant.

oléoduc [ɔleɔdyk] *nm* (oil) pipeline.

olfactif, **ive** [ɔlfaktif, iv] *adj* olfactory.

oligo-élément [ɔligɔelemɑ̃] (*pl* **oligo-éléments**) *nm* trace element.

olivâtre [ɔlivatr] *adj* [verdâtre] olive-coloured *UK*, olive-colored *US* ; [teint] sallow.

olive [ɔliv] ◇ *nf* olive. ◇ *adj inv* olive, olive-green.

oliveraie [ɔlivrɛ] *nf* olive grove.

olivier [ɔlivje] *nm* [arbre] olive tree ; [bois] olive wood.

OLP (*abr de* **Organisation de libération de la Palestine**) *nf* PLO.

Olympe [ɔlɛ̃p] *nm* : **l'~** Olympus.

olympiade [ɔlɛ̃pjad] (*gén pl*) *nf* olympiad (*sing*).

olympien, **enne** [ɔlɛ̃pjɛ̃, ɛn] *adj* Olympian.

olympique [ɔlɛ̃pik] *adj* Olympic (*avant n*).

OM ◇ *nm* (*abr de* **Olympique de Marseille**) *Marseilles football team*. ◇ (*abr écrite de* **ondes moyennes**) MW.

Oman [ɔman] *n* Oman ; **le sultanat d'~** the Sultanate of Oman.

ombilic [ɔ̃bilik] *nm* - **1.** [de personne] navel - **2.** BOT navelwort.

ombilical, **e**, **aux** [ɔ̃bilikal, o] *adj* umbilical.

ombrage [ɔ̃braʒ] *nm* shade ; **porter ~ à qqn** *fig* to offend sb ; **prendre ~ de qqch** *fig* to take offence *UK ou* offense *US* at sthg, to take umbrage at sthg.

ombragé, **e** [ɔ̃braʒe] *adj* shady.

ombrageux, **euse** [ɔ̃braʒø, øz] *adj* - **1.** [personne] touchy, prickly - **2.** [cheval] nervous, skittish.

ombre [ɔ̃br] *nf* - **1.** [zone sombre] shade ; **faire de l'~ à qqn** to get in sb's light ; **à l'~ de** [arbre] in the shade of ; [personne] in the shadow of ; **rester dans l'~ de qqn** *fig* to live in sb's shadow ; **laisser qqch dans l'~** *fig* to deliberately ignore sthg ; **vivre dans l'~** *fig* to live in obscurity - **2.** [forme, fantôme] shadow ; **~s chinoises** [spectacle] shadow play *ou* pantomime (*sing*) ; [jeu] Chinese shadows - **3.** [trace] hint ; **ça ne fait pas l'~ d'un doute** there's not the shadow of a doubt - **4.** [cosmétique] : **~ à paupières** eye shadow.

ombrelle [ɔ̃brɛl] *nf* parasol.

ombrer [3] [ɔ̃bre] *vt* - **1.** [paupières] to put eye shadow on - **2.** [dessin] to shade (in).

OMC (*abr de* **Organisation mondiale du commerce**) *nf* WTO.

omelette [ɔmlɛt] *nf* omelette ; **~ norvégienne** baked Alaska.

omets ▷ **omettre**.

omettre [84] [ɔmɛtr] *vt* to omit ; **~ de faire qqch** to omit to do sthg.

OMI (*abr de* **Organisation maritime internationale**) *nf* IMO.

omis, **e** [ɔmi, iz] *pp* ▷ **omettre**.

omission [ɔmisjɔ̃] *nf* omission ; **par ~** by omission.

OMM (*abr de* **Organisation météorologique mondiale**) *nf* WMO.

omnibus [ɔmnibys] ◇ *nm* stopping *UK ou* local *US* train. ◇ *adj inv* : **ce train est ~ pour...** this train stops at all stations to...

omnipotent, **e** [ɔmnipɔtɑ̃, ɑ̃t] *adj* omnipotent.

omniprésence [ɔmniprezɑ̃s] *nf* omnipresence.

omniprésent, **e** [ɔmniprezɑ̃, ɑ̃t] *adj* omniprésent.

omniscient, **e** [ɔmnisjɑ̃, ɑ̃t] *adj* omniscient.

omnisports [ɔmnispɔr] *adj inv* sports *(avant n)*.

omnivore [ɔmnivɔr] ◇ *nm* omnivore. ◇ *adj* omnivorous.

omoplate [ɔmɔplat] *nf* [os] shoulder blade ; [épaule] shoulder.

OMS (*abr de* **Organisation mondiale de la santé**) *nf* WHO.

on [ɔ̃] *pron indéf* - **1.** [indéterminé] you, one ; **~ n'a pas le droit de fumer ici** you're not allowed *ou* one isn't allowed to smoke here, smoking isn't allowed here - **2.** [les gens, l'espèce humaine] they, people ; **~ vit de plus en plus vieux en Europe** people in Europe are living longer and longer - **3.** [quelqu'un] someone ; **~ vous a appelé au téléphone ce matin** there was a telephone call for you this morning - **4.** *fam* [nous] we ; **~ s'en va** we're off, we're going.

onanisme [ɔnanism] *nm* onanism.

once [ɔ̃s] *nf* : **une ~ (de)** an ounce (of).

oncle [ɔ̃kl] *nm* uncle.

onction [ɔ̃ksjɔ̃] *nf* unction.

onctueux, **euse** [ɔ̃ktɥø, øz] *adj* smooth.

onctuosité [ɔ̃ktɥozite] *nf* smoothness.

onde [ɔ̃d] *nf* - **1.** PHYS wave - **2.** *litt* [eau] : **l'~** the waters *(pl)*.
◆ **ondes** *nfpl* [radio] air *(sing)*.

ondée [ɔ̃de] *nf* shower (of rain).

on-dit [ɔ̃di] *nm inv* rumour *UK*, rumor *US*, hearsay *(U)*.

ondoyant, **e** [ɔ̃dwajɑ̃, ɑ̃t] *adj* [ondulant] rippling ; [démarche] swaying.

ondoyer [13] [ɔ̃dwaje] *vi* to ripple.

ondulant, **e** [ɔ̃dylɑ̃, ɑ̃t] *adj* [ondoyant] undulating, wavy ; [démarche] swaying.

ondulation [ɔ̃dylasjɔ̃] *nf* - **1.** [mouvement] rippling ; [de sol, terrain] undulation - **2.** [de coiffure] wave.

ondulé, **e** [ɔ̃dyle] *adj* [surface] undulating ; [chevelure] wavy ; [tôle, carton] corrugated.

onduler [3] [ɔ̃dyle] *vi* [drapeau] to ripple, to wave ; [cheveux] to be wavy ; [route] to undulate.

one-man-show [wanmanʃo] *nm inv* one-man show.

onéreux, **euse** [ɔnerø, øz] *adj* costly.

ONF (*abr de* **Office national des forêts**) *nm* *French national forestry agency*, ≃ Forestry Commission *UK*, ≃ National Forestry Service *US*.

ONG (*abr de* **organisation non gouvernementale**) *nf* NGO.

ongle [ɔ̃gl] *nm* - **1.** [de personne] fingernail, nail ; **se faire les ~s** to do one's nails ; **se ronger les ~s** to bite one's nails - **2.** [d'animal] claw.

onglée [ɔ̃gle] *nf* : **j'ai l'~** my fingers are numb with cold.

onglet [ɔ̃glɛ] *nm* - **1.** [de reliure] tab - **2.** [de lame] thumbnail groove - **3.** CULIN top skirt.

onguent [ɔ̃gɑ̃] *nm* ointment.

onirique [ɔnirik] *adj* [relatif au rêve] dream *(avant n)* ; [semblable au rêve] dreamlike.

onomastique [ɔnɔmastik] ◇ *nf* onomastics *(sing)*. ◇ *adj* onomastic.

onomatopée [ɔnɔmatɔpe] *nf* onomatopoeia.

ont ▷ **avoir**.

ONU, **Onu** [ɔny] (*abr de* **Organisation des Nations unies**) *nf* UN, UNO.

ONUDI, **Onudi** [ɔnydi] (*abr de* **Organisation des Nations unies pour le développement industriel**) *nf* UNIDO.

onyx [ɔniks] *nm* onyx.

onze [ɔ̃z] ◇ *adj num inv* eleven. ◇ *nm* [chiffre & SPORT] eleven, *voir aussi* **six**.

onzième [ɔ̃zjɛm] ◇ *adj num inv, nm & nmf* eleventh, *voir aussi* **sixième**. ◇ *nf* [classe] ≃ second year *ou* form *(at primary school)* *UK*, ≃ first grade *US*, *voir aussi* **sixième**.

OP (*abr de* **ouvrier professionnel**) *nm* skilled worker.

OPA (*abr de* **offre publique d'achat**) *nf* takeover bid.

opacité [ɔpasite] *nf* opacity.

opale [ɔpal] *nf & adj inv* opal.

opaline [ɔpalin] *nf* opaline.

opaque [ɔpak] *adj* : **~ (à)** opaque (to).

op. cit. (*abr écrite de* **opere citato**) op. cit.

OPE (*abr de* **offre publique d'échange**) *nf takeover bid where bidder offers to exchange shares*.

OPEP, **Opep** [ɔpɛp] (*abr de* **Organisation des pays exportateurs de pétrole**) *nf* OPEC.

opéra [ɔpera] *nm* - **1.** MUS opera - **2.** [théâtre] opera house ; **l'Opéra Bastille** *opera house built on the site of the Bastille* ; **l'Opéra de Paris** the Paris Opera (House).

opérable [ɔperabl] *adj* operable.

opéra-bouffe [ɔperabuf] (*pl* **opéras-bouffes**) *nm* comic opera.

opéra-comique [ɔperakɔmik] (*pl* **opéras-comiques**) *nm* light opera.

opérateur, **trice** [ɔperatœr, tris] *nm, f* operator ; **~ de saisie** keyboarder.

opération [ɔperasjɔ̃] *nf* - **1.** [gén] operation - **2.** COMM deal, transaction.

opérationnel, elle [ɔperasjɔnɛl] *adj* operational.

opératoire [ɔperatwar] *adj* MÉD operating *(avant n)* ; **choc ~** post-operative shock.

opérer [18] [ɔpere] ◇ *vt* - **1.** MÉD to operate on - **2.** [exécuter] to carry out, to implement ; [choix, tri] to make. ◇ *vi* [agir] to take effect ; [personne] to operate, to proceed.
◆ **s'opérer** *vp* to come about, to take place.

opérette [ɔperɛt] *nf* operetta.

ophtalmique [ɔftalmik] *adj* ophthalmic.

ophtalmologiste [ɔftalmɔlɔʒist] *nmf* ophthalmologist.

Opinel® [ɔpinɛl] *nm folding knife used especially for outdoor activities, scouting etc.*

opiner [3] [ɔpine] *vi sout* **~ à qqch** to give one's consent to sthg.

opiniâtre [ɔpinjatr] *adj* - **1.** [caractère, personne] stubborn, obstinate - **2.** [effort] dogged ; [travail] unrelenting ; [fièvre, toux] persistent.

opiniâtreté [ɔpinjatrəte] *nf* [de caractère, personne] stubbornness, obstinacy.

opinion [ɔpinjɔ̃] *nf* opinion ; **conforter** *ou* **renforcer qqn dans son ~** to confirm sb's opinion ; **avoir (une) bonne/mauvaise ~ de** to have a good/bad opinion of ; **l'~ publique** public opinion.

opium [ɔpjɔm] *nm* opium.

opportun, e [ɔpɔrtœ̃, yn] *adj* opportune, timely.

opportunément [ɔpɔrtynemɑ̃] *adv* opportunely.

opportunisme [ɔpɔrtynism] *nm* opportunism.

opportuniste [ɔpɔrtynist] ◇ *nmf* opportunist. ◇ *adj* opportunistic.

opportunité [ɔpɔrtynite] *nf* - **1.** [à-propos] opportuneness, timeliness - **2.** [occasion] opportunity.

opposant, e [ɔpozɑ̃, ɑ̃t] ◇ *adj* opposing. ◇ *nm, f* : **~ (à)** opponent (of).

opposé, e [ɔpoze] *adj* - **1.** [direction, côté, angle] opposite - **2.** [intérêts, opinions] conflicting ; [forces] opposing - **3.** [hostile] : **~ à** opposed to.
◆ **opposé** *nm* : **l'~** the opposite ; **à l'~ de** in the opposite direction from ; *fig* unlike, contrary to.

opposer [3] [ɔpoze] *vt* - **1.** [mettre en opposition - choses, notions] : **~ qqch (à)** to contrast sthg (with) - **2.** [mettre en présence - personnes, armées] to oppose ; **~ deux équipes** to bring two teams together ; **~ qqn à qqn** to pit *ou* set sb against sb - **3.** [refus, protestation, objection] to put forward ; **~ une objection à qqn** to raise an objection with sb, to put forward an objection to sb - **4.** [diviser] to divide.
◆ **s'opposer** *vp* - **1.** [contraster] to contrast - **2.** [entrer en conflit] to clash - **3.** : **s'~ à** [se dresser contre] to oppose, to be opposed to ; **s'~ à ce que qqn fasse qqch** to be opposed to sb's doing sthg.

opposition [ɔpozisjɔ̃] *nf* - **1.** [gén] opposition ; **faire ~ à** [décision, mariage] to oppose ; [chèque] to stop *UK* ; **entrer en ~ avec** to come into conflict with - **2.** DR : **~ (à)** objection (to) - **3.** [contraste] contrast ; **par ~ à** in contrast with, as opposed to.

oppressant, e [ɔpresɑ̃, ɑ̃t] *adj* oppressive.

oppresser [4] [ɔprese] *vt* - **1.** [étouffer] to suffocate, to stifle - **2.** *fig* [tourmenter] to oppress.

oppresseur [ɔpresœr] ◇ *nm* oppressor. ◇ *adj* oppressive.

oppressif, ive [ɔpresif, iv] *adj* oppressive.

oppression [ɔpresjɔ̃] *nf* - **1.** [asservissement] oppression - **2.** [malaise] tightness of the chest.

opprimé, e [ɔprime] ◇ *adj* oppressed. ◇ *nm, f* oppressed person.

opprimer [3] [ɔprime] *vt* - **1.** [asservir] to oppress - **2.** [étouffer] to stifle.

opprobre [ɔprɔbr] *nm* : **jeter l'~ sur qqn** to cast opprobrium on sb.

opter [3] [ɔpte] *vi* : **~ pour** to opt for.

opticien, enne [ɔptisjɛ̃, ɛn] *nm, f* optician.

optimal, e, aux [ɔptimal, o] *adj* optimal.

optimiser [ɔptimize], **optimaliser** [3] [ɔptimalize] *vt* to optimize.

optimisme [ɔptimism] *nm* optimism.

optimiste [ɔptimist] ◇ *nmf* optimist. ◇ *adj* optimistic.

optimum [ɔptimɔm] (*pl* **optimums** *ou* **optima** [-ma]) *nm* & *adj* optimum.

option [ɔpsjɔ̃] *nf* - **1.** [gén] option ; **prendre une ~ sur** FIN to take (out) an option on - **2.** [accessoire] optional extra.

optionnel, elle [ɔpsjɔnɛl] *adj* optional.

optique [ɔptik] ◇ *nf* - **1.** [science, technique] optics *(U)* - **2.** [perspective] viewpoint ; **dans l'~ de faire qqch** with a mind *ou* view to doing sthg. ◇ *adj* [nerf] optic ; [verre] optical.

opulence [ɔpylɑ̃s] *nf* - **1.** [richesse] opulence ; **vivre** *ou* **nager dans l'~** to live a life of luxury - **2.** [ampleur] fullness, ampleness.

opulent, e [ɔpylɑ̃, ɑ̃t] *adj* - **1.** [riche] rich - **2.** [gros] ample.

OQ (*abr de* **ouvrier qualifié**) *nm* skilled worker.

or[1] [ɔr] *nm* - **1.** [métal, couleur] gold ; **en ~** [objet] gold *(avant n)* ; **une occasion en ~** a golden opportunity ; **une affaire en ~** [achat] an excellent bargain ; [commerce] a lucrative line of business ; **j'ai une femme en ~** I've a wonderful wife ; **~ blanc** white gold ; **~ massif**

solid gold ; **~ noir** *fig* oil ; **pour tout l'~ du monde** *fig* for all the tea in China ; **rouler sur l'~** *fig* to be rolling in it **- 2.** [dorure] gilding.

or[2] [ɔr] *conj* [au début d'une phrase] now ; [pour introduire un contraste] well, but.

oracle [ɔrakl] *nm* oracle.

orage [ɔraʒ] *nm* **- 1.** [tempête] storm ; **il y a de l'~ dans l'air** *fig* there's a storm brewing **- 2.** *fig* [tumulte, revers] turmoil.

orageux, euse [ɔraʒø, øz] *adj* stormy.

oraison [ɔrɛzɔ̃] *nf* prayer ; **~ funèbre** funeral oration.

oral, e, aux [ɔral, o] *adj* oral.
◆ **oral** *nm* oral (examination) ; **~ de rattrapage** *oral examination taken after failing written exams.*

oralement [ɔralmɑ̃] *adv* orally.

orange [ɔrɑ̃ʒ] ◇ *nf* orange ; **~ pressée** freshly squeezed orange juice. ◇ *nm & adj inv* [couleur] orange.

orangé, e [ɔrɑ̃ʒe] *adj* orangey.
◆ **orangé** *nm* orangey colour *UK ou* color *US*.

orangeade [ɔrɑ̃ʒad] *nf* orange squash *UK*, orangeade *US*.

oranger [ɔrɑ̃ʒe] *nm* orange tree.

orangeraie [ɔrɑ̃ʒrɛ] *nf* orange grove.

orang-outan (*pl* **orangs-outans**), **orang-outang** (*pl* **orangs-outangs**) [ɔrɑ̃utɑ̃] *nm* orang-utang.

orateur, trice [ɔratœr, tris] *nm, f* **- 1.** [conférencier] speaker **- 2.** [personne éloquente] orator.

orbital, e, aux [ɔrbital, o] *adj* [mouvement] orbital ; [station] orbiting.

orbite [ɔrbit] *nf* **- 1.** ANAT (eye) socket **- 2.** ASTRON *fig* orbit ; **mettre sur ~** AÉRON to put into orbit ; *fig* to launch.

Orcades [ɔrkad] *nfpl* : **les ~** the Orkney Islands, the Orkneys.

orchestral, e, aux [ɔrkɛstral, o] *adj* orchestral.

orchestration [ɔrkɛstrasjɔ̃] *nf* orchestration.

orchestre [ɔrkɛstr] *nm* **- 1.** MUS orchestra **- 2.** CINÉ & THÉÂTRE stalls *(pl) UK*, orchestra *US* ; **fauteuil d'~** seat in the stalls *UK*, orchestra seat *US*.

orchestrer [3] [ɔrkɛstre] *vt litt & fig* to orchestrate.

orchidée [ɔrkide] *nf* orchid.

ordinaire [ɔrdinɛr] ◇ *adj* **- 1.** [usuel, standard] ordinary, normal **- 2.** *péj* [commun] ordinary, common. ◇ *nm* **- 1.** [moyenne] : **l'~** the ordinary **- 2.** [alimentation] usual diet.
◆ **d'ordinaire** *loc adv* normally, usually.

ordinal, e, aux [ɔrdinal, o] *adj* ordinal.
◆ **ordinal, aux** *nm* ordinal (number).

ordinateur [ɔrdinatœr] *nm* computer ; **~ individuel** personal computer, PC ; **~ de bureau** desktop (computer) ; **~ portable** laptop (computer) ; **~ de poche** palmtop.

ordonnance [ɔrdɔnɑ̃s] ◇ *nf* **- 1.** MÉD prescription **- 2.** [de gouvernement, juge] order. ◇ *nm & nf* MIL orderly.

ordonnateur, trice [ɔrdɔnatœr, tris] *nm, f* organizer.

ordonné, e [ɔrdɔne] *adj* [maison, élève] tidy.

ordonner [3] [ɔrdɔne] *vt* **- 1.** [ranger] to organize, to put in order **- 2.** [enjoindre] to order, to tell ; **~ à qqn de faire qqch** to order sb to do sthg **- 3.** MÉD : **~ qqch à qqn** to prescribe sb sthg **- 4.** RELIG to ordain **- 5.** MATH to arrange in order.
◆ **s'ordonner** *vp* to be arranged *ou* put in order.

ordre [ɔrdr] *nm* **- 1.** [gén, MIL & RELIG] order ; **par ~ alphabétique/chronologique/décroissant** in alphabetical/chronological/descending order ; **par ~ d'entrée en scène** in order of appearance ; **procéder par ~** to take one thing at a time ; **rétablir l'~** to restore order ; **rappeler qqn à l'~** to call sb to order ; **donner un ~ à qqn** to give sb an order ; **être aux ~s de qqn** to be at sb's disposal ; **intimer à qqn l'~ de faire qqch** to order sb to do sthg ; **jusqu'à nouvel ~** until further notice ; **entrer dans les ~s** RELIG to take holy orders ; **l'~ établi** the established order ; **~ de mission** MIL orders *(pl) (for a particular mission)* ; **l'~ public** law and order ; **troubler l'~ public** to disturb the peace **- 2.** [bonne organisation] tidiness, orderliness ; **en ~** orderly, tidy ; **avoir de l'~** to be orderly *ou* tidy ; **mettre en ~** to put in order, to tidy (up) ; **mettre bon ~ à** to sort out **- 3.** [catégorie] : **de premier ~** first-rate ; **de second ~** second-rate ; **d'~ privé/pratique** of a private/practical nature ; **dans un tout autre ~ d'idées** in a quite different connection ; **pouvez-vous me donner un ~ de grandeur?** can you give me some idea of the size/amount *etc* ? **- 4.** [corporation] professional association ; **l'Ordre des médecins** ≃ the British Medical Association *UK*, ≃ the American Medical Association *US* **- 5.** FIN : **à l'~ de** payable to.
◆ **ordre du jour** *nm* **- 1.** [de réunion] agenda ; **à l'~ du jour** [de réunion] on the agenda ; *fig* topical **- 2.** MIL order of the day.

ordure [ɔrdyr] *nf* **- 1.** *fig* [grossièreté] filth *(U)* **- 2.** *péj* [personne] scum *(U)*, bastard.
◆ **ordures** *nfpl* [déchets] rubbish *(U) UK*, garbage *(U) US*.

ordurier, ère [ɔrdyrje, ɛr] *adj* filthy, obscene.

orée [ɔre] *nf* edge.

oreille [ɔrɛj] *nf* - **1.** ANAT ear - **2.** [ouïe] hearing ; **avoir de l'~** to have a good ear (for music) ; **être dur d'~** to be hard of hearing - **3.** [de fauteuil, écrou] wing ; [de marmite, tasse] handle - **4.** *loc* **se boucher les ~s** to close one's ears ; **dormir sur ses deux ~s** to rest easy ; **dresser** *ou* **tendre l'~** to prick up one's ears ; **écorcher les ~s** to grate on the ear ; **écouter d'une ~ distraite, n'écouter que d'une ~** to only half-listen ; **il ne l'entend pas de cette ~** he's dead (set) against it ; **faire la sourde ~** to turn a deaf ear ; **se faire tirer l'~** to need talking round ; **prêter l'~ (à qqch)** to lend an ear (to sthg) ; **rebattre les ~s à qqn** *fam* to go on at sb.

oreiller [ɔrɛje] *nm* pillow.

oreillette [ɔrɛjɛt] *nf* - **1.** [du cœur] auricle - **2.** [de casquette] earflap.

oreillons [ɔrɛjɔ̃] *nmpl* mumps *(sing)*.

ores [ɔr] ◆ **d'ores et déjà** *loc adv* from now on.

orfèvre [ɔrfɛvr] *nm* goldsmith ; [d'argent] silversmith ; **être ~ en la matière** *fig* to be (an) expert on the subject.

orfèvrerie [ɔrfɛvrəri] *nf* - **1.** [art] goldsmith's art ; [d'argent] silversmith's art - **2.** [commerce] goldsmith's trade ; [d'argent] silversmith's trade.

orfraie [ɔrfrɛ] *nf* sea eagle.

organdi [ɔrgɑ̃di] *nm* organdie.

organe [ɔrgan] *nm* - **1.** ANAT organ - **2.** [institution] organ, body - **3.** [mécanisme] mechanism, system ; **~s de commande** controls - **4.** *litt* [voix] voice - **5.** *fig* [porte-parole] representative.

organigramme [ɔrganigram] *nm* - **1.** [hiérarchique] organization chart - **2.** INFORM flow chart.

organique [ɔrganik] *adj* organic.

organisateur, trice [ɔrganizatœr, tris] ◇ *adj* organizing *(avant n)*. ◇ *nm, f* organizer.

organisation [ɔrganizasjɔ̃] *nf* organization ; **avoir le sens de l'~** to be well-organized ; **Organisation mondiale du commerce** World Trade Organization.

organisé, e [ɔrganize] *adj* organized ; **~ en qqch** organized in sthg.

organiser [3] [ɔrganize] *vt* to organize.
◆ **s'organiser** *vp* - **1.** [personne] to be *ou* get organized - **2.** [prendre forme] to take shape.

organiseur [ɔrganisœr] *nm* [agenda, ordinateur] (personal) organizer.

organisme [ɔrganism] *nm* - **1.** BIOL & ZOOL organism ; **~ génétiquement modifié** genetically modified organism - **2.** [institution] body, organization.

organiste [ɔrganist] *nmf* organist.

orgasme [ɔrgasm] *nm* orgasm.

orge [ɔrʒ] *nf* barley.

orgeat [ɔrʒa] *nm* : **sirop d'~** barley water.

orgelet [ɔrʒəlɛ] *nm* stye.

orgie [ɔrʒi] *nf* orgy.

orgue [ɔrg] *nm* organ.
◆ **orgues** *nfpl* - **1.** MUS organ *(sing)* - **2.** GÉOL columns.

orgueil [ɔrgœj] *nm* pride.

orgueilleux, euse [ɔrgœjø, øz] ◇ *adj* proud. ◇ *nm, f* proud person.

orient [ɔrjɑ̃] *nm* east.
◆ **Orient** *nm* : **l'Orient** the Orient, the East.

orientable [ɔrjɑ̃tabl] *adj* adjustable.

oriental, e, aux [ɔrjɑ̃tal, o] *adj* [région, frontière] eastern ; [d'Extrême-Orient] oriental.
◆ **Oriental, e, aux** *nm, f* Oriental.

orientation [ɔrjɑ̃tasjɔ̃] *nf* - **1.** [direction] orientation ; **avoir le sens de l'~** to have a good sense of direction - **2.** SCOL career ; **~ professionnelle** careers advice *UK*, vocational guidance - **3.** [de maison] aspect - **4.** *fig* [de politique, recherche] direction, trend.

orienté, e [ɔrjɑ̃te] *adj* [tendancieux] biased.

orienter [3] [ɔrjɑ̃te] *vt* - **1.** [disposer] to position - **2.** [voyageur, élève, recherches] to guide, to direct - **3.** [navire] to steer ; [voile] to trim.
◆ **s'orienter** *vp* - **1.** [se repérer] to find *ou* get one's bearings - **2.** *fig* [se diriger] : **s'~ vers** to move towards *ou* toward *US*.

orifice [ɔrifis] *nm* orifice.

oriflamme [ɔriflam] *nf* banner.

origan [ɔrigɑ̃] *nm* oregano.

originaire [ɔriʒinɛr] *adj* - **1.** [natif] : **être ~ de** to originate from ; [personne] to be a native of - **2.** [premier] original.

original, e, aux [ɔriʒinal, o] ◇ *adj* - **1.** [premier, inédit] original - **2.** [singulier] eccentric. ◇ *nm, f* [personne] (outlandish) character.
◆ **original, aux** *nm* [œuvre, document] original.

originalité [ɔriʒinalite] *nf* - **1.** [nouveauté] originality ; [caractéristique] original feature - **2.** [excentricité] eccentricity.

origine [ɔriʒin] *nf* - **1.** [gén] origin ; **d'~** [originel] original ; [de départ] of origin ; **pays d'~** country of origin ; **d'~ anglaise** of English origin ; **à l'~** originally - **2.** [souche] origins *(pl)* - **3.** [provenance] source.

originel, elle [ɔriʒinɛl] *adj* original.

orignal, aux [ɔriɲal, o] *nm* moose.

oripeaux [ɔripo] *nmpl* rags.

ORL <> *nmf* (*abr de* **oto-rhino-laryngologiste**) ENT specialist. <> *nf* (*abr de* **oto-rhino-laryngologie**) ENT.

orme [ɔrm] *nm* elm.

ormeau, x [ɔrmo] *nm* young elm.

ornement [ɔrnəmɑ̃] *nm* - **1.** [gén & MUS] ornament ; **d'~** [plante, arbre] ornamental - **2.** ARCHIT embellishment.

ornemental, e, aux [ɔrnəmɑ̃tal, o] *adj* ornamental.

ornementation [ɔrnəmɑ̃tasjɔ̃] *nf* ornamentation.

ornementer [3] [ɔrnəmɑ̃te] *vt* to ornament.

orner [3] [ɔrne] *vt* - **1.** [décorer] : **~ (de)** to decorate (with) - **2.** [agrémenter] to adorn.

ornière [ɔrnjɛr] *nf* rut.

ornithologie [ɔrnitɔlɔʒi] *nf* ornithology.

orphelin, e [ɔrfəlɛ̃, in] <> *adj* orphan *(avant n)*, orphaned ; **~ de père** fatherless ; **~ de mère** motherless. <> *nm, f* orphan.

orphelinat [ɔrfəlina] *nm* orphanage.

Orsay [ɔrsɛ] *n* : **le musée d'~** *art museum in Paris specialized in the second half of the 19th century and the early 20th century.*

Orsec, Orsec [ɔrsɛk] (*abr de* **Organisation des secours**) *adj* : **le plan ~** *disaster contingency plan.*

Orsecrad, Orsecrad [ɔrsɛkrad] (*abr de* **Orsec en cas d'accident nucléaire**) *adj* : **plan ~** *disaster contingency plan in case of nuclear accident.*

orteil [ɔrtɛj] *nm* toe ; **gros ~** big toe.

orthodontiste [ɔrtɔdɔ̃tist] *nmf* orthodontist.

orthodoxe [ɔrtɔdɔks] <> *adj* - **1.** RELIG Orthodox - **2.** [conformiste] orthodox. <> *nmf* - **1.** RELIG Orthodox Christian - **2.** POLIT conformist.

orthodoxie [ɔrtɔdɔksi] *nf* orthodoxy.

orthogonal, e, aux [ɔrtɔgɔnal, o] *adj* orthogonal.

orthographe [ɔrtɔgraf] *nf* spelling.

orthographier [9] [ɔrtɔgrafje] *vt* to spell ; **mal ~** to misspell.

orthographique [ɔrtɔgrafik] *adj* orthographic.

orthopédique [ɔrtɔpedik] *adj* orthop(a)edic.

orthopédiste [ɔrtɔpedist] *nmf* orthop(a)edist.

orthophoniste [ɔrtɔfɔnist] *nmf* speech therapist.

ortie [ɔrti] *nf* nettle.

ortolan [ɔrtɔlɑ̃] *nm* ortolan.

orvet [ɔrvɛ] *nm* slowworm.

os [ɔs] (*pl* **os** [o]) *nm* - **1.** [gén] bone ; **~ à moelle** marrowbone ; **~ de seiche** cuttlebone - **2.** *fam fig* [difficulté] snag, hitch.

OS (*abr de* **ouvrier spécialisé**) *nm* semiskilled worker.

oscar [ɔskar] *nm* CINÉ Oscar.

oscariser [3] [ɔskarize] *vt* to award an oscar to.

oscillation [ɔsilasjɔ̃] *nf* oscillation ; [de navire] rocking.

oscillatoire [ɔsilatwar] *adj* swinging, oscillatory.

osciller [3] [ɔsile] *vi* - **1.** [se balancer] to swing ; [navire] to rock - **2.** [vaciller, hésiter] to waver.

osé, e [oze] *adj* daring, audacious.

oseille [ozɛj] *nf* - **1.** BOT sorrel - **2.** *fam* [argent] bread.

oser [3] [oze] *vt* to dare ; **~ faire qqch** to dare (to) do sthg ; **si j'ose dire** if I may say so.

osier [ozje] *nm* - **1.** BOT osier - **2.** [fibre] wicker.

Oslo [ɔslo] *n* Oslo.

osmose [ɔsmoz] *nf* osmosis ; **en ~** by osmosis.

ossature [ɔsatyr] *nf* - **1.** ANAT skeleton - **2.** *fig* [structure] framework.

osselet [ɔslɛ] *nm* - **1.** ANAT ossicle - **2.** [élément de jeu] jack ; **jouer aux ~s** to play jacks.

ossements [ɔsmɑ̃] *nmpl* bones.

osseux, euse [ɔsø, øz] *adj* - **1.** ANAT & MÉD bone *(avant n)* - **2.** [maigre] bony.

ossification [ɔsifikasjɔ̃] *nf* ossification.

ossuaire [ɔsɥɛr] *nm* ossuary.

ostensible [ɔstɑ̃sibl] *adj* conspicuous.

ostensiblement [ɔstɑ̃sibləmɑ̃] *adv* conspicuously.

ostensoir [ɔstɑ̃swar] *nm* monstrance.

ostentation [ɔstɑ̃tasjɔ̃] *nf* ostentation.

ostentatoire [ɔstɑ̃tatwar] *adj* ostentatious.

ostéopathe [ɔsteɔpat] *nmf* osteopath.

ostéoporose [ɔsteɔpɔroz] *nf* MÉD osteoporosis.

ostracisme [ɔstrasism] *nm* ostracism.

otage [ɔtaʒ] *nm* hostage ; **prendre qqn en ~** to take sb hostage.

OTAN, Otan [ɔtɑ̃] (*abr de* **Organisation du traité de l'Atlantique Nord**) *nf* NATO.

otarie [ɔtari] *nf* sea lion.

OTASE [ɔtaz] (*abr de* **Organisation du traité de l'Asie du sud-est**) *nf* SEATO.

ôter [3] [ote] *vt* **- 1.** [enlever] to take off **- 2.** [soustraire] to take away **- 3.** [retirer, prendre] : **~ qqch à qqn** to take sthg away from sb.

◆ **s'ôter** *vp fam* **ôte-toi de là!** get out of the way!

otite [ɔtit] *nf* ear infection.

oto-rhino-laryngologie [ɔtɔrinɔlarɛ̃gɔlɔʒi] *nf* ear, nose and throat medicine, ENT.

Ottawa [ɔtawa] *n* Ottawa.

ou [u] *conj* **- 1.** [indique une alternative, une approximation] or **- 2.** [sinon] : **~ (bien)** or (else).

◆ **ou (bien)... ou (bien)** *loc corrélative* either... or ; **~ c'est elle, ~ c'est moi!** it's either her or me!

où [u] ◇ *pron rel* **- 1.** [spatial] where ; **le village ~ j'habite** the village where I live, the village I live in ; **pose-le là ~ tu l'as trouvé** put it back where you found it ; **partout ~ vous irez** wherever you go **- 2.** [temporel] that ; **le jour ~ je suis venu** the day (that) I came. ◇ *adv* where ; **je vais ~ je veux** I go where I please ; **~ que vous alliez** wherever you go. ◇ *adv interr* where? ; **~ vas-tu?** where are you going? ; **~ est la voiture?** where's the car? ; **dites-moi ~ il est allé** tell me where he's gone.

◆ **d'où** *loc adv* [conséquence] hence ; **d'~ on conclut que...** from which it may be concluded that...

OUA (*abr de* **Organisation de l'unité africaine**) *nf* OAU.

ouailles [waj] *nfpl* flock *(sing).*

ouais [wɛ] *interj fam* yeah!

ouananiche [wananiʃ] *nf* *Québec* *type of freshwater salmon.*

ouaouaron [wawarɔ̃] *nm* *Québec* bullfrog.

ouate [wat] *nf* **- 1.** [pansement] cotton wool *UK*, (absorbent) cotton *US* **- 2.** [rembourrage] (cotton) wadding.

ouaté, e [wate] *adj* **- 1.** [garni d'ouate] cotton wool *UK (avant n)*, cotton *US (avant n)* ; [vêtement] quilted **- 2.** *fig* [feutré] muffled.

oubli [ubli] *nm* **- 1.** [acte d'oublier] forgetting **- 2.** [négligence] omission ; [étourderie] oversight **- 3.** [abnégation] : **~ de soi** self-effacement **- 4.** [général] oblivion ; **tomber dans l'~** to sink into oblivion.

oublier [10] [ublije] *vt* to forget ; [laisser quelque part] to leave behind ; **~ de faire qqch** to forget to do sthg.

◆ **s'oublier** *vp* **- 1.** [emploi passif] to be forgotten **- 2.** [emploi réfléchi] to forget o.s. **- 3.** *euphém* [chat, enfant] to have an accident.

oubliettes [ublijɛt] *nfpl* dungeon *(sing)* ; **jeter qqch aux ~** *fam fig* to shelve sthg.

oublieux, euse [ublijø, øz] *adj* forgetful.

ouest [wɛst] ◇ *nm* west ; **un vent d'~** a westerly wind ; **le vent d'~** the west wind ; **à l'~** in the west ; **à l'~ (de)** to the west (of). ◇ *adj inv* [gén] west ; [province, région] western.

ouest-allemand, e [wɛstalmɑ̃, ɑ̃d] *adj* West German.

ouf [uf] *interj* phew!

Ouganda [ugɑ̃da] *nm* : **l'~** Uganda.

ougandais, e [ugɑ̃dɛ, ɛz] *adj* Ugandan.

◆ **Ougandais, e** *nm, f* Ugandan.

oui [wi] ◇ *adv* yes ; **tu viens? - ~** are you coming? - yes (I am) ; **tu viens, ~ ou non?** are you coming or not?, are you coming or aren't you? ; **je crois que ~** I think so ; **faire signe que ~** to nod ; **mais ~, bien sûr que ~** yes, of course. ◇ *nm inv* yes ; **pour un ~ pour un non** for no apparent reason.

ouï-dire [widir] *nm inv* : **par ~** by *ou* from hearsay.

ouïe [wi] *nf* hearing ; **avoir l'~ fine** to have excellent hearing.

◆ **ouïes** *nfpl* [de poisson] gills.

ouistiti [wistiti] *nm* **- 1.** ZOOL marmoset **- 2.** *fam* [type] bloke *UK*, guy.

ouragan [uragɑ̃] *nm* **- 1.** MÉTÉOR hurricane **- 2.** *fig* [tempête] storm.

ourdir [32] [urdir] *vt fig & litt* [complot] to hatch.

ourler [3] [urle] *vt* **- 1.** COUT to hem **- 2.** *litt* [border] to edge.

ourlet [urlɛ] *nm* **- 1.** COUT hem ; **faire un ~ à** to hem **- 2.** [de l'oreille] helix.

ours [urs] *nm* bear ; **~ (en peluche)** teddy (bear) ; **~ polaire** polar bear.

ourse [urs] *nf* she-bear.

◆ **Ourse** *nf* : **la Grande/Petite Ourse** the Great/Little Bear.

oursin [ursɛ̃] *nm* sea urchin.

ourson [ursɔ̃] *nm* bear cub.

oust, ouste [ust] *interj fam* [dehors!] clear off! ; [vite!] get a move on!

outarde [utard] *nf* bustard.

outil [uti] *nm* tool ; **boîte** *ou* **caisse à ~s** toolbox.

outillage [utijaʒ] *nm* [équipement] tools *(pl)*, equipment.

outrage [utraʒ] *nm* **- 1.** *sout* [insulte] insult ; **faire subir les derniers ~s à qqn** *fig & litt* to ravish sb **- 2.** DR : **~ aux bonnes mœurs** affront to public decency ; **~ à magistrat** contempt of court ; **~ à la pudeur** indecent behaviour *(U) UK ou* behavior *(U) US*.

outrageant, e [utraʒɑ̃, ɑ̃t] *adj* insulting, offensive.

outrager [17] [utraʒe] *vt* - **1.** [offenser] to insult - **2.** [contrevenir] to offend.

outrageusement [utraʒøzmɑ̃] *adv* outrageously.

outrance [utrɑ̃s] *nf* excess ; **à ~** excessively.

outrancier, ère [utrɑ̃sje, ɛr] *adj* extravagant.

outre[1] [utr] *nf* wineskin.

outre[2] [utr] ◇ *prep* besides, as well as. ◇ *adv* : **passer ~** to go on, to proceed further ; **passer ~ à qqch** to disregard sthg.

◆ **en outre** *loc adv* moreover, besides.

◆ **outre que** *loc conj* apart from the fact that.

outre-Atlantique [utratlɑ̃tik] *loc adv* across the Atlantic.

outrecuidance [utrəkɥidɑ̃s] *nf litt* presumptuousness.

outrecuidant, e [utrəkɥidɑ̃, ɑ̃t] *adj litt* presumptuous.

outre-Manche [utrəmɑ̃ʃ] *loc adv* across the Channel.

outremer [utrəmɛr] ◇ *nm* [pierre] lapis lazuli ; [couleur] ultramarine. ◇ *adj inv* ultramarine.

outre-mer [utrəmɛr] *loc adv* overseas ; **d'~** overseas.

outrepasser [3] [utrəpase] *vt* to exceed.

outrer [3] [utre] *vt* [personne] to outrage.

outre-Rhin [utrərɛ̃] *loc adv* across the Rhine.

outsider [awtsajdœr] *nm* outsider.

ouvert, e [uvɛr, ɛrt] ◇ *pp* ▷ **ouvrir**. ◇ *adj* - **1.** [gén] open ; **grand ~** wide open - **2.** [robinet] on, running.

ouvertement [uvɛrtəmɑ̃] *adv* openly.

ouverture [uvɛrtyr] *nf* - **1.** [gén] opening ; [d'hostilités] outbreak ; **l'~ de la chasse** the start of the hunting season ; **~ d'esprit** open-mindedness - **2.** MUS overture - **3.** PHOTO aperture.

◆ **ouvertures** *nfpl* [propositions] overtures.

ouvrable [uvrabl] *adj* working ; **heures ~s** hours of business.

ouvrage [uvraʒ] *nm* - **1.** [travail] work *(U)*, task ; **se mettre à l'~** to start work - **2.** [objet produit] (piece of) work ; COUT work *(U)* - **3.** [livre, écrit] work ; **~ de référence** reference work.

ouvragé, e [uvraʒe] *adj* elaborate.

ouvrant, e [uvrɑ̃, ɑ̃t] *adj* : **toit ~** sunroof.

ouvré, e [uvre] *adj* : **jour ~** working day.

ouvre-boîtes [uvrəbwat] *nm inv* tin opener *UK*, can opener.

ouvre-bouteilles [uvrəbutɛj] *nm inv* bottle opener.

ouvreuse [uvrøz] *nf* usherette.

ouvrier, ère [uvrije, ɛr] ◇ *adj* [quartier, enfance] working-class ; [conflit] industrial ; [questions, statut] labour *(avant n) UK*, labor *(avant n) US* ; **classe ouvrière** working class. ◇ *nm, f* worker ; **~ agricole** farm worker ; **~ qualifié** skilled worker ; **~ spécialisé** semiskilled worker.

◆ **ouvrière** *nf* ZOOL worker.

ouvrir [34] [uvrir] ◇ *vt* - **1.** [gén] to open ; **~ qqch à qqn** to open sthg to sb - **2.** [chemin, voie] to open up - **3.** [gaz] to turn on. ◇ *vi* to open ; **~ par qqch** to open with sthg ; **~ sur qqch** to open onto sthg.

◆ **s'ouvrir** *vp* - **1.** [porte, fleur] to open - **2.** [route, perspectives] to open up - **3.** [personne] : **s'~ (à qqn)** to confide (in sb), to open up (to sb) - **4.** [se blesser] : **s'~ le genou** to cut one's knee open ; **s'~ les veines** to slash *ou* cut one's wrists - **5.** [se sensibiliser] : **s'~ à qqch** to start to take an interest in sthg.

ovaire [ɔvɛr] *nm* ovary.

ovale [ɔval] *adj* & *nm* oval.

ovation [ɔvasjɔ̃] *nf* ovation ; **faire une ~ à qqn** to give sb an ovation.

ovationner [3] [ɔvasjɔne] *vt* to give an ovation to.

overbooking [ɔvœrbukiŋ] *nm* overbooking.

overdose [ɔvœrdoz] *nf* overdose.

ovin, e [ɔvɛ̃, in] *adj* ovine.

◆ **ovin** *nm* sheep.

OVNI, Ovni [ɔvni] (*abr de* **objet volant non identifié**) *nm* UFO.

ovoïde [ɔvɔid] *adj* egg-shaped.

ovuler [3] [ɔvyle] *vi* to ovulate.

oxydable [ɔksidabl] *adj* liable to rust.

oxydation [ɔksidasjɔ̃] *nf* oxidation, oxidization.

oxyde [ɔksid] *nm* oxide ; **~ de carbone** carbon monoxide.

oxyder [3] [ɔkside] *vt* to oxidize.

◆ **s'oxyder** *vp* to become oxidized.

oxygène [ɔksiʒɛn] *nm* oxygen ; **ballon d'~** oxygen cylinder.

oxygéné, e [ɔksiʒene] *adj* - **1.** CHIM oxygenated, ▷ **eau** - **2.** [cheveux] peroxide-blond, bleached.

oxygéner [18] [ɔksiʒene] *vt* - **1.** CHIM to oxygenate - **2.** [cheveux] to bleach, to peroxide.

◆ **s'oxygéner** *vp fam* to get some fresh air.

ozone [ɔzon] *nm* ozone.

P

p[1], **P** [pe] *nm inv* p, P.

p[2] **- 1.** (*abr écrite de* **pico**) p **- 2.** (*abr écrite de* **page**) p **- 3.** (*abr écrite de* **passable**) *fair grade (as assessment of schoolwork)*, ≃ C **- 4.** *abr de* **pièce**.

Pa (*abr écrite de* **pascal**) Pa.

PA (*abr écrite de* **petites annonces**) *nfpl* small ads *UK*, want ads *US*.

PAC, **Pac** [pak] (*abr de* **politique agricole commune**) *nf* CAP.

pacage [pakaʒ] *nm* pasture.

pacemaker [pɛsmekœr] *nm* pacemaker.

pacha [paʃa] *nm* pasha ; **mener une vie de ~** *fam fig* to live a life of ease.

pachyderme [paʃidɛrm] *nm* elephant ; **les ~s** (the) pachyderms.

pacificateur, **trice** [pasifikatœr, tris] ◇ *adj* pacifying. ◇ *nm, f* peacemaker.

pacification [pasifikasjɔ̃] *nf* pacification.

pacifier [9] [pasifje] *vt* to pacify.

pacifique [pasifik] *adj* peaceful.

Pacifique [pasifik] *nm* : **le ~** the Pacific (Ocean).

pacifiquement [pasifikmɑ̃] *adv* peacefully.

pacifiste [pasifist] *nmf & adj* pacifist.

pack [pak] *nm* pack.

package [pakadʒ] *nm* INFORM package.

packaging [pakadʒiŋ] *nm* packaging.

pacotille [pakɔtij] *nf* shoddy goods *(pl)*, rubbish ; **de ~** cheap.

PACS [paks] (*abr de* **Pacte civil de solidarité**) *nm* Civil Solidarity Pact *civil contract conferring marital rights on the contracting parties.*

pacsé, **e** [pakse] *nm, f fam person who has signed a PACS agreement*, ≃ (life) partner.

pacser [3] [pakse] ◆ **se pacser** [pakse] *vpi* : **to sign a PACS agreement** to have one's relationship legally recognized.

pacte [pakt] *nm* pact.

pactiser [3] [paktize] *vi* : **~ avec** [faire un pacte avec] to make a pact with ; [transiger avec] to come to terms with.

pactole [paktɔl] *nm* gold mine *fig*.

paddock [padɔk] *nm* **- 1.** [d'un hippodrome] paddock **- 2.** *tfam* [lit] : **se mettre au ~** to hit the sack.

paddy [padi] *nm* paddy (rice).

paella [paela] *nf* paella.

paf [paf] ◇ *interj* wham! ◇ *adj inv fam* [ivre] plastered.

PAF [paf] ◇ *nf* (*abr de* **Police de l'air et des frontières**) *police authority responsible for civil aviation etc.* ◇ *nm* (*abr de* **paysage audiovisuel français**) *French radio and television.*

pagaie [pagɛ] *nf* paddle.

pagaille, **pagaye**, **pagaïe** [pagaj] *nf fam* mess ; **en ~** [en désordre] in a mess ; **des fruits en ~** loads of fruit.

paganisme [paganism] *nm* paganism.

pagaye = **pagaille**.

pagayer [11] [pagɛje] *vi* to paddle.

pagayeur, **euse** [pagɛjœr, øz] *nm, f* paddler.

page [paʒ] ◇ *nf* **- 1.** [feuillet] page ; **~ blanche** blank page ; **mettre en ~s** TYPO to make up (into pages) ; **~ de garde** flyleaf **- 2.** INFORM page ; **~ d'accueil** home page ; **~ précédente** page up ; **~ suivante** page down **- 3.** *fig* [passage] passage ; [événement] episode, page **- 4.** *loc* **être à la ~** to be up-to-date ; **tourner la ~** to turn the page. ◇ *nm* page (boy).

pagination [paʒinasjɔ̃] *nf* pagination.

pagne [paɲ] *nm* loincloth.

pagode [pagɔd] *nf* pagoda.

paie[1], **paies** *(etc)* ▷ **payer**.

paie[2], **paye** [pɛ] *nf* pay *(U)*, wages *(pl)*.

paiement, **payement** [pɛmɑ̃] *nm* payment ; **~ anticipé** advance payment.

païen, **ïenne** [pajɛ̃, ɛn] *adj & nm, f* pagan, heathen.

paierai, **paieras** *(etc)* ▷ **payer**.

paillard, **e** [pajar, ard] ◇ *adj* bawdy. ◇ *nm, f* rake (*f* slut).

paillasse [pajas] ◇ *nf* **- 1.** [matelas] straw mattress **- 2.** [d'évier] draining board *UK*, drainboard *US*. ◇ *nm* clown.

paillasson [pajasɔ̃] *nm* **- 1.** [tapis] doormat **- 2.** AGRIC (roll of) matting.

paille [paj] *nf* **- 1.** BOT straw ; **être sur la ~** *fam fig* to be down and out **- 2.** [pour boire] straw. ◆ **paille de fer** *nf* steel wool.

pailleté, **e** [pajte] *adj* sequined.

paillette [pajɛt] *nf (gén pl)* **- 1.** [sur vêtements] sequin, spangle **- 2.** [d'or] grain of gold dust **- 3.** [de lessive, savon] flake ; **savon en ~s** soap flakes *(pl)*.

pain [pɛ̃] *nm* - **1.** [aliment] bread ; **un ~** a loaf ; **petit ~** (bread) roll ; **~ azyme** unleavened bread ; **~ de campagne** ≃ farmhouse loaf ; **~ au chocolat** *sweet roll with chocolate filling* ; **~ complet** wholemeal *UK ou* whole wheat *US* bread ; **~ d'épice** ≃ gingerbread ; **~ au lait** sweet roll, bun ; **~ de mie** sandwich loaf ; **~ perdu** ≃ French toast ; **~ de seigle** rye bread ; **~ au son** wholemeal bread ; **avoir du ~ sur la planche** *fam fig* to have a lot on one's plate ; **ôter le ~ de la bouche de qqn** *fig* to take the bread out of sb's mouth - **2.** [de savon, cire] bar - **3.** *tfam* [coup] punch.

pair, e [pɛr] *adj* even.
◆ **pair** *nm* peer.
◆ **paire** *nf* pair ; **une ~e de** [lunettes, ciseaux, chaussures] a pair of ; **c'est une autre ~e de manches** *fig* that's another story.
◆ **au pair** *loc adv* for board and lodging, for one's keep ; **jeune fille au ~** au pair (girl).
◆ **de pair** *loc adv* : **aller de ~ avec** to go hand in hand with.
◆ **hors pair** *loc adj* unrivalled *UK*, unrivaled *US*.

paisible [pɛzibl] *adj* peaceful.

paisiblement [pɛzibləmɑ̃] *adv* peacefully.

paître [91] [pɛtr] ◇ *vi* to graze. ◇ *vt* to feed on.

paix [pɛ] *nf* peace ; **en ~** [en harmonie] at peace ; [tranquillement] in peace ; **avoir la ~** to have peace and quiet ; **faire la ~ avec qqn** to make peace with sb ; **ficher la ~ à qqn** *fam* to stop hassling sb ; **laisser qqn en ~** to leave sb alone *ou* in peace.

Pakistan [pakistɑ̃] *nm* : **le ~** Pakistan ; **au ~** in Pakistan.

pakistanais, e [pakistanɛ, ɛz] *adj* Pakistani.
◆ **Pakistanais, e** *nm, f* Pakistani.

PAL, Pal [pal] (*abr de* **Phase Alternation Line**) *adj* PAL.

palabrer [3] [palabre] *vi* to have interminable discussions.

palabres [palabr] *nmpl & nfpl* interminable discussions.

palace [palas] *nm* luxury hotel.

palais [palɛ] *nm* - **1.** [château] palace - **2.** [grand édifice] centre *UK*, center *US* ; **~ des expositions** exhibition centre *UK ou* center *US* ; **le ~ Garnier** *the (old) Paris opera house* ; **~ de justice** DR law courts *(pl)* ; **le ~ du Luxembourg** *palace in Paris where the French Senate is situated* ; **~ omnisports** (multi-purpose) sports centre *UK ou* center *US* ; **le ~ des Papes** *the Papal Palace in Avignon* ; **le Grand Palais** the Grand Palais ; **le Petit Palais** the Petit Palais - **3.** ANAT palate.

palan [palɑ̃] *nm* block and tackle, hoist.

pale [pal] *nf* [de rame, d'hélice] blade.

pâle [pal] *adj* pale.

palefrenier [palfrənje] *nm* groom.

paléographie [paleografi] *nf* paleography.

paléolithique [paleolitik] ◇ *nm* : **le ~** the Paleolithic (age). ◇ *adj* paleolithic.

paléontologie [paleɔ̃tɔlɔʒi] *nf* paleontology.

Palerme [palɛrm] *n* Palermo.

Palestine [palɛstin] *nf* : **la ~** Palestine.

palestinien, enne [palɛstinjɛ̃, ɛn] *adj* Palestinian.
◆ **Palestinien, enne** *nm, f* Palestinian.

palet [palɛ] *nm* [hockey] puck.

paletot [palto] *nm* (short) overcoat.

palette [palɛt] *nf* - **1.** [de peintre] palette - **2.** CULIN shoulder - **3.** [de chariot élévateur] pallet.

palétuvier [paletyvje] *nm* mangrove.

pâleur [palœr] *nf* [de visage] pallor.

pâlichon, onne [paliʃɔ̃, ɔn] *adj fam* pale, sickly-looking.

palier [palje] *nm* - **1.** [d'escalier] landing - **2.** [étape] level - **3.** TECHNOL bearing.

pâlir [32] [palir] ◇ *vt* to turn pale. ◇ *vi* [couleur, lumière] to fade ; [personne] to turn *ou* go pale ; **~ de** [angoisse] to turn *ou* go pale with ; [jalousie] to turn *ou* go green with.

palissade [palisad] *nf* [clôture] fence ; [de verdure] hedge.

palissandre [palisɑ̃dr] *nm* rosewood.

palliatif, ive [paljatif, iv] *adj* palliative.
◆ **palliatif** *nm* - **1.** MÉD palliative - **2.** *fig* stopgap measure.

pallier [9] [palje] *vt* to make up for.

Palma [palma] *n* : **~ (de Majorque)** Palma (de Majorca).

palmarès [palmarɛs] *nm* - **1.** [de lauréats] list of (medal) winners ; SCOL list of prizewinners - **2.** [de succès] record (of achievements).

palme [palm] *nf* - **1.** [de palmier] palm leaf - **2.** [de nageur] flipper - **3.** [décoration, distinction] : **avec ~** MIL ≃ with bar ; **la ~ d'or** *award given to best film at the Cannes Film Festival* ; **~s académiques** *decoration awarded for services to education.*

palmé, e [palme] *adj* - **1.** BOT palmate - **2.** ZOOL web-footed ; [patte] webbed.

palmeraie [palmərɛ] *nf* palm grove.

palmier [palmje] *nm* - **1.** BOT palm tree - **2.** CULIN *sweet pastry shaped like a palm leaf.*

palmipède [palmipɛd] ◇ *nm* web-footed bird. ◇ *adj* web-footed.

palombe [palɔ̃b] *nf* woodpigeon.

pâlot, **otte** [palo, ɔt] *adj* pale, sickly-looking.

palourde [palurd] *nf* clam.

palpable [palpabl] *adj* palpable, tangible.

palper [3] [palpe] *vt* - **1.** [toucher] to feel, to finger ; MÉD to palpate - **2.** *fam* [de l'argent] to get.

palpitant, **e** [palpitɑ̃, ɑ̃t] *adj* exciting, thrilling.

palpitation [palpitasjɔ̃] *nf* palpitation.

palpiter [3] [palpite] *vi* - **1.** [paupières] to flutter ; [cœur] to pound - **2.** [personne] : **~ de** to tremble *ou* quiver with - **3.** *litt* [flamme] to tremble, to quiver.

palu [paly] *nm fam* malaria.

paludisme [palydism] *nm* malaria.

pâmer [3] [pame] ◆ **se pâmer** *vp* - **1.** *litt* [s'évanouir] to swoon (away) - **2.** *fig* **se ~ de** to be overcome with.

pâmoison [pamwazɔ̃] *nf litt* swoon.

pampa [pɑ̃pa] *nf* pampas *(pl)*.

pamphlet [pɑ̃flɛ] *nm* satirical tract.

pamplemousse [pɑ̃pləmus] *nm* grapefruit.

pan [pɑ̃] ◇ *nm* - **1.** [de vêtement] tail - **2.** [d'affiche] piece, bit ; **~ de mur** section of wall - **3.** [d'écrou] side. ◇ *interj* bang!

panacée [panase] *nf* panacea.

panachage [panaʃaʒ] *nm* - **1.** [mélange] mix - **2.** POLIT *splitting one's vote.*

panache [panaʃ] *nm* - **1.** [de plumes, fumée] plume - **2.** [éclat] panache.

panaché, **e** [panaʃe] *adj* - **1.** [de plusieurs couleurs] multicoloured *UK*, multicolored *US* - **2.** [mélangé] mixed.
◆ **panaché** *nm* shandy *UK*.

panacher [3] [panaʃe] *vt* - **1.** [mélanger] to mix - **2.** POLIT : **~ une liste électorale** to split one's vote among several candidates.

panafricanisme [panafrikanism] *nm* Pan-Africanism.

panama [panama] *nm* panama (hat).

Panama [panama] *nm* - **1.** [pays] : **le ~** Panama ; au ~ in Panama - **2.** [ville] Panama City.

panaméen, **enne** [panameɛ̃, ɛn], **panamien**, **enne** [panamjɛ̃, ɛn] *adj* Panamanian.
◆ **Panaméen**, **enne**, **Panamien**, **enne** *nm, f* Panamanian.

panard [panar] *nm fam* foot.

panaris [panari] *nm* whitlow.

pancarte [pɑ̃kart] *nf* - **1.** [de manifestant] placard - **2.** [de signalisation] sign.

pancréas [pɑ̃kreas] *nm* pancreas.

panda [pɑ̃da] *nm* panda.

pané, **e** [pane] *adj* breaded, in breadcrumbs.

panégyrique [panezirik] *nm* panegyric.

panel [panɛl] *nm* [groupe] sample (group) ; [jury] panel.

paner [3] [pane] *vt* to coat with breadcrumbs.

panier [panje] *nm* basket ; **~ à provisions** shopping basket ; **c'est un ~ de crabes** *fig* they're always at each other's throats ; **~ à salade** CULIN salad shaker ; *fig* police van ; **mettre au ~** *fig* to throw out.

panier-repas [panjerəpa] (*pl* **paniers-repas**) *nm* packed lunch.

panini [panini] (*pl* **paninis**) *nm* panini.

panique [panik] ◇ *nf* panic. ◇ *adj* panicky ; **être pris d'une peur ~** to be panic-stricken.

paniquer [3] [panike] *vt* & *vi* to panic.
◆ **se paniquer** *vp fam* to panic.

panne [pan] *nf* [arrêt] breakdown ; **tomber en ~** to break down ; **~ de courant** *ou* **d'électricité** power failure ; **tomber en ~ d'essence** *ou* **en ~ sèche** to run out of petrol *UK ou* gas *US* ; **~ de secteur** ÉLECTR mains failure.

panneau, **x** [pano] *nm* - **1.** [pancarte] sign ; **~ d'affichage** noticeboard *UK*, bulletin board *US* ; [pour publicité] (advertising) hoarding *UK*, billboard *US* ; **~ indicateur** signpost ; **~ publicitaire** (advertising) hoarding *UK*, billboard *US* ; **~ de signalisation** road sign - **2.** [élément] panel ; **~ de commande** INFORM control panel.

panonceau, **x** [panɔ̃so] *nm* - **1.** [plaque] plaque - **2.** [enseigne] sign.

panoplie [panɔpli] *nf* - **1.** [jouet] outfit - **2.** [d'armes] display - **3.** *fig* [de mesures] package.

panorama [panɔrama] *nm* [vue] view, panorama ; *fig* overview.

panoramique [panɔramik] ◇ *adj* panoramic. ◇ *nm* CINÉ pan, panning shot.

panse [pɑ̃s] *nf* - **1.** [d'estomac] first stomach, rumen - **2.** *fam* [gros ventre] belly, paunch ; **se remplir** *ou* **s'en mettre plein la ~** to stuff o.s. - **3.** [partie arrondie] bulge.

pansement [pɑ̃smɑ̃] *nm* dressing, bandage ; **~ (adhésif)** (sticking) plaster *UK*, Band-Aid® *US*.

panser [3] [pɑ̃se] *vt* - **1.** [plaie] to dress, to bandage ; [jambe] to put a dressing on, to bandage ; [avec pansement adhésif] to put a plaster *UK ou* Band-Aid® *US* on - **2.** [cheval] to groom.

pantacourt [pɑ̃takur] *nm* capri pants, capris, clamdiggers.

pantagruélique [pɑ̃tagryelik] *adj* gargantuan.

pantalon [pɑ̃talɔ̃] *nm* trousers *(pl) UK*, pants *(pl) US*, pair of trousers *UK ou* pants *US*.

pantelant, e [pɑ̃tlɑ̃, ɑ̃t] *adj* panting, gasping.

panthéisme [pɑ̃teism] *nm* pantheism.

panthéiste [pɑ̃teist] ◇ *nmf* pantheist. ◇ *adj* pantheistic.

panthéon [pɑ̃teɔ̃] *nm* : **le Panthéon** the Pantheon *(where famous Frenchmen and Frenchwomen are buried)*.

panthère [pɑ̃tɛr] *nf* panther ; **~ noire** black panther.

pantin [pɑ̃tɛ̃] *nm* **- 1.** [jouet] jumping jack **- 2.** *péj* [personne] puppet.

pantois, e [pɑ̃twa, az] *adj* astounded, dumbstruck ; **rester ~** to be astounded *ou* dumbstruck.

pantomime [pɑ̃tɔmim] *nf* **- 1.** [art, pièce] mime **- 2.** *fig* & *péj* [manège ridicule] : **qu'est-ce que c'est que cette ~?** what are you playing at?

pantouflard, e [pɑ̃tuflar, ard] *fam adj* & *nm, f* stay-at-home.

pantoufle [pɑ̃tufl] *nf* slipper.

panure [panyr] *nf* breadcrumbs *(pl)*, coating of breadcrumbs.

PAO (*abr de* **publication assistée par ordinateur**) *nf* DTP.

paon [pɑ̃] *nm* peacock ; **fier comme un ~** (as) proud as a peacock.

papa [papa] *nm* dad, daddy ; **~ gâteau** indulgent father.

papal, e, aux [papal, o] *adj* papal.

paparazzi [paparadzi] (*pl* **paparazzi** *ou* **paparazzis**) *nm péj* paparazzi ; **les ~s** the paparazzi.

papauté [papote] *nf* papacy.

papaye [papaj] *nf* papaya, pawpaw.

pape [pap] *nm* **- 1.** RELIG pope ; **sérieux comme un ~** deadly serious **- 2.** *fig* [de mouvement] leading light.

papelard [paplar] *nm fam* [papier] bit of paper.

paperasse [papras] *nf péj* **- 1.** [papier sans importance] bumf *(U)* *UK*, papers *(pl)* **- 2.** [papiers administratifs] paperwork *(U)*.

paperasserie [paprasri] *nf péj* paperwork.

papeterie [papɛtri] *nf* [magasin] stationer's ; [fabrique] paper mill.

papetier, ère [papətje, ɛr] *nm, f* [commerçant] stationer ; [fabricant] paper manufacturer.

papi, papy [papi] *nm* grandpa, grandad.

papier [papje] *nm* **- 1.** [matière, écrit] paper ; **noircir du ~** to scribble ; **~ alu** *ou* **aluminium** aluminium *UK* *ou* aluminum *US* foil, tinfoil ; **~ carbone** carbon paper ; **~ continu** continuous stationery ; **~ crépon** crêpe paper ; **~ d'emballage** wrapping paper ; **~ à en-tête** headed notepaper ; **~ glacé** glazed paper ; **~ hygiénique** *ou* **toilette** toilet paper ; **~ journal** newsprint ; [vieux journaux] newspaper ; **~ à lettres** writing paper, notepaper ; **~ mâché** papier-mâché ; **~ machine** typing paper ; **~ millimétré** graph paper ; **~ peint** wallpaper ; **~ de soie** tissue paper ; **~ thermique** thermal paper ; **~ tue-mouches** fly paper ; **~ de verre** glasspaper *UK*, sandpaper **- 2.** [article de journal] article.
◆ **papiers** *nmpl* : **~s (d'identité)** (identity) papers.

papier-calque [papjekalk] (*pl* **papiers-calque**) *nm* tracing paper.

papier-filtre [papjefiltr] (*pl* **papiers-filtres**) *nm* filter paper.

papier-monnaie [papjemɔnɛ] (*pl* **papiers-monnaies**) *nm* paper money.

papille [papij] *nf* : **~s gustatives** taste buds.

papillon [papijɔ̃] *nm* **- 1.** ZOOL butterfly ; **~ de nuit** moth **- 2.** [contravention] (parking) ticket **- 3.** [écrou] wing nut **- 4.** [nage] butterfly (stroke).

papillonner [3] [papijɔne] *vi* to flit about *ou* around.

papillote [papijɔt] *nf* **- 1.** [de bonbon] sweet paper *ou* wrapper *UK*, candy paper *US* **- 2.** [de cheveux] curl paper **- 3.** CULIN : **en ~s** *baked in tinfoil or greaseproof paper*.

papilloter [3] [papijɔte] *vi* [lumière] to twinkle ; [yeux] to blink.

papoter [3] [papɔte] *vi fam* to chatter.

papou, e [papu] *adj* Papuan.
◆ **papou** *nm* [langue] Papuan.
◆ **Papou, e** *nm, f* Papuan.

Papouasie-Nouvelle-Guinée [papwazinyvɛlgine] *nf* : **la ~** Papua New Guinea.

paprika [paprika] *nm* paprika.

papy = **papi**.

papyrus [papirys] *nm* papyrus.

Pâque [pak] *nf* : **la ~** Passover, *voir aussi* **Pâques**.

paquebot [pakbo] *nm* liner.

pâquerette [pakrɛt] *nf* daisy.

Pâques [pak] *nfpl* Easter *(sing)* ; **joyeuses ~** Happy Easter ; **île de ~** Easter Island.

Pâques
In France, Easter is symbolized not only by eggs but also by bells; according to legend, church bells fly to Rome at Easter.

paquet [pakɛ] *nm* **- 1.** [colis] parcel *UK*, package *US* **- 2.** [emballage] packet *UK*, package *US* ;

~-cadeau gift-wrapped parcel *UK ou* package *US* - **3.** *loc* **mettre le ~** *fam* to pull out all the stops, to give it all one's got.

paquetage [paktaʒ] *nm* MIL kit.

par [par] *prep* - **1.** [spatial] through, by (way of) ; **passer ~ la Suède et le Danemark** to go via Sweden and Denmark ; **regarder ~ la fenêtre** to look out of the window ; **~ endroits** in places ; **~ ici/là** this/that way ; **mon cousin habite ~ ici** my cousin lives round here - **2.** [temporel] on ; **~ un beau jour d'été** on a lovely summer's day ; **~ le passé** in the past - **3.** [moyen, manière, cause] by ; **~ bateau/train/avion** by boat/train/plane ; **~ pitié** out of *ou* from pity ; **~ accident** by accident, by chance - **4.** [introduit le complément d'agent] by ; **faire faire qqch ~ qqn** to have sthg done by sb - **5.** [sens distributif] per, a ; **une heure ~ jour** one hour a *ou* per day ; **deux ~ deux** two at a time ; **marcher deux ~ deux** to walk in twos.
◆ **par-ci par-là** *loc adv* here and there.

para [para] (*abr de* **parachutiste**) *nm fam* para *UK*.

parabole [parabɔl] *nf* - **1.** [récit] parable - **2.** MATH parabola.

parabolique [parabɔlik] *adj* parabolic.

paracétamol [19] [parasetamɔl] *nm* paracetamol.

parachever [19] [paraʃve] *vt* to put the finishing touches to.

parachutage [paraʃytaʒ] *nm* parachuting, dropping by parachute.

parachute [paraʃyt] *nm* parachute ; **~ ascensionnel** parachute *(for parascending)* ; **faire du ~ ascensionnel** to go parascending.

parachuter [3] [paraʃyte] *vt* to parachute, to drop by parachute ; **ils l'ont parachuté directeur** *fig* he was unexpectedly given the job of manager.

parachutisme [paraʃytism] *nm* parachuting.

parachutiste [paraʃytist] *nmf* parachutist ; MIL paratrooper.

parade [parad] *nf* - **1.** [spectacle] parade - **2.** [défense] parry ; *fig* riposte - **3.** [étalage] show.

parader [3] [parade] *vi* to show off.

paradis [paradi] *nm* paradise ; **~ fiscal** tax haven ; **le Paradis terrestre** [bible] the Garden of Eden ; *fig* heaven on earth.

paradisiaque [paradizjak] *adj* heavenly.

paradoxal, e, aux [paradɔksal, o] *adj* paradoxical.

paradoxalement [paradɔksalmɑ̃] *adv* paradoxically.

paradoxe [paradɔks] *nm* paradox.

parafe, paraphe [paraf] *nm* initials *(pl)*.

parafer, parapher [3] [parafe] *vt* to initial.

paraffine [parafin] *nf* paraffin *UK*, kerosene *US* ; [solide] paraffin wax.

parages [paraʒ] *nmpl* : **être** *ou* **se trouver dans les ~** *fig* to be in the area *ou* vicinity.

paragraphe [paragraf] *nm* paragraph.

Paraguay [paragwɛ] *nm* : **le ~** Paraguay ; **au ~** in Paraguay.

paraguayen, enne [paragwejɛ̃, ɛn] *adj* Paraguayan.
◆ **Paraguayen, enne** *nm, f* Paraguayan.

paraissais, paraissions *etc* ▷ **paraître**.

paraître [91] [parɛtr] ◇ *v att* to look, to seem, to appear. ◇ *vi* - **1.** [se montrer] to appear - **2.** [être publié] to come out, to be published - **3.** [se manifester] to show (through) ; **laisser ~** to show ; **ne rien laisser ~** to let nothing show - **4.** [briller] to be noticed. ◇ *v impers* : **il paraît/paraîtrait que** it appears/would appear that ; **paraît-il** apparently, it seems.

parallèle [paralɛl] ◇ *nm* parallel ; **mettre en ~** *fig* to compare ; **établir un ~ entre** *fig* to draw a parallel between. ◇ *nf* parallel (line). ◇ *adj* - **1.** [action, en maths] parallel - **2.** [marché] unofficial ; [médecine, énergie] alternative.

parallèlement [paralɛlmɑ̃] *adv* in parallel ; *fig* at the same time.

parallélépipède [paralelepipɛd] *nm* parallelepiped.

parallélisme [paralelism] *nm* parallelism ; [de roues] alignment.

parallélogramme [paralelɔgram] *nm* parallelogram.

paralysant, e [paralizɑ̃, ɑ̃t] *adj* paralysing *UK*, paralyzing *US*.

paralyser [3] [paralize] *vt* to paralyse *UK*, to paralyze *US*.

paralysie [paralizi] *nf* paralysis.

paralytique [paralitik] *adj* & *nmf* paralytic.

paramédical, e, aux [paramedikal, o] *adj* paramedical.

paramètre [paramɛtr] *nm* parameter.

paramilitaire [paramilitɛr] *adj* paramilitary.

parangon [parɑ̃gɔ̃] *nm litt* paragon.

parano [parano] *adj fam* paranoid.

paranoïa [paranɔja] *nf* paranoia.

paranoïaque [paranɔjak] ◇ *adj* paranoid. ◇ *nmf* paranoiac.

paranormal, e, aux [paranɔrmal, o] *adj* paranormal.

parapente [parapɑ̃t] *nm* paragliding ; **faire du ~** to go paragliding.

parapet [parapɛ] *nm* parapet.

paraphe = parafe.

parapher = parafer.

paraphrase [parafraz] *nf* paraphrase.

paraphraser [3] [parafraze] *vt* to paraphrase.

paraplégique [parapleʒik] *nmf* & *adj* paraplegic.

parapluie [paraplɥi] *nm* umbrella ; **~ atomique** *ou* **nucléaire** nuclear umbrella.

parapsychologie [parapsikɔlɔʒi] *nf* parapsychology.

parascolaire [paraskɔlɛr] *adj* extracurricular.

parasite [parazit] ◇ *nm* parasite. ◇ *adj* parasitic ; **bruits ~s** RADIO & TV interference *(U)*.

◆ **parasites** *nmpl* RADIO & TV interference *(U)*.

parasiter [3] [parazite] *vt* - **1.** [suj: ver, insecte] to live parasitically on, to parasitize - **2.** [suj: personne] to leech *ou* live off - **3.** RADIO & TV to cause interference on.

parasol [parasɔl] *nm* parasol, sunshade.

paratonnerre [paratɔnɛr] *nm* lightning conductor *UK ou* rod *US*.

paravent [paravɑ̃] *nm* screen.

parbleu [parblø] *interj* (but) of course!

parc [park] *nm* - **1.** [jardin] park ; [de château] grounds *(pl)* ; **~ d'attractions** amusement park ; **~ de loisirs** ≃ leisure park ; **~ national** national park ; **~ à thème** ≃ theme park - **2.** [pour l'élevage] pen ; **~ à huîtres** oyster bed - **3.** [de bébé] playpen - **4.** [de voitures] fleet ; **le ~ automobile** the number of cars on the roads.

◆ **parc des Princes** *npr m Paris sports stadium, home to football team Paris Saint-Germain.*

parcelle [parsɛl] *nf* - **1.** [petite partie] fragment, particle - **2.** [terrain] parcel of land.

parce que [parsk(ə)] *loc conj* because.

parchemin [parʃəmɛ̃] *nm* parchment.

parcheminé, **e** [parʃəmine] *adj* wrinkled.

parcimonie [parsimɔni] *nf* parsimoniousness ; **avec ~** sparingly, parsimoniously.

parcimonieusement [parsimɔnjøzmɑ̃] *adv* parsimoniously.

parcimonieux, **euse** [parsimɔnjø, øz] *adj* parsimonious.

parcmètre [parkmɛtr] *nm* parking meter.

parcourir [45] [parkurir] *vt* - **1.** [région, route] to cover - **2.** [journal, dossier] to skim *ou* glance through, to scan.

parcourrai, **parcourras** *(etc)* ▷ **parcourir**.

parcours[1], **parcourt** *(etc)* ▷ **parcourir**.

parcours[2] [parkur] *nm* - **1.** [trajet, voyage] journey ; [itinéraire] route ; **~ du combattant** assault course ; **~ santé** *trail in the countryside where signs encourage people to do exercises for their health* - **2.** [golf] [terrain] course ; [trajet] round.

parcouru, **e** [parkury] *pp* ▷ **parcourir**.

par-delà [pardəla] *prep* beyond.

par-derrière [pardɛrjɛr] *adv* - **1.** [par le côté arrière] round *UK ou* around *US* the back - **2.** [en cachette] behind one's back.

par-dessous [pardəsu] *prep* & *adv* under, underneath.

pardessus [pardəsy] *nm inv* overcoat.

par-dessus [pardəsy] ◇ *prep* over, over the top of ; **~ tout** above all. ◇ *adv* over, over the top.

par-devant [pardəvɑ̃] ◇ *prep* in front of. ◇ *adv* in front.

pardi [pardi] *interj fam* of course!

pardon [pardɔ̃] ◇ *nm* forgiveness ; **demander ~** to say (one is) sorry. ◇ *interj* [excuses] (I'm) sorry! ; [pour attirer l'attention] excuse me! ; **~?** (I beg your) pardon? *UK*, pardon me? *US*.

pardonnable [pardɔnabl] *adj* forgiveable.

pardonner [3] [pardɔne] ◇ *vt* to forgive ; **~ qqch à qqn** to forgive sb for sthg ; **~ à qqn d'avoir fait qqch** to forgive sb for doing sthg. ◇ *vi* : **ce genre d'erreur ne pardonne pas** this kind of mistake is fatal.

paré, **e** [pare] *adj* [prêt] ready.

pare-balles [parbal] ◇ *nm inv* [gilet] bullet-proof vest ; [plaque] bullet-proof shield. ◇ *adj inv* bullet-proof.

pare-brise [parbriz] *nm inv* windscreen *UK*, windshield *US*.

pare-chocs [parʃɔk] *nm inv* bumper.

pare-feu [parfø] *nm inv* [dispositif] fireguard ; [en forêt] firebreak.

pareil, **eille** [parɛj] ◇ *adj* - **1.** [semblable] : **~ (à)** similar (to) - **2.** [tel] such ; **un ~ film** such a film, a film like this ; **de ~s films** such films, films like these. ◇ *nm, f* : **mes ~s** my equals ; **sans ~** matchless ; **c'est du ~ au même** it comes to much the same thing ; **rendre la pareille à qqn** to pay sb back in his/her own coin, to give sb a taste of his/her own medicine.

◆ **pareil** *adv fam* the same (way).

pareillement [parɛjmɑ̃] *adv* [de même] in the same way ; [également, aussi] likewise, also.

parement [parmɑ̃] *nm* facing.

parent, e [parɑ̃, ɑ̃t] ◇ *adj* : **~ (de)** related (to). ◇ *nm, f* relative, relation ; **~ éloigné** distant relation *ou* relative.

◆ **parents** *nmpl* - **1.** [père et mère] parents, mother and father - **2.** *litt* [ancêtres] forefathers.

parental, e, aux [parɑ̃tal, o] *adj* parental.

parenté [parɑ̃te] *nf* - **1.** [lien, affinité] relationship - **2.** [famille] relatives *(pl)*, relations *(pl)*.

parenthèse [parɑ̃tɛz] *nf* - **1.** [digression] digression, parenthesis - **2.** TYPO bracket *UK*, parenthesis ; **entre ~s** in brackets *UK* ; *fig* incidentally, by the way ; **mettre entre ~s** to put in brackets *UK ou* parentheses *US*, to bracket *UK* ; *fig* to put to one side ; **ouvrir/fermer la ~** to open/close brackets *UK ou* parentheses *US*.

paréo [pareo] *nm* pareo.

parer [3] [pare] ◇ *vt* - **1.** *sout* [orner] to adorn - **2.** [vêtir] : **~ qqn de qqch** to dress sb up in sthg, to deck sb out in sthg ; *fig* to attribute sthg to sb - **3.** [contrer] to ward off, to parry. ◇ *vi* : **~ à** [faire face à] to deal with ; [pourvoir à] to prepare for ; **~ au plus pressé** to see to what is most urgent.

◆ **se parer** *vp* to dress up, to put on all one's finery ; **se ~ de** to adorn o.s. with ; *fig* [titre] to assume.

pare-soleil [parsɔlɛj] *nm inv* sun visor.

paresse [parɛs] *nf* - **1.** [fainéantise] laziness, idleness - **2.** MÉD sluggishness.

paresser [4] [parɛse] *vi* to laze about *ou* around.

paresseusement [parɛsøzmɑ̃] *adv* lazily, idly.

paresseux, euse [parɛsø, øz] ◇ *adj* - **1.** [fainéant] lazy - **2.** MÉD sluggish. ◇ *nm, f* [personne] lazy *ou* idle person.

◆ **paresseux** *nm* [animal] sloth.

parfaire [109] [parfɛr] *vt* to complete, to perfect.

parfait, e [parfɛ, ɛt] *adj* perfect.

◆ **parfait** *nm* - **1.** CULIN parfait - **2.** GRAMM perfect (tense).

parfaitement [parfɛtmɑ̃] *adv* - **1.** [admirablement, très] perfectly - **2.** [marque l'assentiment] absolutely.

parfois [parfwa] *adv* sometimes.

parfum [parfœ̃] *nm* - **1.** [de fleur] scent, fragrance - **2.** [à base d'essences] perfume, scent - **3.** [de glace] flavour *UK*, flavor *US* - **4.** *loc* **être/mettre qqn au ~** to be/put sb in the know.

parfumé, e [parfyme] *adj* - **1.** [fleur] fragrant - **2.** [mouchoir] perfumed - **3.** [femme] : **elle est trop ~e** she's wearing too much perfume.

parfumer [3] [parfyme] *vt* - **1.** [suj: fleurs] to perfume - **2.** [mouchoir] to perfume, to scent - **3.** CULIN to flavour.

◆ **se parfumer** *vp* to put perfume on.

parfumerie [parfymri] *nf* perfumery.

parfumeur, euse [parfymœr, øz] *nm, f* perfumer.

pari [pari] *nm* - **1.** [entre personnes] bet ; **faire un ~** to make *ou* lay a bet ; **gagner/perdre son ~** to win/lose one's bet - **2.** [jeu] betting *(U)*.

paria [parja] *nm* pariah.

parier [9] [parje] *vt* : **~ (sur)** to bet (on) ; **je l'aurais parié!** *fig* I thought as much!

parieur [parjœr] *nm* punter.

parigot, ote [parigo, ɔt] *adj fam* Parisian.

◆ **Parigot, ote** *nm, f fam* Parisian.

Paris [pari] *n* Paris.

Paris

The name *Paris* followed by a cardinal number or Roman numeral refers to a Paris university: *Paris VII* (the science faculty at Jussieu), *Paris IV* (the Sorbonne), *Paris X* (Nanterre University), etc.

paris-brest [paribrɛst] *nm inv choux pastry ring with cream and almonds.*

parisianisme [parizjanism] *nm* [expression] Parisian idiom ; [habitude] Parisian custom.

parisien, enne [parizjɛ̃, ɛn] *adj* [vie, société] Parisian ; [métro, banlieue, région] Paris *(avant n)*.

◆ **Parisien, enne** *nm, f* Parisian.

paritaire [paritɛr] *adj* : **commission ~** joint commission *(with both sides equally represented)*.

parité [parite] *nf* parity.

parjure [parʒyr] ◇ *nmf* [personne] perjurer. ◇ *nm* [faux serment] perjury.

parjurer [3] [parʒyre] ◆ **se parjurer** *vp* to perjure o.s.

parka [parka] *nm & nf* parka.

parking [parkiŋ] *nm* [parc] car park *UK*, parking lot *US*.

parlant, e [parlɑ̃, ɑ̃t] *adj* - **1.** [qui parle] : **le cinéma ~** talking pictures ; **l'horloge ~e** TÉLÉCOM the speaking clock - **2.** *fig* [chiffres, données] eloquent ; [portrait] vivid.

parlement [parləmɑ̃] *nm* parliament ; **le Parlement européen** the European Parliament.

parlementaire [parləmɑ̃tɛr] ◇ *nmf* [député] member of parliament ; [négociateur] negotiator. ◇ *adj* parliamentary.

parlementarisme [parləmɑ̃tarism] *nm* (system of) parliamentary government.

parlementer [3] [parləmɑ̃te] *vi* - **1.** [négocier] to negotiate, to parley - **2.** [parler longtemps] to talk at length.

parler [3] [parle] ◇ *vi* - **1.** [gén] to talk, to speak ; **les faits parlent d'eux-mêmes** the facts speak for themselves ; **~ à/avec qqn** to speak to/with sb, to talk to/with sb ; **~ de qqch à qqn** to speak *ou* talk to sb about sthg ; **~ de qqn/qqch** to talk about sb/sthg ; **~ de faire qqch** to talk about doing sthg ; **~ en français** to speak in French ; **~ tout seul** to talk to o.s. ; **sans ~ de** apart from, not to mention ; **à proprement ~** strictly speaking ; **~ pour ne rien dire** to talk for the sake of talking ; **tu parles!** *fam* you can say that again! ; **n'en parlons plus** we'll say no more about it - **2.** [avouer] to talk. ◇ *vt* [langue] to speak ; **~ (le) français** to speak French ; **~ politique/affaires** to talk politics/business. ◇ *nm* - **1.** [manière de parler] speech - **2.** [patois] dialect.

◆ **se parler** *vp* : **ils ne se parlent pas** they're not on speaking terms.

parleur [parlœr] *nm* : **beau ~** *péj* fine talker.

parloir [parlwar] *nm* parlour *UK*, parlor *US*.

parlo(t)te [parlɔt] *nf* chat.

parme [parm] *nm & adj inv* violet.

parmesan [parməzɑ̃] *nm* Parmesan (cheese).

parmi [parmi] *prep* among.

parodie [parɔdi] *nf* parody.

parodier [9] [parɔdje] *vt* to parody.

paroi [parwa] *nf* - **1.** [mur] wall ; [cloison] partition ; **~ rocheuse** rock face - **2.** [de récipient] inner side.

paroisse [parwas] *nf* parish.

paroissial, e, aux [parwasjal, o] *adj* parish *(avant n)*.

paroissien, enne [parwasjɛ̃, ɛn] *nm, f* parishioner.

parole [parɔl] *nf* - **1.** [faculté de parler] : **la ~** speech - **2.** [propos, discours] : **adresser la ~ à qqn** to speak to sb ; **couper la ~ à qqn** to cut sb off ; **prendre la ~** to speak ; **donner** *ou* **passer la ~ à qqn** to hand over to sb - **3.** [promesse, mot] word ; **tenir ~** to keep one's word ; **donner sa ~ d'honneur** to give one's word of honour *UK ou* honor *US* ; **croire qqn sur ~** to take sb's word for it ; **libérer qqn sur ~** to free sb on parole.

◆ **paroles** *nfpl* MUS words, lyrics.

parolier, ère [parɔlje, ɛr] *nm, f* [de chanson] lyricist ; [d'opéra] librettist.

paroxysme [parɔksism] *nm* height.

parpaing [parpɛ̃] *nm* breezeblock *UK*, cinderblock *US*.

parquer [3] [parke] *vt* - **1.** [animaux] to pen in *ou* up - **2.** [prisonniers] to shut up *ou* in - **3.** [voiture] to park.

parquet [parkɛ] *nm* - **1.** [plancher] parquet floor - **2.** DR ≃ Crown Prosecution Service *UK*, ≃ District Attorney's office *US*.

parqueter [27] [parkəte] *vt* to lay a parquet floor in.

parrain [parɛ̃] *nm* - **1.** [d'enfant] godfather - **2.** [de festival, sportif] sponsor.

parrainage [parɛnaʒ] *nm* sponsorship.

parrainer [4] [parɛne] *vt* to sponsor, to back.

parricide [parisid] ◇ *nm* [crime] parricide. ◇ *adj* parricidal.

pars, part ▷ **partir.**

parsemer [19] [parsəme] *vt* : **~ (de)** to strew (with).

part [par] *nf* - **1.** [de gâteau] portion ; [de bonheur, d'héritage] share ; [partie] part ; **réclamer sa ~** to claim one's share ; **~ de marché** ÉCON market share ; **se tailler la ~ du lion** *fig* to take the lion's share - **2.** [participation] : **prendre ~ à qqch** to take part in sthg - **3.** *loc* **de la ~ de** from ; [appeler, remercier] on behalf of *UK*, in behalf of *US* ; **c'est de la ~ de qui?** [au téléphone] who's speaking *ou* calling? ; **dites-lui de ma ~ que...** tell him from me that... ; **ce serait bien aimable de votre ~** it would be very kind of you ; **pour ma ~** as far as I'm concerned ; **faire ~ à qqn de qqch** to inform sb of sthg ; **faire la ~ des choses** to make allowances.

◆ **à part** ◇ *loc adv* aside, separately. ◇ *loc adj* exceptional. ◇ *loc prép* apart from.

◆ **autre part** *loc adv* somewhere *ou* someplace *US* else.

◆ **d'autre part** *loc adv* besides, moreover.

◆ **de part en part** *loc adv* right through.

◆ **de part et d'autre** *loc adv* on both sides.

◆ **d'une part..., d'autre part** *loc corrélative* on the one hand..., on the other hand.

◆ **quelque part** *loc adv* somewhere, someplace *US*.

part. *abr de* **particulier.**

partage [partaʒ] *nm* - **1.** [action] sharing (out) - **2.** DR distribution.

partager [17] [partaʒe] *vt* - **1.** [morceler] to divide (up) ; **être partagé** *fig* to be divided - **2.** [mettre en commun] : **~ qqch avec qqn** to share sthg with sb - **3.** [prendre part à] to share (in).

◆ **se partager** *vp* - **1.** [se diviser] to be divided - **2.** [partager son temps] to divide one's time - **3.** [se répartir] : **se ~ qqch** to share sthg between themselves/ourselves *etc.*

partance [partɑ̃s] *nf* : **en ~** outward bound ; **en ~ pour** bound for.

partant, e [partɑ̃, ɑ̃t] *adj* : **être ~ pour** to be ready for.

◆ **partant** *nm* starter.

partenaire [partənɛr] *nmf* partner ; **~s sociaux** labour *UK* *OU* labor *US* and management.

partenariat [partənarja] *nm* partnership.

parterre [partɛr] *nm* **- 1.** [de fleurs] (flower) bed **- 2.** THÉÂTRE stalls *(pl)* *UK*, orchestra *US*.

parti, **e** [parti] ◇ *pp* ▷ **partir**. ◇ *adj fam* [ivre] tipsy.

◆ **parti** *nm* **- 1.** POLIT party ; **~ d'opposition** opposition party **- 2.** [choix, décision] course of action ; **prendre ~** to make up one's mind ; **prendre le ~ de faire qqch** to make up one's mind to do sthg ; **en prendre son ~** to be resigned ; **être de ~ pris** to be prejudiced *OU* biased ; **tirer ~ de** to make (good) use of **- 3.** [personne à marier] match ; **un beau ~** a good match.

◆ **partie** *nf* **- 1.** [élément, portion] part ; **en grande ~e** largely ; **en majeure ~e** for the most part ; **faire ~e (intégrante) de qqch** to be (an integral) part of sthg **- 2.** [domaine d'activité] field, subject **- 3.** SPORT game **- 4.** DR party ; **la ~e adverse** the opposing party **- 5.** *loc* **prendre qqn à ~e** to attack sb ; **ce n'est que ~ remise** there'll be other opportunities, I'll reschedule it, I'll take a rain check *US*.

◆ **parties** *nfpl fam* private parts, privates.

◆ **en partie** *loc adv* partly, in part.

partial, **e**, **aux** [parsjal, o] *adj* biased.

partialement [parsjalmɑ̃] *adv* in a biased way, with bias.

partialité [parsjalite] *nf* partiality, bias.

participant, **e** [partisipɑ̃, ɑ̃t] ◇ *adj* participating. ◇ *nm, f* **- 1.** [à réunion] participant **- 2.** SPORT competitor **- 3.** [à concours] entrant.

participatif, **ive** [partisipatif, iv] *adj* : **prêt ~** participating capital loan.

participation [partisipasjɔ̃] *nf* **- 1.** [collaboration] participation **- 2.** ÉCON interest ; **~ aux frais** (financial) contribution ; **~ aux bénéfices** profit sharing ; **~ majoritaire/minoritaire** majority/minority interest.

participe [partisip] *nm* participle ; **~ passé/présent** past/present participle.

participer [3] [partisipe] *vi* : **~ à** [réunion, concours] to take part in ; [frais] to contribute to ; [bénéfices] to share in ; **~ de** *litt* to have some of the characteristics of.

particularisme [partikylarism] *nm* (sense of) identity.

particularité [partikylarite] *nf* distinctive feature.

particule [partikyl] *nf* **- 1.** [gén & LING] particle **- 2.** [nobiliaire] nobiliary particle.

particulier, **ère** [partikylje, ɛr] *adj* **- 1.** [personnel, privé] private **- 2.** [spécial] particular, special ; [propre] peculiar, characteristic ; **~ à** peculiar to, characteristic of **- 3.** [remarquable] unusual, exceptional ; **cas ~** special case **- 4.** [assez bizarre] peculiar.

◆ **particulier** *nm* [personne] private individual.

◆ **en particulier** *loc adv* **- 1.** [seul à seul] in private **- 2.** [surtout] in particular, particularly **- 3.** [à part] separately.

particulièrement [partikyljɛrmɑ̃] *adv* particularly ; **tout ~** especially.

partie ▷ **parti**.

partiel, **elle** [parsjɛl] *adj* partial.

◆ **partiel** *nm* UNIV ≃ end-of-term exam *UK*.

partiellement [parsjɛlmɑ̃] *adv* partially, partly.

partir [43] [partir] *vi* **- 1.** [personne] to go, to leave ; **~ à** to go to ; **~ pour** to leave for ; **~ de** [bureau] to leave ; [aéroport, gare] to leave from ; [hypothèse, route] to start from ; [date] to run from **- 2.** [voiture] to start ; **c'est bien/mal parti** *fig* it got off on the right/wrong foot **- 3.** [coup de feu] to go off ; [bouchon] to pop **- 4.** [tache] to come out, to go.

◆ **à partir de** *loc prép* from.

partisan, **e** [partizɑ̃, an] *adj* [partial] partisan ; **être ~ de** to be in favour *UK* *OU* favor *US* of.

◆ **partisan** *nm* **- 1.** [adepte] supporter, advocate **- 2.** MIL partisan.

partitif, **ive** [partitif, iv] *adj* partitive.

◆ **partitif** *nm* partitive.

partition [partisjɔ̃] *nf* **- 1.** [séparation] partition **- 2.** MUS score.

partout [partu] *adv* everywhere ; **~ ailleurs** everywhere else ; **un peu ~** all over, everywhere.

paru, **e** [pary] *pp* ▷ **paraître**.

parure [paryr] *nf* (matching) set.

parution [parysjɔ̃] *nf* publication.

parvenir [40] [parvənir] *vi* : **~ à** [atteindre] to reach ; [obtenir] to achieve ; **~ à faire qqch** to manage to do sthg ; **faire ~ qqch à qqn** to send sthg to sb.

parvenu, **e** [parvəny] ◇ *pp* ▷ **parvenir**. ◇ *nm, f péj* parvenu, upstart.

parviendrai, **parviendras** *(etc)* ▷ **parvenir**.

parvis [parvi] *nm* square *(in front of church)*.

pas[1] [pa] *nm* **- 1.** [gén] step ; **allonger le ~** to quicken one's pace ; **marquer le ~** to mark time ; **revenir sur ses ~** to retrace one's steps ; **~ à ~** step by step ; **au ~ cadencé** in quick time ; **à ~ de loup** *fig* stealthily ; **à ~ feutrés** *fig* with muffled footsteps **- 2.** TECHNOL thread **- 3.** *loc* **c'est à deux ~ (d'ici)** it's very near (here) ; **emboîter le ~ à qqn** to fall into step with sb ; **faire les cent ~** to pace up and down ; **faire un faux ~** to slip ; *fig* to make a faux pas ; **faire le premier ~** to make the first move ; **franchir** *ou* **sauter le ~** to take the plunge ; **(rouler) au ~** (to move) at a snail's pace ; **sur le ~ de la porte** on the doorstep ; **tirer qqn d'un mauvais ~** to get sb out of a tight spot.

pas[2] [pa] *adv* - **1.** [avec ne] not ; **elle ne vient ~** she's not *ou* she isn't coming ; **elle n'a ~ mangé** she hasn't eaten ; **je ne le connais ~** I don't know him ; **il n'y a ~ de vin** there's no wine, there isn't any wine ; **je préférerais ne ~ le rencontrer** I would prefer not to meet him, I would rather not meet him - **2.** [sans ne] not ; **l'as-tu vu ou ~?** have you seen him or not? ; **il est très satisfait, moi ~** he's very pleased, but I'm not ; **sincère ou ~** (whether) sincere or not ; **une histoire ~ drôle** a story which isn't funny ; **~ encore** not yet ; **~ du tout** not at all - **3.** [avec pron indéf] : **~ un** [aucun] none, not one ; **~ un d'eux n'est venu** none of them *ou* not one of them came.

pascal, e [paskal] (*pl* **pascals** *ou* **pascaux** [pasko]) *adj* Easter *(avant n)*.

◆ **pascal** *nm* - **1.** INFORM Pascal - **2.** PHYS pascal.

pas-de-porte [padpɔrt] *nm inv* key money.

pashmina [paʃmina] *nm* pashmina.

passable [pasabl] *adj* passable, fair.

passablement [pasabləmɑ̃] *adv* - **1.** [assez bien] fairly well - **2.** [beaucoup] quite a bit.

passage [pasaʒ] *nm* - **1.** [action - de passer] going past ; [- de traverser] crossing ; **être de ~** to be passing through ; **au ~** [- en passant] as he/she *etc* goes by ; *fig* in passing - **2.** [endroit] passage, way ; **se frayer un ~ à travers** *ou* **dans** to force a way through ; **'~ interdit'** 'no entry' ; **~ clouté** *ou* **pour piétons** pedestrian crossing *UK*, crosswalk *US* ; **~ à niveau** level crossing *UK*, grade crossing *US* ; **~ protégé** *priority given to traffic on the main road* ; **~ souterrain** underpass, subway *UK* - **3.** [changement d'état] : **~ de qqch à qqch** change *ou* transition from sthg to sthg ; **~ à vide** dizzy spell ; *fig* bad patch - **4.** [extrait] passage.

passager, ère [pasaʒe, ɛr] ◇ *adj* - **1.** [bonheur] fleeting, short-lived - **2.** [hôte] short-stay *(avant n)* ; **oiseau ~** bird of passage. ◇ *nm, f* passenger ; **~ clandestin** stowaway.

passant, e [pasɑ̃, ɑ̃t] ◇ *adj* busy. ◇ *nm, f* passerby.

◆ **passant** *nm* [de ceinture] (belt) loop.

passation [pasasjɔ̃] *nf* - **1.** [conclusion] signing - **2.** [transmission] handover ; **~ des pouvoirs** transfer of power.

passe [pas] ◇ *nm* passkey. ◇ *nf* - **1.** [au sport] pass - **2.** NAUT channel - **3.** *fam* [prostitution] : **maison de ~** ≃ brothel - **4.** *loc* **être en ~ de faire qqch** to be on the way to doing sthg ; **être dans une mauvaise ~** to be in a fix.

passé, e [pase] *adj* - **1.** [qui n'est plus] past ; [précédent] : **la semaine ~e** last week ; **au cours de la semaine ~e** in the last week ; **il est trois heures ~es** it's gone three *UK*, it's after three - **2.** [fané] faded.

◆ **passé** ◇ *nm* past ; **~ composé** perfect tense ; **~ simple** past historic. ◇ *prep* after.

passe-droit [pasdrwa] (*pl* **passe-droits**) *nm* privilege.

passementerie [pasmɑ̃tri] *nf* haberdashery *UK*, notions *(pl) US*.

passe-montagne [pasmɔ̃taɲ] (*pl* **passe-montagnes**) *nm* balaclava (helmet).

passe-partout [paspartu] *nm inv* - **1.** [clé] passkey - **2.** *(en apposition)* [tenue] all-purpose ; [phrase] stock *(avant n)*.

passe-passe [paspas] *nm inv* : **tour de ~** [prestidigitation] conjuring trick ; *fig* [tromperie] trick.

passe-plat [paspla] (*pl* **passe-plats**) *nm* serving hatch.

passeport [paspɔr] *nm* passport.

passer [3] [pase] ◇ *vi (aux: être)* - **1.** [se frayer un chemin] to pass, to get past - **2.** [défiler] to go by *ou* past - **3.** [aller] to go ; **~ à** *ou* **au travers** *ou* **par** to come *ou* pass through ; **~ chez qqn** to call on sb, to drop in on sb ; **~ de qqch à qqch** [changer d'état] to go from sthg to sthg ; [changer d'activité] to change from sthg to sthg ; **~ devant** [bâtiment] to pass ; [juge] to come before ; **en passant** in passing ; **ne faire que ~** to stay only a short while - **4.** [venir - facteur] to come, to call - **5.** SCOL to pass, to be admitted ; **~ dans la classe supérieure** to move up *UK*, to be moved up (a class) *UK* - **6.** [être accepté] to be accepted ; **qu'il soit toujours en retard, passe encore, mais...** it's one thing *ou* it's all very well to be late all the time but... - **7.** [fermer les yeux] : **~ sur qqch** to pass over sthg - **8.** [temps] to pass, to go by - **9.** [disparaître - souvenir, couleur] to fade ; [- douleur] to pass, to go away - **10.** CINÉ, TV & THÉÂTRE to be on ; **~ à la radio/télévision** to be on the radio/television - **11.** CARTES to pass - **12.** [devenir] : **~ président/directeur** to become president/director, to be appointed president/director - **13.** *loc* **~ inaperçu** to pass *ou* go unnoticed ; **passons...** let's move on... ; **~ pour** to be regarded as ; **se faire ~ pour qqn** to pass o.s. off as sb ; **il y est passé** *fam* [mort] he kicked the bucket ; **tout son argent y passe** *fam* all his money goes on that. ◇ *vt (aux: avoir)* - **1.** [franchir - frontière, rivière] to cross ; [- douane] to go through - **2.** [soirée, vacances] to spend - **3.** [sauter - ligne, tour] to miss - **4.** [défauts] : **~ qqch à qqn** to overlook sthg in sb - **5.** [faire aller - bras] to pass, to put - **6.** [peinture] to lay on, to spread - **7.** [filtrer - huile] to strain ; [- café] to filter - **8.** [film, disque] to put on - **9.** [vêtement] to slip on - **10.** [vitesses] to change ; **~ la** *ou* **en troisième** to change into third (gear) - **11.** [donner] : **~ qqch à qqn** to pass sb sthg ; MÉD to give sb sthg - **12.** [accord] : **~ un contrat**

avec qqn to have an agreement with sb **- 13.** SCOL & UNIV [examen] to sit *UK*, to take **- 14.** [au téléphone] : **je vous passe Mme Ledoux** [transmettre] I'll put you through to Mme Ledoux ; [donner l'écouteur à] I'll hand you Mme Ledoux.
◆ **se passer** *vp* **- 1.** [événement] to happen, to take place ; **comment ça s'est passé?** how did it go? ; **ça ne se passera pas comme ça!** I'm not putting up with that! **- 2.** [s'enduire - crème] to put on **- 3.** [s'abstenir] : **se ~ de qqch/de faire qqch** to do without sthg/doing sthg.

passereau [pasro] *nm* sparrow.

passerelle [pasrɛl] *nf* **- 1.** [pont] footbridge **- 2.** [passage mobile] gangway.

passe-temps [pastɑ̃] *nm inv* pastime.

passe-thé [paste] *nm inv* tea strainer.

passible [pasibl] *adj* : **~ de** DR liable to.

passif, **ive** [pasif, iv] *adj* passive.
◆ **passif** *nm* **- 1.** GRAMM passive **- 2.** FIN liabilities *(pl)*.

passion [pasjɔ̃] *nf* passion ; **avoir la ~ de qqch** to have a passion for sthg.
◆ **Passion** *nf* MUS & RELIG Passion.

passionnant, **e** [pasjɔnɑ̃, ɑ̃t] *adj* exciting, fascinating.

passionné, **e** [pasjɔne] ◇ *adj* **- 1.** [personne] passionate **- 2.** [récit, débat] impassioned. ◇ *nm, f* passionate person ; **~ de ski/d'échecs** *etc* skiing/chess *etc* fanatic.

passionnel, **elle** [pasjɔnɛl] *adj* [crime] of passion.

passionnément [pasjɔnemɑ̃] *adv* passionately.

passionner [3] [pasjɔne] *vt* [personne] to grip, to fascinate.
◆ **se passionner** *vp* : **se ~ pour** to have a passion for.

passivement [pasivmɑ̃] *adv* passively.

passivité [pasivite] *nf* passivity.

passoire [paswar] *nf* [à liquide] sieve ; [à légumes] colander.

pastel [pastɛl] ◇ *nm* pastel. ◇ *adj inv* [couleur] pastel *(avant n)*.

pastèque [pastɛk] *nf* watermelon.

pasteur [pastœr] *nm* **- 1.** *litt* [berger] shepherd **- 2.** RELIG pastor, minister.
◆ **Pasteur** [pastœr] *npr m* : **l'Institut ~** *important medical research centre.*

L'Institut Pasteur

This is a major research and teaching establishment specializing in microbiology and bacteriology. Its headquarters are in Paris but it has branches all over the world.

pasteurisation [pastœrizasjɔ̃] *nf* pasteurization.

pasteuriser [3] [pastœrize] *vt* to pasteurize.

pastiche [pastiʃ] *nm* pastiche.

pastille [pastij] *nf* [bonbon] pastille, lozenge.

pastis [pastis] *nm aniseed-flavoured aperitif.*

pastoral, **e**, **aux** [pastɔral, o] *adj litt* pastoral.
◆ **pastorale** *nf* ART & LITTÉR pastoral ; MUS pastorale.

patagon, **one** [patagɔ̃, ɔn] *adj* Patagonian.
◆ **Patagon**, **one** *nm, f* Patagonian.

Patagonie [patagɔni] *nf* : **la ~** Patagonia.

patapouf [patapuf] *nm fam* fatty.

patate [patat] *nf* **- 1.** *fam* [pomme de terre] spud **- 2.** *fam* [imbécile] fathead.
◆ **patate douce** *nf* sweet potato.

patati [patati] *interj* : **et ~ et patata** *fam* and so on and so forth.

patatras [patatra] *interj* crash!

pataud, **e** [pato, od] ◇ *adj* clumsy. ◇ *nm, f* clumsy person.

pataugeoire [patoʒwar] *nf* paddling pool *UK*, wading pool *US*.

patauger [17] [patoʒe] *vi* **- 1.** [barboter] to splash about **- 2.** *fam fig* [s'embrouiller] to flounder.

patch [patʃ] *nm* MÉD patch.

patchouli [patʃuli] *nm* patchouli.

patchwork [patʃwœrk] *nm* patchwork.

pâte [pat] *nf* **- 1.** [à tarte] pastry ; [à pain] dough ; **~ brisée** shortcrust pastry ; **~ feuilletée** puff pastry ; **~ à frire** batter ; **~ à pain** bread dough ; **~ à tarte** pastry **- 2.** [mélange] paste ; **~ d'amandes** almond paste ; **~ de fruits** *jelly made from fruit paste* ; **une ~ de fruits** a fruit jelly *(sweet)* ; **~ à modeler** modelling *UK* *ou* modeling *US* clay ; **~ à papier** paper pulp **- 3.** *loc* **être bonne ~** to be easy-going.
◆ **pâtes** *nfpl* pasta *(sing)*.

pâté [pate] *nm* **- 1.** CULIN pâté ; **~ de campagne** farmhouse pâté ; **~ en croûte** *pâté baked in a pastry case* ; **~ de foie** liver pâté ; **~ impérial** spring roll **- 2.** [tache] ink blot **- 3.** [bloc] : **~ de maisons** block (of houses).

pâtée [pate] *nf* mash, feed.

patelin [patlɛ̃] *nm fam* village, place.

patène [patɛn] *nf* paten.

patente [patɑ̃t] *nf* licence *UK* *ou* license *US* fee *(for traders and professionals)*.

patenté, **e** [patɑ̃te] *adj* **- 1.** [commerçant] licensed **- 2.** *fam* [voleur, menteur] habitual.

patère [patɛr] *nf* [portemanteau] coat hook.

paternalisme [patɛrnalism] *nm* paternalism.

paternaliste [patɛrnalist] ◇ *nmf* paternalist. ◇ *adj* paternalistic.

paternel, **elle** [patɛrnɛl] *adj* [devoir, autorité] paternal ; [amour, ton] fatherly.
◆ **paternel** *nm fam* old man.

paternité [patɛrnite] *nf* paternity, fatherhood ; *fig* authorship, paternity.

pâteux, **euse** [patø, øz] *adj* - **1.** [aliment] doughy ; [encre] thick - **2.** [style] leaden.

pathétique [patetik] ◇ *nm litt* pathos. ◇ *adj* moving, pathetic.

pathologie [patɔlɔʒi] *nf* pathology.

pathologique [patɔlɔʒik] *adj* pathological.

pathos [patos] *nm litt* & *péj* pathos.

patibulaire [patibylɛr] *adj péj* sinister.

patiemment [pasjamɑ̃] *adv* patiently.

patience [pasjɑ̃s] *nf* - **1.** [gén] patience ; **s'armer de ~** to be patient, to have patience ; **perdre ~** to lose patience ; **prendre son mal en ~** to put up with it - **2.** [jeu de cartes] patience *UK*, solitaire *US*.

patient, **e** [pasjɑ̃, ɑ̃t] ◇ *adj* patient. ◇ *nm, f* - **1.** [qui a de la patience] patient person - **2.** MÉD patient.

patienter [3] [pasjɑ̃te] *vi* to wait ; **'veuillez patienter'** 'please wait'.

patin [patɛ̃] *nm* - **1.** SPORT skate ; **~ à glace/à roulettes** ice/roller skate ; **faire du ~ à glace/à roulettes** to go ice-/roller-skating - **2.** [de feutre] *cloth pad used under shoes to protect wooden floor*.

patinage [patinaʒ] *nm* SPORT skating ; **~ artistique/de vitesse** figure/speed skating.

patine [patin] *nf* patina.

patiner [3] [patine] ◇ *vi* - **1.** SPORT to skate - **2.** [véhicule] to skid. ◇ *vt* [objet] to give a patina to ; [avec vernis] to varnish.
◆ **se patiner** *vp* to take on a patina.

patineur, **euse** [patinœr, øz] *nm, f* skater.

patinoire [patinwar] *nf* ice *ou* skating rink.

patio [patjo, pasjo] *nm* patio.

pâtir [32] [patir] *vi* : **~ de** to suffer the consequences of.

pâtisserie [patisri] *nf* - **1.** [gâteau] pastry - **2.** [art, métier] pastry-making - **3.** [commerce] ≃ cake shop *UK*, ≃ bakery *US*.

pâtissier, **ère** [patisje, ɛr] ◇ *adj* : **crème pâtissière** confectioner's custard. ◇ *nm, f* pastrycook.

patois [patwa] *nm* patois.

patraque [patrak] *adj fam* [personne] out of sorts.

patriarcal, **e**, **aux** [patrijarkal, o] *adj* patriarchal.

patriarcat [patrijarka] *nm* - **1.** RELIG patriarchate - **2.** SOCIOL patriarchy.

patriarche [patrijarʃ] *nm* patriarch.

patrie [patri] *nf* country, homeland ; **~ d'adoption** country of adoption.

patrimoine [patrimwan] *nm* [familial] inheritance ; [collectif] heritage.

patriote [patrijɔt] ◇ *nmf* patriot. ◇ *adj* patriotic.

patriotique [patrijɔtik] *adj* patriotic.

patriotisme [patrijɔtism] *nm* patriotism.

patron, **onne** [patrɔ̃, ɔn] *nm, f* - **1.** [d'entreprise] head - **2.** [chef] boss - **3.** RELIG patron saint.
◆ **patron** *nm* [modèle] pattern.

patronage [patrɔnaʒ] *nm* - **1.** [protection] patronage ; [de saint] protection - **2.** [organisation] youth club.

patronal, **e**, **aux** [patrɔnal, o] *adj* [organisation, intérêts] employers' *(avant n)*.

patronat [patrɔna] *nm* employers.

patronnesse [patrɔnɛs] *nf* : **(dame) ~** *iron* patroness.

patronyme [patrɔnim] *nm* patronymic.

patronymique [patrɔnimik] *adj* patronymic.

patrouille [patruj] *nf* patrol.

patrouiller [3] [patruje] *vi* to patrol.

patte [pat] *nf* - **1.** [d'animal] paw ; [d'oiseau] foot ; **montrer ~ blanche** *fig* to give the password ; **à quatre ~s** four-legged ; *fig* on all fours, on one's hands and knees ; **retomber sur ses ~s** *fig* to land on one's feet - **2.** *fam* [jambe] leg ; [pied] foot ; [main] hand, paw ; **graisser la ~ à qqn** to grease sb's palm - **3.** [favori] sideburn - **4.** [de poche, de portefeuille] fastening.

patte-d'oie [patdwa] (*pl* **pattes-d'oie**) *nf* crow's foot.

pattemouille [patmuj] *nf* damping cloth.

pâturage [patyraʒ] *nm* [lieu] pasture land.

pâture [patyr] *nf* [nourriture] food, fodder ; *fig* intellectual nourishment ; **donner qqn/qqch en ~ à, offrir qqn /qqch en ~ à** to feed sb/sthg to.

paume [pom] *nf* - **1.** [de main] palm - **2.** SPORT real tennis.

paumé, **e** [pome] *fam* ◇ *adj* lost. ◇ *nm, f* down and out.

paumer [3] [pome] *fam vt* to lose.
◆ **se paumer** *vp* to get lost.

paupérisation [poperizasjɔ̃] *nf* pauperization.

paupière [popjɛr] *nf* eyelid.

paupiette [popjɛt] *nf thin slice of meat or fish stuffed and rolled* ; **~s de veau** ≃ veal olives *UK*.

pause [poz] *nf* - **1.** [arrêt] break ; **~-café** coffee-break - **2.** MUS pause.

pauvre [povr] ◇ *nmf* poor person ; **le/la ~!** the poor thing! ◇ *adj* poor ; **~ en** low in ; **~ d'esprit** feeble-minded.

pauvrement [povrəmɑ̃] *adv* poorly.

pauvreté [povrəte] *nf* poverty.

pavage [pavaʒ] *nm* paving.

pavaner [3] [pavane] ◆ **se pavaner** *vp* to strut.

pavé, e [pave] *adj* cobbled.
◆ **pavé** *nm* - **1.** [chaussée] : **être sur le ~** *fig* to be out on the streets ; **battre le ~** *fig* to walk the streets - **2.** [de pierre] cobblestone, paving stone - **3.** *fam* [livre] tome - **4.** [de viande] slab - **5.** INFORM : **~ numérique** numeric keypad.

paver [3] [pave] *vt* to pave.

pavillon [pavijɔ̃] *nm* - **1.** [bâtiment] detached house *UK* ; **~ de banlieue** ≃ bungalow ; **~ de chasse** hunting lodge - **2.** [de trompette] bell - **3.** [d'oreille] pinna, auricle - **4.** [drapeau] flag.

pavoiser [3] [pavwaze] ◇ *vt* to decorate with flags. ◇ *vi fam* to crow.

pavot [pavo] *nm* poppy.

payable [pɛjabl] *adj* payable.

payant, e [pɛjɑ̃, ɑ̃t] *adj* - **1.** [hôte] paying *(avant n)* - **2.** [spectacle] with an admission charge - **3.** *fam* [affaire] profitable.

paye = **paie**[2].

payement = **paiement**.

payer [11] [peje] ◇ *vt* - **1.** [gén] to pay ; [achat] to pay for ; **~ qqch à qqn** to buy sthg for sb, to buy sb sthg, to treat sb to sthg ; **~ qqn de qqch** *fig* [efforts, peine] to reward sb for sthg - **2.** [expier - crime, faute] to pay for ; **il me le paiera!** he'll pay for this! ◇ *vi* : **~ (pour)** to pay (for) ; **~ de sa poche** to pay out of one's own pocket ; **~ de sa personne** [s'exposer au danger] to put o.s. on the line ; [se donner du mal] to put in a lot of effort ; **~ d'audace** to risk one's all.
◆ **se payer** *vp* [s'offrir] : **se ~ qqch** to buy o.s. sthg, to treat o.s. to sthg.

payeur, euse [pɛjœr, øz] *adj* payments *(avant n)*.
◆ **payeur** *nm* payer ; **mauvais ~** bad debtor.

pays [pei] *nm* - **1.** [gén] country ; **~ d'adoption** country of adoption ; **~ de cocagne** *fig* land of plenty ; **les ~ de l'Est** the Eastern bloc (countries) ; **~ natal** native land, native country ; **comme en ~ conquis** like the lord of the manor - **2.** [région, province] region ; **être du ~** to be a local - **3.** [village] village.
◆ **pays de Galles** *nm* : **le ~ de Galles** Wales ; **au ~ de Galles** in Wales.

paysage [peizaʒ] *nm* - **1.** [site, vue] landscape, scenery - **2.** [tableau] landscape - **3.** *fig* [contexte] scene.

paysager, ère [peizaʒe, ɛr] *adj* landscaped.

paysagiste [peizaʒist] ◇ *nmf* - **1.** [peintre] landscape artist - **2.** [concepteur de parcs] landscape gardener. ◇ *adj* landscape *(avant n)*.

paysan, anne [peizɑ̃, an] ◇ *adj* [vie, coutume] country *(avant n)*, rural ; [organisation, revendication] farmers' *(avant n)* ; *péj* peasant *(avant n)*. ◇ *nm, f* - **1.** [agriculteur] (small) farmer - **2.** *péj* [rustre] peasant.

paysannat [peizana] *nm* peasantry.

paysannerie [peizanri] *nf* peasantry, peasant class.

Pays-Bas [peiba] *nmpl* : **les ~** the Netherlands ; **aux ~** in the Netherlands.

PC *nm* - **1.** (*abr de* **Parti communiste**) Communist Party - **2.** (*abr de* **personal computer**) PC - **3.** (*abr de* **prêt conventionné**) *special loan for house purchase* - **4.** (*abr de* **permis de construire**) planning permission *UK* - **5.** (*abr de* **poste de commandement**) HQ - **6.** (*abr de* **Petite Ceinture**) *bus following the inner ring road in Paris*.

pcc (*abr écrite de* **pour copie conforme**) certified accurate.

PCF (*abr de* **Parti communiste français**) *nm French Communist Party*.

PCV (*abr de* **à percevoir**) *nm* reverse-charge call *UK*, collect call *US*.

P-DG (*abr de* **président-directeur général**) *nm* Chairman and Managing Director *UK*, President and Chief Executive Officer *US*.

p.-ê. *abr de* **peut-être**.

PEA (*abr de* **plan d'épargne en actions**) *nm savings scheme*.

péage [peaʒ] *nm* toll.

peau [po] *nf* - **1.** [gén] skin ; **~ de banane** banana skin ; **~ d'orange** orange peel ; MÉD ≃ cellulite ; **n'avoir que la ~ sur les os** to be just skin and bones ; **être bien/mal dans sa ~** [en général] to feel great/terrible ; [en situation] to feel at ease/ill at ease ; **risquer sa ~** to risk one's neck ; **sauver sa ~** to save one's skin - **2.** [cuir] hide, leather *(U)* ; **~ de vache** *fam fig* [homme] bastard ; [femme] bitch.

peaufiner [3] [pofine] *vt fig* [travail] to polish up.

peccadille [pekadij] *nf* peccadillo.

péché [peʃe] *nm* sin ; **les sept ~s capitaux** the seven deadly sins ; **le ~ originel** original sin ; **un ~ mignon** a weakness.

pêche [pɛʃ] *nf* - **1.** [fruit] peach ; **~ Melba** peach Melba - **2.** [activité] fishing ; [poissons] catch ; **aller à la ~** to go fishing ; **~ à la dandinette** jigging ; **~ sous la glace** ice fishing ; **~ à la ligne** angling ; **~ sous-marine** underwater fishing **- 3.** *loc* **avoir la ~** *fam* to feel great.

pécher [18] [peʃe] *vi* to sin ; **~ contre la bienséance** *fig* to break the rules of correct behaviour ; **~ par omission** *fig* to commit the sin of omission ; **cet exposé pèche par manque d'exemples** *fig* this report falls down because it lacks examples.

pêcher[1] [4] [peʃe] *vt* **- 1.** [poisson] to catch **- 2.** *fam* [trouver] to dig up.

pêcher[2] [peʃe] *nm* peach tree.

pêcherie [pɛʃri] *nf* fishery, fishing ground.

pécheur, eresse [peʃœr, peʃrɛs] ◇ *adj* sinful. ◇ *nm, f* sinner.

pêcheur, euse [pɛʃœr, øz] *nm, f* fisherman (*f* fisherwoman).

pecnot = **péquenot**.

pectine [pɛktin] *nf* pectin.

pectoral, e, aux [pɛktɔral, o] *adj* **- 1.** [muscle] pectoral **- 2.** [sirop] cough *(avant n)*.

◆ **pectoraux** *nmpl* pectorals.

pécule [pekyl] *nm* [économies] savings *(pl)*.

pécuniaire [pekynjɛr] *adj* financial.

pédagogie [pedagɔʒi] *nf* **- 1.** [science] education, pedagogy **- 2.** [qualité] teaching ability.

pédagogique [pedagɔʒik] *adj* educational ; [méthode] teaching *(avant n)*.

pédagogue [pedagɔg] ◇ *nmf* teacher. ◇ *adj* : **être ~** to be a good teacher.

pédale [pedal] *nf* **- 1.** [gén] pedal ; **perdre les ~s** *fam fig* to lose one's head **- 2.** *fam injur* [homosexuel] queer.

pédaler [3] [pedale] *vi* [à bicyclette] to pedal ; **~ dans la choucroute** *fam fig* to be all at sea.

pédalier [pedalje] *nm* **- 1.** [de vélo] (bicycle) drive **- 2.** [d'orgue] pedals *(pl)*.

Pédalo® [pedalo] *nm* pedal boat.

pédant, e [pedɑ̃, ɑ̃t] ◇ *adj* pedantic. ◇ *nm, f* pedant.

pédé [pede] *nm tfam péj* queer.

pédéraste [pederast] *nm* homosexual, pederast.

pédérastie [pederasti] *nf* homosexuality.

pédestre [pedɛstr] *adj* : **randonnée ~** hike, ramble ; **chemin ~** footpath.

pédiatre [pedjatr] *nmf* pediatrician.

pédiatrie [pedjatri] *nf* pediatrics *(U)*.

pédicule [pedikyl] *nm* BOT peduncle.

pédicure [pedikyr] *nmf* chiropodist, podiatrist *US*.

pedigree [pedigre] *nm* pedigree.

pédophile [pedɔfil] ◇ *nm* pedophile. ◇ *adj* pedophiliac.

pédopsychiatre [pedɔpsikjatr] *nmf* child psychiatrist.

peeling [piliŋ] *nm* face scrub.

pègre [pɛgr] *nf* underworld.

peignais, peignions *(etc)* ▷ **peindre**.

peigne [pɛɲ] *nm* **- 1.** [démêloir, barrette] comb ; **se donner un coup de ~** to run a comb through one's hair ; **passer qqch au ~ fin** *fig* to go through sthg with a fine-tooth comb ; **sale comme un ~** *fig* filthy dirty **- 2.** [de tissage] card.

peigner [4] [peɲe] *vt* **- 1.** [cheveux] to comb **- 2.** [fibres] to card.

◆ **se peigner** *vp* to comb one's hair.

peignoir [pɛɲwar] *nm* dressing gown *UK*, robe *US*, bathrobe *US* ; **~ de bain** bathrobe.

peinard, e, pénard, e [pɛnar, ard] *adj fam* [emploi] cushy ; [personne] comfortable.

peindre [81] [pɛ̃dr] *vt* to paint ; *fig* [décrire] to depict.

◆ **se peindre** *vp* [émotion] *fig* **se ~ sur** to be written on.

peine [pɛn] *nf* **- 1.** [châtiment] punishment, penalty ; DR sentence ; **sous ~ de qqch** on pain of sthg ; **~ capitale** *ou* **de mort** capital punishment, death sentence ; **~ incompressible** sentence without remission **- 2.** [chagrin] sorrow, sadness *(U)* ; **avoir de la ~** to be sad ; **faire de la ~ à qqn** to upset sb, to distress sb **- 3.** [effort] trouble ; **se donner de la ~** to go to a lot of trouble ; **c'est ~ perdue** it's a waste of effort ; **prendre la ~ de faire qqch** to go to the trouble of doing sthg ; **ça ne vaut pas** *ou* **ce n'est pas la ~** it's not worth it **- 4.** [difficulté] difficulty ; **avoir de la ~ à faire qqch** to have difficulty *ou* trouble doing sthg ; **à grand-~** with great difficulty ; **sans ~** without difficulty, easily.

◆ **à peine** *loc adv* scarcely, hardly ; **à ~... que** hardly... than ; **c'est à ~ si on se parle** we hardly speak (to each other).

peiner [4] [pene] ◇ *vt* [affliger] to distress, to sadden. ◇ *vi* **- 1.** [travailler] to work hard **- 2.** [se fatiguer] to struggle, to labour *UK*, to labor *US*.

peint, e [pɛ̃, pɛ̃t] *pp* ▷ **peindre**.

peintre [pɛ̃tr] *nm* painter ; **~ en bâtiment** house painter.

peinture [pɛ̃tyr] *nf* **- 1.** [gén] painting **- 2.** [produit] paint ; **'~ fraîche'** 'wet paint'.

peinturlurer [3] [pɛ̃tyrlyre] *vt péj* to daub.

◆ **se peinturlurer** *vp péj* to plaster one's face with make-up.

péjoratif, ive [peʒɔratif, iv] *adj* pejorative.

Pékin [pekɛ̃] *n* Peking, Beijing.

pékinois, e [pekinwa, az] *adj* of/from Peking.
◆ **pékinois** *nm* - **1.** [langue] Mandarin - **2.** [chien] pekinese.
◆ **Pékinois, e** *nm, f* native *ou* inhabitant of Peking ; **les Pékinois** the people of Peking.

PEL, Pel [pɛl] (*abr de* **plan d'épargne logement**) *nm savings scheme offering low-interest mortgages.*

pelage [pəlaʒ] *nm* coat, fur.

pelé, e [pəle] *adj* - **1.** [crâne] bald - **2.** *fig* [colline, paysage] bare.

pêle-mêle [pɛlmɛl] *adv* pell-mell.

peler [25] [pəle] *vt & vi* to peel.

pèlerin [pɛlrɛ̃] *nm* pilgrim.

pèlerinage [pɛlrinaʒ] *nm* - **1.** [voyage] pilgrimage ; **en ~** on a pilgrimage - **2.** [lieu] place of pilgrimage.

pèlerine [pɛlrin] *nf* cape.

pélican [pelikɑ̃] *nm* pelican.

pelisse [pəlis] *nf* pelisse.

pelle [pɛl] *nf* - **1.** [instrument] shovel ; **~ à tarte** pie server ; **à la ~** *fam fig* by the bucketful - **2.** [machine] digger.

pelletée [pɛlte] *nf* shovelful.

pelleter [27] [pɛlte] *vt* to shovel.

pelleteuse [pɛltøz] *nf* mechanical digger.

pellicule [pelikyl] *nf* film.
◆ **pellicules** *nfpl* dandruff *(U)*.

pelote [pəlɔt] *nf* - **1.** [de laine, ficelle] ball - **2.** COUT pin cushion.
◆ **pelote basque** *nf* pelota.

peloter [3] [plɔte] *vt fam* to paw.

peloton [plɔtɔ̃] *nm* - **1.** [de ficelle] small ball - **2.** [de soldats] squad ; **~ d'exécution** firing squad - **3.** [de concurrents] pack ; **le ~ de tête** SPORT the leading group ; *fig* the top few.

pelotonner [3] [pəlɔtɔne] ◆ **se pelotonner** *vp* to curl up ; **se ~ contre** to snuggle up to.

pelouse [pəluz] *nf* - **1.** [de jardin] lawn - **2.** [de champ de courses] public enclosure - **3.** FOOTBALL [rugby] field.

peluche [pəlyʃ] *nf* - **1.** [jouet] soft toy, stuffed animal - **2.** [tissu] plush - **3.** [d'étoffe] piece of fluff.

pelucheux, euse [pəlyʃø, øz] *adj* fluffy.

pelure [pəlyr] *nf* - **1.** [fruit] peel - **2.** *fam péj* [habit] coat.

pénal, e, aux [penal, o] *adj* penal.

pénalisation [penalizasjɔ̃] *nf* penalty.

pénaliser [3] [penalize] *vt* to penalize.

pénalité [penalite] *nf* penalty.

penalty [penalti] (*pl* **penaltys** *ou* **penalties**) *nm* penalty.

pénard = **peinard.**

pénates [penat] *nmpl* : **regagner ses ~** *fam* to go home.

penaud, e [pəno, od] *adj* sheepish.

penchant [pɑ̃ʃɑ̃] *nm* - **1.** [inclination] tendency - **2.** [sympathie] : **~ pour** liking *ou* fondness for.

pencher [3] [pɑ̃ʃe] ◇ *vi* to lean ; **~ vers** *fig* to incline towards *ou* toward *US* ; **~ pour** to incline in favour *UK ou* favor *US* of. ◇ *vt* to bend.
◆ **se pencher** *vp* [s'incliner] to lean over ; [se baisser] to bend down ; **se ~ sur qqn/qqch** to lean over sb/sthg ; **se ~ sur qqch** *fig* [problème, cas] to look into sthg.

pendable [pɑ̃dabl] *adj* : **tour ~** dirty trick ; **ce n'est pas un cas ~** it's not a hanging matter.

pendaison [pɑ̃dɛzɔ̃] *nf* hanging ; **~ de crémaillère** housewarming.

pendant[1]**, e** [pɑ̃dɑ̃, ɑ̃t] *adj* - **1.** [bras] hanging, dangling - **2.** [question] pending.
◆ **pendant** *nm* - **1.** [bijou] : **~ d'oreilles** (drop) earring - **2.** [de paire] counterpart ; **se faire ~** *fig* to make a pair.

pendant[2] [pɑ̃dɑ̃] *prep* during.
◆ **pendant que** *loc conj* while, whilst *UK* ; **~ que j'y suis,...** while I'm at it,...

pendeloque [pɑ̃dlɔk] *nf* - **1.** [bijou] pendant - **2.** [de lustre] crystal.

pendentif [pɑ̃dɑ̃tif] *nm* pendant.

penderie [pɑ̃dri] *nf* wardrobe *UK*, walk-in closet *US*.

pendouiller [3] [pɑ̃duje] *vi fam* to dangle, to hang down.

pendre [73] [pɑ̃dr] ◇ *vi* - **1.** [être fixé en haut] : **~ (à)** to hang (from) - **2.** [descendre trop bas] to hang down. ◇ *vt* - **1.** [rideaux, tableau] to hang (up), to put up - **2.** [personne] to hang.
◆ **se pendre** *vp* - **1.** [s'accrocher] : **se ~ à** to hang from - **2.** [se suicider] to hang o.s.

pendu, e [pɑ̃dy] ◇ *pp* ▷ **pendre.** ◇ *adj* - **1.** [objet] hung up, hanging up ; *fig* **il est toujours ~ au téléphone** he's never off the phone - **2.** [personne] hanged. ◇ *nm, f* hanged person.

pendule [pɑ̃dyl] ◇ *nm* pendulum. ◇ *nf* clock.

pendulette [pɑ̃dylɛt] *nf* small clock.

pêne [pɛn] *nm* bolt.

pénétrant, e [penetrɑ̃, ɑ̃t] *adj* penetrating ; [odeur] pervasive.

pénétration [penetrasjɔ̃] *nf* - **1.** [de projectile, d'idée] penetration - **2.** [sagacité] shrewdness.

pénétré, e [penetre] *adj* earnest ; **elle est ~e de son importance** she's full of her own importance.

pénétrer [18] [penetre] ◇ *vi* to enter. ◇ *vt* - **1.** [mur, vêtement] to penetrate - **2.** *fig* [mystère, secret] to fathom out.
◆ **se pénétrer** *vp* [s'imprégner] : **se ~ d'une idée** to let an idea sink in.

pénible [penibl] *adj* - **1.** [travail] laborious - **2.** [nouvelle, maladie] painful - **3.** *fam* [personne] tiresome.

péniblement [penibləmɑ̃] *adv* - **1.** [avec difficulté] with difficulty, laboriously - **2.** [cruellement] painfully - **3.** [à peine] just about.

péniche [peniʃ] *nf* barge.

pénicilline [penisilin] *nf* penicillin.

péninsule [penɛ̃syl] *nf* peninsula ; **la ~ d'Arabie** the Arabian Peninsula ; **la ~ Ibérique** the Iberian peninsula.

pénis [penis] *nm* penis.

pénitence [penitɑ̃s] *nf* - **1.** [repentir] penitence - **2.** [peine, punition] penance.

pénitencier [penitɑ̃sje] *nm* prison, penitentiary *US*.

pénitent, e [penitɑ̃, ɑ̃t] ◇ *adj* penitent. ◇ *nm, f* penitent.

pénitentiaire [penitɑ̃sjɛr] *adj* prison *(avant n)*.

penne [pɛn] *nf* ZOOL quill.

pénombre [penɔ̃br] *nf* half-light.

pensable [pɑ̃sabl] *adj* : **ce n'est pas ~** it's unthinkable.

pensant, e [pɑ̃sɑ̃, ɑ̃t] *adj* thinking.

pense-bête [pɑ̃sbɛt] (*pl* **pense-bêtes**) *nm* reminder.

pensée [pɑ̃se] *nf* - **1.** [idée, faculté] thought - **2.** [esprit] mind, thoughts *(pl)* ; **par la** *ou* **en ~** in one's mind *ou* thoughts - **3.** [opinion] thoughts *(pl)*, feelings *(pl)* - **4.** [doctrine] thought, thinking - **5.** BOT pansy.

penser [3] [pɑ̃se] ◇ *vi* to think ; **~ à qqn/qqch** [avoir à l'esprit] to think of sb/sthg, to think about sb/sthg ; [se rappeler] to remember sb/sthg ; **~ à faire qqch** [avoir à l'esprit] to think of doing sthg ; [se rappeler] to remember to do sthg ; **qu'est-ce que tu en penses?** what do you think (of it)? ; **faire ~ à qqn/qqch** to make one think of sb/sthg ; **faire ~ à qqn à faire qqch** to remind sb to do sthg ; **sans ~ à mal** without meaning any harm ; **n'y pensons plus!** let's forget it! ; **laisser** *ou* **donner à ~ (que)** to make one think (that) ; **même s'il ne dit rien, il n'en pense pas moins** even if he doesn't say anything, he's thinking it nonetheless. ◇ *vt* to think ; **~ que...** to think (that)... ; **je pense que oui** I think so ; **je pense que non** I don't think so ; **~ faire qqch** to be planning to do sthg ; **pensez-vous!** don't be silly!

penseur [pɑ̃sœr] *nm* thinker.

pensif, ive [pɑ̃sif, iv] *adj* pensive, thoughtful.

pension [pɑ̃sjɔ̃] *nf* - **1.** [allocation] pension ; **~ alimentaire** [dans un divorce] alimony - **2.** [hébergement] board and lodgings ; **~ complète** full board ; **demi-~** half board - **3.** [hôtel] guesthouse ; **~ de famille** guesthouse, boarding house - **4.** [prix de l'hébergement] ≃ rent, keep - **5.** [internat] boarding school ; **être en ~** to be a boarder *ou* at boarding school.

pensionnaire [pɑ̃sjɔnɛr] *nmf* - **1.** [élève] boarder - **2.** [hôte payant] lodger.

pensionnat [pɑ̃sjɔna] *nm* - **1.** [internat] boarding school - **2.** [élèves] boarders *(pl)*.

pensivement [pɑ̃sivmɑ̃] *adv* pensively, thoughtfully.

pensum [pɛ̃sɔm] *nm* - **1.** [travail ennuyeux] chore - **2.** *vieilli* [punition] imposition.

pentagone [pɛ̃tagɔn] *nm* pentagon.
◆ **Pentagone** *nm* : **le Pentagone** the Pentagon.

pentathlon [pɛ̃tatlɔ̃] *nm* pentathlon.

pente [pɑ̃t] *nf* slope ; **en ~** sloping, inclined ; **être sur une mauvaise ~** *fig* to be on a downward path ; **remonter la ~** *fig* to claw one's way back again.

pentecôte [pɑ̃tkot] *nf* [juive] Pentecost ; [chrétienne] Whitsun.

pénurie [penyri] *nf* shortage.

people [pipɔl] *adj* : **la presse ~** celebrity (gossip) magazins.

PEP, Pep [pɛp] (*abr de* **plan d'épargne populaire**) *nm* personal pension plan.

pépé [pepe] *nm fam* - **1.** [grand-père] grandad, grandpa - **2.** [homme âgé] old man.

pépère [pepɛr] *fam* ◇ *nm* [grand-père] grandad, grandpa. ◇ *adj* cushy.

pépier [9] [pepje] *vi* to chirp.

pépin [pepɛ̃] *nm* - **1.** [graine] pip - **2.** *fam* [ennui] hitch - **3.** *fam* [parapluie] umbrella, brolly *UK*.

pépinière [pepinjɛr] *nf* tree nursery ; *fig* [école, établissement] nursery.

pépiniériste [pepinjerist] *nmf* nursery man (*f* woman).

pépite [pepit] *nf* nugget.

péquenot, pecnot [pekno] *nm*, **péquenaud, e** [pekno, od] *nm, f fam péj* country bumpkin.

percale [pɛrkal] *nf* percale.

perçant, e [pɛrsɑ̃, ɑ̃t] *adj* - **1.** [regard, son] piercing - **2.** [froid] bitter, biting.

percée [pɛrse] *nf* - **1.** [trouée] opening - **2.** MIL & SPORT *fig* breakthrough.

percement [pɛrsəmɑ̃] *nm* opening (up) ; [d'oreilles] piercing.

perce-neige [pɛrsənɛʒ] *nm inv* & *nf inv* snowdrop.

perce-oreille [pɛrsɔrɛj] (*pl* **perce-oreilles**) *nm* earwig.

percepteur [pɛrsɛptœr] *nm* tax collector.

perceptible [pɛrsɛptibl] *adj* perceptible.

perception [pɛrsɛpsjɔ̃] *nf* - **1.** [d'impôts] collection - **2.** [bureau] tax office - **3.** [sensation] perception.

percer [16] [pɛrse] ◇ *vt* - **1.** [mur, roche] to make a hole in ; [coffre-fort] to crack - **2.** [trou] to make ; [avec perceuse] to drill - **3.** [silence, oreille] to pierce - **4.** [foule] to make one's way through - **5.** *fig* [mystère] to penetrate. ◇ *vi* - **1.** [soleil] to break through - **2.** [abcès] to burst ; **avoir une dent qui perce** to be cutting a tooth - **3.** [réussir] to make a name for o.s., to break through.

perceuse [pɛrsøz] *nf* drill.

percevoir [52] [pɛrsəvwar] *vt* - **1.** [intention, nuance] to perceive - **2.** [retraite, indemnité] to receive - **3.** [impôts] to collect.

perchaude [pɛrʃod] *nf Québec* yellow *OU* lake perch.

perche [pɛrʃ] *nf* - **1.** [poisson] perch - **2.** [de bois, métal] pole ; **tendre la ~ à qqn** *fig* to throw sb a line.

percher [3] [pɛrʃe] ◇ *vi* - **1.** [oiseau] to perch - **2.** *fam* [personne] to live. ◇ *vt* to perch.

◆ **se percher** *vp* to perch.

perchiste [pɛrʃist] *nmf* - **1.** SPORT pole vaulter - **2.** CINÉ & TV boom operator.

perchoir [pɛrʃwar] *nm* perch.

perclus, e [pɛrkly, yz] *adj* : **~ de** [rhumatismes] crippled with ; *fig* [crainte] paralysed *UK OU* paralyzed *US* with.

perçois, perçoit (*etc*) ▷ **percevoir**.

percolateur [pɛrkɔlatœr] *nm* percolator.

perçu, e [pɛrsy] *pp* ▷ **percevoir**.

percussion [pɛrkysjɔ̃] *nf* percussion.

percussionniste [pɛrkysjɔnist] *nmf* percussionist.

percutant, e [pɛrkytɑ̃, ɑ̃t] *adj* - **1.** [obus] explosive - **2.** *fig* [argument] forceful.

percuter [3] [pɛrkyte] ◇ *vt* to strike, to smash into. ◇ *vi* to explode.

perdant, e [pɛrdɑ̃, ɑ̃t] ◇ *adj* losing. ◇ *nm, f* loser.

perdition [pɛrdisjɔ̃] *nf* - **1.** [ruine morale] perdition - **2.** [détresse] : **en ~** in distress.

perdre [77] [pɛrdr] ◇ *vt* - **1.** [gén] to lose - **2.** [temps] to waste ; [occasion] to miss, to waste - **3.** [suj: bonté, propos] to be the ruin of - **4.** *loc* **vous ne perdez rien pour attendre!** just wait until I get my hands on you! ◇ *vi* to lose.

◆ **se perdre** *vp* - **1.** [coutume] to die out, to become lost - **2.** [personne] to get lost, to lose one's way ; **se ~ dans les détails** *fig* to get bogged down in details.

perdreau, x [pɛrdro] *nm* young partridge.

perdrix [pɛrdri] *nf* partridge.

perdu, e [pɛrdy] ◇ *pp* ▷ **perdre**. ◇ *adj* - **1.** [égaré] lost - **2.** [endroit] out-of-the-way - **3.** [balle] stray - **4.** [emballage] non-returnable - **5.** [temps, occasion] wasted - **6.** [malade] dying - **7.** [récolte, robe] spoilt, ruined.

perdurer [3] [pɛrdyre] *vi litt* to endure.

père [pɛr] *nm* - **1.** [gén] father ; **mon ~** RELIG Father ; **~ de famille** father ; **de ~ en fils** from father to son - **2.** [d'animal] sire - **3.** *fam* [homme mûr] : **le ~ Martin** old Martin.

◆ **pères** *nmpl* [ancêtres] forefathers, ancestors.

◆ **père Noël** *nm* : **le ~ Noël** Father Christmas *UK*, Santa Claus.

pérégrination [peregrinasjɔ̃] *nf (gén pl)* wanderings *(pl)*.

péremption [perɑ̃psjɔ̃] *nf* time limit ; **date de ~** best-before date.

péremptoire [perɑ̃ptwar] *adj* peremptory.

pérennité [perenite] *nf* durability.

péréquation [perekwasjɔ̃] *nf* equalization.

perfectible [pɛrfɛktibl] *adj* perfectible.

perfection [pɛrfɛksjɔ̃] *nf* - **1.** [qualité] perfection ; **à la ~** to perfection - **2.** [chose parfaite] jewel, gem.

perfectionnement [pɛrfɛksjɔnmɑ̃] *nm* improvement.

perfectionner [3] [pɛrfɛksjɔne] *vt* to perfect.

◆ **se perfectionner** *vp* to improve.

perfectionnisme [pɛrfɛksjɔnism] *nm* perfectionism.

perfectionniste [pɛrfɛksjɔnist] *nmf* & *adj* perfectionist.

perfide [pɛrfid] *adj* perfidious.

perfidement [pɛrfidmɑ̃] *adv* perfidiously.

perfidie [pɛrfidi] *nf* perfidy.

perforateur, trice [pɛrfɔratœr, tris] *adj* perforating.

◆ **perforateur** *nm* punch card operator.

◆ **perforatrice** *nf* [perceuse] drill ; [de bureau] hole punch.

perforation [pɛrfɔrasjɔ̃] *nf* perforation.

perforer [3] [pɛrfɔre] *vt* to perforate.

performance [pɛrfɔrmɑ̃s] *nf* performance ; **les ~s d'une voiture** a car's performance.

performant, **e** [pɛrfɔrmɑ̃, ɑ̃t] *adj* - **1.** [personne] efficient - **2.** [machine] high-performance *(avant n)*.

perfusion [pɛrfyzjɔ̃] *nf* perfusion.

pergola [pɛrgɔla] *nf* pergola.

péricliter [3] [periklite] *vi* to collapse.

péridurale [peridyral] *nf* epidural.

péril [peril] *nm* peril ; **au ~ de ma vie** at the risk of my life.

périlleux, **euse** [perijø, øz] *adj* perilous, dangerous.

périmé, **e** [perime] *adj* out-of-date ; *fig* [idées] outdated.

périmètre [perimɛtr] *nm* - **1.** [contour] perimeter - **2.** [contenu] area.

périnatal, **e**, **aux** [perinatal, o] *adj* perinatal.

périnée [perine] *nm* perineum.

période [perjɔd] *nf* period.

périodique [perjɔdik] <> *nm* periodical. <> *adj* periodic.

périodiquement [perjɔdikmɑ̃] *adv* periodically.

péripatéticienne [peripatetisjɛn] *nf* streetwalker.

péripétie [peripesi] *nf* event.

périphérie [periferi] *nf* - **1.** [de ville] outskirts *(pl)* - **2.** [bord] periphery ; [de cercle] circumference.

périph [perif] *nm fam* (*abr de* **périphérique**).

périphérique [periferik] <> *nm* - **1.** [route] ring road *UK*, beltway *US* - **2.** INFORM peripheral device. <> *adj* peripheral ; **boulevard ~** ring road *UK*, beltway *US*.

périphrase [perifraz] *nf* periphrasis.

périple [peripl] *nm* - **1.** NAUT voyage - **2.** [voyage] trip.

périr [32] [perir] *vi* to perish.

périscolaire [periskɔlɛr] *adj* extracurricular.

périscope [periskɔp] *nm* periscope.

périssable [perisabl] *adj* - **1.** [denrée] perishable - **2.** *litt* [sentiment] transient.

péristyle [peristil] *nm* peristyle.

péritonite [peritɔnit] *nf* peritonitis.

perle [pɛrl] *nf* - **1.** [de nacre] pearl - **2.** [de bois, verre] bead - **3.** [de sang, d'eau] drop - **4.** [personne] gem - **5.** *fam* [erreur] howler.

perlé, **e** [pɛrle] *adj* beaded ; **grève ~e** go-slow *UK*, slowdown *US*.

perler [3] [pɛrle] *vi* to form beads.

perlimpinpin [pɛrlɛ̃pɛ̃pɛ̃] *nm* : **poudre de ~** miracle cure.

permanence [pɛrmanɑ̃s] *nf* - **1.** [continuité] permanence ; **en ~** constantly - **2.** [service] : **être de ~** to be on duty - **3.** SCOL : **(salle de) ~** study room *UK*, study hall *US*.

permanent, **e** [pɛrmanɑ̃, ɑ̃t] <> *adj* permanent ; [cinéma] with continuous showings ; [comité] standing *(avant n)*. <> *nm, f* official.

◆ **permanente** *nf* perm.

perméable [pɛrmeabl] *adj* : **~ (à)** permeable (to) ; *fig* open (to), receptive (to).

permets ▷ **permettre**.

permettais, **permettions** *(etc)* ▷ **permettre**.

permettre [84] [pɛrmɛtr] *vt* to permit, to allow ; **vous permettez?** may I? ; **~ qqch à qqn** to allow sb sthg ; **~ à qqn de faire qqch** to permit *ou* allow sb to do sthg.

◆ **se permettre** *vp* : **se ~ qqch** to allow o.s sthg ; [avoir les moyens de] to be able to afford sthg ; **se ~ de faire qqch** to take the liberty of doing sthg.

permis, **e** [pɛrmi, iz] *pp* ▷ **permettre**.

◆ **permis** *nm* licence *UK*, license *US*, permit ; **~ de conduire** driving licence *UK*, driver's license *US* ; **~ de construire** planning permission *UK*, building permit *US* ; **~ à points** *driving licence with a penalty points system, introduced in France in 1992* ; **~ de séjour** residence permit ; **~ de travail** work permit.

permissif, **ive** [pɛrmisif, iv] *adj* permissive.

permission [pɛrmisjɔ̃] *nf* - **1.** [autorisation] permission - **2.** MIL leave.

permutable [pɛrmytabl] *adj* which can be changed round.

permutation [pɛrmytasjɔ̃] *nf* [de mots, figures] transposition ; MATH permutation.

permuter [3] [pɛrmyte] <> *vt* to change round ; [mots, figures] to transpose. <> *vi* to change, to switch.

pernicieux, **euse** [pɛrnisjø, øz] *adj* - **1.** MÉD pernicious - **2.** [conseil, habitude] harmful.

péroné [perɔne] *nm* fibula.

péroraison [perɔrɛzɔ̃] *nf* peroration.

pérorer [3] [perɔre] *vi péj* to hold forth.

Pérou [peru] *nm* : **le ~** Peru ; **au ~** in Peru.

perpendiculaire [pɛrpɑ̃dikylɛr] <> *nf* perpendicular. <> *adj* : **~ (à)** perpendicular (to).

perpendiculairement [pɛrpɑ̃dikylɛrmɑ̃] *adv* perpendicularly ; **~ à** perpendicular to.

perpète, perpette [pɛrpɛt] ◆ **à perpète** *loc adv fam* [loin] miles away ; [longtemps] for ever.

perpétrer [18] [pɛrpetre] *vt* to perpetrate.

perpette = perpète.

perpétuel, elle [pɛrpetɥɛl] *adj* - **1.** [fréquent, continu] perpetual - **2.** [rente] life *(avant n)* ; [secrétaire] permanent.

perpétuellement [pɛrpetɥɛlmɑ̃] *adv* perpetually.

perpétuer [7] [pɛrpetɥe] *vt* to perpetuate.
◆ **se perpétuer** *vp* to continue ; [espèce] to perpetuate itself.

perpétuité [pɛrpetɥite] *nf* perpetuity ; **à ~** for life ; **être condamné à ~** to be sentenced to life imprisonment.

perplexe [pɛrplɛks] *adj* perplexed.

perplexité [pɛrplɛksite] *nf* perplexity.

perquisition [pɛrkizisjɔ̃] *nf* search.

perquisitionner [3] [pɛrkizisjɔne] ◇ *vi* to make a search. ◇ *vt* to search, to make a search of.

perron [pɛrɔ̃] *nm* steps *(pl) (at entrance to building)*.

perroquet [pɛrɔkɛ] *nm* [animal] parrot.

perruche [peryʃ] *nf* budgerigar *UK*, parakeet *US*.

perruque [peryk] *nf* wig.

pers [pɛr(s)] *adj litt* blue-green.

persan, e [pɛrsɑ̃, an] *adj* Persian.
◆ **persan** *nm* - **1.** [langue] Persian - **2.** [chat] Persian (cat).
◆ **Persan, e** *nm, f* Persian.

persécuter [3] [pɛrsekyte] *vt* - **1.** [martyriser] to persecute - **2.** [harceler] to harass.

persécuteur, trice [pɛrsekytœr, tris] ◇ *adj* persecuting. ◇ *nm, f* persecutor.

persécution [pɛrsekysjɔ̃] *nf* persecution.

persévérance [pɛrseverɑ̃s] *nf* perseverance.

persévérant, e [pɛrseverɑ̃, ɑ̃t] *adj* persevering.

persévérer [18] [pɛrsevere] *vi* : **~ (dans)** to persevere (in).

persienne [pɛrsjɛn] *nf* shutter.

persiflage [pɛrsiflaʒ] *nm* mockery.

persifler [3] [pɛrsifle] *vt litt* to mock.

persifleur, euse [pɛrsiflœr, øz] ◇ *adj* mocking. ◇ *nm, f* mocker.

persil [pɛrsi] *nm* parsley.

persillé, e [pɛrsije] *adj* - **1.** [plat] with parsley - **2.** [viande] marbled ; [fromage] veined, blue-veined.

Persique [pɛrsik] ▷ **golfe.**

persistance [pɛrsistɑ̃s] *nf* persistence.

persistant, e [pɛrsistɑ̃, ɑ̃t] *adj* persistent ; **arbre à feuillage ~** evergreen (tree).

persister [3] [pɛrsiste] *vi* to persist ; **~ à faire qqch** to persist in doing sthg ; **~ dans qqch** to persist in sthg.

perso [pɛrso] (*abr de* **personnel**) *adj fam* personal, private.

personnage [pɛrsɔnaʒ] *nm* - **1.** [dignitaire] figure - **2.** THÉÂTRE character ; **~ principal** main *ou* leading character ; ART figure - **3.** [personnalité] image - **4.** *péj* [individu] character, individual.

personnaliser [3] [pɛrsɔnalize] *vt* to personalize.

personnalité [pɛrsɔnalite] *nf* - **1.** [gén] personality - **2.** DR status.

personne [pɛrsɔn] ◇ *nf* person ; **~s** people ; **en ~** in person, personally ; **~ âgée** elderly person ; **~ morale** legal entity. ◇ *pron indéf* - **1.** [quelqu'un] anybody, anyone ; **je me demande si ~ arrivera un jour à le convaincre** I wonder if anyone will ever convince him - **2.** [aucune personne] nobody, no one ; **~ ne viendra** nobody will come ; **il n'y a jamais ~** there's never anybody there, nobody is ever there ; **~ d'autre** nobody *ou* no one else.

personnel, elle [pɛrsɔnɛl] *adj* - **1.** [gén] personal - **2.** [égoïste] self-centred *UK*, self-centered *US*.
◆ **personnel** *nm* staff, personnel ; **~ navigant** flight crew.

personnellement [pɛrsɔnɛlmɑ̃] *adv* personally.

personnification [pɛrsɔnifikasjɔ̃] *nf* personification.

personnifier [9] [pɛrsɔnifje] *vt* to personify.

perspective [pɛrspɛktiv] *nf* - **1.** ART [point de vue] perspective - **2.** [panorama] view - **3.** [éventualité] prospect.

perspicace [pɛrspikas] *adj* perspicacious.

perspicacité [pɛrspikasite] *nf* perspicacity.

persuader [3] [pɛrsɥade] *vt* : **~ qqn de qqch/de faire qqch** to persuade sb of sthg/to do sthg, to convince sb of sthg/to do sthg.
◆ **se persuader** *vp* : **se ~ que** to persuade *ou* convince o.s. (that) ; **se ~ de** to persuade *ou* convince o.s. of.

persuasif, ive [pɛrsɥazif, iv] *adj* persuasive.

persuasion [pɛrsɥazjɔ̃] *nf* persuasion.

perte [pɛrt] *nf* - **1.** [gén] loss ; **à ~** COMM at a loss ; **~ sèche** dead loss - **2.** [gaspillage - de temps]

waste ; **en pure ~** for absolutely nothing - **3.** [ruine, déchéance] ruin ; **courir/aller à sa ~** to be on the road to ruin.
◆ **pertes** *nfpl* [morts] losses.
◆ **à perte de vue** *loc adv* as far as the eye can see.

pertinemment [pɛrtinamɑ̃] *adv* pertinently.

pertinence [pɛrtinɑ̃s] *nf* pertinence, relevance.

pertinent, **e** [pɛrtinɑ̃, ɑ̃t] *adj* pertinent, relevant.

perturbateur, **trice** [pɛrtyrbatœr, tris] ◇ *adj* disruptive. ◇ *nm, f* troublemaker.

perturbation [pɛrtyrbasjɔ̃] *nf* disruption ; ASTRON & MÉTÉOR disturbance.

perturber [3] [pɛrtyrbe] *vt* - **1.** [gén] to disrupt ; **~ l'ordre public** to disturb the peace - **2.** PSYCHO to disturb.

péruvien, **enne** [peryvjɛ̃, ɛn] *adj* Peruvian.
◆ **Péruvien**, **enne** *nm, f* Peruvian.

pervenche [pɛrvɑ̃ʃ] ◇ *nf* - **1.** BOT periwinkle - **2.** *fam* [contractuelle] traffic warden *UK*, meter maid *US*. ◇ *adj inv* (periwinkle) blue.

pervers, **e** [pɛrvɛr, ɛrs] ◇ *adj* - **1.** [vicieux] perverted - **2.** [effet] unwanted. ◇ *nm, f* pervert.

perversion [pɛrvɛrsjɔ̃] *nf* perversion.

perversité [pɛrvɛrsite] *nf* perversity.

pervertir [32] [pɛrvɛrtir] *vt* to pervert.
◆ **se pervertir** *vp* to become perverted.

pesage [pəzaʒ] *nm* - **1.** [pesée] weighing - **2.** [de jockey] weigh-in.

pesamment [pəzamɑ̃] *adv* heavily.

pesant, **e** [pəsɑ̃, ɑ̃t] *adj* - **1.** [lourd] heavy - **2.** [style, architecture] ponderous.
◆ **pesant** *nm* : **valoir son ~ d'or** *fig* to be worth its/one's weight in gold.

pesanteur [pəzɑ̃tœr] *nf* - **1.** PHYS gravity - **2.** [lourdeur] heaviness.

pesée [pəze] *nf* - **1.** [opération] weighing - **2.** [quantité] weight - **3.** [pression] pressure, force.

pèse-lettre [pɛzlɛtr] (*pl* **pèse-lettre** *ou* **pèse-lettres**) *nm* letter scales.

pèse-personne [pɛzpɛrsɔn] (*pl* **pèse-personne** *ou* **pèse-personnes**) *nm* scales *(pl)*.

peser [19] [pəze] ◇ *vt* to weigh ; **tout bien pesé** *fig* all things considered. ◇ *vi* - **1.** [avoir un certain poids] to weigh - **2.** [être lourd] to be heavy ; **~ à qqn** *fig* to weigh on sb ; **~ sur** *fig* [accabler] to weigh heavy on ; *fig* [influer sur] to influence - **3.** [appuyer] : **~ sur qqch** to press (down) on sthg.
◆ **se peser** *vp* to weigh o.s.

peseta [pezeta] *nf* peseta.

pessimisme [pesimism] *nm* pessimism.

pessimiste [pesimist] ◇ *nmf* pessimist. ◇ *adj* pessimistic.

peste [pɛst] *nf* - **1.** MÉD plague ; **craindre qqn/qqch comme la ~** *fig* to be terrified of sb/sthg ; **fuir qqn/qqch comme la ~** *fig* to avoid sb/sthg like the plague - **2.** [personne] pest.

pester [3] [pɛste] *vi* : **~ (contre qqn/qqch)** to curse (sb/sthg).

pesticide [pɛstisid] ◇ *nm* pesticide. ◇ *adj* pesticidal.

pestiféré, **e** [pɛstifere] ◇ *adj* plague-stricken. ◇ *nm, f* plague victim.

pestilentiel, **elle** [pɛstilɑ̃sjɛl] *adj* pestilential.

pet [pɛ] *nm fam* fart.

pétale [petal] *nm* petal.

pétanque [petɑ̃k] *nf* ≃ bowls *(U)*.

pétant, **e** [petɑ̃, ɑ̃t] *adj fam* on the dot.

pétarader [3] [petarade] *vi* to backfire.

pétard [petar] *nm* - **1.** [petit explosif] banger *UK*, firecracker - **2.** *fam* [revolver] gun - **3.** *fam* [postérieur] bum *UK*, butt *US* - **4.** *fam* [haschich] joint.

pet-de-nonne [pɛdnɔn] (*pl* **pets-de-nonne**) *nm very light fritter*.

péter [18] [pete] ◇ *vi* - **1.** *tfam* [personne] to fart - **2.** *fam* [câble, élastique] to snap - **3.** *tfam* **~ plus haut que son cul** *tfam* to be full of oneself. ◇ *vt fam* to bust.

pète-sec [pɛtsɛk] *adj inv fam* bossy.

pétillant, **e** [petijɑ̃, ɑ̃t] *adj litt* & *fig* sparkling.

pétiller [3] [petije] *vi* - **1.** [vin, eau] to sparkle, to bubble - **2.** [feu] to crackle - **3.** *fig* [yeux] to sparkle ; **~ de** [personne] to bubble with ; [yeux] to sparkle with.

petiot, **e** [pətjo, ɔt] ◇ *adj* teeny. ◇ *nm, f* little one.

petit, **e** [pəti, it] ◇ *adj* - **1.** [de taille, jeune] small, little ; **~ frère** little *ou* younger brother ; **~e sœur** little *ou* younger sister - **2.** [voyage, visite] short, little - **3.** [faible, infime - somme d'argent] small ; [- bruit] faint, slight ; **c'est une ~e nature** he/she is slightly built - **4.** [de peu d'importance, de peu de valeur] minor - **5.** [médiocre, mesquin] petty - **6.** [de rang modeste - commerçant, propriétaire, pays] small ; [- fonctionnaire] minor ; **les ~es gens** people of modest means. ◇ *nm, f* - **1.** [personne de petite taille] small man (*f* woman) - **2.** [enfant] little one, child ; **bonjour, mon ~/ma ~e** good morning, my dear ; **pauvre ~!** poor little thing! ; **la classe des ~s** SCOL the infant class. ◇ *nm* - **1.** [jeune animal] young *(U)* ; **faire des ~s** to have puppies/kittens *etc* - **2.** *(gén pl)* [personne modeste] little man.
◆ **petit à petit** *loc adv* little by little, gradually.

petit-beurre [p(ə)tibœr] (*pl* **petits-beurre**) *nm small biscuit.*

petit-bourgeois, petite-bourgeoise [p(ə)tiburʒwa, p(ə)titburʒwaz] (*mpl* **petits-bourgeois**, *fpl* **petites-bourgeoises**) *péj* ◇ *adj* lower middle-class. ◇ *nm, f* lower middle-class person.

petit déjeuner [p(ə)tideʒøne] (*pl* **petits déjeuners**) *nm* breakfast.

petit-déjeuner [5] [p(ə)tideʒøne] *vi* to have breakfast, to breakfast.

petite-fille [p(ə)titfij] (*pl* **petites-filles**) *nf* granddaughter.

petitement [p(ə)titmɑ̃] *adv* - **1.** [être logé] in cramped conditions - **2.** [chichement - vivre] poorly - **3.** [mesquinement] pettily.

petitesse [p(ə)titɛs] *nf* - **1.** [de personne, de revenu] smallness - **2.** [d'esprit] pettiness.

petit-fils [p(ə)tifis] (*pl* **petits-fils**) *nm* grandson.

petit-four [p(ə)tifur] (*pl* **petits-fours**) *nm* petit four.

pétition [petisjɔ̃] *nf* petition.

pétitionner [3] [petisjɔne] *vi* to petition.

petit-lait [p(ə)tilɛ] (*pl* **petits-laits**) *nm* whey.

petit-nègre [p(ə)tinɛgr] *nm inv fam* pidgin French.

petits-enfants [p(ə)tizɑ̃fɑ̃] *nmpl* grandchildren.

petit-suisse [p(ə)tisɥis] (*pl* **petits-suisses**) *nm fresh soft cheese, eaten with sugar.*

peton [pətɔ̃] *nm fam* foot.

pétrifier [9] [petrifje] *vt litt & fig* to petrify.
◆ **se pétrifier** *vp* to become petrified.

pétrin [petrɛ̃] *nm* - **1.** [de boulanger] kneading machine - **2.** *fam* [embarras] pickle ; **se fourrer/être dans le ~** to get into/to be in a pickle.

pétrir [32] [petrir] *vt* - **1.** [pâte, muscle] to knead - **2.** *fig & litt* [personne] to mould ; **pétri d'orgueil** filled with pride.

pétrochimie [petrɔʃimi] *nf* petrochemistry.

pétrochimique [petrɔʃimik] *adj* petrochemical.

pétrodollar [petrɔdɔlar] *nm* petrodollar.

pétrole [petrɔl] *nm* oil, petroleum ; **~ lampant** paraffin (oil) *UK*, kerosene *US*.

pétrolier, ère [petrɔlje, ɛr] *adj* oil (*avant n*), petroleum (*avant n*).
◆ **pétrolier** *nm* - **1.** [navire] oil tanker - **2.** [personne] oil magnate.

pétrolifère [petrɔlifɛr] *adj* oil-bearing.

pétulant, e [petylɑ̃, ɑ̃t] *adj* exuberant.

pétunia [petynja] *nm* petunia.

peu [pø] ◇ *adv* - **1.** (*avec verbe, adjectif, adverbe*) **il a ~ dormi** he didn't sleep much, he slept little ; **c'est un livre ~ intéressant** it's not a very interesting book ; **~ souvent** not very often, rarely ; **très ~** very little - **2.** : **~ de** (*+ n sing*) little, not much ; (*+ n pl*) few, not many ; **il a ~ de travail** he hasn't got much work, he has little work ; **c'est (bien) ~ de chose** it's not much ; **il reste ~ de jours** there aren't many days left ; **~ d'élèves l'ont compris** few *ou* not many students understood him ; **~ de gens le connaissent** few *ou* not many know him. ◇ *nm* - **1.** [petite quantité] : **le ~ de** (*+ n sing*) the little ; (*+ n pl*) the few ; **avec mon ~ de moyens** with the little I possess - **2.** (*précédé de un*) a little, a bit ; **je le connais un ~** I know him slightly *ou* a little ; **un (tout) petit ~** a little bit ; **elle est un ~ sotte** she's a bit stupid ; **tu parles un ~ fort** you're talking a little too loudly ; **un ~ de** a little ; **un ~ de vin/patience** a little wine/patience.
◆ **avant peu** *loc adv* soon, before long.
◆ **depuis peu** *loc adv* recently.
◆ **peu à peu** *loc adv* gradually, little by little.
◆ **pour peu que** (*+ subjonctif*) *loc conj* if ever, if only.
◆ **pour un peu** *loc adv* nearly, almost.
◆ **si peu que** (*+ subjonctif*) *loc conj* however little.
◆ **sous peu** *loc adv* soon, shortly.

peul, e [pøl] *adj* Fulani.
◆ **peul** *nm* [langue] Fulani.
◆ **Peul, e** *nm, f* Fulani.

peuplade [pœplad] *nf* tribe.

peuple [pœpl] *nm* - **1.** [gén] people ; **le ~** the (common) people - **2.** *fam* [multitude] : **quel ~!** what a crowd!

peuplé, e [pœple] *adj* populated.

peuplement [pœpləmɑ̃] *nm* - **1.** [action] populating - **2.** [population] population.

peupler [5] [pœple] *vt* - **1.** [pourvoir d'habitants - région] to populate ; [- bois, étang] to stock - **2.** [habiter, occuper] to inhabit - **3.** *fig* [remplir] to fill.
◆ **se peupler** *vp* - **1.** [région] to become populated - **2.** [rue, salle] to be filled.

peuplier [pøplije] *nm* poplar.

peur [pœr] *nf* fear ; **avoir ~ de qqn/qqch** to be afraid of sb/sthg ; **avoir ~ de faire qqch** to be afraid of doing sthg ; **avoir ~ que** (*+ subjonctif*) to be afraid that ; **j'ai ~ qu'il ne vienne pas** I'm afraid he won't come ; **faire ~ à qqn** to frighten sb ; **par *ou* de ~ de qqch** for fear of sthg ; **par *ou* de ~ de faire qqch** for fear of doing sthg ; **il n'a pas ~ du ridicule** he doesn't mind making a fool of himself ; **avoir une ~ bleue de** to be scared stiff of ; **avoir plus de**

~ **que de mal** to be more frightened than hurt ; **laid à faire ~** horribly ugly ; **mourir de ~** to die of fright ; **prendre ~** to take fright.

peureux, euse [pœrø, øz] ◇ *adj* fearful, timid. ◇ *nm, f* fearful *ou* timid person.

peut ▷ **pouvoir.**

peut-être [pøtɛtr] *adv* perhaps, maybe ; **~ qu'ils ne viendront pas, ils ne viendront ~ pas** perhaps *ou* maybe they won't come ; **~ pas** perhaps *ou* maybe not.

peux ▷ **pouvoir.**

p. ex. (*abr écrite de* **par exemple**) e.g.

pH (*abr de* **potential of hydrogen**) *nm* pH.

phalange [falɑ̃ʒ] *nf* - **1.** ANAT phalanx - **2.** POLIT falange.

phallique [falik] *adj* phallic.

phallocrate [falɔkrat] ◇ *nm* male chauvinist. ◇ *adj* male chauvinist *(avant n)* ; [milieu] male-dominated.

phallus [falys] *nm* phallus.

pharaon [faraɔ̃] *nm* pharaoh.

phare [far] ◇ *nm* - **1.** [tour] lighthouse - **2.** AUTO headlight ; **~ antibrouillard** fog lamp *UK*, fog light *US*. ◇ *adj* landmark *(avant n)* ; **une industrie ~** aflagship *ou* pioneering industry.

pharmaceutique [farmasøtik] *adj* pharmaceutical.

pharmacie [farmasi] *nf* - **1.** [science] pharmacology - **2.** [magasin] chemist's *UK*, drugstore *US* - **3.** [meuble] : **(armoire à) ~** medicine cupboard *UK ou* chest *US*.

pharmacien, enne [farmasjɛ̃, ɛn] *nm, f* chemist *UK*, druggist *US*.

pharmacologie [farmakɔlɔʒi] *nf* pharmacology.

pharyngite [farɛ̃ʒit] *nf* pharyngitis *(U)*.

pharynx [farɛ̃ks] *nm* pharynx.

phase [faz] *nf* phase ; **être en ~ avec qqn** to be on the same wavelength as sb. ; **~ terminale** final phase.

phénix [feniks] *nm* - **1.** MYTHOL phoenix - **2.** [personne] paragon.

phénoménal, e, aux [fenɔmenal, o] *adj* phenomenal.

phénomène [fenɔmɛn] *nm* - **1.** [fait] phenomenon - **2.** [être anormal] freak - **3.** *fam* [excentrique] character.

philanthropie [filɑ̃trɔpi] *nf* philanthropy.

philanthropique [filɑ̃trɔpik] *adj* philanthropic.

philatélie [filateli] *nf* philately, stamp collecting.

philatéliste [filatelist] *nmf* philatelist, stamp collector.

philharmonique [filarmɔnik] *adj* philharmonic.

philippin, e [filipɛ̃, in] *adj* Filipino.
◆ **Philippin, e** *nm, f* Filipino.

Philippines [filipin] *nfpl* : **les ~** the Philippines ; **aux ~** in the Philippines.

philistin [filistɛ̃] *nm* philistine.

philodendron [filɔdɛ̃drɔ̃] *nm* philodendron.

philologie [filɔlɔʒi] *nf* philology.

philosophe [filɔzɔf] ◇ *nmf* philosopher. ◇ *adj* philosophical.

philosopher [3] [filɔzɔfe] *vi* to philosophize.

philosophie [filɔzɔfi] *nf* philosophy.

philosophique [filɔzɔfik] *adj* philosophical.

philosophiquement [filɔzɔfikmɑ̃] *adv* philosophically.

philtre [filtr] *nm* love potion.

phlébite [flebit] *nf* phlebitis.

Phnom Penh [pnɔmpɛn] *n* Phnom Penh.

phobie [fɔbi] *nf* phobia.

phobique [fɔbik] *nmf* & *adj* phobic.

phonème [fɔnɛm] *nm* phoneme.

phonétique [fɔnetik] ◇ *nf* phonetics *(U)*. ◇ *adj* phonetic.

phonétiquement [fɔnetikmɑ̃] *adv* phonetically.

phono [fɔno] *nm fam vieilli* gramophone *UK*, phonograph *US*.

phonographe [fɔnɔgraf] *nm vieilli* gramophone *UK*, phonograph *US*.

phoque [fɔk] *nm* seal.

phosphate [fɔsfat] *nm* phosphate.

phosphaté, e [fɔsfate] *adj* : **engrais ~** phosphate fertilizer.

phosphore [fɔsfɔr] *nm* phosphorus.

phosphorescent, e [fɔsfɔresɑ̃, ɑ̃t] *adj* phosphorescent.

photo [fɔto] ◇ *nf* - **1.** [technique] photography - **2.** [image] photo, picture ; **prendre qqn en ~** to take a photo of sb ; **~ d'identité** passport photo ; **~ noir et blanc** black and white photo ; **~ couleur** colour *UK ou* color *US* photo ; **y'a pas ~** *fam* there's no comparison. ◇ *adj inv* : **appareil ~** camera.

photocomposition [fɔtɔkɔ̃pozisjɔ̃] *nf* filmsetting *UK*, photocomposition *US*.

photocopie [fɔtɔkɔpi] *nf* - **1.** [procédé] photocopying - **2.** [document] photocopy.

photocopier [9] [fɔtɔkɔpje] *vt* to photocopy.

photocopieur [fɔtɔkɔpjœr] *nm*, **photocopieuse** [fɔtɔkɔpjøz] *nf* photocopier.

photoélectrique [fɔtɔelɛktrik] *adj* photoelectric.

photogénique [fɔtɔʒenik] *adj* photogenic.

photographe [fɔtɔgraf] *nmf* - **1.** [artiste, technicien] photographer - **2.** [commerçant] camera dealer.

photographie [fɔtɔgrafi] *nf* - **1.** [technique] photography - **2.** [cliché] photograph.

photographier [9] [fɔtɔgrafje] *vt* to photograph.

photographique [fɔtɔgrafik] *adj* photographic.

Photomaton® [fɔtɔmatɔ̃] *nm* photo booth.

photomontage [fɔtɔmɔ̃taʒ] *nm* photomontage.

photoreportage [fɔtɔrəpɔrtaʒ] *nm* PRESSE report *(consisting mainly of photographs)*.

photosensible [fɔtɔsɑ̃sibl] *adj* photosensitive.

photothèque [fɔtɔtɛk] *nf* photograph library.

phrase [fraz] *nf* - **1.** LING sentence ; **~ toute faite** stock phrase - **2.** MUS phrase.

phraséologie [frazeɔlɔʒi] *nf* phraseology ; *péj* verbiage.

phraseur, **euse** [frazœr, øz] *nm, f péj* verbose person.

phréatique [freatik] *adj* : **nappe ~** water table.

phrygien, **enne** [friʒjɛ̃, ɛn] *adj* Phrygian.
◆ **Phrygien**, **enne** *nm, f* Phrygian.

phtisie [ftizi] *nf vieilli* consumption.

phylloxéra, **phylloxera** [filɔksera] *nm* phylloxera.

physicien, **enne** [fizisjɛ̃, ɛn] *nm, f* physicist.

physiologie [fizjɔlɔʒi] *nf* physiology.

physiologique [fizjɔlɔʒik] *adj* physiological.

physiologiquement [fizjɔlɔʒikmɑ̃] *adv* physiologically.

physionomie [fizjɔnɔmi] *nf* - **1.** [faciès] face - **2.** [apparence] physiognomy.

physionomiste [fizjɔnɔmist] ◇ *nmf* person with a good memory for faces. ◇ *adj* : **être ~** to have a good memory for faces.

physiothérapie [fizjɔterapi] *nf natural medicine based on treatment using water, air, light etc.*

physique [fizik] ◇ *adj* physical. ◇ *nf* [sciences] physics *(U)*. ◇ *nm* - **1.** [constitution] physical well-being - **2.** [apparence] physique.

physiquement [fizikmɑ̃] *adv* physically.

phytothérapie [fitɔterapi] *nf* herbal medicine.

p.i. *abr de* **par intérim**.

piaf [pjaf] *nm fam* sparrow.

piaffer [3] [pjafe] *vi* - **1.** [cheval] to paw the ground - **2.** [personne] to fidget.

piaillement [pjajmɑ̃] *nm* - **1.** [d'oiseau] cheeping - **2.** [d'enfant] squawking.

piailler [3] [pjaje] *vi* - **1.** [oiseaux] to cheep - **2.** [enfant] to squawk.

pianiste [pjanist] *nmf* pianist.

piano [pjano] ◇ *nm* piano ; **~ demi-queue** baby grand (piano) ; **~ droit** upright (piano) ; **~ mécanique** player piano ; **~ à queue** grand (piano). ◇ *adv* - **1.** MUS piano - **2.** [doucement] gently.

pianoter [3] [pjanɔte] *vi* - **1.** [jouer du piano] to plunk away (on the piano) - **2.** [sur table] to drum one's fingers.

piaule [pjol] *nf fam* [hébergement] place ; [chambre] room.

piauler [3] [pjole] *vi* - **1.** [oiseau] to cheep - **2.** [enfant] to whimper.

PIB (*abr de* **produit intérieur brut**) *nm* GDP.

pic [pik] *nm* - **1.** [outil] pick, pickaxe *UK*, pickax *US* - **2.** [montagne] peak - **3.** [oiseau] woodpecker - **4.** *fig* [maximum] : **~ d'audience** top (audience) ratings ; **on a observé des ~s de pollution** pollution levels reached a peak, pollution levels peaked.
◆ **à pic** *loc adv* - **1.** [verticalement] vertically ; **couler à ~** to sink like a stone - **2.** *fam fig* [à point nommé] just at the right moment.

pichenette [piʃnɛt] *nf* flick (of the finger).

pichet [piʃɛ] *nm* jug *UK*, pitcher *US*.

pickpocket [pikpɔkɛt] *nm* pickpocket.

pick-up [pikœp] *nm inv* - **1.** *vieilli* [tourne-disque] record player - **2.** [camionnette] pick-up (truck).

picoler [3] [pikɔle] *vi fam* to booze.

picorer [3] [pikɔre] *vi* & *vt* to peck.

picotement [pikɔtmɑ̃] *nm* prickling *(U)*, prickle.

picoter [3] [pikɔte] *vt* - **1.** [yeux] to make sting - **2.** [pain] to peck (at).

pictogramme [piktɔgram] *nm* pictogram.

pictural, **e**, **aux** [piktyral, o] *adj* pictorial.

pic-vert = **pivert**.

pie [pi] ◇ *nf* - **1.** [oiseau] magpie - **2.** *fig* & *péj* [bavard] chatterbox. ◇ *adj inv* [cheval] piebald.

pièce [pjɛs] *nf* - **1.** [élément] piece ; [de moteur] part ; **mettre en ~s** [vêtement] to tear to pieces ; [assiette, tasse] to smash to pieces ; **~ de collection** collector's item ; **~ détachée** spare part ; **en ~s détachées** *fig* in little bits *ou* pieces ; ~ **de musée** museum piece ; **créer/inventer qqch de toutes ~s** to create/invent sthg from start to finish - **2.** [unité] : **deux euros ~** deux euros each *ou* apiece ; **acheter/vendre qqch à la ~** to buy/sell sthg singly, to buy/sell sthg separately ; **travailler à la ~** to do piecework - **3.** [document] document, paper ; ~ **à conviction** object produced as evidence, exhibit ; ~ **d'identité** identification papers *(pl)* ; ~ **jointe** [e-mail] attachement ; ~ **jointes** [document] enclosures ; ~ **justificative** written proof *(U)*, supporting document - **4.** [œuvre littéraire ou musicale] piece ; ~ **(de théâtre)** play - **5.** [argent] : ~ **(de monnaie)** coin - **6.** [de maison] room - **7.** COUT patch.

◆ **pièce d'eau** *nf* large pond, ornamental lake.

◆ **pièce montée** *nf* tiered cake.

piécette [pjesɛt] *nf* small coin.

pied [pje] *nm* - **1.** [gén] foot ; **à ~** on foot ; **avoir ~** to be able to touch the bottom ; **perdre ~** *litt & fig* to be out of one's depth ; **à ~s joints** with one's feet together ; **être/marcher ~s nus** *ou* **nu-~s** to be/to go barefoot ; ~ **bot** [handicap] clubfoot - **2.** CULIN : ~ **de porc** pig's trotter - **3.** [base - de montagne, table] foot ; [- de verre] stem ; [- de lampe] base - **4.** [plant - de tomate] stalk ; [- de vigne] stock - **5.** *loc* **attendre qqch/qqn de ~ ferme** to be ready for sb/sthg ; **c'est le ~** *fam* it's great ; **casser les ~s à qqn** *fam* to get on sb's nerves ; **comme un ~** [chanter, conduire] *fam* terribly ; **être au ~ du mur** to have one's back to the wall ; **être sur ~** to be (back) on one's feet, to be up and about ; **être sur un ~ d'égalité (avec)** to be on an equal footing (with) ; **faire du ~ à** to play footsie with ; **faire le ~ de grue** to wait about ; **faire des ~s et des mains** to move heaven and earth, to do one's utmost ; **faire un ~ de nez à qqn** to thumb one's nose at sb ; **ça te fera les ~s!** *fam* it'll serve you right! ; **fouler qqch aux ~s** to ride roughshod over sthg ; **se lever du bon ~/du ~ gauche** to get out of bed on the right/wrong side ; **mettre qqch sur ~** to get sthg on its feet, to get sthg off the ground ; **mettre qqn au ~ du mur** to drive sb to the wall ; **mettre les ~s dans le plat** *fam* to put one's foot in it ; **je n'ai jamais mis les ~s chez lui** I've never set foot in his house ; **au ~ de la lettre** literally, to the letter ; **de ~ en cap** from head to toe ; **ne pas savoir sur quel ~ danser** not to know which way to turn ; **ne pas se laisser marcher sur les ~s** not to let anyone tread on one's toes ; **prendre son ~** *fam* [sexuellement] to come ; *fig* to be in seventh heaven ; **retomber sur ses ~s** to land on one's feet.

◆ **en pied** *loc adj* [portrait] full-length.

pied-à-terre [pjetatɛr] *nm inv* pied-à-terre.

pied-de-biche [pjedbiʃ] (*pl* **pieds-de-biche**) *nm* - **1.** [outil] nail claw - **2.** COUT presser foot.

pied-de-poule [pjedpul] (*pl* **pieds-de-poule**) ◇ *nm* houndstooth (material). ◇ *adj inv* houndstooth *(avant n)*.

piédestal, aux [pjedɛstal, o] *nm* pedestal.

piedmont = **piémont**.

pied-noir (*pl* **pieds-noirs**) [pjenwar] *nmf* *French settler in Algeria.*

piège [pjɛʒ] *nm litt & fig* trap ; **être pris au ~** to be trapped ; **tendre un ~** to set a trap.

piéger [22] [pjeʒe] *vt* - **1.** [animal, personne] to trap - **2.** [colis, véhicule] to boobytrap.

piémont, piedmont [pjemɔ̃] *nm* piedmont glacier/plain.

piercing [pi:rsiŋ] *nm* body piercing.

pierraille [pjɛraj] *nf* loose stones *(pl)*.

pierre [pjɛr] *nf* stone ; ~ **d'achoppement** *fig* stumbling block ; ~ **précieuse** precious stone ; **poser la première ~** CONSTR to lay the foundation stone ; *fig* to lay the foundations ; **faire d'une ~ deux coups** *fig* to kill two birds with one stone.

pierreries [pjɛrri] *nfpl* precious stones, jewels.

piété [pjete] *nf* piety.

piétiner [3] [pjetine] ◇ *vi* - **1.** [trépigner] to stamp (one's feet) - **2.** *fig* [ne pas avancer] to make no progress, to be at a standstill. ◇ *vt* - **1.** [personne, parterre] to trample - **2.** *fig* [principes] to ride roughshod over.

piéton, onne [pjetɔ̃, ɔn] ◇ *nm, f* pedestrian. ◇ *adj* pedestrian *(avant n)*.

piétonnier, ère [pjetɔnje, ɛr] *adj* pedestrian *(avant n)*.

piètre [pjɛtr] *adj* poor.

pieu, x [pjø] *nm* - **1.** [poteau] post, stake - **2.** *fam* [lit] pit *UK*, sack *US*.

pieusement [pjøzmɑ̃] *adv* - **1.** RELIG piously - **2.** *fig* [conserver] religiously.

pieuter [3] [pjøte] ◆ **se pieuter** *vp fam* to hit the hay.

pieuvre [pjœvr] *nf* octopus ; *fig & péj* leech.

pieux, pieuse [pjø, pjøz] *adj* - **1.** [personne, livre] pious - **2.** [soins] devoted - **3.** [silence] reverent.

pif [pif] *nm fam* conk *UK*, hooter *UK*, schnoz(zle) *US* ; **au ~** *fig* by guesswork.

pige [piʒ] *nf* - **1.** PRESSE : **travailler à la ~** to work freelance - **2.** *fam* [an] : **avoir 30 ~s** to be 30 (years old).

pigeon [piʒɔ̃] *nm* - **1.** [oiseau] pigeon ; ~ **voyageur** carrier pigeon, homing pigeon - **2.** *fam péj* [personne] sucker.

pigeonnant, e [piʒɔnɑ̃, ɑ̃t] *adj* [soutien-gorge] uplift *(avant n)* ; [poitrine] prominent.

pigeonner [3] [piʒɔne] *vt fam* to cheat.

pigeonnier [piʒɔnje] *nm* - **1.** [pour pigeons] pigeon loft, dovecote - **2.** *fig* & *vieilli* [logement] garret.

piger [17] [piʒe] *fam* <> *vt* to understand. <> *vi* to catch on, to get it.

pigiste [piʒist] *nmf* freelance.

pigment [pigmɑ̃] *nm* pigment.

pigmentation [pigmɑ̃tasjɔ̃] *nf* pigmentation.

pignon [piɲɔ̃] *nm* - **1.** [de mur] gable ; **avoir ~ sur rue** *fig* to be a person of substance - **2.** [d'engrenage] gearwheel - **3.** [de pomme de pin] pine kernel.

pilaf [pilaf] ▻ **riz.**

pile [pil] <> *nf* - **1.** [de livres, journaux] pile - **2.** ÉLECTR battery - **3.** [de pièce] : **~ ou face** heads or tails. <> *adv fam* on the dot ; **tomber/arriver ~** to come/to arrive at just the right time.

piler [3] [pile] <> *vt* - **1.** [amandes] to crush, to grind - **2.** *fam fig* [adversaire] to thrash. <> *vi fam* AUTO to jam on the brakes.

pileux, euse [pilø, øz] *adj* hairy *(avant n)* ; **système ~** hair.

pilier [pilje] *nm* - **1.** [de construction] pillar - **2.** *fig* [soutien] mainstay, pillar - **3.** *fig* & *péj* [habitué] : **c'est un ~ de bar** he's always propping up the bar - **4.** [rugby] prop (forward).

pillage [pijaʒ] *nm* looting.

pillard, e [pijar, ard] <> *nm, f* looter. <> *adj* looting *(avant n)*.

piller [3] [pije] *vt* - **1.** [ville, biens] to loot - **2.** *fig* [ouvrage, auteur] to plagiarize.

pilon [pilɔ̃] *nm* - **1.** [instrument] pestle ; **mettre au ~** to pulp - **2.** [de poulet] drumstick - **3.** [jambe de bois] wooden leg.

pilonner [3] [pilɔne] *vt* to pound.

pilori [pilɔri] *nm* pillory ; **mettre** *ou* **clouer qqn au ~** *fig* to pillory sb.

pilotage [pilɔtaʒ] *nm* piloting ; **~ automatique** automatic piloting.

pilote [pilɔt] <> *nm* - **1.** [d'avion] pilot ; [de voiture] driver ; **~ automatique** autopilot ; **~ de chasse** fighter pilot ; **~ de course** racing *UK* *ou* race *US* driver ; **~ d'essai** test pilot ; **~ de ligne** airline pilot - **2.** [poisson] pilot fish. <> *adj* pilot *(avant n)*, experimental.

piloter [3] [pilɔte] *vt* - **1.** [avion] to pilot ; [voiture] to drive - **2.** [personne] to show around.

pilotis [pilɔti] *nm* pile.

pilule [pilyl] *nf* pill ; **prendre la ~** to be on the pill ; **dorer la ~ à qqn** *fig* to sugar the pill for sb.

pimbêche [pɛ̃bɛʃ] *péj* <> *nf* stuck-up woman, stuck-up girl. <> *adj* stuck-up.

piment [pimɑ̃] *nm* - **1.** [plante] pepper, capsicum ; **~ rouge** chilli pepper, hot red pepper - **2.** *fig* [piquant] spice, pizzazz *US* ; **donner du ~ à qqch** to spice sthg up, to add pizzazz to *US*.

pimenter [3] [pimɑ̃te] *vt* - **1.** [plat] to put chillis in - **2.** *fig* [récit] to spice up.

pimpant, e [pɛ̃pɑ̃, ɑ̃t] *adj* smart.

pin [pɛ̃] *nm* pine ; **~ parasol** umbrella pine ; **~ sylvestre** Scots pine.

pin's [pinz] *nm inv* badge.

pinacle [pinakl] *nm* ARCHIT pinnacle ; **porter qqn au ~** *fig* to praise sb to the skies.

pinailler [3] [pinaje] *vi fam* to split hairs ; **~ sur** to quibble about.

pinard [pinar] *nm fam* wine, *péj* plonk *UK*, jug wine *US*.

pince [pɛ̃s] *nf* - **1.** [grande] pliers *(pl)* - **2.** [petite] : **~ (à épiler)** tweezers *(pl)* ; **~ à linge** clothes peg *UK*, clothespin *US* - **3.** [de crabe] pincer - **4.** *fam* [main] mitt - **5.** *fam* [jambe] : **à ~s** on foot - **6.** COUT dart.

pincé, e [pɛ̃se] *adj* - **1.** [air, sourire] prim - **2.** [nez] pinched.

pinceau, x [pɛ̃so] *nm* - **1.** [pour peindre] brush - **2.** *fam* [pied] foot.

pincée [pɛ̃se] *nf* pinch.

pincement [pɛ̃smɑ̃] *nm* pinching ; **~ au cœur** *fig* pang of sorrow.

pince-monseigneur [pɛ̃smɔ̃sɛɲœr] *(pl* **pinces-monseigneur**) *nf* jemmy *UK*, jimmy *US*.

pince-nez [pɛ̃sne] *nm inv* pince-nez.

pincer [16] [pɛ̃se] <> *vt* - **1.** [serrer] to pinch ; MUS to pluck ; [lèvres] to purse - **2.** *fam fig* [arrêter] to nick *UK*, to catch ; **se faire ~** to get nicked *UK*, to get caught - **3.** [suj: froid] to nip. <> *vi fam* - **1.** [faire froid] : **ça pince!** it's a bit nippy! - **2.** *fig* [avoir le béguin] : **en ~ pour qqn** to be crazy about sb.

◆ **se pincer** *vp* : **se ~ le doigt** to jam *ou* catch one's finger ; **se ~ le nez** to hold one's nose.

pince-sans-rire [pɛ̃ssɑ̃rir] *nmf* person with a deadpan face.

pincettes [pɛ̃sɛt] *nfpl* [ustensile] tongs ; **il n'est pas à prendre avec des ~** *fig* he's like a bear with a sore head.

pinçon [pɛ̃sɔ̃] *nm* pinch mark.

pinède [pinɛd], **pineraie** [pinrɛ], **pinière** [pinjɛr] *nf* pinewood.

pingouin [pɛ̃gwɛ̃] *nm* penguin.

ping-pong [piŋpɔ̃g] *(pl* **ping-pongs**) *nm* ping pong, table tennis.

pingre [pɛ̃gr] *péj* <> *nmf* skinflint. <> *adj* stingy.

pingrerie [pɛ̃grəri] *nf péj* stinginess.

pinière = **pinède.**

pinson [pɛ̃sɔ̃] *nm* chaffinch ; **gai comme un ~** *fig* happy as a lark.

pintade [pɛ̃tad] *nf* guinea fowl.

pintadeau, x [pɛ̃tado] *nm* young guinea fowl.

pinte [pɛ̃t] *nf* **- 1.** [mesure anglo-saxonne] pint **- 2.** *vieilli* [mesure française] quart **- 3.** *helvétisme* [débit de boissons] drinking establishment.

pin-up [pinœp] *nf inv* pinup (girl).

pioche [pjɔʃ] *nf* **- 1.** [outil] pick **- 2.** [jeux] pile.

piocher [3] [pjɔʃe] ◇ *vt* **- 1.** [terre] to dig **- 2.** [jeux] to take **- 3.** *fig* [choisir] to pick at random. ◇ *vi* **- 1.** [creuser] to dig **- 2.** [jeux] to pick up ; **~ dans** [tas] to delve into ; [économies] to dip into.

piolet [pjɔlɛ] *nm* ice axe *UK ou* ax *US*.

pion, pionne [pjɔ̃, pjɔn] *nm, f fam* SCOL *supervisor (often a student who does this as a part-time job).*

◆ **pion** *nm* [aux échecs] pawn ; [aux dames] piece ; **damer le ~ à qqn** *fig* to get the better of sb ; **n'être qu'un ~** *fig* to be just a pawn in the game.

pionnier, ère [pjɔnje, ɛr] *nm, f* pioneer.

pipe [pip] *nf* pipe.

pipeau [pipo] *nm* MUS (reed) pipe ; **c'est du ~** *fam* that's nonsense.

pipeline, pipe-line [pajplajn, piplin] (*pl* **pipe-lines**) *nm* pipeline.

piper [3] [pipe] *vt* **- 1.** [cartes] to mark ; [dés] to load **- 2.** *loc* **ne pas ~ mot** not to breathe a word.

piperade [piperad] *nf eggs cooked with tomatoes, peppers and onions.*

pipette [pipɛt] *nf* pipette.

pipi [pipi] *nm fam* wee *UK*, weewee ; **faire ~** to have a wee.

piquant, e [pikɑ̃, ɑ̃t] *adj* **- 1.** [barbe, feuille] prickly **- 2.** [sauce] spicy, hot **- 3.** [froid] biting **- 4.** *fig* [détail] spicy, juicy.

◆ **piquant** *nm* **- 1.** [d'animal] spine ; [de végétal] thorn, prickle **- 2.** *fig* [d'histoire] spice.

pique [pik] ◇ *nf* **- 1.** [arme] pike **- 2.** *fig* [mot blessant] barbed comment. ◇ *nm* [aux cartes] spade.

piqué, e [pike] *adj* **- 1.** [vin] sour, vinegary **- 2.** [meuble] worm-eaten **- 3.** [tissu] spotted, flecked **- 4.** *fam* [personne] loony.

◆ **piqué** *nm* **- 1.** [tissu] piqué **- 2.** AÉRON dive.

pique-assiette [pikasjɛt] (*pl* **pique-assiette** *ou* **pique-assiettes**) *nmf péj* sponger.

pique-nique [piknik] (*pl* **pique-niques**) *nm* picnic.

pique-niquer [3] [piknike] *vi* to picnic.

piquer [3] [pike] ◇ *vt* **- 1.** [suj: guêpe, méduse] to sting ; [suj: serpent, moustique] to bite **- 2.** [avec pointe] to prick ; **~ qqch de** CULIN to stick sthg with **- 3.** MÉD to give an injection to ; **se faire ~ contre** *fam* to have o.s. inoculated *ou* vaccinated against **- 4.** [animal] to put down **- 5.** [fleur] : **~ qqch dans** to stick sthg into **- 6.** [suj: tissu, barbe] to prickle **- 7.** [suj: fumée, froid] to sting **- 8.** COUT to sew, to machine **- 9.** *fam* [voler] to pinch *UK* **- 10.** *fig* [curiosité] to excite, to arouse **- 11.** *fam* [voleur, escroc] to nick *UK*, to catch ; **se faire ~** to get nicked *UK*, to get caught. ◇ *vi* **- 1.** [ronce] to prick ; [ortie] to sting **- 2.** [guêpe, méduse] to sting ; [serpent, moustique] to bite **- 3.** [épice] to burn **- 4.** COUT to machine **- 5.** *fam* [voler] : **~ (dans)** to pinch (from) **- 6.** [avion] to dive.

◆ **se piquer** *vp* **- 1.** [avec une épingle, des ronces] to prick o.s. **- 2.** [avec des orties] to sting o.s. **- 3.** *fam* [se droguer] to shoot up **- 4.** *litt* [se vexer] to become irritated **- 5.** *litt* & *péj* [avoir la prétention] : **se ~ de qqch/de faire qqch** to pride o.s. on one's knowledge of sthg/on one's ability to do sthg.

piquet [pikɛ] *nm* **- 1.** [pieu] peg, stake **- 2.** [jeux] piquet.

◆ **piquet de grève** *nm* picket.

piqueter [27] [pikte] *vt* to dot, to spot.

piquette [pikɛt] *nf* **- 1.** [vin] cheap wine *ou* plonk *UK* **- 2.** *fam* [défaite] : **prendre une** *ou* **la ~** *fig* to get a hammering *ou* a thrashing.

piqûre [pikyr] *nf* **- 1.** [de guêpe, de méduse] sting ; [de serpent, de moustique] bite **- 2.** [d'ortie] sting **- 3.** [injection] jab *UK*, shot **- 4.** COUT stitching *(U)*.

piranha [piraɲa], **piraya** [piraja] *nm* piranha.

piratage [pirataʒ] *nm* piracy ; INFORM hacking.

pirate [pirat] ◇ *nm* **- 1.** [corsaire] pirate ; **~ de l'air** hijacker, skyjacker **- 2.** *fig* [escroc] swindler. ◇ *adj* pirate *(avant n)*.

pirater [3] [pirate] *vt* to pirate.

piraterie [piratri] *nf* **- 1.** [flibuste] piracy *(U)* **- 2.** [acte] act of piracy **- 3.** *fig* [escroquerie] swindling.

piraya = **piranha**.

pire [pir] ◇ *adj* **- 1.** [comparatif relatif] worse **- 2.** [superlatif] : **le/la ~** the worst. ◇ *nm* : **le ~ (de)** the worst (of) ; **s'attendre au ~** to expect the worst.

Pirée [pire] *nm* : **Le ~** Piraeus.

pirogue [pirɔg] *nf* dugout canoe.

pirouette [pirwɛt] *nf* **- 1.** [saut] pirouette **- 2.** *fig* [faux-fuyant] prevarication, evasive answer ; **répondre par une ~** to answer evasively ; **s'en tirer par une ~** to evade the issue.

pis [pi] <> *adj litt* [pire] worse. <> *adv* worse ; **de mal en ~** from bad to worse ; **de ~ en ~** worse and worse. <> *nm* udder.

pis-aller [pizale] *nm inv* last resort.

pisciculture [pisikyltyr] *nf* fish farming.

piscine [pisin] *nf* swimming pool ; **~ couverte/découverte** indoor/open-air swimming pool.

Pise [piz] *n* Pisa ; **la tour de ~** the Leaning Tower of Pisa.

pisse [pis] *nf tfam* pee, piss.

pisse-froid [pisfrwa] *nm inv fam péj* wet blanket.

pissenlit [pisɑ̃li] *nm* dandelion ; **manger les ~s par la racine** *fig* to be pushing up daisies.

pisser [3] [pise] *fam* <> *vt* **- 1.** [suj: personne] **: ~ du sang** to pass blood **- 2.** [suj: plaie] **: son genou pissait le sang** blood was gushing from his knee. <> *vi* to pee, to piss.

pissotière [pisɔtjɛr] *nf fam* public urinal.

pistache [pistaʃ] <> *nf* [fruit] pistachio (nut). <> *adj inv* [couleur] pistachio (green).

piste [pist] *nf* **- 1.** [trace] trail ; **suivre/perdre une ~** to follow/to lose a trail ; **brouiller les ~s** *fig* to cover one's tracks **- 2.** [zone aménagée] **: ~ d'atterrissage** runway ; **~ cyclable** (bi)cycle path ; **~ de danse** dance floor ; **~ de ski** ski run **- 3.** [chemin] path, track **- 4.** [d'enregistrement] track **- 5.** [divertissement] **: jeu de ~** treasure hunt.

pister [3] [piste] *vt* [gibier] to track ; [suspect] to tail.

pisteur [pistœr] *nm* ski patrol member.

pistil [pistil] *nm* pistil.

pistolet [pistɔlɛ] *nm* **- 1.** [arme] pistol, gun **- 2.** [à peinture] spray gun.

pistolet-mitrailleur [pistɔlɛmitrajœr] (*pl* **pistolets-mitrailleurs**) *nm* submachine gun.

piston [pistɔ̃] *nm* **- 1.** [de moteur] piston **- 2.** MUS [d'instrument] valve **- 3.** *fig* [appui] string-pulling ; **avoir du ~** to have friends in the right places.

pistonner [3] [pistɔne] *vt* to pull strings for ; **se faire ~** to have strings pulled for one.

pistou [pistu] *nm dish of vegetables served with sauce made from basil.*

pita [pita] *nf* pitta (bread).

pitance [pitɑ̃s] *nf péj & vieilli* sustenance.

pitbull, **pit-bull** [pitbul] (*pl* **pit-bulls**) *nm* pitbull (terrier).

piteux, **euse** [pitø, øz] *adj* piteous.

pitié [pitje] *nf* pity ; **avoir ~ de qqn** to have pity on sb, to pity sb ; **sans ~** pitiless, ruthless ; **par ~** for pity's sake.

piton [pitɔ̃] *nm* **- 1.** [clou] piton **- 2.** [pic] peak.

pitoyable [pitwajabl] *adj* pitiful.

pitre [pitr] *nm* clown ; **faire le ~** to fool about.

pitrerie [pitrəri] *nf* tomfoolery.

pittoresque [pitɔrɛsk] <> *nm* **: le ~** [de description] the vividness ; [d'histoire] the amusing part. <> *adj* **- 1.** [région] picturesque **- 2.** [détail] colourful UK, colorful US, vivid.

pivert, **pic-vert** (*pl* **pic-verts**) [pivɛr] *nm* green woodpecker.

pivoine [pivwan] *nf* peony.

pivot [pivo] *nm* **- 1.** [de machine, au basket] pivot **- 2.** [de dent] post **- 3.** [centre] *fig* mainspring.

pivotant, **e** [pivɔtɑ̃, ɑ̃t] *adj* [fauteuil] swivel (*avant n*).

pivoter [3] [pivɔte] *vi* to pivot ; [porte] to revolve ; **faire ~ qqch** to swivel sthg around, to pivot sthg.

pizza [pidza] *nf* pizza.

pizzeria [pidzerja] *nf* pizzeria.

PJ <> *nf* (*abr de* **police judiciaire**) ≃ CID UK, ≃ FBI US. <> (*abr écrite de* **pièce jointe**) Encl.

Pl., **pl.** *abr de* **place**.

PL (*abr écrite de* **poids lourd**) HGV.

placage [plakaʒ] *nm* [de bois] veneer.

placard [plakar] *nm* **- 1.** [armoire] cupboard ; **mettre qqn au ~** *fam fig* to elbow sb out ; **mettre qqch au ~** *fam fig* to shelve sthg **- 2.** [affiche] poster, notice **- 3.** TYPO galley (proof).

placarder [3] [plakarde] *vt* [affiche] to put up, to stick up ; [mur] to placard, to stick a notice on.

place [plas] *nf* **- 1.** [espace] space, room ; **prendre de la ~** to take up (a lot of) space ; **faire ~ à** [amour, haine] to give way to **- 2.** [emplacement, position] position ; **changer qqch de ~** to put sthg in a different place, to move sthg ; **prendre la ~ de qqn** to take sb's place ; **ne pas tenir** *ou* **rester en ~** to be unable to stay still ; **à la ~ de qqn** instead of sb, in sb's place ; **à ta ~** if I were you, in your place **- 3.** [siège] seat ; **céder sa ~ à qqn** to give up one's seat to sb ; **prendre ~** to take a seat ; **~ assise** seat **- 4.** [rang] place **- 5.** [de ville] square **- 6.** [emploi] position, job ; **perdre sa ~** to lose one's job **- 7.** COMM market **- 8.** MIL [de garnison] garrison (town) ; **~ forte** fortified town **- 9.** *loc* **se mettre à la ~ de qqn** to put o.s. in sb's place *ou* shoes ; **remettre qqn à sa ~** to put sb in his/her place.

◆ **sur place** *loc adv* there, on the spot ; **je serai déjà sur ~** I'll already be there.

placebo [plasebo] *nm* placebo.

placement [plasmɑ̃] *nm* **- 1.** [d'argent] investment **- 2.** [d'employé] placing.

placenta [plasɛ̃ta] *nm* ANAT placenta.

placer [16] [plase] *vt* - **1.** [gén] to put, to place ; [invités, spectateurs] to seat ; **être bien /mal placé** to have a good/bad seat ; **être bien/mal placé pour faire qqch** *fig* to be in a position/in no position to do sthg ; **être haut placé** *fig* to be highly placed - **2.** [mot, anecdote] to put in, to get in - **3.** [argent] to invest.
◆ **se placer** *vp* - **1.** [prendre place - debout] to stand ; [- assis] to sit (down) - **2.** *fig* [dans une situation] to put o.s. - **3.** [se classer] to come, to be.

placide [plasid] *adj* placid.

placidité [plasidite] *nf* placidity.

plafond [plafɔ̃] *nm litt* & *fig* ceiling ; **faux ~** false ceiling.

plafonner [3] [plafɔne] <> *vt* to put a ceiling in. <> *vi* [prix, élève] to peak ; [avion] to reach its ceiling.

plafonnier [plafɔnje] *nm* ceiling light.

plage [plaʒ] *nf* - **1.** [de sable] beach - **2.** [ville balnéaire] resort - **3.** [d'ombre, de prix] band ; *fig* [de temps] slot - **4.** [de disque] track - **5.** [dans une voiture] : **~ arrière** back shelf.

plagiaire [plaʒjɛr] *nmf* plagiarist.

plagiat [plaʒja] *nm* plagiarism.

plagier [9] [plaʒje] *vt* to plagiarize.

plagiste [plaʒist] *nm* beach attendant.

plaid [plɛd] *nm* car rug.

plaider [4] [plede] DR <> *vt* to plead. <> *vi* to plead ; **~ contre qqn** to plead against sb ; **~ pour qqn** DR to plead for sb ; [justifier] to plead sb's cause.

plaideur, euse [plɛdœr, øz] *nm, f* litigant.

plaidoirie [plɛdwari] *nf*, **plaidoyer** [plɛdwaje] *nm* DR speech for the defence *UK* OU defense *US* ; *fig* plea.

plaie [plɛ] *nf* - **1.** *litt* & *fig* wound - **2.** *fam* [personne] pest.

plaignais, plaignions *(etc)* ▷ **plaindre.**

plaignant, e [plɛɲɑ̃, ɑ̃t] DR <> *adj* litigant *(avant n)*. <> *nm, f* plaintiff.

plaindre [80] [plɛ̃dr] *vt* to pity ; **ne pas être à ~** to be not to be pitied.
◆ **se plaindre** *vp* to complain ; **se ~ de** [souffrir de] to complain of ; [être mécontent de] to complain about.

plaine [plɛn] *nf* plain.

plain-pied [plɛ̃pje] ◆ **de plain-pied** *loc adv* - **1.** [pièce] on one floor ; **de ~ avec** *litt* & *fig* on a level with - **2.** *fig* [directement] straight.

plaint, e [plɛ̃, plɛ̃t] *pp* ▷ **plaindre.**

plainte [plɛ̃t] *nf* - **1.** [gémissement] moan, groan ; *fig* & *litt* [du vent] moan - **2.** [doléance & DR] complaint ; **porter ~** to lodge a complaint ; **retirer sa ~** DR to withdraw one's action OU suit ; **~ contre X** ≃ complaint against person or persons unknown.

plaintif, ive [plɛ̃tif, iv] *adj* plaintive.

plaire [110] [plɛr] *vi* to be liked ; **il me plaît** I like him ; **ça te plairait d'aller au cinéma?** would you like to go to the cinema? ; **s'il vous/te plaît** please.
◆ **se plaire** *vp* - **1.** [s'aimer] to get on well together - **2.** [prendre plaisir] : **se ~ à faire qqch** to take pleasure in doing sthg ; **se ~ avec qqn** to enjoy being with sb ; **se ~ à Paris** to enjoy being in Paris.

plaisance [plɛzɑ̃s] ◆ **de plaisance** *loc adj* pleasure *(avant n)* ; **navigation de ~** sailing ; **port de ~** marina.

plaisancier, ère [plɛzɑ̃sje, ɛr] *nm, f* (amateur) sailor.

plaisant, e [plɛzɑ̃, ɑ̃t] *adj* pleasant.
◆ **mauvais plaisant** *nm péj* hoaxer.

plaisanter [3] [plɛzɑ̃te] <> *vi* to joke ; **~ avec qqch** to joke about sthg ; **ne pas ~ avec** OU **sur qqch** to take sthg seriously ; **tu plaisantes?** you must be joking! <> *vt sout* [personne] to tease.

plaisanterie [plɛzɑ̃tri] *nf* joke ; **c'est une ~?** *iron* you must be joking! ; **c'était une ~** *fig* it was child's play.

plaisantin [plɛzɑ̃tɛ̃] *nm* joker.

plaise ▷ **plaire.**

plaisir [plezir] *nm* pleasure ; **les ~s de la vie** life's pleasures ; **avoir du/prendre ~ à faire qqch** to have/to take pleasure in doing sthg ; **faire ~ à qqn** to please sb ; **avec ~** with pleasure ; **j'ai le ~ de vous annoncer que...** I have the (great) pleasure of announcing that... ; **pour le** OU **son ~** for pleasure ; **prendre un malin ~ à faire qqch** to take a malicious pleasure in doing sthg ; **se faire un ~ de faire qqch** to be only too pleased to do sthg.

plan[1], e [plɑ̃, plan] *adj* level, flat.

plan[2] [plɑ̃] *nm* - **1.** [dessin - de ville] map ; [- de maison] plan - **2.** [projet] plan ; **faire des ~s** to make plans ; **avoir son ~** to have something in mind - **3.** [domaine] : **sur tous les ~s** in all respects ; **sur le ~ affectif** emotionally ; **sur le ~ familial** as far as the family is concerned - **4.** [surface] : **~ d'eau** lake ; **~ de travail** work surface, worktop *UK* - **5.** GÉOM plane - **6.** CINÉ take ; **gros ~** close-up - **7.** BANQUE : **~ d'épargne** savings plan - **8.** [sécurité] : **~ vigipirate** security measures to protect against terrorist attacks - **9.** ÉCON : **~ social** redundancy scheme OU plan *UK*.
◆ **à l'arrière-plan** *loc adv* in the background.

◆ **au premier plan** *loc adv* - **1.** [dans l'espace] in the foreground - **2.** [dans un ordre] : **c'est au premier ~ de nos préoccupations** it's our chief concern, it's uppermost in our minds.

◆ **de tout premier plan** *loc adj* exceptional.

◆ **en plan** *loc adv* : **laisser qqn en ~** to leave sb stranded, to abandon sb ; **il a tout laissé en ~** he dropped everything.

◆ **sur le même plan** *loc adj* on the same level.

planche [plɑ̃ʃ] *nf* - **1.** [en bois] plank ; **~ à dessin** drawing board ; **~ à neige** snowboard ; **~ à repasser** ironing board ; **~ de salut** *fig* mainstay ; **~ à voile** [planche] sailboard ; [sport] windsurfing ; **faire la ~** *fig* to float - **2.** [d'illustration] plate.

◆ **planches** *nfpl* - **1.** *fig* & THÉÂTRE boards ; **monter sur les ~s** to go on the stage - **2.** *fam* [skis] skis.

plancher[1] [plɑ̃ʃe] *nm* - **1.** [de maison, de voiture] floor ; **débarrasser le ~** *fam fig* to clear off - **2.** *fig* [limite] floor, lower limit.

plancher[2] [3] [plɑ̃ʃe] *vi* - **1.** *arg scol* to be given a test - **2.** *fam fig* [travailler] : **~ (sur)** to work hard (at).

planchiste [plɑ̃ʃist] *nmf* windsurfer.

plancton [plɑ̃ktɔ̃] *nm* plankton.

planer [3] [plane] *vi* - **1.** [avion, oiseau] to glide - **2.** [nuage, fumée, brouillard] to float - **3.** *fig* [danger] : **~ sur qqn** to hang over sb - **4.** *fam fig* [personne] to be out of touch with reality, to have one's head in the clouds ; **~ au-dessus de qqch** to be above sthg.

planétaire [planetɛr] *adj* - **1.** ASTRON planetary - **2.** [mondial] world *(avant n)*.

planétarium [planetarjɔm] *nm* planetarium.

planète [planɛt] *nf* planet.

planeur [planœr] *nm* glider.

planificateur, trice [planifikatœr, tris] ◇ *adj* planning *(avant n)*. ◇ *nm, f* planner.

planification [planifikasjɔ̃] *nf* ÉCON planning.

planifier [9] [planifje] *vt* ÉCON to plan.

planisphère [planisfɛr] *nm* map of the world, planisphere.

planning [planiŋ] *nm* - **1.** [de fabrication] workflow schedule - **2.** [agenda personnel] schedule ; **~ familial** [contrôle] family planning ; [organisme] family planning clinic.

planque [plɑ̃k] *nf fam* - **1.** [cachette] hideout - **2.** *fig* [situation, travail] cushy number.

planquer [3] [plɑ̃ke] *vt fam* to hide.

◆ **se planquer** *vp fam* to hide.

plant [plɑ̃] *nm* - **1.** [plante] seedling - **2.** [culture] bed, patch.

plantain [plɑ̃tɛ̃] *nm* plantain.

plantaire [plɑ̃tɛr] *adj* plantar.

plantation [plɑ̃tasjɔ̃] *nf* - **1.** [exploitation - d'arbres, de coton, de café] plantation ; [- de légumes] patch - **2.** [action] planting.

plante [plɑ̃t] *nf* - **1.** BOT plant ; **~s médicinales** medicinal herbs ; **~ verte** OU **d'appartement** OU **d'intérieur** house OU pot *UK* plant - **2.** ANAT sole.

planté, e [plɑ̃te] *adj fam* - **1.** [personne] : **rester ~** to be rooted to the spot - **2.** [machine] broken-down.

planter [3] [plɑ̃te] ◇ *vt* - **1.** [arbre, terrain] to plant ; **~ qqch de qqch** to plant sthg with sthg - **2.** [clou] to hammer in, to drive in ; [pieu] to drive in ; [couteau, griffes] to stick in - **3.** [tente] to pitch - **4.** *fam fig* [laisser tomber] to dump ; **tout ~ là** to drop everything - **5.** *fig* [chapeau] to stick ; [baiser] to plant ; **~ son regard dans celui de qqn** to look sb right in the eyes. ◇ *vi* INFORM *fam* to crash.

◆ **se planter** *vp* - **1.** [se camper] to plant o.s. - **2.** *fam* [tomber] to go flying ; [en voiture] to have a prang *UK* - **3.** *fam* [se tromper] to be wrong.

planteur [plɑ̃tœr, øz] *nm* planter.

planton [plɑ̃tɔ̃] *nm* orderly.

plantureux, euse [plɑ̃tyrø, øz] *adj* - **1.** [repas] lavish - **2.** [femme] buxom - **3.** [terre] fertile.

plaque [plak] *nf* - **1.** [de métal, de verre, de verglas] sheet ; [de marbre] slab ; **~ chauffante** OU **de cuisson** hotplate ; **~ de chocolat** bar of chocolate - **2.** [gravée] plaque ; **~ d'immatriculation** OU **minéralogique** numberplate *UK*, license plate *US* - **3.** [insigne] badge - **4.** [sur la peau] patch - **5.** [dentaire] plaque - **6.** *loc* **être à côté de la ~** to be wide of the mark.

◆ **plaque tournante** *nf* RAIL turntable ; *fig* hub.

plaqué, e [plake] *adj* - **1.** [métal] plated ; **~ or/argent** gold-/silver-plated - **2.** [bois] veneered.

◆ **plaqué** *nm* - **1.** [métal] : **du ~ or/argent** gold/silver plate - **2.** [bois] veneered wood.

plaquer [3] [plake] *vt* - **1.** [métal] to plate - **2.** [bois] to veneer - **3.** [aplatir] to flatten ; **~ qqn contre qqch** to pin sb against sthg ; **~ qqch contre qqch** to stick sthg onto sthg - **4.** [rugby] to tackle - **5.** MUS [accord] to play - **6.** *fam* [travail, personne] to chuck.

◆ **se plaquer** *vp* : **se ~ contre qqch** to flatten o.s. against sthg ; **se ~ au sol** to lie flat on the ground ; **se ~ les cheveux** to flatten (down) one's hair.

plaquette [plakɛt] *nf* - **1.** [de métal] plaque ; [de marbre] tablet - **2.** [de chocolat] bar ; [de beurre] pat - **3.** [de comprimés] packet, strip - **4.** *(gén pl)* BIOL platelet - **5.** [petit livre] slim volume - **6.** AUTO : **~ de frein** brake pad.

plasma [plasma] *nm* plasma.

plastic [plastik] *nm* plastic explosive.

plasticage [plastikaʒ] *nm* [de coffre] blowing ; **un ~ de la banque** a bomb attack on the bank.

plastifier [9] [plastifje] *vt* to coat with plastic, to plastic-coat.

plastique [plastik] ◇ *adj* & *nm* plastic. ◇ *nf* - **1.** [en sculpture] art of modelling - **2.** [beauté] form - **3.** [arts] plastic arts *(pl)*.

plastiquer [3] [plastike] *vt* to blow up *(with plastic explosives)*.

plastron [plastrɔ̃] *nm* [de chemise] shirt front.

plastronner [3] [plastrɔne] *vi* [parader] to swagger.

plat, e [pla, plat] *adj* - **1.** [gén] flat - **2.** [eau] still.
◆ **plat** *nm* - **1.** [partie plate] flat - **2.** [récipient] dish ; **mettre les petits ~s dans les grands** *fig* to go to town - **3.** [mets] course ; **~ cuisiné** ready-cooked meal *ou* dish ; **~ du jour** today's special ; **~ préparé** ready meal ; **~ de résistance** main course ; **en faire tout un ~** *fig* to make a song and dance about it - **4.** [plongeon] belly-flop.
◆ **à plat** *loc adv* - **1.** [horizontalement, dégonflé] flat - **2.** *fam* [épuisé] exhausted.

platane [platan] *nm* plane tree.

plateau, x [plato] *nm* - **1.** [de cuisine] tray ; **~ de/à fromages** cheeseboard - **2.** [de balance] pan - **3.** GÉOGR *fig* plateau - **4.** THÉÂTRE stage ; CINÉ & TV set - **5.** [de vélo] chain wheel.

plateau-repas [platorəpa] (*pl* **plateaux-repas**) *nm* tray (of food).

plate-bande [platbɑ̃d] (*pl* **plates-bandes**) *nf* flowerbed.

platée [plate] *nf* dishful, plateful.

plate-forme [platfɔrm] (*pl* **plates-formes**) *nf* - **1.** [gén] platform ; **~ de forage** drilling platform - **2.** GÉOGR shelf.

platement [platmɑ̃] *adv* - **1.** [sans imagination] dully - **2.** [servilement] humbly.

platine [platin] ◇ *adj inv* platinum. ◇ *nm* [métal] platinum. ◇ *nf* [de tourne-disque] deck ; **~ laser** compact disc player.

platiné, e [platine] *adj* platinum *(avant n)*.

platitude [platityd] *nf* - **1.** [médiocrité] banality - **2.** [propos sans intérêt] platitude ; **débiter des ~s** to spout platitudes.

platonique [platɔnik] *adj* - **1.** [amour, amitié] platonic - **2.** *litt* [protestation] ineffective.

plâtras [platra] *nm* [gravats] rubble.

plâtre [platr] *nm* - **1.** CONSTR & MÉD plaster ; **essuyer les ~s** *fig* to be the first to suffer - **2.** [sculpture] plaster cast - **3.** *péj* [fromage] : **c'est du vrai ~** it's like sawdust.

plâtrer [3] [platre] *vt* - **1.** [mur] to plaster - **2.** MÉD to put in plaster.

plâtrier [platrije] ◇ *nm* plasterer. ◇ *adj m* : **ouvrier ~** plasterer.

plausible [plozibl] *adj* plausible.

play-back [plɛbak] *nm inv* miming ; **chanter en ~** to mime.

play-boy [plɛbɔj] (*pl* **play-boys**) *nm* playboy.

plèbe [plɛb] *nf* - **1.** *péj* [populace] : **la ~** the plebs *(pl)* - **2.** HIST : **la ~** the plebeians *(pl)*.

plébéien, enne [plebejɛ̃, ɛn] *adj* plebeian.

plébiscite [plebisit] *nm* plebiscite.

plébisciter [3] [plebisite] *vt* - **1.** POLIT to elect by plebiscite - **2.** [approuver] to endorse overwhelmingly.

pléiade [plejad] *nf* pleiad.

plein, e [plɛ̃, plɛn] *adj* - **1.** [rempli, complet] full ; **c'est la ~e forme** I am/they are *etc* in top form ; **en ~e nuit** in the middle of the night ; **en ~ air** outdoor, open-air ; **~ à craquer** *fig* full to bursting - **2.** [non creux] solid - **3.** [femelle] pregnant - **4.** *fam* [saoul] plastered.
◆ **plein** ◇ *adv fam* **il a de l'encre ~ les doigts** he has ink all over his fingers ; **~ de** lots of ; **en ~ dans/sur qqch** right in/on sthg. ◇ *nm* - **1.** [de réservoir] full tank ; **le ~, s'il vous plaît** fill her up, please ; **faire le ~** to fill up - **2.** *loc* **battre son ~** to be at its height.

plein-air [plɛnɛr] *nm inv* SCOL games.
◆ **de plein-air, en plein-air** *loc adj* open-air *(modif)*, outdoor *(modif)*.

pleinement [plɛnmɑ̃] *adv* fully, totally.

plein-temps [plɛ̃tɑ̃] (*pl* **pleins-temps**) *nm* full-time job.

plénier, ère [plenje, ɛr] *adj* plenary.

plénipotentiaire [plenipɔtɑ̃sjɛr] *nm* & *adj* plenipotentiary.

plénitude [plenityd] *nf* fullness.

pléonasme [pleɔnasm] *nm* pleonasm.

pléthorique [pletɔrik] *adj sout* [classe] overfull.

pleurer [5] [plœre] ◇ *vi* - **1.** [larmoyer] to cry ; **~ de joie** to weep for joy, to cry with joy - **2.** *péj* [se plaindre] to whinge *UK* - **3.** [réclamer] : **~ après** to cry for - **4.** [se lamenter] : **~ sur** to lament. ◇ *vt* to mourn.

pleurésie [plœrezi] *nf* pleurisy.

pleureur, euse [plœrœr, øz] ◇ *adj* whining. ◇ *nm, f* whinger *UK*.
◆ **pleureuse** *nf* professional mourner.

pleurnicher [3] [plœrniʃe] *vi* to whine, to whinge *UK*.

pleurnicheur, euse [plœrniʃœr, øz] ◇ *adj* whining, whingeing *UK*. ◇ *nm, f* whinger *UK*.

pleurs [plœr] *nmpl* : **être en ~** to be in tears.

pleut ▷ **pleuvoir**.

pleutre [pløtr] *litt* ◇ *nm* coward. ◇ *adj* cowardly.

pleuvoir [68] [pløvwar] *v impers litt* & *fig* to rain ; **il pleut** it is raining.

Plexiglas® [plɛksiglas] *nm* Plexiglass®.

plexus [plɛksys] *nm* plexus ; **~ solaire** solar plexus.

pli [pli] *nm* - **1.** [de tissu] pleat ; [de pantalon] crease ; **faux ~** crease - **2.** [forme] shape ; **prendre le ~ (de faire qqch)** *fig* to get into the habit (of doing sthg) - **3.** [du front] line ; [du cou] fold - **4.** [lettre] letter ; [enveloppe] envelope ; **sous ~ séparé** under separate cover - **5.** CARTES trick - **6.** GÉOL fold.

pliable [plijabl] *adj* pliable.

pliant, e [plijɑ̃, ɑ̃t] *adj* folding *(avant n)*.
◆ **pliant** *nm* folding chair.

plier [10] [plije] ◇ *vt* - **1.** [papier, tissu] to fold - **2.** [vêtement, vélo] to fold (up) - **3.** [branche, bras] to bend - **4.** *fig* [personne] : **~ qqn à sa volonté** to bend sb to one's will ; **~ qqn à la discipline** to impose discipline on sb. ◇ *vi* - **1.** [se courber] to bend - **2.** *fig* [céder] to bow.
◆ **se plier** *vp* - **1.** [être pliable] to fold (up) - **2.** *fig* [se soumettre] : **se ~ à qqch** to bow to sthg.

plinthe [plɛ̃t] *nf* plinth.

plissé, e [plise] *adj* - **1.** [jupe] pleated - **2.** [peau] wrinkled.
◆ **plissé** *nm* pleats *(pl)*, pleating.

plissement [plismɑ̃] *nm* - **1.** [de front] creasing ; [d'yeux] screwing up - **2.** GÉOL fold.

plisser [3] [plise] ◇ *vt* - **1.** COUT to pleat - **2.** [front] to crease ; [lèvres] to pucker ; [yeux] to screw up. ◇ *vi* [étoffe] to crease.
◆ **se plisser** *vp* - **1.** [étoffe] to crease - **2.** [front] to crease.

pliure [plijyr] *nf* - **1.** [de tissu, de papier] fold - **2.** [d'articulation] crook.

plomb [plɔ̃] *nm* - **1.** [métal, de vitrail] lead - **2.** [de chasse] shot ; **avoir du ~ dans l'aile** *fig* to be in a bad way - **3.** ÉLECTR fuse ; **les ~s ont sauté** a fuse has blown *ou* gone - **4.** [de pêche] sinker.

plombage [plɔ̃baʒ] *nm* - **1.** [de dent] filling - **2.** [de ligne] weighting (with lead).

plombé, e [plɔ̃be] *adj* - **1.** [dent] filled - **2.** [ligne] weighted (with lead) - **3.** [teinte] leaden.

plomber [3] [plɔ̃be] *vt* - **1.** [ligne] to weight (with lead) - **2.** [dent] to fill.
◆ **se plomber** *vp* [ciel] to become leaden.

plomberie [plɔ̃bri] *nf* plumbing.

plombier [plɔ̃bje] *nm* plumber.

plonge [plɔ̃ʒ] *nf fam* dishwashing ; **faire la ~** to wash dishes.

plongeant, e [plɔ̃ʒɑ̃, ɑ̃t] *adj* - **1.** [vue] from above - **2.** [décolleté] plunging.

plongée [plɔ̃ʒe] *nf* - **1.** [immersion] diving ; **~ sous-marine** scuba diving - **2.** CINÉ & PHOTO high-angle shot.

plongeoir [plɔ̃ʒwar] *nm* diving board.

plongeon [plɔ̃ʒɔ̃] *nm* [dans l'eau, au football] dive ; **faire un ~** to plunge ; **faire le ~** *fig* to hit rock bottom.

plonger [17] [plɔ̃ʒe] ◇ *vt* - **1.** [immerger, enfoncer] to plunge ; **~ la tête sous l'eau** to put one's head under the water - **2.** *fig* [précipiter] : **~ qqn dans qqch** to throw sb into sthg ; **~ une pièce dans l'obscurité** to plunge a room into darkness. ◇ *vi* - **1.** [dans l'eau, gardien de but] to dive - **2.** [avion, oiseau] : **~ sur** to dive (down) onto - **3.** *fig* [se lancer] to dive *ou* jump in.
◆ **se plonger** *vp* - **1.** [s'immerger] to submerge - **2.** *fig* [s'absorber] : **se ~ dans qqch** to immerse o.s. in sthg.

plongeur, euse [plɔ̃ʒœr, øz] *nm, f* - **1.** [dans l'eau] diver - **2.** [dans restaurant] dishwasher.

plot [plo] *nm* ÉLECTR contact.

plouc [pluk] *nmf* & *adj fam péj* country bumpkin.

plouf [pluf] *interj* splash!

ployer [13] [plwaje] *vt* & *vi litt* & *fig* to bend.

plu [ply] ◇ *pp inv* ▷ **plaire**. ◇ *pp inv* ▷ **pleuvoir**.

pluie [plɥi] *nf* - **1.** [averse] rain *(U)* ; **sous la ~** in the rain ; **une ~ battante** driving rain ; **une ~ fine** drizzle ; **des ~s diluviennes** torrential rain ; **il fait la ~ et le beau temps** *fig* what he says goes ; **ne pas être né de la dernière ~** *fig* not to be born yesterday - **2.** *fig* [grande quantité] : **une ~ de** a shower of.

plumage [plymaʒ] *nm* plumage.

plumard [plymar] *nm fam* bed, sack *US*.

plume [plym] ◇ *nf* - **1.** [d'oiseau] feather ; **y laisser/perdre des ~s** *fig* to come off badly - **2.** [pour écrire - d'oiseau] quill pen ; [- de stylo] nib ; **un homme de ~** *fig* a man of letters. ◇ *nm fam* [plumard] bed, sack *US*.

plumeau, x [plymo] *nm* feather duster.

plumer [3] [plyme] *vt* - **1.** [volaille] to pluck - **2.** *fam fig* & *péj* [personne] to fleece.

plumier [plymje] *nm* pencil box.

plupart [plypar] *nf* : **la ~ de** most of, the majority of ; **la ~ du temps** most of the time, mostly ; **pour la ~** mostly, for the most part.

pluralisme [plyralism] *nm* pluralism.

pluralité [plyralite] *nf* plurality.

pluridimensionnel, elle [plyridimɑ̃sjɔnɛl] *adj* multidimensional.

pluridisciplinaire [plyridisipliner] *adj* multidisciplinary.

pluriel, elle [plyrjɛl] *adj* - **1.** GRAMM plural - **2.** [société] pluralist.

◆ **pluriel** *nm* plural ; **au ~** in the plural.

plus [ply(s)] ◇ *adv* - **1.** [quantité] more ; **je ne peux vous en dire ~** I can't tell you anything more ; **il a ~ de travail cette année** he has more work this year ; **il en veut ~** he wants more (of it/them) ; **beaucoup ~ de** *(+ n sing)* a lot more, much more ; *(+ n pl)* a lot more, many more ; **un peu ~ de** *(+ n sing)* a little more ; *(+ n pl)* a few more ; **il y a (un peu) ~ de 15 ans** (a little) more than 15 years ago ; **~ j'y pense, ~ je me dis que...** the more I think about it, the more I'm sure... - **2.** [comparaison] more ; **c'est ~ court par là** it's shorter that way ; **viens ~ souvent** come more often ; **c'est un peu ~ loin** it's a (little) bit further ; **~ jeune (que)** younger (than) ; **c'est ~ simple qu'on ne le croit** it's simpler than you think - **3.** [superlatif] : **le ~** the most ; **c'est lui qui travaille le ~** he's the hardest worker, he's the one who works (the) hardest ; **un de ses tableaux les ~ connus** one of his best-known paintings ; **le ~ souvent** the most often ; **le ~ loin** the furthest ; **le ~ souvent possible** as often as possible ; **le ~ vite possible** as quickly as possible - **4.** [négation] no more ; **~ un mot!** not another word! ; **ne... ~** no longer, no more ; **il n'a ~ d'amis** he no longer has any friends, he has no friends any more ; **il ne vient ~ me voir** he doesn't come to see me any more, he no longer comes to see me ; **je n'y vais ~ du tout** I don't go there any more. ◇ *nm* - **1.** [signe] plus (sign) - **2.** *fig* [atout] plus. ◇ *prep* plus ; **trois ~ trois font six** three plus three is six, three and three are six.

◆ **au plus** *loc adv* at the most ; **tout au ~** at the very most.

◆ **de plus** *loc adv* - **1.** [en supplément, en trop] more ; **elle a cinq ans de ~ que moi** she's five years older than me - **2.** [en outre] furthermore, what's more.

◆ **de plus en plus** *loc adv* more and more.

◆ **de plus en plus de** *loc prép* more and more.

◆ **en plus** *loc adv* - **1.** [en supplément] extra - **2.** [d'ailleurs] moreover, what's more.

◆ **en plus de** *loc prép* in addition to.

◆ **ni plus ni moins** *loc adv* no more no less.

◆ **on ne peut plus** *loc adv* : **il est on ne peut ~ bête** he's as stupid as can be.

◆ **plus ou moins** *loc adv* more or less.

◆ **sans plus** *loc adv* : **elle est gentille, sans ~** she's nice, but no more than that.

plusieurs [plyzjœr] *adj indéf pl & pron indéf pl* several.

plus-que-parfait [plyskəparfɛ] *nm* GRAMM pluperfect.

plus-value [plyvaly] (*pl* **plus-values**) *nf* - **1.** [d'investissement] appreciation - **2.** [excédent] surplus - **3.** [bénéfice] profit ; [à la revente] capital gain.

plutonium [plytɔnjɔm] *nm* plutonium.

plutôt [plyto] *adv* rather ; **~ que de faire qqch** instead of doing sthg, rather than doing *ou* do sthg.

pluvial, e, aux [plyvjal, o] *adj* : **eau ~e** rainwater.

pluvieux, euse [plyvjø, øz] *adj* rainy.

pluviométrie [plyvjɔmetri] *nf* rainfall measurement.

pluviosité [plyvjozite] *nf* rainfall.

p.m. (*abr écrite de* **pour mémoire**) p.m.

PM ◇ *nf* - **1.** (*abr de* **préparation militaire**) *training before military service* - **2.** (*abr de* **police militaire**) MP. ◇ *nm abr de* **petit modèle**.

PMA ◇ *nf* (*abr de* **procréation médicalement assistée**) assisted reproduction. ◇ *nmpl* (*abr de* **pays les moins avancés**) LDCs.

PME (*abr de* **petite et moyenne entreprise**) *nf* SME.

PMI *nf* - **1.** (*abr de* **petite et moyenne industrie**) small industrial firm - **2.** (*abr de* **protection maternelle et infantile**) *social service concerned with child welfare.*

PMU (*abr de* **Pari mutuel urbain**) *nm system for betting on horses.*

PNB (*abr de* **produit national brut**) *nm* GNP.

pneu, x [pnø] *nm* - **1.** [de véhicule] tyre *UK*, tire *US* ; **~ avant** front tyre *UK ou* tire *US* ; **~ arrière** rear tyre *UK ou* tire *US* ; **~ clouté** studded tyre *UK ou* tire *US* ; **~-neige** winter tyre *UK ou* tire *US* - **2.** *vieilli* [message] *letter sent by network of pneumatic tubes.*

pneumatique [pnømatik] ◇ *nf* PHYS pneumatics *(U)*. ◇ *nm vieilli* - **1.** [de véhicule] tyre *UK*, tire *US* - **2.** [message] *letter sent by network of pneumatic tubes.* ◇ *adj* - **1.** [fonctionnant à l'air] pneumatic - **2.** [gonflé à l'air] inflatable.

pneumonie [pnømɔni] *nf* pneumonia.

PNUD, Pnud [pnyd] (*abr de* **Programme des Nations unies pour le développement**) *nm* UNDP.

PNUE, Pnue [pny] (*abr de* **Programme des Nations unies pour l'environnement**) *nm* UNEP.

p.o. *abr de* **par ordre**.

PO (*abr écrite de* **petites ondes**) MW.

poche [pɔʃ] *nf* - **1.** [de vêtement, de sac, d'air] pocket ; **de ~** pocket *(avant n)* ; **~ revolver** back *ou* hip pocket ; **c'est dans la ~** *fig* it's in the bag ; **faire les ~s de qqn** *fig* to go through sb's pockets ; **s'en mettre plein** *ou* **se remplir les ~s** *fig* to make a packet - **2.** [sac, sous les yeux] bag ; **faire des ~s** [vêtement] to bag.

pocher [3] [pɔʃe] *vt* - **1.** CULIN to poach - **2.** [blesser] : **~ l'œil à qqn** to give sb a black eye.

pochette [pɔʃɛt] *nf* - **1.** [enveloppe] envelope ; [d'allumettes] book ; [de photos] packet - **2.** [de disque] sleeve, jacket *US* - **3.** [mouchoir] (pocket) handkerchief.

pochette-surprise [pɔʃɛtsyrpriz] (*pl* **pochettes-surprises**) *nf* lucky bag.

pochoir [pɔʃwar] *nm* stencil.

podium [pɔdjɔm] *nm* podium.

podologie [pɔdɔlɔʒi] *nf* chiropody, podiatry *US*.

podologue [pɔdɔlɔg] *nmf* chiropodist, podiatrist *US*.

poêle [pwal] ◇ *nf* pan ; **~ à frire** frying pan. ◇ *nm* stove.

poêlée [pwale] *nf* panful.

poêlon [pwalɔ̃] *nm* casserole.

poème [pɔɛm] *nm* poem.

poésie [pɔezi] *nf* - **1.** [genre, émotion] poetry - **2.** [pièce écrite] poem.

poète [pɔɛt] ◇ *adj* poetic. ◇ *nm* - **1.** [écrivain] poet - **2.** *fig* & *hum* [rêveur] dreamer.

poétique [pɔetik] *adj* poetic.

poétiquement [pɔetikmɑ̃] *adv* poetically.

pognon [pɔɲɔ̃] *nm tfam* dosh *UK*, dough.

pogrom(e) [pɔgrɔm] *nm* pogrom.

poids [pwa] *nm* - **1.** [gén] weight ; **quel ~ fait-il?** how heavy is it/he? ; **perdre/prendre du ~** to lose/gain weight ; **vendre au ~** to sell by weight ; **avoir du ~** *fig* to carry a lot of weight ; **donner du ~ à** *fig* to lend weight to ; **~ lourd** [boxe] heavyweight ; [camion] heavy goods vehicle *UK* ; **~ plume** [boxe] featherweight ; **de ~** [argument] weighty ; **il ne fait pas le ~** *fig* he's not up to it - **2.** SPORT [lancer] shot.

poignant, e [pwaɲɑ̃, ɑ̃t] *adj* poignant.

poignard [pwaɲar] *nm* dagger.

poignarder [3] [pwaɲarde] *vt* to stab.

poigne [pwaɲ] *nf* grip ; *fig* authority ; **avoir de la ~** to have a strong grip ; *fig* to have authority.

poignée [pwaɲe] *nf* - **1.** [quantité, petit nombre] handful - **2.** [manche] handle.
◆ **poignée de main** *nf* handshake.

poignet [pwaɲɛ] *nm* - **1.** ANAT wrist - **2.** [de vêtement] cuff.

poil [pwal] *nm* - **1.** [du corps] hair ; **à ~** *fam* [tout nu] starkers *UK* - **2.** [d'animal] hair, coat ; **de tout ~** *fig* of all kinds - **3.** [de pinceau] bristle ; [de tapis] strand - **4.** *fam* [peu] : **il s'en est fallu d'un ~ que je réussisse** I came within a hair's breadth of succeeding - **5.** *loc* **être de bon/mauvais ~** *fam fig* to be in a good/bad mood ; **reprendre du ~ de la bête** *fig* to regain strength.

poil-de-carotte [pwaldəkarɔt] *adj inv fam* [personne] red-headed ; [cheveux] carroty.

poiler [3] [pwale] ◆ **se poiler** *vp fam* to kill o.s. (laughing).

poilu, e [pwaly] *adj* hairy.
◆ **poilu** *nm fam* French First World War soldier.

poinçon [pwɛ̃sɔ̃] *nm* - **1.** [outil] awl - **2.** [marque] hallmark.

poinçonner [3] [pwɛ̃sɔne] *vt* - **1.** [bijou] to hallmark - **2.** [billet, tôle] to punch.

poinçonneuse [pwɛ̃sɔnøz] *nf* punch.

poindre [82] [pwɛ̃dr] *vi litt* - **1.** [jour] to break - **2.** [plante] to come up - **3.** *fig* [sentiment] to break through.

poing [pwɛ̃] *nm* fist ; **dormir à ~s fermés** *fig* to sleep like a log.

point [pwɛ̃] ◇ *nm* - **1.** COUT [tricot] stitch ; **~s de suture** MÉD stitches - **2.** [de ponctuation] : **~ (final)** full stop *UK*, period *US* ; **~ d'interrogation/d'exclamation** question/exclamation mark ; **~s de suspension** suspension points ; **mettre les ~s sur les i** *fig* to get things straight - **3.** [petite tache] dot ; **~ noir** [sur la peau] blackhead ; *fig* [problème] problem - **4.** [endroit] spot, point ; *fig* point ; **~ d'appui** [support] something to lean on ; **~ chaud** POLIT key issue ; [zone dangereuse] trouble spot, hot spot ; **~ culminant** [en montagne] summit ; *fig* climax ; **~ d'eau** water supply point ; **~ de mire** *fig* focal point ; **~ névralgique** *fig* sensitive spot ; **~ de ralliement** rallying point ; **~ de repère** [temporel] reference point ; [spatial] landmark ; **~ de vente** point of sale, sale outlet ; **~ de vue** [panorama] viewpoint ; *fig* [opinion, aspect] point of view ; **avoir un ~ commun avec qqn** to have something in common with sb - **5.** [degré] point ; **au ~ que, à tel ~ que** to such an extent that ; **je ne pensais pas que cela le vexerait à ce ~** I didn't think it would make him so cross ; **être... au ~ de faire qqch** to be so... as to do sthg - **6.** *fig* [position] position ; **faire le ~** to take stock (of the situation) - **7.** [réglage] : **mettre au ~** [machine] to adjust ; [idée, projet] to finalize ; **à ~** [cuisson] just right ; **à ~ (nommé)** just in time - **8.** [question, détail] point, detail ; **~ faible** weak point - **9.** [score] point ; **marquer un ~** SPORT *fig* to score a point - **10.** [douleur] pain ; **~ de côté** stitch - **11.** [début] : **être sur le ~ de faire qqch** to be on the point of doing sthg, to be about to do sthg ; **au ~ du jour** *sout* at daybreak - **12.** AUTO : **au ~ mort** in neutral - **13.** GÉOGR : **~s cardinaux** points of the compass. ◇ *adv vieilli* **ne ~** not (at all) ; **ne vous en faites ~** don't worry.

pointage [pwɛ̃taʒ] *nm* - **1.** [au travail - d'entrée] clocking in ; [- de sortie] clocking out - **2.** [d'arme] aiming.

pointe [pwɛ̃t] *nf* - **1.** [extrémité] point ; [de nez] tip ; **se hausser sur la ~ des pieds** to stand on tiptoe ; **en ~** pointed ; **tailler en ~** to taper ; **se terminer en ~** to taper ; **~ d'asperge** asparagus tip - **2.** [clou] tack - **3.** [sommet] peak, summit ; **à la ~ de** *fig* at the peak of ; **à la ~ de la technique** at the forefront *ou* cutting edge of technology - **4.** [accélération] : **faire** *ou* **pousser une ~ (jusqu'à)** to put on a spurt (and reach) - **5.** *fig* [trait d'esprit] witticism - **6.** *fig* [petite quantité] : **une ~ de** a touch of.

◆ **pointes** *nfpl* [danse] points ; **faire des** *ou* **les ~s** to dance on one's points.

◆ **de pointe** *loc adj* - **1.** [vitesse] maximum, top - **2.** [industrie, secteur] leading ; [technique] latest.

pointer [3] [pwɛ̃te] ◇ *vt* - **1.** [cocher] to tick (off) - **2.** [employés - à l'entrée] to check in ; [- à la sortie] to check out - **3.** [diriger] : **~ qqch vers** to point sthg towards *ou* toward *US* ; **~ qqch sur** to point sthg at. ◇ *vi* - **1.** [à l'usine - à l'entrée] to clock in ; [- à la sortie] to clock out - **2.** [à la pétanque] to get as close to the jack as possible - **3.** [être en pointe] to stick up - **4.** [jour] to break - **5.** *fig* [sentiment] to show through.

◆ **se pointer** *vp fam* to turn up.

pointillé [pwɛ̃tije] *nm* - **1.** [ligne] dotted line ; **en ~** [ligne] dotted ; *fig* [par sous-entendus] obliquely - **2.** [perforations] perforations *(pl)*.

pointilleux, euse [pwɛ̃tijø, øz] *adj* : **~ (sur)** particular (about).

pointu, e [pwɛ̃ty] *adj* - **1.** [objet] pointed - **2.** [voix, ton] sharp - **3.** [étude, formation] specialized.

pointure [pwɛ̃tyr] *nf* (shoe) size.

point-virgule [pwɛ̃virgyl] (*pl* **points-virgules**) *nm* semi-colon.

poire [pwar] ◇ *nf* - **1.** [fruit] pear ; **~ Belle-Hélène** pear *ou* poire Belle-Hélène ; **couper la ~ en deux** *fig* to compromise - **2.** MÉD : **~ à injections** syringe - **3.** *fam* [visage] face - **4.** *fam* [naïf] dope. ◇ *adj fam* **être ~** to be a sucker *ou* a mug *UK*.

poireau, x [pwaro] *nm* leek ; **~x vinaigrette** leeks with vinaigrette dressing.

poireauter, poiroter [3] [pwarote] *vi fam* to hang around.

poirier [pwarje] *nm* pear tree ; **faire le ~** *fig* to do a headstand.

poiroter = **poireauter**.

pois [pwa] *nm* - **1.** BOT pea ; **~ chiche** chickpea ; **petits ~** garden peas, petits pois ; **~ de senteur** sweet pea - **2.** *fig* [motif] dot, spot ; **à ~** spotted, polka-dot.

poison [pwazɔ̃] ◇ *nm* [substance] poison. ◇ *nmf fam fig* [personne] drag, pain ; [enfant] brat.

poisse [pwas] *nf fam* bad luck ; **porter la ~** to be bad luck.

poisseux, euse [pwasø, øz] *adj* sticky.

poisson [pwasɔ̃] *nm* fish ; **~ d'avril** [farce] April fool ; [en papier] *paper fish pinned to someone's back as a prank on April Fools' Day* ; **~-chat** catfish ; **~ rouge** goldfish ; **noyer le ~** *fig* to confuse the issue.

◆ **Poissons** *nmpl* ASTROL Pisces *(sing)* ; **être Poissons** to be (a) Pisces.

Poisson d'avril

In France, April Fool's Day tradition calls for children to secretly stick cut-out paper fish on their friends' backs. They will sometimes play the same trick on unwitting passers-by in the street.

poissonnerie [pwasɔnri] *nf* - **1.** [boutique] fish shop, fishmonger's (shop) *UK* - **2.** [métier] fish trade.

poissonneux, euse [pwasɔnø, øz] *adj* full of fish.

poissonnier, ère [pwasɔnje, ɛr] *nm, f* fishmonger *UK*.

poitevin, e [pwatvɛ̃, in] *adj* [de Poitiers] of/from Poitiers ; [du Poitou] of/from Poitou.

◆ **Poitevin, e** *nm, f* [de Poitiers] person from Poitiers ; [du Poitou] person from Poitou.

poitrail [pwatraj] *nm* breast, chest.

poitrinaire [pwatrinɛr] *nmf & adj* consumptive.

poitrine [pwatrin] *nf* - **1.** [thorax] chest ; [de femme] chest, bust - **2.** [viande] breast.

poivre [pwavr] *nm* pepper ; **~ blanc** white pepper ; **~ gris, ~ noir** black pepper ; **~ et sel** *fig* pepper-and-salt.

poivrer [3] [pwavre] *vt* to put pepper on.

◆ **se poivrer** *vp fam* to get plastered.

poivrier [pwavrije] *nm*, **poivrière** [pwavrijɛr] *nf* pepper pot *UK*, pepperbox *US*.

poivron [pwavrɔ̃] *nm* pepper, capsicum ; **~ rouge/vert** red/green pepper.

poivrot, e [pwavro, ɔt] *nm, f fam* boozer.

poix [pwa] *nf* pitch.

poker [pɔkɛr] *nm* poker.

polaire [pɔlɛr] ◇ *adj* polar. ◇ *nf* [textile] (polar) fleece.

polar [pɔlar] *nm fam* thriller, whodunnit.

polariser [3] [pɔlarize] *vt* - **1.** TECHNOL to polarize - **2.** *fig* [attention] to focus.

◆ **se polariser** *vp* : **se ~ sur** to be centred *UK* *ou* centered *US* *ou* focussed on.

Polaroïd® [pɔlarɔid] *nm* Polaroid®.

polder [pɔldɛr] *nm* polder.

pôle [pol] *nm* pole ; **~ Nord/Sud** North/South Pole.

polémique [pɔlemik] ◇ *nf* controversy. ◇ *adj* [style, ton] polemical.

polémiquer [3] [pɔlemike] *vi* to engage in controversy.

pole position [polpozisjɔ̃] (*pl* **pole positions**) *nf* SPORT pole position.

poli, **e** [pɔli] *adj* **- 1.** [personne] polite **- 2.** [surface] polished.

◆ **poli** *nm* polish.

police [pɔlis] *nf* **- 1.** [force de l'ordre] police ; **être de** *ou* **dans la ~** to be in the police ; **~ judiciaire** *plain-clothes police force responsible for criminal investigation and arrests*, ≃ CID *UK*, ≃ FBI *US* ; **~ secours** *emergency service provided by the police* ; **~ secrète** secret police **- 2.** [contrat] policy ; **~ d'assurance** insurance policy **- 3.** TYPO : **~ (de caractères)** font.

policé, **e** [pɔlise] *adj litt* civilized.

polichinelle [pɔliʃinɛl] *nm* **- 1.** [personnage] Punch ; **secret de ~** *fig* open secret **- 2.** *fam fig* [guignol] buffoon.

policier, **ère** [pɔlisje, ɛr] *adj* **- 1.** [de la police] police *(avant n)* **- 2.** [film, roman] detective *(avant n)*.

◆ **policier** *nm* police officer.

policlinique [pɔliklinik] *nf* [partie d'hôpital] ≃ outpatients department.

poliment [pɔlimɑ̃] *adv* politely.

polio [pɔljo] *nf* polio.

poliomyélite [pɔljɔmjelit] *nf* poliomyelitis.

polir [32] [pɔlir] *vt* to polish.

polissage [pɔlisaʒ] *nm* polishing.

polisson, **onne** [pɔlisɔ̃, ɔn] ◇ *adj* **- 1.** [chanson, propos] lewd, suggestive **- 2.** [enfant] naughty. ◇ *nm, f* [enfant] naughty child.

politesse [pɔlitɛs] *nf* **- 1.** [courtoisie] politeness **- 2.** [action] polite action ; **se faire des ~s** *iron* to exchange favours *UK ou* favors *US*.

politicard, **e** [pɔlitikar, ard] *péj* ◇ *adj* politicking. ◇ *nm, f* (political) schemer, politico.

politicien, **enne** [pɔlitisjɛ̃, ɛn] ◇ *adj péj* politicking, politically unscrupulous. ◇ *nm, f* politician, politico.

politique [pɔlitik] ◇ *nf* **- 1.** [de gouvernement, de personne] policy ; **~ étrangère/intérieure** foreign/domestic policy ; **pratiquer la ~ de l'autruche** *fig* to bury one's head in the sand **- 2.** [affaires publiques] politics *(U)*. ◇ *nm* politician. ◇ *adj* **- 1.** [pouvoir, théorie] political ; **homme/femme ~** politician, political figure **- 2.** *litt* [choix, réponse] politic.

politiquement [pɔlitikmɑ̃] *adv* politically ; **~ correct** politically correct, PC.

politisation [pɔlitizasjɔ̃] *nf* politicization.

politiser [3] [pɔlitize] *vt* to politicize.

politologue [pɔlitɔlɔg] *nmf* political expert *ou* analyst.

polka [pɔlka] *nf* polka.

pollen [pɔlɛn] *nm* pollen.

polluant [pɔlɥɑ̃] *nm* pollutant.

polluer [7] [pɔlɥe] *vt* to pollute.

pollution [pɔlysjɔ̃] *nf* pollution.

polo [pɔlo] *nm* **- 1.** [sport] polo **- 2.** [chemise] polo shirt.

polochon [pɔlɔʃɔ̃] *nm fam* bolster.

Pologne [pɔlɔɲ] *nf* : **la ~** Poland.

polonais, **e** [pɔlɔnɛ, ɛz] *adj* Polish.

◆ **polonais** *nm* [langue] Polish.

◆ **polonaise** *nf* **- 1.** [danse] polonaise **- 2.** [gâteau] *brioche with an almond filling covered in meringue*.

◆ **Polonais**, **e** *nm, f* Pole.

poltron, **onne** [pɔltrɔ̃, ɔn] ◇ *nm, f* coward. ◇ *adj* cowardly.

polyamide [pɔliamid] *nm* polyamide.

polychrome [pɔlikrom] *adj* polychrome, polychromatic.

polyclinique [pɔliklinik] *nf* general hospital.

polycopie [pɔlikɔpi] *nf* duplicating.

polycopié, **e** [pɔlikɔpje] *adj* duplicate *(avant n)*.

◆ **polycopié** *nm* duplicated lecture notes *(pl)*.

polycopier [9] [pɔlikɔpje] *vt* to duplicate.

polyculture [pɔlikyltyr] *nf* mixed farming.

polyester [pɔliɛstɛr] *nm* polyester.

polygame [pɔligam] ◇ *nm* polygamist. ◇ *adj* polygamous.

polygamie [pɔligami] *nf* polygamy.

polyglotte [pɔliglɔt] *nmf* & *adj* polyglot.

polygone [pɔligɔn] *nm* **- 1.** MATH polygon **- 2.** MIL : **~ de tir** rifle range.

polymère [pɔlimɛr] ◇ *nm* polymer. ◇ *adj* polymeric.

polymorphe [pɔlimɔrf] *adj* polymorphous.

Polynésie [pɔlinezi] *nf* : **la ~** Polynesia ; **la ~ française** French Polynesia.

polynésien, **enne** [pɔlinezjɛ̃, ɛn] *adj* Polynesian.

◆ **polynésien** *nm* [langue] Polynesian.
◆ **Polynésien, enne** *nm, f* Polynesian.

polype [pɔlip] *nm* polyp.

polyphonie [pɔlifɔni] *nf* polyphony.

polysémique [pɔlisemik] *adj* polysemous, polysemic.

polystyrène [pɔlistirɛn] *nm* polystyrene.

polytechnicien, enne [pɔlitɛknisjɛ̃, ɛn] *nm, f student or ex-student of the École Polytechnique.*

Polytechnique [pɔlitɛknik] *n* : **l'École ~** *prestigious engineering college* = **grande école.**

polythéisme [pɔliteism] *nm* polytheism.

polythéiste [pɔliteist] ◇ *nmf* polytheist. ◇ *adj* polytheistic.

polyvalent, e [pɔlivalɑ̃, ɑ̃t] *adj* - **1.** [salle] multi-purpose - **2.** [professeur] non-specialized - **3.** CHIM & MÉD polyvalent - **4.** [personne] versatile.
◆ **polyvalent** *nm tax inspector specializing in company taxation.*

pomelo [pɔmelo] *nm* grapefruit.

pommade [pɔmad] *nf* [médicament] ointment.

pommader [3] [pɔmade] *vt* to pomade.

pomme [pɔm] *nf* - **1.** [fruit] apple ; **~ de pin** pine *ou* fir cone - **2.** [pomme de terre] : **~s allumettes** *very thin chips* ; **~s frites** chips *UK*, (French) fries *US* ; **~s vapeur** steamed potatoes - **3.** *loc* **~ de discorde** bone of contention ; **tomber dans les ~s** *fam* to pass out, to faint.
◆ **pomme d'Adam** *nf* Adam's apple.

pommeau, x [pɔmo] *nm* - **1.** [de parapluie, de canne] knob - **2.** [de sabre] pommel.

pomme de terre [pɔmdətɛr] *nf* potato ; **~s de terre à l'eau** boiled potatoes ; **~s de terre au four** baked potatoes ; **~s de terre frites** chips *UK*, (French) fries *US* ; **~s de terre en robe des champs** jacket potatoes ; **~s de terre sautées** sauté potatoes.

pommelé, e [pɔmle] *adj* dappled ; **gris ~** dapple grey *UK ou* gray *US*.

pommette [pɔmɛt] *nf* cheekbone.

pommier [pɔmje] *nm* apple tree.

pompe [pɔ̃p] *nf* - **1.** [appareil] pump ; **~ à essence** petrol pump *UK*, gas pump *US* ; **~ à incendie** fire engine, fire truck *US* - **2.** [magnificence] pomp, ceremony ; **en grande ~** with great ceremony - **3.** *fam* [chaussure] shoe ; **être à côté de ses ~s** *fam fig* to be completely out of it.
◆ **pompes funèbres** *nfpl* undertaker's *(sing)*, funeral director's *(sing) UK*, mortician's *(sing) US*.

Pompéi [pɔ̃pei] *n* Pompeii.

pomper [3] [pɔ̃pe] *vt* - **1.** [eau, air] to pump - **2.** [avec éponge] to soak up - **3.** *arg scol* [copier] : **~ qqch (sur qqn)** to crib sthg (from sb).

pompette [pɔ̃pɛt] *adj fam* merry, tipsy.

pompeusement [pɔ̃pøzmɑ̃] *adv* pompously.

pompeux, euse [pɔ̃pø, øz] *adj* pompous.

pompier, ère [pɔ̃pje, ɛr] *adj* pretentious.

pompier [pɔ̃pje] *nm* fireman, firefighter.

pompiste [pɔ̃pist] *nmf* petrol *UK ou* gas *US* pump attendant.

pompon [pɔ̃pɔ̃] *nm* pompom ; **décrocher le ~** *fam fig* to take the biscuit *UK ou* cake.

pomponner [3] [pɔ̃pɔne] ◆ **se pomponner** *vp* to get dressed up.

ponce [pɔ̃s] *adj* : **pierre ~** pumice (stone).

poncer [16] [pɔ̃se] *vt* [bois] to sand (down).

ponceuse [pɔ̃søz] *nf* sander, sanding machine.

poncif [pɔ̃sif] *nm* [banalité] commonplace, cliché.

ponction [pɔ̃ksjɔ̃] *nf* - **1.** [MÉD - lombaire] puncture ; [- pulmonaire] tapping - **2.** *fig* [prélèvement] withdrawal.

ponctionner [3] [pɔ̃ksjɔne] *vt* - **1.** [MÉD - région lombaire] to puncture ; [- poumon] to tap - **2.** *fig* [contribuable] to take money from ; [argent] to withdraw.

ponctualité [pɔ̃ktɥalite] *nf* punctuality.

ponctuation [pɔ̃ktɥasjɔ̃] *nf* punctuation.

ponctuel, elle [pɔ̃ktɥɛl] *adj* - **1.** [action] specific, selective - **2.** [personne] punctual.

ponctuellement [pɔ̃ktɥɛlmɑ̃] *adv* punctually.

ponctuer [7] [pɔ̃ktɥe] *vt* to punctuate ; **~ qqch de qqch** *fig* to punctuate sthg with sthg.

pondéral, e, aux [pɔ̃deral, o] *adj* weight *(avant n)*.

pondération [pɔ̃derasjɔ̃] *nf* - **1.** [de personne] level-headedness - **2.** ÉCON weighting.

pondéré, e [pɔ̃dere] *adj* - **1.** [personne] level-headed - **2.** ÉCON weighted.

Pondichéry [pɔ̃diʃeri] *n* Pondicherry.

pondre [75] [pɔ̃dr] *vt* - **1.** [œufs] to lay - **2.** *fam fig* [projet, texte] to produce.

pondu, e [pɔ̃dy] *pp* ▷ **pondre**.

poney [pɔnɛ] *nm* pony.

pongiste [pɔ̃ʒist] *nmf* table-tennis player.

pont [pɔ̃] *nm* - **1.** CONSTR bridge ; **~s et chaussées** ADMIN ≃ highways department - **2.** [lien] link, connection ; **~ aérien** airlift ; **couper les ~s avec qqn** *fig* to break with sb - **3.** [congé] *day off granted by an employer to fill the gap* *between a national holiday and a weekend* ; **faire le ~** to have a long weekend **- 4.** [de navire] deck.

ponte [pɔ̃t] <> *nf* [action] laying ; [œufs] clutch. <> *nm* **- 1.** [jeux] punter **- 2.** *fam* [autorité] big shot.

pontife [pɔ̃tif] *nm* pontiff.

pontifical, e, aux [pɔ̃tifikal, o] *adj* papal.

pontificat [pɔ̃tifika] *nm* pontificate.

pontifier [9] [pɔ̃tifje] *vi fam* to pontificate.

pont-levis [pɔ̃ləvi] (*pl* **ponts-levis**) *nm* drawbridge.

ponton [pɔ̃tɔ̃] *nm* **- 1.** [plate-forme] pontoon **- 2.** [chaland] lighter, barge.

pool [pul] *nm* pool.

pop [pɔp] <> *nm* pop. <> *adj* pop *(avant n)*.

pop-corn [pɔpkɔrn] *nm inv* popcorn *(U)*.

pope [pɔp] *nm* priest *(in the Orthodox church)*.

popeline [pɔplin] *nf* poplin.

popote [pɔpɔt] *fam* <> *adj inv* homeloving. <> *nf* : **faire la ~** to do the cooking ; **préparer la ~** to prepare the meal.

populace [pɔpylas] *nf péj* mob.

populaire [pɔpylɛr] *adj* **- 1.** [du peuple - volonté] popular, of the people ; [- quartier] working-class ; [- art, chanson] folk **- 2.** [personne] popular.

populariser [3] [pɔpylarize] *vt* to popularize.

popularité [pɔpylarite] *nf* popularity.

population [pɔpylasjɔ̃] *nf* population ; **~ active** working population.

populiste [pɔpylist] *nmf & adj* populist.

populo [pɔpylo] *nm fam* **- 1.** [peuple] hoi polloi **- 2.** [foule] crowd.

porc [pɔr] *nm* **- 1.** [animal] pig, hog *US* **- 2.** *fig & péj* [personne] pig, swine **- 3.** [viande] pork **- 4.** [peau] pigskin.

porcelaine [pɔrsəlɛn] *nf* **- 1.** [matière] china, porcelain **- 2.** [objet] piece of china *ou* porcelain **- 3.** [mollusque] cowrie shell.

porcelet [pɔrsəlɛ] *nm* piglet.

porc-épic [pɔrkepik] (*pl* **porcs-épics**) *nm* porcupine.

porche [pɔrʃ] *nm* porch.

porcherie [pɔrʃəri] *nf litt & fig* pigsty.

porcin, e [pɔrsɛ̃, in] *adj* **- 1.** [élevage] pig *(avant n)* **- 2.** *fig & péj* [yeux] piggy.

◆ **porcin** *nm* pig.

pore [pɔr] *nm* pore.

poreux, euse [pɔrø, øz] *adj* porous.

pornographie [pɔrnɔgrafi] *nf* pornography.

pornographique [pɔrnɔgrafik] *adj* pornographic.

porridge [pɔridʒ] *nm* porridge.

port [pɔr] *nm* **- 1.** [lieu] port ; **arriver à bon ~** [personne] to arrive safe and sound ; [chose] to arrive in good condition ; **~ d'attache** home port ; **~ de commerce/pêche** commercial/fishing port **- 2.** [fait de porter sur soi - d'objet] carrying ; [- de vêtement, décoration] wearing ; **~ d'armes** carrying of weapons **- 3.** [transport] carriage ; **franco de ~** carriage paid **- 4.** [allure] bearing.

portable [pɔrtabl] <> *nm* TV portable ; INFORM laptop, portable ; [téléphone] mobile. <> *adj* **- 1.** [vêtement] wearable **- 2.** [ordinateur, machine à écrire] portable, laptop.

portage [pɔrtaʒ] *nm Québec* NAUT portage.

portail [pɔrtaj] *nm* [gén & INFORM] portal.

portant, e [pɔrtɑ̃, ɑ̃t] *adj* : **être bien/mal ~** to be in good/poor health.

◆ **portant** *nm* upright.

portatif, ive [pɔrtatif, iv] *adj* portable.

Port-au-Prince [pɔroprɛ̃s] *n* Port-au-Prince.

porte [pɔrt] *nf* **- 1.** [de maison, voiture] door ; **claquer la ~** to slam the door ; **claquer/fermer la ~ au nez de qqn** to slam/shut the door in sb's face ; **écouter aux ~s** to listen at keyholes ; **être à la ~** to be locked out ; **ficher** *ou* **foutre qqn à la ~** *fam* to throw *ou* chuck sb out ; **mettre qqn à la ~** to throw sb out ; **~ cochère** carriage entrance ; **~ de communication** communicating door ; **~ d'entrée** front door ; **~ de secours** emergency exit ; **~ vitrée** glass door **- 2.** AÉRON & SKI [de ville] gate ; **la ~ de Versailles** *site of a large exhibition complex in Paris where major trade fairs take place* **- 3.** *fig* [de région] gateway.

porte-à-faux [pɔrtafo] *nm inv* [roche] overhang ; CONSTR cantilever ; **en ~** overhanging ; CONSTR cantilevered ; *fig* in a delicate situation.

porte-à-porte [pɔrtapɔrt] *nm inv* : **faire du ~** to sell from door to door.

porte-avions [pɔrtavjɔ̃] *nm inv* aircraft carrier.

porte-bagages [pɔrtbagaʒ] *nm inv* luggage rack *UK* ; [de voiture] roof rack *UK*.

porte-bébé [pɔrtbebe] (*pl* **porte-bébés**) *nm* baby sling, papoose.

porte-bonheur [pɔrtbɔnœr] *nm inv* lucky charm.

porte-bouteilles [pɔrtbutɛj] *nm inv* [casier] wine rack.

porte-cartes, porte-carte [pɔrtəkart] *nm inv* card holder.

porte-cigarettes [pɔrtsigarɛt] *nm inv* cigarette case.

porte-clefs, **porte-clés** [pɔrtəkle] *nm inv* keyring.

porte-couteau [pɔrtkuto] (*pl* **porte-couteaux**) *nm* knife rest.

porte-documents [pɔrtdɔkymɑ̃] *nm inv* attaché *ou* document case.

porte-drapeau [pɔrtdrapo] (*pl* **porte-drapeaux**) *nm* standard-bearer.

portée [pɔrte] *nf* - **1.** [de missile] range ; **à ~ de** within range of ; **à ~ de main** within reach ; **à ~ de voix** within earshot ; **à ~ de vue** in sight ; **à la ~ de qqn** *fig* within sb's reach ; **hors de la ~ de** out of reach of - **2.** [d'événement] impact, significance - **3.** MUS stave, staff - **4.** [de femelle] litter.

porte-fenêtre [pɔrtfənɛtr] (*pl* **portes-fenêtres**) *nf* French window *ou* door *US*.

portefeuille [pɔrtəfœj] *nm* - **1.** [pour billets] wallet - **2.** FIN & POLIT portfolio.

porte-jarretelles [pɔrtʒartɛl] *nm inv* suspender belt *UK*, garter belt *US*.

porte-malheur [pɔrtmalœr] *nm inv* jinx.

portemanteau, **x** [pɔrtmɑ̃to] *nm* [au mur] coat-rack ; [sur pied] coat stand.

portemine [pɔrtəmin] *nm* propelling pencil *UK*, mechanical pencil *US*.

porte-monnaie [pɔrtmɔnɛ] *nm inv* purse.

porte-parapluies [pɔrtparaplɥi] *nm inv* umbrella stand.

porte-parole [pɔrtparɔl] *nm inv* spokesman (*f* spokeswoman) ; **~ officiel du gouvernement** official government spokesman.

porte-plume [pɔrtəplym] *nm inv* penholder.

porter [3] [pɔrte] ◇ *vt* - **1.** [gén] to carry - **2.** [vêtement, lunettes, montre] to wear ; [barbe] to have - **3.** [nom, date, inscription] to bear - **4.** [apporter] to take - **5.** [inciter] : **~ qqn à faire qqch** to lead sb to do sthg - **6.** [inscrire] to put down, to write down ; **porté disparu** reported missing. ◇ *vi* - **1.** [s'appuyer - balcon] : **~ sur** to be supported by - **2.** [traiter] : **~ sur qqn/qqch** to be about sb/sthg - **3.** [remarque] to strike home - **4.** [voix, tir] to carry.

◆ **se porter** ◇ *vp* - **1.** [se sentir] : **se ~ bien/mal** to be well/unwell - **2.** [se diriger] : **se ~ sur** [choix, regard] to fall on ; [conversation] to turn to - **3.** [se livrer] : **se ~ à** [violences] to carry out ; **se ~ à des extrémités** to go to extremes. ◇ *v att* : **se ~ garant de qqch** to guarantee sthg, to vouch for sthg ; **se ~ candidat à** to stand for election to *UK*, to run for *US*.

porte-savon [pɔrtsavɔ̃] (*pl* **porte-savon** *ou* **porte-savons**) *nm* soap dish.

porte-serviettes [pɔrtsɛrvjɛt] *nm inv* towel rail.

porteur, **euse** [pɔrtœr, øz] ◇ *adj* : **marché ~** COMM growth market ; **mère porteuse** surrogate mother ; **mur ~** load-bearing wall. ◇ *nm, f* - **1.** [de message, nouvelle] bringer, bearer - **2.** [de bagages] porter - **3.** [détenteur - de papiers, d'actions] holder ; [- de chèque] bearer - **4.** [de maladie] carrier.

porte-voix [pɔrtəvwa] *nm inv* megaphone, loudhailer *UK*, bullhorn *US*.

portier [pɔrtje] *nm* commissionaire *UK*, doorman *US*.

portière [pɔrtjɛr] *nf* [de voiture, train] door.

portillon [pɔrtijɔ̃] *nm* barrier, gate.

portion [pɔrsjɔ̃] *nf* - **1.** [de gâteau] portion, helping - **2.** [d'héritage] portion, part ; **être réduit à la ~ congrue** *fig* to get the smallest share.

portique [pɔrtik] *nm* - **1.** ARCHIT portico - **2.** SPORT crossbeam *(for hanging apparatus)*.

Port-Louis [pɔrlwi] *n* Port Louis.

porto [pɔrto] *nm* port.

portoricain, **e** [pɔrtɔrikɛ̃, ɛn] *adj* Puerto Rican.

◆ **Portoricain**, **e** *nm, f* Puerto Rican.

Porto Rico [pɔrtoriko], **Puerto Rico** [pwɛrtoriko] *n* Puerto Rico.

portrait [pɔrtrɛ] *nm* portrait ; PHOTO photograph ; **être tout le ~ de qqn** *fig* to be the spitting *ou* very image of sb ; **faire le ~ de qqn** *fig* to describe sb.

portraitiste [pɔrtretist] *nmf* portrait painter.

portrait-robot [pɔrtrɛrɔbo] (*pl* **portraits-robots**) *nm* Photofit® picture, Identikit® picture.

portuaire [pɔrtɥɛr] *adj* port *(avant n)*, harbour *(avant n) UK*, harbor *(avant n) US*.

portugais, **e** [pɔrtygɛ, ɛz] *adj* Portuguese.

◆ **portugais** *nm* [langue] Portuguese.

◆ **Portugais**, **e** *nm, f* Portuguese (person) ; **les Portugais** the Portuguese.

Portugal [pɔrtygal] *nm* : **le ~** Portugal ; **au ~** in Portugal.

POS, **Pos** [pɔs] (*abr de* **plan d'occupation des sols**) *nm land use scheme*.

pose [poz] *nf* - **1.** [de pierre, moquette] laying ; [de papier peint, rideaux] hanging - **2.** [position] pose ; **prendre la ~** to pose - **3.** PHOTO exposure.

posé, **e** [poze] *adj* sober, steady.

posément [pozemɑ̃] *adv* calmly.

poser [3] [poze] ◇ *vt* - **1.** [mettre] to put down ; **~ qqch sur qqch** to put sthg on sthg - **2.** [installer - rideaux, papier peint] to hang ; [- étagère] to

put up ; [- moquette, carrelage] to lay - **3.** [affirmer] to lay down, to set out - **4.** [donner à résoudre - problème, difficulté] to pose ; **~ une question** to ask a question ; **~ sa candidature** to apply ; POLIT to stand *UK ou* run *US* for election. ◇ *vi* to pose.
◆ **se poser** *vp* - **1.** [oiseau, avion] to land ; *fig* [choix, regard] : **se ~ sur** to fall on - **2.** [question, problème] to arise, to come up - **3.** [personne] : **se ~ en** to pose as.

poseur, **euse** [pozœr, øz] *nm, f vieilli* show-off, poser.

positif, **ive** [pozitif, iv] *adj* positive.

position [pozisjɔ̃] *nf* position ; **prendre ~** *fig* to take up a position, to take a stand.

positionnement [pɔzisjɔnmɑ̃] *nm* positioning.

positionner [3] [pozisjɔne] *vt* to position.
◆ **se positionner** *vp* to position o.s.

positivement [pozitivmɑ̃] *adv* positively.

posologie [pozɔlɔʒi] *nf* dosage.

possédant, **e** [pɔsedɑ̃, ɑ̃t] ◇ *adj* property-owning *(avant n).* ◇ *nm, f person from the property-owning classes.*

possédé, **e** [pɔsede] ◇ *adj* possessed. ◇ *nm, f* person possessed.

posséder [18] [pɔsede] *vt* - **1.** [détenir - voiture, maison] to possess, to own ; [- diplôme] to have ; [- capacités, connaissances] to possess, to have - **2.** [langue, art] to have mastered - **3.** *fam* [personne] to have.

possesseur [pɔsesœr] *nm* - **1.** [de bien] possessor, owner - **2.** [de secret, diplôme] holder.

possessif, **ive** [pɔsesif, iv] *adj* possessive.
◆ **possessif** *nm* GRAMM possessive.

possession [pɔsesjɔ̃] *nf* - **1.** [gén] possession ; **être en ma/ta** *etc* **~** to be in my/your *etc* possession ; **prendre ~ de** to take possession of ; **être en ~ de** to be in possession of ; **~ de soi** self-possession, composure - **2.** [de langue] knowledge, command.

possibilité [pɔsibilite] *nf* - **1.** [gén] possibility - **2.** [moyen] chance, opportunity.
◆ **possibilités** *nfpl* [capacités] potential *(sing).*

possible [pɔsibl] ◇ *adj* possible ; **c'est/ce n'est pas ~** that's possible/impossible ; **dès que** *ou* **aussitôt que ~** as soon as possible. ◇ *nm* : **faire tout son ~** to do one's utmost, to do everything possible ; **dans la mesure du ~** as far as possible.

postal, **e**, **aux** [pɔstal, o] *adj* postal.

postdater [3] [pɔstdate] *vt* to postdate.

poste [pɔst] ◇ *nf* - **1.** [service] post *UK*, mail *US* ; **envoyer/recevoir qqch par la ~** to send/receive sthg by post ; **~ aérienne** airmail - **2.** [bureau] post office ; **~ centrale** central post office ; **~ restante** poste restante *UK*, general delivery *US*. ◇ *nm* - **1.** [emplacement] post ; **~ de police** police station ; **~ de secours** first-aid post ; **être fidèle au ~** *fig* to stay at one's post - **2.** [emploi] position, post - **3.** [appareil] : **~ émetteur** transmitter ; **~ de radio** radio ; **~ de télévision** television (set) - **4.** TÉLÉCOM extension.

poster[1] [pɔstɛr] *nm* poster.

poster[2] [3] [pɔste] *vt* - **1.** [lettre] to post *UK*, to mail *US* - **2.** [sentinelle] to post.
◆ **se poster** *vp* to position o.s., to station o.s.

postérieur, **e** [pɔsterjœr] *adj* - **1.** [date] later, subsequent - **2.** [membre] hind *(avant n)*, back *(avant n)*.
◆ **postérieur** *nm hum* posterior.

postérieurement [pɔsterjœrmɑ̃] *adv* subsequently.

posteriori [pɔsterjɔri] ◆ **a posteriori** *loc adv* a posteriori.

postérité [pɔsterite] *nf* - **1.** [générations à venir] posterity - **2.** *litt* [descendance] descendants *(pl).*

postface [pɔstfas] *nf* postscript.

posthume [pɔstym] *adj* posthumous.

postiche [pɔstiʃ] ◇ *nm* hairpiece. ◇ *adj* false.

postier, **ère** [pɔstje, ɛr] *nm, f* post-office worker.

postillon [pɔstijɔ̃] *nm* [salive] droplet of saliva.

postillonner [3] [pɔstijɔne] *vi* to splutter.

postindustriel, **elle** [pɔstɛ̃dystrijɛl] *adj* post-industrial.

Post-it® [pɔstit] *nm inv* Post-it®, Post-it® note.

postmoderne [pɔstmɔdɛrn] *adj* postmodern.

postnatal, **e** [pɔstnatal] (*pl* **postnatals** *ou* **postnataux** [pɔstnato]) *adj* postnatal.

postopératoire [pɔstɔperatwar] *adj* post-operative.

post-scriptum [pɔstskriptɔm] *nm inv* postscript.

postsynchronisation [pɔstsɛ̃krɔnizasjɔ̃] *nf* dubbing.

postulant, **e** [pɔstylɑ̃, ɑ̃t] *nm, f* - **1.** [pour emploi] applicant - **2.** RELIG postulant.

postuler [3] [pɔstyle] *vt* - **1.** [emploi] to apply for - **2.** PHILO to postulate.

posture [pɔstyr] *nf* posture ; **être** *ou* **se trouver en mauvaise ~** *fig* to be in a difficult position.

pot [po] *nm* - **1.** [récipient] pot, jar ; [à eau, à lait] jug *UK*, pitcher *US* ; **~ de chambre** chamber pot ; **~ de fleurs** flowerpot ; **découvrir le ~**

aux roses to get to the bottom of something ; **tourner autour du ~** *fam* to beat about the bush **- 2.** AUTO : **~ catalytique** catalytic convertor *ou* converter ; **~ d'échappement** exhaust (pipe) ; [silencieux] silencer *UK*, muffler *US* **- 3.** *fam* [boisson] drink ; **boire** *ou* **prendre un ~** to have a drink ; **faire un ~** to have a drinks party *UK* **- 4.** *loc* **avoir du/manquer de ~** to be lucky/unlucky ; **payer plein ~** *fam* to pay full fare *ou* full whack *UK*.

potable [pɔtabl] *adj* **- 1.** [liquide] drinkable ; **eau ~** drinking water **- 2.** *fam* [travail] acceptable.

potache [pɔtaʃ] *nm fam* schoolkid.

potage [pɔtaʒ] *nm* soup ; **~ aux légumes** vegetable soup.

potager, ère [pɔtaʒe, ɛr] *adj* : **jardin ~** vegetable garden ; **plante potagère** vegetable.
◆ **potager** *nm* kitchen *ou* vegetable garden.

potasse [pɔtas] *nf* potash.

potasser [3] [pɔtase] *vt fam* [cours] to swot up *UK*, to bone up on *US* ; [examen] to swot up for *UK*, to bone up for *US*.

potassium [pɔtasjɔm] *nm* potassium.

pot-au-feu [pɔtofø] *nm inv* ≃ beef-and-vegetable stew.

pot-de-vin [podvɛ̃] (*pl* **pots-de-vin**) *nm* bribe.

pote [pɔt] *nm fam* mate *UK*, buddy *US*.

poteau, x [pɔto] *nm* post ; **~ de but** goalpost ; **~ indicateur** signpost ; **~ télégraphique** telegraph pole *UK*, telephone pole *US* ; **coiffer qqn au ~** to pip sb at the post *UK*.

potée [pɔte] *nf pot-au-feu made with salt pork*.

potelé, e [pɔtle] *adj* plump, chubby.

potence [pɔtɑ̃s] *nf* **- 1.** CONSTR bracket **- 2.** [de pendaison] gallows *(sing)*.

potentat [pɔtɑ̃ta] *nm* potentate.

potentiel, elle [pɔtɑ̃sjɛl] *adj* potential.
◆ **potentiel** *nm* potential.

potentiellement [pɔtɑ̃sjɛlmɑ̃] *adv* potentially.

poterie [pɔtri] *nf* **- 1.** [art] pottery **- 2.** [objet] piece of pottery.

potiche [pɔtiʃ] *nf* **- 1.** [vase] vase **- 2.** *fam* [personne] figurehead.

potier, ère [pɔtje, ɛr] *nm, f* potter.

potin [pɔtɛ̃] *nm fam* [bruit] din.
◆ **potins** *nmpl fam* [ragots] gossip *(U)*.

potion [posjɔ̃] *nf* potion.

potiron [pɔtirɔ̃] *nm* pumpkin.

pot-pourri [popuri] (*pl* **pots-pourris**) *nm* potpourri.

pou, x [pu] *nm* louse.

pouah [pwa] *interj* ugh!

poubelle [pubɛl] *nf* dustbin *UK*, trashcan *US* ; INFORM recycle bin.

pouce [pus] *nm* **- 1.** [de main] thumb ; [de pied] big toe ; **sucer son ~** to suck one's thumb ; **manger sur le ~** to grab something to eat **- 2.** [mesure] inch ; **ne pas bouger/céder d'un ~** not to move/give an inch.

poudre [pudr] *nf* powder ; **~ vermifuge** worming powder ; **prendre la ~ d'escampette** to make off.

poudrerie [pudrəri] *nf Québec* snowdrift.

poudreux, euse [pudrø, øz] *adj* powdery.
◆ **poudreuse** *nf* powder (snow).

poudrier [pudrije] *nm* **- 1.** [boîte] powder compact **- 2.** [fabricant] explosives manufacturer.

poudrière [pudrijɛr] *nf* powder magazine ; *fig* powder keg.

poudroyer [13] [pudrwaje] *vi litt* to rise (up) in clouds.

pouf [puf] ◇ *nm* pouffe. ◇ *interj* thud!

pouffer [3] [pufe] *vi* : **~ (de rire)** to snigger.

pouilleux, euse [pujø, øz] ◇ *adj* **- 1.** [personne, animal] flea-ridden **- 2.** [endroit] squalid. ◇ *nm, f* **- 1.** [couvert de poux] person with fleas **- 2.** [misérable] down-and-out.

poulailler [pulaje] *nm* **- 1.** [de ferme] henhouse **- 2.** *fam* THÉÂTRE gods *(sing)*.

poulain [pulɛ̃] *nm* foal ; *fig* protégé.

poulamon [pulamɔ̃] *nm Québec* tomcod.

poularde [pulard] *nf* fattened chicken.

poule [pul] *nf* **- 1.** ZOOL hen ; **la ~ aux œufs d'or** the goose that lays the golden egg ; **~ mouillée** wimp, wet *UK* **- 2.** *fam péj* [femme] bird *UK*, broad *US* **- 3.** SPORT [compétition] round robin ; [rugby] [groupe] pool.

poulet [pulɛ] *nm* **- 1.** ZOOL chicken ; **~ rôti** roast chicken ; **~ fermier** free-range chicken ; **~ de grain** corn-fed chicken **- 2.** *fam* [policier] cop.

poulette [pulɛt] *nf* **- 1.** ZOOL pullet **- 2.** *fam péj* [fille] bird *UK*, broad *US*.

pouliche [puliʃ] *nf* filly.

poulie [puli] *nf* pulley.

poulpe [pulp] *nm* octopus.

pouls [pu] *nm* pulse.

poumon [pumɔ̃] *nm* lung ; **à pleins ~s** deeply.

poupe [pup] *nf* stern.

poupée [pupe] *nf* **- 1.** [jouet] doll **- 2.** [pansement] finger bandage.

poupin, e [pupɛ̃, in] *adj* chubby.

poupon [pupɔ̃] *nm* - **1.** [bébé] little baby - **2.** [jouet] baby doll.

pouponner [3] [pupɔne] *vi* to play mother.

pouponnière [pupɔnjɛr] *nf* nursery.

pour [pur] ◇ *prep* - **1.** [gén] for - **2.** *(+ infinitif)* **~ faire** in order to do, (so as) to do ; **je suis venu ~ vous voir** I've come to see you ; **~ m'avoir aidé** for having helped me, for helping me - **3.** [indique un rapport] for ; **avancé ~ son âge** advanced for his/her age ; **~ moi** for my part, as far as I'm concerned ; **~ ce qui est de** as regards, with regard to. ◇ *adv* : **je suis ~** I'm (all) for it. ◇ *nm* : **le ~ et le contre** the pros and cons *(pl)*.

◆ **pour que** *loc conj (+ subjonctif)* so that, in order that.

pourboire [purbwar] *nm* tip.

pourceau, x [purso] *nm litt* swine.

pourcentage [pursɑ̃taʒ] *nm* percentage.

pourfendeur, euse [purfɑ̃dœr, øz] *nm, f litt* **~ d'abus** righter of wrongs.

pourparlers [purparle] *nmpl* talks.

pourpre [purpr] ◇ *nf* - **1.** [colorant] purple (dye) - **2.** [couleur] purple. ◇ *nm & adj* crimson.

pourquoi [purkwa] ◇ *adv* why ; **~ pas?** why not? ; **c'est ~...** that's why... ◇ *nm inv* : **le ~ (de)** the reason (for) ; **les ~** the questions ; **le ~ et le comment** the whys and wherefores.

pourrai, pourras *(etc)* ▷ **pouvoir.**

pourri, e [puri] *adj* - **1.** [fruit] rotten - **2.** [personne, milieu] corrupt - **3.** [enfant] spoiled rotten, ruined.

◆ **pourri** *nm* - **1.** [de fruit] rotten part - **2.** *fam* [personne] creep.

pourrir [32] [purir] ◇ *vt* - **1.** [matière, aliment] to rot, to spoil - **2.** [enfant] to ruin, to spoil rotten. ◇ *vi* [matière] to rot ; [fruit, aliment] to go rotten *ou* bad.

pourriture [purityr] *nf* - **1.** [d'aliment] rot - **2.** *fig* [de personne, de milieu] corruption - **3.** *injur* [personne] bastard.

poursuis, poursuit *(etc)* ▷ **poursuivre.**

poursuite [pursɥit] *nf* - **1.** [de personne] chase ; **se lancer à la ~ de** to set off after - **2.** [d'argent, de vérité] pursuit - **3.** [de négociations] continuation.

◆ **poursuites** *nfpl* DR (legal) proceedings ; **engager des ~s judiciaires** to take legal action.

poursuivant, e [pursɥivɑ̃, ɑ̃t] *nm, f* pursuer.

poursuivi, e [pursɥivi] *pp* ▷ **poursuivre.**

poursuivre [89] [pursɥivr] ◇ *vt* - **1.** [voleur] to pursue, to chase ; [gibier] to hunt - **2.** [rêve, vengeance] to pursue - **3.** [enquête, travail] to carry on with, to continue - **4.** DR [criminel] to prosecute ; [voisin] to sue. ◇ *vi* to go on, to carry on.

pourtant [purtɑ̃] *adv* nevertheless, even so.

pourtour [purtur] *nm* perimeter.

pourvoi [purvwa] *nm* DR appeal ; **présenter un ~ en cassation** to take one's case to the Appeal Court.

pourvoir [64] [purvwar] ◇ *vt* : **~ qqn de** to provide sb with ; **~ qqch de** to equip *ou* fit sthg with. ◇ *vi* : **~ à** to provide for.

◆ **se pourvoir** *vp* - **1.** [se munir] : **se ~ de** to provide o.s. with - **2.** DR to appeal.

pourvoirie [purvwari] *nf* ***Québec*** outfitter *(for hunting and fishing)*.

pourvoyeur, euse [purvwajœr, øz] *nm, f* supplier.

pourvu, e [purvy] *pp* ▷ **pourvoir.**

◆ **pourvu que** *(+ subjonctif) loc conj* - **1.** [condition] providing, provided (that) - **2.** [souhait] let's hope (that).

pousse [pus] *nf* - **1.** [croissance] growth - **2.** [bourgeon] shoot ; **~s de bambou** bamboo shoots - **3.** ÉCON : **jeune ~** start-up.

poussé, e [puse] *adj* - **1.** [travail] meticulous - **2.** [moteur] souped-up.

pousse-café [puskafe] *nm inv fam* liqueur.

poussée [puse] *nf* - **1.** [pression] pressure - **2.** [coup] push - **3.** [de fièvre, inflation] rise ; **~ démographique** population increase.

pousse-pousse [puspus] *nm inv* - **1.** [voiture] rickshaw - **2.** ***helvétisme*** [poussette] pushchair.

pousser [3] [puse] ◇ *vt* - **1.** [personne, objet] to push ; **~ qqn à bout** *fig* to push sb to breaking point - **2.** [moteur, voiture] to drive hard - **3.** [recherches, études] to carry on, to continue - **4.** [cri, soupir] to give - **5.** [inciter] : **~ qqn à faire qqch** to urge sb to do sthg - **6.** [au crime, au suicide] : **~ qqn à** to drive sb to. ◇ *vi* - **1.** [exercer une pression] to push - **2.** [croître] to grow - **3.** [poursuivre son chemin] to push on - **4.** *fam* [exagérer] to overdo it.

◆ **se pousser** *vp* to move up.

poussette [pusɛt] *nf* pushchair ***UK***, stroller ***US***.

poussière [pusjɛr] *nf* - **1.** [gén] dust ; **mordre la ~** to bite the dust ; **réduire en ~** to reduce to dust ; **et des ~s** *fam* and a bit - **2.** *litt* [de mort] ashes *(pl)*.

poussiéreux, euse [pusjerø, øz] *adj* - **1.** [meuble] dusty - **2.** [teint] dull - **3.** *fig* [organisation] old-fashioned.

poussif, ive [pusif, iv] *adj fam* wheezy.

poussin [pusɛ̃] *nm* - **1.** ZOOL chick - **2.** SPORT under-11.

poussoir [puswar] *nm* push button.

poutre [putr] *nf* beam.

poutrelle [putrɛl] *nf* girder.

pouvoir [58] [puvwar] <> *nm* - **1.** [gén] power ; ~ **d'achat** purchasing power ; **les ~s publics** the authorities - **2.** DR proxy, power of attorney. <> *vt* - **1.** [avoir la possibilité de, parvenir à] : ~ **faire qqch** to be able to do sthg ; **je ne peux pas venir ce soir** I can't come tonight ; **pouvez-vous...?** can you...?, could you...? ; **je n'en peux plus** [exaspéré] I'm at the end of my tether ; [fatigué] I'm exhausted ; **je/tu n'y peux rien** there's nothing I/you can do about it ; **tu aurais pu me le dire!** you might have *ou* could have told me! ; **il est on ne peut plus bête/gentil** nobody could be stupider/kinder - **2.** [avoir la permission de] : **je peux prendre la voiture?** can I borrow the car? ; **aucun élève ne peut partir** no pupil may leave - **3.** [indiquant l'éventualité] : **il peut pleuvoir** it may rain ; **vous pourriez rater votre train** you could *ou* might miss your train.

◆ **se pouvoir** *v impers* : **il se peut que je me trompe** I may be mistaken ; **cela se peut/pourrait bien** that's quite possible.

pp (*abr écrite de* **pages**) pp.

p.p. (*abr écrite de* **par procuration**) pp.

PQ <> *nm* (*abr de* **papier-cul**) *fam* bog paper *UK*. <> - **1.** (*abr écrite de* **province de Québec**) PQ - **2.** (*abr écrite de* **premier quartier (de lune)**) first quarter.

Pr (*abr écrite de* **professeur**) Prof.

PR <> *nm* (*abr de* **Parti républicain**) *French political party*. <> *nf* (*abr écrite de* **poste restante**) PR.

pragmatique [pragmatik] *adj* pragmatic.

pragois, e, praguois, e [pragwa, az] *adj* of/from Prague.

◆ **Pragois, e, Praguois, e** *nm, f* native *ou* inhabitant of Prague.

Prague [prag] *n* Prague.

praguois, e = **pragois**.

praire [prɛr] *nf* clam.

prairie [preri] *nf* meadow ; [aux États-Unis] prairie.

praline [pralin] *nf* - **1.** [amande] sugared almond - **2.** *belgicisme* [chocolat] chocolate.

praliné [praline] *nm* *almond-flavoured sponge covered with praline.*

praticable [pratikabl] <> *adj* - **1.** [route] passable - **2.** [plan] feasible, practicable. <> *nm* CINÉ & THÉÂTRE [- plate-forme] (tray) dolly ; [- élément de décor] prop.

praticien, enne [pratisjɛ̃, ɛn] *nm, f* practitioner ; MÉD medical practitioner.

pratiquant, e [pratikɑ̃, ɑ̃t] <> *adj* practising *UK*, practicing *US*. <> *nm, f* practising *UK* *ou* practicing *US* Christian/Jew/Muslim *etc.*

pratique [pratik] <> *nf* - **1.** [expérience] practical experience - **2.** [usage] practice ; **mettre qqch en ~** to put sthg into practice. <> *adj* practical ; [gadget, outil] handy.

pratiquement [pratikmɑ̃] *adv* - **1.** [en fait] in practice - **2.** [quasiment] practically.

pratiquer [3] [pratike] <> *vt* - **1.** [métier] to practise *UK*, to practice *US* ; [sport] to do ; [jeu de ballon] to play ; [méthode] to apply ; ~ **la pêche/le football** to be a keen fisherman/football player - **2.** [ouverture] to make. <> *vi* RELIG to be a practising *UK* *ou* practicing *US* Christian/Jew/Muslim *etc.*

◆ **se pratiquer** *vp* - **1.** SPORT to be played - **2.** [politique, tradition] to be the practice ; [prix] to apply.

pré [pre] *nm* meadow.

préado [preado] *nmf fam* preadolescent.

préalable [prealabl] <> *adj* prior, previous ; ~ **à** prior to, preceding ; **sans avis ~** without prior warning *ou* notice. <> *nm* precondition.

◆ **au préalable** *loc adv* first, beforehand.

préalablement [prealabləmɑ̃] *adv* first, beforehand ; ~ **à** prior to.

préambule [preɑ̃byl] *nm* - **1.** [introduction, propos] preamble ; **sans ~** immediately - **2.** [prélude] : ~ **de** prelude to.

préau, x [preo] *nm* - **1.** [d'école] (covered) play area - **2.** [de prison] (covered) exercise yard.

préavis [preavi] *nm inv* advance notice *ou* warning.

précaire [prekɛr] *adj* [incertain] precarious.

précancéreux, euse [prekɑ̃serø, øz] *adj* precancerous.

précariser [prekarize] *vt* to make (sthg) less secure *ou* stable ; ~ **l'emploi** to threaten job security ; **la crise a précarisé leur situation** the recession has made them more vulnerable.

précarité [prekarite] *nf* [instabilité] precariousness.

précaution [prekosjɔ̃] *nf* - **1.** [prévoyance] precaution ; **par ~** as a precaution ; **prendre des ~s** to take precautions - **2.** [prudence] caution.

précautionneux, euse [prekosjɔnø, øz] *adj* cautious.

précédemment [presedamɑ̃] *adv* previously, before.

précédent, e [presedɑ̃, ɑ̃t] *adj* previous.

◆ **précédent** *nm* precedent ; **sans ~** unprecedented.

précéder [18] [presede] *vt* - **1.** [dans le temps - gén] to precede ; [- suj: personne] to arrive before - **2.** [marcher devant] to go in front of - **3.** *fig* [devancer] to get ahead of.

précepte [presɛpt] *nm* precept.

précepteur, **trice** [presɛptœr, tris] *nm, f* (private) tutor.

préchauffer [3] [preʃofe] *vt* to preheat.

prêche [prɛʃ] *nm* sermon ; *fig* lecture.

prêcher [4] [preʃe] *vt & vi* to preach.

prêcheur, **euse** [prɛʃœr, øz] ◇ *adj* preaching, moralizing. ◇ *nm, f* **- 1.** RELIG preacher **- 2.** *fig* [moralisateur] moralizer.

prêchi-prêcha [preʃipreʃa] *nm inv* preachifying.

précieusement [presjøzmɑ̃] *adv* preciously.

précieux, **euse** [presjø, øz] *adj* **- 1.** [pierre, métal] precious ; [objet] valuable ; [collaborateur] invaluable, valued **- 2.** *péj* [style] precious, affected.

préciosité [presjozite] *nf péj* [affectation] preciosity, affectation.

précipice [presipis] *nm* precipice.

précipitamment [presipitamɑ̃] *adv* hastily.

précipitation [presipitasjɔ̃] *nf* **- 1.** [hâte] haste **- 2.** CHIM precipitation.
◆ **précipitations** *nfpl* MÉTÉOR precipitation *(U)*.

précipiter [3] [presipite] *vt* **- 1.** [objet, personne] to throw, to hurl ; **~ qqn/qqch du haut de** to throw sb/sthg off, to hurl sb/sthg off **- 2.** [départ] to hasten.
◆ **se précipiter** *vp* **- 1.** [se jeter] to throw o.s., to hurl o.s. **- 2.** [s'élancer] : **se ~ (vers qqn)** to rush *ou* hurry (towards sb) **- 3.** [s'accélérer - gén] to speed up ; [- choses, événements] to move faster.

précis, **e** [presi, iz] *adj* **- 1.** [exact] precise, accurate **- 2.** [fixé] definite, precise.
◆ **précis** *nm* handbook.

précisément [presizemɑ̃] *adv* precisely, exactly.

préciser [3] [presize] *vt* **- 1.** [heure, lieu] to specify **- 2.** [pensée] to clarify.
◆ **se préciser** *vp* to become clear.

précision [presizjɔ̃] *nf* **- 1.** [de style, d'explication] precision **- 2.** [détail] detail ; **apporter** *ou* **donner des ~s** to give further information.

précité, **e** [presite] *adj* above-mentioned.

précoce [prekɔs] *adj* **- 1.** [plante, fruit] early **- 2.** [enfant] precocious.

précocité [prekɔsite] *nf* **- 1.** [de plante, de saison] earliness **- 2.** [d'enfant] precociousness.

préconçu, **e** [prekɔ̃sy] *adj* preconceived.

préconiser [3] [prekɔnize] *vt* to recommend ; **~ de faire qqch** to recommend doing sthg ; **~ que** *(+ subjonctif)* to recommend that.

précuit, **e** [prekɥi, it] *adj* precooked.

précurseur [prekyrsœr] ◇ *nm* precursor, forerunner. ◇ *adj* precursory.

prédateur, **trice** [predatœr, tris] *adj* predatory.
◆ **prédateur** *nm* predator.

prédécesseur [predesesœr] *nm* predecessor.

prédécoupé, **e** [predekupe] *adj* pre-cut.

prédestination [predɛstinasjɔ̃] *nf* predestination.

prédestiner [3] [predɛstine] *vt* to predestine ; **être prédestiné à qqch/à faire qqch** to be predestined for sthg/to do sthg.

prédéterminer [3] [predetɛrmine] *vt* to predetermine.

prédicat [predika] *nm* predicate.

prédicateur, **trice** [predikatœr, tris] *nm, f* preacher.

prédication [predikasjɔ̃] *nf* preaching ; [discours] sermon.

prédiction [prediksjɔ̃] *nf* prediction.

prédilection [predilɛksjɔ̃] *nf* partiality ; **avoir une ~ pour** to have a partiality *ou* liking for ; **de ~** favourite *(avant n) UK*, favorite *(avant n) US*.

prédire [103] [predir] *vt* to predict.

prédisposer [3] [predispoze] *vt* : **~ qqn à qqch** to predispose sb to sthg.

prédisposition [predispozisjɔ̃] *nf* : **~ à** predisposition to *ou* towards.

prédit, **e** [predi, it] *pp* ▷ **prédire**.

prédominant, **e** [predɔminɑ̃, ɑ̃t] *adj* predominant.

prédominer [3] [predɔmine] *vt* to predominate.

préélectoral, **e**, **aux** [preelɛktɔral, o] *adj* pre-election *(avant n)*.

préemballé, **e** [preɑ̃bale] *adj* prepacked.

prééminence [preeminɑ̃s] *nf* preeminence.

préemption [preɑ̃psjɔ̃] *nf* preemption.

préétabli, **e** [preetabli] *adj* pre-established.

préexistant, **e** [preɛgzistɑ̃, ɑ̃t] *adj* preexisting.

préfabriqué, **e** [prefabrike] *adj* **- 1.** [maison] prefabricated **- 2.** [accusation, sourire] false.
◆ **préfabriqué** *nm* prefabricated material.

préface [prefas] *nf* preface.

préfectoral, **e**, **aux** [prefɛktɔral, o] *adj* prefectorial.

préfecture [prefɛktyr] *nf* prefecture.

préférable [preferabl] *adj* preferable.

préféré, e [prefere] *adj & nm, f* favourite *UK*, favorite *US*.

préférence [preferɑ̃s] *nf* preference ; **de ~** preferably.

préférentiel, elle [preferɑ̃sjɛl] *adj* preferential.

préférer [18] [prefere] *vt* : **~ qqn/qqch (à)** to prefer sb/sthg (to) ; **~ faire qqch** to prefer to do sthg ; **je préfère rentrer** I would rather go home, I would prefer to go home ; **je préfère ça!** I like that better!, I prefer that!

préfet [prefɛ] *nm* prefect.

préfigurer [3] [prefigyre] *vt* to prefigure.

préfixe [prefiks] *nm* prefix.

préhistoire [preistwar] *nf* prehistory.

préhistorique [preistɔrik] *adj* prehistoric.

préinscription [preɛ̃skripsjɔ̃] *nf* preregistration.

préjudice [preʒydis] *nm* harm *(U)*, detriment *(U)* ; **porter ~ à qqn** to harm sb.

préjudiciable [preʒydisjabl] *adj* : **~ (à)** harmful (to), detrimental (to).

préjugé [preʒyʒe] *nm* : **~ (contre)** prejudice (against).

prélasser [3] [prelase] ◆ **se prélasser** *vp* to lounge.

prélat [prela] *nm* prelate.

prélavage [prelavaʒ] *nm* pre-wash.

prélèvement [prelɛvmɑ̃] *nm* - **1.** MÉD removal ; [de sang] sample - **2.** FIN deduction ; **~ automatique** direct debit *UK* ; **~ mensuel** monthly standing order *UK* ; **~s obligatoires** tax and social security contributions.

prélever [19] [prelve] *vt* - **1.** FIN : **~ de l'argent (sur)** to deduct money (from) - **2.** MÉD to remove ; **~ du sang** to take a blood sample.

préliminaire [preliminɛr] *adj* preliminary.
◆ **préliminaires** *nmpl* - **1.** [de paix] preliminary talks - **2.** [de discours] preliminaries.

prélude [prelyd] *nm* : **~ (à)** prelude (to).

préluder [3] [prelyde] *vi* - **1.** [marquer le début] : **~ à** to be a prelude to - **2.** MUS to warm up.

prématuré, e [prematyre] ◇ *adj* premature. ◇ *nm, f* premature baby.

prématurément [prematyremɑ̃] *adv* prematurely.

préméditation [premeditasjɔ̃] *nf* premeditation ; **avec ~** [meurtre] premeditated ; [agir] with premeditation.

préméditer [3] [premedite] *vt* to premeditate ; **~ de faire qqch** to plan to do sthg.

prémices [premis] *nfpl sout* beginnings.

premier, ère [prəmje, ɛr] ◇ *adj* - **1.** [gén] first ; [étage] first *UK*, second *US* - **2.** [qualité] top - **3.** [état] original. ◇ *nm, f* first ; **être/sortir ~** to be/come first, to be/come top ; **jeune ~** CINÉ leading man.
◆ **premier** *nm* [étage] first floor *UK*, second floor *US*.
◆ **première** *nf* - **1.** CINÉ première ; THÉÂTRE première, first night - **2.** [exploit] first - **3.** [première classe] first class - **4.** SCOL ≃ lower sixth year *ou* form *UK*, ≃ eleventh grade *US* - **5.** AUTO first (gear).
◆ **premier de l'an** *nm* : **le ~ de l'an** New Year's Day.
◆ **en premier** *loc adv* first, firstly.

premièrement [prəmjɛrmɑ̃] *adv* first, firstly.

premier-né, première-née [prəmjene, prəmjɛrne] (*mpl* **premiers-nés**) (*fpl* **premières-nées**) *nm, f* first-born (child).

prémisse [premis] *nf* premise.

prémolaire [premɔlɛr] *nf* premolar.

prémonition [premɔnisjɔ̃] *nf* premonition.

prémonitoire [premɔnitwar] *adj* premonitory.

prémunir [32] [premynir] *vt* : **~ qqn (contre)** to protect sb (against).
◆ **se prémunir** *vp* to protect o.s. ; **se ~ contre qqch** to guard against sthg.

prenais, prenions *etc* ▷ **prendre**.

prenant, e [prənɑ̃, ɑ̃t] ◇ *p prés* ▷ **prendre**. ◇ *adj* - **1.** [film, histoire] absorbing - **2.** DR : **partie ~e** payee.

prénatal, e [prenatal] (*pl* **prénatals** *ou* **prénataux** [prenato]) *adj* antenatal, prenatal *US* ; [allocation] maternity *(avant n)*.

prendre [79] [prɑ̃dr] ◇ *vt* - **1.** [gén] to take - **2.** [enlever] to take (away) ; **~ qqch à qqn** to take sthg from sb - **3.** [aller chercher - objet] to get, to fetch ; [- personne] to pick up - **4.** [repas, boisson] to have ; **vous prendrez quelque chose?** would you like something to eat/drink? - **5.** [voleur] to catch ; **se faire ~** to get caught - **6.** [responsabilité] to take (on) ; **~ sur soi de faire qqch** to take it upon o.s. to do sthg - **7.** [aborder - personne] to handle ; [- problème] to tackle ; **~ qqn par qqch** to win sb over by sthg ; **~ qqn par surprise** to take sb by surprise ; **à tout ~** on the whole, all things considered - **8.** [réserver] to book ; [louer] to rent, to take ; [acheter] to buy - **9.** [poids] to gain, to put on - **10.** [embaucher] to take on. ◇ *vi* - **1.** [ciment, sauce] to set - **2.** [plante, greffe] to take ; [mode] to catch on - **3.** [feu] to catch - **4.** [se diriger] : **~ à droite** to turn right.
◆ **se prendre** *vp* - **1.** [vêtement] : **se ~ à** to catch on - **2.** [se considérer] : **pour qui se prend-il?** who does he think he is? - **3.** *loc* **s'en ~ à qqn** [physiquement] to set about sb *UK* ; [verbalement] to take it out on sb ; **je sais comment m'y ~** I know how to do it *ou* go about it.

preneur, **euse** [prənœr, øz] *nm, f* [locataire] lessee ; [acheteur] purchaser.

prenne, **prennes** *(etc)* ▷ **prendre**.

prénom [prenɔ̃] *nm* first name.

prénommer [3] [prenɔme] *vt* to name, to call.

◆ **se prénommer** *vp* to be called.

prénuptial, **e**, **aux** [prenypsjal, o] *adj* premarital.

préoccupant, **e** [preɔkypɑ̃, ɑ̃t] *adj* preoccupying.

préoccupation [preɔkypasjɔ̃] *nf* preoccupation.

préoccupé, **e** [preɔkype] *adj* preoccupied.

préoccuper [3] [preɔkype] *vt* to preoccupy.

◆ **se préoccuper** *vp* : **se ~ de qqch** to be worried about sthg.

préparateur, **trice** [preparatœr, tris] *nm, f* lab *ou* laboratory assistant ; **~ en pharmacie** chemist's assistant *UK*, druggist's assistant *US*.

préparatifs [preparatif] *nmpl* preparations.

préparation [preparasjɔ̃] *nf* preparation.

préparatoire [preparatwar] *adj* preparatory.

préparer [3] [prepare] *vt* **- 1.** [gén] to prepare ; [plat, repas] to cook, to prepare ; **~ qqn à qqch** to prepare sb for sthg **- 2.** [réserver] : **~ qqch à qqn** to have sthg in store for sb **- 3.** [congrès] to organize.

◆ **se préparer** *vp* **- 1.** [personne] : **se ~ à qqch/à faire qqch** to prepare for sthg/to do sthg **- 2.** [tempête] to be brewing.

prépondérance [prepɔ̃derɑ̃s] *nf* : **~ (sur)** dominance (over), supremacy (over).

prépondérant, **e** [prepɔ̃derɑ̃, ɑ̃t] *adj* dominating.

préposé, **e** [prepoze] *nm, f* (minor) official ; [de vestiaire] attendant ; [facteur] postman (*f* postwoman) *UK*, mailman *US*, mail *ou* letter carrier *US* ; **~ à qqch** person in charge of sthg.

préposer [3] [prepoze] *vt* to put in charge ; **être préposé à qqch/à faire qqch** to be (put) in charge of sthg/of doing sthg.

préposition [prepozisjɔ̃] *nf* preposition.

prépuce [prepys] *nm* foreskin.

préréglé, **e** [preregle] *adj* preset, preprogrammed.

préretraite [prerətrɛt] *nf* early retirement ; [allocation] early retirement pension.

prérogative [prerɔgativ] *nf* prerogative.

près [prɛ] *adv* near, close.

◆ **de près** *loc adv* closely ; **regarder qqch de ~** to watch sthg closely ; **de plus/très ~** more/very closely.

◆ **près de** *loc prép* **- 1.** [dans l'espace] near, close to **- 2.** [dans le temps] close to ; **il est ~ de partir** he's about to leave **- 3.** [presque] nearly, almost.

◆ **à peu près** *loc adv* more or less, just about ; **il est à peu ~ cinq heures** it's about five o'clock.

◆ **à peu de chose(s) près** *loc adv* more or less, approximately.

◆ **à ceci près que**, **à cela près que** *loc conj* except that, apart from the fact that.

◆ **à... près** *loc adv* : **à dix centimètres ~** to within ten centimetres ; **il n'en est pas à un ou deux jours ~** a day or two more or less won't make any difference.

présage [prezaʒ] *nm* omen.

présager [17] [prezaʒe] *vt* **- 1.** [annoncer] to portend **- 2.** [prévoir] to predict ; **laisser ~ de qqch** to hint at sthg.

pré-salé [presale] (*pl* **prés-salés**) *nm lamb reared on salt marshes.*

presbyte [prɛsbit] ◇ *nmf* longsighted person *UK*, farsighted person *US*. ◇ *adj* longsighted *UK*, farsighted *US*.

presbytère [prɛsbitɛr] *nm* presbytery.

presbytérien, **enne** [prɛsbiterjɛ̃, ɛn] *nm, f & adj* Presbyterian.

presbytie [prɛsbisi] *nf* longsightedness *UK*, farsightedness *US*.

prescience [presjɑ̃s] *nf litt* foresight.

préscolaire [preskɔlɛr] *adj* preschool *(avant n)*.

prescription [prɛskripsjɔ̃] *nf* **- 1.** MÉD prescription **- 2.** DR limitation.

prescrire [99] [prɛskrir] *vt* **- 1.** [mesures, conditions] to lay down, to stipulate **- 2.** MÉD to prescribe.

◆ **se prescrire** *vp* MÉD to be prescribed.

prescrit, **e** [prɛskri, it] *pp* ▷ **prescrire**.

prescrivais, **prescrivions** *(etc)* ▷ **prescrire**.

préséance [preseɑ̃s] *nf* precedence.

présélection [preselɛksjɔ̃] *nf* preselection ; [pour concours] making a list of finalists, shortlisting *UK*.

présélectionner [3] [preselɛksjɔne] *vt* to preselect ; [candidats] to put on a list of finalists, to short-list *UK*.

présence [prezɑ̃s] *nf* **- 1.** [gén] presence ; **en ~** face to face ; **honorer qqn de sa ~** to honour sb with one's presence ; **en ~ de** in the presence of ; **en sa** *etc* **~** in his/her *etc* presence **- 2.** [compagnie] company *(U)* **- 3.** [assiduité] attendance ; **feuille de ~** attendance sheet.

◆ **présence d'esprit** *nf* presence of mind.

présent, **e** [prezɑ̃, ɑ̃t] *adj* - **1.** [gén] present ; **le ~ ouvrage** this work ; **la ~e loi** this law ; **avoir qqch ~ à l'esprit** to remember sthg - **2.** [actif] attentive, involved.

◆ **présent** *nm* - **1.** [gén] present ; **faire ~ à qqn de qqch** *sout* to make sb a present of sthg ; **à ~** at present ; **à ~ que** now that ; **jusqu'à ~** up to now, so far ; **dès à ~** right away - **2.** GRAMM : **le ~** the present tense.

◆ **présente** *nf* : **je vous informe par la ~e que...** I hereby inform you that...

présentable [prezɑ̃tabl] *adj* - **1.** [d'aspect] presentable - **2.** [d'attitude] : **tu n'es pas ~** I can't take you anywhere.

présentateur, **trice** [prezɑ̃tatœr, tris] *nm, f* presenter *UK*, anchorman (*f* anchorwoman).

présentation [prezɑ̃tasjɔ̃] *nf* - **1.** [de personne] : **faire les ~s** to make the introductions - **2.** [aspect extérieur] appearance ; **avoir une bonne/mauvaise ~** to be of a pleasing/disagreeable appearance - **3.** [de papiers, de produit, de film] presentation ; **sur ~ de** on presentation of ; **~ de la marque** brand presentation - **4.** [de magazine] layout.

présentement [prezɑ̃tmɑ̃] *adv* at the moment, at present.

présenter [3] [prezɑ̃te] <> *vt* - **1.** [gén] to present ; [projet] to present, to submit - **2.** [invité] to introduce - **3.** [condoléances, félicitations, avantages] to offer ; [hommages] to pay ; **~ qqch à qqn** to offer sb sthg. <> *vi fam* **~ bien/mal** to make a good/bad impression.

◆ **se présenter** *vp* - **1.** [se faire connaître] : **se ~ (à)** to introduce o.s. (to) - **2.** [être candidat] : **se ~ à** [élection] to stand in *UK*, to run in *US* ; [examen] to sit *UK*, to take - **3.** [paraître] to appear - **4.** [occasion, situation] to arise, to present itself - **5.** [affaire, contrat] : **se ~ bien/mal** to look good/bad.

présentoir [prezɑ̃twar] *nm* display stand.

préservatif [prezɛrvatif] *nm* condom.

préservation [prezɛrvasjɔ̃] *nf* preservation.

préserver [3] [prezɛrve] *vt* to preserve.

◆ **se préserver** *vp* : **se ~ de** to protect o.s. from.

présidence [prezidɑ̃s] *nf* - **1.** [de groupe] chairmanship - **2.** [d'État] presidency - **3.** [lieu] presidential residence *ou* palace.

président, **e** [prezidɑ̃, ɑ̃t] *nm, f* - **1.** [d'assemblée] chairman (*f* chairwoman) ; **~ du conseil d'administration** chairman of the board - **2.** [d'État] president ; **Monsieur/Madame le Président** Mr/Madam President ; **~ de la République** President (of the Republic) of France - **3.** DR [de tribunal] presiding judge ; [de jury] foreman (*f* forewoman).

◆ **présidente** *nf vieilli* president's wife.

◆ **président-directeur général** *nm* (chairman and) managing director *UK*, president and chief executive officer *US*.

présidentiel, **elle** [prezidɑ̃sjɛl] *adj* presidential ; **régime ~** presidential system.

présider [3] [prezide] <> *vt* - **1.** [réunion] to chair - **2.** [banquet, dîner] to preside over. <> *vi* : **~ à** to be in charge of ; *fig* to govern, to preside at.

présomptif, **ive** [prezɔ̃ptif, iv] *adj* : **héritier ~** heir apparent.

présomption [prezɔ̃psjɔ̃] *nf* - **1.** [hypothèse] presumption - **2.** DR presumption ; **~ d'innocence** presumption of innocence - **3.** *litt* [prétention] presumptuousness.

présomptueux, **euse** [prezɔ̃ptɥø, øz] <> *adj* presumptuous. <> *nm, f litt* presumptuous person.

presque [prɛsk] *adv* almost, nearly ; **~ rien** next to nothing, scarcely anything ; **~ jamais** hardly ever.

presqu'île [prɛskil] *nf* peninsula.

pressant, **e** [prɛsɑ̃, ɑ̃t] *adj* pressing.

press-book [prɛsbuk] (*pl* **press-books**) *nm* portfolio.

presse [prɛs] *nf* press ; **avoir bonne/mauvaise ~** to have a good/bad press.

pressé, **e** [prese] *adj* - **1.** [travail] urgent ; **aller au plus ~** to do first things first - **2.** [personne] : **être ~** to be in a hurry - **3.** [citron, orange] freshly squeezed.

presse-citron [prɛssitrɔ̃] *nm inv* lemon squeezer.

pressentiment [presɑ̃timɑ̃] *nm* premonition.

pressentir [37] [presɑ̃tir] *vt* - **1.** [événement] to have a premonition of - **2.** *sout* [personne] to sound out.

presse-papiers [prɛspapje] *nm inv* paperweight.

presse-purée [prɛspyre] *nm inv* potato masher.

presser [4] [prese] *vt* - **1.** [écraser - olives] to press ; [- citron, orange] to squeeze - **2.** [disque] to press - **3.** [dans ses bras] to squeeze - **4.** [bouton] to press, to push - **5.** *sout* [harceler] : **~ qqn de faire qqch** to press sb to do sthg ; **~ qqn de questions** to bombard sb with questions - **6.** [accélérer] to speed up ; **~ le pas** to speed up, to walk faster.

◆ **se presser** *vp* - **1.** [se dépêcher] to hurry (up) ; **sans se ~** without hurrying *ou* rushing - **2.** [s'agglutiner] : **se ~ (autour de)** to crowd (around) - **3.** [se serrer] to huddle.

pressing [presiŋ] *nm* steam pressing ; [établissement] dry cleaner's.

pression [prɛsjɔ̃] *nf* - **1.** [gén] pressure ; **exercer une ~ sur qqch** to exert pressure on sthg ; **exercer une ~ sur qqn, faire ~ sur qqn** to put pressure on sb ; **sous ~** [liquide] *fig* under pressure ; [cabine] pressurized ; **~ artérielle** blood pressure ; **~ atmosphérique** atmospheric pressure - **2.** [sur vêtement] press stud *UK*, popper *UK*, snap fastener *US* - **3.** [bière] draught *UK ou* draft *US* beer.

pressoir [prɛswar] *nm* - **1.** [machine] press - **2.** [lieu] press house.

pressurer [3] [presyre] *vt* - **1.** [objet] to press, to squeeze - **2.** *fig* [contribuable] to squeeze.

pressurisation [presyrizasjɔ̃] *nf* pressurization.

pressuriser [3] [presyrize] *vt* to pressurize.

prestance [prɛstɑ̃s] *nf* bearing ; **avoir de la ~** to have presence.

prestataire [prɛstatɛr] *nmf* - **1.** [bénéficiaire] person in receipt of benefit, claimant - **2.** [fournisseur] provider ; **~ de service** service provider.

prestation [prɛstasjɔ̃] *nf* - **1.** [allocation] benefit *UK* ; **~ en nature** payment in kind ; **~s familiales** ≃ family allowance *UK* - **2.** [de comédien] performance - **3.** [de serment] taking.

preste [prɛst] *adj litt* nimble.

prestement [prɛstəmɑ̃] *adv* nimbly.

prestidigitateur, trice [prɛstidiʒitatœr, tris] *nm, f* conjurer.

prestidigitation [prɛstidiʒitasjɔ̃] *nf* conjuring.

prestige [prɛstiʒ] *nm* prestige.

prestigieux, euse [prɛstiʒjø, øz] *adj* - **1.** [magnifique] splendid - **2.** [réputé] prestigious.

présumé, e [prezyme] *adj* presumed.

présumer [3] [prezyme] ◇ *vt* to presume, to assume ; **~ que** to presume (that), to assume (that) ; **être présumé coupable/innocent** to be presumed guilty/innocent. ◇ *vi* : **~ de qqch** to overestimate sthg.

présupposé [presypoze] *nm* presupposition.

présupposer [3] [presypoze] *vt* to presuppose.

présure [prezyr] *nf* rennet.

prêt, e [prɛ, prɛt] *adj* ready ; **~ à qqch/à faire qqch** ready for sthg/to do sthg ; **~ à tout** ready for anything ; **~s? partez!** SPORT get set, go!, ready, steady, go! *UK*.
◆ **prêt** *nm* [action] lending *(U)* ; [somme] loan ; **~ bancaire** bank loan.

prêt-à-porter [prɛtapɔrte] (*pl* **prêts-à-porter**) *nm* ready-to-wear clothing *(U)*.

prétendant [pretɑ̃dɑ̃] *nm* - **1.** [au trône] pretender - **2.** [amoureux] suitor.

prétendre [73] [pretɑ̃dr] ◇ *vt* - **1.** [affecter] : **~ faire qqch** to claim to do sthg - **2.** [affirmer] : **~ que** to claim (that), to maintain (that) - **3.** *litt* [exiger] : **~ faire qqch** to intend to do sthg. ◇ *vi* [aspirer] : **~ à qqch** to aspire to sthg.
◆ **se prétendre** *vp* : **se ~ acteur/écrivain** to claim to be an actor/an author.

prétendu, e [pretɑ̃dy] ◇ *pp* ▷ **prétendre**. ◇ *adj (avant n)* so-called.

prétendument [pretɑ̃dymɑ̃] *adv* supposedly.

prête-nom [prɛtnɔ̃] (*pl* **prête-noms**) *nm* front man.

prétentieux, euse [pretɑ̃sjø, øz] ◇ *adj* pretentious. ◇ *nm, f* pretentious person.

prétention [pretɑ̃sjɔ̃] *nf* - **1.** [suffisance] pretentiousness - **2.** [ambition] pretension, ambition ; **avoir la ~ de faire qqch** to claim *ou* pretend to do sthg.

prêter [4] [prete] ◇ *vt* - **1.** [fournir] : **~ qqch (à qqn)** [objet, argent] to lend (sb) sthg ; *fig* [concours, appui] to lend (sb) sthg, to give (sb) sthg - **2.** [attribuer] : **~ qqch à qqn** to attribute sthg to sb. ◇ *vi* : **~ à** to lead to, to generate.
◆ **se prêter** *vp* : **se ~ à** [participer à] to go along with ; [convenir à] to fit, to suit.

prétérit [preterit] *nm* preterite.

prêteur, euse [prɛtœr, øz] ◇ *adj* generous. ◇ *nm, f* : **~ sur gages** pawnbroker.

prétexte [pretɛkst] *nm* pretext, excuse ; **sous ~ de faire qqch/que** on the pretext of doing sthg/that, under the pretext of doing sthg/that ; **sous aucun ~** on no account.

prétexter [4] [pretɛkste] *vt* to give as an excuse.

prétimbré, e [pretɛ̃bre] *adj* prepaid.

Pretoria [pretɔrja] *n* Pretoria.

prêtre [prɛtr] *nm* priest.

prêtresse [prɛtrɛs] *nf* priestess.

preuve [prœv] *nf* - **1.** [gén] proof - **2.** DR evidence - **3.** [témoignage] sign, token ; **faire ~ de qqch** to show sthg ; **faire ses ~s** to prove o.s./itself.

preux [prø] *litt* ◇ *nm* knight valiant. ◇ *adj m* valiant.

prévaloir [61] [prevalwar] *vi* [dominer] : **~ (sur)** to prevail (over).
◆ **se prévaloir** *vp* : **se ~ de** to boast about.

prévalu [prevaly] *pp inv* ▷ **prévaloir**.

prévarication [prevarikasjɔ̃] *nf sout* breach of trust.

prévaut ▷ **prévaloir**.

prévenance [prevnɑ̃s] *nf* - **1.** [attitude] thoughtfulness, consideration - **2.** [action] considerate *ou* thoughtful act.

prévenant, e [prevnɑ̃, ɑ̃t] *adj* considerate, attentive.

prévenir [40] [prevnir] *vt* - **1.** [employé, élève] : **~ qqn (de)** to warn sb (about) - **2.** [police] to inform - **3.** [désirs] to anticipate - **4.** [maladie] to prevent - **5.** *litt* [prédisposer] : **~ qqn contre qqn** to prejudice sb against sb.

préventif, ive [prevɑ̃tif, iv] *adj* - **1.** [mesure, médecine] preventive - **2.** DR : **être en détention préventive** to be on remand.

prévention [prevɑ̃sjɔ̃] *nf* - **1.** [protection] : **~ (contre)** prevention (of) ; **~ routière** road safety (measures) - **2.** DR remand.

prévenu, e [prevny] ◇ *pp* ▷ **prévenir.** ◇ *nm, f* accused, defendant.

préviendrai, préviendras *(etc)* ▷ **prévenir.**

prévisible [previzibl] *adj* foreseeable.

prévision [previzjɔ̃] *nf* forecast, prediction ; [de coûts] estimate ; ÉCON forecast ; **les ~s météorologiques** the weather forecast.

◆ **en prévision de** *loc prép* in anticipation of.

prévisionnel, elle [previzjɔnɛl] *adj* anticipatory ; **budget ~** budget estimate.

prévoir [63] [prevwar] *vt* - **1.** [s'attendre à] to expect - **2.** [prédire] to predict - **3.** [anticiper] to foresee, to anticipate - **4.** [programmer] to plan ; **n'être pas prévu** to be unforeseen ; **comme prévu** as planned, according to plan.

prévoyais, prévoyions *(etc)* ▷ **prévoir.**

prévoyance [prevwajɑ̃s] *nf* [de personne] foresight, *voir aussi* **caisse.**

prévoyant, e [prevwajɑ̃, ɑ̃t] *adj* provident.

prévu, e [prevy] *pp* ▷ **prévoir.**

prie-Dieu [pridjø] *nm inv* prie-dieu.

prier [10] [prije] ◇ *vt* - **1.** RELIG to pray to - **2.** [implorer] to beg ; **(ne pas) se faire ~ (pour faire qqch)** (not) to need to be persuaded (to do sthg) ; **je vous en prie** [de grâce] please, I beg you ; [de rien] don't mention it, not at all - **3.** *sout* [demander] : **~ qqn de faire qqch** to request sb to do sthg ; **~ instamment qqn de faire qqch** to insist that sb does sthg ; **vous êtes priés de** you are requested to - **4.** *litt* [convier] to invite. ◇ *vi* RELIG to pray.

prière [prijɛr] *nf* - **1.** [RELIG - recueillement] prayer *(U)*, praying *(U)* ; [- formule] prayer ; [- office] prayers *(pl)* - **2.** *litt* [demande] entreaty ; **~ de frapper avant d'entrer** please knock before entering.

prieuré [prijœre] *nm* priory.

prion [prijɔ̃] *nm* BIOL & MÉD prion.

primaire [primɛr] *adj* - **1.** [premier] : **couleur ~** primary colour *UK ou* color *US* ; **élection ~** primary (election) ; **ère ~** Palaeozoic era ; **études ~s** primary education *(U)* - **2.** *péj* [primitif] limited.

primate [primat] *nm* - **1.** ZOOL primate - **2.** *fam* [brute] gorilla.

primauté [primote] *nf* primacy.

prime [prim] ◇ *nf* - **1.** [d'employé] bonus ; **~ d'intéressement** profit-related bonus ; **~ d'objectif** incentive bonus - **2.** [allocation - de déménagement, de transport] allowance *UK* ; [- à l'exportation] incentive - **3.** [d'assurance] premium - **4.** [cadeau] free gift ; **en ~** as a free gift ; *fig* in addition. ◇ *adj* - **1.** [premier] : **de ~ abord** at first glance ; **de ~ jeunesse** in the first flush of youth - **2.** MATH prime.

primer [3] [prime] ◇ *vi* to take precedence, to come first. ◇ *vt* - **1.** [être supérieur à] to take precedence over - **2.** [récompenser] to award a prize to ; **le film a été primé au festival** the film won an award at the festival.

primerose [primroz] *nf* hollyhock.

primesautier, ère [primsotje, ɛr] *adj* impulsive.

primeur [primœr] *nf* immediacy ; **avoir la ~ de qqch** to be the first to hear sthg.

◆ **primeurs** *nfpl* early produce *(U)*.

primevère [primvɛr] *nf* primrose.

primitif, ive [primitif, iv] ◇ *adj* - **1.** [gén] primitive - **2.** [aspect] original. ◇ *nm, f* primitive.

primo [primo] *adv* firstly.

primordial, e, aux [primɔrdjal, o] *adj* essential.

prince [prɛ̃s] *nm* prince ; **~ consort** prince consort.

prince-de-Galles [prɛ̃sdəgal] *nm inv* & *adj inv* Prince of Wales check.

princesse [prɛ̃sɛs] *nf* princess.

princier, ère [prɛ̃sje, ɛr] *adj* princely.

principal, e, aux [prɛ̃sipal, o] ◇ *adj* - **1.** [gén] main, principal - **2.** GRAMM main. ◇ *nm, f* - **1.** [important] : **le ~** the main thing - **2.** SCOL headmaster (*f* headmistress) *UK*, principal *US*.

principalement [prɛ̃sipalmɑ̃] *adv* mainly, principally.

principauté [prɛ̃sipote] *nf* principality.

principe [prɛ̃sip] *nm* principle ; **par ~** on principle.

◆ **en principe** *loc adv* theoretically, in principle.

printanier, ère [prɛ̃tanje, ɛr] *adj* - **1.** [temps] spring-like - **2.** *fig* [humeur] bright and cheerful.

printemps [prɛ̃tɑ̃] *nm* - **1.** [saison] spring - **2.** *fig* [de la vie] springtime - **3.** *fam* [année] : **avoir 20 ~** to be 20.

priori [prijɔri] ◆ **a priori** ◇ *loc adv* in principle. ◇ *nm inv* initial reaction. ◇ *adj inv* a priori.

prioritaire [prijɔritɛr] *adj* - **1.** [industrie, mesure] priority *(avant n)* - **2.** AUTO with right of way.

priorité [prijɔrite] *nf* - **1.** [importance primordiale] priority ; **en ~** first - **2.** AUTO right of way ; **~ à droite** give way to the right.

pris, **e** [pri, priz] ◇ *pp* ⊳ **prendre**. ◇ *adj* - **1.** [place] taken ; [personne] busy ; [mains] full - **2.** [nez] blocked ; [gorge] sore - **3.** [envahi] : **~ de** seized with.

◆ **prise** *nf* - **1.** [sur barre, sur branche] grip, hold ; **lâcher ~e** to let go ; *fig* to give up ; **avoir ~e sur qqch** to have hold of sthg ; **avoir ~e sur qqn** *fig* to have a hold over sb ; **être aux ~es avec** *fig* to grapple with - **2.** [action de prendre - de ville] seizure, capture ; **~e en charge** [par Sécurité sociale] (guaranteed) reimbursement ; **~e d'otages** hostage taking ; **~e de sang** blood test ; **~e de vue** shot ; **~e de vue** OU **vues** [action] filming, shooting - **3.** [à la pêche] haul - **4.** ÉLECTR : **~e (de courant)** [mâle] plug ; [femelle] socket - **5.** [de judo] hold ; **faire une ~e à qqn** SPORT to get sb in a hold - **6.** INFORM outlet.

priser [3] [prize] *vt* - **1.** *sout* [apprécier] to appreciate, to value - **2.** [aspirer] : **~ du tabac** to take snuff.

prisme [prism] *nm* prism.

prison [prizɔ̃] *nf* - **1.** [établissement] prison - **2.** [réclusion] imprisonment.

prisonnier, **ère** [prizɔnje, ɛr] ◇ *nm, f* prisoner ; **faire qqn ~** to take sb prisoner, to capture sb. ◇ *adj* imprisoned ; *fig* trapped ; **être ~ de** to be the prisoner of ; *fig* to be a prisoner of OU a slave to.

privatif, **ive** [privatif, iv] *adj* - **1.** DR private - **2.** GRAMM privative.

privation [privasjɔ̃] *nf* deprivation.

◆ **privations** *nfpl* privations, hardships.

privatisation [privatizasjɔ̃] *nf* privatization.

privatiser [3] [privatize] *vt* to privatize.

privé, **e** [prive] *adj* private.

◆ **privé** *nm* - **1.** ÉCON private sector - **2.** [détective] private eye - **3.** [intimité] : **en ~** in private ; **dans le ~** in private life.

priver [3] [prive] *vt* : **~ qqn (de)** to deprive sb (of).

◆ **se priver** *vp* - **1.** [s'abstenir] : **se ~ de** to go OU do without, to deprive o.s. of ; **ne pas se ~ de faire qqch** not to hesitate to do sthg ; **ne pas se ~ de qqch** to indulge in sthg - **2.** *(emploi absolu)* [économiser] to do OU go without.

privilège [privilɛʒ] *nm* privilege.

◆ **privilèges** *nmpl* : **les ~s** *the privileges of the aristocracy, cities, corporations, guilds etc abolished in 1789*.

privilégié, **e** [privileʒje] ◇ *adj* - **1.** [personne] privileged - **2.** [climat, site] favoured *UK*, favored *US*. ◇ *nm, f* privileged person.

privilégier [9] [privileʒje] *vt* to favour *UK*, to favor *US*.

prix [pri] *nm* - **1.** [coût] price ; **à** OU **au ~ coûtant** at cost (price) ; **~ d'achat** purchase price ; **à aucun ~** on no account ; **à ~ fixe** set-price *(avant n)* ; **au ~ fort** at a very high price ; **hors de ~** too expensive ; **à moitié ~** at half price ; **à tout ~** at all costs ; **~ d'ami** reduced price ; **~ net** net (price) ; **~ de revient** cost price ; **acheter** OU **payer qqch à ~ d'or** to pay through the nose for sthg ; **mettre la tête de qqn à ~** to put a price on sb's head ; **y mettre le ~** to pay a lot - **2.** [importance] value - **3.** [récompense] prize ; **~ Goncourt** *the most prestigious French annual literary prize* ; **~ Nobel** Nobel prize ; [lauréat] Nobel prizewinner.

◆ **Grand Prix** *nm* Grand Prix.

pro [pro] *nmf & adj fam* pro.

probabilité [prɔbabilite] *nf* - **1.** [chance] probability - **2.** [vraisemblance] probability, likelihood ; **selon toute ~** in all probability.

probable [prɔbabl] *adj* probable, likely ; **il est ~ que** it is likely OU probable that.

probablement [prɔbabləmɑ̃] *adv* probably.

probant, **e** [prɔbɑ̃, ɑ̃t] *adj* convincing, conclusive.

probatoire [prɔbatwar] *adj* [période] trial *(avant n)* ; [examen] qualifying.

probité [prɔbite] *nf* integrity.

problématique [prɔblematik] ◇ *nf* problems *(pl)*. ◇ *adj* problematic.

problème [prɔblɛm] *nm* problem ; **poser un ~** to cause OU pose a problem ; **sans ~!, (il n'y a) pas de ~!** *fam* no problem! ; **faux ~** imaginary problem ; **ça ne lui pose aucun ~** *hum* that doesn't worry him/her.

procédé [prɔsede] *nm* - **1.** [méthode] process - **2.** [conduite] behaviour *(U) UK*, behavior *(U) US*.

procéder [18] [prɔsede] *vi* - **1.** [agir] to proceed - **2.** [exécuter] : **~ à qqch** to set about sthg ; **il sera procédé au démantèlement de l'entreprise** the company will be dismantled - **3.** *sout* [provenir] : **~ de** to come from, to originate in.

procédure [prɔsedyr] *nf* procedure ; [démarche] proceedings *(pl)*.

procédurier, **ère** [prɔsedyrje, ɛr] ◇ *adj* quibbling. ◇ *nm, f* quibbler.

procès [prɔsɛ] *nm* DR trial ; **intenter un ~ à qqn** to sue sb ; **faire le ~ de** *fig* to make a case against.

processeur [prɔsesœr] *nm* processor.

procession [prɔsesjɔ̃] *nf* procession ; **en ~** in procession.

processus [prɔsesys] *nm* process.

procès-verbal [prɔsɛvɛrbal] (*pl* **procès-verbaux** [prɔsɛvɛrbo]) *nm* - **1.** [contravention - gén] ticket ; [- pour stationnement interdit] parking ticket - **2.** [compte-rendu] minutes.

prochain, **e** [prɔʃɛ̃, ɛn] *adj* - **1.** [suivant] next ; **à la ~e!** *fam* see you! - **2.** [imminent] impending.

◆ **prochain** *nm litt* [semblable] fellow man.

prochainement [prɔʃɛnmɑ̃] *adv* soon, shortly.

proche [prɔʃ] *adj* - **1.** [dans l'espace] near ; **~ de** near, close to ; [semblable à] very similar to, closely related to ; **je me sens très ~ de ce qu'il dit** my feelings are very close *ou* similar to his - **2.** [dans le temps] imminent, near ; **dans un ~ avenir** in the immediate future - **3.** [ami, parent] close.

◆ **proches** *nmpl* : **les ~s** close friends and relatives *(sing)*.

◆ **de proche en proche** *loc adv sout* gradually.

Proche-Orient [prɔʃɔrjɑ̃] *nm* : **le ~** the Near East.

proclamation [prɔklamasjɔ̃] *nf* proclamation.

proclamer [3] [prɔklame] *vt* to proclaim, to declare.

procréation [prɔkreasjɔ̃] *nf* procreation ; **~ artificielle** artificial reproduction ; **~ médicalement assitée** medically assisted conception *ou* procreation *ou* reproduction.

procréer [15] [prɔkree] *vt litt* to procreate.

procuration [prɔkyrasjɔ̃] *nf* proxy ; **par ~** by proxy.

procurer [3] [prɔkyre] *vt* : **~ qqch à qqn** [suj: personne] to obtain sthg for sb ; [suj: chose] to give *ou* bring sb sthg.

◆ **se procurer** *vp* : **se ~ qqch** to obtain sthg.

procureur [prɔkyrœr] *nm* : **~ général** chief prosecutor ; **Procureur de la République** *public prosecutor at a 'tribunal de grande instance'*, ≃ Attorney General ; **~ général** *public prosecutor at the 'Parquet'*, ≃ Director of Public Prosecutions *UK*, ≃ district attorney *US*.

prodigalité [prɔdigalite] *nf* extravagance *(U)*.

prodige [prɔdiʒ] *nm* - **1.** [miracle] miracle - **2.** [tour de force] marvel, wonder ; **c'est un ~ d'ingéniosité** it's incredibly ingenious - **3.** [génie] prodigy.

prodigieusement [prɔdiʒjøzmɑ̃] *adv* fantastically, incredibly.

prodigieux, **euse** [prɔdiʒjø, øz] *adj* fantastic, incredible.

prodigue [prɔdig] *adj* [dépensier] extravagant ; **~ de** *fig* lavish with.

prodiguer [3] [prɔdige] *vt litt* [soins, amitié] : **~ qqch (à)** to lavish sthg (on).

producteur, **trice** [prɔdyktœr, tris] ◇ *nm, f* - **1.** [gén] producer - **2.** AGRIC producer, grower. ◇ *adj* : **~ de pétrole** oil-producing *(avant n)* ; **~ d'emplois** which creates jobs.

productif, **ive** [prɔdyktif, iv] *adj* productive.

production [prɔdyksjɔ̃] *nf* - **1.** [gén] production ; **coût de ~** production cost ; **la ~ littéraire d'un pays** the literature of a country - **2.** [producteurs] producers *(pl)*.

productivité [prɔdyktivite] *nf* productivity.

produire [98] [prɔdɥir] *vt* - **1.** [gén] to produce - **2.** [provoquer] to cause.

◆ **se produire** *vp* - **1.** [arriver] to occur, to take place - **2.** [acteur, chanteur] to appear.

produisais, **produisions** *(etc)* ▷ **produire**.

produit, **e** [prɔdɥi, it] *pp* ▷ **produire**.

◆ **produit** *nm* - **1.** [gén] product ; **~s alimentaires** foodstuffs, foods ; **~ de beauté** cosmetic, beauty product ; **~s chimiques** chemicals ; **~ de consommation** consumer product ; **~s d'entretien** cleaning products ; **~ financier** financial product ; **~ de grande consommation** mass consumption product - **2.** [d'investissement] profit, income.

proéminent, **e** [prɔeminɑ̃, ɑ̃t] *adj* prominent.

prof [prɔf] *nmf fam* teacher.

profanation [prɔfanasjɔ̃] *nf* desecration.

profane [prɔfan] ◇ *nmf* - **1.** [non religieux] nonbeliever - **2.** [novice] layman. ◇ *adj* - **1.** [laïc] secular - **2.** [ignorant] ignorant.

profaner [3] [prɔfane] *vt* - **1.** [église] to desecrate - **2.** *fig* [mémoire] to defile.

proférer [18] [prɔfere] *vt* to utter.

professer [4] [prɔfese] *vt* to profess.

professeur [prɔfɛsœr] *nm* [gén] teacher ; [dans l'enseignement supérieur] lecturer ; [titulaire] professor.

profession [prɔfɛsjɔ̃] *nf* - **1.** [métier] occupation ; **de ~** by trade/profession ; **sans ~** unemployed - **2.** [corps de métier - libéral] profession ; **~ libérale** (liberal) profession ; **être en ~ libérale** to work in a liberal profession ; [- manuel] trade.

◆ **profession de foi** *nf* - **1.** RELIG profession of faith - **2.** [manifeste] manifesto.

professionnel, **elle** [prɔfɛsjɔnɛl] ◇ *adj* - **1.** [gén] professional - **2.** [école] technical ; [enseignement] vocational. ◇ *nm, f* professional.

professionnellement [prɔfɛsjɔnɛlmɑ̃] *adv* professionally.

professoral, **e**, **aux** [prɔfesɔral, o] *adj* [ton, attitude] professorial ; [corps] teaching *(avant n)*.

professorat [prɔfesɔra] *nm* teaching.

profil [prɔfil] *nm* - **1.** [de personne, d'emploi] profile ; [de bâtiment] outline ; **de ~** [visage, corps] in profile ; [objet] from the side - **2.** [coupe] section - **3.** INFORM : **~ (utilisateur)** (user) profil.

profiler [3] [prɔfile] *vt* to shape.
◆ **se profiler** *vp* - **1.** [bâtiment, arbre] to stand out - **2.** [solution] to emerge.

profit [prɔfi] *nm* - **1.** [avantage] benefit ; **au ~ de** in aid of ; **tirer ~ de** to profit from, to benefit from - **2.** [gain] profit.

profitable [prɔfitabl] *adj* profitable ; **être ~ à qqn** to benefit sb, to be beneficial to sb.

profiter [3] [prɔfite] *vi* - **1.** [tirer avantage] : **~ de** [vacances] to benefit from ; [personne] to take advantage of ; **~ de qqch pour faire qqch** to take advantage of sthg to do sthg ; **en ~** to make the most of it ; **en ~ pour faire qqch** to take the opportunity to do sthg - **2.** [servir] : **~ à qqn** to be beneficial to sb.

profiteroles [prɔfitrɔl] *nfpl* : **~ au chocolat** chocolate profiteroles.

profiteur, **euse** [prɔfitœr, øz] *nm, f péj* profiteer.

profond, **e** [prɔfɔ̃, ɔ̃d] *adj* - **1.** [gén] deep - **2.** [pensée] deep, profound - **3.** PSYCHO : **un débile ~** a profoundly subnormal person.
◆ **profond** ◇ *nm* : **au plus ~ de** in the depths of. ◇ *adv* deep.

profondément [prɔfɔ̃demɑ̃] *adv* - **1.** [enfoui] deep - **2.** [intensément - aimer, intéresser] deeply ; [- dormir] soundly ; **être ~ endormi** to be fast asleep - **3.** [extrêmement - convaincu, ému] deeply, profoundly ; [- différent] profoundly.

profondeur [prɔfɔ̃dœr] *nf* depth ; **en ~** in depth ; **~ de champ** CINÉ & PHOTO depth of field.
◆ **profondeurs** *nfpl* depths.

profusion [prɔfyzjɔ̃] *nf* : **une ~ de** a profusion of ; **à ~** in abundance, in profusion.

progéniture [prɔʒenityr] *nf* offspring.

progiciel [prɔʒisjɛl] *nm* software package.

programmable [prɔgramabl] *adj* programmable.

programmateur, **trice** [prɔgramatœr, tris] *nm, f* programme *UK* *ou* program *US* planner.
◆ **programmateur** *nm* automatic control unit.

programmation [prɔgramasjɔ̃] *nf* - **1.** INFORM programming ; **faire de la ~** to program ; **~ linéaire** linear programming - **2.** RADIO & TV programme *UK* *ou* program *US* planning.

programme [prɔgram] *nm* - **1.** [gén] programme *UK*, program *US* ; **le ~ des réjouissances** *hum* the treats in store ; **c'est tout un ~** it's quite an undertaking - **2.** INFORM program ; **~ d'application** INFORM applications program - **3.** [planning] schedule - **4.** SCOL syllabus.

programmé, **e** [prɔgrame] *adj* programmed.

programmer [3] [prɔgrame] *vt* - **1.** [organiser] to plan - **2.** RADIO & TV to schedule - **3.** INFORM to program.

programmeur, **euse** [prɔgramœr, øz] *nm, f* INFORM (computer) programmer.

progrès [prɔgrɛ] *nm* progress *(U)* ; **être en ~** to be making (good) progress ; **faire des ~** to make progress.

progresser [4] [prɔgrese] *vi* - **1.** [avancer] to progress, to advance - **2.** [maladie] to spread - **3.** [élève] to make progress.

progressif, **ive** [prɔgresif, iv] *adj* progressive ; [difficulté] increasing.

progression [prɔgresjɔ̃] *nf* - **1.** [avancée] advance - **2.** [de maladie, du nationalisme] spread.

progressiste [prɔgresist] *nmf* & *adj* progressive.

progressivement [prɔgresivmɑ̃] *adv* progressively.

prohiber [3] [prɔibe] *vt* to ban, to prohibit.

prohibitif, **ive** [prɔibitif, iv] *adj* - **1.** [dissuasif] prohibitive - **2.** DR prohibitory.

prohibition [prɔibisjɔ̃] *nf* ban, prohibition.
◆ **Prohibition** *nf* : **la Prohibition** HIST Prohibition.

proie [prwa] *nf* prey ; **être la ~ de qqn** *fig* to be the prey *ou* victim of sb ; **être la ~ de qqch** *fig* to be the victim of sthg ; **être en ~ à** [sentiment] to be prey to.

projecteur [prɔʒɛktœr] *nm* - **1.** [de lumière] floodlight ; THÉÂTRE spotlight - **2.** [d'images] projector.

projectile [prɔʒɛktil] *nm* missile.

projection [prɔʒɛksjɔ̃] *nf* - **1.** [gén] projection - **2.** [jet] throwing.

projectionniste [prɔʒɛksjɔnist] *nmf* projectionist.

projet [prɔʒɛ] *nm* - **1.** [perspective] plan - **2.** [étude, ébauche] draft ; **~ de loi** bill.

projeter [27] [prɔʃte] *vt* - **1.** [envisager] to plan ; **~ de faire qqch** to plan to do sthg - **2.** [missile, pierre] to throw - **3.** [film, diapositives] to show - **4.** GÉOM & PSYCHO to project.

◆ **se projeter** *vp* [ombre] to be cast.

prolétaire [prɔletɛr] *nmf* & *adj* proletarian.

prolétariat [prɔletarja] *nm* proletariat.

prolétarien, enne [prɔletarjɛ̃, ɛn] *adj* proletarian.

prolifération [prɔliferasjɔ̃] *nf* proliferation.

proliférer [18] [prɔlifere] *vi* to proliferate.

prolifique [prɔlifik] *adj* prolific.

prolixe [prɔliks] *adj sout* wordy, verbose.

prolo [prɔlo] *nmf fam* prole, pleb.

prologue [prɔlɔg] *nm* prologue.

prolongation [prɔlɔ̃gasjɔ̃] *nf* [extension] extension, prolongation.

◆ **prolongations** *nfpl* SPORT extra time *(U)* *UK*, overtime *US* ; **jouer les ~s** to go into extra time *UK ou* overtime *US*.

prolongement [prɔlɔ̃ʒmɑ̃] *nm* [de mur, quai] extension ; **être dans le ~ de** to be a continuation of.

◆ **prolongements** *nmpl* [conséquences] repercussions.

prolonger [17] [prɔlɔ̃ʒe] *vt* - **1.** [dans le temps] : **~ qqch (de)** to prolong sthg (by) - **2.** [dans l'espace] : **~ qqch (de)** to extend sthg (by).

◆ **se prolonger** *vp* - **1.** [événement] to go on, to last - **2.** [route] to go on, to continue.

promenade [prɔmnad] *nf* - **1.** [balade] walk, stroll ; *fig* trip, excursion ; **~ en voiture** drive ; **~ à vélo** (bike) ride ; **faire une ~** to go for a walk - **2.** [lieu] promenade.

promener [19] [prɔmne] *vt* - **1.** [personne] to take out (for a walk) ; [en voiture] to take for a drive - **2.** *litt* [chagrin] to carry (about) - **3.** *fig* [regard, doigts] : **~ qqch sur** to run sthg over.

◆ **se promener** *vp* to go for a walk.

promeneur, euse [prɔmnœr, øz] *nm, f* walker, stroller.

promesse [prɔmɛs] *nf* - **1.** [serment] promise ; **manquer à sa ~** to break one's promise ; **tenir sa ~** to keep one's promise ; **~s en l'air** empty promises - **2.** [engagement] undertaking ; **~ d'achat/de vente** DR agreement to purchase/to sell - **3.** *fig* [espérance] : **être plein de ~s** to be very promising.

promets ▷ **promettre**.

prometteur, euse [prɔmɛtœr, øz] *adj* promising.

promettre [84] [prɔmɛtr] ◇ *vt* to promise ; **~ qqch à qqn** to promise sb sthg ; **~ de faire qqch** to promise to do sthg ; **~ à qqn que** to promise sb that. ◇ *vi* to be promising ; **ça promet!** *iron* that bodes well!

◆ **se promettre** *vp* : **se ~ de faire qqch** to resolve to do sthg.

promis, e [prɔmi, iz] ◇ *pp* ▷ **promettre**. ◇ *adj* promised ; **~ à qqch** destined for sthg. ◇ *nm, f hum* intended.

promiscuité [prɔmiskɥite] *nf* overcrowding ; **~ sexuelle** (sexual) promiscuity.

promontoire [prɔmɔ̃twar] *nm* promontory.

promoteur, trice [prɔmɔtœr, tris] *nm, f* - **1.** [novateur] instigator - **2.** [constructeur] property developer.

promotion [prɔmɔsjɔ̃] *nf* - **1.** [gén] promotion ; **~ des ventes** sales promotion ; **en ~** [produit] on special offer - **2.** MIL & SCOL year.

promotionnel, elle [prɔmɔsjɔnɛl] *adj* promotional.

promouvoir [56] [prɔmuvwar] *vt* to promote.

prompt, e [prɔ̃, prɔ̃t] *adj sout* **~ (à faire qqch)** swift (to do sthg).

promptitude [prɔ̃tityd] *nf sout* swiftness.

promu, e [prɔmy] *pp* ▷ **promouvoir**.

promulgation [prɔmylgasjɔ̃] *nf* promulgation.

promulguer [3] [prɔmylge] *vt* to promulgate.

prôner [3] [prone] *vt sout* to advocate.

pronom [prɔnɔ̃] *nm* pronoun ; **~ personnel/possessif/relatif** personal/possessive/relative pronoun.

pronominal, e, aux [prɔnɔminal, o] *adj* pronominal.

prononcé, e [prɔnɔ̃se] *adj* marked.

◆ **prononcé** *nm* [d'arrêt] delivery ; [de sentence] passing.

prononcer [16] [prɔnɔ̃se] *vt* - **1.** DR & LING to pronounce - **2.** [dire] to utter.

◆ **se prononcer** *vp* - **1.** [se dire] to be pronounced ; **comme ça se prononce** as it is pronounced - **2.** [trancher - assemblée] to decide, to reach a decision ; [- magistrat] to deliver a verdict ; **se ~ sur** to give one's opinion of.

prononciation [prɔnɔ̃sjasjɔ̃] *nf* - **1.** LING pronunciation - **2.** DR pronouncement.

pronostic [prɔnɔstik] *nm* - **1.** *(gén pl)* [prévision] forecast - **2.** MÉD prognosis.

pronostiquer [3] [prɔnɔstike] *vt* - **1.** [annoncer] to forecast - **2.** MÉD to make a prognosis of.

pronostiqueur, euse [prɔnɔstikœr, øz] *nm, f* forecaster.

propagande [prɔpagɑ̃d] *nf* - **1.** [endoctrinement] propaganda - **2.** *fig* & *hum* [publicité] : **faire de la ~ pour qqch** to plug sthg.

propagation [prɔpagasjɔ̃] *nf* - **1.** [de flammes, de maladie] *fig* spread, spreading - **2.** BIOL & PHYS propagation.

propager [17] [prɔpaʒe] *vt* to spread.

◆ **se propager** *vp* to spread ; BIOL to be propagated ; PHYS to propagate.

propane [prɔpan] *nm* propane.

propension [prɔpɑ̃sjɔ̃] *nf* : **~ à qqch/à faire qqch** propensity for sthg/to do sthg.

prophète, prophétesse [prɔfɛt, prɔfetɛs] *nm, f* prophet (*f* prophetess).

◆ **Prophète** *nm* : **le Prophète** the Prophet.

prophétie [prɔfesi] *nf* prophecy.

prophétique [prɔfetik] *adj* prophetic.

prophétiser [3] [prɔfetize] *vt* to prophesy.

prophylactique [prɔfilaktik] *adj* prophylactic.

prophylaxie [prɔfilaksi] *nf* prophylaxis.

propice [prɔpis] *adj* favourable *UK*, favorable *US* ; **~ à** [changement] conducive to ; [culture, élevage] good for.

proportion [prɔpɔrsjɔ̃] *nf* proportion ; **en ~ de** in proportion to ; **toutes ~s gardées** relatively speaking.

proportionné, e [prɔpɔrsjɔne] *adj* : **bien/mal ~** well-/badly-proportioned ; **~ à** proportionate to.

proportionnel, elle [prɔpɔrsjɔnɛl] *adj* : **~ (à)** proportional (to).

◆ **proportionnelle** *nf* : **la ~le** proportional representation.

proportionnellement [prɔpɔrsjɔnɛlmɑ̃] *adv* proportionally.

propos [prɔpo] ◇ *nm* **- 1.** [discours] talk **- 2.** [but] intention ; **c'est à quel ~?** what is it about? ; **de ~ délibéré** deliberately, on purpose ; **hors de ~** at the wrong time. ◇ *nmpl* [paroles] talk *(U)*, words ; **tenir des ~ d'une extrême banalité** to say extremely banal things.

◆ **à propos** ◇ *loc adv* **- 1.** [opportunément] at (just) the right time **- 2.** [au fait] by the way. ◇ *loc adj* [opportun] opportune.

◆ **à propos de** *loc prép* about.

proposer [3] [prɔpoze] *vt* **- 1.** [offrir] to offer, to propose ; **~ qqch à qqn** to offer sb sthg, to offer sthg to sb ; **~ à qqn de faire qqch** to offer to do sthg for sb **- 2.** [suggérer] to suggest, to propose ; **~ de faire qqch** to suggest *ou* propose doing sthg **- 3.** [loi, candidat] to propose.

◆ **se proposer** *vp* **- 1.** [offrir ses services] to offer one's services **- 2.** [décider] : **se ~ de faire qqch** to intend *ou* mean to do sthg.

proposition [prɔpozisjɔ̃] *nf* **- 1.** [offre] offer, proposal ; **~ malhonnête** improper suggestion ; **faire des ~s à qqn** to proposition sb **- 2.** [suggestion] suggestion, proposal **- 3.** GRAMM clause.

◆ **proposition de loi** *nf* bill.

propre [prɔpr] ◇ *adj* **- 1.** [nettoyé] clean **- 2.** [soigné] neat, tidy **- 3.** [éduqué - enfant] toilet-trained ; [- animal] house-trained *UK*, house-broken *US* **- 4.** [personnel] own **- 5.** [particulier] : **~ à** peculiar to **- 6.** [approprié] : **~ (à)** suitable (for), appropriate (for) **- 7.** [de nature] : **~ à faire qqch** capable of doing sthg **- 8.** *fig* [honnête] respectable **- 9.** *loc* **nous voilà ~s!** *hum* we're in a fine mess! ◇ *nm* **- 1.** [propreté] cleanness, cleanliness ; **recopier qqch au ~** to make a fair copy of sthg, to copy sthg up **- 2.** [particularité] : **le ~ de** the characteristic feature of ; **avoir qqch en ~** DR to be the sole owner of sthg.

◆ **au propre** *loc adv* LING literally.

propre-à-rien [prɔprarjɛ̃] (*pl* **propres-à-rien**) *nmf* good-for-nothing.

proprement [prɔprəmɑ̃] *adv* **- 1.** [convenablement - habillé] neatly, tidily ; [- se tenir] correctly **- 2.** [véritablement] completely ; **à ~ parler** strictly *ou* properly speaking ; **l'événement ~ dit** the event itself, the actual event **- 3.** [exclusivement] peculiarly.

propret, ette [prɔprɛ, ɛt] *adj* neat and tidy.

propreté [prɔprəte] *nf* cleanness, cleanliness.

propriétaire [prɔprijetɛr] *nmf* **- 1.** [possesseur] owner ; **~ foncier** property owner ; **~ terrien** landowner **- 2.** [dans l'immobilier] landlord.

propriété [prɔprijete] *nf* **- 1.** [gén] property ; **~ industrielle** DR patent rights *(pl)* ; **~ privée** private property **- 2.** [droit] ownership **- 3.** [terres] property *(U)* **- 4.** [convenance] suitability.

propulser [3] [prɔpylse] *vt litt & fig* to propel.

◆ **se propulser** *vp* to move forward, to propel o.s. forward *ou* along ; *fig* to shoot.

propulsion [prɔpylsjɔ̃] *nf* propulsion.

prorata [prɔrata] ◆ **au prorata de** *loc prép* in proportion to.

prorogation [prɔrɔgasjɔ̃] *nf* **- 1.** DR extension **- 2.** POLIT adjournment.

proroger [17] [prɔrɔʒe] *vt* **- 1.** DR to extend **- 2.** POLIT to adjourn.

prosaïque [prozaik] *adj* prosaic, mundane.

proscription [prɔskripsjɔ̃] *nf* [interdiction] banning, prohibition.

proscrire [99] [prɔskrir] *vt* **- 1.** [interdire] to ban, to prohibit **- 2.** *litt* [chasser] : **~ qqn (de)** to exile sb (from), to banish sb (from).

proscrit, e [prɔskri, it] ◇ *pp* ▷ **proscrire**. ◇ *adj* **- 1.** [interdit] banned, prohibited **- 2.** *litt* [chassé] exiled. ◇ *nm, f litt* exile.

proscrivais, proscrivions *(etc)* ▷ **proscrire**.

prose [proz] *nf* prose ; **en ~** in prose.

prosélyte [prɔzelit] *nmf* convert.

prosélytisme [prɔzelitism] *nm* proselytizing.

prospecter [4] [prɔspɛkte] *vt* - **1.** [pays, région] to prospect - **2.** COMM to canvass.

prospecteur, trice [prɔspɛktœr, tris] *nm, f* - **1.** [de ressources] prospector - **2.** COMM canvasser.

prospectif, ive [prɔspɛktif, iv] *adj* : **analyse prospective** COMM forecast.
◆ **prospective** *nf* futurology.

prospection [prɔspɛksjɔ̃] *nf* - **1.** [de ressources] prospecting - **2.** COMM canvassing.

prospectus [prɔspɛktys] *nm* (advertising) leaflet.

prospère [prɔspɛr] *adj* - **1.** [commerce] prosperous - **2.** [santé] blooming.

prospérer [18] [prɔspere] *vi* to prosper, to thrive ; [plante, insecte] to thrive.

prospérité [prɔsperite] *nf* - **1.** [richesse] prosperity - **2.** [bien-être] well-being.

prostate [prɔstat] *nf* prostate (gland).

prosterner [3] [prɔstɛrne] ◆ **se prosterner** *vp* to bow down ; **se ~ devant** to bow down before ; *fig* to kowtow to.

prostitué [prɔstitɥe] *nm* male prostitute.

prostituée [prɔstitɥe] *nf* prostitute.

prostituer [7] [prɔstitɥe] ◆ **se prostituer** *vp* to prostitute o.s.

prostitution [prɔstitysjɔ̃] *nf* prostitution.

prostration [prɔstrasjɔ̃] *nf* prostration.

prostré, e [prɔstre] *adj* prostrate.

protagoniste [prɔtagɔnist] *nmf* protagonist, hero (*f* heroine).

protecteur, trice [prɔtɛktœr, tris] ◇ *adj* protective. ◇ *nm, f* - **1.** [défenseur] protector - **2.** [des arts] patron - **3.** [souteneur] pimp - **4.** *Québec* POLIT : **le Protecteur du citoyen** the ombudsman.

protection [prɔtɛksjɔ̃] *nf* - **1.** [défense] protection ; **~ contre** protection from *ou* against ; **se mettre sous la ~ de qqn** to put o.s. under sb's protection ; **prendre qqn sous sa ~** to take sb under one's wing - **2.** [des arts] patronage.

protectionnisme [prɔtɛksjɔnism] *nm* protectionism.

protectionniste [prɔtɛksjɔnist] *nmf* & *adj* protectionist.

protectorat [prɔtɛktɔra] *nm* protectorate.

protégé, e [prɔteʒe] ◇ *adj* protected. ◇ *nm, f* protégé.

protège-cahier [prɔtɛʒkaje] (*pl* **protège-cahiers**) *nm* exercise book cover *US*, notebook cover *US*.

protège-poignets [prɔtɛʒpwanjɛ] *nm inv* wrist guard, wrist protector.

protéger [22] [prɔteʒe] *vt* - **1.** [gén] to protect - **2.** [arts] to be a patron of.
◆ **se protéger** *vp* [se préserver] to protect o.s. ; **protégez-vous contre la grippe** protect yourself against the flu ; **se ~ contre le** *ou* **du soleil** to shield o.s. from the sun ; [mettre un préservatif] to use a condom ; **les jeunes sont encouragés à se ~ lors de leurs relations sexuelles** young people are encouraged to protect themselves (by using a condom).

protéine [prɔtein] *nf* protein.

protestant, e [prɔtɛstɑ̃, ɑ̃t] *adj* & *nm, f* Protestant.

protestantisme [prɔtɛstɑ̃tism] *nm* Protestantism.

protestataire [prɔtɛstatɛr] ◇ *nmf* protestor. ◇ *adj sout* [vote, écrits] protest *(avant n)* ; [cri] of protest.

protestation [prɔtɛstasjɔ̃] *nf* - **1.** [contestation] protest - **2.** *litt* [déclaration] protestation.

protester [3] [prɔtɛste] *vi* to protest ; **~ contre qqch** to protest against sthg, to protest sthg *US* ; **~ de qqch** *litt* to protest sthg.

prothèse [prɔtɛz] *nf* prosthesis ; **~ dentaire** dentures *(pl)*, false teeth *(pl)*.

protide [prɔtid] *nm* protein.

protocolaire [prɔtɔkɔlɛr] *adj* [poli] conforming to etiquette.

protocole [prɔtɔkɔl] *nm* protocol.

proton [prɔtɔ̃] *nm* proton.

prototype [prɔtɔtip] *nm* prototype.

protubérance [prɔtyberɑ̃s] *nf* bulge, protuberance.

protubérant, e [prɔtyberɑ̃, ɑ̃t] *adj* bulging, protruding.

proue [pru] *nf* bows *(pl)*, prow.

prouesse [pruɛs] *nf* feat.

prouver [3] [pruve] *vt* - **1.** [établir] to prove - **2.** [montrer] to demonstrate, to show.
◆ **se prouver** *vp* to prove to o.s.

provenance [prɔvnɑ̃s] *nf* origin ; **en ~ de** from.

provençal, e, aux [prɔvɑ̃sal, o] *adj* - **1.** [de Provence] of/from Provence - **2.** CULIN *with tomatoes, garlic and onions.*
◆ **provençal** *nm* [langue] Provençal.
◆ **Provençal, e, aux** *nm, f* native *ou* inhabitant of Provence.
◆ **à la provençale** *loc adv* CULIN *with tomatoes, garlic and onions.*

Provence [prɔvɑ̃s] *nf* : **la ~** Provence ; **herbes de ~** ≃ mixed herbs.

provenir [40] [prɔvnir] *vi* : **~ de** to come from ; *fig* to be due to, to be caused by.

provenu, e [prɔvny] *pp* ▷ **provenir**.

proverbe [prɔvɛrb] *nm* proverb.

proverbial, e, aux [prɔvɛrbjal, o] *adj* proverbial.

providence [prɔvidɑ̃s] *nf* providence ; *fig* guardian angel.
◆ **Providence** *nf* Providence.

providentiel, elle [prɔvidɑ̃sjɛl] *adj* providential.

proviendrai, proviendras *(etc)* ▷ **provenir**.

proviens, provient *(etc)* ▷ **provenir**.

province [prɔvɛ̃s] *nf* - **1.** [gén] province - **2.** [campagne] provinces *(pl)*.

provincial, e, aux [prɔvɛ̃sjal, o] *adj & nm, f* provincial.

proviseur [prɔvizœr] *nm* ≃ head *UK*, ≃ headteacher *UK*, ≃ headmaster (*f* headmistress) *UK*, ≃ principal *US*.

provision [prɔvizjɔ̃] *nf* - **1.** [réserve] stock, supply ; **faire ~ de qqch** to stock up on *ou* with sthg - **2.** FIN retainer, ▷ **chèque**.
◆ **provisions** *nfpl* provisions.

provisionnel, elle [prɔvizjɔnɛl] *adj* provisional.

provisoire [prɔvizwar] ◇ *adj* temporary ; DR provisional. ◇ *nm* : **ce n'est que du ~** it's only a temporary arrangement.

provisoirement [prɔvizwarmɑ̃] *adv* temporarily.

provocant, e [prɔvɔkɑ̃, ɑ̃t] *adj* provocative.

provocateur, trice [prɔvɔkatœr, tris] ◇ *adj* provocative. ◇ *nm, f* agitator, troublemaker.

provocation [prɔvɔkasjɔ̃] *nf* provocation.

provoquer [3] [prɔvɔke] *vt* - **1.** [entraîner] to cause - **2.** [personne] to provoke.
◆ **se provoquer** *vp* to provoke each other.

proxénète [prɔksenɛt] *nm* pimp.

proxénétisme [prɔksenetism] *nm* pimping, procuring.

proximité [prɔksimite] *nf* - **1.** [de lieu] proximity, nearness ; **à ~ de** near - **2.** [d'événement] closeness.
◆ **de proximité** *loc adj* - **1.** TECHNOL proximity *(modif)* - **2.** [de quartier] : **commerces de ~** local shops ; **police de ~** community policing ; **élu de ~** local councillor, local representative [faisant valoir ses liens avec la communauté] local man *ou* woman ; **médias de ~** locals *ou* community media.

prude [pryd] ◇ *nf* prude. ◇ *adj* prudish.

prudemment [prydamɑ̃] *adv* cautiously.

prudence [prydɑ̃s] *nf* care, caution.

prudent, e [prydɑ̃, ɑ̃t] *adj* careful, cautious ; **sois ~!** be careful!

prud'homme [prydɔm] *nm* ≃ member of an industrial tribunal ; **Conseil de ~s** ≃ industrial tribunal.

prune [pryn] ◇ *nf* plum ; **compter pour des ~s** *fam* to count for nothing. ◇ *adj inv* plum-coloured *UK*, plum-colored *US*.

pruneau, x [pryno] *nm* - **1.** [fruit] prune - **2.** *fam* [balle] slug.

prunelle [prynɛl] *nf* ANAT pupil ; **j'y tiens comme à la ~ de mes yeux** it's the apple of my eye.

prunier [prynje] *nm* plum tree ; **secouer qqn comme un ~** *fam* to shake sb until his/her teeth rattle.

Prusse [prys] *nf* : **la ~** Prussia.

prussien, enne [prysjɛ̃, ɛn] *adj* Prussian.
◆ **Prussien, enne** *nm, f* Prussian.

PS[1] (*abr de* **Parti socialiste**) *nm French socialist party.*

PS[2], **P-S** (*abr de* **post-scriptum**) *nm* PS.

psalmodie [psalmɔdi] *nf* chanting.

psalmodier [9] [psalmɔdje] ◇ *vt* to chant ; *fig & péj* to drone. ◇ *vi* to drone.

psaume [psom] *nm* psalm.

pseudonyme [psødɔnim] *nm* pseudonym.

PS-G (*abr de* **Paris St-Germain**) *nm Paris football team.*

PSIG (*abr de* **Peloton de surveillance et d'intervention de la gendarmerie**) *nm gendarmerie commando squad.*

PSU (*abr de* **Parti socialiste unifié**) *nm socialist party.*

psy [psi] *fam* ◇ *nmf* (*abr de* **psychiatre**) shrink. ◇ *adj* : **elle est très ~** she's really into psychology.

psychanalyse [psikanaliz] *nf* psychoanalysis ; **faire la ~ de qqn** to psychoanalyse *UK ou* psychoanalyze *US* sb.

psychanalyser [3] [psikanalize] *vt* to psychoanalyse *UK*, to psychoanalyze *US*.

psychanalyste [psikanalist] *nmf* psychoanalyst, analyst.

psychanalytique [psikanalitik] *adj* psychoanalytic, psychoanalytical.

psyché [psiʃe] *nf* cheval glass.

psychédélique [psikedelik] *adj* psychedelic.

psychiatre [psikjatr] *nmf* psychiatrist.

psychiatrie [psikjatri] *nf* psychiatry.

psychiatrique [psikjatrik] *adj* psychiatric.

psychique [psiʃik] *adj* psychic ; [maladie] psychosomatic.

psychisme [psiʃism] *nm* psyche, mind.

psychodrame [psikɔdram] *nm* psychodrama ; *fig* melodrama.

psychologie [psikɔlɔʒi] *nf* psychology.

psychologique [psikɔlɔʒik] *adj* psychological.

psychologiquement [psikɔlɔʒikmɑ̃] *adv* psychologically.

psychologue [psikɔlɔg] ◇ *nmf* psychologist. ◇ *adj* psychological.

psychopathe [psikɔpat] *nmf* psychopath.

psychose [psikoz] *nf* - **1.** MÉD psychosis - **2.** [crainte] obsessive fear.

psychosomatique [psikɔsɔmatik] *adj* psychosomatic.

psychothérapeute [psikɔterapøt] *nmf* psychotherapist.

psychothérapie [psikɔterapi] *nf* psychotherapy.

PTA (*abr écrite de* **peseta**) Pta, P.

Pte - **1.** *abr de* **porte** - **2.** *abr de* **pointe**.

PTT (*abr de* **Postes, télécommunications et télédiffusion**) *nfpl former French post office and telecommunications network*.

pu [py] *pp* ⊳ **pouvoir**.

puant, e [pyɑ̃, ɑ̃t] *adj* - **1.** [fétide] smelly, stinking - **2.** *fam fig* [personne] bumptious, full of oneself.

puanteur [pyɑ̃tœr] *nf* stink, stench.

pub[1] [pyb] *nf fam* ad, advert *UK* ; [métier] advertising.

pub[2] [pœb] *nm* pub.

pubère [pybɛr] *adj* pubescent.

puberté [pybɛrte] *nf* puberty.

pubis [pybis] *nm* [zone] pubis.

public, ique [pyblik] *adj* public.
◆ **public** *nm* - **1.** [auditoire] audience ; **en ~** in public - **2.** [population] public ; **grand ~** general public.

publication [pyblikasjɔ̃] *nf* publication.

publicitaire [pyblisitɛr] ◇ *nmf* person in advertising. ◇ *adj* [campagne] advertising *(avant n)* ; [vente, film] promotional.

publicité [pyblisite] *nf* - **1.** [domaine] advertising ; **~ comparative** comparative advertising ; **~ institutionnelle** corporate advertising ; **~ mensongère** misleading advertising, deceptive advertising ; **~ sur le lieu de vente** point-of-sale advertising, POS advertising - **2.** [réclame] advertisement, advert *UK* - **3.** [autour d'une affaire] publicity *(U)* - **4.** [caractère public] public nature.

publier [10] [pyblije] *vt* - **1.** [livre] to publish ; [communiqué] to issue, to release - **2.** [nouvelle] to make public.

publiquement [pyblikmɑ̃] *adv* publicly.

publireportage [pyblirəpɔrtaʒ] *nm* free write-up *UK*, special advertising section *US*.

puce [pys] *nf* - **1.** [insecte] flea - **2.** INFORM (silicon) chip - **3.** *fig* [terme affectueux] pet, love - **4.** *loc* **mettre la ~ à l'oreille de qqn** to make sb suspicious ; **secouer les ~s à qqn** *fam* to tear sb off a strip *UK*.
◆ **puces** *nfpl* : **les ~s** flea market *(sing)*.

puceau, elle, x [pyso, ɛl, o] *nm, f & adj fam* virgin.

puceron [pysrɔ̃] *nm* aphid.

pudding [pudiŋ] *nm* plum *ou* Christmas pudding.

pudeur [pydœr] *nf* - **1.** [physique] modesty, decency - **2.** [morale] restraint.

pudibond, e [pydibɔ̃, ɔ̃d] *adj* prudish, prim and proper.

pudibonderie [pydibɔ̃dri] *nf litt* prudishness, primness.

pudique [pydik] *adj* - **1.** [physiquement] modest, decent - **2.** [moralement] restrained.

pudiquement [pydikmɑ̃] *adv* modestly.

puer [7] [pɥe] ◇ *vi* to stink ; **ça pue ici!** it stinks in here! ◇ *vt* to reek of, to stink of.

puéricultrice [pɥerikyltris] *nf* nursery nurse.

puériculture [pɥerikyltyr] *nf* childcare.

puéril, e [pɥeril] *adj* childish.

puérilité [pɥerilite] *nf* childishness.

Puerto Rico = **Porto Rico**.

PUF, Puf [pyf] (*abr de* **Presses Universitaires de France**) *nfpl French publishing house*.

pugilat [pyʒila] *nm* fight.

pugnace [pygnas] *adj litt* pugnacious.

pugnacité [pygnasite] *nf litt* pugnacity.

puis [pɥi] *adv* then ; **et ~** [d'ailleurs] and moreover *ou* besides ; **et ~ quoi** *ou* **après?** *fam* so what?

puisard [pɥizar] *nm* cesspool.

puiser [3] [pɥize] *vt* [liquide] to draw ; **~ qqch dans qqch** *fig* to draw *ou* take sthg from sthg.

puisque [pɥiskə] *conj* - **1.** [gén] since - **2.** [renforce une affirmation] : **mais puisqu'il m'attend!** but he's waiting for me!

puissamment [pɥisamɑ̃] *adv* powerfully.

puissance [pɥisɑ̃s] *nf* power ; **les grandes ~s** the great powers.
◆ **en puissance** *loc adj* potential.

puissant, e [pɥisɑ̃, ɑ̃t] *adj* powerful.

◆ **puissant** *nm* : les ~s the powerful.

puisse, **puisses** *(etc)* ▷ **pouvoir**.

puits [pɥi] *nm* - **1.** [d'eau] well - **2.** [de gisement] shaft ; ~ **de mine** mine shaft ; ~ **de pétrole** oil well ; ~ **de sciences** *fig* fount of all knowledge.

pull [pyl], **pull-over** [pylɔvɛr] (*pl* **pull-overs**) *nm* jumper *UK*, sweater.

pulluler [3] [pylyle] *vi* to swarm.

pulmonaire [pylmɔnɛr] *adj* lung *(avant n)*, pulmonary.

pulpe [pylp] *nf* pulp.

pulpeux, **euse** [pylpø, øz] *adj* - **1.** [fruit] pulpy ; [jus] containing pulp - **2.** *fig* [femme] curvaceous.

pulsation [pylsasjɔ̃] *nf* beat, beating *(U)*.

pulsion [pylsjɔ̃] *nf* impulse.

pulvérisateur [pylverizatœr] *nm* spray.

pulvérisation [pylverizasjɔ̃] *nf* - **1.** [d'insecticide] spraying - **2.** MÉD spray ; [traitement] spraying.

pulvériser [3] [pylverize] *vt* - **1.** [projeter] to spray - **2.** [détruire] to pulverize ; *fig* to smash.

puma [pyma] *nm* puma.

punaise [pynɛz] ◇ *nf* - **1.** [insecte] bug - **2.** *fig* [femme] shrew - **3.** [clou] drawing pin *UK*, thumbtack *US*. ◇ *interj* good grief!

punch [pɔ̃ʃ] *nm* punch.

punching-ball [pœnʃiŋbol] (*pl* **punching-balls**) *nm* punchball *UK*, punching bag *US*.

puni, **e** [pyni] *adj* punished.

punir [32] [pynir] *vt* : ~ **qqn (de)** to punish sb (with).

punitif, **ive** [pynitif, iv] *adj* punitive.

punition [pynisjɔ̃] *nf* punishment.

punk [pœnk] *nmf* & *adj inv* punk.

pupille [pypij] ◇ *nf* ANAT pupil. ◇ *nmf* [orphelin] ward ; ~ **de l'État** ≃ child in care *UK* ; ~ **de la Nation** war orphan *(in care)*.

pupitre [pypitr] *nm* - **1.** [d'orateur] lectern ; MUS stand - **2.** TECHNOL console - **3.** [d'écolier] desk.

pur, **e** [pyr] *adj* - **1.** [gén] pure - **2.** *fig* [absolu] pure, sheer ; ~ **et simple** pure and simple - **3.** *fig* & *litt* [intention] honourable *UK*, honorable *US* - **4.** [lignes] pure, clean.

purée [pyre] *nf* purée ; ~ **de pois** *fig* peasouper *UK* ; ~ **de pommes de terre** mashed potatoes *(pl)*.

purement [pyrmɑ̃] *adv* purely ; ~ **et simplement** purely and simply.

pureté [pyrte] *nf* - **1.** [gén] purity - **2.** [de sculpture, de diamant] perfection - **3.** [d'intention] honourableness *UK*, honorableness *US*.

purgatif, **ive** [pyrgatif, iv] *adj* purgative.

◆ **purgatif** *nm* purgative.

purgatoire [pyrgatwar] *nm* purgatory.

purge [pyrʒ] *nf* - **1.** MÉD & POLIT purge - **2.** [de radiateur] bleeding.

purger [17] [pyrʒe] *vt* - **1.** MÉD & POLIT to purge - **2.** [radiateur] to bleed - **3.** [peine] to serve.

◆ **se purger** *vp* to take a purgative.

purificateur, **trice** [pyrifikatœr, tris] *adj* purifying, cleansing.

◆ **purificateur** *nm* purifier.

purification [pyrifikasjɔ̃] *nf* purification ; ~ **ethnique** ethnic cleansing.

purifier [9] [pyrifje] *vt* to purify.

◆ **se purifier** *vp* to become pure *ou* clean ; *fig* to purify *ou* cleanse o.s.

purin [pyrɛ̃] *nm* slurry.

puriste [pyrist] *nmf* & *adj* purist.

puritain, **e** [pyritɛ̃, ɛn] ◇ *adj* - **1.** [pudibond] puritanical - **2.** RELIG Puritan *(avant n)*. ◇ *nm, f* - **1.** [prude] puritan - **2.** RELIG Puritan.

puritanisme [pyritanism] *nm* puritanism ; RELIG Puritanism.

pur-sang [pyrsɑ̃] *nm inv* thoroughbred.

purulent, **e** [pyrylɑ̃, ɑ̃t] *adj* purulent.

pus [py] *nm* pus.

pusillanime [pyzilanim] *adj* pusillanimous.

pusillanimité [pyzilanimite] *nf* pusillanimity.

pustule [pystyl] *nf* pustule.

putain [pytɛ̃] ◇ *nf* **vulg** - **1.** **péj** [prostituée] whore - **2.** **péj** [femme facile] tart, slag *UK* - **3.** *fig* [pour exprimer le mécontentement] : **(ce) ~ de...** this/that sodding... *UK*, this/that goddam... *US*. ◇ *interj* sod it! *UK*, bugger! *UK*, goddam! *US* ; [exprime l'étonnement] (well) bugger me! *UK*, goddam it! *US*.

pute [pyt] *nf* **vulg péj** [prostituée] whore.

putois [pytwa] *nm* polecat.

putréfaction [pytrefaksjɔ̃] *nf* putrefaction ; **en ~** rotting, putrefying.

putréfier [9] [pytrefje] ◆ **se putréfier** *vp* to putrefy, to rot.

putrescent, **e** [pytresɑ̃, ɑ̃t] *adj* putrescent, rotting.

putride [pytrid] *adj* - **1.** [corps] putrid - **2.** [odeur, miasme] fetid, foul.

putsch [putʃ] *nm* uprising, coup.

putschiste [putʃist] ◇ *nmf* rebel. ◇ *adj* rebel *(avant n)*.

puzzle [pœzl] *nm* jigsaw (puzzle).

P-V *nm abr de* **procès-verbal**.

PVC (*abr de* **polyvinyl chloride**) *nm* PVC.

PVD (*abr de* **pays en voie de développement**) *nm* developing country.

px (*abr écrite de* **prix**) : **~ à déb.** offers.

pygmée [pigme] *adj* pygmy.
◆ **Pygmée** *nmf* Pygmy.

pyjama [piʒama] *nm* pyjamas *(pl)* *UK*, pajamas *(pl)* *US*.

pylône [pilon] *nm* pylon.

Pyongyang [pjɔngjɑ̃g] *n* Pyongyang.

pyramide [piramid] *nf* pyramid ; **la Pyramide du Louvre** *glass pyramid in the courtyard of the Louvre which serves as its main entrance.*

pyrénéen, **enne** [pireneɛ̃, ɛn] *adj* Pyrenean.
◆ **Pyrénéen**, **enne** *nm, f* Pyrenean.

Pyrénées [pirene] *nfpl* : **les ~** the Pyrenees.

Pyrex® [pirɛks] *nm* Pyrex®.

pyromane [pirɔman] *nmf* arsonist ; MÉD pyromaniac.

pyrotechnique [pirɔtɛknik] *adj* firework *(avant n)*, pyrotechnic.

python [pitɔ̃] *nm* python.

Q

q¹, **Q** [ky] *nm inv* [lettre] q, Q.

q² *abr de* **quintal**.

Qatar, **Katar** [katar] *nm* : **le ~** Qatar.

QCM (*abr de* **questionnaire à choix multiple**) *nm* multiple choice questionnaire.

QG (*abr de* **quartier général**) *nm* HQ.

QHS (*abr de* **quartier de haute sécurité**) *nm* high-security wing.

QI (*abr de* **quotient intellectuel**) *nm* IQ.

qqch (*abr écrite de* **quelque chose**) sthg.

qqe *abr de* **quelque**.

qqes (*abr de* **quelques**) ▷ **quelque**.

qqf *abr de* **quelquefois**.

qqn (*abr écrite de* **quelqu'un**) s.o., sb.

qu' ▷ **que**.

quad [kwad] *nm* [moto] four-wheel motorbike, quad bike ; [rollers] roller skate.

quadra [k(w)adra] *nm* POLIT fortysomething, babyboomer.

quadragénaire [kwadraʒenɛr] ◇ *nmf* forty year old. ◇ *adj* : **être ~** to be in one's forties.

quadrangulaire [kwadrɑ̃gylɛr] *adj* quadrangular.

quadrature [kwadratyr] *nf* quadrature ; **c'est la ~ du cercle** it's like trying to square the circle.

quadrichromie [kwadrikrɔmi] *nf* four-colour *UK* *ou* four-color *US* printing.

quadrilatère [kwadrilatɛr] *nm* quadrilateral.

quadrillage [kadrijaʒ] *nm* - **1.** [de papier, de tissu] criss-cross pattern - **2.** [policier] combing.

quadrille [kadrij] *nm* quadrille.

quadriller [3] [kadrije] *vt* - **1.** [papier] to mark with squares - **2.** [ville - suj: rues] to criss-cross ; [- suj: police] to comb.

quadrimoteur [kwadrimɔtœr] ◇ *nm* four-engined plane. ◇ *adj* four-engined.

quadriphonie [kwadrifɔni] *nf* quadraphony.

quadrupède [k(w)adrypɛd] *nm* & *adj* quadruped.

quadruple [k(w)adrypl] *nm* & *adj* quadruple.

quadruplés, **ées** [k(w)adryple] *nmf pl* quadruplets, quads.

quadrupler [3] [k(w)adryple] *vt* & *vi* to quadruple, to increase fourfold.

quai [kɛ] *nm* - **1.** [de gare] platform - **2.** [de port] quay, wharf - **3.** [de rivière] embankment.

Quai

In Paris, *Quai d'Orsay* and *Quai des Orfèvres* are often used to refer to the government departments situated on the streets of the same name: the Ministry of Foreign Affairs and the police prefecture of Paris, respectively. *Le quai de Conti* is sometimes used to refer to the Académie française.

qualifiable [kalifjabl] *adj* [conduite, attitude] : **peu ~** indescribable.

qualificatif, **ive** [kalifikatif, iv] *adj* qualifying.
◆ **qualificatif** *nm* term.

qualification [kalifikasjɔ̃] *nf* - **1.** [gén] qualification - **2.** [désignation] designation.

qualifier [9] [kalifje] *vt* - **1.** [gén] to qualify ; **être qualifié pour qqch/pour faire qqch** to be

qualified for sthg/to do sthg **- 2.** [caractériser] : **~ qqn/qqch de qqch** to describe sb/sthg as sthg, to call sb/sthg sthg.
◆ **se qualifier** *vp* to qualify.

qualitatif, ive [kalitatif, iv] *adj* qualitative.

qualitativement [kalitativmɑ̃] *adv* qualitatively.

qualité [kalite] *nf* **- 1.** [gén] quality ; **de bonne/mauvaise ~** of good/poor quality ; **~ de vie** quality of life **- 2.** [condition] position, capacity ; **en ~ de** in my/his *etc* capacity as.

quand [kɑ̃] ◇ *conj* **- 1.** [lorsque, alors que] when ; **~ tu le verras, demande-lui de me téléphoner** when you see him, ask him to phone me ; **pourquoi rester ici ~ on pourrait partir en week-end?** why stay here when we could go away for the weekend? **- 2.** *sout* [introduit une hypothèse] even if. ◇ *adv interr* when ; **~ arriveras-tu?** when will you arrive? ; **je ne sais pas encore ~ je pars** I don't know yet when I'm leaving ; **jusqu'à ~ restez-vous?** how long are you staying for?
◆ **quand même** ◇ *loc conj sout* even though, even if. ◇ *loc adv* all the same ; **je pense qu'il ne viendra pas, mais je l'inviterai ~ même** I don't think he'll come but I'll invite him all the same ; **tu pourrais faire attention ~ même!** you might at least be careful! ◇ *interj* : **~ même, à son âge!** really, at his/her age!
◆ **quand bien même** *loc conj sout* even though, even if ; **j'irai, ~ bien même je devrais y aller à pied!** I'll go, even if I have to walk!
◆ **n'importe quand** *loc adv* any time.

quant [kɑ̃] ◆ **quant à** *loc prép* as for.

quant-à-soi [kɑ̃taswa] *nm inv* reserve ; **rester sur son ~** to remain aloof.

quantième [kɑ̃tjɛm] *nm* date.

quantifiable [kɑ̃tifjabl] *adj* quantifiable.

quantifier [9] [kɑ̃tifje] *vt* to quantify.

quantitatif, ive [kɑ̃titatif, iv] *adj* quantitative.

quantitativement [kɑ̃titativmɑ̃] *adv* quantitatively.

quantité [kɑ̃tite] *nf* **- 1.** [mesure] quantity, amount **- 2.** [abondance] : **(une) ~ de** a great many, a lot of ; **en ~** in large numbers ; **des exemplaires en ~** a large number of copies **- 3.** LING [sciences] quantity.

quarantaine [karɑ̃tɛn] *nf* **- 1.** [nombre] : **une ~ de** about forty **- 2.** [âge] : **avoir la ~** to be in one's forties **- 3.** [isolement] quarantine ; **mettre qqn en ~** *fig* to send sb to Coventry.

quarante [karɑ̃t] *adj num inv & nm* forty, *voir aussi* **six**.

quarantième [karɑ̃tjɛm] *adj num inv, nm & nmf* fortieth, *voir aussi* **sixième**.

quart [kar] *nm* **- 1.** [fraction] quarter ; **deux heures moins le ~** (a) quarter to two, (a) quarter of two *US* ; **deux heures et ~** (a) quarter past two, (a) quarter after two *US* ; **il est moins le ~** it's (a) quarter to, it's a quarter of *US* ; **un ~ de** a quarter of ; **démarrer au ~ de tour** to start first time ; *fig* to fly off the handle ; **un ~ d'heure** a quarter of an hour ; **passer un mauvais ~ d'heure** to have a bad time of it **- 2.** NAUT watch **- 3.** SPORT : **~ de finale** quarter-final.

quart-arrière [kararjɛr] *nmf Québec* SPORT quarterback.

quarté [karte] *nm system of betting involving the first four horses in a race.*

quartette [kwartɛt] *nm* jazz quartet.

quartier [kartje] *nm* **- 1.** [de ville] area, district ; **les beaux ~s** the smart areas ; **le ~ latin** the Latin quarter ; **~ résidentiel** residential area ; **restaurant de ~** local restaurant **- 2.** [de fruit] piece ; [de viande] quarter **- 3.** [héraldique, de lune] quarter **- 4.** *(gén pl)* MIL quarters *(pl)* ; **~ général** headquarters *(pl)* ; **avoir/donner ~ libre** to have/give permission to leave barracks ; *fig* to have/give permission to go out.

Le quartier Latin

The Latin Quarter is on the left bank of the Seine and includes both the 5th and 6th *arrondissements*. It has been the student quarter ever since the Middle Ages, when the Sorbonne was founded. As well as many prestigious schools and libraries, there are bookshops, art house cinemas and cafés.
However, since the 1980s the area's traditional businesses have been facing intense competition from fast-food chains and discount clothes shops.

quartier-maître [kartjemɛtr] *(pl* **quartiers-maîtres**) *nm* leading seaman.

quart-monde [karmɔ̃d] *(pl* **quarts-mondes**) *nm* : **le ~** the Fourth World.

quartz [kwarts] *nm* quartz ; **montre à ~** quartz watch.

quasi [kazi] *adv* almost, nearly.

quasi- [kazi] *préf* near ; **~collision** near collision.

quasiment [kazimɑ̃] *adv fam* almost, nearly.

quatorze [katɔrz] *adj num inv & nm* fourteen, *voir aussi* **six**.

quatorzième [katɔrzjɛm] *adj num inv, nm & nmf* fourteenth, *voir aussi* **sixième**.

quatrain [katrɛ̃] *nm* quatrain.

quatre [katr] ◇ *adj num inv* four ; **monter l'escalier ~ à ~** to take the stairs four at a time ; **se mettre en ~ pour qqn** to bend over backwards for sb. ◇ *nm* four, *voir aussi* **six**.

quatre-quarts [katkar] *nm inv* pound cake.

quatre-vingt = quatre-vingts.

quatre-vingt-dix [katrəvɛ̃dis] *adj num inv* & *nm* ninety, *voir aussi* **six**.

quatre-vingt-dixième [katrəvɛ̃dizjɛm] *adj num inv, nm* & *nmf* ninetieth, *voir aussi* **sixième**.

quatre-vingtième [katrəvɛ̃tjɛm] *adj num inv, nm* & *nmf* eightieth, *voir aussi* **sixième**.

quatre-vingts, **quatre-vingt** [katrəvɛ̃] *adj num inv* & *nm* eighty, *voir aussi* **six**.

quatrième [katrijɛm] ◇ *adj num inv, nm* & *nmf* fourth, *voir aussi* **sixième**. ◇ *nf* **- 1.** SCOL ≃ third year *ou* form *UK*, ≃ eighth grade *US* **- 2.** [en danse] fourth position.

quatuor [kwatɥɔr] *nm* quartet ; *Québec* [golf] foursome.

que [k(ə)] ◇ *conj* **- 1.** [introduit une subordonnée] that ; **je sais ~ tu mens** I know (that) you're lying ; **il a dit qu'il viendrait** he said (that) he'd come ; **il veut ~ tu viennes** he wants you to come **- 2.** [introduit une hypothèse] whether ; **~ vous le vouliez ou non** whether you like it or not **- 3.** [reprend une autre conjonction] : **s'il fait beau et que nous avons le temps...** if the weather is good and we have time... **- 4.** [indique un ordre, un souhait] : **qu'il entre!** let him come in! ; **~ tout le monde sorte!** everybody out! **- 5.** [après un présentatif] : **voilà/voici ~ ça recommence!** here we go again! **- 6.** [comparatif - après moins, plus] than ; [- après autant, aussi, même] as ; **plus jeune ~ moi** younger than I (am) *ou* than me ; **elle a la même robe ~ moi** she has the same dress as I do *ou* as me **- 7.** [seulement] : **ne... ~** only ; **je n'ai qu'une sœur** I've only got one sister. ◇ *pron rel* [chose, animal] which, that ; [personne] whom, that ; **la femme ~ j'aime** the woman (whom *ou* that) I love ; **le livre qu'il m'a prêté** the book (which *ou* that) he lent me. ◇ *pron interr* what ; **~ savez-vous au juste?** what exactly do you know? ; **~ faire?** what can I/we/one do? ; **je me demande ~ faire** I wonder what I should do. ◇ *adv excl* : **qu'elle est belle!** how beautiful she is! ; **~ de monde!** what a lot of people!

◆ **c'est que** *loc conj* it's because ; **si je vais me coucher, c'est ~ j'ai sommeil** if I'm going to bed, it's because I'm tired.

◆ **qu'est-ce que** *pron interr* what ; **qu'est-ce ~ tu veux encore?** what else do you want?

◆ **qu'est-ce qui** *pron interr* what ; **qu'est-ce qui se passe?** what's going on?

Québec [kebɛk] *nm* **- 1.** [province] : **le ~** Quebec ; **la province de** *ou* **du ~** Quebec State ; **au ~** in Quebec **- 2.** [ville] Quebec ; **à ~** in (the city of) Quebec.

Le Québec

Founded by Samuel de Champlain in 1608, this Canadian province remained predominantly French-speaking after Canada became a British possession in 1763. Today, with French as its official language, it is the centre of French-Canadian culture.

québécois, **e** [kebekwa, az] *adj* Quebec *(avant n)*.

◆ **québécois** *nm* [langue] Quebec French.

◆ **Québécois**, **e** *nm, f* Quebecker, Québecois.

quel [kɛl] (*f* **quelle**, *mpl* **quels**, *fpl* **quelles**) ◇ *adj interr* [personne] which ; [chose] what, which ; **~ homme?** which man? ; **~ est cet homme?** who is this man? ; **~ livre voulez-vous?** what *ou* which book do you want? ; **de ~ côté es-tu?** what *ou* which side are you on? ; **je ne sais ~s sont ses projets** I don't know what his plans are ; **quelle heure est-il?** what time is it?, what's the time? ◇ *adj excl* : **~ idiot!** what an idiot! ; **quelle honte!** the shame of it! ; **~ beau temps!** what lovely weather! ◇ *adj indéf* : **~ que** *(+ subjonctif)* [chose, animal] whatever ; [personne] whoever ; **il se baigne, ~ que soit le temps** he goes swimming whatever the weather ; **il refuse de voir les nouveaux arrivants, ~s qu'ils soient** he refuses to see new arrivals, whoever they may be. ◇ *pron interr* which (one) ; **de vous trois, ~ est le plus jeune?** which (one) of you three is the youngest?

quelconque [kɛlkɔ̃k] *adj* **- 1.** [n'importe lequel] any ; **donner un prétexte ~** to give any old excuse ; **si pour une raison ~...** if for any reason... ; **une ~ observation** some remark or other **- 2.** *(après n) péj* [banal] ordinary, mediocre.

quelque [kɛlk(ə)] ◇ *adj indéf* some ; **à ~ distance de là** some way away (from there) ; **j'ai ~s lettres à écrire** I have some *ou* a few letters to write ; **vous n'avez pas ~s livres à me montrer?** don't you have any books to show me? ; **les ~s fois où j'étais absent** the few times I wasn't there ; **les ~s 30 euros qu'il m'a prêtés** the 30 euros or so (that) he lent me ; **~ route que je prenne** whatever route I take ; **~ peu** somewhat, rather. ◇ *adv* [environ] about ; **30 euros et ~** some *ou* about 30 euros ; **il est midi et ~** *fam* it's just after midday ; **~ volontaire qu'il se montrât** however willing he was.

quelque chose [kɛlkəʃoz] *pron indéf* something ; **~ de différent** something different ; **~ d'autre** something else ; **tu veux boire ~?** do you want something *ou* anything to drink? ;

apporter un petit ~ à qqn to give sb a little something ; **c'est ~!** [ton admiratif] it's really something! ; **cela m'a fait ~** I really felt it.

quelquefois [kɛlkəfwa] *adv* sometimes, occasionally.

quelque part [kɛlkəpar] *adv* somewhere, someplace *US* ; **l'as-tu vu ~?** did you see him anywhere *ou* anyplace *US*?, have you seen him anywhere *ou* anyplace *US*?

quelques-uns, **quelques-unes** [kɛlkəzœ̃, yn] *pron indéf* some, a few.

quelqu'un [kɛlkœ̃] *pron indéf m* someone, somebody ; **c'est ~ d'ouvert/d'intelligent** he's/she's a frank/an intelligent person.

quémander [3] [kemɑ̃de] *vt* to beg for ; **~ qqch à qqn** to beg sb for sthg.

qu'en-dira-t-on [kɑ̃diratɔ̃] *nm inv fam* tittle-tattle.

quenelle [kənɛl] *nf very finely chopped mixture of fish or chicken cooked in stock.*

quenotte [kənɔt] *nf fam* tooth.

querelle [kərɛl] *nf* quarrel ; **chercher ~ à qqn** to pick a quarrel with sb.

quereller [4] [kərele] ◆ **se quereller** *vp* : **se ~ (avec)** to quarrel (with).

querelleur, **euse** [kərɛlœr, øz] ◇ *adj* quarrelsome. ◇ *nm, f* quarrelsome person.

quérir [kerir] *vt litt* **faire ~ qqn** to summon sb ; **aller ~ qqn** to go and fetch sb.

qu'est-ce que [kɛskə] ▷ **que**.

qu'est-ce qui [kɛski] ▷ **que**.

question [kɛstjɔ̃] *nf* question ; **y a-t-il des ~s?** (are there) any questions? ; **poser une ~ à qqn** to ask sb a question ; **il est ~ de faire qqch** it's a question *ou* matter of doing sthg ; **il n'en est pas ~** there is no question of it ; **remettre qqn/qqch en ~** to question sb/sthg, to challenge sb/sthg ; **~ subsidiaire** tie-breaker.

questionnaire [kɛstjɔnɛr] *nm* questionnaire.

questionner [3] [kɛstjɔne] *vt* to question.

quête [kɛt] *nf* **- 1.** *sout* [d'objet, de personne] quest ; **se mettre en ~ de** to go in search of **- 2.** [d'aumône] : **faire la ~** to take a collection.

quêter [4] [kete] ◇ *vi* to collect. ◇ *vt fig* to seek, to look for.

quetsche [kwɛtʃ] *nf* **- 1.** [fruit] variety of plum **- 2.** [eau-de-vie] *type of plum brandy.*

queue [kø] *nf* **- 1.** [d'animal] tail ; **faire une ~ de poisson à qqn** AUTO to cut in front of sb ; **histoire sans ~ ni tête** *fig* cock-and-bull story **- 2.** [de fruit] stalk **- 3.** [de poêle] handle **- 4.** [de liste, de classe] bottom ; [de file, peloton] rear **- 5.** [file] queue *UK*, line *US* ; **faire la ~** to queue *UK*, to stand in line *US* ; **à la ~ leu leu** in single file **- 6.** *vulg* [sexe masculin] dick.

queue-de-cheval [kødʃəval] (*pl* **queues-de-cheval**) *nf* ponytail.

queue-de-pie [ködpi] (*pl* **queues-de-pie**) *nf fam* tails *(pl)*.

qui [ki] ◇ *pron rel* **- 1.** *(sujet)* [personne] who ; [chose] which, that ; **l'homme ~ parle** the man who's talking ; **je l'ai vu ~ passait** I saw him pass ; **le chien ~ aboie** the barking dog, the dog which *ou* that is barking ; **~ plus est** (and) what's more ; **~ mieux est** even better, better still **- 2.** *(complément d'objet direct)* who ; **tu vois ~ je veux dire** you see who I mean ; **invite ~ tu veux** invite whoever *ou* anyone you like **- 3.** *(après une prep)* who, whom ; **la personne à ~ je parle** the person I'm talking to, the person to whom I'm talking **- 4.** *(indéfini)* **~ que tu sois** whoever you are ; **~ que ce soit** whoever it may be. ◇ *pron interr* **- 1.** *(sujet)* who ; **~ es-tu?** who are you? ; **je voudrais savoir ~ est là** I would like to know who's there **- 2.** *(complément d'objet, après une prép)* who, whom ; **~ demandez-vous?** who do you want to see? ; **dites-moi ~ vous demandez** tell me who you want to see ; **à ~ vas-tu le donner?** who are you going to give it to?, to whom are you going to give it?

◆ **qui est-ce qui** *pron interr* who.

◆ **qui est-ce que** *pron interr* who, whom.

quiche [kiʃ] *nf* quiche.

quiconque [kikɔ̃k] ◇ *pron indéf* anyone, anybody. ◇ *pron rel indéf sout* anyone who, whoever.

Quid [kwid] *n* : **le ~** *annually updated one-volume encyclopedia of facts and figures.*

quidam [kidam] *nm fam* chap *UK*, guy *US*.

quiétude [kjetyd] *nf* tranquillity *UK*, tranquility *US*.

quignon [kiɲɔ̃] *nm fam* hunk.

quille [kij] *nf* **- 1.** [de bateau] keel **- 2.** *arg mil* **la ~** discharge, demob *UK*.

◆ **quilles** *nfpl* **- 1.** [jeu] : **(jeu de) ~s** skittles *(U)* **- 2.** *fam* [jambes] pins.

quincaillerie [kɛ̃kajri] *nf* **- 1.** [ustensiles] ironmongery *UK*, hardware **- 2.** [magasin] ironmonger's (shop) *UK*, hardware shop **- 3.** *fam fig* [bijoux] jewellery *UK*, jewelry *US*.

quincaillier, **ère** [kɛ̃kaje, ɛr] *nm, f* ironmonger *UK*, hardware dealer.

quinconce [kɛ̃kɔ̃s] *nm* : **en ~** in a staggered arrangement.

quinine [kinin] *nf* quinine.

quinqua [kɛ̃ka] *nmf* fiftysomething.

quinquagénaire [kɛ̃kaʒenɛr] ◇ *nmf* fifty year old. ◇ *adj* : **être ~** to be in one's fifties.

quinquennal, e, aux [kɛ̃kenal, o] *adj* [plan] five-year *(avant n)* ; [élection] five-yearly.

quinquennat [kɛ̃kena] *nm* five-year period of office, quinquennium, lustrum.

quintal, aux [kɛ̃tal, o] *nm* quintal.

quinte [kɛ̃t] *nf* MUS fifth.
◆ **quinte de toux** *nf* coughing fit.

quintessence [kɛ̃tesɑ̃s] *nf* quintessence.

quintette [kɛ̃tɛt] *nm* quintet.

quintuple [kɛ̃typl] *nm & adj* quintuple.

quintupler [3] [kɛ̃typle] *vt & vi* to quintuple, to increase fivefold.

quinzaine [kɛ̃zɛn] *nf* - **1.** [nombre] fifteen (or so) ; **une ~ de** about fifteen - **2.** [deux semaines] fortnight *UK*, two weeks *(pl)* ; **~ publicitaire/commerciale** two-week advertising campaign/sale.

quinze [kɛ̃z] ◇ *adj num inv* fifteen ; **dans ~ jours** in a fortnight *UK*, in two weeks. ◇ *nm* - **1.** [chiffre] fifteen, *voir aussi* **six** - **2.** [rugby] **: le Quinze de France** the French fifteen.

quinzième [kɛ̃zjɛm] *adj num inv, nm & nmf* fifteenth, *voir aussi* **sixième**.

quiproquo [kiprɔko] *nm* misunderstanding.

Quito [kito] *n* Quito.

quittance [kitɑ̃s] *nf* receipt.

quitte [kit] *adj* quits ; **être ~ de qqch** to be clear of sthg ; **en être ~ pour qqch/pour faire qqch** to get off with sthg/doing sthg ; **~ à faire qqch** even if it means doing sthg ; **~ ou double** double or quits *UK*, double or nothing *US*.

quitter [3] [kite] *vt* - **1.** [gén] to leave ; **ne quittez pas!** [au téléphone] hold the line, please! - **2.** [fonctions] to give up - **3.** [vêtement] to take off - **4.** INFORM to exit.
◆ **se quitter** *vp* to part.

quitus [kitys] *nm* discharge.

qui-vive [kiviv] ◇ *interj* who goes there? ◇ *nm inv* **: être sur le ~** to be on the alert.

quoi [kwa] ◇ *pron rel (après prép)* **ce à ~ je me suis intéressé** what I was interested in ; **c'est en ~ vous avez tort** that's where you're wrong ; **après ~** after which ; **avoir de ~ vivre** to have enough to live on ; **avez-vous de ~ écrire?** have you got something to write with? ; **merci il n'y a pas de ~** thank you don't mention it. ◇ *pron interr* what ; **à ~ penses-tu?** what are you thinking about? ; **je ne sais pas ~ dire** I don't know what to say ; **à ~ bon?** what's the point *ou* use? ; **~ de neuf?** what's new? ; **~ de plus?** what else? ; **décide-toi, ~!** *fam* make your mind up, will you? ; **tu viens ou ~?** *fam* are you coming or what?
◆ **quoi que** *loc conj (+ subjonctif)* whatever ; **~ qu'il arrive** whatever happens ; **~ qu'il dise** whatever he says ; **~ qu'il en soit** be that as it may.

quoique [kwakə] *conj* although, though.

quolibet [kɔlibɛ] *nm sout* jeer, taunt.

quorum [k(w)orɔm] *nm* quorum.

quota [k(w)ɔta] *nm* quota.

quote-part [kɔtpar] (*pl* **quotes-parts**) *nf* share.

quotidien, enne [kɔtidjɛ̃, ɛn] *adj* daily.
◆ **quotidien** *nm* - **1.** [routine] daily life ; **au ~** on a day-to-day basis - **2.** [journal] daily (newspaper).

quotidiennement [kɔtidjɛnmɑ̃] *adv* daily, every day.

quotient [kɔsjɑ̃] *nm* quotient ; **~ intellectuel** intelligence quotient.

R

r¹, R [ɛr] *nm inv* [lettre] r, R.
◆ **R** (*abr écrite de* **rand**) R.

r² *abr de* **rue**.

rab [rab] *nm fam* [portion] seconds *(pl)* ; [travail] overtime.

rabâchage [rabaʃaʒ] *nm fam* constant harping on *(U)*.

rabâcher [3] [rabaʃe] ◇ *vi fam* to harp on. ◇ *vt* to go over (and over).

rabais [rabɛ] *nm* reduction, discount ; **au ~** *péj* [artiste] third-rate ; [travailler] for a pittance.

rabaisser [4] [rabese] *vt* - **1.** [réduire] to reduce ; [orgueil] to humble - **2.** [personne] to belittle.
◆ **se rabaisser** *vp* - **1.** [se déprécier] to belittle o.s. - **2.** [s'humilier] **: se ~ à faire qqch** to demean o.s. by doing sthg.

rabat [raba] *nm* - **1.** [partie rabattue] flap - **2.** [de robe d'avocat] bands *(pl)*.

Rabat [raba] *n* Rabat.

rabat-joie [rabaʒwa] ◇ *nm inv* killjoy. ◇ *adj inv* **: être ~** to be a killjoy.

rabatteur, euse [rabatœr, øz] *nm, f* - **1.** [de gibier] beater - **2.** *fig* & *péj* [de clientèle] tout.

rabattre [83] [rabatr] *vt* - **1.** [col] to turn down - **2.** [siège] to tilt back ; [couvercle] to shut - **3.** [somme] to deduct - **4.** [gibier] to drive - **5.** *fam* [clients] to tout for - **6.** *loc* **en ~** to climb down.

◆ **se rabattre** *vp* - **1.** [siège] to tilt back ; [couvercle] to shut - **2.** [voiture, coureur] to cut in - **3.** [se contenter] : **se ~ sur** to fall back on.

rabattu, e [rabaty] *pp* ▷ **rabattre.**

rabbin [rabɛ̃] *nm* rabbi.

rabibocher [3] [rabibɔʃe] *vt* - **1.** *fam* [époux] to reconcile, to get back together - **2.** *vieilli* [voiture] to patch up.

◆ **se rabibocher** *vp fam* to make (it) up.

rabiot [rabjo] *nm fam* [portion] seconds *(pl)*, more ; [travail] overtime.

râble [rabl] *nm* [de lapin] back ; CULIN saddle.

râblé, e [rable] *adj* stocky.

rabot [rabo] *nm* plane.

raboter [3] [rabɔte] *vt* to plane.

raboteux, euse [rabɔtø, øz] *adj* uneven, rugged.

◆ **raboteuse** *nf* planing machine.

rabougri, e [rabugri] *adj* - **1.** [plante] stunted - **2.** [personne] shrivelled, wizened.

rabrouer [3] [rabrue] *vt* to snub.

racaille [rakaj] *nf péj* riffraff.

raccommodage [rakɔmɔdaʒ] *nm* mending.

raccommoder [3] [rakɔmɔde] *vt* - **1.** [vêtement] to mend - **2.** *fam fig* [personnes] to reconcile, to get back together.

◆ **se raccommoder** *vp fam* to make (it) up.

raccompagner [3] [rakɔ̃paɲe] *vt* to see home, to take home.

raccord [rakɔr] *nm* - **1.** [liaison] join - **2.** [pièce] connector, coupling - **3.** CINÉ link.

raccordement [rakɔrdəmɑ̃] *nm* connection, linking.

raccorder [3] [rakɔrde] *vt* : **~ qqch (à)** to connect sthg (to), to join sthg (to).

◆ **se raccorder** *vp* : **se ~ par** to be connected *ou* joined by ; **se ~ à** to be connected to ; *fig* [faits] to tie in with.

raccourci [rakursi] *nm* shortcut ; **en ~** in miniature ; **~ clavier** keyboard shortcut.

raccourcir [32] [rakursir] ◇ *vt* to shorten. ◇ *vi* to grow shorter.

raccroc [rakro] ◆ **par raccroc** *loc adv* by a fluke.

raccrocher [3] [rakrɔʃe] ◇ *vt* to hang back up. ◇ *vi* - **1.** [au téléphone] : **~ (au nez de qqn)** to hang up (on sb), to put the phone down (on sb) - **2.** *fam* [coureur] to give up.

◆ **se raccrocher** *vp* : **se ~ à** to cling to, to hang on to.

race [ras] *nf* [humaine] race ; [animale] breed ; **de ~** pedigree ; [cheval] thoroughbred.

racé, e [rase] *adj* - **1.** [animal] purebred - **2.** [voiture] of distinction.

rachat [raʃa] *nm* - **1.** [transaction] repurchase - **2.** *fig* [de péchés] atonement.

racheter [28] [raʃte] *vt* - **1.** [acheter en plus - gén] to buy another ; [- pain, lait] to buy some more - **2.** [acheter d'occasion] to buy - **3.** [acheter après avoir vendu] to buy back - **4.** *fig* [péché, faute] to atone for ; [défaut, lapsus] to make up for - **5.** [prisonnier] to ransom - **6.** [honneur] to redeem - **7.** COMM [société] to buy out.

◆ **se racheter** *vp fig* to redeem o.s.

rachitique [raʃitik] *adj* suffering from rickets.

rachitisme [raʃitism] *nm* rickets *(U)*.

racial, e, aux [rasjal, o] *adj* racial.

racine [rasin] *nf* root ; [de nez] base ; **~ carrée/cubique** MATH square/cube root.

racisme [rasism] *nm* racism.

raciste [rasist] *nmf* & *adj* racist.

racket [rakɛt] *nm* racket.

racketter [4] [rakɛte] *vt* : **~ qqn** to subject sb to a protection racket.

racketteur [rakɛtœr] *nm* racketeer.

raclée [rakle] *nf fam* hiding, thrashing.

racler [3] [rakle] *vt* to scrape ; **ce vin racle le gosier** this wine is a bit rough (on the throat).

◆ **se racler** *vp* : **se ~ la gorge** to clear one's throat.

raclette [raklɛt] *nf* - **1.** CULIN *melted Swiss cheese served with jacket potatoes* - **2.** [outil] scraper.

racloir [raklwar] *nm* scraper.

racolage [rakɔlaʒ] *nm fam péj* [par commerçant] touting ; [par prostituée] soliciting.

racoler [3] [rakɔle] *vt fam péj* [suj: commerçant] to tout for ; [suj: prostituée] to solicit.

racoleur, euse [rakɔlœr, øz] *adj fam péj* [air, sourire] come-hither ; [publicité] strident.

◆ **racoleur** *nm fam péj* tout.

◆ **racoleuse** *nf fam péj* streetwalker.

racontar [rakɔ̃tar] *nm fam péj* piece of gossip.

◆ **racontars** *nmpl fam péj* tittle-tattle *(U)*.

raconter [3] [rakɔ̃te] *vt* - **1.** [histoire] to tell, to relate ; [événement] to relate, to tell about ; ~

qqch à qqn to tell sb sthg, to relate sthg to sb - **2.** [ragot, mensonge] to tell ; **qu'est-ce que tu racontes?** what are you on about?

racornir [32] [rakɔrnir] *vt* to harden.
◆ **se racornir** *vp* to become hard.

radar [radar] *nm* radar ; **marcher au ~** *fam* to be on automatic pilot.

rade [rad] *nf* (natural) harbour *UK ou* harbor *US* ; **rester en ~** *fam fig* to be left stranded.

radeau, **x** [rado] *nm* - **1.** [embarcation] raft - **2.** [train de bois] timber raft.

radial, **e**, **aux** [radjal, o] *adj* radial.

radiateur [radjatœr] *nm* radiator.

radiation [radjasjɔ̃] *nf* - **1.** PHYS radiation - **2.** [de liste, du barreau] striking off.

radical, **e**, **aux** [radikal, o] *adj* radical.
◆ **radical** *nm* - **1.** [gén] radical - **2.** LING stem.

radicalement [radikalmɑ̃] *adv* radically.

radier [9] [radje] *vt* to strike off.

radiesthésiste [radjɛstezist] *nmf* diviner *(by radiation)*.

radieux, **euse** [radjø, øz] *adj* radiant ; [soleil] dazzling.

radin, **e** [radɛ̃, in] *fam péj* ◇ *adj* stingy. ◇ *nm, f* skinflint.

radiner [3] [radine] ◆ **se radiner** *vp fam* to get one's skates on, to get a move on.

radio [radjo] ◇ *nf* - **1.** [station, poste] radio ; **à la ~** on the radio ; **allumer** *ou* **mettre la ~** to switch on the radio ; **éteindre la ~** to switch off the radio ; **~ locale** *ou* **privée** *ou* **libre** independent local radio station ; **~ pirate** pirate radio - **2.** MÉD : **passer une ~** to have an X-ray, to be X-rayed. ◇ *nm* radio operator.

radioactif, **ive** [radjɔaktif, iv] *adj* radioactive.

radioactivité [radjɔaktivite] *nf* radioactivity.

radioamateur [radjɔamatœr] *nm* (radio) ham.

radiodiffuser [3] [radjɔdifyze] *vt* to broadcast.

radiodiffusion [radjɔdifyzjɔ̃] *nf* broadcasting.

radioélectrique [radjɔelɛktrik] *adj* radio *(avant n)*.

radiographie [radjɔgrafi] *nf* - **1.** [technique] radiography - **2.** [image] X-ray.

radiographier [9] [radjɔgrafje] *vt* to X-ray.

radiologie [radjɔlɔʒi] *nf* radiology.

radiologue [radjɔlɔg], **radiologiste** [radjɔlɔʒist] *nmf* radiologist.

radiophonique [radjɔfɔnik] *adj* radio *(avant n)*.

radioréveil (*pl* radioréveils), **radio-réveil** (*pl* **radios-réveils**) [radjɔrevɛj] *nm* radio alarm, clock radio.

radioscopie [radjɔskɔpi] *nf* radioscopy.

radio-taxi [radjɔtaksi] (*pl* **radio-taxis**) *nm* radio taxi, radio-cab.

radiotéléphone [radjɔtelefɔn] *nm* cordless telephone, portable telephone.

radiotélévisé, **e** [radjɔtelevize] *adj* broadcast on both radio and television.

radiothérapie [radjɔterapi] *nf* radiotherapy.

radis [radi] *nm* radish ; **n'avoir plus un ~** *fig* not to have a penny *UK ou* cent *US* (to one's name).

radium [radjɔm] *nm* radium.

radius [radjys] *nm* radius.

radotage [radɔtaʒ] *nm* rambling.

radoter [3] [radɔte] *vi* to ramble.

radouber [3] [radube] *vt* to repair.

radoucir [32] [radusir] *vt* to soften.
◆ **se radoucir** *vp* [temps] to become milder ; [personne] to calm down.

radoucissement [radusismɑ̃] *nm* - **1.** [d'attitude] softening - **2.** [de température] rise ; **un ~ du temps** a spell of milder weather.

rafale [rafal] *nf* - **1.** [de vent] gust ; **en ~s** in gusts *ou* bursts - **2.** [de coups de feu, d'applaudissements] burst.

raffermir [32] [rafɛrmir] *vt* - **1.** [muscle] to firm up - **2.** *fig* [pouvoir] to strengthen.
◆ **se raffermir** *vp* - **1.** [muscle] to firm up - **2.** *fig* [prix, autorité] to strengthen.

raffinage [rafinaʒ] *nm* refining.

raffiné, **e** [rafine] *adj* refined.

raffinement [rafinmɑ̃] *nm* refinement.

raffiner [3] [rafine] ◇ *vt* to refine. ◇ *vi* : **~ sur** to be meticulous about.

raffinerie [rafinri] *nf* refinery.

raffoler [3] [rafɔle] *vi* : **~ de qqn/qqch** to adore sb/sthg.

raffut [rafy] *nm fam* row, racket.

rafiot, **rafiau** [rafjo] *nm fam péj* tub *(boat)*.

rafistoler [3] [rafistɔle] *vt fam* to patch up.

rafle [rafl] *nf* raid.

rafler [3] [rafle] *vt* to swipe.

rafraîchir [32] [rafrɛʃir] ◇ *vt* - **1.** [nourriture, vin] to chill, to cool ; [air] to cool - **2.** [vêtement, appartement] to smarten up ; *fig* [mémoire, idées] to refresh ; [connaissances] to brush up - **3.** INFORM to refresh ; [navigateur] to reload. ◇ *vi* to cool (down).

◆ **se rafraîchir** *vp* - **1.** [se refroidir] to cool (down) - **2.** [en buvant] to have a drink.

rafraîchissant, e [rafrɛʃisɑ̃, ɑ̃t] *adj* refreshing.

rafraîchissement [rafrɛʃismɑ̃] *nm* - **1.** [de climat] cooling - **2.** [boisson] cold drink ; **prendre un ~** to have a drink - **3.** [de vêtement, d'appartement] smartening up.

raft(ing) [raft(iŋ)] *nm* whitewater rafting.

ragaillardir [32] [ragajardir] *vt fam* to buck up, to perk up.

rage [raʒ] *nf* - **1.** [fureur] rage ; **être ivre** *ou* **fou de ~** to be mad with rage ; **la ~ au ventre** *ou* **cœur** seething with rage ; **faire ~** [tempête] to rage - **2.** [manie] : **~ de faire qqch** mania for doing sthg - **3.** [maladie] rabies *(U)*.
◆ **rage de dents** *nf* (raging) toothache.

rageant, e [raʒɑ̃, ɑ̃t] *adj fam* infuriating.

rager [17] [raʒe] *vi fam* to fume.

rageur, euse [raʒœr, øz] *adj* bad-tempered.

rageusement [raʒøzmɑ̃] *adv* furiously.

raglan [raglɑ̃] ◇ *nm inv* raglan coat. ◇ *adj inv* raglan *(avant n)*.

ragot [rago] *nm (gén pl) fam* (malicious) rumour *UK ou* rumor *US*, tittle-tattle *(U)*.

ragoût [ragu] *nm* stew.

ragoûtant, e [ragutɑ̃, ɑ̃t] *adj* : **peu** *ou* **pas très ~** *péj* [plat] not very appetizing ; *fig* [idée] not very inviting.

rai [rɛ] *nm litt* [de soleil] ray.

raid [rɛd] *nm* - **1.** AÉRON, FIN & MIL raid ; **~ aérien** air raid - **2.** SPORT long-distance rally.

raide [rɛd] ◇ *adj* - **1.** [cheveux] straight - **2.** [tendu - corde] taut ; [- membre, cou] stiff - **3.** [pente] steep - **4.** [personne - attitude physique] stiff, starchy ; [- caractère] inflexible - **5.** *fam* [histoire] hard to swallow, farfetched - **6.** *fam* [chanson] rude, blue - **7.** *fam* [sans le sou] broke. ◇ *adv* - **1.** [abruptement] steeply - **2.** *loc* **tomber ~ mort** to fall down dead.

raideur [rɛdœr] *nf* - **1.** [de membre] stiffness - **2.** [de personne - attitude physique] stiffness, starchiness ; [- caractère] inflexibility.

raidillon [rɛdijɔ̃] *nm* steep (section of) road.

raidir [32] [rɛdir] *vt* [muscle] to tense ; [corde] to tighten, to tauten.
◆ **se raidir** *vp* - **1.** [se contracter] to grow stiff, to stiffen - **2.** *fig* [résister] : **se ~ contre** to steel o.s. against.

raie [rɛ] *nf* - **1.** [rayure] stripe - **2.** [dans les cheveux] parting *UK*, part *US* - **3.** [des fesses] crack - **4.** [poisson] skate.

raifort [rɛfɔr] *nm* horseradish.

rail [raj] *nm* rail ; **remettre qqn/qqch sur les ~s** to put sb/sthg back on the rails, to get sb/sthg back on the rails.

railler [3] [raje] *vt sout* to mock (at).
◆ **se railler** *vp* : **se ~ de** *sout* to mock (at).

raillerie [rajri] *nf sout* mockery *(U)*.

railleur, euse [rajœr, øz] *sout* ◇ *adj* mocking. ◇ *nm, f* scoffer.

rainette [renɛt] *nf* tree frog.

rainure [renyr] *nf* [longue] groove, channel ; [courte] slot.

raisin [rɛzɛ̃] *nm* [fruit] grapes *(pl)* ; **~ blanc/noir** white/black grapes ; **~s de Corinthe** currants ; **~s secs** raisins.

raison [rɛzɔ̃] *nf* - **1.** [gén] reason ; **perdre la ~** not to be in one's right mind ; **recouvrer la ~** to come to one's senses ; **à plus forte ~** all the more (so) ; **se faire une ~** to resign o.s. ; **~ de plus pour faire qqch** all the more reason to do sthg - **2.** [justesse, équité] : **avoir ~** to be right ; **avoir ~ de faire qqch** to be right to do sthg ; **avoir ~ de qqn/qqch** to get the better of sb/sthg ; **donner ~ à qqn** to prove sb right.
◆ **à raison de** *loc prép* at (the rate of).
◆ **en raison de** *loc prép* owing to, because of.

raisonnable [rɛzɔnabl] *adj* reasonable.

raisonnablement [rɛzɔnabləmɑ̃] *adv* - **1.** [agir, parler] reasonably - **2.** [manger, boire] in moderation.

raisonnement [rɛzɔnmɑ̃] *nm* - **1.** [faculté] reason, power of reasoning - **2.** [argumentation] reasoning, argument.

raisonner [3] [rɛzɔne] ◇ *vt* [personne] to reason with. ◇ *vi* - **1.** [penser] to reason - **2.** [discuter] : **~ avec** to reason with.
◆ **se raisonner** *vp* [personne] to be reasonable.

raisonneur, euse [rɛzɔnœr, øz] ◇ *adj* reasoning ; *péj* argumentative. ◇ *nm, f* argumentative person.

rajeunir [32] [raʒœnir] ◇ *vt* - **1.** [suj: couleur, vêtement] : **~ qqn** to make sb look younger - **2.** [suj: personne] : **~ qqn de trois ans** to take three years off sb's age - **3.** [vêtement, canapé] to renovate, to do up ; [meubles] to modernize - **4.** *fig* [parti] to rejuvenate. ◇ *vi* - **1.** [personne] to look younger ; [se sentir plus jeune] to feel younger *ou* rejuvenated - **2.** [faubourg] to be modernized.
◆ **se rajeunir** *vp* to lie about one's age.

rajeunissement [raʒœnismɑ̃] *nm* [de population] drop in age.

rajout [raʒu] *nm* addition.

rajouter [3] [raʒute] *vt* to add ; **en ~** *fam* to exaggerate.

rajuster [raʒyste], **réajuster** [3] [reaʒyste] *vt* to adjust ; [cravate] to straighten.
◆ **se rajuster** *vp* to straighten one's clothes.

râle [ral] *nm* moan ; [de mort] death rattle.

ralenti, e [ralɑ̃ti] *adj* slow.
◆ **ralenti** *nm* - **1.** AUTO idling speed ; **tourner au ~** AUTO to idle ; *fig* to tick over *UK* ; **vivre au ~** *fig* to take things easy - **2.** CINÉ slow motion.

ralentir [32] [ralɑ̃tir] ◇ *vt* - **1.** [allure, expansion] to slow (down) - **2.** [rythme] to slacken. ◇ *vi* to slow down *ou* up.
◆ **se ralentir** *vp* to slow down *ou* up.

ralentissement [ralɑ̃tismɑ̃] *nm* - **1.** [d'allure, d'expansion] slowing (down) - **2.** [de rythme] slackening - **3.** [embouteillage] holdup - **4.** PHYS deceleration.

râler [3] [rale] *vi* - **1.** [malade] to breathe with difficulty - **2.** *fam* [grogner] to moan.

râleur, euse [ralœr, øz] *fam* ◇ *adj* moaning *(avant n)*. ◇ *nm, f* grumbler, moaner.

ralliement [ralimɑ̃] *nm* rallying.

rallier [9] [ralje] *vt* - **1.** [poste, parti] to join - **2.** [suffrages] to win - **3.** [troupes] to rally.
◆ **se rallier** *vp* to rally ; **se ~ à** [parti] to join ; [cause] to rally to ; [avis] to come round *UK ou* around *US* to.

rallonge [ralɔ̃ʒ] *nf* - **1.** [de table] leaf, extension - **2.** [électrique] extension (lead) - **3.** *fam* [de crédit] extension (of credit).

rallonger [17] [ralɔ̃ʒe] ◇ *vt* to lengthen. ◇ *vi* to lengthen, to get longer.

rallumer [3] [ralyme] *vt* - **1.** [feu, cigarette] to relight ; *fig* [querelle] to revive - **2.** [appareil, lumière électrique] to switch (back) on again.
◆ **se rallumer** *vp* - **1.** [feu, guerre, colère] to flare up again - **2.** [lumière électrique] to come on again.

rallye [rali] *nm* rally.

RAM, Ram [ram] (*abr de* **Random access memory**) *nf* RAM.

ramadan [ramadɑ̃] *nm* Ramadan.

ramage [ramaʒ] *nm litt* [d'oiseau] song.
◆ **ramages** *nmpl* leafy design, foliage *(U)*.

ramassage [ramasaʒ] *nm* collection ; **~ scolaire** [action] pick-up (of school children), busing *US* ; [service] school bus.

ramasse-miettes [ramasmjɛt] *nm inv* crumb-brush and tray (set).

ramasser [3] [ramase] *vt* - **1.** [récolter, réunir] to gather, to collect ; *fig* [forces] to gather - **2.** [prendre] to pick up - **3.** *fig* [pensée] to sum up - **4.** *fam* [claque, rhume] to get.
◆ **se ramasser** *vp* - **1.** [se replier] to crouch - **2.** *fam* [tomber, échouer] to come a cropper.

ramassis [ramasi] *nm péj* **un ~ de** a collection of.

rambarde [rɑ̃bard] *nf* (guard) rail.

rame [ram] *nf* - **1.** [aviron] oar - **2.** RAIL train ; **~ de métro** underground *UK ou* subway *US* train - **3.** [de papier] ream - **4.** [tuteur] stake, pole.

rameau, x [ramo] *nm* branch.
◆ **Rameaux** *nmpl* : **les Rameaux** Palm Sunday.

ramener [19] [ramne] *vt* - **1.** [remmener] to take back - **2.** [rapporter, restaurer] to bring back - **3.** [remettre] to put back - **4.** [réduire] : **~ qqch à qqch** to reduce sthg to sthg, to bring sthg down to sthg - **5.** *loc* **il ramène tout à lui** he sees things only in terms of how they affect him ; **la ~** *fam* to stick one's oar in.
◆ **se ramener** *vp* - **1.** [problème] : **se ~ à** to come down to - **2.** *fam* [arriver] to turn up.

ramequin [ramkɛ̃] *nm* ramekin.

ramer [3] [rame] *vi* - **1.** [rameur] to row - **2.** *fam fig* [peiner] to slog.

rameur, euse [ramœr, øz] *nm, f* rower.

rameuter [3] [ramøte] *vt* to round up.

ramier [ramje] *nm* wood pigeon.

ramification [ramifikasjɔ̃] *nf* - **1.** [division] branch - **2.** *(gén pl) fig* [de complot] ramification.

ramifier [9] [ramifje] ◆ **se ramifier** *vp* to branch out.

ramolli, e [ramɔli] ◇ *adj* soft ; *fig* soft (in the head). ◇ *nm, f fam fig* thicko *UK*, half-wit.

ramollir [32] [ramɔlir] *vt* - **1.** [beurre] to soften - **2.** *fam fig* [ardeurs] to cool.
◆ **se ramollir** *vp* - **1.** [beurre] to go soft, to soften - **2.** *fam fig* [courage] to weaken.

ramonage [ramɔnaʒ] *nm* chimney sweeping.

ramoner [3] [ramɔne] *vt* to sweep.

ramoneur [ramɔnœr] *nm* (chimney) sweep.

rampant, e [rɑ̃pɑ̃, ɑ̃t] *adj* - **1.** [animal] crawling - **2.** [plante] creeping - **3.** *fig* [attitude] grovelling.
◆ **rampants** *nmpl* AÉRON *fam* ground staff *(U)*.

rampe [rɑ̃p] *nf* - **1.** [d'escalier] banister, handrail ; **lâcher la ~** *fam fig* to kick the bucket - **2.** [d'accès] ramp ; **~ de lancement** launch pad - **3.** THÉÂTRE : **la ~** the footlights *(pl)*.

ramper [3] [rɑ̃pe] *vi* - **1.** [animal, soldat, enfant] to crawl - **2.** [plante] to creep - **3.** *fig* [personne] : **~ devant** to grovel to - **4.** *fig* [inquiétude] to creep.

rancard, rencard [rɑ̃kar] *nm fam* [rendez-vous] date, meeting.

rancart, rencart [rɑ̃kar] *nm* : **mettre au ~** to chuck out.

rance [rɑ̃s] <> *nm* : **sentir le ~** to smell rancid. <> *adj* - **1.** [beurre] rancid - **2.** *fig* [idéologie] stale.

ranch [rɑ̃tʃ] *nm* ranch.

rancir [32] [rɑ̃sir] *vi* to go rancid.

rancœur [rɑ̃kœr] *nf* rancour *UK*, rancor *US*, resentment.

rançon [rɑ̃sɔ̃] *nf* ransom ; *fig* price.

rancune [rɑ̃kyn] *nf* rancour *UK*, rancor *US*, spite ; **garder** *OU* **tenir ~ à qqn de qqch** to hold a grudge against sb for sthg ; **sans ~!** no hard feelings!

rancunier, ère [rɑ̃kynje, ɛr] <> *adj* vindictive, spiteful. <> *nm, f* vindictive *OU* spiteful person.

randonnée [rɑ̃dɔne] *nf* - **1.** [promenade - à pied] walk ; [- à cheval, à bicyclette] ride ; [- en voiture] drive - **2.** [activité] : **la ~** [à pied] walking ; [à cheval] riding ; **faire de la ~** to go trekking.

randonneur, euse [rɑ̃dɔnœr, øz] *nm, f* walker, rambler.

rang [rɑ̃] *nm* - **1.** [d'objets, de personnes] row ; **se mettre en ~ par deux** to line up in twos ; **en ~ d'oignons** *fig* in a row *OU* line - **2.** MIL rank ; **de haut ~** high-ranking ; **se mettre sur les ~s** to be in the running ; **grossir les ~s de** to swell the ranks of - **3.** [position sociale] station - **4.** *Québec* [peuplement rural] rural district - **5.** *Québec* [chemin] country road.

rangé, e [rɑ̃ʒe] *adj* [sérieux] well-ordered, well-behaved.

rangée [rɑ̃ʒe] *nf* row.

rangement [rɑ̃ʒmɑ̃] *nm* tidying up.

ranger [17] [rɑ̃ʒe] *vt* - **1.** [élèves, soldats] to line up - **2.** [chambre] to tidy - **3.** [objets] to arrange - **4.** [voiture] to park - **5.** *fig* [livre, auteur] : **~ parmi** to rank among.

◆ **se ranger** *vp* - **1.** [élèves, soldats] to line up - **2.** [voiture] to pull in - **3.** [piéton] to step aside - **4.** [s'assagir] to settle down - **5.** *fig* [se rallier] : **se ~ à** to go along with ; **se ~ à côté de** to side with.

ranimer [3] [ranime] *vt* - **1.** [personne] to revive, to bring round - **2.** [feu] to rekindle - **3.** *fig* [sentiment] to rekindle, to reawaken.

◆ **se ranimer** *vp* - **1.** [personne] to come round *UK OU* around *US*, to come to - **2.** *fig* [haine, ressentiment] to reawaken, to be renewed ; [volcan] to become active again.

rap [rap] *nm* rap (music).

rapace [rapas] <> *nm* bird of prey. <> *adj* [cupide] rapacious, grasping.

rapacité [rapasite] *nf* rapaciousness.

rapatrié, e [rapatrije] <> *nm, f* repatriated settler. <> *adj* repatriated.

rapatriement [rapatrimɑ̃] *nm* repatriation.

rapatrier [10] [rapatrije] *vt* to repatriate.

râpe [rap] *nf* - **1.** [de cuisine] grater ; **~ à fromage** cheese grater - **2.** [de menuisier] rasp - **3.** *helvétisme fam* [avare] miser, skinflint.

râpé, e [rape] *adj* - **1.** CULIN grated - **2.** [manteau] threadbare - **3.** *fam* [raté] : **c'est ~!** we've had it!

◆ **râpé** *nm* grated Gruyère cheese.

râper [3] [rape] *vt* - **1.** CULIN to grate - **2.** [bois, métal] to rasp.

rapetasser [3] [raptase] *vt fam péj* to patch up.

râpeux, euse [rapø, øz] *adj* - **1.** [tissu] rough - **2.** [vin] harsh.

raphia [rafja] *nm* raffia.

rapide [rapid] <> *adj* - **1.** [gén] rapid - **2.** [train, coureur] fast - **3.** [pente] steep - **4.** [musique, intelligence] lively, quick. <> *nm* - **1.** [train] express (train) - **2.** [de fleuve] rapid.

rapidement [rapidmɑ̃] *adv* rapidly.

rapidité [rapidite] *nf* rapidity.

rapiécer [20] [rapjese] *vt* to patch.

rapière [rapjɛr] *nf* rapier.

rappel [rapɛl] *nm* - **1.** [de réservistes, d'ambassadeur] recall - **2.** [souvenir] reminder ; **~ à l'ordre** call to order - **3.** TÉLÉCOM : **~ automatique** recall - **4.** [de paiement] back pay - **5.** [de vaccination] booster - **6.** [au spectacle] curtain call, encore - **7.** SPORT abseiling *UK*, rapelling *US* ; **descendre en ~** to abseil *UK OU* rappel *US* (down) - **8.** TECHNOL : **ressort de ~** return spring.

rappeler [24] [raple] *vt* - **1.** [gén] to call back ; **~ qqn à qqch** *fig* to bring sb back to sthg - **2.** [faire penser à] : **~ qqch à qqn** to remind sb of sthg ; **ça me rappelle les vacances** it reminds me of my holidays.

◆ **se rappeler** *vp* to remember.

rappelle, rappelles *(etc)* ▷ **rappeler.**

rappliquer [3] [raplike] *vi fam* to turn up, to show up.

rapport [rapɔr] *nm* - **1.** [corrélation] link, connection ; **~ de causalité** causal link ; **je ne vois pas le ~** I don't see the connection - **2.** [contact] : **se mettre en ~ avec qqn** to get in touch with sb - **3.** [compte-rendu] report - **4.** [profit] return, yield - **5.** MATH ratio ; **un excellent ~ qualité-prix** excellent value for money.

◆ **rapports** *nmpl* - **1.** [relations] relations - **2.** [sexuels] : **~s (sexuels)** intercourse *(sing)* ; **avoir des ~s (sexuels) avec qqn** to have sex with sb.

◆ **par rapport à** *loc prép* in comparison to, compared with.

rapporter [3] [rapɔrte] *vt* to bring back.

◆ **se rapporter** *vp* : **se ~ à** to refer *OU* relate to.

rapporteur, **euse** [rapɔrtœr, øz] ◇ *adj* sneaky, telltale *(avant n)*. ◇ *nm, f* sneak, telltale.

◆ **rapporteur** *nm* - **1.** [de commission] rapporteur - **2.** GÉOM protractor.

rapprochement [raprɔʃmɑ̃] *nm* - **1.** [d'objets, de personnes] bringing together - **2.** *fig* [entre événements] link, connection - **3.** *fig* [de pays, de parti] rapprochement, coming together.

rapprocher [3] [raprɔʃe] *vt* - **1.** [mettre plus près] : **~ qqn/qqch de qqch** to bring sb/sthg nearer to sthg, to bring sb/sthg closer to sthg - **2.** *fig* [personnes] to bring together - **3.** *fig* [idée, texte] : **~ qqch (de)** to compare sthg (with).

◆ **se rapprocher** *vp* - **1.** [approcher] : **se ~ (de qqn/qqch)** to approach (sb/sthg) - **2.** [se ressembler] : **se ~ de qqch** to be similar to sthg - **3.** [se réconcilier] : **se ~ de qqn** to become closer to sb.

rapsodie = **rhapsodie**.

rapt [rapt] *nm* abduction.

raquette [rakɛt] *nf* - **1.** [de tennis, de squash] racket ; [de ping-pong] bat *UK*, paddle - **2.** [à neige] snowshoe.

rare [rar] *adj* - **1.** [peu commun, peu fréquent] rare ; **ses ~s amis** his few friends - **2.** [peu dense] sparse - **3.** [surprenant] unusual, surprising.

raréfaction [rarefaksjɔ̃] *nf* scarcity ; [d'air] rarefaction.

raréfier [9] [rarefje] *vt* to rarefy.

◆ **se raréfier** *vp* to become rarefied.

rarement [rarmɑ̃] *adv* rarely.

rareté [rarte] *nf* - **1.** [de denrées, de nouvelles] scarcity - **2.** [de visites, de lettres] infrequency - **3.** [objet précieux] rarity.

rarissime [rarisim] *adj* extremely rare.

ras, **e** [ra, raz] *adj* - **1.** [herbe, poil] short - **2.** [mesure] full.

◆ **ras** *adv* short ; **à ~** short ; **à ~ de** level with ; **en avoir ~ le bol** *fam* to be fed up.

◆ **ras du cou**, **ras le cou** *loc adj* crew-neck, round-neck.

RAS (*abr de* **rien à signaler**) nothing to report.

rasade [razad] *nf* glassful.

rasage [razaʒ] *nm* shaving.

rasant, **e** [razɑ̃, ɑ̃t] *adj* - **1.** [lumière] low-angled - **2.** *fam* [film, discours] boring.

rascasse [raskas] *nf* scorpion fish.

rase-mottes [razmɔt] *nm inv* hedge-hopping.

raser [3] [raze] *vt* - **1.** [barbe, cheveux] to shave off - **2.** [mur, sol] to hug - **3.** [village] to raze - **4.** *fam* [personne] to bore.

◆ **se raser** *vp* - **1.** [avec rasoir] to shave - **2.** *fam* [s'ennuyer] to be bored.

raseur, **euse** [razœr, øz] ◇ *adj* boring. ◇ *nm, f* bore.

ras-le-bol [ralbɔl] *nm inv fam* discontent ; **~!** *fam* that's enough!

rasoir [razwar] ◇ *nm* razor ; **~ électrique** electric shaver ; **~ mécanique** safety razor. ◇ *adj inv fam* boring.

rassasier [9] [rasazje] *vt* to satisfy.

◆ **se rassasier** *vp* : **se ~ de** to tire of, to have one's fill of.

rassemblement [rasɑ̃bləmɑ̃] *nm* - **1.** [d'objets] collecting, gathering - **2.** [foule] crowd, gathering - **3.** [union, parti] union - **4.** MIL parade ; **~!** fall in!

rassembler [3] [rasɑ̃ble] *vt* - **1.** [personnes, documents] to collect, to gather - **2.** [courage] to summon up ; [idées] to collect.

◆ **se rassembler** *vp* - **1.** [manifestants] to assemble - **2.** [famille] to get together.

rasseoir [65] [raswar] ◆ **se rasseoir** *vp* to sit down again.

rasséréner [18] [raserene] *vt sout* to calm down.

◆ **se rasséréner** *vp sout* to recover one's serenity.

rassis, **e** [rasi, iz] *adj* - **1.** [pain] stale - **2.** *sout* [esprit] calm, sober.

rassurant, **e** [rasyrɑ̃, ɑ̃t] *adj* reassuring.

rassuré, **e** [rasyre] *adj* confident, at ease.

rassurer [3] [rasyre] *vt* to reassure.

◆ **se rassurer** *vp* to feel at ease *ou* reassured ; **rassurez-vous** don't worry.

rat [ra] ◇ *nm* rat ; **petit ~** *fig* young ballet pupil ; **être fait comme un ~** to be cornered. ◇ *adj fam* [avare] mean, stingy.

ratage [rataʒ] *nm* bungling, messing up.

ratatiné, **e** [ratatine] *adj* - **1.** [fruit, personne] shrivelled *UK ou* shriveled *US* - **2.** *fam fig* [vélo, bagnole] wrecked.

ratatiner [3] [ratatine] *vt* - **1.** [fruit, personne] to shrivel - **2.** *fam* [démolir] to wreck.

◆ **se ratatiner** *vp* to shrivel up, to become wrinkled.

ratatouille [ratatuj] *nf* ratatouille.

rate [rat] *nf* - **1.** [animal] female rat - **2.** [organe] spleen.

raté, **e** [rate] *nm, f* [personne] failure.

◆ **raté** *nm* - **1.** *(gén pl)* AUTO misfiring *(U)* ; **faire des ~s** to misfire - **2.** *fig* [difficulté] problem.

râteau, **x** [rato] *nm* rake.

râtelier [ratəlje] *nm* - **1.** [à fourrage, à outils] rack ; **manger à tous les ~s** *fig* to have a finger in every pie - **2.** *fam* [dentier] false teeth *(pl)*.

rater [3] [rate] ◇ *vt* - **1.** [train, occasion] to miss - **2.** [plat, affaire] to make a mess of ; [examen] to fail. ◇ *vi* to go wrong.

ratification [ratifikasjɔ̃] *nf* ratification.

ratifier [9] [ratifje] *vt* to ratify.

ration [rasjɔ̃] *nf* [quantité] portion ; *fig* share ; **~ alimentaire** food intake.

rationalisation [rasjɔnalizasjɔ̃] *nf* rationalization.

rationaliser [3] [rasjɔnalize] *vt* to rationalize.

rationnel, elle [rasjɔnɛl] *adj* rational.

rationnellement [rasjɔnɛlmɑ̃] *adv* rationally.

rationnement [rasjɔnmɑ̃] *nm* rationing ; **carte de ~** ration card.

rationner [3] [rasjɔne] *vt* to ration.
◆ **se rationner** *vp* to ration o.s.

ratissage [ratisaʒ] *nm* - **1.** [de jardin] raking - **2.** [de quartier] search.

ratisser [3] [ratise] *vt* - **1.** [jardin] to rake - **2.** [quartier] to search, to comb ; **~ large** to cast one's net wide - **3.** *fam fig* [au jeu] to clean out - **4.** [rugby] to heel.

raton [ratɔ̃] *nm* - **1.** ZOOL young rat - **2.** *tfam* [Arabe] *racist term used with reference to North African Arabs.*
◆ **raton laveur** *nm* racoon.

raton(n)ade [ratɔnad] *nf tfam racist term used to describe an attack on North African Arab immigrants.*

RATP (*abr de* **Régie autonome des transports parisiens**) *nf Paris transport authority.*

rattachement [rataʃmɑ̃] *nm* uniting, joining.

rattacher [3] [rataʃe] *vt* - **1.** [attacher de nouveau] to do up, to fasten again - **2.** [relier] : **~ qqch à** to join sthg to ; *fig* to link sthg with - **3.** [unir] : **~ qqn à** to bind sb to.
◆ **se rattacher** *vp* : **se ~ à** to be linked to.

ratte [rat] *nf* BOT & CULIN fingerling potato, (La) Ratte potato.

rattrapage [ratrapaʒ] *nm* - **1.** SCOL : **cours de ~** remedial class - **2.** [de salaires, prix] adjustment.

rattraper [3] [ratrape] *vt* - **1.** [animal, prisonnier] to recapture - **2.** [temps] : **~ le temps perdu** to make up for lost time - **3.** [rejoindre] to catch up with - **4.** [bus] to catch - **5.** [erreur] to correct - **6.** [personne qui tombe] to catch.
◆ **se rattraper** *vp* - **1.** [se retenir] : **se ~ à qqn/qqch** to catch hold of sb/sthg - **2.** [compenser] to catch up - **3.** [se faire pardonner] to make amends.

rature [ratyr] *nf* alteration.

raturer [3] [ratyre] *vt* to alter.

rauque [rok] *adj* hoarse, husky.

ravagé, e [ravaʒe] *adj fam* [fou] : **être ~** to be off one's head.

ravager [17] [ravaʒe] *vt* [gén] to devastate, to ravage.

ravages [ravaʒ] *nmpl* [de troupes] ravages, devastation *(sing)* ; [d'inondation] devastation *(sing)* ; [du temps] ravages ; **faire des ~** *fig* to break hearts.

ravalement [ravalmɑ̃] *nm* cleaning, restoration.

ravaler [3] [ravale] *vt* - **1.** [façade] to clean, to restore - **2.** [personne] : **~ qqn au rang de** to lower sb to the level of - **3.** [salive] to swallow - **4.** *fig* [larmes, colère] to stifle, to hold back.
◆ **se ravaler** *vp* to debase o.s., to demean o.s.

ravaudage [ravodaʒ] *nm* mending, repairing.

ravauder [3] [ravode] *vt* to mend, to repair.

rave[1] [rav] *nf* - **1.** BOT rape - **2.** [fête] rave (party).

rave[2] [rɛv], **rave-party** [rɛvparti] *nf* rave (party).

ravi, e [ravi] *adj* : **~ (de)** delighted (with) ; **je suis ~ de l'avoir trouvé** I'm delighted that I found it, I'm delighted to have found it ; **je suis ~ qu'il soit venu** I'm delighted (that) he has come ; **~ de vous connaître** pleased to meet you.

ravier [ravje] *nm* small dish.

ravigotant, e [ravigɔtɑ̃, ɑ̃t] *adj fam* refreshing, stimulating.

ravigote [ravigɔt] *nf sauce of mustard, gherkins and capers.*

ravigoter [3] [ravigɔte] *vt fam* to perk up, to buck up.

ravin [ravɛ̃] *nm* ravine, gully.

raviné, e [ravine] *adj* [visage] furrowed.

raviner [3] [ravine] *vt* to gully.

raviolis [ravjɔli] *nmpl* ravioli *(U)*.

ravir [32] [ravir] *vt* - **1.** [charmer] to delight ; **à ~** beautifully - **2.** *litt* [arracher] : **~ qqch à qqn** to rob sb of sthg.

raviser [3] [ravize] ◆ **se raviser** *vp* to change one's mind.

ravissant, e [ravisɑ̃, ɑ̃t] *adj* delightful, beautiful.

ravissement [ravismɑ̃] *nm* - **1.** [enchantement] delight - **2.** *litt* [rapt] rape, ravishing.

ravisseur, euse [ravisœr, øz] *nm, f* abductor.

ravitaillement [ravitajmɑ̃] *nm* [en denrées] resupplying ; [en carburant] refuelling *UK*, refueling *US*.

ravitailler [3] [ravitaje] *vt* [en denrées] to resupply ; [en carburant] to refuel.

◆ **se ravitailler** *vp* [en denrées] to get fresh supplies ; [en carburant] to refuel.

raviver [3] [ravive] *vt* - **1.** [feu] to rekindle - **2.** [couleurs] to brighten up - **3.** *fig* [douleur] to revive - **4.** [plaie] to reopen.

ravoir [ravwar] *vt* - **1.** [jouet, livre] to get back - **2.** *fam* [linge] to get clean.

rayé, e [rɛje] *adj* - **1.** [tissu] striped - **2.** [disque, vitre] scratched - **3.** [canon] rifled.

rayer [11] [rɛje] *vt* - **1.** [disque, vitre] to scratch - **2.** [nom, mot] to cross out ; ~ **qqn d'une liste** to cross sb's name off a list - **3.** [canon] to rifle.

rayon [rɛjɔ̃] *nm* - **1.** [de lumière] beam, ray ; *fig* [d'espoir] ray - **2.** *(gén pl)* [radiation] radiation *(U)* ; ~ **laser** laser beam ; **~s X** X-rays - **3.** [de roue] spoke - **4.** GÉOM radius ; **dans un ~ de** *fig* within a radius of ; ~ **d'action** range - **5.** [étagère] shelf - **6.** [dans un magasin] department.

rayonnage [rɛjɔnaʒ] *nm* shelving.

rayonnant, e [rɛjɔnɑ̃, ɑ̃t] *adj litt* & *fig* radiant.

rayonne [rɛjɔn] *nf* rayon.

rayonnement [rɛjɔnmɑ̃] *nm* - **1.** [gén] radiance ; [des arts] influence - **2.** PHYS radiation.

rayonner [3] [rɛjɔne] *vi* - **1.** [soleil] to shine ; ~ **de joie** *fig* to radiate happiness - **2.** [culture] to be influential - **3.** [avenues, lignes, chaleur] to radiate - **4.** [touriste] to tour around *(from a base)*.

rayure [rɛjyr] *nf* - **1.** [sur étoffe] stripe - **2.** [sur disque, sur meuble] scratch - **3.** [de fusil] groove.

raz [ra] ◆ **raz de marée** *nm* tidal wave ; POLIT *fig* landslide.

razzia [razja] *nf fam* raid ; **faire une ~ sur** to raid, to plunder.

razzier [9] [razje] *vt* to raid, to plunder.

RBE (*abr de* **revenu brut d'exploitation**) *nm* gross profit.

RBL (*abr écrite de* **rouble**) R, Rub.

R-C *abr de* **rez-de-chaussée**.

r.d. (*abr écrite de* **rive droite**) *right (north) bank of the Seine.*

R-D (*abr de* **recherche-développement**) *nf* R & D.

RDA (*abr de* **République démocratique allemande**) *nf* GDR.

RDB (*abr de* **revenu disponible brut**) *nm* gross disposable income.

RdC *abr de* **rez-de-chaussée**.

ré [re] *nm inv* MUS D ; [chanté] re.

ré(-) [re] *préf* re(-).

réabonnement [reabɔnmɑ̃] *nm* subscription renewal.

réabonner [3] [reabɔne] *vt* : ~ **qqn à** to renew sb's subscription to.

◆ **se réabonner** *vp* : **se ~ à** to renew one's subscription to.

réac [reak] *nmf* & *adj péj* reactionary.

réaccoutumer [3] [reakutyme] *vt* to reaccustom.

◆ **se réaccoutumer** *vp* : **se ~ à** to reaccustom o.s. to.

réacheminer [3] [reaʃmine] *vt* to forward.

réacteur [reaktœr] *nm* [d'avion] jet engine ; ~ **nucléaire** nuclear reactor.

réactif, ive [reaktif, iv] *adj* reactive.

◆ **réactif** *nm* reagent.

réaction [reaksjɔ̃] *nf* : ~ **(à/contre)** reaction (to/against) ; ~ **en chaîne** chain reaction.

réactionnaire [reaksjɔnɛr] *nmf* & *adj péj* reactionary.

réactiver [3] [reaktive] *vt* to reactivate.

réactualisation [reaktɥalizasjɔ̃] *nf* [modernisation] updating, bringing up to date.

réactualiser [3] [reaktɥalize] *vt* [moderniser] to update, to bring up to date.

réadaptation [readaptasjɔ̃] *nf* rehabilitation.

réadapter [3] [readapte] *vt* to readapt ; [accidenté] to rehabilitate.

◆ **se réadapter** *vp* : **se ~ à** to readapt to.

réaffirmer [3] [reafirme] *vt* to reaffirm.

réagir [32] [reaʒir] *vi* : ~ **(à/contre)** to react (to/against) ; ~ **sur** to affect.

réajustement [reaʒystəmɑ̃] *nm* adjustment.

réajuster = **rajuster**.

réalisable [realizabl] *adj* - **1.** [projet] feasible - **2.** FIN realizable.

réalisateur, trice [realizatœr, tris] *nm, f* CINÉ & TV director.

réalisation [realizasjɔ̃] *nf* - **1.** [de projet] carrying out - **2.** CINÉ & TV production.

réaliser [3] [realize] *vt* - **1.** [projet] to carry out ; [ambitions, rêves] to achieve, to realize - **2.** CINÉ & TV to produce - **3.** [s'apercevoir de] to realize.

◆ **se réaliser** *vp* - **1.** [ambition] to be realized ; [rêve] to come true - **2.** [personne] to fulfil *UK* OU fulfill *US* o.s.

réalisme [realism] *nm* realism.

réaliste [realist] ◇ *nmf* realist. ◇ *adj* - **1.** [personne, objectif] realistic - **2.** ART & LITTÉR realist.

réalité [realite] *nf* reality ; **en ~** in reality ; **~ virtuelle** INFORM virtual reality, VR.

reality-show, **reality show** [realitiʃo] (*pl* **reality(-)shows**) *nm talk show focussing on real-life drama.*

réaménagement [reamenaʒmɑ̃] *nm* - **1.** [de projet] restructuring - **2.** [de taux d'intérêt] readjustment.

réamorcer [16] [reamɔrse] *vt* to start up again.

réanimation [reanimasjɔ̃] *nf* resuscitation ; **en ~** in intensive care.

réanimer [3] [reanime] *vt* to resuscitate.

réapparaître [91] [reaparɛtr] *vi* to reappear.

réapparition [reaparisjɔ̃] *nf* reappearance.

réapprendre [79] [reaprɑ̃dr] *vt* to relearn.

réarmement [rearməmɑ̃] *nm* rearmament.

réassort [reasɔr] *nm* - **1.** [action] restocking - **2.** [result] fresh stock.

réassurance [reasyrɑ̃s] *nf* reinsurance.

rébarbatif, **ive** [rebarbatif, iv] *adj* - **1.** [personne, visage] forbidding - **2.** [travail] daunting.

rebâtir [32] [rəbatir] *vt* to rebuild.

rebattre [83] [rəbatr] *vt* [cartes] to reshuffle.

rebattu, **e** [rəbaty] ◇ *pp* ▷ **rebattre**. ◇ *adj* overworked, hackneyed.

rebelle [rəbɛl] *adj* - **1.** [personne] rebellious ; [troupes] rebel *(avant n)* ; **~ à** [discipline] unamenable to - **2.** [mèche, boucle] unruly.

rebeller [4] [rəbɛle] ◆ **se rebeller** *vp* : **se ~ (contre)** to rebel (against).

rébellion [rebɛljɔ̃] *nf* rebellion.

rebiffer [3] [rəbife] ◆ **se rebiffer** *vp fam* **se ~ (contre)** to rebel (against).

reblochon [rəblɔʃɔ̃] *nm cow's-milk cheese from Haute-Savoie.*

reboiser [3] [rəbwaze] *vt* to reafforest *UK*, to reforest *US*.

rebond [rəbɔ̃] *nm* bounce.

rebondi, **e** [rəbɔ̃di] *adj* rounded.

rebondir [32] [rəbɔ̃dir] *vi* - **1.** [objet] to bounce ; [contre mur] to rebound - **2.** *fig* [affaire] to come to life (again).

rebondissement [rəbɔ̃dismɑ̃] *nm* [d'affaire] new development.

rebord [rəbɔr] *nm* [de table] edge ; [de fenêtre] sill, ledge.

reboucher [3] [rəbuʃe] *vt* [bouteille] to put the cork back in, to recork ; [trou] to fill in.

rebours [rəbur] ◆ **à rebours** *loc adv* the wrong way ; *fig* the wrong way round *UK ou* around *US*, back to front.

rebouteux, **euse** [rəbutø, øz], **rebouteur**, **euse** [rəbutœr, øz] *nm, f fam* bonesetter.

reboutonner [3] [rəbutɔne] *vt* to rebutton.

rebrousse-poil [rəbruspwal] ◆ **à rebrousse-poil** *loc adv* the wrong way ; **prendre qqn à ~** *fig* to rub sb up the wrong way.

rebrousser [3] [rəbruse] *vt* to brush back ; **~ chemin** *fig* to retrace one's steps.

rebuffade [rəbyfad] *nf* rebuff ; **essuyer une ~** to be rebuffed.

rébus [rebys] *nm* rebus.

rebut [rəby] *nm* scrap ; **mettre qqch au ~** to get rid of sthg, to scrap sthg.

rebutant, **e** [rəbytɑ̃, ɑ̃t] *adj* - **1.** [travail] disheartening - **2.** [manières] disgusting.

rebuter [3] [rəbyte] *vt* - **1.** [suj: travail] to dishearten - **2.** [suj: manières] to disgust.

récalcitrant, **e** [rekalsitrɑ̃, ɑ̃t] ◇ *adj* recalcitrant, stubborn. ◇ *nm, f* recalcitrant.

recaler [3] [rəkale] *vt fam* to fail.

récapitulatif, **ive** [rekapitylatif, iv] *adj* summary *(avant n)*.
◆ **récapitulatif** *nm* summary.

récapitulation [rekapitylasjɔ̃] *nf* recapitulation, recap.

récapituler [3] [rekapityle] *vt* to recapitulate, to recap.

recel [rəsɛl] *nm* [action] receiving *ou* handling stolen goods ; [délit] possession of stolen goods.

receler [25] [rəsəle] *vt* - **1.** [objet volé] to receive, to handle - **2.** *fig* [secret, trésor] to contain.

receleur, **euse** [rəsəlœr, øz] *nm, f* receiver *(of stolen goods)*.

récemment [resamɑ̃] *adv* recently.

recensement [rəsɑ̃smɑ̃] *nm* - **1.** [de population] census - **2.** [d'objets] inventory.

recenser [3] [rəsɑ̃se] *vt* - **1.** [population] to take a census of - **2.** [objets] to take an inventory of.

récent, **e** [resɑ̃, ɑ̃t] *adj* recent.

recentrer [3] [rəsɑ̃tre] *vt* to refocus.

récépissé [resepise] *nm* receipt.

réceptacle [resɛptakl] *nm* [lieu] gathering place.

récepteur, **trice** [resɛptœr, tris] *adj* receiving.
◆ **récepteur** *nm* receiver.

réceptif, **ive** [resɛptif, iv] *adj* receptive.

réception [resɛpsjɔ̃] *nf* - **1.** [gén] reception ; **donner une ~** to hold a reception - **2.** [de marchandises] receipt - **3.** [bureau] reception (desk), front desk *US* - **4.** SPORT [de sauteur, skieur] landing ; [du ballon, avec la main] catch ; **bonne ~ de X** [avec le pied] X traps the ball.

réceptionnaire [resɛpsjɔnɛr] *nmf* - **1.** [de marchandises] receiving clerk - **2.** [à l'hôtel] head of reception.

réceptionner [3] [resɛpsjɔne] *vt* - **1.** [marchandises] to take delivery of - **2.** [SPORT - avec la main] to catch ; [- avec le pied] to control.

réceptionniste [resɛpsjɔnist] *nmf* receptionist, desk clerk *US*.

récessif, **ive** [resesif, iv] *adj* recessive.

récession [resesjɔ̃] *nf* recession.

recette [rəsɛt] *nf* - **1.** COMM takings *(pl)* ; **faire ~** *fig* to be a success - **2.** CULIN recipe ; *fig* [méthode] recipe, formula.

recevable [rəsəvabl] *adj* - **1.** [excuse, offre] acceptable - **2.** DR admissible.

receveur, **euse** [rəsəvœr, øz] *nm, f* - **1.** ADMIN : **~ des impôts** tax collector ; **~ des postes** postmaster (*f* postmistress) - **2.** [de bus] conductor (*f* conductress) - **3.** [de greffe] recipient.

recevoir [52] [rəsəvwar] *vt* - **1.** [gén] to receive - **2.** [coup] to get, to receive - **3.** [invités] to entertain ; [client] to see ; **~ qqn à dîner** to have sb to dinner - **4.** SCOL & UNIV : **être reçu à un examen** to pass an exam.

◆ **se recevoir** *vp* SPORT to land.

rechange [rəʃɑ̃ʒ] ◆ **de rechange** *loc adj* spare ; *fig* alternative.

réchapper [3] [reʃape] *vi* : **~ de** to survive.

recharge [rəʃarʒ] *nf* - **1.** [cartouche] refill - **2.** [action - de batterie] recharging.

rechargeable [rəʃarʒabl] *adj* [batterie] rechargeable ; [briquet] refillable.

recharger [17] [rəʃarʒe] *vt* - **1.** [batterie] to recharge - **2.** [stylo, briquet] to refill - **3.** [arme, camion, appareil-photo] to reload.

réchaud [reʃo] *nm* (portable) stove.

réchauffé, **e** [reʃofe] *adj* [plat] reheated ; *fig* rehashed.

réchauffement [reʃofmɑ̃] *nm* warming (up).

réchauffer [3] [reʃofe] *vt* - **1.** [nourriture] to reheat - **2.** [personne] to warm up.

◆ **se réchauffer** *vp* to warm up.

rêche [rɛʃ] *adj* rough.

recherche [rəʃɛrʃ] *nf* - **1.** [quête & INFORM] search ; **être à la ~ de** to be in search of ; **se mettre** *OU* **partir à la ~ de** to go in search of ; **faire** *OU* **effectuer des ~s** to make inquiries - **2.** [sciences] research ; **faire de la ~** to do research - **3.** [raffinement] elegance.

recherché, **e** [rəʃɛrʃe] *adj* - **1.** [ouvrage] sought-after - **2.** [raffiné - vocabulaire] refined ; [- mets] exquisite.

rechercher [3] [rəʃɛrʃe] *vt* - **1.** [objet, personne] to search for, to hunt for - **2.** [compagnie] to seek out.

rechigner [3] [rəʃiɲe] *vi* : **~ à** to balk at.

rechute [rəʃyt] *nf* relapse.

rechuter [3] [rəʃyte] *vi* to relapse.

récidive [residiv] *nf* - **1.** DR repeat offence *UK* *OU* offense *US* - **2.** MÉD recurrence.

récidiver [3] [residive] *vi* - **1.** DR to commit another offence *UK* *OU* offense *US* - **2.** MÉD to recur.

récidiviste [residivist] *nmf* repeat *OU* persistent offender.

récif [resif] *nm* reef ; **~ de corail** coral reef.

récipiendaire [resipjɑ̃dɛr] *nmf* *sout* - **1.** [dans assemblée] newly elected member - **2.** [de diplôme] recipient.

récipient [resipjɑ̃] *nm* container.

réciproque [resiprɔk] ◇ *adj* reciprocal. ◇ *nf* : **la ~** the reverse.

réciproquement [resiprɔkmɑ̃] *adv* mutually ; **et ~** and vice versa.

récit [resi] *nm* story.

récital, **als** [resital] *nm* recital.

récitatif [resitatif] *nm* recitative.

récitation [resitasjɔ̃] *nf* recitation.

réciter [3] [resite] *vt* to recite.

réclamation [reklamasjɔ̃] *nf* complaint ; **faire/déposer une ~** to make/lodge a complaint.

réclame [reklam] *nf* - **1.** [annonce] advert *UK*, advertisement - **2.** [publicité] : **la ~** advertising - **3.** [promotion] : **en ~** on special offer.

réclamer [3] [reklame] *vt* - **1.** [demander] to ask for, to request ; [avec insistance] to demand - **2.** [nécessiter] to require, to demand.

◆ **se réclamer** *vp* : **se ~ de** [mouvement] to identify with.

reclasser [3] [rəklase] *vt* - **1.** [dossiers] to refile - **2.** [chômeur] to find a new job for - **3.** ADMIN to regrade.

reclus, **e** [rəkly, yz] ◇ *adj* *sout* reclusive. ◇ *nm, f* recluse.

réclusion [reklyzjɔ̃] *nf* imprisonment ; **~ à perpétuité** life imprisonment.

recoiffer [3] [rəkwafe] *vt* : **~ qqn** to do sb's hair again.

◆ **se recoiffer** *vp* to do one's hair again.

recoin [rəkwɛ̃] *nm* nook.

reçois, **reçoit** *(etc)* ▷ **recevoir**.

recoller [3] [rəkɔle] *vt* [objet brisé] to stick back together.

récolte [rekɔlt] *nf* - **1.** [AGRIC - action] harvesting *(U)*, gathering *(U)* ; [- produit] harvest, crop - **2.** *fig* collection.

récolter [3] [rekɔlte] *vt* to harvest ; *fig* to collect.

recommandable [rəkɔmɑ̃dabl] *adj* commendable ; **peu ~** undesirable.

recommandation [rəkɔmɑ̃dasjɔ̃] *nf* recommendation.

recommandé, **e** [rəkɔmɑ̃de] *adj* - **1.** [envoi] registered ; **envoyer qqch en ~** to send sthg by registered post *UK ou* mail *US* - **2.** [conseillé] advisable ; **ce n'est pas très ~** it's not really a good idea, it's not very advisable.

recommander [3] [rəkɔmɑ̃de] *vt* to recommend ; **~ à qqn de faire qqch** to advise sb to do sthg ; **~ qqn à qqn** to recommend sb to sb.

◆ **se recommander** *vp* - **1.** [se réclamer] : **se ~ de qqn** to use sb as a referee - **2.** [invoquer la protection de] : **se ~ à qqn** to commend o.s. to sb - **3.** *helvétisme* [insister] to be persistent.

recommencement [rəkɔmɑ̃smɑ̃] *nm* new beginning.

recommencer [16] [rəkɔmɑ̃se] ◇ *vt* [travail] to start *ou* begin again ; [erreur] to make again ; **~ à faire qqch** to start *ou* begin doing sthg again. ◇ *vi* to start *ou* begin again ; **ne recommence pas!** don't do that again!

récompense [rekɔ̃pɑ̃s] *nf* reward ; **en ~ de** as a reward for.

récompenser [3] [rekɔ̃pɑ̃se] *vt* to reward.

recompter [3] [rəkɔ̃te] *vt* to recount.

réconciliation [rekɔ̃siljasjɔ̃] *nf* reconciliation.

réconcilier [9] [rekɔ̃silje] *vt* to reconcile.

◆ **se réconcilier** *vp* : **se ~ avec** to make it up with.

reconductible [rəkɔ̃dyktibl] *adj* renewable.

reconduction [rəkɔ̃dyksjɔ̃] *nf* renewal.

reconduire [98] [rəkɔ̃dɥir] *vt* - **1.** [personne] to accompany, to take - **2.** [politique, bail] to renew.

reconduit, **e** [rəkɔ̃dɥi, it] *pp* ▷ **reconduire**.

réconfort [rekɔ̃fɔr] *nm* comfort ; **chercher ~ dans** to seek comfort *ou* solace in.

réconfortant, **e** [rekɔ̃fɔrtɑ̃, ɑ̃t] *adj* comforting.

réconforter [3] [rekɔ̃fɔrte] *vt* to comfort.

reconnaissable [rəkɔnɛsabl] *adj* recognizable.

reconnaissance [rəkɔnɛsɑ̃s] *nf* - **1.** [gén] recognition ; **~ de la parole/vocale** INFORM speech/voice recognition - **2.** [aveu] acknowledgment, admission ; **~ de dette** acknowledgment of a debt, IOU - **3.** MIL reconnaissance ; **aller/partir en ~** to go out on reconnaissance - **4.** [gratitude] gratitude ; **exprimer sa ~ à qqn** to show *ou* express one's gratitude to sb.

reconnaissant, **e** [rəkɔnɛsɑ̃, ɑ̃t] *adj* grateful ; **je vous en suis très ~** I am very grateful to you (for it) ; **je vous serais ~ de m'aider** I would be grateful if you would help me.

reconnaître [91] [rəkɔnɛtr] *vt* - **1.** [gén] to recognize - **2.** [erreur] to admit, to acknowledge - **3.** MIL to reconnoitre.

◆ **se reconnaître** *vp* - **1.** [s'identifier] to recognize o.s. ; **se ~ dans** *ou* **en qqn** to see o.s. in sb - **2.** [s'orienter] to know where one is, to get one's bearings - **3.** [s'avouer] : **se ~ coupable** to admit one's guilt.

reconnu, **e** [rəkɔny] ◇ *pp* ▷ **reconnaître**. ◇ *adj* well-known.

reconquérir [39] [rəkɔ̃kerir] *vt* to reconquer.

reconquête [rəkɔ̃kɛt] *nf* reconquest.

reconquis, **e** [rəkɔki, iz] *pp* ▷ **reconquérir**.

reconquiers, **reconquiert** *(etc)* ▷ **reconquérir**.

reconsidérer [18] [rəkɔ̃sidere] *vt* to reconsider.

reconstituant, **e** [rəkɔ̃stitɥɑ̃, ɑ̃t] *adj* invigorating.

◆ **reconstituant** *nm* tonic.

reconstituer [7] [rəkɔ̃stitɥe] *vt* - **1.** [puzzle] to put together - **2.** [crime, délit] to reconstruct.

reconstitution [rəkɔ̃stitysjɔ̃] *nf* - **1.** [de puzzle] putting together - **2.** [de crime, délit] reconstruction ; **~ historique** CINÉ & TV dramatic reconstruction.

reconstruction [rəkɔ̃stryksjɔ̃] *nf* reconstruction, rebuilding.

reconstruire [98] [rəkɔ̃strɥir] *vt* to reconstruct, to rebuild.

reconstruit, **e** [rəkɔ̃strɥi, it] *pp* ▷ **reconstruire**.

reconversion [rəkɔ̃vɛrsjɔ̃] *nf* - **1.** [d'employé] redeployment - **2.** [d'usine, de société] conversion ; **opérer une ~** to restructure ; **~ économique/technique** economic/technical restructuring.

reconvertir [32] [rəkɔ̃vɛrtir] *vt* - **1.** [employé] to redeploy - **2.** [économie] to restructure.

◆ **se reconvertir** *vp* : **se ~ dans** to move into.

recopier [9] [rəkɔpje] *vt* to copy out.

record [rəkɔr] ◇ *nm* record ; **détenir/améliorer/battre un ~** to hold/improve/beat a record. ◇ *adj inv* record *(avant n)*.

recordman [rəkɔrdman] (*pl* **recordmen** [-mɛn]) *nm* record holder.

recoucher [3] [rəkuʃe] *vt* to put back to bed. ◆ **se recoucher** *vp* to go back to bed.

recoudre [86] [rəkudr] *vt* to sew (up) again.

recoupement [rəkupmɑ̃] *nm* cross-check ; **par ~** by cross-checking.

recouper [3] [rəkupe] *vt* - **1.** [pain] to cut again - **2.** COUT to recut - **3.** *fig* [témoignages] to compare, to cross-check.
◆ **se recouper** *vp* - **1.** [lignes] to intersect - **2.** [témoignages] to match up.

recourber [3] [rəkurbe] *vt* to bend (over).

recourir [45] [rəkurir] *vi* : **~ à** [médecin, agence] to turn to ; [force, mensonge] to resort to.

recourrai, **recourras** *(etc)* ▷ **recourir**.

recours[1], **recourt** *(etc)* ▷ **recourir**.

recours[2] [rəkur] *nm* - **1.** [emploi] : **~ à** use of ; **avoir ~ à** [médecin, agence] to turn to ; [force, mensonge] to resort to, to have recourse to - **2.** [solution] solution, way out ; **en dernier ~** as a last resort - **3.** DR action ; **~ en cassation** appeal ; **~ en justice** legal action ; **sans ~** without appeal ; *fig* final.

recouru [rəkury] *pp inv* ▷ **recourir**.

recouvert, **e** [rəkuvɛr, ɛrt] *pp* ▷ **recouvrir**.

recouvrable [rəkuvrabl] *adj* recoverable.

recouvrement [rəkuvrəmɑ̃] *nm* - **1.** [de surface] covering - **2.** [de dettes, d'impôts] collection.

recouvrer [3] [rəkuvre] *vt* - **1.** [vue, liberté] to regain - **2.** [dettes, impôts] to collect.

recouvrir [34] [rəkuvrir] *vt* - **1.** [gén] to cover ; [fauteuil] to re-cover - **2.** [personne] to cover (up).
◆ **se recouvrir** *vp* - **1.** [tuiles] to overlap - **2.** [surface] : **se ~ (de)** to be covered (with).

recracher [3] [rəkraʃe] *vt* to spit out.

récréatif, **ive** [rekreatif, iv] *adj* entertaining.

récréation [rekreasjɔ̃] *nf* - **1.** [détente] relaxation, recreation - **2.** SCOL break *UK*, recess *US*.

recréer [15] [rəkree] *vt* to recreate.

récrier [10] [rekrije] ◆ **se récrier** *vp sout* **se ~ (à)** to exclaim (at).

récrimination [rekriminasjɔ̃] *nf* complaint.

récriminer [3] [rekrimine] *vi* to complain.

récrire [rekrir], **réécrire** [99] [reekrir] *vt* to rewrite.

recroqueviller [3] [rəkrɔkvije] ◆ **se recroqueviller** *vp* to curl up.

recru, **e** [rəkry] *adj* : **~ de fatigue** *litt* exhausted.
◆ **recrue** *nf* recruit.

recrudescence [rəkrydɛsɑ̃s] *nf* renewed outbreak.

recrutement [rəkrytmɑ̃] *nm* recruitment.

recruter [3] [rəkryte] *vt* to recruit.

rectal, **e**, **aux** [rɛktal, o] *adj* rectal.

rectangle [rɛktɑ̃gl] *nm* rectangle.

rectangulaire [rɛktɑ̃gylɛr] *adj* rectangular.

recteur [rɛktœr] *nm* SCOL *chief administrative officer of an education authority*, ≃ (Chief) Education Officer *UK*.

rectificatif, **ive** [rɛktifikatif, iv] *adj* correcting.
◆ **rectificatif** *nm* correction.

rectification [rɛktifikasjɔ̃] *nf* - **1.** [correction] correction - **2.** [de tir] adjustment.

rectifier [9] [rɛktifje] *vt* - **1.** [tir] to adjust - **2.** [erreur] to rectify, to correct ; [calcul] to correct.

rectiligne [rɛktiliɲ] *adj* rectilinear.

recto [rɛkto] *nm* right side ; **~ verso** on both sides.

rectorat [rɛktɔra] *nm* SCOL *offices of the education authority*, ≃ Education Offices *UK*.

rectum [rɛktɔm] *nm* rectum.

reçu, **e** [rəsy] *pp* ▷ **recevoir**.
◆ **reçu** *nm* receipt.

recueil [rəkœj] *nm* collection.

recueillement [rəkœjmɑ̃] *nm* meditation.

recueillir [41] [rəkœjir] *vt* - **1.** [fonds] to collect - **2.** [suffrages] to win - **3.** [enfant] to take in.
◆ **se recueillir** *vp* to meditate.

recuire [98] [rəkɥir] *vt* & *vi* to recook.

recul [rəkyl] *nm* - **1.** [mouvement arrière] step backwards ; MIL retreat - **2.** [d'arme à feu] recoil - **3.** [de civilisation] decline ; [d'inflation, de chômage] : **~ (de)** downturn (in) - **4.** *fig* [retrait] : **prendre du ~** to stand back ; **avec du ~** with hindsight.

reculade [rəkylad] *nf* retreat.

reculé, **e** [rəkyle] *adj* distant.

reculer [3] [rəkyle] ◇ *vt* - **1.** [voiture] to back up - **2.** [date] to put back, to postpone. ◇ *vi* - **1.** [aller en arrière] to move backwards ; [voiture] to reverse ; **ne ~ devant rien** *fig* to stop at nothing - **2.** [maladie, pauvreté] to be brought under control.

reculons [rəkylɔ̃] ◆ **à reculons** *adv* backwards.

récupération [rekyperasjɔ̃] *nf* [de déchets] salvage.

récupérer [18] [rekypere] ◇ *vt* - **1.** [objet] to get back - **2.** [déchets] to salvage - **3.** [idée] to pick up - **4.** [journée] to make up. ◇ *vi* to recover, to recuperate.

récurer [3] [rekyre] *vt* to scour.

récurrent, e [rekyrɑ̃, ɑ̃t] *adj* recurrent.

récuser [3] [rekyze] *vt* - **1.** DR to challenge - **2.** *sout* [refuser] to reject.

◆ **se récuser** *vp sout* to decline to give an opinion.

recyclage [rəsiklaʒ] *nm* - **1.** [d'employé] retraining - **2.** [de déchets] recycling.

recycler [3] [rəsikle] *vt* - **1.** [employé] to retrain - **2.** [déchets] to recycle.

◆ **se recycler** *vp* [employé] to retrain.

rédacteur, trice [redaktœr, tris] *nm, f* [de journal] subeditor ; [d'ouvrage de référence] editor ; **~ en chef** editor-in-chief.

rédaction [redaksjɔ̃] *nf* - **1.** [de texte] editing - **2.** SCOL essay - **3.** [personnel] editorial staff.

rédactionnel, elle [redaksjɔnɛl] *adj* editorial.

reddition [redisjɔ̃] *nf* surrender.

redécouvrir [34] [rədekuvrir] *vt* to rediscover.

redéfinir [32] [rədefinir] *vt* to redefine.

redéfinition [rədefinisjɔ̃] *nf* redefinition.

redemander [3] [rədəmɑ̃de] *vt* to ask again for.

redémarrer [3] [rədemare] *vi* to start again ; *fig* to get going again ; INFORM to reboot, to restart.

rédempteur, trice [redɑ̃ptœr, tris] ◇ *adj* redeeming. ◇ *nm, f* redeemer.

rédemption [redɑ̃psjɔ̃] *nf* redemption.

redéploiement [rədeplwamɑ̃] *nm* redeployment.

redescendre [73] [rədesɑ̃dr] ◇ *vt (aux: avoir)* - **1.** [escalier] to go/come down again - **2.** [objet - d'une étagère] to take down again. ◇ *vi (aux: être)* to go/come down again.

redevable [rədəvabl] *adj* : **être ~ de 20 euros à qqn** to owe sb 20 euros ; **être ~ à qqn de qqch** [service] to be indebted to sb for sthg.

redevance [rədəvɑ̃s] *nf* [de radio, télévision] licence *UK ou* license *US* fee ; [téléphonique] rental (fee).

redevenir [40] [rədəvnir] *vi* to become again.

rédhibitoire [redibitwar] *adj* [défaut] crippling ; [prix] prohibitive.

rediffuser [3] [rədifyze] *vt* to broadcast again, to repeat.

rediffusion [rədifyzjɔ̃] *nf* repeat.

rédiger [17] [rediʒe] *vt* to write.

redimensionner [3] [radimɑ̃sjɔne] *vt* INFORM to resize.

redingote [rədɛ̃gɔt] *nf* [de femme] coat ; HIST frock coat.

redire [102] [rədir] *vt* to repeat ; **avoir** *ou* **trouver à ~ à qqch** *fig* to find fault with sthg.

redistribuer [7] [rədistribɥe] *vt* to redistribute.

redistribution [rədistribysjɔ̃] *nf* redistribution.

redit, e [rədi, it] *pp* ▷ **redire**.

redite [rədit] *nf* repetition.

redondance [rədɔ̃dɑ̃s] *nf* redundancy.

redonner [3] [rədɔne] *vt* to give back ; [confiance, forces] to restore.

redoublant, e [rədublɑ̃, ɑ̃t] *nm, f* pupil who is repeating a year.

redoublé, e [rəduble] *adj* : **à coups ~s** twice as hard.

redoubler [3] [rəduble] ◇ *vt* - **1.** [syllabe] to reduplicate - **2.** [efforts] to intensify - **3.** SCOL to repeat. ◇ *vi* to intensify ; **~ d'efforts** to redouble one's efforts ; **le vent redoubla de fureur** the wind blew twice as hard.

redoutable [rədutabl] *adj* formidable.

redouter [3] [rədute] *vt* to fear.

redoux [rədu] *nm* thaw.

redressement [rədrɛsmɑ̃] *nm* - **1.** [de pays, d'économie] recovery - **2.** DR : **~ fiscal** payment of back taxes.

redresser [4] [rədrɛse] ◇ *vt* - **1.** [poteau, arbre] to put *ou* set upright ; **~ la tête** to raise one's head ; *fig* to hold up one's head - **2.** [situation] to set right. ◇ *vi* AUTO to straighten up.

◆ **se redresser** *vp* - **1.** [personne] to stand *ou* sit straight - **2.** [pays] to recover.

redresseur [rədrɛsœr] *nm* : **~ de torts** righter of wrongs.

réducteur, trice [redyktœr, tris] *adj* - **1.** [de quantité] reducing - **2.** [limitatif] simplistic.

◆ **réducteur** *nm* CHIM reducing agent.

réduction [redyksjɔ̃] *nf* - **1.** [gén] reduction ; **bénéficier d'une ~** to get a reduction - **2.** MÉD setting.

réduire [98] [redɥir] ◇ *vt* - **1.** [gén] to reduce ; **~ en** to reduce to ; **~ qqn à qqch/à faire qqch** to reduce sb to sthg/to doing sthg ; **être réduit à faire qqch** to be reduced to doing sthg - **2.** INFORM to minimize - **3.** MÉD to set - **4.** *helvétisme* [ranger] to put away. ◇ *vi* CULIN to reduce ; **faire ~** to reduce.

◆ **se réduire** *vp* - **1.** [se restreindre] to cut down - **2.** [se ramener] : **se ~ à** to come *ou* boil down to - **3.** [se transformer] : **se ~ en** to be reduced to.

réduisais, **réduisions** *(etc)* ▷ **réduire**.

réduit, **e** [redɥi, it] ◇ *pp* ▷ **réduire**. ◇ *adj* reduced.

◆ **réduit** *nm* - **1.** [local] small room - **2.** [renfoncement] recess.

rééchelonner [3] [reeʃlɔne] *vt* to reschedule.

réécrire = **récrire**.

rééditer [3] [reedite] *vt* - **1.** [œuvre, auteur] to republish - **2.** *fam* [méfaits] to give a repeat performance of.

réédition [reedisjɔ̃] *nf* new edition.

rééducation [reedykasjɔ̃] *nf* - **1.** [de membre] re-education - **2.** [de délinquant, malade] rehabilitation, rehab *US*.

rééduquer [3] [reedyke] *vt* - **1.** [membre] to re-educate - **2.** [délinquant, malade] to rehabilitate, to rehab *US*.

réel, **elle** [reɛl] *adj* real.

◆ **réel** *nm* : **le ~** reality.

réélection [reelɛksjɔ̃] *nf* reelection.

réélire [106] [reelir] *vt* to reelect.

réellement [reɛlmɑ̃] *adv* really.

réembaucher [3] [reɑ̃boʃe] *vt* to take on again.

réemploi = **remploi**.

réemployer = **remployer**.

réengager = **rengager**.

rééquilibrer [3] [reekilibre] *vt* to balance (again).

réescompte [reɛskɔ̃t] *nm* rediscount.

réessayer [reeseje], **ressayer** [11] [rɛseje] *vt* to try again.

réévaluer [7] [reevalɥe] *vt* to revalue.

réexaminer [3] [reɛgzamine] *vt* to re-examine.

réexpédier [9] [reɛkspedje] *vt* to send back.

réexporter [3] [reɛkspɔrte] *vt* to reexport.

réf. (*abr écrite de* **référence**) ref.

refaire [109] [rəfɛr] *vt* - **1.** [faire de nouveau - travail, devoir] to do again ; [- voyage] to make again - **2.** [mur, toit] to repair - **3.** *fam* [personne] to take in.

◆ **se refaire** *vp* - **1.** [se rétablir] : **se ~ une santé** to recover (one's health) - **2.** [se réhabituer] : **se ~ à qqch** to get used to sthg again - **3.** *fam* [au jeu] to make up *ou* win back one's losses.

refaisais, **refaisions** *(etc)* ▷ **refaire**.

refait, **e** [rəfɛ, ɛt] *pp* ▷ **refaire**.

refasse, **refasses** *(etc)* ▷ **refaire**.

réfection [refɛksjɔ̃] *nf* repair.

réfectoire [refɛktwar] *nm* refectory.

référé [refere] *nm* [procédure] special hearing ; [arrêt] temporary ruling ; [ordonnance] temporary injunction.

référence [referɑ̃s] *nf* reference ; **faire ~ à** to refer to.

◆ **références** *nfpl* references.

référendum [referɛ̃dɔm] *nm* referendum.

référer [18] [refere] *vi* : **en ~ à qqn** to refer the matter to sb.

◆ **se référer** *vp* : **se ~ à** to refer to.

refermer [3] [rəfɛrme] *vt* to close *ou* shut again.

refiler [3] [rəfile] *vt fam* **~ qqch à qqn** [objet] to palm sthg off on sb ; [maladie] to give sthg to sb.

réfléchi, **e** [refleʃi] *adj* - **1.** [action] considered ; **c'est tout ~** I've made up my mind, I've decided - **2.** [personne] thoughtful - **3.** GRAMM reflexive.

réfléchir [32] [refleʃir] ◇ *vt* - **1.** [refléter] to reflect - **2.** [penser] : **~ que** to think *ou* reflect that. ◇ *vi* to think, to reflect ; **~ à** *ou* **sur qqch** to think about sthg.

◆ **se réfléchir** *vp* to be reflected.

réfléchissant, **e** [refleʃisɑ̃, ɑ̃t] *adj* reflective.

réflecteur [reflɛktœr] *nm* reflector.

reflet [rəflɛ] *nm* - **1.** [image] reflection - **2.** [de lumière] glint.

refléter [18] [rəflete] *vt* to reflect.

◆ **se refléter** *vp* - **1.** [se réfléchir] to be reflected - **2.** [transparaître] to be mirrored.

refleurir [32] [rəflœrir] *vi* - **1.** [fleurir à nouveau] to flower again - **2.** *fig* [art] to flourish again.

reflex [reflɛks] ◇ *nm* reflex camera. ◇ *adj* reflex *(avant n)*.

réflexe [reflɛks] ◇ *nm* reflex. ◇ *adj* reflex *(avant n)*.

réflexion [reflɛksjɔ̃] *nf* - **1.** [de lumière, d'ondes] reflection - **2.** [pensée] reflection, thought ; **à la ~** on second thoughts ; **~ faite** on reflection - **3.** [remarque] remark.

refluer [3] [rəflye] *vi* - **1.** [liquide] to flow back - **2.** [foule] to flow back ; [avec violence] to surge back.

reflux [rəfly] *nm* - **1.** [d'eau] ebb - **2.** [de personnes] backward surge.

refondre [75] [rəfɔ̃dr] *vt* - **1.** [métal] to remelt - **2.** [ouvrage] to recast.

refonte [rəfɔ̃t] *nf* - **1.** [de métal] remelting - **2.** [d'ouvrage] recasting - **3.** [d'institution, de système] overhaul, reshaping.

reforestation [rəfɔrɛstasjɔ̃] *nf* reforestation.

réformateur, **trice** [refɔrmatœr, tris] ◇ *adj* reforming. ◇ *nm, f* - **1.** [personne] reformer - **2.** RELIG Reformer.

réforme [refɔrm] *nf* reform.

réformé, **e** [refɔrme] *adj* & *nm, f* Protestant.
◆ **réformé** *nm* MIL *soldier who has been invalided out.*

reformer [3] [rəfɔrme] *vt* to re-form.
◆ **se reformer** *vp* to reform.

réformer [3] [refɔrme] *vt* - **1.** [améliorer] to reform, to improve - **2.** MIL to invalid out *UK* - **3.** [matériel] to scrap.

réformisme [refɔrmism] *nm* reformism.

réformiste [refɔrmist] *adj* & *nmf* reformist.

refoulé, **e** [rəfule] ◇ *adj* repressed, frustrated. ◇ *nm, f* repressed person.

refoulement [rəfulmɑ̃] *nm* - **1.** [de personnes] repelling - **2.** PSYCHO repression.

refouler [3] [rəfule] *vt* - **1.** [personnes] to repel, to repulse - **2.** PSYCHO to repress.

réfractaire [refraktɛr] ◇ *adj* - **1.** [rebelle] insubordinate ; **~ à** resistant to ; **être ~ à la loi** to flout the law - **2.** HIST [prêtre] non-juring - **3.** [matière] refractory. ◇ *nmf* insubordinate.

refrain [rəfrɛ̃] *nm* MUS refrain, chorus ; **c'est toujours le même ~** *fam fig* it's always the same old story.

refréner [18] [rəfrene] *vt* to check, to hold back.
◆ **se refréner** *vp* to control o.s.

réfrigérant, **e** [refriʒerɑ̃, ɑ̃t] *adj* - **1.** [liquide] refrigerating, refrigerant - **2.** *fam* [accueil] icy.

réfrigérateur [refriʒeratœr] *nm* refrigerator.

réfrigération [refriʒerasjɔ̃] *nf* refrigeration.

réfringent, **e** [refrɛ̃ʒɑ̃, ɑ̃t] *adj* refractive.

refroidir [32] [rəfrwadir] ◇ *vt* - **1.** [plat] to cool - **2.** [décourager] to discourage - **3.** *fam* [tuer] to rub out, to do in. ◇ *vi* to cool.
◆ **se refroidir** *vp* - **1.** [temps] to get *ou* turn colder - **2.** [ardeur] to cool.

refroidissement [rəfrwadismɑ̃] *nm* - **1.** [de température] drop, cooling - **2.** [grippe] chill - **3.** *fig* [de sentiment] cooling off.

refuge [rəfyʒ] *nm* - **1.** [abri] refuge ; **chercher ~ auprès de qqn** to seek refuge with sb - **2.** [de montagne] hut - **3.** [sur chaussée] traffic island.

réfugié, **e** [refyʒje] ◇ *adj* refugee *(avant n).* ◇ *nm, f* refugee.

réfugier [9] [refyʒje] ◆ **se réfugier** *vp* to take refuge.

refus [rəfy] *nm inv* refusal ; **ce n'est pas de ~** *fam* I wouldn't say no ; **essuyer un ~** to meet with a refusal.

refuser [3] [rəfyze] *vt* - **1.** [repousser] to refuse ; **~ de faire qqch** to refuse to do sthg - **2.** [contester] : **~ qqch à qqn** to deny sb sthg - **3.** [clients, spectateurs] to turn away - **4.** [candidat] : **être refusé** to fail.
◆ **se refuser** *vp* : **se ~ à faire qqch** to refuse to do sthg ; **se ~ à tout commentaire** to refuse to make any comment ; **ne rien se ~** not to stint o.s.

réfutation [refytasjɔ̃] *nf* refutation.

réfuter [3] [refyte] *vt* to refute.

regagner [3] [rəgaɲe] *vt* - **1.** [reprendre] to regain, to win back - **2.** [revenir à] to get back to.

regain [rəgɛ̃] *nm* - **1.** [herbe] second crop - **2.** [retour] : **un ~ de** a revival of, a renewal of ; **un ~ de vie** a new lease of life.

régal, **als** [regal] *nm* treat, delight.

régaler [3] [regale] *vt* to treat ; **c'est moi qui régale!** it's my treat!
◆ **se régaler** *vp* : **je me régale** [nourriture] I'm thoroughly enjoying it ; [activité] I'm having the time of my life.

regard [rəgar] *nm* look ; **soutenir le ~ de qqn** *fig* to be able to look sb straight in the eye ; **fusiller** *ou* **foudroyer qqn du ~** *fig* to glare at sb, to look daggers at sb.
◆ **au regard de** *loc prép* in relation to, with regard to.
◆ **en regard de** *loc prép* compared with.

regardant, **e** [rəgardɑ̃, ɑ̃t] *adj* - **1.** *fam* [économe] mean - **2.** [minutieux] : **être très/peu ~ sur qqch** to be very/not very particular about sthg.

regarder [3] [rəgarde] ◇ *vt* - **1.** [observer, examiner, consulter] to look at ; [télévision, spectacle] to watch ; **~ qqn faire qqch** to watch sb doing sthg ; **~ les trains passer** to watch the trains go by - **2.** [considérer] to consider, to regard ; **~ qqn/qqch comme** to regard sb/sthg as, to consider sb/sthg as - **3.** [concerner] to concern ; **cela ne te regarde pas** it's none of your business. ◇ *vi* - **1.** [observer, examiner] to look - **2.** [faire attention] : **sans ~ à la dépense** regardless of the expense ; **y ~ à deux fois** to think twice about it.
◆ **se regarder** *vp* - **1.** [emploi réfléchi] to look at o.s. - **2.** [emploi réciproque] to look at one another.

regarnir [32] [rəgarnir] *vt* to refill, to restock.

régate [regat] *nf (gén pl)* regatta.

régence [reʒɑ̃s] *nf* regency.
◆ **Régence** *nf* HIST : **la Régence** the Regency.

régénérer [18] [reʒenere] *vt* to regenerate.
◆ **se régénérer** *vp* to regenerate.

régent, e [reʒɑ̃, ɑ̃t] *nm, f* regent.

régenter [3] [reʒɑ̃te] *vt* : **vouloir tout ~** *péj* to want to be the boss.

reggae [rege] *nm & adj inv* reggae.

régie [reʒi] *nf* - **1.** [entreprise] state-controlled company - **2.** RADIO & TV [pièce] control room ; CINÉ, THÉÂTRE & TV [équipe] production team.

regimber [3] [rəʒɛ̃be] *vi* to balk.

régime [reʒim] *nm* - **1.** [politique] regime ; **l'Ancien Régime** the Ancien Regime - **2.** [administratif] system ; **~ carcéral** prison regime ; **~ de Sécurité sociale** *subdivision of the French social security system applying to certain professional groups* - **3.** [alimentaire] diet ; **se mettre au/suivre un ~** to go on/to be on a diet ; **~ amincissant** slimming diet - **4.** [de moteur] speed - **5.** [de fleuve, des pluies] cycle - **6.** [de bananes, dattes] bunch.

régiment [reʒimɑ̃] *nm* - **1.** MIL regiment - **2.** *fam* [grande quantité] : **un ~ de** masses of, loads of.

région [reʒjɔ̃] *nf* region ; **~ parisienne** Paris area *ou* region.

Régions

Mainland France and the Mediterranean island of Corsica form the 21 regions of the *Métropole*. In addition, France possesses four overseas regions, each of which is divided into *départments*. The regions have been gaining importance in French politics, gradually replacing the long-standing distinction between Paris and *Province*, the rest of France. Inhabitants of each region elect a regional council to make decisions on education, culture, land use and planning. In Belgium, there are three regions, all of which have predominantly economic roles: the capital, Brussels, and the Flemish and Walloon regions.

régional, e, aux [reʒjɔnal, o] *adj* regional.

régionalisation [reʒjɔnalizasjɔ̃] *nf* regionalization.

régionalisme [reʒjɔnalism] *nm* regionalism.

régionaliste [reʒjɔnalist] *nmf & adj* regionalist.

régir [32] [reʒir] *vt* to govern.

régisseur [reʒisœr] *nm* - **1.** [intendant] steward - **2.** [de théâtre] stage manager.

registre [rəʒistr] *nm* [gén] register ; **~ du commerce** trade register ; **~ de comptabilité** ledger ; **~s publics d'état civil** register *(sing)* of births, marriages and deaths.

réglable [reglabl] *adj* - **1.** [adaptable] adjustable - **2.** [payable] payable.

réglage [reglaʒ] *nm* adjustment, setting.

règle [rɛgl] *nf* - **1.** [instrument] ruler ; **~ graduée** graduated ruler - **2.** [principe, loi] rule ; **je suis en ~** my papers are in order ; **mets-toi en ~** get your papers in order ; **être de ~** to be the rule.

◆ **en règle générale** *loc adv* as a general rule.

◆ **règles** *nfpl* [menstruation] period *(sing)*.

réglé, e [regle] *adj* - **1.** [organisé] regular, well-ordered - **2.** [papier] lined, ruled.

réglée [regle] *adj f* : **être ~** to have periods, to menstruate.

règlement [rɛgləmɑ̃] *nm* - **1.** [résolution] settling ; **~ de comptes** *fig* settling of scores ; **~ judiciaire** liquidation - **2.** [règle] regulation ; **observer le ~** to follow the rules *ou* regulations - **3.** [paiement] settlement.

réglementaire [rɛgləmɑ̃tɛr] *adj* - **1.** [régulier] statutory - **2.** [imposé] regulation *(avant n)*.

réglementation [rɛgləmɑ̃tasjɔ̃] *nf* - **1.** [action] regulation - **2.** [ensemble de règles] regulations *(pl)*, rules *(pl)* ; **~ du travail/commerce** work/commercial regulations.

réglementer [3] [rɛgləmɑ̃te] *vt* to control, to regulate.

régler [18] [regle] *vt* - **1.** [affaire, conflit] to settle, to sort out - **2.** [appareil] to adjust - **3.** [payer - note] to settle, to pay ; [- commerçant] to pay.

◆ **se régler** *vp* - **1.** [suivre] : **se ~ sur qqn** to model o.s. on sb - **2.** [affaire, conflit] to be sorted out, to be settled.

réglisse [reglis] *nf* liquorice ***UK***, licorice ***US***.

réglo [reglo] *adj inv* ***fam*** straight.

régnant, e [reɲɑ̃, ɑ̃t] *adj* [monarque] reigning.

règne [rɛɲ] *nm* - **1.** [de souverain] reign ; **sous le ~ de** in the reign of - **2.** [pouvoir] rule - **3.** BIOL kingdom.

régner [18] [reɲe] *vi* - **1.** [souverain] to rule, to reign - **2.** [silence] to reign.

regonfler [3] [rəgɔ̃fle] *vt* - **1.** [pneu, ballon] to blow up again, to reinflate - **2.** ***fam*** [personne] to cheer up.

regorger [17] [rəgɔrʒe] *vi* : **~ de** to be abundant in.

régresser [4] [regrese] *vi* - **1.** [sentiment, douleur] to diminish - **2.** [personne] to regress.

régressif, ive [regresif, iv] *adj* regressive, backward.

régression [regresjɔ̃] *nf* - **1.** [recul] decline - **2.** PSYCHO regression.

regret [rəgrɛ] *nm* : **~ (de)** regret (for) ; **tous mes ~s** I'm very sorry ; **à ~** with regret ; **sans ~** with no regrets ; **avoir le** *ou* **être au ~ d'informer qqn de** to be sorry *ou* to regret to inform sb of.

regrettable [rəgrɛtabl] *adj* regrettable.

regretter [4] [rəgrɛte] ◇ *vt* - **1.** [époque] to miss, to regret ; [personne] to miss - **2.** [faute] to regret ; ~ **d'avoir fait qqch** to regret having done sthg - **3.** [déplorer] : ~ **que** *(+ subjonctif)* to be sorry *ou* to regret that. ◇ *vi* to be sorry.

regroupement [rəgrupmɑ̃] *nm* - **1.** [action] gathering together - **2.** [groupe] group, assembly.

regrouper [3] [rəgrupe] *vt* - **1.** [grouper à nouveau] to regroup, to reassemble - **2.** [réunir] to group together.
◆ **se regrouper** *vp* to gather, to assemble.

régulariser [3] [regylarize] *vt* - **1.** [documents] to sort out, to put in order ; [situation] to straighten out - **2.** [circulation, fonctionnement] to regulate.

régularité [regylarite] *nf* - **1.** [gén] regularity - **2.** [de travail, résultats] consistency.

régulateur, **trice** [regylatœr, tris] *adj* regulating.
◆ **régulateur** *nm* regulator.

régulation [regylasjɔ̃] *nf* [contrôle] control, regulation ; ~ **des naissances** birth control.

réguler [3] [regyle] *vt* to regulate.

régulier, **ère** [regylje, ɛr] *adj* - **1.** [gén] regular - **2.** [uniforme, constant] steady, regular - **3.** [travail, résultats] consistent - **4.** [légal] legal ; **être en situation régulière** to have all the legally required documents - **5.** *fam* [correct] straight, above board.

régulièrement [regyljɛrmɑ̃] *adv* - **1.** [gén] regularly - **2.** [uniformément] steadily, regularly ; [étalé, façonné] evenly.

réhabilitation [reabilitasjɔ̃] *nf* rehabilitation.

réhabiliter [3] [reabilite] *vt* - **1.** [accusé] to rehabilitate, to clear ; *fig* [racheter] to restore to favour *UK ou* favor *US* - **2.** [rénover] to restore.
◆ **se réhabiliter** *vp* to redeem o.s.

réhabituer [7] [reabitɥe] *vt* to reaccustom.
◆ **se réhabituer** *vp* : **se ~ à qqch** to get used to sthg again.

rehausser [3] [rəose] *vt* - **1.** [surélever] to heighten - **2.** *fig* [mettre en valeur] to enhance.

rehausseur [rəosœr] *nm* booster seat.

réimporter [3] [reɛ̃pɔrte] *vt* to reimport.

réimposer [3] [reɛ̃poze] *vt* to retax.

réimpression [reɛ̃prɛsjɔ̃] *nf* reprinting, reprint.

réimprimer [3] [reɛ̃prime] *vt* to reprint.

rein [rɛ̃] *nm* kidney ; ~ **artificiel** dialysis *ou* kidney machine.
◆ **reins** *nmpl* small of the back *(sing)* ; **avoir mal aux ~s** to have backache *UK ou* a backache *US* ; **avoir les ~s solides** *fam* [être résistant] to have a strong back ; [être riche] not to be short of money.

réincarnation [reɛ̃karnasjɔ̃] *nf* reincarnation.

réincarner [3] [reɛ̃karne] ◆ **se réincarner** *vpi* to be reincarnated ; **il voulait se ~ en oiseau** he wanted to be reincarnated as a bird.

reine [rɛn] *nf* queen.

reine-claude [rɛnklod] *(pl* **reines-claudes)** *nf* greengage.

reinette [renɛt] *nf variety of apple similar to pippin.*

réinscrire [99] [reɛ̃skrir] *vt* : ~ **qqn à** to re-enrol *UK ou* re-enroll *US* sb for.
◆ **se réinscrire** *vp* : **se ~ à** to re-enrol *UK ou* re-enroll *US* for.

réinsérer [18] [reɛ̃sere] *vt* to reinsert.
◆ **se réinsérer** *vp* to become reintegrated.

réinsertion [reɛ̃sɛrsjɔ̃] *nf* [de délinquant] rehabilitation ; [dans la vie professionnelle] reintegration.

réintégrer [18] [reɛ̃tegre] *vt* - **1.** [rejoindre] to return to - **2.** DR to reinstate.

réintroduire [98] [reɛ̃trɔdɥir] *vt* to reintroduce.

réitérer [18] [reitere] *vt* [promesse, demande] to repeat, to reiterate ; [attaque] to repeat.

rejaillir [32] [rəʒajir] *vi* to splash up ; ~ **sur qqn** *fig* to rebound on sb.

rejet [rəʒɛ] *nm* - **1.** [gén] rejection - **2.** [pousse] shoot.

rejeter [27] [rəʒte] *vt* - **1.** [relancer] to throw back - **2.** [expulser] to bring up, to vomit - **3.** [offre, personne] to reject - **4.** [partie du corps] : ~ **la tête/les bras en arrière** to throw back one's head/one's arms - **5.** [imputer] : ~ **la responsabilité de qqch sur qqn** to lay the responsibility for sthg at sb's door.
◆ **se rejeter** *vp* : **se ~ la faute l'un sur l'autre** to blame one another for sthg ; **se ~ la responsabilité (de qqch) l'un sur l'autre** to hold one another responsible (for sthg).

rejeton [rəʒtɔ̃] *nm* offspring *(U)*.

rejette, **rejettes** *(etc)* ▷ **rejeter**.

rejoindre [82] [rəʒwɛ̃dr] *vt* - **1.** [retrouver] to join - **2.** [regagner] to return to - **3.** [concorder avec] to agree with - **4.** [rattraper] to catch up with.
◆ **se rejoindre** *vp* - **1.** [personnes, routes] to meet - **2.** [opinions] to agree.

rejoignais, **rejoignions** *(etc)* ▷ **rejoindre**.

rejoint, **e** [rəʒwɛ̃, ɛ̃t] *pp* ▷ **rejoindre**.

réjoui, **e** [reʒwi] *adj* joyful.

réjouir [32] [reʒwir] *vt* to delight.
◆ **se réjouir** *vp* to be delighted ; **se ~ de qqch** to be delighted at *ou* about sthg.

réjouissance [reʒwisɑ̃s] *nf* rejoicing.
◆ **réjouissances** *nfpl* festivities.

réjouissant, e [reʒwisɑ̃, ɑ̃t] *adj* joyful, cheerful.

relâche [rəlaʃ] *nf* - **1.** [pause] : **sans ~** without respite *ou* a break - **2.** THÉÂTRE : **demain c'est le jour de ~** we're closed tomorrow ; **faire ~** to be closed.

relâché, e [rəlaʃe] *adj* lax, loose.

relâchement [rəlaʃmɑ̃] *nm* relaxation.

relâcher [3] [rəlaʃe] *vt* - **1.** [étreinte, cordes] to loosen - **2.** [discipline, effort] to relax, to slacken - **3.** [prisonnier] to release.
◆ **se relâcher** *vp* - **1.** [se desserrer] to loosen - **2.** [faiblir - discipline] to become lax ; [- attention] to flag - **3.** [se laisser aller] to slacken off.

relaie, relaies *(etc)* ▻ **relayer.**

relais [rəlɛ] *nm* - **1.** [auberge] post house ; **~ routier** transport cafe *UK*, truck stop *US* - **2.** SPORT & TV : **prendre/passer le ~** to take/hand over ; **(course de) ~** relay.

relance [rəlɑ̃s] *nf* - **1.** [économique] revival, boost ; [de projet] relaunch - **2.** [au jeu] stake.

relancer [16] [rəlɑ̃se] *vt* - **1.** [renvoyer] to throw back - **2.** [faire reprendre - économie] to boost ; [- projet] to relaunch ; [- moteur, machine] to restart ; INFORM to restart.

relater [3] [rəlate] *vt litt* to relate.

relatif, ive [rəlatif, iv] *adj* relative ; **~ à** relating to ; **tout est ~** it's all relative.
◆ **relative** *nf* GRAMM relative clause.

relation [rəlasjɔ̃] *nf* relationship ; **mettre qqn en ~ avec qqn** to put sb in touch with sb.
◆ **relations** *nfpl* - **1.** [rapport] relationship *(sing)* ; **~s sexuelles** sexual relations, intercourse *(U)* - **2.** [connaissance] acquaintance ; **avoir des ~s** to have connections - **3.** [communication] : **~s internationales** international relations ; **~s publiques** public relations.

relationnel, elle [rəlasjɔnɛl] *adj* [problèmes] relationship *(avant n)*.

relative ▻ **relatif.**

relativement [rəlativmɑ̃] *adv* relatively.

relativiser [3] [rəlativize] *vt* to relativize.

relativité [rəlativite] *nf* relativity.

relax, relaxe [rəlaks] *adj fam* relaxed.

relaxation [rəlaksasjɔ̃] *nf* relaxation.

relaxe = **relax.**

relaxer [3] [rəlakse] *vt* - **1.** [reposer] to relax - **2.** DR to discharge.
◆ **se relaxer** *vp* to relax.

relayer [11] [rəlɛje] *vt* to relieve.
◆ **se relayer** *vp* to take over from one another.

relecture [rəlɛktyr] *nf* second reading, rereading.

reléguer [18] [rəlege] *vt* to relegate.

relent [rəlɑ̃] *nm* - **1.** [odeur] stink, stench - **2.** *fig* [trace] whiff.

relevé, e [rəlve] *adj* - **1.** [style] elevated - **2.** CULIN spicy.
◆ **relevé** *nm* reading ; **faire le ~ de qqch** to read sthg ; **~ de compte** bank statement ; **~ d'identité bancaire** bank account number.

relève [rəlɛv] *nf* relief ; **prendre la ~** to take over.

relèvement [rəlɛvmɑ̃] *nm* - **1.** [redressement] rebuilding - **2.** [hausse] raising - **3.** [majoration] increase.

relever [19] [rəlve] ◇ *vt* - **1.** [redresser - personne] to help up ; [- pays, économie] to rebuild ; [- moral, niveau] to raise - **2.** [ramasser] to collect - **3.** [tête, col, store] to raise ; [manches] to push up - **4.** [CULIN - mettre en valeur] to bring out ; [- pimenter] to season - **5.** *fig* [récit] to liven up, to spice up - **6.** [noter] to note down ; [compteur] to read - **7.** [relayer] to take over from, to relieve - **8.** [erreur] to note. ◇ *vi* - **1.** [se rétablir] : **~ de** to recover from - **2.** [être du domaine] : **~ de** to come under.
◆ **se relever** *vp* - **1.** [se mettre debout] to stand up ; [sortir du lit] to get up - **2.** [se rétablir] : **se ~ de qqch** to recover from sthg, to get over sthg - **3.** [se rehausser] to lift.

relief [rəljɛf] *nm* relief ; **sans aucun ~** completely flat ; **en ~** in relief, raised ; **une carte en ~** relief map ; **mettre en ~** *fig* to enhance, to bring out.
◆ **reliefs** *nmpl vieilli* remains.

relier [9] [rəlje] *vt* - **1.** [livre] to bind - **2.** [attacher] : **~ qqch à qqch** to link sthg to sthg - **3.** [joindre] to connect - **4.** *fig* [associer] to link up.

relieur, euse [rəljœr, øz] *nm, f* binder.

religieuse ▻ **religieux.**

religieusement [rəliʒjøzmɑ̃] *adv* - **1.** [gén] religiously ; [solennellement] reverently - **2.** [se marier] in church.

religieux, euse [rəliʒjø, øz] *adj* - **1.** [vie, chant] religious ; [mariage] religious, church *(avant n)* - **2.** [respectueux] reverent.
◆ **religieux** *nm* monk.
◆ **religieuse** *nf* - **1.** RELIG nun - **2.** CULIN : **religieuse au café, religieuse au chocolat** *choux pastry filled with coffee or chocolate confectioner's custard.*

religion [rəliʒjɔ̃] *nf* - **1.** [culte] religion - **2.** [foi] faith - **3.** [croyance] religion, faith ; **entrer en ~** to take one's vows.

reliquaire [rəlikɛr] *nm* reliquary.

reliquat [rəlika] *nm* balance, remainder.

relique [rəlik] *nf* relic.

relire [106] [rəlir] *vt* - **1.** [lire] to reread - **2.** [vérifier] to read over.
◆ **se relire** *vp* to read what one has written.

reliure [rəljyr] *nf* binding.

relogement [rəlɔʒmɑ̃] *nm* rehousing.

reloger [17] [rəlɔʒe] *vt* to rehouse.

relu, e [rəly] *pp* ▷ **relire.**

reluire [97] [rəlɥir] *vi* to shine, to gleam ; **faire ~ qqch** to shine *ou* polish sthg.

reluisant, e [rəlɥizɑ̃, ɑ̃t] *adj* shining, gleaming ; **peu** *ou* **pas très ~** *fig* [avenir, situation] not all that brilliant ; [personne] shady.

remâcher [3] [rəmaʃe] *vt fig* to brood over.

remailler [3] [rəmaje] *vt* [filet] to mend ; [tricot] to darn.

remake [rimɛjk] *nm* CINÉ remake.

rémanent, e [remanɑ̃, ɑ̃t] *adj* residual.

remaniement [rəmanimɑ̃] *nm* restructuring ; **~ ministériel** cabinet reshuffle.

remanier [9] [rəmanje] *vt* to restructure ; [ministère] to reshuffle.

remarier [9] [rəmarje] ◆ **se remarier** *vp* to remarry.

remarquable [rəmarkabl] *adj* remarkable.

remarquablement [rəmarkabləmɑ̃] *adv* remarkably.

remarque [rəmark] *nf* - **1.** [observation] remark ; [critique] critical remark - **2.** [annotation] note.

remarquer [3] [rəmarke] ◇ *vt* - **1.** [apercevoir] to notice ; **faire ~ qqch (à qqn)** to point sthg out (to sb) ; **se faire ~** *péj* to draw attention to o.s. - **2.** [noter] to remark, to comment. ◇ *vi* : **ce n'est pas l'idéal, remarque!** it's not ideal, mind you!
◆ **se remarquer** *vp* to be noticeable.

remballer [3] [rɑ̃bale] *vt* [marchandise] to pack up.

rembarquer [3] [rɑ̃barke] *vt* to reembark.
◆ **se rembarquer** *vp* to reembark.

rembarrer [3] [rɑ̃bare] *vt fam* to snub.

remblai [rɑ̃blɛ] *nm* embankment.

remblayer [11] [rɑ̃bleje] *vt* [hausser] to bank up ; [combler] to fill in.

rembobiner [3] [rɑ̃bɔbine] *vt* to rewind.

rembourrage [rɑ̃buraʒ] *nm* stuffing, padding.

rembourrer [3] [rɑ̃bure] *vt* to stuff, to pad.

remboursable [rɑ̃bursabl] *adj* refundable.

remboursement [rɑ̃bursəmɑ̃] *nm* refund, repayment.

rembourser [3] [rɑ̃burse] *vt* - **1.** [dette] to pay back, to repay - **2.** [personne] to pay back ; **~ qqn de qqch** to reimburse sb for sthg ; **tu t'es fait ~ pour ton trajet en taxi?** did they reimburse you for your taxi journey? - **3.** [dépense, achat] : **se faire ~** to get a refund.

rembrunir [32] [rɑ̃brynir] ◆ **se rembrunir** *vp* to cloud over, to become gloomy.

remède [rəmɛd] *nm litt* & *fig* remedy, cure.

remédier [9] [rəmedje] *vi* : **~ à qqch** to put sthg right, to remedy sthg.

remembrement [rəmɑ̃brəmɑ̃] *nm* land regrouping.

remémorer [3] [rəmemɔre] ◆ **se remémorer** *vp* to recollect.

remerciement [rəmɛrsimɑ̃] *nm* thanks *(pl)* ; **une lettre de ~** a thank-you letter ; **avec tous mes ~s** with all my thanks, with many thanks.

remercier [9] [rəmɛrsje] *vt* - **1.** [dire merci à] to thank ; **~ qqn de** *ou* **pour qqch** to thank sb for sthg ; **non, je vous remercie** no, thank you - **2.** [congédier] to dismiss.

remets ▷ **remettre.**

remettre [84] [rəmɛtr] *vt* - **1.** [replacer] to put back ; **~ en question** to call into question ; **~ qqn à sa place** to put sb in his place - **2.** [enfiler de nouveau] to put back on - **3.** [rétablir - lumière, son] to put back on ; **~ qqch en marche** to restart sthg ; **~ de l'ordre dans qqch** to tidy sthg up ; **~ une montre à l'heure** to put a watch right ; **~ qqch en état de marche** to put sthg back in working order - **4.** [donner] : **~ qqch à qqn** to hand sthg over to sb ; [médaille, prix] to present sthg to sb - **5.** [ajourner] : **~ qqch (à)** to put sthg off (until) - **6.** *fig* [reconnaître] to place - **7.** MÉD : **~ qqn** to put sb back on his feet.
◆ **se remettre** *vp* - **1.** [recommencer] : **se ~ à qqch** to take up sthg again ; **se ~ à fumer** to start smoking again - **2.** [se rétablir] to get better ; **se ~ de qqch** to get over sthg - **3.** [redevenir] : **se ~ debout** to stand up again ; **le temps s'est remis au beau** the weather has cleared up - **4.** *loc* **je m'en remets à toi** it's up to you, I'll leave it up to you.

réminiscence [reminisɑ̃s] *nf* reminiscence.

remis, e [rəmi, iz] *pp* ▷ **remettre.**

remise [rəmiz] *nf* - **1.** [action] : **~ en jeu** throw-in ; **~ en marche** restarting ; **~ en place** putting back in place ; **~ en question** *ou* **cause** calling into question - **2.** [de message, colis] handing over ; [de médaille, prix] presentation - **3.** [réduction] discount ; **~ de peine** DR remission - **4.** [hangar] shed.

remiser [3] [rəmize] *vt* to put away.

rémission [remisjɔ̃] *nf* remission ; **sans ~** [punir, juger] without mercy ; [pleuvoir] unremittingly.

remix [rəmiks] *nm* MUS [enregistrement, disque] remix ; [technique] remixing.

remmener [19] [rɑ̃mne] *vt* to take *ou* bring back.

remodeler [25] [rəmɔdle] *vt* - **1.** [forme] to remodel - **2.** [remanier] to restructure.

rémois, e [remwa, az] *adj* of/from Rheims.
◆ **Rémois, e** *nm, f* native *ou* inhabitant of Rheims.

remontant, e [rəmɔ̃tɑ̃, ɑ̃t] *adj* [tonique] invigorating.
◆ **remontant** *nm* tonic.

remontée [rəmɔ̃te] *nf* - **1.** [des eaux] rising - **2.** [de pente, rivière] ascent - **3.** SPORT recovery - **4.** SKI : **~s mécaniques** ski lifts - **5.** [des mineurs] bringing to the surface.

remonte-pente [rəmɔ̃tpɑ̃t] (*pl* **remonte-pentes**) *nm* ski tow.

remonter [3] [rəmɔ̃te] ◇ *vt (aux: avoir)* - **1.** [escalier, pente] to go/come back up - **2.** [assembler] to put together again - **3.** [manches] to turn up - **4.** [horloge, montre] to wind up - **5.** [ragaillardir] to put new life into, to cheer up. ◇ *vi (aux: être)* - **1.** [monter à nouveau - personne] to go/come back up ; [- baromètre] to rise again ; [- prix, température] to go up again, to rise ; [- sur vélo] to get back on ; **~ dans une voiture** to get back into a car - **2.** [dater] : **~ à** to date *ou* go back to.

remontoir [rəmɔ̃twar] *nm* winder.

remontrance [rəmɔ̃trɑ̃s] *nf (gén pl)* remonstrance, reprimand.

remontrer [3] [rəmɔ̃tre] *vt* to show again ; **vouloir en ~ à qqn** to try to show sb up.

remords [rəmɔr] *nm* remorse ; **être bourrelé de ~** *fam* to be conscience-stricken.

remorque [rəmɔrk] *nf* trailer ; **être en ~** to be on tow ; **être à la ~** *fig* to drag behind.

remorquer [3] [rəmɔrke] *vt* - **1.** [voiture, bateau] to tow - **2.** *fam* [personne] to drag along.

remorqueur [rəmɔrkœr] *nm* tug, tugboat.

rémoulade [remulad] *nf* remoulade (sauce).

rémouleur [remulœr] *nm* knife grinder.

remous [rəmu] ◇ *nm* [de bateau] wash, backwash ; [de rivière] eddy. ◇ *nmpl fig* stir, upheaval.

rempailler [3] [rɑ̃paje] *vt* to re-cane.

rempart [rɑ̃par] *nm (gén pl)* rampart.

rempiler [3] [rɑ̃pile] ◇ *vt* to pile up again. ◇ *vi fam* MIL to sign on again.

remplaçable [rɑ̃plasabl] *adj* replaceable.

remplaçant, e [rɑ̃plasɑ̃, ɑ̃t] *nm, f* [suppléant] stand-in ; SPORT substitute.

remplacement [rɑ̃plasmɑ̃] *nm* - **1.** [changement] replacing, replacement - **2.** [intérim] substitution ; **faire des ~s** to stand in ; [docteur] to act as a locum *UK*.

remplacer [16] [rɑ̃plase] *vt* - **1.** [gén] to replace - **2.** [prendre la place de] to stand in for ; SPORT to substitute.

remplir [32] [rɑ̃plir] *vt* - **1.** [gén] to fill ; **~ de** to fill with ; **~ qqn de joie/d'orgueil** to fill sb with happiness/pride - **2.** [questionnaire] to fill in *ou* out - **3.** [mission, fonction] to complete, to fulfil.
◆ **se remplir** *vp* to fill up.

remplissage [rɑ̃plisaʒ] *nm* - **1.** [de récipient] filling up - **2.** *fig* & *péj* [de texte] padding out.

remploi [rɑ̃plwa], **réemploi** [reɑ̃plwa] *nm* reuse.

remployer [rɑ̃plwaje], **réemployer** [13] [reɑ̃plwaje] *vt* to reuse.

remplumer [3] [rɑ̃plyme] ◆ **se remplumer** *vp fam* - **1.** [financièrement] to get o.s. back in funds - **2.** [se rétablir] to fill out again.

remporter [3] [rɑ̃pɔrte] *vt* - **1.** [repartir avec] to take away again - **2.** [gagner] to win.

rempoter [3] [rɑ̃pɔte] *vt* to repot.

remuant, e [rəmɥɑ̃, ɑ̃t] *adj* restless, overactive.

remue-ménage [rəmymenaʒ] *nm inv* commotion, confusion.

remuer [7] [rəmɥe] ◇ *vt* - **1.** [bouger, émouvoir] to move - **2.** [café, thé] to stir ; [salade] to toss. ◇ *vi* to move, to stir ; **arrête de ~ comme ça** stop being so restless.
◆ **se remuer** *vp* - **1.** [se mouvoir] to move - **2.** *fig* [réagir] to make an effort.

rémunérateur, trice [remyneratœr, tris] *adj* profitable, lucrative.

rémunération [remynerasjɔ̃] *nf* remuneration.

rémunérer [18] [remynere] *vt* - **1.** [personne] to remunerate, to pay - **2.** [activité] to pay for.

renâcler [3] [rənakle] *vi fam* to make a fuss ; **~ devant** *ou* **à qqch** to balk at sthg.

renaissance [rənɛsɑ̃s] *nf* rebirth.
◆ **Renaissance** *nf* : **la Renaissance** the Renaissance.

renaître [92] [rənɛtr] *vi* - **1.** [ressusciter] to come back to life, to come to life again ; **se sentir ~** to feel like a new person ; **faire ~** [passé, tradition] to revive ; **~ à la vie** to take on a new lease of life - **2.** [revenir - sentiment, printemps] to return ; [- économie] to revive, to recover.

rénal, e, aux [renal, o] *adj* renal, kidney *(avant n)*.

renard [rənar] *nm* fox.

renardeau, x [rənardo] *nm* fox cub.

rencard = rancard.

rencart = rancart.

renchérir [32] [rɑ̃ʃerir] *vi* - **1.** [augmenter] to become more expensive ; [prix] to go up - **2.** [surenchérir] : **~ sur** to add to.

renchérissement [rɑ̃ʃerismɑ̃] *nm* increase in price ; **~ des prix** price increase.

rencontre [rɑ̃kɔ̃tr] *nf* - **1.** [gén] meeting ; **faire une bonne ~** to meet somebody interesting ; **faire une mauvaise ~** to meet an unpleasant person ; **aller/venir à la ~ de qqn** to go/come to meet sb - **2.** [choc, collision] collision.

rencontrer [3] [rɑ̃kɔ̃tre] *vt* - **1.** [gén] to meet - **2.** [heurter] to strike.

◆ **se rencontrer** *vp* - **1.** [gén] to meet - **2.** [opinions] to agree.

rendement [rɑ̃dmɑ̃] *nm* [de machine, travailleur] output ; [de terre, placement] yield.

rendez-vous [rɑ̃devu] *nm inv* - **1.** [rencontre] appointment ; [amoureux] date ; **on a tous ~ au café** we're all meeting at the café ; **lors de notre dernier ~** at our last meeting ; **prendre ~ avec qqn** to make an appointment with sb ; **donner ~ à qqn** to arrange to meet sb ; **se donner ~** to arrange to meet - **2.** [lieu] meeting place.

rendormir [36] [rɑ̃dɔrmir] ◆ **se rendormir** *vp* to go back to sleep.

rendre [73] [rɑ̃dr] ◇ *vt* - **1.** [restituer] : **~ qqch à qqn** to give sthg back to sb, to return sthg to sb - **2.** [invitation, coup] to return - **3.** DR to pronounce - **4.** [produire un effet] to produce - **5.** [vomir] to vomit, to cough up - **6.** MIL [céder] to surrender ; **~ les armes** to lay down one's arms - **7.** *(+ adj)* [faire devenir] to make ; **~ qqn fou** to drive sb mad - **8.** [exprimer] to render. ◇ *vi* - **1.** [produire - champ] to yield - **2.** [vomir] to vomit, to be sick *UK*.

◆ **se rendre** *vp* - **1.** [céder, capituler] to give in ; **j'ai dû me ~ à l'évidence** I had to face facts - **2.** [aller] : **se ~ à** to go to - **3.** *(+ adj)* [se faire tel] : **se ~ utile/malade** to make o.s. useful/ill.

rêne [rɛn] *nf* rein.

renégat, e [rənega, at] *nm, f sout* renegade.

renégocier [9] [rənegɔsje] *vt* to renegotiate.

reneiger [23] [rəneʒe] *vi* to snow again.

renfermé, e [rɑ̃fɛrme] *adj* introverted, withdrawn.

◆ **renfermé** *nm* : **ça sent le ~** it smells stuffy in here.

renfermer [3] [rɑ̃fɛrme] *vt* [contenir] to contain.

◆ **se renfermer** *vp* to withdraw.

renfiler [3] [rɑ̃file] *vt* - **1.** [perles] to restring - **2.** [aiguille] to rethread - **3.** [vêtement] to slip on again.

renflé, e [rɑ̃fle] *adj* bulging.

renflement [rɑ̃fləmɑ̃] *nm* bulge.

renflouer [3] [rɑ̃flue] *vt* - **1.** [bateau] to refloat - **2.** *fig* [entreprise, personne] to bail out.

◆ **se renflouer** *vp fam fig* to get back on one's feet (financially).

renfoncement [rɑ̃fɔ̃smɑ̃] *nm* recess.

renfoncer [16] [rɑ̃fɔ̃se] *vt* to push (further) down.

renforcer [16] [rɑ̃fɔrse] *vt* to reinforce, to strengthen ; **cela me renforce dans mon opinion** that confirms my opinion.

renfort [rɑ̃fɔr] *nm* reinforcement ; **envoyer des ~s** to send reinforcements ; **venir en ~** to come as reinforcements ; **à grand ~ de** *fig* with the help of a lot of.

renfrogné, e [rɑ̃frɔɲe] *adj* scowling.

renfrogner [3] [rɑ̃frɔɲe] ◆ **se renfrogner** *vp* to scowl, to pull a face.

rengager [rɑ̃gaʒe], **réengager** [17] [reɑ̃gaʒe] ◇ *vt* [personnel] to take on again. ◇ *vi* MIL to re-enlist, to join up again.

◆ **se rengager** *vp* MIL to re-enlist, to join up again.

rengaine [rɑ̃gɛn] *nf* - **1.** [formule répétée] (old) story - **2.** [chanson] (old) song.

rengainer [4] [rɑ̃gɛne] *vt* - **1.** [épée] to sheathe ; [pistolet] to put back in its holster - **2.** *fam fig* [compliment] to withold.

rengorger [17] [rɑ̃gɔrʒe] ◆ **se rengorger** *vp fig* to puff o.s. up.

reniement [rənimɑ̃] *nm* renunciation.

renier [9] [rənje] *vt* - **1.** [famille, ami] to disown - **2.** [foi, opinion] to renounce, to repudiate - **3.** [signature] to refuse to acknowledge.

renifler [3] [rənifle] ◇ *vi* to sniff. ◇ *vt* to sniff ; **~ quelque chose de louche** to smell a rat.

renne [rɛn] *nm* reindeer *(inv)*.

renom [rənɔ̃] *nm* renown, fame ; **de grand ~** of great renown, famous.

renommé, e [rənɔme] *adj* renowned, famous.

◆ **renommée** *nf* renown, fame ; **de ~e internationale** world-famous, internationally renowned.

renoncement [rənɔ̃smɑ̃] *nm* : **~ (à)** renunciation (of).

renoncer [16] [rənɔ̃se] *vi* : **~ à** to give up ; **~ à comprendre qqch** to give up trying to understand sthg ; **~ à voir qqn** to give up *ou* abandon the idea of seeing sb.

renoncule [rənɔ̃kyl] *nf* buttercup.

renouer [6] [rənwe] ◇ *vt* - **1.** [lacet, corde] to re-tie, to tie up again - **2.** [contact, conversation] to resume. ◇ *vi* : **~ avec qqn** to take up with sb again ; **~ avec sa famille** to make it up with one's family again.

renouveau, x [rənuvo] *nm* - **1.** [transformation] revival - **2.** [regain] : **un ~ de succès** renewed success.

renouvelable [rənuvlabl] *adj* renewable ; [expérience] repeatable.

renouveler [24] [rənuvle] *vt* - **1.** [gén] to renew - **2.** [rajeunir] to revive.

◆ **se renouveler** *vp* - **1.** [être remplacé] to be renewed - **2.** [changer, innover] to have new ideas - **3.** [se répéter] to be repeated, to recur.

renouvelle, renouvelles *(etc)* ▻ **renouveler.**

renouvellement [rənuvɛlmɑ̃] *nm* renewal.

rénovation [renɔvasjɔ̃] *nf* renovation, restoration.

rénover [3] [renɔve] *vt* - **1.** [immeuble] to renovate, to restore - **2.** [système, méthodes] to reform.

renseignement [rɑ̃sɛɲəmɑ̃] *nm* information *(U)* ; **un ~** a piece of information ; **prendre des ~s (sur)** to make enquiries (about).

◆ **renseignements** *nmpl* - **1.** [service d'information] enquiries *UK*, information ; **appeler les ~s** TÉLÉCOM to call directory enquiries *UK ou* information *US* - **2.** [sécurité] intelligence *(U)* ; **les ~s généraux** *police department responsible for political security.*

renseigner [4] [rɑ̃seɲe] *vt* : **~ qqn (sur)** to give sb information (about), to inform sb (about).

◆ **se renseigner** *vp* - **1.** [s'enquérir] to make enquiries, to ask for information - **2.** [s'informer] to find out.

rentabiliser [3] [rɑ̃tabilize] *vt* to make profitable.

rentabilité [rɑ̃tabilite] *nf* profitability ; **seuil de ~** breakeven point.

rentable [rɑ̃tabl] *adj* - **1.** COMM profitable - **2.** *fam* [qui en vaut la peine] worthwhile.

rente [rɑ̃t] *nf* - **1.** [d'un capital] revenue, income ; **vivre de ses ~s** to have a private income - **2.** [pension] pension, annuity ; **~ viagère** life annuity - **3.** [emprunt d'État] government bond.

rentier, ère [rɑ̃tje, ɛr] *nm, f* person of independent means ; **mener une vie de ~** *fig* to lead a life of leisure.

rentrée [rɑ̃tre] *nf* - **1.** [fait de rentrer] return - **2.** [reprise des activités] : **la ~ parlementaire** the reopening of parliament ; **la ~ des classes** the start of the new school year - **3.** CINÉ & THÉÂTRE comeback ; **faire sa ~** to make one's comeback - **4.** [recette] income ; **avoir une ~ d'argent** to come into some money.

La rentrée

Early September, the time of the year when children go back to school, has considerable cultural significance in France. Coming after the long summer break or *grandes vacances*, it is the time when academic, political, social and commercial activity begins again in earnest.

rentrer [3] [rɑ̃tre] ◇ *vi (aux: être)* - **1.** [entrer de nouveau] to go/come back in ; **tout a fini par ~ dans l'ordre** everything returned to normal - **2.** [entrer] to go/come in - **3.** [revenir chez soi] to go/come back, to go/come home - **4.** [recouvrer, récupérer] : **~ dans** to recover, to get back ; **~ dans ses frais** to cover one's costs, to break even - **5.** [se jeter avec violence] : **~ dans** to crash into - **6.** [s'emboîter] to go in, to fit ; **~ les uns dans les autres** to fit together - **7.** [être compris] : **~ dans** to be included in - **8.** [être perçu - fonds] to come in. ◇ *vt (aux: avoir)* - **1.** [mettre ou remettre à l'intérieur] to bring in ; [chemise] to tuck in - **2.** [ventre] to pull in ; [griffes] to retract, to draw in - **3.** *fig* [rage, larmes] to hold back.

renversant, e [rɑ̃vɛrsɑ̃, ɑ̃t] *adj* staggering, astounding.

renverse [rɑ̃vɛrs] *nf* : **tomber à la ~** to fall over backwards.

renversé, e [rɑ̃vɛrse] *adj* - **1.** [à l'envers] upside down - **2.** [qu'on a fait tomber] overturned - **3.** [incliné en arrière] tilted back - **4.** [stupéfait] staggered.

renversement [rɑ̃vɛrsəmɑ̃] *nm* - **1.** [inversion] turning upside down - **2.** [de situation] reversal - **3.** [de régime] overthrow - **4.** [de tête, buste] tilting back.

renverser [3] [rɑ̃vɛrse] *vt* - **1.** [mettre à l'envers] to turn upside down - **2.** [faire tomber - objet] to knock over ; [- piéton] to run over ; [- liquide] to spill - **3.** *fig* [obstacle] to overcome ; [régime] to overthrow ; [ministre] to throw out of office - **4.** [tête, buste] to tilt back - **5.** [étonner] to bowl over - **6.** [accident] : **se faire ~ par une voiture** to get *ou* be knocked over by a car.

◆ **se renverser** *vp* - **1.** [incliner le corps en arrière] to lean back - **2.** [tomber] to overturn.

renvoi [rɑ̃vwa] *nm* - **1.** [licenciement] dismissal ; **notifier à qqn son ~** to give sb his/her notice - **2.** [de colis, lettre] return, sending back - **3.** [ajournement] postponement - **4.** [référence] cross-reference - **5.** DR referral - **6.** [éructation] belch.

renvoie, renvoies *(etc)* ▻ **renvoyer.**

renvoyer [30] [rɑ̃vwaje] *vt* - **1.** [faire retourner] to send back - **2.** [congédier] to dismiss - **3.** [colis, lettre] to send back, to return - **4.** [balle] to throw back - **5.** [réfléchir - lumière] to reflect ; [- son] to echo - **6.** [référer] : **~ qqn à** to refer sb to - **7.** [différer] to postpone, to put off.

réorganisation [reɔrganizasjɔ̃] *nf* reorganization.

réorganiser [3] [reɔrganize] *vt* to reorganize.

réorienter [3] [reɔrjɑ̃te] *vt* to reorient, to reorientate.

réouverture [reuvɛrtyr] *nf* reopening.

repaire [rəpɛr] *nm* den.

repaître [91] [rəpɛtr] *vt* : **~ ses yeux (de)** to feast one's eyes (on).

◆ **se repaître** *vp* : **se ~ de** [se rassasier] to eat one's fill of ; *fig* to revel in.

répandre [74] [repɑ̃dr] *vt* - **1.** [verser, renverser] to spill ; [larmes] to shed - **2.** [diffuser, dégager] to give off - **3.** *fig* [bienfaits] to pour out ; [effroi, terreur, nouvelle] to spread.

◆ **se répandre** *vp* - **1.** [gén] to spread - **2.** [liquide] to spill - **3.** [personne] : **se ~ en injures** to let out a stream of insults ; **se ~ en remerciements** to give one's heartfelt thanks.

répandu, **e** [repɑ̃dy] ◇ *pp* ▻ **répandre**. ◇ *adj* [opinion, maladie] widespread.

réparable [reparabl] *adj* - **1.** [objet] repairable - **2.** [erreur] that can be put right.

reparaître [91] [rəparɛtr] *vi* to reappear.

réparateur, **trice** [reparatœr, tris] ◇ *adj* [sommeil] refreshing. ◇ *nm, f* repairer.

réparation [reparasjɔ̃] *nf* - **1.** [d'objet - action] repairing ; [- résultat] repair ; **en ~** under repair - **2.** [de faute] : **~ (de)** atonement (for) - **3.** [indemnité] reparation, compensation.

réparer [3] [repare] *vt* - **1.** [objet] to repair - **2.** [faute, oubli] to make up for ; **~ ses torts** to make amends.

reparler [3] [rəparle] *vi* : **~ de qqn/qqch** to talk about sb/sthg again ; **~ à qqn** to speak to sb again.

◆ **se reparler** *vp* to speak to each other again.

repartie [rəparti] *nf* retort ; **avoir de la ~** to be good at repartee.

repartir [43] [rəpartir] ◇ *vt litt* to reply. ◇ *vi* - **1.** [retourner] to go back, to return - **2.** [partir de nouveau] to set off again - **3.** [recommencer] to start again.

répartir [32] [repartir] *vt* - **1.** [partager] to share out, to divide up - **2.** [dans l'espace] to spread out, to distribute - **3.** [échelonner] to spread out - **4.** [classer] to divide *ou* split up.

◆ **se répartir** *vp* to divide up.

répartition [repartisjɔ̃] *nf* - **1.** [partage] sharing out ; [de tâches] allocation - **2.** [dans l'espace] distribution.

reparu [rəpary] *pp* ▻ **reparaître**.

repas [rəpa] *nm* meal ; **prendre son ~** to eat ; **~ d'affaires** business meal, working lunch/dinner.

repassage [rəpasaʒ] *nm* ironing.

repasser [3] [rəpase] ◇ *vi (aux: être)* [passer à nouveau] to go/come back ; [film] to be on again. ◇ *vt (aux: avoir)* - **1.** [frontière, montagne] to cross again, to recross - **2.** [examen] to resit *UK* - **3.** [film] to show again - **4.** *fam* [transmettre] to pass on - **5.** [linge] to iron - **6.** [leçon] to go over.

repasseuse [rəpasøz] *nf* - **1.** [ouvrière] ironer - **2.** [machine] ironing machine.

repayer [11] [rəpeje] *vt* to pay again.

repêchage [rəpeʃaʒ] *nm* [de noyé, voiture] recovery.

repêcher [4] [rəpeʃe] *vt* - **1.** [noyé, voiture] to fish out - **2.** *fam* [candidat] to let through.

repeindre [81] [rəpɛ̃dr] *vt* to repaint.

repeint, **e** [rəpɛ̃, ɛ̃t] *pp* ▻ **repeindre**.

repenser [3] [rəpɑ̃se] *vt* to rethink.

repentir [37] [rəpɑ̃tir] *nm* repentance.

◆ **se repentir** *vp* to repent ; **se ~ de qqch/d'avoir fait qqch** to be sorry for sthg/for having done sthg.

repérable [rəperabl] *adj* : **difficilement ~** difficult to spot.

repérage [rəperaʒ] *nm* location.

répercussion [repɛrkysjɔ̃] *nf* repercussion.

répercuter [3] [repɛrkyte] *vt* - **1.** [lumière] to reflect ; [son] to throw back - **2.** [ordre, augmentation] to pass on.

◆ **se répercuter** *vp* - **1.** [lumière] to be reflected ; [son] to echo - **2.** [influer] : **se ~ sur** to have repercussions on.

repère [rəpɛr] *nm* [marque] mark ; [objet concret] landmark ; **point de ~** point of reference.

repérer [18] [rəpere] *vt* - **1.** [situer] to locate, to pinpoint - **2.** *fam* [remarquer] to spot ; **se faire ~** to be spotted.

◆ **se repérer** *vp fam* to find one's way around.

répertoire [repɛrtwar] *nm* - **1.** [agenda] thumb-indexed notebook - **2.** [inventaire] catalogue, catalog *US*, list - **3.** [de théâtre, d'artiste] repertoire - **4.** INFORM directory.

répertorier [9] [repɛrtɔrje] *vt* to make a list of.

répéter [18] [repete] ◇ *vt* - **1.** [gén] to repeat ; **ne pas se le faire ~ deux fois** not to have to be told twice - **2.** [leçon] to go over, to learn ; [rôle] to rehearse. ◇ *vi* to rehearse.

◆ **se répéter** *vp* - **1.** [radoter] to repeat o.s. - **2.** [se reproduire] to be repeated ; **que cela ne se répète pas!** don't let it happen again!

répétitif, ive [repetitif, iv] *adj* repetitive.

répétition [repetisjɔ̃] *nf* - **1.** [réitération] repetition - **2.** MUS & THÉÂTRE rehearsal.

repeupler [5] [rəpœple] *vt* - **1.** [région, ville] to repopulate - **2.** [forêt] to replant ; [étang] to restock.

repiquage [rəpikaʒ] *nm* - **1.** [plantation] planting out - **2.** [enregistrement] re-recording.

repiquer [3] [rəpike] ◇ *vt* - **1.** [replanter] to plant out - **2.** [disque, cassette] to tape. ◇ *vi fam* **~ à qqch** to take sthg up again ; **~ au plat** to have a second helping.

répit [repi] *nm* respite ; **sans ~** without respite.

replacer [16] [rəplase] *vt* - **1.** [remettre] to replace, to put back - **2.** [situer] to place, to put.
◆ **se replacer** *vp* to find new employment.

replanter [3] [rəplɑ̃te] *vt* to replant.

replat [rəpla] *nm* ledge.

replâtrer [3] [rəplatre] *vt* - **1.** [mur, fissure] to replaster - **2.** *fam fig* to patch up.

replet, ète [rəplɛ, ɛt] *adj* chubby.

repli [rəpli] *nm* - **1.** [de tissu] fold ; [de rivière] bend - **2.** [de troupes] withdrawal.

replier [10] [rəplije] *vt* - **1.** [plier de nouveau] to fold up again - **2.** [ramener en pliant] to fold back - **3.** [armée] to withdraw.
◆ **se replier** *vp* - **1.** [armée] to withdraw - **2.** [personne] : **se ~ sur soi-même** to withdraw into o.s. - **3.** [journal, carte] to fold.

réplique [replik] *nf* - **1.** [riposte] reply ; **sans ~** [argument] irrefutable - **2.** [d'acteur] line ; **donner la ~ à qqn** to play opposite sb - **3.** [copie] replica ; [sosie] double.

répliquer [3] [replike] ◇ *vt* : **~ à qqn que** to reply to sb that. ◇ *vi* - **1.** [répondre] to reply ; [avec impertinence] to answer back - **2.** *fig* [riposter] to retaliate.

replonger [17] [rəplɔ̃ʒe] ◇ *vt* to plunge back. ◇ *vi* to dive back.
◆ **se replonger** *vp* : **se ~ dans qqch** to immerse o.s. in sthg again.

répondant, e [repɔ̃dɑ̃, ɑ̃t] *nm, f* guarantor.
◆ **répondant** *nm fam* **avoir du ~** to have money behind one.

répondeur [repɔ̃dœr] *nm* : **~ (téléphonique** *ou* **automatique** *ou* **-enregistreur)** answering machine.

répondre [75] [repɔ̃dr] ◇ *vi* : **~ à qqn** [faire connaître sa pensée] to answer sb, to reply to sb ; [riposter] to answer sb back ; **~ à qqch** [faire une réponse] to reply to sthg, to answer sthg ; [en se défendant] to respond to sthg ; **~ au téléphone** to answer the telephone. ◇ *vt* to answer, to reply ; **~ que** to reply that, to answer that.
◆ **répondre à** *vt* - **1.** [correspondre à - besoin] to answer ; [- conditions] to meet - **2.** [ressembler à - description] to match.
◆ **répondre de** *vt* to answer for.

répondu, e [repɔ̃dy] *pp* ▷ **répondre**.

réponse [repɔ̃s] *nf* - **1.** [action de répondre] answer, reply ; **en ~ à votre lettre...** in reply *ou* in answer *ou* in response to your letter... - **2.** [solution] answer - **3.** [réaction] response.

report [rəpɔr] *nm* - **1.** [de réunion, rendez-vous] postponement - **2.** COMM [d'écritures] carrying forward - **3.** POLIT [de voix] transfer.

reportage [rəpɔrtaʒ] *nm* - **1.** [article, enquête] report - **2.** [métier] reporting.

reporter¹ [rəpɔrtɛr] *nm* reporter ; **grand ~** international reporter.

reporter² [3] [rəpɔrte] *vt* - **1.** [rapporter] to take back - **2.** [différer] : **~ qqch à** to postpone sthg till, to put sthg off till - **3.** [somme] : **~ (sur)** to carry forward (to) - **4.** [transférer] : **~ sur** to transfer to.
◆ **se reporter** *vp* : **se ~ à** [se référer à] to refer to ; [se transporter en pensée à] to cast one's mind back to.

repos [rəpo] *nm* - **1.** [gén] rest ; **prendre un jour de ~** to take a day off - **2.** [tranquillité] peace and quiet ; **ce n'est pas de tout ~** it's not exactly restful - **3.** MIL : **~!** at ease!

reposant, e [rəpozɑ̃, ɑ̃t] *adj* restful.

reposé, e [rəpoze] *adj* rested ; **à tête ~e** with a clear head.

reposer [3] [rəpoze] ◇ *vt* - **1.** [poser à nouveau] to put down again, to put back down - **2.** [remettre] to put back - **3.** [poser de nouveau - question] to ask again - **4.** [appuyer] to rest - **5.** [délasser] to rest, to relax. ◇ *vi* - **1.** [pâte] to sit, to stand ; [vin] to stand - **2.** [mort] : **ici repose...** here lies... - **3.** [théorie] : **~ sur** to rest on.
◆ **se reposer** *vp* - **1.** [se délasser] to rest - **2.** [faire confiance] : **se ~ sur qqn** to rely on sb.

repositionnable [rəpɔzisjɔnabl] *adj* repositionable, removable.

repositionner [3] [rəpozisjɔne] *vt* to reposition.
◆ **se repositionner** *vp* to reposition o.s.

repoussant, e [rəpusɑ̃, ɑ̃t] *adj* repulsive.

repousser [3] [rəpuse] ◇ *vi* to grow again, to grow back. ◇ *vt* - **1.** [écarter] to push away, to push back ; [l'ennemi] to repel, to drive back - **2.** [éconduire] to reject - **3.** [proposition] to reject, to turn down - **4.** [différer] to put back, to postpone.
◆ **se repousser** *vp* [aimants] to repel one another.

repoussoir [rəpuswar] *nm* : **servir de ~ à qqn** to be a foil to sb.

répréhensible [repreɑ̃sibl] *adj* reprehensible.

reprenais, **reprenions** *(etc)* ▷ **reprendre.**

reprendre [79] [rəprɑ̃dr] ◇ *vt* - **1.** [prendre de nouveau] to take again ; **je passe te ~ dans une heure** I'll come by and pick you up again in an hour ; **~ la route** to take to the road again ; **~ haleine** to get one's breath back - **2.** [récupérer - objet prêté] to take back ; [- prisonnier, ville] to recapture - **3.** COMM [entreprise, affaire] to take over ; **ni repris ni échangé** goods may not be returned or exchanged - **4.** [se resservir] : **~ un gâteau/de la viande** to take another cake/some more meat - **5.** [recommencer] to resume ; **'et ainsi' reprit-il...** 'and so', he continued... - **6.** [retoucher] to repair ; [jupe] to alter - **7.** [corriger] to correct. ◇ *vi* - **1.** [affaires, plante] to pick up - **2.** [recommencer] to start again.
◆ **se reprendre** *vp* - **1.** [rectifier ce qu'on a dit] to correct o.s. - **2.** [recommencer] : **se ~ à espérer** to find new hope ; **s'y ~ à plusieurs fois** to make several attempts - **3.** [se ressaisir] to pull o.s. together.

repreneur [rəprənœr] *nm person who takes over a company with the aim of revitalizing it.*

représailles [rəprezaj] *nfpl* reprisals ; **par ~** as a reprisal, in reprisal.

représentant, **e** [rəprezɑ̃tɑ̃, ɑ̃t] *nm, f* representative.

représentatif, **ive** [rəprezɑ̃tatif, iv] *adj* representative.

représentation [rəprezɑ̃tasjɔ̃] *nf* - **1.** [gén] representation - **2.** [spectacle] performance - **3.** [métier] commercial travelling *UK* ou traveling *US*.

représentativité [rəprezɑ̃tativite] *nf* representativeness.

représenter [3] [rəprezɑ̃te] *vt* to represent.
◆ **se représenter** *vp* - **1.** [s'imaginer] : **se ~ qqch** to visualize sthg - **2.** [se présenter à nouveau] : **se ~ à** [aux élections] to stand *UK* ou run *US* again at ; [à un examen] to resit *UK*, to represent.

répressif, **ive** [represif, iv] *adj* repressive.

répression [represjɔ̃] *nf* - **1.** [de révolte] repression - **2.** [de criminalité, d'injustices] suppression.

réprimande [reprimɑ̃d] *nf* reprimand.

réprimander [3] [reprimɑ̃de] *vt* to reprimand.

réprimer [3] [reprime] *vt* - **1.** [émotion, rire] to repress, to check - **2.** [révolte, crimes] to put down, to suppress.

repris, **e** [rəpri, iz] *pp* ▷ **reprendre.**
◆ **repris** *nm* : **~ de justice** habitual criminal.

reprisage [rəprizaʒ] *nm* mending.

reprise [rəpriz] *nf* - **1.** [recommencement - des hostilités] resumption, renewal ; [- des affaires] revival, recovery ; [- de pièce] revival ; **à plusieurs ~s** on several occasions, several times - **2.** [boxe] round - **3.** [accélération] acceleration - **4.** [raccommodage] mending - **5.** COMM trade-in, part exchange *UK* ; [somme payée à un locataire] *sum paid for fixtures and fittings left by outgoing tenant.*

repriser [3] [rəprize] *vt* to mend.

réprobateur, **trice** [reprɔbatœr, tris] *adj* reproachful.

réprobation [reprɔbasjɔ̃] *nf* disapproval.

reproche [rəprɔʃ] *nm* reproach ; **faire des ~s à qqn** to reproach sb ; **avec ~** reproachfully ; **sans ~** blameless.

reprocher [3] [rəprɔʃe] *vt* : **~ qqch à qqn** to reproach sb for sthg ; **je ne vous reproche rien** I don't reproach ou blame you for anything.
◆ **se reprocher** *vp* : **se ~ (qqch)** to blame o.s. (for sthg) ; **ne rien avoir à se ~** to have nothing to reproach o.s. for.

reproducteur, **trice** [rəprɔdyktœr, tris] *adj* reproductive.

reproduction [rəprɔdyksjɔ̃] *nf* reproduction ; **~ interdite** all rights (of reproduction) reserved.

reproduire [98] [rəprɔdɥir] *vt* to reproduce.
◆ **se reproduire** *vp* - **1.** BIOL to reproduce, to breed - **2.** [se répéter] to recur.

reproduisais, **reproduisions** *etc* ▷ **reproduire.**

reproduit, **e** [rəprɔdɥi, it] *pp* ▷ **reproduire.**

reprogrammer [3] [rəprɔgrame] *vt* to reprogram.

reprographie [rəprɔgrafi] *nf* reproduction.

réprouvé, **e** [repruve] ◇ *adj* rejected. ◇ *nm, f* outcast.

réprouver [3] [repruve] *vt* [blâmer] to reprove.

reptation [rɛptasjɔ̃] *nf* creeping.

reptile [rɛptil] *nm* reptile.

repu, **e** [rəpy] ◇ *pp* ▷ **repaître.** ◇ *adj* full, sated.

républicain, **e** [repyblikɛ̃, ɛn] *adj & nm, f* republican.

république [repyblik] *nf* republic ; **la République centrafricaine** Central African Republic ; **la République française** the French Republic ; **la République populaire de Chine** the People's Republic of China ; **la République tchèque** the Czech Republic.

répudiation [repydjasjɔ̃] *nf* repudiation.

répudier [9] [repydje] *vt* - **1.** [femme] to repudiate - **2.** [principes, engagements] to renounce.

répugnance [repyɲɑ̃s] *nf* - **1.** [horreur] repugnance - **2.** [réticence] reluctance ; **avoir** *OU* **éprouver de la ~ à faire qqch** to be reluctant to do sthg ; **avec ~** reluctantly.

répugnant, e [repyɲɑ̃, ɑ̃t] *adj* repugnant.

répugner [3] [repyɲe] *vi* : **~ à qqn** to disgust sb, to fill sb with repugnance ; **~ à faire qqch** to be reluctant to do sthg, to be loath to do sthg.

répulsion [repylsjɔ̃] *nf* repulsion.

réputation [repytasjɔ̃] *nf* reputation ; **avoir une ~ de** to have a reputation for ; **avoir la ~ d'être généreux** to have a reputation for being generous ; **connaître qqn/qqch de ~** to know sb/sthg by reputation ; **avoir bonne/mauvaise ~** to have a good/bad reputation.

réputé, e [repyte] *adj* famous, well-known ; **être ~ pour** to be famous *OU* well-known for.

requérir [39] [rəkerir] *vt* - **1.** [nécessiter] to require, to call for - **2.** [solliciter] to solicit - **3.** DR [réclamer au nom de la loi] to demand.

requête [rəkɛt] *nf* - **1.** [prière] petition ; **à** *OU* **sur la ~ de** at the request of - **2.** DR appeal - **3.** INFORM query.

requiem [rekɥijɛm] *nm inv* requiem.

requiers, requiert *(etc)* ▷ **requérir.**

requin [rəkɛ̃] *nm* shark.

requinquer [3] [rəkɛ̃ke] *vt fam* to perk up, to buck up.

◆ **se requinquer** *vp fam* to perk up, to buck up.

requis, e [rəki, iz] ◇ *pp* ▷ **requérir.** ◇ *adj* required, requisite.

réquisition [rekizisjɔ̃] *nf* - **1.** MIL requisition - **2.** DR closing speech for the prosecution.

réquisitionner [3] [rekizisjɔne] *vt* to requisition.

réquisitoire [rekizitwar] *nm* DR closing speech for the prosecution ; **~ (contre)** *fig* indictment (of).

RER (*abr de* **réseau express régional**) *nm train service linking central Paris with its suburbs and airports.*

rescapé, e [rɛskape] ◇ *adj* rescued. ◇ *nm, f* survivor.

rescousse [rɛskus] ◆ **à la rescousse** *loc adv* : **venir à la ~ de qqn** to come to sb's rescue ; **appeler qqn à la ~** to call on sb for help.

réseau, x [rezo] *nm* network ; **~ ferroviaire/routier** rail/road network.

réséda [rezeda] *nm* mignonette.

réservation [rezɛrvasjɔ̃] *nf* reservation.

réserve [rezɛrv] *nf* - **1.** [gén] reserve ; **en ~** in reserve ; **officier de ~** MIL reserve officer - **2.** [restriction] reservation ; **faire des ~s (sur)** to have reservations (about) ; **sous toute ~** *OU* **toutes ~s** subject to confirmation ; **sous ~ de** subject to ; **sans ~** unreservedly ; **éloges sans ~** unreserved praise - **3.** [d'animaux, de plantes] reserve ; [d'Indiens] reservation ; **~ faunique** *Québec* wildlife reserve ; **~ naturelle** nature reserve - **4.** [local] storeroom.

réservé, e [rezɛrve] *adj* reserved.

réserver [3] [rezɛrve] *vt* - **1.** [destiner] : **~ qqch (à qqn)** [chambre, place] to reserve *OU* book sthg (for sb) ; *fig* [surprise, désagrément] to have sthg in store (for sb) - **2.** [mettre de côté, garder] : **~ qqch (pour)** to put sthg on one side (for), to keep sthg (for).

◆ **se réserver** *vp* - **1.** [s'accorder] : **se ~ qqch** to keep sthg for o.s. ; **se ~ de faire qqch** to wait to do sthg ; **se ~ le droit de faire qqch** to reserve the right to do sthg - **2.** [se ménager] to save o.s.

réserviste [rezɛrvist] *nm* reservist.

réservoir [rezɛrvwar] *nm* - **1.** [cuve] tank - **2.** [bassin] reservoir - **3.** *fig* [de main-d'œuvre] reserve, pool ; [d'idées] source.

résidant, e [rezidɑ̃, ɑ̃t] *adj* resident.

résidence [rezidɑ̃s] *nf* - **1.** [habitation] residence ; **~ principale** main residence *OU* home ; **~ secondaire** second home ; **~ universitaire** hall of residence *UK*, dormitory *US* - **2.** [immeuble] block of luxury flats *UK*, luxury apartment block *US*.

◆ **résidence surveillée** *nf* : **en ~ surveillée** under house arrest.

résident, e [rezidɑ̃, ɑ̃t] *nm, f* - **1.** [de pays] : **les ~s français en Écosse** French nationals resident in Scotland - **2.** [habitant d'une résidence] resident.

résidentiel, elle [rezidɑ̃sjɛl] *adj* residential.

résider [3] [rezide] *vi* - **1.** [habiter] : **~ à/dans/en** to reside in - **2.** [consister] : **~ dans** to lie in.

résidu [rezidy] *nm* [reste] residue ; [déchet] waste.

résiduel, elle [rezidɥɛl] *adj* residual.

résignation [reziɲasjɔ̃] *nf* resignation.

résigné, e [reziɲe] ◇ *adj* resigned. ◇ *nm, f* resigned person.

résigner [3] [reziɲe] ◆ **se résigner** *vp* : **se ~ (à)** to resign o.s. (to).

résiliation [reziljasjɔ̃] *nf* cancellation, termination.

résilier [9] [rezilje] *vt* to cancel, to terminate.

résille [rezij] *nf* - **1.** [pour cheveux] hairnet - **2.** [pour les jambes] : **bas ~** fishnet stockings.

résine [rezin] *nf* resin.

résiné, **e** [rezine] *adj* flavoured *UK ou* flavored *US* with resin.
◆ **résiné** *nm* retsina.

résineux, **euse** [rezinø, øz] *adj* resinous.
◆ **résineux** *nm* conifer.

résistance [rezistɑ̃s] *nf* - **1.** [gén, ÉLECTR & PHYS] resistance ; **manquer de ~** to lack stamina ; **opposer une ~** to put up resistance ; **~ passive** passive resistance - **2.** [de radiateur, chaudière] element.
◆ **Résistance** *nf* : **la Résistance** HIST the Resistance.

résistant, **e** [rezistɑ̃, ɑ̃t] ◇ *adj* [personne] tough ; [tissu] hard-wearing, tough ; **être ~ au froid/aux infections** to be resistant to the cold/to infection. ◇ *nm, f* [gén] resistance fighter ; [de la Résistance] member of the Resistance.

résister [3] [reziste] *vi* to resist ; **~ à** [attaque, désir] to resist ; [tempête, fatigue] to withstand ; [personne] to stand up to, to oppose.

résolu, **e** [rezɔly] ◇ *pp* ▷ **résoudre**. ◇ *adj* resolute ; **être bien ~ à faire qqch** to be determined to do sthg.

résolument [rezɔlymɑ̃] *adv* resolutely.

résolution [rezɔlysjɔ̃] *nf* - **1.** [décision] resolution ; **prendre la ~ de faire qqch** to make a resolution to do sthg - **2.** [détermination] resolve, determination - **3.** [solution] solving.

résolvais, **résolvions** *(etc)* ▷ **résoudre**.

résonance [rezɔnɑ̃s] *nf* - **1.** ÉLECTR & PHYS resonance - **2.** *fig* [écho] echo.

résonner [3] [rezɔne] *vi* [retentir] to resound ; [renvoyer le son] to echo ; **~ de** to resound with.

résorber [3] [rezɔrbe] *vt* - **1.** [déficit] to absorb - **2.** MÉD to resorb.
◆ **se résorber** *vp* - **1.** [déficit] to be absorbed - **2.** MÉD to be resorbed.

résoudre [88] [rezudr] *vt* - **1.** [problème] to solve, to resolve - **2.** [décider] : **~ qqn à faire qqch** to get sb to make up his/her mind to do sthg - **3.** [décomposer] : **~ en** to break up *ou* resolve into.
◆ **se résoudre** *vp* : **se ~ à faire qqch** to make up one's mind to do sthg, to decide *ou* resolve to do sthg.

respect [rɛspɛ] *nm* respect ; **manquer de ~ à qqn** to be disrespectful to sb, to show disrespect for sb ; **sauf votre ~** with all (due) respect ; **avec tout le ~ que je vous dois** with all (due) respect, with the greatest of respect ; **tenir qqn en ~** *fig* to keep sb at bay.
◆ **respects** *nmpl* respects, regards.

respectabilité [rɛspɛktabilite] *nf* respectability.

respectable [rɛspɛktabl] *adj* respectable.

respecter [4] [rɛspɛkte] *vt* to respect ; **faire ~ la loi** to enforce the law.
◆ **se respecter** *vp* : **un professeur qui se respecte ne ferait pas cela** no self-respecting teacher would do that.

respectif, **ive** [rɛspɛktif, iv] *adj* respective.

respectivement [rɛspɛktivmɑ̃] *adv* respectively.

respectueusement [rɛspɛktɥøzmɑ̃] *adv* respectfully.

respectueux, **euse** [rɛspɛktɥø, øz] *adj* respectful ; **être ~ de** to have respect for.

respirable [rɛspirabl] *adj* : **l'air n'est plus ~** the air is no longer breathable.

respiration [rɛspirasjɔ̃] *nf* breathing *(U)* ; **retenir sa ~** to hold one's breath ; **~ artificielle** artificial respiration.

respiratoire [rɛspiratwar] *adj* respiratory.

respirer [3] [rɛspire] ◇ *vi* - **1.** [inspirer-expirer] to breathe - **2.** *fig* [se reposer] to get one's breath ; [être soulagé] to be able to breathe again. ◇ *vt* - **1.** [aspirer] to breathe in - **2.** *fig* [exprimer] to exude.

resplendir [32] [rɛsplɑ̃dir] *vi* - **1.** [lune] to shine - **2.** *fig* [personne] : **~ de joie/santé** to be radiant with joy/health.

resplendissant, **e** [rɛsplɑ̃disɑ̃, ɑ̃t] *adj* radiant.

responsabilisation [rɛspɔ̃sabilizasjɔ̃] *nf* making sb aware of his/her responsibilities.

responsabiliser [3] [rɛspɔ̃sabilize] *vt* : **~ qqn** to make sb aware of his/her responsibilities.

responsabilité [rɛspɔ̃sabilite] *nf* - **1.** [morale] responsibility ; **décliner toute ~** to disclaim all responsibility ; **avoir la ~ de** to be responsible for, to have the responsibility of - **2.** DR liability ; **~ civile** civil liability ; **~ collective/pénale** collective/criminal responsibility.

responsable [rɛspɔ̃sabl] ◇ *adj* - **1.** [gén] : **~ (de)** responsible (for) ; [légalement] liable (for) ; [chargé de] in charge (of), responsible (for) - **2.** [sérieux] responsible. ◇ *nmf* - **1.** [auteur, coupable] person responsible - **2.** [dirigeant] official - **3.** [personne compétente] person in charge.

resquille [rɛskij] *nf*, **resquillage** [rɛskijaʒ] *nm* - **1.** [au théâtre etc] sneaking in without paying - **2.** [dans autobus etc] fare-dodging.

resquiller [3] [rɛskije] *vi* - **1.** [au théâtre etc] to sneak in without paying - **2.** [dans autobus etc] to dodge paying the fare.

resquilleur, **euse** [rɛskijœr, øz] *nm, f* - **1.** [au théâtre etc] person who sneaks in without paying - **2.** [dans autobus etc] fare-dodger.

ressac [rəsak] *nm* undertow.

ressaisir [32] [rəsezir] ◆ **se ressaisir** *vp* to pull o.s. together.

ressasser [3] [rəsase] *vt* - **1.** [répéter] to keep churning out - **2.** *fig* [mécontentement] to dwell on.

ressayer = **réessayer**.

ressemblance [rəsɑ̃blɑ̃s] *nf* [gén] resemblance, likeness ; [trait] resemblance.

ressemblant, e [rəsɑ̃blɑ̃, ɑ̃t] *adj* lifelike.

ressembler [3] [rəsɑ̃ble] *vi* : ~ **à** [physiquement] to resemble, to look like ; [moralement] to be like, to resemble ; **cela ne lui ressemble pas** that's not like him.
◆ **se ressembler** *vp* to look alike, to resemble each other ; **qui se ressemble s'assemble** birds of a feather flock together.

ressemeler [24] [rəsəmle] *vt* to resole.

ressentiment [rəsɑ̃timɑ̃] *nm* resentment.

ressentir [37] [rəsɑ̃tir] *vt* to feel.
◆ **se ressentir** *vp* : **se ~ de** [suj: travail] to show the effects of ; [suj: personne, pays] to feel the effects of.

resserre [rəsɛr] *nf* storeroom.

resserrer [4] [rəsere] *vt* - **1.** [ceinture, boulon] to tighten - **2.** *fig* [lien] to strengthen.
◆ **se resserrer** *vp* - **1.** [route] to (become) narrow - **2.** [nœud, étreinte] to tighten - **3.** *fig* [relations] to grow stronger, to strengthen.

resservir [38] [rəsɛrvir] ◇ *vt* - **1.** [plat] to serve again ; *fig* [histoire] to trot out - **2.** [personne] to give another helping to. ◇ *vi* to be used again.
◆ **se resservir** *vp* : **se ~ de qqch** [ustensile] to use sthg again ; [plat] to take another helping of sthg.

ressort [rəsɔr] *nm* - **1.** [mécanisme] spring - **2.** *fig* [énergie] spirit - **3.** *fig* [force] force - **4.** *fig* [compétence] : **être du ~ de qqn** to be sb's area of responsibility, to come under sb's jurisdiction.
◆ **en dernier ressort** *loc adv* in the last resort, as a last resort.

ressortir[1] [43] [rəsɔrtir] ◇ *vi (aux: être)* - **1.** [personne] to go out again - **2.** *fig* [couleur] : **~ (sur)** to stand out (against) ; **faire ~** to highlight - **3.** *fig* [résulter de] : **~ de** to emerge from. ◇ *vt (aux: avoir)* to take *ou* get *ou* bring out again.

ressortir[2] [32] [rəsɔrtir] *vi* [relever] : **~ à** DR to be in the province of ; *sout* [domaine] to pertain to.

ressortissant, e [rəsɔrtisɑ̃, ɑ̃t] *nm, f* national.

ressouder [3] [rəsude] *vt* to resolder ; *fig* to cement.

ressource [rəsurs] *nf* resort ; **votre seule ~ est de...** the only course open to you is to... ; **avoir de la ~** to be resourceful.
◆ **ressources** *nfpl* - **1.** [financières] means ; **être sans ~s** to be without means - **2.** [énergétiques, de langue] resources ; **~s naturelles** natural resources - **3.** [de personne] resourcefulness *(U)*.

ressourcer [16] [rəsurse] ◆ **se ressourcer** *vp* to recharge one's batteries.

ressouvenir [40] [rəsuvnir] ◆ **se ressouvenir** *vp litt* **se ~ de qqn/qqch** to remember sb/sthg.

ressurgir [32] [rəsyrʒir] *vi* to reappear.

ressusciter [3] [resysite] ◇ *vi* to rise (from the dead) ; *fig* to revive. ◇ *vt* to bring back to life, to raise ; *fig* to revive.

restant, e [rɛstɑ̃, ɑ̃t] *adj* remaining, left.
◆ **restant** *nm* rest, remainder.

restaurant [rɛstɔrɑ̃] *nm* restaurant ; **manger au ~** to eat out ; **~ d'entreprise** staff canteen *UK ou* cafeteria *US* ; **~ universitaire** ≃ university cafeteria *ou* refectory.

restaurateur, trice [rɛstɔratœr, tris] *nm, f* - **1.** CULIN restaurant owner - **2.** ART restorer.

restauration [rɛstɔrasjɔ̃] *nf* - **1.** CULIN restaurant business ; **~ rapide** fast food - **2.** ART & POLIT restoration.
◆ **Restauration** *nf* : **la Restauration** the Restoration.

restaurer [3] [rɛstɔre] *vt* to restore.
◆ **se restaurer** *vp* to have something to eat.

reste [rɛst] *nm* - **1.** [de lait, temps] : **le ~ (de)** the rest (of) - **2.** MATH remainder ; **ne pas être en ~ (avec)** not to be outdone (by).
◆ **restes** *nmpl* - **1.** [de repas] leftovers - **2.** [de mort] remains.
◆ **au reste, du reste** *loc adv* besides.
◆ **pour le reste** *loc adv* as for the rest.

rester [3] [rɛste] ◇ *vi* - **1.** [dans lieu, état] to stay, to remain ; **restez calme!** stay *ou* keep calm! ; **~ sur** to retain - **2.** [se perpétuer] to endure - **3.** [subsister] to remain, to be left ; **le seul bien qui me reste** the only thing I have left - **4.** [s'arrêter] : **en ~ à qqch** to stop at sthg ; **en ~ là** to finish there - **5.** *loc* **y ~** *fam* [mourir] to pop one's clogs *UK*. ◇ *v impers* : **il en reste un peu** there's still a little left ; **il te reste de l'argent?** do you still have some money left? ; **il reste beaucoup à faire** there is still a lot to be done ; **il reste que..., il n'en reste pas moins que...** the fact remains that... ; **reste à savoir si...** it remains to be seen whether...

restituer [7] [rɛstitɥe] *vt* - **1.** [objet volé] to return, to restore ; [argent] to refund, to return - **2.** [archives, texte] to reconstruct - **3.** [énergie] to release - **4.** [son] to reproduce.

restitution [rɛstitysjɔ̃] *nf* - **1.** [d'argent, objet volé] return - **2.** [d'archives, de texte] reconstruction - **3.** [d'énergie] release - **4.** [de son] reproduction.

resto [rɛsto] *nm fam* restaurant ; **les ~s du cœur** *charity food distribution centres* ; **~-U** UNIV university refectory, cafeteria.

Restoroute® [rɛstorut] *nm* motorway cafe *UK*, highway restaurant *US*.

restreignais, **restreignions** *(etc)* ▷ **restreindre.**

restreindre [81] [rɛstrɛ̃dr] *vt* to restrict.

◆ **se restreindre** *vp* - **1.** [domaine, champ] to narrow - **2.** [personne] to cut back ; **se ~ dans qqch** to restrict sthg.

restreint, **e** [rɛstrɛ̃, ɛ̃t] *pp* ▷ **restreindre.**

restrictif, **ive** [rɛstriktif, iv] *adj* restrictive.

restriction [rɛstriksjɔ̃] *nf* - **1.** [condition] condition ; **sans ~** unconditionally - **2.** [limitation] restriction.

◆ **restrictions** *nfpl* [alimentaires] rationing *(U)*.

restructurer [3] [rəstryktyre] *vt* to restructure.

résultant, **e** [rezyltɑ̃, ɑ̃t] *adj* resulting.

◆ **résultante** *nf* - **1.** [sciences] resultant - **2.** [conséquence] consequence, outcome.

résultat [rezylta] *nm* result ; [d'action] outcome.

◆ **résultats** *nmpl* results.

résulter [3] [rezylte] ◇ *vi* : **~ de** to be the result of, to result from. ◇ *v impers* : **il en résulte que...** as a result,...

résumé [rezyme] *nm* summary, résumé ; **en ~** [pour conclure] to sum up ; [en bref] in brief, summarized.

résumer [3] [rezyme] *vt* to summarize.

◆ **se résumer** *vp* - **1.** [suj: personne] to sum up - **2.** [se réduire] : **se ~ à qqch/à faire qqch** to come down to sthg/to doing sthg.

résurgence [rezyrʒɑ̃s] *nf* resurgence.

résurrection [rezyrɛksjɔ̃] *nf* resurrection.

rétablir [32] [retablir] *vt* - **1.** [gén] to restore ; [malade] to restore (to health) - **2.** [communications, contact] to re-establish - **3.** [dans emploi] : **~ qqn (dans)** to reinstate sb (in).

◆ **se rétablir** *vp* - **1.** [silence] to return, to be restored - **2.** [malade] to recover - **3.** [gymnastique] to pull o.s. up.

rétablissement [retablismɑ̃] *nm* - **1.** [d'ordre] restoration - **2.** [de communications] re-establishment - **3.** [de malade] recovery - **4.** [dans emploi] reinstatement - **5.** [gymnastique] pull-up.

retaper [3] [rətape] *vt* - **1.** [maison, canapé] to do up - **2.** [lettre] to retype - **3.** *fam* [personne] to set up.

◆ **se retaper** *vp fam* [personne] to get back on one's feet.

retard [rətar] *nm* - **1.** [délai] delay ; **être en ~** [sur heure] to be late ; [sur échéance] to be behind ; **avoir du ~** to be late *ou* delayed ; **se mettre en ~** to make o.s. late ; **rattraper son ~** to make up lost time ; **après bien des ~s** after much delay - **2.** [de pays, peuple, personne] backwardness.

retardataire [rətardatɛr] ◇ *nmf* - **1.** [en retard] latecomer - **2.** [enfant] backward *ou* retarded person. ◇ *adj* - **1.** [sur heure] late - **2.** [idée, enfant] backward.

retardement [rətardəmɑ̃] *nm* : **à ~** belatedly, *voir aussi* **bombe.**

retarder [3] [rətarde] ◇ *vt* - **1.** [personne, train] to delay ; [sur échéance] to put back ; **~ qqn dans qqch** to delay sb in sthg - **2.** [ajourner - rendez-vous] to put back *ou* off ; [- départ] to put back *ou* off, to delay - **3.** [montre] to put back. ◇ *vi* - **1.** [horloge] to be slow - **2.** *fam* [ne pas être au courant] to be behind the times - **3.** [être en décalage] : **~ sur** to be out of step *ou* tune with.

retendre [73] [rətɑ̃dr] *vt* to retighten.

retenir [40] [rətnir] *vt* - **1.** [physiquement - objet, personne, cri] to hold back ; [- souffle] to hold ; **~ qqn de faire qqch** to stop *ou* restrain sb from doing sthg - **2.** [retarder] to keep, to detain ; **~ qqn à dîner** to have sb stay for dinner - **3.** [montant, impôt] to keep back, to withhold - **4.** [chambre] to reserve - **5.** [leçon, cours] to remember - **6.** [projet] to accept, to adopt - **7.** [eau, chaleur] to retain - **8.** MATH to carry - **9.** [intérêt, attention] to hold.

◆ **se retenir** *vp* - **1.** [s'accrocher] : **se ~ à** to hold onto - **2.** [se contenir] to hold on ; **se ~ de faire qqch** to refrain from doing sthg.

rétention [retɑ̃sjɔ̃] *nf* MÉD retention.

retentir [32] [rətɑ̃tir] *vi* - **1.** [son] to ring (out) - **2.** [pièce, rue] : **~ de** to resound with - **3.** *fig* [fatigue, blessure] : **~ sur** to have an effect on.

retentissant, **e** [rətɑ̃tisɑ̃, ɑ̃t] *adj* resounding.

retentissement [rətɑ̃tismɑ̃] *nm* - **1.** [de mesure] repercussions *(pl)* - **2.** [de spectacle] effect.

retenu, **e** [rətny] *pp* ▷ **retenir.**

retenue [rətny] *nf* - **1.** [prélèvement] deduction ; **~ à la source** deduction at source - **2.** MATH amount carried - **3.** SCOL detention - **4.** *fig* [de personne - dans relations] reticence ; [- dans comportement] restraint ; **sans ~** without restraint.

réticence [retisɑ̃s] *nf* [hésitation] hesitation, reluctance ; **avec ~** hesitantly ; **sans ~** without hesitation.

réticent, **e** [retisɑ̃, ɑ̃t] *adj* hesitant, reluctant.

retiendrai, **retiendras** *(etc)* ▷ **retenir.**

retienne, **retiennes** *(etc)* ▷ **retenir**.

rétif, **ive** [retif, iv] *adj* restive.

rétine [retin] *nf* retina.

retiré, **e** [rətire] *adj* - **1.** [lieu] remote, isolated ; [vie] quiet - **2.** [personne] retired.

retirer [3] [rətire] *vt* - **1.** [vêtement, emballage] to take off, to remove ; [permis, jouet] to take away ; **~ qqch à qqn** to take sthg away from sb - **2.** [plainte] to withdraw, to take back - **3.** [sortir - personne] to remove, to extricate ; [- casserole] to remove - **4.** [métal] to extract - **5.** [avantages, bénéfices] : **~ qqch de qqch** to get *ou* derive sthg from sthg - **6.** [bagages, billet] to collect ; [argent] to withdraw.

◆ **se retirer** *vp* - **1.** [s'isoler] to withdraw, to retreat - **2.** [des affaires] : **se ~ (de)** to retire (from) - **3.** [refluer] to recede.

retombées [rətɔ̃be] *nfpl* repercussions, fallout *(sing)* ; **~s radioactives** radioactive fallout.

retomber [3] [rətɔ̃be] *vi* - **1.** [gymnaste, chat] to land - **2.** [redevenir] : **~ malade** to relapse - **3.** [pluie] to fall again - **4.** *fig* [colère] to die away - **5.** [cheveux] to hang down - **6.** *fig* [responsabilité] : **~ sur** to fall on.

retordre [76] [rətɔrdr] *vt* [linge] to wring (out) again.

rétorquer [3] [retɔrke] *vt* to retort ; **~ à qqn que...** to retort to sb that...

retors, **e** [rətɔr, ɔrs] *adj* wily.

rétorsion [retɔrsjɔ̃] *nf* retaliation ; **mesures de ~** reprisals.

retouche [rətuʃ] *nf* - **1.** [de texte, vêtement] alteration - **2.** ART & PHOTO touching up.

retoucher [3] [rətuʃe] *vt* - **1.** [texte, vêtement] to alter - **2.** ART & PHOTO to touch up.

retour [rətur] *nm* - **1.** [gén] return ; **à mon/ton ~** when I/you get back, on my/your return ; **au ~ de** [étant arrivé] on my/his *etc* return from ; [en cours de route] on the way back ; **être de ~ (de)** to be back (from) ; **'~ à l'expéditeur** *ou* **l'envoyeur'** 'return to sender' ; **~ en arrière** flashback ; **~ de chariot** carriage return ; **~ de flamme** backfire ; **~ de manivelle** *ou* **de bâton** *fam fig* kickback ; **en ~** in return ; **sans ~** for ever ; **(être) sur le ~** *fig* (to be) over the hill - **2.** [trajet] journey back, return journey.

retournement [rəturnəmɑ̃] *nm* turnaround, turnabout ; **~ de situation** reversal.

retourner [3] [rəturne] ◇ *vt (aux: avoir)* - **1.** [carte, matelas] to turn over ; [terre] to turn (over) - **2.** [pull, poche] to turn inside out - **3.** [compliment, objet prêté] : **~ qqch (à qqn)** to return sthg (to sb) - **4.** [lettre, colis] to send back, to return - **5.** *fam fig* [personne] to shake up ; **en être tout retourné** to be shaken up. ◇ *vi (aux: être)* to come/go back ; **~ à** [personne] to go back *ou* return to ; [objet] to be returned to ; **~ en arrière** *ou* **sur ses pas** to retrace one's steps.

◆ **se retourner** *vp* - **1.** [basculer] to turn over - **2.** [pivoter] to turn round *UK ou* around *US* - **3.** *fam fig* [s'adapter] to sort o.s. out *UK* - **4.** [rentrer] : **s'en ~** to go back (home) - **5.** *fig* [s'opposer] : **se ~ contre** to turn against.

retracer [16] [rətrase] *vt* - **1.** [ligne] to redraw - **2.** [événement] to relate.

rétracter [3] [retrakte] *vt* to retract.

◆ **se rétracter** *vp* - **1.** [se contracter] to retract - **2.** [se dédire] to back down.

retraduire [98] [rətradɥir] *vt* to translate again.

retrait [rətrɛ] *nm* - **1.** [gén] withdrawal ; **~ du permis** disqualification from driving - **2.** BANQUE : **faire un ~** to withdraw money - **3.** [de bagages] collection - **4.** [des eaux] ebbing.

◆ **en retrait** *loc adj* & *loc adv* - **1.** [maison] set back from the road ; **rester en ~** *fig* to hang back - **2.** [texte] indented.

retraite [rətrɛt] *nf* - **1.** [gén] retreat ; **battre en ~** to beat a retreat - **2.** [cessation d'activité] retirement ; **être à la ~** to be retired ; **prendre sa ~** to retire ; **~ anticipée** early retirement ; **~ complémentaire** supplementary pension - **3.** [revenu] (retirement) pension.

retraité, **e** [rətrete] ◇ *adj* - **1.** [personne] retired - **2.** TECHNOL reprocessed. ◇ *nm, f* retired person, pensioner *UK*.

retranchement [rətrɑ̃ʃmɑ̃] *nm* entrenchment ; **poursuivre** *ou* **forcer qqn dans ses derniers ~s** *fig* to drive sb into a corner.

retrancher [3] [rətrɑ̃ʃe] *vt* - **1.** [passage] : **~ qqch (de)** to cut sthg out (from), to remove sthg (from) - **2.** [montant] : **~ qqch (de)** to take sthg away (from), to deduct sthg (from).

◆ **se retrancher** *vp* to entrench o.s. ; **se ~ derrière/dans** *fig* to take refuge behind/in.

retransmettre [84] [rətrɑ̃smɛtr] *vt* to broadcast.

retransmis, **e** [rətrɑ̃smi, iz] *pp* ▷ **retransmettre**.

retransmission [rətrɑ̃smisjɔ̃] *nf* broadcast.

retravailler [3] [rətravaje] ◇ *vt* : **~ qqch** to work on sthg again. ◇ *vi* to start work again.

rétrécir [32] [retresir] ◇ *vt* [tissu] to take in. ◇ *vi* [tissu] to shrink.

◆ **se rétrécir** *vp* [tissu] to shrink.

rétrécissement [retresismɑ̃] *nm* - **1.** [de vêtement] shrinkage - **2.** MÉD stricture.

retremper [3] [rətrɑ̃pe] *vt* - **1.** [linge] to resoak - **2.** [acier] to requench.

◆ **se retremper** *vp* to go back into the water ; *fig* to reimmerse o.s.

rétribuer [7] [retribɥe] *vt* - **1.** [employé] to pay - **2.** [travail] to pay for.

rétribution [retribysjɔ̃] *nf* remuneration.

rétro [retro] ◇ *nm* - **1.** [style] old style *ou* fashion - **2.** *fam* [rétroviseur] rearview mirror. ◇ *adj inv* old-style.

rétroactif, ive [retrɔaktif, iv] *adj* retrospective.

rétroactivement [retrɔaktivmɑ̃] *adv* retrospectively.

rétrocéder [18] [retrɔsede] *vt* to retrocede.

rétrocession [retrɔsɛsjɔ̃] *nf* retrocession.

rétrograde [retrɔgrad] *adj péj* reactionary.

rétrograder [3] [retrɔgrade] ◇ *vt* to demote. ◇ *vi* - **1.** AUTO to change down *UK*, to downshift *US* - **2.** [dans une hiérarchie] to move down.

rétroprojecteur [retrɔprɔʒɛktœr] *nm* overhead projector.

rétrospectif, ive [retrɔspɛktif, iv] *adj* retrospective.

◆ **rétrospective** *nf* retrospective.

rétrospectivement [retrɔspɛktivmɑ̃] *adv* retrospectively.

retroussé, e [rətruse] *adj* - **1.** [manches, pantalon] rolled up - **2.** [nez] turned up.

retrousser [3] [rətruse] *vt* - **1.** [manches, pantalon] to roll up - **2.** [lèvres] to curl.

retrouvailles [rətruvaj] *nfpl* reunion *(sing)*.

retrouver [3] [rətruve] *vt* - **1.** [gén] to find ; [appétit] to recover, to regain - **2.** [reconnaître] to recognize - **3.** [ami] to meet, to see.

◆ **se retrouver** *vp* - **1.** [entre amis] to meet (up) again ; **on se retrouve au café?** shall we meet up *ou* see each other at the cafe? - **2.** [être de nouveau] to find o.s. again - **3.** [s'orienter] to find one's way ; **ne pas s'y ~** [dans ses papiers] to be completely lost - **4.** [erreur, style] to be found, to crop up - **5.** [financièrement] **: s'y ~** *fam* to break even.

rétroviseur [retrɔvizœr] *nm* rearview mirror.

réunification [reynifikasjɔ̃] *nf* reunification.

réunifier [9] [reynifje] *vt* to reunify.

réunion [reynjɔ̃] *nf* - **1.** [séance] meeting - **2.** [jonction] union, merging - **3.** [d'amis, de famille] reunion - **4.** [collection] collection.

Réunion [reunjɔ̃] *nf* : **(l'île de) la ~** Réunion ; **à la ~** in Réunion.

réunionnais, e [reynjɔnɛ, ɛz] *adj* of/from Réunion Island.

◆ **Réunionnais, e** *nm, f* native *ou* inhabitant of Réunion.

réunir [32] [reynir] *vt* - **1.** [fonds] to collect - **2.** [extrémités] to put together, to bring together - **3.** [qualités] to combine - **4.** [personnes] to bring together ; [après séparation] to reunite.

◆ **se réunir** *vp* - **1.** [personnes] to meet - **2.** [entreprises] to combine ; [états] to unite - **3.** [fleuves, rues] to converge.

réussi, e [reysi] *adj* successful ; **c'est ~!** *fig & iron* congratulations!, well done!

réussir [32] [reysir] ◇ *vi* - **1.** [personne, affaire] to succeed, to be a success ; **~ à faire qqch** to succeed in doing sthg ; **~ un coup fumant** to pull off a master stroke - **2.** [climat] : **~ à** to agree with. ◇ *vt* - **1.** [portrait, plat] to make a success of - **2.** [examen] to pass.

réussite [reysit] *nf* - **1.** [succès] success - **2.** [jeu de cartes] patience *UK*, solitaire *US*.

réutiliser [3] [reytilize] *vt* to reuse.

revaloir [60] [rəvalwar] *vt* : **~ qqch à qqn** [avec reconnaissance] to repay sb for sthg ; [avec hostilité] to get even with sb for sthg.

revalorisation [rəvalɔrizasjɔ̃] *nf* [de monnaie] revaluation ; [de salaires] raising ; *fig* [d'idée] rehabilitation.

revaloriser [3] [rəvalɔrize] *vt* [monnaie] to revalue ; [salaires] to raise ; *fig* [idée, doctrine] to rehabilitate.

revanchard, e [rəvɑ̃ʃar, ard] *péj* ◇ *adj* of revenge. ◇ *nm, f* advocate of revenge.

revanche [rəvɑ̃ʃ] *nf* - **1.** [vengeance] revenge ; **prendre sa ~** to take one's revenge - **2.** SPORT return (match).

◆ **en revanche** *loc adv* - **1.** [par contre] on the other hand - **2.** [en contrepartie] in return.

rêvasser [3] [rɛvase] *vi* to daydream.

revaudrai, revaudras *(etc)* ▷ **revaloir**.

rêve [rɛv] *nm* dream ; **de ~** *fig* dream *(avant n)*.

rêvé, e [rɛve] *adj* ideal.

revêche [rəvɛʃ] *adj* surly.

réveil [revɛj] *nm* - **1.** [de personne] waking (up) ; *fig* awakening ; **au ~** on waking (up) - **2.** [pendule] alarm clock - **3.** [de volcan] reawakening.

réveiller [4] [reveje] *vt* - **1.** [personne] to wake up - **2.** [courage] to revive.

◆ **se réveiller** *vp* - **1.** [personne] to wake (up) - **2.** [ambitions] to reawaken.

réveillon [revɛjɔ̃] *nm* - **1.** [jour - de Noël] Christmas Eve ; [- de nouvel an] New Year's Eve - **2.** [repas - de Noël] Christmas Eve meal ; [- de nouvel an] New Year's Eve meal.

réveillonner [3] [revɛjɔne] *vi* to have a Christmas Eve/New Year's Eve meal.

révélateur, **trice** [revelatœr, tris] *adj* revealing.
◆ **révélateur** *nm* PHOTO developer ; *fig* [ce qui révèle] indication.

révélation [revelasjɔ̃] *nf* - **1.** [gén] revelation - **2.** [artiste] discovery.

révéler [18] [revele] *vt* - **1.** [gén] to reveal - **2.** [artiste] to discover.
◆ **se révéler** *vp* - **1.** [apparaître] to be revealed - **2.** [s'avérer] to prove to be.

revenant [rəvnɑ̃] *nm* - **1.** [fantôme] spirit, ghost - **2.** *fam* [personne] stranger.

revendeur, **euse** [rəvɑ̃dœr, øz] *nm, f* retailer.

revendication [rəvɑ̃dikasjɔ̃] *nf* claim, demand.

revendiquer [3] [rəvɑ̃dike] *vt* [dû, responsabilité] to claim ; [avec force] to demand.

revendre [73] [rəvɑ̃dr] *vt* - **1.** [après utilisation] to resell - **2.** [vendre plus de] to sell more of.

revendu, **e** [rəvɑ̃dy] *pp* ▷ **revendre**.

revenir [40] [rəvnir] *vi* - **1.** [gén] to come back, to return ; **~ de** to come back from, to return from ; **~ à** to come back to, to return to ; **~ sur** [sujet] to go over again ; [décision] to go back on ; **~ à soi** to come to - **2.** [mot, sujet] to crop up - **3.** [à l'esprit] : **~ à** to come back to - **4.** [impliquer] : **cela revient au même/à dire que...** it amounts to the same thing/to saying (that)... - **5.** [coûter] : **~ à** to come to, to amount to ; **~ cher** to be expensive - **6.** [honneur, tâche] : **~ à** to fall to ; **c'est à lui qu'il revient de...** it is up to him to... - **7.** CULIN : **faire ~** to brown - **8.** *loc* **sa tête ne me revient pas** I don't like the look of him/her ; **il n'en revenait pas** he couldn't get over it ; **~ de loin** to have been at death's door.

revente [rəvɑ̃t] *nf* resale.

revenu, **e** [rəvny] *pp* ▷ **revenir**.
◆ **revenu** *nm* [de pays] revenue ; [de personne] income.

rêver [4] [rɛve] ◇ *vi* to dream ; [rêvasser] to daydream ; **~ de/à** to dream of/about. ◇ *vt* to dream ; **~ que** to dream (that).

réverbération [revɛrberasjɔ̃] *nf* reverberation.

réverbère [revɛrbɛr] *nm* street lamp *OU* light.

réverbérer [18] [revɛrbere] *vt* to reverberate.

reverdir [32] [rəvɛrdir] *vi* to become green again.

révérence [reverɑ̃s] *nf* - **1.** [salut] bow - **2.** *litt* [déférence] reverence.

révérencieux, **euse** [reverɑ̃sjø, øz] *adj* reverent.

révérend, **e** [reverɑ̃, ɑ̃d] *adj* reverend.
◆ **révérend** *nm* reverend.

révérer [18] [revere] *vt* to revere.

rêverie [rɛvri] *nf* reverie.

revers [rəvɛr] *nm* - **1.** [de main] back ; [de pièce] reverse ; **prendre à ~** to capture from the rear *OU* from behind ; **le ~ de la médaille** *fig* the other side of the coin - **2.** [de veste] lapel ; [de pantalon] turn-up *UK*, cuff *US* - **3.** TENNIS backhand - **4.** *fig* [de fortune] reversal.

reverser [3] [rəvɛrse] *vt* - **1.** [liquide] to pour out more of - **2.** FIN : **~ qqch sur** to pay sthg into ; **~ qqch dans** to invest sthg in.

réversible [revɛrsibl] *adj* reversible.

revêtement [rəvɛtmɑ̃] *nm* surface.

revêtir [44] [rəvɛtir] *vt* - **1.** [mur, surface] : **~ (de)** to cover (with) - **2.** [aspect] to take on, to assume - **3.** [vêtement] to put on ; [personne] to dress - **4.** *sout* [de dignité, de pouvoir] : **~ qqn de** to invest sb with.

revêts ▷ **revêtir**.

revêtu, **e** [rəvɛty] *pp* ▷ **revêtir**.

rêveur, **euse** [rɛvœr, øz] ◇ *adj* dreamy. ◇ *nm, f* dreamer.

reviendrai, **reviendras** *(etc)* ▷ **revenir**.

revient [rəvjɛ̃] ▷ **prix**.

revigorer [3] [rəvigɔre] *vt* to invigorate.

revirement [rəvirmɑ̃] *nm* change.

révisable [revizabl] *adj* subject to review.

réviser [3] [revize] *vt* - **1.** [réexaminer, modifier] to revise, to review - **2.** SCOL to revise *UK*, to review *US* - **3.** [machine] to check.

révision [revizjɔ̃] *nf* - **1.** [réexamen, modification] revision, review - **2.** SCOL revision *UK*, review *US* - **3.** [de machine] checkup.

révisionnisme [revizjɔnism] *nm* revisionism.

révisionniste [revizjɔnist] *nmf* & *adj* revisionist.

revisser [3] [rəvise] *vt* to screw back again.

revitaliser [3] [rəvitalize] *vt* to revitalize.

revivre [90] [rəvivr] ◇ *vi* [personne] to come back to life, to revive ; *fig* [espoir] to be revived, to revive ; **faire ~** to revive. ◇ *vt* to relive ; **faire ~ qqch à qqn** to bring sthg back to sb.

révocation [revɔkasjɔ̃] *nf* - **1.** [de loi] revocation - **2.** [de fonctionnaire] dismissal.

revoici [rəvwasi] *prep* : **me ~!** it's me again!, I'm back!

revoir [62] [rəvwar] *vt* - **1.** [renouer avec] to see again - **2.** [corriger, étudier] to revise *UK*, to review *US*.
◆ **se revoir** *vp* [amis] to see each other again ; [professionnellement] to meet again.

◆ **au revoir** *interj & nm* goodbye.

révoltant, e [revɔltɑ̃, ɑ̃t] *adj* revolting.

révolte [revɔlt] *nf* revolt ; **inciter** *ou* **pousser qqn à la ~** to incite sb to revolt ; **être en ~ contre** to be in revolt against.

révolter [3] [revɔlte] *vt* to disgust.
◆ **se révolter** *vp* : **se ~ (contre)** to revolt (against).

révolu, e [revɔly] *adj* past ; **avoir 15 ans ~s** ADMIN to be over 15.

révolution [revɔlysjɔ̃] *nf* **- 1.** [gén] revolution ; **la Révolution française** the French Revolution **- 2.** *fam* [effervescence] uproar ; **en ~** in an uproar.

La révolution française

The French Revolution, precipitated by the abuses of the *Ancien Régime* or the French monarchy, was a major turning point in French history. It was a turbulent period lasting from the storming of the Bastille in 1789 to Bonaparte's coup in 1799. The Declaration of Human Rights (1789), the execution of Louis XVI (1792), the Reign of Terror (1793-94) and war against the other European powers were events that marked this period.

révolutionnaire [revɔlysjɔnɛr] *nmf & adj* revolutionary.

révolutionner [3] [revɔlysjɔne] *vt* **- 1.** [transformer] to revolutionize **- 2.** [mettre en émoi] to stir up.

revolver [revɔlvɛr] *nm* revolver.

révoquer [3] [revɔke] *vt* **- 1.** [fonctionnaire] to dismiss **- 2.** [loi] to revoke.

revue [rəvy] *nf* **- 1.** [gén] review ; **~ de presse** press review ; **passer en ~** *fig* to review **- 2.** [défilé] march-past **- 3.** [magazine] magazine **- 4.** [spectacle] revue.

révulser [3] [revylse] *vt* to disgust.
◆ **se révulser** *vp* to contort.

rewriting [rərajtiŋ] *nm* rewriting.

Reykjavik [rɛkjavik] *n* Reykjavik.

rez-de-chaussée [redʃose] *nm inv* ground floor *UK*, first floor *US*.

rez-de-jardin [redʒardɛ̃] *nm inv* garden level.

RF *abr de* **République française**.

RFA (*abr de* **République fédérale d'Allemagne**) *nf* FRG.

RFI (*abr de* **Radio France Internationale**) *nf French world service radio station.*

RFO (*abr de* **Radio-télévision française d'outre-mer**) *nf French overseas broadcasting service.*

r.g. (*abr écrite de* **rive gauche**) *left (south) bank of the Seine.*

RG (*abr de* **Renseignements généraux**) *nmpl police department responsible for political security,* ≃ Special Branch *UK*.

Rh (*abr écrite de* **Rhésus**) Rh.

rhabiller [3] [rabije] *vt* to dress again.
◆ **se rhabiller** *vp* to get dressed again ; **aller se ~** *fam fig* to throw in the towel.

rhapsodie, rapsodie [rapsɔdi] *nf* rhapsody.

rhénan, e [renɑ̃, an] *adj* of/from the Rhine, Rhine *(avant n)*.

rhéostat [reɔsta] *nm* rheostat.

rhésus [rezys] *nm* rhesus (factor) ; **~ positif/négatif** rhesus positive/negative.

rhétorique [retɔrik] *nf* rhetoric.

Rhin [rɛ̃] *nm* : **le ~** the Rhine.

rhinite [rinit] *nf* rhinitis *(U)*.

rhinocéros [rinɔserɔs] *nm* rhinoceros.

rhino-pharyngite [rinɔfarɛ̃ʒit] (*pl* **rhino-pharyngites**) *nf* throat infection.

Rhodes [rɔd] *n* Rhodes ; **le colosse de ~** the Colossus of Rhodes.

rhododendron [rɔdɔdɛ̃drɔ̃] *nm* rhododendron.

Rhône [ron] *nm* : **le ~** the (River) Rhone.

rhubarbe [rybarb] *nf* rhubarb.

rhum [rɔm] *nm* rum.

rhumatisant, e [rymatizɑ̃, ɑ̃t] *adj & nm, f* rheumatic.

rhumatismal, e, aux [rymatismal, o] *adj* rheumatic.

rhumatisme [rymatism] *nm* rheumatism.

rhumatologue [rymatɔlɔg] *nmf* rheumatologist.

rhume [rym] *nm* cold ; **attraper un ~** to catch a cold ; **~ des foins** hay fever.

ri [ri] *pp inv* ▷ **rire**.

RI ◇ *nm* (*abr de* **régiment d'infanterie**) infantry regiment. ◇ *nmpl* (*abr de* **Républicains indépendants**) *right-wing French political party.*

Riad = **Riyad**.

riant, e [rijɑ̃, ɑ̃t] *adj* smiling ; *fig* cheerful.

RIB, Rib [rib] (*abr de* **relevé d'identité bancaire**) *nm bank account identification slip.*

ribambelle [ribɑ̃bɛl] *nf* : **~ de** string of.

ricanement [rikanmɑ̃] *nm* snigger.

ricaner [3] [rikane] *vi* to snigger.

RICE, Rice [ris] (*abr de* **relevé d'identité de caisse d'épargne**) *nm savings bank account identification slip.*

richard, **e** [riʃar, ard] *nm, f fam péj* moneybags *(sing).*

riche [riʃ] ◇ *adj* - **1.** [gén] rich ; [personne, pays] rich, wealthy ; **~ en** *ou* **de** rich in - **2.** [habit] expensive - **3.** [idée] great. ◇ *nmf* rich person ; **les ~s** the rich ; **nouveau ~** nouveau riche.

richement [riʃmɑ̃] *adv* richly.

richesse [riʃɛs] *nf* - **1.** [de personne, pays] wealth *(U)* - **2.** [d'appartement] sumptuousness *(U)* - **3.** [de faune, flore] abundance ; **~ en vitamines** high vitamin content.

◆ **richesses** *nfpl* - **1.** [gén] wealth *(U)* - **2.** [de musée] riches.

richissime [riʃisim] *adj* super-rich.

ricin [risɛ̃] *nm* castor-oil plant ; **huile de ~** castor oil.

ricocher [3] [rikɔʃe] *vi litt & fig* to rebound ; [balle d'arme] to ricochet.

ricochet [rikɔʃɛ] *nm litt & fig* rebound ; [de balle d'arme] ricochet ; **par ~** in an indirect way.

rictus [riktys] *nm* rictus.

ride [rid] *nf* wrinkle ; [de surface d'eau] ripple.

ridé, **e** [ride] *adj* wrinkled.

rideau, **x** [rido] *nm* curtain, drape *US* ; **~ de fer** [frontière] Iron Curtain.

rider [3] [ride] *vt* - **1.** [peau] to wrinkle - **2.** [surface] to ruffle.

◆ **se rider** *vp* to become wrinkled.

ridicule [ridikyl] ◇ *adj* ridiculous. ◇ *nm* : **le ~** ridicule ; **se couvrir de ~** to make o.s. look ridiculous ; **tourner qqn/qqch en ~** to ridicule sb/sthg.

ridiculement [ridikylmɑ̃] *adv* ridiculously.

ridiculiser [3] [ridikylize] *vt* to ridicule.

◆ **se ridiculiser** *vp* to make o.s. look ridiculous.

ridule [ridyl] *nf* little wrinkle.

rien [rjɛ̃] ◇ *pron indéf* - **1.** [en contexte négatif] : **ne... rien** nothing, not... anything ; **je n'ai ~ fait** I've done nothing, I haven't done anything ; **je n'en sais ~** I don't know (anything about it), I know nothing about it ; **~ ne m'intéresse** nothing interests me ; **il n'y a plus ~ dans le réfrigérateur** there's nothing left in the fridge - **2.** [aucune chose] nothing ; **que fais-tu? ~** what are you doing? nothing ; **~ de nouveau** nothing new ; **~ d'autre** nothing else ; **~ du tout** nothing at all ; **~ à faire** it's no good ; **de ~!** don't mention it!, not at all! ; **pour ~** for nothing - **3.** [quelque chose] anything ; **sans ~ dire** without saying anything. ◇ *nm* : **pour un ~** [se fâcher, pleurer] for nothing, at the slightest thing ; **perdre son temps à des ~s** to waste one's time with trivia ; **en un ~ de temps** in no time at all.

◆ **rien que** *loc adv* only, just ; **la vérité, ~ que la vérité** the truth and nothing but the truth ; **~ que l'idée des vacances la comblait** just thinking about the holiday filled her with joy.

◆ **un rien** *loc adv* a bit, a shade ; **sa robe est un ~ trop étroite** her dress is a bit too tight.

rieur, **rieuse** [rijœr, rijøz] *adj* cheerful.

Riga [riga] *n* Riga.

rigide [riʒid] *adj* rigid ; [muscle] tense.

rigidité [riʒidite] *nf* rigidity ; [de muscle] tenseness ; [de principes, mœurs] strictness.

rigolade [rigɔlad] *nf fam* fun *(U)* ; **c'est de la ~** *fig* it's a walkover.

rigolard, **e** [rigɔlar, ard] *adj fam* jokey, joking.

rigole [rigɔl] *nf* channel.

rigoler [3] [rigɔle] *vi fam* - **1.** [rire] to laugh - **2.** [plaisanter] : **~ (de)** to joke (about).

rigolo, **ote** [rigɔlo, ɔt] *fam* ◇ *adj* funny. ◇ *nm, f péj* phoney *UK*, phony *US*.

rigoriste [rigɔrist] ◇ *nmf* puritan. ◇ *adj* austere, puritanical.

rigoureusement [rigurøzmɑ̃] *adv* - **1.** [punir] harshly - **2.** [vrai, ponctuel] absolutely ; **c'est ~ exact** it's the honest truth.

rigoureux, **euse** [rigurø, øz] *adj* - **1.** [discipline, hiver] harsh - **2.** [analyse] rigorous.

rigueur [rigœr] *nf* - **1.** [de punition] severity, harshness - **2.** [de climat] harshness - **3.** [d'analyse] rigour *UK*, rigor *US*, exactness - **4.** *loc* **être de ~** to be obligatory ; **tenir ~ de qqch à qqn** to hold sthg against sb.

◆ **à la rigueur** *loc adv* if necessary, if need be.

rillettes [rijɛt] *nfpl potted pork, duck or goose.*

rime [rim] *nf* rhyme ; **sans ~ ni raison** *fig* without rhyme or reason.

rimer [3] [rime] *vi* : **~ (avec)** to rhyme (with) ; **ça ne rime à rien** *fig* that doesn't make sense.

Rimmel® [rimɛl] *nm* mascara.

rinçage [rɛ̃saʒ] *nm* rinsing.

rince-doigts [rɛ̃sdwa] *nm inv* finger bowl.

rincer [16] [rɛ̃se] *vt* [bouteille] to rinse out ; [cheveux, linge] to rinse ; **se faire ~** *fam fig* to get a soaking.

◆ **se rincer** *vp* to rinse o.s. ; **se ~ la bouche** to rinse one's mouth.

ring [riŋ] *nm* - **1.** [boxe] ring - **2.** *belgicisme* [route] bypass.

ringard, **e** [rɛ̃gar, ard] *fam* ◇ *adj* - **1.** [chanson] corny - **2.** [décor] naff *UK* - **3.** [acteur] second-rate - **4.** [personne] nerdy. ◇ *nm, f* nerd.

ringuette [rɛ̃gɛt] *nf* ringette *(women's sport similar to ice hockey).*

Rio de Janeiro [rjodedʒanero] *n* Rio de Janeiro.

ripaille [ripaj] *nf* : **faire ~** *fam vieilli* to have a feast.

riposte [ripɔst] *nf* - **1.** [réponse] retort, riposte - **2.** [contre-attaque] counterattack.

riposter [3] [ripɔste] ◇ *vt* : **~ que** to retort *ou* riposte that. ◇ *vi* - **1.** [répondre] to riposte ; **~ à** [personne] to answer back ; [insulte] to reply to - **2.** [contre-attaquer] to counter, to retaliate.

rire [95] [rir] ◇ *nm* laugh ; **avoir un fou ~** to giggle ; **éclater de ~** to burst out laughing. ◇ *vi* - **1.** [gén] to laugh ; **~ de** to laugh at - **2.** [plaisanter] : **tu veux/vous voulez ~?** you must be joking! ; **pour ~** *fam* as a joke, for a laugh.

◆ **se rire** *vp sout* **se ~ de** to laugh at.

ris [ri] *nm* - **1.** *(gén pl)* CULIN : **~ de veau** sweetbread - **2.** NAUT reef.

risée [rize] *nf* ridicule ; **être la ~ de** to be the laughingstock of.

risette [rizɛt] *nf* : **faire (une) ~ à qqn** [enfant] to give sb a nice *ou* sweet smile ; [sourire de commande] to smile politely at sb.

risible [rizibl] *adj* [ridicule] ridiculous.

risotto [rizɔto] *nm* risotto.

risque [risk] *nm* risk ; **courir un ~** to run a risk ; **prendre des ~s** to take risks ; **à tes/vos ~s et périls** at your own risk.

risqué, e [riske] *adj* - **1.** [entreprise] risky, dangerous - **2.** [plaisanterie] risqué, daring.

risquer [3] [riske] *vt* - **1.** [vie, prison] to risk ; **~ de faire qqch** to be likely to do sthg ; **je risque de perdre tout ce que j'ai** I'm running the risk of losing everything I have ; **~ que** *(+ subjonctif)* to take a risk that ; **cela ne risque rien** it will be all right ; **~ gros** to take a big risk ; **~ le tout pour le tout** *fig* to put everything on the line - **2.** [tenter] to venture.

◆ **se risquer** *vp* to venture ; **se ~ à faire qqch** to dare to do sthg.

risque-tout [riskətu] *nmf* daredevil.

rissoler [3] [risɔle] ◇ *vt* to brown. ◇ *vi* to brown ; **faire ~** to brown.

ristourne [risturn] *nf* discount ; **faire une ~ à qqn** to give sb a discount.

rite [rit] *nm* - **1.** RELIG rite - **2.** [cérémonial] *fig* ritual.

ritournelle [riturnɛl] *nf* - **1.** *fam fig* [rabâchage] old story, old song - **2.** MUS ritornello.

rituel, elle [ritɥɛl] *adj* ritual.

◆ **rituel** *nm* ritual.

rituellement [ritɥɛlmɑ̃] *adv* - **1.** [selon un rite] ritually, religiously - **2.** *fig* [immuablement] unfailingly.

rivage [rivaʒ] *nm* shore.

rival, e, aux [rival, o] ◇ *adj* rival *(avant n).* ◇ *nm, f* rival.

rivaliser [3] [rivalize] *vi* : **~ avec** to compete with ; **~ de** to vie in.

rivalité [rivalite] *nf* rivalry.

rive [riv] *nf* [de rivière] bank ; **la ~ droite** [à Paris] the north bank of the Seine *(generally considered more affluent than the south bank)* ; **la ~ gauche** [à Paris] the south bank of the Seine *(generally associated with students and artists).*

Rive droite, rive gauche

The Right Bank (North Bank) of the Seine is traditionally associated with business and trade and has a reputation for being more conservative than the Left Bank. The Left Bank (South Bank) includes districts traditionally favoured by artists, students and intellectuals and has a reputation for being bohemian and unconventional.

river [3] [rive] *vt* - **1.** [fixer] : **~ qqch à qqch** to rivet sthg to sthg - **2.** [clou] to clinch ; **être rivé à** *fig* to be riveted *ou* glued to.

riverain, e [rivrɛ̃, ɛn] ◇ *adj* riverside *(avant n)* ; [de rue] roadside *(avant n).* ◇ *nm, f* resident.

rivet [rivɛ] *nm* rivet.

rivière [rivjɛr] *nf* river.

◆ **rivière de diamants** *nf* diamond necklace *(with largest stone in the middle).*

rixe [riks] *nf* fight, brawl.

Riyad, Riad [rijad] *n* Riyadh.

riz [ri] *nm* rice ; **~ au lait** rice pudding ; **~ pilaf** pilau rice.

riziculture [rizikyltyr] *nf* rice-growing.

rizière [rizjɛr] *nf* paddy (field).

RMC (*abr de* **Radio Monte-Carlo**) *nf independent radio station.*

RMI (*abr de* **revenu minimum d'insertion**) *nm minimum guaranteed income (for people with no other source of income).*

RMiste [ɛrɛmist] *nmf person receiving the "RMI".*

RN (*abr de* **route nationale**) *nf* ≃ A road *UK*, ≃ state highway *US*.

RNIS (*abr de* **réseau numérique à intégration de services**) *nm* ISDN.

ro *abr de* **recto**.

robe [rɔb] *nf* - **1.** [de femme] dress ; **~ chasuble** pinafore dress ; **~ de grossesse** maternity dress ; **~ de mariée** wedding dress - **2.** [peignoir] : ~ **de chambre** dressing gown *UK*, (bath)robe *US* - **3.** [de magistrat] robe - **4.** [de cheval] coat - **5.** [de vin] colour *UK*, color *US*.

robinet [rɔbinɛ] *nm* tap *UK*, faucet *US*.

robinetterie [rɔbinɛtri] *nf* [installations] taps *(pl) UK*, faucets *(pl) US*.

roboratif, ive [rɔbɔratif, iv] *adj sout* bracing, invigorating.

robot [rɔbo] *nm* - **1.** [gén] robot - **2.** [ménager] food processor.

robotique [rɔbɔtik] *nf* robotics *(U)*.

robotisation [rɔbɔtizasjɔ̃] *nf* automation, robotization *US*.

robotiser [3] [rɔbɔtize] *vt* to automate, to robotize *US*.

robuste [rɔbyst] *adj* - **1.** [personne, santé] robust - **2.** [plante] hardy - **3.** [voiture] sturdy.

robustesse [rɔbystɛs] *nf* - **1.** [de personne] robustness - **2.** [de plante] hardiness - **3.** [de voiture] sturdiness.

roc [rɔk] *nm* rock.

rocade [rɔkad] *nf* bypass.

rocaille [rɔkaj] ◇ *nf* - **1.** [cailloux] loose stones *(pl)* - **2.** [dans un jardin] rock garden, rockery. ◇ *adj inv* rocaille.

rocailleux, euse [rɔkajø, øz] *adj* - **1.** [terrain] rocky - **2.** *fig* [voix] harsh.

rocambolesque [rɔkɑ̃bɔlɛsk] *adj* fantastic.

roche [rɔʃ] *nf* rock.

rocher [rɔʃe] *nm* rock ; **le Rocher** *the town of Monaco* ; **le ~ de Gibraltar** the Rock of Gibraltar.

◆ **rocher au chocolat** *nm* nut chocolate.

rocheux, euse [rɔʃø, øz] *adj* rocky.

◆ **Rocheuses** *nfpl* : **les Rocheuses** the Rockies.

rock [rɔk] ◇ *nm* rock ('n' roll). ◇ *adj inv* rock.

rockeur, euse [rɔkœr, øz] *nm, f* - **1.** [chanteur] rock singer - **2.** [fan] rock fan.

rocking-chair [rɔkiŋtʃɛr] (*pl* **rocking-chairs**) *nm* rocking chair.

rodage [rɔdaʒ] *nm* - **1.** [de véhicule] running in *UK*, break in *US* ; **'en ~'** 'running in' *UK* - **2.** *fig* [de méthode] running-in *UK ou* breaking-in *US ou* debugging period.

rodéo [rɔdeo] *nm* rodeo ; *fig & iron* free-for-all.

roder [3] [rɔde] *vt* - **1.** [véhicule] to run in *UK*, to break in *US* - **2.** *fam* [méthode] to run in *UK*, to break in *US*, to debug ; [personne] to break in.

rôder [3] [rode] *vi* to prowl, to wander about.

rôdeur, euse [rodœr, øz] *nm, f* prowler.

rodomontade [rɔdɔmɔ̃tad] *nf litt* boasting *(U)*.

rogations [rɔgasjɔ̃] *nfpl* Rogations.

rogne [rɔɲ] *nf fam* bad temper ; **être/se mettre en ~** to be in/to get into a bad mood, to be in/to get into a temper.

rogner [3] [rɔɲe] ◇ *vt* - **1.** [ongles] to trim - **2.** [revenus] to eat into. ◇ *vi* : ~ **sur qqch** to cut down on sthg.

rognon [rɔɲɔ̃] *nm* kidney.

rognures [rɔɲyr] *nfpl* clippings, trimmings.

rogue [rɔg] *adj litt* arrogant.

roi [rwa] *nm* king ; **être plus royaliste que le ~** *fig* to be more Catholic than the Pope ; **tirer les ~s** to celebrate Epiphany.

◆ **Rois mages** *nmpl* : **les Rois mages** RELIG the Three Wise Men.

Tirer les rois

The French traditionally celebrate Epiphany with a round, almond-flavoured pastry (*la galette des rois*) containing a small porcelain figurine (*la fève*, so called because dried beans were once used). The pastry is served and the person who finds the *fève* is appointed 'king' or 'queen' and given a cardboard crown to wear.

roitelet [rwatle] *nm* - **1.** [oiseau] wren - **2.** *péj & vieilli* [petit roi] kinglet.

Roland-Garros [rɔlɑ̃garos] *n tennis stadium in Paris where the French Open is held.*

rôle [rol] *nm* role, part ; **jouer un ~** to play a role *ou* part ; **jeu de ~** role play ; **avoir le beau ~** *fig* to come off best.

rôle-titre [roltitr] *nm* title role.

roller [rɔllœr, rɔlœr] *nm* [sport] rollerblading ; **les ~s** [patins] Rollerblades® ; **faire du ~** to go rollerblading, to rollerblade.

rollmops [rɔlmɔps] *nm* rollmop.

ROM, Rom [rɔm] (*abr de* **read only memory**) *nf* ROM.

romain, e [rɔmɛ̃, ɛn] *adj* Roman.

◆ **romain** *nm* TYPO roman.

◆ **romaine** *nf* [salade] cos (lettuce) *UK*, romaine (lettuce) *US*.

◆ **Romain, e** *nm, f* Roman.

roman, e [rɔmɑ̃, an] *adj* - **1.** [langue] Romance - **2.** ARCHIT Romanesque.

◆ **roman** *nm* - **1.** LITTÉR novel ; ~ **d'action** adventure novel ; ~ **d'anticipation** *ou* **de science fiction** science fiction novel ; ~ **noir** thriller - **2.** *fig & iron* [exagération] story ; [aventure] saga - **3.** ARCHIT : **le ~** the Romanesque.

romance [rɔmɑ̃s] *nf* [chanson] love song.

romancer [16] [rɔmɑ̃se] *vt* to romanticize.

romanche [rɔmɑ̃ʃ] *nm & adj* Romansh.

romancier, **ère** [rɔmɑ̃sje, ɛr] *nm, f* novelist.

romand, **e** [rɔmɑ̃, ɑ̃d] *adj* of/from French-speaking Switzerland.
◆ **Romand**, **e** *nm, f* French-speaking Swiss.

romanesque [rɔmanɛsk] *adj* - **1.** LITTÉR novelistic - **2.** [aventure] fabulous, storybook *(avant n).*

roman-feuilleton [rɔmɑ̃fœjtɔ̃] (*pl* **romans-feuilletons**) *nm* serial ; *fig* soap opera.

roman-fleuve [rɔmɑ̃flœv] (*pl* **romans-fleuves**) *nm* saga.

romanichel, **elle** [rɔmaniʃɛl] *nm, f* gipsy.

romaniste [rɔmanist] *nmf* Romanist.

roman-photo [rɔmɑ̃fɔto] (*pl* **romans-photos**) *nm* story told in photographs.

romantique [rɔmɑ̃tik] *nmf* & *adj* romantic.

romantisme [rɔmɑ̃tism] *nm* - **1.** ART Romantic movement - **2.** [sensibilité] romanticism.

romarin [rɔmarɛ̃] *nm* rosemary.

rombière [rɔ̃bjɛr] *nf fam péj* old biddy.

Rome [rɔm] *n* Rome.

rompre [78] [rɔ̃pr] ◇ *vt* - **1.** *sout* [objet] to break - **2.** [charme, marché] to break ; [fiançailles, relations] to break off - **3.** *sout* [exercer] : **~ qqn à** to break sb into. ◇ *vi* to break ; **~ avec qqn** *fig* to break up with sb ; **~ avec qqch** *fig* to break with sthg.
◆ **se rompre** *vp* to break ; **se ~ le cou/les reins** to break one's neck/back.

rompu, **e** [rɔ̃py] ◇ *pp* ▷ **rompre**. ◇ *adj* - **1.** [exténué] exhausted ; **~ de** exhausted by ; **~ de fatigue** exhausted - **2.** [expérimenté] : **~ à** experienced in.

romsteck = **rumsteck**.

ronce [rɔ̃s] *nf* [arbuste] bramble.

ronchon, **onne** [rɔ̃ʃɔ̃, ɔn] *fam* ◇ *adj* grumpy. ◇ *nm, f* grumbler.

ronchonner [3] [rɔ̃ʃɔne] *vi fam* **~ (après)** to grumble (at).

rond, **e** [rɔ̃, rɔ̃d] *adj* - **1.** [forme, chiffre] round - **2.** [joue, ventre] chubby, plump - **3.** *fam* [ivre] tight.
◆ **rond** ◇ *nm* - **1.** [cercle] circle ; **en ~** in a circle *OU* ring ; **tourner en ~** *fig* to go round in circles - **2.** [anneau] ring ; **~ de serviette** napkin ring - **3.** *fam* [argent] : **je n'ai pas un ~** I haven't got a penny *OU* bean. ◇ *adv* : **ça ne tourne pas ~** *fig* there's something up *OU* fishy.

rond-de-cuir [rɔ̃dkɥir] (*pl* **ronds-de-cuir**) *nm péj* & *vieilli* pen pusher.

ronde [rɔ̃d] *nf* - **1.** [de surveillance] rounds *(pl)* ; [de policier] beat - **2.** [danse] round - **3.** MUS semibreve *UK*, whole note *US*.
◆ **à la ronde** *loc adv* : **à des kilomètres à la ~** for miles around.

rondelet, **ette** [rɔ̃dlɛ, ɛt] *adj* - **1.** [grassouillet] plump - **2.** *fig* [somme] goodish, tidy.

rondelle [rɔ̃dɛl] *nf* - **1.** [de saucisson] slice - **2.** [de métal] washer - **3.** *Québec* [hockey] puck.

rondement [rɔ̃dmɑ̃] *adv* [efficacement] efficiently, briskly.

rondeur [rɔ̃dœr] *nf* - **1.** [forme] roundness - **2.** [partie charnue] curve - **3.** [de caractère] openness.

rondin [rɔ̃dɛ̃] *nm* log.

rondouillard, **e** [rɔ̃dujar, ard] *adj fam* tubby.

rond-point [rɔ̃pwɛ̃] (*pl* **ronds-points**) *nm* roundabout *UK*, traffic circle *US*.

ronflant, **e** [rɔ̃flɑ̃, ɑ̃t] *adj péj* grandiose.

ronflement [rɔ̃fləmɑ̃] *nm* - **1.** [de dormeur] snore - **2.** [de poêle, moteur] hum, purr.

ronfler [3] [rɔ̃fle] *vi* - **1.** [dormeur] to snore - **2.** [poêle, moteur] to hum, to purr - **3.** *fam* [dormir] to be in a deep sleep.

ronger [17] [rɔ̃ʒe] *vt* [bois, os] to gnaw ; [métal, falaise] to eat away at ; *fig* to gnaw at, to eat away at.
◆ **se ronger** *vp* - **1.** [grignoter] : **se ~ les ongles** to bite one's nails - **2.** *fig* [se tourmenter] to worry, to torture o.s.

rongeur, **euse** [rɔ̃ʒœr, øz] *adj* gnawing, rodent *(avant n).*
◆ **rongeur** *nm* rodent.

ronron [rɔ̃rɔ̃] *nm* - **1.** [de chat] purr ; [de moteur] purr, hum - **2.** *fig* & *péj* [routine] humdrum existence.

ronronnement [rɔ̃rɔnmɑ̃] *nm* [de chat] purring ; [de moteur] purring, humming.

ronronner [3] [rɔ̃rɔne] *vi* [chat] to purr ; [moteur] to purr, to hum.

roquefort [rɔkfɔr] *nm* Roquefort *(French blue-veined cheese).*

roquer [3] [rɔke] *vi* [échecs] to castle.

roquet [rɔkɛ] *nm péj* - **1.** [chien] nasty little dog - **2.** *fig* [personne] nasty little squirt.

roquette [rɔkɛt] *nf* rocket.

ROR [ɛroɛr] *OU* [rɔr] (*abr de* **rougeole oreillons rubéole**) *nm* MMR (vaccine).

rosace [rozas] *nf* - **1.** [ornement] rose - **2.** [vitrail] rose window - **3.** [figure géométrique] rosette.

rosaire [rozɛr] *nm* rosary.

rosâtre [rozatr] *adj* pinkish.

rosbif [rɔsbif] *nm* - **1.** [viande] roast beef - **2.** [Anglais] *pejorative term for a British person.*

rose [roz] ◇ *nf* rose ; **~ trémière** hollyhock ; **frais comme une ~** fresh as a daisy ; **envoyer**

qqn sur les ~s *fam fig* to send sb packing. ◇ *nm* pink. ◇ *adj* pink ; **~ bonbon** bright pink.

◆ **rose des vents** *nf* compass card.

Rose

> Since the symbol of the French socialists is a rose, this word is sometimes used to suggest socialist leanings (*ce maire est un peu moins rose que son prédécesseur*). The word *rose* can also suggest soft pornography; *les messageries roses* and *le Minitel rose* refer to erotic call lines available on Minitel. *Les villes roses* (Albi, Montauban and Toulouse) are so called because they are largely built of pink stone. *Le carnet rose* is the list of births and marriages in a newspaper.

rosé, e [roze] *adj* - **1.** [vin] rosé - **2.** [teinte] rosy.

◆ **rosé** *nm* rosé.

◆ **rosée** *nf* dew.

roseau, x [rozo] *nm* reed.

roseraie [rozrɛ] *nf* rose garden.

rosette [rozɛt] *nf* - **1.** [nœud] bow - **2.** [insigne] rosette.

◆ **rosette de Lyon** *nf dry pork sausage.*

rosier [rozje] *nm* rose bush.

rosir [32] [rozir] *vt* & *vi* to turn pink.

rosse [rɔs] *péj* ◇ *nf* - **1.** *vieilli* [cheval] nag - **2.** *fig* [femme] bitch, cow *UK* ; [homme] bastard. ◇ *adj* nasty.

rosser [3] [rɔse] *vt* to thrash.

rosserie [rɔsri] *nf fam* nasty remark.

rossignol [rɔsiɲɔl] *nm* - **1.** [oiseau] nightingale - **2.** *fam fig* [article invendable] piece of rubbish - **3.** [passe-partout] picklock.

rot [ro] *nm* burp.

rotatif, ive [rɔtatif, iv] *adj* rotary.

◆ **rotative** *nf* rotary press.

rotation [rɔtasjɔ̃] *nf* rotation.

roter [3] [rɔte] *vi fam* to burp.

rôti, e [roti] *adj* roast.

◆ **rôti** *nm* roast, joint *UK* ; **~ de veau/porc** roast veal/pork.

rotin [rɔtɛ̃] *nm* rattan.

rôtir [32] [rotir] ◇ *vt* to roast. ◇ *vi* - **1.** CULIN to roast ; **faire ~** to roast - **2.** *fam fig* [avoir chaud] to be roasting.

◆ **se rôtir** *vp* : **se ~ au soleil** *fig* to bask in the sunshine.

rôtisserie [rotisri] *nf* - **1.** [restaurant] ≃ steakhouse - **2.** [magasin] *shop selling roast meat.*

rôtissoire [rotiswar] *nf* spit.

rotonde [rɔtɔ̃d] *nf* - **1.** [bâtiment] rotunda - **2.** [d'autobus] back seat.

rotor [rɔtɔr] *nm* rotor.

rotule [rɔtyl] *nf* kneecap.

roturier, ère [rɔtyrje, ɛr] ◇ *adj* - **1.** [non noble] common - **2.** *péj* [commun] plebeian. ◇ *nm, f vieilli* commoner.

rouage [rwaʒ] *nm* cog, gearwheel ; **les ~s de l'État** *fig* the wheels of State.

roublard, e [rublar, ard] *fam* ◇ *adj* cunning, crafty. ◇ *nm, f* cunning *ou* crafty devil.

roublardise [rublardiz] *nf* - **1.** [caractère] cunning, craftiness - **2.** *vieilli* [acte] cunning *ou* crafty trick.

rouble [rubl] *nm* rouble.

roucoulement [rukulmɑ̃] *nm* cooing ; *fig* billing and cooing.

roucouler [3] [rukule] ◇ *vt* to warble ; *fig* to coo. ◇ *vi* to coo ; *fig* to bill and coo.

roue [ru] *nf* - **1.** [gén] wheel ; **descendre en ~ libre** to freewheel downhill ; **~ arrière/avant** back/front wheel ; **~ dentée** cogwheel ; **la grande ~** the big wheel *UK*, the Ferris wheel *US* ; **~ de secours** spare wheel ; **un deux ~s** a two-wheeled vehicle - **2.** [de paon] : **faire la ~** to display - **3.** [gymnastique] cartwheel.

rouer [6] [rwe] *vt* : **~ qqn de coups** to thrash sb, to beat sb.

rouerie [ruri] *nf litt* - **1.** [caractère] cunning - **2.** *vieilli* [action] cunning trick.

rouet [ruɛ] *nm* [à filer] spinning wheel.

rouge [ruʒ] ◇ *nm* - **1.** [couleur] red - **2.** *fam* [vin] red (wine) ; **gros ~** *fam* cheap red wine, plonk *UK* - **3.** [fard] rouge, blusher ; **~ à lèvres** lipstick - **4.** AUTO : **passer au ~** to turn red ; [conducteur] to go through a red light. ◇ *nmf* POLIT *péj* Red. ◇ *adj* - **1.** [gén] red ; **~ de** red with - **2.** [fer, tison] red-hot - **3.** POLIT *péj* Red. ◇ *adv* : **voir ~** *fig* to see red.

rougeâtre [ruʒatr] *adj* reddish.

rougeaud, e [ruʒo, od] ◇ *adj* red-faced. ◇ *nm, f* red-faced person.

rouge-gorge [ruʒgɔrʒ] (*pl* **rouges-gorges**) *nm* robin.

rougeoiement [ruʒwamɑ̃] *nm* reddening.

rougeole [ruʒɔl] *nf* measles *(sing).*

rougeoyer [13] [ruʒwaje] *vi* to turn red.

rouget [ruʒɛ] *nm* mullet.

rougeur [ruʒœr] *nf* - **1.** [teinte] redness - **2.** [de visage, de chaleur, d'effort] flush ; [de gêne] blush - **3.** [sur peau] red spot *ou* blotch.

rougir [32] [ruʒir] ◇ *vt* - **1.** [colorer] to turn red - **2.** [chauffer] to make red-hot. ◇ *vi* - **1.** [devenir rouge] to turn red - **2.** [d'émotion] : **~ (de)** [de plaisir, colère] to flush (with) ; [de gêne] to blush (with) - **3.** *fig* [avoir honte] : **~ de qqch** to be ashamed of sthg.

rougissant, e [ruʒisɑ̃, ɑ̃t] *adj* [ciel] reddening ; [jeune fille] blushing.

rouille [ruj] ◇ *nf* - **1.** [oxyde] rust - **2.** CULIN *spicy garlic sauce for fish soup.* ◇ *adj inv* rust.

rouiller [3] [ruje] ◇ *vt* to rust, to make rusty. ◇ *vi* to rust.
◆ **se rouiller** *vp* to rust ; *fig* to get rusty.

roulade [rulad] *nf* - **1.** [galipette] roll - **2.** CULIN rolled meat.

roulant, e [rulɑ̃, ɑ̃t] *adj* - **1.** [meuble] on wheels, on castors - **2.** RAIL : **personnel ~** train crew.

roulé, e [rule] *adj* rolled ; **bien ~e** *fam fig* curvy, shapely.
◆ **roulé** *nm* CULIN ≃ swiss roll.

rouleau, x [rulo] *nm* - **1.** [gén & TECHNOL] roller ; **~ compresseur** steamroller ; **~ encreur** ink roller - **2.** [de papier] roll - **3.** [à pâtisserie] rolling pin - **4.** CULIN : **~ de printemps** spring roll, egg roll *US*.

roulé-boulé [rulebule] (*pl* **roulés-boulés**) *nm* roll.

roulement [rulmɑ̃] *nm* - **1.** [gén] rolling - **2.** [de hanches] swaying - **3.** [de personnel] rotation ; **travailler par ~** to work to a rota *UK* - **4.** [de tambour, tonnerre] roll - **5.** TECHNOL rolling bearing ; **~ à billes** ball bearing - **6.** FIN circulation.

rouler [3] [rule] ◇ *vt* - **1.** [déplacer] to wheel - **2.** [enrouler - tapis] to roll up ; [- cigarette] to roll - **3.** *fam* [balancer] to sway - **4.** LING to roll - **5.** [faire tourner sur soi] to roll - **6.** *fam fig* [duper] to swindle, to do *UK*. ◇ *vi* - **1.** [ballon, bateau] to roll - **2.** [véhicule] to go, to run ; [suj: personne] to drive - **3.** [tonnerre] to rumble - **4.** [suj: conversation] : **~ sur** to turn on - **5.** *fam* [aller bien] : **ça roule** everything's OK *ou* going well.
◆ **se rouler** *vp* to roll about ; **se ~ par terre** to roll on the ground ; **se ~ en boule** to roll o.s. into a ball.

roulette [rulɛt] *nf* - **1.** [petite roue] castor ; **comme sur des ~s** *fam fig* like clockwork - **2.** [de dentiste] drill - **3.** [jeux] roulette ; **~ russe** Russian roulette.

roulis [ruli] *nm* roll.

roulotte [rulɔt] *nf* [de gitan] caravan ; [de tourisme] caravan *UK*, trailer *US* ; *fig* **vol à la ~** theft of goods in car.

roulure [rulyr] *nf fam péj* tart, whore.

roumain, e [rumɛ̃, ɛn] *adj* Romanian.
◆ **roumain** *nm* [langue] Romanian.
◆ **Roumain, e** *nm, f* Romanian.

Roumanie [rumani] *nf* : **la ~** Romania.

round [rawnd] *nm* round.

roupiller [3] [rupije] *vi fam* to snooze.

roupillon [rupijɔ̃] *nm fam* snooze.

rouquin, e [rukɛ̃, in] *fam* ◇ *adj* redheaded. ◇ *nm, f* redhead.

rouspéter [18] [ruspete] *vi fam* to grumble, to moan.

rousse ▷ **roux**.

rousseur [rusœr] *nf* redness.
◆ **taches de rousseur** *nfpl* freckles.

roussi [rusi] *nm* burning ; **ça sent le ~** *fam fig* trouble's on its way.

roussir [32] [rusir] ◇ *vt* - **1.** [rendre roux] to turn brown ; CULIN to brown - **2.** [brûler légèrement] to singe. ◇ *vi* to turn brown ; CULIN to brown.

routage [rutaʒ] *nm* sorting and mailing.

routard, e [rutar, ard] *nm, f fam* backpacker.

route [rut] *nf* - **1.** [gén] road ; **~ à grande circulation** busy road ; **faire de la ~** to do a lot of mileage ; **en ~** on the way ; **en ~!** let's go! ; **mettre en ~** [démarrer] to start up ; *fig* to get under way ; **~ départementale** secondary road ; **~ nationale** ≃ A road *UK*, ≃ highway *US* ; **tenir la ~** AUTO to hold the road ; *fig* to hold water - **2.** [itinéraire] route ; **montrer la ~ à qqn** to show sb the way ; **faire fausse ~** to go the wrong way ; *fig* to be on the wrong track - **3.** *fig* [voie] path.

routier, ère [rutje, ɛr] *adj* road *(avant n)*.
◆ **routier** *nm* - **1.** [chauffeur] long-distance lorry driver *UK ou* trucker *US* - **2.** [restaurant] ≃ transport cafe *UK*, ≃ truck stop *US*.

routine [rutin] *nf* routine.

routinier, ère [rutinje, ɛr] *adj* routine.

rouvert, e [ruvɛr, ɛrt] *pp* ▷ **rouvrir**.

rouvrir [34] [ruvrir] *vt* to reopen, to open again.
◆ **se rouvrir** *vp* to reopen, to open again.

roux, rousse [ru, rus] ◇ *adj* - **1.** [cheveux] red - **2.** [feuilles] russet, red-brown - **3.** [sucre] brown. ◇ *nm, f* [personne] redhead.
◆ **roux** *nm* - **1.** [couleur] red, russet - **2.** CULIN roux.

royal, e, aux [rwajal, o] *adj* - **1.** [de roi] royal - **2.** [magnifique] princely.

royalement [rwajalmɑ̃] *adv* - **1.** [recevoir] royally ; [vivre] like royalty - **2.** *fig* [complètement] : **elle s'en moque ~** she couldn't care less.

royaliste [rwajalist] *nmf* & *adj* royalist.

royalties [rwajalti(z)] *nfpl* royalties.

royaume [rwajom] *nm* kingdom.

Royaume-Uni [rwajomyni] *nm* : **le ~** the United Kingdom.

royauté [rwajɔte] *nf* - **1.** [fonction] kingship - **2.** [régime] monarchy.

RP ◇ *nfpl* (*abr de* **relations publiques**) PR *(sing)*. ◇ *nf* - **1.** (*abr de* **recette principale**) main post office - **2.** *abr de* **région parisienne**.

R.P. (*abr écrite de* **révérend père**) Holy Father.

RPR (*abr de* **Rassemblement pour la République**) *nm French political party to the right of the political spectrum.*

RSVP (*abr de* **répondez s'il vous plaît**) RSVP.

RTB (*abr de* **Radio-télévision belge**) *nf Belgian broadcasting company.*

rte *abr de* **route**.

RTL (*abr de* **Radio-télévision Luxembourg**) *nf* *Luxembourg broadcasting company.*

RTT (*abr de* **réduction du temps de travail**) [ɛrtete] <> *nf* (statutory) reduction in working hours. <> *nm* (extra) day off *(as a result of shorter working hours)* ; **poser/prendre un ~** to book *ou* claim a day's holiday, to take a day off *US*.

RTT

> Initially planned as a measure to reduce unemployment, the law on a 35-hour working week known as *les trente-cinq heures* has not entirely succeeded, but it has generated more leisure time for people in paid employment. They now have *journées de RTT*. People still working 39 hours a week, as the law once mandated, accumulate their extra hours as supplementary days of holidays to use as they please or by agreement with their employer.

RU (*abr de* **restaurant universitaire**) *nm* university refectory, cafeteria.

ruade [ryad] *nf* kick.

Ruanda, **Rwanda** [ryɑ̃nda] *nm* : **le ~** Rwanda ; **au ~** in Rwanda.

ruandais, **e** [ryɑ̃dɛ, ɛz] *adj* Rwandan.
◆ **ruandais** *nm* [langue] Rwandan.
◆ **Ruandais**, **e** *nm, f* Rwandan.

ruban [rybɑ̃] *nm* ribbon ; **~ adhésif** adhesive tape.

rubéole [rybeɔl] *nf* German measles *(sing)*, rubella.

rubicond, **e** [rybikɔ̃, ɔ̃d] *adj* rubicund.

rubis [rybi] <> *nm* - **1.** [pierre précieuse] ruby - **2.** [de montre] jewel - **3.** *loc* **payer ~ sur l'ongle** to pay cash on the nail. <> *adj inv* [couleur] ruby.

rubrique [rybrik] *nf* - **1.** [chronique] column - **2.** [dans classement] heading.

ruche [ryʃ] *nf* - **1.** [abeilles] hive - **2.** [abri] hive, beehive ; *fig* hive of activity.

rucher [ryʃe] *nm* apiary.

rude [ryd] *adj* - **1.** [surface] rough - **2.** [voix] harsh - **3.** [personne, manières] rough, uncouth - **4.** [hiver, épreuve] harsh, severe ; [tâche, adversaire] tough - **5.** [appétit] hearty.

rudement [rydmɑ̃] *adv* - **1.** [brutalement - tomber] hard ; [- répondre] harshly - **2.** *fam* [très] damn.

rudesse [rydɛs] *nf* harshness, severity.

rudimentaire [rydimɑ̃tɛr] *adj* rudimentary.

rudiments [rydimɑ̃] *nmpl* rudiments.

rudoie, **rudoies** *(etc)* ▻ **rudoyer**.

rudoyer [13] [rydwaje] *vt* to treat harshly.

rue [ry] *nf* street ; **~ piétonne** *ou* **piétonnière** pedestrian area *ou* street ; **descendre dans la ~** to take to the streets ; **jeter/mettre/être à la ~** *fig* to throw/to put/to be out on the streets ; **ne pas courir les ~s** *fig* not to grow on trees, to be thin on the ground.

ruée [rɥe] *nf* rush.

ruelle [rɥɛl] *nf* [rue] alley, lane.

ruer [7] [rɥe] *vi* to kick.
◆ **se ruer** *vp* : **se ~ sur** to pounce on.

rugby [rygbi] *nm* rugby ; **~ à treize/quinze** Rugby League/Union.

rugir [32] [ryʒir] <> *vt* to roar, to bellow. <> *vi* to roar ; [vent] to howl ; [personne] : **~ de** to roar with.

rugissement [ryʒismɑ̃] *nm* roar, roaring *(U)* ; [de vent] howling.

rugosité [rygozite] *nf* - **1.** [de surface] roughness - **2.** [aspérité] rough patch.

rugueux, **euse** [rygø, øz] *adj* rough.

ruine [rɥin] *nf* - **1.** [gén] ruin ; **tomber en ~s** to fall into ruins - **2.** [effondrement] ruin, downfall - **3.** [humaine] wreck - **4.** [acquisition] : **c'est une vraie ~** it costs me/you *etc* an arm and a leg.

ruiner [3] [rɥine] *vt* to ruin.
◆ **se ruiner** *vp* to ruin o.s., to bankrupt o.s.

ruineux, **euse** [rɥinø, øz] *adj* ruinous.

ruisseau, **x** [rɥiso] *nm* - **1.** [cours d'eau] stream ; **des ~x de larmes** floods of tears - **2.** *fig* & *péj* [caniveau] gutter.

ruisseler [24] [rɥisle] *vi* : **~ (de)** to stream (with).

ruissellement [rɥisɛlmɑ̃] *nm* streaming.

rumba [rumba] *nf* rumba.

rumeur [rymœr] *nf* - **1.** [bruit] murmur - **2.** [nouvelle] rumour *UK*, rumor *US*.

ruminant [ryminɑ̃] *nm* ruminant.

ruminer [3] [rymine] *vt* to ruminate ; *fig* to mull over.

rumsteck, **romsteck** [rɔmstɛk] *nm* rump steak.

rupestre [rypɛstr] *adj* - **1.** ART cave *(avant n)*, rock *(avant n)* - **2.** BOT rock *(avant n)*.

rupin, **e** [rypɛ̃, in] *fam* <> *adj* plush. <> *nm, f* moneybags *(sing)*.

rupture [ryptyr] *nf* - **1.** [cassure] breaking - **2.** *fig* [changement] abrupt change ; **en ~ de ban avec** *fig* at odds with - **3.** [manque] : **être en ~ de stock** to be out of stock - **4.** [de négociations, fiançailles] breaking off ; [de contrat] breach - **5.** [amoureuse] breakup, split.

rural, **e**, **aux** [ryral, o] <> *adj* country *(avant n)*, rural. <> *nm, f* country dweller.

ruse [ryz] *nf* - **1.** [habileté] cunning, craftiness - **2.** [subterfuge] ruse.

rusé, **e** [ryze] <> *adj* cunning, crafty. <> *nm, f* cunning *ou* crafty person.

ruser [3] [ryze] *vi* to use trickery.

rush [rœʃ] (*pl* **rushs** *ou* **rushes**) *nm* rush.

russe [rys] ◇ *adj* Russian. ◇ *nm* [langue] Russian.
◆ **Russe** *nmf* Russian.

Russie [rysi] *nf* : **la ~** Russia.

rustine [rystin] *nf small rubber patch for repairing bicycle tyres.*

rustique [rystik] ◇ *nm* [style] rustic style. ◇ *adj* rustic.

rustre [rystr] *péj* ◇ *nmf* lout. ◇ *adj* loutish.

rut [ryt] *nm* : **être en ~** [mâle] to be rutting ; [femelle] to be on *UK ou* in *US* heat.

rutabaga [rytabaga] *nm* swede *UK*, rutabaga *US*.

rutilant, e [rytilɑ̃, ɑ̃t] *adj* [brillant] gleaming.

rutiler [3] [rytile] *vi* to gleam.

R-V *abr de* **rendez-vous**.

Rwanda = **Ruanda**.

rythme [ritm] *nm* - **1.** MUS rhythm ; **en ~** in rhythm - **2.** [de travail, production] pace, rate ; **au ~ de** at the rate of ; **~ cardiaque** heart rate.

rythmer [3] [ritme] *vt* to give rhythm to.

rythmique [ritmik] ◇ *nf* rhythmics *(U)*. ◇ *adj* rhythmical.

S

s [1], **S** [ɛs] *nm inv* - **1.** [lettre] s, S - **2.** [forme] zigzag.
◆ **S** (*abr écrite de* **Sud**) S.

s [2] (*abr écrite de* **seconde**) s.

s' ▷ **se**, ▷ **si**.

s/ *abr de* **sur**.

sa ▷ **son**[2].

SA (*abr de* **société anonyme**) *nf* ≃ Ltd *UK*, ≃ Inc. *US*.

S.A. (*abr écrite de* **Son Altesse**) H.H.

sabayon [sabajɔ̃] *nm* zabaglione.

sabbat [saba] *nm* - **1.** RELIG Sabbath - **2.** [de sorciers] sabbath.

sabbatique [sabatik] *adj* - **1.** RELIG Sabbath *(avant n)* - **2.** [congé] sabbatical.

sable [sabl] ◇ *nm* sand ; **de ~** [plage] sandy ; [tempête] sand *(avant n)* ; **~s mouvants** quicksand *(sing)*, quicksands. ◇ *adj inv* [couleur] sandy.

sablé, e [sable] *adj* - **1.** [route] sandy - **2.** CULIN : **gâteau ~** ≃ shortbread *(U)*.
◆ **sablé** *nm* ≃ shortbread *(U)*.

sabler [3] [sable] *vt* - **1.** [route] to sand - **2.** [façade] to sandblast - **3.** [boire] : **~ le champagne** to crack a bottle of champagne.

sableux, euse [sablø, øz] *adj* sandy.
◆ **sableuse** *nf* sandblaster.

sablier [sablije] *nm* hourglass.

sablière [sablijɛr] *nf* - **1.** [carrière] sand quarry - **2.** [poutre] stringer.

sablonneux, euse [sablɔnø, øz] *adj* sandy.

saborder [3] [sabɔrde] *vt* [navire] to scuttle ; *fig* [entreprise] to wind up ; *fig* [projet] to scupper *UK*.
◆ **se saborder** *vp* - **1.** [navire] to be scuttled - **2.** *fig* [entreprise] to wind up.

sabot [sabo] *nm* - **1.** [chaussure] clog - **2.** [de cheval] hoof - **3.** AUTO : **~ de Denver** wheel clamp, Denver boot ; **~ de frein** brake shoe.

sabotage [sabɔtaʒ] *nm* - **1.** [volontaire] sabotage - **2.** [bâclage] bungling.

saboter [3] [sabɔte] *vt* - **1.** [volontairement] to sabotage - **2.** [bâcler] to bungle.

saboteur, euse [sabɔtœr, øz] *nm, f* MIL & POLIT saboteur.

sabre [sabr] *nm* sabre *UK*, saber *US*.

sabrer [3] [sabre] *vt* - **1.** *vieilli* [avec sabre] to cut down - **2.** *fam* [biffer] to slash - **3.** *fam* [critiquer] to slam - **4.** *fam* [candidat] to fail.

sac [sak] *nm* - **1.** [gén] bag ; [pour grains] sack ; [contenu] bag, bagful, sack, sackful ; **~ de couchage** sleeping bag ; **~ à dos** rucksack ; **~ à main** handbag ; **~ (en) plastique** [petit] plastic bag ; [solide et grand] plastic carrier (bag) *UK*, large plastic bag *US* ; **~ poubelle** bin liner *UK*, garbage can liner *US* ; [noir] black bag ; **~ de voyage** travelling *UK ou* traveling *US* bag ; **vider son ~** *fig* to get it off one's chest - **2.** *fam* [10 francs] 10 francs - **3.** *litt* [pillage] sack ; **mettre à ~** [ville] to sack ; [maison] to ransack.

saccade [sakad] *nf* jerk.

saccadé, e [sakade] *adj* jerky.

saccage [sakaʒ] *nm* havoc.

saccager [17] [sakaʒe] *vt* - **1.** [piller] to sack - **2.** [dévaster] to destroy.

saccharine [sakarin] *nf* saccharin.

SACEM, Sacem [sasɛm] (*abr de* **Société des auteurs, compositeurs et éditeurs de musique**) *nf society that safeguards the rights of French writers and musicians.*

sacerdoce [sasɛrdɔs] *nm* priesthood ; *fig* vocation.

sacerdotal, e, aux [sasɛrdɔtal, o] *adj* priestly.

sachant *p prés* ▷ **savoir.**

sache, saches *(etc)* ▷ **savoir.**

sachet [saʃɛ] *nm* [de bonbons] bag ; [de shampooing] sachet ; **~ de thé** teabag ; **soupe en ~** packet soup *UK*, package soup *US*.

sacoche [sakɔʃ] *nf* **- 1.** [de médecin, d'écolier] bag **- 2.** [de cycliste] pannier.

sac-poubelle [sakpubɛl] (*pl* **sacs-poubelle**) *nm* [petit] dustbin *UK ou* garbage can *US* liner ; [grand] rubbish bag *UK*, garbage bag *US*.

sacquer, saquer [3] [sake] *vt fam* **- 1.** [renvoyer] to sack *UK*, to fire **- 2.** [élève] to fail **- 3.** *loc* **je ne peux pas le ~** I can't stand *ou* stomach him.

sacraliser [3] [sakralize] *vt* to hold as sacred.

sacre [sakr] *nm* [de roi] coronation ; [d'évêque] consecration.

sacré, e [sakre] *adj* **- 1.** [gén] sacred **- 2.** RELIG [ordres, écritures] holy **- 3.** *(avant n) fam* [maudit] bloody *UK (avant n)*, goddam *US (avant n)* **- 4.** *(avant n)* [considérable] : **un ~...** a hell of a...

sacrement [sakrəmɑ̃] *nm* sacrament ; **les derniers ~s** the last rites.

sacrément [sakremɑ̃] *adv fam vieilli* dashed.

sacrer [3] [sakre] *vt* **- 1.** [roi] to crown ; [évêque] to consecrate **- 2.** *fig* [déclarer] to hail.

sacrifice [sakrifis] *nm* sacrifice ; **faire un ~/des ~s** *fig* to make a sacrifice/sacrifices.

sacrifié, e [sakrifje] *adj* **- 1.** [personne] sacrificed **- 2.** [prix] giveaway *(avant n)*.

sacrifier [9] [sakrifje] ◇ *vt* [gén] to sacrifice ; **~ qqch pour qqn/qqch** to sacrifice sthg for sb/sthg ; **~ qqch pour faire qqch** to sacrifice sthg to do sthg ; **~ qqn/qqch à** to sacrifice sb/sthg to. ◇ *vi litt* [se conformer] : **~ à** to conform to.

◆ **se sacrifier** *vp* : **se ~ à/pour** to sacrifice o.s. to/for.

sacrilège [sakrilɛʒ] ◇ *nm* sacrilege. ◇ *nmf* sacrilegious person. ◇ *adj* sacrilegious.

sacristain [sakristɛ̃] *nm* sacristan.

sacristie [sakristi] *nf* sacristy.

sacro-saint, e [sakrɔsɛ̃, ɛ̃t] *adj hum* sacrosanct.

sadique [sadik] ◇ *nmf* sadist. ◇ *adj* sadistic.

sadisme [sadism] *nm* sadism.

sadomasochiste [sadɔmazɔʃist] ◇ *nmf* sadomasochist. ◇ *adj* sadomasochistic.

safari [safari] *nm* safari ; **~-photo** photographic safari.

SAFER, Safer [safɛr] (*abr de* **Société d'aménagement foncier et d'établissement régional**) *nf agency entitled to buy land and earmark it for agricultural use.*

safran [safrɑ̃] ◇ *nm* **- 1.** [épice] saffron **- 2.** NAUT rudder blade. ◇ *adj inv* [couleur] saffron.

saga [saga] *nf* saga.

sagace [sagas] *adj* sagacious.

sagacité [sagasite] *nf* sagacity.

sagaie [sagɛ] *nf* assegai.

sage [saʒ] ◇ *adj* **- 1.** [personne, conseil] wise, sensible **- 2.** [enfant, chien] good **- 3.** [goûts] modest ; [propos, vêtement] sober. ◇ *nm* wise man, sage.

sage-femme [saʒfam] (*pl* **sages-femmes**) *nf* midwife.

sagement [saʒmɑ̃] *adv* **- 1.** [avec bon sens] wisely, sensibly **- 2.** [docilement] like a good girl/boy.

sagesse [saʒɛs] *nf* **- 1.** [bon sens] wisdom, good sense **- 2.** [docilité] good behaviour *UK ou* behavior *US*.

Sagittaire [saʒitɛr] *nm* ASTROL Sagittarius ; **être ~** to be (a) Sagittarius.

sagouin, e [sagwɛ̃, in] *nm, f fam* slob.

◆ **sagouin** *nm* ZOOL squirrel monkey.

Sahara [saara] *nm* : **le ~** the Sahara ; **au ~** in the Sahara ; **le ~ occidental** the Western Sahara.

saharien, enne [saarjɛ̃, ɛn] *adj* Saharan.

◆ **saharienne** *nf* safari jacket.

◆ **Saharien, enne** *nm, f* Saharan.

saignant, e [sɛɲɑ̃, ɑ̃t] *adj* **- 1.** [blessure] bleeding **- 2.** [viande] rare, underdone **- 3.** *fam fig* [critique] hurtful.

saignée [seɲe] *nf* **- 1.** *vieilli* & MÉD bloodletting, bleeding **- 2.** [pli du bras] crook of the arm **- 3.** [sillon - dans un sol] ditch ; [- dans un mur] groove.

saignement [sɛɲmɑ̃] *nm* bleeding.

saigner [4] [seɲe] ◇ *vt* **- 1.** [malade, animal] to bleed **- 2.** [financièrement] : **~ qqn (à blanc)** to bleed sb (white). ◇ *vi* to bleed ; **je saigne du nez** my nose is bleeding, I've got a nosebleed.

◆ **se saigner** *vp* : **se ~ pour qqn** *fig* to bleed o.s. white for sb.

saillant, e [sajɑ̃, ɑ̃t] *adj* **- 1.** [proéminent] projecting, protruding ; [muscles] bulging ; [pommettes] prominent **- 2.** *fig* [événement] salient, outstanding.

sailli, e [saji] *pp* ▷ **saillir[1]**, ▷ **saillir[2]**.

saillie [saji] *nf* **- 1.** [avancée] projection ; **en ~** projecting **- 2.** ZOOL covering.

saillir[1] [50] [sajir] *vi* [balcon] to project, to protrude ; [muscles] to bulge.

saillir[2] [32] [sajir] *vt* ZOOL to cover.

sain, e [sɛ̃, sɛn] *adj* - **1.** [gén] healthy ; **~ et sauf** safe and sound - **2.** [lecture] wholesome - **3.** [fruit] fit to eat ; [mur, gestion] sound.

saindoux [sɛ̃du] *nm* lard.

sainement [sɛnmɑ̃] *adv* - **1.** [vivre] healthily - **2.** [raisonner] soundly.

saint, e [sɛ̃, sɛ̃t] ◇ *adj* - **1.** [sacré] holy ; **le Saint-Esprit** the Holy Spirit ; **la Saint-Sylvestre** New Year's Eve ; **la Sainte Vierge** the Blessed Virgin - **2.** [pieux] saintly - **3.** [extrême] : **avoir une ~e horreur de qqch** to detest sthg. ◇ *nm, f* saint ; **le ~ des ~s** *fig* the holy of holies.

saint-bernard [sɛ̃bɛrnar] *nm inv* - **1.** [chien] St Bernard - **2.** *fig* [personne] good Samaritan.

saintement [sɛ̃tmɑ̃] *adv* : **vivre ~** to lead a saintly life.

saint-émilion [sɛ̃temiljɔ̃] *nm inv red wine from the Bordeaux region.*

sainte-nitouche [sɛ̃tnituʃ] (*pl* **saintes-nitouches**) *nf péj* **c'est une ~** butter wouldn't melt in her mouth.

sainteté [sɛ̃tte] *nf* holiness.
◆ **Sainteté** *nf* : **Sa Sainteté** His Holiness.

saint-glinglin [sɛ̃glɛ̃glɛ̃] ◆ **à la saint-glinglin** *loc adv fam* till Doomsday.

saint-honoré [sɛ̃tɔnɔre] *nm inv choux pastry ring filled with confectioner's custard.*

Saint-Marin [sɛ̃marɛ̃] *n* San Marino ; **à ~** in San Marino.

saint-marinais, e [sɛ̃marinɛ, ɛz] *adj* of/from San Marino.
◆ **Saint-Marinais, e** *nm, f* native *ou* inhabitant of San Marino.

Saint-Père [sɛ̃pɛr] *nm* Holy Father.

Saint-Pétersbourg [sɛ̃petɛrsbur] *n* Saint Petersburg.

saint-pierre [sɛ̃pjɛr] *nm inv* [poisson] John Dory.

Saint-Pierre [sɛ̃pjɛr] *n* : **la basilique ~** Saint Peter's Basilica.

Saint-Siège [sɛ̃sjɛʒ] *nm* : **le ~** the Holy See.

sais, sait (*etc*) ▷ **savoir.**

saisie [sezi] *nf* - **1.** [fiscalité & DR] distraint, seizure - **2.** INFORM input ; **erreur de ~** input error ; **~ de données** data capture.

saisir [32] [sezir] *vt* - **1.** [empoigner] to take hold of ; [avec force] to seize ; **~ qqn à la gorge** to seize *ou* grab sb by the throat - **2.** FIN & DR to seize, to distrain - **3.** INFORM to capture - **4.** [comprendre] to grasp - **5.** [suj: sensation, émotion] to grip, to seize - **6.** [surprendre] : **être saisi par** to be struck by - **7.** CULIN to seal.
◆ **se saisir** *vp* : **se ~ de qqn/qqch** to seize sb/sthg, to grab sb/sthg.

saisissant, e [sezisɑ̃, ɑ̃t] *adj* - **1.** [spectacle] gripping ; [ressemblance] striking - **2.** [froid] biting.

saisissement [sezismɑ̃] *nm* [émotion] emotion.

saison [sɛzɔ̃] *nf* season ; **la belle ~** the summer months (*pl*) ; **c'est la bonne/mauvaise ~ pour** it's the right/wrong time of year for ; **la ~ des amours** the mating season ; **en/hors ~** in/out of season ; **la haute/basse/morte ~** the high/low/off season.

saisonnalité [sɛzɔnalite] *nf* seasonal nature.

saisonnier, ère [sɛzɔnje, ɛr] ◇ *adj* seasonal. ◇ *nm, f* seasonal worker.

saké [sake] *nm* sake.

salace [salas] *adj* salacious.

salade [salad] *nf* - **1.** [plante] lettuce - **2.** [plat] (green) salad ; **~ composée** mixed salad ; **~ de fruits** fruit salad ; **~ niçoise** *salad containing anchovies and tuna* - **3.** *fam fig* [méli-mélo] mess - **4.** *fam fig* [baratin] story ; **raconter des ~s** to tell stories ; **vendre sa ~** to lay it on thick.

saladier [saladje] *nm* salad bowl.

salaire [salɛr] *nm* - **1.** [rémunération] salary, wage ; **~ brut/net/de base** gross/net/basic salary, gross/net/basic wage - **2.** *fig* [récompense] reward.

salaison [salɛzɔ̃] *nf* - **1.** [procédé] salting - **2.** [aliment] salted food.

salamalecs [salamalɛk] *nmpl fam péj* bowing and scraping (*U*).

salamandre [salamɑ̃dr] *nf* [animal] salamander.

salami [salami] *nm* salami.

salant [salɑ̃] ▷ **marais.**

salarial, e, aux [salarjal, o] *adj* wage (*avant n*).

salariat [salarja] *nm* - **1.** [système] paid employment - **2.** [salariés] wage-earners (*pl*).

salarié, e [salarje] ◇ *adj* - **1.** [personne] wage-earning - **2.** [travail] paid. ◇ *nm, f* salaried employee.

salaud [salo] *vulg* ◇ *nm* bastard. ◇ *adj m* shitty.

sale [sal] *adj* - **1.** [linge, mains] dirty ; [couleur] dirty, dingy - **2.** (*avant n*) [type, gueule, coup] nasty ; [tour, histoire] dirty ; [bête, temps] filthy.

salé, **e** [sale] *adj* - **1.** [eau, saveur] salty ; [beurre] salted ; [viande, poisson] salt *(avant n)*, salted - **2.** *fig* [histoire] spicy - **3.** *fam fig* [addition, facture] steep.
◆ **salé** *nm* - **1.** [aliment salé] savoury *UK ou* savory *US* food - **2.** [porc] salt pork.

salement [salmɑ̃] *adv* - **1.** [malproprement] dirtily, disgustingly - **2.** *fam* [très] bloody *UK*, damn.

saler [3] [sale] *vt* - **1.** [gén] to salt - **2.** *fam fig* [note] to bump up.

saleté [salte] *nf* - **1.** [malpropreté] dirtiness, filthiness - **2.** [crasse] dirt *(U)*, filth *(U)* ; **faire des ~s** to make a mess - **3.** *fam* [pacotille] junk *(U)*, rubbish *(U)* - **4.** *fam* [maladie] bug - **5.** [obscénité] dirty thing, obscenity ; **il m'a dit des ~s** he used obscenities to me - **6.** [action] disgusting thing ; **faire une ~ à qqn** to play a dirty trick on sb - **7.** *fam péj* [personne] nasty piece of work *UK*.

salière [saljɛr] *nf* saltcellar, saltshaker *US* ; **~-poivrière** cruet.

salin, **e** [salɛ̃, in] *adj* saline ; [eau] salt *(avant n)*.

salir [32] [salir] *vt* - **1.** [linge, mains] to (make) dirty, to soil - **2.** *fig* [réputation, personne] to sully.
◆ **se salir** *vp* to get dirty.

salissant, **e** [salisɑ̃, ɑ̃t] *adj* - **1.** [tissu] easily soiled - **2.** [travail] dirty, messy.

salissure [salisyr] *nf* stain.

salivaire [salivɛr] *adj* salivary.

salive [saliv] *nf* saliva ; **dépenser beaucoup de ~** *fig* to talk nineteen to the dozen *UK* ; **perdre sa ~** *fig* to waste one's breath.

saliver [3] [salive] *vi* to salivate.

salle [sal] *nf* - **1.** [pièce] room ; **en ~** [dans un café] inside ; **~ d'attente** waiting room ; **~ de bains** bathroom ; **~ de cinéma** cinema *UK*, movie theater *US* ; **~ de classe** classroom ; **~ d'eau, ~ de douches** shower room ; **~ d'embarquement** departure lounge ; **~ des machines** engine room ; **~ à manger** dining room ; **~ non-fumeur** ≃ no smoking area ; **~ d'opération** operating theatre *UK ou* room *US* ; **~ de séjour** living room ; **~ de spectacle** theatre *UK*, theater *US* ; **~ des ventes** saleroom *UK*, salesroom *US* - **2.** [de spectacle] auditorium - **3.** [public] audience, house ; **jouer à ~ pleine** to play to a full house ; **faire ~ comble** to have a full house.

salmigondis [salmigɔ̃di] *nm* hotchpotch *UK*, hodgepodge *US*.

salmis [salmi] *nm half-roasted game or poultry finished in wine sauce.*

salmonellose [salmɔneloz] *nf* salmonella poisoning.

salon [salɔ̃] *nm* - **1.** [de maison] lounge *UK*, living room - **2.** [commerce] : **~ de coiffure** hairdressing salon, hairdresser's ; **~ de thé** tearoom - **3.** [foire-exposition] show.

salopard [salɔpar] *nm tfam* bastard.

salope [salɔp] *nf vulg* bitch.

saloper [3] [salɔpe] *vt fam* to mess up, to make a mess of.

saloperie [salɔpri] *nf fam* - **1.** [pacotille] rubbish *(U)* - **2.** [maladie] bug - **3.** [saleté] junk *(U)*, rubbish *(U)* ; **faire des ~s** to make a mess - **4.** [action] dirty trick ; **faire des ~s à qqn** to play dirty tricks on sb - **5.** [propos] dirty comment.

salopette [salɔpɛt] *nf* [d'ouvrier] overalls *(pl)* ; [à bretelles] dungarees *(pl) UK*, overalls *US*.

salpêtre [salpɛtr] *nm* saltpetre *UK*, saltpeter *US*.

salsa [salsa] *nf* salsa.

salsifis [salsifi] *nm* salsify.

SALT [salt] (*abr de* **Strategic Arms Limitation Talks**) SALT.

saltimbanque [saltɛ̃bɑ̃k] *nmf* acrobat.

salubre [salybr] *adj* healthy.

salubrité [salybrite] *nf* healthiness ; **la ~ publique** public health.

saluer [7] [salɥe] *vt* - **1.** [accueillir] to greet - **2.** [dire au revoir à] to take one's leave of - **3.** MIL *fig* to salute.
◆ **se saluer** *vp* to say hello/goodbye (to one another).

salut [saly] ◇ *nm* - **1.** [de la main] wave ; [de la tête] nod ; [propos] greeting - **2.** MIL salute - **3.** [d'acteur] bow - **4.** [sauvegarde] safety - **5.** RELIG salvation. ◇ *interj fam* [bonjour] hi! ; [au revoir] bye!, see you!

salutaire [salytɛr] *adj* - **1.** [conseil, expérience] salutary - **2.** [remède, repos] beneficial.

salutation [salytasjɔ̃] *nf litt* salutation, greeting.
◆ **salutations** *nfpl* : **veuillez agréer, Monsieur, mes ~s distinguées** *ou* **mes sincères ~s** *sout* yours faithfully *UK*, yours sincerely.

salutiste [salytist] *nmf & adj* Salvationist.

Salvador [salvadɔr] *nm* : **le ~** El Salvador ; **au ~** in El Salvador.

salvadorien, **enne** [salvadɔrjɛ̃, ɛn] *adj* Salvadorian.
◆ **Salvadorien**, **enne** *nm, f* Salvadorian.

salve [salv] *nf* salvo.

Salzbourg [salzbur] *n* Salzburg.

samaritain, **e** [samaritɛ̃, ɛn] *adj* Samaritan.
◆ **samaritain** *nm helvétisme* first-aid worker.

samba [sɑ̃ba] *nf* samba.

samedi [samdi] *nm* Saturday ; **nous sommes partis ~** we left on Saturday ; **~ 13 septembre** Saturday 13th September *UK*, Saturday September 13th *US* ; **~ dernier/prochain** last/next Saturday ; **~ matin/midi/après-midi/soir**

Saturday morning/lunchtime/afternoon/evening ; **de/du ~** Saturday *(avant n)* ; **le ~ d'avant** the Saturday before ; **le ~** on Saturdays ; **~ en huit** a week on Saturday *UK*, Saturday week *UK*, a week from Saturday *US* ; **~ en quinze** two weeks on *UK ou* from *US* Saturday ; **un ~ sur deux** every other Saturday ; **nous sommes** *ou* **c'est ~** it's Saturday (today) ; **tous les ~s** every Saturday.

samouraï, **samuraï** [samuraj] *nm* samurai.

samovar [samɔvar] *nm* samovar.

SAMU, **Samu** [samy] (*abr de* **Service d'aide médicale d'urgence**) *nm* - **1.** MÉD *French ambulance and emergency service*, ≃ Ambulance Brigade *UK*, ≃ Paramedics *US* - **2.** [aide sociale] : **le ~ social** *a municipal service that deals with the homeless and assists persons in need.*

samuraï = samouraï.

sanatorium [sanatɔrjɔm] *nm* sanatorium.

sanctifier [9] [sɑ̃ktifje] *vt* - **1.** [rendre saint] to sanctify - **2.** [révérer] to hallow.

sanction [sɑ̃ksjɔ̃] *nf* sanction ; *fig* [conséquence] penalty, price ; **prendre des ~s contre** to impose sanctions on.

sanctionner [3] [sɑ̃ksjɔne] *vt* to sanction.

sanctuaire [sɑ̃ktɥɛr] *nm* - **1.** [d'église] sanctuary - **2.** [lieu saint] shrine.

sandale [sɑ̃dal] *nf* sandal.

sandalette [sɑ̃dalɛt] *nf* sandal.

Sandow® [sɑ̃do] *nm* - **1.** [attache] elastic cable *(for securing luggage etc)* - **2.** AÉRON catapult.

sandwich [sɑ̃dwitʃ] (*pl* **sandwiches** *ou* **sandwichs**) *nm* sandwich ; **être pris en ~ entre** *fam* to be sandwiched between.

sandwicherie [sɑ̃dwitʃri] *nf* sandwich shop ; [avec possibilité de manger sur place] sandwich bar.

sang [sɑ̃] *nm* blood ; **en ~** bleeding ; **pur-~** thoroughbred ; **dans le ~** *fig* in the blood ; **se faire du mauvais ~** *ou* **un ~ d'encre** *fig* to get really worried *ou* upset ; **suer ~ et eau** *fig* to sweat blood.

sang-froid [sɑ̃frwa] *nm inv* calm ; **de ~** in cold blood ; **perdre/garder son ~** to lose/to keep one's head.

sanglant, **e** [sɑ̃glɑ̃, ɑ̃t] *adj* bloody ; *fig* cruel.

sangle [sɑ̃gl] *nf* strap ; [de selle] girth.
◆ **sangles** *nfpl* webbing *(U)*.

sangler [3] [sɑ̃gle] *vt* [attacher] to strap ; [cheval] to girth.

sanglier [sɑ̃glije] *nm* boar.

sanglot [sɑ̃glo] *nm* sob ; **éclater en ~s** to burst into sobs.

sangloter [3] [sɑ̃glɔte] *vi* to sob.

sangria [sɑ̃grija] *nf* sangria.

sangsue [sɑ̃sy] *nf* leech ; *fig* [personne] bloodsucker.

sanguin, **e** [sɑ̃gɛ̃, in] *adj* - **1.** ANAT blood *(avant n)* - **2.** [rouge - visage] ruddy ; [- orange] blood *(avant n)* - **3.** [emporté] quick-tempered.
◆ **sanguine** *nf* - **1.** [dessin] red chalk drawing - **2.** [fruit] blood orange.

sanguinaire [sɑ̃ginɛr] *adj* - **1.** [tyran] bloodthirsty - **2.** [lutte] bloody.

sanguinolent, **e** [sɑ̃ginɔlɑ̃, ɑ̃t] *adj* stained with blood.

Sanisette® [sanizɛt] *nf automatic public toilet* superloo *UK*.

sanitaire [sanitɛr] ◇ *nm* bathroom fittings and plumbing. ◇ *adj* - **1.** [service, mesure] health *(avant n)* - **2.** [installation, appareil] bathroom *(avant n)*.
◆ **sanitaires** *nmpl* toilets and showers.

sans [sɑ̃] ◇ *prep* without ; **~ argent** without any money ; **~ faire un effort** without making an effort. ◇ *adv* : **passe-moi mon manteau, je ne veux pas sortir ~** pass me my coat, I don't want to go out without it.
◆ **sans que** *loc conj (+ subjonctif)* : **~ que vous le sachiez** without your knowing.

sans-abri [sɑ̃zabri] *nmf* homeless person.

San Salvador [sɑ̃salvadɔr] *n* San Salvador.

sanscrit [sɑ̃skri] *nm* Sanskrit.

sans-emploi [sɑ̃zɑ̃plwa] *nmf* unemployed person.

sans-gêne [sɑ̃ʒɛn] ◇ *nm inv* [qualité] rudeness, lack of consideration. ◇ *nmf* [personne] rude *ou* inconsiderate person. ◇ *adj inv* rude, inconsiderate.

sans-le-sou [sɑ̃lsu] *nmf fam* person who is broke *ou* hard up.

sans-logis [sɑ̃lɔʒi] *nmf* homeless person.

sansonnet [sɑ̃sɔnɛ] *nm* starling.

sans-papiers [sɑ̃papje] *nmf immigrant without proper identity or working papers.*

sans-plomb [sɑ̃plɔ̃] *nm inv* unleaded, unleaded petrol *UK ou* gas *US*, lead-free petrol *UK ou* gas *US*.

santal [sɑ̃tal] *nm* sandalwood.

santé [sɑ̃te] *nf* health ; **recouvrer la ~** to get one's health back ; **~ de fer** strong *ou* iron constitution ; **à ta/votre ~!** cheers!, good health! ; **boire à la ~ de qqn** to drink sb's health, to toast sb.

santiag [sɑ̃tjag] *nf* cowboy boot.

Santiago [sɑ̃tjago] *n* Santiago.

santon [sɑ̃tɔ̃] *nm figure placed in Christmas crib.*

São Paulo [saopolo] *n* - **1.** [ville] São Paulo - **2.** [État] : **l'État de ~** São Paulo (State).

saoudien, **enne** [saudjɛ̃, ɛn] *adj* Saudi (Arabian).
◆ **Saoudien**, **enne** *nm, f* Saudi (Arabian).

saoul = **soûl**.

saouler = **soûler**.

saper [3] [sape] *vt* to undermine.
◆ **se saper** *vp fam* to dress o.s. up.

sapeur [sapœr] *nm* sapper.

sapeur-pompier [sapœrpɔ̃pje] (*pl* **sapeurs-pompiers**) *nm* fireman, firefighter.

saphir [safir] *nm* sapphire.

sapin [sapɛ̃] *nm* - **1.** [arbre] fir, firtree ; **~ de Noël** Christmas tree - **2.** [bois] fir, deal *UK*.

sapinière [sapinjɛr] *nf* fir forest.

sapristi [sapristi] *interj fam* goodness me!, my goodness!

saquer = **sacquer**.

S.A.R. (*abr écrite de* **son altesse royale**) H.R.H.

sarabande [sarabɑ̃d] *nf* - **1.** [danse] saraband - **2.** *fam* [vacarme] din, racket.

Sarajevo [sarajɛvo] *n* Sarajevo.

sarbacane [sarbakan] *nf* [arme] blowpipe, blowgun ; [jouet] peashooter.

sarcasme [sarkasm] *nm* sarcasm.

sarcastique [sarkastik] *adj* sarcastic.

sarcler [3] [sarkle] *vt* to weed.

sarcloir [sarklwar] *nm* hoe.

sarcophage [sarkɔfaʒ] *nm* sarcophagus.

Sardaigne [sardɛɲ] *nf* : **la ~** Sardinia.

sarde [sard] *adj* Sardinian.
◆ **Sarde** *nmf* Sardinian.

sardine [sardin] *nf* sardine ; **~s à l'huile** sardines in oil ; **être serrés comme des ~s** *fam fig* to be packed like sardines.

sardinerie [sardinri] *nf* sardine cannery.

sardonique [sardɔnik] *adj* sardonic.

SARL, **Sarl** (*abr de* **société à responsabilité limitée**) *nf* limited liability company *UK* ; **Leduc, ~** ≃ Leduc Ltd *UK*, ≃ Leduc Inc *US*.

sarment [sarmɑ̃] *nm* - **1.** [de vigne] shoot - **2.** [tige] stem.

sarrasin, **e** [sarazɛ̃, in] *adj* Saracen.
◆ **sarrasin** *nm* buckwheat.
◆ **Sarrasin**, **e** *nm, f* Saracen.

sarrau [saro] *nm* smock.

sarriette [sarjɛt] *nf* savory.

sas [sas] *nm* - **1.** AÉRON & NAUT airlock - **2.** [d'écluse] lock - **3.** [tamis] sieve.

S.A.S. (*abr écrite de* **son altesse sérénissime**) H.S.H.

satané, **e** [satane] *adj (avant n) fam* damned.

satanique [satanik] *adj* satanic.

satellisation [satelizasjɔ̃] *nf* - **1.** [de fusée] putting into orbit - **2.** [de pays] becoming a satellite.

satelliser [3] [satelize] *vt* - **1.** [fusée] to put into orbit - **2.** [pays] to make a satellite.

satellite [satelit] ◇ *nm* satellite ; **~ artificiel/météorologique/de télécommunications** artificial/meteorological/communications satellite ; **par ~** by satellite ; **~-relais** telecommunications satellite. ◇ *adj* satellite *(avant n)*.

satiété [sasjete] *nf* : **à ~** [boire, manger] one's fill ; [répéter] ad nauseam.

satin [satɛ̃] *nm* satin.

satiné, **e** [satine] *adj* satin *(avant n)* ; [peau] satiny-smooth.
◆ **satiné** *nm* satin-like quality.

satinette [satinɛt] *nf* - **1.** [coton et soie] satinet - **2.** [coton seul] sateen.

satire [satir] *nf* satire.

satirique [satirik] *adj* satirical.

satisfaction [satisfaksjɔ̃] *nf* satisfaction.

satisfaire [109] [satisfɛr] *vt* to satisfy ; **~ à** [condition, revendication] to meet, to satisfy ; [engagement] to fulfil *UK*, to fulfill *US*.
◆ **se satisfaire** *vp* : **se ~ de** to be satisfied with.

satisfaisait, **satisfaisions** *(etc)* ▷ **satisfaire**.

satisfaisant, **e** [satisfəzɑ̃, ɑ̃t] *adj* - **1.** [travail] satisfactory - **2.** [expérience] satisfying.

satisfait, **e** [satisfɛ, ɛt] ◇ *pp* ▷ **satisfaire**. ◇ *adj* satisfied ; **être ~ de** to be satisfied with ; **'~ ou remboursé'** 'satisfaction guaranteed or your money back'.

satisfasse, **satisfasses** *(etc)* ▷ **satisfaire**.

saturation [satyrasjɔ̃] *nf* saturation.

saturé, **e** [satyre] *adj* : **~ (de)** saturated (with).

saturer [3] [satyre] *vt* : **~ qqch (de)** to saturate sthg (with).

saturne [satyrn] *nm vieilli* lead.
◆ **Saturne** *nf* ASTRON Saturn.

satyre [satir] *nm* satyr ; *fig* sex maniac.

sauce [sos] *nf* - **1.** CULIN sauce ; **en ~** in a sauce ; **~ hollandaise** hollandaise sauce ; **~ tartare** tartare sauce ; **~ tomate/blanche/piquante** tomato/white/spicy sauce - **2.** *fig* [accompagnement] presentation ; **mettre qqn à toutes les ~s** to use sb as a dogsbody *UK*.

saucer [16] [sose] *vt* - **1.** [assiette] to wipe - **2.** *fam* [personne] : **se faire ~** to get soaked.

saucière [sosjɛr] *nf* sauceboat.

saucisse [sosis] *nf* **- 1.** CULIN sausage ; **~ de Francfort** frankfurter ; **~ sèche** dried sausage **- 2.** *fam vieilli* & AÉRON barrage balloon.

saucisson [sosisɔ̃] *nm* slicing sausage.

saucissonner [3] [sosisɔne] <> *vi fam* to have a picnic. <> *vt* **- 1.** [colis] to truss up **- 2.** [baguette] slice up.

sauf[1], **sauve** [sof, sov] *adj* [personne] safe, unharmed ; *fig* [honneur] saved, intact.

sauf[2] [sof] *prep* **- 1.** [à l'exclusion de] except, apart from **- 2.** [sous réserve de] barring ; **~ que** except (that).

sauf-conduit [sofkɔ̃dɥi] (*pl* **sauf-conduits**) *nm* safe-conduct.

sauge [soʒ] *nf* **- 1.** CULIN sage **- 2.** [plante ornementale] salvia.

saugrenu, e [sogrəny] *adj* ridiculous, nonsensical.

saule [sol] *nm* willow ; **~ pleureur** weeping willow.

saumâtre [somatr] *adj* **- 1.** [eau] brackish **- 2.** *fig* [plaisanterie] distasteful.

saumon [somɔ̃] <> *nm* salmon ; **~ fumé** CULIN smoked salmon *UK*, lox *US*. <> *adj inv* salmon pink.

saumoné, e [somɔne] *adj* salmon *(avant n)*.

saumure [somyr] *nf* brine.

sauna [sona] *nm* sauna.

saupoudrer [3] [sopudre] *vt* : **~ qqch de** to sprinkle sthg with.

saupoudreuse [sopudrøz] *nf* dredger.

saur [sɔr] ⊳ **hareng**.

saurai, sauras *(etc)* ⊳ **savoir**.

saurien [sorjɛ̃] *nm* saurian.

saut [so] *nm* **- 1.** [bond] leap, jump **- 2.** SPORT : **~ en hauteur** high jump ; **~ en longueur** long jump, broad jump *US* ; **~ à l'élastique** bungee-jumping ; **faire du ~ à l'élastique** to go bungee-jumping **- 3.** [visite] : **faire un ~ chez qqn** *fig* to pop in and see sb **- 4.** INFORM : **(insérer un) ~ de page** (insert) page break.

saute [sot] *nf* sudden change ; **avoir des ~s d'humeur** to have mood swings, to be temperamental.

sauté, e [sote] *adj* sautéed.

◆ **sauté** *nm* : **~ de veau** sautéed veal.

saute-mouton [sotmutɔ̃] *nm inv* : **jouer à ~** to play leapfrog.

sauter [3] [sote] <> *vi* **- 1.** [bondir] to jump, to leap ; **~ à la corde** to skip *UK*, to skip *ou* jump rope *US* ; **~ d'un sujet à l'autre** *fig* to jump from one subject to another ; **~ de joie** *fig* to jump for joy ; **~ au cou de qqn** *fig* to throw one's arms around sb **- 2.** [exploser] to blow up ; [fusible] to blow **- 3.** [être projeté - bouchon] to fly out ; [- serrure] to burst off ; [- bouton] to fly off ; [- chaîne de vélo] to come off **- 4.** *fam* [employé] to get the sack *UK* **- 5.** [être annulé] to be cancelled **- 6.** CULIN : **faire ~ qqch** to sauté sthg **- 7.** *loc* **et que ça saute!** *fam* and get a move on! <> *vt* **- 1.** [fossé, obstacle] to jump *ou* leap over **- 2.** *fig* [page, repas] to skip **- 3.** *vulg* [personne] : **~ qqn** to have it off with sb.

sauterelle [sotrɛl] *nf* **- 1.** ZOOL grasshopper **- 2.** *fam fig* [personne] beanpole.

sauterie [sotri] *nf vieilli* do *UK*, party.

sauternes [sotɛrn] *nm sweet dessert wine.*

sauteur, euse [sotœr, øz] <> *adj* [insecte] jumping *(avant n)*. <> *nm, f* [athlète] jumper.

◆ **sauteur** *nm* [cheval] jumper.

◆ **sauteuse** *nf* CULIN frying pan.

sautiller [3] [sotije] *vi* to hop.

sautoir [sotwar] *nm* **- 1.** [bijou] chain ; **~ de perles** string of pearls ; **porter qqch en ~** to wear sthg on a chain round one's neck **- 2.** SPORT jumping area.

sauvage [sovaʒ] <> *adj* **- 1.** [plante, animal] wild **- 2.** [farouche - animal familier] shy, timid ; [- personne] unsociable **- 3.** [conduite, haine] savage. <> *nmf* **- 1.** [solitaire] recluse **- 2.** *péj* [brute, indigène] savage.

sauvagement [sovaʒmɑ̃] *adv* savagely.

sauvageon, onne [sovaʒɔ̃, ɔn] *nm, f* little savage.

sauvagerie [sovaʒri] *nf* **- 1.** [férocité] brutality, savagery **- 2.** [insociabilité] unsociableness.

sauvagine [sovaʒin] *nf litt* wildfowl.

sauve ⊳ **sauf**[1].

sauvegarde [sovgard] *nf* **- 1.** [protection] safeguard **- 2.** INFORM saving ; [copie] backup.

sauvegarder [3] [sovgarde] *vt* **- 1.** [protéger] to safeguard **- 2.** INFORM to save ; [copier] to back up.

sauve-qui-peut [sovkipø] <> *nm inv* [débandade] stampede. <> *interj* every man for himself!

sauver [3] [sove] *vt* **- 1.** [gén] to save ; **~ qqn/qqch de** to save sb/sthg from, to rescue sb/sthg from ; **~ qqn de** MÉD to cure sb of **- 2.** [navire, biens] to salvage.

◆ **se sauver** *vp* : **se ~ (de)** to run away (from) ; [prisonnier] to escape (from).

sauvetage [sovtaʒ] *nm* **- 1.** [de personne] rescue **- 2.** [de navire, biens] salvage.

sauveteur [sovtœr] *nm* rescuer.

sauvette [sovɛt] ◆ **à la sauvette** *loc adv* hurriedly, at great speed.

sauveur [sovœr] *nm* saviour *UK*, savior *US*.

SAV [sav] (*abr de* **service après-vente**) *nm* after-sales service.

savamment [savamɑ̃] *adv* - **1.** [avec érudition] learnedly - **2.** [avec habileté] skilfully *UK*, skillfully *US*, cleverly.

savane [savan] *nf* savanna.

savant, e [savɑ̃, ɑ̃t] *adj* - **1.** [érudit] scholarly - **2.** [habile] skilful, clever - **3.** [animal] performing *(avant n)*.
◆ **savant** *nm* scientist.

savarin [savarɛ̃] *nm ring-shaped cake containing rum.*

savate [savat] *nf* - **1.** [pantoufle] worn-out slipper ; [soulier] worn-out shoe - **2.** SPORT kick boxing - **3.** *fam fig* [personne] clumsy oaf.

saveur [savœr] *nf* flavour *UK*, flavor *US* ; *fig* savour *UK*, savor *US*.

savoir [59] [savwar] ◇ *vt* - **1.** [gén] to know ; **faire ~ qqch à qqn** to tell sb sthg, to inform sb of sthg ; **si j'avais su...** had I but known..., if I had only known... ; **sans le ~** unconsciously, without being aware of it ; **en ~ long sur qqn/qqch** to know a lot about sb/sthg ; **tu (ne) peux pas ~** *fam* you have no idea ; **pas que je sache** not as far as I know ; **(ne pas) ~ de quoi il retourne** (not) to know what it's all about - **2.** [être capable de] to know how to ; **sais-tu conduire?** can you drive? ◇ *nm* learning.
◆ **à savoir** *loc conj* namely, that is.

savoir-faire [savwarfɛr] *nm inv* know-how, expertise.

savoir-vivre [savwarvivr] *nm inv* good manners *(pl)*.

savon [savɔ̃] *nm* - **1.** [matière] soap ; [pain] cake *ou* bar of soap ; **~ de Marseille** ≃ household soap - **2.** *fam* [réprimande] telling-off ; **passer un ~ à qqn** to give sb a telling-off.

savonner [3] [savɔne] *vt* - **1.** [linge] to soap - **2.** *fam* [enfant] to tell off.
◆ **se savonner** *vp* to soap o.s.

savonnette [savɔnɛt] *nf* guest soap.

savonneux, euse [savɔnø, øz] *adj* soapy.

savourer [3] [savure] *vt* to savour *UK*, to savor *US*.

savoureux, euse [savurø, øz] *adj* - **1.** [mets] tasty - **2.** *fig* [anecdote] juicy.

savoyard, e [savwajar, ard] *adj* of/from Savoy.
◆ **Savoyard, e** *nm, f* native *ou* inhabitant of Savoy.

saxophone [saksɔfɔn] *nm* saxophone.

saxophoniste [saksɔfɔnist] *nmf* saxophonist, saxophone player.

saynète [sɛnɛt] *nf* playlet.

SBB (*abr de* **Schweizerische Bundesbahn**) *Swiss federal railways.*

sbire [sbir] *nm péj* henchman.

sc. (*abr écrite de* **scène**) sc.

s/c (*abr écrite de* **sous couvert de**) c/o.

scabreux, euse [skabrø, øz] *adj* - **1.** [propos] shocking, indecent - **2.** [entreprise] risky.

scalp [skalp] *nm* - **1.** [action] scalping - **2.** [trophée] scalp.

scalpel [skalpɛl] *nm* scalpel.

scalper [3] [skalpe] *vt* to scalp.

scampi [skɑ̃pi] *nmpl* scampi *(U)*.

scandale [skɑ̃dal] *nm* - **1.** [fait choquant] scandal - **2.** [indignation] uproar - **3.** [tapage] scene ; **faire du** *ou* **un ~** to make a scene.

scandaleusement [skɑ̃daløzmɑ̃] *adj* scandalously, outrageously.

scandaleux, euse [skɑ̃dalø, øz] *adj* scandalous, outrageous.

scandaliser [3] [skɑ̃dalize] *vt* to shock, to scandalize.
◆ **se scandaliser** *vp* to be shocked, to be scandalized.

scander [3] [skɑ̃de] *vt* - **1.** [vers] to scan - **2.** [slogan] to chant.

scandinave [skɑ̃dinav] *adj* Scandinavian.
◆ **Scandinave** *nmf* Scandinavian.

Scandinavie [skɑ̃dinavi] *nf* : **la ~** Scandinavia.

scanner[1] [4] [skane] *vt* to scan.

scanner[2] [skanɛr] *nm* scanner.

scaphandre [skafɑ̃dr] *nm* - **1.** [de plongeur] diving suit ; **~ autonome** aqualung - **2.** [d'astronaute] spacesuit.

scaphandrier [skafɑ̃drije] *nm* deep-sea diver.

scarabée [skarabe] *nm* beetle, scarab.

scarlatine [skarlatin] *nf* scarlet fever.

scarole [skarɔl] *nf* endive.

scatologique [skatɔlɔʒik] *adj* scatological.

sceau, x [so] *nm* seal ; *fig* stamp, hallmark ; **sous le ~ du secret** *fig* under the seal of secrecy.

scélérat, e [selera, at] *litt* ◇ *adj* wicked. ◇ *nm, f* villain ; *péj* rogue, rascal.

sceller [4] [sele] *vt* - **1.** [gén] to seal - **2.** CONSTR [fixer] to embed.

scellés [sele] *nmpl* seals ; **sous ~** sealed.

scénario [senarjo] *nm* - **1.** CINÉ, LITTÉR & THÉÂTRE [canevas] scenario - **2.** CINÉ & TV [découpage, synopsis] screenplay, script - **3.** *fig* [rituel] pattern.

scénariste [senarist] *nmf* scriptwriter.

scène [sɛn] *nf* - **1.** [gén] scene ; **~ de ménage** domestic row *ou* scene - **2.** [estrade] stage ; **entrée en ~** THÉÂTRE entrance ; *fig* appearance ; **mettre en ~** THÉÂTRE to stage ; CINÉ to direct.

scénique [senik] *adj* theatrical.

scepticisme [sɛptisism] *nm* scepticism *UK*, skepticism *US*.

sceptique [sɛptik] ◇ *nmf* sceptic *UK*, skeptic *US*. ◇ *adj* - **1.** [incrédule] sceptical *UK*, skeptical *US* - **2.** PHILO sceptic *UK*, skeptic *US*.

sceptre [sɛptr] *nm* sceptre *UK*, scepter *US*.

SCH (*abr écrite de* **schilling**) S, Sch.

schah, **shah** [ʃa] *nm* shah.

schéma [ʃema] *nm* - **1.** [diagramme] diagram - **2.** [résumé] outline.

schématique [ʃematik] *adj* - **1.** [dessin] diagrammatic - **2.** [interprétation, exposé] simplified.

schématiquement [ʃematikmɑ̃] *adv* - **1.** [par dessin] diagrammatically - **2.** [en résumé] briefly.

schématisation [ʃematizasjɔ̃] *nf* - **1.** [présentation graphique] diagrammatic representation - **2.** *péj* [généralisation] oversimplification.

schématiser [3] [ʃematize] *vt* - **1.** [présenter en schéma] to represent diagrammatically - **2.** *péj* [généraliser] to oversimplify.

schisme [ʃism] *nm* - **1.** RELIG schism - **2.** [d'opinion] split.

schiste [ʃist] *nm* shale.

schizo [skizo] *adj fam* schizophrenic.

schizoïde [skizɔid] *adj* schizoid.

schizophrène [skizɔfrɛn] *nmf* & *adj* schizophrenic.

schizophrénie [skizɔfreni] *nf* schizophrenia.

schizophrénique [skizɔfrenik] *adj* schizophrenic.

schlinguer, **chlinguer** [3] [ʃlɛ̃ge] *vi tfam* to stink.

schnock, **chnoque** [ʃnɔk] *nm fam* **du ~!** dummy!, dimwit!

schuss [ʃus] ◇ *nm* schuss. ◇ *adv* : **descendre (tout) ~** to schuss down.

sciatique [sjatik] ◇ *nf* sciatica. ◇ *adj* sciatic.

scie [si] *nf* - **1.** [outil] saw ; **~ à métaux** hacksaw ; **~ sauteuse** jigsaw - **2.** [rengaine] catchphrase - **3.** *fam* [personne] bore.

sciemment [sjamɑ̃] *adv* knowingly.

science [sjɑ̃s] *nf* - **1.** [connaissances scientifiques] science ; **~s humaines** *ou* **sociales** UNIV social sciences ; **~s naturelles** SCOL biology *(sing)* - **2.** [érudition] knowledge ; **avoir la ~ infuse** *fig* to know a lot - **3.** [art] art.

science-fiction [sjɑ̃sfiksjɔ̃] *nf* science fiction.

sciences-po [sjɑ̃spo] *nfpl* UNIV political science *(sing)*.

◆ **Sciences-Po** *n grande école for political science.*

scientifique [sjɑ̃tifik] ◇ *nmf* scientist. ◇ *adj* scientific.

scientifiquement [sjɑ̃tifikmɑ̃] *adv* scientifically.

scientisme [sjɑ̃tism] *nm* Christian Science.

scier [9] [sje] *vt* - **1.** [branche] to saw - **2.** *fam* [personne] to stagger.

scierie [siri] *nf* sawmill.

scinder [3] [sɛ̃de] *vt* : **~ (en)** to split (into), to divide (into).

◆ **se scinder** *vp* : **se ~ (en)** to split (into), to divide (into).

scintillant, **e** [sɛ̃tijɑ̃, ɑ̃t] *adj* sparkling.

scintillement [sɛ̃tijmɑ̃] *nm* sparkle.

scintiller [3] [sɛ̃tije] *vi* to sparkle.

scission [sisjɔ̃] *nf* split.

sciure [sjyr] *nf* sawdust.

sclérose [skleroz] *nf* sclerosis ; *fig* ossification ; **~ en plaques** multiple sclerosis.

sclérosé, **e** [skleroze] ◇ *adj* sclerotic ; *fig* ossified. ◇ *nm, f* person suffering from sclerosis ; *fig* person set in his/her ways.

scléroser [3] [skleroze] ◆ **se scléroser** *vp* to become sclerotic ; *fig* to become ossified.

scolaire [skɔlɛr] *adj* school *(avant n)* ; *péj* bookish.

scolarisable [skɔlarizabl] *adj* of school age.

scolarisation [skɔlarizasjɔ̃] *nf* schooling.

scolariser [3] [skɔlarize] *vt* to provide with schooling.

scolarité [skɔlarite] *nf* schooling ; **prolonger la ~** to raise the school-leaving age *UK* ; **frais de ~** SCOL school fees ; UNIV tuition fees.

scolastique [skɔlastik] ◇ *nf* scholasticism. ◇ *adj* scholastic.

scoliose [skɔljoz] *nf* curvature of the spine.

scoop [skup] *nm* scoop.

scooter [skutœr] *nm* scooter ; **~ des mers** jet ski ; **~ des neiges** snowmobile.

scorbut [skɔrbyt] *nm* scurvy.

score [skɔr] *nm* - **1.** SPORT score - **2.** POLIT result.

scorie [skɔri] *nf* - **1.** *(gén pl)* GÉOL scoria - **2.** [dans l'industrie] slag *(U)* ; *fig* dregs *(pl)*.

scorpion [skɔrpjɔ̃] *nm* scorpion.

◆ **Scorpion** *nm* ASTROL Scorpio ; **être Scorpion** to be (a) Scorpio.

scotch [skɔtʃ] *nm* [alcool] whisky, Scotch.

Scotch® [skɔtʃ] *nm* [adhésif] ≃ Sellotape® *UK*, ≃ Scotch tape® *US*.

scotché, e [skɔtʃe] *adj* : **être ~ devant la télévision** to be glued to the television.

scotcher [3] [skɔtʃe] *vt* to sellotape *UK*, to scotch-tape *US*.

scout, e [skut] *adj* scout *(avant n)*.
◆ **scout** *nm* scout.

scoutisme [skutism] *nm* scouting.

Scrabble® [skrabl] *nm* Scrabble®.

scratcher (se) [skratʃe] *vp fam* to crash ; **se ~ contre un arbre** to crash into a tree.

scribe [skrib] *nm* HIST scribe.

scribouillard, e [skribujar, ard] *nm, f péj* pen pusher.

script [skript] *nm* **- 1.** TYPO printing, print **- 2.** CINÉ & TV script.

scripte [skript] *nmf* CINÉ & TV continuity person.

scriptural, e, aux [skriptyral, o] *adj* : **monnaie ~e** substitute money.

scrotum [skrɔtɔm] *nm* scrotum.

scrupule [skrypyl] *nm* scruple ; **avec ~** scrupulously ; **sans ~s** [être] unscrupulous ; [agir] unscrupulously.

scrupuleusement [skrypyløzmɑ̃] *adv* scrupulously.

scrupuleux, euse [skrypylø, øz] *adj* scrupulous.

scrutateur, trice [skrytatœr, tris] *adj* searching.
◆ **scrutateur** *nm* POLIT ≃ scrutineer *UK*, ≃ teller *US*.

scruter [3] [skryte] *vt* to scrutinize.

scrutin [skrytɛ̃] *nm* **- 1.** [vote] ballot ; **dépouiller un ~** to count the votes **- 2.** [système] voting system ; **~ majoritaire** first-past-the-post system *UK* ; **~ proportionnel** proportional representation system.

sculpter [3] [skylte] *vt* to sculpt.

sculpteur [skyltœr] *nm* sculptor.

sculptural, e, aux [skyltyral, o] *adj* sculptural ; *fig* statuesque.

sculpture [skyltyr] *nf* sculpture.

sdb *abr de* **salle de bains**.

SDF (*abr de* **sans domicile fixe**) *nmf* : **les ~** the homeless.

SDN (*abr de* **Société des Nations**) *nf* League of Nations.

se [sə], **s'** *(devant voyelle ou h muet) pron pers* **- 1.** *(réfléchi)* [personne] oneself, himself (*f* herself), *(pl)* themselves ; [chose, animal] itself, *(pl)* themselves ; **elle ~ regarde dans le miroir** she looks at herself in the mirror **- 2.** *(réciproque)* each other, one another ; **elles ~ sont parlé** they spoke to each other *ou* to one another ; **ils ~ sont rencontrés hier** they met yesterday **- 3.** *(passif)* **ce produit ~ vend bien/partout** this product is selling well/is sold everywhere **- 4.** [remplace l'adjectif possessif] : **~ laver les mains** to wash one's hands ; **~ couper le doigt** to cut one's finger.

S.E. (*abr écrite de* **son excellence**) H.E.

séance [seɑ̃s] *nf* **- 1.** [réunion] meeting, sitting, session ; **lever la ~** *fig* to adjourn the meeting *ou* session ; **~ extraordinaire** special session, extraordinary meeting **- 2.** [période] session ; [de pose] sitting **- 3.** CINÉ & THÉÂTRE performance **- 4.** *fam* [scène] performance **- 5.** *loc* **~ tenante** right away, forthwith.

séant, e [seɑ̃, ɑ̃t] *adj* fitting, seemly.
◆ **séant** *nm* : **se dresser** *ou* **se mettre sur son ~** *litt* to sit up.

seau, x [so] *nm* **- 1.** [récipient] bucket ; **~ à glace** ice bucket **- 2.** [contenu] bucketful.

sébile [sebil] *nf* (begging) bowl.

sébum [sebɔm] *nm* sebum.

sec, sèche [sɛk, sɛʃ] *adj* **- 1.** [gén] dry **- 2.** [fruits] dried **- 3.** [alcool] neat **- 4.** [personne - maigre] lean ; [- austère] austere **- 5.** *fig* [cœur] hard ; [voix, ton] sharp **- 6.** [sans autre prestation] : **vol ~** flight only **- 7.** *fam* **être ~ sur un sujet** to have nothing to say on a subject.
◆ **sec** ◇ *adv* **- 1.** [beaucoup] : **boire ~** to drink heavily **- 2.** [frapper] hard **- 3.** [démarrer] sharply **- 4.** *loc* **aussi ~** *fam* right away ; **être à ~** [puits] to be dry *ou* dried up ; *fam* [personne] to be broke. ◇ *nm* : **tenir au ~** to keep in a dry place.

sécable [sekabl] *adj* divisible.

SECAM, Secam [sekam] (*abr de* **procédé séquentiel à mémoire**) *nm* & *adj French TV broadcasting system.*

sécateur [sekatœr] *nm* secateurs *(pl)*.

sécession [sesesjɔ̃] *nf* secession ; **faire ~ (de)** to secede (from).

séchage [seʃaʒ] *nm* drying.

sèche [sɛʃ] *nf fam* cigarette, fag *UK*.

sèche-cheveux [sɛʃʃəvø] *nm inv* hairdryer.

sèche-linge [sɛʃlɛ̃ʒ] *nm inv* tumble-dryer.

sécher [18] [seʃe] ◇ *vt* **- 1.** [linge] to dry **- 2.** *arg scol* [cours] to skip, to skive off *UK*. ◇ *vi* **- 1.** [linge] to dry **- 2.** [peau] to dry out ; [rivière] to dry up **- 3.** *arg scol* [ne pas savoir répondre] to dry up.

sécheresse [sɛʃrɛs] *nf* **- 1.** [de terre, climat, style] dryness **- 2.** [absence de pluie] drought **- 3.** [de réponse] curtness.

séchoir [seʃwar] *nm* - **1.** [local] drying shed - **2.** [tringle] airer, clotheshorse - **3.** [électrique] dryer ; ~ **à cheveux** hairdryer.

second, **e** [səgɔ̃, ɔ̃d] ◇ *adj num inv* second ; **dans un état** ~ dazed. ◇ *nm, f* second, *voir aussi* **sixième**.

◆ **second** *nm* [assistant] assistant.

◆ **seconde** *nf* - **1.** [unité de temps & MUS] second ; **une ~e!** just a second! - **2.** SCOL ≃ fifth year *ou* form *UK*, ≃ tenth grade *US* - **3.** [transports] second class.

secondaire [səgɔ̃dɛr] ◇ *nm* : **le** ~ GÉOL the Mesozoic ; SCOL secondary education ; ÉCON the secondary sector. ◇ *adj* - **1.** [gén & SCOL] secondary ; **effets ~s** MÉD side effects - **2.** GÉOL Mesozoic.

seconder [3] [səgɔ̃de] *vt* to assist.

secouer [6] [səkwe] *vt* - **1.** [gén] to shake - **2.** *fam* [réprimander] to shake up.

◆ **se secouer** *vp fam* to snap out of it.

secourable [səkurabl] *adj* helpful ; **main** ~ helping hand.

secourir [45] [səkurir] *vt* [blessé, miséreux] to help ; [personne en danger] to rescue.

secourisme [səkurism] *nm* first aid.

secouriste [səkurist] *nmf* first-aid worker.

secourrai, **secourras** *(etc)* ⊳ **secourir**.

secours[1], **secourt** *(etc)* ⊳ **secourir**.

secours[2] [səkur] *nm* - **1.** [aide] help ; **appeler au** ~ to call for help ; **les** ~ emergency services ; **au ~!** help! ; **porter ~ à qqn** to help sb ; **voler au ~ de qqn** *fig* to rush to sb's aid - **2.** [dons] aid, relief - **3.** [renfort] relief, reinforcements *(pl)* - **4.** [soins] aid ; **les premiers** ~ first aid *(U)*.

◆ **de secours** *loc adj* - **1.** [trousse, poste] first-aid *(avant n)* - **2.** [éclairage, issue] emergency *(avant n)* - **3.** [roue] spare.

secouru, **e** [səkury] *pp* ⊳ **secourir**.

secousse [səkus] *nf* - **1.** [mouvement] jerk, jolt - **2.** *fig* [bouleversement] upheaval ; [psychologique] shock - **3.** [tremblement de terre] tremor.

secret, **ète** [səkrɛ, ɛt] *adj* - **1.** [gén] secret - **2.** [personne] reticent.

◆ **secret** *nm* - **1.** [gén] secret ; **être/mettre qqn dans le ~ de** to be/let sb in on the secret of ;... **dont il a le ~**... which he alone knows ; **~ d'alcôve** pillow talk *(U)* ; **~ d'État** official secret, state secret ; **~ professionnel** confidentiality - **2.** [discrétion] secrecy ; **dans le plus grand** ~ in the utmost secrecy.

◆ **au secret** *loc adv* DR in solitary confinement.

secrétaire [səkretɛr] ◇ *nmf* [personne] secretary ; **~ de direction** executive secretary ; **~ d'État** minister of state ; **~ général** COMM company secretary ; **~ de rédaction** subeditor. ◇ *nm* [meuble] writing desk, secretaire.

secrétariat [səkretarja] *nm* - **1.** [bureau] secretary's office ; [d'organisation internationale] secretariat - **2.** [personnel] secretarial staff ; **assurer le ~ de qqn** to act as sb's secretary - **3.** [métier] secretarial work.

secrètement [səkrɛtmɑ̃] *adv* secretly.

sécréter [18] [sekrete] *vt* to secrete ; *fig* to exude.

sécrétion [sekresjɔ̃] *nf* secretion.

sectaire [sɛktɛr] *nmf & adj* sectarian.

sectarisme [sɛktarism] *nm* sectarianism.

secte [sɛkt] *nf* sect.

secteur [sɛktœr] *nm* - **1.** [zone] area ; **se trouver dans le ~** *fam* to be somewhere *ou* someplace *US* around - **2.** ADMIN district - **3.** ÉCON, GÉOM & MIL sector ; **~ privé/public** private/public sector ; **~ primaire/secondaire/tertiaire** primary/secondary/tertiary sector - **4.** ÉLECTR mains ; **sur** ~ off *ou* from the mains.

section [sɛksjɔ̃] *nf* - **1.** [gén] section ; [de parti] branch - **2.** [action] cutting - **3.** MIL platoon.

sectionnement [sɛksjɔnmɑ̃] *nm* - **1.** *fig* [division] division into sections - **2.** [coupure] severing.

sectionner [3] [sɛksjɔne] *vt* - **1.** *fig* [diviser] to divide into sections - **2.** [trancher] to sever.

◆ **se sectionner** *vp* to split, to be severed.

sectoriel, **elle** [sɛktɔrjɛl] *adj* sector *(avant n)*, sector-based.

sectorisation [sɛktɔrizasjɔ̃] *nf* division into sectors.

sectoriser [3] [sɛktɔrize] *vt* to divide into sectors.

Sécu [seky] *fam abr de* **Sécurité sociale**.

séculaire [sekylɛr] *adj* [ancien] age-old.

séculariser [3] [sekylarize] *vt* to secularize.

séculier, **ère** [sekylje, ɛr] *adj* secular.

secundo [səgɔ̃do] *adv* in the second place, secondly.

sécurisant, **e** [sekyrizɑ̃, ɑ̃t] *adj* [milieu] secure ; [attitude] reassuring.

sécuriser [3] [sekyrize] *vt* : **~ qqn** to make sb feel secure.

sécurité [sekyrite] *nf* - **1.** [d'esprit] security - **2.** [absence de danger] safety ; **la ~ routière** road safety ; **en toute ~** safe and sound **- 3.** [dispositif] safety catch **- 4.** [organisme] **: la Sécurité sociale** ≃ the DSS *UK*, ≃ Social Security *US*.

Sécurité sociale

The French social security system, or *Sécu*, as it is popularly known, was created through an October 1945 law. It is divided into four parts: public health benefits (sickness, maternity leave, etc.); work accidents; benefits for the widowed and pensions; and family benefits.
The French cover system is divided into several cover types: 1. *Le régime général des salariés*, which provides social security cover for people in paid employment; 2. *Les régimes spéciaux*, which provide tailor-made cover for certain socioprofessional groups (civil servants, miners, students, etc.); 3. *Les régimes particuliers*, designed for the self-employed; and 4. *Les régimes complémentaires*, which provide additional retirement cover for wage-earners.
These benefits are paid for by obligatory insurance contributions (*cotisations*) made by employers (*cotisations patronales*) and employees (*cotisations salariales*). Many French people have complementary health insurance provided by a *mutuelle*, which guarantees payment of all or part of the expenses not covered by the *Sécurité sociale*.

sédatif, ive [sedatif, iv] *adj* sedative.
◆ **sédatif** *nm* sedative.

sédentaire [sedɑ̃tɛr] ◇ *nmf* sedentary person ; [casanier] stay-at-home. ◇ *adj* [personne, métier] sedentary ; [casanier] stay-at-home.

sédentarisation [sedɑ̃tarizasjɔ̃] *nf* settlement (process).

sédentariser [3] [sedɑ̃tarize] ◆ **se sédentariser** *vp* [tribu] to settle, to become settled.

sédentarité [sedɑ̃tarite] *nf* settled state.

sédiment [sedimɑ̃] *nm* sediment.

sédimentaire [sedimɑ̃tɛr] *adj* sedimentary.

sédimentation [sedimɑ̃tasjɔ̃] *nf* sedimentation.

séditieux, euse [sedisjø, øz] *litt* ◇ *adj* seditious. ◇ *nm, f* rebel.

sédition [sedisjɔ̃] *nf* sedition.

séducteur, trice [sedyktœr, tris] ◇ *adj* seductive. ◇ *nm, f* seducer (*f* seductress).

séduction [sedyksjɔ̃] *nf* **- 1.** [action] seduction **- 2.** [attrait] seductive power.

séduire [98] [sedɥir] *vt* **- 1.** [plaire à] to attract, to appeal to **- 2.** [abuser de] to seduce.

séduisais, séduisions *(etc)* ▷ **séduire**.

séduisant, e [sedɥizɑ̃, ɑ̃t] *adj* attractive.

séduit, e [sedɥi, it] *pp* ▷ **séduire**.

séfarade [sefarad] ◇ *nmf* Sephardi. ◇ *adj* Sephardic.

segment [sɛgmɑ̃] *nm* **- 1.** GÉOM segment **- 2.** TECHNOL **: ~ de frein** brake shoe ; **~ de piston** piston ring **- 3.** COMM **: ~ de marché** market segment.

segmentation [sɛgmɑ̃tasjɔ̃] *nf* segmentation.

segmenter [3] [sɛgmɑ̃te] *vt* to segment.

ségrégation [segregasjɔ̃] *nf* segregation.

ségrégationniste [segregasjɔnist] *nmf* & *adj* segregationist.

seiche [sɛʃ] *nf* cuttlefish.

seigle [sɛgl] *nm* rye.

seigneur [sɛɲœr] *nm* lord ; **faire le grand ~** *fig* to throw money about ; **vivre en grand ~** *fig* to live like a lord.
◆ **Seigneur** *nm* **: le Seigneur** the Lord.

seigneurial, e, aux [sɛɲœrjal, o] *adj* lordly ; HIST seigneurial.

sein [sɛ̃] *nm* breast ; *fig* bosom ; **donner le ~ (à un bébé)** to breast-feed (a baby).
◆ **au sein de** *loc prép* within.

Seine [sɛn] *nf* **: la ~** the (River) Seine.

séisme [seism] *nm* earthquake.

SEITA, Seita [sejta] (*abr de* **Société nationale d'exploitation industrielle des tabacs et allumettes**) *nf French tobacco and match manufacturer*.

seize [sɛz] *adj num inv* & *nm* sixteen, *voir aussi* **six**.

seizième [sɛzjɛm] *adj num inv, nm* & *nmf* sixteenth ; **le ~** *wealthy district of Paris, voir aussi* **sixième**.

Le seizième

This term, which often calls more than the wealthy Paris arrondissement to mind, often refers to an upper-class social background, lifestyle, way of dressing, etc.

séjour [seʒur] *nm* **- 1.** [durée] stay ; **interdit de ~** ≃ banned ; **~ linguistique** stay abroad *(to develop language skills)* **- 2.** [pièce] living room.

séjourner [3] [seʒurne] *vi* to stay.

sel [sɛl] *nm* salt ; *fig* piquancy ; **gros ~** coarse salt.
◆ **sels** *nmpl* smelling salts ; **~s de bain** bath salts.

sélect, e [selɛkt] *adj fam* select.

sélecteur [selɛktœr] *nm* **- 1.** [dispositif] selector ; **~ de température** thermostat **- 2.** [de moto] gear-change lever *UK*, gearshift *US*.

sélectif, ive [selɛktif, iv] *adj* selective.

sélection [selɛksjɔ̃] *nf* selection.

sélectionné, e [selɛksjɔne] *adj* selected.

sélectionner [3] [selɛksjɔne] *vt* to select, to pick ; INFORM to select.

sélectionneur, euse [selɛksjɔnœr, øz] *nm, f* selector.

sélectivement [selɛktivmɑ̃] *adv* selectively.

self [sɛlf] *nm fam* self-service (cafeteria).

self-control [sɛlfkɔ̃trol] *nm inv* self-control.

self-made-man [sɛlfmɛdman] (*pl* **self-made-men** [sɛlfmɛdmɛn]) *nm* self-made man.

self-service [sɛlfsɛrvis] (*pl* **self-services**) *nm* self-service cafeteria.

selle [sɛl] *nf* - **1.** [gén] saddle ; **se mettre en ~** to mount - **2.** [toilettes] : **aller à la ~** to open one's bowels.

seller [4] [sele] *vt* to saddle.

sellerie [sɛlri] *nf* - **1.** [commerce] saddlery - **2.** [lieu] tack room.

sellette [sɛlɛt] *nf* hot seat ; **mettre qqn/être sur la ~** *fig* to put sb/be in the hot seat.

sellier [selje] *nm* saddler.

selon [səlɔ̃] *prep* - **1.** [conformément à] in accordance with - **2.** [d'après] according to ; **c'est ~** *fam fig* that (all) depends.

◆ **selon que** *loc conj* depending on whether.

S.Em (*abr écrite de* **son éminence**) H.E.

semailles [səmaj] *nfpl* - **1.** [action] sowing *(U)* - **2.** [période] sowing season *(sing)*.

semaine [səmɛn] *nf* - **1.** [période] week ; **à la ~** [être payé] by the week ; **en ~** during the week ; **la ~ sainte** Holy Week ; **faire qqch à la petite ~** *fig* to do sthg on a short-term basis - **2.** [salaire] weekly wage.

semainier, ère [səmenje, ɛr] *nm, f* person on duty for the week.

◆ **semainier** *nm* - **1.** [bijou] seven-band bracelet - **2.** [meuble] *small chest of drawers* - **3.** [calendrier] desk diary.

sémantique [semɑ̃tik] ◇ *nf* semantics *(U)*. ◇ *adj* semantic.

sémaphore [semafɔr] *nm* - **1.** NAUT semaphore - **2.** RAIL semaphore, semaphore signals *(pl)*.

semblable [sɑ̃blabl] ◇ *nm* [prochain] fellow man ; **il n'a pas son ~** there's nobody like him. ◇ *adj* - **1.** [analogue] similar ; **~ à** like, similar to - **2.** *(avant n)* [tel] such.

semblant [sɑ̃blɑ̃] *nm* : **un ~ de** a semblance of ; **faire ~ (de faire qqch)** to pretend (to do sthg).

sembler [3] [sɑ̃ble] ◇ *vi* to seem. ◇ *v impers* : **il (me/te) semble que** it seems (to me/you) that.

semelle [səmɛl] *nf* - **1.** [de chaussure - dessous] sole ; [- à l'intérieur] insole ; **~s compensées** platform soles - **2.** [de ski] underside - **3.** CONSTR foundation ; [de poutre] flange - **4.** *loc* **battre la ~** to stamp one's feet to keep warm ; **ne pas quitter qqn d'une ~** to stick to sb like glue.

semence [səmɑ̃s] *nf* - **1.** [graine] seed - **2.** [sperme] semen *(U)*.

semer [19] [səme] *vt* - **1.** [planter] *fig* to sow - **2.** [répandre] to scatter ; **~ qqch de** to scatter sthg with, to strew sthg with - **3.** *fam* [se débarrasser de] to shake off - **4.** *fam* [perdre] to lose.

semestre [səmɛstr] *nm* half year, six-month period ; SCOL semester.

semestriel, elle [səmɛstrijɛl] *adj* - **1.** [qui a lieu tous les six mois] half-yearly, six-monthly - **2.** [qui dure six mois] six months', six-month.

semeur, euse [səmœr, øz] *nm, f* sower ; *fig* disseminator.

semi-automatique [səmiotɔmatik] *adj* semiautomatic.

semi-fini, e [səmifini] *adj* semi-finished.

semi-liberté [səmilibɛrte] (*pl* **semi-libertés**) *nf* temporary release from prison.

sémillant, e [semijɑ̃, ɑ̃t] *adj* vivacious.

séminaire [seminɛr] *nm* - **1.** RELIG seminary - **2.** UNIV [colloque] seminar.

séminal, e, aux [seminal, o] *adj* seminal.

séminariste [seminarist] *nm* seminarist.

sémiologie [semjɔlɔʒi] *nf* semiology.

semi-public, ique [səmipyblik] *adj* semi-public.

semi-remorque [səmirəmɔrk] (*pl* **semi-remorques**) *nm* articulated lorry *UK*, semi-trailer *US*, rig *US*.

semis [səmi] *nm* - **1.** [méthode] sowing broadcast - **2.** [terrain] seedbed - **3.** [plant] seedling.

sémite [semit] *adj* Semitic.

◆ **Sémite** *nmf* Semite.

sémitique [semitik] *adj* Semitic.

semoir [səmwar] *nm* - **1.** [machine] drill - **2.** [sac] seedbag.

semonce [səmɔ̃s] *nf* - **1.** [réprimande] reprimand - **2.** MIL : **coup de ~** warning shot.

semoule [səmul] *nf* semolina.

sempiternel, elle [sɑ̃pitɛrnɛl] *adj* eternal.

sénat [sena] *nm* senate ; **le Sénat** *upper house of the French parliament.*

Le Sénat

The Senate is the upper house of the French parliament. Its members are elected for a nine-year term by the deputies of the *Assemblée nationale* and certain other government officials. The president of the Senate may stand in for the President of the Republic. The Senate's powers are almost as extensive as those of the Assemblée nationale, although the latter is empowered to override the decisions of the Senate in cases where the two houses disagree.

sénateur, trice [senatœr, tris] *nm* senator.

Sénégal [senegal] *nm* : **le ~** Senegal ; **au ~** in Senegal.

sénégalais, e [senegalɛ, ɛz] *adj* Senegalese. ◆ **Sénégalais, e** *nm, f* Senegalese person.

sénile [senil] *adj* senile.

sénilité [senilite] *nf* senility.

senior [senjɔr] *adj* & *nmf* **- 1.** SPORT senior **- 2.** [tourisme] for the over-50s, for the young at heart ; [menu] over 50s' ; **notre clientèle ~** our over-50s customers **- 3.** [personnes de plus de 50 ans] over-50 *(gén pl).*

sens[1], **sent** *(etc)* ⊳ **sentir.**

sens[2] [sɑ̃s] ◇ *nm* **- 1.** [fonction, instinct, raison] sense ; **le ~ du toucher** the sense of touch ; **avoir un sixième ~** to have sixth sense ; **avoir le ~ de la nuance** to be subtle ; **avoir le ~ de l'humour** to have a sense of humour *UK ou* humor *US* ; **avoir le ~ de l'orientation** to have a (good) sense of direction ; **ne pas avoir le ~ des réalités** to have no grasp of reality ; **bon ~** good sense ; **tomber sous le ~** *fig* to be perfectly obvious **- 2.** [opinion, avis] : **abonder dans le ~ de qqn** to agree completely with sb ; **à mon ~** to my way of thinking, to my mind **- 3.** [direction] direction ; **dans le ~ de la longueur** lengthways ; **dans le ~ de la marche** in the direction of travel ; **dans le ~ des aiguilles d'une montre** clockwise ; **dans le ~ contraire des aiguilles d'une montre** anticlockwise *UK*, counterclockwise *US* ; **en ~ inverse** in the opposite direction ; **~ dessus dessous** upside down ; **~ giratoire** roundabout *UK*, traffic circle *US* ; **~ interdit** *ou* **unique** one-way street ; **(rue à) ~ unique** one-way street **- 4.** [signification] meaning ; **cela n'a pas de ~!** it's nonsensical! ; **ce que tu dis n'a pas de ~** [c'est inintelligible, déraisonnable] what you're saying doesn't make sense ; **dans** *ou* **en un ~** in one sense ; **à double ~** with a double meaning ; **au ~ strict (du terme)** strictly speaking ; **porteur de ~** meaningful ; **lourd** *ou* **chargé de ~** meaningful ; **vide de ~** meaningless ; **en ce ~ que** in the sense that ; **au ~ propre/figuré** in the literal/figurative sense. ◇ *nmpl* senses ; **reprendre ses ~** *pr* to come to ; *fig* to come to one's senses.

sensation [sɑ̃sasjɔ̃] *nf* **- 1.** [perception] sensation, feeling ; **à ~** sensational ; **faire ~** to cause a sensation **- 2.** [impression] feeling.

sensationnel, elle [sɑ̃sasjɔnɛl] *adj* sensational.

sensé, e [sɑ̃se] *adj* sensible.

sensément [sɑ̃semɑ̃] *adv* sensibly.

sensibilisation [sɑ̃sibilizasjɔ̃] *nf* **- 1.** MÉD & PHOTO sensitization **- 2.** *fig* [du public] consciousness raising.

sensibiliser [3] [sɑ̃sibilize] *vt* **- 1.** MÉD & PHOTO to sensitize **- 2.** *fig* [public] : **~ (à)** to make aware (of).

sensibilité [sɑ̃sibilite] *nf* : **~ (à)** sensitivity (to).

sensible [sɑ̃sibl] *adj* **- 1.** [gén] : **~ (à)** sensitive (to) ; **~ à la vue** visible ; **~ à l'ouïe** audible **- 2.** [notable] considerable, appreciable.

sensiblement [sɑ̃sibləmɑ̃] *adv* **- 1.** [à peu près] more or less **- 2.** [notablement] appreciably, considerably.

sensiblerie [sɑ̃sibləri] *nf péj* [morale] sentimentality ; [physique] squeamishness.

sensoriel, elle [sɑ̃sɔrjɛl] *adj* sensory.

sensualité [sɑ̃sɥalite] *nf* [lascivité] sensuousness ; [charnelle] sensuality.

sensuel, elle [sɑ̃sɥɛl] *adj* **- 1.** [charnel] sensual **- 2.** [lascif] sensuous.

sentence [sɑ̃tɑ̃s] *nf* **- 1.** [jugement] sentence **- 2.** [maxime] adage.

sentencieux, euse [sɑ̃tɑ̃sjø, øz] *adj péj* sententious.

senteur [sɑ̃tœr] *nf litt* perfume.

senti, e [sɑ̃ti] ◇ *pp* ⊳ **sentir.** ◇ *adj* : **bien ~** [mots] well-chosen.

sentier [sɑ̃tje] *nm* path ; **sortir des ~s battus** *fig* to go off the beaten track.

sentiment [sɑ̃timɑ̃] *nm* feeling ; **j'ai le ~ de l'avoir déjà vu** I have the feeling that I've seen him before ; **plein de bons ~s** full of good intentions ; **veuillez agréer, Monsieur, l'expression de mes ~s distingués/cordiaux/les meilleurs** yours faithfully *UK* /sincerely/truly.

sentimental, e, aux [sɑ̃timɑ̃tal, o] ◇ *adj* **- 1.** [amoureux] love *(avant n)* **- 2.** [sensible, romanesque] sentimental. ◇ *nm, f* sentimentalist.

sentimentalisme [sɑ̃timɑ̃talism] *nm* sentimentalism.

sentinelle [sɑ̃tinɛl] *nf* sentry.

sentir [37] [sɑ̃tir] ◇ *vt* **- 1.** [percevoir - par l'odorat] to smell ; [- par le goût] to taste ; [- par le toucher] to feel **- 2.** [exhaler - odeur] to smell of **- 3.** [colère, tendresse] to feel - **4.** [affectation, plagiat] to smack of - **5.** [danger] to sense, to be aware of ; **~ que** to feel (that) - **6.** [beauté] to feel, to appreciate - **7.** *loc* **je ne peux pas le ~** *fam* I can't stand him ; **le/la ~ passer** *fam* to really feel it. ◇ *vi* : **~ bon/mauvais** to smell good/bad.

◆ **se sentir** ◇ *v att* : **se ~ bien/fatigué** to feel well/tired ; **se ~ la force de faire qqch** to feel strong enough to do sthg. ◇ *vp* [être perceptible] : **ça se sent!** you can really tell!

seoir [67] [swar] ◇ *vi sout* [aller bien] : **~ à qqn** to become sb. ◇ *v impers* : **comme il sied** as is fitting.

Séoul [seul] *n* Seoul.

séparable [separabl] *adj* separable.

séparation [separasjɔ̃] *nf* separation.

séparatisme [separatism] *nm* separatism.

séparatiste [separatist] *nmf* separatist.

séparé, e [separe] *adj* - **1.** [intérêts] separate - **2.** [couple] separated.

séparément [separemɑ̃] *adv* separately.

séparer [3] [separe] *vt* - **1.** [gén] : **~ (de)** to separate (from) - **2.** [suj: divergence] to divide - **3.** [maison] : **~ (en)** to divide (into).

◆ **se séparer** *vp* - **1.** [se défaire] : **se ~ de** to part with - **2.** [conjoints] to separate, to split up ; **se ~ de** to separate from, to split up with - **3.** [participants] to disperse - **4.** [route] : **se ~ (en)** to split (into), to divide (into).

sépia [sepja] ◇ *nf* - **1.** [matière] sepia - **2.** [dessin] sepia (drawing). ◇ *adj inv* sepia.

sept [sɛt] *adj num inv & nm* seven, *voir aussi* **six**.

septante [sɛptɑ̃t] *adj num inv* **belgicisme** & **helvétisme** seventy.

septembre [sɛptɑ̃br] *nm* September ; **de ~** September *(avant n)* ; **en ~, au mois de ~** in September ; **début ~, au début du mois de ~** at the beginning of September ; **fin ~, à la fin du mois de ~** at the end of September ; **d'ici ~** by September ; **(à la) mi-~** (in) mid-September ; **le premier/deux/dix ~** the first/second/tenth of September.

septennat [sɛptena] *nm* seven-year term (of office).

septentrional, e, aux [sɛptɑ̃trijɔnal, o] *adj* northern.

septicémie [sɛptisemi] *nf* septicaemia *UK*, septicemia *US*, blood poisoning.

septième [sɛtjɛm] ◇ *adj num inv, nm & nmf* seventh, *voir aussi* **sixième**. ◇ *nf* SCOL ≃ third year *ou* form *(at junior school) UK*, ≃ fifth grade *US*.

septièmement [sɛtjɛmmɑ̃] *adv* seventhly, in (the) seventh place.

septique [sɛptik] *adj* [infecté] septic.

septuagénaire [sɛptɥaʒenɛr] ◇ *nmf* 70-year-old. ◇ *adj* : **être ~** to be in one's seventies.

sépulcral, e, aux [sepylkral, o] *adj* sepulchral.

sépulcre [sepylkr] *nm* sepulchre *UK*, sepulcher *US*.

sépulture [sepyltyr] *nf* - **1.** [lieu] burial place - **2.** [inhumation] burial.

séquelle [sekɛl] *nf (gén pl)* aftermath ; MÉD aftereffect.

séquence [sekɑ̃s] *nf* sequence ; CARTES run, sequence.

séquentiel, elle [sekɑ̃sjɛl] *adj* sequential.

séquestration [sekɛstrasjɔ̃] *nf* - **1.** [de personne] confinement - **2.** [de biens] impoundment.

séquestre [sekɛstr] *nm* DR pound ; **mettre** *ou* **placer sous ~** to impound.

séquestrer [3] [sekɛstre] *vt* - **1.** [personne] to confine - **2.** [biens] to impound.

serai, seras *(etc)* ⊳ **être**.

sérail [seraj] *nm* seraglio.

serbe [sɛrb] *adj* Serbian.

◆ **Serbe** *nmf* Serb.

Serbie [sɛrbi] *nf* : **la ~** Serbia.

serbo-croate [sɛrbɔkrɔat] (*pl* **serbo-croates**) ◇ *nm* [langue] Serbo-Croat. ◇ *adj* Serbo-Croat, Serbo-Croatian.

◆ **Serbo-Croate** *nmf* Serbo-Croat speaker.

serein, e [sərɛ̃, ɛn] *adj* - **1.** [calme] serene - **2.** [impartial] calm, dispassionate.

sereinement [sərɛnmɑ̃] *adv* serenely, calmly.

sérénade [serenad] *nf* - **1.** MUS serenade - **2.** *fam* [tapage] hullabaloo.

sérénité [serenite] *nf* serenity.

serf, serve [sɛrf, sɛrv] *nm, f* serf.

serge [sɛrʒ] *nf* serge.

sergent [sɛrʒɑ̃] *nm* sergeant.

sergent-chef [sɛrʒɑ̃ʃɛf] (*pl* **sergents-chefs**) *nm* staff sergeant.

sériciculture [serisikyltyr] *nf* silkworm farming.

série [seri] *nf* - **1.** [gén] series *(sing)* ; **~ B** CINÉ & TV B movie - **2.** SPORT rank ; [au tennis] seeding - **3.** COMM [dans l'industrie] : **produire qqch en ~** to mass-produce sthg ; **de ~** standard ; **hors ~** custom-made ; *fig* outstanding, extraordinary.

◆ **série noire** *nf* - **1.** [roman] : **un roman de ~ noire** a detective novel ; **c'est un vrai personnage de ~ noire** he's like something out of a detective novel - **2.** [catastrophes] chapter of accidents.

sérier [9] [serje] *vt* to classify.

sérieusement [serjøzmɑ̃] *adv* seriously.

sérieux, **euse** [serjø, øz] *adj* - **1.** [grave] serious - **2.** [digne de confiance] reliable ; [client, offre] genuine - **3.** [consciencieux] responsible ; **ce n'est pas ~** it's irresponsible - **4.** [considérable] considerable.

◆ **sérieux** *nm* - **1.** [application] sense of responsibility - **2.** [gravité] seriousness ; **garder son ~** to keep a straight face ; **prendre qqn/qqch au ~** to take sb/sthg seriously ; **se prendre au ~** to take o.s. (too) seriously.

sérigraphie [serigrafi] *nf* silk-screen printing.

serin, **e** [sərɛ̃, in] *nm, f* - **1.** [oiseau] canary - **2.** *fam* [niais] idiot, twit *UK*.

seriner [3] [sərine] *vt fam* [rabâcher] : **~ qqch à qqn** to drum sthg into sb.

seringue [sərɛ̃g] *nf* syringe.

serment [sɛrmɑ̃] *nm* - **1.** [affirmation solennelle] oath ; **prêter ~** to take an oath ; **sous ~** on *OU* under oath ; **~ d'Hippocrate** Hippocratic oath - **2.** [promesse] vow, pledge.

sermon [sɛrmɔ̃] *nm litt & fig* sermon.

sermonner [3] [sɛrmɔne] *vt* to lecture.

SERNAM, **Sernam** [sɛrnam] (*abr de* **Service national de messageries**) *nm rail delivery service*, ≃ Red Star® *UK*.

séronégatif, **ive** [serɔnegatif, iv] *adj* HIV-negative.

séropositif, **ive** [serɔpozitif, iv] *adj* HIV-positive.

séropositivité [serɔpozitivite] *nf* HIV infection.

serpe [sɛrp] *nf* billhook.

serpent [sɛrpɑ̃] *nm* ZOOL snake ; **~ à sonnette** *OU* **sonnettes** rattlesnake.

◆ **serpent monétaire** *nm* (currency) snake.

serpenter [3] [sɛrpɑ̃te] *vi* to wind.

serpentin [sɛrpɑ̃tɛ̃] *nm* - **1.** [de papier] streamer - **2.** [tuyau] coil.

serpillière [sɛrpijɛr] *nf* floor cloth *UK*, mop *US*.

serpolet [sɛrpɔlɛ] *nm* wild thyme.

serre [sɛr] *nf* [bâtiment] greenhouse, glasshouse *UK*.

◆ **serres** *nfpl* ZOOL talons, claws.

serré, **e** [sere] *adj* - **1.** [écriture] cramped ; [tissu] closely-woven ; [rangs] serried - **2.** [style] dense, concise - **3.** [vêtement, chaussure] tight - **4.** [discussion] closely argued ; [match] close-fought - **5.** [poing, dents] clenched ; **la gorge ~e** with a lump in one's throat ; **j'en avais le cœur ~** *fig* it was heartbreaking - **6.** [café] strong.

◆ **serré** *adv* : **jouer ~** to be cautious.

serrement [sɛrmɑ̃] *nm* - **1.** [de main] handshake - **2.** [de cœur] anguish - **3.** [de gorge] tightening.

serrer [4] [sere] ◇ *vt* - **1.** [saisir] to grip, to hold tight ; **~ la main à qqn** to shake sb's hand ; **~ qqn dans ses bras** to hug sb - **2.** *fig* [rapprocher] to bring together ; **~ les rangs** to close ranks - **3.** [poing, dents] to clench ; [lèvres] to purse ; *fig* [cœur] to wring - **4.** [suj: vêtement, chaussure] to be too tight for - **5.** [vis, ceinture] to tighten - **6.** [trottoir, bordure] to hug. ◇ *vi* AUTO : **~ à droite/gauche** to keep right/left.

◆ **se serrer** *vp* - **1.** [se blottir] : **se ~ contre** to huddle up to *OU* against ; **se ~ autour de** to crowd *OU* press around - **2.** [se rapprocher] to squeeze up - **3.** [poing] to tighten.

serre-tête [sɛrtɛt] *nm inv* headband.

serrure [seryr] *nf* lock.

serrurerie [seryrri] *nf* - **1.** [métier] locksmith's trade - **2.** [ouvrage] metalwork.

serrurier [seryrje] *nm* locksmith.

sers, **sert** (*etc*) ▻ **servir**.

sertir [32] [sɛrtir] *vt* - **1.** [pierre précieuse] to set - **2.** TECHNOL [assujettir] to crimp.

sérum [serɔm] *nm* serum ; **~ physiologique** saline.

servage [sɛrvaʒ] *nm* serfdom ; *fig* bondage.

servante [sɛrvɑ̃t] *nf* - **1.** [domestique] maidservant - **2.** TECHNOL tool rest.

serve ▻ **serf**.

serveur, **euse** [sɛrvœr, øz] *nm, f* - **1.** [de restaurant] waiter (*f* waitress) ; [de bar] barman (*f* barmaid) *UK*, bartender *US* - **2.** CARTES dealer - **3.** TENNIS server.

◆ **serveur** *nm* INFORM server.

servi, **e** [sɛrvi] *pp* ▻ **servir**.

serviable [sɛrvjabl] *adj* helpful, obliging.

service [sɛrvis] *nm* - **1.** [gén] service ; **être en ~** to be in use, to be set up ; **mettre en ~** to set up ; **hors ~** out of order - **2.** [travail] duty ; **pendant le ~** while on duty ; **être de ~** to be on duty - **3.** [département] department ; **~ de réanimation** intensive care (unit) ; **~ de renseignements** intelligence service ; **~ d'ordre** police and stewards *UK* (*at a demonstration*) - **4.** MIL : **~ (militaire)** military *OU* national service - **5.** [aide, assistance] favour *UK*, favor *US* ; **rendre un ~ à qqn** to do sb a favour *UK OU* favor *US* ; **rendre ~** to be helpful ; **~ après-vente** after-sales service - **6.** [à table] : **premier/deuxième ~** first/second sitting - **7.** [pourboire] service (charge) ; **~ compris/**

non compris service included/not included - **8.** [assortiment - de porcelaine] service, set ; [- de linge] set.

serviette [sɛrvjɛt] *nf* - **1.** [de table] serviette, napkin - **2.** [de toilette] towel ; **~ de bain** bath towel - **3.** [porte-documents] briefcase.
◆ **serviette hygiénique** *nf* sanitary towel *UK ou* napkin *US*.

serviette-éponge [sɛrvjɛtepɔ̃ʒ] (*pl* **serviettes-éponges**) *nf* terry towel.

servile [sɛrvil] *adj* - **1.** [gén] servile - **2.** [traduction, imitation] slavish.

servir [38] [sɛrvir] ◇ *vt* - **1.** [gén] to serve ; **~ qqch à qqn** to serve sb sthg, to help sb to sthg ; **qu'est-ce que je vous sers?** what can I get you? - **2.** [avantager] to serve (well), to help. ◇ *vi* - **1.** [avoir un usage] to be useful *ou* of use ; **ça peut toujours/encore ~** it may/may still come in useful - **2.** [être utile] : **~ à qqch/à faire qqch** to be used for sthg/for doing sthg ; **ça ne sert à rien** it's pointless - **3.** [tenir lieu] : **~ de** [personne] to act as ; [chose] to serve as - **4.** [domestique] to be in service - **5.** MIL & SPORT to serve - **6.** CARTES to deal.
◆ **se servir** *vp* - **1.** [prendre] : **se ~ (de)** to help o.s. (to) ; **servez-vous!** help yourself! - **2.** [utiliser] : **se ~ de qqn/qqch** to use sb/sthg.

serviteur [sɛrvitœr] *nm* servant.

servitude [sɛrvityd] *nf* - **1.** [esclavage] servitude - **2.** *(gén pl)* [contrainte] constraint - **3.** DR easement.

ses ▷ **son**[2].

sésame [sezam] *nm* - **1.** BOT sesame - **2.** *fig* [formule magique] : **~ ouvre-toi** open sesame.

session [sesjɔ̃] *nf* - **1.** [d'assemblée] session, sitting - **2.** UNIV exam session - **3.** INFORM : **ouvrir une ~** to log in *ou* on ; **fermer** *ou* **clore une ~** to log out *ou* off.

set [sɛt] *nm* - **1.** TENNIS set - **2.** [napperon] : **~ (de table)** set of table *ou* place mats.

setter [setɛr] *nm* setter.

seuil [sœj] *nm litt* & *fig* threshold ; **~ de rentabilité** COMM breakeven point.

seul, e [sœl] ◇ *adj* - **1.** [isolé] alone ; **~ à ~** alone (together), privately - **2.** [sans compagnie] alone, by o.s. ; **parler tout ~** to talk to o.s. - **3.** [sans aide] on one's own, by o.s. - **4.** [unique] : **le ~...** the only... ; **un ~...** a single... ; **pas un ~...** not one..., not a single... - **5.** [esseulé] lonely. ◇ *nm, f* : **le ~** the only one ; **un ~** a single one, only one.

seulement [sœlmɑ̃] *adv* - **1.** [gén] only ; [exclusivement] only, solely - **2.** [même] even.
◆ **non seulement... mais (encore)** *loc corrélative* not only... but (also).

sève [sɛv] *nf* - **1.** BOT sap - **2.** *fig* [vigueur] vigour *UK*, vigor *US*.

sévère [sevɛr] *adj* severe.

sévèrement [sevɛrmɑ̃] *adv* severely.

sévérité [severite] *nf* severity.

sévices [sevis] *nmpl sout* ill treatment *(U)*.

Séville [sevij] *n* Seville.

sévir [32] [sevir] *vi* - **1.** [gouvernement] to act ruthlessly *ou* severely - **2.** [épidémie, guerre] to rage - **3.** [punir] to give out a punishment.

sevrage [səvraʒ] *nm* - **1.** [d'enfant] weaning - **2.** [de toxicomane] withdrawal.

sevrer [19] [səvre] *vt* to wean ; **~ qqn de** *fig* to deprive sb of.

sexagénaire [sɛksaʒenɛr] ◇ *nmf* sixty-year-old. ◇ *adj* : **être ~** to be in one's sixties.

sex-appeal [sɛksapil] *nm* sex appeal.

S.Exc (*abr écrite de* **son excellence**) H.E.

sexe [sɛks] *nm* - **1.** [gén] sex ; **le ~ fort/faible** *fam fig* the stronger/weaker sex - **2.** [organe] genitals *(pl)*.

sexisme [sɛksism] *nm* sexism.

sexiste [sɛksist] *nmf* & *adj* sexist.

sexologie [sɛksɔlɔʒi] *nf* sexology.

sexologue [sɛksɔlɔg] *nmf* sexologist.

sex-shop [sɛksʃɔp] (*pl* **sex-shops**) *nm* sex shop.

sextant [sɛkstɑ̃] *nm* sextant.

sextuple [sɛkstypl] ◇ *nm* : **le ~ de 3** 6 times 3. ◇ *adj* sixfold.

sexualité [sɛksɥalite] *nf* sexuality.

sexuel, elle [sɛksɥɛl] *adj* sexual.

sexuellement [sɛksɥɛlmɑ̃] *adv* sexually.

sexy [sɛksi] *adj inv fam* sexy.

seyais, seyait *(etc)* ▷ **seoir.**

seyant, e [sɛjɑ̃, ɑ̃t] *adj* becoming.

Seychelles [seʃɛl] *nfpl* : **les ~** the Seychelles ; **aux ~** in the Seychelles.

SFIO (*abr de* **Section française de l'internationale ouvrière**) *nf former name of the French socialist party.*

SG *abr de* **secrétaire général.**

SGA *abr de* **secrétaire général adjoint.**

SGEN (*abr de* **Syndicat général de l'éducation nationale**) *nm teachers' trade union.*

shah = **schah.**

shaker [ʃɛkœr] *nm* cocktail shaker.

shampoing = **shampooing.**

shampoiner = **shampouiner.**

shampooineur = **shampouineur.**

shampooing [ʃɑ̃pwɛ̃] *nm* shampoo.

shampouiner, shampooiner [3] [ʃɑ̃pwine] *vt* to shampoo.

shampouineur, **euse**, **shampooineur**, **euse** [ʃɑ̃pwinœr, øz] *nm, f* shampooer.

Shanghai [ʃɑ̃gaj] *n* Shanghai.

shérif [ʃerif] *nm* sheriff.

sherry [ʃeri] *nm* sherry.

shetland [ʃɛtlɑ̃d] *nm* - **1.** [laine] Shetland wool - **2.** [cheval] Shetland pony.

Shetland [ʃɛtlɑ̃d] *nfpl* : **les ~** the Shetlands.

shit [ʃit] *fam nm* hash.

shooter [3] [ʃute] *vi* to shoot ; **~ dans qqch** *fam* to kick sthg.
◆ **se shooter** *vp fam arg crime* to shoot up.

shopping [ʃɔpiŋ] *nm* shopping ; **faire du ~** to go (out) shopping.

short [ʃɔrt] *nm* shorts *(pl)*, pair of shorts.

show [ʃo] *nm* show.

show-business [ʃobiznɛs] *nm inv* show business.

si[1] [si] *nm inv* MUS B ; [chanté] ti.

si[2] [si] ◇ *adv* - **1.** [tellement] so ; **elle est ~ belle** she is so beautiful ; **il roulait ~ vite qu'il a eu un accident** he was driving so fast (that) he had an accident ; **ce n'est pas ~ facile que ça** it's not as easy as that ; **~ vieux qu'il soit** however old he may be, old as he is - **2.** [oui] yes ; **tu n'aimes pas le café?** ~ don't you like coffee? yes, I do. ◇ *conj* - **1.** [gén] if ; **~ tu veux, on y va** we'll go if you want ; **~ tu faisais cela, je te détesterais** I would hate you if you did that ; **~ seulement** if only - **2.** [dans une question indirecte] if, whether ; **dites-moi ~ vous venez** tell me if *ou* whether you're coming. ◇ *nm inv* : **il y a toujours des ~ et des mais** there are always ifs and buts.
◆ **si bien que** *loc conj* so that, with the result that.
◆ **si tant est que** *loc conj (+ subjonctif)* providing, provided (that).

SI *nm* - **1.** (*abr de* **syndicat d'initiative**) tourist office - **2.** (*abr de* **système international**) SI.

siamois, **e** [sjamwa, az] *adj* Siamese ; **frères ~, sœurs ~es** MÉD Siamese twins ; *fig* inseparable companions.
◆ **Siamois**, **e** *nm, f vieilli* Siamese person.

Sibérie [siberi] *nf* : **la ~** Siberia.

sibérien, **enne** [siberjɛ̃, ɛn] *adj* Siberian.
◆ **Sibérien**, **enne** *nm, f* Siberian.

sibyllin, **e** [sibilɛ̃, in] *adj* enigmatic.

sic [sik] *adv* sic.

SICAV, **Sicav** [sikav] (*abr de* **société d'investissement à capital variable**) *nf* - **1.** [société] unit trust *UK*, mutual fund *US* - **2.** [action] share in a unit trust *UK ou* mutual fund *US*.

Sicile [sisil] *nf* : **la ~** Sicily.

sicilien, **enne** [sisiljɛ̃, ɛn] *adj* Sicilian.
◆ **Sicilien**, **enne** *nm, f* Sicilian.

Sicob [sikɔb] (*abr de* **Salon des industries, du commerce et de l'organisation du bureau**) *nm* : **le ~** *annual information technology fair in Paris.*

SIDA, **Sida** [sida] (*abr de* **syndrome immuno-déficitaire acquis**) *nm* AIDS.

side-car [sidkar] (*pl* **side-cars**) *nm* sidecar.

sidéen, **enne** [sideɛ̃, ɛn] *nm, f* person with AIDS.

sidéral, **e**, **aux** [sideral, o] *adj* sidereal.

sidérant, **e** [siderɑ̃, ɑ̃t] *adj fam* staggering.

sidérer [18] [sidere] *vt fam* to stagger.

sidérurgie [sideryrʒi] *nf* - **1.** [industrie] iron and steel industry - **2.** [technique] iron and steel metallurgy.

sidérurgique [sideryrʒik] *adj* steel *(avant n)*.

sidérurgiste [sideryrʒist] *nmf* steelworker.

sidologue [sidɔlɔg] *nmf* AIDS specialist.

siècle [sjɛkl] *nm* - **1.** [cent ans] century ; **l'affaire du ~** the bargain of the century - **2.** [époque, âge] age ; **le ~ des lumières** the (Age of) Enlightenment ; **le ~ de l'atome** the atomic age - **3.** *(gén pl) fam* [longue durée] ages *(pl)* ; **ça fait des ~s que...** it's ages since...

sied, **siéra** *(etc)* ▷ **seoir**.

siège [sjɛʒ] *nm* - **1.** [meuble & POLIT] seat ; **~ avant/arrière** front/back seat ; **~ éjectable** ejector *UK ou* ejection *US* seat - **2.** MIL siege ; **lever le ~** to lift the siege - **3.** [d'organisme] headquarters, head office ; **~ social** registered office - **4.** MÉD : **se présenter par le ~** to be in the breech position - **5.** DR bench.

siéger [22] [sjeʒe] *vi* - **1.** [juge, assemblée] to sit - **2.** *litt* [mal] to have its seat ; [maladie] to be located.

sien [sjɛ̃] ◆ **le sien** (*f* **la sienne** [lasjɛn], *mpl* **les siens** [lesjɛ̃], *fpl* **les siennes** [lesjɛn]) *pron poss* [d'homme] his ; [de femme] hers ; [de chose, d'animal] its ; **les ~s** his/her family ; **faire des siennes** to be up to one's usual tricks.

sierra [sjera] *nf* sierra.

sieste [sjɛst] *nf* siesta.

sifflant, **e** [siflɑ̃, ɑ̃t] *adj* [son] whistling ; [voix] hissing ; LING sibilant.

sifflement [sifləmɑ̃] *nm* [son] whistling ; [de serpent] hissing.

siffler [3] [sifle] ◇ *vi* to whistle ; [serpent] to hiss. ◇ *vt* - **1.** [air de musique] to whistle - **2.** [femme] to whistle at - **3.** [chien] to whistle (for) - **4.** [acteur] to boo, to hiss - **5.** *fam* [verre] to knock back.

sifflet [siflɛ] *nm* whistle.
◆ **sifflets** *nmpl* hissing *(U)*, boos.

sifflotement [siflɔtmɑ̃] *nm* whistling.

siffloter [3] [siflɔte] *vi & vt* to whistle.

sigle [sigl] *nm* acronym, (set of) initials.

signal, **aux** [siɲal, o] *nm* - **1.** [geste, son] signal ; **~ d'alarme** alarm (signal) ; **~ de détresse** distress signal ; **donner le ~ (de)** to give the signal (for) - **2.** [panneau] sign.

signalement [siɲalmɑ̃] *nm* description.

signaler [3] [siɲale] ◇ *vt* - **1.** [fait] to point out ; **rien à ~** nothing to report - **2.** [à la police] to denounce. ◇ *vi* [à train, navire] : **~ à** to signal to.

◆ **se signaler** *vp* : **se ~ par** to become known for, to distinguish o.s. by.

signalétique [siɲaletik] *adj* identifying.

signalisation [siɲalizasjɔ̃] *nf* - **1.** [action] signposting - **2.** [panneaux] signs *(pl)* ; [au sol] (road) markings *(pl)* ; NAUT signals *(pl)*.

signataire [siɲatɛr] *nmf* signatory.

signature [siɲatyr] *nf* - **1.** [nom, marque] signature - **2.** [acte] signing.

signe [siɲ] *nm* - **1.** [gén] sign ; **être ~ de** to be a sign of ; **en ~ de** as a sign of ; **être né sous le ~ de** ASTROL to be born under the sign of ; **être placé sous le ~ de** *fig* [conférence, transaction] to be marked by ; **~ avant-coureur** advance indication ; **~ de ralliement** rallying symbol ; **~ de reconnaissance** means of recognition ; **~s extérieurs de richesse** outward signs of wealth ; **c'est bon/mauvais ~** it's a good/bad sign ; **donner ~ de vie** to get in touch - **2.** [trait] mark ; **~ distinctif** characteristic ; **~ particulier** distinguishing mark.

signer [3] [siɲe] *vt* to sign.

◆ **se signer** *vp* to cross o.s.

signet [siɲɛ] *nm* bookmark *(attached to spine of book)*.

significatif, **ive** [siɲifikatif, iv] *adj* significant.

signification [siɲifikasjɔ̃] *nf* - **1.** [sens] meaning - **2.** DR service (of documents).

signifier [9] [siɲifje] *vt* - **1.** [vouloir dire] to mean - **2.** [faire connaître] to make known - **3.** DR to serve notice of.

silence [silɑ̃s] *nm* - **1.** [gén] silence ; **garder le ~ (sur)** to remain silent (about) ; **~ de glace** stony silence ; **~ de mort** deathly hush ; **~ radio** radio silence ; **passer qqch sous ~** *fig* to avoid mentioning sthg - **2.** MUS rest.

silencieusement [silɑ̃sjøzmɑ̃] *adv* in silence, silently.

silencieux, **euse** [silɑ̃sjø, øz] *adj* - **1.** [lieu, appareil] quiet - **2.** [personne - taciturne] quiet ; [- muet] silent.

◆ **silencieux** *nm* AUTO silencer *UK*, muffler *US*.

silex [silɛks] *nm* flint.

silhouette [silwɛt] *nf* - **1.** [de personne] silhouette ; [de femme] figure ; [d'objet] outline - **2.** ART silhouette.

silice [silis] *nf* silica.

siliceux, **euse** [silisø, øz] *adj* silicious, siliceous.

silicium [silisjɔm] *nm* silicon.

silicone [silikon] *nf* silicone.

sillage [sijaʒ] *nm* wake.

sillon [sijɔ̃] *nm* - **1.** [tranchée, ride] furrow - **2.** [de disque] groove.

sillonner [3] [sijɔne] *vt* - **1.** [champ] to furrow - **2.** [ciel] to crisscross.

silo [silo] *nm* silo.

simagrées [simagre] *nfpl péj* **faire des ~** to make a fuss.

simiesque [simjɛsk] *adj* simian.

similaire [similɛr] *adj* similar.

similarité [similarite] *nf* similarity.

simili [simili] ◇ *nm* - **1.** *fam* [imitation] imitation ; **en ~** imitation *(avant n)* - **2.** [de photogravure] halftone plate *ou* block. ◇ *nf fam* halftone illustration.

similicuir [similikɥir] *nm* imitation leather.

similitude [similityd] *nf* similarity.

simple [sɛ̃pl] ◇ *adj* - **1.** [gén] simple ; **~ d'esprit** simple-minded - **2.** [ordinaire] ordinary - **3.** [billet] : **un aller ~** a single ticket. ◇ *nm* TENNIS singles *(sing)*.

◆ **simples** *nmpl* medicinal plants *ou* herbs.

simplement [sɛ̃pləmɑ̃] *adv* simply ; **tout ~** quite simply, just.

simplet, **ette** [sɛ̃plɛ, ɛt] *adj* - **1.** [personne] simple - **2.** *péj* [raisonnement] simplistic.

simplicité [sɛ̃plisite] *nf* simplicity ; **d'une ~ enfantine** childishly simple.

simplificateur, **trice** [sɛ̃plifikatœr, tris] *adj* simplifying.

simplification [sɛ̃plifikasjɔ̃] *nf* simplification.

simplifier [9] [sɛ̃plifje] *vt* to simplify.

simplisme [sɛ̃plism] *nm péj* oversimplification.

simpliste [sɛ̃plist] *adj péj* simplistic.

simulacre [simylakr] *nm* - **1.** [semblant] : **un ~ de** a pretence of, a sham - **2.** [action simulée] enactment.

simulateur, **trice** [simylatœr, tris] *nm, f* pretender ; [de maladie] malingerer.

◆ **simulateur** *nm* TECHNOL simulator.

simulation [simylasjɔ̃] *nf* - **1.** [gén] simulation - **2.** [comédie] shamming, feigning ; [de maladie] malingering.

simuler [3] [simyle] *vt* - **1.** [gén] to simulate - **2.** [feindre] to feign, to sham.

simultané, **e** [simyltane] *adj* simultaneous.

simultanéité [simyltaneite] *nf* simultaneousness.

simultanément [simyltanemɑ̃] *adv* simultaneously.

Sinaï [sinaj] *n* : **le ~** Sinai ; **le mont ~** Mount Sinai.

sincère [sɛ̃sɛr] *adj* sincere.

sincèrement [sɛ̃sɛrmɑ̃] *adv* - **1.** [franchement] honestly, sincerely ; **~ vôtre** yours sincerely - **2.** [vraiment] really, truly.

sincérité [sɛ̃serite] *nf* sincerity ; **en toute ~** in all sincerity.

sinécure [sinekyr] *nf* sinecure ; **ce n'est pas une ~** *fam fig* it's not exactly a cushy job.

sine qua non [sinekwanɔn] *adj* : **condition ~** prerequisite.

Singapour [sɛ̃gapur] *n* Singapore ; **à ~** in Singapore.

singe [sɛ̃ʒ] *nm* ZOOL monkey ; [de grande taille] ape.

singer [17] [sɛ̃ʒe] *vt* - **1.** [personne] to mimic, to ape - **2.** [sentiment] to feign.

singerie [sɛ̃ʒri] *nf* - **1.** [grimace] face - **2.** [manières] fuss *(U)*.

singulariser [3] [sɛ̃gylarize] *vt* to draw *ou* call attention to.

◆ **se singulariser** *vp* to draw *ou* call attention to o.s.

singularité [sɛ̃gylarite] *nf* - **1.** *litt* [bizarrerie] strangeness - **2.** [particularité] peculiarity.

singulier, **ère** [sɛ̃gylje, ɛr] *adj* - **1.** *sout* [bizarre] strange ; [spécial] uncommon - **2.** GRAMM singular - **3.** [d'homme à homme] : **combat ~** single combat.

◆ **singulier** *nm* GRAMM singular.

singulièrement [sɛ̃gyljɛrmɑ̃] *adv* - **1.** *litt* [bizarrement] strangely - **2.** [beaucoup, très] particularly.

sinistre [sinistr] ◇ *nm* - **1.** [catastrophe] disaster - **2.** DR damage *(U)*. ◇ *adj* - **1.** [personne, regard] sinister ; [maison, ambiance] gloomy - **2.** *(avant n) péj* [crétin, imbécile] dreadful, terrible.

sinistré, **e** [sinistre] ◇ *adj* [région] disaster *(avant n)*, disaster-stricken ; [famille] disaster-stricken. ◇ *nm, f* disaster victim.

sinistrose [sinistroz] *nf* pessimism.

sinologue [sinɔlɔg] *nmf* Sinologist, China-watcher.

sinon [sinɔ̃] *conj* - **1.** [autrement] or else, otherwise - **2.** [sauf] except, apart from - **3.** [si ce n'est] if not.

sinueux, **euse** [sinɥø, øz] *adj* winding ; *fig* tortuous.

sinuosité [sinɥozite] *nf* bend, twist.

sinus [sinys] *nm* - **1.** ANAT sinus - **2.** MATH sine.

sinusite [sinyzit] *nf* sinusitis *(U)*.

sionisme [sjɔnism] *nm* Zionism.

sioniste [sjɔnist] *nmf* & *adj* Zionist.

siphon [sifɔ̃] *nm* - **1.** [tube] siphon - **2.** [bouteille] soda siphon.

siphonné, **e** [sifɔne] *adj* *fam* [fou] batty, crackers *UK*.

siphonner [3] [sifɔne] *vt* to siphon.

sire [sir] *nm* - **1.** HIST lord - **2.** *loc* **un triste ~** a sad character.

◆ **Sire** *nm* Sire.

sirène [sirɛn] *nf* siren.

sirocco [sirɔko] *nm* sirocco.

sirop [siro] *nm* syrup ; **~ d'érable** maple syrup ; **~ de grenadine** (syrup of) grenadine ; **~ de menthe** mint cordial ; **~ d'orgeat** barley water ; **~ contre la toux** cough mixture *ou* syrup.

siroter [3] [sirɔte] *vt fam* to sip.

SIRPA, **Sirpa** [sirpa] (*abr de* **Service d'information et de renseignement du public de l'armée**) *nm French army public information service.*

sirupeux, **euse** [sirypø, øz] *adj* syrupy.

sis, **e** [si, siz] *adj* DR located.

sismique [sismik] *adj* seismic.

sismographe [sismɔgraf] *nm* seismograph.

sismologie [sismɔlɔʒi] *nf* seismology.

site [sit] *nm* - **1.** [emplacement] site ; **~ archéologique/historique** archaeological/historic site ; **~ naturel** unspoiled site - **2.** [paysage] beauty spot - **3.** INFORM : **~ Web** web site, Web site.

sitôt [sito] *adv* : **~ après** immediately after ; **pas de ~** not for some time, not for a while ; **~ arrivé,...** as soon as I/he *etc* arrived,... ; **~ dit, ~ fait** no sooner said than done.

◆ **sitôt que** *loc conj* as soon as.

situation [sitɥasjɔ̃] *nf* - **1.** [position, emplacement] position, location - **2.** [contexte, circonstance] situation ; **~ de famille** marital status ; **être en ~ de faire qqch** to be in a position to do sthg - **3.** [emploi] job, position - **4.** FIN financial statement.

situer [7] [sitɥe] *vt* - **1.** [maison] to site, to situate ; **bien/mal situé** well/badly situated - **2.** [sur carte] to locate - **3.** *fam* [personne] to size up.

◆ **se situer** *vp* [scène] to be set ; [dans classement] to be.

SIVOM, **Sivom** [sivɔm] (*abr de* **Syndicat intercommunal à vocation multiple**) *nm group of local authorities pooling public services.*

six *(en fin de phrase* [sis], *devant consonne ou 'h' aspiré* [si], *devant voyelle ou 'h' muet* [siz]*)* ◇ *adj num inv* six ; **il a ~ ans** he is six (years old) ; **il est ~ heures** it's six (o'clock) ; **le ~ janvier** (on) the sixth of January *UK*, (on) January sixth *US* ; **daté du ~ septembre** dated the sixth of September *UK ou* September sixth *US* ; **Charles Six** Charles the Sixth ; **page ~** page six. ◇ *nm inv* **- 1.** [gén] six ; **~ de pique** six of spades **- 2.** [adresse] (number) six **- 3.** SPORT : **le ~** number six. ◇ *pron* six ; **ils étaient ~** there were six of them ; **ils sont venus à ~** six (of them) came ; **couper/partager en ~** to cut/divide into six ; **~ par ~** six at a time ; **~ d'entre eux/nous/vous** six of them/us/you ; **cinq sur ~** five out of six.

sixième [sizjɛm] ◇ *adj num inv* sixth. ◇ *nmf* sixth ; **arriver/se classer ~** to come (in)/to be placed sixth. ◇ *nf* SCOL ≃ first year *ou* form *UK*, ≃ sixth grade *US* ; **être en ~** to be in the first year *ou* form *UK*, to be in sixth grade *US* ; **entrer en ~** to go to secondary school. ◇ *nm* **- 1.** [part] : **le/un ~ de** one/a sixth of ; **cinq ~s** five sixths **- 2.** [arrondissement] sixth arrondissement **- 3.** [étage] sixth floor *UK*, seventh floor *US*.

sixièmement [sizjɛmmɑ̃] *adv* sixthly, in (the) sixth place.

six-quatre-deux [siskatdø] ◆ **à la six-quatre-deux** *loc adv fam* in a slapdash way.

Skaï® [skaj] *nm inv* leatherette.

skateboard [skɛtbɔrd] *nm* skateboard.

sketch [skɛtʃ] (*pl* **sketches**) *nm* sketch *(in a revue etc).*

ski [ski] *nm* **- 1.** [objet] ski **- 2.** [sport] skiing ; **faire du ~** to ski ; **~ acrobatique/alpin/de fond** freestyle/alpine/cross-country skiing ; **~ nautique** water skiing.

skier [10] [skje] *vi* to ski.

skieur, **euse** [skjœr, øz] *nm, f* skier.

skipper [skipœr] *nm* **- 1.** [capitaine] skipper **- 2.** [barreur] helmsman.

slalom [slalɔm] *nm* **- 1.** SKI slalom ; **~ géant/spécial** giant/special slalom **- 2.** [zigzags] : **faire du ~** to zigzag.

slalomer [3] [slalɔme] *vi* **- 1.** SKI to slalom **- 2.** [zigzaguer] to zigzag.

slave [slav] *adj* Slavonic.
◆ **Slave** *nmf* Slav.

slip [slip] *nm* briefs *(pl)*, underpants *(pl)* ; **~ de bain** [d'homme] swimming trunks *(pl)* ; [de femme] bikini bottoms *(pl)*.

s.l.n.d. (*abr de* **sans lieu ni date**) date and origin unknown.

sloche [slɔʃ] *nf Québec* slush.

slogan [slɔgɑ̃] *nm* slogan.

slovaque [slɔvak] ◇ *adj* Slovak. ◇ *nm* [langue] Slovak.
◆ **Slovaque** *nmf* Slovak.

Slovaquie [slɔvaki] *nf* : **la ~** Slovakia.

slovène [slɔvɛn] ◇ *adj* Slovenian. ◇ *nm* [langue] Slovenian.
◆ **Slovène** *nmf* Slovenian.

Slovénie [slɔveni] *nf* : **la ~** Slovenia.

slow [slo] *nm* slow dance.

SM, **S-M** (*abr de* **sado-masochisme**) *nm* S & M.

SM (*abr écrite de* **sa majesté**) HM.

SMAG, **Smag** [smag] (*abr de* **salaire minimum agricole garanti**) *nm guaranteed minimum wage for agricultural workers.*

smala(h) [smala] *nf* **- 1.** [de chef arabe] retinue **- 2.** *fam* [famille] brood.

smasher [3] [sma(t)ʃe] *vi* TENNIS to smash (the ball).

SME (*abr de* **Système monétaire européen**) *nm* EMS.

SMIC, **Smic** [smik] (*abr de* **salaire minimum interprofessionnel de croissance**) *nm index-linked guaranteed minimum wage.*

smicard, **e** [smikar, ard] ◇ *adj minimum-wage-earning.* ◇ *nm, f minimum-wage earner.*

smiley [smaılı] *nm* smiley.

smocks [smɔk] *nmpl* smocking *(U)*.

smoking [smɔkiŋ] *nm* dinner jacket, tuxedo *US*.

SMUR, **Smur** [smyr] (*abr de* **Service médical d'urgence et de réanimation**) *nm French ambulance and emergency unit.*

SNC (*abr de* **service non compris**) service not included.

SNCB (*abr de* **Société nationale des chemins de fer belges**) *nf Belgian railways board,* ≃ BR *UK*.

SNCF (*abr de* **Société nationale des chemins de fer français**) *nf French railways board,* ≃ BR *UK*.

SNES, **Snes** [snɛs] (*abr de* **Syndicat national de l'enseignement secondaire**) *nm secondary school teachers' union.*

Sne-sup [snɛsyp] (*abr de* **Syndicat national de l'enseignement supérieur**) *nm university teachers' union.*

SNI (*abr de* **Syndicat national des instituteurs**) *nm primary school teachers' union.*

SNJ (*abr de* **Syndicat national des journalistes**) *nm national union of journalists.*

snob [snɔb] ◇ *nmf* snob. ◇ *adj* snobbish.

snober [3] [snɔbe] *vt* to snub, to cold-shoulder.

snobinard, e [snɔbinar, ard] *fam péj* ◇ *adj* rather snobbish. ◇ *nm, f* a bit of a snob.

snobisme [snɔbism] *nm* snobbery, snobbishness.

SNSM (*abr de* **Société nationale de sauvetage en mer**) *nf national sea-rescue association.*

soap opera [sopɔpera] (*pl* **soap operas**), **soap** [sop] (*pl* **soaps**) *nm* soap (opera).

sobre [sɔbr] *adj* - **1.** [personne] temperate - **2.** [style] sober ; [décor, repas] simple.

sobrement [sɔbrəmɑ̃] *adv* - **1.** [boire] in moderation - **2.** [se vêtir] soberly.

sobriété [sɔbrijete] *nf* sobriety.

sobriquet [sɔbrikɛ] *nm* nickname.

soc [sɔk] *nm* ploughshare *UK*, plowshare *US*.

sociabilité [sɔsjabilite] *nf* sociability.

sociable [sɔsjabl] *adj* sociable.

social, e, aux [sɔsjal, o] *adj* - **1.** [rapports, classe, service] social - **2.** COMM : **capital ~** share capital ; **raison ~e** company name.
◆ **social** *nm* : **le ~** social affairs *(pl)*.

social-démocrate, sociale-démocrate [sɔsjaldemɔkrat] (*mpl* **sociaux-démocrates** [sɔsjodemɔkrat]) (*fpl* **sociales-démocrates**) ◇ *nmf* social democrat. ◇ *adj* social democratic.

socialement [sɔsjalmɑ̃] *adv* socially.

socialisation [sɔsjalizasjɔ̃] *nf* - **1.** [développement social] socialization - **2.** POLIT nationalization.

socialiser [3] [sɔsjalize] *vt* - **1.** [enfant] to socialize - **2.** POLIT to nationalize.

socialisme [sɔsjalism] *nm* socialism.

socialiste [sɔsjalist] *nmf & adj* socialist.

sociétaire [sɔsjetɛr] *nmf* member.

société [sɔsjete] *nf* - **1.** [communauté, classe sociale, groupe] society ; **en ~** in society ; **la haute ~** high society ; **~ secrète** secret society - **2.** SPORT club - **3.** [présence] company, society - **4.** COMM company, firm ; **~ de bourse** securities house, brokerage firm ; **~ mère** parent company ; **~ en participation** joint-venture company ; **~ de personnes** partnership, joint-stock company *UK*.

socioculturel, elle [sɔsjɔkyltyrɛl] *adj* social and cultural.

socio-économique [sɔsjɔekɔnɔmik] *adj* socioeconomic.

sociologie [sɔsjɔlɔʒi] *nf* sociology.

sociologique [sɔsjɔlɔʒik] *adj* sociological.

sociologue [sɔsjɔlɔg] *nmf* sociologist.

socioprofessionnel, elle [sɔsjɔprɔfɛsjɔnɛl] *adj* socioprofessional.

socle [sɔkl] *nm* - **1.** [de statue] plinth, pedestal - **2.** [de lampe] base - **3.** GÉOGR : **~ continental** continental shelf.

socquette [sɔkɛt] *nf* ankle *ou* short sock.

soda [sɔda] *nm* fizzy drink.

sodium [sɔdjɔm] *nm* sodium.

sodomie [sɔdɔmi] *nf* buggery, sodomy.

sodomiser [3] [sɔdɔmize] *vt* to sodomize.

sœur [sœr] *nf* - **1.** [gén] sister ; **grande/petite ~** big/little sister ; **~ de lait** foster sister - **2.** RELIG nun, sister.

sofa [sɔfa] *nm* sofa.

Sofia [sɔfja] *n* Sofia.

SOFRES, Sofres [sɔfrɛs] (*abr de* **Société française d'enquête par sondages**) *nf French opinion poll company.*

software [sɔftwɛr] *nm* software.

soi [swa] *pron pers* oneself ; **chacun pour ~** every man for himself ; **en ~** in itself, per se ; **cela va de ~** that goes without saying ; **il va de ~ que** it goes without saying that.
◆ **chez soi** *loc adv* at home ; **se sentir chez ~** to feel at home.
◆ **soi-même** *pron pers* oneself.

soi-disant [swadizɑ̃] ◇ *adj inv (avant n)* so-called. ◇ *adv fam* supposedly.

soie [swa] *nf* - **1.** [textile] silk ; **en ~** silk ; **~ grège** raw silk ; **~ sauvage** wild silk - **2.** [poil] bristle.

soierie [swari] *nf* - **1.** *(gén pl)* [textile] silk - **2.** [industrie] silk trade.

soif [swaf] *nf* thirst ; **~ (de)** *fig* thirst (for), craving (for) ; **avoir ~** to be thirsty ; **étancher sa ~** to quench one's thirst ; **jusqu'à plus ~** to excess ; *fig* until one has had one's fill.

soigné, e [swaɲe] *adj* - **1.** [travail] meticulous - **2.** [personne] well-groomed ; [jardin, mains] well-cared-for - **3.** *fam fig* [cuite, raclée] awful, massive.

soigner [3] [swaɲe] *vt* - **1.** [suj: médecin] to treat ; [suj: infirmière, parent] to nurse - **2.** [invités, jardin, mains] to look after - **3.** [travail, présentation] to take care over.
◆ **se soigner** *vp* to take care of o.s., to look after o.s.

soigneur [swaɲœr] *nm* SPORT trainer ; [boxe] second.

soigneusement [swaɲøzmɑ̃] *adv* carefully.

soigneux, euse [swaɲø, øz] *adj* - **1.** [personne] tidy, neat - **2.** [travail] careful ; **~ de** careful with.

soin [swɛ̃] *nm* - **1.** [attention] care ; **avoir** *ou* **prendre ~ de** to take care of, to look after ;

avoir *ou* **prendre ~ de faire qqch** to be sure to do sthg ; **aux bons ~s de** in the care of, in the hands of ; **avec ~** carefully ; **sans ~** [procéder] carelessly ; [travail] careless ; **être aux petits ~s pour qqn** *fig* to wait on sb hand and foot - **2.** [souci] concern.

◆ **soins** *nmpl* care *(U)* ; **les premiers ~s** first aid *(sing)*.

soir [swar] *nm* evening ; **demain ~** tomorrow evening *ou* night ; **le ~** in the evening ; **à ce ~!** see you tonight!

soirée [sware] *nf* - **1.** [soir] evening ; **en ~** CINÉ & THÉÂTRE evening *(avant n)* - **2.** [réception] party ; **de ~** evening *(avant n)* ; **charmante ~!** *iron* wonderful evening!

sois ▷ **être**.

soit[1] [swat] *adv* so be it.

soit[2] [swa] ◇ *v* ▷ **être**. ◇ *conj* - **1.** [c'est-à-dire] in other words, that is to say - **2.** MATH [étant donné] : **~ une droite AB** given a straight line AB.

◆ **soit... soit** *loc corrélative* either... or.

◆ **soit que... soit que** *loc corrélative (+ subjonctif)* whether... or (whether).

soixantaine [swasɑ̃tɛn] *nf* - **1.** [nombre] : **une ~ (de)** about sixty, sixty-odd - **2.** [âge] : **avoir la ~** to be in one's sixties.

soixante [swasɑ̃t] ◇ *adj num inv* sixty ; **les années ~** the Sixties. ◇ *nm* sixty, *voir aussi* **six**.

soixante-dix [swasɑ̃tdis] ◇ *adj num inv* seventy ; **les années ~** the Seventies. ◇ *nm* seventy, *voir aussi* **six**.

soixante-dixième [swasɑ̃tdizjɛm] *adj num inv, nm & nmf* seventieth, *voir aussi* **sixième**.

soixante-huitard, e [swasɑ̃tɥitar, ard] ◇ *adj* of May 1968. ◇ *nm, f person who participated in the events of May 1968.*

soixantième [swasɑ̃tjɛm] *adj num inv, nm & nmf* sixtieth, *voir aussi* **sixième**.

soja [sɔʒa] *nm* soya.

sol [sɔl] *nm* - **1.** [terre] ground - **2.** [de maison] floor - **3.** [territoire] soil - **4.** MUS G ; [chanté] so.

solaire [sɔlɛr] *adj* - **1.** [énergie, four] solar - **2.** [crème] sun *(avant n)*.

solarium [sɔlarjɔm] *nm* solarium.

soldat [sɔlda] *nm* - **1.** MIL soldier ; [grade] private ; **le ~ inconnu** the Unknown Soldier - **2.** [jouet] (toy) soldier ; **~ de plomb** tin soldier, toy soldier.

solde [sɔld] ◇ *nm* - **1.** [de compte, facture] balance ; **~ créditeur/débiteur** credit/debit balance - **2.** [rabais] : **en ~** [acheter] in a sale. ◇ *nf* MIL pay ; **à la ~ de qqn** *fig* in the pay of sb.

◆ **soldes** *nmpl* sales.

solder [3] [sɔlde] *vt* - **1.** [compte] to close - **2.** [marchandises] to sell off.

◆ **se solder** *vp* : **se ~ par** FIN to show ; *fig* [aboutir] to end in.

soldeur, euse [sɔldœr, øz] *nm, f buyer and seller of discount goods.*

sole [sɔl] *nf* sole ; **~ meunière** *sole coated with flour and fried in butter.*

solécisme [sɔlesism] *nm* solecism.

soleil [sɔlɛj] *nm* - **1.** [astre, motif] sun ; **~ couchant/levant** setting/rising sun ; **sous un ~ de plomb** *fig* in the blazing sun - **2.** [lumière, chaleur] sun, sunlight ; **au ~** in the sun ; **en plein ~** right in the sun ; **il fait (du) ~** it's sunny ; **prendre le ~** to sunbathe - **3.** [tournesol] sunflower.

solennel, elle [sɔlanɛl] *adj* - **1.** [cérémonieux] ceremonial - **2.** [grave] solemn - **3.** *péj* [pompeux] pompous.

solennellement [sɔlanɛlmɑ̃] *adv* - **1.** [avec importance] ceremonially - **2.** [avec sérieux] solemnly.

solennité [sɔlanite] *nf* - **1.** [gravité] solemnity - **2.** [raideur] stiffness, formality - **3.** [fête] special occasion.

Solex® [sɔlɛks] *nm* ≃ moped.

solfège [sɔlfɛʒ] *nm* : **apprendre le ~** to learn the rudiments of music.

solfier [9] [sɔlfje] *vt* to sol-fa.

solidaire [sɔlidɛr] *adj* - **1.** [lié] : **être ~ de qqn** to be behind sb, to show solidarity with sb - **2.** [relié] interdependent, integral.

solidariser [3] [sɔlidarize] ◆ **se solidariser** *vp* : **se ~ (avec)** to show solidarity (with).

solidarité [sɔlidarite] *nf* [entraide] solidarity ; **par ~** [se mettre en grève] in sympathy.

solide [sɔlid] ◇ *adj* - **1.** [état, corps] solid - **2.** [construction] solid, sturdy - **3.** [personne] sturdy, robust ; **~ sur ses jambes** steady on one's feet - **4.** [argument] solid, sound - **5.** [relation] stable, strong. ◇ *nm* solid ; **il nous faut du ~** *fig* we need something solid *ou* concrete.

solidement [sɔlidmɑ̃] *adv* - **1.** [gén] firmly - **2.** [attaché] firmly, securely.

solidifier [9] [sɔlidifje] *vt* - **1.** [ciment, eau] to solidify - **2.** [structure] to reinforce.

◆ **se solidifier** *vp* to solidify.

solidité [sɔlidite] *nf* - **1.** [de matière, construction] solidity - **2.** [de mariage] stability, strength - **3.** [de raisonnement, d'argument] soundness.

soliloque [sɔlilɔk] *nm sout* soliloquy.

soliste [sɔlist] *nmf* soloist.

solitaire [sɔlitɛr] ◇ *adj* - **1.** [de caractère] solitary - **2.** [esseulé, retiré] lonely. ◇ *nmf* [personne] loner, recluse. ◇ *nm* [jeu, diamant] solitaire.

solitude [sɔlityd] *nf* - **1.** [isolement] loneliness - **2.** [retraite] solitude.

solive [sɔliv] *nf* joist.

sollicitation [sɔlisitasjɔ̃] *nf (gén pl)* entreaty.

solliciter [3] [sɔlisite] *vt* - **1.** [demander - entretien, audience] to request ; [- attention, intérêt] to seek ; **~ qqch de qqn** to ask sb for sthg, to seek sthg from sb - **2.** [s'intéresser à] : **être sollicité** to be in demand - **3.** [faire appel à] : **~ qqn pour faire qqch** to appeal to sb to do sthg.

sollicitude [sɔlisityd] *nf* solicitude, concern.

solo [sɔlo] ◇ *nm* solo ; **en ~** solo. ◇ *adj* solo *(avant n)*.

solstice [sɔlstis] *nm* : **~ d'été/d'hiver** summer/winter solstice.

solubilité [sɔlybilite] *nf* solubility.

soluble [sɔlybl] *adj* - **1.** [matière] soluble ; [café] instant - **2.** *fig* [problème] solvable.

soluté [sɔlyte] *nm* solution.

solution [sɔlysjɔ̃] *nf* - **1.** [résolution] solution, answer ; **chercher/trouver la ~** to seek/to find the solution, to seek/to find the answer ; **~ de facilité** easy answer, easy way out - **2.** [liquide] solution.

◆ **solution de continuité** *nf* break ; **sans ~ de continuité** without a break.

solutionner [3] [sɔlysjɔne] *vt* to solve.

solvabilité [sɔlvabilite] *nf* solvency.

solvable [sɔlvabl] *adj* solvent, creditworthy.

solvant [sɔlvɑ̃] *nm* solvent.

somali = **somalien**.

Somalie [sɔmali] *nf* : **la ~** Somalia.

somalien, enne [sɔmaljɛ̃, ɛn], **somali, e** [sɔmali] *adj* Somali.

◆ **Somalien, enne, Somali, e** *nm, f* Somali.

sombre [sɔ̃br] *adj* - **1.** [couleur, costume, pièce] dark - **2.** *fig* [pensées, avenir] dark, gloomy - **3.** *fig* [complot] murky - **4.** *(avant n) fam* [profond] : **c'est un ~ crétin** he's a prize idiot.

sombrer [3] [sɔ̃bre] *vi* to sink ; **~ dans** *fig* to sink into.

sommaire [sɔmɛr] ◇ *adj* - **1.** [explication] brief - **2.** [exécution] summary - **3.** [installation] basic. ◇ *nm* summary.

sommairement [sɔmɛrmɑ̃] *adv* - **1.** [expliquer] briefly - **2.** [délibérer] summarily - **3.** [peu - vêtu] scantily ; [- meublé] basically.

sommation [sɔmasjɔ̃] *nf* - **1.** [assignation] summons *(sing)* - **2.** [ordre - de payer] demand ; [- de se rendre] warning.

somme [sɔm] ◇ *nf* - **1.** [addition] total, sum ; **faire la ~ de plusieurs choses** to add up several things - **2.** [d'argent] sum, amount - **3.** [ouvrage] overview. ◇ *nm* nap.

◆ **en somme** *loc adv* in short.

◆ **somme toute** *loc adv* when all's said and done.

sommeil [sɔmɛj] *nm* sleep ; **avoir ~** to be sleepy ; **tomber de ~** to be asleep on one's feet ; **dormir d'un ~ de plomb** *fig* to be in a deep sleep.

sommeiller [4] [sɔmeje] *vi* - **1.** [personne] to doze - **2.** *fig* [qualité] to be dormant.

sommelier, ère [sɔməlje, ɛr] *nm, f* wine waiter (*f* wine waitress).

sommer [3] [sɔme] *vt* : **~ qqn de faire qqch** *sout* to order sb to do sthg.

sommes ▻ **être**.

sommet [sɔmɛ] *nm* - **1.** [de montagne] summit, top - **2.** *fig* [de hiérarchie] top ; [de perfection] height ; **conférence au ~** summit (meeting *ou* conference) - **3.** géometrie apex.

sommier [sɔmje] *nm* base, bed base.

sommité [sɔmite] *nf* - **1.** [personne] leading light - **2.** BOT head.

somnambule [sɔmnɑ̃byl] ◇ *nmf* sleepwalker. ◇ *adj* : **être ~** to be a sleepwalker.

somnifère [sɔmnifɛr] *nm* sleeping pill.

somnolence [sɔmnɔlɑ̃s] *nf* sleepiness, drowsiness.

somnolent, e [sɔmnɔlɑ̃, ɑ̃t] *adj* [personne] sleepy, drowsy ; *fig* [vie] dull ; *fig* [économie] sluggish.

somnoler [3] [sɔmnɔle] *vi* to doze.

somptueusement [sɔ̃ptɥøzmɑ̃] *adv* sumptuously, lavishly.

somptueux, euse [sɔ̃ptɥø, øz] *adj* sumptuous, lavish.

somptuosité [sɔ̃ptɥozite] *nf* lavishness *(U)*.

son[1] [sɔ̃] *nm* - **1.** [bruit] sound ; **au ~ de** to the sound of ; **~ et lumière** son et lumière - **2.** [céréale] bran.

son[2] [sɔ̃] (*f* **sa** [sa] , *pl* **ses** [se]) *adj poss* - **1.** [possesseur défini - homme] his ; [- femme] her ; [- chose, animal] its ; **il aime ~ père** he loves his father ; **elle aime ses parents** she loves her parents ; **la ville a perdu ~ charme** the town has lost its charm - **2.** [possesseur indéfini] one's ; [après «chacun», «tout le monde» etc] his/her, their.

sonar [sɔnar] *nm* sonar.

sonate [sɔnat] *nf* sonata.

sondage [sɔ̃daʒ] *nm* - **1.** [enquête] poll, survey ; **~ d'opinion** opinion poll - **2.** TECHNOL drilling - **3.** MÉD probing.

sonde [sɔ̃d] *nf* - **1.** MÉTÉOR sonde ; [spatiale] probe - **2.** MÉD probe - **3.** NAUT sounding line - **4.** TECHNOL drill.

sondé, e [sɔ̃de] *nm, f* poll respondent.

sonder [3] [sɔ̃de] *vt* - **1.** MÉD & NAUT to sound - **2.** [terrain] to drill - **3.** *fig* [opinion, personne] to sound out.

sondeur, euse [sɔ̃dœr, øz] *nm, f* pollster.
◆ **sondeur** *nm* TECHNOL sounder.

songe [sɔ̃ʒ] *nm litt* dream ; **en ~** in a dream.

songer [17] [sɔ̃ʒe] ◇ *vt* : **~ que** to consider that. ◇ *vi* : **~ à** to think about.

songeur, euse [sɔ̃ʒœr, øz] *adj* pensive, thoughtful.

sonnant, e [sɔnɑ̃, ɑ̃t] *adj* : **à six heures ~es** at six o'clock sharp.

sonné, e [sɔne] *adj* - **1.** [passé] : **il est trois heures ~es** it's gone three o'clock ; **il a quarante ans bien ~s** *fam fig* he's the wrong side of forty - **2.** *fig* [étourdi] groggy - **3.** *fam fig* [fou] cracked.

sonner [3] [sɔne] ◇ *vt* - **1.** [cloche] to ring - **2.** [retraite, alarme] to sound - **3.** [domestique] to ring for - **4.** *fam fig* [siffler] : **je ne t'ai pas sonné!** who asked you! ◇ *vi* - **1.** [gén] to ring ; **~ chez qqn** to ring sb's bell ; **~ faux** to be out of tune ; *fig* to ring false - **2.** [jouer] : **~ de** to sound.

sonnerie [sɔnri] *nf* - **1.** [bruit] ringing - **2.** [mécanisme] striking mechanism - **3.** [signal] call.

sonnet [sɔnɛ] *nm* sonnet.

sonnette [sɔnɛt] *nf* bell.

sono [sɔno] *nf fam* [de salle] P.A. (system) ; [de discothèque] sound system.

sonore [sɔnɔr] *adj* - **1.** CINÉ & PHYS sound *(avant n)* - **2.** [voix, rire] ringing, resonant - **3.** [salle] resonant.

sonorisation [sɔnɔrizasjɔ̃] *nf* - **1.** [action - de film] addition of the soundtrack ; [- de salle] wiring for sound - **2.** [matériel - de salle] public address system, P.A. (system) ; [- de discothèque] sound system.

sonoriser [3] [sɔnɔrize] *vt* - **1.** [film] to add the soundtrack to - **2.** [salle] to wire for sound.

sonorité [sɔnɔrite] *nf* - **1.** [de piano, voix] tone - **2.** [de salle] acoustics *(pl)*.

sont ▷ **être**.

Sopalin® [sɔpalɛ̃] *nm* kitchen roll *UK*, paper towels *US*.

sophisme [sɔfism] *nm* sophism.

sophistication [sɔfistikasjɔ̃] *nf* sophistication.

sophistiqué, e [sɔfistike] *adj* sophisticated.

soporifique [sɔpɔrifik] ◇ *adj* soporific. ◇ *nm* sleeping drug, soporific.

soprano [sɔprano] (*pl* **sopranos**, , *pl* **soprani** [sɔprani]) *nm* & *nmf* soprano.

sorbet [sɔrbɛ] *nm* sorbet *UK*, sherbet *US*.

sorbetière [sɔrbətjɛr] *nf* ice-cream maker.

sorbier [sɔrbje] *nm* sorb, service tree.

Sorbonne [sɔrbɔn] *nf* : **la ~** the Sorbonne *(highly respected Paris university)*.

sorcellerie [sɔrsɛlri] *nf* witchcraft, sorcery.

sorcier, ère [sɔrsje, ɛr] ◇ *nm, f* sorcerer (*f* witch). ◇ *adj* : **ce n'est pas ~** *fig* there's no magic involved.

sordide [sɔrdid] *adj* squalid ; *fig* sordid.

Sorlingues [sɔrlɛ̃g] *nfpl* : **les (îles) ~** the Scilly Isles.

sornettes [sɔrnɛt] *nfpl* nonsense *(U)*.

sors ▷ **sortir**.

sort [sɔr] *nm* - **1.** [maléfice] spell ; **jeter un ~ (à qqn)** to cast a spell (on sb) - **2.** [destinée] fate ; **faire un ~ à qqch** *fam fig* to polish sthg off - **3.** [condition] lot - **4.** [hasard] : **le ~** fate ; **tirer au ~** to draw lots.

sortable [sɔrtabl] *adj* presentable ; **tu n'es pas ~!** I can't take you anywhere!

sortant, e [sɔrtɑ̃, ɑ̃t] *adj* - **1.** [numéro] winning - **2.** [président, directeur] outgoing *(avant n)*.

sorte [sɔrt] ◇ *nf* sort, kind ; **une ~ de** a sort of, a kind of ; **toutes ~s de** all kinds of, all sorts of ; **de la ~** in that way, in that manner ; **de telle ~ que** so that, in such a way that ; **en quelque ~** in a way, as it were ; **faire en ~ que** to see to it that. ◇ *v* ▷ **sortir**.

sortie [sɔrti] *nf* - **1.** [issue] exit, way out ; [d'eau, d'air] outlet ; **~ d'autoroute** motorway junction *ou* exit *UK*, freeway exit *US* ; **~ de secours** emergency exit - **2.** [départ] : **c'est la ~ de l'école** it's home-time *UK* ; **à la ~ du travail** when work finishes, after work - **3.** [de produit] launch, launching ; [de disque] release ; [de livre] publication - **4.** *(gén pl)* [dépense] outgoings *(pl) UK*, expenditure *(U)* - **5.** [excursion] outing ; [au cinéma, au restaurant] evening *ou* night out ; **faire une ~** to go out - **6.** MIL sortie - **7.** [écoulement - de liquide, gaz] escape - **8.** INFORM : **~ imprimante** printout ; **~ papier** hard copy.

sortie-de-bain [sɔrtidbɛ̃] (*pl* **sorties-de-bain**) *nf* bathrobe.

sortilège [sɔrtilɛʒ] *nm* spell.

sortir [43] [sɔrtir] ◇ *vi (aux: être)* - **1.** [de la maison, du bureau etc] to leave, to go/come out ; **~ de** to go/come out of, to leave - **2.** [pour se distraire] to go out - **3.** *fig* [quitter] : **~ de** [réserve, préjugés] to shed - **4.** *fig* [de maladie] : **~ de** to get over, to recover from ; [coma] to come out of - **5.** [film, livre, produit] to come out ; [disque] to be released - **6.** [au jeu - carte, numéro] to come up - **7.** [s'écarter de] : **~ de** [sujet] to get away from ; [légalité, compétence] to be outside - **8.** *loc* **~ de l'ordinaire** to be out of the ordinary ; **ça m'est complètement sorti de la tête** it went clean out of my mind ; **d'où il sort, celui-là?** where did HE spring from? ◇ *vt (aux: avoir)* - **1.** [gén] : **~ qqch (de)** to take sthg out (of) - **2.** [de situation difficile] to get out, to extract - **3.** [produit] to launch ; [disque] to bring out, to release ; [livre] to bring out, to publish - **4.** *fam* [bêtise] to come out with.

◆ **se sortir** *vp fig* [de pétrin] to get out ; **s'en ~** [en réchapper] to come out of it ; [y arriver] to get through it.

SOS *nm* SOS ; **~ médecins/dépannage** emergency medical/repair service ; **~-Racisme** *voluntary organization set up to combat racism in French society* ; **lancer un ~** to send out an SOS.

sosie [sɔzi] *nm* double.

sot, **sotte** [so, sɔt] ◇ *adj* silly, foolish. ◇ *nm, f* fool.

sottement [sɔtmɑ̃] *adv* stupidly, foolishly.

sottise [sɔtiz] *nf* stupidity *(U)*, foolishness *(U)* ; **dire/faire une ~** to say/do something stupid.

sottisier [sɔtizje] *nm collection of howlers.*

sou [su] *nm* : **être sans le ~** to be penniless ; **je n'ai pas le premier ~ pour acheter une voiture** I really can't afford a car.

◆ **sous** *nmpl fam* money *(U)* ; **être près de ses ~s** to be tightfisted ; **parler gros ~s** to talk big money.

souahéli = **swahili**.

soubassement [subasmɑ̃] *nm* base.

soubresaut [subrəso] *nm* - **1.** [de voiture] jolt - **2.** [de personne] start.

soubrette [subrɛt] *nf* maid.

souche [suʃ] *nf* - **1.** [d'arbre] stump ; **dormir comme une ~** *fig* to sleep like a log - **2.** [de carnet] counterfoil, stub - **3.** [de famille] founder ; **de vieille ~** of old stock - **4.** LING root.

souci [susi] *nm* - **1.** [tracas] worry ; **se faire du ~** to worry - **2.** [préoccupation] concern ; **c'est le dernier** *ou* **le cadet de mes ~s** that's the least of my worries - **3.** [fleur] marigold.

soucier [9] [susje] ◆ **se soucier** *vp* : **se ~ de** to care about.

soucieux, **euse** [susjø, øz] *adj* - **1.** [préoccupé] worried, concerned - **2.** [concerné] : **être ~ de qqch/de faire qqch** to be concerned about sthg/about doing sthg.

soucoupe [sukup] *nf* - **1.** [assiette] saucer - **2.** [vaisseau] : **~ volante** flying saucer.

soudain, **e** [sudɛ̃, ɛn] *adj* sudden.

◆ **soudain** *adv* suddenly, all of a sudden.

soudainement [sudɛnmɑ̃] *adv* suddenly.

Soudan [sudɑ̃] *nm* : **le ~** the Sudan ; **au ~** in the Sudan.

soudanais, **e** [sudanɛ, ɛz] *adj* Sudanese.

◆ **Soudanais**, **e** *nm, f* Sudanese person.

soude [sud] *nf* soda ; **~ caustique** caustic soda.

souder [3] [sude] *vt* - **1.** TECHNOL to weld, to solder - **2.** MÉD to knit - **3.** *fig* [unir] to bind together.

soudeur, **euse** [sudœr, øz] *nm, f* [personne] welder, solderer.

◆ **soudeuse** *nf* [machine] welding machine.

soudoyer [13] [sudwaje] *vt* to bribe.

soudure [sudyr] *nf* - **1.** TECHNOL welding ; [résultat] weld ; **faire la ~** *fig* to bridge the gap - **2.** MÉD knitting.

souffert, **e** [sufɛr, ɛrt] *pp* ▷ **souffrir**.

souffle [sufl] *nm* - **1.** [respiration] breathing ; [expiration] puff, breath ; **un ~ d'air** *fig* a breath of air, a puff of wind - **2.** *fig* [inspiration] inspiration - **3.** [d'explosion] blast - **4.** MÉD : **~ au cœur** heart murmur - **5.** *loc* **avoir le ~ coupé** to have one's breath taken away ; **couper le ~ à qqn** to take sb's breath away ; **retenir son ~** to hold one's breath.

soufflé, **e** [sufle] *adj* - **1.** CULIN soufflé *(avant n)* - **2.** *fam fig* [étonné] flabbergasted.

◆ **soufflé** *nm* soufflé ; **~ au fromage** cheese soufflé.

souffler [3] [sufle] ◇ *vt* - **1.** [bougie] to blow out - **2.** [verre] to blow - **3.** [vitre] to blow out, to shatter - **4.** [chuchoter] : **~ qqch à qqn** to whisper sthg to sb - **5.** *fam* [prendre] : **~ qqch à qqn** to pinch sthg from sb *UK*. ◇ *vi* - **1.** [gén] to blow - **2.** [respirer] to puff, to pant.

soufflerie [sufləri] *nf* - **1.** [d'orgue] bellows *(sing)* - **2.** AÉRON wind tunnel.

soufflet [suflɛ] *nm* - **1.** [instrument] bellows *(sing)* - **2.** [de train] connecting corridor, concertina vestibule - **3.** COUT gusset - **4.** *litt* [claque] slap.

souffleur, **euse** [suflœr, øz] *nm, f* THÉÂTRE prompt.

◆ **souffleur** *nm* [de verre] blower.

◆ **souffleuse** *nf* : **souffleuse (à neige)** snowblower.

souffrance [sufrɑ̃s] *nf* suffering.

souffrant, **e** [sufrɑ̃, ɑ̃t] *adj* poorly.

souffre-douleur [sufrədulœr] *nm inv* whipping boy.

souffreteux, **euse** [sufrətø, øz] *adj* sickly.

souffrir [34] [sufrir] ◇ *vi* to suffer ; **~ de** to suffer from ; **~ du dos/cœur** to have back/heart problems. ◇ *vt* - **1.** [ressentir] to suffer - **2.** *litt* [supporter] to stand, to bear.

soufi [sufi] *adj inv* Sufic.
◆ **Soufi** *nm* Sufi.

soufisme [sufism] *nm* Sufism.

soufre [sufr] *nm* sulphur *UK*, sulfur *US* ; **sentir le ~** *fig* to smack of heresy.

souhait [swɛ] *nm* wish ; **tous nos ~s de** our best wishes for ; **à ~** to perfection ; **à tes/vos ~s!** bless you!

souhaitable [swɛtabl] *adj* desirable ; **il est ~ que** *(+ subjonctif)* it is desirable that...

souhaiter [4] [swete] *vt* : **~ qqch** to wish for sthg ; **~ faire qqch** to hope to do sthg ; **~ qqch à qqn** to wish sb sthg ; **~ à qqn de faire qqch** to hope that sb does sthg ; **souhaiter que...** *(+ subjonctif)* to hope that...

souiller [3] [suje] *vt litt* [salir] to soil ; *fig* & *sout* to sully.

souillon [sujɔ̃] *nf péj* slut.

souillure [sujyr] *nf litt* - **1.** *(gén pl)* [déchet] waste *(U)* - **2.** *fig* [morale] stain.

souk [suk] *nm* souk ; *fam fig* chaos.

soul [sul] *nf* & *adj inv* MUS soul.

soûl, e, saoul, e [su, sul] *adj* drunk ; **être ~ de** *fig* to be drunk on.
◆ **soûl** *nm* : **tout mon/son ~** *fig* to my/his/her heart's content.

soulagement [sulaʒmɑ̃] *nm* relief.

soulager [17] [sulaʒe] *vt* - **1.** [gén] to relieve - **2.** [véhicule] to lighten.
◆ **se soulager** *vp* - **1.** [se libérer] to find relief - **2.** [satisfaire un besoin naturel] to relieve o.s.

soûler, saouler [3] [sule] *vt* - **1.** *fam* [enivrer] : **~ qqn** to get sb drunk ; *fig* to intoxicate sb - **2.** *fig* & *péj* [de plaintes] : **~ qqn** to bore sb silly.
◆ **se soûler** *vp fam* to get drunk.

soûlerie [sulri] *nf* drinking spree.

soulèvement [sulɛvmɑ̃] *nm* uprising.

soulever [19] [sulve] *vt* - **1.** [fardeau, poids] to lift ; [rideau] to raise - **2.** *fig* [question] to raise, to bring up - **3.** *fig* [enthousiasme] to generate, to arouse ; [tollé] to stir up ; **~ qqn contre** to stir sb up against - **4.** [foule] to stir.
◆ **se soulever** *vp* - **1.** [s'élever] to raise o.s., to lift o.s. - **2.** [se révolter] to rise up.

soulier [sulje] *nm* shoe ; **être dans ses petits ~s** *fig* to feel awkward.

souligner [3] [suliɲe] *vt* - **1.** [par un trait] to underline - **2.** *fig* [insister sur] to underline, to emphasize - **3.** [mettre en valeur] to emphasize.

soumets ▷ soumettre.

soumettre [84] [sumɛtr] *vt* - **1.** [astreindre] : **~ qqn à** to subject sb to - **2.** [ennemi, peuple] to subjugate - **3.** [projet, problème] : **~ qqch (à)** to submit sthg (to).
◆ **se soumettre** *vp* : **se ~ (à)** to submit (to).

soumis, e [sumi, iz] ◇ *pp* ▷ **soumettre**. ◇ *adj* submissive.

soumission [sumisjɔ̃] *nf* submission.

soupape [supap] *nf* valve ; **~ de sûreté** safety valve.

soupçon [supsɔ̃] *nm* - **1.** [suspicion, intuition] suspicion ; **être au-dessus/à l'abri de tout ~** to be above/free from all suspicion - **2.** *fig* [quantité] : **un ~ de** a hint of.

soupçonner [3] [supsɔne] *vt* [suspecter] to suspect ; **~ qqn de qqch/de faire qqch** to suspect sb of sthg/of doing sthg ; **~ que** *(+ subjonctif)* to suspect that.

soupçonneux, euse [supsɔnø, øz] *adj* suspicious.

soupe [sup] *nf* - **1.** CULIN soup ; **~ à l'oignon** onion soup ; **~ populaire** soup kitchen ; **être ~ au lait** *fig* to have a quick temper ; **cracher dans la ~** *fig* to bite the hand that feeds - **2.** *fam fig* [neige] slush.

soupente [supɑ̃t] *nf* cupboard under the stairs.

souper [3] [supe] ◇ *nm* supper. ◇ *vi* to have supper ; **en avoir soupé de qqch/de faire qqch** *fam fig* to be sick and tired of sthg/of doing sthg.

soupeser [19] [supəze] *vt* - **1.** [poids] to feel the weight of - **2.** *fig* [évaluer] to weigh up.

soupière [supjɛr] *nf* tureen.

soupir [supir] *nm* - **1.** [souffle] sigh ; **pousser un ~** to let out *ou* give a sigh ; **rendre le dernier ~** to breathe one's last - **2.** MUS crotchet rest *UK*, quarter-note rest *US*.

soupirail, aux [supiraj, o] *nm* barred basement window *(for ventilation purposes)*.

soupirant [supirɑ̃] *nm* suitor.

soupirer [3] [supire] ◇ *vt* to sigh. ◇ *vi* - **1.** [souffler] to sigh - **2.** *fig* & *litt* [rechercher] : **~ après qqch** to sigh for sthg, to yearn after sthg.

souple [supl] *adj* - **1.** [gymnaste] supple - **2.** [pas] lithe - **3.** [paquet, col] soft - **4.** [tissu, cheveux] flowing - **5.** [tuyau, horaire, caractère] flexible.

souplesse [suplɛs] *nf* - **1.** [de gymnaste] suppleness - **2.** [flexibilité - de tuyau] pliability, flexibility ; [- de matière] suppleness - **3.** [de personne] flexibility.

sourate = surate.

source [surs] *nf* - **1.** [gén] source ; **tenir de bonne ~** *ou* **de ~ sûre** to have sthg on good authority *ou* from a reliable source ; **puiser**

à la ~ *fig* to go to the source ; **ça coule de ~** *fig* it's obvious - **2.** [d'eau] spring ; **prendre sa ~ à** to rise in.

sourcier, ère [sursje, ɛr] *nm, f* water diviner.

sourcil [sursi] *nm* eyebrow ; **froncer les ~s** to frown.

sourcilière [sursiljɛr] ▻ **arcade.**

sourciller [3] [sursije] *vi* : **sans ~** without batting an eyelid.

sourcilleux, euse [sursijø, øz] *adj* fussy, finicky.

sourd[1]**, e** [sur, surd] ◇ *adj* - **1.** [personne] deaf ; **être/rester ~ à qqch** *fig* to be/to remain deaf to sthg - **2.** [bruit, voix] muffled - **3.** [douleur] dull - **4.** [lutte, hostilité] silent. ◇ *nm, f* deaf person.

sourd[2]**, sourdait** *(etc)* ▻ **sourdre.**

sourdement [surdəmɑ̃] *adv* - **1.** [avec un bruit sourd] dully - **2.** *fig* [secrètement] silently.

sourdine [surdin] *nf* mute ; **en ~** [sans bruit] softly ; [secrètement] in secret ; **mettre une ~ à qqch** to tone sthg down.

sourd-muet, sourde-muette [surmɥɛ, surdmɥɛt] (*mpl* **sourds-muets,** *fpl* **sourdes-muettes**) ◇ *adj* deaf-mute, deaf-and-dumb. ◇ *nm, f* deaf-mute, deaf-and-dumb person.

sourdre [73] [surdr] *vi* to well up.

souriant, e [surjɑ̃, ɑ̃t] *adj* smiling, cheerful.

souriceau [suriso] *nm* baby mouse.

souricière [surisjɛr] *nf* mousetrap ; *fig* trap.

sourire [95] [surir] ◇ *vi* to smile ; **~ à qqn** to smile at sb ; *fig* [campagne] to appeal to sb ; [destin, chance] to smile on sb ; **~ de qqn/qqch** [être amusé par] to smile at sb/sthg. ◇ *nm* smile ; **garder le ~** to keep smiling.

souris [suri] *nf* - **1.** INFORM & ZOOL mouse - **2.** [viande] knuckle - **3.** *fam fig* [fille] bird *UK*, chick *US*.

sournois, e [surnwa, az] ◇ *adj* - **1.** [personne] underhand - **2.** *fig* [maladie, phénomène] unpredictable. ◇ *nm, f* underhanded person.

sournoisement [surnwazmɑ̃] *adv* in an underhand way.

sous [su] *prep* - **1.** [gén] under ; **nager ~ l'eau** to swim underwater ; **~ la pluie** in the rain ; **~ cet aspect** *ou* **angle** from that point of view - **2.** [dans un délai de] within ; **~ huit jours** within a week.

sous-alimentation [suzalimɑ̃tasjɔ̃] *nf* malnutrition, undernourishment.

sous-alimenté, e [suzalimɑ̃te] *adj* malnourished, underfed.

sous-bois [subwa] *nm inv* undergrowth.

sous-chef [suʃɛf] (*pl* **sous-chefs**) *nm* second-in-command.

souscripteur, trice [suskriptœr, tris] *nm, f* subscriber.

souscription [suskripsjɔ̃] *nf* subscription.

souscrire [99] [suskrir] ◇ *vt* to sign. ◇ *vi* : **~ à** to subscribe to.

sous-cutané, e [sukytane] *adj* MÉD subcutaneous.

sous-développé, e [sudevlɔpe] *adj* ÉCON underdeveloped ; *fig* & *péj* backward.

sous-directeur, trice [sudirɛktœr, tris] (*mpl* **sous-directeurs,** *fpl* **sous-directrices**) *nm, f* assistant manager (*f* assistant manageress).

sous-employé, e [suzɑ̃plwaje] *adj* underemployed.

sous-ensemble [suzɑ̃sɑ̃bl] (*pl* **sous-ensembles**) *nm* subset.

sous-entendre [73] [suzɑ̃tɑ̃dr] *vt* to imply.

sous-entendu [suzɑ̃tɑ̃dy] (*pl* **sous-entendus**) *nm* insinuation.

sous-équipé, e [suzekipe] *adj* underequipped.

sous-estimer [3] [suzɛstime] *vt* to underestimate, to underrate.

◆ **se sous-estimer** *vp* to underrate o.s.

sous-évaluer [7] [suzevalɥe] *vt* to underestimate.

sous-exploiter [3] [suzɛksplwate] *vt* to underexploit.

sous-exposer [3] [suzɛkspoze] *vt* to underexpose.

sous-fifre [sufifr] (*pl* **sous-fifres**) *nm fam* underling.

sous-jacent, e [suʒasɑ̃, ɑ̃t] *adj* underlying.

sous-lieutenant [suljøtnɑ̃] (*pl* **sous-lieutenants**) *nm* MIL sub-lieutenant.

sous-location [sulɔkasjɔ̃] (*pl* **sous-locations**) *nf* subletting.

sous-louer [6] [sulwe] *vt* to sublet.

sous-main [sumɛ̃] *nm inv* desk blotter.

sous-marin, e [sumarɛ̃, in] *adj* underwater *(avant n)*.

◆ **sous-marin** (*pl* **sous-marins**) *nm* submarine.

sous-œuvre [suzœvr] ◆ **en sous-œuvre** *loc adv* : **reprise en ~** underpinning.

sous-officier [suzɔfisje] (*pl* **sous-officiers**) *nm* non-commissioned officer.

sous-ordre [suzɔrdr] (*pl* **sous-ordres**) *nm* - **1.** [personne] subordinate - **2.** [espèce] suborder.

sous-payer [11] [supeje] *vt* to underpay.

sous-peuplé, e [supœple] *adj* underpopulated.

sous-préfecture [suprefɛktyr] (*pl* **sous-préfectures**) *nf* sub-prefecture.

sous-préfet [suprefɛ] (*pl* **sous-préfets**) *nm* sub-prefect.

sous-produit [suprɔdɥi] (*pl* **sous-produits**) *nm* - **1.** [objet] by-product - **2.** *fig* [imitation] pale imitation.

sous-répertoire [surepɛrtwar] (*pl* **sous-répertoires**) *nm* INFORM sub-directory.

sous-secrétaire [susəkretɛr] (*pl* **sous-secrétaires**) *nm* : **~ d'État** Under-Secretary of State.

soussigné, e [susiɲe] <> *adj* : **je ~** I the undersigned ; **nous ~s** we the undersigned.
<> *nm, f* undersigned.

sous-sol [susɔl] (*pl* **sous-sols**) *nm* - **1.** [de bâtiment] basement - **2.** [naturel] subsoil.

sous-tasse [sutas] (*pl* **sous-tasses**) *nf* saucer.

sous-tendre [73] [sutɑ̃dr] *vt* to underpin.

sous-titre [sutitr] (*pl* **sous-titres**) *nm* subtitle.

sous-titrer [3] [sutitre] *vt* to subtitle.

soustraction [sustraksjɔ̃] *nf* MATH subtraction.

soustraire [112] [sustrɛr] *vt* - **1.** [retrancher] : **~ qqch de** to subtract sthg from - **2.** *sout* [voler] : **~ qqch de qqch** to remove sthg from sthg ; **~ qqch à qqn** to take sthg away from sb - **3.** [faire échapper] : **~ qqn à qqch** to shield sb from sthg.
◆ **se soustraire** *vp* : **se ~ à** to escape from.

sous-traitance [sutrɛtɑ̃s] (*pl* **sous-traitances**) *nf* subcontracting ; **donner qqch en ~** to subcontract sthg.

sous-traitant, e [sutrɛtɑ̃, ɑ̃t] *adj* subcontracting.
◆ **sous-traitant** (*pl* **sous-traitants**) *nm* subcontractor.

sous-traiter [4] [sutrete] *vt* to subcontract.

soustrayais, soustrayions *etc* ▻ **soustraire.**

sous-verre [suvɛr] *nm inv picture or document framed between a sheet of glass and a rigid backing.*

sous-vêtement [suvɛtmɑ̃] (*pl* **sous-vêtements**) *nm* undergarment ; **~s** underwear *(U)*, underclothes.

soutane [sutan] *nf* cassock.

soute [sut] *nf* hold.

soutenable [sutnabl] *adj* - **1.** [défendable] tenable - **2.** [supportable] bearable.

soutenance [sutnɑ̃s] *nf* viva *UK*.

souteneur [sutnœr] *nm* procurer.

soutenir [40] [sutnir] *vt* - **1.** [immeuble, personne] to support, to hold up - **2.** [effort, intérêt] to sustain - **3.** [encourager] to support ; POLIT to back, to support - **4.** [affirmer] : **~ que** to maintain (that) - **5.** [résister à] to withstand ; [regard, comparaison] to bear.
◆ **se soutenir** *vp* - **1.** [se maintenir] to hold o.s. up, to support o.s. - **2.** [s'aider] to support each other, to back each other (up).

soutenu, e [sutny] *adj* - **1.** [style, langage] elevated - **2.** [attention, rythme] sustained - **3.** [couleur] vivid.

souterrain, e [sutɛrɛ̃, ɛn] *adj* underground.
◆ **souterrain** *nm* underground passage.

soutien [sutjɛ̃] *nm* support ; **apporter son ~ à** to give one's support to ; **~ de famille** breadwinner.

soutien-gorge [sutjɛ̃gɔrʒ] (*pl* **soutiens-gorge**) *nm* bra.

soutirer [3] [sutire] *vt* - **1.** [liquide] to decant - **2.** *fig* [tirer] : **~ qqch à qqn** to extract sthg from sb.

souvenance [suvnɑ̃s] *nf litt* recollection.

souvenir [40] [suvnir] *nm* - **1.** [réminiscence, mémoire] memory ; **en ~ de** in memory of ; **rappeler qqn au bon ~ de qqn** to remember sb to sb ; **avec mes meilleurs ~s** with kind regards - **2.** [objet] souvenir.
◆ **se souvenir** *vp* [ne pas oublier] : **se ~ de qqch/de qqn** to remember sthg/sb ; **se ~ que** to remember (that).

souvent [suvɑ̃] *adv* often ; **le plus ~** more often than not.

souvenu, e [suvny] *pp* ▻ **souvenir.**

souverain, e [suvrɛ̃, ɛn] <> *adj* - **1.** [remède, état] sovereign - **2.** [indifférence] supreme.
<> *nm, f* [monarque] sovereign, monarch.

souverainement [suvrɛnmɑ̃] *adv* - **1.** [extrêmement] intensely - **2.** [avec autorité] regally - **3.** [absolument - bon] supremely ; [- parfait] absolutely.

souveraineté [suvrɛnte] *nf* sovereignty.

souviendrai, souviendras *(etc)* ▻ **souvenir.**

souvienne, souviennes *(etc)* ▻ **souvenir.**

souviens, souvient *(etc)* ▻ **souvenir.**

soviet [sɔvjɛt] *nm* soviet ; **Soviet suprême** Supreme Soviet.

soviétique [sɔvjetik] *adj* Soviet.
◆ **Soviétique** *nmf* Soviet (citizen).

soviétologue [sɔvjetɔlɔg] *nmf* Kremlinologist.

soyeux, euse [swajø, øz] *adj* silky.

soyez ▻ **être.**

SPA (*abr de* **Société protectrice des animaux**) *nf French society for the protection of animals,* ≃ RSPCA *UK*, ≃ SPCA *US*.

spacieux, euse [spasjø, øz] *adj* spacious.

spaghettis [spageti] *nmpl* spaghetti *(U)*.

sparadrap [sparadra] *nm* sticking plaster *UK*, Band-Aid® *US*.

spartiate [sparsjat] *adj* [austère] Spartan ; **à la ~** *fig* in a Spartan fashion.
◆ **spartiates** *nfpl* [sandales] Roman sandals.

spasme [spasm] *nm* spasm.

spasmodique [spasmɔdik] *adj* spasmodic.

spasmophilie [spasmɔfili] *nf* spasmophilia.

spatial, e, aux [spasjal, o] *adj* space *(avant n)*.

spatio-temporel, elle [spasjɔtɑ̃pɔrɛl] *adj* spatio-temporal.

spatule [spatyl] *nf* - **1.** [ustensile] spatula - **2.** [de ski] tip.

speaker, speakerine [spikœr, spikrin] *nm, f* announcer.

spécial, e, aux [spesjal, o] *adj* - **1.** [particulier] special ; **~ à** special to - **2.** *fam* [bizarre] peculiar.

spécialement [spesjalmɑ̃] *adv* - **1.** [exprès] specially - **2.** [particulièrement] particularly, especially ; **pas ~** *fam* not particularly, not specially.

spécialisation [spesjalizasjɔ̃] *nf* specialization.

spécialiser [3] [spesjalize] *vt* to specialize.
◆ **se spécialiser** *vp* : **se ~ (dans)** to specialize (in).

spécialiste [spesjalist] *nmf* specialist.

spécialité [spesjalite] *nf* speciality *UK*, specialty *US*.

spécieux, euse [spesjø, øz] *adj litt* specious.

spécification [spesifikasjɔ̃] *nf* specification.

spécificité [spesifisite] *nf* specificity.

spécifier [9] [spesifje] *vt* to specify.

spécifique [spesifik] *adj* specific.

spécifiquement [spesifikmɑ̃] *adv* specifically.

spécimen [spesimɛn] *nm* - **1.** [représentant] specimen - **2.** [exemplaire] sample.

spectacle [spɛktakl] *nm* - **1.** [représentation] show - **2.** [domaine] show business, entertainment - **3.** [tableau] spectacle, sight ; **se donner en ~** *fig* to make a spectacle *ou* an exhibition of o.s.

spectaculaire [spɛktakylɛr] *adj* spectacular.

spectateur, trice [spɛktatœr, tris] *nm, f* - **1.** [témoin] witness - **2.** [de spectacle] spectator.

spectre [spɛktr] *nm* - **1.** [fantôme] spectre *UK*, specter *US* ; **le ~ de** *fig* the spectre *UK ou* specter *US* of - **2.** PHYS spectrum.

spéculateur, trice [spekylatœr, tris] *nm, f* speculator.

spéculatif, ive [spekylatif, iv] *adj* speculative.

spéculation [spekylasjɔ̃] *nf* speculation.

spéculer [3] [spekyle] *vi* : **~ sur** FIN to speculate in ; *fig* [miser] to count on.

speech [spitʃ] (*pl* **speeches**) *nm* speech.

speed [spid] *adj fam* hyper ; **il est très ~** he's really hyper.

speeder [spide] *vi fam* to hurry.

spéléologie [speleɔlɔʒi] *nf* [exploration] potholing *UK*, spelunking *US* ; [science] speleology.

spéléologue [speleɔlɔg] *nmf* [explorateur] potholer *UK*, spelunker *US* ; [scientifique] speleologist.

spencer [spɛnsɛr] *nm short fitted jacket or coat.*

spermatozoïde [spɛrmatɔzɔid] *nm* sperm, spermatozoon.

sperme [spɛrm] *nm* sperm, semen.

sphère [sfɛr] *nf* sphere ; **les hautes ~s de** the higher reaches of ; **~ d'influence** sphere of influence.

sphérique [sferik] *adj* spherical.

sphincter [sfɛ̃ktɛr] *nm* sphincter.

sphinx [sfɛ̃ks] *nm inv* - **1.** MYTHOL *fig* sphinx - **2.** ZOOL hawk moth.

spirale [spiral] *nf* spiral ; **en ~** spiral.

spiritisme [spiritism] *nm* spiritualism.

spiritualité [spiritɥalite] *nf* spirituality.

spirituel, elle [spiritɥɛl] *adj* - **1.** [de l'âme, moral] spiritual - **2.** [vivant, drôle] witty.

spirituellement [spiritɥɛlmɑ̃] *adv* - **1.** [moralement] spiritually - **2.** [avec humour] wittily.

spiritueux [spiritɥø] *nm* spirit.

spleen [splin] *nm litt* spleen.

splendeur [splɑ̃dœr] *nf* - **1.** [beauté, prospérité] splendour *UK*, splendor *US* - **2.** [merveille] : **c'est une ~!** it's magnificent!

splendide [splɑ̃did] *adj* magnificent, splendid.

spolier [9] [spɔlje] *vt* to despoil.

spongieux, euse [spɔ̃ʒjø, øz] *adj* spongy.

sponsor [spɔ̃sɔr] *nm* sponsor.

sponsoring [spɔ̃sɔriŋ] *nm* sponsoring.

sponsorisation [spɔ̃sɔrizasjɔ̃] *nf* sponsoring, sponsorship.

sponsoriser [3] [spɔ̃sɔrize] *vt* to sponsor.

spontané, **e** [spɔ̃tane] *adj* spontaneous.

spontanéité [spɔ̃taneite] *nf* spontaneity.

spontanément [spɔ̃tanemɑ̃] *adv* spontaneously.

sporadique [spɔradik] *adj* sporadic.

sporadiquement [spɔradikmɑ̃] *adv* sporadically.

sport [spɔr] ◇ *nm* sport ; **de ~** sports *(avant n)* ; **~ d'équipe/de combat** team/combat sport ; **~s d'hiver** winter sports ; **aller aux ~s d'hiver** to go on a skiing holiday. ◇ *adj inv* **- 1.** [vêtement] sports *(avant n)* **- 2.** [fair play] sporting.

sportif, **ive** [spɔrtif, iv] ◇ *adj* **- 1.** [association, résultats] sports *(avant n)* **- 2.** [personne, physique] sporty, athletic **- 3.** [fair play] sportsmanlike, sporting. ◇ *nm, f* sportsman (*f* sportswoman).

spot [spɔt] *nm* **- 1.** [lampe] spot, spotlight **- 2.** [publicité] : **~ (publicitaire)** commercial, advert *UK*.

SPOT, **Spot** [spɔt] (*abr de* **satellite pour l'observation de la terre**) *nm* earth observation satellite.

sprint [sprint] *nm* [SPORT - accélération] spurt ; [- course] sprint ; **piquer un ~** *fam* to put on a spurt.

sprinter[1] [3] [sprinte] *vi* to sprint.

sprinter[2] [sprintœr] *nm* sprinter.

squale [skwal] *nm* dogfish.

square [skwar] *nm* small public garden.

squash [skwaʃ] *nm* squash.

squat [skwat] *nm* squat.

squatter[1] [skwatœr] *nm* squatter.

squatter[2] [3] [skwate] ◇ *vt* to squat in. ◇ *vi* to squat.

squelette [skəlɛt] *nm* skeleton.

squelettique [skəletik] *adj* **- 1.** [corps] emaciated **- 2.** [exposé] sketchy, skeletal.

Sri Lanka [ʃrilɑ̃nka] *nm* : **le ~** Sri Lanka ; **au ~** in Sri Lanka.

sri lankais, **e** [ʃrilɑ̃kɛ, ɛz] *adj* Sri Lankan.
◆ **Sri Lankais**, **e** *nm, f* Sri Lankan.

SS ◇ *nf* **- 1.** (*abr de* **Sécurité sociale**) ≃ DSS *UK*, ≃ SSA *US* **- 2.** (*abr de* **SchutzStaffel**) SS ; **un ~** a member of the SS. ◇ (*abr de* **steamship**) SS.

S.S. (*abr écrite de* **Sa Sainteté**) H.H.

SSR (*abr de* **Société suisse romande**) *nf French-language Swiss broadcasting company.*

St (*abr écrite de* **saint**) St.

stabilisateur, **trice** [stabilizatœr, tris] *adj* stabilizing.

stabilisation [stabilizasjɔ̃] *nf* stabilization.

stabiliser [3] [stabilize] *vt* **- 1.** [gén] to stabilize ; [meuble] to steady **- 2.** [terrain] to make firm.
◆ **se stabiliser** *vp* **- 1.** [véhicule, prix, situation] to stabilize **- 2.** [personne] to settle down.

stabilité [stabilite] *nf* stability.

stable [stabl] *adj* **- 1.** [gén] stable **- 2.** [meuble] steady, stable.

stade [stad] *nm* **- 1.** [terrain] stadium **- 2.** [étape & MÉD] stage ; **en être au ~ de/où** to reach the stage of/at which.

Stade de France *nm* Stade de France *stadium built for the 1998 World Cup in the north of Paris.*

staff [staf] *nm* staff.

stage [staʒ] *nm* SCOL work placement *UK*, internship *US* ; [sur le temps de travail] in-service training ; **faire un ~** [cours] to go on a training course ; [expérience professionnelle] to go on a work placement *UK*, to undergo an internship *US*.

stagiaire [staʒjɛr] ◇ *nmf* trainee, intern *US*. ◇ *adj* trainee *(avant n)*.

stagnant, **e** [stagnɑ̃, ɑ̃t] *adj* stagnant.

stagnation [stagnasjɔ̃] *nf* stagnation.

stagner [3] [stagne] *vi* to stagnate.

stakhanoviste [stakanɔvist] *nmf & adj* Stakhanovite, hard worker.

stalactite [stalaktit] *nf* stalactite.

stalagmite [stalagmit] *nf* stalagmite.

stalle [stal] *nf* stall.

stand [stɑ̃d] *nm* **- 1.** [d'exposition] stand **- 2.** [de fête] stall ; **~ de tir** shooting range, firing range.

standard [stɑ̃dar] ◇ *adj inv* standard. ◇ *nm* **- 1.** [norme] standard **- 2.** [téléphonique] switchboard.

standardisation [stɑ̃dardizasjɔ̃] *nf* standardization.

standardiser [3] [stɑ̃dardize] *vt* to standardize.

standardiste [stɑ̃dardist] *nmf* switchboard operator.

standing [stɑ̃diŋ] *nm* standing ; **immeuble de grand ~** prestigious block of flats *UK*, luxury apartment building *US* ; **quartier de grand ~** select district.

staphylocoque [stafilɔkɔk] *nm* staphylococcus.

star [star] *nf* CINÉ star.

starlette [starlɛt] *nf* starlet.

starter [startɛr] *nm* AUTO choke ; **mettre le ~** to pull the choke out.

starting-block [startiŋblɔk] (*pl* **starting-blocks**) *nm* starting block.

start up [startɔp] *nf* start-up.

station [stasjɔ̃] *nf* **- 1.** [arrêt - de bus] stop ; [- de métro] station ; **à quelle ~ dois-je descendre?** which stop do I get off at? ; **~ de taxis** taxi stand **- 2.** [installations] station ; **~ d'épuration** sewage treatment plant ; **~ spatiale** space station **- 3.** [ville] resort ; **~ balnéaire** seaside resort ; **~ de ski/de sports d'hiver** ski/winter sports resort ; **~ thermale** spa (town) **- 4.** [position] position ; **~ debout** standing position **- 5.** INFORM : **~ de travail** work station.

stationnaire [stasjɔnɛr] *adj* stationary.

stationnement [stasjɔnmɑ̃] *nm* parking ; **'~ interdit'** 'no parking' ; **~ en épi** angle *OU* angled parking.

stationner [3] [stasjɔne] *vi* to park.

station-service [stasjɔ̃sɛrvis] (*pl* **stations-service**) *nf* service station, petrol station *UK*, gas station *US*.

statique [statik] *adj* static.

statisticien, enne [statistisjɛ̃, ɛn] *nm, f* statistician.

statistique [statistik] ◇ *adj* statistical. ◇ *nf* **- 1.** [science] statistics *(U)* **- 2.** [donnée] statistic.

statistiquement [statistikmɑ̃] *adv* statistically.

statuaire [statɥɛr] *nf* & *adj* statuary.

statue [staty] *nf* statue.

statuer [7] [statɥe] *vi* : **~ sur** to give a decision on.

statuette [statɥɛt] *nf* statuette.

statu quo [statykwo] *nm inv* status quo.

stature [statyr] *nf* stature.

statut [staty] *nm* status.
◆ **statuts** *nmpl* statutes, by laws *US*.

statutaire [statytɛr] *adj* statutory.

Ste (*abr écrite de* **sainte**) St.

Sté (*abr écrite de* **société**) Co.

steak [stɛk] *nm* steak ; **~ frites** steak and chips *UK OU* fries *US* ; **~ haché** mince *UK*, ground beef *US* ; **~ tartare** steak tartare.

stèle [stɛl] *nf* stele.

stellaire [stelɛr] *adj* stellar.

stencil [stɛnsil] *nm* stencil.

sténo [steno] ◇ *nmf* stenographer. ◇ *nf* shorthand.

sténodactylo [stenɔdaktilo] *nmf* shorthand typist *UK*, stenographer *US*.

sténodactylographie [stenɔdaktilɔgrafi] *nf* shorthand typing.

sténographe [stenɔgraf] *nmf* stenographer.

sténographie [stenɔgrafi] *nf* shorthand ; **en ~** in shorthand.

sténographier [9] [stenɔgrafje] *vt* to take down in shorthand.

sténographique [stenɔgrafik] *adj* shorthand *(avant n)*.

sténotypiste [stenɔtipist] *nmf* stenotypist.

stentor [stɑ̃tɔr] ▷ **voix**.

steppe [stɛp] *nf* steppe.

stéréo [stereo] ◇ *adj inv* stereo. ◇ *nf* stereo ; **en ~** in stereo.

stéréotype [stereɔtip] *nm* stereotype.

stéréotypé, e [stereɔtipe] *adj* stereotyped.

stérile [steril] *adj* **- 1.** [personne] sterile, infertile ; [terre] barren **- 2.** *fig* [inutile - discussion] sterile ; [- efforts] futile **- 3.** MÉD sterile.

stérilet [sterilɛ] *nm* IUD, intrauterine device.

stérilisateur [sterilizatœr] *nm* sterilizer.

stérilisation [sterilizasjɔ̃] *nf* sterilization.

stériliser [3] [sterilize] *vt* to sterilize.

stérilité [sterilite] *nf litt* & *fig* sterility ; [d'efforts] futility.

sterling [stɛrliŋ] *adj inv* & *nm inv* sterling.

sternum [stɛrnɔm] *nm* breastbone, sternum.

stéthoscope [stetɔskɔp] *nm* stethoscope.

steward [stiwart] *nm* steward.

stick [stik] *nm* [tube] stick ; **de la colle en ~** a stick of glue ; **un déodorant en ~** a stick deodorant.

stigmate [stigmat] *nm (gén pl)* mark, scar.
◆ **stigmates** *nmpl* RELIG stigmata.

stigmatiser [3] [stigmatize] *vt litt* [dénoncer] to denounce.

stimulant, e [stimylɑ̃, ɑ̃t] *adj* stimulating.
◆ **stimulant** *nm* **- 1.** [remontant] stimulant **- 2.** [motivation] incentive, stimulus.

stimulateur [stimylatœr] *nm* : **~ cardiaque** pacemaker.

stimulation [stimylasjɔ̃] *nf* stimulation.

stimuler [3] [stimyle] *vt* to stimulate.

stipuler [3] [stipyle] *vt* : **~ que** to stipulate (that).

stock [stɔk] *nm* stock ; **en ~** in stock ; **tout un ~ de** *fig* & *iron* a whole stock of, plenty of.

stockage [stɔkaʒ] *nm* **- 1.** [de marchandises] stocking **- 2.** INFORM storage.

stocker [3] [stɔke] *vt* - **1.** [marchandises] to stock - **2.** INFORM to store.

Stockholm [stɔkɔlm] *n* Stockholm.

stoïcisme [stɔisism] *nm* - **1.** PHILO Stoicism - **2.** *fig* [courage] stoicism.

stoïque [stɔik] ◇ *nmf* Stoic. ◇ *adj* stoical.

stoïquement [stɔikmɑ̃] *adv* stoically.

stomacal, **e**, **aux** [stɔmakal, o] *adj* stomach *(avant n).*

stomatologie [stɔmatɔlɔʒi] *nf* stomatology.

stomatologiste [stɔmatɔlɔʒist], **stomatologue** [stɔmatɔlɔg] *nmf* stomatologist.

stop [stɔp] ◇ *interj* stop! ; **dis-moi ~!** say when! ◇ *nm* - **1.** [feu] brake light - **2.** [panneau] stop sign - **3.** [auto-stop] hitchhiking, hitching ; **faire du ~** to hitch, to hitchhike ; **on y est allé en ~** we hitchhiked *ou* hitched there.

stopper [3] [stɔpe] ◇ *vt* - **1.** [arrêter] to stop, to halt - **2.** COUT to repair by invisible mending. ◇ *vi* to stop.

STP *abr de* **s'il te plaît.**

store [stɔr] *nm* - **1.** [de fenêtre] blind - **2.** [de magasin] awning.

strabisme [strabism] *nm* squint ; **être atteint de ~** to (have a) squint.

strangulation [strɑ̃gylasjɔ̃] *nf* strangulation.

strapontin [strapɔ̃tɛ̃] *nm* - **1.** [siège] pull-down seat - **2.** *fig* [position] minor role.

strass [stras] *nm* paste.

stratagème [strataʒɛm] *nm* stratagem.

strate [strat] *nf* stratum.

stratège [stratɛʒ] *nm* strategist.

stratégie [strateʒi] *nf* strategy.

stratégique [strateʒik] *adj* strategic.

stratifié, **e** [stratifje] *adj* - **1.** GÉOL stratified - **2.** TECHNOL laminated.

stratosphère [stratɔsfɛr] *nf* stratosphere.

stress [strɛs] *nm* stress.

stressant, **e** [strɛsɑ̃, ɑ̃t] *adj* stressful.

stressé, **e** [strɛse] *adj* stressed.

stresser [4] [strɛse] ◇ *vt* : **~ qqn** to cause sb stress, to put sb under stress. ◇ *vi* to be stressed.

Stretch® [strɛtʃ] *nm inv stretch material.*

stretching [strɛtʃiŋ] *nm* SPORT stretching, stretching exercises *(pl).*

strict, **e** [strikt] *adj* - **1.** [personne, règlement] strict - **2.** [sobre] plain - **3.** [absolu - minimum] bare, absolute ; [- vérité] absolute ; **dans la plus ~e intimité** strictly in private ; **au sens ~ du terme** in the strict sense of the word.

strictement [striktəmɑ̃] *adv* - **1.** [rigoureusement] strictly - **2.** [sobrement] plainly, soberly.

strident, **e** [stridɑ̃, ɑ̃t] *adj* strident, shrill.

stridulation [stridylasjɔ̃] *nf* chirping.

strie [stri] *(gén pl) nf* - **1.** [sillon] groove ; [en relief] ridge - **2.** [rayure] streak.

strié, **e** [strije] *adj* - **1.** [rayé] striped - **2.** GÉOL striated.

strier [10] [strije] *vt* to streak.

string [striŋ] *nm* G-string.

strip-tease [striptiz] *(pl* **strip-teases***) nm* striptease.

strip-teaseuse [striptizøz] *(pl* **strip-teaseuses***) nf* stripper.

striure [strijyr] *nf* - **1.** [sillons] grooves *(pl)* ; [en relief] ridges *(pl)* - **2.** [rayures] streaks *(pl).*

strophe [strɔf] *nf* verse.

structural, **e**, **aux** [stryktyral, o] *adj* structural.

structuralisme [stryktyralism] *nm* structuralism.

structure [stryktyr] *nf* structure ; **~** *ou* **~s d'accueil** reception facilities.

structurel, **elle** [stryktyrɛl] *adj* structural.

structurer [3] [stryktyre] *vt* to structure.
◆ **se structurer** *vp* to be/become structured.

strychnine [striknin] *nf* strychnine.

stuc [styk] *nm* stucco.

studieusement [stydjøzmɑ̃] *adv* studiously.

studieux, **euse** [stydjø, øz] *adj* - **1.** [personne] studious - **2.** [vacances] study *(avant n).*

studio [stydjo] *nm* - **1.** CINÉ, PHOTO & TV studio - **2.** [appartement] studio flat *UK*, studio apartment *US*.

stupéfaction [stypefaksjɔ̃] *nf* astonishment, stupefaction.

stupéfait, **e** [stypefɛ, ɛt] *adj* astounded, stupefied.

stupéfiant, **e** [stypefjɑ̃, ɑ̃t] *adj* astounding, stunning.
◆ **stupéfiant** *nm* narcotic, drug.

stupéfier [9] [stypefje] *vt* to astonish, to stupefy.

stupeur [stypœr] *nf* - **1.** [stupéfaction] astonishment - **2.** MÉD stupor.

stupide [stypid] *adj* - **1.** *péj* [abruti] stupid - **2.** [insensé - mort] senseless ; [- accident] stupid - **3.** *litt* [interdit] stunned.

stupidement [stypidmɑ̃] *adv* stupidly.

stupidité [stypidite] *nf* stupidity ; **faire/dire des ~s** to do/say something stupid.

style [stil] *nm* - **1.** [gén] style ; **de ~** period *(avant n)* ; **~ Empire/Louis XIII** Empire/Louis XIII Style ; **~ de vie** lifestyle - **2.** GRAMM : **~ direct/indirect** direct/indirect speech.

styliser [3] [stilize] *vt* to stylize.

stylisme [stilism] *nm* COUT design, designing.

styliste [stilist] *nmf* COUT designer.

stylistique [stilistik] ◇ *adj* stylistic. ◇ *nf* stylistics *(U)*.

stylo [stilo] *nm* pen ; **~ bille** ballpoint (pen) ; **~ plume** fountain pen.

stylo-feutre [stiloføtr] (*pl* **stylos-feutres**) *nm* felt-tip pen.

su, **e** [sy] *pp* ▷ **savoir**.
◆ **au vu et au su de** *loc prép* under the eyes of.

suave [sɥav] *adj* [voix] smooth ; [parfum] sweet.

suavité [sɥavite] *nf* pleasantness.

subalpin, **e** [sybalpɛ̃, in] *adj* subalpine.

subalterne [sybaltɛrn] ◇ *nmf* subordinate, junior. ◇ *adj* [rôle] subordinate ; [employé] junior.

subaquatique [sybakwatik] *adj* underwater.

subconscient, **e** [sybkɔ̃sjɑ̃, ɑ̃t] *adj* subconscious.
◆ **subconscient** *nm* subconscious.

subdiviser [3] [sybdivize] *vt* to subdivide.
◆ **se subdiviser** *vp* to be subdivided.

subdivision [sybdivizjɔ̃] *nf* subdivision.

subir [32] [sybir] *vt* - **1.** [conséquences, colère] to suffer ; [personne] to put up with - **2.** [opération, épreuve, examen] to undergo - **3.** [dommages, pertes] to sustain, to suffer ; **~ une hausse** to be increased.

subit, **e** [sybi, it] *adj* sudden.

subitement [sybitmɑ̃] *adv* suddenly.

subjectif, **ive** [sybʒɛktif, iv] *adj* - **1.** [personnel, partial] subjective - **2.** MÉD : **troubles ~s** symptoms.

subjectivité [sybʒɛktivite] *nf* subjectivity.

subjonctif [sybʒɔ̃ktif] *nm* subjunctive.

subjuguer [3] [sybʒyge] *vt* to captivate.

sublimation [syblimasjɔ̃] *nf* sublimation.

sublime [syblim] *adj* sublime.

sublimer [3] [syblime] *vt* to sublimate.

submerger [17] [sybmɛrʒe] *vt* - **1.** [inonder] to flood - **2.** [envahir] to overcome, to overwhelm - **3.** [déborder] to overwhelm ; **être submergé de travail** to be swamped with work.

submersible [sybmɛrsibl] *nm & adj* submersible.

subodorer [3] [sybɔdɔre] *vt fam* to smell, to scent.

subordination [sybɔrdinasjɔ̃] *nf* subordination.

subordonné, **e** [sybɔrdɔne] ◇ *adj* GRAMM subordinate, dependent. ◇ *nm, f* subordinate.
◆ **subordonnée** *nf* GRAMM subordinate clause.

subordonner [3] [sybɔrdɔne] *vt* - **1.** [chose] : **~ qqch à qqch** to make sthg dependent on sthg - **2.** [personne] : **~ qqn à qqn** to subordinate sb to sb.

subornation [sybɔrnasjɔ̃] *nf* bribing, subornation.

suborner [3] [sybɔrne] *vt* - **1.** *litt* [séduire] to lead astray - **2.** DR to bribe, to suborn.

subreptice [sybrɛptis] *adj* surreptitious.

subrepticement [sybrɛptismɑ̃] *adv* surreptitiously.

subroger [17] [sybrɔʒe] *vt* DR to substitute.

subséquent, **e** [sypsekɑ̃, ɑ̃t] *adj* *sout* subsequent.

subside [sypsid] *nm* *(gén pl)* grant, subsidy.

subsidiaire [sybzidjɛr] *adj* subsidiary.

subsistance [sybzistɑ̃s] *nf* subsistence ; **pourvoir à la ~ de sa famille** to support one's family.

subsister [3] [sybziste] *vi* - **1.** [chose] to remain - **2.** [personne] to live, to subsist.

subsonique [sypsɔnik] *adj* subsonic.

substance [sypstɑ̃s] *nf* - **1.** [matière] substance - **2.** [essence] gist ; **en ~** in substance.

substantiel, **elle** [sypstɑ̃sjɛl] *adj* substantial.

substantif [sypstɑ̃tif] *nm* noun.

substituer [7] [sypstitɥe] *vt* : **~ qqch à qqch** to substitute sthg for sthg.
◆ **se substituer** *vp* : **se ~ à** [personne] to stand in for, to substitute for ; [chose] to take the place of.

substitut [sypstity] *nm* - **1.** [remplacement] substitute - **2.** DR deputy public prosecutor.

substitution [sypstitysjɔ̃] *nf* substitution.

substrat [sypstra] *nm* - **1.** [de récit, réflexion] basis - **2.** GÉOL & LING substratum - **3.** CHIM substrate.

subterfuge [syptɛrfyʒ] *nm* subterfuge.

subtil, **e** [syptil] *adj* subtle.

subtilement [syptilmɑ̃] *adv* subtly.

subtiliser [3] [syptilize] *vt* to steal.

subtilité [syptilite] *nf* subtlety.

subtropical, **e**, **aux** [syptrɔpikal, o] *adj* subtropical.

suburbain, **e** [sybyrbɛ̃, ɛn] *adj* suburban.

subvenir [40] [sybvənir] *vi* : **~ à** to meet, to cover ; **~ aux besoins de qqn** to meet sb's needs.

subvention [sybvɑ̃sjɔ̃] *nf* grant, subsidy.

subventionner [3] [sybvɑ̃sjɔne] *vt* to give a grant to, to subsidize.

subvenu, **e** [sybvəny] *pp* ▷ **subvenir**.

subversif, **ive** [sybvɛrsif, iv] *adj* subversive.

subversion [sybvɛrsjɔ̃] *nf* subversion.

subviendrai, **subviendras** *(etc)* ▷ **subvenir**.

subviens, **subvient** *(etc)* ▷ **subvenir**.

suc [syk] *nm* **- 1.** [d'arbre] sap ; [de fruit, viande] juice ; **~ gastrique** gastric juices *(pl)* **- 2.** *litt* [quintessence] essence.

succédané [syksedane] *nm* substitute.

succéder [18] [syksede] *vt* : **~ à** [suivre] to follow ; [remplacer] to succeed, to take over from.
◆ **se succéder** *vp* to follow one another.

succès [syksɛ] *nm* **- 1.** [gén] success ; **avoir du ~** to be very successful ; **avoir un ~ fou (auprès de)** to be very successful (with) ; **à ~** hit *(avant n)* ; **sans ~** [essai] unsuccessful ; [essayer] unsuccessfully ; **avec ~** [essai] successful ; [essayer] successfully ; **se tailler un franc ~** *fig* to be a great *ou* huge success **- 2.** [chanson, pièce] hit **- 3.** [conquête] conquest.

successeur [syksesœr] *nm* **- 1.** [gén] successor **- 2.** DR successor, heir.

successif, **ive** [syksesif, iv] *adj* successive.

succession [syksesjɔ̃] *nf* **- 1.** [gén] succession ; **une ~ de** a succession of ; **prendre la ~ de qqn** to take over from sb, to succeed sb **- 2.** DR succession, inheritance ; **droits de ~** death duties *UK*, inheritance tax *US*.

successivement [syksesivmɑ̃] *adv* successively.

succinct, **e** [syksɛ̃, ɛ̃t] *adj* **- 1.** [résumé] succinct **- 2.** [repas] frugal.

succinctement [syksɛ̃tmɑ̃] *adv* **- 1.** [résumer] succinctly **- 2.** [manger] frugally.

succion [syksjɔ̃, sysjɔ̃] *nf* suction, sucking.

succomber [3] [sykɔ̃be] *vi* : **~ (à)** to succumb (to).

succulent, **e** [sykylɑ̃, ɑ̃t] *adj* delicious.

succursale [sykyrsal] *nf* branch.

sucer [16] [syse] *vt* to suck.

sucette [sysɛt] *nf* [friandise] lolly *UK*, lollipop ; **~ au caramel** caramel lollipop.

suçon [sysɔ̃] *nm* lovebite, hickey *US*.

sucre [sykr] *nm* sugar ; **~ cristallisé** granulated sugar ; **~ glace** icing sugar *UK*, confectioner's sugar *US* ; **~ en morceaux** lump sugar ; **~ d'orge** barley sugar ; **~ en poudre, ~ semoule** caster sugar *UK*, finely granulated sugar *US* ; **~ roux** *ou* **brun** brown sugar ; **casser du ~ sur le dos de qqn** *fam fig* to talk about sb behind his/her back.

sucré, **e** [sykre] *adj* [goût] sweet.

sucrer [3] [sykre] *vt* **- 1.** [café, thé] to sweeten, to sugar **- 2.** *fam* [permission] to withdraw ; [passage, réplique] to cut ; **~ qqch à qqn** to take sthg away from sb.
◆ **se sucrer** *vp fam* **- 1.** [se servir en sucre] to take some sugar **- 2.** [s'octroyer une part] to line one's pockets.

sucrerie [sykrəri] *nf* **- 1.** [usine] sugar refinery **- 2.** [friandise] sweet *UK*, candy *US*.

sucrette [sykrɛt] *nf* sweetener.

sucrier [sykrije] *nm* sugar bowl.

sucrier, **ère** [sykrije, ɛr] *adj* sugar *(avant n)*.

sud [syd] ◇ *nm* south ; **un vent du ~** a southerly wind ; **le vent du ~** the south wind ; **au ~** in the south ; **au ~ (de)** to the south (of). ◇ *adj inv* [gén] south ; [province, région] southern.

sud-africain, **e** [sydafrikɛ̃, ɛn] *(mpl* **sud-africains**, *fpl* **sud-africaines)** *adj* South African.
◆ **Sud-Africain**, **e** *nm, f* South African.

sud-américain, **e** [sydamerikɛ̃, ɛn] *(mpl* **sud-américains**, *fpl* **sud-américaines)** *adj* South American.
◆ **Sud-Américain**, **e** *nm, f* South American.

sudation [sydasjɔ̃] *nf* sweating.

sud-coréen, **enne** [sydkɔreɛ̃, ɛn] *(mpl* **sud-coréens**, *fpl* **sud-coréennes)** *adj* South Korean.
◆ **Sud-Coréen**, **enne** *nm, f* South Korean.

sud-est [sydɛst] *nm & adj inv* southeast.

sud-ouest [sydwɛst] *nm & adj inv* southwest.

Suède [sɥɛd] *nf* : **la ~** Sweden.

suédois, **e** [sɥedwa, az] *adj* Swedish.
◆ **suédois** *nm* [langue] Swedish.
◆ **Suédois**, **e** *nm, f* Swede.

suée [sɥe] *nf fam* sweat.

suer [7] [sɥe] ◇ *vi* [personne] to sweat ; **faire ~ qqn** *fam fig* to give sb a hard time ; **se faire ~** *fam fig* to be bored to tears. ◇ *vt* to exude.

sueur [sɥœr] *nf* sweat ; **être en ~** to be sweating ; **avoir des ~s froides** *fig* to be in a cold sweat.

Suez [sɥɛz] *n* : **le canal de ~** the Suez Canal.

suffi [syfi] *pp inv* ▷ **suffire**.

suffire [100] [syfir] ◇ *vi* **- 1.** [être assez] : **~ pour qqch/pour faire qqch** to be enough for sthg/to do sthg, to be sufficient for sthg/to do sthg ; **ça suffit!** that's enough! **- 2.** [satisfaire] : **~ à** to be enough for. <> *v impers* : **il suffit de...** all that is necessary is..., all that you have to do is... ; **il suffit d'un moment d'inattention pour que...** it only takes a moment of carelessness for... ; **il lui suffit de donner sa démission** all he has to do is resign ; **il suffit que** *(+ subjonctif)* : **il suffit que vous lui écriviez** all (that) you need do is write to him.

◆ **se suffire** *vp* : **se ~ à soi-même** to be self-sufficient.

suffisais ▷ **suffire.**

suffisamment [syfizamɑ̃] *adv* sufficiently.

suffisance [syfizɑ̃s] *nf* [vanité] self-importance.

suffisant, e [syfizɑ̃, ɑ̃t] *adj* **- 1.** [satisfaisant] sufficient **- 2.** [vaniteux] self-important.

suffise ▷ **suffire.**

suffixe [syfiks] *nm* suffix.

suffocant, e [syfɔkɑ̃, ɑ̃t] *adj* **- 1.** [chaleur, fumée] suffocating **- 2.** *fig* [nouvelle, révélation] astonishing, incredible.

suffocation [syfɔkasjɔ̃] *nf* suffocation.

suffoquer [3] [syfɔke] <> *vt* **- 1.** [suj: chaleur, fumée] to suffocate **- 2.** *fig* [suj: colère] to choke ; [suj: nouvelle, révélation] to astonish, to stun. <> *vi* to choke ; **~ de** *fig* to choke with.

suffrage [syfraʒ] *nm* vote ; **rallier tous les ~s** to win all the votes ; **recueillir des ~s** to win votes ; **~ indirect/restreint/universel** indirect/restricted/universal suffrage.

suffragette [syfraʒɛt] *nf* suffragette.

suggérer [18] [sygʒere] *vt* **- 1.** [proposer] to suggest ; **~ qqch à qqn** to suggest sthg to sb ; **~ à qqn de faire qqch** to suggest that sb (should) do sthg **- 2.** [faire penser à] to evoke.

suggestif, ive [sygʒɛstif, iv] *adj* **- 1.** [musique] evocative **- 2.** [pose, photo] suggestive.

suggestion [sygʒɛstjɔ̃] *nf* suggestion.

suicidaire [sɥisidɛr] *adj* suicidal.

suicide [sɥisid] <> *nm* suicide. <> *adj* suicide *(avant n).*

suicider [3] [sɥiside] ◆ **se suicider** *vp* to commit suicide, to kill o.s.

suie [sɥi] *nf* soot.

suif [sɥif] *nm* tallow.

suintant, e [sɥɛ̃tɑ̃, ɑ̃t] *adj* [mur] sweating ; [plaie] weeping.

suintement [sɥɛ̃tmɑ̃] *nm* **- 1.** [de mur] sweating ; [de plaie] weeping **- 2.** [d'eau] seeping, oozing.

suinter [3] [sɥɛ̃te] *vi* **- 1.** [eau, sang] to ooze, to seep **- 2.** [surface, mur] to sweat ; [plaie] to weep.

suis[1] ▷ **être.**

suis[2], **suit** *(etc)* ▷ **suivre.**

suisse [sɥis] <> *adj* Swiss. <> *nm* RELIG verger.

◆ **Suisse** <> *nf* [pays] : **la ~** Switzerland ; **la ~ allemande/italienne/romande** German-/Italian-/French-speaking Switzerland. <> *nmf* [personne] Swiss (person) ; **les Suisses** the Swiss.

◆ **en suisse** *loc adv fam* alone, on one's own.

Suissesse [sɥisɛs] *nf* Swiss woman.

suite [sɥit] *nf* **- 1.** [de liste, feuilleton] continuation **- 2.** [série - de maisons, de succès] series ; [- d'événements] sequence **- 3.** [succession] : **prendre la ~ de** [personne] to succeed, to take over from ; [affaire] to take over ; **à la ~** one after the other ; **à la ~ de** *fig* following **- 4.** [escorte] retinue **- 5.** MUS suite **- 6.** [appartement] suite.

◆ **suites** *nfpl* consequences.

◆ **de suite** *loc adv* **- 1.** [l'un après l'autre] in succession **- 2.** [immédiatement] immediately.

◆ **par la suite** *loc adv* afterwards.

◆ **par suite de** *loc prép* owing to, because of.

suivais, suivions *(etc)* ▷ **suivre.**

suivant, e [sɥivɑ̃, ɑ̃t] <> *adj* next, following. <> *nm, f* next *ou* following one ; **au ~!** next!

◆ **suivant** *prep* according to ; **~ que** according to whether.

suiveur [sɥivœr] *nm* follower.

suivi, e [sɥivi] <> *pp* ▷ **suivre.** <> *adj* **- 1.** [visites] regular ; [travail] sustained ; [qualité] consistent **- 2.** [raisonnement] coherent.

◆ **suivi** *nm* follow-up.

suivre [89] [sɥivr] <> *vt* **- 1.** [gén] to follow ; **'faire ~'** 'please forward' ; **à ~** to be continued **- 2.** [suj: médecin] to treat. <> *vi* **- 1.** SCOL to keep up **- 2.** [venir après] to follow.

◆ **se suivre** *vp* to follow one another.

sujet, ette [syʒɛ, ɛt] <> *adj* : **être ~ à qqch** to be subject *ou* prone to sthg ; **être ~ à faire qqch** to be apt *ou* liable to do sthg ; **être ~ à caution** *fig* to be unconfirmed. <> *nm, f* [de souverain] subject.

◆ **sujet** *nm* **- 1.** [gén] subject ; **c'est à quel ~?** what is it about? ; **~ de conversation** topic of conversation ; **au ~ de** about, concerning **- 2.** [motif] : **~ de** cause for, reason for.

sulfate [sylfat] *nm* sulphate *UK*, sulfate *US*.

sulfure [sylfyr] *nm* sulphide *UK*, sulfide *US*.

sulfureux, euse [sylfyrø, øz] *adj* sulphurous *UK*, sulfurous *US*.

sulfurique [sylfyrik] *adj* sulphuric *UK*, sulfuric *US*.

sulfurisé, e [sylfyrize] *adj* : **papier ~** greaseproof paper *UK*, wax paper *US*.

sultan, e [syltɑ̃, an] *nm, f* sultan *(f* sultana).

sultanat [syltana] *nm* sultanate.

Sumatra [symatra] *n* Sumatra ; à ~ in Sumatra.

summum [sɔmɔm] *nm* summit, height.

Sup de Co [sypdəko] *fam abr de* **École Supérieure de Commerce.**

super [sypɛr] *fam* <> *adj inv* super, great. <> *nm* four star (petrol) *UK*, premium *US*.

superbe [sypɛrb] <> *adj* superb ; [enfant, femme] beautiful. <> *nf litt* pride, arrogance.

superbement [sypɛrbəmɑ̃] *adv* superbly.

supercarburant [sypɛrkarbyrɑ̃] *nm* high-octane petrol *UK ou* gasoline *US*.

supercherie [sypɛrʃəri] *nf* deception, trickery.

superfétatoire [sypɛrfetatwar] *adj litt* superfluous.

superficie [sypɛrfisi] *nf* - **1.** [surface] area - **2.** *fig* [aspect superficiel] surface.

superficiel, elle [sypɛrfisjɛl] *adj* superficial.

superficiellement [sypɛrfisjɛlmɑ̃] *adv* superficially.

superflu, e [sypɛrfly] *adj* superfluous.
◆ **superflu** *nm* superfluity.

superforme [sypɛrfɔrm] *nf fam* top form, top shape.

super-huit [sypɛrɥit] *nm inv* super-eight.

supérieur, e [syperjœr] <> *adj* - **1.** [étage] upper - **2.** [intelligence, qualité] superior ; ~ **à** superior to ; [température] higher than, above - **3.** [dominant - équipe] superior ; [- cadre] senior - **4.** [SCOL - classe] upper, senior ; [- enseignement] higher - **5.** *péj* [air] superior. <> *nm, f* superior.

supériorité [syperjɔrite] *nf* superiority.

superlatif [sypɛrlatif] *nm* superlative.

supermarché [sypɛrmarʃe] *nm* supermarket.

superposable [sypɛrpozabl] *adj* stacking *(avant n)*.

superposer [3] [sypɛrpoze] *vt* to stack.
◆ **se superposer** *vp* to be stacked ; GÉOL to be superposed.

superposition [sypɛrpozisjɔ̃] *nf* - **1.** [action - d'objets] stacking - **2.** [état] superposition - **3.** *fig* [d'influences] combination.

superproduction [sypɛrprɔdyksjɔ̃] *nf* spectacular.

superpuissance [sypɛrpɥisɑ̃s] *nf* superpower.

supersonique [sypɛrsɔnik] *adj* supersonic.

superstar [sypɛrstar] *nf fam* superstar.

superstitieux, euse [sypɛrstisjø, øz] <> *adj* superstitious. <> *nm, f* superstitious person.

superstition [sypɛrstisjɔ̃] *nf* - **1.** [croyance] superstition - **2.** [obsession] obsessive attachment.

superviser [3] [sypɛrvize] *vt* to supervise.

supervision [sypɛrvizjɔ̃] *nf* supervision.

supplanter [3] [syplɑ̃te] *vt* to supplant.

suppléance [sypleɑ̃s] *nf* supply post *UK*, substitute post *US*.

suppléant, e [sypleɑ̃, ɑ̃t] <> *adj* acting *(avant n)*, temporary. <> *nm, f* substitute, deputy.

suppléer [15] [syplee] <> *vt* - **1.** *litt* [carence] to compensate for - **2.** [personne] to stand in for. <> *vi* : ~ **à** to compensate for, to make up for.

supplément [syplemɑ̃] *nm* - **1.** [surplus] : **un ~ de détails** additional details, extra details - **2.** PRESSE supplement - **3.** [de billet] extra charge ; **en ~** extra.

supplémentaire [syplemɑ̃tɛr] *adj* extra, additional.

supplication [syplikasjɔ̃] *nf* plea.

supplice [syplis] *nm* torture ; *fig* [souffrance] torture, agony ; **être un ~** to be agony ; **être au ~** to be in agony *ou* torment ; **mettre qqn au ~** to torture sb ; **~ de Tantale** torture.

supplicié, e [syplisje] *nm, f* victim of torture.

supplier [10] [syplije] *vt* : **~ qqn de faire qqch** to beg *ou* implore sb to do sthg ; **je t'en** *ou* **vous en supplie** I beg *ou* implore you.

supplique [syplik] *nf* petition.

support [sypɔr] *nm* - **1.** [socle] support, base - **2.** *fig* [de communication] medium ; **~s audiovisuels** audiovisual aids ; **~ pédagogique** teaching aid ; **~ publicitaire** advertising medium.

supportable [sypɔrtabl] *adj* - **1.** [douleur] bearable - **2.** [conduite] tolerable, acceptable.

supporter[1] [3] [sypɔrte] *vt* - **1.** [soutenir, encourager] to support - **2.** [endurer] to bear, to stand ; **~ que** *(+ subjonctif)* : **il ne supporte pas qu'on le contredise** he cannot bear being contradicted - **3.** [résister à] to withstand.
◆ **se supporter** *vp* [se tolérer] to bear *ou* stand each other.

supporter[2] [sypɔrtɛr] *nm* supporter.

supposé, e [sypoze] *adj* [montant] estimated ; [criminel] alleged.

supposer [3] [sypoze] *vt* - **1.** [imaginer] to suppose, to assure ; **en supposant que** *(+ subjonctif)*, **à ~ que** *(+ subjonctif)* supposing (that) - **2.** [impliquer] to imply, to presuppose.

supposition [sypozisjɔ̃] *nf* supposition, assumption.

suppositoire [sypozitwar] *nm* suppository.

suppôt [sypo] *nm litt* henchman ; **~ du diable** *ou* **de satan** fiend.

suppression [sypresjɔ̃] *nf* - **1.** [de permis de conduire] withdrawal ; [de document] suppression - **2.** [de mot, passage] deletion - **3.** [de loi, poste] abolition.

supprimer [3] [syprime] *vt* - **1.** [document] to suppress ; [obstacle, difficulté] to remove - **2.** [mot, passage] to delete - **3.** [loi, poste] to abolish - **4.** [témoin] to do away with, to eliminate - **5.** [permis de conduire, revenus] : **~ qqch à qqn** to take sthg away from sb - **6.** [douleur] to take away, to suppress - **7.** INFORM to delete.

suppurer [3] [sypyre] *vi* to suppurate.

supputation [sypytasjɔ̃] *nf* calculation, computation.

supputer [3] [sypyte] *vt litt* to calculate, to compute.

supranational, **e**, **aux** [sypranasjɔnal, o] *adj* supranational.

suprématie [sypremasi] *nf* supremacy.

suprême [syprɛm] ◇ *adj* - **1.** [gén] supreme - **2.** *sout* [dernier - moment, pensée] last. ◇ *nm fillets in a cream sauce.*

suprêmement [syprɛmmɑ̃] *adv* supremely.

sur [syr] *prep* - **1.** [position - dessus] on ; [- au-dessus de] above, over ; **~ la table** on the table - **2.** [direction] towards, toward *US* ; **~ la droite/gauche** on the right/left, to the right/left - **3.** [distance] : **travaux ~ 10 kilomètres** roadworks for 10 kilometres *UK ou* kilometers *US* - **4.** [d'après] by ; **juger qqn ~ sa mine** to judge sb by his/her appearance - **5.** [grâce à] on ; **il vit ~ les revenus de ses parents** he lives on *ou* off his parents' income - **6.** [au sujet de] on, about - **7.** [proportion] out of ; [mesure] by ; **9 ~ 10** 9 out of 10 ; **un mètre ~ deux** one metre *UK ou* meter *US* by two ; **un jour ~ deux** every other day ; **une fois ~ deux** every other time.
◆ **sur ce** *loc adv* whereupon.

sûr, **e** [syr] *adj* - **1.** [sans danger] safe - **2.** [digne de confiance - personne] reliable, trustworthy ; [- goût] reliable, sound ; [- investissement] sound - **3.** [certain] sure, certain ; **~ de** sure of ; **~ et certain** absolutely certain ; **~ de soi** self-confident.

surabondance [syrabɔ̃dɑ̃s] *nf* overabundance.

surabondant, **e** [syrabɔ̃dɑ̃, ɑ̃t] *adj* overabundant.

surabonder [3] [syrabɔ̃de] *vi litt* to overabound.

suractivité [syraktivite] *nf* hyperactivity.

suraigu, **ë** [syregy] *adj* high-pitched, shrill.

surajouter [3] [syraʒute] *vt* to add (on top).
◆ **se surajouter** *vp* to be added (on top).

suralimenter [3] [syralimɑ̃te] *vt* - **1.** [personne] to overfeed - **2.** [moteur] to supercharge.

suranné, **e** [syrane] *adj litt* old-fashioned, outdated.

surate [syrat], **sourate** [surat] *nf* sura.

surcharge [syrʃarʒ] *nf* - **1.** [de poids] excess load ; [de bagages] excess weight - **2.** *fig* [surcroît] : **une ~ de travail** extra work - **3.** [surabondance] surfeit - **4.** [de document] alteration - **5.** [de timbre] surcharge.

surcharger [17] [syrʃarʒe] *vt* - **1.** [véhicule, personne] : **~ (de)** to overload (with) - **2.** [texte] to alter extensively - **3.** [timbre] to surcharge.

surchauffe [syrʃof] *nf* overheating.

surchauffer [3] [syrʃofe] *vt* to overheat.

surchemise [syrʃəmiz] *nf* overshirt.

surclasser [3] [syrklase] *vt* to outclass.

surconsommation [syrkɔ̃sɔmasjɔ̃] *nf* overconsumption.

surcroît [syrkrwa] *nm* : **un ~ de travail/d'inquiétude** additional work/anxiety ; **de** *ou* **par ~** moreover, what is more.

surdimensionné, **e** [syrdimɑ̃sjɔne] *adj* oversize(d).

surdi-mutité [syrdimytite] *nf* deaf-muteness.

surdité [syrdite] *nf* deafness.

surdose [syrdoz] *nf* overdose.

surdoué, **e** [syrdwe] *adj* exceptionally *ou* highly gifted.

sureau, **x** [syro] *nm* elder.

sureffectif [syrefɛktif] *nm* overmanning, overstaffing.

surélever [19] [syrɛlve] *vt* to raise, to heighten.

sûrement [syrmɑ̃] *adv* - **1.** [certainement] certainly ; **~ pas!** *fam* no way!, definitely not! - **2.** [sans doute] certainly, surely - **3.** [sans risque] surely, safely.

surenchère [syrɑ̃ʃɛr] *nf* higher bid ; *fig* overstatement, exaggeration ; **faire de la ~** *fig* to try to go one better.

surenchérir [32] [syrɑ̃ʃerir] *vi* to bid higher ; *fig* to try to go one better.

surendetté, **e** [syrɑ̃dete] *adj* overindebted.

surendettement [syrɑ̃dɛtmɑ̃] *nm* overindebtedness.

surestimer [3] [syrɛstime] *vt* - **1.** [exagérer] to overestimate - **2.** [surévaluer] to overvalue.
◆ **se surestimer** *vp* to overestimate o.s.

sûreté [syrte] *nf* - **1.** [sécurité] safety ; **en ~** safe ; **de ~** safety *(avant n)* - **2.** [fiabilité] reliability - **3.** DR surety.
◆ **Sûreté** *nf* : **la Sûreté (nationale)** ≃ C.I.D. *UK*, ≃ F.B.I. *US*.

surexcitation [syrɛksitasjɔ̃] *nf* overexcitement.

surexciter [3] [syrɛksite] *vt* to overexcite.

surexposer [3] [syrɛkspoze] *vt* to overexpose.

surf [sœrf] *nm* surfing ; **~ des neiges** snowboarding.

surface [syrfas] *nf* **- 1.** [extérieur, apparence] surface ; **faire ~** *litt* & *fig* to surface ; **en ~** superficially **- 2.** [superficie] surface area.

◆ **grande surface** *nf* hypermarket *UK*, supermarket *US*.

◆ **moyenne surface** *nf* high-street store *UK*, superette *US*.

surfait, **e** [syrfɛ, ɛt] *adj* overrated.

surfer [3] [sœrfe] *vi* **- 1.** SPORT to go surfing **- 2.** INFORM to surf.

surfeur, **euse** [sœrfœr, øz] *nm, f* surfer.

surfiler [3] [syrfile] *vt* to oversew.

surfin, **e** [syrfɛ̃, in] *adj* superfine, extra fine.

surgelé, **e** [syrʒəle] *adj* frozen.

◆ **surgelé** *nm* frozen food.

surgeler [25] [syrʒəle] *vt* to freeze.

surgir [32] [syrʒir] *vi* to appear suddenly ; *fig* [difficulté] to arise, to come up.

surhomme [syrɔm] *nm* superman.

surhumain, **e** [syrymɛ̃, ɛn] *adj* superhuman.

surimi [syrimi] *nm* surimi.

surimposer [3] [syrɛ̃poze] *vt* to overtax *(financially)*.

surimpression [syrɛ̃presjɔ̃] *nf* double exposure.

Surinam(e) [syrinam] *nm* : **le ~** Surinam ; **au ~** in Surinam.

surinfection [syrɛ̃fɛksjɔ̃] *nf* secondary infection.

surjet [syrʒɛ] *nm* overcasting stitch.

sur-le-champ [syrləʃɑ̃] *loc adv* immediately, straightaway.

surlendemain [syrlɑ̃dmɛ̃] *nm* : **le ~** two days later ; **le ~ de mon départ** two days after I left.

surligner [3] [syrliɲe] *vt* to highlight.

surligneur [syrliɲœr] *nm* highlighter (pen).

surmenage [syrmənaʒ] *nm* overwork.

surmener [19] [syrməne] *vt* to overwork.

◆ **se surmener** *vp* to overwork.

surmontable [syrmɔ̃tabl] *adj* surmountable.

surmonter [3] [syrmɔ̃te] *vt* **- 1.** [obstacle, peur] to overcome, to surmount **- 2.** [suj: statue, croix] to surmount, to top.

surnager [17] [syrnaʒe] *vi* **- 1.** [flotter] to float (on the surface) **- 2.** *fig* [subsister] to remain, to survive.

surnaturel, **elle** [syrnatyrɛl] *adj* supernatural.

◆ **surnaturel** *nm* : **le ~** the supernatural.

surnom [syrnɔ̃] *nm* nickname.

surnombre [syrnɔ̃br] ◆ **en surnombre** *loc adv* too many.

surnommer [3] [syrnɔme] *vt* to nickname.

surpasser [3] [syrpase] *vt* to surpass, to outdo.

◆ **se surpasser** *vp* to surpass *ou* excel o.s.

surpayer [11] [syrpeje] *vt* [personne] to overpay ; [article] to pay too much for.

surpeuplé, **e** [syrpœple] *adj* overpopulated.

surpeuplement [syrpœpləmɑ̃] *nm* overpopulation.

surplace [syrplas] *nm* : **faire du ~** [voiture] to be stuck (in traffic).

surplis [syrpli] *nm* surplice.

surplomb [syrplɔ̃] ◆ **en surplomb** *loc adj* overhanging.

surplomber [3] [syrplɔ̃be] ◇ *vt* to overhang. ◇ *vi* to be out of plumb.

surplus [syrply] *nm* **- 1.** [excédent] surplus **- 2.** [magasin] army surplus store.

◆ **au surplus** *loc adv* besides, what is more.

surpopulation [syrpɔpylasjɔ̃] *nf* overpopulation.

surprenant, **e** [syrprənɑ̃, ɑ̃t] *adj* surprising, amazing.

surprendrai, **surprendras** *etc* ▻ **surprendre**.

surprendre [79] [syrprɑ̃dr] *vt* **- 1.** [voleur] to catch (in the act) **- 2.** [secret] to overhear **- 3.** [prendre à l'improviste] to surprise, to catch unawares **- 4.** [étonner] to surprise, to amaze.

◆ **se surprendre** *vp* : **se ~ à faire qqch** to catch o.s. doing sthg.

surpris, **e** [syrpri, iz] *pp* ▻ **surprendre**.

surprise [syrpriz] ◇ *nf* surprise ; **par ~** by surprise ; **faire une ~ à qqn** to give sb a surprise. ◇ *adj* [inattendu] surprise *(avant n)* ; **grève ~** lightning strike.

surproduction [syrprɔdyksjɔ̃] *nf* overproduction.

surréalisme [syrrealism] *nm* surrealism.

surréel, **elle** [syrreɛl] *adj litt* surreal.

surréservation [syr|resɛrvasjɔ̃] *nm* = **overbooking**.

sursaut [syrso] *nm* - **1.** [de personne] jump, start ; **en ~** with a start - **2.** [d'énergie] burst, surge.

sursauter [3] [syrsote] *vi* to start, to give a start.

surseoir [66] [syrswar] *vi* : **~ à qqch** to postpone *ou* defer sthg.

sursis [syrsi] *nm* DR *fig* reprieve ; **six mois avec ~** six months' suspended sentence ; **en ~** in remission.

sursitaire [syrsitɛr] *nmf* MIL *person whose call-up has been deferred.*

surtaxe [syrtaks] *nf* surcharge.

surtension [syrtɑ̃sjɔ̃] *nf* INFORM power surge.

surtout [syrtu] *adv* - **1.** [avant tout] above all - **2.** [spécialement] especially, particularly ; **~ pas** certainly not.

◆ **surtout que** *loc conj fam* especially as.

survécu [syrveky] *pp* ▷ **survivre.**

surveillance [syrvɛjɑ̃s] *nf* supervision ; [de la police, de militaire] surveillance ; **être sous ~** to be under surveillance ; **Direction de la ~ du territoire** counterespionage section.

surveillant, e [syrvɛjɑ̃, ɑ̃t] *nm, f* supervisor ; [de prison] guard, warder *UK*.

surveiller [4] [syrveje] *vt* - **1.** [enfant] to watch, to keep an eye on ; [suspect] to keep a watch on - **2.** [travaux] to supervise ; [examen] to invigilate *UK* - **3.** [ligne, langage] to watch.

◆ **se surveiller** *vp* to watch o.s.

survenir [40] [syrvənir] *vi* - **1.** [personne] to arrive unexpectedly - **2.** [incident] to occur.

survenu, e [syrvəny] *pp* ▷ **survenir.**

survêtement [syrvɛtmɑ̃] *nm* tracksuit.

survie [syrvi] *nf* [de personne] survival.

surviendrai, surviendras *(etc)* ▷ **survenir.**

survient ▷ **survenir.**

survivant, e [syrvivɑ̃, ɑ̃t] ◇ *nm, f* survivor. ◇ *adj* surviving.

survivre [90] [syrvivr] *vi* to survive ; **~ à** [personne] to outlive, to survive ; [accident, malheur] to survive.

survol [syrvɔl] *nm* - **1.** [de territoire] flying over - **2.** [de texte] skimming through.

survoler [3] [syrvɔle] *vt* - **1.** [territoire] to fly over - **2.** [texte] to skim (through).

sus [sy(s)] *interj* : **~ à l'ennemi!** at the enemy!

◆ **en sus** *loc adv* moreover, in addition ; **en ~ de** over and above, in addition to.

susceptibilité [sysɛptibilite] *nf* touchiness, sensitivity.

susceptible [sysɛptibl] *adj* - **1.** [ombrageux] touchy, sensitive - **2.** [en mesure de] : **~ de faire qqch** liable *ou* likely to do sthg ; **~ d'amélioration, ~ d'être amélioré** open to improvement.

susciter [3] [sysite] *vt* - **1.** [admiration, curiosité] to arouse - **2.** [ennuis, problèmes] to create ; **~ qqch à qqn** *sout* to make *ou* cause sthg for sb.

susdit, e [sysdi, it] ◇ *adj* above-mentioned. ◇ *nm, f* above-mentioned (person).

sushi [suʃi] *nm* sushi.

susnommé, e [sysnɔme] ◇ *adj* above-named. ◇ *nm, f* above-named (person).

suspect, e [syspɛ, ɛkt] ◇ *adj* - **1.** [personne] suspicious ; **~ de qqch** suspected of sthg - **2.** [douteux] suspect. ◇ *nm, f* suspect.

suspecter [4] [syspɛkte] *vt* to suspect, to have one's suspicions about ; **~ qqn de qqch/de faire qqch** to suspect sb of sthg/of doing sthg.

suspendre [73] [syspɑ̃dr] *vt* - **1.** [lustre, tableau] to hang (up) ; **~ au plafond/au mur** to hang from the ceiling/on the wall - **2.** [pourparlers] to suspend ; [séance] to adjourn ; [journal] to suspend publication of - **3.** [fonctionnaire, constitution] to suspend - **4.** [jugement] to postpone, to defer.

◆ **se suspendre** *vp* : **se ~ à** to hang from.

suspendu, e [syspɑ̃dy] ◇ *pp* ▷ **suspendre.** ◇ *adj* - **1.** [fonctionnaire] suspended - **2.** [séance] adjourned - **3.** [lustre, tableau] : **~ au plafond/au mur** hanging from the ceiling/on the wall - **4.** [véhicule] : **bien/mal ~** with good/bad suspension.

suspens [syspɑ̃] ◆ **en suspens** *loc adv* in abeyance.

suspense [syspɑ̃s, syspɛns] *nm* suspense.

suspension [syspɑ̃sjɔ̃] *nf* - **1.** [gén] suspension ; **en ~** in suspension, suspended - **2.** [de combat] halt ; [d'audience] adjournment - **3.** [lustre] light fitting.

suspicieux, euse [syspisјø, øz] *adj* suspicious.

suspicion [syspisjɔ̃] *nf* suspicion.

sustentation [systɑ̃tasjɔ̃] *nf* AÉRON lift.

sustenter [3] [systɑ̃te] ◆ **se sustenter** *vp hum & sout* to take sustenance.

susurrer [3] [sysyre] *vt & vi* to murmur.

suture [sytyr] *nf* suture.

suzeraineté [syzrɛnte] *nf* suzerainty.

svastika, swastika [zvastika] *nm* swastika.

svelte [zvɛlt] *adj* slender.

sveltesse [zvɛltɛs] *nf* slenderness.

SVP (*abr de* **s'il vous plaît**) ▷ **plaire.**

swahili, e [swaili], **souahéli, e** [swaeli] *adj* Swahili.

◆ **swahili**, **souahéli** *nm* [langue] Swahili.

swastika = svastika.

Swaziland [swazilɑ̃d] *nm* : **le ~** Swaziland.

sweat-shirt [switʃœrt] (*pl* **sweat-shirts**) *nm* sweatshirt.

Sydney [sidnɛ] *n* Sydney.

syllabe [silab] *nf* syllable.

sylphide [silfid] *nf* sylph.

sylvestre [silvɛstr] *adj litt* forest *(avant n)*, ▷ **pin**.

sylviculture [silvikyltyr] *nf* forestry.

symbiose [sɛ̃bjoz] *nf* symbiosis.

symbole [sɛ̃bɔl] *nm* symbol.

symbolique [sɛ̃bɔlik] ◇ *adj* **- 1.** [figure] symbolic **- 2.** [geste, contribution] token *(avant n)* **- 3.** [rémunération] nominal. ◇ *nf* **- 1.** [système] system of symbols **- 2.** [interprétation] interpretation.

symboliquement [sɛ̃bɔlikmɑ̃] *adv* symbolically.

symboliser [3] [sɛ̃bɔlize] *vt* to symbolize.

symbolisme [sɛ̃bɔlism] *nm* symbolism.

symétrie [simetri] *nf* symmetry.

symétrique [simetrik] *adj* symmetrical.

symétriquement [simetrikmɑ̃] *adv* symmetrically.

sympa [sɛ̃pa] *adj fam* [personne] likeable, nice ; [soirée, maison] pleasant, nice ; [ambiance] friendly.

sympathie [sɛ̃pati] *nf* **- 1.** [pour personne, projet] liking ; **avoir de la ~ pour qqn** to have a liking for sb, to be fond of sb ; **accueillir un projet avec ~** to look sympathetically *ou* favourably on a project **- 2.** [condoléances] sympathy.

sympathique [sɛ̃patik] *adj* **- 1.** [personne] likeable, nice ; [soirée, maison] pleasant, nice ; [ambiance] friendly **- 2.** ANAT & MÉD sympathetic.

sympathisant, **e** [sɛ̃patizɑ̃, ɑ̃t] ◇ *adj* sympathizing. ◇ *nm, f* sympathizer.

sympathiser [3] [sɛ̃patize] *vi* to get on well ; **~ avec qqn** to get on well with sb.

symphonie [sɛ̃fɔni] *nf* symphony.

symphonique [sɛ̃fɔnik] *adj* [musique] symphonic ; [concert, orchestre] symphony *(avant n)*.

symposium [sɛ̃pozjɔm] *nm* symposium.

symptomatique [sɛ̃ptɔmatik] *adj* symptomatic.

symptôme [sɛ̃ptom] *nm* symptom.

synagogue [sinagɔg] *nf* synagogue.

synchrone [sɛ̃krɔn] *adj* synchronous.

synchronique [sɛ̃krɔnik] *adj* synchronic.

synchronisation [sɛ̃krɔnizasjɔ̃] *nf* synchronization.

synchroniser [3] [sɛ̃krɔnize] *vt* to synchronize.

syncope [sɛ̃kɔp] *nf* **- 1.** [évanouissement] blackout ; **tomber en ~** to faint **- 2.** MUS syncopation.

syncopé, **e** [sɛ̃kɔpe] *adj* syncopated.

syndic [sɛ̃dik] *nm* [de copropriété] managing agent.

syndical, **e**, **aux** [sɛ̃dikal, o] *adj* **- 1.** [délégué, revendication] (trade) union *(avant n) UK*, labor union *(avant n) US* **- 2.** [patronal] : **chambre ~e** employers' association.

syndicalisme [sɛ̃dikalism] *nm* **- 1.** [mouvement] trade unionism **- 2.** [activité] (trade) union activity *UK ou* labor union *US*.

syndicaliste [sɛ̃dikalist] ◇ *nmf* trade unionist *UK*, union activist *US*. ◇ *adj* (trade) union *(avant n) UK*, labor union *(avant n) US*.

syndicat [sɛ̃dika] *nm* [d'employés, d'agriculteurs] (trade) union *UK*, labor union *US* ; [d'employeurs, de propriétaires] association.

◆ **syndicat d'initiative** *nm* tourist office.

syndiqué, **e** [sɛ̃dike] ◇ *adj* unionized. ◇ *nm, f* (trade) union member *UK ou* member *US*, trade unionist *UK*.

syndiquer [3] [sɛ̃dike] *vt* to unionize.

◆ **se syndiquer** *vp* **- 1.** [personne] to join a (trade *UK ou* labor *US*) union **- 2.** [groupe] to form a (trade *UK ou* labor *US*) union.

syndrome [sɛ̃drom] *nm* syndrome ; **~ immunodéficitaire acquis** acquired immunodeficiency syndrome.

synergie [sinɛrʒi] *nf* synergy, synergism.

synode [sinɔd] *nm* synod ; **le saint-~** the holy synod.

synonyme [sinɔnim] ◇ *nm* synonym. ◇ *adj* synonymous.

synoptique [sinɔptik] *adj* synoptic.

synovie [sinɔvi] ▷ **épanchement**.

syntagme [sɛ̃tagm] *nm* phrase.

syntaxe [sɛ̃taks] *nf* syntax.

synthé [sɛ̃te] *nm fam* synth.

synthèse [sɛ̃tɛz] *nf* **- 1.** [opération & CHIM] synthesis **- 2.** [exposé] overview.

synthétique [sɛ̃tetik] *adj* **- 1.** [vue] overall **- 2.** [produit] synthetic **- 3.** [personne] : **avoir l'esprit ~** to have a gift for summing things up.

synthétiser [3] [sɛ̃tetize] *vt* to synthesize.

synthétiseur [sɛ̃tetizœr] *nm* synthesizer.

syphilis [sifilis] *nf* syphilis.

Syrie [siri] *nf* : **la ~** Syria.

syrien, **enne** [sirjɛ̃, ɛn] *adj* Syrian.

◆ **Syrien**, **enne** *nm, f* Syrian.

systématique [sistematik] *adj* systematic.

systématiquement [sistematikmɑ̃] *adv* systematically.

systématiser [3] [sistematize] *vt* to systematize.

◆ **se systématiser** *vp* to be/become systematic.

système [sistɛm] *nm* system ; **~ bureautique** INFORM office automation system ; **~ expert** INFORM expert system ; **~ d'exploitation** INFORM operating system ; **le ~ D** resourcefulness ; **~ monétaire européen** European Monetary System ; **~ nerveux** nervous system ; **~ solaire** solar system.

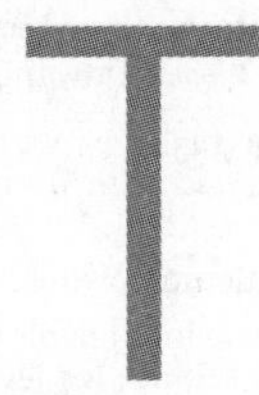

t, **T** [te] *nm inv* t, T.

t' ▻ **te**.

ta ▻ **ton²**.

TAA (*abr de* **train autos accompagnées**) *nm* car-sleeper train, ≃ Motorail® *UK*.

tabac [taba] *nm* - **1.** [plante, produit] tobacco ; **~ blond** mild *ou* Virginia tobacco ; **~ brun** dark tobacco ; **~ gris** shag ; **~ à priser** snuff - **2.** [magasin] tobacconist's *UK* - **3.** *loc* **faire un ~** to be a huge hit ; **passer à ~** *fam* to beat up, to work over.

tabagie [tabaʒi] *nf* - **1.** [pièce] smoke-filled room - **2.** *Québec* [bureau de tabac] tobacconist's *UK*.

tabagisme [tabaʒism] *nm* - **1.** [intoxication] nicotine addiction - **2.** [habitude] smoking.

tabasser [3] [tabase] *vt fam* to beat up, to work over.

tabatière [tabatjɛr] *nf* snuffbox.

tabernacle [tabɛrnakl] *nm* tabernacle.

table [tabl] *nf* - **1.** [meuble] table ; **à ~!** lunch/dinner *etc* is ready! ; **être à ~** to be at table, to be having a meal ; **se mettre à ~** to sit down to eat ; *fig* to come clean ; **dresser** *ou* **mettre la ~** to lay the table ; **quitter la ~** to leave the table ; **~ de chevet** *ou* **de nuit** bedside table ; **~ basse** coffee table ; **~ de cuisson** hob ; **~ gigogne** nest of tables ; **~ de jeu** *ou* **à jouer** gaming table ; **~ d'opération** operating table ; **~ roulante** trolley ; **~ de travail** desk - **2.** [nourriture] : **les plaisirs de la ~** good food.

◆ **table des matières** *nf* contents *(pl)*, table of contents.

◆ **table de multiplication** *nf* (multiplication) table.

◆ **table ronde** *nf* [conférence] round table.

tableau, **x** [tablo] *nm* - **1.** [peinture] painting, picture ; *fig* [description] picture ; **~ de maître** old master ; **noircir le ~** *fig* to paint a gloomy picture - **2.** THÉÂTRE scene - **3.** [panneau] board ; **~ d'affichage** notice board *UK*, bulletin board *US* ; **~ de bord** AÉRON instrument panel ; AUTO dashboard ; **~ noir** blackboard - **4.** [liste] register ; **~ de chasse** bag ; **~ d'honneur** honours board *UK*, honor roll *US* - **5.** [de données] table.

tablée [table] *nf* table.

tabler [3] [table] *vi* : **~ sur** to count *ou* bank on.

tablette [tablɛt] *nf* - **1.** [planchette] shelf - **2.** [de chewing-gum] stick ; [de chocolat] bar.

tableur [tablœr] *nm* INFORM spreadsheet.

tablier [tablije] *nm* - **1.** [de cuisinière] apron ; [d'écolier] smock - **2.** [de magasin] shutter ; [de cheminée] flue-shutter - **3.** [de pont] roadway, deck.

tabloïd(e) [tablɔid] *nm* tabloid.

tabou, **e** [tabu] *adj* taboo.

◆ **tabou** *nm* taboo.

taboulé [tabule] *nm Lebanese dish of bulgur wheat, onions, tomatoes and herbs.*

tabouret [taburɛ] *nm* stool ; **~ de bar/de cuisine/de piano** bar/kitchen/piano stool.

tabulateur [tabylatœr] *nm* tabulator, tab.

tac [tak] *nm* : **du ~ au ~** tit for tat.

TAC (*abr de* **train auto-couchettes**) *nm* car-sleeper train, ≃ Motorail® *UK*.

tache [taʃ] *nf* - **1.** [de pelage] marking ; [de peau] mark ; **~ de rousseur** *ou* **de son** freckle - **2.** [de couleur, lumière] spot, patch - **3.** [sur nappe, vêtement] stain ; **faire ~ d'huile** *fig* to gain ground - **4.** *litt* [morale] blemish.

tâche [taʃ] *nf* task ; **travailler à la ~** to do piecework ; **faciliter la ~ de qqn** to make sb's task easier ; **se tuer à la ~** *fig* to work o.s. to death.

tacher [3] [taʃe] *vt* - **1.** [nappe, vêtement] to stain, to mark - **2.** *fig* [réputation] to tarnish.

◆ **se tacher** *vp* - **1.** [enfant] to get one's clothes dirty - **2.** [nappe] to stain, to mark.

tâcher [3] [taʃe] ◇ *vt* : **tâche que ça soit parfait** try to make sure it's perfect. ◇ *vi* : **~ de faire qqch** to try to do sthg.

tâcheron [3] [taʃrɔ̃] *nm péj* drudge.

tacheter [27] [taʃte] *vt* to spot, to speckle.

tachycardie [takikardi] *nf* tachycardia.

tacite [tasit] *adj* tacit.

tacitement [tasitmɑ̃] *adv* tacitly.

taciturne [tasityrn] *adj* taciturn.

tacot [tako] *nm fam* jalopy, heap.

tact [takt] *nm* [délicatesse] tact ; **avoir du ~** to be tactful ; **manquer de ~** to be tactless.

tacticien, enne [taktisjɛ̃, ɛn] *nm, f* tactician.

tactile [taktil] *adj* tactile.

tactique [taktik] ◇ *adj* tactical. ◇ *nf* tactics *(pl)*.

tænia = **ténia.**

taf [taf] *nm fam* work.

taffe [taf] *nf fam* drag, puff.

taffetas [tafta] *nm* **- 1.** [tissu] taffeta **- 2.** [sparadrap] plaster *UK*.

tag [tag] *nm identifying name written with a spray can on walls, the sides of trains etc.*

tagine = **tajine.**

tagliatelles [taljatɛl] *nfpl* tagliatelle *(U)*.

tagueur, euse [tagœr, øz] *nm, f person who sprays their 'tag' on walls, the sides of trains etc.*

Tahiti [taiti] *n* Tahiti ; **à ~** in Tahiti.

tahitien, enne [taisjɛ̃, ɛn] *adj* Tahitian.
◆ **tahitien** *nm* [langue] Tahitian.
◆ **Tahitien, enne** *nm, f* Tahitian.

taïaut, tayaut [tajo] *interj* tally-ho.

Taibei [tajbɛ], **T'ai-pei** [tajpɛ] *n* Taipei.

taie [tɛ] *nf* **- 1.** [enveloppe] **: ~ (d'oreiller)** pillowcase, pillowslip **- 2.** [sur œil] leucoma, opaque spot.

taïga [tajga] *nf* taiga.

taillader [3] [tajade] *vt* to gash.

taille [taj] *nf* **- 1.** [action - de pierre, diamant] cutting ; [- d'arbre, de haie] pruning **- 2.** [stature] height ; **être de ~ à faire qqch** *fig* to be capable of doing sthg **- 3.** [mesure, dimensions] size ; **vous faites quelle ~?** what size are you?, what size do you take? ; **ce n'est pas à ma ~** it doesn't fit me ; **de ~** sizeable, considerable **- 4.** [milieu du corps] waist ; **avoir une ~ de guêpe** *fig* to be wasp-waisted.

taille-crayon [tajkrɛjɔ̃] (*pl* **taille-crayons**) *nm* pencil sharpener.

tailler [3] [taje] *vt* **- 1.** [couper - chair, pierre, diamant] to cut ; [- arbre, haie] to prune ; [- crayon] to sharpen ; [- bois] to carve **- 2.** [vêtement] to cut out.
◆ **se tailler** *vp* **- 1.** [obtenir] to achieve **- 2.** *fam* [se sauver] to beat it, to clear off.

tailleur [tajœr] *nm* **- 1.** [couturier] tailor **- 2.** [vêtement] (lady's) suit **- 3.** [de diamants, pierre] cutter **- 4.** *loc* **s'asseoir en ~** to sit cross-legged.

tailleur-pantalon [tajœrpɑ̃talɔ̃] (*pl* **tailleurs-pantalons**) *nm* trouser suit *UK*, pantsuit *US*.

taillis [taji] *nm* coppice, copse.

tain [tɛ̃] *nm* silvering ; **miroir sans ~** two-way mirror.

taire [111] [tɛr] *vt* to conceal.
◆ **se taire** *vp* **- 1.** [rester silencieux] to be silent *ou* quiet **- 2.** [cesser de s'exprimer] to fall silent ; **faire se ~ qqn** to make sb be quiet ; **tais-toi!** shut up! **- 3.** [orchestre] to fall silent ; [cris] to cease.

taisais, taisions *(etc)* ▷ **taire.**

taise, taises *(etc)* ▷ **taire.**

Taiwan [tajwan] *n* Taiwan ; **à ~** in Taiwan.

taiwanais, e [tajwanɛ, ɛz] *adj* Taiwanese.
◆ **Taiwanais, e** *nm, f* Taiwanese.

tajine, tagine [taʒin] *nm North African stew of mutton steamed with a variety of vegetables.*

talc [talk] *nm* talcum powder.

talent [talɑ̃] *nm* talent ; **avoir du ~** to be talented, to have talent ; **les jeunes ~s** young talent *(U)*.

talentueux, euse [talɑ̃tɥø, øz] *adj* talented.

talion [taljɔ̃] *nm* **: la loi du ~** an eye for an eye (and a tooth for a tooth).

talisman [talismɑ̃] *nm* talisman.

talkie-walkie [tɔkiwɔki] (*pl* **talkies-walkies**) *nm* walkie-talkie.

taloche [talɔʃ] *nf fam* [gifle] slap.

talon [talɔ̃] *nm* **- 1.** [gén] heel ; **~s aiguilles/hauts** stiletto/high heels ; **~s plats** low *ou* flat heels ; **~ d'Achille** Achilles' heel ; **être/marcher sur les ~s de qqn** *fig* to be/to follow hard on sb's heels ; **tourner les ~s** *fig* to turn on one's heel **- 2.** [de chèque] counterfoil *UK*, stub **- 3.** CARTES stock.

talonner [3] [talɔne] *vt* **- 1.** [suj: poursuivant] to be hard on the heels of **- 2.** [suj: créancier] to harry, to hound.

talonnette [talɔnɛt] *nf* **- 1.** [de chaussure] heel cushion, heel-pad **- 2.** [de pantalon] binding *(to reinforce trouser bottoms)*.

talquer [3] [talke] *vt* to put talcum powder on.

talus [taly] *nm* embankment.

tamarin [tamarɛ̃] *nm* [fruit] tamarind.

tamarinier [tamarinje] *nm* tamarind tree.

tamaris [tamaris], **tamarix** [tamariks] *nm* tamarisk.

tambouille [tãbuj] *nf fam* - **1.** [plat] grub - **2.** [cuisine] cooking.

tambour [tãbur] *nm* - **1.** [instrument, cylindre] drum ; **sans ~ ni trompette** *fig* without any fuss ; **~ battant** *fig* briskly - **2.** [musicien] drummer - **3.** [porte à tourniquet] revolving door - **4.** [à broder] embroidery hoop.

tambourin [tãburɛ̃] *nm* - **1.** [à grelots] tambourine - **2.** [tambour] tambourin.

tambouriner [3] [tãburine] ◇ *vt* to drum. ◇ *vi* : **~ sur** *ou* **à** to drum on ; **~ contre** to drum against.

tamis [tami] *nm* - **1.** [crible] sieve - **2.** [de raquette] strings *(pl)*.

Tamise [tamiz] *nf* : **la ~** the Thames.

tamisé, e [tamize] *adj* [éclairage] subdued.

tamiser [3] [tamize] *vt* - **1.** [farine] to sieve - **2.** [lumière] to filter.

tampon [tãpɔ̃] *nm* - **1.** [bouchon] stopper, plug - **2.** [éponge] pad ; **~ à récurer** scourer - **3.** [de coton, d'ouate] pad ; **~ hygiénique** *ou* **périodique** tampon - **4.** [cachet] stamp ; **~ encreur** inking pad - **5.** *litt* & *fig* [amortisseur] buffer.

tamponner [3] [tãpɔne] *vt* - **1.** [document] to stamp - **2.** [plaie] to dab.

◆ **se tamponner** *vp* to crash into each other.

tamponneuse [tãpɔnøz] ▷ **auto**.

tam-tam [tamtam] (*pl* **tam-tams**) *nm* tom-tom.

tancer [16] [tãse] *vt litt* to rebuke.

tanche [tãʃ] *nf* tench.

tandem [tãdɛm] *nm* - **1.** [vélo] tandem - **2.** [duo] pair ; **en ~** together, in tandem.

tandis [tãdi] ◆ **tandis que** *loc conj* - **1.** [pendant que] while - **2.** [alors que] while, whereas.

tangage [tãgaʒ] *nm* pitching, pitch.

tangent, e [tãʒã, ãt] *adj* : **~ à** MATH tangent to, tangential to ; **c'était ~** *fig* it was close, it was touch and go.

◆ **tangente** *nf* tangent.

tangible [tãʒibl] *adj* tangible.

tango [tãgo] *nm* tango.

tanguer [3] [tãge] *vi* to pitch.

tanière [tanjɛr] *nf* den, lair.

tanin, tannin [tanɛ̃] *nm* tannin.

tank [tãk] *nm* tank.

tannage [tanaʒ] *nm* tanning.

tannant, e [tanã, ãt] *adj fam* [assommant] irritating, maddening.

tanner [3] [tane] *vt* - **1.** [peau] to tan - **2.** *fam* [personne] to pester, to annoy.

tannerie [tanri] *nf* - **1.** [usine] tannery - **2.** [opération] tanning.

tanneur [tanœr] *nm* - **1.** [ouvrier] tanner - **2.** [commerçant] leather merchant.

tannin = **tanin**.

tant [tã] *adv* - **1.** [quantité] : **~ de** so much ; **~ de travail** so much work - **2.** [nombre] : **~ de** so many ; **~ de livres/d'élèves** so many books/pupils - **3.** [tellement] such a lot, so much ; **il l'aime ~** he loves her so much - **4.** [quantité indéfinie] so much ; **ça coûte ~** it costs so much ; **à ~ pour cent** at so many per cent - **5.** [un jour indéfini] : **votre lettre du ~** your letter of such-and-such a date - **6.** [comparatif] : **~ que** as much as - **7.** [valeur temporelle] : **~ que** [aussi longtemps que] as long as ; [pendant que] while.

◆ **en tant que** *loc conj* as ; **en ~ que tel** as such.

◆ **tant bien que mal** *loc adv* after a fashion, somehow or other.

◆ **tant mieux** *loc adv* so much the better ; **~ mieux pour lui** good for him.

◆ **tant pis** *loc adv* too bad ; **~ pis pour lui** too bad for him.

◆ **(un) tant soit peu** *loc adv* the slightest bit.

Tantale [tãtal] ▷ **supplice**.

tante [tãt] *nf* - **1.** [parente] aunt - **2.** *tfam péj* [homosexuel] poof *UK*, fairy.

tantinet [tãtinɛ] *nm* : **un ~ exagéré/trop long** a bit exaggerated/too long.

tantôt [tãto] *adv* - **1.** [parfois] sometimes - **2.** *vieilli* [après-midi] this afternoon.

Tanzanie [tãzani] *nf* : **la ~** Tanzania.

tanzanien, enne [tãzanjɛ̃, ɛn] *adj* Tanzanian.

◆ **Tanzanien, enne** *nm, f* Tanzanian.

TAO (*abr de* **traduction assistée par ordinateur**) *nf* CAT.

taoïsme [taɔism] *nm* Taoism.

taon [tã] *nm* horsefly.

tapage [tapaʒ] *nm* - **1.** [bruit] row ; **~ nocturne** ≃ disturbance of the peace - **2.** *fig* [battage] fuss *(U)*.

tapageur, euse [tapaʒœr, øz] *adj* - **1.** [hôte, enfant] rowdy - **2.** [style] flashy - **3.** [liaison, publicité] blatant.

tapant, e [tapã, ãt] *adj* : **à six heures ~** *ou* **~es** at six sharp *ou* on the dot.

tape [tap] *nf* slap.

tape-à-l'œil [tapalœj] ◇ *adj inv* flashy. ◇ *nm inv* show.

tapenade [tapənad] *nf pounded anchovies with capers, olives and tuna fish.*

taper [3] [tape] ◇ *vt* - **1.** [personne, cuisse] to slap ; **~ (un coup) à la porte** to knock at the door - **2.** [à la machine] to type - **3.** *fam* [demander de l'argent à] : **~ qqn de** to touch sb for. <> *vi* **- 1.** [frapper] to hit ; **~ du poing sur** to bang one's fist on ; **~ dans ses mains** to clap **- 2.** [à la machine] to type **- 3.** *fam* [soleil] to beat down **- 4.** *fig* [critiquer] : **~ sur qqn** to knock sb **- 5.** *fam* [puiser] : **~ dans** to dip into.

◆ **se taper** *vp fam* **- 1.** [chocolat, vin] to put away **- 2.** [corvée] to be landed with.

tapette [tapɛt] *nf* **- 1.** [à tapis] carpet beater **- 2.** [à mouches] flyswatter **- 3.** *tfam péj* [homosexuel] poof *UK*, fairy.

tapinois [tapinwa] ◆ **en tapinois** *loc adv* furtively.

tapioca [tapjɔka] *nm* tapioca.

tapir[1] [tapir] *nm* ZOOL tapir.

tapir[2] [32] [tapir] ◆ **se tapir** *vp* **- 1.** [se blottir] to crouch ; *fig* [sentiment] to be hidden ; **une maison tapie au creux de la vallée** *fig* a house hidden away in the valley **- 2.** [se cacher] to retreat.

tapis [tapi] *nm* **- 1.** [gén] carpet ; [de gymnase] mat ; **~ roulant** [pour bagages] conveyor belt ; [pour personnes] travolator ; **~ de sol** groundsheet ; **dérouler le ~ rouge** *fig* to roll out the red carpet ; **mettre un sujet sur le ~** *fig* to bring up a subject **- 2.** INFORM : **~ de souris** mouse mat *UK*, mouse pad *US*.

tapis-brosse [tapibrɔs] (*pl* **tapis-brosses**) *nm* doormat.

tapisser [3] [tapise] *vt* : **~ (de)** to cover (with).

tapisserie [tapisri] *nf* [de laine] tapestry ; [papier peint] wallpaper ; **faire ~** *fig* to be a wallflower.

tapissier, ère [tapisje, ɛr] *nm, f* **- 1.** [artisan] tapestry maker **- 2.** [décorateur] (interior) decorator **- 3.** [commerçant] upholsterer.

tapotement [tapɔtmɑ̃] *nm* tapping.

tapoter [3] [tapɔte] <> *vt* to tap ; [joue] to pat. <> *vi* : **~ sur** to tap on.

tapuscrit [tapyskri] *nm* typescript.

taquet [takɛ] *nm* **- 1.** [butée] stop, catch **- 2.** [loquet] latch.

taquin, e [takɛ̃, in] <> *adj* teasing. <> *nm, f* tease.

taquiner [3] [takine] *vt* **- 1.** [suj: personne] to tease **- 2.** [suj: douleur] to worry.

taquinerie [takinri] *nf* teasing.

tarabiscoté, e [tarabiskɔte] *adj* elaborate.

tarabuster [3] [tarabyste] *vt* **- 1.** [suj: personne] to badger **- 2.** [suj: idée] to niggle at *UK*.

tarama [tarama] *nm* taramasalata.

tarauder [3] [tarode] *vt* to tap ; *fig* to torment.

tard [tar] *adv* late ; **plus ~** later ; **au plus ~** at the latest ; **sur le ~** [en fin de journée] late in the day ; [dans la vie] late in life.

tarder [3] [tarde] <> *vi* : **~ à faire qqch** [attendre pour] to delay *ou* put off doing sthg ; [être lent à] to take a long time to do sthg ; **ne pas ~ à faire qqch** not to take long to do sthg ; **le feu ne va pas ~ à s'éteindre** it won't be long before the fire goes out ; **elle ne devrait plus ~ maintenant** she should be here any time now. <> *v impers* : **il me tarde de te revoir/qu'il vienne** I am longing to see you again/for him to come.

tardif, ive [tardif, iv] *adj* **- 1.** [heure] late **- 2.** [excuse] belated.

tardivement [tardivmɑ̃] *adv* [arriver] late ; [s'excuser] belatedly.

tare [tar] *nf* **- 1.** [défaut] defect **- 2.** [de balance] tare **- 3.** *fam péj* [personne] cretin.

taré, e [tare] <> *adj* **- 1.** [héréditairement] tainted ; *fig* flawed **- 2.** *fam péj* [idiot] cracked. <> *nm, f* **- 1.** [héréditaire] degenerate **- 2.** *fam péj* [idiot] cretin.

tarentule [tarɑ̃tyl] *nf* tarantula.

targette [tarʒɛt] *nf* bolt.

targuer [3] [targe] ◆ **se targuer** *vp sout* **se ~ de qqch/de faire qqch** to boast about sthg/about doing sthg.

tarif [tarif] *nm* **- 1.** [prix - de restaurant, café] price ; [- de service] rate, price ; [douanier] tariff ; **~s postaux** postage rates ; **demi-~** half rate *ou* price ; **plein ~** full rate *ou* price ; **~ dégressif** decreasing rate ; **~ préférentiel** preferential rate ; **~ réduit** reduced price ; [au cinéma, théâtre] concession *UK* ; **à ~ réduit** [loisirs] reduced-price ; [transport] reduced-fare **- 2.** [tableau] price list.

tarifaire [tarifɛr] *adj* tariff *(avant n)*.

tarifer [3] [tarife] *vt* to fix the price *ou* rate for.

tarification [tarifikasjɔ̃] *nf* fixing of the price *ou* rate.

tarir [32] [tarir] <> *vt* to dry up. <> *vi* to dry up ; **elle ne tarit pas d'éloges sur son professeur** she never stops praising her teacher.

◆ **se tarir** *vp* to dry up.

tarot [taro] *nm* tarot.

◆ **tarots** *nmpl* tarot cards.

tartare [tartar] *adj* Tartar ; **sauce ~** tartare sauce ; **steak ~** steak tartare.

◆ **Tartare** *nmf* Tartar.

tarte [tart] <> *nf* **- 1.** [gâteau] tart, pie *US* ; **~ aux pommes** apple tart *UK*, apple pie *US* ; **~ tatin** ≃ upside-down apple cake **- 2.** *fam fig* [gifle] slap **- 3.** *loc* **c'est pas de la ~ !** *fam* it's no joke *ou* picnic! ; **~ à la crème** CINÉ custard pie ; [sujet, propos] hackneyed. <> *adj (avec ou sans accord) fam* [idiot] stupid.

tartelette [tartəlɛt] *nf* tartlet.

tartiflette [tartiflɛt] *nf cheese and potato gratin from the Savoy region.*

tartine [tartin] *nf* - **1.** [de pain] piece of bread and butter ; **~ de confiture** piece of bread and jam ; **~ grillée** piece of toast - **2.** *fam fig* [laïus] : **en mettre une ~** *ou* **des ~s** to write reams.

tartiner [3] [tartine] *vt* - **1.** [pain] to spread ; **chocolat/fromage à ~** chocolate/cheese spread - **2.** *fam fig* [pages] to cover.

tartre [tartr] *nm* - **1.** [de dents, vin] tartar - **2.** [de chaudière] fur, scale.

tartuf(f)e [tartyf] *nm* hypocrite.

tas [ta] *nm* heap ; **un ~ de** a lot of ; **apprendre sur le ~** *fig* to learn on the job.

tasse [tas] *nf* cup ; **~ à café/à thé** coffee/tea cup ; **~ de café/de thé** cup of coffee/tea ; **boire la ~** *fig* to get a mouthful of water.

tasseau, x [taso] *nm* bracket.

tassement [tasmɑ̃] *nm* - **1.** [de neige] compression ; [de fondations] settling - **2.** *fig* [diminution] decline.

tasser [3] [tase] *vt* - **1.** [neige] to compress, to pack down - **2.** [vêtements, personnes] : **~ qqn/qqch dans** to stuff sb/sthg into.
◆ **se tasser** *vp* - **1.** [fondations] to settle - **2.** *fig* [vieillard] to shrink - **3.** [personnes] to squeeze up - **4.** *fam fig* [situation] to settle down.

taste-vin [tastəvɛ̃], **tâte-vin** [tatvɛ̃] *nm inv* tasting cup.

tata [tata] *nf* auntie.

tâter [3] [tate] ◇ *vt* to feel ; *fig* to sound out. ◇ *vi* : **~ de** to have a taste of.
◆ **se tâter** *vp fam fig* [hésiter] to be in *UK ou* of *US* two minds.

tâte-vin = taste-vin.

tatillon, onne [tatijɔ̃, ɔn] ◇ *adj* finicky. ◇ *nm, f* finicky person.

tâtonnement [tatɔnmɑ̃] *nm* - **1.** [action] groping - **2.** *(gén pl)* [tentative] trial and error *(U)*.

tâtonner [3] [tatɔne] *vi* to grope around.

tâtons [tatɔ̃] ◆ **à tâtons** *loc adv* : **marcher/procéder à ~** to feel one's way.

tatou [tatu] *nm* armadillo.

tatouage [tatwaʒ] *nm* - **1.** [action] tattooing - **2.** [dessin] tattoo.

tatouer [6] [tatwe] *vt* to tattoo.

taudis [todi] *nm* slum.

taulard = tôlard.

taule = tôle.

taulier = tôlier.

taupe [top] *nf litt & fig* mole ; **être myope comme une ~** *fig* to be as blind as a bat.

taupinière [topinjɛr] *nf* molehill.

taureau, x [tɔro] *nm* [animal] bull ; **prendre le ~ par les cornes** to take the bull by the horns.
◆ **Taureau** *nm* ASTROL Taurus ; **être Taureau** to be (a) Taurus.

tauromachie [tɔrɔmaʃi] *nf* bullfighting.

taux [to] *nm* rate ; [de cholestérol, d'alcool] level ; **~ de change** exchange rate ; **~ d'escompte** rate of discount ; **~ d'intérêt** interest rate ; **~ de natalité** birth rate.

taverne [tavɛrn] *nf* tavern.

taxation [taksasjɔ̃] *nf* taxation.

taxe [taks] *nf* tax ; **hors ~** COMM exclusive of tax, before tax ; [boutique, achat] duty-free ; **toutes ~s comprises** inclusive of tax ; **~ sur la valeur ajoutée** value-added tax ; **~ d'habitation** *tax paid on residence,* ≃ council tax *UK* /local tax *US*.

taxer [3] [takse] *vt* - **1.** [imposer] to tax - **2.** [fixer] : **~ le prix de qqch à** to fix the price of sthg at - **3.** *fam* [traiter] : **~ qqn de qqch** to call sb sthg - **4.** [accuser] : **~ qqn de qqch** to accuse sb of sthg - **5.** *fam* [prendre] : **~ qqch à qqn** to cadge sthg off *ou* from sb.

taxi [taksi] *nm* - **1.** [voiture] taxi, cab *US* - **2.** [chauffeur] taxi driver.

taxidermiste [taksidɛrmist] *nmf* taxidermist.

taximètre [taksimɛtr] *nm* meter.

taxinomie [taksinɔmi] *nf* taxonomy.

Taxiphone® [taksifɔn] *nm* pay phone.

tayaut = taïaut.

TB, tb (*abr écrite de* **très bien**) VG.

TBE, tbe (*abr écrite de* **très bon état**) vgc.

TCA (*abr de* **taxe sur le chiffre d'affaires**) *nf* tax on turnover.

TCF (*abr de* **Touring Club de France**) *nm French motorists' club,* ≃ AA *UK*, ≃ AAA *US*.

Tchad [tʃad] *nm* : **le ~** Chad ; **au ~** in Chad.

tchadien, enne [tʃadjɛ̃, ɛn] *adj* of/from Chad.
◆ **tchadien** *nm* [langue] Chadic.
◆ **Tchadien, enne** *nm, f* person from Chad.

tchador [tʃadɔr] *nm* chador.

tchatche [tʃatʃ] *nf fam* : **avoir la ~** to have the gift of the gab.

tchatcher [tʃatʃe] *vi fam* to chat (away).

tchécoslovaque [tʃekɔslɔvak] *adj* Czechoslovakian.
◆ **Tchécoslovaque** *nmf* Czechoslovak.

Tchécoslovaquie [tʃekɔslɔvaki] *nf* : **la ~** Czechoslovakia.

tchèque [tʃɛk] ◇ *adj* Czech. ◇ *nm* [langue] Czech.

◆ **Tchèque** *nmf* Czech.

tchétchène [tʃetʃɛn] *adj* Chechen.
◆ **Tchétchène** *nmf* Chechen.

Tchétchénie [tʃetʃeni] *nf* : **la ~** Chechnya.

TCS (*abr de* **Touring Club de Suisse**) *nm Swiss motorists' club*, ≃ AA *UK*, ≃ AAA *US*.

TD (*abr de* **travaux dirigés**) *nmpl* supervised practical work.

TdF (*abr de* **Télévision de France**) *nf French broadcasting authority.*

te [tə], **t'** *pron pers* - **1.** [complément d'objet direct] you - **2.** [complément d'objet indirect] (to) you - **3.** [réfléchi] yourself - **4.** [avec un présentatif] : **~ voici!** here you are!

té [te] *nm* T-square.

technicien, **enne** [tɛknisjɛ̃, ɛn] *nm, f* - **1.** [professionnel] technician - **2.** [spécialiste] : **~ (de)** expert (in).

technicité [tɛknisite] *nf* - **1.** [de produit] technical nature - **2.** [avance technologique] technological sophistication - **3.** [savoir-faire] skill.

technico-commercial, **e** [tɛknikokɔmɛrsjal] (*mpl* **technico-commerciaux**, *fpl* **technico-commerciales**) ◇ *adj* sales engineer *(avant n)*. ◇ *nm, f* sales engineer.

Technicolor® [tɛknikɔlɔr] *nm* Technicolor®.

technique [tɛknik] ◇ *adj* technical. ◇ *nf* technique.

techniquement [tɛknikmɑ̃] *adv* technically.

techno [tɛkno] *adj* & *nf* techno.

technocrate [tɛknɔkrat] *nmf* technocrat.

technologie [tɛknɔlɔʒi] *nf* technology ; **de haute ~** high-tech.

technologique [tɛknɔlɔʒik] *adj* technological.

technologue [tɛknɔlɔg], **technologiste** [tɛknɔlɔʒist] *nmf* technologist.

teck, **tek** [tɛk] *nm* teak.

teckel [tekɛl] *nm* dachshund.

tectonique [tɛktɔnik] ◇ *adj* tectonic. ◇ *nf* tectonics *(U)* ; **la ~ des plaques** plate tectonics.

TEE (*abr de* **Trans-Europ-Express**) *nm* TEE.

teen-ager [tinedʒœr] (*pl* **teen-agers**) *nmf* teenager.

tee-shirt (*pl* **tee-shirts**), **T-shirt** (*pl* **T-shirts**) [tiʃœrt] *nm* T-shirt.

Téflon® [teflɔ̃] *nm* Teflon®.

TEG (*abr de* **taux effectif garanti**) *nm* APR.

Téhéran [teerɑ̃] *n* Tehran.

teignais, **teignions** *(etc)* ▷ **teindre**.

teigne [tɛɲ] *nf* - **1.** [mite] moth - **2.** MÉD ringworm - **3.** *fam fig* & *péj* [femme] cow *UK* ; [homme] bastard.

teigneux, **euse** [tɛɲø, øz] *fam fig* & *péj* ◇ *adj* : **être teigneuse** [femme] to be a cow *UK* ; **être ~** [homme] to be a bastard. ◇ *nm, f* [femme] cow *UK* ; [homme] bastard.

teindre [81] [tɛ̃dr] *vt* to dye.
◆ **se teindre** *vp* : **se ~ les cheveux** to dye one's hair.

teint, **e** [tɛ̃, tɛ̃t] ◇ *pp* ▷ **teindre**. ◇ *adj* dyed.
◆ **teint** *nm* - **1.** [carnation] complexion - **2.** [couleur] : **tissu bon** *ou* **grand ~** colourfast *UK ou* colorfast *US* material ; **bon ~** *fig* staunch, dyed-in-the-wool.
◆ **teinte** *nf* colour *UK*, color *US* ; **une ~e de** *fig* a hint of.

teinté, **e** [tɛ̃te] *adj* tinted ; **~ de** *fig* tinged with.

teinter [3] [tɛ̃te] *vt* to stain.
◆ **se teinter** *vp* : **se ~ de** to become tinged with.

teinture [tɛ̃tyr] *nf* - **1.** [action] dyeing - **2.** [produit] dye.
◆ **teinture d'iode** *nf* tincture of iodine.

teinturerie [tɛ̃tyrri] *nf* - **1.** [pressing] dry cleaner's - **2.** [métier] dyeing.

teinturier, **ère** [tɛ̃tyrje, ɛr] *nm, f* - **1.** [de pressing] dry cleaner - **2.** [technicien] dyer.

tek = teck.

tel [tɛl] (*f* **telle**, *mpl* **tels**, *fpl* **telles**) ◇ *adj* - **1.** [valeur indéterminée] such-and-such a ; **~ et ~** such-and-such a - **2.** [semblable] such ; **un ~ homme** such a man ; **une telle générosité** such generosity ; **de telles gens** such people ; **je n'ai rien dit de ~** I never said anything of the sort - **3.** [valeur emphatique ou intensive] such ; **un ~ génie** such a genius ; **un ~ bonheur** such happiness - **4.** [introduit un exemple ou une énumération] : **~ (que)** such as, like - **5.** [introduit une comparaison] like ; **il est ~ que je l'avais toujours rêvé** he's just like I always dreamt he would be ; **~ quel** as it is/was *etc.* ◇ *pron indéf* : **~ veut marcher, tandis que ~ autre veut courir** one will want to walk, while another will want to run ; **une telle m'a dit qu'il était parti** someone or other told me he'd left.
◆ **à tel point que** *loc conj* to such an extent that.
◆ **de telle manière que** *loc conj* in such a way that.
◆ **de telle sorte que** *loc conj* with the result that, so that.

tél. (*abr écrite de* **téléphone**) tel.

télé [tele] *nf fam* TV, telly *UK*.

téléachat [teleaʃa] *nm* teleshopping.

téléacteur, **trice** [teleaktœr, tris] *nm, f* telesalesperson.

télébenne [telebɛn], **télécabine** [telekabin] *nf* cable car.

Télécarte® [telekart] *nf* phonecard.

télécharger [17] [teleʃarʒe] *vt* to download.

télécommande [telekɔmɑ̃d] *nf* remote control.

télécommander [3] [telekɔmɑ̃de] *vt* to operate by remote control ; *fig* to mastermind.

télécommunication [telekɔmynikasjɔ̃] *nf* telecommunications *(pl)*.

téléconférence [telekɔ̃ferɑ̃s] *nf* teleconference.

télécopie [telekɔpi] *nf* fax.

télécopieur [telekɔpjœr] *nm* fax (machine).

télédiffuser [3] [teledifyze] *vt* to televise.

télédiffusion [teledifyzjɔ̃] *nf* televising.

télédistribution [teledistribysjɔ̃] *nf* cable television.

télé-enseignement [teleɑ̃sɛɲmɑ̃] (*pl* **télé-enseignements**) *nm* distance learning.

téléfilm [telefilm] *nm* film made for television.

télégramme [telegram] *nm* telegram, wire *US*, cable *US*.

télégraphe [telegraf] *nm* telegraph.

télégraphie [telegrafi] *nf* telegraphy.

télégraphier [9] [telegrafje] *vt* to telegraph, to wire *US*, to cable *US*.

télégraphique [telegrafik] *adj* [fil, poteau] telegraph *(avant n)* ; **en style ~** in telegraphic style, in telegraphese.

télégraphiste [telegrafist] *nmf* **- 1.** [technicien] telegraphist **- 2.** [employé] telegraph boy (*f* telegraph girl).

téléguidage [telegidaʒ] *nm* remote control.

téléguider [3] [telegide] *vt* to operate by remote control ; *fig* to mastermind.

téléinformatique [teleɛ̃fɔrmatik] *nf* INFORM data communication.

télématique [telematik] ◇ *nf* telematics *(U)*. ◇ *adj* telematic.

téléobjectif [teleɔbʒɛktif] *nm* telephoto lens *(sing)*.

télépathie [telepati] *nf* telepathy.

télépathique [telepatik] *adj* telepathic.

téléphérique [teleferik] *nm* cableway.

téléphone [telefɔn] *nm* telephone ; **~ à carte** cardphone ; **~ cellulaire** cellular telephone ; **~ sans fil** cordless telephone ; **~ portable** mobile phone ; **~ rouge** hotline ; **~ de voiture** carphone.

téléphoner [3] [telefɔne] ◇ *vt* to telephone, to phone. ◇ *vi* to telephone, to phone ; **~ à qqn** to telephone sb, to phone sb (up) *UK*.

◆ **se téléphoner** *vp (emploi réciproque)* to call each other ; **on se téléphone, d'accord?** we'll talk on the phone later, OK?

téléphonique [telefɔnik] *adj* telephone *(avant n)*, phone *(avant n)*.

téléphoniste [telefɔnist] *nmf* (telephone) operator, telephonist *UK*.

téléprospection [teleprɔspɛksjɔ̃] *nf* telemarketing.

téléréalité [telerealite] *nf* TV reality TV, fly-on-the-wall television ; **une émission de ~** fly-on-the-wall documentary ; [de style feuilleton] docusoap.

télescopage [teleskɔpaʒ] *nm* **- 1.** [de véhicules] concertinaing **- 2.** *fig* [d'idées] cross-fertilization.

télescope [teleskɔp] *nm* telescope.

télescoper [3] [teleskɔpe] *vt* [véhicule] to crash into.

◆ **se télescoper** *vp* **- 1.** [véhicules] to concertina *UK* **- 2.** *fig* [idées] to influence each other.

télescopique [teleskɔpik] *adj* **- 1.** [antenne] telescopic **- 2.** [planète] visible only by telescope.

téléscripteur [teleskriptœr] *nm* teleprinter *UK*, teletypewriter *US*.

télésiège [telesjɛʒ] *nm* chairlift.

téléski [teleski] *nm* ski tow.

téléspectateur, **trice** [telespɛktatœr, tris] *nm, f* (television) viewer.

télésurveillance [telesyrvejɑ̃s] *nf* remote surveillance.

Télétex® [teletɛks] *nm* teletex.

télétravail, **aux** [teletravaj, o] *nm* teleworking.

télétravailleur, **euse** [teletravajœr,øz] *nm, f* teleworker.

Télétype® [teletip] *nm* Teletype®.

télévente [televɑ̃t] *nf* [à la télévision] television selling ; [via Internet] online selling *OU* commerce, e-commerce.

téléviser [3] [televize] *vt* to televise.

téléviseur [televizœr] *nm* television (set).

télévision [televizjɔ̃] *nf* television ; **à la ~** on television ; **~ câblée** cable television ; **~ numérique** digital television ; **~ par satellite** satellite television.

télévisuel, **elle** [televizɥɛl] *adj* television *(avant n)*.

télex [telɛks] *nm inv* telex.

télexer [4] [telekse] *vt* to telex.

tellement [tɛlmɑ̃] *adv* - **1.** [si, à ce point] so ; *(+ comparatif)* so much ; **~ plus jeune que** so much younger than ; **pas ~** not especially, not particularly ; **ce n'est plus ~ frais/populaire** it's no longer all that fresh/popular - **2.** [autant] : **~ de** [personnes, objets] so many ; [gentillesse, travail] so much - **3.** [tant] so much ; **elle a ~ changé** she's changed so much ; **je ne comprends rien ~ il parle vite** he talks so quickly that I can't understand a word.

téloche [telɔʃ] *nf fam* telly *UK*.

téméraire [temerɛr] <> *adj* - **1.** [audacieux] bold - **2.** [imprudent] rash. <> *nmf* hothead.

témérité [temerite] *nf* - **1.** [audace] boldness - **2.** [imprudence] rashness.

témoignage [temwaɲaʒ] *nm* - **1.** DR testimony, evidence *(U)* ; **faux ~** perjury - **2.** [gage] token, expression ; **en ~ de** as a token of - **3.** [récit] account.

témoigner [3] [temwaɲe] <> *vt* - **1.** [manifester] to show, to display - **2.** DR : **~ que** to testify that. <> *vi* - **1.** DR to testify ; **~ contre** to testify against ; **~ en faveur de qqn** to testify in sb's favour *UK ou* favor *US* - **2.** : **~ de** [être le signe de] to show ; [certifier] to testify (as) to.

témoin [temwɛ̃] <> *nm* - **1.** [gén] witness ; **être ~ de qqch** to be a witness to sthg, to witness sthg ; **prendre qqn à ~ (de)** to call on sb as a witness (of) ; **~ à charge** DR witness for the prosecution ; **~ oculaire** eyewitness - **2.** INFORM indicator - **3.** *litt* [marque] : **~ de** evidence *(U)* of - **4.** SPORT baton. <> *adj* [appartement] show *(avant n)*.

tempe [tɑ̃p] *nf* temple.

tempérament [tɑ̃peramɑ̃] *nm* temperament ; **avoir du ~** to be hot-blooded.

tempérance [tɑ̃perɑ̃s] *nf* temperance, moderation.

tempérant, **e** [tɑ̃perɑ̃, ɑ̃t] *adj* temperate.

température [tɑ̃peratyr] *nf* temperature ; **avoir de la ~** to have a temperature ; **prendre sa ~** to take one's temperature.

tempéré, **e** [tɑ̃pere] *adj* - **1.** [climat] temperate - **2.** [personne] even-tempered.

tempérer [18] [tɑ̃pere] *vt* - **1.** [adoucir] to temper ; *fig* [enthousiasme, ardeur] to moderate - **2.** *fig* & *litt* [douleur, peine] to attenuate, to soothe.

tempête [tɑ̃pɛt] *nf* storm ; **une ~ de** *fig* a storm of ; **~ de sable** sandstorm.

tempêter [4] [tɑ̃pete] *vi* to rage.

tempétueux, **euse** [tɑ̃petyø, øz] *adj litt* stormy ; *fig* tempestuous.

temple [tɑ̃pl] *nm* - **1.** HIST temple - **2.** [protestant] church.

tempo [tɛmpo] *nm* tempo.

temporaire [tɑ̃pɔrɛr] *adj* temporary.

temporairement [tɑ̃pɔrɛrmɑ̃] *adv* temporarily.

temporel, **elle** [tɑ̃pɔrɛl] *adj* - **1.** [défini dans le temps] time *(avant n)* - **2.** [terrestre] temporal.

temporisateur, **trice** [tɑ̃pɔrizatœr, tris] <> *adj* - **1.** [stratégie] delaying *(avant n)* - **2.** [personne] who stalls *ou* delays. <> *nm, f* person who stalls *ou* delays.

temporiser [3] [tɑ̃pɔrize] *vi* to play for time, to stall.

temps [tɑ̃] *nm* - **1.** [gén] time ; **à plein ~** full-time ; **à mi-~** half-time ; **à ~ partiel** part-time ; **un ~ partiel** a part-time job ; **en un ~ record** in record time ; **au** *ou* **du ~ où** (in the days) when ; **de mon ~** in my day ; **ça prend un certain ~** it takes some time ; **ces ~-ci, ces derniers ~** these days ; **pendant ce ~** meanwhile ; **les premiers ~** at the beginning ; **en ~ utile** in due course ; **en ~ de guerre/paix** in wartime/peacetime ; **il est grand ~ de partir** it is high time that we left ; **il était ~ !** *iron* and about time too! ; **avoir le ~ de faire qqch** to have time to do sthg ; **gagner du ~** to save time ; **passer le ~** to pass the time ; **~ libre** free time ; **~ mort** SPORT stoppage time, injury time ; *fig* break, pause ; **à ~** in time ; **de ~ à autre** now and then *ou* again ; **de ~ en ~** from time to time ; **en même ~** at the same time ; **tout le ~** all the time, the whole time ; **tuer le ~** to kill time ; **avoir tout son ~** to have all the time in the world ; **ne pas laisser à qqn le ~ de se retourner** not to give sb the time to catch his/her breath ; **rattraper le ~ perdu** to catch up on *ou* make up for lost time ; **par les ~ qui courent** in this day and age - **2.** MUS beat - **3.** GRAMM tense - **4.** MÉTÉOR weather ; **gros ~** rough weather *ou* conditions ; **un ~ de chien** foul weather.

tenable [tənabl] *adj* bearable.

tenace [tənas] *adj* - **1.** [gén] stubborn - **2.** *fig* [odeur, rhume] lingering - **3.** [colle] strong.

ténacité [tenasite] *nf* - **1.** [d'odeur] lingering nature - **2.** [de préjugé, personne] stubbornness.

tenailler [3] [tənaje] *vt* to torment.

tenailles [tənaj] *nfpl* pincers.

tenancier, **ère** [tənɑ̃sje, ɛr] *nm, f* manager (*f* manageress).

tenant, **e** [tənɑ̃,ɑ̃t] *nm, f* : **~ du titre** title holder.

◆ **tenant** *nm* - **1.** *(gén pl)* [d'une opinion] supporter - **2.** *loc* **d'un seul ~** in one piece, intact ; **les ~s et les aboutissants** [d'une affaire] the ins and outs, the full details.

tendance [tɑ̃dɑ̃s] *nf* - **1.** [disposition] tendency ; **avoir ~ à qqch/à faire qqch** to have a tendency to sthg/to do sthg, to be inclined to sthg/to do sthg - **2.** [économique, de mode] trend.

tendancieusement [tɑ̃dɑ̃sjøzmɑ̃] *adv* tendentiously.

tendancieux, euse [tɑ̃dɑ̃sjø, øz] *adj* tendentious.

tendeur [tɑ̃dœr] *nm* - **1.** [sangle] elastic strap *(for fastening luggage etc)* - **2.** [appareil] wire-strainer - **3.** [de bicyclette] chain adjuster - **4.** [de tente] runner.

tendinite [tɑ̃dinit] *nf* tendinitis.

tendon [tɑ̃dɔ̃] *nm* tendon ; **~ d'Achille** Achilles' tendon.

tendre[1] [tɑ̃dr] ◇ *adj* - **1.** [gén] tender - **2.** [matériau] soft - **3.** [couleur] delicate. ◇ *nmf* tender-hearted person.

tendre[2] [73] [tɑ̃dr] ◇ *vt* - **1.** [corde] to tighten - **2.** [muscle] to tense - **3.** [objet, main] : **~ qqch à qqn** to hold out sthg to sb - **4.** [bâche] to hang - **5.** [piège] to set (up). ◇ *vi* : **~ à/vers** [évoluer vers] to tend to/towards ; [viser à] to aim at.

◆ **se tendre** *vp* to tighten ; *fig* [relations] to become strained.

tendrement [tɑ̃drəmɑ̃] *adv* tenderly.

tendresse [tɑ̃drɛs] *nf* - **1.** [affection] tenderness - **2.** [indulgence] sympathy.

◆ **tendresses** *nfpl* : **se faire des ~s** to be loving with each other.

tendron [tɑ̃drɔ̃] *nm part of veal rib.*

tendu, e [tɑ̃dy] ◇ *pp* ▷ **tendre**[2]. ◇ *adj* - **1.** [fil, corde] taut - **2.** [pièce] : **~ de** [velours] hung with ; [papier peint] covered with - **3.** [personne] tense - **4.** [atmosphère, rapports] strained - **5.** [main] outstretched.

ténèbres [tenɛbr] *nfpl* darkness *(sing)*, shadows ; *fig* depths.

ténébreux, euse [tenebrø, øz] *adj* - **1.** *litt* [forêt] dark, shadowy - **2.** *fig* [dessein, affaire] mysterious - **3.** [personne] serious, solemn.

teneur [tənœr] *nf* content ; [de traité] terms *(pl)* ; **~ en alcool/cuivre** alcohol/copper content.

ténia, tænia [tenja] *nm* tapeworm.

tenir [40] [tənir] ◇ *vt* - **1.** [objet, personne, solution] to hold - **2.** [garder, conserver, respecter] to keep - **3.** [gérer - boutique] to keep, to run - **4.** [apprendre] : **~ qqch de qqn** to have sthg from sb - **5.** [considérer] : **~ qqn pour** to regard sb as. ◇ *vi* - **1.** [être solide] to stay up, to hold together - **2.** [durer] to last - **3.** [pouvoir être contenu] to fit - **4.** [être attaché] : **~ à** [personne] to care about ; [privilèges] to value - **5.** [vouloir absolument] : **~ à faire qqch** to insist on doing sthg - **6.** [ressembler] : **~ de** to take after - **7.** [relever de] : **~ de** to have something of - **8.** [dépendre de] : **il ne tient qu'à toi de...** it's entirely up to you to... - **9.** *loc* **~ bon** to stand firm ; **qu'à cela ne tienne** it *ou* that doesn't matter ; **tiens!** [en donnant] here! ; [surprise] well, well! ; [pour attirer attention] look!

◆ **se tenir** *vp* - **1.** [réunion] to be held - **2.** [personnes] to hold one another ; **se ~ par la main** to hold hands - **3.** [être présent] to be - **4.** [être cohérent] to make sense - **5.** [se conduire] to behave (o.s.) - **6.** [se retenir] : **se ~ (à)** to hold on (to) - **7.** [se borner] : **s'en ~ à** to stick to.

tennis [tenis] ◇ *nm* - **1.** [sport] tennis - **2.** [terrain] tennis court. ◇ *nmpl* tennis shoes, sneakers *US*.

tennisman [tenisman] (*pl* **tennismen** [tenismen]) *nm* tennis player.

ténor [tenɔr] ◇ *adj* [instrument de musique] tenor *(avant n)*. ◇ *nm* - **1.** [chanteur] tenor - **2.** *fig* [vedette] : **un ~ de la politique** a political star performer.

tensioactif, ive [tɑ̃sjɔaktif, iv] *adj* surface-active.

tension [tɑ̃sjɔ̃] *nf* - **1.** [contraction, désaccord] tension - **2.** MÉD pressure ; **avoir de la ~** to have high blood pressure ; **~ artérielle** blood pressure - **3.** ÉLECTR voltage ; **haute/basse ~** high/low voltage.

tentaculaire [tɑ̃takylɛr] *adj fig* sprawling.

tentacule [tɑ̃takyl] *nm* tentacle.

tentant, e [tɑ̃tɑ̃, ɑ̃t] *adj* tempting.

tentateur, trice [tɑ̃tatœr, tris] ◇ *adj* tempting. ◇ *nm, f* tempter (*f* temptress).

tentation [tɑ̃tasjɔ̃] *nf* temptation.

tentative [tɑ̃tativ] *nf* attempt ; **~ d'homicide** attempted murder ; **~ de suicide** suicide attempt.

tente [tɑ̃t] *nf* tent.

◆ **tente à oxygène** *nf* oxygen tent.

tenter [3] [tɑ̃te] *vt* - **1.** [entreprendre] : **~ qqch/de faire qqch** to attempt sthg/to do sthg - **2.** [plaire] to tempt ; **être tenté par qqch/de faire qqch** to be tempted by sthg/to do sthg.

tenture [tɑ̃tyr] *nf* hanging.

tenu, e [təny] ◇ *pp* ▷ **tenir**. ◇ *adj* - **1.** [obligé] : **être ~ à qqch** to be bound by sthg ; **être ~ de faire qqch** to be required *ou* obliged to do sthg - **2.** [en ordre] : **bien/mal ~** [maison] well/badly kept.

ténu, e [teny] *adj* - **1.** [fil] fine ; *fig* [distinction] tenuous - **2.** [voix] thin.

tenue [təny] *nf* - **1.** [entretien] running ; **~ de la comptabilité** bookkeeping - **2.** [manières] good manners *(pl)* - **3.** [maintien du corps] posture - **4.** [costume] dress ; **~ réglementaire** regulation uniform ; **~ de soirée** evening dress ; **être en petite ~** to be scantily dressed.

◆ **tenue de route** *nf* roadholding.

tequila [tekila] *nf* tequila.

ter [tɛr] ◇ *adv* MUS three times. ◇ *adj* : **12 ~** 12B.

TER (*abr de* **Train Express Régional**) *nm fast intercity train.*

térébenthine [terebɑ̃tin] *nf* turpentine.

Tergal® [tɛrgal] *nm* ≃ Terylene®.

tergiversation [tɛrʒivɛrsasjɔ̃] *nf* shilly-shallying *(U)*.

tergiverser [3] [tɛrʒivɛrse] *vi* to shilly-shally.

terme [tɛrm] *nm* **- 1.** [fin] end ; **mettre un ~ à** to put an end *ou* a stop to **- 2.** [de grossesse] term ; **mener une grossesse à ~** to go full term ; **avant ~** prematurely **- 3.** [échéance] time limit ; [de loyer] rent day ; **à ~** FIN forward *(avant n)* ; **à court/moyen/long ~** [calculer] in the short/medium/long term ; [projet] short-/medium-/long-term **- 4.** [mot, élément] term.

◆ **termes** *nmpl* **- 1.** [expressions] words ; **en d'autres ~s** in other words **- 2.** [de contrat] terms **- 3.** [relations] : **être en bons/mauvais ~s avec qqn** to be on good/bad terms with sb.

terminaison [tɛrminɛzɔ̃] *nf* GRAMM ending.

◆ **terminaison nerveuse** *nf* nerve ending.

terminal, **e**, **aux** [tɛrminal, o] *adj* **- 1.** [au bout] final **- 2.** MÉD [phase] terminal.

◆ **terminal**, **aux** *nm* terminal.

◆ **terminale** *nf* SCOL ≃ upper sixth year *ou* form *UK*, ≃ twelfth grade *US*.

terminer [3] [tɛrmine] *vt* to end, to finish ; [travail, repas] to finish ; **~ qqch par** to finish sthg with.

◆ **se terminer** *vp* to end, to finish ; **se ~ par** to end *ou* finish with ; **se ~ en** to end in.

terminologie [tɛrminɔlɔʒi] *nf* terminology.

terminus [tɛrminys] *nm* terminus.

termite [tɛrmit] *nm* termite.

termitière [tɛrmitjɛr] *nf* termite nest.

ternaire [tɛrnɛr] *adj* CHIM & MATH ternary ; LITTÉR & MUS triple.

terne [tɛrn] *adj* dull.

ternir [32] [tɛrnir] *vt* to dirty ; [métal, réputation] to tarnish.

◆ **se ternir** *vp* to get dirty ; [métal, réputation] to tarnish.

terrain [tɛrɛ̃] *nm* **- 1.** [sol] soil ; **tout ~** all-terrain ; **vélo tout ~** mountain bike **- 2.** [surface] piece of land ; **~ vague** waste ground *(U) ou* land *(U) UK*, vacant lot *US* **- 3.** [emplacement - de football, rugby] pitch *UK* ; [- de golf] course ; **~ d'aviation** airfield ; **~ de camping** campsite **- 4.** MIL terrain **- 5.** *fig* [domaine] ground ; **en ~ glissant** *fig* on shaky ground **- 6.** *loc* **céder du ~ à qqn** to give ground to sb ; **déblayer le ~** *fig* to clear the ground ; **gagner du ~** to gain ground ; **gagner du ~ sur qqn** to gain on sb ; **sur le ~** in the field.

terrasse [tɛras] *nf* terrace.

terrassement [tɛrasmɑ̃] *nm* [action] excavation.

terrasser [3] [tɛrase] *vt* [suj: personne] to bring down ; [suj: émotion] to overwhelm ; [suj: maladie] to conquer.

terrassier [tɛrasje] *nm* labourer *UK*, laborer *US*.

terre [tɛr] *nf* **- 1.** [monde] world **- 2.** [sol] ground ; **par ~** on the ground ; **sous ~** underground ; **~ à ~** *fig* down-to-earth **- 3.** [matière] earth, soil ; **~ cuite** terracotta ; **~ glaise** clay **- 4.** [propriété] land *(U)* **- 5.** [territoire, continent] land ; **sur la ~ ferme** on dry land ; **~ natale** native land **- 6.** ÉLECTR earth *UK*, ground *US*.

◆ **Terre** *nf* : **la Terre** Earth ; **la Terre promise** the Promised Land ; **la Terre Sainte** the Holy Land.

terreau [tɛro] *nm* compost.

terre-neuve [tɛrnœv] *nm inv* Newfoundland (dog).

Terre-Neuve [tɛrnœv] *nf* Newfoundland ; **à ~** in Newfoundland.

terre-plein [tɛrplɛ̃] (*pl* **terre-pleins**) *nm* platform.

terrer [4] [tɛre] ◆ **se terrer** *vp* to go to earth.

terrestre [tɛrɛstr] *adj* **- 1.** [croûte, atmosphère] of the earth **- 2.** [animal, transport] land *(avant n)* **- 3.** [plaisir, paradis] earthly **- 4.** [considérations] worldly.

terreur [tɛrœr] *nf* terror.

terreux, **euse** [tɛrø, øz] *adj* **- 1.** [substance, goût] earthy **- 2.** [mains, teint] muddy.

terri = **terril**.

terrible [tɛribl] *adj* **- 1.** [gén] terrible **- 2.** [appétit, soif] terrific, enormous ; **avoir un travail ~** to have a terrific *ou* an enormous amount of work **- 3.** *fam* [excellent] brilliant.

terriblement [tɛribləmɑ̃] *adv* terribly.

terrien, **enne** [tɛrjɛ̃, ɛn] ◇ *adj* **- 1.** [foncier] : **propriétaire ~** landowner **- 2.** [vertu] rural. ◇ *nm, f* [habitant de la Terre] earthling.

terrier [tɛrje] *nm* **- 1.** [tanière] burrow **- 2.** [chien] terrier.

terrifier [9] [tɛrifje] *vt* to terrify.

terril [tɛril], **terri** [tɛri] *nm* slag heap.

terrine [tɛrin] *nf* terrine.

territoire [tɛritwar] *nm* **- 1.** [pays, zone] territory **- 2.** ADMIN area.

◆ **territoire d'outre-mer** *nm* (French) overseas territory.

territorial, e, aux [teritɔrjal, o] *adj* territorial.

terroir [terwar] *nm* - **1.** [sol] soil - **2.** [région rurale] country ; **du ~** rural.

terroriser [3] [terɔrize] *vt* to terrorize.

terrorisme [terɔrism] *nm* terrorism.

terroriste [terɔrist] <> *nmf* terrorist. <> *adj* terrorist *(avant n)*.

tertiaire [tersjer] <> *nm* tertiary sector. <> *adj* tertiary.

tertio [tersjo] *adv* third, thirdly.

tes ▷ **ton**².

tesson [tesɔ̃] *nm* piece of broken glass.

test [test] *nm* test ; **~ de dépistage** screening test ; **~ de grossesse** pregnancy test.

testament [testamɑ̃] *nm* will ; *fig* legacy.
◆ **Testament** *nm* : **Ancien/Nouveau Testament** Old/New Testament.

testamentaire [testamɑ̃ter] *adj* of a will.

tester [3] [teste] <> *vt* to test. <> *vi* to make a will.

testicule [testikyl] *nm* testicle.

tétaniser [3] [tetanize] *vt* to cause to go into spasm ; *fig* to paralyse *UK*, to paralyze *US*.

tétanos [tetanos] *nm* tetanus.

têtard [tetar] *nm* tadpole.

tête [tet] *nf* - **1.** [gén] head ; **de la ~ aux pieds** from head to foot *ou* toe ; **la ~ en bas** head down ; **la ~ la première** head first ; **calculer qqch de ~** to calculate sthg in one's head ; **10 euros par ~** 10 euros a head *ou* each ; **~ chercheuse** homing head ; **~ d'écriture** INFORM write head ; **~ de lecture** INFORM read head ; **~ de liste** POLIT main candidate ; **~ de mort** death's head ; **piquer une ~** *fam* to have *ou* go for a dip ; **se casser la ~ pour faire qqch** *fam fig* to kill o.s. doing sthg ; **se laver la ~** to wash one's hair ; **se payer la ~ de qqn** *fam* to make fun of sb, to take the mickey out of sb *UK* ; **avoir la grosse ~** *fam* to be big-headed ; **être ~ en l'air** to have one's head in the clouds ; **avoir la ~ sur les épaules** to have a good head on one's shoulders ; **faire la ~** to sulk ; **garder la ~ froide** to keep a cool head ; **perdre la ~** to lose one's head ; **tenir ~ à qqn** to stand up to sb - **2.** [visage] face - **3.** [devant - de cortège, peloton] head, front ; **de ~** [- voiture] front *(avant n)* ; *fig* [- personne] high-powered ; **en ~** SPORT in the lead ; **~ de série** SPORT seeded player.

tête-à-queue [tetakø] *nm inv* spin.

tête-à-tête [tetatet] *nm inv* tête-à-tête ; **en ~** alone.

tête-bêche [tetbeʃ] *loc adv* head to tail.

tête-de-nègre [tetdənegr] *adj inv* dark brown.

tétée [tete] *nf* feed.

tétine [tetin] *nf* - **1.** [de biberon, mamelle] nipple, teat - **2.** [sucette] dummy *UK*, pacifier *US*.

téton [tetɔ̃] *nm* - **1.** *fam* [sein] breast - **2.** TECHNOL nipple.

Tétrabrick® [tetrabrik] *nm* carton.

tétralogie [tetralɔʒi] *nf* tetralogy.

tétraplégique [tetrapleʒik] *adj* quadriplegic.

têtu, e [tety] *adj* stubborn.

teuf [tœf] *fam nf* party, rave.

teuf-teuf [tœftœf] *nm inv* old banger.

teuton, onne [tøtɔ̃, ɔn] *péj* <> *adj* Teutonic. <> *nm, f* Teuton.

tex mex [teksmeks] <> *adj* Tex Mex. <> *nm* Tex Mex food.

texte [tekst] *nm* - **1.** [écrit] wording ; **dans le ~** in the original ; **~ intégral** unabridged text ; **~ de loi** legal text - **2.** [imprimé] text - **3.** [extrait] passage.

textile [tekstil] <> *adj* textile *(avant n)*. <> *nm* - **1.** [matière] textile - **2.** [industrie] : **le ~** textiles *(pl)*, the textile industry.

texto [teksto] <> *adv fam* word for word, verbatim. <> *nm* TÉLÉCOM text (message).

textuel, elle [tekstɥel] *adj* - **1.** [analyse] textual ; [citation] exact ; **il a dit ça, ~** those were his very *ou* exact words - **2.** [traduction] literal.

textuellement [tekstɥelmɑ̃] *adv* verbatim.

texture [tekstyr] *nf* texture.

TF1 (*abr de* **Télévision Française 1**) *nf French independent television company.*

TG (*abr de* **Trésorerie générale**) *nf local finance office.*

TGI *abr de* **tribunal de grande instance.**

TGV (*abr de* **train à grande vitesse**) *nm French high-speed train.*

TGV

This high-speed train – it can reach a speed of between 270 and 300 km per hour – first ran on the Paris-Lyon(s) line. Today it connects Paris with many large French cities (such as Nice, Marseilles, Toulouse, Bordeaux and Rennes) and some European capital cities: Brussels and Amsterdam (as the Thalys) as well as London (under the name Eurostar).

thaï [taj] *nm & adj inv* Thai.
◆ **Thaï** *nm, f* Thai.

thaïlandais, e [tajlɑ̃de, ez] *adj* Thai.
◆ **Thaïlandais, e** *nm, f* Thai.

Thaïlande [tajlɑ̃d] *nf* : **la ~** Thailand.

thalasso(thérapie) [talasɔ(terapi)] *nf* seawater therapy.

thaumaturge [tomatyrʒ] *nm litt* miracle worker.

thé [te] *nm* tea ; **~ au citron/lait** tea with lemon/milk ; **~ nature** tea without milk, black tea *UK*.

théâtral, e, aux [teatral, o] *adj* - **1.** [saison] theatre *(avant n) UK*, theater *(avant n) US* - **2.** [ton] theatrical.

théâtralement [teatralmɑ̃] *adv* theatrically.

théâtre [teatr] *nm* - **1.** [bâtiment, représentation] theatre *UK*, theater *US* - **2.** [troupe] theatre *UK ou* theater *US* company - **3.** [art] : **faire du ~** to be on the stage ; **adapté pour le ~** adapted for the stage - **4.** [œuvre] plays *(pl)* - **5.** [lieu] scene ; **~ d'opérations** MIL theatre *UK ou* theater *US* of operations.

théière [tejɛr] *nf* teapot.

théine [tein] *nf* caffeine.

thématique [tematik] ◇ *adj* thematic. ◇ *nf* themes *(pl)*.

thème [tɛm] *nm* - **1.** [sujet & MUS] theme - **2.** SCOL prose.
◆ **thème astral** *nm* birth chart.

théocratie [teɔkrasi] *nf* theocracy.

théologie [teɔlɔʒi] *nf* theology.

théologien, enne [teɔlɔʒjɛ̃, ɛn] *nm, f* theologian.

théologique [teɔlɔʒik] *adj* theological.

théorème [teɔrɛm] *nm* theorem.

théoricien, enne [teɔrisjɛ̃, ɛn] *nm, f* theoretician.

théorie [teɔri] *nf* theory ; **en ~** in theory.

théorique [teɔrik] *adj* theoretical.

théoriquement [teɔrikmɑ̃] *adv* theoretically.

théoriser [3] [teɔrize] ◇ *vt* to theorize about. ◇ *vi* : **~ (sur)** to theorize (about).

thérapeute [terapøt] *nmf* therapist.

thérapeutique [terapøtik] ◇ *adj* therapeutic. ◇ *nf* therapy.

thérapie [terapi] *nf* therapy ; **~ génique** gene therapy.

thermal, e, aux [tɛrmal, o] *adj* thermal.

thermalisme [tɛrmalism] *nm* ≃ hydrotherapy.

thermes [tɛrm] *nmpl* thermal baths.

thermique [tɛrmik] *adj* thermal.

thermodynamique [tɛrmɔdinamik] ◇ *adj* thermodynamic. ◇ *nf* thermodynamics *(U)*.

thermomètre [tɛrmɔmɛtr] *nm* [instrument] thermometer.

thermonucléaire [tɛrmɔnykleɛr] *adj* thermonuclear.

Thermos® [tɛrmos] *nm & nf* Thermos® (flask).

thermostat [tɛrmɔsta] *nm* thermostat.

thésard, e [tezar, ard] *nm, f fam* PhD student.

thésauriser [3] [tezɔrize] ◇ *vt* to hoard. ◇ *vi* to hoard money.

thésaurus, thesaurus [tezɔrys] *nm inv* thesaurus.

thèse [tɛz] *nf* - **1.** [opinion] argument ; **pièce/roman à ~** drama/novel of ideas - **2.** PHILO & UNIV thesis ; **~ de doctorat** doctorate - **3.** [théorie] theory.

thon [tɔ̃] *nm* tuna.

thoracique [tɔrasik] *adj* thoracic, ▻ **cage**.

thorax [tɔraks] *nm* thorax.

thriller [srilœr, trilœr] *nm* thriller.

thrombose [trɔ̃boz] *nf* thrombosis.

thune, tune [tyn] *nf fam* cash *(U)*, dough *(U)*.

thym [tɛ̃] *nm* thyme.

thyroïde [tirɔid] *nf* thyroid (gland).

TI *abr de* **tribunal d'instance**.

Tibet [tibɛ] *nm* : **le ~** Tibet ; **au ~** in Tibet.

tibétain, e [tibetɛ̃, ɛn] *adj* Tibetan.
◆ **Tibétain, e** *nm, f* Tibetan.

tibia [tibja] *nm* tibia.

tic [tik] *nm* tic.

ticket [tikɛ] *nm* ticket ; **~ de caisse** (till) receipt *UK*, sales slip *US* ; **~ modérateur** *proportion of medical expenses payable by the patient* ; **~ de rationnement** ration coupon ; **~-repas** ≃ luncheon voucher *UK*, ≃ meal ticket *US* ; **avoir un ~ avec qqn** *fam fig* to have made a hit with sb.

tic-tac [tiktak] ◇ *interj* tick-tock! ◇ *nm inv* tick-tock.

tiédasse [tjedas] *adj péj* tepid.

tiède [tjɛd] ◇ *adj* - **1.** [boisson, eau] tepid, lukewarm - **2.** [vent] mild - **3.** *fig* [accueil] lukewarm. ◇ *adv* : **à boire ~** serve lukewarm.

tièdement [tjɛdmɑ̃] *adv* half-heartedly.

tiédeur [tjedœr] *nf* - **1.** [chaleur modérée] tepidness - **2.** *fig* [de climat] mildness - **3.** *fig* [indifférence] half-heartedness.

tiédir [32] [tjedir] ◇ *vt* to warm. ◇ *vi* to become warm ; **faire ~ qqch** to warm sthg.

tien [tjɛ̃] ◆ **le tien** (*f* **la tienne** [latjɛn], *mpl* **les tiens** [letjɛ̃], *fpl* **les tiennes** [letjɛn]) *pron poss* yours ; **les ~s** your family ; **mets-y du**

~! make an effort! ; **à la tienne!** cheers! ; **tu as encore fais des tiennes!** you've been up to your tricks again!

tiendrai, tiendras *(etc)* ▷ **tenir**.

tienne ◇ *v* ▷ **tenir**. ◇ *pron poss* ▷ **tien**.

tiens, tient *(etc)* ▷ **tenir**.

tierce [tjɛrs] ◇ *nf* - **1.** MUS third - **2.** CARTES [escrime] tierce - **3.** TYPO final proof. ◇ *adj* ▷ **tiers**.

tiercé [tjɛrse] *nm system of betting involving the first three horses in a race.*

tiers, tierce [tjɛr, tjɛrs] *adj* : **une tierce personne** a third party.
◆ **tiers** *nm* - **1.** [étranger] outsider, stranger - **2.** [tierce personne] third party ; **assurance au ~** third-party insurance - **3.** [de fraction] : **le ~ de** one-third of ; **~ provisionnel** *thrice-yearly income tax payment based on estimated tax due for the previous year.*

tiers-monde [tjɛrmɔ̃d] *nm* : **le ~** the Third World.

tiers-mondisation [tjɛrmɔ̃dizasjɔ̃] *nf* : **la ~ de ce pays** this country's economic degeneration to Third World levels.

tiers-mondiste [tjɛrmɔ̃dist] ◇ *adj* favouring *UK* ou favoring *US* the Third World. ◇ *nmf* champion of the Third World.

tiers-payant [tjɛrpɛjɑ̃] *nm system by which a proportion of the fee for medical treatment is paid directly to the hospital, doctor or pharmacist by the patient's insurer.*

tifs [tif] *nmpl fam* hair *(U)*.

TIG (*abr de* **travail d'intérêt général**) *nm* community service.

tige [tiʒ] *nf* - **1.** [de plante] stem, stalk - **2.** [de bois, métal] rod.

tignasse [tiɲas] *nf fam* mop (of hair).

tigre [tigr] *nm* tiger ; **jaloux comme un ~** *fig* fiercely jealous.

tigré, e [tigre] *adj* - **1.** [rayé] striped ; [chat] tabby *(avant n)* - **2.** [tacheté] spotted ; [cheval] piebald.

tigresse [tigrɛs] *nf* tigress.

tilleul [tijœl] *nm* lime (tree).

tilt [tilt] *nm* : **faire ~** *fam fig* to ring a bell.

timbale [tɛ̃bal] *nf* - **1.** [gobelet] (metal) cup ; **décrocher la ~** *fig* to hit the jackpot - **2.** CULIN timbale - **3.** MUS kettledrum.

timbrage [tɛ̃braʒ] *nm* postmarking.

timbre [tɛ̃br] *nm* - **1.** [gén] stamp - **2.** [de voix] timbre - **3.** [de bicyclette] bell.

timbré, e [tɛ̃bre] ◇ *adj* - **1.** [papier, enveloppe] stamped - **2.** [voix] resonant - **3.** *fam* [fou] barmy *UK*, doolally *UK*. ◇ *nm, f fam* loony.

timbrer [3] [tɛ̃bre] *vt* to stamp.

timide [timid] ◇ *adj* - **1.** [personne] shy - **2.** [protestation, essai] timid - **3.** [soleil] uncertain. ◇ *nmf* shy person.

timidement [timidmɑ̃] *adv* shyly ; [protester] timidly.

timidité [timidite] *nf* - **1.** [de personne] shyness - **2.** [de protestation] timidness.

timing [tajmiŋ] *nm* - **1.** [emploi du temps] schedule - **2.** [organisation] timing.

timonier [timɔnje] *nm* helmsman.

timoré, e [timɔre] *adj* fearful, timorous.

tintamarre [tɛ̃tamar] *nm fam* racket.

tintement [tɛ̃tmɑ̃] *nm* [de cloche, d'horloge] chiming ; [de pièces] jingling.

tinter [3] [tɛ̃te] *vi* - **1.** [cloche, horloge] to chime - **2.** [pièces] to jingle.

tintin [tɛ̃tɛ̃] *interj fam* no way!, not a chance!

tintouin [tɛ̃twɛ̃] *nm fam* - **1.** [vacarme] racket - **2.** [souci] worry.

TIP [tip] (*abr de* **titre interbancaire de paiement**) *nm payment slip for bills,* ≃ bank giro payment slip *UK*.

tique [tik] *nf* tick.

tiquer [3] [tike] *vi fam* **~ (sur)** to wince (at).

tir [tir] *nm* - **1.** [SPORT - activité] shooting ; [- lieu] : **(centre de) ~** shooting range ; **~ à l'arc** archery ; **~ au but** penalty shoot-out ; **~ au pigeon** clay pigeon shooting - **2.** [trajectoire] shot - **3.** [salve] fire *(U)* ; **~ de roquette** rocket attack - **4.** [manière, action de tirer] firing.

TIR (*abr de* **transports internationaux routiers**) *international road transport agreement allowing lorries to avoid customs until they reach their destination.*

tirade [tirad] *nf* - **1.** THÉÂTRE soliloquy - **2.** [laïus] tirade.

tirage [tiraʒ] *nm* - **1.** [de journal] circulation ; [de livre] print run ; **à grand ~** mass circulation ; **~ limité** limited edition - **2.** [du loto] draw ; **~ au sort** drawing lots - **3.** [de cheminée] draught *UK*, draft *US* - **4.** [de vin] drawing off - **5.** *loc* **il y a du tirage** *fam fig* there is some friction.

tiraillement [tirajmɑ̃] *nm (gén pl)* - **1.** [crampe] cramp - **2.** *fig* [conflit] conflict.

tirailler [3] [tiraje] ◇ *vt* - **1.** [tirer sur] to tug (at) - **2.** *fig* [écarteler] : **être tiraillé par/entre qqch** to be torn by/between sthg. ◇ *vi* to fire wildly.

tirailleur [tirajœr] *nm* skirmisher.

tire [tir] *nf* - **1.** *fam* [voiture] wheels *(pl)* - **2.** *loc* **vol à la ~** *fam* pickpocketing ; **voleur à la ~** *fam* pickpocket.

tiré, e [tire] *adj* [fatigué] : **avoir les traits ~s** ou **le visage ~** to look drawn.

tire-au-flanc [tiroflɑ̃] *nm inv fam* shirker, skiver *UK*.

tire-botte [tirbɔt] (*pl* **tire-bottes**) *nm* bootjack.

tire-bouchon [tirbuʃɔ̃] (*pl* **tire-bouchons**) *nm* corkscrew.

◆ **en tire-bouchon** *loc adv* corkscrew *(avant n)*.

tire-bouchonner [3] [tirbuʃɔne] ◇ *vt* to twiddle. ◇ *vi* to get *ou* become twisted.

tire-d'aile [tirdɛl] ◆ **à tire d'aile** *loc adv* as quickly as possible.

tire-fesses [tirfɛs] *nm inv fam* ski tow.

tire-lait [tirlɛ] *nm inv* breast pump.

tire-larigot [tirlarigo] ◆ **à tire-larigot** *loc adv fam* to one's heart's content.

tirelire [tirlir] *nf* moneybox *UK*, piggy bank *US*.

tirer [3] [tire] ◇ *vt* - **1.** [gén] to pull ; [rideaux] to draw ; [tiroir] to pull open - **2.** [tracer - trait] to draw ; [- plan] to draw up - **3.** [revue, livre] to print - **4.** [avec arme] to fire - **5.** [faire sortir - vin] to draw off ; ~ **qqn de** *litt* & *fig* to help *ou* get sb out of ; ~ **un revolver/un mouchoir de sa poche** to pull a gun/a handkerchief out of one's pocket ; ~ **la langue** to stick out one's tongue - **6.** [aux cartes, au loto] to draw - **7.** [plaisir, profit] to derive - **8.** [déduire - conclusion] to draw ; [- leçon] to learn - **9.** *loc* ~ **qqch au clair** to shed light on sthg. ◇ *vi* - **1.** [tendre] : ~ **sur** to pull on *ou* at - **2.** [aspirer] : ~ **sur** [pipe] to draw *ou* pull on - **3.** [couleur] : **bleu tirant sur le vert** greenish blue - **4.** [cheminée] to draw - **5.** [avec arme] to fire, to shoot - **6.** SPORT to shoot.

◆ **se tirer** *vp* - **1.** *fam* [s'en aller] to push off - **2.** [se sortir] : **se** ~ **de** to get o.s. out of ; **s'en** ~ *fam* to escape.

tiret [tirɛ] *nm* dash.

tirette [tirɛt] *nf* - **1.** [planchette] leaf - **2.** *belgicisme* [fermeture] zip *UK*, zipper *US* - **3.** [commande] lever.

tireur, **euse** [tirœr, øz] *nm, f* [avec arme] gunman ; ~ **d'élite** marksman (*f* markswoman).

◆ **tireur** *nm* [de chèque] drawer.

◆ **tireuse** *nf* : **tireuse de cartes** fortune teller.

tiroir [tirwar] *nm* drawer.

tiroir-caisse [tirwarkɛs] (*pl* **tiroirs-caisses**) *nm* till.

tisane [tizan] *nf* herb(al) tea.

tison [tizɔ̃] *nm* ember.

tisonnier [tizɔnje] *nm* poker.

tissage [tisaʒ] *nm* weaving.

tisser [3] [tise] *vt litt* & *fig* to weave ; [suj: araignée] to spin.

tisserand, **e** [tisrɑ̃, ɑ̃d] *nm, f* weaver.

tissu [tisy] *nm* - **1.** [étoffe] cloth, material - **2.** BIOL tissue ; ~ **adipeux** adipose tissue ; ~ **conjonctif** connective tissue.

tissu-éponge [tisyepɔ̃ʒ] (*pl* **tissus-éponges**) *nm* towelling *(U) UK*, toweling *(U) US*.

titan [titɑ̃] *nm* Titan ; **de** ~ *fig* titanic.

titiller [3] [titije] *vt* to titillate.

titrage [titraʒ] *nm* - **1.** [d'œuvre, de film] titling - **2.** [de liquide] titration.

titre [titr] *nm* - **1.** [gén] title - **2.** [de presse] headline ; **gros** ~ headline - **3.** [universitaire] diploma, qualification - **4.** DR title ; ~ **de propriété** title deed - **5.** FIN security - **6.** [de monnaie] fineness - **7.** *loc* **à** ~ **gracieux** *ou* **gratuit** free of charge ; **à** ~ **indicatif** for information ; **à aucun** ~ on any account, in any way ; **à juste** ~ with just cause, justifiably so.

◆ **titre de transport** *nm* ticket.

◆ **à titre de** *loc prép* : **à** ~ **d'exemple** by way of example ; **à** ~ **d'information** for information.

◆ **au même titre que** *loc prép* in the same way that.

◆ **en titre** *loc adj* - **1.** [titulaire] titular - **2.** [attitré] official.

titrer [3] [titre] *vt* - **1.** [œuvre] to title - **2.** [liquide] to titrate.

tituber [3] [titybe] *vi* to totter.

titulaire [titylɛr] ◇ *adj* [employé] permanent ; UNIV with tenure. ◇ *nmf* [de passeport, permis] holder ; [de poste, chaire] occupant.

titulariser [3] [titylarize] *vt* to give tenure to.

TNP (*abr de* **traité de non-prolifération**) *nm* NPT.

TNT (*abr de* **trinitrotoluène**) *nm* TNT.

toast [tost] *nm* - **1.** [pain grillé] toast *(U)* - **2.** [discours] toast ; **porter un** ~ **à** to drink a toast to.

toasteur [tostœr] *nm* toaster.

toboggan [tɔbɔgɑ̃] *nm* - **1.** [traîneau] toboggan - **2.** [de terrain de jeu] slide ; [de piscine] chute - **3.** AUTO flyover *UK*, overpass *US*.

toc [tɔk] ◇ *interj* : **et** ~**!** so there! ◇ *nm fam* **c'est du** ~ it's fake ; **en** ~ fake *(avant n)*. ◇ *adj inv* rubbishy.

TOC (*abr de* **troubles obsessionnels compulsifs**) [tɔk] *nmpl* MÉD OCD.

tocsin [tɔksɛ̃] *nm* alarm bell.

Togo [tɔgo] *nm* : **le** ~ Togo ; **au** ~ in Togo.

togolais, **e** [tɔgɔlɛ, ɛz] *adj* Togolese.

◆ **Togolais**, **e** *nm, f* Togolese person ; **les Togolais** the Togolese.

tohu-bohu [tɔybɔy] *nm inv* commotion.

toi [twa] *pron pers* you.

◆ **toi-même** *pron pers* yourself.

toile [twal] *nf* - **1.** [étoffe] cloth ; [de lin] linen ; **~ cirée** oilcloth - **2.** [tableau] canvas, picture - **3.** NAUT [voilure] sails *(pl)*.
◆ **toile d'araignée** *nf* spider's web.
◆ **toile de fond** *nf* backdrop.
◆ **Toile** *nf* : **la Toile** INFORM the Web, the web.

toilettage [twalɛtaʒ] *nm* grooming.

toilette [twalɛt] *nf* - **1.** [de personne, d'animal] washing ; **faire sa ~** to (have a) wash *UK*, to wash up *US* - **2.** [parure, vêtements] outfit, clothes *(pl)* - **3.** [de monument, voiture] cleaning - **4.** [de texte] tidying up.
◆ **toilettes** *nfpl* toilet(s) *UK*, bath room *US*, rest room *US*.

toise [twaz] *nf* height gauge.

toiser [3] [twaze] *vt* to eye (up and down).
◆ **se toiser** *vp* to eye each other up and down.

toison [twazɔ̃] *nf* - **1.** [pelage] fleece - **2.** [chevelure] mop (of hair).

toit [twa] *nm* roof ; **~ ouvrant** sunroof.

toiture [twatyr] *nf* roof, roofing.

Tokyo [tɔkjo] *n* Tokyo.

tôlard, **e**, **taulard**, **e** [tolar, ard] *nm, f tfam* jailbird, con.

tôle [tol] *nf* - **1.** [de métal] sheet metal ; **~ ondulée** corrugated iron - **2.** *tfam* [prison] nick *UK*, clink.

tolérable [tɔlerabl] *adj* - **1.** [comportement] excusable - **2.** [douleur] bearable, tolerable.

tolérance [tɔlerɑ̃s] *nf* - **1.** [gén] tolerance - **2.** [liberté] concession.

tolérant, **e** [tɔlerɑ̃, ɑ̃t] *adj* - **1.** [large d'esprit] tolerant - **2.** [indulgent] liberal.

tolérer [18] [tɔlere] *vt* to tolerate.
◆ **se tolérer** *vp* to put up with *ou* tolerate each other.

tôlier, **ère**, **taulier**, **ère** [tolje, ɛr] *nm, f tfam* [propriétaire] hotel owner.

tollé [tɔle] *nm* protest ; **soulever un ~ général** *fig* to cause a general outcry.

tomate [tɔmat] *nf* tomato ; **~s à la provençale** *baked or fried tomatoes with herbs, breadcrumbs and garlic*.

tombal, **e**, **aux** [tɔ̃bal, o] *adj* : **pierre ~e** gravestone.

tombant, **e** [tɔ̃bɑ̃, ɑ̃t] *adj* [moustaches] drooping ; [épaules] sloping.

tombe [tɔ̃b] *nf* - **1.** [fosse] grave, tomb - **2.** [pierre] gravestone, tombstone.

tombeau, **x** [tɔ̃bo] *nm* tomb ; **rouler à ~ ouvert** *fig* to drive at breakneck speed.

tombée [tɔ̃be] *nf* fall ; **à la ~ du jour** *ou* **de la nuit** at nightfall.

tomber [3] [tɔ̃be] <> *vi (aux: être)* - **1.** [gén] to fall ; **faire ~ qqn** to knock sb over *ou* down ; **~ raide mort** to drop down dead ; **je suis tombé de haut** *fig* you could have knocked me down with a feather ; **~ bien** [robe] to hang well ; *fig* [visite, personne] to come at a good time - **2.** [cheveux] to fall out - **3.** [nouvelle] to break - **4.** [diminuer - prix] to drop, to fall ; [- fièvre, vent] to drop ; [- jour] to come to an end ; [- colère] to die down - **5.** [devenir brusquement] : **~ malade** to fall ill ; **~ amoureux** to fall in love ; **être bien/mal tombé** to be lucky/unlucky - **6.** [trouver] : **~ sur** to come across - **7.** [attaquer] : **~ sur** to set about - **8.** [se placer] : **~ sous** [loi, juridiction] to come *ou* fall under ; **~ sous la main** to come to hand - **9.** [date, événement] to fall on. <> *vt (aux: avoir) fam* [séduire] to lay.

tombeur [tɔ̃bœr] *nm fam fig* womanizer, Casanova.

tombola [tɔ̃bɔla] *nf* raffle.

tome [tɔm] *nm* volume.

tomme [tɔm] *nf* : **~ (de Savoie)** *semi-hard cow's milk cheese from Savoy*.

tommette [tɔmɛt] *nf* terracotta floor tile.

ton[1] [tɔ̃] *nm* - **1.** [de voix] tone ; **hausser/baisser le ~** to raise/lower one's voice - **2.** MUS key ; **donner le ~** to give the chord ; *fig* to set the tone.

ton[2] [tɔ̃] (*f* **ta** [ta], *pl* **tes** [te]) *adj poss* your.

tonalité [tɔnalite] *nf* - **1.** MUS tonality - **2.** *fig* [impression] tone - **3.** [au téléphone] dialling tone *UK*, dial tone *US*.

tondeuse [tɔ̃døz] *nf* [à cheveux] clippers *(pl)* ; **~ (à gazon)** mower, lawnmower.

tondre [75] [tɔ̃dr] *vt* [gazon] to mow ; [mouton] to shear ; [caniche, cheveux] to clip ; **se laisser** *ou* **se faire ~ par qqn** *fig* to be fleeced by sb.

tondu, **e** [tɔ̃dy] *adj* [caniche, cheveux] clipped ; [pelouse] mown.

tonicité [tɔnisite] *nf* [des muscles] tone.

tonifiant, **e** [tɔnifjɑ̃, ɑ̃t] *adj* [climat] invigorating, bracing ; [lecture] stimulating.

tonifier [9] [tɔnifje] *vt* [peau] to tone ; [esprit] to stimulate.

tonique [tɔnik] <> *adj* - **1.** [boisson] tonic *(avant n)* ; [froid] bracing ; [lotion] toning - **2.** LING & MUS tonic. <> *nm* MÉD tonic. <> *nf* MUS tonic, keynote.

tonitruant, **e** [tɔnitryɑ̃, ɑ̃t] *adj* booming.

tonnage [tɔnaʒ] *nm* tonnage.

tonnant, **e** [tɔnɑ̃, ɑ̃t] *adj* thundering, thunderous.

tonne [tɔn] *nf* - **1.** [1000 kg] tonne - **2.** [grande quantité] : **des ~s de** tons *ou* loads of - **3.** [tonneau] tun.

tonneau, **x** [tɔno] *nm* - **1.** [baril] barrel, cask - **2.** [de voiture] roll - **3.** NAUT ton.

tonnelet [tɔnlɛ] *nm* keg, small cask.

tonnelle [tɔnɛl] *nf* bower, arbour.

tonner [3] [tɔne] *vi* to thunder.

tonnerre [tɔnɛr] *nm* thunder ; **coup de ~** thunderclap ; *fig* bombshell ; **du ~** *fam fig* terrific, great.

tonsure [tɔ̃syr] *nf* tonsure.

tonte [tɔ̃t] *nf* [de mouton] shearing ; [de gazon] mowing ; [de caniche, cheveux] clipping.

tonton [tɔ̃tɔ̃] *nm* uncle.

tonus [tɔnys] *nm* **- 1.** [dynamisme] energy **- 2.** [de muscle] tone.

top [tɔp] ◇ *nm* [signal] beep. ◇ *adj fam* : **être au ~ niveau** to be at the top (level).
◆ **top secret** *adj inv* top secret.

topaze [tɔpaz] *nf* topaz.

toper [3] [tɔpe] *vi* : **tope-là!** right, you're on!

topinambour [tɔpinɑ̃bur] *nm* Jerusalem artichoke.

topique [tɔpik] ◇ *adj* pertinent. ◇ *nm* topical *ou* local remedy.

topo [tɔpo] *nm fam* spiel ; **c'est toujours le même ~** *fig* it's always the same old story.

topographie [tɔpɔgrafi] *nf* topography.

topographique [tɔpɔgrafik] *adj* topographical.

toponymie [tɔpɔnimi] *nf* toponymy.

toquade [tɔkad] *nf* : **~ (pour)** [personne] crush (on) ; [style, mode] craze (for).

toque [tɔk] *nf* [de juge, de jockey] cap ; [de cuisinier] hat.

toqué, e [tɔke] *fam* ◇ *adj* : **~ (de)** crazy (about), nuts (about). ◇ *nm, f* nutter *UK*, nutcase.

torche [tɔrʃ] *nf* torch ; **~ électrique** (electric) torch *UK*, flashlight *US*.

torcher [3] [tɔrʃe] *vt fam* **- 1.** [assiette, fesses] to wipe **- 2.** [travail] to dash off **- 3.** [bouteille] to polish off.
◆ **se torcher** *vp tfam* to wipe one's bottom.

torchis [tɔrʃi] *nm* daub *(building material)*.

torchon [tɔrʃɔ̃] *nm* **- 1.** [serviette] cloth **- 2.** *fam* [travail] mess **- 3.** *fam* [journal] rag.

tordant, e [tɔrdɑ̃, ɑ̃t] *adj fam* hilarious.

tord-boyaux [tɔrbwajo] *nm inv fam* gutrot.

tordre [76] [tɔrdr] *vt* **- 1.** [gén] to twist **- 2.** [linge] to wring (out).
◆ **se tordre** *vp* : **se ~ la cheville** to twist one's ankle ; **se ~ de douleur** *fig* to be racked with pain ; **se ~ de rire** *fam fig* to double up with laughter.

tordu, e [tɔrdy] ◇ *pp* ▷ **tordre**. ◇ *adj fam* [bizarre, fou] crazy ; [esprit] warped. ◇ *nm, f fam* nutcase.

toréador [tɔreadɔr], **torero** [tɔrero] *nm* bullfighter.

tornade [tɔrnad] *nf* tornado.

torpeur [tɔrpœr] *nf* torpor.

torpille [tɔrpij] *nf* **- 1.** MIL torpedo **- 2.** [poisson] torpedo, electric ray.

torpiller [3] [tɔrpije] *vt* to torpedo.

torpilleur [tɔrpijœr] *nm* torpedo boat.

torréfaction [tɔrefaksjɔ̃] *nf* roasting.

torréfier [9] [tɔrefje] *vt* to roast.

torrent [tɔrɑ̃] *nm* torrent ; **pleuvoir à ~s** *fig* to pour down ; **un ~ de** *fig* [injures] a stream of ; [lumière, larmes] a flood of.

torrentiel, elle [tɔrɑ̃sjɛl] *adj* torrential.

torride [tɔrid] *adj* torrid.

tors, e [tɔr, tɔrs] *adj* twisted.

torse [tɔrs] *nm* chest ; **bomber le ~** to puff *ou* throw out one's chest ; *fig* to puff up (with pride).

torsade [tɔrsad] *nf* **- 1.** [de cheveux] twist, coil **- 2.** [de pull] cable.

torsader [3] [tɔrsade] *vt* to twist.

torsion [tɔrsjɔ̃] *nf* twisting ; PHYS torsion.

tort [tɔr] *nm* **- 1.** [erreur] fault ; **avoir ~** to be wrong ; **avoir ~ de faire qqch** to be wrong to do sthg ; **parler à ~ et à travers** to talk nonsense ; **être dans son** *ou* **en ~** to be in the wrong ; **reconnaître ses ~s** to acknowledge one's faults ; **à ~** wrongly ; **à ~ ou à raison** rightly or wrongly **- 2.** [préjudice] wrong ; **causer** *ou* **faire du ~ à qqn** to wrong sb.

torticolis [tɔrtikɔli] *nm* stiff neck.

tortillement [tɔrtijmɑ̃] *nm* wriggling, writhing.

tortiller [3] [tɔrtije] ◇ *vt* [enrouler] to twist ; [moustache] to twirl. ◇ *vi* : **~ des hanches** to swing one's hips ; **il n'y a pas à ~** *fig* there's no getting out of it.
◆ **se tortiller** *vp* to writhe, to wriggle.

tortionnaire [tɔrsjɔnɛr] ◇ *nmf* torturer. ◇ *adj* given to torture.

tortue [tɔrty] *nf* tortoise ; *fig* slowcoach *UK*, slowpoke *US*.

tortueux, euse [tɔrtɥø, øz] *adj* winding, twisting ; *fig* tortuous.

torture [tɔrtyr] *nf* torture ; **sous la ~** under torture.

torturer [3] [tɔrtyre] *vt* to torture.
◆ **se torturer** *vp* to torment o.s. ; **se ~ pour** to agonize over.

torve [tɔrv] *adj* : **œil** *ou* **regard ~** threatening look.

tôt [to] *adv* - **1.** [de bonne heure] early - **2.** [vite] soon, early ; **ce n'est pas trop ~!** *fam* and about time too! ; **~ ou tard** sooner or later.

◆ **au plus tôt** *loc adv* at the earliest.

total, **e**, **aux** [tɔtal, o] *adj* total.

◆ **total** *nm* total ; **au ~** in total ; *fig* on the whole, all in all.

totalement [tɔtalmɑ̃] *adv* totally.

totaliser [3] [tɔtalize] *vt* - **1.** [additionner] to add up, to total - **2.** [réunir] to have a total of.

totalitaire [tɔtalitɛr] *adj* totalitarian.

totalitarisme [tɔtalitarism] *nm* totalitarianism.

totalité [tɔtalite] *nf* whole ; **la ~ de** [inscrits] all (of) ; [classe] the whole of, the entire ; **en ~** entirely.

totem [tɔtɛm] *nm* totem.

touareg, **ègue** [twarɛg] *adj* Tuareg.

◆ **touareg** *nm* [langue] Tuareg.

◆ **Touareg**, **ègue** *nm, f* Tuareg.

toubib [tubib] *nmf fam* doc.

toucan [tukɑ̃] *nm* toucan.

touchant, **e** [tuʃɑ̃, ɑ̃t] *adj* touching.

touche [tuʃ] *nf* - **1.** [de clavier] key ; **~ alphanumérique** alphanumeric key ; **~ de fonction** function key - **2.** [de peinture] stroke - **3.** *fig* [note] : **une ~ de** a touch of - **4.** *fam* [allure] appearance, look - **5.** [à la pêche] bite ; **faire une ~** *fig* to make a hit - **6.** [FOOTBALL - ligne] touch line ; [- remise en jeu] throw-in ; [rugby - ligne] touch (line) ; [- remise en jeu] line-out ; **être mis/rester sur la ~** *fig* to be left/to stay on the sidelines - **7.** [escrime] hit.

touche-à-tout [tuʃatu] *nmf* [adulte] dabbler ; [enfant] : **c'est un petit ~** he's into everything.

toucher [3] [tuʃe] ◇ *nm* : **le ~** the (sense of) touch ; **au ~** to the touch. ◇ *vt* - **1.** [palper, émouvoir] to touch - **2.** [rivage, correspondant] to reach ; [cible] to hit - **3.** [salaire] to get, to be paid ; [chèque] to cash ; [gros lot] to win - **4.** [concerner] to affect, to concern. ◇ *vi* : **~ à** to touch ; [problème] to touch on ; [inconscience, folie] to border *ou* verge on ; [maison] to adjoin ; **~ à sa fin** to draw to a close.

◆ **se toucher** *vp* [maisons] to be adjacent (to each other), to adjoin (each other).

touffe [tuf] *nf* tuft.

touffu, **e** [tufy] *adj* [forêt] dense ; [barbe] bushy.

touiller [3] [tuje] *vt fam* [mélanger] to stir ; [salade] to toss.

toujours [tuʒur] *adv* - **1.** [continuité, répétition] always ; **ils s'aimeront ~** they will always love one another, they will love one another forever ; **~ plus** more and more ; **~ moins** less and less - **2.** [encore] still - **3.** [de toute façon] anyway, anyhow.

◆ **de toujours** *loc adj* : **ce sont des amis de ~** they are lifelong friends.

◆ **pour toujours** *loc adv* forever, for good.

◆ **toujours est-il que** *loc conj* the fact remains that.

toundra [tundra] *nf* tundra.

toupet [tupɛ] *nm* - **1.** [de cheveux] quiff *UK*, tuft of hair - **2.** *fam fig* [aplomb] cheek ; **avoir du ~, ne pas manquer de ~** *fam* to have a cheek.

toupie [tupi] *nf* (spinning) top.

tour [tur] ◇ *nm* - **1.** [périmètre] circumference ; **faire le ~ de** to go round ; **faire un ~** to go for a walk/drive *etc* ; **faire le ~ du propriétaire** to go on a tour of inspection ; **~ d'horizon** survey ; **~ de piste** SPORT lap ; **~ de taille** waist measurement - **2.** [rotation] turn ; **fermer à double ~** to double-lock ; **à ~ de bras** *fig* non-stop ; **en un ~ de main** *fig* in the twinkling of an eye - **3.** [plaisanterie] trick ; **jouer un bon/mauvais ~ à qqn** to play a joke/dirty trick on sb ; **~ de force** amazing feat - **4.** [succession] turn ; **c'est à mon ~** it's my turn ; **j'ai fait la cuisine/la vaisselle** *etc* **plus souvent qu'à mon ~** I've done more than my fair share of cooking/washing-up *etc* ; **~ de scrutin** ballot, round of voting ; **à ~ de rôle** in turn ; **~ à ~** alternately, in turn - **5.** [d'événements] turn - **6.** [de potier] wheel. ◇ *nf* - **1.** [monument, de château] tower ; [immeuble] tower-block *UK*, high rise *US* - **2.** [échecs] rook, castle.

◆ **tour de contrôle** *nf* control tower.

◆ **Tour de France** *npr m* : **le~** the Tour de France cycle race.

Le Tour de France

This world-famous cycle race was created in 1903. It is divided into several legs of varying length and takes place every year during the first three weeks in July. The race always finishes on the Champs-Élysées in Paris. The contestants enter the race as members of teams sponsored by various companies and organizations. During the *Tour*, the highest-placed cyclist wears the *maillot jaune* which is then awarded to the winner at the end of the race. Other jerseys are worn by the best climber, the best sprinter, etc. It is a very popular event and large crowds gather to cheer on the contestants along each leg of the course. A women's version of the *Tour de France* was initiated in 1984.

tourbe [turb] *nf* peat.

tourbière [turbjɛr] *nf* peat bog.

tourbillon [turbijɔ̃] *nm* - **1.** [de vent] whirlwind ; **un ~ de** a whirl of - **2.** [de poussière, fumée] swirl - **3.** [d'eau] whirlpool - **4.** *fig* [agitation] hurly-burly.

tourbillonnant, e [turbijɔnɑ̃, ɑ̃t] *adj* swirling, whirling.

tourbillonner [3] [turbijɔne] *vi* to whirl, to swirl ; *fig* to whirl (round).

tourelle [turɛl] *nf* turret.

tourisme [turism] *nm* tourism.

tourista [turista] *nf* traveller's *UK OU* traveler's *US* tummy, t(o)urista *US*.

touriste [turist] ◇ *nmf* tourist ; **en ~** as a tourist. ◇ *adj* tourist *(avant n)*.

touristique [turistik] *adj* tourist *(avant n)*.

tourment [turmɑ̃] *nm sout* torment.

tourmente [turmɑ̃t] *nf* - **1.** *litt* [tempête] storm, tempest - **2.** *fig* turmoil.

tourmenter [3] [turmɑ̃te] *vt* to torment.
◆ **se tourmenter** *vp* to worry o.s., to fret.

tournage [turnaʒ] *nm* CINÉ shooting.

tournailler [3] [turnaje] *vi fam* to prowl about ; **~ autour de qqn/qqch** to hover around sb/sthg.

tournant, e [turnɑ̃, ɑ̃t] *adj* [porte] revolving ; [fauteuil] swivel *(avant n)* ; [pont] swing *(avant n)*.
◆ **tournant** *nm* bend ; *fig* turning point ; **je l'attends au ~** *fam fig* I'll get even with him/her.

tourné, e [turne] *adj* - **1.** [lait] sour, off - **2.** *loc* **bien ~** [lettre] well-worded ; [personne] shapely ; **mal ~** [lettre] badly-worded ; [personne] unattractive ; [esprit] warped.

tournebroche [turnəbrɔʃ] *nm* spit.

tourne-disque [turnədisk] *(pl* **tourne-disques**) *nm* record player.

tournedos [turnədo] *nm steak taken from the thickest part of the fillet.*

tournée [turne] *nf* - **1.** [voyage] tour - **2.** *fam* [consommations] round - **3.** *fam* [correction] thrashing, hiding.

tourner [3] [turne] ◇ *vt* - **1.** [gén] to turn - **2.** [pas, pensées] to turn, to direct - **3.** [obstacle, loi] to get round *UK OU* around *US* - **4.** CINÉ to shoot - **5.** *fig* [formuler] : **bien ~ qqch** to put sthg well. ◇ *vi* - **1.** [gén] to turn ; [moteur] to turn over ; [planète] to revolve ; **~ autour de qqn** *fig* to hang around sb ; **~ autour du pot** *OU* **du sujet** *fig* to beat about the bush ; **'tournez s'il vous plaît'** 'please turn over' - **2.** *fam* [entreprise] to tick over *UK* - **3.** [lait] to go off *UK*, to go bad *US*.
◆ **se tourner** *vp* to turn (right) round *UK OU* around *US* ; **se ~ vers** to turn towards *OU* toward *US*.

tournesol [turnəsɔl] *nm* - **1.** [plante] sunflower - **2.** [colorant] litmus.

tourneur, euse [turnœr, øz] *nm, f* turner, lathe operator.

tournevis [turnəvis] *nm* screwdriver.

tournicoter [3] [turnikɔte] *vi fam* to wander up and down.

tourniquet [turnikɛ] *nm* - **1.** [entrée] turnstile - **2.** MÉD tourniquet.

tournis [turni] *nm fam* **avoir le ~** to feel dizzy *OU* giddy ; **donner le ~ à qqn** to make sb dizzy *OU* giddy.

tournoi [turnwa] *nm* tournament.

tournoiement [turnwamɑ̃] *nm* wheeling, whirling.

tournoyer [13] [turnwaje] *vi* to wheel, to whirl.

tournure [turnyr] *nf* - **1.** [apparence] turn ; **prendre ~** to take shape - **2.** [formulation] form ; **~ de phrase** turn of phrase.

tour-opérateur [turɔperatœr] *(pl* **tour-opérateurs**) *nm* tour operator.

tourte [turt] *nf* pie.

tourteau, x [turto] *nm* - **1.** [crabe] crab - **2.** [pour bétail] oil cake.

tourtereau [turtəro] *nm* young turtledove.
◆ **tourtereaux** *nmpl fam fig* [amoureux] lovebirds.

tourterelle [turtərɛl] *nf* turtledove.

tourtière [turtjɛr] *nf* pie dish.

tous ▷ **tout.**

Toussaint [tusɛ̃] *nf* : **la ~** All Saints' Day.

La Toussaint

In France on 1 November people celebrate All Saints' Day by laying flowers (typically chrysanthemums) on family member's graves. People often drive long distances to reunite with their families around the tombs of loved ones.

tousser [3] [tuse] *vi* to cough.

toussotement [tusɔtmɑ̃] *nm* coughing.

toussoter [3] [tusɔte] *vi* to cough.

tout [tu] *(f* **toute** [tut], *mpl* **tous** [tus], *fpl* **toutes** [tut]) ◇ *adj qualif* - **1.** *(avec substantif singulier déterminé)* all ; **~ le vin** all the wine ; **~ un gâteau** a whole cake ; **toute la journée/la nuit** all day/night, the whole day/night ; **toute sa famille** all his family, his whole family - **2.** *(avec pronom démonstratif)* **~ ceci/cela** all this/that ; **~ ce que je sais** all I know. ◇ *adj indéf* - **1.** [exprime la totalité] all ; **tous les gâteaux** all the cakes ; **toutes les femmes** all the women ; **tous les deux** both of us/them *etc* ; **tous les trois** all three of us/them *etc* - **2.** [chaque] every ; **tous les jours** every day ; **tous les deux ans** every two years ; **tous les combien?** how often? - **3.** [n'importe quel] any ; **à toute heure** at any time. ◇ *pron indéf* everything, all ; **je t'ai ~ dit** I've told you everything ; **ils voulaient tous la voir** they all wanted to see her ; **ce sera ~?** will that be all ; **c'est ~** that's all.

◆ **tout** ◇ *adv* - **1.** [entièrement, tout à fait] very, quite ; **~ jeune/près** very young/near ; **ils étaient ~ seuls** they were all alone ; **~ en haut** right at the top ; **~ à côté de moi** right next to me - **2.** [avec un gérondif] : **~ en marchant** while walking. ◇ *nm* : **un ~** a whole ; **le ~ est de...** the main thing is to... ; **risquer le ~ pour le ~** to risk everything.

◆ **du tout au tout** *loc adv* completely, entirely.

◆ **pas du tout** *loc adv* not at all.

◆ **tout à fait** *loc adv* - **1.** [complètement] quite, entirely - **2.** [exactement] exactly.

◆ **tout à l'heure** *loc adv* - **1.** [futur] in a little while, shortly ; **à ~ à l'heure!** see you later! - **2.** [passé] a little while ago.

◆ **tout de suite** *loc adv* immediately, at once.

tout-à-l'égout [tutalegu] *nm inv* mains drainage.

toutefois [tutfwa] *adv* however.

toutou [tutu] *nm fam* doggie.

tout-petit [tup(ə)ti] (*pl* **tout-petits**) *nm* toddler, tot.

tout-puissant, **toute-puissante** [tupɥisɑ̃, tutpɥisɑ̃t] (*mpl* **tout-puissants**) (*fpl* **toutes-puissantes**) *adj* omnipotent, all-powerful.

◆ **Tout-Puissant** *nm* : **le Tout-Puissant** the Almighty.

tout-venant [tuvnɑ̃] *nm inv* : **le ~** ordinary people *(pl)*.

toux [tu] *nf* cough.

toxicité [tɔksisite] *nf* toxicity.

toxicologie [tɔksikɔlɔʒi] *nf* toxicology.

toxicomane [tɔksikɔman] *nmf* drug addict.

toxicomanie [tɔksikɔmani] *nf* drug addiction.

toxine [tɔksin] *nf* toxin.

toxique [tɔksik] *adj* toxic.

TP ◇ *nmpl* (*abr de* **travaux publics**) civil engineering. ◇ *nm* (*abr de* **Trésor public**) *public revenue office*.

TPG (*abr de* **trésorier payeur général**) *nm* paymaster.

tps *abr de* **temps**.

trac [trak] *nm* nerves *(pl)* ; THÉÂTRE stage fright ; **avoir le ~** to get nervous ; THÉÂTRE to get stage fright.

traçabilité [trasabilite] *nf* traceability.

tracas [traka] *nm* worry.

tracasser [3] [trakase] *vt* to worry, to bother.

◆ **se tracasser** *vp* to worry.

tracasserie [trakasri] *nf* annoyance.

tracassier, **ère** [trakasje, ɛr] *adj* irksome.

trace [tras] *nf* - **1.** [d'animal] track - **2.** [de brûlure, fatigue] mark - **3.** *(gén pl)* [vestige] trace - **4.** [très petite quantité] : **une ~ de** a trace of - **5.** SKI trail ; **~ directe** direct descent.

tracé [trase] *nm* [lignes] plan, drawing ; [de parcours] line.

tracer [16] [trase] ◇ *vt* - **1.** [dessiner, dépeindre] to draw - **2.** [route, piste] to mark out ; **~ la voie/le chemin à qqn** *fig* to show sb the way. ◇ *vi fam* to belt along *UK*.

traceur [trasœr] *nm* INFORM plotter.

trachée-artère [traʃeartɛr] (*pl* **trachées-artères**) *nf* windpipe, trachea.

trachéite [trakeit] *nf* throat infection.

tract [trakt] *nm* leaflet.

tractations [traktasjɔ̃] *nfpl* negotiations, dealings.

tracter [3] [trakte] *vt* to tow.

tracteur [traktœr] *nm* tractor.

traction [traksjɔ̃] *nf* - **1.** [action de tirer] towing, pulling ; **~ avant/arrière** front-/rear-wheel drive - **2.** TECHNOL tensile stress - **3.** [SPORT - au sol] press-up *UK*, push-up *US* ; [- à la barre] pull-up.

tradition [tradisjɔ̃] *nf* tradition ; **renouer avec la ~** to revive a tradition.

traditionaliste [tradisjɔnalist] *nmf* & *adj* traditionalist.

traditionnel, **elle** [tradisjɔnɛl] *adj* - **1.** [de tradition] traditional - **2.** [habituel] usual.

traditionnellement [tradisjɔnɛlmɑ̃] *adv* traditionally.

traducteur, **trice** [tradyktœr, tris] *nm, f* translator.

◆ **traducteur** *nm* INFORM translator.

traduction [tradyksjɔ̃] *nf* - **1.** [gén] translation - **2.** *litt* [expression] rendering.

traduire [98] [tradɥir] *vt* - **1.** [texte] to translate ; **~ qqch en français/anglais** to translate sthg into French/English - **2.** [révéler - crise] to reveal, to betray ; [- sentiments, pensée] to render, to express - **3.** DR : **~ qqn en justice** to bring sb before the courts.

traduisible [tradɥizibl] *adj* translatable.

trafic [trafik] *nm* - **1.** [de marchandises] traffic, trafficking - **2.** [circulation] traffic.

◆ **trafic d'influence** *nm* corruption, taking bribes.

trafiquant, **e** [trafikɑ̃, ɑ̃t] *nm, f* trafficker, dealer.

trafiquer [3] [trafike] ◇ *vt* - **1.** [falsifier] to tamper with - **2.** *fam* [manigancer] : **qu'est-ce**

que tu trafiques? what are you up to? ◇ *vi* to be involved in trafficking ; **~ de qqch** to traffic in sthg.

tragédie [traʒedi] *nf* tragedy.

tragédien, enne [traʒedjɛ̃, ɛn] *nm, f* tragedian (*f* tragedienne), tragic actor (*f* actress).

tragi-comédie [traʒikɔmedi] (*pl* **tragi-comédies**) *nf* tragicomedy.

tragi-comique [traʒikɔmik] *adj* tragicomic, tragicomical.

tragique [traʒik] ◇ *adj* tragic. ◇ *nm* - **1.** [auteur] tragedian - **2.** [caractère] : **le ~** tragedy ; **prendre qqch au ~** to act as if sthg were a tragedy ; **tourner au ~** to take a tragic turn.

tragiquement [traʒikmɑ̃] *adv* tragically.

trahir [32] [trair] *vt* - **1.** [gén] to betray - **2.** [suj: moteur] to let down ; [suj: forces] to fail - **3.** [pensée] to misrepresent.

◆ **se trahir** *vp* to give o.s. away.

trahison [traizɔ̃] *nf* - **1.** [gén] betrayal - **2.** DR treason.

train [trɛ̃] *nm* - **1.** [transports] train ; **~ corail** express ; **~ (à) grande vitesse** high-speed train - **2.** AÉRON : **~ d'atterrissage** landing gear - **3.** [allure] pace - **4.** [série] : **un ~ de** a series of - **5.** *fam* [postérieur] backside, butt *US* - **6.** *loc* **être en ~** *fig* to be on form.

◆ **train de vie** *nm* lifestyle.

◆ **en train de** *loc prép* : **être en ~ de lire/travailler** to be reading/working.

traînailler [trenaje], **traînasser** [3] [trenase] *vi fam* - **1.** [vagabonder] to loaf about - **2.** [être lent] to dawdle.

traînant, e [trenɑ̃, ɑ̃t] *adj* - **1.** [robe] trailing - **2.** [voix] drawling ; [démarche] dragging.

traînard, e [trenar, ard] *nm, f fam* straggler ; *fig* slowcoach *UK*, slowpoke *US*.

traînasser = **traînailler**.

traîne [tren] *nf* - **1.** [de robe] train - **2.** [à la pêche] dragnet - **3.** *Québec* **~ sauvage** toboggan - **4.** *loc* **être à la ~** to lag behind.

traîneau, x [treno] *nm* sleigh, sledge.

traînée [trene] *nf* - **1.** [trace] trail ; **se répandre comme une ~ de poudre** *fig* to spread like wildfire - **2.** *tfam péj* [prostituée] tart, whore.

traîner [4] [trene] ◇ *vt* - **1.** [tirer, emmener] to drag - **2.** [trimbaler] to lug around, to cart around - **3.** [maladie] to be unable to shake off. ◇ *vi* - **1.** [personne] to dawdle - **2.** [maladie, affaire] to drag on ; **~ en longueur** to drag - **3.** [robe] to trail - **4.** [vêtements, livres] to lie around *ou* about.

◆ **se traîner** *vp* - **1.** [personne] to drag o.s. along - **2.** [jour, semaine] to drag.

training [trenin] *nm* - **1.** [entraînement] training - **2.** [survêtement] tracksuit top.

train-train [trɛ̃trɛ̃] *nm fam* routine, daily grind.

traire [112] [trer] *vt* - **1.** [vache] to milk - **2.** [lait] to draw.

trait [trɛ] *nm* - **1.** [ligne] line, stroke ; **~ d'union** hyphen ; **tirer un ~ sur qqch** *fig* to put sthg behind one - **2.** *(gén pl)* [de visage] feature ; **ressembler à qqn ~ pour ~** to be the spitting image of sb, to be exactly like sb - **3.** [caractéristique] trait, feature ; **~ de caractère** character trait - **4.** [acte] act ; **~ de génie** brainwave - **5.** *loc* **avoir ~ à** to be to do with, to concern.

◆ **d'un trait** *loc adv* [boire, lire] in one go.

traitant, e [trɛtɑ̃, ɑ̃t] *adj* [shampooing, crème] medicated, ▷ **médecin**.

traite [trɛt] *nf* - **1.** [de vache] milking - **2.** COMM bill, draft - **3.** [d'esclaves] : **la ~ des noirs** the slave trade ; **la ~ des blanches** the white slave trade.

◆ **d'une seule traite** *loc adv* without stopping, in one go.

traité [trete] *nm* - **1.** [ouvrage] treatise - **2.** POLIT treaty ; **~ de non-prolifération** non-proliferation treaty.

traitement [trɛtmɑ̃] *nm* - **1.** [gén & MÉD] treatment ; **mauvais ~** ill-treatment ; **~ de faveur** special treatment - **2.** [rémunération] wage - **3.** [dans l'industrie & INFORM] processing ; **~ antirouille** rustproofing ; **~ de texte** word processing ; **~ de la parole** speech processing - **4.** [de problème] handling.

traiter [4] [trete] ◇ *vt* - **1.** [gén & MÉD] to treat ; **se faire ~** MÉD to be treated ; **bien/mal ~ qqn** to treat sb well/badly - **2.** [qualifier] : **~ qqn d'imbécile/de lâche** *etc* to call sb an imbecile/a coward *etc* - **3.** [question, thème] to deal with - **4.** [dans l'industrie & INFORM] to process. ◇ *vi* - **1.** [négocier] to negotiate - **2.** [livre] : **~ de** to deal with.

traiteur [trɛtœr] *nm* caterer.

traître, esse [trɛtr, ɛs] ◇ *adj* treacherous. ◇ *nm, f* traitor.

traîtreusement [trɛtrøzmɑ̃] *adv* treacherously.

traîtrise [trɛtriz] *nf* - **1.** [déloyauté] treachery - **2.** [acte] act of treachery.

trajectoire [traʒɛktwar] *nf* trajectory, path ; *fig* path.

trajet [traʒɛ] *nm* - **1.** [distance] distance - **2.** [itinéraire] route - **3.** [voyage] journey.

trame [tram] *nf* weft ; *fig* framework.

tramer [3] [trame] *vt sout* to plot.

◆ **se tramer** ◇ *vp* to be plotted. ◇ *v impers* : **il se trame quelque chose** there's something afoot.

tramontane [tramɔ̃tan] *nf strong cold wind that blows through Languedoc-Roussillon in southwest France.*

trampoline [trɑ̃pɔlin] *nm* trampoline.

tram(way) [tram(wɛ)] *nm* tram *UK*, streetcar *US*.

tranchant, **e** [trɑ̃ʃɑ̃, ɑ̃t] *adj* - **1.** [instrument] sharp - **2.** [personne] assertive - **3.** [ton] curt.
◆ **tranchant** *nm* edge ; **à double ~** *fig* two-edged.

tranche [trɑ̃ʃ] *nf* - **1.** [de gâteau, jambon] slice ; **~ d'âge** *fig* age bracket ; **~ de vie** *fig* slice of life - **2.** [de livre, pièce] edge - **3.** [période] part, section ; **~ horaire** time slot - **4.** [de revenus] portion ; [de paiement] instalment *UK*, installment *US* ; [fiscale] bracket.

tranchée [trɑ̃ʃe] *nf* MIL trench.

trancher [3] [trɑ̃ʃe] ◇ *vt* [couper] to cut ; [pain, jambon] to slice ; **~ la question** *fig* to settle the question. ◇ *vi* - **1.** *fig* [décider] to decide - **2.** [contraster] : **~ avec** *ou* **sur** to contrast with.

tranchoir [trɑ̃ʃwar] *nm* - **1.** [couteau] chopper - **2.** [planche] chopping board.

tranquille [trɑ̃kil] *adj* - **1.** [endroit, vie] quiet ; **laisser qqn/qqch ~** to leave sb/sthg alone ; **se tenir/rester ~** to keep/remain quiet - **2.** [rassuré] at ease, easy ; **soyez ~** don't worry.

tranquillement [trɑ̃kilmɑ̃] *adv* - **1.** [sans s'agiter] quietly - **2.** [sans s'inquiéter] calmly.

tranquillisant, **e** [trɑ̃kilizɑ̃, ɑ̃t] *adj* - **1.** [nouvelle] reassuring - **2.** [médicament] tranquillizing.
◆ **tranquillisant** *nm* tranquillizer *UK*, tranquilizer *US*.

tranquilliser [3] [trɑ̃kilize] *vt* to reassure.
◆ **se tranquilliser** *vp* to set one's mind at rest.

tranquillité [trɑ̃kilite] *nf* - **1.** [calme] peacefulness, quietness - **2.** [sérénité] peace, tranquillity *UK*, tranquility *US* ; **~ d'esprit** peace of mind.

transaction [trɑ̃zaksjɔ̃] *nf* transaction.

transactionnel, **elle** [trɑ̃zaksjɔnɛl] *adj* - **1.** PSYCHO transactional - **2.** DR compromise *(avant n)*.

transalpin, **e** [trɑ̃zalpɛ̃, in] *adj* transalpine.

transat [trɑ̃zat] ◇ *nm* deckchair. ◇ *nf* transatlantic race.

transatlantique [trɑ̃zatlɑ̃tik] ◇ *adj* transatlantic. ◇ *nm* transatlantic liner. ◇ *nf* transatlantic race.

transbahuter [3] [trɑ̃sbayte] *vt fam* to hump *UK ou* lug along, to schlepp *US*.

transbordement [trɑ̃sbɔrdəmɑ̃] *nm* transfer.

transcendant, **e** [trɑ̃sɑ̃dɑ̃, ɑ̃t] *adj fam* [extraordinaire] special, great.

transcender [3] [trɑ̃sɑ̃de] *vt* to transcend.
◆ **se transcender** *vp* to surpass o.s.

transcoder [3] [trɑ̃skɔde] *vt* to transcribe.

transcription [trɑ̃skripsjɔ̃] *nf* [de document & MUS] transcription ; [dans un autre alphabet] transliteration ; **~ phonétique** phonetic transcription.

transcrire [99] [trɑ̃skrir] *vt* [document & MUS] to transcribe ; [dans un autre alphabet] to transliterate.

transcrit, **e** [trɑ̃skri, it] *pp* ▷ **transcrire**.

transe [trɑ̃s] *nf* : **être en ~** *fig* to be beside o.s.
◆ **transes** *nfpl sout* agony *(U)*.

transférer [18] [trɑ̃sfere] *vt* to transfer.

transfert [trɑ̃sfɛr] *nm* transfer.

transfigurer [3] [trɑ̃sfigyre] *vt* to transfigure.

transformable [trɑ̃sfɔrmabl] *adj* convertible.

transformateur, **trice** [trɑ̃sfɔrmatœr, tris] *adj* - **1.** [dans l'industrie] processing *(avant n)* - **2.** *fig* [pouvoir, action] for change.
◆ **transformateur** *nm* transformer.

transformation [trɑ̃sfɔrmasjɔ̃] *nf* - **1.** [de pays, personne] transformation - **2.** [dans l'industrie] processing - **3.** [rugby] conversion.

transformer [3] [trɑ̃sfɔrme] *vt* - **1.** [gén] to transform ; [magasin] to convert ; **~ qqch en** to turn sthg into - **2.** [dans l'industrie] [rugby] to convert.
◆ **se transformer** *vp* : **se ~ en monstre/papillon** to turn into a monster/butterfly.

transfuge [trɑ̃sfyʒ] *nmf* renegade.

transfuser [3] [trɑ̃sfyze] *vt* [sang] to transfuse.

transfusion [trɑ̃sfyzjɔ̃] *nf* : **~ (sanguine)** (blood) transfusion.

transgénique [trɑ̃sʒenik] *adj* transgenic.

transgresser [4] [trɑ̃sgrese] *vt* [loi] to infringe ; [ordre] to disobey.

transgression [trɑ̃zgrɛsjɔ̃] *nf* infringement, transgression.

transhumance [trɑ̃zymɑ̃s] *nf* transhumance.

transi, **e** [trɑ̃zi] *adj* : **être ~ de** to be paralysed *UK ou* paralyzed *US*, to be transfixed with ; **être ~ de froid** to be chilled to the bone.

transiger [17] [trɑ̃ziʒe] *vi* : **~ (sur)** to compromise (on).

transistor [3] [trɑ̃zistɔr] *nm* transistor.

transit [trɑ̃zit] *nm* transit ; **en ~** in transit.

transitaire [trɑ̃zitɛr] *nm* forwarding agent.

transiter [3] [trɑ̃zite] ◇ *vt* to forward. ◇ *vi* to pass in transit ; ~ **par** to pass through.

transitif, **ive** [trɑ̃sitif, iv] *adj* transitive.

transition [trɑ̃zisjɔ̃] *nf* transition ; **sans** ~ with no transition, abruptly.

transitivité [trɑ̃zitivite] *nf* transitivity.

transitoire [trɑ̃zitwar] *adj* [passager] transitory.

translucide [trɑ̃slysid] *adj* translucent.

transmettre [84] [trɑ̃smɛtr] *vt* - **1.** [message, salutations] : ~ **qqch (à)** to pass sthg on (to) - **2.** [tradition, propriété] : ~ **qqch (à)** to hand sthg down (to) - **3.** [fonction, pouvoir] : ~ **qqch (à)** to hand sthg over (to) - **4.** [maladie] : ~ **qqch (à)** to transmit sthg (to), to pass sthg on (to) - **5.** [concert, émission] to broadcast.

◆ **se transmettre** *vp* - **1.** [maladie] to be passed on, to be transmitted - **2.** [nouvelle] to be passed on - **3.** [courant, onde] to be transmitted - **4.** [tradition] to be handed down.

transmis, **e** [trɑ̃smi, iz] *pp* ⊳ **transmettre**.

transmissible [trɑ̃smisibl] *adj* - **1.** [patrimoine] transferable - **2.** [maladie] transmissible.

transmission [trɑ̃smisjɔ̃] *nf* - **1.** [de biens] transfer - **2.** [de maladie] transmission - **3.** [de message] passing on - **4.** [de tradition] handing down.

transocéanique [trɑ̃zɔseanik] *adj* transoceanic.

transparaître [91] [trɑ̃sparɛtr] *vi* to show.

transparence [trɑ̃sparɑ̃s] *nf* transparency ; **par** ~ against the light.

transparent, **e** [trɑ̃sparɑ̃, ɑ̃t] *adj* transparent.

◆ **transparent** *nm* transparency.

transpercer [16] [trɑ̃spɛrse] *vt* to pierce ; *fig* [suj: froid, pluie] to go right through.

transpiration [trɑ̃spirasjɔ̃] *nf* [sueur] perspiration.

transpirer [3] [trɑ̃spire] *vi* - **1.** [suer] to perspire - **2.** *fig* [se divulguer] to leak out.

transplant [trɑ̃splɑ̃] *nm* MÉD transplant.

transplantation [trɑ̃splɑ̃tasjɔ̃] *nf* - **1.** [d'arbre, de population] transplanting - **2.** MÉD transplant.

transplanter [3] [trɑ̃splɑ̃te] *vt* to transplant.

transport [trɑ̃spɔr] *nm* transport *(U)*, transportation *(U)* *US* ; ~ **aérien** air transport ; ~ **ferroviaire** rail transport ; ~ **maritime** sea transport ; ~**s en commun** public transport *(sing)*.

transportable [trɑ̃spɔrtabl] *adj* [marchandise] transportable ; [blessé] fit to be moved.

transporter [3] [trɑ̃spɔrte] *vt* - **1.** [marchandises, personnes] to transport - **2.** *fig* [enthousiasmer] to delight ; **être transporté de joie/bonheur** to be beside o.s. with joy/happiness.

transporteur [trɑ̃spɔrtœr] *nm* - **1.** [personne] carrier ; ~ **routier** road haulier *UK* *ou* hauler *US* - **2.** [machine] conveyor.

transposer [3] [trɑ̃spoze] *vt* - **1.** [déplacer] to transpose - **2.** [adapter] : ~ **qqch (à)** to adapt sthg (for).

transposition [trɑ̃spozisjɔ̃] *nf* - **1.** [déplacement] transposition - **2.** [adaptation] : ~ **(à)** adaptation (for).

transsexuel, **elle** [trɑ̃ssɛksɥɛl] *adj* & *nm, f* transsexual.

transvaser [3] [trɑ̃svaze] *vt* to decant.

transversal, **e**, **aux** [trɑ̃svɛrsal, o] *adj* - **1.** [coupe] cross *(avant n)* - **2.** [chemin] running at right angles, cross *(avant n)* *US* - **3.** [vallée] transverse.

transversalité [trɑ̃svɛrsalite] *nf* transversality.

trapèze [trapɛz] *nm* - **1.** géometrie trapezium - **2.** [gymnastique] trapeze - **3.** ANAT trapezius.

trapéziste [trapezist] *nmf* trapeze artist.

trappage [trapaʒ] *nm* *Québec* trapping.

trappe [trap] *nf* - **1.** [ouverture] trapdoor - **2.** [piège] trap.

trappeur [trapœr] *nm* trapper.

trapu, **e** [trapy] *adj* - **1.** [personne] stocky, solidly built - **2.** [édifice] squat.

traquenard [traknar] *nm* trap ; *fig* trap, pitfall.

traquer [3] [trake] *vt* [animal] to track ; [personne, faute] to track *ou* hunt down.

traumatisant, **e** [tromatizɑ̃, ɑ̃t] *adj* traumatizing.

traumatiser [3] [tromatize] *vt* to traumatize.

traumatisme [tromatism] *nm* traumatism.

traumatologie [tromatɔlɔʒi] *nf* ≃ casualty department *UK*.

travail [travaj] *nm* - **1.** [gén] work *(U)* ; **se mettre au** ~ to get down to work ; **demander du** ~ [projet] to require some work ; **abattre du** ~ *fig* to get through a lot of work ; **mâcher le** ~ **à qqn** *fig* to spoon-feed sb - **2.** [tâche, emploi] job ; ~ **intérimaire** temporary work ; ~ **au noir** moonlighting ; ~ **précaire** casual labour *UK* *ou* labor *US* - **3.** [du métal, du bois] working - **4.** [de la mémoire] workings *(pl)* - **5.** [phénomène - du bois] warping ; [- du temps, fermentation] action - **6.** MÉD : **être en** ~ to be in labour *UK* *ou* labor *US* ; **entrer en** ~ to go into labour *UK* *ou* labor *US*.

◆ **travaux** *nmpl* - **1.** [d'aménagement] work *(U)* ; [routiers] roadworks *UK*, roadwork *US* ; **travaux**

publics civil engineering *(sing)* - **2.** SCOL : **travaux dirigés** class work ; **travaux manuels** arts and crafts ; **travaux pratiques** practical work *(U)*.

◆ **travaux d'approche** *nmpl* preliminary work *(U)*.

travaillé, e [travaje] *adj* - **1.** [matériau] wrought, worked - **2.** [style] laboured *UK*, labored *US* - **3.** [tourmenté] : **être ~ par** to be tormented by.

travailler [3] [travaje] ◇ *vi* - **1.** [gén] to work ; **~ chez/dans** to work at/in ; **~ à qqch** to work on sthg ; **~ à temps partiel** to work part-time - **2.** [métal, bois] to warp. ◇ *vt* - **1.** [étudier] to work at *ou* on ; [piano] to practise *UK*, to practice *US* - **2.** [essayer de convaincre] to work on - **3.** [suj: idée, remords] to torment - **4.** [matière] to work, to fashion.

travailleur, euse [travajœr, øz] ◇ *adj* hard-working. ◇ *nm, f* worker ; **~ à domicile** homeworker ; **~ émigré** migrant worker ; **~ indépendant** self-employed person.

travailliste [travajist] ◇ *nmf* member of the Labour Party. ◇ *adj* Labour *(avant n)*.

travée [trave] *nf* - **1.** [de bâtiment] bay - **2.** [de sièges] row.

traveller [travlœr] *nm inv* traveller's cheque *UK*, traveler's check *US*.

travelling [travliŋ] *nm* [mouvement] travelling *UK ou* traveling *US* shot.

travelo [travlo] *nm tfam* drag queen.

travers [traver] *nm* failing, fault.

◆ **à travers** *loc adv & loc prép* through.

◆ **au travers** *loc adv* through ; **passer au ~** *fig* to escape.

◆ **au travers de** *loc prép* through.

◆ **de travers** *loc adv* - **1.** [irrégulièrement - écrire] unevenly ; **marcher de ~** to stagger - **2.** [nez, escalier] crooked - **3.** [obliquement] sideways ; **regarder qqn de ~** *fig* to look askance at sb - **4.** [mal] wrong ; **aller de ~** to go wrong ; **comprendre qqch de ~** to misunderstand sthg ; **prendre qqch de ~** to take sthg the wrong way.

◆ **en travers** *loc adv* crosswise.

◆ **en travers de** *loc prép* across.

traverse [travers] *nf* - **1.** [de chemin de fer] sleeper *UK*, tie *US* - **2.** [chemin] short cut.

traversée [traverse] *nf* crossing.

traverser [3] [traverse] *vt* - **1.** [rue, mer, montagne] to cross ; [ville] to go through - **2.** [peau, mur] to go through, to pierce - **3.** [crise, période] to go through.

traversin [traversɛ̃] *nm* bolster.

travesti, e [travesti] *adj* - **1.** [pour s'amuser] dressed up (in fancy dress) - **2.** THÉÂTRE [comédien] playing a female part.

◆ **travesti** *nm* [homosexuel] transvestite.

travestir [32] [travestir] *vt* - **1.** [déguiser] to dress up - **2.** *fig* [vérité, idée] to distort.

◆ **se travestir** *vp* - **1.** [pour bal] to wear fancy dress - **2.** [en femme] to put on drag.

travestissement [travestismɑ̃] *nm* - **1.** [pour bal] wearing fancy dress - **2.** [en femme] putting on drag - **3.** *fig* [de vérité] distortion.

trayeuse [trɛjøz] *nf* milking machine.

trébucher [3] [trebyʃe] *vi* : **~ (sur/contre)** to stumble (over/against).

trèfle [trɛfl] *nm* - **1.** [plante] clover ; **~ à quatre feuilles** four-leaved *UK ou US* four-leaf clover - **2.** [carte] club ; [famille] clubs *(pl)*.

tréfonds [trefɔ̃] *nm litt* depths *(pl)*.

treillage [trɛjaʒ] *nm* [clôture] trellis (fencing).

treille [trɛj] *nf* - **1.** [vigne] climbing vine - **2.** [tonnelle] trellised vines *(pl)*, vine arbour.

treillis [trɛji] *nm* - **1.** [clôture] trellis (fencing) - **2.** [toile] canvas - **3.** MIL combat uniform.

treize [trɛz] *adj num inv & nm* thirteen, *voir aussi* **six**.

treizième [trɛzjɛm] *adj num inv, nm & nmf* thirteenth ; **~ mois** *bonus corresponding to an extra month's salary which is paid annually*, *voir aussi* **sixième**.

trekking [trɛkiŋ] *nm* trek.

tréma [trema] *nm* diaeresis *UK*, dieresis *US*.

tremblant, e [trɑ̃blɑ̃, ɑ̃t] *adj* - **1.** [personne - de froid] shivering ; [- d'émotion] trembling, shaking ; **être tout ~** to be trembling *ou* shaking - **2.** [voix] quavering - **3.** [lumière] flickering.

tremble [trɑ̃bl] *nm* aspen.

tremblement [trɑ̃bləmɑ̃] *nm* - **1.** [de corps] trembling - **2.** [de voix] quavering - **3.** [de feuilles] fluttering.

◆ **tremblement de terre** *nm* earthquake.

trembler [3] [trɑ̃ble] *vi* - **1.** [personne - de froid] to shiver ; [- d'émotion] to tremble, to shake - **2.** *fig & sout* [avoir peur] to fear ; **~ que** *(+ subjonctif)* to fear (that) ; **~ de faire qqch** to be scared to do sthg - **3.** [voix] to quaver - **4.** [lumière] to flicker - **5.** [terre] to shake.

tremblotant, e [trɑ̃blɔtɑ̃, ɑ̃t] *adj* - **1.** [personne] trembling - **2.** [voix] quavering - **3.** [lumière] flickering.

trembloter [3] [trɑ̃blɔte] *vi* - **1.** [personne] to tremble - **2.** [voix] to quaver - **3.** [lumière] to flicker.

trémière [tremjɛr] ▷ **rose**.

trémolo [tremɔlo] *nm* tremolo ; **avoir des ~s dans la voix** *hum* to have a quaver in one's voice.

trémousser [3] [tremuse] ◆ **se trémousser** *vp* to jig up and down.

trempe [trɑ̃p] *nf* - **1.** [envergure] calibre ; **de sa ~** of his/her calibre - **2.** *fam* [coups] thrashing.

tremper [3] [trɑ̃pe] ◇ *vt* - **1.** [mouiller] to soak ; **faire ~** to soak - **2.** [plonger] : **~ qqch dans** to dip sthg into - **3.** [métal] to harden, to quench. ◇ *vi* - **1.** [linge] to soak - **2.** [se compromettre] : **~ dans** to be involved in.

◆ **se tremper** *vp* - **1.** [se mouiller] to get soaking wet - **2.** [se plonger] to have a quick dip.

trempette [trɑ̃pɛt] *nf* : **faire ~** [se baigner] to go for a dip ; [avec biscuit] to dunk.

tremplin [trɑ̃plɛ̃] *nm litt* & *fig* springboard ; SKI ski jump.

trench-coat [trɛnʃkot] (*pl* **trench-coats**) *nm* trench coat.

trentaine [trɑ̃tɛn] *nf* - **1.** [nombre] : **une ~ de** about thirty - **2.** [âge] : **avoir la ~** to be in one's thirties.

trente [trɑ̃t] ◇ *adj num inv* thirty ; **~-trois tours** LP, long-playing record. ◇ *nm* thirty ; **être/se mettre sur son ~ et un** *fig* to be in/to put on one's Sunday best, *voir aussi* **six.**

trentième [trɑ̃tjɛm] *adj num inv, nm* & *nmf* thirtieth, *voir aussi* **sixième.**

trépaner [3] [trepane] *vt* MÉD to trepan.

trépas [trepa] *nm litt* demise.

trépasser [3] [trepase] *vi litt* to pass away.

trépidant, e [trepidɑ̃, ɑ̃t] *adj* [vie] hectic.

trépidation [trepidasjɔ̃] *nf* [vibration] vibration.

trépied [trepje] *nm* - **1.** [support] tripod - **2.** [meuble] three-legged stool/table.

trépignement [trepiɲmɑ̃] *nm* stamping.

trépigner [3] [trepiɲe] *vi* to stamp one's feet.

très [trɛ] *adv* very ; **~ malade** very ill ; **~ bien** very well ; **être ~ aimé** to be much *ou* greatly liked ; **avoir ~ peur/faim** to be very frightened/hungry ; **j'ai ~ envie de...** I'd very much like to...

trésor [trezɔr] *nm* treasure ; **mon ~** *fig* my precious.

◆ **Trésor** *nm* : **le Trésor public** the public revenue department.

◆ **trésors** *nmpl* riches, treasures ; **des ~s de** *fig* a wealth *(sing)* of.

trésorerie [trezɔrri] *nf* - **1.** [service] accounts department - **2.** [gestion] accounts *(pl)* - **3.** [fonds] finances *(pl)*, funds *(pl)*.

trésorier, ère [trezɔrje, ɛr] *nm, f* treasurer.

tressaillement [tresajmɑ̃] *nm* [de joie] thrill ; [de douleur] wince.

tressaillir [47] [tresajir] *vi* - **1.** [de joie] to thrill ; [de douleur] to wince - **2.** [sursauter] to start, to jump.

tressauter [3] [tresote] *vi* [sursauter] to jump, to start ; [dans véhicule] to be tossed about ; **faire ~** to toss *ou* jolt about.

tresse [trɛs] *nf* - **1.** [de cheveux] plait - **2.** [de rubans] braid.

tresser [4] [trese] *vt* - **1.** [cheveux] to plait - **2.** [osier] to braid - **3.** [panier, guirlande] to weave.

tréteau, x [treto] *nm* trestle.

treuil [trœj] *nm* winch, windlass.

trêve [trɛv] *nf* - **1.** [cessez-le-feu] truce - **2.** *fig* [répit] rest, respite ; **~ de plaisanteries/de sottises** that's enough joking/nonsense.

◆ **sans trêve** *loc adv* relentlessly, unceasingly.

tri [tri] *nm* [de lettres] sorting ; [de candidats] selection ; **faire le ~ dans qqch** *fig* to sort sthg out ; [déchets] : **~ sélectif (des ordures)** *sorting of rubbish into different types for recycling.*

triage [trijaʒ] *nm* [de lettres] sorting ; [de candidats] selection.

triangle [trijɑ̃gl] *nm* triangle ; **~ isocèle** isosceles triangle ; **~ rectangle** right-angled triangle.

triangulaire [trijɑ̃gylɛr] *adj* triangular.

triathlon [trijatlɔ̃] *nm* triathlon.

tribal, e, aux [tribal, o] *adj* tribal.

tribord [tribɔr] *nm* starboard ; **à ~** on the starboard side, to starboard.

tribu [triby] *nf* tribe.

tribulations [tribylasjɔ̃] *nfpl* tribulations, trials.

tribun [tribœ̃] *nm* - **1.** HIST tribune - **2.** [orateur] popular orator.

tribunal, aux [tribynal, o] *nm* - **1.** DR court ; **~ correctionnel** ≃ magistrates' court *UK*, ≃ county court *US* ; **~ pour enfants** juvenile court ; **~ d'exception** special court ; **~ de grande instance** ≃ crown court *UK*, ≃ circuit court *US* ; **~ d'instance** ≃ magistrates' court *UK*, ≃ county court *US* ; **~ de police** police court - **2.** *fig* & *litt* [jugement] judgment.

tribune [tribyn] *nf* - **1.** [d'orateur] platform - **2.** *(gén pl)* [de stade] stand - **3.** *fig* [lieu d'expression] forum ; **~ libre** PRESSE opinion column.

tribut [triby] *nm litt* tribute.

tributaire [tribytɛr] *adj* : **être ~ de** to depend *ou* be dependent on.

tricentenaire [trisɑ̃tnɛr] ◇ *adj* three-hundred-year-old. ◇ *nm* tricentennial.

triceps [trisɛps] *nm* triceps.

triche [triʃ] *nf fam* cheating.

tricher [3] [triʃe] *vi* - **1.** [au jeu, à un examen] to cheat - **2.** [mentir] : **~ sur** to lie about.

tricherie [triʃri] *nf* cheating.

tricheur, euse [triʃœr, øz] *nm, f* cheat.

tricolore [trikɔlɔr] *adj* - **1.** [à trois couleurs] three-coloured *UK*, three-colored *US* - **2.** [français] French.

tricot [triko] *nm* - **1.** [vêtement] jumper *UK*, sweater ; **~ de corps** vest *UK*, undershirt *US* - **2.** [ouvrage] knitting ; **faire du ~** to knit - **3.** [étoffe] knitted fabric, jersey.

tricoter [3] [trikɔte] *vi* & *vt* to knit.

tricycle [trisikl] *nm* tricycle.

trident [tridɑ̃] *nm* - **1.** MYTHOL trident - **2.** [fourche] pitchfork.

tridimensionnel, elle [tridimɑ̃sjɔnɛl] *adj* three-dimensional.

triennal, e, aux [trienal, o] *adj* - **1.** [mandat] three-year - **2.** [élection] three-yearly.

trier [10] [trije] *vt* - **1.** [classer] to sort out - **2.** [sélectionner] to select ; **~ sur le volet** to hand-pick.

trifouiller [3] [trifuje] *vi fam* to rummage around.

trigonométrie [trigɔnɔmetri] *nf* trigonometry.

trilingue [trilɛ̃g] ◇ *nmf* person who is trilingual. ◇ *adj* trilingual.

trille [trij] *nm* trill.

trilogie [trilɔʒi] *nf* trilogy.

trim. - **1.** (*abr écrite de* **trimestre**) quarter - **2.** (*abr écrite de* **trimestriel**) quarterly.

trimaran [trimarɑ̃] *nm* trimaran.

trimbaler [3] [trɛ̃bale] *vt fam* [personne] to trail around ; [chose] to cart around, to schlepp around *US*.

◆ **se trimbaler** *vp fam* to trail around.

trimer [3] [trime] *vi fam* to slave away.

trimestre [trimɛstr] *nm* - **1.** SCOL term *UK*, trimester *US*, quarter *US* - **2.** [loyer] quarter's rent ; [rente] quarter's income.

trimestriel, elle [trimɛstrijɛl] *adj* [loyer, magazine] quarterly ; SCOL end-of-term *(avant n) UK*.

trimoteur [trimɔtœr] ◇ *nm* three-engined plane. ◇ *adj* three-engined.

tringle [trɛ̃gl] *nf* rod ; **~ à rideaux** curtain rod.

trinité [trinite] *nf litt* trinity.

◆ **Trinité** *nf* : **la Trinité** the Trinity.

trinquer [3] [trɛ̃ke] *vi* - **1.** [boire] to toast, to clink glasses ; **~ à** to drink to - **2.** *fam* [personne] to get the worst of it ; [voiture] to be damaged.

trio [trijo] *nm* trio.

triomphal, e, aux [trijɔ̃fal, o] *adj* [succès] triumphal ; [accueil] triumphant.

triomphalement [trijɔ̃falmɑ̃] *adv* - **1.** [en triomphe] in triumph - **2.** [fièrement] triumphantly.

triomphalisme [trijɔ̃falism] *nm* triumphalism.

triomphant, e [trijɔ̃fɑ̃, ɑ̃t] *adj* [équipe] winning ; [air] triumphant.

triomphateur, trice [trijɔ̃fatœr, tris] ◇ *adj* triumphant. ◇ *nm, f* victor.

triomphe [trijɔ̃f] *nm* triumph.

triompher [3] [trijɔ̃fe] *vi* - **1.** [gén] to triumph ; **~ de** to triumph over ; **faire ~ qqch** to ensure the success of sthg - **2.** [crier victoire] to rejoice.

trip [trip] *nm arg crime* trip.

triparti, e [triparti], **tripartite** [tripartit] *adj* tripartite.

tripatouiller [3] [tripatuje] *vt fam* - **1.** [fruits] to paw - **2.** [texte, compte] to fiddle with.

tripes [trip] *nfpl* - **1.** [d'animal, de personne] guts ; **prendre qqn aux ~** *fam fig* to get sb in the guts - **2.** CULIN tripe *(sing)*.

triperie [tripri] *nf* - **1.** [commerce] tripe trade - **2.** [boutique] tripe shop - **3.** [aliments] tripe.

tripier, ère [tripje, ɛr] *nm, f* tripe butcher.

triple [tripl] ◇ *adj* triple. ◇ *nm* : **le ~ (de)** three times as much (as).

triplé, ées [triple] *nm* - **1.** [au turf] *bet on three horses winning in three different races* - **2.** SPORT [trois victoires] hat-trick of victories.

◆ **triplés, ées** *nmf pl* triplets.

triplement [tripləmɑ̃] ◇ *adv* trebly. ◇ *nm* threefold increase, tripling.

tripler [3] [triple] *vt* & *vi* to triple.

triporteur [tripɔrtœr] *nm* tricycle *(used for deliveries)*.

tripot [tripo] *nm péj* gambling den.

tripotage [tripɔtaʒ] *nm (gén pl) fam* [manigances] fiddling *(U)*.

tripoter [3] [tripɔte] ◇ *vt* - **1.** *fam* [stylo, montre] to play with - **2.** *vulg* [femme] to feel up. ◇ *vi fam* **~ dans** [fouiller dans] to rummage about in ; [trafiquer] to dabble in.

tripous, tripoux [tripu] *nmpl stuffed tripe*.

triptyque [triptik] *nm* triptych.

trique [trik] *nf* cudgel.

triste [trist] *adj* - **1.** [personne, nouvelle] sad ; **être ~ de qqch/de faire qqch** to be sad about sthg/about doing sthg - **2.** [paysage, temps] gloomy ; [couleur] dull - **3.** *(avant n)* [lamentable] sorry.

tristement [tristəmɑ̃] *adv* - **1.** [d'un air triste] sadly - **2.** [lugubrement] gloomily - **3.** [de façon regrettable] sadly, regrettably ; **~ célèbre** notorious.

tristesse [tristɛs] *nf* - **1.** [de personne, nouvelle] sadness - **2.** [de paysage, temps] gloominess.

tristounet, ette [tristunɛ, ɛt] *adj fam* - **1.** [personne] sad - **2.** *péj* [humeur] gloomy.

trithérapie [triterapi] *nf* combination therapy.

triton [tritɔ̃] *nm* triton.

triturer [3] [trityre] *vt* - **1.** [sel] to grind - **2.** *fam* [mouchoir] to knead.

◆ **se triturer** *vp fam* **se ~ l'esprit** *ou* **les méninges** to rack one's brains.

trivial, **e**, **aux** [trivjal, o] *adj* - **1.** [banal] trivial - **2.** *péj* [vulgaire] crude, coarse.

trivialité [trivjalite] *nf* - **1.** [banalité] triviality - **2.** *péj* [vulgarité] vulgar *ou* coarse expression.

tr/mn, **tr/min** (*abr écrite de* **tour par minute**) r/min, rpm.

troc [trɔk] *nm* - **1.** [échange] exchange - **2.** [système économique] barter.

troène [trɔɛn] *nm* privet.

troglodyte [trɔglɔdit] *nm* cave dweller, troglodyte.

trogne [trɔɲ] *nf fam* [visage] mug.

trognon [trɔɲɔ̃] ◇ *nm* [de fruit] core. ◇ *adj inv fam* [mignon] sweet, cute.

troïka [trɔika] *nf* troika.

trois [trwa] ◇ *nm* three. ◇ *adj num inv* three, *voir aussi* **six** ; **les ~-huit** shift work ; **~ fois rien** *fig* nothing at all ; **les ~ jours** MIL *induction course preceding military service (now lasting one day).*

trois étoiles [trwazetwal] ◇ *adj* three-star *(avant n).* ◇ *nm* three-star hotel/restaurant.

troisième [trwazjɛm] ◇ *adj num inv* & *nmf* third. ◇ *nm* third ; [étage] third floor *UK*, fourth floor *US*. ◇ *nf* - **1.** SCOL ≃ fourth year *ou* form *UK*, ≃ ninth grade *US* - **2.** [vitesse] third (gear), *voir aussi* **sixième**.

troisièmement [trwazjɛmmɑ̃] *adv* thirdly.

trois-mâts [trwama] *nm inv* three-master.

trois-quarts [trwakar] *nm inv* [rugby] three-quarter.

trolley(bus) [trɔlɛ(bys)] *nm* trolleybus.

trombe [trɔ̃b] *nf* water spout ; **passer en ~** *fig* to zoom past, to speed past ; **des ~s d'eau** torrential rain *(U).*

trombone [trɔ̃bɔn] *nm* - **1.** [agrafe] paper clip - **2.** [instrument] trombone ; **~ à coulisse** slide trombone - **3.** [joueur] trombone player, trombonist.

trompe [trɔ̃p] *nf* - **1.** [instrument] trumpet - **2.** [d'éléphant] trunk - **3.** [d'insecte] proboscis - **4.** ANAT tube.

trompe-l'œil [trɔ̃plœj] *nm inv* - **1.** [peinture] trompe-l'oeil ; **en ~** done in trompe-l'oeil - **2.** [apparence] deception.

tromper [3] [trɔ̃pe] *vt* - **1.** [personne] to deceive ; [époux] to be unfaithful to, to deceive - **2.** [vigilance] to elude - **3.** *litt* [espoirs] to fall short of - **4.** [faim] to stave off.

◆ **se tromper** *vp* to make a mistake, to be mistaken ; **se ~ de jour/maison** to get the wrong day/house.

tromperie [trɔ̃pri] *nf* deception.

trompette [trɔ̃pɛt] *nf* trumpet.

trompettiste [trɔ̃petist] *nmf* trumpeter.

trompeur, **euse** [trɔ̃pœr, øz] ◇ *adj* - **1.** [personne] deceitful - **2.** [calme, apparence] deceptive. ◇ *nm, f* deceitful person.

trompeusement [trɔ̃pøzmɑ̃] *adv* - **1.** [hypocritement] deceitfully - **2.** [apparemment] deceptively.

tronc [trɔ̃] *nm* - **1.** [d'arbre, de personne] trunk - **2.** [d'église] collection box - **3.** [de veine, nerf] stem.

◆ **tronc commun** *nm* [de programmes] common element *ou* feature ; SCOL core syllabus.

tronche [trɔ̃ʃ] *nf fam péj* [visage] mug.

tronçon [trɔ̃sɔ̃] *nm* - **1.** [morceau] piece, length - **2.** [de route, de chemin de fer] section.

tronçonner [3] [trɔ̃sɔne] *vt* to cut into pieces.

tronçonneuse [trɔ̃sɔnøz] *nf* chain saw.

trône [tron] *nm* throne.

trôner [3] [trone] *vi* - **1.** [personne] to sit enthroned ; [objet] to have pride of place - **2.** *hum* [faire l'important] to lord it.

tronquer [3] [trɔ̃ke] *vt* to truncate.

trop [tro] *adv* - **1.** *(devant adj, adv)* too ; **~ vieux/loin** too old/far ; **nous étions ~ nombreux** there were too many of us ; **avoir ~ chaud/froid/peur** to be too hot/cold/frightened - **2.** *(avec verbe)* too much ; **il mange ~** he eats too much ; **nous étions ~** there were too many of us ; **je n'aime pas ~ le chocolat** I don't like chocolate very much ; **on ne se voit plus ~** we don't really see each other any more ; **sans ~ savoir pourquoi** without really knowing why - **3.** *(avec complément)* **~ de** [quantité] too much ; [nombre] too many.

◆ **en trop**, **de trop** *loc adv* too much/many ; **2 euros de** *ou* **en ~** 2 euros too much ; **une personne de** *ou* **en ~** one person too many ; **être de ~** [personne] to be in the way, to be unwelcome.

trophée [trɔfe] *nm* trophy.

tropical, **e**, **aux** [trɔpikal, o] *adj* tropical.

tropique [trɔpik] *nm* tropic ; **~ du Cancer /du Capricorne** Tropic of Cancer/Capricorn.

◆ **tropiques** *nmpl* tropics.

trop-perçu [tropɛrsy] (*pl* **trop-perçus**) *nm* excess payment.

trop-plein [troplɛ̃] (*pl* **trop-pleins**) *nm* - **1.** [excès] excess ; *fig* excess, surplus - **2.** [déversoir] overflow.

troquer [3] [trɔke] *vt* : ~ **qqch (contre)** to barter sthg (for) ; *fig* to swap sthg (for).

troquet [trɔkɛ] *nm fam* (small) café.

trot [tro] *nm* trot ; **au ~** at a trot ; **au ~!** *fam fig* at the double!

trotter [3] [trɔte] *vi* - **1.** [cheval] to trot - **2.** [personne] to run around.

trotteur, euse [trɔtœr, øz] *nm, f* trotter.
◆ **trotteuse** *nf* second hand.

trottiner [3] [trɔtine] *vi* to trot.

trottinette [trɔtinɛt] *nf* child's scooter.

trottoir [trɔtwar] *nm* pavement *UK*, sidewalk *US* ; **faire le ~** *fam fig* to walk the streets.

trou [tru] *nm* - **1.** [gén] hole ; **~ d'aération** air vent ; **~ d'air** air pocket ; **~ de serrure** keyhole - **2.** [manque, espace vide] gap ; **~ de mémoire** memory lapse - **3.** *fam* [prison] nick *UK*, clink.

troublant, e [trublɑ̃, ɑ̃t] *adj* disturbing.

trouble [trubl] ◇ *adj* - **1.** [eau] cloudy - **2.** [image, vue] blurred - **3.** [affaire] shady. ◇ *nm* - **1.** [désordre] trouble, discord - **2.** [gêne] confusion ; [émoi] agitation - **3.** *(gén pl)* [dérèglement] disorder ; **~s moteurs** motor disorders ; **~s respiratoires** respiratory disorders.
◆ **troubles** *nmpl* [sociaux] unrest *(U)*.

trouble-fête [trubləfɛt] *nmf* spoilsport.

troubler [3] [truble] *vt* - **1.** [eau] to cloud, to make cloudy - **2.** [image, vue] to blur - **3.** [sommeil, événement] to disrupt, to disturb - **4.** [esprit, raison] to cloud - **5.** [inquiéter, émouvoir] to disturb - **6.** [rendre perplexe] to trouble.
◆ **se troubler** *vp* - **1.** [eau] to become cloudy - **2.** [personne] to become flustered.

trouée [true] *nf* gap ; MIL breach.

trouer [3] [true] *vt* - **1.** [chaussette] to make a hole in - **2.** *fig* [silence] to disturb.

troufion [trufjɔ̃] *nm fam* soldier.

trouillard, e [trujar, ard] *fam* ◇ *adj* yellow, chicken. ◇ *nm, f* chicken.

trouille [truj] *nf fam* fear, terror.

troupe [trup] *nf* - **1.** MIL troop - **2.** [d'amis] group, band ; [de singes] troop - **3.** THÉÂTRE theatre *UK ou* theater *US* group.

troupeau, x [trupo] *nm* [de vaches, d'éléphants] herd ; [de moutons, d'oies] flock ; *péj* [de personnes] herd.

trousse [trus] *nf* case, bag ; **~ de secours** first-aid kit ; **~ de toilette** toilet bag.
◆ **trousses** *nfpl* : **avoir qqn à ses ~s** *fig* to have sb hot on one's heels ; **être aux ~s de qqn** *fig* to be hot on the heels of sb.

trousseau, x [truso] *nm* - **1.** [de mariée] trousseau - **2.** [de clefs] bunch.

trousser [3] [truse] *vt* - **1.** [manches] to roll up ; [jupe] to hitch up - **2.** CULIN to truss.

trouvaille [truvaj] *nf* - **1.** [découverte] find, discovery - **2.** [invention] new idea.

trouver [3] [truve] ◇ *vt* to find ; **~ que** to feel (that) ; **~ qqch à qqn** to think sb has sthg ; **~ bon/mauvais que...** to think (that) it is right/wrong that... ; **~ qqch à faire/à dire** *etc* to find sthg to do/say *etc* ; **~ à s'occuper** to find something to do. ◇ *v impers* : **il se trouve que...** the fact is that...
◆ **se trouver** *vp* - **1.** [dans un endroit] to be - **2.** [dans un état] to find o.s. - **3.** [se sentir] to feel ; **se ~ mal** [s'évanouir] to faint.

truand [tryɑ̃] *nm* crook.

truander [3] [tryɑ̃de] *vt fam* to rip off.

trublion [tryblijɔ̃] *nm* troublemaker.

truc [tryk] *nm* - **1.** [combine] trick - **2.** *fam* [chose] thing, thingamajig ; **ce n'est pas son ~** it's not his thing.

trucage = **truquage**.

truchement [tryʃmɑ̃] *nm* : **par le ~ de qqn** through sb.

trucider [3] [tryside] *vt fam hum* to bump off.

truculence [trykylɑ̃s] *nf* vividness, colourfulness *UK*, colorfulness *US*.

truculent, e [trykylɑ̃, ɑ̃t] *adj* colourful *UK*, colorful *US*.

truelle [tryɛl] *nf* trowel.

truffe [tryf] *nf* - **1.** [champignon] truffle ; **~ en chocolat** chocolate truffle - **2.** [museau] muzzle.

truffer [3] [tryfe] *vt* - **1.** [volaille] to garnish with truffles - **2.** *fig* [discours] : **~ de** to stuff with.

truie [trɥi] *nf* sow.

truite [trɥit] *nf* trout.

truquage, trucage [trykaʒ] *nm* - **1.** [d'élections] rigging - **2.** CINÉ (special) effect.

truquer [3] [tryke] *vt* - **1.** [élections] to rig - **2.** CINÉ to use special effects in.

trust [trœst] *nm* - **1.** [groupement] trust - **2.** [entreprise] corporation.

ts *abr de* **tous**.

tsar [tsar], **tzar** [dzar] *nm* tsar.

tsé-tsé [tsetse] ▷ **mouche**.

tsigane = **tzigane**.

TSVP (*abr de* **tournez s'il vous plaît**) PTO.

tt *abr de* **tout**.

TT, **TTA** (*abr de* **transit temporaire (autorisé)**) *registration for vehicles bought in France for tax-free export by non-residents.*

tt conf. *abr de* **tout confort.**

ttes (*abr de* **toutes**) ▷ **tout.**

TTX (*abr écrite de* **traitement de texte**) WP.

tu[1], **e** [ty] *pp* ▷ **taire.**

tu[2] [ty] *pron pers* you ; **dire ~ à qqn** to use the "tu" form to sb.

TU (*abr de* **temps universel**) *nm* UT, GMT.

tuant, **e** [tɥɑ̃, ɑ̃t] *adj* - **1.** [épuisant] exhausting - **2.** [énervant] tiresome.

tuba [tyba] *nm* - **1.** MUS tuba - **2.** [de plongée] snorkel.

tube [tyb] *nm* - **1.** [gén] tube ; **~ cathodique** cathode ray tube ; **à pleins ~s** *fig* [chanter, crier] at the top of one's voice ; [mettre la musique] at full blast - **2.** *fam* [chanson] hit.

◆ **tube digestif** *nm* digestive tract.

tubercule [tybɛrkyl] *nm* - **1.** BOT tuber - **2.** ANAT tubercle.

tuberculeux, **euse** [tybɛrkylø, øz] ◇ *adj* tubercular. ◇ *nm, f* tuberculosis sufferer.

tuberculose [tybɛrkyloz] *nf* tuberculosis.

tubulaire [tybylɛr] *adj* tubular.

TUC, **Tuc** [tyk] (*abr de* **travail d'utilité collective**) *nm community work scheme for unemployed young people.*

tue-mouches [tymuʃ] ▷ **papier.**

tuer [7] [tɥe] *vt* to kill.

◆ **se tuer** *vp* - **1.** [se suicider] to kill o.s. - **2.** [par accident] to die - **3.** *fig* [s'épuiser] : **se ~ à faire qqch** to wear o.s. out doing sthg.

tuerie [tyri] *nf* slaughter.

tue-tête [tytɛt] ◆ **à tue-tête** *loc adv* at the top of one's voice.

tueur, **euse** [tɥœr, øz] *nm, f* - **1.** [meurtrier] killer ; **~ à gages** hit man ; **~ en série** serial killer - **2.** [dans abattoir] slaughterer.

tuile [tɥil] *nf* - **1.** [de toit] tile - **2.** *fam* [désagrément] blow.

tulipe [tylip] *nf* tulip.

tulle [tyl] *nm* tulle.

tuméfié, **e** [tymefje] *adj* swollen.

tumeur [tymœr] *nf* tumour *UK*, tumor *US*.

tumoral, **e**, **aux** [tymɔral, o] *adj* tumorous.

tumulte [tymylt] *nm* - **1.** [désordre] hubbub - **2.** *litt* [trouble] tumult.

tumultueux, **euse** [tymyltɥø, øz] *adj* stormy.

tune = **thune.**

tuner [tynɛr] *nm* tuner.

tungstène [tœ̃kstɛn] *nm* tungsten.

tunique [tynik] *nf* tunic.

Tunis [tynis] *n* Tunis.

Tunisie [tynizi] *nf* : **la ~** Tunisia.

tunisien, **enne** [tynizjɛ̃, ɛn] *adj* Tunisian.

◆ **Tunisien**, **enne** *nm, f* Tunisian.

tunnel [tynɛl] *nm* tunnel.

TUP [typ] (*abr de* **titre universel de paiement**) *nm payment slip formerly used to settle bills.*

tuque [tyk] *nf* **Québec** wool hat, tuque **Québec**.

turban [tyrbɑ̃] *nm* turban.

turbin [turbɛ̃] *nm* ***fam*** : **aller au ~** to go to work.

turbine [tyrbin] *nf* turbine.

turbo [tyrbo] *nm* & *nf* turbo.

turboréacteur [tyrbɔreaktœr] *nm* turbojet.

turbot [tyrbo] *nm* turbot.

turbotrain [tyrbɔtrɛ̃] *nm* turbotrain.

turbulence [tyrbylɑ̃s] *nf* - **1.** [de personne] boisterousness - **2.** MÉTÉOR turbulence.

turbulent, **e** [tyrbylɑ̃, ɑ̃t] *adj* boisterous.

turc, **turque** [tyrk] *adj* Turkish.

◆ **turc** *nm* [langue] Turkish.

◆ **Turc**, **Turque** *nm, f* Turk.

turf [tœrf] *nm* [activité] : **le ~** racing.

turfiste [tœrfist] *nmf* racegoer.

turkmène [tyrkmɛn] ◇ *adj* Turkmen. ◇ *nm* [langue] Turkmen.

◆ **Turkmène** *nmf* Turkoman.

turlupiner [3] [tyrlypine] *vt fam* to nag.

turnover [tœrnɔvœr] *nm* turnover.

turpitude [tyrpityd] *nf* [littéraire] turpitude.

turque ▷ **turc.**

Turquie [tyrki] *nf* : **la ~** Turkey.

turquoise [tyrkwaz] *nf* & *adj inv* turquoise.

tutelle [tytɛl] *nf* - **1.** DR guardianship - **2.** [dépendance] supervision ; **sous la ~ des Nations unies** under United Nations supervision - **3.** [protection] protection.

tuteur, **trice** [tytœr, tris] *nm, f* guardian.

◆ **tuteur** *nm* [pour plante] stake.

tutoiement [tytwamɑ̃] *nm* use of "tu".

tutoyer [13] [tytwaje] *vt* : **~ qqn** to use the familiar "tu" form to sb ; **elle tutoie son professeur** ≃ she's on first-name terms with her teacher.

◆ **se tutoyer** *vp* to use the familiar "tu" form with each other.

tutu [tyty] *nm* tutu.

tuyau, x [tɥijo] *nm* **- 1.** [conduit] pipe ; **~ d'arrosage** hosepipe **- 2.** *fam* [renseignement] tip.

tuyauter [3] [tɥijote] *vt fam* to give a tip to.

tuyauterie [tɥijotri] *nf* piping *(U)*, pipes *(pl)*.

TV (*abr de* **télévision**) *nf* TV.

TVA (*abr de* **taxe à la valeur ajoutée**) *nf* ≃ VAT.

TVHD (*abr de* **télévision haute définition**) *nf* HDTV.

tweed [twid] *nm* tweed.

twin-set [twinsɛt] (*pl* **twin-sets**) *nm* twin set *UK*, sweater set *US*.

tympan [tɛ̃pɑ̃] *nm* **- 1.** ANAT eardrum **- 2.** ARCHIT tympanum.

type [tip] ◇ *nm* **- 1.** [exemple caractéristique] perfect example ; **il est le ~ parfait du professeur** he's the classic example of a teacher **- 2.** [genre] type ; **avoir le ~ nordique/méditerranéen** to have Nordic/Mediterranean features **- 3.** *fam* [individu] guy, bloke *UK*. ◇ *adj inv* [caractéristique] typical.

typé, e [tipe] *adj* : **il est bien** *ou* **très ~** he has all the characteristic features.

typhoïde [tifɔid] ◇ *nf* typhoid. ◇ *adj* : **fièvre ~** typhoid fever.

typhon [tifɔ̃] *nm* typhoon.

typhus [tifys] *nm* typhus.

typique [tipik] *adj* typical.

typiquement [tipikmɑ̃] *adv* typically.

typographe [tipɔgraf] *nmf* typographer.

typographie [tipɔgrafi] *nf* typography.

typographique [tipɔgrafik] *adj* typographical.

typologie [tipɔlɔʒi] *nf* typology.

tyran [tirɑ̃] *nm* tyrant.

tyrannie [tirani] *nf* tyranny.

tyrannique [tiranik] *adj* tyrannical.

tyranniser [3] [tiranize] *vt* to tyrannize.

tyrolien, enne [tirɔljɛ̃, ɛn] *adj* Tyrolean.
◆ **tyrolienne** *nf* [air] Tyrolienne.
◆ **Tyrolien, enne** *nm, f* Tyrolean.

tzar = tsar.

tzigane [dzigan], **tsigane** [tsigan] ◇ *nmf* gipsy. ◇ *adj* gipsy *(avant n)*.

u, U [y] *nm inv* u, U.

ubiquité [ybikɥite] *nf* ubiquity ; **je n'ai pas le don d'~** I can't be everywhere (at once).

UDF (*abr de* **Union pour la démocratie française**) *nf French political party to the right of the political spectrum.*

UE (*abr de* **Union européenne**) *nf* EU.

UEFA (*abr de* **Union of European Football Associations**) *nf* UEFA.

UEO (*abr de* **Union de l'Europe occidentale**) *nf* WEU.

UER *nf* **- 1.** (*abr de* **unité d'enseignement et de recherche**) *former name for a university department* **- 2.** (*abr de* **Union européenne de radiodiffusion**) EBU.

UFC (*abr de* **Union fédérale des consommateurs**) *nf French consumers' association.*

UFR (*abr de* **unité de formation et de recherche**) *nf* university department.

UHF (*abr de* **ultra-haute fréquence**) *nf* UHF.

UHT (*abr de* **ultra-haute température**) *nf* UHT.

Ukraine [ykrɛn] *nf* : **l'~** the Ukraine.

ukrainien, enne [ykrɛnjɛ̃, ɛn] *adj* Ukrainian.
◆ **ukrainien** *nm* [langue] Ukrainian.
◆ **Ukrainien, enne** *nm, f* Ukrainian.

ulcère [ylsɛr] *nm* ulcer.

ulcérer [18] [ylsere] *vt* **- 1.** MÉD to ulcerate **- 2.** *sout* [mettre en colère] to enrage.
◆ **s'ulcérer** *vp* to ulcerate, to fester.

ulcéreux, euse [ylserø, øz] *adj* [plaie] ulcerous ; [organe] ulcerated.

ULM (*abr de* **ultra léger motorisé**) *nm* microlight.

Ulster [ylstɛr] *nm* : **l'~** Ulster.

ultérieur, e [ylterjœr] *adj* later, subsequent.

ultérieurement [ylterjœrmɑ̃] *adv* later, subsequently.

ultimatum [yltimatɔm] *nm* ultimatum.

ultime [yltim] *adj* ultimate, final.

ultramoderne [yltramɔdɛrn] *adj* ultramodern.

ultrasensible [yltrasɑ̃sibl] *adj* [personne] ultra-sensitive ; [pellicule] high-speed.

ultrason [yltrasɔ̃] *nm* ultrasound *(U)*.

ultraviolet, **ette** [yltravjɔlɛ, ɛt] *adj* ultraviolet.
◆ **ultraviolet** *nm* ultraviolet.

ululement, **hululement** [ylylmɑ̃] *nm* hoot, hooting *(U)*.

ululer, **hululer** [3] [ylyle] *vi* to hoot.

UMP [yɛmpe] (*abr de* **Union pour un mouvement populaire**) *nf* POLIT *French right-wing political party.*

un [œ̃] (*f* **une** [yn]) ◇ *art indéf* a, an *(devant voyelle)* ; **~ homme** a man ; **~ livre** a book ; **une femme** a woman ; **une pomme** an apple. ◇ *pron indéf* one ; **l'~ de mes amis** one of my friends ; **l'~ l'autre** each other ; **les ~s les autres** one another ; **l'~..., l'autre** one..., the other ; **les ~s..., les autres** some..., others ; **l'~ et l'autre** both (of them) ; **l'~ ou l'autre** either (of them) ; **ni l'~ ni l'autre** neither one nor the other, neither (of them). ◇ *adj num inv* one ; **une personne à la fois** one person at a time. ◇ *nm* one, *voir aussi* **six**.
◆ **une** *nf* : **faire la/être à la une** PRESSE to make the/to be on the front page ; **ne faire ni une ni deux** not to think twice.

unanime [ynanim] *adj* unanimous.

unanimement [ynanimmɑ̃] *adv* unanimously.

unanimité [ynanimite] *nf* unanimity ; **faire l'~** to be unanimously approved ; **à l'~** unanimously.

underground [œndœrgraɔnd] ◇ *nm inv* underground. ◇ *adj inv* underground *(avant n)*.

une [yn] ▷ **un**.

UNEF, **Unef** [ynɛf] (*abr de* **Union nationale des étudiants de France**) *nf students' union*, ≃ NUS *UK*.

UNESCO, **Unesco** [ynɛsko] (*abr de* **United Nations Educational, Scientific and Cultural Organization**) *nf* UNESCO.

uni, **e** [yni] *adj* - **1.** [joint, réuni] united - **2.** [famille, couple] close - **3.** [surface, mer] smooth ; [route] even - **4.** [étoffe, robe] plain, self-coloured *UK*, self-colored *US*.

UNICEF, **Unicef** [ynisɛf] (*abr de* **United Nations International Children's Emergency Fund**) *nm* UNICEF.

unicité [ynisite] *nf litt* uniqueness.

unième [ynjɛm] *adj num inv* : **cinquante et ~** fifty-first.

unificateur, **trice** [ynifikatœr, tris] *adj* unifying.

unification [ynifikasjɔ̃] *nf* unification.

unifier [9] [ynifje] *vt* - **1.** [régions, parti] to unify - **2.** [programmes] to standardize.
◆ **s'unifier** *vp* to unite, to unify.

uniforme [ynifɔrm] ◇ *adj* uniform ; [régulier] regular. ◇ *nm* uniform.

uniformément [ynifɔrmemɑ̃] *adv* uniformly.

uniformisation [ynifɔrmizasjɔ̃] *nf* standardization.

uniformiser [3] [ynifɔrmize] *vt* - **1.** [couleur] to make uniform - **2.** [programmes, lois] to standardize.

uniformité [ynifɔrmite] *nf* - **1.** [gén] uniformity ; [de mouvement] regularity - **2.** [monotonie] monotony.

unijambiste [ynizɑ̃bist] ◇ *adj* one-legged. ◇ *nmf* one-legged person.

unilatéral, **e**, **aux** [ynilateral, o] *adj* unilateral ; **stationnement ~** parking on only one side of the street.

unilatéralement [ynilateralmɑ̃] *adv* unilaterally.

union [ynjɔ̃] *nf* - **1.** [de couleurs] blending - **2.** [mariage] union ; **~ conjugale** marriage ; **~ libre** cohabitation - **3.** [de pays] union ; [de syndicats] confederation ; **~ douanière** customs union - **4.** [entente] unity.
◆ **Union européenne** *nf* European Union.
◆ **Union soviétique** *nf* : **l'(ex-)Union soviétique** the (former) Soviet Union.

unique [ynik] *adj* - **1.** [seul - enfant, veston] only ; [- préoccupation] sole - **2.** [principe, prix] single - **3.** [exceptionnel] unique ; **tu es vraiment ~!** *iron* you're priceless!

uniquement [ynikmɑ̃] *adv* - **1.** [exclusivement] only, solely - **2.** [seulement] only, just.

unir [32] [ynir] *vt* - **1.** [assembler - mots, qualités] to put together, to combine ; [- pays] to unite ; **~ qqch à** [- pays] to unite sthg with ; [- mot, qualité] to combine sthg with - **2.** [réunir - partis, familles] to unite - **3.** [marier] to unite, to join in marriage.
◆ **s'unir** *vp* - **1.** [s'associer] to unite, to join together - **2.** [se joindre - rivières] to merge ; [- couleurs] to go together - **3.** [se marier] to be joined in marriage.

unisexe [ynisɛks] *adj* unisex.

unisson [ynisɔ̃] *nm* unison ; **à l'~** in unison.

unitaire [ynitɛr] *adj* - **1.** [à l'unité] : **prix ~** unit price - **2.** [manifestation, politique] joint *(avant n)*.

unité [ynite] *nf* - **1.** [cohésion] unity - **2.** COMM, MATH & MIL unit ; **à l'~** COMM unit *(avant n)*.
◆ **unité centrale** *nf* INFORM central processing unit.
◆ **unité de valeur** *nf university course unit*, ≃ credit.

univers [yniver] *nm* universe ; *fig* world.

universaliser [3] [yniversalize] *vt* to universalize, to make universal.
◆ **s'universaliser** *vp* to become universal.

universalité [yniversalite] *nf* universality.

universel, elle [yniversel] *adj* universal.

universellement [yniverselmɑ̃] *adv* universally.

universitaire [yniversiter] ◇ *adj* university *(avant n)*. ◇ *nmf* academic.

université [yniversite] *nf* university.

univoque [ynivɔk] *adj* - **1.** [mot, tournure] unambiguous - **2.** [relation] one-to-one *UK*, one-on-one *US*.

uppercut [ypεrkyt] *nm* uppercut.

uranium [yranjɔm] *nm* uranium.

urbain, e [yrbɛ̃, εn] *adj* - **1.** [de la ville] urban - **2.** *litt* [affable] urbane.

urbanisation [yrbanizasjɔ̃] *nf* urbanization.

urbaniser [3] [yrbanize] *vt* to urbanize.
◆ **s'urbaniser** *vp* to become urbanized *ou* built up.

urbanisme [yrbanism] *nm* town planning *UK*, city planning *US*.

urbanité [yrbanite] *nf* urbanity.

urée [yre] *nf* urea.

urémie [yremi] *nf* uraemia.

urgence [yrʒɑ̃s] *nf* - **1.** [de mission] urgency - **2.** MÉD emergency ; **les ~s** the casualty department *(sing) UK*.
◆ **d'urgence** *loc adv* immediately.

urgent, e [yrʒɑ̃, ɑ̃t] *adj* urgent.

urgentiste [yrʒɑ̃tist] *nmf* MÉD A&E doctor.

urinaire [yrinεr] *adj* urinary.

urine [yrin] *nf* urine.

uriner [3] [yrine] *vi* to urinate.

urinoir [yrinwar] *nm* urinal.

urne [yrn] *nf* - **1.** [vase] urn - **2.** [de vote] ballot box ; **aller aux ~s** to go to the polls.

urologie [yrɔlɔʒi] *nf* urology.

URSS (*abr de* **Union des républiques socialistes soviétiques**) *nf* : **l'(ex-)~** the (former) USSR.

URSSAF, Urssaf [yrsaf] (*abr de* **Union pour le recouvrement des Cotisations de la sécurité sociale et des allocations familiales**) *nf administrative body responsible for collecting social security funds.*

urticaire [yrtikεr] *nf* urticaria, hives *(pl)*.

Uruguay [yrygwε] *nm* : **l'~** Uruguay.

uruguayen, enne [yrygwejɛ̃, εn] *adj* Uruguayan.
◆ **Uruguayen, enne** *nm, f* Uruguayan.

us [ys] *nmpl* : **les ~ et coutumes** the ways and customs.

USA (*abr de* **United States of America**) *nmpl* USA.

usage [yzaʒ] *nm* - **1.** [gén] use ; **faire ~ de qqch** to use sthg ; **en ~** in use ; **à l'~** [à l'emploi] with use ; [vêtement] with wear ; **à l'~ de qqn** for (the use of) sb ; **à ~ externe/interne** for external/internal use ; **hors d'~** out of action - **2.** [coutume] custom ; **d'~** customary - **3.** LING usage.

usagé, e [yzaʒe] *adj* worn, old.

usager [yzaʒe] *nm* user ; **les ~s de la route** road-users.

usé, e [yze] *adj* - **1.** [détérioré] worn ; **eaux ~es** waste water *(sing)* - **2.** [personne] worn-out - **3.** [plaisanterie] hackneyed, well-worn.

user [3] [yze] ◇ *vt* - **1.** [consommer] to use - **2.** [vêtement] to wear out - **3.** [forces] to use up ; [santé] to ruin ; [personne] to wear out. ◇ *vi* - **1.** [se servir] : **~ de** [charme] to use ; [droit, privilège] to exercise - **2.** [traiter] : **en ~ bien avec qqn** *litt* to treat sb well.
◆ **s'user** *vp* - **1.** [chaussure] to wear out - **2.** [personne] to wear o.s. out - **3.** [amour] to burn itself out.

usinage [yzinaʒ] *nm* - **1.** [façonnage] machining - **2.** [fabrication] manufacturing.

usine [yzin] *nf* factory.

usiner [3] [yzine] *vt* - **1.** [façonner] to machine - **2.** [fabriquer] to manufacture.

usité, e [yzite] *adj* in common use ; **très/peu ~** commonly/rarely used.

USP [yεspe] (*abr de* **unité de soins palliatifs**) *nf* MÉD palliative care unit.

ustensile [ystɑ̃sil] *nm* implement, tool ; **~s de cuisine** kitchen utensils.

usuel, elle [yzɥεl] *adj* common, usual.

usuellement [yzɥεlmɑ̃] *adv* usually, ordinarily.

usufruit [yzyfrɥi] *nm* usufruct.

usuraire [yzyrεr] *adj* usurious.

usure [yzyr] *nf* - **1.** [de vêtement, meuble] wear ; [de forces] wearing down ; **avoir qqn à l'~** *fam* to wear sb down ; **obtenir qqch à l'~** to get sthg through sheer persistence - **2.** [intérêt] usury.

usurier, ère [yzyrje, εr] *nm, f* usurer.

usurpateur, trice [yzyrpatœr, tris] ◇ *adj* usurping *(avant n)*. ◇ *nm, f* usurper.

usurpation [3] [yzyrpasjɔ̃] *nf* usurpation.

usurper [3] [yzyrpe] *vt* to usurp.

ut [yt] *nm inv* C.

UTA (*abr de* **Union des transporteurs aériens**) *nf French airline company.*

utérin, ine [yterɛ̃, in] *adj* uterine.

utérus [yterys] *nm* uterus, womb.

utile [ytil] *adj* useful ; **être ~ à qqn** to be useful *ou* of help to sb, to help sb.

utilement [ytilmɑ̃] *adv* usefully, profitably.

utilisable [ytilizabl] *adj* usable.

utilisateur, trice [ytilizatœr, tris] *nm, f* user ; **~ étranger** INFORM unauthorized user.

utilisation [ytilizasjɔ̃] *nf* use.

utiliser [3] [ytilize] *vt* to use.

utilitaire [ytilitɛr] ◇ *adj* **- 1.** [pratique] utilitarian ; [véhicule] commercial **- 2.** *péj* [préoccupations] material ; [caractère] materialistic. ◇ *nm* INFORM utility (program).

utilité [ytilite] *nf* **- 1.** [usage] usefulness **- 2.** DR : **entreprise d'~ publique** public utility ; **organisme d'~ publique** registered charity **- 3.** *loc* **jouer les ~s** THÉÂTRE to play bit parts ; *fig* to play second fiddle.

utopie [ytɔpi] *nf* **- 1.** [idéal] utopia **- 2.** [projet irréalisable] unrealistic idea.

utopique [ytɔpik] *adj* utopian.

utopiste [ytɔpist] *nmf* utopian.

UV ◇ *nf* (*abr de* **unité de valeur**) *university course unit,* ≃ credit. ◇ (*abr de* **ultraviolet**) UV.

v, V [ve] *nm inv* v, V ; **pull en v** V-neck sweater.

v. [1] **- 1.** (*abr écrite de* **vers**) LITTÉR v. **- 2.** (*abr écrite de* **verset**) v. **- 3.** (*abr écrite de* **vers**) [environ] approx.

v. [2], **V.** *abr de* **voir**.

va [va] ◇ ▷ **aller**. ◇ *interj* : **courage, ~!** come on, cheer up! ; **~ donc!** come on! ; **~ pour 10 euros/demain** OK, let's say 10 euros/tomorrow.

VA (*abr écrite de* **voltampère**) VA.

vacance [vakɑ̃s] *nf* vacancy ; **~ du pouvoir** power vacuum.

◆ **vacances** *nfpl* holiday *(sing)* *UK*, vacation *(sing)* *US* ; **bonnes ~s!** have a good holiday! ; **être/partir en ~s** to be/go on holiday ; **les grandes ~s** the summer holidays.

vacancier, ère [vakɑ̃sje, ɛr] ◇ *adj* holiday *(avant n).* ◇ *nm, f* holiday-maker *UK*, vacationer *US*.

vacant, e [vakɑ̃, ɑ̃t] *adj* [poste] vacant ; [logement] vacant, unoccupied.

vacarme [vakarm] *nm* racket, din.

vacataire [vakatɛr] ◇ *adj* [employé] temporary. ◇ *nmf* temporary worker.

vacation [vakasjɔ̃] *nf* [d'expert] session.

vaccin [vaksɛ̃] *nm* vaccine.

vaccination [vaksinasjɔ̃] *nf* vaccination.

vacciner [3] [vaksine] *vt* : **~ qqn (contre)** MÉD to vaccinate sb (against) ; *fam fig* to make sb immune (to).

vache [vaʃ] ◇ *nf* **- 1.** ZOOL cow **- 2.** [cuir] cowhide **- 3.** *fam péj* [femme] cow *UK* ; [homme] pig **- 4.** *loc* **la ~!** hell! ◇ *adj fam* rotten.

vachement [vaʃmɑ̃] *adv fam* bloody *UK*, dead *UK*, real *US*.

vacherie [vaʃri] *nf fam* nastiness ; **faire/dire une ~** to do/say something nasty.

vacherin [vaʃrɛ̃] *nm* [dessert] *meringue filled with ice-cream and fruit.*

vachette [vaʃɛt] *nf* **- 1.** [jeune vache] calf **- 2.** [cuir] calfskin.

vacillant, e [vasijɑ̃, ɑ̃t] *adj* **- 1.** [jambes, fondations] unsteady ; [lumière] flickering **- 2.** [mémoire, santé] failing ; [caractère] wavering, indecisive.

vaciller [3] [vasije] *vi* **- 1.** [jambes, fondations] to shake ; [lumière] to flicker ; **~ sur ses jambes** to be unsteady on one's legs **- 2.** [mémoire, santé] to fail.

vacuité [vakɥite] *nf sout* [de propos] emptiness, vacuousness.

vade-mecum [vademekɔm] *nm inv* vade mecum.

vadrouille [vadruj] *nf fam* **être/partir en ~** to be/to go off gallivanting.

va-et-vient [vaevjɛ̃] *nm inv* **- 1.** [de personnes] comings and goings *(pl)*, toing and froing **- 2.** [de balancier] to-and-fro movement **- 3.** : **(porte) ~** swing door **- 4.** ÉLECTR two-way switch.

vagabond, e [vagabɔ̃, ɔ̃d] ◇ *adj* **- 1.** [chien] stray ; [vie] vagabond *(avant n)* **- 2.** [humeur] restless. ◇ *nm, f* [rôdeur] vagrant, tramp ; *litt* [voyageur] wanderer.

vagabondage [vagabɔ̃daʒ] *nm* [délit] vagrancy ; [errance] wandering, roaming.

vagabonder [3] [vagabɔ̃de] *vi* **- 1.** [personne] to wander, to roam **- 2.** [esprit, imagination] to wander.

vagin [vaʒɛ̃] *nm* vagina.

vaginal, **e**, **aux** [vaʒinal, o] *adj* vaginal.

vaginite [vaʒinit] *nf* vaginitis.

vagir [32] [vaʒir] *vi* to cry, to wail.

vagissement [vaʒismɑ̃] *nm* cry, wail.

vague [vag] ◇ *adj* - **1.** [idée, promesse] vague - **2.** [vêtement] loose-fitting - **3.** *(avant n)* [quelconque] : **il a un ~ travail dans un bureau** he has some job or other in an office - **4.** *(avant n)* [cousin] distant. ◇ *nf* wave ; **une ~ de** [touristes, immigrants] a wave of ; [d'enthousiasme] a surge of ; **une ~ de froid** a cold spell ; **la nouvelle ~** the new wave ; **~ de chaleur** heatwave. ◇ *nm* : **rester dans le ~** *fig* to remain vague ; **avoir du ~ à l'âme** *fig* to be wistful.

vaguelette [vaglɛt] *nf* ripple, wave.

vaguement [vagmɑ̃] *adv* vaguely.

vahiné [vaine] *nf* Tahitian woman.

vaillamment [vajamɑ̃] *adv* bravely, valiantly.

vaillance [vajɑ̃s] *nf litt* bravery, courage ; MIL valour *UK*, valor *US*.

vaillant, **e** [vajɑ̃, ɑ̃t] *adj* - **1.** [enfant, vieillard] hale and hearty - **2.** *litt* [héros] valiant.

vain, **e** [vɛ̃, vɛn] *adj* - **1.** [inutile] vain, useless ; **en ~** in vain, to no avail - **2.** *litt* [vaniteux] vain.

vaincre [114] [vɛ̃kr] *vt* - **1.** [ennemi] to defeat - **2.** [obstacle, peur] to overcome.

vaincu, **e** [vɛ̃ky] ◇ *pp* ▻ **vaincre**. ◇ *adj* defeated ; **s'avouer ~** to admit defeat. ◇ *nm, f* defeated person.

vainement [vɛnmɑ̃] *adv* vainly.

vainqueur [vɛ̃kœr] ◇ *nm* - **1.** [de combat] conqueror, victor - **2.** SPORT winner. ◇ *adj m* victorious, conquering.

vairon [vɛrɔ̃] ◇ *adj m* - **1.** [yeux] of different colours - **2.** [cheval] wall-eyed. ◇ *nm* minnow.

vais ▻ **aller**.

vaisseau, **x** [vɛso] *nm* - **1.** NAUT vessel, ship ; **~ spatial** AÉRON spaceship - **2.** ANAT vessel - **3.** ARCHIT nave.

vaisselier [vɛsəlje] *nm* dresser.

vaisselle [vɛsɛl] *nf* crockery ; **faire** *ou* **laver la ~** to do the dishes, to wash up *UK*.

val [val] (*pl* **vals** *ou* **vaux** [vo]) *nm* valley.

valable [valabl] *adj* - **1.** [passeport] valid - **2.** [raison, excuse] valid, legitimate - **3.** [œuvre] good, worthwhile.

valériane [valerjan] *nf* valerian.

valet [valɛ] *nm* - **1.** [serviteur] servant ; **~ de chambre** manservant, valet ; **~ de pied** footman - **2.** *fig* & *péj* [homme servile] lackey - **3.** CARTES jack, knave.

valeur [valœr] *nf* - **1.** [gén & MUS] value ; **avoir de la ~** to be valuable ; **prendre de la ~** to increase in value ; **perdre de sa ~** to lose its value ; **mettre en ~** [talents] to bring out ; [terre] to exploit ; **~ absolue** absolute value ; **~ ajoutée** ÉCON added value ; **de (grande) ~** [chose] (very) valuable ; [personne] of (great) worth *ou* merit - **2.** *(gén pl)* FIN stocks and shares *(pl)*, securities *(pl)* - **3.** [mérite] worth, merit - **4.** *fig* [importance] value, importance - **5.** [équivalent] : **la ~ de** the equivalent of.

◆ **valeurs** *nfpl* [critères de référence] values.

valeureusement [valœrøzmɑ̃] *adv* valorously.

valeureux, **euse** [valœrø, øz] *adj* valorous.

validation [validasjɔ̃] *nf* validation, authentication.

valide [valid] *adj* - **1.** [personne] spry - **2.** [contrat] valid.

valider [3] [valide] *vt* to validate, to authenticate.

validité [validite] *nf* validity.

valise [valiz] *nf* case *UK*, suitcase ; **faire sa ~/ses ~s** to pack one's case/cases ; *fam fig* [partir] to pack one's bags ; **~ diplomatique** diplomatic bag.

vallée [vale] *nf* valley.

vallon [valɔ̃] *nm* small valley.

vallonné, **e** [valɔne] *adj* undulating.

valoir [60] [valwar] ◇ *vi* - **1.** [gén] to be worth ; **ça vaut combien?** how much is it? ; **que vaut ce film?** is this film any good? ; **ne rien ~** not to be any good, to be worthless ; **ça vaut mieux** *fam* that's best ; **ça ne vaut pas la peine** it's not worth it ; **faire ~** [vues] to assert ; [talent] to show - **2.** [règle] : **~ pour** to apply to, to hold good for. ◇ *vt* [médaille, gloire] to bring, to earn. ◇ *v impers* : **il vaudrait mieux que nous partions** it would be better if we left, we'd better leave.

◆ **se valoir** *vp* to be equally good/bad.

valorisant, **e** [valɔrizɑ̃, ɑ̃t] *adj* good for one's image.

valorisation [valɔrizasjɔ̃] *nf* [d'immeuble, de région] development ; **~ de soi** good self-image.

valoriser [3] [valɔrize] *vt* [immeuble, région] to develop ; [individu, société] to improve the image of.

valse [vals] *nf* waltz ; *fam fig* [de personnel] reshuffle.

valser [3] [valse] *vi* to waltz ; **envoyer ~ qqch** *fam fig* to send sthg flying ; **envoyer ~ qqn** *fam fig* [employé] to give sb the elbow.

valseur, **euse** [valsœr, øz] [danseur] *nm, f* waltzer.

valu [valy] *pp inv* ▻ **valoir**.

valve [valv] *nf* valve.

vamp [vɑ̃p] *nf* vamp.

vamper [3] [vɑ̃pe] *vt fam* to vamp.

vampire [vɑ̃pir] *nm* - **1.** [fantôme] vampire - **2.** *fig* [personne avide] vulture - **3.** ZOOL vampire bat.

vampiriser [3] [vɑ̃pirize] *vt fig* to control.

van [vɑ̃] *nm* [fourgon] horsebox *UK*, horsecar *US*.

vandale [vɑ̃dal] *nmf* vandal.

vandalisme [vɑ̃dalism] *nm* vandalism.

vanille [vanij] *nf* vanilla.

vanillé, **e** [vanije] *adj* vanilla *(avant n)*.

vanité [vanite] *nf* vanity.

vaniteux, **euse** [vanitø, øz] ◇ *adj* vain, conceited. ◇ *nm, f* vain *OU* conceited person.

vanity-case [vanitikez] (*pl* **vanity-cases**) *nm* vanity case.

vanne [van] *nf* - **1.** [d'écluse] lockgate - **2.** *fam* [remarque] gibe.

vanné, **e** [vane] *adj fam* [personne] dead beat.

vanner [3] [vane] *vt* - **1.** [grain] to winnow - **2.** *fam* [fatiguer] to wear out - **3.** *fam* [se moquer de] to make gibes at, to have a go at.

vannerie [vanri] *nf* basketwork, wickerwork.

vannier [vanje] *nm* basket maker.

vantail, **aux** [vɑ̃taj, o] *nm* [de porte] leaf ; [d'armoire] door.

vantard, **e** [vɑ̃tar, ard] ◇ *adj* bragging, boastful. ◇ *nm, f* boaster.

vantardise [vɑ̃tardiz] *nf* boasting *(U)*, bragging *(U)*.

vanter [3] [vɑ̃te] *vt* to vaunt.

◆ **se vanter** *vp* to boast, to brag ; **se ~ de qqch** to boast *OU* brag about sthg ; **se ~ de faire qqch** to boast *OU* brag about doing sthg.

va-nu-pieds [vanypje] *nmf fam* beggar.

vapes [vap] *nfpl fam* : **être dans les ~** to have one's head in the clouds ; **tomber dans les ~** to pass out.

vapeur [vapœr] ◇ *nf* - **1.** [d'eau] steam ; **à la ~** steamed ; **bateau à ~** steamboat, steamer ; **locomotive à ~** steam engine ; **renverser la ~** NAUT to reverse engines ; *fig* to backpedal - **2.** [émanation] vapour *UK*, vapor *US*. ◇ *nm* steamer.

◆ **vapeurs** *nfpl* - **1.** [émanations] fumes - **2.** *loc* & *vieilli* **avoir ses ~s** to have the vapours *UK OU* vapors *US*.

vapocuiseur [vapɔkɥizœr] *nm* pressure cooker.

vaporeux, **euse** [vapɔrø, øz] *adj* - **1.** *litt* [ciel, lumière] hazy - **2.** [tissu] filmy.

vaporisateur [vapɔrizatœr] *nm* - **1.** [atomiseur] spray, atomizer - **2.** [dans l'industrie] vaporizer.

vaporisation [vapɔrizasjɔ̃] *nf* - **1.** [de parfum, déodorant] spraying - **2.** PHYS vaporization.

vaporiser [3] [vapɔrize] *vt* - **1.** [parfum, déodorant] to spray - **2.** PHYS to vaporize.

◆ **se vaporiser** *vp* to vaporize.

vaquer [3] [vake] *vi* : **~ à** to see to, to attend to.

varappe [varap] *nf* rock climbing.

varappeur, **euse** [varapœr, øz] *nm, f* (rock) climber.

varech [varɛk] *nm* kelp.

vareuse [varøz] *nf* - **1.** [veste] loose-fitting jacket - **2.** [de marin] pea jacket - **3.** [d'uniforme] tunic.

variable [varjabl] ◇ *adj* - **1.** [temps] changeable - **2.** [distance, résultats] varied, varying - **3.** [température] variable. ◇ *nf* variable.

variante [varjɑ̃t] *nf* variant.

variateur [varjatœr] *nm* ÉLECTR dimmer switch.

variation [varjasjɔ̃] *nf* variation.

varice [varis] *nf* varicose vein.

varicelle [varisɛl] *nf* chickenpox.

varié, **e** [varje] *adj* - **1.** [divers] various - **2.** [non monotone] varied, varying.

varier [9] [varje] *vt* & *vi* to vary.

variété [varjete] *nf* variety.

◆ **variétés** *nfpl* variety show *(sing)*.

variole [varjɔl] *nf* smallpox.

variqueux, **euse** [varikø, øz] *adj* varicose.

Varsovie [varsɔvi] *n* Warsaw ; **le pacte de ~** the Warsaw Pact.

vas ▷ **aller**.

vasculaire [vaskylɛr] *adj* vascular.

vase [vaz] ◇ *nm* vase ; **en ~ clos** *fig* in a vacuum. ◇ *nf* mud, silt.

vasectomie [vazɛktɔmi] *nf* vasectomy.

vaseline [vazlin] *nf* Vaseline®, petroleum jelly *UK*.

vaseux, **euse** [vazø, øz] *adj* - **1.** [fond] muddy, silty - **2.** *fam* [personne] under the weather - **3.** *fam* [raisonnement, article] woolly.

vasistas [vazistas] *nm* fanlight.

vasque [vask] *nf* - **1.** [de fontaine] basin - **2.** [coupe] bowl.

vassal, **e**, **aux** [vasal, o] *nm, f* vassal.

vaste [vast] *adj* vast, immense.

Vatican [vatikɑ̃] *nm* : **le ~** the Vatican ; **l'État de la cité du ~** Vatican City ; **au ~** in Vatican City.

va-tout [vatu] *nm inv* : **jouer son ~** *fig* to stake one's all.

vaudeville [vodvil] *nm* vaudeville.

vaudevillesque [vodvilɛsk] *adj* ludicrous.

vaudou [vodu] *nm* voodoo.

vaudrait ▻ **valoir**.

vau-l'eau [volo] ◆ **à vau-l'eau** *loc adv litt* with the flow ; **aller à ~** *fig* to go down the drain.

vaurien, **enne** [vorjɛ̃, ɛn] *nm, f* good-for-nothing.

vaut ▻ **valoir**.

vautour [votur] *nm* vulture.

vautrer [3] [votre] ◆ **se vautrer** *vp* [dans la boue, dans la débauche] to wallow ; [sur l'herbe, dans un fauteuil] to sprawl.

va-vite [vavit] ◆ **à la va-vite** *loc adv fam* in a rush.

vd (*abr de* **vend**) ▻ **vendre**.

VDQS (*abr de* **vin délimité de qualité supérieure**) *nm label indicating quality of wine.*

vds *abr de* **vends**.

veau, **x** [vo] *nm* **- 1.** [animal] calf ; **le Veau d'or** the golden calf **- 2.** [viande] veal **- 3.** [peau] calfskin **- 4.** *péj* [personne] lump.

vecteur [vɛktœr] *nm* **- 1.** GÉOM vector **- 2.** [intermédiaire] vehicle ; MÉD carrier.

vécu, **e** [veky] ◇ *pp* ▻ **vivre**. ◇ *adj* real.

vedettariat [vədɛtarja] *nm* stardom.

vedette [vədɛt] *nf* **- 1.** NAUT patrol boat **- 2.** [star] star ; **mettre en ~** *fig* to turn the spotlight on.

végétal, **e**, **aux** [veʒetal, o] *adj* [huile] vegetable *(avant n)* ; [cellule, fibre] plant *(avant n)*.

végétalien, **enne** [veʒetaljɛ̃, ɛn] *adj & nm, f* vegan.

végétarien, **enne** [veʒetarjɛ̃, ɛn] *adj & nm, f* vegetarian.

végétarisme [veʒetarism] *nm* vegetarianism.

végétatif, **tive** [veʒetatif, iv] *adj* vegetative ; *fig & péj* vegetable-like.

végétation [veʒetasjɔ̃] *nf* vegetation.
◆ **végétations** *nfpl* adenoids.

végéter [18] [veʒete] *vi* to vegetate.

véhémence [veemɑ̃s] *nf* vehemence.

véhément, **e** [veemɑ̃, ɑ̃t] *adj* vehement.

véhicule [veikyl] *nm* vehicle ; **~ banalisé** unmarked vehicle.

véhiculer [3] [veikyle] *vt* to transport ; *fig* to convey.

veille [vɛj] *nf* **- 1.** [jour précédent] day before, eve ; **la ~ au soir** the previous evening, the evening before ; **la ~ de mon anniversaire** the day before my birthday ; **la ~ de Noël** Christmas Eve ; **à la ~ de** *fig* on the eve of **- 2.** [éveil] wakefulness ; [privation de sommeil] sleeplessness **- 3.** [garde] : **être de ~** to be on night duty.

veillée [veje] *nf* **- 1.** [soirée] evening **- 2.** [de mort] watch.

veiller [4] [veje] ◇ *vi* **- 1.** [rester éveillé] to stay up **- 2.** [rester vigilant] : **~ à qqch** to look after sthg ; **~ à faire qqch** to see that sthg is done ; **~ sur** to watch over. ◇ *vt* to sit up with.

veilleur [vejœr] *nm* : **~ de nuit** night watchman.

veilleuse [vejøz] *nf* **- 1.** [lampe] nightlight **- 2.** AUTO sidelight **- 3.** [de chauffe-eau] pilot light.

veinard, **e** [vɛnar, ard] *fam* ◇ *adj* lucky. ◇ *nm, f* lucky devil.

veine [vɛn] *nf* **- 1.** [gén] vein ; **en ~ de** in the mood for ; **s'ouvrir les ~s** to slash one's wrists ; **se saigner aux quatre ~s** *fig* to bleed o.s. white **- 2.** [de marbre] vein ; [de bois] grain **- 3.** [filon] seam, vein **- 4.** *fam* [chance] luck ; **avoir de la ~** to be lucky ; **avoir une ~ de cocu** *fig* to have the luck of the devil.

veiné, **e** [vene] *adj* [marbre] veined ; [bois] grained.

veineux, **euse** [venø, øz] *adj* **- 1.** ANAT venous **- 2.** [marbre] veined ; [bois] grainy.

veinule [venyl] *nf* venule.

Velcro® [vɛlkro] *nm* Velcro®.

vêler [4] [vele] *vi* to calve.

vélin [velɛ̃] *nm* vellum.

véliplanchiste [veliplɑ̃ʃist] *nmf* windsurfer.

velléitaire [veleitɛr] ◇ *nmf* indecisive person. ◇ *adj* indecisive.

velléité [veleite] *nf* whim.

vélo [velo] *nm fam* bike ; **faire du ~** to go cycling.

véloce [velɔs] *adj* swift.

vélocité [velɔsite] *nf* swiftness, speed.

vélodrome [velɔdrom] *nm* velodrome.

vélomoteur [velɔmɔtœr] *nm* light motorcycle, moped.

velours [vəlur] *nm* velvet.

velouté, **e** [vəlute] *adj* velvety.
◆ **velouté** *nm* **- 1.** [de peau] velvetiness **- 2.** [potage] cream soup ; **~ d'asperges** cream of asparagus soup.

velu, **e** [vəly] *adj* hairy.

venaison [vənɛzɔ̃] *nf* venison.

vénal, **e**, **aux** [venal, o] *adj* venal.

vénalité [venalite] *nf* venality.

venant [vənɑ̃] ◆ **à tout venant** *loc adv* to all comers.

vendange [vɑ̃dɑ̃ʒ] *nf* **- 1.** [récolte] grape harvest, wine harvest **- 2.** [raisins] grape crop **- 3.** [période] **: les ~s** (grape) harvest time *(sing)*.

vendanger [17] [vɑ̃dɑ̃ʒe] ◇ *vt* to harvest grapes from. ◇ *vi* to harvest the grapes.

vendangeur, **euse** [vɑ̃dɑ̃ʒœr, øz] *nm, f* grape-picker.

vendetta [vɑ̃deta] *nf* vendetta.

vendeur, **euse** [vɑ̃dœr, øz] *nm, f* salesman (*f* saleswoman).

vendre [73] [vɑ̃dr] *vt* to sell ; **'à ~'** 'for sale'.
◆ **se vendre** *vp* **- 1.** [maison, produit] to be sold **- 2.** *péj* [se laisser corrompre] to sell o.s. **- 3.** [se trahir] to give o.s. away.

vendredi [vɑ̃drədi] *nm* Friday ; **Vendredi Saint** Good Friday, *voir aussi* **samedi**.

vends ▷ **vendre**.

vendu, **e** [vɑ̃dy] ◇ *pp* ▷ **vendre**. ◇ *adj* **- 1.** [cédé] sold **- 2.** [corrompu] corrupt. ◇ *nm, f* traitor.

venelle [vənɛl] *nf* alley.

vénéneux, **euse** [venenø, øz] *adj* poisonous.

vénérable [venerabl] *adj* venerable.

vénération [venerasjɔ̃] *nf* veneration, reverence.

vénérer [18] [venere] *vt* to venerate, to revere.

vénerie [vɛnri] *nf* hunting.

vénérien, **enne** [venerjɛ̃, ɛn] *adj* venereal.

Venezuela [venezɥela] *nm* **: le ~** Venezuela ; **au ~** in Venezuela.

vénézuélien, **enne** [venezɥeljɛ̃, ɛn] *adj* Venezuelan.
◆ **Vénézuélien**, **enne** *nm, f* Venezuelan.

vengeance [vɑ̃ʒɑ̃s] *nf* vengeance.

venger [17] [vɑ̃ʒe] *vt* to avenge.
◆ **se venger** *vp* to get one's revenge ; **se ~ de qqn** to take revenge on sb ; **se ~ de qqch** to take revenge for sthg ; **se ~ sur** to take it out on.

vengeur, **vengeresse** [vɑ̃ʒœr, vɑ̃ʒrɛs] ◇ *adj* vengeful. ◇ *nm, f* avenger.

véniel, **elle** [venjɛl] *adj* venial.

venimeux, **euse** [vənimø, øz] *adj* venomous.

venin [vənɛ̃] *nm* venom.

venir [40] [vənir] *vi* to come ; [plante, arbre] to come on ; **~ de** [personne, mot] to come from ; [échec] to be due to ; **~ à** [maturité] to reach ; [question, sujet] to come to ; **il lui vient à l'épaule** he comes up to his/her shoulder ; **~ de faire qqch** to have just done sthg ; **je viens de la voir** I've just seen her ; **s'il venait à mourir...** if he was to die... ; **où veux-tu en ~?** what are you getting at?
◆ **s'en venir** *vp litt* to come (along).

Venise [vəniz] *n* Venice.

vénitien, **enne** [venisjɛ̃, ɛn] *adj* Venetian.
◆ **Vénitien**, **enne** *nm, f* Venetian.

vent [vɑ̃] *nm* wind ; **il fait** *ou* **il y a du ~** headwind ; **~ contraire** headwind ; **dans le ~** trendy ; **avoir ~ de** *fig* to get wind of ; **bon ~!** *fig* good riddance! ; **contre ~s et marées** *fig* come hell or high water.

vente [vɑ̃t] *nf* **- 1.** [cession, transaction] sale ; **en ~** on sale *UK*, for sale *US* ; **en ~ libre** available over the counter ; **~ de charité** (charity) bazaar ; **~ par correspondance** mail order ; **~ à la criée** sale by auction ; **~ en demi-gros** cash-and-carry ; **~ au détail** retail sales ; **~ directe** direct selling ; **~ aux enchères** auction ; **~ en gros** wholesale sales ; **~ en ligne** e-commerce ; **~ par téléphone** telesales, telemarketing **- 2.** [service] sales (department) **- 3.** [technique] selling.

venteux, **euse** [vɑ̃tø, øz] *adj* windy.

ventilateur [vɑ̃tilatœr] *nm* fan.

ventilation [vɑ̃tilasjɔ̃] *nf* **- 1.** [de pièce] ventilation **- 2.** FIN breakdown.

ventiler [3] [vɑ̃tile] *vt* **- 1.** [pièce] to ventilate **- 2.** FIN to break down.

ventouse [vɑ̃tuz] *nf* **- 1.** [de caoutchouc] suction pad ; [d'animal] sucker **- 2.** MÉD cupping glass **- 3.** TECHNOL air vent.

ventral, **e**, **aux** [vɑ̃tral, o] *adj* ventral.

ventre [vɑ̃tr] *nm* [de personne] stomach ; **avoir/prendre du ~** to have/be getting (a bit of) a paunch ; **avoir le ~ ballonné** to have a bloated stomach ; **à plat ~** flat on one's stomach ; **~ à terre** *fig* flat out ; **avoir quelque chose dans le ~** *fig* to have guts.

ventricule [vɑ̃trikyl] *nm* ventricle.

ventriloque [vɑ̃trilɔk] *nmf* ventriloquist.

ventripotent, **e** [vɑ̃tripɔtɑ̃, ɑ̃t] *adj fam* pot-bellied.

ventru, **e** [vɑ̃try] *adj* **- 1.** *fam* [personne] pot-bellied **- 2.** [cruche] round ; [commode] bow-fronted.

venu, **e** [vəny] ◇ *pp* ▷ **venir**. ◇ *adj* **: bien ~** welcome ; **mal ~** unwelcome ; **il serait mal ~ de faire cela** it would be improper to do that. ◇ *nm, f* **: nouveau ~** newcomer.
◆ **venue** *nf* coming, arrival.

vépéciste [vepesist] *nm* mail-order company.

vêpres [vɛpr] *nfpl* vespers.

ver [vɛr] *nm* worm ; ~ **luisant** glow-worm ; ~ **à soie** silkworm ; ~ **solitaire** tapeworm ; ~ **de terre** earthworm ; **nu comme un** ~ *fig* stark naked ; **tirer les ~s du nez à qqn** *fig* to worm information out of sb.

véracité [verasite] *nf* truthfulness.

véranda [verɑ̃da] *nf* veranda.

verbal, e, aux [vɛrbal, o] *adj* - **1.** [promesse, violence] verbal - **2.** GRAMM verb *(avant n)*.

verbalement [vɛrbalmɑ̃] *adv* verbally.

verbaliser [3] [vɛrbalize] ◇ *vt* to verbalize. ◇ *vi* to make out a report.

verbe [vɛrb] *nm* - **1.** GRAMM verb ; ~ **impersonnel** impersonal verb - **2.** *litt* [langage] words *(pl)*, language.

verbeux, euse [vɛrbø, øz] *adj* wordy, verbose.

verbiage [vɛrbjaʒ] *nm* verbiage.

verdâtre [vɛrdatr] *adj* greenish.

verdeur [vɛrdœr] *nf* - **1.** [de personne] vigour *UK*, vigor *US*, vitality - **2.** [de langage] crudeness - **3.** [de fruit] tartness ; [de vin] acidity - **4.** [de bois] greenness.

verdict [vɛrdikt] *nm* verdict.

verdir [32] [vɛrdir] *vt & vi* to turn green.

verdoyant, e [vɛrdwajɑ̃, ɑ̃t] *adj* green.

verdoyer [13] [vɛrdwaje] *vi* to turn green.

verdure [vɛrdyr] *nf* - **1.** [végétation] greenery - **2.** [couleur] greenness - **3.** [légumes verts] green vegetables *(pl)*, greens *(pl)*.

véreux, euse [verø, øz] *adj* worm-eaten, maggoty ; *fig* shady.

verge [vɛrʒ] *nf* - **1.** ANAT penis - **2.** *litt* [baguette] rod, stick.

verger [vɛrʒe] *nm* orchard.

vergeture [vɛrgətyr] *nf* stretchmark.

verglacé, e [vɛrglase] *adj* icy.

verglas [vɛrgla] *nm* (black) ice.

vergogne [vɛrgɔɲ] ◆ **sans vergogne** *loc adv* shamelessly.

vergue [vɛrg] *nf* yard.

véridique [veridik] *adj* truthful.

vérifiable [verifjabl] *adj* verifiable.

vérificateur, trice [verifikatœr, tris] ◇ *adj* : **comptable** ~ auditor. ◇ *nm, f* inspector.

vérification [verifikasjɔ̃] *nf* - **1.** [contrôle] check, checking - **2.** [confirmation] proof, confirmation.

vérifier [9] [verifje] *vt* - **1.** [contrôler] to check - **2.** [confirmer] to prove, to confirm.
◆ **se vérifier** *vp* to prove accurate.

vérin [verɛ̃] *nm* jack.

véritable [veritabl] *adj* real ; [ami] true ; **du cuir/de l'or** ~ real leather/gold.

véritablement [veritabləmɑ̃] *adv* really.

vérité [verite] *nf* - **1.** [chose vraie, réalité, principe] truth *(U)* ; **dire ses quatre ~s à qqn** *fam* to tell sb a few home truths - **2.** [sincérité] sincerity - **3.** [ressemblance - de reproduction] accuracy ; [- de personnage, portrait] trueness to life.
◆ **en vérité** *loc adv* actually, really.

verlan [vɛrlɑ̃] *nm* back slang.

Verlan

This popular form of slang, in which syllables are reversed, is widely used by young people in France. Some words have become widely recognized and used but few people carry on entire conversations in *verlan*. The term *verlan* itself comes from *à l'envers* (back to front). Common examples include *meuf* for *femme*, *keuf* for *flic*, *beur* for *arabe* meaning a second-generation North African, *ripou* for *pourri*, *ripa* for *Paris* and *laisse béton* for *laisse tomber*.

vermeil, eille [vɛrmɛj] *adj* scarlet.
◆ **vermeil** *nm* silver-gilt.

vermicelle [vɛrmisɛl] *nm* vermicelli *(U)*.

vermifuge [vɛrmifyʒ] *nm* [pour chat, chien] worm tablet.

vermillon [vɛrmijɔ̃] *nm & adj inv* vermilion.

vermine [vɛrmin] *nf* - **1.** [parasites] vermin - **2.** *fig* [canaille] rat.

vermisseau, x [vɛrmiso] *nm* - **1.** [ver] small worm - **2.** *fig* [être chétif] runt.

vermoulu, e [vɛrmuly] *adj* riddled with woodworm ; *fig* moth-eaten.

vermouth [vɛrmut] *nm* vermouth.

vernaculaire [vɛrnakylɛr] *adj* vernacular.

verni, e [vɛrni] *adj* - **1.** [bois] varnished - **2.** [souliers] : **chaussures ~es** patent-leather shoes - **3.** *fam* [chanceux] lucky.

vernir [32] [vɛrnir] *vt* to varnish.

vernis [vɛrni] *nm* varnish ; *fig* veneer ; ~ **à ongles** nail polish *ou* varnish.

vernissage [vɛrnisaʒ] *nm* - **1.** [de meuble] varnishing - **2.** [d'exposition] private viewing.

vérole [verɔl] *nf* MÉD : **petite** ~ smallpox.

verrat [vera] *nm* boar.

verre [vɛr] *nm* - **1.** [matière, récipient] glass ; [quantité] glassful, glass ; ~ **dépoli** frosted glass ; ~ **ballon** brandy glass ; ~ **à dents** tooth mug *ou* glass ; ~ **à moutarde** mustard jar ; ~ **à pied**

long-stemmed glass ; **~ à vin** wineglass - **2.** [optique] lens ; **porter des ~s** to wear glasses ; **~s antireflet** anti-glare coated lenses ; **~s de contact** contact lenses ; **~ grossissant** magnifying glass ; **~s progressifs** progressive lenses, progressives *UK* - **3.** [boisson] drink ; **boire un ~** to have a drink.

verrerie [vɛrri] *nf* - **1.** [fabrication] glass-making - **2.** [usine] glassworks *(sing)* - **3.** [objets] glassware.

verrier [vɛrje] *nm* glassmaker.

verrière [vɛrjɛr] *nf* - **1.** [pièce] conservatory - **2.** [toit] glass roof.

verroterie [vɛrɔtri] *nf* coloured *UK ou* colored *US* glass beads *(pl)*.

verrou [vɛru] *nm* bolt ; **mettre qqn/être sous les ~s** to put sb/to be behind bars.

verrouillage [vɛrujaʒ] *nm* AUTO : **~ central** central locking.

verrouiller [3] [vɛruje] *vt* - **1.** [porte] to bolt - **2.** [personne] to lock up.

◆ **se verrouiller** *vp* to lock o.s. in.

verrue [vɛry] *nf* wart ; **~ plantaire** verruca.

vers[1] [vɛr] ◇ *nm* line. ◇ *nmpl* : **en ~** in verse ; **faire des ~** to write poetry.

vers[2] [vɛr] *prep* - **1.** [dans la direction de] towards, toward *US* - **2.** [aux environs de - temporel] around, about ; [- spatial] near ; **~ la fin du mois** towards *ou* toward *US* the end of the month.

Versailles [vɛrsaj] *n* Versailles ; **le château de ~** (the Palace of) Versailles.

versant [vɛrsɑ̃] *nm* side.

versatile [vɛrsatil] *adj* changeable, fickle.

verse [vɛrs] ◆ **à verse** *loc adv* : **pleuvoir à ~** to pour down.

versé, e [vɛrse] *adj* : **être ~ dans** to be versed *ou* well-versed in.

Verseau [vɛrso] *nm* ASTROL Aquarius ; **être ~** to be (an) Aquarius.

versement [vɛrsəmɑ̃] *nm* payment.

verser [3] [vɛrse] ◇ *vt* - **1.** [eau] to pour ; [larmes, sang] to shed - **2.** [argent] to pay. ◇ *vi* to overturn, to tip over ; **~ dans** *fig* to lapse into.

verset [vɛrsɛ] *nm* verse.

verseur, euse [vɛrsœr, øz] *adj* pouring *(avant n)*.

◆ **verseur** *nm* pourer.

◆ **verseuse** *nf* pot, jug *UK (for coffee maker)*.

versification [vɛrsifikasjɔ̃] *nf* versification.

version [vɛrsjɔ̃] *nf* - **1.** [gén] version ; **~ française/originale** French/original version - **2.** [traduction] translation *(into mother tongue)*.

verso [vɛrso] *nm* back.

versus [vɛrsys] *prep* versus.

vert, e [vɛr, vɛrt] *adj* - **1.** [couleur, fruit, légume, bois] green - **2.** *fig* [vieillard] spry, sprightly - **3.** [réprimande] sharp - **4.** [à la campagne] : **le tourisme ~** country holidays *(pl) UK* - **5.** *fam* [histoire] smutty ; **(en entendre) des ~es et des pas mûres** (to hear) all sorts of awful things.

◆ **vert** *nm* - **1.** [couleur] green ; **~ bouteille/d'eau/pomme/tendre** bottle/sea/apple/soft green - **2.** [verdure] : **se mettre au ~** to take a break in the country.

◆ **Verts** *nmpl* : **les Verts** POLIT the Greens.

vert-de-gris [vɛrdəgri] ◇ *nm* verdigris. ◇ *adj* grey-green *UK*, gray-green *US*.

vertébral, e, aux [vɛrtebral, o] *adj* vertebral.

vertèbre [vɛrtɛbr] *nf* vertebra.

vertébré, e [vɛrtebre] *adj* vertebrate.

◆ **vertébré** *nm* vertebrate.

vertement [vɛrtəmɑ̃] *adv* sharply.

vertical, e, aux [vɛrtikal, o] *adj* vertical.

◆ **verticale** *nf* vertical ; **à la ~e** [descente] vertical ; [descendre] vertically.

verticalement [vɛrtikalmɑ̃] *adv* vertically.

vertige [vɛrtiʒ] *nm* - **1.** [peur du vide] vertigo ; **donner le ~ à qqn** to make sb dizzy - **2.** [étourdissement] dizziness ; *fig* intoxication ; **avoir des ~s** to suffer from *ou* have dizzy spells.

vertigineux, euse [vɛrtiʒinø, øz] *adj* - **1.** *fig* [vue, vitesse] breathtaking - **2.** [hauteur] dizzy.

vertu [vɛrty] *nf* - **1.** [morale, chasteté] virtue ; **de petite ~** of easy virtue - **2.** [pouvoir] properties *(pl)*, power.

◆ **en vertu de** *loc prép* in accordance with.

vertueusement [vɛrtɥøzmɑ̃] *adv* virtuously.

vertueux, euse [vɛrtɥø, øz] *adj* virtuous.

verve [vɛrv] *nf* eloquence ; **être en ~** to be particularly eloquent.

verveine [vɛrvɛn] *nf* - **1.** [plante] verbena - **2.** [infusion] verbena tea.

vésicule [vezikyl] *nf* vesicle ; **~ biliaire** gall bladder.

Vespa® [vɛspa] *nf* scooter.

vespasienne [vɛspazjɛn] *nf* public urinal.

vespéral, e, aux [vɛsperal, o] *adj* *litt* evening *(avant n)*.

vessie [vesi] *nf* bladder.

veste [vɛst] *nf* - **1.** [vêtement] jacket ; **~ croisée/droite** double-/single-breasted jacket ; **retourner sa ~** *fam fig* to change one's colours *UK ou* colors *US* - **2.** *fam* [échec] : **ramasser** *ou* **prendre une ~** to come a cropper.

vestiaire [vɛstjɛr] *nm* **- 1.** [au théâtre] cloakroom **- 2.** *(gén pl)* SPORT changing room *UK*, locker room *US*.

vestibule [vɛstibyl] *nm* [pièce] hall, vestibule.

vestige [vɛstiʒ] *nm (gén pl)* [de ville] remains *(pl)* ; *fig* [de civilisation, grandeur] vestiges *(pl)*, relic.

vestimentaire [vɛstimɑ̃tɛr] *adj* [industrie] clothing *(avant n)* ; [dépense] on clothes ; **détail ~** accessory.

veston [vɛstɔ̃] *nm* jacket.

vétéciste [vetesist] *nmf* hybrid bike rider.

vététiste [vetetist] *nmf* mountain biker.

vêtement [vɛtmɑ̃] *nm* garment, article of clothing ; **~s** clothing *(U)*, clothes.

vétéran [veterɑ̃] *nm* veteran.

vétérinaire [veterinɛr] ◇ *adj* veterinary *(avant n)*. ◇ *nmf* vet *UK*, veterinary surgeon *UK*, veterinarian *US*.

vétille [vetij] *nf* triviality.

vêtir [44] [vetir] *vt* to dress.
◆ **se vêtir** *vp* to dress, to get dressed.

vétiver [vetivɛr] *nm* vetiver.

veto [veto] *nm inv* veto ; **mettre son ~ à qqch** to veto sthg.

véto [veto] *nmf fam* vet.

vêtu, e [vɛty] ◇ *pp* ▻ **vêtir**. ◇ *adj* : **~ (de)** dressed (in) ; **à demi-~** half-dressed.

vétuste [vetyst] *adj* dilapidated.

vétusté [vetyste] *nf* dilapidation.

veuf, veuve [vœf, vœv] ◇ *adj* widowed. ◇ *nm, f* widower *(f* widow).

veuille *(etc)* ▻ **vouloir**.

veule [vøl] *adj* spineless.

veulerie [vølri] *nf* spinelessness.

veut ▻ **vouloir**.

veuvage [vœvaʒ] *nm* [de femme] widowhood ; [d'homme] widowerhood.

veuve ▻ **veuf**.

veux ▻ **vouloir**.

vexant, e [vɛksɑ̃, ɑ̃t] *adj* **- 1.** [contrariant] annoying, vexing **- 2.** [blessant] hurtful.

vexation [vɛksasjɔ̃] *nf* [humiliation] insult.

vexatoire [vɛksatwar] *adj* offensive.

vexer [4] [vɛkse] *vt* to offend.
◆ **se vexer** *vp* to take offence *UK* ou offense *US*.

VF *(abr de* **version française***) nf indicates that a film has been dubbed into French.*

VHF *(abr de* **very high frequency***) nf* VHF.

via [vja] *prep* via.

viabiliser [3] [vjabilize] *vt* to service.

viabilité [vjabilite] *nf* **- 1.** [de route] passable state **- 2.** [d'entreprise, organisme] viability.

viable [vjabl] *adj* viable.

viaduc [vjadyk] *nm* viaduct.

viager, ère [vjaʒe, ɛr] *adj* life *(avant n)*.
◆ **viager** *nm* life annuity ; **mettre qqch en ~** to sell sthg in return for a life annuity.

viande [vjɑ̃d] *nf* meat ; **~ blanche** white meat ; **~ froide** cold meat ; **~ rouge** red meat.

viatique [vjatik] *nm* **- 1.** RELIG : **recevoir le ~** to receive the last rites *(pl)* **- 2.** *litt* [soutien] lifeline.

vibrant, e [vibrɑ̃, ɑ̃t] *adj* **- 1.** [corde] vibrating **- 2.** *fig* [discours] stirring.

vibraphone [vibrafɔn] *nm* vibraphone.

vibration [vibrasjɔ̃] *nf* vibration.

vibratoire [vibratwar] *adj* vibratory.

vibrer [3] [vibre] *vi* **- 1.** [trembler] to vibrate **- 2.** *fig* [être ému] : **~ (de)** to be stirred (with).

vibreur [vibrœr] *nm* TÉLÉCOM VibraCall® (alert ou feature).

vibromasseur [vibromasœr] *nm* vibrator.

vicaire [vikɛr] *nm* curate.

vice [vis] *nm* **- 1.** [de personne] vice **- 2.** [d'objet] fault, defect ; **~ caché** hidden flaw ; **~ de forme** DR flaw.

vice-consul [viskɔ̃syl] *(pl* **vice-consuls***) nm* vice-consul.

vice-présidence [visprezidɑ̃s] *(pl* **vice-présidences***) nf* POLIT vice-presidency ; [de société] vice-chairmanship.

vice-président, e [visprezidɑ̃, ɑ̃t] *(mpl* **vice-présidents***) (fpl* **vice-présidentes***) nm, f* POLIT vice-president ; [de société] vice-chairman *(f* vice-chairwoman).

vice versa [vis͜e͜vɛrsa] *loc adv* vice versa.

vichy [viʃi] *nm* **- 1.** [étoffe] gingham **- 2.** [eau] vichy (water).

vicié, e [visje] *adj* [air] polluted, tainted.

vicier [9] [visje] *vt* **- 1.** [air] to pollute, to taint **- 2.** DR to invalidate.

vicieux, euse [visjø, øz] *adj* **- 1.** [personne, conduite] perverted, depraved **- 2.** [animal] restive **- 3.** [attaque] underhand **- 4.** *sout* [prononciation, locution] incorrect.

vicinal, e, aux [visinal, o] ▻ **chemin**.

vicissitudes [visisityd] *nfpl* vicissitudes.

vicomte, vicomtesse [vikɔ̃t, vikɔ̃tɛs] *nm, f* viscount *(f* viscountess).

victime [viktim] *nf* victim ; [blessé] casualty.

victoire [viktwar] *nf* MIL victory ; POLIT & SPORT win, victory ; **chanter** *ou* **crier ~** to boast of one's success.

victorieux, **euse** [viktɔrjø, øz] *adj* - **1.** MIL victorious ; POLIT & SPORT winning *(avant n)*, victorious - **2.** [air] triumphant.

victuailles [viktɥaj] *nfpl* provisions.

vidange [vidɑ̃ʒ] *nf* - **1.** [action] emptying, draining - **2.** AUTO oil change - **3.** [mécanisme] waste outlet.

◆ **vidanges** *nfpl* sewage *(U)*.

vidanger [17] [vidɑ̃ʒe] *vt* to empty, to drain.

vide [vid] ◇ *nm* - **1.** [espace] void ; *fig* [néant, manque] emptiness - **2.** [absence d'air] vacuum ; **conditionné sous ~** vacuum-packed - **3.** [ouverture] gap, space DR : **~ juridique** legal vacuum - **4.** *loc* **faire le ~** [se détendre] to have some time on one's own ; **parler dans le ~** [sans objet] to talk aimlessly ; [sans auditeur] to talk to a brick wall *ou* to o.s. ; **regarder dans le ~** to stare into space. ◇ *adj* empty ; **~ de** *fig* devoid of.

◆ **à vide** *loc adj* & *loc adv* empty.

vidéo [video] ◇ *nf* video. ◇ *adj inv* video *(avant n)*.

vidéocassette [videɔkasɛt] *nf* video cassette.

vidéoconférence [videokɔ̃ferɑ̃s] = **visioconférence**.

vidéodisque [videɔdisk] *nm* videodisc *UK*, videodisk *US*.

vide-ordures [vidɔrdyr] *nm inv* rubbish chute *UK*, garbage chute *US*.

vidéoprojecteur [videɔprɔʒektœr] *nm* video projector.

vidéosurveillance [videɔsyrvɛjɑ̃s] *nf* video surveillance.

vidéothèque [videɔtɛk] *nf* video library.

vidéotransmission [videɔtrɑ̃smisjɔ̃] *nf* video transmission.

vide-poches [vidpɔʃ] *nm inv* - **1.** [chez soi] tidy - **2.** [de voiture] glove compartment.

vide-pomme [vidpɔm] (*pl* **vide-pomme** *ou* **vide-pommes**) *nm* apple corer.

vider [3] [vide] *vt* - **1.** [rendre vide] to empty - **2.** [évacuer] : **~ les lieux** to vacate the premises - **3.** [poulet] to clean - **4.** *fam* [personne - épuiser] to drain ; [- expulser] to chuck out.

◆ **se vider** *vp* - **1.** [eaux] : **se ~ dans** to empty into, to drain into - **2.** [baignoire, salle] to empty.

videur [vidœr] *nm* bouncer.

vie [vi] *nf* - **1.** [gén] life ; **attenter à la ~ de qqn** to make an attempt on sb's life ; **coûter la ~ à qqn** to cost sb his/her life ; **sauver la ~ à qqn** to save sb's life ; **être en ~** to be alive ; **être entre la ~ et la mort** to be at death's door ; **sa ~ durant** for one's entire life ; **à ~** for life ; **une ~ de chien** *fam* a dog's life ; **mener la ~ dure à qqn** to make sb's life hell ; **prendre la ~ du bon côté** to look on the bright side of life ; **voir la ~ en rose** to see life through rose-coloured *UK ou* rose-colored *US* spectacles ; **enterrer sa ~ de garçon** to have a stag party *ou* night - **2.** [subsistance] cost of living ; **gagner sa ~** to earn one's living.

vieil ▷ **vieux**.

vieillard [vjɛjar] *nm* old man.

vieille ▷ **vieux**.

vieillerie [vjɛjri] *nf* [objet] old thing.

vieillesse [vjɛjɛs] *nf* - **1.** [fin de la vie] old age - **2.** [vieillards] : **la ~** old people *(pl)*.

vieilli, **e** [vjeji] *adj* [mode, attitude] dated.

vieillir [32] [vjejir] ◇ *vi* - **1.** [personne] to grow old, to age ; **~ bien/mal** to age well/badly - **2.** CULIN to mature, to age - **3.** [tradition, idée] to become dated *ou* outdated. ◇ *vt* - **1.** [suj: coiffure, vêtement] : **~ qqn** to make sb look older - **2.** [suj: personne] : **ils m'ont vieilli de cinq ans** they said I was five years older than I actually am.

◆ **se vieillir** *vp* [d'apparence] to make o.s. look older ; [dans les propos] to say one is older than one really is.

vieillissement [vjejismɑ̃] *nm* - **1.** [de personne] ageing - **2.** [de mot, d'idée] obsolescence - **3.** [de vin, fromage] maturing, ageing.

vieillot, **otte** [vjejo, ɔt] *adj* old-fashioned.

vielle [vjɛl] *nf* hurdy-gurdy.

Vienne [vjɛn] *n* - **1.** [en France] Vienne - **2.** [en Autriche] Vienna.

viennois, **e** [vjenwa, az] *adj* Viennese ; **pain ~** Vienna loaf.

◆ **Viennois**, **e** *nm, f* Viennese.

vierge [vjɛrʒ] ◇ *nf* virgin ; **la (Sainte) Vierge** the Virgin (Mary). ◇ *adj* - **1.** [personne] virgin - **2.** [terre] virgin ; [page] blank ; [casier judiciaire] clean ; **~ de** unsullied by.

◆ **Vierge** *nf* ASTROL Virgo ; **être Vierge** to be (a) Virgo.

Viêt Nam [vjɛtnam] *nm* : **le ~** Vietnam ; **au ~** in Vietnam ; **le Nord ~** North Vietnam ; **le Sud ~** South Vietnam.

vietnamien, **enne** [vjɛtnamjɛ̃, ɛn] *adj* Vietnamese.

◆ **vietnamien** *nm* [langue] Vietnamese.

◆ **Vietnamien**, **enne** *nm, f* Vietnamese person.

vieux, **vieille** [vjø, vjɛj] ◇ *adj (vieil devant voyelle ou h muet)* old ; **se faire ~** to get old ; **~ jeu** old-fashioned. ◇ *nm, f* - **1.** [personne âgée] old man (*f* woman) ; **les ~** the old ; **un petit ~** a little old man - **2.** *fam* [ami] : **mon ~** old chap *ou* boy *UK*, old buddy *US* ; **ma vieille** old girl - **3.** *tfam* [parent] old man (*f* woman) ; **ses ~** his folks. ◇ *nm* [meubles] antique furniture.

vif, **vive** [vif, viv] *adj* - **1.** [preste - enfant] lively ; [- imagination] vivid - **2.** [couleur, œil] bright ; **rouge/jaune ~** bright red/yellow - **3.** [reproche] sharp ; [discussion] bitter - **4.** *sout* [vivant] alive - **5.** [douleur, déception] acute ; [intérêt] keen ; [amour, haine] intense, deep.
◆ **vif** *nm* - **1.** DR living person - **2.** [à la pêche] live bait - **3.** *loc* **entrer dans le ~ du sujet** to get to the heart of the matter ; **piquer au ~** to touch a raw nerve ; **prendre qqn sur le ~** to catch sb red-handed ; **une photo prise sur le ~** an action photograph.
◆ **à vif** *loc adj* [plaie] open ; **j'ai les nerfs à ~** *fig* my nerves are frayed.

vif-argent [vifarʒɑ̃] *nm inv* quicksilver ; *fig* [personne] live wire.

vigie [viʒi] *nf* - **1.** [NAUT - personne] lookout ; [- poste] crow's nest - **2.** RAIL observation box.

vigilance [viʒilɑ̃s] *nf* vigilance.

vigilant, **e** [viʒilɑ̃, ɑ̃t] *adj* vigilant, watchful.

vigile [viʒil] *nm* watchman.

vigne [viɲ] *nf* - **1.** [plante] vine, grapevine - **2.** [plantation] vineyard.
◆ **vigne vierge** *nf* Virginia creeper.

vigneron, **onne** [viɲərɔ̃, ɔn] *nm, f* wine grower.

vignette [viɲɛt] *nf* - **1.** [timbre] label ; [de médicament] price sticker *(for reimbursement by the social security services)* ; AUTO tax disc *UK* - **2.** [motif] vignette.

vignoble [viɲɔbl] *nm* - **1.** [plantation] vineyard - **2.** [vignes] vineyards *(pl)*.

vigoureusement [vigurøzmɑ̃] *adv* vigorously.

vigoureux, **euse** [vigurø, øz] *adj* [corps, personne] vigorous ; [bras, sentiment] strong.

vigueur [vigœr] *nf* vigour *UK*, vigor *US*.
◆ **en vigueur** *loc adj* in force.

VIH, **V.I.H.** (*abr de* **virus d'immunodéficience humaine**) *nm* HIV.

vil, **e** [vil] *adj* vile, base.

vilain, **e** [vilɛ̃, ɛn] *adj* - **1.** [gén] nasty - **2.** [laid] ugly.
◆ **vilain** *nm* - **1.** HIST villein - **2.** *fam* [grabuge] : **il y aura du ~** there's going to be trouble.

vilebrequin [vilbrəkɛ̃] *nm* - **1.** [outil] brace and bit - **2.** AUTO crankshaft.

vilenie [vileni] *nf* - **1.** [caractère] vileness, baseness - **2.** [action] vile deed ; [parole] vile comment.

vilipender [3] [vilipɑ̃de] *vt litt* to vilify.

villa [vila] *nf* villa.

village [vilaʒ] *nm* village ; **~ de vacances** holiday village *UK*, vacation village *US*.

villageois, **e** [vilaʒwa, az] ◇ *adj* rustic. ◇ *nm, f* villager.

ville [vil] *nf* [petite, moyenne] town ; [importante] city ; **aller en ~** to go into town ; **habiter en ~** to live in town ; **~ champignon** town which has mushroomed ; **~ dortoir** dormitory town *UK*, bedroom community *US* ; **~ nouvelle** new town ; **~ d'eau** spa (town).

villégiature [vileʒjatyr] *nf* holiday *UK*, vacation *US*.

Villette [vilɛt] *n* : **la ~** *cultural complex in north Paris (including a science museum, theatre and park)*.

vin [vɛ̃] *nm* wine ; **~ blanc/rosé/rouge** white/rosé/red wine ; **~ champagnisé** champagne-style wine ; **~ résiné** retsina ; **~ de table** table wine.
◆ **vin d'honneur** *nm* reception.

vinaigre [vinɛgr] *nm* vinegar ; **~ de framboise/de vin** raspberry/wine vinegar ; **~ balsamique** balsamic vinegar ; **tourner au ~** *fig* to turn sour.

vinaigrer [4] [vinegre] *vt* to put vinegar on.

vinaigrette [vinɛgrɛt] *nf* oil and vinegar dressing.

vinasse [vinas] *nf péj* plonk *UK*.

vindicatif, **ive** [vɛ̃dikatif, iv] *adj* vindictive.

vindicte [vɛ̃dikt] *nf* : **~ publique** DR justice.

vingt [vɛ̃] *adj num inv* & *nm* twenty, *voir aussi* **six**.

vingtaine [vɛ̃tɛn] *nf* : **une ~ de** about twenty.

vingtième [vɛ̃tjɛm] *adj num inv, nm* & *nmf* twentieth, *voir aussi* **sixième**.

vinicole [vinikɔl] *adj* wine-growing, wine-producing.

vinification [vinifikasjɔ̃] *nf* winemaking.

viol [vjɔl] *nm* - **1.** [de femme] rape ; **au ~!** rape! - **2.** [de sépulture] desecration ; [de sanctuaire] violation.

violacé, **e** [vjɔlase] *adj* purplish.

violation [vjɔlasjɔ̃] *nf* violation, breach ; **~ de domicile** unauthorized entry.

viole [vjɔl] *nf* viol.

violemment [vjɔlamɑ̃] *adv* - **1.** [frapper] violently - **2.** [rétorquer] sharply.

violence [vjɔlɑ̃s] *nf* violence ; **se faire ~** to force o.s.

violent, **e** [vjɔlɑ̃, ɑ̃t] *adj* - **1.** [personne, tempête] violent - **2.** *fig* [douleur, angoisse, chagrin] acute ; [haine, passion] violent - **3.** *fam* [excessif] annoying.

violenter [3] [vjɔlɑ̃te] *vt* to assault sexually.

violer [3] [vjɔle] *vt* - **1.** [femme] to rape - **2.** [loi, traité] to break - **3.** [sépulture] to desecrate ; [sanctuaire] to violate.

violet, **ette** [vjɔlɛ, ɛt] *adj* purple ; [pâle] violet.
◆ **violet** *nm* purple ; [pâle] violet.

violette [vjɔlɛt] *nf* violet.

violeur [vjɔlœr] *nm* rapist.

violon [vjɔlɔ̃] *nm* - **1.** [instrument] violin ; **accorder ses ~s** *fig* to come to an agreement - **2.** [musicien] violin (player) - **3.** *fam* [prison] nick *UK*, clink.
◆ **violon d'Ingres** *nm* hobby.

violoncelle [vjɔlɔ̃sɛl] *nm* - **1.** [instrument] cello - **2.** [musicien] cello (player).

violoncelliste [vjɔlɔ̃selist] *nmf* cellist.

violoneux [vjɔlɔnø] *nm* fiddler.

violoniste [vjɔlɔnist] *nmf* violinist.

VIP (*abr de* **very important person**) *nm* VIP.

vipère [vipɛr] *nf* viper.

virage [viraʒ] *nm* - **1.** [sur route] bend ; **négocier un ~** to negotiate a bend ; **prendre un ~** to take a bend ; **~ sans visibilité** blind corner ; **~ en épingle à cheveux** hairpin bend - **2.** [changement] turn - **3.** CHIM colour *UK ou* color *US* change - **4.** MÉD positive reaction.

viral, **e**, **aux** [viral, o] *adj* viral.

virée [vire] *nf fam* **faire une ~** [en voiture] to go for a spin ; [dans bars] ≃ to go on a pub crawl.

virement [virmɑ̃] *nm* - **1.** FIN transfer ; **~ bancaire/postal** bank/giro *UK* transfer ; **~ automatique** automatic transfer, standing order - **2.** NAUT : **~ (de bord)** tacking.

virer [3] [vire] ◇ *vi* - **1.** [tourner] : **~ à droite/à gauche** to turn right/left - **2.** [étoffe] to change colour *UK ou* color *US* ; **~ au blanc/jaune** to go white/yellow - **3.** PHOTO to tone - **4.** MÉD to react positively. ◇ *vt* - **1.** FIN to transfer - **2.** *fam* [renvoyer] to kick out.

virevolte [virvɔlt] *nf* - **1.** [mouvement] twirl - **2.** *fig* [volte-face] about-turn *UK*, about-face *US*, U-turn.

virevolter [3] [virvɔlte] *vi* - **1.** [tourner] to twirl *ou* spin round *UK ou* around *US* - **2.** *fig* [changer de sujet] to flit from one subject to another.

virginal, **e**, **aux** [virʒinal, o] *adj* virginal.

virginité [virʒinite] *nf* - **1.** [de personne] virginity - **2.** [de sentiment] purity.

virgule [virgyl] *nf* [entre mots] comma ; [entre chiffres] (decimal) point.

viril, **e** [viril] *adj* virile.

virilité [virilite] *nf* virility.

virologie [virɔlɔʒi] *nf* virology.

virtualité [virtɥalite] *nf* potentiality, possibility.

virtuel, **elle** [virtɥɛl] *adj* potential ; **animal ~** cyberpet.

virtuellement [virtɥɛlmɑ̃] *adv* - **1.** [potentiellement] potentially - **2.** [pratiquement] virtually.

virtuose [virtɥoz] *nmf* virtuoso.

virtuosité [virtɥozite] *nf* virtuosity.

virulence [virylɑ̃s] *nf* virulence.

virulent, **e** [virylɑ̃, ɑ̃t] *adj* virulent.

virus [virys] *nm* INFORM & MÉD virus ; *fig* bug.

vis [vis] *nf* screw ; **serrer la ~ à qqn** *fig* to put the screws on sb.

visa [viza] *nm* visa ; **~ de censure** censor's certificate.

visage [vizaʒ] *nm* face ; **à ~ découvert** *fig* openly.

visagiste [vizaʒist] *nmf* beautician.

vis-à-vis [vizavi] *nm* - **1.** [personne] person sitting opposite - **2.** [tête-à-tête] encounter - **3.** [immeuble] : **avoir un ~** to have a building opposite.
◆ **vis-à-vis de** *loc prép* - **1.** [en face de] opposite - **2.** [en comparaison de] beside, compared with - **3.** [à l'égard de] towards, toward *US*.

viscéral, **e**, **aux** [viseral, o] *adj* - **1.** ANAT visceral - **2.** *fam* [réaction] gut *(avant n)* ; [haine, peur] deep-seated.

viscère [visɛr] *nm (gén pl)* innards *(pl)*.

viscose [viskoz] *nf* viscose.

viscosité [viskozite] *nf* - **1.** [de liquide] viscosity - **2.** [de surface] stickiness.

visé, **e** [vize] *adj* - **1.** [concerné] concerned - **2.** [vérifié] stamped.

visée [vize] *nf* - **1.** [avec arme] aiming - **2.** *(gén pl) fig* [intention, dessein] aim.

viser [3] [vize] ◇ *vt* - **1.** [cible] to aim at - **2.** *fig* [poste] to aspire to, to aim for ; [personne] to be directed *ou* aimed at - **3.** *fam* [fille, voiture] to get a load of - **4.** [document] to check, to stamp. ◇ *vi* to aim, to take aim ; **~ à** to aim at ; **~ à faire qqch** to aim to do sthg, to be intended to do sthg ; **~ haut** *fig* to aim high ; **ne pas ~ juste** not to aim accurately, to aim wide.

viseur [vizœr] *nm* - **1.** [d'arme] sights *(pl)* - **2.** PHOTO viewfinder.

visibilité [vizibilite] *nf* visibility.

visible [vizibl] *adj* - **1.** [gén] visible - **2.** [personne] : **il n'est pas ~** he's not seeing visitors.

visiblement [viziblәmɑ̃] *adv* visibly.

visière [vizjɛr] *nf* - **1.** [de casque] visor - **2.** [de casquette] peak - **3.** [de protection] eyeshade.

visioconférence [vizjokɔ̃ferɑ̃s], **vidéoconférence** [videokɔ̃ferɑ̃s] *nf* videoconference.

vision [vizjɔ̃] *nf* - **1.** [faculté] eyesight, vision - **2.** [représentation] view, vision - **3.** [mirage] vision.

visionnaire [vizjɔnɛr] *nmf* & *adj* visionary.

visionner [3] [vizjɔne] *vt* to view.

visionneuse [vizjɔnøz] *nf* viewer.

visite [vizit] *nf* - **1.** [chez un ami, officielle] visit ; **avoir de la ~** *ou* **une ~** to have visitors ; **rendre ~ à qqn** to pay sb a visit - **2.** [MÉD - à l'extérieur] call, visit ; [- à l'hôpital] rounds *(pl)* ; **passer une ~ médicale** to have a medical *UK ou* a physical *US* - **3.** [de monument] tour - **4.** [d'expert] inspection.

visiter [3] [vizite] *vt* - **1.** [en touriste] to tour - **2.** [malade, prisonnier] to visit.

visiteur, **euse** [vizitœr, øz] *nm, f* visitor.

vison [vizɔ̃] *nm* mink.

visqueux, **euse** [viskø, øz] *adj* - **1.** [liquide] viscous - **2.** [surface] sticky - **3.** *péj* [personne, manières] slimy, smarmy.

visser [3] [vise] *vt* - **1.** [planches] to screw together - **2.** [couvercle] to screw down - **3.** [bouchon] to screw in ; [écrou] to screw on - **4.** *fam fig* [enfant] to keep a tight rein on.

visualisation [vizɥalizasjɔ̃] *nf* INFORM display mode.

visualiser [3] [vizɥalize] *vt* - **1.** [gén] to visualize - **2.** INFORM to display ; TECHNOL to make visible.

visuel, **elle** [vizɥɛl] *adj* visual.

◆ **visuel** *nm* INFORM visual display unit ; : **~ graphique** graphical display unit.

visuellement [vizɥɛlmɑ̃] *adv* visually.

vital, **e**, **aux** [vital, o] *adj* vital.

vitalité [vitalite] *nf* vitality.

vitamine [vitamin] *nf* vitamin.

vitaminé, **e** [vitamine] *adj* with added vitamins, vitamin-enriched.

vite [vit] *adv* - **1.** [rapidement] quickly, fast ; **fais ~!** hurry up! ; **avoir ~ fait de faire qqch** to have been quick to do sthg - **2.** [tôt] soon.

vitesse [vitɛs] *nf* - **1.** [gén] speed ; **prendre de la ~** to pick up *ou* gather speed ; **prendre qqn de ~** *fig* to outstrip sb ; **à toute ~** at top speed ; **~ de croisière** cruising speed - **2.** AUTO gear ; **changer de ~** to change *UK ou* to shift gear ; **en quatrième ~** *fam fig* at the double.

viticole [vitikɔl] *adj* wine-growing.

viticulteur, **trice** [vitikyltœr, tris] *nm, f* wine-grower.

viticulture [vitikyltyr] *nf* wine-growing.

vitrage [vitraʒ] *nm* - **1.** [vitres] windows *(pl)* - **2.** [toit] glass roof.

vitrail, **aux** [vitraj, o] *nm* stained-glass window.

vitre [vitr] *nf* - **1.** [de fenêtre] pane of glass, windowpane - **2.** [de voiture, train] window.

vitré, **e** [vitre] *adj* glass *(avant n)*.

vitrer [3] [vitre] *vt* to glaze.

vitreux, **euse** [vitrø, øz] *adj* - **1.** [roche] vitreous - **2.** [œil, regard] glassy, glazed.

vitrier [vitrije] *nm* glazier.

vitrification [vitrifikasjɔ̃] *nf* - **1.** [de parquet] sealing and varnishing - **2.** [d'émail] vitrification.

vitrifier [9] [vitrifje] *vt* - **1.** [parquet] to seal and varnish - **2.** [émail] to vitrify.

vitrine [vitrin] *nf* - **1.** [de boutique] (shop) window ; *fig* showcase ; **lécher les ~s** to go window-shopping - **2.** [meuble] display cabinet.

vitriol [vitrijɔl] *nm* vitriol.

vitupération [vityperasjɔ̃] *nf* vituperation.

vitupérer [18] [vitypere] *vt* to rail against.

vivable [vivabl] *adj* [appartement] livable-in ; [situation] bearable, tolerable ; [personne] : **il n'est pas ~** he's impossible to live with.

vivace [vivas] *adj* - **1.** [plante] perennial ; [arbre] hardy - **2.** *fig* [haine, ressentiment] deep-rooted, entrenched ; [souvenir] enduring.

vivacité [vivasite] *nf* - **1.** [promptitude - de personne] liveliness, vivacity ; **~ d'esprit** quick-wittedness - **2.** [de coloris, teint] intensity, brightness - **3.** [de propos] sharpness.

vivant, **e** [vivɑ̃, ɑ̃t] *adj* - **1.** [en vie] alive, living - **2.** [enfant, quartier] lively - **3.** [souvenir] still fresh - **4.** *fig* [preuve] living.

◆ **vivant** *nm* - **1.** [vie] : **du ~ de qqn** in sb's lifetime - **2.** [personne] : **les ~s** the living ; **un bon ~** *fig* a person who enjoys (the good things in) life.

vivarium [vivarjɔm] *nm* vivarium.

vivats [viva] *nmpl* cheers, cheering *(sing)*.

vive[1] [viv] *nf* [poisson] weever.

vive[2] [viv] *interj* three cheers for ; **~ le roi!** long live the King!

vivement [vivmɑ̃] ◇ *adv* - **1.** [agir] quickly - **2.** [répondre] sharply - **3.** [affecter] deeply. ◇ *interj* : **~ les vacances!** roll on the holidays! ; **~ que l'été arrive** I'll be glad when summer comes, summer can't come quick enough.

vivier [vivje] *nm* - **1.** [de poissons] fish pond ; [dans un restaurant] fish tank - **2.** *fig* [concentration] breeding-ground.

vivifiant, **e** [vivifjɑ̃, ɑ̃t] *adj* invigorating, bracing.

vivifier [9] [vivifje] *vt* to invigorate.

vivipare [vivipar] *adj* viviparous.

vivisection [vivisɛksjɔ̃] *nf* vivisection.

vivoter [3] [vivɔte] *vi* - **1.** [personne] to live from hand to mouth - **2.** [affaire, commerce] to struggle to survive.

vivre [90] [vivr] ◇ *vi* to live ; [être en vie] to be alive ; ~ **de** to live on ; **faire ~ sa famille** to support one's family ; **être difficile/facile à ~** to be hard/easy to get on with ; **avoir vécu** to have seen life. ◇ *vt* - **1.** [passer] to spend - **2.** [éprouver] to experience. ◇ *nm* : **le ~ et le couvert** board and lodging.

◆ **vivres** *nmpl* provisions ; **couper les ~s à qqn** *fig* to cut off sb's livelihood.

vivrier, ère [vivrije, ɛr] *adj* : **culture vivrière** food crops *(pl)*.

vizir [vizir] *nm* vizier.

VL (*abr de* **véhicule lourd**) *nm* HGV.

vlan [vlɑ̃] *interj* wham!, bang!

vo *abr de* **verso**.

VO (*abr de* **version originale**) *nf indicates that a film has not been dubbed* ; **en ~ sous-titrée** in the original version with subtitles.

vocable [vɔkabl] *nm* term.

vocabulaire [vɔkabylɛr] *nm* - **1.** [gén] vocabulary - **2.** [livre] lexicon, glossary.

vocal, e, aux [vɔkal, o] *adj* : **ensemble ~** choir, ▷ **corde**.

vocalise [vɔkaliz] *nf* : **faire des ~s** to do singing exercises.

vocaliser [3] [vɔkalize] *vi* to do singing exercises.

vocatif [vɔkatif] *nm* vocative (case).

vocation [vɔkasjɔ̃] *nf* - **1.** [gén] vocation - **2.** [d'organisation] mission.

vocifération [vɔsiferasjɔ̃] *nf* shout, scream.

vociférer [18] [vɔsifere] *vt* to shout, to scream.

vodka [vɔdka] *nf* vodka.

vœu, x [vø] *nm* - **1.** RELIG [résolution] vow ; **faire le ~ de faire qqch** to vow to do sthg ; **faire ~ de silence** to take a vow of silence - **2.** [souhait, requête] wish.

◆ **vœux** *nmpl* greetings ; **meilleurs ~x** best wishes ; **tous nos ~x de bonheur** our best wishes for your future happiness.

vogue [vɔg] *nf* vogue, fashion ; **en ~** fashionable, in vogue.

voguer [3] [vɔge] *vi litt* to sail.

voici [vwasi] *prep* - **1.** [pour désigner, introduire] here is/are ; **le ~** here he/it is ; **les ~** here they are ; **vous cherchiez des allumettes? en ~** were you looking for matches? there are some here ; **l'homme que ~** this man (here) ; **~ ce qui s'est passé** this is what happened - **2.** [il y a] : **~ trois mois** three months ago ; **~ quelques années que je ne l'ai pas vu** I haven't seen him for some years (now), it's been some years since I last saw him.

voie [vwa] *nf* - **1.** [route] road ; **route à deux ~s** two-lane road ; **~ navigable** waterway ; **la ~ publique** the public highway ; **~ sans issue** no through road ; **~ privée** private road - **2.** [rails] track, line ; [quai] platform ; **~ ferrée** railway line *UK*, railroad line *US* ; **~ de garage** siding ; *fig* dead-end job - **3.** [mode de transport] route ; **par la ~ maritime/aérienne** by sea/air - **4.** ANAT passage, tract ; **par ~ buccale** *ou* **orale** orally, by mouth ; **par ~ rectale** by rectum ; **~ respiratoire** respiratory tract - **5.** *fig* [chemin] way ; **être en bonne ~** to be going well ; **être sur la bonne/mauvaise ~** to be on the right/wrong track ; **mettre qqn sur la ~** to put sb on the right track ; **ouvrir la ~** to pave the way ; **la ~ royale** *fig* the high road (to success) ; **trouver sa ~** to find one's feet - **6.** [filière, moyen] means *(pl)* ; **suivre la ~ hiérarchique** to go through the official channels *(pl)*.

◆ **voie de fait** *nf* assault.

◆ **Voie lactée** *nf* : **la Voie lactée** the Milky Way.

◆ **en voie de** *loc prép* on the way *ou* road to ; **en ~ de développement** developing.

voilà [vwala] *prep* - **1.** [pour désigner] there is/are ; **le ~** there he/it is ; **les ~** there they are ; **me ~** that's me, there I am ; **le ~ qui arrive** (look) he's here ; **vous cherchiez de l'encre? en ~** you were looking for ink? there is some (over) there ; **la maison que ~** that house (there) ; **nous ~ arrivés** we've arrived - **2.** [reprend ce dont on a parlé] that is ; [introduit ce dont on va parler] this is ; **~ ce que j'en pense** this is/that is what I think ; **~ tout** that's all ; **et ~!** there we are! - **3.** [il y a] : **~ dix jours** ten days ago ; **~ dix ans que je le connais** I've known him for ten years (now).

voilage [vwalaʒ] *nm* - **1.** [rideau] net curtain - **2.** [garniture] veil.

voile [vwal] ◇ *nf* - **1.** [de bateau] sail ; **mettre les ~s** *fam fig* to do a bunk *UK*, to scarper *UK* - **2.** [activité] sailing. ◇ *nm* - **1.** [textile] voile - **2.** [coiffure] veil ; **lever le ~ sur** *fig* to lift the veil on - **3.** [de brume] mist - **4.** PHOTO fogging *(U)* - **5.** MÉD shadow.

voilé, e [vwale] *adj* - **1.** [visage, allusion] veiled - **2.** [ciel, regard] dull - **3.** [roue] buckled - **4.** PHOTO fogged - **5.** [son, voix] muffled.

voiler [3] [vwale] *vt* - **1.** [visage] to veil - **2.** [vérité, sentiment] to hide - **3.** [suj: brouillard, nuages] to cover - **4.** [roue] to buckle.

◆ **se voiler** *vp* - **1.** [femme] to wear a veil - **2.** [ciel] to cloud over ; [yeux] to mist over - **3.** [roue] to buckle.

voilette [vwalɛt] *nf* veil.

voilier [vwalje] *nm* [bateau] sailing boat *UK*, sailboat *US*.

voilure [vwalyr] *nf* **- 1.** [de bateau] sails *(pl)* **- 2.** [d'avion] wings *(pl)* **- 3.** [de parachute] canopy.

voir [62] [vwar] ◇ *vt* **- 1.** [gén] to see ; **je l'ai vu tomber** I saw him fall ; **faire ~ qqch à qqn** to show sb sthg ; **avoir assez vu qqn** *fam* to be fed up with sb ; **ne rien avoir à ~ avec** *fig* to have nothing to do with ; **je te vois bien papa!** I can just see you as a father! ; **essaie un peu, pour ~!** go on, just try it! ; **voyons,...** [en réfléchissant] let's see,... ; **ni vu ni connu** *fam* without anyone being any the wiser **- 2.** [dossier, affaire] to look at *ou* into, to go over. ◇ *vi* to see.

◆ **se voir** *vp* **- 1.** [se regarder] to see o.s., to watch o.s. **- 2.** [se rencontrer] to see one another *ou* each other **- 3.** [se remarquer] to be obvious, to show ; **ça se voit!** you can tell!

voire [vwar] *adv* even.

voirie [vwari] *nf* **- 1.** ADMIN ≃ Department of Transport **- 2.** [décharge] rubbish dump *UK*, garbage dump *US*.

voisin, e [vwazɛ̃, in] ◇ *adj* **- 1.** [pays, ville] neighbouring *UK*, neighboring *US* ; [maison] next-door **- 2.** [idée] similar. ◇ *nm, f* neighbour *UK*, neighbor *US* ; **~ de palier** next-door neighbour *UK ou* neighbor *US (in a flat)*.

voisinage [vwazinaʒ] *nm* **- 1.** [quartier] neighbourhood *UK*, neighborhood *US* **- 2.** [environs] vicinity **- 3.** [relations] : **rapports de bon ~** (good) neighbourliness *UK ou* neighborliness *US*.

voisiner [3] [vwazine] *vi* : **~ avec** to be next to.

voiture [vwatyr] *nf* **- 1.** [automobile] car ; **~ de fonction** company car ; **~ de location** hire *UK ou* rental *US* car ; **~ d'occasion/de sport** second-hand/sports car **- 2.** [de train] carriage *UK*, car *US*.

◆ **voiture d'enfant** *nf* pram *UK*, baby carriage *US*.

voix [vwa] *nf* **- 1.** [gén] voice ; **~ caverneuse** hollow voice ; **~ de fausset** falsetto voice ; **~ de stentor** stentorian voice ; **~ de ténor** tenor voice ; **~ off** voice-over ; **à mi-~** in an undertone ; **à ~ basse** in a low voice, quietly ; **à ~ haute** [parler] in a loud voice ; [lire] aloud ; **de vive ~** in person ; **avoir ~ au chapitre** *fig* to have a say in the matter **- 2.** [suffrage] vote ; **recueillir des ~** to win *ou* get votes.

vol [vɔl] *nm* **- 1.** [d'oiseau, avion] flight ; **attraper qqch au ~** to catch sthg in mid-air ; **~ (en) charter** charter flight ; **~ à voile** gliding ; **à ~ d'oiseau** as the crow flies ; **en plein ~** in flight **- 2.** [groupe d'oiseaux] flight, flock **- 3.** [délit] theft ; **~ avec effraction** breaking and entering ; **~ à l'étalage** shoplifting.

vol. (*abr écrite de* **volume**) vol.

volage [vɔlaʒ] *adj litt* fickle.

volaille [vɔlaj] *nf* : **la ~** poultry, (domestic) fowl.

volant, e [vɔlɑ̃, ɑ̃t] *adj* **- 1.** [qui vole] flying ; **personnel ~** aircrew **- 2.** [mobile] : **feuille ~e** loose sheet.

◆ **volant** *nm* **- 1.** [de voiture] steering wheel **- 2.** [de robe] flounce **- 3.** [de badminton] shuttlecock.

volatil, e [vɔlatil] *adj* volatile.

◆ **volatile** *nm* (domestic) fowl.

volatiliser [3] [vɔlatilize] ◆ **se volatiliser** *vp* to volatilize ; *fig* to vanish into thin air.

vol-au-vent [vɔlovɑ̃] *nm inv* vol-au-vent.

volcan [vɔlkɑ̃] *nm* volcano ; *fig* spitfire ; **être assis sur un ~** *fig* to be sitting on the edge of a volcano.

volcanique [vɔlkanik] *adj* volcanic ; *fig* [tempérament] fiery.

volcanologue = **vulcanologue**.

volée [vɔle] *nf* **- 1.** [d'oiseau] flight **- 2.** [de flèches] volley ; **une ~ de coups** a hail of blows **- 3.** FOOTBALL & TENNIS volley **- 4.** *fam* [gifle] thrashing, hiding.

voler [3] [vɔle] ◇ *vi* to fly. ◇ *vt* [personne] to rob ; [chose] to steal ; **~ qqch à qqn** to steal sthg from sb.

volet [vɔlɛ] *nm* **- 1.** [de maison] shutter **- 2.** [de dépliant] leaf ; [d'émission] part **- 3.** INFORM drive door.

voleter [27] [vɔlte] *vi* **- 1.** [papillon] to flit *ou* flutter about **- 2.** [robe] to flutter.

voleur, euse [vɔlœr, øz] ◇ *adj* thieving. ◇ *nm, f* thief ; **au ~!** stop thief!

volière [vɔljɛr] *nf* aviary.

volley-ball [vɔlɛbol] (*pl* **volley-balls**) *nm* volleyball.

volleyeur, euse [vɔlɛjœr, øz] *nm, f* volleyball player.

volontaire [vɔlɔ̃tɛr] ◇ *nmf* volunteer. ◇ *adj* **- 1.** [omission] deliberate ; [activité] voluntary **- 2.** [enfant] strong-willed.

volontairement [vɔlɔ̃tɛrmɑ̃] *adv* deliberately ; [offrir] voluntarily.

volontariat [vɔlɔ̃tarja] *nm* voluntary service *(in armed forces)*.

volontariste [vɔlɔ̃tarist] *nmf* & *adj* voluntarist.

volonté [vɔlɔ̃te] *nf* **- 1.** [vouloir] will ; **à ~** unlimited, as much as you like ; **les dernières ~s** last wishes ; **faire les quatre ~s de qqn** *fam fig* to obey sb's every whim **- 2.** [disposition] : **bonne ~** willingness, good will ; **mauvaise ~** unwillingness **- 3.** [détermination] willpower.

volontiers [vɔlɔ̃tje] *adv* **- 1.** [avec plaisir] with pleasure, gladly, willingly **- 2.** [affable, bavard] naturally.

volt [vɔlt] *nm* volt.

voltage [vɔltaʒ] *nm* voltage.

volte [vɔlt] *nf* **- 1.** [de cheval] volt, volte **- 2.** *litt* [pirouette] pirouette.

volte-face [vɔltəfas] *nf inv* about-turn *UK*, about-face *US* ; *fig* U-turn, about-turn *UK*, about-face *US*.

voltige [vɔltiʒ] *nf* **- 1.** [au trapèze] trapeze work ; **haute ~** flying trapeze act ; *fam fig* mental gymnastics *(U)* **- 2.** [à cheval] circus riding **- 3.** [en avion] aerobatics *(U)*.

voltiger [17] [vɔltiʒe] *vi* **- 1.** [acrobate] to perform on a flying trapeze **- 2.** [insecte, oiseau] to flit *ou* flutter about **- 3.** [feuilles] to flutter about.

voltigeur [vɔltiʒœr] *nm* **- 1.** [acrobate] trapeze artist **- 2.** MIL light infantryman **- 3.** *Québec* [baseball] : **~ gauche/droit** left/right fielder ; **~ du centre** centre fielder.

volubile [vɔlybil] *adj* voluble.

volubilis [vɔlybilis] *nm* morning glory.

volubilité [vɔlybilite] *nf* volubility.

volume [vɔlym] *nm* volume.

volumineux, euse [vɔlyminø, øz] *adj* voluminous, bulky.

volupté [vɔlypte] *nf* [sensuelle] sensual *ou* voluptuous pleasure ; [morale, esthétique] delight.

voluptueusement [vɔlyptɥøzmɑ̃] *adv* voluptuously.

voluptueux, euse [vɔlyptɥø, øz] *adj* voluptuous.

volute [vɔlyt] *nf* **- 1.** [de fumée] wreath **- 2.** ARCHIT volute, helix.

vomi [vɔmi] *nm fam* vomit.

vomir [32] [vɔmir] *vt* **- 1.** [aliments] to bring up **- 2.** [fumées] to belch, to spew (out) ; [injures] to spit out.

vomissement [vɔmismɑ̃] *nm* **- 1.** [action] vomiting **- 2.** [vomissure] vomit.

vomitif, ive [vɔmitif, iv] *adj* emetic ; *fam fig* revolting, sickening.

◆ **vomitif** *nm* emetic.

vont ▷ **aller**.

vorace [vɔras] *adj* voracious.

voracement [vɔrasmɑ̃] *adv* voraciously.

voracité [vɔrasite] *nf* voracity.

vos ▷ **votre**.

votant, e [vɔtɑ̃, ɑ̃t] *nm, f* voter.

vote [vɔt] *nm* vote ; **~ à main levée** (ballot by) show of hands ; **~ secret, ~ à bulletins secrets** secret ballot.

voter [3] [vɔte] ◇ *vi* to vote. ◇ *vt* POLIT to vote for ; [crédits] to vote ; [loi] to pass.

votre [vɔtr] (*pl* **vos** [vo]) *adj poss* your.

vôtre [votr] ◆ **le vôtre** (*f* **la vôtre**, *pl* **les vôtres**) *pron poss* yours ; **les ~s** your family ; **vous et les ~s** people like you ; **je suis des ~s** I'm on your side ; **vous devriez y mettre du ~** you ought to pull your weight ; **à la ~!** your good health!

vouer [6] [vwe] *vt* **- 1.** [promettre, jurer] : **~ qqch à qqn** to swear *ou* vow sthg to sb **- 2.** [consacrer] to devote **- 3.** [condamner] : **être voué à** to be doomed to.

◆ **se vouer** *vp* : **se ~ à** to dedicate *ou* devote o.s. to.

vouloir [57] [vulwar] ◇ *vt* **- 1.** [gén] to want ; **voulez-vous boire quelque chose?** would you like something to drink? ; **veux-tu te taire!** will you be quiet! ; **je voudrais savoir** I would like to know ; **~ que** *(+ subjonctif)* : **je veux qu'il parte** I want him to leave ; **~ qqch de qqn/qqch** to want sthg from sb/sthg ; **combien voulez-vous de votre maison?** how much do you want for your house? ; **ne pas ~ de qqn/qqch** not to want sb/sthg ; **je veux bien** I don't mind ; **si tu veux** if you like, if you want ; **comme tu veux!** as you like! ; **veuillez vous asseoir** please take a seat ; **sans le ~** without meaning *ou* wishing to, unintentionally **- 2.** [suj: coutume] to demand **- 3.** [s'attendre à] to expect ; **que voulez-vous que j'y fasse?** what do you want me to do about it? **- 4.** *loc* **~ dire** to mean ; **si on veut** more or less, if you like ; **en ~** to be a real go-getter ; **en ~ à qqn** to have a grudge against sb ; **tu l'auras voulu!** on your own head (be it)! ◇ *nm* : **le bon ~ de qqn** sb's goodwill.

◆ **se vouloir** *vp* : **elle se veut différente** she thinks she's different ; **s'en ~ de faire qqch** to be cross with o.s. for doing sthg.

voulu, e [vuly] ◇ *pp* ▷ **vouloir**. ◇ *adj* **- 1.** [requis] requisite **- 2.** [délibéré] intentional.

vous [vu] *pron pers* **- 1.** [sujet, objet direct] you ; **dire ~ à qqn** to use the "vous" form to sb **- 2.** [objet indirect] (to) you **- 3.** [après préposition, comparatif] you **- 4.** [réfléchi] yourself, *(pl)* yourselves.

◆ **vous-même** *pron pers* yourself.

◆ **vous-mêmes** *pron pers* yourselves.

Vouvoiement

In France, the "vous" form of the pronoun "you" is always used between people who meet for the first time or who hardly know each other. It is also used between colleagues from different levels in a hierarchy. In professional contexts, it is common to continue to use "*vous*" even when people are on first-name terms, and university students usually use "vous" with their professors, even though teachers often address students as "tu". The "*vous*" form is also frequently used between parents-in-law and their sons or daughters-in-law, even after they have known each other for many years.

voûte [vut] *nf* - **1.** ARCHIT vault ; *fig* arch ; **la ~ céleste** the sky - **2.** ANAT : **~ du palais** roof of the mouth ; **~ plantaire** arch (of the foot).

voûter [3] [vute] *vt* to arch over, to vault.
◆ **se voûter** *vp* to be *ou* become stooped.

vouvoiement [vuvwamɑ̃] *nm* use of the "vous" form.

vouvoyer [13] [vuvwaje] *vt* : **~ qqn** to use the "vous" form to sb.
◆ **se vouvoyer** *vp* to use the formal "vous" form with each other.

voyage [vwajaʒ] *nm* journey, trip ; **les ~s** travel *(sing)*, travelling *(U)* *UK*, traveling *(U)* *US* ; **bon ~!** bon voyage!, have a good *ou* safe journey! ; **partir en ~** to go away, to go on a trip ; **~ d'affaires** business trip ; **~ organisé** package tour ; **~ de noces** honeymoon.

voyager [17] [vwajaʒe] *vi* to travel.

voyageur, euse [vwajaʒœr, øz] *nm, f* traveller *UK*, traveler *US* ; **~ de commerce** commercial traveller *UK*, traveling salesman *US*.

voyagiste [vwajaʒist] *nm* tour operator.

voyance [vwajɑ̃s] *nf* clairvoyance.

voyant, e [vwajɑ̃, ɑ̃t] ◇ *adj* loud, gaudy. ◇ *nm, f* [devin] seer ; **~e extralucide** clairvoyant.
◆ **voyant** *nm* [lampe] light ; AUTO indicator (light) ; **~ d'essence/d'huile** petrol/oil warning light.

voyelle [vwajɛl] *nf* vowel.

voyeur, euse [vwajœr, øz] *nm, f* voyeur, Peeping Tom.

voyeurisme [vwajœrism] *nm* voyeurism.

voyou [vwaju] *nm* - **1.** [garnement] urchin - **2.** [loubard] lout.

VPC (*abr de* **vente par correspondance**) *nf* mail order sales.

vrac [vrak] ◆ **en vrac** *loc adv* - **1.** [sans emballage] loose - **2.** [en désordre] higgledy-piggledy - **3.** [au poids] in bulk.

vrai, e [vrɛ] *adj* - **1.** [histoire] true ; **c'est** *ou* **il est ~ que...** it's true that... ; **c'est pas ~!** *fam* never!, I don't believe it! - **2.** [or, perle, nom] real - **3.** [personne] natural - **4.** [ami, raison] real, true.
◆ **vrai** *nm* : **le ~** truth ; **être dans le ~** to be right ; **à ~ dire, à dire ~** to tell the truth.

vraiment [vrɛmɑ̃] *adv* really.

vraisemblable [vrɛsɑ̃blabl] *adj* likely, probable ; [excuse] plausible.

vraisemblablement [vrɛsɑ̃blabləmɑ̃] *adv* probably, in all probability.

vraisemblance [vrɛsɑ̃blɑ̃s] *nf* likelihood, probability ; [d'excuse] plausibility ; **contre toute ~** implausibly ; **selon toute ~** in all probability.

V/Réf (*abr écrite de* **Votre référence**) your ref.

vrille [vrij] *nf* - **1.** BOT tendril - **2.** [outil] gimlet - **3.** [spirale] spiral.

vriller [3] [vrije] ◇ *vi* - **1.** [avion] to spin - **2.** [parachute] to twist. ◇ *vt* to bore into.

vrombir [32] [vrɔ̃bir] *vi* to hum.

vrombissement [vrɔ̃bismɑ̃] *nm* humming *(U)*.

VRP (*abr de* **voyageur, représentant, placier**) *nm* rep.

VTC [vetese] (*abr de* **vélo tout chemin**) *nf* SPORT hybrid bike.

VTT (*abr de* **vélo tout terrain**) *nm* mountain bike.

vu, e [vy] ◇ *pp* ▷ **voir**. ◇ *adj* - **1.** [perçu] : **être bien/mal ~** to be acceptable/unacceptable - **2.** [compris] clear.
◆ **vu** *prep* given, in view of.
◆ **vue** *nf* - **1.** [sens, vision] sight, eyesight - **2.** [regard] gaze ; **à première ~e** at first sight ; **à ~e** on sight ; **de ~e** by sight ; **en ~e** [vedette] in the public eye ; **à ~e de nez** at a rough guess ; **à ~e d'œil** visibly ; **en mettre plein la ~e à qqn** *fam fig* to dazzle sb ; **perdre qqn de ~e** to lose touch with sb - **3.** [panorama, idée] view ; **~e d'ensemble** *fig* overview ; **avoir qqn/qqch en ~e** to have sb/sthg in mind ; **~e panoramique** panoramic view - **4.** CINÉ ▷ **prise**.
◆ **vues** *nfpl* plans ; **avoir des ~es sur** to have designs on, to have one's eye on.
◆ **en vue de** *loc prép* with a view to.
◆ **vu que** *loc conj* given that, seeing that.

vulcaniser [3] [vylkanize] *vt* to vulcanize.

vulcanologue [vylkanɔlɔg], **volcanologue** [vɔlkanɔlɔg] *nmf* vulcanologist, volcanologist.

vulgaire [vylgɛr] *adj* - **1.** [grossier] vulgar, coarse - **2.** *(avant n)* *péj* [quelconque] common - **3.** [courant] common, popular.

vulgairement [vylgɛrmɑ̃] *adv* - **1.** [grossièrement] vulgarly, coarsely - **2.** [couramment] commonly, popularly.

vulgarisation [vylgarizasjɔ̃] *nf* popularization.

vulgariser [3] [vylgarize] *vt* to popularize.

vulgarité [vylgarite] *nf* vulgarity, coarseness.

vulnérabilité [vylnerabilite] *nf* vulnerability.

vulnérable [vylnerabl] *adj* vulnerable.

vulve [vylv] *nf* vulva.

VVF (*abr de* **village vacances famille**) *nm* *state-subsidized holiday village.*

vx *abr de* **vieux**.

w, **W** [dubləve] *nm inv* w, W.

wagon [vagɔ̃] *nm* carriage *UK*, car *US* ; **~ fumeurs** smoking carriage *UK ou* car *US* ; **~ de marchandises** goods wagon *ou* truck *UK*, freight car *US* ; **~ non-fumeurs** non-smoking carriage *UK ou* car *US* ; **~ de première/seconde classe** first-class/second-class carriage *UK ou* car *US*.

wagon-citerne [vagɔ̃sitɛrn] (*pl* **wagons-citernes**) *nm* tank wagon *UK ou* car *US*.

wagon-lit [vagɔ̃li] (*pl* **wagons-lits**) *nm* sleeping car, sleeper.

wagonnet [vagɔnɛ] *nm* small truck.

wagon-restaurant [vagɔ̃rɛstɔrɑ̃] (*pl* **wagons-restaurants**) *nm* restaurant *UK ou* dining *US* car.

Walkman® [wɔkman] *nm* personal stereo, Walkman®.

wallon, **onne** [walɔ̃, ɔn] *adj* Walloon.
◆ **wallon** *nm* [langue] Walloon.
◆ **Wallon**, **onne** *nm, f* Walloon.

Wallonie [walɔni] *nf* : **la ~** Southern Belgium *(where French and Walloon are spoken)*.

wapiti [wapiti] *nm* wapiti.

Washington [waʃiŋtɔn] *n* **- 1.** [ville] Washington DC **- 2.** [État] Washington State.

water-polo [watɛrpɔlo] *nm* water polo.

waterproof [watɛrpru:f] *adj inv* waterproof.

watt [wat] *nm* watt.

Wb (*abr écrite de* **weber**) Wb.

W.-C. [vese] (*abr de* **water closet**) *nmpl* WC *(sing)*, toilets.

Web [wɛb] *nm* : **le ~** the Web, the web.

webcam [wɛbkam] *nf* webcam.

webmestre [wɛbmɛstr], **webmaster** [wɛbmastœr] *nm* webmaster.

week-end [wikɛnd] (*pl* **week-ends**) *nm* weekend ; **bon ~!** have a good *ou* nice weekend! ; **partir en ~** to go away for the weekend.

western [wɛstɛrn] *nm* western.

Wh (*abr écrite de* **wattheure**) Wh.

whisky [wiski] (*pl* **whiskies**) *nm* [écossais] whisky, scotch ; [irlandais ou américain] whiskey ; **~ sec** straight *ou* neat whisky.

whist [wist] *nm* whist.

white-spirit [wajtspirit] (*pl* **white-spirits**) *nm* white spirit *UK*.

wok [wɔk] *nm* wok.

WWW (*abr de* **World Wide Web**) *nf* WWW.

WYSIWYG [wiziwig] (*abr de* **what you see is what you get**) WYSIWYG.

x, **X** [iks] *nm inv* x, X ; **l'X** *prestigious engineering college in Paris.*

xénophobe [gzenɔfɔb] ◇ *nmf* xenophobe. ◇ *adj* xenophobic.

xénophobie [gzenɔfɔbi] *nf* xenophobia.

xérès [gzerɛs, xerɛs] *nm* sherry.

xylophone [ksilɔfɔn] *nm* xylophone.

y[1], **Y** [igrɛk] *nm inv* y, Y.

y[2] [i] ◇ *adv* [lieu] there ; **j'y vais demain** I'm going there tomorrow ; **mets-y du sel** put some salt in it ; **va voir sur la table si les clefs y sont** go and see if the keys are on the table ; **on ne peut pas couper cet arbre, des oiseaux y ont fait leur nid** you can't cut down that tree, some birds have built their nest there *ou* in it ; **ils ont ramené des vases anciens et y ont fait pousser des fleurs exotiques** they brought back some antique vases and grew exotic flowers in them. ◇ *pron pers (la traduction varie selon la préposition utilisée avec le verbe)* **pensez-y** think about it ; **n'y comptez pas** don't count on it ; **j'y suis!** I've got it!, *voir aussi* **aller**, *voir aussi* **avoir** *etc.*

yacht [jot] *nm* yacht.
yacht-club [jotklœb] (*pl* **yacht-clubs**) *nm* yacht club.
yaourt [jaurt], **yogourt**, **yoghourt** [jɔgurt] *nm* yoghurt ; **~ aux fruits/nature** fruit/ plain yoghurt.
yaourtière [jaurtjɛr] *nf* yoghurt maker.
Yémen [jemɛn] *nm* : **le ~** Yemen ; **au ~** in Yemen ; **le ~ du Nord** North Yemen ; **le ~ du Sud** South Yemen.
yéménite [jemenit] *adj* Yemeni.
◆ **Yéménite** *nmf* Yemeni.
yen [jɛn] *nm* yen.
yeux ▷ **œil**.
yé-yé [jeje] *vieilli* ◇ *nmf* pop fan. ◇ *adj inv* pop *(avant n)*.
yiddish [jidiʃ] *nm inv* & *adj inv* Yiddish.
yoga [jɔga] *nm* yoga.
yoghourt = **yaourt**.
yogi [jɔgi] *nm* yogi.
yogourt = **yaourt**.
yougoslave [jugɔslav] *adj* Yugoslav, Yugoslavian.
◆ **Yougoslave** *nmf* Yugoslav, Yugoslavian.
Yougoslavie [jugɔslavi] *nf* : **la ~** Yugoslavia ; **l'ex-~** the former Yugoslavia.
youpi [jupi] *interj* yippee!
youyou [juju] *nm* dinghy.
Yo-yo®[1] [jɔjɔ] *nm inv* yo-yo.
yoyo[2] [jojo] *nm* MÉD grommet.
yucca [juka] *nm* yucca.

Z

z, **Z** [zɛd] *nm inv* z, Z.
ZAC, **Zac** [zak] (*abr de* **zone d'aménagement concerté**) *nf area earmarked for local government planning project.*
ZAD, **Zad** [zad] (*abr de* **zone d'aménagement différé**) *nf area earmarked for future development.*
Zagreb [zagrɛb] *n* Zagreb.
Zaïre [zair] *nm* : **le ~** Zaïre ; **au ~** in Zaïre.
zaïrois, **e** [zairwa, az] *adj* Zairian.
◆ **Zaïrois**, **e** *nm, f* Zairian.
zakouski [zakuski] *nmpl* zakuski, zakouski.
Zambie [zɑ̃bi] *nf* : **la ~** Zambia.
zambien, **enne** [zɑ̃bjɛ̃, ɛn] *adj* Zambian.
◆ **Zambien**, **enne** *nm, f* Zambian.
zapper [3] [zape] *vi* to zap, to channel-hop.
zappeur, **euse** [zapœr, øz] *nm, f* channel hopper, zapper.
zapping [zapiŋ] *nm* zapping, channel-hopping.
zèbre [zɛbr] *nm* zebra ; **un drôle de ~** *fam fig* an oddball.
zébrer [18] [zebre] *vt* to streak, to stripe.
zébrure [zebryr] *nf* **- 1.** [de pelage] stripe **- 2.** [marque] weal.
zébu [zeby] *nm* zebu.
ZEC [zɛk] (*abr de* **zone d'exploitation contrôlée**) *nf Québec* controlled harvesting zone.
zélateur, **trice** [zelatœr, tris] *nm, f* zealot.
zèle [zɛl] *nm* zeal ; **faire du ~** *péj* to be overzealous.
zélé, **e** [zele] *adj* zealous.
zen [zɛn] ◇ *nm* Zen. ◇ *adj inv* Zen ; **rester ~** to keep cool.
zénith [zenit] *nm* zenith ; **être au ~ de** *fig* to be at the height *ou* peak of.
ZEP, **Zep** [zɛp] (*abr de* **zone d'éducation prioritaire**) *nf designated area with special educational needs.*
zéro [zero] ◇ *nm* **- 1.** [chiffre] zero, nought *UK* ; [énoncé dans un numéro de téléphone] O *UK*, zero *US* **- 2.** [nombre] nought *UK*, nothing ; **deux buts à ~** two goals to nil *UK* **- 3.** [de graduation] freezing point, zero ; **à ~** at zero ; **au-dessus/au-dessous de ~** above/below (zero) ; **avoir le moral à ~** *fig* to be *ou* feel down ; **repartir à** *ou* **de ~** to start again from scratch **- 4.** *fam* [personne] dead loss. ◇ *adj* : **~ faute** no mistakes.
zeste [zɛst] *nm* peel, zest ; **~ de citron** lemon peel *ou* zest.
zézaiement [zezɛmɑ̃] *nm* lisp.
zézayer [11] [zezeje] *vi* to lisp.
ZI *abr de* **zone industrielle**.
zibeline [ziblin] *nf* sable.
zieuter, **zyeuter** [3] [zjøte] *vt fam* to get an eyeful of.
ZIF, **Zif** [zif] (*abr de* **zone d'intervention foncière**) *nf area earmarked for local government planning project.*
zigoto [zigɔto] *nm fam* **un drôle de ~** an oddball.
zigouiller [3] [ziguje] *vt fam* to bump off.
zigzag [zigzag] *nm* zigzag ; **en ~** winding.
zigzaguer [3] [zigzage] *vi* to zigzag (along).
Zimbabwe [zimbabwe] *nm* : **le ~** Zimbabwe ; **au ~** in Zimbabwe.

zimbabwéen, **enne** [zimbabweɛ̃, ɛn] *adj* Zimbabwean.
◆ **Zimbabwéen**, **enne** *nm, f* Zimbabwean.

zinc [zɛ̃g] *nm* - **1.** [matière] zinc - **2.** *fam* [comptoir] bar - **3.** *fam* [avion] crate.

zinzin [zɛ̃zɛ̃] *adj fam* cracked.

Zip® [zip] *nm* zip *UK*, zipper *US*.

zipper [3] [zipe] *vt* to zip up ; INFORM to zip.

zizanie [zizani] *nf* : **semer la ~** *fig* to sow discord.

zizi [zizi] *nm fam* willy *UK*, peter *US*.

zodiacal, **e**, **aux** [zɔdjakal, o] *adj* [signe] of the zodiac ; [position] in the zodiac.

zodiaque [zɔdjak] *nm* zodiac.

zombi [zɔ̃bi] *nm fam* zombie.

zona [zona] *nm* shingles *(U)*.

zone [zon] *nf* - **1.** [région] zone, area ; **~ d'action** area of operations ; **~ bleue** restricted parking zone ; **~ érogène** erogenous zone ; **~ franche** free zone ; **~ industrielle** industrial estate *UK ou* park *US* ; **~ piétonne** *ou* **piétonnière** pedestrian precinct *UK ou* zone *US* - **2.** *fam* [faubourg] : **la ~** the slum belt.

zoner [3] [zone] *vi fam* to hang about, to hang around.

zoo [zo(o)] *nm* zoo.

zoologie [zɔɔlɔʒi] *nf* zoology.

zoologiste [zɔɔlɔʒist] *nmf* zoologist.

zoom [zum] *nm* - **1.** [objectif] zoom (lens) - **2.** [gros plan] zoom.

zoophile [zɔɔfil] ◇ *nmf* person who practises bestiality. ◇ *adj* of *ou* relating to bestiality.

zoulou, **e** [zulu] *adj* Zulu.
◆ **Zoulou**, **e** *nm, f* : **les Zoulous** the Zulus.

zozo [zozo] *nm fam* mug *UK*, nitwit.

zozoter [3] [zɔzɔte] *vi* to lisp.

ZUP, **Zup** [zyp] (*abr de* **zone à urbaniser en priorité**) *nf area earmarked for urgent urban development*.

Zurich [zyrik] *n* Zörich.

zut [zyt] *interj fam* damn!

zyeuter = **zieuter**.

zygomatique [zigɔmatik] *adj* zygomatic.

Sommaire / Contents

Adjectifs numéraux / *Numerals* II

Opérations mathématiques / *Operations* III

Poids et mesures / *Weights and measures* IV

La monnaie / *Currency* V

L'heure / *Time* VI

Les dates / *Dates* VII

Épeler / *Spelling* VIII

Adjectifs numéraux / *Numerals*

Nombres cardinaux / *Cardinal numbers*

zéro	0	*zero*
un	1	*one*
deux	2	*two*
trois	3	*three*
quatre	4	*four*
cinq	5	*five*
six	6	*six*
sept	7	*seven*
huit	8	*eight*
neuf	9	*nine*
dix	10	*ten*
onze	11	*eleven*
douze	12	*twelve*
treize	13	*thirteen*
quatorze	14	*fourteen*
quinze	15	*fifteen*
seize	16	*sixteen*
dix-sept	17	*seventeen*
dix-huit	18	*eighteen*
dix-neuf	19	*nineteen*
vingt	20	*twenty*
vingt et un	21	*twenty-one*
vingt-deux	22	*twenty-two*
vingt-trois	23	*twenty-three*
vingt-quatre	24	*twenty-four*
vingt-cinq	25	*twenty-five*
vingt-six	26	*twenty-six*
vingt-sept	27	*twenty-seven*
vingt-huit	28	*twenty-eight*

trente		30	*thirty*
trente et un		31	*thirty-one*
trente-deux		32	*thirty-two*
quarante		40	*forty*
quarante et un		41	*forty-one*
quarante-deux		42	*forty-two*
cinquante		50	*fifty*
cinquante et un		51	*fifty-one*
soixante		60	*sixty*
soixante et un		61	*sixty-one*
soixante-dix		70	*seventy*
soixante et onze		71	*seventy-one*
quatre-vingts		80	*eighty*
quatre-vingt-un		81	*eighty-one*
quatre-vingt-dix		90	*ninety*
quatre-vingt-onze		91	*ninety-one*
cent		100	*one hundred*
cent un		101	*one hundred and one*
cent dix		110	*one hundred and ten*
deux cents		200	*two hundred*
mille	1 000	1,000	*one thousand*
mille vingt	1 020	1,020	*one thousand and twenty*
mille cinq cent six	1 506	1,506	*one thousand five hundred and six*
un million	1 000 000 1,000,000		*one million*
un milliard	1 000 000 000 1,000,000,000		*one billion*

Nombres ordinaux / *Ordinal numbers*

premier	1er	1st	*first*
deuxième	2ème	2nd	*second*
troisième	3ème	3rd	*third*
quatrième	4ème	4th	*fourth*
cinquième	5ème	5th	*fifth*
sixième	6ème	6th	*sixth*
septième	7ème	7th	*seventh*
huitième	8ème	8th	*eighth*
neuvième	9ème	9th	*ninth*
dixième	10ème	10th	*tenth*
onzième	11ème	11th	*eleventh*
douzième	12ème	12th	*twelfth*
treizième	13ème	13th	*thirteenth*
quatorzième	14ème	14th	*fourteenth*
quinzième	15ème	15th	*fifteenth*
seizième	16ème	16th	*sixteenth*
dix-septième	17ème	17th	*seventeenth*
dix-huitième	18ème	18th	*eighteenth*
dix-neuvième	19ème	19th	*nineteenth*
vingtième	20ème	20th	*twentieth*
vingt et unième	21ème	21st	*twenty-first*
vingt-deuxième	22ème	22nd	*twenty-second*
vingt-troisième	23ème	23nd	*twenty-third*
trentième	30ème	30th	*thirtieth*
soixante et onzième	71ème	71st	*seventieth*
centième	100ème	100th	*hundredth*
cent unième	101ème	101st	*hundred and first*
millième	$1\,000^{ème}$	1000th	*thousandth*

Valeurs mathématiques			*Fractional, decimal and negative numbers*
un demi	1/2		*one half*
deux tiers	2/3		*two thirds*
trois quarts	3/4		*three quarters*
six cinquièmes	6/5		*six fifths*
sept douzièmes	7/12		*seven twelfths*
trois et sept cinquièmes	$3\frac{7}{5}$		*three and seven fifths*
un dixième	1/10		*one tenth*
un centième	1/100		*one hundredth*
zéro virgule un	0,1	0.1	*(zero) point one*
deux virgule cinq	2,5	2.5	*two point five*
six virgule zéro trois	6,03	6.03	*six point zero three*
moins un	-1		*minus one*
moins douze	-12		*minus twelve*

Le calcul		*Mathematical operations*
huit et *OR* plus deux égale *OR* égalent (*OR* font) dix	$8+2=10$	*eight plus two equals ten*
neuf moins trois égale six *OR* trois ôté de neuf égale six	$9-3=6$	*nine minus three equals six*
sept fois trois égale vingt et un	$7\times3=21$	*seven times three equals twenty-one* OU *seven multiplied by three equals twenty-one*
vingt divisé par quatre égale cinq	$20\div4=5$	*twenty divided by four equals five*
la racine carrée de neuf est trois	$\sqrt{9}=3$	*the square root of nine is three*
cinq au carré égale vingt-cinq *OR* cinq à la puissance deux égale vingt-cinq	$5^2=25$	*five squared equals twenty-five*
f est supérieur à y	$f>y$	*f is greater than y*
f est inférieur à y	$f<y$	*f is less than y*
g est supérieur ou égal à h	$g\geq h$	*g is greater than or equal to h*

Les pourcentages		*Percentages*
dix pour cent	10 %	*ten percent*

Le chômage a atteint les 12 %.
The unemployment rate has risen to 12%.

Une croissance de 25 %.
A 25% growth.

15 % gratuit.
15% free.

Poids		*Weight*
milligramme	mg	*milligram*
gramme	g	*gram*
hectogramme	hg	*hectogram*
livre	500 g	*pound*
kilo(gramme)	kg	*kilo-gram(me)*
quintal	q (100 kg)	*quintal*
tonne	t	*ton*
once	1 oz	*ounce*
livre *US* *UK*	1 lb 16.01 oz = 0.454 kg 11.99 oz = 0.373 kg	*pound*

Superficie		*Area*
centimètre carré	cm^2	*square centimetre**
mètre carré	m^2	*square metre**
are	a	*100 square metres**
kilomètre carré	km^2	*square kilometre**
hectare (=10 000m^2)	ha	*hectare (= 10.000 m^2)*
pouce carré	6,45 cm^2 = in^2	*square inch*
pied carré	929,03 cm^2 = ft^2	*square foot*
yard carré	0,836 m^2 = yd^2	*square yard*
mile carré	2,59 km^2 = 1 mi^2	*square mile*

* *(US square centimeter, square meter, square kilometer)*

Longueur		*Length*
millimètre	mm	*millimetre**
centimètre	cm	*centimetre**
mètre	m	*metre**
kilomètre	km	*kilometre**
pouce	2,54 cm = 1 in	*inch*
pied	0,304 m = 1 ft	*foot*
yard	0,9144 m = 1 yd	*yard*
mile	1,609 km = 1 mi	*mile*

* *(US square millimeter, centimeter, meter, kilometer)*

Capacité		*Capacity*
décilitre	dl	*decilitre**
litre	l	*litre**
once	1 oz	*ounce*
pinte *US* *UK*	1 pt 0.124 gal = 0.47 l 0.125 gal = 0.56 l	*pint*
gallon	4,546 l = 1 gal *UK* 3,785 l = 1 gal *US*	*gallon*

* *(US deciliter, liter)*

Volume		*Volume*
centimètre cube	cm^3	*cubic centimetre**
mètre cube	m^3	*cubic metre**
pied cube	0,028 m^3 = 1 ft^3	*cubic foot*
yard cube	0,765 m^3 = 1 yd^3	*cubic yard*

* *(US cubic centimeter, cubic meter)*

Informatique			*Computer terminology*
kilo-octet	Ko	KB	*kilobyte*
méga-octet	Mo	MB	*megabyte (= 1024 KB)*
giga-octet	Go	GB	*gigabyte (= 1024 MB)*
kilo-octet par seconde	Ko/s	Kbps	*kilobyte per second*

Vitesse			*Speed*
mètre(s) par seconde	m/s		*metres per second*
kilomètre(s) par heure OR kilomètre(s) à l'heure OR kilomètre(s) -heure	km/h		*kilometres per hour*
mile(s) par heure OR mile(s) à l'heure OR mile(s)-heure	m/h	mph	*miles per hour*

Unités de temps			*Time*
une seconde	1 s	1″	*one second*
une minute	1 min	1′	*one minute*
une heure	1 h	1hr	*one hour*
deux heures	2 h	2hrs	*two hours*

Températures		*Temperature*
degré Celsius	°C	*degree Celsius*
degré Fahrenheit	F	*degree Fahrenheit*

La monnaie britannique		British currency
pièces		***coins***
un penny	**1p**	*one penny*
deux pence	**2p**	*two pence*
cinq pence	**5p**	*five pence*
dix pence	**10p**	*ten pence*
vingt pence	**20p**	*twenty pence*
cinquante pence	**50p**	*fifty pence*
une livre	**1£**	*one pound*
billets		***banknotes***
cinq livres	**5£**	*five pounds*
dix livres	**10£**	*ten pounds*
vingt livres	**20£**	*twenty pounds*
cinquante livres	**50£**	*fifty pounds*

La monnaie américaine		American currency
pièces		***coins***
un cent	**1c**	*one cent*
cinq cents	**5c**	*five cents* OU *a nickel*
dix cents	**10c**	*ten cents* OU *a dime*
vingt-cinq cents	**25c**	*twenty-five cents* OU *a quarter*
billets		***banknotes***
un dollar	**1$**	*one dollar*
cinq dollars	**5$**	*five dollars*
dix dollars	**10$**	*ten dollars*
vingt dollars	**20$**	*twenty dollars*
cinquante dollars	**50$**	*fifty dollars*
cent dollars	**100$**	*one hundred dollars*

L'euro		Euro
pièces		***coins***
un centime	**0,01 €**	*one cent*
deux centimes	**0,02 €**	*two cents*
cinq centimes	**0,05 €**	*five cents*
dix centimes	**0,10 €**	*ten cents*
vingt centimes	**0,20 €**	*twenty cents*
cinquante centimes	**0,50 €**	*fifty cents*
un euro	**1,00 €**	*one euro*
deux euros	**2,00 €**	*two euros*
billets		***banknotes***
cinq euros	**5 €**	*five euros*
dix euros	**10 €**	*ten euros*
vingt euros	**20 €**	*twenty euros*
cinquante euros	**50 €**	*fifty euros*
cent euros	**100 €**	*one hundred euros*
deux cents euros	**200 €**	*two hundred euros*
cinq cents euros	**500 €**	*five hundred euros*

matin — *morning*

05:00
cinq heures
five o'clock

07:05
sept heures cinq
five past seven

08:10
huit heures dix
ten past eight

09:15
neuf heures et quart
OR neuf heures quinze
a quarter past nine

10:20
dix heures vingt
twenty past ten

11:30
onze heures et demie
OR onze heures trente
half past eleven

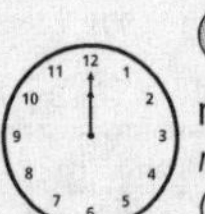

12:00
midi
noon OU *twelve a.m.*
([eˈɛm] *ante meridiem)* OU
midday

après-midi — *afternoon*

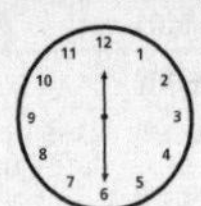

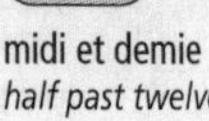

12:30
midi et demie
half past twelve

13:00
une heure
one p.m. ([piˈɛm]
post meridiem)

14:00
deux heures OR quatorze heures
two p.m.

15:45
quatre heures moins le quart
OR quinze heures quarante-cinq
a quarter to four
OU *three forty-five*

17:23
cinq OR dix-sept heures
vingt et un
five twenty-one

nuit — *night*

24:00
minuit
twelve p.m./midnight

01:00
une heure (du matin)
one in the morning
one a.m.

– Quelle heure est-il ?
– What time is it?

– Avez-vous l'heure ?
– Have you got the time?

– Il est une heure.
– It's one o'clock.

– Il est cinq heures moins dix.
– It's ten to five.

– À quelle heure ?
– At what time ?

– À trois heures / aux environs de dix heures.
– At three /tenish.

La date		*Dates*
seize octobre (mille neuf cent) soixante-quinze	**16/10/1975**	*sixteenth of October nineteen seventy-five*
mille quatre cent quatre-vingt-douze	**1492**	*fourteen ninety-two*
deux mille quatre	**2004**	*two thousand and four*
les années soixante-dix	**70 '70**	*the Seventies*
le seizième siècle	**XVI**	*the sixteenth century*
le quinzième siècle	**XVe s. XV**	*the fifteenth century*
le dix-huitième siècle	**XVIIIe s. XVIII**	*the eighteenth century*

Les repères dans la semaine	*The week*
aujourd'hui	*today*
demain	*tomorrow*
hier	*yesterday*
après-demain	*the day after tomorrow*
avant-hier	*the day before yesterday*
le lendemain	*the following day*

– Quel jour sommes-nous ?
– What's the date today?

– Aujourd'hui, nous sommes le 5 février.
– It's the fifth of February.

– En quelle année ?
– In which year?

– En 1923.
– In nineteen twenty-three.

Quelle est ta date de naissance ?
What's your date of birth?

Je suis né en juillet *OR* **au mois de juillet.**
I was born in July
OU the month of July.

Pâques tombe le 1er avril.
Easter falls on the first of April.

Le 25 décembre, c'est Noël.
The twenty-fifth of December is Christmas day.

La réunion commence demain.
The meeting starts tomorrow.

Ils remettent la réponse au lendemain.
They're postponing their answer till tomorrow.

Le marché aura lieu après demain.
Market Day will be the day after tomorrow.

Alphabet phonétique					Phonetic alphabets	
					international	*nato*
A	[ɑ]	comme André	A	[eɪ]	*Amsterdam*	*Alpha*
B	[be]	comme Bernard	B	[bi]	*Benjamin*	*Bravo*
C	[se]	comme Camille	C	[si:]	*Charlie*	*Charlie*
D	[de]	comme Damien	D	[di:]	*David*	*Delta*
E	[ø]	comme Emmanuel	E	[i:]	*Edward*	*Echo*
F	[ɛf]	comme François	F	[ef]	*Frederick*	*Foxtrot*
G	[ʒe]	comme Gérard	G	[dʒi:]	*George*	*Golf*
H	[aʃ]	comme Hector	H	[eɪtʃ]	*Harry*	*Hotel*
I	[i]	comme Irène	I	[aɪ]	*Isaac*	*India*
J	[ʒi]	comme Jacques	J	[dʒeɪ]	*Jack*	*Juliet*
K	[kɑ]	comme Kléber	K	[keɪ]	*King*	*Kilo*
L	[ɛl]	comme Lucien	L	[el]	*Lucy*	*Lima*
M	[ɛm]	comme Manon	M	[em]	*Mary*	*Mike*
N	[ɛn]	comme Noémie	N	[en]	*Nellie*	*November*
O	[o]	comme Olivier	O	[əʊ]	*Oliver*	*Oscar*
P	[pe]	comme Patrick	P	[pi:]	*Peter*	*Papa*
Q	[ky]	comme Quentin	Q	[kju:]	*Queenie*	*Quebec*
R	[ɛʀ]	comme Robert	R	[ɑ:ʳ]	*Robert*	*Romeo*
S	[ɛs]	comme Suzanne	S	[es]	*Sugar*	*Sierra*
T	[te]	comme Thibault	T	[ti:]	*Tommy*	*Tango*
U	[y]	comme Ursule	U	[ju:]	*Uncle*	*Uniform*
V	[ve]	comme Victor	V	[vi:]	*Victor*	*Victor*
W	[dubləve]	comme Wilfried	W	[dʌblju:]	*William*	*Whiskey*
X	[iks]	comme Xavier	X	[eks]	*Xmas*	*X-ray*
Y	[igʀɛk]	comme Yolande	Y	[waɪ]	*Yellow*	*Yankee*
Z	[zɛd]	comme Zoé	Z	UK [zed], US [zi:]	*Zebra*	*Zulu*

– Pouvez-vous me l'épeler ?
– How do you spell that?

– M. Jones : J comme Jacques, O comme Olivier, N comme Noémie, E comme Emmanuel, S comme Suzanne.
– Mr. Jones : J as in Juliet, O as in Oscar, N as in November, E as in Echo, S as in Sierra.

– Allô ? Je suis bien au 05 43 32 36 83 ? (zéro cinq, quarante-trois, trente-deux, trente-six, quatre-vingt-trois).
– Hello? Is this 05 43 32 36 83? (o five; four three; three two; three six; eight three).

– Non, vous avez fait erreur *OR* **vous faites erreur.**
– Sorry, you've got the wrong number.

– Mon numéro de portable est le 06.12.12.13.48
– My cellphone/mobile number is 06.12.12.13.48

ENGLISH-FRENCH

ANGLAIS-FRANÇAIS

ENGLISH-FRENCH
ANGLAIS-FRANÇAIS

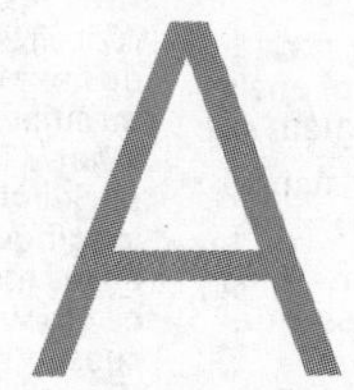

a[1] (*pl* **as** *OR* **a's**), **A** (*pl* **As** *OR* **A's**) [eɪ] *n* [letter] a *m inv*, A *m inv* ; **to get from A to B** aller d'un point à un autre ; **from A to Z** de A à Z, depuis A jusqu'à Z.

◆ **A** *n* - **1.** MUS la *m inv* - **2.** SCH [mark] A *m inv*.

a[2] (*weak form* [ə], *strong form* [eɪ], *before vowel or silent 'h'* **an** *weak form* [æn], *strong form* [ən]) *indef art* - **1.** [gen] un (une) ; **a boy** un garçon ; **a table** une table ; **an orange** une orange - **2.** [referring to occupation] : **to be a doctor/lawyer/plumber** être médecin/avocat/plombier - **3.** [instead of the number one] un (une) ; **a hundred/thousand pounds** cent/mille livres - **4.** [to express prices, ratios etc] : **20p a kilo** 20p le kilo ; **£10 a person** 10 livres par personne ; **twice a week/month** deux fois par semaine/mois ; **50 km an hour** 50 km à l'heure - **5.** [preceding person's name] un certain (une certaine) ; **a Mr Jones** un certain M. Jones.

a. *see also* **acre**.

A-1 *adj inf* excellent(e).

A4 *n UK* format *m* A4.

AA ◇ *adj see also* **antiaircraft**. ◇ *n* - **1.** (*abbr of* **Automobile Association**) *automobile club britannique*, ≃ ACF *m*, ≃ TCF *m* - **2.** (*abbr of* **Associate in Arts**) *diplôme universitaire américain de lettres* - **3.** (*abbr of* **Alcoholics Anonymous**) Alcooliques Anonymes *mpl*.

AAA *n* - **1.** (*abbr of* **Amateur Athletics Association**) *fédération britannique d'athlétisme* - **2.** (*abbr of* **American Automobile Association**) *automobile club américain*, ≃ ACF *m*, ≃ TCF *m*.

AAUP (*abbr of* **American Association of University Professors**) *n syndicat universitaire américain des professeurs d'université*.

AB ◇ *n US see also* **Bachelor of Arts**. ◇ *see also* **Alberta**.

aback [ə'bæk] *adv* : **to be taken ~** être décontenancé(e).

abacus ['æbəkəs] (*pl* **-cuses** [-kəsiːz] , *pl* **-ci** [-saɪ]) *n* boulier *m*, abaque *m*.

abandon [ə'bændən] ◇ *vt* abandonner. ◇ *n* : **with ~** avec abandon.

abandoned [ə'bændənd] *adj* abandonné(e).

abashed [ə'bæʃt] *adj* confus(e).

abate [ə'beɪt] *vi* [storm, fear] se calmer ; [noise] faiblir.

abattoir ['æbətwɑːʳ] *n* abattoir *m*.

abbess ['æbes] *n* abbesse *f*.

abbey ['æbɪ] *n* abbaye *f*.

abbot ['æbət] *n* abbé *m*.

abbreviate [ə'briːvɪeɪt] *vt* abréger.

abbreviation [əˌbriːvɪ'eɪʃn] *n* abréviation *f*.

ABC *n* - **1.** [alphabet] alphabet *m* - **2.** *fig* [basics] B.A.-Ba *m*, abc *m* - **3.** (*abbr of* **American Broadcasting Company**) *chaîne de télévision américaine*.

abdicate ['æbdɪkeɪt] *vt* & *vi* abdiquer.

abdication [ˌæbdɪ'keɪʃn] *n* abdication *f*.

abdomen ['æbdəmən] *n* abdomen *m*.

abdominal [æb'dɒmɪnl] *adj* abdominal(e).

abduct [əb'dʌkt] *vt* enlever.

abduction [æb'dʌkʃn] *n* enlèvement *m*.

aberration [ˌæbə'reɪʃn] *n* aberration *f*.

abet [ə'bet] (*pt* & *pp* **-ted**, *cont* **-ting**) *vt* ▻ **aid**.

abeyance [ə'beɪəns] *n* : **in ~** en attente.

abhor [əb'hɔːʳ] (*pt* & *pp* **-red**, *cont* **-ring**) *vt* exécrer, abhorrer.

abhorrent [əb'hɒrənt] *adj* répugnant(e).

abide [ə'baɪd] *vt* supporter, souffrir.

◆ **abide by** *vt insep* respecter, se soumettre à.

abiding [ə'baɪdɪŋ] *adj* [lasting - feeling, interest] constant(e) ; [- memory] éternel(elle), impérissable.

ability [ə'bɪlətɪ] (*pl* **-ies**) *n* **- 1.** [capacity, capability] aptitude *f* ; **to do sthg to the best of one's ~** faire qqch de son mieux **- 2.** [skill] talent *m*.

abject ['æbdʒekt] *adj* **- 1.** [poverty] noir(e) **- 2.** [person] pitoyable ; [apology] servile.

ablaze [ə'bleɪz] *adj* **- 1.** [on fire] en feu **- 2.** *fig* [bright] : **to be ~ with** être resplendissant(e) de.

able ['eɪbl] *adj* **- 1.** [capable] : **to be ~ to do sthg** pouvoir faire qqch **- 2.** [accomplished] compétent(e).

able-bodied [-ˌbɒdɪd] *adj* en bonne santé, valide.

ablutions [ə'blu:ʃnz] *npl fml* ablutions *fpl*.

ably ['eɪblɪ] *adv* avec compétence, habilement.

ABM (*abbr of* **anti-ballistic missile**) *n* ABM *m*.

abnormal [æb'nɔ:ml] *adj* anormal(e).

abnormality [ˌæbnɔ:'mælətɪ] (*pl* **-ies**) *n* **- 1.** [gen] anomalie *f* **- 2.** MED malformation *f*.

abnormally [æb'nɔ:məlɪ] *adv* anormalement.

aboard [ə'bɔ:d] ◇ *adv* à bord. ◇ *prep* [ship, plane] à bord ; [bus, train] dans.

abode [ə'bəʊd] *n fml* **of no fixed ~** sans domicile fixe.

abolish [ə'bɒlɪʃ] *vt* abolir.

abolition [ˌæbə'lɪʃn] *n* abolition *f*.

A-bomb (*abbr of* **atom bomb**) *n* bombe *f* atomique.

abominable [ə'bɒmɪnəbl] *adj* abominable.

abominable snowman *n* : **the ~** l'abominable homme *m* des neiges.

abominably [ə'bɒmɪnəblɪ] *adv* abominablement.

aborigine [ˌæbə'rɪdʒənɪ] *n* aborigène *mf* d'Australie.

abort [ə'bɔ:t] ◇ *vt* **- 1.** [pregnancy] interrompre **- 2.** *fig* [plan, project] abandonner, faire avorter **- 3.** COMPUT abandonner. ◇ *vi* COMPUT abandonner.

abortion [ə'bɔ:ʃn] *n* avortement *m*, interruption *f* (volontaire) de grossesse ; **to have an ~** se faire avorter.

abortive [ə'bɔ:tɪv] *adj* manqué(e).

abound [ə'baʊnd] *vi* **- 1.** [be plentiful] abonder **- 2.** [be full] : **to ~ with** OR **in** abonder en.

about [ə'baʊt] ◇ *adv* **- 1.** [approximately] environ, à peu près ; **~ fifty/a hundred/a thousand** environ cinquante/cent/mille ; **at ~ five o'clock** vers cinq heures ; **I'm just ~ ready** je suis presque prêt **- 2.** [referring to place] : **to run ~** courir çà et là ; **to leave things lying ~** laisser traîner des affaires ; **to walk ~** aller et venir, se promener **- 3.** [on the point of] : **to be ~ to do sthg** être sur le point de faire qqch. ◇ *prep* **- 1.** [relating to, concerning] au sujet de ; **a film ~ Paris** un film sur Paris ; **what is it ~?** de quoi s'agit-il? ; **to talk ~ sthg** parler de qqch **- 2.** [referring to place] : **his belongings were scattered ~ the room** ses affaires étaient éparpillées dans toute la pièce ; **to wander ~ the streets** errer de par les rues.

about-turn *UK*, **about-face** *US* *n* MIL demi-tour *m* ; *fig* volte-face *f inv*.

above [ə'bʌv] ◇ *adv* **- 1.** [on top, higher up] au-dessus **- 2.** [in text] ci-dessus, plus haut **- 3.** [more, over] plus ; **children aged 5 and ~** les enfants âgés de 5 ans et plus OR de plus de 5 ans. ◇ *prep* **- 1.** [on top of, higher up than] au-dessus de **- 2.** [more than] plus de **- 3.** [too good for] : **to be ~ doing sthg** ne pas s'abaisser à faire qqch.

◆ **above all** *adv* avant tout.

aboveboard [əˌbʌv'bɔ:d] *adj* honnête.

abracadabra [ˌæbrəkə'dæbrə] *excl* abracadabra!

abrasion [ə'breɪʒn] *n fml* [on skin] écorchure *f*, égratignure *f*.

abrasive [ə'breɪsɪv] ◇ *adj* [substance] abrasif(ive) ; *fig* caustique, acerbe. ◇ *n* abrasif *m*.

abreast [ə'brest] *adv* de front, côte à côte.

◆ **abreast of** *prep* : **to keep ~ of** se tenir au courant de.

abridged [ə'brɪdʒd] *adj* abrégé(e).

abroad [ə'brɔ:d] *adv* à l'étranger.

abrupt [ə'brʌpt] *adj* **- 1.** [sudden] soudain(e), brusque **- 2.** [brusque] abrupt(e).

abruptly [ə'brʌptlɪ] *adv* **- 1.** [suddenly] brusquement **- 2.** [brusquely] abruptement.

ABS (*abbr of* **Antiblockiersystem**) *n* ABS *m*.

abscess ['æbsɪs] *n* abcès *m*.

abscond [əb'skɒnd] *vi* s'enfuir.

abseil ['æbseɪl] *vi UK* descendre en rappel.

absence ['æbsəns] *n* absence *f* ; **in the ~ of** [thing] faute de.

absent ['æbsənt] *adj* : **~ (from)** absent(e) (de) ; **to be ~ without leave** MIL être en absence irrégulière.

absentee [ˌæbsən'ti:] *n* absent *m*, -e *f*.

absenteeism [ˌæbsən'ti:ɪzm] *n* absentéisme *m*.

absent-minded [-'maɪndɪd] *adj* distrait(e).

absent-mindedly [-'maɪndɪdlɪ] *adv* distraitement.

absinth(e) ['æbsɪnθ] *n* absinthe *f*.

absolute ['æbsəlu:t] *adj* - **1.** [complete - fool, disgrace] complet(ète) - **2.** [totalitarian - ruler, power] absolu(e).

absolutely ['æbsə'lu:tlɪ] *adv* absolument.

absolute majority *n* majorité *f* absolue.

absolution [ˌæbsə'lu:ʃn] *n* absolution *f*.

absolve [əb'zɒlv] *vt* : **to ~ sb (from)** absoudre qqn (de).

absorb [əb'zɔ:b] *vt* absorber ; [information] retenir, assimiler ; **to be ~ed in sthg** être absorbé(e) dans qqch.

absorbent [əb'zɔ:bənt] *adj* absorbant(e).

absorbing [əb'zɔ:bɪŋ] *adj* captivant(e).

absorption [əb'zɔ:pʃn] *n* absorption *f*.

abstain [əb'steɪn] *vi* : **to ~ (from)** s'abstenir (de).

abstemious [æb'sti:mjəs] *adj fml* frugal(e), sobre.

abstention [əb'stenʃn] *n* abstention *f*.

abstinence ['æbstɪnəns] *n* abstinence *f*.

abstract ◇ *adj* ['æbstrækt] abstrait(e). ◇ *n* ['æbstrækt] [summary] résumé *m*, abrégé *m*. ◇ *vt* [æb'strækt] [summarize] résumer.

abstraction [æb'strækʃn] *n* - **1.** [distractedness] distraction *f* - **2.** [abstract idea] abstraction *f*.

abstruse [æb'stru:s] *adj* abstrus(e).

absurd [əb'sɜ:d] *adj* absurde.

absurdity [əb'sɜ:dətɪ] (*pl* **-ies**) *n* absurdité *f*.

absurdly [əb'sɜ:dlɪ] *adv* absurdement.

ABTA ['æbtə] (*abbr of* **Association of British Travel Agents**) *n association des agences de voyage britanniques*.

Abu Dhabi [ˌæbu:'dɑ:bɪ] *n* Abou Dhabi.

abundance [ə'bʌndəns] *n* abondance *f* ; **in ~** en abondance.

abundant [ə'bʌndənt] *adj* abondant(e).

abundantly [ə'bʌndəntlɪ] *adv* - **1.** [clear, obvious] parfaitement, tout à fait - **2.** [exist, grow] en abondance.

abuse [ə'bju:z] ◇ *n (U)* [ə'bju:s] - **1.** [offensive remarks] insultes *fpl*, injures *fpl* - **2.** [maltreatment] mauvais traitement *m* ; **child ~** mauvais traitements infligés aux enfants ; **physical ~** sévices *mpl* corporels ; **sexual ~** abus *mpl* sexuels - **3.** [of power, drugs etc] abus *m*. ◇ *vt* [ə'bju:z] - **1.** [insult] insulter, injurier - **2.** [maltreat] maltraiter - **3.** [power, drugs etc] abuser de.

abusive [ə'bju:sɪv] *adj* grossier(ère), injurieux(euse).

abut [ə'bʌt] (*pt & pp* **-ted**, *cont* **-ting**) *vi* [adjoin] : **to ~ on to** être contigu(ë) à.

abysmal [ə'bɪzml] *adj* épouvantable, abominable.

abysmally [ə'bɪzməlɪ] *adv* abominablement.

abyss [ə'bɪs] *n* abîme *m*, gouffre *m*.

Abyssinia [ˌæbɪ'sɪnjə] *n* Abyssinie *f* ; **in ~** en Abyssinie.

Abyssinian [ˌæbɪ'sɪnɪən] ◇ *adj* abyssinien(enne). ◇ *n* Abyssinien *m*, -enne *f*.

a/c (*abbr of* **account (current)**) cc.

AC *n* - **1.** (*abbr of* **athletics club**) *club britannique d'athlétisme* - **2.** (*abbr of* **alternating current**) courant *m* alternatif.

acacia [ə'keɪʃə] *n* acacia *m*.

academic [ˌækə'demɪk] ◇ *adj* - **1.** [of college, university] universitaire - **2.** [person] intellectuel(elle) - **3.** [question, discussion] théorique. ◇ *n* universitaire *mf*.

academic year *n* année *f* scolaire OR universitaire.

academy [ə'kædəmɪ] (*pl* **-ies**) *n* - **1.** [school, college] école *f* ; **~ of music** conservatoire *m* - **2.** [institution, society] académie *f*.

ACAS ['eɪkæs] (*abbr of* **Advisory Conciliation and Arbitration Service**) *n organisme britannique de conciliation des conflits du travail*.

accede [æk'si:d] *vi* - **1.** [agree] : **to ~ to** agréer, donner suite à - **2.** [monarch] : **to ~ to the throne** monter sur le trône.

accelerate [ək'seləreɪt] *vi* - **1.** [car, driver] accélérer - **2.** [inflation, growth] s'accélérer.

acceleration [əkˌselə'reɪʃn] *n* accélération *f*.

accelerator [ək'seləreɪtəʳ] *n* accélérateur *m*.

accelerator board, **accelerator card** *n* COMPUT carte *f* accélérateur OR accélératrice.

accent ['æksent] *n* accent *m*.

accentuate [æk'sentjʊeɪt] *vt* accentuer.

accept [ək'sept] *vt* - **1.** [gen] accepter ; [for job, as member of club] recevoir, admettre - **2.** [agree] : **to ~ that...** admettre que...

acceptable [ək'septəbl] *adj* acceptable.

acceptably [ək'septəblɪ] *adv* convenablement.

acceptance [ək'septəns] *n* - **1.** [gen] acceptation *f* - **2.** [for job, as member of club] admission *f*.

accepted [ək'septɪd] *adj* [ideas, fact] reconnu(e).

access ['ækses] ◇ *n* - **1.** [entry, way in] accès *m* ; **to gain ~ to** avoir accès à - **2.** [opportunity to use, see] : **to have ~ to sthg** avoir qqch à sa disposition, disposer de qqch. ◇ *vt* COMPUT avoir accès à.

accessibility [ək͵sesə'bɪlətɪ] *n* - **1.** [of place] accessibilité *f* - **2.** [availability] accès *m*.

accessible [ək'sesəbl] *adj* - **1.** [reachable - place] accessible - **2.** [available] disponible.

accession [æk'seʃn] *n* [of monarch] accession *f*.

accessory [ək'sesərɪ] (*pl* **-ies**) *n* - **1.** [of car, vacuum cleaner] accessoire *m* - **2.** LAW complice *mf* COMPUT accessoire *m*.
◆ **accessories** *npl* accessoires *mpl*.

access road *n* [to motorway] bretelle *f* de raccordement OR d'accès.

access time *n* COMPUT temps *m* d'accès.

accident ['æksɪdənt] *n* accident *m* ; **~ and emergency department** *UK* (service *m* des) urgences *fpl* ; **by ~** par hasard, par accident.

accidental [͵æksɪ'dentl] *adj* accidentel (elle).

accidentally [͵æksɪ'dentəlɪ] *adv* - **1.** [drop, break] par mégarde - **2.** [meet] par hasard.

accident-prone *adj* prédisposé(e) aux accidents.

acclaim [ə'kleɪm] ◇ *n (U)* éloges *mpl*. ◇ *vt* louer.

acclamation [͵æklə'meɪʃn] *(U) n* acclamation *f*.

acclimatize, *UK* **-ise** [ə'klaɪmətaɪz], *US* **acclimate** ['ækləmeɪt] *vi* : **to ~ (to)** s'acclimater (à).

accolade ['ækəleɪd] *n* accolade *f* ; **the ultimate ~** la consécration suprême.

accommodate [ə'kɒmədeɪt] *vt* - **1.** [provide room for] loger - **2.** [oblige - person, wishes] satisfaire.

accommodating [ə'kɒmədeɪtɪŋ] *adj* obligeant(e).

accommodation *UK* [ə͵kɒmə'deɪʃn] *n*, **accommodations** *US* [ə͵kɒmə'deɪʃnz] *npl* logement *m* ; **office ~** bureaux *mpl*.

accompaniment [ə'kʌmpənɪmənt] *n* MUS accompagnement *m*.

accompanist [ə'kʌmpənɪst] *n* MUS accompagnateur *m*, -trice *f*.

accompany [ə'kʌmpənɪ] (*pt & pp* **-ied**) *vt* - **1.** [gen] accompagner - **2.** MUS : **to ~ sb (on)** accompagner qqn (à).

accomplice [ə'kʌmplɪs] *n* complice *mf*.

accomplish [ə'kʌmplɪʃ] *vt* accomplir.

accomplished [ə'kʌmplɪʃt] *adj* accompli(e).

accomplishment [ə'kʌmplɪʃmənt] *n* - **1.** [action] accomplissement *m* - **2.** [achievement] réussite *f*.
◆ **accomplishments** *npl* talents *mpl*.

accord [ə'kɔːd] *n* : **to do sthg of one's own ~** faire qqch de son propre chef OR de soi-même ; **to be in ~ with** être d'accord avec ; **with one ~** d'un commun accord.

accordance [ə'kɔːdəns] *n* : **in ~ with** conformément à.

according [ə'kɔːdɪŋ] ◆ **according to** *prep* - **1.** [as stated or shown by] d'après ; **to go ~ to plan** se passer comme prévu - **2.** [with regard to] suivant, en fonction de.

accordingly [ə'kɔːdɪŋlɪ] *adv* - **1.** [appropriately] en conséquence - **2.** [consequently] par conséquent.

accordion [ə'kɔːdjən] *n* accordéon *m*.

accordionist [ə'kɔːdjənɪst] *n* accordéoniste *mf*.

accost [ə'kɒst] *vt* accoster.

account [ə'kaʊnt] *n* - **1.** [with bank, shop, company] compte *m* - **2.** [report] compte-rendu *m* - **3.** *phr* **to call sb to ~** demander des comptes à qqn ; **to give a good ~ of o.s.** faire bonne impression ; **to take ~ of sthg, to take sthg into ~** prendre qqch en compte ; **to be of no ~** n'avoir aucune importance ; **on no ~** sous aucun prétexte, en aucun cas.
◆ **accounts** *npl* [of business] comptabilité *f*, comptes *mpl* ; **to do the ~s** faire les comptes.
◆ **by all accounts** *adv* d'après ce que l'on dit, au dire de tous.
◆ **on account of** *prep* à cause de.
◆ **account for** *vt insep* - **1.** [explain] justifier, expliquer ; **has everyone been ~ed for?** personne n'a été oublié? - **2.** [represent] représenter.

accountability [ə͵kaʊntə'bɪlətɪ] *(U) n* responsabilité *f*.

accountable [ə'kaʊntəbl] *adj* - **1.** [responsible] : **~ (for)** responsable (de) - **2.** [answerable] : **to be ~ to** rendre compte à, rendre des comptes à.

accountancy [ə'kaʊntənsɪ] *n* comptabilité *f*.

accountant [ə'kaʊntənt] *n* comptable *mf*.

accounting [ə'kaʊntɪŋ] *n* comptabilité *f*.

accoutrements [ə'kuːtrəmənts], *US* **accouterments** [ə'kuːtərmənts] *npl fml* attirail *m*.

accredited [ə'kredɪtɪd] *adj* attitré(e).

accrue [ə'kruː] *vi* [money] fructifier ; [interest] courir.

accumulate [ə'kjuːmjʊleɪt] ◇ *vt* accumuler, amasser. ◇ *vi* s'accumuler.

accumulation [ə͵kjuːmjʊ'leɪʃn] *n* - **1.** *(U)* [act of accumulating] accumulation *f* - **2.** [things accumulated] amas *m*.

accuracy ['ækjʊrəsɪ] *n* - **1.** [of description, report] exactitude *f* - **2.** [of weapon, typist, figures] précision *f*.

accurate ['ækjʊrət] *adj* - **1.** [description, report] exact(e) - **2.** [weapon, typist, figures] précis(e).

accurately ['ækjʊrətlɪ] *adv* - **1.** [truthfully - describe, report] fidèlement - **2.** [precisely - aim] avec précision ; [- type] sans faute.

accusation [ˌækju:'zeɪʃn] *n* accusation *f*.

accuse [ə'kju:z] *vt* : **to ~ sb of sthg/of doing sthg** accuser qqn de qqch/de faire qqch.

accused [ə'kju:zd] (*pl* **accused**) *n* LAW : **the ~** l'accusé *m*, -e *f*.

accusing [ə'kju:zɪŋ] *adj* accusateur(trice).

accusingly [ə'kju:zɪŋlɪ] *adv* d'une manière accusatrice.

accustomed [ə'kʌstəmd] *adj* : **to be ~ to sthg/to doing sthg** avoir l'habitude de qqch/de faire qqch.

ace [eɪs] ◇ *n* as *m* ; **to be within an ~ of** *fig* être à deux doigts de. ◇ *adj* [top-class] de haut niveau.

acerbic [ə'sɜ:bɪk] *adj* acerbe.

acetate ['æsɪteɪt] *n* acétate *m*.

acetic acid [ə'si:tɪk-] *n* acide *m* acétique.

acetone ['æsɪtəʊn] *n* acétone *f*.

acetylene [ə'setɪli:n] *n* acétylène *m*.

ACGB (*abbr of* **Arts Council of Great Britain**) *n organisme public britannique d'aide à la création artistique*.

ache [eɪk] ◇ *n* douleur *f*. ◇ *vi* - **1.** [back, limb] faire mal ; **my head ~s** j'ai mal à la tête - **2.** *fig* [want] : **to be aching for sthg/to do sthg** mourir d'envie de qqch/de faire qqch.

achieve [ə'tʃi:v] *vt* [success, victory] obtenir, remporter ; [goal] atteindre ; [ambition] réaliser ; [fame] parvenir à.

achievement [ə'tʃi:vmənt] *n* - **1.** [success] réussite *f* - **2.** [of goal, objective] réalisation *f*.

Achilles' heel [ə'kɪli:z-] *n* talon *m* d'Achille.

Achilles' tendon *n* tendon *m* d'Achille.

acid ['æsɪd] ◇ *adj lit* & *fig* acide. ◇ *n* acide *m*.

acid house *n* MUS house *f* (music).

acidic [ə'sɪdɪk] *adj* acide.

acidity [ə'sɪdətɪ] *n* acidité *f*.

acid jazz *n* MUS acid jazz *m*.

acid rain *(U) n* pluies *fpl* acides.

acid test *n fig* épreuve *f* décisive.

acknowledge [ək'nɒlɪdʒ] *vt* - **1.** [fact, situation, person] reconnaître - **2.** [letter] : **to ~ (receipt of)** accuser réception de - **3.** [greet] saluer.

acknowledg(e)ment [ək'nɒlɪdʒmənt] *n* - **1.** [gen] reconnaissance *f* - **2.** [letter] accusé *m* de réception.

◆ **acknowledg(e)ments** *npl* [in book] remerciements *mpl*.

ACLU (*abbr of* **American Civil Liberties Union**) *n ligue américaine des droits du citoyen*.

acme ['ækmɪ] *n* apogée *m*.

acne ['æknɪ] *n* acné *f*.

acorn ['eɪkɔ:n] *n* gland *m*.

acoustic [ə'ku:stɪk] *adj* acoustique.

◆ **acoustics** *npl* [of room] acoustique *f*.

acoustic guitar *n* guitare *f* sèche.

ACPO (*abbr of* **Association of Chief Police Officers**) *n syndicat d'officiers supérieurs de la police britannique*.

acquaint [ə'kweɪnt] *vt* : **to ~ sb with sthg** mettre qqn au courant de qqch ; **to be ~ed with sb** connaître qqn.

acquaintance [ə'kweɪntəns] *n* - **1.** [person] connaissance *f* - **2.** [with person] : **to make sb's ~** faire la connaissance de qqn.

acquiesce [ˌækwɪ'es] *vi* : **to ~ (to** OR **in sthg)** donner son accord (à qqch).

acquiescence [ˌækwɪ'esns] *n* consentement *m*.

acquire [ə'kwaɪəʳ] *vt* acquérir.

acquired taste [ə'kwaɪəd-] *n* : **it's an ~** on finit par aimer ça.

acquisition [ˌækwɪ'zɪʃn] *n* acquisition *f*.

acquisitive [ə'kwɪzɪtɪv] *adj* avide de possessions.

acquit [ə'kwɪt] (*pt* & *pp* **-ted**, *cont* **-ting**) *vt* - **1.** LAW acquitter - **2.** [perform] : **to ~ o.s. well/badly** bien/mal se comporter.

acquittal [ə'kwɪtl] *n* acquittement *m*.

acre ['eɪkəʳ] *n* ≃ demi-hectare *m* (= *4046,9 m²*).

acreage ['eɪkərɪdʒ] *n* superficie *f*, aire *f*.

acrid ['ækrɪd] *adj* [taste, smell] âcre ; *fig* acerbe.

acrimonious [ˌækrɪ'məʊnjəs] *adj* acrimonieux(euse).

acrobat ['ækrəbæt] *n* acrobate *mf*.

acrobatic [ˌækrə'bætɪk] *adj* acrobatique.

◆ **acrobatics** *npl* acrobatie *f*.

acronym ['ækrənɪm] *n* acronyme *m*.

across [ə'krɒs] ◇ *adv* - **1.** [from one side to the other] en travers ; **to run ~** traverser en courant - **2.** [in measurements] : **the river is 2 km ~** la rivière mesure 2 km de large - **3.** [in crossword] : **21 ~** 21 horizontalement - **4.** *phr* **to get sthg ~ (to sb)** faire comprendre qqch (à qqn). ◇ *prep* - **1.** [from one side to the other] d'un côté à l'autre de, en travers de ; **to walk ~**

the road traverser la route ; **to run ~ the road** traverser la route en courant ; **there's a bridge ~ the river** il y a un pont sur la rivière - **2.** [on the other side of] de l'autre côté de ; **the house ~ the road** la maison d'en face.

◆ **across from** *prep* en face de.

across-the-board *adj* général(e).

acrylic [ə'krılık] <> *adj* acrylique. <> *n* acrylique *m*.

act [ækt] <> *n* - **1.** [action, deed] acte *m* ; **to catch sb in the ~** prendre qqn sur le fait ; **to catch sb in the ~ of doing sthg** surprendre qqn en train de faire qqch - **2.** LAW loi *f* - **3.** [of play, opera] acte *m* ; [in cabaret etc] numéro *m* ; *fig* [pretence] : **to put on an ~** jouer la comédie - **4.** *phr* **to get in on the ~** s'y mettre ; **to get one's ~ together** se reprendre en main. <> *vi* - **1.** [gen] agir - **2.** [behave] se comporter ; **to ~ as if** se conduire comme si, se comporter comme si ; **to ~ like** se conduire comme, se comporter comme - **3.** [in play, film] jouer ; *fig* [pretend] jouer la comédie - **4.** [function] : **to ~ as** [person] être ; [object] servir de ; **to ~ for sb, to ~ on behalf of sb** représenter qqn. <> *vt* [part] jouer ; **to ~ the fool** faire l'imbécile ; **~ your age!** ce n'est plus de ton âge!

◆ **act out** *vt sep* - **1.** [feelings, thoughts] exprimer - **2.** [event] mimer.

◆ **act up** *vi* faire des siennes.

ACT (*abbr of* **American College Test**) *n examen américain de fin d'études secondaires.*

acting ['æktıŋ] <> *adj* par intérim, provisoire. <> *n* [in play, film] interprétation *f*.

action ['ækʃn] *n* - **1.** [gen] action *f* ; **to take ~** agir, prendre des mesures ; **to put sthg into ~** mettre qqch à exécution ; **in ~** [person] en action ; [machine] en marche ; **out of ~** [person] hors de combat ; [machine] hors service, hors d'usage ; **to be killed in ~** mourir au combat - **2.** LAW procès *m*, action *f* ; **to bring an ~ against sb** intenter un procès à *OR* contre qqn, intenter une action contre qqn.

action group *n* groupe *m* de pression.

action movie *n* film *m* d'action.

action replay *n UK* répétition *f* immédiate (au ralenti).

activate ['æktıveıt] *vt* mettre en marche.

active ['æktıv] *adj* - **1.** [gen] actif(ive) ; [encouragement] vif (vive) - **2.** [volcano] en activité.

active duty *US* = active service.

actively ['æktıvlı] *adv* activement.

active service *n* : **to be killed on ~** mourir au champ d'honneur.

activist ['æktıvıst] *n* activiste *mf*.

activity [æk'tıvətı] (*pl* **-ies**) *n* activité *f*.

act of God *n* catastrophe *f* naturelle.

actor ['æktər] *n* acteur *m*.

actress ['æktrıs] *n* actrice *f*.

actual ['æktʃʊəl] *adj* réel(elle) ; **the ~ ceremony starts at ten a.m.** la cérémonie proprement dite commence à dix heures.

actuality [,æktʃʊ'ælətı] *n* : **in ~** en fait.

actually ['æktʃʊəlı] *adv* - **1.** [really, in truth] vraiment - **2.** [by the way] au fait.

actuary ['æktjʊərı] (*pl* **-ies**) *n* actuaire *mf*.

actuate ['æktjʊeıt] *vt* mettre en marche.

acuity [ə'kju:ətı] *n* acuité *f*.

acumen ['ækjʊmen] *n* flair *m* ; **business ~** le sens des affaires.

acupuncture ['ækjʊpʌŋktʃər] *n* acupuncture *f*, acuponcture *f*.

acute [ə'kju:t] *adj* - **1.** [severe - pain, illness] aigu(ë) ; [- danger] sérieux(euse), grave - **2.** [perceptive - person, mind] perspicace - **3.** [keen - eyesight] perçant(e) ; [- hearing] fin(e) ; [- sense of smell] développé(e) - **4.** MATHS : **~ angle** angle *m* aigu - **5.** LING : **e ~** e accent aigu.

acute accent *n* accent *m* aigu.

acutely [ə'kju:tlı] *adv* [extremely] extrêmement.

ad [æd] (*abbr of* **advertisement**) *n inf* [in newspaper] annonce *f* ; [on TV] pub *f*.

AD (*abbr of* **Anno Domini**) ap. J.-C.

adage ['ædıdʒ] *n* adage *m*.

adamant ['ædəmənt] *adj* : **to be ~** être inflexible.

Adam's apple ['ædəmz-] *n* pomme *f* d'Adam.

adapt [ə'dæpt] <> *vt* adapter. <> *vi* : **to ~ (to)** s'adapter (à).

adaptability [ə,dæptə'bılətı] *n* souplesse *f*.

adaptable [ə'dæptəbl] *adj* [person] souple.

adaptation [,ædæp'teıʃn] *n* [of book, play] adaptation *f*.

adapter, **adaptor** [ə'dæptər] *n* [ELEC - for several devices] *UK* prise *f* multiple ; [- for foreign plug] adaptateur *m*.

ADC *n* - **1.** *see also* **aide-de-camp** - **2.** (*abbr of* **Aid to Dependent Children**) *aux États-Unis, aide pour enfants assistés* - **3.** (*abbr of* **analogue-digital converter**) CAN *m*.

add [æd] *vt* - **1.** [gen] : **to ~ sthg (to)** ajouter qqch (à) - **2.** [numbers] additionner.

◆ **add in** *vt sep* ajouter.

◆ **add on** *vt sep* : **to ~ sthg on (to)** ajouter qqch (à) ; [charge, tax] rajouter qqch (à).

◆ **add to** *vt insep* ajouter à, augmenter.

◆ **add up** <> *vt sep* additionner. <> *vi inf* [make sense] : **it doesn't ~ up** c'est pas logique.

◆ **add up to** *vt insep* se monter à, s'élever à.

addendum [ə'dendəm] (*pl* **-da** [-də]) *n* addenda *m inv*.

adder ['ædəʳ] *n* vipère *f*.

addict ['ædɪkt] *n lit & fig* drogué *m*, -e *f* ; **drug ~** drogué.

addicted [ə'dɪktɪd] *adj* : **~ (to)** drogué(e) (à) ; *fig* passionné(e) (de).

addiction [ə'dɪkʃn] *n* : **~ (to)** dépendance *f* (à) ; *fig* penchant *m* (pour).

addictive [ə'dɪktɪv] *adj* qui rend dépendant(e).

Addis Ababa ['ædɪs'æbəbə] *n* Addis-Ababa, Addis-Abeba.

addition [ə'dɪʃn] *n* addition *f* ; **in ~ (to)** en plus (de).

additional [ə'dɪʃənl] *adj* supplémentaire.

additive ['ædɪtɪv] *n* additif *m*.

addled ['ædld] *adj* **- 1.** [egg] pourri(e) **- 2.** [brain] embrouillé(e).

add-on COMPUT <> *adj* supplémentaire. <> *n* dispositif *m* supplémentaire.

address [ə'dres] <> *n* **- 1.** [place] adresse *f* **- 2.** [speech] discours *m*. <> *vt* **- 1.** [gen] adresser **- 2.** [meeting, conference] prendre la parole à **- 3.** [problem, issue] aborder, examiner ; **to ~ o.s. to** s'attaquer à.

address book *n* carnet *m* d'adresses.

addressee [ˌædre'si:] *n* destinataire *mf*.

Aden ['eɪdn] *n* Aden.

adenoids ['ædɪnɔɪdz] *npl* végétations *fpl*.

adept ['ædept] *adj* : **~ (at)** doué(e) (pour).

adequacy ['ædɪkwəsɪ] *n* **- 1.** [of amount] quantité *f* nécessaire **- 2.** [of person] compétence *f*.

adequate ['ædɪkwət] *adj* adéquat(e).

adequately ['ædɪkwətlɪ] *adv* **- 1.** [sufficiently] suffisamment **- 2.** [well enough] de façon satisfaisante OR adéquate.

adhere [əd'hɪəʳ] *vi* **- 1.** [stick] : **to ~ (to)** adhérer (à) **- 2.** [observe] : **to ~ to** obéir à **- 3.** [keep] : **to ~ to** adhérer à.

adherence [əd'hɪərəns] *n* : **~ to** adhésion *f* à.

adhesive [əd'hi:sɪv] <> *adj* adhésif(ive). <> *n* adhésif *m*.

adhesive tape *n* ruban *m* adhésif.

ad hoc [ˌæd'hɒk] *adj* ad hoc.

ad infinitum [ˌædɪnfɪ'naɪtəm] *adv* à l'infini.

adjacent [ə'dʒeɪsənt] *adj* : **~ (to)** adjacent(e) (à), contigu(ë) (à).

adjective ['ædʒɪktɪv] *n* adjectif *m*.

adjoin [ə'dʒɔɪn] *vt* être contigu(ë) à, toucher.

adjoining [ə'dʒɔɪnɪŋ] <> *adj* voisin(e). <> *prep* attenant à.

adjourn [ə'dʒɜ:n] <> *vt* ajourner. <> *vi* suspendre la séance.

adjournment [ə'dʒɜ:nmənt] *n* ajournement *m*.

Adjt (*abbr of* **adjutant**) adjt.

adjudge [ə'dʒʌdʒ] *vt* déclarer.

adjudicate [ə'dʒu:dɪkeɪt] <> *vt* juger, décider. <> *vi* : **to ~ (on** OR **upon)** se prononcer (sur).

adjudication [əˌdʒu:dɪ'keɪʃn] *n* jugement *m*.

adjunct ['ædʒʌŋkt] *n* complément *m*.

adjust [ə'dʒʌst] <> *vt* ajuster, régler. <> *vi* : **to ~ (to)** s'adapter (à).

adjustable [ə'dʒʌstəbl] *adj* réglable.

adjustable spanner *n UK* clé *f* universelle.

adjusted [ə'dʒʌstɪd] *adj* : **to be well ~** être (bien) équilibré(e).

adjustment [ə'dʒʌstmənt] *n* **- 1.** [modification] ajustement *m* ; TECH réglage *m* ; **to make an ~ to** apporter une modification à **- 2.** [change in attitude] : **~ (to)** adaptation *f* (à).

adjutant ['ædʒʊtənt] *n* adjudant *m*.

ad lib [ˌæd'lɪb] <> *adj* improvisé(e). <> *adv* à volonté. <> *n* improvisation *f*.

◆ **ad-lib** (*pt & pp* **ad-libbed**, *cont* **ad-libbing**) *vi* improviser.

adman ['ædmæn] (*pl* **-men** [-men]) *n* publicitaire *m*.

admin ['ædmɪn] (*abbr of* **administration**) *n UK inf* administration *f*.

administer [əd'mɪnɪstəʳ] *vt* **- 1.** [company, business] administrer, gérer **- 2.** [justice, punishment] dispenser **- 3.** [drug, medication] administrer.

administration [ədˌmɪnɪ'streɪʃn] *n* administration *f*.

◆ **Administration** *n US* : **the Administration** le gouvernement.

administrative [əd'mɪnɪstrətɪv] *adj* administratif(ive).

administrator [əd'mɪnɪstreɪtəʳ] *n* administrateur *m*, -trice *f*.

admirable ['ædmərəbl] *adj* admirable.

admirably ['ædmərəblɪ] *adv* admirablement.

admiral ['ædmərəl] *n* amiral *m*.

Admiralty ['ædmərəltɪ] *n UK* **the ~** le ministère de la Marine.

admiration [ˌædmə'reɪʃn] *n* admiration *f*.

admire [əd'maɪəʳ] *vt* admirer.

admirer [əd'maɪərəʳ] *n* admirateur *m*, -trice *f*.

admiring [əd'maɪərɪŋ] *adj* admiratif(ive).

admiringly [əd'maɪərɪŋlɪ] *adv* avec admiration.

admissible [əd'mɪsəbl] *adj* LAW recevable.

admission [əd'mɪʃn] *n* **- 1.** [permission to enter] admission *f* **- 2.** [to museum etc] entrée *f* **- 3.** [confession] confession *f*, aveu *m* ; **by his/her** *etc* **own ~** de son propre aveu.

admit [əd'mɪt] (*pt & pp* **-ted**, *cont* **-ting**) <> *vt* **- 1.** [confess] reconnaître ; **to ~ (that)...** reconnaître que... ; **to ~ doing sthg** reconnaître avoir fait qqch ; **to ~ defeat** *fig* s'avouer vaincu(e) **- 2.** [allow to enter, join] admettre ; **~s two** [on ticket] valable pour deux personnes ; **to be admitted to hospital** *UK* OR **to the hospital** *US* être admis(e) à l'hôpital. <> *vi* : **to ~ to** admettre, reconnaître.

admittance [əd'mɪtəns] *n* admission *f* ; **to gain ~ to** parvenir à, entrer dans ; **'no ~'** 'entrée interdite'.

admittedly [əd'mɪtɪdlɪ] *adv* de l'aveu général.

admixture [æd'mɪkstʃəʳ] *n* mélange *m*.

admonish [əd'mɒnɪʃ] *vt* réprimander.

ad nauseam [ˌæd'nɔːzɪæm] *adv* [talk] à n'en plus finir.

ado [ə'duː] *n* : **without further** OR **more ~** sans plus de cérémonie.

adolescence [ˌædə'lesns] *n* adolescence *f*.

adolescent [ˌædə'lesnt] <> *adj* adolescent(e) ; *pej* puéril(e). <> *n* adolescent *m*, -e *f*.

adopt [ə'dɒpt] *vt* adopter.

adoption [ə'dɒpʃn] *n* adoption *f*.

adoptive [ə'dɒptɪv] *adj* adoptif(ive).

adorable [ə'dɔːrəbl] *adj* adorable.

adoration [ˌædə'reɪʃn] *n* adoration *f*.

adore [ə'dɔːʳ] *vt* adorer.

adoring [ə'dɔːrɪŋ] *adj* [person] adorateur (trice) ; [look] d'adoration.

adorn [ə'dɔːn] *vt* orner.

adornment [ə'dɔːnmənt] *n* décoration *f*.

ADP (*abbr of* **automatic data processing**) *n* *traitement automatique de données.*

adrenalin [ə'drenəlɪn] *n* adrénaline *f*.

Adriatic [ˌeɪdrɪ'ætɪk] *n* : **the ~ (Sea)** l'Adriatique *f*, la mer Adriatique.

adrift [ə'drɪft] <> *adj* à la dérive. <> *adv* : **to go ~** *fig* aller à la dérive.

adroit [ə'drɔɪt] *adj* adroit(e).

ADSL [ˌeɪdiːes'el] (*abbr of* **Asymmetric Digital Subscriber Line**) *n* ADSL *m*, RNA *m offic.*

ADT (*abbr of* **Atlantic Daylight Time**) *n heure d'été de la côte est des États-Unis.*

adulation [ˌædjʊ'leɪʃn] *n* adulation *f*.

adult ['ædʌlt] <> *adj* **- 1.** [gen] adulte **- 2.** [films, literature] pour adultes. <> *n* adulte *mf*.

adult education *n* enseignement *m* pour adultes.

adulterate [ə'dʌltəreɪt] *vt* frelater.

adulteration [əˌdʌltə'reɪʃn] *n* frelatage *m*.

adulterer [ə'dʌltərəʳ] *n* personne *f* adultère.

adultery [ə'dʌltərɪ] *n* adultère *m*.

adulthood ['ædʌlthʊd] *n* âge *m* adulte.

adult student *n US* = **mature student**.

advance [əd'vɑːns] <> *n* **- 1.** [gen] avance *f* **- 2.** [progress] progrès *m*. <> *comp* à l'avance. <> *vt* **- 1.** [gen] avancer **- 2.** [improve] faire progresser OR avancer. <> *vi* **- 1.** [gen] avancer **- 2.** [improve] progresser.

◆ **advances** *npl* : **to make ~s to sb** [sexual] faire des avances à qqn ; [business] faire des propositions à qqn.

◆ **in advance** *adv* à l'avance.

◆ **in advance of** *prep* **- 1.** [in front of] en avance sur **- 2.** [prior to] en avance de, avant.

advanced [əd'vɑːnst] *adj* avancé(e) ; **~ in years** *euph* d'un âge avancé.

advancement [əd'vɑːnsmənt] *n* **- 1.** [promotion] avancement *m* **- 2.** [progress] progrès *m*.

advantage [əd'vɑːntɪdʒ] *n* : **~ (over)** avantage *m* (sur) ; **to be to one's ~** être à son avantage ; **to take ~ of sthg** profiter de qqch ; **to take ~ of sb** exploiter qqn.

advantageous [ˌædvən'teɪdʒəs] *adj* avantageux(euse).

advent ['ædvənt] *n* avènement *m*.

◆ **Advent** *n* RELIG Avent *m*.

Advent calendar *n* calendrier *m* de l'Avent.

adventure [əd'ventʃəʳ] *n* aventure *f*.

adventure holiday *n UK* circuit *m* aventure.

adventure playground *n UK* terrain *m* d'aventures.

adventurer [əd'ventʃərəʳ] *n* aventurier *m*, -ère *f*.

adventurous [əd'ventʃərəs] *adj* aventureux(euse).

adverb ['ædvɜːb] *n* adverbe *m*.

adversary ['ædvəsərɪ] (*pl* **-ies**) *n* adversaire *mf*.

adverse ['ædvɜːs] *adj* défavorable.

adversely ['ædvɜːslɪ] *adv* de façon défavorable.

adversity [əd'vɜːsətɪ] *n* adversité *f*.

advert ['ædvɜːt] *UK* = **advertisement**.

advertise ['ædvətaɪz] <> *vt* COMM faire de la publicité pour ; [event] annoncer. <> *vi* faire de la publicité ; **to ~ for sb/sthg** chercher qqn/qqch par voie d'annonce.

advertisement [əd'vɜːtɪsmənt] *n* [in newspaper] annonce *f* ; COMM *fig* publicité *f*.

advertiser ['ædvətaɪzəʳ] *n* annonceur *m*, -euse *f*.

advertising ['ædvətaɪzɪŋ] *n (U)* publicité *f*.

advertising agency *n* agence *f* de publicité.

advertising campaign *n* campagne *f* de publicité.

advertorial [ædvə'tɔːrɪəl] *n* publireportage *m*.

advice [əd'vaɪs] *n (U)* conseils *mpl* ; **a piece of ~** un conseil ; **to give sb ~** donner des conseils à qqn ; **to take sb's ~** suivre les conseils de qqn.

advice note *n* avis *m*.

advisability [əd,vaɪzə'bɪlətɪ] *n* bien-fondé *m*.

advisable [əd'vaɪzəbl] *adj* conseillé(e), recommandé(e).

advise [əd'vaɪz] <> *vt* - **1.** [give advice to] : **to ~ sb to do sthg** conseiller à qqn de faire qqch ; **to ~ sb against sthg** déconseiller qqch à qqn ; **to ~ sb against doing sthg** déconseiller à qqn de faire qqch - **2.** [professionally] : **to ~ sb on sthg** conseiller qqn sur qqch - **3.** [inform] : **to ~ sb (of sthg)** aviser qqn (de qqch). <> *vi* - **1.** [give advice] : **to ~ against sthg/against doing sthg** déconseiller qqch/de faire qqch - **2.** [professionally] : **to ~ on sthg** conseiller sur qqch.

advisedly [əd'vaɪzɪdlɪ] *adv* en connaissance de cause, délibérément.

adviser, *US* **advisor** [əd'vaɪzəʳ] *n* conseiller *m*, -ère *f*.

advisory [əd'vaɪzərɪ] *adj* consultatif(ive) ; **in an ~ capacity** OR **role** à titre consultatif.

advocacy ['ædvəkəsɪ] *n* plaidoyer *m*.

advocate <> *n* ['ædvəkət] - **1.** LAW avocat *m*, -e *f* - **2.** [supporter] partisan *m*. <> *vt* ['ædvəkeɪt] préconiser, recommander.

advt. *see also* **advertisement**.

AEA (*abbr of* **Atomic Energy Authority**) *n commission britannique à l'énergie nucléaire*, ≃ CEA *f*.

AEC (*abbr of* **Atomic Energy Commission**) *n commission américaine à l'énergie nucléaire*, ≃ CEA *f*.

AEEU (*abbr of* **Amalgamated Engineering and Electrical Union**) *n syndicat britannique d'ingénieurs et d'électriciens*.

Aegean [iː'dʒiːən] *n* : **the ~ (Sea)** la mer Égée.

aegis, *US* **egis** ['iːdʒɪs] *n* : **under the ~ of** sous l'égide de.

Aeolian Islands *npl* : **the ~** les îles *fpl* Éoliennes.

aeon *UK*, **eon** ['iːən] *n fig* éternité *f*.

aerial ['eərɪəl] <> *adj* aérien(enne). <> *n UK* antenne *f*.

aerobatics [,eərəʊ'bætɪks] *n (U)* acrobatie *f* aérienne.

aerobics [eə'rəʊbɪks] *n (U)* aérobic *m*.

aerodrome ['eərədrəʊm] *n UK* aérodrome *m*.

aerodynamic [,eərəʊdaɪ'næmɪk] *adj* aérodynamique.

◆ **aerodynamics** <> *n (U)* aérodynamique *f*. <> *npl* [aerodynamic qualities] aérodynamisme *m*.

aerogramme ['eərəgræm] *n* aérogramme *m*.

aeronautics [,eərə'nɔːtɪks] *n (U)* aéronautique *f*.

aeroplane ['eərəpleɪn] *n UK* avion *m*.

aerosol ['eərəsɒl] *n* aérosol *m*.

aerospace ['eərəʊspeɪs] *n* : **the ~ industry** l'industrie *f* aérospatiale.

aesthete, *US* **esthete** ['iːsθiːt] *n* esthète *mf*.

aesthetic, *US* **esthetic** [iːs'θetɪk] *adj* esthétique.

aesthetically, *US* **esthetically** [iːs'θetɪklɪ] *adv* esthétiquement.

aesthetics, *US* **esthetics** [iːs'θetɪks] *n (U)* esthétique *f*.

afar [ə'fɑːʳ] *adv* : **from ~** de loin.

AFB (*abbr of* **Air Force Base**) *n aux États-Unis, base de l'armée de l'air*.

AFDC (*abbr of* **Aid to Families with Dependent Children**) *n aux États-Unis, aide pour les familles d'enfants assistés*.

affable ['æfəbl] *adj* affable.

affair [ə'feəʳ] *n* - **1.** [gen] affaire *f* - **2.** [extra-marital relationship] liaison *f*.

◆ **affairs** *npl* affaires *fpl*.

affect [ə'fekt] *vt* - **1.** [influence] avoir un effet OR des conséquences sur - **2.** [emotionally] affecter, émouvoir - **3.** [put on] affecter.

affectation [,æfek'teɪʃn] *n* affectation *f*.

affected [ə'fektɪd] *adj* affecté(e).

affection [ə'fekʃn] *n* affection *f*.

affectionate [ə'fekʃnət] *adj* affectueux (euse).

affectionately [ə'fekʃnətlɪ] *adv* affectueusement.

affidavit [,æfɪ'deɪvɪt] *n déclaration écrite sous serment*.

affiliate <> *n* [əˈfɪlɪeɪt] affilié *m*, -e *f*. <> *vt* [əˈfɪlɪət] : **to be ~d to** *OR* **with** être affilié(e) à.

affiliation [əˌfɪlɪˈeɪʃn] *n* affiliation *f*.

affinity [əˈfɪnətɪ] (*pl* **-ies**) *n* affinité *f* ; **to have an ~ with sb** avoir des affinités avec qqn.

affinity card [əˈfɪnɪtɪˌkɑːd] *n* carte *f* affinitaire.

affirm [əˈfɜːm] *vt* **- 1.** [declare] affirmer **- 2.** [confirm] confirmer.

affirmation [ˌæfəˈmeɪʃn] *n* **- 1.** [declaration] affirmation *f* **- 2.** [confirmation] confirmation *f*.

affirmative [əˈfɜːmətɪv] <> *adj* affirmatif(ive). <> *n* : **in the ~** par l'affirmative.

affix [əˈfɪks] *vt* [stamp] coller.

afflict [əˈflɪkt] *vt* affliger ; **to be ~ed with** souffrir de.

affliction [əˈflɪkʃn] *n* affliction *f*.

affluence [ˈæflʊəns] *n* prospérité *f*.

affluent [ˈæflʊənt] *adj* riche.

affluent society *n* société *f* d'abondance.

afford [əˈfɔːd] *vt* **- 1.** [buy, pay for] : **to be able to ~ sthg** avoir les moyens d'acheter qqch **- 2.** [spare] : **to be able to ~ the time (to do sthg)** avoir le temps (de faire qqch) **- 3.** [harmful, embarrassing thing] : **to be able to ~ sthg** pouvoir se permettre qqch **- 4.** [provide, give] procurer.

affordable [əˈfɔːdəbl] *adj* que l'on peut se permettre.

afforestation [æˌfɒrɪˈsteɪʃn] *n* boisement *m*.

affray [əˈfreɪ] *n UK* bagarre *f*.

affront [əˈfrʌnt] <> *n* affront *m*, insulte *f*. <> *vt* insulter, faire un affront à.

Afghan [ˈæfgæn], **Afghani** [æfˈgænɪ] <> *adj* afghan(e). <> *n* Afghan *m*, -e *f*.

Afghan hound *n* lévrier *m* afghan.

Afghani = **Afghan**.

Afghanistan [æfˈgænɪstæn] *n* Afghanistan *m* ; **in ~** en Afghanistan.

afield [əˈfɪəld] *adv* : **far ~** loin.

AFL-CIO (*abbr of* **American Federation of Labor and Congress of Industrial Organizations**) *n confédération syndicale américaine*.

afloat [əˈfləʊt] *adj lit & fig* à flot.

afoot [əˈfʊt] *adj* en préparation.

aforementioned [əˈfɔːˌmenʃənd], **aforesaid** [əˈfɔːsed] *adj* susmentionné(e).

afraid [əˈfreɪd] *adj* **- 1.** [frightened] : **to be ~ (of)** avoir peur (de) ; **to be ~ of doing** *OR* **to do sthg** avoir peur de faire qqch **- 2.** [reluctant, apprehensive] : **to be ~ of** craindre **- 3.** [in apologies] : **to be ~ (that)...** regretter que... ; **I'm ~ so/not** j'ai bien peur que oui/non.

afresh [əˈfreʃ] *adv* de nouveau.

Africa [ˈæfrɪkə] *n* Afrique *f* ; **in ~** en Afrique.

African [ˈæfrɪkən] <> *adj* africain(e). <> *n* Africain *m*, -e *f*.

African American *n* Noir américain *m*, Noire américaine *f*.

African(-)American *adj* noir américain (Noire américaine).

Afrikaans [ˌæfrɪˈkɑːns] *n* afrikaans *m*.

Afrikaner [ˌæfrɪˈkɑːnəʳ] *n* Afrikaner *mf*.

aft [ɑːft] *adv* sur *OR* à l'arrière.

AFT (*abbr of* **American Federation of Teachers**) *n syndicat américain d'enseignants*.

after [ˈɑːftəʳ] <> *prep* **- 1.** [gen] après ; **~ you!** après vous! ; **to shout ~ sb** crier après *OR* contre qqn ; **to be ~ sb/sthg** *inf* [in search of] chercher qqn/qqch ; **to name sb ~ sb** donner à qqn le nom de qqn **- 2.** *US* [telling the time] : **it's twenty ~ three** il est trois heures vingt. <> *adv* après. <> *conj* après que.

◆ **afters** *npl UK inf* dessert *m*.

◆ **after all** *adv* après tout.

afterbirth [ˈɑːftəbɜːθ] *n* placenta *m*.

aftercare [ˈɑːftəkeəʳ] *n* postcure *f*.

aftereffects [ˈɑːftərɪˌfekts] *npl* suites *fpl*, répercussions *fpl*.

afterlife [ˈɑːftəlaɪf] (*pl* **-lives** [-laɪvz]) *n* vie *f* future.

aftermath [ˈɑːftəmæθ] *n* conséquences *fpl*, suites *fpl*.

afternoon [ˌɑːftəˈnuːn] *n* après-midi *m inv* ; **in the ~** l'après-midi ; **good ~** bonjour.

◆ **afternoons** *adv* l'après-midi.

aftershave [ˈɑːftəʃeɪv] *n* après-rasage *m*.

aftershock [ˈɑːftəʃɒk] *n* réplique *f*.

aftertaste [ˈɑːftəteɪst] *n lit & fig* arrière-goût *m*.

afterthought [ˈɑːftəθɔːt] *n* pensée *f OR* réflexion *f* après coup.

afterward(s) [ˈɑːftəwəd(z)] *adv* après.

again [əˈgen] *adv* encore une fois, de nouveau ; **to do ~** refaire ; **to say ~** répéter ; **to start ~** recommencer ; **~ and ~** à plusieurs reprises ; **all over ~** une fois de plus ; **time and ~** maintes et maintes fois ; **half as much ~** à moitié autant ; **(twice) as much ~** deux fois autant ; **come ~?** *inf* comment?, pardon? ; **then** *OR* **there ~** d'autre part.

against [əˈgenst] *prep & adv* contre ; **(as) ~** contre.

age [eɪdʒ] (*cont* **ageing** *OR* **aging**) <> *n* **- 1.** [gen] âge *m* ; **she's 20 years of ~** elle a 20 ans ; **what**

~ are you? quel âge avez-vous? ; **to be of ~** *US* avoir l'âge légal pour consommer de l'alcool dans un lieu public ; **to be under ~** être mineur(e) ; **to come of ~** atteindre sa majorité - **2.** [old age] vieillesse *f* - **3.** [in history] époque *f*. ◇ *vt* & *vi* vieillir.

◆ **ages** *npl* : **~s ago** il y a une éternité ; **I haven't seen him for ~s** je ne l'ai pas vu depuis une éternité.

aged ◇ *adj* - **1.** [eɪdʒd] [of stated age] : **~ 15** âgé(e) de 15 ans - **2.** ['eɪdʒɪd] [very old] âgé(e), vieux (vieille). ◇ *npl* ['eɪdʒɪd] : **the ~** les personnes *fpl* âgées.

age group *n* tranche *f* d'âge.

ageing ['eɪdʒɪŋ] ◇ *adj* vieillissant(e). ◇ *n* vieillissement *m*.

ageless ['eɪdʒlɪs] *adj* sans âge.

agency ['eɪdʒənsɪ] (*pl* **-ies**) *n* - **1.** [business] agence *f* ; **employment ~** agence OR bureau *m* de placement ; **travel ~** agence de voyages - **2.** [organization] organisme *m*.

agenda [ə'dʒendə] (*pl* **-s**) *n* ordre *m* du jour.

agent ['eɪdʒənt] *n* agent *m*, -e *f*.

age-old *adj* antique.

aggravate ['ægrəveɪt] *vt* - **1.** [make worse] aggraver - **2.** [annoy] agacer.

aggravating ['ægrəveɪtɪŋ] *adj* [annoying] agaçant(e).

aggravation [,ægrə'veɪʃn] *n* - **1.** *(U)* [trouble] agacements *mpl* - **2.** [annoying thing] agacement *m*.

aggregate ['ægrɪgət] ◇ *adj* total(e). ◇ *n* - **1.** [total] total *m* - **2.** [material] agrégat *m*.

aggression [ə'greʃn] *n* agression *f*.

aggressive [ə'gresɪv] *adj* agressif(ive).

aggressively [ə'gresɪvlɪ] *adv* d'une manière agressive.

aggressor [ə'gresər] *n* agresseur *m*.

aggrieved [ə'gri:vd] *adj* blessé(e), froissé(e).

aggro ['ægrəʊ] *n UK inf* enquiquinement *m*.

aghast [ə'gɑ:st] *adj* : **~ (at sthg)** atterré(e) (par qqch).

agile [*UK* 'ædʒaɪl, *US* 'ædʒəl] *adj* agile.

agility [ə'dʒɪlətɪ] *n* agilité *f*.

aging = **ageing**.

agitate ['ædʒɪteɪt] ◇ *vt* - **1.** [disturb] inquiéter - **2.** [shake] agiter. ◇ *vi* : **to ~ for/against** faire campagne pour/contre.

agitated ['ædʒɪteɪtɪd] *adj* agité(e).

agitation [,ædʒɪ'teɪʃn] *n* - **1.** [anxiety] agitation *f* - **2.** POL campagne *f*.

agitator ['ædʒɪteɪtər] *n* agitateur *m*, -trice *f*.

AGM (*abbr of* **annual general meeting**) *n UK* AGA *f*.

agnostic [æg'nɒstɪk] ◇ *adj* agnostique. ◇ *n* agnostique *mf*.

ago [ə'gəʊ] *adv* : **a long time ~** il y a longtemps ; **three days ~** il y a trois jours.

agog [ə'gɒg] *adj* : **to be ~ (with)** être en ébullition (à propos de).

agonize, *UK* **-ise** ['ægənaɪz] *vi* : **to ~ over** OR **about sthg** se tourmenter au sujet de qqch.

agonized ['ægənaɪzd] *adj* atroce.

agonizing ['ægənaɪzɪŋ] *adj* déchirant(e).

agonizingly ['ægənaɪzɪŋlɪ] *adv* [difficult etc] extrêmement.

agony ['ægənɪ] (*pl* **-ies**) *n* - **1.** [physical pain] douleur *f* atroce ; **to be in ~** souffrir le martyre - **2.** [mental pain] angoisse *f* ; **to be in ~** être angoissé(e), être torturé(e) par l'angoisse.

agony aunt *n UK inf personne qui tient la rubrique du courrier du cœur*.

agony column *n UK inf* courrier *m* du cœur.

agoraphobia [,ægərə'fəʊbjə] *n* agoraphobie *f*.

agree [ə'gri:] ◇ *vi* - **1.** [concur] : **to ~ (with/about)** être d'accord (avec/au sujet de) ; **to ~ on** [price, terms] convenir de - **2.** [consent] : **to ~ (to sthg)** donner son consentement (à qqch) - **3.** [be consistent] concorder - **4.** [food] : **to ~ with** réussir à - **5.** GRAM : **to ~ (with)** s'accorder (avec). ◇ *vt* - **1.** [price, conditions] accepter, convenir de - **2.** [concur, concede] : **to ~ (that)...** admettre que... - **3.** [arrange] : **to ~ to do sthg** se mettre d'accord pour faire qqch.

agreeable [ə'grɪəbl] *adj* - **1.** [pleasant] agréable - **2.** [willing] : **to be ~ to** consentir à.

agreeably [ə'grɪəblɪ] *adv* agréablement.

agreed [ə'gri:d] *adj* : **to be ~ (on sthg)** être d'accord (à propos de qqch).

agreement [ə'gri:mənt] *n* - **1.** [gen] accord *m* ; **to be in ~ (with)** être d'accord (avec) ; **to reach an ~** parvenir à un accord - **2.** [consistency] concordance *f*.

agricultural [,ægrɪ'kʌltʃərəl] *adj* agricole.

agriculture ['ægrɪkʌltʃər] *n* agriculture *f*.

aground [ə'graʊnd] *adv* : **to run ~** s'échouer.

ah [ɑ:] *excl* ah!

aha [ɑ:'hɑ:] *excl* ah, ah!

ahead [ə'hed] *adv* - **1.** [in front] devant, en avant ; **to go/be sent on ~** partir/être envoyé(e) en avant ; **right ~, straight ~** droit devant - **2.** [in better position] en avance ; **Scotland are ~ by two goals to one** l'Écosse mène par deux à un ; **to get ~** [be successful] réussir - **3.** [in time] à l'avance ; **the months ~** les mois à venir.

◆ **ahead of** *prep* - **1.** [in front of] devant - **2.** [in time] avant ; **~ of schedule** [work] en avance sur le planning ; **~ of time** en avance.

ahoy [ə'hɔɪ] *excl* NAUT ohé! ; **ship ~!** ohé, du bateau!

AI *n* - **1.** (*abbr of* **Amnesty International**) AI *m* - **2.** (*abbr of* **artificial intelligence**) IA *f* - **3.** *see also* **artificial insemination.**

AIB (*abbr of* **Accident Investigation Bureau**) *n commission d'enquête sur les accidents aériens en Grande-Bretagne.*

aid [eɪd] ◇ *n* aide *f* ; **with the ~ of** [person] avec l'aide de ; [thing] à l'aide de ; **to go to the ~ of sb** OR **to sb's ~** aller à l'aide de qqn ; **in ~ of** au profit de. ◇ *vt* - **1.** [help] aider - **2.** LAW : **to ~ and abet** être complice de.

AID *n* - **1.** (*abbr of* **artificial insemination by donor**) IAD *f* - **2.** (*abbr of* **Agency for International Development**) AID *f.*

aide [eɪd] *n* POL aide *mf.*

aide-de-camp [eɪddə'kɑ̃ː] (*pl* **aides-de-camp** [ˌeɪdz-]) *n* aide *m* de camp.

AIDS, **Aids** (*abbr of* **acquired immune deficiency syndrome**) [eɪdz] ◇ *n* SIDA *m*, sida *m*. ◇ *comp* : **~ specialist** sidologue *mf* ; **~ patient** sidéen *m*, -enne *f.*

AIH (*abbr of* **artificial insemination by husband**) *n* IAC *f.*

ail [eɪl] *vi* souffrir.

ailing ['eɪlɪŋ] *adj* - **1.** [ill] souffrant(e) - **2.** *fig* [economy, industry] dans une mauvaise passe.

ailment ['eɪlmənt] *n* maladie *f.*

aim [eɪm] ◇ *n* - **1.** [objective] but *m*, objectif *m* - **2.** [in firing gun, arrow] : **to take ~ at** viser. ◇ *vt* - **1.** [gun, camera] : **to ~ sthg at** braquer qqch sur - **2.** *fig* **to be ~ed at** [plan, campaign etc] être destiné(e) à, viser ; [criticism] être dirigé(e) contre. ◇ *vi* : **to ~ (at)** viser ; **to ~ at** OR **for** *fig* viser ; **to ~ to do sthg** viser à faire qqch.

aimless ['eɪmlɪs] *adj* [person] désœuvré(e) ; [life] sans but.

aimlessly ['eɪmlɪslɪ] *adv* sans but.

ain't [eɪnt] *inf see also* **am not, are not, is not, have not, has not.**

air [eəʳ] ◇ *n* - **1.** [gen] air *m* ; **to throw sthg into the ~** jeter qqch en l'air ; **by ~** [travel] par avion ; **to be (up) in the ~** *fig* [plans] être vague ; **to clear the ~** *fig* dissiper les malentendus - **2.** RADIO & TV : **on the ~** à l'antenne. ◇ *comp* [transport] aérien(enne). ◇ *vt* - **1.** [gen] aérer - **2.** [make publicly known] faire connaître OR communiquer - **3.** [broadcast] diffuser. ◇ *vi* sécher.

◆ **airs** *npl* : **~s and graces** manières *fpl* ; **to give o.s. ~s, to put on ~s** prendre de grands airs.

airbag ['eabæg] *n* AUT Airbag® *m.*

airbase ['eəbeɪs] *n* base *f* aérienne.

airbed ['eəbed] *n* UK matelas *m* pneumatique.

airborne ['eəbɔːn] *adj* - **1.** [troops etc] aéroporté(e) ; [seeds] emporté(e) par le vent - **2.** [plane] qui a décollé.

airbrake ['eəbreɪk] *n* frein *m* à air comprimé.

airbus ['eəbʌs] *n* airbus *m.*

air-conditioned [-kən'dɪʃnd] *adj* climatisé(e), à air conditionné.

air-conditioning [-kən'dɪʃnɪŋ] *n* climatisation *f.*

aircraft ['eəkrɑːft] (*pl* **aircraft**) *n* avion *m.*

aircraft carrier *n* porte-avions *m inv.*

air cushion *n* coussin *m* pneumatique OR gonflable.

airfield ['eəfiːld] *n* terrain *m* d'aviation.

airforce ['eəfɔːs] ◇ *n* armée *f* de l'air. ◇ *comp* aérien(enne).

air freight *n* fret *m* aérien.

airgun ['eəgʌn] *n* carabine *f* OR fusil *m* à air comprimé.

air hostess ['eəˌhəʊstɪs] *n* UK *dated* hôtesse *f* de l'air.

airily ['eərəlɪ] *adv* à la légère.

airing ['eərɪŋ] *n* : **to give sthg an ~** aérer qqch ; *fig* [opinions] exposer qqch.

airing cupboard *n* UK placard *m* séchoir.

air kiss ['eəkɪs] *vi* s'embrasser (avec affectation).

airlane ['eəleɪn] *n* couloir *m* aérien.

airless ['eəlɪs] *adj* [room] qui sent le renfermé.

air letter ['eəletəʳ] *n* lettre *f* par avion ; [aerogramme] aérogramme *m.*

airlift ['eəlɪft] ◇ *n* pont *m* aérien. ◇ *vt* transporter par pont aérien.

airline ['eəlaɪn] *n* compagnie *f* aérienne.

airliner ['eəlaɪnəʳ] *n* [short-distance] (avion *m*) moyen-courrier *m* ; [long-distance] (avion) long-courrier *m.*

airlock ['eəlɒk] *n* - **1.** [in tube, pipe] poche *f* d'air - **2.** [airtight chamber] sas *m.*

airmail ['eəmeɪl] *n* poste *f* aérienne ; **by ~** par avion.

airman ['eəmən] (*pl* **-men** [-mən]) *n* [aviator] aviateur *m.*

air mattress *n* matelas *m* pneumatique.

airplane ['eəpleɪn] *n* US avion *m.*

airplay ['eəpleɪ] *n* RADIO : **to get a lot of ~** passer beaucoup à la radio.

air pocket *n* trou *m* d'air.

airport ['eəpɔːt] ◇ *n* aéroport *m*. ◇ *comp* de l'aéroport.

air raid *n* raid *m* aérien, attaque *f* aérienne.

air-raid shelter *n* abri *m* antiaérien.

air rifle *n* carabine *f* à air comprimé.

airship ['eəʃɪp] *n* (ballon *m*) dirigeable *m*.

airsick ['eəsɪk] *adj* : **to be ~** avoir le mal de l'air.

airspace ['eəspeɪs] *n* espace *m* aérien.

airspeed ['eəspiːd] *n* vitesse *f* vraie *(d'un avion)*.

air steward *n* steward *m*.

air stewardess *n* hôtesse *f* de l'air.

airstrip ['eəstrɪp] *n* piste *f* (d'atterrissage).

air terminal *n* aérogare *f*.

airtight ['eətaɪt] *adj* hermétique.

airtime ['eətaɪm] *n* RADIO temps *m* d'antenne.

air-to-air *adj* [missile, rocket] air-air *(inv)*.

air-traffic control *n* contrôle *m* du trafic (aérien).

air-traffic controller *n* aiguilleur *m* (du ciel).

air travel *n* déplacement *m* OR voyage *m* par avion.

airwaves ['eəweɪvz] *npl* ondes *fpl* (hertziennes).

airy ['eərɪ] (*comp* **-ier**, *superl* **-iest**) *adj* **- 1.** [room] aéré(e) **- 2.** [notions, promises] chimérique, vain(e) **- 3.** [nonchalant] nonchalant(e).

aisle [aɪl] *n* allée *f* ; [in plane] couloir *m*.

ajar [ə'dʒɑːʳ] *adj* entrouvert(e).

AK *see also* **Alaska**.

aka (*abbr of* **also known as**) alias.

akin [ə'kɪn] *adj* : **to be ~ to** être semblable à.

AL *see also* **Alabama**.

Alabama [ˌælə'bæmə] *n* Alabama *m* ; **in ~** dans l'Alabama.

alabaster [ˌælə'bɑːstəʳ] *n* albâtre *m*.

alacrity [ə'lækrətɪ] *n* empressement *m*.

alarm [ə'lɑːm] ◇ *n* **- 1.** [fear] alarme *f*, inquiétude *f* **- 2.** [device] alarme *f* ; **fire ~** sirène *f* d'incendie ; **to raise** OR **sound the ~** donner OR sonner l'alarme. ◇ *vt* alarmer, alerter.

alarm clock *n* réveil *m*, réveille-matin *m inv*.

alarming [ə'lɑːmɪŋ] *adj* alarmant(e), inquiétant(e).

alarmingly [ə'lɑːmɪŋlɪ] *adv* d'une manière alarmante OR inquiétante.

alarmist [ə'lɑːmɪst] *adj* alarmiste.

alas [ə'læs] *excl* hélas!

Alaska [ə'læskə] *n* Alaska *m* ; **in ~** en Alaska.

Albania [æl'beɪnjə] *n* Albanie *f* ; **in ~** en Albanie.

Albanian [æl'beɪnjən] ◇ *adj* albanais(e). ◇ *n* **- 1.** [person] Albanais *m*, -e *f* **- 2.** [language] albanais *m*.

albatross ['ælbətrɒs] (*pl* **albatross** OR **-es** [-iːz]) *n* albatros *m*.

albeit [ɔːl'biːɪt] *conj* bien que *(+ subjunctive)*.

Alberta [æl'bɜːtə] *n* Alberta *f*.

Albert Hall ['ælbət-] *n* : **the ~** *salle de concert à Londres.*

The Albert Hall

Grande salle londonienne accueillant concerts et manifestations diverses, y compris sportives ; elle a été ainsi nommée en l'honneur du prince Albert, époux de la reine Victoria.

albino [æl'biːnəʊ] ◇ *n* (*pl* **-s**) albinos *mf*. ◇ *comp* albinos *(inv)*.

album ['ælbəm] *n* album *m*.

albumen ['ælbjʊmɪn] *n* [of egg] albumen *m*.

alchemy ['ælkəmɪ] *n* alchimie *f*.

alcohol ['ælkəhɒl] *n* alcool *m*.

alcoholic [ˌælkə'hɒlɪk] ◇ *adj* [person] alcoolique ; [drink] alcoolisé(e). ◇ *n* alcoolique *mf*.

alcoholism ['ælkəhɒlɪzm] *n* alcoolisme *m*.

alcopop ['ælkəʊpɒp] *n boisson gazeuse faiblement alcoolisée.*

alcove ['ælkəʊv] *n* alcôve *f*.

alderman ['ɔːldəmən] (*pl* **-men** [-mən]) *n* conseiller *m* municipal.

ale [eɪl] *n* bière *f*.

alert [ə'lɜːt] ◇ *adj* **- 1.** [vigilant] vigilant(e) **- 2.** [perceptive] vif (vive), éveillé(e) **- 3.** [aware] : **to be ~ to** être conscient(e) de. ◇ *n* [warning] alerte *f* ; **on the ~** [watchful] sur le qui-vive ; MIL en état d'alerte. ◇ *vt* alerter ; **to ~ sb to sthg** avertir qqn de qqch.

Aleutian Islands [ə'luːʃjən-] *npl* : **the ~** les îles *fpl* Aléoutiennes.

A level (*abbr of* **Advanced level**) *n* ≃ baccalauréat *m*.

A level

Examen sanctionnant la fin du cycle secondaire au Royaume-Uni. Il se prépare en deux ans après le GCSE et donne accès aux études supérieures. Il est beaucoup plus spécialisé que le baccalauréat français, les élèves ne présentant en moyenne que trois matières. Chaque *A level* est noté séparément et les élèves s'efforcent d'obtenir les meilleurs résultats dans chacune des matières car le système d'accès à l'université est très sélectif. En Écosse, l'examen équivalent est le *Higher* ou le *Higher Grade*, qui se prépare en un an et comprend cinq matières.

Alexandria [ˌælɪg'zɑːndrɪə] *n* Alexandrie.

alfalfa [æl'fælfə] *n* luzerne *f*.

alfresco [æl'freskəʊ] *adj* & *adv* en plein air.

algae ['ældʒiː] *npl* algues *fpl*.

Algarve [æl'gɑːv] *n* : **the ~** l'Algarve *f*.

algebra ['ældʒɪbrə] *n* algèbre *f*.

Algeria [æl'dʒɪərɪə] *n* Algérie *f* ; **in ~** en Algérie.

Algerian [æl'dʒɪərɪən] ◇ *adj* algérien (enne). ◇ *n* Algérien *m*, -enne *f*.

Algiers [æl'dʒɪəz] *n* Alger.

algorithm ['ælgərɪðm] *n* algorithme *m*.

alias ['eɪlɪəs] ◇ *adv* alias. ◇ *n* (*pl* **-es** [-iːz]) faux nom *m*, nom *m* d'emprunt.

alibi ['ælɪbaɪ] *n* alibi *m*.

alien ['eɪljən] ◇ *adj* - **1.** [gen] étranger(ère) - **2.** [from outer space] extraterrestre. ◇ *n* - **1.** [from outer space] extraterrestre *mf* - **2.** LAW [foreigner] étranger *m*, -ère *f*.

alienate ['eɪljəneɪt] *vt* aliéner.

alienation [ˌeɪljə'neɪʃn] *n* PSYCHOL aliénation *f*.

alight [ə'laɪt] ◇ *adj* allumé(e), en feu. ◇ *vi* - **1.** [bird etc] se poser - **2.** [from bus, train] : **to ~ from** descendre de.

align [ə'laɪn] *vt* - **1.** [line up] aligner - **2.** [ally] : **to ~ o.s. with sb** s'aligner sur qqn.

alignment [ə'laɪnmənt] *n* alignement *m*.

alike [ə'laɪk] ◇ *adj* semblable. ◇ *adv* de la même façon ; **to look ~** se ressembler.

alimentary canal [ˌælɪmentərɪ-] *n* tube *m* digestif.

alimony ['ælɪmənɪ] *n* pension *f* alimentaire.

A-line *adj* trapèze *(inv)*.

alive [ə'laɪv] *adj* - **1.** [living] vivant(e), en vie - **2.** [practice, tradition] vivace ; **to keep ~** préserver - **3.** [lively] plein(e) de vitalité ; **to come ~** [story, description] prendre vie ; [person, place] s'animer - **4.** [aware] : **to be ~ to sthg** être conscient(e) de qqch - **5.** [full of] : **to be ~ with sthg** grouiller de, pulluler de.

alkali ['ælkəlaɪ] (*pl* **-s** OR **-es**) *n* alcali *m*.

alkaline ['ælkəlaɪn] *adj* alcalin(e).

all [ɔːl] ◇ *adj* - **1.** *(with sg noun)* tout (toute) ; **~ day/night/evening** toute la journée/la nuit/la soirée ; **~ the drink** toute la boisson ; **~ the time** tout le temps - **2.** *(with pl noun)* tous (toutes) ; **~ the boxes** toutes les boîtes ; **~ men** tous les hommes ; **~ three died** ils sont morts tous les trois, tous les trois sont morts. ◇ *pron* - **1.** *(sg)* [the whole amount] tout *m* ; **she drank it ~, she drank ~ of it** elle a tout bu - **2.** *(pl)* [everybody, everything] tous (toutes) ; **~ of them came, they ~ came** ils sont tous venus - **3.** *(with superl)*... **of ~**... de tous (toutes) ; **I like this one best of ~** je préfère celui-ci entre tous ; **hers was the best/worst essay of ~** sa dissertation était la meilleure/la pire de toutes - **4.** : **above ~** ▷**above** ; **after ~** ▷**after** ; **at ~** ▷**at**. ◇ *adv* - **1.** [entirely] complètement ; **I'd forgotten ~ about that** j'avais complètement oublié cela ; **~ alone** tout seul (toute seule) ; **that's ~ very well, but...** tout cela est bien beau, mais... - **2.** [in sport, competitions] : **the score is five ~** le score est cinq partout - **3.** *(with compar)* **to run ~ the faster** courir d'autant plus vite ; **~ the better** d'autant mieux.

◆ **all but** *adv* presque, pratiquement.

◆ **all in all** *adv* dans l'ensemble.

◆ **all that** *adv* si... que ça ; **it's not ~ that interesting** ce n'est pas si intéressant que ça.

◆ **in all** *adv* en tout.

Allah ['ælə] *n* Allah *m*.

all-around US = **all-round**.

allay [ə'leɪ] *vt* [fears, anger] apaiser, calmer ; [doubts] dissiper.

all clear *n* signal *m* de fin d'alerte ; *fig* feu *m* vert.

allegation [ˌælɪ'geɪʃn] *n* allégation *f* ; **to make ~s (about)** faire des allégations (sur).

allege [ə'ledʒ] *vt* prétendre, alléguer ; **to ~ (that)...** prétendre que..., alléguer que... ; **she is ~d to have done it** on prétend qu'elle l'a fait.

alleged [ə'ledʒd] *adj* prétendu(e).

allegedly [ə'ledʒɪdlɪ] *adv* prétendument.

allegiance [ə'liːdʒəns] *n* allégeance *f*.

allegorical [ˌælɪ'gɒrɪkl] *adj* allégorique.

allegory ['ælɪgərɪ] (*pl* **-ies**) *n* allégorie *f*.

alleluia [ˌælɪ'luːjə] *excl* alléluia!

allergic [ə'lɜːdʒɪk] *adj* : **~ (to)** allergique (à) ; **to be ~ to hard work** *hum* être allergique au travail.

allergy ['ælədʒɪ] (*pl* **-ies**) *n* allergie *f* ; **to have an ~ to sthg** être allergique à qqch.

alleviate [ə'liːvɪeɪt] *vt* apaiser, soulager.

alley(way) ['ælɪ(weɪ)] *n* [street] ruelle *f* ; [in garden] allée *f*.

alliance [ə'laɪəns] *n* alliance *f*.

allied ['ælaɪd] *adj* - **1.** MIL allié(e) - **2.** [related] connexe.

alligator ['ælɪgeɪtəʳ] (*pl* **alligator** OR **-s**) *n* alligator *m*.

all-important *adj* capital(e), crucial(e).

all-in *adj* UK [price] global(e).

◆ **all in** ◇ *adv* [inclusive] tout compris. ◇ *adj* *inf* [tired] crevé(e).

all-in wrestling *n* UK lutte *f* libre.

alliteration [əˌlɪtə'reɪʃn] *n* allitération *f*.

all-night *adj* [party etc] qui dure toute la nuit ; [bar etc] ouvert(e) toute la nuit.

allocate ['æləkeɪt] *vt* [money, resources] **: to ~ sthg (to sb)** attribuer qqch (à qqn).

allocation [ˌælə'keɪʃn] *n* **- 1.** [gen] attribution *f* **- 2.** [share of money] somme *f* allouée.

allot [ə'lɒt] (*pt & pp* **-ted**, *cont* **-ting**) *vt* [job] assigner ; [money, resources] attribuer ; [time] allouer.

allotment [ə'lɒtmənt] *n* **- 1.** *UK* [garden] jardin *m* ouvrier *(loué par la commune)* **- 2.** [sharing out] attribution *f* **- 3.** [share] part *f*.

all-out *adj* [effort] maximum *(inv)* ; [war] total(e).

allow [ə'laʊ] *vt* **- 1.** [permit - activity, behaviour] autoriser, permettre ; **to ~ sb to do sthg** permettre à qqn de faire qqch, autoriser qqn à faire qqch ; **~ me** permettez-moi **- 2.** [set aside - money, time] prévoir **- 3.** [officially accept] accepter **- 4.** [concede] **: to ~ that...** admettre que...
◆ **allow for** *vt insep* tenir compte de.

allowable [ə'laʊəbl] *adj* admissible.

allowance [ə'laʊəns] *n* **- 1.** *UK* [money received] indemnité *f* ; **maternity ~** allocation *f* de maternité **- 2.** *US* [pocket money] argent *m* de poche **- 3.** *UK* FIN **: tax ~** ≃ abattement *m* fiscal **- 4.** [excuse] **: to make ~s for sb** faire preuve d'indulgence envers qqn ; **to make ~s for sthg** prendre qqch en considération.

alloy ['ælɔɪ] *n* alliage *m*.

all-powerful *adj* tout-puissant (toute-puissante).

all right ◇ *adv* bien ; [in answer - yes] d'accord ; **~, let's go!** bon, on y va? ◇ *adj* **- 1.** [healthy] en bonne santé ; [unharmed] sain et sauf (saine et sauve) **- 2.** *inf* [acceptable, satisfactory] **: it was ~** c'était pas mal ; **that's ~** [never mind] ce n'est pas grave **- 3.** [allowable] **: is it ~ if...?** ça ne vous dérange pas si...?

all-round *UK*, **all-around** *US adj* **- 1.** [multiskilled] doué(e) dans tous les domaines **- 2.** [comprehensive] complet(ète).

all-rounder [-'raʊndər] *n UK* **- 1.** [versatile person] **: to be an ~** être bon (bonne) en tout **- 2.** SPORT sportif complet *m*, sportive complète *f*.

all-terrain vehicle [ɔːltəˌreɪn'viːɪkl] *n* véhicule *m* tout terrain, 4x4 *m*.

all-time *adj* [record] sans précédent.

allude [ə'luːd] *vi* **: to ~ to** faire allusion à.

allure [ə'ljʊər] *n* charme *m*.

alluring [ə'ljʊərɪŋ] *adj* séduisant(e).

allusion [ə'luːʒn] *n* allusion *f*.

ally ◇ *n* ['ælaɪ] (*pl* **-ies**) allié *m*, -e *f*. ◇ *vt* (*pt & pp* **-ied**) [ə'laɪ] **: to ~ o.s. with** s'allier à.

almanac ['ɔːlmənæk] *n* almanach *m*.

almighty [ɔːl'maɪtɪ] *adj inf* [noise] terrible.
◆ **Almighty** *n* **: the Almighty** le Tout-Puissant.

almond ['ɑːmənd] *n* [nut] amande *f* ; **~ (tree)** amandier *m*.

almond paste *n* pâte *f* d'amande.

almost ['ɔːlməʊst] *adv* presque ; **I ~ missed the bus** j'ai failli rater le bus.

alms [ɑːmz] *npl dated* aumône *f*.

aloft [ə'lɒft] *adv* **- 1.** [in the air] en l'air **- 2.** NAUT dans la mâture.

alone [ə'ləʊn] ◇ *adj* seul (e) ; **all ~** tout seul (toute seule). ◇ *adv* seul ; **to leave sthg ~** ne pas toucher à qqch ; **leave me ~!** laisse-moi tranquille! ; **to go it ~** faire cavalier seul.

along [ə'lɒŋ] ◇ *adv* **: to walk ~** se promener ; **to move ~** avancer ; **can I come ~ (with you)?** est-ce que je peux venir (avec vous)? ◇ *prep* le long de ; **to run/walk ~ the street** courir/marcher le long de la rue.
◆ **all along** *adv* depuis le début.
◆ **along with** *prep* ainsi que.

alongside [əˌlɒŋ'saɪd] ◇ *prep* le long de, à côté de ; [person] à côté de. ◇ *adv* bord à bord.

aloof [ə'luːf] ◇ *adj* distant(e). ◇ *adv* **: to remain ~ (from)** garder ses distances (vis-à-vis de).

aloud [ə'laʊd] *adv* à voix haute, tout haut.

alpaca [æl'pækə] *n* alpaga *m*.

alphabet ['ælfəbet] *n* alphabet *m*.

alphabetical [ˌælfə'betɪkl] *adj* alphabétique ; **in ~ order** par ordre alphabétique.

alphabetically [ˌælfə'betɪklɪ] *adv* par ordre alphabétique.

alphabetize, *UK* **-ise** ['ælfəbətaɪz] *vt* classer par ordre alphabétique.

alphanumeric [ˌælfənjuː'merɪk] *adj* alphanumérique.

alphanumeric key *n* COMPUT touche *f* alphanumérique.

alpine ['ælpaɪn] *adj* alpin(e).

Alps [ælps] *npl* **: the ~** les Alpes *fpl*.

al-Qaida [ˌælkæ'iːdə] *pr n* Al-Qaida.

already [ɔːl'redɪ] *adv* déjà.

alright [ˌɔːl'raɪt] = **all right**.

Alsace [æl'sæs] *n* Alsace *f* ; **in ~** en Alsace.

Alsatian [æl'seɪʃn] ◇ *adj* alsacien(enne). ◇ *n* **- 1.** [person] Alsacien *m*, -enne *f* **- 2.** *UK* [dog] berger *m* allemand.

also ['ɔːlsəʊ] *adv* aussi.

also-ran *n* [person] perdant *m*, -e *f*.

Alta. *see also* **Alberta**.

altar ['ɔːltəʳ] *n* autel *m*.

alter ['ɔːltəʳ] ◇ *vt* changer, modifier ; **to have a dress/suit ~ed** faire retoucher une robe/un costume. ◇ *vi* changer.

alteration [ˌɔːltə'reɪʃn] *n* modification *f*, changement *m* ; **to make an ~** OR **~s to sthg** changer OR modifier qqch.

altercation [ˌɔːltə'keɪʃn] *n* altercation *f*.

alter ego ['ɔːltəʳ-] (*pl* **-s**) *n* alter ego *m*.

alternate ◇ *adj* [UK ɔːl'tɜːnət, US 'ɔːltərnət] alterné(e), alternatif(ive) ; **~ days** tous les deux jours, un jour sur deux. ◇ *vt* ['ɔːltərneɪt] faire alterner. ◇ *vi* ['ɔːltərneɪt] : **to ~ (with)** alterner (avec) ; **to ~ between sthg and sthg** passer de qqch à qqch.

alternately [ɔːl'tɜːnətlɪ] *adv* alternativement.

alternating current ['ɔːltəneɪtɪŋ-] *n* courant *m* alternatif.

alternation [ˌɔːltə'neɪʃn] *n* alternance *f*.

alternative [ɔːl'tɜːnətɪv] ◇ *adj* **- 1.** [different] autre **- 2.** [non-traditional - society] parallèle ; [- art, energy] alternatif(ive). ◇ *n* **- 1.** [between two solutions] alternative *f* **- 2.** [other possibility] : **~ (to)** solution *f* de remplacement (à) ; **to have no ~** ne pas avoir le choix ; **to have no ~ but to do sthg** ne pas avoir d'autre choix que de faire qqch.

alternatively [ɔːl'tɜːnətɪvlɪ] *adv* ou bien.

alternative medicine *n* médecine *f* parallèle OR douce.

alternator ['ɔːltəneɪtəʳ] *n* ELEC alternateur *m*.

although [ɔːl'ðəʊ] *conj* bien que *(+ subjunctive)*.

altitude ['æltɪtjuːd] *n* altitude *f*.

alto ['æltəʊ] (*pl* **-s**) ◇ *n* **- 1.** [male voice] haute-contre *f* **- 2.** [female voice] contralto *m*. ◇ *comp* alto.

altogether [ˌɔːltə'geðəʳ] *adv* **- 1.** [completely] entièrement, tout à fait **- 2.** [considering all things] tout compte fait **- 3.** [in all] en tout.

altruism ['æltrʊɪzm] *n* altruisme *m*.

altruistic [ˌæltrʊ'ɪstɪk] *adj* altruiste.

aluminium UK [ˌæljʊ'mɪnɪəm], **aluminum** US [ə'luːmɪnəm] ◇ *n* aluminium *m*. ◇ *comp* en aluminium ; **~ foil** papier *m* aluminium.

alumnus [ə'lʌmnəs] (*f* **alumna** [ə'lʌmnaː], *pl* **-ni** [-naɪ]) *n* ancien étudiant (ancienne étudiante) *(d'une université)*.

always ['ɔːlweɪz] *adv* toujours.

always-on [ˌɔːlweɪz'ɒn] *adj* permanent(e).

Alzheimer's disease ['æltsˌhaɪməz -] *n* maladie *f* d'Alzheimer.

am [æm] ▷ **be**.

a.m. (*abbr of* **ante meridiem**) : **at 3 ~** à 3h (du matin).

AM (*abbr of* **amplitude modulation**) *n* AM *f*.

AMA (*abbr of* **American Medical Association**) *n ordre américain des médecins.*

amalgam [ə'mælgəm] *n* amalgame *m*.

amalgamate [ə'mælgəmeɪt] *vt & vi* [unite] fusionner.

amalgamation [əˌmælgə'meɪʃn] *n* [of companies] fusion *f*.

amass [ə'mæs] *vt* amasser.

amateur ['æmətəʳ] ◇ *adj* amateur *(inv)* ; *pej* d'amateur *Québec*. ◇ *n* amateur *m*.

amateurish [ˌæmətəːrɪʃ] *adj* d'amateur.

amaze [ə'meɪz] *vt* étonner, stupéfier.

amazed [ə'meɪzd] *adj* stupéfait(e).

amazement [ə'meɪzmənt] *n* stupéfaction *f*.

amazing [ə'meɪzɪŋ] *adj* **- 1.** [surprising] étonnant(e), ahurissant(e) **- 2.** [wonderful] excellent(e).

amazingly [ə'meɪzɪŋlɪ] *adv* étonnamment.

Amazon ['æməzn] *n* **- 1.** [river] : **the ~** l'Amazone *f* **- 2.** [region] : **the ~ (Basin)** l'Amazonie *f* ; **in the ~** en Amazonie ; **the ~ rain forest** la forêt amazonienne.

Amazonian [ˌæmə'zəʊnjən] *adj* amazonien(enne).

ambassador [æm'bæsədəʳ] *n* ambassadeur *m*, -drice *f*.

amber ['æmbəʳ] ◇ *adj* **- 1.** [amber-coloured] ambré(e) **- 2.** UK [traffic light] orange *(inv)*. ◇ *n* **- 1.** [substance] ambre *m* **- 2.** [colour - of traffic light] orange *m*. ◇ *comp* [made of amber] d'ambre.

ambiance ['æmbɪəns] = **ambience**.

ambidextrous [ˌæmbɪ'dekstrəs] *adj* ambidextre.

ambience ['æmbɪəns] *n* ambiance *f*.

ambiguity [ˌæmbɪ'gjuːətɪ] (*pl* **-ies**) *n* ambiguïté *f*.

ambiguous [æm'bɪgjʊəs] *adj* ambigu(ë).

ambiguously [æm'bɪgjʊəslɪ] *adv* de façon ambiguë.

ambition [æm'bɪʃn] *n* ambition *f*.

ambitious [æm'bɪʃəs] *adj* ambitieux(euse).

ambivalence [æm'bɪvələns] *n* ambivalence *f*.

ambivalent [æm'bɪvələnt] *adj* ambivalent(e).

amble ['æmbl] *vi* déambuler.

ambulance ['æmbjʊləns] ◇ *n* ambulance *f*. ◇ *comp* : **~ man** ambulancier *m* ; **~ woman** ambulancière *f*.

ambush ['æmbʊʃ] <> *n* embuscade *f.* <> *vt* tendre une embuscade à.

ameba [ə'mi:bə] *US n* = **amoeba**.

ameliorate [ə'mi:ljəreɪt] *fml* <> *vt* améliorer. <> *vi* s'améliorer.

amen [ˌɑ:'men] *excl* amen!

amenable [ə'mi:nəbl] *adj* : **~ (to)** ouvert(e) (à).

amend [ə'mend] *vt* modifier ; [law] amender.
◆ **amends** *npl* : **to make ~s (for)** se racheter (pour).

amendment [ə'mendmənt] *n* modification *f* ; [to law] amendement *m*.

amenities [ə'mi:nətɪz] *npl* aménagements *mpl*, équipements *mpl*.

America [ə'merɪkə] *n* Amérique *f* ; **in ~** en Amérique.
◆ **Americas** *npl* : **the ~s** les Amériques.

American [ə'merɪkn] <> *adj* américain(e). <> *n* Américain *m*, -e *f*.

American Indian *n* Indien *m*, -enne *f* d'Amérique, Amérindien *m*, -enne *f*.

Americanization, *UK* **-isation** [əˌmerɪkənaɪ'zeɪʃn] *n* américanisation *f*.

Americanism [ə'merɪkənɪzm] *n* américanisme *m*.

americanize, *UK* **-ise** [ə'merɪkənaɪz] *vt* américaniser.

amethyst ['æmɪθɪst] *n* améthyste *f*.

Amex ['æmeks] *n* (*abbr of* **American Stock Exchange**) *deuxième place boursière des États-Unis*.

amiable ['eɪmjəbl] *adj* aimable.

amiably ['eɪmjəblɪ] *adv* aimablement.

amicable ['æmɪkəbl] *adj* amical(e).

amicably ['æmɪkəblɪ] *adv* amicalement.

amid(st) [ə'mɪd(st)] *prep* au milieu de, parmi.

amino acid [ə'mi:nəʊ-] *n* acide *m* aminé.

amiss [ə'mɪs] <> *adj* : **is there anything ~?** y a-t-il quelque chose qui ne va pas? <> *adv* : **to take sthg ~** prendre qqch de travers.

Amman [ə'mɑ:n] *n* Amman.

ammo ['æməʊ] *n (U) inf* munitions *fpl*.

ammonia [ə'məʊnjə] *n* [liquid] ammoniaque *f*.

ammunition [ˌæmjʊ'nɪʃn] *(U) n* **- 1.** MIL munitions *fpl* **- 2.** *fig* [argument] argument *m*.

ammunition dump *n* dépôt *m* de munitions.

amnesia [æm'ni:zjə] *n* amnésie *f*.

amnesty ['æmnəstɪ] (*pl* **-ies**) *n* amnistie *f*.

Amnesty International *n* Amnesty International *f*.

amniocentesis [ˌæmnɪəʊsen'ti:sɪs] *n* amniocentèse *f*.

amoeba, *US* **ameba** [ə'mi:bə] amibe *f*.

amok [ə'mɒk] *adv* : **to run ~** être pris(e) d'une crise de folie furieuse.

among [ə'mʌŋ], *US* **amongst** [ə'mʌŋst] *prep* parmi, entre ; **~ other things** entre autres (choses).

amoral [ˌeɪ'mɒrəl] *adj* amoral(e).

amorous ['æmərəs] *adj* amoureux(euse).

amorphous [ə'mɔ:fəs] *adj* informe.

amortize [ə'mɔ:taɪz] *vt* FIN amortir.

amount [ə'maʊnt] *n* **- 1.** [quantity] quantité *f* ; **a great ~ of** beaucoup de **- 2.** [sum of money] somme *f*, montant *m*.
◆ **amount to** *vt insep* **- 1.** [total] s'élever à **- 2.** [be equivalent to] revenir à, équivaloir à.

amp [æmp] *n* **- 1.** = **ampere** **- 2.** *inf* (*abbr of* **amplifier**) ampli *m*.

amperage ['æmpərɪdʒ] *n* intensité *f* de courant.

ampere ['æmpeəʳ] *n* ampère *m*.

ampersand ['æmpəsænd] *n* esperluette *f*.

amphetamine [æm'fetəmi:n] *n* amphétamine *f*.

amphibian [æm'fɪbɪən] *n* batracien *m*.

amphibious [æm'fɪbɪəs] *adj* amphibie.

amphitheatre *UK*, **amphitheater** *US* ['æmfɪˌθɪətəʳ] *n* amphithéâtre *m*.

ample ['æmpl] *adj* **- 1.** [enough] suffisamment de, assez de **- 2.** [large] ample.

amplification [ˌæmplɪfɪ'keɪʃn] *n* **- 1.** [of sound] amplification *f* **- 2.** [of idea, statement] développement *m*.

amplifier ['æmplɪfaɪəʳ] *n* amplificateur *m*.

amplify ['æmplɪfaɪ] (*pt & pp* **-ied**) <> *vt* **- 1.** [sound] amplifier **- 2.** [idea, statement] développer. <> *vi* : **to ~ on sthg** développer qqch.

amply ['æmplɪ] *adv* **- 1.** [sufficiently] amplement **- 2.** [considerably] largement.

ampoule, *US* **ampule** ['æmpu:l] *n* ampoule *f*.

amputate ['æmpjʊteɪt] *vt & vi* amputer.

amputation [ˌæmpjʊ'teɪʃn] *n* amputation *f*.

Amsterdam [ˌæmstə'dæm] *n* Amsterdam.

amt *see also* **amount**.

Amtrak ['æmtræk] *n* *société nationale de chemins de fer aux États-Unis*.

amuck [ə'mʌk] = **amok**.

amulet ['æmjʊlɪt] *n* amulette *f*.

amuse [əˈmjuːz] *vt* **- 1.** [make laugh] amuser, faire rire **- 2.** [entertain] divertir, distraire ; **to ~ o.s. (by doing sthg)** s'occuper (à faire qqch).

amused [əˈmjuːzd] *adj* **- 1.** [laughing] amusé(e) ; **to be ~ at** *OR* **by sthg** trouver qqch amusant **- 2.** [entertained] **: to keep o.s. ~** s'occuper.

amusement [əˈmjuːzmənt] *n* **- 1.** [laughter] amusement *m* **- 2.** [diversion, game] distraction *f*.

amusement arcade *n UK* galerie *f* de jeux.

amusement park *n* parc *m* d'attractions.

amusing [əˈmjuːzɪŋ] *adj* amusant(e).

an *(stressed* [æn], *unstressed* [ən]*)* ▻ **a**.

ANA *n* **- 1.** (*abbr of* **American Newspaper Association**) *syndicat américain de la presse écrite* **- 2.** (*abbr of* **American Nurses Association**) *syndicat américain d'infirmiers.*

anabolic steroid [ˌænəˈbɒlɪk-] *n* (stéroïde *m*) anabolisant *m*.

anachronism [əˈnækrənɪzm] *n* anachronisme *m*.

anachronistic [əˌnækrəˈnɪstɪk] *adj* anachronique.

anaemia *UK*, **anemia** *US* [əˈniːmjə] *n* anémie *f*.

anaemic *UK*, **anemic** *US* [əˈniːmɪk] *adj* anémique ; *fig & pej* fade, plat(e).

anaesthesia *UK*, **anesthesia** *US* [ˌænɪsˈθiːzjə] *n* anesthésie *f*.

anaesthetic *UK*, **anesthetic** *US* [ˌænɪsˈθetɪk] *n* anesthésique *m* ; **under ~** sous anesthésie ; **local/general ~** anesthésie *f* locale/générale.

anaesthetist *UK* [æˈniːsθətɪst], **anesthetist** *US* [æˈniːsθətɪst], **anesthesiologist** [æˌniːsθəzɪˈɒlədʒɪst] *n* anesthésiste *mf*.

anaesthetize, *UK* **-ise**, *US* **anesthetize** [æˈniːsθətaɪz] *vt* anesthésier.

anagram [ˈænəgræm] *n* anagramme *f*.

anal [ˈeɪnl] *adj* anal(e).

analgesic [ˌænælˈdʒiːsɪk] ◇ *adj* analgésique. ◇ *n* analgésique *m*.

analog *US* = **analogue**.

analogous [əˈnæləgəs] *adj* **: ~ (to)** analogue (à).

analogue, *US* **analog** [ˈænəlɒg] ◇ *adj* [watch, clock] analogique. ◇ *n* analogue *m*.

analogy [əˈnælədʒɪ] (*pl* **-ies**) *n* analogie *f* ; **to draw an ~ with/between** faire une comparaison avec/entre ; **by ~** par analogie.

analyse *UK*, **-yze** *US* [ˈænəlaɪz] *vt* analyser.

analysis [əˈnæləsɪs] (*pl* **-ses** [-siːz]) *n* analyse *f* ; **in the final** *OR* **last ~** en dernière analyse.

analyst [ˈænəlɪst] *n* analyste *mf*.

analytic(al) [ˌænəˈlɪtɪk(l)] *adj* analytique.

analyze *US* = **analyse**.

anarchic [æˈnɑːkɪk] *adj* anarchique.

anarchist [ˈænəkɪst] *n* anarchiste *mf*.

anarchy [ˈænəkɪ] *n* anarchie *f*.

anathema [əˈnæθəmə] *n* anathème *m*.

anatomical [ˌænəˈtɒmɪkl] *adj* anatomique.

anatomy [əˈnætəmɪ] (*pl* **-ies**) *n* anatomie *f*.

ANC (*abbr of* **African National Congress**) *n* ANC *m*.

ancestor [ˈænsestəʳ] *n lit & fig* ancêtre *m*.

ancestral home [ænˈsestrəl-] *n* demeure *f* ancestrale.

ancestry [ˈænsestrɪ] (*pl* **-ies**) *n* **- 1.** [past] ascendance *f* **- 2.** *(U)* [ancestors] ancêtres *mpl*.

anchor [ˈæŋkəʳ] ◇ *n* ancre *f* ; **to drop/weigh ~** jeter/lever l'ancre. ◇ *vt* **- 1.** [secure] ancrer **- 2.** TV présenter. ◇ *vi* NAUT jeter l'ancre.

anchorage [ˈæŋkərɪdʒ] *n* **- 1.** NAUT mouillage *m* **- 2.** [means of securing] ancrage *m*.

anchorman [ˈæŋkəmæn] (*pl* **-men** [-men]) *n* TV présentateur *m*.

anchorwoman [ˈæŋkəˌwʊmən] (*pl* **-women** [-ˌwɪmɪn]) *n* TV présentatrice *f*.

anchovy [ˈæntʃəvɪ] (*pl* **anchovy** *OR* **-ies**) *n* anchois *m*.

ancient [ˈeɪnʃənt] *adj* **- 1.** [monument etc] historique ; [custom] ancien(enne) **- 2.** *hum* [car etc] antique ; [person] vieux (vieille).

ancillary [ænˈsɪlərɪ] *adj* auxiliaire.

and *(stressed* [ænd], *unstressed* [ənd] *OR* [ən]*) conj* **- 1.** [as well as, plus] et **- 2.** [in numbers] **: one hundred ~ eighty** cent quatre-vingts ; **six ~ a half** six et demi **- 3.** [to] **: come ~ see!** venez voir! ; **try ~ come** essayez de venir ; **wait ~ see** vous verrez bien.

◆ **and so on, and so forth** *adv* et ainsi de suite.

Andes [ˈændiːz] *npl* **: the ~** les Andes *fpl*.

Andorra [ænˈdɔːrə] *n* Andorre *f* ; **in ~** en Andorre.

androgynous [ænˈdrɒdʒɪnəs] *adj* androgyne.

android [ˈændrɔɪd] *n* androïde *m*.

anecdote [ˈænɪkdəʊt] *n* anecdote *f*.

anemia *US* = **anaemia**.

anemic *US* = **anaemic**.

anemone [əˈnemənɪ] *n* anémone *f*.

anesthetic *US* = **anaesthetic** .

anew [əˈnjuː] *adv* **: to start ~** recommencer (à zéro).

angel [ˈeɪndʒəl] *n* ange *m*.

Angeleno [ˌændʒəˈliːnəʊ] *n habitant de Los Angeles.*

angelic [ænˈdʒelɪk] *adj* angélique.

anger [ˈæŋgəʳ] ◇ *n* colère *f.* ◇ *vt* fâcher, irriter.

angina [ænˈdʒaɪnə] *n* angine *f* de poitrine.

angle [ˈæŋgl] ◇ *n* - **1.** [gen] angle *m* ; **at an ~** de travers, en biais - **2.** [point of view] point *m* de vue, angle *m.* ◇ *vi* pêcher (à la ligne) ; **to ~ for** *fig* [invitation, compliments] chercher à obtenir, quêter.

angler [ˈæŋgləʳ] *n* pêcheur *m* (à la ligne).

Anglican [ˈæŋglɪkən] ◇ *adj* anglican(e). ◇ *n* anglican *m*, -e *f.*

anglicism [ˈæŋglɪsɪzm] *n* anglicisme *m.*

angling [ˈæŋglɪŋ] *n* pêche *f* à la ligne.

Anglo- [ˈæŋgləʊ] *prefix* anglo-.

Anglo-Saxon ◇ *adj* anglo-saxon(onne). ◇ *n* - **1.** [person] Anglo-saxon *m*, -onne *f* - **2.** [language] anglo-saxon *m.*

Angola [æŋˈgəʊlə] *n* Angola *m* ; **in ~** en Angola.

Angolan [æŋˈgəʊlən] ◇ *adj* angolais(e). ◇ *n* Angolais *m*, -e *f.*

angora [æŋˈgɔːrə] *n* angora *m.*

angrily [ˈæŋgrəlɪ] *adv* avec colère.

angry [ˈæŋgrɪ] (*comp* **-ier**, *superl* **-iest**) *adj* [person] en colère, fâché(e) ; [words, quarrel] violent(e) ; **to be ~ with** OR **at sb** être en colère OR fâché contre qqn ; **to get ~** se mettre en colère, se fâcher.

angst [æŋst] *n* anxiété *f.*

anguish [ˈæŋgwɪʃ] *n* angoisse *f.*

anguished [ˈæŋgwɪʃt] *adj* angoissé(e).

angular [ˈæŋgjʊləʳ] *adj* anguleux(euse).

animal [ˈænɪml] ◇ *n* animal *m* ; *pej* brute *f.* ◇ *adj* animal(e).

animate [ˈænɪmət] *adj* animé(e), vivant(e).

animated [ˈænɪmeɪtɪd] *adj* animé(e).

animated cartoon *n* dessin *m* animé.

animation [ˌænɪˈmeɪʃn] *n* animation *f.*

animatronics [ˌænɪməˈtrɒnɪks] *n (U)* CIN animatronique *f.*

animosity [ˌænɪˈmɒsətɪ] (*pl* **-ies**) *n* animosité *f.*

aniseed [ˈænɪsiːd] *n* anis *m.*

ankle [ˈæŋkl] ◇ *n* cheville *f.* ◇ *comp* : **~ socks** socquettes *fpl* ; **~ boots** bottines *fpl.*

annals [ˈænlz] *npl* annales *fpl.*

annex [ˈæneks], *UK* **annexe** *n* [building] annexe *f.*

annexation [ˌænekˈseɪʃn] *n* annexion *f.*

annihilate [əˈnaɪəleɪt] *vt* anéantir, annihiler.

annihilation [əˌnaɪəˈleɪʃn] *n* anéantissement *m.*

anniversary [ˌænɪˈvɜːsərɪ] (*pl* **-ies**) *n* anniversaire *m.*

annotate [ˈænəteɪt] *vt* annoter.

announce [əˈnaʊns] *vt* annoncer.

announcement [əˈnaʊnsmənt] *n* - **1.** [statement] déclaration *f* ; [in newspaper] avis *m* - **2.** *(U)* [act of stating] annonce *f.*

announcer [əˈnaʊnsəʳ] *n* RADIO & TV speaker *m*, speakerine *f.*

annoy [əˈnɔɪ] *vt* agacer, contrarier.

annoyance [əˈnɔɪəns] *n* contrariété *f.*

annoyed [əˈnɔɪd] *adj* mécontent(e), agacé(e) ; **to get ~** se fâcher ; **to be ~ at sthg** être contrarié(e) par qqch ; **to be ~ with sb** être fâché(e) contre qqn.

annoying [əˈnɔɪɪŋ] *adj* agaçant(e), énervant(e).

annual [ˈænjʊəl] ◇ *adj* annuel(elle). ◇ *n* - **1.** [plant] plante *f* annuelle - **2.** [book - gen] publication *f* annuelle ; [- for children] album *m.*

annual general meeting *n UK* assemblée *f* générale annuelle.

annually [ˈænjʊəlɪ] *adv* annuellement.

annuity [əˈnjuːɪtɪ] (*pl* **-ies**) *n* rente *f.*

annul [əˈnʌl] (*pt & pp* **-led**, *cont* **-ling**) *vt* annuler ; [law] abroger.

annulment [əˈnʌlmənt] *n* annulation *f* ; [of law] abrogation *f.*

annum [ˈænəm] *n* : **per ~** par an.

Annunciation [əˌnʌnsɪˈeɪʃn] *n* : **the ~** l'Annonciation *f.*

anode [ˈænəʊd] *n* anode *f.*

anoint [əˈnɔɪnt] *vt* oindre.

anomalous [əˈnɒmələs] *adj* anormal(e).

anomaly [əˈnɒməlɪ] (*pl* **-ies**) *n* anomalie *f.*

anon. [əˈnɒn] (*abbr of* **anonymous**) anon.

anonymity [ˌænəˈnɪmətɪ] *n* anonymat *m.*

anonymous [əˈnɒnɪməs] *adj* anonyme.

anonymously [əˈnɒnɪməslɪ] *adv* anonymement.

anorak [ˈænəræk] *n* anorak *m.*

anorexia (nervosa) [ˌænəˈreksɪə(nɜːˈvəʊsə)] *n* anorexie *f* mentale.

anorexic [ˌænəˈreksɪk] ◇ *adj* anorexique. ◇ *n* anorexique *mf.*

another [əˈnʌðəʳ] ◇ *adj* - **1.** [additional] : **~ apple** encore une pomme, une pomme de plus, une autre pomme ; **in ~ few minutes** dans quelques minutes ; **(would you like) ~**

drink? (voulez-vous) encore un verre? - **2.** [different] : ~ **job** un autre travail. <> *pron* - **1.** [additional one] un autre (une autre), encore un (encore une) ; **one after** ~ l'un après l'autre (l'une après l'autre) - **2.** [different one] un autre (une autre) ; **one** ~ l'un l'autre (l'une l'autre).

ANSI (*abbr of* **American National Standards Institute**) *n association américaine de normalisation.*

answer ['ɑːnsəʳ] <> *n* - **1.** [gen] réponse *f* ; **in ~ to** en réponse à - **2.** [to problem] solution *f*. <> *vt* répondre à ; **to ~ the door** aller ouvrir la porte ; **to ~ the phone** répondre au téléphone. <> *vi* [reply] répondre.

◆ **answer back** <> *vt sep* répondre à. <> *vi* répondre.

◆ **answer for** *vt insep* être responsable de, répondre de.

answerable ['ɑːnsərəbl] *adj* : ~ **to sb/for sthg** responsable devant qqn/de qqch.

answering machine ['ɑːnsərɪŋ-] *n* répondeur *m*.

ant [ænt] *n* fourmi *f*.

antacid [ˌænt'æsɪd] *n* (médicament *m*) alcalin *m*.

antagonism [æn'tægənɪzm] *n* antagonisme *m*, hostilité *f*.

antagonist [æn'tægənɪst] *n* antagoniste *mf*, adversaire *mf*.

antagonistic [ænˌtægə'nɪstɪk] *adj* [hostile] hostile.

antagonize, *UK* **-ise** [æn'tægənaɪz] *vt* éveiller l'hostilité de.

Antarctic [æn'tɑːktɪk] <> *n* : **the ~** l'Antarctique *m* ; **in the ~** dans l'Antarctique. <> *adj* antarctique.

Antarctica [æn'tɑːktɪkə] *n* Antarctique *m*, le continent *m* antarctique.

Antarctic Circle *n* : **the ~** le cercle polaire antarctique.

Antarctic Ocean *n* : **the ~** l'océan *m* Antarctique, l'océan Austral.

ante ['æntɪ] *n inf fig* **to up** *OR* **raise the ~** faire monter les enchères.

anteater ['æntˌiːtəʳ] *n* tamanoir *m*, fourmilier *m*.

antecedent [ˌæntɪ'siːdənt] *n* antécédent *m*.

antediluvian [ˌæntɪdɪ'luːvjən] *adj* antédiluvien(enne).

antelope ['æntɪləʊp] (*pl* **antelope** *OR* **-s**) *n* antilope *f*.

antenatal [ˌæntɪ'neɪtl] *adj* prénatal(e).

antenatal clinic *n* service *m* de consultation prénatale.

antenna [æn'tenə] *n* - **1.** (*pl* **antennae** [-niː]) [of insect] antenne *f* - **2.** (*pl* **-s**) *US* [for TV, radio] antenne *f*.

anteroom ['æntɪrʊm] *n* antichambre *f*.

anthem ['ænθəm] *n* hymne *m*.

anthill ['ænthɪl] *n* fourmilière *f*.

anthology [æn'θɒlədʒɪ] (*pl* **-ies**) *n* anthologie *f*.

anthrax ['ænθræks] *n* charbon *m*.

anthropologist [ˌænθrə'pɒlədʒɪst] *n* anthropologue *mf*.

anthropology [ˌænθrə'pɒlədʒɪ] *n* anthropologie *f*.

anti- ['æntɪ] *prefix* anti-.

antiaircraft [ˌæntɪ'eəkrɑːft] *adj* antiaérien(enne).

antiapartheid [ˌæntɪə'pɑːtheɪt] *adj* antiapartheid *(inv)*.

antiballistic missile [ˌæntɪbə'lɪstɪk-] *n* missile *m* antibalistique.

antibiotic [ˌæntɪbaɪ'ɒtɪk] *n* antibiotique *m*.

antibody ['æntɪˌbɒdɪ] (*pl* **-ies**) *n* anticorps *m*.

anticipate [æn'tɪsɪpeɪt] *vt* - **1.** [expect] s'attendre à, prévoir - **2.** [request, movement] anticiper ; [competitor] prendre de l'avance sur - **3.** [look forward to] savourer à l'avance.

anticipation [ænˌtɪsɪ'peɪʃn] *n* [expectation] attente *f* ; [eagerness] impatience *f* ; **in ~** avec impatience ; **in ~ of** en prévision de ; **thanking you in ~** en vous remerciant d'avance.

anticlimax [æntɪ'klaɪmæks] *n* déception *f*.

anticlockwise [ˌæntɪ'klɒkwaɪz] *adj* & *adv* *UK* dans le sens inverse des aiguilles d'une montre.

antics ['æntɪks] *npl* - **1.** [of children, animals] gambades *fpl* - **2.** *pej* [of politicians etc] bouffonneries *fpl*.

anticyclone [ˌæntɪ'saɪkləʊn] *n* anticyclone *m*.

antidepressant [ˌæntɪdɪ'presnt] *n* antidépresseur *m*.

antidote ['æntɪdəʊt] *n lit* & *fig* ~ **(to)** antidote *m* (contre).

antifreeze ['æntɪfriːz] *n* antigel *m*.

Antigua [æn'tiːgə] *n* Antigua.

antihero ['æntɪˌhɪərəʊ] (*pl* **-es**) *n* antihéros *m*.

antihistamine [ˌæntɪ'hɪstəmɪn] *n* antihistaminique *m*.

antinuclear [ˌæntɪ'njuːklɪəʳ] *adj* antinucléaire.

antipathy [æn'tɪpəθɪ] *n* : ~ **(to** *OR* **towards)** antipathie *f* (pour).

antipersonnel ['æntɪˌpɜːsə'nel] *adj* MIL antipersonnel *(inv)*.

antiperspirant [ˌæntɪ'pɜːspərənt] *n* déodorant *m*, antiperspirant.

Antipodes [æn'tɪpədiːz] *npl* : **the ~** l'Australie *f* et la Nouvelle-Zélande.

antiquarian [ˌæntɪ'kweərɪən] <> *adj* : **~ bookshop** librairie *f* spécialisée dans les éditions anciennes. <> *n* amateur *m* d'antiquités.

antiquated ['æntɪkweɪtɪd] *adj* dépassé(e).

antique [æn'tiːk] <> *adj* ancien(enne). <> *n* [object] objet *m* ancien ; [piece of furniture] meuble *m* ancien.

antique dealer *n* antiquaire *mf*.

antique shop *n* magasin *m* d'antiquités.

antiquity [æn'tɪkwətɪ] (*pl* **-ies**) *n* antiquité *f*.

anti-Semitic [-sɪ'mɪtɪk] *adj* antisémite.

anti-Semitism [-semɪtɪzəm] *n* antisémitisme *m*.

antiseptic [ˌæntɪ'septɪk] <> *adj* antiseptique. <> *n* désinfectant *m*.

antisocial [ˌæntɪ'səʊʃl] *adj* - **1.** [against society] antisocial(e) - **2.** [unsociable] peu sociable, sauvage.

antistatic [ˌæntɪ'stætɪk] *adj* antistatique.

antitank [ˌæntɪ'tæŋk] *adj* antichar *(inv)*.

antithesis [æn'tɪθɪsɪs] (*pl* **-ses** [-siːz]) *n* opposé *m*, antithèse *f*.

antlers [ˌæntləz] *npl* bois *mpl (de cervidés)*.

antonym ['æntənɪm] *n* antonyme *m*.

Antwerp ['æntwɜːp] *n* Anvers.

anus ['eɪnəs] *n* anus *m*.

anvil ['ænvɪl] *n* enclume *f*.

anxiety [æŋ'zaɪətɪ] (*pl* **-ies**) *n* - **1.** [worry] anxiété *f* - **2.** [cause of worry] souci *m* - **3.** [keenness] désir *m* farouche.

anxious ['æŋkʃəs] *adj* - **1.** [worried] anxieux(euse), très inquiet(ète) ; **to be ~ about** se faire du souci au sujet de - **2.** [keen] : **to be ~ to do sthg** tenir à faire qqch ; **to be ~ that** tenir à ce que *(+ subjunctive)*.

anxiously ['æŋkʃəslɪ] *adv* avec anxiété.

any ['enɪ] <> *adj* - **1.** *(with negative)* de, d' ; **I haven't got ~ money/tickets** je n'ai pas d'argent/de billets ; **he never does ~ work** il ne travaille jamais - **2.** [some - with sg noun] du, de l', de la ; [- with pl noun] des ; **have you got ~ money/milk/cousins?** est-ce que vous avez de l'argent/du lait/des cousins? - **3.** [no matter which] n'importe quel (n'importe quelle) ; **~ box will do** n'importe quelle boîte fera l'affaire, *see also* **case**, *see also* **day**, *see also* **moment**, *see also* **rate**. <> *pron* - **1.** *(with negative)* en ; **I didn't buy ~ (of them)** je n'en ai pas acheté ; **I didn't know ~ of the guests** je ne connaissais aucun des invités - **2.** [some] en ; **do you have ~?** est-ce que vous en avez? ; **can ~ of you change a tyre?** est-ce que l'un d'entre vous sait changer un pneu? ; **if ~** si tant est qu'il y en ait ; **few, if ~, are likely to be successful** il y en a très peu, si tant est qu'il y en ait, qui ont une chance de réussir - **3.** [no matter which one or ones] n'importe lequel (n'importe laquelle) ; **take ~ you like** prenez n'importe lequel/laquelle, prenez celui/celle que vous voulez. <> *adv* - **1.** *(with negative)* **I can't see it ~ more** je ne le vois plus ; **I can't stand it ~ longer** je ne peux plus le supporter - **2.** [some, a little] un peu ; **do you want ~ more potatoes?** voulez-vous encore des pommes de terre? ; **are you finding the course ~ easier now?** est-ce que tu trouves le cours un peu plus facile maintenant? ; **is that ~ better/different?** est-ce que c'est mieux/différent comme ça?

anybody ['enɪˌbɒdɪ] = **anyone**.

anyhow ['enɪhaʊ] *adv* - **1.** [in spite of that] quand même, néanmoins - **2.** [carelessly] n'importe comment - **3.** [in any case] de toute façon.

anyone ['enɪwʌn] *pron* - **1.** *(in negative sentences)* **I didn't see ~** je n'ai vu personne - **2.** *(in questions)* quelqu'un - **3.** [any person] n'importe qui.

any more, *US* **anymore** *adv* : **they don't live here ~** ils n'habitent plus ici.

anyplace ['enɪpleɪs] *US* = **anywhere**.

anything ['enɪθɪŋ] *pron* - **1.** *(in negative sentences)* **I didn't see ~** je n'ai rien vu - **2.** *(in questions)* quelque chose ; **~ else?** [in shop] et avec ceci? - **3.** [any object, event] n'importe quoi ; **if ~ happens...** s'il arrive quoi que ce soit...

◆ **anything but** *adv* pas du tout.

anyway ['enɪweɪ] *adv* [in any case] de toute façon.

anywhere ['enɪweəʳ], *US* **anyplace** ['enɪpleɪs] *adv* - **1.** *(in negative sentences)* **I haven't seen him ~** je ne l'ai vu nulle part - **2.** *(in questions)* quelque part - **3.** [any place] n'importe où - **4.** [any amount, number] : **~ between 5,000 and 10,000** quelque chose entre 5000 et 10000.

Anzac ['ænzæk] (*abbr of* **Australia-New Zealand Army Corps**) *n soldat australien ou néo-zélandais.*

AOB, **a.o.b.** (*abbr of* **any other business**) divers.

Apache [ə'pætʃɪ] *n* Apache *mf*.

apart [ə'pɑːt] *adv* - **1.** [separated] séparé(e), éloigné(e) ; **to keep ~** séparer ; **we're living ~** nous sommes séparés - **2.** [to one side] à l'écart - **3.** [in several parts] : **to take sthg ~** démonter qqch ; **to fall ~** tomber en morceaux - **4.** [aside] : **joking ~** sans plaisanter, plaisanterie à part.

◆ **apart from** *prep* - **1.** [except for] à part, sauf - **2.** [as well as] en plus de, outre.

apartheid [ə'pɑːtheɪt] *n* apartheid *m*.

apartment [ə'pɑːtmənt] *n* appartement *m*.

apartment building *n* US immeuble *m* *(d'habitation)*.

apathetic [ˌæpə'θetɪk] *adj* apathique.

apathy ['æpəθɪ] *n* apathie *f*.

APB (*abbr of* **all points bulletin**) *n message radiodiffusé par la police concernant une personne recherchée.*

ape [eɪp] ◇ *n* singe *m*. ◇ *vt* singer.

Apennines ['æpɪnaɪnz] *npl* : **the ~** l'Apennin *m*, les Apennins *mpl*.

aperitif [əperə'tiːf] *n* apéritif *m*.

aperture ['æpəˌtjʊə^r^] *n* - **1.** [hole, opening] orifice *m*, ouverture *f* - **2.** PHOT ouverture *f*.

apex ['eɪpeks] (*pl* **-es** [-iːz] , *pl* **apices** ['eɪpɪsiːz]) *n* sommet *m*.

APEX ['eɪpeks] (*abbr of* **advance purchase excursion**) *n* : **~ ticket** billet *m* APEX.

aphid ['eɪfɪd] *n* puceron *m*.

aphorism ['æfərɪzm] *n* aphorisme *m*.

aphrodisiac [ˌæfrə'dɪzɪæk] *n* aphrodisiaque *m*.

apices ['eɪpɪsiːz] *pl* ▷ **apex**.

apiece [ə'piːs] *adv* [for each person] chacun(e), par personne ; [for each thing] chacun(e), pièce *(inv)*.

aplomb [ə'plɒm] *n* aplomb *m*, assurance *f*.

APO (*abbr of* **Army Post Office**) *n service postal de l'armée.*

apocalypse [ə'pɒkəlɪps] *n* apocalypse *f*.

apocalyptic [əˌpɒkə'lɪptɪk] *adj* apocalyptique.

apogee ['æpədʒiː] *n* apogée *m*.

apolitical [ˌeɪpə'lɪtɪkəl] *adj* apolitique.

apologetic [əˌpɒlə'dʒetɪk] *adj* [letter etc] d'excuse ; **to be ~ about sthg** s'excuser de qqch.

apologetically [əˌpɒlə'dʒetɪklɪ] *adv* en s'excusant, pour s'excuser.

apologize, *UK* **-ise** [ə'pɒlədʒaɪz] *vi* s'excuser ; **to ~ to sb (for sthg)** faire des excuses à qqn (pour qqch).

apology [ə'pɒlədʒɪ] (*pl* **-ies**) *n* excuses *fpl*.

apoplectic [ˌæpə'plektɪk] *adj* - **1.** MED apoplectique - **2.** *inf* [very angry] hors de soi.

apoplexy ['æpəpleksɪ] *n* apoplexie *f*.

apostle [ə'pɒsl] *n* RELIG apôtre *m*.

apostrophe [ə'pɒstrəfɪ] *n* apostrophe *f*.

appal *UK* (*pt & pp* **-led**, *cont* **-ling**), **appall** *US* [ə'pɔːl] *vt* horrifier.

Appalachian [ˌæpə'leɪtʃjən] *n* : **the ~s, the ~ Mountains** les (monts *mpl*) Appalaches *mpl*.

appall *US* = **appal**.

appalled [ə'pɔːld] *adj* horrifié(e).

appalling [ə'pɔːlɪŋ] *adj* épouvantable.

appallingly [ə'pɔːlɪŋlɪ] *adv* épouvantablement.

apparatus [ˌæpə'reɪtəs] (*pl* **apparatus** OR **-es** [-iːz]) *n* - **1.** [device] appareil *m*, dispositif *m* - **2.** *(U)* [in gym] agrès *mpl* - **3.** [system, organization] appareil *m*.

apparel [ə'pærəl] *n* US habillement *m*.

apparent [ə'pærənt] *adj* - **1.** [evident] évident(e) ; **for no ~ reason** sans raison particulière - **2.** [seeming] apparent(e).

apparently [ə'pærəntlɪ] *adv* - **1.** [it seems] à ce qu'il paraît - **2.** [seemingly] apparemment, en apparence.

apparition [ˌæpə'rɪʃn] *n* apparition *f*.

appeal [ə'piːl] ◇ *vi* - **1.** [request] : **to ~ (to sb for sthg)** lancer un appel (à qqn pour obtenir qqch) - **2.** [make a plea] : **to ~ to** faire appel à - **3.** LAW : **to ~ (against)** faire appel (de) - **4.** [attract, interest] : **to ~ to sb** plaire à qqn ; **it ~s to me** ça me plaît. ◇ *n* - **1.** [request] appel *m* - **2.** LAW appel *m* - **3.** [charm, interest] intérêt *m*, attrait *m*.

appealing [ə'piːlɪŋ] *adj* - **1.** [attractive] attirant(e), sympathique - **2.** [pleading] suppliant(e).

appear [ə'pɪə^r^] *vi* - **1.** [gen] apparaître ; [book] sortir, paraître - **2.** [seem] sembler, paraître ; **to ~ to be/do** sembler être/faire ; **it would ~ (that)...** il semblerait que... - **3.** [in play, film etc] jouer - **4.** LAW comparaître.

appearance [ə'pɪərəns] *n* - **1.** [gen] apparition *f* ; **to make an ~** se montrer ; **to put in an ~** faire acte de présence - **2.** [look] apparence *f*, aspect *m* ; **by** OR **to all ~s** selon toute apparence ; **to keep up ~s** sauver les apparences.

appease [ə'piːz] *vt* apaiser.

appeasement [ə'piːzmənt] *n* apaisement *m*.

append [ə'pend] *vt* ajouter ; [signature] apposer.

appendage [ə'pendɪdʒ] *n* appendice *m*.

appendices [ə'pendɪsiːz] *pl* ▷ **appendix**.

appendicitis [əˌpendɪ'saɪtɪs] *n (U)* appendicite *f*.

appendix [ə'pendɪks] (*pl* **-dixes** [-dɪksiːz] OR **-dices** [-dɪsiːz]) *n* appendice *m* ; **to have one's ~ out** OR **removed** OR **taken out** *US* se faire opérer de l'appendicite.

appertain [ˌæpə'teɪn] *vi fml* **to ~ to** se rapporter à.

appetite ['æpɪtaɪt] *n* - **1.** [for food] : **~ (for)** appétit *m* (pour) - **2.** *fig* [enthusiasm] : **~ (for)** goût *m* (de *OR* pour).

appetizer, *UK* **-iser** ['æpɪtaɪzəʳ] *n* [food] amuse-gueule *m inv* ; [drink] apéritif *m*.

appetizing, *US* **-ising** ['æpɪtaɪzɪŋ] *adj* [food] appétissant(e).

applaud [ə'plɔːd] ◇ *vt* - **1.** [clap] applaudir - **2.** [approve] approuver, applaudir à. ◇ *vi* applaudir.

applause [ə'plɔːz] *n* *(U)* applaudissements *mpl*.

apple ['æpl] *n* pomme *f* ; **she's the ~ of her father's eye** *inf* son père tient à elle comme à la prunelle de ses yeux.

apple pie *n* tarte *f* aux pommes.

apple tree *n* pommier *m*.

appliance [ə'plaɪəns] *n* [device] appareil *m* ; domestic ~ appareil ménager.

applicable [ə'plɪkəbl] *adj* : **~ (to)** applicable (à).

applicant ['æplɪkənt] *n* : **~ (for)** [job] candidat *m*, -e *f* (à) ; [state benefit] demandeur *m*, -euse *f* (de) ; UNIV : **college** *US OR* **university ~** candidat à l'inscription à l'université.

application [ˌæplɪ'keɪʃn] *n* - **1.** [gen] application *f* - **2.** [for job etc] : **~ (for)** demande *f* (de).

application form *n* [for post] dossier *m* de candidature ; UNIV dossier *m* d'inscription.

applications program [ˌæplɪ'keˈɪʃns -] *n* COMPUT programme *m* d'application.

applicator ['æplɪkeɪtəʳ] *n* [for lotion, glue etc] applicateur *m*.

applied [ə'plaɪd] *adj* [science] appliqué(e).

appliqué [ə'pliːkeɪ] *n* application *f*.

apply [ə'plaɪ] (*pt & pp* **-ied**) ◇ *vt* appliquer ; **to ~ o.s. (to sthg)** s'appliquer (à qqch) ; **to ~ one's mind (to sthg)** s'appliquer (à qqch) ; **to ~ the brakes** freiner. ◇ *vi* - **1.** [for work, grant] : **to ~ (for)** faire une demande (de) ; **to ~ for a job** faire une demande d'emploi ; **to ~ to sb (for sthg)** s'adresser à qqn (pour obtenir qqch) - **2.** [be relevant] : **to ~ (to)** s'appliquer (à), concerner.

appoint [ə'pɔɪnt] *vt* - **1.** [to job, position] : **to ~ sb (as sthg)** nommer qqn (qqch) ; **to ~ sb to sthg** nommer qqn à qqch - **2.** [time, place] fixer.

appointment [ə'pɔɪntmənt] *n* - **1.** [to job, position] nomination *f*, désignation *f* ; **'by ~ to Her Majesty the Queen'** 'fournisseur de sa Majesté la Reine' - **2.** [job, position] poste *m*, emploi *m* - **3.** [arrangement to meet] rendez-vous *m* ; **to make an ~** prendre un rendez-vous ; **by ~** sur rendez-vous.

apportion [ə'pɔːʃn] *vt* répartir.

apposite ['æpəzɪt] *adj* pertinent(e), approprié(e).

appraisal [ə'preɪzl] *n* évaluation *f*.

appraise [ə'preɪz] *vt* évaluer.

appreciable [ə'priːʃəbl] *adj* [difference] sensible ; [amount] appréciable.

appreciably [ə'priːʃəblɪ] *adv* sensiblement.

appreciate [ə'priːʃɪeɪt] ◇ *vt* - **1.** [value, like] apprécier, aimer - **2.** [recognize, understand] comprendre, se rendre compte de - **3.** [be grateful for] être reconnaissant(e) de. ◇ *vi* FIN prendre de la valeur.

appreciation [əˌpriːʃɪ'eɪʃn] *n* - **1.** [liking] contentement *m* - **2.** [understanding] compréhension *f* - **3.** [gratitude] reconnaissance *f* - **4.** FIN augmentation *f* de valeur - **5.** [of novel, play etc] critique *f*.

appreciative [ə'priːʃjətɪv] *adj* [person] reconnaissant(e) ; [remark] élogieux(euse).

apprehend [ˌæprɪ'hend] *vt fml* [arrest] appréhender, arrêter.

apprehension [ˌæprɪ'henʃn] *n* [anxiety] appréhension *f*, crainte *f*.

apprehensive [ˌæprɪ'hensɪv] *adj* inquiet(ète) ; **to be ~ about sthg** appréhender *OR* craindre qqch.

apprehensively [ˌæprɪ'hensɪvlɪ] *adv* avec appréhension.

apprentice [ə'prentɪs] ◇ *n* apprenti *m*, -e *f*. ◇ *vt* : **to be ~d to sb** être apprenti(e) chez qqn.

apprenticeship [ə'prentɪsʃɪp] *n* apprentissage *m*.

appro. ['æprəʊ] (*abbr of* **approval**) *n inf UK* **on ~** à condition, à l'essai.

approach [ə'prəʊtʃ] ◇ *n* - **1.** [gen] approche *f* - **2.** [method] démarche *f*, approche *f* - **3.** [to person] : **to make an ~ to sb** faire une proposition à qqn. ◇ *vt* - **1.** [come near to - place, person, thing] s'approcher de - **2.** [ask] : **to ~ sb about sthg** aborder qqch avec qqn ; COMM entrer en contact avec qqn au sujet de qqch - **3.** [tackle - problem] aborder. ◇ *vi* s'approcher.

approachable [ə'prəʊtʃəbl] *adj* accessible.

approaching [ə'prəʊtʃɪŋ] *adj* qui approche.

approbation [ˌæprə'beɪʃn] *n* approbation *f*.

appropriate ◇ *adj* [ə'prəʊprɪət] [clothing] convenable ; [action] approprié(e) ; [moment] opportun(e). ◇ *vt* [ə'prəʊprɪeɪt] - **1.** LAW s'approprier - **2.** [allocate] affecter.

appropriately [ə'prəʊprɪətlɪ] *adv* [dress] convenablement ; [behave] de manière appropriée.

appropriation [əˌprəʊprɪ'eɪʃn] *n* - **1.** [taking] appropriation *f* - **2.** [allocation] affectation *f*.

approval [ə'pruːvl] *n* approbation *f* ; **on ~** COMM à condition, à l'essai.

approve [ə'pru:v] ◇ *vi* : **to ~ (of sthg)** approuver (qqch) ; **I don't ~ of him** il me déplaît. ◇ *vt* [ratify] approuver, ratifier.

approved [ə'pru:vd] *adj* approuvé(e), agréé(e).

approving [ə'pru:vɪŋ] *adj* approbateur (trice).

approx. [ə'prɒks] (*abbr of* **approximately**) approx., env.

approximate ◇ *adj* [ə'prɒksɪmət] approximatif(ive). ◇ *vi* [ə'prɒksɪmeɪt] : **to ~ to** se rapprocher de.

approximately [ə'prɒksɪmətlɪ] *adv* à peu près, environ.

approximation [əˌprɒksɪ'meɪʃn] *n* : **~ (to)** approximation *f* (de).

Apr. (*abbr of* **April**) avr.

APR *n* **- 1.** (*abbr of* **annualized percentage rate**) TEG *m* **- 2.** (*abbr of* **annual purchase rate**) taux *m* annuel.

après-ski [ˌæpreɪ'ski:] *n* (*U*) activités *fpl* après-ski.

apricot ['eɪprɪkɒt] ◇ *n* abricot *m*. ◇ *comp* à l'abricot.

April ['eɪprəl] *n* avril *m*, *see also* **September**.

April Fools' Day *n* le 1er avril.

April Fools' Day

En Grande-Bretagne, le 1er avril est l'occasion de canulars en tous genres ; par contre, la tradition du poisson en papier n'existe pas.

apron ['eɪprən] *n* **- 1.** [clothing] tablier *m* ; **to be tied to sb's ~ strings** *inf* être toujours dans les jupes de qqn **- 2.** AERON aire *f* de stationnement.

apropos ['æprəpəʊ] ◇ *adj* pertinent(e), à propos. ◇ *prep* : **~ (of)** à propos (de).

apt [æpt] *adj* **- 1.** [pertinent] pertinent(e), approprié(e) **- 2.** [likely] : **to be ~ to do sthg** avoir tendance à faire qqch.

Apt. (*abbr of* **apartment**) appt.

APT (*abbr of* **advanced passenger train**) *n* ≃ TGV *m*.

aptitude ['æptɪtju:d] *n* aptitude *f*, disposition *f* ; **to have an ~ for** avoir des dispositions pour.

aptitude test *n* test *m* d'aptitude.

aptly ['æptlɪ] *adv* avec justesse, à propos.

aqualung ['ækwəlʌŋ] *n* scaphandre *m* autonome.

aquamarine [ˌækwəmə'ri:n] *n* [colour] bleu vert *m inv*.

aquaplane ['ækwəpleɪn] *vi UK* AUT faire de l'aquaplaning.

aquarium [ə'kweərɪəm] (*pl* **-riums** OR **-ria** [-rɪə]) *n* aquarium *m*.

Aquarius [ə'kweərɪəs] *n* Verseau *m* ; **to be (an)~** être Verseau.

aquarobics [ˌækwə'rəʊbɪks] *n* aquagym *f*.

aquatic [ə'kwætɪk] *adj* **- 1.** [animal, plant] aquatique **- 2.** [sport] nautique.

aqueduct ['ækwɪdʌkt] *n* aqueduc *m*.

AR *see also* **Arkansas**.

ARA (*abbr of* **Associate of the Royal Academy**) *n membre associé de la RA*.

Arab ['ærəb] ◇ *adj* arabe. ◇ *n* **- 1.** [person] Arabe *mf* **- 2.** [horse] pur-sang *m* arabe.

Arabia [ə'reɪbjə] *n* Arabie *f*.

Arabian [ə'reɪbjən] *adj* d'Arabie, arabe.

Arabian desert *n* : **the ~** le désert d'Arabie.

Arabian Peninsula *n* : **the ~** la péninsule d'Arabie.

Arabian Sea *n* : **the ~** la mer d'Arabie, la mer d'Oman.

Arabic ['ærəbɪk] ◇ *adj* arabe. ◇ *n* arabe *m*.

Arabic numeral *n* chiffre *m* arabe.

arable ['ærəbl] *adj* arable.

ARAM (*abbr of* **Associate of the Royal Academy of Music**) *n membre associé de l'académie britannique de musique*.

arbiter ['ɑ:bɪtər] *n fml* arbitre *m*.

arbitrary ['ɑ:bɪtrərɪ] *adj* arbitraire.

arbitrate ['ɑ:bɪtreɪt] *vi* arbitrer.

arbitration [ˌɑ:bɪ'treɪʃn] *n* arbitrage *m* ; **to go to ~** recourir à l'arbitrage.

arc [ɑ:k] *n* arc *m*.

ARC (*abbr of* **AIDS-related complex**) *n* ARC *m*.

arcade [ɑ:'keɪd] *n* **- 1.** [for shopping] galerie *f* marchande **- 2.** [covered passage] arcades *fpl* **- 3.** *US* galerie *f* de jeux.

arch [ɑ:tʃ] ◇ *adj* malicieux(euse), espiègle. ◇ *n* **- 1.** ARCHIT arc *m*, voûte *f* **- 2.** [of foot] voûte *f* plantaire, cambrure *f*. ◇ *vt* cambrer, arquer. ◇ *vi* former une voûte.

arch- [ɑ:tʃ] *prefix* grand(e), principal(e).

archaeological [ˌɑ:kɪə'lɒdʒɪkl] *adj* archéologique.

archaeologist [ˌɑ:kɪ'ɒlədʒɪst] *n* archéologue *mf*.

archaeology [ˌɑ:kɪ'ɒlədʒɪ] *n* archéologie *f*.

archaic [ɑ:'keɪɪk] *adj* archaïque.

archangel ['ɑ:kˌeɪndʒəl] *n* archange *m*.

archbishop [ˌɑ:tʃ'bɪʃəp] *n* archevêque *m*.

archduchess [ˌɑ:tʃ'dʌtʃɪs] *n* archiduchesse *f*.

archduke [ˌɑːtʃ'djuːk] *n* archiduc *m.*

arched [ɑːtʃt] *adj* - **1.** ARCHIT cintré(e), courbé(e) - **2.** [curved] arqué(e), cambré(e).

archenemy [ˌɑːtʃ'enɪmɪ] (*pl* **-ies**) *n* ennemi *m* numéro un.

archeology [ˌɑːkɪ'ɒlədʒɪ] = **archaeology**.

archer ['ɑːtʃəʳ] *n* archer *m.*

archery ['ɑːtʃərɪ] *n* tir *m* à l'arc.

archetypal [ˌɑːkɪ'taɪpl] *adj* typique.

archetype ['ɑːkɪtaɪp] *n* archétype *m.*

archipelago [ˌɑːkɪ'pelɪgəʊ] (*pl* **-es** OR **-s**) *n* archipel *m.*

architect ['ɑːkɪtekt] *n* **lit** & **fig** architecte *mf.*

architectural [ˌɑːkɪ'tektʃərəl] *adj* architectural(e).

architecture ['ɑːkɪtektʃəʳ] *n* [gen & COMPUT] architecture *f.*

archive file ['ɑːkaɪv-] *n* COMPUT fichier *m* archives.

archives ['ɑːkaɪvz] *npl* archives *fpl.*

archivist ['ɑːkɪvɪst] *n* archiviste *mf.*

archway ['ɑːtʃweɪ] *n* passage *m* voûté.

ARCM (*abbr of* **Associate of the Royal College of Music**) *n membre associé du conservatoire de musique britannique.*

Arctic ['ɑːktɪk] ◇ *adj* - **1.** GEOG arctique - **2.** *inf* [very cold] glacial(e). ◇ *n* : **the ~** l'Arctique *m* ; **in the ~** dans l'Arctique.

Arctic Circle *n* : **the ~** le cercle arctique.

Arctic Ocean *n* : **the ~** l'océan *m* Arctique.

ardent ['ɑːdənt] *adj* fervent(e), passionné(e).

ardour *UK*, **ardor** *US* ['ɑːdəʳ] *n* ardeur *f*, ferveur *f.*

arduous ['ɑːdjʊəs] *adj* ardu(e).

are (*weak form* [əʳ], *strong form* [ɑːʳ]) ▷ **be.**

area ['eərɪə] *n* - **1.** [region] région *f* ; **landing ~** aire *f* d'atterrissage ; **parking ~** aire *f* de stationnement ; **in the ~** dans la région ; **in the ~ of** [approximately] environ, à peu près - **2.** [surface size] aire *f*, superficie *f* - **3.** [of knowledge, interest etc] domaine *m.*

area code *n US* indicatif *m* de zone.

arena [ə'riːnə] *n* **lit** & **fig** arène *f.*

aren't [ɑːnt] (*abbr of* = **are not**).

Argentina [ˌɑːdʒən'tiːnə] *n* Argentine *f* ; **in ~** en Argentine.

Argentine ['ɑːdʒəntaɪn], **Argentinian** [ˌɑːdʒən'tɪnɪən] ◇ *adj* argentin(e). ◇ *n* Argentin *m*, -e *f.*

arguable ['ɑːgjʊəbl] *adj* discutable, contestable.

arguably ['ɑːgjʊəblɪ] *adv* : **she's ~ the best** on peut soutenir qu'elle est la meilleure.

argue ['ɑːgjuː] ◇ *vi* - **1.** [quarrel] : **to ~ (with sb about sthg)** se disputer (avec qqn à propos de qqch) - **2.** [reason] : **to ~ (for/against)** argumenter (pour/contre). ◇ *vt* débattre de, discuter de ; **to ~ that** soutenir OR maintenir que.

argument ['ɑːgjʊmənt] *n* - **1.** [quarrel] dispute *f* ; **to have an ~ (with sb)** se disputer (avec qqn) - **2.** [reason] argument *m* - **3.** *(U)* [reasoning] discussion *f*, débat *m.*

argumentative [ˌɑːgjʊ'mentətɪv] *adj* querelleur(euse), batailleur(euse).

aria ['ɑːrɪə] *n* aria *f.*

arid ['ærɪd] *adj* **lit** & **fig** aride.

Aries ['eəriːz] *n* Bélier *m* ; **to be (an)~** être Bélier.

arise [ə'raɪz] (*pt* **arose**, *pp* **arisen** [ə'rɪzn]) *vi* [appear] surgir, survenir ; **to ~ from** résulter de, provenir de ; **if the need ~s** si le besoin se fait sentir.

aristocracy [ˌærɪ'stɒkrəsɪ] (*pl* **-ies**) *n* aristocratie *f.*

aristocrat [*UK* 'ærɪstəkræt, *US* ə'rɪstəkræt] *n* aristocrate *mf.*

aristocratic [*UK* ˌærɪstə'krætɪk, *US* əˌrɪstə'krætɪk] *adj* aristocratique.

arithmetic [ə'rɪθmətɪk] *n* arithmétique *f.*

Arizona [ˌærɪ'zəʊnə] *n* Arizona *m* ; **in ~** dans l'Arizona.

ark [ɑːk] *n* arche *f.*

Arkansas ['ɑːkənsɔː] *n* Arkansas *m* ; **in ~** dans l'Arkansas.

arm [ɑːm] ◇ *n* - **1.** [of person, chair] bras *m* ; **~ in ~** bras dessus bras dessous ; **to chance one's ~** *fig* tenter le coup ; **to keep sb at ~'s length** *fig UK* tenir qqn à distance ; **to twist sb's ~** *fig* forcer la main à qqn - **2.** [of garment] manche *f* - **3.** [of organization] section *f*, aile *f.* ◇ *vt* armer.
◆ **arms** *npl* armes *fpl* ; **to take up ~s** prendre les armes ; **to be up in ~s about sthg** s'élever contre qqch.

armada [ɑː'mɑːdə] *n* armada *f.*

armadillo [ˌɑːmə'dɪləʊ] (*pl* **-s**) *n* tatou *m.*

Armageddon [ˌɑːmə'gedn] *n* Armageddon *m.*

armaments ['ɑːməmənts] *npl* [weapons] matériel *m* de guerre, armements *mpl.*

arm candy ['ɑːmkændɪ] *n* **inf** jeune *f* et jolie compagne **hum** & **pej.**

armchair ['ɑːmtʃeəʳ] *n* fauteuil *m.*

armed [ɑːmd] *adj* **lit** & **fig** **~ (with)** armé(e) (de).

armed forces *npl* forces *fpl* armées.

Armenia [ɑː'miːnjə] *n* Arménie *f* ; **in ~** en Arménie.

Armenian [ɑːˈmiːnjən] ◇ *adj* arménien (enne). ◇ *n* - **1.** [person] Arménien *m*, -enne *f* - **2.** [language] arménien *m*.

armhole [ˈɑːmhəʊl] *n* emmanchure *f*.

armistice [ˈɑːmɪstɪs] *n* armistice *m*.

armour *UK*, **armor** *US* [ˈɑːmər] *n* - **1.** [for person] armure *f* - **2.** [for military vehicle] blindage *m*.

armoured *UK*, **armored** *US* [ˈɑːməd] *adj* MIL blindé(e).

armoured car *UK*, **armored car** *US* [ˌɑːməd-] *n* voiture *f* blindée.

armour-plated *UK*, **armor-plated** *US* [-pleɪtɪd] *adj* blindé(e).

armoury *UK* (*pl* **-ies**), **armory** *US* (*pl* **-ies**) [ˈɑːmərɪ, iːz] *n* arsenal *m*.

armpit [ˈɑːmpɪt] *n* aisselle *f*.

armrest [ˈɑːmrest] *n* accoudoir *m*.

arms control [ˈɑːmz-] *n* contrôle *m* des armements.

army [ˈɑːmɪ] (*pl* **-ies**) *n lit* & *fig* armée *f*.

A road *n UK* route *f* nationale.

aroma [əˈrəʊmə] *n* arôme *m*.

aromatherapy [əˌrəʊməˈθerəpɪ] *n* aromathérapie *f*.

aromatic [ˌærəˈmætɪk] *adj* aromatique.

arose [əˈrəʊz] *pt* ▷ **arise**.

around [əˈraʊnd] ◇ *adv* - **1.** [about, round] : **to walk ~** se promener ; **to lie ~** [clothes etc] traîner - **2.** [on all sides] (tout) autour - **3.** [near] dans les parages - **4.** [in circular movement] : **to turn ~** se retourner - **5.** *phr* **he has been ~** *inf* il n'est pas né d'hier, il a de l'expérience. ◇ *prep* - **1.** [gen] autour de ; **to walk ~ a garden/town** faire le tour d'un jardin/d'une ville ; **all ~ the country** dans tout le pays - **2.** [near] : **~ here** par ici - **3.** [approximately] environ, à peu près.

arousal [əˈraʊzl] *n* éveil *m*.

arouse [əˈraʊz] *vt* - **1.** [excite - feeling] éveiller, susciter ; [- person] exciter - **2.** [wake] réveiller.

arrange [əˈreɪndʒ] *vt* - **1.** [flowers, books, furniture] arranger, disposer - **2.** [event, meeting etc] organiser, fixer ; **to ~ to do sthg** convenir de faire qqch ; **she ~d for him to come to Edinburgh** elle a fait le nécessaire pour qu'il vienne à Édimbourg - **3.** MUS arranger.

arranged marriage [əˈreɪndʒd-] *n* mariage *m* arrangé.

arrangement [əˈreɪndʒmənt] *n* - **1.** [agreement] accord *m*, arrangement *m* ; **to come to an ~** s'entendre, s'arranger - **2.** [of furniture, books] arrangement *m* ; **flower ~** composition *f* florale - **3.** MUS arrangement *m*.

◆ **arrangements** *npl* dispositions *fpl*, préparatifs *mpl* ; **to make ~s** prendre des mesures OR dispositions.

array [əˈreɪ] ◇ *n* - **1.** [of objects] étalage *m* - **2.** COMPUT tableau *m*. ◇ *vt* [ornaments etc] disposer.

arrears [əˈrɪəz] *npl* [money owed] arriéré *m* ; **to be in ~** [late] être en retard ; [owing money] avoir des arriérés.

arrest [əˈrest] ◇ *n* [by police] arrestation *f* ; **under ~** en état d'arrestation. ◇ *vt* - **1.** [gen] arrêter - **2.** *fml* [sb's attention] attirer, retenir.

arresting [əˈrestɪŋ] *adj* [striking] frappant(e), saisissant(e).

arrival [əˈraɪvl] *n* - **1.** [gen] arrivée *f* ; **late ~** [of train etc] retard *m* - **2.** [person - at airport, hotel] arrivant *m*, -e *f* ; **new ~** [- person] nouveau venu *m*, nouvelle venue *f* ; [- baby] nouveau-né *m*, nouveau-née *f*.

arrive [əˈraɪv] *vi* arriver ; [baby] être né(e) ; **to ~ at** [conclusion, decision] arriver à.

arrogance [ˈærəgəns] *n* arrogance *f*.

arrogant [ˈærəgənt] *adj* arrogant(e).

arrogantly [ˈærəgəntlɪ] *adv* avec arrogance.

arrow [ˈærəʊ] *n* flèche *f*.

arrowroot [ˈærəʊruːt] *n* arrow-root *m*.

arse *UK* [ɑːs], **ass** *US* [æs] *n v inf* cul *m*.

arsenic [ˈɑːsnɪk] *n* arsenic *m*.

arsenal [ˈɑːsənl] *n* arsenal *m*.

arson [ˈɑːsn] *n* incendie *m* criminel OR volontaire.

arsonist [ˈɑːsənɪst] *n* incendiaire *mf*.

art [ɑːt] ◇ *n* art *m*. ◇ *comp* [exhibition] d'art ; [college] des beaux-arts ; **~ student** étudiant *m*, -e *f* d'une école des beaux-arts.

◆ **arts** ◇ *npl* - **1.** *UK* SCH & UNIV lettres *fpl* - **2.** [fine arts] : **the ~s** les arts *mpl*. ◇ *comp UK* SCH & UNIV de lettres ; **~s student** étudiant *m*, -e *f* en lettres.

art deco [-ˈdekəʊ] *n* art *m* déco.

artefact [ˈɑːtɪfækt] = **artifact**.

arterial [ɑːˈtɪərɪəl] *adj* - **1.** [blood] artériel(elle) - **2.** *UK* [road] à grande circulation.

arteriosclerosis [ɑːˌtɪərɪəʊsklɪəˈrəʊsɪs] *n* artériosclérose *f*.

artery [ˈɑːtərɪ] (*pl* **-ies**) *n* artère *f*.

artful [ˈɑːtfʊl] *adj* rusé(e), malin(igne).

art gallery *n* [public] musée *m* d'art ; [for selling paintings] galerie *f* d'art.

art house *n* cinéma *m* d'art et d'essai.

art-house *adj* [cinema, film] d'art et d'essai.

arthritic [ɑːˈθrɪtɪk] *adj* arthritique.

arthritis [ɑːˈθraɪtɪs] *n* arthrite *f*.

artic [ɑːˈtɪk] (*abbr of* **articulated lorry**) *n UK inf* semi-remorque *m*.

artichoke ['ɑːtɪtʃəʊk] *n* artichaut *m*.

article ['ɑːtɪkl] *n* article *m* ; **~ of clothing** vêtement *m*.

articled clerk ['ɑːtɪkld-] *n UK* avocat *m* stagiaire.

articles of association ['ɑːtɪklz-] *npl* statuts *mpl* d'une société.

articulate <> *adj* [ɑː'tɪkjʊlət] [person] qui sait s'exprimer ; [speech] net (nette), distinct(e). <> *vt* [ɑː'tɪkjʊleɪt] [thought, wish] formuler.

articulated lorry [ɑː'tɪkjʊleɪtɪd-] *n UK* semi-remorque *m*.

articulation [ɑːˌtɪkjʊ'leɪʃn] *n* articulation *f*.

artifact ['ɑːtɪfækt] *n* objet *m* fabriqué.

artifice ['ɑːtɪfɪs] *n* - **1.** [trick] artifice *m*, ruse *f* - **2.** [trickery] ingéniosité *f*, habileté *f*.

artificial [ˌɑːtɪ'fɪʃl] *adj* - **1.** [not natural] artificiel(elle) - **2.** [insincere] affecté(e).

artificial insemination *n* insémination *f* artificielle.

artificial intelligence *n* intelligence *f* artificielle.

artificially [ˌɑːtɪ'fɪʃəlɪ] *adv* artificiellement.

artificial respiration *n* respiration *f* artificielle.

artillery [ɑː'tɪlərɪ] *n* artillerie *f*.

artisan [ˌɑːtɪ'zæn] *n* artisan *m*, -e *f*.

artist ['ɑːtɪst] *n* artiste *mf*.

artiste [ɑː'tiːst] *n* artiste *mf*.

artistic [ɑː'tɪstɪk] *adj* [person] artiste ; [style etc] artistique.

artistically [ɑː'tɪstɪklɪ] *adv* avec art, de façon artistique.

artistry ['ɑːtɪstrɪ] *n* art *m*, talent *m* artistique.

artless ['ɑːtlɪs] *adj* naturel(elle), ingénu(e).

art nouveau [ˌɑːnuː'vəʊ] *n* art *m* nouveau.

ARV (*abbr of* **American Revised Version**) *n traduction américaine de la Bible.*

as (*stressed* [æz], *unstressed* [əz]) <> *conj* - **1.** [referring to time] comme, alors que ; **she rang (just)~ I was leaving** elle m'a téléphoné au moment même où *OR* juste comme je partais ; **~ time goes by** à mesure que le temps passe, avec le temps - **2.** [referring to manner, way] comme ; **do ~ I say** fais ce que je (te) dis ; **~ it is** déjà ; **she's working too hard ~ it is** elle travaille déjà assez dur comme ça ; **~ it turns out** finalement, en fin de compte ; **~ things stand** les choses étant ce qu'elles sont - **3.** [introducing a statement] comme ; **~ you see,...** comme tu le vois,... ; **~ you know,...** comme tu le sais,... - **4.** [because] comme. <> *prep* - **1.** [referring to function, characteristic] en, comme, en tant que ; **I'm speaking ~ your friend** je te parle en ami ; **he made a name ~ an actor** il s'est fait un nom comme acteur ; **she works ~ a nurse** elle est infirmière - **2.** [referring to attitude, reaction] : **it came ~ a shock** cela nous a fait un choc ; **she treats it ~ a game** elle prend ça à la rigolade. <> *adv (in comparisons)* **~ rich ~** aussi riche que ; **~ red ~ a tomato** rouge comme une tomate ; **he's ~ tall ~ I am** il est aussi grand que moi ; **twice ~ big ~** deux fois plus gros que ; **~ much/many ~** autant que ; **~ much wine/ many chocolates ~** autant de vin/de chocolats que.

◆ **as it were** *adv* pour ainsi dire.

◆ **as for** *prep* quant à.

◆ **as from, as of** *prep* dès, à partir de.

◆ **as if, as though** *conj* comme si ; **it looks ~ if** *OR* **~ though it will rain** on dirait qu'il va pleuvoir.

◆ **as to** *prep* - **1.** [concerning] en ce qui concerne, au sujet de - **2.** = **as for**.

AS <> *n* (*abbr of* **Associate in/of Science**) *diplômé en sciences.* <> *see also* **American Samoa**.

ASA (*abbr of* **American Standards Association**) *n association américaine de normalisation,* ≃ AFNOR *f*.

asafoetida, **asafetida** *US* [ˌæsəfəʊ'etɪdə] *n* ase *f* fétide.

a.s.a.p. (*abbr of* **as soon as possible**) d'urgence, dans les meilleurs délais.

asbestos [æs'bestəs] *n* asbeste *m*, amiante *m*.

asbestosis [ˌæsbes'təʊsɪs] *n* asbestose *f*.

ascend [ə'send] *vt* & *vi* monter ; **to ~ the throne** monter sur le trône.

ascendancy [ə'sendənsɪ] *n* ascendant *m*.

ascendant [ə'sendənt] *n* : **to be in the ~** avoir le dessus.

ascendency [ə'sendənsɪ] = **ascendancy**.

ascendent [ə'sendənt] = **ascendant**.

ascending [ə'sendɪŋ] *adj* croissant(e) ; **in ~ order** en ordre croissant.

ascension [ə'senʃn] *n* ascension *f*.

◆ **Ascension** *n* RELIG l'Ascension *f*.

Ascension Island *n* île *f* de l'Ascension.

ascent [ə'sent] *n lit* & *fig* ascension *f*.

ascertain [ˌæsə'teɪn] *vt* établir.

ascetic [ə'setɪk] <> *adj* ascétique. <> *n* ascète *mf*.

ASCII ['æskɪ] (*abbr of* **American Standard Code for Information**) *n* ASCII *m*.

ascorbic acid [ə'skɔːbɪk-] *n* acide *m* ascorbique.

ascribe [ə'skraɪb] *vt* : **to ~ sthg to** attribuer qqch à ; [blame] imputer qqch à.

ASCU (*abbr of* **Association of State Colleges and Universities**) *n association des établissements universitaires d'État aux États-Unis.*

ASE (*abbr of* **American Stock Exchange**) *n la deuxième place boursière des États-Unis.*

aseptic [ˌeɪ'septɪk] *adj* aseptique.

asexual [ˌeɪ'sekʃʊəl] *adj* asexué(e).

ash [æʃ] *n* - **1.** [from cigarette, fire] cendre *f* - **2.** [tree] frêne *m.*

◆ **ashes** *npl* cendres *fpl.*

ASH [æʃ] (*abbr of* **Action on Smoking and Health**) *n ligue antitabac britannique.*

ashamed [ə'ʃeɪmd] *adj* honteux(euse), confus(e) ; **to be ~ of** avoir honte de ; **to be ~ to do sthg** avoir honte de faire qqch.

ashcan ['æʃkæn] *n US* poubelle *f.*

ashen-faced ['æʃnˌfeɪst] *adj* blême.

ashore [ə'ʃɔːʳ] *adv* à terre.

ashtray ['æʃtreɪ] *n* cendrier *m.*

Ash Wednesday *n* le mercredi des Cendres.

Asia [*UK* 'eɪʃə, *US* 'eɪʒə] *n* Asie *f* ; **in ~** en Asie.

Asia Minor *n* Asie *f* Mineure.

Asian [*UK* 'eɪʃn, *US* 'eɪʒn] ◇ *adj* asiatique. ◇ *n* [person] Asiatique *mf.*

Asiatic [ˌeɪʒɪ'ætɪk] *adj* asiatique.

aside [ə'saɪd] ◇ *adv* - **1.** [to one side] de côté ; **to move ~** s'écarter ; **to take sb ~** prendre qqn à part ; **to brush** *OR* **sweep sthg ~** balayer *OR* repousser qqch - **2.** [apart] à part ; **~ from** à l'exception de. ◇ *n* - **1.** [in play] aparté *m* - **2.** [remark] réflexion *f*, commentaire *m.*

ask [ɑːsk] ◇ *vt* - **1.** [gen] demander ; **to ~ sb sthg** demander qqch à qqn ; **he ~ed me my name** il m'a demandé mon nom ; **to ~ sb for sthg** demander qqch à qqn ; **to ~ sb to do sthg** demander à qqn de faire qqch ; **if you ~ me...** si tu veux mon avis... - **2.** [put - question] poser - **3.** [invite] inviter. ◇ *vi* demander.

◆ **ask after** *vt insep* demander des nouvelles de.

◆ **ask for** *vt insep* - **1.** [person] demander à voir - **2.** [thing] demander.

askance [ə'skæns] *adv* : **to look ~ at sb** regarder qqn d'un air désapprobateur.

askew [ə'skjuː] *adj* [not straight] de travers.

asking price ['ɑːskɪŋ-] *n* prix *m* demandé.

asleep [ə'sliːp] *adj* endormi(e) ; **to fall ~** s'endormir ; **to be fast** *OR* **sound ~** dormir profondément *OR* à poings fermés.

ASLEF ['æzlef] (*abbr of* **Associated Society of Locomotive Engineers and Firemen**) *n syndicat des cheminots en Grande-Bretagne.*

AS level (*abbr of* **Advanced Supplementary level**) *n* [in UK] *examen facultatif complétant les A levels.*

ASM (*abbr of* **air-to-surface missile**) *n* ASM *m.*

asparagus [ə'spærəgəs] *n (U)* asperges *fpl.*

aspartame ['æspərteɪm] *n* aspartame *m.*

ASPCA (*abbr of* **American Society for the Prevention of Cruelty to Animals**) *n société américaine protectrice des animaux.*

aspect ['æspekt] *n* - **1.** [gen] aspect *m* - **2.** [of building] orientation *f.*

aspen ['æspən] *n* tremble *m.*

aspersions [ə'spɜːʃnz] *npl* : **to cast ~ on** jeter le discrédit sur.

asphalt ['æsfælt] *n* asphalte *m.*

asphyxiate [əs'fɪksɪeɪt] *vt* asphyxier.

aspic ['æspɪk] *n* aspic *m.*

aspirate ['æspərət] *adj* LING aspiré(e).

aspiration [ˌæspə'reɪʃn] *n* aspiration *f.*

aspire [ə'spaɪəʳ] *vi* : **to ~ to sthg/to do sthg** aspirer à qqch/à faire qqch.

aspirin ['æsprɪn] *n* aspirine *f.*

aspiring [ə'spaɪərɪŋ] *adj* : **she was an ~ writer** elle avait pour ambition de devenir écrivain.

ass [æs] *n* - **1.** [donkey] âne *m* - **2.** *inf* [idiot] imbécile *mf*, idiot *m*, -e *f* - **3.** *US vulg* = **arse.**

assail [ə'seɪl] *vt* assaillir.

assailant [ə'seɪlənt] *n* assaillant *m*, -e *f.*

assassin [ə'sæsɪn] *n* assassin *m.*

assassinate [ə'sæsɪneɪt] *vt* assassiner.

assassination [əˌsæsɪ'neɪʃn] *n* assassinat *m.*

assault [ə'sɔːlt] ◇ *n* - **1.** MIL : **~ (on)** assaut *m* (de), attaque *f* (de) - **2.** [physical attack] : **~ (on sb)** agression *f* (contre qqn) ; **~ and battery** LAW coups *mpl* et blessures. ◇ *vt* [attack - physically] agresser ; [- sexually] violenter.

assault course *n* parcours *m* du combattant.

assemble [ə'sembl] ◇ *vt* - **1.** [gather] réunir - **2.** [fit together] assembler, monter. ◇ *vi* se réunir, s'assembler.

assembly [ə'semblɪ] (*pl* **-ies**) *n* - **1.** [gen] assemblée *f* - **2.** [fitting together] assemblage *m.*

assembly language *n* COMPUT langage *m* d'assemblage.

assembly line *n* chaîne *f* de montage.

assent [ə'sent] ◇ *n* consentement *m*, assentiment *m.* ◇ *vi* : **to ~ (to)** donner son consentement *OR* assentiment (à).

assert [ə'sɜːt] *vt* - **1.** [fact, belief] affirmer, soutenir - **2.** [authority] imposer ; **to ~ o.s.** s'imposer.

assertion [ə'sɜːʃn] *n* [claim] assertion *f*, affirmation *f*.

assertive [ə'sɜːtɪv] *adj* assuré(e).

assess [ə'ses] *vt* évaluer, estimer.

assessment [ə'sesmənt] *n* - **1.** [opinion] opinion *f* - **2.** [calculation] évaluation *f*, estimation *f*.

assessor [ə'sesər] *n* [of tax] contrôleur *m*, -euse *f* (des impôts).

asset ['æset] *n* avantage *m*, atout *m* ; **she will be an ~ to the company** sa compétence sera un atout pour la société.
◆ **assets** *npl* COMM actif *m*.

asset-stripping [-ˌstrɪpɪŋ] *n rachat d'une société pour en récupérer l'actif.*

assiduous [ə'sɪdjʊəs] *adj* assidu(e).

assiduously [ə'sɪdjʊəslɪ] *adv* assidûment.

assign [ə'saɪn] *vt* - **1.** [allot] : **to ~ sthg (to)** assigner qqch (à) - **2.** [give task to] : **to ~ sb (to sthg/to do sthg)** nommer qqn (à qqch/pour faire qqch).

assignation [ˌæsɪg'neɪʃn] *n* rendez-vous *m* (amoureux).

assignment [ə'saɪnmənt] *n* - **1.** [task] mission *f* ; SCH devoir *m* - **2.** [act of assigning] attribution *f*.

assimilate [ə'sɪmɪleɪt] *vt* assimiler.

assimilation [əˌsɪmɪ'leɪʃn] *n* assimilation *f*.

assist [ə'sɪst] *vt* : **to ~ sb (with sthg/in doing sthg)** aider qqn (dans qqch/à faire qqch) ; [professionally] assister qqn (dans qqch/pour faire qqch).

assistance [ə'sɪstəns] *n* aide *f* ; **to be of ~ (to)** être utile (à).

assistant [ə'sɪstənt] ◇ *n* assistant *m*, -e *f* ; **(shop) ~** *UK* vendeur *m*, -euse *f*. ◇ *comp* : **~ editor** rédacteur en chef adjoint *m*, rédactrice en chef adjointe *f* ; **~ manager** sous-directeur *m*, -trice *f*.

assistant referee *n* SPORT assistant-arbitre *m*.

associate ◇ *adj* [ə'səʊʃɪət] associé(e). ◇ *n* [ə'səʊʃɪət] associé *m*, -e *f*. ◇ *vt* [ə'səʊʃɪeɪt] : **to ~ sb/sthg (with)** associer qqn/qqch (à) ; **to be ~d with** être associé(e) à. ◇ *vi* [ə'səʊʃɪeɪt] : **to ~ with sb** fréquenter qqn.

association [əˌsəʊsɪ'eɪʃn] *n* association *f* ; **in ~ with** avec la collaboration de.

assonance ['æsənəns] *n* assonance *f*.

assorted [ə'sɔːtɪd] *adj* varié(e).

assortment [ə'sɔːtmənt] *n* mélange *m*.

Asst. *see also* **assistant**.

assuage [ə'sweɪdʒ] *vt* [thirst, hunger] assouvir ; [grief] soulager.

assume [ə'sjuːm] *vt* - **1.** [suppose] supposer, présumer - **2.** [power, responsibility] assumer - **3.** [appearance, attitude] adopter.

assumed name [ə'sjuːmd-] *n* nom *m* d'emprunt.

assuming [ə'sjuːmɪŋ] *conj* en supposant que.

assumption [ə'sʌmpʃn] *n* - **1.** [supposition] supposition *f* - **2.** [of power] prise *f*.
◆ **Assumption** *n* RELIG : **the Assumption** l'Assomption *f*.

assurance [ə'ʃʊərəns] *n* - **1.** [gen] assurance *f* - **2.** [promise] garantie *f*, promesse *f*.

assure [ə'ʃʊər] *vt* : **to ~ sb (of)** assurer qqn (de).

assured [ə'ʃʊəd] *adj* assuré(e).

AST (*abbr of* **Atlantic Standard Time**) *n heure d'hiver de la côte est des États-Unis.*

asterisk ['æstərɪsk] *n* astérisque *m*.

astern [ə'stɜːn] *adv* NAUT en poupe.

asteroid ['æstərɔɪd] *n* astéroïde *m*.

asthma ['æsmə] *n* asthme *m*.

asthmatic [æs'mætɪk] ◇ *adj* asthmatique. ◇ *n* asthmatique *mf*.

astigmatism [æ'stɪgmətɪzm] *n* astigmatisme *m*.

astonish [ə'stɒnɪʃ] *vt* étonner.

astonishing [ə'stɒnɪʃɪŋ] *adj* étonnant(e).

astonishment [ə'stɒnɪʃmənt] *n* étonnement *m*.

astound [ə'staʊnd] *vt* stupéfier.

astounding [ə'staʊndɪŋ] *adj* stupéfiant(e).

astrakhan *n* astrakan *m*.

astray [ə'streɪ] *adv* : **to go ~** [become lost] s'égarer ; **to lead sb ~** détourner qqn du droit chemin.

astride [ə'straɪd] ◇ *adv* à cheval, à califourchon. ◇ *prep* à cheval OR califourchon sur.

astringent [ə'strɪndʒənt] ◇ *adj* astringent(e). ◇ *n* astringent *m*.

astrologer [ə'strɒlədʒər] *n* astrologue *mf*.

astrological [ˌæstrə'lɒdʒɪkl] *adj* astrologique.

astrologist [ə'strɒlədʒɪst] = **astrologer**.

astrology [ə'strɒlədʒɪ] *n* astrologie *f*.

astronaut ['æstrənɔːt] *n* astronaute *mf*.

astronomer [ə'strɒnəmər] *n* astronome *mf*.

astronomical [ˌæstrə'nɒmɪkl] *adj* astronomique.

astronomy [ə'strɒnəmɪ] *n* astronomie *f*.

astrophysics [ˌæstrəʊ'fɪzɪks] *n* astrophysique *f*.

astute [ə'stju:t] *adj* malin(igne).

asunder [ə'sʌndəʳ] *adv lit* **to tear ~** déchirer en deux.

ASV (*abbr of* **American Standard Version**) *n traduction américaine de la Bible.*

asylum [ə'saɪləm] *n* asile *m*.

asymmetrical [ˌeɪsɪ'metrɪkl] *adj* asymétrique.

at (*stressed* [æt], *unstressed* [ət] *OR* [ət]) *prep* - **1.** [indicating place, position] à ; **they arrived ~ the airport** ils sont arrivés à l'aéroport ; **~ my father's** chez mon père ; **~ home** à la maison, chez soi ; **~ school** à l'école ; **~ work** au travail - **2.** [indicating direction] vers ; **to look ~ sb** regarder qqn ; **to smile ~ sb** sourire à qqn ; **to shoot ~ sb** tirer sur qqn - **3.** [indicating a particular time] à ; **~ midnight/noon/eleven o'clock** à minuit/midi/onze heures ; **~ night** la nuit ; **~ Christmas/Easter** à Noël/Pâques - **4.** [indicating age, speed, rate] à ; **~ 52 (years of age)** à 52 ans ; **~ 100 mph** à 160 km/h - **5.** [indicating price] : **~ £50 a pair** 50 livres la paire - **6.** [indicating particular state, condition] en ; **~ peace/war** en paix/guerre ; **to be ~ lunch/dinner** être en train de déjeuner/dîner - **7.** [indicating tentativeness, noncompletion] : **to snatch ~ sthg** essayer de saisir qqch ; **to nibble ~ sthg** grignoter qqch - **8.** (*after adjectives*) **amused/appalled/puzzled ~ sthg** diverti(e) / effaré(e) /intrigué(e) par qqch ; **delighted ~ sthg** ravi(e) de qqch ; **to be bad/good ~ sthg** être mauvais(e)/bon (bonne) en qqch - **9.** [in electronic adress] ar(r)obas *f*.

◆ **at all** *adv* - **1.** (*with negative*) **not ~ all** [when thanked] je vous en prie ; [when answering a question] pas du tout ; **she's not ~ all happy** elle n'est pas du tout contente - **2.** [in the slightest] : **anything ~ all will do** n'importe quoi fera l'affaire ; **do you know her ~ all?** est-ce que vous la connaissez?

ATC (*abbr of* **Air Training Corps**) *n unité de formation de l'armée de l'air britannique.*

ate [*UK* et, *US* eɪt] *pt* ▷ **eat.**

atheism ['eɪθɪɪzm] *n* athéisme *m*.

atheist ['eɪθɪɪst] *n* athée *mf*.

Athenian [ə'θi:njən] ◇ *adj* athénien(enne). ◇ *n* Athénien *m*, -enne *f*.

Athens ['æθɪnz] *n* Athènes.

athlete ['æθli:t] *n* athlète *mf*.

athlete's foot *n (U)* mycose *f*.

athletic [æθ'letɪk] *adj* athlétique.

◆ **athletics** *npl UK* athlétisme *m* ; *US* sports *mpl*.

Atlantic [ət'læntɪk] ◇ *adj* atlantique. ◇ *n* : **the ~ (Ocean)** l'océan *m* Atlantique, l'Atlantique *m*.

Atlantis [ət'læntɪs] *n* Atlantide *f*.

atlas ['ætləs] *n* atlas *m*.

Atlas ['ætləs] *n* : **the ~ Mountains** l'Atlas *m*.

atm. (*abbr of* **atmosphere**) atm.

ATM (*abbr of* **automatic** *OR* **automated teller machine**) *n esp US* DAB *m*.

atmosphere ['ætməˌsfɪəʳ] *n* atmosphère *f*.

atmospheric [ˌætməs'ferɪk] *adj* - **1.** [pressure, pollution etc] atmosphérique - **2.** [film, music etc] d'ambiance.

atoll ['ætɒl] *n* atoll *m*.

atom ['ætəm] *n* - **1.** TECH atome *m* - **2.** *fig* [tiny amount] grain *m*, parcelle *f*.

atom bomb *n* bombe *f* atomique.

atomic [ə'tɒmɪk] *adj* atomique.

atomic bomb = **atom bomb**.

atomic energy *n* énergie *f* atomique.

atomic number *n* nombre *m OR* numéro *m* atomique.

atomizer, *UK* **-iser** ['ætəmaɪzəʳ] *n* atomiseur *m*, vaporisateur *m*.

atone [ə'təʊn] *vi* : **to ~ for** racheter.

atonement [ə'təʊnmənt] *n* : **~ (for)** réparation *f* (de).

A to Z *n* plan *m* de ville.

ATP (*abbr of* **Association of Tennis Professionals**) *n* ATP *f*.

atrocious [ə'trəʊʃəs] *adj* [very bad] atroce, affreux(euse).

atrocity [ə'trɒsətɪ] (*pl* **-ies**) *n* [terrible act] atrocité *f*.

attach [ə'tætʃ] *vt* - **1.** [gen] : **to ~ sthg (to)** attacher qqch (à) - **2.** [letter etc] joindre.

attaché [ə'tæʃeɪ] *n* attaché *m*, -e *f*.

attaché case *n* attaché-case *m*.

attached [ə'tætʃt] *adj* - **1.** [fastened on] attaché(e) - **2.** [letter etc] joint(e) - **3.** [for work, job] : **~ to** rattaché(e) à - **4.** [fond] : **~ to** attaché(e) à.

attachment [ə'tætʃmənt] *n* - **1.** [device] accessoire *m* - **2.** [fondness] : **~ (to)** attachement *m* (à) - **3.** COMPUT pièce *f* jointe.

attack [ə'tæk] ◇ *n* - **1.** [physical, verbal] : **~ (on)** attaque *f* (contre) - **2.** [of illness] crise *f*. ◇ *vt* - **1.** [gen] attaquer - **2.** [job, problem] s'attaquer à. ◇ *vi* attaquer.

attacker [ə'tækəʳ] *n* - **1.** [assailant] agresseur *m* - **2.** SPORT attaquant *m*, -e *f*.

attain [ə'teɪn] *vt* atteindre, parvenir à.

attainment [ə'teɪnmənt] *n* - **1.** [of success, aims etc] réalisation *f* - **2.** [skill] talent *m*.

attempt [ə'tempt] ◇ *n* : **~ (at)** tentative *f* (de) ; **~ on sb's life** tentative d'assassinat. ◇ *vt* tenter, essayer ; **to ~ to do sthg** essayer *OR* tenter de faire qqch.

attend [ə'tend] <> *vt* - **1.** [meeting, party] assister à - **2.** [school, church] aller à. <> *vi* - **1.** [be present] être présent(e) - **2.** [pay attention] : **to ~ (to)** prêter attention (à).

◆ **attend to** *vt insep* - **1.** [deal with] s'occuper de, régler - **2.** [look after - customer] s'occuper de ; [- patient] soigner.

attendance [ə'tendəns] *n* - **1.** [number present] assistance *f*, public *m* - **2.** [presence] présence *f*.

attendant [ə'tendənt] <> *adj* [problems] qui en découle. <> *n* [at museum, car park] gardien *m*, -enne *f* ; [at petrol station] pompiste *mf* ; **swimming-pool ~** maître *m* nageur.

attention [ə'tenʃn] <> *n (U)* - **1.** [gen] attention *f* ; **to bring sthg to sb's ~, to draw sb's ~ to sthg** attirer l'attention de qqn sur qqch ; **to attract** *OR* **catch sb's ~** attirer l'attention de qqn ; **to pay ~ to** prêter attention à ; **for the ~ of** COMM à l'attention de - **2.** [care] soins *mpl*, attentions *fpl* - **3.** MIL : **to stand to ~** se mettre au garde-à-vous. <> *excl* MIL garde-à-vous!

attentive [ə'tentɪv] *adj* attentif(ive).

attentively [ə'tentɪvlɪ] *adv* attentivement.

attenuate [ə'tenjʊeɪt] <> *vt* atténuer. <> *vi* s'atténuer.

attest [ə'test] <> *vt* attester, certifier. <> *vi* : **to ~ to** témoigner de.

attic ['ætɪk] *n* grenier *m*.

attire [ə'taɪəʳ] *n (U) fml* tenue *f*.

attitude ['ætɪtju:d] *n* - **1.** [gen] : **~ (to** *OR* **towards)** attitude *f* (envers) - **2.** [posture] pose *f*.

attn. (*abbr of* **for the attention of**) à l'attention de.

attorney [ə'tɜ:nɪ] *n* **US** avocat *m*, -e *f*.

attorney general (*pl* **attorneys general**) *n* ministre *m* de la Justice.

attract [ə'trækt] *vt* attirer ; **to be ~ed to** être attiré(e) par.

attraction [ə'trækʃn] *n* - **1.** [gen] attraction *f* ; **~ to sb** attirance *f* envers qqn - **2.** [of thing] attrait *m*.

attractive [ə'træktɪv] *adj* [person] attirant(e), séduisant(e) ; [thing, idea] attrayant(e), séduisant(e) ; [investment] intéressant(e).

attractively [ə'træktɪvlɪ] *adv* [decorated, arranged] de manière attrayante ; [smile, dressed] de manière séduisante.

attributable [ə'trɪbjʊtəbl] *adj* : **~ to** dû (due) à, attribuable à.

attribute <> *vt* [ə'trɪbju:t] : **to ~ sthg to** attribuer qqch à. <> *n* ['ætrɪbju:t] attribut *m*.

attribution [,ætrɪ'bju:ʃn] *n* : **~ (to)** attribution *f* (à).

attrition [ə'trɪʃn] *n* usure *f* ; **war of ~** guerre *f* d'usure.

attuned [ə'tju:nd] *adj* : **~ to** accoutumé(e) à ; [ears] habitué(e) à.

Atty. Gen. *see also* **Attorney General**.

ATV *n* - **1.** (*abbr of* **Associated Television**) *société britannique de télévision* - **2.** (*abbr of* **all terrain vehicle**) *véhicule tout-terrain*.

atypical [,eɪ'tɪpɪkl] *adj* atypique.

atypically [,eɪ'tɪpɪklɪ] *adv* pas typiquement.

aubergine ['əʊbəʒi:n] *n* **UK** aubergine *f*.

auburn ['ɔ:bən] *adj* auburn *(inv)*.

auction ['ɔ:kʃn] <> *n* vente *f* aux enchères ; **at** *OR* **by ~** aux enchères ; **to put sthg up for ~** mettre qqch (dans une vente) aux enchères. <> *vt* vendre aux enchères.

◆ **auction off** *vt sep* vendre aux enchères.

auctioneer [,ɔ:kʃə'nɪəʳ] *n* commissaire-priseur *m*.

audacious [ɔ:'deɪʃəs] *adj* audacieux(euse).

audacity [ɔ:'dæsətɪ] *n* audace *f*.

audible ['ɔ:dəbl] *adj* audible.

audience ['ɔ:djəns] *n* - **1.** [of play, film] public *m*, spectateurs *mpl* ; [of TV programme] téléspectateurs *mpl* - **2.** [formal meeting] audience *f*.

audio ['ɔ:dɪəʊ] *adj* audio *(inv)*.

audio frequency *n* audiofréquence *f*.

audiotyping ['ɔ:dɪəʊ,taɪpɪŋ] *n* audiotypie *f*.

audiotypist ['ɔ:dɪəʊ,taɪpɪst] *n* audiotypiste *mf*.

audiovisual [,ɔ:dɪəʊvɪzjʊəl] *adj* audiovisuel(elle).

audit ['ɔ:dɪt] <> *n* audit *m*, vérification *f* des comptes. <> *vt* - **1.** vérifier, apurer - **2.** **US** UNIV : **he ~s several courses** il assiste à plusieurs cours en tant qu'auditeur libre.

audition [ɔ:'dɪʃn] <> *n* THEAT audition *f* ; CIN bout *m* d'essai. <> *vi* : **to ~ for** passer une audition pour.

auditor ['ɔ:dɪtəʳ] *n* auditeur *m*, -trice *f*.

auditorium [,ɔ:dɪ'tɔ:rɪəm] (*pl* **-riums** *OR* **-ria** [-rɪə]) *n* salle *f*.

au fait [,əʊ'feɪ] *adj* : **to be ~ with sthg** être au fait de qqch, connaître qqch.

Aug. *see also* **August**.

augment [ɔ:g'ment] *vt* augmenter, accroître.

augur ['ɔ:gəʳ] *vi* : **to ~ well/badly** être de bon/mauvais augure.

august [ɔ:'gʌst] *adj* auguste, noble.

August ['ɔ:gəst] *n* août *m*, *see also* **September**.

Auld Lang Syne [,ɔ:ldlæŋ'saɪn] *n chant traditionnel britannique correspondant à "ce n'est qu'un au revoir, mes frères"*.

aunt [ɑːnt] *n* tante *f*.

auntie, aunty (*pl* **-ies**) ['ɑːntɪ] *n inf* tata *f*, tantine *f*.

au pair [ˌəʊ'peəʳ] *n* jeune fille *f* au pair.

aura ['ɔːrə] *n* atmosphère *f*.

aural ['ɔːrəl] *adj* auditif(ive).

aurally ['ɔːrəlɪ] *adv* : **~ handicapped** mal entendant(e).

auspices ['ɔːspɪsɪz] *npl* : **under the ~ of** sous les auspices de.

auspicious [ɔː'spɪʃəs] *adj* prometteur (euse).

Aussie ['ɒzɪ] *inf* ◇ *adj* australien(enne). ◇ *n* Australien *m*, -enne *f*.

austere [ɒ'stɪəʳ] *adj* austère.

austerity [ɒ'sterətɪ] *n* austérité *f*.

austerity measures *npl* restrictions *fpl*.

Australasia [ˌɒstrə'leɪʒə] *n* Australasie *f*.

Australia [ɒ'streɪljə] *n* Australie *f* ; **in ~** en Australie.

Australian [ɒ'streɪljən] ◇ *adj* australien(enne). ◇ *n* Australien *m*, -enne *f*.

Austria ['ɒstrɪə] *n* Autriche *f* ; **in ~** en Autriche.

Austrian ['ɒstrɪən] ◇ *adj* autrichien(enne). ◇ *n* Autrichien *m*, -enne *f*.

AUT (*abbr of* **Association of University Teachers**) *n syndicat britannique d'enseignants universitaires*.

authentic [ɔː'θentɪk] *adj* authentique.

authenticate [ɔː'θentɪkeɪt] *vt* établir l'authenticité de.

authentication [ɔːˌθentɪ'keɪʃn] *n* authentification *f*.

authenticity [ˌɔːθen'tɪsətɪ] *n* authenticité *f*.

author ['ɔːθəʳ] *n* auteur *m*.

authoritarian [ɔːˌθɒrɪ'teərɪən] *adj* autoritaire.

authoritative [ɔː'θɒrɪtətɪv] *adj* - **1.** [person, voice] autoritaire - **2.** [study] qui fait autorité.

authority [ɔː'θɒrətɪ] (*pl* **-ies**) *n* - **1.** [organization, power] autorité *f* ; **to be in ~** être le/la responsable - **2.** [permission] autorisation *f* - **3.** [expert] : **~ (on sthg)** expert *m*, -e *f* (en qqch) - **4.** *phr* **to have it on good ~** le tenir de bonne source OR de source sûre.
◆ **authorities** *npl* : **the authorities** les autorités *fpl*.

authorize, *UK* **-ise** ['ɔːθəraɪz] *vt* : **to ~ sb (to do sthg)** autoriser qqn (à faire qqch).

Authorized Version *n* : **the ~** la Bible de 1611.

authorship ['ɔːθəʃɪp] *n* paternité *f*.

autistic [ɔː'tɪstɪk] *adj* [child] autiste ; [behaviour] autistique.

auto ['ɔːtəʊ] (*pl* **-s**) *n US* auto *f*, voiture *f*.

autobiographical ['ɔːtəˌbaɪə'græfɪkl] *adj* autobiographique.

autobiography [ˌɔːtəbaɪ'ɒgrəfɪ] (*pl* **-ies**) *n* autobiographie *f*.

autocrat ['ɔːtəkræt] *n* autocrate *m*.

autocratic [ˌɔːtə'krætɪk] *adj* autocratique.

autocross ['ɔːtəʊkrɒs] *n UK* auto-cross *m*.

Autocue® ['ɔːtəʊkjuː] *n UK* téléprompteur *m*.

autograph ['ɔːtəgrɑːf] ◇ *n* autographe *m*. ◇ *vt* signer.

Automat® ['ɔːtəmæt] *n US restaurant où les plats sont vendus dans des distributeurs automatiques*.

automata [ɔː'tɒmətə] *pl* ▷ **automaton**.

automate ['ɔːtəmeɪt] *vt* automatiser.

automatic [ˌɔːtə'mætɪk] ◇ *adj* - **1.** [gen] automatique - **2.** [gesture] machinal(e). ◇ *n* - **1.** [car] voiture *f* à transmission automatique - **2.** [gun] automatique *m* - **3.** [washing machine] lave-linge *m* automatique.

automatically [ˌɔːtə'mætɪklɪ] *adv* - **1.** [gen] automatiquement - **2.** [move, reply] machinalement.

automatic pilot *n lit & fig* pilote *m* automatique.

automation [ˌɔːtə'meɪʃn] *n* automatisation *f*, automation *f*.

automaton [ɔː'tɒmətən] (*pl* **-tons** OR **-ta** [-tə]) *n lit & fig* automate *mf*.

automobile ['ɔːtəməbiːl] *n US* automobile *f*.

automotive [ˌɔːtə'məʊtɪv] *adj* automobile.

autonomous [ɔː'tɒnəməs] *adj* autonome.

autonomy [ɔː'tɒnəmɪ] *n* autonomie *f*.

autopilot [ˌɔːtəʊ'paɪlət] = **automatic pilot**.

autopsy ['ɔːtɒpsɪ] (*pl* **-ies**) *n* autopsie *f*.

autumn ['ɔːtəm] ◇ *n* automne *m* ; **in ~** en automne. ◇ *comp* d'automne.

autumnal [ɔː'tʌmnəl] *adj* automnal(e).

auxiliary [ɔːg'zɪljərɪ] ◇ *adj* auxiliaire. ◇ *n* (*pl* **-ies**) auxiliaire *mf*.

av. (*abbr of* **average**) *adj* moyen(ne).

Av. (*abbr of* **avenue**) av.

AV ◇ *n see also* **Authorized Version**. ◇ *see also* **audiovisual**.

avail [ə'veɪl] ◇ *n* : **to no ~** en vain, sans résultat. ◇ *vt* : **to ~ o.s. of** profiter de.

availability [əˌveɪlə'bɪlətɪ] *n* disponibilité *f*.

available [ə'veɪləbl] *adj* disponible.

avalanche ['ævəlɑːnʃ] *n lit & fig* avalanche *f*.

avant-garde [ˌævɒŋ'gɑːd] *adj* d'avant-garde.

avarice ['ævərɪs] *n* avarice *f*.

avaricious [ˌævə'rɪʃəs] *adj* avare.

avdp. (*abbr of* **avoirdupois**) *système avoirdupois*.

Ave. (*abbr of* **avenue**) av.

avenge [ə'vendʒ] *vt* venger.

avenue ['ævənjuː] *n* avenue *f*.

average ['ævərɪdʒ] ◇ *adj* moyen(enne). ◇ *n* moyenne *f* ; **on ~** en moyenne. ◇ *vt* : **the cars were averaging 90 mph** les voitures roulaient en moyenne à 150 km/h.
◆ **average out** ◇ *vt sep* établir la moyenne de. ◇ *vi* : **to ~ out at** donner la moyenne de.

averse [ə'vɜːs] *adj* : **I'm not ~ to the occasional drink** *hum* je ne dis pas non à un verre de temps en temps.

aversion [ə'vɜːʃn] *n* : **~ (to)** aversion *f* (pour).

avert [ə'vɜːt] *vt* - **1.** [avoid] écarter ; [accident] empêcher - **2.** [eyes, glance] détourner.

aviary ['eɪvjərɪ] (*pl* **-ies**) *n* volière *f*.

aviation [ˌeɪvɪ'eɪʃn] *n* aviation *f*.

aviator ['eɪvɪeɪtəʳ] *n* ***dated*** aviateur *m*, -trice *f*.

avid ['ævɪd] *adj* : **~ (for)** avide (de).

avocado [ˌævə'kɑːdəʊ] (*pl* **-s** *OR* **-es**) *n* : **~ (pear)** avocat *m*.

avoid [ə'vɔɪd] *vt* éviter ; **to ~ doing sthg** éviter de faire qqch.

avoidable [ə'vɔɪdəbl] *adj* qui peut être évité(e).

avoidance [ə'vɔɪdəns] *n* ▷ **tax avoidance**.

avowed [ə'vaʊd] *adj* - **1.** [supporter, opponent] déclaré(e) - **2.** [aim, belief] avoué(e).

AVP (*abbr of* **assistant vice-president**) *n vice-président adjoint*.

AWACS ['eɪwæks] (*abbr of* **airborne warning and control system**) *n* AWACS *m*.

await [ə'weɪt] *vt* attendre.

awake [ə'weɪk] ◇ *adj* - **1.** [not sleeping] réveillé(e) ; **are you ~?** tu dors? ; **to be wide ~** être complètement réveillé(e) - **2.** ***fig*** [aware] : **~ to** conscient(e) de. ◇ *vt* (*pt* **awoke** *OR* **awaked**, *pp* **awoken**) - **1.** [wake up] réveiller - **2.** ***fig*** [feeling] éveiller. ◇ *vi* (*pt* **awoke** *OR* **awaked**, *pp* **awoken**) - **1.** [wake up] se réveiller - **2.** ***fig*** [feeling] s'éveiller.

awakening [ə'weɪknɪŋ] *n* - **1.** [from sleep] réveil *m* ; **a rude ~** un réveil brutal - **2.** ***fig*** [of feeling] éveil *m*.

award [ə'wɔːd] ◇ *n* - **1.** [prize] prix *m* - **2.** [compensation] dommages-intérêts *mpl*. ◇ *vt* : **to ~ sb sthg, to ~ sthg to sb** [prize] décerner qqch à qqn ; [compensation, free kick] accorder qqch à qqn.

aware [ə'weəʳ] *adj* : **to be ~ of sthg** se rendre compte de qqch, être conscient(e) de qqch ; **to be ~ that** se rendre compte que, être conscient que ; **politically ~** politisé(e).

awareness [ə'weənɪs] *n (U)* conscience *f*.

awash [ə'wɒʃ] *adj* ***lit*** & ***fig*** **~ (with)** inondé(e) (de).

away [ə'weɪ] ◇ *adv* - **1.** [in opposite direction] : **to move** *OR* **walk ~ (from)** s'éloigner (de) ; **to look ~** détourner le regard ; **to turn ~** se détourner - **2.** [in distance] : **we live 4 miles ~ (from here)** nous habitons à 6 kilomètres (d'ici) ; **to keep sb ~** empêcher qqn de s'approcher - **3.** [in time] : **the elections are a month ~** les élections se dérouleront dans un mois - **4.** [absent] absent(e) ; **she's ~ on holiday** elle est partie en vacances - **5.** [in safe place] : **to put sthg ~** ranger qqch - **6.** [so as to be gone or used up] : **to fade ~** disparaître ; **to give sthg ~** donner qqch, faire don de qqch ; **to take sthg ~** emporter qqch - **7.** [continuously] : **to be working ~** travailler sans arrêt. ◇ *adj* SPORT [team, fans] de l'équipe des visiteurs ; **~ game** match *m* à l'extérieur.

awe [ɔː] *n* respect *m* mêlé de crainte ; **to be in ~ of sb** être impressionné(e) par qqn.

awesome ['ɔːsəm] *adj* impressionnant(e).

awestruck ['ɔːstrʌk] *adj* impressionné(e).

awful ['ɔːfʊl] *adj* - **1.** [terrible] affreux(euse) - **2.** ***inf*** [very great] : **an ~ lot (of)** énormément (de).

awfully ['ɔːflɪ] *adv* ***inf*** [bad, difficult] affreusement ; [nice, good] extrêmement.

awhile [ə'waɪl] *adv* un moment.

awkward ['ɔːkwəd] *adj* - **1.** [clumsy] gauche, maladroit(e) - **2.** [embarrassed] mal à l'aise, gêné(e) - **3.** [difficult - person, problem, task] difficile - **4.** [inconvenient] incommode - **5.** [embarrassing] embarrassant(e), gênant(e).

awkwardly ['ɔːkwədlɪ] *adv* - **1.** [move etc] gauchement, maladroitement - **2.** [with embarrassment] avec gêne *OR* embarras.

awkwardness ['ɔːkwədnɪs] *n* - **1.** [of person, movement] gaucherie *f*, maladresse *f* - **2.** [embarrassment] gêne *f*, embarras *m*.

awl [ɔːl] *n* poinçon *m*, alêne *f*.

awning ['ɔːnɪŋ] *n* - **1.** [of tent] auvent *m* - **2.** [of shop] banne *f*.

awoke [ə'wəʊk] *pt* ▷ **awake**.

awoken [ə'wəʊkn] *pp* ▷ **awake**.

AWOL ['eɪwɒl] (*abbr of* **absent without leave**) : **to be/go ~** MIL être/partir en absence irrégulière.

awry [ə'raɪ] ◇ *adj* de travers. ◇ *adv* : **to go ~** aller de travers, mal tourner.

axe, *US* **ax** [æks] ◇ *n* hache *f* ; **to have an ~ to grind** prêcher pour sa paroisse. ◇ *vt* [project] abandonner ; [jobs] supprimer.

axes ['æksi:z] *pl* ⊳ **axis.**

axiom ['æksɪəm] *n* axiome *m.*

axis ['æksɪs] (*pl* **axes** ['æksi:z]) *n* axe *m.*

axle ['æksl] *n* essieu *m.*

ayatollah [ˌaɪə'tɒlə] *n* ayatollah *m.*

aye [aɪ] ◇ *adv* oui. ◇ *n* oui *m* [in voting] voix *f* pour.

AYH (*abbr of* **American Youth Hostels**) *n association américaine des auberges de jeunesse.*

AZ *see also* **Arizona.**

azalea [ə'zeɪljə] *n* azalée *f.*

Azerbaijan [ˌæzəbaɪ'dʒɑ:n] *n* Azerbaïdjan *m.*

Azerbaijani [ˌæzəbaɪ'dʒɑ:nɪ] ◇ *adj* azerbaïdjanais(e). ◇ *n* Azerbaïdjanais *m*, -e *f.*

Azeri [ə'zerɪ] ◇ *adj* azeri(e). ◇ *n* Azeri *mf.*

Azores [ə'zɔ:z] *npl* : **the ~** les Açores *fpl* ; **in the ~** aux Açores.

AZT (*abbr of* **azidothymidine**) *n* AZT *f.*

Aztec ['æztek] ◇ *adj* aztèque. ◇ *n* Aztèque *mf.*

azure ['æʒər] *adj* azuré(e), bleu(e) d'azur.

B

b (*pl* **b's** *OR* **bs**), **B** (*pl* **B's** *OR* **Bs**) [bi:] *n* [letter] b *m inv*, B *m inv.*

◆ **B** *n* - **1.** MUS si *m* - **2.** SCH [mark] B *m inv.*

b. *see also* **born.**

B2B [ˌbi:tə'bi:] (*abbr of* **business to business**) *n* B to B.

B2C [ˌbi:tə'si:] (*abbr of* **business to customer**) *n* B to C.

BA *n* - **1.** *see also* **Bachelor of Arts** - **2.** (*abbr of* **British Academy**) *organisme public d'aide à la recherche dans le domaine des lettres* - **3.** (*abbr of* **British Airways**) *compagnie aérienne britannique.*

BAA (*abbr of* **British Airports' Authority**) *n organisme autonome responsable des aéroports en Grande-Bretagne.*

babble ['bæbl] ◇ *n* [of voices] murmure *m*, rumeur *f.* ◇ *vi* [person] babiller.

babe [beɪb] *n* - **1.** *lit* [baby] bébé *m* - **2.** *US inf* [term of affection] chéri *m*, -e *f.*

baboon [bə'bu:n] *n* babouin *m.*

baby ['beɪbɪ] (*pl* **-ies**) *n* - **1.** [child] bébé *m* - **2.** *inf* [darling] chéri *m*, -e *f.*

baby boomer [-ˌbu:mər] *n US personne née pendant le baby-boom d'après-guerre.*

baby buggy *n* - **1.** *UK* [foldable pushchair] poussette *f* - **2.** *US* = **baby carriage.**

baby carriage *n US* landau *m.*

babyish ['beɪbɪɪʃ] *adj* puéril(e), enfantin(e).

baby-minder *n UK* nourrice *f.*

baby-sit *vi* faire du baby-sitting.

baby-sitter [-ˌsɪtər] *n* baby-sitter *mf.*

baby tooth *n US* = **milk tooth.**

bachelor ['bætʃələr] *n* célibataire *m.*

Bachelor of Arts *n* [degree] ≃ licence *f* en *OR* ès lettres ; [person] ≃ licencié *m*, -e *f* en *OR* ès lettres.

Bachelor of Science *n* [degree] ≃ licence *f* en *OR* ès sciences ; [person] ≃ licencié *m*, -e *f* en *OR* ès science.

bachelor's degree *n* [in the United Kingdom] ≃ licence *f.*

bachelorette party *US* [before wedding] = **hen party.**

back [bæk] ◇ *adv* - **1.** [backwards] en arrière ; **to step/move ~** reculer ; **to push ~** repousser ; **to tie one's hair ~** attacher ses cheveux en arrière - **2.** [to former position or state] : **I'll be ~ at five** je rentrerai *OR* serai de retour à dix-sept heures ; **I'd like my money ~** [in shop] je voudrais me faire rembourser ; **to go ~** retourner ; **to come ~** revenir, rentrer ; **to drive ~** rentrer en voiture ; **to go ~ to sleep** se rendormir ; **to go ~ and forth** [person] faire des allées et venues ; **to be ~ (in fashion)** revenir à la mode - **3.** [in time] : **to think ~ (to)** se souvenir (de) - **4.** [in return] : **to phone** *OR* **call ~** rappeler ; **to write ~** répondre ; **to pay sb ~** rembourser qqn. ◇ *n* - **1.** [of person, animal] dos *m* ; **to break the ~ of a job** faire le plus gros d'un travail ; **behind sb's ~** *fig* derrière le dos de qqn ; **to stab sb in the ~** *fig* poignarder qqn dans le dos ; **to put sb's ~ up** casser les pieds de qqn ; **to turn one's ~ on sb/sthg** ignorer qqn/qqch - **2.** [of door, book, hand] dos *m* ; [of head] derrière *m* ; [of envelope, cheque] revers *m* ; [of page] verso *m* ; [of chair] dossier *m* ; **to know somewhere like the ~ of one's hand** connaître un endroit comme sa poche - **3.** [of room, fridge] fond *m* ; [of car] arrière *m* ; **it's the ~ of beyond** *UK* c'est un trou perdu - 4. SPORT arrière *m*. <> *adj (in compounds)* - 1. [at the back] de derrière ; [seat, wheel] arrière *(inv)* ; [page] dernier(ère) - 2. [overdue] : **~ rent** arriéré *m* de loyer. <> *vt* - 1. [reverse] reculer - 2. [support] appuyer, soutenir - 3. [bet on] parier sur, miser sur. <> *vi* reculer.

◆ **back to back** *adv* - 1. [stand] dos à dos - 2. [happen] l'un après l'autre.

◆ **back to front** *adv* à l'envers.

◆ **back away** *vi* reculer.

◆ **back down** *vi* céder.

◆ **back off** *vi* reculer.

◆ **back onto** *vt UK* : **the house ~s onto the park** l'arrière de la maison donne sur le parc.

◆ **back out** *vi* [of promise etc] se dédire.

◆ **back up** <> *vt sep* - 1. [support - claim] appuyer, soutenir ; [- person] épauler, soutenir - 2. [reverse] reculer - 3. COMPUT sauvegarder, faire une copie de sauvegarde de. <> *vi* [reverse] reculer.

backache ['bækeɪk] *n* : **to have ~** *UK*, **to have a ~** *US* avoir mal aux reins *OR* au dos.

backbencher [ˌbæk'bentʃəʳ] *n UK* POL *député qui n'a aucune position officielle au gouvernement ni dans aucun parti.*

backbenches [ˌbæk'bentʃɪz] *npl UK* POL bancs *mpl* des députés sans portefeuille.

backbiting ['bækbaɪtɪŋ] *n* médisance *f*.

backbone ['bækbəʊn] *n* épine *f* dorsale, colonne *f* vertébrale ; *fig* [main support] pivot *m*.

backbreaking ['bækˌbreɪkɪŋ] *adj* éreintant(e).

back burner *n* : **to put sthg on the ~** mettre qqch en veilleuse.

backchat *UK* ['bæktʃæt], **backtalk** *US* ['bæktɔːk] *n inf* insolence *f*.

backcloth ['bækklɒθ] *UK* = **backdrop**.

backcomb ['bækkəʊm] *vt UK* crêper.

back copy *n* vieux numéro *m* (d'un journal).

backdate [ˌbæk'deɪt] *vt* antidater.

back door *n* porte *f* de derrière ; **to get a job through** *OR* **by the ~** *fig* obtenir un emploi par relations.

backdrop ['bækdrɒp] *n lit & fig* toile *f* de fond.

backer ['bækəʳ] *n* commanditaire *m*, bailleur *m* de fonds.

backfill ['bækfɪl] *vt* remplir. *n* matériau de construction *rare*.

backfire [ˌbæk'faɪəʳ] *vi* - 1. AUT pétarader - 2. [plan] : **to ~ (on sb)** se retourner (contre qqn).

backgammon ['bækˌgæmən] *n* backgammon *m*, ≃ jacquet *m*.

background ['bækgraʊnd] <> *n* - 1. [in picture, view] arrière-plan *m* ; **in the ~** dans le fond, à l'arrière-plan ; *fig* au second plan - 2. [of event, situation] contexte *m* - 3. [upbringing] milieu *m*. <> *comp* [music, noise] de fond ; **~ reading/information** lectures/informations générales *(pour un certain sujet)*.

backhand ['bækhænd] *n* revers *m*.

backhanded ['bækhændɪd] *adj fig* ambigu(ë), équivoque.

backhander ['bækhændəʳ] *n UK inf* pot-de-vin *m*.

backing ['bækɪŋ] *n* - 1. [support] soutien *m* - 2. [lining] doublage *m* - 3. MUS accompagnement *m*.

back issue = **back number**.

backlash ['bæklæʃ] *n* contrecoup *m*, choc *m* en retour.

backless ['bæklɪs] *adj* [dress etc] décolleté(e) dans le dos.

backlog ['bæklɒg] *n* : **~ (of work)** arriéré *m* de travail, travail *m* en retard.

back number *n* vieux numéro *m*.

backpack ['bækpæk] *n* sac *m* à dos.

backpacker ['bækpækəʳ] *n* randonneur *m*, -euse *f (avec sac à dos)*.

backpacking ['bækpækɪŋ] *n* : **to go ~** faire de la randonnée *(avec sac à dos)*.

back passage *n euph* rectum *m*.

back pay *n* rappel *m* de salaire.

backpedal [ˌbæk'pedl] (*UK*, *pt & pp* **-led**, *cont* **-ling**, *US*, *pt & pp* **-ed**, *cont* **-ing**) *vi fig* **to ~ (on)** faire marche *OR* machine arrière (sur).

back seat *n* [in car] siège *m OR* banquette *f* arrière ; **to take a ~** *fig* jouer un rôle secondaire.

back-seat driver *n personne qui n'arrête pas de donner des conseils au conducteur.*

backside [ˌbæk'saɪd] *n inf* postérieur *m*, derrière *m*.

backslash ['bækslæʃ] *n* COMPUT barre *f* oblique inversée.

backslide [ˌbæk'slaɪd] (*pt & pp* **-slid**) *vi* rechuter, récidiver.

backspace ['bækspeɪs] <> *n* [key] touche *f* de retour en arrière. <> *vi* [in typing] reculer d'un espace.

backstage [ˌbæk'steɪdʒ] *adv* dans les coulisses.

back street *n* petite rue *f*.

back-street abortion *n* avortement *m* clandestin.

backstroke ['bækstrəʊk] *n* dos *m* crawlé.

backtalk *US* = **backchat**.

backtrack ['bæktræk] = **backpedal**.

backup ['bækʌp] ◇ *adj* - **1.** [plan, team] de secours, de remplacement - **2.** COMPUT de sauvegarde. ◇ *n* - **1.** [gen] aide *f*, soutien *m* - **2.** COMPUT (copie *f* de) sauvegarde *f*.

backward ['bækwəd] ◇ *adj* - **1.** [movement, look] en arrière - **2.** [country] arriéré(e) ; [person] arriéré, attardé(e). ◇ *adv US* = **backwards**.

backward-looking [-ˌlʊkɪŋ] *adj pej* rétrograde.

backwards ['bækwədz], *US* **backward** ['bækwərd] *adv* [move, go] en arrière, à reculons ; [read list] à rebours, à l'envers ; **~ and forwards** [movement] de va-et-vient, d'avant en arrière et d'arrière en avant ; **to walk ~ and forwards** aller et venir.

backwash ['bækwɒʃ] *n* remous *m*.

backwater ['bækˌwɔːtəʳ] *n fig* désert *m*.

backwoods ['bækwʊdz] *npl fig* **to live in the ~ of France** habiter la France profonde.

backyard [ˌbæk'jɑːd] *n* - **1.** *UK* [yard] arrière-cour *f* - **2.** *US* [garden] jardin *m* de derrière.

bacon ['beɪkən] *n* bacon *m*.

bacteria [bæk'tɪərɪə] *npl* bactéries *fpl*.

bacteriology [bækˌtɪərɪ'ɒlədʒɪ] *n* bactériologie *f*.

bad [bæd] ◇ *adj* (*comp* **worse**, *superl* **worst**) - **1.** [not good] mauvais(e) ; **to be ~ at sthg** être mauvais en qqch ; **to go from ~ to worse** aller de mal en pis, empirer ; **too ~!** dommage! ; **not ~** pas mal - **2.** [unhealthy] malade ; **smoking is ~ for you** fumer est mauvais pour la santé ; **I'm feeling ~** je ne suis pas dans mon assiette - **3.** [serious] : **a ~ cold** un gros rhume - **4.** [rotten] pourri(e), gâté(e) ; **to go ~** se gâter, s'avarier - **5.** [guilty] : **to feel ~ about sthg** se sentir coupable de qqch - **6.** [naughty] méchant(e). ◇ *adv US* = **badly**.

bad blood *n* ressentiment *m*, rancune *f*.

bad cheque *UK*, **bad check** *US n* chèque *m* sans provision.

bad debt *n* créance *f* irrécouvrable.

bade [bæd] *pt* ▷ **bid**.

bad feeling *n (U)* rancœur *f*.

badge [bædʒ] *n* - **1.** [metal, plastic] badge *m* - **2.** [sewn-on] écusson *m*.

badger ['bædʒəʳ] ◇ *n* blaireau *m*. ◇ *vt* : **to ~ sb (to do sthg)** harceler qqn (pour qu'il fasse qqch).

badly ['bædlɪ] (*comp* **worse**, *superl* **worst**) *adv* - **1.** [not well] mal ; **to think ~ of sb** penser du mal de qqn - **2.** [seriously - wounded] grièvement ; [- affected] gravement, sérieusement ; **to be ~ in need of sthg** avoir vraiment OR absolument besoin de qqch.

badly-off *adj* - **1.** [poor] pauvre, dans le besoin - **2.** [lacking] : **to be ~ for sthg** manquer de qqch.

bad-mannered [-'mænəd] *adj* [child] mal élevé(e) ; [shop assistant] impoli(e).

badminton ['bædmɪntən] *n* badminton *m*.

bad-mouth *vt inf* casser du sucre sur le dos de.

badness ['bædnɪs] *n* [of behaviour] méchanceté *f*.

bad-tempered [-'tempəd] *adj* - **1.** [by nature] qui a mauvais caractère - **2.** [in a bad mood] de mauvaise humeur.

baffle ['bæfl] *vt* déconcerter, confondre.

baffling ['bæflɪŋ] *adj* déconcertant(e).

bag [bæg] ◇ *n* - **1.** [gen] sac *m* ; **she's a ~ of bones** elle n'a que la peau sur les os ; **it's in the ~** *inf* c'est dans la poche, l'affaire est dans le sac ; **to pack one's ~s** *fig* plier bagage - **2.** [handbag] sac *m* à main. ◇ *vt* (*pt & pp* **-ged**, *cont* **-ging**) - **1.** [put into bags] mettre en sac, ensacher - **2.** *UK inf* [reserve] garder.

◆ **bags** *npl* - **1.** [under eyes] poches *fpl* - **2.** *UK inf* [lots] : **~s of** plein OR beaucoup de.

bagel ['beɪgəl] *n petit pain en couronne*.

baggage ['bægɪdʒ] *n (U)* bagages *mpl*.

baggage car *n US* fourgon *m (d'un train)*.

baggage reclaim *n* retrait *m* des bagages.

baggage room *n US* consigne *f*.

baggy ['bægɪ] (*comp* **-ier**, *superl* **-iest**) *adj* ample.

Baghdad [bæg'dæd] *n* Bagdad.

bag lady *n inf* clocharde *f*.

bagpipes ['bægpaɪps] *npl* cornemuse *f*.

bagsnatcher ['bægsnætʃəʳ] *n* voleur *m*, -euse *f* à la tire.

bah [bɑː] *excl* bah!

Bahamas [bə'hɑːməz] *npl* : **the ~** les Bahamas *fpl* ; **in the ~** aux Bahamas.

Bahrain, **Bahrein** [bɑː'reɪn] *n* Bahreïn *m*, Bahrayn *m* ; **in ~** au Bahreïn.

Bahraini, **Bahreini** [bɑː'reɪnɪ] ◇ *adj* bahreïni(e). ◇ *n* Bahreïni *m*, -e *f*.

Bahrein [bɑː'reɪn] = **Bahrain**.

bail [beɪl] *n (U)* caution *f* ; **on ~** sous caution.

◆ **bail out** ◇ *vt sep* - **1.** [pay bail for] se porter garant(e) de - **2.** *fig* [rescue] tirer d'affaire. ◇ *vi* [from plane] sauter (en parachute).

bailiff ['beɪlɪf] *n* huissier *m*.

bait [beɪt] ◇ *n* appât *m* ; **to rise to** OR **take the ~** *fig* mordre à l'hameçon. ◇ *vt* - **1.** [put bait on] appâter - **2.** [tease] tourmenter, tarabuster.

baize [beɪz] *n* feutrine *f*.

bake [beɪk] <> *vt* - **1.** CULIN faire cuire au four - **2.** [clay, bricks] cuire. <> *vi* [food] cuire au four.

baked beans [beɪkt-] *npl* haricots *mpl* blancs à la tomate.

baked potato [beɪkt-] *n* pomme *f* de terre en robe des champs OR de chambre.

Bakelite® ['beɪkəlaɪt] *n* Bakélite® *f*.

baker ['beɪkər] *n* boulanger *m*, -ère *f* ; **~'s (shop)** boulangerie *f*.

bakery ['beɪkərɪ] (*pl* **-ies**) *n* boulangerie *f*.

baking ['beɪkɪŋ] <> *adj inf* **it's a ~ hot day!** on cuit aujourd'hui! <> *n* cuisson *f*.

baking powder *n* levure *f* (chimique).

baking tin *n* [for cakes] moule *m* à gâteau ; [for meat] plat *m* à rôtir.

balaclava (helmet) [ˌbælə'klɑːvə-] *n UK* passe-montagne *m*.

balance ['bæləns] <> *n* - **1.** [equilibrium] équilibre *m* ; **to keep/lose one's ~** garder/perdre l'équilibre ; **off ~** déséquilibré(e) - **2.** *fig* [counterweight] contrepoids *m* ; [of evidence] poids *m*, force *f* - **3.** [scales] balance *f* ; **to be** OR **hang in the ~** *fig* être en balance - **4.** FIN solde *m*. <> *vt* - **1.** [keep in balance] maintenir en équilibre - **2.** [compare] : **to ~ sthg against sthg** mettre qqch et qqch en balance - **3.** [in accounting] : **to ~ a budget** équilibrer un budget ; **to ~ the books** clôturer les comptes, dresser le bilan. <> *vi* - **1.** [maintain equilibrium] se tenir en équilibre - **2.** [budget, accounts] s'équilibrer.
◆ **on balance** *adv* tout bien considéré.

balanced ['bælənst] *adj* [fair] juste, impartial(e).

balanced diet [ˌbælənst-] *n* alimentation *f* équilibrée.

balance of payments *n* balance *f* des paiements.

balance of power *n* équilibre *m* OR balance *f* des forces.

balance of trade *n* balance *f* commerciale.

balance sheet *n* bilan *m*.

balancing act *n fig* acrobaties *fpl*.

balcony ['bælkənɪ] (*pl* **-ies**) *n* balcon *m*.

bald [bɔːld] *adj* - **1.** [head, man] chauve - **2.** [tyre] lisse - **3.** *fig* [blunt] direct(e).

bald eagle *n aigle à tête blanche (cet oiseau est le symbole des États-Unis et figure sur le sceau officiel).*

balding ['bɔːldɪŋ] *adj* qui devient chauve.

baldness ['bɔːldnɪs] *n* calvitie *f*.

bale [beɪl] *n* balle *f*.
◆ **bale out** *UK* <> *vt sep* [boat] écoper, vider. <> *vi* [from plane] sauter en parachute.

Balearic Islands [ˌbælɪ'ærɪk-], **Balearics** [ˌbælɪ'ærɪks] *npl* : **the ~** les Baléares *fpl* ; **in the ~** aux Baléares.

baleful ['beɪlfʊl] *adj* sinistre.

Bali ['bɑːlɪ] *n* Bali *m* ; **in ~** à Bali.

balk [bɔːk] *vi* : **to ~ (at)** hésiter OR reculer (devant).

Balkan ['bɔːlkən] *adj* balkanique.

Balkans ['bɔːlkənz], **Balkan States** ['bɔːlkən-] *npl* : **the ~** les Balkans *mpl*, les États *mpl* balkaniques ; **in the ~** dans les Balkans.

ball [bɔːl] *n* - **1.** [round shape] boule *f* ; [in game] balle *f* ; [football] ballon *m* ; **to be on the ~** *fig* connaître son affaire, s'y connaître ; **to play ~ with sb** *fig* coopérer avec qqn ; **to start the ~ rolling** *fig* lancer la discussion - **2.** [of foot] plante *f* - **3.** [dance] bal *m* ; **to have a ~** *fig* bien s'amuser.
◆ **balls** *vulg* <> *npl* [testicles] couilles *fpl*. <> *n (U)* [nonsense] conneries *fpl*.

ballad ['bæləd] *n* ballade *f*.

ball-and-socket joint *n* TECH rotule *f*.

ballast ['bæləst] *n* lest *m*.

ball bearing *n* roulement *m* à billes.

ball boy *n* ramasseur *m* de balles.

ballcock ['bɔːlkɒk] *n* (robinet *m* à) flotteur *m*.

ballerina [ˌbælə'riːnə] *n* ballerine *f*.

ballet ['bæleɪ] *n* - **1.** *(U)* [art of dance] danse *f* - **2.** [work] ballet *m*.

ballet dancer *n* danseur *m*, -euse *f* de ballet.

ball game *n* - **1.** *US* [baseball match] match *m* de base-ball - **2.** *inf* [situation] : **it's a whole new ~** c'est une autre paire de manches.

ball girl *n* ramasseuse *f* de balles.

ballistic missile [bə'lɪstɪk-] *n* missile *m* balistique.

ballistics [bə'lɪstɪks] *n (U)* balistique *f*.

ballocks *UK* ['bɒləks] = **bollocks**.

balloon [bə'luːn] <> *n* - **1.** [gen] ballon *m* - **2.** [in cartoon] bulle *f*. <> *vi* [swell] gonfler.

ballooning [bə'luːnɪŋ] *n* : **to go ~** faire une ascension en ballon.

ballot ['bælət] <> *n* - **1.** [voting paper] bulletin *m* de vote - **2.** [voting process] scrutin *m*. <> *vt* appeler à voter. <> *vi* : **to ~ for sthg** voter pour qqch.

ballot box *n* - **1.** [container] urne *f* - **2.** [voting process] scrutin *m*.

ballot paper *n* bulletin *m* de vote.

ballpark *n US* terrain *m* de base-ball.

ballpark figure *n inf* chiffre *m* approximatif.

ballpoint (pen) ['bɔːlpɔɪnt-] *n* stylo *m* à bille.

ballroom ['bɔːlrʊm] *n* salle *f* de bal.

ballroom dancing *n (U)* danse *f* de salon.

balls-up *UK*, **ball-up** *US n v inf* **to make a ~ of sthg** saloper qqch.

balm [bɑːm] *n* baume *m*.

balmy ['bɑːmɪ] (*comp* **-ier**, *superl* **-iest**) *adj* doux (douce).

baloney [bə'ləʊnɪ] *n (U) inf* foutaises *fpl*, bêtises *fpl*.

BALPA ['bælpə] (*abbr of* **British Airline Pilots' Association**) *n syndicat britannique des pilotes de ligne.*

balsa(wood) ['bɒlsə(wʊd)] *n* balsa *m*.

balsam ['bɔːlsəm] *n* baume *m*.

balsamic vinegar [bɔːl'sæmɪk] *n* vinaigre *m* balsamique.

balti ['bɔːltɪ] *n* [pan] *récipient métallique utilisé dans la cuisine indienne ;* [food] *plat épicé préparé dans un 'balti'.*

Baltic ['bɔːltɪk] ◇ *adj* [port, coast] de la Baltique. ◇ *n* : **the ~ (Sea)** la Baltique.

Baltic Republic *n* : **the ~s** les républiques *fpl* baltes.

Baltic State *n* : **the ~s** les pays *mpl* baltes.

balustrade [,bælə s'treɪd] *n* balustrade *f*.

bamboo [bæm'buː] *n* bambou *m*.

bamboozle [bæm'buːzl] *vt inf* embobiner.

ban [bæn] ◇ *n* interdiction *f* ; **there is a ~ on smoking** il est interdit de fumer. ◇ *vt* (*pt & pp* **-ned**, *cont* **-ning**) interdire ; **to ~ sb from doing sthg** interdire à qqn de faire qqch.

banal [bə'nɑːl] *adj pej* banal(e), ordinaire.

banana [bə'nɑːnə] *n* banane *f*.

banana republic *n* république *f* bananière.

banana split *n* banana split *m*.

band [bænd] *n* **- 1.** [MUS - rock] groupe *m* ; [- military] fanfare *f* ; [- jazz] orchestre *m* **- 2.** [group, strip] bande *f* **- 3.** [stripe] rayure *f* **- 4.** [range] tranche *f*.

◆ **band together** *vi* se grouper, s'unir.

bandage ['bændɪdʒ] ◇ *n* bandage *m*, bande *f*. ◇ *vt* mettre un pansement *OR* un bandage sur.

Band-Aid® *n* pansement *m* adhésif.

bandan(n)a [bæn'dænə] *n* bandana *m*.

b and b, **B and B** *n see also* **bed and breakfast.**

bandeau ['bændəʊ] (*pl* **-x** [-z]) *n* bandeau *m*.

bandit ['bændɪt] *n* bandit *m*.

bandmaster ['bænd,mɑːstəʳ] *n* chef *m* d'orchestre.

band saw *n* scie *f* à ruban.

bandsman ['bændzmən] (*pl* **-men** [-mən]) *n* musicien *m* (d'orchestre).

bandstand ['bændstænd] *n* kiosque *m* à musique.

bandwagon ['bændwægən] *n* : **to jump on the ~** suivre le mouvement.

bandy ['bændɪ] (*comp* **-ier**, *superl* **-iest**, *pt & pp* **-ied**) *adj* qui a les jambes arquées ; **to have ~ legs** avoir les jambes arquées.

◆ **bandy about**, **bandy around** *vt sep* répandre, faire circuler.

bandy-legged [-,legd] *adj* = **bandy**.

bane [beɪn] *n* : **he's the ~ of my life** c'est le fléau de ma vie.

bang [bæŋ] ◇ *adv* **- 1.** [exactly] : **~ in the middle** en plein milieu ; **to be ~ on time** être pile à l'heure **- 2.** *inf* [away] : **~ goes my holiday!** mes vacances sont tombées à l'eau! *OR* dans le lac. ◇ *n* **- 1.** [blow] coup *m* violent **- 2.** [of gun etc] détonation *f* ; [of door] claquement *m* ; **to go with a ~** *inf fig* être du tonnerre. ◇ *vt* frapper violemment ; [door] claquer ; **to ~ one's head/knee** se cogner la tête/le genou. ◇ *vi* **- 1.** [knock] : **to ~ on** frapper à **- 2.** [make a loud noise - gun etc] détoner ; [- door] claquer **- 3.** [crash] : **to ~ into** se cogner contre. ◇ *excl* boum!

◆ **bangs** *npl US* frange *f*.

◆ **bang down** *vt sep* poser violemment.

banger ['bæŋəʳ] *n UK* **- 1.** *inf* [sausage] saucisse *f* **- 2.** *inf* [old car] vieille guimbarde *f*, vieux tacot *m* **- 3.** [firework] pétard *m*.

Bangkok [,bæŋ'kɒk] *n* Bangkok.

Bangladesh [,bæŋglə'deʃ] *n* Bangladesh *m* ; **in ~** au Bangladesh.

Bangladeshi [,bæŋglə'deʃɪ] ◇ *adj* bangladais(e), bangladeshi. ◇ *n* Bangladais *m*, -e *f*, Bangladeshi *mf*.

bangle ['bæŋgl] *n* bracelet *m*.

banish ['bænɪʃ] *vt* bannir.

banister ['bænɪstəʳ] *n*, **banisters** ['bænɪstəz] *npl* rampe *f*.

banjo ['bændʒəʊ] (*pl* **-s** *OR* **-es**) *n* banjo *m*.

bank [bæŋk] ◇ *n* **- 1.** FIN *fig* banque *f* **- 2.** [of river, lake] rive *f*, bord *m* **- 3.** [of earth] talus *m* **- 4.** [of clouds] masse *f* ; [of fog] nappe *f*. ◇ *vt* FIN mettre *OR* déposer à la banque. ◇ *vi* **- 1.** FIN : **to ~ with** avoir un compte à **- 2.** [plane] tourner.

◆ **bank on** *vt insep* compter sur.

bank account *n* compte *m* en banque.

bank balance *n* solde *m* bancaire.

bankbook ['bæŋkbʊk] *n* livret *m* de banque.

bank card = **banker's card.**

bank charges *npl* frais *mpl* bancaires.

bank draft *n* traite *f* bancaire.

banker ['bæŋkəʳ] *n* banquier *m.*

banker's card *n UK* carte *f* d'identité bancaire.

banker's order *n UK* prélèvement *m* automatique.

bank holiday *n UK* jour *m* férié.

banking ['bæŋkɪŋ] *n* : **to go into ~** travailler dans la banque.

banking house *n* banque *f*, établissement *m* bancaire.

bank loan *n* emprunt *m* (bancaire).

bank manager *n* directeur *m*, -trice *f* de banque.

bank note *n* billet *m* de banque.

bank rate *n* taux *m* d'escompte.

bankrupt ['bæŋkrʌpt] <> *adj* failli(e) ; **to go ~** faire faillite. <> *n* failli *m*, -e *f.* <> *vt* mettre en faillite.

bankruptcy ['bæŋkrəptsɪ] (*pl* **-ies**) *n* - **1.** [gen] faillite *f* - **2.** *fig* [lack] : **moral ~** manque *m* de crédibilité.

bank statement *n* relevé *m* de compte.

banner ['bænəʳ] *n* - **1.** [flag] banderole *f* - **2.** COMPUT bandeau *m.*

bannister(s) ['bænɪstə(z)] = **banister(s).**

banoffee [bə'nɑfi:] *n (U)* banoffee *m*, caramel *m* banane.

banns [bænz] *npl* : **to publish the ~** publier les bans.

banquet ['bæŋkwɪt] *n* banquet *m.*

bantam ['bæntəm] *n* poule *f* naine.

bantamweight ['bæntəmweɪt] *n* poids *m* coq.

banter ['bæntəʳ] <> *n (U)* plaisanterie *f*, badinage *m.* <> *vi* plaisanter, badiner.

BAOR (*abbr of* **British Army of the Rhine**) *n forces britanniques en Allemagne.*

bap [bæp] *n UK* petit pain *m.*

baptism ['bæptɪzm] *n* baptême *m* ; **~ of fire** baptême du feu.

Baptist ['bæptɪst] *n* baptiste *mf.*

baptize, *UK* **-ise** [*UK* bæp'taɪz, *US* 'bæptaɪz] *vt* baptiser.

bar [bɑʳ] <> *n* - **1.** [piece - of gold] lingot *m* ; [- of chocolate] tablette *f* ; **a ~ of soap** une savonnette - **2.** [length of wood, metal] barre *f* ; **to be behind ~s** être derrière les barreaux OR sous les verrous - **3.** *fig* [obstacle] obstacle *m* - **4.** [pub] bar *m* - **5.** [counter of pub] comptoir *m*, zinc *m* - **6.** MUS mesure *f.* <> *vt* (*pt & pp* **-red**, *cont* **-ring**) - **1.** [door, road] barrer ; [window] mettre des barreaux à ; **to ~ sb's way** barrer la route OR le passage à qqn - **2.** [ban] interdire, défendre ; **to ~ sb (from)** interdire à qqn (de). <> *prep* sauf, excepté ; **~ none** sans exception.

◆ **Bar** *n* LAW : **the Bar** *UK* le barreau ; *US* les avocats *mpl.*

Barbadian [bɑ:'beɪdɪən] <> *adj* barbadien(ne). <> *n* Barbadien *m*, -ne *f.*

Barbados [bɑ:'beɪdɒs] *n* Barbade *f* ; **in ~** à la Barbade.

barbarian [bɑ:'beərɪən] *n* barbare *mf.*

barbaric [bɑ:'bærɪk] *adj* barbare.

barbarous ['bɑ:bərəs] *adj* barbare.

barbecue ['bɑ:bɪkju:] <> *n* barbecue *m.* <> *vt* griller sur un barbecue.

barbed ['bɑ:bd] *adj* barbelé(e) ; *fig* [comment] acerbe, acide.

barbed wire [bɑ:bd-], *US* **barbwire** ['bɑ:ʳbwaɪəʳ] *n (U)* fil *m* de fer barbelé.

bard margin *n Ireland* = **hard shoulder.**

barber ['bɑ:bəʳ] *n* coiffeur *m* (pour hommes) ; **~'s (shop)** salon *m* de coiffure (pour hommes) ; **to go to the ~'s** aller chez le coiffeur.

barbiturate [bɑ:'bɪtjʊrət] *n* barbiturique *m.*

Barcelona [,bɑ:sɪ'ləʊnə] *n* Barcelone.

bar chart, *US* **bar graph** *n* diagramme *m* en bâtons.

bar code *n* code *m* à barres, code-barres *m.*

bare [beəʳ] <> *adj* - **1.** [feet, arms etc] nu(e) ; [trees, hills etc] dénudé(e) - **2.** [absolute, minimum] : **the ~ facts** les simples faits ; **the ~ minimum** le strict minimum ; **the ~ essentials** le strict nécessaire - **3.** [empty] vide - **4.** [mere] : **it cost us a ~ £10** cela nous a coûté simplement 10 livres. <> *vt* découvrir ; **to ~ one's teeth** montrer les dents.

bareback ['beəbæk] <> *adj* qui monte à cru OR à nu. <> *adv* à cru, à nu.

barefaced ['beəfeɪst] *adj* éhonté(e).

barefoot(ed) [,beə'fʊt(ɪd)] <> *adj* aux pieds nus. <> *adv* nu-pieds, pieds nus.

bareheaded [,beə'hedɪd] <> *adj* nu-tête (*inv*). <> *adv* nu-tête.

barelegged [,beə'legd] <> *adj* aux jambes nues. <> *adv* les jambes nues.

barely ['beəlɪ] *adv* [scarcely] à peine, tout juste.

Barents Sea *n* : **the ~** la mer de Barents.

bargain ['bɑ:gɪn] <> *n* - **1.** [agreement] marché *m* ; **into the ~** en plus, par-dessus le marché - **2.** [good buy] affaire *f*, occasion *f.* <> *vi* négocier ; **to ~ with sb for sthg** négocier qqch avec qqn.

◆ **bargain for, bargain on** *vt insep* compter sur, prévoir.

bargaining ['bɑːgɪnɪŋ] *n (U)* [haggling] marchandage *m* [negociating] négociations *fpl*.

bargaining power *n* influence *f* sur les négociations.

barge [bɑːdʒ] ◇ *n* péniche *f*. ◇ *vi inf* : **to ~ past sb** bousculer qqn ; **to ~ into sb** rentrer dans qqn.
◆ **barge in** *vi inf* : **to ~ in (on)** interrompre.

barge pole *n UK* **I wouldn't touch it with a ~** *inf* je ne m'y frotterais pas.

bar graph *US* = **bar chart**.

barista [bə'riːstə] *n* barman *m*, serveuse *f*.

baritone ['bærɪtəʊn] *n* baryton *m*.

barium meal *n UK* baryte *f*.

bark [bɑːk] ◇ *n* - **1.** [of dog] aboiement *m* ; **his ~ is worse than his bite** *inf* il n'est pas si terrible qu'il en a l'air - **2.** [on tree] écorce *f*. ◇ *vt* [subj: person] aboyer. ◇ *vi* [dog] : **to ~ (at)** aboyer (après).

barking ['bɑːkɪŋ] *n (U)* aboiement *m*.

barley ['bɑːlɪ] *n* orge *f*.

barley sugar *n UK* sucre *m* d'orge.

barley water *n UK* orgeat *m*.

barmaid ['bɑːmeɪd] *n* barmaid *f*, serveuse *f* de bar.

barman ['bɑːmən] (*pl* **-men** [-mən]) *n UK* barman *m*, serveur *m* de bar.

barmy ['bɑːmɪ] (*comp* **-ier**, *superl* **-iest**) *adj UK inf* toqué(e), timbré(e).

barn [bɑːn] *n* grange *f*.

barnacle ['bɑːnəkl] *n* anatife *m*, bernache *f*.

barn dance *n* - **1.** [occasion] soirée *f* de danse campagnarde - **2.** *UK* [type of dance] danse *f* campagnarde.

barn owl *n* chouette *f*.

barometer [bə'rɒmɪtəʳ] *n lit & fig* baromètre *m*.

baron ['bærən] *n* baron *m* ; **press/oil ~** *fig* baron *m* de la presse/du pétrole, magnat *m* de la presse/du pétrole.

baroness ['bærənɪs] *n* baronne *f*.

baronet ['bærənɪt] *n* baronnet *m*.

baroque [bə'rɒk] *adj* baroque.

barrack ['bærək] *vt UK* huer, conspuer.
◆ **barracks** *npl* caserne *f*.

barracking ['bærəkɪŋ] *n UK* chahut *m*, huée *f*.

barracuda [ˌbærə'kuːdə] *n* barracuda *m*.

barrage ['bærɑːʒ] *n* - **1.** [of firing] barrage *m* - **2.** [of questions etc] avalanche *f*, déluge *m* - **3.** *UK* [dam] barrage *m*.

barred [bɑːd] *adj* [window] à barreaux.

barrel ['bærəl] *n* - **1.** [for beer, wine] tonneau *m*, fût *m* - **2.** [for oil] baril *m* - **3.** [of gun] canon *m*.

barrel organ *n* orgue *m* de Barbarie.

barren ['bærən] *adj* stérile.

barrette [bə'ret] *n US* barrette *f*.

barricade [ˌbærɪ'keɪd] ◇ *n* barricade *f*. ◇ *vt* barricader ; **to ~ o.s. in** se barricader.

barrier ['bærɪəʳ] *n lit & fig* barrière *f*.

barrier cream *n UK* crème *f* protectrice.

barring ['bɑːrɪŋ] *prep* sauf.

barrister ['bærɪstəʳ] *n UK* avocat *m*, -e *f*.

bar room ['bɑːrʊm] *n US* bar *m*.

barrow ['bærəʊ] *n* brouette *f*.

bar stool *n* tabouret *m* de bar.

Bart. *see also* **baronet**.

bartender ['bɑːtendəʳ] *n US* barman *m*.

barter ['bɑːtəʳ] ◇ *n* troc *m*. ◇ *vt* : **to ~ sthg (for)** troquer OR échanger qqch (contre). ◇ *vi* faire du troc.

base [beɪs] ◇ *n* base *f*. ◇ *vt* baser ; **to ~ sthg on** OR **upon** baser OR fonder qqch sur. ◇ *adj* indigne, ignoble.

baseball ['beɪsbɔːl] *n* base-ball *m*.

baseball cap *n* casquette *f* de base-ball.

base camp *n* camp *m* de base.

Basel ['bɑːzl] *n* Bâle.

baseless ['beɪslɪs] *adj* sans fondement.

baseline ['beɪslaɪn] *n* ligne *f* de fond.

basement ['beɪsmənt] *n* sous-sol *m*.

base metal *n dated* métal *m* vil.

base rate *n* taux *m* de base.

bases ['beɪsiːz] *pl* ▷ **basis**.

bash [bæʃ] *inf* ◇ *n* - **1.** [painful blow] coup *m* - **2.** [attempt] : **to have a ~** tenter le coup - **3.** [party] fête *f*, boum *f*. ◇ *vt* - **1.** [hit - gen] frapper, cogner ; [- car] percuter - **2.** [criticize] critiquer, attaquer.

bashful ['bæʃfʊl] *adj* timide.

basic ['beɪsɪk] *adj* fondamental(e) ; [vocabulary, salary] de base.
◆ **basics** *npl* - **1.** [rudiments] éléments *mpl*, bases *fpl* - **2.** [essential foodstuffs] aliments *mpl* de première nécessité.

BASIC ['beɪsɪk] (*abbr of* **Beginner's All-purpose Symbolic Instruction Code**) *n* basic *m*.

basically ['beɪsɪklɪ] *adv* - **1.** [essentially] au fond, fondamentalement - **2.** [really] en fait.

basic rate *n UK* taux *m* de base.

basic wage *n* salaire *m* de base.

basil ['bæzl] *n* basilic *m*.

basin ['beɪsn] *n* - **1.** *UK* [bowl - for cooking] terrine *f* ; [- for washing] cuvette *f* - **2.** *UK* [in bathroom] lavabo *m* - **3.** GEOG bassin *m*.

basis ['beɪsɪs] (*pl* **-ses** [-si:z]) *n* base *f* ; **on the ~ of** sur la base de ; **on a regular ~** de façon régulière ; **to be paid on a weekly/monthly ~** toucher un salaire hebdomadaire/mensuel.

bask [bɑ:sk] *vi* : **to ~ in the sun** se chauffer au soleil ; **to ~ in sb's approval** *fig* jouir de la faveur de qqn.

basket ['bɑ:skɪt] *n* corbeille *f* ; [with handle] panier *m*.

basketball ['bɑ:skɪtbɔ:l] <> *n* basketball *m*, basket *m*. <> *comp* de basket.

basketwork ['bɑ:skɪtwɜ:k] *n* vannerie *f*.

basking shark ['bɑ:skɪŋ-] *n* requin *m* pèlerin.

Basle [bɑ:l] = **Basel**.

basmati (rice) [ˌbæz'mætɪ (-)] *n* (riz *m*) basmati *m*.

Basque [bɑ:sk] <> *adj* basque. <> *n* - **1.** [person] Basque *mf* - **2.** [language] basque *m*.

bass[1] [beɪs] <> *adj* bas (basse). <> *n* - **1.** [singer] basse *f* - **2.** [double bass] contrebasse *f* - **3.** = **bass guitar**.

bass[2] [bæs] (*pl* **bass** OR **-es** [-i:z]) *n* [fish] perche *f*.

bass clef [beɪs-] *n* clef *f* de fa.

bass drum [beɪs-] *n* grosse caisse *f*.

basset (hound) ['bæsɪt-] *n* basset *m*.

bass guitar [beɪs-] *n* basse *f*.

bassoon [bə'su:n] *n* basson *m*.

bastard ['bɑ:stəd] *n* - **1.** [illegitimate child] bâtard *m*, -e *f*, enfant naturel *m*, enfant naturelle *f* - **2.** *v inf* [unpleasant person] salaud *m*, saligaud *m*.

baste [beɪst] *vt* arroser.

bastion ['bæstɪən] *n* bastion *m*.

BASW (*abbr of* **British Association of Social Workers**) *n syndicat britannique des travailleurs sociaux.*

bat [bæt] <> *n* - **1.** [animal] chauve-souris *f* - **2.** [for cricket, baseball] batte *f* ; [for table-tennis] *UK* raquette *f* - **3.** *phr* **to do sthg off one's own ~** *UK* faire qqch de son propre chef. <> *vt* (*pt & pp* **-ted**, *cont* **-ting**) [ball] frapper (avec la batte). <> *vi* (*pt & pp* **-ted**, *cont* **-ting**) manier la batte.

batch [bætʃ] *n* - **1.** [of papers] tas *m*, liasse *f* ; [of letters, applicants] série *f* - **2.** [of products] lot *m*..

batch file *n* COMPUT fichier *m* de commandes.

batch processing *n* COMPUT traitement *m* par lots.

bated ['beɪtɪd] *adj* : **with ~ breath** en retenant son souffle.

bath [bɑ:θ] <> *n* - **1.** *UK* [bathtub] baignoire *f* - **2.** [act of washing] bain *m* ; **to have** *UK* OR **take a bath** prendre un bain. <> *vt* *UK* baigner, donner un bain à.

◆ **baths** *npl* *UK* piscine *f*.

bath chair *n* fauteuil *m* roulant.

bath cube *n* sels *mpl* de bain (en forme de cube).

bathe [beɪð] <> *vt* - **1.** [wound] laver - **2.** [subj: light, sunshine] : **to be ~d in** OR **with** être baigné(e) de. <> *vi* - **1.** *UK* [swim] se baigner - **2.** *US* [take a bath] prendre un bain.

bather ['beɪðəʳ] *n* baigneur *m*, -euse *f*.

bathing ['beɪðɪŋ] *n* (*U*) baignade *f*.

bathing cap *n* bonnet *m* de bain.

bathing costume *UK*, **bathing suit** *n* maillot *m* de bain.

bathing trunks *npl* slip *m* OR caleçon *m* de bain.

bath mat *n* tapis *m* de bain.

bath oil *n* huile *f* de bain.

bathrobe ['bɑ:θrəʊb] *n* [made of towelling] sortie *f* de bain ; [dressing gown] peignoir *m*.

bathroom ['bɑ:θrʊm] *n* - **1.** [room with bath] salle *f* de bains - **2.** *US* [toilet] toilettes *fpl*.

bath salts *npl* sels *mpl* de bain.

bath towel *n* serviette *f* de bain.

bathtub ['bɑ:θtʌb] *n* baignoire *f*.

batik [bə'ti:k] *n* batik *m*.

baton ['bætən] *n* - **1.** [of conductor] baguette *f* - **2.** [in relay race] témoin *m* - **3.** *UK* [of policeman] bâton *m*, matraque *f*.

baton charge *n* *UK* [by police] charge *f* à la matraque.

batsman ['bætsmən] (*pl* **-men** [-mən]) *n* batteur *m*.

battalion [bə'tæljən] *n* bataillon *m*.

batten ['bætn] *n* planche *f*, latte *f*.

◆ **batten down** *vt insep* : **to ~ down the** hatches fermer les écoutilles.

batter ['bætəʳ] <> *n* (*U*) pâte *f*. <> *vt* battre.

◆ **batter down** *vt sep* [door] abattre.

battered ['bætəd] *adj* - **1.** [child, woman] battu(e) - **2.** [car, hat] cabossé(e).

battering ['bætərɪŋ] *n* : **to take a ~** *fig* être ébranlé(e).

battering ram *n* bélier *m*.

battery ['bætərɪ] (*pl* **-ies**) *n* batterie *f* ; [of calculator, toy] pile *f*.

battery charger *n* chargeur *m*.

battery hen *n* poulet *m* de batterie.

battle ['bætl] <> *n* - **1.** [in war] bataille *f* - **2.** [struggle] : **~ (for/against/with)** lutte *f* (pour/contre/avec), combat *m* (pour/contre/avec) ; **~ of wits** joute *f* d'esprit ; **that's half the ~** le plus dur est fait ; **to be fighting a losing ~** mener un combat perdu d'avance. <> *vi* : **to ~ (for/against/with)** se battre (pour/contre/avec), lutter (pour/contre/avec).

battledress ['bætldres] *n UK* tenue *f* de combat.

battlefield ['bætlfi:ld], **battleground** ['bætlgraʊnd] *n* - **1.** MIL champ *m* de bataille - **2.** *fig* [controversial subject] polémique *f*.

battlements ['bætlmənts] *npl* remparts *mpl*.

battleship ['bætlʃɪp] *n* cuirassé *m*.

bauble ['bɔ:bl] *n* babiole *f*, colifichet *m*.

baud [bɔ:d] *n* COMPUT baud *m*.

baud rate *n* COMPUT vitesse *f* de transmission.

baulk [bɔ:k] *UK* = **balk**.

Bavaria [bə'veərɪə] *n* Bavière *f* ; **in ~** en Bavière.

Bavarian [bə'veərɪən] <> *adj* bavarois(e). <> *n* Bavarois *m*, -e *f*.

bawdy ['bɔ:dɪ] (*comp* **-ier**, *superl* **-iest**) *adj* grivois(e), salé(e).

bawl [bɔ:l] *vt* & *vi* brailler.

bay [beɪ] <> *n* - **1.** GEOG baie *f* - **2.** [for loading] aire *f* (de chargement) - **3.** [for parking] place *f* (de stationnement) - **4.** [horse] cheval *m* bai - **5.** *phr* **to keep sb/sthg at ~** tenir qqn/qqch à distance, tenir qqn/qqch en échec. <> *vi* hurler.

bay leaf *n* feuille *f* de laurier.

bayonet ['beɪənɪt] *n* baïonnette *f*.

bay tree *n* laurier *m*.

bay window *n* fenêtre *f* en saillie.

bazaar [bə'zɑ:ʳ] *n* - **1.** [market] bazar *m* - **2.** [charity sale] vente *f* de charité.

bazooka [bə'zu:kə] *n* bazooka *m*.

BB (*abbr of* **Boys' Brigade**) *n mouvement chrétien de la jeunesse en Grande-Bretagne.*

B & B *n see also* **bed and breakfast**.

BBB (*abbr of* **Better Business Bureau**) *US* & *Canada n organisme de défense de la déontologie professionnelle dans le secteur tertiaire.*

BBC (*abbr of* **British Broadcasting Corporation**) *n office national britannique de radiodiffusion.*

BC - **1.** (*abbr of* **before Christ**) av. J.-C. - **2.** *see also* **British Columbia**.

bcc [ˌbi:si:'si:] (*abbr of* **blind carbon copy**) *n* CCI *m*.

BCE *adv* (*abbr of* **before the Common Era**) av. J.-C.

BCG (*abbr of* **Bacillus Calmette-Guérin**) *n* BCG *m*.

BD (*abbr of* **Bachelor of Divinity**) *n UK* [degree] ≃ licence *f* de théologie ; [person] ≃ licencié(e) en théologie.

BDS (*abbr of* **Bachelor of Dental Surgery**) *n UK* [degree] ≃ licence *f* de chirurgie dentaire ; [person] ≃ licencié *m*, -e *f* en chirurgie dentaire.

be [bi:] (*pt* **was** OR **were**, *pp* **been**) <> *aux vb* - **1.** *(in combination with ppr: to form cont tense)* **what is he doing?** qu'est-ce qu'il fait? ; **it's snowing** il neige ; **they've been promising reform for years** ça fait des années qu'ils nous promettent des réformes - **2.** *(in combination with pp: to form passive)* être ; **to ~ loved** être aimé(e) ; **there was no one to ~ seen** il n'y avait personne - **3.** *(in question tags)* **she's pretty, isn't she?** elle est jolie, n'est-ce pas? ; **the meal was delicious, wasn't it?** le repas était délicieux, non? OR vous n'avez pas trouvé? - **4.** *(followed by 'to' + infin)* **the firm is to ~ sold** on va vendre la société ; **I'm to ~ promoted** je vais avoir de l'avancement ; **you're not to tell anyone** ne le dis à personne. <> *cop vb* - **1.** *(with adj, n)* être ; **to ~ a doctor/lawyer/plumber** être médecin/avocat/plombier ; **she's intelligent/attractive** elle est intelligente/jolie ; **I'm hot/cold** j'ai chaud/froid ; **~ quiet!** tais-toi! ; **1 and 1 are 2** 1 et 1 font 2 - **2.** [referring to health] aller, se porter ; **to ~ seriously ill** être gravement malade ; **she's better now** elle va mieux maintenant ; **how are you?** comment allez-vous? - **3.** [referring to age] : **how old are you?** quel âge avez-vous? ; **I'm 20 (years old)** j'ai 20 ans - **4.** [cost] coûter, faire ; **how much was it?** combien cela a-t-il coûté?, combien ça faisait? ; **that will ~ £10, please** cela fait 10 livres, s'il vous plaît. <> *vi* - **1.** [exist] être, exister ; **~ that as it may** quoi qu'il en soit - **2.** [referring to place] être ; **Toulouse is in France** Toulouse se trouve OR est en France ; **he will ~ here tomorrow** il sera là demain - **3.** [referring to movement] aller, être ; **I've been to the cinema** j'ai été OR je suis allé au cinéma. <> *impers vb* - **1.** [referring to time, dates, distance] être ; **it's two o'clock** il est deux heures ; **it's 3 km to the next town** la ville voisine est à 3 km - **2.** [referring to the weather] faire ; **it's hot/cold** il fait chaud/froid ; **it's windy** il y a du vent - **3.** [for emphasis] : **it's me/Paul/the milkman** c'est moi/Paul/le laitier.

B/E *see also* **bill of exchange**.

beach [bi:tʃ] <> *n* plage *f*. <> *vt* échouer.

beach ball *n* ballon *m* de plage.

beach buggy *n* buggy *m*.

beachcomber ['bi:tʃˌkəʊməʳ] *n ramasseur d'objets trouvés sur la plage.*

beachhead ['bi:tʃhed] *n* MIL tête *f* de pont.

beachwear ['bi:tʃweəʳ] *n (U)* tenue *f* de plage.

beacon ['bi:kən] *n* - **1.** [warning fire] feu *m*, fanal *m* - **2.** [lighthouse] phare *m* - **3.** [radio beacon] radiophare *m*.

bead [bi:d] *n* - **1.** [of wood, glass] perle *f* - **2.** [of sweat] goutte *f*.

beaded ['bi:dɪd] *adj* orné(e) de perles.

beading ['bi:dɪŋ] *n (U)* baguette *f* de recouvrement.

beady ['bi:dɪ] (*comp* **-ier**, *superl* **-iest**) *adj* : **~ eyes** petits yeux perçants.

beagle ['bi:gl] *n* beagle *m*.

beak [bi:k] *n* bec *m*.

beaker ['bi:kəʳ] *n* gobelet *m*.

be-all *n* : **the ~ and end-all** la seule chose qui compte.

beam [bi:m] <> *n* - **1.** [of wood, concrete] poutre *f* - **2.** [of light] rayon *m*. <> *vt* [signal, news] transmettre. <> *vi* - **1.** [smile] faire un sourire radieux - **2.** [shine] rayonner.

beaming ['bi:mɪŋ] *adj* - **1.** [smiling] radieux (euse) - **2.** [shining] rayonnant(e).

bean [bi:n] *n* [gen] haricot *m* ; [of coffee] grain *m* ; **to be full of ~s** *UK inf* péter le feu ; **to spill the ~s** *inf* manger le morceau.

beanbag ['bi:nbæg] *n* [chair] sacco *m*.

beanshoot ['bi:nʃu:t], **beansprout** ['bi:nspraʊt] *n* germe *m* OR pousse *f* de soja.

bear [beəʳ] <> *n* - **1.** [animal] ours *m* - **2.** ST. EX baissier *m*. <> *vt* (*pt* **bore**, *pp* **borne**) - **1.** [carry] porter - **2.** [support, tolerate] supporter ; **I can't ~ Christmas** je n'aime pas Noël ; **to ~ responsibility (for)** assumer OR prendre la responsabilité (de) - **3.** [child] donner naissance à - **4.** [feeling] : **to ~ sb a grudge** garder rancune à qqn - **5.** FIN [interest] rapporter. <> *vi* (*pt* **bore**, *pp* **borne**) : **to ~ left/right** se diriger vers la gauche/la droite ; **to bring pressure/influence to ~ on sb** exercer une pression/une influence sur qqn.

◆ **bear down** *vi* : **to ~ down on sb/sthg** s'approcher de qqn/qqch de façon menaçante.

◆ **bear out** *vt sep* confirmer, corroborer.

◆ **bear up** *vi* tenir le coup.

◆ **bear with** *vt insep* être patient(e) avec.

bearable ['beərəbl] *adj* [tolerable] supportable.

beard [bɪəd] *n* barbe *f*.

bearded ['bɪədɪd] *adj* barbu(e).

bearer ['beərəʳ] *n* - **1.** [gen] porteur *m*, -euse *f* - **2.** [of passport] titulaire *mf*.

bear hug *n inf* **to give sb a ~** serrer qqn très fort.

bearing ['beərɪŋ] *n* - **1.** [connection] : **~ (on)** rapport *m* (avec) - **2.** [deportment] allure *f*, maintien *m* - **3.** TECH [for shaft] palier *m* ; **rolling ~** roulement *m* - **4.** [on compass] orientation *f* ; **to get one's ~s** s'orienter, se repérer.

bear market *n* ST. EX marché *m* à la baisse.

bearskin ['beəskɪn] *n* - **1.** [fur] peau *f* d'ours - **2.** [hat] bonnet *m* à poil.

beast [bi:st] *n* - **1.** [animal] bête *f* - **2.** *inf pej* [person] brute *f*.

beastly ['bi:stlɪ] (*comp* **-ier**, *superl* **-iest**) *adj UK dated* [person] malveillant(e), cruel(elle) ; [headache, weather] épouvantable.

beat [bi:t] <> *n* - **1.** [of heart, drum, wings] battement *m* - **2.** MUS [rhythm] mesure *f*, temps *m* - **3.** [of policeman] ronde *f*. <> *adj inf* crevé(e). <> *vt* (*pt* **beat**, *pp* **beaten**) - **1.** [gen] battre ; **it ~s me** *inf* ça me dépasse - **2.** [reach ahead of] : **they ~ us to it** ils nous ont devancés, ils sont arrivés avant nous - **3.** [be better than] être bien mieux que, valoir mieux que - **4.** *phr* **~ it!** *inf* décampe!, fiche le camp! <> *vi* (*pt* **beat**, *pp* **beaten**) battre.

◆ **beat down** <> *vi* - **1.** [sun] taper, cogner - **2.** [rain] s'abattre. <> *vt sep* [seller] faire baisser son prix à.

◆ **beat off** *vt sep* [resist] repousser.

◆ **beat up** *vt sep inf* tabasser, passer à tabac.

beaten ['bi:tn] *adj* battu(e).

◆ **beat up** *vt inf* PSYCHOL culpabiliser ; **to beat o.s. up (about sth)** culpabiliser (à propos de qch).

beater ['bi:təʳ] *n* - **1.** [for eggs] batteur *m*, fouet *m* - **2.** [for carpet] tapette *f* - **3.** [of wife, child] bourreau *m*.

beating ['bi:tɪŋ] *n* - **1.** [blows] raclée *f*, rossée *f* - **2.** [defeat] défaite *f* ; **that will take some ~!** *inf* on ne pourra sans doute jamais faire mieux.

beating up (*pl* **beatings up**) *n inf* passage *m* à tabac.

beatnik ['bi:tnɪk] *n* beatnik *mf*.

beat-up *adj inf* déglingué(e).

beautician [bju:'tɪʃn] *n* esthéticien *m*, -enne *f*.

beautiful ['bju:tɪfʊl] *adj* - **1.** [gen] beau (belle) - **2.** *inf* [very good] joli(e).

beautifully ['bju:təflɪ] *adv* - **1.** [attractively - dressed] élégamment ; [- decorated] avec goût - **2.** *inf* [very well] parfaitement, à la perfection.

beauty ['bju:tɪ] <> *n* (*pl* **-ies**) - **1.** [gen] beauté *f* - **2.** *inf* [very good thing] merveille *f*. <> *comp* [products etc] de beauté.

beauty contest *n* concours *m* de beauté.

beauty parade *n* défilé *m* d'un concours de beauté.

beauty parlour *UK*, **beauty parlor** *US* *n* institut *m* de beauté.

beauty mask, **beauty mask** masque *m* de beauté.

beauty queen *n* reine *f* de beauté.

beauty salon = **beauty parlour**.

beauty spot *n* - **1.** [picturesque place] site *m* pittoresque - **2.** [on skin] grain *m* de beauté.

beaver ['bi:vəʳ] *n* castor *m*.
◆ **beaver away** *vi* travailler d'arrache-pied.

becalmed [bɪ'kɑ:md] *adj* [ship] encalminé(e).

became [bɪ'keɪm] *pt* ▻ **become**.

because [bɪ'kɒz] *conj* parce que.
◆ **because of** *prep* à cause de.

béchamel sauce [ˌbeɪʃə'mel-] *n* sauce *f* béchamel, béchamel *f*.

beck [bek] *n* : **to be at sb's ~ and call** être aux ordres *OR* à la disposition de qqn.

beckon ['bekən] ◇ *vt* - **1.** [signal to] faire signe à - **2.** *fig* [draw, attract] séduire. ◇ *vi* [signal] : **to ~ to sb** faire signe à qqn.

become [bɪ'kʌm] (*pt* **became**, *pp* **become**) *vi* devenir ; **to ~ quieter** se calmer ; **to ~ irritated** s'énerver ; **what has ~ of them?** que sont-ils devenus?

becoming [bɪ'kʌmɪŋ] *adj* - **1.** [attractive] seyant(e), qui va bien - **2.** [appropriate] convenable.

BECTU ['bektu:] (*abbr of* **Broadcasting, Entertainment, Cinematograph and Theatre Union**) *n syndicat britannique des techniciens des médias audiovisuels*.

bed [bed] (*pt & pp* **-ded**, *cont* **-ding**) *n* - **1.** [to sleep on] lit *m* ; **to go to ~** se coucher ; **to go to ~ with sb** *euph* coucher avec qqn ; **to make the ~** faire le lit - **2.** [flowerbed] parterre *m* ; **it's not a ~ of roses** *fig* ce n'est pas tout rose - **3.** [of sea, river] lit *m*, fond *m*.
◆ **bed down** *vi* coucher, se coucher.

BEd [ˌbi:'ed] (*abbr of* **Bachelor of Education**) *n* *UK* [degree] ≃ licence *f* de sciences de l'éducation ; [person] ≃ licencié *m*, -e *f* en sciences de l'éducation.

bed and breakfast *n* ≃ chambre *f* d'hôte.

bed-bath *n UK* toilette *f* d'un malade.

bedbug ['bedbʌg] *n* punaise *f*.

bedclothes ['bedkləʊðz] *npl* draps *mpl* et couvertures *fpl*.

bedcover ['bedˌkʌvəʳ] *n* couvre-lit *m*, dessus-de-lit *m inv*.

bedding ['bedɪŋ] *n (U)* = **bedclothes**.

bedding plant *n* plant *m* à repiquer.

bedeck [bɪ'dek] *vt* : **to ~ sthg with** parer *OR* orner qqch de.

bedevil [bɪ'devl] (*UK*, *pt & pp* **-led**, *cont* **-ling**, *US*, *pt & pp* **-ed**, *cont* **-ing**) *vt* : **to be bedevilled with** être surchargé(e) de.

bedfellow ['bedˌfeləʊ] *n fig* partenaire *mf*.

bedlam ['bedləm] *n* pagaille *f*.

bed linen *n (U)* draps *mpl* et taies *fpl*.

Bedouin, **Beduin** ['bedʊɪn] ◇ *adj* bédouin(e). ◇ *n* Bédouin *m*, -e *f*.

bedpan ['bedpæn] *n* bassin *m*.

bedraggled [bɪ'drægld] *adj* [person] débraillé(e) ; [hair] embroussaillé(e).

bedridden ['bedˌrɪdn] *adj* grabataire.

bedrock ['bedrɒk] *n (U)* - **1.** GEOL soubassement *m* - **2.** *fig* [basis] base *f*, fondement *m*.

bedroom ['bedrʊm] *n* chambre *f* (à coucher).

Beds [bedz] (*abbr of* **Bedfordshire**) *comté anglais*.

bedside ['bedsaɪd] *n* chevet *m*.

bedside manner *n* [of doctor] comportement *m* envers les malades.

bed-sit(ter), **bed-sitting room** *fml n UK* chambre *f* meublée.

bedsore ['bedsɔ:ʳ] *n* escarre *f*.

bedspread ['bedspred] *n* couvre-lit *m*, dessus-de-lit *m inv*.

bedtime ['bedtaɪm] *n* heure *f* du coucher.

Beduin ['bedʊɪn] = **Bedouin**.

bed-wetting [ˌwetɪŋ] *n* énurésie *f*, incontinence *f* nocturne.

bee [bi:] *n* abeille *f* ; **to have a ~ in one's bonnet (about)** avoir une idée fixe (à propos de).

Beeb [bi:b] *n UK inf* **the ~** la BBC.

beeline ['bi:laɪn] *n* : **to make a ~ for** *inf* aller tout droit *OR* directement vers.

been [bi:n] *pp* ▻ **be**.

beep [bi:p] *inf* ◇ *n* bip *m* ; [on anwering machine] bip sonore. ◇ *vi* faire bip.

beeper *n US* = **bleeper**.

beer [bɪəʳ] *n* bière *f*.

beer garden *n* terrasse *f jardin attenant à un pub*.

beeswax ['bi:zwæks] *n* cire *f* d'abeille.

beet [bi:t] *n UK* betterave *f*.

beetle ['bi:tl] *n* scarabée *m*.

beetroot ['bi:tru:t] *n* betterave *f*.

befall [bɪ'fɔ:l] (*pt* **befell** [-'fel] , *pp* **befallen** [-'fɔ:lən]) *lit* ◇ *vt* advenir à. ◇ *vi* arriver, survenir.

befit [bɪ'fɪt] (*pt & pp* **-ted**, *cont* **-ting**) *vt* seoir à.

before [bɪ'fɔːʳ] ◇ *adv* auparavant, avant ; **I've never been there ~** je n'y suis jamais allé(e) ; **I've seen it ~** je l'ai déjà vu ; **the year ~** l'année d'avant *OR* précédente. ◇ *prep* **- 1.** [in time] avant **- 2.** [in space] devant. ◇ *conj* avant de *(+ infin)*, avant que *(+ subjunctive)* ; **~ leaving** avant de partir ; **~ you leave** avant que vous ne partiez.

beforehand [bɪ'fɔːhænd] *adv* à l'avance.

befriend [bɪ'frend] *vt* prendre en amitié.

befuddled [bɪ'fʌdld] *adj* [confused] embrouillé(e).

beg [beg] (*pt & pp* **-ged**, *cont* **-ging**) ◇ *vt* **- 1.** [money, food] mendier **- 2.** [favour] solliciter, quémander ; [forgiveness] demander ; **to ~ sb to do sthg** prier *OR* supplier qqn de faire qqch ; **to ~ sb for sthg** implorer qqch de qqn. ◇ *vi* **- 1.** [for money, food] : **to ~ (for sthg)** mendier (qqch) **- 2.** [plead] supplier ; **to ~ for** [forgiveness etc] demander.

began [bɪ'gæn] *pt* ▷ **begin**.

beggar ['begəʳ] *n* mendiant *m*, -e *f*.

begin [bɪ'gɪn] (*pt* **began**, *pp* **begun**, *cont* **-ning**) ◇ *vt* commencer ; **to ~ doing** *OR* **to do sthg** commencer *OR* se mettre à faire qqch. ◇ *vi* commencer ; **to ~ with** pour commencer, premièrement.

beginner [bɪ'gɪnəʳ] *n* débutant *m*, -e *f*.

beginning [bɪ'gɪnɪŋ] *n* début *m*, commencement *m*.

begonia [bɪ'gəʊnjə] *n* bégonia *m*.

begrudge [bɪ'grʌdʒ] *vt* **- 1.** [envy] : **to ~ sb sthg** envier qqch à qqn **- 2.** [do unwillingly] : **to ~ doing sthg** rechigner à faire qqch.

beguile [bɪ'gaɪl] *vt* [charm] séduire.

beguiling [bɪ'gaɪlɪŋ] *adj* [charming] séduisant(e).

begun [bɪ'gʌn] *pp* ▷ **begin**.

behalf [bɪ'hɑːf] *n* : **on ~ of** *UK*, **in ~ of** *US* de la part de, au nom de.

behave [bɪ'heɪv] ◇ *vt* : **to ~ o.s.** bien se conduire *OR* se comporter. ◇ *vi* **- 1.** [in a particular way] se conduire, se comporter **- 2.** [acceptably] bien se tenir.

behaviour *UK*, **behavior** *US* [bɪ'heɪvjəʳ] *n* conduite *f*, comportement *m*.

behaviourism *UK*, **behaviorism** *US* [bɪ'heɪvjərɪzm] *n* béhaviorisme *m*.

behead [bɪ'hed] *vt* décapiter.

beheld [bɪ'held] *pt & pp* ▷ **behold**.

behind [bɪ'haɪnd] ◇ *prep* **- 1.** [gen] derrière **- 2.** [in time] en retard sur ; **they arrived two hours ~ us** ils sont arrivés deux heures après nous. ◇ *adv* **- 1.** [gen] derrière **- 2.** [in time] en retard ; **to leave sthg ~** oublier qqch ; **to stay ~** rester ; **to be ~ with sthg** être en retard dans qqch. ◇ *n inf* derrière *m*, postérieur *m*.

behold [bɪ'həʊld] (*pt & pp* **beheld**) *vt lit* voir, regarder.

beige [beɪʒ] ◇ *adj* beige. ◇ *n* beige *m* ; **in ~** en beige.

Beijing [ˌbeɪ'dʒɪŋ] *n* Beijing.

being ['biːɪŋ] *n* **- 1.** [creature] être *m* **- 2.** [existence] : **in ~** existant(e) ; **to come into ~** voir le jour, prendre naissance.

Beirut [ˌbeɪ'ruːt] *n* Beyrouth ; **East ~** Beyrouth-Est ; **West ~** Beyrouth-Ouest.

belated [bɪ'leɪtɪd] *adj* tardif(ive).

belatedly [bɪ'leɪtɪdlɪ] *adv* tardivement.

belch [beltʃ] ◇ *n* renvoi *m*, rot *m*. ◇ *vt* [smoke, fire] vomir, cracher. ◇ *vi* **- 1.** [person] éructer, roter **- 2.** [smoke, fire] cracher, vomir.

beleaguered [bɪ'liːgəd] *adj* assiégé(e) ; *fig* harcelé(e), tracassé(e).

belfry ['belfrɪ] (*pl* **-ies**) *n* beffroi *m*, clocher *m*.

Belgian ['beldʒən] ◇ *adj* belge. ◇ *n* Belge *mf*.

Belgium ['beldʒəm] *n* Belgique *f* ; **in ~** en Belgique.

Belgrade [ˌbel'greɪd] *n* Belgrade.

belie [bɪ'laɪ] (*cont* **belying**) *vt* **- 1.** [disprove] démentir **- 2.** [give false idea of] donner une fausse idée de.

belief [bɪ'liːf] *n* **- 1.** [faith, certainty] : **~ (in)** croyance *f* (en) ; **beyond ~** incroyable **- 2.** [principle, opinion] opinion *f*, conviction *f* ; **in the ~ that** persuadé(e) *OR* convaincu(e) que.

believable [bɪ'liːvəbl] *adj* croyable.

believe [bɪ'liːv] ◇ *vt* croire ; **~ it or not** tu ne me croiras peut-être pas. ◇ *vi* croire ; **to ~ in sb** croire en qqn ; **to ~ in sthg** croire à qqch.

believer [bɪ'liːvəʳ] *n* **- 1.** RELIG croyant *m*, -e *f* **- 2.** [in idea, action] : **~ in** partisan *m*, -e *f* de.

Belisha beacon [bɪ'liːʃə-] *n UK globe lumineux indiquant un passage clouté.*

belittle [bɪ'lɪtl] *vt* dénigrer, rabaisser.

Belize [be'liːz] *n* Belize *m* ; **in ~** au Belize.

bell [bel] *n* [of church] cloche *f* ; [handbell] clochette *f* ; [on door] sonnette *f* ; [on bike] timbre *m* ; **the name rings a ~** ce nom me dit quelque chose.

bell-bottoms *npl* pantalon *m* à pattes d'éléphant.

bellhop ['belhɒp] *n US* groom *m*, chasseur *m*.

belligerence [bɪ'lɪdʒərəns] *n* belligérance *f*.

belligerent [bɪ'lɪdʒərənt] *adj* - **1.** [at war] belligérant(e) - **2.** [aggressive] belliqueux(euse).

bellow ['beləʊ] ◇ *vt* [order] hurler, brailler. ◇ *vi* - **1.** [person] brailler, beugler - **2.** [bull] beugler.

bellows ['beləʊz] *npl* soufflet *m*.

bell push *n UK* bouton *m* de sonnette.

bell-ringer *n* carillonneur *m*, -euse *f*.

belly ['belɪ] (*pl* **-ies**) *n* [of person] ventre *m* ; [of animal] panse *f*.

bellyache ['belɪeɪk] ◇ *n* mal *m* de ventre. ◇ *vi inf* râler, rouspéter.

belly button *n inf* nombril *m*.

belly dancer *n* danseuse *f* orientale.

belong [bɪ'lɒŋ] *vi* - **1.** [be property] : **to ~ to sb** appartenir *OR* être à qqn - **2.** [be member] : **to ~ to sthg** être membre de qqch - **3.** [be in right place] être à sa place ; **that chair ~s here** ce fauteuil va là.

belongings [bɪ'lɒŋɪŋz] *npl* affaires *fpl*.

Belorussia [ˌbeləʊ'rʌʃə] *n* Biélorussie *f* ; **in ~** en Biélorussie.

beloved [bɪ'lʌvd] ◇ *adj* bien-aimé(e). ◇ *n* bien-aimé *m*, -e *f*.

below [bɪ'ləʊ] ◇ *adv* - **1.** [lower] en dessous, en bas - **2.** [in text] ci-dessous - **3.** NAUT en bas. ◇ *prep* sous, au-dessous de ; **to be ~ sb in rank** occuper un rang inférieur à qqn.

belt [belt] ◇ *n* - **1.** [for clothing] ceinture *f* ; **that was below the ~** *inf* c'était un coup bas ; **to tighten one's ~** *fig* se serrer la ceinture ; **under one's ~** *fig* à son actif - **2.** TECH courroie *f* - **3.** [of land, sea] région *f*. ◇ *vt inf* flanquer une raclée à. ◇ *vi UK inf* [car] rouler à toute blinde *OR* à pleins gaz ; [person] foncer.

◆ **belt out** *vt sep inf* [song] beugler.

◆ **belt up** *vi UK inf* la fermer, la boucler.

beltway ['beltˌweɪ] *n US* route *f* périphérique.

bemused [bɪ'mju:zd] *adj* perplexe.

bench [bentʃ] *n* - **1.** [gen & POL] banc *m* - **2.** [in lab, workshop] établi *m*.

bend [bend] ◇ *n* - **1.** [in road] courbe *f*, virage *m* - **2.** [in pipe, river] coude *m* - **3.** *phr* **round** *UK OR* **around** *US* **the ~** *inf* dingue, fou (folle). ◇ *vt* (*pt & pp* **bent**) - **1.** [arm, leg] plier - **2.** [wire, fork *etc*] tordre, courber. ◇ *vi* (*pt & pp* **bent**) [person] se baisser, se courber ; [tree, rod] plier ; **to ~ over backwards for sb** se mettre en quatre pour qqn.

◆ **bends** *npl* : **the ~s** la maladie des caissons.

bendy ['bendɪ] (*comp* **-ier**, *superl* **-iest**) *adj UK* flexible.

beneath [bɪ'ni:θ] ◇ *adv* dessous, en bas. ◇ *prep* - **1.** [under] sous - **2.** [unworthy of] indigne de.

benediction [ˌbenɪ'dɪkʃn] *n* bénédiction *f*.

benefactor ['benɪfæktər] *n* bienfaiteur *m*.

benefactress ['benɪfæktrɪs] *n* bienfaitrice *f*.

beneficial [ˌbenɪ'fɪʃl] *adj* : **~ (to sb)** salutaire (à qqn) ; **~ (to sthg)** utile (à qqch).

beneficiary [ˌbenɪ'fɪʃərɪ] (*pl* **-ies**) *n* bénéficiaire *mf*.

benefit ['benɪfɪt] ◇ *n* - **1.** [advantage] avantage *m* ; **for the ~ of** dans l'intérêt de ; **to be to sb's ~, to be of ~ to sb** être dans l'intérêt de qqn - **2.** *UK* ADMIN [allowance of money] allocation *f*, prestation *f*. ◇ *comp* : **~ performance** représentation *f* de bienfaisance. ◇ *vt* profiter à, être avantageux pour. ◇ *vi* : **to ~ from** tirer avantage de, profiter de.

Benelux ['benɪlʌks] *n* Bénélux *m* ; **the ~ countries** les pays du Bénélux.

benevolent [bɪ'nevələnt] *adj* bienveillant(e).

BEng [ˌbi:'endʒ] (*abbr of* **Bachelor of Engineering**) *n UK* [degree] ≃ licence *f* de mécanique ; [person] ≃ licencié(e) en mécanique.

Bengal [ˌbeŋ'gɔ:l] *n* Bengale *m* ; **in ~** au Bengale ; **the Bay of ~** le golfe du Bengale.

benign [bɪ'naɪn] *adj* - **1.** [person] gentil(ille), bienveillant(e) - **2.** MED bénin(igne).

Benin [be'ni:n] *n* Bénin *m* ; **in ~** au Bénin.

bent [bent] ◇ *pt & pp* ▷ **bend**. ◇ *adj* - **1.** [wire, bar] tordu(e) - **2.** [person, body] courbé(e), voûté(e) - **3.** *UK inf* [dishonest] véreux(euse) - **4.** [determined] : **to be ~ on doing sthg** vouloir absolument faire qqch, être décidé(e) à faire qqch. ◇ *n* : **~ (for)** penchant *m* (pour).

bequeath [bɪ'kwi:ð] *vt lit & fig* léguer.

bequest [bɪ'kwest] *n* legs *m*.

berate [bɪ'reɪt] *vt* réprimander.

Berber ['bɜ:bər] ◇ *adj* berbère. ◇ *n* - **1.** [person] Berbère *mf* - **2.** [language] berbère *m*.

bereaved [bɪ'ri:vd] ◇ *adj* endeuillé(e), affligé(e). ◇ *n* (*pl* **bereaved**) : **the ~** la famille du défunt.

bereavement [bɪ'ri:vmənt] *n* deuil *m*.

bereft [bɪ'reft] *adj lit* **~ of** privé(e) de.

beret ['bereɪ] *n* béret *m*.

Bering Sea ['berɪŋ-] *n* : **the ~** la mer de Béring.

Bering Strait ['berɪŋ-] *n* : **the ~** le détroit de Béring.

berk [bɜ:k] *n UK inf* idiot *m*, -e *f*, andouille *f*.

Berks [bɑ:ks] (*abbr of* **Berkshire**) *comté anglais*.

Berlin [bɜːˈlɪn] *n* Berlin ; **East ~** Berlin-Est ; **West ~** Berlin-Ouest ; **the ~ Wall** le mur de Berlin.

Berliner [bɜːˈlɪnə] *n* Berlinois *m*, -e *f*.

berm [bɜːm] *n US* bas-côté *m*.

Bermuda [bəˈmjuːdə] *n* Bermudes *fpl* ; **in ~** aux Bermudes.

Bermuda shorts *npl* bermuda *m*.

Bern [bɜːn] *n* Berne.

berry [ˈberɪ] (*pl* **-ies**) *n* baie *f*.

berserk [bəˈzɜːk] *adj* : **to go ~** devenir fou furieux (folle furieuse).

berth [bɜːθ] ◇ *n* - **1.** [in harbour] poste *m* d'amarrage, mouillage *m* - **2.** [in ship, train] couchette *f* - **3.** *phr* **to give sb a wide ~** éviter qqn. ◇ *vt* [ship] amener à quai. ◇ *vi* [ship] accoster, se ranger à quai.

beseech [bɪˈsiːtʃ] (*pt & pp* **besought** *OR* **beseeched**) *vt lit* **to ~ sb (to do sthg)** implorer *OR* supplier qqn (de faire qqch).

beset [bɪˈset] ◇ *adj* : **~ with** *OR* **by** [doubts etc] assailli(e) de ; **the plan is ~ with risks** le plan comporte une multitude de risques. ◇ *vt* (*pt & pp* **beset**, *cont* **-ting**) assaillir.

beside [bɪˈsaɪd] *prep* - **1.** [next to] à côté de, auprès de - **2.** [compared with] comparé(e) à, à côté de - **3.** *phr* **to be ~ o.s. with anger** être hors de soi ; **to be ~ o.s. with joy** être fou (folle) de joie.

besides [bɪˈsaɪdz] ◇ *adv* en outre, en plus. ◇ *prep* en plus de.

besiege [bɪˈsiːdʒ] *vt* - **1.** [town, fortress] assiéger - **2.** *fig* [trouble, annoy] assaillir, harceler ; **to be ~d with** être assailli(e) *OR* harcelé(e) de.

besotted [bɪˈsɒtɪd] *adj* : **~ (with sb)** entiché(e) (de qqn).

besought [bɪˈsɔːt] *pt & pp* ▷ **beseech**.

bespectacled [bɪˈspektəkld] *adj* qui porte des lunettes, à lunettes.

bespoke [bɪˈspəʊk] *adj UK* [clothes] fait(e) sur mesure ; [tailor] à façon.

best [best] ◇ *adj* le meilleur (la meilleure). ◇ *adv* le mieux. ◇ *n* le mieux ; **to do one's ~** faire de son mieux ; **all the ~!** meilleurs souhaits! ; **to be for the ~** être pour le mieux ; **to make the ~ of sthg** s'accommoder de qqch, prendre son parti de qqch ; **he wants the ~ of both worlds** il veut le beurre et l'argent du beurre.

◆ **at best** *adv* au mieux.

bestial [ˈbestjəl] *adj* bestial(e).

best man *n* garçon *m* d'honneur.

best man

Dans les pays anglo-saxons, le garçon d'honneur présente les alliances aux mariés et prononce un discours lors de la réception de mariage.

bestow [bɪˈstəʊ] *vt fml* **to ~ sthg on sb** conférer qqch à qqn.

best-seller *n* [book] best-seller *m*.

best-selling *adj* à succès.

bet [bet] ◇ *n* pari *m* ; **it's a safe ~ that...** *fig* il est certain que... ; **to hedge one's ~s** se couvrir. ◇ *vt* (*pt & pp* **bet** *OR* **-ted**, *cont* **-ting**) parier. ◇ *vi* (*pt & pp* **bet** *OR* **-ted**, *cont* **-ting**) parier ; **I wouldn't ~ on it** *fig* je n'en suis pas si sûr(e) ; **you ~!** *inf* un peu!, et comment!

beta-blocker [ˈbiːtəˌblɒkəʳ] *n* bêtabloquant *m*.

Bethlehem [ˈbeθlɪhem] *n* Bethléem.

betray [bɪˈtreɪ] *vt* trahir.

betrayal [bɪˈtreɪəl] *n* - **1.** [of person] trahison *f* - **2.** : **~ of trust** abus *m* de confiance - **3.** [of secret] révélation *f*.

betrothed [bɪˈtrəʊðd] *adj dated* **~ (to)** fiancé(e) (à).

better [ˈbetəʳ] ◇ *adj (compar of good)* meilleur(e) ; **to get ~** s'améliorer ; [after illness] se remettre, se rétablir. ◇ *adv (compar of well)* mieux ; **I'd ~ leave** il faut que je parte, je dois partir ; **you'd ~ let your mother know** tu ferais mieux de le dire à ta mère. ◇ *n* meilleur *m*, -e *f* ; **to get the ~ of sb** avoir raison de qqn. ◇ *vt* améliorer ; **to ~ o.s.** s'élever.

better half *n inf* moitié *f*.

better off *adj* - **1.** [financially] plus à son aise - **2.** [in better situation] mieux.

◆ **better-off** *npl* : **the better-off** les gens riches *OR* aisés.

betting [ˈbetɪŋ] *n (U)* paris *mpl*.

betting shop *n UK* ≃ bureau *m* de P.M.U.

between [bɪˈtwiːn] ◇ *prep* entre ; **he sat (in)~ Paul and Anne** il s'est assis entre Paul et Anne. ◇ *adv* : **(in)~** [in space] au milieu ; [in time] dans l'intervalle.

bevelled *UK*, **beveled** *US* [ˈbevld] *adj* biseauté(e).

beverage [ˈbevərɪdʒ] *n fml* boisson *f*.

bevvy [ˈbevɪ] *n inf* breuvage, boisson alcoolisée.

bevy [ˈbevɪ] (*pl* **-ies**) *n* bande *f*, troupe *f*.

beware [bɪˈweəʳ] *vi* : **to ~ (of)** prendre garde (à), se méfier (de) ; **~ of...** attention à...

bewildered [bɪ'wɪldəd] *adj* déconcerté(e), perplexe.

bewildering [bɪ'wɪldərɪŋ] *adj* déconcertant(e), déroutant(e).

bewitched [bɪ'wɪtʃt] *adj* ensorcelé(e), enchanté(e).

bewitching [bɪ'wɪtʃɪŋ] *adj* charmeur(euse), ensorcelant(e).

beyond [bɪ'jɒnd] ◇ *prep* - **1.** [in space] au-delà de - **2.** [in time] après, plus tard que - **3.** [exceeding] au-dessus de ; **it's ~ my control** je n'y peux rien ; **it's ~ my responsibility** cela n'entre pas dans le cadre de mes responsabilités. ◇ *adv* au-delà.

b/f *see also* **brought forward**.

bhp *see also* **brake horsepower**.

bi- [baɪ] *prefix* bi-.

biannual [baɪ'ænjʊəl] *adj* semestriel(elle).

bias ['baɪəs] *n* - **1.** [prejudice] préjugé *m*, parti *m* pris - **2.** [tendency] tendance *f*.

biased ['baɪəst] *adj* partial(e) ; **to be ~ towards sb/sthg** favoriser qqn/qqch ; **to be ~ against sb/sthg** défavoriser qqn/qqch.

bib [bɪb] *n* [for baby] bavoir *m*, bavette *f*.

Bible ['baɪbl] *n* : **the ~** la Bible.
◆ **bible** *n* bible *f*.

biblical ['bɪblɪkl] *adj* biblique.

bibliography [,bɪblɪ'ɒgrəfɪ] (*pl* **-ies**) *n* bibliographie *f*.

bicarbonate of soda [baɪ'kɑ:bənət-] *n* bicarbonate *m* de soude.

bicentenary *UK* [,baɪsen'ti:nərɪ] (*pl* **-ies**), **bicentennial** *US* [,baɪsen'tenjəl] *n* bicentenaire *m*.

biceps ['baɪseps] (*pl* **biceps**) *n* biceps *m*.

bicker ['bɪkəʳ] *vi* se chamailler.

bickering ['bɪkərɪŋ] *n (U)* chamailleries *fpl*.

bicycle ['baɪsɪkl] ◇ *n* bicyclette *f*, vélo *m*. ◇ *vi* aller à bicyclette OR vélo.

bicycle path *n* piste *f* cyclable.

bicycle pump *n* pompe *f* à vélo.

bid [bɪd] ◇ *n* - **1.** (*pt & pp* **bid**, *cont* **bidding**) [attempt] tentative *f* - **2.** (*pt* **bid** OR **bade**, *pp* **bid** OR **bidden**, *cont* **bidding**) [at auction] enchère *f* - **3.** (*pt* **bid** OR **bade**, *pp* **bid** OR **bidden**, *cont* **bidding**) COMM offre *f*. ◇ *vt* (*pt & pp* **bid**, *cont* **bidding**) - **1.** [at auction] faire une enchère de - **2.** *lit* [request] : **to ~ sb do sthg** prier qqn de faire qqch - **3.** *fml* [say] : **to ~ sb good morning** souhaiter le bonjour à qqn. ◇ *vi* - **1.** [at auction] : **to ~ (for)** faire une enchère (pour) - **2.** [attempt] : **to ~ for sthg** briguer qqch.

bidder ['bɪdəʳ] *n* enchérisseur *m*, -euse *f*.

bidding ['bɪdɪŋ] *n (U)* enchères *fpl*.

bide [baɪd] *vt* : **to ~ one's time** attendre son heure OR le bon moment.

bidet ['bi:deɪ] *n* bidet *m*.

biennial [baɪ'enɪəl] ◇ *adj* biennal(e). ◇ *n* plante *f* bisannuelle.

bier [bɪəʳ] *n* bière *f*.

bifidus ['bɪfɪdəs] *n* bifidus *m*.

bifocals [,baɪ'fəʊklz] *npl* lunettes *fpl* bifocales.

BIFU ['bɪfu:] (*abbr of* **The Banking, Insurance and Finance Union**) *n syndicat britannique des employés du secteur financier*.

big [bɪg] (*comp* **-ger**, *superl* **-gest**) *adj* - **1.** [gen] grand(e) - **2.** [in amount, bulk - box, problem, book] gros (grosse) - **3.** *phr* **to do things in a ~ way** faire les choses en grand.

bigamist ['bɪgəmɪst] *n* bigame *mf*.

bigamy ['bɪgəmɪ] *n* bigamie *f*.

Big Apple *n* : **the ~** *surnom de New York*.

Big Ben [-'ben] *n* Big Ben.

big business *n (U)* les grandes entreprises *fpl*.

big cat *n* fauve *m*.

big deal *inf* ◇ *n* : **it's no ~** ce n'est pas dramatique ; **what's the ~?** où est le problème? ◇ *excl* tu parles!, et alors?

big dipper [-'dɪpəʳ] *n* - **1.** *UK* [rollercoaster] montagnes *fpl* russes - **2.** *US* ASTRON : **the Big Dipper** la Grande Ourse.

big end *n* tête *f* de bielle.

big fish *n inf fig* huile *f*, gros bonnet *m*.

big game *n* gros gibier *m*.

big hand *n* - **1.** [on clock] grande aiguille *f* - **2.** *inf* [applause] : **let's give him a ~** applaudissons-le bien fort.

bighead ['bɪghed] *n inf* crâneur *m*, -euse *f*.

bigheaded [,bɪg'hedɪd] *adj inf* crâneur (euse).

big-hearted [-'hɑ:tɪd] *adj* qui a du cœur.

big money *n inf* **to make ~** se faire du pognon.

big mouth *n inf* grande gueule *f* ; **she's got a ~** elle ne sait pas tenir sa langue.

big name *n inf* personne *f* connue, célébrité *f*.

bigot ['bɪgət] *n* sectaire *mf*.

bigoted ['bɪgətɪd] *adj* sectaire.

bigotry ['bɪgətrɪ] *n* sectarisme *m*.

big shot *n inf* huile *f*, grosse légume *f*.

big time *n inf* **to make** OR **to hit** OR **to reach the ~** réussir, arriver en haut de l'échelle.

big toe *n* gros orteil *m*.

big top *n* chapiteau *m*.

big wheel *n* - **1.** *UK* [at fairground] grande roue *f* - **2.** *inf* [big shot] huile *f*, grosse légume *f*.

bigwig ['bɪgwɪg] *n inf* huile *f*, gros bonnet *m*.

bike [baɪk] *n inf* - **1.** [bicycle] vélo *m*, bécane *f* - **2.** [motorcycle] bécane *f*, moto *f*.

bikeway ['baɪkweɪ] *n US* piste *f* cyclable.

bikini [bɪ'ki:nɪ] *n* Bikini® *m*.

bilateral [ˌbaɪ'lætərəl] *adj* bilatéral(e).

bilberry ['bɪlbərɪ] (*pl* **-ies**) *n UK* myrtille *f*.

bile [baɪl] *n* - **1.** [fluid] bile *f* - **2.** [anger] mauvaise humeur *f*.

bilingual [baɪ'lɪŋgwəl] *adj* bilingue.

bilious ['bɪljəs] *adj* - **1.** [sickening] écœurant(e) - **2.** [nauseous] qui a envie de vomir.

bill [bɪl] ◇ *n* - **1.** [statement of cost] : **~ (for)** note *f* OR facture *f* (de) ; [in restaurant] addition *f* (de) - **2.** [in parliament] projet *m* de loi - **3.** [of show, concert] programme *m* - **4.** *US* [banknote] billet *m* de banque - **5.** [poster] : **'post** OR **stick** *UK* **no ~s'** 'défense d'afficher' - **6.** [beak] bec *m* - **7.** *phr* **to be given a clean ~ of health** être déclaré(e) en parfait état de santé. ◇ *vt* [invoice] : **to ~ sb (for)** envoyer une facture à qqn (pour).

billboard ['bɪlbɔ:d] *n* panneau *m* d'affichage.

billet ['bɪlɪt] ◇ *n* logement *m* (chez l'habitant). ◇ *vt* loger, cantonner.

billfold ['bɪlfəʊld] *n US* portefeuille *m*.

billiards ['bɪljədz] *n* billard *m*.

billion ['bɪljən] *num* - **1.** *US* [thousand million] milliard *m* - **2.** *UK* [million million] billion *m*.

billionaire [ˌbɪljə'neəʳ] *n* milliardaire *mf*.

bill of exchange *n* effet *m* OR lettre *f* de change.

bill of lading *n* connaissement *m*.

Bill of Rights *n* : **the ~** *les dix premiers amendements à la Constitution américaine.*

Bill of Rights

> Ces amendements garantissent, entre autres droits, la liberté d'expression, de religion et de réunion.

bill of sale *n* acte *m* de vente.

billow ['bɪləʊ] ◇ *n* nuage *m*, volute *f*. ◇ *vi* [smoke, steam] tournoyer ; [skirt, sail] se gonfler.

billycan ['bɪlɪkæn] *n* gamelle *f*.

billy club *n* matraque *f*.

billy goat ['bɪlɪ-] *n* bouc *m*.

bimbo ['bɪmbəʊ] (*pl* **-s** OR **-es**) *n inf pej* **she's a bit of a ~** c'est le genre 'pin-up'.

bimonthly [ˌbaɪ'mʌnθlɪ] ◇ *adj* - **1.** [every two months] bimestriel(elle) - **2.** [twice a month] bimensuel(elle). ◇ *adv* - **1.** [every two months] tous les deux mois - **2.** [twice a month] deux fois par mois.

bin [bɪn] ◇ *n* - **1.** *UK* [for rubbish] poubelle *f* - **2.** [for grain, coal] coffre *m* - **3.** [for bread] huche *f*, boîte *f*. ◇ *vt UK inf* balancer.

binary ['baɪnərɪ] *adj* binaire.

bind [baɪnd] ◇ *vt* (*pt* & *pp* **bound**) - **1.** [tie up] attacher, lier - **2.** [unite - people] lier - **3.** [bandage] panser - **4.** [book] relier - **5.** [constrain] contraindre, forcer. ◇ *n inf* - **1.** *UK* [nuisance] corvée *f* - **2.** [difficult situation] : **to be in a bit of a ~** être dans le pétrin.

◆ **bind over** *vt sep* : **to be bound over** être sommé(e) d'observer une bonne conduite.

binder ['baɪndəʳ] *n* - **1.** [machine] lieuse *f* - **2.** [person] relieur *m*, -euse *f* - **3.** [cover] classeur *m*.

binding ['baɪndɪŋ] ◇ *adj* qui lie OR engage ; [agreement] irrévocable. ◇ *n* - **1.** [on book] reliure *f* - **2.** [on dress, tablecloth] liséré *m*.

binge [bɪndʒ] *inf* ◇ *n* : **to go on a ~** prendre une cuite. ◇ *vi* : **to ~ on sthg** se gaver OR se bourrer de qqch.

bingo ['bɪŋgəʊ] *n* bingo *m*, ≃ loto *m*.

Bingo

> Ce jeu d'argent, très populaire en Grande-Bretagne, consiste à cocher des chiffres appelés au hasard sur une carte jusqu'à ce qu'elle soit remplie. Le joueur dont la carte est remplie et qui crie « Bingo » ou « House » en premier est vainqueur. Ce jeu est souvent pratiqué dans d'anciens cinémas ou des salles municipales.

bin liner *n UK* sac-poubelle *m*.

binoculars [bɪ'nɒkjʊləz] *npl* jumelles *fpl*.

biochemistry [ˌbaɪəʊ'kemɪstrɪ] *n* biochimie *f*.

biodegradable [ˌbaɪəʊdɪ'greɪdəbl] *adj* biodégradable.

biodiversity [ˌbaɪəʊdaɪ'vɜ:sətɪ] *n* biodiversité *f*.

bioethics [ˌbaɪəʊ'eθɪks] *n (sg)* bioéthique *f*.

biographer [baɪ'ɒgrəfəʳ] *n* biographe *mf*.

biographic(al) [ˌbaɪə'græfɪk(l)] *adj* biographique.

biography [baɪ'ɒgrəfɪ] (*pl* **-ies**) *n* biographie *f*.

biological [ˌbaɪə'lɒdʒɪkl] *adj* biologique ; [washing powder] aux enzymes.

biological mother *n* mère *f* biologique.

biological weapon *n* arme *f* biologique.

biologist [baɪ'ɒlədʒɪst] *n* biologiste *mf*.

biology [baɪ'ɒlədʒɪ] *n* biologie *f*.

biome ['baɪəʊm] *n* biome *m*.

bionic [baɪ'ɒnɪk] *adj* bionique.

bionics [baɪ'ɒnɪks] *n* bionique *f*.

biopic ['baɪəʊpɪk] *n inf* film *m* biographique.

biopsy ['baɪɒpsɪ] (*pl* **-ies**) *n* biopsie *f*.

biotechnology [ˌbaɪəʊtek'nɒlədʒɪ] *n* biotechnologie *f*.

bioterrorism [ˌbaɪəʊ'terərɪzm] *n* bioterrorisme *m*.

biowarfare [ˌbaɪəʊ'wɔːfeə] *n* guerre *f* biologique.

bipartite [ˌbaɪ'pɑːtaɪt] *adj* bipartite.

biplane ['baɪpleɪn] *n* biplan *m*.

bipolar disorder [baɪ'pəʊlədɪsˌɔːdəʳ] *n* MED trouble *m* bipolaire.

birch [bɜːtʃ] *n* - **1.** [tree] bouleau *m* - **2.** [stick] : **the ~** la verge, le fouet.

bird [bɜːd] *n* - **1.** [creature] oiseau *m* ; **to kill two ~s with one stone** faire d'une pierre deux coups - **2.** *UK inf* [woman] gonzesse *f*.

birdcage ['bɜːdkeɪdʒ] *n* cage *f* à oiseaux.

birdie ['bɜːdɪ] *n* - **1.** [childrens' vocabulary] petit oiseau *m* - **2.** GOLF birdie *m*.

bird of paradise *n* oiseau *m* de paradis, paradisier *m*.

bird of prey *n* oiseau *m* de proie.

birdseed ['bɜːdsiːd] *n* graine *f* pour oiseaux.

bird's-eye view *n* vue *f* aérienne.

bird-watcher [-ˌwɒtʃəʳ] *n* observateur *m*, -trice *f* d'oiseaux.

Biro® ['baɪərəʊ] *n UK* stylo *m* à bille.

birth [bɜːθ] *n lit & fig* naissance *f* ; **to give ~ (to)** donner naissance (à).

birth certificate *n* acte *m* OR extrait *m* de naissance.

birth control *n (U)* régulation *f* OR contrôle *m* des naissances.

birthday ['bɜːθdeɪ] ◇ *n* anniversaire *m*. ◇ *comp* [party, present etc] d'anniversaire.

birthmark ['bɜːθmɑːk] *n* tache *f* de vin.

birth mother *n* mère *f* gestationnelle.

birthplace ['bɜːθpleɪs] *n* lieu *m* de naissance.

birthrate ['bɜːθreɪt] *n* (taux *m* de) natalité *f*.

birthright ['bɜːθraɪt] *n* droit *m* de naissance OR du sang.

Biscay ['bɪskeɪ] *n* : **the Bay of ~** le golfe de Gascogne.

biscuit ['bɪskɪt] *n UK* gâteau *m* sec, biscuit *m* ; *US* scone *m*.

bisect [baɪ'sekt] *vt* couper OR diviser en deux.

bisexual [ˌbaɪ'sekʃʊəl] ◇ *adj* bisexuel (elle). ◇ *n* bisexuel *m*, -elle *f*.

bishop ['bɪʃəp] *n* - **1.** RELIG évêque *mf* - **2.** [in chess] fou *m*.

bison ['baɪsn] (*pl* **bison** OR **-s**) *n* bison *m*.

bistro ['biːstrəʊ] (*pl* **-s**) *n* bistro *m*.

bit [bɪt] ◇ *pt* ▷ **bite**. ◇ *n* - **1.** [small piece - of paper, cheese etc] morceau *m*, bout *m* ; [- of book, film] passage *m* ; **I just want a ~** je n'en veux qu'un petit peu ; **~s and pieces** *UK* petites affaires *fpl* OR choses *fpl* ; **to fall to ~s** tomber en morceaux ; **to take sthg to ~s** démonter qqch - **2.** [amount] : **a ~ of** un peu de ; **a ~ of shopping** quelques courses ; **it's a ~ of a nuisance** c'est un peu embêtant ; **a ~ of trouble** un petit problème ; **quite a ~ of** pas mal de, beaucoup de - **3.** [short time] : **for a ~** pendant quelque temps - **4.** [of drill] mèche *f* - **5.** [of bridle] mors *m* - **6.** COMPUT bit *m* - **7.** *phr* **to do one's ~** *UK* faire sa part ; **every ~ as... as** tout aussi... que ; **it's all a ~ much** [overwhelming] c'en est trop ; **it's a ~ much** c'est un peu fort ; **not a ~** [not at all] pas du tout.

◆ **a bit** *adv* un peu ; **I'm a ~ tired** je suis un peu fatigué(e).

◆ **bit by bit** *adv* petit à petit, peu à peu.

bitch [bɪtʃ] ◇ *n* - **1.** [female dog] chienne *f* - **2.** *v inf pej* [woman] salope *f*, garce *f*. ◇ *vi inf* rouspéter, râler ; **to ~ about sb** casser du sucre sur le dos de qqn.

bitchy [bɪtʃɪ] (*comp* **-ier**, *superl* **-iest**) *adj inf* vache, rosse.

bite [baɪt] ◇ *n* - **1.** [act of biting] morsure *f*, coup *m* de dent - **2.** *inf* [food] : **to have a ~ (to eat)** manger un morceau - **3.** [wound] piqûre *f* - **4.** *UK* [sharp flavour] piquant *m*. ◇ *vt* (*pt* **bit**, *pp* **bitten**) - **1.** [subj: person, animal] mordre - **2.** [subj: insect, snake] piquer, mordre. ◇ *vi* (*pt* **bit**, *pp* **bitten**) - **1.** [animal, person] : **to ~ (into)** mordre (dans) ; **to ~ off sthg** arracher qqch d'un coup de dents ; **to ~ off more than one can chew** *fig* avoir les yeux plus gros que le ventre - **2.** [insect, snake] mordre, piquer - **3.** [grip] adhérer, mordre - **4.** *fig* [take effect] se faire sentir.

biting ['baɪtɪŋ] *adj* - **1.** [very cold] cinglant(e), piquant(e) - **2.** [humour, comment] mordant(e), caustique.

bit part *n* petit rôle *m*, utilités *fpl*.

bitten ['bɪtn] *pp* ▷ **bite**.

bitter ['bɪtəʳ] ◇ *adj* - **1.** [gen] amer(ère) ; **to the ~ end** jusqu'au bout - **2.** [icy] glacial(e) - **3.** [argument] violent(e). ◇ *n UK* *bière relativement amère, à forte teneur en houblon.*

bitter lemon *n* Schweppes® *m* au citron.

bitterly ['bɪtəlɪ] *adv* - **1.** [of weather] : **it's ~ cold** il fait un froid de canard - **2.** [disappointed] cruellement ; [cry, complain] amèrement ; [criticize] âprement, violemment.

bitterness ['bɪtənɪs] *n* - **1.** [gen] amertume *f* - **2.** [of wind, weather] âpreté *f*.

bittersweet ['bɪtəswi:t] *adj* [taste] aigre-doux(-douce) ; [memory] doux-amer(-amère).

bitty ['bɪtɪ] (*comp* **-ier**, *superl* **-iest**) *adj UK inf* décousu(e).

bitumen ['bɪtjʊmɪn] *n* bitume *m*.

bivouac ['bɪvʊæk] ◇ *n* bivouac *m*. ◇ *vi* (*pt & pp* **-ked**, *cont* **-king**) bivouaquer.

biweekly [,baɪ'wi:klɪ] ◇ *adj* - **1.** [every two weeks] bimensuel(elle) - **2.** [twice a week] bihebdomadaire. ◇ *adv* - **1.** [every two weeks] tous les quinze jours - **2.** [twice a week] deux fois par semaine.

bizarre [bɪ'zɑ:ʳ] *adj* bizarre.

bk - **1.** *see also* **bank** - **2.** *see also* **book**.

bl *see also* **bill of lading**.

BL *n UK* - **1.** (*abbr of* **Bachelor of Law(s)**) [degree] ≃ licence *f* de droit [person] ≃ licencié *m*, -e *f* en *OR* ès droit - **2.** (*abbr of* **Bachelor of Letters**) [degree] ≃ licence *f* de lettres [person] ≃ licencié *m*, -e *f* en *OR* ès lettres - **3.** (*abbr of* **Bachelor of Literature**) [degree] ≃ licence *f* de littérature [person] ≃ licencié *m*, -e *f* en *OR* ès littérature.

blab [blæb] (*pt & pp* **-bed**, *cont* **-bing**) *vi inf* lâcher le morceau.

black [blæk] ◇ *adj* noir(e) ; **~ and blue** [person, body] couvert(e) de bleus ; **~ and white** [films, photos] noir et blanc. ◇ *n* - **1.** [colour] noir *m* - **2.** [person] noir *m*, -e *f* - **3.** *phr* **in ~ and white** [in writing] noir sur blanc, par écrit ; **in the ~** [financially solvent] solvable, sans dettes. ◇ *vt UK* [boycott] boycotter.

◆ **black out** ◇ *vt sep* - **1.** [city etc] faire le black-out dans, occulter - **2.** [TV programme] faire le black-out sur, occulter. ◇ *vi* [faint] s'évanouir.

blackball ['blækbɔ:l] *vt* blackbouler.

black belt *n* ceinture *f* noire.

blackberry ['blækbərɪ] (*pl* **-ies**) *n* mûre *f*.

blackbird ['blækbɜ:d] *n* merle *m*.

blackboard ['blækbɔ:d] *n* tableau *m* (noir).

black box *n* [flight recorder] boîte *f* noire.

black comedy *US n* comédie *f* d'humour noir ; humour *m* (*propre à la communatué afro-américaine*).

blackcurrant [,blæk'kʌrənt] *n* cassis *m*.

black economy *n* économie *f* parallèle.

blacken ['blækn] ◇ *vt* - **1.** [make dark] noircir - **2.** *fig* [reputation] ternir. ◇ *vi* s'assombrir.

black eye *n* œil *m* poché *OR* au beurre noir.

blackhead ['blækhed] *n* [acne] point *m* noir.

black hole *n* trou *m* noir.

black ice *n* verglas *m*.

blackjack ['blækdʒæk] ◇ *n* - **1.** [card game] vingt-et-un *m* - **2.** *US* [weapon] matraque *f*. ◇ *vt US* matraquer.

blackleg ['blækleg] *n UK pej* jaune *m*.

blacklist ['blæklɪst] ◇ *n* liste *f* noire. ◇ *vt* mettre sur la liste noire.

black magic *n* magie *f* noire.

blackmail ['blækmeɪl] ◇ *n lit & fig* chantage *m*. ◇ *vt* - **1.** [for money] faire chanter - **2.** *fig* [emotionally] faire du chantage à.

blackmailer ['blækmeɪləʳ] *n* maître-chanteur *m*.

black mark *n fig* mauvais point *m*.

black market *n* marché *m* noir.

blackout ['blækaʊt] *n* - **1.** MIL & PRESS black-out *m* - **2.** [power cut] panne *f* d'électricité - **3.** [fainting fit] évanouissement *m*.

Black Power *n mouvement séparatiste noir né dans les années 60 aux États-Unis*.

black pudding *n UK* boudin *m*.

Black Sea *n* : **the ~** la mer Noire.

black sheep *n* brebis *f* galeuse.

blacksmith ['blæksmɪθ] *n* forgeron *m* ; [for horses] maréchal-ferrant *m*.

black spot *n UK* AUT point *m* noir.

black-tie *adj* [dinner] habillé, en smoking.

bladder ['blædəʳ] *n* vessie *f*.

blade [bleɪd] *n* - **1.** [of knife, saw] lame *f* - **2.** [of propeller] pale *f* - **3.** [of grass] brin *m*.

Blairism ['bleərɪzm] *n politique du Premier ministre britannique socialiste Tony Blair*.

blame [bleɪm] ◇ *n* responsabilité *f*, faute *f* ; **to take the ~ for sthg** endosser la responsabilité de qqch. ◇ *vt* blâmer, condamner ; **to ~ sthg on** rejeter la responsabilité de qqch sur, imputer qqch à ; **to ~ sb/sthg for sthg** reprocher qqch à qqn/qqch ; **to be to ~ for sthg** être responsable de qqch.

blameless ['bleɪmlɪs] *adj* [person] innocent(e) ; [life] irréprochable.

blanch [blɑ:ntʃ] ◇ *vt* blanchir. ◇ *vi* blêmir, pâlir.

blancmange [blə'mɒndʒ] *n* blanc-manger *m*.

bland [blænd] *adj* - **1.** [person] terne - **2.** [food] fade, insipide - **3.** [music, style] insipide.

blank [blæŋk] ◇ *adj* - **1.** [sheet of paper] blanc (blanche) ; [wall] nu(e) - **2.** *fig* [look] vide, sans expression. ◇ *n* - **1.** [empty space] blanc *m* - **2.** [cartridge] cartouche *f* à blanc - **3.** *phr* **to draw a ~** faire chou blanc.

blank cheque *UK*, **blank check** *US n* chèque *m* en blanc ; *fig* carte *f* blanche.

blanket ['blæŋkɪt] <> *adj* global(e), général(e). <> *n* - **1.** [for bed] couverture *f* - **2.** [of snow] couche *f*, manteau *m* ; [of fog] nappe *f*. <> *vt* recouvrir.

blanket bath *n UK* toilette *f* d'un malade.

blankly ['blæŋklɪ] *adv* [stare] avec les yeux vides.

blank verse *n (U)* vers *mpl* blancs OR non rimés.

blare [bleəʳ] *vi* hurler ; [radio] beugler.

◆ **blare out** *vi* hurler, beugler.

blasé [*UK* 'blɑːzeɪ, *US* ˌblɑː'zeɪ] *adj* blasé(e).

blasphemous ['blæsfəməs] *adj* [words] blasphématoire ; [person] blasphémateur(trice).

blasphemy ['blæsfəmɪ] (*pl* **-ies**) *n* blasphème *m*.

blast [blɑːst] <> *n* - **1.** [explosion] explosion *f* - **2.** [of air, from bomb] souffle *m*. <> *vt* [hole, tunnel] creuser à la dynamite. <> *excl UK inf* zut!, mince!

◆ **(at) full blast** *adv* [play music etc] à pleins gaz OR tubes ; [work] d'arrache-pied.

◆ **blast off**, **blastoff** *vi* SPACE être mis à feu, décoller.

blasted ['blɑːstɪd] *adj inf* fichu(e), maudit(e).

blast furnace *n* haut fourneau *m*.

blast-off *n* SPACE mise *f* à feu, lancement *m*.

blatant ['bleɪtənt] *adj* criant(e), flagrant(e).

blatantly ['bleɪtəntlɪ] *adv* d'une manière flagrante.

blaze [bleɪz] <> *n* - **1.** [fire] incendie *m* - **2.** *fig* [of colour, light] éclat *m*, flamboiement *m* ; **in a ~ of publicity** à grand renfort de publicité. <> *vi* - **1.** [fire] flamber - **2.** *fig* [with colour] flamboyer.

blazer ['bleɪzəʳ] *n* blazer *m*.

blazing ['bleɪzɪŋ] *adj* - **1.** [sun, heat] ardent(e) ; **~ hot** torride, brûlant(e) - **2.** [row] violent(e).

bleach [bliːtʃ] <> *n* eau *f* de Javel. <> *vt* [hair] décolorer ; [clothes] blanchir.

bleached [bliːtʃt] *adj* décoloré(e).

bleachers ['bliːtʃəz] *npl US* SPORT gradins *mpl*.

bleak [bliːk] *adj* - **1.** [future] sombre - **2.** [place, weather, face] lugubre, triste.

bleary ['blɪərɪ] (*comp* **-ier**, *superl* **-iest**) *adj* [eyes] trouble, voilé(e).

bleary-eyed [ˌblɪərɪ'aɪd] *adj* aux yeux troubles.

bleat [bliːt] <> *n* bêlement *m*. <> *vi* bêler ; *fig* [person] se plaindre, geindre.

bleed [bliːd] (*pt* & *pp* **bled** [bled]) <> *vi* saigner. <> *vt* [radiator etc] purger.

bleep [bliːp] *UK* <> *n* bip *m*, bip-bip *m*. <> *vt* appeler avec un bip, biper. <> *vi* faire bip-bip.

bleeper ['bliːpəʳ] *UK n* bip *m*, biper *m*.

blemish ['blemɪʃ] <> *n lit* & *fig* défaut *m*. <> *vt* [reputation] souiller, tacher.

blend [blend] <> *n* mélange *m*. <> *vt* : **to ~ sthg (with)** mélanger qqch (avec OR à). <> *vi* : **to ~ (with)** se mêler (à OR avec).

◆ **blend in** *vi* se fondre.

◆ **blend into** *vt insep* se fondre dans.

blender ['blendəʳ] *n* mixer *m*.

bless [bles] (*pt* & *pp* **-ed** OR **blest**) *vt* bénir ; **to be ~ed with** [talent etc] être doué(e) de ; [children] avoir la chance OR le bonheur d'avoir ; **~ you!** [after sneezing] à vos souhaits! ; [thank you] merci mille fois!

blessed ['blesɪd] *adj* - **1.** RELIG saint(e), béni(e) - **2.** [relief, silence] merveilleux(euse) - **3.** *inf* [blasted] fichu(e), maudit(e).

blessing ['blesɪŋ] *n lit* & *fig* bénédiction *f* ; **a ~ in disguise** une bonne chose en fin de compte ; **to count one's ~s** s'estimer heureux(euse) de ce que l'on a ; **a mixed ~** quelque chose qui a du bon et du mauvais.

blest [blest] *pt* & *pp* ▻ **bless**.

blew [bluː] *pt* ▻ **blow**.

blight [blaɪt] <> *n* - **1.** [plant disease] rouille *f*, charbon *m* - **2.** *fig* [scourge] fléau *m*, calamité *f*. <> *vt* gâcher, briser.

blimey ['blaɪmɪ] *excl UK inf* zut alors!, mince alors!

blind [blaɪnd] <> *adj* - **1.** *lit* & *fig* aveugle ; **to be ~ to sthg** ne pas voir qqch - **2.** *UK inf* [for emphasis] : **it doesn't make a ~ bit of difference to me** cela m'est complètement égal. <> *adv* : **~ drunk** complètement rond(e), bourré(e). <> *n* - **1.** [for window] store *m* - **2.** *US* [for watching birds, animals] cachette *f*. <> *npl* : **the ~** les aveugles *mpl*. <> *vt* aveugler ; **to ~ sb to sthg** *fig* cacher qqch à qqn.

blind alley *n lit* & *fig* impasse *f*.

blind corner *n UK* AUT virage *m* sans visibilité.

blind date *n rendez-vous avec quelqu'un qu'on ne connaît pas.*

blinders ['blaɪndəz] *npl US* œillères *fpl*.

blindfold ['blaɪndfəʊld] <> *adv* les yeux bandés. <> *n* bandeau *m*. <> *vt* bander les yeux à.

blinding ['blaɪndɪŋ] *adj* - **1.** [light] aveuglant(e) - **2.** [obvious] évident(e), manifeste.

blindly ['blaɪndlɪ] *adv* [unseeingly] à l'aveuglette [without thinking] aveuglément.

blindness ['blaɪndnɪs] *n* cécité *f* ; **~ (to sthg)** *fig* aveuglement *m* (devant qqch).

blind spot *n* - **1.** AUT angle *m* mort - **2.** *fig* [inability to understand] blocage *m*.

blini ['blɪniː] *npl* blini *m*.

blink [blɪŋk] ◇ *n* - **1.** [of eyes] clignement *m* - **2.** [of light] clignotement *m* - **3.** *phr* **on the ~** [machine] détraqué(e). ◇ *vt* - **1.** [eyes] cligner - **2.** *US* AUT : **to ~ one's lights** faire un appel de phares. ◇ *vi* - **1.** [person] cligner des yeux - **2.** [light] clignoter.

blinkered ['blɪŋkəd] *adj* : **to be ~** *lit* & *fig* avoir des œillères.

blinkers ['blɪŋkəz] *npl UK* œillères *fpl*.

blinking ['blɪŋkɪŋ] *adj UK inf* sacré(e), fichu(e).

blip [blɪp] *n* - **1.** [sound] bip *m* - **2.** [on radar] spot *m* - **3.** *fig* [temporary problem] problème *m* passager.

bliss [blɪs] *n* bonheur *m* suprême, félicité *f*.

blissful ['blɪsfʊl] *adj* [day, silence] merveilleux(euse), divin(e) ; [ignorance] total(e).

blissfully ['blɪsfʊlɪ] *adv* [smile] d'un air heureux ; [happy, unaware] parfaitement.

blister ['blɪstəʳ] ◇ *n* [on skin] ampoule *f*, cloque *f*. ◇ *vi* - **1.** [skin] se couvrir d'ampoules - **2.** [paint] cloquer, se boursoufler.

blistering ['blɪstərɪŋ] *adj* [sun] brûlant(e), ardent(e) ; [attack] caustique, cinglant(e).

blister pack *n* blister *m*.

blithe [blaɪð] *adj* - **1.** [unworried] insouciant(e) - **2.** *dated* [cheerful] joyeux(euse), gai(e).

blithely ['blaɪðlɪ] *adv* gaiement, joyeusement.

BLitt [ˌbiː'lɪt] *UK* (*abbr of* **Bachelor of Letters** OR **Baccalaureus Litterarum**) *n* (*titulaire d'une*) *licence de lettres*.

blitz [blɪts] *n* - **1.** MIL bombardement *m* aérien - **2.** *UK fig* **to have a ~ on sthg** s'attaquer à qqch.

blizzard ['blɪzəd] *n* tempête *f* de neige.

BLM (*abbr of* **Bureau of Land Management**) *n service de l'aménagement du territoire aux États-Unis*.

bloated ['bləʊtɪd] *adj* - **1.** [face] bouffi(e), boursouflé(e) - **2.** [with food] ballonné(e).

blob [blɒb] *n* - **1.** [drop] goutte *f* - **2.** [indistinct shape] forme *f* ; **a ~ of colour** une tache de couleur.

bloc [blɒk] *n* bloc *m*.

block [blɒk] ◇ *n* - **1.** [building] : **office ~** *UK* immeuble *m* de bureaux ; **~ of flats** *UK* immeuble *m* - **2.** *US* [of buildings] pâté *m* de maisons ; **it's five ~s from here** c'est cinq rues plus loin - **3.** [of stone, ice] bloc *m* - **4.** [obstruction] blocage *m* - **5.** : **~ and tackle** palan *m*, moufle *f*. ◇ *vt* - **1.** [road, pipe, view] boucher - **2.** [prevent] bloquer, empêcher.

◆ **block off** *vt sep* [road] barrer ; [pipe, entrance] boucher.

◆ **block out** *vt sep* - **1.** [from mind] chasser - **2.** [light] empêcher d'entrer.

◆ **block up** ◇ *vt sep* boucher. ◇ *vi* se boucher.

blockade [blɒ'keɪd] ◇ *n* blocus *m*. ◇ *vt* faire le blocus de.

blockage ['blɒkɪdʒ] *n* obstruction *f*.

block booking *n* location *f* en bloc.

blockbuster ['blɒkbʌstəʳ] *n inf* [book] best-seller *m* ; [film] film *m* à succès, superproduction *f*.

block capitals *npl* majuscules *fpl* d'imprimerie.

blockhead ['blɒkhed] *n inf* crétin *m*, -e *f*, imbécile *mf*.

block letters *npl* majuscules *fpl* d'imprimerie.

block release *n UK stage de formation de plusieurs semaines*.

block vote *n UK* vote *m* groupé.

bloke [bləʊk] *n UK inf* type *m*.

blond [blɒnd] *adj* blond(e).

blonde [blɒnd] ◇ *adj* blond(e). ◇ *n* [woman] blonde *f*.

blood [blʌd] *n* sang *m* ; **in cold ~** de sang-froid ; **it made my ~ boil** cela m'a mis(e) dans une colère noire ; **it made my ~ run cold** cela m'a glacé le sang ; **it's in his ~** *fig* il a cela dans le sang ; **new** OR **fresh ~** *fig* sang frais.

blood bank *n* banque *f* de sang.

bloodbath ['blʌdbɑːθ] (*pl* [-bɑːðz]) *n* bain *m* de sang, massacre *m*.

blood brother *n* frère *m* de sang.

blood cell *n* globule *m*.

blood count *n* numération *f* globulaire.

bloodcurdling ['blʌdˌkɜːdlɪŋ] *adj* à vous glacer le sang.

blood donor *n* donneur *m*, -euse *f* de sang.

blood group *n UK* groupe *m* sanguin.

bloodhound ['blʌdhaʊnd] *n* limier *m*.

bloodless ['blʌdlɪs] *adj* - **1.** [face, lips] exsangue, pâle - **2.** [coup, victory] sans effusion de sang.

bloodletting ['blʌdˌletɪŋ] *n* [killing] tuerie *f*.

blood money *n* prix *m* du sang.

blood orange *n* orange *f* sanguine.

blood poisoning *n* septicémie *f*.

blood pressure *n* tension *f* artérielle ; **to have high ~** faire de l'hypertension.

blood relation, **blood relative** *n* parent *m*, -e *f* par le sang.

bloodshed ['blʌdʃed] *n* carnage *m*.

bloodshot ['blʌdʃɒt] *adj* [eyes] injecté(e) de sang.

blood sports *npl* la chasse.

bloodstained ['blʌdsteɪnd] *adj* taché(e) de sang, ensanglanté(e).

bloodstream ['blʌdstri:m] *n* sang *m*.

blood test *n* prise *f* de sang, examen *m* du sang.

bloodthirsty ['blʌd,θɜ:stɪ] *adj* sanguinaire.

blood transfusion *n* transfusion *f* sanguine.

blood type *n* groupe *m* sanguin.

blood vessel *n* vaisseau *m* sanguin.

bloody ['blʌdɪ] ◇ *adj* (*comp* **-ier**, *superl* **-iest**) **- 1.** [gen] sanglant(e) **- 2.** *UK v inf* foutu(e) ; **you ~ idiot!** espèce de con! ◇ *adv UK v inf* vachement.

bloody-minded [-'maɪndɪd] *adj UK inf* contrariant(e).

bloom [blu:m] ◇ *n* fleur *f*. ◇ *vi* fleurir.

blooming ['blu:mɪŋ] ◇ *adj* **- 1.** *UK inf* [to show annoyance] sacré(e), fichu(e) **- 2.** [person] éclatant(e), resplendissant(e). ◇ *adv UK inf* sacrément.

blossom ['blɒsəm] ◇ *n* [of tree] fleurs *fpl* ; **in ~** en fleur(s). ◇ *vi* **- 1.** [tree] fleurir **- 2.** *fig* [person] s'épanouir.

blot [blɒt] ◇ *n lit & fig* tache *f*. ◇ *vt* (*pt & pp* **-ted**, *cont* **-ting**) **- 1.** [paper] faire des pâtés sur **- 2.** [ink] sécher.

◆ **blot out** *vt sep* voiler, cacher ; [memories] effacer.

blotchy ['blɒtʃɪ] (*comp* **-ier**, *superl* **-iest**) *adj* couvert(e) de marbrures OR taches.

blotting paper ['blɒtɪŋ-] *n* (*U*) (papier *m*) buvard *m*.

blouse [blaʊz] *n* chemisier *m*.

blouson ['blu:zɒn] *n UK* blouson *m*.

blow [bləʊ] ◇ *vi* (*pt* **blew**, *pp* **blown**) **- 1.** [gen] souffler **- 2.** [in wind] : **to ~ off** s'envoler ; **the door blew open** la porte s'ouvrit à la volée ; **the door blew shut** la porte a claqué **- 3.** [fuse] sauter. ◇ *vt* (*pt* **blew**, *pp* **blown**) **- 1.** [subj: wind] faire voler, chasser **- 2.** [clear] : **to ~ one's nose** se moucher **- 3.** [trumpet] jouer de, souffler dans ; **to ~ a whistle** donner un coup de sifflet, siffler **- 4.** [bubbles] faire **- 5.** *inf* [money] claquer. ◇ *n* [hit] coup *m* ; **to come to ~s** en venir aux mains ; **to soften the ~** *fig* adoucir le coup ; **to strike a ~ for** *fig* servir la cause de.

◆ **blow out** ◇ *vt sep* souffler. ◇ *vi* **- 1.** [candle] s'éteindre **- 2.** [tyre] éclater.

◆ **blow over** *vi* se calmer.

◆ **blow up** ◇ *vt sep* **- 1.** [inflate] gonfler **- 2.** [with bomb] faire sauter **- 3.** [photograph] agrandir. ◇ *vi* exploser.

blow-by-blow *adj fig* détaillé(e).

blow-dry ◇ *n* Brushing® *m*. ◇ *vt* faire un Brushing® à.

blowfly ['bləʊflaɪ] (*pl* **-flies**) *n* mouche *f* bleue, mouche de la viande.

blowgun ['bləʊgʌn] = **blowpipe**.

blowlamp *UK* ['bləʊlæmp], **blowtorch** ['bləʊtɔ:tʃ] *n* chalumeau *m*, lampe *f* à souder.

blown [bləʊn] *pp* ▷ **blow**.

blowout ['bləʊaʊt] *n* **- 1.** [of tyre] *esp US* éclatement *m* **- 2.** *UK inf* [big meal] grande bouffe *f*, gueuleton *m* **- 3.** [of gas] éruption *f*.

blowpipe ['bləʊpaɪp], **blowgun** ['bləʊgʌn] *n* sarbacane *f*.

blowtorch = **blowlamp**.

blowzy ['blaʊzɪ] *adj UK* négligé(e).

BLS (*abbr of* **Bureau of Labor Statistics**) *n institut de statistiques du travail aux États-Unis*.

blubber ['blʌbər] ◇ *n* graisse *f* de baleine. ◇ *vi pej* chialer, pleurer comme un veau.

bludgeon ['blʌdʒən] *vt* matraquer.

blue [blu:] ◇ *adj* **- 1.** [colour] bleu(e) **- 2.** *inf* [sad] triste, cafardeux(euse) **- 3.** [pornographic] porno (*inv*). ◇ *n* bleu *m* ; **in ~** en bleu ; **out of the ~** [happen] subitement ; [arrive] à l'improviste.

◆ **blues** *npl* : **the ~s** MUS le blues ; *inf* [sad feeling] le blues, le cafard.

blue baby *n* enfant *m* bleu.

bluebell ['blu:bel] *n* jacinthe *f* des bois.

blueberry ['blu:bərɪ] *n* myrtille *f*.

bluebird ['blu:bɜ:d] *n* oiseau *m* bleu.

blue-black *adj* bleu noir (*inv*).

blue-blooded [-'blʌdɪd] *adj* de sang noble, qui a du sang bleu.

bluebottle ['blu:,bɒtl] *n* mouche *f* bleue, mouche de la viande.

blue cheese *n* (fromage *m*) bleu *m*.

blue chip *n* ST. EX valeur *f* sûre, titre *m* de premier ordre.

◆ **blue-chip** *comp* de premier ordre.

blue-collar *adj* manuel(elle).

blue-eyed boy [-aɪd-] *n inf* chouchou *m*.

blue jeans *npl US* blue-jean *m*, jean *m*.

blue moon *n* : **once in a ~** tous les trente-six du mois.

blueprint ['blu:prɪnt] *n* photocalque *m* ; *fig* plan *m*, projet *m*.

bluestocking ['blu:,stɒkɪŋ] *n pej* bas-bleu *m*.

blue tit *n UK* mésange *f* bleue.

bluff [blʌf] <> *adj* franc (franche). <> *n* - **1.** [deception] bluff *m* ; **to call sb's ~** prendre qqn au mot - **2.** [cliff] falaise *f* à pic. <> *vt* bluffer, donner le change à. <> *vi* faire du bluff, bluffer.

blunder ['blʌndəʳ] <> *n* gaffe *f*, bévue *f*. <> *vi* - **1.** [make mistake] faire une gaffe, commettre une bévue - **2.** [move clumsily] avancer d'un pas maladroit.

blundering ['blʌndərɪŋ] *adj* maladroit(e).

blunt [blʌnt] <> *adj* - **1.** [knife] émoussé(e) ; [pencil] épointé(e) ; [object, instrument] contondant(e) - **2.** [person, manner] direct(e), carré(e). <> *vt lit & fig* émousser.

bluntly ['blʌntlɪ] *adv* carrément, brutalement.

bluntness ['blʌntnɪs] *n* brusquerie *f*.

blur [blɜːʳ] <> *n* forme *f* confuse, tache *f* floue. <> *vt* (*pt & pp* **-red**, *cont* **-ring**) - **1.** [vision] troubler, brouiller - **2.** [distinction] rendre moins net (nette).

blurb [blɜːb] *n* texte *m* publicitaire.

blurred [blɜːd] *adj* - **1.** [photograph] flou(e) - **2.** [vision] trouble - **3.** [distinction] peu net (nette), vague.

blurt [blɜːt] ◆ **blurt out** *vt sep* laisser échapper.

blush [blʌʃ] <> *n* rougeur *f*. <> *vi* rougir.

blusher ['blʌʃəʳ] *n* fard *m* à joues, blush *m*.

bluster ['blʌstəʳ] <> *n (U)* propos *mpl* coléreux. <> *vi* tempêter.

blustery ['blʌstərɪ] *adj* venteux(euse).

Blvd (*abbr of* **Boulevard**) bd, boul.

BM *n* - **1.** (*abbr of* **Bachelor of Medicine**) [degree] ≃ licence *f* de médecine ; [person] ≃ licencié *m*, -e *f* en médecine - **2.** (*abbr of* **British Museum**) *grand musée et bibliothèque célèbre, situés à Londres.*

BMA (*abbr of* **British Medical Association**) *n ordre britannique des médecins.*

BMJ (*abbr of* **British Medical Journal**) *n organe de la BMA.*

B-movie *n* film *m* de série B.

BMus ['biː'mʌz] (*abbr of* **Bachelor of Music**) *n* [degree] ≃ licence *f* de musique [person] ≃ licencié *m*, -e *f* en musique.

BMX (*abbr of* **bicycle motorcross**) *n* bicross *m*.

BO *see also* **body odour**.

boa constrictor ['bəʊəkən'strɪktəʳ] *n* boa *m* constricteur.

boar [bɔːʳ] *n* - **1.** [male pig] verrat *m* - **2.** [wild pig] sanglier *m*.

board [bɔːd] <> *n* - **1.** [plank] planche *f* - **2.** [for notices] panneau *m* d'affichage - **3.** [for games - gen] tableau *m* ; [- for chess] échiquier *m* - **4.** [blackboard] tableau *m* (noir) - **5.** [of company] : **~ (of directors)** conseil *m* d'administration - **6.** [committee] comité *m*, conseil *m* - **7.** *UK* [at hotel, guesthouse] pension *f* ; **~ and lodging** pension ; **full ~** pension complète ; **half ~** demi-pension *f* - **8.** : **on ~** [on ship, plane, bus, train] à bord - **9.** *phr* **to take sthg on ~** [knowledge] assimiler qqch ; [advice] accepter qqch ; **above ~** régulier(ère), dans les règles ; **across the ~** [agreement etc] général(e) ; [apply] de façon générale ; **to go by the ~** aller à vau-l'eau, être abandonné(e) ; **to sweep the ~** tout rafler *OR* gagner. <> *vt* [ship, aeroplane] monter à bord de ; [train, bus] monter dans.

boarder ['bɔːdəʳ] *n* - **1.** [lodger] pensionnaire *mf* - **2.** [at school] interne *mf*, pensionnaire *mf*.

board game *n* jeu *m* de société.

boarding card ['bɔːdɪŋ-] *n esp UK* carte *f* d'embarquement.

boarding pass ['bɔːdɪŋ-] *n esp US* carte *f* d'embarquement.

boarding house ['bɔːdɪŋhaʊs] (*pl* [-haʊzɪz]) *n* pension *f* de famille.

boarding school ['bɔːdɪŋ-] *n* pensionnat *m*, internat *m*.

board meeting *n* réunion *f* du conseil d'administration.

Board of Trade *n UK* : **the ~** ≃ le ministère *m* du Commerce.

boardroom ['bɔːdrʊm] *n* salle *f* du conseil (d'administration).

boardwalk ['bɔːdwɔːk] *n US* trottoir *m* en planches.

boast [bəʊst] <> *n* vantardise *f*, fanfaronnade *f*. <> *vt* [special feature] s'enorgueillir de. <> *vi* : **to ~ (about)** se vanter (de).

boastful ['bəʊstfʊl] *adj* vantard(e), fanfaron(onne).

boat [bəʊt] *n* [large] bateau *m* ; [small] canot *m*, embarcation *f* ; **by ~** en bateau ; **to rock the ~** semer le trouble ; **to be in the same ~** être logé(e) à la même enseigne.

boater ['bəʊtəʳ] *n* [hat] canotier *m*.

boating ['bəʊtɪŋ] *n* canotage *m*.

boatswain ['bəʊsn] *n* maître *m* d'équipage.

boat train *n train qui assure la correspondance avec le bateau.*

bob [bɒb] <> *n* - **1.** [hairstyle] coupe *f* au carré - **2.** *UK inf dated* [shilling] shilling *m* - **3.** = **bobsleigh**. <> *vi* (*pt & pp* **-bed**, *cont* **-bing**) [boat, ship] tanguer.

bobbin ['bɒbɪn] *n* bobine *f*.

bobble [bɒbl] *n* pompon *m*.

bobby ['bɒbɪ] (*pl* **-ies**) *n UK inf* agent *m* de police.

bobby pin *n US* pince *f* à cheveux.

bobby socks, **bobby sox** *npl US* socquettes *fpl (de fille)*.

bobsleigh ['bɒbsleɪ] *UK*, **bobsled** ['bɒbsled] *US n* bobsleigh *m*.

bode [bəʊd] *vi lit* **to ~ ill/well (for)** être de mauvais/bon augure (pour).

bodice ['bɒdɪs] *n* corsage *m*.

bodily ['bɒdɪlɪ] <> *adj* [needs] matériel(elle) ; [pain] physique. <> *adv* [lift, move] à bras-le-corps.

body ['bɒdɪ] (*pl* **-ies**) *n* **- 1.** [of person] corps *m* ; **to keep ~ and soul together** subsister **- 2.** [corpse] corps *m*, cadavre *m* ; **over my dead ~!** il faudra d'abord me passer sur le corps! **- 3.** [organization] organisme *m*, organisation *f* **- 4.** [of car] carrosserie *f* ; [of plane] fuselage *m* **- 5.** *(U)* [of wine] corps *m* **- 6.** *(U)* [of hair] volume *m* **- 7.** [garment] body *m*.

body building *n* culturisme *m*.

bodyguard ['bɒdɪgɑ:d] *n* garde *m* du corps.

body odor *US* = **body odour**.

body odour *UK n* odeur *f* corporelle.

body piercing *n* piercing *m*.

body search *n* fouille *f* corporelle.

body shop *n* **- 1.** [garage] atelier *m* **- 2.** *US inf* [gym] club *m* de gym.

body stocking *n* justaucorps *m*.

bodywork ['bɒdɪwɜ:k] *n* carrosserie *f*.

boffin ['bɒfɪn] *n UK inf* savant *m*.

bog [bɒg] *n* **- 1.** [marsh] marécage *m* **- 2.** *UK v inf* [toilet] chiottes *fpl*.

bogey ['bəʊgɪ] *n* GOLF bogey *m*.

bogged down [ˌbɒgd-] *adj* **- 1.** *fig* [in work] : **~ (in)** submergé(e) (de) **- 2.** [car etc] : **~ (in)** enlisé(e) (dans).

boggle ['bɒgl] *vi* : **the mind ~s!** ce n'est pas croyable!, on croit rêver!

boggy ['bɒgɪ] *adj* marécageux(euse).

bogie ['bəʊgɪ] *n* RAIL bogie *m*.

Bogotá [ˌbəʊgə'tɑ:] *n* Bogotá.

bogus ['bəʊgəs] *adj* faux (fausse), bidon *(inv)*.

Bohemia [bəʊ'hi:mjə] *n* Bohême *f* ; **in ~** en Bohême.

bohemian [bəʊ'hi:mjən] <> *adj* [person] bohème ; [lifestyle] de bohème. <> *n* bohème *mf*.
◆ **Bohemian** <> *adj* bohémien(enne). <> *n* Bohémien *m*, -enne *f*.

boil [bɔɪl] <> *n* **- 1.** MED furoncle *m* **- 2.** [boiling point] : **to bring sthg to the ~** porter qqch à ébullition ; **to come to the ~** venir à ébullition. <> *vt* **- 1.** [water, food] faire bouillir **- 2.** [kettle] mettre sur le feu. <> *vi* [water] bouillir.
◆ **boil away** *vi* [evaporate] s'évaporer.
◆ **boil down to** *vt insep fig* revenir à, se résumer à.
◆ **boil over** *vi* **- 1.** [liquid] déborder **- 2.** *fig* [feelings] exploser.

boiled ['bɔɪld] *adj* bouilli(e) ; **~ egg** œuf *m* à la coque ; **~ sweet** *UK* bonbon *m* (à sucer).

boiler ['bɔɪlər] *n* chaudière *f*.

boiler room *n* chaufferie *f*.

boiler suit *n UK* bleu *m* de travail.

boiling ['bɔɪlɪŋ] *adj* **- 1.** [liquid] bouillant(e) **- 2.** *inf* [weather] très chaud(e), torride ; [person] : **I'm ~ (hot)!** je crève de chaleur! **- 3.** [angry] : **~ with rage** en rage, écumant(e) de rage.

boiling point *n* point *m* d'ébullition.

boisterous ['bɔɪstərəs] *adj* turbulent(e), remuant(e).

bold [bəʊld] *adj* **- 1.** [confident] hardi(e), audacieux(euse) **- 2.** [lines, design] hardi(e) ; [colour] vif (vive), éclatant(e) **- 3.** TYPO : **~ type** *OR* **print** caractères *mpl* gras.

boldly ['bəʊldlɪ] *adv* hardiment, avec audace.

Bolivia [bə'lɪvɪə] *n* Bolivie *f* ; **in ~** en Bolivie.

Bolivian [bə'lɪvɪən] <> *adj* bolivien(enne). <> *n* Bolivien *m*, -enne *f*.

bollard ['bɒlɑ:d] *n UK* [on road] borne *f*.

bollocks ['bɒləks] *UK v inf* <> *npl* couilles *fpl*. <> *excl* quelles conneries!

Bolshevik ['bɒlʃɪvɪk] <> *adj* bolchevique. <> *n* bolchevique *mf*.

bolster ['bəʊlstər] <> *n* [pillow] traversin *m*. <> *vt* renforcer, affirmer.
◆ **bolster up** *vt sep* soutenir, appuyer.

bolt [bəʊlt] <> *n* **- 1.** [on door, window] verrou *m* **- 2.** [type of screw] boulon *m*. <> *adv* : **~ upright** droit(e) comme un piquet. <> *vt* **- 1.** [fasten together] boulonner **- 2.** [close - door, window] verrouiller, fermer au verrou **- 3.** [food] engouffrer, engloutir. <> *vi* [run] détaler.

bomb [bɒm] <> *n* bombe *f*. <> *vt* bombarder.

bombard [bɒm'bɑ:d] *vt* MIL *fig* **to ~ (with)** bombarder (de).

bombardment [bɒm'bɑ:dmənt] *n* bombardement *m*.

bombastic [bɒm'bæstɪk] *adj* pompeux (euse).

bomb disposal squad *n* équipe *f* de déminage.

bomber ['bɒmər] *n* **- 1.** [plane] bombardier *m* **- 2.** [person] plastiqueur *m*.

bomber jacket *n* blouson *m* d'aviateur.

bombing ['bɒmɪŋ] *n* bombardement *m*.

bombproof ['bɒmpru:f] *adj* à l'épreuve des bombes.

bombshell ['bɒmʃel] *n fig* bombe *f*.

bombsite ['bɒmsaɪt] *n* lieu *m* bombardé.

bona fide [ˌbəʊnə'faɪdɪ] *adj* véritable, authentique ; [offer] sérieux(euse).

bonanza [bə'nænzə] *n* aubaine *f*, filon *m*.

bond [bɒnd] ◇ *n* - **1.** [between people] lien *m* - **2.** [promise] engagement *m* - **3.** FIN bon *m*, titre *m*. ◇ *vt* - **1.** [glue] : **to ~ sthg to sthg** coller qqch sur qqch - **2.** *fig* [people] unir. ◇ *vi* - **1.** [stick together] : **to ~ (together)** être collé(e) (ensemble) - **2.** *fig* [people] établir des liens.

bondage ['bɒndɪdʒ] *n* servitude *f*, esclavage *m*.

bonded warehouse ['bɒndɪd-] *n* entrepôt *m* de douane.

bone [bəʊn] ◇ *n* os *m* ; [of fish] arête *f* ; **~ of contention** pomme *f* de discorde ; **to feel** *OR* **know sthg in one's ~s** avoir le pressentiment de qqch ; **to make no ~s about sthg** ne pas cacher qqch. ◇ *vt* [meat] désosser ; [fish] enlever les arêtes de.

bone china *n* porcelaine *f* tendre.

bone-dry *adj* tout à fait sec (sèche).

bone-idle, bone idle *adj* paresseux(euse) comme une couleuvre *OR* un lézard.

boneless ['bəʊnlɪs] *adj* [meat] sans os ; [fish] sans arêtes.

bone marrow *n* moelle *f* osseuse.

bonfire ['bɒnˌfaɪəʳ] *n* [for fun] feu *m* de joie ; [to burn rubbish] feu.

bonfire night *n UK le 5 novembre (commémoration de la tentative de Guy Fawkes de faire sauter le Parlement en 1605).*

bongo ['bɒŋgəʊ] (*pl* **-s** *OR* **-es**) *n* : **~ (drum)** bongo *m*.

Bonn [bɒn] *n* Bonn.

bonnet ['bɒnɪt] *n* - **1.** *UK* [of car] capot *m* - **2.** [hat] bonnet *m*.

bonny ['bɒnɪ] (*comp* **-ier**, *superl* **-iest**) *adj Scotland* beau (belle), joli(e).

bonus ['bəʊnəs] (*pl* **-es** [-iːz]) *n* - **1.** [extra money] prime *f*, gratification *f* - **2.** *fig* [added advantage] plus *m*.

bonus issue *n UK* FIN émission *f* d'actions gratuites.

bony ['bəʊnɪ] (*comp* **-ier**, *superl* **-iest**) *adj* - **1.** [person, hand, face] maigre, osseux(euse) - **2.** [meat] plein(e) d'os ; [fish] plein(e) d'arêtes.

boo [buː] ◇ *excl* hou! ◇ *n* (*pl* **-s**) huée *f*. ◇ *vt & vi* huer.

boob [buːb] *UK*, **boo-boo** [buːbuː] *US n inf* [mistake] *UK* gaffe *f*, bourde *f*.

◆ **boobs** *npl v inf* nichons *mpl*.

boob tube *n* - **1.** *UK* [garment] bustier *m* - **2.** *US inf* télé *f*.

booby prize ['buːbɪ-] *n* prix *m* de consolation.

booby trap ['buːbɪ-] *n* - **1.** [bomb] objet *m* piégé - **2.** [practical joke] farce *f*.

◆ **booby-trap** *vt* piéger.

boogie ['buːgɪ] *inf* ◇ *n* : **to have a ~** danser. ◇ *vi* danser.

book [bʊk] ◇ *n* - **1.** [for reading] livre *m* ; **to do sthg by the ~** faire qqch selon les règles ; **to throw the ~ at sb** passer un savon à qqn - **2.** [of stamps, tickets, cheques] carnet *m* ; [of matches] pochette *f*. ◇ *vt* - **1.** [reserve - gen] réserver ; [- performer] engager ; **to be fully ~ed** être complet(ète) - **2.** *inf* [subj: police] coller un PV à - **3.** *UK* FTBL prendre le nom de. ◇ *vi* réserver.

◆ **books** *npl* COMM livres *mpl* de comptes ; **to do the ~s** tenir les livres ; **to be in sb's bad ~s** être mal vu(e) de qqn ; **to be in sb's good ~s** être dans les petits papiers de qqn.

◆ **book in** *UK* ◇ *vt sep* réserver une chambre à. ◇ *vi* [at hotel] prendre une chambre.

◆ **book up** *vt sep* réserver, retenir.

bookable ['bʊkəbl] *adj UK* - **1.** [seats, tickets] qu'on peut réserver *OR* louer - **2.** FTBL [offence] pour laquelle l'arbitre donne un carton jaune.

bookbinding ['bʊkˌbaɪndɪŋ] *n* reliure *f*.

bookcase ['bʊkkeɪs] *n* bibliothèque *f*.

book club *n* club *m* de livres.

bookends ['bʊkendz] *npl* serre-livres *m inv*, presse-livres *m inv*.

Booker Prize ['bʊkə-] *n* : **the ~** *prix littéraire britannique.*

Booker Prize

Le "Booker Prize" est le prix littéraire britannique le plus connu ; créé en 1969, il est accordé chaque année au meilleur roman d'expression anglaise découvert par un éditeur britannique.

bookie ['bʊkɪ] *n inf* bookmaker *m*, book *m*.

booking ['bʊkɪŋ] *n UK* - **1.** [reservation] réservation *f* - **2.** FTBL : **to get a ~** recevoir un carton jaune.

booking clerk *n UK* préposé *m*, -e *f* à la location *OR* la vente des billets.

booking office *n UK* bureau *m* de réservation *OR* location.

bookish ['bʊkɪʃ] *adj* [person] studieux(euse), qui aime la lecture.

bookkeeper ['bʊkˌkiːpəʳ] *n* comptable *mf*.

bookkeeping ['bʊkˌkiːpɪŋ] *n* comptabilité *f*.

booklet ['bʊklɪt] *n* brochure *f*.

bookmaker ['bʊk,meɪkəʳ] *n* bookmaker *m*.

bookmark ['bʊkmɑ:k] *n* signet *m*.

bookseller ['bʊk,seləʳ] *n* libraire *mf*.

bookshelf ['bʊkʃelf] (*pl* **-shelves** [-ʃelvz]) *n* rayon *m* OR étagère *f* à livres.

bookshop *UK* ['bʊkʃɒp], **bookstore** *US* ['bʊkstɔ:ʳ] *n* librairie *f*.

bookstall ['bʊkstɔ:l] *n UK* kiosque *m* (à journaux).

bookstore ['bʊkstɔ:ʳ] = **bookshop**.

book token *n UK* chèque-livre *m*.

bookworm ['bʊkwɜ:m] *n* rat *m* de bibliothèque.

boom [bu:m] ◇ *n* - **1.** [loud noise] grondement *m* - **2.** [in business, trade] boom *m* - **3.** NAUT bôme *f* - **4.** [for TV camera, microphone] girafe *f*, perche *f*. ◇ *vi* - **1.** [make noise] gronder - **2.** [business, trade] être en plein essor OR en hausse.

boom box *n US* grand radiocassette *m* portatif.

boomerang ['bu:məræŋ] *n* boomerang *m*.

boon [bu:n] *n* avantage *m*, bénédiction *f*.

boor [bʊəʳ] *n* butor *m*, rustre *m*.

boorish ['bʊərɪʃ] *adj* rustre, grossier(ère).

boost [bu:st] ◇ *n* [to production, sales] augmentation *f* ; [to economy] croissance *f* ; **to give a ~ to** stimuler. ◇ *vt* - **1.** [production, sales] accroître, stimuler - **2.** [popularity] accroître, renforcer ; **to ~ sb's spirits** OR **morale** remonter le moral à qqn.

booster ['bu:stəʳ] *n* MED rappel *m* ; **~ shot** piqûre *f* de rappel.

booster seat *n* AUT (siège *m*) rehausseur *m*.

boot [bu:t] ◇ *n* - **1.** [for walking, sport] chaussure *f* - **2.** [fashion item] botte *f* - **3.** *UK* [of car] coffre *m*. ◇ *vt inf* flanquer des coups de pied à.

◆ **to boot** *adv* par-dessus le marché, en plus.

◆ **boot out** *vt sep inf* flanquer à la porte.

booth [bu:ð] *n* - **1.** [at fair] baraque *f* foraine - **2.** [telephone booth] cabine *f* - **3.** [voting booth] isoloir *m*.

bootleg ['bu:tleg] *adj inf* [recording] pirate ; [whisky etc] de contrebande.

bootlegger ['bu:t,legəʳ] *n inf* contrebandier *m* d'alcool.

booty ['bu:tɪ] *n* butin *m*.

booze [bu:z] *inf* ◇ *n (U)* alcool *m*, boisson *f* alcoolisée. ◇ *vi* picoler, lever le coude.

boozer ['bu:zəʳ] *n inf* - **1.** [person] picoleur *m*, -euse *f* - **2.** *UK* [pub] pub *m*.

bop [bɒp] *inf* ◇ *n* - **1.** [hit] coup *m* - **2.** [disco, dance] boum *f*. ◇ *vt* (*pt & pp* **-ped**, *cont* **-ping**) [hit] taper, donner un coup à. ◇ *vi* (*pt & pp* **-ped**, *cont* **-ping**) [dance] danser.

border ['bɔ:dəʳ] ◇ *n* - **1.** [between countries] frontière *f* - **2.** [edge] bord *m* - **3.** [in garden] bordure *f*. ◇ *vt* - **1.** [country] toucher à, être limitrophe de - **2.** [edge] border.

◆ **border on** *vt insep* friser, être voisin(e) de.

borderline ['bɔ:dəlaɪn] ◇ *adj* : **~ case** cas *m* limite. ◇ *n fig* limite *f*, ligne *f* de démarcation.

bore [bɔ:ʳ] ◇ *pt* ▷ **bear**. ◇ *n* - **1.** [person] raseur *m*, -euse *f* ; [situation, event] corvée *f* - **2.** [of gun] calibre *m*. ◇ *vt* - **1.** [not interest] ennuyer, raser ; **to ~ sb stiff** OR **to tears** OR **to death** ennuyer qqn à mourir - **2.** [drill] forer, percer.

bored [bɔ:d] *adj* [person] qui s'ennuie ; [look] d'ennui ; **to be ~ with** en avoir assez de ; **I'm ~ with this book** ce livre m'ennuie.

boredom ['bɔ:dəm] *n (U)* ennui *m*.

boring ['bɔ:rɪŋ] *adj* ennuyeux(euse), assommant(e).

born [bɔ:n] *adj* né(e) ; **to be ~** naître ; **I was ~ in 1965** je suis né(e) en 1965 ; **when were you ~?** quelle est ta date de naissance? ; **~ and bred** né(e) et élevé(e).

born-again Christian *adj* [Christian] évangéliste *mf*.

borne [bɔ:n] *pp* ▷ **bear**.

Borneo ['bɔ:nɪəʊ] *n* Bornéo *m* ; **in ~** à Bornéo.

borough ['bʌrə] *n* municipalité *f*.

borrow ['bɒrəʊ] *vt* emprunter ; **to ~ sthg (from sb)** emprunter qqch (à qqn).

borrower ['bɒrəʊəʳ] *n* emprunteur *m*, -euse *f*.

borrowing ['bɒrəʊɪŋ] *n (U)* emprunt *m*.

Bosnia ['bɒznɪə] *n* Bosnie *f* ; **in ~** en Bosnie.

Bosnia-Herzegovina [-,hɜ:tsəgə'vi:nə] *n* Bosnie-Herzégovine *f*.

Bosnian ['bɒznɪən] ◇ *adj* bosniaque. ◇ *n* Bosniaque *mf*.

bosom ['bʊzəm] *n* poitrine *f*, seins *mpl* ; *fig* sein *m* ; **~ friend** ami *m* intime.

Bosporus ['bɒspərəs], **Bosphorus** ['bɒsfərəs] *n* : **the ~** le Bosphore.

boss [bɒs] ◇ *n* patron *m*, -onne *f*, chef *m* ; **to be one's own ~** travailler à son compte. ◇ *vt pej* donner des ordres à, régenter.

◆ **boss about**, **boss around** *vt sep pej* donner des ordres à, régenter.

bossy ['bɒsɪ] (*comp* **-ier**, *superl* **-iest**) *adj* autoritaire.

bosun ['bəʊsn] = **boatswain**.

botanic(al) [bə'tænɪk(l)] *adj* botanique.

botanical garden *n* jardin *m* botanique.

botanist ['bɒtənɪst] *n* botaniste *mf*.

botany ['bɒtənɪ] *n* botanique *f*.

botch [bɒtʃ] ◆ **botch up** *vt sep inf* bousiller, saboter.

both [bəʊθ] ◇ *adj* les deux. ◇ *pron* : **~ (of them)** (tous) les deux ((toutes) les deux) ; **~ of us are coming** on vient tous les deux. ◇ *adv* : **she is ~ intelligent and amusing** elle est à la fois intelligente et drôle.

bother ['bɒðər] ◇ *vt* - **1.** [worry] ennuyer, inquiéter ; **to ~ o.s. (about)** se tracasser (au sujet de) ; **I can't be ~ed to do it** *esp UK* je n'ai vraiment pas envie de le faire - **2.** [pester, annoy] embêter ; **I'm sorry to ~ you** excusez-moi de vous déranger. ◇ *vi* : **to ~ about sthg** s'inquiéter de qqch ; **don't ~ (to do it)** ce n'est pas la peine (de le faire) ; **don't ~ getting up** ne vous donnez pas la peine de vous lever. ◇ *n (U)* embêtement *m* ; **I hope I'm not putting you to any ~** *UK* j'espère que je ne vous cause pas trop de dérangement ; **it's no ~ at all** cela ne me dérange OR m'ennuie pas du tout.

bothered ['bɒðəd] *adj* inquiet(ète) ; **I am really ~~bothered that so many people are unemployed** cela m'inquiète que tant de personnes soient au chômage ; **I am ~ about it** OR **I am ~ by it** *UK* cela me dérange.

Botswana [bɒ'tswɑːnə] *n* Botswana *m* ; **in ~** au Botswana.

bottle ['bɒtl] ◇ *n* - **1.** [gen] bouteille *f* ; [for medicine, perfume] flacon *m* ; [for baby] biberon *m* - **2.** *(U) UK inf* [courage] cran *m*, culot *m*. ◇ *vt* [wine etc] mettre en bouteilles ; [fruit] mettre en bocal.

◆ **bottle out** *vi UK inf* se dégonfler.

◆ **bottle up** *vt sep* [feelings] refouler, contenir.

bottle bank *n UK* container *m* pour verre usagé.

bottled ['bɒtld] *adj* en bouteille.

bottle-feed *vt* nourrir au biberon.

bottleneck ['bɒtlnek] *n* - **1.** [in traffic] bouchon *m*, embouteillage *m* - **2.** [in production] goulet *m* d'étranglement.

bottle-opener *n* ouvre-bouteilles *m inv*, décapsuleur *m*.

bottle party *n* soirée *f (où chacun apporte quelque chose à boire)*.

bottom ['bɒtəm] ◇ *adj* - **1.** [lowest] du bas - **2.** [in class] dernier(ère). ◇ *n* - **1.** [of bottle, lake, garden] fond *m* ; [of page, ladder, street] bas *m* ; [of hill] pied *m* - **2.** [of scale] bas *m* ; [of class] dernier *m*, -ère *f* - **3.** [buttocks] derrière *m* - **4.** [cause] : **what's at the ~ of it?** qu'est-ce qui en est la cause? ; **to get to the ~ of sthg** aller au fond de qqch, découvrir la cause de qqch.

◆ **bottom out** *vi* atteindre son niveau le plus bas.

bottomless ['bɒtəmlɪs] *adj* - **1.** [very deep] sans fond - **2.** [endless] inépuisable.

bottom line *n fig* **the ~** l'essentiel *m*.

botulism ['bɒtjʊlɪzm] *n* botulisme *m*.

bough [baʊ] *n* branche *f*.

bought [bɔːt] *pt & pp* ▷ **buy**.

boulder ['bəʊldər] *n* rocher *m*.

boulevard ['buːləvɑːd] *n* boulevard *m*.

bounce [baʊns] ◇ *vi* - **1.** [ball] rebondir ; [person] sauter - **2.** [light] être réfléchi(e) ; [sound] être renvoyé(e) - **3.** *inf* [cheque] être sans provision. ◇ *vt* [ball] faire rebondir. ◇ *n* rebond *m*.

◆ **bounce back** *vi fig* se remettre vite.

bouncer ['baʊnsər] *n inf* videur *m*.

bouncy ['baʊnsɪ] (*comp* **-ier**, *superl* **-iest**) *adj* - **1.** [lively] dynamique - **2.** [ball] qui rebondit ; [bed] élastique, souple.

bound [baʊnd] ◇ *pt & pp* ▷ **bind**. ◇ *adj* - **1.** [certain] : **he's ~ to win** il va sûrement gagner ; **she's ~ to see it** elle ne peut pas manquer de le voir - **2.** [obliged] : **to be ~ to do sthg** être obligé(e) OR tenu(e) de faire qqch ; **I'm ~ to say/admit** je dois dire/reconnaître - **3.** [for place] : **to be ~ for** [subj: person] être en route pour ; [subj: plane, train] être à destination de. ◇ *n* [leap] bond *m*, saut *m*. ◇ *vt* : **to be ~ed by** [subj: field] être limité(e) OR délimité(e) par ; [subj: country] être limitrophe de. ◇ *vi* [leap] bondir, sauter.

◆ **bounds** *npl* limites *fpl* ; **out of ~s** interdit, défendu.

boundary ['baʊndərɪ] (*pl* **-ies**) *n* [gen] frontière *f* ; [of property] limite *f*, borne *f*.

boundless ['baʊndlɪs] *adj* illimité(e), sans bornes.

bountiful ['baʊntɪfʊl] *adj lit* [ample] abondant(e).

bounty ['baʊntɪ] *n lit* [generosity] générosité *f*, libéralité *f*.

bouquet [bʊ'keɪ] *n* bouquet *m*.

bourbon ['bɜːbən] *n* bourbon *m*.

bourgeois ['bɔːʒwɑː] *adj pej* bourgeois(e).

bout [baʊt] *n* - **1.** [of illness] accès *m* ; **a ~ of flu** une grippe - **2.** [session] période *f* ; **a ~ of drinking** une beuverie - **3.** [boxing match] combat *m*.

boutique [buː'tiːk] *n* boutique *f*.

bow[1] [baʊ] <> *n* - **1.** [in greeting] révérence *f* - **2.** [of ship] proue *f*, avant *m*. <> *vt* [head] baisser, incliner. <> *vi* - **1.** [make a bow] saluer - **2.** [defer] : **to ~ to** s'incliner devant.
◆ **bow down** *vi* s'incliner.
◆ **bow out** *vi* tirer sa révérence.

bow[2] [bəʊ] *n* - **1.** [weapon] arc *m* - **2.** MUS archet *m* - **3.** [knot] nœud *m*.

bowels ['baʊəlz] *npl* intestins *mpl* ; *fig* entrailles *fpl*.

bowl [bəʊl] <> *n* - **1.** [container - gen] jatte *f*, saladier *m* ; [- small] bol *m* ; [- for washing up] cuvette *f* ; **sugar ~** sucrier *m* - **2.** [of toilet, sink] cuvette *f* ; [of pipe] fourneau *m*. <> *vt* CRICKET lancer. <> *vi* CRICKET lancer la balle.
◆ **bowls** *n (U)* boules *fpl (sur herbe)*.
◆ **bowl over** *vt sep lit* & *fig* renverser.

bow-legged [ˌbəʊ'legɪd] *adj* aux jambes arquées.

bowler ['bəʊləʳ] *n* - **1.** CRICKET lanceur *m* - **2.** *UK* **~ (hat)** chapeau *m* melon.

bowling ['bəʊlɪŋ] *n (U)* bowling *m*.

bowling alley *n* [building] bowling *m* ; [alley] piste *f* de bowling.

bowling green *n* terrain *m* de boules *(sur herbe)*.

bow tie [bəʊ-] *n* nœud *m* papillon.

bow window [bəʊ-] *n* fenêtre *f* en saillie.

box [bɒks] <> *n* - **1.** [gen] boîte *f* - **2.** THEAT loge *f* - **3.** *UK inf* [television] : **the ~** la télé. <> *vi* boxer, faire de la boxe.
◆ **box in** *vt sep* - **1.** [trap] coincer - **2.** [enclose - pipes etc] encastrer.

boxed [bɒkst] *adj* en boîte, en coffret.

boxer ['bɒksəʳ] *n* - **1.** [fighter] boxeur *m*, -euse *f* - **2.** [dog] boxer *m*.

boxer shorts *npl* boxer-short *m*.

boxing ['bɒksɪŋ] *n* boxe *f*.

Boxing Day *n jour des étrennes en Grande-Bretagne (le 26 décembre)*.

boxing glove *n* gant *m* de boxe.

boxing ring *n* ring *m*.

box junction *n UK* carrefour *m* à l'accès réglementé.

box number *n* numéro *m* d'annonce, référence *f*.

box office *n* bureau *m* de location.

boxroom ['bɒksrʊm] *n UK* débarras *m*.

boy [bɔɪ] <> *n* - **1.** [male child] garçon *m* - **2.** *inf* [male friend] : **I'm going out with the ~s tonight** je sors avec mes potes ce soir. <> *excl inf* **(oh)~!** ben, mon vieux!, ben, dis-donc!

boycott ['bɔɪkɒt] <> *n* boycott *m*, boycottage *m*. <> *vt* boycotter.

boyfriend ['bɔɪfrend] *n* copain *m*, petit ami *m*.

boyish ['bɔɪɪʃ] *adj* - **1.** [appearance - of man] gamin(e) ; [- of woman] de garçon - **2.** [behaviour] garçonnier(ère).

boy scout *n* scout *m*, éclaireur *m*.

Bp (*abbr of* **Bishop**) Mgr.

Br (*abbr of* **brother**) RELIG F.

BR (*abbr of* **British Rail**) *n* ≃ SNCF *f*.

bra [brɑː] *n* soutien-gorge *m*.

brace [breɪs] <> *n* - **1.** [on teeth] *US* appareil *m* (dentaire) - **2.** [on leg] appareil *m* orthopédique - **3.** [pair] paire *f*, couple *m*. <> *vt* - **1.** [steady] soutenir, consolider ; **to ~ o.s.** s'accrocher, se cramponner - **2.** *fig* [prepare] : **to ~ o.s. (for sthg)** se préparer (à qqch).
◆ **braces** *npl UK* bretelles *fpl*.

bracelet ['breɪslɪt] *n* bracelet *m*.

bracing ['breɪsɪŋ] *adj* vivifiant(e).

bracken ['brækn] *n* fougère *f*.

bracket ['brækɪt] <> *n* - **1.** [support] support *m* - **2.** [parenthesis - round] parenthèse *f* ; [- square] crochet *m* ; **in ~s** entre parenthèses/crochets - **3.** [group] : **age/income ~** tranche *f* d'âge/de revenus. <> *vt* - **1.** [enclose in brackets] mettre entre parenthèses/crochets - **2.** [group] : **to ~ sb/sthg (together) with** mettre qqn/qqch dans le même groupe que.

brackish ['brækɪʃ] *adj* saumâtre.

brag [bræg] (*pt* & *pp* **-ged**, *cont* **-ging**) *vi* se vanter.

braid [breɪd] <> *n* - **1.** [on uniform] galon *m* - **2.** [of hair] tresse *f*, natte *f*. <> *vt* [hair] tresser, natter.

braille [breɪl] *n* braille *m*.

brain [breɪn] *n* cerveau *m* ; **he's got money on the ~** il ne pense qu'à l'argent.
◆ **brains** *npl* [intelligence] intelligence *f* ; **to pick sb's ~s** faire appel aux lumières de qqn ; **to rack** *UK* OR **cudgel** *US* **one's ~s** se creuser la tête OR la cervelle.

brainchild ['breɪntʃaɪld] *n inf* idée *f* personnelle, invention *f* personnelle.

brain death *n* mort *f* cérébrale, coma *m* dépassé.

brain drain *n* fuite *f* OR exode *m* des cerveaux.

brainless ['breɪnlɪs] *adj* stupide.

brainstorm ['breɪnstɔːm] *n* - **1.** *UK* [mental aberration] moment *m* d'aberration - **2.** *US* [brilliant idea] idée *f* géniale OR de génie.

brainstorming ['breɪnˌstɔːmɪŋ] *n* brainstorming *m*, remue-méninges *m inv*.

brainteaser ['breɪnˌtiːzəʳ] *n* colle *f*.

brainwash ['breɪnwɒʃ] *vt* faire un lavage de cerveau à.

brain wave, *UK* **brainwave** ['breɪnweɪv] *n* idée *f* géniale *OR* de génie.

brainy ['breɪnɪ] (*comp* **-ier**, *superl* **-iest**) *adj inf* intelligent(e).

braise [breɪz] *vt* braiser.

brake [breɪk] ◇ *n lit* & *fig* frein *m*. ◇ *vi* freiner.

brake horsepower *n* puissance *f* de freinage.

brake light *n* stop *m*, feu *m* arrière.

brake lining *n* garniture *f* de frein.

brake pedal *n* (pédale *f* de) frein *m*.

brake shoe *n* sabot *m OR* patin *m* de frein.

bramble ['bræmbl] *n* [bush] ronce *f* ; [fruit] *UK* mûre *f*.

bran [bræn] *n* son *m*.

branch [brɑːntʃ] ◇ *n* **- 1.** [of tree, subject] branche *f* **- 2.** [of railway] bifurcation *f*, embranchement *m* **- 3.** [of company] filiale *f*, succursale *f* ; [of bank] agence *f*. ◇ *vi* bifurquer.

◆ **branch off** *vi* bifurquer.

◆ **branch out** *vi* [person, company] étendre ses activités, se diversifier.

branch line *n* RAIL ligne *f* secondaire.

brand [brænd] ◇ *n* **- 1.** COMM marque *f* **- 2.** *fig* [type, style] type *m*, genre *m*. ◇ *vt* **- 1.** [cattle] marquer au fer rouge **- 2.** *fig* [classify] : **to ~ sb (as) sthg** étiqueter qqn comme qqch, coller à qqn l'étiquette de qqch.

brandish ['brændɪʃ] *vt* brandir.

brand leader *n* marque *f* dominante.

brand name *n* marque *f*.

brand-new *adj* flambant neuf (flambant neuve), tout neuf (toute neuve).

brandy ['brændɪ] (*pl* **-ies**) *n* cognac *m*.

brash [bræʃ] *adj* effronté(e).

Brasilia [brə'zɪljə] *n* Brasilia.

brass [brɑːs] *n* **- 1.** [metal] laiton *m*, cuivre *m* jaune **- 2.** MUS : **the ~** les cuivres *mpl*.

brass band *n* fanfare *f*.

brasserie ['bræsərɪ] *n* brasserie *f*.

brassiere [*UK* 'bræsɪəʳ, *US* brə'zɪr] *n* soutien-gorge *m*.

brass knuckles *npl US* coup-de-poing *m* américain.

brass tacks *npl inf* **to get down to ~** en venir aux choses sérieuses.

brat [bræt] *n inf pej* sale gosse *m*.

bravado [brə'vɑːdəʊ] *n* bravade *f*.

brave [breɪv] ◇ *adj* courageux(euse), brave. ◇ *n* guerrier *m* indien, brave *m*. ◇ *vt* braver, affronter.

bravely ['breɪvlɪ] *adv* courageusement, vaillamment.

bravery ['breɪvərɪ] *n* courage *m*, bravoure *f*.

bravo [ˌbrɑː'vəʊ] *excl* bravo!

brawl [brɔːl] *n* bagarre *f*, rixe *f*.

brawn [brɔːn] *n (U)* **- 1.** [muscle] muscle *m* **- 2.** *UK* [meat] fromage *m* de tête.

brawny ['brɔːnɪ] (*comp* **-ier**, *superl* **-iest**) *adj* musclé(e).

bray [breɪ] *vi* [donkey] braire.

brazen ['breɪzn] *adj* [person] effronté(e), impudent(e) ; [lie] éhonté(e).

◆ **brazen out** *vt sep* : **to ~ it out** crâner.

brazier ['breɪzjəʳ] *n* brasero *m*.

Brazil [brə'zɪl] *n* Brésil *m* ; **in ~** au Brésil.

Brazilian [brə'zɪljən] ◇ *adj* brésilien (enne). ◇ *n* Brésilien *m*, -enne *f*.

brazil nut *n* noix *f* du Brésil.

breach [briːtʃ] ◇ *n* **- 1.** [of law, agreement] infraction *f*, violation *f* ; [of promise] rupture *f* ; **to be in ~ of sthg** enfreindre *OR* violer qqch ; **~ of confidence** abus *m* de confiance ; **~ of contract** rupture *f* de contrat **- 2.** [opening, gap] trou *m*, brèche *f* ; **to step into the ~** remplacer quelqu'un au pied levé **- 3.** [in friendship, marriage] brouille *f*. ◇ *vt* **- 1.** [agreement, contract] rompre **- 2.** [make hole in] faire une brèche dans.

breach of the peace *n* atteinte *f* à l'ordre public.

bread [bred] *n* pain *m* ; **~ and butter** tartine *f* beurrée, pain beurré ; *fig* gagne-pain *m*.

bread bin *UK*, **bread box** *US n* boîte *f* à pain.

breadboard ['bredbɔːd] *n* planche *f* à pain.

bread box *US* = **bread bin**.

breadcrumbs ['bredkrʌmz] *npl* chapelure *f*.

breaded ['bredɪd] *adj* pané(e).

breadline ['bredlaɪn] *n* : **to be on the ~** *UK* être sans ressources *OR* sans le sou ; *US* *queue de distribution d'aumônes alimentaires.*

breadth [bretθ] *n* **- 1.** [width] largeur *f* **- 2.** *fig* [scope] ampleur *f*, étendue *f*.

breadwinner ['bredˌwɪnəʳ] *n* soutien *m* de famille.

break [breɪk] ◇ *n* **- 1.** [gap] : **~ (in)** trouée *f* (dans) **- 2.** [fracture] fracture *f* **- 3.** [change] : **a ~ with tradition** une rupture d'avec les traditions **- 4.** [pause - gen] pause *f* ; [- at school] *UK* récréation *f* ; **to take a ~** [- short] faire une pause ; [- longer] prendre des jours de congé ; **without a ~** sans interruption ; **to have a ~ from doing sthg** arrêter de faire qqch - **5.** *inf* [luck] : **(lucky)~** chance *f*, veine *f* - **6.** *lit* [of day] : **at ~ of day** au point du jour, à l'aube - **7.** COMPUT [key] break *m*. <> *vt* (*pt* **broke**, *pp* **broken**) - **1.** [gen] casser, briser ; **to ~ one's arm/leg** se casser le bras/la jambe ; **the river broke its banks** la rivière est sortie de son lit ; **to ~ a habit** se défaire d'une (mauvaise) habitude ; **to ~ sb's hold** se dégager de l'étreinte de qqn ; **to ~ a record** battre un record ; **to ~ a strike** briser une grève - **2.** [interrupt - journey] interrompre ; [- contact, silence] rompre - **3.** [not keep - law, rule] enfreindre, violer ; [- promise] manquer à - **4.** [tell] : **to ~ the news (of sthg to sb)** annoncer la nouvelle (de qqch à qqn) - **5.** TENNIS : **to ~ sb's serve** prendre le service de qqn. <> *vi* (*pt* **broke**, *pp* **broken**) - **1.** [gen] se casser, se briser ; **to ~ loose** OR **free** se dégager, s'échapper - **2.** [pause] s'arrêter, faire une pause - **3.** [day] poindre, se lever - **4.** [weather] se gâter - **5.** [wave] se briser - **6.** [voice - with emotion] se briser ; [- at puberty] muer - **7.** [news] se répandre, éclater - **8.** *phr* **to ~ even** rentrer dans ses frais.

◆ **break away** *vi* - **1.** [escape] s'échapper - **2.** [end relationship] : **to ~ away (from sb)** abandonner (qqn), quitter (qqn).

◆ **break down** <> *vt sep* - **1.** [destroy - barrier] démolir ; [- door] enfoncer - **2.** [analyse] analyser - **3.** [substance] décomposer. <> *vi* - **1.** [car, machine] tomber en panne ; [resistance] céder ; [negotiations] échouer - **2.** [emotionally] fondre en larmes, éclater en sanglots - **3.** [decompose] se décomposer.

◆ **break in** <> *vi* - **1.** [burglar] entrer par effraction - **2.** [interrupt] : **to ~ in (on sb/sthg)** interrompre (qqn/qqch). <> *vt sep* - **1.** [horse] dresser ; [person] rompre, accoutumer - **2.** [shoes] faire.

◆ **break into** *vt insep* - **1.** [subj: burglar] entrer par effraction dans - **2.** [begin] : **to ~ into song/applause** se mettre à chanter/applaudir - **3.** [become involved in] : **to ~ into a market** pénétrer un marché ; **to ~ into the music business** percer dans la chanson.

◆ **break off** <> *vt sep* - **1.** [detach] détacher - **2.** [talks, relationship] rompre ; [holiday] interrompre. <> *vi* - **1.** [become detached] se casser, se détacher - **2.** [stop talking] s'interrompre, se taire - **3.** [stop working] faire une pause, s'arrêter de travailler.

◆ **break out** *vi* - **1.** [begin - fire] se déclarer ; [- fighting] éclater - **2.** [skin, person] : **to ~ out in spots** se couvrir de boutons - **3.** [escape] : **to ~ out (of)** s'échapper (de), s'évader (de).

◆ **break through** <> *vt insep* [subj: sun] percer ; **she broke through the crowd** elle se fraya un chemin à travers la foule. <> *vi* [sun] percer.

◆ **break up** <> *vt sep* - **1.** [into smaller pieces] mettre en morceaux - **2.** [end - marriage, relationship] détruire ; [- fight, party] mettre fin à. <> *vi* - **1.** [into smaller pieces - gen] se casser en morceaux ; [- ship] se briser - **2.** [end - marriage, relationship] se briser ; [- talks, party] prendre fin ; [- school] finir, fermer ; **to ~ up (with sb)** rompre (avec qqn) - **3.** [crowd] se disperser.

◆ **break with** *vt insep* : **to ~ tradition** rompre avec la tradition.

breakable ['breɪkəbl] *adj* cassable, fragile.

breakage ['breɪkɪdʒ] *n* bris *m*.

breakaway ['breɪkəweɪ] *adj* [faction etc] dissident(e).

break dancing *n* smurf *m*.

breakdown ['breɪkdaʊn] *n* - **1.** [of vehicle, machine] panne *f* ; [of negotiations] échec *m* ; [in communications] rupture *f* ; **nervous ~** dépression *f* nerveuse - **2.** [analysis] détail *m*.

breaker ['breɪkəʳ] *n* [wave] brisant *m*.

breakeven, **break even**, **breakeven point** [ˌbreɪk'i:vn] *n* seuil *m* de rentabilité.

breakfast ['brekfəst] <> *n* petit déjeuner *m*. <> *vi* : **to ~ (on)** déjeuner (de).

breakfast cereal *n* céréales *fpl*.

breakfast television *n* UK télévision *f* du matin.

break-in *n* cambriolage *m*.

breaking ['breɪkɪŋ] *n* : **~ and entering** LAW entrée *f* par effraction.

breaking point *n* limite *f*.

breakneck ['breɪknek] *adj* : **at ~ speed** à fond de train.

breakthrough ['breɪkθru:] *n* percée *f*.

breakup ['breɪkʌp] *n* [of marriage, relationship] rupture *f*.

breakup value *n* COMM valeur *f* liquidative.

bream [bri:m] (*pl* **bream** OR **-s**) *n* brème *f*.

breast [brest] *n* - **1.** [of woman] sein *m* ; [of man] poitrine *f* - **2.** [meat of bird] blanc *m* - **3.** *phr* **to make a clean ~ of it** tout avouer.

breast-feed *vt* & *vi* allaiter.

breast milk *n (U)* lait *m* maternel.

breast pocket *n* poche *f* de poitrine.

breaststroke ['breststrəʊk] *n* brasse *f*.

breath [breθ] *n* souffle *m*, haleine *f* ; **to take a deep ~** inspirer profondément ; **to go out for a ~ of (fresh) air** sortir prendre l'air ; **she/it was a ~ of fresh air** elle représentait/c'était une véritable bouffée d'oxygène ; **out of ~** hors d'haleine, à bout de souffle ; **to get one's ~ back** reprendre haleine OR son souffle ; **to hold one's ~** *lit* & *fig* retenir son souffle ; **it took my ~ away** cela m'a coupé le souffle.

breathable ['bri:ðəbl] *adj* respirable.

breathalyse *UK*, **-yze** *US* ['breθəlaɪz] *vt* ≃ faire subir l'Alcootest® à.

Breathalyser® *UK*, **-yzer®** *US* *n* Alcootest® *m.*

breathe [bri:ð] ◇ *vi* respirer ; **I can ~ more easily now** *fig* je respire maintenant. ◇ *vt* **- 1.** [inhale] respirer **- 2.** [exhale - smell] souffler des relents de.

◆ **breathe in** ◇ *vi* inspirer. ◇ *vt sep* aspirer.

◆ **breathe out** *vi* expirer.

breather ['bri:ðəʳ] *n inf* moment *m* de repos *OR* répit.

breathing ['bri:ðɪŋ] *n* respiration *f*, souffle *m.*

breathing space *n fig* répit *m.*

breathless ['breθlɪs] *adj* **- 1.** [out of breath] hors d'haleine, essoufflé(e) **- 2.** [with excitement] fébrile, fiévreux(euse).

breathtaking ['breθ,teɪkɪŋ] *adj* à vous couper le souffle.

breath test *n* Alcootest® *m.*

breed [bri:d] (*pt & pp* **bred** [bred]) ◇ *n lit & fig* race *f*, espèce *f.* ◇ *vt* **- 1.** [animals, plants] élever **- 2.** *fig* [suspicion, contempt] faire naître, engendrer. ◇ *vi* se reproduire.

breeder ['bri:dəʳ] *n* éleveur *m*, -euse *f.*

breeder reactor *n* surgénérateur *m.*

breeding ['bri:dɪŋ] *n (U)* **- 1.** [of animals, plants] élevage *m* **- 2.** [manners] bonnes manières *fpl*, savoir-vivre *m.*

breeding-ground *n fig* terrain *m* propice.

breeze [bri:z] ◇ *n* brise *f.* ◇ *vi* : **to ~ in/out** [quickly] entrer/sortir en coup de vent ; [casually] entrer/sortir d'un air désinvolte.

breezeblock ['bri:zblɒk] *n UK* parpaing *m.*

breezy ['bri:zɪ] (*comp* **-ier**, *superl* **-iest**) *adj* **- 1.** [windy] venteux(euse) **- 2.** [cheerful] jovial(e), enjoué(e).

Breton ['bretn] ◇ *adj* breton(onne). ◇ *n* **- 1.** [person] Breton *m*, -onne *f* **- 2.** [language] breton *m.*

brevity ['brevɪtɪ] *n* brièveté *f.*

brew [bru:] ◇ *vt* [beer] brasser ; [tea] faire infuser ; [coffee] préparer, faire. ◇ *vi* **- 1.** [tea] infuser ; [coffee] se faire **- 2.** *fig* [trouble, storm] se préparer, couver.

brewer ['bru:əʳ] *n* brasseur *m*, -se *f.*

brewery ['brʊərɪ] (*pl* **-ies**) *n* brasserie *f.*

briar [braɪəʳ] *n* églantier *m.*

bribe [braɪb] ◇ *n* pot-de-vin *m.* ◇ *vt* : **to ~ sb (to do sthg)** soudoyer qqn (pour qu'il fasse qqch).

bribery ['braɪbərɪ] *n* corruption *f.*

bric-a-brac ['brɪkəbræk] *n* bric-à-brac *m.*

brick [brɪk] *n* brique *f.*

◆ **brick up** *vt sep* murer.

bricklayer ['brɪk,leɪəʳ] *n* maçon *m.*

brickwork ['brɪkwɜ:k] *n* briquetage *m.*

bridal ['braɪdl] *adj* [dress] de mariée ; [suite etc] nuptial(e).

bride [braɪd] *n* mariée *f.*

bridegroom ['braɪdgrʊm] *n* marié *m.*

bridesmaid ['braɪdzmeɪd] *n* demoiselle *f* d'honneur.

bridge [brɪdʒ] ◇ *n* **- 1.** [gen] pont *m* ; **I'll cross that ~ when I come to it** chaque chose en son temps **- 2.** [on ship] passerelle *f* **- 3.** [of nose] arête *f* **- 4.** [card game, for teeth] bridge *m.* ◇ *vt fig* [gap] réduire.

bridging loan ['brɪdʒɪŋ-] *n UK* crédit-relais *m.*

bridle ['braɪdl] ◇ *n* bride *f.* ◇ *vt* mettre la bride à, brider. ◇ *vi* : **to ~ (at sthg)** se rebiffer (contre qqch).

bridle path *n* piste *f* cavalière.

brief [bri:f] ◇ *adj* **- 1.** [short] bref (brève), court(e) ; **in ~** en bref, en deux mots **- 2.** [revealing] très court(e). ◇ *n* **- 1.** LAW affaire *f*, dossier *m* **- 2.** *UK* [instructions] instructions *fpl.* ◇ *vt* : **to ~ sb (on)** [bring up to date] mettre qqn au courant (de) ; [instruct] briefer qqn (sur).

◆ **briefs** *npl* slip *m.*

briefcase ['bri:fkeɪs] *n* serviette *f.*

briefing ['bri:fɪŋ] *n* instructions *fpl*, briefing *m.*

briefly ['bri:flɪ] *adv* **- 1.** [for a short time] un instant **- 2.** [concisely] brièvement.

Brig. *see also* **brigadier**.

brigade [brɪ'geɪd] *n* brigade *f* ; **fire ~** *UK* pompiers *mpl.*

brigadier [,brɪgə'dɪəʳ] *n* général *m* de brigade.

bright [braɪt] *adj* **- 1.** [room] clair(e) ; [light, colour] vif (vive) ; [sunlight] éclatant(e) ; [eyes, future] brillant(e) **- 2.** [intelligent] intelligent(e).

◆ **brights** *npl US inf* feux *mpl* de route, phares *mpl.*

◆ **bright and early** *adv* de bon matin.

brighten ['braɪtn] *vi* **- 1.** [become lighter] s'éclaircir **- 2.** [face, mood] s'éclairer.

◆ **brighten up** ◇ *vt sep* égayer. ◇ *vi* **- 1.** [person] s'égayer, s'animer **- 2.** [weather] se dégager, s'éclaircir.

brightly ['braɪtlɪ] *adv* **- 1.** [shine] avec éclat **- 2.** [coloured] vivement **- 3.** [cheerfully] gaiement.

brightness ['braɪtnɪs] *n* [of light, colour] éclat *m* ; [of TV] intensité *f.*

brilliance ['brɪljəns] *n* - **1.** [cleverness] intelligence *f* - **2.** [of colour, light] éclat *m*.

brilliant ['brɪljənt] *adj* - **1.** [gen] brillant(e) - **2.** [colour] éclatant(e) - **3.** *inf* [wonderful] super *(inv)*, génial(e).

brilliantly ['brɪljəntlɪ] *adv* - **1.** [cleverly] brillamment - **2.** [coloured] vivement - **3.** [shine] avec éclat.

Brillo pad® ['brɪləʊ-] *n* ≃ tampon *m* Jex®.

brim [brɪm] <> *n* bord *m*. <> *vi* (*pt* & *pp* **-med**, *cont* **-ming**) : **to ~ with** *lit* & *fig* être plein(e) de.

◆ **brim over** *vi* : **to ~ over (with)** *lit* & *fig* déborder (de).

brine [braɪn] *n* saumure *f*.

bring [brɪŋ] (*pt* & *pp* **brought**) *vt* - **1.** [person] amener ; [object] apporter - **2.** [cause - happiness, shame] entraîner, causer ; **to ~ sthg to an end** mettre fin à qqch - **3.** LAW : **to ~ charges against sb** porter plainte contre qqn ; **to be brought to trial** comparaître en justice - **4.** *phr* **I couldn't ~ myself to do it** je ne pouvais me résoudre à le faire.

◆ **bring about** *vt sep* causer, provoquer.

◆ **bring along** *vt sep* [person] amener ; [object] apporter.

◆ **bring around** *vt sep* [make conscious] ranimer.

◆ **bring back** *vt sep* - **1.** [object] rapporter ; [person] ramener - **2.** [memories] rappeler - **3.** [reinstate] rétablir.

◆ **bring down** *vt sep* - **1.** [plane] abattre ; [government] renverser - **2.** [prices] faire baisser.

◆ **bring forward** *vt sep* - **1.** [gen] avancer - **2.** [in bookkeeping] reporter.

◆ **bring in** *vt sep* - **1.** [law] introduire - **2.** [money - subj: person] gagner ; [- subj: deal] rapporter - **3.** LAW [verdict] rendre.

◆ **bring off** *vt sep* [plan] réaliser, réussir ; [deal] conclure, mener à bien.

◆ **bring on** *vt sep* [cause] provoquer, causer ; **you've brought it on yourself** tu l'as cherché.

◆ **bring out** *vt sep* - **1.** [product] lancer ; [book] publier, faire paraître - **2.** [cause to appear] faire ressortir.

◆ **bring round** *UK*, **bring to** = **bring around**.

◆ **bring up** *vt sep* - **1.** [raise - children] élever - **2.** [mention] mentionner - **3.** [vomit] rendre, vomir.

brink [brɪŋk] *n* : **on the ~ of** au bord de, à la veille de.

brisk [brɪsk] *adj* - **1.** [quick] vif (vive), rapide - **2.** [busy] : **business is ~** les affaires marchent bien - **3.** [manner, tone] déterminé(e) - **4.** [wind] frais (fraîche).

brisket ['brɪskɪt] *n* poitrine *f* de bœuf.

briskly ['brɪsklɪ] *adv* - **1.** [quickly] d'un bon pas - **2.** [efficiently, confidently] avec détermination.

bristle ['brɪsl] <> *n* poil *m*. <> *vi* *lit* & *fig* se hérisser.

◆ **bristle with** *vt insep* grouiller de.

bristly ['brɪslɪ] (*comp* **-ier**, *superl* **-iest**) *adj* aux poils raides.

Brit [brɪt] (*abbr of* **Briton**) *n inf* Britannique *mf*.

Britain ['brɪtn] *n* Grande-Bretagne *f* ; **in ~** en Grande-Bretagne.

British ['brɪtɪʃ] <> *adj* britannique. <> *npl* : **the ~** les Britanniques *mpl*.

British Columbia [kə'lʌmbɪə] *n* Colombie-Britannique *f* ; **in ~** en Colombie-Britannique.

British Council *n* : **the ~** *organisme culturel public*.

British Council

Le British Council est chargé de promouvoir la langue et la culture anglaises, et de renforcer les liens culturels avec les autres pays.

Britisher ['brɪtɪʃər] *n* *US* Anglais *m*, -e *f*, Britannique *mf*.

British Isles *npl* : **the ~** les îles *fpl* Britanniques.

British Library *pr n la bibliothèque nationale britannique*.

British Library

La bibliothèque nationale britannique héberge plus de 15 millions de volumes et reçoit automatiquement un exemplaire de chaque ouvrage qui est publié au Royaume-Uni. Son nouveau siège principal, qui a ouvert ses portes en 1997, se situe entre les gares de Euston et King's Cross à Londres. Avant, elle occupait la très pittoresque salle de lecture du British Museum.

British Rail *n société des chemins de fer britanniques*, ≃ SNCF *f*.

British Summer Time *n* heure *f* d'été *(en Grande-Bretagne)*.

British Telecom [-'telɪkɒm] *n société britannique de télécommunications*.

Briton ['brɪtn] *n* Britannique *mf*.

Britpop ['brɪtpɒp] *n tendance musicale des années 1990 en Grande-Bretagne*.

Brittany ['brɪtənɪ] *n* Bretagne *f* ; **in ~** en Bretagne.

brittle ['brɪtl] *adj* fragile.

Bro [brəʊ] = **Br**.

broach [brəʊtʃ] *vt* [subject] aborder.

broad [brɔːd] *adj* - **1.** [wide - gen] large ; [- range, interests] divers(e), varié(e) - **2.** [description] général(e) - **3.** [hint] transparent(e) ; [accent] prononcé(e).
◆ **in broad daylight** *adv* en plein jour.

Broad *n UK* route *f* départementale.

broadband ['brɔːdbænd] COMPUT *n* à large bande.

broad bean *n* fève *f*, gourgane *f Québec.*

broadcast ['brɔːdkɑːst] (*pt & pp* **broadcast**) ◇ *n* RADIO & TV émission *f*. ◇ *vt* RADIO radiodiffuser, diffuser ; TV téléviser.

broadcaster ['brɔːdkɑːstəʳ] *n* personnalité *f* de la télévision/de la radio.

broadcasting ['brɔːdkɑːstɪŋ] *n (U)* RADIO radiodiffusion *f* ; TV télévision *f*.

broaden ['brɔːdn] ◇ *vt* élargir. ◇ *vi* s'élargir.
◆ **broaden out** ◇ *vt sep* élargir. ◇ *vi* s'élargir, s'étendre.

broad jump *US n* = **long jump**.

broadly ['brɔːdlɪ] *adv* - **1.** [generally] généralement ; **~ speaking** généralement parlant - **2.** [smile] jusqu'aux oreilles.

broadly-based [-'beɪst] *adj* varié(e), divers(e).

broadminded [ˌbrɔːd'maɪndɪd] *adj* large d'esprit.

broadsheet ['brɔːdʃiːt] *n* journal *m* de qualité.

Broadsheet

Les principaux journaux nationaux de qualité en Grande-Bretagne sont les suivants :
The Guardian (tendance centre-gauche) ;
The Independent ;
The Daily Telegraph (tendance conservatrice) ;
The Times (tendance centre-droit) ;
The Financial Times.

brocade [brə'keɪd] *n* brocart *m*.

broccoli ['brɒkəlɪ] *n* brocoli *m*.

brochure ['brəʊʃəʳ] *n* brochure *f*, prospectus *m*.

brogues [brəʊgz] *npl chaussures lourdes souvent ornées de petits trous.*

broil [brɔɪl] *vt US* griller, faire cuire au gril.

broiler ['brɔɪləʳ] *n* - **1.** [young chicken] poulet *m* (à rôtir) - **2.** *US* [pan] gril *m*.

broke [brəʊk] ◇ *pt* ▷ **break**. ◇ *adj inf* fauché(e) ; **to go ~** [company] faire faillite ; **to go for ~** risquer le tout pour le tout.

broken ['brəʊkn] ◇ *pp* ▷ **break**. ◇ *adj* - **1.** [gen] cassé(e) ; **to have a ~ leg** avoir la jambe cassée - **2.** [interrupted - journey, sleep] interrompu(e) ; [- line] brisé(e) - **3.** [promise] non respecté(e) - **4.** [marriage] brisé(e), détruit(e) ; [home] désuni(e) - **5.** [hesitant] : **to speak in ~ English** parler un anglais hésitant.

broken-down *adj* - **1.** [not working] en panne - **2.** [dilapidated] délabré(e).

broker ['brəʊkəʳ] *n* courtier *m*, -ière *f* ; **(insurance)~** assureur *m*, courtier, -ière *f* d'assurances.

brokerage ['brəʊkərɪdʒ] *n* courtage *m*.

brolly ['brɒlɪ] (*pl* **-ies**) *n UK inf* pépin *m*.

bronchitis [brɒŋ'kaɪtɪs] *n (U)* bronchite *f*.

bronze [brɒnz] ◇ *adj* [colour] (couleur) bronze *(inv)*. ◇ *n* - **1.** [gen] bronze *m* - **2.** = **bronze medal**. ◇ *comp* en bronze.

bronzed [brɒnzd] *adj* bronzé(e).

bronze medal *n* médaille *f* de bronze.

brooch [brəʊtʃ] *n* broche *f*.

brood [bruːd] ◇ *n* - **1.** [of animals] couvée *f* - **2.** *fig* [of children] nichée *f*, marmaille *f*. ◇ *vi* : **to ~ (over** *OR* **about sthg)** ressasser (qqch), remâcher (qqch).

broody ['bruːdɪ] (*comp* **-ier**, *superl* **-iest**) *adj* - **1.** [sad] triste, cafardeux(euse) - **2.** [hen] couveuse.

brook [brʊk] ◇ *n* ruisseau *m*. ◇ *vt fml* tolérer, souffrir.

broom [bruːm] *n* balai *m*.

broomstick ['bruːmstɪk] *n* manche *m* à balai.

Bros, bros (*written abbrev of* **brothers**) Frères.

broth [brɒθ] *n* bouillon *m*.

brothel ['brɒθl] *n* bordel *m*.

brother ['brʌðəʳ] ◇ *n* frère *m*. ◇ *excl US inf* ben, dis-donc!

brotherhood ['brʌðəhʊd] *n* - **1.** [companionship] fraternité *f* - **2.** [organization] confrérie *f*, société *f*.

brother-in-law (*pl* **brothers-in-law**) *n* beau-frère *m*.

brotherly ['brʌðəlɪ] *adj* fraternel(elle).

brought [brɔːt] *pt & pp* ▷ **bring**.

brow [braʊ] *n* - **1.** [forehead] front *m* - **2.** [eyebrow] sourcil *m* ; **to knit one's ~s** froncer les sourcils - **3.** [of hill] sommet *m*.

browbeat ['braʊbiːt] (*pt* **browbeat**, *pp* **-en**) *vt* rudoyer, brutaliser.

browbeaten ['braʊbiːtn] *adj* opprimé(e), tyrannisé(e).

brown [braʊn] ◇ *adj* - **1.** [colour] brun(e), marron *(inv)* ; **~ bread** pain *m* bis - **2.** [tanned] bronzé(e), hâlé(e). ◇ *n* [colour] marron *m*, brun *m* ; **in ~** en marron. ◇ *vt* [food] faire dorer.

Brownie (Guide) ['braʊnɪ-] *n* ≃ jeannette *f.*

Brownie point ['braʊnɪ-] *n* bon point *m.*

brown paper *n* papier *m* d'emballage, papier kraft.

brown rice *n* riz *m* complet.

brown sugar *n* sucre *m* roux.

browse [braʊz] ◇ *vi* - **1.** [look] : **I'm just browsing** [in shop] je ne fais que regarder ; **to ~ through** [magazines etc] feuilleter - **2.** [animal] brouter - **3.** COMPUT naviguer. ◇ *vt* [file, document] parcourir ; **to ~ a site** COMPUT naviguer sur un site.

browser ['braʊzəʳ] *n* navigateur *m*, browser *m.*

bruise [bru:z] ◇ *n* bleu *m.* ◇ *vt* - **1.** [skin, arm] se faire un bleu à ; [fruit] taler - **2.** *fig* [pride] meurtrir, blesser. ◇ *vi* [person] se faire un bleu ; [fruit] se taler.

bruised [bru:zd] *adj* - **1.** [skin, arm] qui a des bleus ; [fruit] talé(e) - **2.** *fig* [pride] meurtri(e), blessé(e).

Brum [brʌm] *n UK inf surnom donné à la ville de Birmingham.*

Brummie, **Brummy** ['brʌmɪ] *n UK inf habitant de Birmingham.*

brunch [brʌntʃ] *n* brunch *m.*

Brunei ['bru:naɪ] *n* Brunei *m* ; **in ~** au Brunei.

brunette [bru:'net] *n* brunette *f.*

brunt [brʌnt] *n* : **to bear** *OR* **take the ~ of** subir le plus gros de.

brush [brʌʃ] ◇ *n* - **1.** [gen] brosse *f* ; [of painter] pinceau *m* - **2.** [encounter] : **to have a ~ with the police** avoir des ennuis avec la police. ◇ *vt* - **1.** [clean with brush] brosser - **2.** [move with hand] : **he ~ed away some crumbs** il a enlevé quelques miettes (avec sa main) - **3.** [touch lightly] effleurer.

◆ **brush aside** *vt sep fig* écarter, repousser.

◆ **brush off** *vt sep* [dismiss] envoyer promener.

◆ **brush up** ◇ *vt sep* [revise] réviser. ◇ *vi* : **to ~ up on sthg** réviser qqch.

brushed [brʌʃt] *adj* [metal] poli(e) ; [cotton, nylon] peigné(e).

brush-off *n inf* **to give sb the ~** envoyer promener qqn.

brush-up *n UK inf* **to have a wash and ~** se donner un coup de peigne.

brushwood ['brʌʃwʊd] *n (U)* brindilles *fpl.*

brushwork ['brʌʃwɜ:k] *n* [of painter] touche *f.*

brusque, *US* **brusk** [bru:sk] *adj* brusque.

Brussels ['brʌslz] *n* Bruxelles.

brussels sprout *n* chou *m* de Bruxelles.

brutal ['bru:tl] *adj* brutal(e).

brutality [bru:'tælətɪ] (*pl* **-ies**) *n* brutalité *f.*

brutalize, *UK* **-ise** ['bru:təlaɪz] *vt* brutaliser.

brute [bru:t] ◇ *adj* [force] brutal(e). ◇ *n* brute *f.*

bs *see also* **bill of sale.**

BS (*abbr of* **Bachelor of Science**) *n US* = **BSc.**

BSA (*abbr of* **Boy Scouts of America**) *n association américaine de scouts.*

BSc (*abbr of* **Bachelor of Science**) *n UK (titulaire d'une) licence de sciences.*

BSE (*abbr of* **bovine spongiform encephalopathy**) *n* EBS *f.*

BSI (*abbr of* **British Standards Institution**) *n association britannique de normalisation,* ≃ AFNOR *f.*

B-side *n* face *f* B.

BST - **1.** (*abbr of* **British Summer Time**) *heure d'été britannique* - **2.** (*abbr of* **British Standard Time**) *heure officielle britannique.*

Bt. *see also* **baronet.**

BT (*abbr of* **British Telecom**) *n société britannique de télécommunications.*

btu (*abbr of* **British thermal unit**) *n unité de chaleur (1055 joules).*

BTW (*abbr of* **by the way**) *adv inf* à propos.

bubble ['bʌbl] ◇ *n* bulle *f.* ◇ *vi* - **1.** [liquid] faire des bulles, bouillonner - **2.** *fig* [person] : **to ~ with** déborder de.

bubble bath *n* bain *m* moussant.

bubble gum *n* bubble-gum *m.*

bubblejet printer ['bʌbldʒet-] *n* imprimante *f* à jet d'encre.

bubbly ['bʌblɪ] ◇ *adj* (*comp* **-ier**, *superl* **-iest**) - **1.** [water] pétillant(e) - **2.** *fig* [lively] plein(e) de vie. ◇ *n inf* champagne *m.*

Bucharest [ˌbju:kə'rest] *n* Bucarest.

buck [bʌk] ◇ *n* - **1.** [male animal] mâle *m* - **2.** *inf* [dollar] dollar *m* ; **to make a fast ~** gagner facilement du fric - **3.** *inf* [responsibility] : **the ~ stops here** maintenant, j'en prends la responsabilité ; **to pass the ~** refiler la responsabilité. ◇ *vt* - **1.** [subj: horse] désarçonner d'une ruade - **2.** *inf* [trend] : **to ~ the trend** aller à contre-courant. ◇ *vi* [horse] ruer.

◆ **buck up** *inf* ◇ *vt sep* - **1.** *UK* [improve] : **~ your ideas up!** reprenez-vous! - **2.** [cheer up] : **to ~ sb up** remonter le moral à qqn. ◇ *vi* - **1.** [hurry up] se remuer, se dépêcher - **2.** [cheer up] ne pas se laisser abattre.

bucket ['bʌkɪt] *n* - **1.** [gen] seau *m* - **2.** *inf fig* [lots] : **~s of rain** des trombes d'eau ; **he has ~s of charm** il a énormément de charme ; **she has ~s of money** elle est pleine aux as.

Buckingham Palace ['bʌkɪŋəm-] *n* le palais de Buckingham *(résidence officielle du souverain britannique)*.

buckle ['bʌkl] ◇ *n* boucle *f*. ◇ *vt* - **1.** [fasten] boucler - **2.** [bend] voiler. ◇ *vi* [wheel] se voiler ; [knees, legs] se plier.

◆ **buckle down** *vi* : **to ~ down (to)** s'atteler (à).

Bucks [bʌks] (*abbr of* **Buckinghamshire**) *comté anglais*.

buckshot ['bʌkʃɒt] *n* chevrotine *f*.

buckskin ['bʌkskɪn] *n (U)* peau *f* de daim.

buckteeth [ˌbʌk'ti:θ] *npl* dents *fpl* en avant.

buckwheat ['bʌkwi:t] *n* blé *m* noir.

bud [bʌd] ◇ *n* bourgeon *m* ; **to nip sthg in the ~** *fig* écraser OR étouffer qqch dans l'œuf. ◇ *vi* (*pt & pp* **-ded**, *cont* **-ding**) bourgeonner.

Budapest [ˌbju:də'pest] *n* Budapest.

Buddha ['bʊdə] *n* Bouddha *m*.

Buddhism ['bʊdɪzm] *n* bouddhisme *m*.

Buddhist ['bʊdɪst] ◇ *adj* bouddhiste. ◇ *n* bouddhiste *mf*.

budding ['bʌdɪŋ] *adj* [writer, artist] en herbe.

buddy ['bʌdɪ] (*pl* **-ies**) *n inf* pote *m*.

budge [bʌdʒ] ◇ *vt* faire bouger. ◇ *vi* bouger.

budgerigar ['bʌdʒərɪgɑ:ʳ] *n UK* perruche *f*.

budget ['bʌdʒɪt] ◇ *adj* [holiday, price] pour petits budgets. ◇ *n* budget *m* ; **the Budget** *UK* le budget. ◇ *vt* budgétiser. ◇ *vi* préparer un budget.

◆ **budget for** *vt insep* prévoir.

budget account *n UK* compte-crédit *m*.

budgetary ['bʌdʒɪtrɪ] *adj* budgétaire.

budgie ['bʌdʒɪ] *n UK inf* perruche *f*.

Buenos Aires [ˌbwenəs'aɪrɪz] *n* Buenos Aires.

buff [bʌf] ◇ *adj* [brown] chamois *(inv)*. ◇ *n inf* [expert] mordu *m*, -e *f*.

buffalo ['bʌfələʊ] (*pl* **buffalo** OR **-es** OR **-s**) *n* buffle *m* ; *US* bison *m*.

buffer ['bʌfəʳ] *n* - **1.** [gen] tampon *m* - **2.** COMPUT mémoire *f* tampon.

buffer state *n* État *m* tampon.

buffet[1] [*UK* 'bʊfeɪ, *US* bə'feɪ] *n* [food, cafeteria] buffet *m*.

buffet[2] ['bʌfɪt] *vt* [physically] frapper.

buffet car ['bʊfeɪ-] *n* wagon-restaurant *m*.

buffoon [bə'fu:n] *n* bouffon *m*.

bug [bʌg] ◇ *n* - **1.** [insect] punaise *f* - **2.** *inf* [germ] microbe *m* - **3.** *inf* [listening device] micro *m* - **4.** COMPUT bogue *m*, bug *m* - **5.** [enthusiasm] : **the travel ~** le virus des voyages. ◇ *vt* (*pt & pp* **-ged**, *cont* **-ging**) - **1.** *inf* [telephone] mettre sur table d'écoute ; [room] cacher des micros dans - **2.** *inf* [annoy] embêter.

bugbear ['bʌgbeəʳ] *n* cauchemar *m*.

bugger ['bʌgəʳ] *UK v inf* ◇ *n* - **1.** [person] con *m*, conne *f* - **2.** [job] : **this job's a real ~!** ce travail est vraiment chiant! ◇ *excl* merde! ◇ *vt* : **~ it!** merde alors!

◆ **bugger off** *vi* : **~ off!** fous le camp!

buggy ['bʌgɪ] (*pl* **-ies**) *n* - **1.** [carriage] boghei *m* - **2.** [pushchair] poussette *f* ; *US* [pram] landau *m*.

bugle ['bju:gl] *n* clairon *m*.

build [bɪld] ◇ *vt* (*pt & pp* **built**) *lit & fig* construire, bâtir. ◇ *n* carrure *f*.

◆ **build into** *vt sep* - **1.** CONSTR encastrer - **2.** [include in] inclure dans.

◆ **build on, build upon** ◇ *vt insep* [success] tirer avantage de. ◇ *vt sep* [base on] baser sur.

◆ **build up** ◇ *vt sep* [business] développer ; [reputation] bâtir ; **to ~ up one's strength** reprendre des forces. ◇ *vi* [clouds] s'amonceler ; [traffic] augmenter.

builder ['bɪldəʳ] *n* entrepreneur *m*, -euse *f*.

building ['bɪldɪŋ] *n* bâtiment *m*.

building and loan association *n US société d'épargne et de financement immobilier*.

building block *n* - **1.** [toy] cube *m* - **2.** *fig* [element] élément *m*, composante *f*.

building contractor *n* entrepreneur *m*.

building site *n* chantier *m*.

building society *n UK* ≃ société *f* d'épargne et de financement immobilier.

Building society

Établissements consentant des prêts immobiliers aux particuliers, les *building societies* fonctionnent comme des banques mais n'ont pas de système de compensation. Elles jouent un rôle important dans la vie en Grande-Bretagne.

buildup ['bɪldʌp] *n* [increase] accroissement *m*.

built [bɪlt] ◇ *pt & pp* ⊳ **build**. ◇ *adj* [person] bâti(e).

built-in *adj* - **1.** CONSTR encastré(e) - **2.** [inherent] inné(e).

built-up *adj* : **~ area** agglomération *f*.

bulb [bʌlb] *n* - **1.** ELEC ampoule *f* - **2.** BOT oignon *m* - **3.** [of thermometer] cuvette *f*.

bulbous ['bʌlbəs] *adj* bulbeux(euse).

Bulgaria [bʌl'geərɪə] *n* Bulgarie *f* ; **in ~** en Bulgarie.

Bulgarian [bʌl'geərɪən] ◇ *adj* bulgare. ◇ *n* - **1.** [person] Bulgare *mf* - **2.** [language] bulgare *m.*

bulge [bʌldʒ] ◇ *n* - **1.** [lump] bosse *f* - **2.** [in sales etc] croissance *f* soudaine. ◇ *vi* : **to ~ (with)** être gonflé (de).

bulging ['bʌldʒɪŋ] *adj* [pocket, bag] bourré(e), plein(e) à craquer ; [muscles] gonflé(e).

bulimia (nervosa) [bjʊ'lɪmɪə-] *n* boulimie *f.*

bulk [bʌlk] ◇ *n* - **1.** [mass] volume *m* - **2.** [of person] corpulence *f* - **3.** COMM : **in ~** en gros - **4.** [majority] : **the ~ of** le plus gros de. ◇ *adj* en gros.

bulk buying *n (U)* achat *m* en gros.

bulkhead ['bʌlkhed] *n* cloison *f.*

bulky ['bʌlkɪ] (*comp* **-ier**, *superl* **-iest**) *adj* volumineux(euse).

bull [bʊl] *n* - **1.** [male cow] taureau *m* ; [male elephant, seal] mâle *m* - **2.** ST. EX haussier *m* - **3.** *(U) esp US v inf* [nonsense] conneries *fpl.*

bulldog ['bʊldɒg] *n* bouledogue *m.*

bulldog clip *n* pince *f* à dessin.

bulldoze ['bʊldəʊz] *vt* - **1.** CONSTR passer au bulldozer - **2.** *fig* [force] : **to ~ one's way** forcer son chemin ; **to ~ sb into doing sthg** contraindre *OR* forcer qqn à faire qqch.

bulldozer ['bʊldəʊzə^r] *n* bulldozer *m.*

bullet ['bʊlɪt] *n* [for gun] balle *f.*

bulletin ['bʊlətɪn] *n* bulletin *m.*

bulletin board *n esp US* tableau *m* d'affichage.

bullet-proof *adj* pare-balles *(inv).*

bullfight ['bʊlfaɪt] *n* corrida *f.*

bullfighter ['bʊl,faɪtə^r] *n* toréador *mf.*

bullfighting ['bʊl,faɪtɪŋ] *n (U)* courses *fpl* de taureaux ; [art] tauromachie *f.*

bullfinch ['bʊlfɪntʃ] *n* bouvreuil *m.*

bullhorn *US* = **loudhailer.**

bullion ['bʊljən] *n (U)* **gold ~** or *m* en barres.

bullish ['bʊlɪʃ] *adj* ST. EX à la hausse.

bull market *n* ST. EX marché *m* à la hausse.

bullock ['bʊlək] *n* bœuf *m.*

bullring ['bʊlrɪŋ] *n* arène *f.*

bullrush ['bʊlrʌʃ] = **bulrush.**

bull's-eye *n* centre *m.*

bullshit ['bʊlʃɪt] *vulg* ◇ *n (U)* conneries *fpl.* ◇ *vi* (*pt & pp* **-ted**, *cont* **-ting**) dire des conneries.

bull terrier *n* bull-terrier *m.*

bully ['bʊlɪ] ◇ *n* (*pl* **-ies**) tyran *m.* ◇ *vt* (*pt & pp* **-ied**) tyranniser, brutaliser ; **to ~ sb into doing sthg** forcer *OR* obliger qqn à faire qqch.

bullying ['bʊlɪɪŋ] *n (U)* brimades *fpl.*

bulrush ['bʊlrʌʃ] *n* jonc *m.*

bum [bʌm] (*pt & pp* **-med**, *cont* **-ming**) *n* - **1.** *UK inf* [bottom] derrière *m* - **2.** *inf pej* [tramp] clochard *m* - **3.** *inf* [idler] bon à rien *m.*

◆ **bum around** *vi inf* - **1.** [waste time] perdre son temps - **2.** [travel aimlessly] se balader.

bumblebee ['bʌmblbiː] *n* bourdon *m.*

bumbling ['bʌmblɪŋ] *adj inf* empoté(e).

bumf [bʌmf] *(U) n UK inf* paperasses *fpl.*

bump [bʌmp] ◇ *n* - **1.** [lump] bosse *f* - **2.** [knock, blow] choc *m* - **3.** [noise] bruit *m* sourd. ◇ *vt* [head etc] cogner ; [car] heurter. ◇ *vi* [car] : **to ~ along** cahoter.

◆ **bump into** *vt insep* [meet by chance] rencontrer par hasard.

◆ **bump off** *vt sep inf* liquider.

◆ **bump up** *vt sep inf* faire grimper.

bumper ['bʌmpə^r] ◇ *adj* [harvest, edition] exceptionnel(elle). ◇ *n* - **1.** AUT pare-chocs *m inv* - **2.** *US* RAIL tampon *m.*

bumper cars *npl US* auto *fpl* tamponneuses.

bumper-to-bumper *adj* pare-chocs contre pare-chocs.

bumph [bʌmf] *UK* = **bumf.**

bumptious ['bʌmpʃəs] *adj* suffisant(e).

bumpy ['bʌmpɪ] (*comp* **-ier**, *superl* **-iest**) *adj* - **1.** [surface] défoncé(e) - **2.** [ride] cahoteux (euse) ; [sea crossing] agité(e).

bun [bʌn] *n* - **1.** [cake] petit pain *m* aux raisins ; [bread roll] petit pain au lait - **2.** [hairstyle] chignon *m.*

bunch [bʌntʃ] ◇ *n* [of people] groupe *m* ; [of flowers] bouquet *m* ; [of grapes] grappe *f* ; [of bananas] régime *m* ; [of keys] trousseau *m.* ◇ *vt* grouper. ◇ *vi* se grouper.

◆ **bunches** *npl UK* [hairstyle] couettes *fpl.*

bundle ['bʌndl] ◇ *n* [of clothes] paquet *m* ; [of notes, newspapers] liasse *f* ; [of wood] fagot *m.* ◇ *vt* [put roughly - person] entasser ; [- clothes] fourrer, entasser.

◆ **bundle off** *vt sep* [person] envoyer en hâte.

◆ **bundle up** *vt sep* [clothes] mettre en tas ; [newspapers] mettre en liasse ; [wood] mettre en fagot.

bundled software *n (U)* COMPUT logiciel *m* inclus à l'achat d'un ordinateur.

bung [bʌŋ] ◇ *n* bonde *f.* ◇ *vt UK inf* envoyer.

bungalow ['bʌŋgələʊ] *n* bungalow *m.*

bunged up [bʌŋd-] *adj* bouché(e).

bungee-jumping ['bʌndʒɪ-] *n* saut *m* à l'élastique.

bungle ['bʌŋgl] *vt* gâcher, bâcler.

bunion ['bʌnjən] *n* oignon *m*.

bunk [bʌŋk] *n* **- 1.** [bed] couchette *f* **- 2.** *(U) inf* [nonsense] foutaises *fpl* **- 3.** *phr* **to do a ~** *UK inf* mettre les voiles.

bunk bed *n* lit *m* superposé.

bunker ['bʌŋkəʳ] *n* **- 1.** GOLF & MIL bunker *m* **- 2.** [for coal] coffre *m*.

bunkhouse ['bʌŋkhaʊs] (*pl* [-haʊzɪz]) *n* dortoir *m*.

bunny ['bʌnɪ] (*pl* **-ies**) *n* : **~ (rabbit)** lapin *m*.

bunny hill *n US* SKIING piste *f* pour débutants.

burlap [bɜːlæp] *n US* jute *f*.

Bunsen burner *n* bec *m* Bunsen.

bunting ['bʌntɪŋ] *n (U)* guirlandes *fpl* (de drapeaux).

buoy [*UK* bɔɪ, *US* 'buːɪ] *n* bouée *f*.

◆ **buoy up** *vt sep* [encourage] soutenir.

buoyancy ['bɔɪənsɪ] *n* **- 1.** [ability to float] flottabilité *f* **- 2.** *fig* [optimism] entrain *m*.

buoyant ['bɔɪənt] *adj* **- 1.** [able to float] qui flotte **- 2.** *fig* [person] enjoué(e) ; [economy] florissant(e) ; [market] ferme.

burden ['bɜːdn] ◇ *n lit & fig* **~ (on)** charge *f* (pour), fardeau *m* (pour). ◇ *vt* : **to ~ sb with** [responsibilities, worries] accabler qqn de.

bureau ['bjʊərəʊ] (*pl* **-x** [-z]) *n* **- 1.** *UK* [desk] bureau *m* ; *US* [chest of drawers] commode *f* **- 2.** [office] bureau *m* **- 3.** *US* POL service *m* (gouvernemental).

bureaucracy [bjʊə'rɒkrəsɪ] (*pl* **-ies**) *n* bureaucratie *f*.

bureaucrat ['bjʊərəkræt] *n* bureaucrate *mf*.

bureaucratic [ˌbjʊərə'krætɪk] *adj* bureaucratique.

bureaux ['bjʊərəʊz] *pl* ▻ **bureau**.

burger ['bɜːgəʳ] *n* hamburger *m*.

burglar ['bɜːgləʳ] *n* cambrioleur *m*, -euse *f*.

burglar alarm *n* système *m* d'alarme.

burglarize *US* = **burgle**.

burglary ['bɜːglərɪ] (*pl* **-ies**) *n* cambriolage *m*.

burgle ['bɜːgl], *US* **burglarize** ['bɜːgləraɪz] *vt* cambrioler.

Burgundy ['bɜːgəndɪ] *n* Bourgogne *f* ; **in ~** en Bourgogne.

burial ['berɪəl] *n* enterrement *m*.

burial ground *n* cimetière *m*.

burk [bɜːk] *n UK inf* idiot *m*, -e *f*, andouille *f*.

Burkina Faso [bɜːˌkiːnə'fæsəʊ] *n* Burkina *m* ; **in ~** au Burkina.

burlap ['bɜːlæp] *n US* jute *f*.

burly ['bɜːlɪ] (*comp* **-ier**, *superl* **-iest**) *adj* bien charpenté(e).

Burma ['bɜːmə] *n* Birmanie *f*.

Burmese [ˌbɜː'miːz] ◇ *adj* birman(e). ◇ *n* **- 1.** [person] Birman *m*, -e *f* **- 2.** [language] birman *m*.

burn [bɜːn] ◇ *vt* (*pt & pp* **burnt** OR **-ed**) [heat] brûler ; **to ~ o.s.** se brûler ; **I've ~ed my hand** je me suis brûlé la main. ◇ *vi* (*pt & pp* **burnt** OR **-ed**) **- 1.** brûler ; **my skin ~s easily** j'attrape facilement des coups de soleil ; **to ~ with** *fig* brûler de **- 2.** COMPUT graver ; **to~a CD** graver un CD. ◇ *n* brûlure *f*.

◆ **burn down** ◇ *vt sep* [building, town] incendier. ◇ *vi* **- 1.** [building] brûler complètement **- 2.** [fire] baisser d'intensité.

◆ **burn out** ◇ *vt sep* [exhaust] : **to ~ o.s. out** s'user. ◇ *vi* [fire] s'éteindre.

◆ **burn up** ◇ *vt sep* [fuel] brûler. ◇ *vi* [satellite] se désintégrer (sous l'effet de la chaleur).

burner ['bɜːnəʳ] *n* brûleur *m*.

burning ['bɜːnɪŋ] *adj* **- 1.** [on fire] en flammes **- 2.** [very hot] brûlant(e) ; [cheeks, face] en feu **- 3.** [passion, desire] ardent(e) ; [interest] passionné(e) ; **~ question** question *f* brûlante.

burnish ['bɜːnɪʃ] *vt* astiquer, polir.

Burns' Night [bɜːnz-] *n fête célébrée en l'honneur du poète écossais Robert Burns, le 25 janvier.*

burnt [bɜːnt] *pt & pp* ▻ **burn**.

burnt-out *adj* **- 1.** [building, car etc] détruit(e) (par le feu) **- 2.** *fig* [person] usé(e).

burp [bɜːp] *inf* ◇ *n* rot *m*. ◇ *vi* roter.

burrow ['bʌrəʊ] ◇ *n* terrier *m*. ◇ *vi* **- 1.** [dig] creuser un terrier **- 2.** *fig* [search] fouiller.

bursar ['bɜːsəʳ] *n* **- 1.** [treasure] intendant *m*, -e *f* **- 2.** *Scotland* [student] boursier *m*, -ère *f*.

bursary ['bɜːsərɪ] (*pl* **-ies**) *n UK* [scholarship, grant] bourse *f*.

burst [bɜːst] ◇ *vi* (*pt & pp* **burst**) **- 1.** [gen] éclater **- 2.** [door, lid] : **to ~ open** ouvrir violemment. ◇ *vt* (*pt & pp* **burst**) faire éclater. ◇ *n* [of gunfire] rafale *f* ; [of enthusiasm] élan *m* ; **a ~ of applause** un tonnerre d'applaudissements.

◆ **burst into** *vt insep* **- 1.** [room] faire irruption dans **- 2.** [begin suddenly] : **to ~ into tears** fondre en larmes ; **to ~ into song** se mettre tout d'un coup à chanter ; **to ~ into flames** prendre feu.

◆ **burst out** *vt insep* [say suddenly] s'exclamer ; **to ~ out laughing** éclater de rire ; **to ~ out crying** fondre en larmes.

bursting ['bɜːstɪŋ] *adj* - **1.** [full] plein(e), bourré(e) - **2.** [with emotion] : **~ with** débordé(e) de - **3.** [eager] : **to be ~ to do sthg** mourir d'envie de faire qqch.

Burundi [bʊ'rʊndɪ] *n* Burundi *m* ; **in ~** au Burundi.

bury ['berɪ] (*pt & pp* **-ied**) *vt* - **1.** [in ground] enterrer ; **to ~ o.s. in sthg** *fig* se plonger dans qqch - **2.** [hide] cacher, enfouir.

bus [bʌs] *n* autobus *m*, bus *m* ; [long-distance] car *m* ; **by ~** en autobus/car.

bus conductor *n* receveur *m*, -euse *f* d'autobus.

bus driver *n* conducteur *m*, -trice *f* d'autobus.

bush [bʊʃ] *n* - **1.** [plant] buisson *m* - **2.** [open country] : **the ~** la brousse - **3.** *phr* **she doesn't beat about the ~** elle n'y va pas par quatre chemins.

bushel ['bʊʃl] *n* boisseau *m*.

bushy ['bʊʃɪ] (*comp* **-ier**, *superl* **-iest**) *adj* touffu(e).

business ['bɪznɪs] ◇ *n* - **1.** *(U)* [commerce] affaires *fpl* ; **we do a lot of ~ with them** nous travaillons beaucoup avec eux ; **she's in the publishing ~** elle est dans l'édition ; **on ~** pour affaires ; **to mean ~** *inf* ne pas plaisanter ; **to go out of ~** fermer, faire faillite - **2.** [company, duty] affaire *f* ; **he had no ~ to tell you that** ce n'était pas à lui de vous le dire ; **mind your own ~!** *inf* occupe-toi de tes oignons! - **3.** [affair, matter] histoire *f*, affaire *f*. ◇ *comp* [meeting] d'affaires ; **~ hours** heures *fpl* ouvrables.

business address *n* adresse *f* de travail.

business card *n* carte *f* de visite.

business class *n* classe *f* affaires.

businesslike ['bɪznɪslaɪk] *adj* efficace.

businessman ['bɪznɪsmæn] (*pl* **-men** [-men]) *n* homme *m* d'affaires.

business school *n* école *f* de commerce.

business trip *n* voyage *m* d'affaires.

businesswoman ['bɪznɪsˌwʊmən] (*pl* **-women** [-ˌwɪmɪn]) *n* femme *f* d'affaires.

busing ['bʌsɪŋ] *US n système de ramassage scolaire aux États-Unis, qui organise la répartition des enfants noirs et des enfants blancs dans les écoles afin de lutter contre la ségrégation raciale.*

busker ['bʌskəʳ] *n UK* chanteur *m*, -euse *f* des rues.

bus lane *n* voie *f* des bus.

bus shelter *n* Abribus® *m*.

bus station *n* gare *f* routière.

bus stop *n* arrêt *m* de bus.

bust [bʌst] ◇ *adj inf* - **1.** [broken] foutu(e) - **2.** [bankrupt] : **to go ~** faire faillite. ◇ *n* - **1.** [bosom] poitrine *f* - **2.** [statue] buste *m* - **3.** *police slang* [raid] descente *f*. ◇ *vt* (*pt & pp* **bust** OR **-ed**) - **1.** *inf* [break] péter - **2.** *police slang* [arrest] arrêter ; [raid] faire une descente à.

bustle ['bʌsl] ◇ *n (U)* [activity] remue-ménage *m inv*. ◇ *vi* s'affairer.

bustling ['bʌslɪŋ] *adj* [place] qui bourdonne d'activité.

bust-up *n inf* - **1.** [quarrel] engueulade *f* - **2.** [of marriage, relationship] rupture *f*.

busy ['bɪzɪ] ◇ *adj* (*comp* **-ier**, *superl* **-iest**) - **1.** [gen] occupé(e) ; **to be ~ doing sthg** être occupé à faire qqch - **2.** [life, week] chargé(e) ; [town, office] animé(e) - **3.** *esp US* TELEC [engaged] occupé(e). ◇ *vt* : **to ~ o.s. (doing sthg)** s'occuper (à faire qqch).

busybody ['bɪzɪˌbɒdɪ] (*pl* **-ies**) *n pej* mouche *f* du coche.

busy signal *n US* TELEC tonalité *f* "occupé".

but [bʌt] ◇ *conj* mais ; **I'm sorry, ~ I don't agree** je suis désolé, mais je ne suis pas d'accord ; **~ now let's talk about you** mais parlons plutôt de toi. ◇ *prep* sauf, excepté ; **everyone was at the party ~ Jane** tout le monde était à la soirée sauf Jane ; **he has no one ~ himself to blame** il ne peut s'en prendre qu'à lui-même. ◇ *adv fml* seulement, ne... que ; **had I ~ known!** si j'avais su! ; **we can ~ try** on peut toujours essayer ; **she has ~ recently joined the firm** elle n'est entrée dans la société que depuis peu.

◆ **but for** *prep* sans ; **~ for her** sans elle.

◆ **but then** *adv* mais ;... **~ then I've known him for years...** mais il faut dire OR il est vrai que je le connais depuis des années.

butane ['bjuːteɪn] *n* butane *m*.

butch [bʊtʃ] *adj inf* [woman] hommasse.

butcher ['bʊtʃəʳ] ◇ *n* boucher *m*, -ère *f* ; **~'s (shop)** boucherie *f*. ◇ *vt* - **1.** [animal] abattre - **2.** *fig* [massacre] massacrer.

butchery ['bʊtʃərɪ] *n lit & fig* boucherie *f*.

butler ['bʌtləʳ] *n* maître *m* d'hôtel *(chez un particulier)*.

butt [bʌt] ◇ *n* - **1.** [of cigarette, cigar] mégot *m* - **2.** [of rifle] crosse *f* - **3.** [for water] tonneau *m* - **4.** [of joke, criticism] cible *f*. ◇ *vt* donner un coup de tête à.

◆ **butt in** *vi* [interrupt] : **to ~ in on sb** interrompre qqn ; **to ~ in on sthg** s'immiscer OR s'imposer dans qqch.

butter ['bʌtəʳ] ◇ *n* beurre *m* ; **~ wouldn't melt in her mouth** *inf* on lui donnerait le bon Dieu sans confession. ◇ *vt* beurrer.

◆ **butter up** *vt sep inf* passer de la pommade à.

butter bean *n* haricot *m* beurre.

buttercup ['bʌtəkʌp] *n* bouton *m* d'or.

butter dish *n* beurrier *m*.

buttered ['bʌtəd] *adj* [bread] beurré(e).

butterfingers ['bʌtə,fɪŋgəz] (*pl* **butterfingers**) *n inf* maladroit *m*, -e *f*.

butterfly ['bʌtəflaɪ] (*pl* **-ies**) *n* SWIMMING & ZOOL papillon *m* ; **to have butterflies in one's stomach** avoir le trac.

buttermilk ['bʌtəmɪlk] *n* babeurre *m*.

butterscotch ['bʌtəskɒtʃ] *n* caramel *m* dur.

buttocks ['bʌtəks] *npl* fesses *fpl*.

button ['bʌtn] ◇ *n* - **1.** [gen] bouton *m* - **2.** *US* [badge] badge *m*. ◇ *vt* = **button up**.

◆ **button up** *vt sep* boutonner.

buttonhole ['bʌtnhəʊl] ◇ *n* - **1.** [hole] boutonnière *f* - **2.** *UK* [flower] fleur *f* à la boutonnière. ◇ *vt inf* coincer.

button mushroom *n* champignon *m* de Paris.

buttress ['bʌtrɪs] ◇ *n* contrefort *m*. ◇ *vt* [wall] soutenir, étayer.

buxom ['bʌksəm] *adj* bien en chair.

buy [baɪ] ◇ *vt* (*pt & pp* **bought**) acheter ; **to ~ sthg from sb** acheter qqch à qqn. ◇ *n* : **a good ~** une bonne affaire.

◆ **buy in** *vt sep UK* stocker.

◆ **buy into** *vt insep* acquérir des parts dans.

◆ **buy off** *vt sep* : **to ~ sb off** acheter le silence de qqn.

◆ **buy out** *vt sep* - **1.** COMM racheter la part de - **2.** [from army] : **to ~ o.s. out** se racheter.

◆ **buy up** *vt sep* acheter en masse.

buyer ['baɪəʳ] *n* acheteur *m*, -euse *f*.

buyer's market *n* marché *m* acheteur.

buyout ['baɪaʊt] *n* rachat *m*.

buzz [bʌz] ◇ *n* - **1.** [of insect] bourdonnement *m* - **2.** *inf* [telephone call] : **to give sb a ~** passer un coup de fil à qqn. ◇ *vi* : **to ~ (with)** bourdonner (de). ◇ *vt* [on intercom] appeler.

◆ **buzz off** *vi UK inf* **~ off!** file!, fous le camp!

buzzard ['bʌzəd] *n* - **1.** *UK* [hawk] buse *f* - **2.** *US* [vulture] urubu *m*.

buzzer ['bʌzəʳ] *n* sonnerie *f*.

buzzing ['bʌzɪŋ] *n* [of insect] bourdonnement *m* ; [of machine] ronronnement *m*.

buzzword ['bʌzwɜːd] *n inf* mot *m* à la mode.

by [baɪ] ◇ *prep* - **1.** [indicating cause, agent] par ; **caused/written/killed ~** causé/écrit/tué par - **2.** [indicating means, method, manner] : **to dine ~ candlelight** dîner aux chandelles ; **to pay ~ cheque** payer par chèque ; **to travel ~ bus/train/plane/ship** voyager en bus/par le train/en avion/en bateau ; **he's a lawyer ~ profession** il est avocat de son métier ; **~ doing sthg** en faisant qqch ; **~ nature** de nature, de tempérament - **3.** [to explain a word or expression] par ; **what do you mean ~ "all right"?** qu'est-ce que tu veux dire par "très bien"? - **4.** [beside, close to] près de ; **~ the sea** au bord de la mer ; **I sat ~ her bed** j'étais assis à son chevet - **5.** [past] : **to pass ~ sb/sthg** passer devant qqn/qqch ; **to drive ~ sb/sthg** passer en voiture devant qqn/qqch - **6.** [via, through] par ; **come in ~ the back door** entrez par la porte de derrière - **7.** [at or before a particular time] avant, pas plus tard que ; **I'll be there ~ eight** j'y serai avant huit heures ; **~ 1914 it was all over** en 1914 c'était fini ; **~ now** déjà - **8.** [during] : **~ day** le OR de jour ; **~ night** la OR de nuit - **9.** [according to] selon, suivant ; **~ law** conformément à la loi - **10.** [in arithmetic] par ; **divide/multiply 20 ~ 2** divisez/multipliez 20 par 2 - **11.** [in measurements] : **2 metres ~ 4** 2 mètres sur 4 - **12.** [in quantities, amounts] à ; **~ the yard** au mètre ; **~ the thousands** par milliers ; **paid ~ the day/week/month** payé à la journée/à la semaine/au mois ; **to cut prices ~ 50%** réduire les prix de 50% - **13.** [indicating gradual change] : **week ~ week** de semaine en semaine ; **day ~ day** jour après jour, de jour en jour ; **one ~ one** un à un, un par un - **14.** *phr* **(all) ~ oneself** (tout) seul ((toute) seule) ; **I'm all ~ myself today** je suis tout seul aujourd'hui. ◇ *adv* ▻ **go**, ▻ **pass** *etc*.

bye(-bye) [baɪ(baɪ)] *excl inf* au revoir!, salut!

bye-election *UK* = **by-election**.

byelaw ['baɪlɔː] = **bylaw**.

by-election *UK n* élection *f* partielle.

Byelorussia [bɪ,eləʊ'rʌʃə] = **Belorussia**.

bygone ['baɪgɒn] *adj* d'autrefois.

◆ **bygones** *npl* : **to let ~s be ~s** oublier le passé.

bylaw ['baɪlɔː] *n* arrêté *m*.

by-line, *US* **byline** *n* PRESS signature *f*.

bypass ['baɪpɑːs] ◇ *n* - **1.** [road] route *f* de contournement - **2.** MED : **~ (operation)** pontage *m*. ◇ *vt* [town, difficulty] contourner ; [subject] éviter.

by-product, **byproduct** *n* - **1.** [product] dérivé *m* - **2.** *fig* [consequence] conséquence *f*.

bystander ['baɪ,stændəʳ] *n* spectateur *m*, -trice *f*.

byte [baɪt] *n* COMPUT octet *m*.

byword ['baɪwɜːd] *n* [symbol] : **to be a ~ for** être synonyme de.

c[1] (*pl* **c's** *OR* **cs**), **C** (*pl* **C's** *OR* **Cs**) [si:] *n* [letter] c *m inv*, C *m inv*.
◆ **C** *n* - **1.** MUS do *m* - **2.** SCH [mark] C *m inv* - **3.** (*abbr of* **Celsius, centigrade**) C.

c[2] [si:] - **1.** (*abbr of* **century**) s. - **2.** (*abbr of* **cent(s)**) ct.

c., ca. *see also* **circa**.

c/a - **1.** *see also* **credit account** - **2.** *see also* **current account**.

CA ◇ *n* - **1.** *see also* **chartered accountant** - **2.** (*abbr of* **Consumers' Association**) *union de défense des consommateurs.* ◇ - **1.** *see also* **Central America** - **2.** *see also* **California**.

CAA *n* - **1.** (*abbr of* **Civil Aviation Authority**) *direction britannique de l'aviation civile* - **2.** (*abbr of* **Civil Aeronautics Authority**) *direction américaine de l'aviation civile.*

cab [kæb] *n* - **1.** [taxi] taxi *m* - **2.** [of lorry] cabine *f*.

CAB (*abbr of* **Citizens' Advice Bureau**) *n service britannique d'information et d'aide au consommateur.*

cabaret ['kæbəreɪ] *n* cabaret *m*.

cabbage ['kæbɪdʒ] *n* [vegetable] chou *m*.

cabbie, cabby ['kæbɪ] *n inf* chauffeur *m* de taxi.

caber ['keɪbəʳ] *n Scotland* **tossing the ~** *lancement d'un tronc d'arbre (épreuve des 'Highland Games').*

cabin ['kæbɪn] *n* - **1.** [on ship, plane] cabine *f* - **2.** [house] cabane *f*.

cabin class *n* seconde classe *f*.

cabin cruiser *n* bateau *m* de croisière.

cabinet ['kæbɪnɪt] *n* - **1.** [cupboard] meuble *m* - **2.** POL cabinet *m*.

cabinet-maker *n* ébéniste *mf*.

cabinet minister *n* ministre *mf*.

cable ['keɪbl] ◇ *n* câble *m*. ◇ *vt* [news] câbler ; [person] câbler à.

cable car *n* téléphérique *m*.

cablegram ['keɪblgræm] *n* câblogramme *m*.

cable railway *n* funiculaire *m*.

cable television, cable TV *n* télévision *f* par câble.

caboodle [kə'bu:dl] *n inf* **the whole ~** et tout le tremblement.

cache [kæʃ] ◇ *n* - **1.** [store] cache *f* - **2.** COMPUT mémoire-cache *f*, antémémoire *f*. ◇ *vt* COMPUT stocker dans la mémoire-cache.

cache memory ['kæʃˌmemərɪ] *n* COMPUT antémémoire *f*, mémoire *f* cache.

cachet ['kæʃeɪ] *n* cachet *m*.

cackle ['kækl] ◇ *n* - **1.** [of hen] caquet *m* - **2.** [of person] jacassement *m*. ◇ *vi* - **1.** [hen] caqueter - **2.** [person] jacasser.

cacophony [kæ'kɒfənɪ] *n* cacophonie *f*.

cactus ['kæktəs] (*pl* **-tuses** [-təsi:z] , *pl* **-ti** [-taɪ]) *n* cactus *m*.

CAD (*abbr of* **computer-aided design**) *n* CAO *f*.

caddie ['kædɪ] ◇ *n* caddie *m*. ◇ *vi* : **to ~ for sb** servir de caddie à qqn.

caddy ['kædɪ] (*pl* **-ies**) *n* - **1.** boîte *f* à thé - **2.** : **tea ~** desserte à thé.

cadence ['keɪdəns] *n* [of voice] intonation *f*.

cadet [kə'det] *n* élève *m* officier.

cadge [kædʒ] *inf* ◇ *vt* : **to ~ sthg off** *OR* **from sb** taper qqn de qqch. ◇ *vi* : **to ~ off** *OR* **from sb** taper qqn.

Cadiz [kə'dɪz] *n* Cadix.

Caesar ['si:zəʳ] *n* César *m*.

caesarean (section), *US* **cesarean (section)** [sɪ'zeərɪən-] *n* césarienne *f*.

CAF (*abbr of* **cost and freight**) C et F.

cafe, café ['kæfeɪ] *n* café *m*.

cafeteria [ˌkæfɪ'tɪərɪə] *n* cafétéria *f*, cantine *f*.

cafetière [kæfə'tjeəʳ] *n* cafetière *f* à piston.

caffeine ['kæfi:n] *n* caféine *f*.

caftan, kaftan ['kæftæn] *n* cafetan *m*.

cage [keɪdʒ] *n* [for animal] cage *f*.

caged [keɪdʒd] *adj* en cage.

cagey ['keɪdʒɪ] (*comp* **-ier**, *superl* **-iest**) *adj inf* discret(ète).

cagoule [kə'gu:l] *n UK* K-way® *m inv*.

cahoots [kə'hu:ts] *n inf* **to be in ~ (with)** être de mèche (avec).

CAI (*abbr of* **computer-aided instruction**) *n* EAO *m*.

cairn [keən] *n* [pile of rocks] cairn *m*.

Cairo ['kaɪərəʊ] *n* Le Caire.

cajole [kə'dʒəʊl] *vt* : **to ~ sb (into doing sthg)** enjôler qqn (pour qu'il fasse qqch).

cake [keɪk] *n* - **1.** CULIN gâteau *m* ; [of fish, potato] croquette *f* ; **it's a piece of ~** *inf fig* c'est du gâteau ; **to sell like hot ~s** se vendre comme des petits pains ; **you can't have your ~ and eat it** on ne peut pas avoir le beurre et l'argent du beurre - **2.** [of soap] pain *m*.

caked [keɪkt] *adj* : **~ with mud** recouvert(e) de boue séchée.

cake tin *UK*, **cake pan** *US n* moule *m* à gâteau.

cal [kæl] (*abbr of* **calorie**) *n* cal.

CAL (*abbr of* **computer assisted (** *OR* **aided) learning**) *n* enseignement *m* assisté par ordinateur.

calamine lotion [ˌkæləmaɪn-] *n (U)* lotion *f* à la calamine.

calamitous [kə'læmɪtəs] *adj* catastrophique.

calamity [kə'læmətɪ] (*pl* **-ies**) *n* calamité *f*.

calcium ['kælsɪəm] *n* calcium *m*.

calculate ['kælkjʊleɪt] *vt* - **1.** [result, number] calculer ; [consequences] évaluer - **2.** [plan] : **to be ~d to do sthg** être calculé(e) pour faire qqch.

◆ **calculate on** *vi* : **to ~ on sthg** compter sur qqch ; **to ~ on doing sthg** compter faire qqch.

calculated ['kælkjʊleɪtɪd] *adj* calculé(e).

calculating ['kælkjʊleɪtɪŋ] *adj pej* calculateur(trice).

calculation [ˌkælkjʊ'leɪʃn] *n* calcul *m*.

calculator ['kælkjʊleɪtəʳ] *n* calculatrice *f*.

calculus ['kælkjʊləs] *n* calcul *m*.

calendar ['kælɪndəʳ] *n* calendrier *m*.

calendar month *n* mois *m* (de calendrier).

calendar year *n* année *f* civile.

calf [kɑ:f] (*pl* **calves** [kɑ:vz]) *n* - **1.** [of cow, leather] veau *m* ; [of elephant] éléphanteau *m* ; [of seal] bébé *m* phoque - **2.** ANAT mollet *m*.

caliber ['kælɪbəʳ] *US* = **calibre**.

calibrate ['kælɪbreɪt] *vt* [scale] étalonner ; [gun] calibrer.

calibre, *US* **caliber** ['kælɪbəʳ] *n* calibre *m*.

calico ['kælɪkəʊ] *n* calicot *m*.

California [ˌkælɪ'fɔ:njə] *n* Californie *f* ; **in ~** en Californie.

Californian [ˌkælɪ'fɔ:njən] ◇ *adj* californien(enne). ◇ *n* Californien *m*, -enne *f*.

calipers *US* = **callipers**.

call [kɔ:l] ◇ *n* - **1.** [cry] appel *m*, cri *m* - **2.** TELEC appel *m* (téléphonique) ; **I'll give you a ~** je t'appellerai - **3.** [summons, invitation] appel *m* ; **to be on ~** [doctor etc] être de garde - **4.** [visit] visite *f* ; **to pay a ~ on sb** rendre visite à qqn - **5.** [demand] : **~ (for)** demande *f* (de). ◇ *vt* - **1.** [name, summon, phone] appeler ; **what's this thing ~ed?** comment ça s'appelle ce truc? ; **she's ~ed Joan** elle s'appelle Joan ; **let's ~ it £10** disons 10 livres - **2.** [label] : **he ~ed me a liar** il m'a traité de menteur - **3.** [shout] appeler, crier - **4.** [announce - meeting] convoquer ; [- strike] lancer ; [- flight] appeler ; [- election] annoncer. ◇ *vi* - **1.** [shout - person] crier ; [- animal, bird] pousser un cri/des cris - **2.** TELEC appeler ; **who's ~ing?** qui est à l'appareil? - **3.** [visit] passer.

◆ **call back** ◇ *vt sep* rappeler. ◇ *vi* - **1.** TELEC rappeler - **2.** [visit again] repasser.

◆ **call by** *vi inf* passer.

◆ **call for** *vt insep* - **1.** [collect - person] passer prendre ; [- package, goods] passer chercher - **2.** [demand] demander.

◆ **call in** ◇ *vt sep* - **1.** [expert, police etc] faire venir - **2.** COMM [goods] rappeler ; FIN [loan] exiger le remboursement de. ◇ *vi* passer.

◆ **call off** *vt sep* - **1.** [cancel] annuler ; **to ~ off a strike** rapporter un ordre de grève - **2.** [dog] rappeler.

◆ **call on** *vt insep* - **1.** [visit] passer voir - **2.** [ask] : **to ~ on sb to do sthg** demander à qqn de faire qqch.

◆ **call out** ◇ *vt sep* - **1.** [police, doctor] appeler - **2.** [order to strike] : **they ~ed the workers out** ils ont donné la consigne de grève aux ouvriers - **3.** [cry out] crier. ◇ *vi* [cry out] crier.

◆ **call round** *vi* passer.

◆ **call up** *vt sep* - **1.** MIL & TELEC appeler - **2.** COMPUT rappeler - **3.** appeler à.

CALL (*abbr of* **computer assisted (***OR* **aided) language learning**) *n* enseignement *m* des langues assisté par ordinateur.

call box *n UK* cabine *f* (téléphonique).

caller ['kɔ:ləʳ] *n* - **1.** [visitor] visiteur *m*, -euse *f* - **2.** TELEC demandeur *m*.

caller ID display, **caller display** *n* TELEC présentation *f* du numéro.

call girl *n* call-girl *f*.

calligraphy [kə'lɪgrəfɪ] *n* calligraphie *f*.

call-in *n US* RADIO & TV programme *m* à ligne ouverte.

calling ['kɔ:lɪŋ] *n* - **1.** [profession] métier *m* - **2.** [vocation] vocation *f*.

calling card *n US* carte *f* de visite.

callipers *UK*, **calipers** *US* ['kælɪpəz] *npl* - **1.** MATHS compas *m* - **2.** MED appareil *m* orthopédique.

callous ['kæləs] *adj* dur(e).

callously ['kæləslɪ] *adv* durement.

callousness ['kæləsnɪs] *n* dureté *f*.

call-up *n* ordre *m* de mobilisation.

callus ['kæləs] (*pl* **-es** [-i:z]) *n* cal *m*, durillon *m*.

calm [kɑ:m] <> *adj* calme. <> *n* calme *m* ; **~ before the storm** *US fig* le calme avant la tempête. <> *vt* calmer.
◆ **calm down** <> *vt sep* calmer. <> *vi* se calmer.

calmly ['kɑ:mlɪ] *adv* calmement.

calmness ['kɑ:mnɪs] *n* calme *m*.

Calor gas® ['kælər-] *n UK* butane *m*.

calorie ['kælərɪ] *n* calorie *f*.

calorific [ˌkælə'rɪfɪk] *adj* calorifique.

calve [kɑ:v] *vi* vêler.

calves [kɑ:vz] *pl* ▷ **calf**.

cam [kæm] *n* came *f*.

CAM (*abbr of* **computer-aided manufacturing**) *n* FAO *f*.

camaraderie [ˌkæmə'rɑ:dərɪ] *n* camaraderie *f*.

camber ['kæmbər] *n* [of road] bombement *m*.

Cambodia [kæm'bəʊdjə] *n* Cambodge *m* ; **in ~** au Cambodge.

Cambodian [kæm'bəʊdjən] <> *adj* cambodgien(enne). <> *n* Cambodgien *m*, -enne *f*.

Cambs (*written abbrev of* **Cambridgeshire**) *comté anglais*.

camcorder ['kæmˌkɔːdər] *n* Caméscope® *m*.

came [keɪm] *pt* ▷ **come**.

camel ['kæml] <> *adj* ocre (*inv*). <> *n* chameau *m*.

camellia [kə'mi:ljə] *n* camélia *m*.

cameo ['kæmɪəʊ] (*pl* **-s**) *n* **- 1.** [jewellery] camée *m* **- 2.** CIN & THEAT courte apparition *f* (d'une grande vedette).

camera ['kæmərə] *n* PHOT appareil photo *m* ; CIN & TV caméra *f* ; **video ~** caméra vidéo.
◆ **in camera** *adv* à huis clos.

cameraman ['kæmərəmæn] (*pl* **-men** [-men]) *n* cameraman *m*, cadreur *m*.

Cameroon [ˌkæmə'ru:n] *n* Cameroun *m* ; **in ~** au Cameroun.

Cameroonian [ˌkæmə'ru:nɪən] <> *adj* camerounais(e). <> *n* Camerounais *m*, -e *f*.

camisole ['kæmɪsəʊl] *n* camisole *f*.

camomile ['kæməmaɪl] <> *n* camomille *f*. <> *comp* : **~ tea** infusion *f* de camomille.

camouflage ['kæməflɑ:ʒ] <> *n* camouflage *m*. <> *vt* camoufler.

camp [kæmp] <> *n* camp *m*. <> *vi* camper.
◆ **camp out** *vi* camper.

campaign [kæm'peɪn] <> *n* campagne *f*. <> *vi* : **to ~ (for/against)** mener une campagne (pour/contre).

campaigner [kæm'peɪnər] *n* militant *m*, -e *f*.

camp bed *n UK* lit *m* de camp.

camper ['kæmpər] *n* **- 1.** [person] campeur *m*, -euse *f* **- 2.** [vehicle] : **~ (van)** camping-car *m*.

campground ['kæmpgraʊnd] *n US* terrain *m* de camping.

camphor ['kæmfər] *n* camphre *m*.

camping ['kæmpɪŋ] *n* camping *m* ; **to go ~** faire du camping.

camping site, **campsite** ['kæmpsaɪt] *n* (terrain *m* de) camping *m*.

campus ['kæmpəs] (*pl* **-es** [-iːz]) *n* campus *m*.

camshaft ['kæmʃɑ:ft] *n* arbre *m* à cames.

can[1] [kæn] <> *n* [of drink, food] boîte *f* ; [of oil] bidon *m* ; [of paint] pot *m*. <> *vt* (*pt & pp* **-ned**, *cont* **-ning**) mettre en boîte.

can[2] (*weak form* [kən], *strong form* [kæn]) (*pt* **could**) (*conditionnal form* **could**; *negative form* **cannot** *and* **can't**) *modal vb* **- 1.** [be able to] pouvoir ; **~ you come to lunch?** tu peux venir déjeuner? ; **she couldn't come** elle n'a pas pu venir ; **I ~'t** OR **cannot afford it** je ne peux pas me le payer ; **~ you see/hear/smell something?** tu vois/entends/sens quelque chose? **- 2.** [know how to] savoir ; **I ~ play the piano** je sais jouer du piano ; **~ you drive/cook?** tu sais conduire/cuisiner? ; **I ~ speak French** je parle le français **- 3.** [indicating permission, in polite requests] pouvoir ; **you ~ use my car if you like** tu peux prendre ma voiture si tu veux ; **we ~'t wear jeans to work** on ne peut pas aller au travail en jeans ; **~ I speak to John, please?** est-ce que je pourrais parler à John, s'il vous plaît? **- 4.** [indicating disbelief, puzzlement] pouvoir ; **what ~ she have done with it?** qu'est-ce qu'elle a bien pu en faire? ; **we ~'t just leave him here** on ne peut tout de même pas le laisser ici ; **you ~'t be serious!** tu ne parles pas sérieusement! **- 5.** [indicating possibility] : **I could see you tomorrow** je pourrais vous voir demain ; **the train could have been cancelled** peut-être que le train a été annulé **- 6.** [indicating usual state or behaviour] : **she ~ be a bit difficult sometimes** elle peut parfois être (un peu) difficile ; **Edinburgh ~ be very chilly** il peut faire très froid à Édimbourg, il arrive qu'il fasse très froid à Édimbourg.

Canada ['kænədə] *n* Canada *m* ; **in ~** au Canada.

Canadian [kə'neɪdjən] <> *adj* canadien(enne). <> *n* Canadien *m*, -enne *f*.

canal [kə'næl] *n* canal *m*.

Canaries [kə'neərɪz] *npl* : **the ~** les Canaries *fpl*.

canary [kə'neərɪ] (*pl* **-ies**) *n* canari *m*.

Canary Islands *npl* : **the ~** les îles *fpl* Canaries ; **in the ~** aux Canaries.

cancan ['kænkæn] *n* cancan *m*.

cancel ['kænsl] (*UK*, *pt & pp* **-led**, *cont* **-ling** *US*, *pt & pp* **-ed**, *cont* **-ing**) *vt* **- 1.** [gen] annuler ; [appointment, delivery] décommander **- 2.** [stamp] oblitérer ; [cheque] faire opposition à.
◆ **cancel out** *vt sep* annuler ; **to ~ each other out** s'annuler.

cancellation [,kænsə'leɪʃn] *n* annulation *f*.

cancer ['kænsəʳ] ◇ *n* cancer *m*. ◇ *comp* : **~ patient** cancéreux *m*, -euse *f* ; **~ research** lutte *f* contre le cancer ; **~ ward** service *m* de cancérologie.
◆ **Cancer** *n* Cancer *m* ; **to be (a) Cancer** être Cancer.

cancerous ['kænsərəs] *adj* cancéreux(euse).

candelabra [,kændɪ'lɑ:brə] *n* candélabre *m*.

C and F, **C & F** (*abbr of* **cost and freight**) C et F.

candid ['kændɪd] *adj* franc (franche).

candidacy ['kændɪdəsɪ] *n* candidature *f*.

candidate ['kændɪdət] *n* : **~ (for)** candidat *m*, -e *f* (pour).

candidature ['kændɪdətʃəʳ] *n UK* candidature *f*.

candidly ['kændɪdlɪ] *adv* franchement.

candidness ['kændɪdnɪs] = **candour**.

candied ['kændɪd] *adj* confit(e).

candle ['kændl] *n* bougie *f*, chandelle *f* ; **to burn the ~ at both ends** *inf* brûler la chandelle par les deux bouts.

candlelight ['kændllaɪt] *n* lueur *f* d'une bougie OR d'une chandelle.

candlelit ['kændllɪt] *adj* aux chandelles.

candlestick ['kændlstɪk] *n* bougeoir *m*.

candour *UK*, **candor** *US* ['kændəʳ] *n* franchise *f*.

candy ['kændɪ] (*pl* **-ies**) *n* **- 1.** *(U)* [confectionery] confiserie *f* **- 2.** [sweet] bonbon *m*.

candyfloss ['kændɪflɒs] *n UK* barbe *f* à papa.

cane [keɪn] ◇ *n* **- 1.** *(U)* [for furniture] rotin *m* **- 2.** [walking stick] canne *f* **- 3.** [for punishment] : **the ~** la verge **- 4.** [for supporting plant] tuteur *m*. ◇ *comp* en rotin. ◇ *vt* fouetter.

cane sugar *n* sucre *m* de canne.

canine ['keɪnaɪn] ◇ *adj* canin(e). ◇ *n* : **~ (tooth)** canine *f*.

canister ['kænɪstəʳ] *n* [for film, tea] boîte *f* ; [for gas, smoke] bombe *f*.

cannabis ['kænəbɪs] *n* cannabis *m*.

canned [kænd] *adj* **- 1.** [food, drink] en boîte **- 2.** *inf fig* [music] enregistré(e) ; [laughter] préenregistré(e).

cannelloni [,kænɪ'ləʊnɪ] *n* cannelloni *m*.

cannery ['kænərɪ] (*pl* **-ies**) *n* conserverie *f*.

cannibal ['kænɪbl] *n* cannibale *mf*.

cannibalize, *UK* **-ise** ['kænɪbəlaɪz] *vt* cannibaliser.

cannon ['kænən] (*pl* **cannon** OR **-s**) *n* canon *m*.
◆ **cannon into** *vt insep UK* percuter.

cannonball ['kænənbɔ:l] *n* boulet *m* de canon.

cannot ['kænɒt] *fml* ▷ **can²**.

canny ['kænɪ] (*comp* **-ier**, *superl* **-iest**) *adj* [shrewd] adroit(e).

canoe [kə'nu:] ◇ *n* canoë *m*, kayak *m*. ◇ *vi* (*pt & pp* **-d**, *cont* **canoeing**) faire du canoë.

canoeing [kə'nu:ɪŋ] *n (U)* canoë-kayak *m*.

canon ['kænən] *n* canon *m*.

canonize, *UK* **-ise** ['kænənaɪz] *vt* canoniser.

canoodle [kə'nu:dl] *vi UK inf* se faire des mamours.

can opener *n* ouvre-boîtes *m inv*.

canopy ['kænəpɪ] (*pl* **-ies**) *n* **- 1.** [over bed] ciel *m* de lit, baldaquin *m* ; [over seat] dais *m* **- 2.** [of trees, branches] voûte *f*.

cant [kænt] *n (U)* paroles *fpl* hypocrites.

can't [kɑ:nt] = **cannot**.

Cantab. (*abbr of* **cantabrigiensis**) *de l'université de Cambridge*.

Cantabrian Mountains [kæn'teɪbrɪən-] *npl* : **the ~** les monts *mpl* Cantabriques.

cantaloup *UK*, **cantaloupe** *US* ['kæntəlu:p] *n* cantaloup *m*.

cantankerous [kæn'tæŋkərəs] *adj* hargneux(euse).

canteen [kæn'ti:n] *UK n* **- 1.** [restaurant] cantine *f* **- 2.** [box of cutlery] ménagère *f*.

canter ['kæntəʳ] ◇ *n* petit galop *m*. ◇ *vi* aller au petit galop.

Canterbury ['kæntəbrɪ] *n* Cantorbéry.

cantilever ['kæntɪli:vəʳ] *n* cantilever *m*.

Canton [kæn'tɒn] *n* Canton.

Cantonese [,kæntə'ni:z] ◇ *adj* cantonais(e). ◇ *n* [language] cantonais *m*.

canvas ['kænvəs] *n* toile *f* ; **under ~** [in a tent] sous la tente.

canvass ['kænvəs] ◇ *vt* **- 1.** POL [person] solliciter la voix de **- 2.** [opinion] sonder. ◇ *vi* POL solliciter des voix.

canvasser ['kænvəsəʳ] *n* **- 1.** POL agent *m* électoral **- 2.** [for opinion poll] sondeur *m*, -euse *f*.

canvassing ['kænvəsɪŋ] *n* **- 1.** POL démarchage *m* électoral **- 2.** [for opinion poll] sondage *m*.

canyon ['kænjən] *n* canyon *m*, cañon *m*.

canyoning ['kænjənɪŋ] *n* canyoning *m*.

cap [kæp] ◇ *n* **- 1.** [hat - gen] casquette *f* ; **swimming ~** bonnet *m* de bain ; **to go ~ in**

hand to sb se présenter humblement devant qqn - **2.** [of pen] capuchon *m* ; [of bottle] capsule *f* ; [of lipstick] bouchon *m* - **3.** *UK* [contraceptive device] diaphragme *m*. ◇ *vt* (*pt & pp* **-ped**, *cont* **-ping**) - **1.** [top] : **to be capped with** être coiffé(e) de - **2.** [outdo] : **to ~ it all** pour couronner le tout.

CAP (*abbr of* **Common Agricultural Policy**) *n* PAC *f*.

capability [ˌkeɪpəˈbɪlətɪ] (*pl* **-ies**) *n* capacité *f*.

capable [ˈkeɪpəbl] *adj* : **~ (of)** capable (de).

capably [ˈkeɪpəblɪ] *adv* avec compétence.

capacious [kəˈpeɪʃəs] *adj fml* vaste.

capacitor [kəˈpæsɪtəʳ] *n* condensateur *m*.

capacity [kəˈpæsɪtɪ] ◇ *n* (*pl* **-ies**) - **1.** *(U)* [limit] capacité *f*, contenance *f* ; **full to ~** plein, comble ; **to work at full ~** [factory] travailler à plein rendement ; **seating ~** nombre *m* de places (assises) - **2.** [ability] : **~ (for)** aptitude *f* (à) - **3.** [role] qualité *f* ; **in my ~ as...** en ma qualité de... ; **in an advisory ~** en tant que conseiller. ◇ *comp* : **~ audience** salle *f* comble.

cape [keɪp] *n* - **1.** GEOG cap *m* - **2.** [cloak] cape *f*.

Cape Canaveral [-kəˈnævərəl] *n* le cap Canaveral.

Cape Cod *n* le cap Cod.

Cape Horn *n* le cap Horn.

Cape of Good Hope *n* : **the ~** le cap de Bonne-Espérance.

caper [ˈkeɪpəʳ] ◇ *n* - **1.** CULIN câpre *f* - **2.** *inf* [dishonest activity] coup *m*, combine *f*. ◇ *vi* gambader.

Cape Town *n* Le Cap.

Cape Verde [-vɜːd] *n* : **the ~ Islands** les îles *fpl* du Cap-Vert ; **in ~** au Cap-Vert.

capillary [kəˈpɪlərɪ] (*pl* **-ies**) *n* capillaire *m*.

capita ▻ **per capita**.

capital [ˈkæpɪtl] ◇ *adj* - **1.** [letter] majuscule - **2.** [offence] capital(e). ◇ *n* - **1.** [of country] : **~ (city)** capitale *f* - **2.** TYPO : **~ (letter)** majuscule *f* ; **in ~s** en lettres majuscules - **3.** *(U)* [money] capital *m* ; **to make ~ (out) of** *fig* tirer profit de.

capital allowance *n* amortissement *m* fiscal pour investissement.

capital assets *npl* actif *m* immobilisé, immobilisations *fpl*.

capital expenditure *n (U)* dépenses *fpl* d'investissement.

capital gains tax *n* impôt *m* sur les plus-values.

capital goods *npl* biens *mpl* d'équipement.

capital-intensive *adj* à fort coefficient de capitaux.

capitalism [ˈkæpɪtəlɪzm] *n* capitalisme *m*.

capitalist [ˈkæpɪtəlɪst] ◇ *adj* capitaliste. ◇ *n* capitaliste *mf*.

capitalize, *UK* **-ise** [ˈkæpɪtəlaɪz] *vi* : **to ~ on** tirer parti de.

capital punishment *n* peine *f* capitale OR de mort.

capital stock *n* capital *m* social.

capital transfer tax *n* droits *mpl* de mutation.

Capitol [ˈkæpɪtl] *n* : **the ~** le Capitole.

Capitol Hill [ˈkæpɪtl-] *n siège du Congrès à Washington*.

capitulate [kəˈpɪtjʊleɪt] *vi* capituler.

capitulation [kəˌpɪtjʊˈleɪʃn] *n* capitulation *f*.

cappuccino [ˌkæpʊˈtʃiːnəʊ] (*pl* **-s**) *n* cappuccino *m*.

capricious [kəˈprɪʃəs] *adj* capricieux(euse).

Capricorn [ˈkæprɪkɔːn] *n* Capricorne *m* ; **to be (a)~** être Capricorne.

caps [kæps] (*abbr of* **capital letters**) *npl* cap.

capsicum [ˈkæpsɪkəm] *n* poivron *m*.

capsize [kæpˈsaɪz] ◇ *vt* faire chavirer. ◇ *vi* chavirer.

capsule [ˈkæpsjuːl] *n* - **1.** [gen] capsule *f* - **2.** MED gélule *f*.

Capt. (*abbr of* **captain**) cap.

captain [ˈkæptɪn] ◇ *n* capitaine *mf*. ◇ *vt* - **1.** [ship] commander - **2.** [sports team] être le capitaine de.

caption [ˈkæpʃn] *n* légende *f*.

captivate [ˈkæptɪveɪt] *vt* captiver.

captivating [ˈkæptɪveɪtɪŋ] *adj* captivant(e).

captive [ˈkæptɪv] ◇ *adj* captif(ive). ◇ *n* captif *m*, -ive *f*.

captivity [kæpˈtɪvətɪ] *n (U)* **in ~** en captivité *f*.

captor [ˈkæptəʳ] *n* ravisseur *m*, -euse *f*.

capture [ˈkæptʃəʳ] ◇ *vt* - **1.** [person, animal] capturer ; [city] prendre ; [market] conquérir - **2.** [attention, imagination] captiver - **3.** [subj: painting, photo] rendre - **4.** COMPUT saisir. ◇ *n* [of person, animal] capture *f* ; [of city] prise *f*.

car [kɑːʳ] ◇ *n* - **1.** AUT voiture *f* - **2.** RAIL wagon *m*, voiture *f*. ◇ *comp* [door, accident] de voiture ; [industry] automobile.

Caracas [kəˈrækəs] *n* Caracas.

carafe [kəˈræf] *n* carafe *f*.

car alarm *n* AUT alarme *f* de voiture.

carambola [ˌkærəmˈbəʊlə] *n* carambole *f*.

caramel [ˈkærəmel] *n* caramel *m*.

caramelize, *UK* **-ise** ['kærəməlaɪz] *vi* se caraméliser.

carat ['kærət] *n UK* carat *m* ; **24-~ gold** or à 24 carats.

caravan ['kærəvæn] ◇ *n* [people travelling] caravane *f* ; *UK* [vehicle] caravane *f* ; [towed by horse] roulotte *f*. ◇ *comp UK* [holiday] en caravane.

caravanning ['kærəvænɪŋ] *n UK* caravaning *m*.

caravan site *n UK* camping *m* pour caravanes.

caraway seed ['kærəweɪ-] *n* graine *f* de carvi.

carbohydrate [ˌkɑːbəʊ'haɪdreɪt] *n* CHEM hydrate *m* de carbone.

◆ **carbohydrates** *npl* [in food] glucides *mpl*.

carbon ['kɑːbən] *n* **- 1.** [element] carbone *m* **- 2.** = **carbon copy - 3.** = **carbon paper**.

carbonated ['kɑːbəneɪtɪd] *adj* [mineral water] gazeux(euse).

carbon copy *n* **- 1.** [document] carbone *m* **- 2.** *fig* [exact copy] réplique *f*.

carbon dating [-'deɪtɪŋ] *n* datation *f* au carbone 14.

carbon dioxide [-daɪ'ɒksaɪd] *n* gaz *m* carbonique.

carbon fibre *UK*, **carbon fiber** *US n* fibre *f* de carbone.

carbon monoxide *n* oxyde *m* de carbone.

carbon paper *n (U)* (papier *m*) carbone *m*.

car-boot sale *n UK brocante en plein air où les coffres des voitures servent d'étal.*

carburettor *UK*, **carburetor** *US* [ˌkɑːbə'retəʳ] *n* carburateur *m*.

carcass ['kɑːkəs] *n* [of animal] carcasse *f*.

carcinogenic [ˌkɑːsɪnə'dʒenɪk] *adj* carcinogène.

card [kɑːd] *n* **- 1.** [gen] carte *f* ; **to play one's ~s right** *fig* bien jouer son jeu ; **to put** *OR* **lay one's ~s on the table** *fig* jouer cartes sur table **- 2.** *(U)* [cardboard] carton *m* **- 3.** COMPUT carte *f*.

◆ **cards** *npl* : **to play ~s** jouer aux cartes.

◆ **on the cards** *UK*, **in the cards** *US adv inf* **it's on the ~s that...** il y a de grandes chances pour que...

cardamom ['kɑːdəməm] *n* cardamome *f*.

cardboard ['kɑːdbɔːd] ◇ *n (U)* carton *m*. ◇ *comp* en carton.

cardboard box *n* boîte *f* en carton.

card-carrying *adj* : **~ member** membre *m*.

card catalog *n US* fichier *m*.

cardiac ['kɑːdɪæk] *adj* cardiaque.

cardiac arrest *n* arrêt *m* du cœur.

cardigan ['kɑːdɪgən] *n* cardigan *m*.

cardinal ['kɑːdɪnl] ◇ *adj* cardinal(e). ◇ *n* RELIG cardinal *m*.

cardinal number, **cardinal numeral** *n* nombre *m* cardinal.

card index *n* fichier *m*.

cardiograph ['kɑːdɪəgrɑːf] *n* cardiographe *m*.

cardiology [ˌkɑːdɪ'ɒlədʒɪ] *n* cardiologie *f*.

cardiovascular [ˌkɑːdɪəʊ'væskjʊləʳ] *adj* cardiovasculaire.

cardphone ['kɑːdfəʊn] *n UK* téléphone *m* à carte.

cardsharp(er) ['kɑːdˌʃɑːp(əʳ)] *n* tricheur professionnel *m*, tricheuse professionnelle *f*.

card table *n* table *f* de jeu.

card vote *n UK* vote *m* par carte *(chaque carte comptant pour le nombre de voix d'adhérents représentés).*

care [keəʳ] ◇ *n* **- 1.** *(U)* [protection, attention] soin *m*, attention *f* ; **to be in ~** *UK* être à l'Assistance publique ; **to take ~ of** [look after] s'occuper de ; **to take ~ (to do sthg)** prendre soin (de faire qqch) ; **take ~!** faites bien attention à vous! **- 2.** [cause of worry] souci *m*. ◇ *vi* **- 1.** [be concerned] se sentir concerné(e) ; **to ~ about** se soucier de **- 2.** [mind] : **I don't ~** ça m'est égal ; **who ~s?** qu'est-ce que ça peut faire? ; **I couldn't ~ less** *inf* je m'en moque pas mal.

◆ **care of** *prep* chez.

◆ **care for** *vt insep* **dated** [like] aimer.

CARE [keəʳ] (*abbr of* **Cooperative for American Relief Everywhere**) *n organisation humanitaire américaine.*

career [kə'rɪəʳ] ◇ *n* carrière *f*. ◇ *comp* de carrière. ◇ *vi* aller à toute vitesse.

careerist [kə'rɪərɪst] *n pej* carriériste *mf*.

careers [kə'rɪəz] *comp* [office, teacher] d'orientation.

careers adviser *n UK* conseiller *m*, -ère *f* d'orientation.

career woman *n* femme *f* qui privilégie sa carrière.

carefree ['keəfriː] *adj* insouciant(e).

careful ['keəfʊl] *adj* **- 1.** [cautious] prudent(e) ; **to be ~ to do sthg** prendre soin de faire qqch, faire attention à faire qqch ; **be ~!** fais attention! ; **to be ~ with one's money** regarder à la dépense **- 2.** [work] soigné(e) ; [worker] consciencieux(euse).

carefully ['keəflɪ] *adv* **- 1.** [cautiously] prudemment **- 2.** [thoroughly] soigneusement.

careless ['keəlɪs] *adj* - **1.** [work] peu soigné(e) ; [driver] négligent(e) - **2.** [unconcerned] insouciant(e).

carelessly ['keəlɪslɪ] *adv* - **1.** [inattentively] sans faire attention - **2.** [unconcernedly] avec insouciance.

carelessness ['keəlɪsnɪs] *n* - **1.** [inattention] manque *m* d'attention - **2.** [lack of concern] insouciance *f*.

carer ['keərəʳ] *n personne qui s'occupe d'un parent malade ou handicapé.*

caress [kə'res] ◇ *n* caresse *f*. ◇ *vt* caresser.

caretaker ['keə,teɪkəʳ] *n* ***UK*** concierge *mf*.

caretaker government *n* gouvernement *m* intérimaire.

car ferry *n* ferry *m*.

cargo ['kɑ:gəʊ] ◇ *n* (*pl* **-es** *OR* **-s**) cargaison *f*. ◇ *comp* : **~ ship** cargo *m*.

car hire *n* ***UK*** location *f* de voitures.

Carib ['kærɪb] *n* Caraïbe *mf*.

Caribbean [*UK* kærɪ'bi:ən, *US* kə'rɪbɪən] ◇ *adj* caraïbe. ◇ *n* : **the ~ (Sea)** la mer des Caraïbes *OR* des Antilles ; **in the ~** dans les Caraïbes.

caribou ['kærɪbu:] (*pl* **caribou** *OR* **-s**) *n* caribou *m*.

caricature ['kærɪkə,tjʊəʳ] ◇ *n* - **1.** [cartoon] caricature *f* - **2.** [travesty] parodie *f*. ◇ *vt* caricaturer.

caries ['keəri:z] *n* carie *f*.

caring ['keərɪŋ] *adj* bienveillant(e).

caring professions *npl* : **the ~** les professions *fpl* de santé.

carnage ['kɑ:nɪdʒ] *n* carnage *m*.

carnal ['kɑ:nl] *adj* ***lit*** charnel(elle).

carnation [kɑ:'neɪʃn] *n* œillet *m*.

carnival ['kɑ:nɪvl] *n* - **1.** [festival] carnaval *m* - **2.** ***US*** [fun fair] fête *f* foraine.

carnivore ['kɑ:nɪvɔ:ʳ] *n* carnivore *mf*.

carnivorous [kɑ:'nɪvərəs] *adj* carnivore.

carol ['kærəl] *n* : **(Christmas) ~** chant *m* de Noël.

carouse [kə'raʊz] *vi* faire la fête.

carousel [,kærə'sel] *n* - **1.** [at fair] manège *m* - **2.** [at airport] carrousel *m*.

carp [kɑ:p] ◇ *n* (*pl* **carp** *OR* **-s**) carpe *f*. ◇ *vi* : **to ~ (about sthg)** critiquer (qqch).

car park *n* ***UK*** parking *m*.

Carpathians [kɑ:'peɪθɪənz] *npl* : **the ~** les Carpates *fpl* ; **in the ~** dans les Carpates.

carpenter ['kɑ:pəntəʳ] *n* [on building site, in shipyard] charpentier *m* ; [furniture-maker] menuisier *m*.

carpentry ['kɑ:pəntrɪ] *n* [on building site, in shipyard] charpenterie *f* ; [furniture-making] menuiserie *f*.

carpet ['kɑ:pɪt] ◇ *n* ***lit*** & ***fig*** tapis *m* ; **(fitted) ~** moquette *f* ; **to sweep sthg under the ~** ***fig*** tirer le rideau sur qqch. ◇ *vt* [floor] recouvrir d'un tapis ; [with fitted carpet] recouvrir de moquette, moquetter ; **~ed with snow** ***fig*** recouvert d'un tapis de neige.

carpet slipper *n* pantoufle *f*.

carpet sweeper [-,swi:pəʳ] *n* balai *m* mécanique.

car phone *n* téléphone *m* pour automobile.

car pool [kɑ:'pu:l] *n* - **1.** ***UK*** [fleet of cars] parc *m* de voitures - **2.** [group of persons] *groupe de personnes qui s'organise pour utiliser la même voiture afin de se rendre à une destination commune.*

carport ['kɑ:,pɔ:t] *n* appentis *m* (pour voitures).

car rental *n* ***US*** location *f* de voitures.

carriage ['kærɪdʒ] *n* - **1.** [of train, horsedrawn] voiture *f* - **2.** ***UK*** *(U)* [transport of goods] transport *m* ; **~ paid** *OR* **free** franco de port ; **~ forward** en port dû - **3.** [on typewriter] chariot *m* - **4.** *(U)* ***lit*** [bearing] port *m*.

carriage clock *n* pendule *f* de voyage *(décorative)*.

carriage return *n* retour *m* chariot.

carriageway ['kærɪdʒweɪ] *n* ***UK*** chaussée *f*.

carrier ['kærɪəʳ] *n* - **1.** COMM transporteur *m* - **2.** [of disease] porteur *m*, -euse *f* - **3.** MIL : **(aircraft) ~** porte-avions *m inv* - **4.** [on bicycle] porte-bagages *m inv* - **5.** = **carrier bag**.

carrier bag *n* sac *m* (en plastique).

carrier pigeon *n* pigeon *m* voyageur.

carrion ['kærɪən] *n (U)* charogne *f*.

carrot ['kærət] *n* carotte *f*.

carry ['kærɪ] (*pt* & *pp* **-ied**) ◇ *vt* - **1.** [subj: person, wind, water] porter ; [subj: vehicle] transporter - **2.** [disease] transmettre - **3.** [responsibility] impliquer ; [consequences] entraîner ; **this offence carries a fine of £50** ce délit entraînera une amende de 50 livres - **4.** [motion, proposal] voter - **5.** [baby] attendre - **6.** MATHS retenir. ◇ *vi* [sound] porter.

◆ **carry away** *vt insep* : **to get carried away** s'enthousiasmer.

◆ **carry forward** *vt sep* FIN reporter.

◆ **carry off** *vt sep* - **1.** [plan] mener à bien - **2.** [prize] remporter.

◆ **carry on** ◇ *vt insep* continuer ; **to ~ on doing sthg** continuer à *OR* de faire qqch. ◇ *vi* - **1.** [continue] continuer ; **to ~ on with sthg** continuer qqch - **2.** ***inf*** [make a fuss] faire des histoires - **3.** ***inf*** [have a love affair] : **to ~ on with sb** avoir une liaison avec qqn.

◆ **carry out** *vt insep* [task] remplir ; [plan, order] exécuter ; [experiment] effectuer ; [investigation] mener.

◆ **carry through** *vt sep* [accomplish] réaliser.

carryall ['kærɪɔːl] *n US* fourre-tout *m inv*.

carrycot ['kærɪkɒt] *n UK* couffin *m*.

carry-on <> *n UK inf* **what a ~!** quelle histoire! <> *adj* : **~ items, ~ luggage** *OU* **bags** bagages à main.

carry-on bags *n US* bagages *mpl* à main.

carry-out, *US* **carryout** *n* plat *m* à emporter.

carsick ['kɑːˌsɪk] *adj* : **to be ~** être malade en voiture.

cart [kɑːt] <> *n* charrette *f*. <> *vt inf* traîner.

carte blanche *n* carte *f* blanche.

cartel [kɑː'tel] *n* cartel *m*.

cartilage ['kɑːtɪlɪdʒ] *n* cartilage *m*.

carton ['kɑːtn] *n* - **1.** [box] boîte *f* en carton - **2.** [of cream, yoghurt] pot *m* ; [of milk] carton *m*.

cartoon [kɑː'tuːn] *n* - **1.** [satirical drawing] dessin *m* humoristique - **2.** [comic strip] bande *f* dessinée - **3.** [film] dessin *m* animé.

cartoonist [kɑː'tuːnɪst] *n* - **1.** [of satirical drawings] dessinateur *m*, -trice *f* humoristique - **2.** [of comic strips] dessinateur *m*, -trice *f* de bandes dessinées.

cartridge ['kɑːtrɪdʒ] *n* - **1.** [for gun, pen] cartouche *f* - **2.** [for camera] chargeur *m* - **3.** [for record player] tête *f* de lecture.

cartridge paper *n* papier-cartouche *m*.

cartwheel ['kɑːtwiːl] *n* [movement] roue *f*.

carve [kɑːv] <> *vt* - **1.** [wood, stone] sculpter ; [design, name] graver - **2.** [slice - meat] découper. <> *vi* découper.

◆ **carve out** *vt sep fig* se tailler.

◆ **carve up** *vt sep fig* diviser.

carving ['kɑːvɪŋ] *n* [of wood] sculpture *f* ; [of stone] ciselure *f*.

carving knife *n* couteau *m* à découper.

car wash *n* [process] lavage *m* de voitures ; [place] station *f* de lavage de voitures.

Casablanca [ˌkæsə'blæŋkə] *n* Casablanca.

cascade [kæ'skeɪd] <> *n* [waterfall] cascade *f*. <> *vi* [water] tomber en cascade.

case [keɪs] *n* - **1.** [gen] cas *m* ; **to be the ~** être le cas ; **in ~ of** en cas de ; **in that ~** dans ce cas ; **in which ~** auquel cas ; **as** *OR* **whatever the ~ may be** selon le cas ; **a ~ in point** un bon exemple - **2.** [argument] : **~ (for/against)** arguments *mpl* (pour/contre) - **3.** LAW affaire *f*, procès *m* - **4.** [container - gen] caisse *f* ; [- for glasses etc] étui *m* - **5.** *UK* [suitcase] valise *f*.

◆ **in any case** *adv* quoi qu'il en soit, de toute façon.

◆ **in case** <> *conj* au cas où. <> *adv* : **(just) in ~** à tout hasard.

case-hardened [-'hɑːdnd] *adj* [person] endurci(e).

case history *n* MED antécédents *mpl*.

case study *n* étude *f* de cas.

cash [kæʃ] <> *n (U)* - **1.** [notes and coins] liquide *m* ; **to pay (in) ~** payer comptant *OR* en espèces - **2.** *inf* [money] sous *mpl*, fric *m* - **3.** [payment] : **~ in advance** paiement *m* à l'avance ; **~ on delivery** paiement à la livraison. <> *vt* encaisser.

◆ **cash in** *vi inf* **to ~ in on** tirer profit de.

cash and carry *n UK* libre-service *m* de gros, cash-and-carry *m*.

cashback ['kæʃbæk] *n (U)* COMM reprise *f*, argent *m* liquide *(remis à la caisse d'un magasin et débité avec les achats)*.

cashbook ['kæʃbʊk] *n* livre *m* de caisse.

cash box *n* caisse *f*.

cash card *n* carte *f* de retrait.

cash crop *n* culture *f* de rapport.

cash desk *n UK* caisse *f*.

cash discount *n* remise *f OR* rabais *m* au comptant.

cash dispenser [-dɪˌspensəʳ] *n* distributeur *m* automatique de billets.

cashew (nut) ['kæʃuː-] *n* noix *f* de cajou.

cash flow *n* marge *f* d'auto-financement, cash-flow *m*.

cashier [kæ'ʃɪəʳ] *n* caissier *m*, -ère *f*.

cashless ['kæʃlɪs] *adj* sans argent ; **~ pay system** système *m* de paiement électronique ; **~ society** société *f* de l'argent virtuel.

cash machine *n* distributeur *m* de billets.

cashmere [kæʃ'mɪəʳ] <> *n* cachemire *m*. <> *comp* en *OR* de cachemire.

cash payment *n* paiement *m* comptant, versement *m* en espèces.

cash point, **cashpoint** *n UK* - **1.** [cash dispenser] distributeur *m* (automatique de billets), DAB *m* - **2.** [shop counter] caisse *f*.

cash price *n* prix *m* comptant.

cash register *n* caisse *f* enregistreuse.

cash sale *n* vente *f* au comptant.

casing ['keɪsɪŋ] *n* revêtement *m* ; TECH boîtier *m*.

casino [kə'siːnəʊ] (*pl* **-s**) *n* casino *m*.

cask [kɑːsk] *n* tonneau *m*.

casket ['kɑːskɪt] *n* - **1.** [for jewels] coffret *m* - **2.** *US* [coffin] cercueil *m*.

Caspian Sea ['kæspɪən-] *n* : **the ~** la (mer) Caspienne.

casserole ['kæsərəʊl] *n* - **1.** [stew] ragoût *m* - **2.** [pan] cocotte *f*.

cassette [kæ'set] *n* [of magnetic tape] cassette *f* ; PHOT recharge *f*.

cassette deck *n* platine *f* à cassettes.

cassette player *n* lecteur *m* de cassettes.

cassette recorder *n* magnétophone *m* à cassettes.

cassock ['kæsək] *n* soutane *f*.

cast [kɑ:st] ◇ *n* CIN & THEAT [- actors] acteurs *mpl* ; [- list of actors] distribution *f*. ◇ *vt* (*pt* & *pp* **cast**) - **1.** [throw] jeter ; **to ~ doubt on sthg** jeter le doute sur qqch ; **to ~ a spell (on)** jeter un sort (à) - **2.** CIN & THEAT donner un rôle à - **3.** [vote] : **to ~ one's vote** voter - **4.** [metal] couler ; [statue] mouler.

◆ **cast about**, **cast around** *vi* : **to ~ about for sthg** chercher qqch.

◆ **cast aside** *vt sep fig* écarter, rejeter.

◆ **cast off** ◇ *vt sep* [old practices] se défaire de. ◇ *vi* NAUT larguer les amarres.

castanets [ˌkæstə'nets] *npl* castagnettes *fpl*.

castaway ['kɑ:stəweɪ] *n* naufragé *m*, -e *f*.

caste [kɑ:st] *n* caste *f*.

caster ['kɑ:stə^r] *n* [wheel] roulette *f*.

caster sugar *n UK* sucre *m* en poudre.

castigate ['kæstɪgeɪt] *vt fml* châtier, punir.

casting ['kɑ:stɪŋ] *n* [for film, play] distribution *f*.

casting vote *n* voix *f* prépondérante.

cast iron *n* fonte *f*.

◆ **cast-iron** *adj* - **1.** [made of cast iron] en OR de fonte - **2.** [will] de fer ; [alibi] en béton.

castle ['kɑ:sl] *n* - **1.** [building] château *m* - **2.** CHESS tour *f*.

castoffs ['kɑ:stɒfs] *npl UK* vieilles frusques *fpl*.

castor ['kɑ:stə^r] = **caster**.

castor oil *n* huile *f* de ricin.

castor sugar = **caster sugar**.

castrate [kæ'streɪt] *vt* châtrer.

castration [kæ'streɪʃn] *n* castration *f*.

casual ['kæʒʊəl] *adj* - **1.** [relaxed, indifferent] désinvolte - **2.** [offhand] sans-gêne - **3.** [chance] fortuit(e) - **4.** [clothes] décontracté(e), sport *(inv)* - **5.** [work, worker] temporaire.

casually ['kæʒʊəlɪ] *adv* [in a relaxed manner] avec désinvolture ; **~ dressed** habillé simplement.

casualty ['kæʒjʊəltɪ] (*pl* **-ies**) *n* - **1.** [dead person] mort *m*, -e *f*, victime *f* ; [injured person] blessé *m*, -e *f* ; [of road accident] accidenté *m*, -e *f* - **2.** *UK* = **casualty department**.

casualty department *n UK* service *m* des urgences.

cat [kæt] *n* - **1.** [domestic] chat *m* ; **to be like a ~ on hot bricks** *UK* OR **on a hot tin roof** *US* être sur des charbons ardents ; **to let the ~ out of the bag** vendre la mèche ; **to put the ~ among the pigeons** *UK* jeter un pavé dans la mare ; **to rain ~s and dogs** pleuvoir des cordes ; **the ~'s whiskers** *UK* le nombril du monde - **2.** [wild] fauve *m*.

cataclysmic [ˌkætə'klɪzmɪk] *adj* catastrophique.

catacombs ['kætəku:mz] *npl* catacombes *fpl*.

Catalan ['kætəˌlæn] ◇ *adj* catalan(e). ◇ *n* - **1.** [person] Catalan *m*, -e *f* - **2.** [language] catalan *m*.

catalogue, *US* **catalog** ['kætəlɒg] ◇ *n* [gen] catalogue *m* ; [in library] fichier *m*. ◇ *vt* cataloguer.

Catalonia [ˌkætə'ləʊnɪə] *n* Catalogne *f* ; **in ~** en Catalogne.

Catalonian [ˌkætə'ləʊnɪən] ◇ *adj* catalan(e). ◇ *n* [person] Catalan *m*, -e *f*.

catalyst ['kætəlɪst] *n lit* & *fig* catalyseur *m*.

catalytic convertor, **catalytic converter** [ˌkætə'lɪtɪkkən'vɜ:tə^r] *n* pot *m* catalytique.

catamaran [ˌkætəmə'ræn] *n* catamaran *m*.

catapult ['kætəpʌlt] ◇ *n* - **1.** *UK* [hand-held] lance-pierres *m inv* - **2.** HIST [machine] catapulte *f*. ◇ *vt lit* & *fig* catapulter.

cataract ['kætərækt] *n* cataracte *f*.

catarrh [kə'tɑ:^r] *n* catarrhe *m*.

catastrophe [kə'tæstrəfɪ] *n* catastrophe *f*.

catastrophic [ˌkætə'strɒfɪk] *adj* catastrophique.

cat burglar *n UK* monte-en-l'air *m inv*.

catcall ['kætkɔ:l] *n* sifflet *m*.

catch [kætʃ] ◇ *vt* (*pt* & *pp* **caught**) - **1.** [gen] attraper ; **to ~ sight** OR **a glimpse of** apercevoir ; **to ~ sb's attention** attirer l'attention de qqn ; **to ~ sb's imagination** séduire qqn ; **to ~ the post** *UK* arriver à temps pour la levée - **2.** [discover, surprise] prendre, surprendre ; **to ~ sb doing sthg** surprendre qqn à faire qqch - **3.** [hear clearly] saisir, comprendre - **4.** [trap] : **I caught my finger in the door** je me suis pris le doigt dans la porte - **5.** [strike] frapper. ◇ *vi* (*pt* & *pp* **caught**) - **1.** [become hooked, get stuck] se prendre - **2.** [fire] prendre, partir. ◇ *n* - **1.** [of ball, thing caught] prise *f* - **2.** [fastener - of box] fermoir *m* ; [- of window] loqueteau *m* ; [- of door] loquet *m* - **3.** [snag] hic *m*, entourloupette *f*.

◆ **catch at** *vt insep* attraper, essayer d'attraper.

◆ **catch on** *vi* - **1.** [become popular] prendre - **2.** *inf* [understand] : **to ~ on (to sthg)** piger (qqch).

◆ **catch out** *vt sep UK* [trick] prendre en défaut, coincer.
◆ **catch up** ◇ *vt sep* rattraper. ◇ *vi* : **to ~ up on sthg** rattraper qqch.
◆ **catch up with** *vt insep* rattraper.

catch-22 [-twentɪ'tu:] *n* : **it's a ~ situation** on ne peut pas s'en sortir.

catch-all *adj* fourre-tout *(inv)*.

catching ['kætʃɪŋ] *adj* contagieux(euse).

catchment area ['kætʃmənt-] *n UK* [of school] secteur *m* de recrutement scolaire ; [of hospital] circonscription *f* hospitalière.

catchphrase ['kætʃfreɪz] *n* rengaine *f*.

catchword ['kætʃwɜːd] *n* slogan *m*.

catchy ['kætʃɪ] (*comp* **-ier**, *superl* **-iest**) *adj* facile à retenir, entraînant(e).

catechism ['kætəkɪzm] *n* catéchisme *m*.

categorical [ˌkætɪ'gɒrɪkl] *adj* catégorique.

categorically [ˌkætɪ'gɒrɪklɪ] *adv* catégoriquement.

categorize, *UK* **-ise** ['kætəgəraɪz] *vt* [classify] : **to ~ sb (as sthg)** cataloguer qqn (en tant que *OR* comme).

category ['kætəgərɪ] (*pl* **-ies**) *n* catégorie *f*.

cater ['keɪtə^r] *vi* [provide food] s'occuper de la nourriture, prévoir les repas.
◆ **cater for** *vt insep UK* **- 1.** [tastes, needs] pourvoir à, satisfaire ; [customers] s'adresser à **- 2.** [anticipate] prévoir.
◆ **cater to** *vt insep* satisfaire.

caterer ['keɪtərə^r] *n* traiteur *m*.

catering ['keɪtərɪŋ] *n* [trade] restauration *f*.

caterpillar ['kætəpɪlə^r] *n* chenille *f*.

caterpillar tracks *npl* chenille *f*.

cat flap *n UK* chatière *f*.

catharsis [kə'θɑːsɪs] (*pl* **-ses** [-siːz]) *n* catharsis *f*.

cathedral [kə'θiːdrəl] *n* cathédrale *f*.

catheter ['kæθɪtə^r] *n* cathéter *m*.

cathode ray tube *n* tube *m* cathodique.

Catholic ['kæθlɪk] ◇ *adj* catholique. ◇ *n* catholique *mf*.
◆ **catholic** *adj* [tastes] éclectique.

Catholicism [kə'θɒlɪsɪzm] *n* catholicisme *m*.

catkin ['kætkɪn] *n* chaton *m*.

Catseyes® ['kætsaɪz] *npl UK* catadioptres *mpl*.

catsuit ['kætsu:t] *n UK* combinaison-pantalon *f*.

catsup ['kætsəp] *n esp US* ketchup *m*.

cattle ['kætl] *npl* bétail *m*.

cattle grid *n UK* *grille incluse dans le sol empêchant le bétail mais non les véhicules de passer.*

catty ['kætɪ] (*comp* **-ier**, *superl* **-iest**) *adj inf pej* [spiteful] rosse, vache.

catwalk ['kætwɔːk] *n* passerelle *f*.

Caucasian [kɔː'keɪzjən] ◇ *adj* caucasien (enne). ◇ *n* **- 1.** GEOG Caucasien *m*, -enne *f* **- 2.** [white person] Blanc *m*, Blanche *f*.

Caucasus ['kɔːkəsəs] *n* : **the ~** le Caucase.

caucus ['kɔːkəs] *n* **- 1.** *US* POL comité *m* électoral *(d'un parti)* **- 2.** *UK* POL comité *m (d'un parti)*.

Caucus

Les *Caucuses*, aux États-Unis, sont d'immenses rassemblements politiques au cours desquels les deux partis nationaux américains choisissent leurs candidats et définissent leurs objectifs.

caught [kɔːt] *pt* & *pp* ▷ **catch**.

cauliflower ['kɒlɪˌflaʊə^r] *n* chou-fleur *m*.

causal ['kɔːzl] *adj* causal(e).

cause [kɔːz] ◇ *n* cause *f* ; **I have no ~ for complaint** je n'ai pas à me plaindre, je n'ai pas lieu de me plaindre ; **to have ~ to do sthg** avoir lieu *OR* des raisons de faire qqch ; **to ~ a sensation** faire sensation. ◇ *vt* causer ; **to ~ sb to do sthg** faire faire qqch à qqn ; **to ~ sthg to be done** faire faire qqch.

causeway ['kɔːzweɪ] *n* chaussée *f*.

caustic ['kɔːstɪk] *adj* caustique.

caustic soda *n* soude *f* caustique.

cauterize, *UK* **-ise** ['kɔːtəraɪz] *vt* MED cautériser.

caution ['kɔːʃn] ◇ *n* **- 1.** *(U)* [care] précaution *f*, prudence *f* **- 2.** [warning] avertissement *m* **- 3.** *UK* LAW réprimande *f*. ◇ *vt* **- 1.** [warn] : **to ~ sb against doing sthg** déconseiller à qqn de faire qqch **- 2.** *UK* [subj: policeman] *informer un suspect que tout ce qu'il dira peut être retenu contre lui* ; **to ~ sb for sthg** réprimander qqn pour qqch.

cautionary ['kɔːʃənərɪ] *adj* [tale] édifiant(e).

cautious ['kɔːʃəs] *adj* prudent(e).

cautiously ['kɔːʃəslɪ] *adv* avec prudence, prudemment.

cautiousness ['kɔːʃəsnɪs] *n* prudence *f*, circonspection *f*.

cavalier [ˌkævə'lɪə^r] *adj* [offhand] cavalier(ère).

cavalry ['kævlrɪ] *n* cavalerie *f*.

cave [keɪv] *n* caverne *f*, grotte *f*.

◆ **cave in** *vi* - **1.** [roof, ceiling] s'affaisser - **2.** [yield] : **to ~ in (to sthg)** capituler OR céder (devant qqch).

caveman ['keɪvmæn] (*pl* **-men** [-men]) *n* homme *m* des cavernes.

cavern ['kævən] *n* caverne *f*.

cavernous ['kævənəs] *adj* [room, building] immense.

caviar(e) ['kævɪɑːʳ] *n* caviar *m*.

caving ['keɪvɪŋ] *n* *UK* spéléologie *f* ; **to go ~** faire de la spéléologie.

cavity ['kævətɪ] (*pl* **-ies**) *n* cavité *f*.

cavity wall insulation *n* *UK* isolation *f* des murs creux.

cavort [kə'vɔːt] *vi* gambader.

cayenne (pepper) [keɪ'en-] *n* poivre *m* de cayenne.

CB *n* - **1.** (*abbr of* **citizens' band**) CB *f* - **2.** (*abbr of* **Companion of (the Order of) the Bath**) *distinction honorifique britannique*.

CBC (*abbr of* **Canadian Broadcasting Corporation**) *n office national canadien de radiodiffusion*.

CBE (*abbr of* **Companion of (the Order of) the British Empire**) *n distinction honorifique britannique*.

CBI *n see also* **Confederation of British Industry**.

CBS (*abbr of* **Columbia Broadcasting System**) *n chaîne de télévision américaine*.

cc ◇ *n* (*abbr of* **cubic centimetre**) cm^3. ◇ (*abbr of* **carbon copy**) pcc.

CC *n see also* **county council**.

CCTV *n see also* **closed circuit television**.

CD ◇ *n* (*abbr of* **compact disc**) CD *m*. ◇ - **1.** *see also* **civil defence** - **2.** (*abbr of* **Corps Diplomatique**) CD.

CD burner, **burner** *n* COMPUT graveur *m* de CD.

CDI (*abbr of* **compact disc interactive**) *n* CDI *m*.

CD player *n* lecteur *m* de CD.

Cdr. *see also* **commander**.

CD-ROM [ˌsiːdiː'rɒm] (*abbr of* **compact disc read only memory**) *n* CD-ROM *m*, CD-Rom *m*.

CDT (*abbr of* **Central Daylight Time**) *n heure d'été du centre des États-Unis*.

CD tower *n* colonne *f* (de rangement) pour CD.

CD-R [ˌsiːdiː'ɑːʳ] (*abbr of* **compact disc recordable**) *n* CD(-R) *m*.

CD-R drive [ˌsiːdiː'ɑːˌdraɪv] *n* lecteur-graveur *m* de CD.

CD-RW [ˌsiːdiːɑː'dʌbljuː] (*abbr of* **compact disc rewriteable**) *n* CD-RW *m*.

CDV (*abbr of* **compact disc video**) *n* CD vidéo *m*.

CDW *see also* **collision damage waiver**.

CE *see also* **Church of England**.

cease [siːs] *fml* ◇ *vt* cesser ; **to ~ doing** OR **to do sthg** cesser de faire qqch. ◇ *vi* cesser.

cease-fire *n* cessez-le-feu *m inv*.

ceaseless ['siːslɪs] *adj fml* incessant(e), continuel(elle).

ceaselessly ['siːslɪslɪ] *adv fml* sans arrêt OR cesse, continuellement.

cedar (tree) ['siːdəʳ-] *n* cèdre *m*.

cede [siːd] *vt* céder.

cedilla [sɪ'dɪlə] *n* cédille *f*.

CEEB (*abbr of* **College Entrance Examination Board**) *n commission d'admission dans l'enseignement supérieur aux États-Unis*.

Ceefax® ['siːfæks] *n* *UK* télétexte *m* de la BBC.

ceilidh ['keɪlɪ] *n manifestations informelles avec chants, contes et danses en Écosse et en Irlande*.

ceiling ['siːlɪŋ] *n lit & fig* plafond *m*.

celebrate ['selɪbreɪt] ◇ *vt* - **1.** [gen] célébrer, fêter - **2.** RELIG célébrer. ◇ *vi* faire la fête.

celebrated ['selɪbreɪtɪd] *adj* célèbre.

celebration [ˌselɪ'breɪʃn] *n* - **1.** *(U)* [activity, feeling] fête *f*, festivités *fpl* - **2.** [event] festivités *fpl*.

celebrity [sɪ'lebrətɪ] (*pl* **-ies**) *n* célébrité *f*.

celeriac [sɪ'lerɪæk] *n* céleri-rave *m*.

celery ['selərɪ] *n* céleri *m* (en branches).

celestial [sɪ'lestjəl] *adj* céleste.

celibacy ['selɪbəsɪ] *n* célibat *m*.

celibate ['selɪbət] *adj* célibataire.

cell [sel] *n* [gen & COMPUT] cellule *f*.

cellar ['seləʳ] *n* cave *f*.

cellist ['tʃelɪst] *n* violoncelliste *mf*.

cello ['tʃeləʊ] (*pl* **-s**) *n* violoncelle *m*.

Cellophane® ['seləfeɪn] *n* Cellophane® *f*.

cellphone ['selfəʊn], **cellular phone** ['seljʊləʳ-] *n* téléphone *m* cellulaire.

cellulite ['seljʊlaɪt] *n* cellulite *f*.

Celluloid® ['seljʊlɔɪd] *n* celluloïd® *m*.

cellulose ['seljʊləʊs] *n* cellulose *f*.

Celsius ['selsɪəs] *adj* Celsius *(inv)*.

Celt [kelt] *n* Celte *mf*.

Celtic ['keltɪk] ◇ *adj* celte. ◇ *n* [language] celte *m*.

cement [sɪ'ment] <> *n* ciment *m*. <> *vt lit & fig* cimenter.

cement mixer *n* bétonnière *f*.

cemetery ['semɪtrɪ] (*pl* **-ies**) *n* cimetière *m*.

cenotaph ['senətɑ:f] *n* cénotaphe *m*.

censor ['sensəʳ] <> *n* censeur *m*. <> *vt* censurer.

censorship ['sensəʃɪp] *n* censure *f*.

censure ['senʃəʳ] <> *n* blâme *m*, critique *f*. <> *vt* blâmer, critiquer.

census ['sensəs] (*pl* **-es** [-i:z]) *n* recensement *m*.

cent [sent] *n* **- 1.** [pour le dollar] cent *m* **- 2.** [pour l'euro] centime *m*, (euro)cent *m offic*.

centenary *UK* [sen'ti:nərɪ] (*pl* **-ies**), **centennial** *US* [sen'tenjəl] *n* centenaire *m*.

center *etc US* = **centre** *etc* .

centigrade ['sentɪgreɪd] *adj* centigrade.

centigram(me) ['sentɪgræm] *n* centigramme *m*.

centilitre *UK*, **centiliter** *US* ['sentɪˌli:təʳ] *n* centilitre *m*.

centimetre *UK*, **centimeter** *US* ['sentɪˌmi:təʳ] *n* centimètre *m*.

centipede ['sentɪpi:d] *n* mille-pattes *m inv*.

central ['sentrəl] *adj* central(e) ; **~ to** essentiel(elle) à ; **Central Europe** Europe *f* centrale.

Central African <> *adj* centrafricain(e). <> *n* Centrafricain *m*, -e *f*.

Central African Republic *n* : **the ~** la République centrafricaine ; **in the ~** en République centrafricaine.

Central America *n* Amérique *f* centrale ; **in ~** en Amérique centrale.

Central American <> *adj* centraméricain(e). <> *n* Centraméricain *m*, -e *f*.

Central Asia *n* Asie *f* centrale ; **in ~** en Asie centrale.

central government *n* l'État *m (par opposition aux pouvoirs régionaux)*.

central heating *n* chauffage *m* central.

centralization [ˌsentrəlaɪ'zeɪʃn] *n* centralisation *f*.

centralize, *UK* **-ise** ['sentrəlaɪz] *vt* centraliser.

centralized ['sentrəlaɪzd] *adj* centralisé(e).

central locking [-'lɒkɪŋ] *n* AUT verrouillage *m* centralisé.

centrally ['sentrəlɪ] *adv* centralement.

centrally heated *adj* équipé(e) du chauffage central.

central nervous system *n* système *m* nerveux central.

central processing unit *n* COMPUT unité *f* centrale (de traitement).

central reservation *n UK* AUT terre-plein *m* central.

centre *UK*, **center** *US* ['sentəʳ] <> *n* centre *m* ; **~ of attention** centre d'attraction, point *m* de mire ; **~ of gravity** centre de gravité. <> *adj* **- 1.** [middle] central(e) ; **a ~ parting** une raie au milieu **- 2.** POL du centre, centriste. <> *vt* centrer.

◆ **centre around**, **centre on** *vt insep* se concentrer sur.

centre back *UK*, **center back** *US n* FTBL arrière *m* central.

centre-fold *UK*, **center fold** *US n* [poster] photo *f* de pin-up.

centre forward *UK*, **center forward** *US n* FTBL avant-centre *m inv*.

centre half *UK*, **center half** *US n* FTBL arrière *m* central.

centrepiece *UK*, **centerpiece** *US* ['sentəpi:s] *n* **- 1.** [decoration] milieu *m* de table **- 2.** *fig* [principal element] élément *m* principal.

centre-spread *UK*, **center spread** *US n* double page *f* centrale.

centrifugal force [sentrɪ'fju:gl-] *n* force *f* centrifuge.

century ['sentʃʊrɪ] (*pl* **-ies**) *n* siècle *m*.

CEO (*abbr of* **chief executive officer**) *n US* président-directeur général *m*.

ceramic [sɪ'ræmɪk] *adj* en céramique.

◆ **ceramics** *npl* [objects] objets *mpl* en céramique.

cereal ['sɪərɪəl] *n* céréale *f*.

cerebral ['serɪbrəl] *adj* cérébral(e).

cerebral palsy *n* paralysie *f* cérébrale.

ceremonial [ˌserɪ'məʊnjəl] <> *adj* [dress] de cérémonie ; [duties] honorifique. <> *n* cérémonial *m*.

ceremonious [ˌserɪ'məʊnjəs] *adj* solennel(elle).

ceremony ['serɪmənɪ] (*pl* **-ies**) *n* **- 1.** [event] cérémonie *f* **- 2.** *(U)* [pomp, formality] cérémonies *fpl* ; **without ~** sans cérémonie ; **to stand on ~** faire des cérémonies.

cert [sɜ:t] *n UK inf* **it's a (dead)~** c'est tout ce qu'il y a de sûr, c'est couru.

cert. *see also* **certificate**.

certain ['sɜ:tn] *adj* **- 1.** [gen] certain(e) ; **he is ~ to be late** il est certain qu'il sera en retard, il sera certainement en retard ; **to be ~ of sthg/of doing sthg** être assuré de qqch/de faire qqch, être sûr de qqch/de faire qqch ; **to make ~** vérifier ; **to make ~ of** s'assurer de ; **I know for ~ that...** je suis sûr *OR* certain que... ; **to a ~ extent** jusqu'à un certain point, dans une certaine mesure - **2.** [named person] : **a ~...** un certain (une certaine)...

certainly ['sɜːtnlɪ] *adv* certainement.

certainty ['sɜːtntɪ] (*pl* **-ies**) *n* certitude *f*.

CertEd [sɜːt'ed] (*abbr of* **Certificate in Education**) *n diplôme universitaire en sciences de l'éducation.*

certifiable [ˌsɜːtɪ'faɪəbl] *adj* [mad] bon (bonne) à enfermer.

certificate [sə'tɪfɪkət] *n* certificat *m*.

certification [ˌsɜːtɪfɪ'keɪʃn] *n* certification *f*.

certified ['sɜːtɪfaɪd] *adj* [teacher] diplômé(e) ; [document] certifié(e).

certified mail *n US* envoi *m* recommandé.

certified public accountant *n US* expert-comptable *m*.

certify ['sɜːtɪfaɪ] (*pt & pp* **-ied**) *vt* - **1.** [declare true] : **to ~ (that)** certifier *OR* attester que - **2.** [give certificate to] diplômer - **3.** [declare insane] déclarer mentalement aliéné(e) ; **you should be certified!** on devrait t'enfermer!

cervical [sə'vaɪkl] *adj* [cancer] du col de l'utérus.

cervical smear *n UK* frottis *m* vaginal.

cervix ['sɜːvɪks] (*pl* **-ices** [-ɪsiːz]) *n* col *m* de l'utérus.

cesarean (section) [sɪ'zeərɪən-] *US* = **caesarean (section)**.

cessation [se'seɪʃn] *n* cessation *f*.

cesspit ['sespɪt], **cesspool** ['sespuːl] *n* fosse *f* d'aisance.

CET (*abbr of* **Central European Time**) *n heure d'Europe centrale.*

cf. (*abbr of* **confer**) cf.

c/f *see also* **carried forward**.

CFC (*abbr of* **chlorofluorocarbon**) *n* CFC *m*.

cg (*abbr of* **centigram**) cg.

CG *n see also* **coastguard**.

C & G (*abbr of* **City and Guilds**) *n diplôme britannique d'enseignement technique.*

CGA (*abbr of* **colour graphics adapter**) *n* adaptateur *m* graphique couleur CGA.

CGT *n see also* **capital gains tax**.

ch (*abbr of* **central heating**) ch. cent.

ch. (*abbr of* **chapter**) chap.

CH (*abbr of* **Companion of Honour**) *n distinction honorifique britannique.*

Chad [tʃæd] *n* Tchad *m* ; **in ~** au Tchad.

chafe [tʃeɪf] ◇ *vt* [rub] irriter. ◇ *vi* - **1.** [skin] être irrité(e) - **2.** [person] : **to ~ at** s'irriter *OR* s'énerver de.

chaff [tʃɑːf] *(U) n* balle *f*.

chaffinch ['tʃæfɪntʃ] *n* pinson *m*.

chain [tʃeɪn] ◇ *n* chaîne *f* ; **~ of events** suite *f OR* série *f* d'événements ; **~ of office** chaîne *f (insigne de la fonction de maire).* ◇ *vt* [person, animal] enchaîner ; [object] attacher avec une chaîne.

chain letter *n* chaîne *f*.

chain reaction *n* réaction *f* en chaîne.

chain saw *n* tronçonneuse *f*.

chain-smoke *vi* fumer cigarette sur cigarette.

chain-smoker *n* grand fumeur *m*, grande fumeuse *f*.

chain store *n* grand magasin *m (à succursales multiples).*

chair [tʃeəʳ] ◇ *n* - **1.** [gen] chaise *f* ; [armchair] fauteuil *m* - **2.** [university post] chaire *f* - **3.** [of meeting] présidence *f* ; **to take the ~** présider - **4.** *inf US* **the ~** la chaise électrique. ◇ *vt* [meeting] présider ; [discussion] diriger.

chairlift *n* télésiège *m*.

chairman ['tʃeəmən] (*pl* **-men** [-mən]) *n* président *m*, -e *f*.

chairmanship ['tʃeəmənʃɪp] *n* présidence *f*.

chairperson ['tʃeəˌpɜːsn] (*pl* **-s**) *n* président *m*, -e *f*.

chairwoman ['tʃeəˌwʊmən] (*pl* **-women** [-ˌwɪmɪn]) *n* présidente *f*.

chaise longue [ʃeɪz'lɒŋ] (*pl* **chaises longues** [ʃeɪz'lɒŋ]) *n* méridienne *f*.

chalet ['ʃæleɪ] *n* chalet *m*.

chalice ['tʃælɪs] *n* calice *m*.

chalk [tʃɔːk] *n* craie *f*.

◆ **by a long chalk** *adv UK* de loin.

◆ **not by a long chalk** *adv UK* loin s'en faut, loin de là.

◆ **chalk up** *vt sep* [victory, success] remporter.

chalkboard ['tʃɔːkbɔːd] *n US* tableau *m* (noir).

challenge ['tʃælɪndʒ] ◇ *n* défi *m*. ◇ *vt* - **1.** [to fight, competition] : **she ~d me to a race/a game of chess** elle m'a défié à la course/aux échecs ; **to ~ sb to do sthg** défier qqn de faire qqch - **2.** [question] mettre en question *OR* en doute.

challenger ['tʃælɪndʒəʳ] *n* challenger *m*.

challenging ['tʃælɪndʒɪŋ] *adj* - **1.** [task, job] stimulant(e) - **2.** [look, tone of voice] provocateur(trice).

chamber ['tʃeɪmbəʳ] *n* [gen] chambre *f*.

◆ **chambers** *npl* [of barrister, judge] cabinet *m*.

chambermaid ['tʃeɪmbəmeɪd] *n* femme *f* de chambre.

chamber music *n* musique *f* de chambre.

chamber of commerce *n* chambre *f* de commerce.

chamber orchestra *n* orchestre *m* de chambre.

chameleon [kə'mi:ljən] *n* caméléon *m*.

chamois[1] ['ʃæmwɑ:] (*pl* **chamois**) *n* [animal] chamois *m*.

chamois[2] ['ʃæmɪ] *n* : **~ (leather)** peau *f* de chamois.

champ [tʃæmp] ◇ *n inf* champion *m*, -onne *f*. ◇ *vi* [horse] ronger, mâchonner.

champagne [ˌʃæm'peɪn] *n* champagne *m*.

champion ['tʃæmpjən] *n* champion *m*, -onne *f*.

championship ['tʃæmpjənʃɪp] *n* championnat *m*.

chance [tʃɑ:ns] ◇ *n* - **1.** *(U)* [luck] hasard *m* ; **by ~** par hasard ; **if by any ~** si par hasard - **2.** [likelihood] chance *f* ; **she didn't stand a ~ (of doing sthg)** elle n'avait aucune chance (de faire qqch) ; **on the off ~** à tout hasard - **3.** [opportunity] occasion *f* - **4.** [risk] risque *m* ; **to take a ~** risquer le coup ; **to take a ~ on doing sthg** se risquer à faire qqch. ◇ *adj* fortuit(e), accidentel(elle). ◇ *vt* - **1.** [risk] risquer ; **to ~ it** tenter sa chance - **2.** *lit* [happen] : **to ~ to do sthg** faire qqch par hasard.

chancellor ['tʃɑ:nsələʳ] *n* - **1.** [chief minister] chancelier *m*, -ière *f* - **2.** UNIV président *m*, -e *f* honoraire.

Chancellor of the Exchequer *n UK* Chancelier *m* de l'Échiquier, ≃ ministre *m* des Finances.

chancy ['tʃɑ:nsɪ] (*comp* **-ier**, *superl* **-iest**) *adj inf* [risky] risqué(e).

chandelier [ˌʃændə'lɪəʳ] *n* lustre *m*.

change [tʃeɪndʒ] ◇ *n* - **1.** [gen] : **~ (in sb/in sthg)** changement *m* (en qqn/de qqch) ; **~ of clothes** vêtements *mpl* de rechange ; **to make a ~** changer un peu ; **for a ~** pour changer (un peu) - **2.** [money] monnaie *f*. ◇ *vt* - **1.** [gen] changer ; **to ~ sthg into sthg** changer OR transformer qqch en qqch ; **to ~ one's mind** changer d'avis - **2.** [jobs, trains, sides] changer de ; **to ~ hands** COMM changer de main - **3.** [money - into smaller units] faire la monnaie de ; [- into different currency] changer. ◇ *vi* - **1.** [gen] changer - **2.** [change clothes] se changer ; **to ~ into another pair of trousers** changer de pantalon - **3.** [be transformed] : **to ~ into** se changer en.

◆ **change over** *vi* [convert] : **to ~ over from/to** passer de/à.

changeable ['tʃeɪndʒəbl] *adj* [mood] changeable ; [weather] variable.

changed [tʃeɪndʒd] *adj* changé(e).

change machine *n* distributeur *m* de monnaie.

change of life *n* : **the ~** le retour *m* d'âge.

changeover ['tʃeɪndʒˌəʊvəʳ] *n* : **~ (to)** passage *m* (à), changement *m* (pour).

change purse *n US* porte-monnaie *m inv*.

changing ['tʃeɪndʒɪŋ] *adj* changeant(e).

changing room *n UK* SPORT vestiaire *m* ; [in shop] cabine *f* d'essayage.

channel ['tʃænl] ◇ *n* - **1.** TV chaîne *f* ; RADIO station *f* - **2.** [for irrigation] canal *m* ; [duct] conduit *m* - **3.** [on river, sea] chenal *m*. ◇ *vt* (*UK, pt & pp* **-led**, *cont* **-ling** *US, pt & pp* **-ed**, *cont* **-ing**) *lit & fig* canaliser.

◆ **Channel** *n* : **the (English) Channel** la Manche.

◆ **channels** *npl* : **to go through the proper ~s** suivre OR passer la filière.

Channel Islands *npl* : **the ~** les îles *fpl* Anglo-Normandes ; **in the ~** dans les îles Anglo-Normandes.

Channel tunnel *n* : **the ~** le tunnel sous la Manche.

chant [tʃɑ:nt] ◇ *n* chant *m*. ◇ *vt* - **1.** RELIG chanter - **2.** [words, slogan] scander. ◇ *vi* - **1.** RELIG chanter - **2.** [repeat words] scander des mots/des slogans.

chaos ['keɪɒs] *n* chaos *m*.

chaotic [keɪ'ɒtɪk] *adj* chaotique.

chap [tʃæp] *n UK inf* [man] type *m*.

chapat(t)i [tʃə'pætɪ] (*pl* **chapati(e)s**) *n* galette *f* de pain indienne.

chapel ['tʃæpl] *n* chapelle *f*.

chaperon(e) ['ʃæpərəʊn] ◇ *n* chaperon *m*. ◇ *vt* chaperonner.

chaplain ['tʃæplɪn] *n* aumônier *m*.

chapped [tʃæpt] *adj* [skin, lips] gercé(e).

chapter ['tʃæptəʳ] *n* chapitre *m*.

char [tʃɑ:ʳ] ◇ *n UK* [cleaner] femme *f* de ménage. ◇ *vt* (*pt & pp* **-red**, *cont* **-ring**) [burn] calciner. ◇ *vi* (*pt & pp* **-red**, *cont* **-ring**) *UK* [work as cleaner] faire des ménages.

character ['kærəktəʳ] *n* - **1.** [gen] caractère *m* ; **her behaviour is out of ~** ce comportement ne lui ressemble pas - **2.** [in film, book, play] personnage *m* - **3.** *inf* [eccentric] phénomène *m*, original *m*.

character code *n* COMPUT code *m* de caractère.

characteristic [ˌkærəktə'rɪstɪk] ◇ *adj* caractéristique. ◇ *n* caractéristique *f*.

characteristically [ˌkærəktəˈrɪstɪklɪ] *adv* de façon caractéristique.

characterization [ˌkærəktəraɪˈzeɪʃn] *n* caractérisation *f*.

characterize, *UK* **-ise** [ˈkærəktəraɪz] *vt* caractériser.

charade [ʃəˈrɑːd] *n* farce *f*.
◆ **charades** *n (U)* charades *fpl*.

charcoal [ˈtʃɑːkəʊl] *n* [for drawing] charbon *m* ; [for burning] charbon de bois.

chard [tʃɑːd] *n* bette *f*, blette *f*.

charge [tʃɑːdʒ] ◇ *n* **- 1.** [cost] prix *m* ; **free of ~** gratuit ; **admission ~** prix d'entrée ; **delivery ~** frais *mpl* de port **- 2.** LAW accusation *f*, inculpation *f* **- 3.** [responsibility] **: to take ~ of** se charger de ; **to be in ~ of, to have ~ of** être responsable de, s'occuper de ; **in ~** responsable **- 4.** ELEC & MIL charge *f*. ◇ *vt* **- 1.** [customer, sum] faire payer ; **they ~ £5 for admission** le prix d'entrée est 5 livres ; **how much do you ~?** vous prenez combien? ; **to ~ sthg to sb** mettre qqch sur le compte de qqn **- 2.** [suspect, criminal] **: to ~ sb (with)** accuser qqn (de) **- 3.** ELEC & MIL charger. ◇ *vi* **- 1.** [ask in payment] **: they don't ~ for delivery** ils livrent gratuitement **- 2.** [rush] se précipiter, foncer.

chargeable [ˈtʃɑːdʒəbl] *adj* **- 1.** [costs] **: ~ to** à la charge de **- 2.** [offence] qui entraîne une inculpation.

charge account *n* compte *m* crédit.

charge card *n* carte *f* de compte crédit *(auprès d'un magasin)*.

charged [tʃɑːdʒd] *adj* [emotional] chargé(e).

charge hand *n UK* chef *m* d'équipe.

charge nurse *n UK* infirmier *m*, -ère *f* en chef.

charger [ˈtʃɑːdʒəʳ] *n* **- 1.** [for batteries] chargeur *m*, -euse *f* **- 2.** *lit* [soldier's horse] cheval *m* de bataille.

charge sheet *n UK* procès-verbal *m*.

chariot [ˈtʃærɪət] *n* char *m*.

charisma [kəˈrɪzmə] *n* charisme *m*.

charismatic [ˌkærɪzˈmætɪk] *adj* charismatique.

charitable [ˈtʃærətəbl] *adj* **- 1.** [person, remark] charitable **- 2.** [organization] de charité.

charity [ˈtʃærətɪ] *(pl* **-ies***) n* charité *f*.

charlatan [ˈʃɑːlətən] *n* charlatan *m*.

charm [tʃɑːm] ◇ *n* charme *m*. ◇ *vt* charmer.

charm bracelet *n* bracelet *m* à breloques.

charmer [ˈtʃɑːməʳ] *n* charmeur *m*, -euse *f*.

charming [ˈtʃɑːmɪŋ] *adj* charmant(e).

charmingly [ˈtʃɑːmɪŋlɪ] *adv* [attractive etc] de façon charmante ; [smile, dressed] avec charme.

charred [tʃɑːd] *adj* calciné(e).

chart [tʃɑːt] ◇ *n* **- 1.** [diagram] graphique *m*, diagramme *m* **- 2.** [map] carte *f* ; **weather ~** carte *f* météorologique. ◇ *vt* **- 1.** [plot, map] porter sur une carte **- 2.** *fig* [record] retracer **- 3.** être au hit-parade *inf*.
◆ **charts** *npl* **: the ~s** le hit-parade.

charter [ˈtʃɑːtəʳ] ◇ *n* [document] charte *f*. ◇ *vt* [plane, boat] affréter.

chartered accountant [ˌtʃɑːtəd-] *n UK* expert-comptable *m*.

charter flight *n* vol *m* charter.

charter member *n US* [founder] membre *m* fondateur.

chart-topping *adj* qui est en tête du hit-parade.

chary [ˈtʃeərɪ] *(comp* **-ier**, *superl* **-iest***) adj* **: to be ~ of doing sthg** hésiter à faire qqch.

chase [tʃeɪs] ◇ *n* [pursuit] poursuite *f*, chasse *f* ; **to give ~** poursuivre. ◇ *vt* **- 1.** [pursue] poursuivre **- 2.** [drive away] chasser **- 3.** *fig* [money, jobs] faire la chasse à. ◇ *vi* **: to ~ after sb/sthg** courir après qqn/qqch.
◆ **chase up** *vt sep UK* [person, information] rechercher, faire la chasse à.

chaser [ˈtʃeɪsəʳ] *n* [drink] *verre d'alcool qu'on prend après une bière*.

chasm [ˈkæzm] *n lit & fig* abîme *m*.

chassis [ˈʃæsɪ] *(pl* **chassis***) n* châssis *m*.

chaste [tʃeɪst] *adj* chaste.

chasten [ˈtʃeɪsn] *vt* châtier.

chastise [tʃæˈstaɪz] *vt fml* [scold] punir, châtier.

chastity [ˈtʃæstətɪ] *n* chasteté *f*.

chat [tʃæt] ◇ *n* causerie *f*, bavardage *m* ; **to have a ~** causer, bavarder. ◇ *vi (pt & pp* **-ted**, *cont* **-ting***)* causer, bavarder.
◆ **chat up** *vt sep UK inf* baratiner.

chatline [ˈtʃætlaɪn] *n* [gen] réseau *m* téléphonique (payant) ; [for sexual encounters] téléphone *m* rose.

chat room *n* COMPUT forum *m* de discussion.

chat show *n UK* talk-show *m*.

chatter [ˈtʃætəʳ] ◇ *n* **- 1.** [of person] bavardage *m* **- 2.** [of animal, bird] caquetage *m*. ◇ *vi* **- 1.** [person] bavarder **- 2.** [animal, bird] jacasser, caqueter **- 3.** [teeth] **: his teeth were ~ing** il claquait des dents.

chatterbox [ˈtʃætəbɒks] *n inf* moulin *m* à paroles.

chatty [ˈtʃætɪ] *(comp* **-ier**, *superl* **-iest***) adj* [person] bavard(e) ; [letter] plein(e) de bavardages.

chauffeur ['ʃəʊfəʳ] ◇ *n* chauffeur *m*. ◇ *vt* conduire.

chauvinist ['ʃəʊvɪnɪst] *n* - **1.** [sexist] macho *m* - **2.** [nationalist] chauvin *m*, -e *f*.

chauvinistic ['ʃəʊvɪ'nɪstɪk] *adj* - **1.** [sexist] macho, machiste - **2.** [nationalistic] chauvin(e).

cheap [tʃi:p] ◇ *adj* - **1.** [inexpensive] pas cher (chère), bon marché *(inv)* - **2.** [at a reduced price - fare, rate] réduit(e) ; [- ticket] à prix réduit - **3.** [low-quality] de mauvaise qualité - **4.** [joke, comment] facile. ◇ *adv* (à) bon marché. ◇ *n* : **on the ~** pour pas cher.

cheapen ['tʃi:pn] *vt* [degrade] rabaisser.

cheaply ['tʃi:plɪ] *adv* à bon marché, pour pas cher.

cheapness ['tʃi:pnɪs] *n* - **1.** [low cost] bas prix *m* - **2.** [low quality] mauvaise qualité *f* - **3.** [of joke, comment] facilité *f*.

cheapskate ['tʃi:pskeɪt] *n inf* grigou *m*.

cheat [tʃi:t] ◇ *n* tricheur *m*, -euse *f*. ◇ *vt* tromper ; **to ~ sb out of sthg** escroquer qqch à qqn ; **to feel ~ed** se sentir lésé *OR* frustré. ◇ *vi* - **1.** [in game, exam] tricher - **2.** *inf* [be unfaithful] : **to ~ on sb** tromper qqn.

cheating ['tʃi:tɪŋ] *n* tricherie *f*.

Chechnya ['tʃetʃnɪə] *n* Tchétchénie *f*.

check [tʃek] ◇ *n* - **1.** [inspection, test] : **~ (on)** contrôle *m* (de) - **2.** [restraint] : **~ (on)** frein *m* (à), restriction *f* (sur) ; **to put a ~ on sthg** freiner qqch ; **to keep** *OR* **hold sthg in ~** [emotions] maîtriser qqch - **3.** *US* [bill] note *f* - **4.** [pattern] carreaux *mpl* - **5.** *US* = **cheque**. ◇ *vt* - **1.** [test, verify] vérifier ; [passport, ticket] contrôler - **2.** [restrain, stop] enrayer, arrêter. ◇ *vi* : **to ~ (for sthg)** vérifier (qqch) ; **to ~ on sthg** vérifier *OR* contrôler qqch.

◆ **check in** ◇ *vt sep* [luggage, coat] enregistrer. ◇ *vi* - **1.** [at hotel] signer le registre - **2.** [at airport] se présenter à l'enregistrement.

◆ **check off** *vt sep* pointer, cocher.

◆ **check out** ◇ *vt sep* - **1.** [luggage, coat] retirer - **2.** [investigate] vérifier. ◇ *vi* [from hotel] régler sa note.

◆ **check up** *vi* : **to ~ up on sb** prendre des renseignements sur qqn ; **to ~ up (on sthg)** vérifier (qqch).

checkbook *US* = **chequebook**.

checked [tʃekt] *adj* à carreaux.

checkerboard [tʃekəbɔ:d] *n US* damier.

checkered *US* = **chequered**.

checkers ['tʃekəz] *n (U) US* jeu *m* de dames.

check guarantee card *n US* carte *f* bancaire.

check-in *n* enregistrement *m*.

checking account ['tʃekɪŋ-] *n US* compte *m* courant.

checklist ['tʃeklɪst] *n* liste *f* de contrôle.

checkmate ['tʃekmeɪt] *n* échec et mat *m*.

checkout ['tʃekaʊt] *n* [in supermarket] caisse *f*.

checkpoint ['tʃekpɔɪnt] *n* [place] (poste *m* de) contrôle *m*.

checkup ['tʃekʌp] *n* MED bilan *m* de santé, check-up *m*.

Cheddar (cheese) ['tʃedəʳ-] *n* (fromage *m* de) cheddar *m*.

cheek [tʃi:k] ◇ *n* - **1.** [of face] joue *f* - **2.** *inf* [impudence] culot *m*. ◇ *vt UK inf* être insolent(e) avec.

cheekbone ['tʃi:kbəʊn] *n* pommette *f*.

cheekily ['tʃi:kɪlɪ] *adv* avec insolence.

cheekiness ['tʃi:kɪnɪs] *n* insolence *f*.

cheeky ['tʃi:kɪ] (*comp* **-ier**, *superl* **-iest**) *adj* insolent(e), effronté(e).

cheer [tʃɪəʳ] ◇ *n* [shout] acclamation *f*. ◇ *vt* - **1.** [shout for] acclamer - **2.** [gladden] réjouir. ◇ *vi* applaudir.

◆ **cheers** *excl* - **1.** [said before drinking] santé! - **2.** *UK inf* [goodbye] salut!, ciao!, tchao! - **3.** *UK inf* [thank you] merci.

◆ **cheer on** *vt sep* encourager.

◆ **cheer up** ◇ *vt sep* remonter le moral à. ◇ *vi* s'égayer.

cheerful ['tʃɪəfʊl] *adj* joyeux(euse), gai(e).

cheerfully ['tʃɪəfʊlɪ] *adv* - **1.** [joyfully] joyeusement, gaiement - **2.** [willingly] de bon gré *OR* cœur.

cheerfulness ['tʃɪəfʊlnɪs] *n* gaieté *f*.

cheering ['tʃɪərɪŋ] ◇ *adj* [news, story] réconfortant(e). ◇ *n (U)* acclamations *fpl*.

cheerio [ˌtʃɪərɪ'əʊ] *excl UK inf* au revoir!, salut!

cheerleader ['tʃɪəˌli:dəʳ] *n* majorette qui stimule l'enthousiasme des supporters des équipes sportives, surtout aux États-Unis.

cheerless ['tʃɪəlɪs] *adj* morne, triste.

cheery ['tʃɪərɪ] (*comp* **-ier**, *superl* **-iest**) *adj* joyeux(euse).

cheese [tʃi:z] *n* fromage *m*.

cheeseboard ['tʃi:zbɔ:d] *n* plateau *m* à fromage.

cheeseburger ['tʃi:zˌbɜ:gəʳ] *n* cheeseburger *m*, hamburger *m* au fromage.

cheesecake ['tʃi:zkeɪk] *n* CULIN gâteau *m* au fromage blanc, cheesecake *m*.

cheesy ['tʃi:zɪ] (*comp* **-ier**, *superl* **-iest**) *adj* [tasting of cheese] au goût de fromage.

cheetah ['tʃi:tə] *n* guépard *m*.

chef [ʃef] *n* chef *mf*.

chemical ['kemɪkl] ◇ *adj* chimique. ◇ *n* produit *m* chimique.

chemically ['kemɪklɪ] *adv* chimiquement.

chemical weapons *npl* armes *fpl* chimiques.

chemist ['kemɪst] *n* - **1.** *UK* [pharmacist] pharmacien *m*, -enne *f* ; **~'s (shop)** pharmacie *f* - **2.** [scientist] chimiste *mf*.

chemistry ['kemɪstrɪ] *n* chimie *f*.

chemotherapy [ˌki:məʊ'θerəpɪ] *n* chimiothérapie *f*.

cheque *UK*, **check** *US* [tʃek] *n* chèque *m* ; **to pay by ~** payer par chèque.

cheque account *UK*, **checking account** *US n* compte *m* chèques.

chequebook *UK*, **checkbook** *US* ['tʃekbʊk] *n* chéquier *m*, carnet *m* de chèques.

cheque card *n UK* carte *f* bancaire.

chequered *UK*, **checkered** *US* ['tʃekerd] ['tʃekəd] *adj* - **1.** [patterned] à carreaux - **2.** *fig* [career, life] mouvementé(e).

Chequers ['tʃekəz] *n résidence secondaire officielle du Premier ministre britannique.*

cherish ['tʃerɪʃ] *vt* chérir ; [hope] nourrir, caresser.

cherished ['tʃerɪʃt] *adj* cher (chère).

cherry ['tʃerɪ] (*pl* **-ies**) *n* [fruit] cerise *f* ; **~ (tree)** cerisier *m*.

cherub ['tʃerəb] (*pl* **-s** *OR* **-im** [-ɪm]) *n* chérubin *m*.

chervil ['tʃɜ:vɪl] *n* cerfeuil *m*.

Ches. (*abbr of* **Cheshire**) *comté anglais.*

chess [tʃes] *n* échecs *mpl*.

chessboard ['tʃesbɔ:d] *n* échiquier *m*.

chessman ['tʃesmæn] (*pl* **-men** [-men]) *n* pièce *f*.

chest [tʃest] *n* - **1.** ANAT poitrine *f* ; **to get sthg off one's ~** *inf* déballer ce qu'on a sur le cœur - **2.** [box] coffre *m*.

chesterfield ['tʃestəfi:ld] *n* canapé *m*.

chestnut ['tʃesnʌt] ◇ *adj* [colour] châtain (*inv*). ◇ *n* [nut] châtaigne *f* ; **~ (tree)** châtaignier *m*.

chest of drawers (*pl* **chests of drawers**) *n* commode *f*.

chesty ['tʃestɪ] (*comp* **-ier**, *superl* **-iest**) *adj* [cough] de poitrine.

chevron ['ʃevrən] *n* chevron *m*.

chew [tʃu:] ◇ *n UK* [sweet] bonbon *m* (à mâcher). ◇ *vt* mâcher.

◆ **chew over** *vt sep fig* [think over] ruminer, remâcher.

◆ **chew up** *vt sep* mâchouiller.

chewing gum ['tʃu:ɪŋ-] *n* chewing-gum *m*.

chewy [tʃu:ɪ] (*comp* **-ier**, *superl* **-iest**) *adj* [food] difficile à mâcher.

chic [ʃi:k] ◇ *adj* chic (*inv*). ◇ *n* chic *m*.

chicanery [ʃɪ'keɪnərɪ] *n (U)* chicane *f*.

chick [tʃɪk] *n* [bird] oisillon *m* ; [chicken] poussin *m*.

chicken ['tʃɪkɪn] ◇ *adj inf* [cowardly] froussard(e). ◇ *n* - **1.** [bird, food] poulet *m* ; **it's a ~ and egg situation** c'est l'histoire de la poule et de l'œuf - **2.** *inf* [coward] froussard *m*, -e *f*.

◆ **chicken out** *vi inf* se dégonfler.

chickenfeed ['tʃɪkɪnfi:d] *n (U) fig* bagatelle *f*.

chickenpox ['tʃɪkɪnpɒks] *n (U)* varicelle *f*.

chicken wire *n* grillage *m*.

chickpea ['tʃɪkpi:] *n* pois *m* chiche.

chicory ['tʃɪkərɪ] *n UK* [vegetable] endive *f*.

chide [tʃaɪd] (*pt* **chided** *OR* **chid** [tʃɪd] , *pp* **chid** *OR* **chidden** ['tʃɪdn]) *vt lit* **to ~ sb (for sthg)** réprimander qqn (à propos de qqch).

chief [tʃi:f] ◇ *adj* - **1.** [main - aim, problem] principal(e) - **2.** [head] en chef. ◇ *n* chef *m*.

chief constable *n UK* commissaire *m* de police divisionnaire.

chief executive *n* directeur général *m*, directrice générale *f*.

◆ **Chief Executive** *n US* : **the Chief Executive** le président des États-Unis.

chief justice *n* président *m* de la Cour Suprême (des États-Unis).

chiefly ['tʃi:flɪ] *adv* - **1.** [mainly] principalement - **2.** [above all] surtout.

chief of staff *n* chef *m* d'état-major.

chief superintendent *n UK* commissaire *m* de police principal.

chieftain ['tʃi:ftən] *n* chef *m*.

chiffon ['ʃɪfɒn] *n* mousseline *f*.

chihuahua [tʃɪ'wɑ:wə] *n* chihuahua *m*.

chilblain ['tʃɪlbleɪn] *n* engelure *f*.

child [tʃaɪld] (*pl* **children** ['tʃɪldrən]) *n* enfant *mf*.

childbearing ['tʃaɪldˌbeərɪŋ] *n* maternité *f*.

child benefit *n (U) UK* ≃ allocations *fpl* familiales.

childbirth ['tʃaɪldbɜ:θ] *n (U)* accouchement *m*.

childhood ['tʃaɪldhʊd] *n* enfance *f*.

childish ['tʃaɪldɪʃ] *adj pej* puéril(e), enfantin(e).

childishly ['tʃaɪldɪʃlɪ] *adv pej* de façon puérile.

childless ['tʃaɪldlɪs] *adj* sans enfants.

childlike ['tʃaɪldlaɪk] *adj* enfantin(e), d'enfant.

childminder ['tʃaɪld,maɪndəʳ] *n UK* gardienne *f* d'enfants, nourrice *f*.

child prodigy *n* enfant *mf* prodige.

childproof ['tʃaɪldpru:f] *adj* [container] *qui ne peut pas être ouvert par les enfants* ; **~ lock** verrouillage *m* de sécurité pour enfants.

children ['tʃɪldrən] *pl* ▷ **child**.

children's home *n* maison *f* d'enfants.

child support *n US* LAW pension *f* alimentaire.

Chile ['tʃɪlɪ] *n* Chili *m* ; **in ~** au Chili.

Chilean ['tʃɪlɪən] ◇ *adj* chilien(enne). ◇ *n* Chilien *m*, -enne *f*.

chili ['tʃɪlɪ] = **chilli**.

chill [tʃɪl] ◇ *adj* frais (fraîche). ◇ *n* **- 1.** [illness] coup *m* de froid **- 2.** [in temperature] : **there's a ~ in the air** le fond de l'air est frais **- 3.** [feeling of fear] frisson *m*. ◇ *vt* **- 1.** [drink, food] mettre au frais **- 2.** [person] faire frissonner. ◇ *vi* [drink, food] rafraîchir.

chilli ['tʃɪlɪ] (*pl* **-es**) *n* [vegetable] piment *m*.

chilling ['tʃɪlɪŋ] *adj* **- 1.** [very cold] glacial(e) **- 2.** [frightening] qui glace le sang.

chilli powder *n* poudre *f* de piment.

chilly ['tʃɪlɪ] (*comp* **-ier**, *superl* **-iest**) *adj* froid(e) ; **to feel ~** avoir froid ; **it's ~** il fait froid.

chime [tʃaɪm] ◇ *n* [of bell, clock] carillon *m*. ◇ *vt* [time] sonner. ◇ *vi* [bell, clock] carillonner.

chimney ['tʃɪmnɪ] *n* cheminée *f*.

chimneypot, **chimney pot** ['tʃɪmnɪpɒt] *n* mitre *f* de cheminée.

chimneysweep, **chimney sweep** ['tʃɪmnɪswi:p] *n* ramoneur *m*.

chimp(anzee) [tʃɪmp(ən'zi:)] *n* chimpanzé *m*.

chin [tʃɪn] *n* menton *m*.

china ['tʃaɪnə] ◇ *n* porcelaine *f*. ◇ *comp* en porcelaine.

China ['tʃaɪnə] *n* Chine *f* ; **in ~** en Chine ; **the People's Republic of ~** la République populaire de Chine.

china clay *n* kaolin *m*.

China Sea *n* : **the ~** la mer de Chine.

Chinatown ['tʃaɪnətaʊn] *n* quartier *m* chinois.

chinchilla [tʃɪn'tʃɪlə] *n* chinchilla *m*.

Chinese [,tʃaɪ'ni:z] ◇ *adj* chinois(e). ◇ *n* [language] chinois *m*. ◇ *npl* : **the ~** les Chinois *mpl*.

Chinese cabbage *n* chou *m* chinois.

Chinese lantern *n* lanterne *f* vénitienne.

Chinese leaves *npl UK* = **Chinese cabbage**.

chink [tʃɪŋk] ◇ *n* **- 1.** [narrow opening] fente *f* **- 2.** [sound] tintement *m*. ◇ *vi* tinter.

chinos ['tʃi:nəʊz] *npl pantalon de grosse toile beige porté à l'origine par les militaires de l'armée de l'air américaine.*

chintz [tʃɪnts] ◇ *n* chintz *m*. ◇ *comp* de chintz.

chinwag ['tʃɪnwæg] *n UK inf* **to have a ~** tailler une bavette.

chip [tʃɪp] ◇ *n* **- 1.** *UK* [fried potato] frite *f* ; *US* [potato crisp] chip *m* **- 2.** [of glass, metal] éclat *m* ; [of wood] copeau *m* **- 3.** [flaw] ébréchure *f* **- 4.** [microchip] puce *f* **- 5.** [for gambling] jeton *m* **- 6.** *phr* **when the ~s are down** en cas de coup dur ; **to have a ~ on one's shoulder** en avoir gros sur le cœur. ◇ *vt* (*pt & pp* **-ped**, *cont* **-ping**) [cup, glass] ébrécher.

◆ **chip in** *inf* ◇ *vt insep* [contribute] contribuer. ◇ *vi* **- 1.** [contribute] contribuer **- 2.** [interrupt] mettre son grain de sel.

◆ **chip off** *vt sep* enlever petit morceau par petit morceau.

chip-based [-beɪst] *adj* COMPUT à puce.

chipboard ['tʃɪpbɔ:d] *n* aggloméré *m*.

chipmunk ['tʃɪpmʌŋk] *n* tamia *m*.

chipolata [,tʃɪpə'lɑ:tə] *n* chipolata *f*.

chipped [tʃɪpt] *adj* [flawed] ébréché(e).

chippings ['tʃɪpɪŋz] *npl* [on road] gravillons *mpl* ; [of wood] copeaux *mpl* ; **'loose ~'** 'attention gravillons'.

chip shop *n UK* friterie *f*.

chiropodist [kɪ'rɒpədɪst] *n* pédicure *mf*.

chiropody [kɪ'rɒpədɪ] *n* podologie *f*.

chirp [tʃɜ:p] *vi* [bird] pépier ; [cricket] chanter.

chirpy ['tʃɜ:pɪ] (*comp* **-ier**, *superl* **-iest**) *adj* gai(e).

chisel ['tʃɪzl] ◇ *n* [for wood] ciseau *m* ; [for metal, rock] burin *m*. ◇ *vt* (*UK*, *pt & pp* **-led**, *cont* **-ling** *US*, *pt & pp* **-ed**, *cont* **-ing**) ciseler.

chit [tʃɪt] *n* [note] note *f*, reçu *m*.

chitchat ['tʃɪttʃæt] *n (U) inf* bavardage *m*.

chivalrous ['ʃɪvlrəs] *adj* chevaleresque.

chivalry ['ʃɪvlrɪ] *n (U)* **- 1.** *lit* [of knights] chevalerie *f* **- 2.** [good manners] galanterie *f*.

chives [tʃaɪvz] *npl* ciboulette *f*.

chivy, **chivvy** (*pt & pp* **-ied**) ['tʃɪvɪ] *vt inf* harceler ; **to ~ sb along** faire se dépêcher qqn.

chloride ['klɔ:raɪd] *n* chlorure *m*.

chlorinated ['klɔ:rɪneɪtɪd] *adj* chloré(e).

chlorine ['klɔ:ri:n] *n* chlore *m*.

chlorofluorocarbon ['klɔːrəʊˌflɔːrəʊ'kɑːbən] *n* chlorofluorocarbone *m*.

chloroform ['klɒrəfɔːm] *n* chloroforme *m*.

chlorophyll ['klɒrəfɪl] *n* chlorophylle *f*.

choc-ice ['tʃɒkaɪs] *n UK* Esquimau® *m*.

chock [tʃɒk] *n* cale *f*.

chock-a-block, **chock-full** *adj inf* **~ (with)** plein(e) à craquer (de).

chocolate ['tʃɒkələt] ◇ *n* chocolat *m*. ◇ *comp* au chocolat.

choice [tʃɔɪs] ◇ *n* choix *m* ; **we had no ~ but to accept** nous ne pouvions pas faire autrement que d'accepter ; **by** *OR* **from ~** par choix. ◇ *adj* de choix.

choir ['kwaɪəʳ] *n* chœur *m*.

choirboy ['kwaɪəbɔɪ] *n* jeune choriste *m*.

choke [tʃəʊk] ◇ *n* AUT starter *m*. ◇ *vt* - **1.** [strangle] étrangler, étouffer - **2.** [block] obstruer, boucher. ◇ *vi* s'étrangler.

◆ **choke back** *vt sep* [anger] étouffer ; [tears] refouler.

cholera ['kɒlərə] *n* choléra *m*.

cholesterol [kə'lestərɒl] *n* cholestérol *m*.

choose [tʃuːz] (*pt* **chose**, *pp* **chosen**) ◇ *vt* - **1.** [select] choisir ; **there's little** *OR* **not much to ~ between them** ils se valent - **2.** [decide] : **to ~ to do sthg** décider *OR* choisir de faire qqch. ◇ *vi* [select] : **to ~ (from)** choisir (parmi *OR* entre).

choos(e)y ['tʃuːzɪ] (*comp* **-ier**, *superl* **-iest**) *adj* difficile.

chop [tʃɒp] ◇ *n* - **1.** CULIN côtelette *f* - **2.** [blow] coup *m* (de hache *etc*) ; **he's for the ~** *UK fig* il va sûrement se faire saquer. ◇ *vt* (*pt & pp* **-ped**, *cont* **-ping**) - **1.** [wood] couper ; [vegetables] hacher - **2.** *inf fig* [funding, budget] réduire - **3.** *phr* **to ~ and change** changer sans cesse d'avis.

◆ **chops** *npl inf* babines *fpl*.

◆ **chop down** *vt sep* [tree] abattre.

◆ **chop up** *vt sep* couper en morceaux.

chopper ['tʃɒpəʳ] *n* - **1.** [axe] couperet *m* - **2.** *inf* [helicopter] hélico *m*.

chopping board ['tʃopɪŋ-] *n* hachoir *m*.

choppy ['tʃɒpɪ] (*comp* **-ier**, *superl* **-iest**) *adj* [sea] agité(e).

chopsticks ['tʃɒpstɪks] *npl* baguettes *fpl*.

choral ['kɔːrəl] *adj* choral(e).

chord [kɔːd] *n* MUS accord *m* ; **to strike a ~ with sb** toucher qqn.

chore [tʃɔːʳ] *n* corvée *f* ; **household ~s** travaux *mpl* ménagers.

choreographer [ˌkɒrɪ'ɒgrəfəʳ] *n* chorégraphe *mf*.

choreography [ˌkɒrɪ'ɒgrəfɪ] *n* chorégraphie *f*.

chortle ['tʃɔːtl] *vi* glousser.

chorus ['kɔːrəs] ◇ *n* - **1.** [part of song] refrain *m* - **2.** [singers] chœur *m* - **3.** *fig* [of praise, complaints] concert *m*. ◇ *vt* répondre en chœur.

chose [tʃəʊz] *pt* ⊳ **choose**.

chosen ['tʃəʊzn] *pp* ⊳ **choose**.

choux pastry [ʃuː-] *n* pâte *f* à choux.

chow [tʃaʊ] *n* [dog] chow-chow *m*.

chowder ['tʃaʊdəʳ] *n* [of fish] soupe *f* de poisson ; [of seafood] soupe aux fruits de mer.

Christ [kraɪst] ◇ *n* Christ *m*. ◇ *excl* Seigneur!, bon Dieu!

christen ['krɪsn] *vt* - **1.** [baby] baptiser - **2.** [name] nommer.

christening ['krɪsnɪŋ] ◇ *n* baptême *m*. ◇ *comp* de baptême.

Christian ['krɪstʃən] ◇ *adj* - **1.** RELIG chrétien(enne) - **2.** [kind] charitable. ◇ *n* chrétien *m*, -enne *f*.

Christianity [ˌkrɪstɪ'ænətɪ] *n* christianisme *m*.

Christian name *n* prénom *m*.

Christmas ['krɪsməs] ◇ *n* Noël *m* ; **happy** *OR* **merry ~!** joyeux Noël! ◇ *comp* de Noël.

Christmas cake *n UK* gâteau *m* de Noël.

Christmas card *n* carte *f* de Noël.

Christmas cracker *n UK* diablotin *m*.

Christmas Day *n* jour *m* de Noël.

Christmas Eve *n* veille *f* de Noël.

Christmas Island *n* l'île *f* Christmas ; **on ~** à l'île Christmas.

Christmas pudding *n UK* pudding *m* de Noël.

Christmas stocking *n* ≃ soulier *m* de Noël.

Christmastime ['krɪsməstaɪm] *n* : **at ~** à Noël.

Christmas tree *n* arbre *m* de Noël.

chrome [krəʊm], **chromium** ['krəʊmɪəm] ◇ *n* chrome *m*. ◇ *comp* chromé(e).

chromosome ['krəʊməsəʊm] *n* chromosome *m*.

chronic ['krɒnɪk] *adj* [illness, unemployment] chronique ; [liar, alcoholic] invétéré(e).

chronically ['krɒnɪklɪ] *adv* de façon chronique.

chronicle ['krɒnɪkl] ◇ *n* chronique *f*. ◇ *vt* faire la chronique de.

chronological [ˌkrɒnə'lɒdʒɪkl] *adj* chronologique.

chronologically [ˌkrɒnəˈlɒdʒɪklɪ] *adv* chronologiquement.

chronology [krəˈnɒlədʒɪ] *n* chronologie *f*.

chrysalis [ˈkrɪsəlɪs] (*pl* **-lises** [-lɪsi:z]) *n* chrysalide *f*.

chrysanthemum [krɪˈsænθəməm] (*pl* **-s**) *n* chrysanthème *m*.

chubbiness [ˈtʃʌbɪnɪs] *n* rondeur *f*.

chubby [ˈtʃʌbɪ] (*comp* **-bier**, *superl* **-biest**) *adj* [cheeks, face] joufflu(e) ; [person, hands] potelé(e).

chuck [tʃʌk] *vt inf* **- 1.** [throw] lancer, envoyer **- 2.** [job, boyfriend] laisser tomber.

◆ **chuck away**, **chuck out** *vt sep inf* jeter, balancer.

chuckle [ˈtʃʌkl] ◇ *n* petit rire *m*. ◇ *vi* glousser.

chuffed [tʃʌft] *adj UK inf* **~ (with sthg/to do sthg)** ravi(e) (de qqch/de faire qqch).

chug [tʃʌg] (*pt & pp* **-ged**, *cont* **-ging**) *vi* [train] faire teuf-teuf.

chum [tʃʌm] *n inf* copain *m*, copine *f*.

chummy [ˈtʃʌmɪ] (*comp* **-mier**, *superl* **-miest**) *adj inf* **to be ~ with sb** être copain (copine) avec qqn.

chump [tʃʌmp] *n inf* imbécile *mf*.

chunk [tʃʌŋk] *n* gros morceau *m*.

chunky [ˈtʃʌŋkɪ] (*comp* **-ier**, *superl* **-iest**) *adj* [person, furniture] trapu(e) ; [sweater, jewellery] gros (grosse).

church [tʃɜ:tʃ] *n* **- 1.** [building] église *f* ; **to go to ~** aller à l'église ; [Catholics] aller à la messe **- 2.** [organization] Église *f*.

churchgoer [ˈtʃɜ:tʃˌgəʊəʳ] *n* pratiquant *m*, -e *f*.

churchman [ˈtʃɜ:tʃmən] (*pl* **-men** [-mən]) *n* membre *m* du clergé, ecclésiastique *m*.

Church of England *n* : **the ~** l'Église d'Angleterre.

The Church of England

La religion officielle de la Grande-Bretagne est l'anglicanisme. L'Église d'Angleterre, dont le chef laïc est le souverain et le chef spirituel l'archevêque de Cantorbéry, est l'église officielle du pays.

Church of Scotland *n* : **the ~** l'Église *f* d'Écosse.

churchyard [ˈtʃɜ:tʃjɑ:d] *n* cimetière *m*.

churlish [ˈtʃɜ:lɪʃ] *adj* grossier(ère).

churn [tʃɜ:n] ◇ *n* **- 1.** [for making butter] baratte *f* **- 2.** [for milk] bidon *m*. ◇ *vt* [stir up] battre. ◇ *vi* : **my stomach was ~ing** j'avais l'estomac tout retourné.

◆ **churn out** *vt sep inf* produire en série.

◆ **churn up** *vt sep* battre.

chute [ʃu:t] *n* glissière *f* ; **rubbish ~** *UK* OR **garbage** *US* vide-ordures *m inv*.

chutney [ˈtʃʌtnɪ] *n* chutney *m*.

CI *see also* **Channel Islands**.

CIA (*abbr of* **Central Intelligence Agency**) *n* CIA *f*.

CIB (*abbr of* **Criminal Investigation Branch**) *n* *la police judiciaire américaine.*

cicada [sɪˈkɑ:də] *n* cigale *f*.

CID (*abbr of* **Criminal Investigation Department**) *n la police judiciaire britannique*.

cider [ˈsaɪdəʳ] *n UK* cidre *m* ; **hard ~** *US* cidre *m*.

CIF (*abbr of* **cost, insurance and freight**) CAF, caf.

cigar [sɪˈgɑ:ʳ] *n* cigare *m*.

cigarette, *US* **cigaret** [ˌsɪgəˈret] *n* cigarette *f*.

cigarette butt *n* mégot *m*.

cigarette end *UK* = **cigarette butt**.

cigarette holder *n* fume-cigarette *m inv*.

cigarette lighter *n* briquet *m*.

cigarette paper *n* papier *m* à cigarettes.

C-in-C *n see also* **commander-in-chief**.

cinch [sɪntʃ] *n inf* **it's a ~** c'est un jeu d'enfants.

cinder [ˈsɪndəʳ] *n* cendre *f*.

cinderblock [ˈsɪndəblɒk] *n US* parpaing *m*.

Cinderella [ˌsɪndəˈrelə] *n* Cendrillon *f*.

cine-camera [ˈsɪnɪ-] *n* caméra *f*.

cine-film [ˈsɪnɪ-] *n* film *m*.

cinema [ˈsɪnəmə] *n UK* cinéma *m*.

cinematic [ˌsɪnɪˈmætɪk] *adj* cinématographique.

cinnamon [ˈsɪnəmən] *n* cannelle *f*.

cipher [ˈsaɪfəʳ] *n* [secret writing] code *m*.

circa [ˈsɜ:kə] *prep* environ.

circle [ˈsɜ:kl] ◇ *n* **- 1.** [gen] cercle *m* ; **to come full ~** revenir à son point de départ ; **to go round in ~s** *fig* tourner en rond **- 2.** [in theatre, cinema] balcon *m*. ◇ *vt* **- 1.** [draw a circle round] entourer (d'un cercle) **- 2.** [move round] faire le tour de. ◇ *vi* [plane] tourner en rond.

circuit [ˈsɜ:kɪt] *n* **- 1.** [gen & ELEC] circuit *m* **- 2.** [lap] tour *m* ; [movement round] révolution *f*.

circuit board *n* plaquette *f* (de circuits imprimés).

circuit breaker *n* disjoncteur *m*.

circuitous [səˈkju:ɪtəs] *adj* indirect(e).

circular [ˈsɜ:kjʊləʳ] ◇ *adj* **- 1.** [gen] circulaire **- 2.** [argument] qui tourne en rond. ◇ *n* [letter] circulaire *f* ; [advertisement] prospectus *m*.

circulate ['sɜːkjʊleɪt] ◇ *vi* - **1.** [gen] circuler - **2.** [socialize] se mêler aux invités. ◇ *vt* [rumour] propager ; [document] faire circuler.

circulation [ˌsɜːkjʊ'leɪʃn] *n* - **1.** [gen] circulation *f* - **2.** PRESS tirage *m*.

circumcise ['sɜːkəmsaɪz] *vt* circoncire.

circumcision [ˌsɜːkəm'sɪʒn] *n* circoncision *f*.

circumference [sə'kʌmfərəns] *n* circonférence *f*.

circumflex ['sɜːkəmfleks] *n* : **~ (accent)** accent *m* circonflexe.

circumnavigate [ˌsɜːkəm'nævɪgeɪt] *vt* : **to ~ the world** faire le tour du monde en bateau.

circumscribe ['sɜːkəmskraɪb] *vt fml* [restrict] limiter.

circumspect ['sɜːkəmspekt] *adj* circonspect(e).

circumstances ['sɜːkəmstənsɪz] *npl* circonstances *fpl* ; **under** *OR* **in no ~** en aucun cas ; **under** *OR* **in the ~** en de telles circonstances.

circumstantial [ˌsɜːkəm'stænʃl] *adj fml* **~ evidence** preuve *f* indirecte.

circumvent [ˌsɜːkəm'vent] *vt fml* [law, rule] tourner.

circus ['sɜːkəs] *n* cirque *m*.

cirrhosis [sɪ'rəʊsɪs] *n* cirrhose *f*.

CIS (*abbr of* **Commonwealth of Independent States**) *n* CEI *f*.

cissy ['sɪsɪ] (*pl* **-ies**) *n UK inf* femmelette *f*.

cistern ['sɪstən] *n* - **1.** *UK* [inside roof] réservoir *m* d'eau - **2.** [in toilet] réservoir *m* de chasse d'eau.

citation [saɪ'teɪʃn] *n* citation *f*.

cite [saɪt] *vt* citer.

citizen ['sɪtɪzn] *n* - **1.** [of country] citoyen *m*, -enne *f* - **2.** [of town] habitant *m*, -e *f*.

Citizens' Advice Bureau *n service britannique d'information et d'aide au consommateur.*

Citizens' Band *n fréquence radio réservée au public* citizen band *f*.

citizenship ['sɪtɪznʃɪp] *n* citoyenneté *f*.

citric acid ['sɪtrɪk-] *n* acide *m* citrique.

citrus fruit ['sɪtrəs-] *n* agrume *m*.

city ['sɪtɪ] (*pl* **-ies**) *n* ville *f*, cité *f*.

◆ **City** *n UK* : **the City** la City *(quartier financier de Londres)*.

The City

La City, quartier financier de la capitale, est une circonscription administrative autonome de Londres ayant sa propre police. Le terme *the City* est souvent employé pour désigner le monde britannique de la finance.

city centre *UK*, **city center** *US n* centre-ville *m*.

city hall *n US* ≃ mairie *f*, ≃ hôtel *m* de ville.

city technology college *n UK établissement d'enseignement technique du secondaire subventionné par les entreprises.*

civic ['sɪvɪk] *adj* [leader, event] municipal(e) ; [duty, pride] civique.

civic centre *UK*, **civic center** *US n* centre *m* administratif municipal.

civics ['sɪvɪks] *n (U)* instruction *f* civique.

civil ['sɪvl] *adj* - **1.** [public] civil(e) - **2.** [polite] courtois(e), poli(e).

civil defence *UK*, **civile defense** *US n* protection *f* civile.

civil disobedience *n* résistance *f* passive à la loi.

civil engineer *n* ingénieur *m* des travaux publics.

civil engineering *n* génie *m* civil.

civilian [sɪ'vɪljən] ◇ *n* civil *m*, -e *f*. ◇ *comp* civil(e).

civility [sɪ'vɪlətɪ] *n* politesse *f*.

civilization [ˌsɪvəlaɪ'zeɪʃn] *n* civilisation *f*.

civilize, *UK* **-ise** ['sɪvɪlaɪz] *vt* civiliser.

civilized ['sɪvəlaɪzd] *adj* civilisé(e).

civil law *n* droit *m* civil.

civil liberties *npl* libertés *fpl* civiques.

civil list *n UK* liste *f* civile *(allouée à la famille royale par le Parlement britannique)*.

civil rights *npl* droits *mpl* civils.

civil servant *n* fonctionnaire *mf*.

civil service *n* fonction *f* publique.

civil war *n* guerre *f* civile.

CJD *n see also* **Creutzfeldt-Jakob disease**.

cl (*abbr of* **centilitre**) cl.

clad [klæd] *adj lit* [dressed] : **~ in** vêtu(e) de.

cladding ['klædɪŋ] *n UK* revêtement *m*.

claim [kleɪm] ◇ *n* - **1.** [for pay etc] revendication *f* ; [for expenses, insurance] demande *f* - **2.** [right] droit *m* ; **to lay ~ to sthg** revendiquer qqch - **3.** [assertion] affirmation *f*. ◇ *vt* - **1.** [ask for] réclamer - **2.** [responsibility, credit] revendiquer - **3.** [maintain] prétendre. ◇ *vi* : **to**

~ **for sthg** faire une demande d'indemnité pour qqch ; **to ~ (on one's insurance)** faire une déclaration de sinistre.

claimant ['kleɪmənt] *n* [to throne] prétendant *m*, -e *f* ; [of state benefit] demandeur *m*, -eresse *f*, requérant *m*, -e *f*.

claim form *n* [for expenses] note *f* de frais ; [for insurance] formulaire *m* de déclaration de sinistre.

clairvoyant [kleə'vɔɪənt] ◇ *adj* [person] qui a des dons de double vue. ◇ *n* voyant *m*, -e *f*.

clam [klæm] (*pt & pp* **-med**, *cont* **-ming**) *n* palourde *f*.

◆ **clam up** *vi inf* la boucler.

clamber ['klæmbəʳ] *vi* grimper.

clammy ['klæmɪ] (*comp* **-mier**, *superl* **-miest**) *adj* [skin] moite ; [weather] lourd et humide.

clamor ['klæməʳ] *US* = **clamour**.

clamorous ['klæmərəs] *adj* bruyant(e).

clamour *UK*, **clamor** *US* ['klæməʳ] ◇ *n (U)* **- 1.** [noise] cris *mpl* **- 2.** [demand] revendication *f* bruyante. ◇ *vi* : **to ~ for sthg** demander qqch à cor et à cri.

clamp [klæmp] ◇ *n* [gen] pince *f*, agrafe *f* ; [for carpentry] serre-joint *m* ; MED clamp *m*. ◇ *vt* **- 1.** [gen] serrer **- 2.** AUT poser un sabot de Denver à.

◆ **clamp down** *vi* : **to ~ down (on)** sévir (contre).

clampdown ['klæmpdaʊn] *n* : **~ (on)** répression *f* (contre).

clan [klæn] *n* clan *m*.

clandestine [klæn'destɪn] *adj* clandestin(e).

clang [klæŋ] ◇ *n* bruit *m* métallique. ◇ *vi* émettre un bruit métallique.

clanger ['klæŋəʳ] *n UK inf* gaffe *f*.

clank [klæŋk] ◇ *n* cliquetis *m*. ◇ *vi* cliqueter.

clap [klæp] ◇ *n* **- 1.** [of hands] applaudissement *m*, battement *m* (de main) **- 2.** [of thunder] coup *m*. ◇ *vt* (*pt & pp* **-ped**, *cont* **-ping**) **- 1.** [hands] : **to ~ one's hands** applaudir, taper des mains **- 2.** *inf* [place] mettre ; **to ~ eyes on sb** apercevoir qqn. ◇ *vi* (*pt & pp* **-ped**, *cont* **-ping**) applaudir, taper des mains.

clapboard ['klæpbɔːd] *n US* bardeau *m*.

clapped-out [klæpt-] *adj UK inf* déglingué(e).

clapperboard ['klæpəbɔːd] *n* claquette *f*.

clapping ['klæpɪŋ] *n (U)* applaudissements *mpl*.

claptrap ['klæptræp] *n (U) inf* sottises *fpl*.

claret ['klærət] *n* **- 1.** [wine] bordeaux *m* rouge **- 2.** [colour] bordeaux *m inv*.

clarification [ˌklærɪfɪ'keɪʃn] *n* [explanation] éclaircissement *m*, clarification *f*.

clarify ['klærɪfaɪ] (*pt & pp* **-ied**) *vt* [explain] éclaircir, clarifier.

clarinet [ˌklærə'net] *n* clarinette *f*.

clarity ['klærətɪ] *n* clarté *f*.

clash [klæʃ] ◇ *n* **- 1.** [of interests, personalities] conflit *m* **- 2.** [fight, disagreement] heurt *m*, affrontement *m* **- 3.** [noise] fracas *m*. ◇ *vi* **- 1.** [fight, disagree] se heurter **- 2.** [differ, conflict] entrer en conflit **- 3.** [coincide] : **to ~ (with sthg)** tomber en même temps (que qqch) **- 4.** [colours] jurer **- 5.** [cymbals etc] résonner.

clasp [klɑːsp] ◇ *n* [on necklace etc] fermoir *m* ; [on belt] boucle *f*. ◇ *vt* [hold tight] serrer ; **to ~ hands** se serrer la main.

class [klɑːs] ◇ *n* **- 1.** [gen] classe *f* **- 2.** [lesson] cours *m*, classe *f* **- 3.** [category] catégorie *f* ; **to be in a ~ of one's own** être d'une tout autre classe. ◇ *comp* de classe. ◇ *vt* classer.

class-conscious *adj pej* snob *(inv)*.

classic ['klæsɪk] ◇ *adj* classique. ◇ *n* classique *m*.

◆ **classics** *npl* humanités *fpl*.

classical ['klæsɪkl] *adj* classique.

classical music *n* musique *f* classique.

classification [ˌklæsɪfɪ'keɪʃn] *n* classification *f*.

classified ['klæsɪfaɪd] *adj* [information, document] classé secret (classée secrète).

classified ad *n* petite annonce *f*.

classify ['klæsɪfaɪ] (*pt & pp* **-ied**) *vt* classifier, classer.

classless ['klɑːslɪs] *adj* sans distinctions sociales.

classmate ['klɑːsmeɪt] *n* camarade *mf* de classe.

classroom ['klɑːsrʊm] *n* (salle *f* de) classe *f*.

classroom assistant *n* SCH aide-éducateur *m*, -rice *f*.

classy ['klɑːsɪ] (*comp* **-ier**, *superl* **-iest**) *adj inf* chic *(inv)*.

clatter ['klætəʳ] ◇ *n* cliquetis *m* ; [louder] fracas *m*. ◇ *vi* [metal object] cliqueter.

clause [klɔːz] *n* **- 1.** [in document] clause *f* **- 2.** GRAM proposition *f*.

claustrophobia [ˌklɔːstrə'fəʊbjə] *n* claustrophobie *f*.

claustrophobic [ˌklɔːstrə'fəʊbɪk] *adj* **- 1.** [atmosphere] qui rend claustrophobe **- 2.** [person] claustrophobe.

claw [klɔː] ◇ *n* **- 1.** [of cat, bird] griffe *f* **- 2.** [of crab, lobster] pince *f*. ◇ *vt* griffer. ◇ *vi* [person] : **to ~ at** s'agripper à.

◆ **claw back** *vt sep UK* [money] récupérer.

clay [kleɪ] *n* argile *f*.

clay pigeon shooting *n* ball-trap *m*.

clean [kli:n] ◇ *adj* - **1.** [not dirty] propre - **2.** [sheet of paper, driving licence] vierge ; [reputation] sans tache ; **to come ~ about sthg** *inf* confesser qqch - **3.** [joke] de bon goût - **4.** [smooth] net (nette). ◇ *adv* : **I ~ forgot** j'ai complètement oublié. ◇ *vt* nettoyer ; **to ~ one's teeth** se brosser *OR* laver les dents. ◇ *vi* faire le ménage. ◇ *n* : **to give sthg a ~** nettoyer qqch.

◆ **clean out** *vt sep* - **1.** [room, drawer] nettoyer à fond - **2.** *inf fig* [person] nettoyer.

◆ **clean up** ◇ *vt sep* [clear up] nettoyer. ◇ *vi inf* [make a profit] ramasser de l'argent.

cleaner ['kli:nər] *n* - **1.** [person] personne *f* qui fait le ménage ; **window ~** laveur *m*, -euse *f* de vitres - **2.** [substance] produit *m* d'entretien - **3.** [machine] appareil *m* de nettoyage - **4.** [shop] : **~'s** pressing *m*.

cleaning ['kli:nɪŋ] *n* nettoyage *m*.

cleaning lady *n* femme *f* de ménage.

cleanliness ['klenlɪnɪs] *n* propreté *f*.

cleanly ['kli:nlɪ] *adv* [cut] nettement.

cleanness ['kli:nnɪs] *n* propreté *f*.

cleanse [klenz] *vt* - **1.** [skin, wound] nettoyer - **2.** *fig* [make pure] purifier ; **to ~ sb/sthg of** délivrer qqn/qqch de.

cleanser ['klenzər] *n* [detergent] détergent *m* ; [for skin] démaquillant *m*.

clean-shaven [-'ʃeɪvn] *adj* rasé(e) de près.

cleanup ['kli:nʌp] *n* nettoyage *m*.

clear [klɪər] ◇ *adj* - **1.** [gen] clair(e) ; [glass, plastic] transparent(e) ; [difference] net (nette) ; **to make sthg ~ (to sb)** expliquer qqch clairement (à qqn) ; **to make it ~ that** préciser que ; **to make o.s. ~** bien se faire comprendre - **2.** [voice, sound] qui s'entend nettement - **3.** [road, space] libre, dégagé(e) ; **we have two ~ days to get there** on a deux jours entiers pour y aller - **4.** [not guilty] : **to have a ~ conscience** avoir la conscience tranquille. ◇ *adv* : **to stand ~** s'écarter ; **to stay ~ of sb/sthg, to steer ~ of sb/sthg** éviter qqn/qqch. ◇ *n* : **in the ~** [out of danger] hors de danger ; [free from suspicion] au-dessus de tout soupçon. ◇ *vt* - **1.** [road, path] dégager ; [table] débarrasser ; **to ~ one's throat** s'éclaircir la voix - **2.** [obstacle, fallen tree] enlever - **3.** [jump] sauter, franchir - **4.** [debt] s'acquitter de - **5.** [authorize] donner le feu vert à - **6.** LAW innocenter - **7.** [cheque] compenser. ◇ *vi* [fog, smoke] se dissiper ; [weather, sky] s'éclaircir.

◆ **clear away** *vt sep* [plates] débarrasser ; [books] enlever.

◆ **clear off** *vi UK inf* dégager.

◆ **clear out** ◇ *vt sep* [cupboard] vider ; [room] ranger. ◇ *vi inf* [leave] dégager.

◆ **clear up** ◇ *vt sep* - **1.** [tidy] ranger - **2.** [mystery, misunderstanding] éclaircir. ◇ *vi* - **1.** [weather] s'éclaircir - **2.** [tidy up] tout ranger.

clearance ['klɪərəns] *n* - **1.** [of rubbish] enlèvement *m* ; [of land] déblaiement *m* - **2.** [permission] autorisation *f* - **3.** [free space] dégagement *m*.

clearance sale *n* soldes *mpl*.

clear-cut *adj* net (nette).

clear-headed [-'hedɪd] *adj* lucide.

clearing ['klɪərɪŋ] *n* [in wood] clairière *f*.

clearing bank *n UK* banque *f* de dépôt.

clearing house *n* - **1.** [organization] bureau *m* central - **2.** [bank] chambre *f* de compensation.

clearing up *n* rangement *m*.

clearly ['klɪəlɪ] *adv* - **1.** [distinctly, lucidly] clairement - **2.** [obviously] manifestement.

clearout ['klɪəraʊt] *n esp UK inf* (grand) nettoyage *m*.

clear-sighted *adj* qui voit juste.

clearway ['klɪəweɪ] *n UK route où le stationnement n'est autorisé qu'en cas d'urgence.*

cleavage ['kli:vɪdʒ] *n* - **1.** [between breasts] décolleté *m* - **2.** [division] division *f*.

cleaver ['kli:vər] *n* couperet *m*.

clef [klef] *n* clef *f*.

cleft [kleft] *n* fente *f*.

cleft palate *n* fente *f* de la voûte du palais.

clematis ['klemətɪs] *n* clématite *f*.

clemency ['klemənsɪ] *n* clémence *f*.

clementine ['kleməntaɪn] *n* clémentine *f*.

clench [klentʃ] *vt* serrer.

clergy ['klɜ:dʒɪ] *npl* : **the ~** le clergé.

clergyman ['klɜ:dʒɪmən] (*pl* **-men** [-mən]) *n* membre *m* du clergé.

cleric ['klerɪk] *n* membre *m* du clergé.

clerical ['klerɪkl] *adj* - **1.** ADMIN de bureau - **2.** RELIG clérical(e).

clerk [*UK* klɑ:k, *US* klɜ:rk] *n* - **1.** [in office] employé *m*, -e *f* de bureau - **2.** LAW clerc *mf* - **3.** *US* [shop assistant] vendeur *m*, -euse *f*.

clever ['klevər] *adj* - **1.** [intelligent - person] intelligent(e) ; [- idea] ingénieux(euse) - **2.** [skilful] habile, adroit(e).

cleverly ['klevəlɪ] *adv* - **1.** [intelligently] intelligemment - **2.** [skilfully] habilement.

cleverness ['klevənɪs] *n* - **1.** [intelligence] intelligence *f* - **2.** [skill] habileté *f*.

cliché ['kli:ʃeɪ] *n* cliché *m*.

click [klɪk] ◇ *n* [of lock] déclic *m* ; [of tongue, heels] claquement *m*. ◇ *vt* - **1.** faire claquer - **2.** COMPUT cliquer ; **to ~ on** cliquer sur. ◇ *vi*

- **1.** [heels] claquer ; [camera] faire un déclic - **2.** *inf fig* [become clear] : **it ~ed** cela a fait tilt - **3.** COMPUT cliquer.

client ['klaɪənt] *n* client *m*, -e *f*.

clientele [ˌkli:ən'tel] *n* clientèle *f*.

cliff [klɪf] *n* falaise *f*.

cliffhanger ['klɪfˌhæŋəʳ] *n inf* épisode *m* à suspense.

climactic [klaɪ'mæktɪk] *adj* [point] culminant(e).

climate ['klaɪmɪt] *n* climat *m*.

climatic [klaɪ'mætɪk] *adj* climatique.

climax ['klaɪmæks] *n* [culmination] apogée *m*.

climb [klaɪm] ◇ *n* ascension *f*, montée *f*. ◇ *vt* [tree, rope] monter à ; [stairs] monter ; [wall, hill] escalader. ◇ *vi* - **1.** [person] monter, grimper ; **they ~ed over the fence** ils passèrent par-dessus la barrière - **2.** [plant] grimper ; [road] monter ; [plane] prendre de l'altitude - **3.** [increase] augmenter.

◆ **climb down** *vi fig* reconnaître qu'on a tort.

climb(-)down *n UK* reculade *f*.

climber ['klaɪməʳ] *n* - **1.** [person] alpiniste *mf*, grimpeur *m*, -euse *f* - **2.** [plant] plante *f* grimpante.

climbing ['klaɪmɪŋ] *n* [rock climbing] escalade *f* ; [mountain climbing] alpinisme *m*.

climbing frame *n UK* cage *f* à poules.

climes [klaɪmz] *npl* : **in sunnier ~** sous des cieux plus cléments.

clinch [klɪntʃ] *vt* [deal] conclure.

cling [klɪŋ] (*pt & pp* **clung**) *vi* - **1.** [hold tightly] : **to ~ (to)** s'accrocher (à), se cramponner (à) - **2.** [clothes] : **to ~ (to)** coller (à).

clingfilm ['klɪŋfɪlm] *n UK* film *m* alimentaire transparent.

clinging ['klɪŋɪŋ] *adj lit & fig* collant(e).

clinic ['klɪnɪk] *n* [building] centre *m* médical, clinique *f*.

clinical ['klɪnɪkl] *adj* - **1.** MED clinique - **2.** *fig* [attitude] froid(e).

clinically ['klɪnɪklɪ] *adv* MED cliniquement.

clink [klɪŋk] ◇ *n* cliquetis *m*. ◇ *vi* tinter.

clip [klɪp] ◇ *n* - **1.** [for paper] trombone *m* ; [for hair] pince *f* ; [of earring] clip *m* ; TECH collier *m* - **2.** [excerpt] extrait *m*. ◇ *vt* (*pt & pp* **-ped**, *cont* **-ping**) - **1.** [fasten] attacher - **2.** [nails] couper ; [hedge] tailler ; [newspaper cutting] découper - **3.** *inf* [hit] : **to ~ sb round the ear** flanquer une gifle à qqn.

clipboard ['klɪpbɔ:d] *n* écritoire *f* à pince.

clip-on *adj* [badge etc] à pince ; **~ earrings** clips *mpl*.

clipped [klɪpt] *adj* [voice] saccadé(e).

clippers ['klɪpəz] *npl* [for hair] tondeuse *f* ; [for nails] pince *f* à ongles ; [for hedge] cisaille *f* à haie ; [for pruning] sécateur *m*.

clipping ['klɪpɪŋ] *n US* [from newspaper] coupure *f*.

clique [kli:k] *n* clique *f*.

cloak [kləʊk] ◇ *n* - **1.** [garment] cape *f* - **2.** *fig* [for secret] couverture *f*. ◇ *vt* : **to be ~ed in** être entouré(e) de.

cloak-and-dagger *adj* : **a ~ story** un roman d'espionnage.

cloakroom ['kləʊkrʊm] *n* - **1.** [for clothes] vestiaire *m* - **2.** *UK* [toilets] toilettes *fpl*.

clobber ['klɒbəʳ] *inf* ◇ *n (U) UK* - **1.** [belongings] affaires *fpl* - **2.** [clothes] vêtements *mpl*. ◇ *vt* [hit] frapper, tabasser.

clock [klɒk] *n* - **1.** [large] horloge *f* ; [small] pendule *f* ; **(a)round the ~** [work, be open] 24 heures sur 24 ; **to put the ~ back** retarder l'horloge ; *fig* revenir en arrière ; **to put the ~ forward** avancer l'horloge - **2.** AUT [mileometer] compteur *m*.

◆ **clock in**, **clock on** *vi* [at work] pointer (*à l'arrivée*).

◆ **clock off**, **clock out** *vi* [at work] pointer (*à la sortie*).

◆ **clock up** *vt insep* [miles] faire, avaler.

clockwise ['klɒkwaɪz] *adj & adv* dans le sens des aiguilles d'une montre.

clockwork ['klɒkwɜ:k] ◇ *n* : **to go like ~** *fig* aller OR marcher comme sur des roulettes. ◇ *comp* [toy] mécanique.

clod [klɒd] *n* [of earth] motte *f*.

clog [klɒg] (*pt & pp* **-ged**, *cont* **-ging**) *vt* boucher.

◆ **clogs** *npl* sabots *mpl*.

◆ **clog up** ◇ *vt sep* boucher. ◇ *vi* se boucher.

clogged [klɒgd] *adj* bouché(e).

cloister ['klɔɪstəʳ] *n* [passage] cloître *m*.

cloistered ['klɔɪstəd] *adj* cloîtré(e).

clone [kləʊn] ◇ *n* [gen & COMPUT] clone *m*. ◇ *vt* cloner.

close[1] [kləʊs] ◇ *adj* - **1.** [near] : **~ (to)** proche (de), près (de) ; **a ~ friend** un ami intime (une amie intime) ; **~ to tears** au bord des larmes ; **~ up, ~ to** de près ; **~ by, ~ at hand** tout près ; **that was a ~ shave** OR **thing** OR **call** on l'a échappé belle - **2.** [link, resemblance] fort(e) ; [cooperation, connection] étroit(e) - **3.** [questioning] serré(e) ; [examination] minutieux(euse) ; **to keep a ~ watch on sb/sthg** surveiller qqn/qqch de près ; **to pay ~ attention** faire très attention ; **to have a ~ look at sb/sthg** regarder qqn/qqch de près - **4.** *UK* [weather] lourd(e) ; [air in room] renfermé(e)

- **5.** [result, contest, race] serré(e). <> *adv* : **~ (to)** près (de) ; **to come ~r (together)** se rapprocher. <> *n* [street] cul-de-sac *m*.

◆ **close on**, **close to** *prep* [almost] près de.

close² [kləʊz] <> *vt* - **1.** [gen] fermer ; **to ~ one's eyes** fermer les yeux - **2.** [end] clore - **3.** COMPUT fermer ; **to ~ (a window)** fermer (une fenêtre) ; **to ~ (a software)** quitter (une application). <> *vi* - **1.** [shop, bank] fermer ; [door, lid] (se) fermer - **2.** [end] se terminer, finir. <> *n* fin *f* ; **to bring sthg to a ~** mettre fin à qqch.

◆ **close down** *vt sep* & *vi* fermer.

◆ **close in** *vi* [night, fog] descendre ; [person] : **to ~ in (on)** approcher OR se rapprocher (de).

◆ **close off** *vt sep* [road] barrer.

close-cropped [ˌkləʊs-] *adj* ras(e).

closed [kləʊzd] *adj* fermé(e).

closed circuit television *n* télévision *f* en circuit fermé.

closedown ['kləʊzdaʊn] *n* - **1.** *UK* RADIO & TV fin *f* (des émissions) - **2.** [of factory] fermeture *f*.

closed shop *n atelier qui n'embauche que du personnel syndiqué.*

close-fitting [ˌkləʊs-] *adj* près du corps.

close-knit [ˌkləʊs-] *adj* (très) uni(e).

closely ['kləʊslɪ] *adv* [listen, examine, watch] de près ; [resemble] beaucoup ; **to be ~ related to** OR **with** être proche parent de ; **to work ~ with sb** travailler en étroite collaboration avec qqn.

closeness ['kləʊsnɪs] *n* - **1.** [nearness] proximité *f* - **2.** [intimacy] intimité *f*.

closeout ['kləʊzaʊt] *n US* liquidation *f*.

close quarters [ˌkləʊs-] *npl* : **at ~** de près.

close season [ˌkləʊs-] *n UK* fermeture *f* de la chasse OR de la pêche.

closet ['klɒzɪt] <> *n US* [cupboard] placard *m*. <> *adj inf* non avoué(e). <> *vt* : **to be ~ed with sb** être enfermé(e) avec qqn.

close-up ['kləʊs-] *n* gros plan *m*.

closing ['kləʊzɪŋ] *adj* [stages, remarks] final(e) ; [speech] de clôture.

closing price *n* prix *m* de clôture.

closing time ['kləʊzɪŋ-] *n* heure *f* de fermeture.

closure ['kləʊʒəʳ] *n* fermeture *f*.

clot [klɒt] <> *n* - **1.** [of blood, milk] caillot *m* - **2.** *UK inf* [fool] empoté *m*, -e *f*. <> *vi* (*pt* & *pp* **-ted**, *cont* **-ting**) [blood] coaguler.

cloth [klɒθ] *n* - **1.** *(U)* [fabric] tissu *m* - **2.** [duster] chiffon *m* ; [for drying] torchon *m*.

clothe [kləʊð] *vt fml* [dress] habiller ; **~d in** habillé(e) de.

clothes [kləʊðz] *npl* vêtements *mpl*, habits *mpl* ; **to put one's ~ on** s'habiller ; **to take one's ~ off** se déshabiller.

clothes basket *n* panier *m* à linge.

clothes brush *n* brosse *f* à habits.

clotheshorse ['kləʊðzhɔːs] *n* séchoir *m* à linge.

clothesline ['kləʊðzlaɪn] *n* corde *f* à linge.

clothes peg *UK*, **clothespin** *US* ['kləʊðzpɪn] *n* pince *f* à linge.

clothing ['kləʊðɪŋ] *n (U)* vêtements *mpl*, habits *mpl*.

clotted cream ['klɒtɪd-] *n UK crème épaisse, spécialité de la Cornouailles.*

cloud [klaʊd] <> *n* nuage *m* ; **to be under a ~** être mal vu. <> *vt* - **1.** [mirror] embuer - **2.** *fig* [memory, happiness] gâcher ; **to ~ the issue** brouiller les cartes.

◆ **cloud over** *vi* - **1.** [sky] se couvrir - **2.** [face] s'assombrir.

cloudburst ['klaʊdbɜːst] *n* trombe *f* d'eau.

cloudless ['klaʊdlɪs] *adj* sans nuages.

cloudy ['klaʊdɪ] (*comp* **-ier**, *superl* **-iest**) *adj* - **1.** [sky, day] nuageux(euse) - **2.** [liquid] trouble.

clout [klaʊt] *inf* <> *n* - **1.** [blow] coup *m* - **2.** *(U)* [influence] poids *m*, influence *f*. <> *vt* donner un coup à.

clove [kləʊv] *n* : **a ~ of garlic** une gousse d'ail.

◆ **cloves** *npl* [spice] clous *mpl* de girofle.

clover ['kləʊvəʳ] *n* trèfle *m*.

cloverleaf ['kləʊvəliːf] (*pl* **-leaves** [-liːvz]) *n* [plant] feuille *f* de trèfle.

clown [klaʊn] <> *n* - **1.** [performer] clown *mf* - **2.** [fool] pitre *m*. <> *vi* faire le pitre.

cloying ['klɔɪɪŋ] *adj* - **1.** [smell] écœurant(e) - **2.** [sentimentality] à l'eau de rose.

club [klʌb] <> *n* - **1.** [organization, place] club *m* - **2.** [weapon] massue *f* - **3.** : **(golf)~** club *m* - **4.** [playing card] trèfle *m*. <> *comp* [member, fees] du club. <> *vt* (*pt* & *pp* **-bed**, *cont* **-bing**) matraquer.

◆ **clubs** *npl* CARDS trèfle *m* ; **the six of ~s** le six de trèfle.

◆ **club together** *vi* se cotiser, *US* se cotoyer.

club car *n US* RAIL wagon-restaurant *m*.

club class *n* classe *f* club.

clubhouse ['klʌbhaʊs] (*pl* [-haʊzɪz]) *n* club *m*, pavillon *m*.

cluck [klʌk] *vi* glousser.

clue [kluː] *n* - **1.** [in crime] indice *m* ; **I haven't (got) a ~ (about)** je n'ai aucune idée (sur) - **2.** [answer] : **the ~ to sthg** la solution de qqch - **3.** [in crossword] définition *f*.

clued-up [kluːd-] *adj UK inf* calé(e).

clueless ['kluːlɪs] *adj inf* qui n'a aucune idée.

clump [klʌmp] <> *n* - **1.** [of trees, bushes] massif *m*, bouquet *m* - **2.** [sound] bruit *m* sourd. <> *vi* : **to ~ about** marcher d'un pas lourd.

clumsily ['klʌmzɪlɪ] *adv* **- 1.** [ungracefully] gauchement, maladroitement **- 2.** [tactlessly] sans tact.

clumsy ['klʌmzɪ] (*comp* **-ier**, *superl* **-iest**) *adj* **- 1.** [ungraceful] gauche, maladroit(e) **- 2.** [tool, object] peu pratique **- 3.** [tactless] sans tact.

clung [klʌŋ] *pt & pp* ⊳ **cling**.

cluster ['klʌstəʳ] ◇ *n* [group] groupe *m*. ◇ *vi* [people] se rassembler ; [buildings etc] être regroupé(e).

clutch [klʌtʃ] ◇ *n* AUT embrayage *m*. ◇ *vt* agripper. ◇ *vi* : **to ~ at** s'agripper à.
◆ **clutches** *npl* : **in the ~es of** dans les griffes de.

clutch bag *n* pochette *f*.

clutter ['klʌtəʳ] ◇ *n* désordre *m* ; **in a ~** en désordre. ◇ *vt* mettre en désordre.

cm (*abbr of* **centimetre**) *n* cm.

CNAA (*abbr of* **Council for National Academic Awards**) *n organisme non universitaire délivrant des diplômes en Grande-Bretagne.*

CND (*abbr of* **Campaign for Nuclear Disarmament**) *n mouvement pour le désarmement nucléaire.*

CNG [si:en'dʒi:] (*abbr of* **compressed natural gas**) *n* GNC.

c/o (*abbr of* **care of**) a/s.

co- [kəʊ] *prefix* co-.

Co. **- 1.** (*abbr of* **Company**) Cie **- 2.** *see also* **County**.

CO ◇ *n* **- 1.** *see also* **commanding officer** **- 2.** (*abbr of* **Commonwealth Office**) *secrétariat d'État au Commonwealth* **- 3.** *see also* **conscientious objector**. ◇ *see also* **Colorado**.

coach [kəʊtʃ] ◇ *n* **- 1.** *UK* [bus] car *m*, autocar *m* **- 2.** *UK* RAIL voiture *f* **- 3.** [horsedrawn] carrosse *m* **- 4.** SPORT entraîneur *m* **- 5.** [tutor] répétiteur *m*, -trice *f*. ◇ *vt* **- 1.** SPORT entraîner **- 2.** [tutor] donner des leçons (particulières) à.

coaching ['kəʊtʃɪŋ] *n (U)* **- 1.** SPORT entraînement *m* **- 2.** [tutoring] leçons *fpl* particulières.

coach trip *n UK* excursion *f* en autocar.

coagulate [kəʊ'ægjʊleɪt] *vi* coaguler.

coal [kəʊl] *n* charbon *m*.

coalesce [ˌkəʊə'les] *vi* s'unir.

coalface ['kəʊlfeɪs] *n* front *m* de taille.

coalfield ['kəʊlfi:ld] *n* bassin *m* houiller.

coal gas *n* gaz *m*.

coalition [ˌkəʊə'lɪʃn] *n* coalition *f*.

coalman ['kəʊlmæn] (*pl* **-men** [-men]) *n UK* charbonnier *m*.

coalmine ['kəʊlmaɪn] *n* mine *f* de charbon.

coalminer ['kəʊlˌmaɪnəʳ] *n* mineur *m*.

coalmining ['kəʊlˌmaɪnɪŋ] *n* charbonnage *m*.

coarse [kɔ:s] *adj* **- 1.** [rough - cloth] grossier(ère) ; [- hair] épais(aisse) ; [- skin] granuleux(euse) **- 2.** [vulgar] grossier(ère).

coarse fishing *n UK* pêche *f* en eau douce *(à l'exclusion du saumon)*.

coarsen ['kɔ:sn] ◇ *vt* rendre grossier(ère). ◇ *vi* devenir grossier(ère).

coast [kəʊst] ◇ *n* côte *f*. ◇ *vi* [in car, on bike] avancer en roue libre.

coastal ['kəʊstl] *adj* côtier(ère).

coaster ['kəʊstəʳ] *n* [small mat] dessous *m* de verre.

coastguard ['kəʊstgɑ:d] *n* **- 1.** [person] garde-côte *m* **- 2.** [organization] : **the ~** la gendarmerie maritime.

coastline ['kəʊstlaɪn] *n* côte *f*.

coat [kəʊt] ◇ *n* **- 1.** [garment] manteau *m* **- 2.** [of animal] pelage *m* **- 3.** [layer] couche *f*. ◇ *vt* : **to ~ sthg (with)** recouvrir qqch (de) ; [with paint etc] enduire qqch (de).

coat hanger *n* cintre *m*.

coating ['kəʊtɪŋ] *n* couche *f* ; CULIN glaçage *m*.

coat of arms (*pl* **coats of arms**) *n* blason *m*.

coauthor [kəʊ'ɔ:θəʳ] *n* co-auteur *m*.

coax [kəʊks] *vt* : **to ~ sb (to do** OR **into doing sthg)** persuader qqn (de faire qqch) à force de cajoleries.

coaxial cable [ˌkəʊ'æksɪəl-] *n* COMPUT câble *m* co-axial.

cob [kɒb] *n* ⊳ **corn**.

cobalt ['kəʊbɔ:lt] *n* cobalt *m*.

cobble ['kɒbl] ◆ **cobble together** *vt sep* [agreement, book] bricoler ; [speech] improviser.

cobbled ['kɒbld] *adj* pavé(e).

cobbler ['kɒbləʳ] *n* cordonnier *m*, -ière *f*.

cobbles ['kɒblz], **cobblestones** ['kɒblstəʊnz] *npl* pavés *mpl*.

Cobol ['kəʊbˌl] (*abbr of* **Common Business Oriented Language**) *n* COBOL *m*.

cobra ['kəʊbrə] *n* cobra *m*.

cobweb ['kɒbweb] *n* toile *f* d'araignée.

Coca-Cola® [ˌkəʊkə'kəʊlə] *n* Coca-Cola® *m inv*.

cocaine [kəʊ'keɪn] *n* cocaïne *f*.

cock [kɒk] ◇ *n* **- 1.** [male chicken] coq *m* **- 2.** [male bird] mâle *m*. ◇ *vt* **- 1.** [gun] armer **- 2.** [head] incliner.
◆ **cock up** *vt sep UK v inf* faire merder.

cock-a-hoop *adj UK inf* ravi(e).

cockatoo [ˌkɒkə'tu:] (*pl* **-s**) *n* cacatoès *m*.

cockerel ['kɒkrəl] *n* jeune coq *m*.

cocker spaniel *n* cocker *m*.

cockeyed ['kɒkaɪd] *adj inf* **- 1.** [lopsided] de travers **- 2.** [foolish] complètement fou (folle).

cockfight ['kɒfaɪt] *n* combat *m* de coqs.

cockle ['kɒkl] *n* [shellfish] coque *f*.

Cockney ['kɒknɪ] ◇ *n* (*pl* **Cockneys**) **- 1.** [person] Cockney *mf (personne issue des quartiers populaires de l'est de Londres)* **- 2.** [dialect, accent] cockney *m*. ◇ *comp* cockney *(inv)*.

cockpit ['kɒkpɪt] *n* [in plane] cockpit *m*.

cockroach ['kɒkrəʊtʃ] *n* cafard *m*.

cocksure [ˌkɒk'ʃɔːʳ] *adj* trop sûr(e) de soi.

cocktail ['kɒkteɪl] *n* cocktail *m*.

cocktail dress *n* robe *f* de soirée.

cocktail shaker [-ˌʃeɪkəʳ] *n* shaker *m*.

cocktail stick *n* bâtonnet *m* à apéritif.

cock-up *n UK v inf* **to make a ~** se planter.

cocky ['kɒkɪ] (*comp* **-ier**, *superl* **-iest**) *adj inf* suffisant(e).

cocoa ['kəʊkəʊ] *n* cacao *m*.

coconut ['kəʊkənʌt] *n* noix *f* de coco.

cocoon [kə'kuːn] ◇ *n lit & fig* cocon *m*. ◇ *vt fig* [person] couver.

cod [kɒd] (*pl* **cod**) *n* morue *f*.

COD - 1. *see also* **cash on delivery - 2.** *see also* **collect on delivery**.

code [kəʊd] ◇ *n* code *m*. ◇ *vt* coder.

coded ['kəʊdɪd] *adj* codé(e).

codeine ['kəʊdiːn] *n* codéine *f*.

code name *n* nom *m* de code.

code of practice *n* déontologie *f*.

cod-liver oil *n* huile *f* de foie de morue.

codswallop ['kɒdzˌwɒləp] *n (U) UK inf* bêtises *fpl*.

co-ed [kəʊ'ed] ◇ *adj see also* **coeducational**. ◇ *n* **- 1.** (*abbr of* **coeducational student**) *étudiante d'une université mixte américaine* **- 2.** (*abbr of* **coeducational school**) *école mixte britannique*.

coeducational [ˌkəʊedjuː'keɪʃənl] *adj* mixte.

coefficient [ˌkəʊɪ'fɪʃnt] *n* coefficient *m*.

coerce [kəʊ'ɜːs] *vt* : **to ~ sb (into doing sthg)** contraindre qqn (à faire qqch).

coercion [kəʊ'ɜːʃn] *n* coercition *f*.

coexist [ˌkəʊɪg'zɪst] *vi* coexister.

coexistence [ˌkəʊɪg'zɪstəns] *n* coexistence *f*.

C. of C. (*abbr of* **chamber of commerce**) *n* CC *f*.

C of E *see also* **Church of England**.

coffee ['kɒfɪ] *n* café *m*.

coffee bar *n UK* café *m*.

coffee beans *npl* grains *mpl* de café.

coffee break *n* pause-café *f*.

coffee cup *n* tasse *f* à café.

coffee grinder *n* moulin *m* à café.

coffee mill *n* moulin *m* à café.

coffee morning *n UK réunion matinale pour prendre le café.*

coffeepot ['kɒfɪpɒt] *n* cafetière *f*.

coffee shop *n* **- 1.** *UK* [shop] café *m* **- 2.** *US* [restaurant] ≃ café-restaurant *m*.

coffee table *n* table *f* basse.

coffee-table book *n* beau livre *m*.

coffers ['kɒfəz] *npl* coffres *mpl*.

coffin ['kɒfɪn] *n* cercueil *m*.

cog [kɒg] *n* [tooth on wheel] dent *f* ; [wheel] roue *f* dentée ; **a ~ in the machine** *fig* un simple rouage.

cogent ['kəʊdʒənt] *adj* convaincant(e).

cogitate ['kɒdʒɪteɪt] *vi fml* réfléchir.

cognac ['kɒnjæk] *n* cognac *m*.

cognitive ['kɒgnɪtɪv] *adj* cognitif(ive).

cogwheel ['kɒgwiːl] *n* roue *f* dentée.

cohabit [ˌkəʊ'hæbɪt] *vi fml* cohabiter.

coherent [kəʊ'hɪərənt] *adj* cohérent(e).

coherently [kəʊ'hɪərəntlɪ] *adv* de façon cohérente.

cohesion [kəʊ'hiːʒn] *n* cohésion *f*.

cohesive [kəʊ'hiːsɪv] *adj* cohésif(ive).

cohort ['kəʊhɔːt] *n* cohorte *f*.

COHSE ['kəʊzɪ] (*abbr of* **Confederation of Health Service Employees**) *n ancien syndicat britannique des employés des services de santé.*

COI (*abbr of* **Central Office of Information**) *n service public britannique d'information en Grande-Bretagne.*

coil [kɔɪl] ◇ *n* **- 1.** [of rope etc] rouleau *m* ; [one loop] boucle *f* **- 2.** ELEC bobine *f* **- 3.** *UK* [contraceptive device] stérilet *m*. ◇ *vt* enrouler. ◇ *vi* s'enrouler.

◆ **coil up** *vt sep* enrouler.

coiled [kɔɪld] *adj* enroulé(e).

coin [kɔɪn] ◇ *n* pièce *f* (de monnaie). ◇ *vt* [word] inventer ; **to ~ a phrase** pour employer un lieu commun.

coinage ['kɔɪnɪdʒ] *n* **- 1.** *(U)* [currency] monnaie *f* **- 2.** [new word] néologisme *m*.

coin-box *n UK* cabine *f* (publique) à pièces.

coincide [ˌkəʊɪn'saɪd] *vi* coïncider.

coincidence [kəʊ'ɪnsɪdəns] *n* coïncidence *f*.

coincidental [kəʊˌɪnsɪ'dentl] *adj* de coïncidence.

coincidentally [kəʊˌɪnsɪ'dentəlɪ] *adv* par hasard.

coin-operated [-'ɒpəˌreɪtɪd] *adj* automatique.

coitus ['kəʊɪtəs] *n* coït *m*.

coke [kəʊk] *n* - **1.** [fuel] coke *m* - **2.** ***drug sl*** coco *f*, coke *f*.

Coke® [kəʊk] *n* Coca® *m*.

Col. (*abbr of* **colonel**) Col.

cola ['kəʊlə] *n* cola *m*.

COLA ['kəʊlə] (*abbr of* **cost-of-living adjustment**) *n actualisation des salaires, indemnités, etc en fonction du coût de la vie.*

colander ['kʌləndəʳ] *n* passoire *f*.

cold [kəʊld] ◇ *adj* froid(e) ; **it's ~** il fait froid ; **to be ~** avoir froid ; **to get ~** [person] avoir froid ; [hot food] refroidir. ◇ *n* - **1.** [illness] rhume *m* ; **to catch (a)~** attraper un rhume, s'enrhumer - **2.** [low temperature] froid *m*.

cold-blooded [-'blʌdɪd] *adj* - **1.** [animal] à sang-froid - **2.** ***fig*** [killer] sans pitié ; [murder] de sang-froid.

cold cream *n* cold-cream *m*.

cold cuts *npl* ***esp US*** assiette *f* anglaise.

cold feet *npl* : **to have** OR **get ~** ***inf*** avoir la trouille.

cold-hearted [-'hɑːtɪd] *adj* insensible.

coldly ['kəʊldlɪ] *adv* froidement.

coldness ['kəʊldnɪs] *n* froideur *f*.

cold shoulder *n* : **to give sb the ~** ***inf*** être froid(e) avec qqn.

cold sore *n* bouton *m* de fièvre.

cold storage *n* : **to put sthg into ~** [food] mettre qqch en chambre froide.

cold sweat *n* sueur *f* froide.

cold war *n* : **the ~** la guerre froide.

coleslaw ['kəʊlslɔː] *n* chou *m* cru mayonnaise.

colic ['kɒlɪk] *n* colique *f*.

collaborate [kə'læbəreɪt] *vi* collaborer.

collaboration [kəˌlæbə'reɪʃn] *n* collaboration *f*.

collaborative [kə'læbərətɪv] *adj* fait(e) en collaboration OR en commun.

collaborator [kə'læbəreɪtəʳ] *n* collaborateur *m*, -trice *f*.

collage ['kɒlɑːʒ] *n* collage *m*.

collagen ['kɒlədʒən] *n* collagène *m*.

collapse [kə'læps] ◇ *n* [gen] écroulement *m*, effondrement *m* ; [of marriage] échec *m*. ◇ *vi* - **1.** [building, person] s'effondrer, s'écrouler ; [marriage] échouer - **2.** [fold up] être pliant(e).

collapsible [kə'læpsəbl] *adj* pliant(e).

collar ['kɒləʳ] ◇ *n* - **1.** [on clothes] col *m* - **2.** [for dog] collier *m* - **3.** TECH collier *m*, bague *f*. ◇ *vt* ***inf*** [detain] coincer.

collarbone ['kɒləbəʊn] *n* clavicule *f*.

collate [kə'leɪt] *vt* collationner.

collateral [kɒ'lætərəl] *n (U)* nantissement *m*.

collation [kə'leɪʃn] *n* collation *f*.

colleague ['kɒliːg] *n* collègue *mf*.

collect [kə'lekt] ◇ *vt* - **1.** [gather together - gen] rassembler, recueillir ; [- wood etc] ramasser ; **to ~ o.s.** se reprendre - **2.** [as a hobby] collectionner - **3.** [go to get] aller chercher, passer prendre - **4.** [money] recueillir ; [taxes] percevoir ; **~ on delivery** ***US*** paiement à la livraison. ◇ *vi* - **1.** [crowd, people] se rassembler - **2.** [dust, leaves, dirt] s'amasser, s'accumuler - **3.** [for charity, gift] faire la quête. ◇ *adv* ***US*** TELEC : **to call (sb)~** téléphoner (à qqn) en PCV.

◆ **collect up** *vt sep* ramasser.

collectable [kə'lektəbl] ◇ *adj* prisé(e) (par les collectionneurs). ◇ *n* objet *m* prisé par les collectionneurs.

collected [kə'lektɪd] *adj* - **1.** [calm] posé(e), maître de soi - **2.** LIT : **~ works** œuvres *fpl* complètes.

collecting [kə'lektɪŋ] *n (U)* [hobby] fait *m* de collectionner.

collection [kə'lekʃn] *n* - **1.** [of objects] collection *f* - **2.** LIT recueil *m* - **3.** [of rubbish] ramassage *m* ; [of taxes] perception *f* - **4.** [of money] quête *f* - **5.** [of mail] levée *f*.

collective [kə'lektɪv] ◇ *adj* collectif(ive). ◇ *n* coopérative *f*.

collective bargaining *n (U) négociations de convention collective.*

collectively [kə'lektɪvlɪ] *adv* collectivement.

collective ownership *n* propriété *f* collective.

collector [kə'lektəʳ] *n* - **1.** [as a hobby] collectionneur *m*, -euse *f* - **2.** [of debts, rent] encaisseur *m* ; **~ of taxes** percepteur *m*.

collector's item *n* pièce *f* de collection.

college ['kɒlɪdʒ] *n* - **1.** [gen] ≃ école *f* d'enseignement (technique) supérieur - **2.** [of university] *maison communautaire d'étudiants sur un campus universitaire.*

college of education *n* ≃ institut *m* de formation de maîtres.

collide [kə'laɪd] *vi* : **to ~ (with)** entrer en collision (avec).

collie ['kɒlɪ] *n* colley *m*.

colliery ['kɒljərɪ] (*pl* **-ies**) *n* ***esp UK*** mine *f*.

collision [kə'lɪʒn] *n* - **1.** [crash] : **~ (with/between)** collision *f* (avec/entre) ; **to be on a ~ course (with)** *fig* aller au-devant de l'affrontement (avec) - **2.** *fig* [conflict] conflit *m*.

collision damage waiver *n* rachat *m* de franchise.

colloquial [kə'ləʊkwɪəl] *adj* familier(ère).

collude [kə'lu:d] *vi* : **to ~ with sb** comploter avec qqn.

collusion [kə'lu:ʒn] *n* : **in ~ with** de connivence avec.

cologne [kə'ləʊn] *n* eau *f* de cologne.

Colombia [kə'lɒmbɪə] *n* Colombie *f* ; **in ~** en Colombie.

Colombian [kə'lɒmbɪən] <> *adj* colombien(enne). <> *n* Colombien *m*, -enne *f*.

Colombo [kə'lʌmbəʊ] *n* Colombo.

colon ['kəʊlən] *n* - **1.** ANAT côlon *m* - **2.** [punctuation mark] deux-points *m inv*.

colonel ['kɜ:nl] *n* colonel *m*.

colonial [kə'ləʊnjəl] *adj* colonial(e).

colonialism [kə'ləʊnjəlɪzm] *n* colonialisme *m*.

colonist ['kɒlənɪst] *n* colon *m*.

colonize, *UK* **-ise** ['kɒlənaɪz] *vt* coloniser.

colonnade [ˌkɒlə'neɪd] *n* colonnade *f*.

colony ['kɒlənɪ] (*pl* **-ies**) *n* colonie *f*.

color *etc US* = **colour** *etc* .

Colorado [ˌkɒlə'rɑ:dəʊ] *n* Colorado *m* ; **in ~** dans le Colorado.

colorado beetle *n* doryphore *m*.

colossal [kə'lɒsl] *adj* colossal(e).

colostomy [kə'lɒstəmɪ] (*pl* **-ies**) *n* colostomie *f*.

colour *UK*, **color** *US* ['kʌlər] <> *n* couleur *f* ; **in ~** en couleur. <> *adj* en couleur. <> *vt* - **1.** [food, liquid etc] colorer ; [with pen, crayon] colorier - **2.** [dye] teindre - **3.** *fig* [judgment] fausser. <> *vi* rougir.

◆ **colours** *npl* [flag, of team] couleurs *fpl*.

◆ **colour in** *vt sep* colorier.

colour bar *UK*, **color bar** *US* *n* discrimination *f* raciale.

colour barrier *n US* discrimination *f* raciale.

colour-blind *UK*, **color-blind** *US* *adj* - **1.** MED daltonien(enne) - **2.** POL & LAW non discriminatoire (*selon des critères raciaux ou de classe*).

colour-coded *UK*, **color-coded** *US* *adj* codé(e) par couleur.

coloured *UK*, **colored** *US* ['kʌləd] *adj* de couleur ; **brightly ~** de couleur vive.

colourfast *UK*, **colorfast** *US* ['kʌləfɑ:st] *adj* grand teint (*inv*).

colourful *UK*, **colorful** *US* ['kʌləfʊl] *adj* - **1.** [gen] coloré(e) - **2.** [person, area] haut(e) en couleur.

colouring *UK*, **coloring** *US* ['kʌlərɪŋ] *n* - **1.** [dye] colorant *m* - **2.** *(U)* [complexion] teint *m*.

colourless *UK*, **colorless** *US* ['kʌləlɪs] *adj* - **1.** [not coloured] sans couleur, incolore - **2.** *fig* [uninteresting] terne.

colour scheme *UK*, **color scheme** *US* *n* combinaison *f* de couleurs.

colour supplement *n UK* supplément *m* illustré.

colt [kəʊlt] *n* [young horse] poulain *m*.

column ['kɒləm] *n* - **1.** [gen] colonne *f* - **2.** PRESS [article] rubrique *f*.

columnist ['kɒləmnɪst] *n* chroniqueur *m*.

coma ['kəʊmə] *n* coma *m*.

comatose ['kəʊmətəʊs] *adj* comateux (euse).

comb [kəʊm] <> *n* [for hair] peigne *m*. <> *vt* - **1.** [hair] peigner - **2.** [search] ratisser.

combat ['kɒmbæt] <> *n* combat *m*. <> *vt* combattre.

combative ['kɒmbətɪv] *adj* combatif(ive).

combination [ˌkɒmbɪ'neɪʃn] *n* combinaison *f*.

combination lock *n* serrure *f* à combinaison.

combination therapy *n* thérapie *f* combinatoire, multithérapie *f*.

combine <> *vt* [kəm'baɪn] [gen] rassembler ; [pieces] combiner ; **to ~ sthg with sthg** [two substances] mélanger qqch avec OR à qqch ; *fig* allier qqch à qqch. <> *vi* [kəm'baɪn] COMM & POL : **to ~ (with)** fusionner (avec). <> *n* ['kɒmbaɪn] - **1.** [group] cartel *m* - **2.** = **combine harvester**.

combine (harvester) [-'hɑ:vɪstər] *n* moissonneuse-batteuse *f*.

combustible [kəm'bʌstəbl] *adj* combustible.

combustion [kəm'bʌstʃn] *n* combustion *f*.

come [kʌm] (*pt* **came**, *pp* **come**) *vi* - **1.** [move] venir ; [arrive] arriver, venir ; **the news came as a shock** la nouvelle m'a/lui a *etc* fait un choc ; **coming!** j'arrive! ; **the time has ~** le moment est venu ; **he doesn't know whether he's coming or going** *fig* il ne sait plus où il en est - **2.** [reach] : **to ~ up to** arriver à, monter jusqu'à ; **the water came up to my knees** l'eau m'arrivait aux genoux ; **to ~ down to** descendre OR tomber jusqu'à - **3.** [happen] arriver, se produire ; **~ what may** quoi qu'il arrive ; **how did you ~ to fail your exam?** comment as-tu fait pour échouer à ton examen? - **4.** [become] : **to ~ true** se réaliser ; **to ~**

undone se défaire ; to ~ unstuck se décoller - 5. [begin gradually] : to ~ to do sthg en arriver à OR en venir à faire qqch - 6. [be placed in order] venir, être placé(e) ; P ~s before Q P vient avant Q, P précède Q ; who came first? qui a été placé premier? ; she came second in the exam elle était deuxième à l'examen - 7. *v inf* [sexually] jouir - 8. *phr* ~ to think of it maintenant que j'y pense, réflexion faite.

◆ **to come** *adv* à venir ; **in (the) days/years to ~** dans les jours/années à venir.

◆ **come about** *vi* [happen] arriver, se produire.

◆ **come across** ◇ *vt insep* tomber sur, trouver par hasard. ◇ *vi* [speaker, message] faire de l'effet ; **you don't ~ across very well** tu présentes mal ; **to ~ across as being sincere** donner l'impression d'être sincère.

◆ **come along** *vi* - **1.** [arrive by chance] arriver - **2.** [improve - work] avancer ; [- student] faire des progrès ; **the project is coming along nicely** le projet avance bien - **3.** *phr* **~ along!** [expressing encouragement] allez! ; [hurry up] allez, dépêche-toi!

◆ **come apart** *vi* - **1.** [fall to pieces] tomber en morceaux - **2.** [come off] se détacher.

◆ **come at** *vt insep* [attack] attaquer.

◆ **come back** *vi* - **1.** [in talk, writing] : **to ~ back to sthg** revenir à qqch - **2.** [memory] : **to ~ back (to sb)** revenir (à qqn) - **3.** [become fashionable again] redevenir à la mode.

◆ **come by** *vt insep* - **1.** [get, obtain] trouver, dénicher - **2.** *US* [visit, drop in on] : **they came by the house** ils sont passés à la maison.

◆ **come down** *vi* - **1.** [decrease] baisser - **2.** [descend] descendre.

◆ **come down to** *vt insep* se résumer à, se réduire à.

◆ **come down with** *vt insep* [cold, flu] attraper.

◆ **come forward** *vi* se présenter.

◆ **come from** *vt insep* venir de.

◆ **come in** *vi* - **1.** [enter] entrer - **2.** [arrive, be received] arriver - **3.** [be involved] jouer un rôle ; **I don't see where I ~ in** je ne vois pas quel rôle je vais jouer.

◆ **come in for** *vt insep* [criticism] être l'objet de.

◆ **come into** *vt insep* - **1.** [inherit] hériter de - **2.** [begin to be] : **to ~ into being** prendre naissance, voir le jour ; **to ~ into sight** apparaître.

◆ **come of** *vt insep* [result from] résulter de.

◆ **come off** *vi* - **1.** [button, label] se détacher ; [stain] s'enlever - **2.** [joke, attempt] réussir - **3.** [person] : **to ~ off well/badly** bien/mal s'en tirer - **4.** *phr* **~ off it!** *inf* et puis quoi encore!, non mais sans blague!

◆ **come on** *vi* - **1.** [start] commencer, apparaître - **2.** [start working - light, heating] s'allumer - **3.** [progress, improve] avancer, faire des progrès - **4.** *phr* **~ on!** [expressing encouragement] allez! ; [hurry up] allez, dépêche-toi! ; [expressing disbelief] allons donc!

◆ **come out** *vi* - **1.** [become known] être découvert(e) - **2.** [appear - product, book, film] sortir, paraître ; [- sun, moon, stars] paraître - **3.** [in exam, race etc] finir, se classer - **4.** [go on strike] faire grève - **5.** [declare publicly] : **to ~ out for/against sthg** se déclarer pour/contre qqch - **6.** [photograph] réussir.

◆ **come out in** *vt insep* : **to ~ out in spots** avoir une éruption.

◆ **come over** *vt insep* [subj: sensation, emotion] envahir ; **I don't know what's ~ over her** je ne sais pas ce qui lui a pris.

◆ **come round** *UK*, **come around** *US vi* - **1.** [change opinion] changer d'avis - **2.** [regain consciousness] reprendre connaissance, revenir à soi - **3.** [happen] venir, revenir.

◆ **come through** ◇ *vt insep* survivre à. ◇ *vi* - **1.** [arrive] arriver - **2.** [survive] s'en tirer.

◆ **come to** ◇ *vt insep* - **1.** [reach] : **to ~ to an end** se terminer, prendre fin ; **to ~ to power** arriver au pouvoir ; **to ~ to a decision** arriver à OR prendre une décision - **2.** [amount to] s'élever à. ◇ *vi* [regain consciousness] revenir à soi, reprendre connaissance.

◆ **come under** *vt insep* - **1.** [be governed by] être soumis(e) à - **2.** [heading] se trouver sous - **3.** [suffer] : **to ~ under attack (from)** être en butte aux attaques (de).

◆ **come up** *vi* - **1.** [be mentioned] survenir - **2.** [be imminent] approcher - **3.** [happen unexpectedly] se présenter - **4.** [sun] se lever.

◆ **come up against** *vt insep* se heurter à.

◆ **come upon** *vt insep* [find] tomber sur.

◆ **come up to** *vt insep* - **1.** [approach - in space] s'approcher de ; [- in time] : **we're coming up to Christmas** Noël approche - **2.** [equal] répondre à.

◆ **come up with** *vt insep* [answer, idea] proposer.

comeback ['kʌmbæk] *n* come-back *m* ; **to make a ~** [fashion] revenir à la mode ; [actor etc] revenir à la scène.

Comecon ['kɒmɪkɒn] (*abbr of* **Council for Mutual Economic Assistance**) *n* Comecon *m.*

comedian [kə'mi:djən] *n* [comic] comique *m* ; THEAT comédien *m.*

comedienne [kə,mi:dɪ'en] *n* [comic] actrice *f* comique ; THEAT comédienne *f.*

comedown ['kʌmdaʊn] *n inf* **it was a ~ for her** elle est tombée bien bas pour faire ça.

comedy ['kɒmədɪ] (*pl* **-ies**) *n* comédie *f.*

comely ['kʌmlɪ] *adj lit* attrayant(e).

come-on *n US* **to give sb the ~** *inf* essayer d'aguicher qqn.

comet ['kɒmɪt] *n* comète *f.*

come(-)uppance [ˌkʌm'ʌpəns] *n* : **to get one's ~** *inf* recevoir ce qu'on mérite.

comfort ['kʌmfət] <> *n* - **1.** *(U)* [ease] confort *m* ; **that was too close for ~** c'était moins cinq - **2.** [luxury] commodité *f* - **3.** [solace] réconfort *m*, consolation *f*. <> *vt* réconforter, consoler.

comfortable ['kʌmftəbl] *adj* - **1.** [gen] confortable - **2.** *fig* [person - at ease, financially] à l'aise - **3.** [after operation, accident] : **he's ~** son état est stationnaire.

comfortably ['kʌmftəblɪ] *adv* - **1.** [sit, sleep] confortablement - **2.** [without financial difficulty] à l'aise ; **~ off** à l'aise - **3.** [win] aisément.

comforter ['kʌmfətəʳ] *n* - **1.** [person] soutien *m* moral - **2.** *US* [quilt] édredon *m*.

comforting ['kʌmfətɪŋ] *adj* [thought, words] réconfortant(e).

comfort station *n US dated* toilettes *fpl* publiques.

comfy ['kʌmfɪ] (*comp* **-ier**, *superl* **-iest**) *adj inf* confortable.

comic ['kɒmɪk] <> *adj* comique, amusant(e). <> *n* - **1.** [comedian] comique *m*, actrice *f* comique - **2.** [magazine] bande *f* dessinée.
◆ **comics** *npl US* [in newspaper] bandes *fpl* dessinées.

comical ['kɒmɪkl] *adj* comique, drôle.

comic strip *n* bande *f* dessinée.

coming ['kʌmɪŋ] <> *adj* [future] à venir, futur(e). <> *n* : **~s and goings** allées et venues *fpl*.

comma ['kɒmə] *n* virgule *f*.

command [kə'mɑ:nd] <> *n* - **1.** [order] ordre *m* - **2.** *(U)* [control] commandement *m* ; **in ~ of** MIL à la tête de ; *fig* en possession de - **3.** [of language, subject] maîtrise *f* ; **to have at one's ~** [language] maîtriser ; [resources] avoir à sa disposition - **4.** COMPUT commande *f*. <> *vt* - **1.** [order] : **to ~ sb to do sthg** ordonner *OR* commander à qqn de faire qqch - **2.** MIL [control] commander - **3.** [deserve - respect] inspirer ; [- attention, high price] mériter.

commandant [ˌkɒmən'dænt] *n* commandant *m*.

commandeer [ˌkɒmən'dɪəʳ] *vt* réquisitionner.

commander [kə'mɑ:ndəʳ] *n* - **1.** [in army] commandant *m* - **2.** [in navy] capitaine *m* de frégate.

commander-in-chief (*pl* **commanders-in-chief**) *n* commandant *m* en chef.

commanding [kə'mɑ:ndɪŋ] *adj* - **1.** [lead, position] dominant(e) - **2.** [voice, manner] impérieux(euse).

commanding officer *n* commandant *m*.

commandment [kə'mɑ:ndmənt] *n* RELIG commandement *m*.

command module *n* module *m* de commande.

commando [kə'mɑ:ndəʊ] (*pl* **-s** *OR* **-es**) *n* commando *m*.

command performance *n représentation de gala organisée à la demande d'un chef d'État.*

commemorate [kə'meməreɪt] *vt* commémorer.

commemoration [kəˌmemə'reɪʃn] *n* commémoration *f*.

commemorative [kə'memərətɪv] *adj* commémoratif(ive).

commence [kə'mens] *fml* <> *vt* commencer, entamer ; **to ~ doing sthg** commencer à faire qqch. <> *vi* commencer.

commencement [kə'mensmənt] *n fml* commencement *m*, début *m*.

commend [kə'mend] *vt* - **1.** [praise] : **to ~ sb (on** *OR* **for)** féliciter qqn (de) - **2.** [recommend] : **to ~ sthg (to sb)** recommander qqch (à qqn).

commendable [kə'mendəbl] *adj* louable.

commendation [ˌkɒmen'deɪʃn] *n* : **to get a ~ for sthg** être récompensé(e) pour qqch.

commensurate [kə'menʃərət] *adj fml* : **~ with** correspondant(e) à.

comment ['kɒment] <> *n* commentaire *m*, remarque *f* ; **no ~!** sans commentaire! <> *vt* : **to ~ that** remarquer que. <> *vi* : **to ~ (on)** faire des commentaires *OR* remarques (sur).

commentary ['kɒməntrɪ] (*pl* **-ies**) *n* commentaire *m*.

commentate ['kɒmənteɪt] *vi* RADIO & TV : **to ~ (on)** faire un reportage (sur).

commentator ['kɒmənteɪtəʳ] *n* commentateur *m*, -trice *f*.

commerce ['kɒmɜ:s] *n (U)* commerce *m*, affaires *fpl*.

commercial [kə'mɜ:ʃl] <> *adj* commercial(e). <> *n* publicité *f*, spot *m* publicitaire.

commercial bank *n* banque *f* commerciale *OR* de commerce.

commercial break *n* publicités *fpl*.

commercial college *n* école *f* de secrétariat.

commercialism [kə'mɜ:ʃəlɪzm] *n* mercantilisme *m*.

commercialize, *UK* **-ise** [kə'mɜ:ʃəlaɪz] *vt* commercialiser.

commercialized, *UK* **commercialised** [kə'mɜ:ʃəlaɪzd] *adj* commercial(e).

commercially [kə'mɜːʃəlɪ] *adv* commercialement.

commercial television *n UK* chaînes *fpl* (de télévision) privées *OR* commerciales.

commercial traveller *n UK dated* voyageur *m OR* représentant *m* de commerce.

commercial vehicle *n UK* véhicule *m* utilitaire.

commie ['kɒmɪ] *inf pej* ◇ *adj* coco. ◇ *n* coco *mf*.

commiserate [kə'mɪzəreɪt] *vi* : **to ~ with sb** témoigner de la compassion pour qqn.

commiseration [kə,mɪzə'reɪʃn] *n* compassion *f*.

commission [kə'mɪʃn] ◇ *n* - **1.** [money, investigative body] commission *f* - **2.** [order for work] commande *f*. ◇ *vt* [work] commander ; **to ~ sb to do sthg** charger qqn de faire qqch.

commissionaire [kə,mɪʃə'neəʳ] *n UK* portier *m (d'un hôtel, etc.)*.

commissioned officer [kə'mɪʃənd-] *n* officier *m*.

commissioner [kə'mɪʃnəʳ] *n* - **1.** [in police] commissaire *mf* - **2.** [commission member] membre *mf* d'une commission.

commit [kə'mɪt] (*pt & pp* **-ted**, *cont* **-ting**) *vt* - **1.** [crime, sin etc] commettre ; **to ~ suicide** se suicider - **2.** [promise - money, resources] allouer ; **to ~ o.s. (to sthg/to doing sthg)** s'engager (à qqch/à faire qqch) - **3.** [consign] : **to ~ sb to prison** faire incarcérer qqn ; **to ~ sthg to memory** apprendre qqch par cœur.

commitment [kə'mɪtmənt] *n* - **1.** *(U)* [dedication] engagement *m* - **2.** [responsibility] obligation *f*.

committed [kə'mɪtɪd] *adj* [writer, politician] engagé(e) ; [Christian] convaincu(e) ; **he's ~ to his work** il fait preuve d'engagement dans son travail.

committee [kə'mɪtɪ] *n* commission *f*, comité *m*.

commode [kə'məʊd] *n* [with chamber pot] chaise *f* percée.

commodity [kə'mɒdətɪ] (*pl* **-ies**) *n* marchandise *f*.

commodity exchange *n* bourse *f* des matières premières.

common ['kɒmən] ◇ *adj* - **1.** [frequent] courant(e) - **2.** [shared] : **~ (to)** commun(e) (à) - **3.** [ordinary] banal(e) ; **the ~ man** Monsieur *m* tout-le-monde - **4.** *UK pej* [vulgar] vulgaire. ◇ *n* [land] terrain *m* communal.

◆ **in common** *adv* en commun.

commoner ['kɒmənəʳ] *n* roturier *m*, -ère *f*.

common good *n* : **for the ~** dans l'intérêt général.

common ground *n fig* terrain *m* d'entente.

common knowledge *n* : **it is ~ that...** il est de notoriété publique que...

common land *n (U)* terrain *m* communal.

common law *n* droit *m* coutumier.

◆ **common-law** *adj* : **common-law wife** concubine *f*.

commonly ['kɒmənlɪ] *adv* [generally] d'une manière générale, généralement.

Common Market *n* : **the ~** le Marché commun.

commonplace ['kɒmənpleɪs] *adj* banal(e), ordinaire.

common room *n* [staffroom] salle *f* des professeurs ; [for students] salle commune.

Commons ['kɒmənz] *npl UK* **the ~** les Communes *fpl*, la Chambre des Communes.

common sense *n (U)* bon sens *m*.

Commonwealth ['kɒmənwelθ] *n* : **the ~** le Commonwealth.

The Commonwealth

Le *British Commonwealth of Nations*, fondé en 1931 et connu depuis 1949 sous le nom de Commonwealth, regroupe 53 États indépendants ainsi que plusieurs territoires britanniques tels que les Bermudes, les Malouines et Gibraltar. La plupart des États-membres du Commonwealth sont d'anciennes possessions de l'Empire britannique.

Commonwealth of Independent States *n* : **the ~** la Communauté des États Indépendants.

commotion [kə'məʊʃn] *n* remue-ménage *m*.

communal ['kɒmjʊnl] *adj* [kitchen, garden] commun(e) ; [life etc] communautaire, collectif(ive).

commune ◇ *n* ['kɒmju:n] communauté *f*. ◇ *vi* [kə'mju:n] : **to ~ with** communier avec.

communicate [kə'mju:nɪkeɪt] *vt & vi* communiquer.

communicating [kə'mju:nɪkeɪtɪŋ] *adj* [rooms] communicant(e) ; **~ door** porte *f* de communication.

communication [kə,mju:nɪ'keɪʃn] *n* contact *m* ; TELEC communication *f*.

◆ **communications** *npl* moyens *mpl* de communication.

communication cord *n UK* sonnette *f* d'alarme.

communications satellite *n* satellite *m* de communication.

communicative [kə'mju:nɪkətɪv] *adj* [talkative] communicatif(ive).

communicator [kəˈmju:nɪkeɪtəʳ] *n* : **to be a good ~** avoir le don de la communication ; **to be a bad ~** avoir des difficultés de communication.

communion [kəˈmju:njən] *n* communion *f*. ◆ **Communion** *n (U)* RELIG communion *f*.

communiqué [kəˈmju:nɪkeɪ] *n* communiqué *m*.

Communism [ˈkɒmjʊnɪzm] *n* communisme *m*.

Communist [ˈkɒmjʊnɪst] <> *adj* communiste. <> *n* communiste *mf*.

community [kəˈmju:nətɪ] (*pl* **-ies**) *n* communauté *f*.

community centre *UK*, **community center** *US n* foyer *m* municipal.

community charge *n UK* ≃ impôts *mpl* locaux.

community home *n UK* centre *m* d'éducation surveillée.

community policing *n* ≃ îlotage *m*.

community service *n (U)* travail *m* d'intérêt général.

community spirit *n* esprit *m* de communauté.

commutable [kəˈmju:təbl] *adj* LAW commuable.

commutation ticket [ˌkɒmju:ˈteɪʃn] *n US* carte *f* de transport.

commute [kəˈmju:t] <> *vt* LAW commuer. <> *vi* [to work] *faire la navette pour se rendre à son travail.*

commuter [kəˈmju:təʳ] *n personne qui fait tous les jours la navette de banlieue en ville pour se rendre à son travail.*

Comoro Islands, **Comoros Islands**, **Comoros** *npl* : **the ~** les îles *fpl* Comores ; **in the ~** aux îles Comores.

compact <> *adj* [kəmˈpækt] compact(e). <> *n* [ˈkɒmpækt] **- 1.** [for face powder] poudrier *m* **- 2.** *US* AUT : **~ (car)** petite voiture *f*. <> *vt* [kəmˈpækt] tasser, rendre compact.

compact disc *n* compact *m* (disc *m*), disque *m* compact.

compact disc player *n* lecteur *m* de disques compacts.

companion [kəmˈpænjən] *n* [person] camarade *mf* ; **travelling** *UK* OR **traveling** *US* **~** compagnon *m*, compagne *f* de voyage.

companionable [kəmˈpænjənəbl] *adj* sociable.

companionship [kəmˈpænjənʃɪp] *n* compagnie *f*.

company [ˈkʌmpənɪ] (*pl* **-ies**) *n* **- 1.** [COMM - gen] société *f* ; [- insurance, airline, shipping company] compagnie *f* **- 2.** [companionship] compagnie *f* ; **to keep sb ~** tenir compagnie à qqn ; **to part ~ (with)** se séparer (de) **- 3.** [of actors] troupe *f*.

company car *n* voiture *f* de fonction.

company director *n* directeur *m*, -trice *f*.

company secretary *n* secrétaire général *m*, secrétaire générale *f*.

comparable [ˈkɒmprəbl] *adj* : **~ (to** OR **with)** comparable (à).

comparative [kəmˈpærətɪv] *adj* **- 1.** [relative] relatif(ive) **- 2.** [study, in grammar] comparatif(ive).

comparatively [kəmˈpærətɪvlɪ] *adv* [relatively] relativement.

compare [kəmˈpeəʳ] <> *vt* : **to ~ sb/sthg (with)**, **to ~ sb/sthg (to)** comparer qqn/qqch (avec), comparer qqn/qqch (à) ; **~d with** OR **to** par rapport à. <> *vi* : **to ~ (with)** être comparable (à) ; **to ~ favourably/unfavourably with** supporter/ne pas supporter la comparaison avec.

comparison [kəmˈpærɪsn] *n* comparaison *f* ; **in ~ with** OR **to** en comparaison de, par rapport à.

compartment [kəmˈpɑ:tmənt] *n* compartiment *m*.

compartmentalize, *UK* **-ise** [ˌkɒmpɑ:tˈmentəlaɪz] *vt* compartimenter.

compass [ˈkʌmpəs] *n* [magnetic] boussole *f*. ◆ **compasses** *npl* : **(a pair of) ~es** un compas.

compassion [kəmˈpæʃn] *n* compassion *f*.

compassionate [kəmˈpæʃənət] *adj* compatissant(e).

compatibility [kəmˌpætəˈbɪlətɪ] *n* [gen & COMPUT] : **~ (with)** compatibilité *f* (avec).

compatible [kəmˈpætəbl] *adj* [gen & COMPUT] : **~ (with)** compatible (avec).

compatriot [kəmˈpætrɪət] *n* compatriote *mf*.

compel [kəmˈpel] (*pt & pp* **-led**, *cont* **-ling**) *vt* **- 1.** [force] : **to ~ sb (to do sthg)** contraindre OR obliger qqn (à faire qqch) **- 2.** [cause - sympathy, attention etc] susciter.

compelling [kəmˈpelɪŋ] *adj* [forceful] irrésistible.

compendium [kəmˈpendɪəm] (*pl* **-diums** OR **-dia** [-dɪə]) *n* [book] abrégé *m*.

compensate [ˈkɒmpenseɪt] <> *vt* : **to ~ sb for sthg** [financially] dédommager OR indemniser qqn de qqch. <> *vi* : **to ~ for sthg** compenser qqch.

compensation [ˌkɒmpenˈseɪʃn] *n* **- 1.** [money] : **~ (for)** dédommagement *m* (pour) **- 2.** [way of compensating] : **~ (for)** compensation *f* (pour).

compere ['kɒmpeər] *UK* <> *n* animateur *m*, -trice *f*. <> *vt* présenter, animer.

compete [kəm'pi:t] *vi* - **1.** [vie - people] : **to ~ with sb for sthg** disputer qqch à qqn ; **to ~ for sthg** se disputer qqch - **2.** COMM : **to ~ (with)** être en concurrence (avec) ; **to ~ for sthg** se faire concurrence pour qqch - **3.** [take part] être en compétition.

competence ['kɒmpɪtəns] *n (U)* [proficiency] compétence *f*, capacité *f*.

competent ['kɒmpɪtənt] *adj* compétent(e).

competently ['kɒmpɪtəntlɪ] *adv* avec compétence.

competing [kəm'pi:tɪŋ] *adj* [theories etc] opposé(e).

competition [ˌkɒmpɪ'tɪʃn] *n* - **1.** *(U)* [rivalry] rivalité *f*, concurrence *f* - **2.** *(U)* COMM concurrence *f* - **3.** [race, contest] concours *m*, compétition *f*.

competitive [kəm'petətɪv] *adj* - **1.** [person] qui a l'esprit de compétition ; [match, sport] de compétition ; **~ examination** concours *m* - **2.** [COMM - goods] compétitif(ive) ; [- manufacturer] concurrentiel(elle).

competitively [kəm'petətɪvlɪ] *adv* - **1.** [play] dans un esprit de compétition - **2.** COMM : **~ priced** à un prix compétitif.

competitor [kəm'petɪtər] *n* concurrent *m*, -e *f*.

compilation [ˌkɒmpɪ'leɪʃn] *n* compilation *f*.

compile [kəm'paɪl] *vt* rédiger.

complacency [kəm'pleɪsnsɪ] *n* autosatisfaction *f*.

complacent [kəm'pleɪsnt] *adj* content(e) de soi.

complacently [kəm'pleɪsntlɪ] *adv* d'une manière hautaine ; [say] d'un ton hautain.

complain [kəm'pleɪn] *vi* - **1.** [moan] : **to ~ (about)** se plaindre (de) - **2.** MED : **to ~ of** se plaindre de.

complaining [kəm'pleɪnɪŋ] *adj* [customer] mécontent(e).

complaint [kəm'pleɪnt] *n* - **1.** [gen] plainte *f* ; [in shop] réclamation *f* - **2.** MED affection *f*, maladie *f*.

complement <> *n* ['kɒmplɪmənt] - **1.** [accompaniment] accompagnement *m* - **2.** [number] effectif *m* ; **full ~** effectif complet - **3.** GRAM complément *m*. <> *vt* ['kɒmplɪˌment] aller bien avec.

complementary [ˌkɒmplɪ'mentərɪ] *adj* complémentaire.

complete [kəm'pli:t] <> *adj* - **1.** [gen] complet(ète) ; **~ with** doté(e) de, muni(e) de - **2.** [finished] achevé(e). <> *vt* - **1.** [make whole] compléter - **2.** [finish] achever, terminer - **3.** [questionnaire, form] remplir.

completely [kəm'pli:tlɪ] *adv* complètement.

completion [kəm'pli:ʃn] *n* achèvement *m*.

complex ['kɒmpleks] <> *adj* complexe. <> *n* [mental, of buildings] complexe *m*.

complexion [kəm'plekʃn] *n* teint *m* ; **of all ~s** *fig* de tous bords.

complexity [kəm'pleksətɪ] *(pl* **-ies)** *n* complexité *f*.

compliance [kəm'plaɪəns] *n* : **~ (with)** conformité *f* (à).

compliant [kəm'plaɪənt] *adj* [person] docile ; [document, object] conforme.

complicate ['kɒmplɪkeɪt] *vt* compliquer.

complicated ['kɒmplɪkeɪtɪd] *adj* compliqué(e).

complication [ˌkɒmplɪ'keɪʃn] *n* complication *f*.

complicity [kəm'plɪsətɪ] *n* : **~ (in)** complicité *f* (dans).

compliment <> *n* ['kɒmplɪmənt] compliment *m*. <> *vt* ['kɒmplɪˌment] : **to ~ sb (on)** féliciter qqn (de).

◆ **compliments** *npl fml* compliments *mpl*.

complimentary [ˌkɒmplɪ'mentərɪ] *adj* - **1.** [admiring] flatteur(euse) - **2.** [free] gratuit(e).

complimentary ticket *n* billet *m* de faveur.

compliments slip *n esp UK & Australia* papillon *m (joint à un envoi etc)*.

comply [kəm'plaɪ] *(pt & pp* **-ied)** *vi* : **to ~ with** se conformer à.

component [kəm'pəʊnənt] *n* composant *m*.

compose [kəm'pəʊz] *vt* - **1.** [gen] composer ; **to be ~d of** se composer de, être composé de - **2.** [calm] : **to ~ o.s.** se calmer.

composed [kəm'pəʊzd] *adj* [calm] calme.

composer [kəm'pəʊzər] *n* compositeur *m*, -trice *f*.

composite ['kɒmpəzɪt] <> *adj* composite. <> *n* composite *m*.

composition [ˌkɒmpə'zɪʃn] *n* composition *f*.

compost [*UK* 'kɒmpɒst, *US* 'kɒmpəʊst] *n* compost *m*.

composure [kəm'pəʊʒər] *n* sang-froid *m*, calme *m*.

compound <> *adj* ['kɒmpaʊnd] composé(e). <> *n* ['kɒmpaʊnd] - **1.** CHEM & LING composé *m* - **2.** [enclosed area] enceinte *f*. <> *vt* [kəm'paʊnd] - **1.** [mixture, substance] : **to be ~ed of** se composer de, être composé(e) de - **2.** [difficulties] aggraver.

compound fracture *n* fracture *f* multiple.

compound interest *n* intérêt *m* composé.

comprehend [,kɒmprɪ'hend] *vt* [understand] comprendre.

comprehension [,kɒmprɪ'henʃn] *n* compréhension *f*.

comprehensive [,kɒmprɪ'hensɪv] ◇ *adj* - **1.** [account, report] exhaustif(ive), détaillé(e) - **2.** [insurance] tous-risques *(inv)*. ◇ *n UK* = **comprehensive school**.

comprehensively [,kɒmprɪ'hensɪvlɪ] *adv* [study, cover] exhaustivement.

comprehensive school *n établissement secondaire britannique d'enseignement général.*

compress [kəm'pres] *vt* - **1.** [squeeze, press] comprimer - **2.** [shorten - text] condenser.

compression [kəm'preʃn] *n* - **1.** [of air] compression *f* - **2.** [of text] condensation *f*.

comprise [kəm'praɪz] *vt* comprendre ; **to be ~d of** consister en, comprendre.

compromise ['kɒmprəmaɪz] ◇ *n* compromis *m*. ◇ *vt* compromettre ; **to ~ o.s.** se compromettre. ◇ *vi* transiger.

compromising ['kɒmprəmaɪzɪŋ] *adj* compromettant(e).

compulsion [kəm'pʌlʃn] *n* - **1.** [strong desire] : **to have a ~ to do sthg** ne pas pouvoir s'empêcher de faire qqch - **2.** *(U)* [obligation] obligation *f*.

compulsive [kəm'pʌlsɪv] *adj* - **1.** [smoker, liar etc] invétéré(e) - **2.** [book, TV programme] captivant(e).

compulsory [kəm'pʌlsərɪ] *adj* obligatoire.

compulsory purchase *n UK* expropriation *f (pour cause d'utilité publique)*.

compunction [kəm'pʌŋkʃn] *n (U)* scrupule *m*, remords *m*.

computation [,kɒmpju:'teɪʃn] *n* calcul *m*.

compute [kəm'pju:t] *vt* calculer.

computer [kəm'pju:tər] ◇ *n* ordinateur *m*. ◇ *comp* : **~ graphics** Infographie® *f* ; **~ program** programme *m* informatique.

computer dating *n rencontres sélectionnées par ordinateur.*

computer game *n* jeu *m* électronique.

computer-generated [- 'dʒenəreɪtɪd] *adj* créé(e) par ordinateur ; **a ~ image** une image de synthèse.

computer graphics [kəm,pju:tə'græfɪks] *npl* infographie *f*.

computerization [kəm,pju:tərаɪ'zeɪʃn] *n* informatisation *f*.

computerize, *UK* **-ise** [kəm'pju:təraɪz] *vt* informatiser.

computerized, *UK* **-ised** [kəm'pju:təraɪzd] *adj* informukatisé(e).

computer language *n* langage *m* de programmation.

computer-literate *adj* qui a des connaissances en informatique.

computer science *n* informatique *f*.

computer scientist *n* informaticien *m*, -enne *f*.

computing [kəm'pju:tɪŋ] *n* informatique *f*.

comrade ['kɒmreɪd] *n* camarade *mf*.

comradeship ['kɒmreɪdʃɪp] *n* camaraderie *f*.

comsat ['kɒmsæt] *see also* **communications satellite**.

con [kɒn] *inf* ◇ *n* - **1.** [trick] escroquerie *f* - **2.** *prison sl* taulard *m*. ◇ *vt* (*pt & pp* **-ned**, *cont* **-ning**) [trick] : **to ~ sb (out of)** escroquer qqn (de) ; **to ~ sb into doing sthg** persuader qqn de faire qqch (en lui mentant).

concave [,kɒn'keɪv] *adj* concave.

conceal [kən'si:l] *vt* cacher, dissimuler ; **to ~ sthg from sb** cacher qqch à qqn.

concede [kən'si:d] ◇ *vt* concéder. ◇ *vi* céder.

conceit [kən'si:t] *n* [arrogance] vanité *f*.

conceited [kən'si:tɪd] *adj* vaniteux(euse).

conceivable [kən'si:vəbl] *adj* concevable.

conceivably [kən'si:vəblɪ] *adv* : **they might ~ win** il se peut qu'ils gagnent ; **I can't ~ do that** il n'est pas question que je fasse ça.

conceive [kən'si:v] ◇ *vt* concevoir. ◇ *vi* - **1.** MED concevoir - **2.** [imagine] : **to ~ of** concevoir.

concentrate ['kɒnsəntreɪt] ◇ *vt* concentrer. ◇ *vi* : **to ~ (on)** se concentrer (sur).

concentrated ['kɒnsəntreɪtɪd] *adj* concentré(e) ; [effort] intense.

concentration [,kɒnsən'treɪʃn] *n* concentration *f*.

concentration camp *n* camp *m* de concentration.

concentric [kən'sentrɪk] *adj* concentrique.

concept ['kɒnsept] *n* concept *m*.

conception [kən'sepʃn] *n* [gen & MED] conception *f*.

conceptualize, *UK* **-ise** [kən'septʃʊəlaɪz] *vt* conceptualiser.

concern [kən'sɜ:n] ◇ *n* - **1.** [worry, anxiety] souci *m*, inquiétude *f* ; **to show ~ for** s'inquiéter de - **2.** [matter of interest] : **it's no ~ of mine** cela ne me regarde pas - **3.** COMM [company] affaire *f*. ◇ *vt* - **1.** [worry] inquiéter ; **to be ~ed (about)** s'inquiéter (de) - **2.** [involve] concerner, intéresser ; **as far as I'm ~ed** en ce qui me concerne ; **to be ~ed with** [subj: person] s'intéresser à ; **to ~ o.s. with sthg** s'intéresser à, s'occuper de - **3.** [subj: book, film] traiter de.

concerning [kən'sɜːnɪŋ] *prep* en ce qui concerne.

concert ['kɒnsət] *n* concert *m*.
◆ **in concert** *adv* - **1.** MUS à l'unisson - **2.** *fml* [acting as one] de concert.

concerted [kən'sɜːtɪd] *adj* [effort] concerté(e).

concert(-)goer ['kɒnsət,gəʊəʳ] *n* amateur *m* de concerts.

concert hall *n* salle *f* de concert.

concertina [,kɒnsə'tiːnə] ◇ *n* concertina *m*. ◇ *vi* (*pt & pp* **-ed**, *cont* **-ing**) *UK* [cars] s'écraser en accordéon.

concerto [kən'tʃɜːtəʊ] (*pl* **-s**) *n* concerto *m*.

concession [kən'seʃn] *n* - **1.** [gen] concession *f* - **2.** *UK* [special price] réduction *f*.

concessionaire [kən,seʃə'neəʳ] *n* concessionnaire *mf*.

concessionary [kən'seʃnərɪ] *adj UK* [fare] à prix réduit.

conciliation [kən,sɪlɪ'eɪʃn] *n* conciliation *f*.

conciliatory [kən'sɪlɪətrɪ] *adj* conciliant(e).

concise [kən'saɪs] *adj* concis(e).

concisely [kən'saɪslɪ] *adv* de façon concise, avec concision.

conclave ['kɒŋkleɪv] *n* conclave *m*.

conclude [kən'kluːd] ◇ *vt* conclure. ◇ *vi* [meeting] prendre fin ; [speaker] conclure.

conclusion [kən'kluːʒn] *n* conclusion *f* ; **it was a foregone ~** c'était à prévoir ; **to jump to the wrong ~** tirer des conclusions trop hâtives.

conclusive [kən'kluːsɪv] *adj* concluant(e).

concoct [kən'kɒkt] *vt* préparer ; *fig* concocter.

concoction [kən'kɒkʃn] *n* préparation *f*.

concord ['kɒŋkɔːd] *n* [harmony] concorde *f*.

concourse ['kɒŋkɔːs] *n* [hall] hall *m*.

concrete ['kɒŋkriːt] ◇ *adj* [definite] concret(ète). ◇ *n (U)* béton *m*. ◇ *comp* [made of concrete] en béton. ◇ *vt* bétonner.

concrete mixer *n* bétonnière *f*.

concubine ['kɒŋkjʊbaɪn] *n* maîtresse *f*.

concur [kən'kɜːʳ] (*pt & pp* **-red**, *cont* **-ring**) *vi* [agree] : **to ~ (with)** être d'accord (avec).

concurrently [kən'kʌrəntlɪ] *adv* simultanément.

concussed [kən'kʌst] *adj* commotionné(e).

concussion [kən'kʌʃn] *n* commotion *f*.

condemn [kən'dem] *vt* condamner.

condemnation [,kɒndem'neɪʃn] *n* condamnation *f*.

condemned [kən'demd] *adj* condamné(e).

condensation [,kɒnden'seɪʃn] *n* condensation *f*.

condense [kən'dens] ◇ *vt* condenser. ◇ *vi* se condenser.

condensed milk [kən'denst-] *n* lait *m* concentré ; **sweetened ~** lait *m* concentré sucré.

condescend [,kɒndɪ'send] *vi* - **1.** [talk down] : **to ~ to sb** se montrer condescendant(e) envers qqn - **2.** [deign] : **to ~ to do sthg** daigner faire qqch, condescendre à faire qqch.

condescending [,kɒndɪ'sendɪŋ] *adj* condescendant(e).

condiment ['kɒndɪmənt] *n* condiment *m*.

condition [kən'dɪʃn] ◇ *n* - **1.** [gen] condition *f* ; **in (a) good/bad ~** en bon/mauvais état ; **out of ~** pas en forme - **2.** MED maladie *f*. ◇ *vt* - **1.** [gen] conditionner - **2.** [hair] : **to ~ one's hair** mettre de l'après-shampooing.
◆ **conditions** *npl* conditions *fpl*.

conditional [kən'dɪʃənl] *adj* conditionnel(elle) ; **to be ~ on** OR **upon** dépendre de.

conditionality [kən,dɪʃə'nælətɪ] *n* conditionnalité *f*.

conditionally [kən'dɪʃnəlɪ] *adv* conditionnellement.

conditioner [kən'dɪʃnəʳ] *n* - **1.** [for hair] après-shampooing *m* - **2.** [for clothes] assouplissant *m*.

conditioning [kən'dɪʃnɪŋ] *n* PSYCHOL conditionnement *m*.

condo ['kɒndəʊ] *n inf see also* **condominium**.

condolences [kən'dəʊlənsɪz] *npl* condoléances *fpl*.

condom ['kɒndəm] *n* préservatif *m*.

condominium [,kɒndə'mɪnɪəm] *n US* - **1.** [apartment] appartement *m* dans un immeuble en copropriété - **2.** [apartment block] immeuble *m* en copropriété.

condone [kən'dəʊn] *vt* excuser.

condor ['kɒndɔːʳ] *n* condor *m*.

conducive [kən'djuːsɪv] *adj* : **to be ~ to sthg/to doing sthg** inciter à qqch/à faire qqch.

conduct ◇ *n* ['kɒndʌkt] conduite *f*. ◇ *vt* [kən'dʌkt] - **1.** [carry out, transmit] conduire - **2.** [behave] : **to ~ o.s. well/badly** se conduire bien/mal - **3.** MUS diriger. ◇ *vi* MUS diriger.

conducted tour [kən'dʌktɪd-] *n UK* visite *f* guidée.

conductor [kən'dʌktər] *n* - **1.** MUS chef *m* d'orchestre - **2.** [on bus] receveur *m* - **3.** *US* [on train] chef *m* de train.

conductress [kən'dʌktrɪs] *n* [on bus] receveuse *f*.

conduit ['kɒndɪt] *n* conduit *m*.

cone [kəʊn] *n* - **1.** [shape] cône *m* - **2.** [for ice cream] cornet *m* - **3.** [from tree] pomme *f* de pin.

◆ **cone off** *vt sep UK* [road, lane] mettre des cônes de circulation sur.

confectioner [kən'fekʃnər] *n* confiseur *m* ; **~'s (shop)** confiserie *f*.

confectionery [kən'fekʃnərɪ] *n* confiserie *f*.

confederation [kən,fedə'reɪʃn] *n* confédération *f*.

Confederation of British Industry *n* : **the ~** ≃ le conseil du patronat.

confer [kən'fɜːr] (*pt & pp* **-red**, *cont* **-ring**) ◇ *vt* : **to ~ sthg (on sb)** conférer qqch (à qqn). ◇ *vi* : **to ~ (with sb on** *OR* **about sthg)** s'entretenir (avec qqn de qqch).

conference ['kɒnfərəns] *n* conférence *f* ; **in ~** en conférence.

conference call *n* audioconférence *f*.

conference centre *UK*, **conference center** *US n* centre *m* de conférences.

conference hall *n* salle *f* de conférence.

conferencing ['kɒnfərənsɪŋ] *n (U)* audioconférence *f*.

confess [kən'fes] ◇ *vt* - **1.** [admit] avouer, confesser - **2.** RELIG confesser. ◇ *vi* : **to ~ to sthg** avouer (qqch).

confession [kən'feʃn] *n* confession *f* ; **I've a ~ to make** j'ai un aveu à vous faire.

confessional [kən'feʃənl] *n* confessionnal *m*.

confetti [kən'fetɪ] *n (U)* confettis *mpl*.

confidant [,kɒnfɪ'dænt] *n* confident *m*.

confidante [,kɒnfɪ'dænt] *n* confidente *f*.

confide [kən'faɪd] ◇ *vt* confier. ◇ *vi* : **to ~ in sb** se confier à qqn.

confidence ['kɒnfɪdəns] *n* - **1.** [self-assurance] confiance *f* en soi, assurance *f* - **2.** [trust] confiance *f* ; **to have ~ in** avoir confiance en - **3.** [secrecy] : **in ~** en confidence - **4.** [secret] confidence *f*.

confidence trick *n* abus *m* de confiance.

confident ['kɒnfɪdənt] *adj* - **1.** [self-assured] : **to be ~** avoir confiance en soi - **2.** [sure] sûr(e).

confidential [,kɒnfɪ'denʃl] *adj* confidentiel(elle).

confidentiality ['kɒnfɪ,denʃɪ'ælətɪ] *n* confidentialité *f*.

confidentially [,kɒnfɪ'denʃəlɪ] *adv* confidentiellement.

confidently ['kɒnfɪdəntlɪ] *adv* [speak, predict] avec assurance.

configuration [kən,fɪgə'reɪʃn] *n* [gen & COMPUT] configuration *f*.

confine [kən'faɪn] *vt* - **1.** [limit] limiter ; **to ~ o.s. to** se limiter à - **2.** [shut up] enfermer, confiner.

confined [kən'faɪnd] *adj* [space, area] restreint(e).

confinement [kən'faɪnmənt] *n* - **1.** [imprisonment] emprisonnement *m* - **2.** *dated* & MED couches *fpl*.

confines ['kɒnfaɪnz] *npl* confins *mpl*.

confirm [kən'fɜːm] *vt* confirmer.

confirmation [,kɒnfə'meɪʃn] *n* confirmation *f*.

confirmed [kən'fɜːmd] *adj* [habitual] invétéré(e) ; [bachelor, spinster] endurci(e).

confiscate ['kɒnfɪskeɪt] *vt* confisquer.

confiscation [,kɒnfɪ'skeɪʃn] *n* confiscation *f*.

conflagration [,kɒnflə'greɪʃn] *n* conflagration *f*.

conflict ◇ *n* ['kɒnflɪkt] conflit *m*. ◇ *vi* [kən'flɪkt] : **to ~ (with)** s'opposer (à), être en conflit (avec).

conflicting [kən'flɪktɪŋ] *adj* contradictoire.

conform [kən'fɔːm] *vi* : **to ~ (to** *OR* **with)** se conformer (à).

conformist [kən'fɔːmɪst] ◇ *adj* conformiste. ◇ *n* conformiste *mf*.

conformity [kən'fɔːmətɪ] *n* : **~ (to** *OR* **with)** conformité *f* (à).

confound [kən'faʊnd] *vt* [confuse, defeat] *dated* déconcerter.

confounded [kən'faʊndɪd] *adj inf* sacré(e).

confront [kən'frʌnt] *vt* - **1.** [problem, enemy] affronter - **2.** [challenge] : **to ~ sb (with)** confronter qqn (avec).

confrontation [,kɒnfrʌn'teɪʃn] *n* affrontement *m*.

confuse [kən'fjuːz] *vt* - **1.** [disconcert] troubler ; **to ~ the issue** brouiller les cartes - **2.** [mix up] confondre.

confused [kən'fjuːzd] *adj* - **1.** [not clear] compliqué(e) - **2.** [disconcerted] troublé(e), désorienté(e) ; **I'm ~** je n'y comprends rien.

confusing [kən'fjuːzɪŋ] *adj* pas clair(e).

confusion [kən'fjuːʒn] *n* confusion *f*.

conga ['kɒŋgə] *n* : **the ~** la conga.

congeal [kən'dʒiːl] *vi* [blood] se coaguler.

congenial [kən'dʒi:njəl] *adj* sympathique, agréable.

congenital [kən'dʒenɪtl] *adj* MED congénital(e).

conger eel ['kɒŋgər-] *n* congre *m*.

congested [kən'dʒestɪd] *adj* - **1.** [street, area] encombré(e) - **2.** MED congestionné(e).

congestion [kən'dʒestʃn] *n* - **1.** [of traffic] encombrement *m* - **2.** MED congestion *f*.

conglomerate [ˌkən'glɒmərət] *n* COMM conglomérat *m*.

conglomeration [kənˌglɒmə'reɪʃn] *n* conglomération *f*.

Congo ['kɒŋgəʊ] *n* - **1.** [country] : **the ~** le Congo ; **in the ~** au Congo - **2.** [former Zaïre] : **the Democratic Republic of ~** la République démocratique du Congo - **3.** [river] : **the ~** le fleuve Zaïre.

Congolese [ˌkɒŋgə'li:z] <> *adj* congolais(e). <> *n* Congolais *m*, -e *f*.

congratulate [kən'grætʃʊleɪt] *vt* : **to ~ sb (on sthg/on doing sthg)** féliciter qqn (de qqch/d'avoir fait qqch).

congratulations [kənˌgrætʃʊ'leɪʃənz] *npl* félicitations *fpl*.

congratulatory [kən'grætʃʊlətrɪ] *adj* de félicitations.

congregate ['kɒŋgrɪgeɪt] *vi* se rassembler.

congregation [ˌkɒŋgrɪ'geɪʃn] *n* assemblée *f* des fidèles.

congress ['kɒŋgres] *n* [meeting] congrès *m*.
◆ **Congress** *n* US POL le Congrès.

Congress

Le Congrès, organe législatif américain, est constitué du Sénat et de la Chambre des représentants ; une proposition de loi doit obligatoirement être approuvée séparément par ces deux chambres.

congressional [kəŋ'greʃənl] *adj* US POL du Congrès.

congressman ['kɒŋgresmən] (*pl* **-men** [-mən]) *n* US POL membre *m* du Congrès.

congresswoman ['kɒŋgresˌwʊmən] (*pl* **-women** [-ˌwɪmɪn]) *n* US POL membre *m* (féminin) du Congrès.

conical ['kɒnɪkl] *adj* conique.

conifer ['kɒnɪfər] *n* conifère *m*.

coniferous [kə'nɪfərəs] *adj* [tree] conifère ; [forest] de conifères.

conjecture [kən'dʒektʃər] <> *n* conjecture *f*. <> *vt* & *vi* conjecturer.

conjugal ['kɒndʒʊgl] *adj* conjugal(e).

conjugation [ˌkɒndʒʊ'geɪʃn] *n* GRAM conjugaison *f*.

conjunction [kən'dʒʌŋkʃn] *n* - **1.** GRAM conjonction *f* - **2.** [combination] combinaison *f*, mélange *m* ; **in ~ with** conjointement avec.

conjunctivitis [kənˌdʒʌŋktɪ'vaɪtɪs] *n* conjonctivite *f*.

conjure <> *vt* [kən'dʒʊər] *fml* supplier. <> *vi* ['kʌndʒər] [by magic] faire des tours de prestidigitation.
◆ **conjure up** *vt sep* évoquer.

conjurer ['kʌndʒərər] *n* prestidigitateur *m*, -trice *f*.

conjuring trick ['kʌndʒərɪŋ-] *n* tour *m* de prestidigitation.

conjuror ['kʌndʒərər] = **conjurer**.

conk [kɒŋk] *n inf UK* pif *m*.
◆ **conk out** *vi inf* tomber en panne.

conker ['kɒŋkər] *n UK* marron *m*.

conman ['kɒnmæn] (*pl* **-men** [-men]) *n* escroc *m*.

connect [kə'nekt] <> *vt* - **1.** [join] : **to ~ sthg (to)** relier qqch (à) - **2.** [on telephone] mettre en communication - **3.** [associate] associer ; **to ~ sb/sthg to, to ~ sb/sthg with** associer qqn/qqch à - **4.** ELEC [to power supply] : **to ~ sthg to** brancher qqch à. <> *vi* [train, plane, bus] : **to ~ (with)** assurer la correspondance (avec).

connected [kə'nektɪd] *adj* [related] : **to be ~ with** avoir un rapport avec ; **they are not ~** il n'y a aucun rapport entre eux.

Connecticut [kə'netɪkət] *n* Connecticut *m* ; **in ~** dans le Connecticut.

connecting [kə'nektɪŋ] *adj* : **~ flight/train** correspondance *f*.

connection [kə'nekʃn] *n* - **1.** [relationship] : **~ (between/with)** rapport *m* (entre/avec) ; **in ~ with** à propos de - **2.** ELEC branchement *m*, connexion *f* - **3.** [on telephone] communication *f* ; **it's a bad ~** la ligne est mauvaise - **4.** [plane, train, bus] correspondance *f* - **5.** [professional acquaintance] relation *f*.

connective tissue [kə'nektɪv-] *n* tissu *m* conjonctif.

connexion [kə'nekʃn] *UK* = **connection**.

connive [kə'naɪv] *vi* - **1.** [plot] comploter ; **to ~ with sb** être de connivence avec qqn - **2.** [allow to happen] : **to ~ at sthg** fermer les yeux sur qqch.

conniving [kə'naɪvɪŋ] *adj* : **you ~ wretch!** espèce de sale comploteur!

connoisseur [ˌkɒnə'sɜ:r] *n* connaisseur *m*, -euse *f*.

connotation [ˌkɒnə'teɪʃn] *n* connotation *f*.

conquer ['kɒŋkər] *vt* - **1.** [country etc] conquérir - **2.** [fears, inflation etc] vaincre.

conqueror ['kɒŋkərər] *n* conquérant *m*, -e *f*.

conquest ['kɒŋkwest] *n* conquête *f.*

cons [kɒnz] *npl* - **1.** *UK inf* **all mod ~** tout confort - **2.** ▷ pro.

Cons. *see also* **Conservative.**

conscience ['kɒnʃəns] *n* conscience *f* ; **to have a guilty ~** avoir mauvaise conscience ; **in all ~** en mon/votre *etc* âme et conscience.

conscientious [ˌkɒnʃɪ'enʃəs] *adj* consciencieux(euse).

conscientiously [ˌkɒnʃɪ'enʃəslɪ] *adv* consciencieusement.

conscientiousness [ˌkɒnʃɪ'enʃəsnɪs] *n* conscience *f.*

conscientious objector *n* objecteur *m* de conscience.

conscious ['kɒnʃəs] *adj* - **1.** [not unconscious] conscient(e) - **2.** [aware] : **~ of sthg** conscient(e) de qqch ; **fashion-~** qui suit la mode ; **money-~** qui fait attention à ses dépenses - **3.** [intentional - insult] délibéré(e), intentionnel(elle) ; [- effort] conscient(e).

consciously ['kɒnʃəslɪ] *adv* intentionnellement.

consciousness ['kɒnʃəsnɪs] *n* conscience *f.*

conscript MIL ◇ *n* ['kɒnskrɪpt] conscrit *m.* ◇ *vt* [kən'skrɪpt] appeler sous les drapeaux.

conscription [kən'skrɪpʃn] *n* conscription *f.*

consecrate ['kɒnsɪkreɪt] *vt* consacrer.

consecration [ˌkɒnsɪ'kreɪʃn] *n* consécration *f.*

consecutive [kən'sekjʊtɪv] *adj* consécutif(ive).

consecutively [kən'sekjʊtɪvlɪ] *adv* consécutivement.

consensus [kən'sensəs] *n* consensus *m.*

consent [kən'sent] ◇ *n (U)* - **1.** [permission] consentement *m* - **2.** [agreement] accord *m.* ◇ *vi* : **to ~ (to)** consentir (à).

consenting [kən'sentɪŋ] *adj* : **~ adults** adultes consentants.

consequence ['kɒnsɪkwəns] *n* - **1.** [result] conséquence *f* ; **in ~** par conséquent - **2.** [importance] importance *f.*

consequent ['kɒnsɪkwənt] *adj fml* consécutif(ive) ; [resulting] résultant(e).

consequently ['kɒnsɪkwəntlɪ] *adv* par conséquent.

conservation [ˌkɒnsə'veɪʃn] *n* [of nature] protection *f* ; [of buildings] conservation *f* ; [of energy, water] économie *f.*

conservation area *n* secteur *m* sauvegardé.

conservationist [ˌkɒnsə'veɪʃənɪst] *n* écologiste *mf.*

conservatism [kən'sɜːvətɪzm] *n* conservatisme *m.*

◆ **Conservatism** *n* POL conservatisme *m.*

conservative [kən'sɜːvətɪv] ◇ *adj* - **1.** [not modern] traditionnel(elle) - **2.** [cautious] prudent(e). ◇ *n* traditionaliste *mf.*

◆ **Conservative** POL ◇ *adj* conservateur(trice). ◇ *n* conservateur *m*, -trice *f.*

Conservative Party *n* : **the ~** le parti conservateur.

conservatory [kən'sɜːvətrɪ] (*pl* **-ies**) *n* [of house] véranda *f.*

conserve ◇ *n* ['kɒnsɜːv] confiture *f.* ◇ *vt* [kən'sɜːv] [energy, supplies] économiser ; [nature, wildlife] protéger.

consider [kən'sɪdəʳ] *vt* - **1.** [think about] examiner - **2.** [take into account] prendre en compte ; **all things ~ed** tout compte fait - **3.** [judge] considérer.

considerable [kən'sɪdrəbl] *adj* considérable.

considerably [kən'sɪdrəblɪ] *adv* considérablement.

considerate [kən'sɪdərət] *adj* prévenant(e) ; **that's very ~ of you** c'est très gentil à vous OR de votre part.

consideration [kənˌsɪdə'reɪʃn] *n* - **1.** *(U)* [careful thought] réflexion *f* ; **to take sthg into ~** tenir compte de qqch, prendre qqch en considération ; **under ~** à l'étude - **2.** *(U)* [care] attention *f* - **3.** [factor] facteur *m.*

considered [kən'sɪdəd] *adj* : **it's my ~ opinion that...** après mûre réflexion je pense que...

considering [kən'sɪdərɪŋ] ◇ *prep* étant donné. ◇ *conj* étant donné que.

consign [kən'saɪn] *vt* : **to ~ sb/sthg to** reléguer qqn/qqch à.

consignee [ˌkɒnsaɪ'niː] *n* destinataire *mf.*

consigner *US* = **consignor.**

consignment [ˌkən'saɪnmənt] *n* [load] expédition *f.*

consignment note *n UK* bordereau *m* d'expédition.

consignor [kən'saɪnəʳ] *n* expéditeur *m*, -trice *f.*

consist [kən'sɪst] ◆ **consist in** *vt insep* : **to ~ in sthg** consister dans qqch ; **to ~ in doing sthg** consister à faire qqch. ◆ **consist of** *vt insep* consister en.

consistency [kən'sɪstənsɪ] (*pl* **-ies**) *n* - **1.** [coherence] cohérence *f* - **2.** [texture] consistance *f.*

consistent [kən'sɪstənt] *adj* - **1.** [regular - behaviour] conséquent(e) ; [- improvement] régulier(ère) ; [- supporter] constant(e) - **2.** [coherent] cohérent(e) ; **to be ~ with** [with one's position] être compatible avec ; [with the facts] correspondre avec.

consistently [kən'sɪstəntlɪ] *adv* - **1.** [without exception] invariablement - **2.** [argue, reason] de manière cohérente.

consolation [ˌkɒnsə'leɪʃn] *n* réconfort *m*.

consolation prize *n* prix *m* de consolation.

console ◇ *n* ['kɒnsəʊl] tableau *m* de commande ; COMPUT & MUS console *f*. ◇ *vt* [kən'səʊl] consoler ; **he had to ~ himself with second place** il a dû se contenter de la deuxième place.

consolidate [kən'sɒlɪdeɪt] ◇ *vt* - **1.** [strengthen] consolider - **2.** [merge] fusionner. ◇ *vi* fusionner.

consolidation [kənˌsɒlɪ'deɪʃn] *(U)* *n* - **1.** [strengthening] affermissement *m* - **2.** [merging] fusion *f*.

consols ['kɒnsəlz] *npl UK* fonds *mpl* consolidés.

consommé [*UK* kən'sɒmeɪ, *US* ˌkɒnsə'meɪ] *n* consommé *m*.

consonant ['kɒnsənənt] *n* consonne *f*.

consort ◇ *vi* [kən'sɔːt] *fml* **to ~ with sb** fréquenter qqn. ◇ *n* ['kɒnsɔːt] : **prince ~** prince *m* consort.

consortium [kən'sɔːtjəm] (*pl* **-tiums** OR **-tia** [-tjə]) *n* consortium *m*.

conspicuous [kən'spɪkjʊəs] *adj* voyant(e), qui se remarque.

conspicuous consumption [kənˌspɪkjʊəskən'sʌmpʃən] *n* consommation *f* de prestige.

conspicuously [kən'spɪkjʊəslɪ] *adv* [dressed] de manière voyante ; [wealthy] ostensiblement.

conspiracy [kən'spɪrəsɪ] (*pl* **-ies**) *n* conspiration *f*, complot *m*.

conspirator [kən'spɪrətəʳ] *n* conspirateur *m*, -trice *f*.

conspiratorial [kənˌspɪrə'tɔːrɪəl] *adj* de conspirateur.

conspire [kən'spaɪəʳ] ◇ *vt* : **to ~ to do sthg** comploter de faire qqch ; [subj: events] contribuer à faire qqch. ◇ *vi* : **to ~ against/with sb** conspirer contre/avec qqn.

constable ['kʌnstəbl] *n UK* [policeman] agent *m* de police.

constabulary [kən'stæbjʊlərɪ] (*pl* **-ies**) *n UK* police *f*.

constancy ['kɒnstənsɪ] *n* constance *f*.

constant ['kɒnstənt] *adj* - **1.** [unvarying] constant(e) - **2.** [recurring] continuel(elle) - **3.** *lit* [faithful] fidèle.

constantly ['kɒnstəntlɪ] *adv* constamment.

constellation [ˌkɒnstə'leɪʃn] *n* constellation *f*.

consternation [ˌkɒnstə'neɪʃn] *n* consternation *f*.

constipated ['kɒnstɪpeɪtɪd] *adj* constipé(e).

constipation [ˌkɒnstɪ'peɪʃn] *n* constipation *f*.

constituency [kən'stɪtjʊənsɪ] (*pl* **-ies**) *n* [area] circonscription *f* électorale.

constituency party *n UK* section *f* locale du parti.

constituent [kən'stɪtjʊənt] ◇ *adj* constituant(e). ◇ *n* - **1.** [voter] électeur *m*, -trice *f* - **2.** [element] composant *m*.

constitute ['kɒnstɪtjuːt] *vt* - **1.** [form, represent] représenter, constituer - **2.** [establish, set up] constituer.

constitution [ˌkɒnstɪ'tjuːʃn] *n* constitution *f*.

◆ **Constitution** *n* : **the (United States) Constitution** la Constitution américaine.

Constitution

Il est à noter que la Constitution britannique, à la différence de la Constitution américaine (texte écrit et définitif), n'est pas un document en soi mais le résultat virtuel de la succession des lois dans le temps, fonctionnant sur le principe de la jurisprudence.

constitutional [ˌkɒnstɪ'tjuːʃənl] *adj* constitutionnel(elle).

constrain [kən'streɪn] *vt* - **1.** [coerce] forcer, contraindre ; **to ~ sb to do sthg** forcer qqn à faire qqch - **2.** [restrict] limiter.

constrained [kən'streɪnd] *adj* [inhibited] contraint(e).

constraint [kən'streɪnt] *n* - **1.** [restriction] : **~ (on)** limitation *f* (à) - **2.** *(U)* [self-control] retenue *f*, réserve *f* - **3.** [coercion] contrainte *f*.

constrict [kən'strɪkt] *vt* - **1.** [compress] serrer - **2.** [limit] limiter.

constricting [kən'strɪktɪŋ] *adj* - **1.** [clothes] qui entrave les mouvements - **2.** [circumstances, lifestyle] contraignant(e).

construct ◇ *vt* [kən'strʌkt] construire. ◇ *n* ['kɒnstrʌkt] *fml* [concept] concept *m*.

construction [kən'strʌkʃn] ◇ *n* construction *f* ; **under ~** en construction. ◇ *comp* [worker] du bâtiment ; **~ site** chantier *m*.

construction industry *n* industrie *f* du bâtiment.

constructive [kən'strʌktɪv] *adj* constructif(ive).

constructively [kən'strʌktɪvlɪ] *adv* d'une manière constructive.

construe [kən'stru:] *vt fml* [interpret] : **to ~ sthg as** interpréter qqch comme.

consul ['kɒnsəl] *n* consul *m*, -e *f*.

consular ['kɒnsjʊlə^r] *adj* consulaire.

consulate ['kɒnsjʊlət] *n* consulat *m*.

consult [kən'sʌlt] <> *vt* consulter. <> *vi* : **to ~ with sb** s'entretenir avec qqn.

consultancy [kən'sʌltənsɪ] (*pl* **-ies**) *n* **UK** [company] cabinet *m* d'expert-conseil.

consultancy fee *n* **UK** honoraires *mpl* d'expert.

consultant [kən'sʌltənt] *n* - **1.** [expert] expert-conseil *m* - **2. UK** [hospital doctor] spécialiste *mf*.

consultation [ˌkɒnsəl'teɪʃn] *n* - **1.** [meeting, discussion] entretien *m* - **2.** [reference] consultation *f*.

consulting [kən'sʌltɪŋ] *n* cabinet *m* d'expert.

consulting fee *n* honoraires *mpl* d'expert.

consulting room *n* MED cabinet *m* de consultation.

consume [kən'sju:m] *vt* - **1.** [food, fuel etc] consommer - **2.** *lit* [fill] : **to be ~d by hatred/passion** être consumé(e) par la haine/la passion.

consumer [kən'sju:mə^r] <> *n* consommateur *m*, -trice *f*. <> *comp* du consommateur.

consumer credit *n (U)* crédit *m* à la consommation.

consumer durables *npl* biens *mpl* de consommation durables.

consumer goods *npl* biens *mpl* de consommation.

consumerism [kən'sju:mərɪzm] *n (U)* - **1.** [buying] (règne *m* de la) société *f* de consommation - **2.** [protection of rights] consumérisme *m*.

consumer society *n* société *f* de consommation.

consumer spending *n (U)* dépenses *fpl* de consommation.

consummate <> *adj* [kən'sʌmət] consommé(e) ; [liar] fieffé(e). <> *vt* ['kɒnsəmeɪt] consommer.

consummation [ˌkɒnsə'meɪʃn] *n* - **1.** [of marriage] consommation *f* - **2.** [culmination] apogée *m*.

consumption [kən'sʌmpʃn] *n* - **1.** [use] consommation *f* - **2.** *dated* [tuberculosis] phtisie *f*.

cont. *see also* **continued**.

contact ['kɒntækt] <> *n* - **1.** *(U)* [touch, communication] contact *m* ; **in ~ (with sb)** en rapport OR contact (avec qqn) ; **to lose ~ with sb** perdre le contact avec qqn ; **to make ~ with sb** prendre contact OR entrer en contact avec qqn - **2.** [person] relation *f*, contact *m*. <> *vt* contacter, prendre contact avec ; [by phone] joindre, contacter.

contact lens *n* verre *m* de contact, lentille *f* (cornéenne).

contact number *n* : **do you have a ~?** tu as un numéro où on peut te joindre?

contacts ['kɒntækts] *npl* lentilles *fpl* (de contact).

contagious [kən'teɪdʒəs] *adj* contagieux(euse).

contain [kən'teɪn] *vt* - **1.** [hold, include] contenir, renfermer - **2.** *fml* [control] contenir ; [epidemic] circonscrire.

contained [kən'teɪnd] *adj* [person] maître (maîtresse) de soi.

container [kən'teɪnə^r] *n* - **1.** [box, bottle etc] récipient *m* - **2.** [for transporting goods] conteneur *m*, container *m*.

containerize, **UK -ise** [kən'teɪnəraɪz] *vt* COMM [goods] conteneuriser ; [port] convertir à la conteneurisation.

container ship *n* porte-conteneurs *m inv*.

containment [kən'teɪnmənt] *n (U)* - **1.** [limitation] : **our efforts at the ~ of this violence** nos efforts pour contenir cette violence - **2.** POL : **policy of ~** politique *f* d'endiguement.

contaminate [kən'tæmɪneɪt] *vt* contaminer.

contaminated [kən'tæmɪneɪtɪd] *adj* contaminé(e).

contamination [kənˌtæmɪ'neɪʃn] *n* contamination *f*.

cont'd *see also* **continued**.

contemplate ['kɒntempleɪt] <> *vt* - **1.** [consider] envisager ; **to ~ doing sthg** envisager de faire qqch - **2.** *fml* [look at] contempler. <> *vi* [consider] méditer.

contemplation [ˌkɒntem'pleɪʃn] *n* contemplation *f*.

contemplative [kən'templətɪv] *adj* contemplatif(ive).

contemporary [kən'tempərərɪ] <> *adj* contemporain(e). <> *n* (*pl* **-ies**) contemporain *m*, -e *f*.

contempt [kən'tempt] *n* - **1.** [scorn] : **~ (for)** mépris *m* (pour) ; **to hold sb in ~** mépriser qqn - **2.** LAW : **~ (of court)** outrage *m* à la cour.

contemptible [kən'temptəbl] *adj* méprisable.

contemptuous [kən'temptʃʊəs] *adj* méprisant(e) ; **~ of sthg** dédaigneux(euse) de qqch.

contend [kən'tend] ◇ *vi* **- 1.** [deal] : **to ~ with sthg** faire face à qqch ; **I've got enough to ~ with** j'ai assez de problèmes comme ça **- 2.** [compete] : **to ~ for** [subj: several people] se disputer ; [subj: one person] se battre pour ; **to ~ against** lutter contre. ◇ *vt fml* [claim] : **to ~ that...** soutenir OR prétendre que...

contender [kən'tendəʳ] *n* [in election] candidat *m*, -e *f* ; [in competition] concurrent *m*, -e *f* ; [in boxing etc] prétendant *m*, -e *f*.

content ◇ *adj* [kən'tent] : **~ (with)** satisfait(e) (de), content(e) (de) ; **to be ~ to do sthg** ne pas demander mieux que de faire qqch. ◇ *n* ['kɒntent] **- 1.** [amount] teneur *f* ; **it has a high fibre ~** c'est riche en fibres **- 2.** [subject matter] contenu *m*. ◇ *vt* [kən'tent] : **to ~ o.s. with sthg/with doing sthg** se contenter de qqch/de faire qqch.

◆ **contents** *npl* **- 1.** [of container, document] contenu *m* **- 2.** [at front of book] table *f* des matières.

contented [kən'tentɪd] *adj* satisfait(e).

contentedly [kən'tentɪdlɪ] *adv* avec contentement.

contention [kən'tenʃn] *n fml* **- 1.** [argument, assertion] assertion *f*, affirmation *f* **- 2.** *(U)* [disagreement] dispute *f*, contestation *f* **- 3.** [competition] : **to be in ~** être en lice.

contentious [kən'tenʃəs] *adj* contentieux(euse), contesté(e).

contentment [kən'tentmənt] *n* contentement *m*.

contest ◇ *n* ['kɒntest] **- 1.** [competition] concours *m* **- 2.** [for power, control] combat *m*, lutte *f*. ◇ *vt* [kən'test] **- 1.** [compete for] disputer **- 2.** [dispute] contester.

contestant [kən'testənt] *n* concurrent *m*, -e *f*.

context ['kɒntekst] *n* contexte *m* ; **out of ~** [word] hors contexte ; [remark] hors de son contexte.

context-sensitive *adj* COMPUT contextuel(le).

continent ['kɒntɪnənt] *n* continent *m*.

◆ **Continent** *n UK* : **the Continent** l'Europe *f* continentale.

continental [ˌkɒntɪ'nentl] ◇ *adj* **- 1.** GEOG continental(e) **- 2.** *UK* [European - food] d'Europe continentale ; [- holidays] en Europe continentale. ◇ *n UK* Européen continental *m*, Européenne continentale *f*.

continental breakfast *n* petit déjeuner *m (par opposition à 'English breakfast').*

> **Continental breakfast**
>
> Ce terme désigne un petit déjeuner léger, par opposition à un *English breakfast*, beaucoup plus copieux et comportant traditionnellement un plat chaud.

continental climate *n* climat *m* continental.

continental quilt *n UK* couette *f*.

contingency [kən'tɪndʒənsɪ] (*pl* **-ies**) *n* éventualité *f*.

contingency plan *n* plan *m* d'urgence.

contingent [kən'tɪndʒənt] ◇ *adj fml* **to be ~ on** OR **upon** dépendre de. ◇ *n* contingent *m*.

continual [kən'tɪnjʊəl] *adj* continuel(elle).

continually [kən'tɪnjʊəlɪ] *adv* continuellement.

continuation [kənˌtɪnjʊ'eɪʃn] *n* **- 1.** *(U)* [act] continuation *f* **- 2.** [sequel] suite *f*.

continue [kən'tɪnju:] ◇ *vt* **- 1.** [carry on] continuer, poursuivre ; **to ~ doing** OR **to do sthg** continuer à OR de faire qqch **- 2.** [after an interruption] reprendre. ◇ *vi* **- 1.** [carry on] continuer ; **to ~ with sthg** poursuivre qqch, continuer qqch **- 2.** [after an interruption] reprendre, se poursuivre.

continuity [ˌkɒntɪ'nju:ətɪ] *n* continuité *f*.

continuous [kən'tɪnjʊəs] *adj* continu(e).

continuous assessment *n UK* contrôle *m* continu des connaissances.

continuously [kən'tɪnjʊəslɪ] *adv* sans arrêt, continuellement.

contort [kən'tɔ:t] ◇ *vt* tordre. ◇ *vi* se tordre.

contortion [kən'tɔ:ʃn] *n* **- 1.** *(U)* [twisting] torsion *f* **- 2.** [position] contorsion *f*.

contour ['kɒnˌtʊəʳ] ◇ *n* **- 1.** [outline] contour *m* **- 2.** [on map] courbe *f* de niveau. ◇ *comp* [map] avec courbes de niveau ; **~ line** courbe *f* de niveau.

contraband ['kɒntrəbænd] ◇ *adj* de contrebande. ◇ *n* contrebande *f*.

contraception [ˌkɒntrə'sepʃn] *n* contraception *f*.

contraceptive [ˌkɒntrə'septɪv] ◇ *adj* [method, device] anticonceptionnel(elle), contraceptif(ive) ; [advice] sur la contraception. ◇ *n* contraceptif *m*.

contraceptive pill *n* pilule *f* anticonceptionnelle OR contraceptive.

contract ◇ *n* [ˈkɒntrækt] contrat *m*. ◇ *vt* [kənˈtrækt] **- 1.** [gen] contracter **- 2.** COMM : **to ~ sb (to do sthg)** passer un contrat avec qqn (pour faire qqch) ; **to ~ to do sthg** s'engager par contrat à faire qqch. ◇ *vi* [decrease in size, length] se contracter.

◆ **contract in** *vi esp UK* s'engager par contrat.

◆ **contract out** ◇ *vt sep* donner en sous-traitance à. ◇ *vi UK* **to ~ out (of)** se dégager (de).

contraction [kənˈtrækʃn] *n* contraction *f*.

contractor [kənˈtræktəʳ] *n* entrepreneur *m*.

contractual [kənˈtræktʃʊəl] *adj* contractuel(elle).

contradict [ˌkɒntrəˈdɪkt] *vt* contredire.

contradiction [ˌkɒntrəˈdɪkʃn] *n* contradiction *f* ; **~ in terms** contradiction dans les termes.

contradictory [ˌkɒntrəˈdɪktərɪ] *adj* contradictoire ; [behaviour] incohérent(e).

contraflow [ˈkɒntrəfləʊ] *n UK* circulation *f* à contre-sens.

contralto [kənˈtræltəʊ] (*pl* **-s**) *n* contralto *m*.

contraption [kənˈtræpʃn] *n* machin *m*, truc *m*.

contrary [ˈkɒntrərɪ] ◇ *adj* **- 1.** [opposite] : **~ (to)** contraire (à), opposé(e) (à) **- 2.** [kənˈtreərɪ] [awkward] contrariant(e). ◇ *n* contraire *m* ; **on the ~** au contraire ; **evidence to the ~** preuves tendant à démontrer le contraire ; **his statements to the ~** ses propos soutenant le contraire.

◆ **contrary to** *prep* contrairement à.

contrast [kənˈtrɑːst] ◇ *n* [ˈkɒntrɑːst] contraste *m* ; **by** OR **in ~** par contraste ; **in ~ with** OR **to sthg** par contraste avec qqch. ◇ *vt* contraster. ◇ *vi* : **to ~ (with)** faire contraste (avec).

contrasting [kənˈtrɑːstɪŋ] *adj* [colours] contrasté(e) ; [personalities, views] opposé(e), contraire.

contravene [ˌkɒntrəˈviːn] *vt* enfreindre, transgresser.

contravention [ˌkɒntrəˈvenʃn] *n fml* infraction *f*, contravention *f*.

contribute [kənˈtrɪbjuːt] ◇ *vt* **- 1.** [money] apporter ; [help, advice, ideas] donner, apporter **- 2.** [write] : **to ~ an article to a magazine** écrire un article pour un magazine. ◇ *vi* **- 1.** [gen] : **to ~ (to)** contribuer (à) **- 2.** [write material] : **to ~ to** collaborer à.

contributing [kənˈtrɪbjuːtɪŋ] *adj* : **to be a ~ factor in** contribuer à.

contribution [ˌkɒntrɪˈbjuːʃn] *n* **- 1.** [of money] : **~ (to)** cotisation *f* (à), contribution *f* (à) **- 2.** [to debate] : **his ~ to the discussion** ce qu'il a apporté à la discussion **- 3.** [article] article *m*.

contributor [kənˈtrɪbjʊtəʳ] *n* **- 1.** [of money] donateur *m*, -trice *f* **- 2.** [to magazine, newspaper] collaborateur *m*, -trice *f*.

contributory [kənˈtrɪbjʊtərɪ] *adj* : **to be a ~ factor in** contribuer à.

contributory pension scheme *n UK* système *m* de retraite par répartition.

contributory pension plan *US* & *Canada* = **contributory pension scheme.**

contrite [ˈkɒntraɪt] *adj lit* contrit(e), pénitent(e).

contrition [kənˈtrɪʃn] *n lit* contrition *f*, pénitence *f*.

contrivance [kənˈtraɪvns] *n* [contraption] machine *f*, appareil *m*.

contrive [kənˈtraɪv] *vt fml* **- 1.** [engineer] combiner **- 2.** [manage] : **to ~ to do sthg** se débrouiller pour faire qqch, trouver moyen de faire qqch.

contrived [kənˈtraɪvd] *adj* tiré(e) par les cheveux.

control [kənˈtrəʊl] ◇ *n* **- 1.** [gen] contrôle *m* ; [of traffic] régulation *f* ; **to gain** OR **take ~ (of)** prendre le contrôle (de) ; **beyond** OR **outside sb's ~** indépendant de la volonté de qqn ; **to get sb/sthg under ~** maîtriser qqn/qqch ; **to be in ~ of sthg** [subj: boss, government] diriger qqch ; [subj: army] avoir le contrôle de qqch ; [of emotions, situation] maîtriser qqch ; **to get out of ~** [subj: crowd] devenir impossible à contrôler ; **his car went out of ~** il a perdu le contrôle de sa voiture ; **to lose ~** [of emotions] perdre le contrôle **- 2.** [in experiment] témoin *m*. ◇ *vt* (*pt* & *pp* **-led**, *cont* **-ling**) **- 1.** [company, country] être à la tête de, diriger **- 2.** [operate] commander, faire fonctionner **- 3.** [restrict, restrain - disease] enrayer, juguler ; [- inflation] mettre un frein à, contenir ; [- children] tenir ; [- crowd] contenir ; [- traffic] régler ; [- emotions] maîtriser, contenir ; **to ~ o.s.** se maîtriser, se contrôler. ◇ *comp* de commande.

◆ **controls** *npl* [of machine, vehicle] commandes *fpl*.

control code *n* COMPUT code *m* de commande.

control group *n* groupe *m* témoin.

control key *n* COMPUT touche *f* "control".

controlled [kənˈtrəʊld] *adj* **- 1.** [person] maître (maîtresse) de soi **- 2.** ECON dirigé(e).

controller [kənˈtrəʊləʳ] *n* [person] contrôleur *m*.

controlling [kənˈtrəʊlɪŋ] *adj* [factor] déterminant(e).

controlling interest *n* participation *f* majoritaire.

control panel *n* tableau *m* de bord.

control tower *n* tour *f* de contrôle.

controversial [ˌkɒntrəˈvɜːʃl] *adj* [writer, theory etc] controversé(e) ; **to be ~** donner matière à controverse.

controversy [ˈkɒntrəvɜːsɪ, *UK* kənˈtrɒvəsɪ] (*pl* **-ies**) *n* controverse *f*, polémique *f*.

conundrum [kəˈnʌndrəm] (*pl* **-s**) *n* énigme *f*.

conurbation [ˌkɒnɜːˈbeɪʃn] *n fml* conurbation *f*.

convalesce [ˌkɒnvəˈles] *vi* se remettre d'une maladie, relever de maladie.

convalescence [ˌkɒnvəˈlesns] *n* convalescence *f*.

convalescent [ˌkɒnvəˈlesnt] ◇ *adj* de convalescence. ◇ *n* convalescent *m*, -e *f*.

convection [kənˈvekʃn] *n* convection *f*.

convector [kənˈvektəʳ] *n* radiateur *m* à convection.

convene [kənˈviːn] ◇ *vt* convoquer, réunir. ◇ *vi* se réunir, s'assembler.

convener [kənˈviːnəʳ] *n UK* président *m*, -e *f* *(d'une commission)*.

convenience [kənˈviːnjəns] *n* - **1.** [usefulness] commodité *f* - **2.** [personal comfort, advantage] agrément *m*, confort *m* ; **at your earliest ~** *fml* dès que possible - **3.** [facility] confort *m*.

convenience food *n* aliment *m* tout préparé.

convenience store *n US petit supermarché de quartier*.

convenient [kənˈviːnjənt] *adj* - **1.** [suitable] qui convient - **2.** [handy] pratique, commode.

conveniently [kənˈviːnjəntlɪ] *adv* d'une manière commode ; **~ situated** bien situé.

convent [ˈkɒnvənt] *n* couvent *m*.

convention [kənˈvenʃn] *n* - **1.** [agreement, assembly] convention *f* - **2.** [practice] usage *m*, convention *f*.

conventional [kənˈvenʃənl] *adj* conventionnel(elle) ; **it's ~ to...** l'usage veut que...

conventionally [kənˈvenʃnəlɪ] *adv* d'une manière conventionnelle.

convent school *n* couvent *m*.

converge [kənˈvɜːdʒ] *vi* : **to ~ (on)** converger (sur).

convergence criteria *npl* critères *mpl* de convergence.

conversant [kənˈvɜːsənt] *adj fml* **~ with sthg** familiarisé(e) avec qqch, qui connaît bien qqch.

conversation [ˌkɒnvəˈseɪʃn] *n* conversation *f* ; **to make ~** faire la conversation.

conversational [ˌkɒnvəˈseɪʃənl] *adj* de la conversation.

conversationalist [ˌkɒnvəˈseɪʃnəlɪst] *n* causeur *m*, -euse *f*.

converse ◇ *adj* [ˈkɒnvɜːs] *fml* opposé(e), contraire. ◇ *n* [ˈkɒnvɜːs] [opposite] : **the ~** le contraire, l'inverse *m*. ◇ *vi* [kənˈvɜːs] *fml* converser.

conversely [kənˈvɜːslɪ] *adv fml* inversement.

conversion [kənˈvɜːʃn] *n* - **1.** [changing, in religious beliefs] conversion *f* - **2.** [in building] aménagement *m*, transformation *f* - **3.** RUGBY transformation *f*.

conversion table *n* table *f* de conversion.

convert ◇ *vt* [kənˈvɜːt] - **1.** [change] : **to ~ sthg to** OR **into** convertir qqch en ; **to ~ sb (to)** RELIG convertir qqn (à) - **2.** [building, ship] : **to ~ sthg to** OR **into** transformer qqch en, aménager qqch en - **3.** RUGBY transformer. ◇ *vi* [kənˈvɜːt] : **to ~ from sthg to sthg** passer de qqch à qqch. ◇ *n* [ˈkɒnvɜːt] converti *m*, -e *f*.

converted [kənˈvɜːtɪd] *adj* - **1.** [building, ship] aménagé(e) - **2.** RELIG converti(e).

convertible [kənˈvɜːtəbl] ◇ *adj* - **1.** [bed, sofa] transformable, convertible - **2.** [currency] convertible - **3.** [car] décapotable. ◇ *n* (voiture *f*) décapotable *f*.

convex [kɒnˈveks] *adj* convexe.

convey [kənˈveɪ] *vt* - **1.** *fml* [transport] transporter - **2.** [express] : **to ~ sthg (to sb)** communiquer qqch (à qqn).

conveyancing [kənˈveɪənsɪŋ] *n* LAW *(U)* procédure *f* translative de propriété.

conveyer belt [kənˈveɪəʳ-] *n* convoyeur *m*, tapis *m* roulant.

convict ◇ *n* [ˈkɒnvɪkt] détenu *m*. ◇ *vt* [kənˈvɪkt] : **to ~ sb of sthg** reconnaître qqn coupable de qqch.

convicted [kənˈvɪktɪd] *adj* : **he's a ~ murderer** il a été reconnu coupable d'un meurtre.

conviction [kənˈvɪkʃn] *n* - **1.** [belief, fervour] conviction *f* - **2.** LAW [of criminal] condamnation *f*.

convince [kənˈvɪns] *vt* convaincre, persuader ; **to ~ sb of sthg/to do sthg** convaincre qqn de qqch/de faire qqch, persuader qqn de qqch/de faire qqch.

convinced [kənˈvɪnst] *adj* : **~ (of)** persuadé(e) (de), convaincu(e) (de).

convincing [kənˈvɪnsɪŋ] *adj* - **1.** [persuasive] convaincant(e) - **2.** [resounding - victory] retentissant(e), éclatant(e).

convivial [kənˈvɪvɪəl] *adj* convivial(e), joyeux(euse).

convoluted ['kɒnvəluːtɪd] *adj* [tortuous] compliqué(e).

convoy ['kɒnvɔɪ] *n* convoi *m* ; **in ~** en convoi.

convulse [kən'vʌls] *vt* [person] : **to be ~d with** se tordre de.

convulsion [kən'vʌlʃn] *n* MED convulsion *f*.

convulsive [kən'vʌlsɪv] *adj* convulsif(ive).

coo [kuː] *vi* [for a baby] roucouler.

cook [kʊk] ◇ *n* cuisinier *m*, -ère *f* ; **she's a good ~** elle fait bien la cuisine. ◇ *vt* - **1.** [food] faire cuire ; [meal] préparer - **2.** *inf* [falsify] maquiller. ◇ *vi* [person] cuisiner, faire la cuisine ; [food] cuire.

◆ **cook up** *vt sep* [plan] combiner ; [excuse] inventer.

cookbook ['kʊk,bʊk] *US* = **cookery book**.

cooked [kʊkt] *adj* cuit(e).

cooker ['kʊkəʳ] *n UK* [stove] cuisinière *f*.

cookery ['kʊkərɪ] *n* cuisine *f*.

cookery book *n UK* livre *m* de cuisine.

cookie ['kʊkɪ] *n US* - **1.** [biscuit] biscuit *m*, gâteau *m* sec - **2.** COMPUT cookie *m*, mouchard *m offic*.

cooking ['kʊkɪŋ] ◇ *n* cuisine *f* ; **do you like ~?** tu aimes faire la cuisine? ◇ *comp* de cuisine ; [chocolate] à cuire ; **~ oil** huile *f* de friture.

cooking apple *n* pomme *f* à cuire.

cookout ['kʊkaʊt] *n US* barbecue *m*.

cool [kuːl] ◇ *adj* - **1.** [not warm] frais (fraîche) ; [dress] léger(ère) - **2.** [calm] calme - **3.** [unfriendly] froid(e) - **4.** *inf* [excellent] génial(e) ; [trendy] branché(e). ◇ *vt* faire refroidir. ◇ *vi* - **1.** [become less warm] refroidir - **2.** [abate] se calmer. ◇ *n* [calm] : **to keep/lose one's ~** garder/perdre son sang-froid, garder/perdre son calme.

◆ **cool down** ◇ *vt sep* - **1.** [make less warm - food etc] faire refroidir ; [- person] rafraîchir - **2.** [make less angry] calmer, apaiser. ◇ *vi* - **1.** [become less warm - food, engine] refroidir ; [- person] se rafraîchir - **2.** [become less angry] se calmer.

◆ **cool off** *vi* - **1.** [become less warm] refroidir ; [person] se rafraîchir - **2.** [become less angry] se calmer.

coolant ['kuːlənt] *n* agent *m* de refroidissement.

cooler *n US* glacière *f*.

cool box *n UK* glacière *f*.

cool-headed [-'hedɪd] *adj* calme.

cooling-off period ['kuːlɪŋ-] *n* délai *m* de réflexion.

cooling tower ['kuːlɪŋ-] *n* refroidisseur *m*.

coolly ['kuːlɪ] *adv* - **1.** [calmly] calmement - **2.** [in unfriendly way] froidement.

coolness ['kuːlnɪs] *n* - **1.** [in temperature] fraîcheur *f* - **2.** [unfriendliness] froideur *f*.

coop [kuːp] *n* poulailler *m*.

◆ **coop up** *vt sep inf* confiner.

Co-op ['kəʊ,ɒp] (*abbr of* **Co-operative society**) *n* Coop *f*.

cooperate [kəʊ'ɒpəreɪt] *vi* : **to ~ (with sb/sthg)** coopérer (avec qqn/à qqch), collaborer (avec qqn/à qqch).

cooperation [kəʊ,ɒpə'reɪʃn] *n (U)* - **1.** [collaboration] coopération *f*, collaboration *f* - **2.** [assistance] aide *f*, concours *m*.

cooperative [kəʊ'ɒpərətɪv] ◇ *adj* coopératif(ive). ◇ *n* coopérative *f*.

co-opt *vt* : **to ~ sb (into** *OR* **onto)** coopter qqn (à).

coordinate ◇ *n* [kəʊ'ɔːdɪnət] [on map, graph] coordonnée *f*. ◇ *vt* [kəʊ'ɔːdɪneɪt] coordonner.

◆ **coordinates** *npl* [clothes] coordonnés *mpl*.

coordination [kəʊ,ɔːdɪ'neɪʃn] *n* coordination *f*.

co-ownership *n* copropriété *f*.

cop [kɒp] *n inf* flic *m*.

◆ **cop out** (*pt & pp* **-ped**, *cont* **-ping**) *vi inf* **to ~ out (of sthg)** se défiler *OR* se dérober (à qqch).

cope [kəʊp] *vi* se débrouiller ; **to ~ with** faire face à.

Copenhagen [,kəʊpən'heɪgən] *n* Copenhague.

copier ['kɒpɪəʳ] *n* copieur *m*, photocopieur *m*.

co(-)pilot ['kəʊ,paɪlət] *n* copilote *mf*.

copious ['kəʊpjəs] *adj* [notes] copieux(euse) ; [supply] abondant(e).

cop-out *n inf* dérobade *f*, échappatoire *f*.

copper ['kɒpəʳ] *n* - **1.** [metal] cuivre *m* - **2.** *UK inf* [policeman] flic *m*.

coppice ['kɒpɪs], **copse** [kɒps] *n* taillis *m*, hallier *m*.

copulate ['kɒpjʊleɪt] *vi* : **to ~ (with)** s'accoupler (à *OR* avec).

copulation [,kɒpjʊ'leɪʃn] *n* copulation *f*.

copy ['kɒpɪ] ◇ *n* - **1.** [imitation] copie *f*, reproduction *f* - **2.** [duplicate] copie *f* - **3.** [of book] exemplaire *m* ; [of magazine] numéro *m*. ◇ *vt* (*pt & pp* **-ied**) - **1.** [imitate] copier, imiter - **2.** [photocopy] photocopier. ◇ *vi* (*pt & pp* **-ied**) copier.

◆ **copy down** *vt sep* prendre des notes de.

◆ **copy in** *vt sep* mettre (qn) en copie ; **to copy sb in (on sth)** mettre qn en copie de qch.
◆ **copy out** *vt sep* recopier.

copycat ['kɒpɪkæt] ◇ *n inf* copieur *m*, -euse *f*. ◇ *comp* inspiré (e) par un autre (une autre).

copy(-)protect *vt* protéger contre la copie.

copyright ['kɒpɪraɪt] *n* copyright *m*, droit *m* d'auteur.

copy typist *n UK* dactylo(graphe) *f*.

copywriter ['kɒpɪ,raɪtəʳ] *n* concepteur-rédacteur publicitaire *m*, conceptrice-rédactrice publicitaire *f*.

coral ['kɒrəl] ◇ *n* corail *m*. ◇ *comp* de corail.

coral reef *n* récif *m* de corail.

Coral Sea *n* : **the ~** la mer de Corail.

cord [kɔːd] ◇ *n* - **1.** [string] ficelle *f* ; [rope] corde *f* - **2.** [electric] fil *m*, cordon *m* - **3.** [fabric] velours *m* côtelé. ◇ *comp* en velours côtelé.
◆ **cords** *npl* pantalon *m* en velours côtelé.

cordial ['kɔːdjəl] ◇ *adj* cordial(e), chaleureux(euse). ◇ *n* cordial *m*.

cordially ['kɔːdɪəlɪ] *adv* cordialement.

cordless ['kɔːdlɪs] *adj* [telephone] sans fil ; [shaver] à piles.

Cordoba ['kɔːdəbə] *n* Cordoue.

cordon ['kɔːdn] *n* cordon *m*.
◆ **cordon off** *vt sep* barrer (par un cordon de police).

cordon bleu [-blɜː] *adj* cordon bleu.

corduroy ['kɔːdərɔɪ] ◇ *n* velours *m* côtelé. ◇ *comp* en velours côtelé.

core [kɔːʳ] ◇ *n* - **1.** [of apple etc] trognon *m*, cœur *m* - **2.** [of cable, Earth] noyau *m* ; [of nuclear reactor] cœur *m* - **3.** *fig* [of people] noyau *m* ; [of problem, policy] essentiel *m*. ◇ *vt* enlever le cœur de.

CORE [kɔːʳ] (*abbr of* **Congress of Racial Equality**) *n ligue américaine contre le racisme*.

corer ['kɔːrəʳ] *n* vide-pomme *m inv*.

corespondent [,kəʊrɪ'spɒndənt] *n* LAW codéfendeur *m*, -eresse *f*.

core time *n UK* plage *f* fixe.

Corfu [kɔː'fuː] *n* Corfou ; **in ~** à Corfou.

corgi ['kɔːgɪ] (*pl* **-s**) *n* corgi *m*.

coriander [,kɒrɪ'ændəʳ] *n* coriandre *f*.

cork [kɔːk] *n* - **1.** [material] liège *m* - **2.** [stopper] bouchon *m*.

corkage ['kɔːkɪdʒ] *n droit de débouchage sur un vin apporté par le consommateur*.

corked [kɔːkt] *adj* [wine] qui a le goût de bouchon.

corkscrew ['kɔːkskruː] *n* tire-bouchon *m*.

cormorant ['kɔːmərənt] *n* cormoran *m*.

corn [kɔːn] ◇ *n* - **1.** *UK* [wheat] grain *m* ; *US* [maize] maïs *m* ; **~ on the cob** épi *m* de maïs cuit - **2.** [on foot] cor *m*. ◇ *comp* : **~ bread** pain *m* de farine de maïs ; **~ oil** huile *f* de maïs.

Corn (*written abbrev of* **Cornwall**) *comté anglais*.

cornea ['kɔːnɪə] (*pl* **-s**) *n* cornée *f*.

corned beef [kɔːnd-] *n UK* corned-beef *m inv*.

corner ['kɔːnəʳ] ◇ *n* - **1.** [angle] coin *m*, angle *m* ; **to cut ~s** *fig* brûler les étapes - **2.** [bend in road] virage *m*, tournant *m* - **3.** FTBL corner *m*. ◇ *vt* - **1.** [person, animal] acculer - **2.** [market] accaparer.

corner flag *n* SPORT piquet *m* de coin.

corner kick *n* FTBL = **corner**.

corner shop *n* magasin *m* du coin OR du quartier.

cornerstone ['kɔːnəstəʊn] *n fig* pierre *f* angulaire.

cornet ['kɔːnɪt] *n* - **1.** [instrument] cornet *m* à pistons - **2.** *UK* [ice-cream cone] cornet *m* de glace.

cornfield ['kɔːnfiːld] *n* - **1.** *UK* [of wheat] champ *m* de blé - **2.** *US* [of maize] champ *m* de maïs.

cornflakes ['kɔːnfleɪks] *npl* corn-flakes *mpl*.

cornflour *UK* ['kɔːnflaʊəʳ], **cornstarch** *US* ['kɔːnstɑːtʃ] *n* ≃ Maïzena® *f*, fécule *f* de maïs.

cornice ['kɔːnɪs] *n* corniche *f*.

Cornish ['kɔːnɪʃ] ◇ *adj* de Cornouailles, cornouaillais(e). ◇ *npl* : **the ~** les Cornouaillais *mpl*.

Cornishman ['kɔːnɪʃmən] (*pl* **-men** [-mən]) *n* Cornouaillais *m*.

Cornishwoman ['kɔːnɪʃ,wʊmən] (*pl* **-women** [-,wɪmɪn]) *n* Cornouaillaise *f*.

cornstarch ['kɔːnstɑːtʃ] *US* = **cornflour**.

cornucopia [,kɔːnjʊ'kəʊpjə] *n lit* corne *f* d'abondance.

Cornwall ['kɔːnwɔːl] *n* Cornouailles *f* ; **in ~** en Cornouailles.

corny ['kɔːnɪ] (*comp* **-ier**, *superl* **-iest**) *adj inf* [joke] peu original(e) ; [story, film] à l'eau de rose.

corollary [kə'rɒlərɪ] (*pl* **-ies**) *n* corollaire *m*.

coronary ['kɒrənrɪ] (*pl* **-ies**), **coronary thrombosis** [-θrɒm'bəʊsɪs] (*pl* **-ses** [-siːz]) *n* infarctus *m* du myocarde.

coronation [ˌkɒrəˈneɪʃn] *n* couronnement *m*.

coroner [ˈkɒrənər] *n* coroner *m*.

Corp. (*abbr of* **corporation**) Cie.

corpora [ˈkɔːpərə] *pl* ▷ **corpus**.

corporal [ˈkɔːpərəl] *n* [gen] caporal *m* ; [in artillery] brigadier *m*.

corporal punishment *n* châtiment *m* corporel.

corporate [ˈkɔːpərət] *adj* - **1.** [business] corporatif(ive), de société - **2.** [collective] collectif(ive).

corporate hospitality *n (U) réceptions données par une société pour ses clients.*

corporate identity, **corporate image** *n* image *f* de marque de la société.

corporation [ˌkɔːpəˈreɪʃn] *n* - **1.** *UK* [town council] conseil *m* municipal - **2.** [large company] compagnie *f*, société *f* enregistrée.

corporation tax *n UK* impôt *m* sur les sociétés.

corps [kɔːr] (*pl* **corps**) *n* corps *m* ; **the press ~** la presse.

corpse [kɔːps] *n* cadavre *m*.

corpulent [ˈkɔːpjʊlənt] *adj* corpulent(e).

corpus [ˈkɔːpəs] (*pl* **-pora** [-pərə] , *pl* **-puses** [-pəsiːz]) *n* corpus *m*, recueil *m*.

corpuscle [ˈkɔːpʌsl] *n* globule *m*.

corral [kɒˈrɑːl] *n* corral *m*.

correct [kəˈrekt] ◇ *adj* - **1.** [accurate] correct(e), exact(e) ; **you're quite ~** tu as parfaitement raison - **2.** [proper, socially acceptable] correct(e), convenable. ◇ *vt* corriger.

correction [kəˈrekʃn] *n* correction *f*.

correctly [kəˈrektlɪ] *adv* - **1.** [accurately] correctement, exactement - **2.** [properly, acceptably] correctement, comme il faut.

correlate [ˈkɒrəleɪt] ◇ *vt* mettre en corrélation, corréler. ◇ *vi* : **to ~ (with)** correspondre (à), être en corrélation (avec).

correlation [ˌkɒrəˈleɪʃn] *n* corrélation *f*.

correspond [ˌkɒrɪˈspɒnd] *vi* - **1.** [gen] : **to ~ (with** *OR* **to)** correspondre (à) - **2.** [write letters] : **to ~ (with sb)** correspondre (avec qqn).

correspondence [ˌkɒrɪˈspɒndəns] *n* : **~ (with)** correspondance *f* (avec).

correspondence course *n* cours *m* par correspondance.

correspondent [ˌkɒrɪˈspɒndənt] *n* correspondant *m*, -e *f*.

corresponding [ˌkɒrɪˈspɒndɪŋ] *adj* correspondant(e).

corridor [ˈkɒrɪdɔːr] *n* [in building] couloir *m*, corridor *m*.

corroborate [kəˈrɒbəreɪt] *vt* corroborer, confirmer.

corroboration [kəˌrɒbəˈreɪʃən] *n* corroboration *f*, confirmation *f*.

corrode [kəˈrəʊd] ◇ *vt* corroder, attaquer. ◇ *vi* se corroder.

corrosion [kəˈrəʊʒn] *n* corrosion *f*.

corrosive [kəˈrəʊsɪv] *adj* corrosif(ive).

corrugated [ˈkɒrəgeɪtɪd] *adj* ondulé(e).

corrugated iron *n* tôle *f* ondulée.

corrupt [kəˈrʌpt] ◇ *adj* [gen & COMPUT] corrompu(e). ◇ *vt* corrompre, dépraver.

corruption [kəˈrʌpʃn] *n* corruption *f*.

corsage [kɔːˈsɑːʒ] *n* petit bouquet *m* de fleurs *(porté au corsage)*.

corset [ˈkɔːsɪt] *n* corset *m*.

Corsica [ˈkɔːsɪkə] *n* Corse *f* ; **in ~** en Corse.

Corsican [ˈkɔːsɪkən] ◇ *adj* corse. ◇ *n* - **1.** [person] Corse *mf* - **2.** [language] corse *m*.

cortege, **cortège** [kɔːˈteɪʒ] *n* cortège *m*.

cortisone [ˈkɔːtɪzəʊn] *n* cortisone *f*.

cos[1] [kɒz], *UK* **'cos**, *US* **cause** *conj inf* = because.

cos[2] [kɒz] *UK* = **cos lettuce**.

c.o.s. (*abbr of* **cash on shipment**) paiement à l'expédition.

cosh [kɒʃ] *UK* ◇ *n* matraque *f*, gourdin *m*. ◇ *vt* frapper, matraquer.

cosignatory [ˌkəʊˈsɪgnətrɪ] (*pl* **-ies**) *n* cosignataire *mf*.

cosine [ˈkəʊsaɪn] *n* cosinus *m*.

cos lettuce [kɒs-] *n UK* romaine *f*.

cosmetic [kɒzˈmetɪk] ◇ *n* cosmétique *m*, produit *m* de beauté. ◇ *adj fig* superficiel(elle).

cosmetic surgery *n* chirurgie *f* plastique *OR* esthétique.

cosmic [ˈkɒzmɪk] *adj* cosmique.

cosmonaut [ˈkɒzmənɔːt] *n* cosmonaute *mf*.

cosmopolitan [kɒzməˈpɒlɪtn] *adj* cosmopolite.

cosmos [ˈkɒzmɒs] *n* : **the ~** le cosmos.

Cossack [ˈkɒsæk] *n* cosaque *m*.

cosset [ˈkɒsɪt] *vt* dorloter, choyer.

cost [kɒst] ◇ *n lit & fig* coût *m* ; **at all ~s** à tout prix, coûte que coûte. ◇ *vt* (*pt & pp* **cost** *OR* **-ed**) - **1.** *lit & fig* coûter ; **it ~ me £10** ça m'a coûté 10 livres ; **it ~ us a lot of time and effort** ça nous a demandé beaucoup de temps et de travail - **2.** COMM [estimate] évaluer le coût de. ◇ *vi* (*pt & pp* **cost** *OR* **-ed**) coûter ; **how much does it ~?** combien ça coûte?, combien cela coûte-t-il?

◆ **costs** *npl* LAW dépens *mpl*, frais *mpl* judiciaires.

cost accountant *n* responsable *m* de la comptabilité analytique.

co-star ['kəʊ-] ◇ *n* partenaire *mf*. ◇ *vt* [subj: film] avoir comme vedettes. ◇ *vi* : **to ~ with** partager la vedette avec.

Costa Rica [ˌkɒstəˈriːkə] *n* Costa Rica *m* ; **in ~** au Costa Rica.

Costa Rican [ˌkɒstəˈriːkən] ◇ *adj* costaricien(enne). ◇ *n* Costaricien *m*, -enne *f*.

cost-benefit analysis *n* analyse *f* coûts-bénéfices.

cost-effective *adj* rentable.

cost-effectiveness *n* rentabilité *f*.

costing ['kɒstɪŋ] *n* évaluation *f* du coût.

costly ['kɒstlɪ] (*comp* **-ier**, *superl* **-iest**) *adj lit & fig* coûteux(euse).

cost of living *n* : **the ~** le coût de la vie.

cost-of-living index *n UK* indice *m* du coût de la vie.

cost price *n* prix *m* coûtant.

costume ['kɒstjuːm] *n* - **1.** [gen] costume *m* - **2.** *UK* [swimming costume] maillot *m* (de bain).

costume jewellery *UK*, **costume jewelry** *US n (U)* bijoux *mpl* fantaisie.

cosy *UK*, **cozy** *US* ['kəʊzɪ] ◇ *adj* (*comp* **-ier**, *superl* **-iest**, *pl* **-ies**) - **1.** [house, room] douillet(ette) ; [atmosphere] chaleureux(euse) ; **to feel ~** se sentir bien au chaud - **2.** [intimate] intime. ◇ *n* cosy *m*.

cot [kɒt] *n* - **1.** *UK* [for child] lit *m* d'enfant, petit lit - **2.** *US* [folding bed] lit *m* de camp.

cot death *n UK* mort *f* subite du nourrisson.

cottage ['kɒtɪdʒ] *n* cottage *m*, petite maison *f* (de campagne).

cottage cheese *n* fromage *m* blanc.

cottage hospital *n UK* petit hôpital *m* (en zone rurale).

cottage industry *n* industrie *f* artisanale.

cottage pie *n UK* ≃ hachis *m* Parmentier.

cotton ['kɒtn] ◇ *n* - **1.** [gen] coton *m* - **2.** [thread] fil *m* de coton. ◇ *comp* de coton.

◆ **cotton on** *vi inf* **to ~ on (to sthg)** piger (qqch), comprendre (qqch).

cotton bud *UK*, **cotton swab** *US n* coton-tige *m*.

cotton candy *n US* barbe *f* à papa.

cotton swab *US* = **cotton bud**.

cotton wool *n UK* ouate *f*, coton *m* hydrophile.

couch [kaʊtʃ] ◇ *n* - **1.** [sofa] canapé *m*, divan *m* - **2.** [in doctor's surgery] lit *m*. ◇ *vt* exprimer, formuler.

couchette [kuːˈʃet] *n UK* couchette *f*.

couch potato *n inf* flemmard *m*, -e *f (qui passe son temps devant la télé)*.

cougar ['kuːgəʳ] (*pl* **cougar** OR **-s**) *n* couguar *m*, couguar *m*.

cough [kɒf] ◇ *n* toux *f* ; **I've got a ~** je tousse. ◇ *vi* tousser. ◇ *vt* [blood] cracher (en toussant).

◆ **cough up** *vt sep* - **1.** [bring up] cracher (en toussant) - **2.** *v inf* [pay up] casquer, cracher.

cough drop *US*, **cough sweet** *UK n* pastille *f* pour la toux.

coughing ['kɒfɪŋ] *n (U)* toux *f*.

cough mixture *n UK* sirop *m* pour la toux.

cough syrup *US* = **cough mixture**.

could [kʊd] *pt* ▷ **can**[2].

couldn't ['kʊdnt] = **could not**.

could've ['kʊdəv] = **could have**.

council ['kaʊnsl] ◇ *n* conseil *m* municipal. ◇ *comp* du conseil.

council estate *n UK* quartier *m* de logements sociaux.

council house *n UK* maison *f* qui appartient à la municipalité, ≃ H.L.M. *m ou f*.

councilor ['kaʊnsələr] *n UK* conseiller municipal *m*, conseillère municipale *f*.

councillor *US* = **councilor**.

councilman *US* = **councilor**.

Council of Europe *n* conseil *m* de l'Europe.

council of war *n* conseil *m* de guerre.

council tax *n UK* ≃ impôts *mpl* locaux.

councilwoman *US* = **councilor**.

counsel ['kaʊnsəl] ◇ *n* - **1.** *(U) fml* [advice] conseil *m* - **2.** [lawyer] avocat *m*, -e *f*. ◇ *vt* (*UK*, *pt & pp* **-led**, *cont* **-ling**, *US*, *pt & pp* **-ed**, *cont* **-ing**) : **to ~ sb to do sthg** *fml* conseiller à qqn de faire qqch.

counselling *UK*, **counseling** *US* ['kaʊnsəlɪŋ] *n (U)* conseils *mpl*.

counsellor *UK*, **counselor** *US* ['kaʊnsələʳ] *n* - **1.** [gen] conseiller *m*, -ère *f* - **2.** *US* [lawyer] avocat *m*.

count [kaʊnt] ◇ *n* - **1.** [total] total *m* ; **to keep ~ of** tenir le compte de ; **to lose ~ of sthg** ne plus savoir qqch, ne pas se rappeler qqch - **2.** [point] : **I disagree with him on two ~s** je ne suis pas d'accord avec lui sur deux points - **3.** LAW [charge] chef *m* d'accusation - **4.** [aristocrat] comte *m*. ◇ *vt* - **1.** [gen] compter ; **there are five people, not ~ing me** sans moi, on est cinq - **2.** [consider] : **to ~ sb as sthg** considérer qqn comme qqch. ◇ *vi* - **1.** [gen] compter ; **to ~ (up) to** compter jusqu'à - **2.** [be considered] : **to ~ as** être considéré(e) comme.

◆ **count against** *vt insep* jouer contre.

◆ **count in** *vt sep inf* **~ me in!** je suis de la partie!

◆ **count (up)on** *vt insep* - **1.** [rely on] compter sur - **2.** [expect] s'attendre à, prévoir.

◆ **count out** *vt sep* - **1.** [money] compter - **2.** *inf* [leave out] : **~ me out!** ne comptez pas sur moi!

◆ **count up** *vt insep* compter.

countdown ['kaʊntdaʊn] *n* compte *m* à rebours.

countenance ['kaʊntənəns] ◇ *n lit* [face] visage *m*. ◇ *vt* approuver, admettre.

counter ['kaʊntəʳ] ◇ *n* - **1.** [in shop, bank] comptoir *m* - **2.** [in board game] pion *m*. ◇ *vt* : **to ~ sthg (with)** [criticism etc] riposter à qqch (par) ; **to ~ sthg by doing sthg** s'opposer à qqch en faisant qqch. ◇ *vi* : **to ~ with sthg/by doing sthg** riposter par qqch/en faisant qqch.

◆ **counter to** *adv* contrairement à ; **to run ~ to** aller à l'encontre de.

counteract [ˌkaʊntə'rækt] *vt* contrebalancer, compenser.

counterattack ['kaʊntərəˌtæk] ◇ *n* contre-attaque *f*. ◇ *vt* & *vi* contre-attaquer.

counterbalance [ˌkaʊntə'bæləns] *vt fig* contrebalancer, compenser.

counterclaim ['kaʊntəkleɪm] *n* demande *f* reconventionnelle.

counterclockwise [ˌkaʊntə'klɒkwaɪz] *adj* & *adv US* dans le sens inverse des aiguilles d'une montre.

counterespionage [ˌkaʊntər'espɪənɑːʒ] *n* contre-espionnage *m*.

counterfeit ['kaʊntəfɪt] ◇ *adj* faux (fausse). ◇ *vt* contrefaire.

counterfoil ['kaʊntəfɔɪl] *n UK* talon *m*, souche *f*.

counterintelligence [ˌkaʊntərɪn'telɪdʒəns] *n* contre-espionnage *m*.

countermand [ˌkaʊntə'mɑːnd] *vt* annuler.

countermeasure [ˌkaʊntə'meʒəʳ] *n* contre-mesure *f*.

counteroffensive [ˌkaʊntərə'fensɪv] *n* contre-offensive *f*.

counterpane ['kaʊntəpeɪn] *n UK dated* couvre-lit *m*, dessus-de-lit *m inv*.

counterpart ['kaʊntəpɑːt] *n* [person] homologue *mf* ; [thing] équivalent *m*, -e *f*.

counterpoint ['kaʊntəpɔɪnt] *n* MUS contrepoint *m*.

counterproductive [ˌkaʊntəprə'dʌktɪv] *adj* qui a l'effet inverse.

counter-revolution *n* contre-révolution *f*.

countersank ['kaʊntəsæŋk] *pt* ▷ **countersink**.

countersign ['kaʊntəsaɪn] *vt* contresigner.

countersink ['kaʊntəsɪŋk] (*pt* **-sank**, *pp* **-sunk**) *vt* [hole] fraiser ; [screw] noyer.

countess ['kaʊntɪs] *n* comtesse *f*.

countless ['kaʊntlɪs] *adj* innombrable.

countrified ['kʌntrɪfaɪd], **countryfied** *adj pej* campagnard(e), rustique.

country ['kʌntrɪ] ◇ *n* (*pl* **-ies**) - **1.** [nation] pays *m* - **2.** [countryside] : **the ~** la campagne ; **in the ~** à la campagne - **3.** [region] région *f* ; [terrain] terrain *m*. ◇ *comp* de la campagne, campagnard(e).

country and western ◇ *n* country *m*. ◇ *comp* country (*inv*).

country club *n* club *m* de loisirs (à la campagne).

country dancing *n UK (U)* danse *f* folklorique.

country house *n* manoir *m*.

countryman ['kʌntrɪmən] (*pl* **-men** [-mən]) *n* [from same country] compatriote *m*.

country music *n* = **country and western**.

country park *n UK* parc *m* naturel.

countryside ['kʌntrɪsaɪd] *n* campagne *f*.

countrywoman ['kʌntrɪˌwʊmən] (*pl* **-women** [-ˌwɪmɪn]) *n* [from same country] compatriote *f*.

county ['kaʊntɪ] (*pl* **-ies**) *n* comté *m*.

county council *n UK* conseil *m* général.

county court *n* ≃ tribunal *m* de grande instance.

county town *UK*, **county seat** *US n* chef-lieu *m*.

coup [kuː] *n* - **1.** [rebellion] : **~ (d'état)** coup *m* d'État - **2.** [success] coup *m* (de maître), beau coup *m*.

coupé ['kuːpeɪ], **coupe** *n* coupé *m*.

couple ['kʌpl] ◇ *n* - **1.** [in relationship] couple *m* - **2.** [small number] : **a ~ (of)** [two] deux ; [a few] quelques, deux ou trois. ◇ *vt* - **1.** [join] : **to ~ sthg (to)** atteler qqch (à) - **2.** *fig* [associate] : **to ~ sthg with** associer qqch à ; **~d with** ajouté OR joint à.

couplet ['kʌplɪt] *n* couplet *m*.

coupling ['kʌplɪŋ] *n* RAIL attelage *m*.

coupon ['kuːpɒn] *n* - **1.** [voucher] bon *m* - **2.** [form] coupon *m*.

courage ['kʌrɪdʒ] *n* courage *m* ; **to take ~ (from sthg)** être encouragé (par qqch) ; **to have the ~ of one's convictions** avoir le courage de ses opinions.

courageous [kə'reɪdʒəs] *adj* courageux(euse).

courageously [kə'reɪdʒəslɪ] *adv* courageusement, avec courage.

courgette [kɔː'ʒet] *n UK* courgette *f*.

courier ['kʊrɪəʳ] *n* **- 1.** *UK* [on holiday] guide *m*, accompagnateur *m*, -trice *f* **- 2.** [to deliver letters, packages] courrier *m*, messager *m*.

course [kɔːs] ◇ *n* **- 1.** [gen & SCH] cours *m* ; **to take a ~ (in)** suivre un cours (de) ; **~ of action** ligne *f* de conduite ; **in the ~ of** au cours de ; **to run** OR **take its ~** [illness, event] suivre son cours **- 2.** MED [of injections] série *f* ; **~ of treatment** traitement *m* **- 3.** [of ship, plane] route *f* ; **to be on ~** suivre le cap fixé ; *fig* [on target] être dans la bonne voie ; **to be off ~** faire fausse route **- 4.** [of meal] plat *m* **- 5.** SPORT terrain *m*. ◇ *vi lit* [flow] couler.
◆ **of course** *adv* **- 1.** [inevitably, not surprisingly] évidemment, naturellement **- 2.** [certainly] bien sûr ; **of ~ not** bien sûr que non.

coursebook ['kɔːsbʊk] *n UK* livre *m* de cours.

coursework ['kɔːswɜːk] *n (U)* travail *m* personnel.

court [kɔːt] ◇ *n* **- 1.** [LAW - building, room] cour *f*, tribunal *m* ; [- judge, jury etc] : **the ~** la justice ; **to appear in ~** comparaître devant un tribunal ; **to go to ~** aller en justice ; **to take sb to ~** faire un procès à qqn **- 2.** [SPORT - gen] court *m* ; [- for basketball, volleyball] terrain *m* ; **on ~** sur le court **- 3.** [courtyard, of monarch] cour *f*. ◇ *vt* [danger, disaster] braver, aller au-devant de ; [favour] rechercher. ◇ *vi dated* sortir ensemble, se fréquenter.

court circular *n UK* bulletin *m* quotidien de la cour.

courteous ['kɜːtjəs] *adj* courtois(e), poli(e).

courtesan [ˌkɔːtɪ'zæn] *n* courtisane *f*.

courtesy ['kɜːtɪsɪ] *n* courtoisie *f*, politesse *f*.
◆ **(by) courtesy of** *prep* avec la permission de.

courtesy car *n* voiture *f* mise gratuitement à la disposition du client.

courtesy coach *n UK* car *m* servant au transport des clients.

courthouse ['kɔːthaʊs] (*pl* [-haʊzɪz]) *n US* palais *m* de justice, tribunal *m*.

courtier ['kɔːtjəʳ] *n* courtisan *m*.

court-martial ◇ *n* (*pl* **court-martials** OR **courts-martial**) cour *f* martiale. ◇ *vt* (*UK*, *pt & pp* **-led**, *cont* **-ling**, *US*, *pt & pp* **-ed**, *cont* **-ing**) traduire en cour *f* martiale.

court of appeal *UK*, **court of appeals** *US n* cour *f* d'appel.

court of inquiry *n UK* commission *f* d'enquête.

court of law *n* tribunal *m*, cour *f* de justice.

courtroom ['kɔːtrʊm] *n* salle *f* de tribunal.

courtship ['kɔːtʃɪp] *n* **- 1.** [of people] cour *f* **- 2.** [of animals] parade *f*.

court shoe *n UK* escarpin *m*.

courtyard ['kɔːtjɑːd] *n* cour *f*.

cousin ['kʌzn] *n* cousin *m*, -e *f*.

couture [kuː'tʊəʳ] *n* haute couture *f*.

cove [kəʊv] *n* [bay] crique *f*.

coven ['kʌvən] *n* réunion *f* de sorcières.

covenant ['kʌvənənt] *n* **- 1.** [of money] engagement *m* contractuel **- 2.** [agreement] convention *f*, contrat *m*.

Covent Garden [ˌkɒvənt-] *n ancien marché de Londres, aujourd'hui importante galerie marchande.*

Covent Garden

Covent Garden, jadis le marché aux fruits, légumes et fleurs du centre de Londres, est aujourd'hui une importante galerie marchande ; ce nom désigne également la *Royal Opera House*, située près de l'ancien marché.

Coventry ['kɒvəntrɪ] *n* : **to send sb to ~** *UK* mettre qqn en quarantaine.

cover ['kʌvəʳ] ◇ *n* **- 1.** [covering - of furniture] housse *f* ; [- of pan] couvercle *m* ; [- of book, magazine] couverture *f* **- 2.** [blanket] couverture *f* ; **bed ~** couvre-lit *m* **- 3.** [protection, shelter] abri *m* ; **to take ~** s'abriter, se mettre à l'abri ; **under ~** à l'abri, à couvert ; **under ~ of darkness** à la faveur de la nuit ; **to break ~** [person] sortir à découvert OR de sa cachette **- 4.** [concealment] couverture *f* **- 5.** *UK* [insurance] couverture *f*, garantie *f*. ◇ *vt* **- 1.** [gen] : **to ~ sthg (with)** couvrir qqch (de) **- 2.** [insure] : **to ~ sb against** couvrir qqn en cas de **- 3.** [include] englober, comprendre.
◆ **cover up** *vt sep* **- 1.** [person, object, face] couvrir **- 2.** *fig* [scandal etc] dissimuler, cacher.

coverage ['kʌvərɪdʒ] *n* [of news] reportage *m*.

coveralls ['kʌvərɔːlz] *npl US* bleu *m* de travail.

cover charge *n* couvert *m*.

cover girl *n* cover-girl *f*.

covering ['kʌvərɪŋ] *n* [of floor etc] revêtement *m* ; [of snow, dust] couche *f*.

covering letter *UK*, **cover letter** *US n* lettre *f* explicative OR d'accompagnement.

cover note *n UK* lettre *f* de couverture, attestation *f* provisoire d'assurance.

cover price *n* [of magazine etc] prix *m*.

covert ['kʌvət] *adj* [activity] clandestin(e) ; [look, glance] furtif(ive).

cover-up *n* étouffement *m*, dissimulation *f*.

cover (version) *n* reprise *f*.

covet ['kʌvɪt] *vt* convoiter.

cow [kaʊ] <> *n* - **1.** [female type of cattle] vache *f* - **2.** [female elephant etc] femelle *f* - **3.** *UK inf pej* [woman] vache *f*, chameau *m*. <> *vt* intimider, effrayer.

coward ['kaʊəd] *n* lâche *mf*, poltron *m*, -onne *f*.

cowardice ['kaʊədɪs] *n* lâcheté.

cowardly ['kaʊədlɪ] *adj* lâche.

cowboy ['kaʊbɔɪ] <> *n* - **1.** [cattlehand] cowboy *m* - **2.** *UK inf* [dishonest workman] fumiste *m*. <> *comp* de cow-boys.

cower ['kaʊə^r] *vi* se recroqueviller.

cowhide ['kaʊhaɪd] *n* peau *f* de vache.

cowl neck [kaʊl-] *n* col *m* capuche.

cowpat ['kaʊpæt] *n* bouse *f* de vache.

cowshed ['kaʊʃed] *n* étable *f*.

cox [kɒks], **coxswain** ['kɒksən] *n* barreur *m*.

coy [kɔɪ] *adj* qui fait le/la timide.

coyly ['kɔɪlɪ] *adv* en faisant le/la timide.

coyote [kɔɪ'əʊtɪ] *n* coyote *m*.

cozy *US* = **cosy**.

cp. (*abbr of* **compare**) cf.

c/p (*abbr of* **carriage paid**) pp.

CP (*abbr of* **Communist Party**) *n* PC *m*.

CPA *n see also* **certified public accountant**.

CPI (*abbr of* **Consumer Price Index**) *n* IPC *m*.

Cpl. (*abbr of* **corporal**) C.

CP/M (*abbr of* **control program for micro-computers**) *n* CP/M *m*.

c.p.s. (*abbr of* **characters per second**) cps.

CPS (*abbr of* **Crown Prosecution Service**) *n* ≃ ministère *m* public.

CPSA (*abbr of* **Civil and Public Services Association**) *n syndicat britannique de la fonction publique*.

CPU *n see also* **central processing unit**.

cr. - **1.** *see also* **credit** - **2.** *see also* **creditor**.

crab [kræb] *n* crabe *m*.

crab apple *n* pomme *f* sauvage.

crack [kræk] <> *n* - **1.** [in glass, pottery] fêlure *f* ; [in wall, wood, ground] fissure *f* ; [in skin] gerçure *f* - **2.** [gap - in door] entrebâillement *m* ; [- in curtains] interstice *m* ; **at the ~ of dawn** au point du jour - **3.** [noise - of whip] claquement *m* ; [- of twigs] craquement *m* - **4.** [joke] plaisanterie *f* - **5.** *inf* [attempt] : **to have a ~ at sthg** tenter qqch, essayer de faire qqch - **6.** *drug sl* crack *m*. <> *adj* [troops etc] de première classe ; **~ shot** tireur *m*, -euse *f* d'élite. <> *vt* - **1.** [glass, plate] fêler ; [wood, wall] fissurer - **2.** [egg, nut] casser - **3.** [whip] faire claquer - **4.** [bang, hit sharply] : **to ~ one's head** se cogner la tête - **5.** *inf* [bottle] : **to ~ (open) a bottle** ouvrir une bouteille - **6.** [solve - problem] résoudre ; [- code] déchiffrer - **7.** *inf* [make - joke] faire. <> *vi* - **1.** [glass, pottery] se fêler ; [ground, wood, wall] se fissurer ; [skin] se crevasser, se gercer - **2.** [whip] claquer ; [twigs] craquer - **3.** [break down - person] craquer, s'effondrer ; [- system, empire] s'écrouler ; [- resistance] se briser - **4.** *UK inf* [act quickly] : **to get ~ing** s'y mettre.

◆ **crack down** *vi* : **to ~ down (on)** sévir (contre).

◆ **crack up** *vi* craquer.

crackdown ['krækdaʊn] *n* : **~ (on)** mesures *fpl* énergiques (contre).

cracked ['krækt] *adj* - **1.** [vase, glass] fêlé(e) ; [wall] fissuré(e) ; [paint, varnish] craquelé(e) - **2.** [voice] fêlé(e) - **3.** *inf* [mad] cinglé(e), toqué(e).

cracker ['krækə^r] *n* - **1.** [biscuit] cracker *m*, craquelin *m* - **2.** *UK* [for Christmas] diablotin *m*.

crackers ['krækəz] *adj UK inf* dingue, cinglé(e).

cracking ['krækɪŋ] *adj inf* **to walk at a ~ pace** *UK* marcher à toute allure.

crackle ['krækl] <> *n* [of fire] crépitement *m* ; [of cooking] grésillement *m* ; [on phone, radio] friture *f*. <> *vi* [frying food] grésiller ; [fire] crépiter ; [radio etc] crachoter.

crackling ['kræklɪŋ] *n (U)* - **1.** [on phone, radio] friture *f* ; [of fire] crépitement *m* ; [of cooking] grésillement *m* - **2.** [pork skin] couenne *f* rissolée.

crackpot ['krækpɒt] *inf* <> *adj* fou (folle). <> *n* cinglé *m*, -e *f*, tordu *m*, -e *f*.

Cracow *n* Cracovie.

cradle ['kreɪdl] <> *n* berceau *m* ; TECH nacelle *f*. <> *vt* [baby] bercer ; [object] tenir délicatement.

craft [krɑːft] (*pl* **craft**) *n* - **1.** [trade, skill] métier *m* - **2.** [boat] embarcation *f*.

craftsman ['krɑːftsmən] (*pl* **-men** [-mən]) *n* artisan *m*, homme *m* de métier.

craftsmanship ['krɑːftsmənʃɪp] *n (U)* - **1.** [skill] dextérité *f*, art *m* - **2.** [skilled work] travail *m*, exécution *f*.

craftsmen *pl* ▻ **craftsman**.

crafty ['krɑːftɪ] (*comp* **-ier**, *superl* **-iest**) *adj* rusé(e).

crag [kræg] *n* rocher *m* escarpé.

craggy ['krægɪ] (*comp* **-ier**, *superl* **-iest**) *adj* **- 1.** [rock] escarpé(e) **- 2.** [face] anguleux(euse).

Crakow ['krækaʊ] *n* Cracovie.

cram [kræm] (*pt & pp* **-med**, *cont* **-ming**) <> *vt* **- 1.** [stuff] fourrer **- 2.** [overfill] : **to ~ sthg with** bourrer qqch de. <> *vi* bachoter.

cramming ['kræmɪŋ] *n* bachotage *m*.

cramp [kræmp] <> *n* crampe *f*. <> *vt* gêner, entraver.

cramped [kræmpt] *adj* [room] exigu(ë) ; **it's a bit ~ in here** on est un peu à l'étroit ici.

crampon ['kræmpən] *n* crampon *m*.

cranberry ['krænbərɪ] (*pl* **-ies**) *n* canneberge *f*, airelle *f*.

crane [kreɪn] <> *n* grue *f*. <> *vt* : **to ~ one's neck** tendre le cou. <> *vi* tendre le cou.

crane fly *n* tipule *f*.

cranium ['kreɪnjəm] (*pl* **-niums** *OR* **-nia** [-njə]) *n* crâne *m*.

crank [kræŋk] <> *n* **- 1.** TECH manivelle *f* **- 2.** *inf* [person] excentrique *mf*. <> *vt* **- 1.** [wind - handle] tourner ; [- mechanism] remonter (à la manivelle) **- 2.** AUT faire démarrer à la manivelle.

crankshaft ['kræŋkʃɑ:ft] *n* vilebrequin *m*.

cranky ['kræŋkɪ] (*comp* **-ier**, *superl* **-iest**) *adj inf* **- 1.** [odd] excentrique **- 2.** *US* [bad-tempered] grognon(onne).

cranny ['krænɪ] (*pl* **-ies**) *n* ▷ **nook**.

crap [kræp] *n (U) v inf* merde *f* ; **it's a load of ~** tout ça, c'est des conneries.

crappy ['kræpɪ] (*comp* **-ier**, *superl* **-iest**) *adj v inf* merdique.

crash [kræʃ] <> *n* **- 1.** [accident] accident *m* **- 2.** [noise] fracas *m* **- 3.** FIN krach *m*. <> *vt* **- 1.** : **I ~ed the car** j'ai eu un accident avec la voiture **- 2.** COMPUT planter **- 3.** [person] s'endormir. <> *vi* **- 1.** [cars, trains] se percuter, se rentrer dedans ; [car, train] avoir un accident ; [plane] s'écraser ; **to ~ into** [wall] rentrer dans, emboutir **- 2.** [plate] se fracasser **- 3.** [FIN - business, company] faire faillite ; [- stock market] s'effondrer **- 4.** COMPUT tomber en panne.

◆ **crash out** *vi v inf* dormir.

crash barrier *n* glissière *f* de sécurité.

crash course *n* cours *m* intensif.

crash diet *n* régime *m* intensif.

crash-dive *vi* faire une plongée rapide.

crash helmet *n* casque *m* de protection.

crash-land <> *vt* faire atterrir en catastrophe. <> *vi* atterrir en catastrophe.

crash landing *n* atterrissage *m* en catastrophe.

crass [kræs] *adj* grossier(ère).

crate [kreɪt] *n* cageot *m*, caisse *f*.

crater ['kreɪtəʳ] *n* cratère *m*.

cravat [krə'væt] *n* cravate *f*.

crave [kreɪv] <> *vt* [affection, luxury] avoir soif de ; [cigarette, chocolate] avoir un besoin fou *OR* maladif de. <> *vi* : **to ~ for** [affection, luxury] avoir soif de ; [cigarette, chocolate] avoir un besoin fou *OR* maladif de.

craving ['kreɪvɪŋ] *n* : **~ for** [affection, luxury] soif *f* de ; [cigarette, chocolate] besoin *m* fou *OR* maladif de.

crawl [krɔ:l] <> *vi* **- 1.** [baby] marcher à quatre pattes ; [person] se traîner **- 2.** [insect] ramper **- 3.** [vehicle, traffic] avancer au pas **- 4.** *inf* [place, floor] : **to be ~ing with** grouiller de **- 5.** *inf* [grovel] : **to ~ (to sb)** ramper (devant qqn). <> *n* **- 1.** [slow pace] : **at a ~** au pas, au ralenti **- 2.** [swimming stroke] : **the ~** le crawl.

crawdad, **crawfish** = **crayfish**.

crawler lane *n UK* voie *f* pour véhicules lents.

crayfish ['kreɪfɪʃ] (*pl* **crayfish** *OR* **-es**) *n* écrevisse *f*.

crayon ['kreɪɒn] *n* crayon *m* de couleur.

craze [kreɪz] *n* engouement *m*.

crazed [kreɪzd] *adj* : **~ (with)** rendu fou (rendue folle) (de).

crazy ['kreɪzɪ] (*comp* **-ier**, *superl* **-iest**) *adj inf* **- 1.** [mad] fou (folle) **- 2.** [enthusiastic] : **to be ~ about sb/sthg** être fou (folle) de qqn/qqch.

crazy paving *n UK* dallage *m* irrégulier.

CRB [ˌsi:ɑ:'bi:] (*abbr of* **Criminal Records Bureau**) *n Organisme chargé de vérifier le casier judiciaire de personnels sensibles.*

creak [kri:k] <> *n* [of door, handle] craquement *m*. <> *vi* [door, handle] craquer ; [floorboard, bed] grincer.

creaky ['kri:kɪ] (*comp* **-ier**, *superl* **-iest**) *adj* [door, handle] qui craque ; [floorboard, bed] qui grince.

cream [kri:m] <> *adj* [in colour] crème *(inv)*. <> *n* **- 1.** [gen] crème *f* **- 2.** [colour] crème *m*. <> *vt UK* [potatoes] mettre en purée.

◆ **cream off** *vt sep fig* écrémer.

cream cake *n UK* gâteau *m* à la crème.

cream cheese *n* fromage *m* frais.

cream cracker *n UK* biscuit *m* salé *(souvent mangé avec du fromage)*.

cream of tartar *n* crème *f* de tartre.

cream tea *n UK goûter se composant de thé et de scones servis avec de la crème et de la confiture.*

creamy ['kri:mɪ] (*comp* **-ier**, *superl* **-iest**) *adj* **- 1.** [taste, texture] crémeux(euse) **- 2.** [colour] crème *(inv)*.

crease [kri:s] ◇ *n* [in fabric - deliberate] pli *m* ; [- accidental] (faux) pli. ◇ *vt* froisser. ◇ *vi* - **1.** [fabric] se froisser - **2.** [face, forehead] se plisser.

creased [kri:st] *adj* - **1.** [fabric] froissé(e) - **2.** [face] plissé(e).

crease-resistant *adj* infroissable.

create [kri:'eɪt] *vt* créer.

creation [kri:'eɪʃn] *n* création *f*.

creative [kri:'eɪtɪv] *adj* créatif(ive).

creativity [ˌkri:eɪ'tɪvətɪ] *n* créativité *f*.

creator [kri:'eɪtəʳ] *n* créateur *m*, -trice *f*.

creature ['kri:tʃəʳ] *n* créature *f*.

crèche [kreʃ] *n UK* crèche *f*.

credence ['kri:dns] *n* : **to give** *OR* **lend ~ to sthg** ajouter foi à qqch.

credentials [krɪ'denʃlz] *npl* - **1.** [papers] pièce *f* d'identité ; *fig* [qualifications] capacités *fpl* - **2.** [references] références *fpl*.

credibility [ˌkredə'bɪlətɪ] *n* crédibilité *f*.

credible ['kredəbl] *adj* crédible.

credit ['kredɪt] ◇ *n* - **1.** FIN crédit *m* ; **to be in ~** [person] avoir un compte approvisionné ; [account] être approvisionné ; **on ~** à crédit - **2.** *(U)* [praise] honneur *m*, mérite *m* ; **to be to sb's ~** [successfully completed] être à l'actif de qqn ; [in sb's favour] être à l'honneur de qqn ; **to do sb ~** faire honneur à qqn ; **to give sb ~ for sthg** reconnaître que qqn a fait qqch - **3.** UNIV unité *f* de valeur. ◇ *vt* - **1.** FIN : **to ~ £10 to an account, to ~ an account with £10** créditer un compte de 10 livres - **2.** *inf* [believe] croire - **3.** [give the credit to] : **to ~ sb with sthg** accorder *OR* attribuer qqch à qqn ; **he's ~ed with inventing...** il a, dit-on, inventé...

◆ **credits** *npl* CIN générique *m*.

creditable ['kredɪtəbl] *adj* honorable.

credit account *n UK* compte *m* créditeur.

credit broker *n* courtier *m* en crédits *OR* en prêts.

credit card *n* carte *f* de crédit.

credit control *n* [on spending] encadrement *m* du crédit ; [debt recovery] recouvrement *m* de créances.

credit facilities *npl UK* facilités *fpl* de paiement *OR* de crédit.

credit limit *UK*, **credit line** *US n* limite *f* de crédit.

credit note *n* avoir *m* ; FIN note *f* de crédit.

creditor ['kredɪtəʳ] *n* créancier *m*, -ère *f*.

credit rating *n* degré *m* de solvabilité.

credit squeeze *n* restriction *f* de crédit.

credit transfer *n* virement *m* de crédits.

creditworthy ['kredɪtˌwɜ:ðɪ] *adj* solvable.

credulity [krɪ'dju:lətɪ] *n* crédulité *f*.

credulous ['kredjʊləs] *adj* crédule.

creed [kri:d] *n* - **1.** [belief] principes *mpl* - **2.** RELIG croyance *f*.

creek [kri:k] *n* - **1.** [inlet] crique *f* - **2.** *US* [stream] ruisseau *m*.

creep [kri:p] ◇ *vi* (*pt & pp* **crept**) - **1.** [insect] ramper ; [traffic] avancer au pas - **2.** [move stealthily] se glisser - **3.** *inf* [grovel] : **to ~ (to sb)** ramper (devant qqn). ◇ *n inf* [nasty person] sale type *m*.

◆ **creeps** *npl* : **to give sb the ~s** *inf* donner la chair de poule à qqn.

◆ **creep in** *vi* [appear] apparaître.

◆ **creep up on** *vt* surprendre.

creeper ['kri:pəʳ] *n* [plant] plante *f* grimpante.

◆ **creepers** *npl* chaussures *fpl* à semelles de crêpe.

creepy ['kri:pɪ] (*comp* **-ier**, *superl* **-iest**) *adj inf* qui donne la chair de poule.

creepy-crawly [-'krɔ:lɪ] (*pl* **creepy-crawlies**) *n inf* bestiole *f* qui rampe.

cremate [krɪ'meɪt] *vt* incinérer.

cremation [krɪ'meɪʃn] *n* incinération *f*.

crematorium *UK* [ˌkremə'tɔ:rɪəm] (*pl* **-riums** *OR* **-ria** [-rɪə]), **crematory** *US* ['kremətrɪ] (*pl* **-ies**) *n* crématorium *m*.

creosote ['krɪəsəʊt] ◇ *n* créosote *f*. ◇ *vt* créosoter.

crepe [kreɪp] *n* - **1.** [cloth, rubber] crêpe *m* - **2.** [pancake] crêpe *f*.

crepe bandage *n UK* bande *f* Velpeau®.

crepe paper *n (U)* papier *m* crépon.

crepe-soled shoes *npl UK* chaussures *fpl* à semelles de crêpe.

crept [krept] *pt & pp* ▻ **creep**.

Cres. *see also* **Crescent**.

crescendo [krɪ'ʃendəʊ] (*pl* **-s**) *n* crescendo *m*.

crescent ['kresnt] ◇ *adj* en forme de croissant ; **~ moon** croissant *m* de lune. ◇ *n* - **1.** [shape] croissant - **2.** *UK* [street] rue *f* en demi-cercle.

cress [kres] *n* cresson *m*.

crest [krest] *n* - **1.** [of bird, hill] crête *f* - **2.** [on coat of arms] timbre *m*.

crestfallen ['krestˌfɔ:ln] *adj* découragé(e).

Crete [kri:t] *n* Crète *f* ; **in ~** en Crète.

cretin ['kretɪn] *n inf* [idiot] crétin *m*, -e *f*.

Creutzfeldt-Jakob disease [ˌkrɔɪtsfelt'jækɒb-] *n* maladie *f* de Creutzfeldt-Jakob.

crevasse [krɪ'væs] *n* crevasse *f*.

crevice ['krevɪs] *n* fissure *f*.

crew [kru:] *n* - **1.** [of ship, plane] équipage *m* - **2.** [team] équipe *f* ; **ambulance ~** ambulanciers *mpl*.

crew cut *n* coupe *f* en brosse.

crewman ['kru:mæn] (*pl* **-men** [-men]) *n* membre *m* d'équipage.

crew-neck(ed) [-nek(t)] *adj* ras du cou.

crib [krɪb] ◇ *n* [cot] lit *m* d'enfant. ◇ *vt* (*pt* & *pp* **-bed**, *cont* **-bing**) *inf* [copy] : **to ~ sthg off** OR **from sb** copier qqch sur qqn.

cribbage ['krɪbɪdʒ] *n jeu de cartes dans lequel les points sont comptabilisés sur une tablette.*

crib death *n US* = **cot death**.

crick [krɪk] ◇ *n* [in neck] torticolis *m*. ◇ *vt* : **to ~ one's neck, to have a ~ in one's neck** attraper un torticolis ; **to ~ one's back** se faire un tour de reins.

cricket ['krɪkɪt] ◇ *n* - **1.** [game] cricket *m* - **2.** [insect] grillon *m*. ◇ *comp* de cricket.

cricketer ['krɪkɪtəʳ] *n* joueur *m* de cricket.

crikey ['kraɪkɪ] *excl UK inf dated* zut alors!

crime [kraɪm] ◇ *n* crime *m* ; : **~s against humanity** crimes *mpl* contre l'humanité. ◇ *comp* : **~ novel** roman *m* policier ; **~ prevention** lutte *f* contre le crime.

Crimea [kraɪ'mɪə] *n* : **the ~** la Crimée ; **in the ~** en Crimée.

crime wave *n* vague *f* de criminalité.

criminal ['krɪmɪnl] ◇ *adj* criminel(elle) ; **~ lawyer** avocat *m* pénaliste. ◇ *n* criminel *m*, -elle *f*.

criminalize, *UK* **-ise** ['krɪmɪnəlaɪz] *vt* criminaliser.

criminal law *n* droit *m* pénal.

Criminal Records Bureau *n Organisme chargé de vérifier le casier judiciaire de personnels sensibles.*

criminology [ˌkrɪmɪ'nɒlədʒɪ] *n* criminologie *f*.

crimp [krɪmp] *vt* [hair] crêper.

crimson ['krɪmzn] ◇ *adj* [in colour] rouge foncé *(inv)* ; [with embarrassment] cramoisi(e). ◇ *n* cramoisi *m*.

cringe [krɪndʒ] *vi* - **1.** [in fear] avoir un mouvement de recul (par peur) - **2.** *inf* [with embarrassment] : **to ~ (at sthg)** ne plus savoir où se mettre (devant qqch).

crinkle ['krɪŋkl] ◇ *n* [in paper] pli *m* ; [in cloth] (faux) pli. ◇ *vt* [clothes] froisser. ◇ *vi* [clothes] se froisser.

cryogenics [ˌkraɪə'dʒenɪks] *n (sg)* cryogénie *f*, cryologie *f*.

cripple ['krɪpl] ◇ *n dated* & *offens* infirme *mf*. ◇ *vt* - **1.** MED [disable] estropier - **2.** [country] paralyser ; [ship, plane] endommager.

crippling ['krɪplɪŋ] *adj* - **1.** MED [disease] qui rend infirme - **2.** [taxes, debts] écrasant(e).

crisis ['kraɪsɪs] (*pl* **crises** ['kraɪsi:z]) *n* crise *f*.

crisp [krɪsp] *adj* - **1.** [pastry] croustillant(e) ; [apple, vegetables] croquant(e) ; [snow] craquant(e) - **2.** [weather, manner] vif (vive).

◆ **crisps** *npl UK* chips *fpl*.

crispbread ['krɪspbred] *n UK* pain *m* suédois.

crispy ['krɪspɪ] (*comp* **-ier**, *superl* **-iest**) *adj* [pastry] croustillant(e) ; [apple, vegetables] croquant(e).

crisscross ['krɪskrɒs] ◇ *adj* entrecroisé(e). ◇ *vt* entrecroiser. ◇ *vi* s'entrecroiser.

criterion [kraɪ'tɪərɪən] (*pl* **-rions** OR **-ria** [-rɪə]) *n* critère *m*.

critic ['krɪtɪk] *n* - **1.** [reviewer] critique *mf* - **2.** [detractor] détracteur *m*, -trice *f*.

critical ['krɪtɪkl] *adj* critique ; **to be ~ of sb/sthg** critiquer qqn/qqch.

critically ['krɪtɪklɪ] *adv* - **1.** [ill] gravement ; **~ important** d'une importance capitale - **2.** [analytically] de façon critique.

criticism ['krɪtɪsɪzm] *n* critique *f*.

criticize, *UK* **-ise** ['krɪtɪsaɪz] *vt* & *vi* critiquer.

critique [krɪ'ti:k] *n* critique *f*.

croak [krəʊk] ◇ *n* - **1.** [of frog] coassement *m* ; [of raven] croassement *m* - **2.** [hoarse voice] voix *f* rauque. ◇ *vi* - **1.** [frog] coasser ; [raven] croasser - **2.** [person] parler d'une voix rauque.

Croat ['krəʊæt], **Croatian** [krəʊ'eɪʃn] ◇ *adj* croate. ◇ *n* - **1.** [person] Croate *mf* - **2.** [language] croate *m*.

Croatia [krəʊ'eɪʃə] *n* Croatie *f* ; **in ~** en Croatie.

Croatian = **Croat**.

crochet ['krəʊʃeɪ] ◇ *n* crochet *m*. ◇ *vt* faire au crochet.

crockery ['krɒkərɪ] *n dated* vaisselle *f*.

crocodile ['krɒkədaɪl] (*pl* **crocodile** OR **-s**) *n* crocodile *m*.

crocus ['krəʊkəs] (*pl* **-es** [-i:z]) *n* crocus *m*.

croft [krɒft] *n UK* petite ferme *f (particulièrement en Écosse)*.

croissant *n* croissant *m*.

crony ['krəʊnɪ] (*pl* **-ies**) *n inf* copain *m*, copine *f*.

crook [krʊk] ◇ *n* - **1.** [criminal] escroc *m* - **2.** [of arm, elbow] pliure *f* - **3.** [shepherd's staff] houlette *f*. ◇ *vt* [finger, arm] plier.

crooked ['krʊkɪd] *adj* - **1.** [bent] courbé(e) - **2.** [teeth, tie] de travers - **3.** *inf* [dishonest] malhonnête.

croon [kru:n] *vt* & *vi* chantonner.

crop [krɒp] <> *n* - **1.** [kind of plant] culture *f* - **2.** [harvested produce] récolte *f* - **3.** [whip] cravache *f.* <> *vt* (*pt* & *pp* **-ped**, *cont* **-ping**) - **1.** [hair] couper très court - **2.** [subj: cows, sheep] brouter.

◆ **crop up** *vi* survenir.

cropper ['krɒpəʳ] *n inf* **to come a ~** [fall over] se casser la figure ; [make mistake] se planter.

crop spraying *n* pulvérisation *f* des cultures.

croquet ['krəʊkeɪ] *n* croquet *m.*

croquette [krɒ'ket] *n* croquette *f.*

cross [krɒs] <> *adj* [person] fâché(e) ; [look] méchant(e) ; **to get ~ (with sb)** se fâcher (contre qqn). <> *n* - **1.** [gen] croix *f* - **2.** [hybrid] croisement *m.* <> *vt* - **1.** [gen] traverser - **2.** [arms, legs] croiser - **3.** RELIG : **to ~ o.s.** faire le signe de croix, se signer - **4.** *UK* [cheque] barrer. <> *vi* - **1.** [intersect] se croiser - **2.** [traverse - boat] faire la traversée.

◆ **cross off**, **cross out** *vt sep* rayer.

crossbar ['krɒsbɑ:ʳ] *n* - **1.** SPORT barre *f* transversale - **2.** [on bicycle] barre *f.*

crossbow ['krɒsbəʊ] *n* arbalète *f.*

crossbreed ['krɒsbri:d] *n* hybride *m.*

cross-Channel *adj* transManche.

cross-check <> *n* contre-vérification *f.* <> *vt* faire une contre-vérification de.

cross-country <> *adj* : **~ running** cross *m* ; **~ skiing** ski *m* de fond. <> *adv* à travers champs. <> *n* cross-country *m*, cross *m.*

cross-cultural *adj* interculturel(elle).

cross-dressing *n* travestisme *m.*

crossed line *n* TELEC : **we've got a ~** il y a des interférences.

cross-examination *n* LAW contre-interrogatoire *m.*

cross-examine *vt* LAW faire subir un contre-interrogatoire à ; *fig* questionner de près.

cross-eyed [-aɪd] *adj* qui louche.

cross-fertilize *vt* [plants] croiser.

crossfire ['krɒs,faɪəʳ] *n* (*U*) feu *m* croisé.

crosshead ['krɒs,hed] *adj* : **~ screw** vis *m* cruciforme ; **~ screwdriver** tournevis *m* cruciforme.

crossing ['krɒsɪŋ] *n* - **1.** [on road] passage *m* clouté ; [on railway line] passage à niveau - **2.** [sea journey] traversée *f.*

cross-legged [-legd] *adv* en tailleur.

crossly ['krɒslɪ] *adv* [say] d'un air fâché.

crossply ['krɒsplaɪ] <> *adj* [tyre] à carcasse diagonale. <> *n* (*pl* **-ies**) pneu *m* à carcasse diagonale.

cross(-)purposes *npl* : **to talk at ~** ne pas parler de la même chose ; **to be at ~** ne pas être sur la même longueur d'ondes.

cross-question <> *n* contre-interrogatoire *m.* <> *vt* faire subir un contre-interrogatoire à.

cross-refer *vt* & *vi* renvoyer.

cross-reference *n* renvoi *m.*

crossroads ['krɒsrəʊdz] (*pl* **crossroads**) *n* croisement *m* ; **to be at a ~** *fig* se trouver à un point critique.

cross-section *n* - **1.** [drawing] coupe *f* transversale - **2.** [sample] échantillon *m.*

crosswalk ['krɒswɔ:k] *n US* passage *m* clouté, passage pour piétons.

crossways ['krɒsweɪz] = **crosswise**.

crosswind ['krɒswɪnd] *n* vent *m* de travers.

crosswise ['krɒswaɪz] *adv* en travers.

crossword (puzzle) ['krɒswɜ:d-] *n* mots croisés *mpl.*

crotch [krɒtʃ] *n* entrejambe *m.*

crotchet ['krɒtʃɪt] *n UK* MUS noire *f.*

crotchety ['krɒtʃɪtɪ] *adj UK inf* grognon(onne).

crouch [kraʊtʃ] *vi* s'accroupir.

croup [kru:p] *n* - **1.** [illness] croup *m* - **2.** [of horse] croupe *f.*

croupier ['kru:pɪəʳ] *n* croupier *m.*

crouton ['kru:tɒn] *n* croûton *m.*

crow [krəʊ] <> *n* corbeau *m* ; **as the ~ flies** à vol d'oiseau. <> *vi* - **1.** [cock] chanter - **2.** *inf* [person] frimer.

crowbar ['krəʊbɑ:ʳ] *n* pied-de-biche *m.*

crowd [kraʊd] <> *n* - **1.** [mass of people] foule *f* - **2.** [particular group] bande *f*, groupe *m.* <> *vi* s'amasser. <> *vt* - **1.** [streets, town] remplir - **2.** [force into small space] entasser.

crowded ['kraʊdɪd] *adj* : **~ (with)** bondé(e) (de), plein(e) (de).

crown [kraʊn] <> *n* - **1.** [of king, on tooth] couronne *f* - **2.** [of head, hill] sommet *m* ; [of hat] fond *m.* <> *vt* couronner.

◆ **Crown** <> *n* : **the Crown** [monarchy] la Couronne. <> *comp* de la Couronne.

crown court *n UK* [in England, in wales] tribunal *m* de grande instance.

crowning ['kraʊnɪŋ] *adj fig* suprême ; **the ~ glory of her career** le couronnement de sa carrière.

crown jewels *npl* joyaux *mpl* de la Couronne.

crown prince *n* prince *m* héritier.

crow's feet *npl* pattes *fpl* d'oie.

crow's nest *n* nid *m* de pie.

CRT [si:ɑ:'ti:] (*abbr of* **cathode ray tube**) *n* tube *m* cathodique.

crucial ['kru:ʃl] *adj* crucial(e).

crucially ['kru:ʃlɪ] *adv* de façon cruciale ; ~ **important** d'une importance cruciale.

crucible ['kru:sɪbl] *n* creuset *m*.

crucifix ['kru:sɪfɪks] *n* crucifix *m*.

Crucifixion [ˌkru:sɪ'fɪkʃn] *n* : **the ~** la Crucifixion.

crucify ['kru:sɪfaɪ] (*pt & pp* **-ied**) *vt* crucifier.

crude [kru:d] ◇ *adj* - **1.** [material] brut(e) - **2.** [joke, drawing] grossier(ère). ◇ *n (U)* ~ **(oil)** brut *m*.

crudely ['kru:dlɪ] *adv* - **1.** [joke, remark] grossièrement, crûment - **2.** [draw, sketch] grossièrement, sommairement.

crude oil *n (U)* brut *m*.

cruel [krʊəl] (*comp* **-ler**, *superl* **-lest**) *adj* cruel(elle).

cruelly ['krʊəlɪ] *adv* cruellement.

cruelty ['krʊəltɪ] *n (U)* cruauté *f*.

cruet ['kru:ɪt] *n* service *m* à condiments.

cruise [kru:z] ◇ *n* croisière *f*. ◇ *vi* - **1.** [sail] croiser - **2.** [car] rouler ; [plane] voler.

cruise missile *n* missile *m* de croisière.

cruiser ['kru:zəʳ] *n* - **1.** [warship] croiseur *m* - **2.** [cabin cruiser] yacht *m* de croisière.

crumb [krʌm] *n* - **1.** [of food] miette *f* - **2.** *fig* [of information] bribe *f*.

crumble ['krʌmbl] ◇ *n* crumble *m* (aux fruits). ◇ *vt* émietter. ◇ *vi* - **1.** [bread, cheese] s'émietter ; [building, wall] s'écrouler ; [cliff] s'ébouler ; [plaster] s'effriter - **2.** *fig* [society, relationship] s'effondrer.

crumbly ['krʌmblɪ] (*comp* **-ier**, *superl* **-iest**) *adj* friable.

crummy ['krʌmɪ] (*comp* **-mier**, *superl* **-miest**) *adj inf* minable.

crumpet ['krʌmpɪt] *n* CULIN petite crêpe *f* épaisse.

crumple ['krʌmpl] ◇ *vt* [crease] froisser. ◇ *vi* [clothes] se froisser ; [car, bodywork] se mettre en accordéon.

◆ **crumple up** *vt sep* chiffonner.

crunch [krʌntʃ] ◇ *n* crissement *m* ; **when it comes to the ~** *inf* au moment crucial OR décisif ; **if it comes to the ~** *inf* s'il le faut. ◇ *vt* - **1.** [with teeth] croquer - **2.** [underfoot] crisser. ◇ *vi* [feet, tyres] crisser.

crunchy ['krʌntʃɪ] (*comp* **-ier**, *superl* **-iest**) *adj* - **1.** [food] croquant(e) - **2.** [snow, gravel] qui crisse.

crusade [kru:'seɪd] ◇ *n lit & fig* croisade *f*. ◇ *vi* : **to ~ for/against** faire campagne pour/contre.

crusader [kru:'seɪdəʳ] *n* - **1.** HIST croisé *m* - **2.** [campaigner] militant *m*, -e *f*.

crush [krʌʃ] ◇ *n* - **1.** [crowd] foule *f* - **2.** *inf* [infatuation] : **to have a ~ on sb** avoir le béguin pour qqn - **3.** *UK* [drink] : **orange ~** orange *f* pressée. ◇ *vt* - **1.** [gen] écraser ; [seeds, grain] broyer ; [ice] piler - **2.** *fig* [hopes] anéantir.

crush barrier *n UK* barrière *f* de sécurité.

crushing ['krʌʃɪŋ] *adj* - **1.** [defeat, blow] écrasant(e) - **2.** [remark] humiliant(e).

crust [krʌst] *n* croûte *f*.

crustacean [krʌ'steɪʃn] *n* crustacé *m*.

crusty ['krʌstɪ] (*comp* **-ier**, *superl* **-iest**) *adj* - **1.** [food] croustillant(e) - **2.** [person] grincheux(euse).

crutch [krʌtʃ] *n* - **1.** [stick] béquille *f* ; *fig* soutien *m* - **2.** *UK* [crotch] entrejambe *m*.

crux [krʌks] *n* nœud *m*.

cry [kraɪ] ◇ *n* (*pl* **cries**) - **1.** [weep] : **to have a good ~** pleurer un bon coup - **2.** [of person, bird] cri *m* ; **a far ~ from** loin de. ◇ *vt* (*pt & pp* **cried**) [tears] pleurer ; **to ~ o.s. to sleep** s'endormir à force de pleurer. ◇ *vi* - **1.** [weep] pleurer - **2.** [shout] crier.

◆ **cry off** *vi UK* se dédire.

◆ **cry out** ◇ *vt* crier. ◇ *vi* crier ; [in pain, dismay] pousser un cri.

◆ **cry out for** *vt insep* [demand] réclamer à grands cris ; **the room is crying out for...** la pièce a bien besoin de...

crybaby ['kraɪˌbeɪbɪ] (*pl* **-ies**) *n inf pej* pleurnicheur *m*, -euse *f*.

crying ['kraɪɪŋ] ◇ *adj inf* **it's a ~ shame** c'est scandaleux ; **a ~ need for sthg** un grand besoin de qqch, un besoin urgent de qqch. ◇ *n (U)* pleurs *mpl*.

cryogenics [ˌkraɪə'dʒenɪks] *n (U)* cryogénie *f*.

cryonics [kraɪ'ɒnɪks] *n (U)* cryogénisation *f*.

cryopreservation [ˌkraɪəprezə'veɪʃn] *n (U)* cryoconservation *f*.

crypt [krɪpt] *n* crypte *f*.

cryptic ['krɪptɪk] *adj* mystérieux(euse), énigmatique.

crypto- [krɪptəʊ] *prefix* crypto-.

crystal ['krɪstl] ◇ *n* cristal *m*. ◇ *comp* en cristal.

crystal ball *n* boule *f* de cristal.

crystal clear *adj* - **1.** [transparent] de cristal - **2.** [obvious] clair(e) comme de l'eau de roche.

crystallize, *UK* **-ise** ['krɪstəlaɪz] <> *vi lit & fig* se cristalliser. <> *vt* **- 1.** [make clear] cristalliser, concrétiser **- 2.** [preserve in sugar] : **~d fruit** fruits *mpl* confits.

CSC (*abbr of* **Civil Service Commission**) *n commission de recrutement des fonctionnaires.*

CSE (*abbr of* **Certificate of Secondary Education**) *n ancien brevet de l'enseignement secondaire en Grande-Bretagne.*

CS gas *n (U)* gaz *m* lacrymogène.

CST (*abbr of* **Central Standard Time**) *n heure du centre des États-Unis.*

CSU (*abbr of* **Civil Service Union**) *n syndicat de la fonction publique.*

ct *see also* **carat.**

CT *see also* **Connecticut.**

CTC *see also* **city technology college.**

cu. *see also* **cubic.**

cub [kʌb] *n* **- 1.** [young animal] petit *m* **- 2.** [boy scout] louveteau *m*.

Cuba ['kju:bə] *n* Cuba ; **in ~** à Cuba.

Cuban ['kju:bən] <> *adj* cubain(e). <> *n* Cubain *m*, -e *f*.

cubbyhole ['kʌbɪhəʊl] *n* cagibi *m*.

cube [kju:b] <> *n* cube *m*. <> *vt* MATHS élever au cube.

cube root *n* racine *f* cubique.

cubic ['kju:bɪk] *adj* cubique.

cubicle ['kju:bɪkl] *n* cabine *f*.

cubism ['kju:bɪzm] *n* cubisme *m*.

cubist ['kju:bɪst] *n* cubiste *mf*.

cub reporter *n* jeune reporter *m*.

Cub Scout *n* louveteau *m*.

cuckoo ['kʊku:] *n* coucou *m*.

cuckoo clock *n* coucou *m*.

cucumber ['kju:kʌmbəʳ] *n* concombre *m*.

cud [kʌd] *n* : **to chew the ~** *lit & fig* ruminer.

cuddle ['kʌdl] <> *n* caresse *f*, câlin *m*. <> *vt* caresser, câliner. <> *vi* s'enlacer.

◆ **cuddle up** *vi* : **to ~ up (to sb)** se pelotonner (contre qqn).

cuddly ['kʌdlɪ] (*comp* **-ier**, *superl* **-iest**) *adj* [person] câlin(e).

cuddly toy *n* jouet *m* en peluche.

cudgel ['kʌdʒəl] <> *n* trique *f* ; **to take up the ~s for sb/sthg** prendre fait et cause pour qqn/qqch. <> *vt* (*UK, pt & pp* **-led**, *cont* **-ling**, *US, pt & pp* **-ed**, *cont* **-ing**) frapper à coups de trique.

cue [kju:] *n* **- 1.** RADIO, THEAT & TV signal *m* ; **on ~** au bon moment ; **to take one's ~ from sb** emboîter le pas à qqn **- 2.** *fig* [stimulus] signe *m* ; **this could be the ~ for a recovery** cela pourrait marquer le début d'une amélioration **- 3.** [in snooker, pool] queue *f* (de billard).

cuff [kʌf] <> *n* **- 1.** [of sleeve] poignet *m* ; **off the ~** au pied levé **- 2.** *US* [of trouser] revers *m inv* **- 3.** [blow] gifle *f*. <> *vt* gifler.

cuff link *n* bouton *m* de manchette.

cu. in. *see also* **cubic inch(es).**

cuisine [kwɪ'zi:n] *n* cuisine *f*.

cul-de-sac ['kʌldəsæk] *n* cul-de-sac *m*.

culinary ['kʌlɪnərɪ] *adj* culinaire.

cull [kʌl] <> *n* massacre *m*. <> *vt* **- 1.** [kill] massacrer **- 2.** [gather] recueillir.

culminate ['kʌlmɪneɪt] *vi* : **to ~ in sthg** se terminer par qqch, aboutir à qqch.

culmination [ˌkʌlmɪ'neɪʃn] *n* apogée *m*.

culottes [kju:'lɒts] *npl* jupe-culotte *f*.

culpable ['kʌlpəbl] *adj* coupable.

culprit ['kʌlprɪt] *n* coupable *mf*.

cult [kʌlt] <> *n* culte *m*. <> *comp* culte.

cultivate ['kʌltɪveɪt] *vt* cultiver.

cultivated ['kʌltɪveɪtɪd] *adj* cultivé(e).

cultivation [ˌkʌltɪ'veɪʃn] *n (U)* [farming] culture *f*.

cultural ['kʌltʃərəl] *adj* culturel(elle).

culture ['kʌltʃəʳ] *n* culture *f*.

cultured ['kʌltʃəd] *adj* [educated] cultivé(e).

cultured pearl *n* perle *f* de culture.

culture shock *n* choc *m* culturel.

culture vulture *n inf hum* fana *mf* de culture.

culvert ['kʌlvət] *n* conduit *m*.

cumbersome ['kʌmbəsəm] *adj* **- 1.** [object] encombrant(e) **- 2.** [system] lourd(e).

cumin ['kʌmɪn] *n* cumin *m*.

cumulative ['kju:mjʊlətɪv] *adj* cumulatif(ive).

cunning ['kʌnɪŋ] <> *adj* [person] rusé(e) ; [plan, method, device] astucieux(euse). <> *n (U)* [of person] ruse *f* ; [of plan, method, device] astuce *f*.

cup [kʌp] <> *n* **- 1.** [container, unit of measurement] tasse *f* **- 2.** [prize, competition] coupe *f* **- 3.** [of bra] bonnet *m*. <> *vt* (*pt & pp* **-ped**, *cont* **-ping**) [hands] mettre en coupe.

cupboard ['kʌbəd] *n* placard *m*.

Cup Final *n* : **the ~** la finale de la coupe.

cup holder *n* SPORT détenteur *m* de la coupe.

cupid ['kju:pɪd] *n* [figure] amour *m*.

cupola ['kju:pələ] (*pl* **-s**) *n* coupole *f*.

cup tie *n UK* match *m* de coupe.

curable ['kjʊərəbl] *adj* curable, guérissable.

curate ['kjʊərət] *n UK* vicaire *m*.

curator [ˌkjʊə'reɪtəʳ] *n* conservateur *m*, -trice *f*.

curb [kɜːb] ◇ *n* - **1.** [control] : **~ (on)** frein *m* (à) - **2.** *US* [of road] bord *m* du trottoir. ◇ *vt* mettre un frein à.

curd cheese *n UK* ≃ fromage *m* blanc.

curdle ['kɜːdl] *vi* cailler.

cure [kjʊəʳ] ◇ *n* : **~ (for)** MED remède *m* (contre) ; *fig* remède (à). ◇ *vt* - **1.** MED guérir - **2.** [solve - problem] éliminer - **3.** [rid] : **to ~ sb of sthg** guérir qqn de qqch, faire perdre l'habitude de qqch à qqn - **4.** [preserve - by smoking] fumer ; [- by salting] saler ; [- tobacco, hide] sécher.

cure-all *n* panacée *f*.

curfew ['kɜːfjuː] *n* couvre-feu *m*.

curio ['kjʊərɪəʊ] (*pl* **-s**) *n* bibelot *m*.

curiosity [ˌkjʊərɪ'ɒsətɪ] *n* curiosité *f*.

curious ['kjʊərɪəs] *adj* : **~ (about)** curieux(euse) (à propos de).

curiously ['kjʊərɪəslɪ] *adv* - **1.** [inquisitively] avec curiosité - **2.** [strangely] curieusement ; **~ enough** curieusement, chose curieuse.

curl [kɜːl] ◇ *n* - **1.** [of hair] boucle *f* - **2.** [of smoke] volute *f*. ◇ *vt* - **1.** [hair] boucler - **2.** [roll up] enrouler. ◇ *vi* - **1.** [hair] boucler - **2.** [roll up] s'enrouler ; **to ~ into a ball** se mettre en boule.

◆ **curl up** *vi* [person, animal] se mettre en boule, se pelotonner.

curler ['kɜːləʳ] *n* bigoudi *m*.

curling ['kɜːlɪŋ] *n* curling *m*.

curling iron *n US* fer *m* à friser.

curling tongs *npl UK* fer *m* à friser.

curly ['kɜːlɪ] (*comp* **-ier**, *superl* **-iest**) *adj* [hair] bouclé(e).

currant ['kʌrənt] *n* [dried grape] raisin *m* de Corinthe, raisin sec.

currency ['kʌrənsɪ] (*pl* **-ies**) *n* - **1.** [type of money] monnaie *f* - **2.** *(U)* [money] devise *f* - **3.** *fml* [acceptability] : **to gain ~** s'accréditer.

current ['kʌrənt] ◇ *adj* [price, method] actuel(elle) ; [year, week] en cours ; [boyfriend, girlfriend] du moment ; **~ issue** dernier numéro. ◇ *n* - **1.** [of water, air, electricity] courant *m* - **2.** [trend] tendance *f*.

current account *n UK* compte *m* courant.

current affairs *npl* actualité *f*, questions *fpl* d'actualité.

current assets *npl* actif *m* circulant.

current liabilities *npl* passif *m* exigible à court terme.

currently ['kʌrəntlɪ] *adv* actuellement.

curricular [kə'rɪkjələʳ] *adj* au programme.

curriculum [kə'rɪkjələm] (*pl* **-lums** OR **-la** [-lə]) *n* programme *m* d'études.

curriculum vitae [-'viːtaɪ] (*pl* **curricula vitae**) *n* curriculum vitae *m*.

curried ['kʌrɪd] *adj* au curry.

curry ['kʌrɪ] (*pl* **-ies**) *n* curry *m*.

curry powder *n* poudre *f* de curry.

curse [kɜːs] ◇ *n* - **1.** [evil spell] malédiction *f* ; *fig* fléau *m* - **2.** [swearword] juron *m*. ◇ *vt* maudire. ◇ *vi* jurer.

cursor ['kɜːsəʳ] *n* COMPUT curseur *m*.

cursory ['kɜːsərɪ] *adj* superficiel(elle).

curt [kɜːt] *adj* brusque.

curtail [kɜː'teɪl] *vt* - **1.** [visit] écourter - **2.** [rights, expenditure] réduire.

curtailment [kɜː'teɪlmənt] *n* [of rights, expenditure] réduction *f*.

curtain ['kɜːtn] *n* rideau *m*.

◆ **curtain off** *vt sep* [bed] cacher derrière un rideau ; [room] diviser par un rideau.

curtain call *n* rappel *m*.

curtain raiser *n fig* lever *m* de rideau.

curts(e)y ['kɜːtsɪ] (*pt & pp* **curtsied**) ◇ *n* révérence *f*. ◇ *vi* faire une révérence.

curvaceous [kɜː'veɪʃəs] *adj inf* bien roulé(e).

curvature ['kɜːvətjəʳ] *n* courbure *f* ; MED [of spine] déviation *f*.

curve [kɜːv] ◇ *n* courbe *f*. ◇ *vi* faire une courbe.

curved [kɜːvd] *adj* courbe.

curvy ['kɜːvɪ] (*comp* **-ier**, *superl* **-iest**) *adj* [line] courbé(e) ; [woman] bien roulée.

cushion ['kʊʃn] ◇ *n* coussin *m*. ◇ *vt* [fall, blow, effects] amortir ; **to be ~ed against** [inflation, reality] être paré contre.

cushy ['kʊʃɪ] (*comp* **-ier**, *superl* **-iest**) *adj inf* pépère, peinard(e).

custard ['kʌstəd] *n UK* crème *f* anglaise.

custard pie *n* tarte *f* à la crème.

custard powder *n UK* crème *f* anglaise instantanée en poudre.

custodian [kʌ'stəʊdjən] *n* [of building] gardien *m*, -enne *f* ; [of museum] conservateur *m*.

custody ['kʌstədɪ] *n* - **1.** [of child] garde *f* - **2.** LAW : **in ~** en garde à vue.

custom ['kʌstəm] *n* - **1.** [tradition, habit] coutume *f* - **2.** COMM clientèle *f* ; **thank you for your ~** merci de nous avoir honorés de votre commande.

◆ **customs** *n* [place] douane *f* ; **to go through ~s** passer (à) la douane.

customary ['kʌstəmrɪ] *adj* [behaviour] coutumier(ère) ; [way, time] habituel(elle).

custom-built *adj* fait(e) sur commande *OR* mesure.

customer ['kʌstəmər] *n* - **1.** [client] client *m*, -e *f* - **2.** *inf* [person] type *m*.

customer services *npl* service *m* (à la) clientèle.

customize, *UK* **-ise** ['kʌstəmaɪz] *vt* [make] fabriquer *OR* assembler sur commande ; [modify] modifier sur commande.

custom-made *adj* fait(e) sur mesure.

Customs and Excise *n UK* ≃ service *m* des contributions indirectes.

customs duty *n* droit *m* de douane.

customs officer *n* douanier *m*, -ère *f*.

cut [kʌt] ◇ *n* - **1.** [in wood etc] entaille *f* ; [in skin] coupure *f* - **2.** [of meat] morceau *m* - **3.** [reduction] : **~ (in)** [taxes, salary, personnel] réduction *f* (de) ; [film, article] coupure *f* (dans) - **4.** *inf* [share] part *f* - **5.** [of suit, hair] coupe *f* - **6.** *phr* **a ~ above (the rest)** *inf* supérieur(e) aux autres. ◇ *vt* (*pt & pp* **cut**, *cont* **-ting**) - **1.** [gen] couper ; [taxes, costs, workforce] réduire ; **to ~ one's finger** se couper le doigt - **2.** [subj: baby] : **he's cutting a tooth** il fait ses dents - **3.** *inf* [lecture, class] sécher. ◇ *vi* (*pt & pp* **cut**, *cont* **-ting**) - **1.** [gen] couper - **2.** [intersect] se couper.

◆ **cut across** *vt insep* - **1.** [as short cut] couper à travers - **2.** [transcend] ne pas tenir compte de.

◆ **cut back** ◇ *vt sep* - **1.** [prune] tailler - **2.** [reduce] réduire. ◇ *vi* : **to ~ back on** réduire, diminuer.

◆ **cut down** ◇ *vt sep* - **1.** [chop down] couper - **2.** [reduce] réduire, diminuer. ◇ *vi* : **to ~ down on smoking/eating/spending** fumer/manger/dépenser moins.

◆ **cut in** *vi* - **1.** [interrupt] : **to ~ in (on sb)** interrompre (qqn) - **2.** AUT & SPORT se rabattre.

◆ **cut off** *vt sep* - **1.** [piece, crust] couper - **2.** [finger, leg - subj: surgeon] amputer - **3.** [power, telephone, funding] couper - **4.** [separate] : **to be ~ off (from)** [person] être coupé(e) (de) ; [village] être isolé(e) (de).

◆ **cut out** ◇ *vt sep* - **1.** [photo, article] découper ; [sewing pattern] couper ; [dress] tailler ; **to be ~ out for sthg** *fig* [person] être fait pour qqch - **2.** [stop] : **to ~ out smoking/chocolates** arrêter de fumer/de manger des chocolats ; **~ it out!** *inf* ça suffit! - **3.** [exclude] exclure. ◇ *vi* [stall] caler.

◆ **cut up** *vt sep* [chop up] couper, hacher.

cut-and-dried *adj* tout fait (toute faite).

cut and paste *vt & vi* COMPUT couper-coller.

cutback ['kʌtbæk] *n* : **~ (in)** réduction *f* (de).

cute [kju:t] *adj* [appealing] mignon(onne).

cut glass ◇ *n* cristal *m* taillé. ◇ *comp* en cristal taillé.

cuticle ['kju:tɪkl] *n* envie *f*.

cutlery ['kʌtlərɪ] *n (U)* couverts *mpl*.

cutlet ['kʌtlɪt] *n* côtelette *f*.

cutoff (point) ['kʌtof-] *n* [limit] point *m* de limite.

cutout ['kʌtaʊt] *n* - **1.** [on machine] disjoncteur *m* - **2.** [shape] découpage *m*.

cut-price *UK*, **cut-rate** *US adj* à prix réduit.

cutter ['kʌtər] *n* [tool] coupoir *m*.

cutthroat ['kʌtθrəʊt] *adj* [ruthless] acharné(e).

cutting ['kʌtɪŋ] ◇ *adj* [sarcastic - remark] cinglant(e) ; [- wit] acerbe. ◇ *n* - **1.** [of plant] bouture *f* - **2.** *UK* [from newspaper] coupure *f* - **3.** *UK* [for road, railway] tranchée *f*.

cutting board *n US* planche *f* à découper.

cuttlefish ['kʌtlfɪʃ] (*pl* **cuttlefish**) *n* seiche *f*.

cut up *adj UK inf* [upset] affligé(e).

CV (*abbr of* **curriculum vitae**) *n* CV *m*.

C & W *see also* **country and western**.

cwo (*abbr of* **cash with order**) *payable à la commande*.

cwt. *see also* **hundredweight**.

cyanide ['saɪənaɪd] *n* cyanure *m*.

cybercafe ['saɪbəˌkæfeɪ] *n* cybercafé *m*.

cybercrime ['saɪbəˌkraɪm] *n* délinquance *f* informatique.

cybernaut ['saɪbəˌnɔ:t] *n* cybernaute *mf*.

cybernetics [ˌsaɪbə'netɪks] *n (U)* cybernétique *f*.

cyberpet ['saɪbəˌpet] *n* animal *m* virtuel.

cyberspace ['saɪbəspeɪs] *n* cyberespace *m*.

cybersurfer ['saɪbəˌsɜ:fər] *n* cybernaute *mf*.

cyclamen ['sɪkləmən] (*pl* **cyclamen**) *n* cyclamen *m*.

cycle ['saɪkl] ◇ *n* - **1.** [of events, songs] cycle *m* - **2.** [bicycle] bicyclette *f*. ◇ *comp* [path, track] cyclable ; [race] cycliste ; [shop] de cycles. ◇ *vi* faire de la bicyclette.

cyclic(al) ['saɪklɪk(l)] *adj* cyclique.

cycling ['saɪklɪŋ] *n* cyclisme *m*.

cyclist ['saɪklɪst] *n* cycliste *mf*.

cyclone ['saɪkləʊn] *n* cyclone *m*.

cygnet ['sɪgnɪt] *n* jeune cygne *m*.

cylinder ['sɪlɪndər] *n* cylindre *m*.

cylinder block *n* bloc-cylindres *m*.

cylinder head *n* culasse *f*.

cylinder-head gasket *n* joint *m* de culasse.

cylindrical [sɪ'lɪndrɪkl] *adj* cylindrique.

cymbals ['sɪmblz] *npl* cymbales *fpl*.

cynic ['sɪnɪk] *n* cynique *mf*.

cynical ['sɪnɪkl] *adj* cynique.

cynically ['sɪnɪklɪ] *adv* cyniquement.

cynicism ['sɪnɪsɪzm] *n* cynisme *m*.

CYO (*abbr of* **Catholic Youth Association**) *n* *aux États-Unis, association de jeunes catholiques.*

cypher ['saɪfəʳ] *UK* = **cipher**.

cypress ['saɪprəs] *n* cyprès *m*.

Cypriot ['sɪprɪət] <> *adj* chypriote. <> *n* Chypriote *mf* ; **Greek/Turkish ~** Chypriote grec (grecque) /turc (turque).

Cyprus ['saɪprəs] *n* Chypre *f* ; **in ~** à Chypre.

cyst [sɪst] *n* kyste *m*.

cystic fibrosis [ˌsɪstɪkfaɪ'brəʊsɪs] *n* mucoviscidose *f*.

cystitis [sɪs'taɪtɪs] *n* cystite *f*.

cytology [saɪ'tɒlədʒɪ] *n* cytologie *f*.

CZ (*abbr of* **canal zone**) *zone du canal de Panama.*

czar [zɑːʳ] *n* [sovereign] tsar *m* ; [top person] éminence *f* grise, ponte *m*.

Czech [tʃek] <> *adj* tchèque. <> *n* - **1.** [person] Tchèque *mf* - **2.** [language] tchèque *m*.

Czechoslovak [ˌtʃekə'sləʊvæk] = **Czechoslovakian**.

Czechoslovakia [ˌtʃekəslə'vækɪə] *n* Tchécoslovaquie *f* ; **in ~** en Tchécoslovaquie.

Czechoslovakian [ˌtʃekəslə'vækɪən] <> *adj* tchécoslovaque. <> *n* Tchécoslovaque *mf*.

Czech Republic *n* République *f* tchèque.

D

d[1] (*pl* **d's** *OR* **ds**), **D** (*pl* **D's** *OR* **Ds**) [diː] *n* [letter] d *m inv*, D *m inv*.

◆ **D** <> *n* - **1.** MUS ré *m* - **2.** SCH [mark] D *m inv*. <> *US see also* **Democrat**, *see also* **Democratic**.

d[2] [diː] (*abbr of* **penny**) *symbole du penny anglais jusqu'en 1971.*

d. (*abbr of* **died**) : **~ 1913** mort en 1913.

DA *see also* **district attorney**.

dab [dæb] <> *n* [of cream, powder, ointment] petit peu *m* ; [of paint] touche *f*. <> *vt* (*pt & pp* **-bed**, *cont* **-bing**) - **1.** [skin, wound] tamponner - **2.** [apply - cream, ointment] : **to ~ sthg on** *OR* **onto** appliquer qqch sur. <> *vi* (*pt & pp* **-bed**, *cont* **-bing**) : **to ~ at sthg** tamponner qqch.

dabble ['dæbl] <> *vt* tremper dans l'eau. <> *vi* : **to ~ in** toucher un peu à.

dab hand *n* *UK* **to be a ~ (at sthg)** être doué(e) (pour qqch).

Dacca ['dækə] *n* Dacca.

dachshund ['dækshʊnd] *n* teckel *m*.

dad [dæd], **daddy** ['dædɪ] (*pl* **-ies**) *n inf* papa *m*.

daddy longlegs [-'lɒŋlegz] (*pl* **daddy longlegs**) *n* faucheur *m*.

daffodil ['dæfədɪl] *n* jonquille *f*.

daft [dɑːft] *adj UK inf* stupide, idiot(e).

dagger ['dægəʳ] *n* poignard *m*.

dahlia ['deɪljə] *n* dahlia *m*.

daily ['deɪlɪ] <> *adj* - **1.** [newspaper, occurrence] quotidien(enne) - **2.** [rate, output] journalier(ère). <> *adv* [happen, write] quotidiennement ; **twice ~** deux fois par jour. <> *n* (*pl* **-ies**) - **1.** [newspaper] quotidien *m* - **2.** *UK* [cleaning woman] femme *f* de ménage.

daintily ['deɪntɪlɪ] *adv* [made, eat, walk] délicatement ; [dressed] coquettement.

dainty ['deɪntɪ] (*comp* **-ier**, *superl* **-iest**) *adj* délicat(e).

dairy ['deərɪ] (*pl* **-ies**) *n* - **1.** [on farm] laiterie *f* - **2.** [shop] crémerie *f*.

dairy cattle *npl* vaches *fpl* laitières.

dairy farm *n* ferme *f* laitière.

dairy products *npl* produits *mpl* laitiers.

dais ['deɪɪs] *n* estrade *f*.

daisy ['deɪzɪ] (*pl* **-ies**) *n* [weed] pâquerette *f* ; [cultivated] marguerite *f*.

daisy wheel *n* marguerite *f*.

daisy-wheel printer *n* imprimante *f* à marguerite.

Dakar ['dækɑː] *n* Dakar.

Dakota [də'kəʊtə] *n* Dakota *m* ; **in ~** dans le Dakota.

dal [dɑːl] = **dhal**.

dale [deɪl] *n* vallée *f*.

dalmatian [dæl'meɪʃn] *n* [dog] dalmatien *m*.

dam [dæm] <> *n* [across river] barrage *m*. <> *vt* (*pt & pp* **-med**, *cont* **-ming**) construire un barrage sur.

◆ **dam up** *vt sep* endiguer.

damage ['dæmɪdʒ] <> *n* - **1.** [physical harm] dommage *m*, dégât *m* - **2.** [harmful effect] tort *m*. <> *vt* - **1.** [harm physically] endommager, abîmer - **2.** [have harmful effect on] nuire à.

◆ **damages** *npl* LAW dommages et intérêts *mpl*.

damaging ['dæmɪdʒɪŋ] *adj* : **~ (to)** préjudiciable (à).

Damascus [də'mæskəs] *n* Damas.

Dame [deɪm] *n UK titre accordé aux femmes titulaires de certaines décorations.*

damn [dæm] <> *adj inf* fichu(e), sacré(e). <> *adv inf* sacrément. <> *n inf* **not to give** *OR* **care a ~ (about sthg)** se ficher pas mal (de qqch). <> *vt* **- 1.** RELIG [condemn] damner **- 2.** *inf* [curse] : **~ you!** va au diable! ; **~ it!** zut! <> *excl inf* zut!

damnable ['dæmnəbl] *adj dated* [appalling] détestable.

damnation [dæm'neɪʃn] *n* RELIG damnation *f*.

damned [dæmd] *inf* <> *adj* fichu(e), sacré(e) ; **I'm ~ if...** si tu crois que... ; **well I'll be** *US OR* **I'm ~!** *UK* c'est trop fort!, elle est bien bonne celle-là! <> *adv* sacrément.

damning ['dæmɪŋ] *adj* accablant(e).

damp [dæmp] <> *adj* humide. <> *n* humidité *f*. <> *vt* [make wet] humecter.

◆ **damp down** *vt sep* [restrain - unrest, violence] contenir, maîtriser ; [- enthusiasm] refroidir.

damp course *n UK* couche *f* d'isolation.

dampen ['dæmpən] *vt* **- 1.** [make wet] humecter **- 2.** *fig* [emotion] abattre.

damper ['dæmpər] *n* **- 1.** MUS étouffoir *m* **- 2.** [for fire] registre *m* **- 3.** *phr* **to put a ~ on sthg** jeter un froid sur qqch.

dampness ['dæmpnɪs] *n* humidité *f*.

damson ['dæmzn] *n* prune *f* de Damas.

dance [dɑːns] <> *n* **- 1.** [gen] danse *f* **- 2.** [social event] bal *m*. <> *vi* danser.

dance floor *n* piste *f* de danse.

dancer ['dɑːnsər] *n* danseur *m*, -euse *f*.

dancing ['dɑːnsɪŋ] *n (U)* danse *f*.

D and C (*abbr of* **dilation and curettage**) *n dilatation et curetage.*

dandelion ['dændɪlaɪən] *n* pissenlit *m*.

dandruff ['dændrʌf] *n (U)* pellicules *fpl*.

dandy ['dændɪ] (*pl* **-ies**) *n* dandy *m*.

Dane [deɪn] *n* Danois *m*, -e *f*.

danger ['deɪndʒər] *n* **- 1.** *(U)* [possibility of harm] danger *m* ; **in ~** en danger ; **out of ~** hors de danger **- 2.** [hazard, risk] : **~ (to)** risque *m* (pour) ; **to be in ~ of doing sthg** risquer de faire qqch.

danger list *n UK* : **to be on the ~** être dans un état critique.

danger money *n (U) UK* prime *f* de risque.

dangerous ['deɪndʒərəs] *adj* dangereux(euse).

dangerous driving *n UK* LAW conduite *f* dangereuse.

dangerously ['deɪndʒərəslɪ] *adv* dangereusement ; **~ ill** gravement malade.

danger zone *n* zone *f* dangereuse.

dangle ['dæŋgl] <> *vt* laisser pendre. <> *vi* pendre.

Danish ['deɪnɪʃ] <> *adj* danois(e). <> *n* **- 1.** [language] danois *m* **- 2.** *US* = **Danish pastry**. <> *npl* : **the ~** les Danois *mpl*.

Danish blue *n* [cheese] bleu *m* danois.

Danish pastry *n gâteau feuilleté fourré aux fruits.*

dank [dæŋk] *adj* humide et froid(e).

Danube ['dænjuːb] *n* : **the ~** le Danube.

dapper ['dæpər] *adj* pimpant(e).

dappled ['dæpld] *adj* **- 1.** [light] tacheté(e) **- 2.** [horse] pommelé(e).

Dardanelles [ˌdɑːdə'nelz] *npl* : **the ~** les Dardanelles *fpl*.

dare [deər] <> *vt* **- 1.** [be brave enough] : **to ~ to do sthg** oser faire qqch **- 2.** [challenge] : **to ~ sb to do sthg** défier qqn de faire qqch **- 3.** *phr* **I ~ say** je suppose, sans doute. <> *vi* oser ; **how ~ you!** comment osez-vous! <> *n* défi *m* ; **to do sthg for a ~** faire qqch par défi.

daredevil ['deəˌdevl] *n* casse-cou *m inv*.

daren't [deənt] *UK* = **dare not**.

Dar es-Salaam [ˌdɑːressə'lɑːm] *n* Dar es-Salaam.

daring ['deərɪŋ] <> *adj* audacieux(euse). <> *n* audace *f*.

dark [dɑːk] <> *adj* **- 1.** [room, night] sombre ; **it's getting ~** il commence à faire nuit **- 2.** [in colour] foncé(e) **- 3.** [dark-haired] brun(e) ; [dark-skinned] basané(e) **- 4.** *fig* [days, thoughts] sombre, triste ; [look] noir(e). <> *n* **- 1.** [darkness] : **the ~** l'obscurité *f* ; **to be afraid of the ~** avoir peur du noir ; **to be in the ~ about sthg** ignorer tout de qqch **- 2.** [night] : **before/after ~** avant/après la tombée de la nuit.

Dark Ages *npl* : **the ~** le haut Moyen Âge.

darken ['dɑːkn] <> *vt* assombrir. <> *vi* s'assombrir.

dark glasses *npl* lunettes *fpl* noires.

dark horse *n fig* quantité *f* inconnue.

darkness ['dɑːknɪs] *n* obscurité *f*.

darkroom ['dɑːkrʊm] *n* chambre *f* noire.

darling ['dɑːlɪŋ] <> *adj* **- 1.** [dear] chéri(e) **- 2.** *inf* [cute] adorable. <> *n* **- 1.** [loved person, term of address] chéri *m*, -e *f* **- 2.** [idol] chouchou *m*, idole *f*.

darn [dɑːn] <> *n* reprise *f*. <> *vt* repriser. <> *adj inf* sacré(e), satané(e). <> *adv inf* sacrément. <> *excl inf* zut!

darning ['dɑːnɪŋ] *n* [work] reprisage *m*.

darning needle *n* aiguille *f* à repriser.

dart [dɑːt] <> *n* **- 1.** [arrow] fléchette *f* **- 2.** SEW pince *f*. <> *vt* darder. <> *vi* se précipiter.

◆ **darts** *n* [game] jeu *m* de fléchettes.

dartboard ['dɑːtbɔːd] *n* cible *f* de jeu de fléchettes.

dash [dæʃ] ◇ *n* - **1.** [of milk, wine] goutte *f* ; [of cream] soupçon *m* ; [of salt] pincée *f* ; [of colour, paint] touche *f* - **2.** [in punctuation] tiret *m* - **3.** AUT tableau *m* de bord - **4.** [rush] : **to make a ~ for** se ruer vers. ◇ *vt* - **1.** [throw] jeter avec violence - **2.** [hopes] anéantir. ◇ *vi* se précipiter ; **I must ~!** je dois me sauver!

◆ **dash off** *vt sep* [write quickly] écrire en vitesse.

dashboard ['dæʃbɔːd] *n* tableau *m* de bord.

dashing ['dæʃɪŋ] *adj* fringant(e).

dastardly ['dæstədlɪ] *adj* **dated** odieux, infâme.

DAT [dæt] (*abbr of* **digital audio tape**) *n* DAT *m*.

data ['deɪtə] *n (U)* données *fpl*.

databank ['deɪtəbæŋk] *n* banque *f* de données.

database ['deɪtəbeɪs] *n* base *f* de données.

data capture *n* saisie *f* de données.

dataglove ['deɪtəglʌv] *n* gant *m* numérique.

data processing *n* traitement *m* de données.

data protection *n* COMPUT protection *f* de l'information.

data transmission *n* transmission *f* de données.

date [deɪt] ◇ *n* - **1.** [in time] date *f* ; **to ~** à ce jour - **2.** [appointment] rendez-vous *m inv* - **3.** [person] petit ami *m*, petite amie *f* - **4.** [fruit] datte *f*. ◇ *vt* - **1.** [gen] dater - **2.** [go out with] sortir avec. ◇ *vi* [go out of fashion] dater.

◆ **date back to**, **date from** *vt insep* dater de.

dated ['deɪtɪd] *adj* qui date.

date line *n* ligne *f* de changement de date.

date of birth *n* date *f* de naissance.

date stamp *n* cachet *m*.

daub [dɔːb] *vt* : **to ~ sthg with sthg** barbouiller qqch de qqch.

daughter ['dɔːtər] *n* fille *f*.

daughter-in-law (*pl* **daughters-in-law**) *n* belle-fille *f*.

daunt [dɔːnt] *vt* intimider.

daunting ['dɔːntɪŋ] *adj* intimidant(e).

dawdle ['dɔːdl] *vi* flâner.

dawn [dɔːn] ◇ *n lit & fig* aube *f* ; **at ~** à l'aube ; **from ~ to dusk** du matin au soir. ◇ *vi* - **1.** [day] poindre - **2.** [era, period] naître.

◆ **dawn (up)on** *vt insep* venir à l'esprit de.

dawn chorus *n esp UK* concert *m* des oiseaux à l'aube.

day [deɪ] *n* jour *m* ; [duration] journée *f* ; **the ~ before** la veille ; **the ~ after** le lendemain ; **the ~ before yesterday** avant-hier ; **the ~ after tomorrow** après-demain ; **any ~ now** d'un jour à l'autre ; **one ~, some ~, one of these ~s** un jour (ou l'autre), un de ces jours ; **~ and night** jour et nuit ; **in my ~** de mon temps ; **in this ~ and age** de nos jours ; **to call it a ~** laisser tomber ; **to make sb's ~** réchauffer le cœur de qqn ; **his ~s are numbered** ses jours sont comptés ; **to save sthg for a rainy ~** garder qqch pour les longues soirées d'hiver ; **to save money for a rainy ~** mettre de l'argent de côté en cas de besoin ; **it's early ~s yet** ce n'est que le début.

◆ **days** *adv* le jour.

dayboy, **day boy** ['deɪbɔɪ] *n UK* SCH externe *m*.

daybreak ['deɪbreɪk] *n* aube *f* ; **at ~** à l'aube.

day-care centre *UK*, **day-care center** *US* *n* garderie *f*.

daycentre ['deɪsentər] *n UK* [for children] garderie *f* ; [for elderly people] *centre de jour pour les personnes du troisième âge*.

daydream ['deɪdriːm] ◇ *n* rêverie *f*. ◇ *vi* rêvasser.

daygirl ['deɪgɜːl] *n UK* SCH externe *f*.

Day-Glo® ['deɪgləʊ] *adj* fluorescent(e).

daylight ['deɪlaɪt] *n* - **1.** [light] lumière *f* du jour - **2.** [dawn] aube *f* - **3.** *phr* **to scare the (living)~s out of sb** *inf* faire une peur bleue à qqn.

daylight robbery *n* : **that's ~** *UK inf* c'est du vol manifeste.

daylight saving time *n* heure *f* d'été.

day nursery *n UK* garderie *f*, crèche *f*.

day off (*pl* **days off**) *n* jour *m* de congé.

day pupil *n UK* SCH externe *mf*.

day release *n UK* *jour de formation*.

day return *n UK* *billet aller et retour valable pour une journée*.

dayroom ['deɪruːm] *n* salle *f* de détente.

day school *n* externat *m*.

day shift *n* équipe *f* de jour.

daytime ['deɪtaɪm] ◇ *n* jour *m*, journée *f*. ◇ *comp* [television] pendant la journée ; [job, flight] de jour.

day-to-day *adj* [routine, life] journalier(ère) ; **on a ~ basis** au jour le jour.

day trip *n* excursion *f* d'une journée.

day-tripper *n UK* excursionniste *mf*.

daze [deɪz] <> *n* : **in a ~** hébété(e), ahuri(e). <> *vt* - **1.** [subj: blow] étourdir - **2.** *fig* [subj: shock, event] abasourdir, sidérer.

dazed [deɪzd] *adj* - **1.** [by blow] étourdi(e) - **2.** *fig* [by shock, event] abasourdi(e), sidéré(e).

dazzle ['dæzl] <> *n (U)* éblouissement *m*. <> *vt* éblouir.

dazzling ['dæzlɪŋ] *adj* éblouissant(e).

DBE (*abbr of* **Dame Commander of the Order of the British Empire**) *n distinction honorifique britannique pour les femmes.*

DBS (*abbr of* **direct broadcasting by satellite**) *n télédiffusion directe par satellite.*

DC <> *n* (*abbr of* **direct current**) courant *m* continu. <> *see also* **District of Columbia**.

dd. *see also* **delivered**.

DD (*abbr of* **Doctor of Divinity**) *n UK docteur en théologie.*

D/D *see also* **direct debit**.

D-day, **D-Day** ['di:deɪ] *n* HIST *fig* le jour J.

DDS (*abbr of* **Doctor of Dental Science**) *n UK docteur en dentisterie.*

DDT (*abbr of* **dichlorodiphenyltrichloroethane**) *n* DDT *m*.

DE *see also* **Delaware**.

DEA (*abbr of* **Drug Enforcement Administration**) *n agence américaine de lutte contre la drogue.*

deacon ['di:kn] *n* diacre *m*.

deaconess [ˌdi:kə'nes] *n* diaconesse *f*.

deactivate [ˌdi:'æktɪveɪt] *vt* désamorcer.

dead [ded] <> *adj* - **1.** [not alive, not lively] mort(e) ; **to shoot sb ~** abattre qqn ; **he wouldn't be seen ~ doing that** il ne ferait cela pour rien au monde - **2.** [numb] engourdi(e) - **3.** [not operating - battery] à plat ; **the telephone's ~** il n'y a pas de tonalité - **4.** [complete - silence] de mort ; **to come to a ~ stop** s'arrêter pile. <> *adv* - **1.** [directly, precisely] : **~ ahead** droit devant soi ; **~ on time** pile à l'heure - **2.** *inf* [completely] tout à fait ; **to be ~ set against sthg** être tout à fait opposé à qqch ; **to be ~ set on sthg** vouloir faire qqch à tout prix - **3.** [suddenly] : **to stop ~** s'arrêter net. <> *n* : **in the ~ of night/winter** au cœur de la nuit/de l'hiver. <> *npl* : **the ~** les morts *mpl*.

deadbeat ['dedbi:t] *n US inf* flemmard *m*, -e *f*.

dead centre *UK*, **dead center** *US n* plein milieu *m*.

dead duck *n* : **it's a ~** *inf* c'est foutu, c'est fichu.

deaden ['dedn] *vt* [sound] assourdir ; [pain] calmer.

dead end *n* impasse *f*.

dead-end job *n* travail *m* sans débouchés.

deadhead ['dedhed] *vt* enlever les fleurs fanées de.

dead heat *n* arrivée *f* ex-aequo.

dead letter *n fig* [rule, law] lettre *f* morte.

deadline ['dedlaɪn] *n* dernière limite *f*.

deadlock ['dedlɒk] *n* impasse *f*.

deadlocked ['dedlɒkt] *adj* dans une impasse.

dead loss *n inf* : **to be a ~** [person] être bon (bonne) à rien ; [object] ne rien valoir.

deadly ['dedlɪ] <> *adj* (*comp* **-ier**, *superl* **-iest**) - **1.** [poison, enemy] mortel(elle) - **2.** [accuracy] imparable. <> *adv* [boring, serious] tout à fait ; **~ pale** d'une pâleur mortelle.

deadly nightshade *n UK* belladone *f*.

deadpan ['dedpæn] <> *adj* pince-sans-rire (*inv*). <> *adv* impassiblement.

Dead Sea *n* : **the ~** la mer Morte.

dead wood *UK*, **deadwood** *US* ['dedwʊd] *n (U) fig* [people] personnes *fpl* improductives ; [things, material] choses *fpl* inutiles.

deaf [def] <> *adj* sourd(e) ; **to be ~ to sthg** être sourd à qqch. <> *npl* : **the ~** les sourds *mpl*.

deaf(-)aid *n UK* appareil *m* acoustique.

deaf-and-dumb *adj* sourd-muet (sourde-muette).

deafen ['defn] *vt* assourdir.

deafening ['defnɪŋ] *adj* assourdissant(e).

deaf-mute <> *adj* sourd-muet (sourde-muette). <> *n* sourd-muet *m*, sourde-muette *f*.

deafness ['defnɪs] *n* surdité *f*.

deal [di:l] <> *n* - **1.** [quantity] : **a good** OR **great ~** beaucoup ; **a good** OR **great ~ of** beaucoup de, bien de/des - **2.** [business agreement] marché *m*, affaire *f* ; **to do** OR **strike a ~ with sb** conclure un marché avec qqn - **3.** *inf* [treatment] : **to get a bad ~** ne pas faire une affaire ; **big ~!** et alors!, tu parles! <> *vt* (*pt & pp* **dealt**) - **1.** [strike] : **to ~ sb/sthg a blow, to ~ a blow to sb/sthg** porter un coup à qqn/qqch - **2.** [cards] donner, distribuer. <> *vi* (*pt & pp* **dealt**) - **1.** [at cards] donner, distribuer - **2.** [in drugs] faire le trafic (de drogues).

◆ **deal in** *vt insep* COMM faire le commerce de.

◆ **deal out** *vt sep* distribuer.

◆ **deal with** *vt insep* - **1.** [handle] s'occuper de - **2.** [be about] traiter de - **3.** [be faced with] avoir affaire à.

dealer ['di:lər] *n* - **1.** [trader] négociant *m* ; [in drugs] trafiquant *m* - **2.** [cards] donneur *m*.

dealership ['di:ləʃɪp] *n* concession *f*.

dealing ['di:lɪŋ] *n* commerce *m*.

◆ **dealings** *npl* relations *fpl*, rapports *mpl*.

dealt [delt] *pt & pp* ▷ **deal**.

dean [di:n] *n* doyen *m*.

dear [dɪəʳ] ◇ *adj* : **~ (to)** cher (chère) (à) ; **Dear Sir** [in letter] Cher Monsieur ; **Dear Madam** Chère Madame. ◇ *n* chéri *m*, -e *f*. ◇ *excl* : **oh ~!** mon Dieu!

dearly ['dɪəlɪ] *adv* [love, wish] de tout son cœur.

dearth [dɜ:θ] *n* pénurie *f*.

death [deθ] *n* mort *f* ; **to be put to ~** être mis à mort, être exécuté ; **to frighten sb to ~** faire une peur bleue à qqn ; **to worry sb to ~** rendre qqn fou d'inquiétude ; **to be sick to ~ of sthg/of doing sthg** en avoir marre de qqch/de faire qqch ; **to be at ~'s door** être à l'article de la mort.

deathbed ['deθbed] *n* lit *m* de mort.

death certificate *n* acte *m* de décès.

death duty *UK*, **death tax** *US* *n* droits *mpl* de succession.

death knell *n* glas *m*.

deathly ['deθlɪ] ◇ *adj* (*comp* **-ier**, *superl* **-iest**) de mort. ◇ *adv* comme la mort.

death penalty *n* peine *f* de mort.

death rate *n* taux *m* de mortalité.

death row *n US* quartier *m* des condamnés à mort.

death sentence *n* condamnation *f* à mort.

death squad *n* escadron *m* de la mort.

death tax *US* = **death duty**.

death toll *n* nombre *m* de morts.

death trap *n inf* véhicule *m* /bâtiment *m* dangereux.

Death Valley *n* la Vallée de la Mort.

deathwatch beetle *n* vrillette *f*.

death wish *n* désir *m* de mort.

deb [deb] *n inf* débutante *f*.

débâcle, **debacle** [de'bɑ:kl] *n* débâcle *f*.

debar [di:'bɑ:ʳ] (*pt & pp* **-red**, *cont* **-ring**) *vt* : **to ~ sb (from)** [place] exclure qqn (de) ; **to ~ sb from doing sthg** interdire à qqn de faire qqch.

debase [dɪ'beɪs] *vt* dégrader ; **to ~ o.s.** s'avilir.

debasement [dɪ'beɪsmənt] *n* dégradation *f* ; [of person] avilissement *m*.

debatable [dɪ'beɪtəbl] *adj* discutable, contestable.

debate [dɪ'beɪt] ◇ *n* débat *m* ; **open to ~** discutable. ◇ *vt* débattre, discuter ; **to ~ whether** s'interroger pour savoir si. ◇ *vi* débattre.

debating society [dɪ'beɪtɪŋ-] *n UK* club *m* de débats.

debauched [dɪ'bɔ:tʃt] *adj* débauché(e).

debauchery [dɪ'bɔ:tʃərɪ] *n* débauche *f*.

debenture [dɪ'bentʃəʳ] *n* obligation *f* (sans garantie).

debenture stock *n UK* capital *m* obligations.

debilitate [dɪ'bɪlɪteɪt] *vt* débiliter, affaiblir.

debilitating [dɪ'bɪlɪteɪtɪŋ] *adj* débilitant(e).

debility [dɪ'bɪlətɪ] *n* débilité *f*, faiblesse *f*.

debit ['debɪt] ◇ *n* débit *m*. ◇ *vt* débiter.

debit card *n* carte *f* de paiement à débit immédiat.

debit note *n* note *f* de débit.

debonair [ˌdebə'neəʳ] *adj* fringant(e).

debrief [ˌdi:'bri:f] *vt* faire faire un compte-rendu de mission à.

debriefing [ˌdi:'bri:fɪŋ] *n* compte-rendu *m* (de mission).

debris ['deɪbri:] *n (U)* débris *mpl*.

debt [det] *n* dette *f* ; **to be in ~** avoir des dettes, être endetté(e) ; **to be in sb's ~** être redevable à qqn.

debt collector *n* agent *m* de recouvrements.

debtor ['detəʳ] *n* débiteur *m*, -trice *f*.

debug [ˌdi:'bʌg] (*pt & pp* **-ged**, *cont* **-ging**) *vt* - **1.** [room] enlever les micros cachés dans - **2.** COMPUT [program] mettre au point, déboguer.

debunk [ˌdi:'bʌŋk] *vt* démentir.

debut ['deɪbju:] *n* débuts *mpl*.

debutante ['debjʊtɑ:nt] *n* débutante *f*.

Dec. (*abbr of* **December**) déc.

decade ['dekeɪd] *n* décennie *f*.

decadence ['dekədəns] *n* décadence *f*.

decadent ['dekədənt] *adj* décadent(e).

decaf(f) ['di:kæf] *n inf* déca *m*.

decaffeinated [dɪ'kæfɪneɪtɪd] *adj* décaféiné(e).

decal ['di:kæl] *n US* décalcomanie *f*.

decamp [dɪ'kæmp] *vi inf* décamper, filer.

decant [dɪ'kænt] *vt* décanter.

decanter [dɪ'kæntəʳ] *n* carafe *f*.

decapitate [dɪ'kæpɪteɪt] *vt* décapiter.

decathlete [dɪ'kæθli:t] *n* décathlonien *m*.

decathlon [dɪ'kæθlɒn] *n* décathlon *m*.

decay [dɪ'keɪ] ◇ *n* - **1.** [of body, plant] pourriture *f*, putréfaction *f* ; [of tooth] carie *f* - **2.** *fig* [of building] délabrement *m* ; [of society] décadence *f*. ◇ *vi* - **1.** [rot] pourrir ; [tooth] se carier - **2.** *fig* [building] se délabrer, tomber en ruines ; [society] tomber en décadence.

deceased [dɪ'si:st] <> *adj* décédé(e). <> *n* (*pl* **deceased**) : **the ~** le défunt, la défunte.

deceit [dɪ'si:t] *n* tromperie *f*, supercherie *f*.

deceitful [dɪ'si:tfʊl] *adj* trompeur(euse), fourbe.

deceive [dɪ'si:v] *vt* [person] tromper, duper ; [subj: memory, eyes] jouer des tours à ; **to ~ o.s.** se leurrer, s'abuser.

decelerate [ˌdi:'seləreɪt] *vi* ralentir.

December [dɪ'sembəʳ] *n* décembre *m*, *see also* **September**.

decency ['di:snsɪ] *n* décence *f*, bienséance *f* ; **to have the ~ to do sthg** avoir la décence de faire qqch.

decent ['di:snt] *adj* - **1.** [behaviour, dress] décent(e) - **2.** [wage, meal] correct(e), décent(e) - **3.** [person] gentil(ille), brave.

decently ['di:sntlɪ] *adv* - **1.** [properly] décemment, convenablement - **2.** [adequately] correctement.

decentralization [di:ˌsentrəlaɪ'zeɪʃn] *n* décentralisation *f*.

decentralize, *UK* **-ise** [ˌdi:'sentrəlaɪz] *vt* décentraliser.

deception [dɪ'sepʃn] *n* - **1.** [lie, pretence] tromperie *f*, duperie *f* - **2.** *(U)* [act of lying] supercherie *f*.

deceptive [dɪ'septɪv] *adj* trompeur(euse).

deceptively [dɪ'septɪvlɪ] *adv* en apparence.

decibel ['desɪbel] *n* décibel *m*.

decide [dɪ'saɪd] <> *vt* décider ; **to ~ to do sthg** décider de faire qqch. <> *vi* se décider.

◆ **decide (up)on** *vt insep* se décider pour, choisir.

decided [dɪ'saɪdɪd] *adj* - **1.** [definite] certain(e), incontestable - **2.** [resolute] décidé(e), résolu(e).

decidedly [dɪ'saɪdɪdlɪ] *adv* - **1.** [clearly] manifestement, incontestablement - **2.** [resolutely] résolument.

deciding [dɪ'saɪdɪŋ] *adj* : **~ vote** vote *m* décisif.

deciduous [dɪ'sɪdjʊəs] *adj* à feuilles caduques.

decimal ['desɪml] <> *adj* décimal(e). <> *n* décimale *f*.

decimal currency *n* monnaie *f* décimale.

decimalize, *UK* **-ise** ['desɪməlaɪz] *vt UK* décimaliser.

decimal place *n* décimale *f*.

decimal point *n* virgule *f*.

decimate ['desɪmeɪt] *vt* décimer.

decimation [ˌdesɪ'meɪʃn] *n* décimation *f*.

decipher [dɪ'saɪfəʳ] *vt* déchiffrer.

decision [dɪ'sɪʒn] *n* décision *f* ; **to make a ~** prendre une décision.

decision(-)making *n* prise *f* de décisions.

decisive [dɪ'saɪsɪv] *adj* - **1.** [person] déterminé(e), résolu(e) - **2.** [factor, event] décisif(ive).

decisively [dɪ'saɪsɪvlɪ] *adv* - **1.** [speak] d'un ton décidé ; [act] avec décision - **2.** [considerably, definitely] nettement, bien.

decisiveness [dɪ'saɪsɪvnɪs] *n* fermeté *f*, résolution *f*.

deck [dek] <> *n* - **1.** [of ship] pont *m* - **2.** [of bus] impériale *f* - **3.** [of cards] jeu *m* de cartes - **4.** *US* [of house] véranda *f*. <> *vt* [decorate] : **to ~ sthg with** parer *OR* orner qqch de.

◆ **deck out** *vt sep* agrémenter, parer.

deckchair ['dektʃeəʳ] *n* chaise longue *f*, transat *m*.

deckhand ['dekhænd] *n* matelot *m*.

declaration [ˌdeklə'reɪʃn] *n* déclaration *f*.

Declaration of Independence *n* : **the ~** *la Déclaration d'Indépendance des États-Unis d'Amérique (1776).*

declare [dɪ'kleəʳ] *vt* déclarer.

declared [dɪ'kleəd] *adj* [intention, supporter] avoué(e), déclaré(e).

declassify [ˌdi:'klæsɪfaɪ] (*pt & pp* **-ied**) *vt* rayer de la liste des documents secrets.

decline [dɪ'klaɪn] <> *n* déclin *m* ; **to be in ~** être en déclin ; **on the ~** en baisse. <> *vt* décliner ; **to ~ to do sthg** refuser de faire qqch. <> *vi* - **1.** [deteriorate] décliner - **2.** [refuse] refuser.

declutch [dɪ'klʌtʃ] *vi UK* débrayer.

decode [ˌdi:'kəʊd] *vt* décoder.

decoder [ˌdi:'kəʊdəʳ] *n* décodeur *m*.

decommission [ˌdi:kə'mɪʃn] *vt* mettre hors service.

decompose [ˌdi:kəm'pəʊz] *vi* se décomposer.

decomposition [ˌdi:kɒmpə'zɪʃn] *n* décomposition *f*.

decompression chamber [ˌdi:kəm'preʃn-] *n* caisson *m* de décompression.

decompression sickness [ˌdi:kəm'preʃn-] *n* maladie *f* des caissons.

decongestant [ˌdi:kən'dʒestənt] *n* décongestionnant *m*.

decontaminate [ˌdi:kən'tæmɪneɪt] *vt* décontaminer.

décor ['deɪkɔ:ʳ] *n* décor *m*.

decorate ['dekəreɪt] *vt* décorer.

decoration [ˌdekə'reɪʃn] *n* décoration *f*.

decorative ['dekərətɪv] *adj* décoratif(ive).

decorator ['dekəreɪtəʳ] *n* décorateur *m*, -trice *f*.

decorous ['dekərəs] *adj* bienséant(e), convenable.

decorum [dɪ'kɔːrəm] *n* décorum *m*.

decoy ◇ *n* ['diːkɔɪ] [for hunting] appât *m*, leurre *m* ; [person] compère *m*. ◇ *vt* [dɪ'kɔɪ] attirer dans un piège.

decrease ◇ *n* ['diːkriːs] : **~ (in)** diminution *f* (de), baisse *f* (de). ◇ *vt* [dɪ'kriːs] diminuer, réduire. ◇ *vi* [dɪ'kriːs] diminuer, décroître.

decreasing [diː'kriːsɪŋ] *adj* qui diminue, décroissant(e).

decree [dɪ'kriː] ◇ *n* - **1.** [order, decision] décret *m* - **2.** *US* LAW arrêt *m*, jugement *m*. ◇ *vt* décréter, ordonner.

decree absolute (*pl* **decrees absolute**) *n UK* jugement *m* définitif.

decree nisi [-'naɪsaɪ] (*pl* **decrees nisi**) *n UK* jugement *m* provisoire.

decrepit [dɪ'krepɪt] *adj* [person] décrépit(e) ; [house] délabré(e).

decry [dɪ'kraɪ] (*pt & pp* **-ied**) *vt* décrier, dénigrer.

dedicate ['dedɪkeɪt] *vt* - **1.** [book etc] dédier - **2.** [life, career] consacrer ; **to ~ o.s. to sthg** se consacrer à qqch.

dedicated ['dedɪkeɪtɪd] *adj* - **1.** [person] dévoué(e) - **2.** COMPUT spécialisé(e).

dedication [ˌdedɪ'keɪʃn] *n* - **1.** [commitment] dévouement *m* - **2.** [in book] dédicace *f*.

deduce [dɪ'djuːs] *vt* déduire, conclure.

deduct [dɪ'dʌkt] *vt* déduire, retrancher.

deduction [dɪ'dʌkʃn] *n* déduction *f*.

deed [diːd] *n* - **1.** [action] action *f*, acte *m* - **2.** LAW acte *m* notarié.

deed poll (*pl* **deed polls** OR **deeds poll**) *n UK* : **to change one's name by ~** changer de nom légalement OR officiellement.

deem [diːm] *vt* juger, considérer ; **to ~ it wise to do sthg** juger prudent de faire qqch.

deep [diːp] ◇ *adj* profond(e) ; **to be thrown in at the ~ end** *fig* recevoir le baptême du feu. ◇ *adv* profondément ; **feelings were running ~** les sentiments se sont exacerbés ; **~ down** [fundamentally] au fond ; **to be ~ in thought** être perdu(e) dans ses pensées.

deepen ['diːpn] ◇ *vt* [hole, channel] creuser. ◇ *vi* - **1.** [river, sea] devenir profond(e) - **2.** [crisis, recession, feeling] s'aggraver - **3.** [darkness] augmenter.

deepening ['diːpnɪŋ] *adj* [crisis, recession] qui s'aggrave.

deep freeze *n* congélateur *m*.
◆ **deep-freeze** *vt* congeler.

deep fry *vt* faire frire.

deeply ['diːplɪ] *adv* profondément.

deep-rooted *adj* [prejudice] ancré(e), enraciné(e) ; [hatred] vivace, tenace ; [affection] profond(e).

deep-sea *adj* : **~ diving** plongée *f* sous-marine ; **~ fishing** pêche *f* hauturière.

deep-seated ['siːtɪd] *adj* [belief, fear] profond(e), enraciné(e).

deep-set *adj* [eyes] enfoncé(e).

deer [dɪəʳ] (*pl* **deer**) *n* cerf *m*.

deerstalker ['dɪəˌstɔːkəʳ] *n* [hat] chapeau *m* à la Sherlock Holmes.

de-escalate [ˌdiː'eskəleɪt] ◇ *vt* faire diminuer. ◇ *vi* diminuer.

deface [dɪ'feɪs] *vt* barbouiller.

defamation [ˌdefə'meɪʃn] *n* diffamation *f*.

defamatory [dɪ'fæmətrɪ] *adj* diffamatoire, diffamant(e).

default [dɪ'fɔːlt] ◇ *n* - **1.** [failure] défaillance *f* ; **by ~** par défaut - **2.** COMPUT valeur *f* par défaut. ◇ *comp* COMPUT implicite, par défaut. ◇ *vi* manquer à ses engagements ; **to ~ on** manquer à.

defaulter [dɪ'fɔːltəʳ] *n* partie *f* défaillante.

default value *n* COMPUT valeur *f* par défaut.

defeat [dɪ'fiːt] ◇ *n* défaite *f* ; **to admit ~** s'avouer battu(e) OR vaincu(e). ◇ *vt* - **1.** [team, opponent] vaincre, battre - **2.** [motion, proposal] rejeter - **3.** [plans] faire échouer.

defeatism [dɪ'fiːtɪzm] *n* défaitisme *m*.

defeatist [dɪ'fiːtɪst] ◇ *adj* défaitiste. ◇ *n* défaitiste *mf*.

defecate ['defəkeɪt] *vi* déféquer.

defect ◇ *n* ['diːfekt] défaut *m*. ◇ *vi* [dɪ'fekt] : **to ~ to** passer à.

defection [dɪ'fekʃn] *n* défection *f*.

defective [dɪ'fektɪv] *adj* défectueux(euse).

defector [dɪ'fektəʳ] *n* transfuge *mf*.

defence *UK*, **defense** *US* [dɪ'fens] *n* - **1.** [gen] défense *f* - **2.** [protective device, system] protection *f* - **3.** LAW : **the ~** la défense ; **he said in ~ that...** il a répondu pour sa défense que...
◆ **defences** *npl* [of country] moyens *mpl* de défense.

defenceless *UK*, **defenseless** *US* [dɪ'fenslɪs] *adj* sans défense.

defend [dɪ'fend] ◇ *vt* défendre ; **to ~ o.s.** se défendre. ◇ *vi* SPORT défendre.

defendant [dɪ'fendənt] *n* défendeur *m*, -eresse *f* ; [in trial] accusé *m*, -e *f*.

defender [dɪ'fendəʳ] *n* défenseur *m*.

defense *US* = **defence**.

defenseless *US* = **defenceless**.

defensive [dɪ'fensɪv] ◇ *adj* défensif(ive). ◇ *n* : **on the ~** sur la défensive.

defer [dɪ'fɜːʳ] (*pt & pp* **-red**, *cont* **-ring**) ◇ *vt* différer. ◇ *vi* : **to ~ to sb** s'en remettre à (l'opinion de) qqn.

deference ['defərəns] *n* déférence *f*.

deferential [ˌdefə'renʃl] *adj* respectueux(euse).

defiance [dɪ'faɪəns] *n* défi *m* ; **in ~ of** au mépris de.

defiant [dɪ'faɪənt] *adj* [person] intraitable, intransigeant(e) ; [action] de défi.

defiantly [dɪ'faɪəntlɪ] *adv* [say] d'un ton de défi.

defibrillator [diː'fɪbrɪleɪtəʳ] *n* MED défibrillateur *m*.

deficiency [dɪ'fɪʃnsɪ] (*pl* **-ies**) *n* **- 1.** [lack] manque *m* ; [of vitamins etc] carence *f* **- 2.** [inadequacy] imperfection *f*, défaut *m*.

deficient [dɪ'fɪʃnt] *adj* **- 1.** [lacking] : **to be ~ in** manquer de **- 2.** [inadequate] insuffisant(e), médiocre.

deficit ['defɪsɪt] *n* déficit *m*.

defile [dɪ'faɪl] *vt* souiller, salir.

define [dɪ'faɪn] *vt* définir.

definite ['defɪnɪt] *adj* **- 1.** [plan] bien déterminé(e) ; [date] certain(e) **- 2.** [improvement, difference] net (nette), marqué(e) **- 3.** [answer] précis(e), catégorique **- 4.** [confident - person] assuré(e).

definitely ['defɪnɪtlɪ] *adv* **- 1.** [without doubt] sans aucun doute, certainement **- 2.** [for emphasis] catégoriquement.

definition [defɪ'nɪʃn] *n* **- 1.** [gen] définition *f* **- 2.** [clarity] clarté *f*, précision *f*.

definitive [dɪ'fɪnɪtɪv] *adj* définitif(ive).

deflate [dɪ'fleɪt] ◇ *vt* **- 1.** [balloon, tyre] dégonfler **- 2.** *fig* [person] rabaisser, humilier **- 3.** ECON provoquer la déflation de. ◇ *vi* [balloon, tyre] se dégonfler.

deflation [dɪ'fleɪʃn] *n* ECON déflation *f*.

deflationary [dɪ'fleɪʃnərɪ] *adj* [policy] de déflation ; [measure] déflationniste.

deflect [dɪ'flekt] *vt* [ball, bullet] dévier ; [stream] détourner, dériver ; [criticism] détourner.

deflection [dɪ'flekʃn] *n* [of ball, bullet] déviation *f* ; [of stream] dérivation *f*, détournement *m*.

defog [ˌdiː'fɒg] *vt US* AUT désembuer.

defogger [ˌdiː'fɒgəʳ] *n US* AUT dispositif *m* antibuée.

deforest [ˌdiː'fɒrɪst] *vt* déboiser.

deforestation [diːˌfɒrɪ'steɪʃn] *n* déforestation *f*, déboisement *m*.

deform [dɪ'fɔːm] *vt* déformer.

deformed [dɪ'fɔːmd] *adj* difforme.

deformity [dɪ'fɔːmətɪ] (*pl* **-ies**) *n* difformité *f*, malformation *f*.

Defra ['defrə] (*abbr of* **Department for Environment, Food & Rural Affairs**) *n UK* ADMIN ministère *m* de l'Agriculture britannique *m*.

defragment [ˌdiːfræg'ment] *vt* COMPUT défragmenter.

defraud [dɪ'frɔːd] *vt* [person] escroquer ; [Inland Revenue etc] frauder.

defray [dɪ'freɪ] *vt* [costs] couvrir ; [expenses] rembourser.

defrost [ˌdiː'frɒst] ◇ *vt* **- 1.** [fridge] dégivrer ; [frozen food] décongeler **- 2.** *US* [AUT - de-ice] dégivrer ; [- demist] désembuer. ◇ *vi* [fridge] dégivrer ; [frozen food] se décongeler.

deft [deft] *adj* adroit(e).

deftly ['deftlɪ] *adv* adroitement.

defunct [dɪ'fʌŋkt] *adj* qui n'existe plus ; [person] défunt(e).

defuse [ˌdiː'fjuːz] *vt* désamorcer.

defy [dɪ'faɪ] (*pt & pp* **-ied**) *vt* **- 1.** [gen] défier ; **to ~ sb to do sthg** mettre qqn au défi de faire qqch **- 2.** [efforts] résister à, faire échouer.

degenerate ◇ *adj* [dɪ'dʒenərət] dégénéré(e). ◇ *n* [dɪ'dʒenərət] dégénéré *m*, -e *f*. ◇ *vi* [dɪ'dʒenəreɪt] : **to ~ (into)** dégénérer (en).

degradation [ˌdegrə'deɪʃn] *n* [of person] déchéance *f* ; [of place] dégradation *f*.

degrade [dɪ'greɪd] *vt* [person] avilir.

degrading [dɪ'greɪdɪŋ] *adj* dégradant(e), avilissant(e).

degree [dɪ'griː] *n* **- 1.** [measurement] degré *m* **- 2.** UNIV diplôme *m* universitaire ; **to have/take a ~ (in)** avoir/faire une licence (de) **- 3.** [amount] : **to a certain ~** jusqu'à un certain point, dans une certaine mesure ; **a ~ of risk** un certain risque ; **a ~ of truth** une certaine part de vérité ; **by ~s** progressivement, petit à petit.

dehumanize, *UK* **-ise** [diː'hjuːmənaɪz] *vt* déshumaniser.

dehydrated [ˌdiːhaɪ'dreɪtɪd] *adj* déshydraté(e).

dehydration [ˌdiːhaɪ'dreɪʃn] *n* déshydratation *f*.

de-ice [diː'aɪs] *vt* dégivrer.

de-icer [diː'aɪsəʳ] *n* dégivreur *m*.

deign [deɪn] *vt* : **to ~ to do sthg** daigner faire qqch.

deity ['diːɪtɪ] (*pl* **-ies**) *n* dieu *m*, déesse *f*, divinité *f*.

déjà vu [ˌdeʒɑː'vjuː] *n* déjà vu *m*.

dejected [dɪ'dʒektɪd] *adj* abattu(e), découragé(e).

dejection [dɪ'dʒekʃn] *n* abattement *m*, découragement *m*.

del. (*abbr of* **delete**) [on keyboard] suppr.

Del. *see also* **Delaware**.

Delaware ['deləweəʳ] *n* Delaware *m* ; **in ~** dans le Delaware.

delay [dɪ'leɪ] ◇ *n* retard *m*, délai *m* ; **without ~** sans délai. ◇ *vt* **- 1.** [cause to be late] retarder **- 2.** [defer] différer ; **to ~ doing sthg** tarder à faire qqch. ◇ *vi* : **to ~ (in doing sthg)** tarder (à faire qqch).

delayed [dɪ'leɪd] *adj* : **to be ~** [person, train] être retardé(e).

delayed-action [dɪ'leɪd-] *adj* [response] après coup ; **~ shutter** PHOT dispositif *m* à retardement.

delectable [dɪ'lektəbl] *adj* délicieux(euse).

delegate ◇ *n* ['delɪgət] délégué *m*, -e *f*. ◇ *vt* ['delɪgeɪt] déléguer ; **to ~ sb to do sthg** déléguer qqn pour faire qqch ; **to ~ sthg to sb** déléguer qqch à qqn. ◇ *vi* ['delɪgeɪt] déléguer.

delegation [ˌdelɪ'geɪʃn] *n* délégation *f*.

delete [dɪ'li:t] *vt* supprimer, effacer.

delete key *n* COMPUT touche *f* effacer.

deletion [dɪ'li:ʃn] *n* suppression *f*, effacement *m*.

Delhi ['delɪ] *n* Delhi.

deli ['delɪ] *n inf see also* **delicatessen**.

Delhi belly *n* tourista *f inf hum*.

deliberate ◇ *adj* [dɪ'lɪbərət] **- 1.** [intentional] voulu(e), délibéré(e) **- 2.** [slow] lent(e), sans hâte. ◇ *vi* [dɪ'lɪbəreɪt] délibérer.

deliberately [dɪ'lɪbərətlɪ] *adv* **- 1.** [on purpose] exprès, à dessein **- 2.** [slowly] posément, sans se presser.

deliberation [dɪˌlɪbə'reɪʃn] *n* **- 1.** [consideration] délibération *f* **- 2.** [slowness] mesure *f*.
◆ **deliberations** *npl* délibérations *fpl*, discussions *fpl*.

delicacy ['delɪkəsɪ] (*pl* **-ies**) *n* **- 1.** [gen] délicatesse *f* **- 2.** [food] mets *m* délicat.

delicate ['delɪkət] *adj* délicat(e) ; [movement] gracieux(euse).

delicately ['delɪkətlɪ] *adv* **- 1.** [gen] délicatement ; [move] gracieusement, avec grâce **- 2.** [tactfully] avec délicatesse, subtilement.

delicatessen [ˌdelɪkə'tesn] *n* épicerie *f* fine.

delicious [dɪ'lɪʃəs] *adj* délicieux(euse).

delight [dɪ'laɪt] ◇ *n* **- 1.** [great pleasure] délice *m* ; **to take ~ in doing sthg** prendre grand plaisir à faire qqch **- 2.** [wonderful thing, person] : **she's a ~ to work with** c'est un plaisir de travailler avec elle ; **a ~ to the eyes** un régal pour les yeux. ◇ *vt* enchanter, charmer. ◇ *vi* : **to ~ in sthg/in doing sthg** prendre grand plaisir à qqch/à faire qqch.

delighted [dɪ'laɪtɪd] *adj* : **~ (by** *OR* **with)** enchanté(e) (de), ravi(e) (de) ; **to be ~ that** être enchanté *OR* ravi que ; **to be ~ to do sthg** être enchanté *OR* ravi de faire qqch.

delightful [dɪ'laɪtfʊl] *adj* ravissant(e), charmant(e) ; [meal] délicieux(euse).

delightfully [dɪ'laɪtfʊlɪ] *adv* d'une façon charmante.

delimit [di:'lɪmɪt] *vt* délimiter.

delineate [dɪ'lɪnɪeɪt] *vt* exposer, énoncer.

delinquency [dɪ'lɪŋkwənsɪ] *n* délinquance *f*.

delinquent [dɪ'lɪŋkwənt] ◇ *adj* délinquant(e). ◇ *n* délinquant *m*, -e *f*.

delirious [dɪ'lɪrɪəs] *adj lit* & *fig* délirant(e).

delirium [dɪ'lɪrɪəm] *n* délire *m*.

deliver [dɪ'lɪvəʳ] ◇ *vt* **- 1.** [distribute] : **to ~ sthg (to sb)** [mail, newspaper] distribuer qqch (à qqn) ; COMM livrer qqch (à qqn) **- 2.** [speech] faire ; [warning] donner ; [message] remettre ; [blow, kick] donner, porter **- 3.** [baby] mettre au monde **- 4.** [free] délivrer **- 5.** *US* POL [votes] obtenir. ◇ *vi* **- 1.** COMM livrer **- 2.** [fulfil promise] tenir sa promesse.

deliverance [dɪ'lɪvərəns] *n* délivrance *f*.

delivery [dɪ'lɪvərɪ] (*pl* **-ies**) *n* **- 1.** COMM livraison *f* **- 2.** [way of speaking] élocution *f* **- 3.** [birth] accouchement *m*.

delivery note *n* bulletin *m* de livraison.

delivery van *UK*, **delivery truck** *US n* camionnette *f* de livraison.

delphinium [del'fɪnɪəm] (*pl* **-s**) *n* delphinium *m*, pied-d'alouette *m*.

delta ['deltə] (*pl* **-s**) *n* delta *m*.

delude [dɪ'lu:d] *vt* tromper, induire en erreur ; **to ~ o.s.** se faire des illusions.

deluge ['delju:dʒ] ◇ *n* déluge *m* ; *fig* avalanche *f*. ◇ *vt* : **to be ~d with** être débordé(e) *OR* submergé(e) de.

delusion [dɪ'lu:ʒn] *n* illusion *f* ; **~s of grandeur** folie *f* des grandeurs.

deluxe, **de luxe** [də'lʌks] *adj* de luxe.

delve [delv] *vi* : **to ~ into** [past] fouiller ; [bag etc] fouiller dans.

Dem. *see also* **Democrat**, *see also* **Democratic**.

demagogue ['deməgɒg] *n* démagogue *m*.

demand [dɪ'mɑ:nd] ◇ *n* **- 1.** [claim, firm request] revendication *f*, exigence *f* ; **wage ~** revendication salariale ; **on ~** sur demande **- 2.** [need] : **~ (for)** demande *f* (de) ; **in ~** demandé(e), recherché(e). ◇ *vt* **- 1.** [ask for

- justice, money] réclamer ; [- explanation, apology] exiger ; **to ~ to do sthg** exiger de faire qqch - **2.** [require] demander, exiger.

demanding [dɪ'mɑ:ndɪŋ] *adj* - **1.** [exhausting] astreignant(e) - **2.** [not easily satisfied] exigeant(e).

demarcation [ˌdi:mɑ:'keɪʃn] *n* démarcation *f.*

demarcation dispute *n UK* conflit *m* de compétence.

dematerialize, *UK* **-ise** [di:mə'tɪərɪəlaɪz] *vi* se volatiliser.

demean [dɪ'mi:n] *vt* avilir, déshonorer ; **to ~ o.s.** s'abaisser.

demeaning [dɪ'mi:nɪŋ] *adj* avilissant(e), dégradant(e).

demeanour *UK*, **demeanor** *US* [dɪ'mi:nər] *n (U) fml* comportement *m.*

demented [dɪ'mentɪd] *adj* fou (folle), dément(e).

dementia [dɪ'menʃə] *n* démence *f.*

demerara sugar [ˌdemə'reərə-] *n UK* cassonade *f.*

demigod ['demɪgɒd] *n* demi-dieu *m.*

demijohn ['demɪdʒˌn] *n* dame-jeanne *f*, bonbonne *f.*

demilitarized zone, *UK* **demilitarised zone** [ˌdi:'mɪlɪtəraɪzd-] *n* zone *f* démilitarisée.

demise [dɪ'maɪz] *n (U)* décès *m* ; *fig* mort *f*, fin *f.*

demist [ˌdi:'mɪst] *vt UK* désembuer.

demister [ˌdi:'mɪstər] *n UK* dispositif *m* antibuée.

demo ['deməʊ] (*abbr of* **demonstration**) *n UK inf* manif *f.*

demobilize, *UK* **-ise** [ˌdi:'məʊbɪlaɪz] *vt* démobiliser.

democracy [dɪ'mɒkrəsɪ] (*pl* **-ies**) *n* démocratie *f.*

democrat ['deməkræt] *n* démocrate *mf.*
◆ **Democrat** *n US* démocrate *mf.*

democratic [ˌdemə'krætɪk] *adj* démocratique.
◆ **Democratic** *adj US* démocrate.

democratically [ˌdemə'krætɪklɪ] *adv* démocratiquement.

Democratic Party *n US* : **the ~** le Parti démocrate.

democratize, *UK* **-ise** [dɪ'mɒkrətaɪz] *vt* démocratiser.

demographic [ˌdemə'græfɪk] *adj* démographique.

demolish [dɪ'mɒlɪʃ] *vt* - **1.** [destroy] démolir - **2.** *inf* [eat] engloutir, engouffrer.

demolition [ˌdemə'lɪʃn] *n* démolition *f.*

demon ['di:mən] ◇ *n* [evil spirit] démon *m.* ◇ *comp inf* **~ driver/chess player** as du volant/des échecs.

demonstrable [dɪ'mɒnstrəbl] *adj* démontrable.

demonstrably [dɪ'mɒnstrəblɪ] *adv* manifestement.

demonstrate ['demənstreɪt] ◇ *vt* - **1.** [prove] démontrer, prouver - **2.** [machine, computer] faire une démonstration de. ◇ *vi* : **to ~ (for/against)** manifester (pour/contre).

demonstration [demən'streɪʃn] *n* - **1.** [of machine, emotions] démonstration *f* - **2.** [public meeting] manifestation *f.*

demonstrative [dɪ'mɒnstrətɪv] *adj* expansif(ive), démonstratif(ive).

demonstrator ['demənstreɪtər] *n* - **1.** [in march] manifestant *m*, -e *f* - **2.** [of machine, product] démonstrateur *m*, -trice *f.*

demoralize, *UK* **-ise** [dɪ'mɒrəlaɪz] *vt* démoraliser.

demoralized [dɪ'mɒrəlaɪzd] *adj* démoralisé(e).

demote [ˌdi:'məʊt] *vt* rétrograder.

demotion [ˌdi:'məʊʃn] *n* rétrogradation *f.*

demotivate [ˌdi:'məʊtɪveɪt] *vt* démotiver.

demure [dɪ'mjʊər] *adj* modeste, réservé(e).

demystify [ˌdi:'mɪstɪfaɪ] (*pt & pp* **-ied**) *vt* démystifier.

den [den] *n* [of animal] antre *m*, tanière *f.*

denationalization ['di:ˌnæʃnəlaɪ'zeɪʃn] *n* dénationalisation *f.*

denationalize, *UK* **-ise** [ˌdi:'næʃnəlaɪz] *vt* dénationaliser.

denial [dɪ'naɪəl] *n* [of rights, facts, truth] dénégation *f* ; [of accusation] démenti *m* ; **in denial** en déni.

denier ['denɪər] *n* denier *m.*

denigrate ['denɪgreɪt] *vt* dénigrer.

denim ['denɪm] *n* jean *m.*
◆ **denims** *npl* : **a pair of ~s** un jean.

denim jacket *n* veste *f* en jean.

denizen ['denɪzn] *n lit & hum* habitant *m*, -e *f.*

Denmark ['denmɑ:k] *n* Danemark *m* ; **in ~** au Danemark.

denomination [dɪˌnɒmɪ'neɪʃn] *n* - **1.** RELIG confession *f* - **2.** [money] valeur *f.*

denominator [dɪ'nɒmɪneɪtər] *n* dénominateur *m.*

denote [dɪ'nəʊt] *vt* dénoter.

denounce [dɪ'naʊns] *vt* dénoncer.

dense [dens] *adj* **- 1.** [crowd, forest] dense ; [fog] dense, épais(aisse) **- 2.** *inf* [stupid] bouché(e).

densely ['denslɪ] *adv* : **~ packed** [hall etc] complètement bondé(e) ; **~ populated** très peuplé(e) ; **~ wooded** couvert(e) de forêts épaisses.

density ['densətɪ] (*pl* **-ies**) *n* densité *f*.

dent [dent] ◇ *n* bosse *f*. ◇ *vt* cabosser.

dental ['dentl] *adj* dentaire ; **~ appointment** rendez-vous *m* chez le dentiste.

dental floss *n* fil *m* dentaire.

dental hygienist *n* = **hygienist**.

dental plate *n* prothèse *f* dentaire.

dental surgeon *n* chirurgien-dentiste *m*.

dental treatment *n* traitement *m* dentaire.

dented ['dentɪd] *adj* cabossé(e).

dentist ['dentɪst] *n* dentiste *mf*.

dentistry ['dentɪstrɪ] *n* dentisterie *f*.

dentures ['dentʃəz] *npl* dentier *m*.

denude [dɪ'nju:d] *vt fml* **to ~ sthg (of)** dépouiller qqch (de).

denunciation [dɪ,nʌnsɪ'eɪʃn] *n* dénonciation *f*.

deny [dɪ'naɪ] (*pt & pp* **-ied**) *vt* **- 1.** [refute] nier **- 2.** *fml* [refuse] nier, refuser ; **to ~ sb sthg** refuser qqch à qqn.

deodorant [di:'əʊdərənt] *n* déodorant *m*.

depart [dɪ'pɑ:t] *vi fml* **- 1.** [leave] : **to ~ (from)** partir de **- 2.** [differ] : **to ~ from sthg** s'écarter de qqch.

department [dɪ'pɑ:tmənt] *n* **- 1.** [in organization] service *m* **- 2.** [in shop] rayon *m* **- 3.** SCH & UNIV département *m* **- 4.** [in government] département *m*, ministère *m*.

departmental [,di:pɑ:t'mentl] *adj* de service.

department store *n* grand magasin *m*.

departure [dɪ'pɑ:tʃə^r] *n* **- 1.** [leaving] départ *m* **- 2.** [change] nouveau départ *m* ; **a ~ from tradition** un écart par rapport à la tradition.

departure lounge *n* salle *f* d'embarquement.

depend [dɪ'pend] *vi* : **to ~ on** [be dependent on] dépendre de ; [rely on] compter sur ; [emotionally] se reposer sur ; **it ~s on you/the weather** cela dépend de vous/du temps ; **it ~s** cela dépend ; **~ing on** selon.

dependable [dɪ'pendəbl] *adj* [person] sur qui on peut compter ; [source of income] sûr(e) ; [car] fiable.

dependant [dɪ'pendənt] *n* personne *f* à charge.

dependence [dɪ'pendəns] *n* : **~ (on)** dépendance *f* (de).

dependent [dɪ'pendənt] *adj* **- 1.** [reliant] : **~ (on)** dépendant(e) (de) ; **to be ~ on sb/sthg** dépendre de qqn/qqch ; **the economy is ~ on oil** l'économie repose sur le pétrole **- 2.** [addicted] dépendant(e), accro **- 3.** [contingent] : **to be ~ on** dépendre de.

depict [dɪ'pɪkt] *vt* **- 1.** [show in picture] représenter **- 2.** [describe] : **to ~ sb/sthg as** dépeindre qqn/qqch comme.

depilatory [dɪ'pɪlətrɪ] *adj* dépilatoire.

deplete [dɪ'pli:t] *vt* épuiser.

depletion [dɪ'pli:ʃn] *n* épuisement *m*.

deplorable [dɪ'plɔ:rəbl] *adj* déplorable.

deplore [dɪ'plɔ:^r] *vt* déplorer.

deploy [dɪ'plɔɪ] *vt* déployer.

deployment [dɪ'plɔɪmənt] *n* déploiement *m*.

depopulated [,di:'pɒpjʊleɪtɪd] *adj* dépeuplé(e).

depopulation [di:,pɒpjʊ'leɪʃn] *n* dépeuplement *m*.

deport [dɪ'pɔ:t] *vt* expulser.

deportation [,di:pɔ:'teɪʃn] *n* expulsion *f*.

deportation order *n* arrêt *m* d'expulsion.

depose [dɪ'pəʊz] *vt* déposer.

deposit [dɪ'pɒzɪt] ◇ *n* **- 1.** [gen] dépôt *m* ; **to make a ~** [into bank account] déposer de l'argent **- 2.** [payment - as guarantee] caution *f* ; [- as instalment] acompte *m* ; [- on bottle] consigne *f*. ◇ *vt* déposer.

deposit account *n UK* compte *m* sur livret.

depositor [də'pɒzɪtə^r] *n* déposant *m*, -e *f*.

depot ['depəʊ] *n* **- 1.** [gen] dépôt *m* **- 2.** *US* [station] gare *f*.

depraved [dɪ'preɪvd] *adj* dépravé(e).

depravity [dɪ'prævətɪ] *n* dépravation *f*.

deprecate ['deprɪkeɪt] *vt fml* désapprouver.

deprecating ['deprɪkeɪtɪŋ] *adj* désapprobateur(trice).

depreciate [dɪ'pri:ʃɪeɪt] *vi* se déprécier.

depreciation [dɪ,pri:ʃɪ'eɪʃn] *n* dépréciation *f*.

depress [dɪ'pres] *vt* **- 1.** [sadden, discourage] déprimer **- 2.** [weaken - economy] affaiblir ; [- prices] faire baisser.

depressant [dɪ'presənt] *n* dépresseur *m*.

depressed [dɪ'prest] *adj* **- 1.** [sad] déprimé(e) **- 2.** [run-down - area] en déclin.

depressing [dɪ'presɪŋ] *adj* déprimant(e).

depression [dɪ'preʃn] *n* **- 1.** [gen] dépression *f* **- 2.** [sadness] tristesse *f*.

◆ **Depression** *n* ECON : **the (Great) Depression** la crise (économique) de 1929.

depressive [dɪ'presɪv] *adj* dépressif(ive).

deprivation [ˌdeprɪ'veɪʃn] *n* privation *f*.

deprive [dɪ'praɪv] *vt* : **to ~ sb of sthg** priver qqn de qqch.

deprived [dɪ'praɪvd] *adj* défavorisé(e).

dept. *see also* **department**.

depth [depθ] *n* profondeur *f* ; **in ~** [study, analyse] en profondeur ; **to be out of one's ~** [in water] ne pas avoir pied ; *fig* avoir perdu pied, être dépassé.

◆ **depths** *npl* : **the ~s** [of seas] les profondeurs *fpl* ; [of memory, archives] le fin fond ; **in the ~s of winter** au cœur de l'hiver ; **to be in the ~s of despair** toucher le fond du désespoir.

depth charge *n* grenade *f* sous-marine.

deputation [ˌdepjʊ'teɪʃn] *n* délégation *f*.

deputize, *UK* **-ise** ['depjʊtaɪz] *vi* : **to ~ for sb** assurer les fonctions de qqn, remplacer qqn.

deputy ['depjʊtɪ] ◇ *adj* adjoint(e) ; **~ chairman** vice-président *m* ; **~ head** SCH directeur *m* adjoint ; **~ leader** POL vice-président *m*. ◇ *n* (*pl* **-ies**) **- 1.** [second-in-command] adjoint *m*, -e *f* **- 2.** *US* [deputy sheriff] shérif *m* adjoint.

derail [dɪ'reɪl] *vt* [train] faire dérailler.

derailment [dɪ'reɪlmənt] *n* déraillement *m*.

deranged [dɪ'reɪndʒd] *adj* dérangé(e).

derby [*UK* 'dɑːbɪ, *US* 'dɜːbɪ] (*pl* **-ies**) *n* **- 1.** SPORT derby *m* **- 2.** *US* [hat] chapeau *m* melon.

deregulate [ˌdiː'regjʊleɪt] *vt* déréglementer.

deregulation [ˌdiːregjʊ'leɪʃn] *n* déréglementation *f*.

derelict ['derəlɪkt] *adj* en ruines.

deride [dɪ'raɪd] *vt* railler.

derision [dɪ'rɪʒn] *n* dérision *f*.

derisive [dɪ'raɪsɪv] *adj* moqueur(euse).

derisory [də'raɪzərɪ] *adj* **- 1.** [puny, trivial] dérisoire **- 2.** [derisive] moqueur(euse).

derivation [ˌderɪ'veɪʃn] *n* [of word] dérivation *f*.

derivative [dɪ'rɪvətɪv] ◇ *adj pej* pas original(e). ◇ *n* dérivé *m*.

derive [dɪ'raɪv] ◇ *vt* **- 1.** [draw, gain] : **to ~ sthg from sthg** tirer qqch de qqch **- 2.** [originate] : **to be ~d from** venir de. ◇ *vi* : **to ~ from** venir de.

dermatitis [ˌdɜːmə'taɪtɪs] *n* dermatite *f*.

dermatologist [ˌdɜːmə'tɒlədʒɪst] *n* dermatologue *mf*.

dermatology [ˌdɜːmə'tɒlədʒɪ] *n* dermatologie *f*.

derogatory [dɪ'rɒgətrɪ] *adj* désobligeant(e).

derrick ['derɪk] *n* **- 1.** [crane] mât *m* de charge **- 2.** [over oil well] derrick *m*.

derv [dɜːv] *n UK* gas-oil *m*.

desalination [diːˌsælɪ'neɪʃn] *n* dessalement *m*, dessalaison *f*.

descant ['deskænt] *n* [tune] déchant *m*.

descend [dɪ'send] ◇ *vt fml* [go down] descendre. ◇ *vi* **- 1.** *fml* [go down] descendre **- 2.** [fall] : **to ~ (on)** [enemy] s'abattre (sur) ; [subj: silence, gloom] tomber (sur) **- 3.** [arrive] : **to ~ on** [a town] arriver en nombre dans, envahir ; [subj: in-laws etc] arriver à l'improviste chez **- 4.** [stoop] : **to ~ to sthg/to doing sthg** s'abaisser à qqch/à faire qqch.

descendant [dɪ'sendənt] *n* descendant *m*, -e *f*.

descended [dɪ'sendɪd] *adj* : **to be ~ from sb** descendre de qqn.

descending [dɪ'sendɪŋ] *adj* : **in ~ order** en ordre décroissant.

descent [dɪ'sent] *n* **- 1.** [downwards movement] descente *f* **- 2.** *(U)* [origin] origine *f*.

describe [dɪ'skraɪb] *vt* décrire.

description [dɪ'skrɪpʃn] *n* **- 1.** [account] description *f* **- 2.** [type] sorte *f*, genre *m*.

descriptive [dɪ'skrɪptɪv] *adj* descriptif(ive).

desecrate ['desɪkreɪt] *vt* profaner.

desecration [ˌdesɪ'kreɪʃn] *n* profanation *f*.

desegregate [ˌdiː'segrɪgeɪt] *vt* pratiquer la déségrégation dans.

deselect [ˌdiːsɪ'lekt] *vt UK* ne pas resélectionner pour une réélection.

desert ◇ *n* ['dezət] désert *m*. ◇ *vt* [dɪ'zɜːt] **- 1.** [place] déserter **- 2.** [person, group] déserter, abandonner. ◇ *vi* [dɪ'zɜːt] MIL déserter.

◆ **deserts** *npl* [dɪ'zɜːt] : **to get one's just ~s** recevoir ce que l'on mérite.

deserted [dɪ'zɜːtɪd] *adj* désert(e).

deserter [dɪ'zɜːtər] *n* déserteur *m*.

desertion [dɪ'zɜːʃn] *n* **- 1.** MIL désertion *f* **- 2.** [of person] abandon *m*.

desert island ['dezət-] *n* île *f* déserte.

deserve [dɪ'zɜːv] *vt* mériter ; **to ~ to do sthg** mériter de faire qqch.

deserved [dɪ'zɜːvd] *adj* mérité(e).

deservedly [dɪ'zɜːvɪdlɪ] *adv* à juste titre.

deserving [dɪ'zɜːvɪŋ] *adj* [person] méritant(e) ; [cause, charity] méritoire ; **to be ~ of sthg** *fml* mériter qqch.

desiccated ['desɪkeɪtɪd] *adj* séché(e).

design [dɪ'zaɪn] ◇ *n* **- 1.** [plan, drawing] plan *m*, étude *f* **- 2.** *(U)* [art] design *m* **- 3.** [pattern] motif *m*, dessin *m* - **4.** [shape] ligne *f* ; [of dress] style *m* - **5.** *fml* [intention] dessein *m* ; **by ~** à dessein ; **to have ~s on sb/sthg** avoir des desseins sur qqn/qqch. <> *vt* - **1.** [draw plans for - building, car] faire les plans de, dessiner ; [- dress] créer - **2.** [plan] concevoir, mettre au point ; **to be ~ed for sthg/to do sthg** être conçu pour qqch/pour faire qqch.

designate <> *adj* ['dezɪgnət] désigné(e). <> *vt* ['dezɪgneɪt] désigner ; **to ~ sb as sthg/to do sthg** désigner qqn à qqch/pour faire qqch.

designation [ˌdezɪg'neɪʃn] *n fml* [name] appellation *f*.

designer [dɪ'zaɪnəʳ] <> *adj* de marque. <> *n* INDUST concepteur *m*, -trice *f* ; ARCHIT dessinateur *m*, -trice *f* ; [of dresses etc] styliste *mf* ; THEAT décorateur *m*, -trice *f*.

desirable [dɪ'zaɪərəbl] *adj* - **1.** [enviable, attractive] désirable - **2.** *fml* [appropriate] désirable, souhaitable.

desire [dɪ'zaɪəʳ] <> *n* désir *m* ; **~ for sthg/to do sthg** désir de qqch/de faire qqch. <> *vt* désirer ; **it leaves a lot to be ~d** ça laisse beaucoup à désirer.

desirous [dɪ'zaɪərəs] *adj fml* **~ of sthg/of doing sthg** désireux(euse) de qqch/de faire qqch.

desist [dɪ'zɪst] *vi fml* **to ~ (from doing sthg)** cesser (de faire qqch).

desk [desk] *n* bureau *m* ; **reception ~** réception *f* ; **information ~** bureau *m* de renseignements.

desk clerk *n US* réceptionniste *mf*.

desk lamp *n* lampe *f* de bureau.

desktop ['desktɒp] <> *adj* [computer] de bureau. <> *n* COMPUT bureau *m*, poste *m* de travail.

desktop publishing *n* publication *f* assistée par ordinateur, PAO *f*.

desolate ['desələt] *adj* - **1.** [place] abandonné(e) - **2.** [person] désespéré(e), désolé(e).

desolation [ˌdesə'leɪʃn] *n* désolation *f*.

despair [dɪ'speəʳ] <> *n (U)* désespoir *m* ; **to be in ~** être au désespoir. <> *vi* désespérer ; **to ~ of** désespérer de ; **to ~ of doing sthg** désespérer de faire qqch.

despairing [dɪ'speərɪŋ] *adj* de désespoir.

despairingly [dɪ'speərɪŋlɪ] *adv* avec désespoir.

despatch [dɪ'spætʃ] *UK* = **dispatch.**

desperate ['desprət] *adj* désespéré(e) ; **to be ~ for sthg** avoir absolument besoin de qqch.

desperately ['desprətlɪ] *adv* désespérément ; **~ ill** gravement malade.

desperation [ˌdespə'reɪʃn] *n* désespoir *m* ; **in ~** en désespoir de cause.

despicable [dɪ'spɪkəbl] *adj* ignoble.

despise [dɪ'spaɪz] *vt* [person] mépriser ; [racism] exécrer.

despite [dɪ'spaɪt] *prep* malgré.

despondent [dɪ'spɒndənt] *adj* découragé(e).

despot ['despɒt] *n* despote *m*.

despotic [de'spɒtɪk] *adj* despotique.

dessert [dɪ'zɜːt] *n* dessert *m*.

dessertspoon [dɪ'zɜːtspuːn] *n* - **1.** [spoon] cuillère *f* à dessert - **2.** [spoonful] cuillerée *f* à dessert.

dessert wine *n* vin *m* doux.

destabilize, *UK* **-ise** [ˌdiː'steɪbɪlaɪz] *vt* déstabiliser.

destination [ˌdestɪ'neɪʃn] *n* destination *f*.

destined ['destɪnd] *adj* - **1.** [intended] : **~ for** destiné(e) à ; **~ to do sthg** destiné à faire qqch - **2.** [bound] : **~ for** à destination de.

destiny ['destɪnɪ] (*pl* **-ies**) *n* destinée *f*.

destitute ['destɪtjuːt] *adj* indigent(e).

de-stress [diː'stres] *n* dé-stresser *inf*.

destroy [dɪ'strɔɪ] *vt* - **1.** [ruin] détruire - **2.** [put down - animal] faire piquer.

destroyer [dɪ'strɔɪəʳ] *n* - **1.** [ship] destroyer *m* - **2.** [person, thing] destructeur *m*, -trice *f*.

destruction [dɪ'strʌkʃn] *n* destruction *f*.

destructive [dɪ'strʌktɪv] *adj* [harmful] destructeur(trice).

destructively [dɪ'strʌktɪvlɪ] *adv* de façon destructrice.

desultory ['desəltrɪ] *adj fml* [conversation] décousu(e) ; [attempt] peu enthousiaste.

Det. *see also* **Detective.**

detach [dɪ'tætʃ] *vt* - **1.** [pull off] détacher ; **to ~ sthg from sthg** détacher qqch de qqch - **2.** [dissociate] : **to ~ o.s. from sthg** [from reality] se détacher de qqch ; [from proceedings, discussions] s'écarter de qqch.

detachable [dɪ'tætʃəbl] *adj* détachable, amovible.

detached [dɪ'tætʃt] *adj* [unemotional] détaché(e).

detached house *n UK* maison *f* individuelle.

detachment [dɪ'tætʃmənt] *n* détachement *m*.

detail ['diːteɪl] <> *n* - **1.** [small point] détail *m* ; **to go into ~** entrer dans les détails ; **in ~** en détail - **2.** MIL détachement *m*. <> *vt* [list] détailler.

◆ **details** *npl* [personal information] coordonnées *fpl*.

detailed ['di:teɪld] *adj* détaillé(e).

detain [dɪ'teɪn] *vt* - **1.** [in police station] détenir ; [in hospital] garder - **2.** [delay] retenir.

detainee [ˌdi:teɪ'ni:] *n* détenu *m*, -e *f*.

detect [dɪ'tekt] *vt* - **1.** [subj: person] déceler - **2.** [subj: machine] détecter.

detection [dɪ'tekʃn] *n (U)* - **1.** [of crime] dépistage *m* - **2.** [of aircraft, submarine] détection *f*.

detective [dɪ'tektɪv] *n* détective *mf*.

detective novel *n* roman *m* policier.

detector [dɪ'tektəʳ] *n* détecteur *m*.

détente [deɪ'tɒnt] *n* POL détente *f*.

detention [dɪ'tenʃn] *n* - **1.** [of suspect, criminal] détention *f* ; **in ~** en détention - **2.** SCH retenue *f* ; **in ~** en retenue.

detention centre *n UK* centre *m* de détention.

deter [dɪ'tɜ:ʳ] (*pt & pp* **-red**, *cont* **-ring**) *vt* dissuader ; **to ~ sb from doing sthg** dissuader qqn de faire qqch.

detergent [dɪ'tɜ:dʒənt] *n* détergent *m*.

deteriorate [dɪ'tɪərɪəreɪt] *vi* se détériorer.

deterioration [dɪˌtɪərɪə'reɪʃn] *n* détérioration *f*.

determination [dɪˌtɜ:mɪ'neɪʃn] *n* détermination *f*.

determine [dɪ'tɜ:mɪn] *vt* - **1.** [establish, control] déterminer - **2.** *fml* [decide] : **to ~ to do sthg** décider de faire qqch.

determined [dɪ'tɜ:mɪnd] *adj* - **1.** [person] déterminé(e) ; **~ to do sthg** déterminé à faire qqch - **2.** [effort] obstiné(e).

deterrent [dɪ'terənt] ◇ *adj* de dissuasion, dissuasif(ive). ◇ *n* moyen *m* de dissuasion.

detest [dɪ'test] *vt* détester.

detestable [dɪ'testəbl] *adj* détestable.

dethrone [dɪ'θrəʊn] *vt* détrôner.

detonate ['detəneɪt] ◇ *vt* faire détoner. ◇ *vi* détoner.

detonator ['detəneɪtəʳ] *n* détonateur *m*.

detour ['di:ˌtʊəʳ] ◇ *n* détour *m*. ◇ *vi* faire un détour. ◇ *vt* (faire) dévier.

detract [dɪ'trækt] *vi* : **to ~ from** diminuer.

detractor [dɪ'træktəʳ] *n* détracteur *m*, -trice *f*.

detriment ['detrɪmənt] *n* : **to the ~ of** au détriment de.

detrimental [ˌdetrɪ'mentl] *adj* préjudiciable.

detritus [dɪ'traɪtəs] *n (U)* détritus *m*.

deuce [dju:s] *n* TENNIS égalité *f*.

Deutschmark ['dɔɪtʃˌmɑ:k] *n* mark *m* allemand.

devaluation [ˌdi:væljʊ'eɪʃn] *n* dévaluation *f*.

devalue [ˌdi:'vælju:] *vt* dévaluer.

devastate ['devəsteɪt] *vt* - **1.** [destroy - area, city] dévaster - **2.** *fig* [person] anéantir.

devastated ['devəsteɪtɪd] *adj* - **1.** [area, city] dévasté(e) - **2.** *fig* [person] accablé(e).

devastating ['devəsteɪtɪŋ] *adj* - **1.** [hurricane, remark] dévastateur(trice) - **2.** [upsetting] accablant(e) - **3.** [attractive] irrésistible.

devastation [ˌdevə'steɪʃn] *n* dévastation *f*.

develop [dɪ'veləp] ◇ *vt* - **1.** [gen] développer - **2.** [land, area] aménager, développer - **3.** [illness, fault, habit] contracter - **4.** [resources] développer, exploiter. ◇ *vi* - **1.** [grow, advance] se développer - **2.** [appear - problem, trouble] se déclarer.

developer [dɪ'veləpəʳ] *n* - **1.** [of land] promoteur *m* immobilier - **2.** [person] : **to be an early/a late ~** être en avance/en retard sur son âge - **3.** PHOT [chemical] développateur *m*, révélateur *m*.

developing country [dɪ'veləpɪŋ-] *n* pays *m* en voie de développement.

development [dɪ'veləpmənt] *n* - **1.** [gen] développement *m* - **2.** *(U)* [of land, area] exploitation *f* - **3.** [land being developed] zone *f* d'aménagement ; [developed area] zone aménagée ; *US* **housing ~** = **housing estate** - **4.** *(U)* [of illness, fault] évolution *f* - **5.** *(U)* [of illness, fault] évolution *f*.

development area *n UK* zone *f* d'aménagement.

deviant ['di:vjənt] ◇ *adj* déviant(e). ◇ *n* déviant *m*, -e *f*.

deviate ['di:vɪeɪt] *vi* : **to ~ (from)** dévier (de), s'écarter (de).

deviation [ˌdi:vɪ'eɪʃn] *n* - **1.** [abnormality] déviance *f* - **2.** [departure - from rule, plan] écart *m* ; *pej* déviation *f*.

device [dɪ'vaɪs] *n* - **1.** [apparatus] appareil *m*, dispositif *m* - **2.** [plan, method] moyen *m* ; **to leave sb to their own ~s** laisser qqn se débrouiller tout seul.

devil ['devl] *n* - **1.** [evil spirit] diable *m* - **2.** *inf* [person] type *m* ; **poor ~!** pauvre diable! - **3.** [for emphasis] : **who/where/why the ~...?** qui/où/pourquoi diable...?

◆ **Devil** *n* [Satan] : **the Devil** le Diable.

devilish ['devlɪʃ] *adj* diabolique.

devil-may-care *adj* insouciant(e).

devil's advocate *n* avocat *m* du diable.

devious ['di:vjəs] *adj* - **1.** [dishonest - person] retors(e), à l'esprit tortueux ; [- scheme, means] détourné(e) - **2.** [tortuous] tortueux(euse).

deviousness ['di:vjəsnɪs] *n* [dishonesty] sournoiserie *f*.

devise [dɪ'vaɪz] *vt* concevoir.

devoid [dɪ'vɔɪd] *adj fml* **~ of** dépourvu(e) de, dénué(e) de.

devolution [ˌdi:və'lu:ʃn] *n* POL décentralisation *f*.

Devolution

L'Écosse et le pays de Galles, sous l'influence de leurs partis nationalistes, se sont battus afin que certains des pouvoirs détenus par le Parlement britannique soient délégués à leurs propres assemblées, le Parlement écossais et l'Assemblée galloise. Peu après l'arrivée au pouvoir du parti travailliste en 1997, le nouveau gouvernement organisa un référendum en Écosse et au pays de Galles sur le thème de la décentralisation du pouvoir politique, à l'issue duquel ces deux pays retrouvèrent un statut d'autonomie.

devolve [dɪ'vɒlv] *vi fml* **to ~ on** *OR* **upon sb** incomber à qqn.

devote [dɪ'vəʊt] *vt* : **to ~ sthg to sthg** consacrer qqch à qqch ; **to ~ o.s. to sthg** se vouer *OR* se consacrer à qqch.

devoted [dɪ'vəʊtɪd] *adj* dévoué(e) ; **a ~ mother** une mère dévouée à ses enfants.

devotee [ˌdevə'ti:] *n* [fan] passionné *m*, -e *f*.

devotion [dɪ'vəʊʃn] *n* **- 1.** [commitment] : **~ (to)** dévouement *m* (à) **- 2.** RELIG dévotion *f*.

devour [dɪ'vaʊə^r] *vt lit & fig* dévorer.

devout [dɪ'vaʊt] *adj* dévot(e).

dew [dju:] *n* rosée *f*.

dexterity [dek'sterətɪ] *n* dextérité *f*.

dextrose ['dekstrəʊs] *n* dextrose *m*.

dext(e)rous ['dekstrəs] *adj* habile.

DFE (*abbr of* **Department for Education**) *n ministère britannique de l'éducation nationale.*

dhal [dɑ:l] *n* dal *m*.

DHSS (*abbr of* **Department of Health and Social Security**) *n ancien nom du ministère britannique de la santé et de la sécurité sociale.*

diabetes [ˌdaɪə'bi:ti:z] *n* diabète *m*.

diabetic [ˌdaɪə'betɪk] <> *adj* **- 1.** [person] diabétique **- 2.** [jam, chocolate] pour diabétiques. <> *n* diabétique *mf*.

diabolic(al) [ˌdaɪə'bɒlɪk(l)] *adj* **- 1.** [evil] diabolique **- 2.** *inf* [very bad] atroce.

diaeresis *UK*, **dieresis** *US* (*pl* **-ses** [-si:z]) [daɪ'erɪsɪs] *n* tréma *m*.

diagnose ['daɪəgnəʊz] *vt* diagnostiquer.

diagnosis [ˌdaɪəg'nəʊsɪs] (*pl* **-ses** [-si:z]) *n* diagnostic *m*.

diagnostic [ˌdaɪəg'nɒstɪk] *adj* diagnostique.

diagonal [daɪ'ægənl] <> *adj* [line] diagonal(e). <> *n* diagonale *f*.

diagonally [daɪ'ægənəlɪ] *adv* en diagonale.

diagram ['daɪəgræm] *n* diagramme *m*.

diagrammatic [ˌdaɪəgrə'mætɪk] *adj* en forme de diagramme.

dial ['daɪəl] <> *n* cadran *m* ; [of radio] cadran de fréquences. <> *vt* (*UK*, *pt & pp* **-led**, *cont* **-ling**, *US*, *pt & pp* **-ed**, *cont* **-ing**) [number] composer.

dialect ['daɪəlekt] *n* dialecte *m*.

dialling code ['daɪəlɪŋ-] *n UK* indicatif *m*.

dialling tone *UK* ['daɪəlɪŋ-], **dial tone** *US* *n* tonalité *f*.

dialogue, *US* **dialog** ['daɪəlɒg] *n esp UK* dialogue *m*.

dial tone *US* = **dialling tone**.

dialysis [daɪ'ælɪsɪs] *n* dialyse *f*.

diamanté [dɪə'mɒnteɪ] *adj* diamanté(e).

diameter [daɪ'æmɪtə^r] *n* diamètre *m*.

diametrically [ˌdaɪə'metrɪklɪ] *adv* : **~ opposed** diamétralement opposé(e).

diamond ['daɪəmənd] *n* **- 1.** [gem] diamant *m* **- 2.** [shape] losange *m* **- 3.** [playing card] carreau *m*.
◆ **diamonds** *npl* carreau *m* ; **the six of ~s** le six de carreau.

diamond wedding *n* noces *fpl* de diamant.

diaper ['daɪəpə^r] *n US* couche *f*.

diaphanous [daɪ'æfənəs] *adj* diaphane.

diaphragm ['daɪəfræm] *n* diaphragme *m*.

diarrhoea *UK*, **diarrhea** *US* [ˌdaɪə'rɪə] *n* diarrhée *f*.

diary ['daɪərɪ] (*pl* **-ies**) *n* **- 1.** [appointment book] agenda *m* **- 2.** [journal] journal *m*.

diatribe ['daɪətraɪb] *n* diatribe *f*.

dice [daɪs] <> *n* (*pl* **dice**) [for games] dé *m* ; **no ~** *US inf* pas question. <> *vt* couper en dés.

dicey ['daɪsɪ] (*comp* **-ier**, *superl* **-iest**) *adj esp UK inf* risqué(e).

dichotomy [daɪ'kɒtəmɪ] (*pl* **-ies**) *n* dichotomie *f*.

dickens ['dɪkɪnz] *n UK inf dated* **who/what/where the ~...?** qui/que/où diable...?

Dictaphone® ['dɪktəfəʊn] *n* Dictaphone® *m*.

dictate [dɪk'teɪt, 'dɪkteɪt] <> *vt* [dɪk'teɪt] dicter ; **to ~ sthg to sb** dicter qqch à qqn. <> *vi* [dɪk'teɪt] **- 1.** [read aloud] : **to ~ to sb** dicter à qqn **- 2.** [give orders] : **to ~ to sb** commander à qqn, donner des ordres à qqn. <> *n* ['dɪkteɪt] ordre *m*.

dictation [dɪk'teɪʃn] *n* dictée *f*.

dictator [dɪk'teɪtəʳ] *n* dictateur *m*.

dictatorship [dɪk'teɪtəʃɪp] *n* dictature *f*.

diction ['dɪkʃn] *n* diction *f*.

dictionary ['dɪkʃənrɪ] (*pl* **-ies**) *n* dictionnaire *m*.

did [dɪd] *pt* ▷ **do**.

didactic [dɪ'dæktɪk] *adj* didactique.

diddle ['dɪdl] *vt inf* escroquer, rouler.

didn't ['dɪdnt] = **did not**.

die [daɪ] ◇ *vi* (*pt & pp* **died**, *cont* **dying**) mourir ; **to be dying** se mourir ; **to be dying to do sthg** mourir d'envie de faire qqch ; **to be dying for a drink/cigarette** mourir d'envie de boire un verre/de fumer une cigarette. ◇ *n* - **1.** [for shaping metal] matrice *f* - **2.** (*pl* **dice** [daɪs]) [dice] dé *m*.

◆ **die away** *vi* [sound] s'éteindre ; [wind] tomber.

◆ **die down** *vi* [sound] s'affaiblir ; [wind] tomber ; [fire] baisser.

◆ **die out** *vi* s'éteindre, disparaître.

diehard ['daɪhɑ:d] *n* : **to be a ~** être coriace ; [reactionary] être réactionnaire.

dieresis [daɪ'erɪsɪs] *US* = **diaeresis**.

diesel ['di:zl] *n* diesel *m*.

diesel engine *n* AUT moteur *m* diesel ; RAIL locomotive *f* diesel.

diesel fuel, **diesel oil** *n* diesel *m*.

diet ['daɪət] ◇ *n* - **1.** [eating pattern] alimentation *f* - **2.** [to lose weight] régime *m* ; **to be on a ~** être au régime, faire un régime. ◇ *comp* [low-calorie] de régime. ◇ *vi* suivre un régime.

dietary ['daɪətrɪ] *adj* diététique.

dietary fibre *UK*, **dietary fiber** *US* *n (U)* fibres *fpl* alimentaires.

dieter ['daɪətəʳ] *n* personne *f* qui suit un régime.

dietician [ˌdaɪə'tɪʃn] *n* diététicien *m*, -enne *f*.

differ ['dɪfəʳ] *vi* - **1.** [be different] être différent(e), différer ; [people] être différent ; **to ~ from** être différent de - **2.** [disagree] : **to ~ with sb (about sthg)** ne pas être d'accord avec qqn (à propos de qqch).

difference ['dɪfrəns] *n* différence *f* ; **it doesn't make any ~** cela ne change rien ; **to make all the ~** faire toute la différence.

different ['dɪfrənt] *adj* : **~ (from)** différent(e) (de).

differential [ˌdɪfə'renʃl] ◇ *adj* différentiel(elle). ◇ *n* - **1.** [between pay scales] écart *m* - **2.** TECH différentielle *f*.

differentiate [ˌdɪfə'renʃɪeɪt] ◇ *vt* : **to ~ sthg from sthg** différencier qqch de qqch, faire la différence entre qqch et qqch. ◇ *vi* : **to ~ (between)** faire la différence (entre).

differently ['dɪfrəntlɪ] *adv* différemment, autrement ; **to think ~** ne pas être d'accord.

difficult ['dɪfɪkəlt] *adj* difficile.

difficulty ['dɪfɪkəltɪ] (*pl* **-ies**) *n* difficulté *f* ; **to have ~ in doing sthg** avoir de la difficulté OR du mal à faire qqch.

diffidence ['dɪfɪdəns] *n* manque *m* d'assurance.

diffident ['dɪfɪdənt] *adj* [person] qui manque d'assurance ; [manner, voice, approach] hésitant(e).

diffuse ◇ *adj* [dɪ'fju:s] - **1.** [vague] diffus(e) - **2.** [spread out - city] étendu(e) ; [- company] éparpillé(e). ◇ *vt* [dɪ'fju:z] diffuser, répandre. ◇ *vi* [dɪ'fju:z] - **1.** [light] se diffuser, se répandre - **2.** [information] se répandre.

diffusion [dɪ'fju:ʒn] *n* diffusion *f*.

dig [dɪg] ◇ *vi* (*pt & pp* **dug**, *cont* **digging**) - **1.** [in ground] creuser - **2.** [subj: belt, strap] : **his elbow was digging into my side** son coude me rentrait dans les côtes ; **to ~ into sb** couper qqn. ◇ *n* - **1.** *fig* [unkind remark] pique *f* - **2.** ARCHEOL fouilles *fpl*. ◇ *vt* (*pt & pp* **dug**, *cont* **digging**) - **1.** [hole] creuser - **2.** [garden] bêcher - **3.** [press] : **to ~ sthg into sthg** enfoncer qqch dans qqch.

◆ **dig out** *vt sep* - **1.** [rescue] dégager - **2.** *inf* [find] dénicher.

◆ **dig up** *vt sep* - **1.** [from ground] déterrer ; [potatoes] arracher - **2.** *inf* [information] dénicher.

digest ◇ *n* ['daɪdʒest] résumé *m*, digest *m*. ◇ *vt* [dɪ'dʒest] *lit & fig* digérer.

digestible [dɪ'dʒestəbl] *adj* digeste.

digestion [dɪ'dʒestʃn] *n* digestion *f*.

digestive [dɪ'dʒestɪv] *adj* digestif(ive).

digestive biscuit [daɪ'dʒestɪv-] *n UK* ≃ sablé *m* (à la farine complète).

digit ['dɪdʒɪt] *n* - **1.** [figure] chiffre *m* - **2.** [finger] doigt *m* ; [toe] orteil *m*.

digital ['dɪdʒɪtl] *adj* numérique.

digital camera *n* appareil photo *m* numérique.

digital radio *n* radio *f* numérique.

digital recording *n* enregistrement *m* numérique.

digital television *n* télévision *f* numérique.

digital watch *n* montre *f* à affichage digital.

digitize, *UK* **-ise** ['dɪdʒɪtaɪz] *vt* digitaliser.

dignified ['dɪgnɪfaɪd] *adj* digne, plein(e) de dignité.

dignify ['dɪgnɪfaɪ] (*pt & pp* **-ied**) *vt* [place, appearance] donner de la grandeur à.

dignitary ['dɪgnɪtrɪ] (*pl* **-ies**) *n* dignitaire *m*.

dignity ['dɪgnətɪ] *n* dignité *f*.

digress [daɪ'gres] *vi* : **to ~ (from)** s'écarter (de).

digression [daɪ'greʃn] *n* digression *f*.

digs [dɪgz] *npl UK inf* piaule *f*.

dike [daɪk] *n* - **1.** [wall, bank] digue *f* - **2.** *inf pej* [lesbian] gouine *f*.

diktat ['dɪktɑ:t] *n* diktat *m*.

dilapidated [dɪ'læpɪdeɪtɪd] *adj* délabré(e).

dilate [daɪ'leɪt] <> *vt* dilater. <> *vi* se dilater.

dilated [daɪ'leɪtɪd] *adj* dilaté(e).

dilemma [dɪ'lemə] *n* dilemme *m*.

dilettante [ˌdɪlɪ'tæntɪ] (*pl* **-tes** OR **-ti** [-tɪ]) *n* dilettante *mf*.

diligence ['dɪlɪdʒəns] *n* application *f*.

diligent ['dɪlɪdʒənt] *adj* appliqué(e).

dill [dɪl] *n* aneth *m*.

dillydally ['dɪlɪdælɪ] (*pt & pp* **-ied**) *vi inf* lambiner.

dilute [daɪ'lu:t] <> *adj* dilué(e). <> *vt* : **to ~ sthg (with)** diluer qqch (avec).

dilution [daɪ'lu:ʃn] *n* dilution *f*.

dim [dɪm] <> *adj* (*comp* **-mer**, *superl* **-mest**) - **1.** [dark - light] faible ; [- room] sombre - **2.** [indistinct - memory, outline] vague - **3.** [weak - eyesight] faible - **4.** *inf* [stupid] borné(e). <> *vt* (*pt & pp* **-med**, *cont* **-ming**) *vi* baisser.

dime [daɪm] *n US* (pièce *f* de) dix cents *mpl* ; **they're a ~ a dozen** [common] il y en a à la pelle.

dimension [dɪ'menʃn] *n* dimension *f*.

-dimensional [dɪ'menʃənl] *in cpds* : **two/four ~** à deux/quatre dimensions.

diminish [dɪ'mɪnɪʃ] *vt & vi* diminuer.

diminished [dɪ'mɪnɪʃt] *adj* réduit(e).

diminished responsibility *n* LAW responsabilité *f* atténuée.

diminishing returns *npl* rendements *mpl* décroissants.

diminutive [dɪ'mɪnjʊtɪv] *fml* <> *adj* minuscule. <> *n* GRAM diminutif *m*.

dimly ['dɪmlɪ] *adv* [lit] faiblement ; [remember] vaguement.

dimmers ['dɪmərz] *npl US* [dipped headlights] phares *mpl* code (*inv*) ; [parking lights] feux *mpl* de position.

dimmer (switch) ['dɪmər-] *n* variateur *m* de lumière.

dimple ['dɪmpl] *n* fossette *f*.

dimwit ['dɪmwɪt] *n inf* crétin *m*, -e *f*.

dim-witted [-'wɪtɪd] *adj inf* crétin(e).

din [dɪn] *n inf* barouf *m*.

dine [daɪn] *vi fml* dîner.

◆ **dine out** *vi* dîner dehors.

diner ['daɪnər] *n* - **1.** [person] dîneur *m*, -euse *f* - **2.** *US* petit restaurant *m* sans façon.

dingdong [ˌdɪŋ'dɒŋ] <> *adj inf* [battle, argument] acharné(e). <> *n* [of bell] ding dong *m* ; engueulade *f*.

dinghy ['dɪŋgɪ] (*pl* **-ies**) *n* [for sailing] dériveur *m* ; [for rowing] (petit) canot *m*.

dingo ['dɪŋgəʊ] (*pl* **-es**) *n* dingo *m*, chien *m* sauvage.

dingy ['dɪndʒɪ] (*comp* **-ier**, *superl* **-iest**) *adj* miteux(euse), crasseux(euse).

dimmer switch *US* = **dipswitch**.

dining car ['daɪnɪŋ-] *n* wagon-restaurant *m*.

dining room ['daɪnɪŋ-] *n* - **1.** [in house] salle *f* à manger - **2.** [in hotel] restaurant *m*.

dining table ['daɪnɪŋ-] *n* table *f* (*de salle à manger*).

dinner ['dɪnər] *n* dîner *m*.

dinner dance *n* dîner *m* dansant.

dinner jacket *n* smoking *m*.

dinner party *n* dîner *m* (*sur invitation*).

dinner service *n* service *m* de table.

dinner table *n* table *f* (*de salle à manger*).

dinnertime ['dɪnətaɪm] *n* heure *f* du dîner.

dinosaur ['daɪnəsɔːr] *n* dinosaure *m*.

dint [dɪnt] *n fml* **by ~ of** à force de.

diocese ['daɪəsɪs] *n* diocèse *m*.

diode ['daɪəʊd] *n* diode *f*.

dioxin [daɪ'ɒksɪn] *n* dioxine *f*.

dip [dɪp] <> *n* - **1.** [in road, ground] déclivité *f* - **2.** [sauce] sauce *f*, dip *m* - **3.** [swim] baignade *f* (rapide) ; **to go for a ~** aller se baigner en vitesse, aller faire trempette. <> *vt* (*pt & pp* **-ped**, *cont* **-ping**) - **1.** [into liquid] : **to ~ sthg in** OR **into** tremper OR plonger qqch dans - **2.** *UK* AUT : **to ~ one's headlights** se mettre en code. <> *vi* (*pt & pp* **-ped**, *cont* **-ping**) - **1.** [sun] baisser, descendre à l'horizon ; [wing] plonger - **2.** [road, ground] descendre.

Dip. *UK see also* **diploma**.

diphtheria [dɪf'θɪərɪə] *n* diphtérie *f*.

diphthong ['dɪfθɒŋ] *n* diphtongue *f*.

diploma [dɪ'pləʊmə] (*pl* **-s**) *n* diplôme *m*.

diplomacy [dɪ'pləʊməsɪ] *n* diplomatie *f*.

diplomat ['dɪpləmæt] *n* diplomate *m*.

diplomatic [ˌdɪplə'mætɪk] *adj* - **1.** [service, corps] diplomatique - **2.** [tactful] diplomate.

diplomatic bag *n* valise *f* diplomatique.

diplomatic corps *n* corps *m* diplomatique.

diplomatic immunity *n* immunité *f* diplomatique.

diplomatic relations *npl* relations *fpl* diplomatiques.

dipsomaniac [ˌdɪpsəˈmeɪnɪæk] *n* dipsomane *mf*.

dipstick [ˈdɪpstɪk] *n* AUT jauge *f (de niveau d'huile)*.

dipswitch [ˈdɪpswɪtʃ] *n UK* AUT manette *f* des codes.

dire [ˈdaɪəʳ] *adj* [need, consequences] extrême ; [warning] funeste.

direct [dɪˈrekt] <> *adj* direct(e) ; [challenge] manifeste. <> *vt* - **1.** [gen] diriger - **2.** [aim] : **to ~ sthg at sb** [question, remark] adresser qqch à qqn ; **the campaign is ~ed at teenagers** cette campagne vise les adolescents - **3.** [order] : **to ~ sb to do sthg** ordonner à qqn de faire qqch. <> *adv* directement.

direct action *n* action *f* directe.

direct current *n* courant *m* continu.

direct debit *n UK* prélèvement *m* automatique.

direct dialling *UK*, **direct dialing** *US n* automatique *m*.

direct hit *n* coup *m* au but *OR* de plein fouet.

direction [dɪˈrekʃn] *n* direction *f* ; **under the ~ of** sous la direction de.

◆ **directions** *npl* - **1.** [to find a place] indications *fpl* - **2.** [for use] instructions *fpl*.

directive [dɪˈrektɪv] *n* directive *f*.

directly [dɪˈrektlɪ] *adv* - **1.** [in straight line] directement - **2.** [honestly, clearly] sans détours - **3.** [exactly - behind, above] exactement - **4.** [immediately] immédiatement - **5.** [very soon] tout de suite.

direct mail *n* publipostage *m*.

director [dɪˈrektəʳ] *n* - **1.** [of company] directeur *m*, -trice *f* - **2.** THEAT metteur *m* en scène ; CIN & TV réalisateur *m*, -trice *f*.

directorate [dɪˈrektərət] *n* conseil *m* d'administration.

director(-)general (*pl* **directors-general** *OR* **director-generals**) *n* directeur *m* général.

Director of Public Prosecutions *n UK* ≃ procureur *m* général.

directorship [dɪˈrektəʃɪp] *n* - **1.** [position] poste *m* de directeur - **2.** [period] direction *f*.

directory [dɪˈrektərɪ] (*pl* **-ies**) *n* - **1.** [annual publication] annuaire *m* - **2.** COMPUT répertoire *m*.

Directory Assistance *US* = **Directory Enquiries**.

Directory Enquiries *n UK* renseignements *mpl* (téléphoniques).

direct marketing = **direct selling**.

direct rule *n* centralisation *f* de pouvoir.

direct selling *n (U)* vente *f* directe.

direct speech *UK*, **direct discourse** *US n* discours *m* direct.

direct taxation *n* imposition *f* directe.

dire straits *npl* : **in ~** dans une situation désespérée.

dirge [dɜːdʒ] *n* chant *m* funèbre.

dirt [dɜːt] *n (U)* - **1.** [mud, dust] saleté *f* - **2.** [earth] terre *f*.

dirt cheap *inf* <> *adj* très bon marché, donné(e). <> *adv* pour trois fois rien.

dirt track *n* chemin *m* de terre.

dirty [ˈdɜːtɪ] <> *adj* (*comp* **-ier**, *superl* **-iest**) - **1.** [not clean, not fair] sale - **2.** [smutty - language, person] grossier(ère) ; [- book, joke] cochon(onne). <> *vt* (*pt & pp* **-ied**) salir.

disability [ˌdɪsəˈbɪlətɪ] (*pl* **-ies**) *n* infirmité *f* ; **people with disabilities** les handicapés.

disable [dɪsˈeɪbl] *vt* - **1.** [injure] rendre infirme - **2.** [put out of action - guns, vehicle] mettre hors d'action.

disabled [dɪsˈeɪbld] <> *adj* [person] handicapé(e), infirme. <> *npl* : **the ~** les handicapés, les infirmes.

disablement [dɪsˈeɪblmənt] *n* invalidité *f*.

disabuse [ˌdɪsəˈbjuːz] *vt fml* **to ~ sb (of)** détromper qqn (sur).

disadvantage [ˌdɪsədˈvɑːntɪdʒ] *n* désavantage *m*, inconvénient *m* ; **to be at a ~** être désavantagé ; **to be to sb's ~** être au désavantage de qqn.

disadvantaged [ˌdɪsədˈvɑːntɪdʒd] *adj* défavorisé(e).

disadvantageous [ˌdɪsædvɑːnˈteɪdʒəs] *adj* désavantageux(euse).

disaffected [ˌdɪsəˈfektɪd] *adj* mécontent(e).

disaffection [ˌdɪsəˈfekʃn] *n* mécontentement *m*.

disagree [ˌdɪsəˈgriː] *vi* - **1.** [have different opinions] : **to ~ (with)** ne pas être d'accord (avec) - **2.** [differ] ne pas concorder - **3.** [subj: food, drink] : **to ~ with sb** ne pas réussir à qqn.

disagreeable [ˌdɪsəˈgriːəbl] *adj* désagréable.

disagreement [ˌdɪsəˈgriːmənt] *n* - **1.** [in opinion] désaccord *m* - **2.** [argument] différend *m* - **3.** [dissimilarity] différence *f*.

disallow [ˌdɪsəˈlaʊ] *vt* - **1.** *fml* [appeal, claim] rejeter - **2.** [goal] refuser.

disappear [ˌdɪsəˈpɪəʳ] *vi* disparaître.

disappearance [ˌdɪsəˈpɪərəns] *n* disparition *f*.

disappoint [ˌdɪsəˈpɔɪnt] *vt* décevoir.

disappointed [ˌdɪsəˈpɔɪntɪd] *adj* : **~ (in** *OR* **with)** déçu(e) (par).

disappointing [ˌdɪsəˈpɔɪntɪŋ] *adj* décevant(e).

disappointment [ˌdɪsəˈpɔɪntmənt] *n* déception *f*.

disapproval [ˌdɪsəˈpruːvl] *n* désapprobation *f*.

disapprove [ˌdɪsəˈpruːv] *vi* : **to ~ of sb/sthg** désapprouver qqn/qqch ; **do you ~?** est-ce que tu as quelque chose contre?

disapproving [ˌdɪsəˈpruːvɪŋ] *adj* désapprobateur(trice).

disarm [dɪsˈɑːm] *vt* & *vi lit* & *fig* désarmer.

disarmament [dɪsˈɑːməmənt] *n* désarmement *m*.

disarming [dɪsˈɑːmɪŋ] *adj* désarmant(e).

disarray [ˌdɪsəˈreɪ] *n* : **in ~** en désordre ; [government] en pleine confusion.

disassociate [ˌdɪsəˈsəʊʃɪeɪt] *vt* : **to ~ o.s. from** se dissocier de.

disaster [dɪˈzɑːstəʳ] *n* **- 1.** [damaging event] catastrophe *f* **- 2.** *(U)* [misfortune] échec *m*, désastre *m* **- 3.** *inf* [failure] désastre *m*.

disaster area *n* [after natural disaster] zone *f* sinistrée.

disastrous [dɪˈzɑːstrəs] *adj* désastreux (euse).

disastrously [dɪˈzɑːstrəslɪ] *adv* de façon désastreuse.

disband [dɪsˈbænd] ◇ *vt* dissoudre. ◇ *vi* se dissoudre.

disbelief [ˌdɪsbɪˈliːf] *n* : **in** *OR* **with ~** avec incrédulité.

disbelieve [ˌdɪsbɪˈliːv] *vt* ne pas croire.

disc *UK*, **disk** *US* [dɪsk] *n* disque *m*.

disc. *see also* **discount**.

discard [dɪˈskɑːd] *vt* mettre au rebut.

discarded [dɪˈskɑːdɪd] *adj* mis(e) au rebut.

disc brake *UK*, **disk brake** *US n* frein *m* à disque.

discern [dɪˈsɜːn] *vt* discerner, distinguer.

discernible [dɪˈsɜːnəbl] *adj* **- 1.** [visible] visible **- 2.** [noticeable] sensible.

discerning [dɪˈsɜːnɪŋ] *adj* judicieux(euse).

discharge ◇ *n* [ˈdɪstʃɑːdʒ] **- 1.** [of patient] autorisation *f* de sortie, décharge *f* ; LAW relaxe *f* ; **to get one's ~** MIL être rendu à la vie civile **- 2.** *fml* [fulfilment - of duties] accomplissement *m* **- 3.** [emission - of smoke] émission *f* ; [- of sewage] déversement *m* ; MED écoulement *m* **- 4.** [payment] acquittement *m*. ◇ *vt* [dɪsˈtʃɑːdʒ] **- 1.** [allow to leave - patient] signer la décharge de ; [- prisoner, defendant] relaxer ; [- soldier] rendre à la vie civile **- 2.** *fml* [fulfil] assumer **- 3.** [emit - smoke] émettre ; [- sewage, chemicals] déverser **- 4.** [pay] acquitter, régler.

discharged bankrupt *n esp UK* & *Canada* failli *m* réhabilité.

disciple [dɪˈsaɪpl] *n* disciple *m*.

disciplinarian [ˌdɪsɪplɪˈneərɪən] *n personne impitoyable en matière de discipline.*

disciplinary [ˈdɪsɪplɪnərɪ] *adj* disciplinaire ; **to take ~ action against sb** prendre des mesures disciplinaires contre qqn.

discipline [ˈdɪsɪplɪn] ◇ *n* discipline *f*. ◇ *vt* **- 1.** [control] discipliner **- 2.** [punish] punir.

disciplined [ˈdɪsɪplɪnd] *adj* discipliné(e).

disc jockey *n* disc-jockey *m*.

disclaim [dɪsˈkleɪm] *vt fml* nier.

disclaimer [dɪsˈkleɪməʳ] *n* dénégation *f*, désaveu *m*.

disclose [dɪsˈkləʊz] *vt* révéler, divulguer.

disclosure [dɪsˈkləʊʒəʳ] *n* révélation *f*, divulgation *f*.

disco [ˈdɪskəʊ] (*pl* **-s**) (*abbr of* **discotheque**) *n* discothèque *f*.

discoloration [dɪsˌkʌləˈreɪʃn] *n* décoloration *f*.

discolour *UK*, **discolor** *US* ◇ *vt* décolorer ; [teeth] jaunir. ◇ *vi* se décolorer ; [teeth] jaunir.

discoloured *UK*, **discolored** *US adj* décoloré(e) ; [teeth] jauni(e).

discomfort [dɪsˈkʌmfət] *n* **- 1.** *(U)* [physical pain] douleur *f* ; **to be in some ~** ne pas se sentir très bien ; **to cause sb ~** gêner qqn **- 2.** *(U)* [anxiety, embarrassment] malaise *m* **- 3.** [uncomfortable condition] inconfort *m*.

disconcert [ˌdɪskənˈsɜːt] *vt* déconcerter.

disconcerting [ˌdɪskənˈsɜːtɪŋ] *adj* déconcertant(e).

disconnect [ˌdɪskəˈnekt] *vt* **- 1.** [detach] détacher **- 2.** [from gas, electricity - appliance] débrancher ; [- house] couper **- 3.** TELEC couper.

disconnected [ˌdɪskəˈnektɪd] *adj* [thoughts] sans suite ; [events] sans rapport.

disconsolate [dɪsˈkɒnsələt] *adj fml* inconsolable.

discontent [ˌdɪskənˈtent] *n* : **~ (with)** mécontentement *m* (à propos de).

discontented [ˌdɪskənˈtentɪd] *adj* mécontent(e).

discontentment [ˌdɪskənˈtentmənt] *n* : **~ (with)** mécontentement *m* (à propos de).

discontinue [ˌdɪskənˈtɪnjuː] *vt* cesser, interrompre.

discontinued line [ˌdɪskən'tɪnjuːd-] *n* COMM fin *f* de série.

discord ['dɪskɔːd] *n* **- 1.** *(U)* [disagreement] discorde *f*, désaccord *m* **- 2.** MUS dissonance *f*.

discordant [dɪ'skɔːdənt] *adj* **- 1.** [conflicting] discordant(e) ; [relationship] plein(e) de discordance **- 2.** MUS dissonant(e).

discotheque ['dɪskəʊtek] *n* discothèque *f*.

discount ◇ *n* ['dɪskaʊnt] remise *f*. ◇ *vt* [*UK* dɪs'kaʊnt, *US* 'dɪskaʊnt] [report, claim] ne pas tenir compte de.

discount house *n* **- 1.** FIN maison *f* d'escompte **- 2.** [store] magasin *m* de vente au rabais.

discount rate *n* taux *m* d'escompte.

discount store *n* COMM magasin *m* de vente au rabais.

discourage [dɪs'kʌrɪdʒ] *vt* décourager ; **to ~ sb from doing sthg** dissuader qqn de faire qqch.

discouraging [dɪ'skʌrɪdʒɪŋ] *adj* décourageant(e).

discourse ['dɪskɔːs] *n fml* : **~ (on)** discours *m* (sur).

discourteous [dɪs'kɜːtjəs] *adj* discourtois(e).

discourtesy [dɪs'kɜːtɪsɪ] *n* manque *m* de courtoisie.

discover [dɪ'skʌvəʳ] *vt* découvrir.

discoverer [dɪ'skʌvərəʳ] *n* : **the ~ of sthg** la personne qui a découvert qqch.

discovery [dɪ'skʌvərɪ] (*pl* **-ies**) *n* découverte *f*.

discredit [dɪs'kredɪt] ◇ *n* discrédit *m*. ◇ *vt* discréditer.

discredited [dɪs'kredɪtɪd] *adj* discrédité(e).

discreet [dɪ'skriːt] *adj* discret(ète).

discreetly [dɪ'skriːtlɪ] *adv* discrètement.

discrepancy [dɪ'skrepənsɪ] (*pl* **-ies**) *n* : **~ (in/between)** divergence *f* (entre).

discrete [dɪs'kriːt] *adj fml* séparé(e), bien distinct(e).

discretion [dɪ'skreʃn] *n (U)* **- 1.** [tact] discrétion *f* **- 2.** [judgment] jugement *m*, discernement *m* ; **use your own ~** à vous de juger ; **at the ~ of** avec l'autorisation de.

discretionary [dɪ'skreʃənrɪ] *adj* discrétionnaire.

discriminate [dɪ'skrɪmɪneɪt] *vi* **- 1.** [distinguish] différencier, distinguer ; **to ~ between** faire la distinction entre **- 2.** [be prejudiced] : **to ~ against sb** faire de la discrimination envers qqn.

discriminating [dɪ'skrɪmɪneɪtɪŋ] *adj* avisé(e).

discrimination [dɪˌskrɪmɪ'neɪʃn] *n* **- 1.** [prejudice] discrimination *f* **- 2.** [judgment] discernement *m*, jugement *m*.

discus ['dɪskəs] (*pl* **-es** [-iːz]) *n* disque *m*.

discuss [dɪ'skʌs] *vt* discuter (de) ; **to ~ sthg with sb** discuter de qqch avec qqn.

discussion [dɪ'skʌʃn] *n* discussion *f* ; **under ~** en discussion.

disdain [dɪs'deɪn] ◇ *n* : **~ (for)** dédain *m* (pour). ◇ *vt* dédaigner ; **to ~ to do sthg** dédaigner de faire qqch.

disdainful [dɪs'deɪnfʊl] *adj* dédaigneux(euse).

disease [dɪ'ziːz] *n* **- 1.** [illness] maladie *f* **- 2.** *fig* [unhealthy attitude, habit] mal *m*.

diseased [dɪ'ziːzd] *adj* [plant, body] malade.

disembark [ˌdɪsɪm'bɑːk] *vi* débarquer.

disembarkation [ˌdɪsembɑː'keɪʃn] *n* débarquement *m*.

disembodied [ˌdɪsɪm'bɒdɪd] *adj* désincarné(e).

disembowel [ˌdɪsɪm'baʊəl] (*UK*, *pt & pp* **-led**, *cont* **-ling**, *US*, *pt & pp* **-ed**, *cont* **-ing**) *vt* éviscérer.

disenchanted [ˌdɪsɪn'tʃɑːntɪd] *adj* : **~ (with)** désenchanté(e) (de).

disenchantment [ˌdɪsɪn'tʃɑːntmənt] *n* désillusion *f*, désenchantement *m*.

disenfranchise [ˌdɪsɪn'fræntʃaɪz] = **disfranchise**.

disengage [ˌdɪsɪn'geɪdʒ] *vt* **- 1.** [release] : **to ~ sthg (from)** libérer OR dégager qqch (de) ; **to ~ o.s. from** se libérer OR se dégager de **- 2.** TECH déclencher ; **to ~ the gears** débrayer.

disengagement [ˌdɪsɪn'geɪdʒmənt] *n* désengagement *m*.

disentangle [ˌdɪsɪn'tæŋgl] *vt* : **to ~ sthg from** enlever qqch de ; **to ~ o.s. from** se dégager de.

disfavour *UK*, **disfavor** *US* [dɪs'feɪvəʳ] *n* **- 1.** [dislike, disapproval] désapprobation *f* **- 2.** [state of disapproval] : **to be in ~ with sb** être mal vu de qqn.

disfigure [dɪs'fɪgəʳ] *vt* défigurer.

disfranchise [ˌdɪs'fræntʃaɪz] *vt* priver du droit électoral.

disgorge [dɪs'gɔːdʒ] *vt* **- 1.** *fml* [from stomach] vomir **- 2.** *lit* [emit] déverser.

disgrace [dɪs'greɪs] ◇ *n* **- 1.** [shame] honte *f* ; **to bring ~ on sb** jeter la honte sur qqn ; **in ~** en défaveur **- 2.** [cause of shame - thing] honte *f*, scandale *m* ; [- person] honte *f*. ◇ *vt* faire honte à ; **to ~ o.s.** se couvrir de honte.

disgraceful [dɪs'greɪsfʊl] *adj* honteux(euse), scandaleux(euse).

disgruntled [dɪs'grʌntld] *adj* mécontent(e).

disguise [dɪs'gaɪz] <> *n* déguisement *m* ; **in ~** déguisé(e). <> *vt* - **1.** [person, voice] déguiser ; **to ~ o.s. as** se déguiser en - **2.** [hide - fact, feelings] dissimuler.

disgust [dɪs'gʌst] <> *n* : **~ (at)** [behaviour, violence etc] dégoût *m* (pour) ; [decision] dégoût (devant) ; **in ~** dégoûté(e), écœuré(e). <> *vt* dégoûter, écœurer.

disgusting [dɪs'gʌstɪŋ] *adj* dégoûtant(e).

dish [dɪʃ] *n* plat *m* ; *US* [plate] assiette *f*.

◆ **dishes** *npl* vaisselle *f* ; **to do** *OR* **wash the ~es** faire la vaisselle.

◆ **dish out** *vt sep inf* distribuer.

◆ **dish up** *vt sep inf* servir.

dish aerial *UK*, **dish antenna** *US n* antenne *f* parabolique.

disharmony [ˌdɪs'hɑːmənɪ] *n* désaccord *m*, mésentente *f*.

dishcloth ['dɪʃklɒθ] *n* lavette *f*.

disheartened [dɪs'hɑːtnd] *adj* découragé(e).

disheartening [dɪs'hɑːtnɪŋ] *adj* décourageant(e).

dishevelled *UK*, **disheveled** *US* [dɪ'ʃevəld] *adj* [person] échevelé(e) ; [hair] en désordre.

dishonest [dɪs'ɒnɪst] *adj* malhonnête.

dishonesty [dɪs'ɒnɪstɪ] *n* malhonnêteté *f*.

dishonor *etc US* = **dishonour** *etc* .

dishonour *UK*, **dishonor** *US* [dɪs'ɒnəʳ] <> *n* déshonneur *m*. <> *vt* déshonorer.

dishonourable *UK*, **dishonorable** *US* [dɪs'ɒnərəbl] *adj* [person] peu honorable ; [behaviour] déshonorant(e).

dish(washing) soap *n US* liquide *m* pour la vaisselle.

dish towel *n US* torchon *m*.

dishwasher ['dɪʃˌwɒʃəʳ] *n* [machine] lave-vaisselle *m inv*.

dishy ['dɪʃɪ] (*comp* **-ier**, *superl* **-iest**) *adj UK inf* mignon(onne), sexy *(inv)*.

disillusioned [ˌdɪsɪ'luːʒnd] *adj* désillusionné(e), désenchanté(e) ; **to become ~** perdre ses illusions ; **to be ~ with** ne plus avoir d'illusions sur.

disillusionment [ˌdɪsɪ'luːʒnmənt] *n* : **~ (with)** désillusion *f* *OR* désenchantement *m* (en ce qui concerne).

disincentive [ˌdɪsɪn'sentɪv] *n* : **to be a ~** avoir un effet dissuasif ; [in work context] être démotivant(e).

disinclined [ˌdɪsɪn'klaɪnd] *adj* : **to be ~ to do sthg** être peu disposé(e) à faire qqch.

disinfect [ˌdɪsɪn'fekt] *vt* désinfecter.

disinfectant [ˌdɪsɪn'fektənt] *n* désinfectant *m*.

disinformation [ˌdɪsɪnfə'meɪʃn] *n* désinformation *f*.

disingenuous [ˌdɪsɪn'dʒenjʊəs] *adj* peu sincère.

disinherit [ˌdɪsɪn'herɪt] *vt* déshériter.

disintegrate [dɪs'ɪntɪgreɪt] *vi* - **1.** [object] se désintégrer, se désagréger - **2.** *fig* [project] s'écrouler ; [marriage] se désagréger.

disintegration [dɪsˌɪntɪ'greɪʃn] *n* - **1.** [of object] désintégration *f*, désagrégation *f* - **2.** *fig* [of project, marriage] effondrement *m*.

disinterested [ˌdɪs'ɪntrəstɪd] *adj* - **1.** [objective] désintéressé(e) - **2.** *inf* [uninterested] : **~ (in)** indifférent(e) (à).

disinvestment [ˌdɪsɪn'vestmənt] *n* désinvestissement *m*.

disjointed [dɪs'dʒɔɪntɪd] *adj* décousu(e).

disk [dɪsk] *n* - **1.** COMPUT disque *m*, disquette *f* - **2.** *US* = **disc**.

disk drive *n* COMPUT lecteur *m* de disques *OR* de disquettes.

diskette [dɪs'ket] *n* COMPUT disquette *f*.

disk operating system *n* COMPUT système *m* d'exploitation (à disques).

dislike [dɪs'laɪk] <> *n* : **~ (of)** aversion *f* (pour) ; **her likes and ~s** ce qu'elle aime et ce qu'elle n'aime pas ; **to take a ~ to sb/sthg** prendre qqn/qqch en grippe. <> *vt* ne pas aimer.

dislocate ['dɪsləkeɪt] *vt* - **1.** MED se démettre - **2.** [disrupt] désorganiser.

dislodge [dɪs'lɒdʒ] *vt* : **to ~ sthg (from)** déplacer qqch (de) ; [free] décoincer qqch (de) ; **to ~ sb from a position** déloger qqn d'un poste.

disloyal [ˌdɪs'lɔɪəl] *adj* : **~ (to)** déloyal(e) (envers).

dismal ['dɪzml] *adj* - **1.** [gloomy, depressing] lugubre - **2.** [unsuccessful - attempt] infructueux (euse) ; [- failure] lamentable.

dismantle [dɪs'mæntl] *vt* démanteler.

dismay [dɪs'meɪ] <> *n* consternation *f* ; **to sb's ~** à la consternation de qqn. <> *vt* consterner.

dismember [dɪs'membəʳ] *vt* démembrer.

dismiss [dɪs'mɪs] *vt* - **1.** [from job] : **to ~ sb (from)** congédier qqn (de) - **2.** [refuse to take seriously - idea, person] écarter ; [- plan, challenge] rejeter - **3.** [allow to leave - class] laisser sortir ; [- troops] faire rompre les rangs à.

dismissal [dɪs'mɪsl] *n* - **1.** [from job] licenciement *m*, renvoi *m* - **2.** [refusal to take seriously] rejet *m*.

dismissive [dɪs'mɪsɪv] *adj* méprisant(e) ; **to be ~ of** ne faire aucun cas de.

dismount [ˌdɪs'maʊnt] *vi* : **to ~ (from)** descendre (de).

disobedience [ˌdɪsə'bi:djəns] *n* désobéissance *f*.

disobedient [ˌdɪsə'bi:djənt] *adj* désobéissant(e).

disobey [ˌdɪsə'beɪ] ◇ *vt* désobéir à. ◇ *vi* désobéir.

disorder [dɪs'ɔ:dər] *n* - **1.** [disarray] : **in ~** en désordre - **2.** *(U)* [rioting] troubles *mpl* - **3.** MED trouble *m*.

disordered [dɪs'ɔ:dəd] *adj* - **1.** [in disarray] en désordre - **2.** MED : **mentally ~** déséquilibré(e).

disorderly [dɪs'ɔ:dəlɪ] *adj* - **1.** [untidy - room] en désordre ; [- appearance] désordonné(e) - **2.** [unruly] indiscipliné(e).

disorderly conduct *n* LAW trouble *m* de l'ordre public.

disorganized, *UK* **-ised** [dɪs'ɔ:gənaɪzd] *adj* [person] désordonné(e), brouillon(onne) ; [system] mal conçu(e).

disorientated *UK* [dɪs'ɔ:rɪənteɪtɪd], **disoriented** *US* [dɪs'ɔ:rɪəntɪd] *adj* désorienté(e).

disown [dɪs'əʊn] *vt* désavouer.

disparage [dɪ'spærɪdʒ] *vt* dénigrer.

disparaging [dɪ'spærɪdʒɪŋ] *adj* désobligeant(e).

disparate ['dɪspərət] *adj* disparate.

disparity [dɪ'spærətɪ] (*pl* **-ies**) *n* : **~ (between** *OR* **in)** disparité *f* (entre).

dispassionate [dɪ'spæʃnət] *adj* impartial(e).

dispatch [dɪ'spætʃ] ◇ *n* [message] dépêche *f*. ◇ *vt* [send] envoyer, expédier.

dispatch box *n UK* POL [box] valise *f* officielle ; [in House of Commons] *tribune d'où parlent les membres du gouvernement et leurs homologues du cabinet fantôme.*

dispatch rider *n* MIL estafette *f* ; [courier] coursier *m*.

dispel [dɪ'spel] (*pt & pp* **-led**, *cont* **-ling**) *vt* [feeling] dissiper, chasser.

dispensable [dɪ'spensəbl] *adj* [person] dont on peut se passer ; [expenses, luxury] superflu(e).

dispensary [dɪ'spensərɪ] (*pl* **-ies**) *n* officine *f*.

dispensation [ˌdɪspen'seɪʃn] *n* [permission] dispense *f*.

dispense [dɪ'spens] *vt* [justice, medicine] administrer.

◆ **dispense with** *vt insep* - **1.** [do without] se passer de - **2.** [make unnecessary] rendre superflu(e) ; **to ~ with the need for sthg** rendre qqch superflu.

dispenser [dɪ'spensər] *n* distributeur *m*.

dispensing chemist [dɪ'spensɪŋ-] *n UK* pharmacien *m*, -enne *f*.

dispersal [dɪ'spɜ:sl] *n* dispersion *f*.

disperse [dɪ'spɜ:s] ◇ *vt* - **1.** [crowd] disperser - **2.** [knowledge, news] répandre, propager. ◇ *vi* se disperser.

dispirited [dɪ'spɪrɪtɪd] *adj* découragé(e), abattu(e).

dispiriting [dɪ'spɪrɪtɪŋ] *adj* décourageant(e).

displace [dɪs'pleɪs] *vt* - **1.** [cause to move] déplacer - **2.** [supplant] supplanter.

displaced person [dɪs'pleɪst-] *n* personne *f* déplacée.

displacement [dɪs'pleɪsmənt] *n* déplacement *m*.

display [dɪ'spleɪ] ◇ *n* - **1.** [arrangement] exposition *f* ; **on ~** exposé - **2.** [demonstration] manifestation *f* - **3.** [public event] spectacle *m* - **4.** [COMPUT - device] écran *m* ; [- information displayed] affichage *m*, visualisation *f*. ◇ *vt* - **1.** [arrange] exposer - **2.** [show] faire preuve de, montrer.

display advertising *n (U)* placards *mpl* publicitaires.

displease [dɪs'pli:z] *vt* déplaire à, mécontenter ; **to be ~d with** être mécontent(e) de.

displeasure [dɪs'pleʒər] *n* mécontentement *m*.

disposable [dɪ'spəʊzəbl] *adj* - **1.** [throw away] jetable - **2.** [income] disponible.

disposal [dɪ'spəʊzl] *n* - **1.** [removal] enlèvement *m* - **2.** [availability] : **at sb's ~** à la disposition de qqn.

dispose [dɪ'spəʊz] ◆ **dispose of** *vt insep* [get rid of] se débarrasser de ; [problem] résoudre.

disposed [dɪ'spəʊzd] *adj* - **1.** [willing] : **to be ~ to do sthg** être disposé(e) à faire qqch - **2.** [friendly] : **to be well ~ to** *OR* **towards sb** être bien disposé(e) envers qqn.

disposition [ˌdɪspə'zɪʃn] *n* - **1.** [temperament] caractère *m*, tempérament *m* - **2.** [tendency] : **~ to do sthg** tendance *f* à faire qqch.

dispossess [ˌdɪspə'zes] *vt fml* **to ~ sb of sthg** déposséder qqn de qqch.

disproportion [ˌdɪsprə'pɔ:ʃn] *n* disproportion *f*.

disproportionate [ˌdɪsprə'pɔ:ʃnət] *adj* : **~ (to)** disproportionné(e) (à).

disprove [ˌdɪs'pru:v] *vt* réfuter.

dispute [dɪ'spju:t] <> *n* - **1.** [quarrel] dispute *f* - **2.** *(U)* [disagreement] désaccord *m* ; **in ~** [people] en désaccord ; [matter] en discussion - **3.** INDUST conflit *m*. <> *vt* contester.

disqualification [dɪs,kwɒlɪfɪ'keɪʃn] *n* disqualification *f*.

disqualify [,dɪs'kwɒlɪfaɪ] (*pt & pp* **-ied**) *vt* - **1.** [subj: authority] : **to ~ sb (from doing sthg)** interdire à qqn (de faire qqch) ; **to ~ sb from driving** *UK* retirer le permis de conduire à qqn - **2.** [subj: illness, criminal record] : **to ~ sb (from doing sthg)** rendre qqn incapable (de faire qqch) - **3.** SPORT disqualifier.

disquiet [dɪs'kwaɪət] *n* inquiétude *f*.

disregard [,dɪsrɪ'gɑ:d] <> *n (U)* **~ (for)** [money, danger] mépris *m* (pour) ; [feelings] indifférence *f* (à). <> *vt* [fact] ignorer ; [danger] mépriser ; [warning] ne pas tenir compte de.

disrepair [,dɪsrɪ'peəʳ] *n* délabrement *m* ; **to fall into ~** tomber en ruines.

disreputable [dɪs'repjʊtəbl] *adj* peu respectable.

disrepute [,dɪsrɪ'pju:t] *n* : **to bring sthg into ~** discréditer qqch ; **to fall into ~** acquérir une mauvaise réputation.

disrespectful [,dɪsrɪ'spektfʊl] *adj* irrespectueux(euse).

disrupt [dɪs'rʌpt] *vt* perturber.

disruption [dɪs'rʌpʃn] *n* perturbation *f*.

disruptive [dɪs'rʌptɪv] *adj* perturbateur(trice).

dissatisfaction ['dɪs,sætɪs'fækʃn] *n* mécontentement *m*.

dissatisfied [,dɪs'sætɪsfaɪd] *adj* : **~ (with)** mécontent(e) (de), pas satisfait(e) (de).

dissect [dɪ'sekt] *vt lit & fig* disséquer.

dissection [dɪ'sekʃn] *n lit & fig* dissection *f*.

disseminate [dɪ'semɪneɪt] *vt* disséminer.

dissemination [dɪ,semɪ'neɪʃn] *n* dissémination *f*.

dissension [dɪ'senʃn] *n* discorde *f*, dissension *f*.

dissent [dɪ'sent] <> *n* dissentiment *m*. <> *vi* : **to ~ (from)** être en désaccord (avec).

dissenter [dɪ'sentəʳ] *n* dissident *m*, -e *f*.

dissenting [dɪ'sentɪŋ] *adj* : **~ voice** opinion *f* contraire.

dissertation [,dɪsə'teɪʃn] *n* dissertation *f*.

disservice [,dɪs'sɜ:vɪs] *n* : **to do sb a ~** rendre un mauvais service à qqn.

dissident ['dɪsɪdənt] *n* dissident *m*, -e *f*.

dissimilar [,dɪ'sɪmɪləʳ] *adj* : **~ (to)** différent(e) (de).

dissipate ['dɪsɪpeɪt] <> *vt* - **1.** [heat] dissiper - **2.** [efforts, money] gaspiller. <> *vi* se dissiper.

dissipated ['dɪsɪpeɪtɪd] *adj* [person, life] dissolu(e).

dissociate [dɪ'səʊʃɪeɪt] *vt* dissocier ; **to ~ o.s. from** se désolidariser de.

dissolute ['dɪsəlu:t] *adj* dissolu(e).

dissolution [,dɪsə'lu:ʃn] *n* dissolution *f*.

dissolve [dɪ'zɒlv] <> *vt* dissoudre. <> *vi* - **1.** [substance] se dissoudre - **2.** *fig* [disappear] disparaître.

◆ **dissolve in(to)** *vt insep* : **to ~ into tears** fondre en larmes.

dissuade [dɪ'sweɪd] *vt* : **to ~ sb (from)** dissuader qqn (de).

distance ['dɪstəns] <> *n* distance *f* ; **at a ~** assez loin ; **from a ~** de loin ; **in the ~** au loin. <> *vt* : **to ~ o.s. from** se distancier de.

distant ['dɪstənt] *adj* - **1.** [gen] : **~ (from)** éloigné(e) (de) - **2.** [reserved - person, manner] distant(e).

distaste [dɪs'teɪst] *n* : **~ (for)** dégoût *m* (pour).

distasteful [dɪs'teɪstfʊl] *adj* répugnant(e), déplaisant(e).

Dist. Atty(.) *see also* **district attorney**.

distemper [dɪ'stempəʳ] *n (U)* - **1.** [paint] détrempe *f* - **2.** [disease] maladie *f* de Carré.

distended [dɪ'stendɪd] *adj* [stomach] distendu(e).

distil *UK* (*pt & pp* **-led**, *cont* **-ling**), **distill** *US* [dɪ'stɪl] *vt* - **1.** [liquid] distiller - **2.** *fig* [information] tirer.

distiller [dɪ'stɪləʳ] *n* distillateur *m*.

distillery [dɪ'stɪlərɪ] (*pl* **-ies**) *n* distillerie *f*.

distinct [dɪ'stɪŋkt] *adj* - **1.** [different] : **~ (from)** distinct(e) (de), différent(e) (de) ; **as ~ from** par opposition à - **2.** [definite - improvement] net (nette) ; **a ~ possibility** une forte chance.

distinction [dɪ'stɪŋkʃn] *n* - **1.** [difference] distinction *f*, différence *f* ; **to draw** OR **make a ~ between** faire une distinction entre - **2.** *(U)* [excellence] distinction *f* - **3.** [exam result] mention *f* très bien.

distinctive [dɪ'stɪŋktɪv] *adj* caractéristique.

distinctly [dɪ'stɪŋktlɪ] *adv* [see, remember] clairement.

distinguish [dɪ'stɪŋgwɪʃ] *vt* - **1.** [tell apart] : **to ~ sthg from sthg** distinguer qqch de qqch, faire la différence entre qqch et qqch - **2.** [perceive] distinguer - **3.** [characterize] caractériser - **4.** [excel] : **to ~ o.s.** se distinguer.

distinguished [dɪ'stɪŋgwɪʃt] *adj* distingué(e).

distinguishing [dɪ'stɪŋgwɪʃɪŋ] *adj* [feature, mark] caractéristique.

distort [dɪ'stɔːt] *vt* déformer.

distorted [dɪ'stɔːtɪd] *adj* déformé(e).

distortion [dɪ'stɔːʃn] *n* déformation *f*.

distract [dɪ'strækt] *vt* : **to ~ sb (from)** distraire qqn (de).

distracted [dɪ'stræktɪd] *adj* [preoccupied] soucieux(euse).

distraction [dɪ'strækʃn] *n* - **1.** [interruption, diversion] distraction *f* - **2.** [state of mind] confusion *f* ; **to drive sb to ~** rendre qqn fou.

distraught [dɪ'strɔːt] *adj* éperdu(e).

distress [dɪ'stres] ◇ *n* [anxiety] détresse *f* ; [pain] douleur *f*, souffrance *f*. ◇ *vt* affliger.

distressed [dɪ'strest] *adj* [anxious, upset] affligé(e).

distressing [dɪ'stresɪŋ] *adj* [news, image] pénible.

distress signal *n* signal *m* de détresse.

distribute [dɪ'strɪbjuːt] *vt* - **1.** [gen] distribuer - **2.** [spread out] répartir.

distribution [ˌdɪstrɪ'bjuːʃn] *n* - **1.** [gen] distribution *f* - **2.** [spreading out] répartition *f*.

distributor [dɪ'strɪbjʊtəʳ] *n* AUT & COMM distributeur *m*.

district ['dɪstrɪkt] *n* - **1.** [area - of country] région *f* ; [- of town] quartier *m* - **2.** ADMIN district *m*.

district attorney *n US* ≃ procureur *m* de la République.

district council *n UK* ≃ conseil *m* général.

district nurse *n UK* infirmière *f* visiteuse OR à domicile.

District of Columbia *n* district *m* de Columbia ; **in the ~** dans le district de Columbia.

distrust [dɪs'trʌst] ◇ *n* méfiance *f*. ◇ *vt* se méfier de.

distrustful [dɪs'trʌstfʊl] *adj* méfiant(e).

disturb [dɪ'stɜːb] *vt* - **1.** [interrupt] déranger - **2.** [upset, worry] inquiéter - **3.** [sleep, surface] troubler.

disturbance [dɪ'stɜːbəns] *n* - **1.** POL troubles *mpl* ; [fight] tapage *m* ; **~ of the peace** LAW trouble *m* de l'ordre public - **2.** [interruption] dérangement *m* - **3.** [of mind, emotions] trouble *m*.

disturbed [dɪ'stɜːbd] *adj* - **1.** [emotionally, mentally] perturbé(e) - **2.** [worried] inquiet(ète).

disturbing [dɪ'stɜːbɪŋ] *adj* [image] bouleversant(e) ; [news] inquiétant(e).

disunity [ˌdɪs'juːnətɪ] *n* désunion *f*.

disuse [ˌdɪs'juːs] *n* : **to fall into ~** [factory] être à l'abandon ; [regulation] tomber en désuétude.

disused [ˌdɪs'juːzd] *adj* désaffecté(e).

ditch [dɪtʃ] ◇ *n* fossé *m*. ◇ *vt inf* [boyfriend, girlfriend] plaquer ; [old car, clothes] se débarrasser de ; [plan] abandonner.

dither ['dɪðəʳ] *vi pej* hésiter.

ditto ['dɪtəʊ] *adv* idem.

diuretic [ˌdaɪjʊ'retɪk] *n* diurétique *m*.

diva ['diːvə] (*pl* **-s**) *n* diva *f*.

divan [dɪ'væn] *n* divan *m*.

divan bed *n UK* divan-lit *m*.

dive [daɪv] ◇ *vi* (*UK, pt & pp* **-d** *US, pt & pp* **-d** OR **dove**) plonger ; [bird, plane] piquer ; **she ~d into the crowd** elle se jeta dans la foule. ◇ *n* - **1.** [gen] plongeon *m* - **2.** [of plane] piqué *m* - **3.** *inf pej* [bar, restaurant] bouge *m*.

dive-bomb *vt* bombarder en piqué.

diver ['daɪvəʳ] *n* plongeur *m*, -euse *f*.

diverge [daɪ'vɜːdʒ] *vi* : **to ~ (from)** diverger (de).

divergence [daɪ'vɜːdʒəns] *n* divergence *f*.

divergent [daɪ'vɜːdʒənt] *adj* divergent(e).

diverse [daɪ'vɜːs] *adj* divers(e).

diversification [daɪˌvɜːsɪfɪ'keɪʃn] *n* diversification *f*.

diversify [daɪ'vɜːsɪfaɪ] (*pt & pp* **-ied**) ◇ *vt* diversifier. ◇ *vi* se diversifier.

diversion [daɪ'vɜːʃn] *n* - **1.** [amusement] distraction *f* ; [tactical] diversion *f* - **2.** *UK* [of traffic] déviation *f* - **3.** [of river, funds] détournement *m*.

diversionary [daɪ'vɜːʃnrɪ] *adj* [tactics] de diversion.

diversity [daɪ'vɜːsətɪ] *n* diversité *f*.

divert [daɪ'vɜːt] *vt* - **1.** *UK* [traffic] dévier - **2.** [river, funds] détourner - **3.** [person - amuse] distraire ; [- tactically] détourner.

divest [daɪ'vest] *vt fml* **to ~ sb of** dépouiller qqn de ; **to ~ o.s. of** se défaire de.

divide [dɪ'vaɪd] ◇ *vt* - **1.** [separate] séparer - **2.** [share out] diviser, partager ; **to ~ sthg between** OR **among** partager qqch entre - **3.** [split up] : **to ~ sthg (into)** diviser qqch (en) - **4.** MATHS : **89 ~d by 3** 89 divisé par 3 - **5.** [people - in disagreement] diviser. ◇ *vi* se diviser. ◇ *n* [difference] division *f*.

◆ **divide up** *vt sep* - **1.** [split up] diviser - **2.** [share out] partager.

divided [dɪ'vaɪdɪd] *adj* [nation] divisé(e) ; [opinions, loyalties] partagé(e).

dividend ['dɪvɪdend] *n* dividende *m* ; **to pay ~s** *fig* porter ses fruits.

dividers [dɪ'vaɪdəz] *npl UK* compas *m* à pointes sèches.

dividing line [dɪ'vaɪdɪŋ-] *n* ligne *f* de démarcation.

divine [dɪ'vaɪn] ◇ *adj* divin(e). ◇ *vt* - **1.** [truth, meaning] deviner ; [future] prédire - **2.** [water] découvrir, détecter.

diving ['daɪvɪŋ] *n (U)* plongeon *m* ; [with breathing apparatus] plongée *f* (sous-marine).

divingboard, **diving board** ['daɪvɪŋbɔːd] *n* plongeoir *m*.

diving suit *n* combinaison *f* de plongée.

divinity [dɪ'vɪnətɪ] (*pl* **-ies**) *n* - **1.** [godliness, god] divinité *f* - **2.** [study] théologie *f*.

divisible [dɪ'vɪzəbl] *adj* : ~ **(by)** divisible (par).

division [dɪ'vɪʒn] *n* - **1.** [gen] division *f* - **2.** [separation] séparation *f*.

division sign *n* signe *m* de division.

divisive [dɪ'vaɪsɪv] *adj* qui sème la division OR la discorde.

divorce [dɪ'vɔːs] ◇ *n* divorce *m*. ◇ *vt* - **1.** [husband, wife] divorcer - **2.** [separate] : **to ~ sthg from** séparer qqch de.

divorced [dɪ'vɔːst] *adj* divorcé(e).

divorcee [dɪvɔː'siː] *n* divorcé *m*, -e *f*.

divulge [daɪ'vʌldʒ] *vt* divulguer.

DIY (*abbr of* **do-it-yourself**) *n* **UK** bricolage *m*.

dizziness ['dɪzɪnɪs] *n* vertige *m*.

dizzy ['dɪzɪ] (*comp* **-ier**, *superl* **-iest**) *adj* - **1.** [giddy] : **to feel ~** avoir la tête qui tourne - **2.** *fig* [height] vertigineux(euse).

DJ, **deejay** *n* - **1.** (*abbr of* **disc jockey**) disc-jockey *m* - **2.** (*abbr of* **dinner jacket**) smoking *m*.

Djakarta [dʒə'kɑːtə] = **Jakarta**.

DJIA (*abbr of* **Dow Jones Industrial Average**) *n* **US** *indice Dow Jones*.

Djibouti [dʒɪ'buːtɪ] *n* Djibouti ; **in ~** à Djibouti.

dl (*abbr of* **decilitre**) dl.

DLit(t) [ˌdiː'lɪt] (*abbr of* **Doctor of Letters**) *n docteur ès lettres*.

DLO (*abbr of* **dead-letter office**) *n centre de recherche du courrier*.

dm (*abbr of* **decimetre**) dm.

DM (*abbr of* **Deutsche Mark**) DM.

DMA (*abbr of* **direct memory access**) *n accès direct à la mémoire*.

DMus ['diː'mjuːz] (*abbr of* **Doctor of Music**) *n* **UK** *docteur en musique*.

DMZ (*abbr of* **demilitarized zone**) *n zone démilitarisée*.

DNA (*abbr of* **deoxyribonucleic acid**) *n* ADN *m*.

D-notice *n* **UK** *censure imposée à la presse pour sécurité d'État*.

DNS [ˌdiːen'es] (*abbr of* **Domain Name System**) *n* COMPUT DNS.

do[1] [duː] ◇ *aux vb* (*pt* **did**, *pp* **done**) - **1.** *(in negatives)* **don't leave it there** ne le laisse pas là ; **I didn't want to see him** je ne voulais pas le voir - **2.** *(in questions)* **what did he want?** qu'est-ce qu'il voulait? ; **~ you think she'll come?** tu crois qu'elle viendra? - **3.** *(referring back to previous verb)* **she reads more than I ~** elle lit plus que moi ; **I like reading so ~ I** j'aime lire moi aussi - **4.** *(in question tags)* **you know her, don't you?** tu la connais, n'est-ce pas? ; **I upset you, didn't I?** je t'ai fait de la peine, n'est-ce pas? ; **so you think you can dance, ~ you?** alors tu t'imagines que tu sais danser, c'est ça? - **5.** [for emphasis] : **I did tell you but you've forgotten** je te l'avais bien dit, mais tu l'as oublié ; **~ come in** entrez donc. ◇ *vt* (*pt* **did**, *pp* **done**) - **1.** [perform an activity, a service] faire ; **to ~ aerobics/gymnastics** faire de l'aérobic/de la gymnastique ; **they ~ gourmet dinners** ils font OR préparent des repas gastronomiques ; **shall we ~ do lunch?** *US inf* et si on allait déjeuner ensemble? ; **to ~ the cooking/housework** faire la cuisine/le ménage ; **to ~ one's hair** se coiffer ; **to ~ one's teeth** se laver OR se brosser les dents - **2.** [take action] faire ; **to ~ something about sthg** trouver une solution pour qqch ; **I don't know what to ~ with him!** je ne sais vraiment pas que faire de lui! - **3.** [have particular effect] faire ; **to ~ more harm than good** faire plus de mal que de bien - **4.** [referring to job] : **what do you ~?** qu'est-ce que vous faites dans la vie? - **5.** [study] faire ; **I did physics at school** j'ai fait de la physique à l'école - **6.** [travel at a particular speed] faire, rouler ; **the car can ~ 110 mph** ≃ la voiture peut faire du 180 à l'heure - **7.** [be good enough for] : **that'll ~ me nicely** cela m'ira très bien, cela fera très bien mon affaire. ◇ *vi* (*pt* **did**, *pp* **done**) - **1.** [act] faire ; **~ as I tell you** fais comme je te dis ; **you would ~ well to reconsider** tu ferais bien de reconsidérer la question - **2.** [perform in a particular way] : **they're ~ing really well** leurs affaires marchent bien ; **he could ~ better** il pourrait mieux faire ; **how did you ~ in the exam?** comment ça a marché à l'examen? - **3.** [be good enough, be sufficient] suffire, aller ; **will £6 ~?** est-ce que 6 livres suffiront?, 6 livres, ça ira? ; **that will ~** ça suffit. ◇ *n* (*pl* **dos** OR **do's**) [party] fête *f*, soirée *f*.

◆ **dos** *npl* : **~s and don'ts** ce qu'il faut faire et ne pas faire.

◆ **do away with** *vt insep* supprimer.

◆ **do down** *vt sep* **UK** *inf* dire du mal de.

◆ **do for** *vt insep* **UK** *inf* : **these kids will ~ for me** ces gosses vont me tuer ; **I'm done for** je suis fichu OR foutu.

◆ **do in** *vt sep inf* supprimer, assassiner.

◆ **do out of** *vt sep inf* **to ~ sb out of sthg** escroquer OR carotter qqch à qqn.

◆ **do up** *vt sep* - **1.** [fasten - shoelaces, shoes] attacher ; [- buttons, coat] boutonner ; **your** shirt's not done up ta chemise est déboutonnée - 2. [decorate - room, house] refaire - 3. [wrap up] emballer.

◆ **do with** *vt insep* - 1. [need] avoir besoin de - 2. [have connection with] : **that has nothing to ~ with it** ça n'a rien à voir, ça n'a aucun rapport ; **what's that got to ~ with it?** et alors, quel rapport?, qu'est-ce que ça a à voir? ; **I had nothing to ~ with it** je n'y étais pour rien.

◆ **do without** ◇ *vt insep* se passer de. ◇ *vi* s'en passer.

do[2] (*abbr of* **ditto**) do.

DOA (*abbr of* **dead on arrival**) *adj* mort(e) pendant son transport à l'hôpital.

doable ['du:əbl] *adj inf* faisable.

dob *see also* **date of birth**.

Doberman ['dəʊbəmən] (*pl* **-s**) *n* : **~ (pinscher)** doberman *m*.

docile [*UK* 'dəʊsaɪl, *US* 'dɒsəl] *adj* docile.

dock [dɒk] ◇ *n* - 1. [in harbour] docks *mpl* - 2. LAW banc *m* des accusés. ◇ *vt* [wages] faire une retenue sur. ◇ *vi* [ship] arriver à quai.

docker ['dɒkəʳ] *n* docker *mf*.

docket ['dɒkɪt] *n UK* fiche *f* (descriptive).

docklands ['dɒkləndz] *npl UK* docks *mpl*.

dockworker ['dɒkwɜːkəʳ] = **docker**.

dockyard ['dɒkjɑ:d] *n* chantier *m* naval.

doctor ['dɒktəʳ] ◇ *n* - 1. MED docteur *m*, médecin *m* ; **to go to the ~('s)** aller chez le docteur - 2. UNIV docteur *m*. ◇ *vt* - 1. [results, report] falsifier ; [text, food] altérer - 2. *UK* [cat] châtrer.

doctorate ['dɒktərət], **doctor's degree** *n* doctorat *m*.

doctrinaire [ˌdɒktrɪ'neəʳ] *adj* doctrinaire.

doctrine ['dɒktrɪn] *n* doctrine *f*.

docudrama [ˌdɒkjʊ'drɑ:mə] (*pl* **-s**) *n* docudrame *m*.

document ◇ *n* ['dɒkjʊmənt] document *m*. ◇ *vt* ['dɒkjʊment] documenter.

documentary [ˌdɒkjʊ'mentərɪ] ◇ *adj* documentaire. ◇ *n* (*pl* **-ies**) documentaire *m*.

documentation [ˌdɒkjʊmen'teɪʃn] *n* documentation *f*.

DOD (*abbr of* **Department of Defense**) *n ministère américain de la défense*.

doddering ['dɒdərɪŋ], **doddery** ['dɒdərɪ] *adj inf* branlant(e).

doddle ['dɒdl] *n UK inf* **it was a ~** c'était du gâteau.

Dodecanese [ˌdəʊdɪkə'ni:z] *npl* : **the ~** le Dodécanèse ; **in the ~** dans le Dodécanèse.

dodge [dɒdʒ] ◇ *n inf* combine *f*. ◇ *vt* éviter, esquiver. ◇ *vi* s'esquiver.

Dodgems® ['dɒdʒəmz] *npl UK* autos *fpl* tamponneuses.

dodgy ['dɒdʒɪ] *adj UK inf* [plan, deal] douteux(euse).

doe [dəʊ] *n* - 1. [deer] biche *f* - 2. [rabbit] lapine *f*.

DOE *n* - 1. (*abbr of* **Department of the Environment**) *ministère britannique de l'environnement* - 2. (*abbr of* **Department of Energy**) *ministère américain de l'énergie*.

doer ['du:əʳ] *n inf* personne *f* dynamique.

does (*weak form* [dəz], *strong form* [dʌz]) ▷ **do**.

doesn't ['dʌznt] = **does not**.

dog [dɒg] ◇ *n* - 1. [animal] chien *m*, chienne *f* ; **it's a ~'s life** c'est une vie de chien ; **this country is going to the ~s** *inf* ce pays va à vau-l'eau - 2. *US* [hot dog] hot dog *m*. ◇ *vt* (*pt & pp* **-ged**, *cont* **-ging**) - 1. [subj: person - follow] suivre de près - 2. [subj: problems, bad luck] poursuivre.

dog biscuit *n* biscuit *m* pour chien.

dog collar *n* - 1. [of dog] collier *m* de chien - 2. [of priest] col *m* d'ecclésiastique.

dog-eared [-ɪəd] *adj* écorné(e).

dog-eat-dog *adj* : **it's ~** c'est la loi de la jungle.

dog-end *n UK inf* [of cigarette] mégot *m*.

dogfight ['dɒgfaɪt] *n* - 1. [between dogs] combat *m* de chiens - 2. [between aircraft] combat *m* aérien.

dog food *n* nourriture *f* pour chiens.

dogged ['dɒgɪd] *adj* opiniâtre.

doggone ['dɒgɒn] *excl* : **~ it !** zut !

doggone(d) ['dɒgɒnd] *inf US* fichu(e).

doggy, **doggie** (*pl* **-ies**) ['dɒgɪ] *n* toutou *m*.

doggy bag, **doggie bag** *n sac pour emporter les restes d'un repas au restaurant*.

dogma ['dɒgmə] *n* dogme *m*.

dogmatic [dɒg'mætɪk] *adj* dogmatique.

do-gooder [-'gʊdəʳ] *n pej* bonne âme *f*.

dog paddle *n* nage *f* du chien.

dogs *n inf* [feet] pannards *mpl*.

dogsbody ['dɒgzˌbɒdɪ] (*pl* **-ies**) *n UK inf* [woman] bonne *f* à tout faire ; [man] factotum *m*.

dog tag *n* MIL plaque *f* d'identification.

doing ['du:ɪŋ] *n* : **is this your ~?** c'est toi qui est cause de tout cela?

◆ **doings** *npl* actions *fpl*.

do-it-yourself *n (U)* bricolage *m*.

doldrums ['dɒldrəmz] *npl* : **to be in the ~** *fig* être dans le marasme.

dole [dəʊl] *n UK* [unemployment benefit] allocation *f* de chômage ; **to be on the ~** être au chômage.
◆ **dole out** *vt sep* [food, money] distribuer au compte-gouttes.

doleful ['dəʊlfʊl] *adj* morne.

doll [dɒl] *n* poupée *f*.

dollar ['dɒləʳ] *n* dollar *m*.

dollarization [dɑləraɪ'zeɪʃn] *n* dollarisation *f inf*.

dolled up [dɒld-] *adj inf* pomponné(e).

dollhouse *US* = **doll's house**.

dollop ['dɒləp] *n inf* bonne cuillerée *f*.

doll's house *UK*, **dollhouse** [dɒlhaʊs] *US n* maison *f* de poupée.

dolly ['dɒlɪ] (*pl* **-ies**) *n* - **1.** [doll] poupée *f* - **2.** [for TV or film camera] travelling *m*.

dolly bird *n UK inf dated* poupée *f*.

Dolomites ['dɒləmaɪts] *npl* : **the ~** les Dolomites *fpl*.

dolphin ['dɒlfɪn] *n* dauphin *m*.

domain [də'meɪn] *n lit* & *fig* & COMPUT domaine *m*.

dome [dəʊm] *n* dôme *m*.

domestic [də'mestɪk] ◇ *adj* - **1.** [policy, politics, flight] intérieur(e) - **2.** [chores, animal] domestique - **3.** [home-loving] casanier(ère). ◇ *n* domestique *mf*.

domestic appliance *n* appareil *m* ménager.

domesticated [də'mestɪkeɪtɪd] *adj* - **1.** [animal] domestiqué(e) - **2.** *hum* [person] popote *(inv)*.

domesticity [ˌdəʊme'stɪsətɪ] *n (U)* vie *f* de famille.

domicile ['dɒmɪsaɪl] *n* domicile *m*.

dominance ['dɒmɪnəns] *n* prédominance *f* ; [of person] supériorité *f*.

dominant ['dɒmɪnənt] *adj* dominant(e) ; [personality, group] dominateur(trice).

dominate ['dɒmɪneɪt] *vt* dominer.

dominating ['dɒmɪneɪtɪŋ] *adj* [person] dominateur(trice).

domination [ˌdɒmɪ'neɪʃn] *n* domination *f*.

domineering [ˌdɒmɪ'nɪərɪŋ] *adj* autoritaire.

Dominica [də'mɪnɪkə] *n* la Dominique ; **in ~** à la Dominique.

Dominican Republic [də'mɪnɪkən-] *n* : **the ~** la République Dominicaine ; **in the ~** en République Dominicaine.

dominion [də'mɪnjən] *n* - **1.** *(U)* [power] domination *f* - **2.** [land] territoire *m*.

domino ['dɒmɪnəʊ] (*pl* **-es**) *n* domino *m*.
◆ **dominoes** *npl* dominos *mpl*.

domino effect *n* réaction *f* en chaîne.

don [dɒn] ◇ *n UK* UNIV professeur *m* d'université. ◇ *vt* (*pt* & *pp* **-ned**, *cont* **-ning**) [clothing] revêtir.

donate [də'neɪt] *vt* faire don de.

donation [də'neɪʃn] *n* don *m*.

done [dʌn] ◇ *pp* ▷ **do**. ◇ *adj* - **1.** [job, work] achevé(e) ; **I'm nearly ~** j'ai presque fini - **2.** [cooked] cuit(e) - **3.** [socially acceptable] : **that's not the ~ thing** ça ne se fait pas. ◇ *excl* [to conclude deal] tope!

donkey ['dɒŋkɪ] (*pl* **-s**) *n* âne *m*, ânesse *f*.

donkey jacket *n UK* grosse veste *f*.

donkeywork, **donkey work**, **donkey-work** ['dɒŋkɪwɜːk] *n UK inf* **to do the ~** faire le sale boulot.

donor ['dəʊnəʳ] *n* - **1.** MED donneur *m*, -euse *f* - **2.** [to charity] donateur *m*, -trice *f*.

donor card *n* carte *f* de donneur.

don't [dəʊnt] = **do not**.

doodle ['duːdl] ◇ *n* griffonnage *m*. ◇ *vi* griffonner.

doom [duːm] *n* [fate] destin *m*.

doomed [duːmd] *adj* condamné(e) ; **they were ~ to die** ils étaient condamnés à mourir ; **the plan was ~ to failure** le plan était voué à l'échec.

door [dɔːʳ] *n* porte *f* ; [of vehicle] portière *f* ; **to open the ~ to sthg** *fig* ouvrir la voie à qqch.

doorbell ['dɔːbel] *n* sonnette *f*.

door handle, **door-handle** ['dɔːhændl] *n* poignée *f* de porte.

doorknob ['dɔːnɒb] *n* bouton *m* de porte.

doorknocker ['dɔːˌnɒkəʳ] *n* heurtoir *m*.

doorman ['dɔːmən] (*pl* **-men** [-mən]) *n* portier *m*.

doormat ['dɔːmæt] *n lit* & *fig* paillasson *m*.

doorstep ['dɔːstep] *n* pas *m* de la porte.

doorstop ['dɔːstɒp] *n* butoir *m* de porte.

door-to-door *adj* [salesman, selling] à domicile.

doorway ['dɔːweɪ] *n* embrasure *f* de la porte.

dope [dəʊp] ◇ *n inf* - **1.** *drug sl* dope *f* - **2.** [for athlete, horse] dopant *m* - **3.** *inf* [fool] imbécile *mf*. ◇ *vt* [horse] doper.

dope test *n* contrôle *m* anti-dopage.

dopey ['dəʊpɪ] (*comp* **-ier**, *superl* **-iest**) *adj inf* abruti(e).

dorm *n familier US* = **dormitory**.

dormant ['dɔːmənt] *adj* - **1.** [volcano] endormi(e) - **2.** [law] inappliqué(e).

dormer (window) ['dɔːmər-] *n* lucarne *f*.

dormice ['dɔːmaɪs] *pl* ▷ **dormouse**.

dormitory ['dɔːmətrɪ] (*pl* **-ies**) *n* - **1.** [gen] dortoir *m* - **2.** *US* [in university] ≃ cité *f* universitaire.

Dormobile® ['dɔːmə,biːl] *n UK* camping-car *m*.

dormouse ['dɔːmaʊs] (*pl* **-mice** [-maɪs]) *n* loir *m*.

Dors (*written abbrev of* **Dorset**) *comté anglais*.

DOS [dɒs] (*abbr of* **disk operating system**) *n* DOS *m*.

dosage ['dəʊsɪdʒ] *n* dosage *m*.

dose [dəʊs] ◇ *n* - **1.** MED dose *f* - **2.** *fig* [amount] : **a ~ of the measles** la rougeole. ◇ *vt* : **to ~ sb with sthg** administrer qqch à qqn.

doss [dɒs] ◆ **doss down** *vi UK inf* crécher.

dosser ['dɒsər] *n UK inf* clochard *m*, -e *f*.

dosshouse ['dɒshaʊs] (*pl* [-haʊzɪz]) *n UK inf* asile *m* de nuit.

dossier ['dɒsɪeɪ] *n* dossier *m*.

dot [dɒt] ◇ *n* point *m* ; **on the ~** à l'heure pile. ◇ *vt* (*pt & pp* **-ted**, *cont* **-ting**) : **dotted with** parsemé(e) de.

DOT (*abbr of* **Department of Transportation**) *n ministère américain du transport*.

dotage ['dəʊtɪdʒ] *n* : **to be in one's ~** être gâteux(euse).

dote [dəʊt] ◆ **dote (up)on** *vt insep* adorer.

doting ['dəʊtɪŋ] *adj* : **she has a ~ grandfather** elle a un grand-père qui l'adore.

dot-matrix printer *n* imprimante *f* matricielle.

dotted line ['dɒtɪd-] *n* ligne *f* pointillée ; **to sign on the ~** *fig* donner formellement son accord.

dotty ['dɒtɪ] (*comp* **-ier**, *superl* **-iest**) *adj UK inf* toqué(e).

double ['dʌbl] ◇ *adj* double ; **~ doors** porte *f* à deux battants ; **"ally" is spelt "a", ~"l", "y"** "ally" s'écrit "a", deux "l", "y". ◇ *adv* - **1.** [twice] : **~ the amount** deux fois plus ; **to see ~** voir double - **2.** [in two] en deux ; **to bend ~** se plier en deux. ◇ *n* - **1.** [twice as much] : **I earn ~ what I used to** je gagne le double de ce que je gagnais auparavant ; **at** *OR* **on the ~** au pas de course - **2.** [drink, look-alike] double *m* - **3.** CIN doublure *f*. ◇ *vt* doubler. ◇ *vi* - **1.** [increase twofold] doubler - **2.** [have second purpose] : **to ~ as** faire office de.
◆ **doubles** *npl* TENNIS double *m*.
◆ **double up** ◇ *vt sep* : **to be ~d up** être plié(e) en deux. ◇ *vi* [bend over] se plier en deux.

double act *n esp UK* duo *m*.

double agent *n* agent *m* double.

double-barrelled *UK*, **double-barreled** *US* [-'bærəld] *adj* - **1.** [shotgun] à deux coups - **2.** *UK* [name] à rallonge.

double bass [-beɪs] *n* contrebasse *f*.

double bed *n* lit *m* pour deux personnes, grand lit.

double-breasted [-'brestɪd] *adj* [jacket] croisé(e).

double-check *vt & vi* revérifier.

double chin *n* double menton *m*.

double-click ◇ *vi & vt* double-cliquer ; **to double-click on sth** double-cliquer sur. ◇ *n* double-clic *m*.

double cream *n UK* crème *f* fraîche épaisse.

double-cross *vt* trahir.

double-dealer *n* : **to be a ~** jouer double jeu.

double-decker [-'dekər] *n UK* [bus] autobus *m* à impériale.

double-declutch [-diː'klʌtʃ] *vi UK* AUT faire un double débrayage.

double-density *adj* COMPUT [disk] double-densité *(inv)*.

double digits *US* = **double figures**.

double Dutch *n UK* charabia *m*.

double-edged [-'edʒd] *adj lit & fig* à double tranchant.

double entendre [,duːblɑ̃'tɑ̃dr] *n* allusion *f* grivoise.

double figures *npl* : **to be in ~** être au-dessus de dix.

double-glazing [-'gleɪzɪŋ] *n* double vitrage *m*.

double-jointed [-'dʒɒɪntɪd] *adj* désarticulé(e).

double-park *vi* se garer en double file.

double-quick *adj & adv UK inf* en deux temps trois mouvements.

double room *n* chambre *f* pour deux personnes.

double-sided *adj* COMPUT [disk] double-face.

double standards *npl* : **to have ~** avoir deux poids, deux mesures.

double take *n* : **to do a ~** marquer un temps d'arrêt.

double-talk *n (U)* propos *mpl* ambigus.

double time *n* tarif *m* double.

double vision *n* vue *f* double.

double whammy [-'wæmɪ] *n* double malédiction *f*.

doubly ['dʌblɪ] *adv* doublement.

doubt [daʊt] ◇ *n* doute *m* ; **there is no ~ that** il n'y a aucun doute que ; **without (a) ~** sans aucun doute ; **beyond all ~** indubitablement ; **to be in ~** [person] ne pas être sûr(e) ; [outcome] être incertain(e) ; **to cast ~ on sthg** mettre qqch en doute ; **no ~** sans aucun doute. ◇ *vt* douter ; **to ~ whether** OR **if** douter que.

doubtful ['daʊtfʊl] *adj* **- 1.** [decision, future] incertain(e) **- 2.** [unsure] : **to be ~ about** OR **of** douter de **- 3.** [person, value] douteux(euse).

doubtless ['daʊtlɪs] *adv* sans aucun doute.

dough [dəʊ] *n (U)* **- 1.** CULIN pâte *f* **- 2.** *v inf* [money] fric *m*.

doughnut ['dəʊnʌt] *n* beignet *m*.

dour [dʊəʳ] *adj* austère.

douse [daʊs] *vt* **- 1.** [fire, flames] éteindre **- 2.** [drench] tremper.

dove[1] [dʌv] *n* [bird] colombe *f*.

dove[2] [dəʊv] *US pt* ⟹ **dive**.

dovecot(e) ['dʌvkɒt] *n* colombier *m*.

Dover ['dəʊvəʳ] *n* Douvres.

dovetail ['dʌvteɪl] *fig* ◇ *vt* faire coïncider. ◇ *vi* coïncider.

dovetail joint *n* assemblage *m* à queue d'aronde.

dowager ['daʊədʒəʳ] *n* douairière *f*.

dowdy ['daʊdɪ] (*comp* **-ier**, *superl* **-iest**) *adj* sans chic.

Dow-Jones average [ˌdaʊ'dʒəʊnz-] *n* : **the ~** le Dow-Jones, l'indice *m* Dow-Jones.

down [daʊn] ◇ *adv* **- 1.** [downwards] en bas, vers le bas ; **to bend ~** se pencher ; **to climb ~** descendre ; **to fall ~** tomber (par terre) ; **to pull ~** tirer vers le bas **- 2.** [along] : **we went ~ to have a look** on est allé jeter un coup d'œil ; **I'm going ~ to the shop** je vais au magasin **- 3.** [southwards] : **we travelled ~ to London** on est descendu à Londres **- 4.** [lower in amount] : **prices are coming ~** les prix baissent ; **~ to the last detail** jusqu'au moindre détail **- 5.** [in written form] : **to write sthg ~** noter qqch. ◇ *prep* **- 1.** [downwards] : **they ran ~ the hill/stairs** ils ont descendu la colline/ l'escalier en courant **- 2.** [along] : **to walk ~ the street** descendre la rue. ◇ *adj* **- 1.** *inf* [depressed] : **to feel ~** avoir le cafard **- 2.** [behind] : **they're two goals ~** ils perdent de deux buts **- 3.** [lower in amount] : **prices are ~ again** les prix ont encore baissé **- 4.** [computer, telephones] en panne. ◇ *n (U)* duvet *m*. ◇ *vt* **- 1.** [knock over] abattre **- 2.** [drink] avaler d'un trait.
◆ **downs** *npl UK* collines *fpl*.

down-and-out ◇ *adj* indigent(e). ◇ *n* personne *f* dans le besoin.

down-at-heel, *US* **down-at-the-heels** *adj* déguenillé(e).

downbeat ['daʊnbi:t] *adj inf* pessimiste.

downcast ['daʊnkɑ:st] *adj* **- 1.** [sad] démoralisé(e) **- 2.** [eyes] baissé(e).

downer ['daʊnəʳ] *n inf* **- 1.** [drug] tranquillisant *m* **- 2.** [depressing event or person] : **he's/it's a real ~** il est/c'est flippant.

downfall ['daʊnfɔ:l] *n (U)* ruine *f*.

downgrade ['daʊngreɪd] *vt* [job] déclasser ; [employee] rétrograder.

downhearted [ˌdaʊn'hɑ:tɪd] *adj* découragé(e).

downhill [ˌdaʊn'hɪl] ◇ *adj* **- 1.** [downward] en pente ; **it's ~ all the way now** *fig* ça va être du gâteau maintenant **- 2.** skiing : **~ skier** descendeur *m*, -euse *f*. ◇ *n* skiing [race] descente *f*. ◇ *adv* : **to walk ~** descendre la côte ; **her career is going ~** *fig* sa carrière est sur le déclin.

Downing Street ['daʊnɪŋ-] *n rue du centre de Londres où réside le Premier ministre*.

Downing Street

C'est à Downing Street que se trouvent les résidences officielles du Premier ministre, au numéro 10, et du ministre des Finances, au numéro 11. Le terme *Downing Street* est souvent employé pour désigner le gouvernement.

download [ˌdaʊn'ləʊd] *vt* COMPUT transférer.

downmarket *adj* [area] populaire, pas très chic *(inv)* ; [product] bas de gamme *(inv)*.

down payment *n* acompte *m*.

downplay ['daʊnpleɪ] *vt* minimiser.

downpour ['daʊnpɔ:ʳ] *n* pluie *f* torrentielle.

downright ['daʊnraɪt] ◇ *adj* franc (franche) ; [lie] effronté(e). ◇ *adv* franchement.

downscale *adj US* = **downmarket**.

downside ['daʊnsaɪd] *n* désavantage *m*.

Down's syndrome *n* trisomie *f* 21.

downstairs [ˌdaʊn'steəz] ◇ *adj* du bas ; [on floor below] à l'étage en-dessous. ◇ *adv* en bas ; [on floor below] à l'étage en-dessous ; **to come** OR **go ~** descendre.

downstream [ˌdaʊn'stri:m] *adv* en aval.

downtime ['daʊntaɪm] *n* temps *m* improductif.

down-to-earth *adj* pragmatique, terre-à-terre *(inv)*.

downtown [ˌdaʊn'taʊn] *esp US* ◇ *adj* : **~ Paris** le centre de Paris. ◇ *adv* en ville.

downtrodden ['daʊnˌtrɒdn] *adj* opprimé(e).

downturn ['daʊntɜ:n] *n* : **~ (in)** baisse *f* (de).

down under *adv UK & US* en Australie/Nouvelle-Zélande.

downward ['daʊnwəd] ◇ *adj* - **1.** [towards ground] vers le bas - **2.** [trend] à la baisse. ◇ *adv US* = **downwards.**

downwards ['daʊnwədz] *adv US* - **1.** [look, move] vers le bas - **2.** [in hierarchy] : **from the president ~** du président jusqu'au bas de la hiérarchie.

downwind [ˌdaʊn'wɪnd] *adv* dans le sens du vent.

dowry ['daʊərɪ] (*pl* **-ies**) *n* dot *f*.

doz. (*abbr of* **dozen**) douz.

doze [dəʊz] ◇ *n* somme *m*. ◇ *vi* sommeiller.

◆ **doze off** *vi* s'assoupir.

dozen ['dʌzn] ◇ *num adj* : **a ~ eggs** une douzaine d'œufs. ◇ *n* douzaine *f* ; **50p a ~** 50p la douzaine ; **~s of** *inf* des centaines de.

dozy ['dəʊzɪ] (*comp* **-ier**, *superl* **-iest**) *adj* - **1.** [sleepy] somnolent(e) - **2.** *UK inf* [stupid] lent(e).

DP (*abbr of* **data processing**) *n* informatique *f*.

DPh, **DPhil** [ˌdiː'fɪl] (*abbr of* **Doctor of Philosophy**) *n UK docteur en philosophie.*

DPP *UK see also* **Director of Public Prosecutions.**

DPT (*abbr of* **diphtheria, pertussis, tetanus**) *n* DCT *m*.

DPW (*abbr of* **Department of Public Works**) *n UK ministère de l'équipement.*

dr *see also* **debtor.**

Dr. - **1.** (*written abbrev of* **Drive**) av - **2.** (*abbr of* **Doctor**) Dr.

drab [dræb] (*comp* **-ber**, *superl* **-best**) *adj* terne.

draconian [drə'kəʊnjən] *adj* draconien(enne).

draft [drɑːft] ◇ *n* - **1.** [early version] premier jet *m*, ébauche *f* ; [of letter] brouillon *m* - **2.** [money order] traite *f* - **3.** *US* MIL : **the ~** la conscription *f* - **4.** *US* = **draught.** ◇ *vt* - **1.** [speech] ébaucher, faire le plan de ; [letter] faire le brouillon de - **2.** *US* MIL appeler - **3.** [staff] muter.

draft dodger [-dɒdʒəʳ] *n US* insoumis *m*.

draftee [ˌdrɑːf'tiː] *n US* appelé *m*.

draftsman *US* = **draughtsman.**

draftsmanship *US* = **draughtsmanship.**

drafty *US* = **draughty.**

drag [dræg] ◇ *vt* (*pt & pp* **-ged**, *cont* **-ging**) - **1.** [gen] traîner - **2.** [lake, river] draguer - **3.** COMPUT faire glisser. ◇ *vi* (*pt & pp* **-ged**, *cont* **-ging**) - **1.** [dress, coat] traîner - **2.** *fig* [time, action] traîner en longueur. ◇ *n* - **1.** *inf* [bore] plaie *f* - **2.** *inf* [on cigarette] bouffée *f* - **3.** [wind resistance] coefficient *m* de pénétration (dans l'air) - **4.** [cross-dressing] : **in ~** en travesti.

◆ **drag down** *vt sep fig* **they dragged him down with them** ils l'ont entraîné dans leur chute.

◆ **drag in** *vt sep* [include - person] mêler ; [- subject] faire allusion à.

◆ **drag on** *vi* [meeting, time] s'éterniser, traîner en longueur.

◆ **drag out** *vt sep* - **1.** [protract] prolonger, faire traîner - **2.** [facts] tirer, arracher ; **to ~ sthg out of sb** soutirer qqch à qqn.

dragnet ['drægnet] *n* - **1.** [net] drège *f* - **2.** *fig* [to catch criminal] piège *m*.

dragon ['drægən] *n lit & fig* dragon *m*.

dragonfly ['drægnflaɪ] (*pl* **-ies**) *n* libellule *f*.

dragoon [drə'guːn] ◇ *n* dragon *m*. ◇ *vt* : **to ~ sb into doing sthg** contraindre qqn à faire qqch.

drag racing *n* course *f* de dragster.

dragster ['drægstəʳ] *n* dragster *m*.

drain [dreɪn] ◇ *n* - **1.** [pipe] égout *m* ; **down the ~** [money] jeté par les fenêtres - **2.** [depletion - of resources, funds] : **~ on** épuisement *m* de. ◇ *vt* - **1.** [vegetables] égoutter ; [land] assécher, drainer - **2.** [strength, resources] épuiser ; **to feel ~ed** être vidé(e) - **3.** [drink, glass] boire. ◇ *vi* [dishes] égoutter ; **the blood ~ed from his face** il blêmit.

drainage ['dreɪnɪdʒ] *n* - **1.** [pipes, ditches] (système *m* du) tout-à-l'égout *m* - **2.** [draining - of land] drainage *m*.

draining board *UK* ['dreɪnɪŋ-], **drainboard** *US* ['dreɪnbɔːrd] *n* égouttoir *m*.

drainpipe ['dreɪnpaɪp] *n* tuyau *m* d'écoulement.

drainpipes, **drainpipe trousers** *npl UK* pantalon-cigarette *m*.

drake [dreɪk] *n* canard *m*.

dram [dræm] *n Scotland* goutte *f* (de whisky).

drama ['drɑːmə] ◇ *n* - **1.** [play, excitement] drame *m* - **2.** *(U)* [art] théâtre *m*. ◇ *comp* [school] d'art dramatique ; [critic] dramatique.

dramatic [drə'mætɪk] *adj* - **1.** [gen] dramatique - **2.** [sudden, noticeable] spectaculaire.

dramatically [drə'mætɪklɪ] *adv* - **1.** [noticeably] de façon spectaculaire - **2.** [theatrically] de façon théâtrale.

dramatist ['dræmətɪst] *n* dramaturge *mf*.

dramatization [ˌdræmətaɪ'zeɪʃn] *n* adaptation *f* pour la télévision/la scène/l'écran.

dramatize, *UK* **-ise** ['dræmətaɪz] *vt* - **1.** [rewrite as play, film] adapter pour la télévision/la scène/l'écran - **2.** *pej* [make exciting] dramatiser.

drank [dræŋk] *pt* ▷ **drink**.

drape [dreɪp] *vt* draper ; **to be ~d with** *OR* **in** être drapé(e) de.

◆ **drapes** *npl US* rideaux *mpl*.

draper ['dreɪpəʳ] *n UK dated* marchand *m*, -e *f* de tissus.

drapery ['dreɪpərɪ] *n UK* mercerie *f*.

drastic ['dræstɪk] *adj* - **1.** [measures] drastique, radical(e) - **2.** [improvement, decline] spectaculaire.

drastically ['dræstɪklɪ] *adv* [change, decline] de façon spectaculaire.

draught *UK*, **draft** *US* [drɑ:ft] *n* - **1.** [air current] courant *m* d'air - **2.** *lit* [gulp] gorgée *f* - **3.** [from barrel] : **on ~** [beer] à la pression.

◆ **draughts** *n UK* jeu *m* de dames.

draught beer, **draft beer** *n UK* bière *f* à la pression.

draughtboard ['drɑ:ftbɔ:d] *n UK* damier *m*.

draughtsman *UK*, **men** [-mən], **draftsman** *US* (*pl* **-men** [-mən]) ['drɑ:ftsmən] *n* dessinateur *m*, -trice *f*.

draughtsmanship *UK*, **draftsmanship** *US* ['drɑ:ftsmənʃɪp] *n* [skill] talent *m* de dessinateur.

draughty *UK*, **ier**, **iest**, **drafty** *US* (*comp* **-ier**, *superl* **-iest**) ['drɑ:ftɪ] *adj* plein(e) de courants d'air.

draw [drɔ:] ◇ *vt* (*pt* **drew**, *pp* **drawn**) - **1.** [gen] tirer ; **to ~ breath** *fig* souffler - **2.** [sketch] dessiner - **3.** [comparison, distinction] établir, faire - **4.** [attract] attirer, entraîner ; **to ~ sb's attention to** attirer l'attention de qqn sur ; **to be** *OR* **feel drawn to** être *OR* se sentir attiré(e) par. ◇ *vi* (*pt* **drew**, *pp* **drawn**) - **1.** [sketch] dessiner - **2.** [move] : **to ~ near** [person] s'approcher ; [time] approcher ; **to ~ away** reculer ; **to ~ to an end** *OR* **a close** tirer à sa fin - **3.** SPORT faire match nul ; **to be ~ing** être à égalité. ◇ *n* - **1.** SPORT [result] match *m* nul - **2.** [lottery] tirage *m* - **3.** [attraction] attraction *f*.

◆ **draw in** *vi* [days] raccourcir.

◆ **draw into** *vt sep* : **to ~ sb into sthg** mêler qqn à qqch.

◆ **draw on** *vt insep* - **1.** = **draw upon** - **2.** [cigarette] tirer sur.

◆ **draw out** *vt sep* - **1.** [encourage - person] faire sortir de sa coquille - **2.** [prolong] prolonger - **3.** [money] faire un retrait de, retirer.

◆ **draw up** ◇ *vt sep* [contract, plan] établir, dresser. ◇ *vi* [vehicle] s'arrêter.

◆ **draw upon** *vt insep* [information] utiliser, se servir de ; [reserves, resources] puiser dans.

drawback ['drɔ:bæk] *n* inconvénient *m*, désavantage *m*.

drawbridge ['drɔ:brɪdʒ] *n* pont-levis *m*.

drawer [drɔ:ʳ] *n* [in desk, chest] tiroir *m*.

drawing ['drɔ:ɪŋ] *n* dessin *m*.

drawing board *n* planche *f* à dessin ; **back to the ~** *inf* retour à la case départ.

drawing pin *n UK* punaise *f*.

drawing room *n* salon *m*.

drawl [drɔ:l] ◇ *n* voix *f* traînante. ◇ *vt* dire d'une voix traînante.

drawn [drɔ:n] ◇ *pp* ▷ **draw**. ◇ *adj* - **1.** [curtains] tiré(e) - **2.** [face] fatigué(e), tiré(e).

drawn-out *adj* prolongé(e).

drawstring ['drɔ:strɪŋ] *n* cordon *m*.

dread [dred] ◇ *n* (*U*) épouvante *f*. ◇ *vt* appréhender ; **to ~ doing sthg** appréhender de faire qqch ; **I ~ to think** je n'ose pas imaginer.

dreaded ['dredɪd] *adj* redouté(e).

dreadful ['dredful] *adj* affreux(euse), épouvantable.

dreadfully ['dredfulɪ] *adv* - **1.** [badly] terriblement - **2.** [extremely] extrêmement ; **I'm ~ sorry** je regrette infiniment.

dreadlocks ['dredlɒks] *npl* coiffure *f* rasta.

dream [dri:m] ◇ *n* rêve *m*. ◇ *adj* de rêve. ◇ *vt* (*pt* & *pp* **-ed** *OR* **dreamt**) : **to ~ (that)...** rêver que... ; **I never ~ed this would happen** je n'aurais jamais pensé que cela puisse arriver. ◇ *vi* (*pt* & *pp* **-ed** *OR* **dreamt**) : **to ~ (of** *OR* **about)** rêver (de) ; **I wouldn't ~ of it** cela ne me viendrait même pas à l'idée.

◆ **dream up** *vt sep* inventer.

dreamer ['dri:məʳ] *n* [unrealistic person] utopiste *mf*.

dreamily ['dri:mɪlɪ] *adv* rêveusement.

dreamlike ['dri:mlaɪk] *adj* comme dans un rêve.

dreamt [dremt] *pt* & *pp* ▷ **dream**.

dream world *n* monde *m* imaginaire.

dreamy ['dri:mɪ] (*comp* **-ier**, *superl* **-iest**) *adj* - **1.** [distracted] rêveur(euse) - **2.** [dreamlike] de rêve.

dreary ['drɪərɪ] (*comp* **-ier**, *superl* **-iest**) *adj* - **1.** [weather] morne - **2.** [dull, boring] ennuyeux(euse).

dredge [dredʒ] ◇ *n* = **dredger**. ◇ *vt* draguer.

◆ **dredge up** *vt sep* - **1.** [with dredger] draguer - **2.** *fig* [from past] déterrer.

dredger ['dredʒəʳ] *n* [ship] dragueur *m* ; [machine] drague *f*.

dregs [dregz] *npl lit* & *fig* lie *f*.

drench [drentʃ] *vt* tremper ; **to be ~ed in** *OR* **with** être inondé(e) de.

Dresden ['drezdən] *n* Dresde.

dress [dres] ◇ *n* - **1.** [woman's garment] robe *f* - **2.** *(U)* [clothing] costume *m*, tenue *f*. ◇ *vt* - **1.** [clothe] habiller ; **to be ~ed** être habillé(e) ; **to be ~ed in** être vêtu(e) de ; **to get ~ed** s'habiller - **2.** [bandage] panser - **3.** CULIN [salad] assaisonner. ◇ *vi* s'habiller.

◆ **dress up** ◇ *vt sep* [facts] maquiller. ◇ *vi* - **1.** [in costume] se déguiser - **2.** [in best clothes] s'habiller (élégamment).

dressage ['dresɑ:ʒ] *n* dressage *m*.

dress circle *n UK* premier balcon *m*.

dresser ['dresəʳ] *n* - **1.** [for dishes] vaisselier *m* - **2.** *US* [chest of drawers] commode *f* - **3.** [person] : **a smart ~** une personne qui s'habille avec chic.

dressing ['dresɪŋ] *n* - **1.** [bandage] pansement *m* - **2.** [for salad] assaisonnement *m* - **3.** *US* [for turkey etc] farce *f*.

dressing gown *UK n* robe *f* de chambre.

dressing room *n* - **1.** THEAT loge *f* - **2.** SPORT vestiaire *m*.

dressing table *n* coiffeuse *f*.

dressmaker ['dres,meɪkəʳ] *n* couturier *m*, -ère *f*.

dressmaking ['dres,meɪkɪŋ] *n* couture *f*.

dress rehearsal *n* générale *f*.

dress shirt *n* chemise *f* de soirée.

dressy ['dresɪ] (*comp* **-ier**, *superl* **-iest**) *adj* habillé(e).

drew [dru:] *pt* ▷ **draw**.

dribble ['drɪbl] ◇ *n* - **1.** [saliva] bave *f* - **2.** [trickle] traînée *f*. ◇ *vt* SPORT dribbler. ◇ *vi* - **1.** [drool] baver - **2.** [liquid] tomber goutte à goutte, couler.

dribs [drɪbz] *npl* : **in ~ and drabs** peu à peu, petit à petit.

dried [draɪd] ◇ *pp* ▷ **dry**. ◇ *adj* [milk, eggs] en poudre ; [fruit] sec (sèche) ; [flowers] séché(e).

dried fruit *n (U)* fruits *mpl* secs.

dried-up *adj* asséché(e).

drier ['draɪəʳ] = **dryer**.

drift [drɪft] ◇ *n* - **1.** [movement] mouvement *m* ; [direction] direction *f*, sens *m* - **2.** [meaning] sens *m* général ; **I get your ~** je vois ce que vous voulez dire - **3.** [of snow] congère *f* ; [of sand, leaves] amoncellement *m*, entassement *m*. ◇ *vi* - **1.** [boat] dériver - **2.** [snow, sand, leaves] s'amasser, s'amonceler - **3.** [person] errer ; **to ~ into sthg** se retrouver dans qqch ; **to ~ apart** se détacher l'un de l'autre.

◆ **drift off** *vi* [person] s'assoupir.

drifter ['drɪftəʳ] *n* [person] personne *f* sans but dans la vie.

driftwood ['drɪftwʊd] *n* bois *m* flottant.

drill [drɪl] ◇ *n* - **1.** [tool] perceuse *f* ; [dentist's] fraise *f* ; [in mine etc] perforatrice *f* - **2.** [exercise, training] exercice *m*. ◇ *vt* - **1.** [wood, hole] percer ; [tooth] fraiser ; [well] forer - **2.** [soldiers] entraîner ; **to ~ sthg into sb** faire rentrer qqch dans la tête de qqn. ◇ *vi* - **1.** [bore] : **to ~ into** [wood] percer dans ; [tooth] fraiser dans - **2.** [excavate] : **to ~ for oil** forer à la recherche de pétrole.

drilling platform ['drɪlɪŋ-] *n* plate-forme *f* pétrolière OR de forage.

drily ['draɪlɪ] = **dryly**.

drink [drɪŋk] ◇ *n* - **1.** [gen] boisson *f* ; **to have a ~** boire un verre - **2.** *(U)* [alcohol] alcool *m*. ◇ *vt* (*pt* **drank**, *pp* **drunk**) boire. ◇ *vi* (*pt* **drank**, *pp* **drunk**) boire ; **to ~ to sb/to sb's success** boire à qqn/à la réussite de qqn.

drinkable ['drɪŋkəbl] *adj* - **1.** [water] potable - **2.** [palatable] buvable.

drink-driving *UK*, **drunk driving** *US*, **drunken driving** *US n* conduite *f* en état d'ivresse.

drinker ['drɪŋkəʳ] *n* buveur *m*, -euse *f*.

drinking ['drɪŋkɪŋ] ◇ *adj* : **I'm not a ~ man** je ne bois pas. ◇ *n (U)* boisson *f*.

drinking fountain *n* fontaine *f* d'eau potable.

drinking water *n* eau *f* potable.

drip [drɪp] ◇ *n* - **1.** [drop] goutte *f* - **2.** MED goutte-à-goutte *m inv* - **3.** *inf* [wimp] femmelette *f*. ◇ *vt* (*pt* & *pp* **-ped**, *cont* **-ping**) laisser tomber goutte à goutte. ◇ *vi* (*pt* & *pp* **-ped**, *cont* **-ping**) - **1.** [gen] goutter, tomber goutte à goutte - **2.** [person] : **to be dripping with** *lit* & *fig* être ruisselant(e) de.

drip-dry *adj* qui ne se repasse pas.

drip-feed ◇ *n* goutte-à-goutte *m inv*. ◇ *vt* alimenter par perfusion.

dripping ['drɪpɪŋ] ◇ *adj* : **~ (wet)** dégoulinant(e). ◇ *n (U)* graisse *f*.

drive [draɪv] ◇ *n* - **1.** [in car] trajet *m* (en voiture) ; **to go for a ~** faire une promenade (en voiture) - **2.** [urge] désir *m*, besoin *m* - **3.** [campaign] campagne *f* - **4.** *(U)* [energy] dynamisme *m*, énergie *f* - **5.** [road to house] allée *f* - **6.** SPORT drive *m*. ◇ *vt* (*pt* **drove**, *pp* **driven**) - **1.** [vehicle, passenger] conduire - **2.** TECH entraîner, actionner - **3.** [animals, people] pousser - **4.** [motivate] pousser - **5.** [force] : **to ~ sb to sthg/to do sthg** pousser qqn à qqch/à faire qqch, conduire qqn à qqch/à faire qqch ; **to ~ sb mad** OR **crazy** rendre qqn fou - **6.** [nail, stake] enfoncer - **7.** SPORT driver. ◇ *vi* (*pt* **drove**, *pp* **driven**) [driver] conduire ; [travel by car] aller en voiture.

◆ **drive at** *vt insep* : **what are you driving at?** où voulez-vous en venir?

drive-by (*pl* **drive-bys**) *n inf* : **~ shooting** fusillade *f* en voiture.

drive-in *esp US* <> *n* drive-in *m*. <> *adj* [restaurant, movie theater] drive-in *(inv)*.

drivel ['drɪvl] *n (U) inf* foutaises *fpl*, idioties *fpl*.

driven ['drɪvn] *pp* ▷ **drive**.

driver ['draɪvər] *n* - **1.** [of vehicle - gen] conducteur *m*, -trice *f* ; [- of taxi] chauffeur *m* - **2.** COMPUT pilote *m*.

driver's license *US* = **driving licence**.

drive shaft *n* arbre *m* de transmission.

driveway ['draɪvweɪ] *n* allée *f*.

driving ['draɪvɪŋ] <> *adj* [rain] battant(e) ; [wind] cinglant(e). <> *n (U)* conduite *f*.

driving force *n* force *f* motrice.

driving instructor *n* moniteur *m*, -trice *f* d'auto-école.

driving lesson *n* leçon *f* de conduite.

driving licence *UK*, **driver's license** *US* *n* permis *m* de conduire.

driving mirror *n* rétroviseur *m*.

driving school *n* auto-école *f*.

driving test *n* (examen *m* du) permis *m* de conduire.

drizzle ['drɪzl] <> *n* bruine *f*. <> *impers vb* bruiner.

drizzly ['drɪzlɪ] (*comp* **-ier**, *superl* **-iest**) *adj* bruineux(euse).

droll [drəʊl] *adj* drôle.

dromedary ['drɒmədrɪ] (*pl* **-ies**) *n* dromadaire *m*.

drone [drəʊn] <> *n* - **1.** [of traffic, voices] ronronnement *m* ; [of insect] bourdonnement *m* - **2.** [male bee] abeille *f* mâle, faux-bourdon *m*. <> *vi* [engine] ronronner ; [insect] bourdonner.

◆ **drone on** *vi* parler d'une voix monotone ; **to ~ on about sthg** rabâcher qqch.

drool [dru:l] *vi* baver ; **to ~ over** *fig* baver (d'admiration) devant.

droop [dru:p] *vi* - **1.** [head] pencher ; [shoulders, eyelids] tomber - **2.** *fig* [spirits] faiblir.

drop [drɒp] <> *n* - **1.** [of liquid] goutte *f* - **2.** [sweet] pastille *f* - **3.** [decrease] : **~ (in)** baisse *f* (de) - **4.** [distance down] dénivellation *f* ; **sheer ~** à-pic *m inv*. <> *vt* (*pt & pp* **-ped**, *cont* **-ping**) - **1.** [let fall] laisser tomber - **2.** [voice, speed, price] baisser - **3.** [abandon] abandonner ; [player] exclure - **4.** [let out of car] déposer - **5.** [utter] : **to ~ a hint that** laisser entendre que - **6.** TENNIS [game, set] perdre - **7.** [write] : **to ~ sb a note** *OR* **line** écrire un petit mot à qqn. <> *vi* (*pt & pp* **-ped**, *cont* **-ping**) - **1.** [fall] tomber - **2.** [temperature, demand] baisser ; [voice, wind] tomber.

◆ **drops** *npl* MED gouttes *fpl*.

◆ **drop by** *vi inf* passer.

◆ **drop in** *vi inf* **to ~ in (on sb)** passer (chez qqn).

◆ **drop off** <> *vt sep* déposer. <> *vi* - **1.** [fall asleep] s'endormir - **2.** [interest, sales] baisser.

◆ **drop out** *vi* : **to ~ out (of** *OR* **from sthg)** abandonner (qqch) ; **to ~ out of society** vivre en marge de la société.

drop-in centre *n UK centre d'assistance sociale permanente.*

droplet ['drɒplɪt] *n* gouttelette *f*.

dropout ['drɒpaʊt] *n* [from society] marginal *m*, -e *f* ; [from college] étudiant *m*, -e *f* qui abandonne ses études.

dropper ['drɒpər] *n* compte-gouttes *m inv*.

droppings ['drɒpɪŋz] *npl* [of bird] fiente *f* ; [of animal] crottes *fpl*.

drop shot *n* amorti *m*.

dross [drɒs] *n UK (U)* déchets *mpl* ; *fig* rebut *m*.

drought [draʊt] *n* sécheresse *f*.

drove [drəʊv] <> *pt* ▷ **drive**. <> *n* [of people] foule *f*.

drown [draʊn] <> *vt* - **1.** [in water] noyer - **2.** [sound] : **to ~ (out)** couvrir. <> *vi* se noyer.

drowsy ['draʊzɪ] (*comp* **-ier**, *superl* **-iest**) *adj* assoupi(e), somnolent(e).

drudge [drʌdʒ] *n* homme *m* de peine, femme *f* de peine.

drudgery ['drʌdʒərɪ] *n (U)* corvée *f*.

drug [drʌg] <> *n* - **1.** [medicine] médicament *m* - **2.** [narcotic] drogue *f*. <> *vt* (*pt & pp* **-ged**, *cont* **-ging**) droguer.

drug abuse *n* usage *m* de stupéfiants.

drug addict *n* drogué *m*, -e *f*.

drug addiction *n* toxicomanie *f*.

druggist ['drʌgɪst] *n US* pharmacien *m*, -enne *f*.

drug peddler, **drug pusher** *n* revendeur *m*, -euse *f* de drogue.

drug pedlar *n* = **drug peddler** revendeur *m*, -euse *f* de drogue.

drugstore ['drʌgstɔːr] *n US* drugstore *m*.

drug test *n* [of athlete, horse] contrôle *m* antidopage.

druid ['dru:ɪd] *n* druide *m*.

drum [drʌm] <> *n* - **1.** MUS tambour *m* - **2.** [container] bidon *m*. <> *vt & vi* (*pt & pp* **-med**, *cont* **-ming**) tambouriner.

◆ **drums** *npl* batterie *f*.

◆ **drum into** *vt sep* : **to ~ sthg into sb** enfoncer qqch dans la tête de qqn.

◆ **drum up** *vt sep* [support, business] rechercher, solliciter.

drumbeat ['drʌmbi:t] *n* roulement *m* de tambour.

drum brake *n* frein *m* à tambour.

drummer ['drʌməʳ] *n* [gen] (joueur *m*, -euse *f* de) tambour *m* ; [in pop group] batteur *m*, -euse *f*.

drumming ['drʌmɪŋ] *n* [of rain, fingers] tambourinage *m*.

drum roll, **drumroll** *n* roulement *m* de tambour.

drumstick ['drʌmstɪk] *n* - **1.** [for drum] baguette *f* de tambour - **2.** [of chicken] pilon *m*.

drunk [drʌŋk] ◇ *pp* ▻ **drink**. ◇ *adj* - **1.** [on alcohol] ivre, soûl(e) ; **to get ~** se soûler, s'enivrer ; **~ and disorderly** en état d'ivresse sur la voie publique - **2.** *fig* [excited, carried away] : **to be ~ with** OR **on** être enivré(e) OR grisé(e) par. ◇ *n* soûlard *m*, -e *f*.

drunkard ['drʌŋkəd] *n* alcoolique *mf*.

drunk driving US = **drink-driving**.

drunken ['drʌŋkn] *adj* [person] ivre ; [quarrel] d'ivrognes.

drunken driving US = **drink-driving**.

drunkenness ['drʌŋkənɪs] *n* ivresse *f*.

dry [draɪ] ◇ *adj* (*comp* **-ier**, *superl* **-iest**) - **1.** [gen] sec (sèche) ; [day] sans pluie - **2.** [river, earth] asséché(e) - **3.** [wry] pince-sans-rire *(inv)* - **4.** [dull] aride. ◇ *vt* (*pt & pp* **dried**) [gen] sécher ; [with cloth] essuyer. ◇ *vi* (*pt & pp* **dried**) sécher.

◆ **dry out** *vt sep & vi* sécher.

◆ **dry up** ◇ *vt sep* [dishes] essuyer. ◇ *vi* - **1.** [river, lake] s'assécher - **2.** [supply] se tarir - **3.** [actor, speaker] avoir un trou, sécher - **4.** *UK* [dry dishes] essuyer.

dry battery *n* batterie *f* sèche.

dry-clean *vt* nettoyer à sec.

dry cleaner *n* : **~'s** pressing *m*.

dry-cleaning, **dry cleaning** *n* nettoyage *m* à sec.

dry dock *n* cale *f* sèche.

dryer ['draɪəʳ] *n* [for clothes] séchoir *m*.

dry ginger *n boisson gazeuse au gingembre.*

dry goods *npl* US [clothes] mercerie *f* ; [food] aliments *mpl* secs.

dry ice *n* neige *f* carbonique.

dry land *n* terre *f* ferme.

dryly ['draɪlɪ] *adv* [wryly] sèchement.

dryness ['draɪnɪs] *n (U)* - **1.** [of ground] sécheresse *f* ; [of humour] causticité *f* - **2.** [dullness] aridité *f*.

dry rot *n* pourriture *f* sèche.

dry run *n* répétition *f*.

dry ski slope *n esp UK* piste *f* de ski artificielle.

dry-stone wall *n* mur *m* de pierres sèches.

drysuit ['draɪsu:t] *n* combinaison de plongée (étanche) *f*.

DSc (*abbr of* **Doctor of Science**) *n UK docteur ès sciences.*

DSS (*abbr of* **Department of Social Security**) *n ministère britannique de la sécurité sociale.*

DST (*abbr of* **daylight saving time**) *heure d'été aux États-Unis.*

DT *see also* **data transmission**.

DTI (*abbr of* **Department of Trade and Industry**) *n ministère britannique du commerce et de l'industrie.*

DTP (*abbr of* **desktop publishing**) *n* PAO *f*.

DT's [ˌdi:'ti:z] (*abbr of* **delirium tremens**) *npl inf* : **to have the ~** avoir une crise de délirium tremens.

dual ['dju:əl] *adj* double.

dual carriageway *n UK* route *f* à quatre voies.

dual control *n* double commande *f*.

dual nationality *n* double nationalité *f*.

dual-purpose *adj* à double emploi.

Dubai [ˌdu:'baɪ] *n* Dubayy.

dubbed [dʌbd] *adj* - **1.** CIN doublé(e) - **2.** [nicknamed] surnommé(e).

dubious ['dju:bjəs] *adj* - **1.** [suspect] douteux(euse) - **2.** [uncertain] hésitant(e), incertain(e) ; **to be ~ about doing sthg** hésiter à faire qqch.

Dublin ['dʌblɪn] *n* Dublin.

Dubliner ['dʌblɪnəʳ] *n* Dublinois *m*, -e *f*.

duchess ['dʌtʃɪs] *n* duchesse *f*.

duchy ['dʌtʃɪ] (*pl* **-ies**) *n* duché *m*.

duck [dʌk] ◇ *n* canard *m* ; **she took to it like a ~ to water** elle était comme un poisson dans l'eau. ◇ *vt* - **1.** [head] baisser - **2.** [responsibility] esquiver, se dérober à - **3.** [submerge] : **to ~ sb** mettre la tête de qqn sous l'eau. ◇ *vi* - **1.** [lower head] se baisser - **2.** [dive] : **he ~ed behind the wall** il se cacha derrière le mur.

◆ **duck out** *vi* : **to ~ out (of sthg)** se soustraire (à qqch).

duckling ['dʌklɪŋ] *n* caneton *m*.

duct [dʌkt] *n* - **1.** [pipe] canalisation *f* - **2.** ANAT canal *m*.

dud [dʌd] ◇ *adj* [bomb] non éclaté(e) ; [cheque] sans provision, en bois. ◇ *n* obus *m* non éclaté.

dude [dju:d] *n US inf* [man] gars *m*, type *m*.

dude ranch *n aux États-Unis, ranch qui propose des activités touristiques.*

due [dju:] ◇ *adj* - **1.** [expected] : **the book is ~ out in May** le livre doit sortir en mai ; **she's ~ back shortly** elle devrait rentrer sous peu ;

when is the train ~? à quelle heure le train doit-il arriver? - **2.** [appropriate] dû (due), qui convient ; **in ~ course** [at the appropriate time] en temps voulu ; [eventually] à la longue - **3.** [owed, owing] dû (due) ; **she's ~ a pay rise** elle devrait recevoir une augmentation. ◇ *adv* : **~ west** droit vers l'ouest. ◇ *n* dû *m* ; **to give him his ~** il faut lui rendre cette justice.
◆ **dues** *npl* cotisation *f*.
◆ **due to** *prep* [owing to] dû à ; [because of] provoqué par, à cause de.

due date *n* jour *m* de l'échéance.

duel ['dju:əl] ◇ *n* duel *m*. ◇ *vi* (*UK*, *pt & pp* **-led**, *cont* **-ling**, *US*, *pt & pp* **-ed**, *cont* **-ing**) se battre en duel.

duet [dju:'et] *n* duo *m*.

duff [dʌf] *adj UK inf* [useless] nul (nulle).
◆ **duff up** *vt sep UK inf* tabasser.

duffel bag ['dʌfl-] *n* sac *m* marin.

duffel coat ['dʌfl-] *n* duffel-coat *m*.

duffle bag ['dʌfl-] = **duffel bag**.

duffle coat ['dʌfl-] = **duffel coat**.

dug [dʌg] *pt & pp* ▷ **dig**.

dugout ['dʌgaʊt] *n* - **1.** [canoe] pirogue *f* - **2.** SPORT abri *m* de touche.

duke [dju:k] *n* duc *m*.

dull [dʌl] ◇ *adj* - **1.** [boring - book, conversation] ennuyeux(euse) ; [- person] terne - **2.** [colour, light] terne - **3.** [weather] maussade - **4.** [sound, ache] sourd(e). ◇ *vt* - **1.** [pain] atténuer ; [senses] émousser - **2.** [make less bright] ternir.

duly ['dju:lɪ] *adv* - **1.** [properly] dûment - **2.** [as expected] comme prévu.

dumb [dʌm] *adj* - **1.** [unable to speak] muet(ette) - **2.** *inf* [stupid] idiot(e).

dumbbell ['dʌmbel] *n* [weight] haltère *m*.

dumbfound [dʌm'faʊnd] *vt* stupéfier, abasourdir ; **to be ~ed** ne pas en revenir.

dumbstruck ['dʌmstrʌk] *adj* muet(ette) de stupeur.

dumbwaiter [ˌdʌm'weɪtər] *n* [lift] monte-plats *m inv*.

dumdum (bullet) ['dʌmdʌm-] *n* dumdum *f*.

dummy ['dʌmɪ] ◇ *adj* faux (fausse). ◇ *n* (*pl* **-ies**) - **1.** [of tailor] mannequin *m* - **2.** [mock-up] maquette *f* - **3.** *UK* [for baby] sucette *f*, tétine *f* - **4.** SPORT feinte *f*. ◇ *vt & vi* SPORT feinter.

dummy run *n* essai *m*.

dump [dʌmp] ◇ *n* - **1.** [for rubbish] décharge *f* - **2.** MIL dépôt *m* - **3.** *inf* [ugly place] taudis *m*. ◇ *vt* - **1.** [put down] déposer - **2.** [dispose of] jeter - **3.** COMPUT vider - **4.** *inf* [boyfriend, girlfriend] laisser tomber, plaquer. ◇ *vi inf* ; **to ~ on sb** mettre qn dans la merde *vulg*.
◆ **dumps** *npl* : **to be (down) in the ~s** avoir le cafard.

dumper (truck) *UK* ['dʌmpər-], **dump truck** *US n* tombereau *m*, dumper *m*.

dumping ['dʌmpɪŋ] *n* décharge *f* ; **'no ~'** 'décharge interdite'.

dumping ground *n* décharge *f*.

dumpling ['dʌmplɪŋ] *n* boulette *f* de pâte.

dump truck *US* = **dumper (truck)**.

dumpy ['dʌmpɪ] (*comp* **-ier**, *superl* **-iest**) *adj inf* boulot(otte).

dunce [dʌns] *n* cancre *m*.

dune [dju:n] *n* dune *f*.

dung [dʌŋ] *n* fumier *m*.

dungarees [ˌdʌŋgə'ri:z] *npl* - **1.** *UK* [for work] bleu *m* de travail ; [fashion garment] salopette *f* - **2.** *US* [heavy jeans] jean *m* épais.

dungeon ['dʌndʒən] *n* cachot *m*.

dunk [dʌŋk] *vt inf* tremper.

Dunkirk [dʌn'kɜ:k] *n* Dunkerque.

duo ['dju:əʊ] *n* duo *m*.

duodenal ulcer [ˌdju:əʊ'di:nl-] *n* ulcère *m* duodénal.

dupe [dju:p] ◇ *n* dupe *f*. ◇ *vt* [trick] duper ; **to ~ sb into doing sthg** amener qqn à faire qqch en le dupant.

duplex ['dju:pleks] *n US* - **1.** [apartment] duplex *m* - **2.** [house] maison *f* jumelée.

duplicate ◇ *adj* ['dju:plɪkət] [key, document] en double. ◇ *n* ['dju:plɪkət] double *m* ; **in ~** en double. ◇ *vt* ['dju:plɪkeɪt] - **1.** [copy - gen] faire un double de ; [- on photocopier] photocopier - **2.** [repeat] : **to ~ work** faire double emploi.

duplication [ˌdju:plɪ'keɪʃn] *(U) n* - **1.** [copying] copie *f* - **2.** [repetition] répétition *f*.

duplicity [dju:'plɪsətɪ] *n* duplicité *f*.

Dur (*written abbrev of* **Durham**) comté anglais.

durability [ˌdjʊərə'bɪlətɪ] *n* [of product] solidité *f*.

durable ['djʊərəbl] *adj* solide, résistant(e).

duration [djʊ'reɪʃn] *n* durée *f* ; **for the ~ of** jusqu'à la fin de.

duress [djʊ'res] *n* : **under ~** sous la contrainte.

Durex® ['djʊəreks] *n* préservatif *m*.

during ['djʊərɪŋ] *prep* pendant, au cours de.

dusk [dʌsk] *n* crépuscule *m*.

dusky ['dʌskɪ] (*comp* **-ier**, *superl* **-iest**) *adj lit* mordoré(e).

dust [dʌst] ◇ *n (U)* poussière *f* ; **to gather ~** [get dusty] se couvrir de poussière ; *fig* tomber dans l'oubli. <> *vt* - **1.** [clean] épousseter - **2.** [cover with powder] : **to ~ sthg (with)** saupoudrer qqch (de). <> *vi* faire la poussière.

◆ **dust off** *vt sep* épousseter ; *fig* dépoussiérer.

dustbin ['dʌstbɪn] *n UK* poubelle *f.*

dustbowl ['dʌstbəʊl] *n* désert *m* de poussière.

dustcart ['dʌstkɑ:t] *n UK* camion *m* des boueux.

dust cover *n* [on book] jaquette *f.*

duster ['dʌstər] *n* - **1.** [cloth] chiffon *m* (à poussière) - **2.** *US* [overall] blouse *f*, tablier *m.*

dust jacket *n* [on book] jaquette *f.*

dustman ['dʌstmən] (*pl* **-men** [-mən]) *n UK* éboueur *m*, -se *f.*

dustpan ['dʌstpæn] *n* pelle *f* à poussière.

dustsheet ['dʌstʃi:t] *n UK* housse *f.*

dust storm *n* tempête *f* de poussière.

dustup ['dʌstʌp] *n inf* bagarre *f.*

dusty ['dʌstɪ] (*comp* **-ier**, *superl* **-iest**) *adj* poussiéreux(euse).

Dutch [dʌtʃ] <> *adj* néerlandais(e), hollandais(e). <> *n* [language] néerlandais *m*, hollandais *m.* <> *npl* : **the ~** les Néerlandais, les Hollandais. <> *adv* : **to go ~** partager les frais.

Dutch auction *n UK* enchères *fpl* au rabais.

Dutch barn *n UK* hangar *m* à récoltes.

Dutch cap *n UK* diaphragme *m.*

Dutch courage *n* : **he had a drink to give himself some ~** il but un verre pour se donner du courage.

Dutch elm disease *n* maladie *f* des ormes.

Dutchman ['dʌtʃmən] (*pl* **-men** [-mən]) *n* Néerlandais *m*, Hollandais *m.*

Dutchwoman ['dʌtʃˌwʊmən] (*pl* **-women** [-ˌwɪmɪn]) *n* Néerlandaise *f*, Hollandaise *f.*

dutiable ['dju:tjəbl] *adj* [goods] taxable.

dutiful ['dju:tɪfʊl] *adj* obéissant(e).

duty ['dju:tɪ] (*pl* **-ies**) *n* - **1.** *(U)* [responsibility] devoir *m* ; **to do one's ~** faire son devoir - **2.** [work] : **to be on/off ~** être/ne pas être de service - **3.** [tax] droit *m.*

◆ **duties** *npl* fonctions *fpl.*

duty bound *adj* : **to be ~ (to do sthg)** être tenu(e) (de faire qqch).

duty-free *adj* hors taxe.

duty-free shop *n* boutique *f* hors taxe.

duty officer *n* préposé *m*, -e *f* de service.

duvet ['du:veɪ] *n UK* couette *f.*

duvet cover *n UK* housse *f* de couette.

DVD (*abbr of* **Digital Video or Versatile Disc**) *n* DVD *m.*

DVD player *n* lecteur *m* de DVD.

DVD-ROM (*abbr of* **Digital Video or Versatile Disc read only memory**) *n* DVD-ROM *m.*

DVLC (*abbr of* **Driver and Vehicle Licensing Centre**) *n service des immatriculations et des permis de conduire en Grande-Bretagne.*

DVM (*abbr of* **Doctor of Veterinary Medicine**) *n UK docteur vétérinaire.*

dwarf [dwɔ:f] <> *adj* [plant, animal] nain(e). <> *n* (*pl* **-s** OR **dwarves** [dwɔ:vz]) nain *m*, -e *f.* <> *vt* [tower over] écraser.

dwell [dwel] (*pt & pp* **dwelt** OR **-ed**) *vi lit* habiter.

◆ **dwell on** *vt insep* s'étendre sur.

-dweller ['dwelər] *suffix* : **city~** habitant *m*, -e *f* de la ville.

dwelling ['dwelɪŋ] *n lit* habitation *f.*

dwelt [dwelt] *pt & pp* ▷ **dwell.**

dwindle ['dwɪndl] *vi* diminuer.

dwindling ['dwɪndlɪŋ] *adj* en diminution.

dye [daɪ] <> *n* teinture *f.* <> *vt* teindre.

dyed [daɪd] *adj* teint(e).

dying ['daɪɪŋ] <> *cont* ▷ **die.** <> *adj* [person] mourant(e), moribond(e) ; [plant, language, industry] moribond. <> *npl* : **the ~** les mourants *mpl.*

dyke [daɪk] = **dike.**

dynamic [daɪ'næmɪk] *adj* dynamique.

◆ **dynamics** *npl* dynamique *f.*

dynamism ['daɪnəmɪzm] *n* dynamisme *m.*

dynamite ['daɪnəmaɪt] <> *n (U) lit & fig* dynamite *f.* <> *vt* dynamiter, faire sauter.

dynamo ['daɪnəməʊ] (*pl* **-s**) *n* dynamo *f.*

dynasty [*UK* 'dɪnəstɪ, *US* 'daɪnəstɪ] (*pl* **-ies**) *n* dynastie *f.*

dysentery ['dɪsntrɪ] *n* dysenterie *f.*

dysfunctional [dɪs'fʌŋkʃənəl] *adj* dysfonctionnel(elle) ; **~ family** famille *f* disfonctionnelle.

dyslexia [dɪs'leksɪə] *n* dyslexie *f.*

dyslexic [dɪs'leksɪk] *adj* dyslexique.

dyspepsia [dɪs'pepsɪə] *n* dyspepsie *f.*

dystrophy ['dɪstrəfɪ] *n* ▷ **muscular dystrophy.**

E

e (*pl* **e's** *OR* **es**), **E** (*pl* **E's** *OR* **Es**) [iː] *n* [letter] e *m inv*, E *m inv*.
◆ **E** *n* - **1.** MUS mi *m* - **2.** (*abbr of* **east**) E.

ea. (*abbr of* **each**) : **£3.00 ~** 3 livres pièce.

e-account *n* compte *m* bancaire électronique.

each [iːtʃ] ◇ *adj* chaque. ◇ *pron* chacun(e) ; **the books cost £10.99 ~** les livres coûtent 10,99 livres (la) pièce ; **~ other** l'un l'autre (l'une l'autre), les uns les autres (les unes les autres) ; **they love ~ other** ils s'aiment ; **we've known ~ other for years** nous nous connaissons depuis des années.

eager ['iːgəʳ] *adj* passionné(e), avide ; **to be ~ for** être avide de ; **to be ~ to do sthg** être impatient de faire qqch.

eagerly ['iːgəlɪ] *adv* [talk, plan] avec passion, avidement ; [wait] avec impatience.

eagle ['iːgl] *n* [bird] aigle *m*.

eagle-eyed [-aɪd] *adj* qui a des yeux d'aigle.

eaglet ['iːglɪt] *n* aiglon *m*, -onne *f*.

E and OE (*abbr of* **errors and omissions excepted**) s. e & o.

ear [ɪəʳ] *n* - **1.** [gen] oreille *f* ; **by ~** MUS à l'oreille ; **to have an ~ for** [music, languages] avoir (de) l'oreille pour ; **to go in one ~ and out the other** *inf* entrer par une oreille et ressortir par l'autre ; **to have** *OR* **keep one's ~ to the ground** *inf* être aux écoutes ; **to play it by ~** *fig* improviser, voir sur le moment - **2.** [of corn] épi *m*.

earache ['ɪəreɪk] *n* : **to have ~, to have an ~** *US* avoir mal à l'oreille.

earbuds *npl* oreillettes *fpl*, coton-tige *m*.

eardrum ['ɪədrʌm] *n* tympan *m*.

earl [ɜːl] *n* comte *m*.

earlier ['ɜːlɪəʳ] ◇ *adj* [previous] précédent(e) ; [more early] plus tôt. ◇ *adv* plus tôt ; **as I mentioned ~** comme je l'ai signalé tout à l'heure ; **~ on** plus tôt.

earliest ['ɜːlɪəst] ◇ *adj* [first] premier(ère) ; [most early] le plus tôt. ◇ *n* : **at the ~** au plus tôt.

earlobe ['ɪələʊb] *n* lobe *m* de l'oreille.

early ['ɜːlɪ] ◇ *adj* (*comp* **-ier**, *superl* **-iest**) - **1.** [before expected time] en avance - **2.** [in day] de bonne heure ; **the ~ train** le premier train ; **to make an ~ start** partir de bonne heure - **3.** [at beginning] : **in the ~ sixties** au début des années soixante ; **the ~ chapters** les premiers chapitres. ◇ *adv* - **1.** [before expected time] en avance ; **I was ten minutes ~** j'étais en avance de dix minutes - **2.** [in day] tôt, de bonne heure ; **as ~ as** dès ; **~ on** tôt - **3.** [at beginning] : **~ in her life** dans sa jeunesse.

early retirement *n* retraite *f* anticipée.

early warning system *n* système *m* de première alerte.

earmark ['ɪəmɑːk] *vt* : **to be ~ed for** être réservé(e) à.

earmuffs ['ɪəmʌfs] *npl* cache-oreilles *m inv*.

earn [ɜːn] *vt* - **1.** [as salary] gagner - **2.** COMM rapporter - **3.** *fig* [respect, praise] gagner, mériter.

earned income [ɜːnd-] *n* revenus *mpl* salariaux.

earner ['ɜːnəʳ] *n* - **1.** [person] salarié *m*, -e *f* - **2.** *UK inf* [deal] : **a nice little ~** une affaire juteuse.

earnest ['ɜːnɪst] *adj* sérieux(euse).
◆ **in earnest** ◇ *adj* sérieux(euse). ◇ *adv* pour de bon, sérieusement.

earnestly ['ɜːnɪstlɪ] *adv* sérieusement.

earnings ['ɜːnɪŋz] *npl* [of person] salaire *m*, gains *mpl* ; [of company] bénéfices *mpl*.

earnings-related *adj* [pension, payment] proportionnel(elle) au salaire.

ear, nose and throat specialist *n* oto-rhino-laryngologiste *mf*, oto-rhino *mf*.

earphones ['ɪəfəʊnz] *npl* casque *m*.

earplugs ['ɪəplʌgz] *npl* boules *fpl* Quiès®.

earring ['ɪərɪŋ] *n* boucle *f* d'oreille.

earshot ['ɪəʃɒt] *n* : **within ~** à portée de voix ; **out of ~** hors de portée de voix.

ear-splitting *adj* assourdissant(e).

earth [ɜːθ] ◇ *n* [gen & ELEC] terre *f* ; **how/what/where/why on ~...?** mais comment/que/où/pourquoi donc...? ; **to cost the ~** *UK* coûter les yeux de la tête. ◇ *vt UK* ELEC : **to be ~ed** être à la masse.

earthenware ['ɜːθnweəʳ] ◇ *adj* en terre cuite. ◇ *n (U)* poteries *fpl*.

earthling ['ɜːθlɪŋ] *n* terrien *m*, -enne *f*.

earthly ['ɜːθlɪ] *adj* terrestre ; **what ~ reason could she have for doing that?** *inf* pourquoi diable a-t-elle fait ça?

earthquake ['ɜːθkweɪk] *n* tremblement *m* de terre.

earthshaking ['ɜːˌʃeɪkɪŋ], **earth(-)shattering** ['ɜːˌʃætərɪŋ] *adj UK inf* [news] renversant(e).

earth tremor *n* secousse *f* tellurique.

earthward(s) ['ɜːθwəd(z)] *adv* vers la terre.

earthworks ['ɜːθwɜːks] *npl* ARCHEOL fortifications *fpl* en terre.

earthworm ['ɜːθwɜːm] *n* ver *m* de terre.

earthy ['ɜːθɪ] (*comp* **-ier**, *superl* **-iest**) *adj* **- 1.** *fig* [humour, person] truculent(e) **- 2.** [taste, smell] de terre, terreux(euse).

earwax ['ɪəwæks] *n* cérumen *m*.

earwig ['ɪəwɪg] *n* perce-oreille *m*.

ease [iːz] ◇ *n (U)* **- 1.** [lack of difficulty] facilité *f* ; **to do sthg with ~** faire qqch sans difficulté *OR* facilement **- 2.** [comfort] : **a life of ~** une vie facile ; **at ~** à l'aise ; **ill at ~** mal à l'aise. ◇ *vt* **- 1.** [pain] calmer ; [restrictions] modérer **- 2.** [move carefully] : **to ~ sthg in/out** faire entrer/sortir qqch délicatement. ◇ *vi* [problem] s'arranger ; [pain] s'atténuer ; [rain] diminuer.

◆ **ease off** *vi* [pain] s'atténuer ; [rain] diminuer.

◆ **ease up** *vi* **- 1.** [rain] diminuer **- 2.** [relax] se détendre.

easel ['iːzl] *n* chevalet *m*.

easily ['iːzɪlɪ] *adv* **- 1.** [without difficulty] facilement **- 2.** [without doubt] de loin **- 3.** [in a relaxed manner] tranquillement.

easiness ['iːzɪnɪs] *n* [lack of difficulty] facilité *f*.

east [iːst] ◇ *n* **- 1.** [direction] est *m* **- 2.** [region] : **the ~** l'est *m*. ◇ *adj* est *(inv)* ; [wind] d'est. ◇ *adv* à l'est, vers l'est ; **~ of** à l'est de.

◆ **East** *n* : **the East** [gen & POL] l'Est *m* ; [Asia] l'Orient *m*.

eastbound ['iːstbaʊnd] *adj* en direction de l'est.

East End *n* : **the ~** *les quartiers est de Londres.*

Easter ['iːstəʳ] *n* Pâques *m*.

Easter egg *n* œuf *m* de Pâques.

Easter Island *n* l'île *f* de Pâques ; **in** *OR* **on ~** à l'île de Pâques.

easterly ['iːstəlɪ] *adj* à l'est, de l'est ; [wind] de l'est ; **in an ~ direction** vers l'est.

eastern ['iːstən] *adj* de l'est.

◆ **Eastern** *adj* [gen & POL] de l'Est ; [from Asia] oriental(e).

Eastern bloc [-blɒk] *n* : **the ~** le bloc de l'Est.

Easterner ['iːstənəʳ] *n personne qui vient de l'est* ; *US* habitant(e) de la partie Est des Etats-Unis.

Easter Sunday *n* dimanche *m* de Pâques.

East German ◇ *adj* d'Allemagne de l'Est. ◇ *n* Allemand *m*, -e *f* de l'Est.

East Germany *n* : **(former)~** (l'ex-) Allemagne *f* de l'Est ; **in ~** en Allemagne de l'Est.

eastward ['iːstwəd] ◇ *adj* à l'est, vers l'est. ◇ *adv* = **eastwards**.

eastwards ['iːstwədz] *adv* vers l'est.

easy ['iːzɪ] ◇ *adj* (*comp* **-ier**, *superl* **-iest**) **- 1.** [not difficult, comfortable] facile **- 2.** [relaxed - manner] naturel(elle). ◇ *adv* : **to go ~ on** *inf* y aller doucement avec ; **to take it** *OR* **things ~** *inf* ne pas se fatiguer.

easy-care *adj UK* [garment] d'entretien facile.

easy chair *n* fauteuil *m*.

easygoing [ˌiːzɪ'gəʊɪŋ] *adj* [person] facile à vivre ; [manner] complaisant(e).

easy-peasy *n* fastoche *inf hum*, facile.

eat [iːt] (*pt* **ate**, *pp* **eaten**) *vt* & *vi* manger.

◆ **eat away**, **eat into** *vt insep* **- 1.** [subj: acid, rust] ronger **- 2.** [deplete] grignoter.

◆ **eat out** *vi* manger au restaurant.

◆ **eat up** *vt sep* **- 1.** [food] manger **- 2.** *fig* [use up] : **to ~ up money** revenir très cher ; **to ~ up time** demander beaucoup de temps.

eatable ['iːtəbl] *adj* [palatable] mangeable.

eaten ['iːtn] *pp* ▻ **eat**.

eater ['iːtəʳ] *n* mangeur *m*, -euse *f*.

eatery ['iːtərɪ] *n US inf* restaurant *m*.

eating apple ['iːtɪŋ-] *n* pomme *f* à couteau.

eau de cologne [ˌəʊdəkə'ləʊn] *n* eau *f* de Cologne.

eaves ['iːvz] *npl* avant-toit *m*.

eavesdrop ['iːvzdrɒp] (*pt* & *pp* **-ped**, *cont* **-ping**) *vi* : **to ~ (on sb)** écouter (qqn) de façon indiscrète.

e-banking *n* cyberbanque *f*.

ebb [eb] ◇ *n* reflux *m* ; **the ~ and flow** *fig* les hauts et les bas ; **to be at a low ~** *fig* aller mal. ◇ *vi* **- 1.** [tide, sea] se retirer, refluer **- 2.** *lit* [strength] : **to ~ (away)** décliner.

ebb tide *n* marée *f* descendante.

ebony ['ebənɪ] ◇ *adj* [colour] noir(e) d'ébène. ◇ *n* ébène *f*.

e-book *n* livre *m* électronique.

ebullient [ɪ'bʊljənt] *adj* exubérant(e).

e-business *n* **- 1.** [company] cyberentreprise *f* **- 2.** *(U)* [trade] cybercommerce *m*, commerce *m* électronique.

EC (*abbr of* **European Community**) *n* CE *f*.

e-cash *n* argent *m* virtuel *OR* électronique.

ECB (*abbr of* **European Central bank**) *n* BCE *f*.

eccentric [ɪk'sentrɪk] ◇ *adj* [odd] excentrique, bizarre. ◇ *n* [person] excentrique *mf*.

eccentricity [ˌeksen'trɪsətɪ] (*pl* **-ies**) *n* [oddity] excentricité *f*, bizarrerie *f*.

ecclesiastic(al) [ɪˌkliːzɪ'æstɪk(l)] *adj* ecclésiastique.

ECG *n* - **1.** (*abbr of* **electrocardiogram**) ECG *m* - **2.** (*abbr of* **electrocardiograph**) ECG *m*.

ECGD (*abbr of* **Export Credits Guarantee Department**) *n organisme britannique d'assurance pour le commerce extérieur*, ≃ COFACE *f*.

ECH *UK* (*abbr of* **electric central heating**) *chauffage central électrique*.

echelon ['eʃəlɒn] *n* échelon *m*.

echo ['ekəʊ] <> *n* (*pl* **-es**) *lit & fig* écho *m*. <> *vt* (*pt & pp* **-ed**, *cont* **-ing**) [words] répéter ; [opinion] faire écho à. <> *vi* (*pt & pp* **-ed**, *cont* **-ing**) retentir, résonner.

éclair [eɪ'kleəʳ] *n* éclair *m*.

eclectic [e'klektɪk] *adj* éclectique.

eclipse [ɪ'klɪps] <> *n lit & fig* éclipse *f*. <> *vt fig* éclipser.

ECM *US* (*abbr of* **European Common Market**) *n Marché commun européen*.

eco- [ˌiːkəʊ-] *prefix* éco-.

eco-friendly *adj* qui respecte l'environnement.

eco-label *n* écolabel *m*.

E-coli [ˌiː'kəʊlaɪ] *n* E-coli *m*, bactérie *f* Escherischia coli.

ecological [ˌiːkə'lɒdʒɪkl] *adj* écologique.

ecologically [ˌiːkə'lɒdʒɪklɪ] *adv* du point de vue écologique.

ecologist [ɪ'kɒlədʒɪst] *n* écologiste *mf*.

ecology [ɪ'kɒlədʒɪ] *n* écologie *f*.

e-commerce *n (U)* commerce *m* électronique, cybercommerce *m*.

economic [ˌiːkə'nɒmɪk] *adj* - **1.** ECON économique - **2.** [profitable] rentable.

economical [ˌiːkə'nɒmɪkl] *adj* - **1.** [cheap] économique - **2.** [person] économe.

Economic and Monetary Union *n* Union *f* économique européenne.

economics [ˌiːkə'nɒmɪks] <> *n (U)* économie *f* (politique), sciences *fpl* économiques. <> *npl* [of plan, business] aspect *m* financier.

economist [ɪ'kɒnəmɪst] *n* économiste *mf*.

economize, *UK* **-ise** [ɪ'kɒnəmaɪz] *vi* économiser.

economy [ɪ'kɒnəmɪ] (*pl* **-ies**) *n* économie *f* ; **economies of scale** économies d'échelle.

economy class *n* classe *f* touriste.

economy-class syndrome *n* syndrome *m* de la classe économique.

economy drive *n* campagne *f* de restrictions.

economy-size(d) *adj* [pack, jar] taille économique *(inv)*.

ecorefill [ˌiːkəʊ'riːfɪl] *n* écorecharge *f*.

ecosystem ['iːkəʊˌsɪstəm] *n* écosystème *m*.

ecotax ['iːkəʊtæks] *n* écotaxe *f*.

ecotourism ['iːkəʊˌ'tʊərɪzm] *n* écotourisme *m*.

ECSC (*abbr of* **European Coal & Steel Community**) *n* CECA *f*.

ecstasy ['ekstəsɪ] (*pl* **-ies**) *n* - **1.** [pleasure] extase *f*, ravissement *m* ; **to go into ecstasies about sthg** s'extasier sur qqch - **2.** [drug] ecstasy *m ou f*.

ecstatic [ek'stætɪk] *adj* [person] en extase ; [feeling] extatique.

ecstatically [ek'stætɪklɪ] *adv* [say, shout] d'un air extasié ; **to be ~ happy** être au comble du bonheur.

ECT (*abbr of* **electroconvulsive therapy**) *n* électrochocs *mpl*.

ectoplasm ['ektəplæzm] *n* ectoplasme *m*.

ECU, **Ecu** ['ekjuː] (*abbr of* **European Currency Unit**) *n* ECU *m*, écu *m*.

Ecuador ['ekwədɔːʳ] *n* Équateur *m* ; **in ~** en Équateur.

Ecuadoran [ˌekwə'dɔːrən], **Ecuadorian** [ˌekwə'dɔːrɪən] <> *adj* équatorien(enne). <> *n* Équatorien *m*, -enne *f*.

ecumenical [iːkjʊ'menɪkl] *adj* œcuménique.

eczema ['eksɪmə] *n* eczéma *m*.

ed. - **1.** (*abbr of* **edited**) sous la dir. de, coll. - **2.** *see also* **edition** - **3.** *see also* **editor**.

eddy ['edɪ] <> *n* (*pl* **-ies**) tourbillon *m*. <> *vi* (*pt & pp* **-ied**) tourbillonner.

Eden ['iːdn] *n* : **(the Garden of)~** le jardin *m* d'Éden, l'Éden *m*.

edge [edʒ] <> *n* - **1.** [gen] bord *m* ; [of coin, book] tranche *f* ; [of knife] tranchant *m* ; **to be on the ~ of** *fig* être à deux doigts de - **2.** [advantage] : **to have an ~ over** OR **the ~ on** avoir un léger avantage sur - **3.** *fig* [in voice] note *f* tranchante. <> *vi* : **to ~ forward** avancer tout doucement.

◆ **on edge** *adj* contracté(e), tendu(e).

edged [edʒd] *adj* : **~ with** bordé(e) de.

edgeways *UK* ['edʒweɪz], **edgewise** *US* ['edʒwaɪz] *adv* latéralement, de côté.

edging ['edʒɪŋ] *n* [of cloth] liseré *m* ; [of paper] bordure *f*.

edgy ['edʒɪ] (*comp* **-ier**, *superl* **-iest**) *adj* contracté(e), tendu(e).

edible ['edɪbl] *adj* [safe to eat] comestible.

edict ['iːdɪkt] *n* décret *m*.

edifice ['edɪfɪs] *n* édifice *m*.

edify ['edɪfaɪ] (*pt & pp* **-ied**) *vt* édifier (intellectuellement).

edifying ['edɪfaɪɪŋ] *adj* édifiant(e).

Edinburgh ['edɪnbrə] *n* Édimbourg.

Edinburgh Festival *n* : **the ~** le Festival d'Édimbourg.

Edinburgh Festival

Le Festival international d'Édimbourg, créé en 1947, est aujourd'hui l'un des plus grands festivals de théâtre, de musique et de cinéma au monde ; il se tient chaque année en août et en septembre. Le festival "off" (*the Fringe*) est une grande rencontre de théâtre expérimental.

edit ['edɪt] *vt* - **1.** [correct - text] corriger - **2.** CIN monter ; RADIO & TV réaliser - **3.** [magazine] diriger ; [newspaper] être le rédacteur en chef de.
◆ **edit out** *vt sep* couper.

edition [ɪ'dɪʃn] *n* édition *f*.

editor ['edɪtəʳ] *n* - **1.** [of magazine] directeur *m*, -trice *f* ; [of newspaper] rédacteur *m*, -trice *f* en chef - **2.** [of text] correcteur *m*, -trice *f* - **3.** CIN monteur *m*, -euse *f* ; RADIO & TV réalisateur *m*, -trice *f*.

editorial [,edɪ'tɔːrɪəl] ◇ *adj* [department, staff] de la rédaction ; [style, policy] éditorial(e). ◇ *n* éditorial *m*.

EDP (*abbr of* **electronic data processing**) *n traitement électronique de données.*

EDT (*abbr of* **Eastern Daylight Time**) *n heure d'été de l'Est des États-Unis.*

educate ['edʒʊkeɪt] *vt* - **1.** SCH & UNIV instruire - **2.** [inform] informer, éduquer.

educated ['edʒʊkeɪtɪd] *adj* [cultured] cultivé(e) ; [information] : **to make an ~ guess** faire une supposition bien informée.

education [,edʒʊ'keɪʃn] *n* - **1.** [gen] éducation *f* - **2.** [teaching] enseignement *m*, instruction *f*.

educational [,edʒʊ'keɪʃənl] *adj* - **1.** [establishment, policy] pédagogique - **2.** [toy, experience] éducatif(ive).

educationalist [,edʒʊ'keɪʃnəlɪst] *n* pédagogue *mf*.

educative ['edʒʊkətɪv] *adj* éducatif(ive).

educator ['edʒʊkeɪtəʳ] *n* éducateur *m*, -trice *f*.

edutainment [edʒʊ'teɪnmənt] *n* ludo-éducatif *m*.

Edwardian [ed'wɔːdɪən] *adj* de l'époque 1900.

EEG *n* - **1.** (*abbr of* **electroencephalogram**) EEG *m* - **2.** (*abbr of* **electroencephalograph**) EEG *m*.

eel [iːl] *n* anguille *f*.

EENT (*abbr of* **eye, ear, nose and throat**) *n* ophtalmologie *f* et ORL *f*.

eerie ['ɪərɪ] *adj* inquiétant(e), sinistre.

EET (*abbr of* **Eastern European Time**) *n heure d'Europe orientale.*

efface [ɪ'feɪs] *vt* effacer.

effect [ɪ'fekt] ◇ *n* - **1.** [gen] effet *m* ; **to have an ~ on** avoir OR produire un effet sur ; **for ~** pour attirer l'attention, pour se faire remarquer ; **to take ~** [law] prendre effet, entrer en vigueur ; **to put sthg into ~** [policy, law] mettre qqch en application - **2.** [meaning] : **a statement to the ~ that...** une déclaration selon laquelle... ; **or words to that ~** ou quelque chose de ce genre. ◇ *vt* [repairs, change] effectuer ; [reconciliation] amener.
◆ **effects** *npl* : **(special)~s** effets *mpl* spéciaux.

effective [ɪ'fektɪv] *adj* - **1.** [successful] efficace - **2.** [actual, real] effectif(ive).

effectively [ɪ'fektɪvlɪ] *adv* - **1.** [successfully] efficacement - **2.** [in fact] effectivement.

effectiveness [ɪ'fektɪvnɪs] *n* efficacité *f*.

effeminate [ɪ'femɪnət] *adj* efféminé(e).

effervesce [,efə'ves] *vi* pétiller.

effervescent [,efə'vesənt] *adj* [liquid] effervescent(e) ; [drink] gazeux(euse).

effete [ɪ'fiːt] *adj fml* [person, gesture] veule.

efficacious [efɪ'keɪʃəs] *adj fml* efficace.

efficacy ['efɪkəsɪ] *n* efficacité *f*.

efficiency [ɪ'fɪʃənsɪ] *n* [of person, method] efficacité *f* ; [of factory, system] rendement *m*.

efficient [ɪ'fɪʃənt] *adj* efficace.

efficiently [ɪ'fɪʃəntlɪ] *adv* efficacement.

effigy ['efɪdʒɪ] (*pl* **-ies**) *n* effigie *f*.

effluent ['efluənt] *n* effluent *m*.

effort ['efət] *n* effort *m* ; **to be worth the ~** valoir la peine ; **with ~** avec peine ; **to make the ~ to do sthg** s'efforcer de faire qqch ; **to make an/no ~ to do sthg** faire un effort/ne faire aucun effort pour faire qqch.

effortless ['efətlɪs] *adj* [easy] facile ; [natural] aisé(e).

effortlessly ['efətlɪslɪ] *adv* sans effort, facilement.

effrontery [ɪ'frʌntərɪ] *n* effronterie *f*.

effusive [ɪ'fjuːsɪv] *adj* [person] démonstratif(ive) ; [welcome] plein(e) d'effusions.

effusively [ɪ'fjuːsɪvlɪ] *adv* avec effusion.

EFL ['efəl] (*abbr of* **English as a foreign language**) *n anglais langue étrangère.*

EFTA ['eftə] (*abbr of* **European Free Trade Association**) *n* AELE *f*, AEL-E *f*.

EFTPOS ['eftpɒs] (*abbr of* **electronic funds transfer at point of sale**) *n transfert électronique de fonds au point de vente.*

EFTS [efts] (*abbr of* **electronic funds transfer system**) *n système électronique de transferts de fonds.*

e.g. (*abbr of* **exempli gratia**) *adv* par exemple.

EGA (*abbr of* **enhanced graphics adapter**) *n* adapteur *m* graphique couleur EGA.

egalitarian [ɪ,gælɪ'teərɪən] *adj* égalitaire.

egg [eg] *n* œuf *m*.

◆ **egg on** *vt sep* pousser, inciter.

eggcup, **egg cup** ['egkʌp] *n* coquetier *m*.

eggplant ['egplɑ:nt] *n* **US** aubergine *f*.

eggshell ['egʃel] *n* coquille *f* d'œuf.

egg timer *n* [with sand] sablier *m* ; [mechanical] minuteur *m*.

egg whisk *n* fouet *m*.

egg white *n* blanc *m* d'œuf.

egg yolk *n* jaune *m* d'œuf.

egis *n* **US** = **aegis**.

ego ['i:gəʊ] (*pl* **-s**) *n* moi *m*.

egocentric [,i:gəʊ'sentrɪk] *adj* égocentrique.

egoism ['i:gəʊɪzm] *n* égoïsme *m*.

egoist ['i:gəʊɪst] *n* égoïste *mf*.

egoistic [,i:gəʊ'ɪstɪk] *adj* égoïste.

egotism ['i:gətɪzm] *n* égotisme *m*.

egotist ['i:gətɪst] *n* égotiste *mf*.

egotistic(al) [,i:gə'tɪstɪk(l)] *adj* égotiste.

ego trip *n inf* **she's just on an ~** c'est par vanité qu'elle le fait.

Egypt ['i:dʒɪpt] *n* Égypte *f* ; **in ~** en Égypte.

Egyptian [ɪ'dʒɪpʃn] ◇ *adj* égyptien(enne). ◇ *n* Égyptien *m*, -enne *f*.

eh [eɪ] *excl* **UK** *inf* hein?

eiderdown ['aɪdədaʊn] *n esp* **UK** [bed cover] édredon *m*.

eight [eɪt] *num* huit, *see also* **six**.

eighteen [,eɪ'ti:n] *num* dix-huit, *see also* **six**.

eighteenth [,eɪ'ti:nθ] *num* dix-huitième, *see also* **sixth**.

eighth [eɪtθ] *num* huitième, *see also* **sixth**.

eightieth ['eɪtɪɪθ] *num* quatre-vingtième, *see also* **sixth**.

eighty ['eɪtɪ] (*pl* **-ies**) *num* quatre-vingts, *see also* **sixty**.

Eire ['eərə] *n* République *f* d'Irlande.

EIS (*abbr of* **Educational Institute of Scotland**) *n syndicat écossais d'enseignants.*

either ['aɪðər, 'i:ðər] ◇ *adj* - **1.** [one or the other] l'un ou l'autre (l'une ou l'autre) (des deux) ; **she couldn't find ~ jumper** elle ne trouva ni l'un ni l'autre des pulls ; **~ way** de toute façon - **2.** [each] chaque ; **on ~ side** de chaque côté. ◇ *pron* : **~ (of them)** l'un ou l'autre *m*, l'une ou l'autre *f* ; **I don't like ~ (of them)** je n'aime aucun des deux, je n'aime ni l'un ni l'autre. ◇ *adv (in negatives)* non plus ; **I don't ~** moi non plus. ◇ *conj* : **~... or** soit... soit, ou... ou ; **I'm not fond of ~ him or his wife** je ne les aime ni lui ni sa femme.

ejaculate [ɪ'dʒækjʊleɪt] ◇ *vt dated & hum* [exclaim] s'écrier. ◇ *vi* [have orgasm] éjaculer.

eject [ɪ'dʒekt] *vt* - **1.** [object] éjecter, émettre - **2.** [person] éjecter, expulser.

ejector seat **UK** [ɪ'dʒektər-], **ejection seat** *esp* **US** [ɪ'dʒekʃn-] *n* siège *m* éjectable.

eke [i:k] ◆ **eke out** ◇ *vt sep* [money, food] économiser, faire durer. ◇ *vt insep* : **to ~ out a living** subsister.

EKG (*abbr of* **electrocardiogram**) *n* **US** ECG *m*.

el [el] (*abbr of* **elevated railroad**) *n* **US** *inf* chemin *m* de fer aérien.

elaborate ◇ *adj* [ɪ'læbrət] [ceremony, procedure] complexe ; [explanation, plan] détaillé(e), minutieux(euse). ◇ *vi* [ɪ'læbəreɪt] : **to ~ (on)** donner des précisions (sur).

elaborately [ɪ'læbərətlɪ] *adv* [planned] minutieusement ; [decorated] avec recherche.

elapse [ɪ'læps] *vi* s'écouler.

elastic [ɪ'læstɪk] ◇ *adj lit & fig* élastique. ◇ *n (U)* élastique *m*.

elasticated **UK** [ɪ'læstɪkeɪtɪd], **elasticized** **US** [ɪ'læstɪsaɪzd] *adj* élastique.

elastic band *n* **UK** élastique *m*, caoutchouc *m*.

elasticity [,elæ'stɪsətɪ] *n* élasticité *f*.

elated [ɪ'leɪtɪd] *adj* transporté(e) (de joie).

elation [ɪ'leɪʃn] *n* exultation *f*, joie *f*.

elbow ['elbəʊ] ◇ *n* coude *m*. ◇ *vt* : **to ~ sb aside** écarter qqn du coude.

elbow grease *n inf* huile *f* de coude.

elbowroom ['elbəʊrʊm] *n inf* **to have some ~** avoir ses coudées franches.

elder ['eldər] ◇ *adj* aîné(e). ◇ *n* - **1.** [older person] aîné *m*, -e *f* - **2.** [of tribe, church] ancien *m* - **3.** : **~ (tree)** sureau *m*.

elderberry ['eldə,berɪ] (*pl* **-ies**) *n* [fruit] baie *f* de sureau ; [tree] sureau *m*.

elderly ['eldəlɪ] ◇ *adj* âgé(e). ◇ *npl* : **the ~** les personnes *fpl* âgées.

elder statesman *n* vétéran *m* de la politique.

eldest ['eldɪst] *adj* aîné(e).

Eldorado [,eldɒ'rɑ:dəʊ] *n* Eldorado *m*.

elect [ɪ'lekt] ◇ *adj* élu(e). ◇ *vt* - **1.** [by voting] élire - **2.** *fml* [choose] : **to ~ to do sthg** choisir de faire qqch.

elected [ɪ'lektɪd] *adj* élu(e).

election [ɪ'lekʃn] *n* élection *f* ; **to have** OR **hold an ~** procéder à une élection ; **local ~s** élections locales.

election campaign *n* campagne *f* électorale.

electioneering [ɪˌlekʃə'nɪərɪŋ] *n (U) usu pej* propagande *f* électorale.

elective [ɪ'lektɪv] *n US* SCH cours *m* facultatif.

elector [ɪ'lektəʳ] *n* électeur *m*, -trice *f*.

electoral [ɪ'lektərəl] *adj* électoral(e).

electoral college *n* collège *m* électoral.

electoral register, **electoral roll** *n UK* **the ~** la liste électorale.

electorate [ɪ'lektərət] *n* : **the ~** l'électorat *m*.

electric [ɪ'lektrɪk] *adj lit & fig* électrique.
◆ **electrics** *npl UK inf* [in car, machine] installation *f* électrique.

electrical [ɪ'lektrɪkl] *adj* électrique.

electrical engineer *n* ingénieur *m* électricien.

electrical engineering *n* électrotechnique *f*.

electrically [ɪ'lektrɪklɪ] *adv* [heated] à l'électricité ; [charged, powered] électriquement.

electrical shock = **electric shock**.

electric blanket *n* couverture *f* chauffante.

electric chair *n* : **the ~** la chaise électrique.

electric cooker *n* cuisinière *f* électrique.

electric current *n* courant *m* électrique.

electric fire *n* radiateur *m* électrique.

electric guitar *n* guitare *f* électrique.

electrician [ˌɪlek'trɪʃn] *n* électricien *m*, -enne *f*.

electricity [ˌɪlek'trɪsətɪ] *n* électricité *f*.

electric light *n* lumière *f* électrique.

electric shock *UK*, **electrical shock** *US n* décharge *f* électrique.

electric shock therapy *n (U)* électrochocs *mpl*.

electric storm *n* orage *m* magnétique.

electrify [ɪ'lektrɪfaɪ] (*pt & pp* **-ied**) *vt* - **1.** TECH électrifier - **2.** *fig* [excite] galvaniser, électriser.

electrifying [ɪ'lektrɪfaɪɪŋ] *adj* [exciting] galvanisant(e), électrisant(e).

electro- [ɪ'lektrəʊ] *prefix* électro-.

electrocardiograph [ɪˌlektrəʊ'kɑːdɪəgrɑːf] *n* électrocardiographe *m*.

electrocute [ɪ'lektrəkjuːt] *vt* électrocuter.

electrode [ɪ'lektrəʊd] *n* électrode *f*.

electroencephalograph [ɪˌlektrəʊen'sefələgrɑːf] *n* électroencéphalographie *f*.

electrolysis [ˌɪlek'trɒləsɪs] *n* électrolyse *f*.

electromagnet [ɪˌlektrəʊ'mægnɪt] *n* électro-aimant *m*.

electromagnetic [ɪˌlektrəʊmæg'netɪk] *adj* électromagnétique.

electron [ɪ'lektrɒn] *n* électron *m*.

electronic [ˌɪlek'trɒnɪk] *adj* électronique.
◆ **electronics** ◇ *n (U)* [technology, science] électronique *f*. ◇ *npl* [equipment] (équipement *m*) électronique *f*.

electronic data processing *n* traitement *m* électronique de données.

electronic mail *n* courrier *m* électronique.

electronic mailbox *n* boîte *f* aux lettres (électronique).

electronic publishing *n (U)* édition *f* électronique.

electronic tag *n* bracelet *m* électronique.

electronic tagging *n (U)* placement *m* sous surveillance électronique.

electron microscope *n* microscope *m* électronique.

electroplated [ɪ'lektrəʊpleɪtɪd] *adj* métallisé(e) par galvanoplastie.

elegance ['elɪgəns] *n* élégance *f*.

elegant ['elɪgənt] *adj* élégant(e).

elegantly ['elɪgəntlɪ] *adv* élégamment.

elegy ['elɪdʒɪ] (*pl* **-ies**) *n* élégie *f*.

element ['elɪmənt] *n* - **1.** [gen] élément *m* ; **an ~ of truth** une part de vérité - **2.** [in heater, kettle] résistance *f* - **3.** *phr* **to be in one's ~** être dans son élément.
◆ **elements** *npl* - **1.** [basics] rudiments *mpl* - **2.** [weather] : **the ~s** les éléments *mpl*.

elementary [ˌelɪ'mentərɪ] *adj* élémentaire.

elementary school *n US* école *f* primaire.

elephant ['elɪfənt] (*pl* **elephant** OR **-s**) *n* éléphant *m*.

elevate ['elɪveɪt] *vt* - **1.** [give importance to] : **to ~ sb/sthg (to)** élever qqn/qqch (à) - **2.** [raise] soulever.

elevated ['elɪveɪtɪd] *adj* - **1.** [important] important(e) - **2.** [lofty] élevé(e) - **3.** [raised] surélevé(e).

elevation [ˌelɪ'veɪʃn] *n* - **1.** [promotion] élévation *f* - **2.** [height] hauteur *f*.

elevator ['elɪveɪtəʳ] *n US* ascenseur *m*.

eleven [ɪ'levn] *num* onze, *see also* **six**.

elevenses [ɪ'levnzɪz] *n (U) UK* ≃ pause-café *f*.

eleventh [ɪ'levnθ] *num* onzième, *see also* **sixth**.

eleventh hour *n fig* **the ~** la onzième heure, la dernière minute.

elf [elf] (*pl* **elves** [elvz]) *n* elfe *m*, lutin *m*.

elicit [ɪ'lɪsɪt] *vt fml* : **to ~ sthg (from sb)** arracher qqch (à qqn).

eligibility [ˌelɪdʒə'bɪlətɪ] *n* - **1.** [suitability] admissibilité *f* - **2.** *dated* [of bachelor] acceptabilité *f*.

eligible ['elɪdʒəbl] *adj* - **1.** [suitable, qualified] admissible ; **to be ~ for sthg** avoir droit à qqch ; **to be ~ to do sthg** avoir le droit de faire qqch - **2.** *dated* [bachelor] : **to be ~** être un bon parti.

eliminate [ɪ'lɪmɪneɪt] *vt* : **to ~ sb/sthg (from)** éliminer qqn/qqch (de).

elimination [ɪˌlɪmɪ'neɪʃn] *n* élimination *f*.

elimination competition *n US* = **knock-out competitiion.**

elite [ɪ'li:t] <> *adj* d'élite. <> *n* élite *f*.

elitism [ɪ'li:tɪzm] *n* élitisme *m*.

elitist [ɪ'li:tɪst] <> *adj* élitiste. <> *n* élitiste *mf*.

elixir [ɪ'lɪksəʳ] *n* - **1.** [magic drink] élixir *m* - **2.** *fig* [magic cure] panacée *f*.

Elizabethan [ɪˌlɪzə'bi:θn] <> *adj* élisabéthain(e). <> *n* Élisabéthain *m*, -e *f*.

elk [elk] (*pl* **elk** OR **-s**) *n* élan *m*.

ellipse [ɪ'lɪps] *n* ellipse *f*.

elliptical [ɪ'lɪptɪkl] *adj* - **1.** [in shape] en ellipse - **2.** *fml* [indirect, cryptic] elliptique.

elm [elm] *n* : **~ (tree)** orme *m*.

elocution [ˌelə'kju:ʃn] *n* élocution *f*, diction *f*.

elongated ['i:lɒŋgeɪtɪd] *adj* allongé(e) ; [fingers] long (longue).

elope [ɪ'ləʊp] *vi* : **to ~ (with)** s'enfuir (avec).

elopement [ɪ'ləʊpmənt] *n* fugue *f* (amoureuse).

eloquence ['eləkwəns] *n* éloquence *f*.

eloquent ['eləkwənt] *adj* éloquent(e).

eloquently ['eləkwəntlɪ] *adv* avec éloquence.

El Salvador [ˌel'sælvədɔ:ʳ] *n* Salvador *m* ; **in ~** au Salvador.

else [els] *adv* : **anything ~** n'importe quoi d'autre ; **anything ~?** [in shop] et avec ça?, ce sera tout? ; **he doesn't need anything ~** il n'a besoin de rien d'autre ; **everyone ~** tous les autres ; **nothing ~** rien d'autre ; **someone ~** quelqu'un d'autre ; **something ~** quelque chose d'autre ; **somewhere ~** autre part ; **who/what ~?** qui/quoi d'autre? ; **where ~?** (à) quel autre endroit?

◆ **or else** *conj* - **1.** [or if not] sinon, sans quoi - **2.** [as threat] ou alors...!, sinon...!

elsewhere [els'weəʳ] *adv* ailleurs, autre part.

ELT (*abbr of* **English language teaching**) *n enseignement de l'anglais.*

elucidate [ɪ'lu:sɪdeɪt] *fml* <> *vt* élucider. <> *vi* s'éclaircir.

elude [ɪ'lu:d] *vt* échapper à.

elusive [ɪ'lu:sɪv] *adj* insaisissable ; [success] qui échappe.

elves [elvz] *pl* ⊳ **elf.**

'em [əm] *pron inf see also* **them.**

emaciated [ɪ'meɪʃɪeɪtɪd] *adj* [face] émacié(e) ; [person, limb] décharné(e).

e-mail, **email** (*abbr of* **electronic mail**) *n* [message] (e-)mail *m*, courrier *m* électronique ; **to send an ~** envoyer un mail ; [adress] e-mail *m*, adresse *f* électronique, courriel *m Québec*.

emanate ['eməneɪt] *fml* <> *vt* dégager. <> *vi* : **to ~ from** émaner de.

emancipate [ɪ'mænsɪpeɪt] *vt* : **to ~ sb (from)** affranchir OR émanciper qqn (de).

emancipation [ɪˌmænsɪ'peɪʃn] *n* : **~ (from)** affranchissement *m* (de), émancipation *f* (de).

emasculate [ɪ'mæskjʊleɪt] *vt fml* [weaken] émasculer.

emasculation [ɪˌmæskjʊ'leɪʃn] *n fml* [weakening] émasculation *f*.

embalm [ɪm'bɑ:m] *vt* embaumer.

embankment [ɪm'bæŋkmənt] *n* [of river] berge *f* ; [of railway] remblai *m* ; [of road] banquette *f*.

embargo [em'bɑ:gəʊ] <> *n* (*pl* **-es**) : **~ (on)** embargo *m* (sur). <> *vt* (*pt & pp* **-ed**, *cont* **-ing**) mettre l'embargo sur.

embark [ɪm'bɑ:k] *vi* - **1.** [board ship] : **to ~ (on)** embarquer (sur) - **2.** [start] : **to ~ on** OR **upon sthg** s'embarquer dans qqch.

embarkation [ˌembɑ:'keɪʃn] *n* embarquement *m*.

embarkation card *n UK* carte *f* d'embarquement.

embarrass [ɪm'bærəs] *vt* embarrasser.

embarrassed [ɪm'bærəst] *adj* embarrassé(e).

embarrassing [ɪm'bærəsɪŋ] *adj* embarrassant(e).

embarrassment [ɪm'bærəsmənt] *n* embarras *m* ; **to be an ~** [person] causer de l'embarras ; [thing] être embarrassant.

embassy ['embəsɪ] (*pl* **-ies**) *n* ambassade *f*.

embattled [ɪm'bætld] *adj* [troubled] en difficulté.

embedded [ɪm'bedɪd] *adj* **- 1.** [buried] : **~ in** [in rock, wood] incrusté(e) dans ; [in mud] noyé(e) dans **- 2.** [ingrained] enraciné(e).

embellish [ɪm'belɪʃ] *vt* **- 1.** [decorate] : **to ~ sthg (with)** [room, house] décorer qqch (de) ; [dress] orner qqch (de) **- 2.** [story] enjoliver.

embers ['embəz] *npl* braises *fpl*.

embezzle [ɪm'bezl] *vt* détourner.

embezzlement [ɪm'bezlmənt] *n* détournement *m* de fonds.

embezzler [ɪm'bezlə^r] *n* escroc *m*.

embittered [ɪm'bɪtəd] *adj* aigri(e).

emblazoned [ɪm'bleɪznd] *adj* **- 1.** [design, emblem] : **~ (on)** blasonné(e) (sur) **- 2.** [flag, garment] : **~ with** arborant l'insigne *OR* le blason de.

emblem ['embləm] *n* emblème *m*.

Emblems

La Grande-Bretagne est souvent symbolisée par le personnage de Britannia, une femme en robe longue portant un bouclier au motif de l'Union Jack (drapeau du Royaume-Uni). Les emblèmes de l'Angleterre sont la rose rouge et le lion. Le pays de Galles est traditionnellement représenté par le poireau, ainsi que par la jonquille ou le dragon rouge. L'emblème de l'Écosse, lui, est le chardon. Le trèfle et la harpe symbolisent, quant à eux, l'Irlande.

embodiment [ɪm'bɒdɪmənt] *n* incarnation *f*.

embody [ɪm'bɒdɪ] (*pt & pp* **-ied**) *vt* incarner ; **to be embodied in sthg** être exprimé dans qqch.

embolism ['embəlɪzm] *n* embolie *f*.

embossed [ɪm'bɒst] *adj* **- 1.** [heading, design] : **~ (on)** inscrit(e) (sur), gravé(e) en relief (sur) **- 2.** [wallpaper] gaufré(e) ; [leather] frappé(e).

embrace [ɪm'breɪs] ◇ *n* étreinte *f*. ◇ *vt* embrasser. ◇ *vi* s'embrasser, s'étreindre.

embrocation [ˌembrə'keɪʃn] *n* **esp UK** embrocation *f*.

embroider [ɪm'brɔɪdə^r] ◇ *vt* **- 1.** SEW broder **- 2.** *pej* [embellish] enjoliver. ◇ *vi* SEW broder.

embroidered [ɪm'brɔɪdəd] *adj* SEW brodé(e).

embroidery [ɪm'brɔɪdərɪ] *n (U)* broderie *f*.

embroil [ɪm'brɔɪl] *vt* : **to be ~ed (in)** être mêlé(e) (à).

embryo ['embrɪəʊ] (*pl* **-s**) *n* embryon *m* ; **in ~** *fig* à l'état embryonnaire.

embryonic [ˌembrɪ'ɒnɪk] *adj* embryonnaire.

emcee [ˌem'siː] *US see also* **master of ceremonies**.

emend [ɪ'mend] *vt* corriger.

emerald ['emərəld] ◇ *adj* [colour] émeraude *(inv)*. ◇ *n* [stone] émeraude *f*.

emerge [ɪ'mɜːdʒ] ◇ *vi* **- 1.** [come out] : **to ~ (from)** émerger (de) **- 2.** [from experience, situation] : **to ~ from** sortir de **- 3.** [become known] apparaître **- 4.** [come into existence - poet, artist] percer ; [- movement, organization] émerger. ◇ *vt* : **it ~s that...** il ressort *OR* il apparaît que...

emergence [ɪ'mɜːdʒəns] *n* émergence *f*.

emergency [ɪ'mɜːdʒənsɪ] ◇ *adj* d'urgence. ◇ *n* (*pl* **-ies**) urgence *f* ; **in an ~, in emergencies** en cas d'urgence.

emergency exit *n* sortie *f* de secours.

emergency landing *n* atterrissage *m* forcé.

emergency services *npl* ≃ police-secours *f*.

emergency stop *n* **UK** arrêt *m* d'urgence.

emergent [ɪ'mɜːdʒənt] *adj* qui émerge.

emery board ['emərɪ-] *n* lime *f* à ongles.

emetic [ɪ'metɪk] ◇ *adj* émétique. ◇ *n* émétique *m*.

emigrant ['emɪgrənt] *n* émigré *m*, -e *f*.

emigrate ['emɪgreɪt] *vi* : **to ~ (to)** émigrer (en/à).

emigration [ˌemɪ'greɪʃn] *n* émigration *f*.

émigré, emigré ['emɪgreɪ] *n* émigré *m*, -e *f*.

eminence ['emɪnəns] *n (U)* [prominence] renom *m*.

eminent ['emɪnənt] *adj* éminent(e).

eminently ['emɪnəntlɪ] *adv* **fml** éminemment.

emir [e'mɪə^r] *n* émir *m*.

emirate ['emərət] *n* émirat *m*.

emissary ['emɪsərɪ] (*pl* **-ies**) *n* émissaire *m*.

emission [ɪ'mɪʃn] *n* émission *f*.

emit [ɪ'mɪt] (*pt & pp* **-ted**, *cont* **-ting**) *vt* émettre.

emollient [ɪ'mɒlɪənt] *n* **- 1.** **fml** émollient *m* **- 2.** [cream] crème *f OR* lotion *f* hydratante.

emolument [ɪ'mɒljʊmənt] *n* **UK fml** émoluments *mpl*.

emotion [ɪ'məʊʃn] *n* **- 1.** *(U)* [strength of feeling] émotion *f* **- 2.** [particular feeling] sentiment *m*.

emotional [ɪ'məʊʃənl] *adj* **- 1.** [sensitive, demonstrative] émotif(ive) **- 2.** [moving] émouvant(e) **- 3.** [psychological] émotionnel(elle).

emotional intelligence *n* intelligence *f* émotionnelle.

emotionally [ɪ'məʊʃnəlɪ] *adv* - **1.** [with strong feeling] avec émotion - **2.** [psychologically] émotionnellement.

emotionless [ɪ'məʊʃnlɪs] *adj* impassible.

emotive [ɪ'məʊtɪv] *adj* qui enflamme l'esprit.

empathize, *UK* **-ise** ['empəθaɪz] *vt* : **to ~ with** s'identifier à.

empathy ['empəθɪ] *n (U)* **~ (with)** empathie *f* (envers), communion *f* de sentiments (avec).

emperor ['empərər] *n* empereur *m*.

emphasis ['emfəsɪs] (*pl* **-ses** [-si:z]) *n* : **~ (on)** accent *m* (sur) ; **with great ~** avec insistance ; **to lay** *OR* **place ~ on sthg** insister sur *OR* souligner qqch.

emphasize, *UK* **-ise** ['emfəsaɪz] *vt* insister sur.

emphatic [ɪm'fætɪk] *adj* [forceful] catégorique.

emphatically [ɪm'fætɪklɪ] *adv* - **1.** [with emphasis] catégoriquement - **2.** [certainly] absolument.

emphysema [,emfɪ'si:mə] *n* emphysème *m*.

empire ['empaɪər] *n* empire *m*.

empire building *n* édification *f* d'empires.

empirical [ɪm'pɪrɪkl] *adj* empirique.

empiricism [ɪm'pɪrɪsɪzm] *n* empirisme *m*.

employ [ɪm'plɔɪ] *vt* employer ; **to be ~ed as** être employé comme ; **to ~ sthg as sthg/to do sthg** employer qqch comme qqch/pour faire qqch.

employable [ɪm'plɔɪəbl] *adj* qui peut être employé(e).

employee [ɪm'plɔɪi:] *n* employé *m*, -e *f*.

employer [ɪm'plɔɪər] *n* employeur *m*, -euse *f*.

employment [ɪm'plɔɪmənt] *n* emploi *m*, travail *m*.

employment agency *n* bureau *m* *OR* agence *f* de placement.

employment office *n* ≃ Agence *f* Nationale pour l'Emploi.

emporium [em'pɔ:rɪəm] *n* [shop] grand magasin *m*.

empower [ɪm'paʊər] *vt fml* **to be ~ed to do sthg** être habilité(e) à faire qqch.

empress ['emprɪs] *n* impératrice *f*.

emptiness ['emptɪnɪs] *(U) n* vide *m*.

empty ['emptɪ] <> *adj* (*comp* **-ier**, *superl* **-iest**) - **1.** [containing nothing] vide - **2.** *pej* [meaningless] vain(e) - **3.** *lit* [tedious] morne. <> *vt* vider ; **to ~ sthg into/out of** vider qqch dans/de. <> *vi* (*pt & pp* **-ied**) se vider. <> *n* (*pl* **-ies**) *inf* bouteille *f* vide.

empty-handed [-'hændɪd] *adj* les mains vides.

empty-headed [-'hedɪd] *adj* sans cervelle.

EMS (*abbr of* **European Monetary System**) *n* SME *m*.

EMT (*abbr of* **emergency medical technician**) *n* *technicien médical des services d'urgence.*

emu ['i:mju:] (*pl* **emu** *OR* **-s**) *n* émeu *m*.

EMU (*abbr of* **Economic and Monetary Union**) *n* UEM *f*.

emulate ['emjʊleɪt] *vt* imiter.

emulsion [ɪ'mʌlʃn] <> *n UK* - **1.** : **~ (paint)** peinture *f* mate *OR* à émulsion - **2.** PHOT émulsion *f*. <> *vt UK* peindre.

enable [ɪ'neɪbl] *vt* : **to ~ sb to do sthg** permettre à qqn de faire qqch.

enact [ɪ'nækt] *vt* - **1.** LAW promulguer - **2.** THEAT jouer.

enactment [ɪ'næktmənt] *n* LAW promulgation *f*.

enamel [ɪ'næml] *n* - **1.** [material] émail *m* - **2.** [paint] peinture *f* laquée.

enamelled *UK*, **enameled** *US* [ɪ'næmld] *adj* en émail.

enamel paint *n* peinture *f* laquée.

enamoured *UK*, **enamored** *US* [ɪ'næməd] *adj* : **~ of** amoureux(euse) de.

en bloc [ɒn'blɒk] *adv fml* en bloc.

enc., **enc** - **1.** *see also* **enclosure** - **2.** *see also* **enclosed.**

encamp [ɪn'kæmp] *vi* camper.

encampment [ɪn'kæmpmənt] *n* campement *m*.

encapsulate [ɪn'kæpsjʊleɪt] *vt* : **to ~ sthg (in)** résumer qqch (en).

encase [ɪn'keɪs] *vt* : **to be ~d in** [armour] être enfermé(e) dans ; [leather] être bardé(e) de.

encash [ɪn'kæʃ] *vt UK* encaisser.

enchanted [ɪn'tʃɑ:ntɪd] *adj* : **~ (by/with)** enchanté(e) (par/de).

enchanting [ɪn'tʃɑ:ntɪŋ] *adj* enchanteur(eresse).

encircle [ɪn'sɜ:kl] *vt* entourer ; [subj: troops] encercler.

enclave ['enkleɪv] *n* enclave *f*.

enclose [ɪn'kləʊz] *vt* - **1.** [surround, contain] entourer - **2.** [put in envelope] joindre ; **please find ~d...** veuillez trouver ci-joint...

enclosure [ɪn'kləʊʒər] *n* - **1.** [place] enceinte *f* - **2.** [in letter] pièce *f* jointe.

encompass [ɪn'kʌmpəs] *vt fml* - **1.** [include] contenir - **2.** [surround] entourer ; [subj: troops] encercler.

encore ['ɒŋkɔ:r] <> *n* rappel *m*. <> *excl* bis!

encounter [ɪn'kaʊntəʳ] <> *n* rencontre *f*. <> *vt fml* rencontrer.

encourage [ɪn'kʌrɪdʒ] *vt* - **1.** [give confidence to] : **to ~ sb (to do sthg)** encourager qqn (à faire qqch) - **2.** [promote] encourager, favoriser.

encouragement [ɪn'kʌrɪdʒmənt] *n* encouragement *m*.

encouraging [ɪn'kʌrɪdʒɪŋ] *adj* encourageant(e).

encroach [ɪn'krəʊtʃ] *vi* : **to ~ on** OR **upon** empiéter sur.

encrusted [ɪn'krʌstɪd] *adj* : **~ with** incrusté(e) de ; [with mud] encroûté(e) de.

encrypt [en'krɪpt] *vt* - **1.** COMPUT crypter - **2.** TV coder.

encryption [en'krɪpʃn] *n (U)* - **1.** COMPUT cryptage *m* - **2.** TV codage *m*, encodage *m*.

encumber [ɪn'kʌmbəʳ] *vt fml* **to be ~ed with** être encombré(e) de ; [with debts] être grevé(e) de.

encyclop(a)edia [ɪn,saɪklə'pi:djə] *n* encyclopédie *f*.

encyclop(a)edic [ɪn,saɪkləʊ'pi:dɪk] *adj* encyclopédique.

end [end] <> *n* - **1.** [gen] fin *f* ; **at an ~** terminé, fini ; **to come to an ~** se terminer, s'arrêter ; **to put an ~ to sthg** mettre fin à qqch ; **at the ~ of the day** *fig* en fin de compte ; **in the ~** [finally] finalement ; **an ~ in itself** une fin en soi - **2.** [of rope, path, garden, table etc] bout *m*, extrémité *f* ; [of box] côté *m* ; **~ to ~** bout à bout - **3.** [leftover part - of cigarette] mégot *m* ; [- of pencil] bout *m*. <> *vt* mettre fin à ; [day] finir ; **to ~ sthg with** terminer OR finir qqch par. <> *vi* se terminer ; **to ~ in** se terminer par ; **to ~ with** se terminer par OR avec.

◆ **on end** *adv* - **1.** [upright] debout - **2.** [continuously] d'affilée.

◆ **no end** *adv inf* [pleased, worried] vachement.

◆ **no end of** *prep inf* énormément de.

◆ **end up** *vi* finir ; **to ~ up doing sthg** finir par faire qqch.

endanger [ɪn'deɪndʒəʳ] *vt* mettre en danger.

endangered species [ɪn'deɪndʒəd-] *n* espèce *f* en voie de disparition.

endear [ɪn'dɪəʳ] *vt* : **to ~ sb to sb** faire aimer OR apprécier qqn de qqn ; **to ~ o.s. to sb** se faire aimer de qqn, plaire à qqn.

endearing [ɪn'dɪərɪŋ] *adj* engageant(e).

endearment [ɪn'dɪəmənt] *n* paroles *fpl* affectueuses.

endeavour *UK*, **endeavor** *US fml* [ɪn'devəʳ] <> *n* effort *m*, tentative *f*. <> *vt* : **to ~ to do sthg** s'efforcer OR tenter de faire qqch.

endemic [en'demɪk] *adj* endémique.

ending ['endɪŋ] *n* fin *f*, dénouement *m*.

endive ['endaɪv] *n* - **1.** *US* [salad vegetable] endive *f* - **2.** *UK* [chicory] chicorée *f*.

endless ['endlɪs] *adj* - **1.** [unending] interminable ; [patience, possibilities] infini(e) ; [resources] inépuisable - **2.** [vast] infini(e).

endlessly ['endlɪslɪ] *adv* sans arrêt, continuellement ; [stretch] à perte de vue ; **~ patient/kind** d'une patience/gentillesse infinie.

emotional intelligence *adj* intelligence *f* émotionnelle.

endoscope ['endəskəʊp] *n* MED endoscope *m*.

endorse [ɪn'dɔ:s] *vt* - **1.** [approve] approuver - **2.** [cheque] endosser - **3.** *UK* [driving licence] porter une contravention à.

endorsement [ɪn'dɔ:smənt] *n* - **1.** [approval] approbation *f* - **2.** [of cheque] endossement *m* - **3.** *UK* [on driving licence] *contravention portée au permis de conduire*.

endow [ɪn'daʊ] *vt* - **1.** [equip] : **to be ~ed with sthg** être doté(e) de qqch - **2.** [donate money to] faire des dons à.

endowment [ɪn'daʊmənt] *n* - **1.** *fml* [ability] capacité *f*, qualité *f* - **2.** [donation] don *m*.

endowment insurance *n UK* assurance *f* à capital différé.

endowment mortgage *n UK prêt-logement lié à une assurance-vie*.

end product *n* produit *m* fini.

end result *n* résultat *m* final.

endurable [ɪn'djʊərəbl] *adj* supportable.

endurance [ɪn'djʊərəns] *n* endurance *f*.

endurance test *n* épreuve *f* d'endurance.

endure [ɪn'djʊəʳ] <> *vt* supporter, endurer. <> *vi* perdurer.

enduring [ɪn'djʊərɪŋ] *adj* durable.

end user *n* utilisateur final *m*, utilisatrice finale *f*.

endways *UK* ['endweɪz], **endwise** *US* ['endwaɪz] *adv* - **1.** [not sideways] en long - **2.** [with ends touching] bout à bout.

enema ['enɪmə] *n* lavement *m*.

enemy ['enɪmɪ] <> *n (pl* **-ies***)* ennemi *m*, -e *f*. <> *comp* ennemi(e).

energetic [,enə'dʒetɪk] *adj* énergique ; [person] plein(e) d'entrain.

energy ['enədʒɪ] *(pl* **-ies***) n* énergie *f*.

energy-saving *adj* d'économie d'énergie.

enervate ['enəveɪt] *vt fml* affaiblir.

enervating ['enəveɪtɪŋ] *adj fml* débilitant(e).

enfold [ɪn'fəʊld] *vt lit* - **1.** [embrace] : **to ~ sb/sthg (in)** envelopper qqn/qqch (dans) ; **to ~ sb in one's arms** étreindre qqn - **2.** [engulf] envelopper.

enforce [ɪn'fɔːs] *vt* appliquer, faire respecter.

enforceable [ɪn'fɔːsəbl] *adj* applicable.

enforced [ɪn'fɔːst] *adj* forcé(e).

enforcement [ɪn'fɔːsmənt] *n* application *f*.

enfranchise [ɪn'fræntʃaɪz] *vt* - **1.** [give vote to] accorder le droit de vote à - **2.** [set free] affranchir.

engage [ɪn'geɪdʒ] <> *vt* - **1.** [attention, interest] susciter, éveiller ; **to ~ sb in conversation** engager la conversation avec qqn - **2.** TECH engager - **3.** *fml* [employ] engager ; **to be ~d in** OR **on sthg** prendre part à qqch. <> *vi* [be involved] : **to ~ in** s'occuper de.

engaged [ɪn'geɪdʒd] *adj* - **1.** *UK* [to be married] : **~ (to sb)** fiancé(e) (à qqn) ; **to get ~** se fiancer - **2.** [busy] occupé(e) ; **~ in sthg** engagé dans qqch - **3.** *UK* [telephone, toilet] occupé(e).

engaged tone *n UK* tonalité *f* 'occupé'.

engagement [ɪn'geɪdʒmənt] *n* - **1.** [to be married] fiançailles *fpl* - **2.** [appointment] rendez-vous *m inv*.

engagement ring *n* bague *f* de fiançailles.

engaging [ɪn'geɪdʒɪŋ] *adj* engageant(e) ; [personality] attirant(e).

engender [ɪn'dʒendər] *vt fml* engendrer, susciter.

engine ['endʒɪn] *n* - **1.** [of vehicle] moteur *m* - **2.** RAIL locomotive *f*.

engine driver *n UK* mécanicien *m*.

engineer [ˌendʒɪ'nɪər] <> *n* - **1.** [of roads] ingénieur *m*, -(e) *f* ; [of machinery, on ship] mécanicien *m*, -ienne *f* ; [of electrical equipment] technicien *m*, -ienne *f* - **2.** *US* [train driver] mécanicien *m*, -ienne *f*. <> *vt* - **1.** [construct] construire - **2.** [contrive] manigancer.

engineering [ˌendʒɪ'nɪərɪŋ] *n* ingénierie *f*.

England ['ɪŋglənd] *n* Angleterre *f* ; **in ~** en Angleterre.

English ['ɪŋglɪʃ] <> *adj* anglais(e). <> *n* [language] anglais *m*. <> *npl* : **the ~** les Anglais.

English breakfast *n* petit déjeuner *m* anglais traditionnel.

English breakfast

Le petit déjeuner anglais traditionnel se compose d'un plat chaud (des œufs au bacon, par exemple), de céréales ou de porridge, et de toasts à la marmelade d'oranges, le tout accompagné de café ou de thé ; aujourd'hui, il est généralement remplacé par une collation plus légère.

English Channel *n* : **the ~** la Manche.

Englishman ['ɪŋglɪʃmən] (*pl* **-men** [-mən]) *n* Anglais *m*.

English muffin *n* muffin *m*.

Englishwoman ['ɪŋglɪʃˌwʊmən] (*pl* **-women** [-wɪmɪn]) *n* Anglaise *f*.

engrave [ɪn'greɪv] *vt* : **to ~ sthg (on stone/in one's memory)** graver qqch (sur la pierre/dans sa mémoire).

engraver [ɪn'greɪvər] *n* graveur *m*.

engraving [ɪn'greɪvɪŋ] *n* gravure *f*.

engrossed [ɪn'grəʊst] *adj* : **to be ~ (in sthg)** être absorbé(e) (par qqch).

engrossing [ɪn'grəʊsɪŋ] *adj* captivant(e).

engulf [ɪn'gʌlf] *vt* engloutir.

enhance [ɪn'hɑːns] *vt* accroître.

enhancement [ɪn'hɑːnsmənt] *n* amélioration *f*.

enigma [ɪ'nɪgmə] *n* énigme *f*.

enigmatic [ˌenɪg'mætɪk] *adj* énigmatique.

enjoy [ɪn'dʒɔɪ] <> *vt* - **1.** [like] aimer ; **to ~ doing sthg** avoir plaisir à OR aimer faire qqch ; **to ~ o.s.** s'amuser - **2.** *fml* [possess] jouir de. <> *vi US* : **~!** [enjoy yourself] amuse-toi bien! ; [before meal] bon appétit!

enjoyable [ɪn'dʒɔɪəbl] *adj* agréable.

enjoyment [ɪn'dʒɔɪmənt] *n* - **1.** [gen] plaisir *m* - **2.** *fml* [possession] jouissance *f*.

enlarge [ɪn'lɑːdʒ] *vt* agrandir.

◆ **enlarge (up)on** *vt insep* développer.

enlargement [ɪn'lɑːdʒmənt] *n* - **1.** [expansion] extension *f* - **2.** PHOT agrandissement *m*.

enlighten [ɪn'laɪtn] *vt* éclairer.

enlightened [ɪn'laɪtnd] *adj* éclairé(e).

enlightening [ɪn'laɪtnɪŋ] *adj* édifiant(e).

enlightenment [ɪn'laɪtnmənt] *n (U)* éclaircissement *m*.

◆ **Enlightenment** *n* : **the Enlightenment** le siècle des Lumières.

enlist [ɪn'lɪst] <> *vt* - **1.** MIL enrôler - **2.** [recruit] recruter - **3.** [obtain] s'assurer. <> *vi* MIL : **to ~ (in)** s'enrôler (dans).

enlisted man [ɪn'lɪstɪd-] *n US* simple soldat *m*.

enliven [ɪn'laɪvn] *vt* animer ; [book, film] égayer.

en masse [ɒn'mæs] *adv* en masse, massivement.

enmeshed [ɪn'meʃt] *adj* : **~ in** empêtré(e) dans.

enmity ['enmətɪ] (*pl* **-ies**) *n* hostilité *f*.

ennoble [ɪ'nəʊbl] *vt* - **1.** [elevate to nobility] anoblir - **2.** [dignify] ennoblir.

enormity [ɪ'nɔːmətɪ] *n* [extent] étendue *f*.

enormous [ɪ'nɔːməs] *adj* énorme ; [patience, success] immense.

enormously [ɪ'nɔːməslɪ] *adv* énormément ; [long, pleased] immensément.

enough [ɪ'nʌf] ◇ *adj* assez de ; **~ money/time** assez d'argent/de temps. ◇ *pron* assez ; **more than ~** largement, bien assez ; **~ is ~** trop c'est trop ; **that's ~ (of that)!** ça suffit maintenant! ; **to have had ~ (of sthg)** en avoir assez (de qqch). ◇ *adv* - **1.** [sufficiently] assez ; **big ~ for sthg/to do sthg** assez grand pour qqch/pour faire qqch ; **to be good ~ to do sthg** *fml* être assez gentil pour *OR* de faire qqch, être assez aimable pour *OR* de faire qqch - **2.** [rather] plutôt ; **strangely ~** bizarrement, c'est bizarre.

enquire [ɪn'kwaɪəʳ] ◇ *vt UK* **to ~ when/whether/how...** demander quand/si/comment... ◇ *vi* : **to ~ (about)** se renseigner (sur).

enquiry [ɪn'kwaɪərɪ] (*pl* **-ies**) *n UK* - **1.** [question] demande *f* de renseignements ; **'Enquiries'** 'renseignements' - **2.** [investigation] enquête *f*.

enraged [ɪn'reɪdʒd] *adj* déchaîné(e) ; [animal] enragé(e).

enrich [ɪn'rɪtʃ] *vt* enrichir.

enrol *UK* (*pt & pp* **-led**, *cont* **-ling**), **enroll** *US* (*pt & pp* **-ed**, *cont* **-ing**) [ɪn'rəʊl] ◇ *vt* inscrire. ◇ *vi* : **to ~ (in)** s'inscrire (à).

enrolment *UK*, **enrollment** *US* [ɪn'rəʊlmənt] *n* - **1.** *(U)* [registration] inscription *f* - **2.** [person enrolled] inscrit *m*.

en route [ɒn'ruːt] *adv* : **~ (to)** en route (vers) ; **~ from** en provenance de.

ensconced [ɪn'skɒnst] *adj lit* **~ (in)** bien installé(e) (dans).

enshrine [ɪn'ʃraɪn] *vt* : **to be ~d in** être garanti(e) par.

ensign ['ensaɪn] *n* - **1.** [flag] pavillon *m* - **2.** *US* [sailor] enseigne *m*.

enslave [ɪn'sleɪv] *vt* asservir.

ensue [ɪn'sjuː] *vi* s'ensuivre.

ensuing [ɪn'sjuːɪŋ] *adj* qui s'ensuit.

ensure [ɪn'ʃʊəʳ] *vt* assurer ; **to ~ (that)...** s'assurer que...

ENT (*abbr of* **Ear, Nose & Throat**) *n* ORL *f*.

entail [ɪn'teɪl] *vt* entraîner ; **what does the work ~?** en quoi consiste le travail?

entangled [ɪn'tæŋgld] *adj* - **1.** [caught] : **to be ~ in** être emmêlé(e) *OR* enchevêtré(e) dans - **2.** [in problem, difficult situation] : **to be ~ in** être empêtré(e) dans - **3.** *fig* [with person] : **to be ~ with** avoir une liaison avec.

entanglement [ɪn'tæŋglmənt] *n* liaison *f* (amoureuse).

enter ['entəʳ] ◇ *vt* - **1.** [room, vehicle] entrer dans - **2.** [university, army] entrer à ; [school] s'inscrire à, s'inscrire dans - **3.** [competition, race] s'inscrire à ; [politics] se lancer dans - **4.** [register] : **to ~ sb/sthg for sthg** inscrire qqn/qqch à qqch - **5.** [write down] inscrire - **6.** COMPUT entrer. ◇ *vi* - **1.** [come or go in] entrer - **2.** [register] : **to ~ (for)** s'inscrire (à).

◆ **enter into** *vt insep* [negotiations, correspondence] entamer.

enteritis [ˌentə'raɪtɪs] *n* entérite *f*.

enter key *n* COMPUT (touche *f*) entrée *f*.

enterprise ['entəpraɪz] *n* entreprise *f*.

enterprise culture *n* culture *f* d'entreprise.

enterprise zone *n UK zone dans une région défavorisée qui bénéficie de subsides de l'État.*

enterprising ['entəpraɪzɪŋ] *adj* qui fait preuve d'initiative.

entertain [ˌentə'teɪn] ◇ *vt* - **1.** [amuse] divertir - **2.** [invite - guests] recevoir - **3.** *fml* [thought, proposal] considérer - **4.** *fml* [hopes] nourrir. ◇ *vi* - **1.** [amuse] se divertir - **2.** [have guests] recevoir.

entertainer [ˌentə'teɪnəʳ] *n* fantaisiste *mf*.

entertaining [ˌentə'teɪnɪŋ] ◇ *adj* divertissant(e). ◇ *n* : **to do a lot of ~** recevoir beaucoup.

entertainment [ˌentə'teɪnmənt] ◇ *n* - **1.** *(U)* [amusement] divertissement *m* - **2.** [show] spectacle *m*. ◇ *comp* du spectacle.

entertainment allowance *n UK* frais *mpl* de représentation.

enthral *UK* (*pt & pp* **-led**, *cont* **-ling**), **enthrall** *US* [ɪn'θrɔːl] *vt* captiver.

enthralling [ɪn'θrɔːlɪŋ] *adj* captivant(e).

enthrone [ɪn'θrəʊn] *vt* introniser.

enthuse [ɪn'θjuːz] *vi* : **to ~ (over)** s'enthousiasmer (pour).

enthusiasm [ɪn'θjuːzɪæzm] *n* - **1.** [passion, eagerness] : **~ (for)** enthousiasme *m* (pour) - **2.** [interest] passion *f*.

enthusiast [ɪn'θjuːzɪæst] *n* amateur *m*, -trice *f*.

enthusiastic [ɪnˌθjuːzɪ'æstɪk] *adj* enthousiaste.

enthusiastically [ɪnˌθjuːzɪ'æstɪklɪ] *adv* avec enthousiasme.

entice [ɪn'taɪs] *vt* entraîner.

enticing [ɪn'taɪsɪŋ] *adj* alléchant(e) ; [smile] séduisant(e).

entire [ɪn'taɪəʳ] *adj* entier(ère).

entirely [ɪn'taɪəlɪ] *adv* totalement.

entirety [ɪn'taɪrətɪ] *n* : **in its ~** en entier.

entitle [ɪn'taɪtl] *vt* [allow] : **to ~ sb to sthg** donner droit à qqch à qqn ; **to ~ sb to do sthg** autoriser qqn à faire qqch.

entitled [ɪn'taɪtld] *adj* **- 1.** [allowed] autorisé(e) ; **to be ~ to sthg** avoir droit à qqch ; **to be ~ to do sthg** avoir le droit de faire qqch **- 2.** [called] intitulé(e).

entitlement [ɪn'taɪtlmənt] *n* droit *m*.

entity ['entətɪ] (*pl* **-ies**) *n* entité *f*.

entomology [,entə'mɒlədʒɪ] *n* entomologie *f*.

entourage [,ɒntʊ'rɑ:ʒ] *n* entourage *m*.

entrails ['entreɪlz] *npl* entrailles *fpl*.

entrance <> *n* ['entrəns] **- 1.** [way in] : **~ (to)** entrée *f* (de) **- 2.** [arrival] entrée *f* **- 3.** [entry] : **to gain ~ to** [building] obtenir l'accès à ; [society, university] être admis(e) dans. <> *vt* [ɪn'trɑ:ns] ravir, enivrer.

entrance examination *n* examen *m* d'entrée.

entrance fee *n* **- 1.** [to cinema, museum] droit *m* d'entrée **- 2.** [for club] droit *m* d'inscription.

entrancing [ɪn'trɑ:nsɪŋ] *adj* épatant(e).

entrant ['entrənt] *n* [in race, competition] concurrent *m*, -e *f*.

entreat [ɪn'tri:t] *vt* : **to ~ sb (to do sthg)** supplier qqn (de faire qqch).

entreaty [ɪn'tri:tɪ] (*pl* **-ies**) *n* prière *f*, supplication *f*.

entrenched [ɪn'trentʃt] *adj* ancré(e).

entrepreneur [,ɒntrəprə'nɜ:ʳ] *n* entrepreneur *m*.

entrepreneurial [,ɒntrəprə'nɜ:rɪəl] *adj* [person] qui a l'esprit d'entreprise ; [skill] d'entrepreneur.

entrust [ɪn'trʌst] *vt* : **to ~ sthg to sb, to ~ sb with sthg** confier qqch à qqn.

entry ['entrɪ] (*pl* **-ies**) *n* **- 1.** [gen] entrée *f* ; **to gain ~ to** avoir accès à ; **'no ~'** 'défense d'entrer' ; AUT 'sens interdit' **- 2.** [in competition] inscription *f* **- 3.** [in dictionary] entrée *f* ; [in diary, ledger] inscription *f*.

entry fee *n* entrée *f*.

entry form *n* formulaire *m* OR feuille *f* d'inscription.

entry phone *UK n* portier *m* électronique.

entryway ['entrɪ,weɪ] *n US* entrée *f*.

entwine [ɪn'twaɪn] <> *vt* entrelacer. <> *vi* s'entrelacer.

E number *n* additif *m* E.

enumerate [ɪ'nju:məreɪt] *vt* énumérer.

enunciate [ɪ'nʌnsɪeɪt] <> *vt* **- 1.** [word] articuler **- 2.** [idea, plan] énoncer, exposer. <> *vi* articuler.

envelop [ɪn'veləp] *vt* envelopper.

envelope ['envələʊp] *n* enveloppe *f*.

enviable ['envɪəbl] *adj* enviable.

envious ['envɪəs] *adj* envieux(euse).

enviously ['envɪəslɪ] *adv* avec envie.

environment [ɪn'vaɪərənmənt] *n* **- 1.** [surroundings] milieu *m*, cadre *m* **- 2.** [natural world] : **the ~** l'environnement *m* ; **Department of the Environment** *UK* ≃ ministère *m* de l'Environnement **- 3.** COMPUT environnement *m*.

environment agency *n* agence *f* pour la protection de l'environnement.

environmental [ɪn,vaɪərən'mentl] *adj* [pollution, awareness] de l'environnement ; [impact] sur l'environnement.

environmentalist [ɪn,vaɪərən'mentəlɪst] *n* écologiste *mf*, environnementaliste *mf*.

environmentally [ɪn,vaɪərən'mentəlɪ] *adv* [damaging] pour l'environnement ; **to be ~ aware** être sensible aux problèmes de l'environnement ; **~ friendly** qui préserve l'environnement.

Environmental Protection Agency *n US* ≃ ministère *m* de l'Environnement.

environs [ɪn'vaɪərənz] *npl* environs *mpl*.

envisage [ɪn'vɪzɪdʒ], **envision** [ɪn'vɪʒn] *vt* envisager.

envoy ['envɔɪ] *n* émissaire *m*.

envy ['envɪ] <> *n* envie *f*, jalousie *f* ; **to be the ~ of** faire envie à ; **to be green with ~** être malade de jalousie. <> *vt* (*pt & pp* **-ied**) envier ; **to ~ sb sthg** envier qqch à qqn.

enzyme ['enzaɪm] *n* enzyme *f*.

EOC *see also* **Equal Opportunities Commission.**

eon = aeon.

EPA *see also* **Environmental Protection Agency.**

epaulet(te) ['epəlet] *n* épaulette *f*.

ephemeral [ɪ'femərəl] *adj* éphémère.

epic ['epɪk] <> *adj* épique. <> *n* épopée *f*.

epicentre *UK*, **epicenter** *US* ['epɪsentəʳ] *n* épicentre *m*.

epidemic [,epɪ'demɪk] *n* épidémie *f*.

epidural [,epɪ'djʊərəl] *n* péridurale *f*.

epigram ['epɪgræm] *n* épigramme *f*.

epilepsy ['epɪlepsɪ] *n* épilepsie *f*.

epileptic [,epɪ'leptɪk] <> *adj* épileptique. <> *n* épileptique *mf*.

epilogue ['epɪlɒg] *n* épilogue *m*.

Epiphany [ɪ'pɪfənɪ] *n* Épiphanie *f*.

episcopal [ɪ'pɪskəpl] *adj* épiscopal(e).

episode ['epɪsəʊd] *n* épisode *m*.

episodic [ˌepɪ'sɒdɪk] *adj* [story, play] en épisodes.

epistle [ɪ'pɪsl] *n* épître *f*.

epitaph ['epɪtɑːf] *n* épitaphe *f*.

epithet ['epɪθet] *n* épithète *f*.

epitome [ɪ'pɪtəmɪ] *n* : **the ~ of** le modèle de.

epitomize, *UK* **-ise** [ɪ'pɪtəmaɪz] *vt* incarner.

epoch ['iːpɒk] *n* époque *f*.

epoch-making [-'meɪkɪŋ] *adj* qui fait date.

eponymous [ɪ'pɒnɪməs] *adj* éponyme.

EPOS ['iːpɒs] (*abbr of* **electronic point of sale**) *n point de vente électronique.*

EQ [iː'kjuː] (*abbr of* **emotional intelligence quotient**) *n* QE *m*, quotient *m* émotionnel.

equable ['ekwəbl] *adj* égal(e), constant(e).

equal ['iːkwəl] ◇ *adj* - **1.** [gen] : **~ (to)** égal(e) (à) ; **on ~ terms** d'égal à égal - **2.** [capable] : **~ to sthg** à la hauteur de qqch. ◇ *n* égal *m*, -e *f*. ◇ *vt* (*UK*, *pt & pp* **-led**, *cont* **-ling**, *US*, *pt & pp* **-ed**, *cont* **-ing**) égaler.

equality [iː'kwɒlətɪ] *n* égalité *f*.

equalize, *UK* **-ise** ['iːkwəlaɪz] ◇ *vt* niveler. ◇ *vi UK* SPORT égaliser.

equalizer ['iːkwəlaɪzəʳ] *n UK* SPORT but *m* égalisateur.

equally ['iːkwəlɪ] *adv* - **1.** [important, stupid etc] tout aussi ; **I like them ~** je les apprécie de la même façon - **2.** [in amount] en parts égales - **3.** [also] en même temps.

equal opportunities *npl* égalité *f* des chances.

Equal Opportunities Commission *n commission britannique pour l'égalité des chances dans le travail.*

equal(s) sign *n* le signe *m* d'égalité.

equanimity [ˌekwə'nɪmətɪ] *n* sérénité *f*, égalité *f* d'âme.

equate [ɪ'kweɪt] *vt* : **to ~ sthg with** assimiler qqch à.

equation [ɪ'kweɪʒn] *n* équation *f*.

equator [ɪ'kweɪtəʳ] *n* : **the ~** l'équateur *m*.

equatorial [ˌekwə'tɔːrɪəl] *adj* équatorial(e).

Equatorial Guinea *n* Guinée *f* équatoriale.

equestrian [ɪ'kwestrɪən] *adj* équestre.

equidistant [ˌiːkwɪ'dɪstənt] *adj* : **~ (from)** équidistant(e) (de).

equilateral triangle [ˌiːkwɪ'lætərəl-] *n* triangle *m* équilatéral.

equilibrium [ˌiːkwɪ'lɪbrɪəm] *n* équilibre *m*.

equine ['ekwaɪn] *adj* chevalin(e).

equinox ['iːkwɪnɒks] *n* équinoxe *m*.

equip [ɪ'kwɪp] (*pt & pp* **-ped**, *cont* **-ping**) *vt* équiper ; **to ~ sb/sthg with** équiper qqn/qqch de, munir qqn/qqch de ; **he's well equipped for the job** il est bien préparé pour ce travail.

equipment [ɪ'kwɪpmənt] *n* (*U*) équipement *m*, matériel *m*.

equitable ['ekwɪtəbl] *adj* équitable.

equities ['ekwətɪz] *npl* ST. EX actions *fpl* ordinaires.

equivalent [ɪ'kwɪvələnt] ◇ *adj* équivalent(e) ; **to be ~ to** être équivalent à, équivaloir à. ◇ *n* équivalent *m*.

equivocal [ɪ'kwɪvəkl] *adj* équivoque.

equivocate [ɪ'kwɪvəkeɪt] *vi* parler de façon équivoque.

er [ɜːʳ] *excl* euh!

ER (*abbr of* **Elizabeth Regina**) *emblème de la reine Elizabeth.*

era ['ɪərə] (*pl* **-s**) *n* ère *f*, période *f*.

ERA ['ɪərə] (*abbr of* **Equal Rights Amendment**) *n US projet d'amendement constitutionnel pour l'égalité des droits des femmes.*

eradicate [ɪ'rædɪkeɪt] *vt* éradiquer.

eradication [ɪˌrædɪ'keɪʃn] *n* éradication *f*.

erase [ɪ'reɪz] *vt* - **1.** [rub out] gommer - **2.** *fig* [memory] effacer ; [hunger, poverty] éliminer.

eraser [ɪ'reɪzəʳ] *n* gomme *f*.

erect [ɪ'rekt] ◇ *adj* - **1.** [person, posture] droit(e) - **2.** [penis] en érection. ◇ *vt* - **1.** [statue] ériger ; [building] construire - **2.** [tent] dresser.

erection [ɪ'rekʃn] *n* - **1.** (*U*) [of statue] érection *f* ; [of building] construction *f* - **2.** [erect penis] érection *f*.

ergonomics [ˌɜːgə'nɒmɪks] *n* ergonomie *f*.

ERISA [ə'riːsə] (*abbr of* **Employee Retirement Income Security Act**) *n loi américaine sur les pensions de retraite.*

Eritrea [ˌerɪ'treɪə] *n* Érythrée *f* ; **in ~** en Érythrée.

Eritrean [ˌerɪ'treɪən] ◇ *adj* érythréen(enne). ◇ *n* Érythréen *m*, -enne *f*.

ERM (*abbr of* **Exchange Rate Mechanism**) *n* mécanisme *m* des changes (du SME).

ermine ['ɜːmɪn] *n* [fur] hermine *f*.

ERNIE ['ɜːnɪ] (*abbr of* **Electronic Random Number Indicator Equipment**) *n UK dispositif de tirage des numéros gagnants des 'Premium Bonds'.*

erode [ɪ'rəʊd] ◇ *vt* - **1.** [rock, soil] éroder - **2.** *fig* [confidence, rights] réduire. ◇ *vi* - **1.** [rock, soil] s'éroder - **2.** *fig* [confidence] diminuer ; [rights] se réduire.

erogenous zone [ɪ'rɒdʒɪnəs-] *n* zone *f* érogène.

erosion [ɪ'rəʊʒn] *n* - **1.** [of rock, soil] érosion *f* - **2.** *fig* [of confidence] baisse *f* ; [of rights] diminution *f*.

erotic [ɪ'rɒtɪk] *adj* érotique.

eroticism [ɪ'rɒtɪsɪzm] *n* érotisme *m*.

err [ɜːʳ] *vi* se tromper ; **to ~ is human** l'erreur est humaine ; **to ~ on the side of** pécher par excès de.

errand ['erənd] *n* course *f*, commission *f* ; **to go on** *OR* **run an ~** faire une course.

errand boy *n esp UK dated* garçon *m* de courses.

erratic [ɪ'rætɪk] *adj* irrégulier(ère).

erroneous [ɪ'rəʊnjəs] *adj fml* erroné(e).

error ['erəʳ] *n* erreur *f* ; **a spelling/typing ~** une faute d'orthographe/de frappe ; **an ~ of judgment** une erreur de jugement ; **in ~** par erreur.

error message *n* COMPUT message *m* d'erreur.

erstwhile ['ɜːstwaɪl] *adj lit* d'autrefois.

erudite ['eruːdaɪt] *adj* savant(e).

erupt [ɪ'rʌpt] *vi* - **1.** [volcano] entrer en éruption - **2.** *fig* [violence, war] éclater.

eruption [ɪ'rʌpʃn] *n* - **1.** [of volcano] éruption *f* - **2.** [of violence] explosion *f* ; [of war] déclenchement *m*.

ESA (*abbr of* **European Space Agency**) *n* ESA *f*, ASE *f*.

escalate ['eskəleɪt] *vi* - **1.** [conflict] s'intensifier - **2.** [costs] monter en flèche.

escalation [ˌeskə'leɪʃn] *n* - **1.** [of conflict, violence] intensification *f* - **2.** [of costs] montée *f* en flèche.

escalator ['eskəleɪtəʳ] *n* escalier *m* roulant.

escalator clause *n* clause *f* d'indexation.

escapade [ˌeskə'peɪd] *n* aventure *f*, exploit *m*.

escape [ɪ'skeɪp] ◇ *n* - **1.** [gen] fuite *f*, évasion *f* ; **to make one's ~** s'échapper ; **to have a lucky ~** l'échapper belle - **2.** [leakage - of gas, water] fuite *f*. ◇ *vt* échapper à ; **to ~ notice** échapper à l'attention. ◇ *vi* - **1.** [gen] s'échapper, fuir ; [from prison] s'évader ; **to ~ from** [place] s'échapper de ; [danger, person] échapper à - **2.** [survive] s'en tirer.

escape artist *US* = **escapologist**.

escape clause *n* clause *f* échappatoire.

escape key *n* COMPUT touche *f* d'échappement.

escape route *n* - **1.** [from prison] moyen *m* d'évasion - **2.** [from fire] *itinéraire d'évacuation en cas d'incendie*.

escapism [ɪ'skeɪpɪzm] *n (U)* évasion *f* (de la réalité).

escapist [ɪ'skeɪpɪst] *adj* [literature, film] d'évasion.

escapologist [ˌeskə'pɒlədʒɪst], **escape artist** *US n* virtuose *mf* de l'évasion.

escarpment [ɪ'skɑːpmənt] *n* escarpement *m*.

eschew [ɪs'tʃuː] *vt fml* s'abstenir de.

escort ◇ *n* ['eskɔːt] - **1.** [guard] escorte *f* ; **under ~** sous escorte - **2.** [companion - male] cavalier *m* ; [- female] hôtesse *f*. ◇ *vt* [ɪ'skɔːt] escorter, accompagner.

escort agency *n* agence *f* d'hôtesses.

ESF [iːes'ef] (*abbr of* **European Social Fund**) *n* FSE *m*.

e-shopping *n (U)* cyberachat *m*.

Eskimo ['eskɪməʊ] ◇ *adj* esquimau(aude). ◇ *n (pl* **-s**) - **1.** [person] Esquimau *m*, -aude *f* *(attention: le terme 'Eskimo', comme son équivalent français, est souvent considéré comme injurieux en Amérique du Nord. On préférera le terme 'Inuit')* - **2.** [language] esquimau *m*.

ESL (*abbr of* **English as a Second Language**) *n* *anglais deuxième langue*.

esophagus *US* = **oesophagus**.

esoteric [ˌesə'terɪk] *adj* ésotérique.

esp. *see also* **especially**.

ESP *n* - **1.** (*abbr of* **extrasensory perception**) perception *f* extrasensorielle - **2.** (*abbr of* **English for special purposes**) *anglais à usage professionnel*.

espadrille [ˌespə'drɪl] *n* espadrille *f*.

especial [ɪ'speʃl] *adj fml* spécial(e), particulier(ère).

especially [ɪ'speʃəlɪ] *adv* - **1.** [in particular] surtout - **2.** [more than usually] particulièrement - **3.** [specifically] spécialement.

Esperanto [ˌespə'ræntəʊ] *n* espéranto *m*.

espionage ['espɪəˌnɑːʒ] *n* espionnage *m*.

esplanade [ˌesplə'neɪd] *n* esplanade *f*.

espouse [ɪ'spaʊz] *vt* épouser.

espresso [e'spresəʊ] (*pl* **-s**) *n* express *m inv*.

Esq. *see also* **Esquire**.

Esquire [ɪ'skwaɪəʳ] *n* : **G. Curry ~** Monsieur G. Curry.

essay ['eseɪ] *n* - **1.** SCH & UNIV dissertation *f* - **2.** LIT essai *m*.

essayist ['eseɪɪst] *n* essayiste *mf*.

essence ['esns] *n* - **1.** [nature] essence *f*, nature *f* ; **in ~** par essence - **2.** CULIN extrait *m*.

essential [ɪ'senʃl] *adj* - **1.** [absolutely necessary] : **~ (to** *OR* **for)** indispensable (à) - **2.** [basic] essentiel(elle), de base.

◆ **essentials** *npl* - **1.** [basic commodities] produits *mpl* de première nécessité - **2.** [most important elements] essentiel *m*.

essentially [ɪ'senʃəlɪ] *adv* fondamentalement, avant tout.

est. - **1.** *see also* **established** - **2.** *see also* **estimated** - **3.** *see also* **estimate**.

EST (*abbr of* **Eastern Standard Time**) *n heure d'hiver de la côte est des États-Unis*.

establish [ɪ'stæblɪʃ] *vt* - **1.** [gen] établir ; **to ~ contact with** établir le contact avec - **2.** [organization, business] fonder, créer.

established [ɪ'stæblɪʃt] *adj* - **1.** [custom] établi(e) - **2.** [business, company] fondé(e).

establishment [ɪ'stæblɪʃmənt] *n* - **1.** [gen] établissement *m* - **2.** [of organization, business] fondation *f*, création *f*.

◆ **Establishment** *n* [status quo] : **the Establishment** l'ordre *m* établi, l'Establishment *m*.

estate [ɪ'steɪt] *n* - **1.** [land, property] propriété *f*, domaine *m* - **2.** *UK* **(housing)** ~ lotissement *m* - **3.** *US* **(industrial)** ~ zone *f* industrielle - **4.** LAW [inheritance] biens *mpl*.

estate agency *n UK* agence *f* immobilière.

estate agent *n UK* agent *m* immobilier.

estate car *n UK* break *m*.

estd., **est'd.** *see also* **established**.

esteem [ɪ'sti:m] ◇ *n* estime *f* ; **to hold sb/sthg in high ~** tenir qqn/qqch en haute estime. ◇ *vt* estimer.

esthetic *etc US esp UK* = **aesthetic** *etc* .

estimate ◇ *n* ['estɪmət] - **1.** [calculation, judgment] estimation *f*, évaluation *f* - **2.** COMM devis *m*. ◇ *vt* ['estɪmeɪt] estimer, évaluer. ◇ *vi* ['estɪmeɪt] COMM : **to ~ for** faire *OR* établir un devis pour.

estimated ['estɪmeɪtɪd] *adj* estimé(e).

estimation [ˌestɪ'meɪʃn] *n* - **1.** [opinion] opinion *f* - **2.** [calculation] estimation *f*, évaluation *f*.

Estonia [e'stəʊnɪə] *n* Estonie *f* ; **in ~** en Estonie.

Estonian [e'stəʊnɪən] ◇ *adj* estonien (enne). ◇ *n* - **1.** [person] Estonien *m*, -enne *f* - **2.** [language] estonien *m*.

estranged [ɪ'streɪndʒd] *adj* [couple] séparé(e) ; [husband, wife] dont on s'est séparé.

estrogen *US* = **oestrogen**.

estuary ['estjʊərɪ] (*pl* **-ies**) *n* estuaire *m*.

ETA (*abbr of* **estimated time of arrival**) *n* HPA *f*.

e-tailer *n* détaillant *m* en ligne.

et al. ['etæl] (*abbr of* **et alii**) et coll., et al.

etc. (*abbr of* **et cetera**) etc.

etcetera [ɪt'setərə] *adv* et cetera.

etch [etʃ] *vt* graver à l'eau forte ; **to be ~ed on sb's memory** être gravé dans la mémoire de qqn.

etching ['etʃɪŋ] *n* gravure *f* à l'eau forte.

ETD (*abbr of* **estimated time of departure**) *n* HPD *f*.

eternal [ɪ'tɜ:nl] *adj* - **1.** [life] éternel(elle) - **2.** *fig* [complaints, whining] sempiternel(elle) - **3.** [truth, value] immuable.

eternally [ɪ'tɜ:nəlɪ] *adv* éternellement.

eternity [ɪ'tɜ:nətɪ] *n* éternité *f*.

eternity ring *n UK* bague *f* de fidélité.

ether ['i:θər] *n* éther *m*.

ethereal [i:'θɪərɪəl] *adj* éthéré(e).

ethic ['eθɪk] *n* éthique *f*, morale *f*.

◆ **ethics** ◇ *n (U)* [study] éthique *f*, morale *f*. ◇ *npl* [morals] morale *f*.

ethical ['eθɪkl] *adj* moral(e).

Ethiopia [ˌi:θɪ'əʊpɪə] *n* Éthiopie *f* ; **in ~** en Éthiopie.

Ethiopian [ˌi:θɪ'əʊpɪən] ◇ *adj* éthiopien(enne). ◇ *n* Éthiopien *m*, -enne *f*.

ethnic ['eθnɪk] *adj* - **1.** [traditions, groups] ethnique - **2.** [clothes] folklorique.

ethnic cleansing [-'klenzɪŋ] *n* purification *f* ethnique.

ethnic minority *n* minorité *f* ethnique.

ethnology [eθ'nɒlədʒɪ] *n* ethnologie *f*.

ethos ['i:θɒs] *n* génie *m* (d'un peuple/d'une civilisation).

etiquette ['etɪket] *n* convenances *fpl*, étiquette *f*.

e-trade *n (U)* cybercommerce *m*, commerce *m* électronique.

ETV (*abbr of* **educational television**) *n télévision scolaire*.

etymology [ˌetɪ'mɒlədʒɪ] (*pl* **-ies**) *n* étymologie *f*.

EU (*abbr of* **European Union**) *n* UE *f* ; **~ policy** la politique de l'Union Européenne, la politique communautaire.

eucalyptus [ˌju:kə'lɪptəs] *n* eucalyptus *m*.

eulogize, *UK* **-ise** ['ju:lədʒaɪz] *vt* faire le panégyrique de.

eulogy ['ju:lədʒɪ] (*pl* **-ies**) *n* panégyrique *m*.

eunuch ['ju:nək] *n* eunuque *m*.

euphemism ['ju:fəmɪzm] *n* euphémisme *m*.

euphemistic [ˌju:fə'mɪstɪk] *adj* euphémique.

euphoria [ju:'fɔ:rɪə] *n* euphorie *f*.

euphoric [ju:'fɒrɪk] *adj* euphorique.

Eurasia [jʊə'reɪʒə] *n* Eurasie *f*.

Eurasian [jʊə'reɪʒən] ◇ *adj* eurasien (enne). ◇ *n* Eurasien *m*, -enne *f*.

eureka [jʊə'ri:kə] *excl* eurêka!

euro ['jʊərəʊ] *n* euro *m*.

Euro- *prefix* euro-.

euro area *n* zone *f* euro.

eurocent *n* = euro.

Eurocheque ['jʊərəʊˌtʃek] *n UK* eurochèque *m*.

Eurocrat ['jʊərəˌkræt] *n* eurocrate *mf*.

Eurocurrency ['jʊːrəʊˌkʌrənsɪ] (*pl* **-ies**) *n* eurodevise *f*.

Eurodollar ['jʊərəʊˌdɒlər] *n* eurodollar *m*.

Euro MP *n* député *m* européen.

Europe ['jʊərəp] *n* Europe *f*.

European [ˌjʊərə'pi:ən] ◇ *adj* européen(enne). ◇ *n* Européen *m*, -enne *f*.

European Central Bank *n* Banque *f* centrale européenne.

European Commission *n* Commission *f* des communautés européennes.

European Community *n* : **the ~** la Communauté européenne.

European Court of Human Rights *n* : **the ~** la Cour européenne des droits de l'homme.

European Court of Justice *n* : **the ~** la Cour européenne de justice.

European Currency Unit *n* unité *f* monétaire européenne.

Europeanism [ˌjʊərə'pi:ənɪzm] *n* européanisme *m*.

Europeanize, *UK* **-ise** [ˌjʊərə'pi:ənaɪz] *vt* européaniser.

European Monetary System *n* : **the ~** le Système monétaire européen.

European Parliament *n* : **the ~** le Parlement européen.

European Union *n* Union *f* européenne.

Eurosceptic ['jʊərʊəˌskeptɪk] *n UK* eurosceptique *mf*.

Eurostar® ['jʊərəʊstɑːr] *n* Eurostar® *m*.

euro zone *n* zone *f* euro.

euthanasia [ˌju:θə'neɪzjə] *n* euthanasie *f*.

evacuate [ɪ'vækjʊeɪt] *vt* évacuer.

evacuation [ɪˌvækjʊ'eɪʃn] *n* évacuation *f*.

evacuee [ɪˌvækju:'i:] *n* évacué *m*, -e *f*.

evade [ɪ'veɪd] *vt* **- 1.** [gen] échapper à **- 2.** [issue, question] esquiver, éluder.

evaluate [ɪ'væljʊeɪt] *vt* évaluer.

evaluation [ɪˌvæljʊ'eɪʃn] *n* évaluation *f*.

evangelical [ˌi:væn'dʒelɪkl] *adj* évangélique.

evangelism [ɪ'vændʒəlɪzm] *n* évangélisation *f*.

evangelist [ɪ'vændʒəlɪst] *n* évangéliste *mf*.

evangelize, *UK* **-ise** [ɪ'vændʒəlaɪz] *vt* évangéliser.

evaporate [ɪ'væpəreɪt] *vi* **- 1.** [liquid] s'évaporer **- 2.** *fig* [hopes, fears] s'envoler ; [confidence] disparaître.

evaporated milk [ɪ'væpəreɪtɪd-] *n* lait *m* condensé (non sucré).

evaporation [ɪˌvæpə'reɪʃn] *n* évaporation *f*.

evasion [ɪ'veɪʒn] *n* **- 1.** [of responsibility] dérobade *f* ; **tax ~** évasion *f* fiscale **- 2.** [lie] faux-fuyant *m*.

evasive [ɪ'veɪsɪv] *adj* évasif(ive) ; **to take ~ action** faire une manœuvre d'évitement.

evasiveness [ɪ'veɪsɪvnɪs] *n* caractère *m* évasif.

eve [i:v] *n* veille *f*.

even ['i:vn] ◇ *adj* **- 1.** [speed, rate] régulier(ère) ; [temperature, temperament] égal(e) **- 2.** [flat, level] plat(e), régulier(ère) **- 3.** [equal - contest] équilibré(e) ; [- teams, players] de la même force ; [- scores] à égalité ; **to get ~ with sb** se venger de qqn **- 4.** [not odd - number] pair(e). ◇ *adv* **- 1.** [gen] même ; **~ now** encore maintenant ; **~ then** même alors **- 2.** [in comparisons] : **~ bigger/better/more stupid** encore plus grand/mieux/plus bête.

◆ **even as** *conj* au moment même où.

◆ **even if** *conj* même si.

◆ **even so** *adv* quand même.

◆ **even though** *conj* bien que (*+ subjunctive*).

◆ **even out** ◇ *vt sep* égaliser. ◇ *vi* s'égaliser.

even-handed [-'hændɪd] *adj* impartial(e).

evening ['i:vnɪŋ] *n* soir *m* ; [duration, entertainment] soirée *f* ; **in the ~** le soir.

◆ **evenings** *adv US* le soir.

evening class *n* cours *m* du soir.

evening dress *n* [worn by man] habit *m* de soirée ; [worn by woman] robe *f* du soir.

evening star *n* : **the ~** l'étoile *f* du berger.

evenly ['i:vnlɪ] *adv* **- 1.** [breathe, distributed] régulièrement **- 2.** [equally - divided] également ; **to be ~ matched** être de la même force **- 3.** [calmly] calmement, sur un ton égal.

evenness ['i:vnnɪs] *n* **- 1.** [of breathing] régularité *f* **- 2.** [equality] bon équilibre *m*.

evensong ['i:vnsɒŋ] *n* vêpres *fpl*.

event [ɪ'vent] *n* **- 1.** [happening] événement *m* **- 2.** SPORT épreuve *f* **- 3.** [case] : **in the ~ of** en cas de ; **in the ~ that** au cas où.

◆ **in any event** *adv* en tout cas, de toute façon.
◆ **in the event** *adv UK* en l'occurrence, en réalité.

even-tempered [-'tempəd] *adj* d'humeur égale.

eventful [ɪ'ventfʊl] *adj* mouvementé(e).

eventide home ['i:vntaɪd-] *n UK euph* hospice *m* de vieillards.

eventing [ɪ'ventɪŋ] *n UK* SPORT : **(three-day) ~** concours *m* complet.

eventual [ɪ'ventʃʊəl] *adj* final(e) ; **the ~ winner was X** finalement, le vainqueur a été X.

eventuality [ɪˌventʃʊ'ælətɪ] (*pl* **-ies**) *n* éventualité *f*.

eventually [ɪ'ventʃʊəlɪ] *adv* finalement, en fin de compte.

ever ['evəʳ] *adv* **- 1.** [at any time] jamais ; **have you ~ been to Paris?** êtes-vous déjà allé à Paris? ; **I hardly ~ see him** je ne le vois presque jamais ; **if ~** si jamais **- 2.** [all the time] toujours ; **as ~** comme toujours ; **for ~** pour toujours **- 3.** [for emphasis] : **~ so** *UK* tellement ; **~ such** *UK* vraiment ; **why/how ~?** pourquoi/comment donc? ; **is he ~ stupid!** *US* ce qu'il est bête!
◆ **ever since** ◇ *adv* depuis (ce moment-là). ◇ *conj* depuis que. ◇ *prep* depuis.

Everest ['evərɪst] *n* l'Everest *m*.

Everglades ['evəˌgleɪdz] *npl* : **the ~** les Everglades *mpl*.

evergreen ['evəgri:n] ◇ *adj* à feuilles persistantes. ◇ *n* arbre *m* à feuilles persistantes.

everlasting [ˌevə'lɑ:stɪŋ] *adj* éternel(elle).

every ['evrɪ] *adj* chaque ; **~ morning** chaque matin, tous les matins ; **there's ~ chance she'll pass the exam** elle a toutes les chances de réussir à son examen.
◆ **every now and then, every so often** *adv* de temps en temps, de temps à autre.
◆ **every other** *adj* : **~ other day** tous les deux jours, un jour sur deux ; **~ other street** une rue sur deux.
◆ **every which way** *adv US* partout, de tous côtés.

everybody ['evrɪˌbɒdɪ] = **everyone**.

everyday ['evrɪdeɪ] *adj* quotidien(enne).

everyone ['evrɪwʌn] *pron* chacun, tout le monde.

everyplace *US inf* = **everywhere**.

everything ['evrɪθɪŋ] *pron* tout.

everywhere ['evrɪweəʳ], *US* **everyplace** ['evrɪˌpleɪs] *adv* partout.

evict [ɪ'vɪkt] *vt* expulser.

eviction [ɪ'vɪkʃn] *n* expulsion *f*.

eviction notice *n* avis *m* d'expulsion.

evidence ['evɪdəns] *n (U)* **- 1.** [proof] preuve *f* **- 2.** LAW [of witness] témoignage *m* ; **to give ~** témoigner.
◆ **in evidence** *adj* [noticeable] en évidence.

evident ['evɪdənt] *adj* évident(e), manifeste.

evidently ['evɪdəntlɪ] *adv* **- 1.** [seemingly] apparemment **- 2.** [obviously] de toute évidence, manifestement.

evil ['i:vl] ◇ *adj* [person] mauvais(e), malveillant(e). ◇ *n* mal *m*.

evil-minded [-'maɪndɪd] *adj* malveillant(e), malintentionné(e).

evince [ɪ'vɪns] *vt fml* faire montre de.

evocation [ˌevəʊ'keɪʃn] *n* évocation *f*.

evocative [ɪ'vɒkətɪv] *adj* évocateur(trice).

evoke [ɪ'vəʊk] *vt* [memory] évoquer ; [emotion, response] susciter.

evolution [ˌi:və'lu:ʃn] *n* évolution *f*.

evolve [ɪ'vɒlv] ◇ *vt* développer. ◇ *vi* : **to ~ (into/from)** se développer (en/à partir de).

ewe [ju:] *n* brebis *f*.

ex- [eks] *prefix* ex-.

exacerbate [ɪg'zæsəbeɪt] *vt* [feeling] exacerber ; [problems] aggraver.

exact [ɪg'zækt] ◇ *adj* exact(e), précis(e) ; **to be ~** pour être exact OR précis, exactement. ◇ *vt* : **to ~ sthg (from)** exiger qqch (de).

exacting [ɪg'zæktɪŋ] *adj* [job, standards] astreignant(e) ; [person] exigeant(e).

exactitude [ɪg'zæktɪtju:d] *n* exactitude *f*.

exactly [ɪg'zæktlɪ] ◇ *adv* exactement ; **it's not ~ what I expected** ce n'est pas tout à fait ce que j'attendais. ◇ *excl* exactement!, parfaitement!

exaggerate [ɪg'zædʒəreɪt] *vt* & *vi* exagérer.

exaggerated [ɪg'zædʒəreɪtɪd] *adj* [sigh, smile] forcé(e).

exaggeration [ɪgˌzædʒə'reɪʃn] *n* exagération *f*.

exalted [ɪg'zɔ:ltɪd] *adj* haut placé(e).

exam [ɪg'zæm] *n* examen *m* ; **to take** OR **sit** *UK* **an ~** passer un examen.

exam room *US* = **consulting room**.

examination [ɪgˌzæmɪ'neɪʃn] *n* examen *m*.

examination board *n* comité *m* d'examen.

examination paper *n UK* [test] sujet *m* (d'examen) ; [answers] copie *f*.

examine [ɪg'zæmɪn] *vt* **- 1.** [gen] examiner ; [passport] contrôler **- 2.** LAW, SCH & UNIV interroger.

examiner [ɪg'zæmɪnəʳ] *n UK* examinateur *m*, -trice *f* ; **internal/external ~** UNIV examinateur *m* de l'établissement/de l'extérieur.

example [ɪg'zɑ:mpl] *n* exemple *m* ; **for ~** par exemple ; **to follow sb's ~** suivre l'exemple de qqn ; **to make an ~ of sb** punir qqn pour l'exemple.

exasperate [ɪg'zæspəreɪt] *vt* exaspérer.

exasperating [ɪg'zæspəreɪtɪŋ] *adj* énervant(e), exaspérant(e).

exasperation [ɪg,zæspə'reɪʃn] *n* exaspération *f*.

excavate ['ekskəveɪt] *vt* **- 1.** [land] creuser **- 2.** [object] déterrer.

excavation [,ekskə'veɪʃn] *n* **- 1.** [gen] excavation *f* **- 2.** ARCHEOL fouilles *fpl*.

excavator ['ekskə,veɪtəʳ] *n UK* [machine] pelleteuse *f*.

exceed [ɪk'si:d] *vt* **- 1.** [amount, number] excéder **- 2.** [limit, expectations] dépasser.

exceedingly [ɪk'si:dɪŋlɪ] *adv* extrêmement.

excel [ɪk'sel] (*pt & pp* **-led**, *cont* **-ling**) *vi* : **to ~ (in** OR **at)** exceller (dans) ; **to ~ o.s.** *UK* se surpasser.

excellence ['eksələns] *n* excellence *f*, supériorité *f*.

Excellency ['eksələnsɪ] (*pl* **-ies**) *n* Excellence *f*.

excellent ['eksələnt] *adj* excellent(e).

except [ɪk'sept] ◇ *prep & conj* : **~ (for)** à part, sauf. ◇ *vt* : **to ~ sb (from)** exclure qqn (de).

excepted [ɪk'septɪd] *adj* à part, excepté(e).

excepting [ɪk'septɪŋ] *prep & conj fml* = **except**.

exception [ɪk'sepʃn] *n* **- 1.** [exclusion] : **~ (to)** exception *f* (à) ; **with the ~ of** à l'exception de ; **without ~** sans exception **- 2.** [offence] : **to take ~ to** s'offenser de, se froisser de.

exceptional [ɪk'sepʃənl] *adj* exceptionnel(elle).

exceptionally [ɪk'sepʃnəlɪ] *adv* exceptionnellement.

excerpt ['eksɜ:pt] *n* : **~ (from)** extrait *m* (de), passage *m* (de).

excess [ɪk'ses (*before nouns*) 'ekses] ◇ *adj* excédentaire. ◇ *n* excès *m* ; **to be in ~ of** dépasser ; **to ~** à l'excès.

excess baggage *n* excédent *m* de bagages.

excess fare *n UK* supplément *m*.

excessive [ɪk'sesɪv] *adj* excessif(ive).

excess luggage = **excess baggage**.

exchange [ɪks'tʃeɪndʒ] ◇ *n* **- 1.** [gen] échange *m* ; **in ~ (for)** en échange (de) **- 2.** TELEC : **(telephone)~** central *m* (téléphonique). ◇ *vt* [swap] échanger ; **to ~ sthg for sthg** échanger qqch contre qqch ; **to ~ sthg with sb** échanger qqch avec qqn.

exchange rate *n* FIN taux *m* de change.

Exchequer [ɪks'tʃekəʳ] *n UK* : **the ~** ≃ le ministère des Finances.

excise ['eksaɪz] ◇ *n (U)* contributions *fpl* indirectes. ◇ *vt fml* [tumour] exciser ; [passage from book] supprimer.

excise duties *npl* droits *mpl* de régie.

excitable [ɪk'saɪtəbl] *adj* excitable.

excite [ɪk'saɪt] *vt* exciter.

excited [ɪk'saɪtɪd] *adj* excité(e).

excitement [ɪk'saɪtmənt] *n* **- 1.** [state] excitation *f* **- 2.** [exciting thing] sensation *f*, émotion *f*.

exciting [ɪk'saɪtɪŋ] *adj* passionnant(e) ; [prospect] excitant(e).

excl. - 1. (*written abbrev of* **excluding**) ; **~ taxes** HT **- 2.** *see also* **exclude(d)**.

exclaim [ɪk'skleɪm] ◇ *vt* s'écrier. ◇ *vi* s'exclamer.

exclamation [,eksklə'meɪʃn] *n* exclamation *f*.

exclamation mark *UK*, **exclamation point** *US n* point *m* d'exclamation.

exclude [ɪk'sklu:d] *vt* : **to ~ sb/sthg (from)** exclure qqn/qqch (de).

excluding [ɪk'sklu:dɪŋ] *prep* sans compter, à l'exclusion de.

exclusion [ɪk'sklu:ʒn] *n* : **~ (from)** exclusion *f* (de) ; **to the ~ of** à l'exclusion de.

exclusion clause *n* clause *f* d'exclusion.

exclusive [ɪk'sklu:sɪv] ◇ *adj* **- 1.** [high-class] fermé(e) **- 2.** [unique - use, news story] exclusif(ive). ◇ *n* PRESS exclusivité *f*.

◆ **exclusive of** *prep* : **~ of interest** intérêts non compris.

exclusively [ɪk'sklu:sɪvlɪ] *adv* exclusivement.

excommunicate [,ekskə'mju:nɪkeɪt] *vt* excommunier.

excommunication ['ekskə,mju:nɪ'keɪʃn] *n* excommunication *f*.

excrement ['ekskrɪmənt] *n* excrément *m*.

excrete [ɪk'skri:t] *vt* excréter.

excruciating [ɪk'skru:ʃɪeɪtɪŋ] *adj* atroce.

excursion [ɪk'skɜ:ʃn] *n* [trip] excursion *f*.

excusable [ɪk'skju:zəbl] *adj* excusable.

excuse ◇ *n* [ɪk'skju:s] *UK* [forgive me] excuse *f*. ◇ *vt* [ɪk'skju:z] **- 1.** [gen] excuser ; **to ~ sb for sthg/for doing sthg** excuser qqn de qqch/de faire qqch ; **to ~ o.s. (for doing sthg)** s'excuser (de faire qqch) ; **~ me** [to attract attention] excusez-moi ; [forgive me] pardon, excusez-moi ; *US* [sorry] pardon - **2.** [let off] : **to ~ sb (from)** dispenser qqn (de).

ex-directory *adj UK* qui est sur la liste rouge.

exec [ɪg'zek] *see also* **executive**.

execrable ['eksɪkrəbl] *adj* exécrable.

execute ['eksɪkju:t] *vt* exécuter.

execution [ˌeksɪ'kju:ʃn] *n* exécution *f*.

executioner [ˌeksɪ'kju:ʃnəʳ] *n* bourreau *m*.

executive [ɪg'zekjʊtɪv] <> *adj* - **1.** [power, board] exécutif(ive) - **2.** [desk, chair] de cadre, spécial(e) cadre ; [washroom] de la direction. <> *n* - **1.** COMM cadre *m* - **2.** [of government] exécutif *m* ; [of political party] comité *m* central, bureau *m*.

executive director *n* cadre *m* supérieur.

executive toy *n* gadget *m* pour cadres.

executor [ɪg'zekjʊtəʳ] *n* exécuteur *m* testamentaire.

exemplary [ɪg'zemplərɪ] *adj* exemplaire.

exemplify [ɪg'zemplɪfaɪ] (*pt & pp* **-ied**) *vt* - **1.** [typify] exemplifier - **2.** [give example of] exemplifier, illustrer.

exempt [ɪg'zempt] <> *adj* : **~ (from)** exempt(e) (de). <> *vt* : **to ~ sb (from)** exempter qqn (de).

exemption [ɪg'zempʃn] *n* exemption *f*.

exercise ['eksəsaɪz] <> *n* exercice *m* ; **to take ~** prendre de l'exercice. <> *vt* - **1.** [gen] exercer - **2.** [trouble] : **to ~ sb's mind** préoccuper qqn. <> *vi* prendre de l'exercice.

exercise bike *n* vélo *m* d'appartement.

exercise book *n UK* [notebook] cahier *m* d'exercices ; [published book] livre *m* d'exercices.

exert [ɪg'zɜ:t] *vt* exercer ; [strength] employer ; **to ~ o.s.** se donner du mal.

exertion [ɪg'zɜ:ʃn] *n* effort *m*.

ex gratia [eks'greɪʃə] *adj* [payment] à titre gracieux.

exhale [eks'heɪl] <> *vt* exhaler. <> *vi* expirer.

exhaust [ɪg'zɔ:st] <> *n* - **1.** *(U)* [fumes] gaz *mpl* d'échappement - **2.** : **~ (pipe)** pot *m* d'échappement. <> *vt* épuiser.

exhausted [ɪg'zɔ:stɪd] *adj* épuisé(e).

exhausting [ɪg'zɔ:stɪŋ] *adj* épuisant(e).

exhaustion [ɪg'zɔ:stʃn] *n* épuisement *m*.

exhaustive [ɪg'zɔ:stɪv] *adj* complet(ète), exhaustif(ive).

exhibit [ɪg'zɪbɪt] <> *n* - **1.** ART objet *m* exposé - **2.** LAW pièce *f* à conviction. <> *vt* - **1.** [demonstrate - feeling] montrer ; [- skill] faire preuve de - **2.** ART exposer. <> *vi* ART exposer.

exhibition [ˌeksɪ'bɪʃn] *n* - **1.** ART exposition *f* - **2.** [of feeling] démonstration *f* - **3.** *phr* **to make an ~ of o.s.** *UK* se donner en spectacle.

exhibitionist [ˌeksɪ'bɪʃnɪst] *n* exhibitionniste *mf*.

exhibitor [ɪg'zɪbɪtəʳ] *n* exposant *m*, -e *f*.

exhilarating [ɪg'zɪləreɪtɪŋ] *adj* [experience] grisant(e) ; [walk] vivifiant(e).

exhort [ɪg'zɔ:t] *vt* : **to ~ sb to do sthg** exhorter qqn à faire qqch.

exhume [eks'hju:m] *vt* exhumer.

exile ['eksaɪl] <> *n* - **1.** [condition] exil *m* ; **in ~** en exil - **2.** [person] exilé *m*, -e *f*. <> *vt* : **to ~ sb (from/to)** exiler qqn (de/vers).

exiled ['eksaɪld] *adj* exilé(e).

exist [ɪg'zɪst] *vi* exister.

existence [ɪg'zɪstəns] *n* existence *f* ; **in ~** qui existe, existant(e) ; **to come into ~** naître.

existentialism [ˌegzɪ'stenʃəlɪzm] *n* existentialisme *m*.

existentialist [ˌegzɪ'stenʃəlɪst] <> *adj* existentialiste. <> *n* existentialiste *mf*.

existing [ɪg'zɪstɪŋ] *adj* existant(e).

exit ['eksɪt] <> *n* sortie *f* ; **to make one's ~** sortir ; THEAT faire sa sortie. <> *vi* sortir.

exit poll *n sondage effectué à la sortie des bureaux de vote.*

exit visa *n* visa *m* de sortie.

exodus ['eksədəs] *n* exode *m*.

ex officio [eksə'fɪʃɪəʊ] *adj & adv* ex officio.

exonerate [ɪg'zɒnəreɪt] *vt* : **to ~ sb (from)** disculper qqn (de).

exorbitant [ɪg'zɔ:bɪtənt] *adj* exorbitant(e).

exorcist ['eksɔ:sɪst] *n* exorciste *mf*.

exorcize, *UK* **-ise** ['eksɔ:saɪz] *vt* exorciser.

exotic [ɪg'zɒtɪk] *adj* exotique.

expand [ɪk'spænd] <> *vt* [production, influence] accroître ; [business, department, area] développer. <> *vi* [population, influence] s'accroître ; [business, department, market] se développer ; [metal] se dilater.

◆ **expand (up)on** *vt insep* développer.

expanse [ɪk'spæns] *n* étendue *f*.

expansion [ɪk'spænʃn] *n* [of production, population] accroissement *m* ; [of business, department, area] développement *m* ; [of metal] dilatation *f*.

expansion card *n* COMPUT carte *f* d'extension.

expansionism [ɪk'spænʃənɪzm] *n* expansionnisme *m*.

expansionist [ɪk'spænʃənɪst] *adj* expansionniste.

expansion slot *n* COMPUT créneau *m* pour carte d'extension.

expansive [ɪk'spænsɪv] *adj* expansif(ive).

expatriate [eks'pætrɪət] ◇ *adj* expatrié(e). ◇ *n* expatrié *m*, -e *f*.

expect [ɪk'spekt] ◇ *vt* - **1.** [anticipate] s'attendre à ; [event, letter, baby] attendre ; **when do you ~ it to be ready?** quand pensez-vous que cela sera prêt? ; **to ~ sb to do sthg** s'attendre à ce que qqn fasse qqch - **2.** [count on] compter sur - **3.** [demand] exiger, demander ; **to ~ sb to do sthg** attendre de qqn qu'il fasse qqch ; **to ~ sthg from sb** exiger qqch de qqn - **4.** *UK* [suppose] supposer ; **I ~ so** je crois que oui. ◇ *vi* - **1.** [anticipate] **: to ~ to do sthg** compter faire qqch - **2.** [be pregnant] **: to be ~ing** être enceinte, attendre un bébé.

expectancy ▻ **life expectancy**.

expectant [ɪk'spektənt] *adj* qui est dans l'expectative.

expectantly [ɪk'spektəntlɪ] *adv* dans l'expectative.

expectant mother *n* femme *f* enceinte.

expectation [ˌekspek'teɪʃn] *n* - **1.** [hope] espoir *m*, attente *f* - **2.** [belief] **: it's my ~ that...** à mon avis,... ; **against all ~** *OR* **~s, contrary to all ~** *OR* **~s** contre toute attente.

expectorant [ɪk'spektərənt] *n* expectorant *m*.

expedient [ɪk'spi:djənt] *fml* ◇ *adj* indiqué(e). ◇ *n* expédient *m*.

expedite ['ekspɪdaɪt] *vt fml* accélérer ; [arrival, departure] hâter.

expedition [ˌekspɪ'dɪʃn] *n* expédition *f*.

expeditionary force ['ekspɪ'dɪʃnərɪ-] *n* corps *m* expéditionnaire.

expel [ɪk'spel] (*pt* & *pp* **-led**, *cont* **-ling**) *vt* - **1.** [gen] expulser - **2.** SCH renvoyer.

expend [ɪk'spend] *vt* **: to ~ time/money (on)** consacrer du temps/de l'argent (à).

expendable [ɪk'spendəbl] *adj* dont on peut se passer, qui n'est pas indispensable.

expenditure [ɪk'spendɪtʃər] *n (U)* dépense *f*.

expense [ɪk'spens] *n* - **1.** [amount spent] dépense *f* - **2.** *(U)* [cost] frais *mpl* ; **to go to great ~ (to do sthg)** faire beaucoup de frais (pour faire qqch) ; **at the ~ of** au prix de ; **at sb's ~** [financial] aux frais de qqn ; *fig* aux dépens de qqn.

◆ **expenses** *npl* COMM frais *mpl* ; **on ~s** sur la note de frais.

expense account *n* frais *mpl* de représentation.

expensive [ɪk'spensɪv] *adj* - **1.** [financially - gen] cher (chère), coûteux(euse) ; [- tastes] dispendieux(euse) - **2.** [mistake] qui coûte cher.

experience [ɪk'spɪərɪəns] ◇ *n* expérience *f*. ◇ *vt* [difficulty] connaître ; [disappointment] éprouver, ressentir ; [loss, change] subir.

experienced [ɪk'spɪərɪənst] *adj* expérimenté(e) ; **to be ~ at** *OR* **in sthg** avoir de l'expérience en *OR* en matière de qqch.

experiment [ɪk'sperɪmənt] ◇ *n* expérience *f* ; **to carry out an ~** faire une expérience. ◇ *vi* **: to ~ (with sthg)** expérimenter (qqch) ; **to ~ on** faire une expérience sur.

experimental [ɪkˌsperɪ'mentl] *adj* expérimental(e).

expert ['ekspɜ:t] ◇ *adj* expert(e) ; [advice] d'expert ; **~ at sthg/at doing sthg** expert en qqch/à faire qqch. ◇ *n* expert *m*, -e *f*.

expertise [ˌekspɜ:'ti:z] *n (U)* compétence *f*.

expert system *n* COMPUT système *m* expert.

expiate ['ekspɪeɪt] *vt* expier.

expiration *US* = **expiry**.

expiration date = **expiry date**.

expire [ɪk'spaɪər] *vi* expirer.

expiry [ɪk'spaɪərɪ] *n UK* expiration *f*.

expiry date *n* date *f* de péremption.

explain [ɪk'spleɪn] ◇ *vt* expliquer ; **to ~ sthg to sb** expliquer qqch à qqn. ◇ *vi* s'expliquer ; **to ~ to sb (about sthg)** expliquer (qqch) à qqn.

◆ **explain away** *vt sep* justifier.

explanation [ˌeksplə'neɪʃn] *n* **: ~ (for)** explication *f* (de).

explanatory [ɪk'splænətrɪ] *adj* explicatif(ive).

expletive [ɪk'spli:tɪv] *n fml* juron *m*.

explicit [ɪk'splɪsɪt] *adj* explicite ; **sexually ~** à teneur sexuelle explicite.

explode [ɪk'spləʊd] ◇ *vt* - **1.** [bomb] faire exploser - **2.** *fig* [theory] discréditer. ◇ *vi lit* & *fig* exploser.

exploit ◇ *n* ['eksplɔɪt] exploit *m*. ◇ *vt* [ɪk'splɔɪt] exploiter.

exploitation [ˌeksplɔɪ'teɪʃn] *n (U)* exploitation *f*.

exploration [ˌeksplə'reɪʃn] *n* exploration *f*.

exploratory [ɪk'splɒrətrɪ] *adj* exploratoire.

explore [ɪk'splɔ:r] *vt* & *vi* explorer.

explorer [ɪk'splɔ:rər] *n* explorateur *m*, -trice *f*.

explosion [ɪk'spləʊʒn] *n* explosion *f* ; [of interest, emotion] débordement *m*.

explosive [ɪk'spləʊsɪv] ◇ *adj lit* & *fig* explosif(ive). ◇ *n* explosif *m*.

explosive device *n* engin *m* explosif.

exponent [ɪk'spəʊnənt] *n* [of theory] défenseur *m*.

exponential [ˌekspəˈnenʃl] *adj* exponentiel(elle).

export <> *n* [ˈekspɔːt] exportation *f*. <> *comp* [ˈekspɔːt] d'exportation. <> *vt* [ɪkˈspɔːt] exporter.
◆ **exports** *npl* exportations *fpl*.

exportable [ɪkˈspɔːtəbl] *adj* exportable.

exportation [ˌekspɔːˈteɪʃn] *n* exportation *f*.

exporter [ekˈspɔːtər] *n* exportateur *m*, -trice *f*.

export licence *n UK* permis *m* d'exportation.

expose [ɪkˈspəʊz] *vt* - **1.** [uncover] exposer, découvrir ; **to be ~d to sthg** être exposé à qqch - **2.** [unmask - corruption] révéler ; [- person] démasquer.

exposé [eksˈpəʊzeɪ] *n* exposé *m*.

exposed [ɪkˈspəʊzd] *adj* [land, house, position] exposé(e).

exposition [ˌekspəˈzɪʃn] *n* - **1.** *fml* [explanation] exposé *m* - **2.** [exhibition] exposition *f*.

exposure [ɪkˈspəʊʒər] *n* - **1.** [to light, radiation] exposition *f* - **2.** MED : **to die of ~** mourir de froid - **3.** [unmasking - of corruption] révélation *f* ; [- of person] dénonciation *f* - **4.** [PHOT - time] temps *m* de pose ; [- photograph] pose *f* - **5.** *(U)* [publicity] publicité *f* ; [coverage] couverture *f*.

exposure meter *n* posemètre *m*.

expound [ɪkˈspaʊnd] *fml* <> *vt* exposer. <> *vi* : **to ~ on** faire un exposé sur.

express [ɪkˈspres] <> *adj* - **1.** *UK* [letter, delivery] exprès *(inv)* - **2.** [train, coach] express *(inv)* - **3.** *fml* [specific] exprès(esse). <> *adv* exprès. <> *n* [train] rapide *m*, express *m*. <> *vt* exprimer ; **to ~ o.s.** s'exprimer.

expression [ɪkˈspreʃn] *n* expression *f*.

expressionism [ɪkˈspreʃənɪzm] *n* expressionnisme *m*.

expressionist [ɪkˈspreʃənɪst] <> *adj* expressionniste. <> *n* expressionniste *mf*.

expressionless [ɪkˈspreʃənlɪs] *adj* [voice] sans expression ; [face] impassible.

expressive [ɪkˈspresɪv] *adj* expressif(ive).

expressively [ɪkˈspresɪvlɪ] *adv* de façon expressive.

expressly [ɪkˈspreslɪ] *adv* expressément.

expressway [ɪkˈspresweɪ] *n US* voie *f* express.

expropriate [eksˈprəʊprɪeɪt] *vt* exproprier.

expropriation [eksˌprəʊprɪˈeɪʃn] *n* expropriation *f*.

expulsion [ɪkˈspʌlʃn] *n* - **1.** [gen] expulsion *f* - **2.** SCH renvoi *m*.

exquisite [ɪkˈskwɪzɪt] *adj* exquis(e).

exquisitely [ɪkˈskwɪzɪtlɪ] *adv* de façon exquise.

ex-serviceman *n UK* ancien combattant *m*.

ex-servicewoman *n UK* ancienne combattante *f*.

ext., **extn.** (*abbr of* **extension**) : **~ 4174** p. 4174.

extant [ekˈstænt] *adj* qui existe encore.

extemporize, *UK* **-ise** [ɪkˈstempəraɪz] *vi fml* improviser.

extend [ɪkˈstend] <> *vt* - **1.** [enlarge - building] agrandir - **2.** [make longer - gen] prolonger ; [- visa] proroger ; [- deadline] repousser - **3.** [expand - rules, law] étendre (la portée de) ; [- power] accroître - **4.** [stretch out - arm, hand] étendre - **5.** [offer - help] apporter, offrir ; [- credit] accorder ; **to ~ a welcome to sb** souhaiter la bienvenue à qqn. <> *vi* - **1.** [stretch - in space] s'étendre ; [- in time] continuer - **2.** [rule, law] : **to ~ to sb/sthg** inclure qqn/qqch.

extendable [ɪkˈstendəbl] *adj* [contract] qui peut être prolongé(e).

extended-play [ɪkˈstendɪd-] *adj* [record] double-durée.

extension [ɪkˈstenʃn] *n* - **1.** [to building] agrandissement *m* - **2.** [lengthening - gen] prolongement *m* ; [- of visit] prolongation *f* ; [- of visa] prorogation *f* ; [- of deadline] report *m* - **3.** [of power] accroissement *m* ; [of law] élargissement *m* - **4.** TELEC poste *m* - **5.** ELEC prolongateur *m* - **6.** COMPUT : **filename ~** extension *m* de nom de fichier.

extension cable *n* rallonge *f*.

extensive [ɪkˈstensɪv] *adj* - **1.** [in amount] considérable - **2.** [in area] vaste - **3.** [in range - discussions] approfondi(e) ; [- changes, use] considérable.

extensively [ɪkˈstensɪvlɪ] *adv* - **1.** [in amount] considérablement - **2.** [in range] abondamment, largement.

extent [ɪkˈstent] *n* - **1.** [of land, area] étendue *f*, superficie *f* ; [of problem, damage] étendue - **2.** [degree] : **to what ~...?** dans quelle mesure...? ; **to the ~ that** [in so far as] dans la mesure où ; [to the point where] au point que ; **to a certain ~** jusqu'à un certain point ; **to a large** *OR* **great ~** en grande partie ; **to some ~** en partie.

extenuating circumstances [ɪkˈstenjʊeɪtɪŋ-] *npl* circonstances *fpl* atténuantes.

exterior [ɪkˈstɪərɪər] <> *adj* extérieur(e). <> *n* - **1.** [of house, car] extérieur *m* - **2.** [of person] dehors *m*, extérieur *m*.

exterminate [ɪkˈstɜːmɪneɪt] *vt* exterminer.

extermination [ɪkˌstɜːmɪˈneɪʃn] *n* extermination *f*.

external [ɪk'stɜːnl] *adj* externe.
◆ **externals** *npl* apparences *fpl*.

externally [ɪk'stɜːnəlɪ] *adv* extérieurement.

extinct [ɪk'stɪŋkt] *adj* - **1.** [species] disparu(e) - **2.** [volcano] éteint(e).

extinction [ɪk'stɪŋkʃn] *n* [of species] extinction *f*, disparition *f*.

extinguish [ɪk'stɪŋgwɪʃ] *vt* - **1.** [fire, cigarette] éteindre - **2.** *fig* [memory, feeling] anéantir.

extinguisher [ɪk'stɪŋgwɪʃəʳ] *n US* = **fire extinguisher**.

extn. = **ext.**

extol (*pt & pp* **-led**, *cont* **-ling**), *US* **extoll** [ɪk'stəʊl] *vt* louer.

extort [ɪk'stɔːt] *vt* : **to ~ sthg from sb** extorquer qqch à qqn.

extortion [ɪk'stɔːʃn] *n* extorsion *f*.

extortionate [ɪk'stɔːʃnət] *adj pej* exorbitant(e).

extra ['ekstrə] ◇ *adj* supplémentaire. ◇ *n* - **1.** [addition] supplément *m* ; **optional ~** option *f* - **2.** CIN & THEAT figurant *m*, -e *f*. ◇ *adv* [hard, big etc] extra ; [pay, charge etc] en plus.

extra- ['ekstrə] *prefix* extra-.

extract ◇ *n* ['ekstrækt] extrait *m*. ◇ *vt* [ɪk'strækt] - **1.** [take out - tooth] arracher ; **to ~ sthg from** tirer qqch de - **2.** [confession, information] : **to ~ sthg (from sb)** arracher qqch (à qqn), tirer qqch (de qqn) - **3.** [coal, oil] extraire.

extraction [ɪk'strækʃn] *(U) n* - **1.** [origin] origine *f* - **2.** [of coal, tooth] extraction *f*.

extractor (fan) [ɪk'stræktəʳ-] *n UK* ventilateur *m*.

extracurricular [ˌekstrəkə'rɪkjʊləʳ] *adj* en dehors du programme.

extradite ['ekstrədaɪt] *vt* : **to ~ sb (from/to)** extrader qqn (de/vers).

extradition [ˌekstrə'dɪʃn] ◇ *n* extradition *f*. ◇ *comp* d'extradition.

extramarital [ˌekstrə'mærɪtl] *adj* extraconjugal(e).

extramural [ˌekstrə'mjʊərəl] *adj* UNIV hors faculté.

extraneous [ɪk'streɪnjəs] *adj* - **1.** [irrelevant] superflu(e) - **2.** [outside] extérieur(e).

extraordinary [ɪk'strɔːdnrɪ] *adj UK* extraordinaire.

extraordinary general meeting *n UK* assemblée *f* générale extraordinaire.

extrapolate [ɪk'stræpəleɪt] *vt & vi* extrapoler.

extrasensory perception [ˌekstrə'sensərɪ-] *n* perception *f* extrasensorielle.

extraterrestrial [ˌekstrətə'restrɪəl] *adj* extraterrestre.

extra time *n UK* SPORT prolongation *f*.

extravagance [ɪk'strævəgəns] *n* - **1.** *(U)* [excessive spending] gaspillage *m*, prodigalités *fpl* - **2.** [luxury] extravagance *f*, folie *f*.

extravagant [ɪk'strævəgənt] *adj* - **1.** [wasteful - person] dépensier(ère) ; [- use, tastes] dispendieux(euse) - **2.** [elaborate, exaggerated] extravagant(e).

extravaganza [ɪkˌstrævə'gænzə] *n* folie *f*, fantaisie *f*.

extreme [ɪk'striːm] ◇ *adj* extrême. ◇ *n* extrême *m* ; **to ~s** à l'extrême ; **to take sthg to ~s** mener qqch à l'extrême ; **in the ~** à l'extrême.

extremely [ɪk'striːmlɪ] *adv* extrêmement.

extremism [ɪk'striːmɪzm] *n* extrémisme *m*.

extremist [ɪk'striːmɪst] ◇ *adj* extrémiste. ◇ *n* extrémiste *mf*.

extremity [ɪk'stremətɪ] (*pl* **-ies**) *n* extrémité *f*.

extricate ['ekstrɪkeɪt] *vt* : **to ~ sthg (from)** dégager qqch (de) ; **to ~ o.s. (from)** [from seat belt etc] s'extirper (de) ; [from difficult situation] se tirer (de).

extrovert ['ekstrəvɜːt] ◇ *adj* extraverti(e). ◇ *n* extraverti *m*, -e *f*.

extruded [ɪk'struːdɪd] *adj* extrudé(e).

exuberance [ɪg'zjuːbərəns] *n* exubérance *f*.

exuberant [ɪg'zjuːbərənt] *adj* exubérant(e).

exude [ɪg'zjuːd] *vt* - **1.** [liquid, smell] exsuder - **2.** *fig* [confidence] respirer ; [charm] déborder de.

exult [ɪg'zʌlt] *vi* exulter ; **to ~ at** OR **in** se réjouir de.

exultant [ɪg'zʌltənt] *adj* triomphant(e).

eye [aɪ] ◇ *n* - **1.** [gen] œil *m* ; **before my** *(etc)* **(very)~s** juste sous mes *(etc)* yeux ; **to cast** OR **run one's ~ over sthg** jeter un coup d'œil sur qqch ; **to catch one's ~** attirer le regard ; **to catch sb's ~** attirer l'attention de qqn ; **to clap** OR **lay** OR **set ~s on sb** poser les yeux sur qqn ; **to cry one's ~s out** pleurer toutes les larmes de son corps ; **to feast one's ~s on sthg** se délecter à regarder qqch ; **to have an ~ for sthg** avoir le coup d'œil pour qqch, s'y connaître en qqch ; **to have one's ~ on sb** avoir qqn à l'œil ; **to have one's ~ on sthg** avoir repéré qqch ; **in my** *(etc)* **~s** à mes *(etc)* yeux ; **to keep one's ~s open** avoir l'œil ; **to keep one's ~s open for sthg** [try to find] essayer de repérer qqch ; **to keep an ~ on sthg** surveiller qqch, garder l'œil sur qqch ; **there is more to this than meets the ~** ce n'est pas aussi simple que cela OR qu'il y paraît ; **to**

open sb's ~s (to sthg) ouvrir les yeux de qqn (sur qqch) ; **not to see ~ to ~ with sb** ne pas partager la même opinion que qqn ; **to close** *OR* **shut one's ~s to sthg** fermer les yeux sur qqch ; **to turn a blind ~ to sthg** ignorer qqch ; **I'm up to my ~s in work** *UK* j'ai du travail jusque par-dessus la tête - **2.** [of needle] chas *m*. ◇ *vt* (*cont* **eyeing** *OR* **eying**) regarder, reluquer.

◆ **eye up** *vt sep UK* reluquer.

eyeball ['aɪbɔːl] ◇ *n* globe *m* oculaire. ◇ *vt US inf* fixer.

eyebath ['aɪbɑːθ] *n* œillère *f (pour bains d'œil).*

eyebrow ['aɪbraʊ] *n* sourcil *m* ; **to raise one's ~s** tiquer, sourciller.

eyebrow pencil *n* crayon *m* à sourcils.

eye candy *n (U) inf* tape *m* à l'oeil *hum* & *pej*.

eye-catching *adj* voyant(e).

eye contact *n* : **to make ~ with sb** regarder qqn dans les yeux ; **to avoid ~ with sb** éviter le regard de qqn.

eyedrops ['aɪdrɒps] *npl* gouttes *fpl* pour les yeux.

eyelash ['aɪlæʃ] *n* cil *m*.

eyelet ['aɪlɪt] *n* œillet *m*.

eye-level *adj* qui est au niveau *OR* à la hauteur de l'œil.

eyelid ['aɪlɪd] *n* paupière *f* ; **she didn't bat an ~** *inf* elle n'a pas sourcillé *OR* bronché.

eyeliner ['aɪˌlaɪnəʳ] *n* eye-liner *m*.

eye-opener *n inf* révélation *f*.

eyepatch ['aɪpætʃ] *n* cache *m*.

eye shadow *n* fard *m* à paupières.

eyesight ['aɪsaɪt] *n* vue *f*.

eyesore ['aɪsɔːʳ] *n pej* horreur *f*.

eyestrain ['aɪstreɪn] *n* fatigue *f* des yeux.

eyetooth ['aɪtuːθ] (*pl* **-teeth** [-tiːθ]) *n UK* **to give one's eyeteeth for sthg/to do sthg** donner n'importe quoi pour qqch/pour faire qqch.

eyewash ['aɪwɒʃ] *n (U) inf* [nonsense] fadaises *fpl*.

eyewitness [ˌaɪ'wɪtnɪs] *n* témoin *mf* oculaire.

eyrie ['aɪərɪ] *n* aire *f (d'un aigle)*.

e-zine ['iːziːn] *n* magazine *m* électronique.

f (*pl* **f's** *OR* **fs**), **F** (*pl* **F's** *OR* **Fs**) [ef] *n* [letter] f *m inv*, F *m inv*.

◆ **F** *n* - **1.** MUS fa *m* - **2.** (*abbr of* **Fahrenheit**) F.

FA (*abbr of* **Football Association**) *n fédération britannique de football.*

FAA (*abbr of* **Federal Aviation Administration**) *n direction fédérale de l'aviation civile américaine.*

fable ['feɪbl] *n* fable *f*.

fab [fæb] *adj inf* super.

fabled ['feɪbld] *adj* fabuleux(euse), légendaire.

fabric ['fæbrɪk] *n* - **1.** [cloth] tissu *m* - **2.** [of building, society] structure *f*.

fabricate ['fæbrɪkeɪt] *vt* fabriquer.

fabrication [ˌfæbrɪ'keɪʃn] *n* - **1.** [lie, lying] fabrication *f*, invention *f* - **2.** [manufacture] fabrication *f*.

fabulous ['fæbjʊləs] *adj* - **1.** [gen] fabuleux(euse) - **2.** *inf* [excellent] sensationnel(elle), fabuleux(euse).

fabulously ['fæbjʊləslɪ] *adv* fabuleusement.

facade, **façade** [fə'sɑːd] *n* façade *f*.

face [feɪs] ◇ *n* - **1.** [of person] visage *m*, figure *f* ; **~ to ~** face à face ; **to look sb in the ~** regarder qqn dans les yeux ; **to say sthg to sb's ~** dire qqch à qqn en face ; **to show one's ~** se montrer - **2.** [expression] visage *m*, mine *f* ; **to make** *OR* **pull a ~** faire la grimace ; **her ~ fell** son visage s'est assombri - **3.** [of cliff, mountain] face *f*, paroi *f* ; [of building] façade *f* ; [of clock, watch] cadran *m* ; [of coin, shape] face - **4.** [surface - of planet] surface *f* ; **on the ~ of it** à première vue - **5.** [respect] : **to save/lose ~** sauver/perdre la face - **6.** *phr* **to fly in the ~ of sthg** être en contradiction avec qqch ; **it flies in the ~ of logic** ce n'est pas logique. ◇ *vt* - **1.** [look towards - subj: person] faire face à ; **the house ~s the sea/south** la maison donne sur la mer/est orientée vers le sud - **2.** [decision, crisis] être confronté(e) à ; [problem, danger] faire face à - **3.** [facts, truth] faire face à, admettre - **4.** *inf* [cope with] affronter.

◆ **face down** *adv* [person] face contre terre ; [object] à l'envers ; [card] face en dessous.

◆ **face up** *adv* [person] sur le dos ; [object] à l'endroit ; [card] face en dessus.

◆ **in the face of** *prep* devant.
◆ **face up to** *vt insep* faire face à.

facecloth ['feɪsklɒθ] *n UK* gant *m* de toilette.

face cream *n* crème *f* pour le visage.

faceless ['feɪslɪs] *adj* anonyme.

face(-)lift *n* lifting *m* ; *fig* restauration *f*, rénovation *f*.

face pack *n UK* masque *m* de beauté.

face powder *n* poudre *f* de riz, poudre pour le visage.

face-saving [-ˌseɪvɪŋ] *adj* qui sauve la face.

facet ['fæsɪt] *n* facette *f*.

facetious [fə'siːʃəs] *adj* facétieux(euse).

facetiously [fə'siːʃəslɪ] *adv* facétieusement.

face-to-face *adj* face à face.

face value *n* [of coin, stamp] valeur *f* nominale ; **to take sthg at ~** prendre qqch au pied de la lettre.

facial ['feɪʃl] ◇ *adj* facial(e). ◇ *n* nettoyage *m* de peau.

facial mask, **facial masque** *US* = **face mask**.

facile [*UK* 'fæsaɪl, *US* 'fæsl] *adj pej* facile.

facilitate [fə'sɪlɪteɪt] *vt* faciliter.

facility [fə'sɪlətɪ] (*pl* **-ies**) *n* **- 1.** [ability] : **to have a ~ for sthg** avoir de la facilité *OR* de l'aptitude pour qqch **- 2.** [feature] fonction *f*.
◆ **facilities** *npl* [amenities] équipement *m*, aménagement *m*.

facing ['feɪsɪŋ] *adj* d'en face ; [sides] opposé(e).

facsimile [fæk'sɪmɪlɪ] *n* **- 1.** [fax] télécopie *f*, fax *m* **- 2.** [copy] fac-similé *m*.

facsimile machine *fml* = **fax machine**.

fact [fækt] *n* **- 1.** [true piece of information] fait *m* ; **the ~ is** le fait est ; **the ~ remains that...** toujours est-il que... ; **to know sthg for a ~** savoir pertinemment qqch **- 2.** *(U)* [truth] faits *mpl*, réalité *f*.
◆ **in fact** ◇ *adv* de fait, effectivement. ◇ *conj* en fait.

fact-finding [-'faɪndɪŋ] *adj* d'enquête.

faction ['fækʃn] *n* faction *f*.

factional ['fækʃənl] *adj* [dispute] de factions.

fact of life *n* fait *m*, réalité *f* ; **the facts of life** *euph* les choses *fpl* de la vie.

factor ['fæktəʳ] *n* facteur *m*, -trice *f*.

factory ['fæktərɪ] (*pl* **-ies**) *n* fabrique *f*, usine *f*.

factory farming *n* élevage *m* industriel.

factory ship *n* navire-usine *m*.

factotum [fæk'təʊtəm] (*pl* **-s**) *n inf* factotum *m*, intendant *m*, -e *f*.

fact sheet, **factsheet** *n* résumé *m*, brochure *f*.

factual ['fæktʃʊəl] *adj* factuel(elle), basé(e) sur les faits.

faculty ['fækltɪ] (*pl* **-ies**) *n* **- 1.** [gen] faculté *f* **- 2.** *US* [of college] : **the ~** le corps enseignant.

FA Cup *n en Angleterre, championnat de football dont la finale se joue à Wembley.*

fad [fæd] *n* engouement *m*, mode *f* ; [personal] marotte *f*.

faddy ['fædɪ] (*comp* **-ier**, *superl* **-iest**) *adj UK inf pej* capricieux(euse).

fade [feɪd] ◇ *vt* [jeans, curtains, paint] décolorer. ◇ *vi* **- 1.** [jeans, curtains, paint] se décolorer ; [colour] passer ; [flower] se flétrir, faner **- 2.** [light] baisser, diminuer **- 3.** [sound] diminuer, s'affaiblir **- 4.** [memory] s'effacer ; [feeling, interest] diminuer **- 5.** [smile] s'effacer, s'évanouir.
◆ **fade away**, **fade out** *vi* [sound, anger] diminuer ; [image] s'effacer.

faded ['feɪdɪd] *adj* passé(e).

faeces *UK*, **feces** *US* ['fiːsiːz] *npl* fèces *fpl*.

Faeroe, **Faroe** ['feərəʊ] *n* : **the ~ Islands, the ~s** les îles *fpl* Féroé ; **in the ~ Islands** aux îles Féroé.

faff [fæf] ◆ **faff about**, **faff around** *vi UK inf* glander.

fag [fæg] *n inf* **- 1.** *UK* [cigarette] clope *m* **- 2.** *UK* [chore] corvée *f* **- 3.** *US pej* [homosexual] pédé *m*.

fag end *n UK inf* mégot *m*.

fagged out [fægd-] *adj UK inf* crevé(e).

faggot ['fægət] *n* **- 1.** *UK* CULIN crépinette *f* **- 2.** *US inf pej* [homosexual] pédé *m*.

Fahrenheit ['færənhaɪt] *adj* Fahrenheit *(inv)*.

fail [feɪl] ◇ *vt* **- 1.** [exam, test] rater, échouer à **- 2.** [not succeed] : **to ~ to do sthg** ne pas arriver à faire qqch **- 3.** [neglect] : **to ~ to do sthg** manquer *OR* omettre de faire qqch **- 4.** [candidate] refuser **- 5.** [subj: courage] manquer à ; [subj: friend, memory] lâcher. ◇ *vi* **- 1.** [not succeed] ne pas réussir *OR* y arriver **- 2.** [not pass exam] échouer **- 3.** [stop functioning] lâcher **- 4.** [weaken - health, daylight] décliner ; [- eyesight] baisser.

failed [feɪld] *adj* [singer, writer etc] raté(e).

failing ['feɪlɪŋ] ◇ *n* [weakness] défaut *m*, point *m* faible. ◇ *prep* à moins de ; **~ that** à défaut.

fail-safe *adj* [device etc] à sûreté intégrée.

failure ['feɪljəʳ] *n* **- 1.** [lack of success, unsuccessful thing] échec *m* ; **her ~ to attend** le fait qu'elle ne soit pas venue **- 2.** [person] raté *m*, -e *f* **- 3.** [of engine, brake etc] défaillance *f* ; [of crop] perte *f* ; **heart ~** arrêt *m* cardiaque.

faint [feɪnt] <> *adj* - **1.** [smell] léger(ère) ; [memory] vague ; [sound, hope] faible - **2.** [slight - chance] petit(e), faible - **3.** [dizzy] : **I'm feeling a bit ~** je ne me sens pas bien. <> *vi* s'évanouir.

faint-hearted [-'hɑːtɪd] *adj* timoré(e), timide.

faintly ['feɪntlɪ] *adv* - **1.** [recall] vaguement ; [shine] faiblement ; [smile - indifferently] vaguement ; [- sadly] faiblement - **2.** [rather, slightly] légèrement.

faintness ['feɪntnɪs] *n* - **1.** [dizziness] étourdissement *m*, étourdissements *mpl* - **2.** [of image] flou *m* - **3.** [of smell, sound, hope] faiblesse *f* ; [of memory] imprécision *f*.

fair [feər] <> *adj* - **1.** [just] juste, équitable ; **it's not ~!** ce n'est pas juste! ; **to be ~...** il faut dire que... - **2.** [quite large] grand(e), important(e) - **3.** [quite good] assez bon (assez bonne) ; **to have a ~ idea of sthg** avoir sa petite idée sur qqch - **4.** [hair] blond(e) - **5.** [skin, complexion] clair(e) - **6.** [weather] beau (belle). <> *n* - **1.** *UK* [funfair] fête *f* foraine - **2.** [trade fair] foire *f*. <> *adv* [fairly] loyalement.

◆ **fair enough** *adv inf* OK, d'accord.

fair copy *n* copie *f* au propre.

fair game *n* proie *f* rêvée.

fairground ['feəgraʊnd] *n* champ *m* de foire.

fair-haired [-'heəd] *adj* [person] blond(e).

fairly ['feəlɪ] *adv* - **1.** [rather] assez ; **~ certain** presque sûr - **2.** [justly] équitablement ; [describe] avec impartialité ; [fight, play] loyalement.

fair-minded [-'maɪndɪd] *adj* impartial(e), équitable.

fairness ['feənɪs] *n* [justness] équité *f* ; **in ~ (to sb)** pour être juste (envers qqn).

fair play *n* fair-play *m inv*.

fairway ['feəweɪ] *n* fairway *m*, allée *f* *Québec*.

fairy ['feərɪ] (*pl* **-ies**) *n* [imaginary creature] fée *f* ; *offens* homosexuel *m*.

fairy lights *npl UK* guirlande *f* électrique.

fairy tale *n* conte *m* de fées.

fait accompli [ˌfeɪtə'kɒmpliː] (*pl* **faits accomplis** [ˌfeɪzə'kɒmpliː]) *n* fait *m* accompli.

faith [feɪθ] *n* - **1.** [belief] foi *f*, confiance *f* ; **~ in sb/sthg** confiance en qqn/qqch ; **in bad ~** de mauvaise foi ; **in good ~** en toute bonne foi - **2.** RELIG foi *f*.

faithful ['feɪθfʊl] <> *adj* fidèle. <> *npl* RELIG : **the ~** les fidèles *mpl*.

faithfully ['feɪθfʊlɪ] *adv* [loyally] fidèlement ; **to promise ~ that...** donner sa parole que... ; **Yours ~** *UK* [in letter] je vous prie d'agréer mes salutations distinguées.

faithfulness ['feɪθfʊlnɪs] *n* - **1.** [loyalty] fidélité *f* - **2.** [truth - of account, translation] exactitude *f*.

faith healer *n* guérisseur *m*, -euse *f*.

faithless ['feɪθlɪs] *adj* déloyal(e).

fake [feɪk] <> *adj* faux (fausse). <> *n* - **1.** [object, painting] faux *m* - **2.** [person] imposteur *m*. <> *vt* - **1.** [results] falsifier ; [signature] imiter - **2.** [illness, emotions] simuler. <> *vi* [pretend] simuler, faire semblant.

falcon ['fɔːlkən] *n* faucon *m*.

Falkland Islands ['fɔːklənd-], **Falklands** ['fɔːkləndz] *npl* : **the ~** les îles *fpl* Falkland, les Malouines *fpl* ; **in the ~** aux îles Falkland, aux Malouines.

fall [fɔːl] <> *vi* (*pt* **fell**, *pp* **fallen**) - **1.** [gen] tomber ; **to ~ flat** [joke] tomber à plat - **2.** [decrease] baisser - **3.** [become] : **to ~ asleep** s'endormir ; **to ~ ill** tomber malade ; **to ~ in love** tomber amoureux(euse) ; **to ~ open** s'ouvrir ; **to ~ silent** se taire ; **to ~ vacant** se libérer - **4.** [belong, be classed] : **to ~ into two groups** se diviser en deux groupes ; **the matter ~s under our jurisdiction** cette question relève de notre juridiction - **5.** [disintegrate] : **to ~ to bits** OR **pieces** tomber en morceaux - **6.** [be captured - city] : **to ~ (to sb)** tomber (aux mains de qqn) - **7.** *UK* POL [constituency] : **to ~ to sb** passer à qqn. <> *n* - **1.** [gen] : **~ (in)** chute (de) - **2.** *US* [autumn] automne *m*.

◆ **falls** *npl* chutes *fpl*.

◆ **fall about** *vi UK inf* **to ~ about (laughing)** se tordre (de rire).

◆ **fall apart** *vi* - **1.** [disintegrate - book, chair] tomber en morceaux - **2.** *fig* [country] tomber en ruine ; [person] s'effondrer.

◆ **fall away** *vi* [land] descendre, s'abaisser.

◆ **fall back** *vi* [person, crowd] reculer.

◆ **fall back on** *vt insep* [resort to] se rabattre sur.

◆ **fall behind** *vi* - **1.** [in race] se faire distancer - **2.** [with rent] être en retard ; **to ~ behind with** *UK* OR **in** *US* **one's work** avoir du retard dans son travail.

◆ **fall down** *vi* [fail] échouer ; **the plan ~s down on three points** ce plan pèche sur trois points.

◆ **fall for** *vt insep* - **1.** *inf* [fall in love with] tomber amoureux(euse) de - **2.** [trick, lie] se laisser prendre à ; **to ~ for it** tomber dans le panneau.

◆ **fall in** *vi* - **1.** [roof, ceiling] s'écrouler, s'affaisser - **2.** MIL former les rangs.

◆ **fall in with** *vt insep* [go along with] accepter.

◆ **fall off** *vi* - **1.** [branch, handle] se détacher, tomber - **2.** [demand, numbers] baisser, diminuer.

◆ **fall on** *vt insep* - **1.** [subj: eyes, gaze] tomber sur - **2.** [attack] se jeter sur.

◆ **fall out** *vi* - **1.** [hair, tooth] tomber - **2.** [friends] se brouiller - **3.** MIL rompre les rangs.

◆ **fall over** ◇ *vt insep* : **to ~ over sthg** trébucher sur qqch et tomber ; **to be ~ing over o.s. to do sthg** *inf* se mettre en quatre pour faire qqch. ◇ *vi* [person, chair etc] tomber.

◆ **fall through** *vi* [plan, deal] échouer.

◆ **fall to** *vt insep* [subj: duty] incomber à, revenir à ; **it ~s to me to...** c'est à moi de...

fallacious [fə'leɪʃəs] *adj fml* fallacieux (euse).

fallacy ['fæləsɪ] (*pl* **-ies**) *n* erreur *f*, idée *f* fausse.

fallen ['fɔːln] *pp* ▷ **fall**.

fall guy *n US inf* [scapegoat] bouc *m* émissaire.

fallible ['fæləbl] *adj* faillible.

falling ['fɔːlɪŋ] *adj* [decreasing] en baisse.

fallopian tube [fə'ləʊpɪən-] *n* trompe *f* de Fallope.

fallout ['fɔːlaʊt] *n (U)* [radiation] retombées *fpl*.

fallout shelter *n* abri *m* antiatomique.

fallow ['fæləʊ] *adj* : **to lie ~** être en jachère.

false [fɔːls] *adj* faux (fausse).

false alarm *n* fausse alerte *f*.

falsehood ['fɔːlshʊd] *n fml* - **1.** [lie] mensonge *m* - **2.** *(U)* [lack of truth] fausseté *f*.

falsely ['fɔːlslɪ] *adv* à tort ; [smile, laugh] faussement.

false start *n lit & fig* faux départ *m*.

false teeth *npl* dentier *m*.

falsetto [fɔːl'setəʊ] ◇ *n (pl* **-s***)* [singer] fausset *m*. ◇ *adv* [sing] en fausset.

falsify ['fɔːlsɪfaɪ] (*pt & pp* **-ied**) *vt* falsifier.

falter ['fɔːltəʳ] *vi* - **1.** [move unsteadily] chanceler - **2.** [steps, voice] devenir hésitant(e) - **3.** [hesitate, lose confidence] hésiter.

faltering ['fɔːltərɪŋ] *adj* [steps, voice] hésitant(e).

fame [feɪm] *n* gloire *f*, renommée *f*.

familiar [fə'mɪljəʳ] *adj* familier(ère) ; **~ to sb** connu de qqn ; **~ with sthg** familiarisé(e) avec qqch ; **to be on ~ terms with sb** être en termes familiers avec qqn.

familiarity [fəˌmɪlɪ'ærətɪ] *n (U)* - **1.** [knowledge] : **~ with sthg** connaissance *f* de qqch, familiarité *f* avec qqch - **2.** [normality] caractère *m* familier - **3.** *pej* [excessive informality] familiarité *f*.

familiarize, *UK* **-ise** [fə'mɪljəraɪz] *vt* : **to ~ o.s. with sthg** se familiariser avec qqch ; **to ~ sb with sthg** familiariser qqn avec qqch.

family ['fæmlɪ] ◇ *n (pl* **-ies***)* famille *f*. ◇ *comp* - **1.** [belonging to family] de famille - **2.** [suitable for all ages] familial(e).

family business *n* entreprise *f* familiale.

family credit *n (U) UK* ≃ complément *m* familial.

family doctor *n* médecin *m* de famille.

family life *n* vie *f* de famille.

family planning *n* planning *m* familial ; **~ clinic** centre *m* de planning familial.

family tree *n* arbre *m* généalogique.

famine ['fæmɪn] *n* famine *f*.

famished ['fæmɪʃt] *adj inf* [very hungry] affamé(e) ; **I'm ~!** je meurs de faim!

famous ['feɪməs] *adj* : **~ (for)** célèbre (pour).

famously ['feɪməslɪ] *adv dated* **to get on** OR **along ~** s'entendre comme larrons en foire.

fan [fæn] ◇ *n* - **1.** [of paper, silk] éventail *m* - **2.** [electric or mechanical] ventilateur *m* - **3.** [enthusiast] fan *mf*. ◇ *vt (pt & pp* **-ned**, *cont* **-ning***)* - **1.** [face] éventer ; **to ~ o.s.** s'éventer - **2.** [fire, feelings] attiser.

◆ **fan out** *vi* se déployer.

fanatic [fə'nætɪk] *n* fanatique *mf*.

fanatical [fə'nætɪkl] *adj* fanatique.

fanaticism [fə'nætɪsɪzm] *n* fanatisme *m*.

fan belt *n* courroie *f* de ventilateur.

fanciful ['fænsɪfʊl] *adj* - **1.** [odd] bizarre, fantasque - **2.** [elaborate] extravagant(e).

fan club *n* fan-club *m*.

fancy ['fænsɪ] ◇ *adj (comp* **-ier**, *superl* **-iest***)* - **1.** [elaborate - hat, clothes] extravagant(e) ; [- food, cakes] raffiné(e) - **2.** [expensive - restaurant, hotel] de luxe ; [- prices] fantaisiste. ◇ *n (pl* **-ies***)* - **1.** *UK* [desire, liking] envie *f*, lubie *f* ; **to take a ~ to sb** se prendre d'affection pour qqn ; **to take a ~ to sthg** se mettre à aimer qqch ; **to take sb's ~** faire envie à qqn, plaire à qqn - **2.** [fantasy] rêve *m*. ◇ *vt (pt & pp* **-ied***)* - **1.** *UK inf* [want] avoir envie de ; **to ~ doing sthg** avoir envie de faire qqch - **2.** *UK inf* [like] : **I ~ her** elle me plaît ; **to ~ o.s.** ne pas se prendre pour rien OR n'importe qui ; **to ~ o.s. as sthg** se prendre pour qqch - **3.** [imagine] : **~ meeting you here!** tiens, c'est toi! Je n'aurais jamais pensé te rencontrer ici! ; **~ that!** ça alors! - **4.** *dated* [think] penser.

fancy dress *n (U)* déguisement *m*.

fancy-dress party *n* bal *m* costumé.

fancy goods *npl* articles *mpl* fantaisie.

fanfare ['fænfeəʳ] *n* fanfare *f*.

fang [fæŋ] *n* [of wolf] croc *m* ; [of snake] crochet *m*.

fan heater *n* radiateur *m* soufflant.

fanlight ['fænlaɪt] *n UK* imposte *f*.

fan mail *n* courrier *m* de fans.

fanny ['fænɪ] *n US inf* [buttocks] fesses *fpl*.

fanny pack *n US* banane *f (sac).*

fantasize, *UK* **-ise** ['fæntəsaɪz] *vi* : **to ~ (about sthg/about doing sthg)** fantasmer (sur qqch/sur le fait de faire qqch).

fantastic [fæn'tæstɪk] *adj* - **1.** *inf* [wonderful] fantastique, formidable - **2.** [incredible] extraordinaire, incroyable - **3.** [exotic] fabuleux(euse).

fantastically [fæn'tæstɪklɪ] *adv* - **1.** [extremely] extrêmement - **2.** [exotically] fabuleusement, extraordinairement.

fantasy ['fæntəsɪ] ◇ *n (pl* **-ies***)* - **1.** [dream, imaginary event] rêve *m*, fantasme *m* - **2.** *(U)* [fiction] fiction *f* - **3.** [imagination] fantaisie *f.* ◇ *comp* imaginaire.

fantasy football *n jeu où chaque participant se constitue une équipe virtuelle avec les noms de footballeurs réels, chaque but marqué par ceux-ci dans la réalité valant un point dans le jeu.*

fanzine ['fænzi:n] *n* fanzine *m.*

fao *(abbr of* **for the attention of***)* à l'attention de.

FAO *(abbr of* **Food and Agriculture Organization***) n* FAO *f.*

FAQ *(abbr of* **free alongside quay***)* FLQ.

FAQ [fak, ɛfeɪ'kju:] *(abbr of* **frequently asked questions***) n* COMPUT foire *f* aux questions, FAQ *f.*

far [fɑ:ʳ] ◇ *adv* - **1.** [in distance] loin ; **how ~ is it?** c'est à quelle distance?, (est-ce que) c'est loin? ; **have you come ~?** vous venez de loin? ; **~ away** *OR* **off** loin ; **~ and wide** partout ; **as ~ as** jusqu'à - **2.** [in time] : **~ away** *OR* **off** loin ; **as ~ back as** [be founded etc] dès ; [remember, go etc] jusqu'à ; **so ~** jusqu'à maintenant, jusqu'ici - **3.** [in degree or extent] bien ; **I wouldn't trust him very ~** je ne lui ferais pas tellement confiance ; **he's not ~ wrong** *OR* **out** *OR* **off** il n'est pas loin ; **as ~ as** autant que ; **as ~ as I'm concerned** en ce qui me concerne ; **as ~ as possible** autant que possible, dans la mesure du possible ; **it's all right as ~ as it goes** pour ce qui est de ça, pas de problème ; **~ and away, by ~** de loin ; **~ from it** loin de là, au contraire ; **so ~ so good** jusqu'ici tout va bien ; **to go so ~ as to do sthg** aller jusqu'à faire qqch ; **to go too ~** aller trop loin. ◇ *adj (comp* **farther**, *comp* **further**, *superl* **farthest**, *superl* **furthest***)* - **1.** [extreme] : **the ~ end of the street** l'autre bout de la rue ; **the ~ right of the party** l'extrême droite du parti ; **the door on the ~ left** la porte la plus à gauche - **2.** *lit* [remote] lointain(e).

faraway ['fɑ:rəweɪ] *adj* lointain(e).

farce [fɑ:s] *n* - **1.** THEAT farce *f* - **2.** *fig* [disaster] pagaille *f*, vaste rigolade *f.*

farce, farcement *n* farce *f.*

farcical ['fɑ:sɪkl] *adj* grotesque.

fare [feəʳ] ◇ *n* - **1.** [payment] prix *m*, tarif *m* - **2.** *dated* [food] nourriture *f.* ◇ *vi* [manage] : **to ~ well/badly** bien/mal se débrouiller.

Far East *n* : **the ~** l'Extrême-Orient *m.*

fare stage *n UK* section *f.*

farewell [ˌfeə'wel] ◇ *n* adieu *m.* ◇ *excl lit* adieu!

farfetched [ˌfɑ:'fetʃt] *adj* tiré(e) par les cheveux.

farm [fɑ:m] ◇ *n* ferme *f.* ◇ *vt* cultiver. ◇ *vi* être cultivateur.

◆ **farm out** *vt sep* confier en sous-traitance.

farmer ['fɑ:məʳ] *n* fermier *m*, -ière *f.*

farmhand ['fɑ:mhænd] *n* ouvrier *m*, -ère *f* agricole.

farmhouse ['fɑ:mhaʊs] *(pl* [-haʊzɪz]*) n* ferme *f.*

farming ['fɑ:mɪŋ] *n (U)* agriculture *f* ; [of animals] élevage *m.*

farm labourer *UK*, **farm laborer** *US* = **farmhand**.

farmland ['fɑ:mlænd] *n (U)* terres *fpl* cultivées *OR* arables.

farmstead ['fɑ:msted] *n US* ferme *f.*

farm worker = **farmhand**.

farmyard ['fɑ:mjɑ:d] *n* cour *f* de ferme.

Faroe = **Faeroe**.

Faroese ◇ *adj* féroïen(ne). ◇ *n* - **1.** GEOG Féroïen *m*, -ne *f* - **2.** LING féroïen *m.*

Faroes Isles [ˌfeərəʊ'i:z], **Faroes** *npl* îles *fpl* Féroé.

far-off *adj* - **1.** [days] lointain(e) ; [time] reculé(e) - **2.** [in distance] lointain(e).

far-reaching [-'ri:tʃɪŋ] *adj* d'une grande portée.

farrier ['færɪəʳ] *n* maréchal *m* ferrant.

farsighted [ˌfɑ:'saɪtɪd] *adj* - **1.** [person] prévoyant(e) ; [plan] élaboré(e) avec clairvoyance - **2.** *US* [longsighted] hypermétrope.

fart [fɑ:t] *v inf* ◇ *n* - **1.** [air] pet *m* - **2.** [person] con *m*, conne *f* ; **an old ~** un vieux con. ◇ *vi* péter.

farther ['fɑ:ðəʳ] *compar* ⊳ **far**.

farthest ['fɑ:ðəst] *superl* ⊳ **far**.

FAS *(abbr of* **free alongside ship***)* FLB.

fascia ['feɪʃə] *n* [on shop] enseigne *f* ; *dated* [in car] tableau *m* de bord.

fascinate ['fæsɪneɪt] *vt* fasciner.

fascinating ['fæsɪneɪtɪŋ] *adj* [person, country] fascinant(e) ; [job] passionnant(e) ; [idea, thought] très intéressant(e).

fascination [ˌfæsɪ'neɪʃn] *n* fascination *f*.

fascism ['fæʃɪzm] *n* fascisme *m*.

fascist ['fæʃɪst] ◇ *adj* fasciste. ◇ *n* fasciste *mf*.

fashion ['fæʃn] ◇ *n* - **1.** [clothing, style] mode *f* ; **to be in/out of ~** être/ne plus être à la mode ; **~ model** mannequin *m* (de mode) - **2.** [manner] manière *f*. ◇ *vt fml* façonner, fabriquer.

fashionable ['fæʃnəbl] *adj* à la mode.

fashion-conscious *adj* qui suit la mode.

fashion designer *n* styliste *mf*.

fashion show *n* défilé *m* de mode.

fast [fɑ:st] ◇ *adj* - **1.** [rapid] rapide - **2.** [clock, watch] qui avance. ◇ *adv* - **1.** [rapidly] vite ; **how ~ does this car go?** à quelle vitesse va cette voiture? - **2.** [firmly] solidement ; **to hold ~ to sthg** *lit* & *fig* s'accrocher à qqch ; **~ asleep** profondément endormi. ◇ *n* jeûne *m*. ◇ *vi* jeûner.

fast breeder reactor *n* surrégénérateur *m*.

fasten ['fɑ:sn] ◇ *vt* [jacket, bag] fermer ; [seat belt] attacher ; **to ~ sthg to sthg** attacher qqch à qqch. ◇ *vi* : **to ~ on to sb/sthg** se cramponner à qqn/qqch.

fastener ['fɑ:snər] *n* [of bag, necklace] fermoir *m* ; [of dress] fermeture *f*.

fastening ['fɑ:snɪŋ] *n* fermeture *f*.

fast food *n* fast-food *m*, restauration *f* rapide.

fast-forward, **fast forward** ◇ *n* avance *f* rapide. ◇ *vt* mettre en avance rapide. ◇ *vi* mettre la bande en avance rapide.

fastidious [fə'stɪdɪəs] *adj* [fussy] méticuleux(euse).

fast lane *n* [on motorway] voie *f* rapide ; **life in the ~** *fig* la vie à cent à l'heure.

fat [fæt] ◇ *adj* (*comp* **-ter**, *superl* **-test**) - **1.** [overweight] gros (grosse), gras (grasse) ; **to get ~** grossir - **2.** [not lean - meat] gras (grasse) - **3.** [thick - file, wallet] gros (grosse), épais(aisse) - **4.** [large - profit, cheque] gros (grosse) - **5.** *iron* [small] : **a ~ lot of good that did you!** ça t'a bien avancé! ◇ *n* - **1.** [flesh, on meat, in food] graisse *f* - **2.** *(U)* [for cooking] matière *f* grasse ; **pork ~** saindoux *m*.

fatal ['feɪtl] *adj* - **1.** [serious - mistake] fatal(e) ; [- decision, words] fatidique - **2.** [accident, illness] mortel(elle).

fatalism ['feɪtəlɪzm] *n* fatalisme *m*.

fatalistic [ˌfeɪtə'lɪstɪk] *adj* fataliste.

fatality [fə'tælətɪ] (*pl* **-ies**) *n* - **1.** [accident victim] mort *m* - **2.** = **fatalism**.

fatally ['feɪtəlɪ] *adv* - **1.** [seriously] sérieusement, gravement - **2.** [wounded] mortellement ; **~ ill** dans un état désespéré.

fat cat *n inf pej* richard *m*, huile *f*.

fate [feɪt] *n* - **1.** [destiny] destin *m* ; **to tempt ~** tenter le diable - **2.** [result, end] sort *m*.

fated ['feɪtɪd] *adj* fatal(e), marqué(e) par le destin ; **to be ~ to do sthg** être voué OR destiné à faire qqch.

fateful ['feɪtfʊl] *adj* fatidique.

fat-free *adj* sans matières grasses.

fathead ['fæthed] *n inf* imbécile *mf*, patate *f*.

father ['fɑ:ðər] ◇ *n* père *m*. ◇ *vt* engendrer.

◆ **Father** *n* - **1.** [priest] Père *m* - **2.** [God] Dieu le Père *m* ; **Our Father** notre Père.

Father Christmas *n UK* le Père Noël.

fatherhood ['fɑ:ðəhʊd] *n (U)* paternité *f*.

father-in-law (*pl* **fathers-in-law**) *n* beau-père *m*.

fatherly ['fɑ:ðəlɪ] *adj* paternel(elle).

Father's Day *n* fête *f* des Pères.

fathom ['fæðəm] ◇ *n* brasse *f*. ◇ *vt* : **to ~ sb/sthg (out)** comprendre qqn/qqch.

fatigue [fə'ti:g] ◇ *n* - **1.** [exhaustion] épuisement *m* - **2.** [in metal] fatigue *f*. ◇ *vt* épuiser.

◆ **fatigues** *npl* tenue *f* de corvée, treillis *m*.

fatness ['fætnɪs] *n* [of person] embonpoint *m*.

fatten ['fætn] *vt* engraisser.

◆ **fatten up** *vt sep* engraisser.

fattening ['fætnɪŋ] *adj* qui fait grossir.

fatty ['fætɪ] ◇ *adj* (*comp* **-ier**, *superl* **-iest**) gras (grasse). ◇ *n* (*pl* **-ies**) *inf pej* gros *m*, grosse *f*.

fatuous ['fætjʊəs] *adj fml* stupide, niais(e).

fatuously ['fætjʊəslɪ] *adv fml* stupidement, niaisement.

faucet ['fɔ:sɪt] *n US* robinet *m*.

fault ['fɔ:lt] ◇ *n* - **1.** [responsibility, in tennis] faute *f* ; **it's my ~** c'est de ma faute - **2.** [mistake, imperfection] défaut *m* ; **to find ~ with sb/sthg** critiquer qqn/qqch ; **at ~** fautif(ive) - **3.** GEOL faille *f*. ◇ *vt* : **to ~ sb (on sthg)** prendre qqn en défaut (sur qqch).

faultless ['fɔ:ltlɪs] *adj* impeccable.

faulty ['fɔ:ltɪ] (*comp* **-ier**, *superl* **-iest**) *adj* défectueux(euse).

fauna ['fɔ:nə] *n* faune *f*.

faux pas [ˌfəʊ'pɑ:] (*pl* **faux pas**) *n* faux-pas *m*.

favour *UK*, **favor** *US* ['feɪvər] ◇ *n* - **1.** [approval] faveur *f*, approbation *f* ; **to look with ~ on sb** considérer qqn favorablement ; **in sb's ~**

en faveur de qqn ; **to be in/out of ~ with sb** avoir/ne pas avoir les faveurs de qqn, avoir/ne pas avoir la cote avec qqn ; **to curry ~ with sb** chercher à gagner la faveur de qqn - **2.** [kind act] service *m* ; **to do sb a ~** rendre (un) service à qqn - **3.** [favouritism] favoritisme *m* - **4.** [advantage] : **to rule in sb's ~** décider *OR* statuer en faveur de qqn. <> *vt* - **1.** [prefer] préférer, privilégier - **2.** [treat better, help] favoriser - **3.** *iron* [honour] : **to ~ sb with sthg** faire à qqn l'honneur de qqch.

◆ **in favour** *adv* [in agreement] pour, d'accord.

◆ **in favour of** *prep* - **1.** [in preference to] au profit de - **2.** [in agreement with] : **to be in ~ of sthg/of doing sthg** être partisan(e) de qqch/de faire qqch.

favourable *UK*, **favorable** *US* ['feɪvrəbl] *adj* [positive] favorable.

favourably *UK*, **favorably** *US* ['feɪvrəblɪ] *adv* favorablement ; [placed] bien.

favoured *UK*, **favored** *US* ['feɪvəd] *adj* favorisé(e).

favourite *UK*, **favorite** *US* ['feɪvrɪt] <> *adj* favori(ite). <> *n* - **1.** [person] favori *m*, -ite *f* - **2.** COMPUT favori *m* ; *US* signet *m*.

◆ **favorites** *npl* favoris *mpl*, signets *mpl*.

favouritism *UK*, **favoritism** *US* ['feɪvrɪtɪzm] *n* favoritisme *m*.

fawn [fɔːn] <> *adj* fauve *(inv)*. <> *n* [animal] faon *m*. <> *vi* : **to ~ on sb** flatter qqn servilement.

fax [fæks] <> *n* fax *m*, télécopie *f*. <> *vt* - **1.** [person] envoyer un fax à - **2.** [document] envoyer en fax.

fax machine *n* fax *m*, télécopieur *m*.

fax modem *n* modem *m* fax.

fax number *n* numéro *m* de fax.

faze [feɪz] *vt inf* démonter, déconcerter.

FBI (*abbr of* **Federal Bureau of Investigation**) *n* *US* FBI *m*.

FCC (*abbr of* **Federal Communications Commission**) *n conseil fédéral de l'audiovisuel aux États-Unis,* ≃ CSA *m*.

FCO (*abbr of* **Foreign and Commonwealth Office**) *n ministère britannique des affaires étrangères et du Commonwealth.*

FD (*abbr of* **Fire Department**) *n US* & *Canada sapeurs-pompiers.*

FDA *n* - **1.** (*abbr of* **Food and Drug Administration**) *administration délivrant l'autorisation de mise sur le marché des médicaments et des produits alimentaires aux États-Unis* - **2.** (*abbr of* **Association of First Division Civil Servants**) *syndicat britannique des hauts fonctionnaires.*

FDD [ˌefdiːˈdiː] (*abbr of* **floppy disk drive**) *n* COMPUT lecteur *m* de disquettes.

FE *n Australia* & *UK see also* **Further Education**.

fear [fɪəʳ] <> *n* - **1.** *(U)* [feeling] peur *f* - **2.** [object of fear] crainte *f* - **3.** [risk] risque *m* ; **for ~ of** de peur de *(+ infin)*, de peur que *(+ subjunctive)*. <> *vt* - **1.** [be afraid of] craindre, avoir peur de - **2.** [anticipate] craindre ; **to ~ (that)...** craindre que..., avoir peur que... <> *vi* [be afraid] : **to ~ for sb/sthg** avoir peur pour qqn/qqch, craindre pour qqn/qqch.

fearful ['fɪəfʊl] *adj* - **1.** *fml* [frightened] peureux(euse) ; **to be ~ of sthg** avoir peur de qqch - **2.** [frightening] effrayant(e).

fearless ['fɪəlɪs] *adj* intrépide.

fearlessly ['fɪəlɪslɪ] *adv* courageusement.

fearsome ['fɪəsəm] *adj* [temper] effroyable.

feasibility [ˌfiːzəˈbɪlətɪ] *n (U)* possibilité *f*.

feasibility study *n* étude *f* de faisabilité.

feasible ['fiːzəbl] *adj* faisable, possible.

feast [fiːst] <> *n* [meal] festin *m*, banquet *m*. <> *vi* : **to ~ on** *OR* **off sthg** se régaler de qqch.

feat [fiːt] *n* exploit *m*, prouesse *f*.

feather ['feðəʳ] *n* plume *f*.

feather bed *n* lit *m* de plume.

featherbrained ['feðəbreɪnd] *adj* [person] écervelé(e) ; [idea, scheme] inconsidéré(e).

featherweight ['feðəweɪt] *n* [boxer] poids *m* plume.

feature ['fiːtʃəʳ] <> *n* - **1.** [characteristic] caractéristique *f* - **2.** GEOG particularité *f* - **3.** [article] article *m* de fond - **4.** RADIO & TV émission *f* spéciale, spécial *m* - **5.** CIN long métrage *m*. <> *vt* - **1.** [subj: film, exhibition] mettre en vedette ; **featuring James Dean** avec, dans le rôle principal, James Dean - **2.** [comprise] présenter, comporter. <> *vi* : **to ~ (in)** figurer en vedette (dans).

◆ **features** *npl* [of face] traits *mpl*.

feature film *n* long métrage *m*.

featureless ['fiːtʃəlɪs] *adj* sans trait distinctif.

Feb. [feb] (*abbr of* **February**) févr.

February ['februərɪ] *n* février *m*, *see also* **September**.

feces *US* = **faeces**.

feckless ['feklɪs] *adj* inepte.

fed [fed] *pt* & *pp* ▷ **feed**.

fed [fed] *n US slang* agent *m*, -e *f* du FBI.

fed. *see also* **federal**, *see also* **federation**, *see also* **federated**.

Fed [fed] *n* - **1.** *US inf* (*abbr of* **Federal Reserve Board**) *organe de contrôle de la Banque centrale américaine* - **2.** *see also* **federal** - **3.** *see also* **federation**.

federal ['fedrəl] *adj* fédéral(e).

Federal Bureau of Investigation *n* FBI *m*, ≃ police *f* judiciaire.

federalism ['fedrəlɪzm] *n* fédéralisme *m*.

federation [ˌfedə'reɪʃn] *n* fédération *f*.

fed up *adj* : **to be ~ (with)** en avoir marre (de).

fee [fi:] *n* [of school] frais *mpl* ; [of doctor] honoraires *mpl* ; [for membership] cotisation *f* ; [for entrance] tarif *m*, prix *m*.

feeble ['fi:bəl] *adj* faible.

feebleminded [ˌfi:bl'maɪndɪd] *adj* débile.

feebleness ['fi:blnɪs] *n* faiblesse *f*.

feebly ['fi:blɪ] *adv* faiblement.

feed [fi:d] ◇ *vt* (*pt & pp* **fed**) - **1.** [give food to] nourrir - **2.** [fire, fears etc] alimenter - **3.** [put, insert] : **to ~ sthg into sthg** mettre *OR* insérer qqch dans qqch. ◇ *vi* (*pt & pp* **fed**) - **1.** [take food] : **to ~ (on *OR* off)** se nourrir (de) - **2.** [be strengthened] : **to ~ on *OR* off** s'appuyer sur. ◇ *n* - **1.** [for baby] repas *m* - **2.** [animal food] nourriture *f*.

feedback ['fi:dbæk] *n (U)* - **1.** [reaction] réactions *fpl* - **2.** ELEC réaction *f*, rétroaction *f*.

feedbag ['fi:dbæg] *n US* musette *f* (mangeoire).

feeder ['fi:dəʳ] ◇ *n* [eater] mangeur *m*, -euse *f*. ◇ *comp* [road, railway line] secondaire.

feeding bottle ['fi:dɪŋ-] *n UK* biberon *m*.

feeding frenzy *n* frénésie *f* alimentaire ; : **to have a ~** avoir un comportement agressif.

feel [fi:l] ◇ *vt* (*pt & pp* **felt**) - **1.** [touch] toucher - **2.** [sense, experience, notice] sentir ; [emotion] ressentir ; **to ~ o.s. doing sthg** se sentir faire qqch - **3.** [believe] : **to ~ (that)...** croire que..., penser que... - **4.** *phr* **I'm not ~ing myself today** je ne suis pas dans mon assiette aujourd'hui. ◇ *vi* (*pt & pp* **felt**) - **1.** [have sensation] : **to ~ cold/hot/sleepy** avoir froid/chaud/sommeil ; **to ~ safe** se sentir en sécurité ; **to ~ like sthg/like doing sthg** [be in mood for] avoir envie de qqch/de faire qqch - **2.** [have emotion] se sentir ; **to ~ angry** être en colère - **3.** [seem] sembler ; **it ~s strange** ça fait drôle ; **it ~s like leather** on dirait du cuir - **4.** [by touch] : **to ~ for sthg** chercher qqch. ◇ *n* - **1.** [sensation, touch] toucher *m*, sensation *f* - **2.** [atmosphere] atmosphère *f* - **3.** *phr* **to have a ~ for sthg** avoir l'instinct pour qqch.

feeler ['fi:ləʳ] *n* antenne *f*.

feelgood ['fi:lgʊd] *adj inf* qui donne la pêche ; **the ~ factor** l'optimisme *m* ambiant.

feeling ['fi:lɪŋ] *n* - **1.** [emotion] sentiment *m* ; **I know the ~** je sais ce que c'est ; **bad ~** animosité *f*, hostilité *f* - **2.** [physical sensation] sensation *f* - **3.** [intuition, sense] sentiment *m*, impression *f* - **4.** [understanding] sensibilité *f* ; **to have a ~ for sthg** comprendre *OR* apprécier qqch.

◆ **feelings** *npl* sentiments *mpl* ; **to hurt sb's ~s** blesser (la sensibilité de) qqn ; **no hard ~s!** sans rancune!

fee-paying [-'peɪɪŋ] *adj UK* [pupil] d'un établissement privé ; [school] privé(e).

feet [fi:t] *pl* ▷ **foot**.

feign [feɪn] *vt fml* feindre.

feint [feɪnt] ◇ *n* feinte *f*. ◇ *vi* feinter.

feisty ['faɪstɪ] (*comp* **-ier**, *superl* **-iest**) *adj inf* [lively] plein(e) d'entrain ; [combative] qui a du cran.

felicitous [fɪ'lɪsɪtəs] *adj fml* heureux(euse).

feline ['fi:laɪn] ◇ *adj* félin(e). ◇ *n* félin *m*.

fell [fel] ◇ *pt* ▷ **fall**. ◇ *vt* [tree, person] abattre.

◆ **fells** *npl* GEOG lande *f*.

fellow ['feləʊ] ◇ *n* - **1.** *dated* [man] homme *m* - **2.** [comrade, peer] camarade *m*, compagnon *m* - **3.** [of society, college] membre *m*, associé *m*. ◇ *adj* : **one's ~ men** ses semblables ; **~ feeling** sympathie *f* ; **~ passenger** compagnon *m*, compagne *f* (de voyage) ; **~ student** camarade *mf* (d'études).

fellowship ['feləʊʃɪp] *n* - **1.** [comradeship] amitié *f*, camaraderie *f* - **2.** [society] association *f*, corporation *f* - **3.** [of society, college] titre *m* de membre *OR* d'associé - **4.** UNIV [scholarship] bourse *f* d'études dans l'enseignement supérieur ; [status] poste *m* de chercheur(euse).

felony ['felənɪ] (*pl* **-ies**) *n* LAW crime *m*, forfait *m*.

felt [felt] ◇ *pt & pp* ▷ **feel**. ◇ *n (U)* feutre *m*.

felt-tip pen *n* stylo-feutre *m*.

female ['fi:meɪl] ◇ *adj* [person] de sexe féminin ; [animal, plant] femelle ; [sex, figure] féminin(e) ; **~ student** étudiante *f* ; **~ worker** travailleuse *f*, ouvrière *f*. ◇ *n* femelle *f*.

feminine ['femɪnɪn] ◇ *adj* féminin(e). ◇ *n* GRAM féminin *m*.

femininity [femɪ'nɪnətɪ] *n (U)* féminité *f*.

feminism ['femɪnɪzm] *n* féminisme *m*.

feminist ['femɪnɪst] *n* féministe *mf*.

fence [fens] ◇ *n* [barrier] clôture *f* ; **to sit on the ~** *fig* ménager la chèvre et le chou. ◇ *vt* clôturer, entourer d'une clôture.

◆ **fence off** *vt sep* séparer par une clôture.

fencing ['fensɪŋ] *n* - **1.** SPORT escrime *f* - **2.** [material] clôture *f*.

fend [fend] *vi* : **to ~ for o.s.** se débrouiller tout seul.

◆ **fend off** *vt sep* [blows] parer ; [questions, reporters] écarter.

fender ['fendəʳ] *n* - **1.** [round fireplace] pare-feu *m inv* - **2.** [on boat] défense *f* - **3.** *US* [on car] aile *f*.

fennel ['fenl] *n* fenouil *m*.

fens [fenz] *npl UK* marais *mpl*.

feral ['fɪərəl] *adj* sauvage.

ferment ◇ *n* ['fɜːment] *(U)* [unrest] agitation *f*, effervescence *f* ; **in ~** en effervescence. ◇ *vi* [fə'ment] [wine, beer] fermenter.

fermentation [ˌfɜːmən'teɪʃn] *n* fermentation *f*.

fermented [fə'mentɪd] *adj* fermenté(e).

fern [fɜːn] *n* fougère *f*.

ferocious [fə'rəʊʃəs] *adj* féroce.

ferociously [fə'rəʊʃəslɪ] *adv* férocement, avec férocité.

ferocity [fə'rɒsətɪ] *n* férocité *f*.

ferret ['ferɪt] *n* furet *m*.

◆ **ferret about, ferret around** *vi inf* fureter un peu partout.

◆ **ferret out** *vt sep inf* dénicher.

Ferris wheel ['ferɪs-] *n esp US* grande roue *f*.

ferry ['ferɪ] ◇ *n* ferry *m*, ferry-boat *m* ; [smaller] bac *m*. ◇ *vt* transporter.

ferryboat ['ferɪbəʊt] *n* = **ferry**.

ferryman ['ferɪmən] (*pl* **-men** [-mən]) *n* passeur *m*.

fertile ['fɜːtaɪl] *adj* - **1.** [land, imagination] fertile, fécond(e) - **2.** [woman] féconde.

fertility [fɜː'tɪlətɪ] *n* - **1.** [of land, imagination] fertilité *f* - **2.** [of woman] fécondité *f*.

fertility drug *n* traitement *m* contre la stérilité.

fertilization [ˌfɜːtɪlaɪ'zeɪʃn] *n* - **1.** [of soil] fertilisation *f* - **2.** [of egg] fécondation *f*.

fertilize, *UK* **-ise** ['fɜːtɪlaɪz] *vt* - **1.** [soil] fertiliser, amender - **2.** [egg] féconder.

fertilizer ['fɜːtɪlaɪzəʳ] *n* engrais *m*.

fervent ['fɜːvənt] *adj* fervent(e).

fervour *UK*, **fervor** *US* ['fɜːvəʳ] *n* ferveur *f*.

fester ['festəʳ] *vi* - **1.** [wound, sore] suppurer - **2.** [emotion, quarrel] s'aigrir.

festival ['festəvl] *n* - **1.** [event, celebration] festival *m* - **2.** [holiday] fête *f*.

festive ['festɪv] *adj* de fête.

festive season *n UK* **the ~** la période des fêtes.

festivities [fes'tɪvətɪz] *npl* réjouissances *fpl*.

festoon [fe'stuːn] *vt* décorer de guirlandes ; **to be ~ed with** être décoré de.

fetal ['fiːtl] *US* = **foetal**.

fetch [fetʃ] *vt* - **1.** [go and get] aller chercher - **2.** [raise - money] rapporter.

fetching ['fetʃɪŋ] *adj* séduisant(e).

fete, fête [feɪt] ◇ *n* fête *f*, kermesse *f*. ◇ *vt* fêter, faire fête à.

Fete

Les *village fetes* en Grande-Bretagne, où l'on vend en plein air des produits faits maison et où l'on organise des manifestations sportives et des jeux pour enfants, sont généralement destinées à réunir des fonds pour une œuvre de charité.

fetid ['fetɪd] *adj* fétide.

fetish ['fetɪʃ] *n* - **1.** [sexual obsession] objet *m* de fétichisme - **2.** [mania] manie *f*, obsession *f*.

fetishism ['fetɪʃɪzm] *n* fétichisme *m*.

fetlock ['fetlɒk] *n* boulet *m*.

fetter ['fetəʳ] *vt* [person] enchaîner ; [movements] entraver.

◆ **fetters** *npl* fers *mpl*, chaînes *fpl*.

fettle ['fetl] *n dated* **in fine ~** en pleine forme.

fetus ['fiːtəs] *US* = **foetus**.

feud [fjuːd] ◇ *n* querelle *f*. ◇ *vi* se quereller.

feudal ['fjuːdl] *adj* féodal(e).

fever ['fiːvəʳ] *n* fièvre *f*.

fevered ['fiːvəd] *adj* fiévreux(euse).

feverish ['fiːvərɪʃ] *adj* fiévreux(euse).

fever pitch *n* comble *m*.

few [fjuː] ◇ *adj* peu de ; **the first ~ pages** les toutes premières pages ; **quite a ~, a good ~** pas mal de, un bon nombre de ; **~ and far between** rares. ◇ *pron* peu ; **a ~** quelques-uns *mpl*, quelques-unes *f*.

fewer ['fjuːəʳ] ◇ *adj* moins (de) ; **no ~ than** pas moins de. ◇ *pron* moins.

fewest ['fjuːəst] *adj* le moins (de).

FH *UK see also* **fire hydrant**.

FHA (*abbr of* **Federal Housing Administration**) *n organisme de gestion des logements sociaux aux États-Unis*.

fiancé [fɪ'ɒnseɪ] *n* fiancé *m*.

fiancée [fɪ'ɒnseɪ] *n* fiancée *f*.

fiasco [fɪ'æskəʊ] (*UK, pl* **-s**, *esp US, pl* **-es**) *n* fiasco *m*.

fib [fɪb] *inf* ◇ *n* bobard *m*, blague *f*. ◇ *vi* (*pt & pp* **-bed**, *cont* **-bing**) raconter des bobards OR des blagues.

fibber ['fɪbəʳ] *n inf* menteur *m*, -euse *f*.

fibre *UK*, **fiber** *US* ['faɪbər] *n* fibre *f*.

fibreboard *UK*, **fiberboard** *US* ['faɪbəbɔːd] *n (U)* panneau *m* de fibres.

fibreglass *UK*, **fiberglass** *US* ['faɪbəglɑːs] ◇ *n (U)* fibre *f* de verre. ◇ *comp* en fibre de verre.

fibre optics *UK*, **fiber optics** *US* *n (U)* fibre *f* optique.

fibre-tip (pen) *UK* = **felt-tip pen**.

fibroid ['faɪbrɔɪd] *n* fibrome *m*.

fibrositis [ˌfaɪbrə'saɪtɪs] *n* fibrosite *f*.

FICA (*abbr of* **Federal Insurance Contributions Act**) *n loi américaine régissant les cotisations sociales*.

fickle ['fɪkl] *adj* versatile.

fiction ['fɪkʃn] *n* fiction *f*.

fictional ['fɪkʃənl] *adj* fictif(ive).

fictionalize, *UK* **-ise** ['fɪkʃənəlaɪz] *vt* romancer.

fictitious [fɪk'tɪʃəs] *adj* [false] fictif(ive).

fiddle ['fɪdl] ◇ *vi* [play around] : **to ~ with sthg** tripoter qqch. ◇ *vt UK inf* truquer. ◇ *n* **- 1.** [violin] violon *m* ; **to be (as) fit as a ~** se porter comme un charme ; **to play second ~ (to sb)** jouer un rôle secondaire (auprès de qqn), passer au second plan (auprès de qqn) **- 2.** *UK inf* [fraud] combine *f*, escroquerie *f*.

◆ **fiddle about**, **fiddle around** *vi* **- 1.** [fidget] ne pas se tenir tranquille, s'agiter ; **to ~ about with sthg** tripoter qqch **- 2.** [waste time] perdre son temps.

fiddler ['fɪdlər] *n* joueur *m*, -euse *f* de violon.

fiddly ['fɪdlɪ] (*comp* **-ier**, *superl* **-iest**) *adj UK inf* délicat(e).

fidelity [fɪ'delətɪ] *n* **- 1.** [loyalty] fidélité *f* **- 2.** [accuracy - of report] fidélité *f*.

fidget ['fɪdʒɪt] *vi* remuer.

fidgety ['fɪdʒɪtɪ] *adj inf* remuant(e).

fiduciary [fɪ'djuːʃɪərɪ] ◇ *adj* fiduciaire. ◇ *n* (*pl* **-ies**) fiduciaire *mf*.

field [fiːld] ◇ *n* **- 1.** [gen & COMPUT] champ *m* ; **~ of vision** champ de vision **- 2.** [for sports] terrain *m* **- 3.** [of knowledge] domaine *m* **- 4.** [real environment] : **in the ~** sur le terrain. ◇ *vi* tenir le champ.

field day *n* : **to have a ~** s'en donner à cœur joie.

fielder ['fiːldər] *n* joueur *m* qui tient le champ.

field event *n* compétition *f* d'athlétisme *(hormis la course)*.

field glasses *npl* jumelles *fpl*.

field marshal *n* ≃ maréchal *m* (de France).

field mouse *n* mulot *m*.

field trip *n* SCH voyage *m* d'étude.

fieldwork ['fiːldwɜːk] *n (U)* recherches *fpl* sur le terrain.

fieldworker, **field(-)worker** ['fiːldwɜːkər] *n* chercheur *m*, -euse *f* OR enquêteur *m*, -trice *f* sur le terrain.

fiend [fiːnd] *n* **- 1.** [cruel person] monstre *m* **- 2.** *inf* [fanatic] fou *m*, folle *f*, mordu *m*, -e *f*.

fiendish ['fiːndɪʃ] *adj* **- 1.** [evil] abominable **- 2.** *inf* [very difficult, complex] compliqué(e), complexe.

fierce [fɪəs] *adj* féroce ; [heat] torride ; [storm, temper] violent(e).

fiercely ['fɪəslɪ] *adv* férocement ; [attack] violemment ; [defend] avec acharnement.

fiery ['faɪərɪ] (*comp* **-ier**, *superl* **-iest**) *adj* **- 1.** [burning] ardent(e) **- 2.** [spicy] très piquant(e) **- 3.** [volatile - speech] enflammé(e) ; [- temper, person] fougueux(euse) **- 4.** [bright red] flamboyant(e).

FIFA ['fiːfə] (*abbr of* **Fédération Internationale de Football Association**) *n* FIFA *f*.

fifteen [fɪf'tiːn] *num* quinze, *see also* **six**.

fifteenth [ˌfɪf'tiːnθ] *num* quinzième, *see also* **sixth**.

fifth [fɪfθ] *num* cinquième, *see also* **sixth**.

Fifth Amendment *n* : **the ~** le Cinquième Amendement *(qui garantit les droits des inculpés, aux États-Unis)*.

fifth column *n* cinquième colonne *f*.

fiftieth ['fɪftɪəθ] *num* cinquantième, *see also* **sixth**.

fifty ['fɪftɪ] *num* cinquante, *see also* **sixty**.

fifty-fifty ◇ *adj* moitié-moitié, fifty-fifty ; **to have a ~ chance** avoir cinquante pour cent de chances. ◇ *adv* moitié-moitié, fifty-fifty.

fig [fɪg] *n* figue *f*.

fight [faɪt] ◇ *n* **- 1.** [physical] bagarre *f* ; **to have a ~ (with sb)** se battre (avec qqn), se bagarrer (avec qqn) ; **to put up a ~** se battre, se défendre **- 2.** *fig* [battle, struggle] lutte *f*, combat *m* **- 3.** [argument] dispute *f* ; **to have a ~ (with sb)** se disputer (avec qqn). ◇ *vt* (*pt & pp* **fought**) **- 1.** [physically] se battre contre OR avec **- 2.** [conduct - war] mener **- 3.** [enemy, racism] combattre. ◇ *vi* (*pt & pp* **fought**) **- 1.** [in war, punch-up] se battre **- 2.** *fig* [struggle] : **to ~ for/against sthg** lutter pour/contre qqch **- 3.** [argue] : **to ~ (about OR over)** se battre OR se disputer (à propos de).

◆ **fight back** ◇ *vt insep* refouler. ◇ *vi* riposter.

◆ **fight off** *vt sep* **- 1.** [attacker] repousser **- 2.** [illness, desire] venir à bout de.

◆ **fight out** *vt sep* : **leave them to ~ it out** laisse-les se bagarrer et régler cela entre eux.

fighter ['faɪtəʳ] *n* - **1.** [plane] avion *m* de chasse, chasseur *m* - **2.** [soldier] combattant *m* - **3.** [combative person] battant *m*, -e *f*.

fighting ['faɪtɪŋ] *n (U)* [punch-up] bagarres *fpl* ; [in war] conflits *mpl*.

fighting chance *n* : **to have a ~** avoir une petite chance.

figment ['fɪgmənt] *n* : **a ~ of sb's imagination** le fruit de l'imagination de qqn.

figurative ['fɪgərətɪv] *adj* - **1.** [meaning] figuré(e) - **2.** ART figuratif(ive).

figuratively ['fɪgərətɪvlɪ] *adv* au figuré.

figure [*UK* 'fɪgəʳ, *US* 'fɪgjər] ◇ *n* - **1.** [statistic, number] chiffre *m* ; **to put a ~ on sthg** chiffrer qqch - **2.** [human shape, outline] silhouette *f*, forme *f* - **3.** [personality, diagram] figure *f* - **4.** [shape of body] ligne *f*. ◇ *vt esp US* [suppose] penser, supposer. ◇ *vi* [feature] figurer, apparaître.

◆ **figure out** *vt sep* [understand] comprendre ; [find] trouver.

figurehead ['fɪgəhed] *n* - **1.** [on ship] figure *f* de proue - **2.** *fig* & *pej* [leader] homme *m* de paille.

figure of eight *UK* & *Australia*, **figure eight** *US n* huit *m inv*.

figure of speech *n* figure *f* de rhétorique.

figure skating *n* patinage *m* artistique.

figurine [*UK* 'fɪgəri:n, *US* ˌfɪgjə'ri:n] *n* figurine *f*.

Fiji ['fi:dʒi:] *n* Fidji *fpl* ; **in ~** à Fidji.

Fijian [ˌfi:'dʒi:ən] ◇ *adj* fidjien(enne). ◇ *n* Fidjien *m*, -enne *f*.

filament ['fɪləmənt] *n* [in light bulb] filament *m*.

filch [fɪltʃ] *vt inf* chiper.

file [faɪl] ◇ *n* - **1.** [folder, report] dossier *m* ; **on ~, on the ~s** répertorié dans les dossiers - **2.** COMPUT fichier *m* - **3.** [tool] lime *f* - **4.** [line] : **in single ~** en file indienne. ◇ *vt* - **1.** [document] classer - **2.** [LAW - accusation, complaint] porter, déposer ; [- lawsuit] intenter ; **to ~ an appeal** *US* interjeter *OR* faire appel - **3.** [fingernails, wood] limer. ◇ *vi* - **1.** [walk in single file] marcher en file indienne - **2.** LAW : **to ~ for divorce** demander le divorce.

file clerk *US* = **filing clerk**.

filename ['faɪlˌneɪm] *n* COMPUT nom *m* de fichier.

filet *US* = **fillet**.

filibuster ['fɪlɪbʌstər] *vi esp US* POL faire de l'obstruction parlementaire.

filigree ['fɪlɪgri:] ◇ *adj* en filigrane. ◇ *n* filigrane *m*.

filing cabinet ['faɪlɪŋ-] *n* classeur *m*, fichier *m*.

filing clerk ['faɪlɪŋ-] *n UK* documentaliste *mf*.

Filipino [ˌfɪlɪ'pi:nəʊ] ◇ *adj* philippin(e). ◇ *n (pl* **-s***)* Philippin *m*, -e *f*.

fill [fɪl] ◇ *vt* - **1.** [gen] remplir ; **to ~ sthg with sthg** remplir qqch de qqch - **2.** [gap, hole] boucher - **3.** [vacancy - subj: employer] pourvoir à ; [- subj: employee] prendre. ◇ *n* : **to eat one's ~** manger à sa faim ; **to have had one's ~ of sthg** en avoir assez de qqch.

◆ **fill in** ◇ *vt sep* - **1.** [form] remplir - **2.** [inform] : **to ~ sb in (on)** mettre qqn au courant (de). ◇ *vt insep* : **I'm just ~ing in time** je fais ça en attendant. ◇ *vi* [substitute] : **to ~ in for sb** remplacer qqn.

◆ **fill out** ◇ *vt sep* [form] remplir. ◇ *vi* [get fatter] prendre de l'embonpoint.

◆ **fill up** ◇ *vt sep* remplir. ◇ *vi* se remplir.

filled [fɪld] *adj* - **1.** [roll] garni(e) - **2.** [with emotion] : **~ (with)** plein(e) (de).

filler ['fɪləʳ] *n* [for cracks] mastic *m*.

filler cap *n UK* bouchon *m* du réservoir d'essence.

fillet *UK*, **filet** *US* ['fɪlɪt] *n* filet *m*.

fillet steak *n* filet *m* de bœuf.

fill-in *n inf* pis-aller *m inv*.

filling ['fɪlɪŋ] ◇ *adj* très nourrissant(e). ◇ *n* - **1.** [in tooth] plombage *m* - **2.** [in cake, sandwich] garniture *f*.

filling station *n* station-service *f*.

fillip ['fɪlɪp] *n* coup *m* de fouet.

filly ['fɪlɪ] *(pl* **-ies***)* *n* pouliche *f*.

film [fɪlm] ◇ *n* - **1.** [movie] film *m* - **2.** [layer, for camera] pellicule *f* - **3.** [footage] images *fpl*. ◇ *vt* & *vi* filmer.

filming ['fɪlmɪŋ] *n (U)* tournage *m*.

film noir *n* CIN film *m* noir.

film star *n* vedette *f* de cinéma.

filmstrip ['fɪlmstrɪp] *n* film *m* fixe.

film studio *n* studio *m* (de cinéma).

Filofax® ['faɪləʊfæks] *n* Filofax® *m*.

filter ['fɪltəʳ] ◇ *n* filtre *m*. ◇ *vt* [coffee] passer ; [water, oil, air] filtrer. ◇ *vi* [people] : **to ~ in** entrer par petits groupes.

◆ **filter out** *vt sep* filtrer.

◆ **filter through** *vi* filtrer.

filter coffee *n* café *m* filtre.

filter lane *n UK* ≃ voie *f* de droite.

filter paper *n* papier *m* filtre.

filter-tipped [-'tɪpt] *adj* à bout filtre.

filth [fɪlθ] *n (U)* - **1.** [dirt] saleté *f*, crasse *f* - **2.** [obscenity] obscénités *fpl*.

filthy ['fɪlθɪ] (*comp* **-ier**, *superl* **-iest**) *adj* - **1.** [very dirty] dégoûtant(e), répugnant(e) - **2.** [obscene] obscène.

filtration plant [fɪl'treɪʃn-] *n* station *f* d'épuration.

Fimbra ['fɪmbrə] (*abbr of* **Financial Intermediaries, Managers and Brokers Regulatory Association**) *n organisme britannique contrôlant les activités des courtiers d'assurances.*

fin [fɪn] *n* - **1.** [of fish] nageoire *f* - **2.** *US* [for swimmer] palme *f*.

final ['faɪnl] ◇ *adj* - **1.** [last] dernier(ère) - **2.** [at end] final(e) - **3.** [definitive] définitif(ive). ◇ *n* finale *f*.

◆ **finals** *npl* UNIV examens *mpl* de dernière année.

final demand *n* dernier avertissement *m*.

finale [fɪ'nɑːlɪ] *n* finale *m*.

finalist ['faɪnəlɪst] *n* finaliste *mf*.

finalize, *UK* **-ise** ['faɪnəlaɪz] *vt* mettre au point, finaliser.

finally ['faɪnəlɪ] *adv* enfin.

finance ◇ *n* ['faɪnæns] *(U)* finance *f*. ◇ *vt* [faɪ'næns] financer.

◆ **finances** *npl* finances *fpl*.

financial [fɪ'nænʃl] *adj* financier(ère).

financial adviser *UK*, **financial advisor** *US n* conseiller financier *m*, conseillère financière *f*.

financially [fɪ'nænʃəlɪ] *adv* financièrement.

financial services *npl* services *mpl* financiers.

financial year *UK*, **fiscal year** *US n* exercice *m*.

financier [fɪ'nænsɪəʳ] *n UK* financier *m*.

finch [fɪntʃ] *n* fringillidé *m*.

find [faɪnd] ◇ *vt* (*pt* & *pp* **found**) - **1.** [gen] trouver ; **to ~ one's way** trouver son chemin - **2.** [realize] : **to ~ (that)...** s'apercevoir que... - **3.** LAW : **to be found guilty/not guilty (of)** être déclaré(e) coupable/non coupable (de). ◇ *n* trouvaille *f*.

◆ **find out** ◇ *vi* se renseigner. ◇ *vt insep* - **1.** [information] se renseigner sur - **2.** [truth] découvrir, apprendre. ◇ *vt sep* démasquer.

findings ['faɪndɪŋz] *npl* conclusions *fpl*.

fine [faɪn] ◇ *adj* - **1.** [good - work] excellent(e) ; [- building, weather] beau (belle) - **2.** [perfectly satisfactory] très bien ; **I'm ~** ça va bien - **3.** [thin, smooth] fin(e) - **4.** [minute - detail, distinction] subtil(e) ; [- adjustment, tuning] délicat(e). ◇ *adv* [very well] très bien. ◇ *n* amende *f*. ◇ *vt* condamner à une amende.

fine arts *npl* beaux-arts *mpl*.

finely ['faɪnlɪ] *adv* - **1.** [chopped, ground] fin - **2.** [tuned, balanced] délicatement.

fineness ['faɪnnɪs] *n* finesse *f*.

finery ['faɪnərɪ] *n (U)* parure *f*.

finesse [fɪ'nes] *n* finesse *f*.

fine-tooth(ed) comb *n* : **to go over sthg with a ~** passer qqch au peigne fin.

fine-tune *vt* [mechanism] régler au quart de tour ; *fig* régler minutieusement.

finger ['fɪŋgəʳ] ◇ *n* doigt *m* ; **to keep one's ~s crossed** croiser les doigts ; **she didn't lay a ~ on him** elle n'a pas touché un cheveu de sa tête ; **he didn't lift a ~ to help** il n'a pas levé le petit doigt ; **to point a** *OR* **the ~ at sb** [accuse] accuser qqn ; **to put one's ~ on sthg** mettre le doigt sur qqch ; **to twist sb round one's little ~** faire ce qu'on veut de qqn. ◇ *vt* [feel] palper.

fingermark ['fɪŋgəmɑːk] *n* trace *f* de doigt.

fingernail ['fɪŋgəneɪl] *n* ongle *m (de la main)*.

fingerprint ['fɪŋgəprɪnt] *n* empreinte *f* (digitale) ; **to take sb's ~s** prendre les empreintes de qqn.

fingertip ['fɪŋgətɪp] *n* bout *m* du doigt ; **at one's ~s** sur le bout des doigts.

finicky ['fɪnɪkɪ] *adj pej* [eater, task] difficile ; [person] tatillon(onne).

finish ['fɪnɪʃ] ◇ *n* - **1.** [end] fin *f* ; [of race] arrivée *f* - **2.** [texture] finition *f*. ◇ *vt* finir, terminer ; **to ~ doing sthg** finir *OR* terminer de faire qqch. ◇ *vi* finir, terminer ; [school, film] se terminer.

◆ **finish off** *vt sep* finir, terminer.

◆ **finish up** *vi* finir.

◆ **finish with** *vt insep* [friend] en finir avec ; [boyfriend, girlfriend] rompre avec.

finished ['fɪnɪʃt] *adj* - **1.** [ready, done, over] fini(e), terminé(e) - **2.** [no longer interested] : **to be ~ with sthg** en avoir fini avec qqch - **3.** *inf* [done for] fichu(e).

finishing line ['fɪnɪʃɪŋ-] *UK*, **finish line** *US n* ligne *f* d'arrivée.

finishing school ['fɪnɪʃɪŋ-] *n école privée pour jeunes filles surtout axée sur l'enseignement des bonnes manières.*

finite ['faɪnaɪt] *adj* fini(e).

Finland ['fɪnlənd] *n* Finlande *f* ; **in ~** en Finlande.

Finn [fɪn] *n* Finlandais *m*, -e *f*.

Finnish ['fɪnɪʃ] ◇ *adj* finlandais(e), finnois(e). ◇ *n* [language] finnois *m*.

fiord [fjɔːd] = **fjord**.

fir [fɜːʳ] *n* sapin *m*.

fire ['faɪəʳ] ◇ *n* - **1.** [gen] feu *m* ; **on ~** en feu ; **to catch ~** prendre feu ; **to set ~ to sthg** mettre le feu à qqch - **2.** [out of control] incendie *m* - **3.** *UK* [heater] appareil *m* de chauffage - **4.** *(U)* [shooting] coups *mpl* de feu ; **to open ~ (on)** ouvrir le feu (sur). ◇ *vt* - **1.** [shoot] tirer - **2.** *fig* [questions, accusations] lancer - **3.** *esp US* [dismiss] renvoyer. ◇ *vi* : **to ~ (on** OR **at)** faire feu (sur), tirer (sur).

fire alarm *n* avertisseur *m* d'incendie.

firearm ['faɪərɑːm] *n* arme *f* à feu.

fireball ['faɪəbɔːl] *n* boule *f* de feu.

firebomb ['faɪəbɒm] ◇ *n* bombe *f* incendiaire. ◇ *vt* lancer des bombes incendiaires à.

firebreak ['faɪəbreɪk] *n* pare-feu *m inv.*

fire brigade *UK*, **fire department** *US n* sapeurs-pompiers *mpl.*

fire chief *US* = **fire master.**

firecracker ['faɪəˌkrækəʳ] *n* pétard *m.*

fire-damaged *adj* endommagé(e) par le feu.

fire department *US* = **fire brigade.**

fire door *n* porte *f* coupe-feu.

fire drill *n* exercice *m* d'évacuation en cas d'incendie.

fire-eater *n* [performer] avaleur *m* de feu.

fire engine *n* voiture *f* de pompiers.

fire escape *n* escalier *m* de secours.

fire extinguisher *n* extincteur *m* d'incendie.

firefight ['faɪəfaɪt] *n* bataille *f* armée.

firefighter *n* pompier *m*, -ière *f.*

fireguard ['faɪəgɑːd] *n* garde-feu *m inv.*

fire hazard *n* : **to be a ~** présenter un risque d'incendie.

fire hydrant [-'haɪdrənt], *UK* **fireplug** ['faɪəplʌg] *n* bouche *f* d'incendie.

firehouse *US* = **fire station.**

firelight ['faɪəlaɪt] *n (U)* lueur *f* du feu.

firelighter ['faɪəlaɪtəʳ] *n* allume-feu *m inv.*

fireman ['faɪəmən] (*pl* **-men** [-mən]) *n* pompier *m*, -ière *f.*

fire master *UK*, **fire chief** *US n* capitaine *m* des pompiers.

fireplace ['faɪəpleɪs] *n* cheminée *f.*

fireplug *UK* = **fire hydrant.**

firepower ['faɪəˌpaʊəʳ] *n* puissance *f* de feu.

fireproof ['faɪəpruːf] *adj* ignifugé(e).

fire-raiser [-ˌreɪzəʳ] *n UK* pyromane *mf.*

fire regulations *npl* consignes *fpl* en cas d'incendie.

fire service *n UK* sapeurs-pompiers *mpl.*

fireside ['faɪəsaɪd] *n* : **by the ~** au coin du feu.

fire station *n* caserne *f* des pompiers.

fire truck *US* = **fire engine.**

firewall ['faɪəwɔːl] *n* COMPUT pare-feu *m.*

firewood ['faɪəwʊd] *n* bois *m* de chauffage.

firework ['faɪəwɜːk] *n* fusée *f* de feu d'artifice.

◆ **fireworks** *npl* [outburst of anger] étincelles *fpl* ; *US* feu *m* d'artifice.

firework(s) display *n* feu *m* d'artifice.

firing ['faɪərɪŋ] *n (U)* MIL tir *m*, fusillade *f.*

firing squad *n* peloton *m* d'exécution.

firm [fɜːm] ◇ *adj* - **1.** [gen] ferme ; **to stand ~** tenir bon - **2.** [support, structure] solide - **3.** [evidence, news] certain(e). ◇ *n* firme *f*, société *f.*

◆ **firm up** ◇ *vt sep* - **1.** [prices, trade] renforcer - **2.** [agreement] rendre définitif(ive). ◇ *vi* [prices, trade] se renforcer.

firmly ['fɜːmlɪ] *adv* fermement.

firmness ['fɜːmnɪs] *n* - **1.** [gen] fermeté *f* - **2.** [discipline] rigueur *f* - **3.** [of beliefs] force *f.*

first [fɜːst] ◇ *adj* premier(ère) ; **for the ~ time** pour la première fois ; **~ thing in the morning** tôt le matin ; **~ things ~** commençons par le plus important ; **I don't know the ~ thing about it** je ne sais absolument rien là-dessus, je n'y connais rien du tout. ◇ *adv* - **1.** [before anyone else] en premier - **2.** [before anything else] d'abord ; **~ of all** tout d'abord - **3.** [for the first time] (pour) la première fois. ◇ *n* - **1.** [person] premier *m*, -ère *f* - **2.** [unprecedented event] première *f* - **3.** *UK* UNIV *diplôme universitaire avec mention très bien.*

◆ **at first** *adv* d'abord.

◆ **at first hand** *adv* de première main.

first aid *n (U)* premiers secours *mpl.*

first-aider [-'eɪdəʳ] *n UK* secouriste *mf.*

first-aid kit *n* trousse *f* de premiers secours.

first-class *adj* - **1.** [excellent] excellent(e) - **2.** *UK* UNIV avec mention très bien - **3.** [ticket, compartment] de première classe ; [stamp, letter] tarif normal.

first-class mail *n* courrier *m* tarif normal.

first cousin *n* cousin germain *m*, cousine germaine *f.*

first-day cover *n* émission *f* du premier jour.

first-degree *adj* - **1.** MED : **~ burn** brûlure *f* au premier degré - **2.** *US* LAW : **~ murder** ≃ homicide *m* volontaire.

first floor *n UK* premier étage *m* ; *US* rez-de-chaussée *m inv.*

firsthand [fɜːst'hænd] *adj & adv* de première main.

first lady *n* première dame *f* du pays, femme *f* du Président.

first language *n* langue *f* maternelle.

first lieutenant *n* lieutenant *m*.

firstly ['fɜːstlɪ] *adv* premièrement.

first mate *n* second *m*.

First Minister *n* [in Scottish Parliament] président *m* du Parlement écossais.

first name *n* prénom *m*.
◆ **first-name** *adj* : **to be on first-name terms with sb** appeler qqn par son prénom.

first night *n* première *f*.

first offender *n* délinquant *m* primaire.

first officer = **first mate**.

first-past-the-post system *n UK* système *m* majoritaire simple.

first-rate *adj* excellent(e).

first refusal *n* priorité *f*.

First Secretary *n* [in Welsh Assembly] président *m* de l'Assemblée galloise.

First World War *n* : **the ~** la Première Guerre Mondiale.

firtree ['fɜːtriː] = **fir**.

FIS (*abbr of* **Family Income Supplement**) *n complément familial en Grande-Bretagne*.

fiscal ['fɪskl] *adj* fiscal(e).

fiscal year *US* = **financial year**.

fish [fɪʃ] ◇ *n* (*pl* **fish**) poisson *m*. ◇ *vt* [river, sea] pêcher dans. ◇ *vi* - **1.** [fisherman] : **to ~ (for sthg)** pêcher (qqch) - **2.** [try to obtain] : **to ~ for** [compliments] essayer de s'attirer ; [information] essayer d'obtenir.
◆ **fish out** *vt sep inf* sortir, extirper.

fish and chips *npl UK* poisson *m* frit avec frites.

fish and chip shop, **fish-and-chip shop** *n UK endroit où l'on vend du poisson frit et des frites*.

fishbowl ['fɪʃbəʊl] *n* bocal *m* (à poissons).

fishcake, **fish cake** ['fɪʃkeɪk] *n* croquette *f* de poisson.

fisherman ['fɪʃəmən] (*pl* **-men** [-mən]) *n* pêcheur *m*, -se *f*.

fishery ['fɪʃərɪ] (*pl* **-ies**) *n* pêcherie *f*.

fish-eye lens *n* objectif *m* ultra-grand angle.

fish factory *n* usine *f* piscicole.

fish farm *n* centre *m* de pisciculture.

fish fingers *UK*, **fish sticks** *US npl* bâtonnets *mpl* de poisson panés.

fishhook ['fɪʃhʊk] *n* hameçon *m*.

fishing ['fɪʃɪŋ] *n* pêche *f* ; **to go ~** aller à la pêche.

fishing boat *n* bateau *m* de pêche.

fishing line *n* ligne *f*.

fishing rod *n* canne *f* à pêche.

fishmonger ['fɪʃˌmʌŋgəʳ] *n UK* poissonnier *m*, -ère *f* ; **~'s (shop)** poissonnerie *f*.

fishnet ['fɪʃnet] *n* - **1.** [for fishing] filet *m* - **2.** [material] : **~ stockings/tights** bas *mpl* /collant *m* résille.

fish slice *n UK* pelle *f* à poisson.

fish sticks *US* = **fish fingers**.

fishwife ['fɪʃwaɪf] (*pl* **-wives** [-waɪvz]) *n dated & pej* mégère *f*.

fishy ['fɪʃɪ] (*comp* **-ier**, *superl* **-iest**) *adj* - **1.** [smell, taste] de poisson - **2.** [suspicious] louche.

fission ['fɪʃn] *n* fission *f*.

fissure ['fɪʃəʳ] *n* fissure *f*.

fist [fɪst] *n* poing *m*.

fit [fɪt] ◇ *adj* - **1.** [suitable] convenable ; **to be ~ for sthg** être bon (bonne) à qqch ; **to be ~ to do sthg** être apte à faire qqch ; **to see** *OR* **think ~ (to do sthg)** juger bon (de faire qqch) - **2.** [healthy] en forme ; **to keep ~** se maintenir en forme. ◇ *n* - **1.** [of clothes, shoes etc] ajustement *m* ; **it's a tight ~** c'est un peu juste ; **it's a good ~** c'est la bonne taille - **2.** [epileptic seizure] crise *f* ; **to have a ~** avoir une crise ; *fig* piquer une crise - **3.** [bout - of crying] crise *f* ; [- of rage] accès *m* ; [- of sneezing] suite *f* ; **in ~s and starts** par à-coups. ◇ *vt* (*pt & pp* **-ted**, *cont* **-ting**) - **1.** [be correct size for] aller à - **2.** [place] : **to ~ sthg into sthg** insérer qqch dans qqch - **3.** [provide] : **to ~ sthg with sthg** équiper *OR* munir qqch de qqch - **4.** [be suitable for] correspondre à - **5.** [for clothes] : **to be fitted for** essayer. ◇ *vi* (*pt & pp* **-ted**, *cont* **-ting**) [be correct size, go] aller ; [into container] entrer.
◆ **fit in** ◇ *vt sep* [accommodate] prendre. ◇ *vi* s'intégrer ; **to ~ in with sthg** correspondre à qqch ; **to ~ in with sb** s'accorder à qqn.

fitful ['fɪtfʊl] *adj* [sleep] agité(e) ; [wind, showers] intermittent(e).

fitment ['fɪtmənt] *n UK* meuble *m* encastré.

fitness ['fɪtnɪs] *n (U)* - **1.** [health] forme *f* - **2.** [suitability] : **~ (for)** aptitude *f* (pour).

fitted ['fɪtəd] *adj* - **1.** [suited] : **~ for** *OR* **to** apte à ; **to be ~ to do sthg** être apte à faire qqch - **2.** [tailored - shirt, jacket] ajusté(e) ; **~ sheet** drap-housse *m* - **3.** *UK* [built-in] encastré(e).

fitted carpet [ˌfɪtəd-] *n UK* moquette *f*.

fitted kitchen [ˌfɪtəd-] *n UK* cuisine *f* intégrée *OR* équipée.

fitter ['fɪtəʳ] *n* [mechanic] monteur *m.*

fitting ['fɪtɪŋ] ◇ *adj fml* approprié(e). ◇ *n* **- 1.** [part] appareil *m* **- 2.** [for clothing] essayage *m.*
◆ **fittings** *npl UK* installations *fpl.*

fitting room *n* cabine *f* d'essayage.

five [faɪv] *num* cinq, *see also* **six.**

five-day week *n* semaine *f* de cinq jours.

fiver ['faɪvəʳ] *n inf* **- 1.** *UK* [amount] cinq livres *fpl* ; [note] billet *m* de cinq livres **- 2.** *US* [amount] cinq dollars *mpl* ; [note] billet *m* de cinq dollars.

five-star *adj* [hotel] cinq étoiles ; [treatment] exceptionnel(elle).

fix [fɪks] ◇ *vt* **- 1.** [gen] fixer ; **to ~ sthg to sthg** fixer qqch à qqch **- 2.** [in memory] graver **- 3.** [repair] réparer **- 4.** *inf* [rig] truquer **- 5.** [food, drink] préparer. ◇ *n* **- 1.** *inf* [difficult situation] : **to be in a ~** être dans le pétrin **- 2.** *drug sl* piqûre *f.*
◆ **fix up** *vt sep* **- 1.** [provide] : **to ~ sb up with sthg** obtenir qqch pour qqn **- 2.** [arrange] arranger.

fixation [fɪk'seɪʃn] *n* : **~ (on** *OR* **about)** obsession *f* (de).

fixed [fɪkst] *adj* **- 1.** [attached] fixé(e) **- 2.** [set, unchanging] fixe ; [smile] figé(e).

fixed assets *npl* immobilisations *fpl.*

fixture ['fɪkstʃəʳ] *n* **- 1.** [furniture] installation *f* **- 2.** [permanent feature] tradition *f* bien établie **- 3.** *UK* SPORT rencontre *f* (sportive).

fizz [fɪz] ◇ *vi* [lemonade, champagne] pétiller ; [fireworks] crépiter. ◇ *n* [sound] pétillement *m.*

fizzle ['fɪzl] ◆ **fizzle out** *vi* [fire] s'éteindre ; [firework] se terminer ; [interest, enthusiasm] se dissiper.

fizzy ['fɪzɪ] (*comp* **-ier**, *superl* **-iest**) *adj* pétillant(e).

fjord [fjɔːd] *n* fjord *m.*

FL *see also* **Florida.**

flab [flæb] *n inf pej* graisse *f.*

flabbergasted ['flæbəgɑːstɪd] *adj* sidéré(e).

flabby ['flæbɪ] (*comp* **-ier**, *superl* **-iest**) *adj* mou (molle).

flaccid ['flæsɪd] *adj* flasque.

flag [flæg] ◇ *n* drapeau *m.* ◇ *vi* (*pt & pp* **-ged**, *cont* **-ging**) [person, enthusiasm, energy] faiblir ; [conversation] traîner.
◆ **flag down** *vt sep* [taxi] héler ; **to ~ sb down** faire signe à qqn de s'arrêter.

Flag Day *n* [in US] *le 14 juin, jour férié qui commémore la création du drapeau américain.*

flag of convenience *n UK* pavillon *m* de complaisance.

flagon ['flægən] *n dated* **- 1.** [bottle] bonbonne *f* **- 2.** [jug] cruche *f.*

flagpole ['flægpəʊl] *n* mât *m.*

flagrant ['fleɪgrənt] *adj* flagrant(e).

flagship ['flægʃɪp] *n* **- 1.** [ship] vaisseau *m* amiral **- 2.** *fig* [product] produit *m* vedette ; [company] fleuron *m.*

flagstaff = **flagpole.**

flagstone ['flægstəʊn] *n* dalle *f.*

flail [fleɪl] *vi* battre l'air.

flair [fleəʳ] *n* **- 1.** [talent] don *m* ; **to have a ~ for sthg** avoir un don pour qqch **- 2.** *(U)* [stylishness] style *m.*

flak [flæk] *n (U)* **- 1.** [gunfire] tir *m* antiaérien **- 2.** *inf* [criticism] critiques *fpl* sévères.

flake [fleɪk] ◇ *n* [of paint, plaster] écaille *f* ; [of snow] flocon *m* ; [of skin] petit lambeau *m.* ◇ *vi* [paint, plaster] s'écailler ; [skin] peler.
◆ **flake out** *vi inf* s'écrouler de fatigue.

flaky ['fleɪkɪ] (*comp* **-ier**, *superl* **-iest**) *adj* **- 1.** [flaking - skin] qui pèle ; [- paintwork] écaillé(e) ; [- texture] floconneux(euse) **- 2.** *US inf* [person] barjo.

flaky pastry *n (U)* pâte *f* feuilletée.

flambé ['flɑːmbeɪ] ◇ *adj* flambé(e). ◇ *vt* (*pt & pp* **-ed**, *cont* **-ing**) flamber.

flamboyant [flæm'bɔɪənt] *adj* **- 1.** [showy, confident] extravagant(e) **- 2.** [brightly coloured] flamboyant(e).

flame [fleɪm] ◇ *n* flamme *f* ; **in ~s** en flammes ; **to burst into ~s** s'enflammer ; **old ~** ancien béguin *m.* ◇ *vi* **- 1.** [be on fire] flamber **- 2.** [redden] s'empourprer.

flameproof ['fleɪmpruːf] *adj* [dish] allant au feu.

flame-retardant [-rɪ'tɑːdənt] *adj* qui ralentit la propagation des flammes.

flame-thrower [-ˌθrəʊəʳ] *n* lance-flammes *m inv.*

flaming ['fleɪmɪŋ] *adj* **- 1.** [fire-coloured] flamboyant(e) **- 2.** *UK* [very angry] furibond(e) **- 3.** *UK inf* [expressing annoyance] foutu(e), fichu(e).

flamingo [flə'mɪŋgəʊ] (*pl* **-s** *OR* **-es**) *n* flamant *m* rose.

flammable ['flæməbl] *adj* inflammable.

flan [flæn] *n UK* tarte *f* ; *US* flan *m.*

Flanders ['flɑːndəz] *n* Flandre *f*, Flandres *fpl.*

flange [flændʒ] *n* bride *f.*

flank [flæŋk] ◇ *n* flanc *m.* ◇ *vt* : **to be ~ed by** être flanqué(e) de.

flannel ['flænl] *n* **- 1.** [fabric] flanelle *f* **- 2.** *UK* [facecloth] gant *m* de toilette.
◆ **flannels** *npl UK* pantalon *m* de flanelle.

flannelette [flænə'let] *n* pilou *m.*

flap [flæp] ◇ *n* - **1.** [of envelope, pocket] rabat *m* ; [of skin] lambeau *m* - **2.** *UK inf* [panic] : **in a ~** paniqué(e). ◇ *vt & vi* (*pt & pp* **-ped**, *cont* **-ping**) battre.

flapjack ['flæpdʒæk] *n* - **1.** *UK* [biscuit] biscuit *m* à l'avoine - **2.** *US* [pancake] crêpe *f* épaisse.

flare [fleəʳ] ◇ *n* [distress signal] fusée *f* éclairante. ◇ *vi* - **1.** [burn brightly] : **to ~ (up)** s'embraser - **2.** [intensify] : **to ~ (up)** [war, revolution] s'intensifier soudainement ; [person] s'emporter - **3.** [widen - trousers, skirt] s'évaser ; [- nostrils] se dilater.

◆ **flares** *npl UK* pantalon *m* à pattes d'éléphant.

flared [fleəd] *adj* [trousers] à pattes d'éléphant ; [skirt] évasé(e).

flash [flæʃ] ◇ *adj* - **1.** PHOT au flash - **2.** *inf* [expensive-looking] tape-à-l'œil *(inv)*. ◇ *n* - **1.** [of light, colour] éclat *m* ; **~ of lightning** éclair *m* - **2.** PHOT flash *m* - **3.** [sudden moment] éclair *m* ; **in a ~** en un rien de temps ; **quick as a ~** rapide comme l'éclair. ◇ *vt* - **1.** [shine] projeter ; **to ~ one's headlights** faire un appel de phares - **2.** [send out - signal, smile] envoyer ; [- look] jeter - **3.** [show] montrer. ◇ *vi* - **1.** [torch] briller - **2.** [light - on and off] clignoter ; [eyes] jeter des éclairs - **3.** [rush] : **to ~ by** *OR* **past** passer comme un éclair - **4.** [thought] : **to ~ into one's mind** venir soudainement à l'esprit - **5.** [appear] surgir.

flashback ['flæʃbæk] *n* flash-back *m*, retour *m* en arrière.

flashbulb ['flæʃbʌlb] *n* ampoule *f* de flash.

flash card *n carte portant un mot, une image (etc) utilisée comme aide à l'apprentissage.*

flashcube ['flæʃkju:b] *n* flash *m* en forme de cube.

flasher ['flæʃəʳ] *n* - **1.** *UK* [light] clignotant *m* - **2.** *UK inf* [man] exhibitionniste *m*.

flash flood *n* crue *f* subite.

flashgun ['flæʃgʌn] *n* flash *m*.

flashlight ['flæʃlaɪt] *n* [torch] lampe *f* électrique.

flash point *n* - **1.** [moment] moment *m* critique - **2.** [place] point *m* chaud.

flashy ['flæʃɪ] (*comp* **-ier**, *superl* **-iest**) *adj inf* tape-à-l'œil *(inv)*.

flask [flɑ:sk] *n* - **1.** [thermos flask] Thermos® *m ou f* - **2.** CHEM ballon *m* - **3.** [hip flask] flasque *f*.

flat [flæt] ◇ *adj* (*comp* **-ter**, *superl* **-test**) - **1.** [gen] plat(e) - **2.** [tyre] crevé(e) - **3.** [refusal, denial] catégorique - **4.** [business, trade] calme - **5.** [dull - voice, tone] monotone ; [- performance, writing] terne - **6.** [MUS - person] qui chante trop grave ; [- note] bémol - **7.** [fare, price] fixe - **8.** [beer, lemonade] éventé(e) - **9.** [battery] à plat. ◇ *adv* - **1.** [level] à plat - **2.** [absolutely] : **~ broke** complètement fauché(e) - **3.** [exactly] : **two hours ~** deux heures pile - **4.** MUS faux. ◇ *n* - **1.** *UK* [apartment] appartement *m* - **2.** MUS bémol *m*.

◆ **flat out** *adv* [work] d'arrache-pied ; [travel - subj: vehicle] le plus vite possible.

flat cap *n UK* casquette *f*.

flat-chested [-'tʃestɪd] *adj* plate comme une limande.

flatfish ['flætfɪʃ] (*pl* **flatfish**) *n* poisson *m* plat.

flat-footed [-'fʊtɪd] *adj* aux pieds plats.

flatlet ['flætlɪt] *n UK* studio *m*.

flatly ['flætlɪ] *adv* - **1.** [absolutely] catégoriquement - **2.** [dully - say] avec monotonie ; [- perform] de façon terne.

flatmate ['flætmeɪt] *n UK personne avec laquelle on partage un appartement.*

flat racing *n (U)* courses *fpl* de plat.

flat rate *n* tarif *m* forfaitaire.

flatten ['flætn] *vt* - **1.** [make flat - steel, paper] aplatir ; [- wrinkles, bumps] aplanir ; **to ~ o.s. against sthg** s'aplatir contre qqch - **2.** [destroy] raser - **3.** *inf* [knock out] assommer.

◆ **flatten out** ◇ *vi* s'aplanir. ◇ *vt sep* aplanir.

flatter ['flætəʳ] *vt* flatter ; **to ~ o.s. (that)** se flatter *(de + infin)*.

flatterer ['flætərəʳ] *n* flatteur *m*, -euse *f*.

flattering ['flætərɪŋ] *adj* - **1.** [complimentary] flatteur(euse) - **2.** [clothes] seyant(e).

flattery ['flætərɪ] *n* flatterie *f*.

flatulence ['flætjʊləns] *n* flatulence *f*.

flatware ['flætweəʳ] *n (U) US* couverts *mpl*.

flaunt [flɔ:nt] *vt* faire étalage de.

flautist *UK* ['flɔ:tɪst], **flutist** *US* ['flu:tɪst] *n* flûtiste *mf*.

flavour *UK*, **flavor** *US* ['fleɪvəʳ] ◇ *n* - **1.** [of food] goût *m* ; [of ice cream, yoghurt] parfum *m* - **2.** *fig* [atmosphere] atmosphère *f*. ◇ *vt* parfumer.

flavouring *UK*, **flavoring** *US* ['fleɪvərɪŋ] *n (U)* parfum *m*.

flaw [flɔ:] *n* [in material, character] défaut *m* ; [in plan, argument] faille *f*.

flawed [flɔ:d] *adj* [material, character] qui présente des défauts ; [plan, argument] qui présente des failles.

flawless ['flɔ:lɪs] *adj* parfait(e).

flax [flæks] *n* lin *m*.

flay [fleɪ] *vt* [skin] écorcher.

flea [fli:] *n* puce *f* ; *UK inf* **to send sb away with a ~ in his/her ear** envoyer promener qqn.

flea market *n* marché *m* aux puces.

fleck [flek] ◇ *n* moucheture *f*, petite tache *f*. ◇ *vt* : **~ed with** moucheté(e) de.

fled [fled] *pt* & *pp* ▻ **flee**.

fledg(e)ling ['fledʒlɪŋ] ◇ *adj* [industry] nouveau(elle) ; [doctor, democracy] jeune. ◇ *n* oisillon *m*.

flee [fli:] (*pt* & *pp* **fled**) *vt* & *vi* fuir.

fleece [fli:s] ◇ *n* [animal] toison *f* ; [textile] polaire *f*. ◇ *vt inf* escroquer.

fleet [fli:t] *n* - **1.** [of ships] flotte *f* - **2.** [of cars, buses] parc *m*.

fleeting ['fli:tɪŋ] *adj* [moment] bref (brève) ; [look] fugitif(ive) ; [visit] éclair *(inv)*.

Fleet Street *n rue de Londres dont le nom est utilisé pour désigner la presse britannique.*

Fleet Street

Cette rue de la City est traditionnellement celle des journaux. Aujourd'hui, beaucoup d'entre eux ont établi leur siège dans d'autres quartiers de Londres, notamment les Docklands. Cependant, le terme *Fleet Street* est encore employé pour désigner la presse et le monde du journalisme.

Fleming ['flemɪŋ] *n* Flamand *m*, -e *f*.

Flemish ['flemɪʃ] ◇ *adj* flamand(e). ◇ *n* [language] flamand *m*. ◇ *npl* : **the ~** les Flamands *mpl*.

flesh [fleʃ] *n* chair *f* ; **his/her ~ and blood** [family] les siens ; **in the ~** en chair et en os.

◆ **flesh out** *vt sep* étoffer.

flesh wound *n* blessure *f* superficielle.

fleshy ['fleʃɪ] (*comp* **-ier**, *superl* **-iest**) *adj* [arms] charnu(e) ; [person] bien en chair ; [cheeks] joufflu(e).

flew [flu:] *pt* ▻ **fly**.

flex [fleks] ◇ *n* ELEC fil *m*. ◇ *vt* [bend] fléchir.

flexibility ['fleksə'bɪlətɪ] *n* flexibilité *f*.

flexible ['fleksəbl] *adj* flexible.

flexitime ['fleksɪtaɪm], *US* **flextime** ['flekstaɪm] *n (U)* horaire *m* à la carte OR flexible.

flick [flɪk] ◇ *n* - **1.** [of whip, towel] petit coup *m* - **2.** [with finger] chiquenaude *f* - **3.** *US inf* [cinema] film *m*. ◇ *vt* - **1.** [whip, towel] donner un petit coup de - **2.** [with finger - remove] enlever d'une chiquenaude ; [- throw] envoyer d'une chiquenaude - **3.** [switch] appuyer sur.

◆ **flicks** *npl inf UK dated* **the ~s** le ciné.

◆ **flick through** *vt insep* feuilleter.

flicker ['flɪkəʳ] ◇ *n* - **1.** [of light, candle] vacillement *m* - **2.** [of hope, interest] lueur *f*. ◇ *vi* - **1.** [candle, light] vaciller - **2.** [shadow] trembler ; [eyelids] ciller.

flick knife *n UK* couteau *m* à cran d'arrêt.

flier ['flaɪəʳ] *n* - **1.** [pilot] aviateur *m*, -trice *f* - **2.** [aircraft passenger] passager *m*, -ère *f* - **3.** *esp US* [advertising leaflet] prospectus *m*.

flight [flaɪt] *n* - **1.** [gen] vol *m* ; **~ of fancy** OR **of the imagination** envolée *f* de l'imagination - **2.** [of steps, stairs] volée *f* - **3.** [escape] fuite *f*.

flight attendant *n* steward *m*, hôtesse *f* de l'air.

flight crew *n* équipage *m*.

flight deck *n* - **1.** [of aircraft carrier] pont *m* d'envol - **2.** [of plane] cabine *f* de pilotage.

flight path *n* trajectoire *f*.

flight recorder *n* enregistreur *m* de vol.

flighty ['flaɪtɪ] (*comp* **-ier**, *superl* **-iest**) *adj* frivole.

flimsy ['flɪmzɪ] (*comp* **-ier**, *superl* **-iest**) *adj* [dress, material] léger(ère) ; [building, bookcase] peu solide ; [excuse] piètre.

flinch [flɪntʃ] *vi* tressaillir ; **to ~ from sthg/from doing sthg** reculer devant qqch/à l'idée de faire qqch.

fling [flɪŋ] ◇ *n inf* [affair] aventure *f*, affaire *f*. ◇ *vt* (*pt* & *pp* **flung**) lancer ; **to ~ o.s. into an armchair/onto the ground** se jeter dans un fauteuil/par terre.

flint [flɪnt] *n* - **1.** [rock] silex *m* - **2.** [in lighter] pierre *f*.

flip [flɪp] ◇ *vt* (*pt* & *pp* **-ped**, *cont* **-ping**) - **1.** [turn - pancake] faire sauter ; [- record] tourner - **2.** [switch] appuyer sur - **3.** [flick] envoyer d'une chiquenaude ; **to ~ a coin** jouer à pile ou face. ◇ *vi* (*pt* & *pp* **-ped**, *cont* **-ping**) [lose control] flipper ; *inf* [become angry] piquer une colère. ◇ *n* - **1.** [flick] chiquenaude *f* - **2.** [somersault] saut *m* périlleux.

◆ **flip through** *vt insep* feuilleter.

flip-flop *n* [shoe] tong *f*.

flippant ['flɪpənt] *adj* désinvolte.

flippantly ['flɪpəntlɪ] *adv* avec désinvolture.

flipper ['flɪpəʳ] *n* - **1.** [of animal] nageoire *f* - **2.** [for swimmer, diver] palme *f*.

flipping ['flɪpɪŋ] *UK inf* ◇ *adj* fichu(e). ◇ *adv* sacrément.

flip side *n* - **1.** *fig* [disadvantage of] inconvénient *m* - **2.** [of record] face *f* B.

flirt [flɜ:t] ◇ *n* flirt *m*. ◇ *vi* - **1.** [with person] : **to ~ (with sb)** flirter (avec qqn) - **2.** [with idea] : **to ~ with sthg** caresser qqch.

flirtation [flɜ:'teɪʃn] *n* - **1.** [gen] flirt *m* - **2.** [brief interest] : **to have a ~ with sthg** caresser qqch.

flirtatious [flɜ:'teɪʃəs] *adj* flirteur(euse).

flit [flɪt] (*pt* & *pp* **-ted**, *cont* **-ting**) *vi* - **1.** [bird] voleter - **2.** [expression, idea] : **to ~ across** traverser.

float [fləʊt] <> *n* **- 1.** [for buoyancy] flotteur *m* **- 2.** [in procession] char *m* **- 3.** [money] petite caisse *f*. <> *vt* **- 1.** [on water] faire flotter **- 2.** [idea, project] lancer. <> *vi* [on water] flotter ; [through air] glisser.

floating ['fləʊtɪŋ] *adj* **- 1.** [on water] flottant(e) **- 2.** [transitory] instable.

floating voter *n UK* électeur indécis *m*, électrice indécise *f*.

flock [flɒk] <> *n* **- 1.** [of birds] vol *m* ; [of sheep] troupeau *m* **- 2.** *fig* [of people] foule *f*. <> *vi* : **to ~ to** aller en masse à.

floe [fləʊ] *n* banquise *f*.

flog [flɒg] (*pt & pp* **-ged**, *cont* **-ging**) *vt* **- 1.** [whip] flageller **- 2.** *UK inf* [sell] refiler.

flood [flʌd] <> *n* **- 1.** [of water] inondation *f* **- 2.** [great amount] déluge *m*, avalanche *f*. <> *vt* **- 1.** [with water, light] inonder **- 2.** [overwhelm] **: to ~ sthg (with)** inonder qqch (de) ; **to ~ the market** inonder le marché. <> *vi* **- 1.** [river] déborder **- 2.** [street, land] être inondé(e) **- 3.** [arrive in great amounts] **: applications have ~ed in** on a été inondé de demandes ; **to ~ back** revenir en foule.

◆ **floods** *npl* **- 1.** [of water] inondations *fpl* **- 2.** *fig* [of tears] torrents *mpl*.

floodgates ['flʌdgeɪts] *npl* : **to open the ~** ouvrir les vannes.

flooding ['flʌdɪŋ] *n (U)* inondations *fpl*.

floodlight ['flʌdlaɪt] *n* projecteur *m*.

floodlit ['flʌdlɪt] *adj* [match, ground] éclairé(e) *(avec des projecteurs)* ; [building] illuminé(e).

flood tide *n* marée *f* haute.

floor [flɔːʳ] <> *n* **- 1.** [of room] sol *m* ; [of club, disco] piste *f* **- 2.** [of valley, sea, forest] fond *m* **- 3.** [storey] étage *m* **- 4.** [at meeting, debate] auditoire *m* **- 5.** ST. EX corbeille *f*. <> *vt* **- 1.** [knock down] terrasser **- 2.** [baffle] dérouter.

floorboard ['flɔːbɔːd] *n* plancher *m*.

floor cloth *n UK* serpillière *f*.

flooring ['flɔːrɪŋ] *n* planchéiage *m*.

floor lamp *n US* lampadaire *m*.

floor show *n* spectacle *m* de cabaret.

floorwalker ['flɔːˌwɔːkər] *n* surveillant *m*, -e *f* de magasin.

floozy ['fluːzɪ] (*pl* **-ies**) *n dated & pej* pouffiasse *f*.

flop [flɒp] *inf* <> *n* [failure] fiasco *m*. <> *vi* (*pt & pp* **-ped**, *cont* **-ping**) **- 1.** [fail] être un fiasco **- 2.** [fall - subj: person] s'affaler.

floppy ['flɒpɪ] (*comp* **-ier**, *superl* **-iest**) *adj* [ears, flower] tombant(e) ; [collar] lâche.

floppy (disk) *n* disquette *f*, disque *m* souple.

flora ['flɔːrə] *n* flore *f* ; **~ and fauna** la flore et la faune.

floral ['flɔːrəl] *adj* floral(e) ; [pattern, dress] à fleurs.

Florence ['flɒrəns] *n* Florence.

floret ['flɒrɪt] *n* [of cauliflower, broccoli] bouquet *m*.

florid ['flɒrɪd] *adj* **- 1.** [red] rougeaud(e) **- 2.** [extravagant] fleuri(e).

Florida ['flɒrɪdə] *n* Floride *f* ; **in ~** en Floride.

florist ['flɒrɪst] *n* fleuriste *mf* ; **~'s (shop)** magasin *m* de fleuriste.

floss [flɒs] <> *n (U)* **- 1.** [silk] bourre *f* de soie **- 2.** [dental floss] fil *m* dentaire. <> *vt* : **to ~ one's teeth** se nettoyer les dents au fil dentaire.

flotation [fləʊ'teɪʃn] *n* COMM lancement *m*.

flotilla [flə'tɪlə] *n* flottille *f*.

flotsam ['flɒtsəm] *n (U)* **~ and jetsam** débris *mpl* ; *fig* épaves *fpl*.

flounce [flaʊns] <> *n* volant *m*. <> *vi* : **to ~ out/off** sortir/partir dans un mouvement d'humeur.

flounder ['flaʊndəʳ] <> *n* (*pl* **flounder** OR **-s**) flet *m*. <> *vi* **- 1.** [in water, mud, snow] patauger **- 2.** [in conversation] bredouiller.

flour ['flaʊəʳ] *n* farine *f*.

flourish ['flʌrɪʃ] <> *vi* [plant, flower] bien pousser ; [children] être en pleine santé ; [company, business] prospérer ; [arts] s'épanouir. <> *vt* brandir. <> *n* grand geste *m*.

flourishing ['flʌrɪʃɪŋ] *adj* [plant, garden] florissant(e) ; [children] resplendissant(e) de santé ; [company, arts] prospère.

flout [flaʊt] *vt* bafouer.

flow [fləʊ] <> *n* **- 1.** [movement - of water, information] circulation *f* ; [- of funds] mouvement *m* ; [- of words] flot *m* **- 2.** [of tide] flux *m*. <> *vi* **- 1.** [gen] couler **- 2.** [traffic,] s'écouler **- 3.** [tide] monter **- 4.** [hair, clothes] flotter **- 5.** [result] **: to ~ from** découler de **- 6.** [days, weeks] **: to ~ by** s'écouler.

flow chart, **flow diagram** *n* organigramme *m*.

flower ['flaʊəʳ] <> *n* fleur *f*. <> *comp* [arrangement, pattern] floral(e). <> *vi* **- 1.** [bloom] fleurir **- 2.** *fig* [flourish] s'épanouir.

flowerbed ['flaʊəbed] *n* parterre *m*.

flowered ['flaʊəd] *adj* à fleurs.

flowering ['flaʊərɪŋ] <> *adj* à fleurs. <> *n* épanouissement *m*.

flowerpot ['flaʊəpɒt] *n* pot *m* de fleurs.

flowery ['flaʊərɪ] (*comp* **-ier**, *superl* **-iest**) *adj* **- 1.** [dress, material] à fleurs **- 2.** *pej* [style] fleuri(e).

flowing ['fləʊɪŋ] *adj* [water, writing] coulant(e) ; [hair, robes] flottant(e).

flown [fləʊn] *pp* ▷ **fly**.

fl. oz. *see also* **fluid ounce**.

flu [flu:] *n (U)* grippe *f* ; **to have (the) ~** avoir la grippe.

fluctuate ['flʌktʃʊeɪt] *vi* fluctuer.

fluctuation [ˌflʌktʃʊ'eɪʃn] *n* fluctuation *f*.

flue [flu:] *n* conduit *m*, tuyau *m*.

fluency ['flu:ənsɪ] *n* aisance *f* ; **~ in French** aisance à s'exprimer en français.

fluent ['flu:ənt] *adj* - **1.** [in foreign language] : **to speak ~ French** parler couramment le français ; **to be ~ (in French)** parler couramment (le français) - **2.** [writing, style] coulant(e), aisé(e).

fluently ['flu:əntlɪ] *adv* - **1.** [speak - in foreign language] couramment - **2.** [read, speak, write] avec aisance.

fluff [flʌf] ◇ *n (U)* - **1.** [down] duvet *m* - **2.** [dust] moutons *mpl*. ◇ *vt* - **1.** [puff up] faire bouffer - **2.** *inf* [do badly] rater.

fluffy ['flʌfɪ] (*comp* **-ier**, *superl* **-iest**) *adj* duveteux(euse) ; [toy] en peluche.

fluid ['flu:ɪd] ◇ *n* fluide *m* ; [in diet, for cleaning] liquide *m*. ◇ *adj* - **1.** [flowing] fluide - **2.** [unfixed] changeant(e).

fluid ounce *n = 0,03 litre.*

fluke [flu:k] *n inf* [chance] coup *m* de bol.

flummox ['flʌməks] *vt inf* désarçonner.

flung [flʌŋ] *pt & pp* ▷ **fling**.

flunk [flʌŋk] *esp US inf* ◇ *vt* - **1.** [exam, test] rater - **2.** [student] recaler. ◇ *vi* se faire recaler.

fluorescent [flʊə'resənt] *adj* fluorescent(e).

fluorescent light *n* lumière *f* fluorescente.

fluoridate ['flʊərɪdeɪt] *vt* fluorurer.

fluoride ['flʊəraɪd] *n* fluorure *m*.

fluorine ['flʊəri:n] *n* fluor *m*.

flurry ['flʌrɪ] (*pl* **-ies**) *n* - **1.** [of snow] rafale *f*, averse *f* - **2.** *fig* [of objections] concert *m* ; [of activity, excitement] débordement *m*.

flush [flʌʃ] ◇ *adj* - **1.** [level] : **~ with** de niveau avec - **2.** *inf* [rich] plein(e) aux as. ◇ *n* - **1.** [in lavatory] chasse *f* d'eau - **2.** [blush] rougeur *f* - **3.** [sudden feeling] accès *m* ; **in the first ~ of sthg** *lit* dans la première ivresse de qqch. ◇ *vt* - **1.** [toilet] : **to ~ the toilet** tirer la chasse d'eau ; **to ~ sthg down the toilet** faire partir qqch en tirant la chasse d'eau - **2.** [force out of hiding] : **to ~ sb out** déloger qqn. ◇ *vi* [blush] rougir.

flushed [flʌʃt] *adj* - **1.** [red-faced] rouge - **2.** [excited] : **~ with** exalté(e) par.

fluster ['flʌstər] ◇ *n* trouble *m*. ◇ *vt* troubler.

flustered ['flʌstəd] *adj* troublé(e).

flute [flu:t] *n* MUS flûte *f*.

fluted ['flu:tɪd] *adj* cannelé(e).

flutist *US* = **flautist**.

flutter ['flʌtər] ◇ *n* - **1.** [of wings] battement *m* - **2.** [of heart] palpitation *f* - **3.** *inf* [of excitement] émoi *m*. ◇ *vt* battre. ◇ *vi* - **1.** [bird, insect] voleter ; [wings] battre - **2.** [flag, dress] flotter - **3.** [heart] palpiter.

flux [flʌks] *n* [change] : **to be in a state of ~** être en proie à des changements permanents.

fly [flaɪ] ◇ *n* (*pl* **flies**) - **1.** [insect] mouche *f* ; **a ~ in the ointment** *fig* un ennui, un hic - **2.** [of trousers] braguette *f*. ◇ *vt* (*pt* **flew**, *pp* **flown**) - **1.** [kite, plane] faire voler - **2.** [passengers, supplies] transporter par avion - **3.** [flag] faire flotter. ◇ *vi* (*pt* **flew**) (*pp* **flown**) - **1.** [bird, insect, plane] voler - **2.** [pilot] faire voler un avion - **3.** [passenger] voyager en avion - **4.** [move fast, pass quickly] filer ; **time flies** comme le temps passe - **5.** [rumours, stories] se répandre comme une traînée de poudre - **6.** [attack] : **to ~ at sb** sauter sur qqn - **7.** [flag] flotter.

◆ **fly away** *vi* s'envoler.

◆ **fly in** ◇ *vt sep* envoyer par avion. ◇ *vi* [plane] arriver ; [person] arriver par avion.

◆ **fly into** *vt insep* : **to ~ into a rage/temper** s'emporter.

◆ **fly out** ◇ *vt sep* envoyer par avion. ◇ *vi* [plane] partir ; [person] partir en avion.

flyby ['flaɪˌbaɪ] *US* = **flypast**.

flyer *US* = **flier** *(sens 2)*.

fly-fishing *n* pêche *f* à la mouche.

fly half *n UK* demi *m* d'ouverture.

flying ['flaɪɪŋ] ◇ *adj* volant(e). ◇ *n* aviation *f* ; **to like ~** aimer prendre l'avion.

flying colours *UK*, **flying colors** *US npl* : **to pass (sthg) with ~** réussir (qqch) haut la main.

flying doctor *n* médecin *m* volant.

flying officer *n UK* lieutenant *m* de l'armée de l'air.

flying picket *n* piquet *m* de grève volant.

flying saucer *n* soucoupe *f* volante.

flying squad *n UK force d'intervention rapide de la police.*

flying start *n* : **to get off to a ~** prendre un départ sur les chapeaux de roue.

flying visit *n* visite *f* éclair.

flyleaf ['flaɪli:f] (*pl* **-leaves** [-li:vz]) *n* page *f* de garde.

flyover ['flaɪˌəʊvər] *n UK* saut-de-mouton *m*.

flypast ['flaɪˌpɑ:st] *n UK* défilé *m* aérien.

flysheet ['flaɪʃi:t] *n UK* auvent *m*.

fly spray *n* insecticide *m*.

flyweight ['flaɪweɪt] *n* poids *m* mouche.

flywheel ['flaɪwi:l] *n* volant *m*.

FM *n* - **1.** (*abbr of* **frequency modulation**) FM *f* - **2.** *see also* **field marshal**.

FMB (*abbr of* **Federal Maritime Board**) *n conseil supérieur de la marine marchande américaine.*

FMCS (*abbr of* **Federal Mediation and Conciliation Services**) *n organisme américain de conciliation des conflits du travail.*

FMD [ˌefem'di:] (*abbr of* **foot and mouth disease**) *n* fièvre *f* aphteuse.

FO (*abbr of* **Foreign Office**) *n ministère britannique des affaires étrangères.*

foal [fəʊl] *n* poulain *m*.

foam [fəʊm] ◇ *n (U)* - **1.** [bubbles] mousse *f* - **2.** : **~ (rubber)** caoutchouc *m* Mousse®. ◇ *vi* [water, champagne] mousser.

foamy ['fəʊmɪ] (*comp* **-ier**, *superl* **-iest**) *adj* [with bubbles] mousseux(euse).

fob [fɒb] (*pt & pp* **-bed**, *cont* **-bing**) ◆ **fob off** *vt sep* repousser ; **to ~ sthg off on sb** refiler qqch à qqn ; **to ~ sb off with sthg** se débarrasser de qqn à l'aide de qqch.

FOB, f.o.b. (*abbr of* **free on board**) FOB, F.o.b.

fob watch *n* montre *f* de gousset.

foc (*abbr of* **free of charge**) Fco.

focal ['fəʊkl] *adj lit & fig* focal(e).

focal point *n* foyer *m* ; *fig* point *m* central.

focus ['fəʊkəs] ◇ *n* (*pl* **-cuses** [-kəsi:z] OR **-ci** [-kaɪ]) - **1.** PHOT mise *f* au point ; **in ~** net ; **out of ~** flou - **2.** [centre - of rays] foyer *m* ; [- of earthquake] centre *m* ; **~ of attention** centre d'attention. ◇ *vt* [lens, camera] mettre au point ; **to ~ sthg on** [lens, camera, eyes] ajuster qqch sur ; [attention] concentrer qqch sur. ◇ *vi* - **1.** [with camera, lens] se fixer ; [eyes] accommoder ; **to ~ on sthg** [with camera, lens] se fixer sur qqch ; [with eyes] fixer qqch - **2.** [attention] : **to ~ on sthg** se concentrer sur qqch.

fodder ['fɒdəʳ] *n (U)* fourrage *m*.

foe [fəʊ] *n lit* ennemi *m*.

FOE *n* - **1.** (*abbr of* **Friends of the Earth**) AT *mpl* - **2.** (*abbr of* **Fraternal Order of Eagles**) *organisation caritative américaine.*

foetal ['fi:tl] *UK*, **fetal** *US adj* [position] fœtal(e) ; [death] du fœtus.

foetus ['fi:təs] *UK*, **fetus** *US n* fœtus *m*.

fog [fɒg] *n (U)* brouillard *m*.

fogbound ['fɒgbaʊnd] *adj* bloqué(e) par le brouillard.

fogey ['fəʊgɪ] = **fogy**.

foggiest ['fɒgɪəst] *n inf* **I haven't the ~** je n'en ai pas la moindre idée.

foggy ['fɒgɪ] (*comp* **-ier**, *superl* **-iest**) *adj* [misty] brumeux(euse).

foghorn ['fɒghɔ:n] *n* sirène *f* de brume.

fog lamp *UK*, **fog light** *US n* feu *m* de brouillard.

fogy ['fəʊgɪ] (*pl* **-ies**) *n inf* **old ~** vieux machin *m*.

foible ['fɔɪbl] *n* marotte *f*.

foil [fɔɪl] ◇ *n* - **1.** *(U)* [metal sheet - of tin, silver] feuille *f* ; CULIN papier *m* d'aluminium - **2.** [contrast] : **to be a ~ to** OR **for** servir de repoussoir *m* à. ◇ *vt* déjouer.

foist [fɔɪst] *vt* : **to ~ sthg on sb** imposer qqch à qqn.

fold [fəʊld] ◇ *vt* - **1.** [bend, close up] plier ; **to ~ one's arms** croiser les bras - **2.** [wrap] envelopper. ◇ *vi* - **1.** [close up - table, chair] se plier ; [- petals, leaves] se refermer - **2.** *inf* [company, project] échouer ; THEAT quitter l'affiche. ◇ *n* - **1.** [in material, paper] pli *m* - **2.** [for animals] parc *m* - **3.** *fig* [spiritual home] : **the ~** le bercail.

◆ **fold up** ◇ *vt sep* plier. ◇ *vi* - **1.** [close up - table, map] se plier ; [- petals, leaves] se refermer - **2.** [company, project] échouer.

foldaway ['fəʊldəˌweɪ] *adj* pliant(e).

folder ['fəʊldəʳ] *n* - **1.** [for papers - wallet] chemise *f* ; [- binder] classeur *m* - **2.** COMPUT dossier *m*, répertoire *m*.

folding ['fəʊldɪŋ] *adj* [table, umbrella] pliant(e) ; [doors] en accordéon.

foliage ['fəʊlɪɪdʒ] *n* feuillage *m*.

folk [fəʊk] ◇ *adj* [art, dancing] folklorique ; [medicine] populaire. ◇ *npl* [people] gens *mpl*. ◇ *n* [music] musique *f* folk.

◆ **folks** *npl inf* - **1.** [relatives] famille *f* - **2.** [everyone] : **hi there, ~s!** bonjour tout le monde!

folklore ['fəʊklɔ:ʳ] *n* folklore *m*.

folk music *n* musique *f* folk.

folk singer *n* chanteur *m*, -euse *f* folk.

folk song *n* chanson *f* folk.

folksy ['fəʊksɪ] (*comp* **-ier**, *superl* **-iest**) *adj US inf* sympa *(inv)*, décontract *(inv)*.

follicle ['fɒlɪkl] *n* follicule *m*.

follow ['fɒləʊ] ◇ *vt* suivre ; **(to be)~ed by sthg** (être) suivi de qqch. ◇ *vi* - **1.** [gen] suivre ; **as ~s** comme suit - **2.** [be logical] tenir debout ; **it ~s that...** il s'ensuit que...

◆ **follow up** *vt sep* - **1.** [pursue - idea, suggestion] prendre en considération ; [- advertisement] donner suite à - **2.** [complete] : **to ~ sthg up with** faire suivre qqch de.

follower ['fɒləʊəʳ] *n* [believer] disciple *mf*.

following ['fɒləʊɪŋ] ◇ *adj* suivant(e). ◇ *n* groupe *m* d'admirateurs. ◇ *prep* après.

follow-up ◇ *adj* complémentaire. ◇ *n* suite *f*.

folly ['fɒlɪ] *n (U)* [foolishness] folie *f*.

foment [fəʊ'ment] *vt fml* fomenter.

fond [fɒnd] *adj* - **1.** [affectionate] affectueux (euse) ; **to be ~ of** aimer beaucoup - **2.** *lit* [hope, wish] naïf (naïve).

fondle ['fɒndl] *vt* caresser.

fondly ['fɒndlɪ] *adv* - **1.** [affectionately - gaze, smile] affectueusement ; [- remember] avec tendresse - **2.** *lit* [believe, wish] naïvement.

fondness ['fɒndnɪs] *n* [for person] affection *f* ; [for thing] penchant *m*.

fondue ['fɒndju:] *n* fondue *f*.

font [fɒnt] *n* - **1.** [in church] fonts *mpl* baptismaux - **2.** COMPUT & TYPO police *f* (de caractères).

food [fu:d] *n* nourriture *f* ; **that's ~ for thought** cela donne à réfléchir.

food chain *n* chaîne *f* alimentaire.

food mixer *n* mixer *m*.

food poisoning [-ˌpɔɪznɪŋ] *n* intoxication *f* alimentaire.

food processor [-ˌprəʊsesəʳ] *n* robot *m* ménager.

food stamp *n US* bon *m* alimentaire *(accordé aux personnes sans ressources)*.

foodstuffs ['fu:dstʌfs] *npl* denrées *fpl* alimentaires.

fool [fu:l] ◇ *n* - **1.** [idiot] idiot *m*, -e *f* ; **to make a ~ of sb** tourner qqn en ridicule ; **to make a ~ of o.s.** se rendre ridicule ; **to act** OR **play the ~** faire l'imbécile - **2.** *UK* [dessert] ≃ mousse *f*. ◇ *vt* duper ; **to ~ sb into doing sthg** amener qqn à faire qqch en le dupant. ◇ *vi* faire l'imbécile.

◆ **fool about, fool around** *vi* - **1.** [behave foolishly] faire l'imbécile - **2.** [be unfaithful] être infidèle.

foolhardy ['fu:lˌhɑ:dɪ] *adj* téméraire.

foolish ['fu:lɪʃ] *adj* idiot(e), stupide.

foolishly ['fu:lɪʃlɪ] *adv* stupidement, bêtement.

foolishness ['fu:lɪʃnɪs] *n (U)* bêtise *f*.

foolproof ['fu:lpru:f] *adj* infaillible.

foolscap ['fu:lzkæp] *n (U)* papier *m* ministre.

foot [fʊt] ◇ *n* - **1.** (*pl* **feet** [fi:t]) [gen] pied *m* ; [of animal] patte *f* ; [of page, stairs] bas *m* ; **to be on one's feet** être debout ; **to get to one's feet** se mettre debout, se lever ; **on ~** à pied ; **to be back on one's feet** être remis (d'une maladie) ; **to have itchy feet** avoir la bougeotte ; **to put one's ~ down** mettre le holà ; **to put one's ~ in it** mettre les pieds dans le plat ; **to put one's feet up** se reposer ; **to be rushed off one's feet** ne pas avoir le temps de souffler ; **to set ~ in** mettre le pied en ; **to stand on one's own two feet** se débrouiller (par soi-même) - **2.** (*pl* **foot** OR **feet**) [unit of measurement] = *30,48 cm*, ≃ pied *m*. ◇ *vt inf* **to ~ the bill** payer la note.

footage ['fʊtɪdʒ] *n (U)* séquences *fpl*.

foot-and-mouth disease *n* fièvre *f* aphteuse.

football ['fʊtbɔ:l] *n* - **1.** [game - soccer] football *m*, foot *m* ; [- American football] football américain - **2.** [ball] ballon *m* de football OR foot.

football club *n UK* club *m* de football.

footballer ['fʊtbɔ:ləʳ] *n UK* joueur *m*, -euse *f* de football, footballeur *m*, -euse *f*.

football field *n US* terrain *m* de football américain.

football game *n US* match *m* de football américain.

football ground *n UK* terrain *m* de football.

football match *n UK* match *m* de football.

football player = **footballer**.

football pools *npl UK* ≃ loto *m* sportif.

football supporter *n esp UK* supporter *m* (de football).

footbrake, foot brake ['fʊtbreɪk] *n* frein *m* (à pied).

footbridge ['fʊtbrɪdʒ] *n* passerelle *f*.

foot fault *n* faute *f* de pied.

foothills ['fʊthɪlz] *npl* contreforts *mpl*.

foothold ['fʊthəʊld] *n* prise *f* (de pied) ; **to get a ~** trouver une prise (de pied) ; *fig* prendre pied, s'imposer.

footing ['fʊtɪŋ] *n* - **1.** [foothold] prise *f* ; **to lose one's ~** trébucher - **2.** *fig* [basis] position *f* ; **on an equal ~ (with)** sur un pied d'égalité (avec).

footlights ['fʊtlaɪts] *npl* [theatre] rampe *f*.

footling ['fu:tlɪŋ] *adj* ***dated*** & ***pej*** futile.

footman ['fʊtmən] (*pl* **-men** [-mən]) *n* valet *m* de pied.

footmark ['fʊtmɑ:k] = **footprint**.

footnote ['fʊtnəʊt] *n* note *f* en bas de page.

footpath ['fʊtpɑ:θ] (*pl* [-pɑ:ðz]) *n* sentier *m*.

footprint ['fʊtprɪnt] *n* empreinte *f* (de pied), trace *f* (de pas).

footsore ['fʊtsɔ:ʳ] *adj* : **to be ~** avoir mal aux pieds.

footstep ['fʊtstep] *n* - **1.** [sound] bruit *m* de pas - **2.** [footprint] empreinte *f* (de pied) ; **to follow in sb's ~s** marcher sur OR suivre les traces de qqn.

footwear ['fʊtweəʳ] *n (U)* chaussures *fpl*.

footwork ['fʊtwɜːk] *n (U)* SPORT jeu *m* de jambes.

for [fɔːʳ] <> *prep* **- 1.** [referring to intention, destination, purpose] pour ; **this is ~ you** c'est pour vous ; **the plane ~ Paris** l'avion à destination de Paris ; **I'm going ~ the papers** je vais prendre *OR* acheter les journaux ; **let's meet ~ a drink** retrouvons-nous pour prendre un verre ; **we did it ~ a laugh** *OR* **~ fun** on l'a fait pour rire ; **what's it ~?** ça sert à quoi? **- 2.** [representing, on behalf of] pour ; **the MP ~ Barnsley** le député de Barnsley ; **let me do that ~ you** laissez-moi faire, je vais vous le faire **- 3.** [because of] pour, en raison de ; **~ various reasons** pour plusieurs raisons ; **the town is famous ~ its cathedral** la ville est célèbre pour sa cathédrale ; **a prize ~ swimming** un prix de natation ; **~ fear of being ridiculed** de *OR* par peur d'être ridiculisé **- 4.** [with regard to] pour ; **to be ready ~ sthg** être prêt à *OR* pour qqch ; **it's not ~ me to say** ce n'est pas à moi à le dire ; **to be young ~ one's age** être jeune pour son âge ; **to feel sorry ~ sb** plaindre qqn **- 5.** [indicating amount of time, space] **: there's no time ~ that now** on n'a pas le temps de faire cela *OR* de s'occuper de cela maintenant ; **there's room ~ another person** il y a de la place pour encore une personne **- 6.** [indicating period of time] **: she'll be away ~ a month** elle sera absente (pendant) un mois ; **we talked ~ hours** on a parlé pendant des heures ; **I've lived here ~ 3 years** j'habite ici depuis 3 ans, cela fait 3 ans que j'habite ici ; **I can do it for you ~ tomorrow** je peux vous le faire pour demain **- 7.** [indicating distance] pendant, sur ; **~ 50 kilometres** pendant *OR* sur 50 kilomètres ; **I walked ~ miles** j'ai marché (pendant) des kilomètres **- 8.** [indicating particular occasion] pour ; **~ Christmas** pour Noël ; **the meeting scheduled ~ the 30th** la réunion prévue pour le 30 **- 9.** [indicating amount of money, price] **: they're 50p ~ ten** cela coûte 50p les dix ; **I bought/sold it ~ £10** je l'ai acheté/vendu 10 livres **- 10.** [in favour of, in support of] pour ; **to vote ~ sthg** voter pour qqch ; **to be all ~ sthg** être tout à fait pour *OR* en faveur de qqch **- 11.** [in ratios] pour **- 12.** [indicating meaning] **: P ~ Peter** P comme Peter ; **what's the Greek ~ 'mother'?** comment dit-on 'mère' en grec? <> *conj fml* [as, since] car.
◆ **for all** <> *prep* malgré ; **~ all his money...** malgré tout son argent... <> *conj* **: ~ all I know** pour autant que je sache ; **~ all I care** pour ce que cela me fait.
◆ **for ever** *adv* = **forever**.

FOR (*abbr of* **free on rail**) franco wagon.

forage ['fɒrɪdʒ] *vi* **: to ~ (for)** fouiller (pour trouver).

foray ['fɒreɪ] *n* **: ~ (into)** *lit* & *fig* incursion *f* (dans).

forbad [fə'bæd], **forbade** [fə'beɪd] *pt dated* ▷ **forbid**.

forbearing [fɔː'beərɪŋ] *adj* tolérant(e).

forbid [fə'bɪd] (*pt* **-bade** *OR* **-bad**, *pp* **forbid** *OR* **-bidden**, *cont* **-bidding**) *vt* interdire, défendre ; **to ~ sb to do sthg** interdire *OR* défendre à qqn de faire qqch ; **God** *OR* **Heaven ~!** pourvu que non!

forbidden [fə'bɪdn] <> *pp* ▷ **forbid**. <> *adj* interdit(e), défendu(e).

forbidding [fə'bɪdɪŋ] *adj* [severe, unfriendly] austère ; [threatening] sinistre.

force [fɔːs] <> *n* **- 1.** [gen] force *f* ; **~ of habit** force de l'habitude ; **by ~** de force **- 2.** [group] **: sales ~** représentants *mpl* de commerce ; **security ~s** forces *fpl* de sécurité ; **in ~** en force **- 3.** [effect] **: to be in/to come into ~** être/entrer en vigueur. <> *vt* **- 1.** [gen] forcer ; **to ~ sb to do sthg** forcer qqn à faire qqch ; **to ~ sthg open** forcer qqch (pour l'ouvrir) ; **to ~ one's way through** se frayer un chemin à travers ; **to ~ one's way into** entrer de force dans **- 2.** [press] **: to ~ sthg on sb** imposer qqch à qqn.
◆ **forces** *npl* **: the ~s** les forces *fpl* armées ; **to join ~s** joindre ses efforts.
◆ **by force of** *prep* à force de.
◆ **force back** *vt sep* [crowd etc] repousser ; [emotion, tears] refouler.
◆ **force down** *vt sep* **- 1.** [food] se forcer à manger **- 2.** [aeroplane] forcer à atterrir.

forced [fɔːst] *adj* forcé(e).

forced landing *n* atterrissage *m* forcé.

force-feed *vt* nourrir de force.

forceful ['fɔːsfʊl] *adj* [person] énergique ; [speech] vigoureux(euse).

forcefully ['fɔːsfʊlɪ] *adv* avec force.

forcemeat ['fɔːsmiːt] *n esp UK* farce *f*.

forceps ['fɔːseps] *npl* forceps *m*.

forcible ['fɔːsəbl] *adj* **- 1.** [using physical force] par (la) force **- 2.** [powerful] fort(e).

forcibly ['fɔːsəblɪ] *adv* **- 1.** [using physical force] de force **- 2.** [powerfully] avec vigueur.

ford [fɔːd] <> *n* gué *m*. <> *vt* traverser à gué.

fore [fɔːʳ] <> *adj* NAUT à l'avant. <> *n* **: to come to the ~** s'imposer.

forearm ['fɔːrɑːm] *n* avant-bras *m inv*.

forebears ['fɔːbeəz] *npl* aïeux *mpl*.

foreboding [fɔː'bəʊdɪŋ] *n* pressentiment *m*.

forecast ['fɔːkɑːst] <> *n* prévision *f* ; **(weather)~** prévisions météorologiques. <> *vt* (*pt* & *pp* **forecast** *OR* **-ed**) prévoir.

forecaster ['fɔːkɑːstəʳ] *n* **- 1.** [analyst] prévisionniste *mf* **- 2.** [of weather] présentateur *m*, -trice *f* de la météo.

foreclose [fɔː'kləʊz] <> *vt* saisir. <> *vi* **: to ~ on sb** saisir qqn.

foreclosure [fɔːˈkləʊʒəʳ] *n* saisie *f*.

forecourt [ˈfɔːkɔːt] *n* [of petrol station] devant *m* ; [of building] avant-cour *f*.

forefathers [ˈfɔːˌfɑːðəz] = **forebears**.

forefinger [ˈfɔːˌfɪŋgəʳ] *n* index *m*.

forefront [ˈfɔːfrʌnt] *n* : **in** *OR* **at the ~ of** au premier plan de.

forego [fɔːˈgəʊ] = **forgo**.

foregoing [fɔːˈgəʊɪŋ] ◇ *adj* précédent(e). ◇ *n fml* **the ~** ce qui précède.

foregone conclusion [ˈfɔːgɒn-] *n* : **it's a ~** c'est couru.

foreground [ˈfɔːgraʊnd] *n* premier plan *m* ; **in the ~** au premier plan.

forehand [ˈfɔːhænd] *n* TENNIS coup *m* droit.

forehead [ˈfɔːhed] *n* front *m*.

foreign [ˈfɒrən] *adj* - **1.** [gen] étranger(ère) ; [correspondent] à l'étranger - **2.** [policy, trade] extérieur(e).

foreign affairs *npl* affaires *fpl* étrangères.

foreign aid *n* aide *f* extérieure.

foreign body *n* corps *m* étranger.

foreign competition *n* concurrence *f* étrangère.

foreign currency *n (U)* devises *fpl* étrangères.

foreigner [ˈfɒrənəʳ] *n* étranger *m*, -ère *f*.

foreign exchange *n* change *m* ; **~ markets** marchés *mpl* des devises ; **~ rates** taux *mpl* de change.

foreign investment *n (U)* investissement *m* étranger.

foreign minister *n* ministre *m* des Affaires étrangères.

Foreign Office *n UK* **the ~** ≃ le ministère des Affaires étrangères.

Foreign Secretary *n UK* ≃ ministre *m* des Affaires étrangères.

foreleg [ˈfɔːleg] *n* [of horse] membre *m* antérieur ; [of other animals] patte *f* de devant.

foreman [ˈfɔːmən] (*pl* **-men** [-mən]) *n* - **1.** [of workers] contremaître *m*, -esse *f* - **2.** LAW président *m* du jury.

foremost [ˈfɔːməʊst] ◇ *adj* principal(e). ◇ *adv* : **first and ~** tout d'abord.

forename [ˈfɔːneɪm] *n* prénom *m*.

forensic [fəˈrensɪk] *adj* [department, investigation] médico-légal(e).

forensic medicine, **forensic science** *n* médecine *f* légale.

forerunner [ˈfɔːˌrʌnəʳ] *n* précurseur *m*.

foresee [fɔːˈsiː] (*pt* **-saw** [-ˈsɔː] , *pp* **-seen**) *vt* prévoir.

foreseeable [fɔːˈsiːəbl] *adj* prévisible ; **for the ~ future** pour tous les jours/mois *(etc)* à venir ; **in the ~ future** dans un futur proche.

foreseen [fɔːˈsiːn] *pp* ▻ **foresee**.

foreshadow [fɔːˈʃædəʊ] *vt* présager.

foreshortened [fɔːˈʃɔːtnd] *adj* raccourci(e).

foresight [ˈfɔːsaɪt] *n (U)* prévoyance *f*.

foreskin [ˈfɔːskɪn] *n* prépuce *m*.

forest [ˈfɒrɪst] *n* forêt *f*.

forestall [fɔːˈstɔːl] *vt* [attempt, discussion] prévenir ; [person] devancer.

forestry [ˈfɒrɪstrɪ] *n* sylviculture *f*.

Forestry Commission *n UK* **the ~** ≃ les Eaux *fpl* et Forêts.

foretaste [ˈfɔːteɪst] *n* avant-goût *m*.

foretell [fɔːˈtel] (*pt* & *pp* **-told**) *vt* prédire.

forethought [ˈfɔːθɔːt] *n* prévoyance *f*.

foretold [fɔːˈtəʊld] *pt* & *pp* ▻ **foretell**.

forever [fəˈrevəʳ] *adv* - **1.** [eternally] (pour) toujours - **2.** *inf* [long time] : **don't take ~ about it!** et ne mets pas des heures!

forewarn [fɔːˈwɔːn] *vt* avertir.

foreword [ˈfɔːwɜːd] *n* avant-propos *m inv*.

forfeit [ˈfɔːfɪt] ◇ *n* amende *f* ; [in game] gage *m*. ◇ *vt* perdre.

forgave [fəˈgeɪv] *pt* ▻ **forgive**.

forge [fɔːdʒ] ◇ *n* forge *f*. ◇ *vt* - **1.** INDUST *fig* forger - **2.** [signature, money] contrefaire ; [passport] falsifier.

◆ **forge ahead** *vi* prendre de l'avance.

forger [ˈfɔːdʒəʳ] *n* faussaire *mf*.

forgery [ˈfɔːdʒərɪ] (*pl* **-ies**) *n* - **1.** *(U)* [crime] contrefaçon *f* - **2.** [forged article] faux *m*.

forget [fəˈget] (*pt* **-got**, *pp* **-gotten**, *cont* **-getting**) ◇ *vt* oublier ; **let's ~ the whole business** n'en parlons plus ; **to ~ to do sthg** oublier de faire qqch ; **~ it!** laisse tomber! ; **to ~ o.s.** perdre le contrôle de soi. ◇ *vi* : **to ~ (about sthg)** oublier (qqch).

forgetful [fəˈgetfʊl] *adj* distrait(e), étourdi(e).

forgetfulness [fəˈgetfʊlnɪs] *n* étourderie *f*.

forget-me-not *n* myosotis *m*.

forgive [fəˈgɪv] (*pt* **-gave**, *pp* **-given** [-ˈgɪvən]) *vt* pardonner ; **to ~ sb for sthg/for doing sthg** pardonner qqch à qqn/à qqn d'avoir fait qqch.

forgiveness [fəˈgɪvnɪs] *n (U)* pardon *m*.

forgiving [fəˈgɪvɪŋ] *adj* indulgent(e).

forgo [fɔːˈgəʊ] (*pt* **-went**, *pp* **-gone** [-ˈgɒn]) *vt fml* renoncer à.

forgot [fəˈgɒt] *pt* ▻ **forget**.

forgotten [fə'gɒtn] *pp* ⊳ **forget.**

fork [fɔːk] ◇ *n* - **1.** [for eating] fourchette *f* - **2.** [for gardening] fourche *f* - **3.** [in road] bifurcation *f* ; [of river] embranchement *m*. ◇ *vi* bifurquer.

◆ **fork out** *inf* ◇ *vt sep* allonger, débourser ; **to ~ out money on** *UK* *OR* **for** *US* allonger *OR* débourser de l'argent pour. ◇ *vi* : **to ~ out (for)** casquer (pour).

forklift truck ['fɔːklɪft-] *n* chariot *m* élévateur.

forlorn [fə'lɔːn] *adj* - **1.** [person, face] malheureux(euse), triste - **2.** [place, landscape] désolé(e) - **3.** [hope, attempt] désespéré(e).

form [fɔːm] ◇ *n* - **1.** [shape, fitness, type] forme *f* ; **on ~** *UK*, **in ~** *US* en pleine forme ; **off ~** *esp UK* pas en forme ; **in the ~ of** sous forme de ; **to take the ~ of** prendre la forme de - **2.** [questionnaire] formulaire *m* - **3.** *UK* SCH classe *f* - **4.** [usual behaviour] : **true to ~** typiquement. ◇ *vt* former. ◇ *vi* se former.

formal ['fɔːml] *adj* - **1.** [person] formaliste ; [language] soutenu(e) - **2.** [dinner party, announcement] officiel(elle) ; [dress] de cérémonie.

formality [fɔː'mælətɪ] (*pl* **-ies**) *n* formalité *f*.

formalize, *UK* **-ise** ['fɔːməlaɪz] *vt* organiser de façon formelle.

formally ['fɔːməlɪ] *adv* - **1.** [correctly, seriously] de façon correcte - **2.** [not casually] : **to be ~ dressed** être en tenue de cérémonie - **3.** [officially] officiellement.

format ['fɔːmæt] ◇ *n* [gen & COMPUT] format *m*. ◇ *vt* (*pt & pp* **-ted**, *cont* **-ting**) COMPUT formater.

formation [fɔː'meɪʃn] *n* - **1.** [gen] formation *f* - **2.** [of idea, plan] élaboration *f*.

formative ['fɔːmətɪv] *adj* formateur(trice).

former ['fɔːmə^r] ◇ *adj* - **1.** [previous] ancien(enne) ; **~ husband** ex-mari *m* ; **~ pupil** ancien élève *m*, ancienne élève *f* - **2.** [first of two] premier(ère). ◇ *n* : **the ~** le premier (la première), celui-là (celle-là).

formerly ['fɔːməlɪ] *adv* autrefois.

form feed *n* changement *m* de page.

Formica® [fɔː'maɪkə] *n* Formica® *m*.

formidable ['fɔːmɪdəbl] *adj* impressionnant(e).

formless ['fɔːmlɪs] *adj* informe.

Formosa [fɔː'məʊsə] *n* Formose ; **in ~** à Formose.

formula ['fɔːmjʊlə] (*pl* **-as** *OR* **-ae** [-iː]) *n* formule *f*.

formulate ['fɔːmjʊleɪt] *vt* formuler.

formulation [ˌfɔːmjʊ'leɪʃn] *n* formulation *f*.

fornicate ['fɔːnɪkeɪt] *vi fml* forniquer.

forsake [fə'seɪk] (*pt* **forsook**, *pp* **forsaken**) *vt lit* [person] abandonner ; [habit] renoncer à.

forsaken [fə'seɪkn] *adj* abandonné(e).

forsook [fə'sʊk] *pt* ⊳ **forsake.**

forsythia [fɔː'saɪθjə] *n* forsythia *m*.

fort [fɔːt] *n* fort *m* ; **to hold (down) the ~** [at office, shop] garder la boutique.

forte ['fɔːtɪ] *n* point *m* fort.

forth [fɔːθ] *adv lit* en avant ; **from that day ~** dorénavant.

forthcoming [fɔːθ'kʌmɪŋ] *adj* - **1.** [imminent] à venir - **2.** [available] : **no answer was ~** on n'a pas eu de réponse - **3.** [helpful] communicatif(ive).

forthright ['fɔːθraɪt] *adj* franc (franche), direct(e).

forthwith [ˌfɔːθ'wɪθ] *adv fml* aussitôt.

fortieth ['fɔːtɪɪθ] *num* quarantième, *see also* **sixth.**

fortification [ˌfɔːtɪfɪ'keɪʃn] *n* fortification *f*.

fortified wine ['fɔːtɪfaɪd-] *n* vin *m* de liqueur.

fortify ['fɔːtɪfaɪ] (*pt & pp* **-ied**) *vt* - **1.** MIL fortifier - **2.** *fig* [resolve etc] renforcer.

fortitude ['fɔːtɪtjuːd] *n* courage *m*.

fortnight ['fɔːtnaɪt] *n* *UK* quinze jours *mpl*, quinzaine *f*.

fortnightly ['fɔːtˌnaɪtlɪ] ◇ *adj* *UK* bimensuel(elle). ◇ *adv* tous les quinze jours.

fortress ['fɔːtrɪs] *n* forteresse *f*.

fortuitous [fɔː'tjuːɪtəs] *adj fml* fortuit(e).

fortunate ['fɔːtʃnət] *adj* heureux(euse) ; **to be ~** avoir de la chance.

fortunately ['fɔːtʃnətlɪ] *adv* heureusement.

fortune ['fɔːtʃuːn] *n* - **1.** [wealth] fortune *f* - **2.** [luck] fortune *f*, chance *f* - **3.** [future] : **to tell sb's ~** dire la bonne aventure à qqn.

◆ **fortunes** *npl* fortune *f*.

fortune-teller [-ˌtelə^r] *n* diseuse *f* de bonne aventure.

forty ['fɔːtɪ] *num* quarante, *see also* **sixty.**

forum ['fɔːrəm] (*pl* **-s**) *n* - **1.** [gén] forum *m*, tribune *f* - **2.** COMPUT forum *m*.

forward ['fɔːwəd] ◇ *adj* - **1.** [movement] en avant - **2.** [planning] à long terme - **3.** [impudent] effronté(e). ◇ *adv* - **1.** [ahead] en avant ; **to go** *OR* **move ~** avancer - **2.** [in time] : **to bring a meeting ~** avancer la date d'une réunion ; **to put a watch ~** avancer une montre. ◇ *n* SPORT avant *m*. ◇ *vt* - **1.** [letter] faire suivre ; [goods] expédier - **2.** [career] faire avancer.

forwarding address ['fɔːwədɪŋ-] *n* adresse *f* où faire suivre le courrier.

forward-looking [-'lʊkɪŋ] *adj* tourné(e) vers le futur.

forwardness ['fɔːwədnɪs] *n* [boldness] effronterie *f*.

forwards ['fɔːwədz] *adv* = **forward**.

forward slash *n* COMPUT barre *f* oblique.

forwent [fɔː'went] *pt* ▻ **forgo**.

fossil ['fɒsl] *n* fossile *m*.

fossil fuel *n* combustible *m* fossile.

fossilized, **-ised** *UK* ['fɒsɪlaɪzd] *adj* fossilisé(e).

foster ['fɒstəʳ] ◇ *adj* [family] d'accueil. ◇ *vt* **- 1.** [child] accueillir **- 2.** *fig* [nurture] nourrir, entretenir.

foster child *n* enfant *m* placé en famille d'accueil.

foster parent *n* parent *m* nourricier.

fought [fɔːt] *pt & pp* ▻ **fight**.

foul [faʊl] ◇ *adj* **- 1.** [gen] infect(e) ; [water] croupi(e) ; **to fall ~ of sb** se mettre qqn à dos **- 2.** [language] ordurier(ère). ◇ *n* SPORT faute *f*. ◇ *vt fml* **- 1.** [make dirty] souiller, salir **- 2.** SPORT commettre une faute contre **- 3.** [mechanism, propeller] entraver.
◆ **foul up** *vt sep inf* gâcher.

foul-mouthed [-'maʊðd] *adj* au langage grossier.

foul play *n (U)* **- 1.** SPORT antijeu *m* **- 2.** [crime] acte *m* malveillant.

found [faʊnd] ◇ *pt & pp* ▻ **find**. ◇ *vt* **- 1.** [hospital, town] fonder **- 2.** [base] : **to ~ sthg on** fonder OR baser qqch sur.

foundation [faʊn'deɪʃn] *n* **- 1.** [creation, organization] fondation *f* **- 2.** [basis] fondement *m*, base *f* **- 3.** : **~ (cream)** fond *m* de teint.
◆ **foundations** *npl* CONSTR fondations *fpl*.

foundation stone *n* première pierre *f*.

founder ['faʊndəʳ] ◇ *n* fondateur *m*, -trice *f*. ◇ *vi* **- 1.** [ship] sombrer **- 2.** *fig* [plan, hopes] s'effondrer, s'écrouler.

founder member *n* membre *m* fondateur.

founding ['faʊndɪŋ] *n* [of hospital etc] fondation *f*, création *f*.

founding father *n* père *m* fondateur.

foundry ['faʊndrɪ] (*pl* **-ies**) *n* fonderie *f*.

fount [faʊnt] *n* [origin] source *f* ; [typo] *UK* police *f*.

fountain ['faʊntɪn] *n* fontaine *f*.

fountain pen *n* stylo *m* à encre.

four [fɔːʳ] *num* quatre ; **on all ~s** à quatre pattes, *see also* **six**.

four-leaved clover [-liːvd-] *UK*, **four-leaf clover** [-liːf-] *US n* trèfle *m* à quatre feuilles.

four-letter word *n* mot *m* grossier.

four-poster (bed) *n* lit *m* à baldaquin.

foursome ['fɔːsəm] *n* groupe *m* de quatre.

four-star *adj* [hotel] quatre étoiles.

fourteen [ˌfɔː'tiːn] *num* quatorze, *see also* **six**.

fourteenth [ˌfɔː'tiːnθ] *num* quatorzième, *see also* **sixth**.

fourth [fɔːθ] *num* quatrième, *see also* **sixth**.

Fourth of July *n* : **the ~** *Fête de l'Indépendance américaine, célébrée le 4 juillet.*

Fourth World *n* : **the ~** le quart-monde.

four-way stop *n US* carrefour *m* à quatre stops.

four-wheel drive *n* : **with ~** à quatre roues motrices.

fowl [faʊl] (*pl* **fowl** OR **-s**) *n* volaille *f*.

fox [fɒks] ◇ *n* renard *m*. ◇ *vt* laisser perplexe.

foxglove ['fɒksglʌv] *n* digitale *f*.

foxhole ['fɒkshəʊl] *n* terrier *m* de renard.

foxhound ['fɒkshaʊnd] *n* fox-hound *m*.

foxhunt ['fɒkshʌnt] *n* chasse *f* au renard.

foxhunting ['fɒksˌhʌntɪŋ] *n (U)* chasse *f* au renard.

foxy ['fɒksɪ] *adj inf* [sexy] sexy *(inv)*.

foyer ['fɔɪeɪ] *n* **- 1.** [of hotel, theatre] foyer *m* **- 2.** *US* [of house] hall *m* d'entrée.

FP *n* **- 1.** *see also* **former pupil** **- 2.** *see also* **fireplug** **- 3.** *see also* **freezing point** **- 4.** *see also* **fully paid**.

FPA (*abbr of* **Family Planning Association**) *n association britannique pour le planning familial.*

fr. (*written abbrev of* **franc**) F.

Fr. (*abbr of* **father**) P.

fracas ['frækɑː, *US* 'freɪkəs] (*UK, pl* **fracas** *US, pl* **-ses** [-siːz]) *n* bagarre *f*.

fraction ['frækʃn] *n* fraction *f* ; **a ~ too big** légèrement OR un petit peu trop grand.

fractionally ['frækʃnəlɪ] *adv* un tout petit peu.

fractious ['frækʃəs] *adj* grincheux(euse).

fracture ['fræktʃəʳ] ◇ *n* fracture *f*. ◇ *vt* fracturer.

fragile ['frædʒaɪl] *adj* fragile.

fragility [frə'dʒɪlətɪ] *n* fragilité *f*.

fragment ◇ *n* ['frægmənt] fragment *m*. ◇ *vi* [fræg'ment] se fragmenter.

fragmentary ['frægməntrɪ] *adj* fragmentaire.

fragmented [fræg'mentɪd] *adj* fragmenté(e).

fragrance ['freɪgrəns] *n* parfum *m*.

fragrant ['freɪgrənt] *adj* parfumé(e).

frail [freɪl] *adj* fragile.

frailty ['freɪltɪ] (*pl* **-ies**) *n* **- 1.** [gen] fragilité *f* **- 2.** [moral weakness] faiblesse *f*.

frame [freɪm] ◇ *n* **- 1.** [gen] cadre *m* ; [of glasses] monture *f* ; [of door, window] encadrement *m* ; [of boat] carcasse *f* **- 2.** [physique] charpente *f*. ◇ *vt* **- 1.** [gen] encadrer **- 2.** [express] formuler **- 3.** *inf* [set up] monter un coup contre.

frame of mind *n* état *m* d'esprit.

framework ['freɪmwɜːk] *n* **- 1.** [structure] armature *f*, carcasse *f* **- 2.** *fig* [basis] structure *f*, cadre *m*.

France [frɑːns] *n* France *f* ; **in ~** en France.

franchise ['fræntʃaɪz] *n* **- 1.** POL droit *m* de vote **- 2.** COMM franchise *f*.

franchisee [ˌfræntʃaɪ'ziː] *n* franchisé *m*.

franchisor ['fræntʃaɪzəʳ] *n* franchiseur *m*.

frank [fræŋk] ◇ *adj* franc (franche). ◇ *vt UK* affranchir.

Frankfurt ['fræŋkfət] *n* : **~ (am Main)** Francfort(-sur-le-Main).

frankfurter ['fræŋkfɜːtəʳ] *n* saucisse *f* de Francfort.

frankincense ['fræŋkɪnsens] *n* encens *m*.

franking machine ['fræŋkɪŋ-] *n UK* machine *f* à affranchir.

frankly ['fræŋklɪ] *adv* franchement.

frankness ['fræŋknɪs] *n* franchise *f*.

frantic ['fræntɪk] *adj* frénétique ; **to be ~ (with worry)** être fou (folle) d'inquiétude.

frantically ['fræntɪklɪ] *adv* frénétiquement, avec frénésie.

fraternal [frə'tɜːnl] *adj* fraternel(elle).

fraternity [frə'tɜːnətɪ] (*pl* **-ies**) *n* **- 1.** [community] confrérie *f* **- 2.** *(U)* [friendship] fraternité *f* **- 3.** *US* [of students] club *m* d'étudiants *(de sexe masculin)*.

fraternize, *UK* **-ise** ['frætənaɪz] *vi* fraterniser.

fraud [frɔːd] *n* **- 1.** *(U)* [crime] fraude *f* **- 2.** *pej* [impostor] imposteur *m*.

fraudulent ['frɔːdjʊlənt] *adj* frauduleux (euse).

fraught [frɔːt] *adj* **- 1.** [full] : **~ with** plein(e) de **- 2.** *UK* [person] tendu(e) ; [time, situation] difficile.

fray [freɪ] ◇ *vt fig* **my nerves were ~ed** j'étais extrêmement tendu(e), j'étais à bout de nerfs. ◇ *vi* [material, sleeves] s'user ; **tempers ~ed** *fig* l'atmosphère était tendue OR électrique. ◇ *n lit* bagarre *f*.

frayed [freɪd] *adj* [jeans, collar] élimé(e).

frazzled ['fræzld] *adj inf* **- 1.** [person] éreinté(e) **- 2.** [by cooking] desséché(e).

FRB (*abbr of* **Federal Reserve Board**) *n organe de contrôle de la Banque centrale américaine.*

FRCP (*abbr of* **Fellow of the Royal College of Physicians**) *membre de l'académie de médecine britannique.*

FRCS (*abbr of* **Fellow of the Royal College of Surgeons**) *membre de l'académie de chirurgie britannique.*

freak [friːk] ◇ *adj* bizarre, insolite. ◇ *n* **- 1.** [strange creature] monstre *m*, phénomène *m* **- 2.** [unusual event] accident *m* bizarre **- 3.** *inf* [fanatic] fana *mf*.

◆ **freak out** *inf* ◇ *vi* [get angry] exploser (de colère) ; [panic] paniquer. ◇ *vt sep* : **to ~ sb out** faire sauter qqn au plafond.

freakish ['friːkɪʃ] *adj* bizarre, insolite.

freckle ['frekl] *n* tache *f* de rousseur.

free [friː] ◇ *adj* (*comp* **freer**, *superl* **freest**) **- 1.** [gen] libre ; **to be ~ to do sthg** être libre de faire qqch ; **feel ~!** je t'en prie! ; **to set ~** libérer ; **~ from** OR **of worry** sans souci **- 2.** [not paid for] gratuit(e) ; **~ of charge** gratuitement **- 3.** [generous] : **to be ~ with money** dépenser sans compter. ◇ *adv* **- 1.** [without payment] gratuitement ; **for ~** gratuitement **- 2.** [run, live] librement. ◇ *vt* (*pt & pp* **freed**) **- 1.** [gen] libérer **- 2.** [trapped person, object] dégager.

-free [friː] *suffix* sans.

freebie ['friːbɪ] *n inf* faveur *f*.

freedom ['friːdəm] *n* **- 1.** [gen] liberté *f* ; **~ of speech** liberté d'expression **- 2.** [exception] : **~ (from)** exemption *f* (de).

freedom fighter *n* partisan *m*, -e *f*.

free enterprise *n (U)* libre entreprise *f*.

free-fall *n (U)* chute *f* libre.

Freefone® ['friːfəʊn] *n UK (U)* ≃ numéro *m* vert.

free-for-all *n* mêlée *f* générale.

free gift *n* prime *f*.

freehand ['friːhænd] *adj & adv* à main levée.

freehold ['friːhəʊld] ◇ *adv* en propriété inaliénable. ◇ *n* propriété *f* foncière inaliénable.

freeholder ['friːhəʊldəʳ] *n* propriétaire foncier *m*, propriétaire foncière *f*.

free house *n UK* pub *m* en gérance libre.

free kick *n* coup *m* franc.

freelance ['friːlɑːns] ◇ *adj* indépendant(e), free-lance *(inv)*. ◇ *adv* en free-lance. ◇ *n* indépendant *m*, -e *f*, free-lance *mf*. ◇ *vi* travailler en indépendant OR en free-lance.

freeloader ['friːləʊdəʳ] *n inf* parasite *m*.

freely ['fri:lɪ] *adv* - **1.** [gen] librement - **2.** [generously] sans compter.

freeman ['fri:mən] (*pl* **-men** [-mən]) *n UK* citoyen *m*, -enne *f* d'honneur.

free-market economy *n* économie *f* de marché.

Freemason ['fri:ˌmeɪsn] *n* franc-maçon *m*.

Freemasonry ['fri:ˌmeɪsnrɪ] *n* franc-maçonnerie *f*.

freemen ['fri:mən] *pl UK* ▻ **freeman**.

Freephone® ['fri:fəʊn] = **Freefone**®.

Freepost® ['fri:pəʊst] *n UK* port *m* payé.

free-range *adj* de ferme.

free sample *n* échantillon *m* gratuit.

freesia ['fri:zjə] *n* freesia *m*.

free speech *n* liberté *f* d'expression.

freestanding [ˌfri:'stændɪŋ] *adj* [furniture] non-encastré(e).

freestyle ['fri:staɪl] *n* swimming nage *f* libre.

freethinker [fri:'θɪŋkər] *n* libre-penseur *m*, -euse *f*.

Freetown ['fri:taʊn] *n* Freetown.

free trade *n (U)* libre-échange *m*.

freeway ['fri:weɪ] *n US* autoroute *f*.

freewheel [ˌfri:'wi:l] *vi* [on bicycle] rouler en roue libre ; [in car] rouler au point mort.

freewheeling [ˌfri:'wi:lɪŋ] *adj inf* sans contrainte.

free will *n (U)* libre arbitre *m* ; **to do sthg of one's own ~** faire qqch de son propre gré.

free world *n dated* **the ~** les pays *mpl* non-communistes.

freeze [fri:z] ◇ *vt* (*pt* **froze**, *pp* **frozen**) - **1.** [gen] geler ; [food] congeler - **2.** [wages, prices] bloquer. ◇ *vi* (*pt* **froze**, *pp* **frozen**) - **1.** [gen] geler - **2.** [stop moving] s'arrêter. ◇ *n* - **1.** [cold weather] gel *m* - **2.** [of wages, prices] blocage *m*.
◆ **freeze over** *vi* geler.
◆ **freeze up** *vi* geler, se bloquer.

freeze-dried [-'draɪd] *adj* lyophilisé(e).

freeze frame *n* [on video] arrêt *m* sur image.

freezer ['fri:zər] *n* congélateur *m*.

freezing ['fri:zɪŋ] ◇ *adj* glacé(e) ; **I'm ~** je gèle. ◇ *n* = **freezing point**.

freezing point *n* point *m* de congélation.

freight [freɪt] *n* [goods] fret *m*.

freight train *n* train *m* de marchandises.

French [frentʃ] ◇ *adj* français(e). ◇ *n* [language] français *m*. ◇ *npl* : **the ~** les Français *mpl*.

French bean *n UK* haricot *m* vert.

French bread *n (U)* baguette *f*.

French Canadian ◇ *adj* canadien français (canadienne française). ◇ *n* Canadien français *m*, Canadienne française *f*.

French chalk *n (U)* craie *f* de tailleur.

French doors *US & Canada* = **French windows**.

French dressing *n* [in UK] vinaigrette *f* ; [in US] *sauce-salade à base de mayonnaise et de ketchup*.

French fries *npl esp US* frites *fpl*.

Frenchman ['frentʃmən] (*pl* **-men** [-mən]) *n* Français *m*.

French polish *n UK (U)* vernis *m* à l'alcool.

French Riviera *n* : **the ~** la Côte d'Azur.

French stick *n UK* baguette *f*.

French toast *n esp US* pain *m* perdu.

French windows *npl* porte-fenêtre *f*.

Frenchwoman ['frentʃˌwʊmən] (*pl* **-women** [-ˌwɪmɪn]) *n* Française *f*.

frenetic [frə'netɪk] *adj* frénétique.

frenzied ['frenzɪd] *adj* [haste, activity] frénétique ; [attack] déchaîné(e) ; [mob] en délire.

frenzy ['frenzɪ] (*pl* **-ies**) *n* frénésie *f*.

frequency ['fri:kwənsɪ] (*pl* **-ies**) *n* fréquence *f*.

frequency modulation *n* modulation *f* de fréquence.

frequent ◇ *adj* ['fri:kwənt] fréquent(e). ◇ *vt* [frɪ'kwent] fréquenter.

frequently ['fri:kwəntlɪ] *adv* fréquemment.

fresco ['freskəʊ] (*pl* **-es** OR **-s**) *n* fresque *f*.

fresh [freʃ] ◇ *adj* - **1.** [gen] frais (fraîche) ; **~ from** [the oven] qui sort de ; [university] frais émoulu (fraîche émoulue) de - **2.** [not salty] doux (douce) - **3.** [new - drink, piece of paper] autre ; [- look, approach] nouveau(elle) ; **to make a ~ start** repartir à zéro - **4.** *inf dated* [cheeky] familier(ère) ; **to get ~ with sb** se montrer osé avec qqn. ◇ *adv* : **~-ground/made** qui vient juste d'être moulu/fait ; **to be ~ out of sthg** *inf* ne plus avoir de qqch.

freshen ['freʃn] ◇ *vt* rafraîchir. ◇ *vi* [wind] devenir plus fort.
◆ **freshen up** ◇ *vt sep* - **1.** [wash] : **to ~ o.s. up** faire un brin de toilette - **2.** [smarten up] rafraîchir. ◇ *vi* faire un brin de toilette.

fresher ['freʃər] *n UK inf* bleu *m*, -e *f* ; UNIV bizut.

freshly ['freʃlɪ] *adv* [squeezed, ironed] fraîchement.

freshman ['freʃmən] (*pl* **-men** [-mən]) *US n* étudiant *m*, -e *f* de première année.

freshness ['freʃnɪs] *n (U)* - **1.** [gen] fraîcheur *f* - **2.** [originality] nouveauté *f*.

freshwater ['freʃˌwɔ:tər] *adj* d'eau douce.

fret [fret] (*pt & pp* **-ted**, *cont* **-ting**) *vi* [worry] s'inquiéter.

fretful ['fretfʊl] *adj* [baby] grognon(onne) ; [night, sleep] agité(e).

fretsaw ['fretsɔː] *n* scie *f* à découper.

Freudian slip ['frɔɪdɪən-] *n* lapsus *m*.

FRG (*abbr of* **Federal Republic of Germany**) *n* RFA *f*.

Fri. (*abbr of* **Friday**) ven.

friar ['fraɪəʳ] *n* frère *m*.

friction ['frɪkʃn] *n (U)* friction *f*.

friction tape *n US & Canada* chatterton *m*.

Friday ['fraɪdɪ] *n* vendredi *m*, *see also* **Saturday**.

fridge [frɪdʒ] *n* frigo *m*.

fridge-freezer *n UK* réfrigérateur-congélateur *m*.

fried [fraɪd] ◇ *pt & pp* ⊳ **fry**. ◇ *adj* frit(e) ; **~ egg** œuf *m* au plat.

friend [frend] *n* ami *m*, -e *f* ; **to be ~s** être amis ; **to be ~s with sb** être ami avec qqn ; **to make ~s (with sb)** se lier d'amitié (avec qqn).

friendless ['frendlɪs] *adj* sans amis.

friendly ['frendlɪ] ◇ *adj* (*comp* **-ier**, *superl* **-iest**) [person, manner, match] amical(e) ; [nation] ami(e) ; [argument] sans conséquence ; **to be ~ with sb** être ami avec qqn. ◇ *n* (*pl* **-ies**) *esp UK* match *m* amical.

friendly society *n UK* mutuelle *f*.

friendship ['frendʃɪp] *n* amitié *f*.

fries [fraɪz] = **French fries**.

Friesian (cow) ['friːzjən-] *n esp UK* (vache *f*) frisonne *f*.

frieze [friːz] *n* frise *f*.

frigate ['frɪgət] *n* frégate *f*.

fright [fraɪt] *n* peur *f* ; **to give sb a ~** faire peur à qqn ; **to take ~** prendre peur.

frighten ['fraɪtn] *vt* faire peur à, effrayer ; **to ~ sb into doing sthg** forcer qqn à faire qqch sous la menace.

◆ **frighten away** *vt sep* chasser en faisant peur à.

◆ **frighten off** *vt sep* chasser en faisant peur à.

frightened ['fraɪtnd] *adj* apeuré(e) ; **to be ~ of sthg/of doing sthg** avoir peur de qqch/de faire qqch.

frightening ['fraɪtnɪŋ] *adj* effrayant(e).

frightful ['fraɪtfʊl] *adj dated* effroyable.

frigid ['frɪdʒɪd] *adj* [sexually] frigide.

frill [frɪl] *n* - **1.** [decoration] volant *m* - **2.** *inf* [extra] supplément *m*.

frilly ['frɪlɪ] (*comp* **-ier**, *superl* **-iest**) *adj* à fanfreluches.

fringe [frɪndʒ] ◇ *n* - **1.** [gen] frange *f* - **2.** [edge - of village] bordure *f* ; [- of wood, forest] lisière *f*. ◇ *vt* [edge] border.

fringe benefit *n* avantage *m* extrasalarial.

fringe group *n* groupe *m* marginal.

fringe theatre *n UK* théâtre *m* d'avant-garde.

Frisbee® ['frɪzbɪ] *n* Frisbee *m inv*.

Frisian Islands ['frɪʒən-] *npl* : **the ~** l'archipel *m* frison.

frisk [frɪsk] ◇ *vt* fouiller. ◇ *vi* gambader.

frisky ['frɪskɪ] (*comp* **-ier**, *superl* **-iest**) *adj inf* vif (vive).

fritter ['frɪtəʳ] *n* beignet *m*.

◆ **fritter away** *vt sep* gaspiller ; **to ~ money/time away on sthg** gaspiller son argent/son temps en qqch.

frivolity [frɪ'vɒlətɪ] (*pl* **-ies**) *n* frivolité *f*.

frivolous ['frɪvələs] *adj* frivole.

frizzy ['frɪzɪ] (*comp* **-ier**, *superl* **-iest**) *adj* crépu(e).

fro [frəʊ] ⊳ **to**.

frock [frɒk] *n dated* robe *f*.

frog [frɒg] *n* [animal] grenouille *f* ; **to have a ~ in one's throat** avoir un chat dans la gorge.

frogman ['frɒgmən] (*pl* **-men** [-mən]) *n* homme-grenouille *m*.

frogmarch ['frɒgmɑːtʃ] *vt esp UK emmener quelqu'un de force en lui tenant les bras dans le dos.*

frogmen ['frɒgmən] *pl* ⊳ **frogman**.

frogspawn ['frɒgspɔːn] *n (U)* œufs *mpl* de grenouille.

frolic ['frɒlɪk] ◇ *n* ébats *mpl*. ◇ *vi* (*pt & pp* **-ked**, *cont* **-king**) folâtrer.

from (*weak form* [frəm], *strong form* [frɒm]) *prep* - **1.** [indicating source, origin, removal] de ; **where are you ~?** d'où venez-vous?, d'où êtes-vous? ; **I got a letter ~ her today** j'ai reçu une lettre d'elle aujourd'hui ; **a flight ~ Paris** un vol en provenance de Paris ; **to translate ~ Spanish into English** traduire d'espagnol en anglais ; **to drink ~ a glass** boire dans un verre ; **he's not back ~ work yet** il n'est pas encore rentré de son travail ; **he took a notebook ~ his pocket** il a sorti un carnet de sa poche ; **to take sthg (away)~ sb** prendre qqch à qqn - **2.** [indicating a deduction] de ; **to deduct sthg ~ sthg** retrancher qqch de qqch - **3.** [indicating escape, separation] de ; **he ran away ~ home** il a fait une fugue, il s'est sauvé de chez lui - **4.** [indicating position] de ; **seen ~ above/below** vu d'en haut/d'en bas - **5.** [indicating distance] de ; **it's 60 km ~ here** c'est à 60 km d'ici ; **how far is it ~ Paris to Lyons?** combien y a-t-il de Paris à Lyon? - **6.** [indicating material object is made out of] en ; **it's made ~ wood/plastic** c'est en bois/plastique

- **7.** [starting at a particular time] de ; **~ 2 pm to** *OR* **till 6 pm** de 14 h à 18 h ; **~ birth** de naissance ; **~ the moment I saw him** dès que *OR* dès l'instant où je l'ai vu **- 8.** [indicating difference] de ; **to be different ~ sb/sthg** être différent de qqn/qqch **- 9.** [indicating change] **: ~... to** de... à ; **the price went up ~ £100 to £150** le prix est passé *OR* monté de 100 livres à 150 livres **- 10.** [because of, as a result of] de ; **to suffer ~ cold/hunger** souffrir du froid/de la faim **- 11.** [on the evidence of] d'après, à ; **to speak ~ personal experience** parler par expérience *OR* d'après son expérience personnelle ; **~ what you're saying...** d'après ce que vous dites... **- 12.** [indicating lowest amount] depuis, à partir de ; **prices start ~ £50** le premier prix est de 50 livres.

frond [frɒnd] *n* fronde *f*.

front [frʌnt] ◇ *n* **- 1.** [most forward part - gen] avant *m* ; [- of dress, envelope, house] devant *m* ; [- of class] premier rang *m* **- 2.** METEOR & MIL front *m* **- 3.** [issue, area] plan *m* ; **on the domestic/employment ~** sur le plan intérieur/du travail **- 4. : (sea)~** front *m* de mer **- 5.** [outward appearance - of person] contenance *f* ; [- of business] *pej* façade *f*. ◇ *adj* [tooth, garden] de devant ; [row, page] premier(ère) ; **~ cover** couverture *f*. ◇ *vt* **- 1.** [be opposite] être en face de **- 2.** [TV programme] présenter. ◇ *vi* **: to ~ onto sthg** donner sur qqch.

◆ **in front** *adv* **- 1.** [further forward - walk, push] devant ; [- people] à l'avant **- 2.** [winning] **: to be in ~** mener.

◆ **in front of** *prep* devant.

frontage ['frʌntɪdʒ] *n* [of house] façade *f* ; [of shop] devanture *f*.

frontal ['frʌntl] *adj* **- 1.** [attack] de front **- 2.** [view] de face.

frontbench [ˌfrʌnt'bentʃ] *n UK à la chambre des Communes, bancs occupés respectivement par les ministres du gouvernement en exercice et ceux du gouvernement fantôme.*

front desk *n* réception *f*.

front door *n* porte *f* d'entrée.

frontier ['frʌnˌtɪəʳ, *US* frʌn'tɪər] *n* [border] frontière *f* ; *fig* limite *f*.

frontispiece ['frʌntɪspi:s] *n* frontispice *m*.

front line *n* **: the ~** le front.

front man *n* **- 1.** [of company, organization] porte-parole *m inv* **- 2.** TV présentateur *m*.

front page *n* page *f* d'accueil.

front-page ◇ *adj* [article] de première page. ◇ *n* première *f* (de couverture).

front room *n* salon *m*.

front-runner *n* favori *m*, -ite *f*.

front-wheel drive *n* traction *f* avant.

frost [frɒst] ◇ *n* gel *m*. ◇ *vi* **: to ~ over** *OR* **up** geler.

frostbite ['frɒstbaɪt] *n (U)* gelure *f*.

frostbitten ['frɒstˌbɪtn] *adj* [toe, finger] gelé(e).

frosted ['frɒstɪd] *adj* **- 1.** [glass] dépoli(e) **- 2.** *US* CULIN glacé(e).

frosting ['frɒstɪŋ] *n US (U)* glaçage *m*.

frosty ['frɒstɪ] (*comp* **-ier**, *superl* **-iest**) *adj* **- 1.** [weather, welcome] glacial(e) **- 2.** [field, window] gelé(e).

froth [frɒθ] ◇ *n* [on beer] mousse *f* ; [on sea] écume *f*. ◇ *vi* [beer] mousser ; [sea] écumer.

frothy ['frɒθɪ] (*comp* **-ier**, *superl* **-iest**) *adj* [beer] mousseux(euse) ; [sea] écumeux(euse).

frown [fraʊn] ◇ *n* froncement *m* de sourcils. ◇ *vi* froncer les sourcils.

◆ **frown (up)on** *vt insep* désapprouver.

froze [frəʊz] *pt* ▷ **freeze**.

frozen [frəʊzn] ◇ *pp* ▷ **freeze**. ◇ *adj* gelé(e) ; [food] congelé(e) ; **~ with fear** *fig* mort(e) de peur.

FRS *n* **- 1.** (*abbr of* **Fellow of the Royal Society**) *membre de l'académie des sciences britannique* **- 2.** (*abbr of* **Federal Reserve System**) *banque centrale américaine.*

frugal ['fru:gl] *adj* **- 1.** [meal] frugal(e) **- 2.** [person, life] économe.

fruit [fru:t] ◇ *n* (*pl* **fruit** *OR* **-s**) fruit *m* ; **to bear ~** *fig* porter ses fruits. ◇ *comp* [flan] aux fruits ; **~ tree** arbre *m* fruitier. ◇ *vi* donner des fruits.

fruitcake ['fru:tkeɪk] *n* cake *m*.

fruiterer ['fru:tərəʳ] *n UK dated* fruitier *m*.

fruitful ['fru:tfʊl] *adj* [successful] fructueux(euse).

fruition [fru:'ɪʃn] *n* **: to come to ~** se réaliser.

fruit juice *n* jus *m* de fruits.

fruitless ['fru:tlɪs] *adj* vain(e).

fruit machine *n UK* machine *f* à sous.

fruit salad *n* salade *f* de fruits, macédoine *f*.

frumpy ['frʌmpɪ] (*comp* **-ier**, *superl* **-iest**) *adj* mal attifé(e), mal fagoté(e).

frumpish ['frʌmpɪʃ] = **frumpy**.

frustrate [frʌ'streɪt] *vt* **- 1.** [annoy, disappoint] frustrer **- 2.** [prevent] faire échouer.

frustrated [frʌ'streɪtɪd] *adj* **- 1.** [person, artist] frustré(e) **- 2.** [effort, love] vain(e).

frustrating [frʌ'streɪtɪŋ] *adj* frustrant(e).

frustration [frʌ'streɪʃn] *n* frustration *f*.

fry [fraɪ] (*pt & pp* **fried**) *vt & vi* frire.

frying pan ['fraɪɪŋ-] *n* poêle *f* à frire ; **to jump out of the ~ into the fire** tomber de Charybde en Scylla.

FSA [ˌefes'eɪ] (*abbr of* **food standards agency**) *UK n agence pour la sécurité alimentaire.*

ft. *see also* **foot**, *see also* **feet**.

FT (*abbr of* **Financial Times**) *n quotidien britannique d'information financière* ; **the ~ index** l'indice *m* boursier du FT, ≃ le Cac 40.

FTC (*abbr of* **Federal Trade Commission**) *n organisme américain chargé de faire respecter les lois anti-trust.*

FTP [ˌefti:'pi:] (*abbr of* **file transfer protocol**) *n* FTP *m*.

fuchsia ['fju:ʃə] *n* fuchsia *m*.

fuck [fʌk] *vulg* ◇ *vt & vi* baiser. ◇ *excl* putain de merde!

◆ **fuck off** *vi vulg* foutre le camp ; **~ off !** fous le camp!

fucking ['fʌkɪŋ] *adj vulg* putain de.

fuddled ['fʌdld] *adj* confus(e).

fuddy-duddy ['fʌdɪˌdʌdɪ] (*pl* **-ies**) *n inf* personne *f* vieux jeu.

fudge [fʌdʒ] ◇ *n (U)* [sweet] caramel *m* (mou). ◇ *vt inf* [figures] truquer ; [issue] esquiver.

fuel [fjʊəl] ◇ *n* combustible *m* ; [for engine] carburant *m* ; **to add ~ to** *fig* alimenter. ◇ *vt* (*UK*, *pt & pp* **-led**, *cont* **-ling**, *US*, *pt & pp* **-ed**, *cont* **-ing**) **- 1.** [supply with fuel] alimenter (en combustible/carburant) **- 2.** *fig* [speculation] nourrir.

fuel pump *n* pompe *f* d'alimentation.

fuel tank *n* réservoir *m* à carburant.

fugitive ['fju:dʒətɪv] *n* fugitif *m*, -ive *f*.

fugue [fju:g] *n* fugue *f*.

fulcrum ['fʊlkrəm] (*pl* **-crums** OR **-cra** [-krə]) *n* pivot *m*.

fulfil *UK* (*pt & pp* **-led**, *cont* **-ling**), **fulfill** *esp US* [fʊl'fɪl] *vt* **- 1.** [duty, role] remplir ; [hope] répondre à ; [ambition, prophecy] réaliser **- 2.** [satisfy - need] satisfaire ; **to ~ o.s.** s'épanouir.

fulfilling [fʊl'fɪlɪŋ] *adj* épanouissant(e).

fulfilment *UK*, **fulfillment** *esp US* [fʊl'fɪlmənt] *n (U)* **- 1.** [satisfaction] grande satisfaction *f* **- 2.** [of ambition, dream] réalisation *f* ; [of role, promise] exécution *f* ; [of need] satisfaction *f*.

full [fʊl] ◇ *adj* **- 1.** [gen] plein(e) ; [bus, car park] complet(ète) ; [with food] gavé(e), repu(e) **- 2.** [complete - recovery, control] total(e) ; [- explanation, day] entier(ère) ; [- volume] maximum **- 3.** [busy - life] rempli(e) ; [- timetable, day] chargé(e) **- 4.** [flavour] riche **- 5.** [plump - figure] rondelet(ette) ; [- mouth] charnu(e) **- 6.** [skirt, sleeve] ample. ◇ *adv* **- 1.** [directly] : **~ in the face** en plein (dans le) visage **- 2.** [very] : **you know ~ well that...** tu sais très bien que... **- 3.** [at maximum] au maximum. ◇ *n* : **in ~** complètement, entièrement ; **to the ~** pleinement.

fullback ['fʊlbæk] *n* SPORT arrière *m*.

full-blooded [-'blʌdɪd] *adj* **- 1.** [pure-blooded] de race pure **- 2.** [strong, complete] robuste.

full-blown [-'bləʊn] *adj* général(e) ; **to have ~ AIDS** avoir le Sida avéré.

full board *n* pension *f* complète.

full-bodied [-'bɒdɪd] *adj* qui a du corps.

full dress *n (U)* tenue *f* de cérémonie.

full-face *adj* de face.

full-fashioned *US* = **fully-fashioned**.

full-fledged *US* = **fully-fledged**.

full-frontal *adj* de face.

full-grown [-'grəʊn] *adj* adulte.

full house *n* [at show, event] représentation *f* à bureaux fermés.

full-length ◇ *adj* **- 1.** [portrait, mirror] en pied **- 2.** [dress, novel] long (longue) ; **~ film** long métrage. ◇ *adv* de tout son long.

full monty [- 'mɒntɪ] *n inf* **the ~** la totale.

full moon *n* pleine lune *f*.

fullness ['fʊlnɪs] *n* [of voice] ampleur *f* ; [of life] richesse *f* ; **in the ~ of time** avec le temps.

full-page *adj* sur toute une page.

full-scale *adj* **- 1.** [life-size] grandeur nature *(inv)* **- 2.** [complete] de grande envergure.

full-size(d) *adj* **- 1.** [life-size] grandeur nature *(inv)* **- 2.** [adult] adulte **- 3.** *US* AUT : **~ car** grande berline.

full stop *UK* ◇ *n* point *m*. ◇ *adv* un point c'est tout.

full time *n UK* SPORT fin *f* de match.

◆ **full-time** *adj & adv* [work, worker] à temps plein.

full up *adj* [bus, train] complet(ète) ; [with food] gavé(e), repu(e).

fully ['fʊlɪ] *adv* [understand, satisfy] tout à fait ; [trained, describe] entièrement.

fully-fashioned *UK*, **full-fashioned** *US* [-'fæʃnd] *adj* moulant(e).

fully-fledged *UK*, **full-fledged** *US* [-'fledʒd] *adj* diplômé(e).

fulness ['fʊlnɪs] = **fullness**.

fulsome ['fʊlsəm] *adj* excessif(ive).

fumble ['fʌmbl] ◇ *vt* [catch] mal attraper. ◇ *vi* fouiller, tâtonner ; **to ~ for** fouiller pour trouver.

fume [fju:m] *vi* [with anger] rager.

◆ **fumes** *npl* [from paint] émanations *fpl* ; [from smoke] fumées *fpl* ; [from car] gaz *mpl* d'échappement.

fumigate ['fju:mɪgeɪt] *vt* fumiger.

fun [fʌn] ◇ *n (U) esp US* **- 1.** [pleasure, amusement] : **the game is great ~** ce jeu est très amusant ; **to have ~** s'amuser ; **for ~, for the ~ of it** pour s'amuser **- 2.** [playfulness] : **to be full of ~** être plein(e) d'entrain **- 3.** [ridicule] : **to make ~ of** OR **poke ~ at sb** se moquer de qqn. ◇ *adj* amusant(e).

function ['fʌŋkʃn] ◇ *n* - **1.** [gen] fonction *f* - **2.** [formal social event] réception *f* officielle - **3.** [software] fonctionnalité *f.* ◇ *vi* fonctionner ; **to ~ as** servir de.

functional ['fʌŋkʃnəl] *adj* - **1.** [practical] fonctionnel(elle) - **2.** [operational] en état de marche.

functionality [fʌŋkʃ'nælətɪ] *n* fonctionnalité *f.*

functionary ['fʌŋkʃnərɪ] (*pl* **-ies**) *n* fonctionnaire *mf.*

function key *n* COMPUT touche *f* de fonction.

fund [fʌnd] ◇ *n* fonds *m* ; *fig* [of knowledge] puits *m.* ◇ *vt* financer.
◆ **funds** *npl* fonds *mpl.*

fundamental [ˌfʌndə'mentl] *adj* : **~ (to)** fondamental(e) (à).
◆ **fundamentals** *npl* principes *mpl* de base.

fundamentalism [ˌfʌndə'mentəlɪzm] *n* RELIG fondamentalisme *m* ; [Islam] intégrisme *m.*

fundamentally [ˌfʌndə'mentəlɪ] *adv* fondamentalement.

funding ['fʌndɪŋ] *n (U)* financement *m.*

fund-raising [-ˌreɪzɪŋ] ◇ *n (U)* collecte *f* de fonds. ◇ *comp* [event, campaign] organisé(e) pour collecter des fonds.

funeral ['fju:nərəl] *n* obsèques *fpl.*

funeral director *n* entrepreneur *m* de pompes funèbres.

funeral home *US* = **funeral parlour**.

funeral parlour *UK*, **funeral home** *US n* entreprise *f* de pompes funèbres.

funeral service *n* service *m* funèbre.

funereal [fju:'nɪərɪəl] *adj* funèbre.

funfair ['fʌnfeəʳ] *n UK* fête *f* foraine.

fungus ['fʌŋgəs] (*pl* **-gi** [-gaɪ] , *pl* **-guses** [-gəsi:z]) *n* champignon *m.*

funk [fʌŋk] *n (U)* - **1.** MUS funk *m* - **2.** *dated* [fear] frayeur *f* - **3.** *inf* **to be in a (blue) ~** être déprimé(e).

funky ['fʌŋkɪ] (*comp* **-ier**, *superl* **-iest**) *adj* MUS funky *(inv).*

funnel ['fʌnl] ◇ *n* - **1.** [tube] entonnoir *m* - **2.** [of ship] cheminée *f.* ◇ *vt* (*UK*, *pt & pp* **-led**, *cont* **-ling** *US*, *pt & pp* **-ed**, *cont* **-ing**) [crowd] canaliser ; [money, food] diriger. ◇ *vi* (*UK*, *pt & pp* **-led**, *cont* **-ling** *US*, *pt & pp* **-ed**, *cont* **-ing**) se diriger.

funnily ['fʌnɪlɪ] *adv* [strangely] bizarrement ; **~ enough** chose curieuse.

funny ['fʌnɪ] (*comp* **-ier**, *superl* **-iest**) *adj* - **1.** [amusing, odd] drôle - **2.** [ill] tout drôle (toute drôle).

funny bone *n* petit juif *m.*

funny farm *n inf hum* maison *f* de fous.

fun run *n course à pied organisée pour collecter des fonds.*

fur [fɜ:ʳ] *n* fourrure *f.*

fur coat *n* (manteau *m* de) fourrure *f.*

furious ['fjʊərɪəs] *adj* - **1.** [very angry] furieux(euse) - **2.** [wild - effort, battle] acharné(e) ; [- temper] déchaîné(e).

furiously ['fjʊərɪəslɪ] *adv* - **1.** [angrily] furieusement - **2.** [wildly - fight, try] avec acharnement ; [- run] à une allure folle.

furled [fɜ:ld] *adj* [umbrella, flag] roulé(e) ; [sail] serré(e).

furlong ['fɜ:lɒŋ] *n = 201,17 mètres.*

furnace ['fɜ:nɪs] *n* [fire] fournaise *f.*

furnish ['fɜ:nɪʃ] *vt* - **1.** [fit out] meubler - **2.** *fml* [provide] fournir ; **to ~ sb with sthg** fournir qqch à qqn.

furnished ['fɜ:nɪʃt] *adj* meublé(e).

furnishings ['fɜ:nɪʃɪŋz] *npl* mobilier *m.*

furniture ['fɜ:nɪtʃəʳ] *n (U)* meubles *mpl* ; **a piece of ~** un meuble.

furniture polish *n* encaustique *m*, produit *m* d'entretien des meubles.

furore *UK* ['fjʊərɔ:rɪ], **furor** *US* ['fjʊrɔ:r] *n* scandale *m.*

furrier ['fʌrɪəʳ] *n* fourreur *m.*

furrow ['fʌrəʊ] *n* - **1.** [in field] sillon *m* - **2.** [on forehead] ride *f.*

furrowed ['fʌrəʊd] *adj* - **1.** [field, land] labouré(e) - **2.** [brow] ridé(e).

furry ['fɜ:rɪ] (*comp* **-ier**, *superl* **-iest**) *adj* - **1.** [animal] à fourrure - **2.** [material] recouvert(e) de fourrure.

further ['fɜ:ðəʳ] ◇ *compar* ▷ **far**. ◇ *adv* - **1.** [gen] plus loin ; **how much ~ is it?** combien de kilomètres y a-t-il? ; **~ on** plus loin ; **this mustn't go any ~** ceci doit rester entre nous - **2.** [more - complicate, develop] davantage ; [- enquire] plus avant - **3.** [in addition] de plus. ◇ *adj* nouveau(elle), supplémentaire ; **until ~ notice** jusqu'à nouvel ordre. ◇ *vt* [career, aims] faire avancer ; [cause] encourager.
◆ **further to** *prep fml* suite à.

further education *n UK* éducation *f* postscolaire.

furthermore [ˌfɜ:ðə'mɔ:ʳ] *adv* de plus.

furthermost ['fɜ:ðəməʊst] *adj* le plus éloigné (la plus éloignée).

furthest ['fɜ:ðɪst] ◇ *superl* ▷ **far**. ◇ *adj* le plus éloigné (la plus éloignée). ◇ *adv* le plus loin.

furtive ['fɜ:tɪv] *adj* [person] sournois(e) ; [glance] furtif(ive).

furtively ['fɜ:tɪvlɪ] *adv* furtivement.

fury ['fjʊərɪ] *n* fureur *f* ; **in a ~** en fureur.

fuse [fju:z] ◇ *n* - **1.** ELEC fusible *m*, plomb *m* - **2.** [of bomb] détonateur *m* ; [of firework] amorce *f*. ◇ *vt* - **1.** [join by heat] réunir par la fusion - **2.** [combine] fusionner. ◇ *vi* - **1.** ELEC : **the lights have ~d** les plombs ont sauté - **2.** [join by heat] fondre - **3.** [combine] fusionner.

fuse-box *n* boîte *f* à fusibles.

fused [fju:zd] *adj* [plug] avec fusible incorporé.

fuselage ['fju:zəlɑ:ʒ] *n* fuselage *m*.

fuse wire *n* fusible *m*.

fusillade [ˌfju:zə'leɪd] *n* fusillade *f*.

fusion ['fju:ʒn] *n* fusion *f*.

fuss [fʌs] ◇ *n* - **1.** [excitement, anxiety] agitation *f* ; **to make a ~** faire des histoires - **2.** *(U)* [complaints] protestations *fpl* - **3.** *phr* **to make a ~ of sb** *UK* être aux petits soins pour qqn. ◇ *vi* faire des histoires.

◆ **fuss over** *vt insep* être aux petits soins pour.

fusspot ['fʌspɒt], **fussbudget** *UK n inf* tatillon *m*, -onne *f*.

fussy ['fʌsɪ] (*comp* **-ier**, *superl* **-iest**) *adj* - **1.** [fastidious - person] tatillon(onne) ; [- eater] difficile - **2.** [over-decorated] tarabiscoté(e).

fusty ['fʌstɪ] (*comp* **-ier**, *superl* **-iest**) *adj* - **1.** [room] *UK* qui sent le moisi - **2.** [scent] qui sent le renfermé - **3.** [idea] vieillot(otte).

futile ['fju:taɪl] *adj* vain(e).

futility [fju:'tɪlətɪ] *n* futilité *f*.

futon ['fu:tɒn] *n* futon *m*.

future ['fju:tʃəʳ] ◇ *n* - **1.** [gen] avenir *m* ; **in ~** à l'avenir ; **in the ~** dans le futur, à l'avenir - **2.** GRAM : **~ (tense)** futur *m*. ◇ *adj* futur(e).

◆ **futures** *npl* FIN transactions *fpl* à terme.

futuristic [ˌfju:tʃə'rɪstɪk] *adj* futuriste.

fuze *US* = **fuse**.

fuzz [fʌz] *n* - **1.** [hair] cheveux *mpl* crépus - **2.** *inf* [police] : **the ~** les flics *mpl*.

fuzzy ['fʌzɪ] (*comp* **-ier**, *superl* **-iest**) *adj* - **1.** [hair] crépu(e) - **2.** [photo, image] flou(e) - **3.** [thoughts, mind] confus(e).

fwd. *see also* **forward**.

fwy *see also* **freeway**.

FY *n see also* **fiscal year**.

FYI *see also* **for your information**.

G

g [1] (*pl* **g's** *OR* **gs**), **G** (*pl* **G's** *OR* **Gs**) [dʒi:] *n* [letter] g *m inv*, G *m inv*.

◆ **G** ◇ *n* MUS sol *m*. ◇ - **1.** (*abbr of* **good**) B - **2.** (*abbr of* **general (audience)**) *tous publics*.

g [2] - **1.** (*abbr of* **gram**) g - **2.** (*abbr of* **gravity**) g.

GA *see also* **Georgia**.

gab [gæb] ▻ **gift**.

gabardine [ˌgæbə'di:n] *n* gabardine *f*.

gabble ['gæbl] ◇ *vt* & *vi* baragouiner. ◇ *n* charabia *m*.

gable ['geɪbl] *n* pignon *m*.

Gabon [gæ'bɒn] *n* Gabon *m* ; **in ~** au Gabon.

Gabonese [ˌgæbɒ'ni:z] ◇ *adj* gabonais(e). ◇ *npl* : **the ~** les Gabonais.

gad [gæd] (*pt* & *pp* **-ded**, *cont* **-ding**) ◆ **gad about** *vi dated* partir en vadrouille.

gadget ['gædʒɪt] *n* gadget *m*.

gadgetry ['gædʒɪtrɪ] *n (U)* gadgets *mpl*.

Gaelic ['geɪlɪk] ◇ *adj* gaélique. ◇ *n* gaélique *m*.

gaffe [gæf] *n* gaffe *f*.

gaffer ['gæfəʳ] *n UK inf* [boss] patron *m*.

gag [gæg] ◇ *n* - **1.** [for mouth] bâillon *m* - **2.** *inf* [joke] blague *f*, gag *m*. ◇ *vt* (*pt* & *pp* **-ged**, *cont* **-ging**) [put gag on] bâillonner. ◇ *vi* (*pt* & *pp* **-ged**, *cont* **-ging**) [choke] s'étrangler.

gage *US* = **gauge**.

gaiety ['geɪətɪ] *n* gaieté *f*.

gaily ['geɪlɪ] *adv* - **1.** [cheerfully] gaiement - **2.** [thoughtlessly] allègrement.

gain [geɪn] ◇ *n* - **1.** [gen] profit *m* - **2.** [improvement] augmentation *f*. ◇ *vt* - **1.** [acquire] gagner - **2.** [increase in - speed, weight] prendre ; [- confidence] gagner en ; [- quantity, time] gagner - **3.** [subj: watch, clock] : **to ~ 10 minutes** avancer de 10 minutes. ◇ *vi* - **1.** [advance] : **to ~ in sthg** gagner en qqch - **2.** [benefit] : **to ~ from** *OR* **by sthg** tirer un avantage de qqch - **3.** [increase] : **to ~ by** gagner, prendre - **4.** [watch, clock] avancer.

◆ **gain on** *vt insep* rattraper.

gainful ['geɪnfʊl] *adj fml* lucratif(ive).

gainfully ['geɪnfʊlɪ] *adv fml* lucrativement.

gainsay [ˌgeɪnˈseɪ] (*pt & pp* **-said**) *vt fml* contredire.

gait [geɪt] *n* démarche *f*.

gaiters [ˈgeɪtəz] *npl* guêtres *fpl*.

gal., **gall.** *see also* **gallon.**

gala [ˈgɑːlə] <> *n* [celebration] gala *m*. <> *comp* de gala.

Galapagos Islands [gəˈlæpəgəs-] *npl* : **the ~** les (îles *fpl*) Galapagos ; **in the ~** aux (îles) Galapagos.

galaxy [ˈgæləksɪ] (*pl* **-ies**) *n* galaxie *f*.

gale [geɪl] *n* [wind] grand vent *m*.

Galicia [gəˈlɪʃɪə] *n* - **1.** [in Central Europe] Galicie *f* ; **in ~** en Galicie - **2.** [in Spain] Galice *f* ; **in ~** en Galice.

gall [gɔːl] <> *n* [nerve] : **to have the ~ to do sthg** avoir le toupet de faire qqch. <> *vt* contrarier.

gall. *see also* **gallon.**

gallant [ˈgælənt, gəˈlænt, ˈgælənt] *adj* - **1.** [ˈgælənt] [courageous] courageux(euse) - **2.** [gəˈlænt, ˈgælənt] [polite to women] galant.

gallantry [ˈgæləntrɪ] *n* - **1.** [courage] bravoure *f* - **2.** [politeness to women] galanterie *f*.

gall bladder *n* vésicule *f* biliaire.

galleon [ˈgælɪən] *n* galion *m*.

gallery [ˈgælərɪ] (*pl* **-ies**) *n* - **1.** [gen] galerie *f* - **2.** [for displaying art] musée *m* - **3.** [in theatre] paradis *m*.

galley [ˈgælɪ] (*pl* **-s**) *n* - **1.** [ship] galère *f* - **2.** [kitchen] coquerie *f*.

Gallic [ˈgælɪk] *adj* français(e).

galling [ˈgɔːlɪŋ] *adj* humiliant(e).

gallivant [ˌgælɪˈvænt] *vi inf* mener une vie de patachon.

gallon [ˈgælən] *n* = *4,546 litres* gallon *m*.

gallop [ˈgæləp] <> *n* galop *m*. <> *vi* galoper.

galloping [ˈgæləpɪŋ] *adj* [inflation] galopant(e).

gallows [ˈgæləʊz] (*pl* **gallows**) *n* gibet *m*.

gallstone [ˈgɔːlstəʊn] *n* calcul *m* biliaire.

Gallup poll [ˈgæləp-] *n UK* sondage *m* d'opinion.

galore [gəˈlɔːʳ] *adj* en abondance.

galoshes [gəˈlɒʃɪz] *UK npl* caoutchoucs *mpl*, claques *fpl Québec*.

galvanize, *UK* **-ise** [ˈgælvənaɪz] *vt* - **1.** TECH galvaniser - **2.** [impel] : **to ~ sb into action** pousser qqn à agir.

Gambia [ˈgæmbɪə] *n* : **(the)~** Gambie *f* ; **in (the)~** en Gambie.

Gambian [ˈgæmbɪən] <> *adj* gambien (enne). <> *n* Gambien *m*, -enne *f*.

gambit [ˈgæmbɪt] *n* entrée *f* en matière.

gamble [ˈgæmbl] <> *n* [calculated risk] risque *m* ; **to take a ~** prendre un risque. <> *vi* - **1.** [bet] jouer ; **to ~ on** jouer de l'argent sur - **2.** [take risk] : **to ~ on** miser sur.

gambler [ˈgæmbləʳ] *n* joueur *m*, -euse *f*.

gambling [ˈgæmblɪŋ] *n (U)* jeu *m*.

gambol [ˈgæmbl] (*UK*, *pt & pp* **-led**, *cont* **-ling**, *US*, *pt & pp* **-ed**, *cont* **-ing**) *vi* gambader.

game [geɪm] <> *n* - **1.** [gen] jeu *m* ; **what's your ~?** *inf* à quoi joues-tu? - **2.** [match] match *m* - **3.** *(U)* [hunted animals] gibier *m* - **4.** *phr* **to beat sb at their own ~** battre qqn sur son propre terrain ; **the ~'s up** tout est perdu ; **to give the ~ away** vendre la mèche. <> *adj* - **1.** [brave] courageux(euse) - **2.** [willing] : **~ (for sthg/to do sthg)** partant(e) (pour qqch/pour faire qqch).

◆ **games** <> *n UK* SCH éducation *f* physique. <> *npl* [sporting contest] jeux *mpl*.

gamekeeper [ˈgeɪmˌkiːpəʳ] *n* garde-chasse *m*.

gamely [ˈgeɪmlɪ] *adv* - **1.** [bravely] courageusement - **2.** [willingly] volontairement.

game plan *n* stratégie *f*, plan *m* d'attaque.

game reserve *n* réserve *f* (de chasse).

games console [geɪmz -] *n* COMPUT console *f* de jeux.

game show *n* jeu *m* télévisé.

gamesmanship [ˈgeɪmzmənʃɪp] *n art de gagner habilement*.

gaming [ˈgeɪmɪŋ] *n (U)* jeux *mpl* informatiques.

gamma rays [ˈgæmə-] *npl* rayons *mpl* gamma.

gammon [ˈgæmən] *n esp UK* jambon *m* fumé.

gammy [ˈgæmɪ] (*comp* **-ier**, *superl* **-iest**) *adj UK inf* boiteux(euse).

gamut [ˈgæmət] *n* gamme *f* ; **to run the ~ of** passer par toute la gamme de.

gander [ˈgændəʳ] *n* [male goose] jars *m*.

gang [gæŋ] *n* - **1.** [of criminals] gang *m* - **2.** [of young people] bande *f*.

◆ **gang up** *vi inf* **to ~ up (on)** se liguer (contre).

Ganges [ˈgændʒiːz] *n* : **the (River) ~** le Gange.

gangland [ˈgæŋlænd] *n (U)* milieu *m*.

gangling [ˈgæŋglɪŋ], **gangly** [ˈgæŋglɪ] (*comp* **-ier**, *superl* **-iest**) *adj* dégingandé(e).

gangplank [ˈgæŋplæŋk] *n* passerelle *f*.

gangrene [ˈgæŋgriːn] *n* gangrène *f*.

gangrenous [ˈgæŋgrɪnəs] *adj* gangreneux(euse).

gangster ['gæŋstəʳ] *n* gangster *m.*

gangway ['gæŋweɪ] *n* **- 1.** *UK* [aisle] allée *f* **- 2.** [gangplank] passerelle *f.*

gannet ['gænɪt] (*pl* **gannet** *OR* **-s**) *n* [bird] fou *m* (de Bassan).

gantry ['gæntrɪ] (*pl* **-ies**) *n* portique *m.*

GAO (*abbr of* **General Accounting Office**) *n Cour des comptes américaine.*

gaol [dʒeɪl] *UK dated* = **jail.**

gap [gæp] *n* **- 1.** [empty space] trou *m* ; [in text] blanc *m* ; *fig* [in knowledge, report] lacune *f* **- 2.** [interval of time] période *f* **- 3.** *fig* [great difference] fossé *m.*

gape [geɪp] *vi* **- 1.** [person] rester bouche bée **- 2.** [hole, shirt] bâiller.

gaping ['geɪpɪŋ] *adj* **- 1.** [open-mouthed] bouche bée *(inv)* **- 2.** [wide-open] béant(e) ; [shirt] grand ouvert (grande ouverte).

gap year *n année d'interruption volontaire des études, avant l'entrée à l'université.*

garage [*UK* 'gærɑːʒ *OR* 'gærɪdʒ, *US* gə'rɑːʒ] *n* **- 1.** [gen] garage *m* **- 2.** *UK* [for fuel] station-service *f.*

garb [gɑːb] *n (U) fml* tenue *f.*

garbage ['gɑːbɪdʒ] *n (U)* **- 1.** [refuse] détritus *mpl* **- 2.** *inf* [nonsense] idioties *fpl.*

garbage bag *n US* sac-poubelle *m.*

garbage can *n US* poubelle *f.*

garbage collector *n US* éboueur *m*, -euse *f.*

garbage truck *n US* camion-poubelle *m.*

garbled ['gɑːbld] *adj* confus(e).

garden ['gɑːdn] ◇ *n* jardin *m.* ◇ *comp* de jardin. ◇ *vi* jardiner.

◆ **gardens** *npl* jardins *mpl* (publics).

garden centre *UK*, **garden center** *US n* jardinerie *f.*

garden city *n UK* cité-jardin *f.*

gardener ['gɑːdnəʳ] *n* [professional] jardinier *m*, -ère *f* ; [amateur] personne *f* qui aime jardiner, amateur *m*, -rice *f* de jardinage.

gardenia [gɑː'diːnjə] *n* gardénia *m.*

gardening ['gɑːdnɪŋ] ◇ *n* jardinage *m.* ◇ *comp* [gloves, equipment, book] de jardinage ; [expert] en jardinage.

garden party *n* garden-party *f.*

garden shed *n* abri *m* de jardin.

gargantuan [gɑː'gæntjʊən] *adj* gargantuesque.

gargle ['gɑːgl] *vi* se gargariser.

gargoyle ['gɑːgɔɪl] *n* gargouille *f.*

garish ['geərɪʃ] *adj* criard(e).

garland ['gɑːlənd] *n* guirlande *f* de fleurs.

garlic ['gɑːlɪk] *n* ail *m.*

garlic bread *n* pain *m* à l'ail.

garlicky ['gɑːlɪkɪ] *adj inf* qui sent l'ail.

garment ['gɑːmənt] *n* vêtement *m.*

garner ['gɑːnəʳ] *vt fml* recueillir.

garnet ['gɑːnɪt] *n* [red stone] grenat *m.*

garnish ['gɑːnɪʃ] ◇ *n* garniture *f.* ◇ *vt* garnir.

garret ['gærət] *n* mansarde *f.*

garrison ['gærɪsn] ◇ *n* [soldiers] garnison *f.* ◇ *vt* tenir en garnison.

garrulous ['gærələs] *adj* volubile.

garter ['gɑːtəʳ] *n* **- 1.** [for socks] support-chaussette *m* ; [for stockings] jarretière *f* **- 2.** *US* [suspender] jarretelle *f.*

gas [gæs] ◇ *n* (*pl* **gases** *OR* **gasses** [gæsiːz]) **- 1.** [gen] gaz *m inv* **- 2.** *US* [for vehicle] essence *f.* ◇ *vt* (*pt & pp* **-sed**, *cont* **-sing**) gazer.

gas chamber *n* chambre *f* à gaz.

Gascony ['gæskənɪ] *n* Gascogne *f* ; **in ~** en Gascogne.

gas cooker *n UK* cuisinière *f* à gaz.

gas cylinder *n* bouteille *f* de gaz.

gaseous ['gæsɪəs] *adj* gazeux(euse).

gas fire *n UK* appareil *m* de chauffage à gaz.

gas fitter *UK n* ajusteur *m* gazier.

gas gauge *n US* jauge *f* d'essence.

gas guzzler *n US* **to be a ~** consommer beaucoup (d'essence).

gash [gæʃ] ◇ *n* entaille *f.* ◇ *vt* entailler.

gasket ['gæskɪt] *n* joint *m* d'étanchéité.

gasman ['gæsmæn] (*pl* **-men** [-men]) *n* [who reads meter] employé *m* du gaz ; [for repairs] installateur *m* de gaz.

gas mask *n* masque *m* à gaz.

gas meter *n* compteur *m* à gaz.

gasoline ['gæsəliːn] *n US* essence *f.*

gasometer [gæ'sɒmɪtəʳ] *n* réservoir *m* collecteur de gaz.

gas oven *n* **- 1.** [for cooking] four *m* à gaz **- 2.** [gas chamber] chambre *f* à gaz.

gasp [gɑːsp] ◇ *n* halètement *m.* ◇ *vi* **- 1.** [breathe quickly] haleter **- 2.** [in shock, surprise] avoir le souffle coupé.

gas pedal *n US* accélérateur *m.*

gasping ['gɑːspɪŋ] *adj UK inf* mort(e) de soif.

gas station *n US* station-service *f.*

gas stove = **gas cooker.**

gassy ['gæsɪ] (*comp* **-ier**, *superl* **-iest**) *adj pej* gazeux(euse).

gas tank *n US* réservoir *m.*

gas tap *n* [for mains supply] robinet *m* de gaz ; [on gas fire] prise *f* de gaz.

gastric ['gæstrɪk] *adj* gastrique.

gastric ulcer *n* ulcère *m* gastrique.

gastritis [gæs'traɪtɪs] *n* gastrite *f*.

gastroenteritis ['gæstrəʊ,entə'raɪtɪs] *n* gastro-entérite *f*.

gastronomic [,gæstrə'nɒmɪk] *adj* gastronomique.

gastronomy [gæs'trɒnəmɪ] *n* gastronomie *f*.

gasworks ['gæswɜːks] (*pl* **gasworks**) *n* usine *f* à gaz.

gate [geɪt] *n* [of garden, farm] barrière *f* ; [of town, at airport] porte *f* ; [of park] grille *f*.

gâteau ['gætəʊ] (*pl* **-x** [-z]) *n UK* gâteau *m*.

gate(-)crash ['geɪtkræʃ] *inf vt* & *vi prendre part à une réunion, une réception sans y avoir été convié.*

gate(-)crasher ['geɪt,kræʃəʳ] *n inf* intrus *m*, -e *f*.

gatehouse ['geɪthaʊs] *n* loge *f* du gardien.

gatekeeper ['geɪt,kiːpəʳ] *n* gardien *m*, -enne *f*.

gatepost ['geɪtpəʊst] *n* montant *m* de barrière.

gateway ['geɪtweɪ] *n* - **1.** [entrance] entrée *f* - **2.** [means of access] : **~ to** porte *f* de ; *fig* clé *f* de.

gather ['gæðəʳ] ◇ *vt* - **1.** [collect] ramasser ; [flowers] cueillir ; [information] recueillir ; [courage, strength] rassembler ; **to ~ together** rassembler - **2.** [increase - speed, force] prendre - **3.** [understand] : **to ~ (that)...** croire comprendre que... - **4.** [cloth - into folds] plisser. ◇ *vi* [come together] se rassembler ; [clouds] s'amonceler.

◆ **gather up** *vt sep* rassembler.

gathering ['gæðərɪŋ] *n* [meeting] rassemblement *m*.

GATT [gæt] (*abbr of* **General Agreement on Tariffs and Trade**) *n* GATT *m*.

gauche [gəʊʃ] *adj* gauche.

gaudy ['gɔːdɪ] (*comp* **-ier**, *superl* **-iest**) *adj* voyant(e).

gauge ['gɔːdʒ], *US* **gage** [geɪdʒ] ◇ *n* - **1.** [for rain] pluviomètre *m* ; [for fuel] jauge *f* (d'essence) ; [for tyre pressure] manomètre *m* - **2.** [of gun, wire] calibre *m* - **3.** RAIL écartement *m*. ◇ *vt* - **1.** [measure] mesurer - **2.** [evaluate] jauger.

Gaul [gɔːl] *n* - **1.** [country] Gaule *f* - **2.** [person] Gaulois *m*, -e *f*.

gaunt [gɔːnt] *adj* - **1.** [thin] hâve - **2.** [bare, grim] désolé(e).

gauntlet ['gɔːntlɪt] *n* gant *m* (de protection) ; **to run the ~ of sthg** endurer qqch ; **to throw down the ~ (to sb)** jeter le gant (à qqn).

gauze [gɔːz] *n* gaze *f*.

gave [geɪv] *pt* ▷ **give**.

gawk [gɔːk], **gawp** *UK* [gɔːp] *vi* : **to ~ (at)** rester bouche bée (devant).

gawky ['gɔːkɪ] (*comp* **-ier**, *superl* **-iest**) *adj* [person] dégingandé(e) ; [movement] désordonné(e).

gawp *UK* = **gawk**.

gay [geɪ] ◇ *adj* - **1.** [gen] gai(e) - **2.** [homosexual] homo *(inv)*, gay *(inv)*. ◇ *n* homo *mf*, gay *mf*.

Gaza Strip ['gɑːzə-] *n* : **the ~** la bande de Gaza.

gaze [geɪz] ◇ *n* regard *m* (fixe). ◇ *vi* : **to ~ at sb/sthg** regarder qqn/qqch (fixement).

gazebo [gə'ziːbəʊ] (*pl* **gazebo** OR **-s**) *n* belvédère *m*.

gazelle [gə'zel] (*pl* **gazelle** OR **-s**) *n* gazelle *f*.

gazette [gə'zet] *n* [newspaper] gazette *f*.

gazetteer [,gæzɪ'tɪəʳ] *n* index *m* géographique.

gazump [gə'zʌmp] *vt UK inf* **to be ~ed** être victime d'une suroffre.

GB[1] (*abbr of* **Great Britain**) *n* G-B *f*.

GB[2] [dʒiː'biː] (*abbr of* **gigabyte**), **Gb** *n* gigabyte *m*.

GBH (*abbr of* **grievous bodily harm**) *n* LAW coups *mpl* et blessures.

GC (*abbr of* **George Cross**) *n distinction honorifique britannique.*

GCH *UK* (*abbr of* **gas central heating**) *chauffage central à gaz.*

GCHQ (*abbr of* **Government Communications Headquarters**) *n en Grande-Bretagne, centre d'interception des télécommunications étrangères.*

GCSE (*abbr of* **General Certificate of Secondary Education**) *n examen de fin d'études secondaires en Grande-Bretagne.*

Gdns *see also* **Gardens**.

GDP (*abbr of* **gross domestic product**) *n* PIB *m*.

GDR (*abbr of* **German Democratic Republic**) *n* RDA *f*.

gear [gɪəʳ] ◇ *n* - **1.** TECH [mechanism] embrayage *m* - **2.** [speed - of car, bicycle] vitesse *f* ; **to be in/out of ~** être en prise/au point mort - **3.** *(U)* [equipment, clothes] équipement *m*. ◇ *vt* : **to ~ sthg to sb/sthg** destiner qqch à qqn/qqch.

◆ **gear up** *vi* : **to ~ up for sthg/to do sthg** se préparer pour qqch/à faire qqch.

gearbox ['gɪəbɒks] *n UK* boîte *f* de vitesses.

gearing ['gɪərɪŋ] *n* TECH engrenage *m*.

gearknob ['gɪənɑb] *n* AUT boule *f* du levier de vitesse.

gear lever *UK*, **gear stick** *UK*, **gearshift** *n* levier *m* de changement de vitesse.

gearwheel, **gearwheel** *n* pignon *m*, roue *f* d'engrenage.

gee [dʒi:] *excl* - **1.** [to horse] *UK* **~ up!** hue! - **2.** *US inf* [expressing surprise, excitement] : **~ (whiz)!** ça alors!

geek ['gi:k] *n inf* débile *mf* ; **a movie /computer ~** un dingue de cinéma /d'informatique.

geese [gi:s] *pl* ▷ **goose**.

Geiger counter ['gaɪgər-] *n* compteur *m* Geiger.

geisha (girl) ['geɪʃə-] *n* geisha *f*.

gel [dʒel] ◇ *n* [for hair] gel *m*. ◇ *vi* (*pt & pp* **-led**, *cont* **-ling**) - **1.** [thicken] prendre - **2.** *fig* [take shape] prendre tournure.

gelatin ['dʒelətɪn], **gelatine** [ˌdʒelə'ti:n] *n* gélatine *f*.

gelding ['geldɪŋ] *n* hongre *m*.

gelignite ['dʒelɪgnaɪt] *n* gélignite *f*.

gem [dʒem] *n* - **1.** [jewel] pierre *f* précieuse, gemme *f* - **2.** *fig* [person, thing] perle *f*.

Gemini ['dʒemɪnaɪ] *n* Gémeaux *mpl* ; **to be (a)~** être Gémeaux.

gemstone ['dʒemstəʊn] *n* pierre *f* précieuse.

gen [dʒen] *n dated (U) UK inf* info *f*.
◆ **gen up** (*pt & pp* **-ned up**, *cont* **-ning up**) *vi* : **to ~ up (on sthg)** se rancarder (sur qqch).

gen. (*abbr of* **general, generally**) gén.

Gen. (*abbr of* **General**) Gal.

gender ['dʒendər] *n* - **1.** [sex] sexe *m* - **2.** GRAM genre *m*.

gene [dʒi:n] *n* gène *m*.

genealogist [ˌdʒi:nɪ'ælədʒɪst] *n* généalogiste *mf*.

genealogy [ˌdʒi:nɪ'ælədʒɪ] (*pl* **-ies**) *n* généalogie *f*.

genera ['dʒenərə] *pl* ▷ **genus**.

general ['dʒenərəl] ◇ *adj* général(e). ◇ *n* général *m*.
◆ **in general** *adv* en général.

general anaesthetic *UK*, **general anesthetic** *US n* anesthésie *f* générale.

general delivery *n US* poste *f* restante.

general election *n* élection *f* générale.

generality [ˌdʒenə'rælətɪ] (*pl* **-ies**) *n* généralité *f*.

generalization [ˌdʒenərəlaɪ'zeɪʃn] *n* généralisation *f*.

generalize, *UK* **-ise** ['dʒenərəlaɪz] *vi* : **to ~ (about)** généraliser (au sujet de *OR* sur).

general knowledge *n* culture *f* générale.

generally ['dʒenərəlɪ] *adv* - **1.** [usually, in most cases] généralement - **2.** [unspecifically] en général ; [describe] en gros.

general manager *n* directeur général *m*, directrice générale *f*.

general practice *n* - **1.** [branch of medicine] médecine *f* générale - **2.** [place] cabinet *m* de généraliste.

general practitioner *n* (médecin *m*) généraliste *m*.

general public *n* : **the ~** le grand public.

general-purpose *adj* polyvalent(e).

general strike *n* grève *f* générale.

generate ['dʒenəreɪt] *vt* [energy, jobs] générer ; [electricity, heat] produire ; [interest, excitement] susciter.

generation [ˌdʒenə'reɪʃn] *n* - **1.** [gen] génération *f* ; **first/second ~** première/deuxième génération - **2.** [creation - of jobs] création *f* ; [- of interest, excitement] induction *f* ; [- of electricity] production *f*.

generation gap *n* fossé *m* des générations.

generator ['dʒenəreɪtər] *n* générateur *m* ; ELEC génératrice *f*, générateur.

generic [dʒɪ'nerɪk] *adj* générique.

generosity [ˌdʒenə'rɒsətɪ] *n* générosité *f*.

generous ['dʒenərəs] *adj* généreux(euse).

generously ['dʒenərəslɪ] *adv* généreusement.

genesis ['dʒenəsɪs] (*pl* **-ses** [-si:z]) *n* [origin] genèse *f*.

genetic [dʒɪ'netɪk] *adj* génétique.
◆ **genetics** *n (U)* génétique *f*.

genetically [dʒɪ'netɪklɪ] *adv* génétiquement ; **~ modified** génétiquement modifié(e) ; **~ modified organism** organisme *m* génétiquement modifié.

genetic code *n* code *m* génétique.

genetic engineering *(U) n* manipulation *f* génétique.

genetic fingerprinting [-'fɪŋgəprɪntɪŋ] *n* empreinte *f* génétique.

Geneva [dʒɪ'ni:və] *n* Genève.

Geneva convention [dʒɪ'ni:və] *n* : **the ~** la Convention de Genève.

genial ['dʒi:njəl] *adj* affable.

genie ['dʒi:nɪ] (*pl* **genies** *OR* **genii** ['dʒi:nɪaɪ]) *n* génie *m*.

genitals ['dʒenɪtlz] *npl* organes *mpl* génitaux.

genius ['dʒi:njəs] (*pl* **-es** [-i:z]) *n* génie *m* ; **~ for sthg/for doing sthg** génie de qqch/pour faire qqch.

Genoa ['dʒenəʊə] *n* Gênes.

genocide ['dʒenəsaɪd] *n* génocide *m*.

genome ['dʒi:noʊm] *n* génome *m*.

genre ['ʒɑ̃rə] *n* genre *m*.

gent [dʒent] *n UK inf dated* gentleman *m*.
◆ **gents** *n UK* [toilets] toilettes *fpl* pour hommes ; [sign on door] messieurs.

genteel [dʒen'ti:l] *adj* raffiné(e).

gentile ['dʒentaɪl] <> *adj* gentil(ille). <> *n* gentil *m*, -ille *f*.

gentle ['dʒentl] *adj* doux (douce) ; [hint] discret(ète) ; [telling-off] léger(ère).

gentleman ['dʒentlmən] (*pl* **-men** [-mən]) *n* **- 1.** [well-behaved man] gentleman *m* ; **~'s agreement** accord *m* qui repose sur l'honneur **- 2.** [man] monsieur *m*.

gentlemanly ['dʒentlmənlɪ] *adj* courtois(e).

gentleness ['dʒentlnɪs] *n* douceur *f*.

gently ['dʒentlɪ] *adv* [gen] doucement ; [speak, smile] avec douceur.

gentry ['dʒentrɪ] *n* petite noblesse *f*.

genuflect ['dʒenju:flekt] *vi fml* faire une génuflexion.

genuine ['dʒenjʊɪn] *adj* authentique ; [interest, customer] sérieux(euse) ; [person, concern] sincère.

genuinely ['dʒenjʊɪnlɪ] *adv* réellement.

genus ['dʒi:nəs] (*pl* **genera** ['dʒenərə]) *n* genre *m*.

geographer [dʒɪ'ɒgrəfəʳ] *n* géographe *mf*.

geographical [dʒɪə'græfɪkl] *adj* géographique.

geography [dʒɪ'ɒgrəfɪ] *n* géographie *f*.

geological [ˌdʒɪə'lɒdʒɪkl] *adj* géologique.

geologist [dʒɪ'ɒlədʒɪst] *n* géologue *mf*.

geology [dʒɪ'ɒlədʒɪ] *n* géologie *f*.

geometric(al) [ˌdʒɪə'metrɪk(l)] *adj* géométrique.

geometry [dʒɪ'ɒmətrɪ] *n* géométrie *f*.

geophysics [ˌdʒi:əʊ'fɪzɪks] *n* géophysique *f*.

Geordie ['dʒɔ:dɪ] *n personne originaire de Tyneside*.

George Cross ['dʒɔ:dʒ-] *n UK décoration décernée pour actes de bravoure*.

Georgia ['dʒɔ:dʒjə] *n* [in US, in CIS] Géorgie *f* ; **in ~** en Géorgie.

Georgian ['dʒɔ:dʒjən] <> *adj* **- 1.** *UK* [house, furniture] ≃ style XVIIIe (siècle) **- 2.** GEOG géorgien(enne). <> *n* Géorgien *m*, -enne *f*.

geranium [dʒɪ'reɪnjəm] (*pl* **-s**) *n* géranium *m*.

gerbil ['dʒɜ:bɪl] *n* gerbille *f*.

geriatric [ˌdʒerɪ'ætrɪk] *adj* **- 1.** MED gériatrique **- 2.** *pej* [person] décrépit(e) ; [object] vétuste.

germ [dʒɜ:m] *n* **- 1.** [bacterium] germe *m*, microbe *m* **- 2.** *fig* [of idea, plan] embryon *m*.

German ['dʒɜ:mən] <> *adj* allemand(e). <> *n* **- 1.** [person] Allemand *m*, -e *f* **- 2.** [language] allemand *m*.

Germanic [dʒɜ:'mænɪk] *adj* germanique.

German measles *n (U)* rubéole *f*.

German shepherd (dog) *n* berger *m* allemand.

Germany ['dʒɜ:mənɪ] (*pl* **-ies**) *n* Allemagne *f* ; **in ~** en Allemagne.

germicide ['dʒɜ:mɪsaɪd] *n* germicide *m*.

germinate ['dʒɜ:mɪneɪt] <> *vt* **- 1.** [seed] faire germer **- 2.** *fig* [idea, feeling] faire naître. <> *vi lit* & *fig* germer.

germination [ˌdʒɜ:mɪ'neɪʃn] *n* **- 1.** [of seed] germination *f* **- 2.** *fig* [of idea, feeling] développement *m*.

germ warfare *n* guerre *f* bactériologique.

gerrymandering ['dʒerɪmændərɪŋ] *(U) n* charcutage *m* électoral.

gerund ['dʒerənd] *n* gérondif *m*.

gestation [dʒe'steɪʃn] *n* gestation *f*.

gestation period *n lit* & *fig* période *f* de gestation.

gesticulate [dʒes'tɪkjʊleɪt] *vi fml* gesticuler.

gesticulation [dʒeˌstɪkjʊ'leɪʃn] *n fml* gesticulation *f*.

gesture ['dʒestʃəʳ] <> *n* geste *m*. <> *vi* : **to ~ to** OR **towards sb** faire signe à qqn.

get [get] (*UK, pt* & *pp* **got**, *cont* **-ting**, *US, pt* **got**, *pp* **gotten**, *cont* **-ting**) <> *vt* **- 1.** [cause to do] : **to ~ sb to do sthg** faire faire qqch à qqn ; **I'll ~ my sister to help** je vais demander à ma sœur de nous aider **- 2.** [cause to be done] : **to ~ sthg done** faire faire qqch ; **I got the car fixed** j'ai fait réparer la voiture **- 3.** [cause to become] : **to ~ sb pregnant** rendre qqn enceinte ; **I can't ~ the car started** je n'arrive pas à mettre la voiture en marche ; **to ~ things going** faire avancer les choses **- 4.** [cause to move] : **to ~ sb/sthg through sthg** faire passer qqn/qqch par qqch ; **to ~ sb/sthg out of sthg** faire sortir qqn/qqch de qqch **- 5.** [bring, fetch] aller chercher ; **can I ~ you something to eat/drink?** est-ce que je peux vous offrir quelque chose à manger/

boire ? ; **I'll ~ my coat** je vais chercher mon manteau **- 6.** [obtain - gen] obtenir ; [- job, house] trouver **- 7.** [receive] recevoir, avoir ; **what did you ~ for your birthday?** qu'est-ce que tu as eu pour ton anniversaire? ; **she ~s a good salary** elle touche un bon traitement ; **when did you ~ the news?** quand as-tu reçu la nouvelle? **- 8.** [experience a sensation] avoir ; **do you ~ the feeling he doesn't like us?** tu n'as pas l'impression qu'il ne nous aime pas? ; **I ~ a real thrill out of driving fast** cela me donne des sensations fortes de conduire vite **- 9.** [be infected with, suffer from] avoir, attraper ; **to ~ a cold** attraper un rhume **- 10.** [understand] comprendre, saisir ; **I don't ~ it** *inf* je ne comprends pas, je ne saisis pas ; **he didn't seem to ~ the point** il ne semblait pas comprendre *OR* piger **- 11.** [catch - bus, train, plane] prendre **- 12.** [capture] prendre, attraper **- 13.** *inf* [annoy] **: what really ~s me is his smugness** c'est sa suffisance qui m'agace *OR* qui m'énerve **- 14.** [find] **: you ~ a lot of artists here** on trouve *OR* il y a beaucoup d'artistes ici, *see also* **have**. ◇ *vi* **- 1.** [become] devenir ; **to ~ suspicious** devenir méfiant ; **I'm getting cold/bored** je commence à avoir froid/à m'ennuyer ; **it's getting late** il se fait tard **- 2.** [arrive] arriver ; **he never got there** il n'est jamais arrivé ; **I only got back yesterday** je suis rentré hier seulement **- 3.** [eventually succeed in] **: to ~ to do sthg** parvenir à *OR* finir par faire qqch ; **did you ~ to see him?** est-ce que tu as réussi à le voir? ; **she got to enjoy the classes** elle a fini par aimer les cours ; **I never got to visit Beijing** je n'ai jamais pu aller à Beijing **- 4.** [progress] **: how far have you got?** où en es-tu? ; **we got as far as buying the paint** on est allé jusqu'à acheter la peinture ; **I got to the point where I didn't care any more** j'en suis arrivé à m'en ficher complètement ; **now we're getting somewhere** enfin on avance ; **we're getting nowhere** on n'arrive à rien. ◇ *aux vb* **: to ~ excited** s'exciter ; **to ~ hurt** se faire mal ; **to ~ beaten up, to ~ beat up** *esp US* se faire tabasser ; **let's ~ going** *OR* **moving** allons-y, *see also* **have**.

◆ **get about** *UK*, **get around** *US* *vi* **- 1.** [move from place to place] se déplacer **- 2.** [circulate - news, rumour] circuler, se répandre *see also* **get around** *see also* **get round**.

◆ **get across** *vt sep* [idea, policy] communiquer ; **to ~ one's message across** se faire comprendre.

◆ **get ahead** *vi* avancer.

◆ **get along** *vi* **- 1.** [manage] se débrouiller **- 2.** [progress] avancer, faire des progrès **- 3.** [have a good relationship] s'entendre.

◆ **get around** *US*, **get round** *UK* ◇ *vt insep* [overcome] venir à bout de, surmonter. ◇ *vi* **- 1.** [circulate] circuler, se répandre **- 2.** [eventually do] **: to ~ around to (doing) sthg** trouver le temps de faire qqch, *see also* **get about**.

◆ **get at** *vt insep* **- 1.** [reach] parvenir à **- 2.** [imply] vouloir dire ; **what are you getting at?** où veux-tu en venir? **- 3.** *UK inf* [criticize] critiquer, dénigrer.

◆ **get away** *vi* **- 1.** [leave] partir, s'en aller **- 2.** [go on holiday] partir en vacances ; **to ~ away from it all** partir se détendre loin de tout **- 3.** [escape] s'échapper, s'évader.

◆ **get away with** *vt insep* **: to let sb ~ away with sthg** passer qqch à qqn ; **she just lets him ~ away with it** elle le laisse tout faire, elle lui passe tout.

◆ **get back** ◇ *vt sep* [recover, regain] retrouver, récupérer. ◇ *vi* **- 1.** [return] rentrer **- 2.** [move away] s'écarter.

◆ **get back to** *vt insep* **- 1.** [return to previous state, activity] revenir à ; **to ~ back to sleep** se rendormir ; **things are getting back to normal** la situation redevient normale ; **to ~ back to work** [after pause] se remettre au travail ; [after illness] reprendre son travail **- 2.** *inf* [phone back] rappeler ; **I'll ~ back to you on that** je te reparlerai de ça plus tard.

◆ **get by** *vi* se débrouiller, s'en sortir.

◆ **get down** *vt sep* **- 1.** [depress] déprimer **- 2.** [fetch from higher level] descendre.

◆ **get down to** *vt insep* s'attaquer à ; **to ~ down to doing sthg** se mettre à faire qqch ; **to ~ down to work** se mettre au travail.

◆ **get in** ◇ *vi* **- 1.** [enter - gen] entrer ; [- referring to vehicle] monter **- 2.** [arrive] arriver ; [arrive home] rentrer **- 3.** [be elected] être élu(e). ◇ *vt sep* **- 1.** [bring in] rentrer **- 2.** [interject] **: to ~ a word in** placer un mot.

◆ **get in on** *vt insep* se mêler de, participer à.

◆ **get into** *vt insep* **- 1.** [car] monter dans **- 2.** [become involved in] se lancer dans ; **to ~ into an argument with sb** se disputer avec qqn **- 3.** [enter into a particular situation, state] **: to ~ into a panic** s'affoler ; **to ~ into trouble** s'attirer des ennuis ; **to ~ into the habit of doing sthg** prendre l'habitude de faire qqch **- 4.** [be accepted as a student at] être admis(e) *OR* accepté(e) à **- 5.** *inf* [affect] **: what's got into you?** qu'est-ce qui te prend?

◆ **get off** ◇ *vt sep* [remove] enlever. ◇ *vt insep* **- 1.** [go away from] partir de **- 2.** [train, bus etc] descendre de. ◇ *vi* **- 1.** [leave bus, train] descendre **- 2.** [escape punishment] s'en tirer ; **he got off lightly** il s'en est tiré à bon compte **- 3.** [depart] partir.

◆ **get off with** *vt insep UK inf* avoir une touche avec.

◆ **get on** ◇ *vt sep* [put on] mettre. ◇ *vt insep* **- 1.** [bus, train, plane] monter dans **- 2.** [horse] monter sur. ◇ *vi* **- 1.** [enter bus, train] monter **- 2.** [have good relationship] s'entendre, s'accorder **- 3.** [progress] avancer, progresser ; **how are you getting on?** comment ça va? **- 4.** [proceed] **: to ~ on (with sthg)** continuer (qqch), poursuivre (qqch) - **5.** [be successful professionally] réussir - **6.** [grow old] : **to be getting on** se faire vieux (vieille).

◆ **get on for** *vt insep UK inf* [be approximately] : **to be getting on for** approcher de ; **there were getting on for 5,000 people at the concert** il y avait près de 5 000 personnes au concert.

◆ **get on to** *vt insep* - **1.** [talk about] se mettre à parler de - **2.** *UK* [contact] contacter.

◆ **get out** ◇ *vt sep* - **1.** [take out] sortir - **2.** [remove] enlever. ◇ *vi* - **1.** [from car, bus, train] descendre - **2.** [news] s'ébruiter.

◆ **get out of** ◇ *vt insep* - **1.** [car etc] descendre de - **2.** [escape from] s'évader de, s'échapper de - **3.** [avoid] éviter, se dérober à ; **to ~ out of doing sthg** se dispenser de faire qqch. ◇ *vt sep* [cause to escape from] : **to ~ sb out of jail** faire sortir qqn de prison.

◆ **get over** *vt insep* - **1.** [recover from] se remettre de - **2.** [overcome] surmonter, venir à bout de - **3.** [communicate] *UK* communiquer.

◆ **get over with** *vt sep* : **to ~ sthg over with** en finir avec qqch.

◆ **get round** *UK* = **get around**.

◆ **get through** ◇ *vt insep* - **1.** [job, task] arriver au bout de - **2.** [exam] réussir à - **3.** [food, drink] consommer - **4.** [unpleasant situation] endurer, supporter. ◇ *vi* - **1.** [make o.s. understood] : **to ~ through (to sb)** se faire comprendre (de qqn) - **2.** TELEC obtenir la communication.

◆ **get to** *vt insep inf* [annoy] taper sur les nerfs à.

◆ **get together** ◇ *vt sep* [organize - team, belongings] rassembler ; [- project, report] préparer. ◇ *vi* se réunir.

◆ **get up** ◇ *vi* se lever. ◇ *vt insep* [petition, demonstration] organiser.

◆ **get up to** *vt insep inf* faire ; **I wonder what they are getting up to** *UK* je me demande ce qu'ils fabriquent OR ce qu'ils sont encore en train de faire.

getaway ['getəweɪ] *n* fuite *f*.

getaway car *n voiture qui sert à la fuite des gangsters.*

get-together *n inf* réunion *f*.

get(-)up ['getʌp] *n inf* accoutrement *m*.

get-up-and-go *n (U) inf* tonus *m*.

get-well card *n* carte *f* de vœux de prompt rétablissement.

geyser ['gi:zəʳ] *n* - **1.** [hot spring] geyser *m* - **2.** *UK* [water heater] chauffe-eau *m inv*.

Ghana ['gɑ:nə] *n* Ghana *m* ; **in ~** au Ghana.

Ghan(a)ian [gɑ:'neɪən] ◇ *adj* ghanéen (enne). ◇ *n* Ghanéen *m*, -enne *f*.

ghastly ['gɑ:stlɪ] (*comp* **-ier**, *superl* **-iest**) *adj* - **1.** *inf* [very bad, unpleasant] épouvantable ; **to feel/look ~** être dans un état/avoir une mine épouvantable - **2.** [horrifying, macabre] effroyable.

gherkin ['gɜ:kɪn] *n* cornichon *m*.

ghetto ['getəʊ] (*pl* **-s** OR **-es**) *n* ghetto *m*.

ghetto blaster [-ˌblɑ:stəʳ] *n inf* grand radiocassette *m* portatif.

ghost [gəʊst] ◇ *n* [spirit] spectre *m* ; **he doesn't have a ~ of a chance** il n'a pas l'ombre d'une chance. ◇ *vt* = **ghostwrite**.

ghostly ['gəʊstlɪ] (*comp* **-ier**, *superl* **-iest**) *adj* spectral(e).

ghost town *n* ville *f* fantôme.

ghostwrite ['gəʊstraɪt] (*pt* **-wrote**, *pp* **-written**) *vt* écrire à la place de l'auteur.

ghostwriter ['gəʊstˌraɪtəʳ] *n* nègre *m*.

ghostwritten ['gəʊstˌrɪtn] *pp* ⊳ **ghostwrite**.

ghostwrote ['gəʊstrəʊt] *pt* ⊳ **ghostwrite**.

ghoul [gu:l] *n* - **1.** [spirit] goule *f* - **2.** *pej* [ghoulish person] personne *f* macabre.

ghoulish ['gu:lɪʃ] *adj* macabre.

GHQ (*abbr of* **general headquarters**) *n* GQG *m*.

GI (*abbr of* **government issue**) *n* GI *m*.

giant ['dʒaɪənt] ◇ *adj* géant(e). ◇ *n* géant *m*.

giant-size(d) *adj* géant(e).

gibber ['dʒɪbəʳ] *vi* bredouiller.

gibberish ['dʒɪbərɪʃ] *n (U)* charabia *m*, inepties *fpl*.

gibbon ['gɪbən] *n* gibbon *m*.

gibe [dʒaɪb] ◇ *n* insulte *f*. ◇ *vi* : **to ~ at sb/sthg** insulter qqn/qqch.

giblets ['dʒɪblɪts] *npl* abats *mpl*.

Gibraltar [dʒɪ'brɔ:ltəʳ] *n* Gibraltar *m* ; **in ~** à Gibraltar ; **the Rock of ~** le rocher de Gibraltar.

Gibraltarian [ˌdʒɪbrɔ:l'teərɪən] *n* Gibraltarien *m*, -ne *f*.

giddy ['gɪdɪ] (*comp* **-ier**, *superl* **-iest**) ◇ *adj* [dizzy] : **to feel ~** avoir la tête qui tourne. ◇ *vi* [to horse] *US* **~ up** = **gee up**.

gift [gɪft] *n* - **1.** [present] cadeau *m* - **2.** [talent] don *m* ; **to have a ~ for sthg/for doing sthg** avoir un don pour qqch/pour faire qqch ; **the ~ of the gab** le bagou.

GIFT [gɪft] (*abbr of* **gamete in fallopian transfer**) *n* fivete *f*.

gift certificate *US* = **gift token**.

gifted ['gɪftɪd] *adj* doué(e).

gift token, **gift voucher** *n UK* chèque-cadeau *m*.

gift-wrapped [-ræpt] *adj* sous emballage-cadeau.

gig [gɪg] *n inf* [concert] concert *m*.

gigabyte ['gaɪgəbaɪt] *n* COMPUT giga-octet *m*.

gigantic [dʒaɪ'gæntɪk] *adj* énorme, gigantesque.

giggle ['gɪgl] ◇ *n* - **1.** [laugh] gloussement *m* - **2.** *UK inf* [fun] : **to be a ~** être marrant(e) *OR* tordant(e) ; **to have a ~** bien s'amuser. ◇ *vi* [laugh] glousser.

giggly ['gɪglɪ] (*comp* **-ier**, *superl* **-iest**) *adj* qui pouffe.

GIGO ['gaɪgəʊ] (*abbr of* **garbage in, garbage out**) COMPUT *qualité à l'entrée = qualité à la sortie.*

gigolo ['ʒɪgələʊ] (*pl* **-s**) *n pej* gigolo *m*.

gigot ['ʒi:gəʊ] *n* gigot *m*.

gilded ['gɪldɪd] *adj* = **gilt**.

gill [dʒɪl] *n* [unit of measurement] = *0,142 litre* quart *m* de pinte.

gills [gɪlz] *npl* [of fish] branchies *fpl*.

gilt [gɪlt] ◇ *adj* [covered in gold] doré(e). ◇ *n* *(U)* [gold layer] dorure *f*.

◆ **gilts** *npl UK* FIN valeurs *fpl* de père de famille.

gilt-edged [-edʒd] *adj* FIN de père de famille.

gimme ['gɪmɪ] *inf see also* **give me**.

gimmick ['gɪmɪk] *n pej* artifice *m*.

gin [dʒɪn] *n* gin *m* ; **~ and tonic** gin tonic.

ginger ['dʒɪndʒə^r] ◇ *n* - **1.** [root] gingembre *m* - **2.** [powder] gingembre *m* en poudre. ◇ *adj UK* [colour] roux (rousse).

ginger ale *n boisson gazeuse au gingembre.*

ginger beer *n boisson britannique non-alcoolisée au gingembre.*

gingerbread ['dʒɪndʒəbred] *n* pain *m* d'épice.

ginger group *n UK* groupe *m* de pression.

ginger-haired [-'heəd] *adj UK* roux (rousse).

gingerly ['dʒɪndʒəlɪ] *adv* avec précaution.

gingham ['gɪŋəm] *n* [cloth] vichy *m*.

gingivitis [ˌdʒɪndʒɪ'vaɪtɪs] *n* gingivite *f*.

ginseng ['dʒɪnseŋ] *n* ginseng *m*.

gipsy *UK*, **gypsy** *US* ['dʒɪpsɪ] ◇ *adj* gitan(e). ◇ *n* (*pl* **-ies**) gitan *m*, -e *f* ; *pej* bohémien *m*, -enne *f*.

Gypsy ['dʒɪpsɪ], **ies** *n* gitan *m*, -ne *f*.

giraffe [dʒɪ'rɑ:f] (*pl* **giraffe** *OR* **-s**) *n* girafe *f*.

gird [gɜ:d] (*pt & pp* **-ed** *OR* **girt**) *vt* ▭ **loin**.

girder ['gɜ:də^r] *n* poutrelle *f*.

girdle ['gɜ:dl] *n* [corset] gaine *f*.

girl [gɜ:l] *n* - **1.** [gen] fille *f* - **2.** [girlfriend] petite amie *f*.

girl Friday *n dated* aide *f*.

girlfriend ['gɜ:lfrend] *n* - **1.** [female lover] petite amie *f* - **2.** [female friend] amie *f*.

girl guide *UK*, **girl scout** *US* *n dated* éclaireuse *f*, guide *f*.

girl guide *n UK* = **guide**.

◆ **Girl Guides** *n* : **the Girl Guides** les Guides *fpl*.

girlie magazine ['gɜ:lɪ] *n inf* magazine *m* érotique *OR* déshabillé.

girlish ['gɜ:lɪʃ] *adj* de petite fille.

girl scout *US* = **girl guide**.

giro ['dʒaɪrəʊ] (*pl* **-s**) *n UK* - **1.** *(U)* [system] virement *m* postal - **2.** : **~ (cheque)** chèque *m* d'indemnisation *f* (chômage *OR* maladie).

girt [gɜ:t] *pt & pp* ▭ **gird**.

girth [gɜ:θ] *n* - **1.** [circumference - of tree] circonférence *f* ; [- of person] tour *m* de taille - **2.** [of horse] sangle *f*.

gist [dʒɪst] *n* substance *f* ; **to get the ~ of sthg** comprendre *OR* saisir l'essentiel de qqch.

give [gɪv] ◇ *vt* (*pt* **gave**, *pp* **given**) - **1.** [gen] donner ; [message] transmettre ; [attention, time] consacrer ; **to ~ sb/sthg sthg** donner qqch à qqn/qqch ; **to ~ sb pleasure/a fright/a smile** faire plaisir/peur/un sourire à qqn ; **to ~ sb a look** jeter un regard à qqn ; **to ~ a shrug** hausser les épaules ; **to ~ a sigh** pousser un soupir ; **to ~ a speech** faire un discours - **2.** [as present] : **to ~ sb sthg, to ~ sthg to sb** donner qqch à qqn, offrir qqch à qqn - **3.** [pay] : **how much did you ~ for it?** *UK* combien l'avez-vous payé? - **4.** *phr* **I was given to believe** *OR* **understand that...** *fml* on m'a fait comprendre que... ; **I'd ~ anything** *OR* **my right arm to do that** je donnerais n'importe quoi *OR* très cher pour faire ça. ◇ *vi* (*pt* **gave**, *pp* **given**) [collapse, break] céder, s'affaisser. ◇ *n* [elasticity] élasticité *f*, souplesse *f*.

◆ **give or take** *prep* : **~ or take a day/£10** à un jour/10 livres près.

◆ **give away** *vt sep* - **1.** [get rid of] donner - **2.** [reveal] révéler.

◆ **give back** *vt sep* [return] rendre.

◆ **give in** *vi* - **1.** [admit defeat] abandonner, se rendre - **2.** [agree unwillingly] : **to ~ in to sthg** céder à qqch.

◆ **give off** *vt insep* [smell] exhaler ; [smoke] faire ; [heat] produire.

◆ **give out** ◇ *vt sep* [distribute] distribuer. ◇ *vi* [supplies] s'épuiser ; [car] lâcher.

◆ **give over** ◇ *vt sep dated* [dedicate] : **to be given over to** [subj: time] être consacré(e) à ; [subj: building] être réservé(e) à. ◇ *vi UK inf* [stop] : **~ over!** arrête!

◆ **give up** ◇ *vt sep* - **1.** [stop] renoncer à ; **to ~ up drinking/smoking** arrêter de boire/de fumer - **2.** [surrender] : **to ~ o.s. up (to sb)** se rendre (à qqn). ◇ *vi* abandonner, se rendre.

◆ **give up on** *vt insep* [abandon] laisser tomber.

give-and-take *n (U)* [compromise] concessions *fpl* de part et d'autre.

giveaway ['gɪvə,weɪ] ◇ *adj* - **1.** [tell-tale] révélateur(trice) - **2.** [very cheap] dérisoire. ◇ *n* [tell-tale sign] signe *m* révélateur.

given ['gɪvn] ◇ *pp* ▷ **give**. ◇ *adj* - **1.** [set, fixed] convenu(e), fixé(e) ; **at any ~ time** à un moment donné - **2.** [prone] : **to be ~ to sthg/to doing sthg** être enclin(e) à qqch/à faire qqch. ◇ *prep* étant donné ; **~ that** étant donné que.

given name *n US* prénom *m*.

giver ['gɪvəʳ] *n* donneur *m*, -euse *f*.

glacé cherry ['glæseɪ-] *n* cerise *f* confite.

glacial ['gleɪsjəl] *adj* - **1.** [of glacier] glaciaire - **2.** [unfriendly] glacial(e).

glacier ['glæsjəʳ] *n* glacier *m*.

glad [glæd] (*comp* **-der**, *superl* **-dest**) *adj* - **1.** [happy, pleased] content(e) ; **to be ~ about sthg** être content de qqch ; **to be ~ that** être content que - **2.** [willing] : **to be ~ to do sthg** faire qqch volontiers OR avec plaisir - **3.** [grateful] : **to be ~ of sthg** être content(e) de qqch.

gladden ['glædn] *vt lit* réjouir.

glade [gleɪd] *n lit* clairière *f*.

glad-hand ['glædhænd] *vt inf pej* accueillir avec de grandes démonstrations d'amitié.

gladiator ['glædɪeɪtəʳ] *n* gladiateur *m*.

gladioli [,glædɪ'əʊlaɪ] *npl* glaïeuls *mpl*.

gladly ['glædlɪ] *adv* - **1.** [happily, eagerly] avec joie - **2.** [willingly] avec plaisir.

glamor *US* = **glamour**.

glamorize, *UK* **-ise** ['glæməraɪz] *vt* faire apparaître sous un jour séduisant.

glamorous ['glæmərəs] *adj* [person] séduisant(e) ; [appearance] élégant(e) ; [job, place] prestigieux(euse).

glamour *UK*, **glamor** *US* ['glæməʳ] *n* [of person] charme *m* ; [of appearance] élégance *f*, chic *m* ; [of job, place] prestige *m*.

glance [glɑːns] ◇ *n* [quick look] regard *m*, coup d'œil *m* ; **to cast** OR **take a ~ at sthg** jeter un coup d'œil à qqch ; **at a ~** d'un coup d'œil ; **at first ~** au premier coup d'œil. ◇ *vi* [look quickly] : **to ~ at sb/sthg** jeter un coup d'œil à qqn/qqch ; **to ~ at** OR **through sthg** jeter un coup d'œil à OR sur qqch.

◆ **glance off** *vt insep* [subj: ball, bullet] ricocher sur.

glancing ['glɑːnsɪŋ] *adj* de côté, oblique.

gland [glænd] *n* glande *f*.

glandular fever [,glændjʊləʳ-] *n UK* mononucléose *f* infectieuse.

glare [gleəʳ] ◇ *n* - **1.** [scowl] regard *m* mauvais - **2.** *(U)* [of headlights, publicity] lumière *f* aveuglante. ◇ *vi* - **1.** [scowl] jeter un regard mauvais ; **to ~ at sb/sthg** regarder qqn/qqch d'un œil mauvais - **2.** [sun, lamp] briller d'une lumière éblouissante.

glaring ['gleərɪŋ] *adj* - **1.** [very obvious] flagrant(e) - **2.** [blazing, dazzling] aveuglant(e).

glasnost ['glæznɒst] *n* glasnost *f*, transparence *f*.

glass [glɑːs] ◇ *n* - **1.** [gen] verre *m* - **2.** *(U)* [glassware] verrerie *f*. ◇ *comp* [bottle, jar] en OR de verre ; [door, partition] vitré(e).

◆ **glasses** *npl* [spectacles] lunettes *fpl*.

glassblowing ['glɑːs,bləʊɪŋ] *n* soufflage *m* du verre.

glass fibre *n (U) UK* fibre *f* de verre.

glasshouse ['glɑːshaʊs] (*pl* [-haʊzɪz]) *n UK* serre *f*.

glassware ['glɑːsweəʳ] *n (U)* verrerie *f*.

glassy ['glɑːsɪ] (*comp* **-ier**, *superl* **-iest**) *adj* - **1.** [smooth, shiny] lisse comme un miroir - **2.** [blank, lifeless] vitreux(euse).

Glaswegian [glæz'wiːdʒjən] ◇ *adj* de Glasgow. ◇ *n* - **1.** habitant *m*, -e *f* de Glasgow - **2.** [dialect] dialecte *m* de Glasgow.

glaucoma [glɔː'kəʊmə] *n* glaucome *m*.

glaze [gleɪz] ◇ *n* [on pottery] vernis *m* ; [on pastry, flan] glaçage *m*. ◇ *vt* [pottery, tiles, bricks] vernisser ; [pastry, flan] glacer.

◆ **glaze over** *vi* devenir terne OR vitreux (euse).

glazed [gleɪzd] *adj* - **1.** [dull, bored] terne, vitreux(euse) - **2.** [covered with shiny layer - pottery] vernissé(e) ; [- pastry, flan] glacé(e) - **3.** [with glass] vitré(e).

glazier ['gleɪzjəʳ] *n* vitrier *m*, -ière *f*.

GLC (*abbr of* **Greater London Council**) *n ancien organe administratif du grand Londres.*

gleam [gliːm] ◇ *n* [of gold] reflet *m* ; [of fire, sunset, disapproval] lueur *f*. ◇ *vi* - **1.** [surface, object] luire - **2.** [light, eyes] briller.

gleaming ['gliːmɪŋ] *adj* brillant(e).

glean [gliːn] *vt* [gather] glaner.

glee [gliː] *n (U)* [joy] joie *f*, jubilation *f*.

gleeful ['gliːfʊl] *adj* joyeux(euse).

glen [glen] *n Scotland* vallée *f*.

glib [glɪb] (*comp* **-ber**, *superl* **-best**) *adj pej* [salesman, politician] qui a du bagout ; [promise, excuse] facile.

glibly ['glɪblɪ] *adv pej* trop facilement.

glide [glaɪd] *vi* - **1.** [move smoothly - dancer, boat] glisser sans effort ; [- person] se mouvoir sans effort - **2.** [to fly] planer.

glider ['glaɪdəʳ] *n* [plane] planeur *m*.

gliding ['glaɪdɪŋ] *n* [sport] vol *m* à voile.

glimmer ['glɪmər] <> *n* [faint light] faible lueur *f* ; *fig* signe *m*, lueur ; **a ~ of hope** une lueur d'espoir. <> *vi* luire *OR* briller faiblement.

glimpse [glɪmps] <> *n* - **1.** [look, sight] aperçu *m* ; **to catch a ~ of sb/sthg** apercevoir qqn/qqch, entrevoir qqn/qqch - **2.** [idea, perception] idée *f*. <> *vt* - **1.** [catch sight of] apercevoir, entrevoir - **2.** [perceive] pressentir.

glint [glɪnt] <> *n* - **1.** [flash] reflet *m* - **2.** [in eyes] éclair *m*. <> *vi* étinceler.

glisten ['glɪsn] *vi* briller.

glitch [glɪtʃ] *n inf* [in plan] pépin *m* ; ELEC saute *f* de tension.

glitter ['glɪtər] <> *n (U)* scintillement *m*. <> *vi* - **1.** [object, light] scintiller - **2.** [eyes] briller.

glittering ['glɪtərɪŋ] *adj* brillant(e).

glitzy ['glɪtsɪ] (*comp* **-ier**, *superl* **-iest**) *adj inf* [glamorous] chic.

gloat [gləʊt] *vi* : **to ~ (over sthg)** se réjouir (de qqch).

global ['gləʊbl] *adj* [worldwide] mondial(e).

globalization [ˌgləʊbəlaɪ'zeɪʃn] *n* mondialisation *f*.

globally ['gləʊbəlɪ] *adv* à l'échelle mondiale, mondialement.

global village *n* village *m* planétaire.

global warming [-'wɔːmɪŋ] *n* réchauffement *m* de la planète.

globe [gləʊb] *n* - **1.** [Earth] : **the ~** la terre - **2.** [spherical map] globe *m* terrestre - **3.** [spherical object] globe *m*.

globetrotter ['gləʊbˌtrɒtər] *n inf* globe-trotter *m*.

globule ['glɒbjuːl] *n* gouttelette *f*.

gloom [gluːm] *n (U)* - **1.** [darkness] obscurité *f* - **2.** [unhappiness] tristesse *f*.

gloomy ['gluːmɪ] (*comp* **-ier**, *superl* **-iest**) *adj* - **1.** [room, sky, prospects] sombre - **2.** [person, atmosphere, mood] triste, lugubre.

glorification [ˌglɔːrɪfɪ'keɪʃn] *n* glorification *f*.

glorified ['glɔːrɪfaɪd] *adj pej* **it's just a ~ swimming pool** il ne s'agit que d'une vulgaire piscine.

glorify ['glɔːrɪfaɪ] (*pt & pp* **-ied**) *vt* exalter.

glorious ['glɔːrɪəs] *adj* - **1.** [beautiful, splendid] splendide - **2.** [very enjoyable] formidable - **3.** [successful, impressive] magnifique.

glory ['glɔːrɪ] (*pl* **-ies**) *n* - **1.** *(U)* [fame, admiration] gloire *f* - **2.** *(U)* [beauty] splendeur *f* - **3.** [best feature] merveille *f*.
◆ **glories** *npl* [triumphs] triomphes *mpl*.
◆ **glory in** *vt insep* [relish] savourer.

Glos (*written abbrev of* **Gloucestershire**) *comté anglais*.

gloss [glɒs] *n* - **1.** *(U)* [shine] brillant *m*, lustre *m* - **2.** : **~paint** peinture *f* brillante.
◆ **gloss over** *vt insep* passer sur.

glossary ['glɒsərɪ] (*pl* **-ies**) *n* glossaire *m*.

glossy ['glɒsɪ] (*comp* **-ier**, *superl* **-iest**) *adj* - **1.** [hair, surface] brillant(e) - **2.** [book, photo] sur papier glacé.

glossy (magazine) *n UK* magazine *m* de luxe.

glove [glʌv] *n* gant *m*.

glove box, **glove compartment** *n* boîte *f* à gants.

glove puppet *n UK* marionnette *f* (à gaine).

glow [gləʊ] <> *n (U)* - **1.** [of fire, light, sunset] lueur *f* - **2.** [of skin - because of heat, exercise] rougeur *f* ; [- because of health] teint *m* rose et frais - **3.** [feeling - of pride] sensation *f* ; [- of anger] élan *m* ; [- of shame, pleasure] sentiment *m*. <> *vi* - **1.** [shine out - fire] rougeoyer ; [light, stars, eyes] flamboyer - **2.** [shine in light] briller - **3.** [with colour] flamboyer - **4.** [flush] : **to ~ (with)** [heat] être rouge (de) ; [pleasure, health] rayonner (de).

glower ['glaʊər] *vi* : **to ~ (at)** lancer des regards noirs (à).

glowing ['gləʊɪŋ] *adj* [very favourable] dithyrambique.

glow(-)worm *n* ver *m* luisant.

glucose ['gluːkəʊs] *n* glucose *m*.

glue [gluː] <> *n (U)* colle *f*. <> *vt* (*cont* **glueing** *OR* **gluing**) [stick with glue] coller ; **to ~ sthg to sthg** coller qqch à *OR* avec qqch ; **to be ~d to the TV** *fig* être rivé à la télé.

glue-sniffing [-ˌsnɪfɪŋ] *n* intoxication *f* à la colle.

glum [glʌm] (*comp* **-mer**, *superl* **-mest**) *adj* [unhappy] morne.

glut [glʌt] *n* surplus *m*.

gluten ['gluːtən] *n* gluten *m*.

glutinous ['gluːtɪnəs] *adj* glutineux(euse).

glutton ['glʌtn] *n* [greedy person] glouton *m*, -onne *f* ; **to be a ~ for punishment** être maso, être masochiste.

gluttony ['glʌtənɪ] *n* gloutonnerie *f*.

glycerin *esp US* ['glɪsərɪn], **glycerine** ['glɪsəriːn] *n* glycérine *f*.

gm (*abbr of* **gram**) g.

GM (*abbr of* **genetically modified**) *adj* génétiquement modifié(e).

GMAT (*abbr of* **Graduate Management Admissions Test**) *n test d'admission aux programmes de MBA*.

GMB *n important syndicat ouvrier britannique*.

GMO (*abbr of* **genetically modified organism**) *n* OGM *m*.

GMT (*abbr of* **Greenwich Mean Time**) *n* GMT *m.*

gnarled [nɑ:ld] *adj* [tree, hands] noueux(euse).

gnash [næʃ] *vt* : **to ~ one's teeth** grincer des dents.

gnat [næt] *n* moucheron *m.*

gnaw [nɔ:] ◇ *vt* [chew] ronger. ◇ *vi* [worry] : **to ~ (away) at sb** ronger qqn.

gnome [nəʊm] *n* gnome *m*, lutin *m.*

GNP (*abbr of* **gross national product**) *n* PNB *m.*

gnu [nu:] (*pl* **gnu** *OR* **-s**) *n* gnou *m.*

GNVQ *UK* (*abbr of* **general national vocational qualification**) *n diplôme sanctionnant deux années d'études professionnelles à la fin du secondaire*, ≃ baccalauréat *m* professionnel.

go [gəʊ] ◇ *vi* (*pt* **went**, *pp* **gone**) **- 1.** [move, travel] aller ; **where are you ~ing?** où vas-tu? ; **he's gone to Portugal** il est allé au Portugal ; **we went by bus/train** nous sommes allés en bus/par le train ; **where does this path ~?** où mène ce chemin? ; **to ~ and do sthg** aller faire qqch ; **to ~ swimming/shopping/jogging** aller nager/faire les courses/faire du jogging ; **to ~ for a walk** aller se promener, faire une promenade ; **to ~ to church/school/university** aller à l'église/l'école/l'université ; **to ~ to work** aller travailler *OR* à son travail ; **where do we ~ from here?** *fig* qu'est-ce qu'on fait maintenant? **- 2.** [depart] partir, s'en aller ; **I must ~** *esp UK*, **I have to ~** il faut que je m'en aille ; **what time does the bus ~?** *UK* à quelle heure part le bus? ; **let's ~!** allons-y! **- 3.** [be or remain in a particular state] : **to ~ hungry** souffrir de la faim ; **we went in fear of our lives** nous craignions pour notre vie ; **to ~ unpunished** rester impuni **- 4.** [become] devenir ; **to ~ grey** *OR* **gray** *US* grisonner, devenir gris ; **to ~ mad** *OR* **crazy** *esp US* devenir fou **- 5.** [pass - time] passer ; **the time went slowly/quickly** le temps a passé lentement/a vite passé **- 6.** [progress] marcher, se dérouler ; **the conference went very smoothly** la conférence s'est déroulée sans problème *OR* s'est très bien passée ; **to ~ well/badly** aller bien/mal ; **how's it ~ing?** *inf* comment ça va? **- 7.** [function, work] marcher ; **the clock's stopped ~ing** la pendule s'est arrêtée ; **the car won't ~** *esp UK* la voiture ne veut pas démarrer **- 8.** [indicating intention, expectation] : **to be ~ing to do sthg** aller faire qqch ; **what are you ~ing to do now?** qu'est-ce que tu vas faire maintenant? ; **he said he was ~ing to be late** il a prévenu qu'il allait arriver en retard ; **we're ~ing (to ~) to America in June** on va (aller) en Amérique en juin ; **it's ~ing to rain/snow** il va pleuvoir/neiger ; **she's ~ing to have a baby** elle attend un bébé ; **it's not ~ing to be easy** cela ne va pas être facile **- 9.** [bell, alarm] sonner **- 10.** [be spent] passer, partir ; **all my money goes on** *OR* **toward** *US* **food and rent** tout mon argent est passé *OR* parti en nourriture et en loyer **- 11.** [be given] : **to ~ to** aller à, être donné(e) à **- 12.** [be disposed of] : **he'll have to ~** il va falloir le congédier *OR* le mettre à la porte ; **everything must ~** [sign in shop] tout doit disparaître **- 13.** [stop working, break - light bulb, fuse] sauter ; [- rope] céder **- 14.** [deteriorate - hearing, sight etc] baisser **- 15.** [match, be compatible] : **to ~ (with)** aller (avec) ; **this blouse goes well with the skirt** ce chemisier va bien avec la jupe ; **those colours don't really ~ (well together)** *OR* **don't match** *US* ces couleurs ne vont pas bien ensemble ; **red wine goes well with meat** le vin rouge se marie bien avec la viande **- 16.** [fit] aller ; **that goes at the bottom** ça va au fond **- 17.** [belong] aller, se mettre ; **the plates ~ in the cupboard** les assiettes vont *OR* se mettent dans le placard **- 18.** [in division] : **three into two won't ~, three won't ~ into two** deux divisé par trois n'y va pas **- 19.** [when referring to saying, story or song] : **how does that tune/song ~?** c'est quoi déjà l'air/la chanson ? ; **as the saying goes** comme on dit, comme dit le proverbe **- 20.** *inf* [with negative - in giving advice] : **now, don't ~ catching cold** ne va pas attraper froid surtout **- 21.** *inf* [expressing irritation, surprise] : **now what's he gone and done?** qu'est-ce qu'il a fait encore? ; **she's gone and bought a new car!** elle a été s'acheter une nouvelle voiture! ; **you've gone and done it now!** eh bien cette fois-ci, on peut dire que tu en as fait une belle! **- 22.** *phr* **it just goes to show** c'est bien vrai, vous voyez bien ; **it just goes to show that none of us is perfect** cela prouve bien que personne n'est parfait. ◇ *vt* (*pt* **went**, *pp* **gone**) [make noise of] faire ; **the dog went "woof"** le chien a fait "oua-oua". ◇ *n* (*pl* **goes**) **- 1.** *UK* [turn] tour *m* ; **it's my ~** c'est à moi (de jouer) **- 2.** *inf* [attempt] : **to have a ~ (at sthg)** essayer (de faire qqch) ; **have a ~!** tente le coup!, vas-y! **- 3.** *inf* [success] : **to make a ~ of sthg** réussir qqch **- 4.** *phr* **to have a ~ at sb** *UK inf* s'en prendre à qqn, engueuler qqn ; **to be on the ~** *inf* être sur la brèche.

◆ **to go** *adv* **- 1.** [remaining] : **there are only three days to ~** il ne reste que trois jours **- 2.** *US* [to take away] à emporter.

◆ **go about** ◇ *vt insep* **- 1.** [perform] : **to ~ about one's business** vaquer à ses occupations **- 2.** [tackle] : **how do you intend ~ing about it?** comment comptes-tu faire *OR* t'y prendre? ◇ *vi* = **go around**.

◆ **go after** *vt insep* [person] courir après ; [prize] viser ; [job] essayer d'obtenir.

◆ **go against** *vt insep* **- 1.** [conflict with] heurter, aller à l'encontre de **- 2.** [act contrary to] contrarier, s'opposer à **- 3.** [decision, public opinion] être défavorable à.

◆ **go ahead** *vi* **- 1.** [proceed] : **to ~ ahead with sthg** mettre qqch à exécution ; **~ ahead!** allez-y! **- 2.** [take place] avoir lieu.

◆ **go along** *vi* [proceed] avancer ; **as you ~ along** au fur et à mesure ; **he makes it up as he goes along** il invente au fur et à mesure.

◆ **go along with** *vt insep* [suggestion, idea] appuyer, soutenir ; [person] suivre.

◆ **go around** *vi* - **1.** [behave in a certain way] : **she goes around putting everyone's back up** *UK* elle n'arrête pas de prendre les gens à rebrousse-poil ; **there's no need to ~ around telling everyone** tu n'as pas besoin d'aller le crier sur les toits - **2.** [frequent] : **to ~ around with sb** fréquenter qqn - **3.** [spread] circuler, courir ; **there's a rumour ~ing around about her** il court un bruit sur elle.

◆ **go back on** *vt insep* [one's word, promise] revenir sur.

◆ **go back to** *vt insep* - **1.** [return to activity] reprendre, se remettre à ; **to ~ back to sleep** se rendormir - **2.** [return to previous topic] revenir à - **3.** [date from] remonter à, dater de.

◆ **go before** *vi* : **her new paintings were unlike anything that had gone before** ses nouveaux tableaux étaient complètement différents de ses précédents ; **we wanted to forget what had gone before** nous voulions oublier ce qui s'était passé avant.

◆ **go by** ◇ *vi* [time] s'écouler, passer. ◇ *vt insep* - **1.** [be guided by] suivre - **2.** [judge from] juger d'après.

◆ **go down** ◇ *vi* - **1.** [get lower - prices etc] baisser - **2.** [be accepted] être accepté(e) ; **to ~ down well/badly** être bien/mal accueilli - **3.** [sun] se coucher - **4.** [tyre, balloon] se dégonfler. ◇ *vt insep* descendre.

◆ **go down with** *vt insep* [illness] attraper.

◆ **go for** *vt insep* - **1.** [choose] choisir - **2.** [be attracted to] être attiré(e) par - **3.** [attack] tomber sur, attaquer - **4.** [try to obtain - job, record] essayer d'obtenir - **5.** [be valid] s'appliquer à ; **does that ~ for me too?** est-ce que cela vaut pour *OR* s'applique à moi aussi?

◆ **go in** *vi* entrer.

◆ **go in for** *vt insep* - **1.** [competition] prendre part à ; [exam] se présenter à - **2.** [take up as a profession] entrer dans - **3.** [activity - enjoy] aimer ; [- participate in] faire, s'adonner à.

◆ **go into** *vt insep* - **1.** [discuss, describe in detail] : **I'd rather not ~ into that now** je préférerais ne pas en parler pour le moment ; **to ~ into detail** *OR* **details** entrer dans le détail *OR* les détails - **2.** [investigate] étudier, examiner - **3.** [take up as a profession] entrer dans - **4.** [be put into] : **a lot of hard work went into that book** ce livre a demandé *OR* nécessité beaucoup de travail - **5.** [begin] : **to ~ into a rage** se mettre en rage ; **to ~ into a spin** [plane] tomber en vrille.

◆ **go off** ◇ *vi* - **1.** [explode] exploser - **2.** [alarm] sonner - **3.** *UK* [go bad - food] se gâter - **4.** [lights, heating] s'éteindre - **5.** [happen] *UK* se passer, se dérouler - **6.** [person] *US inf* s'emporter. ◇ *vt insep* [lose interest in] ne plus aimer.

◆ **go off with** *vt insep* prendre.

◆ **go on** ◇ *vi* - **1.** [take place, happen] se passer - **2.** [heating etc] se mettre en marche - **3.** [continue] : **to ~ on (doing)** continuer (à faire) ; **I can't ~ on!** je n'en peux plus! ; **~ on** [continue talking] allez-y - **4.** [proceed to further activity] : **to ~ on to sthg** passer à qqch ; **to ~ on to do sthg** faire qqch après - **5.** [proceed to another place] : **are you ~ing on to Richard's?** *UK* vous allez chez Richard après? - **6.** [go in advance] partir devant - **7.** [talk for too long] parler à n'en plus finir ; **to ~ on about sthg** ne pas arrêter de parler de qqch - **8.** [pass - time] passer. ◇ *vt insep* [be guided by] se fonder sur. ◇ *excl* allez ; **~ on, treat yourself** allez, fais-toi plaisir.

◆ **go on at** *vt insep UK* [nag] harceler.

◆ **go out** *vi* - **1.** [leave] sortir - **2.** [for amusement] : **to ~ out (with sb)** sortir (avec qqn) - **3.** [light, fire, cigarette] s'éteindre - **4.** [stop being fashionable] passer de mode.

◆ **go over** *vt insep* - **1.** [examine] examiner, vérifier - **2.** [repeat, review] repasser.

◆ **go over to** *vt insep* - **1.** [change to] adopter, passer à - **2.** [change sides to] passer à ; **to ~ over to the other side** changer de parti - **3.** RADIO & TV passer l'antenne à.

◆ **go round** *vi UK* - **1.** [be enough for everyone] suffire ; **there's just enough to ~ round** il y en a juste assez pour tout le monde - **2.** [revolve] tourner, *see also* **go around**.

◆ **go through** ◇ *vt insep* - **1.** [experience] subir, souffrir - **2.** [spend] dépenser - **3.** [study, search through] examiner ; **she went through his pockets** elle lui a fait les poches, elle a fouillé dans ses poches - **4.** [a list - reading] lire ; [- speaking] lire à haute voix. ◇ *vi* [be approved] passer, être accepté(e).

◆ **go through with** *vt insep* [action, threat] aller jusqu'au bout de.

◆ **go toward(s)** *vt insep* contribuer à.

◆ **go under** *vi lit & fig* couler.

◆ **go up** ◇ *vi* - **1.** [gen] monter - **2.** [prices] augmenter - **3.** [be built] se construire - **4.** [explode] exploser, sauter - **5.** [burst into flames] : **to ~ up (in flames)** prendre feu, s'enflammer - **6.** [be uttered] : **a cheer went up** on a applaudi. ◇ *vt insep* monter.

◆ **go with** *vt insep* aller avec.

◆ **go without** ◇ *vt insep* se passer de. ◇ *vi* s'en passer.

goad [gəʊd] *vt* [provoke] talonner ; **to ~ sb into doing sthg** talonner qqn jusqu'à ce qu'il fasse qqch.

go-ahead ◇ *adj* [dynamic] dynamique. ◇ *n* *(U)* [permission] feu *m* vert ; **to give sb the ~ (for sthg)** donner à qqn le feu vert (pour qqch).

goal [gəʊl] *n* but *m* ; **to score a ~** SPORT marquer un but.

goalie ['gəʊlɪ] *n inf* gardien *m* (de but).

goalkeeper ['gəʊl,ki:pər] *n* gardien *m* de but.

goalless ['gəʊllɪs] *adj* : ~ **draw** match *m* sans but marqué.

goalmouth ['gəʊlmaʊθ] (*pl* [-maʊðz]) *n* but *m*.

goalpost ['gəʊlpəʊst] *n* poteau *m* de but.

goat [gəʊt] *n* chèvre *f* ; **to act the** ~ *UK inf* faire l'imbécile.

gob [gɒb] *v inf* ◇ *n UK* [mouth] gueule *f*. ◇ *vi* (*pt & pp* **-bed**, *cont* **-bing**) [spit] mollarder.

gobble ['gɒbl] *vt* engloutir.

◆ **gobble down**, **gobble up** *vt sep* engloutir.

gobbledegook, **gobbledygook** ['gɒbldɪgu:k] *n* - **1.** [pompous official language] jargon *m* - **2.** *inf* [nonsense] charabia *m*.

go-between *n* intermédiaire *mf*.

Gobi ['gəʊbɪ] *n* : **the** ~ **Desert** le désert de Gobi.

goblet ['gɒblɪt] *n* verre *m* à pied.

goblin ['gɒblɪn] *n* lutin *m*, farfadet *m*.

gobsmacked ['gɒbsmækt] *adj UK inf* bouche bée (*inv*).

go-cart = **go-kart**.

god [gɒd] *n* dieu *m*, divinité *f*.

◆ **God** ◇ *n* Dieu *m* ; **God knows** Dieu seul le sait ; **for God's sake** pour l'amour de Dieu ; **thank God** Dieu merci. ◇ *excl* : **(my) God!** mon Dieu!

◆ **gods** *npl UK inf* [in theatre] : **the ~s** le poulailler.

godchild ['gɒdtʃaɪld] (*pl* **-children** [-ˌtʃɪldrən]) *n* filleul *m*, -e *f*.

goddam(n) ['gɒdæm] *esp US v inf* ◇ *adj* foutu(e). ◇ *excl* bordel!

goddaughter ['gɒdˌdɔ:təʳ] *n* filleule *f*.

goddess ['gɒdɪs] *n* déesse *f*.

godfather ['gɒdˌfɑ:ðəʳ] *n* parrain *m*.

godforsaken ['gɒdfəˌseɪkn] *adj* morne, désolé(e).

godmother ['gɒdˌmʌðəʳ] *n* marraine *f*.

godparents ['gɒdˌpeərənts] *npl* parrain et marraine *mpl*.

godsend ['gɒdsend] *n* aubaine *f*.

godson ['gɒdsʌn] *n* filleul *m*.

goes [gəʊz] ▷ **go**.

gofer ['gəʊfəʳ] *n US inf* larbin *m*.

go-getter [-'getəʳ] *n* battant *m*, -e *f*.

goggle ['gɒgl] *vi* : **to ~ (at sb/sthg)** regarder (qqn/qqch) avec des yeux ronds.

goggles ['gɒglz] *npl* lunettes *fpl*.

go-go dancer *n* danseuse *f* de cabaret.

going ['gəʊɪŋ] ◇ *n (U)* - **1.** [rate of advance] allure *f* ; **that was good** ~ ça a été vite - **2.** [travel conditions] conditions *fpl*. ◇ *adj* - **1.** *UK* [available] disponible ; **you've got a lot ~ for you** vous avez beaucoup d'atouts - **2.** [rate, salary] en vigueur.

going concern *n* affaire *f* qui marche.

goings-on *npl* événements *mpl*, histoires *fpl*.

go-kart [-kɑ:t] *n* kart *m*.

Golan Heights ['gəʊˌlæn-] *npl* : **the** ~ le plateau du Golan.

gold [gəʊld] ◇ *n* - **1.** *(U)* [metal, jewellery] or *m* ; **to be as good as** ~ [person] être sage comme une image, être mignon tout plein ; [worth] de très bonne qualité - **2.** [medal] médaille *f* d'or. ◇ *comp* [made of gold] en or. ◇ *adj* [gold-coloured] doré(e).

golden ['gəʊldən] *adj* - **1.** [made of gold] en or - **2.** [gold-coloured] doré(e).

golden age *n* âge *m* d'or.

golden eagle *n* aigle *m* royal.

golden handshake *n* prime *f* de départ.

golden opportunity *n* occasion *f* en or.

golden retriever *n* (golden) retriever *m*.

golden rule *n* règle *f* d'or.

golden wedding *n* noces *fpl* d'or.

goldfish ['gəʊldfɪʃ] (*pl* **goldfish**) *n* poisson *m* rouge.

goldfish bowl *n* bocal *m* (à poissons).

gold leaf *n (U)* feuille *f* d'or.

gold medal *n* médaille *f* d'or.

goldmine ['gəʊldmaɪn] *n lit & fig* mine *f* d'or.

gold-plated [-'pleɪtɪd] *adj* plaqué(e) or.

goldsmith ['gəʊldsmɪθ] *n* orfèvre *mf*.

gold standard *n* : **the** ~ l'étalon-or *m*.

golf [gɒlf] *n* golf *m*.

golf ball *n* - **1.** [for golf] balle *f* de golf - **2.** [for typewriter] boule *f*.

golf club *n* [stick, place] club *m* de golf.

golf course *n* terrain *m* de golf.

golfer ['gɒlfəʳ] *n* golfeur *m*, -euse *f*.

golly ['gɒlɪ] *excl inf dated* mince!

gondola ['gɒndələ] *n* [boat] gondole *f*.

gondolier [ˌgɒndə'lɪəʳ] *n* gondolier *m*.

gone [gɒn] ◇ *pp* ▷ **go**. ◇ *adj* [no longer here] parti(e). ◇ *prep UK* **it's ~ ten (o'clock)** il est dix heures passées.

gong [gɒŋ] *n* gong *m*.

gonna ['gɒnə] *inf see also* **going to**.

gonorrhoea *UK*, **gonorrhea** *US* [ˌgɒnə'rɪə] *n* blennorragie *f*.

goo [gu:] *n (U) inf* truc *m* poisseux.

good [gʊd] ◇ *adj* (*comp* **better**, *superl* **best**) **- 1.** [gen] bon (bonne) ; **it's ~ to see you again** ça fait plaisir de te revoir ; **it feels ~ to be outside** ça fait du bien d'être dehors ; **to be ~ at sthg** être bon en qqch ; **to be ~ with** [animals, children] savoir y faire avec ; [one's hands] être habile de ; **it's ~ for you** c'est bon pour toi *OR* pour la santé ; **to feel ~** [person] se sentir bien ; **it's ~ that...** c'est bien que... ; **~!** très bien! **- 2.** [kind - person] gentil(ille) ; **to be ~ to sb** être très attentionné envers qqn ; **to be ~ enough to do sthg** avoir l'amabilité de faire qqch **- 3.** [well-behaved - child] sage ; [- behaviour] correct(e) ; **be ~!** sois sage!, tiens-toi tranquille! **- 4.** [attractive - legs, figure] joli(e) **- 5.** *phr* **it's a ~ job** *UK OR* **thing (that)...,** c'est très bien que..., c'est une bonne chose que... ; **~ for you!** très bien! ; **to give as ~ as one gets** rendre la pareille ; **to make ~** réussir ; **to make sthg ~** réparer qqch. ◇ *n* **- 1.** *(U)* [benefit] bien *m* ; **for the ~ of** pour le bien de ; **for your own ~** pour ton/votre bien ; **it will do him ~** ça lui fera du bien **- 2.** [use] utilité *f* ; **what's the ~ of** *OR* **in** *esp US* **doing that?** à quoi bon faire ça? ; **it's no ~** ça ne sert à rien ; **it's no ~ crying/worrying** ça ne sert à rien de pleurer/de s'en faire ; **will this be any ~?, will this do any ~?** *US* cela peut-il faire l'affaire? **- 3.** *(U)* [morally correct behaviour] bien *m* ; **to be up to no ~** préparer un sale coup.

◆ **goods** *npl* [merchandise] marchandises *fpl*, articles *mpl* ; **to come up with** *OR* **deliver the ~s** *UK inf* tenir ses promesses.

◆ **as good as** *adv* pratiquement, pour ainsi dire.

◆ **for good** *adv* [forever] pour de bon, définitivement.

◆ **good afternoon** *excl* bonjour!

◆ **good day** *excl dated* bonjour!

◆ **good evening** *excl* bonsoir!

◆ **good morning** *excl* bonjour!

◆ **good night** *excl* bonsoir! ; [at bedtime] bonne nuit!

goodbye [ˌgʊd'baɪ] ◇ *excl* au revoir! ◇ *n* au revoir *m*.

good-for-nothing ◇ *adj* bon (bonne) à rien. ◇ *n* bon *m*, bonne *f* à rien.

Good Friday *n* Vendredi *m* saint.

good-humoured *UK*, **good-humored** *US* [-'hju:məd] *adj* [person] de bonne humeur ; [smile, remark, rivalry] bon enfant.

good-looking [-'lʊkɪŋ] *adj* [person] beau (belle).

good-natured [-'neɪtʃəd] *adj* [person] d'un naturel aimable ; [rivalry, argument] bon enfant.

goodness ['gʊdnɪs] ◇ *n (U)* **- 1.** [kindness] bonté *f* **- 2.** [nutritive quality] valeur *f* nutritive. ◇ *excl* : **(my)~!** mon Dieu!, Seigneur! ; **for ~' sake!** par pitié!, pour l'amour de Dieu! ; **thank ~!** grâce à Dieu!

goods train *n UK* train *m* de marchandises.

good-tempered [-'tempəd] *adj* [meeting, discussion] agréable ; [person] qui a bon caractère.

good turn *n* : **to do sb a ~** rendre un service à qqn.

goodwill [ˌgʊd'wɪl] *n* bienveillance *f*.

goody ['gʊdɪ] *inf* ◇ *n* (*pl* **-ies**) *UK* [person] bon *m*. ◇ *excl* chouette!

◆ **goodies** *npl inf* **- 1.** [delicious food] friandises *fpl* **- 2.** [desirable objects] merveilles *fpl*, trésors *mpl*.

gooey ['gu:ɪ] (*comp* **gooier**, *superl* **gooiest**) *adj inf* [sticky] qui colle ; *usu pej* poisseux(euse).

goof [gu:f] *US inf* ◇ *n* [mistake] gaffe *f*. ◇ *vi* faire une gaffe.

◆ **goof off** *vi US inf* tirer au flanc.

goofy ['gu:fɪ] (*comp* **-ier**, *superl* **-iest**) *adj US inf* [silly] dingue.

goose [gu:s] (*pl* **geese** [gi:z]) *n* [bird] oie *f*.

gooseberry ['gʊzbərɪ] (*pl* **-ies**) *n* **- 1.** [fruit] groseille *f* à maquereau **- 2.** *UK inf* [third person] : **to play ~** tenir la chandelle.

gooseflesh ['gu:sfleʃ] *n*, *UK* **goose pimples** *npl*, *US* **goosebumps** ['gu:sbʌmps] *npl* chair *f* de poule.

goosestep, **goose(-)step** ['gu:sˌstep] ◇ *n* pas *m* de l'oie. ◇ *vi* (*pt & pp* **-ped**, *cont* **-ping**) faire le pas de l'oie.

GOP (*abbr of* **Grand Old Party**) *n le parti républicain aux États-Unis*.

gopher ['gəʊfər] *n* geomys *m*.

gore [gɔ:r] ◇ *n (U) lit* [blood] sang *m*. ◇ *vt* encorner.

gorge [gɔ:dʒ] ◇ *n* gorge *f*, défilé *m*. ◇ *vt* : **to ~ o.s. on** *OR* **with sthg** se bourrer *OR* se goinfrer de qqch. ◇ *vi* se goinfrer.

gorgeous ['gɔ:dʒəs] *adj* divin(e) ; *inf* [good-looking] magnifique, splendide.

gorilla [gə'rɪlə] *n* gorille *m*.

gormless ['gɔ:mlɪs] *adj UK inf* bêta (bêtasse).

gorse [gɔ:s] *n (U)* ajonc *m*.

gory ['gɔ:rɪ] (*comp* **-ier**, *superl* **-iest**) *adj* sanglant(e).

gosh [gɒʃ] *excl inf* ça alors!

go-slow *n UK* grève *f* du zèle.

gospel ['gɒspl] ◇ *n* [doctrine] évangile *m* ; **~ (truth)** parole *f* d'évangile. ◇ *comp* [singer] de gospel ; **~ songs** *OR* **music** gospel *m*.

◆ **Gospel** *n* Évangile *m*.

gossamer ['gɒsəmər] *n (U)* **- 1.** [spider's thread] fils *mpl* de la Vierge **- 2.** [material] étoffe *f* légère.

gossip ['gɒsɪp] <> *n* - **1.** [conversation] bavardage *m* ; *pej* commérage *m* - **2.** [person] commère *f.* <> *vi* [talk] bavarder, papoter ; *pej* cancaner.

gossip column *n* échos *mpl.*

got [gɒt] *pt* & *pp* ⊳ **get.**

Gothic ['gɒθɪk] *adj* gothique.

gotta ['gɒtə] *inf see also* **got to.**

gotten ['gɒtn] *US pp* ⊳ **get.**

gouge [gaʊdʒ] ◆ **gouge out** *vt sep* [hole] creuser ; [eyes] arracher.

goulash ['gu:læʃ] *n* goulache *m.*

gourd [gʊəd] *n* gourde *f.*

gourmet ['gʊəmeɪ] <> *n* gourmet *m.* <> *comp* [food, restaurant] gastronomique ; [cook] gastronome.

gout [gaʊt] *n* MED *(U)* goutte *f.*

govern ['gʌvən] <> *vt* - **1.** [gen] gouverner - **2.** [control] régir. <> *vi* POL gouverner.

governable ['gʌvnəbl] *adj* gouvernable.

governess ['gʌvənɪs] *n* gouvernante *f.*

governing ['gʌvənɪŋ] *adj* gouvernant(e).

governing body *n* conseil *m* d'administration.

government ['gʌvnmənt] <> *n* gouvernement *m* ; **the art of ~** l'art de gouverner. <> *comp* du gouvernement.

governmental [,gʌvn'mentl] *adj* gouvernemental(e).

government stock *(U) n* fonds *mpl* publics OR d'État.

governor ['gʌvənə^r] *n* - **1.** POL gouverneur *m* - **2.** *UK* [of school, bank, prison] ≃ membre *m* du conseil d'établissement ; [of bank] gouverneur *m* - **3.** *UK* [of prison] directeur *m.*

governor-general (*pl* **governor-generals** OR **governors-general**) *n* gouverneur *m* général.

govt (*abbr of* **government**) gvt.

gown [gaʊn] *n* - **1.** [for woman] robe *f* - **2.** [for surgeon] blouse *f* ; [for judge, academic, graduate] robe *f*, toge *f.*

GP *n UK see also* **general practitioner.**

GPMU (*abbr of* **Graphical, Paper and Media Union**) *n syndicat britannique des ouvriers du livre.*

GPO (*abbr of* **General Post Office**) *n* - **1.** [in UK] *ancien nom des services postaux britanniques* - **2.** [in US] *la poste centrale d'une ville, d'un comté, etc.*

GPS [,dʒi:pi:'es] (*abbr of* **Global Positioning System**) *n* GPS *m.*

gr. *see also* **gross.**

grab [græb] <> *vt* (*pt* & *pp* **-bed**, *cont* **-bing**) - **1.** [seize] saisir - **2.** *inf* [sandwich] avaler en vitesse ; **to ~ a few hours' sleep** dormir quelques heures - **3.** *inf* [appeal to] emballer. <> *vi* (*pt* & *pp* **-bed**, *cont* **-bing**) : **to ~ at sthg** faire un geste pour attraper qqch. <> *n* : **to make a ~ at** OR **for sthg** faire un geste pour attraper qqch.

grace [greɪs] <> *n* - **1.** [elegance] grâce *f* - **2.** [graciousness] : **to do sthg with good ~** faire qqch de bonne grâce ; **to have the ~ to do sthg** avoir la bonne grâce de faire qqch - **3.** *(U)* [extra time] répit *m* - **4.** [prayer] grâces *fpl.* <> *vt fml* - **1.** [honour] honorer de sa présence - **2.** [decorate] orner, décorer.

graceful ['greɪsfʊl] *adj* gracieux(euse), élégant(e).

graceless ['greɪslɪs] *adj* - **1.** [ugly] sans attrait - **2.** [ill-mannered] grossier(ère), peu élégant(e).

gracious ['greɪʃəs] <> *adj* - **1.** [polite] courtois(e) - **2.** [elegant] élégant(e). <> *excl* : **(good)~!** juste ciel!

graciously ['greɪʃəslɪ] *adv* [politely] poliment.

gradation [grə'deɪʃn] *n* gradation *f.*

grade [greɪd] <> *n* - **1.** [quality - of worker] catégorie *f* ; [- of wool, paper] qualité *f* ; [- of petrol] type *m* ; [- of eggs] calibre *m* ; **to make the ~** y arriver, être à la hauteur - **2.** *US* [class] classe *f* - **3.** *US* [mark] note *f.* <> *vt* - **1.** [classify] classer - **2.** [mark, assess] noter.

grade crossing *n US* passage *m* à niveau.

grade school *n US* école *f* primaire.

gradient ['greɪdjənt] *n* pente *f*, inclinaison *f.*

gradual ['grædʒʊəl] *adj* graduel(elle), progressif(ive).

gradually ['grædʒʊəlɪ] *adv* graduellement, petit à petit.

graduate <> *n* ['grædʒʊət] - **1.** [from university] diplômé *m*, -e *f* - **2.** *US* [of high school] ≃ titulaire *mf* du baccalauréat. <> *comp US* [postgraduate] de troisième cycle. <> *vi* ['grædʒʊeɪt] - **1.** [from university] : **to ~ (from)** ≃ obtenir son diplôme (à) - **2.** *US* [from high school] : **to ~ (from)** ≃ obtenir son baccalauréat (à) - **3.** [progress] : **to ~ from sthg (to sthg)** passer de qqch (à qqch).

graduated ['grædjʊeɪtɪd] *adj* [ruler etc] gradué(e) ; [tax] progressif(ive) ; **~ pension scheme** régime *m* de retraite proportionnelle.

graduate school *n US* troisième cycle *m* d'université.

graduation [,grædʒʊ'eɪʃn] *n (U)* - **1.** [ceremony] remise *f* des diplômes - **2.** [completion of course] obtention *f* de son diplôme.

graffiti [grə'fi:tɪ] *n (U)* graffiti *mpl.*

graft [grɑ:ft] ◇ *n* - **1.** [from plant] greffe *f*, greffon *m* - **2.** MED greffe *f* - **3.** *UK* [hard work] boulot *m* - **4.** *US inf* [corruption] graissage *m* de patte. ◇ *vt* - **1.** [plant, skin] greffer ; **to ~ sthg onto sthg** greffer qqch sur qqch - **2.** *fig* [idea, system] incorporer, intégrer ; **to ~ sthg onto sthg** incorporer qqch à qqch, intégrer qqch dans qqch.

grain [greɪn] *n* - **1.** [gen] grain *m* - **2.** *(U)* [crops] céréales *fpl* - **3.** *(U)* [pattern - in wood] fil *m* ; [- in material] grain *m* ; [- in stone, marble] veines *fpl* ; **it goes against the ~ (for me)** cela va à l'encontre de mes principes.

gram [græm] *n* gramme *m*.

grammar ['græmər] *n* grammaire *f*.

grammar checker *n* COMPUT vérificateur *m* grammatical.

grammar school *n* [in UK] ≃ lycée *m* ; [in US] école *f* primaire.

Grammar school

En Grande-Bretagne, le terme *grammar school* désigne une école secondaire recevant une aide de l'État mais pouvant être privée, réputée dispenser un enseignement de qualité de type traditionnel et préparant aux études supérieures. L'admission se fait sur concours ou sur dossier. Moins de cinq pour cent des élèves du pays fréquentent ce type d'école.

grammatical [grə'mætɪkl] *adj* grammatical(e).

gramme [græm] *UK* = **gram**.

gramophone ['græməfəʊn] *n dated* gramophone *m*, phonographe *m*.

gran [græn] *n UK inf* mamie *f*, mémé *f*.

Granada [grə'nɑ:də] *n* Grenade.

granary ['grænərɪ] (*pl* **-ies**) *n* grenier *m (à grain)*.

grand [grænd] ◇ *adj* - **1.** [impressive] grandiose, imposant(e) - **2.** [ambitious] grand(e) - **3.** [important] important(e) ; [socially] distingué(e) - **4.** *inf dated* [excellent] sensationnel(elle), formidable. ◇ *n* (*pl* **grand**) *inf* [thousand pounds] mille livres *fpl* ; [thousand dollars] mille dollars *mpl*.

grand(d)ad ['grændæd] *n inf* papi *m*, pépé *m*.

Grand Canyon *n* : **the ~** le Grand Canyon.

grandchild ['græntʃaɪld] (*pl* **-children** [-ˌtʃɪldrən]) *n* [boy] petit-fils *m* ; [girl] petite-fille *f*.

◆ **grandchildren** *npl* petits-enfants *mpl*.

granddaughter ['grænˌdɔ:tər] *n* petite-fille *f*.

grand duke *n* grand duc *m*.

grandeur ['grændʒər] *n* - **1.** [splendour] splendeur *f*, magnificence *f* - **2.** [status] éminence *f*.

grandfather ['grændˌfɑ:ðər] *n* grand-père *m*.

grandfather clock *n* horloge *f*, pendule *f* de parquet.

grandiose ['grændɪəʊz] *adj pej* [building] prétentieux(euse) ; [plan] extravagant(e).

grand jury *n US* tribunal *m* d'accusation.

grandma ['grænmɑ:] *n inf* mamie *f*, mémé *f*.

grand master *n* grand maître *m*.

grandmother ['grænˌmʌðər] *n* grand-mère *f*.

Grand National *n* : **the ~** *la plus importante course d'obstacles de Grande-Bretagne, se déroulant à Aintree dans la banlieue de Liverpool.*

grandpa ['grænpɑ:] *n inf* papi *m*, pépé *m*.

grandparents ['grænˌpeərənts] *npl* grands-parents *mpl*.

grand piano *n* piano *m* à queue.

grand prix [ˌgrɒn'pri:] (*pl* **grands prix** [ˌgrɒn'pri:]) *n* grand prix *m*.

grand slam *n* SPORT grand chelem *m*.

grandson ['grænsʌn] *n* petit-fils *m*.

grandstand ['grændstænd] *n* tribune *f*.

grand total *n* somme *f* globale, total *m* général.

granite ['grænɪt] *n* granit *m*.

granny ['grænɪ] (*pl* **-ies**) *n inf* mamie *f*, mémé *f*.

granny flat *n UK appartement indépendant dans une maison, pour y loger un parent âgé.*

granola [grə'nəʊlə] *n US* muesli *m*.

grant [grɑ:nt] ◇ *n* subvention *f* ; [for study] bourse *f*. ◇ *vt* - **1.** [wish, appeal] accorder ; [request] accéder à - **2.** [admit] admettre, reconnaître ; **I ~ (that)...** je reconnais OR j'admets que... - **3.** [give] accorder ; **to take sb for ~ed** [not appreciate sb's help] penser que tout ce que qqn fait va de soi ; [not value sb's presence] penser que qqn fait partie des meubles ; **to take sthg for ~ed** [result, sb's agreement] considérer qqch comme acquis ; **it is taken for ~ed that...** cela semble aller de soi que..., cela paraît normal OR tout naturel que...

grant-maintained [- meɪn'teɪnd] *adj UK* SCH subventionné(e) *(par l'État)*.

granulated sugar ['grænjʊleɪtɪd-] *n* sucre *m* cristallisé.

granule ['grænju:l] *n* granule *m* ; [of sugar] grain *m*.

grape [greɪp] *n* (grain *m* de) raisin *m* ; **some ~s** du raisin ; **a bunch of ~s** une grappe de raisin.

grapefruit ['greɪpfru:t] (*pl* **grapefruit** OR **-s**) *n* pamplemousse *m*.

grape picking [-'pɪkɪŋ] *n (U)* vendange *f*, vendanges *fpl*.

grapevine ['greɪpvaɪn] *n* vigne *f* ; **on the ~** *fig* par le téléphone arabe.

graph [grɑːf] *n* graphique *m*.

graphic ['græfɪk] *adj* - **1.** [vivid] vivant(e) - **2.** ART graphique.

◆ **graphics** *npl* graphique *f* ; **computer ~s** infographie *f*.

graphic design *n* design *m* graphique.

graphic designer *n* graphiste *mf*.

graphic equalizer *n* égaliseur *m* graphique.

graphics card *n* COMPUT carte *f* graphique.

graphite ['græfaɪt] *n (U)* graphite *m*, mine *f* de plomb.

graphology [græ'fɒlədʒɪ] *n* graphologie *f*.

graph paper *n (U)* papier *m* millimétré.

grapple ['græpl] ◆ **grapple with** *vt insep* - **1.** [person, animal] lutter avec - **2.** [problem] se débattre avec, se colleter avec.

grappling iron ['græplɪŋ-] *n* grappin *m*.

grasp [grɑːsp] ◇ *n* - **1.** [grip] prise *f* ; **in** *OR* **within one's ~** *fig* à portée de la main - **2.** [understanding] compréhension *f* ; **to have a good ~ of sthg** avoir une bonne connaissance de qqch. ◇ *vt* - **1.** [grip, seize] saisir, empoigner - **2.** [understand] saisir, comprendre - **3.** [opportunity] saisir.

grasping ['grɑːspɪŋ] *adj pej* avide, cupide.

grass [grɑːs] ◇ *n* BOT *drug sl* herbe *f*. ◇ *vi UK crime sl* moucharder ; **to ~ on sb** dénoncer qqn.

grasshopper ['grɑːsˌhɒpəʳ] *n* sauterelle *f*.

grassland ['grɑːslænd] *n* prairie *f*.

grass roots ◇ *npl fig* base *f*. ◇ *comp* du peuple.

grass snake *n* couleuvre *f*.

grassy ['grɑːsɪ] (*comp* **-ier**, *superl* **-iest**) *adj* herbeux(euse), herbu(e).

grate [greɪt] ◇ *n* grille *f* de foyer. ◇ *vt* râper. ◇ *vi* grincer, crisser ; **to ~ on sb's nerves** taper sur les nerfs de qqn.

grateful ['greɪtfʊl] *adj* : **to be ~ to sb (for sthg)** être reconnaissant(e) à qqn (de qqch).

gratefully ['greɪtfʊlɪ] *adv* avec reconnaissance.

grater ['greɪtəʳ] *n* râpe *f*.

gratification [ˌgrætɪfɪ'keɪʃn] *n* - **1.** [pleasure] plaisir *m*, satisfaction *f* - **2.** [satisfaction - of wish] assouvissement *m*, satisfaction *f*.

gratify ['grætɪfaɪ] (*pt & pp* **-ied**) *vt* - **1.** [please - person] : **to be gratified** être content(e), être satisfait(e) - **2.** [satisfy - wish] satisfaire, assouvir.

gratifying ['grætɪfaɪɪŋ] *adj* gratifiant(e).

grating ['greɪtɪŋ] ◇ *adj* grinçant(e) ; [voix] de crécelle. ◇ *n* [grille] grille *f*.

gratitude ['grætɪtjuːd] *n (U)* **~ (to sb for sthg)** gratitude *f OR* reconnaissance *f* (envers qqn de qqch).

gratuitous [grə'tjuːɪtəs] *adj fml* gratuit(e).

gratuity [grə'tjuːɪtɪ] (*pl* **-ies**) *n fml* [tip] pourboire *m*, gratification *f*.

grave[1] [greɪv] ◇ *adj* grave ; [concern] sérieux(euse). ◇ *n* tombe *f* ; **to turn (over) in one's ~** se retourner dans sa tombe.

grave[2] [grɑːv] *adj* LING : **e ~** e *m* accent grave.

grave accent [grɑːv-] *n* accent *m* grave.

gravedigger ['greɪvˌdɪgəʳ] *n* fossoyeur *m*, -euse *f*.

gravel ['grævl] ◇ *n (U)* gravier *m*. ◇ *comp* de gravier.

gravelled *UK*, **graveled** *US* ['grævld] *adj* couvert(e) de gravier.

gravestone ['greɪvstəʊn] *n* pierre *f* tombale.

graveyard ['greɪvjɑːd] *n* cimetière *m*.

gravitate ['grævɪteɪt] *vi* : **to ~ towards** être attiré(e) par.

gravity ['grævətɪ] *n* - **1.** [force] gravité *f*, pesanteur *f* - **2.** [seriousness] gravité *f*.

gravy ['greɪvɪ] *n* - **1.** *(U)* [meat juice] jus *m* de viande - **2.** *US v inf* [easy money] bénef *m*.

gravy boat *n* saucière *f*.

gravy train *n inf* **the ~** le fromage, l'assiette *f* au beurre.

gray *US* = **grey**.

grayscale *US* = **greyscale**.

graze [greɪz] ◇ *vt* - **1.** [subj: cows, sheep] brouter, paître - **2.** [subj: farmer] faire paître - **3.** [skin] écorcher, égratigner - **4.** [touch lightly] frôler, effleurer. ◇ *vi* brouter, paître. ◇ *n* écorchure *f*, égratignure *f*.

grease [griːs] ◇ *n* graisse *f* ; **~ stains** des traces de gras. ◇ *vt* graisser.

grease gun *n* pistolet *m* graisseur.

greasepaint ['griːspeɪnt] *n* fard *m* gras.

greaseproof paper [ˌgriːspruːf-] *n (U) UK* papier *m* sulfurisé.

greasy ['griːzɪ] (*comp* **-ier**, *superl* **-iest**) *adj* - **1.** [covered in grease] graisseux(euse) ; [clothes] taché(e) de graisse - **2.** [food, skin, hair] gras (grasse).

great [greɪt] ◇ *adj* **- 1.** [gen] grand(e) ; **~ big** énorme ; **a ~ big coward/layabout** un gros lâche/fainéant **- 2.** *inf* [splendid] génial(e), formidable ; **to feel ~** se sentir en pleine forme ; **~!** super!, génial! ◇ *n* grand *m*, -e *f*.

Great Barrier Reef *n* : **the ~** la Grande Barrière.

Great Bear *n* : **the ~** la Grande Ourse.

Great Britain *n* Grande-Bretagne *f* ; **in ~** en Grande-Bretagne.

Great Britain

Le terme *Great Britain* – ou simplement *Britain* – au sens strictement géographique, désigne l'île composée de l'Angleterre, de l'Écosse et du pays de Galles. Les *British Isles*, elles, incluent la Grande-Bretagne, l'Irlande du Nord et la République d'Irlande, ainsi que l'île de Man, les Orcades, les Shetland, les îles Anglo-Normandes et les îles Sorlingues. *The United Kingdom* (Royaume-Uni) désigne l'État créé en 1801 et comprend l'Angleterre, l'Écosse, le pays de Galles et l'Irlande (ainsi que l'Irlande du Nord depuis 1923).

greatcoat ['greɪtkəʊt] *n* pardessus *m*.

Great Dane *n* danois *m*.

Greater ['greɪtəʳ] *adj* : **~ Manchester/New York** l'agglomération *f* de Manchester/New York.

great-grandchild *n* [boy] arrière-petit-fils *m* ; [girl] arrière-petite-fille *f*.

◆ **great-grandchildren** *npl* arrière-petits-enfants *mpl*.

great-grandfather *n* arrière-grand-père *m*.

great-grandmother *n* arrière-grand-mère *f*.

Great Lakes *npl* : **the ~** les Grands Lacs *mpl*.

greatly ['greɪtlɪ] *adv* beaucoup ; [different] très.

greatness ['greɪtnɪs] *n* grandeur *f*.

Great Wall of China *n* : **the ~** la Grande Muraille (de Chine).

Great War *n* : **the ~** la Grande Guerre, la guerre de 1914-18.

Grecian ['gri:ʃn] *adj* grec (grecque).

Greece [gri:s] *n* Grèce *f* ; **in ~** en Grèce.

greed [gri:d] *n (U)* **- 1.** [for food] gloutonnerie *f* **- 2.** *fig* [for money, power] : **~ (for)** avidité *f* (de).

greedily ['gri:dɪlɪ] *adv* gloutonnement ; [look at food] avec gourmandise.

greedy ['gri:dɪ] (*comp* **-ier**, *superl* **-iest**) *adj* **- 1.** [for food] glouton(onne) **- 2.** [for money, power] : **~ for sthg** avide de qqch.

Greek [gri:k] ◇ *adj* grec (grecque) ; **the ~ Islands** les îles *fpl* grecques. ◇ *n* **- 1.** [person] Grec *m*, Grecque *f* **- 2.** [language] grec *m*.

green [gri:n] ◇ *adj* **- 1.** [in colour, unripe] vert(e) **- 2.** [ecological - issue, politics] écologique ; [- person] vert(e) **- 3.** *inf* [inexperienced] inexpérimenté(e), jeune **- 4.** *inf* [jealous] : **~ (with envy)** malade de jalousie. ◇ *n* **- 1.** [colour] vert *m* ; **in ~** en vert **- 2.** GOLF green *m* **- 3.** : **village ~** pelouse *f* communale.

◆ **Green** *n* POL vert *m*, -e *f*, écologiste *mf* ; **the Greens** les Verts, les Écologistes.

◆ **greens** *npl* [vegetables] légumes *mpl* verts.

greenback ['gri:nbæk] *n* *US inf* billet *m* vert.

green bean *n* haricot *m* vert.

green belt *n* *UK* ceinture *f* verte.

Green Beret *n* *US inf* **the ~s** les bérets *mpl* verts.

green card *n* **- 1.** *UK* [for vehicle] carte *f* verte **- 2.** *US* [residence permit] carte *f* de séjour.

Green Cross Code *n* *UK* *code de sécurité routière destiné aux enfants.*

greenery ['gri:nərɪ] *n* verdure *f*.

greenfinch ['gri:nfɪntʃ] *n* verdier *m*.

green fingers *npl* *UK* : **to have ~** avoir la main verte.

greenfly ['gri:nflaɪ] (*pl* **greenfly** OR **-ies**) *n* puceron *m*.

greengage ['gri:ngeɪdʒ] *n* reine-claude *f*.

greengrocer ['gri:n,grəʊsəʳ] *n* *esp UK* marchand *m*, -e *f* de légumes ; **~'s (shop)** magasin *m* de fruits et légumes.

greenhorn ['gri:nhɔ:n] *n* *US* **- 1.** [newcomer] immigrant *m*, -e *f* **- 2.** [novice] novice *mf*.

greenhouse ['gri:nhaʊs] (*pl* [-haʊzɪz]) *n* serre *f*.

greenhouse effect *n* : **the ~** l'effet *m* de serre.

greening ['gri:nɪŋ] *n* **- 1.** [attitude] prise *f* de conscience écologique **- 2.** [politics] politique *f* d'amélioration des espaces verts.

greenish ['gri:nɪʃ] *adj* verdâtre, qui tire sur le vert.

green(s)keeper ['gri:n,ki:pəʳ] *n* *personne chargée de l'entretien d'un terrain de golf ou de bowling.*

Greenland ['gri:nlənd] *n* Groenland *m* ; **in ~** au Groenland.

Greenlander ['gri:nləndəʳ] *n* Groenlandais *m*, -e *f*.

green light *n* *fig* **to give sb/sthg the ~** donner le feu vert à qqn/qqch.

green paper *n* *UK* POL ≃ livre *m* blanc.

Green Party *n* : **the ~** le Parti écologiste.

green salad *n* salade *f* verte.

green thumb *n US* : **to have a ~** avoir la main verte.

greet [griːt] *vt* **- 1.** [say hello to] saluer **- 2.** [receive] accueillir **- 3.** [subj: sight, smell] s'offrir à.

greeting ['griːtɪŋ] *n* salutation *f*, salut *m*.

◆ **greetings** *npl* : **Christmas/birthday ~s** vœux *mpl* de Noël/d'anniversaire.

greetings card *UK*, **greeting card** *US n* carte *f* de vœux.

gregarious [grɪ'geərɪəs] *adj* sociable.

gremlin ['gremlɪn] *n inf* lutin *m*.

Grenada [grə'neɪdə] *n* Grenade *f* ; **in ~** à la Grenade.

grenade [grə'neɪd] *n* : **(hand)~** grenade *f* (à main).

Grenadian [grə'neɪdɪən] ◇ *adj* grenadin(e). ◇ *n* Grenadin *m*, -e *f*.

grenadier [ˌgrenə'dɪəʳ] *n* grenadier *m*.

grenadine ['grenədiːn] *n* grenadine *f*.

grew [gruː] *pt* ▷ **grow**.

grey *UK*, **gray** *US* [greɪ] ◇ *adj* **- 1.** [in colour] gris(e) **- 2.** [grey-haired] : **to go ~** grisonner **- 3.** [unhealthily pale] blême **- 4.** [dull, gloomy] morne, triste. ◇ *n* gris *m* ; **in ~** en gris.

grey area *UK*, **gray area** *US n fig* zone *f* d'ombre.

grey-haired *UK*, **gray-haired** *US* [-'heəd] *adj* aux cheveux gris.

greyhound ['greɪhaʊnd] *n* lévrier *m*.

greying *UK*, **graying** *US* ['greɪɪŋ] *adj* grisonnant(e).

grey matter *UK*, **gray matter** *US n* matière *f* grise.

greyscale *UK*, **grayscale** *US* ['greɪskeɪl] *n* COMPUT échelle *f* de gris.

grey squirrel *UK*, **gray squirrel** *US n* écureuil *m* gris.

grid [grɪd] *n* **- 1.** [grating] grille *f* **- 2.** [system of squares] quadrillage *m*.

griddle ['grɪdl] *n* plaque *f* à cuire.

gridiron ['grɪdˌaɪən] *n* **- 1.** [in cooking] gril *m* **- 2.** *US* [game] football *m* américain ; [field] terrain *m* de football américan.

gridlock ['grɪdlɒk] *n US* embouteillage *m*.

grief [griːf] *n (U)* **- 1.** [sorrow] chagrin *m*, peine *f* **- 2.** *inf* [trouble] ennuis *mpl* **- 3.** *phr* **to come to ~** [person] avoir de gros problèmes ; [project] échouer, tomber à l'eau ; **good ~!** Dieu du ciel!, mon Dieu!

grief-stricken *adj* accablé(e) de douleur.

grievance ['griːvns] *n* grief *m*, doléance *f*.

grieve [griːv] ◇ *vt fml* **it ~s me to...** cela me peine OR me consterne de... ◇ *vi* [at death] être en deuil ; **to ~ for sb/sthg** pleurer qqn/qqch.

grieving ['griːvɪŋ] *n* deuil *m*.

grievous ['griːvəs] *adj fml* grave ; [shock] cruel(elle).

grievous bodily harm *n (U)* coups *mpl* et blessures *fpl*.

grievously ['griːvəslɪ] *adv fml* gravement ; [wounded] grièvement.

grill [grɪl] ◇ *n* **- 1.** [on cooker, fire] gril *m* **- 2.** [food] grillade *f*. ◇ *vt* **- 1.** [cook on grill] griller, faire griller **- 2.** *inf* [interrogate] cuisiner.

grille [grɪl] *n* grille *f*.

grim [grɪm] (*comp* **-mer**, *superl* **-mest**) *adj* **- 1.** [stern - face, expression] sévère ; [- determination] inflexible **- 2.** [cheerless - truth, news] sinistre ; [- room, walls] lugubre ; [- day] morne, triste.

grimace [grɪ'meɪs] ◇ *n* grimace *f*. ◇ *vi* grimacer, faire la grimace.

grime [graɪm] *n (U)* crasse *f*, saleté *f*.

grimly ['grɪmlɪ] *adv* sévèrement.

grimy ['graɪmɪ] (*comp* **-ier**, *superl* **-iest**) *adj* sale, encrassé(e).

grin [grɪn] ◇ *n* (large) sourire *m*. ◇ *vi* (*pt & pp* **-ned**, *cont* **-ning**) : **to ~ (at sb/sthg)** adresser un large sourire (à qqn/qqch) ; **to ~ and bear it** en prendre son parti.

grind [graɪnd] ◇ *vt* (*pt & pp* **ground**) **- 1.** [crush] moudre **- 2.** [press] : **to ~ sthg into sthg** enfoncer qqch dans qqch ; [ash, cigarette] écraser qqch dans qqch. ◇ *vi* (*pt & pp* **ground**) [scrape] grincer. ◇ *n* **- 1.** [hard, boring work] corvée *f* ; **the daily ~** le train-train quotidien **- 2.** *US inf* [hard worker] bûcheur *m*, -euse *f*, bosseur *m*, -euse *f*.

◆ **grind down** *vt sep* [oppress] opprimer.

◆ **grind up** *vt sep* pulvériser.

grinder ['graɪndəʳ] *n* moulin *m*.

grinding ['graɪndɪŋ] *adj* écrasant(e) ; **~ poverty** misère *f* noire.

grinning ['grɪnɪŋ] *adj* souriant(e).

grip [grɪp] ◇ *n* **- 1.** [grasp, hold] prise *f* ; **to release one's ~ on sb/sthg** lâcher qqn/qqch ; **to have a good ~ on sb/sthg** bien tenir qqn/qqch **- 2.** [control] contrôle *m* ; **he's got a good ~ on the situation** il a la situation bien en main ; **in the ~ of sthg** en proie à qqch ; **to get to ~s with sthg** s'attaquer à qqch ; **to get a ~ on o.s.** se ressaisir ; **to lose one's ~** *fig* perdre les pédales **- 3.** [adhesion] adhérence *f* **- 4.** [handle] poignée *f* **- 5.** [bag] sac *m* (de voyage). ◇ *vt* (*pt & pp* **-ped**, *cont* **-ping**) **- 1.** [grasp] saisir ; [subj: tyres] adhérer à **- 2.** *fig* [imagination, country] captiver.

gripe [graɪp] *inf* <> *n* [complaint] plainte *f.* <> *vi* : **to ~ (about sthg)** râler OR rouspéter (contre qqch).

gripping ['grɪpɪŋ] *adj* passionnant(e).

grisly ['grɪzlɪ] (*comp* **-ier**, *superl* **-iest**) *adj* [horrible, macabre] macabre.

grist [grɪst] *n* : **it's all ~ to the mill** *Canada* OR **for his mill** cela apporte de l'eau à son moulin.

gristle ['grɪsl] *n (U)* nerfs *mpl.*

gristly ['grɪslɪ] (*comp* **-ier**, *superl* **-iest**) *adj* nerveux(euse).

grit [grɪt] <> *n* - **1.** [stones] gravillon *m* ; [in eye] poussière *f* - **2.** *inf* [courage] cran *m.* <> *vt* (*pt & pp* **-ted**, *cont* **-ting**) sabler.
◆ **grits** *npl US* gruau *m* de maïs.

gritter ['grɪtə^r] *n UK* camion *m* de sablage.

gritty ['grɪtɪ] (*comp* **-ier**, *superl* **-iest**) *adj* - **1.** [stony] couvert(e) de gravillon - **2.** *inf* [brave - person] qui a du cran ; [- performance, determination] courageux(euse).

grizzled ['grɪzld] *adj* grisonnant(e).

grizzly ['grɪzlɪ] (*pl* **-ies**) *n* : **~ (bear)** ours *m* gris, grizzli *m.*

groan [grəʊn] <> *n* gémissement *m.* <> *vi* - **1.** [moan] gémir - **2.** [creak] grincer, gémir.

grocer ['grəʊsə^r] *n* épicier *m*, -ère *f* ; **~'s (shop)** épicerie *f.*

groceries ['grəʊsərɪz] *npl* [foods] provisions *fpl.*

grocery ['grəʊsərɪ] (*pl* **-ies**) *n* [shop] épicerie *f.*

groggy ['grɒgɪ] (*comp* **-ier**, *superl* **-iest**) *adj* groggy *(inv).*

groin [grɔɪn] *n* aine *f.*

groom [gru:m] <> *n* - **1.** [of horses] palefrenier *m*, -ière *f*, garçon *m* d'écurie - **2.** [bridegroom] marié *m.* <> *vt* - **1.** [brush] panser - **2.** *fig* [prepare] : **to ~ sb (for sthg)** préparer OR former qqn (pour qqch).

groove [gru:v] *n* [in metal, wood] rainure *f* ; [in record] sillon *m.*

groovy ['gru:vɪ] *adj inf* - **1.** [excellent] super, génial(e) - **2.** [fashionable] branché(e).

grope [grəʊp] <> *vt* - **1.** [woman] peloter - **2.** [try to find] : **to ~ one's way** avancer à tâtons. <> *vi* : **to ~ (about** OR **around** *US*) **for sthg** chercher qqch à tâtons.

gross [grəʊs] <> *adj* - **1.** [total] brut(e) - **2.** *fml* [serious - negligence] coupable ; [- misconduct] choquant(e) ; [- inequality] flagrant(e) - **3.** [coarse, vulgar] grossier(ère) - **4.** *inf* [obese] obèse, énorme. <> *n* (*pl* **gross** OR **-es** [-i:z]) grosse *f*, douze douzaines *fpl.* <> *vt* gagner brut, faire une recette brute de.

gross domestic product *n* produit *m* intérieur brut.

grossly ['grəʊslɪ] *adv* [seriously] extrêmement, énormément ; **~ overweight** obèse ; **~ unjust** d'une injustice criante.

gross national product *n* produit *m* national brut.

gross profit *n* bénéfice *m* brut.

grotesque [grəʊ'tesk] *adj* grotesque.

grotto ['grɒtəʊ] (*pl* **-es** OR **-s**) *n* grotte *f.*

grotty ['grɒtɪ] (*comp* **-ier**, *superl* **-iest**) *adj UK inf* minable.

grouchy ['graʊtʃɪ] (*comp* **-ier**, *superl* **-iest**) *adj inf* grognon(onne), maussade.

ground [graʊnd] <> *pt & pp* ▷ **grind.** <> *n* - **1.** *(U)* [surface of earth] sol *m*, terre *f* ; **above ~** en surface ; **below ~** sous terre ; **on the ~** par terre, au sol ; **to be thin on the ~** *UK* être rare ; **to get sthg off the ~** *fig* faire démarrer qqch ; **to break fresh** OR **new ~** *fig* innover, faire œuvre de pionnier - **2.** *(U)* [area of land] terrain *m* - **3.** [for sport etc] terrain *m* - **4.** [advantage] : **to gain/lose ~** gagner/perdre du terrain - **5.** *phr* **to cut the ~ from under sb's feet** couper l'herbe sous les pieds de qqn ; **to go to ~** se terrer ; **to run sb/sthg to ~** traquer qqn/qqch ; **to stand one's ~** tenir bon, rester sur ses positions ; : **to drive/to work o.s. into the ground** se tuer au travail. <> *vt* - **1.** [base] : **to be ~ed on** OR **in sthg** être fondé(e) sur qqch - **2.** [aircraft, pilot] interdire de vol - **3.** *esp US inf* [child] priver de sortie - **4.** *US* ELEC : **to be ~ed** être à la masse.
◆ **grounds** *npl* - **1.** [reason] motif *m*, raison *f* ; **on the ~s of** pour raison de ; **on the ~s that** en raison du fait que ; **~s for sthg** motifs de qqch ; **~s for doing sthg** raisons de faire qqch - **2.** [land round building] parc *m* - **3.** [of coffee] marc *m* - **4.** [area] : **hunting ~s** terrain *m* de chasse ; **fishing ~s** lieux *mpl* de pêche.

ground control *n* contrôle *m* au sol.

ground cover *n (U)* sous-bois *mpl.*

ground crew *n* personnel *m* au sol.

ground floor *n* rez-de-chaussée *m inv.*

ground-in *adj* [dirt] incrusté(e).

grounding ['graʊndɪŋ] *n* : **~ (in)** connaissances *fpl* de base (en).

groundless ['graʊndlɪs] *adj* sans fondement.

ground level *n* : **at ~** au rez-de-chaussée, au niveau du sol.

groundnut *UK* ['graʊndnʌt] *n* arachide *f.*

ground plan *n* - **1.** [of building] plan *m* horizontal - **2.** [of action] plan *m* d'action.

ground rent *n* redevance *f* foncière.

ground rules *npl* règles *fpl* de base.

groundsheet ['graʊndʃi:t] *n* tapis *m* de sol.

groundskeeper *US* [graʊndz'kiːpə], **groundsman** *UK* ['graʊndzmən] (*pl* **-men** [-mən]) *n personne chargée de l'entretien d'un terrain de sport.*

ground staff *n* **- 1.** [at sports ground] personnel *m* d'entretien *(d'un terrain de sport)* **- 2.** *UK* = **ground crew**.

groundswell ['graʊndswel] *n* vague *f* de fond.

groundwork ['graʊndwɜːk] *n (U)* travail *m* préparatoire.

ground zero *n revenir au début.*

Ground Zero

Depuis les attentats du 11 septembre 2001, cette expression est venue s'appliquer au site de l'ancien World Trade Center sur l'île de Manhattan à New York. Elle tire son origine du jargon militaire, désignant le point d'impact sur terre d'une éventuelle frappe nucléaire.

group [gruːp] ◇ *n* groupe *m.* ◇ *vt* grouper, réunir. ◇ *vi* : **to ~ (together)** se grouper.

group captain *n UK* colonel *m* de l'armée de l'air.

groupie ['gruːpɪ] *n inf* groupie *f.*

group practice *n* cabinet *m* de groupe.

group therapy *n* thérapie *f* de groupe.

grouse [graʊs] ◇ *n* (*pl* **grouse** *OR* **-s**) **- 1.** [bird] grouse *f*, coq *m* de bruyère **- 2.** *inf* [complaint] plainte *f.* ◇ *vi inf* râler, rouspéter.

grove [grəʊv] *n* [group of trees] bosquet *m* ; **orange ~** orangerie *f.*

grovel ['grɒvl] (*UK, pt & pp* **-led**, *cont* **-ling** *US, pt & pp* **-ed**, *cont* **-ing**) *vi* : **to ~ (to sb)** ramper (devant qqn).

grow [grəʊ] (*pt* **grew**, *pp* **grown**) ◇ *vi* **- 1.** [gen] pousser ; [person, animal] grandir ; [company, city] s'agrandir ; [fears, influence, traffic] augmenter, s'accroître ; [problem, idea, plan] prendre de l'ampleur ; [economy] se développer **- 2.** [become] devenir ; **to ~ old** vieillir ; **to ~ tired of sthg** se fatiguer de qqch **- 3.** [do eventually] : **to ~ to like sb/sthg** finir par aimer qqn/qqch ; **to ~ to hate sb/sthg** finir par détester qqn/qqch. ◇ *vt* **- 1.** [plants] faire pousser **- 2.** [hair, beard] laisser pousser.

◆ **grow apart** *vi* [friends] s'éloigner ; [family] se défaire.

◆ **grow into** *vt insep* [clothes, shoes] devenir assez grand pour mettre.

◆ **grow on** *vt insep inf* plaire de plus en plus à ; **it'll ~ on you** cela finira par te plaire.

◆ **grow out** *vi* [perm, dye] disparaître.

◆ **grow out of** *vt insep* **- 1.** [clothes, shoes] devenir trop grand pour **- 2.** [habit] perdre.

◆ **grow up** *vi* **- 1.** [become adult] grandir, devenir adulte ; **~ up!** ne fais pas l'enfant! **- 2.** [develop] se développer.

grower ['grəʊəʳ] *n* cultivateur *m*, -trice *f.*

growl [graʊl] ◇ *n* [of animal, engine] grondement *m* ; [of person] grognement *m.* ◇ *vi* [animal] grogner, gronder ; [engine] vrombir, gronder ; [person] grogner.

grown [grəʊn] ◇ *pp* ▷ **grow**. ◇ *adj* adulte.

grown-up ◇ *adj* **- 1.** [fully grown] adulte, grand(e) **- 2.** [mature] mûr(e). ◇ *n* adulte *mf*, grande personne *f.*

growth [grəʊθ] *n* **- 1.** [increase - gen] croissance *f* ; [- of opposition, company] développement *m* ; [- of population] augmentation *f*, accroissement *m* **- 2.** MED [lump] tumeur *f*, excroissance *f.*

growth rate *n* taux *m* de croissance.

GRSM (*abbr of* **Graduate of the Royal Schools of Music**) *n diplômé du conservatoire de musique britannique.*

grub [grʌb] *n* **- 1.** [insect] larve *f* **- 2.** *inf* [food] bouffe *f.*

grubby ['grʌbɪ] (*comp* **-ier**, *superl* **-iest**) *adj* sale, malpropre.

grudge [grʌdʒ] ◇ *n* rancune *f* ; **to bear sb a ~, to bear a ~ against sb** garder rancune à qqn. ◇ *vt* : **to ~ sb sthg** donner qqch à qqn à contrecœur ; [success] en vouloir à qqn à cause de qqch ; **to ~ doing sthg** faire qqch à contrecœur.

grudging ['grʌdʒɪŋ] *adj* peu enthousiaste.

grudgingly ['grʌdʒɪŋlɪ] *adv* à contrecœur, de mauvaise grâce.

gruelling *UK*, **grueling** *US* ['grʊəlɪŋ] *adj* épuisant(e), exténuant(e).

gruesome ['gruːsəm] *adj* horrible, effroyable.

gruff [grʌf] *adj* **- 1.** [hoarse] gros (grosse) **- 2.** [rough, unfriendly] brusque, bourru(e).

grumble ['grʌmbl] ◇ *n* **- 1.** [complaint] ronchonnement *m*, grognement *m* **- 2.** [rumble - of thunder, train] grondement *m* ; [- of stomach] gargouillement *m.* ◇ *vi* **- 1.** [complain] : **to ~ about sthg** rouspéter *OR* grommeler contre qqch **- 2.** [rumble - thunder, train] gronder ; [- stomach] gargouiller.

grumbling ['grʌmblɪŋ] *n* **- 1.** [complaining] rouspétance *f* **- 2.** [rumbling] grondement *m.*

grumpy ['grʌmpɪ] (*comp* **-ier**, *superl* **-iest**) *adj inf* renfrogné(e).

grunge [grʌndʒ] *n* **- 1.** *inf* [dirt] crasse *f* **- 2.** [music, fashion] grunge *m.*

grunt [grʌnt] ◇ *n* grognement *m.* ◇ *vi* grogner.

G-string *n* cache-sexe *m inv.*

GU *see also* **Guam**.

Guadeloupe [ˌgwɑːdə'luːp] *n* la Guadeloupe *f* ; **in ~** à la Guadeloupe.

Guam [gwɑːm] *n* Guam *f.*

guarantee [ˌgærən'tiː] ◇ *n* garantie *f* ; **there's no ~ that he'll arrive on time** ce n'est pas sûr *OR* certain qu'il arrivera à l'heure ; **under ~** sous garantie. ◇ *vt* garantir.

guarantor [ˌgærən'tɔːʳ] *n* garant *m*, -e *f*, caution *f*.

guard [gɑːd] ◇ *n* **- 1.** [person] garde *m* ; [in prison] gardien *m* **- 2.** [group of guards] garde *f* **- 3.** [defensive operation] garde *f* ; **to stand ~** monter la garde ; **to be on ~** être de garde *OR* de faction ; **to be on (one's)~ (against)** se tenir *OR* être sur ses gardes (contre) ; **to catch sb off ~** prendre qqn au dépourvu **- 4.** *UK* RAIL chef *m* de train **- 5.** [protective device - for body] protection *f* ; [- for fire] garde-feu *m inv*. ◇ *vt* **- 1.** [protect - building] protéger, garder ; [- person] protéger **- 2.** [prisoner] garder, surveiller **- 3.** [hide - secret] garder.

◆ **guard against** *vt insep* se protéger contre.

guard dog *n* chien *m* de garde.

guarded ['gɑːdɪd] *adj* prudent(e) ; **he's always very ~** il surveille toujours ses paroles.

guardian ['gɑːdjən] *n* **- 1.** [of child] tuteur *m*, -trice *f* **- 2.** [protector] gardien *m*, -enne *f*, protecteur *m*, -trice *f*.

guardian angel *n* ange *m* gardien.

guardianship ['gɑːdjənʃɪp] *n* tutelle *f*.

guardrail ['gɑːdreɪl] *n US* [on road] barrière *f* de sécurité.

guardsman ['gɑːdzmən] (*pl* **guardsmen** [-mən]) *n* MIL *UK* soldat *m* de la garde royale ; *US* soldat *m* de la garde nationale.

guard's van *n UK* wagon *m* du chef de train.

Guatemala [ˌgwɑːtə'mɑːlə] *n* Guatemala *m* ; **in ~** au Guatemala.

Guatemalan [ˌgwɑːtə'mɑːlən] ◇ *adj* guatémaltèque. ◇ *n* Guatémaltèque *mf*.

guava ['gwɑːvə] [fruit] goyave *f* ; [tree] goyavier *m*.

guerilla [gə'rɪlə] = **guerrilla**.

Guernsey ['gɜːnzɪ] *n* **- 1.** [place] Guernesey *f* ; **in ~** à Guernesey **- 2.** [sweater] jersey *m* **- 3.** [cow] vache *f* de Guernesey.

guerrilla [gə'rɪlə] *n* guérillero *m* ; **urban ~** guérillero *m* des villes.

guerrilla warfare *n (U)* guérilla *f*.

guess [ges] ◇ *n* conjecture *f* ; **to take a ~** essayer de deviner ; **it's anybody's ~** Dieu seul le sait, qui sait? ◇ *vt* deviner ; **~ what?** tu sais quoi? ◇ *vi* **- 1.** [conjecture] deviner ; **to ~ at sthg** deviner qqch ; **to keep sb ~ing** laisser qqn dans l'ignorance **- 2.** [suppose] : **I ~ (so)** je suppose (que oui).

guesstimate ['gestɪmət] *n inf* calcul *m* au pif.

guesswork ['geswɜːk] *n (U)* conjectures *fpl*, hypothèses *fpl*.

guest [gest] *n* **- 1.** [gen] invité *m*, -e *f* **- 2.** [at hotel] client *m*, -e *f* **- 3.** *phr* **be my ~!** je t'en prie!

guesthouse ['gesthaʊs] (*pl* [-haʊzɪz]) *n* pension *f* de famille.

guest of honour *UK*, **guest of honor** *US* *n* invité *m*, -e *f* d'honneur.

guestroom ['gestrʊm] *n* chambre *f* d'amis.

guest star *n* invité-vedette *m*, invitée-vedette *f*.

guffaw [gʌ'fɔː] ◇ *n* gros rire *m*. ◇ *vi* rire bruyamment.

Guiana [gaɪ'ænə] *n* Guyane *f*.

guidance ['gaɪdəns] *n (U)* **- 1.** [help] conseils *mpl* **- 2.** [leadership] direction *f* ; **under the ~ of** sous la houlette de.

guide [gaɪd] ◇ *n* **- 1.** [person, book] guide *m* **- 2.** [indication] indication *f*. ◇ *vt* **- 1.** [show by leading] guider **- 2.** [control] diriger **- 3.** [influence] : **to be ~d by sb/sthg** se laisser guider par qqn/qqch.

◆ **Guide** *n* éclaireuse *f*, guide *f*.

guide book, **guidebook** *n* guide *m*.

guided missile ['gaɪdɪd-] *n* missile *m* guidé.

guide dog *n* chien *m* d'aveugle.

guidelines ['gaɪdlaɪnz] *npl* directives *fpl*, lignes *fpl* directrices.

guiding ['gaɪdɪŋ] *adj* qui sert de guide ; [principle] directeur(trice).

guild [gɪld] *n* **- 1.** HIST corporation *f*, guilde *f* **- 2.** [association] association *f*.

guildhall ['gɪldhɔːl] *n* salle *f* de réunion d'une corporation.

guile [gaɪl] *n (U) lit* ruse *f*, astuce *f*.

guileless ['gaɪllɪs] *adj lit* franc (franche).

guillemot ['gɪlɪmɒt] *n* guillemot *m*.

guillotine ['gɪləˌtiːn] ◇ *n* **- 1.** [for executions] guillotine *f* **- 2.** [for paper] massicot *m* **- 3.** *UK* POL *limite de temps fixée pour le vote d'une loi au Parlement*. ◇ *vt* [execute] guillotiner.

guilt [gɪlt] *n* culpabilité *f*.

guiltily ['gɪltɪlɪ] *adv* d'un air coupable ; [behave] d'une façon coupable.

guilty ['gɪltɪ] (*comp* **-ier**, *superl* **-iest**) *adj* coupable ; **to be ~ of sthg** être coupable de qqch ; **to be found ~/not ~** LAW être reconnu coupable/non coupable ; **to have a ~ conscience** avoir mauvaise conscience.

guinea ['gɪnɪ] *n* guinée *f*.

Guinea ['gɪnɪ] *n* Guinée *f* ; **in ~** en Guinée.

Guinea-Bissau [-bɪ'saʊ] *n* Guinée-Bissau *f*.

guinea fowl *n* pintade *f*.

guinea pig ['gɪnɪ-] *n* cobaye *m*.

guise [gaɪz] *n fml* apparence *f*.

guitar [gɪ'tɑːʳ] *n* guitare *f*.

guitarist [gɪ'tɑːrɪst] *n* guitariste *mf.*

gulch [gʌltʃ] *n US* ravin *m.*

gulf [gʌlf] *n* - **1.** [sea] golfe *m* - **2.** [breach, chasm] : ~ **(between)** abîme *m* (entre).
◆ **Gulf** *n* : **the Gulf** le Golfe.

Gulf States *npl* : **the** ~ [in US] les États du golfe du Mexique ; [around Persian Gulf] les États du Golfe.

Gulf Stream *n* : **the** ~ le Gulf Stream.

gull [gʌl] *n* mouette *f.*

gullet ['gʌlɪt] *n* œsophage *m* ; [of bird] gosier *m.*

gullible ['gʌləbl] *adj* crédule.

gully ['gʌlɪ] (*pl* **-ies**) *n* - **1.** [valley] ravine *f* - **2.** [ditch] rigole *f.*

gulp [gʌlp] <> *n* [of drink] grande gorgée *f* ; [of food] grosse bouchée *f.* <> *vt* avaler. <> *vi* avoir la gorge nouée.
◆ **gulp down** *vt sep* avaler.

gum [gʌm] <> *n* - **1.** [chewing gum] chewing-gum *m* - **2.** [adhesive] colle *f*, gomme *f* - **3.** ANAT gencive *f.* <> *vt* (*pt & pp* **-med**, *cont* **-ming**) coller.

gumboil ['gʌmbɔɪl] *n* abcès *m* à la gencive.

gumboots ['gʌmbuːts] *npl UK Australia dated* bottes *fpl* de caoutchouc.

gumption ['gʌmpʃn] *n inf* - **1.** [common sense] jugeote *f* - **2.** [determination] cran *m.*

gumshoe ['gʌmʃuː] *n US crime sl* privé *m.*

gun [gʌn] (*pt & pp* **-ned**, *cont* **-ning**) *n* - **1.** [weapon - small] revolver *m* ; [- rifle] fusil *m* ; [- large] canon *m* ; **to stick to one's ~s** tenir bon, ne pas en démordre - **2.** [starting pistol] pistolet *m* ; **to jump the** ~ agir prématurément - **3.** [tool] pistolet *m* ; [for staples] agrafeuse *f.*
◆ **gun down** *vt sep* abattre.

gunboat ['gʌnbəʊt] *n* canonnière *f.*

gundog ['gʌndɒg] *n* chien *m* de chasse.

gunfire ['gʌnfaɪəʳ] *n (U)* coups *mpl* de feu.

gunge [gʌndʒ] *n (U) UK inf* matière *f* poisseuse.

gung-ho [ˌgʌŋ'həʊ] *adj inf* trop enthousiaste.

gunk [gʌŋk] *n inf* matière *f* poisseuse.

gunman ['gʌnmən] (*pl* **-men** [-mən]) *n* personne *f* armée.

gunner ['gʌnəʳ] *n* artilleur *m.*

gunpoint ['gʌnpɔɪnt] *n* : **at** ~ sous la menace d'un fusil OR pistolet.

gunpowder ['gʌnˌpaʊdəʳ] *n* poudre *f* à canon.

gunrunning ['gʌnˌrʌnɪŋ] *n* trafic *m* d'armes.

gunshot ['gʌnʃɒt] *n* [firing of gun] coup *m* de feu.

gunsmith ['gʌnsmɪθ] *n* armurier *m*, -ière *f.*

gurgle ['gɜːgl] <> *vi* - **1.** [water] glouglouter - **2.** [baby] gazouiller. <> *n* - **1.** [of water] glouglou *m* - **2.** [of baby] gazouillis *m.*

guru ['gʊruː] *n* gourou *mf*, guru *mf.*

gush [gʌʃ] <> *n* jaillissement *m.* <> *vt* [blood] répandre ; [oil] cracher. <> *vi* - **1.** [flow out] jaillir - **2.** *pej* [enthuse] s'exprimer de façon exubérante.

gushing ['gʌʃɪŋ] *adj pej* trop exubérant(e).

gusset ['gʌsɪt] *n* gousset *m.*

gust [gʌst] <> *n* rafale *f*, coup *m* de vent. <> *vi* souffler par rafales.

gusto ['gʌstəʊ] *n* : **with** ~ avec enthousiasme.

gusty ['gʌstɪ] (*comp* **-ier**, *superl* **-iest**) *adj* venteux(euse), de grand vent ; [wind] qui souffle par rafales.

gut [gʌt] <> *n* MED intestin *m.* <> *vt* (*pt & pp* **-ted**, *cont* **-ting**) - **1.** [remove organs from] vider - **2.** [destroy] éventrer.
◆ **guts** *npl inf* - **1.** [intestines] intestins *mpl* ; **to hate sb's ~s** ne pas pouvoir piffer qqn, ne pas pouvoir voir qqn en peinture - **2.** [courage] cran *m* ; **to have ~s** avoir du cran.

gut reaction *n* réaction *f* viscérale.

gutter ['gʌtəʳ] *n* - **1.** [ditch] rigole *f* - **2.** [on roof] gouttière *f.*

guttering ['gʌtərɪŋ] *n esp UK (U)* gouttières *fpl.*

gutter press *n UK pej* presse *f* à sensation.

guttural ['gʌtərəl] *adj* guttural(e).

guv [gʌv] *n UK inf* chef *m.*

guy [gaɪ] *n* - **1.** *inf* [man] type *m* - **2.** [person] copain *m*, copine *f* - **3.** *UK* [dummy] *effigie de Guy Fawkes.*

Guyana [gaɪ'ænə] *n* Guyana *m* ; **in** ~ au Guyana.

Guy Fawkes' Night [-'fɔːks-] *n fête célébrée le 5 novembre en Grande-Bretagne.*

Guy Fawkes' Night

Cette fête familiale se déroule en plein air autour d'un feu de joie au milieu duquel on brûle une effigie (*the Guy*) censée représenter Guy Fawkes, l'instigateur de la conspiration des Poudres. La célébration peut être de plus grande ampleur et être l'occasion d'un feu d'artifice.

guyline *US*, **guy rope** *n* corde *f* de tente.

guzzle ['gʌzl] <> *vt* bâfrer ; [drink] lamper. <> *vi* s'empiffrer.

gym [dʒɪm] *n inf* - **1.** [gymnasium] gymnase *m* - **2.** [exercises] gym *f.*

gymkhana [dʒɪm'kɑ:nə] *n esp UK* gymkhana *m*.

gymnasium [dʒɪm'neɪzjəm] (*pl* **-iums** *OR* **-ia** [-jə]) *n* gymnase *m*.

gymnast ['dʒɪmnæst] *n* gymnaste *mf*.

gymnastics [dʒɪm'næstɪks] *n (U)* gymnastique *f*.

gym shoes *npl* (chaussures *fpl* de) tennis *mpl*.

gymslip ['dʒɪm,slɪp] *n UK* tunique *f*.

gynaecological *UK*, **gynecological** *US* [,gaɪnəkə'lɒdʒɪkl] *adj* gynécologique.

gynaecologist *UK*, **gynecologist** *US* [,gaɪnə'kɒlədʒɪst] *n* gynécologue *mf*.

gynaecology *UK*, **gynecology** *US* [,gaɪnə'kɒlədʒɪ] *n* gynécologie *f*.

gyp [dʒɪp] *US* ◇ *vt* escroquer. ◇ *n* escroc.

gypsy ['dʒɪpsɪ] *UK* (*pl* **-ies**) = **gipsy**.

gyrate [dʒaɪ'reɪt] *vi* tournoyer.

gyration [dʒaɪ'reɪʃn] *n* mouvement *m* giratoire.

gyroscope ['dʒaɪrəskəʊp] *n* gyroscope *m*.

h (*pl* **h's** *OR* **hs**), **H** (*pl* **H's** *OR* **Hs**) [eɪtʃ] *n* [letter] h *m inv*, H *m inv*.

ha [hɑ:] *excl* ha!

habeas corpus [,heɪbjəs'kɔ:pəs] *n* habeas corpus *m*.

haberdashery ['hæbədæʃərɪ] (*pl* **-ies**) *n UK* mercerie *f*.

habit ['hæbɪt] *n* - **1.** [customary practice] habitude *f* ; **out of ~** par habitude ; **to be in/get into the ~ of doing sthg** avoir/prendre l'habitude de faire qqch ; **to make a ~ of doing sthg** avoir l'habitude de faire qqch - **2.** [garment] habit *m*.

habitable ['hæbɪtəbl] *adj* habitable.

habitat ['hæbɪtæt] *n* habitat *m*.

habitation [hæbɪ'teɪʃn] *n* habitation *f*.

habit-forming [-,fɔ:mɪŋ] *adj* qui crée une accoutumance.

habitual [hə'bɪtʃʊəl] *adj* - **1.** [usual, characteristic] habituel(elle) - **2.** [regular] invétéré(e).

habitually [hə'bɪtʃʊəlɪ] *adv* habituellement.

hack [hæk] ◇ *n* - **1.** [writer] écrivailleur *m*, -euse *f* - **2.** *US inf* [taxi] taxi *m*. ◇ *vt* - **1.** [cut] tailler - **2.** COMPUT pirater. ◇ *vi* [cut] taillader.

◆ **hack into** *vt insep* COMPUT pirater.

◆ **hack through** *vt insep* : **to ~ through sthg** se frayer un chemin dans qqch à coups de hache.

hacker ['hækər] *n* : **(computer) ~** pirate *m* informatique.

hackie ['hækɪ] *n US inf* chauffeur *m* de taxi.

hacking ['hækɪŋ] *n* COMPUT piratage *f* informatique.

hacking cough *n* toux *f* sèche et douloureuse.

hackles ['hæklz] *npl* [on animal] plumes *fpl* du cou ; **to make sb's ~ rise, to get (one's) ~ up** hérisser qqn.

hackney cab *UK*, **hackney carriage** ['hæknɪ-] *n fml* [taxi] taxi *m*.

hackneyed ['hæknɪd] *adj* rebattu(e).

hacksaw ['hæksɔ:] *n* scie *f* à métaux.

had (*weak form* [həd], *strong form* [hæd]) *pt & pp* ▷ **have**.

haddock ['hædək] (*pl* **haddock**) *n* églefin *m*, aiglefin *m*.

hadn't ['hædnt] (*abbr of* = **had not**).

haematology [,hi:mə'tɒlədʒɪ] *UK* = **hematology**.

haemoglobin [,hi:mə'gləʊbɪn] *UK* = **hemoglobin**.

haemophilia [,hi:mə'fɪlɪə] *UK* = **hemophilia**.

haemophiliac [,hi:mə'fɪlɪæk] *UK* = **hemophiliac**.

haemorrhage ['hemərɪdʒ] *UK* = **hemorrhage**.

haemorrhoids ['hemərɔɪdz] *UK* = **hemorrhoids**.

hag [hæg] *n pej* vieille sorcière *f*.

haggard ['hægəd] *adj* [face] défait(e) ; [person] abattu(e).

haggis ['hægɪs] *n plat typique écossais fait d'une panse de brebis farcie, le plus souvent servie avec des navets et des pommes de terre.*

haggle ['hægl] *vi* marchander ; **to ~ over** *OR* **about sthg** marchander qqch ; **to ~ with sb** marchander avec qqn.

haggling ['hæglɪŋ] *n* marchandage *m*.

Hague [heɪg] *n* : **The ~** La Haye.

hail [heɪl] <> *n* grêle *f* ; *fig* pluie *f*. <> *vt* - **1.** [call] héler - **2.** [acclaim] : **to ~ sb/sthg as sthg** acclamer qqn/qqch comme qqch. <> *impers vb* grêler.

hailstone ['heɪlstəʊn] *n* grêlon *m*.

hair [heəʳ] *n* - **1.** *(U)* [on human head] cheveux *mpl* ; **to do one's ~** se coiffer ; **to let one's ~ down** se défouler ; **to make sb's ~ stand on end** faire dresser les cheveux sur la tête à qqn - **2.** *(U)* [on animal, human skin] poils *mpl* - **3.** [individual hair - on head] cheveu *m* ; [- on skin] poil *m* ; **to split ~s** couper les cheveux en quatre.

hairbrush ['heəbrʌʃ] *n* brosse *f* à cheveux.

haircut ['heəkʌt] *n* coupe *f* de cheveux.

hairdo ['heədu:] (*pl* **-s**) *n dated* coiffure *f*.

hairdresser ['heəˌdresəʳ] *n* coiffeur *m*, -euse *f* ; **~'s (salon)** salon *m* de coiffure.

hairdressing ['heəˌdresɪŋ] <> *n* coiffure *f*. <> *comp* de coiffure.

hairdryer ['heəˌdraɪəʳ] *n* [handheld] sèche-cheveux *m inv* ; [over the head] casque *m*.

hair gel *n* gel *m* coiffant.

hairgrip ['heəgrɪp] *n UK* pince *f* à cheveux.

hairline ['heəlaɪn] *n* naissance *f* des cheveux.

hairline fracture *n* fêlure *f*.

hairnet ['heənet] *n* filet *m* à cheveux.

hairpiece ['heəpi:s] *n* postiche *m*.

hairpin ['heəpɪn] *n* épingle *f* à cheveux.

hairpin bend *UK*, **hairpin turn** *US n* virage *m* en épingle à cheveux.

hair-raising [-ˌreɪzɪŋ] *adj* à faire dresser les cheveux sur la tête ; [journey] effrayant(e).

hair remover [-rɪˌmu:vəʳ] *n* (crème *f*) dépilatoire *m*.

hair restorer *n* lotion *f* capillaire régénératrice.

hair's breadth *n* : **by a ~** d'un cheveu, de justesse.

hair slide *n UK* barrette *f*.

hair splitting *n* ergotage *m*.

hairspray ['heəspreɪ] *n* laque *f*.

hairstyle ['heəstaɪl] *n* coiffure *f*.

hairstylist ['heəˌstaɪlɪst] *n* coiffeur *m*, -euse *f*.

hairy ['heərɪ] (*comp* **-ier**, *superl* **-iest**) *adj* - **1.** [covered in hair] velu(e), poilu(e) - **2.** *inf* [frightening] à faire dresser les cheveux sur la tête.

Haiti ['heɪtɪ] *n* Haïti ; **in ~** à Haïti.

Haitian ['heɪʃn] <> *adj* haïtien(enne). <> *n* Haïtien *m*, -enne *f*.

hake [heɪk] (*pl* **hake** *OR* **-s**) *n* colin *m*, merluche *f*.

hal(l)al [hə'lɑ:l] <> *adj* hallal *(inv)*. <> *n* viande *f* hallal.

halcyon ['hælsɪən] *adj* paradisiaque.

hale [heɪl] *adj* : **~ and hearty** en pleine forme.

half [*UK* hɑ:f, *US* hæf] <> *adj* demi(e) ; **~ a dozen** une demi-douzaine ; **~ an hour** une demi-heure ; **~ a pound** une demi-livre ; **~ English** à moitié anglais ; **~ my life** la moitié de ma vie. <> *adv* - **1.** [gen] à moitié ; **~-and-~** moitié-moitié ; **not ~!** *UK inf* tu parles! - **2.** [by half] de moitié - **3.** [in telling the time] : **~ past ten** *UK*, **~ after ten** *US* dix heures et demie ; **it's ~ past** il est la demie. <> *n* (*pl* **halves** *(senses 1 and 2) UK* [hɑ:vz], *US* [hævz], , *pl* **halves** *OR* **halfs** *(pl senses 3, 4 and 5)*) - **1.** [gen] moitié *f* ; **by ~** de moitié ; **in ~** en deux ; **to be too clever by ~** *UK* être un peu trop malin ; **he doesn't do things by halves** *UK* il ne fait pas les choses à moitié ; **to go halves (with sb)** partager (avec qqn) - **2.** SPORT [of match] mi-temps *f* - **3.** SPORT [halfback] demi *m* - **4.** *UK* [of beer] demi *m* - **5.** *UK* [child's ticket] demi-tarif *m*, tarif *m* enfant. <> *pron* la moitié ; **~ of them** la moitié d'entre eux ; **I wrote ~ of it** j'en ai écrit la moitié.

halfback ['hɑ:fbæk] *n* SPORT demi *m*.

half-baked [-'beɪkt] *adj inf fig* [idea] à la noix ; [project] mal conçu.

half board *n esp UK* demi-pension *f*.

half-breed <> *adj* métis(isse). <> *n* métis *m*, -isse *f (attention: le terme 'half-breed' est considéré comme raciste)*.

half-brother *n* demi-frère *m*.

half-caste [-kɑ:st] <> *adj* métis(isse). <> *n* métis *m*, -isse *f (attention: le terme 'half-caste' est considéré raciste)*.

half cock *n* : **to go off at ~** *UK OR* **to go off ~** *US* mal partir.

half-day *n* demi-journée *f*.

half-hearted [-'hɑ:tɪd] *adj* sans enthousiasme.

half-heartedly [-'hɑ:tɪdlɪ] *adv* sans enthousiasme.

half hour *n* demi-heure *f*.

◆ **half-hour** *adj* = **half-hourly**.

half-hourly *adj* (de) toutes les demi-heures.

half-length *adj* [coat, jacket] court(e).

half-light *n* pénombre *f*.

half-mast *n* : **at ~** [flag] en berne.

half measure *n* demi-mesure *f*.

half moon *n* demi-lune *f*.

half note *n US* MUS blanche *f*.

halfpenny ['heɪpnɪ] *UK* (*pl* **-pennies** *OR* **-pence** [-pens]) *n UK* demi-penny *m*.

half-price *adj* à moitié prix.

◆ **half price** *adv* moitié prix.

half-sister *n* demi-sœur *f*.

half step *n US* MUS demi-ton *m*.

half term *n UK* congé *m* de mi-trimestre.

half(-)time, **half time** *n (U)* mi-temps *f*.

halftone *n US* MUS demi-ton *m*.

half-truth *n* demi-vérité *f*.

halfway [hɑːf'weɪ] ◇ *adj* à mi-chemin. ◇ *adv* - **1.** [in space] à mi-chemin - **2.** [in time] à la moitié - **3.** *phr* **to meet sb ~** arriver à un compromis avec qqn.

half-wit *n pej* faible *mf* d'esprit.

half-yearly *UK*, **semiannual** *US adj* semestriel(elle).

◆ **half yearly** *adv* tous les six mois.

halibut ['hælɪbət] (*pl* **halibut** *OR* **-s**) *n* flétan *m*.

halitosis [ˌhælɪ'təʊsɪs] *n* mauvaise haleine *f*.

hall [hɔːl] *n* - **1.** [in house] vestibule *m*, entrée *f* - **2.** [meeting room, building] salle *f* - **3.** *UK* UNIV [hall of residence] résidence *f* universitaire ; **to live in ~** loger en cité universitaire - **4.** [country house] manoir *m*.

halleluja [ˌhælɪ'luːjə] *excl* alléluia!

hallmark ['hɔːlmɑːk] *n* - **1.** [typical feature] marque *f* - **2.** [on metal] poinçon *m*.

hallo [hə'ləʊ] *UK* = **hello**.

hall of residence (*pl* **halls of residence**) *n UK* UNIV résidence *f* universitaire.

hallowed ['hæləʊd] *adj* [respected] consacré(e).

Hallowe'en, **Halloween** [ˌhæləʊ'iːn] *n* Halloween *f (fête des sorcières et des fantômes)*.

Hallowe'en

Fête célébrée le 31 octobre et au cours de laquelle les enfants, déguisés en sorcières et en fantômes, présentent aux adultes des paniers pour qu'ils y déposent des friandises.

hallucinate [hə'luːsɪneɪt] *vi* avoir des hallucinations.

hallucination [ˌhəluːsɪ'neɪʃn] *n* hallucination *f*.

hallucinogenic [həˌluːsɪnə'dʒenɪk] *adj* hallucinogène.

hallway ['hɔːlweɪ] *n* vestibule *m*.

halo ['heɪləʊ] (*pl* **-es** *OR* **-s**) *n* nimbe *m* ; ASTRON halo *m*.

halogen ['hælədʒen] ◇ *n* halogène *m*. ◇ *comp* halogène.

halt [hɔːlt] ◇ *n* [stop] : **to come to a ~** [vehicle] s'arrêter, s'immobiliser ; [activity] s'interrompre ; **to grind to a ~** [stop moving] s'arrêter ; [stop working] péricliter ; **to call a ~ to sthg** mettre fin à qqch. ◇ *vt* arrêter. ◇ *vi* s'arrêter.

halter ['hɔːltəʳ] *n* [for horse] licou *m*.

halterneck ['hɔːltənek], *US* **halter top** *adj* dos nu *(inv)*.

halting ['hɔːltɪŋ] *adj* hésitant(e).

halve [*UK* hɑːv, *US* hæv] *vt* - **1.** [reduce by half] réduire de moitié - **2.** [divide] couper en deux.

halves [*UK* hɑːvz, *US* hævz] *pl* ▷ **half**.

ham [hæm] ◇ *n* - **1.** [meat] jambon *m* - **2.** *pej* [actor] cabotin *m* - **3.** [radio fanatic] : **(radio)~** radioamateur *m*. ◇ *comp* au jambon. ◇ *vt* (*pt & pp* **-med**, *cont* **-ming**) : **to ~ it up** cabotiner.

Hamburg ['hæmbɜːg] *n* Hambourg.

hamburger ['hæmbɜːgəʳ] *n* - **1.** [burger] hamburger *m* - **2.** *(U) US* [mince] viande *f* hachée.

ham-fisted [-'fɪstɪd] *adj* maladroit(e).

hamlet ['hæmlɪt] *n* hameau *m*.

hammer ['hæməʳ] ◇ *n* marteau *m*. ◇ *vt* - **1.** [with tool] marteler ; [nail] enfoncer à coups de marteau - **2.** *fig* [with fist] marteler du poing - **3.** *inf* [defeat] battre à plates coutures. ◇ *vi* - **1.** [with tool] frapper au marteau - **2.** [with fist] : **to ~ (on)** cogner du poing (à) - **3.** *fig* : **to ~ away at** [task] s'acharner à.

◆ **hammer into** *vt sep fig* **to ~ sthg into sb** faire entrer qqch dans la tête de qqn.

◆ **hammer out** ◇ *vt sep* [agreement, solution] parvenir finalement à ; [dent] enlever à coups de marteau.

hammock ['hæmək] *n* hamac *m*.

hammy ['hæmɪ] (*comp* **-ier**, *superl* **-iest**) *adj inf* cabotin(e).

hamper ['hæmpəʳ] ◇ *n* - **1.** *UK* [for food] panier *m* d'osier - **2.** *US* [for laundry] panier *m* à linge sale. ◇ *vt* gêner.

hamster ['hæmstəʳ] *n* hamster *m*.

hamstring ['hæmstrɪŋ] ◇ *n* tendon *m* du jarret. ◇ *vt* paralyser.

hand [hænd] ◇ *n* - **1.** [part of body] main *f* ; **to hold ~s** se tenir la main ; **~ in ~** [people] main dans la main ; **~s up!** haut les mains! ; **by ~** à la main ; **at the ~s of** aux mains de ; **with one's bare ~s** à mains nues ; **to change ~s** [car, house etc] changer de propriétaire ; **to force sb's ~** forcer la main à qqn ; **to get** *OR* **lay one's ~s on** mettre la main sur ; **to get out of ~** échapper à tout contrôle ; **to give sb a free ~** donner carte blanche à qqn ; **to go ~ in ~** [things] aller de pair ; **to have a ~ in sthg** être impliqué dans qqch ; **to have a ~ in doing sthg** contribuer à faire qqch ; **to have a situation in ~** avoir une situation en main ; **to have one's ~s full** avoir du pain sur la planche ; **to have time in ~** avoir du temps libre ; **to take sb in ~** prendre qqn en main ; **to try one's ~ at sthg** s'essayer à qqch ; **to wait on sb ~ and foot** être aux petits soins pour qqn ; **to wash one's ~s of sthg** se laver les mains de qqch **- 2.** [help] coup *m* de main ; **to give** OR **lend sb a ~ (with sthg)** donner un coup de main à qqn (pour faire qqch) **- 3.** [worker] ouvrier *m*, -ère *f* **- 4.** [of clock, watch] aiguille *f* **- 5.** [handwriting] écriture *f* **- 6.** [of cards] jeu *m*, main *f* ; **to overplay one's ~** *fig* trop présumer de ses capacités. ◇ *vt* : **to ~ sthg to sb, to ~ sb sthg** passer qqch à qqn.

◆ **(close) at hand** *adv* proche.

◆ **on hand** *adv* disponible.

◆ **on the other hand** *conj* d'autre part.

◆ **out of hand** *adv* [completely] d'emblée.

◆ **to hand** *adv* à portée de la main, sous la main.

◆ **hand down** *vt sep* transmettre.

◆ **hand in** *vt sep* remettre.

◆ **hand on** *vt sep* transmettre.

◆ **hand out** *vt sep* distribuer.

◆ **hand over** ◇ *vt sep* **- 1.** [baton, money] remettre **- 2.** [responsibility, power] transmettre. ◇ *vi* : **to ~ over (to)** passer le relais (à).

handbag ['hændbæg] *n* sac *m* à main.

handball ['hændbɔːl] *n* [game] handball *m*.

handbill ['hændbɪl] *n* prospectus *m*.

handbook ['hændbʊk] *n* manuel *m* ; *UK* [for tourist] guide *m*.

handbrake ['hændbreɪk] *n* frein *m* à main.

handclap ['hændklæp] *n UK* **to give the slow ~** *taper des mains lentement pour manifester sa désapprobation.*

handcrafted ['hændkrɑːftɪd] *adj* fait(e) (à la) main.

handcuff ['hændkʌf] *vt* mettre OR passer les menottes à.

handcuffs ['hændkʌfs] *npl* menottes *fpl*.

handful ['hændfʊl] *n* **- 1.** [of sand, grass, people] poignée *f* **- 2.** *inf* [person] : **to be a ~** être difficile.

handgun ['hændgʌn] *n* revolver *m*, pistolet *m*.

handheld PC *n* (ordinateur) portable *m*.

handicap ['hændɪkæp] ◇ *n* handicap *m*. ◇ *vt* (*pt & pp* **-ped**, *cont* **-ping**) handicaper ; [progress, work] entraver.

handicapped ['hændɪkæpt] ◇ *adj* handicapé(e). ◇ *npl* : **the ~** les handicapés *mpl*.

handicraft ['hændɪkrɑːft] *n* activité *f* artisanale.

handiwork ['hændɪwɜːk] *n (U)* ouvrage *m*.

handkerchief ['hæŋkətʃɪf] (*pl* **-chiefs** OR **-chieves** [-tʃiːvz]) *n* mouchoir *m*.

handle ['hændl] ◇ *n* poignée *f* ; [of jug, cup] anse *f* ; [of knife, pan] manche *m* ; **to fly off the ~** sortir de ses gonds. ◇ *vt* **- 1.** [with hands] manipuler ; [without permission] toucher à **- 2.** [deal with, be responsible for] s'occuper de ; [difficult situation] faire face à **- 3.** [treat] traiter, s'y prendre avec. ◇ *vi* [car] : **to ~ well/badly** être maniable/peu maniable.

handlebars ['hændlbɑːz] *npl* guidon *m*.

handler ['hændləʳ] *n* **- 1.** [of dog] maître-chien *m* **- 2.** [at airport] : **(baggage) ~** bagagiste *m*.

handling charges ['hændlɪŋ-] *npl* [at bank] frais *mpl* de gestion.

hand lotion *n* lotion *f* pour les mains.

hand luggage *n (U) UK* bagages *mpl* à main.

handmade [ˌhænd'meɪd] *adj* fait(e) (à la) main.

hand-me-down *n inf* vêtement *m* usagé.

handout ['hændaʊt] *n* **- 1.** [gift] don *m* **- 2.** [leaflet] prospectus *m*.

handover ['hændəʊvəʳ] *n* remise *f* ; [of power] passation *f* ; [in relay race] passage *m*.

handpicked [ˌhænd'pɪkt] *adj* trié(e) sur le volet.

hand puppet *n US* marionnette *f* (à gaine).

handrail ['hændreɪl] *n* rampe *f*.

handset ['hændset] *n* combiné *m*.

hands(-)free kit *n* kit *m* mains libres.

handshake ['hændʃeɪk] *n* serrement *m* OR poignée *f* de main.

hands-off *adj* non-interventionniste.

handsome ['hænsəm] *adj* **- 1.** [good-looking] beau (belle) **- 2.** [reward, profit] beau (belle) ; [gift] généreux(euse).

handsomely ['hænsəmlɪ] *adv* généreusement.

hands-on *adj* [training] pratique ; [manager] qui s'implique.

handstand ['hændstænd] *n* équilibre *m (sur les mains).*

hand-to-mouth *adj* précaire.

◆ **hand to mouth** *adv* au jour le jour.

handwriting ['hændˌraɪtɪŋ] *n* écriture *f*.

handwritten ['hændˌrɪtn] *adj* écrit(e) à la main, manuscrit(e).

handy ['hændɪ] (*comp* **-ier**, *superl* **-iest**) *adj inf* **- 1.** [useful] pratique ; **to come in ~** être utile **- 2.** [skilful] adroit(e) **- 3.** [near] tout près, à deux pas ; **to keep sthg ~** garder qqch à portée de la main.

handyman ['hændɪmæn] (*pl* **-men** [-men]) *n* bricoleur *m*.

hang [hæŋ] <> *vt* - **1.** (*pp* **hung**) [fasten] suspendre - **2.** (*pp* **hung** *OR* **hanged**) [execute] pendre. <> *vi* - **1.** (*pp* **hung**) [be fastened] pendre, être accroché(e) - **2.** (*pp* **hung** *OR* **hanged**) [be executed] être pendu(e) - **3.** COMPUT planter. <> *n* : **to get the ~ of sthg** *inf* saisir le truc *OR* attraper le coup pour faire qqch.

◆ **hang about**, **hang around** *vi* traîner.

◆ **hang on** <> *vt insep* [depend on] dépendre de. <> *vi* - **1.** [keep hold] : **to ~ on (to)** s'accrocher *OR* se cramponner (à) - **2.** *inf* [continue waiting] attendre - **3.** [persevere] tenir bon.

◆ **hang onto** *vt insep* - **1.** [keep hold of] se cramponner à, s'accrocher à - **2.** [keep] garder.

◆ **hang out** <> *vt sep* [washing] étendre. <> *vi inf* [spend time] traîner.

◆ **hang round** *UK* = **hang about**.

◆ **hang together** *vi* [alibi, argument] se tenir.

◆ **hang up** <> *vt sep* pendre. <> *vi* - **1.** [on telephone] raccrocher - **2.** [hanging] être accroché(e), pendre.

◆ **hang up on** *vt insep* TELEC raccrocher au nez de.

hangar ['hæŋəʳ] *n* hangar *m*.

hangdog ['hæŋdɒg] *adj* de chien battu.

hanger ['hæŋəʳ] *n* cintre *m*.

hanger-on (*pl* **hangers-on**) *n pej* parasite *m*.

hang glider *n* [apparatus] deltaplane *m*.

hang gliding *n* deltaplane *m*, vol *m* libre.

hanging ['hæŋɪŋ] *n* - **1.** [execution] pendaison *f* - **2.** [drapery] tenture *f*.

hangman ['hæŋmən] (*pl* **-men** [-mən]) *n* bourreau *m*.

hangover ['hæŋˌəʊvəʳ] *n* - **1.** [from drinking] gueule *f* de bois - **2.** [from past] : **~ (from)** reliquat *m* (de).

hang-up *n inf* complexe *m*.

hank [hæŋk] *n* écheveau *m*.

hanker ['hæŋkəʳ] ◆ **hanker after**, **hanker for** *vt insep* convoiter.

hankering ['hæŋkərɪŋ] *n* : **~ after** *OR* **for** envie *f* de.

hankie, **hanky** ['hæŋkɪ] (*pl* **-ies**) (*abbr of* **handkerchief**) *n inf* mouchoir *m*.

Hanoi [hæ'nɔɪ] *n* Hanoi.

Hansard ['hænsɑ:d] *n compte-rendu officiel des débats parlementaires en Grande-Bretagne.*

Hants [hænts] (*abbr of* **Hampshire**) *comté anglais.*

haphazard [ˌhæp'hæzəd] *adj* fait(e) au hasard.

haphazardly [ˌhæp'hæzədlɪ] *adv* au hasard.

hapless ['hæplɪs] *adj lit* infortuné(e).

happen ['hæpən] *vi* - **1.** [occur] arriver, se passer ; **to ~ to sb** arriver à qqn - **2.** [chance] : **I just ~ed to meet him** je l'ai rencontré par hasard ; **it ~s to be right** il se trouve que c'est juste ; **as it ~s** en fait.

happening ['hæpənɪŋ] *n* événement *m*.

happily ['hæpɪlɪ] *adv* - **1.** [with pleasure] de bon cœur - **2.** [contentedly] : **to be ~ doing sthg** être bien tranquillement en train de faire qqch - **3.** [fortunately] heureusement.

happiness ['hæpɪnɪs] *n* bonheur *m*.

happy ['hæpɪ] (*comp* **-ier**, *superl* **-iest**) *adj* - **1.** [gen] heureux(euse) ; **to be ~ to do sthg** être heureux de faire qqch ; **~ birthday!** joyeux anniversaire! ; **~ Christmas** *UK* joyeux Noël ; **~ New Year!** bonne année! - **2.** [satisfied] heureux(euse), content(e) ; **to be ~ with** *OR* **about sthg** être heureux de qqch.

happy event *n* heureux événement *m*.

happy-go-lucky *adj* décontracté(e).

happy hour *n inf moment dans la journée où les boissons sont vendues moins cher dans les bars.*

happy medium *n* juste milieu *m*.

harangue [hə'ræŋ] <> *n* harangue *f*. <> *vt* haranguer.

Harare [hə'rɑ:rɪ] *n* Harare.

harass ['hærəs] *vt* harceler.

harassed ['hærəst] *adj* harcelé(e), tourmenté(e).

harassment ['hærəsmənt] *n* harcèlement *m*.

harbinger ['hɑ:bɪndʒəʳ] *n lit* signe *m* avant-coureur.

harbour *UK*, **harbor** *US* ['hɑ:bəʳ] <> *n* port *m*. <> *vt* - **1.** [feeling] entretenir ; [doubt, grudge] garder - **2.** [person] héberger.

harbour master *UK*, **harbor master** *US* *n* capitaine *m* de port.

hard [hɑ:d] <> *adj* - **1.** [gen] dur(e) ; **to be ~ on sb/sthg** être dur avec qqn/pour qqch - **2.** [winter, frost] rude - **3.** [water] calcaire - **4.** [fact] concret(ète) ; [news] sûr(e), vérifié(e) - **5.** *UK* POL : **~ left/right** extrême gauche/droite. <> *adv* - **1.** [strenuously - work] dur ; [- listen, concentrate] avec effort ; **to try ~ (to do sthg)** faire de son mieux (pour faire qqch) - **2.** [forcefully] fort - **3.** [heavily - rain] à verse ; [- snow] dru - **4.** *phr* **to be ~ pushed** *OR* **put** *OR* **pressed to do sthg** avoir bien de la peine à faire qqch ; **to feel ~ done by** avoir l'impression d'avoir été traité injustement.

hard-and-fast *adj* [rule] absolu(e).

hardback ['hɑ:dbæk] <> *adj* relié(e). <> *n* livre *m* relié.

hardball ['hɑ:dbɔ:l] *n* : **to play ~** *inf fig* employer les grands moyens.

hard-bitten *adj* dur(e) à cuire.

hardboard ['hɑ:dbɔ:d] *n* panneau *m* de fibres.

hard-boiled *adj* - **1.** CULIN : **~ egg** œuf *m* dur - **2.** [person] dur(e) à cuire.

hard cash *n (U)* espèces *fpl*.

hard cider *n US* cidre *m*.

hard copy *n* COMPUT sortie *f* papier.

hard-core *adj* - **1.** [criminal] endurci(e) - **2.** [pornography] hard *(inv)*.

◆ **hard core** *n* [of group] noyau *m* (dur).

hard court *n* court *m* en dur.

hard currency *n* devise *f* forte.

hard disk *n* COMPUT disque *m* dur.

hard drugs *npl* drogues *fpl* dures.

harden ['hɑ:dn] ◇ *vt* durcir ; [steel] tremper. ◇ *vi* - **1.** [glue, concrete] durcir - **2.** [person] s'endurcir - **3.** [attitude, opposition] se durcir.

hardened ['hɑ:dnd] *adj* [criminal] endurci(e).

hardening ['hɑ:dnɪŋ] *n* durcissement *m*.

hard hat *n* - **1.** *inf* [of construction worker] casque *m* - **2.** *US inf* [construction worker] ouvrier *m* du bâtiment.

hard-headed [-'hedɪd] *adj* [decision] pragmatique ; **to be ~** [person] avoir la tête froide.

hard-hearted [-'hɑ:tɪd] *adj* insensible, impitoyable.

hard-hitting [-'hɪtɪŋ] *adj* [report] sans indulgence.

hard labour *UK*, **hard labor** *US n (U)* travaux *mpl* forcés.

hard line *n* : **to take a ~ on sthg** adopter une position ferme vis-à-vis de qqch.

◆ **hard-line** *adj* convaincu(e).

◆ **hard lines** *npl UK inf* **~s!** pas de chance!

hard-liner *n* partisan *m* de la manière forte.

hardly ['hɑ:dlɪ] *adv* - **1.** [scarcely] à peine, ne... guère ; **this is ~ the time for complaints** ce n'est guère le moment de se plaindre ; **~ ever/anything** presque jamais/rien ; **I can ~ move/wait** je peux à peine bouger/attendre - **2.** [only just] à peine.

hardness ['hɑ:dnɪs] *n* - **1.** [firmness] dureté *f* - **2.** [difficulty] difficulté *f*.

hard-nosed [-nəʊzd] *adj* [businessman] à la tête froide ; [approach] pragmatique.

hard sell *n* vente *f* agressive ; **to give sb the ~** y aller à la vente agressive avec qqn.

hardship ['hɑ:dʃɪp] *n* - **1.** *(U)* [difficult conditions] épreuves *fpl* - **2.** [difficult circumstance] épreuve *f*.

hard shoulder *n UK* AUT bande *f* d'arrêt d'urgence.

hard margin *n Ireland* = **hard shoulder**.

hard up *adj inf* fauché(e) ; **~ for sthg** à court de qqch.

hardware ['hɑ:dweər] *n (U)* - **1.** [tools, equipment] quincaillerie *f* - **2.** COMPUT hardware *m*, matériel *m*.

hardware shop, **hardware store** *n* quincaillerie *f*.

hardwearing [,hɑ:d'weərɪŋ] *adj UK* résistant(e).

hardwood ['hɑ:dwʊd] *n* bois *m* dur.

hardworking [,hɑ:d'wɜ:kɪŋ] *adj* travailleur(euse).

hardy ['hɑ:dɪ] (*comp* **-ier**, *superl* **-iest**) *adj* - **1.** [person, animal] vigoureux(euse), robuste - **2.** [plant] résistant(e), vivace.

hare [heər] ◇ *n* lièvre *m*. ◇ *vi UK inf* **to ~ off** partir à fond de train.

harebrained ['heə,breɪnd] *adj inf* [person] écervelé(e) ; [scheme, idea] insensé(e).

harelip [,heə'lɪp] *n* bec-de-lièvre *m*.

harem [*UK* hɑ:'ri:m, *US* 'hærəm] *n* harem *m*.

haricot (bean) ['hærɪkəʊ-] *n* haricot *m* blanc.

hark [hɑ:k] ◆ **hark back** *vi* : **to ~ back to** revenir à.

harlequin ['hɑ:rləkwɪn] *n* arlequin *m*.

Harley Street ['hɑ:lɪ-] *n rue du centre de Londres célèbre pour ses spécialistes en médecine.*

harm [hɑ:m] ◇ *n* - **1.** [injury] mal *m* - **2.** [damage - to clothes, plant] dommage *m* ; [- to reputation] tort *m* ; **to do ~ to sb, to do sb ~** faire du tort à qqn ; **to do ~ to sthg, to do sthg ~** endommager qqch ; **to mean no ~ by sthg** ne pas faire qqch méchamment ; **there's no ~ in it** il n'y a pas de mal à cela ; **to be out of ~'s way** [- person] être en sûreté *OR* lieu sûr ; [- thing] être en lieu sûr ; **she/it came to no ~** il ne lui est rien arrivé. ◇ *vt* - **1.** [injure] faire du mal à - **2.** [damage - clothes, plant] endommager ; [- reputation] faire du tort à.

harmful ['hɑ:mfʊl] *adj* nuisible, nocif(ive).

harmless ['hɑ:mlɪs] *adj* - **1.** [not dangerous] inoffensif(ive) - **2.** [inoffensive] innocent(e).

harmlessly ['hɑ:mlɪslɪ] *adv* sans faire de mal ; [explode] sans faire de dégâts.

harmonic [hɑ:'mɒnɪk] *adj* harmonique.

harmonica [hɑ:'mɒnɪkə] *n* harmonica *m*.

harmonious [hɑ:'məʊnjəs] *adj* harmonieux(euse).

harmonium [hɑ:'məʊnjəm] (*pl* **-s**) *n* harmonium *m*.

harmonize, *UK* **-ise** ['hɑ:mənaɪz] ◇ *vt* harmoniser. ◇ *vi* s'harmoniser.

harmony ['hɑːmənɪ] (*pl* **-ies**) *n* harmonie *f* ; **in ~ with** [in agreement] en harmonie *OR* en accord avec.

harness ['hɑːnɪs] <> *n* [for horse, child] harnais *m*. <> *vt* **- 1.** [horse] harnacher **- 2.** [energy, resources] exploiter.

harp [hɑːp] *n* harpe *f*.

◆ **harp on** *vi* : **to ~ on (about sthg)** rabâcher (qqch).

harpist ['hɑːpɪst] *n* harpiste *mf*.

harpoon [hɑː'puːn] <> *n* harpon *m*. <> *vt* harponner.

harpsichord ['hɑːpsɪkɔːd] *n* clavecin *m*.

harrowing ['hærəʊɪŋ] *adj* [experience] éprouvant(e) ; [report, film] déchirant(e).

harry ['hærɪ] (*pt & pp* **-ied**) *vt fml* **to ~ sb (for sthg)** harceler qqn (pour obtenir qqch).

harsh [hɑːʃ] *adj* **- 1.** [life, conditions] rude ; [criticism, treatment] sévère **- 2.** [to senses - sound] discordant(e) ; [- light, voice] criard(e) ; [- surface] rugueux(euse), rêche ; [- taste] âpre.

harshly ['hɑːʃlɪ] *adv* **- 1.** [punish, treat, criticize] sévèrement ; [speak] durement **- 2.** [to senses - shine] de façon criarde.

harshness ['hɑːʃnɪs] *n* **- 1.** [of life, conditions] rigueur *f* ; [of criticism, treatment] sévérité *f*, dureté *f* **- 2.** [to senses - of sound] discordance *f* ; [- of texture] rugosité *f*, dureté *f* ; [- of light, colour] aspect *m* criard.

harvest ['hɑːvɪst] <> *n* [of cereal crops] moisson *f* ; [of fruit] récolte *f* ; [of grapes] vendange *f*, vendanges *fpl*. <> *vt* [cereals] moissonner ; [fruit] récolter ; [grapes] vendanger.

harvest festival *n* fête *f* de la moisson.

has (*weak form* [həz], *strong form* [hæz]) ▷ **have**.

has-been *n inf pej* ringard *m*, -e *f*.

hash [hæʃ] *n* **- 1.** [food] hachis *m* **- 2.** *UK inf* [mess] : **to make a ~ of sthg** faire un beau gâchis de qqch **- 3.** *drug sl* hasch *m*.

◆ **hash up** *vt sep UK inf* faire un beau gâchis de.

hash browns *npl* pommes de terre *fpl* sautées.

hashish ['hæʃiːʃ] *n* haschich *m*.

hasn't ['hæznt] = **has not**.

hassle ['hæsl] *inf* <> *n* [annoyance] tracas *m*, embêtement *m* ; **it can be a real ~** ça peut être vraiment l'horreur. <> *vt* tracasser.

haste [heɪst] *n* hâte *f* ; **to do sthg in ~** faire qqch à la hâte ; **to make ~** *dated* se hâter.

hasten ['heɪsn] *fml* <> *vt* hâter, accélérer. <> *vi* se hâter, se dépêcher ; **to ~ to do sthg** s'empresser de faire qqch.

hastily ['heɪstɪlɪ] *adv* **- 1.** [quickly] à la hâte **- 2.** [rashly] sans réfléchir.

hasty ['heɪstɪ] (*comp* **-ier**, *superl* **-iest**) *adj* **- 1.** [quick] hâtif(ive) **- 2.** [rash] irréfléchi(e).

hat [hæt] *n* chapeau *m* ; **keep it under your ~** gardez-le pour vous ; **to be talking through one's ~** dire n'importe quoi ; **old ~** vieux jeu, dépassé.

hatbox ['hæt,bɒks] *n* carton *m* à chapeau.

hatch [hætʃ] <> *vt* **- 1.** [chick] faire éclore ; [egg] couver **- 2.** *fig* [scheme, plot] tramer. <> *vi* [chick, egg] éclore. <> *n* : **(serving) ~** passe-plats *m inv*.

hatchback ['hætʃ,bæk] *n* voiture *f* avec hayon.

hatchet ['hætʃɪt] *n* hachette *f* ; **to bury the ~** enterrer la hache de guerre.

hatchet job *n inf* **to do a ~ on sb** démolir qqn.

hatchway ['hætʃ,weɪ] *n* passe-plats *m inv*, guichet *m*.

hate [heɪt] <> *n (U)* haine *f*. <> *vt* **- 1.** [detest] haïr **- 2.** [dislike] détester ; **I ~ to bother you, but...** je suis désolé de vous déranger, mais... ; **to ~ doing sthg** avoir horreur de faire qqch.

hateful ['heɪtfʊl] *adj* odieux(euse).

hatred ['heɪtrɪd] *n (U)* haine *f*.

hat trick *n* SPORT : **to score a ~** marquer trois buts.

haughty ['hɔːtɪ] (*comp* **-ier**, *superl* **-iest**) *adj* hautain(e).

haul [hɔːl] <> *n* **- 1.** [of drugs, stolen goods] prise *f*, butin *m* **- 2.** [distance] : **long ~** long voyage *m* *OR* trajet *m* ; [period of time] : **on the long ~** à long terme. <> *vt* **- 1.** [pull] traîner, tirer **- 2.** *UK* [transport by lorry] camionner.

haulage ['hɔːlɪdʒ] *n UK* transport *m* routier *OR* ferroviaire, camionnage *m*.

haulage contractor *n UK* entrepreneur *m* de transports routiers.

haulier *UK* ['hɔːlɪər], **hauler** *US* ['hɔːlər] *n* entrepreneur *m* de transports routiers.

haunch [hɔːntʃ] *n* [of person] hanche *f* ; [of animal] derrière *m*, arrière-train *m* ; **a ~ of venison** un cuissot de chevreuil.

haunt [hɔːnt] <> *n* repaire *m*. <> *vt* hanter.

haunted ['hɔːntɪd] *adj* **- 1.** [house, castle] hanté(e) **- 2.** [look] égaré(e).

haunting ['hɔːntɪŋ] *adj* obsédant(e).

Havana [hə'vænə] *n* La Havane.

have [hæv] (*pt & pp* **had**) <> *aux vb* [to form perfect tenses - gen] avoir ; [- with many intransitive verbs] être ; **to ~ eaten** avoir mangé ; **to ~ left** être parti(e) ; **I've been on holiday, I was on vacation** *US* j'étais en vacances ; **she hasn't gone yet, has she?** elle n'est pas encore partie, si? ; **no, she hasn't** non ; **yes, she has** oui ; **I was out of breath, having run all the way** j'étais essoufflé d'avoir couru tout le long du chemin. ◇ *vt* **- 1.** [possess, receive] **: to ~ (got)** avoir ; **I don't ~ any money** *US*, **I ~ no money, I haven't got any money** je n'ai pas d'argent ; **she's got loads of imagination** elle a plein d'imagination ; **I've got things to do** j'ai (des choses) à faire **- 2.** [experience illness] avoir ; **to ~ flu** *UK OR* **the flu** *US* avoir la grippe **- 3.** *(referring to an action, instead of another verb)* **to ~ a read** *UK* lire ; **to ~ a swim** nager ; **to ~ a bath/shower** prendre un bain/une douche ; **to ~ a cigarette** fumer une cigarette ; **to ~ a meeting** tenir une réunion ; **to ~ a bad day** passer une mauvaise journée **- 4.** [give birth to] avoir ; **to ~ a baby** avoir un bébé **- 5.** [cause to be done] **: to ~ sb do sthg** faire faire qqch à qqn ; **to ~ sthg done** faire faire qqch ; **I'm having the house decorated** je fais décorer la maison ; **to ~ one's hair cut** se faire couper les cheveux **- 6.** [be treated in a certain way] **: I had my car stolen** je me suis fait voler ma voiture, on m'a volé ma voiture **- 7.** *inf* [cheat] **: to be had** se faire avoir **- 8.** *phr* **to ~ it in for sb** en avoir après qqn, en vouloir à qqn ; **to ~ had it** [car, machine, clothes] avoir fait son temps ; **I've had it!** je n'en peux plus! ◇ *modal vb* [be obliged] **: to ~ (got) to do sthg** devoir faire qqch, être obligé(e) de faire qqch ; **do you ~ to go?, ~ you got to go?** *esp UK* est-ce que tu dois partir?, est-ce que tu es obligé de partir? ; **I've got to go to work** il faut que j'aille travailler.

◆ **haves** *npl* **: the ~s and the ~-nots** les riches et les pauvres.

◆ **have on** *vt sep* **- 1.** [be wearing] porter ; **to ~ nothing on** être tout nu **- 2.** [tease] *UK* faire marcher **- 3.** *UK* [have to do] **: to ~ (got) a lot on** être très pris(e).

◆ **have out** *vt sep* **- 1.** [have removed] **: to ~ one's appendix/tonsils out** se faire opérer de l'appendicite/des amygdales ; **to ~ a tooth out** se faire arracher une dent **- 2.** [discuss frankly] **: to ~ it out with sb** s'expliquer avec qqn.

◆ **have up** *vt sep UK inf* **to ~ sb up for sthg** traduire qqn en justice pour qqch.

haven ['heɪvn] *n* havre *m.*

haven't ['hævnt] *see also* **have not**.

haversack ['hævəsæk] *n dated* sac *m* à dos.

havoc ['hævək] *n (U)* dégâts *mpl* ; **to play ~ with** [gen] abîmer ; [with health] détraquer ; [with plans] ruiner.

Hawaii [hə'waiː] *n* Hawaii *m* ; **in ~** à Hawaii.

Hawaiian [hə'waɪjən] ◇ *adj* hawaiien (enne). ◇ *n* Hawaiien *m*, -enne *f.*

hawk [hɔːk] ◇ *n* faucon *m* ; **to watch sb like a ~** ne pas lâcher qqn des yeux. ◇ *vt* colporter.

hawker ['hɔːkər] *n* colporteur *m*, -euse *f.*

hawthorn ['hɔːθɔːn] *n* aubépine *f.*

hay [heɪ] *n* foin *m.*

hay fever *n (U)* rhume *m* des foins.

haymaking ['heɪˌmeɪkɪŋ] *n* fenaison *f.*

haystack ['heɪˌstæk] *n* meule *f* de foin.

haywire ['heɪˌwaɪər] *adj inf* **to go ~** [person] perdre la tête ; [machine] se détraquer.

hazard ['hæzəd] ◇ *n* hasard *m.* ◇ *vt* hasarder.

hazardous ['hæzədəs] *adj* hasardeux(euse).

hazard (warning) lights *npl UK* AUT feux *mpl* de détresse.

haze [heɪz] *n* brume *f.*

hazel ['heɪzl] ◇ *adj* noisette *(inv).* ◇ *n* [tree] noisetier *m.*

hazelnut ['heɪzlˌnʌt] *n* noisette *f.*

hazy ['heɪzɪ] (*comp* **-ier**, *superl* **-iest**) *adj* **- 1.** [misty] brumeux(euse) **- 2.** [memory, ideas] flou(e), vague.

H-bomb *n* bombe *f* H.

h & c *see also* **hot and cold (water)**.

HDD (*abbr of* **hard disk drive**) *n* COMPUT disque *m* dur.

he [hiː] ◇ *pers pron* **- 1.** *(unstressed)* il ; **~'s tall** il est grand ; **~ who** *fml* (celui) qui ; **there ~ is** le voilà **- 2.** *(stressed)* lui ; **HE can't do it** lui ne peut pas le faire. ◇ *n inf* [referring to animal, baby] **: it's a ~** [animal] c'est un mâle ; [baby] c'est un garçon. ◇ *comp* mâle ; **~-goat** bouc *m.*

HE - 1. *see also* **high explosive - 2.** (*abbr of* **His (or Her) Excellency**) S.Exc., S.E.

head [hed] ◇ *n* **- 1.** [of person, animal] tête *f* ; **a** *OR* **per ~** par tête, par personne ; **off the top of my ~, I'd say...** comme ça je dirais... ; **I couldn't make ~s nor tails of it** *OR* **~s or tails of it** *US* je n'y comprenais rien ; **on your own ~ be it** à vos risques et périls ; **I'm banging my ~ against a brick wall** *inf* je me tape la tête contre les murs ; **to bite** *OR* **snap sb's ~ off** rembarrer qqn ; **to laugh one's ~ off** rire à gorge déployée ; **to sing/shout one's ~ off** chanter/crier à tue-tête ; **to be off one's ~** *UK*, **to be out of one's ~** *US* être dingue ; **to be soft in the ~** *UK inf* être débile ; **to go to one's ~** [alcohol, praise] monter à la tête ; **to keep one's ~** garder son sang-froid ; **to lose one's ~** perdre la tête ; **we put our ~s together** nous avons conjugué nos efforts **- 2.** [of table, bed, hammer] tête *f* ; [of stairs, page] haut *m* **- 3.** [of flower] tête *f* ; [of cabbage] pomme *f* **- 4.** [leader] chef *m* ; **~ of state** chef *m* d'État **- 5.** *esp UK* [head teacher] directeur *m*, -trice *f* **- 6.** *phr UK* **to come to a ~** atteindre un point critique. ◇ *vt* **- 1.** [procession, list] être en tête de **- 2.** [be in charge of] être à la tête de **- 3.** FTBL **: to ~ the ball** faire une tête. ◇ *vi* **: where are you ~ing?** où allez-vous?

◆ **heads** *npl* [on coin] face *f* ; **~s or tails?** pile ou face?

◆ **head for** *vt insep* **- 1.** [place] se diriger vers **- 2.** *fig* [trouble, disaster] aller au devant de.

◆ **head off** *vt sep* **- 1.** [intercept] intercepter **- 2.** *fig* [threat, disaster] parer à.

headache ['hedeɪk] *n* mal *m* de tête ; **to have a ~** avoir mal à la tête.

headband ['hedbænd] *n* bandeau *m*.

headboard ['hed,bɔːd] *n* dosseret *m*.

head boy *n UK élève chargé de la discipline et qui siège aux conseils de son école.*

head cold *n* rhume *m* de cerveau.

head count *n* compte *m*.

headdress ['hed,dres] *n* coiffe *f*.

header ['hedər] *n* FTBL tête *f*.

headfirst [,hed'fɜːst] *adv* (la) tête la première.

headgear ['hed,gɪər] *n (U)* couvre-chef *m*.

head girl *n UK élève chargée de la discipline et qui siège aux conseils de son école.*

headhunt ['hedhʌnt] *vt* recruter (chez la concurrence).

headhunter ['hed,hʌntər] *n* chasseur *m* de têtes.

heading ['hedɪŋ] *n* titre *m*, intitulé *m*.

headlamp ['hedlæmp] *n UK* phare *m*.

headland ['hedlənd] *n* cap *m*.

headlight ['hedlaɪt] *n* phare *m*.

headline ['hedlaɪn] *n* [in newspaper] gros titre *m* ; TV & RADIO grand titre *m*.

headlong ['hedlɒŋ] ◇ *adv* **- 1.** [quickly] à toute allure **- 2.** [unthinkingly] tête baissée **- 3.** [headfirst] (la) tête la première. ◇ *adj* [unthinking] irréfléchi(e).

headmaster [,hed'mɑːstər] *n esp UK* directeur *m* (d'une école).

headmistress [,hed'mɪstrɪs] *n esp UK* directrice *f* (d'une école).

head office *n* siège *m* social.

head-on ◇ *adj* [collision] de plein fouet ; [confrontation] de front. ◇ *adv* de plein fouet.

headphones ['hedfəunz] *npl* casque *m*.

headquarter [hed'kwɔːtər] *vt* : **to be headquartered in** avoir son siège à.

headquarters [,hed'kwɔːtəz] *npl* [of business, organization] siège *m* ; [of armed forces] quartier *m* général.

headrest ['hedrest] *n* appui-tête *m*.

headroom ['hedrʊm] *n (U)* hauteur *f*.

headscarf ['hedskɑːf] (*pl* **-scarves** [-skɑːvz], *pl* **-scarfs**) *n* foulard *m*.

headset ['hedset] *n* casque *m*.

headship ['hedʃɪp] *n esp UK* direction *f* (d'une école).

headstand ['hedstænd] *n* poirier *m*.

head start *n* avantage *m* au départ ; **~ on** OR **over** avantage sur.

headstone ['hedstəun] *n* pierre *f* tombale.

headstrong ['hedstrɒŋ] *adj* volontaire, têtu(e).

head teacher *n esp UK* directeur *m*, -trice *f* (d'une école).

head waiter *n* maître *m* d'hôtel.

headway ['hedweɪ] *n* : **to make ~** faire des progrès.

headwind ['hedwɪnd] *n* vent *m* contraire.

heady ['hedɪ] (*comp* **-ier**, *superl* **-iest**) *adj* **- 1.** [exciting] grisant(e) **- 2.** [causing giddiness] capiteux(euse).

heal [hiːl] ◇ *vt* **- 1.** [cure] guérir **- 2.** *fig* [troubles, discord] apaiser. ◇ *vi* se guérir.

◆ **heal up** *vi* se cicatriser, se refermer.

healing ['hiːlɪŋ] ◇ *adj* curatif(ive). ◇ *n (U)* guérison *f*.

health [helθ] *n* santé *f* ; **to be in good/poor ~** être en bonne/mauvaise santé ; **to drink (to) sb's ~** boire à la santé de qqn.

health centre *n UK* ≃ centre *m* médico-social.

health-conscious *adj* soucieux(euse) de sa santé.

health farm *n* établissement *m* de cure.

health food *n* produits *mpl* diététiques OR naturels OR biologiques.

health-food shop *n* magasin *m* de produits diététiques.

health hazard *n* danger *m* OR risque *m* pour la santé.

health service *n UK* ≃ sécurité *f* sociale.

health visitor *n UK* infirmière *f* visiteuse.

healthy ['helθɪ] (*comp* **-ier**, *superl* **-iest**) *adj* **- 1.** [gen] sain(e) **- 2.** [well] en bonne santé, bien portant(e) **- 3.** *fig* [economy, company] qui se porte bien **- 4.** [profit] bon (bonne).

heap [hiːp] ◇ *n* tas *m* ; **in a ~** en tas. ◇ *vt* **- 1.** [pile up] entasser **- 2.** *fig* [give] : **to ~ gifts on sb** couvrir qqn de cadeaux ; **to ~ praise on sb** combler qqn d'éloges ; **to ~ scorn on sb** accabler qqn de mépris.

◆ **heaps** *npl inf* **~s of** [people, objects] des tas de ; [time, money] énormément de.

hear [hɪər] (*pt & pp* **heard** [hɜːd]) ◇ *vt* **- 1.** [gen & LAW] entendre **- 2.** [learn of] apprendre ; **to ~ (that)...** apprendre que... ◇ *vi* **- 1.** [perceive sound] entendre - **2.** [know] : **to ~ about** entendre parler de ; **did you ~ about her husband?** tu es au courant, pour son mari? - **3.** [receive news] : **to ~ about** avoir des nouvelles de ; **have you heard about your blood test yet?** as-tu déjà reçu des nouvelles à propos de ta prise de sang? ; **to ~ from sb** recevoir des nouvelles de qqn - **4.** *phr* **to have heard of** avoir entendu parler de ; **I won't ~ of it!** je ne veux pas en entendre parler!

◆ **hear out** *vt sep* écouter jusqu'au bout.

hearing ['hɪərɪŋ] ◇ *n* - **1.** [sense] ouïe *f* ; **Joe was in** *OR* **within Jim's ~** Jim était à portée de voix de Joe ; **hard of ~** dur(e) d'oreille - **2.** [trial] audience *f* ; **to get a fair ~** pouvoir défendre sa cause ; LAW être jugé équitablement. ◇ *adj* entendant(e).

hearing aid *n* audiophone *m*.

hearsay ['hɪəseɪ] *n* ouï-dire *m*.

hearse [hɜːs] *n* corbillard *m*.

heart [hɑːt] *n lit & fig* cœur *m* ; **from the ~** du fond du cœur ; **to lose ~** perdre courage ; **my ~ leapt** j'ai bondi de joie ; **my ~ sank** je me suis senti abattu ; **it's a subject close to my ~** c'est un sujet qui me tient à cœur ; **from the bottom of my ~** du fond du cœur ; **his ~ isn't in it** il n'a pas le cœur à cela ; **in one's ~ of ~s** au plus profond de son cœur ; **to do sthg to one's ~'s content** faire qqch à souhait ; **to break sb's ~** briser le cœur à qqn ; **to set one's ~ on sthg/on doing sthg** désirer absolument qqch/faire qqch, vouloir à tout prix qqch/faire qqch ; **to take sthg to ~** prendre qqch à cœur ; **to have a ~ of gold** avoir un cœur d'or.

◆ **hearts** *npl* [cards] cœur *m* ; **the six of ~s** le six de cœur.

◆ **at heart** *adv* au fond (de soi).

◆ **by heart** *adv* par cœur.

heartache ['hɑːteɪk] *n fig* peine *f* de cœur.

heart attack *n* crise *f* cardiaque.

heartbeat ['hɑːtbiːt] *n* battement *m* de cœur ; MED pulsation *f* cardiaque.

heartbreaking ['hɑːtˌbreɪkɪŋ] *adj* à fendre le cœur.

heartbroken ['hɑːtˌbrəʊkn] *adj* qui a le cœur brisé.

heartburn ['hɑːtbɜːn] *n (U)* brûlures *fpl* d'estomac.

heart disease *n* maladie *f* de cœur.

heartening ['hɑːtnɪŋ] *adj* encourageant(e).

heart failure *n* [end of heart beat] arrêt *m* cardiaque ; [condition] défaillance *f* cardiaque.

heartfelt ['hɑːtfelt] *adj* sincère.

hearth [hɑːθ] *n* foyer *m*.

heartland ['hɑːtlænd] *n* centre *m*, cœur *m*.

heartless ['hɑːtlɪs] *adj* sans cœur.

heartrending ['hɑːtˌrendɪŋ] *adj* déchirant(e), qui fend le cœur.

heart-searching *n* : **after a lot of ~** après s'être beaucoup interrogé.

heartthrob ['hɑːtθrɒb] *n inf* idole *f*, coqueluche *f*.

heart-to-heart ◇ *adj* à cœur ouvert. ◇ *n* conversation *f* à cœur ouvert.

heart transplant *n* greffe *f* du cœur.

heartwarming ['hɑːtˌwɔːmɪŋ] *adj* réconfortant(e).

hearty ['hɑːtɪ] (*comp* **-ier**, *superl* **-iest**) *adj* - **1.** [greeting, person] cordial(e) - **2.** [substantial - meal] copieux(euse) ; [- appetite] gros (grosse).

heat [hiːt] ◇ *n* - **1.** *(U)* [warmth] chaleur *f* - **2.** *(U) fig* [pressure] pression *f* - **3.** [eliminating round] éliminatoire *f* - **4.** ZOOL : **on** *UK OR* **in** *US* **~** en chaleur. ◇ *vt* chauffer.

◆ **heat up** ◇ *vt sep* réchauffer. ◇ *vi* chauffer.

heated ['hiːtɪd] *adj* [argument, discussion, person] animé(e) ; [issue] chaud(e).

heater ['hiːtər] *n* appareil *m* de chauffage.

heath [hiːθ] *n* lande *f*.

heathen ['hiːðn] ◇ *adj* païen(enne). ◇ *n* païen *m*, -enne *f*.

heather ['heðər] *n* bruyère *f*.

heating ['hiːtɪŋ] *n* chauffage *m*.

heat rash *n* boutons *mpl* de chaleur.

heat-resistant *adj* résistant(e) à la chaleur.

heat-seeking [-ˌsiːkɪŋ] *adj* guidé(e) par la chaleur.

heatstroke ['hiːtstrəʊk] *n (U)* coup *m* de chaleur.

heat wave *n* canicule *f*, vague *f* de chaleur.

heave [hiːv] ◇ *vt* - **1.** [pull] tirer (avec effort) ; [push] pousser (avec effort) - **2.** *inf* [throw] lancer. ◇ *vi* - **1.** [pull] tirer - **2.** [rise and fall] se soulever - **3.** [retch] avoir des haut-le-cœur. ◇ *n* : **to give sthg a ~** [pull] tirer qqch (avec effort) ; [push] pousser qqch (avec effort).

heaven ['hevn] *n* paradis *m* ; **it was ~** *fig* c'était divin *OR* merveilleux ; **~ (alone) knows!** Dieu seul le sait!

◆ **heavens** ◇ *npl* : **the ~s** *lit* les cieux *mpl*. ◇ *excl* : **(good) ~s!** juste ciel!

heavenly ['hevnlɪ] *adj* - **1.** *inf* [delightful] délicieux(euse), merveilleux(euse) - **2.** *lit* [of the skies] céleste.

heavily ['hevɪlɪ] *adv* - **1.** [booked, in debt] lourdement ; [rain, smoke, drink] énormément

- **2.** [solidly - built] solidement - **3.** [breathe, sigh] péniblement, bruyamment - **4.** [fall, sit down] lourdement.

heaviness ['hevınıs] *n* - **1.** [gen] lourdeur *f* - **2.** [intensity] intensité *f*.

heavy ['hevı] (*comp* **-ier**, *superl* **-iest**) *adj* - **1.** [gen] lourd(e) ; **how ~ is it?** ça pèse combien? ; **with a ~ heart** [sad] le cœur gros - **2.** [traffic] dense ; [rain] battant(e) ; [fighting] acharné(e) ; [casualties, corrections] nombreux(euses) ; [smoker, drinker] gros (grosse) ; **to be ~ on petrol** *UK* consommer beaucoup (d'essence) - **3.** [noisy - breathing] bruyant(e) - **4.** [schedule] chargé(e) - **5.** [physically exacting - work, job] pénible.

heavy cream *n US* crème *f* fraîche épaisse.

heavy-duty *adj* solide, robuste.

heavy goods vehicle *n UK* poids lourd *m*.

heavy-handed [-'hændıd] *adj* maladroit(e).

heavy industry *n* industrie *f* lourde.

heavy metal *n* MUS heavy metal *m*.

heavyweight ['hevıweıt] SPORT ◇ *adj* poids lourd. ◇ *n* poids lourd *m*.

Hebrew ['hi:bru:] ◇ *adj* hébreu, hébraïque. ◇ *n* - **1.** [person] Hébreu *m*, Israélite *mf* - **2.** [language] hébreu *m*.

Hebrides ['hebrıdi:z] *npl* : **the ~** les (îles *fpl*) Hébrides ; **in the ~** aux Hébrides.

heck [hek] *excl inf* **what/where/why the ~...?** que/où/pourquoi diable...? ; **a ~ of a nice guy** un type vachement sympa ; **a ~ of a lot of people** un tas de gens.

heckle ['hekl] ◇ *vt* interpeller, interrompre. ◇ *vi* interrompre bruyamment.

heckler ['heklər] *n* perturbateur *m*, -trice *f*.

hectare ['hekteər] *n* hectare *m*.

hectic ['hektık] *adj* [meeting, day] agité(e), mouvementé(e).

hector ['hektər] *pej* ◇ *vt* rudoyer. ◇ *vi* agir de façon autoritaire.

he'd [hi:d] *see also* **he had**, *see also* **he would**.

hedge [hedʒ] ◇ *n* haie *f*. ◇ *vi* [prevaricate] répondre de façon détournée.

hedgehog ['hedʒhɒg] *n* hérisson *m*.

hedgerow ['hedʒrəʊ] *n* bordure *f* d'arbres.

hedonism ['hi:dənızm] *n* hédonisme *m*.

hedonist ['hi:dənıst] *n* hédoniste *mf*.

heed [hi:d] ◇ *n* : **to pay ~ to sb** prêter attention à qqn ; **to take ~ of sthg** tenir compte de qqch. ◇ *vt fml* tenir compte de.

heedless ['hi:dlıs] *adj* : **~ of sthg** qui ne tient pas compte de qqch.

heel [hi:l] *n* talon *m* ; **to dig one's ~s in** *fig* se buter ; **to follow hard on the ~s of sb** être sur les talons de qqn ; **to follow hard on the ~s of sthg** arriver immédiatement après qqch ; **to take to one's ~s** prendre ses jambes à son cou ; **to turn on one's ~** tourner les talons.

hefty ['heftı] (*comp* **-ier**, *superl* **-iest**) *adj* - **1.** [well-built] costaud(e) - **2.** [large] gros (grosse).

heifer ['hefər] *n* génisse *f*.

height [haıt] *n* - **1.** [of building, mountain] hauteur *f* ; [of person] taille *f* ; **5 metres in ~** 5 mètres de haut ; **what ~ is it?** ça fait quelle hauteur? ; **what ~ are you?** combien mesurez-vous? - **2.** [above ground - of aircraft] altitude *f* ; **to gain/lose ~** gagner/perdre de l'altitude ; **at shoulder ~** à hauteur de l'épaule - **3.** [zenith] : **at the ~ of the summer/season** au cœur de l'été/de la saison ; **at the ~ of his fame** au sommet de sa gloire.

◆ **heights** *npl* [high places] hauteurs *fpl* ; **to be afraid of ~s** avoir le vertige.

heighten ['haıtn] *vt & vi* augmenter.

heinous ['heınəs] *adj fml* odieux(euse).

heir [eər] *n* héritier *m*.

heir apparent (*pl* **heirs apparent**) *n* héritier *m* présomptif.

heiress ['eərıs] *n* héritière *f*.

heirloom ['eəlu:m] *n* meuble *m* /bijou *m* de famille.

heist [haıst] *n inf* casse *m*.

held [held] *pt & pp* ▷ **hold**.

helices ['helısi:z] *pl* ▷ **helix**.

helicopter ['helıkɒptər] *n* hélicoptère *m*.

heliport ['helıpɔ:t] *n* héliport *m*.

helium ['hi:lıəm] *n* hélium *m*.

helix ['hi:lıks] (*pl* **-lixes** [-lıksi:z], *pl* **-lices** [-lısi:z]) *n* hélice *f*.

hell [hel] ◇ *n* - **1.** *lit & fig* enfer *m* - **2.** *inf* [for emphasis] : **he's a ~ of a nice guy** c'est un type vachement sympa ; **what/where/why the ~...?** que/où/pourquoi..., bon sang? ; **a ~ of a mess** un sacré bazar ; **to hurt like ~** faire vachement mal ; **like ~ you will!** il n'y a pas de danger! ; **to get the ~ out (of)** foutre le camp (de) - **3.** *phr* **all ~ broke loose** *inf* il y a eu de l'orage ; **to do sthg for the ~ of it** *inf* faire qqch pour le plaisir, faire qqch juste comme ça ; **to give sb ~** *inf* [verbally] engueuler qqn ; **go to ~!** *v inf* va te faire foutre! ; **to play ~ with sthg** *inf* foutre qqch en l'air ; **to ~ with him!** *inf* il peut aller se faire voir! ; **to ~ with the expense!** *inf* au diable l'avarice! ◇ *excl inf* merde!, zut!

he'll [hi:l] (*abbr of* = **he will**).

hell-bent *adj* : **to be ~ on sthg/on doing sthg** vouloir à tout prix qqch/faire qqch.

hellish ['helıʃ] *adj* infernal(e).

hello [hə'ləʊ] *excl* **- 1.** [as greeting] bonjour! ; [on phone] allô! **- 2.** [to attract attention] hé!

helm [helm] *n lit* & *fig* barre *f* ; **at the ~** à la barre.

helmet ['helmɪt] *n* casque *m*.

helmsman ['helmzmən] (*pl* **-men** [-mən]) *n* NAUT timonier *m*, -ière *f*.

help [help] ◇ *n* **- 1.** *(U)* [assistance] aide *f* ; **he gave me a lot of ~** il m'a beaucoup aidé ; **with the ~ of sthg** à l'aide de qqch ; **with sb's ~** avec l'aide de qqn ; **to be of ~** rendre service **- 2.** *(U)* [emergency aid] secours *m* **- 3.** [useful person or object] **: to be a ~** aider, rendre service. ◇ *vi* aider. ◇ *vt* **- 1.** [assist] aider ; **to ~ sb (to) do sthg** aider qqn à faire qqch ; **to ~ sb with sthg** aider qqn à faire qqch ; **may I ~ you?** que désirez-vous? **- 2.** [avoid] **: I can't ~ it** je n'y peux rien ; **I can't ~ feeling sad about it** je n'y peux rien, cela me rend triste ; **I couldn't ~ laughing** je ne pouvais pas m'empêcher de rire **- 3.** *phr* **to ~ o.s. (to sthg)** se servir (de qqch). ◇ *excl* au secours!, à l'aide!

◆ **help out** *vt sep* & *vi* aider.

help desk *n* service *m* d'assistance technique.

helper ['helpəʳ] *n* **- 1.** [gen] aide *mf* **- 2.** *US* [to do housework] femme *f* de ménage.

helpful ['helpfʊl] *adj* **- 1.** [person] serviable ; **you've been very ~** vous (nous) avez bien rendu service **- 2.** [advice, suggestion] utile.

helping ['helpɪŋ] *n* portion *f* ; [of cake, tart] part *f*.

helping hand *n* coup *m* de main.

helpless ['helplɪs] *adj* impuissant(e) ; [look, gesture] d'impuissance.

helplessly ['helplɪslɪ] *adv* **- 1.** [stand by, watch] sans rien pouvoir faire **- 2.** [uncontrollably] **: to laugh ~** avoir le fou rire.

helpline ['helplaɪn] *n* ligne *f* d'assistance téléphonique.

Helsinki [hel'sɪŋkɪ] *n* Helsinki.

helter-skelter ['heltə'skeltəʳ] ◇ *n UK* toboggan *m*. ◇ *adv* pêle-mêle.

hem [hem] ◇ *n* ourlet *m*. ◇ *vt* (*pt* & *pp* **-med**, *cont* **-ming**) ourler.

◆ **hem in** *vt sep* encercler.

he-man *n inf hum* vrai mâle *m*.

hematology [ˌhi:mə'tɒlədʒɪ] *n US* hématologie *f*.

hemisphere ['hemɪˌsfɪəʳ] *n* hémisphère *m*.

hemline ['hemlaɪn] *n* ourlet *m*.

hemoglobin [ˌhi:mə'gləʊbɪn] *n US* hémoglobine *f*.

hemophilia [ˌhi:mə'fɪlɪə] *n US* hémophilie *f*.

hemophiliac [ˌhi:mə'fɪlɪæk] *n US* hémophile *mf*.

hemorrhage ['hemərɪdʒ] *US* ◇ *n* hémorragie *f*. ◇ *vi* faire une hémorragie.

hemorrhoids ['hemərɔɪdz] *npl US* hémorroïdes *fpl*.

hemp [hemp] *n* [plant, fibre] chanvre *m*.

hen [hen] *n* **- 1.** [female chicken] poule *f* **- 2.** [female bird] femelle *f*.

hence [hens] *adv fml* **- 1.** [therefore] d'où **- 2.** [from now] d'ici.

henceforth [ˌhens'fɔ:θ] *adv fml* dorénavant.

henchman ['hentʃmən] (*pl* **-men** [-mən]) *n pej* acolyte *m*.

henna ['henə] ◇ *n* henné *m*. ◇ *vt* [hair] appliquer du henné sur.

hen party *n* soirée *f* entre femmes ; *UK* [before wedding] *soirée où une future mariée enterre sa vie de célibataire avec ses amies.*

henpecked ['henpekt] *adj pej* dominé par sa femme.

hepatitis [ˌhepə'taɪtɪs] *n* hépatite *f*.

her [hɜ:ʳ] ◇ *pers pron* **- 1.** [direct - unstressed] la, l' *(+ vowel or silent 'h')* ; [- stressed] elle ; **I know/like ~** je la connais/l'aime (bien) ; **it's ~** c'est elle ; **if I were** OR **was ~** si j'étais elle, à sa place ; **you can't expect her to do it** tu ne peux pas exiger que ce soit elle qui le fasse **- 2.** [referring to animal, car, ship etc] *follow the gender of your translation* **- 3.** *(indirect)* lui ; **we spoke to ~** nous lui avons parlé ; **he sent ~ a letter** il lui a envoyé une lettre **- 4.** *(after prep, in comparisons etc)* elle ; **I'm shorter than ~** je suis plus petit qu'elle. ◇ *poss adj* son (sa), ses *(pl)* ; **~ coat** son manteau ; **~ bedroom** sa chambre ; **~ children** ses enfants ; **~ name is Sarah** elle s'appelle Sarah ; **it was her fault** c'était de sa faute à elle.

herald ['herəld] ◇ *vt fml* annoncer. ◇ *n* **- 1.** [messenger] héraut *m* **- 2.** [sign] signe *m*.

heraldry ['herəldrɪ] *n* héraldique *f*.

herb [hɜ:b] *n* herbe *f*.

herbaceous [hɜ:'beɪʃəs] *adj* herbacé(e).

herbal ['hɜ:bl] *adj* à base de plantes.

herb(al) tea *n* tisane *f*.

herbicide ['hɜ:bɪsaɪd] *n* herbicide *m*.

herbivore ['hɜ:bɪvɔ:ʳ] *n* herbivore *m*.

herd [hɜ:d] ◇ *n* troupeau *m*. ◇ *vt* **- 1.** [cattle, sheep] mener **- 2.** *fig* [people] conduire, mener ; [into confined space] parquer.

herdsman ['hɜ:dzmən] (*pl* **-men** [-mən]) *n* gardien *m* de troupeau.

here [hɪəʳ] *adv* **- 1.** [in this place] ici ; **~ he is/they are** le/les voici ; **~ it is** le/la voici ; **~ is/are** voici ; **~ and there** çà et là **- 2.** [present] là ; **he's**

not ~ today il n'est pas là aujourd'hui **- 3.** [in toasts] : **~'s to Paul** à la santé de Paul ; **~'s to you, Paul** à ta santé, Paul.

hereabouts *UK* [ˌhɪərə'baʊts], **hereabout** *US* [ˌhɪərə'baʊt] *adv* par ici.

hereafter [ˌhɪər'ɑːftəʳ] ◇ *adv fml* ci-après. ◇ *n* : **the ~** l'au-delà *m*.

hereby [ˌhɪə'baɪ] *adv fml* par la présente.

hereditary [hɪ'redɪtrɪ] *adj* héréditaire.

heredity [hɪ'redətɪ] *n* hérédité *f*.

heresy ['herəsɪ] (*pl* **-ies**) *n* hérésie *f*.

heretic ['herətɪk] *n* hérétique *mf*.

herewith [ˌhɪə'wɪð] *adv fml* [with letter] ci-joint, ci-inclus.

heritage ['herɪtɪdʒ] *n* héritage *m*, patrimoine *m*.

heritage centre *n UK* musée *m*.

hermaphrodite [hɜː'mæfrədaɪt] ◇ *adj* hermaphrodite. ◇ *n* hermaphrodite *m*.

hermetic [hɜː'metɪk] *adj* hermétique.

hermetically [hɜː'metɪklɪ] *adv* : **~ sealed** fermé(e) hermétiquement.

hermit ['hɜːmɪt] *n* ermite *m*.

hernia ['hɜːnjə] *n* hernie *f*.

hero ['hɪərəʊ] (*pl* **-es**) *n* héros *m*.

heroic [hɪ'rəʊɪk] *adj* héroïque.

heroin ['herəʊɪn] *n* héroïne *f*.

heroine ['herəʊɪn] *n* héroïne *f*.

heroism ['herəʊɪzm] *n* héroïsme *m*.

heron ['herən] (*pl* **heron** *OR* **-s**) *n* héron *m*.

hero worship *n* culte *m* du héros.

herpes ['hɜːpiːz] *n* herpès *m*.

herring ['herɪŋ] (*pl* **herring** *OR* **-s**) *n* hareng *m*.

herringbone ['herɪŋbəʊn] *n* [pattern] chevrons *mpl*.

hers [hɜːz] *poss pron* le sien (la sienne), les siens (les siennes) *(pl)* ; **that money is ~** cet argent est à elle *OR* est le sien ; **it wasn't his fault, it was hers** ce n'était pas de sa faute à lui, c'était de sa faute à elle ; **a friend of ~** un ami à elle, un de ses amis.

herself [hɜː'self] *pron* **- 1.** *(reflexive)* se ; *(after prep)* elle **- 2.** *(for emphasis)* elle-même ; **she did it ~** elle l'a fait toute seule.

Herts [hɑːts] (*abbr of* **Hertfordshire**) *comté anglais*.

he's [hiːz] *see also* **he is**, *see also* **he has**.

hesitant ['hezɪtənt] *adj* hésitant(e) ; **to be ~ about doing sthg** hésiter à faire qqch.

hesitate ['hezɪteɪt] *vi* hésiter ; **to ~ to do sthg** hésiter à faire qqch.

hesitation [ˌhezɪ'teɪʃn] *n* hésitation *f* ; **to have no ~ in doing sthg** ne pas hésiter à faire qqch.

hessian ['hesɪən] *n UK* jute *m*.

heterogeneous [ˌhetərə'dʒiːnjəs] *adj fml* hétérogène.

heterosexual [ˌhetərəʊ'sekʃʊəl] ◇ *adj* hétérosexuel(elle). ◇ *n* hétérosexuel *m*, -elle *f*.

het up [het-] *adj UK inf dated* excité(e), énervé(e).

hew [hjuː] (*pt* **-ed**, *pp* **-ed** *OR* **hewn** [hjuːn]) *vt lit* [stone] tailler ; [wood] couper.

hex [heks] *n US* [curse] sort *m*.

hexagon ['heksəgən] *n* hexagone *m*.

hexagonal [hek'sægənl] *adj* hexagonal(e).

hey [heɪ] *excl* hé!

heyday ['heɪdeɪ] *n* âge *m* d'or.

hey presto [-'prestəʊ] *excl UK* passez muscade!

HF (*abbr of* **high frequency**) HF.

HGV (*abbr of* **heavy goods vehicle**) *n* PL *m* ; **an ~ licence** un permis PL.

hi [haɪ] *excl inf* salut!

HI *see also* **Hawaii**.

hiatal hernia = **hiatus hernia**.

hiatus [haɪ'eɪtəs] (*pl* **-es** [-iːz]) *n fml* pause *f*.

hiatus hernia *n* hernie *f* hiatale.

hibernate ['haɪbəneɪt] *vi* hiberner.

hibernation [ˌhaɪbə'neɪʃn] *n* hibernation *f*.

hiccup ['hɪkʌp], **hiccough** ◇ *n* hoquet *m* ; *fig* [difficulty] accroc *m* ; **to have (the) ~s** avoir le hoquet. ◇ *vi* (*pt & pp* **-ped**, *cont* **-ping**) hoqueter.

hick [hɪk] *n esp US inf pej* péquenaud *m*, -e *f*.

hickey [hɪkɪ] *n US* suçon *m*.

hid [hɪd] *pt* ▷ **hide**.

hidden ['hɪdn] ◇ *pp* ▷ **hide**. ◇ *adj* caché(e).

hide [haɪd] ◇ *vt* (*pt* **hid**, *pp* **hidden**) : **to ~ sthg (from sb)** cacher qqch (à qqn) ; [information] taire qqch (à qqn). ◇ *vi* (*pt* **hid**, *pp* **hidden**) se cacher. ◇ *n* **- 1.** [animal skin] peau *f* **- 2.** *UK* [for watching birds, animals] cachette *f*.

hide-and-seek *n* cache-cache *m*.

hideaway ['haɪdəweɪ] *n* cachette *f*.

hidebound ['haɪdbaʊnd] *adj pej* [person] borné(e) ; [institution] rigide.

hideous ['hɪdɪəs] *adj* hideux(euse) ; [error, conditions] abominable.

hideout ['haɪdaʊt] *n* cachette *f*.

hiding ['haɪdɪŋ] *n* - **1.** [concealment] : **to be in ~** se tenir caché(e) - **2.** *inf* [beating] : **to give sb a (good)~** donner une (bonne) raclée *OR* correction à qqn.

hiding place *n* cachette *f*.

hierarchical [ˌhaɪə'rɑːkɪkl] *adj* hiérarchique.

hierarchy ['haɪərɑːkɪ] (*pl* **-ies**) *n* hiérarchie *f*.

hieroglyphics [ˌhaɪərə'glɪfɪks] *npl* hiéroglyphes *mpl*.

hi-fi ['haɪfaɪ] *n* hi-fi *f inv*.

higgledy-piggledy [ˌhɪgldɪ'pɪgldɪ] *inf* ◇ *adj* pêle-mêle *(inv)*. ◇ *adv* pêle-mêle.

high [haɪ] ◇ *adj* - **1.** [gen] haut(e) ; **it's 3 feet/6 metres ~** cela fait 3 pieds/6 mètres de haut ; **how ~ is it?** cela fait combien de haut? ; **to have a ~ opinion of sb/sthg** avoir une haute opinion de qqn/qqch - **2.** [speed, figure, altitude, office] élevé(e) - **3.** [high-pitched] aigu(uë) - **4.** *drug sl* qui plane, défoncé(e) - **5.** *inf* [drunk] bourré(e). ◇ *adv* haut. ◇ *n* [highest point] maximum *m* ; **to reach a new ~** atteindre un nouveau record *OR* maximum.

highball ['haɪbɔːl] *n US* whisky *m* à l'eau avec de la glace.

highbrow ['haɪbraʊ] *adj* intellectuel(elle).

high chair *n* chaise *f* haute *(d'enfant)*.

high-class *adj* de premier ordre ; [hotel, restaurant] de grande classe.

high command *n* haut commandement *m*.

high commissioner *n* haut commissaire *m*.

High Court *n UK* & *Scotland* LAW Cour *f* d'appel.

high court *n US* LAW Cour *f* suprême.

high-density *adj* COMPUT haute densité *(inv)*.

higher ['haɪəʳ] *adj* [exam, qualification] supérieur(e).

◆ **Higher** *n* : **Higher (Grade)** SCH *examen de fin d'études secondaires en Écosse*.

higher education *n (U)* études *fpl* supérieures.

high explosive *n* explosif *m* puissant.

high-fidelity *adj* haute-fidélité *(inv)*.

high-flier, **high-flyer** *n* ambitieux *m*, -euse *f*.

high-flying *adj* [ambitious] ambitieux(euse).

high-handed [-'hændɪd] *adj* despotique.

high heels *npl* talons *mpl* aiguilles.

high-heeled [-hiːld] *adj* à talons hauts.

high horse *n inf* **to get on one's ~** monter sur ses grands chevaux.

high jump *n* saut *m* en hauteur ; **to be for the ~** *UK inf* être bon pour une engueulade.

Highland Games ['haɪlənd-] *npl* jeux *mpl* écossais.

Highland Games

En Écosse, sorte de kermesse de village en plein air où se déroulent simultanément toutes sortes de concours (danse, cornemuse) et d'épreuves sportives (courses, lancer du marteau, mais aussi *tossing the caber, tug-of-war etc*). Certaines épreuves sont ouvertes à tous, d'autres sont réservées à la population locale.

high gear *n US* quatrième/cinquième vitesse *f* ; *fig* **to move into ~** passer la surmultipliée.

Highlands ['haɪləndz] *npl* : **the ~** les Highlands *fpl (région montagneuse du nord de l'Écosse)*.

high-level *adj* [talks, discussions] à haut niveau ; [diplomats, officials] de haut niveau.

high life *n* : **the ~** la grande vie.

highlight ['haɪlaɪt] ◇ *n* [of event, occasion] moment *m OR* point *m* fort. ◇ *vt* souligner ; [with highlighter & COMPUT] surligner.

◆ **highlights** *npl* [in hair] reflets *mpl*, mèches *fpl*.

highlighter (pen) ['haɪlaɪtəʳ-] *n* surligneur *m* ; Stabilo® *m*.

highly ['haɪlɪ] *adv* - **1.** [very] extrêmement, très - **2.** [in important position] : **~ placed** haut placé(e) - **3.** [favourably] : **to think ~ of sb/sthg** penser du bien de qqn/qqch ; **to speak ~ of sb/sthg** dire du bien de qqn/qqch.

high mass, **High Mass** *n* grand-messe *f*.

high-minded [-'maɪndɪd] *adj* au caractère noble.

Highness ['haɪnɪs] *n* : **His/Her/Your (Royal) ~** Son/Votre Altesse (Royale) ; **their (Royal) ~es** leurs Altesses (Royales).

high-octane *adj* à indice d'octane élevé.

high-pitched [-'pɪtʃt] *adj* aigu(uë).

high point *n* [of occasion] point *m* fort.

high-powered [-'paʊəd] *adj* - **1.** [powerful] de forte puissance - **2.** [prestigious - activity, place] de haut niveau ; [- job, person] très important(e).

high-pressure *adj* - **1.** [air, gas] à haute pression ; **~ area** METEOR zone *f* de hautes pressions - **2.** [selling] agressif(ive).

high priest *n* RELIG grand prêtre *m*.

high-ranking [-'ræŋkɪŋ] *adj* de haut rang.

high resolution *n* COMPUT haute résolution *f*.

high rise *n* tour *f (immeuble)*.

high-rise *adj* : **~ block of flats** *UK* tour *f*.

high-risk *adj* à haut risque.

high school *n UK établissement d'enseignement secondaire ; US* ≃ lycée *m*.

high seas *npl* : **the ~** la haute mer *f*.

high season *n* haute saison *f*.

high-speed *adj* **- 1.** [train] à grande vitesse **- 2.** PHOT à obturation rapide.

high-spirited *adj* [person] plein(e) d'entrain.

high spot *n* point *m* fort.

high street *n UK* rue *f* principale.

high-strung, *US* **highly-strung** *adj* nerveux(euse).

hightail ['haɪteɪl] *vt esp US inf* **to ~ it out** filer.

high tea *n UK repas tenant lieu de goûter et de dîner, pris en fin d'après-midi.*

high-tech [-'tek] *adj* [method, industry] de pointe.

high technology *n* technologie *f* de pointe.

high-tension *adj* à haute tension.

high tide *n* marée *f* haute.

high treason *n* haute trahison *f*.

high water *n (U)* marée *f* haute.

highway ['haɪweɪ] *n* **- 1.** *US* [motorway] autoroute *f* **- 2.** [main road] grande route *f*.

Highway Code *n UK* **the ~** le code de la route.

high wire *n* corde *f* raide.

hijack ['haɪdʒæk] ◇ *n* détournement *m*. ◇ *vt* détourner.

hijacker ['haɪdʒækəʳ] *n* [of aircraft] pirate *m* de l'air ; [of vehicle] pirate *m* de la route.

hike [haɪk] ◇ *n* [long walk] randonnée *f*. ◇ *vi* faire une randonnée.

hiker ['haɪkəʳ] *n* randonneur *m*, -euse *f*.

hiking ['haɪkɪŋ] *n* marche *f*.

hilarious [hɪ'leərɪəs] *adj* hilarant(e).

hilarity [hɪ'lærətɪ] *n* hilarité *f*.

hill [hɪl] *n* **- 1.** [mound] colline *f* **- 2.** [slope] côte *f*.

hillbilly ['hɪl,bɪlɪ] (*pl* **-ies**) *n US inf pej* péquenaud *m*, -e *f*.

hillock ['hɪlək] *n* petite colline *f* ; [smaller] petite élévation *f*.

hillside ['hɪlsaɪd] *n* coteau *m*.

hill start *n UK & Australia* démarrage *m* en côte.

hilltop ['hɪltɒp] ◇ *adj* au sommet de la colline. ◇ *n* sommet *m*.

hilly ['hɪlɪ] (*comp* **-ier**, *superl* **-iest**) *adj* vallonné(e).

hilt [hɪlt] *n* garde *f* ; **to the ~** jusqu'au cou ; **to support/defend sb to the ~** soutenir/défendre qqn à fond.

him [hɪm] *pers pron* **- 1.** [direct - unstressed] le, l' (*+ vowel or silent 'h'*) ; [- stressed] lui ; **I know/like ~** je le connais/l'aime (bien) ; **it's ~** c'est lui ; **if I were** OR **was ~** si j'étais lui, à sa place ; **you can't expect him to do it** tu ne peux pas exiger que ce soit lui qui le fasse **- 2.** *(indirect)* lui ; **we spoke to ~** nous lui avons parlé ; **she sent ~ a letter** elle lui a envoyé une lettre **- 3.** *(after prep, in comparisons etc)* lui ; **I'm shorter than ~** je suis plus petit que lui.

Himalayan [,hɪmə'leɪən] *adj* himalayen (enne).

Himalayas [,hɪmə'leɪəz] *npl* : **the ~** l'Himalaya *m* ; **in the ~** dans l'Himalaya.

himself [hɪm'self] *pron* **- 1.** *(reflexive)* se ; *(after prep)* lui **- 2.** *(for emphasis)* lui-même ; **he did it ~** il l'a fait tout seul.

hind [haɪnd] ◇ *adj* de derrière. ◇ *n* (*pl* **hind** OR **-s**) *esp UK* biche *f*.

hinder ['hɪndəʳ] *vt* gêner, entraver.

Hindi ['hɪndɪ] *n* hindi *m*.

hindmost ['haɪndməʊst] *adj* arrière.

hindquarters ['haɪndkwɔːtəz] *npl* arrière-train *m*.

hindrance ['hɪndrəns] *n* obstacle *m*.

hindsight ['haɪndsaɪt] *n* : **with the benefit of ~** avec du recul.

Hindu ['hɪnduː] ◇ *adj* hindou(e). ◇ *n* (*pl* **-s**) Hindou *m*, -e *f*.

Hinduism ['hɪnduːɪzm] *n* hindouisme *m*.

hinge [hɪndʒ] (*cont* **hingeing**) *n* [whole fitting] charnière *f* ; [pin] gond *m*.

◆ **hinge (up)on** *vt insep* [depend on] dépendre de.

hint [hɪnt] ◇ *n* **- 1.** [indication] allusion *f* ; **to drop a ~** faire une allusion ; **to take the ~** saisir l'allusion **- 2.** [piece of advice] conseil *m*, indication *f* **- 3.** [small amount] soupçon *m*. ◇ *vi* : **to ~ at sthg** faire allusion à qqch. ◇ *vt* : **to ~ that...** insinuer que...

hinterland ['hɪntəlænd] *n* arrière-pays *m*.

hip [hɪp] ◇ *n* hanche *f*. ◇ *adj inf* [fashionable] branché.

hipbath ['hɪpbɑːθ] *n esp UK* bain *m* de siège.

hipbone, **hip bone** ['hɪpbəʊn] *n* os *m* de la hanche, os *m* iliaque.

hip flask *n* flasque *f*.

hip-hop *n* [music] hip-hop *m*.

hippie ['hɪpɪ] = **hippy**.

hippo ['hɪpəʊ] (*pl* **-s**) *n* hippopotame *m*.

hippopotamus [,hɪpə'pɒtəməs] (*pl* **-muses** [-məsiːz] , *pl* **-mi** [-maɪ]) *n* hippopotame *m*.

hippy ['hɪpɪ] (*pl* **-ies**) *n* hippie *mf*.

hire ['haɪəʳ] ◇ *n UK (U)* [of car, equipment] location *f* ; **for ~** [bicycles etc] à louer ; [taxi] libre ;

on ~ en location. <> *vt* - **1.** *UK* [rent] louer - **2.** [employ] employer les services de ; **a ~d killer** un tueur à gages.

◆ **hire out** *vt sep UK* louer.

hire car *n UK* voiture *f* de location.

hire purchase *n (U) UK* achat *m* à crédit OR à tempérament ; **to buy sthg on ~** acheter qqch à crédit OR à tempérament.

his [hɪz] <> *poss adj* son (sa), ses *(pl)* ; **~ house** sa maison ; **~ money** son argent ; **~ children** ses enfants ; **~ name is Joe** il s'appelle Joe ; **it wasn't HIS fault** ce n'était pas de sa faute à lui. <> *poss pron* le sien (la sienne), les siens (les siennes) *(pl)* ; **that money is ~** cet argent est à lui OR est le sien ; **it wasn't her fault, it was HIS** ce n'était pas de sa faute à elle, c'était de sa faute à lui ; **a friend of ~** un ami à lui, un de ses amis.

Hispanic [hɪ'spænɪk] <> *adj* hispanique. <> *n esp US* Hispano-américain *m*, -e *f*.

hiss [hɪs] <> *n* [of animal, gas etc] sifflement *m* ; [of crowd] sifflet *m*. <> *vt* [speaker, speech] siffler. <> *vi* [animal, gas etc] siffler.

histogram ['hɪstəgræm] *n* histogramme *m*.

historian [hɪ'stɔːrɪən] *n* historien *m*, -enne *f*.

historic [hɪ'stɒrɪk] *adj* historique.

historical [hɪ'stɒrɪkəl] *adj* historique.

history ['hɪstərɪ] (*pl* **-ies**) *n* - **1.** [gen] histoire *f* ; **to go down in ~** entrer dans l'histoire ; **to make ~** faire l'histoire - **2.** [past record] antécédents *mpl* ; **medical ~** passé *m* médical - **3.** COMPUT historique *m*.

histrionics [hɪstrɪ'ɒnɪks] *npl pej* drame *m*.

hit [hɪt] <> *n* - **1.** [blow] coup *m* - **2.** [successful strike] coup *m* OR tir *m* réussi ; [in fencing] touche *f* ; **to score a ~ on sthg** toucher qqch - **3.** [success] succès *m* ; **to be a ~ with** plaire à - **4.** COMPUT visite *f* (d'un site Internet). <> *comp* à succès. <> *vt* (*pt & pp* **hit**, *cont* **-ting**) - **1.** [strike] frapper ; [nail] taper sur - **2.** [crash into] heurter, percuter - **3.** [reach] atteindre - **4.** [affect badly] toucher, affecter - **5.** *phr* **to ~ it off (with sb)** bien s'entendre (avec qqn).

◆ **hit back** *vi esp UK* **to ~ back (at)** répondre (à).

◆ **hit on** *vt insep* - **1.** = **hit upon** - **2.** *US inf* [chat up] draguer.

◆ **hit out** *vi esp UK* **to ~ out at** [physically] envoyer un coup à ; [criticize] attaquer.

◆ **hit upon** *vt insep* [think of] trouver.

hit-and-miss = **hit-or-miss**.

hit-and-run *adj* [accident] avec délit de fuite ; **~ driver** chauffard *m (qui a commis un délit de fuite)*.

hitch [hɪtʃ] <> *n* [problem, snag] ennui *m*. <> *vt* - **1.** [catch] : **to ~ a lift** OR **a ride** *US* faire du stop - **2.** [fasten] : **to ~ sthg on** OR **onto** accrocher OR attacher qqch à. <> *vi* [hitchhike] faire du stop.

◆ **hitch up** *vt sep* [pull up] remonter.

hitchhike ['hɪtʃhaɪk] *vi* faire de l'auto-stop.

hitchhiker ['hɪtʃhaɪkər] *n* auto-stoppeur *m*, -euse *f*.

hi-tech [ˌhaɪ'tek] = **high-tech**.

hither ['hɪðər] *adv lit* ici ; **~ and thither** çà et là.

hitherto [ˌhɪðə'tuː] *adv fml* jusqu'ici.

hit list *n* liste *f* noire.

hit man *n* tueur *m (à gages)*.

hit-or-miss *adj* aléatoire.

hit parade *n dated* hit-parade *m*.

HIV (*abbr of* **human immunodeficiency virus**) *n* VIH *m*, HIV *m* ; **to be ~-positive** être séropositif(ive).

hive [haɪv] *n* ruche *f* ; **a ~ of activity** une véritable ruche.

◆ **hive off** *vt sep UK* [assets] séparer.

hl (*abbr of* **hectolitre**) hl.

HM (*abbr of* **His (or Her) Majesty**) SM.

HMG (*abbr of* **His (or Her) Majesty's Government**) *expression utilisée sur des documents officiels en Grande-Bretagne.*

HMI (*abbr of* **His (or Her) Majesty's Inspector**) *n inspecteur de l'éducation nationale en Grande-Bretagne.*

HMO (*abbr of* **health maintenance organization**) *n organisme américain pour la santé publique.*

HMS (*abbr of* **His (or Her) Majesty's Ship**) *expression précédant le nom d'un bâtiment de la marine britannique.*

HMSO (*abbr of* **His (or Her) Majesty's Stationery Office**) *n service officiel des publications en Grande-Bretagne*, ≃ Imprimerie *f* nationale.

HNC (*abbr of* **Higher National Certificate**) *n brevet de technicien en Grande-Bretagne.*

HND (*abbr of* **Higher National Diploma**) *n brevet de technicien supérieur en Grande-Bretagne.*

hoard [hɔːd] <> *n* [store] réserves *fpl* ; [of useless items] tas *m*. <> *vt* amasser ; [food, petrol] faire des provisions de.

hoarding ['hɔːdɪŋ] *n UK* [for advertisements] panneau *m* d'affichage publicitaire.

hoarfrost ['hɔːfrɒst] *n* gelée *f* blanche.

hoarse [hɔːs] *adj* [person, voice] enroué(e) ; [shout, whisper] rauque.

hoax [həʊks] *n* canular *m*.

hoaxer ['həʊksər] *n* mauvais plaisant *m*.

hob [hɒb] *n UK* [on cooker] rond *m*, plaque *f*.

hobble ['hɒbl] *vi* [limp] boitiller.

hobby ['hɒbɪ] (*pl* **-ies**) *n* passe-temps *m inv*, hobby *m*, violon *m* d'Ingres.

hobbyhorse ['hɒbɪhɔːs] *n* - **1.** [toy] cheval *m* à bascule - **2.** *fig* [favourite topic] dada *m*.

hobnob ['hɒbnɒb] (*pt & pp* **-bed**, *cont* **-bing**) *vi pej* **to ~ with sb** frayer avec qqn.

hobo ['həʊbəʊ] (*pl* **-es** OR **-s**) *n dated US* clochard *m*, -e *f*.

Ho Chi Minh City ['həʊˌtʃiː'mɪn-] *n* Hô Chi Minh-Ville.

hock [hɒk] *n esp UK* [wine] vin *m* du Rhin.

hockey ['hɒkɪ] *n* - **1.** *esp UK* [on grass] hockey *m* - **2.** *US* [ice hockey] hockey *m* sur glace.

hocus-pocus ['həʊkəs'pəʊkəs] *n* [trickery] supercherie *f*, tromperie *f*.

hod [hɒd] *n* hotte *f*.

hodgepodge *US* = **hotchpotch**.

hoe [həʊ] ◇ *n* houe *f*. ◇ *vt* biner.

hog [hɒg] ◇ *n* - **1.** *US* [pig] cochon *m* - **2.** *inf* [greedy person] goinfre *m* - **3.** *phr* **to go the whole ~** aller jusqu'au bout. ◇ *vt* (*pt & pp* **-ged**, *cont* **-ging**) *inf* [monopolize] accaparer, monopoliser.

Hogmanay ['hɒgməneɪ] *n la Saint-Sylvestre en Écosse*.

hoist [hɔɪst] ◇ *n* [device] treuil *m*. ◇ *vt* hisser.

hokum ['həʊkəm] *n (U) US inf* niaiseries *fpl*.

hold [həʊld] ◇ *vt* (*pt & pp* **held**) - **1.** [gen] tenir - **2.** [keep in position] maintenir - **3.** [as prisoner] détenir ; **to ~ sb prisoner/hostage** détenir qqn prisonnier/comme otage - **4.** [have, possess] avoir - **5.** *fml* [consider] considérer, estimer ; **to ~ (that)...** considérer que..., estimer que... ; **to ~ sb responsible for sthg** rendre qqn responsable de qqch, tenir qqn pour responsable de qqch ; **to ~ sthg dear** tenir à qqch - **6.** [on telephone] : **please ~ the line, please ~** *US* ne quittez pas, je vous prie - **7.** [keep, maintain] retenir - **8.** [sustain, support] supporter - **9.** [contain] contenir ; **the main hall ~s 500** on peut tenir à 500 dans la grande salle ; **what does the future ~ for him?** que lui réserve l'avenir? - **10.** *phr* **~ it!, ~ everything!** attendez!, arrêtez! ; **to ~ one's own** se défendre. ◇ *vi* (*pt & pp* **held**) - **1.** [remain unchanged - gen] tenir ; [- luck] persister ; [- weather] se maintenir ; **to ~ still** OR **steady** ne pas bouger, rester tranquille - **2.** [on phone] patienter. ◇ *n* - **1.** [grasp, grip] prise *f*, étreinte *f* ; **to take** OR **lay ~ of sthg** saisir qqch ; **to get ~ of sthg** [obtain] se procurer qqch ; **to get ~ of sb** [find] joindre - **2.** [of ship, aircraft] cale *f* - **3.** [control, influence] prise *f* ; **to take ~** [fire] prendre.

◆ **hold against** *vt sep* : **to ~ sthg against sb** *fig* en vouloir à qqn de qqch.

◆ **hold back** ◇ *vi* [hesitate] se retenir ; **to ~ back from doing sthg** se retenir de faire qqch. ◇ *vt sep* - **1.** [restrain, prevent] retenir ; [anger] réprimer ; **to ~ sb back from doing sthg** retenir qqn de faire qqch - **2.** [keep secret] cacher.

◆ **hold down** *vt sep* [job] garder.

◆ **hold off** ◇ *vt sep* [fend off] tenir à distance ; [wait] reporter. ◇ *vi* : **the rain held off** il n'a pas plu.

◆ **hold on** *vi* - **1.** [wait] attendre ; [on phone] ne pas quitter - **2.** [grip] : **to ~ on (to sthg)** se tenir (à qqch).

◆ **hold onto** *vt insep* [power, job] garder.

◆ **hold out** ◇ *vt sep* [hand, arms] tendre. ◇ *vi* - **1.** [last] durer - **2.** [resist] : **to ~ out (against sb/sthg)** résister (à qqn/qqch).

◆ **hold out for** *vt insep* continuer à réclamer.

◆ **hold up** *vt sep* - **1.** [raise] lever - **2.** [delay] retarder - **3.** *inf* [rob] faire un hold-up dans.

◆ **hold with** *vt insep fml* [approve of] approuver.

holdall ['həʊldɔːl] *n UK* fourre-tout *m inv*.

holder ['həʊldə^r] *n* - **1.** [for cigarette] porte-cigarettes *m inv* - **2.** [owner] détenteur *m*, -trice *f* ; [of position, title] titulaire *mf*.

holding ['həʊldɪŋ] ◇ *n* - **1.** [investment] effets *mpl* en portefeuille - **2.** [farm] ferme *f*. ◇ *adj* [action, operation] *mené en vue de maintenir le statu quo*.

holding company *n* holding *m*.

hold(-)up ['həʊldʌp] *n* - **1.** [robbery] hold-up *m* - **2.** [delay] retard *m*.

hole [həʊl] *n* - **1.** [gen] trou *m* ; **~ in one** GOLF trou réussi en un coup ; **to pick ~s in sthg** [criticize] trouver à redire à qqch - **2.** *UK inf* [predicament] pétrin *m*.

◆ **hole up** *vi* [hide, take shelter] se terrer.

holiday ['hɒlɪdeɪ] *n* - **1.** *UK* [vacation] vacances *fpl* ; **to be/go on ~** être/partir en vacances - **2.** [public holiday] jour *m* férié.

holiday camp *n UK* camp *m* de vacances.

holidaymaker ['hɒlɪdɪˌmeɪkə^r] *n UK* vacancier *m*, -ère *f*.

holiday pay *n UK salaire payé pendant les vacances*.

holiday resort *n UK* lieu *m* de vacances.

holiness ['həʊlɪnɪs] *n* [holy quality] sainteté *f*.

◆ **Holiness** *n* [in titles] : **His/Your Holiness** Sa/Votre Sainteté.

holistic [həʊ'lɪstɪk] *adj* holistique.

Holland ['hɒlənd] *n* Hollande *f* ; **in ~** en Hollande.

hollandaise sauce [ˌhɒlən'deɪz-] *n* sauce *f* hollandaise.

holler ['hɒlə^r] *vi & vt inf* gueuler, brailler.

hollow ['hɒləʊ] ◇ *adj* creux (creuse) ; [eyes] cave ; [promise, victory] faux (fausse) ; [laugh] qui sonne faux. ◇ *n* creux *m*.

◆ **hollow out** *vt sep* creuser, évider.

holly ['hɒlɪ] *n* houx *m*.

Hollywood ['hɒlɪwʊd] ◇ *n* [film industry] Hollywood. ◇ *comp* hollywoodien(enne).

holocaust ['hɒləkɔːst] *n* [destruction] destruction *f*, holocauste *m*.

◆ **Holocaust** *n* : **the Holocaust** l'holocauste *m*.

hologram ['hɒləgræm] *n* hologramme *m*.

hols [hɒlz] *npl UK inf* vacances *fpl*.

Holstein ['hɒlstain] *esp US* = **Friesian**.

Holstein-Friesian [hɒlstain'friːzən] *esp UK* = **Friesian**.

holster ['həʊlstəʳ] *n* étui *m*.

holy ['həʊlɪ] (*comp* **-ier**, *superl* **-iest**) *adj* saint(e) ; [ground] sacré(e).

Holy Communion *n* Sainte Communion *f*.

Holy Ghost *n* : **the ~** le Saint-Esprit.

Holy Grail [-'greɪl] *n* : **the ~** le Saint-Graal.

Holy Land *n* : **the ~** la Terre sainte.

holy orders *npl* ordres *mpl* sacrés.

Holy Spirit *n* : **the ~** le Saint-Esprit.

homage ['hɒmɪdʒ] *(U) fml n* hommage *m* ; **to pay ~ to sb/sthg** rendre hommage à qqn/qqch.

home [həʊm] ◇ *n* **- 1.** [house, institution] maison *f* ; **to make one's ~** s'établir, s'installer ; **it's a ~ from ~** *UK* OR **~ away from ~** *US* on est ici comme chez soi **- 2.** [own country] patrie *f* ; [city] ville *f* natale **- 3.** [one's family] foyer *m* ; **to leave ~** quitter la maison **- 4.** *fig* [place of origin] berceau *m*. ◇ *adj* **- 1.** [not foreign - gen] intérieur(e) ; [- product] national(e) **- 2.** [in one's own home - cooking] familial(e) ; [- life] de famille ; [- improvements] domestique **- 3.** [SPORT - game] sur son propre terrain ; [- team] qui reçoit. ◇ *adv* **- 1.** [to or at one's house] chez soi, à la maison **- 2.** *phr* **to bring sthg ~ (to sb)** faire prendre conscience de qqch (à qqn) ; **to drive** OR **hammer sthg ~ to sb** enfoncer OR faire rentrer qqch dans la tête de qqn.

◆ **at home** *adv* **- 1.** [in one's house, flat] chez soi, à la maison **- 2.** [comfortable] à l'aise ; **at ~ with sthg** à l'aise dans qqch ; **to make o.s. at ~** faire comme chez soi **- 3.** [in one's own country] chez nous **- 4.** SPORT : **to play at ~** jouer sur son propre terrain.

◆ **home in** *vi* : **to ~ in on sthg** viser qqch, se diriger vers qqch ; *fig* pointer sur qqch.

home address *n* adresse *f* du domicile.

home banking *n opérations bancaires effectuées à domicile par ordinateur.*

home brew *n (U)* [beer] bière *f* faite à la maison.

homecoming ['həʊmˌkʌmɪŋ] *n* **- 1.** [return] retour *m* au foyer OR à la maison **- 2.** *US* SCH & UNIV *fête donnée en l'honneur de l'équipe de football et à laquelle sont invités les anciens élèves.*

home computer *n* ordinateur *m* domestique.

Home Counties *npl* : **the ~** *les comtés entourant Londres.*

home economics *n (U)* économie *f* domestique.

home fries *npl US* pommes de terre *fpl* sautées.

home ground *n* **- 1.** [familiar territory] : **to be on ~** *lit* & *fig* être sur son terrain **- 2.** SPORT terrain *m* du club.

homegrown [ˌhəʊm'grəʊn] *adj* du jardin.

home help *n UK* aide *f* ménagère.

homeland ['həʊmlænd] *n* **- 1.** [country of birth] patrie *f* **- 2.** [formerly in South Africa] homeland *m*, bantoustan *m*.

homeless ['həʊmlɪs] ◇ *adj* sans abri. ◇ *npl* : **the ~** les sans-abri *mpl*.

homelessness ['həʊmlɪsnəs] *n fait d'être sans abri.*

home loan *n* prêt *m* d'accession à la propriété.

homely ['həʊmlɪ] *adj* **- 1.** *UK* [simple] simple **- 2.** *US* [unattractive] ordinaire.

homemade [ˌhəʊm'meɪd] *adj* fait(e) (à la) maison.

home movie *n* film *m* amateur.

Home Office *n UK* : **the ~** ≃ le ministère de l'Intérieur.

homeopath [ˌhəʊmɪ'ɒpəθ] *n UK* homéopathe *mf*.

homeopathic [ˌhəʊmɪəʊ'pæθɪk] *adj* homéopathique.

homeopathy [ˌhəʊmɪ'ɒpəθɪ] *n* homéopathie *f*.

home owner, *US* **homeowner** ['həʊmˌəʊnəʳ] *n* propriétaire *mf* (d'une maison/d'un appartement).

home page *n* COMPUT page *f* d'accueil.

homer *n US inf* = **home run**.

home rule *n* autonomie *f*.

home run *n US* coup *m* de circuit.

Home Secretary *n UK* ≃ ministre *m* de l'Intérieur.

homesick ['həʊmsɪk] *adj* qui a le mal du pays.

homesickness ['həʊmˌsɪknɪs] *n* mal *m* du pays.

homespun ['həʊmspʌn] *adj fig* simple.

homestead ['həʊmsted] *n US* ferme *f* (avec dépendances).

home straight *UK*, **home stretch** *US n* : **the ~** [of race] la dernière ligne droite ; [of task] le dernier stade.

hometown ['həʊmtaʊn] *n* ville *f* natale.

home truth *n esp UK* **to tell sb a few ~s** dire ses quatre vérités à qqn.

homeward ['həʊmwəd] ◇ *adj* de retour. ◇ *adv* vers la maison.

homewards ['həʊmwədz] *adv* = **homeward.**

homework ['həʊmwɜːk] *n (U)* **- 1.** SCH devoirs *mpl* **- 2.** *inf* [preparation] boulot *m*.

homey, **homy** ['həʊmɪ] *adj US* confortable, agréable.

homicidal ['hɒmɪsaɪdl] *adj* homicide.

homicide ['hɒmɪsaɪd] *n* homicide *m*.

homily ['hɒmɪlɪ] (*pl* **-ies**) *n* [lecture] homélie *f*.

homing ['həʊmɪŋ] *adj* de retour au gîte ; MIL : **~ device** tête *f* chercheuse.

homing pigeon *n* pigeon *m* voyageur.

homoeopathy *etc* [ˌhəʊmɪ'ɒpəθɪ] *UK* = **homeopathy** *etc* .

homogeneous [ˌhɒmə'dʒiːnjəs] *adj* homogène.

homogenize, *UK* **-ise** [hə'mɒdʒənaɪz] *vt* homogénéiser.

homosexual [ˌhɒmə'sekʃʊəl] ◇ *adj* homosexuel(elle). ◇ *n* homosexuel *m*, -elle *f*.

homosexuality [ˌhɒməˌseksjʊ'ælətɪ] *n* homosexualité *f*.

homy = **homey**.

Hon. *UK see also* **Honourable ;** *US* honorable.

hon *see also* **honourable** *UK*, **honorary ;** *see also* **honorable** *US*.

Honduran [hɒn'djʊərən] ◇ *adj* hondurien(enne). ◇ *n* Hondurien *m*, -enne *f*.

Honduras [hɒn'djʊərəs] *n* Honduras *m* ; **in ~** au Honduras.

hone [həʊn] *vt* aiguiser.

honest ['ɒnɪst] ◇ *adj* **- 1.** [trustworthy] honnête, probe **- 2.** [frank] franc (franche), sincère ; **to be ~...** pour dire la vérité..., à dire vrai... **- 3.** [legal] légitime. ◇ *adv inf* = **honestly** *(sense 2h)* .

honestly ['ɒnɪstlɪ] ◇ *adv* **- 1.** [truthfully] honnêtement **- 2.** [expressing sincerity] je vous assure. ◇ *excl* [expressing impatience, disapproval] franchement!

honesty ['ɒnɪstɪ] *n* honnêteté *f*, probité *f*.

honey ['hʌnɪ] *n* **- 1.** [food] miel *m* **- 2.** [dear] chéri *m*, -e *f*.

honeybee ['hʌnɪbiː] *n* abeille *f*.

honeycomb ['hʌnɪkəʊm] *n* gâteau *m* de miel.

honeymoon ['hʌnɪmuːn] ◇ *n lit & fig* lune *f* de miel. ◇ *vi* aller en voyage de noces, passer sa lune de miel.

honeysuckle ['hʌnɪˌsʌkl] *n* chèvrefeuille *m*.

Hong Kong [ˌhɒŋ'kɒŋ] *n* Hong Kong, Hongkong ; **in ~** à Hongkong.

honk [hɒŋk] ◇ *vi* **- 1.** [motorist] klaxonner **- 2.** [goose] cacarder. ◇ *vt* : **to ~ the horn** klaxonner. ◇ *n* **- 1.** [of horn] coup *m* de Klaxon® **- 2.** [of goose] cri *m*.

honky ['hɒŋkɪ] (*pl* **-ies**) *n US v inf terme injurieux désignant un Blanc.*

Honolulu [ˌhɒnə'luːluː] *n* Honolulu.

honor *etc US* = **honour** *etc* .

honorary [*UK* 'ɒnərərɪ, *US* ɒnə'reərɪ] *adj* honoraire.

honor roll *n US & Australia* tableau *m* d'honneur.

honors *npl US* = **honours** *(sense 2)*.

honour *UK*, **honor** *US* ['ɒnə^r] ◇ *n* honneur *m* ; **in ~ of sb/sthg** en l'honneur de qqn/qqch. ◇ *vt* honorer.

◆ **Honour** *n* : **His/Your Honour** Son/Votre Honneur.

◆ **honours** *npl* **- 1.** [tokens of respect] honneurs *mpl* **- 2.** *UK* [of university degree] ≃ licence *f* **- 3.** *phr* **to do the ~s** [serve food] servir ; [introduce people] faire les présentations.

honourable *UK*, **honorable** *US* ['ɒnrəbl] *adj* honorable.

◆ **Honourable** *adj* [in titles] : **the Honourable...** l'honorable...

honourably *UK*, **honorably** *US* ['ɒnərəblɪ] *adv* honorablement.

honour bound *UK*, **honor bound** *US adj* : **to be ~ to do sthg** être tenu(e) (par l'honneur) de faire qqch.

honours list *n UK liste des personnes qui doivent recevoir des titres honorifiques (conférés par la reine).*

Hons. (*abbr of* **honours degree**) *licence.*

hooch, **hootch** [huːtʃ] *n US slang* [drink] gnôle *f*.

hood [hʊd] *n* **- 1.** [on cloak, jacket] capuchon *m* **- 2.** [of cooker] hotte *f* **- 3.** [of pram, convertible car] capote *f* **- 4.** *US* [car bonnet] capot *m* **- 5.** *US* [gangster] ganster *m*.

hooded ['hʊdɪd] *adj* **- 1.** [wearing a hood] encapuchonné(e) **- 2.** [eyes] aux paupières tombantes.

hoodlum ['hu:dləm] *n dated* gangster *m*, truand *m*.

hoodwink ['hʊdwɪŋk] *vt* tromper, berner.

hooey ['hu:ɪ] *n (U) US inf* salades *fpl*.

hoof [hu:f, hʊf] (*pl* **-s** *OR* **hooves** [hu:vz]) *n* sabot *m*.

hook [hʊk] ◇ *n* **- 1.** [for hanging things on] crochet *m* **- 2.** [for catching fish] hameçon *m* **- 3.** [fastener] agrafe *f* **- 4.** [of telephone] : **off the ~** décroché **- 5.** *phr* **to get sb off the ~** tirer qqn d'affaire. ◇ *vt* **- 1.** [attach with hook] accrocher **- 2.** [catch with hook] prendre **- 3.** [arm, leg] : **to ~ one's arm round** *UK OR* **around** *US* **sthg** passer son bras autour de qqch.

◆ **hook up** *vt sep* : **to ~ sthg up to sthg** connecter qqch à qqch.

hook and eye (*pl* **hooks and eyes**) *n* agrafe *f*.

hooked [hʊkt] *adj* **- 1.** [shaped like a hook] crochu(e) **- 2.** *inf* [addicted] : **to be ~ (on)** être accro (à) ; [music, art] être mordu(e) (de).

hooker ['hʊkər] *n US inf* putain *f*.

hook(e)y ['hʊkɪ] *n US inf* **to play ~** faire l'école buissonnière.

hooligan ['hu:lɪgən] *n* hooligan *m*, vandale *m*.

hooliganism ['hu:lɪgənɪzm] *n* hooliganisme *m*, vandalisme *m*.

hoop [hu:p] *n* **- 1.** [circular band] cercle *m* **- 2.** [toy] cerceau *m*.

hoop(-)la ['hu:plɑ:] *n* **- 1.** [game] *UK (U)* [game] jeu *m* d'anneaux **- 2.** [excitement] *US* tohu-bohu *m*.

hooray [hʊ'reɪ] = **hurray**.

hoot [hu:t] ◇ *n* **- 1.** [of owl] hululement *m* **- 2.** *UK* [of horn] coup *m* de Klaxon® **- 3.** [of person] : **a ~ of laughter** un hurlement de rire **- 4.** *UK inf* [something amusing] : **to be a ~** être tordant(e). ◇ *vi* **- 1.** [owl] hululer **- 2.** *UK* [horn] klaxonner **- 3.** *inf* [person] : **to ~ with laughter** hurler de rire, rire aux éclats. ◇ *vt UK* **to ~ the horn** klaxonner.

hootch = **hooch**.

hooter ['hu:tər] *n UK* **- 1.** [horn] Klaxon® *m* **- 2.** *inf* [nose] pif *m*.

Hoover® *UK* ['hu:vər] *n* aspirateur *m*.

◆ **hoover** ◇ *vt* [room] passer l'aspirateur dans ; [carpet] passer à l'aspirateur. ◇ *vi* passer l'aspirateur.

hooves [hu:vz] *pl* ▷ **hoof**.

hop [hɒp] ◇ *n* saut *m* ; [on one leg] saut à cloche-pied. ◇ *vi* (*pt & pp* **-ped**, *cont* **-ping**) sauter ; [on one leg] sauter à cloche-pied ; [bird] sautiller. ◇ *vt* (*pt & pp* **-ped**, *cont* **-ping**) *US inf* [bus, train] sauter dans.

◆ **hops** *npl* houblon *m*.

hope [həʊp] ◇ *vi* espérer ; **to ~ for sthg** espérer qqch ; **I ~ so** j'espère bien ; **I ~ not** j'espère bien que non ; **to ~ for the best** espérer que tout aille pour le mieux. ◇ *vt* : **to ~ (that)** espérer que ; **to ~ to do sthg** espérer faire qqch. ◇ *n* espoir *m* ; **in the ~ of** dans l'espoir de ; **I don't hold out much ~** je n'ai pas beaucoup d'espoir, je n'y compte pas trop ; **to pin one's ~s on sthg** mettre tous ses espoirs dans qqch ; **to raise sb's ~s** donner de l'espoir à qqn.

hope chest *n US* trousseau *m*.

hopeful ['həʊpfʊl] ◇ *adj* **- 1.** [optimistic] plein(e) d'espoir ; **to be ~ of doing sthg** avoir l'espoir de faire qqch ; **to be ~ of sthg** espérer qqch **- 2.** [promising] encourageant(e), qui promet. ◇ *n* espoir *m*.

hopefully ['həʊpfəlɪ] *adv* **- 1.** [in a hopeful way] avec bon espoir, avec optimisme **- 2.** [with luck] : **~,...** espérons que...

hopeless ['həʊplɪs] *adj* **- 1.** [gen] désespéré(e) ; [tears] de désespoir **- 2.** *inf* [useless] nul (nulle).

hopelessly ['həʊplɪslɪ] *adv* **- 1.** [despairingly] avec désespoir **- 2.** [completely] complètement.

hopper ['hɒpər] *n* [funnel] trémie *f*.

hopping ['hɒpɪŋ] *adv dated* **to be ~ mad** être fou (folle) de colère.

hopscotch ['hɒpskɒtʃ] *n* marelle *f*.

horde [hɔ:d] *n* horde *f*, foule *f*.

◆ **hordes** *npl* : **~s of** une foule de.

horizon [hə'raɪzn] *n* horizon *m* ; **on the ~** *lit & fig* à l'horizon.

◆ **horizons** *npl* horizons *mpl*.

horizontal [ˌhɒrɪ'zɒntl] ◇ *adj* horizontal(e). ◇ *n* : **the ~** l'horizontale *f*.

hormone ['hɔ:məʊn] *n* hormone *f*.

hormone replacement therapy *n* traitement *m* hormonal substitutif.

horn [hɔ:n] *n* **- 1.** [of animal] corne *f* **- 2.** MUS [instrument] cor *m* **- 3.** [on car] Klaxon® *m* ; [on ship] sirène *f*.

hornet ['hɔ:nɪt] *n* frelon *m*.

horn-rimmed [-'rɪmd] *adj* à monture d'écaille.

horny ['hɔ:nɪ] (*comp* **-ier**, *superl* **-iest**) *adj* **- 1.** [hard] corné(e) ; [hand] calleux(euse) **- 2.** *v inf* [sexually excited] excité(e) (sexuellement).

horoscope ['hɒrəskəʊp] *n* horoscope *m*.

horrendous [hɒ'rendəs] *adj* horrible.

horrible ['hɒrəbl] *adj* horrible.

horribly ['hɒrəblɪ] *adv* horriblement.

horrid ['hɒrɪd] *adj* [unpleasant] horrible.

horrific [hɒ'rɪfɪk] *adj* horrible.

horrify ['hɒrɪfaɪ] (*pt & pp* **-ied**) *vt* horrifier.

horrifying ['hɒrɪfaɪɪŋ] *adj* horrifiant(e).

horror ['hɒrəʳ] *n* horreur *f* ; **to have a ~ of sthg** avoir horreur de qqch ; **to my/his ~** à ma/sa grande horreur.

horror film *esp UK*, **horror movie** *US n esp UK* film *m* d'épouvante.

horror-struck *adj* frappé(e) d'horreur.

hors d'oeuvre [ɔː'dɜːvr] (*pl* **hors d'oeuvres** [ɔː'dɜːvr]) *n* hors-d'œuvre *m inv*.

horse [hɔːs] *n* [animal] cheval *m*.

horseback (riding) ['hɔːsbæk] <> *adj* à cheval ; **~ riding** équitation *f*. <> *n* : **on ~** à cheval.

horsebox *UK* ['hɔːsbɒks], **horsecar** *US* ['hɔːskɑːʳ] *n* van *m*.

horse chestnut *n* [nut] marron *m* d'Inde ; **~ (tree)** marronnier *m* d'Inde.

horse-drawn *adj* tiré(e) par des chevaux.

horsefly ['hɔːsflaɪ] (*pl* **-flies**) *n* taon *m*.

horsehair ['hɔːsheəʳ] *n* crin *m*.

horseman ['hɔːsmən] (*pl* **-men** [-mən]) *n* cavalier *m*.

horse opera *n US hum* western *m*.

horseplay ['hɔːspleɪ] *n* chahut *m*.

horsepower ['hɔːsˌpaʊəʳ] *n* puissance *f* en chevaux.

horse racing *n (U)* courses *fpl* de chevaux.

horseradish ['hɔːsˌrædɪʃ] *n* [plant] raifort *m*.

horserider ['hɔsraɪdə] *n esp US* cavalier *m*, -ère *f*.

horse riding *n UK* équitation *f*.

horseshoe ['hɔːsʃuː] *n* fer *m* à cheval.

horse show *n* concours *m* hippique.

horse trader *US* = **horse box**.

horse trading *n fig & pej* maquignonnage *m*.

horsetrailer *US* = **horse box**.

horse trials *npl* concours *m* hippique.

horsewhip ['hɔːswɪp] (*pt & pp* **-ped**, *cont* **-ping**) *vt* cravacher.

horsewoman ['hɔːsˌwʊmən] (*pl* **-women** [-ˌwɪmɪn]) *n* cavalière *f*.

horticultural [ˌhɔːtɪ'kʌltʃərəl] *adj* d'horticulture.

horticulture ['hɔːtɪkʌltʃəʳ] *n* horticulture *f*.

hose [həʊz] <> *n* [hosepipe] tuyau *m*. <> *vt* arroser au jet.

◆ **hose down** *vt sep* laver au jet.

hosepipe ['həʊzpaɪp] *n* = **hose**.

hosiery ['həʊzɪərɪ] *n* bonneterie *f*.

hospice ['hɒspɪs] *n* hospice *m*.

hospitable [hɒ'spɪtəbl] *adj* hospitalier(ère), accueillant(e).

hospital ['hɒspɪtl] *n* hôpital *m*.

hospitality [ˌhɒspɪ'tælətɪ] *n* hospitalité *f*.

hospitality suite *n salon privé où sont offerts des rafraîchissements (lors d'une conférence etc).*

hospitalize, *UK* **-ise** ['hɒspɪtəlaɪz] *vt* hospitaliser.

host [həʊst] <> *n* **- 1.** [gen] hôte *m* ; **~ city/country** ville *f* /pays *m* d'accueil **- 2.** [compere] animateur *m*, -trice *f* **- 3.** [large number] : **a ~ of** une foule de. <> *vt fig* [meeting] présenter, animer [website] héberger.

hostage ['hɒstɪdʒ] *n* otage *m* ; **to be taken ~** être pris en otage ; **to be held ~** être détenu comme otage.

hostel ['hɒstl] *n* **- 1.** [basic accommodation] foyer *m* **- 2.** [youth hostel] auberge *f* de jeunesse.

hostelry ['hɒstəlrɪ] (*pl* **-ries**) *n hum* hostellerie *f*.

hostess ['həʊstes] *n* hôtesse *f*.

host family *n* famille *f* d'accueil.

hostile [*UK* 'hɒstaɪl, *US* 'hɒstl] *adj* : **~ (to)** hostile (à).

hostility [hɒ'stɪlətɪ] *n* [antagonism, unfriendliness] hostilité *f*.

◆ **hostilities** *npl* hostilités *fpl*.

hot [hɒt] (*comp* **-ter**, *superl* **-test**, *pt & pp* **-ted**, *cont* **-ting**) *adj* **- 1.** [gen] chaud(e) ; **I'm ~** j'ai chaud ; **it's ~** il fait chaud **- 2.** [spicy] épicé(e) **- 3.** *inf* [expert] fort(e), calé(e) ; **to be ~ on** *OR* **at sthg** être fort *OR* calé en qqch **- 4.** [recent] de dernière heure *OR* minute **- 5.** [temper] colérique.

◆ **hot up** *vi inf UK* chauffer.

hot-air balloon *n* montgolfière *f*.

hotbed ['hɒtbed] *n* foyer *m*.

hotchpotch *UK* ['hɒtʃpɒtʃ], **hodgepodge** *US* ['hɒdʒpɒdʒ] *n inf* fouillis *m*, méli-mélo *m*.

hot cross bun *n petit pain sucré que l'on mange le vendredi saint.*

hot-desking *n* bureau *m* tournant.

hot dog *n* hot dog *m*.

hotel [həʊ'tel] <> *n* hôtel *m*. <> *comp* d'hôtel.

hotelier [həʊ'telɪəʳ] *n* hôtelier *m*, -ère *f*.

hot flush *UK*, **hot flash** *US n* bouffée *f* de chaleur.

hotfoot ['hɒtˌfʊt] *adv* à toute vitesse.

hotheaded [ˌhɒt'hedɪd] *adj* impulsif(ive).

hothouse ['hɒthaʊs] <> *n* (*pl* [-haʊzɪz]) [greenhouse] serre *f*. <> *comp* de serre.

hot line *n* - **1.** [between government heads] téléphone *m* rouge - **2.** [special line] hot line *f*, assistance *f* téléphonique.

hotly ['hɒtlɪ] *adv* - **1.** [passionately] avec véhémence - **2.** [closely] de près.

hotplate ['hɒtpleɪt] *n* plaque *f* chauffante.

hotpot ['hɒtpɒt] *n UK type de ragoût.*

hot potato *n inf fig* affaire *f* brûlante.

hot rod *n* voiture *f* gonflée.

hot seat *n inf* **to be in the ~** être sur la sellette.

hot spot *n* - **1.** [exciting place] endroit *m* à la mode - **2.** [politically unsettled area] point *m* chaud.

hot-tempered [-'tempəd] *adj* colérique.

hot water *n fig* **to get into ~** s'attirer des ennuis ; **to be in ~** être dans le pétrin.

hot-water bottle *n* bouillotte *f*.

hot-wire *vt inf faire démarrer en court-circuitant l'allumage.*

hound [haʊnd] <> *n* [dog] chien *m*. <> *vt* - **1.** [persecute] poursuivre, pourchasser - **2.** [drive] : **to ~ sb out (of)** chasser qqn (de).

hour ['aʊəʳ] *n* heure *f* ; **half an ~** une demi-heure ; **70 miles per** OR **an ~** 110 km à l'heure ; **on the ~** à l'heure juste ; **in the small ~s** au petit matin OR jour.
◆ **hours** *npl* - **1.** [of business] heures *fpl* d'ouverture ; **after ~s** après l'heure de fermeture, après la fermeture - **2.** [routine] : **to keep late ~s** se coucher très tard ; **to keep regular ~s** avoir une vie réglée.

hourly ['aʊəlɪ] <> *adj* - **1.** [happening every hour] toutes les heures - **2.** [per hour] à l'heure. <> *adv* - **1.** [every hour] toutes les heures - **2.** [per hour] à l'heure - **3.** *fig* [constantly] sans cesse, constamment.

house <> *n* [haʊs] (*pl* ['haʊzɪz]) - **1.** [gen] maison *f* ; **on the ~** aux frais de la maison ; **to put** OR **set one's ~ in order** balayer devant sa porte - **2.** POL chambre *f* - **3.** [in debates] assistance *f* - **4.** THEAT [audience] auditoire *m*, salle *f* ; **to bring the ~ down, to bring down the ~** *inf* faire crouler la salle sous les applaudissements - **5.** MUS = **house music**. <> *vt* [haʊz] [accommodate] loger, héberger ; [department, store] abriter. <> *adj* [haʊs] - **1.** [within business] d'entreprise ; [style] de la maison - **2.** [wine] maison (*inv*).

house arrest *n* : **under ~** en résidence surveillée.

houseboat ['haʊsbəʊt] *n* péniche *f* aménagée.

housebound ['haʊsbaʊnd] *adj* confiné(e) chez soi.

housebreaking ['haʊs,breɪkɪŋ] *n (U)* cambriolage *m*.

housebroken ['haʊs,brəʊkn] *adj US* [pet] propre.

housecoat ['haʊskəʊt] *n* peignoir *m*.

household ['haʊshəʊld] <> *adj* - **1.** [domestic] ménager(ère) - **2.** [word, name] connu(e) de tous. <> *n* maison *f*, ménage *m*.

householder ['haʊs,həʊldəʳ] *n* propriétaire *mf (d'une maison)*.

househunting ['haʊs,hʌntɪŋ] *n* recherche *f* d'une maison (à acheter OR louer).

house husband, househusband *n* homme *m* au foyer.

housekeeper ['haʊs,ki:pəʳ] *n* gouvernante *f*.

housekeeping ['haʊs,ki:pɪŋ] *n (U)* - **1.** [work] ménage *m* - **2.** : **~ (money)** argent *m* du ménage.

houseman ['haʊsmən] (*pl* **-men** [-mən]) *n* [medicine] *UK* ≃ interne *m*.

housemen ['haʊsmən] *pl* ▷ **houseman**.

house music, house *n* house music *f*.

House of Commons *n UK* : **the ~** la Chambre des communes.

House of Commons

La Chambre des communes est composée de 659 députés (*MPs*) élus pour 5 ans et qui siègent environ 175 jours par an.

House of Lords *n UK* **the ~** la Chambre des lords.

House of Lords

La Chambre des lords est composée de pairs et d'hommes d'Église. Il s'agit de la plus haute cour au Royaume-Uni (en excluant l'Écosse). Elle a le pouvoir d'amender certains projets de loi qui ont été votés par la Chambre des communes.

House of Representatives *n US* : **the ~** la Chambre des représentants.

House of Representatives

La Chambre des représentants constitue, avec le Sénat, l'organe législatif américain ; ses membres sont élus pour deux ans par le peuple, en proportion de la population de chaque État.

house-owner *n* propriétaire *mf* d'une maison.

house plant, houseplant ['haʊsplɑ:nt] *n* plante *f* d'appartement.

house-proud, *esp UK* **house proud** *adj* qui a la manie d'astiquer.

Houses of Parliament *npl* : **the ~** le Parlement britannique *(où se réunissent la Chambre des communes et la Chambre des lords).*

house-to-house *adj* de porte en porte, maison par maison.

house-train *vt UK* [animal] dresser à être propre.

housewarming (party) ['haʊs,wɔːmɪŋ-] *n* pendaison *f* de crémaillère.

housewife ['haʊswaɪf] (*pl* **-wives** [-waɪvz]) *n* femme *f* au foyer.

housework ['haʊswɜːk] *n (U)* ménage *m.*

housing ['haʊzɪŋ] <> *n* - **1.** *(U)* [accommodation] logement *m* - **2.** [TECH - gen] boîtier *m* ; [- of engine] coquille *f.* <> *comp* [policy] du logement ; [conditions] de logement ; [shortage] de logements.

housing association *n UK* association *f* d'aide au logement.

housing benefit *n (U) UK* allocation *f* logement.

housing development *n US* ensemble *m* immobilier.

housing estate *UK*, **housing project** *US* *n* cité *f.*

hovel ['hɒvl] *n* masure *f*, taudis *m.*

hover ['hɒvəʳ] *vi* - **1.** [fly] planer - **2.** [person] : **to ~ round** *UK* OR **around** *UK* **sb** tourner OR rôder autour de qqn - **3.** [hesitate] hésiter.

hovercraft ['hɒvəkrɑːft] (*pl* **hovercraft** OR **-s**) *n* aéroglisseur *m*, hovercraft *m.*

hoverport ['hɒvəpɔːt] *n* hoverport *m.*

how [haʊ] *adv* - **1.** [gen] comment ; **~ do you do it?** comment fait-on? ; **~ are you?** comment allez-vous? ; **~ do you do?** enchanté(e) (de faire votre connaissance) - **2.** [referring to degree, amount] : **~ high is it?** combien cela fait-il de haut?, quelle en est la hauteur? ; **~ long have you been waiting?** cela fait combien de temps que vous attendez? ; **~ many people came?** combien de personnes sont venues? ; **~ old are you?** quel âge as-tu? - **3.** [in exclamations] : **~ nice!** que c'est bien! ; **~ awful!** quelle horreur! ; **~ pretty you look!** que tu es jolie! - **4.** [expressing surprise] : **~ can you be so rude?** comment peux-tu être aussi grossier?

◆ **how about** *adv* : **~ about a drink?** si on prenait un verre? ; **~ about you?** et toi?

◆ **how much** <> *pron* combien ; **~ much does it cost?** combien ça coûte? <> *adj* combien de ; **~ much bread?** combien de pain?

howdy ['haʊdɪ] *excl US inf* salut!

however [haʊ'evəʳ] <> *adv* - **1.** [nevertheless] cependant, toutefois - **2.** [no matter how] quelque... que *(+ subjunctive)*, si... que *(+ subjunctive)* ; **~ many/much** peu importe la quantité de - **3.** [how] comment. <> *conj* [in whatever way] de quelque manière que *(+ subjunctive).*

howl [haʊl] <> *n* hurlement *m* ; [of laughter] éclat *m.* <> *vi* hurler ; [with laughter] rire aux éclats.

howler ['haʊləʳ] *n inf* bourde *f*, gaffe *f.*

howling ['haʊlɪŋ] *adj inf* [success] fou (folle).

hp (*abbr of* **horsepower**) *n* CV *m.*

HP *n* - **1.** *UK* (*abbr of* **hire purchase**) ; **to buy sthg on ~** acheter qqch à crédit - **2.** = **hp.**

HQ (*abbr of* **headquarters**) *n* QG *m.*

hr (*abbr of* **hour**) h.

HRH (*abbr of* **His (or Her) Royal Highness**) SAR.

HS *see also* **high school.**

HST (*abbr of* **Hawaiian Standard Time**) *heure de Hawaii.*

ht (*abbr of* **height**) haut.

HT (*abbr of* **high tension**) HT.

HTML (*abbr of* **hypertext markup language**) *n* COMPUT HTML.

hub [hʌb] *n* - **1.** [of wheel] moyeu *m* - **2.** [of activity] centre *m.*

hub airport *n US* aéroport *m* important.

hubbub ['hʌbʌb] *n* vacarme *m*, brouhaha *m.*

hubcap ['hʌbkæp] *n* enjoliveur *m.*

HUD (*abbr of* **Department of Housing and Urban Development**) *n ministère américain de l'urbanisme et du logement.*

huddle ['hʌdl] <> *vi* se blottir. <> *n* petit groupe *m.*

hue [hjuː] *n* [colour] teinte *f*, nuance *f.*

huff [hʌf] <> *n* : **in a ~** froissé(e). <> *vi* : **to ~ and puff** souffler et haleter.

huffy ['hʌfɪ] (*comp* **-ier**, *superl* **-iest**) *adj inf* - **1.** [offended] froissé(e) - **2.** [touchy] susceptible.

hug [hʌg] <> *n* étreinte *f* ; **to give sb a ~** serrer qqn dans ses bras. <> *vt* (*pt & pp* **-ged**, *cont* **-ging**) - **1.** [embrace] étreindre, serrer dans ses bras - **2.** [hold] tenir ; **to ~ sthg to o.s.** serrer qqch contre soi - **3.** [stay close to] serrer.

huge [hjuːdʒ] *adj* énorme ; [subject] vaste ; [success] fou (folle).

huh [hʌ] *excl* - **1.** [gen] hein? - **2.** [expressing scorn] berk!

hulk [hʌlk] *n* - **1.** [of ship] carcasse *f* - **2.** [person] malabar *m*, mastodonte *m.*

hulking ['hʌlkɪŋ] *adj* énorme.

hull [hʌl] *n* coque *f.*

hullabaloo [ˌhʌləbə'luː] *n inf* tintamarre *m*, raffut *m*.

hullo [hə'ləʊ] *excl UK* = **hello**.

hum [hʌm] ◇ *vi* (*pt & pp* **-med**, *cont* **-ming**) **- 1.** [buzz] bourdonner ; [machine] vrombir, ronfler **- 2.** [sing] fredonner, chantonner **- 3.** [be busy] être en pleine activité **- 4.** *phr* **to ~ and haw** *UK*, **to hem and haw** *US* bredouiller, bafouiller. ◇ *vt* (*pt & pp* **-med**, *cont* **-ming**) fredonner, chantonner. ◇ *n* (*U*) bourdonnement *m* ; [of machine] vrombissement *m*, ronflement *m* ; [of conversation] brouhaha *m*.

human ['hjuːmən] ◇ *adj* humain(e). ◇ *n* : **~ (being)** être *m* humain.

humane [hjuː'meɪn] *adj* humain(e).

humanely [hjuː'meɪnlɪ] *adv* humainement.

human error *n* erreur *f* humaine.

Human Genome Project *n* projet *m* Génome humain ; **the Human Genome Project** le projet génome humain.

humanist ['hjuːmənɪst] *n* humaniste *mf*.

humanitarian [hjuːˌmænɪ'teərɪən] ◇ *adj* humanitaire. ◇ *n* humanitaire *mf*.

humanity [hjuː'mænətɪ] *n* humanité *f*.

◆ **humanities** *npl* : **the humanities** les humanités *fpl*, les sciences *fpl* humaines.

humanly ['hjuːmənlɪ] *adv* : **~ possible** humainement possible.

human nature *n* nature *f* humaine.

human race *n* : **the ~** la race humaine.

human resources *npl* ressources *fpl* humaines ; **department of human resources, human resources department** direction des ressources humaines.

human rights *npl* droits *mpl* de l'homme.

humble ['hʌmbl] ◇ *adj* humble ; [origins, employee] modeste. ◇ *vt* humilier ; **to ~ o.s.** s'abaisser, s'humilier.

humbly ['hʌmblɪ] *adv* **- 1.** [not proudly] humblement **- 2.** [live, begin] modestement.

humbug ['hʌmbʌg] *n* **- 1.** *dated* [hypocrisy] hypocrisie *f* **- 2.** *UK* [sweet] *type de bonbon dur*.

humdrum ['hʌmdrʌm] *adj* monotone.

humid ['hjuːmɪd] *adj* humide.

humidity [hjuː'mɪdətɪ] *n* humidité *f*.

humiliate [hjuː'mɪlɪeɪt] *vt* humilier.

humiliating [hjuː'mɪlɪeɪtɪŋ] *adj* humiliant(e).

humiliation [hjuːˌmɪlɪ'eɪʃn] *n* humiliation *f*.

humility [hjuː'mɪlətɪ] *n* humilité *f*.

hummingbird ['hʌmɪŋbɜːd] *n* colibri *m*, oiseau-mouche *m*.

humor *US* = **humour**.

humorist ['hjuːmərɪst] *n* humoriste *mf*.

humorous ['hjuːmərəs] *adj* humoristique ; [person] plein(e) d'humour.

humour *UK*, **humor** *US* ['hjuːməʳ] ◇ *n* **- 1.** [sense of fun] humour *m* **- 2.** [of situation, remark] côté *m* comique **- 3.** *dated* [mood] humeur *f*. ◇ *vt* se montrer conciliant(e) envers.

hump [hʌmp] ◇ *n* bosse *f*. ◇ *vt UK inf* [carry] porter, coltiner.

humpbacked bridge *UK*, **humpback bridge** ['hʌmpbækt-] *n* pont *m* en dos d'âne.

humus ['hjuːməs] *n* humus *m*.

hunch [hʌntʃ] ◇ *n inf* pressentiment *m*, intuition *f*. ◇ *vt* voûter. ◇ *vi* se pencher.

hunchback ['hʌntʃbæk] *n* bossu *m*, -e *f*.

hunched [hʌntʃt] *adj* voûté(e).

hundred ['hʌndrəd] *num* cent ; **a** *OR* **one ~** cent, *see also* **six** ; **about a ~ pupils** une centaine d'élèves.

◆ **hundreds** *npl* des centaines.

hundredth ['hʌndrətθ] *num* centième, *see also* **sixth**.

hundredweight ['hʌndrədweɪt] *n* [in UK] poids *m* de 112 livres = *50,8 kg* ; [in US] poids *m* de 100 livres = *45,3 kg*.

hung [hʌŋ] ◇ *pt & pp* ▷ **hang**. ◇ *adj* [parliament, jury] sans majorité.

Hungarian [hʌŋ'geərɪən] ◇ *adj* hongrois(e). ◇ *n* **- 1.** [person] Hongrois *m*, -e *f* **- 2.** [language] hongrois *m*.

Hungary ['hʌŋgərɪ] *n* Hongrie *f* ; **in ~** en Hongrie.

hunger ['hʌŋgəʳ] *n* **- 1.** [gen] faim *f* **- 2.** [strong desire] soif *f*.

◆ **hunger after, hunger for** *vt insep fig* avoir faim de, avoir soif de.

hunger strike *n* grève *f* de la faim.

hung over *adj inf* **to be ~** avoir la gueule de bois.

hungry ['hʌŋgrɪ] (*comp* **-ier**, *superl* **-iest**) *adj* **- 1.** [for food] : **to be ~** avoir faim ; [starving] être affamé(e) ; avoir envie de ; **to go ~** souffrir de la faim **- 2.** [eager] : **to be ~ for** être avide de.

hung up *adj inf* **to be ~ (on** *OR* **about)** être obsédé(e) (par).

hunk [hʌŋk] *n* **- 1.** [large piece] gros morceau *m* **- 2.** *inf* [man] beau mec *m*.

hunky-dory [ˌhʌŋkɪ'dɔːrɪ] *adj inf* au poil.

hunt [hʌnt] ◇ *n* chasse *f* ; [for missing person] recherches *fpl*. ◇ *vi* **- 1.** [chase animals, birds] chasser - **2.** *UK* [chase foxes] chasser le renard - **3.** [search] : **to ~ (for sthg)** chercher partout (qqch). ◇ *vt* - **1.** [animals, birds] chasser - **2.** [person] poursuivre, pourchasser.

◆ **hunt down** *vt sep* traquer.

hunter ['hʌntər] *n* - **1.** [of animals, birds] chasseur *m*, -euse *f* - **2.** [of things] : **bargain ~** dénicheur *m*, -euse *f* d'occasions ; **autograph ~** collectionneur *m*, -euse *f* d'autographes.

hunting ['hʌntɪŋ] ◇ *n* - **1.** [of animals] chasse *f* - **2.** *UK* [of foxes] chasse *f* au renard. ◇ *comp* de chasse.

huntsman ['hʌntsmən] (*pl* **-men** [-mən]) *n* chasseur *m*.

hurdle ['hɜːdl] ◇ *n* - **1.** [in race] haie *f* - **2.** [obstacle] obstacle *m*. ◇ *vt* [jump over] sauter.

hurl [hɜːl] *vt* - **1.** [throw] lancer avec violence - **2.** [shout] lancer.

hurrah [hʊ'rɑː] *excl dated* hourra!

hurray [hʊ'reɪ] *excl* hourra!

hurricane ['hʌrɪkən] *n* ouragan *m*.

hurried ['hʌrɪd] *adj* [hasty] précipité(e).

hurriedly ['hʌrɪdlɪ] *adv* précipitamment ; [eat, write] vite, en toute hâte.

hurry ['hʌrɪ] ◇ *vt* (*pt & pp* **-ied**) [person] faire se dépêcher ; [process] hâter ; **to ~ to do sthg** se dépêcher OR se presser de faire qqch. ◇ *vi* (*pt & pp* **-ied**) se dépêcher, se presser. ◇ *n* hâte *f*, précipitation *f* ; **to be in a ~** être pressé ; **to do sthg in a ~** faire qqch à la hâte ; **to be in no ~ to do sthg** [unwilling] ne pas être pressé de faire qqch.

◆ **hurry up** ◇ *vi* se dépêcher. ◇ *vt sep* faire se dépêcher.

hurt [hɜːt] ◇ *vt* (*pt & pp* **hurt**) - **1.** [physically, emotionally] blesser ; [one's leg, arm] se faire mal à ; **to ~ o.s.** se faire mal - **2.** *fig* [harm] faire du mal à. ◇ *vi* (*pt & pp* **hurt**) - **1.** [gen] faire mal ; **my leg ~s** ma jambe me fait mal - **2.** *fig* [do harm] faire du mal. ◇ *adj* blessé(e) ; [voice] offensé(e). ◇ *n (U)* [emotional pain] peine *f*.

hurtful ['hɜːtfʊl] *adj* blessant(e).

hurtle ['hɜːtl] *vi* aller à toute allure.

husband ['hʌzbənd] *n* mari *m*.

husbandry ['hʌzbəndrɪ] *n fml* agriculture *f*.

hush [hʌʃ] ◇ *n* silence *m*. ◇ *excl* silence!, chut!

hush money *n (U) inf* pot-de-vin *m (pour acheter le silence de qqn)*.

husk [hʌsk] *n* [of seed, grain] enveloppe *f*.

husky ['hʌskɪ] ◇ *adj* (*comp* **-ier**, *superl* **-iest**) [hoarse] rauque. ◇ *n* husky *m*.

hustings ['hʌstɪŋz] *npl UK* plate-forme *f* électorale.

hustle ['hʌsl] ◇ *vt* - **1.** [hurry] pousser, bousculer - **2.** *US* [persuade] : **to ~ sb into doing sthg** forcer la main à qqn pour qu'il fasse qqch. ◇ *n* agitation *f*.

hut [hʌt] *n* - **1.** [rough house] hutte *f* - **2.** [shed] cabane *f*.

hutch [hʌtʃ] *n* clapier *m*.

hyacinth ['haɪəsɪnθ] *n* jacinthe *f*.

hybrid ['haɪbrɪd] ◇ *adj* hybride. ◇ *n* - **1.** [plant, animal] hybride *m* - **2.** [mixture] entité *f* hybride.

hydrangea [haɪ'dreɪndʒə] *n* hortensia *m*.

hydrant ['haɪdrənt] *n* bouche *f* d'incendie.

hydraulic [haɪ'drɔːlɪk] *adj* hydraulique.

◆ **hydraulics** *n* hydraulique *f*.

hydrocarbon [ˌhaɪdrə'kɑːbən] *n* hydrocarbure *m*.

hydrochloric acid [ˌhaɪdrə'klɔːrɪk-] *n* acide *m* chlorhydrique.

hydroelectric [ˌhaɪdrəʊɪ'lektrɪk] *adj* hydroélectrique.

hydroelectricity [ˌhaɪdrəʊɪlek'trɪsətɪ] *n* hydro-électricité *f*.

hydrofoil ['haɪdrəfɔɪl] *n* hydroptère *m*.

hydrogen ['haɪdrədʒən] *n* hydrogène *m*.

hydrogen bomb *n* bombe *f* à hydrogène.

hydrophobia [ˌhaɪdrə'fəʊbjə] *n* hydrophobie *f*.

hydroplane ['haɪdrəpleɪn] *n* - **1.** [speedboat] hydroglisseur *m* - **2.** [hydrofoil] hydroptère *m*.

hyena [haɪ'iːnə] *n* hyène *f*.

hygiene ['haɪdʒiːn] *n* hygiène *f*.

hygienic [haɪ'dʒiːnɪk] *adj* hygiénique.

hygienist [haɪ'dʒiːnɪst] *n personne qui se charge du détartrage des dents*.

hymn [hɪm] *n* hymne *m*, cantique *m*.

hymn book, **hymnbook** *n* livre *m* de cantiques.

hype [haɪp] *inf* ◇ *n (U)* battage *m* publicitaire. ◇ *vt* faire un battage publicitaire autour de.

hyped up [haɪpt-] *adj inf* [person] excité(e).

hyper ['haɪpər] *adj inf* qui a la bougeotte.

hyperactive [ˌhaɪpər'æktɪv] *adj* hyperactif(ive).

hyperbole [haɪ'pɜːbəlɪ] *n* hyperbole *f*.

hyperinflation [ˌhaɪpərɪn'fleɪʃn] *n* hyperinflation *f*.

hyperlink ['haɪpəlɪŋk] *n* lien *m* hypertexte, hyperlien *m*.

hypermarket ['haɪpəˌmɑːkɪt] *n esp UK* hypermarché *m.*

hypersensitive [ˌhaɪpə'sensɪtɪv] *adj* hypersensible.

hypertension [ˌhaɪpə'tenʃn] *n* hypertension *f.*

hypertext ['haɪpətekst] COMPUT ◇ *n* hypertexte *m.* ◇ *comp* : **~ link** lien *m* hypertexte.

hyperventilate [ˌhaɪpə'ventɪleɪt] *vi* faire de l'hyperventilation.

hyphen ['haɪfn] *n* trait *m* d'union.

hyphenate ['haɪfəneɪt] *vt* mettre un trait d'union à.

hypnosis [hɪp'nəʊsɪs] *n* hypnose *f* ; **under ~** sous hypnose, en état d'hypnose.

hypnotic [hɪp'nɒtɪk] *adj* hypnotique.

hypnotism ['hɪpnətɪzm] *n* hypnotisme *m.*

hypnotist ['hɪpnətɪst] *n* hypnotiseur *m.*

hypnotize, *UK* **-ise** ['hɪpnətaɪz] *vt* hypnotiser.

hypoallergenic ['haɪpəʊˌælə'dʒenɪk] *adj* hypoallergénique.

hypochondriac [ˌhaɪpə'kɒndrɪæk] *n* hypochondriaque *mf.*

hypocrisy [hɪ'pɒkrəsɪ] *n* hypocrisie *f.*

hypocrite ['hɪpəkrɪt] *n* hypocrite *mf.*

hypocritical [ˌhɪpə'krɪtɪkl] *adj* hypocrite.

hypodermic needle [ˌhaɪpə'dɜːmɪk-] *n* aiguille *f* hypodermique.

hypodermic syringe [ˌhaɪpə'dɜːmɪk-] *n* seringue *f* hypodermique.

hypothermia [ˌhaɪpəʊ'θɜːmɪə] *n* hypothermie *f.*

hypothesis [haɪ'pɒθɪsɪs] (*pl* **-theses** [-θɪsiːz]) *n* hypothèse *f.*

hypothesize, *UK* **-ise** [haɪ'pɒθɪsaɪz] ◇ *vt* émettre une hypothèse *OR* des hypothèses sur. ◇ *vi* émettre une hypothèse *OR* des hypothèses.

hypothetical [ˌhaɪpə'θetɪkl] *adj* hypothétique.

hysterectomy [ˌhɪstə'rektəmɪ] (*pl* **-ies**) *n* hystérectomie *f.*

hysteria [hɪs'tɪərɪə] *n* hystérie *f.*

hysterical [hɪs'terɪkl] *adj* **- 1.** [gen] hystérique **- 2.** *inf* [very funny] désopilant(e).

hysterics [hɪs'terɪks] *npl* **- 1.** [panic, excitement] crise *f* de nerfs **- 2.** *inf* [laughter] fou rire *m.*

HZ (*abbr of* **hertz**) Hz.

I

i (*pl* **i's** *OR* **is**), **I** (*pl* **I's** *OR* **Is**) [aɪ] *n* [letter] i *m inv*, I *m inv.*

I[1] [aɪ] *pers pron* **- 1.** *(unstressed)* je, j' *(before vowel or silent 'h')* ; **he and I are leaving for Paris** lui et moi (nous) partons pour Paris ; **it is I** *fml* c'est moi **- 2.** *(stressed)* moi ; **I can't do it** moi je ne peux pas le faire.

I[2] *see also* **Island**, *see also* **Isle.**

IA *see also* **Iowa.**

IAEA (*abbr of* **International Atomic Energy Agency**) *n* AIEA *f.*

ib = **ibid.**

IBA (*abbr of* **Independent Broadcasting Authority**) *n organisme d'agrément et de coordination des stations de radio et chaînes de télévision du secteur privé en Grande-Bretagne.*

Iberian [aɪ'bɪərɪən] ◇ *adj* ibérique. ◇ *n* Ibère *mf.*

Iberian peninsula *n* : **the ~** la péninsule Ibérique.

ibid, **ib** (*abbr of* **ibidem**) ibid.

i/c *see also* **in charge (of).**

ICA (*abbr of* **Institute of Contemporary Art**) *n centre d'art moderne à Londres.*

ICBM (*abbr of* **intercontinental ballistic missile**) *n* ICBM *m.*

ICC *n* **- 1.** (*abbr of* **International Chamber of Commerce**) CCI *f* **- 2.** HIST (*abbr of* **Interstate Commerce Commission**) *commission fédérale américaine réglementant le commerce entre les États.*

ice [aɪs] ◇ *n* **- 1.** [frozen water, ice cream] glace *f* ; **to break the ~** *fig* rompre *OR* briser la glace **- 2.** *(U)* [on road] verglas *m* **- 3.** *(U)* [ice cubes] glaçons *mpl.* ◇ *vt* CULIN glacer.

◆ **ice over**, **ice up** *vi* [lake, pond] geler ; [window, windscreen] givrer ; [road] se couvrir de verglas.

ice age *n* période *f* glaciaire.

iceberg ['aɪsbɜːg] *n* iceberg *m.*

iceberg lettuce *n* laitue *f* iceberg.

icebox ['aɪsbɒks] *n* **- 1.** *UK* [in refrigerator] freezer *m* **- 2.** *dated US* [refrigerator] réfrigérateur *m.*

icebreaker ['aɪsˌbreɪkəʳ] *n* [ship] brise-glace *m*, brise-glaces *m*.

ice bucket *n* seau *m* à glace.

ice cap *n* calotte *f* glaciaire.

ice-cold *adj* glacé(e).

ice cream *n* glace *f*.

ice cream truck *US*, **ice cream van** *UK n* camionnette *f* de vendeur de glaces.

ice cream truck/van

La petite camionnette du vendeur de glaces est très caractéristique ; elle se reconnaît au carillon qui annonce son arrivée dans un quartier.

ice cube *n* glaçon *m*.

iced [aɪst] *adj* glacé(e).

ice floe *n* banc *m* de glace, glaciel *m Québec*.

ice hockey *n UK* hockey *m* sur glace.

Iceland ['aɪslənd] *n* Islande *f* ; **in ~** en Islande.

Icelander ['aɪsləndəʳ] *n* Islandais *m*, -e *f*.

Icelandic [aɪs'lændɪk] ◇ *adj* islandais(e). ◇ *n* [language] islandais *m*.

ice lolly *n UK* sucette *f* glacée.

ice pick *n* pic *m* à glace.

ice rink *n* patinoire *f*.

ice skate *n* patin *m* à glace.
◆ **ice-skate**, **ice skate** *vi* faire du patin (à glace).

ice-skater, **ice skater** *n* patineur *m*, -euse *f*.

ice-skating, **ice skating** *n* patinage *m* (sur glace).

icicle ['aɪsɪkl] *n* glaçon *m* (naturel).

icily ['aɪsɪlɪ] *adv* [in unfriendly way] d'une manière glaciale ; [say, reply] d'un ton glacial.

icing ['aɪsɪŋ] *n (U)* glaçage *m*, glace *f* ; **the ~ on the cake** *fig* un plus, la cerise sur le gâteau.

icing sugar *n UK* sucre *m* glace.

ICJ (*abbr of* **International Court of Justice**) *n* CIJ *f*.

icon ['aɪkɒn] *n* [gen & COMPUT] icône *f*.

iconoclast [aɪ'kɒnəklæst] *n* iconoclaste *mf*.

ICR (*abbr of* **Institute for Cancer Research**) *n institut de recherche contre le cancer*.

ICU (*abbr of* **intensive care unit**) *n unité de soins intensifs*.

icy ['aɪsɪ] (*comp* **-ier**, *superl* **-iest**) *adj* - **1.** [weather, manner] glacial(e) - **2.** [covered in ice] verglacé(e).

id [ɪd] *n* ça *m*.

I'd [aɪd] (*abbr of* = **I would, I had**).

ID ◇ *n (U)* (*abbr of* **identification**) papiers *mpl*. ◇ *see also* **Idaho**.

Idaho ['aɪdəˌhəʊ] *n* Idaho *m* ; **in ~** dans l'Idaho.

ID card = **identity card**.

IDD (*abbr of* **international direct dialling**) *n* automatique *m* international.

idea [aɪ'dɪə] *n* idée *f* ; [intention] intention *f* ; **to have an ~ of** avoir une idée de ; **to have an ~ (that)...** avoir idée que... ; **to have no ~** n'avoir aucune idée ; **to get the ~** *inf* piger ; **don't get the ~ (that)...** ne va pas croire OR t'imaginer que... ; **the ~ is to...** l'idée est de..., l'intention est de...

ideal [aɪ'dɪəl] ◇ *adj* idéal(e) ; **to be ~ for** être idéal OR parfait pour. ◇ *n* idéal *m*.

idealism [aɪ'dɪəlɪzm] *n* idéalisme *m*.

idealist [aɪ'dɪəlɪst] *n* idéaliste *mf*.

idealize, *UK* **-ise** [aɪ'dɪəlaɪz] *vt* idéaliser.

ideally [aɪ'dɪəlɪ] *adv* idéalement ; [suited] parfaitement.

identical [aɪ'dentɪkl] *adj* identique.

identical twins *npl* vrais jumeaux *mpl*, vraies jumelles *f*.

identifiable [aɪ'dentɪfaɪəbl] *adj* identifiable, reconnaissable.

identification [aɪˌdentɪfɪ'keɪʃn] *n (U)* - **1.** [gen] : **~ (with)** identification *f* (à) - **2.** [documentation] pièce *f* d'identité.

identification parade *n UK séance d'identification d'un suspect dans un échantillon de plusieurs personnes*.

identify [aɪ'dentɪfaɪ] (*pt & pp* **-ied**) ◇ *vt* - **1.** [recognize] identifier - **2.** [subj: document, card] permettre de reconnaître - **3.** [associate] : **to ~ sb with sthg** associer qqn à qqch. ◇ *vi* [empathize] : **to ~ with** s'identifier à.

Identikit® **picture** [aɪ'dentɪkɪt-] *n* portrait-robot *m*.

identity [aɪ'dentətɪ] (*pl* **-ies**) *n* identité *f*.

identity card *n* carte *f* d'identité.

ideological [ˌaɪdɪə'lɒdʒɪkl] *adj* idéologique.

ideology [ˌaɪdɪ'ɒlədʒɪ] (*pl* **-ies**) *n* idéologie *f*.

idiom ['ɪdɪəm] *n* - **1.** [phrase] expression *f* idiomatique - **2.** *fml* [style] langue *f*.

idiomatic [ˌɪdɪə'mætɪk] *adj* idiomatique.

idiosyncrasy [ˌɪdɪə'sɪŋkrəsɪ] (*pl* **-ies**) *n* particularité *f*, caractéristique *f*.

idiot ['ɪdɪət] *n* idiot *m*, -e *f*, imbécile *mf*.

idiotic [ˌɪdɪ'ɒtɪk] *adj* idiot(e).

idle ['aɪdl] ◇ *adj* - **1.** [lazy] oisif(ive), désœuvré(e) - **2.** [not working - machine, factory] arrêté(e) ; [- worker] qui chôme, en chômage - **3.** [threat] vain(e) - **4.** [curiosity] simple, pur(e). ◇ *vi* tourner au ralenti.

◆ **idle away** *vt sep* [time] perdre à ne rien faire.

idleness ['aɪdlnɪs] *n* oisiveté *f*, désœuvrement *m*.

idler ['aɪdlər] *n* paresseux *m*, -euse *f*.

idly ['aɪdlɪ] *adv* - **1.** [lazily] paresseusement - **2.** [without purpose] négligemment.

idol ['aɪdl] *n* idole *f*.

idolize, *UK* **-ise** ['aɪdəlaɪz] *vt* idolâtrer, adorer.

idyl(l) ['ɪdɪl] *n* idylle *f*.

idyllic [ɪ'dɪlɪk] *adj* idyllique.

i.e. (*abbr of* **id est**) c-à-d.

if [ɪf] ◇ *conj* - **1.** [gen] si ; ~ **I were you** à ta place, si j'étais toi - **2.** [though] bien que - **3.** [that] que. ◇ *n* : **no ifs and buts** *UK OR* **no ifs, ands or buts** *US* pas de si ni de mais *mpl*.

◆ **if not** *conj* sinon.

◆ **if only** ◇ *conj* - **1.** [naming a reason] ne serait-ce que - **2.** [expressing regret] si seulement. ◇ *excl* si seulement!

iffy ['ɪfɪ] (*comp* **-ier**, *superl* **-iest**) *adj inf* incertain(e).

igloo ['ɪglu:] (*pl* **-s**) *n* igloo *m*, iglou *m*.

ignite [ɪg'naɪt] ◇ *vt* mettre le feu à, enflammer ; [firework] tirer. ◇ *vi* prendre feu, s'enflammer.

ignition [ɪg'nɪʃn] *n* - **1.** [act of igniting] ignition *f* - **2.** AUT allumage *m* ; **to switch on the ~** mettre le contact.

ignition key *n* clef *f* de contact.

ignoble [ɪg'nəʊbl] *adj fml* infâme.

ignominious [,ɪgnə'mɪnɪəs] *adj* ignominieux(euse).

ignominy ['ɪgnəmɪnɪ] *n* ignominie *f*.

ignoramus [,ɪgnə'reɪməs] (*pl* **-es** [-i:z]) *n* ignare *mf*.

ignorance ['ɪgnərəns] *n* ignorance *f*.

ignorant ['ɪgnərənt] *adj* - **1.** [uneducated, unaware] ignorant(e) ; **to be ~ of sthg** être ignorant de qqch - **2.** [rude] mal élevé(e).

ignore [ɪg'nɔ:r] *vt* [advice, facts] ne pas tenir compte de ; [person] faire semblant de ne pas voir.

iguana [ɪ'gwɑ:nə] (*pl* **iguana** *OR* **-s**) *n* iguane *m*.

ikon ['aɪkɒn] = **icon**.

IL *see also* **Illinois**.

ILEA ['ɪlɪə] (*abbr of* **Inner London Education Authority**) *n anciens services londoniens de l'enseignement*.

ileum ['ɪlɪəm] (*pl* **ilea** ['ɪlɪə]) *n* iléon *m*.

ilk [ɪlk] *n* : **of that ~** [of that sort] de cet acabit, de ce genre.

ill [ɪl] ◇ *adj* - **1.** [unwell] malade ; **to feel ~** se sentir malade *OR* souffrant ; **to be taken ~** *esp UK*, **to fall ~** tomber malade - **2.** [bad] mauvais(e) ; **~ luck** malchance *f*. ◇ *adv* mal ; **to speak/think ~ of sb** dire/penser du mal de qqn.

◆ **ills** *npl* maux *mpl*, malheurs *mpl*.

ill. (*abbr of* **illustration**) ill.

I'll [aɪl] *see also* **I will**, *see also* **I shall**.

ill-advised [-əd'vaɪzd] *adj fml* [remark, action] peu judicieux(euse) ; [person] malavisé(e) ; **to be ~ to do sthg** être malavisé de faire qqch.

ill at ease *adj* mal à l'aise.

ill-bred *adj* mal élevé(e).

ill-considered *adj* irréfléchi(e).

ill-disposed *adj* : **to be ~ towards sb** être mal disposé(e) *OR* malintentionné(e) envers qqn.

illegal [ɪ'li:gl] *adj* illégal(e) ; [immigrant] en situation irrégulière.

illegally [ɪ'li:gəlɪ] *adv* illégalement, d'une manière illégale.

illegible [ɪ'ledʒəbl] *adj* illisible.

illegitimate [,ɪlɪ'dʒɪtɪmət] *adj* illégitime.

ill-equipped [-ɪ'kwɪpt] *adj* : **to be ~ to do sthg** être mal placé(e) pour faire qqch.

ill-fated [-'feɪtɪd] *adj* fatal(e), funeste.

ill feeling *n* animosité *f*.

ill-founded [-'faʊndɪd] *adj* [confidence, trust] mal fondé(e) ; [doubts] sans fondement.

ill-gotten gains [-'gɒtən-] *npl hum* biens *mpl* mal acquis.

ill health *n* mauvaise santé *f*.

illicit [ɪ'lɪsɪt] *adj* illicite.

illicitly [ɪ'lɪsɪtlɪ] *adv* illicitement.

ill-informed *adj* mal renseigné(e).

Illinois [,ɪlɪ'nɔɪ] *n* Illinois *m* ; **in ~** dans l'Illinois.

illiteracy [ɪ'lɪtərəsɪ] *n* analphabétisme *m*, illettrisme *m*.

illiterate [ɪ'lɪtərət] ◇ *adj* analphabète, illettré(e). ◇ *n* analphabète *mf*, illettré *m*, -e *f*.

ill-mannered *adj* mal élevé(e) ; [behaviour] grossier(ère).

illness ['ɪlnɪs] *n* maladie *f*.

illogical [ɪ'lɒdʒɪkl] *adj* illogique.

ill-suited *adj* mal assorti(e) ; **to be ~ for sthg** être inapte à qqch.

ill-tempered *adj fml* qui a mauvais caractère.

ill-timed [-'taɪmd] *adj* déplacé(e), mal à propos.

ill-treat *vt* maltraiter.

ill-treatment *n* mauvais traitement *m*.

illuminate [ɪ'lu:mɪneɪt] *vt* éclairer.

illuminated [ɪ'lu:mɪneɪtɪd] *adj* - **1.** [lit up] lumineux(euse) - **2.** [book, manuscript] enluminé(e).

illuminating [ɪ'lu:mɪneɪtɪŋ] *adj* éclairant(e).

illumination [ɪ,lu:mɪ'neɪʃn] *n fml* [lighting] éclairage *m*.

◆ **illuminations** *npl UK* illuminations *fpl*.

illusion [ɪ'lu:ʒn] *n* illusion *f* ; **to have no ~s about** ne se faire OR n'avoir aucune illusion sur ; **to be under the ~ that** croire OR s'imaginer que, avoir l'illusion que.

illusionist [ɪ'lu:ʒənɪst] *n* prestidigitateur *m*, -euse *f*, illusionniste *mf*.

illusory [ɪ'lu:sərɪ] *adj* illusoire.

illustrate ['ɪləstreɪt] *vt* illustrer.

illustration [,ɪlə'streɪʃn] *n* illustration *f*.

illustrator ['ɪləstreɪtə^r] *n* illustrateur *m*, -trice *f*.

illustrious [ɪ'lʌstrɪəs] *adj* illustre, célèbre.

ill will *n* animosité *f*.

ill wind *n* : **it's an ~ (that blows nobody any good)** *prov* à quelque chose malheur est bon.

ILO (*abbr of* **International Labour Organization**) *n* OIT *f*.

ILWU (*abbr of* **International Longshoremen's and Warehousemen's Union**) *n syndicat international de dockers et de magasiniers*.

I'm [aɪm] (*abbr of* = **I am**).

image ['ɪmɪdʒ] *n* - **1.** [gen] image *f* ; **to be the ~ of sb** *fig* être tout le portrait de qqn, être qqn tout craché - **2.** [of company, politician] image *f* de marque.

imagery ['ɪmɪdʒrɪ] *n (U)* images *fpl*.

imaginable [ɪ'mædʒɪnəbl] *adj* imaginable.

imaginary [ɪ'mædʒɪnrɪ] *adj* imaginaire.

imagination [ɪ,mædʒɪ'neɪʃn] *n* - **1.** [ability] imagination *f* - **2.** [fantasy] invention *f*.

imaginative [ɪ'mædʒɪnətɪv] *adj* imaginatif(ive) ; [solution] plein(e) d'imagination.

imagine [ɪ'mædʒɪn] *vt* imaginer ; **to ~ doing sthg** s'imaginer OR se voir faisant qqch ; **~ (that)!** tu t'imagines!

imaginings [ɪ'mædʒɪnɪŋz] *npl* imaginations *fpl*.

imam [ɪ'mɑ:m] *n* imam *m*.

imbalance [,ɪm'bæləns] *n* déséquilibre *m*.

imbecile ['ɪmbɪsi:l] *n* imbécile *mf*, idiot *m*, -e *f*.

imbue [ɪm'bju:] *vt* : **to be ~d with** *fml* être imbu(e) de.

IMF (*abbr of* **International Monetary Fund**) *n* FMI *m*.

IMHO (*abbr of* **in my humble opinion**) *adv inf* à mon humble avis.

imitate ['ɪmɪteɪt] *vt* imiter.

imitation [,ɪmɪ'teɪʃn] ◇ *n* imitation *f*. ◇ *adj* [leather] imitation *(before n)* ; [jewellery] en toc.

imitator ['ɪmɪteɪtə^r] *n* imitateur *m*, -trice *f*.

immaculate [ɪ'mækjʊlət] *adj* impeccable.

immaculately [ɪ'mækjʊlətlɪ] *adv* impeccablement.

immaterial [,ɪmə'tɪərɪəl] *adj* [unimportant] sans importance.

immature [,ɪmə'tjʊə^r] *adj* - **1.** [lacking judgment] qui manque de maturité - **2.** [not fully grown] jeune, immature.

immaturity [,ɪmə'tjʊərətɪ] *n* immaturité *f*.

immeasurable [ɪ'meʒrəbl] *adj* incommensurable.

immediacy [ɪ'mi:djəsɪ] *n* caractère *m* immédiat.

immediate [ɪ'mi:djət] *adj* - **1.** [urgent] immédiat(e) ; [problem, meeting] urgent(e) - **2.** [very near] immédiat(e) ; [family] le plus proche.

immediately [ɪ'mi:djətlɪ] ◇ *adv* - **1.** [at once] immédiatement - **2.** [directly] directement. ◇ *conj* dès que.

immemorial [,ɪmɪ'mɔ:rɪəl] *adj* immémorial(e) ; **from time ~** de temps immémorial.

immense [ɪ'mens] *adj* immense ; [improvement, change] énorme.

immensely [ɪ'menslɪ] *adv* extrêmement, immensément.

immensity [ɪ'mensətɪ] *n* immensité *f*.

immerse [ɪ'mɜ:s] *vt* : **to ~ sthg in sthg** immerger OR plonger qqch dans qqch ; **to ~ o.s. in sthg** *fig* se plonger dans qqch.

immersion heater [ɪ'mɜ:ʃn-] *n UK* chauffe-eau *m* électrique.

immigrant ['ɪmɪgrənt] ◇ *n* immigré *m*, -e *f*. ◇ *comp* d'immigrés.

immigration [,ɪmɪ'greɪʃn] ◇ *n* immigration *f*. ◇ *comp* de l'immigration.

imminence ['ɪmɪnəns] *n* imminence *f*.

imminent ['ɪmɪnənt] *adj* imminent(e).

immobile [ɪ'məʊbaɪl] *adj* immobile.

immobilization [ɪ,məʊbɪlaɪ'zeɪʃn] *n* immobilisation *f*.

immobilize, *UK* **-ise** [ɪ'məʊbɪlaɪz] *vt* immobiliser.

immobilizer [ɪ'məʊbɪlaɪzəʳ] *n* AUT système *m* antidémarrage.

immodest [ɪ'mɒdɪst] *adj* - **1.** [vain] vaniteux(euse), présomptueux(euse) - **2.** [indecent] impudique.

immoral [ɪ'mɒrəl] *adj* immoral(e).

immorality [,ɪmə'rælətɪ] *n* immoralité *f*.

immortal [ɪ'mɔːtl] ◇ *adj* immortel(elle). ◇ *n* immortel *m*, -elle *f*.

immortality [,ɪmɔː'tælətɪ] *n* immortalité *f*.

immortalize, *UK* **-ise** [ɪ'mɔːtəlaɪz] *vt* immortaliser.

immovable [ɪ'muːvəbl] *adj* - **1.** [fixed] fixe - **2.** [determined] inébranlable.

immune [ɪ'mjuːn] *adj* - **1.** MED : **~ (to)** immunisé(e) (contre) - **2.** *fig* [protected] : **to be ~ to** *OR* **from** être à l'abri de.

immune system *n* système *m* immunitaire.

immunity [ɪ'mjuːnətɪ] *n* - **1.** MED : **~ (to)** immunité *f* (contre) - **2.** *fig* [protection] : **~ to** *OR* **from** immunité *f* contre.

immunization [,ɪmjuːnaɪ'zeɪʃn] *n* immunisation *f*.

immunize, *UK* **-ise** ['ɪmjuːnaɪz] *vt* : **to ~ sb (against)** immuniser qqn (contre).

immunodeficiency [,ɪmjuːnəʊdɪ'fɪʃənsɪ] *n* immunodéficience *f*.

immunology [,ɪmjuː'nɒlədʒɪ] *n* immunologie *f*.

immutable [ɪ'mjuːtəbl] *adj* immuable.

imp [ɪmp] *n* - **1.** [creature] lutin *m* - **2.** [naughty child] petit diable *m*, coquin *m*, -e *f*.

impact ◇ *n* ['ɪmpækt] impact *m* ; **to make an ~ on** *OR* **upon sb** faire une forte impression sur qqn ; **to make an ~ on** *OR* **upon sthg** avoir un impact sur qqch ; **on ~** au moment de l'impact. ◇ *vt* [ɪm'pækt] - **1.** [collide with] entrer en collision avec - **2.** [influence] avoir un impact sur.

impair [ɪm'peəʳ] *vt* affaiblir, abîmer ; [efficiency] réduire.

impaired [ɪm'peəd] *adj* affaibli(e) ; [efficiency] réduit(e).

impale [ɪm'peɪl] *vt* : **to ~ sb/sthg (on)** empaler qqn/qqch (sur).

impart [ɪm'pɑːt] *vt fml* - **1.** [information] : **to ~ sthg (to sb)** communiquer *OR* transmettre qqch (à qqn) - **2.** [feeling, quality] : **to ~ sthg (to)** donner qqch (à).

impartial [ɪm'pɑːʃl] *adj* impartial(e).

impartiality [ɪm,pɑːʃɪ'ælətɪ] *n* impartialité *f*.

impassable [ɪm'pɑːsəbl] *adj* impraticable.

impasse [æm'pɑːs] *n* impasse *f* ; **to reach an ~** aboutir à une impasse.

impassioned [ɪm'pæʃnd] *adj* passionné(e).

impassive [ɪm'pæsɪv] *adj* impassible.

impatience [ɪm'peɪʃns] *n* - **1.** [gen] impatience *f* - **2.** [irritability] irritation *f*.

impatient [ɪm'peɪʃnt] *adj* - **1.** [gen] impatient(e) ; **to be ~ to do sthg** être impatient de faire qqch ; **to be ~ for sthg** attendre qqch avec impatience - **2.** [irritable] : **to become** *OR* **get ~** s'impatienter.

impatiently [ɪm'peɪʃntlɪ] *adv* avec impatience.

impeach [ɪm'piːtʃ] *vt esp US* [official] mettre en accusation ; [president] entamer la procédure d'impeachment contre.

impeachment [ɪm'piːtʃmənt] *n* [of president] procédure *f* d'impeachment.

impeccable [ɪm'pekəbl] *adj* impeccable.

impeccably [ɪm'pekəblɪ] *adv* impeccablement.

impecunious [,ɪmpɪ'kjuːnjəs] *adj fml* impécunieux(euse).

impede [ɪm'piːd] *vt* entraver, empêcher ; [person] gêner.

impediment [ɪm'pedɪmənt] *n* - **1.** [obstacle] obstacle *m* - **2.** [disability] défaut *m*.

impel [ɪm'pel] (*pt & pp* **-led**, *cont* **-ling**) *vt* : **to ~ sb to do sthg** inciter qqn à faire qqch.

impending [ɪm'pendɪŋ] *adj* imminent(e).

impenetrable [ɪm'penɪtrəbl] *adj* impénétrable.

imperative [ɪm'perətɪv] ◇ *adj* [essential] impératif(ive), essentiel(elle). ◇ *n* impératif *m*.

imperceptible [,ɪmpə'septəbl] *adj* imperceptible.

imperfect [ɪm'pɜːfɪkt] ◇ *adj* imparfait(e). ◇ *n* GRAM : **~ (tense)** imparfait *m*.

imperfection [,ɪmpə'fekʃn] *n* - **1.** [gen] imperfection *f* - **2.** [failing] défaut *m*.

imperial [ɪm'pɪərɪəl] *adj* - **1.** [of empire] impérial(e) - **2.** [system of measurement] *qui a cours légal dans le Royaume-Uni*.

imperialism [ɪm'pɪərɪəlɪzm] *n* impérialisme *m*.

imperialist [ɪm'pɪərɪəlɪst] ◇ *adj* impérialiste. ◇ *n* impérialiste *mf*.

imperil [ɪm'perɪl] (*UK*, *pt & pp* **-led**, *cont* **-ling** *US*, *pt & pp* **-ed**, *cont* **-ing**) *vt* mettre en péril *OR* en danger ; [project] compromettre.

imperious [ɪm'pɪərɪəs] *adj* impérieux (euse).

impersonal [ɪm'pɜːsnl] *adj* impersonnel (elle).

impersonate [ɪm'pɜːsəneɪt] *vt* se faire passer pour.

impersonation [ɪm,pɜːsə'neɪʃn] *n* usurpation *f* d'identité ; [by mimic] imitation *f*.

impersonator [ɪm'pɜːsəneɪtəʳ] *n* imitateur *m*, -trice *f*.

impertinence [ɪm'pɜːtɪnəns] *n* impertinence *f*.

impertinent [ɪm'pɜːtɪnənt] *adj* impertinent(e).

imperturbable [,ɪmpə'tɜːbəbl] *adj* imperturbable.

impervious [ɪm'pɜːvjəs] *adj* [not influenced] : **~ to** indifférent(e) à.

impetuous [ɪm'petʃʊəs] *adj* impétueux (euse).

impetus ['ɪmpɪtəs] *n (U)* **- 1.** [momentum] élan *m* **- 2.** [stimulus] impulsion *f*.

impinge [ɪm'pɪndʒ] *vi* : **to ~ on sb/sthg** affecter qqn/qqch.

impish ['ɪmpɪʃ] *adj* espiègle.

implacable [ɪm'plækəbl] *adj* implacable.

implant ◇ *n* ['ɪmplɑːnt] implant *m*. ◇ *vt* [ɪm'plɑːnt] : **to ~ sthg in** *OR* **into sb** implanter qqch dans qqn.

implausible [ɪm'plɔːzəbl] *adj* peu plausible.

implement ◇ *n* ['ɪmplɪmənt] outil *m*, instrument *m*. ◇ *vt* ['ɪmplɪment] exécuter, appliquer.

implementation [,ɪmplɪmen'teɪʃn] *n* application *f*, exécution *f*.

implicate ['ɪmplɪkeɪt] *vt* : **to ~ sb in sthg** impliquer qqn dans qqch.

implication [,ɪmplɪ'keɪʃn] *n* implication *f* ; **by ~** par voie de conséquence.

implicit [ɪm'plɪsɪt] *adj* **- 1.** [inferred] implicite **- 2.** [belief, faith] absolu(e).

implicitly [ɪm'plɪsɪtlɪ] *adv* **- 1.** [by inference] implicitement **- 2.** [believe] absolument.

implied [ɪm'plaɪd] *adj* implicite.

implode [ɪm'pləʊd] *vi* imploser.

implore [ɪm'plɔːʳ] *vt* : **to ~ sb (to do sthg)** implorer qqn (de faire qqch).

imply [ɪm'plaɪ] (*pt & pp* **-ied**) *vt* **- 1.** [suggest] sous-entendre, laisser supposer *OR* entendre **- 2.** [involve] impliquer.

impolite [,ɪmpə'laɪt] *adj* impoli(e).

imponderable [ɪm'pɒndrəbl] *adj* impondérable.

◆ **imponderables** *npl* impondérables *mpl*.

import ◇ *n* ['ɪmpɔːt] **- 1.** [product, action] importation *f* **- 2.** *fml* [meaning] teneur *f* **- 3.** *fml* [importance] importance *f*. ◇ *vt* [ɪm'pɔːt] [gen & COMPUT] importer.

importance [ɪm'pɔːtns] *n* importance *f*.

important [ɪm'pɔːtnt] *adj* important(e) ; **to be ~ to sb** importer à qqn.

importantly [ɪm'pɔːtntlɪ] *adv* : **more ~** ce qui est plus important.

importation [,ɪmpɔː'teɪʃn] *n* importation *f*.

imported [ɪm'pɔːtɪd] *adj* importé(e).

importer [ɪm'pɔːtəʳ] *n* importateur *m*, -trice *f*.

impose [ɪm'pəʊz] ◇ *vt* [force] : **to ~ sthg (on)** imposer qqch (à). ◇ *vi* [cause trouble] : **to ~ (on sb)** abuser (de la gentillesse de qqn).

imposing [ɪm'pəʊzɪŋ] *adj* imposant(e).

imposition [,ɪmpə'zɪʃn] *n* **- 1.** [of tax, limitations etc] imposition *f* **- 2.** [cause of trouble] : **it's an ~** c'est abuser de ma/notre gentillesse.

impossibility [ɪm,pɒsə'bɪlətɪ] (*pl* **-ies**) *n* impossibilité *f*.

impossible [ɪm'pɒsəbl] ◇ *adj* impossible. ◇ *n* : **to do the ~** faire l'impossible.

impostor, **imposter** [ɪm'pɒstəʳ] *n* imposteur *m*.

impotence ['ɪmpətəns] *n* impuissance *f*.

impotent ['ɪmpətənt] *adj* impuissant(e).

impound [ɪm'paʊnd] *vt* confisquer.

impoverished [ɪm'pɒvərɪʃt] *adj* appauvri(e).

impracticable [ɪm'præktɪkəbl] *adj* irréalisable.

impractical [ɪm'præktɪkl] *adj* pas pratique.

imprecation [,ɪmprɪ'keɪʃn] *n* imprécation *f*.

imprecise [,ɪmprɪ'saɪs] *adj* imprécis(e).

impregnable [ɪm'pregnəbl] *adj* **- 1.** [fortress, defences] imprenable **- 2.** *fig* [person] inattaquable.

impregnate ['ɪmpregneɪt] *vt* **- 1.** [introduce substance into] : **to ~ sthg with** imprégner qqch de **- 2.** *fml* [fertilize] féconder.

impresario [,ɪmprɪ'sɑːrɪəʊ] (*pl* **-s**) *n* impresario *mf*.

impress [ɪm'pres] *vt* **- 1.** [person] impressionner **- 2.** [stress] : **to ~ sthg on sb** faire bien comprendre qqch à qqn.

impression [ɪm'preʃn] *n* **- 1.** [gen] impression *f* ; **to be under the ~ (that)...** avoir l'impression que... ; **to make an ~** faire impression - **2.** [impersonation] imitation *f* - **3.** [of stamp, book] impression *f*, empreinte *f*.

impressionable [ɪm'preʃnəbl] *adj* impressionnable.

Impressionism [ɪm'preʃənɪzm] *n* impressionnisme *m*.

impressionist [ɪm'preʃənɪst] *n* imitateur *m*, -trice *f*.

◆ **Impressionist** <> *adj* impressionniste. <> *n* impressionniste *mf*.

impressive [ɪm'presɪv] *adj* impressionnant(e).

imprint ['ɪmprɪnt] *n* - **1.** [mark] empreinte *f* - **2.** [publisher's name] nom *m* de l'éditeur.

imprinted [ɪm'prɪntɪd] *adj* imprimé(e).

imprison [ɪm'prɪzn] *vt* emprisonner.

imprisonment [ɪm'prɪznmənt] *n* emprisonnement *m*.

improbable [ɪm'prɒbəbl] *adj* - **1.** [story, excuse] improbable - **2.** [hat, contraption] bizarre.

impromptu [ɪm'prɒmptju:] *adj* impromptu(e).

improper [ɪm'prɒpəʳ] *adj* - **1.** [unsuitable] impropre - **2.** [incorrect, illegal] incorrect(e) - **3.** [rude] indécent(e).

impropriety [ɪmprə'praɪətɪ] *n* inconvenance *f*.

improve [ɪm'pru:v] <> *vi* s'améliorer ; [patient] aller mieux ; **to ~ on** *OR* **upon sthg** améliorer qqch. <> *vt* améliorer.

improved [ɪm'pru:vd] *adj* amélioré(e).

improvement [ɪm'pru:vmənt] *n* : **~ (in/on)** amélioration *f* (de/par rapport à).

improvisation [ˌɪmprəvaɪ'zeɪʃn] *n* improvisation *f*.

improvise ['ɪmprəvaɪz] *vt* & *vi* improviser.

imprudent [ɪm'pru:dənt] *adj* imprudent(e).

impudent ['ɪmpjʊdənt] *adj* impudent(e).

impugn [ɪm'pju:n] *vt fml* contester.

impulse ['ɪmpʌls] *n* impulsion *f* ; **on ~** par impulsion.

impulse buying [-'baɪɪŋ] *n (U)* achats *mpl* impulsifs.

impulsive [ɪm'pʌlsɪv] *adj* impulsif(ive).

impunity [ɪm'pju:nətɪ] *n* : **with ~** avec impunité.

impure [ɪm'pjʊəʳ] *adj* impur(e).

impurity [ɪm'pjʊərətɪ] (*pl* **-ies**) *n* impureté *f*.

IMRO ['ɪmrəʊ] (*abbr of* **Investment Management Regulatory Organization**) *organisme britannique contrôlant les activités de banques d'affaires et de gestionnaires de fonds de retraite.*

in [ɪn] <> *prep* - **1.** [indicating place, position] dans ; **~ a box/bag/drawer** dans une boîte/un sac/un tiroir ; **~ the room/garden/lake** dans la pièce/le jardin/le lac ; **~ Paris** à Paris ; **~ Belgium** en Belgique ; **~ Canada** au Canada ; **~ the United States** aux États-Unis ; **~ the country** à la campagne ; **to be ~ hospital** *UK*, **to be ~ the hospital** *US* être à l'hôpital ; **~ here** ici ; **~ there** là - **2.** [wearing] en ; **she was still ~ her nightclothes** elle était encore en chemise de nuit ; **dressed ~ a suit** vêtu d'un costume - **3.** [appearing in, included in] dans ; **there's a mistake ~ this paragraph** il y a une erreur dans ce paragraphe ; **~ chapter six** au sixième chapitre - **4.** [at a particular time, season] : **~ 1994** en 1994 ; **~ April** en avril ; **~ (the) spring** au printemps ; **~ (the) winter** en hiver ; **at two o'clock ~ the afternoon** à deux heures de l'après-midi - **5.** [period of time - within] en ; [- after] dans ; **he learned to type ~ two weeks** il a appris à taper à la machine en deux semaines ; **I'll be ready ~ five minutes** je serai prêt dans 5 minutes - **6.** [during] : **it's my first decent meal ~ weeks** c'est mon premier repas correct depuis des semaines - **7.** [indicating situation, circumstances] : **~ the sun** au soleil ; **~ the rain** sous la pluie ; **~ these circumstances** dans ces circonstances, en de telles circonstances ; **a rise ~ prices** une augmentation des prix ; **to live/die ~ poverty** vivre/mourir dans la misère ; **~ danger/difficulty** en danger/difficulté - **8.** [indicating manner, condition] : **~ a loud/soft voice** d'une voix forte/douce ; **to write ~ pencil/ink** écrire au crayon/à l'encre ; **to speak ~ English/French** parler (en) anglais/français - **9.** [indicating emotional state] : **~ anger** sous le coup de la colère ; **~ joy/delight** avec joie/plaisir ; **he looked at me ~ amazement/horror** il me regarda stupéfait/horrifié - **10.** [specifying area of activity] dans ; **he's ~ computers** il est dans l'informatique ; **advances ~ science** des progrès en science - **11.** [referring to quantity, numbers, age] : **~ large/small quantities** en grande/petite quantité ; **~ (their) thousands** par milliers ; **she's ~ her sixties** elle a la soixantaine - **12.** [describing arrangement] : **~ twos** par deux ; **~ a line/row/circle** en ligne/rang/cercle - **13.** [as regards] : **to be three metres ~ length/width** faire trois mètres de long/large ; **a change ~ direction** un changement de direction - **14.** [in ratios] : **5 pence ~ the pound** *UK* 5 pence par livre sterling ; **one ~ ten** un sur dix - **15.** *(after superl)* de ; **the longest river ~ the world** le fleuve le plus long du monde - **16.** *(+ present participle)* **~ doing sthg** en faisant qqch. <> *adv* - **1.** [inside] dedans, à l'intérieur ; **put the clothes ~** mets les vêtements dedans ; **do come ~!** entrez donc! - **2.** [at home, work] là ; **I'm staying ~ tonight** je reste à la maison *OR* chez moi ce soir ; **is Judith ~?** est-ce que Judith est là? - **3.** [of train, boat, plane] : **to be ~** être arrivé(e) - **4.** [of tide] : **the tide's ~** c'est la marée haute - **5.** *phr* **we're ~ for some bad weather** nous allons avoir du mauvais temps ; **you're ~ for a shock** tu vas avoir un choc ; **to be ~ on sthg** être au courant de qqch. ◇ *adj inf* à la mode ; **short skirts are ~ this year** les jupes courtes sont à la mode cette année.

◆ **ins** *npl* : **the ~s and outs** les tenants et les aboutissants *mpl*.

◆ **in that** *conj* étant donné que.

in. *see also* **inch**.

IN *see also* **Indiana**.

inability [ˌɪnəˈbɪlətɪ] *n* : **~ (to do sthg)** incapacité *f* (à faire qqch).

inaccessible [ˌɪnəkˈsesəbl] *adj* inaccessible.

inaccuracy [ɪnˈækjʊrəsɪ] (*pl* **-ies**) *n* inexactitude *f*.

inaccurate [ɪnˈækjʊrət] *adj* inexact(e).

inaction [ɪnˈækʃn] *n fml* inaction *f*.

inactive [ɪnˈæktɪv] *adj* inactif(ive).

inactivity [ˌɪnækˈtɪvətɪ] *n* inactivité *f*.

inadequacy [ɪnˈædɪkwəsɪ] (*pl* **-ies**) *n* insuffisance *f*.

inadequate [ɪnˈædɪkwət] *adj* insuffisant(e).

inadmissible [ˌɪnədˈmɪsəbl] *adj* inadmissible ; [evidence] irrecevable.

inadvertent [ˌɪnədˈvɜːtnt] *adj* commis(e) par inadvertance.

inadvertently [ˌɪnədˈvɜːtəntlɪ] *adv* par inadvertance.

inadvisable [ˌɪnədˈvaɪzəbl] *adj* déconseillé(e).

inalienable [ɪnˈeɪljənəbl] *adj* inaliénable.

inane [ɪˈneɪn] *adj* inepte ; [person] stupide.

inanely [ɪˈneɪnlɪ] *adv* stupidement.

inanimate [ɪnˈænɪmət] *adj* inanimé(e).

inanity [ɪˈnænətɪ] *n* ineptie *f* ; [of person] stupidité *f*.

inapplicable [ɪnˈæplɪkəbl] *adj* inapplicable.

inappropriate [ɪnəˈprəʊprɪət] *adj* inopportun(e) ; [expression, word] impropre ; [clothing] peu approprié(e).

inarticulate [ˌɪnɑːˈtɪkjʊlət] *adj* inarticulé(e), indistinct(e) ; [person] qui s'exprime avec difficulté ; [explanation] mal exprimé(e).

inasmuch [ˌɪnəzˈmʌtʃ] ◆ **inasmuch as** *conj fml* attendu que.

inattention [ˌɪnəˈtenʃn] *n* : **~ (to)** inattention *f* (à).

inattentive [ˌɪnəˈtentɪv] *adj* : **~ (to)** inattentif(ive) (à).

inaudible [ɪˈnɔːdɪbl] *adj* inaudible.

inaugural [ɪˈnɔːgjʊrəl] *adj* inaugural(e).

inaugurate [ɪˈnɔːgjʊreɪt] *vt* [leader, president] investir ; [building, system] inaugurer.

inauguration [ɪˌnɔːgjʊˈreɪʃn] *n* [of leader, president] investiture *f* ; [of building, system] inauguration *f*.

inauspicious [ˌɪnɔːˈspɪʃəs] *adj fml* peu propice.

in-basket, *US* **in-box** = **in-tray**.

in-between *adj* intermédiaire.

inboard [ˈɪnbɔːd] *adj* in-bord *(inv)*.

inborn [ˌɪnˈbɔːn] *adj* inné(e).

inbound [ˈɪnbaʊnd] *adj* qui arrive.

inbox [ˈɪnbɑks] *n* COMPUT boîte *f* de réception.

inbred [ˌɪnˈbred] *adj* - **1.** [closely related] consanguin(e) ; [animal] croisé(e) - **2.** [inborn] inné(e).

inbreeding [ˈɪnˌbriːdɪŋ] *n* consanguinité *f* ; [of animals] croisement *m*.

inbuilt [ˌɪnˈbɪlt] *adj UK* [inborn] inné(e).

inc. (*abbr of* **inclusive**) : **12-15 April ~** du 12 au 15 avril inclus.

Inc. [ɪŋk] (*abbr of* **incorporated**) *UK* ≃ SARL.

Inca [ˈɪŋkə] *n* Inca *mf*.

incalculable [ɪnˈkælkjʊləbl] *adj* incalculable.

incandescent [ˌɪnkænˈdesnt] *adj* incandescent(e).

incantation [ˌɪnkænˈteɪʃn] *n* incantation *f*.

incapable [ɪnˈkeɪpəbl] *adj* incapable ; **to be ~ of sthg/of doing sthg** être incapable de qqch/de faire qqch.

incapacitate [ˌɪnkəˈpæsɪteɪt] *vt* rendre inapte physiquement.

incapacitated [ˌɪnkəˈpæsɪteɪtɪd] *adj* inapte physiquement ; **~ for work** mis(e) dans l'incapacité de travailler.

incapacity [ˌɪnkəˈpæsətɪ] *n* : **~ (for)** incapacité *f* (de).

incarcerate [ɪnˈkɑːsəreɪt] *vt* incarcérer.

incarceration [ɪnˌkɑːsəˈreɪʃn] *n* incarcération *f*.

incarnate [ɪnˈkɑːneɪt] *adj* incarné(e).

incarnation [ˌɪnkɑːˈneɪʃn] *n* incarnation *f*.

incendiary device [ɪnˈsendjərɪ-] *n* dispositif *m* incendiaire.

incense ◇ *n* [ˈɪnsens] encens *m*. ◇ *vt* [ɪnˈsens] [anger] mettre en colère.

incentive [ɪnˈsentɪv] *n* - **1.** [encouragement] motivation *f* - **2.** COMM récompense *f*, prime *f*.

incentive program *US*, **incentive scheme** *UK* *n* programme *m* d'encouragement.

incentivize [ɪn'sentɪvaɪz] *vt* motiver.

inception [ɪn'sepʃn] *n fml* commencement *m*.

incessant [ɪn'sesnt] *adj* incessant(e).

incessantly [ɪn'sesntlɪ] *adv* sans cesse.

incest ['ɪnsest] *n* inceste *m*.

incestuous [ɪn'sestjʊəs] *adj* - **1.** [sexual] incestueux(euse) - **2.** *fig* [too close] très fermé(e) ; [relationship] en vase clos.

inch [ɪntʃ] ◇ *n* = *2,5 cm*, ≃ pouce *m*. ◇ *vi* : **to ~ forward** avancer petit à petit.

incidence ['ɪnsɪdəns] *n fml* [of disease, theft] fréquence *f*.

incident ['ɪnsɪdənt] *n* incident *m*.

incidental [,ɪnsɪ'dentl] *adj* accessoire.

incidentally [,ɪnsɪ'dentəlɪ] *adv* à propos.

incidental music *n* musique *f* de fond.

incinerate [ɪn'sɪnəreɪt] *vt* incinérer.

incinerator [ɪn'sɪnəreɪtə^r] *n* incinérateur *m*.

incipient [ɪn'sɪpɪənt] *adj fml* naissant(e).

incision [ɪn'sɪʒn] *n* incision *f*.

incisive [ɪn'saɪsɪv] *adj* incisif(ive).

incisor [ɪn'saɪzə^r] *n* incisive *f*.

incite [ɪn'saɪt] *vt* inciter ; **to ~ sb to do sthg** inciter qqn à faire qqch.

incitement [ɪn'saɪtmənt] *n (U)* **~ (to sthg/to do sthg)** incitation *f* (à qqch/à faire qqch).

incl. - **1.** *see also* **including** - **2.** *see also* **inclusive**.

inclement [ɪn'klemənt] *adj fml* inclément(e).

inclination [,ɪnklɪ'neɪʃn] *n* - **1.** *(U)* [liking, preference] inclination *f*, goût *m* - **2.** [tendency] : **~ to do sthg** inclination *f* à faire qqch.

incline ◇ *n* ['ɪnklaɪn] inclinaison *f*. ◇ *vt* [ɪn'klaɪn] [head] incliner.

inclined [ɪn'klaɪnd] *adj* - **1.** [tending] : **to be ~ to sthg/to do sthg** avoir tendance à qqch/à faire qqch - **2.** [wanting] : **to be ~ to do sthg** être enclin(e) à faire qqch - **3.** [sloping] incliné(e).

include [ɪn'klu:d] *vt* inclure.

included [ɪn'klu:dɪd] *adj* inclus(e).

including [ɪn'klu:dɪŋ] *prep* y compris.

inclusion [ɪn'klu:ʒn] *n* inclusion *f*.

inclusive [ɪn'klu:sɪv] *adj* inclus(e) ; [including all costs] tout compris ; **~ of VAT** TVA incluse *OR* comprise.

inclusivity [,ɪnklu:'sɪvɪtɪ] *n* inclusion *f*, politique *f* d'inclusion.

incognito [,ɪnkɒg'ni:təʊ] *adv* incognito.

incoherent [,ɪnkəʊ'hɪərənt] *adj* incohérent(e).

income ['ɪŋkʌm] *n* revenu *m*.

incomes policy *n UK* politique *f* des revenus *OR* salariale.

income support *n UK allocations supplémentaires accordées aux personnes ayant un faible revenu.*

income tax *n* impôt *m* sur le revenu.

incoming ['ɪn,kʌmɪŋ] *adj* - **1.** [tide, wave] montant(e) - **2.** [plane, passengers, mail] qui arrive ; [phone call] de l'extérieur - **3.** [government, official] nouveau (nouvelle).

incommunicado [,ɪnkəmju:nɪ'kɑ:dəʊ] *adv* : **to be held ~** être tenu(e) au secret.

incomparable [ɪn'kɒmpərəbl] *adj* incomparable.

incompatible [,ɪnkəm'pætɪbl] *adj* : **~ (with)** incompatible (avec).

incompetence [ɪn'kɒmpɪtəns] *n* incompétence *f*.

incompetent [ɪn'kɒmpɪtənt] *adj* incompétent(e).

incomplete [,ɪnkəm'pli:t] *adj* incomplet (ète).

incomprehensible [ɪn,kɒmprɪ'hensəbl] *adj* incompréhensible.

inconceivable [,ɪnkən'si:vəbl] *adj* inconcevable.

inconclusive [,ɪnkən'klu:sɪv] *adj* peu concluant(e).

incongruous [ɪn'kɒŋgrʊəs] *adj* incongru(e).

inconsequential [,ɪnkɒnsɪ'kwenʃl] *adj* sans importance.

inconsiderable [,ɪnkən'sɪdərəbl] *adj* : **not ~** non négligeable.

inconsiderate [,ɪnkən'sɪdərət] *adj* inconsidéré(e) ; [person] qui manque de considération.

inconsistency [,ɪnkən'sɪstənsɪ] (*pl* **-ies**) *n* inconsistance *f*.

inconsistent [,ɪnkən'sɪstənt] *adj* - **1.** [not agreeing, contradictory] contradictoire ; [person] inconséquent(e) ; **~ with sthg** en contradiction avec qqch - **2.** [erratic] inconsistant(e).

inconsolable [,ɪnkən'səʊləbl] *adj* inconsolable.

inconspicuous [,ɪnkən'spɪkjʊəs] *adj* qui passe inaperçu(e).

incontinence [ɪn'kɒntɪnəns] *n* incontinence *f*.

incontinent [ɪn'kɒntɪnənt] *adj* incontinent(e).

incontrovertible [,ɪnkɒntrə'vɜ:təbl] *adj fml* indéniable, irréfutable.

inconvenience [,ɪnkən'vi:njəns] ◇ *n* désagrément *m*. ◇ *vt* déranger.

inconvenient [ˌɪnkənˈviːnjənt] *adj* inopportun(e).

incorporate [ɪnˈkɔːpəreɪt] <> *vt* - **1.** [integrate] : **to ~ sb/sthg (into)** incorporer qqn/qqch (dans) - **2.** [comprise] contenir, comprendre. <> *vi* COMM [to form a corporation] se constituer en société commerciale.

incorporated [ɪnˈkɔːpəreɪtɪd] *adj* COMM constitué(e) en société commerciale.

incorporation [ɪnˌkɔːpəˈreɪʃn] *n* - **1.** [integration] incorporation *f* - **2.** COMM [of company] constitution *f* en société commerciale.

incorrect [ˌɪnkəˈrekt] *adj* incorrect(e).

incorrigible [ɪnˈkɒrɪdʒəbl] *adj* incorrigible.

incorruptible [ˌɪnkəˈrʌptəbl] *adj* incorruptible.

increase <> *n* [ˈɪnkriːs] : **~ (in)** augmentation *f* (de) ; **to be on the ~** aller en augmentant. <> *vt* [ɪnˈkriːs] *vi* [ɪnˈkriːs] augmenter.

increased [ɪnˈkriːst] *adj* accru(e).

increasing [ɪnˈkriːsɪŋ] *adj* croissant(e).

increasingly [ɪnˈkriːsɪŋlɪ] *adv* de plus en plus.

incredible [ɪnˈkredəbl] *adj* incroyable.

incredulous [ɪnˈkredjʊləs] *adj* incrédule.

increment [ˈɪnkrɪmənt] *n* augmentation *f*.

incriminate [ɪnˈkrɪmɪneɪt] *vt* incriminer ; **to ~ o.s.** se compromettre.

incriminating [ɪnˈkrɪmɪneɪtɪŋ] *adj* compromettant(e).

incrusted [ɪnˈkrʌst] = **encrusted.**

incubate [ˈɪnkjʊbeɪt] <> *vt* incuber. <> *vi* être en incubation.

incubation [ˌɪnkjʊˈbeɪʃn] *n* incubation *f*.

incubator [ˈɪnkjʊbeɪtəʳ] *n* [for baby] incubateur *m*, couveuse *f*.

inculcate [ˈɪnkʌlkeɪt] *vt fml* **to ~ sthg in** *OR* **into sb** inculquer qqch à qqn.

incumbent [ɪnˈkʌmbənt] *fml* <> *adj* : **to be ~ on** *OR* **upon sb to do sthg** incomber à qqn de faire qqch. <> *n* [of post] titulaire *m*.

incur [ɪnˈkɜːʳ] (*pt* & *pp* **-red**, *cont* **-ring**) *vt* encourir.

incurable [ɪnˈkjʊərəbl] *adj* [disease] incurable.

incursion [*UK* ɪnˈkɜːʃn, *US* ɪnˈkɜːʒn] *n* incursion *f*.

indebted [ɪnˈdetɪd] *adj* [grateful] : **~ to sb** redevable à qqn.

indecency [ɪnˈdiːsnsɪ] *n* indécence *f*.

indecent [ɪnˈdiːsnt] *adj* - **1.** [improper] indécent(e) - **2.** [unreasonable] malséant(e).

indecent assault *n* attentat *m* à la pudeur.

indecent exposure *n* outrage *m* public à la pudeur.

indecipherable [ˌɪndɪˈsaɪfərəbl] *adj* indéchiffrable.

indecision [ˌɪndɪˈsɪʒn] *n* indécision *f*.

indecisive [ˌɪndɪˈsaɪsɪv] *adj* indécis(e).

indeed [ɪnˈdiːd] *adv* - **1.** [certainly, to express surprise] vraiment ; **~ I am, yes ~** certainement - **2.** [in fact] en effet - **3.** [for emphasis] : **very big/bad ~** extrêmement grand/mauvais, vraiment grand/mauvais.

indefatigable [ˌɪndɪˈfætɪgəbl] *adj fml* infatigable.

indefensible [ˌɪndɪˈfensəbl] *adj* indéfendable.

indefinable [ˌɪndɪˈfaɪnəbl] *adj* indéfinissable.

indefinite [ɪnˈdefɪnɪt] *adj* - **1.** [not fixed] indéfini(e) - **2.** [imprecise] vague.

indefinitely [ɪnˈdefɪnətlɪ] *adv* - **1.** [for unfixed period] indéfiniment - **2.** [imprecisely] vaguement.

indelible [ɪnˈdeləbl] *adj* indélébile.

indelicate [ɪnˈdelɪkət] *adj* indélicat(e).

indemnify [ɪnˈdemnɪfaɪ] (*pt* & *pp* **-ied**) *vt* : **to ~ sb for** *OR* **against sthg** indemniser qqn de qqch.

indemnity [ɪnˈdemnətɪ] *n* indemnité *f*.

indent [ɪnˈdent] *vt* - **1.** [dent] entailler - **2.** [text] mettre en retrait.

indentation [ˌɪndenˈteɪʃn] *n* - **1.** [dent] découpure *f*, entaille *f* - **2.** [in text] alinéa *m*.

indenture [ɪnˈdentʃəʳ] *n* contrat *m* d'apprentissage.

independence [ˌɪndɪˈpendəns] *n* indépendance *f*.

Independence Day *n fête de l'indépendance américaine, le 4 juillet.*

independent [ˌɪndɪˈpendənt] *adj* : **~ (of)** indépendant(e) (de).

independently [ˌɪndɪˈpendəntlɪ] *adv* de façon indépendante ; **~ of sb/sthg** indépendamment de qqn/qqch.

independent school *n UK* école *f* privée.

in-depth *adj* approfondi(e).

indescribable [ˌɪndɪˈskraɪbəbl] *adj* indescriptible.

indestructible [ˌɪndɪˈstrʌktəbl] *adj* indestructible.

indeterminate [ˌɪndɪˈtɜːmɪnət] *adj* indéterminé(e).

index [ˈɪndeks] <> *n* - **1.** (*pl* **-dexes** [-deksiːz]) [of book] index *m* - **2.** (*pl* **-dexes** [-deksiːz]) [in library] répertoire *m*, fichier *m* **- 3.** (*pl* **-dexes** OR **-dices** [-dɪsiːz]) ECON indice *m*. <> *vt* [book] faire l'index de.

index card *n* fiche *f*.

index-linked *UK* [-ˌlɪŋkt], **indexed** *US adj* ECON indexé(e).

index finger *n* index *m*.

index page *n* index *m*, page *f* d'accueil.

India ['ɪndjə] *n* Inde *f* ; **in ~** en Inde.

India ink *US* = **Indian ink**.

Indian ['ɪndjən] <> *adj* indien(enne). <> *n* Indien *m*, -enne *f*.

Indiana [ˌɪndɪ'ænə] *n* Indiana *m* ; **in ~** dans l'Indiana.

Indian ink *UK*, **India ink** *US n* encre *f* de Chine.

Indian Ocean *n* : **the ~** l'océan *m* Indien.

Indian summer *n* été *m* indien.

india rubber, **India rubber** *n* caoutchouc *m*.

indicate ['ɪndɪkeɪt] <> *vt* indiquer. <> *vi UK* AUT mettre son clignotant.

indication [ˌɪndɪ'keɪʃn] *n* **- 1.** [suggestion] indication *f* **- 2.** [sign] signe *m*.

indicative [ɪn'dɪkətɪv] <> *adj* : **~ of** indicatif(ive) de. <> *n* GRAM indicatif *m*.

indicator ['ɪndɪkeɪtə^r] *n* **- 1.** [sign] indicateur *m* **- 2.** *UK* AUT clignotant *m*.

indices ['ɪndɪsiːz] *pl* ▷ **index**.

indict [ɪn'daɪt] *vt* : **to ~ sb (for)** accuser qqn (de), mettre qqn en examen (pour).

indictable [ɪn'daɪtəbl] *adj* [person] qui peut être traduit(e) en justice ; [offence] punissable.

indictment [ɪn'daɪtmənt] *n* [LAW - bill] acte *m* d'accusation ; [- process] mise *f* en examen.

indie ['ɪndɪ] *adj inf* indépendant(e).

indifference [ɪn'dɪfrəns] *n* indifférence *f*.

indifferent [ɪn'dɪfrənt] *adj* **- 1.** [uninterested] : **~ (to)** indifférent(e) (à) **- 2.** [mediocre] médiocre.

indigenous [ɪn'dɪdʒɪnəs] *adj* indigène.

indigestible [ˌɪndɪ'dʒestəbl] *adj* indigeste.

indigestion [ˌɪndɪ'dʒestʃn] *n (U)* indigestion *f*.

indignant [ɪn'dɪgnənt] *adj* : **~ (at)** indigné(e) (de).

indignantly [ɪn'dɪgnəntlɪ] *adv* avec indignation.

indignation [ˌɪndɪg'neɪʃn] *n* indignation *f*.

indignity [ɪn'dɪgnətɪ] (*pl* **-ies**) *n* indignité *f*.

indigo ['ɪndɪgəʊ] <> *adj* indigo *(inv)*. <> *n* indigo *m*.

indirect [ˌɪndɪ'rekt] *adj* indirect(e).

indirect costs *npl* frais *mpl* généraux.

indirect lighting *n* éclairage *m* indirect.

indirectly [ˌɪndɪ'rektlɪ] *adv* indirectement.

indirect discourse *US*, **indirect speech** *UK n* discours *m* indirect.

indirect taxation *n (U)* contributions *fpl* indirectes, impôts *mpl* indirects.

indiscreet [ˌɪndɪ'skriːt] *adj* indiscret(ète).

indiscretion [ˌɪndɪ'skreʃn] *n* indiscrétion *f*.

indiscriminate [ˌɪndɪ'skrɪmɪnət] *adj* [person] qui manque de discernement ; [treatment] sans distinction ; [killing] commis au hasard.

indiscriminately [ˌɪndɪ'skrɪmɪnətlɪ] *adv* [admire] aveuglément ; [treat] sans faire de distinction ; [kill] au hasard.

indispensable [ˌɪndɪ'spensəbl] *adj* indispensable.

indisposed [ˌɪndɪ'spəʊzd] *adj fml* [unwell] indisposé(e).

indisputable [ˌɪndɪ'spjuːtəbl] *adj* indiscutable.

indistinct [ˌɪndɪ'stɪŋkt] *adj* indistinct(e) ; [memory] vague.

indistinguishable [ˌɪndɪ'stɪŋgwɪʃəbl] *adj* : **~ (from)** que l'on ne peut distinguer (de).

individual [ˌɪndɪ'vɪdʒʊəl] <> *adj* **- 1.** [separate, for one person] individuel(elle) **- 2.** [distinctive] personnel(elle). <> *n* individu *m*.

individualist [ˌɪndɪ'vɪdʒʊəlɪst] *n* individualiste *mf*.

individualistic ['ɪndɪˌvɪdʒʊə'lɪstɪk] *adj* individualiste.

individuality ['ɪndɪˌvɪdʒʊ'ælətɪ] *n* individualité *f*.

individually [ˌɪndɪ'vɪdʒʊəlɪ] *adv* individuellement.

indivisible [ˌɪndɪ'vɪzəbl] *adj* indivisible.

Indochina [ˌɪndəʊ'tʃaɪnə] *n* Indochine *f* ; **in ~** en Indochine.

indoctrinate [ɪn'dɒktrɪneɪt] *vt* endoctriner.

indoctrination [ɪnˌdɒktrɪ'neɪʃn] *n* endoctrinement *m*.

indolent ['ɪndələnt] *adj fml* indolent(e).

indomitable [ɪn'dɒmɪtəbl] *adj* indomptable.

Indonesia [ˌɪndə'niːzjə] *n* Indonésie *f* ; **in ~** en Indonésie.

Indonesian [ˌɪndə'niːzjən] <> *adj* indonésien(enne). <> *n* **- 1.** [person] Indonésien *m*, -enne *f* **- 2.** [language] indonésien *m*.

indoor ['ɪndɔː^r] *adj* d'intérieur ; [swimming pool] couvert(e) ; [sports] en salle.

indoors [ˌɪn'dɔːz] *adv* à l'intérieur.

indubitably [ɪn'djuːbɪtəblɪ] *adv* indubitablement.

induce [ɪn'djuːs] *vt* - **1.** [persuade] : **to ~ sb to do sthg** inciter *OR* pousser qqn à faire qqch - **2.** MED [labour] provoquer ; [woman] provoquer l'accouchement de - **3.** [bring about] provoquer.

inducement [ɪn'djuːsmənt] *n* [incentive] incitation *f*, encouragement *m*.

induction [ɪn'dʌkʃn] *n* - **1.** [into official position] : **~ (into)** installation *f* (à) - **2.** [introduction] introduction *f* - **3.** ELEC induction *f*.

induction course *n UK* stage *m* d'initiation.

indulge [ɪn'dʌldʒ] ◇ *vt* - **1.** [whim, passion] céder à - **2.** [child, person] gâter ; **to ~ o.s.** se faire plaisir. ◇ *vi* : **to ~ in sthg** se permettre qqch.

indulgence [ɪn'dʌldʒəns] *n* - **1.** [act of indulging] indulgence *f* - **2.** [special treat] gâterie *f*.

indulgent [ɪn'dʌldʒənt] *adj* indulgent(e).

Indus (River) ['ɪndəs] *n* : **the (River) ~** l'Indus *m*.

industrial [ɪn'dʌstrɪəl] *adj* industriel(elle).

industrial action *esp UK*, **job action** *US n esp UK* **to take ~** se mettre en grève.

industrial estate *UK*, **industrial park** *US n* zone *f* industrielle.

industrial injury *n* accident *m* du travail.

industrialist [ɪn'dʌstrɪəlɪst] *n* industriel *m*, -elle *f*.

industrialization [ɪnˌdʌstrɪəlaɪ'zeɪʃn] *n* industrialisation *f*.

industrialize, *UK* **-ise** [ɪn'dʌstrɪəlaɪz] ◇ *vt* industrialiser. ◇ *vi* s'industrialiser.

industrial park *US* = **industrial estate**.

industrial relations *npl* relations *fpl* patronat-syndicats.

industrial revolution *n* révolution *f* industrielle.

industrial tribunal *n UK* ≃ conseil *m* de prud'hommes.

industrious [ɪn'dʌstrɪəs] *adj* industrieux(euse).

industry ['ɪndəstrɪ] (*pl* **-ies**) *n* - **1.** [gen] industrie *f* - **2.** *(U)* [hard work] assiduité *f*, application *f*.

inebriated [ɪ'niːbrɪeɪtɪd] *adj fml* ivre.

inedible [ɪn'edɪbl] *adj* - **1.** [meal, food] immangeable - **2.** [plant, mushroom] non comestible.

ineffective [ˌɪnɪ'fektɪv] *adj* inefficace.

ineffectual [ˌɪnɪ'fektʃʊəl] *adj fml* inefficace ; [person] incapable, incompétent(e).

inefficiency [ˌɪnɪ'fɪʃnsɪ] *n* inefficacité *f* ; [of person] incapacité *f*, incompétence *f*.

inefficient [ˌɪnɪ'fɪʃnt] *adj* inefficace ; [person] incapable, incompétent(e).

inelegant [ɪn'elɪgənt] *adj* inélégant(e), sans élégance.

ineligible [ɪn'elɪdʒəbl] *adj* inéligible ; **to be ~ for sthg** ne pas avoir droit à qqch.

inept [ɪ'nept] *adj* inepte ; [person] stupide.

ineptitude [ɪ'neptɪtjuːd] *n* ineptie *f* ; [of person] stupidité *f*.

inequality [ˌɪnɪ'kwɒlətɪ] (*pl* **-ies**) *n* inégalité *f*.

inequitable [ɪn'ekwɪtəbl] *adj fml* inéquitable.

ineradicable [ˌɪnɪ'rædɪkəbl] *adj fml* tenace, dont on ne peut se débarrasser.

inert [ɪ'nɜːt] *adj* inerte.

inertia [ɪ'nɜːʃə] *n* inertie *f*.

inertia-reel seat belt *n* ceinture *f* de sécurité à enrouleur.

inescapable [ˌɪnɪ'skeɪpəbl] *adj* inéluctable.

inessential [ˌɪnɪ'senʃl] *adj* superflu(e).

inestimable [ɪn'estɪməbl] *adj* inestimable.

inevitable [ɪn'evɪtəbl] ◇ *adj* inévitable. ◇ *n* : **the ~** l'inévitable *m*.

inevitably [ɪn'evɪtəblɪ] *adv* inévitablement.

inexact [ˌɪnɪg'zækt] *adj* inexact(e).

inexcusable [ˌɪnɪk'skjuːzəbl] *adj* inexcusable, impardonnable.

inexhaustible [ˌɪnɪg'zɔːstəbl] *adj* inépuisable.

inexorable [ɪn'eksərəbl] *adj* inexorable.

inexorably [ɪn'eksərəblɪ] *adv* inexorablement.

inexpensive [ˌɪnɪk'spensɪv] *adj* bon marché *(inv)*, pas cher (chère).

inexperience [ˌɪnɪk'spɪərɪəns] *n* inexpérience *f*.

inexperienced [ˌɪnɪk'spɪərɪənst] *adj* inexpérimenté(e), qui manque d'expérience.

inexpert [ɪn'ekspɜːt] *adj* inexpert(e).

inexplicable [ˌɪnɪk'splɪkəbl] *adj* inexplicable.

inexplicably [ˌɪnɪk'splɪkəblɪ] *adv* inexplicablement.

inextricably [ɪn'ekstrɪkəblɪ] *adv* inextricablement.

infallible [ɪn'fæləbl] *adj* infaillible.

infamous ['ɪnfəməs] *adj* infâme.

infamy ['ɪnfəmɪ] *n* infamie *f*.

infancy ['ɪnfənsɪ] *n* petite enfance *f* ; **in its ~** *fig* à ses débuts.

infant ['ɪnfənt] *n* - **1.** [baby] nouveau-né *m*, nouveau-née *f*, nourrisson *m* - **2.** [young child] enfant *mf* en bas âge.

infantile ['ɪnfəntaɪl] *adj lit* & *pej* infantile.

infant mortality *n* mortalité *f* infantile.

infantry ['ɪnfəntrɪ] *n* infanterie *f*.

infantryman ['ɪnfəntrɪmən] (*pl* **-men** [-mən]) *n* fantassin *m*.

infant school *n UK* école *f* maternelle *(de 5 à 7 ans)*.

infatuated [ɪn'fætjʊeɪtɪd] *adj* : **~ (with)** entiché(e) (de).

infatuation [ɪn,fætjʊ'eɪʃn] *n* : **~ (with)** béguin *m* (pour).

infect [ɪn'fekt] *vt* - **1.** MED infecter - **2.** *fig* [subj: enthusiasm etc] se propager à.

infected [ɪn'fektɪd] *adj* : **~ (with)** infecté(e) (par).

infection [ɪn'fekʃn] *n* infection *f*.

infectious [ɪn'fekʃəs] *adj* - **1.** [disease] infectieux(euse) - **2.** *fig* [feeling, laugh] contagieux(euse).

infer [ɪn'fɜːʳ] (*pt* & *pp* **-red**, *cont* **-ring**) *vt* [deduce] : **to ~ sthg (from)** déduire qqch (de).

inference ['ɪnfrəns] *n* - **1.** [conclusion] conclusion *f* - **2.** [process of deduction] : **by ~** par déduction.

inferior [ɪn'fɪərɪəʳ] ◇ *adj* - **1.** [in status] inférieur(e) - **2.** [product] de qualité inférieure ; [work] médiocre. ◇ *n* [in status] subalterne *mf*.

inferiority [ɪn,fɪərɪ'ɒrətɪ] *n* infériorité *f*.

inferiority complex *n* complexe *m* d'infériorité.

infernal [ɪn'fɜːnl] *adj inf dated* infernal(e).

inferno [ɪn'fɜːnəʊ] (*pl* **-s**) *n* brasier *m*.

infertile [ɪn'fɜːtaɪl] *adj* - **1.** [woman] stérile - **2.** [soil] infertile.

infertility [,ɪnfə'tɪlətɪ] *n* - **1.** [of woman] stérilité *f* - **2.** [of soil] infertilité *f*.

infestation [,ɪnfe'steɪʃn] *n* infestation *f*.

infested [ɪn'festɪd] *adj* : **~ with** infesté(e) de.

infidelity [,ɪnfɪ'delətɪ] *n* infidélité *f*.

infighting ['ɪn,faɪtɪŋ] *n (U)* querelles *fpl* intestines.

infiltrate ['ɪnfɪltreɪt] ◇ *vt* infiltrer. ◇ *vi* : **to ~ into** s'infiltrer dans.

infinite ['ɪnfɪnət] *adj* infini(e).

infinitely ['ɪnfɪnətlɪ] *adv* infiniment.

infinitesimal [,ɪnfɪnɪ'tesɪml] *adj* infinitésimal(e).

infinitive [ɪn'fɪnɪtɪv] *n* infinitif *m*.

infinity [ɪn'fɪnətɪ] *n* infini *m*.

infirm [ɪn'fɜːm] *fml* ◇ *adj* infirme. ◇ *npl* : **the ~** les infirmes *mpl*.

infirmary [ɪn'fɜːmərɪ] (*pl* **-ies**) *n UK* [in names] hôpital *m* ; *US* SCH & UNIV infirmerie *f*.

infirmity [ɪn'fɜːmətɪ] (*pl* **-ies**) *n fml* infirmité *f*.

inflamed [ɪn'fleɪmd] *adj* MED enflammé(e).

inflammable [ɪn'flæməbl] *adj* inflammable.

inflammation [,ɪnflə'meɪʃn] *n* MED inflammation *f*.

inflammatory [ɪn'flæmətrɪ] *adj* inflammatoire.

inflatable [ɪn'fleɪtəbl] *adj* gonflable.

inflate [ɪn'fleɪt] *vt* - **1.** [tyre, life jacket etc] gonfler - **2.** ECON [prices, salaries] hausser, gonfler.

inflated [ɪn'fleɪtɪd] *adj* - **1.** [tyre, life jacket etc] gonflé(e) - **2.** *pej* [exaggerated] : **he has an ~ opinion of himself** il a une haute opinion de lui-même - **3.** ECON [salary, prices] exagéré(e), gonflé(e).

inflation [ɪn'fleɪʃn] *n* ECON inflation *f*.

inflationary [ɪn'fleɪʃnrɪ] *adj* ECON inflationniste.

inflationary spiral *n* spirale *f* inflationniste.

inflation-proof *adj* protégé(e) contre les effets de l'inflation.

inflexible [ɪn'fleksəbl] *adj* - **1.** [material] rigide - **2.** [person, arrangement] inflexible.

inflict [ɪn'flɪkt] *vt* : **to ~ sthg on sb** infliger qqch à qqn.

in-flight *adj* en vol *(inv)*.

inflow ['ɪnfləʊ] *n* afflux *m*.

influence ['ɪnflʊəns] ◇ *n* influence *f* ; **under the ~ of** [person, group] sous l'influence de ; [alcohol, drugs] sous l'effet OR l'empire de. ◇ *vt* influencer.

influential [,ɪnflʊ'enʃl] *adj* influent(e).

influenza [,ɪnflʊ'enzə] *n (U)* grippe *f*.

influx ['ɪnflʌks] *n* afflux *m*.

info ['ɪnfəʊ] *n (U) inf* info *f*.

inform [ɪn'fɔːm] *vt* : **to ~ sb (of)** informer qqn (de) ; **to ~ sb about** renseigner qqn sur.
◆ **inform on** *vt insep* dénoncer.

informal [ɪn'fɔːml] *adj* - **1.** [party, person] simple ; [clothes] de tous les jours - **2.** [negotiations, visit] officieux(euse) ; [meeting] informel(elle).

informally [ɪn'fɔːməlɪ] *adv* - **1.** [talk, dress] simplement - **2.** [meet, agree] officieusement.

informant [ɪn'fɔːmənt] *n* informateur *m*, -trice *f*.

informatics [,ɪnfə'mætɪks] *n (sg)* sciences *fpl* de l'information.

information [ˌɪnfəˈmeɪʃn] *n (U)* ~ **(on** *OR* **about)** renseignements *mpl OR* informations *fpl* (sur) ; **a piece of ~** un renseignement ; **for your ~** *fml* à titre d'information.

information desk *n* bureau *m* de renseignements.

information highway, **information superhighway** *n* autoroute *f* de l'information.

information office *n* bureau *m* de renseignements.

information retrieval *n* recherche *f* documentaire sur ordinateur.

information scientist *n* informaticien *m*, -enne *f*.

information superhighway = **information highway**.

information technology *n* informatique *f*.

informative [ɪnˈfɔːmətɪv] *adj* informatif (ive).

informed [ɪnˈfɔːmd] *adj* : **well/badly ~** bien/mal renseigné(e) ; **he made an ~ guess** il a essayé de deviner en s'aidant de ce qu'il savait.

informer [ɪnˈfɔːmə^r] *n* indicateur *m*, -trice *f*.

infra dig [ˌɪnfrə-] *adj UK dated* dégradant(e).

infrared [ˌɪnfrəˈred] *adj* infrarouge.

infrastructure [ˈɪnfrəˌstrʌktʃə^r] *n* infrastructure *f*.

infrequent [ɪnˈfriːkwənt] *adj* peu fréquent(e).

infringe [ɪnˈfrɪndʒ] (*cont* **infringeing**) ◇ *vt* - **1.** [right] empiéter sur - **2.** [law, agreement] enfreindre. ◇ *vi* - **1.** [on right] : **to ~ on** empiéter sur - **2.** [on law, agreement] : **to ~ on** enfreindre.

infringement [ɪnˈfrɪndʒmənt] *n* - **1.** [of right] : **~ (of)** atteinte *f* (à) - **2.** [of law, agreement] transgression *f*.

infuriate [ɪnˈfjʊərɪeɪt] *vt* rendre furieux (euse).

infuriating [ɪnˈfjʊərɪeɪtɪŋ] *adj* exaspérant(e).

infuse [ɪnˈfjuːz] ◇ *vt* : **to ~ sb/sthg with sthg** *fig* insuffler qqch à qqn/qqch. ◇ *vi* [tea] infuser.

infusion [ɪnˈfjuːʒn] *n* - **1.** [of enthusiasm, ideas] fait *m* d'insuffler ; [of money] injection *f* - **2.** [of tea, herbs] infusion *f*.

ingenious [ɪnˈdʒiːnjəs] *adj* ingénieux(euse).

ingenuity [ˌɪndʒɪˈnjuːətɪ] *n* ingéniosité *f*.

ingenuous [ɪnˈdʒenjʊəs] *adj* ingénu(e), naïf (naïve).

ingest [ɪnˈdʒest] *vt* ingérer.

ingot [ˈɪŋgət] *n* lingot *m*.

ingrained [ˌɪnˈgreɪnd] *adj* - **1.** [dirt] incrusté(e) - **2.** *fig* [belief, hatred] enraciné(e).

ingratiate [ɪnˈgreɪʃɪeɪt] *vt pej* **to ~ o.s. with sb** se faire bien voir de qqn.

ingratiating [ɪnˈgreɪʃɪeɪtɪŋ] *adj pej* doucereux(euse), mielleux(euse).

ingratitude [ɪnˈgrætɪtjuːd] *n* ingratitude *f*.

ingredient [ɪnˈgriːdjənt] *n* ingrédient *m* ; *fig* élément *m*.

ingrowing [ˈɪnˌgrəʊɪŋ], *US* **ingrown** [ˈɪnˌgrəʊn] *adj* : **~ toenail** ongle *m* incarné.

inhabit [ɪnˈhæbɪt] *vt* habiter.

inhabitant [ɪnˈhæbɪtənt] *n* habitant *m*, -e *f*.

inhalation [ˌɪnhəˈleɪʃn] *n* inhalation *f*.

inhale [ɪnˈheɪl] ◇ *vt* inhaler, respirer. ◇ *vi* [breathe in] respirer.

inhaler [ɪnˈheɪlə^r] *n* MED inhalateur *m*.

inherent [ɪnˈhɪərənt, ɪnˈherənt] *adj* : **~ (in)** inhérent(e) (à).

inherently [ɪnˈhɪərəntlɪ, ɪnˈherəntlɪ] *adv* fondamentalement, en soi.

inherit [ɪnˈherɪt] ◇ *vt* : **to ~ sthg (from sb)** hériter qqch (de qqn). ◇ *vi* hériter.

inheritance [ɪnˈherɪtəns] *n* héritage *m*.

inheritor [ɪnˈherɪtə^r] *n* héritier *m*, -ère *f*.

inhibit [ɪnˈhɪbɪt] *vt* - **1.** [prevent] empêcher - **2.** PSYCHOL inhiber.

inhibited [ɪnˈhɪbɪtɪd] *adj* [person] inhibé(e).

inhibition [ˌɪnhɪˈbɪʃn] *n* inhibition *f*.

inhospitable [ˌɪnhɒˈspɪtəbl] *adj* inhospitalier(ère).

in-house ◇ *adj* interne ; [staff] de la maison. ◇ *adv* [produce, work] sur place.

inhuman [ɪnˈhjuːmən] *adj* inhumain(e).

inhumane [ˌɪnhjuːˈmeɪn] *adj* inhumain(e).

inimitable [ɪˈnɪmɪtəbl] *adj* inimitable.

iniquitous [ɪˈnɪkwɪtəs] *adj fml* inique.

iniquity [ɪˈnɪkwətɪ] (*pl* **-ies**) *n* iniquité *f*.

initial [ɪˈnɪʃl] ◇ *adj* initial(e), premier(ère) ; **~ letter** initiale *f*. ◇ *vt* (*UK*, *pt & pp* **-led**, *cont* **-ling**) (*US*, *pt & pp* **-ed**, *cont* **-ing**) parapher.
◆ **initials** *npl* initiales *fpl*.

initialize, *UK* **-ise** [ɪˈnɪʃəlaɪz] *vt* COMPUT initialiser.

initially [ɪˈnɪʃəlɪ] *adv* initialement, au début.

initiate [ɪˈnɪʃɪeɪt] ◇ *vt* - **1.** [talks] engager ; [scheme] ébaucher, inaugurer - **2.** [teach] : **to ~ sb into sthg** initier qqn à qqch. ◇ *n fml* initié *m*, -e *f*.

initiation [ɪˌnɪʃɪˈeɪʃn] *n* - **1.** [of talks] commencement *m*, début *m* ; [of scheme] ébauche *f*, inauguration *f* - **2.** [teaching] initiation *f*.

initiative [ɪ'nɪʃətɪv] *n* - **1.** [gen] initiative *f* ; **on one's own ~** de sa propre initiative ; **to take the ~** prendre l'initiative ; **to use one's ~** faire preuve d'initiative - **2.** [advantage] : **to have the ~** avoir l'avantage *m*.

inject [ɪn'dʒekt] *vt* - **1.** MED : **to ~ sb with sthg, to ~ sthg into sb** injecter qqch à qqn - **2.** *fig* [excitement] insuffler ; [money] injecter.

injection [ɪn'dʒekʃn] *n lit* & *fig* injection *f*.

injudicious [ˌɪndʒuː'dɪʃəs] *adj fml* peu judicieux(euse).

injunction [ɪn'dʒʌŋkʃn] *n* LAW injonction *f*.

injure ['ɪndʒəʳ] *vt* - **1.** [limb, person] blesser ; **to ~ o.s.** se blesser ; **to ~ one's arm** se blesser au bras - **2.** *fig* [reputation, chances] compromettre.

injured [ɪn'dʒəd] ◇ *adj* - **1.** [limb, person] blessé(e) - **2.** *fig* [reputation] compromis(e) ; [pride] froissé(e). ◇ *npl* : **the ~** les blessés *mpl*.

injurious [ɪn'dʒʊərɪəs] *adj fml* **~ (to)** nuisible (à), néfaste (à).

injury ['ɪndʒərɪ] (*pl* **-ies**) *n* - **1.** [to limb, person] blessure *f* ; **to do o.s. an ~** se blesser - **2.** *fig* [to reputation] coup *m*, atteinte *f*.

injury time *n UK (U)* arrêts *mpl* de jeu.

injustice [ɪn'dʒʌstɪs] *n* injustice *f* ; **to do sb an ~** se montrer injuste envers qqn.

ink [ɪŋk] ◇ *n* encre *f*. ◇ *comp* [pen] à encre ; [stain, blot] d'encre.

◆ **ink in** *vt sep* repasser à l'encre.

ink-jet printer, **inkjet printer** *n* COMPUT imprimante *f* à jet d'encre.

inkling ['ɪŋklɪŋ] *n* : **to have an ~ of** avoir une petite idée de.

inkpad, **ink pad** ['ɪŋkpæd] *n* tampon *m* encreur.

inkwell ['ɪŋkwel] *n* encrier *m*.

inlaid [ˌɪn'leɪd] *adj* : **~ (with)** incrusté(e) (de).

inland ◇ *adj* ['ɪnlənd] intérieur(e). ◇ *adv* [ɪn'lænd] à l'intérieur.

Inland Revenue *n UK* : **the ~** ≃ le fisc.

in-laws *npl inf* [parents-in-law] beaux-parents *mpl* ; [others] belle-famille *f*.

inlet ['ɪnlet] *n* - **1.** [of lake, sea] avancée *f* - **2.** TECH arrivée *f*.

in-line skating *n* SPORT roller *m*.

inmate ['ɪnmeɪt] *n* [of prison] détenu *m*, -e *f* ; [of mental hospital] interné *m*, -e *f*.

inmost ['ɪnməʊst] *adj lit* = **innermost**.

inn [ɪn] *n* auberge *f*.

innards ['ɪnədz] *npl* entrailles *fpl*.

innate [ɪ'neɪt] *adj* inné(e).

inner ['ɪnəʳ] *adj* - **1.** [on inside] interne, intérieur(e) - **2.** [feelings] intime.

inner city ◇ *n* : **the ~** les quartiers *mpl* pauvres. ◇ *comp* des quartiers pauvres.

innermost ['ɪnəməʊst] *adj* [secrets, thoughts] le plus profond (la plus profonde), le plus secret (la plus secrète).

inner tube *n* chambre *f* à air.

innings ['ɪnɪŋz] (*pl* **innings**) *n UK* CRICKET tour *m* de batte ; **to have had a good ~** *fig* avoir bien profité de l'existence.

innocence ['ɪnəsəns] *n* innocence *f*.

innocent ['ɪnəsənt] ◇ *adj* innocent(e) ; **~ of** [crime] non coupable de. ◇ *n* innocent *m*, -e *f*.

innocuous [ɪ'nɒkjʊəs] *adj* inoffensif(ive).

innovation [ˌɪnə'veɪʃn] *n* innovation *f*.

innovative ['ɪnəvətɪv] *adj* - **1.** [idea, design] innovateur(trice) - **2.** [person, company] novateur(trice).

innovator ['ɪnəveɪtəʳ] *n* innovateur *m*, -trice *f*.

innuendo [ˌɪnjuː'endəʊ] (*pl* **-es** OR **-s**) *n* insinuation *f*.

innumerable [ɪ'njuːmərəbl] *adj* innombrable.

inoculate [ɪ'nɒkjʊleɪt] *vt* : **to ~ sb (with sthg)** inoculer (qqch à) qqn ; **to ~ sb (against)** vacciner qqn (contre).

inoculation [ɪˌnɒkjʊ'leɪʃn] *n* inoculation *f*.

inoffensive [ˌɪnə'fensɪv] *adj* inoffensif(ive).

inoperable [ɪn'ɒprəbl] *adj* - **1.** MED inopérable - **2.** [method] impossible à mettre en œuvre.

inoperative [ɪn'ɒprətɪv] *adj* - **1.** [rule, tax] inopérant(e) - **2.** [machine] qui ne marche pas.

inopportune [ɪn'ɒpətjuːn] *adj* inopportun(e).

inordinate [ɪ'nɔːdɪnət] *adj fml* excessif(ive), démesuré(e).

inordinately [ɪ'nɔːdɪnətlɪ] *adv fml* excessivement.

inorganic [ˌɪnɔː'gænɪk] *adj* inorganique.

in-patient *n* malade hospitalisé *m*, malade hospitalisée *f*.

input ['ɪnpʊt] ◇ *n* - **1.** [contribution] contribution *f*, concours *m* - **2.** COMPUT & ELEC entrée *f*. ◇ *vt* (*pt* & *pp* **input** OR **-ted**) (*cont* **-ting**) COMPUT entrer.

input/output *n* COMPUT entrée-sortie *f*.

inquest ['ɪnkwest] *n* enquête *f*.

inquire [ɪn'kwaɪəʳ] ◇ *vt* : **to ~ when/whether/how...** demander quand/si/comment... ◇ *vi* : **to ~ (about)** se renseigner (sur).

◆ **inquire after** *vt insep* s'enquérir de.

◆ **inquire into** *vt insep* enquêter sur.

inquiring [ɪn'kwaɪərɪŋ] *adj* - **1.** [person, mind] curieux(euse) - **2.** [look, tone] interrogateur(trice).

inquiry [ɪn'kwaɪərɪ] (*pl* **-ies**) *n* - **1.** [question] demande *f* de renseignements ; **'Inquiries'** *UK* 'renseignements' - **2.** [investigation] enquête *f*.

inquiry desk *n UK* bureau *m* de renseignements.

inquisition [ˌɪnkwɪ'zɪʃn] *n fml* & *pej* inquisition *f*.

◆ **Inquisition** *n* HIST : **the Inquisition** l'Inquisition *f*.

inquisitive [ɪn'kwɪzətɪv] *adj* inquisiteur (trice).

inroads ['ɪnrəʊdz] *npl* : **to make ~ into** [savings] entamer.

insane [ɪn'seɪn] ◇ *adj* fou (folle). ◇ *npl* : **the ~** les malades *mpl* mentaux.

insanitary [ɪn'sænɪtrɪ] *adj* insalubre.

insanity [ɪn'sænətɪ] *n* folie *f*.

insatiable [ɪn'seɪʃəbl] *adj* insatiable.

inscribe [ɪn'skraɪb] *vt* - **1.** [engrave] graver - **2.** [write] inscrire.

inscription [ɪn'skrɪpʃn] *n* - **1.** [engraved] inscription *f* - **2.** [written] dédicace *f*.

inscrutable [ɪn'skru:təbl] *adj* impénétrable.

insect ['ɪnsekt] *n* insecte *m*.

insect bite *n* piqûre *f* d'insecte.

insecticide [ɪn'sektɪsaɪd] *n* insecticide *m*.

insect repellent *n* lotion *f* anti-moustiques.

insecure [ˌɪnsɪ'kjʊəʳ] *adj* - **1.** [person] anxieux(euse) - **2.** [job, investment] incertain(e).

insecurity [ˌɪnsɪ'kjʊərətɪ] *n* insécurité *f*.

insensible [ɪn'sensəbl] *adj* - **1.** [unconscious] inconscient(e) - **2.** [unaware, not feeling] : **~ of/to** insensible à.

insensitive [ɪn'sensətɪv] *adj* : **~ (to)** insensible (à).

insensitivity [ɪnˌsensə'tɪvətɪ] *n* insensibilité *f*.

inseparable [ɪn'seprəbl] *adj* inséparable.

insert ◇ *vt* [ɪn'sɜ:t] : **to ~ sthg (in** *OR* **into)** insérer qqch (dans). ◇ *n* ['ɪnsɜ:t] [in newspaper] encart *m*.

insertion [ɪn'sɜ:ʃn] *n* insertion *f*.

in-service training *n* formation *f* en cours d'emploi.

inset ['ɪnset] *n* encadré *m*.

inshore ◇ *adj* ['ɪnʃɔ:ʳ] côtier(ère). ◇ *adv* [ɪn'ʃɔ:ʳ] [be situated] près de la côte ; [move] vers la côte.

inside [ɪn'saɪd] ◇ *prep* - **1.** [building, object] à l'intérieur de, dans ; [group, organization] au sein de - **2.** [time] : **~ (of) three weeks** en moins de trois semaines. ◇ *adv* - **1.** [gen] dedans, à l'intérieur ; **to go ~** entrer ; **come ~!** entrez! - **2.** *prison sl* en taule. ◇ *adj* intérieur(e). ◇ *n* - **1.** [interior] : **the ~** l'intérieur *m* ; **~ out** [clothes] à l'envers ; **to know sthg ~ out** connaître qqch à fond - **2.** AUT : **the ~** [in UK] la gauche ; [in Europe, US etc] la droite.

◆ **insides** *npl inf* tripes *fpl*.

◆ **inside of** *prep US* [building, object] à l'intérieur de, dans.

inside information *n (U)* renseignements *mpl* obtenus à la source.

inside job *n inf* coup *m* monté de l'intérieur.

inside lane *n* AUT [in UK] voie *f* de gauche ; [in Europe, US etc] voie de droite.

insider [ˌɪn'saɪdəʳ] *n* initié *m*, -e *f*.

insider dealing, **insider trading** *n (U)* délits *mpl* d'initiés.

inside story *n* : **I got the ~ from his wife** j'ai appris la vérité sur cette affaire par sa femme.

insidious [ɪn'sɪdɪəs] *adj* insidieux(euse).

insight ['ɪnsaɪt] *n* - **1.** [wisdom] sagacité *f*, perspicacité *f* - **2.** [glimpse] : **~ (into)** aperçu *m* (de).

insignia [ɪn'sɪgnɪə] (*pl* **insignia**) *n* insigne *m*.

insignificance [ˌɪnsɪg'nɪfɪkəns] *n* insignifiance *f*.

insignificant [ˌɪnsɪg'nɪfɪkənt] *adj* insignifiant(e).

insincere [ˌɪnsɪn'sɪəʳ] *adj* pas sincère.

insincerity [ˌɪnsɪn'serətɪ] *n* manque *m* de sincérité.

insinuate [ɪn'sɪnjʊeɪt] *vt* insinuer, laisser entendre.

insinuation [ɪnˌsɪnjʊ'eɪʃn] *n* insinuation *f*.

insipid [ɪn'sɪpɪd] *adj* insipide.

insist [ɪn'sɪst] ◇ *vt* - **1.** [claim] : **to ~ (that)...** insister sur le fait que... - **2.** [demand] : **to ~ (that)...** insister pour que *(+ subjunctive)*... ◇ *vi* : **to ~ (on sthg)** exiger (qqch) ; **to ~ on doing sthg** tenir à faire qqch, vouloir absolument faire qqch.

insistence [ɪn'sɪstəns] *n* : **~ (on)** insistance *f* (à).

insistent [ɪn'sɪstənt] *adj* - **1.** [determined] insistant(e) ; **to be ~ on** insister sur - **2.** [continual] incessant(e).

in situ [ˌɪn'sɪtju:] *adv* in situ.

insofar [ˌɪnsəʊ'fɑ:ʳ] ◆ **insofar as** *conj fml* dans la mesure où.

insole ['ɪnsəʊl] *n* semelle *f* intérieure.

insolence ['ɪnsələns] *n* insolence *f*.

insolent ['ɪnsələnt] *adj* insolent(e).

insoluble *UK* [ɪn'sɒljubl], **insolvable** *US* [ɪn'sɒlvəbl] *adj* insoluble.

insolvency [ɪn'sɒlvənsɪ] *n* insolvabilité *f*.

insolvent [ɪn'sɒlvənt] *adj* insolvable.

insomnia [ɪn'sɒmnɪə] *n* insomnie *f*.

insomniac [ɪn'sɒmnɪæk] *n* insomniaque *mf*.

insomuch [ˌɪnsəʊ'mʌtʃ] ◆ **insomuch as** *conj fml* d'autant que.

inspect [ɪn'spekt] *vt* - **1.** [letter, person] examiner - **2.** [factory, troops etc] inspecter.

inspection [ɪn'spekʃn] *n* - **1.** [investigation] examen *m* - **2.** [official check] inspection *f*.

inspector [ɪn'spektəʳ] *n* inspecteur *m*, -trice *f*.

inspector of taxes *n UK* inspecteur *m*, -trice *f* des impôts.

inspiration [ˌɪnspə'reɪʃn] *n* inspiration *f*.

inspire [ɪn'spaɪəʳ] *vt* : **to ~ sb to do sthg** pousser *OR* encourager qqn à faire qqch ; **to ~ sb with sthg, to ~ sthg in sb** inspirer qqch à qqn.

inspired [ɪn'spaɪəd] *adj* - **1.** [artist, performance] inspiré(e) - **2.** [guess, idea] brillant(e).

inspiring [ɪn'spaɪərɪŋ] *adj* qui inspire.

inst. (*abbr of* **instant**) - **1.** (*written abbrev of* **instant**) *dated* **on the 4th ~** le 4 courant - **2.** *see also* **institute**, *see also* **institution**.

instability [ˌɪnstə'bɪlətɪ] *n* instabilité *f*.

install, *UK* **instal** [ɪn'stɔːl] *vt* - **1.** [fit & COMPUT] installer - **2.** [appoint] : **to ~ sb (as sthg)** nommer qqn (qqch) - **3.** [settle] : **to ~ o.s.** s'installer.

installation [ˌɪnstə'leɪʃn] *n* installation *f*.

installment *US* = **instalment**.

installment plan *n US* achat *m* à crédit.

instalment *UK*, **installment** *US* [ɪn'stɔːlmənt] *n* - **1.** [payment] acompte *m* ; **in ~s** par acomptes - **2.** [episode] épisode *m*.

instance ['ɪnstəns] *n UK* exemple *m* ; **for ~** par exemple ; **in the first ~** *UK* en premier lieu.

instant ['ɪnstənt] ◇ *adj* - **1.** [immediate] instantané(e), immédiat(e) - **2.** [coffee] soluble ; [food] à préparation rapide. ◇ *n* instant *m* ; **the ~ (that)...** dès *OR* aussitôt que... ; **this ~** tout de suite, immédiatement.

instantaneous [ˌɪnstən'teɪnjəs] *adj* instantané(e).

instantly ['ɪnstəntlɪ] *adv* immédiatement.

instant replay *n US* = **action replay**.

instead [ɪn'sted] *adv* au lieu de cela.

◆ **instead of** *prep* au lieu de ; **~ of him** à sa place.

instep ['ɪnstep] *n* cou-de-pied *m*.

instigate ['ɪnstɪgeɪt] *vt* être à l'origine de, entreprendre.

instigation [ˌɪnstɪ'geɪʃn] *n* : **at the ~ of** à l'instigation *f* de.

instigator ['ɪnstɪgeɪtəʳ] *n* instigateur *m*, -trice *f*.

instil *UK* (*pt & pp* **-led**, *cont* **-ling**), **instill** *US* (*pt & pp* **-ed**, *cont* **-ing**) [ɪn'stɪl] *vt* : **to ~ sthg in** *OR* **into sb** instiller qqch à qqn.

instinct ['ɪnstɪŋkt] *n* - **1.** [intuition] instinct *m* - **2.** [impulse] réaction *f*, mouvement *m*.

instinctive [ɪn'stɪŋktɪv] *adj* instinctif(ive).

instinctively [ɪn'stɪŋktɪvlɪ] *adv* instinctivement.

institute ['ɪnstɪtjuːt] ◇ *n* institut *m*. ◇ *vt* instituer.

institution [ˌɪnstɪ'tjuːʃn] *n* institution *f*.

institutional [ˌɪnstɪ'tjuːʃənl] *adj* institutionnel(elle) ; ***pej*** [food] d'internat.

institutionalized, *UK* **-ised** [ˌɪnstɪ'tjuːʃnəˌlaɪzd] *adj* - **1.** ***pej*** [person] influencé(e) par la vie en collectivité - **2.** [established] institutionnalisé(e).

institutional racism, **institutionalized racism** *n* racisme *m* institutionnel.

instruct [ɪn'strʌkt] *vt* - **1.** [tell, order] : **to ~ sb to do sthg** charger qqn de faire qqch - **2.** [teach] instruire ; **to ~ sb in sthg** enseigner qqch à qqn.

instruction [ɪn'strʌkʃn] *n* instruction *f*.

◆ **instructions** *npl* mode *m* d'emploi, instructions *fpl*.

instruction manual *n* manuel *m*.

instructive [ɪn'strʌktɪv] *adj* instructif(ive).

instructor [ɪn'strʌktəʳ] *n* - **1.** [gen] instructeur *m*, -trice *f*, moniteur *m*, -trice *f* - **2.** *US* SCH enseignant *m*, -e *f*.

instructress [ɪn'strʌktrɪs] *n* instructrice *f*, monitrice *f*.

instrument ['ɪnstrʊmənt] *n* ***lit*** & ***fig*** instrument *m*.

instrumental [ˌɪnstrʊ'mentl] ◇ *adj* - **1.** [important, helpful] : **to be ~ in** contribuer à - **2.** [music] instrumental(e). ◇ *n* morceau *m* instrumental.

instrumentalist [ˌɪnstrʊ'mentəlɪst] *n* instrumentiste *mf*.

instrument panel *n* tableau *m* de bord.

insubordinate [ˌɪnsə'bɔːdɪnət] *adj* insubordonné(e).

insubordination ['ɪnsəˌbɔːdɪ'neɪʃn] *n* insubordination *f*.

insubstantial [ˌɪnsəb'stænʃl] *adj* [structure] peu solide ; [meal] peu substantiel(elle).

insufferable [ɪn'sʌfərəbl] *adj fml* insupportable.

insufficient [ˌɪnsə'fɪʃnt] *adj fml* insuffisant(e).

insular ['ɪnsjʊlə^r] *adj pej* [outlook] borné(e) ; [person] à l'esprit étroit.

insulate ['ɪnsjʊleɪt] *vt* - **1.** [loft, cable] isoler ; [hot water tank] calorifuger - **2.** [protect] : **to ~ sb against** OR **from sthg** protéger qqn de qqch.

insulating tape ['ɪnsjʊleɪtɪŋ-] *n UK* chatterton *m*.

insulation [ˌɪnsjʊ'leɪʃn] *n* isolation *f*.

insulin ['ɪnsjʊlɪn] *n* insuline *f*.

insult <> *vt* [ɪn'sʌlt] insulter, injurier. <> *n* ['ɪnsʌlt] insulte *f*, injure *f* ; **to add ~ to injury** aggraver les choses.

insulting [ɪn'sʌltɪŋ] *adj* insultant(e), injurieux(euse).

insuperable [ɪn'su:prəbl] *adj fml* insurmontable.

insurance [ɪn'ʃʊərəns] <> *n* - **1.** [against fire, accident, theft] assurance *f* - **2.** *fig* [safeguard, protection] protection *f*, garantie *f*. <> *comp* [company, agent] d'assurances ; [certificate] d'assurance.

insurance broker *n* courtier *m* d'assurances.

insurance policy *n* police *f* d'assurance.

insurance premium *n* prime *f* d'assurance.

insure [ɪn'ʃʊə^r] <> *vt* - **1.** [against fire, accident, theft] : **to ~ sb/sthg against sthg** assurer qqn/qqch contre qqch - **2.** *US* [make certain] s'assurer. <> *vi* [prevent] : **to ~ against** se protéger de.

insured [ɪn'ʃʊəd] <> *adj* [against fire, accident, theft] : **~ (against** OR **for sthg)** assuré(e) (contre qqch). <> *n* : **the ~** l'assuré.

insurer [ɪn'ʃʊərə^r] *n* assureur *m*.

insurgent [ɪn'sɜ:dʒənt] *n* insurgé *m*, -e *f*.

insurmountable [ˌɪnsə'maʊntəbl] *adj fml* insurmontable.

insurrection [ˌɪnsə'rekʃn] *n* insurrection *f*.

intact [ɪn'tækt] *adj* intact(e).

intake ['ɪnteɪk] *n* - **1.** [amount consumed] consommation *f* - **2.** *UK* [people recruited] admission *f* - **3.** [inlet] prise *f*, arrivée *f*.

intangible [ɪn'tændʒəbl] *adj* intangible, impalpable ; [proof] non tangible.

integral ['ɪntɪgrəl] *adj* intégral(e) ; **to be ~ to sthg** faire partie intégrante de qqch.

integrate ['ɪntɪgreɪt] <> *vi* s'intégrer ; **to ~ with** OR **into sthg** s'intégrer dans qqch. <> *vt* intégrer ; **to ~ sb/sthg with sthg, to ~ sb/sthg into sthg** intégrer qqn/qqch dans qqch.

integrated ['ɪntɪgreɪtɪd] *adj* intégré(e).

integrated circuit *n* circuit *m* intégré.

integration [ˌɪntɪ'greɪʃn] *n* : **~ (with/into)** intégration *f* (à/dans).

integrity [ɪn'tegrətɪ] *n* - **1.** [honour] intégrité *f*, honnêteté *f* - **2.** *fml* [wholeness] intégrité *f*, totalité *f*.

intellect ['ɪntəlekt] *n* - **1.** [ability to think] intellect *m* - **2.** [cleverness] intelligence *f*.

intellectual [ˌɪntə'lektjʊəl] <> *adj* intellectuel(elle). <> *n* intellectuel *m*, -elle *f*.

intellectualize, *UK* **-ise** [ˌɪntə'lektjʊəlaɪz] *vt* intellectualiser.

intelligence [ɪn'telɪdʒəns] *n (U)* - **1.** [ability to think] intelligence *f* - **2.** [information service] service *m* de renseignements - **3.** [information] informations *fpl*, renseignements *mpl*.

intelligence quotient *n* quotient *m* intellectuel.

intelligence test *n* test *m* d'aptitude intellectuelle.

intelligent [ɪn'telɪdʒənt] *adj* intelligent(e).

intelligent card *n* carte *f* à puce OR à mémoire.

intelligently [ɪn'telɪdʒəntlɪ] *adv* intelligemment, avec intelligence.

intelligentsia [ɪnˌtelɪ'dʒentsɪə] *n* : **the ~** l'intelligentsia *f*.

intelligible [ɪn'telɪdʒəbl] *adj* intelligible.

intemperate [ɪn'tempərət] *adj fml* immodéré(e).

intend [ɪn'tend] *vt* [mean] avoir l'intention de ; **it was ~ed as advice** je voulais/il voulait juste donner des conseils ; **it wasn't ~ed as criticism** je n'ai pas/il n'a pas dit pour critiquer ; **to be ~ed for** être destiné à ; **to be ~ed to do sthg** être destiné à faire qqch, viser à faire qqch ; **to ~ doing** OR **to do sthg** avoir l'intention de faire qqch.

intended [ɪn'tendɪd] *adj* [result] voulu(e) ; [victim] visé(e).

intense [ɪn'tens] *adj* - **1.** [gen] intense - **2.** [serious - person] sérieux(euse).

intensely [ɪn'tenslɪ] *adv* - **1.** [irritating, boring] extrêmement ; [suffer] énormément - **2.** [look] intensément.

intensify [ɪn'tensɪfaɪ] (*pt & pp* **-ied**) <> *vt* intensifier, augmenter. <> *vi* s'intensifier.

intensity [ɪn'tensətɪ] *n* intensité *f*.

intensive [ɪn'tensɪv] *adj* intensif(ive).

intensive care *n* : **to be in ~** être en réanimation.

intensive care unit *n* service *m* de réanimation, unité *f* de soins intensifs.

intent [ɪn'tent] <> *adj* - **1.** [absorbed] absorbé(e) - **2.** [determined] : **to be ~ on** *OR* **upon doing sthg** être résolu(e) *OR* décidé(e) à faire qqch. <> *n fml* intention *f*, dessein *m* ; **to** *OR* **for all ~s and purposes** pratiquement, virtuellement.

intention [ɪn'tenʃn] *n* intention *f*.

intentional [ɪn'tenʃənl] *adj* intentionnel (elle), voulu(e).

intentionally [ɪn'tenʃənəlɪ] *adv* intentionnellement ; **I didn't do it ~** je ne l'ai pas fait exprès.

intently [ɪn'tentlɪ] *adv* avec attention, attentivement.

inter [ɪn'tɜːʳ] (*pt & pp* **-red**, *cont* **-ring**) *vt fml* enterrer.

interact [ˌɪntər'ækt] *vi* - **1.** [communicate, work together] : **to ~ (with sb)** communiquer (avec qqn) - **2.** [react] : **to ~ (with sthg)** interagir (avec qqch).

interaction [ˌɪntər'ækʃn] *n* interaction *f*.

interactive [ˌɪntər'æktɪv] *adj* COMPUT interactif(ive).

interactivity [ˌɪntəræk'tɪvɪtɪ] *n* interactivité *f*.

intercede [ˌɪntə'siːd] *vi fml* **to ~ (with sb)** intercéder (auprès de qqn).

intercept [ˌɪntə'sept] *vt* intercepter.

interception [ˌɪntə'sepʃn] *n* interception *f*.

interchange <> *n* ['ɪntətʃeɪndʒ] - **1.** [exchange] échange *m* - **2.** [road junction] échangeur *m*. <> *vt* [ˌɪntə'tʃeɪndʒ] échanger.

interchangeable [ˌɪntə'tʃeɪndʒəbl] *adj* : **~ (with)** interchangeable (avec).

intercity [ˌɪntə'sɪtɪ] <> *adj UK* interurbain(e). <> *n système de trains rapides reliant les grandes villes en Grande-Bretagne* ; **Intercity 125®** *train rapide pouvant rouler à 125 miles (200 km) à l'heure.*

intercom ['ɪntəkɒm] *n* Interphone® *m* ; **on** *OR* **over the ~** à l'Interphone®.

interconnect [ˌɪntəkə'nekt] *vi* : **to ~ (with)** être relié(e) (à), être connecté(e) (à).

intercontinental ['ɪntəˌkɒntɪ'nentl] *adj* intercontinental(e).

intercontinental ballistic missile *n* missile *m* balistique intercontinental.

intercourse ['ɪntəkɔːs] *n UK (U)* [sexual] rapports *mpl* (sexuels).

interdenominational ['ɪntədɪˌnɒmɪ'neɪʃənl] *adj* interconfessionnel(elle).

interdepartmental ['ɪntəˌdiːpɑːt'mentl] *adj* entre services ; [in government] entre départements.

interdependent [ˌɪntədɪ'pendənt] *adj* interdépendant(e).

interdict ['ɪntədɪkt] *n* - **1.** LAW interdiction *f* - **2.** RELIG interdit *m*.

interest ['ɪntrəst] <> *n* - **1.** [gen] intérêt *m* ; **to have an ~ in** s'intéresser à ; **to lose ~** se désintéresser ; **in the ~(s) of** dans l'intérêt de - **2.** [hobby] centre *m* d'intérêt - **3.** *(U)* FIN intérêt *m*, intérêts *mpl*. <> *vt* intéresser ; **to ~ sb in sthg** [arouse interest] intéresser qqn à qqch ; **can I ~ you in a drink?** je peux vous offrir un verre?

interested ['ɪntrəstɪd] *adj* intéressé(e) ; **to be ~ in** s'intéresser à ; **I'm not ~ in that** cela ne m'intéresse pas ; **to be ~ in doing sthg** avoir envie de faire qqch.

interest-free *adj* FIN sans intérêt.

interesting ['ɪntrəstɪŋ] *adj* intéressant(e).

interest rate *n* taux *m* d'intérêt.

interface <> *n* ['ɪntəfeɪs] - **1.** COMPUT interface *f* - **2.** *fig* [junction] rapports *mpl*, relations *fpl*. <> *vt* [ˌɪntə'feɪs] COMPUT interfacer.

interfere [ˌɪntə'fɪəʳ] *vi* - **1.** [meddle] : **to ~ in sthg** s'immiscer dans qqch, se mêler de qqch ; **don't ~!** ne t'en mêle pas! - **2.** [damage] : **to ~ with sthg** gêner *OR* contrarier qqch ; [routine] déranger qqch.

interference [ˌɪntə'fɪərəns] *n (U)* - **1.** [meddling] : **~ (with** *OR* **in)** ingérence *f* (dans), intrusion *f* (dans) - **2.** TELEC parasites *mpl*.

interfering [ˌɪntə'fɪərɪŋ] *adj pej* qui se mêle de tout.

intergalactic [ˌɪntəgə'læktɪk] *adj* intergalactique.

interim ['ɪntərɪm] <> *adj* provisoire. <> *n* : **in the ~** dans l'intérim, entre-temps.

interior [ɪn'tɪərɪəʳ] <> *adj* - **1.** [inner] intérieur(e) - **2.** POL de l'Intérieur. <> *n* intérieur *m*.

interior decorator *n* décorateur *m*, -trice *f*.

interior designer *n* architecte *mf* d'intérieur.

interject [ˌɪntə'dʒekt] <> *vt* - **1.** *fml* [add] lancer - **2.** [interrupt] interrompre. <> *vi* interrompre, lancer une remarque.

interjection [ˌɪntə'dʒekʃn] *n fml* - **1.** [remark] interruption *f* - **2.** GRAM interjection *f*.

interleave [ˌɪntə'liːv] *vt* TYPO : **to ~ sthg with sthg** interfolier qqch avec qqch.

interlock [ˌɪntə'lɒk] <> *vi* [gears] s'enclencher, s'engrener ; [fingers] s'entrelacer. <> *vt* [gears] enclencher, engrener ; [fingers] entrelacer.

interloper ['ɪntələʊpəʳ] *n pej* intrus *m*, -e *f*.

interlude ['ɪntəlu:d] *n* - **1.** [pause] intervalle *m* - **2.** [interval] interlude *m*.

intermarry [ˌɪntə'mærɪ] (*pt & pp* **-ied**) *vi* : **to ~ (with)** se marier (avec).

intermediary [ˌɪntə'mi:djərɪ] (*pl* **-ies**) *n* intermédiaire *mf*.

intermediate [ˌɪntə'mi:djət] *adj* - **1.** [transitional] intermédiaire - **2.** [post-beginner - level] moyen(enne) ; [- student, group] de niveau moyen.

interminable [ɪn'tɜ:mɪnəbl] *adj* interminable, sans fin.

intermingle [ˌɪntə'mɪŋgl] *vi* : **to ~ with sb** se mêler à qqn ; **to ~ with sthg** se mélanger avec qqch.

intermission [ˌɪntə'mɪʃn] *n* **US** entracte *m*.

intermittent [ˌɪntə'mɪtənt] *adj* intermittent(e).

intern ◇ *vt* [ɪn'tɜ:n] interner. ◇ *n* ['ɪntɜ:n] **US** [gen] stagiaire *mf* ; MED interne *mf*.

internal [ɪn'tɜ:nl] *adj* - **1.** [gen] interne - **2.** [within country] intérieur(e).

internal-combustion engine *n* moteur *m* à combustion interne.

internally [ɪn'tɜ:nəlɪ] *adv* - **1.** [within the body] : **to bleed ~** faire une hémorragie interne - **2.** [within country] à l'intérieur - **3.** [within organization] intérieurement.

Internal Revenue Service *n* **US** *inf* **the ~** ≃ le fisc.

international [ˌɪntə'næʃənl] ◇ *adj* international(e). ◇ *n* **UK** SPORT - **1.** [match] match *m* international - **2.** [player] international *m*, -e *f*.

international date line *n* : **the ~** la ligne de changement de date.

internationally [ˌɪntə'næʃnəlɪ] *adv* dans le monde entier.

International Monetary Fund *n* : **the ~** le Fonds monétaire international.

international relations *npl* relations *fpl* internationales.

internecine [**UK** ˌɪntə'ni:saɪn, **US** ɪntər'ni:sn] *adj fml* intestin(e).

internee [ˌɪntɜ:'ni:] *n* interné *m*, -e *f* politique.

internet, **Internet** ['ɪntənet] *n* : **the ~** l'Internet *m*.

Internet access *n (U)* accès à l'internet *m*.

internet café, **Internet café** *n* cybercafé *m*.

Internet connection *n* connexion *f* internet.

internet radio *n* radio *f* par internet.

Internet Service Provider *n* fournisseur *m* d'accès.

Internet start-up, **Internet start-up company** *n* start-up *f*, jeune *f* pousse d'entreprise *offic*.

Internet television, **Internet TV** *n (U)* télévision *f* internet.

internment [ɪn'tɜ:nmənt] *n* internement *m* politique.

interpersonal [ˌɪntə'pɜ:sənl] *adj* de personne à personne, entre personnes ; [skills] de communication.

interplay ['ɪntəpleɪ] *n* : **~ (of/between)** interaction *f* (de/entre).

Interpol ['ɪntəpɒl] *n* Interpol *m*.

interpolate [ɪn'tɜ:pəleɪt] *vt fml* - **1.** [add] : **to ~ sthg (into)** ajouter qqch (à) - **2.** [interrupt] interrompre.

interpose [ˌɪntə'pəʊz] *vt fml* - **1.** [add] ajouter - **2.** [interrupt] interrompre.

interpret [ɪn'tɜ:prɪt] ◇ *vt* : **to ~ sthg (as)** interpréter qqch (comme). ◇ *vi* [translate] faire l'interprète.

interpretation [ɪnˌtɜ:prɪ'teɪʃn] *n* interprétation *f*.

interpreter [ɪn'tɜ:prɪtəʳ] *n* interprète *mf*.

interpreting [ɪn'tɜ:prɪtɪŋ] *n* [occupation] interprétariat *m*.

interracial [ˌɪntə'reɪʃl] *adj* entre des races différentes, racial(e).

interrelate [ˌɪntərɪ'leɪt] ◇ *vt* mettre en corrélation. ◇ *vi* : **to ~ (with)** être lié(e) (à), être en corrélation (avec).

interrogate [ɪn'terəgeɪt] *vt* interroger.

interrogation [ɪnˌterə'geɪʃn] *n* interrogatoire *m*.

interrogation mark, **interrogation point** *n* **US** point *m* d'interrogation.

interrogative [ˌɪntə'rɒgətɪv] GRAM ◇ *adj* interrogatif(ive). ◇ *n* interrogatif *m*.

interrogator [ɪn'terəgeɪtəʳ] *n* interrogateur *m*, -trice *f*.

interrupt [ˌɪntə'rʌpt] ◇ *vt* interrompre ; [calm] rompre. ◇ *vi* interrompre.

interruption [ˌɪntə'rʌpʃn] *n* interruption *f*.

intersect [ˌɪntə'sekt] ◇ *vi* s'entrecroiser, s'entrecouper. ◇ *vt* croiser, couper.

intersection [ˌɪntə'sekʃn] *n* [in road] croisement *m*, carrefour *m*.

intersperse [ˌɪntə'spɜ:s] *vt* : **to be ~d with** être émaillé(e) de, être entremêlé(e) de.

interstate (highway) ['ɪntərsteɪt-] *n* **US** autoroute *f*.

interval ['ɪntəvl] *n* - **1.** [gen] intervalle *m* ; **at ~s** par intervalles ; **at monthly/yearly ~s** tous les mois/ans - **2.** *UK* [at play, concert] entracte *m*.

intervene [,ɪntə'vi:n] *vi* - **1.** [person, police] : **to ~ (in)** intervenir (dans), s'interposer (dans) - **2.** [event, war, strike] survenir - **3.** [time] s'écouler.

intervening [,ɪntə'vi:nɪŋ] *adj* [period] qui s'est écoulé(e).

intervention [,ɪntə'venʃn] *n* intervention *f*.

interventionist [,ɪntə'venʃənɪst] ◇ *adj* interventionniste. ◇ *n* interventionniste *mf*.

interview ['ɪntəvju:] ◇ *n* - **1.** [for job] entrevue *f*, entretien *m* - **2.** PRESS interview *f*. ◇ *vt* - **1.** [for job] faire passer une entrevue *OR* un entretien à - **2.** PRESS interviewer.

interviewee [,ɪntəvju:'i:] *n* - **1.** [for job] candidat *m*, -e *f* - **2.** PRESS interviewé *m*, -e *f*.

interviewer ['ɪntəvju:əʳ] *n* - **1.** [for job] personne *f* qui fait passer une entrevue - **2.** PRESS interviewer *m*.

interweave [,ɪntə'wi:v] (*pt* **-wove**, *pp* **-woven**) *fig* ◇ *vt* entremêler. ◇ *vi* s'entremêler.

intestate [ɪn'testeɪt] *adj* : **to die ~** mourir intestat.

intestine [ɪn'testɪn] *n* intestin *m*.
◆ **intestines** *npl* intestins *mpl*.

intimacy ['ɪntɪməsɪ] (*pl* **-ies**) *n* - **1.** [closeness] : **~ (between/with)** intimité *f* (entre/avec) - **2.** [intimate remark] familiarité *f*.

intimate ◇ *adj* ['ɪntɪmət] - **1.** [gen] intime - **2.** *fml* [sexually] : **to be ~ with sb** avoir des rapports intimes avec qqn - **3.** [detailed - knowledge] approfondi(e). ◇ *n* ['ɪntɪmət] *fml* intime *mf*. ◇ *vt* ['ɪntɪmeɪt] *fml* faire savoir, faire connaître.

intimately ['ɪntɪmətlɪ] *adv* - **1.** [very closely] étroitement - **2.** [as close friends] intimement - **3.** [in detail] à fond.

intimation [,ɪntɪ'meɪʃn] *n fml* signe *m*, indication *f*.

intimidate [ɪn'tɪmɪdeɪt] *vt* intimider.

intimidation [ɪn,tɪmɪ'deɪʃn] *n* intimidation *f*.

into ['ɪntʊ] *prep* - **1.** [inside] dans - **2.** [against] : **to bump ~ sthg** se cogner contre qqch ; **to crash ~** rentrer dans - **3.** [referring to change in state] en ; **to translate sthg ~ Spanish** traduire qqch en espagnol - **4.** [concerning] : **research/investigation ~** recherche/enquête sur - **5.** MATHS : **3 ~ 2** 2 divisé par 3 - **6.** *inf* [interested in] : **to be ~ sthg** être passionné(e) par qqch.

intolerable [ɪn'tɒlrəbl] *adj* intolérable, insupportable.

intolerance [ɪn'tɒlərəns] *n* intolérance *f*.

intolerant [ɪn'tɒlərənt] *adj* intolérant(e) ; **to be ~ of** faire preuve d'intolérance à l'égard de.

intonation [,ɪntə'neɪʃn] *n* intonation *f*.

intone [ɪn'təʊn] *vt fml* psalmodier.

intoxicated [ɪn'tɒksɪkeɪtɪd] *adj* - **1.** [drunk] ivre - **2.** *fig* [excited] : **to be ~ by** *OR* **with sthg** être grisé(e) *OR* enivré(e) par qqch.

intoxicating [ɪn'tɒksɪkeɪtɪŋ] *adj* - **1.** [alcoholic] alcoolisé(e) - **2.** *fig* [exciting] grisant(e), enivrant(e).

intoxication [ɪn,tɒksɪ'keɪʃn] *n* - **1.** [drunkenness] ivresse *f* - **2.** [excitement] griserie *f*, ivresse *f*.

intractable [ɪn'træktəbl] *adj* - **1.** [stubborn] intraitable - **2.** [insoluble] insoluble.

intranet, **Intranet** ['ɪntrənɛt] *n* intranet *m*.

intransigent [ɪn'trænzɪdʒənt] *adj* intransigeant(e).

intransitive [ɪn'trænzətɪv] *adj* intransitif(ive).

intrauterine device [,ɪntrə'ju:təraɪn] *n* stérilet *m*, dispositif *m* anticonceptionnel intra-utérin.

intravenous [,ɪntrə'vi:nəs] *adj* intraveineux(euse).

in-tray, *US* **in-basket**, *US* **in-box** *n* casier *m* des affaires à traiter.

intrepid [ɪn'trepɪd] *adj* intrépide.

intricacy ['ɪntrɪkəsɪ] (*pl* **-ies**) *n* complexité *f*.

intricate ['ɪntrɪkət] *adj* compliqué(e).

intrigue [ɪn'tri:g] ◇ *n* intrigue *f*. ◇ *vt* intriguer, exciter la curiosité de. ◇ *vi* : **to ~ against** intriguer *OR* comploter contre.

intriguing [ɪn'tri:gɪŋ] *adj* fascinant(e).

intrinsic [ɪn'trɪnsɪk] *adj* intrinsèque.

intro ['ɪntrəʊ] (*pl* **-s**) *n inf* introduction *f*.

introduce [,ɪntrə'dju:s] *vt* - **1.** [present] présenter ; **to ~ sb to sb** présenter qqn à qqn - **2.** [bring in] : **to ~ sthg (to** *OR* **into)** introduire qqch (dans) - **3.** [allow to experience] : **to ~ sb to sthg** initier qqn à qqch, faire découvrir qqch à qqn - **4.** [signal beginning of] annoncer.

introduction [,ɪntrə'dʌkʃn] *n* - **1.** [in book, of new method etc] introduction *f* - **2.** [first experience] : **~ to sthg** premier contact *m* avec qqch - **3.** [of people] : **~ (to sb)** présentation *f* (à qqn).

introductory [,ɪntrə'dʌktrɪ] *adj* d'introduction, préliminaire.

introspective [,ɪntrə'spektɪv] *adj* introspectif(ive).

introvert ['ɪntrəvɜ:t] *n* introverti *m*, -e *f*.

introverted ['ɪntrəvɜ:tɪd] *adj* introverti(e).

intrude [ɪn'tru:d] *vi* faire intrusion ; **to ~ on sb** déranger qqn.

intruder [ɪn'tru:dəʳ] *n* intrus *m*, -e *f*.

intrusion [ɪn'tru:ʒn] *n* intrusion *f*.

intrusive [ɪn'tru:sɪv] *adj* gênant(e), importun(e).

intuition [ˌɪntju:'ɪʃn] *n* intuition *f*.

intuitive [ɪn'tju:ɪtɪv] *adj* intuitif(ive).

Inuit, Innuit ['ɪnʊɪt] ◇ *adj* inuit *(inv)*. ◇ *n* Inuit *mf inv*.

inundate ['ɪnʌndeɪt] *vt* - **1.** *fml* [flood] inonder - **2.** [overwhelm] : **to be ~d with** être submergé(e) de.

inured [ɪ'njʊəd] *adj fml* **to be ~ to sthg** être aguerri(e) à qqch, être endurci(e) à qqch ; **to become ~ to sthg** s'aguerrir à qqch, s'endurcir à qqch.

invade [ɪn'veɪd] *vt* - **1.** MIL *fig* envahir - **2.** [disturb - privacy etc] violer.

invader [ɪn'veɪdəʳ] *n* envahisseur *m*, -euse *f*.

invading [ɪn'veɪdɪŋ] *adj* [troops] d'invasion.

invalid ◇ *adj* [ɪn'vælɪd] - **1.** [illegal, unacceptable] non valide, non valable - **2.** [not reasonable] non valable. ◇ *n* ['ɪnvəlɪd] invalide *mf*.

◆ **invalid out** *vt sep* ['ɪnvəlɪd] *esp UK* **to be ~ed out of the army** être réformé(e) pour raisons de santé.

invalidate [ɪn'vælɪdeɪt] *vt* invalider, annuler.

invalid chair ['ɪnvəlɪd-] *n UK* fauteuil *m* roulant.

invaluable [ɪn'væljʊəbl] *adj* : **~ (to)** [help, advice, person] précieux(euse) (pour) ; [experience, information] inestimable (pour).

invariable [ɪn'veərɪəbl] *adj* invariable.

invariably [ɪn'veərɪəblɪ] *adv* invariablement, toujours.

invasion [ɪn'veɪʒn] *n lit* & *fig* invasion *f*.

invective [ɪn'vektɪv] *n fml (U)* invectives *fpl*.

inveigle [ɪn'veɪgl] *vt fml* **to ~ sb into sthg** attirer qqn dans qqch par la ruse ; **to ~ sb into doing sthg** amener qqn à faire qqch (par la ruse), persuader qqn de faire qqch (par la ruse).

invent [ɪn'vent] *vt* inventer.

invention [ɪn'venʃn] *n* invention *f*.

inventive [ɪn'ventɪv] *adj* inventif(ive).

inventor [ɪn'ventəʳ] *n* inventeur *m*, -trice *f*.

inventory ['ɪnvəntrɪ] (*pl* **-ies**) *n* - **1.** [list] inventaire *m* - **2.** *US* [goods] stock *m*.

inventory control *n* gestion *f* du stock.

inverse [ɪn'vɜ:s] ◇ *adj* inverse. ◇ *n* inverse *m*, contraire *m*.

invert [ɪn'vɜ:t] *vt* retourner.

invertebrate [ɪn'vɜ:tɪbreɪt] *n* invertébré *m*.

inverted commas [ɪnˌvɜ:tɪd-] *npl UK* guillemets *mpl*.

inverted snob [ɪn'vɜ:tɪd-] *n UK pej* snob *mf* à l'envers, personne *f* qui fait du snobisme à l'envers.

invest [ɪn'vest] ◇ *vt* - **1.** [money] : **to ~ sthg (in)** investir qqch (dans) - **2.** [time, energy] : **to ~ sthg in sthg/in doing sthg** consacrer qqch à qqch/à faire qqch, employer qqch à qqch/à faire qqch - **3.** *fml* [endow] : **to ~ sb with sthg** investir qqn de qqch. ◇ *vi* - **1.** FIN : **to ~ (in sthg)** investir (dans qqch) - **2.** *fig* [buy] : **to ~ in sthg** se payer qqch, s'acheter qqch.

investigate [ɪn'vestɪgeɪt] ◇ *vt* enquêter sur, faire une enquête sur ; [subj: scientist] faire des recherches sur. ◇ *vi* faire une enquête.

investigation [ɪnˌvestɪ'geɪʃn] *n* - **1.** [enquiry] : **~ (into)** enquête *f* (sur) ; [scientific] recherches *fpl* (sur) - **2.** *(U)* [investigating] investigation *f*.

investigative [ɪn'vestɪgətɪv] *adj* d'investigation ; **~ journalism** journalisme *m* d'enquête *OR* d'investigation.

investigator [ɪn'vestɪgeɪtəʳ] *n* investigateur *m*, -trice *f*.

investiture [ɪn'vestɪtʃəʳ] *n* investiture *f*.

investment [ɪn'vestmənt] *n* - **1.** FIN investissement *m*, placement *m* - **2.** [of energy] dépense *f*.

investment analyst *n* analyste *mf* en placements.

investment trust *n* société *f* d'investissement.

investor [ɪn'vestəʳ] *n* investisseur *m*.

inveterate [ɪn'vetərət] *adj* invétéré(e).

invidious [ɪn'vɪdɪəs] *adj* [task] ingrat(e) ; [comparison] injuste.

invigilate [ɪn'vɪdʒɪleɪt] *UK* ◇ *vi* surveiller les candidats (à un examen). ◇ *vt* surveiller.

invigilator [ɪn'vɪdʒɪleɪtəʳ] *n UK* surveillant *m*, -e *f*.

invigorating [ɪn'vɪgəreɪtɪŋ] *adj* tonifiant(e), vivifiant(e).

invincible [ɪn'vɪnsɪbl] *adj* [army, champion] invincible ; [record] imbattable.

inviolate [ɪn'vaɪələt] *adj lit* inviolé(e).

invisible [ɪn'vɪzɪbl] *adj* invisible.

invisible assets *npl* biens *mpl* incorporels.

invisible earnings *npl* revenus *mpl* invisibles.

invisible ink *n* encre *f* sympathique.

invitation [,ɪnvɪ'teɪʃn] *n* - **1.** [request] invitation *f* - **2.** [encouragement] : **an ~ to sthg/to do sthg** une incitation à qqch/à faire qqch, une invite à qqch/à faire qqch.

invite [ɪn'vaɪt] *vt* - **1.** [ask to come] : **to ~ sb (to)** inviter qqn (à) - **2.** [ask politely] : **to ~ sb to do sthg** inviter qqn à faire qqch - **3.** [ask for] : **the chairman ~d questions** le président a invité l'assistance à poser des questions - **4.** [encourage] : **to ~ trouble** aller au devant des ennuis ; **to ~ gossip** faire causer.

inviting [ɪn'vaɪtɪŋ] *adj* attrayant(e), agréable ; [food] appétissant(e).

in vitro fertilization [,ɪn'vi:trəʊ-] *n* fécondation *f* in vitro.

invoice ['ɪnvɔɪs] ◇ *n* facture *f*. ◇ *vt* - **1.** [client] envoyer la facture à - **2.** [goods] facturer.

invoke [ɪn'vəʊk] *vt* - **1.** *fml* [law, act] invoquer - **2.** [feelings] susciter, faire naître ; [help] demander, implorer.

involuntary [ɪn'vɒləntrɪ] *adj* involontaire.

involve [ɪn'vɒlv] *vt* - **1.** [entail] nécessiter ; **what's ~d?** de quoi s'agit-il? ; **to ~ doing sthg** nécessiter de faire qqch - **2.** [concern, affect] toucher ; **to be ~d in an accident** avoir un accident - **3.** [person] : **to ~ sb in sthg** impliquer qqn dans qqch ; **to ~ o.s. in sthg** s'impliquer dans qqch, prendre part à qqch.

involved [ɪn'vɒlvd] *adj* - **1.** [complex] complexe, compliqué(e) - **2.** [participating] : **to be ~ in sthg** participer OR prendre part à qqch - **3.** [in relationship] : **to be ~ with sb** avoir des relations intimes avec qqn ; **he doesn't want to get ~** il ne veut pas s'attacher.

involvement [ɪn'vɒlvmənt] *n* - **1.** [participation] : **~ (in)** participation *f* (à) - **2.** [concern, enthusiasm] : **~ (in)** engagement *m* (dans).

invulnerable [ɪn'vʌlnərəbl] *adj* : **~ (to)** invulnérable (à).

inward ['ɪnwəd] ◇ *adj* - **1.** [inner] intérieur(e) - **2.** [towards the inside] vers l'intérieur. ◇ *adv US* = **inwards**.

inwardly ['ɪnwədlɪ] *adv* intérieurement.

inwards ['ɪnwədz] *adv* vers l'intérieur.

in-your-face *adj inf* provocant(e).

I/O (*abbr of* **input/output**) E/S.

IOC (*abbr of* **International Olympic Committee**) *n* CIO *m*.

iodine [*UK* 'aɪədi:n, *US* 'aɪədaɪn] *n* iode *m*.

IOM *see also* **Isle of Man**.

ion ['aɪən] *n* ion *m*.

Ionian Sea [aɪ'əʊnjən-] *n* : **the ~** la mer Ionienne.

iota [aɪ'əʊtə] *n* brin *m*, grain *m*.

IOU (*abbr of* **I owe you**) *n* reconnaissance *f* de dette.

IOW *see also* **Isle of Wight**.

Iowa ['aɪəʊə] *n* Iowa *m* ; **in ~** dans l'Iowa.

IPA (*abbr of* **International Phonetic Alphabet**) *n* API *m*.

IQ (*abbr of* **intelligence quotient**) *n* QI *m*.

IRA *n* - **1.** (*abbr of* **Irish Republican Army**) IRA *f* - **2.** (*abbr of* **individual retirement account**) *aux États-Unis, compte d'épargne retraite (à avantages fiscaux)*.

Iran [ɪ'rɑ:n] *n* Iran *m* ; **in ~** en Iran.

Iranian [ɪ'reɪnjən] ◇ *adj* iranien(enne). ◇ *n* Iranien *m*, -enne *f*.

Iraq [ɪ'rɑ:k] *n* Iraq *m*, Irak *m* ; **in ~** en Iraq.

Iraqi [ɪ'rɑ:kɪ] ◇ *adj* iraquien(enne), irakien(enne). ◇ *n* Iraquien *m*, -enne *f*, Irakien *m*, -enne *f*.

irascible [ɪ'ræsəbl] *adj fml* irascible, coléreux(euse).

irate [aɪ'reɪt] *adj* furieux(euse).

Ireland ['aɪələnd] *n* Irlande *f* ; **in ~** en Irlande ; **the Republic of ~** la République d'Irlande.

iridescent [,ɪrɪ'desənt] *adj lit* irisé(e) ; [silk] chatoyant(e).

iris ['aɪərɪs] (*pl* **-es** [-i:z]) *n* iris *m*.

Irish ['aɪrɪʃ] ◇ *adj* irlandais(e). ◇ *n* [language] irlandais *m*. ◇ *npl* : **the ~** les Irlandais.

Irish coffee *n* Irish coffee *m*.

Irishman ['aɪrɪʃmən] (*pl* **-men** [-mən]) *n* Irlandais *m*.

Irish Sea *n* : **the ~** la mer d'Irlande.

Irish stew *n* ragoût *m* de viande à l'irlandaise.

Irishwoman ['aɪrɪʃ,wʊmən] (*pl* **-women** [-,wɪmɪn]) *n* Irlandaise *f*.

irk [ɜ:k] *vt* ennuyer, contrarier.

irksome ['ɜ:ksəm] *adj* ennuyeux(euse), assommant(e).

IRN (*abbr of* **Independent Radio News**) *n UK agence de presse radiophonique*.

IRO (*abbr of* **International Refugee Organization**) *n* HIST *organisation humanitaire américaine pour les réfugiés*.

iron ['aɪən] ◇ *adj* - **1.** [made of iron] de OR en fer - **2.** *fig* [very strict] de fer. ◇ *n* - **1.** [metal, golf club] fer *m* - **2.** [for clothes] fer *m* à repasser. ◇ *vt* repasser.

◆ **iron out** *vt sep fig* [difficulties] aplanir ; [problems] résoudre.

Iron Age ◇ *n* : **the ~** l'âge de fer. ◇ *comp* de l'âge de fer.

Iron Curtain *n* : **the ~** le rideau de fer.

ironic(al) [aɪ'rɒnɪk(l)] *adj* ironique.

ironically [aɪ'rɒnɪklɪ] *adv* ironiquement.

ironing ['aɪənɪŋ] *n* repassage *m* ; **to do the ~** faire le repassage.

ironing board *n* planche *f* OR table *f* à repasser.

iron lung *n* poumon *m* d'acier.

ironmonger ['aɪən,mʌŋgəʳ] *n dated UK* quincaillier *m* ; **~'s (shop)** quincaillerie *f*.

ironworks ['aɪənwɜːks] (*pl* **ironworks**) *n* usine *f* sidérurgique.

irony ['aɪrənɪ] (*pl* **-ies**) *n* ironie *f*.

irradiate [ɪ'reɪdɪeɪt] *vt* irradier.

irrational [ɪ'ræʃənl] *adj* irrationnel(elle), déraisonnable ; [person] non rationnel(elle).

irreconcilable [ɪ,rekən'saɪləbl] *adj* inconciliable.

irredeemable [,ɪrɪ'diːməbl] *adj fml* **- 1.** [irreplaceable] irréparable **- 2.** [hopeless] irrémédiable.

irrefutable [ɪ'refjʊtəbl] *adj* irréfutable.

irregular [ɪ'regjʊləʳ] *adj* irrégulier(ère).

irregularity [ɪ,regjʊ'lærətɪ] (*pl* **-ies**) *n* irrégularité *f*.

irregularly [ɪ'regjʊləlɪ] *adv* irrégulièrement.

irrelevance [ɪ'reləvəns], **irrelevancy** [ɪ'reləvənsɪ] (*pl* **-ies**) *n* manque *m* de pertinence.

irrelevant [ɪ'reləvənt] *adj* sans rapport.

irreligious [,ɪrɪ'lɪdʒəs] *adj* irréligieux (euse).

irremediable [,ɪrɪ'miːdjəbl] *adj fml* irrémédiable.

irreparable [ɪ'repərəbl] *adj* irréparable.

irreplaceable [,ɪrɪ'pleɪsəbl] *adj* irremplaçable.

irrepressible [,ɪrɪ'presəbl] *adj* [enthusiasm] que rien ne peut entamer ; **he's ~** il est d'une bonne humeur à toute épreuve.

irreproachable [,ɪrɪ'prəʊtʃəbl] *adj* irréprochable.

irresistible [,ɪrɪ'zɪstəbl] *adj* irrésistible.

irresolute [ɪ'rezəluːt] *adj fml* irrésolu(e), indécis(e).

irrespective [,ɪrɪ'spektɪv] ◆ **irrespective of** *prep* sans tenir compte de.

irresponsible [,ɪrɪ'spɒnsəbl] *adj* irresponsable.

irretrievable [,ɪrɪ'triːvəbl] *adj* irréparable, irrémédiable.

irreverent [ɪ'revərənt] *adj* irrévérencieux(euse).

irreversible [,ɪrɪ'vɜːsəbl] *adj* [judgement, decision] irrévocable ; [change, damage] irréversible.

irrevocable [ɪ'revəkəbl] *adj* irrévocable.

irrigate ['ɪrɪgeɪt] *vt* irriguer.

irrigation [,ɪrɪ'geɪʃn] ◇ *n* irrigation *f*. ◇ *comp* d'irrigation.

irritable ['ɪrɪtəbl] *adj* irritable.

irritant ['ɪrɪtənt] ◇ *adj* irritant(e). ◇ *n* **- 1.** [irritating situation] source *f* d'irritation **- 2.** [substance] irritant *m*.

irritate ['ɪrɪteɪt] *vt* irriter.

irritating ['ɪrɪteɪtɪŋ] *adj* irritant(e).

irritation [ɪrɪ'teɪʃn] *n* **- 1.** [anger, soreness] irritation *f* **- 2.** [cause of anger] source *f* d'irritation.

IRS (*abbr of* **Internal Revenue Service**) *n* *US* : **the ~** ≃ le fisc.

is [ɪz] ⊳ **be**.

IsbN (*abbr of* **International Standard Book Number**) *n* IsbN *m*.

Islam ['ɪzlɑːm] *n* islam *m*.

Islamabad [ɪz'lɑːməbæd] *n* Islamabad.

Islamic [ɪz'læmɪk] *adj* islamique.

Islamist ['ɪzləmɪst] *adj* & *n* islamiste *mf*.

Islamic fundamentalist *n* fondamentaliste *mf* islamiste.

island ['aɪlənd] *n* **- 1.** [isle] île *f* **- 2.** AUT refuge *m* pour piétons.

islander ['aɪləndəʳ] *n* habitant *m*, -e *f* d'une île.

isle [aɪl] *n* île *f*.

Isle of Man *n* : **the ~** l'île *f* de Man ; **in** OR **on the ~** à l'île de Man.

Isle of Wight [-waɪt] *n* : **the ~** l'île *f* de Wight ; **on the ~** à l'île de Wight.

isn't ['ɪznt] *see also* **is not**.

isobar ['aɪsəbɑːʳ] *n* isobare *f*.

isolate ['aɪsəleɪt] *vt* : **to ~ sb/sthg (from)** isoler qqn/qqch (de).

isolated ['aɪsəleɪtɪd] *adj* isolé(e).

isolation [aɪsə'leɪʃn] *n* isolement *m* ; **in ~** [alone] dans l'isolement ; [separately] isolément.

isolationism [,aɪsə'leɪʃənɪzm] *n* isolationnisme *m*.

isosceles triangle [aɪ'sɒsɪliːz-] *n* triangle *m* isocèle.

isotope ['aɪsətəʊp] *n* isotope *m*.

ISP *n see also* **Internet Service Provider**.

Israel ['ɪzreɪəl] *n* Israël *m* ; **in ~** en Israël.

Israeli [ɪz'reɪlɪ] ◇ *adj* israélien(enne). ◇ *n* Israélien *m*, -enne *f*.

Israelite ['ɪz,rɪəlaɪt] ◇ *adj* israélite. ◇ *n* Israélite *mf*.

issue ['ɪʃuː] ◇ *n* **- 1.** [important subject] question *f*, problème *m* ; **to make an ~ of sthg** *pej* faire toute une affaire de qqch ; **at ~** en question, en cause **- 2.** [edition] numéro *m* **- 3.** [bringing out - of banknotes, shares] émission *f*. ◇ *vt* **- 1.** [make public - decree, statement] faire ; [- warning] lancer **- 2.** [bring out - banknotes, shares] émettre ; [- book] publier **- 3.** [passport etc] délivrer ; **to ~ sthg to sb, to ~ sb with sthg** fournir qqch à qqn. ◇ *vi* **- 1.** [smoke, steam] : **to ~ from** sortir de, s'échapper de **- 2.** [problems] : **to ~ from** découler de.

Istanbul [ˌɪstæn'bʊl] *n* Istanbul.

ISTC (*abbr of* **Iron and Steels Confederation**) *n syndicat britannique des ouvriers de la sidérurgie.*

isthmus ['ɪsməs] *n* isthme *m*.

it [ɪt] *pron* **- 1.** [referring to specific person or thing - subj] il (elle) ; [- direct object] le (la), l' (*+ vowel or silent 'h'*) ; [- indirect object] lui ; **did you find ~?** tu l'as trouvé(e) ? ; **give ~ to me at once** donne-moi ça tout de suite ; **give ~ a shake** secoue-le **- 2.** [with prepositions] : **about ~** *UK* en ; **in/to/at ~** y ; **put the vegetables in ~** mettez-y les légumes ; **on ~** dessus ; **under ~** dessous ; **beside ~** à côté ; **from/of ~** en ; **he's very proud of ~** il en est très fier **- 3.** [impersonal use] il, ce ; **~ is cold today** il fait froid aujourd'hui ; **~'s two o'clock** il est deux heures ; **who is ~? ~'s Mary/me** qui est-ce ? c'est Mary/moi ; **~'s the children who worry me most** ce sont les enfants qui m'inquiètent le plus.

IT *n see also* **information technology**.

Italian [ɪ'tæljən] ◇ *adj* italien(enne). ◇ *n* **- 1.** [person] Italien *m*, -enne *f* **- 2.** [language] italien *m*.

italic [ɪ'tælɪk] *adj* italique.

◆ **italics** *npl* italiques *fpl*.

Italy ['ɪtəlɪ] *n* Italie *f* ; **in ~** en Italie.

itch [ɪtʃ] ◇ *n* démangeaison *f*. ◇ *vi* **- 1.** [be itchy] : **my arm ~es** mon bras me démange **- 2.** *fig* [be impatient] : **to be ~ing to do sthg** mourir d'envie de faire qqch.

itchy ['ɪtʃɪ] (*comp* **-ier**, *superl* **-iest**) *adj* qui démange.

it'd ['ɪtəd] *see also* **it would**, *see also* **it had**.

item ['aɪtəm] *n* **- 1.** [gen] chose *f*, article *m* ; [on agenda] question *f*, point *m* **- 2.** PRESS article *m*.

itemize, *UK* **-ise** ['aɪtəmaɪz] *vt* détailler.

itemized bill ['aɪtəmaɪzd-], *UK* **itemised bill** *n* facture *f* détaillée.

itinerant [ɪ'tɪnərənt] *adj* [salesperson] ambulant(e) ; [preacher] itinérant(e).

itinerary [aɪ'tɪnərərɪ] (*pl* **-ies**) *n* itinéraire *m*.

it'll [ɪtl] *see also* **it will**.

ITN (*abbr of* **Independent Television News**) *n service britannique d'actualités télévisées pour les chaînes relevant de l'IBA.*

its [ɪts] *poss adj* son (sa), ses (*pl*).

it's [ɪts] (*abbr of* = **it is**) *see also* **it has**.

itself [ɪt'self] *pron* **- 1.** (*reflexive*) se ; (*after prep*) soi **- 2.** (*for emphasis*) lui-même (elle-même) ; **in ~** en soi.

ITV (*abbr of* **Independent Television**) *n sigle désignant les programmes diffusés par les chaînes relevant de l'IBA.*

IUCD (*abbr of* **intrauterine contraceptive device**) *n* stérilet *m*.

IUD (*abbr of* **intrauterine device**) *n* stérilet *m*.

I've [aɪv] (*abbr of* = **I have**).

IVF (*abbr of* **in vitro fertilization**) *n* FIV *f*.

ivory ['aɪvərɪ] ◇ *adj* [ivory-coloured] ivoire (*inv*). ◇ *n* ivoire *m*. ◇ *comp* [made of ivory] en ivoire, d'ivoire.

Ivory Coast *n* : **(the) ~** la Côte-d'Ivoire ; **in (the) ~** en Côte-d'Ivoire.

ivory tower *n fig* tour *f* d'ivoire.

ivy ['aɪvɪ] *n* lierre *m*.

Ivy League *n* **US** *les huit grandes universités de l'est des États-Unis.*

J

j (*pl* **j's** *OR* **js**), **J** (*pl* **J's** *OR* **Js**) [dʒeɪ] *n* [letter] j *m inv*, J *m inv*.

J/A *see also* **joint account**.

jab [dʒæb] ◇ *n* **- 1.** *UK inf* [injection] piqûre *f* **- 2.** BOX direct *m*. ◇ *vt* (*pt & pp* **-bed**, *cont* **-bing**) : **to ~ sthg into** planter *OR* enfoncer qqch dans. ◇ *vi* (*pt & pp* **-bed**, *cont* **-bing**) : **to ~ at** BOX envoyer un direct à.

jabber ['dʒæbər] *vt & vi* baragouiner.

jack [dʒæk] *n* **- 1.** [device] cric *m* **- 2.** [playing card] valet *m*.

◆ **jack in** *vt sep UK inf* laisser tomber, plaquer ; **he's jacked in his job** il a plaqué son boulot.

◆ **jack up** *vt sep* **- 1.** [car] soulever avec un cric **- 2.** *fig* [prices] faire grimper.

jackal ['dʒækəl] *n* chacal *m*.

jackdaw ['dʒækdɔː] *n* choucas *m*.

jacket ['dʒækɪt] *n* - **1.** [garment] veste *f* - **2.** [of potato] peau *f*, pelure *f* - **3.** [of book] jaquette *f* - **4.** *US* [of record] pochette *f*.

jacket potato *n UK* pomme de terre *f* en robe de chambre.

jackhammer ['dʒæk,hæməʳ] *n US* marteau piqueur *m*.

jack-in-the-box *n* diable *m* qui sort de sa boîte.

jack knife, **jack(-)knife** *n* canif *m*.
◆ **jack-knife** *vi* [lorry] se mettre en travers de la route.

jack-of-all-trades (*pl* **jacks-of-all-trades**) *n* touche-à-tout *m*.

jack plug *n* ELEC *UK* jack *m*.

jackpot ['dʒækpɒt] *n* gros lot *m*.

Jacobean [,dʒækə'bɪən] *adj* de l'époque de Jacques Ier.

Jacobite ['dʒækəbaɪt] ◇ *adj* jacobite. ◇ *n* jacobite *mf*.

Jacuzzi® [dʒə'ku:zɪ] *n* Jacuzzi® *m*, bain *m* à remous.

jade [dʒeɪd] ◇ *adj* [jade-coloured] vert (de) jade (*inv*). ◇ *n* - **1.** [stone] jade *m* - **2.** [colour] vert *m* jade. ◇ *comp* [made of jade] de jade (*inv*).

jaded ['dʒeɪdɪd] *adj* blasé(e).

jagged ['dʒægɪd] *adj* déchiqueté(e), dentelé(e).

jaguar ['dʒægjʊəʳ] *n* jaguar *m*.

jail [dʒeɪl] ◇ *n* prison *f*. ◇ *vt* emprisonner, mettre en prison.

jailbird ['dʒeɪlbɜ:d] *n inf* taulard *m*, -e *f*.

jailbreak ['dʒeɪlbreɪk] *n* évasion *f* de prison.

jailer ['dʒeɪləʳ] *n* geôlier *m*, -ère *f*.

Jakarta [dʒə'kɑ:tə] *n* Djakarta, Jakarta.

jam [dʒæm] ◇ *n* - **1.** [preserve] confiture *f* - **2.** [of traffic] embouteillage *m*, bouchon *m* - **3.** *inf* [difficult situation] : **to get into/be in a ~** se mettre/être dans le pétrin. ◇ *vt* (*pt & pp* **-med**, *cont* **-ming**) - **1.** [mechanism, door] bloquer, coincer - **2.** [push tightly] : **to ~ sthg into** entasser OR tasser qqch dans ; **to ~ sthg onto** enfoncer qqch sur - **3.** [block - streets] embouteiller ; [- switchboard] surcharger - **4.** RADIO brouiller. ◇ *vi* (*pt & pp* **-med**, *cont* **-ming**) [lever, door] se coincer ; [brakes] se bloquer.

Jamaica [dʒə'meɪkə] *n* la Jamaïque ; **in ~** à la Jamaïque.

Jamaican [dʒə'meɪkn] ◇ *adj* jamaïcain(e), jamaïquain(e). ◇ *n* Jamaïcain *m*, -e *f*, Jamaïquain *m*, -e *f*.

jamb [dʒæm] *n* chambranle *m*, montant *m*.

jamboree [,dʒæmbə'ri:] *n* - **1.** [celebration] fête *f*, festivités *fpl* - **2.** [gathering of scouts] jamboree *m*.

jamming ['dʒæmɪŋ] *n* RADIO brouillage *m*.

jam-packed [-'pækt] *adj inf* plein(e) à craquer.

jam session *n* bœuf *m*, jam-session *f*.

Jan. ['dʒæn] (*abbr of* **January**) janv.

jangle ['dʒæŋgl] ◇ *n* [of keys] cliquetis *m* ; [of bells] tintamarre *m*. ◇ *vt* [keys] faire cliqueter ; [bells] faire retentir. ◇ *vi* [keys] cliqueter ; [bells] retentir.

janitor ['dʒænɪtəʳ] *n US & Scotland* concierge *mf*.

January ['dʒænjʊərɪ] *n* janvier *m*, *see also* **September**.

Japan [dʒə'pæn] *n* Japon *m* ; **in ~** au Japon.

Japanese [,dʒæpə'ni:z] ◇ *adj* japonais(e). ◇ *n* (*pl* **Japanese**) [language] japonais *m*. ◇ *npl* [people] : **the ~** les Japonais *mpl*.

jape [dʒeɪp] *n dated* tour *m*, farce *f*.

jar [dʒɑ:ʳ] ◇ *n* pot *m*. ◇ *vt* (*pt & pp* **-red**, *cont* **-ring**) [shake] secouer. ◇ *vi* (*pt & pp* **-red**, *cont* **-ring**) - **1.** [noise, voice] : **to ~ (on sb)** irriter (qqn), agacer (qqn) - **2.** [colours] jurer.

jargon ['dʒɑ:gən] *n* jargon *m*.

jarring ['dʒɑ:rɪŋ] *adj* [noise, colours] discordant(e).

Jas. (*written abbrev of* **James**) Jacques.

jasmine ['dʒæzmɪn] *n* jasmin *m*.

jaundice ['dʒɔ:ndɪs] *n* jaunisse *f*.

jaundiced ['dʒɔ:ndɪst] *adj fig* [attitude, view] aigri(e).

jaunt [dʒɔ:nt] *n* balade *f*.

jaunty ['dʒɔ:ntɪ] (*comp* **-ier**, *superl* **-iest**) *adj* désinvolte, insouciant(e).

Java ['dʒɑ:və] *n* Java ; **in ~** à Java.

javelin ['dʒævlɪn] *n* javelot *m*.

jaw [dʒɔ:] ◇ *n* mâchoire *f*. ◇ *vi inf* tailler une bavette.

jawbone ['dʒɔ:bəʊn] *n* (os *m*) maxillaire *m*.

jay [dʒeɪ] *n* geai *m*.

jaywalk ['dʒeɪwɔ:k] *vi* traverser en dehors des clous.

jaywalker ['dʒeɪwɔ:kəʳ] *n* piéton *m* qui traverse en dehors des clous.

jazz [dʒæz] *n* - **1.** MUS jazz *m* - **2.** *US inf* [insincere talk] baratin *m*.
◆ **jazz up** *vt sep inf* égayer.

jazz band *n* orchestre *m* de jazz.

jazz singer *n* chanteur *m*, -euse *f* de jazz.

jazzy ['dʒæzɪ] (*comp* **-ier**, *superl* **-iest**) *adj* [bright] voyant(e).

JCR (*abbr of* **junior common room**) *n salle des étudiants*.

JCS *n see also* **Joint Chiefs of Staff**.

JD (*abbr of* **Justice Department**) *n ministère américain de la Justice.*

jealous ['dʒeləs] *adj* jaloux(ouse).

jealously ['dʒeləslɪ] *adv* jalousement.

jealousy ['dʒeləsɪ] *n* jalousie *f*.

jeans [dʒi:nz] *npl* jean *m*, blue-jean *m*.

Jedda ['dʒedə] *n* Djedda.

Jeep® [dʒi:p] *n* Jeep® *f*.

jeer [dʒɪəʳ] ◇ *vt* huer, conspuer. ◇ *vi* : **to ~ (at sb)** huer (qqn), conspuer (qqn).
◆ **jeers** *npl* huées *fpl*.

jeering ['dʒɪərɪŋ] *adj* moqueur(euse), railleur(euse).

Jehovah's Witness [dʒɪˌhəʊvəz-] *n* témoin *m* de Jéhovah.

Jell-O® ['dʒeləʊ] *n* **US** gelée *f*.

jelly ['dʒelɪ] *n* (*pl* **jellies**) **- 1. UK** gelée *f* **- 2. US** [jam] confiture *f*.

jelly baby *n* **UK** *bonbon à la gélatine en forme de bébé.*

jelly bean, **jellybean** *n bonbon à la gélatine couvert de sucre.*

jellyfish ['dʒelɪfɪʃ] (*pl* **jellyfish** OR **-es** [-i:z]) *n* méduse *f*.

jelly roll *n* **US** gâteau *m* roulé.

jemmy UK ['dʒemɪ], **jimmy** US ['dʒɪmɪ] (*pl* **-ies**) *n* pince-monseigneur *f*.

jeopardize, UK **-ise** ['dʒepədaɪz] *vt* compromettre, mettre en danger.

jeopardy ['dʒepədɪ] *n* : **in ~** en péril OR danger, menacé(e).

jerk [dʒɜ:k] ◇ *n* **- 1.** [movement] secousse *f*, saccade *f* **- 2.** *v inf* [fool] abruti *m*, -e *f*. ◇ *vt* : **he ~ed his head round** OR **around** US il tourna la tête brusquement ; **he ~ed the door open** il ouvrit la porte d'un coup sec. ◇ *vi* [person] sursauter ; [vehicle] cahoter.

jerkily ['dʒɜ:kɪlɪ] *adv* par à-coups, par saccades.

jerkin ['dʒɜ:kɪn] *n* blouson *m*.

jerky ['dʒɜ:kɪ] (*comp* **-ier**, *superl* **-iest**) *adj* saccadé(e).

jerry-built ['dʒerɪ-] *adj inf pej* construit(e) à la va-vite.

jersey ['dʒɜ:zɪ] (*pl* **-s**) *n* **- 1.** [sweater] pull *m* **- 2.** [cloth] jersey *m*.

Jersey ['dʒɜ:zɪ] *n* **- 1. UK** Jersey *f* ; **in ~** à Jersey **- 2. US** New-Jersey *m*.

Jerusalem [dʒə'ru:sələm] *n* Jérusalem.

jest [dʒest] *n fml* plaisanterie *f* ; **in ~** pour rire.

jester ['dʒesteʳ] *n* bouffon *m*.

Jesuit ['dʒezjʊɪt] ◇ *adj* jésuite. ◇ *n* jésuite *m*.

Jesus (Christ) ['dʒi:zəs-] *n* Jésus *m*, Jésus-Christ *m*.

jet [dʒet] ◇ *n* **- 1.** [plane] jet *m*, avion *m* à réaction **- 2.** [of fluid] jet *m* **- 3.** [nozzle, outlet] ajutage *m*. ◇ *vi* (*pt & pp* **-ted**, *cont* **-ting**) [travel by jet] voyager en jet OR en avion.

jet-black *adj* noir(e) comme (du) jais.

jet engine *n* moteur *m* à réaction.

jetfoil ['dʒetfɔɪl] *n* hydroglisseur *m*.

jet lag *n* fatigue *f* due au décalage horaire.

jet-propelled [-prə'peld] *adj* à réaction.

jetsam ['dʒetsəm] ▻ **flotsam**.

jet set *n* : **the ~** la jet-set.

jettison ['dʒetɪsən] *vt* **- 1.** [cargo] jeter, larguer **- 2.** *fig* [ideas] abandonner, renoncer à.

jetty ['dʒetɪ] (*pl* **-ies**) *n* jetée *f*.

Jew [dʒu:] *n* Juif *m*, -ive *f*.

jewel ['dʒu:əl] ◇ *n* bijou *m* ; [in watch] rubis *m*. ◇ *comp* [box, chest] à bijoux.

jewel case *n* boîte *f* de CD.

jeweller UK, **jeweler** US ['dʒu:ələʳ] *n* bijoutier *m*, -ière *f* ; **~'s shop, ~'s** US bijouterie *f*.

jewellery UK, **jewelry** US ['dʒu:əlrɪ] *n* (*U*) bijoux *mpl*.

jewelry store US *n* bijouterie *f*.

Jewess ['dʒu:ɪs] *n* juive *f*.

Jewish ['dʒu:ɪʃ] *adj* juif(ive).

JFK (*abbr of* **John Fitzgerald Kennedy International Airport**) *n aéroport de New York.*

jib [dʒɪb] *n* **- 1.** [of crane] flèche *f* **- 2.** [sail] foc *m*.
◆ **jib at** *vi* (*pt & pp* **-bed at**, *cont* **-bing at**) *dated* [person] : **to ~ at something** [person] rechigner à faire quelque chose ; [horse] regimber devant quelque chose.

jibe [dʒaɪb] *n* sarcasme *m*, moquerie *f*.

Jidda ['dʒɪdə] = **Jedda**.

jiffy ['dʒɪfɪ] *n inf* **in a ~** en un clin d'œil.

Jiffy bag® *n* enveloppe *f* matelassée.

jig [dʒɪg] ◇ *n* gigue *f*. ◇ *vi* (*pt & pp* **-ged**, *cont* **-ging**) danser la gigue ; **to ~ about** se trémousser.

jiggle ['dʒɪgl] *vt* secouer.

jigsaw (puzzle) ['dʒɪgsɔ:-] *n* puzzle *m*.

jihad [dʒɪ'hɑ:d] *n* djihad *m*.

jilt [dʒɪlt] *vt* laisser tomber.

jimmy US = **jemmy**.

jingle ['dʒɪŋgl] ◇ *n* **- 1.** [sound] cliquetis *m* **- 2.** [song] jingle *m*, indicatif *m*. ◇ *vi* [bell] tinter ; [coins, bracelets] cliqueter.

jingoism ['dʒɪŋgəʊɪzm] *n* chauvinisme *m*.

jinx [dʒɪŋks] *n* poisse *f*.

jinxed [dʒɪŋkst] *adj* qui a la poisse.

jitters ['dʒɪtəz] *npl inf* **the ~** le trac.

jittery ['dʒɪtərɪ] *adj inf* nerveux(euse).

jive [dʒaɪv] ◇ *n* - **1.** [dance] rock *m* - **2.** *US inf* [glib talk] baratin *m*. ◇ *vi* danser le rock.

job [dʒɒb] *n* - **1.** [employment] emploi *m* - **2.** [task] travail *m*, tâche *f* ; **to do a good ~** faire du bon travail ; **to make a good ~ of sthg** faire bien *OR* réussir qqch ; **it's not my ~ to...** ce n'est pas à moi de... - **3.** [difficult task] : **to have a ~ doing sthg** avoir du mal à faire qqch - **4.** *inf* [plastic surgery] : **to have a nose ~** se faire refaire le nez - **5.** *phr* **that's just the ~** c'est exactement *OR* tout à fait ce qu'il faut.

job action *n US* = **industrial action**.

jobbing ['dʒɒbɪŋ] *adj UK* qui travaille à la tâche.

job centre *n UK* agence *f* pour l'emploi.

job creation scheme *n* plan *m* de création d'emplois.

job description *n* profil *m* du poste.

jobless ['dʒɒblɪs] ◇ *adj* au chômage. ◇ *npl* : **the ~** les chômeurs *mpl*.

job lot *n UK infml* lot *m* de marchandises.

job satisfaction *n* satisfaction *f* dans le travail.

job security *n* sécurité *f* de l'emploi.

job seeker *n* demandeur *m* d'emploi.

Job Seekers Allowance *n UK* indemnité *f* de chômage.

jobsharing ['dʒɒbʃeərɪŋ] *n* partage *m* de l'emploi.

Joburg, **Jo'burg** ['dʒəʊbɜːg] *n inf* Johannesburg.

jockey ['dʒɒkɪ] (*pl* **-s**) ◇ *n* jockey *mf*. ◇ *vi* : **to ~ for position** manœuvrer pour devancer ses concurrents.

jockstrap ['dʒɒkstræp] *n* suspensoir *m*.

jocular ['dʒɒkjʊlə^r] *adj fml* - **1.** [cheerful] enjoué(e), jovial(e) - **2.** [funny] amusant(e).

jodhpurs ['dʒɒdpəz] *npl* jodhpurs *mpl*, culotte *f* de cheval.

Joe Public [dʒəʊ-] *n* l'homme *m* de la rue.

jog [dʒɒg] ◇ *n* : **to go for a ~** faire du jogging. ◇ *vt* (*pt & pp* **-ged**, *cont* **-ging**) pousser ; **to ~ sb's memory** rafraîchir la mémoire de qqn. ◇ *vi* (*pt & pp* **-ged**, *cont* **-ging**) faire du jogging, jogger.

jogger ['dʒɒgə^r] *n* joggeur *m*, -euse *f*.

jogging ['dʒɒgɪŋ] *n* jogging *m*.

joggle ['dʒɒgl] *vt* secouer.

Johannesburg [dʒə'hænɪsbɜːg] *n* Johannesburg.

john [dʒɒn] *n US inf* petit coin *m*, cabinets *mpl*.

John Hancock [-'hænkɒk] *n US inf* signature *f*.

join [dʒɔɪn] ◇ *n* raccord *m*, joint *m*. ◇ *vt* - **1.** [connect - gen] unir, joindre ; [- towns etc] relier - **2.** [get together with] rejoindre, retrouver - **3.** [political party] devenir membre de ; [club] s'inscrire à ; [army] s'engager dans ; **to ~ a queue** *UK*, **to ~ a line** *US* prendre la queue. ◇ *vi* - **1.** [connect] se joindre - **2.** [become a member - gen] devenir membre ; [- of club] s'inscrire.

◆ **join in** ◇ *vt insep* prendre part à, participer à. ◇ *vi* participer.

◆ **join up** *vi UK* MIL s'engager dans l'armée.

joiner ['dʒɔɪnə^r] *n UK* menuisier *m*, -ière *f*.

joinery ['dʒɔɪnərɪ] *n UK* menuiserie *f*.

joint [dʒɔɪnt] ◇ *adj* [effort] conjugué(e) ; [responsibility] collectif(ive). ◇ *n* - **1.** [gen & TECH] joint *m* - **2.** ANAT articulation *f* - **3.** *UK* [of meat] rôti *m* - **4.** *inf* [place] bouge *m* - **5.** *drug sl* joint *m*.

joint account *n* compte *m* joint.

Joint Chiefs of Staff *npl* : **the ~** *l'organe consultatif du ministère américain de la Défense, composé des chefs d'état-major des trois armées.*

jointed ['dʒɔɪntɪd] *adj* articulé(e).

jointly ['dʒɔɪntlɪ] *adv* conjointement.

joint ownership *n* copropriété *f*.

joint-stock company *n UK* société *f* anonyme par actions.

joint venture *n UK* joint-venture *m*.

joist [dʒɔɪst] *n* poutre *f*, solive *f*.

jojoba [hə'həʊbə] *n* jojoba *m*.

joke [dʒəʊk] ◇ *n* blague *f*, plaisanterie *f* ; **he's just a ~** il est un objet de risée ; **to play a ~ on sb** faire une blague à qqn, jouer un tour à qqn ; **it's gone beyond a ~** ça commence à bien faire ; **it's no ~** *inf* [not easy] ce n'est pas de la tarte. ◇ *vi* plaisanter, blaguer ; **to ~ about sthg** plaisanter sur qqch, se moquer de qqch.

joker ['dʒəʊkə^r] *n* - **1.** [person] blagueur *m*, -euse *f* - **2.** [playing card] joker *m*.

jollity ['dʒɒlətɪ] *n* *dated* jovialité *f*, gaieté *f*.

jolly ['dʒɒlɪ] ◇ *adj* (*comp* **-ier**, *superl* **-iest**) [person] jovial(e), enjoué(e) ; [time, party] agréable. ◇ *adv UK inf* drôlement, rudement.

jolt [dʒəʊlt] ◇ *n* - **1.** [jerk] secousse *f*, soubresaut *m* - **2.** [shock] choc *m*. ◇ *vt* secouer ; **to ~ sb into doing sthg** inciter fortement qqn à faire qqch. ◇ *vi* cahoter.

Joneses ['dʒəʊnzɪz] *npl* : **to keep up with the ~** essayer d'avoir le même standing que ses voisins.

Jordan ['dʒɔːdn] *n* Jordanie *f* ; **in ~** en Jordanie ; **the ~ (River)** le Jourdain.

Jordanian [dʒɔː'deɪnjən] ◇ *adj* jordanien(enne). ◇ *n* Jordanien *m*, -enne *f*.

joss stick [dʒɒs-] *n* bâton *m* d'encens.

jostle ['dʒɒsl] ◇ *vt* bousculer. ◇ *vi* se bousculer.

jot [dʒɒt] (*pt & pp* **-ted**, *cont* **-ting**) *n* [of truth] grain *m*, brin *m*.

◆ **jot down** *vt sep* noter, prendre note de.

jotter (pad) ['dʒɒtəʳ] *n* **UK** [notepad] bloc-notes *m*.

jottings ['dʒɒtɪŋz] *npl* notes *fpl*.

journal ['dʒɜːnl] *n* **- 1.** [magazine] revue *f* **- 2.** [diary] journal *m*.

journalese [ˌdʒɜːnə'liːz] *n pej* jargon *m* journalistique.

journalism ['dʒɜːnəlɪzm] *n* journalisme *m*.

journalist ['dʒɜːnəlɪst] *n* journaliste *mf*.

journey ['dʒɜːnɪ] (*pl* **-s**) *n* voyage *m*.

joust [dʒaʊst] *vi* jouter.

jovial ['dʒəʊvjəl] *adj* jovial(e).

jowls [dʒaʊlz] *npl* bajoues *fpl*.

joy [dʒɔɪ] *n* joie *f*.

joyful ['dʒɔɪfʊl] *adj* joyeux(euse).

joyfully ['dʒɔɪfʊlɪ] *adv* joyeusement, avec joie.

joyous ['dʒɔɪəs] *adj* joyeux(euse).

joyously ['dʒɔɪəslɪ] *adv* avec joie, joyeusement.

joyride ['dʒɔɪraɪd] *n* virée *f (dans une voiture volée)*.

joyrider ['dʒɔɪraɪdəʳ] *n personne qui vole une voiture pour aller faire une virée.*

joyrode ['dʒɔɪrəʊd] *pt* ▷ **joyride**.

joystick ['dʒɔɪstɪk] *n* **AERON** manche *m* (à balai) ; **COMPUT** manette *f*.

JP *n see also* **Justice of the Peace**.

Jr. (*abbr of* **Junior**) Jr.

JSA *n* **UK** *see also* **Job Seekers Allowance**.

JTPA (*abbr of* **Job Training Partnership Act**) *n programme gouvernemental américain de formation.*

jubilant ['dʒuːbɪlənt] *adj* [person] débordant(e) de joie, qui jubile ; [shout] de joie.

jubilation [ˌdʒuːbɪ'leɪʃn] *n* joie *f*, jubilation *f*.

jubilee ['dʒuːbɪliː] *n* jubilé *m*.

Judaism [dʒuː'deɪɪzm] *n* judaïsme *m*.

judder ['dʒʌdəʳ] **UK** *vi* trembler violemment.

judge [dʒʌdʒ] ◇ *n* juge *mf*. ◇ *vt* **- 1.** [gen] juger **- 2.** [estimate] évaluer, juger. ◇ *vi* juger ; **to ~ from** OR **by, judging from** OR **by** à en juger par.

judg(e)ment ['dʒʌdʒmənt] *n* jugement *m* ; **to pass ~ (on)** LAW prononcer OR rendre un jugement (sur) ; *fig* [on person, situation] porter un jugement (sur) ; **to reserve ~** s'abstenir de donner son avis OR de porter un jugement ; **against my better ~** sachant pertinemment que j'avais tort.

judg(e)mental [dʒʌdʒ'mentl] *adj pej* qui critique, qui porte des jugements.

judicial [dʒuː'dɪʃl] *adj* judiciaire.

judiciary [dʒuː'dɪʃərɪ] *n* : **the ~** la magistrature.

judicious [dʒuː'dɪʃəs] *adj* judicieux(euse).

judo ['dʒuːdəʊ] *n* judo *m*.

jug [dʒʌg] *n* **UK** pot *m*, pichet *m*.

juggernaut ['dʒʌgənɔːt] *n* **UK** poids *m* lourd.

juggle ['dʒʌgl] ◇ *vt* **lit & fig** jongler avec. ◇ *vi* jongler.

juggler ['dʒʌgləʳ] *n* jongleur *m*, -euse *f*.

jugular (vein) ['dʒʌgjʊləʳ-] *n* (veine *f*) jugulaire *f*.

juice [dʒuːs] *n* jus *m*.

◆ **juices** *npl* [in stomach] sucs *mpl*.

juicy ['dʒuːsɪ] (*comp* **-ier**, *superl* **-iest**) *adj* **- 1.** [fruit] juteux(euse) **- 2.** *inf* [story] croustillant(e) **- 3.** [role] séduisant(e), tentant(e).

jujitsu [dʒuː'dʒɪtsuː] *n* jiu-jitsu *m*.

jukebox ['dʒuːkbɒks] *n* juke-box *m*.

Jul. (*abbr of* **July**) juill.

July [dʒuː'laɪ] *n* juillet *m*, *see also* **September**.

jumble ['dʒʌmbl] ◇ *n* [mixture] mélange *m*, fatras *m*. ◇ *vt* : **to ~ (up)** mélanger, embrouiller.

jumble sale *n* **UK** vente *f* de charité *(où sont vendus des articles d'occasion)*.

jumbo jet ['dʒʌmbəʊ-] *n* jumbo-jet *m*.

jumbo-sized [-saɪzd] *adj* géant(e), énorme.

jump [dʒʌmp] ◇ *n* **- 1.** [leap] saut *m*, bond *m* **- 2.** [fence] obstacle *m* **- 3.** [rapid increase] flambée *f*, hausse *f* brutale **- 4.** *phr* **to keep one ~ ahead of sb** avoir une longueur d'avance sur qqn. ◇ *vt* **- 1.** [fence, stream etc] sauter, franchir d'un bond **- 2.** *inf* [attack] sauter sur, tomber sur **- 3. US** [train, bus] prendre sans payer. ◇ *vi* **- 1.** [gen] sauter, bondir ; [in surprise] sursauter ; **to ~ across sthg** traverser qqch d'un bond **- 2.** [increase rapidly] grimper en flèche, faire un bond.

◆ **jump at** *vt insep fig* sauter sur.

jumped-up ['dʒʌmpt-] *adj* **UK inf pej** prétentieux(euse).

jumper ['dʒʌmpəʳ] *n* - **1.** *UK* [pullover] pull *m*, sweat *m inf* - **2.** *US* [dress] robe *f* chasuble.

jumper cables *npl US* = **jump leads.**

jumper leads *npl UK* & *Australia* = **jump leads.**

jump jet *n* avion *m* à décollage vertical.

jump leads *npl* câbles *mpl* de démarrage.

jump rope *n US* corde *f* à sauter.

jump-start *vt* : **to ~ a car** faire démarrer une voiture en la poussant.

jumpsuit ['dʒʌmpsu:t] *n* combinaison-pantalon *f*.

jumpy ['dʒʌmpɪ] (*comp* **-ier**, *superl* **-iest**) *adj inf* nerveux(euse).

Jun. - **1.** *see also* **June** - **2.** = **Junr**.

junction ['dʒʌŋkʃn] *n* [of roads] *UK* carrefour *m* ; RAIL embranchement *m*.

junction box *n* ELEC boîte *f* d'accouplement.

juncture ['dʒʌŋktʃəʳ] *n fml* **at this ~** à ce moment même.

June [dʒu:n] *n* juin *m*, *see also* **September**.

jungle ['dʒʌŋgl] *n lit* & *fig* jungle *f*.

jungle gym *n US* [in playground] cage *f* d'écureuil.

junior ['dʒu:njəʳ] <> *adj* - **1.** [gen] jeune - **2.** *US* [after name] junior. <> *n* - **1.** [in rank] subalterne *mf* - **2.** [in age] cadet *m*, -ette *f* - **3.** *US* SCH ≃ élève *mf* de première - **4.** *US* UNIV ≃ étudiant *m*, -e *f* de troième année ; ≃ étudiant *m*, -e *f* en licence.

junior college *n US établissement d'enseignement supérieur où l'on obtient un diplôme en deux ans.*

junior doctor *n* interne *mf*.

junior high school *n US* ≃ collège *m* d'enseignement secondaire.

junior minister *n UK* secrétaire *mf* d'État.

junior school *n UK* école *f* primaire.

juniper ['dʒu:nɪpəʳ] *n* genièvre *m*.

junk [dʒʌŋk] <> *n* [unwanted objects] bric-à-brac *m*. <> *vt* balancer, se débarrasser de.

junket ['dʒʌŋkɪt] *n* - **1.** [pudding] lait *m* caillé - **2.** *inf pej* [trip] voyage *m* aux frais de la princesse.

junk food *n (U) pej* **to eat ~** manger des cochonneries.

junkie ['dʒʌŋkɪ] *n drug sl* drogué *m*, -e *f*.

junk mail *n (U) pej* prospectus *mpl* publicitaires envoyés par la poste.

junk shop *n* boutique *f* de brocanteur.

Junr (*abbr of* **Junior**) Jr.

junta [*UK* 'dʒʌntə, *US* 'hʊntə] *n* junte *f*.

Jupiter ['dʒu:pɪtəʳ] *n* [planet] Jupiter *f*.

jurisdiction [ˌdʒʊərɪs'dɪkʃn] *n* juridiction *f*.

jurisprudence [ˌdʒʊərɪs'pru:dəns] *n* jurisprudence *f*.

juror ['dʒʊərəʳ] *n* juré *m*, -e *f*.

jury ['dʒʊərɪ] (*pl* **-ies**) *n* jury *m*.

jury box *n* banc *m* des jurés.

jury duty *US*, **jury service** *UK n* participation *f* à un jury.

just [dʒʌst] <> *adv* - **1.** [recently] : **he's ~ left** il vient de partir - **2.** [at that moment] : **I was ~ about to go** j'allais juste partir, j'étais sur le point de partir ; **I'm ~ going to do it now** je vais le faire tout de suite OR à l'instant ; **she arrived ~ as I was leaving** elle est arrivée au moment même où je partais OR juste comme je partais - **3.** [only, simply] : **it's ~ a rumour** *UK* OR **rumor** *US* ce n'est qu'une rumeur ; **~ add water** vous n'avez plus qu'à ajouter de l'eau ; **~ a minute** OR **moment** OR **second!** un (petit) instant! - **4.** [almost not] tout juste, à peine ; **I only ~ missed the train** j'ai manqué le train de peu ; **we have ~ enough time** on a juste assez de temps - **5.** [for emphasis] : **the coast is ~ marvellous** la côte est vraiment magnifique ; **~ look at this mess!** non, mais regarde un peu ce désordre! - **6.** [exactly, precisely] tout à fait, exactement ; **it's ~ what I need** c'est tout à fait ce qu'il me faut - **7.** [in requests] : **could you ~ move over please?** pourriez-vous vous pousser un peu s'il vous plaît? <> *adj* juste, équitable.

◆ **just about** *adv* à peu près, plus ou moins.

◆ **just as** *adv* [in comparison] tout aussi ; **you're ~ as clever/as smart** *US***as he is** tu es tout aussi intelligent que lui.

◆ **just now** *adv* - **1.** [a short time ago] il y a un moment, tout à l'heure - **2.** [at this moment] en ce moment.

justice ['dʒʌstɪs] *n* - **1.** [gen] justice *f* - **2.** [of claim, cause] bien-fondé *m* - **3.** *phr* **to do ~ to sthg** [job] faire bien qqch, faire qqch comme il faut ; **to do ~ to a meal** faire honneur à un repas.

Justice of the Peace (*pl* **Justices of the Peace**) *n* juge *m* de paix.

justifiable ['dʒʌstɪfaɪəbl] *adj* justifiable, défendable.

justifiable homicide *n* homicide *m* par légitime défense.

justifiably ['dʒʌstɪfaɪəblɪ] *adv* à juste titre.

justification [ˌdʒʌstɪfɪ'keɪʃn] *n* justification *f*.

justify ['dʒʌstɪfaɪ] (*pt* & *pp* **-ied**) *vt* [give reasons for] justifier.

justly ['dʒʌstlɪ] *adv* [act] avec justice ; [deserved] à juste titre.

justness ['dʒʌstnɪs] *n* bien-fondé *m*.

jut [dʒʌt] (*pt & pp* **-ted**, *cont* **-ting**) *vi* : **to ~ (out)** faire saillie, avancer.

jute [dʒu:t] *n* jute *m*.

juvenile ['dʒu:vənaɪl] <> *adj* **- 1.** LAW mineur(e), juvénile **- 2.** [childish] puéril(e). <> *n* LAW mineur *m*, -e *f*.

juvenile court *n* tribunal *m* pour enfants.

juvenile delinquent *n* jeune délinquant *m*, -e *f*.

juxtapose [ˌdʒʌkstə'pəʊz] *vt* juxtaposer.

juxtaposition [ˌdʒʌkstəpə'zɪʃn] *n* juxtaposition *f*.

K

k (*pl* **k's** OR **ks**), **K** (*pl* **K's** OR **Ks**) [keɪ] *n* [letter] k *m inv*, K *m inv*.
◆ **K - 1.** (*abbr of* **kilobyte**) Ko **- 2.** *see also* **Knight** **- 3.** (*abbr of* **thousand**) K.

Kabul ['kɑ:bl] *n* Kaboul.

kaftan ['kæftæn] *n* = **caftan**.

Kalahari Desert [ˌkælə'hɑ:rɪ-] *n* : **the ~** le (désert du) Kalahari.

kale [keɪl] *n* chou *m* frisé.

kaleidoscope [kə'laɪdəskəʊp] *n* kaléidoscope *m*.

kamikaze [ˌkæmɪ'kɑ:zɪ] *n* kamikaze *m*.

Kampala [kæm'pɑ:lə] *n* Kampala.

Kampuchea [ˌkæmpu:'tʃɪə] *n* Kampuchéa *m* ; **in ~** au Kampuchéa.

Kampuchean [ˌkæmpu:'tʃɪən] <> *adj* cambodgien(enne). <> *n* Cambodgien *m*, -enne *f*.

kangaroo [ˌkæŋgə'ru:] *n* kangourou *m*.

Kansas ['kænzəs] *n* Kansas *m* ; **in ~** dans le Kansas.

kaolin ['keɪəlɪn] *n* kaolin *m*.

kaput [kə'pʊt] *adj inf* fichu(e), foutu(e).

karat ['kærət] *n US* [for gold] carat *m*.

karate [kə'rɑ:tɪ] *n* karaté *m*.

Kashmir [kæʃ'mɪəʳ] *n* Cachemire *m* ; **in ~** au Cachemire.

Katar [kæ'tɑ:ʳ] = **Qatar**.

Kat(h)mandu [ˌkætmæn'du:] *n* Katmandou, Katmandu.

kayak ['kaɪæk] *n* kayak *m*.

Kazakhstan [ˌkæzæk'stɑ:n] *n* Kazakhstan *m* ; **in ~** au Kazakhstan.

kB, **KB** (*abbr of* **kilobyte(s)**) *n* COMPUT Ko *m*.

KC (*abbr of* **King's Counsel**) *n* ≃ bâtonnier *m* de l'ordre.

kcal (*abbr of* **kilocalorie**) Kcal.

kd (*abbr of* **knocked down**) *livré en kit, à monter soi-même.*

kebab [kɪ'bæb] *n* brochette *f*.

kedgeree [ˌkedʒə'ri:] *n UK plat de riz, poisson et œufs durs mélangés.*

keel [ki:l] *n* quille *f* ; **on an even ~** stable.
◆ **keel over** *vi* [ship] chavirer ; [person] tomber dans les pommes.

keen [ki:n] *adj UK* **- 1.** [enthusiastic] enthousiaste, passionné(e) ; **to be ~ on sthg** avoir la passion de qqch ; **he's ~ on her** elle lui plaît ; **to be ~ to do** OR **on doing sthg** tenir à faire qqch **- 2.** [interest, desire, mind] vif (vive) ; [competition] âpre, acharné(e) **- 3.** [sense of smell] fin(e) ; [eyesight] perçant(e).

keenly ['ki:nlɪ] *adv* **- 1.** [contested, interested] vivement **- 2.** [listen, watch] attentivement.

keenness ['ki:nnɪs] *n* **- 1.** [enthusiasm] enthousiasme *m* **- 2.** [of competition] intensité *f* **- 3.** [of eyesight] acuité *f* ; [of hearing] finesse *f*.

keep [ki:p] <> *vt* (*pt & pp* **kept**) **- 1.** [retain, store] garder ; **~ the change!** gardez la monnaie! ; **to ~ sthg warm** garder OR tenir qqch au chaud **- 2.** [prevent] : **to keep sb/sthg from doing sthg** empêcher qqn/qqch de faire qqch **- 3.** [detain] retenir ; [prisoner] détenir ; **I don't want to ~ you** je ne voudrais pas vous retenir ; **what kept you?** qu'est-ce qui t'a retardé? ; **to ~ sb waiting** faire attendre qqn **- 4.** [promise] tenir ; [appointment] aller à ; [vow] être fidèle à **- 5.** [not disclose] : **to ~ sthg from sb** cacher qqch à qqn ; **to ~ sthg to o.s.** garder qqch pour soi **- 6.** [diary, record, notes] tenir **- 7.** [own - sheep, pigs etc] élever ; [- shop] tenir ; [- car] avoir, posséder **- 8.** *phr* **they ~ themselves to themselves** ils restent entre eux, ils se tiennent à l'écart. <> *vi* (*pt & pp* **kept**) **- 1.** [remain] : **to ~ warm** se tenir au chaud ; **to ~ quiet** garder le silence ; **~ quiet!** taisez-vous! **- 2.** [continue] : **he ~s interrupting me** il n'arrête pas de m'interrompre ; **to ~ talking/walking** continuer à parler/à marcher **- 3.** [continue moving] : **to ~ left/right** garder sa gauche/sa droite ; **to ~ north/south** continuer vers le nord/le sud **- 4.** [food] se conserver **- 5.** *UK* [in health] : **how are you ~ing?** *dated* comment allez-vous? ; **she's ~ing well** elle va bien. <> *n* : **to earn one's ~** gagner sa vie.
◆ **keeps** *n* : **for ~s** pour toujours.

◆ **keep at** *vt insep* : **to ~ at it** [work hard] travailler d'arrache-pied.

◆ **keep back** *vt sep* [information] cacher, ne pas divulguer ; [money] retenir.

◆ **keep down** *vt sep* [prices] empêcher de monter ; [numbers, costs] restreindre, limiter ; [food] garder.

◆ **keep off** *vt insep* : **'~ off the grass'** '(il est) interdit de marcher sur la pelouse'.

◆ **keep on** *vi* - **1.** [continue] : **to ~ on (doing sthg)** [without stopping] continuer (de OR à faire qqch) ; [repeatedly] ne pas arrêter (de faire qqch) - **2.** [talk incessantly] : **to ~ on (about sthg)** ne pas arrêter de parler (de qqch).

◆ **keep on at** *vt insep UK* harceler.

◆ **keep out** ◇ *vt sep* empêcher d'entrer. ◇ *vi* : **'~ out'** 'défense d'entrer'.

◆ **keep to** ◇ *vt insep* [rules, deadline] respecter, observer. ◇ *vt sep* [limit] : **we must ~ spending to a minimum** il faut limiter les dépenses au minimum.

◆ **keep up** ◇ *vt sep* [continue to do] continuer ; [maintain] maintenir ; **to ~ up appearances** sauver les apparences. ◇ *vi* - **1.** [maintain pace, level etc] : **to ~ up (with sb)** aller aussi vite (que qqn) ; **to ~ up with the news** suivre l'actualité - **2.** [remain in contact] : **to ~ up with sb** rester en contact avec qqn.

keeper ['ki:pəʳ] *n* gardien *m*, -enne *f*.

keep-fit ◇ *n (U) UK* gymnastique *f*. ◇ *comp* de gymnastique.

keeping ['ki:pɪŋ] *n* - **1.** [care] garde *f* - **2.** [conformity, harmony] : **to be in/out of ~ with** [rules etc] être/ne pas être conforme à ; [subj: furniture] aller/ne pas aller avec.

keepsake ['ki:pseɪk] *n* souvenir *m*.

keg [keg] *n* tonnelet *m*, baril *m*.

kelp [kelp] *n* varech *m*.

ken [ken] *n* : **it's beyond my ~** ça dépasse mes compétences.

kennel ['kenl] *n* [shelter for dog] *UK* niche *f* ; *US* chenil *m*.

◆ **kennels** *npl UK* chenil *m*.

Kentucky [ken'tʌkɪ] *n* Kentucky *m* ; **in ~** dans le Kentucky.

Kenya ['kenjə] *n* Kenya *m* ; **in ~** au Kenya.

Kenyan ['kenjən] ◇ *adj* kenyan(e). ◇ *n* Kenyan *m*, -e *f*.

kept [kept] *pt & pp* ▷ **keep**.

kerb [kɜ:b] *n UK* bordure *f* du trottoir.

kerb crawler [-ˌkrɔ:ləʳ] *n UK homme en voiture qui accoste les prostituées.*

kerbstone ['kɜ:bstəʊn] *n UK* (pierre *f* de) bordure de trottoir.

kerfuffle [kə'fʌfl] *n UK inf* **what a ~!** quelle histoire!

kernel ['kɜ:nl] *n* amande *f*.

kerosene ['kerəsi:n] *n* kérosène *m* ; *US* [paraffin] paraffine *f*.

kestrel ['kestrəl] *n* crécerelle *f*.

ketch [ketʃ] *n* ketch *m*.

ketchup ['ketʃəp] *n* ketchup *m*.

kettle ['ketl] *n* bouilloire *f*.

kettledrum ['ketldrʌm] *n* timbale *f*.

key [ki:] ◇ *n* - **1.** [gen & MUS] clef *f*, clé *f* ; **the ~ (to sthg)** *fig* la clé (de qqch) - **2.** [of typewriter, computer, piano] touche *f* - **3.** [of map] légende *f*. ◇ *adj* clé *(after n)*.

◆ **key in** *vt sep* [text, data] saisir ; [code] composer.

keyboard ['ki:bɔ:d] ◇ *n* [gen & COMPUT] clavier *m*. ◇ *vt* COMPUT [text, data] saisir.

keyboarder ['ki:bɔ:dəʳ] *n* COMPUT claviste *mf*.

keyboard shortcut *n* raccourci *m* clavier.

key card *n* badge *m*.

keyed up [ˌki:d-] *adj* tendu(e), énervé(e).

keyhole ['ki:həʊl] *n* trou *m* de serrure.

keynote ['ki:nəʊt] ◇ *n* note *f* dominante. ◇ *comp* : **~ speech** discours-programme *m*.

keypad ['ki:pæd] *n* COMPUT pavé *m* numérique.

keypunch ['ki:pʌntʃ] *n US* perforatrice *f* à clavier.

key ring *n* porte-clés *m inv*.

keystone ['ki:stəʊn] *n lit & fig* clef *f* de voûte.

keystroke ['ki:strəʊk] *n* COMPUT frappe *f* d'une touche.

kg (*abbr of* **kilogram**) kg.

KGB *n* KGB *m*.

khaki ['kɑ:kɪ] ◇ *adj* kaki *(inv)*. ◇ *n* - **1.** [colour] kaki *m* - **2.** [cloth] toile *f* kaki.

Khmer [kmeəʳ] ◇ *adj* khmer (khmère). ◇ *n* - **1.** [person] Khmer *m*, -ère *f* ; **~ Rouge** Khmer rouge - **2.** [language] khmer *m*.

kibbutz [kɪ'bʊts] (*pl* **kibbutzim** [kɪbʊ'tsi:m], *pl* -es [-i:z]) *n* kibboutz *m*.

kick [kɪk] ◇ *n* - **1.** [with foot] coup *m* de pied - **2.** *inf* [excitement] : **to get a ~ from** OR **out of sthg** trouver qqch excitant ; **to do sthg for ~s** faire qqch pour le plaisir. ◇ *vt* - **1.** [with foot] donner un coup de pied à ; **to ~ o.s.** *fig* se donner des gifles OR des claques - **2.** *inf* [give up] : **to ~ the habit** arrêter. ◇ *vi* - **1.** [person - repeatedly] donner des coups de pied ; [- once] donner un coup de pied - **2.** [baby] gigoter - **3.** [animal] ruer.

◆ **kick about, kick around** *vi UK inf* traîner.

◆ **kick off** *vi* - **1.** FTBL donner le coup d'envoi - **2.** *inf fig* [start] démarrer.

◆ **kick out** *vt sep inf* vider, jeter dehors.

◆ **kick up** *vt insep inf* **to ~ up a fuss** *US* OR **a row** faire toute une histoire.

kickoff ['kɪkɒf] *n* engagement *m*.

kick-start *vt* faire démarrer à l'aide du pied ; *fig* [economy] faire démarrer.

kid [kɪd] ◇ *n* - **1.** *inf* [child] gosse *mf*, gamin *m*, -e *f* - **2.** *inf* [young person] petit jeune *m*, petite jeune *f* - **3.** [goat, leather] chevreau *m*. ◇ *comp esp US inf* [brother, sister] petit(e). ◇ *vt* (*pt & pp* **-ded**, *cont* **-ding**) *inf* - **1.** [tease] faire marcher - **2.** [delude] : **to ~ o.s.** se faire des illusions. ◇ *vi* (*pt & pp* **-ded**, *cont* **-ding**) *inf* : **to be kidding** plaisanter ; **no kidding!** sans blague!

kiddie, **kiddy** (*pl* **-ies**) ['kɪdɪ] *n inf* gosse *mf*, gamin *m*, -e *f*.

kid gloves *npl* : **to treat** OR **handle sb with ~** prendre des gants avec qqn.

kidnap ['kɪdnæp] (*pt & pp* **-ped**, *cont* **-ping**, *esp US*, *pt & pp* **-ed**, *cont* **-ing**) *vt* kidnapper, enlever.

kidnapper *UK*, **kidnaper** *esp US* ['kɪdnæpəʳ] *n* kidnappeur *m*, -euse *f*, ravisseur *m*, -euse *f*.

kidnapping, *esp US* **kidnaping** ['kɪdnæpɪŋ] *n* enlèvement *m*.

kidney ['kɪdnɪ] (*pl* **-s**) *n* - **1.** ANAT rein *m* - **2.** CULIN rognon *m*.

kidney bean *n* haricot *m* rouge.

kidney machine *n* rein *m* artificiel.

Kilimanjaro [ˌkɪlɪmən'dʒɑːrəʊ] *n* Kilimandjaro *m*.

kill [kɪl] ◇ *vt* - **1.** [cause death of] tuer ; **my feet are killing me** *fig* j'ai horriblement mal aux pieds ; **to ~ time** tuer le temps - **2.** *fig* [hope, chances] mettre fin à ; [pain] supprimer. ◇ *vi* tuer. ◇ *n* mise *f* à mort.

◆ **kill off** *vt sep* - **1.** [species, animal] exterminer - **2.** *fig* [hope, chances] mettre fin à.

killer ['kɪləʳ] *n* [person] meurtrier *m*, -ère *f* ; [animal] tueur *m*, -euse *f*.

killer whale *n* épaulard *m*, orque *f*.

killing ['kɪlɪŋ] ◇ *adj dated* [very funny] tordant(e). ◇ *n* meurtre *m* ; **to make a ~** *inf* faire une bonne affaire, réussir un beau coup.

killjoy ['kɪldʒɔɪ] *n pej* rabat-joie *m inv*.

kiln [kɪln] *n* four *m*.

kilo ['kiːləʊ] (*pl* **-s**) (*abbr of* **kilogram**) *n* kilo *m*.

kilo- ['kɪlə] *prefix* kilo-.

kilobyte ['kɪləbaɪt] *n* COMPUT kilo-octet *m*.

kilocalorie ['kɪləˌkælərɪ] *n* kilocalorie *f*.

kilogram, *esp UK* **kilogramme** ['kɪləgræm] *n* kilogramme *m*.

kilohertz ['kɪləhɜːtz] (*pl* **kilohertz**) *n* kilohertz *m*.

kilojoule ['kɪlədʒuːl] *n* kilojoule *m*.

kilometre *UK* ['kɪləˌmiːtəʳ], **kilometer** *US* [kɪ'lɒmɪtər] *n* kilomètre *m*.

kilowatt ['kɪləwɒt] *n* kilowatt *m*.

kilt [kɪlt] *n* kilt *m*.

kimono [kɪ'məʊnəʊ] (*pl* **-s**) *n* kimono *m*.

kin [kɪn] *n* ▷ **kith**.

kind [kaɪnd] ◇ *adj* gentil(ille), aimable ; **would you be so ~ as to...?** voulez-vous avoir la gentillesse OR l'amabilité de...? ◇ *n* genre *m*, sorte *f* ; **an agreement of a ~** une sorte d'accord ; **they're two of a ~** ils se ressemblent ; **in ~** [payment] en nature ; **a ~ of** une espèce de, une sorte de ; **~ of** *US inf* un peu.

kindergarten ['kɪndəˌgɑːtn] *n UK* jardin *m* d'enfants ; *US* ≃ première classe de la maternelle.

kind-hearted [-'hɑːtɪd] *adj* qui a bon cœur, bon (bonne).

kindle ['kɪndl] *vt* - **1.** [fire] allumer - **2.** *fig* [feeling] susciter.

kindling ['kɪndlɪŋ] *n (U)* petit bois *m*.

kindly ['kaɪndlɪ] ◇ *adj* (*comp* **-ier**, *superl* **-iest**) - **1.** *dated* [person] plein(e) de bonté, bienveillant(e) - **2.** [gesture] plein(e) de gentillesse. ◇ *adv* - **1.** [speak, smile etc] avec gentillesse ; **to look ~ on** *fig* être favorable à - **2.** [please] : **~ leave the room!** veuillez sortir, s'il vous plaît! ; **will you ~...?** veuillez..., je vous prie de... - **3.** *phr* **not to take ~ to sthg** mal prendre qqch.

kindness ['kaɪndnɪs] *n* gentillesse *f*.

kindred ['kɪndrɪd] *adj* [similar] semblable, similaire ; **~ spirit** âme *f* sœur.

kinetic [kɪ'netɪk] *adj* cinétique.

kinfolk(s) ['kɪnfəʊk(s)] *US* = **kinsfolk**.

king [kɪŋ] *n* roi *m*.

kingdom ['kɪŋdəm] *n* - **1.** [country] royaume *m* - **2.** [of animals, plants] règne *m*.

kingfisher ['kɪŋˌfɪʃəʳ] *n* martin-pêcheur *m*.

kingpin ['kɪŋpɪn] *n* - **1.** AUT pivot *m* de l'essieu avant - **2.** *fig* [person] pilier *m*, cheville *f* ouvrière.

king-size(d) [-saɪz(d)] *adj* [cigarette] long (longue) ; [pack] géant(e) ; **a ~ bed** un grand lit *(de 195 cm)*.

kink [kɪŋk] *n* [in rope] entortillement *m*.

kinky ['kɪŋkɪ] (*comp* **-ier**, *superl* **-iest**) *adj inf* vicieux(euse).

kinsfolk ['kɪnzfəʊk] *npl* famille *f*.

kinship ['kɪnʃɪp] *n (U)* - **1.** [family relationship] parenté *f* - **2.** [closeness] affinités *fpl*.

kiosk ['kiːɒsk] *n* - **1.** [small shop] kiosque *m* - **2.** *UK* [telephone box] cabine *f* (téléphonique).

kip [kɪp] *UK inf* ◇ *n* somme *m*, roupillon *m*. ◇ *vi* (*pt & pp* **-ped**, *cont* **-ping**) faire *OR* piquer un petit somme.

kipper ['kɪpəʳ] *n* hareng *m* fumé *OR* saur.

Kirk [kɜːk] *n Scotland* : **the ~** l'Église *f* (presbytérienne) d'Écosse.

kirsch [kɪəʃ] *n* kirsch *m*.

kiss [kɪs] ◇ *n* baiser *m* ; **to give sb a ~** embrasser qqn, donner un baiser à qqn. ◇ *vt* embrasser ; **to ~ sb's cheek** embrasser qqn sur la joue ; **to ~ sb goodbye** dire au revoir à qqn en l'embrassant. ◇ *vi* s'embrasser.

kissagram ['kɪsəgræm] *n service de "télégramme parlé" comprenant un baiser, à l'occasion d'un anniversaire, par exemple.*

kiss curl *n UK* accroche-cœur *m*.

kiss of life *n UK* **the ~** le bouche-à-bouche.

kit [kɪt] (*pt & pp* **-ted**, *cont* **-ting**) *n* **- 1.** [set] trousse *f* **- 2.** *(U)* SPORT affaires *fpl*, équipement *m* **- 3.** [to be assembled] kit *m*.
◆ **kit out** *vt sep UK* équiper.

kit bag *n* sac *m* de marin.

kitchen ['kɪtʃɪn] *n* cuisine *f*.

kitchenette [,kɪtʃɪ'net] *n* kitchenette *f*.

kitchen garden *n* (jardin *m*) potager *m*.

kitchen sink *n* évier *m*.

kitchen unit *n* élément *m* de cuisine.

kitchenware ['kɪtʃɪnweəʳ] *n (U)* ustensiles *mpl* de cuisine.

kite [kaɪt] *n* **- 1.** [toy] cerf-volant *m* **- 2.** [bird] milan *m*.

Kite mark *n UK* ≃ NF *(conforme aux normes françaises de sécurité)*.

kith [kɪθ] *n dated* **~ and kin** parents et amis *mpl*.

kitsch [kɪtʃ] *n* kitsch *m inv*.

kitten ['kɪtn] *n* chaton *m*.

kitty ['kɪtɪ] (*pl* **-ies**) *n* **- 1.** [shared fund] cagnotte *f* **- 2.** [animal] *inf* chat(te).

kiwi ['kiːwiː] *n* **- 1.** [bird] kiwi *m*, aptéryx *m* **- 2.** *inf* [New Zealander] Néo-Zélandais *m*, -e *f*.

kiwi (fruit) *n* kiwi *m*.

KKK *see also* **Ku Klux Klan**.

klaxon ['klæksn] *n* sirène *f*.

Kleenex® ['kliːneks] *n* Kleenex® *m*.

kleptomaniac [,kleptə'meɪnɪæk] *n* kleptomane *mf*.

km (*abbr of* **kilometre**) km.

km/h (*abbr of* **kilometres per hour**) km/h.

knack [næk] *n* : **to have a** *OR* **the ~ (for doing sthg)** avoir le coup (pour faire qqch).

knacker ['nækəʳ] *UK* ◇ *n* [horse slaughterer] équarrisseur *m*. ◇ *vt v inf* épuiser.

knackered ['nækəd] *adj UK v inf* crevé(e), claqué(e).

knapsack ['næpsæk] *n* sac *m* à dos.

knave [neɪv] *n* [in cards] valet *m*.

knead [niːd] *vt* pétrir.

knee [niː] *n* genou *m* ; **to be on one's ~s** être à genoux ; *fig* être sur les genoux ; **to bring him/her to his/her ~s** *fig* faire capituler qqn.

kneecap ['niːkæp] *n* rotule *f*.

knee-deep *adj* : **we were ~ in snow/water** la neige/l'eau nous arrivait jusqu'aux genoux.

knee-high *adj* à hauteur de genou.

kneel [niːl] (*UK*, *pt & pp* **knelt**, *US*, *pt & pp* **knelt** *OR* **-ed**) *vi* se mettre à genoux, s'agenouiller.
◆ **kneel down** *vi* se mettre à genoux, s'agenouiller.

knee-length *adj* [skirt] qui arrive aux genoux ; [boots] qui montent jusqu'aux genoux.

knees-up *n UK inf* fête *f*.

knell [nel] *n* glas *m*.

knelt [nelt] *pt & pp* ▻ **kneel**.

knew [njuː] *pt* ▻ **know**.

knickers ['nɪkəz] *npl* **- 1.** *UK* [underwear] culotte *f* **- 2.** *US* [knickerbockers] pantalon *m* de golf.

knick-knack ['nɪknæk] *n* babiole *f*, bibelot *m*.

knife [naɪf] ◇ *n* (*pl* **knives** [naɪvz]) couteau *m*. ◇ *vt* donner un coup de couteau à, poignarder.

knifing ['naɪfɪŋ] *n* bagarre *f* au couteau.

knight [naɪt] ◇ *n* **- 1.** [in history, member of nobility] chevalier *m* **- 2.** [in chess] cavalier *m*. ◇ *vt* faire chevalier.

knighthood ['naɪthʊd] *n* titre *m* de chevalier.

knit [nɪt] ◇ *adj* : **closely** *OR* **tightly ~** *fig* très uni(e). ◇ *vt* (*pt & pp* **knit** *OR* **-ted**, *cont* **-ting**) tricoter. ◇ *vi* (*pt & pp* **knit** *OR* **-ted**, *cont* **-ting**) **- 1.** [with wool] tricoter **- 2.** [broken bones] se souder.

knitted ['nɪtɪd] *adj* tricoté(e).

knitting ['nɪtɪŋ] *n (U)* tricot *m*.

knitting machine *n* machine *f* à tricoter.

knitting needle *n* aiguille *f* à tricoter.

knitting pattern *n* modèle *m* (de tricot).

knitwear ['nɪtweəʳ] *n (U)* tricots *mpl*.

knives [naɪvz] *pl* ▻ **knife**.

knob [nɒb] *n* **- 1.** [on door] poignée *f*, bouton *m* ; [on drawer] poignée ; [on bedstead] pomme *f* **- 2.** [on TV, radio etc] bouton *m*.

knobbly *UK* ['nɒblɪ] (*comp* **-ier**, *superl* **-iest**), **knobby** *US* ['nɒbɪ] (*comp* **-ier**, *superl* **-iest**) *adj* noueux(euse).

knock [nɒk] ◇ *n* - **1.** [hit] coup *m* - **2.** *inf* [piece of bad luck] coup *m* dur. ◇ *vt* - **1.** [hit] frapper, cogner ; **to ~ a hole in a wall** faire un trou dans un mur ; **to ~ a nail into a wall** enfoncer un clou dans un mur ; **to ~ sb/sthg over** renverser qqn/qqch - **2.** *inf* [criticize] critiquer, dire du mal de. ◇ *vi* - **1.** [on door] : **to ~ (at** *OR* **on)** frapper (à) - **2.** [car engine] cogner, avoir des ratés.

◆ **knock about, knock around** *inf* ◇ *vt insep* tabasser. ◇ *vi* - **1.** [travel] bourlinguer - **2.** [spend time] : **to ~ about with sb** fréquenter qqn.

◆ **knock back** *vt sep inf* [drink] s'enfiler.

◆ **knock down** *vt sep* - **1.** [subj: car, driver] renverser - **2.** [building] démolir - **3.** [price] (faire) baisser.

◆ **knock off** ◇ *vt sep* - **1.** [money] : **to ~ £5 off** faire un rabais de 5 livres - **2.** *UK inf* [steal] chiper, piquer ; [rob] dévaliser. ◇ *vi inf* [stop working] finir son travail *OR* sa journée.

◆ **knock out** *vt sep* - **1.** [make unconscious] assommer - **2.** [from competition] éliminer.

◆ **knock up** *UK* ◇ *vt sep* [meal, report] préparer *OR* faire en vitesse ; [structure] construire à la va-vite. ◇ *vi* TENNIS faire des balles.

knocker ['nɒkəʳ] *n* [on door] heurtoir *m*.

knocking ['nɒkɪŋ] *n (U)* - **1.** [on door etc] coups *mpl* - **2.** *inf* [criticism] critique *f*, critiques *fpl*.

knock-kneed [-'ni:d] *adj* cagneux(euse), qui a les genoux cagneux.

knock-on effect *n UK* réaction *f* en chaîne.

knockout ['nɒkaʊt] *n* knock-out *m*, K.-O. *m*

knockout competition *n UK* compétition *f* avec éliminatoires.

knock-up *n* - **1.** *esp UK* TENNIS : **to have a ~** faire des balles - **2.** *slang* [make pregnant] mettre en cloques.

knot [nɒt] ◇ *n* - **1.** [gen] nœud *m* ; **to tie/untie a ~** faire/défaire un nœud - **2.** [of people] petit attroupement *m*. ◇ *vt* (*pt & pp* **-ted**, *cont* **-ting**) nouer, faire un nœud à.

knotted ['nɒtɪd] *adj* noué(e).

knotty ['nɒtɪ] (*comp* **-ier**, *superl* **-iest**) *adj fig* épineux(euse).

know [nəʊ] ◇ *vt* (*pt* **knew**, *pp* **known**) - **1.** [gen] savoir ; [language] savoir parler ; **to ~ (that)...** savoir que... ; **to let sb ~ (about sthg)** faire savoir (qqch) à qqn, informer qqn (de qqch) ; **to ~ how to do sthg** savoir faire qqch ; **to get to ~ sthg** apprendre qqch - **2.** [person, place] connaître ; **to get to ~ sb** apprendre à mieux connaître qqn. ◇ *vi* (*pt* **knew**, *pp* **known**) savoir ; **to ~ of sthg** connaître qqch ; **to ~ about** [be aware of] être au courant de ; [be expert in] s'y connaître en ; **God** *OR* **Heaven ~s!** Dieu seul le sait! ; **he ought to have known better** il aurait dû réfléchir. ◇ *n* : **to be in the ~** être au courant.

know-all *UK*, **know-it-all** *US* *n* (monsieur) je-sais-tout *m*, (madame) je-sais-tout *f*.

know-how *n* savoir-faire *m*, technique *f*.

knowing ['nəʊɪŋ] *adj* [smile, look] entendu(e).

knowingly ['nəʊɪŋlɪ] *adv* - **1.** [smile, look] d'un air entendu - **2.** [intentionally] sciemment.

know-it-all *US* = **know-all**.

knowledge ['nɒlɪdʒ] *n (U)* - **1.** [gen] connaissance *f* ; **it's common ~ that...** tout le monde sait que... ; **without my ~** à mon insu ; **to my ~** à ma connaissance ; **to the best of my ~** à ma connaissance, autant que je sache - **2.** [learning, understanding] savoir *m*, connaissances *fpl*.

knowledgeable ['nɒlɪdʒəbl] *adj* bien informé(e).

known [nəʊn] ◇ *pp* ▷ **know**. ◇ *adj* connu(e).

knuckle ['nʌkl] *n* - **1.** ANAT articulation *f* *OR* jointure *f* du doigt - **2.** [of meat] jarret *m*.

◆ **knuckle down** *vi* s'y mettre, se mettre au travail ; **to ~ down to sthg/to doing sthg** se mettre sérieusement à qqch/à faire qqch.

◆ **knuckle under** *vi* céder, capituler.

knuckle-duster *n* coup-de-poing *m* américain.

KO (*abbr of* **knock-out**) *n* K.-O. *m*

koala (bear) [kəʊ'ɑ:lə-] *n* koala *m*.

kook [ku:k] *n US inf* fou *m*, folle *f*, dingue *mf*.

kooky ['ku:kɪ] (*comp* **-ier**, *superl* **-iest**) *adj US inf* fêlé(e), dingue.

Koran [kɒ'rɑ:n] *n* : **the ~** le Coran.

Korea [kə'rɪə] *n* Corée *f* ; **in ~** en Corée.

Korean [kə'rɪən] ◇ *adj* coréen(enne). ◇ *n* - **1.** [person] Coréen *m*, -enne *f* - **2.** [language] coréen *m*.

kosher ['kəʊʃəʳ] *adj* - **1.** [meat] kasher *(inv)* - **2.** *inf* [reputable] O.K. *(inv)*, réglo *(inv)*.

Kosovar [kɔsɔvaʳ] *n* kosovar *mf*.

Kosovo [kɔsɔvɔ] *n* Kosovo *m*.

Koweit = **Kuwait**.

kowtow [ˌkaʊ'taʊ] *vi* : **to ~ (to sb)** faire des courbettes (à *OR* devant qqn).

Krakow = **Cracow**.

Kremlin ['kremlɪn] *n* : **the ~** le Kremlin.

KS *see also* **Kansas**.

KT *see also* **Knight**.

Kuala Lumpur [ˌkwɑ:lə'lʊmˌpʊəʳ] *n* Kuala Lumpur.

kudos ['kju:dɒs] *n* prestige *m*, gloire *f*.

Ku Klux Klan [kuːklʌks'klæn] *n* : **the ~** le Ku Klux Klan.

kumquat ['kʌmkwɒt] *n* kumquat *m*.

kung fu [ˌkʌŋ'fuː] *n* kung-fu *m*.

Kurd [kɜːd] *n* Kurde *mf*.

Kurdish ['kɜːdɪʃ] *adj* kurde.

Kurdistan [ˌkɜːdɪ'stɑːn] *n* Kurdistan *m* ; **in ~** au Kurdistan.

Kuwait [kʊ'weɪt], **Koweit** [kəʊ'weɪt] *n* **- 1.** [country] Koweït *m* ; **in ~** au Koweït **- 2.** [city] Koweït City.

Kuwaiti [kʊ'weɪtɪ] ◇ *adj* koweïtien(enne). ◇ *n* Koweïtien *m*, -enne *f*.

kW (*abbr of* **kilowatt**) kW.

KY *see also* **Kentucky**.

l¹ (*pl* **l's** *OR* **ls**), **L** (*pl* **L's** *OR* **Ls**) [el] *n* [letter] l *m inv*, L *m inv*.

◆ **L - 1.** *see also* **lake - 2.** *see also* **large - 3.** (*abbr of* **left**) g **- 4.** *see also* **learner**.

> **L**
>
> En Grande-Bretagne, la lettre « L » apposée sur l'arrière d'un véhicule indique que le conducteur n'a pas encore son permis mais qu'il est en conduite accompagnée.

l² (*abbr of* **litre**) l.

la [lɑː] *n* MUS la *m*.

La *see also* **Louisiana**.

LA - 1. *see also* **Los Angeles - 2.** *see also* **Louisiana**.

L.A. (*abbr of* **Los Angeles**) *n* Los Angeles.

lab [læb] *n inf* labo *m*.

label ['leɪbl] ◇ *n* **- 1.** [identification] étiquette *f* **- 2.** [of record] label *m*, maison *f* de disques. ◇ *vt* (*UK, pt & pp* **-led**, *cont* **-ling**, *US, pt & pp* **-ed**, *cont* **-ing**) **- 1.** [fix label to] étiqueter **- 2.** [describe] : **to ~ sb (as)** cataloguer *OR* étiqueter qqn (comme).

labor *etc US* = **labour** *etc*.

laboratory [*UK* lə'bɒrətrɪ, *US* 'læbrəˌtɔːrɪ] ◇ *n* (*pl* **-ies**) laboratoire *m*. ◇ *comp* de laboratoire.

Labor Day *n fête du travail américaine (premier lundi de septembre).*

laborious [lə'bɔːrɪəs] *adj* laborieux(euse).

labor union *n US* syndicat *m*.

labour *UK*, **labor** *US* ['leɪbəʳ] ◇ *n* **- 1.** [gen & MED] travail *m* ; **she went into ~** MED le travail a commencé **- 2.** [workers, work carried out] main d'œuvre *f*. ◇ *vt* : **there's no need to ~ the point** pas besoin de s'appesantir là-dessus. ◇ *vi* travailler dur ; **to ~ at** *OR* **over** peiner sur ; **to ~ under a delusion** se faire des illusions *OR* des idées ; **to ~ under a misapprehension** être dans l'erreur.

◆ **Labour** *UK* POL ◇ *adj* travailliste. ◇ *n (U)* les travaillistes *mpl*.

labour camp *UK*, **labor camp** *US n* camp *m* de travaux forcés.

labour costs *UK*, **labor costs** *US npl* coûts *mpl* de la main-d'œuvre.

laboured *UK*, **labored** *US* ['leɪbəd] *adj* [breathing] pénible ; [style] lourd(e), laborieux(euse).

labourer *UK*, **laborer** *US* ['leɪbərəʳ] *n* travailleur manuel *m*, travailleuse manuelle *f* ; [agricultural] ouvrier agricole *m*, ouvrière agricole *f*.

labour force *UK*, **labor force** *US n* main d'œuvre *f*.

labour-intensive *UK*, **labor-intensive** *US adj* à forte main d'œuvre.

labour market *UK*, **labor market** *US n* marché *m* du travail.

labour of love *UK*, **labor of love** *US n* tâche *f* effectuée par plaisir.

labour pains *UK*, **labor pains** *US npl* douleurs *fpl* de l'accouchement.

Labour Party *n UK* : **the ~** le parti travailliste.

labour relations *UK*, **labor relations** *US npl* relations *fpl* entre employeurs et employés.

laboursaving *UK*, **laborsaving** *US* ['leɪbəˌseɪvɪŋ] *adj* : **~ device** appareil *m* ménager.

Labrador ['læbrədɔːʳ] *n* **- 1.** [dog] labrador *m* **- 2.** GEOG Labrador *m*.

labyrinth ['læbərɪnθ] *n* labyrinthe *m*.

lace [leɪs] ◇ *n* **- 1.** [fabric] dentelle *f* **- 2.** [of shoe etc] lacet *m*. ◇ *comp* en *OR* de dentelle. ◇ *vt* **- 1.** [shoe etc] lacer **- 2.** [drink, food] verser de l'alcool *OR* une drogue dans.

◆ **lace up** *vt sep* lacer.

lacemaking ['leɪsˌmeɪkɪŋ] *n* fabrication *f* de (la) dentelle.

laceration [ˌlæsə'reɪʃn] *n* lacération *f*.

lace-up ◇ *adj* [shoes] à lacets. ◇ *n UK* chaussure *f* à lacets.

lack [læk] ◇ *n* manque *m* ; **for** *OR* **through ~** of par manque de ; **no ~ of** bien assez de. ◇ *vt* manquer de. ◇ *vi* : **to be ~ing in sthg** manquer de qqch ; **to be ~ing** manquer, faire défaut.

lackadaisical [ˌlækə'deɪzɪkl] *adj pej* nonchalant(e).

lackey ['lækɪ] (*pl* **-s**) *n pej* larbin *m*.

lacklustre *UK*, **lackluster** *US* ['lækˌlʌstəʳ] *adj* terne.

laconic [lə'kɒnɪk] *adj fml* laconique.

lacquer ['lækəʳ] ◇ *n* [for wood] vernis *m*, laque *f* ; *UK* [for hair] laque *f*. ◇ *vt* laquer.

lacrosse [lə'krɒs] *n* crosse *f*.

lactic acid ['læktɪk-] *n* acide *m* lactique.

lacy ['leɪsɪ] (*comp* **-ier**, *superl* **-iest**) *adj* de *OR* en dentelle.

lad [læd] *n* **- 1.** *UK inf* [boy] garçon *m*, gars *m* **- 2.** *UK* [stable boy] lad *m*.

ladder ['lædəʳ] ◇ *n* **- 1.** [for climbing] échelle *f* **- 2.** *UK* [in tights] maille *f* filée, estafilade *f*. ◇ *vt* & *vi UK* [tights] filer.

laden ['leɪdn] *adj* : **~ (with)** chargé(e) (de).

la-di-da [ˌlɑ:dɪ'dɑ:] *adj inf pej* maniéré(e).

ladies *UK* ['leɪdɪz], **ladies' room** *US n* toilettes *fpl* (pour dames).

lading ['leɪdɪŋ] ▷ **bill of lading**.

ladle ['leɪdl] ◇ *n* louche *f*. ◇ *vt* servir (à la louche).

lady ['leɪdɪ] ◇ *n* (*pl* **-ies**) **- 1.** [gen] dame *f* **- 2.** *US inf* [to address woman] ma petite dame. ◇ *comp* : **a ~ doctor** une femme docteur.

◆ **Lady** *n* Lady *f* ; **Our Lady** Notre-Dame *f*.

ladybird *UK* ['leɪdɪbɜ:d], **ladybug** *US* ['leɪdɪbʌg] *n* coccinelle *f*.

lady-in-waiting [-'weɪtɪŋ] (*pl* **ladies-in-waiting**) *n* dame *f* d'honneur.

lady-killer *n inf* bourreau *m* des cœurs, don Juan *m*.

ladylike ['leɪdɪlaɪk] *adj* distingué(e).

Ladyship ['leɪdɪʃɪp] *n* : **her/your ~** Madame la baronne/la duchesse *etc*.

lag [læg] ◇ *vi* (*pt* & *pp* **-ged**, *cont* **-ging**) : **to ~ (behind)** [person, runner] traîner ; [economy, development] être en retard, avoir du retard. ◇ *vt* (*pt* & *pp* **-ged**, *cont* **-ging**) [roof, pipe] calorifuger. ◇ *n* [timelag] décalage *m*.

lager ['lɑ:gəʳ] *n* (bière *f*) blonde *f*.

lager lout *n UK jeune qui, sous l'influence de l'alcool, cherche la bagarre ou commet des actes de vandalisme*.

lagging ['lægɪŋ] *n* calorifuge *m*.

lagoon [lə'gu:n] *n* lagune *f*.

Lagos ['leɪgɒs] *n* Lagos.

lah-di-dah = **la-di-da**.

laid [leɪd] *pt* & *pp* ▷ **lay**.

laid-back *adj inf* relaxe, décontracté(e).

lain [leɪn] *pp* ▷ **lie**.

lair [leəʳ] *n* repaire *m*, antre *m*.

lairy ['leərɪ] *adj* tape à l'oeil *inv inf*, bruyant(e).

laissez-faire ['leɪseɪ'feəʳ] ◇ *adj* non-interventionniste. ◇ *n* non-interventionnisme *m*.

laity ['leɪətɪ] *n* RELIG : **the ~** les laïcs *mpl*.

lake [leɪk] *n* lac *m*.

Lake District *n* : **the ~** la région des lacs *(au nord-ouest de l'Angleterre)*.

Lake Geneva *n* le lac Léman *OR* de Genève.

lakeside ['leɪksaɪd] *adj* au bord de l'eau.

lama ['lɑ:mə] (*pl* **-s**) *n* lama *m*.

lamb [læm] *n* agneau *m*.

lambast [læm'bæst], **lambaste** [læm'beɪst] *vt* démolir.

lamb chop *n* côtelette *f* d'agneau.

lambing ['læmɪŋ] *n* agnelage *m*.

lambskin ['læmskɪn] *n* agneau *m*, peau *f* d'agneau.

lambswool ['læmzwʊl] ◇ *n* lambswool *m*. ◇ *comp* en lambswool, en laine d'agneau.

lame [leɪm] *adj lit* & *fig* boiteux(euse).

lamé ['lɑ:meɪ] *n* lamé *m*.

lame duck *n* **- 1.** *fig* [person, business] canard *m* boiteux **- 2.** *US* [President] *président non réélu, pendant la période séparant l'élection de l'investiture de son successeur*.

lamely ['leɪmlɪ] *adv* [argue, lie etc] maladroitement.

lament [lə'ment] ◇ *n* lamentation *f*. ◇ *vt* se lamenter sur.

lamentable ['læməntəbl] *adj* lamentable.

laminated ['læmɪneɪtɪd] *adj* [wood] stratifié(e) ; [glass] feuilleté(e) ; [steel] laminé(e).

lamp [læmp] *n* lampe *f*.

lamplight ['læmplaɪt] *n* lumière *f* de la lampe.

lampoon [læm'pu:n] ◇ *n* satire *f*. ◇ *vt* faire la satire de.

lamppost ['læmppəʊst] *n* réverbère *m*.

lampshade ['læmpʃeɪd] *n* abat-jour *m*.

LAN *see also* **local area network**.

lance [lɑ:ns] <> *n* lance *f*. <> *vt* [for a boil] percer.

lance corporal *n* caporal *m*.

lancet ['lɑ:nsɪt] *n* bistouri *m*, lancette *f*.

Lancs [læŋks] (*abbr of* **Lancashire**) *comté anglais*.

land [lænd] <> *n* - **1.** [solid ground] terre *f* (ferme) ; [farming ground] terre, terrain *m* - **2.** [property] terres *fpl*, propriété *f* - **3.** [nation] pays *m*. <> *vt* - **1.** [from ship, plane] débarquer - **2.** [catch - fish] prendre - **3.** [plane] atterrir - **4.** *inf* [obtain] décrocher - **5.** *inf* [place] : **to ~ sb in trouble** attirer des ennuis à qqn ; **to be ~ed with sthg** se coltiner qqch. <> *vi* - **1.** [plane] atterrir - **2.** [fall] tomber - **3.** [from ship] débarquer.

◆ **land up** *vi inf* atterrir.

landed gentry ['lændɪd-] *npl* noblesse *f* de province.

landing ['lændɪŋ] *n* - **1.** [of stairs] palier *m* - **2.** AERON atterrissage *m* - **3.** [of goods from ship] débarquement *m*.

landing card *n* carte *f* de débarquement.

landing craft *n* péniche *f* de débarquement.

landing gear *n (U)* train *m* d'atterrissage.

landing stage *n* débarcadère *m*.

landing strip *n* piste *f* d'atterrissage.

landlady ['lænd,leɪdɪ] (*pl* **-ies**) *n* [living in] logeuse *f* ; [owner] propriétaire *f*.

landlocked ['lændlɒkt] *adj* sans accès à la mer.

landlord ['lændlɔ:d] *n* - **1.** [of rented property] propriétaire *m* - **2.** *UK* [of pub] patron *m*.

landmark ['lændmɑ:k] *n* point *m* de repère ; *fig* événement *m* marquant.

landmine, **land mine** ['lændmaɪn] *n* mine *f* (terrestre).

landowner ['lænd,əʊnəʳ] *n* propriétaire foncier *m*, propriétaire foncière *f*.

Land Rover® ['lrəʊvəʳ] *n* Land Rover® *f*.

landscape ['lændskeɪp] <> *n* paysage *m*. <> *vt* concevoir les plans de, aménager.

landscape gardener *n* paysagiste *mf*, jardinier *m*, -ère *f* paysagiste.

landslide ['lændslaɪd] *n* - **1.** [of earth] glissement *m* de terrain ; [of rocks] éboulement *m* - **2.** *fig* [election victory] victoire *f* écrasante.

landslip ['lændslɪp] *n* glissement *m* de terrain.

lane [leɪn] *n* - **1.** [in country] petite route *f*, chemin *m* - **2.** [in town] ruelle *f* - **3.** [for traffic] voie *f* ; **'keep in ~'** 'ne changez pas de file' - **4.** AERON & SPORT couloir *m* - **5.** [for shipping] route *f* de navigation.

language ['læŋgwɪdʒ] *n* - **1.** [of people, country] langue *f* - **2.** [terminology, ability to speak] langage *m*.

language lab(oratory) *n* labo(ratoire) *m* de langues.

languid ['læŋgwɪd] *adj lit* indolent(e).

languish ['læŋgwɪʃ] *vi* languir.

languorous ['læŋgərəs] *adj lit* langoureux(euse).

lank [læŋk] *adj* terne.

lanky ['læŋkɪ] (*comp* **-ier**, *superl* **-iest**) *adj* dégingandé(e).

lanolin(e) ['lænəlɪn] *n* lanoline *f*.

lantern ['læntən] *n* lanterne *f*.

Laos [laʊs] *n* Laos *m* ; **in ~** au Laos.

Lao = **Laotian**.

Laotian ['laʊʃn] <> *adj* laotien(enne). <> *n* - **1.** [person] Laotien *m*, -enne *f* - **2.** [language] laotien *m*.

lap [læp] <> *n* - **1.** [of person] : **on sb's ~** sur les genoux de qqn - **2.** [of race] tour *m* de piste. <> *vt* (*pt & pp* **-ped**, *cont* **-ping**) - **1.** [subj: animal] laper - **2.** [in race] prendre un tour d'avance sur. <> *vi* (*pt & pp* **-ped**, *cont* **-ping**) [water, waves] clapoter.

◆ **lap up** *vt sep* - **1.** [drink] laper - **2.** *fig* [compliments] se gargariser de ; [lies] gober, avaler.

laparoscopy [,læpə'rɒskəpɪ] (*pl* **-ies**) *n* laparoscopie *f*.

La Paz [læ'pæz] *n* La Paz.

lapdog ['læpdɒg] *n* petit chien *m* d'appartement ; *fig & pej* [person] toutou *m*, caniche *m*.

lapel [lə'pel] *n* revers *m*.

Lapland ['læplænd] *n* Laponie *f* ; **in ~** en Laponie.

Lapp [læp] <> *adj* lapon(e). <> *n* - **1.** [person] Lapon *m*, -e *f* - **2.** [language] lapon *m*.

lapse [læps] <> *n* - **1.** [failing] défaillance *f* - **2.** [in behaviour] écart *m* de conduite - **3.** [of time] intervalle *m*, laps *m* de temps. <> *vi* - **1.** [passport] être périmé(e) ; [membership] prendre fin ; [tradition] se perdre - **2.** [person] : **to ~ into bad habits** prendre de mauvaises habitudes ; **to ~ into silence** se taire.

lapsed [læpst] *adj* [Catholic etc] qui ne pratique plus.

laptop computer *n* (ordinateur *m*) portable *m*.

larceny ['lɑ:sənɪ] *n (U)* vol *m* (simple).

larch [lɑ:tʃ] *n* mélèze *m*.

lard [lɑ:d] *n* saindoux *m*.

larder ['lɑ:dəʳ] *n dated* garde-manger *m inv*.

large [lɑ:dʒ] *adj* grand(e) ; [person, animal, book] gros (grosse).

◆ **at large** *adv* - **1.** [as a whole] dans son ensemble - **2.** [prisoner, animal] en liberté.
◆ **by and large** *adv* dans l'ensemble.

largely ['lɑːdʒlɪ] *adv* en grande partie.

larger-than-life ['lɑːdʒəʳ-] *adj* [character] exubérant(e).

large-scale *adj* à grande échelle.

largesse, *US* **largess** [lɑː'dʒes] *n (U)* largesses *fpl*.

lark [lɑːk] *n* - **1.** [bird] alouette *f* - **2.** *inf* [joke] blague *f* ; **for a ~** pour rigoler.
◆ **lark about** *vi* s'amuser.

larva ['lɑːvə] (*pl* **-vae** [-viː]) *n* larve *f*.

laryngitis [ˌlærɪn'dʒaɪtɪs] *n (U)* laryngite *f*.

larynx ['lærɪŋks] (*pl* **larynges** ['lærɪŋʒiːz] , *pl* **larynxes** ['lærɪŋksiːz]) *n* larynx *m*.

lasagna, **lasagne** [lə'zænjə] *n (U)* lasagnes *fpl*.

lascivious [lə'sɪvɪəs] *adj fml* & *pej* lascif(ive).

laser ['leɪzəʳ] *n* laser *m*.

laser beam *n* rayon *m* laser.

laser printer *n* imprimante *f* (à) laser.

laser show *n* spectacle *m* laser.

lash [læʃ] ◇ *n* - **1.** [eyelash] cil *m* - **2.** [with whip] coup *m* de fouet. ◇ *vt* - **1.** [gen] fouetter - **2.** [tie] attacher.
◆ **lash out** *vi* - **1.** [physically] : **to ~ out (at** *OR* **against)** envoyer un coup (à) - **2.** *UK inf* [spend money] : **to ~ out (on sthg)** faire une folie (en s'achetant qqch).

lass [læs] *n esp Scotland* jeune fille *f*.

lasso [læ'suː] ◇ *n* (*pl* **-s**) lasso *m*. ◇ *vt* (*pt* & *pp* **-ed**, *cont* **-ing**) attraper au lasso.

last [lɑːst] ◇ *adj* dernier(ère) ; **~ week/year** la semaine/l'année dernière, la semaine/l'année passée ; **~ night** hier soir ; **~ but one** avant-dernier (avant-dernière) ; **down to the ~ detail/penny** jusqu'au moindre détail/dernier sou. ◇ *adv* - **1.** [most recently] la dernière fois - **2.** [finally] en dernier, le dernier (la dernière). ◇ *pron* : **the Saturday before ~** pas samedi dernier, mais le samedi d'avant ; **the year before ~** il y a deux ans ; **the ~ but one** l'avant-dernier *m*, l'avant-dernière *f* ; **to leave sthg till ~** faire qqch en dernier. ◇ *n* : **the ~ I saw of him** la dernière fois que je l'ai vu. ◇ *vi* durer ; [food] se garder, se conserver ; [feeling] persister.
◆ **at (long) last** *adv* enfin.

last-ditch *adj* ultime, désespéré(e).

lasting ['lɑːstɪŋ] *adj* durable.

lastly ['lɑːstlɪ] *adv* pour terminer, finalement.

last-minute *adj* de dernière minute.

last name *n* nom *m* de famille.

last post *n UK* - **1.** [postal collection] dernière levée *f* - **2.** MIL extinction *f* des feux.

last rites *npl* derniers sacrements *mpl*.

last straw *n* : **it was the ~** cela a été la goutte (d'eau) qui fait déborder le vase.

Last Supper *n* : **the ~** la Cène.

last word *n* : **to have the ~** avoir le dernier mot.

Las Vegas [ˌlæs'veɪgəs] *n* Las Vegas.

latch [lætʃ] ◇ *n* loquet *m* ; **on the ~** *UK* qui n'est pas fermé à clef. ◇ *vt* fermer au loquet.
◆ **latch onto** *vt insep inf* s'accrocher à.

latchkey ['lætʃkiː] (*pl* **-s**) *n* clef *f* de la porte d'entrée.

latchkey kid *n enfant qui rentre seul après l'école et qui a la clé du domicile familial.*

late [leɪt] ◇ *adj* - **1.** [not on time] : **to be ~ (for sthg)** être en retard (pour qqch) - **2.** [near end of] : **in ~ December, ~ in December** vers la fin décembre - **3.** [later than normal] tardif(ive) - **4.** [former] ancien(enne) - **5.** [dead] feu(e). ◇ *adv* - **1.** [not on time] en retard ; **to arrive 20 minutes ~** arriver avec 20 minutes de retard - **2.** [later than normal] tard ; **to work/go to bed ~** travailler/se coucher tard.
◆ **of late** *adv* récemment, dernièrement.

latecomer ['leɪtˌkʌməʳ] *n* retardataire *mf*.

lately ['leɪtlɪ] *adv* ces derniers temps, dernièrement.

lateness ['leɪtnɪs] *n (U)* - **1.** [of person, train] retard *m* - **2.** [of meeting, event] heure *f* tardive.

late-night *adj* [TV programme] programmé(e) à une heure tardive ; [shop] ouvert(e) en nocturne.

latent ['leɪtənt] *adj* latent(e).

later ['leɪtəʳ] ◇ *adj* [date] ultérieur(e) ; [edition] postérieur(e) ; **in ~ life** plus tard (dans la vie). ◇ *adv* : **~ (on)** plus tard.

lateral ['lætərəl] *adj* latéral(e).

latest ['leɪtɪst] ◇ *adj* dernier(ère). ◇ *n* : **at the ~** au plus tard.

latex ['leɪteks] ◇ *n* latex *m*. ◇ *comp* en latex.

lath [lɑːθ] *n* latte *f*.

lathe [leɪð] *n* tour *m*.

lather ['lɑːðəʳ] ◇ *n* mousse *f* (de savon). ◇ *vt* savonner. ◇ *vi* mousser.

Latin ['lætɪn] ◇ *adj* latin(e). ◇ *n* [language] latin *m*.

Latin America *n* Amérique *f* latine ; **in ~** en Amérique latine.

Latin–American *adj* latino-américain(e).

Latin American *n* [person] Latino-Américain *m*, -e *f*.

latitude ['lætɪtju:d] *n* latitude *f*.

latrine [lə'tri:n] *n* latrines *fpl*.

latter ['lætəʳ] ◇ *adj* - **1.** [later] dernier(ère) - **2.** [second] deuxième. ◇ *n* : **the ~** celui-ci (celle-ci), ce dernier (cette dernière).

latter-day *adj* moderne.

latterly ['lætəlɪ] *adv fml* récemment.

lattice ['lætɪs] *n* treillis *m*, treillage *m*.

lattice window *n* fenêtre *f* treillagée.

Latvia ['lætvɪə] *n* Lettonie *f* ; **in ~** en Lettonie.

Latvian ['lætvɪən] ◇ *adj* letton(onne). ◇ *n* - **1.** [person] Letton *m*, -onne *f* - **2.** [language] letton *m*.

laudable ['lɔ:dəbl] *adj* louable.

laugh [lɑ:f] ◇ *n* rire *m* ; **we had a good ~** *inf* on a bien rigolé, on s'est bien amusé ; **to do sthg for ~s** *OR* **a ~** *inf* faire qqch pour rire *OR* rigoler ; **they had the last ~** finalement, ce sont eux qui ont bien ri. ◇ *vi* rire.

◆ **laugh at** *vt insep* [mock] se moquer de, rire de.

◆ **laugh off** *vt sep* tourner en plaisanterie.

laughable ['lɑ:fəbl] *adj* ridicule, risible.

laughing gas ['lɑ:fɪŋ-] *n* gaz *m* hilarant.

laughingstock ['lɑ:fɪŋstɒk] *n* risée *f*.

laughter ['lɑ:ftəʳ] *n (U)* rire *m*, rires *mpl*.

launch [lɔ:ntʃ] ◇ *n* - **1.** [gen] lancement *m* - **2.** [boat] chaloupe *f*. ◇ *vt* lancer.

◆ **launch into** *vt insep* se lancer dans.

launching ['lɔ:ntʃɪŋ] *n* lancement *m*.

launch(ing) pad, launchpad ['lɔ:ntʃ(ɪŋ)-] *n* pas *m* de tir.

launder ['lɔ:ndəʳ] *vt lit & fig* blanchir.

laundrette, *UK* **Launderette**® [lɔ:n'dret], *US* **Laundromat**® ['lɔ:ndrəmæt] *n* laverie *f* automatique.

laundry ['lɔ:ndrɪ] (*pl* **-ies**) *n* - **1.** *(U)* [clothes] lessive *f* - **2.** [business] blanchisserie *f* - **3.** [room] buanderie *f*.

laundry basket *n* panier *m* à linge.

laureate ['lɔ:rɪət] ▷ **poet laureate**.

laurel ['lɒrəl] *n* laurier *m*.

laurels ['lɒrəlz] *npl* : **to rest on one's ~** se reposer sur ses lauriers.

Lautro ['laʊtrəʊ] (*abbr of* **Life Assurance and Unit Trust Regulatory Organization**) *n organisme britannique contrôlant les activités de compagnies d'assurance-vie et de SICAV*.

lava ['lɑ:və] *n* lave *f*.

lavatory ['lævətrɪ] (*pl* **-ies**) *n esp UK* toilettes *fpl*.

lavatory paper *n UK* papier *m* hygiénique.

lavender ['lævəndəʳ] ◇ *adj* [colour] (bleu) lavande *(inv)*. ◇ *n* [plant] lavande *f*.

lavish ['lævɪʃ] ◇ *adj* - **1.** [generous] généreux(euse) ; **to be ~ with** être prodigue de - **2.** [sumptuous] somptueux(euse). ◇ *vt* : **to ~ sthg on sb** prodiguer qqch à qqn.

lavishly ['lævɪʃlɪ] *adv* - **1.** [generously] généreusement - **2.** [sumptuously] somptueusement.

law [lɔ:] ◇ *n* - **1.** [gen] loi *f* ; **against the ~** contraire à la loi, illégal(e) ; **to break the ~** enfreindre *OR* transgresser la loi ; **~ and order** ordre *m* public ; **to lay down the ~** *inf pej* faire la loi ; **the ~ of the jungle** la loi de la jungle - **2.** LAW droit *m* - **3.** *inf* [police] : **the ~** les flics *mpl*. ◇ *comp* [student, degree] en droit.

law-abiding [-ə,baɪdɪŋ] *adj* respectueux(euse) des lois.

law(-)breaker *n* personne *f* qui enfreint *OR* transgresse les lois.

law court *n* tribunal *m*, cour *f* de justice.

lawful ['lɔ:fʊl] *adj* légal(e), licite.

lawfully ['lɔ:fʊlɪ] *adv* légalement.

lawless ['lɔ:lɪs] *adj* - **1.** [illegal] contraire à la loi, illégal(e) - **2.** [without laws] sans loi.

Law Lords *npl UK* LAW : **the ~** les juges *mpl* de la Chambre des Lords.

lawmaker ['lɔ:,meɪkəʳ] *n* législateur *m*, -trice *f*.

lawn [lɔ:n] *n* pelouse *f*, gazon *m*.

lawnmower ['lɔ:n,məʊəʳ] *n* tondeuse *f* à gazon.

lawn party *n US* garden-party *f*.

lawn tennis *n* tennis *m* (sur gazon).

law school *n* faculté *f* de droit.

lawsuit ['lɔ:su:t] *n* procès *m*.

lawyer ['lɔ:jəʳ] *n* [in court] avocat *m* ; [of company] conseiller *m*, -ère *f* juridique ; [for wills, sales] notaire *m*.

lax [læks] *adj* relâché(e).

laxative ['læksətɪv] *n* laxatif *m*.

laxity ['læksətɪ], **laxness** ['læksnɪs] *n* relâchement *m*.

lay [leɪ] ◇ *pt* ▷ **lie**. ◇ *vt* (*pt & pp* **laid**) - **1.** [gen] poser, mettre ; *fig* **to ~ the blame for sthg on sb** rejeter la responsabilité de qqch sur qqn - **2.** [trap, snare] tendre, dresser ; [plans] faire ; **to ~ the table** *UK* mettre la table *OR* le couvert - **3.** [egg] pondre. ◇ *adj* - **1.** RELIG laïque - **2.** [untrained] profane.

◆ **lay aside** *vt sep* mettre de côté.

◆ **lay before** *vt sep* : **to ~ sthg before sb** [proposal] présenter *OR* soumettre qqch à qqn.

◆ **lay down** *vt sep* - **1.** [guidelines, rules] imposer, stipuler - **2.** [put down] déposer.
◆ **lay into** *vt insep slang* attaquer.
◆ **lay off** ◇ *vt sep* [make redundant] licencier. ◇ *vt insep inf* - **1.** [leave alone] ficher la paix à - **2.** [give up] arrêter.
◆ **lay on** *vt sep UK* [provide, supply] organiser.
◆ **lay out** *vt sep* - **1.** [arrange] arranger, disposer - **2.** [design] concevoir.
◆ **lay over** *vi US* faire escale.

layabout ['leɪəbaʊt] *n UK inf* fainéant *m*, -e *f*.

lay-by (*pl* **lay-bys**) *n UK* aire *f* de stationnement.

lay days *npl* starie *f*, jours *mpl* de planche.

layer ['leɪəʳ] *n* couche *f* ; *fig* [level] niveau *m*.

layette [leɪ'et] *n* layette *f*.

layman ['leɪmən] (*pl* **-men** [-mən]) *n* - **1.** [untrained person] profane *m* - **2.** RELIG laïc *m*.

lay-off *n* licenciement *m*.

layout ['leɪaʊt] *n* [of office, building] agencement *m* ; [of garden] plan *m* ; [of page] mise *f* en page.

layover ['leɪəʊvəʳ] *n US* escale *f*.

laze [leɪz] *vi* : **to ~ (about** OR **around)** paresser.

lazily ['leɪzɪlɪ] *adv* paresseusement, avec nonchalance.

laziness ['leɪzɪnɪs] *n* paresse *f*.

lazy ['leɪzɪ] (*comp* **-ier**, *superl* **-iest**) *adj* [person] paresseux(euse), fainéant(e) ; [action] nonchalant(e).

lazybones ['leɪzɪbəʊnz] (*pl* **lazybones**) *n inf* paresseux *m*, -euse *f*, fainéant *m*, -e *f*.

lb (*abbr of* **pound**) *livre (unité de poids)*.

LB see also **Labrador**.

lbw (*abbr of* **leg before wicket**) *au cricket, faute d'un joueur qui met une jambe devant le guichet*.

lc (*abbr of* **lower case**) bdc.

L/C see also **letter of credit**.

LCD (*abbr of* **liquid crystal display**) *n affichage à cristaux liquides*.

Ld see also **Lord**.

L-driver *n UK* conducteur débutant *m*, conductrice débutante *f (qui n'a pas encore son permis)*.

LDS *n UK* (*abbr of* **Licentiate in Dental Surgery**) *diplômé en chirurgie dentaire*.

LEA (*abbr of* **local education authority**) *n services régionaux de l'enseignement en Grande-Bretagne*.

lead[1] [li:d] ◇ *n* - **1.** [winning position] : **to be in** OR **have the ~** mener, être en tête - **2.** [amount ahead] : **to have a ~ of...** devancer de... - **3.** [initiative, example] initiative *f*, exemple *m* ; **to take the ~** montrer l'exemple - **4.** THEAT : **the ~** le rôle principal - **5.** [clue] indice *m* - **6.** *UK* [for dog] laisse *f* - **7.** [wire, cable] câble *m*, fil *m*. ◇ *adj* [role etc] principal(e) ; **~ singer** chanteur *m*, -euse *f*. ◇ *vt* (*pt & pp* **led**) - **1.** [be at front of] mener, être à la tête de - **2.** [guide] guider, conduire - **3.** [be in charge of] être à la tête de, diriger - **4.** [organize - protest etc] mener, organiser ; **to ~ the way** *lit & fig* ouvrir la marche - **5.** [life] mener - **6.** [cause] : **to ~ sb to do sthg** inciter OR pousser qqn à faire qqch. ◇ *vi* (*pt & pp* **led**) - **1.** [path, cable etc] mener, conduire - **2.** [give access] : **to ~ to/into** donner sur, donner accès à - **3.** [in race, match] mener - **4.** [result in] : **to ~ to sthg** aboutir à qqch, causer qqch.
◆ **lead off** ◇ *vt insep* [subj: door, room] donner sur. ◇ *vi* - **1.** [road, corridor] : **to ~ off (from)** partir (de) - **2.** [begin] commencer.
◆ **lead up to** *vt insep* - **1.** [precede] conduire à, aboutir à - **2.** [build up to] amener.

lead[2] [led] ◇ *n* plomb *m* ; [in pencil] mine *f*. ◇ *comp* en OR de plomb.

leaded ['ledɪd] *adj* [petrol] au plomb ; [window] à petits carreaux.

leaden ['ledn] *adj* - **1.** *lit* [sky] de plomb - **2.** *fig* [very dull] mortellement ennuyeux(euse).

leader ['li:dəʳ] *n* - **1.** [head, chief] chef *mf* ; POL leader *mf* - **2.** [in race, competition] premier *m*, -ère *f* - **3.** *UK* PRESS éditorial *m*.

leadership ['li:dəʃɪp] *n* - **1.** [people in charge] : **the ~** les dirigeants *mpl* - **2.** [position of leader] direction *f* - **3.** [qualities of leader] qualités *fpl* de chef.

lead-free [led-] *adj* sans plomb.

lead guitar *n* première *f* guitare.

leading ['li:dɪŋ] *adj* - **1.** [most important] principal(e) - **2.** [main] : **~ part** OR **role** THEAT rôle *m* principal ; *fig* rôle prépondérant - **3.** [at front] de tête.

leading article *n UK* éditorial *m*.

leading lady *n* vedette *f*, premier rôle *m* féminin.

leading light *n* personnage *m* très important OR influent.

leading man *n* premier rôle *m* masculin.

leading question *n* question *f* insidieuse.

lead pencil [led-] *n* crayon *m* à mine de plomb OR à papier.

lead poisoning [led-] *n* saturnisme *m*.

lead time [li:d-] *n* COMM délai *m* de livraison.

leaf [li:f] (*pl* **leaves** [li:vz]) *n* - **1.** [of tree, plant] feuille *f* - **2.** [of table - hinged] abattant *m* ; [- pull-out] rallonge *f* - **3.** [of book] feuille *f*, page *f*.
◆ **leaf through** *vt insep* [magazine etc] parcourir, feuilleter.

leaflet ['li:flɪt] ◇ *n* prospectus *m*. ◇ *vt* [area] distribuer des prospectus dans.

leafy ['li:fɪ] (*comp* **-ier**, *superl* **-iest**) *adj* feuillu(e) ; [suburb, lane] planté(e) d'arbres.

league [li:g] *n* ligue *f* ; SPORT championnat *m* ; **to be in ~ with** être de connivence avec.

league table *UK*, **league standings** *US* *n* classement *m* du championnat.

leak [li:k] ◇ *n lit* & *fig* fuite *f*. ◇ *vt fig* [secret, information] divulguer. ◇ *vi* fuir.

◆ **leak out** *vi* - **1.** [liquid] fuir - **2.** *fig* [secret, information] transpirer, être divulgué(e).

leakage ['li:kɪdʒ] *n* fuite *f*.

leaky ['li:kɪ] (*comp* **-ier**, *superl* **-iest**) *adj* qui fuit.

lean [li:n] ◇ *adj* - **1.** [slim] mince - **2.** [meat] maigre - **3.** *fig* [month, time] mauvais(e). ◇ *vt* (*pt* & *pp* **leant** *OR* **-ed**) [rest] : **to ~ sthg against** appuyer qqch contre, adosser qqch à. ◇ *vi* (*pt* & *pp* **leant** *OR* **-ed**) - **1.** [bend, slope] se pencher - **2.** [rest] : **to ~ on/against** s'appuyer sur/contre.

leaning ['li:nɪŋ] *n* : **~ (towards)** penchant *m* (pour).

leant [lent] *pt* & *pp* ▻ **lean**.

lean-to (*pl* **lean-tos**) *n* appentis *m*.

leap [li:p] ◇ *n lit* & *fig* bond *m*. ◇ *vi* (*pt* & *pp* **leapt** *OR* **-ed**) - **1.** [gen] bondir - **2.** *fig* [increase] faire un bond.

◆ **leap at** *vt insep fig* [opportunity] sauter sur.

leapfrog ['li:pfrɒg] ◇ *n* saute-mouton *m inv*. ◇ *vt* (*pt* & *pp* **-ged**, *cont* **-ging**) dépasser (d'un bond). ◇ *vi* (*pt* & *pp* **-ged**, *cont* **-ging**) : **to ~ over** sauter par-dessus.

leapt [lept] *pt* & *pp* ▻ **leap**.

leap year *n* année *f* bissextile.

learn [lɜ:n] (*pt* & *pp* **-ed** *OR* **learnt**) ◇ *vt* : **to ~ (that)...** apprendre que... ; **to ~ (how) to do sthg** apprendre à faire qqch. ◇ *vi* : **to ~ (of** *OR* **about sthg)** apprendre (qqch).

learned ['lɜ:nɪd] *adj* savant(e).

learner ['lɜ:nəʳ] *n* débutant *m*, -e *f*.

learner (driver) *n UK* conducteur débutant *m*, conductrice débutante *f* (*qui n'a pas encore son permis*).

learning ['lɜ:nɪŋ] *n* savoir *m*, érudition *f*.

learning curve *n* courbe *f* d'apprentissage.

learning disability *n* difficultés *fpl* d'apprentissage.

learnt [lɜ:nt] *pt* & *pp* ▻ **learn**.

lease [li:s] ◇ *n* bail *m* ; **a new ~ of life** *UK*, **a new ~ on life** *US* une seconde jeunesse. ◇ *vt* louer ; **to ~ sthg from sb** louer qqch à qqn ; **to ~ sthg to sb** louer qqch à qqn.

leaseback ['li:sbæk] *n* cession *f* de bail, cession-bail *f*.

leasehold ['li:shəʊld] ◇ *adj* loué(e) à bail, tenu(e) à bail. ◇ *adv* à bail.

leaseholder ['li:sˌhəʊldəʳ] *n* locataire *mf*.

leash [li:ʃ] *n US* laisse *f*.

least [li:st] (*superl of* **little**) ◇ *adj* : **the ~** le moindre (la moindre), le plus petit (la plus petite) ; **he earns the ~ money of any of us** de nous tous, c'est lui qui gagne le moins. ◇ *pron* [smallest amount] : **the ~** le moins ; **it's the ~ (that) he can do** c'est la moindre des choses qu'il puisse faire ; **not in the ~** pas du tout, pas le moins du monde ; **to say the ~** c'est le moins qu'on puisse dire. ◇ *adv* : **(the) ~** le moins (la moins).

◆ **at least** *adv* au moins ; [to correct] du moins.

◆ **least of all** *adv* surtout pas, encore moins.

◆ **not least** *adv fml* notamment.

leather ['leðəʳ] ◇ *n* cuir *m*. ◇ *comp* en cuir.

leatherette® [ˌleðə'ret] *n* similicuir *m*.

leave [li:v] ◇ *vt* (*pt* & *pp* **left**) - **1.** [gen] laisser ; **to ~ sb alone** laisser qqn tranquille ; **it ~s me cold** ça me laisse froid - **2.** [go away from] quitter - **3.** [bequeath] : **to ~ sb sthg, to ~ sthg to sb** léguer *OR* laisser qqch à qqn, *see also* **left**. ◇ *vi* (*pt* & *pp* **left**) partir. ◇ *n* congé *m* ; **to be on ~** [from work] être en congé ; [from army] être en permission.

◆ **leave behind** *vt sep* - **1.** [abandon] abandonner, laisser - **2.** [forget] oublier, laisser.

◆ **leave off** ◇ *vt sep* - **1.** [omit] : **to ~ sthg off (sthg)** omettre qqch (de qqch) - **2.** [stop] : **to ~ off doing sthg** s'arrêter de faire qqch. ◇ *vi* s'arrêter.

◆ **leave out** *vt sep* omettre, exclure ; **to feel left out** se sentir de trop, se sentir exclu.

leave of absence *n* congé *m*.

leaves [li:vz] *pl* ▻ **leaf**.

Lebanese [ˌlebə'ni:z] ◇ *adj* libanais(e). ◇ *n* (*pl* **Lebanese**) [person] Libanais *m*, -e *f*.

Lebanon ['lebənən] *n* Liban *m* ; **in (the) ~** au Liban.

lecherous ['letʃərəs] *adj pej* lubrique, libidineux(euse).

lechery ['letʃərɪ] *n* lubricité *f*.

lectern ['lektən] *n* lutrin *m*.

lecture ['lektʃəʳ] ◇ *n* - **1.** [talk - gen] conférence *f* ; UNIV cours *m* magistral ; **to give a ~ (on sthg)** faire une conférence (sur qqch) ; UNIV faire un cours (sur qqch) - **2.** [scolding] : **to give sb a ~** réprimander qqn, sermonner qqn. ◇ *vt* [scold] réprimander, sermonner. ◇ *vi* : **to ~ on sthg** faire un cours sur qqch ; **to ~ in sthg** être professeur de qqch.

lecture hall *n* amphithéâtre *m*.

lecturer ['lektʃərəʳ] *n* [speaker] conférencier *m*, -ère *f* ; *UK* UNIV maître assistant *m*.

lecture theatre *n UK* amphithéâtre *m*.

led [led] *pt & pp* ▷ **lead**[1].

LED (*abbr of* **light-emitting diode**) *n* LED *f*.

ledge [ledʒ] *n* - **1.** [of window] rebord *m* - **2.** [of mountain] corniche *f*.

ledger ['ledʒəʳ] *n* grand livre *m*.

lee [li:] *n* : **in the ~ of** à l'abri de.

leech [li:tʃ] *n lit & fig* sangsue *f*.

leek [li:k] *n* poireau *m*.

leer [lɪəʳ] ◇ *n* regard *m* libidineux. ◇ *vi* : **to ~ at** reluquer.

Leeward Islands ['li:wəd-] *npl* : **the ~** les îles *fpl* Sous-le-Vent.

leeway ['li:weɪ] *n* - **1.** [room to manoeuvre] marge *f* de manœuvre - **2.** [time lost] : **to make up ~** rattraper son retard.

left [left] ◇ *pt & pp* ▷ **leave**. ◇ *adj* - **1.** [remaining] : **to be ~** rester ; **have you** *OR* **do you have** *US* **any money ~?** il te reste de l'argent? - **2.** [not right] gauche. ◇ *adv* à gauche. ◇ *n* : **on** *OR* **to the ~** à gauche ; **keep to the ~** gardez votre gauche.

◆ **Left** *n* POL : **the Left** la Gauche.

left-hand *adj* de gauche ; **~ side** gauche *f*, côté *m* gauche.

left-hand drive ◇ *adj* [car] avec la conduite à gauche. ◇ *n* conduite *f* à gauche.

left-handed [-'hændɪd] ◇ *adj* - **1.** [person] gaucher(ère) - **2.** [implement] pour gaucher - **3.** *US* [compliment] faux (fausse). ◇ *adv* de la main gauche.

left-hander [-'hændəʳ] *n* gaucher *m*, -ère *f*.

Leftist ['leftɪst] POL ◇ *adj* de gauche, gauchiste. ◇ *n* gauchiste *mf*.

left luggage (office) *n UK* consigne *f*.

leftover ['leftəʊvəʳ] *adj* qui reste, en surplus.

◆ **leftovers** *npl* restes *mpl*.

left wing *n* POL gauche *f*.

◆ **left-wing** *adj* POL de gauche.

left-winger *n* POL homme *m*, femme *f* de gauche.

lefty ['leftɪ] (*pl* **-ies**) *n* - **1.** *UK inf* POL gauchiste *mf*, gaucho *m* - **2.** *US* [left-handed person] gaucher *m*, -ère *f*.

leg [leg] *n* - **1.** [of person, trousers] jambe *f* ; [of animal] patte *f* ; **to be on one's last ~s** être à bout de souffle ; **you don't have a ~ to stand on!** ça ne tient pas debout! ; **to pull sb's ~** faire marcher qqn - **2.** CULIN [of lamb] gigot *m* ; [of pork, chicken] cuisse *f* - **3.** [of furniture] pied *m* - **4.** [of journey, match] étape *f* ; **away ~** *UK* FTBL match *m* à l'extérieur *OR* sur terrain adverse.

legacy ['legəsɪ] (*pl* **-ies**) *n lit & fig* legs *m*, héritage *m*.

legal ['li:gl] *adj* - **1.** [concerning the law] juridique - **2.** [lawful] légal(e).

legal action *n* : **to take ~ against sb** intenter un procès à qqn, engager des poursuites contre qqn.

legal aid *n* assistance *f* judiciaire.

legality [li:'gælətɪ] *n* légalité *f*.

legalize, *UK* **-ise** ['li:gəlaɪz] *vt* légaliser, rendre légal.

legally ['li:gəlɪ] *adv* légalement ; **~ binding** qui oblige en droit.

legal tender *n* monnaie *f* légale.

legation [lɪ'geɪʃn] *n* légation *f*.

legend ['ledʒənd] *n lit & fig* légende *f*.

legendary ['ledʒəndrɪ] *adj lit & fig* légendaire.

leggings ['legɪŋz] *npl* jambières *fpl*, leggings *mpl fpl*.

leggy ['legɪ] (*comp* **-ier**, *superl* **-iest**) *adj* [woman] qui a des jambes interminables.

legible ['ledʒəbl] *adj* lisible.

legibly ['ledʒəblɪ] *adv* lisiblement.

legion ['li:dʒən] ◇ *n lit & fig* légion *f*. ◇ *adj fml* **to be ~** être légion *(inv)*.

legionnaire's disease [ˌli:dʒə'neəz-] *n* maladie *f* du légionnaire, légionellose *f*.

legislate ['ledʒɪsleɪt] *vi* : **to ~ (for/against)** faire des lois (pour/contre).

legislation [ˌledʒɪs'leɪʃn] *n* législation *f*.

legislative ['ledʒɪslətɪv] *adj* législatif(ive).

legislator ['ledʒɪsleɪtəʳ] *n* législateur *m*, -trice *f*.

legislature ['ledʒɪsleɪtʃəʳ] *n* corps *m* législatif.

legitimacy [lɪ'dʒɪtɪməsɪ] *n* légitimité *f*.

legitimate [lɪ'dʒɪtɪmət] *adj* légitime.

legitimately [lɪ'dʒɪtɪmətlɪ] *adv* légitimement.

legitimize, *UK* **-ise** [lɪ'dʒɪtəmaɪz] *vt* légitimer.

legless ['leglɪs] *adj UK inf* [drunk] bourré(e), rond(e).

legroom ['legrʊm] *n (U)* place *f* pour les jambes.

legwarmers [-ˌwɔ:məz] *npl* jambières *fpl*.

legwork ['legwɜ:k] *n* : **I had to do the ~** *inf* j'ai dû beaucoup me déplacer.

Leics (*written abbrev of* **Leicestershire**) *comté anglais.*

leisure [*UK* 'leʒəʳ, *US* 'li:ʒər] *n* loisir *m*, temps *m* libre ; **at (one's) ~** à loisir, tout à loisir.

leisure centre *n UK* centre *m* de loisirs.

leisurely [*UK* 'leʒəlɪ, *US* 'li:ʒərlɪ] ◇ *adj* [pace] lent(e), tranquille. ◇ *adv* [walk] sans se presser.

leisure time *n (U)* temps *m* libre, loisirs *mpl.*

lemming ['lemɪŋ] *n* lemming *m* ; **like ~s** *fig* comme les moutons de Panurge.

lemon ['lemən] *n* [fruit] citron *m.*

lemonade [ˌlemə'neɪd] *n* **- 1.** *UK* [fizzy] limonade *f* **- 2.** *esp US* [flat] citronnade *f* **- 3.** *US* [juice] citron *m* pressé.

lemon curd *n UK* crème *f* au citron.

lemongrass ['lemənɡrɑ:s] *n (U)* citronnelle *f.*

lemon juice *n* jus *m* de citron.

lemon sole *n* limande-sole *f.*

lemon squash *n UK* citronnade *f.*

lemon squeezer [-'skwi:zəʳ] *n* presse-citron *m inv.*

lemon tea *n* thé *m* (au) citron.

lend [lend] (*pt & pp* **lent**) *vt* **- 1.** [loan] prêter ; **to ~ sb sthg, to ~ sthg to sb** prêter qqch à qqn **- 2.** [offer] : **to ~ support (to sb)** offrir son soutien (à qqn) ; **to ~ assistance (to sb)** prêter assistance (à qqn) **- 3.** [add] : **to ~ sthg to sthg** [quality etc] ajouter qqch à qqch.

lender ['lendəʳ] *n* prêteur *m*, -euse *f.*

lending library ['lendɪŋ-] *n* bibliothèque *f* de prêt.

lending rate ['lendɪŋ-] *n* taux *m* de crédit.

length [leŋθ] *n* **- 1.** [gen] longueur *f* ; **what ~ is it?** ça fait quelle longueur? ; **it's five metres in ~** cela fait cinq mètres de long ; **the ~ and breadth of** partout dans, dans tout **- 2.** [piece - of string, wood] morceau *m*, bout *m* ; [- of cloth] coupon *m* **- 3.** [duration] durée *f* **- 4.** *phr* **to go to great ~s to do sthg** tout faire pour faire qqch.

◆ **at length** *adv* **- 1.** [eventually] enfin **- 2.** [in detail] à fond.

lengthen ['leŋθən] ◇ *vt* [dress etc] rallonger ; [life] prolonger. ◇ *vi* allonger.

lengthways ['leŋθweɪz], **lengthwise** ['leŋθwaɪz] *adv* dans le sens de la longueur.

lengthy ['leŋθɪ] (*comp* **-ier**, *superl* **-iest**) *adj* très long (longue).

leniency ['li:njənsɪ] *n* clémence *f*, indulgence *f.*

lenient ['li:njənt] *adj* [person] indulgent(e) ; [laws] clément(e).

lens [lenz] *n* **- 1.** [of camera] objectif *m* ; [of glasses] verre *m* **- 2.** [contact lens] verre *m* de contact, lentille *f* (cornéenne).

lent [lent] *pt & pp* ⊳ **lend**.

Lent [lent] *n* Carême *m.*

lentil ['lentɪl] *n* lentille *f.*

Leo ['li:əʊ] *n* Lion ; **to be (a) ~** être Lion.

leopard ['lepəd] *n* léopard *m.*

leopardess ['lepədɪs] *n* léopard *m* femelle.

leotard ['li:ətɑ:d] *n* collant *m.*

leper ['lepəʳ] *n* lépreux *m*, -euse *f.*

leprechaun ['leprəkɔ:n] *n* lutin *m (irlandais).*

leprosy ['leprəsɪ] *n* lèpre *f.*

lesbian ['lezbɪən] ◇ *adj* lesbien(enne). ◇ *n* lesbienne *f.*

lesbianism ['lezbɪənɪzm] *n* lesbianisme *m.*

lesion ['li:ʒn] *n* lésion *f.*

Lesotho [lə'su:tu:] *n* Lesotho *m.*

less [les] (*compar of little*) ◇ *adj* moins de ; **~ money/time than me** moins d'argent/de temps que moi. ◇ *pron* moins ; **it costs ~ than you think** ça coûte moins cher que tu ne le crois ; **no ~ than £50** pas moins de 50 livres ; **the ~... the ~...** moins... moins... ◇ *adv* moins ; **~ than five** moins de cinq ; **~ and ~** de moins en moins. ◇ *prep* [minus] moins.

lessee [le'si:] *n* preneur *m*, -euse *f*, locataire *mf.*

lessen ['lesn] ◇ *vt* [risk, chance] diminuer, réduire ; [pain] atténuer. ◇ *vi* [gen] diminuer ; [pain] s'atténuer.

lesser ['lesəʳ] *adj* moindre ; **to a ~ extent** *OR* **degree** à un degré moindre.

lesson ['lesn] *n* leçon *f*, cours *m* ; **to give/take ~s (in)** donner/prendre des leçons (de) ; **to teach sb a ~** *fig* donner une (bonne) leçon à qqn.

lessor [le'sɔ:ʳ] *n* bailleur *m*, -eresse *f.*

lest [lest] *conj fml* de crainte que.

let [let] (*pt & pp* **let**, *cont* **-ting**) *vt* **- 1.** [allow] : **to ~ sb do sthg** laisser qqn faire qqch ; **she ~ her hair grow** elle s'est laissé pousser les cheveux ; **we can't ~ this happen** on ne peut pas laisser faire ça ; **to ~ sb know sthg** dire qqch à qqn ; **to ~ go of sb/sthg** lâcher qqn/qqch ; **to ~ sb go** [gen] laisser (partir) qqn ; [prisoner] libérer qqn **- 2.** [in verb forms] : **~ them wait** qu'ils attendent ; **~'s go!** allons-y! ; **~'s see** voyons **- 3.** *esp UK* [rent out] louer ; **'to ~'** 'à louer'.

◆ **let alone** *conj* encore moins, sans parler de.

◆ **let down** *vt sep* **- 1.** *UK* [deflate] dégonfler **- 2.** [disappoint] décevoir.

◆ **let in** *vt sep* [admit] laisser *OR* faire entrer.

◆ **let in for** *vt sep* : **you don't know what you're letting yourself in for** tu ne sais pas à quoi tu t'engages.

◆ **let in on** *vt sep* : **to ~ sb in on sthg** mettre qqn au courant de qqch.

◆ **let off** *vt sep* - **1.** *UK* [excuse] : **to ~ sb off sthg** dispenser qqn de qqch - **2.** [not punish] ne pas punir - **3.** [bomb] faire éclater ; [gun, firework] faire partir.

◆ **let on** *vi* : **don't ~ on!** *UK* ne dis rien (à personne)!

◆ **let out** ◇ *vt sep* - **1.** [allow to go out] laisser sortir ; **to ~ air out of sthg** dégonfler qqch - **2.** [laugh, scream] laisser échapper. ◇ *vi US* SCH finir.

◆ **let up** *vi* - **1.** [rain] diminuer - **2.** [person] s'arrêter.

letdown ['letdaʊn] *n inf* déception *f*.

lethal ['li:θl] *adj* mortel(elle), fatal(e).

lethargic [lə'θɑ:dʒɪk] *adj* léthargique.

lethargy ['leθədʒɪ] *n* léthargie *f*.

Letraset® ['letrəset] *n* Letraset®.

let's [lets] *see also* **let us**.

letter ['letəʳ] *n* lettre *f*.

letter bomb *n* lettre *f* piégée.

letterbox ['letəbɒks] *n UK* boîte *f* aux *OR* à lettres.

letterhead ['letəhed] *n* en-tête *m*.

lettering ['letərɪŋ] *n (U)* caractères *mpl*.

letter of credit *n* lettre *f* de crédit.

letter opener *n* coupe-papier *m inv*.

letter-perfect *adj US* absolument parfait(e).

letter quality *n* COMPUT qualité *f* courrier.

letters patent *npl* lettres *fpl* patentes.

lettuce ['letɪs] *n* laitue *f*, salade *f*.

letup ['letʌp] *n* [in fighting] répit *m* ; [in work] relâchement *m*.

leukaemia, *esp US* **leukemia** [lu:'ki:mɪə] *n* leucémie *f*.

levee ['levɪ] *n US* [embankment] digue *f*.

level ['levl] ◇ *adj* - **1.** [equal in height] à la même hauteur ; [horizontal] horizontal(e) ; **to be ~ with** être au niveau de - **2.** [equal in standard] à égalité - **3.** [flat] plat(e), plan(e). ◇ *adv* : **to draw ~ with sb** arriver à la même hauteur que qqn, rejoindre qqn. ◇ *n* - **1.** [gen] niveau *m* ; **to be on a ~ (with)** être du même niveau (que) ; **to be on the ~** *inf* être réglo - **2.** *US* [spirit level] niveau *m* à bulle. ◇ *vt* (*UK*, *pt & pp* **-led**, *cont* **-ling**, *US*, *pt & pp* **-ed**, *cont* **-ing**) - **1.** [make flat] niveler, aplanir - **2.** [demolish] raser - **3.** [aim] : **to ~ a gun at** pointer *OR* braquer un fusil sur ; **to ~ an accusation at** *OR* **against sb** lancer une accusation contre qqn.

◆ **level off**, **level out** *vi* - **1.** [inflation etc] se stabiliser - **2.** [aeroplane] se mettre en palier.

◆ **level with** *vt insep inf* être franc (franche) *OR* honnête avec.

level crossing *n UK* passage *m* à niveau.

level-headed [-'hedɪd] *adj* raisonnable.

level pegging [-'pegɪŋ] *adj UK* **to be ~** être à égalité.

lever [*UK* 'li:vəʳ, *US* 'levər] *n* levier *m*.

leverage [*UK* 'li:vərɪdʒ, *US* 'levərɪdʒ] *n (U)* - **1.** [force] : **to get ~ on sthg** avoir une prise sur qqch - **2.** *fig* [influence] influence *f*.

leviathan [lɪ'vaɪəθn] *n fig* colosse *m*.

levitation [ˌlevɪ'teɪʃn] *n* lévitation *f*.

levity ['levətɪ] *n* légèreté *f*.

levy ['levɪ] ◇ *n* prélèvement *m*, impôt *m*. ◇ *vt* (*pt & pp* **-ied**) prélever, percevoir.

lewd [lju:d] *adj* obscène.

lexical ['leksɪkl] *adj* lexical(e).

LI *see also* **Long Island**.

liability [ˌlaɪə'bɪlətɪ] (*pl* **-ies**) *n* responsabilité *f* ; *fig* [person] danger *m* public.

◆ **liabilities** *npl* FIN dettes *fpl*, passif *m*.

liable ['laɪəbl] *adj* - **1.** [likely] : **to be ~ to do sthg** risquer de faire qqch, être susceptible de faire qqch - **2.** [prone] : **to be ~ to sthg** être sujet(ette) à qqch - **3.** LAW : **to be ~ (for)** être responsable (de) ; **to be ~ to** être passible de.

liaise [lɪ'eɪz] *vi UK* **to ~ with** assurer la liaison avec.

liaison [lɪ'eɪzɒn] *n* liaison *f*.

liar ['laɪəʳ] *n* menteur *m*, -euse *f*.

Lib. [lɪb] *see also* **Liberal**.

libel ['laɪbl] ◇ *n* LAW diffamation *f*. ◇ *vt* (*UK*, *pt & pp* **-led**, *cont* **-ling**, *US*, *pt & pp* **-ed**, *cont* **-ing**) diffamer.

libellous *UK*, **libelous** *US* ['laɪbələs] *adj* diffamatoire.

liberal ['lɪbərəl] ◇ *adj* - **1.** [tolerant] libéral(e) - **2.** [generous] généreux(euse). ◇ *n* libéral *m*, -e *f*.

◆ **Liberal** POL ◇ *adj* libéral(e). ◇ *n* libéral *m*, -e *f*.

liberal arts *npl esp US* arts *mpl* libéraux.

Liberal Democrat *n adhérent du principal parti centriste britannique*.

liberalize, *UK* **-ise** ['lɪbərəlaɪz] *vt* libéraliser.

liberal-minded [-'maɪndɪd] *adj* large d'esprit.

Liberal Party *n esp UK* HIST : **the ~** le parti libéral.

liberate ['lɪbəreɪt] *vt* libérer.

liberation [ˌlɪbəˈreɪʃn] *n* libération *f*.

liberator [ˈlɪbəreɪtəʳ] *n* libérateur *m*, -trice *f*.

Liberia [laɪˈbɪərɪə] *n* Liberia *m* ; **in ~** au Liberia.

Liberian [laɪˈbɪərɪən] ◇ *adj* libérien(enne). ◇ *n* Libérien *m*, -enne *f*.

libertine [ˈlɪbətiːn] *n lit & pej* libertin *m*.

liberty [ˈlɪbətɪ] (*pl* **-ies**) *n* liberté *f* ; **at ~** en liberté ; **to be at ~ to do sthg** être libre de faire qqch ; **to take liberties (with sb)** prendre des libertés (avec qqn).

libido [lɪˈbiːdəʊ] (*pl* **-s**) *n* libido *f*.

Libra [ˈliːbrə] *n* Balance *f* ; **to be (a) ~** être Balance.

librarian [laɪˈbreərɪən] *n* bibliothécaire *mf*.

librarianship [laɪˈbreərɪənʃɪp] *n UK* **diploma in ~** diplôme de bibliothécaire.

library [ˈlaɪbrərɪ] (*pl* **-ies**) *n* bibliothèque *f*.

library book *n* livre *m* de bibliothèque.

libretto [lɪˈbretəʊ] (*pl* **-s**) *n* livret *m*.

Libya [ˈlɪbɪə] *n* Libye *f* ; **in ~** en Libye.

Libyan [ˈlɪbɪən] ◇ *adj* libyen(enne). ◇ *n* Libyen *m*, -enne *f*.

lice [laɪs] *pl* ▷ **louse**.

licence [ˈlaɪsəns] ◇ *n* **- 1.** *UK* [gen] permis *m*, autorisation *f* ; **driving ~** *UK*, **driver's licence** *US* permis *m* de conduire ; **TV ~** redevance *f* télé **- 2.** *UK* COMM licence *f* ; **under ~** sous licence. ◇ *vt US* = **license**.

license [ˈlaɪsəns] ◇ *vt* autoriser. ◇ *n US* = **licence**.

licensed [ˈlaɪsənst] *adj* **- 1.** [person] : **to be ~ to do sthg** avoir un permis pour *OR* l'autorisation de faire qqch **- 2.** *UK* [premises] qui détient une licence de débit de boissons.

licensee [ˌlaɪsənˈsiː] *n UK* [of pub] gérant *m*, -e *f*.

license plate *n US* plaque *f* d'immatriculation.

licensing hours [ˈlaɪsənsɪŋ-] *npl UK heures d'ouverture des débits de boissons*.

Licensing hours

Traditionnellement, les heures d'ouverture des pubs répondaient à une réglementation très stricte (liée à la législation sur la vente des boissons alcoolisées), mais celle-ci a été assouplie en 1988. Au lieu d'ouvrir uniquement de 11 h 30 à 14 h 30 et de 18 h à 23 h, les pubs restent ouverts de 11 h à 23 h, sauf le dimanche (de 11 h à 15 h et de 19 h à 22 h 30).

licensing laws [ˈlaɪsənsɪŋ-] *npl UK lois réglementant la vente d'alcool*.

licentious [laɪˈsenʃəs] *adj fml* licencieux (euse).

lichen [ˈlaɪkən] *n* lichen *m*.

lick [lɪk] ◇ *n* **- 1.** [act of licking] : **to give sthg a ~** lécher qqch **- 2.** *inf* [small amount] : **a ~ of paint** un petit coup de peinture. ◇ *vt* **- 1.** [gen] lécher ; **to ~ one's lips** se lécher les lèvres ; *fig* se frotter les mains **- 2.** *inf* [defeat] écraser, battre à plates coutures.

licorice [ˈlɪkərɪs] *US* = **liquorice**.

lid [lɪd] *n* **- 1.** [cover] couvercle *m* **- 2.** [eyelid] paupière *f*.

lido [ˈliːdəʊ] (*pl* **-s**) *n* **- 1.** *UK* [swimming pool] piscine *f* en plein air **- 2.** [beach] plage *f*.

lie [laɪ] ◇ *n* mensonge *m* ; **to tell ~s** mentir, dire des mensonges. ◇ *vi* (*pt* **lay**, *pp* **lain**, *cont* **lying**) **- 1.** (*pt & pp* **lied**) [tell lie] : **to ~ (to sb)** mentir (à qqn) **- 2.** [be horizontal] être allongé(e), être couché(e) **- 3.** [lie down] s'allonger, se coucher **- 4.** [be situated] se trouver, être **- 5.** [difficulty, solution etc] résider **- 6.** *phr* **to ~ low** *inf* se planquer, se tapir.

◆ **lie about, lie around** *UK vi* traîner.

◆ **lie down** *vi* s'allonger, se coucher ; **he won't take it lying down** il ne va pas accepter ça sans rien dire.

◆ **lie in** *vi UK* rester au lit, faire la grasse matinée.

Liechtenstein [ˈlɪktənstaɪn] *n* Liechtenstein *m* ; **in ~** au Liechtenstein.

lie detector *n* détecteur *m* de mensonges.

lie-down *n UK* : **to have a ~** faire une sieste *OR* un (petit) somme.

lie-in *n UK* : **to have a ~** faire la grasse matinée.

lieu [ljuː, luː] ◆ **in lieu** *adv esp UK fml* à la place ; **in ~ of** au lieu de, à la place de.

Lieut. (*abbr of* **lieutenant**) lieut.

lieutenant [*UK* lefˈtenənt, *US* luːˈtenənt] *n* lieutenant *m*, -e *f*.

lieutenant colonel *n* lieutenant-colonel *m*.

life [laɪf] ◇ *n* (*pl* **lives** [laɪvz]) **- 1.** [gen] vie *f* ; **that's ~!** c'est la vie! ; **for ~** à vie ; **I can't for the ~ of me remember...** rien à faire, je n'arrive pas à me rappeler... ; **to breathe ~ into** donner vie à ; **to come to ~** s'éveiller, s'animer ; **to lay down one's ~** donner sa vie ; **to risk ~ and limb** risquer sa peau ; **to scare the ~ out of sb** faire une peur bleue à qqn ; **to take sb's ~** tuer qqn ; **to take one's own ~** se donner la mort **- 2.** (U) *inf* [life imprisonment] emprisonnement *m* à perpétuité. ◇ *comp* [member etc] à vie.

life-and-death *adj* extrêmement grave *OR* critique.

life annuity *n* rente *f* viagère.

life assurance *esp UK* = **life insurance**.

lifebelt *n* bouée *f* de sauvetage.

lifeblood ['laɪfblʌd] *n fig* élément *m* vital, âme *f*.

lifeboat ['laɪfbəʊt] *n* canot *m* de sauvetage.

lifeboatman ['laɪfbəʊtmən] (*pl* **-men** [-mən]) *n* sauveteur *m* en mer.

life buoy *n* bouée *f* de sauvetage.

life expectancy [-ɪk'spektənsɪ] *n* espérance *f* de vie.

lifeguard ['laɪfgɑːd] *n* [at swimming pool] maître-nageur sauveteur *m* ; [at beach] gardien *m* de plage.

life imprisonment [-ɪm'prɪznmənt] *n* emprisonnement *m* à perpétuité.

life insurance *n* assurance-vie *f*.

life jacket *n* gilet *m* de sauvetage.

lifeless ['laɪflɪs] *adj* **- 1.** [dead] sans vie, inanimé(e) **- 2.** [listless - performance] qui manque de vie ; [- voice] monotone.

lifelike ['laɪflaɪk] *adj* **- 1.** [statue, doll] qui semble vivant(e) **- 2.** [portrait] ressemblant(e).

lifeline ['laɪflaɪn] *n* corde *f* (de sauvetage) ; *fig* lien *m* vital (avec l'extérieur).

lifelong ['laɪflɒŋ] *adj* de toujours.

life peer *n UK* pair *m* à vie.

life preserver [-prɪˌzɜːvər] *n US* [life belt] bouée *f* de sauvetage ; [life jacket] gilet *m* de sauvetage.

life raft *n* canot *m* pneumatique (de sauvetage).

lifesaver ['laɪfˌseɪvər] *n* [person] maître-nageur sauveteur *m*.

life sentence *n* condamnation *f* à perpétuité.

life-size(d) [-saɪz(d)] *adj* grandeur nature *(inv)*.

lifespan ['laɪfspæn] *n* **- 1.** [of person, animal] espérance *f* de vie **- 2.** [of product, machine] durée *f* de vie.

lifestyle ['laɪfstaɪl] *n* mode *m* OR style *m* de vie.

life-support system *n* respirateur *m* artificiel.

lifetime ['laɪftaɪm] *n* vie *f* ; **in my ~** de mon vivant.

lift [lɪft] ◇ *n* **- 1.** [in car] : **to give sb a ~** emmener OR prendre qqn en voiture **- 2.** *UK* [elevator] ascenseur *m*. ◇ *vt* **- 1.** [gen] lever ; [weight] soulever **- 2.** [plagiarize] plagier **- 3.** *inf* [steal] voler. ◇ *vi* **- 1.** [lid etc] s'ouvrir **- 2.** [fog etc] se lever.

liftoff *n* décollage *m*.

ligament ['lɪgəmənt] *n* ligament *m*.

light [laɪt] ◇ *adj* **- 1.** [not dark] clair(e) ; **~ blue/green** bleu/vert clair *(inv)* **- 2.** [not heavy] léger(ère) ; **to be a ~ sleeper** avoir le sommeil léger **- 3.** [traffic] fluide ; [corrections] peu nombreux(euses) **- 4.** [work] facile. ◇ *n* **- 1.** *(U)* [brightness] lumière *f* **- 2.** [device] lampe *f* **- 3.** [AUT - gen] feu *m* ; [- headlamp] phare *m* **- 4.** [for cigarette etc] feu *m* ; **have you got a ~?** vous avez du feu? ; **to set ~ to sthg** mettre le feu à qqch **- 5.** [perspective] : **in the ~ of** *UK*, **in ~ of** *US* à la lumière de ; **to see sb/sthg in a different ~** voir qqn/qqch sous un jour nouveau **- 6.** *phr* **to come to ~** être découvert(e) OR dévoilé(e) ; **to see the ~** [understand] comprendre ; **to throw** OR **cast** OR **shed ~ on sthg** clarifier qqch. ◇ *vt* (*pt* & *pp* **lit** OR **-ed**) **- 1.** [fire, cigarette] allumer **- 2.** [room, stage] éclairer. ◇ *adv* : **to travel ~** voyager léger.

◆ **light out** *vi US inf* se tirer.

◆ **light up** ◇ *vt sep* **- 1.** [illuminate] éclairer **- 2.** [cigarette etc] allumer. ◇ *vi* **- 1.** [face] s'éclairer **- 2.** *inf* [start smoking] allumer une cigarette.

light aircraft *n* avion *m* léger.

light ale *n UK bière blonde légère.*

lightbulb *n* ampoule *f*.

light cream *n US* crème *f* liquide.

lighted ['laɪtɪd] *adj* [room] éclairé(e).

light-emitting diode [-ɪ'mɪtɪŋ-] *n* diode *f* électroluminescente.

lighten ['laɪtn] ◇ *vt* **- 1.** [give light to] éclairer ; [make less dark] éclaircir **- 2.** [make less heavy] alléger. ◇ *vi* [brighten] s'éclaircir.

◆ **lighten up** *vi inf* se dérider.

lighter ['laɪtər] *n* [cigarette lighter] briquet *m*.

light-fingered [-'fɪŋgəd] *adj inf* chapardeur(euse).

light-headed [-'hedɪd] *adj* : **to feel ~** avoir la tête qui tourne.

light-hearted [-'hɑːtɪd] *adj* **- 1.** [cheerful] joyeux(euse), gai(e) **- 2.** [amusing] amusant(e).

lighthouse ['laɪthaʊs] (*pl* [-haʊzɪz]) *n* phare *m*.

light industry *n* industrie *f* légère.

lighting ['laɪtɪŋ] *n* éclairage *m*.

lighting-up time *n UK heure où les véhicules doivent allumer leurs phares.*

lightly ['laɪtlɪ] *adv* **- 1.** [gen] légèrement **- 2.** [frivolously] à la légère.

light meter *n* PHOT posemètre *m*, cellule *f* photoélectrique.

lightning ['laɪtnɪŋ] *n (U)* éclair *m*, foudre *f*.

lightning conductor *UK*, **lightning rod** *US n* paratonnerre *m*.

lightning strike *n UK* grève *f* surprise.

light opera *n* opérette *f*.

light pen *n* crayon *m* optique, photostyle *m*.

lightship ['laɪtʃɪp] *n* bateau-feu *m*, bateau-phare *m*.

lights(-)out *n* extinction *f* des feux.

lightweight ['laɪtweɪt] ◇ *adj* - **1.** [object] léger(ère) - **2.** *fig* & *pej* [person] insignifiant(e). ◇ *n* - **1.** [boxer] poids *m* léger - **2.** *fig* & *pej* [person] personne *f* insignifiante.

light year *n* année-lumière *f*.

likable ['laɪkəbl] *adj* sympathique.

like [laɪk] ◇ *prep* - **1.** [gen] comme ; **to look ~ sb/sthg** ressembler à qqn/qqch ; **to taste ~ sthg** avoir un goût de qqch ; **~ this/that** comme ci/ça - **2.** [typical of] : **that's just ~ him!** c'est bien de lui!, ça lui ressemble! - **3.** [such as] tel que, comme. ◇ *vt* - **1.** [gen] aimer ; **I ~ her** elle me plaît ; **to ~ doing** OR **to do sthg** aimer faire qqch - **2.** [expressing a wish] : **would you ~ some more cake?** vous prendrez encore du gâteau? ; **I'd ~ to go** je voudrais bien OR j'aimerais y aller ; **I'd ~ you to come** je voudrais bien OR j'aimerais que vous veniez ; **if you ~** si vous voulez. ◇ *adj* : **people of ~ mind** des gens qui pensent comme lui/moi *etc*. ◇ *n* : **the ~** une chose pareille ; **and the ~** et d'autres choses du même genre.
◆ **likes** *npl* : **~s and dislikes** goûts *mpl*.

likeable ['laɪkəbl] = **likable**.

likelihood ['laɪklɪhʊd] *n (U)* chances *fpl*, probabilité *f* ; **in all ~** selon toute probabilité.

likely ['laɪklɪ] *adj* - **1.** [probable] probable ; **he's ~ to get angry** il risque de se fâcher ; **they're ~ to win** ils vont sûrement gagner ; **a ~ story!** *iron* à d'autres! - **2.** [candidate] prometteur(euse).

like-minded [-'maɪndɪd] *adj* de même opinion.

liken ['laɪkn] *vt* : **to ~ sb/sthg to** assimiler qqn/qqch à.

likeness ['laɪknɪs] *n* - **1.** [resemblance] : **~ (to)** ressemblance *f* (avec) - **2.** [portrait] portrait *m*.

likewise ['laɪkwaɪz] *adv* [similarly] de même ; **to do ~** faire pareil OR de même.

liking ['laɪkɪŋ] *n* [for person] affection *f*, sympathie *f* ; [for food, music] goût *m*, penchant *m* ; **to have a ~ for sthg** avoir le goût de qqch ; **to be to sb's ~** être du goût de qqn, plaire à qqn.

lilac ['laɪlək] ◇ *adj* [colour] lilas *(inv)*. ◇ *n* lilas *m*.

Lilo® ['laɪləʊ] (*pl* **-s**) *n UK* matelas *m* pneumatique.

lilt [lɪlt] *n* rythme *m*, cadence *f*.

lilting ['lɪltɪŋ] *adj* [voice] mélodieux(euse), chantant(e).

lily ['lɪlɪ] (*pl* **-ies**) *n* lis *m*.

lily of the valley (*pl* **lilies of the valley**) *n* muguet *m*.

Lima ['li:mə] *n* Lima.

limb [lɪm] *n* - **1.** [of body] membre *m* - **2.** [of tree] branche *f* - **3.** *phr* **to be out on a ~** être en mauvaise posture.

limber ['lɪmbə^r] ◆ **limber up** *vi* s'échauffer.

limbo ['lɪmbəʊ] (*pl* **-s**) *n* - **1.** *(U)* [uncertain state] : **to be in ~** être dans les limbes - **2.** [dance] : **the ~** le limbo.

lime [laɪm] *n* - **1.** [fruit] citron *m* vert - **2.** [drink] : **~ (juice)** jus *m* de citron vert - **3.** [linden tree] tilleul *m* - **4.** [substance] chaux *f*.

lime cordial *n* sirop *m* de citron vert.

lime-green *adj* vert jaune *(inv)*.

limelight ['laɪmlaɪt] *n* : **to be in the ~** être au premier plan.

limerick ['lɪmərɪk] *n poème humoristique en cinq vers.*

limestone ['laɪmstəʊn] *n (U)* pierre *f* à chaux, calcaire *m*.

limey ['laɪmɪ] (*pl* **-s**) *n US inf terme péjoratif désignant un Anglais.*

limit ['lɪmɪt] ◇ *n* limite *f* ; **he's/she's the ~!** *inf* il/elle dépasse les bornes! ; **off ~s** *esp US* d'accès interdit ; **within ~s** [to an extent] dans une certaine mesure. ◇ *vt* limiter, restreindre ; **to ~ o.s. to sthg** se limiter à qqch.

limitation [ˌlɪmɪ'teɪʃn] *n* limitation *f*, restriction *f* ; **to know one's ~s** connaître ses limites.

limited ['lɪmɪtɪd] *adj* limité(e), restreint(e).

limited edition *n* [of book] édition *f* à tirage limité.

limited (liability) company *n UK* société *f* anonyme.

limitless ['lɪmɪtlɪs] *adj* illimité(e).

limo ['lɪməʊ] *n inf see also* **limousine**.

limousine ['lɪməzi:n] *n* limousine *f*.

limp [lɪmp] ◇ *adj* mou (molle). ◇ *n* : **to have a ~** boiter. ◇ *vi* boiter ; **to go limp** s'affaisser.

limpet ['lɪmpɪt] *n* patelle *f*, bernique *f*.

limpid ['lɪmpɪd] *adj lit* limpide.

limply ['lɪmplɪ] *adv* mollement.

linchpin, **lynchpin** ['lɪntʃpɪn] *n fig* cheville *f* ouvrière.

Lincs. [lɪŋks] (*abbr of* **Lincolnshire**) *comté anglais.*

linctus ['lɪŋktəs] *n UK* sirop *m* pour la toux.

line [laɪn] ◇ *n* - **1.** [gen] ligne *f* ; **to walk in a straight ~** marcher en ligne droite - **2.** [row] rangée *f* - **3.** [queue] file *f*, queue *f* ; **to stand** OR **wait in ~** faire la queue ; **he's in ~ for promotion** il devrait être promu bientôt - **4.** [RAIL

- track] voie *f* ; [- route] ligne *f* - 5. NAUT : **shipping ~** compagnie *f* de navigation - 6. [of poem, song] vers *m* - 7. [wrinkle] ride *f* - 8. [string, wire etc] corde *f* ; **a fishing ~** une ligne - 9. TELEC ligne *f* ; **hold the ~!** ne quittez pas! - 10. *inf* [short letter] : **to drop sb a ~** écrire un (petit) mot à qqn - 11. [course of action] : **what ~ did you take?** quelle stratégie as-tu adoptée? ; **to think along the same ~s** partager la même opinion ; **~ of argument** raisonnement *m* - 12. *inf* [work] : **~ of business** branche *f* - 13. [borderline] frontière *f* - 14. [lineage] lignée *f* - 15. COMM gamme *f* - 16. *phr* **to be on the right ~s** *UK* être sur la bonne voie ; **to read between the ~s** lire entre les lignes ; **to draw the ~ at sthg** refuser de faire OR d'aller jusqu'à faire qqch ; **to step out of ~** faire cavalier seul. ◇ *vt* - 1. [form rows along] : **trees ~d the streets** les rues étaient bordées d'arbres - 2. [drawer, box] tapisser ; [clothes] doubler.

◆ **lines** *npl* - 1. SCH : **to be given 100 ~s** avoir 100 lignes à faire - 2. THEAT texte *m*.

◆ **on the line** *adv* : **to put sthg/to be on the ~** mettre qqch/être en jeu.

◆ **out of line** *adj* [remark, behaviour] déplacé(e).

◆ **line up** ◇ *vt sep* - 1. [in rows] aligner - 2. [organize] prévoir. ◇ *vi* [in row] s'aligner ; [in queue] faire la queue.

lineage ['lɪnɪɪdʒ] *n* lignée *f*.

linear ['lɪnɪəʳ] *adj* linéaire.

lined [laɪnd] *adj* - 1. [paper] réglé(e) - 2. [wrinkled] ridé(e).

line drawing *n* dessin *m* au trait.

line feed *n* saut *m* de ligne.

linen ['lɪnɪn] ◇ *n (U)* - 1. [cloth] lin *m* - 2. [tablecloths, sheets] linge *m* (de maison). ◇ *comp* - 1. [suit etc] de OR en lin - 2. [cupboard] à linge.

linen basket *n* panier *m* à linge.

line printer *n* imprimante *f* ligne par ligne.

liner ['laɪnəʳ] *n* [ship] paquebot *m*.

linesman ['laɪnzmən] (*pl* **-men** [-mən]) *n* TENNIS juge *m* de ligne ; FTBL juge de touche.

lineup ['laɪnʌp] *n* - 1. SPORT équipe *f* - 2. *US* [identity parade] rangée *f* de suspects *(pour identification par un témoin)*.

linger ['lɪŋgəʳ] *vi* - 1. [person] s'attarder - 2. [doubt, pain] persister.

lingerie ['lænʒərɪ] *n (U)* lingerie *f*.

lingering ['lɪŋgrɪŋ] *adj* [doubt] persistant(e) ; [hope] faible ; [illness] long (longue).

lingo ['lɪŋgəʊ] (*pl* **-es**) *n inf* jargon *m*.

linguist ['lɪŋgwɪst] *n* linguiste *mf*.

linguistic [lɪŋ'gwɪstɪk] *adj* linguistique.

linguistics [lɪŋ'gwɪstɪks] *n (U)* linguistique *f*.

liniment ['lɪnɪmənt] *n* liniment *m*.

lining ['laɪnɪŋ] *n* - 1. [of coat, curtains, box] doublure *f* - 2. [of stomach] muqueuse *f* - 3. AUT [of brakes] garniture *f*.

link [lɪŋk] ◇ *n* - 1. [of chain] maillon *m* - 2. [connection] : **~ (between/with)** lien *m* (entre/avec) ; **a rail/telephone ~** une liaison ferroviaire/téléphonique - 3. COMPUT lien *m* ; **~s to sthg** liens vers qqc. ◇ *vt* [cities, parts] relier ; [events etc] lier ; **to ~ arms** se donner le bras. ◇ *vi* COMPUT avoir un lien vers ; **to link to sth** mettre un lien avec qch.

◆ **link up** *vt sep* relier ; **to ~ sthg up with sthg** relier qqch avec OR à qqch.

linkage ['lɪŋkɪdʒ] *n (U)* [relationship] lien *m*, relation *f*.

linked [lɪŋkt] *adj* lié(e).

links [lɪŋks] (*pl* **links**) *n* terrain *m* de golf *(au bord de la mer)*.

linkup ['lɪŋkʌp] *n* liaison *f*.

lino *UK* ['laɪnəʊ], **linoleum** [lɪ'nəʊlɪəm] *n* lino *m*, linoléum *m*.

linseed oil ['lɪnsi:d-] *n* huile *f* de lin.

lint [lɪnt] *n (U)* - 1. *UK* [dressing] compresse *f* - 2. *esp US* [fluff] peluches *fpl*.

lintel ['lɪntl] *n* linteau *m*.

lion ['laɪən] *n* lion *m*.

lion cub *n* lionceau *m*.

lioness ['laɪənes] *n* lionne *f*.

lionize, *UK* **-ise** ['laɪənaɪz] *vt* porter aux nues.

lip [lɪp] *n* - 1. [of mouth] lèvre *f* ; **my ~s are sealed** je ne dirai rien - 2. [of container] bord *m*.

lip balm *US* = **lip salve**.

lip-read *vi* lire sur les lèvres.

lip(-)reading *n* lecture *f* sur les lèvres.

lip salve *UK* [-sælv], **lip balm** *US* *n* pommade *f* pour les lèvres.

lip service *n* : **to pay ~ to sthg** approuver qqch pour la forme.

lipstick ['lɪpstɪk] *n* rouge *m* à lèvres.

liquefy ['lɪkwɪfaɪ] (*pt & pp* **-ied**) ◇ *vt* liquéfier. ◇ *vi* se liquéfier.

liqueur [lɪ'kjʊəʳ] *n* liqueur *f*.

liquid ['lɪkwɪd] ◇ *adj* liquide. ◇ *n* liquide *m*.

liquid assets *npl* liquidités *fpl*.

liquidate ['lɪkwɪdeɪt] *vt* liquider.

liquidation [ˌlɪkwɪ'deɪʃn] *n* liquidation *f*.

liquidator ['lɪkwɪdeɪtəʳ] *n* liquidateur *m*, -trice *f*.

liquid courage *US* = **Dutch courage**.

liquid crystal display *n* affichage *m* à cristaux liquides.

liquidity [lɪ'kwɪdətɪ] *n* liquidité *f*.

liquidize, *UK* **-ise** ['lɪkwɪdaɪz] *vt UK* CULIN passer au mixer.

liquidizer ['lɪkwɪdaɪzəʳ] *n UK* mixer *m*.

liquor ['lɪkəʳ] *n (U)* alcool *m*, spiritueux *mpl*.

liquorice *UK*, **licorice** *US* ['lɪkərɪs] *n* réglisse *f*.

liquor store *n US* magasin *m* de vins et d'alcools.

lira ['lɪərə] *n* lire *f*.

Lisbon ['lɪzbən] *n* Lisbonne.

lisp [lɪsp] ◇ *n* zézaiement *m*. ◇ *vi* zézayer.

lissom(e) ['lɪsəm] *adj lit* gracile.

list [lɪst] ◇ *n* liste *f*. ◇ *vt* [in writing] faire la liste de ; [in speech] énumérer. ◇ *vi* NAUT donner de la bande, gîter.

listed building [,lɪstɪd-] *n UK* monument *m* classé.

listed company ['lɪstɪd-] *n UK* société *f* cotée en Bourse.

listen ['lɪsn] *vi* : **to ~ to (sb/sthg)** écouter (qqn/qqch) ; **to ~ for sthg** guetter qqch.

◆ **listen in** *vi* - **1.** RADIO être à l'écoute, écouter - **2.** [eavesdrop] : **to ~ in (on sthg)** écouter (qqch).

◆ **listen up** *vi esp US inf* écouter.

listener ['lɪsnəʳ] *n* auditeur *m*, -trice *f*.

listing ['lɪstɪŋ] *n* [COMPUT - action] listage *m* ; [- result] listing *m*.

◆ **listings** *npl* : **the ~s** le calendrier des spectacles.

listless ['lɪstlɪs] *adj* apathique, mou (molle).

list price *n* prix *m* de catalogue.

lit [lɪt] *pt* & *pp* ▻ **light**.

litany ['lɪtənɪ] (*pl* **-ies**) *n* litanie *f*.

liter *US* = **litre**.

literacy ['lɪtərəsɪ] *n* fait *m* de savoir lire et écrire.

literal ['lɪtərəl] *adj* littéral(e).

literally ['lɪtərəlɪ] *adv* littéralement ; **to take sthg ~** prendre qqch au pied de la lettre.

literary ['lɪtərərɪ] *adj* littéraire.

literate ['lɪtərət] *adj* - **1.** [able to read and write] qui sait lire et écrire - **2.** [well-read] cultivé(e).

literature ['lɪtrətʃəʳ] *n* littérature *f* ; [printed information] documentation *f*.

lithe [laɪð] *adj* souple, agile.

lithograph ['lɪθəgrɑ:f] *n* lithographie *f*.

lithography [lɪ'θɒgrəfɪ] *n* lithographie *f*.

Lithuania [,lɪθjʊ'eɪnɪjə] *n* Lituanie *f* ; **in ~** en Lituanie.

Lithuanian [,lɪθjʊ'eɪnjən] ◇ *adj* lituanien(enne). ◇ *n* - **1.** [person] Lituanien *m*, -enne *f* - **2.** [language] lituanien *m*.

litigant ['lɪtɪgənt] *n* plaideur *m*, -euse *f*.

litigate ['lɪtɪgeɪt] *vi* plaider.

litigation [,lɪtɪ'geɪʃn] *n* litige *m* ; **to go to ~** aller en justice.

litmus paper ['lɪtməs-] *n* papier *m* de tournesol.

litre *UK*, **liter** *US* ['li:təʳ] *n* litre *m*.

litter ['lɪtəʳ] ◇ *n* - **1.** *(U)* [rubbish] ordures *fpl*, détritus *mpl* - **2.** [of animals] portée *f*. ◇ *vt* : **to be ~ed with** être couvert(e) de.

litterbin ['lɪtə,bɪn] *n UK* boîte *f* à ordures.

litterlout *UK* ['lɪtəlaʊt], **litterbug** ['lɪtəbʌg] *n personne qui jette des ordures n'importe où.*

litter tray *n* caisse *f* (pour litière).

little ['lɪtl] ◇ *adj* - **1.** [not big] petit(e) ; **a ~ chat** un brin de causette ; **a ~ while** un petit moment - **2.** (*comp* **less**, *superl* **least**) [not much] peu de ; **~ money** peu d'argent ; **a ~ money** un peu d'argent. ◇ *pron* : **~ of the money was left** il ne restait pas beaucoup d'argent, il restait peu d'argent ; **I understood ~ of what was said** je n'ai pas compris grand chose à ce qu'ils ont dit ; **I see very ~ of him now** je ne le vois plus beaucoup, je ne le vois guère ; **a ~** un peu. ◇ *adv* peu, pas beaucoup ; **~ by ~** peu à peu.

little finger *n* petit doigt *m*, auriculaire *m*.

little-known *adj* peu connu(e).

liturgy ['lɪtədʒɪ] (*pl* **-ies**) *n* liturgie *f*.

live[1] [lɪv] ◇ *vi* - **1.** [gen] vivre ; **long ~ the Queen!** vive la reine! - **2.** [have one's home] habiter, vivre ; **to ~ in Paris** habiter (à) Paris. ◇ *vt* : **to ~ a quiet life** mener une vie tranquille ; **to ~ it up** *inf* faire la noce.

◆ **live down** *vt sep* faire oublier.

◆ **live for** *vt insep* vivre pour.

◆ **live in** *vi* [student] être interne.

◆ **live off** *vt insep* [savings, the land] vivre de ; [family] vivre aux dépens de.

◆ **live on** ◇ *vt insep* vivre de. ◇ *vi* [memory, feeling] rester, survivre.

◆ **live out** ◇ *vt insep* passer. ◇ *vi* [student] être externe.

◆ **live together** *vi* vivre ensemble.

◆ **live up to** *vt insep* : **to ~ up to sb's expectations** répondre à l'attente de qqn ; **to ~ up to one's reputation** faire honneur à sa réputation.

◆ **live with** *vt insep* - **1.** [cohabit with] vivre avec - **2.** *inf* [accept] se faire à, accepter.

live[2] [laɪv] ◇ *adj* - **1.** [living] vivant(e) - **2.** [coal] ardent(e) - **3.** [bullet, bomb] non explosé(e) ; **~ ammunition** munitions *fpl* de combat - **4.** ELEC sous tension - **5.** RADIO & TV en direct ; [performance] en public. ◇ *adv* RADIO & TV en direct ; [perform] en public.

live-in [lɪv-] *adj* [housekeeper] logé(e) et nourri(e) ; **a ~ boyfriend/girlfriend** un petit ami/une petite amie avec qui on vit.

livelihood ['laɪvlɪhʊd] *n* gagne-pain *m inv*.

liveliness ['laɪvlɪnɪs] *n* vivacité *f*.

lively ['laɪvlɪ] (*comp* **-ier**, *superl* **-iest**) *adj* - **1.** [person] plein(e) d'entrain - **2.** [debate, meeting] animé(e) - **3.** [mind] vif (vive).

liven ['laɪvn] ◆ **liven up** ◇ *vt sep* [person] égayer ; [place] animer. ◇ *vi* s'animer.

liver ['lɪvəʳ] *n* foie *m*.

Liverpudlian ◇ *adj* de Liverpool. ◇ *n* habitant *m*, -e *f* de Liverpool.

liver sausage UK, **liverwurst** US ['lɪvəwɜːst] *n* saucisse *f* (au pâté) de foie.

livery ['lɪvərɪ] (*pl* **-ies**) *n* livrée *f*.

lives [laɪvz] *pl* ⊳ **life**.

livestock ['laɪvstɒk] *n (U)* bétail *m*.

live wire [laɪv-] *n* fil *m* sous tension ; *inf fig* boute-en-train *m inv*.

livid ['lɪvɪd] *adj* - **1.** [angry] *inf* furieux(euse) - **2.** [bruise] violacé(e).

living ['lɪvɪŋ] ◇ *adj* vivant(e), en vie. ◇ *n* : **to earn** OR **make a ~** gagner sa vie ; **what do you do for a ~?** qu'est-ce que vous faites dans la vie?

living conditions *npl* conditions *fpl* de vie.

living expenses *npl* frais *mpl* de subsistance.

living room *n* salle *f* de séjour, living *m*.

living standards *npl* niveau *m* de vie.

living wage *n* minimum *m* vital.

lizard ['lɪzəd] *n* lézard *m*.

llama ['lɑːmə] (*pl* **llama** OR **-s**) *n* lama *m*.

LLB (*abbr of* **Bachelor of Laws**) *n (titulaire d'une) licence de droit.*

LLD (*abbr of* **Doctor of Laws**) *n docteur en droit.*

LMT (*abbr of* **Local Mean Time**) *n heure solaire aux États-Unis.*

lo [ləʊ] *excl* : **~ and behold** et comme par miracle.

load [ləʊd] ◇ *n* - **1.** [something carried] chargement *m*, charge *f* - **2.** [large amount] : **~s of, a ~ of** *inf* des tas de, plein de ; **a ~ of rubbish** OR **of bull** US *inf* de la foutaise. ◇ *vt* [gen & COMPUT] charger ; [video recorder] mettre une vidéocassette dans ; **to ~ sb/sthg with** charger qqn/qqch de ; **to ~ a gun/camera (with)** charger un fusil/un appareil (avec).
◆ **load up** *vt sep* & *vi* charger.

loaded ['ləʊdɪd] *adj* - **1.** [question] insidieux(euse) - **2.** *inf* [rich] plein(e) aux as - **3.** *esp* US [drunk] ivre.

loading bay ['ləʊdɪŋ-] *n* aire *f* de chargement.

loaf [ləʊf] (*pl* **loaves** [ləʊvz]) *n* : **a ~ (of bread)** un pain.

loafer ['ləʊfəʳ] *n* [shoe] mocassin *m*.

loam [ləʊm] *n* terreau *m*.

loan [ləʊn] ◇ *n* prêt *m* ; **on ~** prêté(e). ◇ *vt* prêter ; **to ~ sthg to sb, to ~ sb sthg** prêter qqch à qqn.

loan account *n* compte *m* d'avances.

loan capital *n* capital-obligations *m*.

loan shark *n inf pej* usurier *m*.

loath [ləʊθ] *adj fml* **to be ~ to do sthg** ne pas vouloir faire qqch, hésiter à faire qqch.

loathe [ləʊð] *vt* détester ; **to ~ doing sthg** avoir horreur de OR détester faire qqch.

loathing ['ləʊðɪŋ] *n fml* dégoût *m*, répugnance *f*.

loathsome ['ləʊðsəm] *adj* dégoûtant(e), répugnant(e).

loaves [ləʊvz] *pl* ⊳ **loaf**.

lob [lɒb] ◇ *n* TENNIS lob *m*. ◇ *vt* (*pt* & *pp* **-bed**, *cont* **-bing**) - **1.** [throw] lancer - **2.** TENNIS : **to ~ a ball** lober, faire un lob.

lobby ['lɒbɪ] ◇ *n* (*pl* **-ies**) - **1.** [of hotel] hall *m* - **2.** [pressure group] lobby *m*, groupe *m* de pression. ◇ *vt* (*pt* & *pp* **-ied**) faire pression sur.

lobbyist ['lɒbɪɪst] *n* membre *m* d'un groupe de pression.

lobe [ləʊb] *n* lobe *m*.

lobelia [lə'biːljə] *n* lobélie *f*.

lobotomy [lə'bɒtəmɪ] (*pl* **-ies**) *n* lobotomie *f*.

lobster ['lɒbstəʳ] *n* homard *m*.

local ['ləʊkl] ◇ *adj* local(e). ◇ *n inf* - **1.** [person] : **the ~s** les gens *mpl* du coin OR du pays - **2.** UK [pub] café *m* OR bistro *m* du coin - **3.** US [bus, train] omnibus *m*.

local anaesthetic, US **local anesthetic** *n* anesthésie *f* locale.

local area network *n* COMPUT réseau *m* local.

local authority *n* UK autorités *fpl* locales.

local call *n* communication *f* urbaine.

local colour *n* couleur *f* locale.

local derby *n* UK derby *m*.

locale [ləʊ'kɑːl] *n fml* lieu *m*, endroit *m*.

local government *n* administration *f* municipale.

locality [ləʊ'kælətɪ] (*pl* **-ies**) *n* endroit *m*.

localization [ˌləʊkəlaɪ'zeɪʃn] *n* COMPUT localisation *f*.

localized, *UK* **-ised** ['ləʊkəlaɪzd] *adj* localisé(e).

locally ['ləʊkəlɪ] *adv* - **1.** [on local basis] localement - **2.** [nearby] dans les environs, à proximité.

local time *n* heure *f* locale.

locate [*UK* ləʊ'keɪt, *US* 'ləʊkeɪt] <> *vt* - **1.** [find - position] trouver, repérer ; [- source, problem] localiser - **2.** [situate - business, factory] implanter, établir ; **to be ~d** être situé. <> *vi US* [settle] : **to ~ in** s'installer dans.

location [ləʊ'keɪʃn] *n* - **1.** [place] emplacement *m* - **2.** CIN : **on ~** en extérieur.

loc. cit. (*abbr of* **loco citato**) loc. cit.

loch [lɒk, lɒx] *n Scotland* loch *m*, lac *m*.

lock [lɒk] <> *n* - **1.** [of door etc] serrure *f* ; **under ~ and key** [object] sous clef ; [person] sous les verrous - **2.** [on canal] écluse *f* - **3.** AUT [steering lock] angle *m* de braquage - **4.** [of hair] mèche *f* - **5.** *phr* **~, stock and barrel** en bloc. <> *vt* - **1.** [door, car, drawer] fermer à clef ; [bicycle] cadenasser - **2.** [immobilize] bloquer - **3.** [hold firmly] : **to be ~ed in an embrace** être étroitement enlacés. <> *vi* - **1.** [door, suitcase] fermer à clef - **2.** [become immobilized] se bloquer.

◆ **locks** *npl lit* chevelure *f*, cheveux *mpl*.

◆ **lock in** *vt sep* enfermer (à clef).

◆ **lock out** *vt sep* - **1.** [accidentally] enfermer dehors, laisser dehors ; **to ~ o.s. out** s'enfermer dehors - **2.** [deliberately] empêcher d'entrer, mettre à la porte.

◆ **lock up** <> *vt sep* - **1.** [person - in prison] mettre en prison OR sous les verrous ; [- in asylum] enfermer - **2.** [house] fermer à clef - **3.** [valuables] enfermer, mettre sous clef. <> *vi* fermer (à clef).

lockable ['lɒkəbl] *adj* qu'on peut fermer à clef.

locker ['lɒkə^r] *n* casier *m*.

locker room *n* vestiaire *m*.

locket ['lɒkɪt] *n* médaillon *m*.

lockjaw ['lɒkdʒɔː] *n dated* tétanos *m*.

lockout ['lɒkaʊt] *n* lock-out *m inv*.

locksmith ['lɒksmɪθ] *n* serrurier *m*, -ière *f*.

lockup ['lɒkʌp] *n* - **1.** [prison] prison *f* - **2.** *UK* [garage] garage *m*, box *m*.

loco ['ləʊkəʊ] *inf* <> *adj US* timbré(e). <> *n* (*pl* **-s**) *UK* locomotive.

locomotive ['ləʊkəˌməʊtɪv] *n* locomotive *f*.

locum ['ləʊkəm] (*pl* **-s**) *n esp UK* remplaçant *m*, -e *f*.

locust ['ləʊkəst] *n* sauterelle *f*, locuste *f*.

lodge [lɒdʒ] <> *n* - **1.** [of caretaker, freemasons] loge *f* - **2.** [of manor house] pavillon *m* (de gardien) - **3.** [for hunting] pavillon *m* de chasse. <> *vi* - **1.** *fml* [stay] : **to ~ with sb** loger chez qqn - **2.** [become stuck] se loger, se coincer - **3.** *fig* [in mind] s'enraciner, s'ancrer. <> *vt* [complaint] déposer ; **to ~ an appeal** interjeter OR faire appel.

lodger ['lɒdʒə^r] *n* locataire *mf*.

lodging ['lɒdʒɪŋ] *n* ⊳ **board**.

◆ **lodgings** *npl* chambre *f* meublée.

loft [lɒft] *n* grenier *m*.

lofty ['lɒftɪ] (*comp* **-ier**, *superl* **-iest**) *adj* - **1.** [noble] noble - **2.** *pej* [haughty] hautain(e), arrogant(e) - **3.** *lit* [high] haut(e), élevé(e).

log [lɒg] <> *n* - **1.** [of wood] bûche *f* - **2.** [of ship] journal *m* de bord ; [of plane] carnet *m* de vol. <> *vt* (*pt & pp* **-ged**, *cont* **-ging**) consigner, enregistrer.

◆ **log in, log on** *vi* COMPUT ouvrir une session.

◆ **log off, log out** *vi* COMPUT fermer une session.

loganberry ['ləʊgənbərɪ] (*pl* **-ies**) *n sorte de framboise*.

logarithm ['lɒgərɪðm] *n* logarithme *m*.

logbook ['lɒgbʊk] *n* - **1.** [of ship] journal *m* de bord ; [of plane] carnet *m* de vol - **2.** *UK* [of car] ≃ carte *f* grise.

log cabin *n* cabane *f* en rondins.

log fire *n* feu *m* de bois.

loggerheads ['lɒgəhedz] *n* : **at ~** en désaccord.

logic ['lɒdʒɪk] *n* logique *f*.

logical ['lɒdʒɪkl] *adj* logique.

logically ['lɒdʒɪklɪ] *adv* logiquement.

logistical [lə'dʒɪstɪkl] *adj* logistique.

logistics [lə'dʒɪstɪks] <> *n (U)* MIL logistique *f*. <> *npl fig* organisation *f*.

logjam ['lɒgdʒæm] *n esp US & Canada* impasse *f*.

logo ['ləʊgəʊ] (*pl* **-s**) *n* logo *m*.

logrolling ['lɒgrəʊlɪŋ] *n (U) US* échange *m* de faveurs.

logy ['ləʊgɪ] *adj US inf* patraque.

loin [lɔɪn] *n* filet *m*.

◆ **loins** *npl* reins *mpl* ; **to gird one's ~s** prendre son courage à deux mains.

loincloth ['lɔɪnklɒθ] *n* pagne *m*.

loiter ['lɔɪtə^r] *vi* traîner.

loll [lɒl] *vi* - **1.** [sit, lie about] se prélasser - **2.** [hang down - head, tongue] pendre.

lollipop ['lɒlɪpɒp] *n* sucette *f*.

lollipop lady *n UK dame qui fait traverser la rue aux enfants à la sortie des écoles.*

lollipop man *n UK monsieur qui fait traverser la rue aux enfants à la sortie des écoles.*

lolly ['lɒlɪ] (*pl* **-ies**) *n UK inf* **- 1.** [lollipop] sucette *f* **- 2.** [ice lolly] sucette *f* glacée **- 3.** [money] fric *m*, blé *m*.

London ['lʌndən] *n* Londres.

Londoner ['lʌndənəʳ] *n* Londonien *m*, -enne *f*.

lone [ləʊn] *adj* solitaire.

loneliness ['ləʊnlɪnɪs] *n* [of person] solitude *f* ; [of place] isolement *m*.

lonely ['ləʊnlɪ] (*comp* **-ier**, *superl* **-iest**) *adj* **- 1.** [person] solitaire, seul(e) ; **to feel ~** se sentir seul **- 2.** [childhood] solitaire **- 3.** [place] isolé(e).

lone parent *n UK* père *m* /mère *f* célibataire.

loner ['ləʊnəʳ] *n* solitaire *mf*.

lonesome ['ləʊnsəm] *adj US inf* **- 1.** [person] solitaire, seul(e) **- 2.** [place] isolé(e).

long [lɒŋ] <> *adj* long (longue) ; **two days/years ~** de deux jours/ans, qui dure deux jours/ans ; **10 metres/miles ~** long de 10 mètres/miles, de 10 mètres/miles (de long) ; **a ~ memory** une bonne mémoire. <> *adv* longtemps ; **how ~ will it take?** combien de temps cela va-t-il prendre? ; **how ~ will you be?** tu en as pour combien de temps? ; **how ~ is the book?** le livre fait combien de pages? ; **I no ~er like him** je ne l'aime plus ; **I can't wait any ~er** je ne peux pas attendre plus longtemps ; **so ~!** *inf* au revoir!, salut! ; **before ~** sous peu ; **for ~** pour longtemps. <> *n* : **the ~ and the short of it is that...** le fin mot de l'histoire, c'est que..., enfin bref... <> *vt* : **to ~ to do sthg** avoir très envie de faire qqch.

◆ **as long as, so long as** *conj* tant que.

◆ **long for** *vt insep* [peace and quiet] désirer ardemment ; [holidays] attendre avec impatience.

long. (*abbr of* **longitude**) long.

long-awaited [-ə'weɪtɪd] *adj* tant attendu(e).

long-distance *adj* [runner, race] de fond ; **~ lorry** *UK* OR **truck** *UK* **driver** routier *m*.

long-distance call *n* communication *f* interurbaine.

long division *n* division *f* par écrit.

long-drawn-out *adj* interminable, qui n'en finit pas.

long drink *n* long drink *m*.

longevity [lɒn'dʒevətɪ] *n* longévité *f*.

long-haired *adj* [person] aux cheveux longs ; [animal] à longs poils.

longhand ['lɒŋhænd] *n* écriture *f* normale.

long-haul *adj* long-courrier.

longing ['lɒŋɪŋ] <> *adj* plein(e) de convoitise. <> *n* **- 1.** [desire] envie *f*, convoitise *f* ; **a ~ for** un grand désir OR une grande envie de **- 2.** [nostalgia] nostalgie *f*, regret *m*.

longingly ['lɒŋɪŋlɪ] *adv* [with desire] avec envie ; [nostalgically] avec nostalgie.

Long Island *n* Long Island ; **in ~** à Long Island.

longitude ['lɒndʒɪtju:d] *n* longitude *f*.

long johns *npl* caleçon *m* long.

long jump *n* saut *m* en longueur.

long-lasting *adj* qui dure longtemps, durable.

long-life *adj* [milk] longue conservation *(inv)* ; [battery] longue durée *(inv)*.

longlist ['lɑŋlɪst] *n* première *f* liste.

long-lost *adj* [artefact] perdu(e) depuis longtemps ; [relative] perdu(e) de vue depuis longtemps.

long-playing record [-'pleɪɪŋ-] *n* 33 tours *m*.

long-range *adj* **- 1.** [missile, bomber] à longue portée **- 2.** [plan, forecast] à long terme.

long-running *adj* [TV programme] diffusé(e) depuis de nombreuses années ; [play] qui tient depuis longtemps l'affiche ; [dispute] qui dure depuis longtemps.

longshoreman ['lɒŋʃɔ:mən] (*pl* **-men** [-mən]) *n US* docker *m*.

long shot *n* [guess] coup *m* à tenter *(sans grand espoir de succès)*.

longsighted [,lɒŋ'saɪtɪd] *adj UK* presbyte.

long-standing *adj* de longue date.

long(-)suffering [,lɒŋ'sʌfərɪŋ] *adj* [person] à la patience infinie.

long term *n* : **in the ~** à long terme.

◆ **long-term** *adj* à long terme.

long vacation *n UK* grandes vacances *fpl*.

long wave *n (U)* grandes ondes *fpl*.

longways, *US* **longwise** ['lɒŋweɪz] *adv* dans le sens de la longueur.

longwearing [,lɒŋ'weərɪŋ] *adj US* solide, résistant(e).

long weekend *n* long week-end *m*.

longwinded [,lɒŋ'wɪndɪd] *adj* [person] prolixe, verbeux(euse) ; [speech] interminable, qui n'en finit pas.

loo [lu:] (*pl* **-s**) *n UK inf* cabinets *mpl*, petit coin *m*.

loofa(h) ['lu:fə] *n* luffa *m*, éponge *f*.

look [lʊk] <> *n* **- 1.** [with eyes] regard *m* ; **to take** OR **have a ~ (at sthg)** regarder (qqch), jeter un coup d'œil (à qqch) ; **to give sb a ~** jeter un regard à qqn, regarder qqn de travers - **2.** [search] : **to have a ~ (for sthg)** *US* chercher (qqch) - **3.** [appearance] aspect *m*, air *m* ; **by the ~** *OR* **~s of it, by the ~** *OR* **~s of things** vraisemblablement, selon toute probabilité. ◇ *vi* - **1.** [with eyes] regarder - **2.** [search] chercher - **3.** [building, window] : **to ~ (out) onto** donner sur - **4.** [seem] avoir l'air, sembler ; **he ~s as if he hasn't slept** il a l'air d'avoir mal dormi ; **it ~s like rain** *OR* **as if it will rain** on dirait qu'il va pleuvoir ; **she ~s like her mother** elle ressemble à sa mère. ◇ *vt* - **1.** [look at] : **~ what you've done!** regarde ce que tu as fait! - **2.** [appear] : **to ~ one's age** faire *OR* porter son âge ; **to ~ one's best** être *OR* paraître à son avantage. ◇ *excl* : **~!, ~ here!** dites donc!

◆ **looks** *npl* [attractiveness] beauté *f*.

◆ **look after** *vt insep* s'occuper de.

◆ **look around** *US* = **look round**.

◆ **look at** *vt insep* - **1.** [see, glance at] regarder ; [examine] examiner - **2.** [judge] considérer.

◆ **look back** *vi* [reminisce] penser au passé, évoquer le passé ; **she's never ~ed back** depuis, elle a accumulé les succès.

◆ **look down on** *vt insep* [condescend to] mépriser.

◆ **look for** *vt insep* chercher.

◆ **look forward to** *vt insep* attendre avec impatience.

◆ **look into** *vt insep* examiner, étudier.

◆ **look on** ◇ *vt insep* = **look upon**. ◇ *vi* regarder.

◆ **look out** *vi* prendre garde, faire attention ; **~ out!** attention!

◆ **look out for** *vt insep* [person] guetter ; [new book] être à l'affût de, essayer de repérer.

◆ **look round** *UK*, **look around** *US* ◇ *vt insep* [house, shop, town] faire le tour de. ◇ *vi* - **1.** [turn] se retourner - **2.** [browse] regarder.

◆ **look through** *vt insep* [gen] examiner ; [newspaper] parcourir.

◆ **look to** *vt insep* - **1.** [depend on] compter sur - **2.** [future] songer à.

◆ **look up** ◇ *vt sep* - **1.** [in book] chercher - **2.** [visit - person] aller *OR* passer voir. ◇ *vi* [improve - business] reprendre ; **things are ~ing up** ça va mieux, la situation s'améliore.

◆ **look upon** *vt insep* : **to ~ upon sb/sthg as** considérer qqn/qqch comme.

◆ **look up to** *vt insep* admirer.

look-alike *n* sosie *m*.

look-in *n UK inf* **I didn't get a ~** je n'avais aucune chance ; [in conversation] je n'ai pas pu en placer une.

lookout ['lʊkaʊt] *n* - **1.** [place] poste *m* de guet - **2.** [person] guetteur *m* - **3.** [search] : **to be on the ~ for** être à la recherche de.

look-up table *n* COMPUT table *f* de recherche.

loom [lu:m] ◇ *n* métier *m* à tisser. ◇ *vi* [building, person] se dresser ; *fig* [date, threat] être imminent(e) ; **to ~ large** être un sujet d'inquiétude *OR* de préoccupation.

◆ **loom up** *vi* surgir.

LOOM (*abbr of* **Loyal Order of Moose**) *n association caritative américaine.*

looming ['lu:mɪŋ] *adj* imminent(e).

loony ['lu:nɪ] *inf* ◇ *adj* (*comp* **-ier**, *superl* **-iest**) cinglé(e), timbré(e). ◇ *n* (*pl* **-ies**) cinglé *m*, -e *f*, fou *m*, folle *f*.

loop [lu:p] ◇ *n* - **1.** [gen & COMPUT] boucle *f* - **2.** [contraceptive] stérilet *m*. ◇ *vt* faire une boucle à. ◇ *vi* faire une boucle.

loophole ['lu:phəʊl] *n* faille *f*, échappatoire *f*.

loo roll *n UK inf* rouleau *m* de papier hygiénique.

loose [lu:s] ◇ *adj* - **1.** [not firm - joint] desserré(e) ; [- handle, post] branlant(e) ; [- tooth] qui bouge *OR* branle ; [- knot] défait(e) - **2.** [unpackaged - sweets, nails] en vrac, au poids - **3.** [clothes] ample, large - **4.** [not restrained - hair] dénoué(e) ; [- animal] en liberté, détaché(e) - **5.** *pej* & *dated* [woman] facile ; [living] dissolu(e) - **6.** [inexact - translation] approximatif(ive) - **7.** *US inf* [relaxed] : **to stay ~** rester cool. ◇ *n* : **on the ~** en liberté.

loose change *n* petite *OR* menue monnaie *f*.

loose end *n* détail *m* inexpliqué ; **to be at a ~** *UK*, **to be at ~s** *US* être désœuvré, n'avoir rien à faire.

loose-fitting *adj* ample.

loose-leaf binder *n* classeur *m*.

loosely ['lu:slɪ] *adv* - **1.** [not firmly] sans serrer - **2.** [inexactly] approximativement.

loosen ['lu:sn] ◇ *vt* desserrer, défaire. ◇ *vi* se desserrer.

◆ **loosen up** *vi* - **1.** [before game, race] s'échauffer - **2.** *inf* [relax] se détendre.

loot [lu:t] ◇ *n* butin *m*. ◇ *vt* piller.

looter ['lu:tər] *n* pillard *m*, -e *f*.

looting ['lu:tɪŋ] *n* pillage *m*.

lop [lɒp] (*pt* & *pp* **-ped**, *cont* **-ping**) *vt* élaguer, émonder.

◆ **lop off** *vt sep* couper.

lope [ləʊp] *vi* courir en faisant des bonds.

lopsided [-'saɪdɪd] *adj* - **1.** [table] bancal(e), boiteux(euse) ; [picture] de travers - **2.** *fig* [biased] tendancieux(euse).

lord [lɔ:d] *n UK* seigneur *m*.

◆ **Lord** *n* - **1.** RELIG : **the Lord** [God] le Seigneur ; **good Lord!** Seigneur!, mon Dieu! - **2.** *UK* [in titles] Lord *m* ; [as form of address] : **my Lord** Monsieur le duc/comte *etc*.

◆ **Lords** *npl UK* POL : **the (House of) Lords** la Chambre des lords.

Lord Chancellor *n UK* Lord Chancelier *m*.

lordly ['lɔːdlɪ] (*comp* **-ier**, *superl* **-iest**) *adj* **- 1.** [noble] noble **- 2.** *pej* [arrogant] arrogant(e), hautain(e).

Lord Mayor *n UK* Lord-Maire *m*.

Lordship ['lɔːdʃɪp] *n* : **your/his ~** Monsieur le duc/comte *etc*.

Lord's Prayer *n* : **the ~** le Notre Père.

lore [lɔːʳ] *n (U)* traditions *fpl*.

lorry ['lɒrɪ] (*pl* **-ies**) *n UK* camion *m*.

lorry driver *n UK* camionneur *m*, conducteur *m* de poids lourd.

lose [luːz] (*pt & pp* **lost**) ◇ *vt* **- 1.** [gen] perdre ; **to ~ sight of** *lit & fig* perdre de vue ; **to ~ one's way** se perdre, perdre son chemin ; *fig* être un peu perdu **- 2.** [subj: clock, watch] retarder de ; **to ~ time** retarder **- 3.** [pursuers] semer. ◇ *vi* perdre.

◆ **lose out** *vi* être perdant(e) ; **to ~ out on a deal** être perdant dans une affaire.

loser ['luːzəʳ] *n* **- 1.** [gen] perdant *m*, -e *f* ; **a good/bad ~** un bon/mauvais joueur *m*, une bonne/mauvaise joueuse *f* **- 2.** *inf pej* [unsuccessful person] raté *m*, -e *f*.

losing ['luːzɪŋ] *adj* perdant(e).

loss [lɒs] *n* **- 1.** [gen] perte *f* **- 2.** COMM : **to make a ~** perdre de l'argent **- 3.** *phr* **to be at a ~** être perplexe, être embarrassé(e) ; **I'm at a ~ to explain what happened** je n'arrive pas à expliquer comment cela a pu se produire ; **to cut one's ~es** faire la part du feu.

loss adjuster [-ə'dʒʌstəʳ] *n UK* responsable *m* de l'évaluation des sinistres.

loss leader *n* COMM *article vendu à perte dans le but d'attirer la clientèle.*

lost [lɒst] ◇ *pt & pp* ▷ **lose**. ◇ *adj* **- 1.** [gen] perdu(e) ; **to get ~** se perdre ; **get ~!** *inf* fous/foutez le camp! **- 2.** [ineffective] : **to be ~ on sb** [advice, warning] être sans effet sur qqn, n'avoir aucun effet sur qqn **- 3.** [opportunity] perdu(e), manqué(e).

lost-and-found office *n US* bureau *m* des objets trouvés.

lost cause *n* cause *f* perdue.

lost property *n UK (U)* objets *mpl* trouvés.

lost property office *n UK* bureau *m* des objets trouvés.

lot [lɒt] *n* **- 1.** [large amount] : **a ~ (of), ~s (of)** beaucoup (de) ; [entire amount] *UK inf* **the ~** le tout **- 2.** [at auction] lot *m* **- 3.** *inf* [group of people] : **they're a strange ~** ce sont des gens bizarres **- 4.** [destiny] sort *m* **- 5.** *US* [of land] terrain *m* ; [car park] parking *m* **- 6.** *phr* **to draw ~s** tirer au sort.

◆ **a lot** *adv* beaucoup.

loth [ləʊθ] = **loath**.

lotion ['ləʊʃn] *n* lotion *f*.

lottery ['lɒtərɪ] (*pl* **-ies**) *n lit & fig* loterie *f*.

lotus position ['ləʊtəs-] *n* position *f* du lotus.

loud [laʊd] ◇ *adj* **- 1.** [not quiet, noisy - gen] fort(e) ; [- person] bruyant(e) **- 2.** [colour, clothes] voyant(e). ◇ *adv* fort ; **~ and clear** clairement ; **out ~** tout haut.

loudhailer [ˌlaʊd'heɪləʳ] *n UK* mégaphone *m*, porte-voix *m inv*.

loudly ['laʊdlɪ] *adv* **- 1.** [noisily] fort **- 2.** [gaudily] de façon voyante.

loudmouth ['laʊdmaʊθ] (*pl* [-maʊðz]) *n inf* grande gueule *f*.

loudness ['laʊdnɪs] *n* force *f*, intensité *f* ; [of TV, radio] bruit *m*.

loudspeaker [ˌlaʊd'spiːkəʳ] *n* haut-parleur *m*.

Louisiana [luːˌiːzɪ'ænə] *n* Louisiane *f* ; **in ~** en Louisiane.

lounge [laʊndʒ] ◇ *n* **- 1.** *UK* [in house] salon *m* **- 2.** [in airport] hall *m*, salle *f* **- 3.** *UK* = **lounge bar**. ◇ *vi* (*cont* **loungeing**) se prélasser.

◆ **lounge about, lounge around** *vi* flemmarder, traîner.

lounge bar *n UK l'une des deux salles d'un bar, la plus confortable.*

lounge suit *n UK* complet *m*, complet-veston *m*.

louse [laʊs] (*pl* **lice** [laɪs] , *pl* **-s**) *n* **- 1.** [insect] pou *m* **- 2.** *inf pej* [person] salaud *m*.

◆ **louse up** *vt sep US v inf* foutre en l'air.

lousy ['laʊzɪ] (*comp* **-ier**, *superl* **-iest**) *adj inf* minable, nul(le) ; [weather] pourri(e) ; **to feel ~** être mal fichu.

lout [laʊt] *n* rustre *m*.

louvre *UK*, **louver** *US* ['luːvəʳ] *n* persienne *f*.

lovable ['lʌvəbl] *adj* adorable.

love [lʌv] ◇ *n* **- 1.** [gen] amour *m* ; **a ~ of** OR **for football** une passion pour le football ; **to be in ~** être amoureux(euse) ; **to fall in ~** tomber amoureux(euse) ; **to make ~** faire l'amour ; **give her my ~** embrasse-la pour moi ; **~ from** [at end of letter] affectueusement, grosses bises ; **a ~-hate relationship** des rapports *mpl* d'attraction-répulsion **- 2.** *UK inf* [form of address] mon chéri (ma chérie) **- 3.** TENNIS zéro *m*. ◇ *vt* aimer ; **to ~ to do sthg** OR **doing sthg** aimer OR adorer faire qqch.

love affair *n* liaison *f*.

lovebite ['lʌvbaɪt] *n* suçon *m*.

loveless ['lʌvlɪs] *adj* sans amour.

love letter *n* lettre *f* d'amour.

love life *n* vie *f* amoureuse.

lovely ['lʌvlɪ] (*comp* **-ier**, *superl* **-iest**) *adj* **- 1.** [beautiful] très joli(e) **- 2.** [pleasant] très agréable, excellent(e).

lovemaking ['lʌv,meɪkɪŋ] *n (U)* amour *m*, rapports *mpl*.

lover ['lʌvəʳ] *n* **- 1.** [sexual partner] amant *m*, -e *f* **- 2.** [enthusiast] passionné *m*, -e *f*, amoureux *m*, -euse *f*.

lovesick ['lʌvsɪk] *adj* qui languit d'amour.

love song *n* chanson *f* d'amour.

love story *n* histoire *f* d'amour.

loving ['lʌvɪŋ] *adj* [person, relationship] affectueux(euse) ; [care] tendre.

lovingly ['lʌvɪŋlɪ] *adv* avec amour.

low [ləʊ] ◇ *adj* **- 1.** [not high - gen] bas (basse) ; [- wall, building] peu élevé(e) ; [- standard, quality] mauvais(e) ; [- intelligence] faible ; [- neckline] décolleté(e) ; **to have a ~ opinion of sb** avoir mauvaise opinion de qqn ; **to cook sthg over a ~ heat** faire cuire qqch à petit feu **- 2.** [little remaining] presque épuisé(e) ; **to be ~ on sthg** manquer de qqch **- 3.** [not loud - voice] bas (basse) ; [- whisper, moan] faible **- 4.** [depressed] déprimé(e) **- 5.** [not respectable] bas (basse). ◇ *adv* **- 1.** [not high] bas ; **to fly ~** [plane] voler à basse altitude **- 2.** [not loudly - speak] à voix basse ; [- whisper] faiblement. ◇ *n* **- 1.** [low point] niveau *m* OR point *m* bas **- 2.** METEOR dépression *f*.

low-alcohol *adj* à faible teneur en alcool.

lowbrow ['ləʊbraʊ] *adj* peu intellectuel (elle).

low-calorie *adj* à basses calories.

Low Church *n* Basse Église *f*.

Low Countries *npl* : **the ~** les Pays-Bas *mpl*.

low-cut *adj* décolleté(e).

lowdown *inf n* : **to give sb the ~ (on sthg)** mettre qqn au parfum (de qqch).

low-down *adj* méprisable.

lower[1] ['ləʊəʳ] ◇ *adj* inférieur(e). ◇ *vt* **- 1.** [gen] baisser ; [flag] abaisser **- 2.** [reduce - price, level] baisser ; [- age of consent] abaisser ; [- resistance] diminuer.

lower[2] ['laʊəʳ] *vi* **- 1.** [sky] se faire menaçant(e) **- 2.** [person] : **to ~ at sb** regarder qqn d'un air menaçant.

Lower Chamber ['ləʊəʳ-] *n UK* POL Chambre *f* basse OR des communes.

lower class ['ləʊəʳ-] *n* : **the ~** OR **~es** les classes populaires *fpl*.

Lower House ['ləʊəʳ-] *n UK* = **Lower Chamber**.

lowest common denominator ['ləʊɪst-] *n fig* & MATHS : **the ~** le plus petit dénominateur commun.

low-fat *adj* [yogurt, crisps] allégé(e) ; [milk] demi-écrémé(e).

low-flying *adj* volant à basse altitude.

low frequency *n* basse fréquence *f*.

low gear *n US* première (vitesse) *f*.

low-key *adj* discret(ète).

Lowlands ['ləʊləndz] *npl* : **the ~** [of Scotland] les Basses Terres *fpl* (d'Écosse).

low-level language *n* COMPUT langage *m* de bas niveau.

low-loader [-'ləʊdəʳ] *n UK* **- 1.** AUT semi-remorque *m* à plate-forme surbaissée **- 2.** RAIL wagon *m* à plate-forme surbaissée.

lowly ['ləʊlɪ] (*comp* **-ier**, *superl* **-iest**) *adj* modeste, humble.

low-lying *adj* bas (basse).

Low Mass, **low mass** *n* messe *f* basse.

low-necked [-'nekt] *adj* décolleté(e).

low-paid *adj* mal payé(e).

low-rise *adj* bas (basse).

low season *n* basse saison *f*.

low-tech [-'tek] *adj* rudimentaire.

low tide *n* marée *f* basse.

loyal ['lɔɪəl] *adj* loyal(e).

loyalist ['lɔɪəlɪst] *n* loyaliste *mf*.

loyalty ['lɔɪəltɪ] (*pl* **-ies**) *n* loyauté *f*.

lozenge ['lɒzɪndʒ] *n* **- 1.** [tablet] pastille *f* **- 2.** [shape] losange *m*.

LP (*abbr of* **long-playing record**) *n* 33 tours *m*.

LPG [,elpi:'dʒi:] (*abbr of* **liquified petroleum gas**) *n* GPL *m*.

L-plate *n UK plaque signalant que le conducteur du véhicule est en conduite accompagnée.*

LPN (*abbr of* **licensed practical nurse**) *n aide infirmière diplômée.*

LRAM (*abbr of* **Licentiate of the Royal Academy of Music**) *n membre de l'Académie de musique britannique.*

LSAT (*abbr of* **Law School Admissions Test**) *n aux États-Unis, test d'admission aux études de droit.*

LSD[1] (*abbr of* **lysergic acid diethylamide**) *n* LSD *m*.

LSD[2], **L.S.D.**, **£.s.d.**, **l.s.d.** (*abbr of* **pounds, shillings and pence - librae, solidi, denarii**) *n système monétaire en usage en Grande-Bretagne jusqu'en 1971.*

LSE (*abbr of* **London School of Economics**) *n grande école de sciences économiques et politiques à Londres.*

LSO (*abbr of* **London Symphony Orchestra**) *n orchestre symphonique de Londres.*

Lt. (*abbr of* **lieutenant**) Lieut.

LT *n* - **1.** (*abbr of* **low tension**) BT - **2.** (*abbr of* **Local Time**) *heure locale aux États-unis*.

Ltd, **ltd** (*abbr of* **limited**) *esp UK* ≃ SARL ; **Smith and Sons, ~** ≃ Smith & Fils, SARL.

lubricant ['lu:brɪkənt] *n* lubrifiant *m*.

lubricate ['lu:brɪkeɪt] *vt* lubrifier.

lubrication [,lu:brɪ'keɪʃn] *n* lubrification *f*.

lucid ['lu:sɪd] *adj* lucide.

lucidly ['lu:sɪdlɪ] *adv* lucidement.

luck [lʌk] *n* chance *f* ; **good ~** chance ; **good ~!** bonne chance! ; **bad ~** malchance *f* ; **bad** OR **hard ~!** pas de chance! ; **to be in ~** avoir de la chance ; **to try one's ~ at sthg** tenter sa chance à qqch ; **with (any) ~** avec un peu de chance.

◆ **luck out** *vi US inf* avoir un coup de pot.

luckily ['lʌkɪlɪ] *adv* heureusement.

luckless ['lʌklɪs] *adj* malchanceux(euse).

lucky ['lʌkɪ] (*comp* **-ier**, *superl* **-iest**) *adj* - **1.** [fortunate - person] qui a de la chance ; [- event] heureux(euse) ; **to have a ~ escape** l'échapper belle - **2.** [bringing good luck] porte-bonheur *(inv)*.

lucky dip *n UK sac rempli de cadeaux, dans lequel on pioche sans regarder*.

lucrative ['lu:krətɪv] *adj* lucratif(ive).

ludicrous ['lu:dɪkrəs] *adj* ridicule.

ludo ['lu:dəʊ] *n UK* jeu *m* des petits chevaux.

lug [lʌg] (*pt & pp* **-ged**, *cont* **-ging**) *vt inf* traîner.

luggage ['lʌgɪdʒ] *n (U)* bagages *mpl*.

luggage rack *n* porte-bagages *m inv*.

luggage van *n UK* fourgon *m*.

lugubrious [lu:'gu:brɪəs] *adj lit* lugubre.

lukewarm ['lu:kwɔ:m] *adj lit & fig* tiède.

lull [lʌl] ◇ *n* : **~ (in)** [storm] accalmie *f* (de) ; [fighting, conversation] arrêt *m* (de) ; **the ~ before the storm** *fig* le calme avant la tempête. ◇ *vt* : **to ~ sb to sleep** endormir qqn en le berçant ; **to ~ sb into a false sense of security** endormir les soupçons de qqn.

lullaby ['lʌləbaɪ] (*pl* **-ies**) *n* berceuse *f*.

lumbago [lʌm'beɪgəʊ] *n (U)* lumbago *m*.

lumber ['lʌmbəʳ] ◇ *n (U)* - **1.** *US* [timber] bois *m* de charpente - **2.** *UK* [bric-a-brac] bric-à-brac *m inv*. ◇ *vi* se traîner d'un pas lourd.

◆ **lumber with** *vt sep UK inf* **to ~ sb with sthg** coller qqch à qqn.

lumbering ['lʌmbərɪŋ] *adj* lourd(e), pesant(e).

lumberjack ['lʌmbədʒæk] *n* bûcheron *m*, -onne *f*.

lumber mill ['lʌmbə,mɪl] *n US* scierie *f*.

lumber room *n UK* débarras *m*.

lumberyard ['lʌmbəjɑ:d] *n* chantier *m* de bois.

luminous ['lu:mɪnəs] *adj* [dial] lumineux (euse) ; [paint, armband] phosphorescent(e).

lump [lʌmp] ◇ *n* - **1.** [gen] morceau *m* ; [of earth, clay] motte *f* ; [in sauce] grumeau *m* - **2.** [on body] grosseur *f*. ◇ *vt* : **to ~ sthg together** réunir qqch ; **to ~ it** *inf* faire avec, s'en accommoder.

lumpectomy [,lʌm'pektəmɪ] (*pl* **-ies**) *n* ablation *f* d'une tumeur au sein.

lump sum *n* somme *f* globale.

lumpy ['lʌmpɪ] (*comp* **-ier**, *superl* **-iest**) *adj* [sauce] plein(e) de grumeaux ; [mattress] défoncé(e).

lunacy ['lu:nəsɪ] *n* folie *f*.

lunar ['lu:nəʳ] *adj* lunaire.

lunatic ['lu:nətɪk] ◇ *adj pej* dément(e), démentiel(elle). ◇ *n* - **1.** *pej* [fool] fou *m*, folle *f* - **2.** *dated* [insane person] fou *m*, folle *f*, aliéné *m*, -e *f*.

lunatic asylum *n* asile *m* d'aliénés.

lunatic fringe *n* éléments *mpl* extrémistes.

lunch [lʌntʃ] ◇ *n* déjeuner *m*. ◇ *vi* déjeuner.

luncheon ['lʌntʃən] *n fml* déjeuner *m*.

luncheonette [,lʌntʃə'net] *n US* ≃ cafétéria *f*.

luncheon meat, *US* **lunchmeat** *n sorte de saucisson*.

luncheon voucher *n UK* ticket-restaurant *m*.

lunch hour *n* pause *f* de midi.

lunchtime ['lʌntʃtaɪm] *n* heure *f* du déjeuner.

lung [lʌŋ] *n* poumon *m*.

lung cancer *n* cancer *m* du poumon.

lunge [lʌndʒ] (*cont* **lungeing**) *vi* faire un brusque mouvement (du bras) en avant ; **to ~ at sb** s'élancer sur qqn.

lupin *UK* ['lu:pɪn], **lupine** *US* ['lu:paɪn] *n* lupin *m*.

lurch [lɜ:tʃ] ◇ *n* [of person] écart *m* brusque ; [of car] embardée *f* ; **to leave sb in the ~** laisser qqn dans le pétrin. ◇ *vi* [person] tituber ; [car] faire une embardée.

lure [ljʊəʳ] ◇ *n* charme *m* trompeur. ◇ *vt* attirer OR persuader par la ruse.

lurid ['ljʊərɪd] *adj* - **1.** [outfit] aux couleurs criardes - **2.** [story, details] affreux(euse).

lurk [lɜ:k] *vi* - **1.** [person] se cacher, se dissimuler - **2.** [memory, danger, fear] subsister.

lurking ['lɜ:kɪŋ] *adj* [doubts, fear] vague.

Lusaka [luː'sɑːkə] *n* Lusaka.

luscious ['lʌʃəs] *adj* - **1.** [delicious] succulent(e) - **2.** *inf fig* [woman] appétissant(e).

lush [lʌʃ] ◇ *adj* - **1.** [luxuriant] luxuriant(e) - **2.** [rich] luxueux(euse). ◇ *n US & Canada inf* [drunkard] alcolo *mf*.

lust [lʌst] *n* - **1.** [sexual desire] désir *m* - **2.** *fig* ~ **for sthg** soif de qqch ; ~ **for life** fureur de vivre.
◆ **lust after, lust for** *vt insep* - **1.** [wealth, power etc] être assoiffé(e) de - **2.** [person] désirer.

luster *US* = **lustre**.

lustful ['lʌstfʊl] *adj* lubrique.

lustre *UK*, **luster** *US* ['lʌstər] *n* lustre *m*.

lusty ['lʌstɪ] (*comp* **-ier**, *superl* **-iest**) *adj* vigoureux(euse).

lute [luːt] *n* luth *m*.

luv [lʌv] *n UK inf* chéri *m*, -e *f*.

luvvie ['lʌvɪ] *n UK inf* théâtreux prétentieux *m*, théâtreuse prétentieuse *f*.

Luxembourg ['lʌksəmbɜːg] *n* - **1.** [country] Luxembourg *m* ; **in** ~ au Luxembourg - **2.** [city] Luxembourg.

luxuriant [lʌg'ʒʊərɪənt] *adj* luxuriant(e).

luxuriate [lʌg'ʒʊərɪeɪt] *vi fml* **to** ~ **in** s'abandonner aux plaisirs de.

luxurious [lʌg'ʒʊərɪəs] *adj* - **1.** [expensive] luxueux(euse) - **2.** [pleasurable] voluptueux (euse).

luxury ['lʌkʃərɪ] ◇ *n* (*pl* **-ies**) luxe *m*. ◇ *comp* de luxe.

luxury goods *npl* produits *mpl* de luxe.

LV *UK see also* **luncheon voucher**.

LW (*abbr of* **long wave**) GO.

lychee [ˌlaɪ'tʃiː] *n* litchi *m*.

Lycra® ['laɪkrə] ◇ *n* Lycra® *m*. ◇ *comp* en Lycra®.

lying ['laɪɪŋ] ◇ *adj* [person] menteur(euse). ◇ *n (U)* mensonges *mpl*.

lymph gland [lɪmf-] *n* ganglion *m* lymphatique.

lynch [lɪntʃ] *vt* lyncher.

lynx [lɪnks] (*pl* **lynx** *OR* **-es** [-iːz]) *n* lynx *m inv*.

Lyon(s) ['laɪənz] *n* Lyon.

lyre ['laɪər] *n* lyre *f*.

lyric ['lɪrɪk] *adj* lyrique.

lyrical ['lɪrɪkl] *adj* lyrique.

lyrics ['lɪrɪks] *npl* paroles *fpl*.

m[1] (*pl* **m's** *OR* **ms**), **M** (*pl* **M's** *OR* **Ms**) [em] *n* [letter] m *m inv*, M *m inv*.
◆ **M** - **1.** *UK see also* **motorway** - **2.** (*abbr of* **medium**) M.

m[2] - **1.** (*abbr of* **metre**) m - **2.** (*abbr of* **million**) M - **3.** *see also* **mile**.

ma [mɑː] *n inf* maman *f*.

MA ◇ *n see also* **Master of Arts**. ◇ *see also* **Massachusetts**.

ma'am [mæm] *n* madame *f*.

mac [mæk] (*abbr of* **mackintosh**) *n UK inf* [coat] imper *m*.

macabre [mə'kɑːbrə] *adj* macabre.

Macao [mə'kaʊ] *n* Macao *m* ; **in** ~ à Macao.

macaroni [ˌmækə'rəʊnɪ] *n (U)* macaronis *mpl*.

macaroni cheese *UK*, **macaroni and cheese** *US n* macaronis *mpl* au gratin.

macaroon [ˌmækə'ruːn] *n* macaron *m*.

mace [meɪs] *n* - **1.** [ornamental rod] masse *f* - **2.** [spice] macis *m*.

Mace® [meɪs] ◇ *n* [spray] gaz *m* lacrymogène. ◇ *vt US inf* bombarder au gaz lacrymogène.

Macedonia [ˌmæsɪ'dəʊnjə] *n* Macédoine *f* ; **in** ~ en Macédoine.

Macedonian [ˌmæsɪ'dəʊnjən] ◇ *adj* macédonien(enne). ◇ *n* Macédonien *m*, -enne *f*.

machete [mə'ʃetɪ] *n* machette *f*.

Machiavellian [ˌmækɪə'velɪən] *adj* machiavélique.

machinations [ˌmækɪ'neɪʃnz] *npl* machinations *fpl*.

machine [mə'ʃiːn] ◇ *n lit & fig* machine *f*. ◇ *vt* - **1.** SEW coudre à la machine - **2.** TECH usiner.

machine code *n* COMPUT code *m* machine.

machinegun [mə'ʃiːngʌn] *n* mitrailleuse *f*.

machine-gun *vt* (*pt & pp* **-ned**, *cont* **-ning**) mitrailler.

machine language *n* COMPUT langage *m* machine.

machine-readable *adj* COMPUT en langage machine.

machinery [mə'ʃi:nərɪ] *n (U)* machines *fpl* ; *fig* mécanisme *m*.

machine shop *n* atelier *m* d'usinage.

machine tool *n* machine-outil *f*.

machine-washable *adj* lavable en machine.

machinist [mə'ʃi:nɪst] *n* **- 1.** SEW mécanicienne *f* **- 2.** TECH machiniste *mf*, opérateur *m*, -trice *f*.

machismo [mə'tʃɪzməʊ] *n* machisme *m*.

macho ['mætʃəʊ] *adj inf* macho *(inv)*.

mackerel ['mækrəl] (*pl* **mackerel** OR **-s**) *n* maquereau *m*.

mackintosh ['mækɪntɒʃ] *n dated UK* imperméable *m*.

macramé [mə'krɑ:mɪ] *n* macramé *m*.

macro ['mækrəʊ] (*abbr of* **macroinstruction**) *n* COMPUT macro-instruction *f*.

macrobiotic [,mækrəʊbaɪ'ɒtɪk] *adj* macrobiotique.

macrocosm ['mækrəʊkɒzm] *n* macrocosme *m*.

macroeconomics ['mækrəʊ,i:kə'nɒmɪks] *n (U)* macroéconomie *f*.

mad [mæd] (*comp* **-der**, *superl* **-dest**) *adj* **- 1.** [insane] fou (folle) ; **to go ~** devenir fou **- 2.** *esp UK inf* [foolish] insensé(e) **- 3.** [furious] furieux(euse) **- 4.** [hectic - rush, pace] fou (folle) ; **like ~** *inf* comme un fou **- 5.** [very enthusiastic] : **to be ~ about sb/sthg** *inf* être fou (folle) de qqn/qqch.

Madagascan [,mædə'gæskn] ◇ *adj* malgache. ◇ *n* **- 1.** [person] Malgache *mf* **- 2.** [language] malgache *m*.

Madagascar [,mædə'gæskəʳ] *n* Madagascar *m* ; **in ~** à Madagascar.

madam ['mædəm] *n* madame *f*.

madcap ['mædkæp] *adj* risqué(e), insensé(e).

mad cow disease *n inf* maladie *f* de la vache folle.

madden ['mædn] *vt* exaspérer.

maddening ['mædnɪŋ] *adj* exaspérant(e).

made [meɪd] *pt & pp* ▷ **make**.

-made [meɪd] *suffix* fait(e) ; **factory ~** fait OR fabriqué en usine ; **French~** de fabrication française.

Madeira [mə'dɪərə] *n* **- 1.** [wine] madère *m* **- 2.** GEOG Madère *f* ; **in ~** à Madère.

made-to-measure *adj* fait(e) sur mesure.

made-up *adj* **- 1.** [with make-up] maquillé(e) **- 2.** [prepared] préparé(e) **- 3.** [invented] fabriqué(e).

madhouse ['mædhaʊs] *n fig* maison *f* de fous.

madly ['mædlɪ] *adv* [frantically] comme un fou ; **~ in love** follement amoureux.

madman ['mædmən] (*pl* **-men** [-mən]) *n* fou *m*.

madness ['mædnɪs] *n lit & fig* folie *f*, démence *f*.

Madonna [mə'dɒnə] *n* Madone *f*.

Madrid [mə'drɪd] *n* Madrid.

madrigal ['mædrɪgl] *n* madrigal *m*.

madwoman ['mæd,wʊmən] (*pl* **-women** [-,wɪmɪn]) *n* folle *f*.

maestro ['maɪstrəʊ] (*pl* **-tros** OR **-tri** [-trɪ]) *n* maestro *m*.

Mafia ['mæfɪə] *n* : **the ~** la Mafia.

mag [mæg] (*abbr of* **magazine**) *n inf* revue *f*, magazine *m*.

magazine [,mægə'zi:n] *n* **- 1.** PRESS revue *f*, magazine *m* ; RADIO & TV magazine **- 2.** [of gun] magasin *m*.

magenta [mə'dʒentə] ◇ *adj* magenta *(inv)*. ◇ *n* magenta *m*.

maggot ['mægət] *n* ver *m*, asticot *m*.

Maghreb ['mɑ:grəb] *n* : **the ~** le Maghreb.

magic ['mædʒɪk] ◇ *adj* magique. ◇ *n* magie *f*.

magical ['mædʒɪkl] *adj* magique.

magic carpet *n* tapis *m* volant.

magic eye *n UK* cellule *f* photo-électrique, œil *m* électrique.

magician [mə'dʒɪʃn] *n* magicien *m*, -ienne *f*.

magic wand *n* baguette *f* magique.

magisterial [,mædʒɪ'stɪərɪəl] *adj* **- 1.** [behaviour, manner] magistral(e) **- 2.** LAW de magistrat.

magistrate ['mædʒɪstreɪt] *n* magistrat *m*, -e *f*, juge *m*.

magistrates' court *n UK* ≃ tribunal *m* d'instance.

Magna Carta ['mægnə'kɑ:tə] *n* : **the ~** La Grande Charte d'Angleterre.

magnanimous [mæg'nænɪməs] *adj* magnanime.

magnate ['mægneɪt] *n* magnat *m*.

magnesium [mæg'ni:zɪəm] *n* magnésium *m*.

magnet ['mægnɪt] *n* aimant *m*.

magnetic [mæg'netɪk] *adj lit & fig* magnétique.

magnetic disk *n* disque *m* magnétique.

magnetic field *n* champ *m* magnétique.

magnetic tape *n* bande *f* magnétique.

magnetism ['mægnɪtɪzm] *n lit & fig* magnétisme *m*.

magnification [ˌmægnɪfɪ'keɪʃn] *n* grossissement *m*.

magnificence [mæg'nɪfɪsəns] *n* splendeur *f*.

magnificent [mæg'nɪfɪsənt] *adj* magnifique, superbe.

magnify ['mægnɪfaɪ] (*pt & pp* **-ied**) *vt* [in vision] grossir ; [sound] amplifier ; *fig* exagérer.

magnifying glass ['mægnɪfaɪɪŋ-] *n* loupe *f*.

magnitude ['mægnɪtjuːd] *n* envergure *f*, ampleur *f*.

magnolia [mæg'nəʊljə] *n* - **1.** [tree] magnolia *m* - **2.** [flower] fleur *f* de magnolia.

magnum ['mægnəm] (*pl* **-s**) *n* magnum *m*.

magpie ['mægpaɪ] *n* pie *f*.

maharaja(h) [ˌmɑːhə'rɑːdʒə] *n* maharaja *m*, maharajah *m*.

mahogany [mə'hɒgənɪ] *n* acajou *m*.

maid [meɪd] *n* [servant] domestique *f*.

maiden ['meɪdn] ◇ *adj* [flight, voyage] premier(ère). ◇ *n lit* jeune fille *f*.

maiden aunt *n dated* tante *f* célibataire.

maiden name *n* nom *m* de jeune fille.

maiden speech *n UK* POL premier discours *m*.

mail [meɪl] ◇ *n* - **1.** [letters, parcels] courrier *m* - **2.** [system] poste *f*. ◇ *vt esp US* poster.

mailbag ['meɪlbæg] *n* sac *m* postal.

mailbox ['meɪlbɒks] *n US* boîte *f* à OR aux lettres.

mail carrier = **mailman**.

mailing list ['meɪlɪŋ-] *n* liste *f* d'adresses.

mailman ['meɪlmæn] (*pl* **-men** [-mən]) *n US* facteur *m*, -rice *f*.

mail order *n* vente *f* par correspondance.

mailshot ['meɪlʃɒt] *n UK* publipostage *m*.

mail train *n* train *m* postal.

mail truck *n US* fourgonnette *f* des postes.

mail van *n UK* - **1.** AUT fourgonnette *f* des postes - **2.** RAIL wagon-poste *m*.

maim [meɪm] *vt* estropier.

main [meɪn] ◇ *adj* principal(e). ◇ *n* [pipe] conduite *f*.
◆ **mains** *npl* : **the ~s** le secteur.
◆ **in the main** *adv* dans l'ensemble.

main course *n* plat *m* principal.

main office *n esp US* siège *m* social.

Maine [meɪn] *n* le Maine ; **in ~** dans le Maine.

mainframe (computer) ['meɪnfreɪm-] *n* ordinateur *m* central.

mainland ['meɪnlənd] ◇ *adj* continental(e). ◇ *n* : **the ~** le continent.

main line *n* RAIL grande ligne *f*.
◆ **mainline** ◇ *adj* RAIL de grande ligne. ◇ *vt drug sl* shooter. ◇ *vi drug sl* se shooter.

mainly ['meɪnlɪ] *adv* principalement.

main road *n* route *f* à grande circulation.

mainsail ['meɪnseɪl, 'meɪnsəl] *n* grand-voile *f*.

mainstay ['meɪnsteɪ] *n* pilier *m*, élément *m* principal.

mainstream ['meɪnstriːm] ◇ *adj* dominant(e). ◇ *n* : **the ~** la tendance générale.

maintain [meɪn'teɪn] *vt* - **1.** [preserve, keep constant] maintenir - **2.** [provide for, look after] entretenir - **3.** [assert] : **to ~ (that)...** maintenir que..., soutenir que...

maintenance ['meɪntənəns] *n* - **1.** [of public order] maintien *m* - **2.** [care] entretien *m*, maintenance *f* - **3.** *UK* LAW pension *f* alimentaire.

maintenance order *n UK* LAW obligation *f* alimentaire.

maisonette [ˌmeɪzə'net] *n UK UK* duplex *m*.

maize [meɪz] *n UK* maïs *m*.

Maj. (*abbr of* **Major**) ≃ Cdt.

majestic [mə'dʒestɪk] *adj* majestueux (euse).

majestically [mə'dʒestɪklɪ] *adv* majestueusement.

majesty ['mædʒəstɪ] (*pl* **-ies**) *n* [grandeur] majesté *f*.
◆ **Majesty** *n* : **His/Her Majesty** Sa Majesté le roi/la reine.

major ['meɪdʒəʳ] ◇ *adj* - **1.** [important] majeur(e) - **2.** [main] principal(e) - **3.** MUS majeur(e). ◇ *n* - **1.** [in army] ≃ chef *m* de bataillon ; [in air force] commandant *m* - **2.** *US* UNIV [subject] matière *f*. ◇ *vi* : **to ~ in** *US* se spécialiser en.

Majorca [mə'dʒɔːkə, mə'jɔːkə] *n* Majorque *f* ; **in ~** à Majorque.

Majorcan [mə'dʒɔːkn, mə'jɔːkn] ◇ *adj* majorquin(e). ◇ *n* Majorquin *m*, -e *f*.

majorette [ˌmeɪdʒə'ret] *n* majorette *f*.

major general *n* général *m* de division.

majority [mə'dʒɒrətɪ] (*pl* **-ies**) *n* majorité *f* ; **in a** OR **the ~** dans la majorité.

majority shareholder *n* actionnaire *mf* majoritaire.

make [meɪk] ◇ *vt* (*pt & pp* **made**) - **1.** [gen - produce] faire ; [- manufacture] faire, fabriquer ; **to ~ a meal** préparer un repas ; **to ~ a film** OR **movie** *US* tourner OR réaliser un film

- 2. [perform an action] faire ; **to ~ a decision** prendre une décision ; **to ~ a mistake** faire une erreur, se tromper **- 3.** [cause to be] rendre ; **to ~ sb happy/sad** rendre qqn heureux/triste ; **he made her a manager** il l'a nommée directrice ; **to ~ o.s. heard** se faire entendre **- 4.** [force, cause to do] **: to ~ sb do sthg** faire faire qqch à qqn, obliger qqn à faire qqch ; **you made me jump** tu m'as fait sursauter ; **we were made to wait in the hall** on nous a fait attendre dans le vestibule ; **to ~ sb laugh** faire rire qqn **- 5.** [be constructed] **: to be made of** être en ; **it's made of wood/metal/wool** c'est en bois/métal/laine ; **what's it made of?** c'est en quoi? **- 6.** [add up to] faire ; **2 and 2 ~ 4** 2 et 2 font 4 **- 7.** *UK* [calculate] **: I ~ it 50** *UK* d'après moi il y en a 50, j'en ai compté 50 ; **what time do you ~ it?** *UK* quelle heure as-tu? ; **I ~ it 6 o'clock** *UK* il est 6 heures (à ma montre) **- 8.** [earn] gagner, se faire ; **she ~s £30,000 a year** elle se fait *OR* elle gagne 30 000 livres par an ; **to ~ a profit** faire des bénéfices ; **to ~ a loss** essuyer des pertes **- 9.** [have the right qualities for] **: she'd ~ a good dancer** elle ferait une bonne danseuse ; **books ~ excellent presents** les livres constituent de très beaux cadeaux **- 10.** [reach] arriver à **- 11.** [cause to be a success] assurer *OR* faire le succès de ; **she really ~s the play/film** c'est elle qui fait le succès de la pièce/du film **- 12.** [gain - friend, enemy] se faire ; **to ~ friends (with sb)** se lier d'amitié (avec qqn) **- 13.** *phr* **to ~ it** [reach in time] arriver à temps ; [be a success] réussir, arriver ; [be able to attend] se libérer, pouvoir venir ; **to have it made** avoir trouvé le filon ; **to ~ do with** se contenter de. ◇ *n* **- 1.** [brand] marque *f* ; **what ~ is your car?** de quelle marque est votre voiture? **- 2.** *inf pej* **to be on the ~** [act dishonestly, selfishly] être intéressé(e).

◆ **make for** *vt insep* **- 1.** [move towards] se diriger vers **- 2.** [contribute to, be conducive to] rendre probable, favoriser.

◆ **make of** *vt sep* **- 1.** [understand] comprendre **- 2.** [have opinion of] penser de.

◆ **make off** *vi inf* filer.

◆ **make off with** *vt insep inf* filer avec.

◆ **make out** ◇ *vt sep* **- 1.** [see, hear] discerner ; [understand] comprendre **- 2.** [fill out - cheque] libeller ; [- bill, receipt] faire ; [- form] remplir. ◇ *vt insep* [pretend, claim] **: to ~ out (that)...** prétendre que...

◆ **make up** ◇ *vt sep* **- 1.** [compose, constitute] composer, constituer **- 2.** [story, excuse] inventer **- 3.** [apply cosmetics to] maquiller ; **to ~ o.s. up** se maquiller **- 4.** [prepare - gen] faire ; [- prescription] préparer, exécuter **- 5.** [make complete] compléter **- 6.** [resolve - quarrel] **: to ~ (it) up (with sb)** se réconcilier (avec qqn). ◇ *vi* [become friends again] se réconcilier.

◆ **make up for** *vt insep* compenser ; **to ~ up for lost time** rattraper le temps perdu.

◆ **make up to** *vt sep* **: to ~ it up to sb (for sthg)** se racheter auprès de qqn (pour qqch).

make-believe *n* **: it's all ~** c'est (de la) pure fantaisie.

makeover ['meɪkəʊvər] *n* transformation *f*.

maker ['meɪkər] *n* [of product] fabricant *m*, -e *f* ; [of film] réalisateur *m*, -trice *f*.

makeshift ['meɪkʃɪft] *adj* de fortune.

make(-)up *n* **- 1.** [cosmetics] maquillage *m* ; **~ bag** trousse *f* de maquillage ; **~ remover** démaquillant *m* **- 2.** [person's character] caractère *m* **- 3.** [of team, group, object] constitution *f*.

makeweight ['meɪkweɪt] *n* complément *m* de poids.

making ['meɪkɪŋ] *n* fabrication *f* ; **to be the ~ of sb/sthg** être l'origine de la réussite de qqn/qqch ; **his problems are of his own ~** ses problèmes sont de sa faute ; **in the ~** en formation ; **history in the ~** l'histoire en train de se faire ; **to have the ~s of** avoir l'étoffe de.

maladjusted [ˌmælə'dʒʌstɪd] *adj* inadapté(e).

malaise [mə'leɪz] *n fml* malaise *m*.

malaria [mə'leərɪə] *n* malaria *f*.

Malawi [mə'lɑːwɪ] *n* Malawi *m* ; **in ~** au Malawi.

Malawian [mə'lɑːwɪən] ◇ *adj* malawite. ◇ *n* Malawite *mf*.

Malay [mə'leɪ] ◇ *adj* malais(e). ◇ *n* **- 1.** [person] Malais *m*, -e *f* **- 2.** [language] malais *m*.

Malaya [mə'leɪə] *n* Malaisie *f*, Malaysia *f* occidentale ; **in ~** en Malaisie.

Malayan [mə'leɪən] ◇ *adj* malais(e). ◇ *n* Malais *m*, -e *f*.

Malaysia [mə'leɪzɪə] *n* Malaysia *f* ; **in ~** en Malaysia.

Malaysian [mə'leɪzɪən] ◇ *adj* malaysien(enne). ◇ *n* Malaysien *m*, -enne *f*.

malcontent ['mælkənˌtent] *n fml* mécontent *m*, -e *f*.

Maldives ['mɔːldaɪvz] *npl* **: the ~** les (îles *fpl*) Maldives ; **in the ~** aux Maldives.

male [meɪl] ◇ *adj* [gen] mâle ; [sex] masculin(e). ◇ *n* mâle *m*.

male chauvinist (pig) *n pej* phallocrate *m*.

male nurse *n* infirmier *m*.

malevolent [mə'levələnt] *adj fml* malveillant(e).

malformed [mæl'fɔːmd] *adj* difforme.

malfunction [mæl'fʌŋkʃn] ◇ *n* mauvais fonctionnement *m*. ◇ *vi* mal fonctionner.

Mali ['mɑːlɪ] *n* Mali *m* ; **in ~** au Mali.

malice ['mælɪs] *n* méchanceté *f*.

malicious [mə'lɪʃəs] *adj* malveillant(e).

malign [mə'laɪn] <> *adj fml* pernicieux (euse). <> *vt* calomnier.

malignant [mə'lɪgnənt] *adj* MED malin(igne).

malinger [mə'lɪŋgəʳ] *vi pej* simuler une maladie.

malingerer [mə'lɪŋgərəʳ] *n pej* simulateur *m*, -trice *f*.

mall [mɔːl] *n esp US* **(shopping) ~** centre *m* commercial.

malleable ['mælɪəbl] *adj lit & fig* malléable.

mallet ['mælɪt] *n* maillet *m*.

malnourished [ˌmæl'nʌrɪʃt] *adj* sous-alimenté(e).

malnutrition [ˌmælnjuː'trɪʃn] *n* malnutrition *f*.

malpractice [ˌmæl'præktɪs] *n (U)* LAW faute *f* professionnelle.

malt [mɔːlt] *n* malt *m*.

Malta ['mɔːltə] *n* Malte *f* ; **in ~** à Malte.

Maltese [ˌmɔːl'tiːz] <> *adj* maltais(e). <> *n* (*pl* **Maltese**) **- 1.** [person] Maltais *m*, -e *f* **- 2.** [language] maltais *m*.

maltreat [ˌmæl'triːt] *vt* maltraiter.

maltreatment [ˌmæl'triːtmənt] *n* mauvais traitement *m*.

malt whisky *n* whisky *m* pur, malt *m inv*.

mammal ['mæml] *n* mammifère *m*.

mammogram ['mæməgræm] *n* mammographie *f*.

Mammon ['mæmən] *n lit* le Veau d'or.

mammoth ['mæməθ] <> *adj* gigantesque. <> *n* mammouth *m*.

man [mæn] <> *n* (*pl* **men** [men]) **- 1.** homme *m* ; **the ~ in the street** l'homme de la rue ; **to talk ~-to-~** parler d'homme à homme ; **to be ~ enough to do sthg** avoir le courage de faire qqch **- 2.** *inf esp US* [as form of address] mon vieux. <> *vt* (*pt & pp* **-ned**, *cont* **-ning**) [ship, spaceship] fournir du personnel pour ; [telephone] répondre au ; [switchboard] assurer le service de.

manacles ['mænəklz] *npl* [round wrists] menottes *fpl* ; [round legs] chaînes *fpl*.

manage ['mænɪdʒ] <> *vi* **- 1.** [cope] se débrouiller, y arriver **- 2.** [survive, get by] s'en sortir. <> *vt* **- 1.** [succeed] : **to ~ to do sthg** arriver à faire qqch **- 2.** [be responsible for, control] gérer.

manageable ['mænɪdʒəbl] *adj* maniable.

management ['mænɪdʒmənt] *n* **- 1.** [control, running] gestion *f* **- 2.** [people in control] direction *f*.

management consultant *n* conseiller *m*, -ère *f* en gestion.

manager ['mænɪdʒəʳ] *n* [of organization] directeur *m*, -trice *f* ; [of shop, restaurant, hotel] gérant *m*, -e *f* ; [of football team, pop star] manager *m*.

manageress [ˌmænɪdʒə'res] *n UK* [of organization] directrice *f* ; [of shop, restaurant, hotel] gérante *f*.

managerial [ˌmænɪ'dʒɪərɪəl] *adj* directorial(e).

managing director ['mænɪdʒɪŋ-] *n* directeur général *m*, directrice générale *f*.

Managua [mə'nægwə] *n* Managua.

Mancunian [mæŋ'kjuːnjən] <> *adj* de Manchester. <> *n* [person] habitant *m*, -e *f* de Manchester.

mandarin ['mændərɪn] *n* **- 1.** [fruit] mandarine *f* **- 2.** [civil servant] mandarin *m*.

mandate ['mændeɪt] *n* mandat *m*.

mandatory ['mændətrɪ] *adj* obligatoire.

mandolin [mændə'lɪn] *n* mandoline *f*.

mane [meɪn] *n* crinière *f*.

man-eating [-ˌiːtɪŋ] *adj* mangeur d'hommes.

maneuver *US* = **manoeuvre**.

manfully ['mænfʊlɪ] *adv* courageusement, vaillamment.

manganese ['mæŋgəniːz] *n* manganèse *m*.

mange [meɪndʒ] *n* gale *f*.

manger ['meɪndʒəʳ] *n* mangeoire *f*.

mangetout (pea) [ˌmɑ̃ʒ'tuː-] *n UK* mangetout *m inv*.

mangle ['mæŋgl] *vt* mutiler, déchirer.

mango ['mæŋgəʊ] (*pl* **-es** OR **-s**) *n* mangue *f*.

mangrove ['mæŋgrəʊv] *n* palétuvier *m*.

mangy ['meɪndʒɪ] (*comp* **-ier**, *superl* **-iest**) *adj* galeux(euse).

manhandle ['mænˌhændl] *vt* malmener.

manhole ['mænhəʊl] *n* regard *m*, trou *m* d'homme.

manhood ['mænhʊd] *n* : **to reach ~** devenir un homme.

man-hour ['mænˌaʊəʳ] *n* heure-homme *f*.

manhunt ['mænhʌnt] *n* chasse *f* à l'homme.

mania ['meɪnjə] *n* : **~ (for)** manie *f* (de).

maniac ['meɪnɪæk] *n* fou *m*, folle *f* ; **a sex ~** un obsédé sexuel (une obsédée sexuelle).

manic ['mænɪk] *adj fig* [person] surexcité(e) ; [behaviour] de fou.

manic-depressive <> *adj* maniaco-dépressif (maniaco-dépressive). <> *n* maniaco-dépressif *m*, maniaco-dépressive *f*.

manicure ['mænɪˌkjʊəʳ] <> *n* manucure *f*. <> *vt* [person] faire une manucure à ; **to ~ one's nails** se faire les ongles.

manifest ['mænɪfest] *fml* <> *adj* manifeste, évident(e). <> *vt* manifester.

manifestation [ˌmænɪfes'teɪʃn] *n fml* manifestation *f*.

manifestly ['mænɪfestlɪ] *adv fml* manifestement.

manifesto [ˌmænɪ'festəʊ] (*pl* **-s** OR **-es**) *n* manifeste *m*.

manifold ['mænɪfəʊld] <> *adj lit* nombreux(euse), multiple. <> *n* AUT tubulure *f*, collecteur *m*.

Manila [mə'nɪlə] *n* Manille.

manil(l)a [mə'nɪlə] *adj* en papier kraft.

manipulate [mə'nɪpjʊleɪt] *vt lit* & *fig* manipuler.

manipulation [məˌnɪpjʊ'leɪʃn] *n lit* & *fig* manipulation *f*.

manipulative [mə'nɪpjʊlətɪv] *adj* [person] rusé(e) ; [behaviour] habile, subtil(e).

Manitoba [ˌmænɪ'təʊbə] *n* Manitoba *m* ; **in ~** dans le Manitoba.

mankind [mæn'kaɪnd] *n* humanité *f*, genre *m* humain.

manly ['mænlɪ] (*comp* **-ier**, *superl* **-iest**) *adj* viril(e).

man-made *adj* [fabric, fibre] synthétique ; [environment] artificiel(elle) ; [problem] causé(e) par l'homme.

manna ['mænə] *n* manne *f*.

manned [mænd] *adj* [vehicle] doté(e) d'un équipage ; [flight] habité(e).

mannequin ['mænɪkɪn] *n* mannequin *mf*.

manner ['mænəʳ] *n* **- 1.** [method] manière *f*, façon *f* ; **in a ~ of speaking** pour ainsi dire **- 2.** [attitude] attitude *f*, comportement *m* **- 3.** [type, sort] **: all ~ of** toutes sortes de.
◆ **manners** *npl* manières *fpl*.

mannered ['mænəd] *adj fml* maniéré(e), affecté(e).

mannerism ['mænərɪzm] *n* tic *m*, manie *f*.

mannish ['mænɪʃ] *adj* masculin(e).

manoeuvrable UK, **maneuverable** US [mə'nu:vrəbl] *adj* facile à manœuvrer, maniable.

manoeuvre UK, **maneuver** US [mə'nu:vəʳ] <> *n* manœuvre *f*. <> *vt* & *vi* manœuvrer.
◆ **manoeuvres** *npl* MIL manœuvres *fpl*.

manor ['mænəʳ] *n* manoir *m*.

manpower ['mænˌpaʊəʳ] *n* main-d'œuvre *f*.

manservant ['mænsɜ:vənt] (*pl* **menservants** [men-]) *n dated* valet *m* de chambre.

mansion ['mænʃn] *n* château *m*.

man-size(d) *adj* grand(e), de grande personne.

manslaughter ['mænˌslɔ:təʳ] *n* homicide *m* involontaire.

mantelpiece ['mæntlpi:s] *n* (dessus *m* de) cheminée *f*.

mantle ['mæntl] *n fml* **- 1.** *lit* [of snow] manteau *m* **- 2.** [of leadership, high office] responsabilité *f*.

man-to-man *adj* d'homme à homme.

manual ['mænjʊəl] <> *adj* manuel(elle). <> *n* manuel *m*.

manually ['mænjʊəlɪ] *adv* à la main, manuellement.

manual worker *n* travailleur manuel *m*, travailleuse manuelle *f*.

manufacture [ˌmænjʊ'fæktʃəʳ] <> *n* fabrication *f* ; [of cars] construction *f*. <> *vt* fabriquer ; [cars] construire.

manufacturer [ˌmænjʊ'fæktʃərəʳ] *n* fabricant *m* ; [of cars] constructeur *m*.

manufacturing [ˌmænjʊ'fæktʃərɪŋ] *n* fabrication *f*.

manufacturing industries *npl* industries *fpl* de fabrication.

manure [mə'njʊəʳ] *n* fumier *m*.

manuscript ['mænjʊskrɪpt] *n* manuscrit *m*.

Manx [mæŋks] <> *adj* de l'île de Man, manxois(e). <> *n* [language] manx *m*.

many ['menɪ] <> *adj* (*comp* **more**, *superl* **most**) beaucoup de ; **how ~...?** combien de...? ; **too ~** trop de ; **as ~... as** autant de... que ; **so ~** autant de ; **a good** OR **great ~** un grand nombre de. <> *pron* [a lot, plenty] beaucoup.

Maori ['maʊrɪ] <> *adj* maori(e). <> *n* Maori *m*, -e *f*.

map [mæp] (*pt* & *pp* **-ped**, *cont* **-ping**) *n* carte *f*.
◆ **map out** *vt sep* [plan] élaborer ; [timetable] établir ; [task] définir.

maple ['meɪpl] *n* érable *m*.

maple leaf *n* feuille *f* d'érable.

maple syrup *n* sirop *m* d'érable.

Maputo [mə'pu:təʊ] *n* Maputo.

mar [mɑ:ʳ] (*pt* & *pp* **-red**, *cont* **-ring**) *vt* gâter, gâcher.

Mar. *see also* **March**.

marathon ['mærəθn] <> *adj* marathon *(inv)*. <> *n* marathon *m*.

marathon runner *n* marathonien *m*, -enne *f*.

marauder [mə'rɔ:dəʳ] *n* maraudeur *m*, -euse *f*.

marauding [mə'rɔːdɪŋ] *adj* maraudeur (euse).

marble ['mɑːbl] *n* - **1.** [stone] marbre *m* - **2.** [for game] bille *f*.
◆ **marbles** *n (U)* [game] billes *fpl*.

march [mɑːtʃ] ◇ *n* marche *f*. ◇ *vi* - **1.** [soldiers etc] marcher au pas - **2.** [demonstrators] manifester, faire une marche de protestation - **3.** [quickly] : **to ~ up to sb** s'approcher de qqn d'un pas décidé. ◇ *vt* : **to ~ sb out the door** faire sortir qqn.

March [mɑːtʃ] *n* mars *m*, *see also* **September**.

marcher ['mɑːtʃər] *n* [protester] marcheur *m*, -euse *f*.

marching orders ['mɑːtʃɪŋ-] *npl* : **to get one's ~** se faire mettre à la porte.

marchioness ['mɑːʃənes] *n* marquise *f*.

march-past *n* défilé *m*.

Mardi Gras [ˌmɑːdɪ'grɑː] *n* mardi *m* gras, carnaval *m*.

mare [meər] *n* jument *f*.

marg [mɑːdʒ] *n UK inf see also* **margarine**.

marg. [mɑːdʒ] *n* = **margin**.

margarine [ˌmɑːdʒə'riːn, ˌmɑːgə'riːn] *n* margarine *f*.

marge [mɑːdʒ] *n UK inf* margarine *f*.

margin ['mɑːdʒɪn] *n* - **1.** [gen] marge *f* ; **to win by a narrow ~** gagner de peu OR de justesse - **2.** [edge - of an area] bord *m*.

marginal ['mɑːdʒɪnl] *adj* - **1.** [unimportant] marginal(e), secondaire - **2.** *UK* POL : **~ seat** *circonscription électorale où la majorité passe facilement d'un parti à un autre.*

marginally ['mɑːdʒɪnəlɪ] *adv* très peu.

marigold ['mærɪgəʊld] *n* souci *m*.

marihuana, **marijuana** [ˌmærɪ'wɑːnə] *n* marihuana *f*.

marina [mə'riːnə] *n* marina *f*.

marinade [ˌmærɪ'neɪd] ◇ *n* marinade *f*. ◇ *vt* & *vi* mariner.

marinate ['mærɪneɪt] *vt* & *vi* mariner.

marine [mə'riːn] *adj* marin(e).

Marine *n* marine *m*.

marionette [ˌmærɪə'net] *n* marionnette *f*.

marital ['mærɪtl] *adj* [sex, happiness] conjugal(e) ; [problems] matrimonial(e).

marital status *n* situation *f* de famille.

maritime ['mærɪtaɪm] *adj* maritime.

Maritime Provinces, **Maritimes** *npl* : **the ~** les Provinces *fpl* Maritimes.

marjoram ['mɑːdʒərəm] *n* marjolaine *f*.

mark [mɑːk] ◇ *n* - **1.** [stain] tache *f*, marque *f* - **2.** [sign, written symbol] marque *f* - **3.** *esp UK* [in exam] note *f*, point *m* - **4.** [stage, level] barre *f* - **5.** [currency] mark *m* - **6.** *phr* **to make one's ~** se faire un nom, réussir ; **to be quick off the ~ in doing sthg** faire qqch sans perdre de temps ; **wide of the ~** à côté de la question. ◇ *vt* - **1.** [gen] marquer - **2.** [stain] marquer, tacher - **3.** *esp UK* [exam, essay] noter, corriger.
◆ **mark down** *vt sep* - **1.** [COMM - prices] baisser ; [- goods] baisser le prix de, démarquer - **2.** [downgrade] baisser la note de.
◆ **mark off** *vt sep* [cross off] cocher.
◆ **mark up** *vt sep* [COMM - prices] augmenter ; [- goods] augmenter le prix de.

marked [mɑːkt] *adj* [change, difference] marqué(e) ; [improvement, deterioration] sensible.

markedly ['mɑːkɪdlɪ] *adv* [different] d'une façon marquée ; [worse, better] sensiblement, manifestement.

marker ['mɑːkər] *n* - **1.** [sign] repère *m* - **2.** [pen] marqueur *m*.

marker pen *n* marqueur *m*.

market ['mɑːkɪt] ◇ *n* marché *m* ; **to be on the ~** être sur le marché OR en vente. ◇ *vt* commercialiser. ◇ *vi US* [shop] : **to go ~ing** aller faire ses courses.

marketable ['mɑːkɪtəbl] *adj* commercialisable.

market analysis *n* analyse *f* de marché.

market day *n* jour *m* de marché.

market forces *npl* forces *fpl* OR tendances *fpl* du marché.

market garden *n UK* jardin *m* maraîcher.

marketing ['mɑːkɪtɪŋ] *n* marketing *m*.

marketplace ['mɑːkɪtpleɪs] *n* - **1.** [in a town] place *f* du marché - **2.** COMM marché *m*.

market price *n* prix *m* du marché.

market research *n* étude *f* de marché.

market town *n* marché *m*.

market value *n* valeur *f* marchande.

marking ['mɑːkɪŋ] *n* SCH correction *f*.
◆ **markings** *npl* [on animal, flower] taches *fpl*, marques *fpl* ; [on road] signalisation *f* horizontale.

marksman ['mɑːksmən] (*pl* **-men** [-mən]) *n* tireur *m* d'élite.

marksmanship ['mɑːksmənʃɪp] *n* adresse *f* au tir.

markswoman ['mɑːkswəmən] (*pl* **-men** [-mən]) *n* tireuse *f* d'élite.

markup ['mɑːkʌp] *n* majoration *f*.

marmalade ['mɑːməleɪd] *n* confiture *f* d'oranges amères.

maroon [mə'ruːn] *adj* bordeaux *(inv)*.

marooned [mə'ruːnd] *adj* abandonné(e).

marquee [mɑː'kiː] *n UK* grande tente *f*.
marquess ['mɑːkwɪs] = marquis.
marquetry ['mɑːkɪtrɪ] *n* marqueterie *f*.
marquis ['mɑːkwɪs] *n* marquis *m*.
marriage ['mærɪdʒ] *n* mariage *m*.
marriage bureau *n UK* agence *f* matrimoniale.
marriage certificate *n* acte *m* de mariage.
marriage guidance *UK* & *Australia*, **marriage counseling** *US n* conseil *m* conjugal.
marriage guidance counsellor *UK*, **marriage counselor** *US n* conseiller conjugal *m*, conseillère conjugale *f*.
married ['mærɪd] *adj* - **1.** [person] marié(e) ; **to get ~** se marier - **2.** [life] conjugal(e).
marrow ['mærəʊ] *n* - **1.** *UK* [vegetable] courge *f* - **2.** [in bones] moelle *f*.
marry ['mærɪ] (*pt & pp* **-ied**) <> *vt* - **1.** [become spouse of] épouser, se marier avec - **2.** [subj: priest, registrar] marier. <> *vi* se marier.
Mars [mɑːz] *n* [planet] Mars *f*.
Marseille(s) [mɑː'seɪlz] *n* Marseille.
marsh [mɑːʃ] *n* marais *m*, marécage *m*.
marshal ['mɑːʃl] <> *n* - **1.** MIL maréchal *m* - **2.** [steward] membre *m* du service d'ordre - **3.** *US* [law officer] officier *m* de police fédérale. <> *vt* (*UK, pt & pp* **-led**, *cont* **-ling**, *US, pt & pp* **-ed**, *cont* **-ing**) *lit* & *fig* rassembler.
marshalling yard ['mɑːʃlɪŋ-] *n UK* gare *f* de triage.
marshland ['mɑːʃlænd] *n* terrain *m* marécageux.
marshmallow [*UK* ˌmɑːʃ'mæləʊ, *US* 'mɑːrʃˌmeləʊ] *n* guimauve *f*.
marshy ['mɑːʃɪ] (*comp* **-ier**, *superl* **-iest**) *adj* marécageux(euse).
marsupial [mɑː'suːpjəl] *n* marsupial *m*.
martial ['mɑːʃl] *adj* martial(e).
martial arts *npl* arts *mpl* martiaux.
martial law *n* loi *f* martiale.
Martian ['mɑːʃn] <> *adj* martien(enne). <> *n* Martien *m*, -enne *f*.
martin ['mɑːtɪn] *n* martinet *m*.
martini [mɑː'tiːnɪ] *n* [cocktail] martini *m*.
Martinique [ˌmɑːtɪ'niːk] *n* la Martinique *f* ; **in ~** à la Martinique.
martyr ['mɑːtəʳ] *n* martyr *m*, -e *f*.
martyrdom ['mɑːtədəm] *n* martyre *m*.
martyred ['mɑːtəd] *adj* de martyr.
marvel ['mɑːvl] <> *n* merveille *f* ; **it's a ~ that...** c'est un miracle que... (*+ subjunctive*). <> *vt* (*UK, pt & pp* **-led**, *cont* **-ling**, *US, pt & pp* **-ed**, *cont* **-ing**) : **to ~ that** s'étonner de ce que. <> *vi* (*UK, pt & pp* **-led**, *cont* **-ling**, *US, pt & pp* **-ed**, *cont* **-ing**) : **to ~ (at)** s'émerveiller (de), s'étonner (de).
marvellous *UK*, **marvelous** *US* ['mɑːvələs] *adj* merveilleux(euse).
Marxism ['mɑːksɪzm] *n* marxisme *m*.
Marxist ['mɑːksɪst] <> *adj* marxiste. <> *n* marxiste *mf*.
Maryland ['meərɪlænd] *n* Maryland *m* ; **in ~** dans le Maryland.
marzipan ['mɑːzɪpæn] *n (U)* pâte *f* d'amandes.
mascara [mæs'kɑːrə] *n* mascara *m*.
mascot ['mæskət] *n* mascotte *f*.
masculine ['mæskjʊlɪn] *adj* masculin(e).
masculinity [ˌmæskjʊ'lɪnətɪ] *n* masculinité *f*.
mash [mæʃ] *vt UK inf* faire une purée de.
MASH [mæʃ] (*abbr of* **mobile army surgical hospital**) *n US hôpital militaire de campagne.*
mashed potato *UK* [mæʃt-], **mashed potatoes** *n* purée *f* de pommes de terre.
mask [mɑːsk] *lit* & *fig* <> *n* masque *m*. <> *vt* masquer.
masked [mɑːskt] *adj* masqué(e).
masking tape ['mɑːskɪŋ-] *n* papier *m* cache.
masochism ['mæsəkɪzm] *n* masochisme *m*.
masochist ['mæsəkɪst] *n* masochiste *mf*.
masochistic [ˌmæsə'kɪstɪk] *adj* masochiste.
mason ['meɪsn] *n* - **1.** [stonemason] maçon *m* - **2.** [freemason] franc-maçon *m*.
masonic [mə'sɒnɪk] *adj* maçonnique.
masonry ['meɪsnrɪ] *n* [stones] maçonnerie *f*.
masquerade [ˌmæskə'reɪd] *vi* : **to ~ as** se faire passer pour ; **to ~ under an assumed name** se cacher sous un faux nom.
mass, **Mass** [mæs] <> *n* [gen & PHYS] masse *f*. <> *adj* [protest, meeting] en masse, en nombre ; [unemployment, support] massif(ive). <> *vt* masser. <> *vi* se masser.
◆ **Mass** *n* RELIG messe *f*.
◆ **masses** *npl* - **1.** *esp UK inf* [lots] : **~es (of)** des masses (de) ; [food] des tonnes (de) - **2.** [workers] : **the ~es** les masses *fpl*.
Massachusetts [ˌmæsə'tʃuːsɪts] *n* Massachusetts *m* ; **in ~** dans le Massachusetts.
massacre ['mæsəkəʳ] <> *n* massacre *m*. <> *vt* massacrer.
massage [*UK* 'mæsɑːʒ, *US* mə'sɑːʒ] <> *n* massage *m*. <> *vt* masser.

massage parlour *UK*, **massage parlor** *US n* institut *m* de massage.

masseur [mæ'sɜːʳ] *n* masseur *m*.

masseuse [mæ'sɜːz] *n* masseuse *f*.

massive ['mæsɪv] *adj* massif(ive), énorme.

massively ['mæsɪvlɪ] *adv* massivement.

mass mailing *n US* = **mailshot**.

mass-market *adj* grand public *(inv)*.

mass media *n* & *npl* : **the ~** les (mass) media *mpl*.

mass-produce *vt* fabriquer en série.

mass production *n* fabrication *f* OR production *f* en série.

mast [mɑːst] *n* - **1.** [on boat] mât *m* - **2.** RADIO & TV pylône *m*.

mastectomy [mæs'tektəmɪ] (*pl* **-ies**) *n* mastectomie *f*.

master ['mɑːstəʳ] ◇ *n* - **1.** [gen] maître *m* - **2.** *UK* [SCH - in primary school] instituteur *m*, maître *m* ; [- in secondary school] professeur *m*. ◇ *adj* maître. ◇ *vt* maîtriser ; [difficulty] surmonter, vaincre ; [situation] se rendre maître de.

master bedroom *n* chambre *f* principale.

master disk *n* COMPUT disque *m* d'exploitation.

masterful ['mɑːstəfʊl] *adj* autoritaire.

master key *n* passe *m*, passe-partout *m inv*.

masterly ['mɑːstəlɪ] *adj* magistral(e).

mastermind ['mɑːstəmaɪnd] ◇ *n* cerveau *m*. ◇ *vt* organiser, diriger.

Master of Arts (*pl* **Masters of Arts**) *n* - **1.** [degree] maîtrise *f* ès lettres - **2.** [person] titulaire *mf* d'une maîtrise ès lettres.

master of ceremonies (*pl* **masters of ceremonies**) *n* maître *m* de cérémonie.

Master of Science (*pl* **Masters of Science**) *n* - **1.** [degree] maîtrise *f* ès sciences - **2.** [person] titulaire *mf* d'une maîtrise ès sciences.

masterpiece ['mɑːstəpiːs] *n* chef-d'œuvre *m*.

master plan *n* stratégie *f* globale.

master's degree *n* ≃ maîtrise *f*.

masterstroke ['mɑːstəstrəʊk] *n* coup *m* magistral OR de maître.

master switch *n* interrupteur *m* général OR principal.

masterwork ['mɑːstəwɜːk] *n* chef-d'œuvre *m*.

mastery ['mɑːstərɪ] *n* maîtrise *f*.

mastic ['mæstɪk] *n* mastic *m*.

masticate ['mæstɪkeɪt] *vt* & *vi fml* mastiquer, mâcher.

mastiff ['mæstɪf] *n* mastiff *m*.

masturbate ['mæstəbeɪt] *vi* se masturber.

masturbation [,mæstə'beɪʃn] *n* masturbation *f*.

mat [mæt] *n* - **1.** [on floor] petit tapis *m* ; [at door] paillasson *m* - **2.** [on table] set *m* (de table) ; [coaster] dessous *m* de verre.

match [mætʃ] ◇ *n* - **1.** [game] match *m* - **2.** [for lighting] allumette *f* - **3.** [equal] : **to be no ~ for sb** ne pas être de taille à lutter contre qqn. ◇ *vt* - **1.** [be the same as] correspondre à, s'accorder avec - **2.** [pair off] faire correspondre - **3.** [be equal with] égaler, rivaliser avec. ◇ *vi* - **1.** [be the same] correspondre - **2.** [go together well] être assorti(e).

matchbox ['mætʃbɒks] *n* boîte *f* à allumettes.

matched [mætʃt] *adj* : **to be well ~** [well suited] être bien assortis(es) ; [equal in strength] être de force égale.

matching ['mætʃɪŋ] *adj* assorti(e).

matchless ['mætʃlɪs] *adj* sans pareil, incomparable.

matchmaker ['mætʃ,meɪkəʳ] *n* marieur *m*, -euse *f*.

match play *n* GOLF match-play *m*.

match point *n* TENNIS balle *f* de match.

matchstick ['mætʃstɪk] *n* allumette *f*.

mate [meɪt] ◇ *n* - **1.** *UK inf* [friend] copain *m*, copine *f*, pote *m* - **2.** *UK inf* [term of address] mon vieux - **3.** [of female animal] mâle *m* ; [of male animal] femelle *f* - **4.** NAUT : **(first) ~** second *m*. ◇ *vi* s'accoupler.

material [mə'tɪərɪəl] ◇ *adj* - **1.** [goods, benefits, world] matériel(elle) - **2.** [important] important(e), essentiel(elle). ◇ *n* - **1.** [substance] matière *f*, substance *f* ; [type of substance] matériau *m*, matière - **2.** [fabric] tissu *m*, étoffe *f* ; [type of fabric] tissu - **3.** *(U)* [information - for book, article etc] matériaux *mpl*.

◆ **materials** *npl* matériaux *mpl*.

materialism [mə'tɪərɪəlɪzm] *n* matérialisme *m*.

materialist [mə'tɪərɪəlɪst] *n* matérialiste *mf*.

materialistic [mə,tɪərɪə'lɪstɪk] *adj* matérialiste.

materialize, *UK* **-ise** [mə'tɪərɪəlaɪz] *vi* - **1.** [offer, threat] se concrétiser, se réaliser - **2.** [person, object] apparaître.

materially [mə'tɪərɪəlɪ] *adv* - **1.** [benefit, suffer] matériellement - **2.** [different] essentiellement.

maternal [mə'tɜːnl] *adj* maternel(elle).

maternity [mə'tɜːnətɪ] *n* maternité *f*.

maternity benefit *n UK (U)* allocations *fpl* (de) maternité.

maternity dress *n* robe *f* de grossesse.

maternity hospital *n* maternité *f*.

math *US* = **maths**.

mathematical [ˌmæθəˈmætɪkl] *adj* mathématique.

mathematician [ˌmæθəməˈtɪʃn] *n* mathématicien *m*, -enne *f*.

mathematics [ˌmæθəˈmætɪks] *n (U)* mathématiques *fpl*.

maths *UK* [mæθs], **math** *US* (*abbr of* **mathematics**) *inf* [mæθ] ◇ *n (U)* maths *fpl*. ◇ *comp* de maths.

maths coprocessor *UK*, **math coprocessor** *US* [-ˌkəʊˈprəʊsesəʳ] *n* COMPUT coprocesseur *m* mathématique.

matinée, **matinee** [ˈmætɪneɪ] *n* matinée *f*.

matinée coat, **matinée jacket** *n UK* veste *f* de bébé.

mating call [ˈmeɪtɪŋ-] *n* appel *m* du mâle.

mating season [ˈmeɪtɪŋ-] *n* saison *f* des amours.

matriarch [ˈmeɪtrɪɑːk] *n* - **1.** [of society] *femme ayant une autorité matriarcale* - **2.** *lit* [of family] aïeule *f*, doyenne *f*.

matrices [ˈmeɪtrɪsiːz] *pl* ▷ **matrix**.

matriculate [məˈtrɪkjʊleɪt] *vi* s'inscrire.

matriculation [məˌtrɪkjʊˈleɪʃn] *n* inscription *f*.

matrimonial [ˌmætrɪˈməʊnjəl] *adj* *fml* matrimonial(e), conjugal(e).

matrimony [ˈmætrɪmənɪ] *n fml (U)* mariage *m*.

matrix [ˈmeɪtrɪks] (*pl* **matrices** [ˈmeɪtrɪsiːz], *pl* **-es** [-iːz]) *n* - **1.** [context, framework] contexte *m*, structure *f* - **2.** MATHS & TECH matrice *f*.

matron [ˈmeɪtrən] *n* - **1.** *UK* [in hospital] infirmière *f* en chef - **2.** *UK* [in school] infirmière *f* - **3.** *US* [in prison] gardienne *f*.

matronly [ˈmeɪtrənlɪ] *adj euph* [woman] qui a l'allure d'une matrone ; [figure] de matrone.

matt *UK*, **matte** *US* [mæt] *adj* mat(e).

matted [ˈmætɪd] *adj* emmêlé(e).

matter [ˈmætəʳ] ◇ *n* - **1.** [question, situation] question *f*, affaire *f* ; **a ~ of life and death** une question de vie ou de mort ; **the fact** *OR* **truth of the ~ is...** la vérité c'est que..., le fait est que... ; **that's another** *OR* **a different ~** c'est tout autre chose, c'est une autre histoire ; **as a ~ of course** automatiquement ; **to make ~s worse** aggraver la situation ; **and to make ~s worse...** pour tout arranger... ; **as a ~ of principle** par principe ; **within a ~ of hours** en l'affaire de quelques heures ; **that's a ~ of opinion** c'est (une) affaire *OR* question d'opinion ; **a ~ of time** une question de temps - **2.** [trouble, cause of pain] : **there's something the ~ with my radio** il y a quelque chose qui cloche *OR* ne va pas dans ma radio ; **what's the ~?** qu'est-ce qu'il y a? ; **what's the ~ with him?** qu'est-ce qu'il a? - **3.** PHYS matière *f* - **4.** *(U)* [material] matière *f* ; **reading ~** choses *fpl* à lire ; **printed ~** imprimés *mpl*. ◇ *vi* [be important] importer, avoir de l'importance ; **it doesn't ~** cela n'a pas d'importance.

◆ **as a matter of fact** *adv* en fait, à vrai dire.

◆ **for that matter** *adv* d'ailleurs.

◆ **no matter** *adv* : **no ~ what** coûte que coûte, à tout prix ; **no ~ how hard I try to explain...** j'ai beau essayer de lui expliquer...

Matterhorn [ˈmætəˌhɔːn] *n* : **the ~** le mont Cervin.

matter-of-fact *adj* terre-à-terre, neutre.

matting [ˈmætɪŋ] *n* natte *f*.

mattress [ˈmætrɪs] *n* matelas *m*.

mature [məˈtjʊəʳ] ◇ *adj* - **1.** [person, attitude] mûr(e) - **2.** [cheese] fait(e) ; [wine] arrivé(e) à maturité. ◇ *vi* - **1.** [person] mûrir - **2.** [cheese, wine] se faire.

mature student *n UK* UNIV *étudiant qui a commencé ses études sur le tard.*

maturity [məˈtjʊərətɪ] *n* maturité *f*.

maudlin [ˈmɔːdlɪn] *adj* larmoyant(e).

maul [mɔːl] *vt* mutiler.

Mauritania [ˌmɒrɪˈteɪnjə] *n* Mauritanie *f* ; **in ~** en Mauritanie.

Mauritanian [ˌmɒrɪˈteɪnjən] ◇ *adj* mauritanien(enne). ◇ *n* Mauritanien *m*, -enne *f*.

Mauritian [məˈrɪʃn] ◇ *adj* mauricien (enne). ◇ *n* Mauricien *m*, -enne *f*.

Mauritius [məˈrɪʃəs] *n* l'île *f* Maurice ; **in ~** à l'île Maurice.

mausoleum [ˌmɔːsəˈlɪəm] (*pl* **-s**) *n* mausolée *m*.

mauve [məʊv] ◇ *adj* mauve. ◇ *n* mauve *m*.

maverick [ˈmævərɪk] *n* non-conformiste *mf*.

mawkish [ˈmɔːkɪʃ] *adj* d'une sentimentalité excessive.

max. [mæks] (*abbr of* **maximum**) max.

maxim [ˈmæksɪm] (*pl* **-s**) *n* maxime *f*.

maxima [ˈmæksɪmə] *pl* ▷ **maximum**.

maximize, *UK* **-ise** [ˈmæksɪmaɪz] *vt* maximiser, porter au maximum.

maximum [ˈmæksɪməm] ◇ *adj* maximum *(inv)*. ◇ *n* (*pl* **maxima** [ˈmæksɪmə] *OR* **-s**) maximum *m*.

may [meɪ] *modal vb* - **1.** [expressing possibility] : **it ~ rain** il se peut qu'il pleuve, il va peut-être pleuvoir ; **be that as it ~** quoi qu'il en soit

- 2. [can] pouvoir ; **on a clear day the coast ~ be seen** on peut voir la côte par temps clair **- 3.** [asking permission] **: ~ I come in?** puis-je entrer? **- 4.** [as contrast] **: it ~ be expensive but...** c'est peut-être cher, mais... **- 5.** *fml* [expressing wish, hope] **: ~ they be happy!** qu'ils soient heureux!, *see also* **might**.

May [meɪ] *n* mai *m*, *see also* **September**.

Maya ['maɪə] *n* **: the ~** les Mayas *mpl*.

Mayan ['maɪən] *adj* maya.

maybe ['meɪbi:] *adv* peut-être ; **~ I'll come** je viendrai peut-être.

mayday ['meɪdeɪ] *n* S.O.S. *m*

May Day *n* le Premier mai.

mayfly ['meɪflaɪ] (*pl* **-flies**) *n* éphémère *m*.

mayhem ['meɪhem] *n* pagaille *f*.

mayn't [meɪnt] *UK see also* **may not**.

mayonnaise [ˌmeɪə'neɪz] *n* mayonnaise *f*.

mayor [meəʳ] *n* maire *m*.

mayoress ['meərɪs] *n esp UK* **- 1.** [female mayor] femme *f* maire **- 2.** [mayor's wife] femme *f* du maire.

maypole ['meɪpəʊl] *n* ≃ mai *m*.

may've ['meɪəv] *see also* **may have**.

maze [meɪz] *n lit* & *fig* labyrinthe *m*, dédale *m*.

MB - 1. (*abbr of* **megabyte**) Mo **- 2.** *see also* **Manitoba**.

MBA (*abbr of* **Master of Business Administration**) *n (titulaire d'une) formation supérieure au management*.

MBBS (*abbr of* **Bachelor of Medicine and Surgery**) *n (titulaire d'une) licence de médecine et de chirurgie*.

MBE (*abbr of* **Member of the Order of the British Empire**) *n distinction honorifique britannique*.

MC *see also* **master of ceremonies**.

MCAT (*abbr of* **Medical College Admissions Test**) *n US test d'admission aux études de médecine*.

MCC (*abbr of* **Marylebone Cricket Club**) *n célèbre club de cricket de Londres*.

McCarthyism [mə'kɑ:θɪɪzm] *n* Maccartisme *m*, Maccarthysme *m*.

McCoy [mə'kɔɪ] *n inf* **the real ~** de l'authentique, du vrai de vrai.

MCP (*abbr of* **male chauvinist pig**) *n inf* phallo *m*.

MD ◇ *n* **- 1.** *see also* **Doctor of Medicine - 2.** *UK see also* **managing director**. ◇ *see also* **Maryland**.

MDT (*abbr of* **Mountain Daylight Time**) *n heure d'été des montagnes Rocheuses*.

me [mi:] *pers pron* **- 1.** [direct, indirect] me, m' *(+ vowel or silent 'h')* ; **can you see/hear ~?** tu me vois/m'entends? ; **it's ~** c'est moi ; **they spoke to ~** ils m'ont parlé ; **she gave it to ~** elle me l'a donné **- 2.** [stressed, after prep, in comparisons *etc*] moi ; **you can't expect ME to do it** tu ne peux pas exiger que ce soit moi qui le fasse ; **she's shorter than ~** elle est plus petite que moi.

ME ◇ *n* (*abbr of* **myalgic encephalomyelitis**) myélo-encéphalite *f*. ◇ *see also* **Maine**.

meadow ['medəʊ] *n* prairie *f*, pré *m*.

meagre *UK*, **meager** *US* ['mi:gəʳ] *adj* maigre.

meal [mi:l] *n* repas *m* ; **to make a ~ of sthg** *UK fig* & *pej* faire toute une histoire *OR* tout un plat de qqch.

meals on wheels *npl* repas *mpl* à domicile *(pour personnes âgées ou handicapées)*.

mealtime ['mi:ltaɪm] *n* heure *f* du repas ; **at ~s** aux heures des repas.

mealy-mouthed ['mi:lɪ'maʊðd] *adj pej* mielleux(euse), patelin(e).

mean [mi:n] ◇ *vt* (*pt* & *pp* **meant**) **- 1.** [signify] signifier, vouloir dire ; **money ~s nothing to him** l'argent ne compte pas pour lui **- 2.** [intend] **: to ~ to do sthg** vouloir faire qqch, avoir l'intention de faire qqch ; **I didn't ~ to drop it** je n'ai pas fait exprès de le laisser tomber ; **to be meant for sb/sthg** être destiné(e) à qqn/qqch ; **to be meant to do sthg** être censé(e) faire qqch ; **to ~ well** agir dans une bonne intention **- 3.** [be serious about] **: I ~ it** je suis sérieux(euse) **- 4.** [entail] occasionner, entraîner **- 5.** *phr* **I ~** [as explanation] c'est vrai ; [as correction] je veux dire. ◇ *adj* **- 1.** *UK* [miserly] radin(e), chiche ; **to be ~ with sthg** être avare de qqch **- 2.** [unkind] mesquin(e), méchant(e) ; **to be ~ to sb** être mesquin envers qqn **- 3.** [average] moyen(enne) **- 4.** *iron* **she's no ~ singer** elle a de la voix ; **that's no ~ feat** c'est un véritable exploit. ◇ *n* [average] moyenne *f*, *see also* **means**.

meander [mɪ'ændəʳ] *vi* [river, road] serpenter ; [person] errer.

meaning ['mi:nɪŋ] *n* sens *m*, signification *f*.

meaningful ['mi:nɪŋfʊl] *adj* [look] significatif(ive) ; [relationship, discussion] important(e).

meaningless ['mi:nɪŋlɪs] *adj* [gesture, word] dénué(e) *OR* vide de sens ; [proposal, discussion] sans importance.

meanness ['mi:nnɪs] *n* **- 1.** [stinginess] avarice *f* **- 2.** [unkindness] mesquinerie *f*, méchanceté *f*.

means [mi:nz] ◇ *n* [method, way] moyen *m* ; **a ~ to an end** un moyen d'arriver à ses fins ; **by ~ of** au moyen de. ◇ *npl* [money] moyens *mpl*, ressources *fpl*.

◆ **by all means** *adv* mais certainement, bien sûr.

◆ **by no means** *adv* nullement, en aucune façon.

means test *n esp UK enquête sur les ressources d'une personne (qui demande une aide financière à l'État).*

meant [ment] *pt & pp* ▷ **mean.**

meantime ['miːnˌtaɪm] *n* : **in the ~** en attendant.

meanwhile ['miːnˌwaɪl] *adv* - **1.** [at the same time] pendant ce temps - **2.** [between two events] en attendant.

measles ['miːzlz] *n* : **(the) ~** la rougeole.

measly ['miːzlɪ] (*comp* **-ier**, *superl* **-iest**) *adj inf* misérable, minable.

measurable ['meʒərəbl] *adj* [improvement, deterioration] sensible.

measurably ['meʒərəblɪ] *adv* sensiblement.

measure ['meʒər] ◇ *n* - **1.** [gen] mesure *f* - **2.** [amount] : **to achieve a ~ of independence** parvenir à une certaine indépendance ; **for good ~** pour faire bonne mesure - **3.** [indication] : **it is a ~ of her success that...** la preuve de son succès, c'est que... ◇ *vt & vi* mesurer.

◆ **measure up** *vi* : **to ~ up (to)** être à la hauteur (de).

measured ['meʒəd] *adj* [steps, tone] mesuré(e).

measurement ['meʒəmənt] *n* mesure *f*.

measuring tape ['meʒərɪŋ-] *n* mètre *m* (à ruban) ; [in dressmaking] centimètre *m*.

meat [miːt] *n* viande *f*.

meatball ['miːtbɔːl] *n* boulette *f* de viande.

meat pie *n* tourte *f* à la viande.

meaty ['miːtɪ] (*comp* **-ier**, *superl* **-iest**) *adj fig* important(e).

Mecca ['mekə] *n* La Mecque ; **a ~ for** la Mecque de.

mechanic [mɪ'kænɪk] *n* mécanicien *m*, -enne *f*.

◆ **mechanics** ◇ *n (U)* [study] mécanique *f*. ◇ *npl fig* mécanisme *m*.

mechanical [mɪ'kænɪkl] *adj* - **1.** [device] mécanique - **2.** [person, mind] fort(e) en mécanique - **3.** [routine, automatic] machinal(e).

mechanical engineering *n* génie *m* mécanique.

mechanism ['mekənɪzm] *n lit & fig* mécanisme *m*.

mechanization [ˌmekənaɪ'zeɪʃn] *n* mécanisation *f*.

mechanize, *UK* **-ise** ['mekənaɪz] *vt & vi* mécaniser.

MEd [ˌem'ed] (*abbr of* **Master of Education**) *n (titulaire d'une) maîtrise en sciences de l'éducation.*

medal ['medl] *n* médaille *f*.

medallion [mɪ'dæljən] *n* médaillon *m*.

medallist *UK*, **medalist** *US* ['medəlɪst] *n* médaillé *m*, -e *f*.

meddle ['medl] *vi* : **to ~ in** se mêler de.

meddlesome ['medlsəm] *adj* [person] qui met son nez partout.

media ['miːdjə] ◇ *pl* ▷ **medium.** ◇ *n & npl* : **the ~** les médias *mpl*.

mediaeval [ˌmedɪ'iːvl] = **medieval.**

media event *n* événement *m* médiatique.

median ['miːdjən] ◇ *adj* MATHS médian(e). ◇ *n US* [of road] bande *f* médiane *(qui sépare les deux côtés d'une grande route).*

mediate ['miːdɪeɪt] ◇ *vt* négocier. ◇ *vi* : **to ~ (for/between)** servir de médiateur (pour/entre).

mediation [ˌmiːdɪ'eɪʃn] *n* médiation *f*.

mediator ['miːdɪeɪtər] *n* médiateur *m*, -trice *f*.

medic ['medɪk] *n* - **1.** *inf UK* [medical student] carabin *m* - **2.** *inf UK* [doctor] toubib *m* - **3.** *US* MIL médecin *m* militaire.

Medicaid ['medɪkeɪd] *n US assistance médicale aux personnes sans ressources.*

medical ['medɪkl] ◇ *adj* médical(e). ◇ *n UK* examen *m* médical.

medical certificate *n* certificat *m* médical.

medical insurance *n* assurance *f* maladie.

medical officer *n* [in factory *etc*] médecin *m* du travail ; MIL médecin militaire.

medical student *n* étudiant *m*, -e *f* en médecine.

medicament ['medɪkəmənt] *n* médicament *m*.

Medicare ['medɪkeər] *n US programme fédéral d'assistance médicale pour personnes âgées.*

medicated ['medɪkeɪtɪd] *adj* traitant(e).

medication [ˌmedɪ'keɪʃn] *n* - **1.** [use of medicines] médication *f* - **2.** [medicine] médicament *m*.

medicinal [me'dɪsɪnl] *adj* médicinal(e).

medicine ['medsɪn] *n* - **1.** [subject, treatment] médecine *f* ; **Doctor of Medicine** UNIV docteur *m* en médecine - **2.** [substance] médicament *m*.

medicine man *n* sorcier *m*.

medieval [ˌmedɪ'iːvl] *adj* médiéval(e).

mediocre [ˌmiːdɪ'əʊkəʳ] *adj* médiocre.

mediocrity [ˌmiːdɪ'ɒkrətɪ] *n* médiocrité *f*.

meditate ['medɪteɪt] *vi* : **to ~ (on** *OR* **upon)** méditer (sur).

meditation [ˌmedɪ'teɪʃn] *n* méditation *f*.

Mediterranean [ˌmedɪtə'reɪnjən] ◇ *n* - **1.** [sea] : **the ~ (Sea)** la (mer) Méditerranée - **2.** [person] Méditerranéen *m*, -enne *f*. ◇ *adj* méditerranéen(enne).

medium ['miːdjəm] ◇ *adj* moyen(enne). ◇ *n* - **1.** (*pl* **media** ['miːdjə]) [way of communicating] moyen *m* - **2.** (*pl* **mediums**) [spiritualist] médium *m*.

medium-dry *adj* demi-sec.

medium-size(d) [-saɪz(d)] *adj* de taille moyenne.

medium wave *n* onde *f* moyenne.

medley ['medlɪ] (*pl* **-s**) *n* - **1.** [mixture] mélange *m* - **2.** MUS pot-pourri *m*.

meek [miːk] *adj* docile.

meekly ['miːklɪ] *adv* docilement.

meet [miːt] ◇ *vt* (*pt & pp* **met**) - **1.** [gen] rencontrer ; [by arrangement] retrouver - **2.** [go to meet - person] aller/venir attendre, aller/venir chercher ; [- train, plane] aller attendre - **3.** [need, requirement] satisfaire, répondre à - **4.** [problem] résoudre ; [challenge] répondre à - **5.** [costs] payer - **6.** [join] rejoindre. ◇ *vi* (*pt & pp* **met**) - **1.** [gen] se rencontrer ; [by arrangement] se retrouver ; [for a purpose] se réunir - **2.** [join] se joindre. ◇ *n US* [meeting] meeting *m*.

◆ **meet up** *vi* se retrouver ; **to ~ up with sb** rencontrer qqn, retrouver qqn.

◆ **meet with** *vt insep* - **1.** [encounter - disapproval] être accueilli(e) par ; [- success] remporter ; [- failure] essuyer - **2.** *US* [by arrangement] retrouver.

meeting ['miːtɪŋ] *n* - **1.** [for discussions, business] réunion *f* - **2.** [by chance] rencontre *f* ; [by arrangement] entrevue *f* - **3.** [people at meeting] : **the ~** l'assemblée *f*.

meeting place *n* lieu *m* de réunion.

mega- ['megə] *prefix* méga-.

megabit ['megəbɪt] *n* COMPUT méga-bit *m*.

megabyte ['megəbaɪt] *n* COMPUT méga-octet *m*.

megahertz ['megəhɜːts] *n* mégahertz *m*.

megalomania [ˌmegələ'meɪnjə] *n* mégalomanie *f*.

megalomaniac [ˌmegələ'meɪnɪæk] *n* mégalomane *mf*.

megaphone ['megəfəʊn] *n* mégaphone *m*, porte-voix *m inv*.

megaton ['megətʌn] *n* mégatonne *f*.

megawatt ['megəwɒt] *n* mégawatt *m*.

melamine ['meləmiːn] *n* mélamine *f*.

melancholy ['melənkəlɪ] ◇ *adj* [person] mélancolique ; [news, facts] triste. ◇ *n* mélancolie *f*.

mellow ['meləʊ] ◇ *adj* [light, voice] doux (douce) ; [taste, wine] moelleux(euse). ◇ *vt* : **to be ~ed by age** s'assagir avec l'âge. ◇ *vi* s'adoucir.

melodic [mɪ'lɒdɪk] *adj* mélodique.

melodious [mɪ'ləʊdjəs] *adj* mélodieux (euse).

melodrama ['melədrɑːmə] *n* mélodrame *m*.

melodramatic [ˌmelədrə'mætɪk] *adj* mélodramatique.

melody ['melədɪ] (*pl* **-ies**) *n* mélodie *f*.

melon ['melən] *n* melon *m*.

melt [melt] ◇ *vt* faire fondre. ◇ *vi* - **1.** [become liquid] fondre - **2.** *fig* **his heart ~ed at the sight** il fut tout attendri devant ce spectacle - **3.** [disappear] : **to ~ (away)** fondre ; **to ~ into the background** s'effacer.

◆ **melt down** *vt sep* fondre.

meltdown ['meltdaʊn] *n* - **1.** PHYS fusion *f* du cœur (du réacteur) - **2.** *inf* ECON effondrement *m*.

melting point ['meltɪŋ-] *n* point *m* de fusion.

melting pot ['meltɪŋ-] *n fig* creuset *m*.

member ['membəʳ] ◇ *n* membre *m* ; [of club] adhérent *m*, -e *f*. ◇ *comp* membre.

Member of Congress (*pl* **Members of Congress**) *n US* membre *m* du Congrès.

Member of Parliament (*pl* **Members of Parliament**) *n UK* ≃ député *m*.

Member of the Scottish Parliament *n* membre *m* du Parlement écossais.

membership ['membəʃɪp] *n* - **1.** [of organization] adhésion *f* - **2.** [number of members] nombre *m* d'adhérents - **3.** [members] : **the ~** les membres *mpl*.

membership card *n* carte *f* d'adhésion.

membrane ['membreɪn] *n* membrane *f*.

memento [mɪ'mentəʊ] (*pl* **-s**) *n* souvenir *m*.

memo ['meməʊ] (*pl* **-s**) *n* note *f* de service.

memoirs ['memwɑːz] *npl* mémoires *mpl*.

memo pad *n* bloc-notes *m*.

memorabilia [ˌmemərə'bɪlɪə] *npl* souvenirs *mpl*.

memorable ['memərəbl] *adj* mémorable.

memorandum [ˌmemə'rændəm] (*pl* **-da** [-də] , *pl* **-dums**) *n fml* note *f* de service.

memorial [mɪ'mɔːrɪəl] ◇ *adj* commémoratif(ive). ◇ *n* monument *m*.

memorize, *UK* **-ise** ['meməraɪz] *vt* [phone number, list] retenir ; [poem] apprendre par cœur.

memory ['memərɪ] (*pl* **-ies**) *n* **- 1.** [gen & COMPUT] mémoire *f* ; **from ~** de mémoire ; **to lose one's ~** perdre la mémoire ; **within living ~** de mémoire d'homme **- 2.** [event, experience] souvenir *m* ; **I have no ~ of it** je n'en ai aucun souvenir ; **in ~ of** en souvenir de.

memory card *n* COMPUT carte *f* d'extension mémoire.

men [men] *pl* ▷ **man.**

menace ['menəs] ◇ *n* **- 1.** [gen] menace *f* **- 2.** *inf* [nuisance] plaie *f.* ◇ *vt* menacer.

menacing ['menəsɪŋ] *adj* menaçant(e).

menacingly ['menəsɪŋlɪ] *adv* [speak] d'un ton menaçant ; [look] d'un air menaçant.

menagerie [mɪ'nædʒərɪ] *n* ménagerie *f.*

mend [mend] ◇ *n inf* **to be on the ~** aller mieux. ◇ *vt* réparer ; [clothes] raccommoder ; [sock, pullover] repriser ; **to ~ one's ways** s'amender.

mending ['mendɪŋ] *n* : **to do the ~** faire le raccommodage.

menfolk ['menfəʊk] *npl dated* hommes *mpl.*

menial ['miːnjəl] *adj* avilissant(e).

meningitis [,menɪn'dʒaɪtɪs] *n (U)* méningite *f.*

menopause ['menəpɔːz] *n* : **the ~** *UK*, **~** *US* la ménopause.

menservants ['mensɜːvənts] *pl* ▷ **manservant.**

men's room *n US* : **the ~** les toilettes *fpl* pour hommes.

menstrual ['menstrʊəl] *adj* menstruel(elle).

menstruate ['menstrʊeɪt] *vi* avoir ses règles.

menstruation [,menstrʊ'eɪʃn] *n* MED menstruation *f.*

menswear ['menzweəʳ] *n (U)* vêtements *mpl* pour hommes.

mental ['mentl] *adj* mental(e) ; [image, picture] dans la tête.

mental age *n* âge *m* mental.

mental block *n* blocage *m* (psychologique).

mental hospital *n* hôpital *m* psychiatrique.

mentality [men'tælətɪ] *n* mentalité *f.*

mentally ['mentəlɪ] *adv* mentalement ; **to be ~ ill** être malade mental ; **to be ~ retarded** être arriéré mental.

mentally handicapped ◇ *npl* : **the ~** les handicapés *mpl* mentaux. ◇ *adj* : **to be mentally-handicapped** être handicapé mental (handicapée mentale).

mental note *n* : **to make a ~ to do sthg** prendre note mentalement de faire qqch.

menthol ['menθɒl] *n* menthol *m.*

mentholated ['menθəleɪtɪd] *adj* mentholé(e).

mention ['menʃn] ◇ *vt* mentionner, signaler ; **not to ~** sans parler de ; **don't ~ it!** je vous en prie! ◇ *n* mention *f.*

mentor ['mentɔːʳ] *n* mentor *m.*

menu ['menjuː] *n* [gen & COMPUT] menu *m.*

menu bar *n* COMPUT barre *f* de menu.

menu-driven *adj* COMPUT dirigé(e) par menu.

meow *US* = **miaow.**

MEP (*abbr of* **Member of the European Parliament**) *n* parlementaire *m* européen.

mercantile ['mɜːkəntaɪl] *adj fml* commercial(e).

mercenary ['mɜːsɪnrɪ] *pej* ◇ *adj* mercenaire. ◇ *n* (*pl* **-ies**) mercenaire *m.*

merchandise ['mɜːtʃəndaɪz] *n (U)* marchandises *fpl.*

merchant ['mɜːtʃənt] ◇ *adj* marchand(e). ◇ *n* marchand *m*, -e *f*, commerçant *m*, -e *f.*

merchant bank *n UK* banque *f* d'affaires.

merchant navy *UK*, **merchant marine** *US n* marine *f* marchande.

merciful ['mɜːsɪfʊl] *adj* **- 1.** [person] clément(e) **- 2.** [death, release] qui est une délivrance.

mercifully ['mɜːsɪfʊlɪ] *adv* [fortunately] par bonheur, heureusement.

merciless ['mɜːsɪlɪs] *adj* impitoyable.

mercilessly ['mɜːsɪlɪslɪ] *adv* impitoyablement.

mercurial [mɜː'kjʊərɪəl] *adj lit* [temperament] changeant(e), inégal(e) ; [person] d'humeur changeante.

mercury ['mɜːkjʊrɪ] *n* mercure *m.*

Mercury ['mɜːkjʊrɪ] *n* [planet] Mercure *f.*

mercy ['mɜːsɪ] (*pl* **-ies**) *n* **- 1.** [kindness, pity] pitié *f* ; **at the ~ of** *fig* à la merci de **- 2.** [blessing] : **what a ~ that...** quelle chance que...

mercy killing *n* euthanasie *f.*

mere [mɪəʳ] *adj* seul(e) ; **she's a ~ child** ce n'est qu'une enfant ; **it cost a ~ £10** cela n'a coûté que 10 livres.

merely ['mɪəlɪ] *adv* seulement, simplement.

meretricious [,merɪ'trɪʃəs] *adj fml* factice.

merge [mɜːdʒ] ◇ *vt* COMM & COMPUT fusionner. ◇ *vi* **- 1.** COMM : **to ~ (with)** fusionner (avec) **- 2.** [roads, lines] : **to ~ (with)** se joindre (à) **- 3.** [colours] se fondre. ◇ *n* COMPUT fusion *f.*

merger ['mɜːdʒəʳ] *n* fusion *f.*

meridian [mə'rɪdɪən] *n* méridien *m*.

meringue [mə'ræŋ] *n* meringue *f*.

merino [mə'ri:nəʊ] *adj* de mérinos.

merit ['merɪt] ◇ *n* [value] mérite *m*, valeur *f*. ◇ *vt fml* mériter.
◆ **merits** *npl* [advantages] qualités *fpl* ; **to judge sthg on its ~s** juger qqch selon ses qualités.

meritocracy [ˌmerɪ'tɒkrəsɪ] (*pl* **-ies**) *n* méritocratie *f*.

mermaid ['mɜ:meɪd] *n* sirène *f*.

merrily ['merɪlɪ] *adv* joyeusement ; *iron* allègrement.

merriment ['merɪmənt] *n* hilarité *f*.

merry ['merɪ] (*comp* **-ier**, *superl* **-iest**) *UK adj* **- 1.** *lit* [happy] joyeux(euse) ; **Merry Christmas!** joyeux Noël! **- 2.** *inf* [tipsy] gai(e), éméché(e).

merry-go-round *n* manège *m*.

merrymaking ['merɪˌmeɪkɪŋ] *n (U)* réjouissances *fpl*.

mesh [meʃ] ◇ *n* maille *f* (du filet) ; **wire ~** grillage *m*. ◇ *vi* [gears] s'engrener.

mesmerize, *UK* **-ise** ['mezməraɪz] *vt* : **to be ~d by** être fasciné(e) par.

mess [mes] *n* **- 1.** [untidy state] désordre *m* ; *fig* gâchis *m* ; **to be (in) a ~** [room] être en désordre ; [hair] être ébouriffé ; *fig* [life] être sens dessus dessous **- 2.** MIL mess *m*.
◆ **mess about** *UK*, **mess around** *inf UK* ◇ *vt sep* : **to ~ sb about** traiter qqn pardessus OR par-dessous la jambe. ◇ *vi* **- 1.** [fool around] perdre OR gaspiller son temps **- 2.** [interfere] : **to ~ about with sthg** s'immiscer dans qqch.
◆ **mess up** *vt sep inf* **- 1.** [room] mettre en désordre ; [clothes] salir **- 2.** *fig* [spoil] gâcher.
◆ **mess with** *vt insep inf* **don't ~ with them** tiens-toi à l'écart.

message ['mesɪdʒ] *n* message *m* ; **to get the ~** *inf* piger.

messenger ['mesɪndʒər] *n* messager *m*, -ère *f* ; **by ~** par porteur.

Messiah [mɪ'saɪə] *n* : **the ~** le Messie.

Messrs, **Messrs.** (*abbr of* **messieurs**) ['mesəz] MM.

messy ['mesɪ] (*comp* **-ier**, *superl* **-iest**) *adj* **- 1.** [dirty] sale ; [untidy] désordonné(e) ; **a ~ job** un travail salissant **- 2.** *inf* [divorce] difficile ; [situation] embrouillé(e).

met [met] *pt & pp* ▷ **meet**.

Met [met] *n* **- 1.** (*abbr of* **Metropolitan Opera**) ; **the ~** l'opéra *m* de New-York **- 2.** (*abbr of* **Metropolitan Museum of Art (in New York)** ; **the ~** musée *m* d'Art Moderne de New-York.

metabolism [mɪ'tæbəlɪzm] *n* métabolisme *m*.

metal ['metl] ◇ *n* métal *m*. ◇ *comp* en OR de métal.

metallic [mɪ'tælɪk] *adj* **- 1.** [sound, ore] métallique **- 2.** [paint, finish] métallisé(e).

metallurgist [me'tælədʒɪst] *n* métallurgiste *m*.

metallurgy [me'tælədʒɪ] *n* métallurgie *f*.

metalwork ['metəlwɜ:k] *n* [craft] ferronnerie *f*.

metalworker ['metəlˌwɜ:kər] *n* [craftsman] ferronnier *m* ; [in industry] métallurgiste *m*.

metamorphose [ˌmetə'mɔ:fəʊz] *vi* : **to ~ (into)** se métamorphoser (en).

metamorphosis [ˌmetə'mɔ:fəsɪs, ˌmetəmɔ:'fəʊsɪs] (*pl* **-phoses** [-'fəʊsi:z]) *n spec* métamorphose *f*.

metaphor ['metəfər] *n* métaphore *f*.

metaphorical [ˌmetə'fɒrɪkl] *adj* métaphorique.

metaphysical [ˌmetə'fɪzɪkl] *adj* métaphysique.

metaphysics [ˌmetə'fɪzɪks] *n* métaphysique *f*.

mete [mi:t] ◆ **mete out** *vt sep fml* [punishment] infliger.

meteor ['mi:tɪər] *n* météore *m*.

meteoric [mi:tɪ'ɒrɪk] *adj* météorique.

meteorite ['mi:tjəraɪt] *n* météorite *m ou f*.

meteorological [ˌmi:tjərə'lɒdʒɪkl] *adj* météorologique.

meteorologist [mi:tjə'rɒlədʒɪst] *n* météorologue *mf*, météorologiste *mf*.

meteorology [mi:tjə'rɒlədʒɪ] *n* météorologie *f*.

meter ['mi:tər] ◇ *n* **- 1.** [device] compteur *m* ; **parking ~** parcmètre *m* **- 2.** *US* = **metre**. ◇ *vt* [gas, electricity] établir la consommation de.

metered ['mi:təd] *adj* décompté(e) à la minute.

methadon(e) ['meθədəʊn] *n* méthadone *f*.

methane ['mi:θeɪn] *n* méthane *m*.

method ['meθəd] *n* méthode *f*.

methodical [mɪ'θɒdɪkl] *adj* méthodique.

methodically [mɪ'θɒdɪklɪ] *adv* méthodiquement.

Methodist ['meθədɪst] ◇ *adj* méthodiste. ◇ *n* méthodiste *mf*.

methodology [ˌmeθə'dɒlədʒɪ] (*pl* **-ies**) *n fml* méthodologie *f*.

meths [meθs] *n UK inf* alcool *m* à brûler.

methylated spirits ['meθɪleɪtɪd-] *n* alcool *m* à brûler.

meticulous [mɪ'tɪkjʊləs] *adj* méticuleux(euse).

meticulously [mɪ'tɪkjʊləslɪ] *adv* méticuleusement.

Met Office (*abbr of* **Meteorological Office**) *n la météo britannique.*

metre *UK*, **meter** *US* ['mi:tər] *n* mètre *m*.

metric ['metrɪk] *adj* métrique.

metrication [ˌmetrɪ'keɪʃn] *n UK* adoption *f* du système métrique.

metric system *n* : **the ~** le système métrique.

metric ton *n* tonne *f*.

metro ['metrəʊ] (*pl* **-s**) *n* métro *m*.

metronome ['metrənəʊm] *n* métronome *m*.

metropolis [mɪ'trɒpəlɪs] (*pl* **-es** [-i:z]) *n* métropole *f*.

metropolitan [ˌmetrə'pɒlɪtn] *adj* métropolitain(e).

Metropolitan Police *npl* : **the ~** la police de Londres.

mettle ['metl] *n* : **to be on one's ~** être d'attaque ; **to show** *OR* **prove one's ~** montrer ce dont on est capable.

mew [mju:] = **miaow**.

mews [mju:z] (*pl* **mews**) *n UK* ruelle *f*.

Mexican ['meksɪkn] ◇ *adj* mexicain(e). ◇ *n* Mexicain *m*, -e *f*.

Mexico ['meksɪkəʊ] *n* Mexique *m* ; **in ~** au Mexique.

Mexico City *n* Mexico.

mezzanine ['metsəni:n] *n* - **1.** [floor] mezzanine *f* - **2.** *US* [in theatre] corbeille *f*.

MFA (*abbr of* **Master of Fine Arts**) *n (titulaire d'une) maîtrise en beaux-arts.*

mfr *see also* **manufacturer**.

mg (*abbr of* **milligram**) mg.

Mgr - **1.** (*abbr of* **Monseigneur, Monsignor**) Mgr - **2.** *see also* **manager**.

MHR *US* & *Australia see also* **Member of the House of Representatives**.

MHz (*abbr of* **megahertz**) MHz.

MI5 (*abbr of* **Military Intelligence 5**) *n service de contre-espionnage britannique.*

MI6 (*abbr of* **Military Intelligence 6**) *n service de renseignements britannique.*

MIA (*abbr of* **missing in action**) *expression indiquant qu'une personne a disparu lors d'un combat.*

miaow *UK* [mi:'aʊ], **meow** *US* [mɪ'aʊ] ◇ *n* miaulement *m*, miaou *m*. ◇ *vi* miauler.

mice [maɪs] *pl* ▷ **mouse**.

Mich. *see also* **Michigan**.

Michigan ['mɪʃɪgən] *n* Michigan *m* ; **in ~** dans le Michigan.

mickey ['mɪkɪ] *n* : **to take the ~ out of sb** *UK inf* se payer la tête de qqn, faire marcher qqn.

MICR (*abbr of* **magnetic ink character recognition**) *n reconnaissance magnétique de caractères.*

micro ['maɪkrəʊ] (*pl* **-s**) *n* micro *m*.

micro- ['maɪkrəʊ] *prefix* micro-.

microbe ['maɪkrəʊb] *n* microbe *m*.

microbiologist [ˌmaɪkrəʊbaɪ'ɒlədʒɪst] *n* microbiologiste *mf*.

microbiology [ˌmaɪkrəʊbaɪ'ɒlədʒɪ] *n* microbiologie *f*.

microchip ['maɪkrəʊtʃɪp] *n* COMPUT puce *f*.

microcircuit ['maɪkrəʊˌsɜ:kɪt] *n* microcircuit *m*.

microcomputer [ˌmaɪkrəʊkəm'pju:tər] *n* micro-ordinateur *m*.

microcosm ['maɪkrəkɒzm] *n* microcosme *m*.

microfiche ['maɪkrəʊfi:ʃ] (*pl* **microfiche** *OR* **-s**) *n* microfiche *f*.

microfilm ['maɪkrəʊfɪlm] *n* microfilm *m*.

microlight ['maɪkrəlaɪt] *n* ULM *m*.

micromesh ['maɪkrəʊmeʃ] *n* maille *f* superfine.

micron ['maɪkrɒn] *n* micron *m*.

microorganism [ˌmaɪkrəʊ'ɔ:gənɪzm] *n* micro-organisme *m*.

microphone ['maɪkrəfəʊn] *n* microphone *m*, micro *m*.

microprocessor ['maɪkrəʊˌprəʊsesər] *n* COMPUT microprocesseur *m*.

microscope ['maɪkrəskəʊp] *n* microscope *m*.

microscopic [ˌmaɪkrə'skɒpɪk] *adj* microscopique.

microsecond ['maɪkrəʊˌsekənd] *n* microseconde *m*.

microsurgery [ˌmaɪkrə'sɜ:dʒərɪ] *n* microchirurgie *f*.

microwave (oven) ['maɪkrəweɪv-] *n* (four *m* à) micro-ondes *m*.

mid- [mɪd] *prefix* : **~height** mi-hauteur ; **~morning** milieu de la matinée ; **~winter** plein hiver.

midair [mɪd'eər] ◇ *adj* en plein ciel. ◇ *n* : **in ~** en plein ciel.

midday [mɪd'deɪ] *n* midi *m*.

middle ['mɪdl] ◇ *adj* - **1.** [centre] du milieu, du centre - **2.** [in time] : **she was in her ~ twenties** elle avait dans les 25 ans. ◇ *n* - **1.** [centre] milieu *m*, centre *m* ; **in the ~ (of)** au milieu (de) ; **in the ~ of nowhere** en pleine cambrousse - **2.** [in time] milieu *m* ; **to be in the ~ of doing sthg** être en train de faire qqch ; **to be in the ~ of a meeting** être en pleine réunion ; **in the ~ of the night** au milieu de la nuit, en pleine nuit - **3.** [waist] taille *f*.

middle age *n* âge *m* mûr.

middle-aged *adj* d'une cinquantaine d'années.

Middle Ages *npl* : **the ~** le Moyen Âge.

middle-class *adj* bourgeois(e).

middle classes *npl* : **the ~** la bourgeoisie.

middle distance *n* : **in the ~** au second plan.

Middle East *n* : **the ~** le Moyen-Orient.

Middle Eastern *adj* du Moyen-Orient.

middleman ['mɪdlmæn] (*pl* **-men** [-men]) *n* intermédiaire *mf*.

middle management *n (U)* cadres *mpl* moyens.

middle name *n* second prénom *m*.

middle-of-the-road *adj* modéré(e).

middle school *n UK* ≃ premier cycle *m* du secondaire.

middleweight ['mɪdlweɪt] *n* poids *m* moyen.

middling ['mɪdlɪŋ] *adj* moyen(enne).

Middx (*written abbrev of* **Middlesex**) *ancien comté anglais*.

Mideast [,mɪd'i:st] *n US* : **the ~** le Moyen-Orient.

midfield [,mɪd'fi:ld] *n* FTBL milieu *m* de terrain.

midge [mɪdʒ] *n* moucheron *m*.

midget ['mɪdʒɪt] *n* nain *m*, -e *f*.

midi system, **MIDI system** ['mɪdɪ-] *n UK* chaîne *f* midi.

Midlands ['mɪdləndz] *npl* : **the ~** *les comtés du centre de l'Angleterre*.

midnight ['mɪdnaɪt] ◇ *n* minuit *m*. ◇ *comp* de minuit.

midriff ['mɪdrɪf] *n* diaphragme *m*.

midst [mɪdst] *n fml* - **1.** [in space] : **in the ~ of** au milieu de ; **in our ~** parmi nous - **2.** [in time] : **to be in the ~ of doing sthg** être en train de faire qqch.

midstream [mɪd'stri:m] *n* : **in ~** [in river] au milieu du courant ; *fig* [when talking] en plein milieu.

midsummer ['mɪd,sʌmər] *n* cœur *m* de l'été.

Midsummer Day *n UK* 24 juin.

mid-term election *n US* élection *f* de mi-mandat.

mid-term elections

Les élections de mi-mandat aux États-Unis ont lieu exactement deux ans après les présidentielles, le premier mardi de novembre. Sont en jeu tous les sièges de la Chambre des Représentants, un tiers de ceux du Sénat, et la plupart des postes de gouverneur dans les états individuels. Les électeurs en profitent souvent pour faire un pied de nez au Président en exercice ; si son parti perd la majorité au Congrès, le Président peut devenir un *lame duck* (canard boiteux) qui n'arrive pas à faire adopter ses projets de loi.

midway [,mɪd'weɪ] *adv* - **1.** [in space] : **~ (between)** à mi-chemin (entre) - **2.** [in time] : **~ through the meeting** en pleine réunion.

midweek ◇ *adj* ['mɪdwi:k] du milieu de la semaine. ◇ *adv* [mɪd'wi:k] en milieu de semaine.

Midwest [,mɪd'west] *n* : **the ~** le Midwest.

Midwestern [,mɪd'westən] *adj* du Midwest.

midwife ['mɪdwaɪf] (*pl* **-wives** [-waɪvz]) *n* sage-femme *f*.

midwifery ['mɪd,wɪfərɪ] *n* obstétrique *f*.

miffed [mɪft] *adj inf* vexé(e).

might [maɪt] ◇ *modal vb* - **1.** [expressing possibility] : **the criminal ~ be armed** il est possible que le criminel soit armé - **2.** [expressing suggestion] : **it ~ be better to wait** il vaut peut-être mieux attendre - **3.** *fml* [asking permission] : **he asked if he ~ leave the room** il demanda s'il pouvait sortir de la pièce - **4.** [expressing concession] : **you ~ well be right** vous avez peut-être raison - **5.** *phr* **I ~ have known** OR **guessed** j'aurais dû m'en douter. ◇ *n (U)* force *f*.

mightn't ['maɪtənt] *see also* **might not**.

might've ['maɪtəv] *see also* **might have**.

mighty ['maɪtɪ] *esp UK* ◇ *adj* (*comp* **-ier**, *superl* **-iest**) - **1.** [powerful] puissant(e) - **2.** [very large] imposant(e). ◇ *adv US inf* drôlement, vachement.

migraine ['mi:greɪn, 'maɪgreɪn] *n* migraine *f*.

migrant ['maɪgrənt] ◇ *adj* - **1.** [bird, animal] migrateur(trice) - **2.** [workers] émigré(e). ◇ *n* - **1.** [bird, animal] migrateur *m* - **2.** [person] émigré *m*, -e *f*.

migrate [*UK* maɪ'greɪt, *US* 'maɪgreɪt] *vi* - **1.** [bird, animal] migrer - **2.** [person] émigrer.

migration [maɪ'greɪʃn] *n* migration *f*.

migratory ['maɪgrətrɪ] *adj* [bird] migrateur(trice) ; [journey] migratoire.

mike [maɪk] (*abbr of* **microphone**) *n inf* micro *m*.

mild [maɪld] ◇ *adj* - **1.** [disinfectant, reproach] léger(ère) - **2.** [tone, weather] doux (douce) - **3.** [illness] bénin(igne). ◇ *n bière anglaise légère.*

mildew ['mɪldju:] *n (U)* moisissure *f.*

mildly ['maɪldlɪ] *adv* - **1.** [gently] doucement ; **that's putting it ~** c'est le moins qu'on puisse dire - **2.** [not strongly] légèrement - **3.** [slightly] un peu.

mild-mannered *adj* mesuré(e), calme.

mildness ['maɪldnɪs] *n (U)* douceur *f.*

mile [maɪl] *n* mile *m* ; NAUT mille *m* ; **you can see for ~s** on peut voir sur des kilomètres ; **to walk for ~s** marcher pendant des kilomètres ; **this is ~s better** c'est cent fois mieux ; **to be ~s away** *fig* être très loin.

mileage ['maɪlɪdʒ] *n* distance *f* en miles, ≃ kilométrage *m.*

mileage (allowance) *n* ≃ indemnité *f* kilométrique.

mil(e)ometer [maɪ'lɒmɪtəʳ] *n UK* compteur *m* de miles, ≃ compteur kilométrique.

milestone ['maɪlstəʊn] *n* [marker stone] borne *f* ; *fig* événement *m* marquant OR important.

milieu [*UK* 'mi:ljɜ:, *US* mi:l'ju:] (*pl* **-s** OR **-x** [-z]) *n* milieu *m.*

militant ['mɪlɪtənt] ◇ *adj* militant(e). ◇ *n* militant *m*, -e *f.*

militarism ['mɪlɪtərɪzm] *n pej* militarisme *m.*

militarist ['mɪlɪtərɪst] *n* militariste *mf.*

militarized zone, *UK* **militarised zone** ['mɪlɪtəraɪzd-] *n* zone *f* militarisée.

military ['mɪlɪtrɪ] ◇ *adj* militaire. ◇ *n* : **the ~** les militaires *mpl*, l'armée *f.*

military police *n* police *f* militaire.

militate ['mɪlɪteɪt] *vi fml* **to ~ against** militer contre.

militia [mɪ'lɪʃə] *n* milice *f.*

milk [mɪlk] ◇ *n* lait *m.* ◇ *vt* - **1.** [cow] traire - **2.** *fig* [use to own ends] exploiter.

milk chocolate ◇ *n* chocolat *m* au lait. ◇ *comp* au chocolat au lait.

milk float *UK*, **milk truck** *US n* voiture *f* de laitier.

milking ['mɪlkɪŋ] *n* traite *f.*

milkman ['mɪlkmən] (*pl* **-men** [-mən]) *n* laitier *m*, -ière *f.*

milk round *n UK* [by milkman] tournée *f* du laitier.

milk shake *n* milk-shake *m.*

milk tooth *n UK* dent *m* de lait.

milk truck *US* = **milk float.**

milky ['mɪlkɪ] (*comp* **-ier**, *superl* **-iest**) *adj* - **1.** *UK* [coffee] avec beaucoup de lait - **2.** [pale white] laiteux(euse).

Milky Way *n* : **the ~** la Voie lactée.

mill [mɪl] ◇ *n* - **1.** [flour-mill, grinder] moulin *m* - **2.** [factory] usine *f.* ◇ *vt* moudre.

◆ **mill about, mill around** *vi* grouiller.

millennium [mɪ'lenɪəm] (*pl* **millennia** [mɪ'lenɪə]) *n* millénaire *m.*

miller ['mɪləʳ] *n* meunier *m*, -ière *f.*

millet ['mɪlɪt] *n* millet *m.*

milli- ['mɪlɪ] *prefix* milli-.

millibar ['mɪlɪbɑ:ʳ] *n* millibar *m.*

milligram, *UK* **milligramme** ['mɪlɪgræm] *n* milligramme *m.*

millilitre *UK*, **milliliter** *US* ['mɪlɪˌli:təʳ] *n* millilitre *m.*

millimetre *UK*, **millimeter** *US* ['mɪlɪˌmi:təʳ] *n* millimètre *m.*

millinery ['mɪlɪnrɪ] *n* chapellerie *f* féminine.

million ['mɪljən] *n* million *m* ; **a ~, ~s of** *fig* des milliers de, un million de.

millionaire [ˌmɪljə'neəʳ] *n* millionnaire *mf.*

millionairess [ˌmɪljə'neərɪs] *n* millionnaire *f.*

millipede ['mɪlɪpi:d] *n* mille-pattes *m inv.*

millisecond ['mɪlɪˌsekənd] *n* millième *m* de seconde.

millstone ['mɪlstəʊn] *n* meule *f* ; **he's like a ~ round** *UK* OR **around** *US* **my neck** c'est un boulet que je traîne.

millwheel ['mɪlwi:l] *n* roue *f* de moulin.

milometer *UK* [maɪ'lɒmɪtəʳ] = **mileometer.**

mime [maɪm] ◇ *n* mime *m.* ◇ *vt* & *vi* mimer.

mimic ['mɪmɪk] ◇ *n* imitateur *m*, -trice *f.* ◇ *vt* (*pt* & *pp* **-ked**, *cont* **-king**) imiter.

mimicry ['mɪmɪkrɪ] *n* imitation *f.*

mimosa [mɪ'məʊzə] *n US* mimosa *m.*

min. [mɪn] - **1.** (*abbr of* **minute**) mn, min - **2.** (*abbr of* **minimum**) min.

Min. *see also* **ministry.**

mince [mɪns] ◇ *n UK* viande *f* hachée. ◇ *vt UK* [garlic] hacher. ◇ *vi* marcher à petits pas maniérés.

mincemeat ['mɪnsmi:t] *n* - **1.** [fruit] *mélange de pommes, raisins secs et épices utilisé en pâtisserie* - **2.** *UK* [meat] viande *f* hachée.

mince pie *n* tartelette *f* de Noël.

mincer ['mɪnsəʳ] *n UK* hachoir *m.*

mind [maɪnd] ◇ *n* - **1.** [gen] esprit *m* ; **state of ~** état d'esprit ; **to bear sthg in ~** ne pas oublier qqch ; **to call sthg to ~** se rappeler qqch ; **to cast one's ~ back to sthg** repenser à qqch ; **to come into/cross sb's ~** venir à/traverser l'esprit de qqn ; **to have sthg on one's ~** avoir l'esprit préoccupé, être préoccupé par qqch ; **to keep an open ~** réserver son jugement ; **the trip took her ~ off her worries** ce petit voyage lui a changé les idées ; **that's a load** *OR* **weight off my ~!** je me sens soulagé, quel soulagement! ; **to have a ~ to do sthg** avoir bien envie de faire qqch ; **to have sthg in ~** avoir qqch dans l'idée ; **to broaden one's ~** enrichir l'esprit ; **to make one's ~ up** se décider ; **to put** *OR* **set sb's ~ at rest** rassurer qqn **- 2.** [attention] : **to put one's ~ to sthg** s'appliquer à qqch ; **to keep one's ~ on sthg** se concentrer sur qqch ; **to slip one's ~** sortir de l'esprit **- 3.** [opinion] : **to change one's ~** changer d'avis ; **to my ~** à mon avis ; **to speak one's ~** parler franchement ; **to be in** *UK OR* **of** *US* **two ~s (about sthg)** se tâter *OR* être indécis (à propos de qqch) **- 4.** [person] cerveau *m* ; **great ~s think alike** les grands esprits se rencontrent. ◇ *vi* **- 1.** [be bothered] : **I don't ~** ça m'est égal ; **I hope you don't ~** j'espère que vous n'y voyez pas d'inconvénient ; **never ~** [don't worry] ne t'en fais pas ; [it's not important] ça ne fait rien **- 2.** [be careful] : **~ out!** *UK* attention! ◇ *vt* **- 1.** [be bothered about, dislike] : **I don't ~ waiting** ça ne me gêne *OR* dérange pas d'attendre ; **do you ~ if...?** cela ne vous ennuie pas si...? ; **I wouldn't ~ a beer** je prendrais bien une bière **- 2.** *esp UK* [pay attention to] faire attention à, prendre garde à **- 3.** *esp UK* [take care of - luggage] garder, surveiller ; [- shop] tenir.

◆ **mind you** *adv* remarquez.

mind-bending [-ˌbendɪŋ] *adj inf* hallucinant(e).

minder ['maɪndəʳ] *n UK inf* [bodyguard] ange *m* gardien.

mindful ['maɪndfʊl] *adj* : **~ of** [risks] attentif(ive) à ; [responsibility] soucieux(euse) de.

mindless ['maɪndlɪs] *adj* stupide, idiot(e).

mind reader *n* : **I'm not a ~** *hum* je ne suis pas devin.

mindset ['maɪndset] *n* façon *f* de voir les choses.

mind's eye *n* : **in my ~** dans mon imagination.

mine[1] [maɪn] *poss pron* le mien (la mienne), les miens (les miennes) *(pl)* ; **that money is ~** cet argent est à moi ; **it wasn't your fault, it was MINE** ce n'était pas de votre faute, c'était de la mienne *OR* de ma faute à moi ; **a friend of ~** un ami à moi, un de mes amis.

mine[2] [maɪn] ◇ *n* mine *f* ; **a ~ of information** *fig* une mine de renseignements. ◇ *vt* **- 1.** [coal, gold] extraire **- 2.** [road, beach, sea] miner.

mine detector *n* détecteur *m* de mines.

minefield ['maɪnfi:ld] *n* champ *m* de mines ; *fig* situation *f* explosive.

minelayer ['maɪnˌleɪəʳ] *n* mouilleur *m* de mines.

miner ['maɪnəʳ] *n* mineur *m*, -euse *f*.

mineral ['mɪnərəl] ◇ *adj* minéral(e). ◇ *n* minéral *m*.

mineralogy [ˌmɪnə'rælədʒɪ] *n* minéralogie *f*.

mineral water *n* eau *f* minérale.

minestrone [ˌmɪnɪ'strəʊnɪ] *n* minestrone *m*.

minesweeper ['maɪnˌswi:pəʳ] *n* dragueur *m* de mines.

minging ['mɪŋɪŋ] *adj UK* horrible *v inf*.

mingle ['mɪŋgl] ◇ *vt* : **to ~ sthg with sthg** mélanger qqch à qqch. ◇ *vi* : **to ~ (with)** [sounds, fragrances] se mélanger (à) ; [people] se mêler (à).

mini ['mɪnɪ] *n* [skirt] minijupe *f*.

mini- ['mɪnɪ] *préf* mini-.

miniature ['mɪnətʃəʳ] ◇ *adj* miniature. ◇ *n* **- 1.** [painting] miniature *f* **- 2.** [of alcohol] bouteille *f* miniature **- 3.** [small scale] : **in ~** en miniature.

minibus ['mɪnɪbʌs] (*pl* **-es**) *n* minibus *m*.

minicab ['mɪnɪkæb] *n UK* radiotaxi *m*.

minicomputer [ˌmɪnɪkəm'pju:təʳ] *n* mini-ordinateur *m*.

minidish ['mɪnɪdɪʃ] *n* mini-parabole *f*.

minim ['mɪnɪm] *n UK* MUS blanche *f*.

minima ['mɪnɪmə] *pl* ▷ **minimum**.

minimal ['mɪnɪml] *adj* [cost] insignifiant(e) ; [damage] minime.

minimize, *UK* **-ise** ['mɪnɪˌmaɪz] *vt* minimiser.

minimum ['mɪnɪməm] ◇ *adj* minimum *(inv)*. ◇ *n* (*pl* **minima** ['mɪnɪmə] , *pl* **-s**) minimum *m*.

minimum lending rate [-'lendɪŋ-] *n UK* taux *m* de crédit minimum.

minimum wage *n* salaire *m* minimum.

mining ['maɪnɪŋ] ◇ *n* exploitation *f* minière. ◇ *adj* minier(ère) ; **~ engineer** ingénieur *m* des mines.

minion ['mɪnjən] *n* larbin *m*, laquais *m*.

miniseries ['mɪnɪsɪərɪz] (*pl* **miniseries**) *n* mini-série *f* télévisée.

miniskirt ['mɪnɪskɜ:t] *n* minijupe *f*.

minister ['mɪnɪstəʳ] *n* **- 1.** POL ministre *m* **- 2.** RELIG pasteur *m*.

◆ **minister to** *vt insep* [person] donner *OR* prodiguer ses soins à ; [needs] pourvoir à.

ministerial [ˌmɪnɪˈstɪərɪəl] *adj* ministériel(elle).

minister of state *n UK* secrétaire *mf* d'État.

ministry [ˈmɪnɪstrɪ] (*pl* **-ies**) *n* - **1.** POL ministère *m* ; **Ministry of Defence** *UK* ministère *m* de la Défense - **2.** RELIG : **the ~** le saint ministère.

mink [mɪŋk] (*pl* **mink**) *n* vison *m*.

mink coat *n* manteau *m* de vison.

Minnesota [ˌmɪnɪˈsəʊtə] *n* Minnesota *m* ; **in ~** dans le Minnesota.

minnow [ˈmɪnəʊ] *n* vairon *m*.

minor [ˈmaɪnəʳ] ◇ *adj* [gen & MUS] mineur(e) ; [detail] petit(e) ; [role] secondaire. ◇ *n* mineur *m*, -e *f*.

minority [maɪˈnɒrətɪ] (*pl* **-ies**) *n* minorité *f* ; **to be in a** *OR* **the ~** être en minorité.

minority government *n* gouvernement *m* minoritaire.

minster [ˈmɪnstəʳ] *n UK* cathédrale *f*.

minstrel [ˈmɪnstrəl] *n* ménestrel *m*.

mint [mɪnt] ◇ *n* - **1.** [herb] menthe *f* - **2.** [sweet] bonbon *m* à la menthe - **3.** [for coins] : **the Mint** l'hôtel de la Monnaie ; **in ~ condition** en parfait état. ◇ *vt* [coins] battre.

mint sauce *n* sauce *f* à la menthe.

minuet [ˌmɪnjʊˈet] *n* menuet *m*.

minus [ˈmaɪnəs] ◇ *prep* moins. ◇ *adj* [answer, quantity] négatif(ive). ◇ *n* (*pl* **-es** [-iːz]) - **1.** MATHS signe *m* moins - **2.** [disadvantage] handicap *m*.

minuscule [ˈmɪnəskjuːl] *adj* minuscule.

minus sign *n* signe *m* moins.

minute[1] [ˈmɪnɪt] ◇ *n* minute *f* ; **at any ~** à tout moment, d'une minute à l'autre ; **at the last ~** au dernier moment, à la dernière minute ; **stop that this ~!** arrête tout de suite *OR* immédiatement! ; **up to the ~** [design] dernier cri *(inv)* ; **wait a ~!** attendez une minute *OR* un instant! ◇ *adj* [news] : **up-to-the-~ news** de dernière heure.

◆ **minutes** *npl* procès-verbal *m*, compte rendu *m*.

minute[2] [maɪˈnjuːt] *adj* minuscule ; **in ~ detail** par le menu.

minutiae [maɪˈnjuːʃɪaɪ] *npl* menus détails *mpl*.

miracle [ˈmɪrəkl] *n* miracle *m*.

miraculous [mɪˈrækjʊləs] *adj* miraculeux(euse).

miraculously [mɪˈrækjʊləslɪ] *adv* miraculeusement, par miracle.

mirage [mɪˈrɑːʒ] *n lit & fig* mirage *m*.

mire [maɪəʳ] *n* fange *f*, boue *f*.

mirror [ˈmɪrəʳ] ◇ *n* miroir *m*, glace *f*. ◇ *vt* [mirror, water] refléter ; COMPUT donner un site miroir à.

mirror image *n* image *f* inversée.

mirror site *n* COMPUT site *m* miroir.

mirth [mɜːθ] *n lit* hilarité *f*, gaieté *f*.

misadventure [ˌmɪsədˈventʃəʳ] *n UK* LAW : **death by ~** *UK* LAW mort *f* accidentelle.

misanthropist [mɪˈsænθrəpɪst] *n* misanthrope *mf*.

misapplication [ˈmɪsˌæplɪˈkeɪʃn] *n* mauvaise application *f*, application erronée.

misapprehension [ˈmɪsˌæprɪˈhenʃn] *n* idée *f* fausse.

misappropriate [ˌmɪsəˈprəʊprɪeɪt] *vt* détourner.

misappropriation [ˈmɪsəˌprəʊprɪˈeɪʃn] *n* détournement *m*.

misbehave [ˌmɪsbɪˈheɪv] *vi* se conduire mal.

misbehaviour *UK*, **misbehaviour** *US* [ˌmɪsbɪˈheɪvjəʳ] *n* mauvaise conduite *f*.

misc. [mɪsk] *see also* **miscellaneous**.

miscalculate [ˌmɪsˈkælkjʊleɪt] ◇ *vt* mal calculer. ◇ *vi* se tromper.

miscalculation [ˌmɪskælkjʊˈleɪʃn] *n* mauvais calcul *m*, erreur *f* de calcul.

miscarriage [ˌmɪsˈkærɪdʒ] *n* MED fausse couche *f* ; **to have a ~** faire une fausse couche.

miscarriage of justice *n* erreur *f* judiciaire.

miscarry [ˌmɪsˈkærɪ] (*pt & pp* **-ied**) *vi* - **1.** [woman] faire une fausse couche - **2.** [plan] échouer.

miscellaneous [ˌmɪsəˈleɪnjəs] *adj* varié(e), divers(e).

miscellany [*UK* mɪˈselənɪ, *US* ˈmɪsəleɪnɪ] (*pl* **-ies**) *n* recueil *m*.

mischance [ˌmɪsˈtʃɑːns] *n fml* malchance *f* ; **by ~** par malheur.

mischief [ˈmɪstʃɪf] *n (U)* - **1.** [playfulness] malice *f*, espièglerie *f* - **2.** [naughty behaviour] sottises *fpl*, bêtises *fpl* - **3.** [harm] dégât *m*.

mischievous [ˈmɪstʃɪvəs] *adj* - **1.** [playful] malicieux(euse) - **2.** [naughty] espiègle, coquin(e).

misconceived [ˌmɪskənˈsiːvd] *adj* [idea] mal conçu(e).

misconception [ˌmɪskənˈsepʃn] *n* idée *f* fausse.

misconduct [ˌmɪsˈkɒndʌkt] *n* inconduite *f*.

misconstrue [ˌmɪskənˈstruː] *vt fml* mal interpréter.

miscount [ˌmɪsˈkaʊnt] *vt & vi* mal compter.

misdeed [ˌmɪsˈdiːd] *n fml* méfait *m*.

misdemeanour *UK*, **misdemeanor** *US* [ˌmɪsdɪˈmiːnəʳ] *n* LAW délit *m*.

misdirected [ˌmɪsdɪˈrektɪd] *adj* [letter] mal adressé(e) ; [efforts, energy] mal dirigé(e).

miser [ˈmaɪzəʳ] *n* avare *mf*.

miserable [ˈmɪzrəbl] *adj* **- 1.** [person] malheureux(euse), triste **- 2.** [conditions, life] misérable ; [pay] dérisoire ; [weather] maussade **- 3.** [failure] pitoyable, lamentable.

miserably [ˈmɪzrəblɪ] *adv* **- 1.** [reply, cry] pitoyablement **- 2.** [live] misérablement **- 3.** [fail] pitoyablement, lamentablement.

miserly [ˈmaɪzəlɪ] *adj* avare.

misery [ˈmɪzərɪ] (*pl* **-ies**) *n* **- 1.** [of person] tristesse *f* **- 2.** [of conditions, life] misère *f*.

misfire [ˌmɪsˈfaɪəʳ] *vi* **- 1.** [gun, plan] rater **- 2.** [car engine] avoir des ratés.

misfit [ˈmɪsfɪt] *n* inadapté *m*, -e *f*.

misfortune [mɪsˈfɔːtʃuːn] *n* **- 1.** [bad luck] malchance *f* **- 2.** [piece of bad luck] malheur *m*.

misgivings [mɪsˈgɪvɪŋz] *npl* craintes *fpl*, doutes *mpl*.

misguided [ˌmɪsˈgaɪdɪd] *adj* [person] malavisé(e) ; [attempt] malencontreux(euse) ; [opinion] peu judicieux(euse).

mishandle [ˌmɪsˈhændl] *vt* **- 1.** [person, animal] manier sans précaution **- 2.** [negotiations] mal mener ; [business] mal gérer.

mishap [ˈmɪshæp] *n* mésaventure *f* ; **without ~** sans encombre OR incident.

mishear [ˌmɪsˈhɪəʳ] (*pt* & *pp* **-heard** [-ˈhɜːd]) *vt* & *vi* mal entendre.

mishmash [ˈmɪʃmæʃ] *n inf* méli-mélo *m*.

misinform [ˌmɪsɪnˈfɔːm] *vt* mal renseigner, mal informer.

misinformation [ˌmɪsɪnfəˈmeɪʃn] *n* désinformation *f*.

misinterpret [ˌmɪsɪnˈtɜːprɪt] *vt* mal interpréter.

misjudge [ˌmɪsˈdʒʌdʒ] *vt* **- 1.** [distance, time] mal évaluer **- 2.** [person, mood] méjuger, se méprendre sur.

misjudg(e)ment [ˌmɪsˈdʒʌdʒmənt] *n* : **to make a ~** faire une erreur de jugement.

mislay [ˌmɪsˈleɪ] (*pt* & *pp* **-laid** [-ˈleɪd]) *vt* égarer.

mislead [ˌmɪsˈliːd] (*pt* & *pp* **-led**) *vt* induire en erreur.

misleading [ˌmɪsˈliːdɪŋ] *adj* trompeur (euse).

misled [ˌmɪsˈled] *pt* & *pp* ▷ **mislead**.

mismanage [ˌmɪsˈmænɪdʒ] *vt* mal gérer, mal administrer.

mismanagement [ˌmɪsˈmænɪdʒmənt] *n* mauvaise gestion *f* OR administration *f*.

mismatch [ˌmɪsˈmætʃ] *vt* : **to be ~ed** être mal assorti(e).

misnomer [ˌmɪsˈnəʊməʳ] *n* nom *m* mal approprié.

misogynist [mɪˈsɒdʒɪnɪst] *n* misogyne *mf*.

misplace [ˌmɪsˈpleɪs] *vt* égarer.

misplaced [ˌmɪsˈpleɪst] *adj* mal placé(e), déplacé(e).

misprint [ˈmɪsprɪnt] *n* faute *f* d'impression.

mispronounce [ˌmɪsprəˈnaʊns] *vt* mal prononcer.

misquote [ˌmɪsˈkwəʊt] *vt* citer de façon inexacte.

misread [ˌmɪsˈriːd] (*pt* & *pp* **-read** [-ˈred]) *vt* **- 1.** [read wrongly] mal lire **- 2.** [misinterpret] mal interpréter.

misrepresent [ˈmɪsˌreprɪˈzent] *vt* dénaturer.

misrepresentation [ˈmɪsˌreprɪzenˈteɪʃn] *n* **- 1.** *(U)* [wrong interpretation] mauvaise interprétation *f* **- 2.** [false account] déformation *f*.

misrule [ˌmɪsˈruːl] *n* mauvais gouvernement *m*, mauvaise administration *f*.

miss [mɪs] ◇ *vt* **- 1.** [gen] rater, manquer **- 2.** [home, person] : **I ~ my family/her** ma famille/elle me manque **- 3.** [avoid, escape] échapper à ; **I just ~ed being run over** j'ai failli me faire écraser. ◇ *vi* rater. ◇ *n* : **to give sthg a ~** *UK inf* ne pas aller à qqch.

◆ **miss out** ◇ *vt sep UK* [omit - by accident] oublier ; [- deliberately] omettre. ◇ *vi* : **to ~ out on sthg** ne pas pouvoir profiter de qqch.

Miss [mɪs] *n* Mademoiselle *f*.

misshapen [ˌmɪsˈʃeɪpn] *adj* difforme.

missile [*UK* ˈmɪsaɪl, *US* ˈmɪsəl] *n* **- 1.** [weapon] missile *m* **- 2.** [thrown object] projectile *m*.

missile launcher [-ˌlɔːntʃər] *n* lance-missiles *m inv*.

missing [ˈmɪsɪŋ] *adj* **- 1.** [lost] perdu(e), égaré(e) **- 2.** [not present] manquant(e), qui manque.

missing link *n* maillon *m* qui manque à la chaîne.

missing person *n* personne *f* disparue.

mission [ˈmɪʃn] *n* mission *f*.

missionary [ˈmɪʃənrɪ] (*pl* **-ies**) *n* missionnaire *mf*.

Mississippi [ˌmɪsɪˈsɪpɪ] **- 1.** [river] : **the ~ (River)** le Mississippi **- 2.** [state] Mississippi *m* ; **in ~** dans le Mississippi.

missive [ˈmɪsɪv] *n* missive *f*.

Missouri [mɪˈzʊərɪ] *n* Missouri *m* ; **in ~** dans le Missouri.

misspell [ˌmɪsˈspel] (*UK, pt* & *pp* **-spelt** OR **-spelled**) *vt* mal orthographier.

misspelling [ˌmɪsˈspelɪŋ] *n* faute *f* d'orthographe.

misspelt [ˌmɪsˈspelt] *pt & pp UK* ▷ **misspell.**

misspend [ˌmɪsˈspend] (*pt & pp* **-spent** [-ˈspent]) *vt* gaspiller.

mist [mɪst] *n* brume *f*.

◆ **mist over, mist up** *vi* s'embuer.

mistake [mɪˈsteɪk] ◇ *n* erreur *f* ; **by ~** par erreur ; **to make a ~** faire une erreur, se tromper. ◇ *vt* (*pt* **-took**, *pp* **-taken**) **- 1.** [misunderstand - meaning] mal comprendre ; [- intention] se méprendre sur **- 2.** [fail to recognize] : **to ~ sb/sthg for** prendre qqn/qqch pour, confondre qqn/qqch avec ; **there's no mistaking...** il est impossible de ne pas reconnaître...

mistaken [mɪˈsteɪkn] ◇ *pp* ▷ **mistake.** ◇ *adj* **- 1.** [person] : **to be ~ (about)** se tromper (en ce qui concerne *OR* sur) **- 2.** [belief, idea] erroné(e), faux (fausse).

mistaken identity *n* : **a case of ~** une erreur sur la personne.

mistakenly [mɪsˈteɪknlɪ] *adv* par erreur.

mister [ˈmɪstəʳ] *n inf* monsieur *m*.

◆ **Mister** *n* Monsieur *m*.

mistime [ˌmɪsˈtaɪm] *vt* [tackle, shot] mal calculer ; [announcement] faire au mauvais moment.

mistletoe [ˈmɪsltəʊ] *n* gui *m*.

mistook [mɪˈstʊk] *pt* ▷ **mistake.**

mistranslation [ˌmɪstrænsˈleɪʃn] *n* erreur *f* de traduction.

mistreat [ˌmɪsˈtriːt] *vt* maltraiter.

mistreatment [ˌmɪsˈtriːtmənt] *n* mauvais traitement *m*.

mistress [ˈmɪstrɪs] *n* maîtresse *f*.

mistrial [ˈmɪstraɪəl] *n* **- 1.** [in the UK and the US] erreur *f* judiciaire **- 2.** *US procès annulé par manque d'unanimité parmi les jurés*.

mistrust [ˌmɪsˈtrʌst] ◇ *n* méfiance *f*. ◇ *vt* se méfier de.

mistrustful [ˌmɪsˈtrʌstfʊl] *adj* : **~ (of)** méfiant(e) (à l'égard de).

misty [ˈmɪstɪ] (*comp* **-ier**, *superl* **-iest**) *adj* brumeux(euse).

misunderstand [ˌmɪsʌndəˈstænd] (*pt & pp* **-stood**) *vt & vi* mal comprendre.

misunderstanding [ˌmɪsʌndəˈstændɪŋ] *n* malentendu *m*.

misunderstood [ˌmɪsʌndəˈstʊd] *pt & pp* ▷ **misunderstand.**

misuse ◇ *n* [ˌmɪsˈjuːs] **- 1.** [of one's time, resources] mauvais emploi *m* **- 2.** [of power] abus *m* ; [of funds] détournement *m*. ◇ *vt* [ˌmɪsˈjuːz] **- 1.** [one's time, resources] mal employer **- 2.** [power] abuser de ; [funds] détourner.

MIT (*abbr of* **Massachusetts Institute of Technology**) *n l'institut de technologie du Massachusetts*.

mite [maɪt] *n* **- 1.** [insect] mite *f* **- 2.** *inf dated* [small amount] : **a ~** un brin, un tantinet **- 3.** [small child] petit *m*, -e *f*.

miter *esp US* = **mitre.**

mitigate [ˈmɪtɪgeɪt] *vt* atténuer, mitiger.

mitigating [ˈmɪtɪgeɪtɪŋ] *adj* : **~ circumstances** circonstances *fpl* atténuantes.

mitigation [ˌmɪtɪˈgeɪʃn] *n* atténuation *f*.

mitre *UK*, **miter** *esp US* [ˈmaɪtəʳ] *n* **- 1.** [hat] mitre *f* **- 2.** [joint] onglet *m*.

mitt [mɪt] *n* **- 1.** *infml* = **mitten - 2.** [in baseball] gant *m*.

mitten [ˈmɪtn] *n* moufle *f*.

mix [mɪks] ◇ *vt* **- 1.** [gen] mélanger **- 2.** [activities] : **to ~ sthg with sthg** combiner *OR* associer qqch et qqch **- 3.** [drink] préparer ; [cement] malaxer. ◇ *vi* **- 1.** [gen] se mélanger **- 2.** [socially] : **to ~ with** fréquenter. ◇ *n* **- 1.** [gen] mélange *m* **- 2.** MUS mixage *m*.

◆ **mix up** *vt sep* **- 1.** [confuse] confondre **- 2.** [disorganize] mélanger.

mixed [mɪkst] *adj* **- 1.** [assorted] assortis(ies) ; **to have ~ feelings** être partagé **- 2.** [education] mixte.

mixed-ability *adj UK* [class] tous niveaux confondus.

mixed blessing *n quelque chose qui a du bon et du mauvais*.

mixed doubles *n* SPORT double *m* mixte.

mixed economy *n* économie *f* mixte.

mixed grill *n* assortiment *m* de grillades.

mixed marriage *n* mariage *m* mixte.

mixed up *adj* **- 1.** [confused - person] qui ne sait plus où il en est, paumé(e) ; [- mind] embrouillé(e) **- 2.** [involved] : **to be ~ in sthg** être mêlé(e) à qqch.

mixer [ˈmɪksəʳ] *n* [for food] mixer *m*.

mixer tap *n UK* (robinet *m*) mélangeur *m*.

mixing bowl [ˈmɪksɪŋ-] *n* grand bol *m* de cuisine.

mixture [ˈmɪkstʃəʳ] *n* **- 1.** [gen] mélange *m* **- 2.** MED préparation *f*.

mix-up *n inf* confusion *f*.

mk, **MK** *see also* **mark.**

mkt *see also* **market.**

MLitt [emˈlɪt] (*abbr of* **Master of Literature, Master of Letters**) *n (titulaire d'une) maîtrise de lettres*.

MLR *UK see also* **minimum lending rate.**

mm (*abbr of* **millimetre**) mm.

MMR [ˌememˈɑːʳ] (*abbr of* **measles, mumps & rubella**) *n* MED ROR *m*.

MN <> *n UK see also* **Merchant Navy**. <> *see also* **Minnesota**.

mnemonic [nɪˈmɒnɪk] *n* mnémotechnique *f*.

m.o. *see also* **money order**.

MO <> *n see also* **medical officer**. <> *see also* **Missouri**.

moan [məʊn] <> *n* - **1.** [of pain, sadness] gémissement *m* - **2.** *inf* [complaint] plainte *f*. <> *vi* - **1.** [in pain, sadness] gémir - **2.** *inf* [complain] : **to ~ (about)** rouspéter OR râler (à propos de).

moaning [ˈməʊnɪŋ] *n (U)* [complaining] plaintes *fpl*, jérémiades *fpl*.

moat [məʊt] *n* douves *fpl*.

mob [mɒb] <> *n* foule *f*. <> *vt* (*pt & pp* **-bed**, *cont* **-bing**) assaillir.

mobile [ˈməʊbaɪl] <> *adj* - **1.** [gen] mobile - **2.** [able to travel] motorisé(e). <> *n* mobile *m*.

mobile home *n* auto-caravane *f*.

mobile library *n UK* bibliobus *m*.

mobile phone *n esp UK* téléphone *m* portable.

mobile shop *n* marchand *m* ambulant.

mobility [məˈbɪlətɪ] *n* mobilité *f*.

mobility allowance *n UK* allocation *f* de transport.

mobilization [ˌməʊbɪlaɪˈzeɪʃn] *n* mobilisation *f*.

mobilize, *UK* **-ise** [ˈməʊbɪlaɪz] *vt & vi* mobiliser.

moccasin [ˈmɒkəsɪn] *n* mocassin *m*.

mock [mɒk] <> *adj* faux (fausse) ; **~ exam** *UK* examen blanc. <> *vt* se moquer de. <> *vi* se moquer.

mockery [ˈmɒkərɪ] *n* moquerie *f* ; **to make a ~ of sthg** tourner qqch en dérision.

mocking [ˈmɒkɪŋ] *adj* moqueur(euse).

mockingbird [ˈmɒkɪŋbɜːd] *n* moqueur *m*.

mock-up *n* maquette *f*.

mod [mɒd] *n en Angleterre, membre d'un groupe de jeunes des années 60 qui s'opposaient aux rockers.*

MoD *n see also* **Ministry of Defence**.

mod cons [ˌmɒd-] (*abbr of* **modern conveniences**) *npl UK inf* **all ~** tout confort, tt. conf.

mode [məʊd] *n* mode *m*.

model [ˈmɒdl] <> *n* - **1.** [gen] modèle *m* - **2.** [fashion model] mannequin *m*. <> *adj* - **1.** [perfect] modèle - **2.** [reduced-scale] (en) modèle réduit. <> *vt* (*UK*, *pt & pp* **-led**, *cont* **-ling**, *US*, *pt & pp* **-ed**, *cont* **-ing**) - **1.** [clay] modeler - **2.** [clothes] : **to ~ a dress** présenter un modèle de robe - **3.** [emulate] : **to ~ o.s. on sb** prendre modèle OR exemple sur qqn, se modeler sur qqn. <> *vi* (*UK*, *pt & pp* **-led**, *cont* **-ling**, *US*, *pt & pp* **-ed**, *cont* **-ing**) être mannequin.

modem [ˈməʊdem] *n* COMPUT modem *m*.

moderate <> *adj* [ˈmɒdərət] modéré(e). <> *n* [ˈmɒdərət] POL modéré *m*, -e *f*. <> *vt* [ˈmɒdəreɪt] modérer. <> *vi* [ˈmɒdəreɪt] se modérer.

moderately [ˈmɒdərətlɪ] *adv* [not very] pas très, plus ou moins.

moderation [ˌmɒdəˈreɪʃn] *n* modération *f* ; **in ~** avec modération.

moderator [ˈmɒdəreɪtəʳ] *n* - **1.** *UK* [of exam] examinateur *m*, -trice *f* - **2.** *US* [mediator] médiateur *m*, -trice *f* - **3.** TV modérateur *m*, -trice *f*.

modern [ˈmɒdən] *adj* moderne.

modern-day *adj* moderne, d'aujourd'hui.

modernism [ˈmɒdənɪzm] *n* modernisme *m*.

modernization, *esp UK* **-isation** [ˌmɒdənaɪˈzeɪʃn] *n* modernisation *f*.

modernize, *UK* **-ise** [ˈmɒdənaɪz] <> *vt* moderniser. <> *vi* se moderniser.

modern languages *npl* langues *fpl* vivantes.

modest [ˈmɒdɪst] *adj* modeste.

modestly [ˈmɒdɪstlɪ] *adv* modestement.

modesty [ˈmɒdɪstɪ] *n* modestie *f*.

modicum [ˈmɒdɪkəm] *n* minimum *m*.

modification [ˌmɒdɪfɪˈkeɪʃn] *n* modification *f*.

modify [ˈmɒdɪfaɪ] (*pt & pp* **-ied**) *vt* modifier.

modular [ˈmɒdjʊləʳ] *adj* modulaire.

modulated [ˈmɒdjʊleɪtɪd] *adj* modulé(e).

modulation [ˌmɒdjʊˈleɪʃn] *n* modulation *f*.

module [ˈmɒdjuːl] *n* module *m*.

Mogadishu [ˌmɒgəˈdɪʃuː] *n* Mogadishu.

moggy [ˈmɒgɪ] (*pl* **-ies**) *n UK inf* minou *m*.

mogul [ˈməʊgl] *n fig* magnat *m*.

MOH (*abbr of* **Medical Officer of Health**) *n en Grande-Bretagne, direction de la santé publique.*

mohair [ˈməʊheəʳ] <> *n* mohair *m*. <> *comp* en mohair.

Mohammedan [məˈhæmɪdn] <> *adj* mahométan(e), musulman(e). <> *n* Mahométan *m*, -e *f*.

Mohican [məʊˈhiːkən, ˈməʊɪkən] *n* Mohican *m*.

moist [mɔɪst] *adj* [soil, climate] humide ; [cake] moelleux(euse).

moisten [ˈmɔɪsn] *vt* humecter.

moisture ['mɔɪstʃəʳ] *n* humidité *f*.

moisturize, *UK* **-ise** ['mɔɪstʃəraɪz] *vt* hydrater.

moisturizer ['mɔɪstʃəraɪzəʳ] *n* crème *f* hydratante, lait *m* hydratant.

molar ['məʊləʳ] *n* molaire *f*.

molasses [mə'læsɪz] *n (U)* mélasse *f*.

mold *etc US* = **mould**.

Moldavia [mɒl'deɪvjə] *n* Moldavie *f* ; **in ~** en Moldavie.

mole [məʊl] *n* **- 1.** [animal, spy] taupe *f* **- 2.** [on skin] grain *m* de beauté.

molecular [mə'lekjʊləʳ] *adj* moléculaire.

molecule ['mɒlɪkju:l] *n* molécule *f*.

molehill ['məʊlhɪl] *n* taupinière *f*.

molest [mə'lest] *vt* **- 1.** [attack sexually] attenter à la pudeur de **- 2.** [attack] molester.

molester [mə'lestəʳ] *n* : **child ~** *personne qui est coupable d'attentat à la pudeur sur des enfants.*

mollify ['mɒlɪfaɪ] (*pt & pp* **-ied**) *vt* apaiser, calmer.

mollusc, *US* **mollusk** ['mɒləsk] *n* mollusque *m*.

mollycoddle ['mɒlɪˌkɒdl] *vt inf* chouchouter.

Molotov cocktail ['mɒlətɒf-] *n* cocktail *m* Molotov.

molt *US* = **moult**.

molten ['məʊltn] *adj* en fusion.

mom [mɒm] *n US inf* maman *f*.

moment ['məʊmənt] *n* moment *m*, instant *m* ; **to choose the right ~** choisir son moment ; **~ of truth** minute *f* de vérité ; **at any ~** d'un moment à l'autre ; **at the ~** en ce moment ; **at the last ~** au dernier moment ; **for the ~** pour le moment ; **for one ~** pendant un instant.

momentarily ['məʊməntərɪlɪ] *adv* **- 1.** [for a short time] momentanément **- 2.** *US* [soon] très bientôt.

momentary ['məʊməntrɪ] *adj* momentané(e), passager(ère).

momentous [mə'mentəs] *adj* capital(e), très important(e).

momentum [mə'mentəm] *n (U)* **- 1.** PHYS moment *m* **- 2.** *fig* [speed, force] vitesse *f* ; **to gather ~** prendre de la vitesse.

momma ['mɒmə], **mommy** ['mɒmɪ] *n US inf* maman *f*.

Mon. (*abbr of* **Monday**) lun.

Monaco ['mɒnəkəʊ] *n* Monaco.

monarch ['mɒnək] *n* monarque *m*.

monarchist ['mɒnəkɪst] *n* monarchiste *mf*.

monarchy ['mɒnəkɪ] (*pl* **-ies**) *n* monarchie *f*.

monastery ['mɒnəstrɪ] (*pl* **-ies**) *n* monastère *m*.

monastic [mə'næstɪk] *adj* monastique.

Monday ['mʌndɪ] *n* lundi *m*, *see also* **Saturday**.

monetarism ['mʌnɪtərɪzm] *n* monétarisme *m*.

monetarist ['mʌnɪtərɪst] *n* monétariste *mf*.

monetary ['mʌnɪtrɪ] *adj* monétaire.

money ['mʌnɪ] *n* argent *m* ; **to make ~** gagner de l'argent ; **to get one's ~'s worth** en avoir pour son argent.

moneybox ['mʌnɪbɒks] *n UK* tirelire *f*.

moneyed ['mʌnɪd] *adj fml* riche, cossu(e).

moneylender ['mʌnɪˌlendəʳ] *n* prêteur *m*, -euse *f* sur gages.

moneymaker ['mʌnɪˌmeɪkəʳ] *n* affaire *f* lucrative.

moneymaking ['mʌnɪˌmeɪkɪŋ] *adj* lucratif(ive).

money market *n* marché *m* monétaire.

money order *n* mandat *m* postal.

money-spinner [-ˌspɪnəʳ] *n esp UK inf* mine *f* d'or.

money supply *n* masse *f* monétaire.

mongol ['mɒŋgəl] *dated & offens* ◇ *adj* mongolien(enne). ◇ *n* mongolien *m*, -ienne *f*.

◆ **Mongol** = **Mongolian**.

Mongolia [mɒŋ'gəʊlɪə] *n* Mongolie *f* ; **in ~** en Mongolie.

Mongolian [mɒŋ'gəʊlɪən] ◇ *adj* mongol(e). ◇ *n* **- 1.** [person] Mongol *m*, -e *f* **- 2.** [language] mongol *m*.

mongoose ['mɒŋgu:s] (*pl* **-s**) *n* mangouste *f*.

mongrel ['mʌŋgrəl] *n* [dog] bâtard *m*.

monitor ['mɒnɪtəʳ] ◇ *n* COMPUT, MED & TV moniteur *m*. ◇ *vt* **- 1.** [check] contrôler, suivre de près **- 2.** [broadcasts, messages] être à l'écoute de.

monk [mʌŋk] *n* moine *m*.

monkey ['mʌŋkɪ] (*pl* **-s**) *n* singe *m*.

monkey nut *n UK* cacahuète *f*.

monkey wrench *n* clef *f* à molette.

mono ['mɒnəʊ] ◇ *adj* mono *(inv)*. ◇ *n* **- 1.** [sound] monophonie *f* **- 2.** *US inf* [glandular fever] mononucléose *f* (infectieuse).

monochrome ['mɒnəkrəʊm] *adj* monochrome.

monocle ['mɒnəkl] *n* monocle *m*.

monogamous [mɒ'nɒgəməs] *adj* monogame.

monogamy [mɒ'nɒgəmɪ] *n* monogamie *f*.

monogrammed ['mɒnəgræmd] *adj* marqué(é) d'un monogramme.

monolingual [ˌmɒnə'lɪŋgwəl] *adj* monolingue.

monolithic [ˌmɒnə'lɪθɪk] *adj* monolithique.

monologue, *US* **monolog** ['mɒnəlɒg] *n* monologue *m*.

mononucleosis ['mɒnəʊˌnju:klɪ'əʊsɪs] *n US* mononucléose *f* (infectieuse).

monoplane ['mɒnəpleɪn] *n* monoplan *m*.

monopolize, *UK* **-ise** [mə'nɒpəlaɪz] *vt* monopoliser.

monopoly [mə'nɒpəlɪ] (*pl* **-ies**) *n* : **~ (on** *OR* **of)** monopole *m* (de) ; **the Monopolies and Mergers Commission** *UK organisme chargé de contrôler le fusionnement des entreprises.*

monorail ['mɒnəreɪl] *n* monorail *m*.

monosodium glutamate [ˌmɒnə'səʊdjəm'glu:təmeɪt] *n* glutamate *m* (de sodium).

monosyllabic [ˌmɒnəsɪ'læbɪk] *adj* monosyllabique.

monosyllable ['mɒnəˌsɪləbl] *n* monosyllabe *m*.

monotone ['mɒnətəʊn] *n* ton *m* monocorde.

monotonous [mə'nɒtənəs] *adj* monotone.

monotonously [mə'nɒtənəslɪ] *adv* de façon monotone.

monotony [mə'nɒtənɪ] *n* monotonie *f*.

monoxide [mɒ'nɒksaɪd] *n* monoxyde *m*.

Monrovia [mən'rəʊvɪə] *n* Monrovia.

Monsignor [ˌmɒn'si:ŋjəʳ] *n* monsignor *m*.

monsoon [mɒn'su:n] *n* mousson *f*.

monster ['mɒnstəʳ] <> *n* **- 1.** [creature, cruel person] monstre *m* **- 2.** [huge thing, person] colosse *m*. <> *adj* géant(e), monstre.

monstrosity [mɒn'strɒsətɪ] (*pl* **-ies**) *n* monstruosité *f*.

monstrous ['mɒnstrəs] *adj* monstrueux (euse).

montage ['mɒntɑ:ʒ] *n* montage *m*.

Montana [mɒn'tænə] *n* Montana *m* ; **in ~** dans le Montana.

Mont Blanc [ˌmɔ̃'blɑ̃] *n* le mont Blanc.

Montenegro [ˌmɒntɪ'ni:grəʊ] *n* Monténégro *m*.

Montevideo [ˌmɒntɪvɪ'deɪəʊ] *n* Montevideo.

month [mʌnθ] *n* mois *m*.

monthly ['mʌnθlɪ] <> *adj* mensuel(elle). <> *adv* mensuellement. <> *n* (*pl* **-ies**) [publication] mensuel *m*.

Montreal [ˌmɒntrɪ'ɔ:l] *n* Montréal.

monument ['mɒnjʊmənt] *n* monument *m*.

monumental [ˌmɒnjʊ'mentl] *adj* monumental(e).

moo [mu:] <> *n* (*pl* **-s**) meuglement *m*, beuglement *m*. <> *vi* meugler, beugler.

mooch [mu:tʃ] ◆ **mooch about** *UK*, **mooch around** *vi inf* traîner.

mood [mu:d] *n* humeur *f* ; **in a (bad) ~** de mauvaise humeur ; **in a good ~** de bonne humeur.

moody ['mu:dɪ] (*comp* **-ier**, *superl* **-iest**) *adj pej* **- 1.** [changeable] lunatique **- 2.** [bad-tempered] de mauvaise humeur, mal luné(e).

moon [mu:n] *n UK* lune *f* ; **to be over the ~** *UK inf* être aux anges.

moonbeam ['mu:nbi:m] *n* rayon *m* de lune.

moonlight ['mu:nlaɪt] <> *n* clair *m* de lune. <> *vi* (*pt & pp* **-ed**) travailler au noir.

moonlighting ['mu:nlaɪtɪŋ] *n (U)* travail *m* au noir.

moonlit ['mu:nlɪt] *adj* [countryside] éclairé(e) par la lune ; [night] de lune.

moonscape ['mu:nskeɪp] *n* paysage *m* lunaire.

moon shot *n* tir *m* lunaire.

moonstone ['mu:nstəʊn] *n* pierre *f* de lune.

moonstruck ['mu:nstrʌk] *adj inf* fêlé(e).

moony ['mu:nɪ] (*comp* **-ier**, *superl* **-iest**) *adj inf* rêveur(euse).

moor [mɔ:ʳ] <> *n* lande *f*. <> *vt* amarrer. <> *vi* mouiller.

Moor [mɔ:ʳ] *n* Maure *m*, Mauresque *f*.

moorings ['mɔ:rɪŋz] *npl* [ropes, chains] amarres *fpl* ; [place] mouillage *m*.

Moorish ['mɔ:rɪʃ] *adj* mauresque.

moorland ['mɔ:lənd] *n esp UK* lande *f*.

moose [mu:s] (*pl* **moose**) *n* [North American] orignal *m*.

moot [mu:t] *vt fml* [question] soulever.

moot point *n* point *m* discutable.

mop [mɒp] <> *n* **- 1.** [for cleaning] balai *m* à laver **- 2.** *inf* [hair] tignasse *f*. <> *vt* (*pt & pp* **-ped**, *cont* **-ping**) **- 1.** [floor] laver **- 2.** [sweat] essuyer ; **to ~ one's brow** s'essuyer le front.

◆ **mop up** *vt sep* [clean up] éponger.

mope [məʊp] *vi* broyer du noir.

◆ **mope about** *UK*, **mope around** *vi* traîner.

moped ['məʊped] *n* vélomoteur *m*.

moral ['mɒrəl] <> *adj* moral(e) ; **~ support** soutien *m* moral. <> *n* [lesson] morale *f*.

◆ **morals** *npl* moralité *f*.

morale [mə'rɑːl] *n (U)* moral *m*.

moralistic [ˌmɒrə'lɪstɪk] *adj pej* moralisateur(trice).

morality [mə'rælətɪ] (*pl* **-ies**) *n* moralité *f*.

moralize, *UK* **-ise** ['mɒrəlaɪz] *vi pej* **to ~ (about** *OR* **on)** moraliser (sur).

morally ['mɒrəlɪ] *adv* moralement.

Moral Majority *n groupe de pression américain ultra-conservateur lié aux églises fondamentalistes.*

morass [mə'ræs] *n fig* [of detail, paperwork] fatras *m*.

moratorium [ˌmɒrə'tɔːrɪəm] (*pl* **-ria** [-rɪə]) *n* moratoire *m*.

morbid ['mɔːbɪd] *adj* morbide.

more [mɔːʳ] <> *adv* **- 1.** *(with adj and adverbs)* plus ; **~ important (than)** plus important (que) ; **~ often/quickly (than)** plus souvent/rapidement (que) **- 2.** [to a greater degree] plus, davantage ; **she's ~ like a mother to me than a sister** elle est davantage une mère qu'une sœur pour moi ; **we were ~ hurt than angry** nous étions plus offensés que fâchés, nous étions offensés plutôt que fâchés **- 3.** [another time] : **once/twice ~** une fois/deux fois de plus, encore une fois/deux fois. <> *adj* **- 1.** [larger number, amount of] plus de, davantage de ; **there are ~ trains in the morning** il y a plus de trains le matin ; **~ than 70 people died** plus de 70 personnes ont péri **- 2.** [an extra amount of] encore (de) ; **have some ~ tea** prends encore du thé ; **I finished two ~ chapters today** j'ai fini deux autres *OR* encore deux chapitres aujourd'hui ; **we need ~ money/time** il nous faut plus d'argent/de temps, il nous faut davantage d'argent/de temps. <> *pron* plus, davantage ; **~ than five** plus de cinq ; **he's got ~ than I have** il en a plus que moi ; **there's ~ if you want it** il y en a encore si vous en voulez ; **there's no ~ (left)** il n'y en a plus, il n'en reste plus ; **what ~ do you want?** qu'est-ce que tu veux de plus? ; **(and) what's ~** de plus, qui plus est.

◆ **any more** *adv* : **not... any ~** ne... plus.

◆ **more and more** <> *adv & pron* de plus en plus ; **~ and ~ depressed** de plus en plus déprimé. <> *adj* de plus en plus de ; **there are ~ and ~ cars on the roads** il y a de plus en plus de voitures sur les routes.

◆ **more or less** *adv* **- 1.** [almost] plus ou moins **- 2.** [approximately] environ, à peu près.

moreover [mɔː'rəʊvəʳ] *adv* de plus.

morgue [mɔːg] *n* morgue *f*.

MORI ['mɒrɪ] (*abbr of* **Market & Opinion Research Institute**) *n institut de sondage.*

moribund ['mɒrɪbʌnd] *adj* moribond(e).

Mormon ['mɔːmən] *n* mormon *m*, -e *f*.

morning ['mɔːnɪŋ] *n* matin *m* ; [duration] matinée *f* ; **I work in the ~** je travaille le matin ; **I'll do it tomorrow ~** *OR* **in the ~** je le ferai demain.

◆ **mornings** *adv US* le matin.

morning-after pill *n* pilule *f* du lendemain.

morning dress *n esp UK* habit *m*, frac *m*.

morning sickness *n (U)* nausées *fpl* (matinales).

Moroccan [mə'rɒkən] <> *adj* marocain(e). <> *n* Marocain *m*, -e *f*.

Morocco [mə'rɒkəʊ] *n* Maroc *m* ; **in ~** au Maroc.

moron ['mɔːrɒn] *n inf* idiot *m*, -e *f*, crétin *m*, -e *f*.

moronic [mə'rɒnɪk] *adj* idiot(e), crétin(e).

morose [mə'rəʊs] *adj* morose.

morphine ['mɔːfiːn] *n* morphine *f*.

morris dancing ['mɒrɪs-] *n (U) danse folklorique anglaise.*

Morse (code) [mɔːs-] *n* morse *m*.

morsel ['mɔːsl] *n* bout *m*, morceau *m*.

mortal ['mɔːtl] <> *adj* mortel(elle). <> *n* mortel *m*, -elle *f*.

mortality [mɔː'tælətɪ] *n* mortalité *f*.

mortality rate *n* taux *m* de mortalité.

mortally ['mɔːtəlɪ] *adv* mortellement.

mortar ['mɔːtəʳ] *n* mortier *m*.

mortarboard ['mɔːtəbɔːd] *n* mortier *m* *(chapeau)*.

mortgage ['mɔːgɪdʒ] <> *n* emprunt-logement *m*. <> *vt* hypothéquer.

mortgagee [ˌmɔːgɪ'dʒiː] *n* créancier *m*, -ère *f* hypothécaire.

mortgagor [ˌmɔːgɪ'dʒɔːʳ] *n* débiteur *m*, -trice *f* hypothécaire.

mortician [mɔː'tɪʃn] *n US* entrepreneur *m* de pompes funèbres.

mortified ['mɔːtɪfaɪd] *adj* mortifié(e).

mortise lock ['mɔːtɪs-] *n* serrure *f* encastrée.

mortuary ['mɔːtʃʊərɪ] (*pl* **-ies**) *n* morgue *f*.

mosaic [mə'zeɪɪk] *n* mosaïque *f*.

Moscow ['mɒskəʊ] *n* Moscou.

Moslem ['mɒzləm] = **Muslim**.

mosque [mɒsk] *n* mosquée *f*.

mosquito [mə'skiːtəʊ] (*pl* **-es** *OR* **-s**) *n* moustique *m*.

mosquito net *n* moustiquaire *f*.

moss [mɒs] *n* mousse *f*.

mossy ['mɒsɪ] (*comp* **-ier**, *superl* **-iest**) *adj* moussu(e), couvert(e) de mousse.

most [məʊst] (*superl of* **many**) ◇ *adj* **- 1.** [the majority of] la plupart de ; **~ tourists here are German** la plupart des touristes ici sont allemands **- 2.** [largest amount of] : **(the) ~** le plus de ; **she's got (the) ~ money/sweets** c'est elle qui a le plus d'argent/de bonbons. ◇ *pron* **- 1.** [the majority] la plupart ; **~ of the tourists here are German** la plupart des touristes ici sont allemands ; **~ of them** la plupart d'entre eux **- 2.** [largest amount] : **(the) ~** le plus ; **at ~** au maximum, tout au plus **- 3.** *phr* **to make the ~ of sthg** profiter de qqch au maximum. ◇ *adv* **- 1.** [to greatest extent] : **(the) ~** le plus **- 2.** *fml* [very] très, fort **- 3.** *US* [almost] presque.

mostly ['məʊstlɪ] *adv* principalement, surtout.

MOT *UK* ◇ *n* (*abbr of* **Ministry of Transport (test)**) *contrôle technique annuel obligatoire pour les véhicules de plus de trois ans.* ◇ *vt* : **to have one's car ~'d** soumettre sa voiture au contrôle technique.

motel [məʊ'tel] *n* motel *m*.

moth [mɒθ] *n* papillon *m* de nuit ; [in clothes] mite *f*.

mothball ['mɒθbɔːl] *n* boule *f* de naphtaline.

moth-eaten *adj* mité(e).

mother ['mʌðəʳ] ◇ *n* mère *f*. ◇ *vt* [child] materner, dorloter.

motherboard ['mʌðəbɔːd] *n* COMPUT carte *f* mère.

motherhood ['mʌðəhʊd] *n* maternité *f*.

Mothering Sunday ['mʌðərɪŋ-] *n UK* fête *f* des Mères.

mother-in-law (*pl* **mothers-in-law**) *n* belle-mère *f*.

motherland ['mʌðəlænd] *n* mère patrie *f*.

motherless ['mʌðəlɪs] *adj* orphelin(e) de mère.

motherly ['mʌðəlɪ] *adj* maternel(elle).

Mother Nature *n* la nature.

mother-of-pearl ◇ *n* nacre *f*. ◇ *comp* de nacre.

Mother's Day *n* fête *f* des Mères.

mother ship *n* ravitailleur *m*.

mother superior *n* mère *f* supérieure.

mother-to-be (*pl* **mothers-to-be**) *n* future maman *f*.

mother tongue *n* langue *f* maternelle.

motif [məʊ'tiːf] *n* motif *m*.

motion ['məʊʃn] ◇ *n* **- 1.** [gen] mouvement *m* ; **to set sthg in ~** mettre qqch en branle ; **to go through the ~s** [act insincerely] faire semblant de faire quelque chose **- 2.** [in debate] motion *f*. ◇ *vt* : **to ~ sb to do sthg** faire signe à qqn de faire qqch. ◇ *vi* : **to ~ to sb** faire signe à qqn.

motionless ['məʊʃənlɪs] *adj* immobile.

motion picture *n US* film *m*.

motivate ['məʊtɪveɪt] *vt* **- 1.** [act, decision] motiver **- 2.** [student, workforce] : **to ~ sb (to do sthg)** pousser qqn (à faire qqch).

motivated ['məʊtɪveɪtɪd] *adj* motivé(e).

motivation [ˌməʊtɪ'veɪʃn] *n* motivation *f*.

motive ['məʊtɪv] *n* motif *m*.

motley ['mɒtlɪ] *adj pej* hétéroclite.

motocross ['məʊtəkrɒs] *n* motocross *m*.

motor ['məʊtəʳ] ◇ *adj UK* automobile. ◇ *n* [engine] moteur *m*. ◇ *vi UK dated* aller en automobile.

Motorail® ['məʊtəreɪl] *n UK* train *m* autocouchette OR autos-couchettes.

motorbike ['məʊtəbaɪk] *n UK inf* moto *f*.

motorboat ['məʊtəbəʊt] *n* canot *m* automobile.

motorcade ['məʊtəkeɪd] *n* cortège *m* de voitures.

motorcar ['məʊtəkɑːʳ] *n UK* automobile *f*, voiture *f*.

motorcycle ['məʊtəˌsaɪkl] *n* moto *f*.

motorcyclist ['məʊtəˌsaɪklɪst] *n* motocycliste *mf*.

motoring ['məʊtərɪŋ] *UK* ◇ *adj* [magazine, correspondent] automobile ; **a ~ offence** une infraction au code de la route. ◇ *n* tourisme *m* automobile.

motorist ['məʊtərɪst] *n UK* automobiliste *mf*.

motorize, *UK* **-ise** ['məʊtəraɪz] *vt UK* motoriser.

motor lodge *n US* motel *m*.

motor racing *n UK (U)* course *f* automobile.

motor scooter *n* scooter *m*.

motorsport ['məʊtəspɔːt] *n* sport *m* mécanique.

motor vehicle *n* véhicule *m* automobile.

motorway ['məʊtəweɪ] *UK* ◇ *n* autoroute *f*. ◇ *comp* d'autoroute.

mottled ['mɒtld] *adj* [leaf] tacheté(e) ; [skin] marbré(e).

motto ['mɒtəʊ] (*pl* **-s** OR **-es**) *n* devise *f*.

mould *UK*, **mold** *US* [məʊld] ◇ *n* **- 1.** [growth] moisissure *f* **- 2.** [shape] moule *m*. ◇ *vt* **- 1.** [shape] mouler, modeler **- 2.** *fig* [influence] former, façonner.

moulding *UK*, **molding** *US* ['məʊldɪŋ] *n* **- 1.** [decoration] moulure *f* **- 2.** [moulded object] moulage *m*.

mouldy *UK*, **moldy** *US* (*comp* **-ier**, *superl* **-iest**) ['məʊldɪ] *adj* moisi(e).

moult *UK*, **molt** *US* [məʊlt] ◇ *vt* perdre. ◇ *vi* muer.

mound [maʊnd] *n* **- 1.** [small hill] tertre *m*, butte *f* **- 2.** [pile] tas *m*, monceau *m*.

mount [maʊnt] ◇ *n* **- 1.** [support - for jewel] monture *f* ; [- for photograph] carton *m* de montage ; [- for machine] support *m* **- 2.** [horse] monture *f* **- 3.** [mountain] mont *m*. ◇ *vt* monter ; **to ~ a horse** monter sur un cheval ; **to ~ a bike** monter sur *OR* enfourcher un vélo ; **to ~ guard over** monter la garde auprès de. ◇ *vi* **- 1.** [increase] monter, augmenter **- 2.** [climb on horse] se mettre en selle.

mountain ['maʊntɪn] *n lit & fig* montagne *f* ; **don't make a ~ out of a molehill** n'en fais pas une montagne.

mountain bike *n* VTT *m*.

mountaineer [,maʊntɪ'nɪəʳ] *n* alpiniste *mf*.

mountaineering [,maʊntɪ'nɪərɪŋ] *n* alpinisme *m*.

mountainous ['maʊntɪnəs] *adj* [region] montagneux(euse).

mountain range *n* chaîne *f* de montagnes.

mountain rescue *n* secours *m* en montagne.

mounted ['maʊntɪd] *adj* monté(e), à cheval.

mounted police *n* : **the ~** la police montée.

Mountie ['maʊntɪ] *n inf membre de la police montée canadienne.*

mourn [mɔːn] ◇ *vt* pleurer. ◇ *vi* : **to ~ (for sb)** pleurer (qqn).

mourner ['mɔːnəʳ] *n* [related] parent *m* du défunt ; [unrelated] ami *m*, -e *f* du défunt.

mournful ['mɔːnfʊl] *adj* [face] triste ; [sound] lugubre.

mourning ['mɔːnɪŋ] *n* deuil *m* ; **in ~** en deuil.

mouse [maʊs] (*pl* **mice** [maɪs]) *n* COMPUT & ZOOL souris *f*.

mouse mat *UK*, **mouse pad** *US & UK* *n* COMPUT tapis *m* de souris.

mousetrap ['maʊstræp] *n* souricière *f*.

moussaka [muː'sɑːkə] *n* moussaka *f*.

mousse [muːs] *n* mousse *f*.

moustache [mə'stɑːʃ], **mustache** *US* ['mʌstæʃ] *n* moustache *f*.

mouth ◇ *n* [maʊθ] **- 1.** [of person, animal] bouche *f* ; [of dog, cat, lion] gueule *f* ; **to keep one's ~ shut** *inf* se taire **- 2.** [of cave] entrée *f* ; [of river] embouchure *f*. ◇ *vt* [maʊð] [words] former silencieusement (avec la bouche).

mouthful ['maʊθfʊl] *n* **- 1.** [of food] bouchée *f* ; [of drink] gorgée *f* **- 2.** *inf* [difficult name] nom *m* à coucher dehors.

mouth organ ['maʊθ,ɔːgən] *n* harmonica *m*.

mouthpiece ['maʊθpiːs] *n* **- 1.** [of telephone] microphone *m* ; [of musical instrument] bec *m* **- 2.** [spokesperson] porte-parole *m inv*.

mouth-to-mouth *adj* : **~ resuscitation** bouche-à-bouche *m inv*.

mouthwash ['maʊθwɒʃ] *n* eau *f* dentifrice.

mouth-watering [-,wɔːtərɪŋ] *adj* alléchant(e).

movable ['muːvəbl] *adj* mobile.

move [muːv] ◇ *n* **- 1.** [movement] mouvement *m* ; **to be on the ~** [person] être en déplacement ; [troops] être en marche ; **to get a ~ on** *inf* se remuer, se grouiller **- 2.** [change - of house] déménagement *m* ; [- of job] changement *m* d'emploi **- 3.** [in game - action] coup *m* ; [- turn to play] tour *m* ; *fig* démarche *f*. ◇ *vt* **- 1.** [shift] déplacer, bouger **- 2.** [change - job, office] changer de ; **to ~ house** *UK* déménager **- 3.** [cause] : **to ~ sb to do sthg** inciter qqn à faire qqch **- 4.** [emotionally] émouvoir **- 5.** [propose] : **to ~ sthg/that...** proposer qqch/que... ◇ *vi* **- 1.** [shift] bouger **- 2.** [act] agir **- 3.** [to new house] déménager ; [to new job] changer d'emploi.

◆ **move about** *vi* **- 1.** [fidget] remuer **- 2.** [travel] voyager.

◆ **move along** ◇ *vt sep* faire avancer. ◇ *vi* se déplacer ; **the police asked him to ~ along** la police lui a demandé de circuler.

◆ **move around** = **move about**.

◆ **move away** *vi* [leave] partir.

◆ **move in** ◇ *vt sep* [troops] faire intervenir. ◇ *vi* [to house] emménager.

◆ **move off** *vi* [train, car] partir, s'ébranler.

◆ **move on** ◇ *vt sep* faire circuler. ◇ *vi* **- 1.** [after stopping] se remettre en route **- 2.** [in discussion] changer de sujet. ◇ *vi US* [in life] se tourner vers l'avenir.

◆ **move out** ◇ *vt sep* [troops] retirer. ◇ *vi* [from house] déménager.

◆ **move over** *vi* s'écarter, se pousser.

◆ **move up** *vi* **- 1.** [on bench *etc*] se déplacer **- 2.** *fig* **you've ~d up in the world!** tu en as fait du chemin!

moveable ['muːvəbl] = **movable**.

movement ['muːvmənt] *n* mouvement *m*.

movie ['muːvɪ] *n esp US* film *m*.

movie camera *n* caméra *f*.

moviegoer ['muːvɪ,gəʊəʳ] *n US* cinéphile *mf*.

movie star *n US* star *f*, vedette *f* de cinéma.

movie theater *n US* cinéma *m*.

moving ['muːvɪŋ] *adj* **- 1.** [emotionally] émouvant(e), touchant(e) **- 2.** [not fixed] mobile.

moving staircase *n* escalier *m* roulant.

mow [məʊ] (*pt* **-ed**, *pp* **-ed** *OR* **mown**) *vt* faucher ; [lawn] tondre.

◆ **mow down** *vt sep* faucher.

mower ['məʊəʳ] *n* tondeuse *f* à gazon.

mown [məʊn] *pp* ▷ **mow**.

Mozambican [ˌməʊzæm'bi:kn] ◇ *adj* mozambicain(e). ◇ *n* Mozambicain *m*, -e *f*.

Mozambique [ˌməʊzæm'bi:k] *n* Mozambique *m* ; **in ~** au Mozambique.

MP *n* - **1.** (*abbr of* **Military Police**) PM - **2.** *UK* (*abbr of* **Member of Parliament**) ≃ député *m* - **3.** *Canada see also* **Mounted Police**.

mpg (*abbr of* **miles per gallon**) *n miles au gallon.*

mph (*abbr of* **miles per hour**) *n miles à l'heure.*

MPhil [ˌem'fɪl] (*abbr of* **Master of Philosophy**) *n (titulaire d'une) maîtrise de lettres.*

MPS (*abbr of* **Member of the Pharmaceutical Society**) *n membre de l'Académie de pharmacie britannique.*

Mr ['mɪstəʳ] *n* Monsieur *m* ; [on letter] M.

MRC (*abbr of* **Medical Research Council**) *n conseil de la recherche médicale en Grande-Bretagne.*

MRCP (*abbr of* **Member of the Royal College of Physicians**) *n membre de l'Académie de médecine britannique.*

MRCS (*abbr of* **Member of the Royal College of Surgeons**) *n membre de l'Académie de chirurgie britannique.*

MRCVS (*abbr of* **Member of the Royal College of Veterinary Surgeons**) *n membre de l'Académie de chirurgie vétérinaire britannique.*

Mrs ['mɪsɪz] *n* Madame *f* ; [on letter] Mme.

ms. (*abbr of* **manuscript**) *n* ms.

Ms [mɪz] *n titre que les femmes peuvent utiliser au lieu de madame ou mademoiselle pour éviter la distinction entre les femmes mariées et les célibataires.*

MS ◇ *n* - **1.** (*abbr of* **manuscript**) ms - **2.** (*abbr of* **Master of Science**) *(titulaire d'une) maîtrise de sciences américaine* - **3.** (*abbr of* **multiple sclerosis**) SEP *f*. ◇ *see also* **Mississippi**.

MSA (*abbr of* **Master of Science in Agriculture**) *n (titulaire d'une) maîtrise en sciences agricoles.*

Msb (*abbr of* **most significant bit/byte**) *n bit/octet de poids fort.*

MSc (*abbr of* **Master of Science**) *n (titulaire d'une) maîtrise de sciences.*

MSC (*abbr of* **Manpower Services Commission**) *n agence nationale britannique pour l'emploi.*

MSF (*abbr of* **Manufacturing Science and Finance**) *n confédération syndicale britannique.*

msg [emes'dʒi:] *n* message *m*.

MSG *see also* **monosodium glutamate**.

Msgr (*abbr of* **Monsignor**) Mgr.

MSP *n see also* **Member of the Scottish Parliament**.

MST (*abbr of* **Mountain Standard Time**) *n heure d'hiver des montagnes Rocheuses.*

MSW (*abbr of* **Master of Social Work**) *n (titulaire d'une) maîtrise en travail social.*

Mt (*written abbrev of* **mount**) *inf US* Mt.

MT ◇ *n* (*abbr of* **machine translation**) TA *f*. ◇ *see also* **Montana**.

much [mʌtʃ] ◇ *adj* (*comp* **more**, *superl* **most**) beaucoup de ; **there isn't ~ rice left** il ne reste pas beaucoup de riz ; **as ~ money as...** autant d'argent que... ; **too ~** trop de ; **how ~...?** combien de...? ; **how ~ money do you earn?** tu gagnes combien? ◇ *pron* beaucoup ; **I don't think ~ of his new house** sa nouvelle maison ne me plaît pas trop ; **as ~ as** autant que ; **too ~** trop ; **how ~?** combien? ; **I'm not ~ of a cook** je suis un piètre cuisinier ; **so ~ for all my hard work** tout ce travail pour rien ; **I thought as ~** c'est bien ce que je pensais ; **it's not up to ~** *UK inf* ça ne vaut pas grand-chose. ◇ *adv* beaucoup ; **I don't go out ~** je ne sors pas beaucoup OR souvent ; **as ~ as** autant que ; **thank you very ~** merci beaucoup ; **without so ~ as...** sans même...

◆ **much as** *conj* bien que (+ *subjunctive*).

muchness ['mʌtʃnɪs] *n UK* **to be much of a ~** être blanc bonnet et bonnet blanc.

muck [mʌk] *inf n (U)* - **1.** [dirt] saletés *fpl* - **2.** [manure] fumier *m*.

◆ **muck about**, *UK* **muck around** *inf* ◇ *vt sep* : **to ~ sb about** traiter qqn pardessus OR par-dessous la jambe. ◇ *vi* traîner.

◆ **muck in** *vi UK inf* donner un coup de main.

◆ **muck out** *vt sep UK* [stable] nettoyer.

◆ **muck up** *vt sep UK inf* gâcher.

muckraking ['mʌkreɪkɪŋ] *n fig* mise *f* au jour de scandales.

mucky ['mʌkɪ] (*comp* **-ier**, *superl* **-iest**) *adj* - **1.** [gen] sale - **2.** *UK inf* pornographique.

mucus ['mju:kəs] *n* mucus *m*.

mud [mʌd] *n* boue *f*.

muddle ['mʌdl] ◇ *n* désordre *m*, fouillis *m* ; **to be in a ~** [room, finances] être en désordre ; [person] ne plus s'y retrouver. ◇ *vt* - **1.** [papers] mélanger - **2.** [person] embrouiller.

◆ **muddle along** *vi* se débrouiller tant bien que mal.

◆ **muddle through** *vi* se tirer d'affaire, s'en sortir tant bien que mal.

◆ **muddle up** *vt sep* mélanger.

muddle-headed [-ˌhedɪd] *adj* [thinking] confus(e) ; [person] brouillon(onne).

muddy ['mʌdɪ] ◇ *adj* (*comp* **-ier**, *superl* **-iest**) boueux(euse). ◇ *vt* (*pt* & *pp* **-ied**) *fig* embrouiller.

mudflap ['mʌdflæp] *n UK* pare-boue *m inv.*

mudflat ['mʌdflæt] *n* laisse *f.*

mudguard ['mʌdgɑ:d] *n* garde-boue *m inv.*

mudpack ['mʌdpæk] *n* masque *m* de beauté.

mudslinging ['mʌd,slɪŋɪŋ] *n (U) fig* attaques *fpl.*

muesli ['mju:zlɪ] *n* muesli *m.*

muff [mʌf] ◇ *n* manchon *m.* ◇ *vt UK inf* louper.

muffin ['mʌfɪn] *n* muffin *m.*

muffle ['mʌfl] *vt* étouffer.

muffled ['mʌfld] *adj* - **1.** [sound] sourd(e), étouffé(e) - **2.** [person] : ~ **(up)** emmitouflé(e).

muffler ['mʌflər] *n US* [for car] silencieux *m.*

mug [mʌg] ◇ *n* - **1.** [cup] (grande) tasse *f* - **2.** *UK inf* [fool] andouille *f.* ◇ *vt* (*pt & pp* **-ged**, *cont* **-ging**) [attack] agresser.

mugger ['mʌgər] *n* agresseur *m.*

mugging ['mʌgɪŋ] *n* agression *f.*

muggy ['mʌgɪ] (*comp* **-ier**, *superl* **-iest**) *adj* lourd(e), moite.

mugshot ['mʌgʃɒt] *n inf* photo *f* (de criminel).

mujaheddin [,mu:dʒəhe'di:n] *npl* moudjahiddin *mpl.*

mulatto [mju:'lætəʊ] (*pl* **-s** OR **-es**) *n* mûlatre *m*, mûlatresse *f.*

mulberry ['mʌlbərɪ] (*pl* **-ies**) *n* - **1.** [tree] mûrier *m* - **2.** [fruit] mûre *f.*

mule [mju:l] *n* mule *f.*

mull [mʌl] ◆ **mull over** *vt sep* ruminer, réfléchir à.

mullah ['mʌlə] *n* mollah *m.*

mulled [mʌld] *adj* : ~ **wine** vin *m* chaud.

mullet ['mʌlɪt] (*pl* **mullet** OR **-s**) *n* mulet *m.*

mulligatawny [,mʌlɪgə'tɔ:nɪ] *n soupe indienne au curry.*

mullioned ['mʌlɪənd] *adj* [window] à meneaux.

multi- ['mʌltɪ] *prefix* multi-.

multicoloured *UK*, **multicolored** *US* ['mʌltɪ,kʌləd] *adj* multicolore.

multicultural [,mʌltɪ'kʌltʃərəl] *adj* multiculturel(elle).

multifaith ['mʌltɪfeɪθ] *adj* multiconfessionnel(le) ; ~ **organization** organisation multiconfessionnelle.

multifarious [,mʌltɪ'feərɪəs] *adj fml* divers, très varié(e).

multigym ['mʌltɪdʒɪm] *n UK* appareil *m* de musculation.

multilateral [,mʌltɪ'lætərəl] *adj* multilatéral(e).

multimedia [,mʌltɪ'mi:djə] *adj* multimédia *(inv).*

multimillionaire ['mʌltɪ,mɪljə'neər] *n* multimillionnaire *mf.*

multinational [,mʌltɪ'næʃənl] ◇ *adj* multinational(e). ◇ *n* multinationale *f.*

multiparty ['mʌltɪ,pɑ:tɪ] *adj* multipartite ; **the ~ system** le pluripartisme.

multiple ['mʌltɪpl] ◇ *adj* multiple. ◇ *n* multiple *m.*

multiple-choice *adj* à choix multiple.

multiple crash *UK*, **multiple-car crash** *US n* carambolage *m.*

multiple injuries *npl* lésions *fpl* multiples.

multiple sclerosis [-sklɪ'rəʊsɪs] *n* sclérose *f* en plaques.

multiplex cinema *UK*, **multiplex theater** *US* ['mʌltɪpleks-] *n* complexe *m* multisalles.

multiplication [,mʌltɪplɪ'keɪʃn] *n* multiplication *f.*

multiplication sign *n* signe *m* de multiplication.

multiplication table *n* table *f* de multiplication.

multiplicity [,mʌltɪ'plɪsətɪ] *n* multiplicité *f.*

multiply ['mʌltɪplaɪ] (*pt & pp* **-ied**) ◇ *vt* multiplier. ◇ *vi* se multiplier.

multipurpose [,mʌltɪ'pɜ:pəs] *adj* polyvalent(e), à usages multiples.

multiracial [,mʌltɪ'reɪʃl] *adj* multiracial(e).

multistorey *UK*, **multistory** *US* [,mʌltɪ'stɔ:rɪ] ◇ *adj* à étages. ◇ *n* [car park] parking *m* à étages.

multitude ['mʌltɪtju:d] *n* multitude *f.*

multi-user *adj* COMPUT [system] multi-utilisateurs *(inv).*

multivitamin [*UK* 'mʌltɪvɪtəmɪn, *US* 'mʌltɪvaɪtəmɪn] *n* multivitamine *f.*

mum [mʌm] *inf* ◇ *n UK* maman *f.* ◇ *adj* : **to keep ~** ne pas piper mot.

mumble ['mʌmbl] *vt & vi* marmotter.

mumbo jumbo ['mʌmbəʊ'dʒʌmbəʊ] *n* charabia *m.*

mummify ['mʌmɪfaɪ] (*pt & pp* **-ied**) *vt* momifier.

mummy ['mʌmɪ] (*pl* **-ies**) *n* - **1.** *UK inf baby* maman *f* - **2.** [preserved body] momie *f.*

mumps [mʌmps] *n (U)* oreillons *mpl.*

munch [mʌntʃ] *vt & vi* croquer.

mundane [mʌn'deɪn] *adj* banal(e), ordinaire.

mung bean [mʌŋ-] *n* mungo *m.*

municipal [mju:'nɪsɪpl] *adj* municipal(e).

municipality [mju:ˌnɪsɪ'pælətɪ] (*pl* **-ies**) *n* municipalité *f*.

munificent [mju:'nɪfɪsənt] *adj fml* munificent(e).

munitions [mju:'nɪʃnz] *npl* munitions *fpl*.

mural ['mju:ərəl] *n* peinture *f* murale.

murder ['mɜ:dər] ◇ *n* meurtre *m* ; **to get away with ~** *fig* pouvoir faire n'importe quoi impunément. ◇ *vt* assassiner.

murderer ['mɜ:dərər] *n* meurtrier *m*, assassin *m*.

murderess ['mɜ:dərɪs] *n dated* meurtrière *f*.

murderous ['mɜ:dərəs] *adj* meurtrier(ère).

murky ['mɜ:kɪ] (*comp* **-ier**, *superl* **-iest**) *adj* **- 1.** [place] sombre **- 2.** [water, past] trouble.

murmur ['mɜ:mər] ◇ *n* murmure *m* ; MED souffle *m* au cœur. ◇ *vt* & *vi* murmurer.

MusB [mju:z'bi:], **Musbac** [mju:z'bæk] (*abbr of* **Bachelor of Music**) *n (titulaire d'un) diplôme d'études musicales*.

muscle ['mʌsl] *n* muscle *m* ; *fig* [power] poids *m*, impact *m*.

◆ **muscle in** *vi* intervenir, s'immiscer.

muscleman ['mʌslmən] (*pl* **-men** [-men]) *n* hercule *m*.

Muscovite ['mʌskəvaɪt] ◇ *adj* moscovite. ◇ *n* Moscovite *mf*.

muscular ['mʌskjʊlər] *adj* **- 1.** [spasm, pain] musculaire **- 2.** [person] musclé(e).

muscular dystrophy [-'dɪstrəfɪ] *n* myopathie *f* primitive progressive, dystrophie *f* musculaire.

MusD [mju:z'di:], **MusDoc** [mju:z'dɒk] (*abbr of* **Doctor of Music**) *n (titulaire d'un) doctorat d'études musicales*.

muse [mju:z] ◇ *n* muse *f*. ◇ *vi* méditer, réfléchir.

museum [mju:'zi:əm] *n* musée *m*.

mush [mʌʃ] *n* **- 1.** [food] bouillie *f* **- 2.** *inf* [sentimentality] sentimentalité *f*.

mushroom ['mʌʃrʊm] ◇ *n* champignon *m*. ◇ *vi* [organization, party] se développer, grandir ; [houses] proliférer.

mushroom cloud *n* champignon *m* atomique.

mushy ['mʌʃɪ] (*comp* **-ier**, *superl* **-iest**) *adj* **- 1.** [food] en bouillie **- 2.** *inf* [over-sentimental] à l'eau de rose, à la guimauve.

music ['mju:zɪk] *n* musique *f*.

musical ['mju:zɪkl] ◇ *adj* **- 1.** [event, voice] musical(e) **- 2.** [child] doué(e) pour la musique, musicien(enne). ◇ *n* comédie *f* musicale.

musical box *UK*, **music box** *US* *n* boîte *f* à musique.

musical chairs *n (U)* chaises *fpl* musicales.

musical instrument *n* instrument *m* de musique.

music box *US* = **musical box**.

music centre *UK*, **music center** *US* *n* chaîne *f* compacte.

music hall *n UK* music-hall *m*.

musician [mju:'zɪʃn] *n* musicien *m*, -enne *f*.

music stand *n* pupitre *m* à musique.

musk [mʌsk] *n* musc *m*.

musket ['mʌskɪt] *n* mousquet *m*.

muskrat ['mʌskræt] *n* rat *m* musqué, ondatra *m*.

Muslim ['mʊzlɪm] ◇ *adj* musulman(e). ◇ *n* Musulman *m*, -e *f*.

muslin ['mʌzlɪn] *n* mousseline *f*.

musquash ['mʌskwɒʃ] *n* rat *m* musqué, ondatra *m*.

muss [mʌs] *vt US* : **to ~ (up)** [clothes] chiffonner, froisser ; [hair] déranger.

mussel ['mʌsl] *n* moule *f*.

must [mʌst] ◇ *modal vb* **- 1.** [expressing obligation] devoir ; **I ~ go** il faut que je m'en aille, je dois partir ; **you ~ come and visit** il faut absolument que tu viennes nous voir **- 2.** [expressing likelihood] : **they ~ have known** ils devaient le savoir. ◇ *n inf* : **a ~** un must, un impératif ; **the film is a ~** c'est un film à voir absolument.

mustache *US* = **moustache**.

mustard ['mʌstəd] *n* moutarde *f* ; **~ and cress** *UK* moutarde blanche et cresson alénois.

mustard gas *n* gaz *m* moutarde.

muster ['mʌstər] ◇ *vt* rassembler. ◇ *vi* se réunir, se rassembler.

◆ **muster up** *vt insep* rassembler.

mustn't [mʌsnt] *abbr of* **must not**.

must've ['mʌstəv] *see also* **must have**.

musty ['mʌstɪ] (*comp* **-ier**, *superl* **-iest**) *adj* [smell] de moisi ; [room] qui sent le renfermé OR le moisi.

mutant ['mju:tənt] ◇ *adj* mutant(e). ◇ *n* mutant *m*.

mutate [mju:'teɪt] *vi* subir une mutation, muter ; **to ~ into sthg** se changer en qqch, se transformer en qqch.

mutation [mju:'teɪʃn] *n* mutation *f*.

mute [mju:t] ◇ *adj* muet(ette). ◇ *n* muet *m*, -ette *f*. ◇ *vt* étouffer, assourdir.

muted ['mju:tɪd] *adj* **- 1.** [colour] sourd(e) **- 2.** [reaction] peu marqué(e) ; [protest] voilé(e).

mutilate ['mju:tɪleɪt] *vt* mutiler.

mutilation [ˌmju:tɪ'leɪʃn] *n* mutilation *f*.

mutineer [ˌmju:tɪ'nɪər] *n* mutiné *m*, mutin *m*.

mutinous ['mju:tɪnəs] *adj* [crew, soldiers] mutiné(e) ; *fml* [person, attitude] rebelle.

mutiny ['mju:tɪnɪ] ◇ *n* (*pl* **-ies**) mutinerie *f*. ◇ *vi* (*pt* & *pp* **-ied**) se mutiner.

mutt [mʌt] *n inf* **- 1.** *esp US* [fool] andouille *f*, crétin *m*, -e *f* **- 2.** *US* [dog] clébard *m*.

mutter ['mʌtər] ◇ *vt* [threat, curse] marmonner. ◇ *vi* marmotter, marmonner ; **to ~ to o.s.** marmotter, parler dans sa barbe.

muttering ['mʌtərɪŋ] *n* **- 1.** [remark] marmonnement *m*, marmottement *m* **- 2.** [sound] murmure *m*.

mutton ['mʌtn] *n* mouton *m* ; **she's ~ dressed as lamb** *UK* c'est une vieille coquette.

mutual ['mju:tʃʊəl] *adj* **- 1.** [feeling, help] réciproque, mutuel(elle) **- 2.** [friend, interest] commun(e).

mutual fund *n US* fonds *m* commun de placement.

mutually ['mju:tʃʊəlɪ] *adv* mutuellement, réciproquement ; **~ exclusive** qui s'excluent l'un l'autre.

Muzak® ['mju:zæk] *n* musique *f* d'ambiance.

muzzle ['mʌzl] ◇ *n* **- 1.** [of dog - mouth] museau *m* ; [- guard] muselière *f* **- 2.** [of gun] gueule *f*. ◇ *vt lit* & *fig* museler.

muzzy ['mʌzɪ] (*comp* **-ier**, *superl* **-iest**) *adj UK* embrouillé(e), confus(e).

MVP (*abbr of* **most valuable player**) *n US titre de meilleur joueur décerné à celui qui a réalisé la meilleure performance lors d'un match, d'une saison etc.*

MW (*abbr of* **medium wave**) PO.

my [maɪ] *poss adj* **- 1.** [referring to oneself] mon (ma), mes *(pl)* ; **~ dog** mon chien ; **~ house** ma maison ; **~ children** mes enfants ; **~ name is Joe/Sarah** je m'appelle Joe/Sarah ; **it wasn't MY fault** ce n'était pas de ma faute à moi **- 2.** [in titles] **: yes, ~ Lord** oui, monsieur le comte/duc *etc*.

mynah (bird) ['maɪnə-] *n* mainate *m*.

myopic [maɪ'ɒpɪk] *adj* myope.

myriad ['mɪrɪəd] *lit* ◇ *adj* innombrable. ◇ *n* myriade *f*.

myrrh [mɜːr] *n* myrrhe *f*.

myrtle ['mɜːtl] *n* myrte *m*.

myself [maɪ'self] *pron* **- 1.** *(reflexive)* me ; *(after prep)* moi **- 2.** *(for emphasis)* moi-même ; **I did it ~** je l'ai fait tout seul.

mysterious [mɪ'stɪərɪəs] *adj* mystérieux(euse) ; **to be ~ about sthg** faire (un) mystère de qqch.

mysteriously [mɪ'stɪərɪəslɪ] *adv* mystérieusement.

mystery ['mɪstərɪ] ◇ *n* (*pl* **-ies**) mystère *m*. ◇ *comp* mystérieux(euse).

mystery (story) *n* histoire *f* à suspense.

mystery tour *n UK* voyage *m* surprise *(dont la destination est inconnue)*.

mystic ['mɪstɪk] ◇ *adj* [power] occulte ; [rite] mystique, ésotérique. ◇ *n* mystique *mf*.

mystical ['mɪstɪkl] *adj* mystique.

mysticism ['mɪstɪsɪzm] *n* mysticisme *m*.

mystified ['mɪstɪfaɪd] *adj* perplexe.

mystifying ['mɪstɪfaɪɪŋ] *adj* inexplicable, déconcertant(e).

mystique [mɪ'sti:k] *n* mystique *f*.

myth [mɪθ] *n* mythe *m*.

mythic ['mɪθɪk] *adj* légendaire.

mythical ['mɪθɪkl] *adj* mythique.

mythological [,mɪθə'lɒdʒɪkl] *adj* mythologique.

mythology [mɪ'θɒlədʒɪ] (*pl* **-ies**) *n* mythologie *f*.

myxomatosis [,mɪksəmə'təʊsɪs] *n* myxomatose *f*.

n (*pl* **n's** *OR* **ns**), **N** (*pl* **N's** *OR* **Ns**) [en] *n* [letter] n *m inv*, N *m inv*.

◆ **N** (*written abbrev of* **north**) N.

n/a, **N/A** (*abbr of* **not applicable**) s.o.

NA (*abbr of* **Narcotics Anonymous**) *n association américaine d'aide aux toxicomanes.*

NAACP (*abbr of* **National Association for the Advancement of Colored People**) *n association nationale américaine pour la promotion de gens de couleur.*

NAAFI ['næfɪ] (*abbr of* **Navy, Army & Air Force Institute**) *n organisme approvisionnant les forces armées britanniques en biens de consommation.*

nab [næb] (*pt* & *pp* **-bed**, *cont* **-bing**) *vt inf* **- 1.** [arrest] pincer **- 2.** [get quickly] attraper, accaparer.

NACU (*abbr of* **National Association of Colleges and Universities**) *n association des établissements d'enseignement supérieur américains.*

nadir ['neɪˌdɪəʳ] *n fml* & ASTRON nadir *m* ; **to be at/reach a ~** *fig* être/tomber au plus bas.

naff [næf] *adj UK inf* nul (nulle).

nag [næg] ◇ *vt (pt & pp* **-ged**, *cont* **-ging)** harceler. ◇ *vi (pt & pp* **-ged**, *cont* **-ging)** : **to ~ at sb, to ~ sb** *US* harceler qqn ; **stop nagging!** arrête de me casser les pieds! ◇ *n inf* **- 1.** [person] enquiquineur *m*, -euse *f* **- 2.** [horse] canasson *m*.

nagging ['nægɪŋ] *adj* **- 1.** [doubt] persistant(e), tenace **- 2.** [husband, wife] enquiquineur(euse).

nail [neɪl] ◇ *n* **- 1.** [for fastening] clou *m* ; **to hit the ~ on the head** mettre le doigt dessus **- 2.** [of finger, toe] ongle *m*. ◇ *vt* clouer.

◆ **nail down** *vt sep* **- 1.** [lid] clouer **- 2.** *fig* [person] : **to ~ sb down to sthg** faire préciser qqch à qqn.

◆ **nail up** *vt sep* [notice] fixer avec des clous, clouer.

nail-biting *adj* plein(e) de suspense.

nailbrush ['neɪlbrʌʃ] *n* brosse *f* à ongles.

nail clippers *npl* = **nail scissors**.

nail file *n* lime *f* à ongles.

nail polish *n* vernis *m* à ongles.

nail scissors *npl* ciseaux *mpl* à ongles.

nail varnish *n UK* vernis *m* à ongles.

nail varnish remover [-rɪ'mu:vəʳ] *n* dissolvant *m*.

Nairobi [naɪ'rəʊbɪ] *n* Nairobi.

naive, **naïve** [naɪ'i:v] *adj* naïf(ïve).

naivety, **naïvety** [naɪ'i:vtɪ] *n* naïveté *f*.

naked ['neɪkɪd] *adj* **- 1.** [body, flame] nu(e) ; **with the ~ eye** à l'œil nu **- 2.** [emotions] manifeste, évident(e) ; [aggression] non déguisé(e) ; **the ~ truth** la vérité toute nue.

NALGO ['nælgəʊ] (*abbr of* **National and Local Government Officers' Association**) *n ancien syndicat britannique de la fonction publique*.

Nam [næm] (*abbr of* **Vietnam**) *n US inf* Vietnam *m*.

NAM (*abbr of* **National Association of Manufacturers**) *n organisation patronale américaine*.

name [neɪm] ◇ *n* **- 1.** [identification] nom *m* ; **what's your ~?** comment vous appelez-vous? ; **to know sb by ~** connaître qqn de nom ; **by the ~ of** qui répond au nom de ; **in my/his ~** à mon/son nom ; **in the ~ of peace** au nom de la paix ; **in ~ only** de nom seulement ; **to call sb ~s** traiter qqn de tous les noms, injurier qqn **- 2.** [reputation] réputation *f* ; **to make a ~ for o.s.** se faire un nom **- 3.** [famous person] grand nom *m*, célébrité *f*. ◇ *vt* **- 1.** [gen] nommer ; **to ~ sb/sthg after, to ~ sb/sthg for** *US* donner à qqn/à qqch le nom de **- 2.** [date, price] fixer.

namedropping ['neɪmdrɒpɪŋ] *n* : **I hate ~** je déteste les gens qui veulent donner l'impression de connaître tous les grands de ce monde.

nameless ['neɪmlɪs] *adj* inconnu(e), sans nom ; [author] anonyme.

namely ['neɪmlɪ] *adv* à savoir, c'est-à-dire.

nameplate ['neɪmpleɪt] *n* plaque *f*.

namesake ['neɪmseɪk] *n* homonyme *m*.

Namibia [nɑ:'mɪbɪə] *n* Namibie *f* ; **in ~** en Namibie.

Namibian [nɑ:'mɪbɪən] ◇ *adj* namibien(enne). ◇ *n* Namibien *m*, -enne *f*.

nan(a) [næn(ə)] *n UK inf* mamie *f*, mémé *f*.

nan (bread) *n (U)* pain *m* nan.

nanny ['nænɪ] (*pl* **-ies**) *n UK* nurse *f*, bonne *f* d'enfants.

nanny goat *n* chèvre *f*, bique *f*.

nanometre ['nænəʊˌmi:təʳ], **nanometer** *US n* nanomètre *m*.

nap [næp] ◇ *n* : **to have** OR **take a ~** faire un petit somme. ◇ *vi (pt & pp* **-ped**, *cont* **-ping)** faire un petit somme ; **to be caught napping** *inf fig* être pris au dépourvu.

NAPA (*abbr of* **National Association of Performing Artists**) *n syndicat américain des gens du spectacle*.

napalm ['neɪpɑ:m] *n* napalm *m*.

nape [neɪp] *n* nuque *f*.

napkin ['næpkɪn] *n* serviette *f*.

nappy ['næpɪ] (*pl* **-ies**) *n UK* couche *f*.

nappy liner *n UK* change *m* (jetable).

narcissi [nɑ:'sɪsaɪ] *pl* ▷ **narcissus**.

narcissism ['nɑ:sɪsɪzm] *n* narcissisme *m*.

narcissistic [ˌnɑ:sɪ'sɪstɪk] *adj* narcissique.

narcissus [nɑ:'sɪsəs] (*pl* **-cissuses** OR **-cissi** [-sɪsaɪ]) *n* narcisse *m*.

narcotic [nɑ:'kɒtɪk] *n* stupéfiant *m*, narcotique *m*.

nark [nɑ:k] *UK inf* ◇ *n slang* & *dated* [police] mouchard *m*, indic *m*. ◇ *vt* mettre en rogne.

narky ['nɑ:kɪ] (*comp* **-ier**, *superl* **-iest**) *adj UK inf* de mauvais poil.

narrate [*UK* nə'reɪt, *US* 'næreɪt] *vt* raconter, narrer.

narration [*UK* nə'reɪʃn, *US* næ'reɪʃn] *n* narration *f*.

narrative ['nærətɪv] ◇ *adj* narratif(ive). ◇ *n* **- 1.** [story] récit *m*, narration *f* **- 2.** [skill] art *m* de la narration.

narrator [*UK* nə'reɪtəʳ, *US* 'næreɪtər] *n* narrateur *m*, -trice *f*.

narrow ['nærəʊ] <> *adj* - **1.** [gen] étroit(e) ; **to have a ~ escape** l'échapper belle - **2.** [victory, majority] de justesse. <> *vt* - **1.** [reduce] réduire, limiter - **2.** [eyes] fermer à demi, plisser. <> *vi lit & fig* se rétrécir.
◆ **narrow down** *vt sep* réduire, limiter.

narrow-gauge *adj* RAIL : **~ track** voie *f* étroite.

narrowly ['nærəʊlɪ] *adv* - **1.** [win, lose] de justesse - **2.** [miss] de peu.

narrow-minded [-'maɪndɪd] *adj* [person] à l'esprit étroit, borné(e) ; [attitude] étroit(e), borné(e).

NAS (*abbr of* **National Academy of Sciences**) *n académie américaine des sciences.*

NASA ['næsə] (*abbr of* **National Aeronautics and Space Administration**) *n* NASA *f*.

nasal ['neɪzl] *adj* nasal(e).

nascent ['neɪsənt] *adj fml* naissant(e).

NASDAQ [næzdæk] (*abbr of* **National Association of Securities Dealers Automated Quotation**) *n* [in US] NASDAQ *m*.

nastily ['nɑːstɪlɪ] *adv* - **1.** [unkindly] méchamment - **2.** [painfully] : **to fall ~** faire une mauvaise chute.

nastiness ['nɑːstɪnɪs] *n* [unkindness] méchanceté *f*.

nasturtium [nəs'tɜːʃəm] (*pl* **-s**) *n* capucine *f*.

nasty ['nɑːstɪ] (*comp* **-ier**, *superl* **-iest**) *adj* - **1.** [unpleasant - smell, feeling] mauvais(e) ; [- weather] vilain(e), mauvais(e) - **2.** [unkind] méchant(e) - **3.** [problem] difficile, délicat(e) - **4.** [injury] vilain(e) ; [accident] grave ; [fall] mauvais(e).

NAS/UWT (*abbr of* **National Association of Schoolmasters/Union of Women Teachers**) *n syndicat d'enseignants et de chefs d'établissement en Grande-Bretagne.*

Natal [nə'tæl] *n* Natal *m* ; **in ~** au Natal.

nation ['neɪʃn] *n* nation *f*.

national ['næʃənl] <> *adj* national(e) ; [campaign, strike] à l'échelon national ; [custom] du pays, de la nation. <> *n* ressortissant *m*, -e *f*.

national anthem *n* hymne *m* national.

national debt *n* dette *f* publique.

national dress *n* costume *m* national.

national grid *n UK* réseau *m* électrique national.

National Guard *n* : **the ~** la Garde Nationale *(armée nationale américaine composée de volontaires).*

National Health Service *n* : **the ~** *le service national de santé britannique.*

National Heritage Minister *n ministre britannique de la culture et des sports.*

National Insurance *UK n (U)* - **1.** [system] *système de sécurité sociale (maladie, retraite) et d'assurance chômage* - **2.** [payment] ≃ contributions *fpl* à la Sécurité sociale.

nationalism ['næʃnəlɪzm] *n* nationalisme *m*.

nationalist ['næʃnəlɪst] <> *adj* nationaliste. <> *n* nationaliste *mf*.

nationality [,næʃə'nælətɪ] (*pl* **-ies**) *n* nationalité *f*.

nationalization [,næʃnəlaɪ'zeɪʃn] *n* nationalisation *f*.

nationalize, *UK* **-ise** ['næʃnəlaɪz] *vt* nationaliser.

nationalized ['næʃnəlaɪzd] *adj* nationalisé(e).

national park *n* parc *m* national.

national service *n UK* MIL service *m* national OR militaire.

National Trust *n UK* : **the ~** *organisme non gouvernemental assurant la conservation de certains sites et monuments historiques.*

nation–state *n* nation *f*.

nationwide ['neɪʃənwaɪd] <> *adj* dans tout le pays ; [campaign, strike] à l'échelon national. <> *adv* à travers tout le pays.

native ['neɪtɪv] <> *adj* - **1.** [country, area] natal(e) - **2.** [language] maternel(elle) ; **a ~ English speaker** une personne de langue maternelle anglaise - **3.** [plant, animal] indigène ; **~ to** originaire de. <> *n* autochtone *mf* ; [of colony] indigène *mf*.

Native American *n* Indien *m*, -enne *f* d'Amérique, Amérindien *m*, -enne *f*.

Nativity [nə'tɪvətɪ] *n* : **the ~** la Nativité.

nativity play *n* mystère *m* de la Nativité.

NATO ['neɪtəʊ] (*abbr of* **North Atlantic Treaty Organization**) *n* OTAN *f*.

natter ['nætər] *UK inf* <> *n* : **to have a ~** tailler une bavette, bavarder. <> *vi* bavarder.

natty ['nætɪ] (*comp* **-ier**, *superl* **-iest**) *adj dated* [smart] chic *(inv)*.

natural ['nætʃrəl] <> *adj* - **1.** [gen] naturel(elle) ; **to die of ~ causes** mourir de mort naturelle - **2.** [instinct, talent] inné(e) - **3.** [footballer, musician] né(e) - **4.** [parent] vrai(e). <> *n* : **she's a ~ at dancing** c'est une danseuse née.

natural childbirth *n* accouchement *m* naturel.

natural disaster *n* catastrophe *f* naturelle.

natural gas *n* gaz *m* naturel.

natural history *n* histoire *f* naturelle.

naturalist ['nætʃrəlɪst] *n* naturaliste *mf*.

naturalize, *UK* **-ise** ['nætʃrəlaɪz] *vt* naturaliser ; **to be ~d** se faire naturaliser.

naturally ['nætʃrəlɪ] *adv* **- 1.** [gen] naturellement ; **to come ~ to sb** être naturel chez qqn **- 2.** [unaffectedly] sans affectation, avec naturel.

naturalness ['nætʃrəlnɪs] *n* naturel *m*.

natural resources *npl* ressources *fpl* naturelles.

natural science *n* sciences *fpl* naturelles.

natural wastage *n UK (U)* départs *mpl* volontaires.

nature ['neɪtʃəʳ] *n* nature *f* ; **by ~** [basically] par essence ; [by disposition] de nature, naturellement.

nature reserve *n* réserve *f* naturelle.

nature trail *n* sentier *m* signalisé pour amateurs de la nature.

naturist ['neɪtʃərɪst] *n* naturiste *mf*.

naturopathy [ˌneɪtʃə'rɒpəθɪ] *n* naturopathie *f*.

naughty ['nɔːtɪ] (*comp* **-ier**, *superl* **-iest**) *adj* **- 1.** [badly behaved] vilain(e), méchant(e) **- 2.** [indecent] grivois(e).

nausea ['nɔːzjə] *n* nausée *f*.

nauseam ['nɔːzɪæm] ⊳ **ad nauseam**.

nauseate ['nɔːsɪeɪt] *vt lit & fig* écœurer.

nauseating ['nɔːsɪeɪtɪŋ] *adj lit & fig* écœurant(e).

nauseous ['nɔːsjəs] *adj* **- 1.** MED : **to feel ~** avoir mal au cœur, avoir des nausées **- 2.** *fig* [revolting] écœurant(e), dégoutant(e).

nautical ['nɔːtɪkl] *adj* nautique.

nautical mile *n* mille *m* marin.

naval ['neɪvl] *adj* naval(e).

naval officer *n* officier *m* de marine.

nave [neɪv] *n* nef *f*.

navel ['neɪvl] *n* nombril *m*.

navigable ['nævɪgəbl] *adj* navigable.

navigate ['nævɪgeɪt] ◇ *vt* **- 1.** [plane] piloter ; [ship] gouverner **- 2.** [seas, river] naviguer sur. ◇ *vi* AERON & NAUT naviguer ; AUT lire la carte.

navigation [ˌnævɪ'geɪʃn] *n* navigation *f*.

navigator ['nævɪgeɪtəʳ] *n* navigateur *m*.

navvy ['nævɪ] (*pl* **-ies**) *n UK inf dated* terrassier *m*.

navy ['neɪvɪ] ◇ *n* (*pl* **-ies**) marine *f*. ◇ *adj* [in colour] bleu marine *(inv)*.

navy blue ◇ *adj* bleu marine *(inv)*. ◇ *n* bleu *m* marine.

Nazareth ['næzərɪθ] *n* Nazareth.

Nazi ['nɑːtsɪ] ◇ *adj* nazi(e). ◇ *n* (*pl* **-s**) Nazi *m*, -e *f*.

NB, N.B. - 1. (*abbr of* **nota bene**) NB **- 2.** *see also* **New Brunswick**.

NBA *n* **- 1.** (*abbr of* **National Basketball Association**) *fédération américaine de basket-ball* **- 2.** (*abbr of* **National Boxing Association**) *fédération américaine de boxe*.

NBC (*abbr of* **National Broadcasting Company**) *n chaîne de télévision américaine*.

NBS (*abbr of* **National Bureau of Standards**) = **NIST**.

NC - 1. *see also* **no charge - 2.** *see also* **North Carolina**.

NCC (*abbr of* **Nature Conservancy Council**) *n organisme britannique de protection de la nature*.

NCCL (*abbr of* **National Council for Civil Liberties**) *n ligue britannique de défense des libertés civiles*.

NCO *n see also* **noncommissioned officer**.

NCU (*abbr of* **National Communications Union**) *n syndicat britannique des communications*.

ND *see also* **North Dakota**.

NE - 1. *see also* **Nebraska - 2.** *see also* **New England - 3.** (*abbr of* **northeast**) N.E.

Neanderthal [nɪ'ændətɑːl] ◇ *adj* : **~ man** homme *m* de Néandertal. ◇ *n* homme *m* de Néandertal.

neap tide [niːp-] *n* (marée *f* de) morte-eau *f*.

near [nɪəʳ] ◇ *adj* proche ; **a ~ disaster** une catastrophe évitée de justesse OR de peu ; **in the ~ future** dans un proche avenir, dans un avenir prochain ; **it was a ~ thing** *UK* il était moins cinq. ◇ *adv* **- 1.** [close] près ; **Christmas is drawing ~** Noël approche **- 2.** [almost] : **~ impossible** presque impossible ; **nowhere ~ ready/enough** loin d'être prêt/assez. ◇ *prep* : **~ (to)** [in space] près de ; [in time] près de, vers ; **~ (to) tears** au bord des larmes ; **~ (to) death** sur le point de mourir ; **~ (to) the truth** proche de la vérité. ◇ *vt* approcher de ; **to ~ completion** être près d'être fini. ◇ *vi* approcher.

nearby [nɪə'baɪ] ◇ *adj* proche. ◇ *adv* tout près, à proximité.

Near East *n* : **the ~** le Proche-Orient.

nearly ['nɪəlɪ] *adv* presque ; **I ~ fell** j'ai failli tomber ; **I ~ cried** j'étais sur le point de pleurer ; **not ~ enough/as good** loin d'être suffisant/aussi bon.

near miss *n* **- 1.** SPORT coup *m* qui a raté de peu **- 2.** [between planes, vehicles] quasi-collision *f*, collision *f* évitée de justesse.

nearness ['nɪənɪs] *n* proximité *f*.

nearside ['nɪəsaɪd] *UK* <> *adj* [right-hand drive] de gauche ; [left-hand drive] de droite. <> *n* [right-hand drive] côté *m* gauche ; [left-hand drive] côté droit.

nearsighted [ˌnɪə'saɪtɪd] *adj US* myope.

neat [ni:t] *adj* - **1.** [room, house] bien tenu(e), en ordre ; [work] soigné(e) ; [handwriting] net (nette) ; [appearance] soigné(e), net (nette) - **2.** [solution, manoeuvre] habile, ingénieux (euse) - **3.** [alcohol] pur(e), sans eau - **4.** *US inf* [very good] chouette, super *(inv)*.

neatly ['ni:tlɪ] *adv* - **1.** [arrange] avec ordre ; [write] soigneusement ; [dress] avec soin - **2.** [skilfully] habilement, adroitement.

neatness ['ni:tnɪs] *n* [of room] bon ordre *m* ; [of handwriting] netteté *f* ; [of appearance] mise *f* soignée.

Nebraska [nɪ'bræskə] *n* Nebraska *m* ; **in ~** dans le Nebraska.

nebulous ['nebjʊləs] *adj* nébuleux(euse).

NEC (*abbr of* **National Exhibition Centre**) *n parc d'expositions près de Birmingham en Angleterre.*

necessarily [*UK* 'nesəsrəlɪ, ˌnesə'serɪlɪ] *adv* forcément, nécessairement.

necessary ['nesəsrɪ] *adj* - **1.** [required] nécessaire, indispensable ; **to make the ~ arrangements** faire le nécessaire - **2.** [inevitable] inévitable, inéluctable.

necessitate [nɪ'sesɪteɪt] *vt* nécessiter, rendre nécessaire.

necessity [nɪ'sesətɪ] (*pl* **-ies**) *n* nécessité *f* ; **of ~** inévitablement, fatalement.

neck [nek] <> *n* - **1.** ANAT cou *m* ; **to be up to one's ~ (in sthg)** *fig* être (dans qqch) jusqu'au cou ; **to breathe down sb's ~** *fig* talonner qqn, être sur le dos de qqn ; **to stick one's ~ out** *fig* prendre des risques, se mouiller - **2.** [of shirt, dress] encolure *f* - **3.** [of bottle] col *m*, goulot *m*. <> *vi inf* se bécoter.

neckerchief ['nekətʃɪf] (*pl* **-chiefs** *OR* **-chieves** [-tʃi:vz]) *n dated* foulard *m*.

necklace ['neklɪs] *n* collier *m*.

neckline ['neklaɪn] *n* encolure *f*.

necktie ['nektaɪ] *n US* cravate *f*.

nectar ['nektəʳ] *n* nectar *m*.

nectarine ['nektərɪn] *n* brugnon *m*, nectarine *f*.

NEDC (*abbr of* **National Economic Development Council**) *n agence nationale britannique de développement économique.*

Neddy ['nedɪ] *n inf surnom de la NEDC.*

née [neɪ] *adj* née.

need [ni:d] <> *n* besoin *m* ; **there's no ~ to get up** ce n'est pas la peine de te lever ; **there's no ~ for such language** tu n'as pas besoin d'être grossier ; **~ for sthg/to do sthg** besoin de qqch/de faire qqch ; **to be in** *OR* **have ~ of sthg** *fml* avoir besoin de qqch ; **if ~ be** si besoin est, si nécessaire ; **in ~** dans le besoin. <> *vt* - **1.** [require] : **to ~ sthg/to do sthg** avoir besoin de qqch/de faire qqch ; **I ~ to go to the doctor** il faut que j'aille chez le médecin - **2.** [be obliged] : **to ~ to do sthg** être obligé(e) de faire qqch. <> *modal vb* : **~ we go?** faut-il qu'on y aille? ; **it ~ not happen** cela ne doit pas forcément se produire.

◆ **needs** *adv* : **if ~s must** s'il le faut.

needle ['ni:dl] <> *n* - **1.** [gen] aiguille *f* ; **it's like looking for a ~ in a haystack** c'est comme chercher une aiguille dans une botte de foin - **2.** [stylus] saphir *m*. <> *vt inf* [annoy] asticoter, lancer des piques à.

needlecord ['ni:dlkɔ:d] *n* velours *m* milleraies.

needlepoint ['ni:dlpɔɪnt] *n* dentelle *f* à l'aiguille.

needless ['ni:dlɪs] *adj* [risk, waste] inutile ; [remark] déplacé(e) ; **~ to say...** bien entendu...

needlessly ['ni:dlɪslɪ] *adv* inutilement, sans raison.

needlework ['ni:dlwɜ:k] *n* - **1.** [embroidery] travail *m* d'aiguille - **2.** *(U)* [activity] couture *f*.

needn't ['ni:dnt] *abbr of* **need not**.

needy ['ni:dɪ] <> *adj* (*comp* **-ier**, *superl* **-iest**) nécessiteux(euse), indigent(e). <> *npl* : **the ~** les nécessiteux *mpl*.

nefarious [nɪ'feərɪəs] *adj fml* odieux(euse), abominable.

negate [nɪ'geɪt] *vt fml* [efforts, achievements] annuler, détruire.

negation [nɪ'geɪʃn] *n fml* [of efforts, achievements] destruction *f*.

negative ['negətɪv] <> *adj* négatif(ive). <> *n* - **1.** PHOT négatif *m* - **2.** LING négation *f* ; **to answer in the ~** répondre négativement *OR* par la négative.

neglect [nɪ'glekt] <> *n* [of garden] mauvais entretien *m* ; [of children] manque *m* de soins ; [of duty] manquement *m*. <> *vt* négliger ; [garden] laisser à l'abandon ; **to ~ to do sthg** négliger *OR* omettre de faire qqch.

neglected [nɪ'glektɪd] *adj* [child] délaissé(e), abandonné(e) ; [garden] laissé(e) à l'abandon.

neglectful [nɪ'glektfʊl] *adj* négligent(e) ; **to be ~ of sb/sthg** négliger qqn/qqch.

negligee ['neglɪʒeɪ] *n* déshabillé *m*, négligé *m*.

negligence ['neglɪdʒəns] *n* négligence *f*.

negligent ['neglɪdʒənt] *adj* négligent(e).

negligently ['neglɪdʒəntlɪ] *adv* avec négligence.

negligible ['neglɪdʒəbl] *adj* négligeable.

negotiable [nɪ'gəʊʃjəbl] *adj* négociable ; [price, conditions] à débattre.

negotiate [nɪ'gəʊʃɪeɪt] ◇ *vt* - **1.** COMM & POL négocier - **2.** [obstacle] franchir ; [bend] prendre, négocier. ◇ *vi* négocier ; **to ~ with sb (for sthg)** engager des négociations avec qqn (pour obtenir qqch).

negotiation [nɪˌgəʊʃɪ'eɪʃn] *n* négociation *f*.

negotiator [nɪ'gəʊʃɪeɪtəʳ] *n* négociateur *m*, -trice *f*.

Negress ['ni:grɪs] *n* négresse *f (attention: le terme 'Negress' est considéré raciste)*.

Negro ['ni:grəʊ] ◇ *adj* noir(e). ◇ *n* (*pl* **-es**) Noir *m (attention: le terme 'Negro' est considéré raciste)*.

neigh [neɪ] *vi* [horse] hennir.

neighbour *UK*, **neighbor** *US* ['neɪbəʳ] *n* voisin *m*, -e *f*.

neighbourhood *UK*, **neighborhood** *US* ['neɪbəhʊd] *n* - **1.** [of town] voisinage *m*, quartier *m* ; **in the ~** à proximité - **2.** [approximate figure] : **in the ~ of £300** environ 300 livres, dans les 300 livres.

neighbourhood watch *n système de surveillance d'un quartier par tous ses habitants (pour prévenir les cambriolages et autres crimes)*.

neighbouring *UK*, **neighboring** *US* ['neɪbərɪŋ] *adj* avoisinant(e).

neighbourly *UK*, **neighborly** *US* ['neɪbəlɪ] *adj* bon voisin (bonne voisine).

neither ['naɪðəʳ, 'ni:ðəʳ] ◇ *adv* : **~ good nor bad** ni bon ni mauvais ; **that's ~ here nor there** cela n'a rien à voir. ◇ *pron & adj* ni l'un ni l'autre (ni l'une ni l'autre). ◇ *conj* : **~ do I** moi non plus.

neo- ['ni:əʊ] *prefix* néo-.

neoclassic(al) [ˌni:əʊ'klæsɪk(l)] *adj* néoclassique.

neolithic [ˌni:ə'lɪθɪk] *adj* néolithique.

neologism [ni:'ɒlədʒɪzm] *n* néologisme *m*.

neon ['ni:ɒn] *n* néon *m*.

neon light *n* néon *m*, lumière *f* au néon.

neon sign *n* enseigne *f* lumineuse au néon.

Nepal [nɪ'pɔ:l] *n* Népal *m* ; **in ~** au Népal.

Nepalese [ˌnepə'li:z] ◇ *adj* népalais(e). ◇ *n* (*pl* **Nepalese**) Népalais *m*, -e *f*.

Nepali [nɪ'pɔ:lɪ] *n* [language] népalais *m*, népali *m*.

nephew ['nefju:] *n* neveu *m*.

nepotism ['nepətɪzm] *n* népotisme *m*.

Neptune ['neptju:n] *n* [planet] Neptune *f*.

nerve [nɜ:v] *n* - **1.** ANAT nerf *m* - **2.** [courage] courage *m*, sang-froid *m inv* ; **to lose one's ~** se dégonfler, flancher - **3.** [cheek] culot *m*, toupet *m* ; **to have the ~ to do sthg** avoir le culot OR le toupet de faire qqch.
◆ **nerves** *npl* nerfs *mpl* ; **to get on sb's ~s** taper sur les nerfs OR le système de qqn.

nerve centre *UK*, **nerve center** *US* *n lit & fig* centre *m* nerveux.

nerve gas *n* gaz *m* neurotoxique.

nerve-racking [-ˌrækɪŋ] *adj* angoissant(e), éprouvant(e).

nervous ['nɜ:vəs] *adj* - **1.** [gen] nerveux(euse) - **2.** [apprehensive - smile, person etc] inquiet(ète) ; [- performer] qui a le trac ; **to be ~ about sthg** appréhender qqch.

nervous breakdown *n* dépression *f* nerveuse.

nervously ['nɜ:vəslɪ] *adv* - **1.** [gen] nerveusement - **2.** [apprehensively] avec inquiétude.

nervousness ['nɜ:vəsnɪs] *n (U)* - **1.** [apprehension - of voice etc] inquiétude *f* ; [- of performer] trac *m* - **2.** [tenseness] nervosité *f*, tension *f*.

nervous system *n* système *m* nerveux.

nervous wreck *n* : **to be a ~** être à bout de nerfs.

nervy ['nɜ:vɪ] (*comp* **-ier**, *superl* **-iest**) *adj* - **1.** *UK inf* [nervous] énervé(e) - **2.** *US* [cheeky] culotté(e).

nest [nest] ◇ *n* nid *m* ; **~ of tables** table *f* gigogne. ◇ *vi* [bird] faire son nid, nicher.

nest egg *n* pécule *m*, bas *m* de laine.

nestle ['nesl] *vi* se blottir.

nestling ['neslɪŋ] *n* oisillon *m*.

net[1] [net] ◇ *adj* net (nette) ; **~ result** résultat final. ◇ *n* - **1.** [gen] filet *m* - **2.** [fabric] voile *m*, tulle *m*. ◇ *vt* (*pt & pp* **-ted**, *cont* **-ting**) - **1.** [fish] prendre au filet - **2.** [money - subj: person] toucher net, gagner net ; [- subj: deal] rapporter net.

net[2], **Net** [net] *n* : **the ~** le Net ; **to surf the ~** surfer sur le Net.

netball ['netbɔ:l] *n UK* netball *m*.

net curtains *npl UK* voilage *m*.

nethead ['nethed] *n inf* accro *mf* d'Internet.

Netherlands ['neðələndz] *npl* : **the ~** les Pays-Bas *mpl* ; **in the ~** aux Pays-Bas.

netiquette, **Netiquette** ['netiket] *n* nétiquette *f*.

net profit *n* bénéfice *m* net.

net revenue *n US* chiffre *m* d'affaires.

net surfer, **Net surfer** *n* internaute *mf*.

nett [net] *adj* = **net**[1].

netting ['netɪŋ] *n* - **1.** [metal, plastic] grillage *m* - **2.** [fabric] voile *m*, tulle *m*.

nettle ['netl] ◇ *n* ortie *f*. ◇ *vt* piquer *OR* toucher au vif.

network ['netwɜ:k] ◇ *n* réseau *m*. ◇ *vt* **- 1.** RADIO & TV diffuser **- 2.** COMPUT interconnecter.

neuralgia [njʊə'rældʒə] *n* névralgie *f*.

neurological [ˌnjʊərə'lɒdʒɪkl] *adj* neurologique.

neurologist [ˌnjʊə'rɒlədʒɪst] *n* neurologue *mf*.

neurology [ˌnjʊə'rɒlədʒɪ] *n* neurologie *f*.

neurosis [ˌnjʊə'rəʊsɪs] (*pl* **-ses** [-si:z]) *n* névrose *f*.

neurosurgery [ˌnjʊərəʊ'sɜ:dʒərɪ] *n* neurochirurgie *f*.

neurotic [ˌnjʊə'rɒtɪk] ◇ *adj* névrosé(e). ◇ *n* névrosé *m*, -e *f*.

neuter ['nju:tə^r] ◇ *adj* neutre. ◇ *vt* [cat, dog] châtrer.

neutral ['nju:trəl] ◇ *adj* **- 1.** [gen] neutre **- 2.** [face, eyes etc] inexpressif(ive), sans expression. ◇ *n* **- 1.** AUT point *m* mort **- 2.** [country] état *m* *OR* pays *m* neutre ; [person] personne *f* neutre.

neutrality [nju:'trælətɪ] *n* neutralité *f*.

neutralize, *UK* **-ise** ['nju:trəlaɪz] *vt* neutraliser.

neutron ['nju:trɒn] *n* neutron *m*.

neutron bomb *n* bombe *f* à neutrons.

Nevada [nɪ'vɑ:də] *n* Nevada *m* ; **in ~** dans le Nevada.

never ['nevə^r] *adv* jamais... ne, ne... jamais ; **~ ever** jamais, au grand jamais ; **well I ~!** ça par exemple!

never-ending *adj* interminable.

never-never *n UK inf* **on the ~** à crédit, à tempérament.

nevertheless [ˌnevəðə'les] *adv* néanmoins, pourtant.

new *adj* [nju:] **- 1.** [gen] nouveau(elle) ; **to be ~ to** [place] être nouveau dans ; [job] être neuf dans **- 2.** [not used] neuf (neuve) ; **as good as ~** comme neuf.

◆ **news** *n (U)* [nju:z] **- 1.** [information] nouvelle *f* ; **a piece of ~s** une nouvelle ; **that's ~s to me** première nouvelle ; **to break the ~s to sb** annoncer *OR* apprendre la nouvelle à qqn **- 2.** RADIO informations *fpl* **- 3.** TV journal *m* télévisé, actualités *fpl*.

New Age *n* New Age *m*.

New Age traveller *n UK* voyageur *m* New Age.

new blood *n fig* sang *m* neuf *OR* frais.

newborn ['nju:bɔ:n] *adj* nouveau-né(e).

New Brunswick [-'brʌnzwɪk] *n* Nouveau-Brunswick *m* ; **in ~** dans le Nouveau-Brunswick.

New Caledonia [-ˌkælɪ'dəʊnjə] *n* Nouvelle-Calédonie *f* ; **in ~** en Nouvelle-Calédonie.

New Caledonian [-ˌkælɪ'dəʊnjən] ◇ *adj* néo-calédonien(enne). ◇ *n* Néo-Calédonien *m*, -enne *f*.

newcomer ['nju:ˌkʌmə^r] *n* : **~ (to sthg)** nouveau-venu *m*, nouvelle-venue *f* (dans qqch).

New Delhi *n* New Delhi.

New England *n* Nouvelle-Angleterre *f* ; **in ~** en Nouvelle-Angleterre.

newfangled [ˌnju:'fæŋgld] *adj inf pej* ultramoderne, trop moderne.

newfound *adj* récent(e), de fraîche date.

Newfoundland ['nju:fəndlənd] *n* Terre-Neuve *f* ; **in ~** à Terre-Neuve.

New Guinea *n* Nouvelle-Guinée *f* ; **in ~** en Nouvelle-Guinée.

New Hampshire [-'hæmpʃə^r] *n* New Hampshire *m* ; **in ~** dans le New Hampshire.

New Hebrides *npl* Nouvelles-Hébrides *fpl* ; **in the ~** aux Nouvelles-Hébrides.

New Jersey *n* le New Jersey ; **in ~** dans le New Jersey.

newly ['nju:lɪ] *adv* récemment, fraîchement.

newlyweds ['nju:lɪwedz] *npl* nouveaux *OR* jeunes mariés *mpl*.

New Mexico *n* Nouveau-Mexique *m* ; **in ~** au Nouveau-Mexique.

new moon *n* nouvelle lune *f*.

New Orleans [-'ɔ:lɪənz] *n* La Nouvelle-Orléans.

New Quebec *n* Nouveau-Québec *m* ; **in ~** au Nouveau-Québec.

news agency *n* agence *f* de presse.

newsagent *UK* ['nju:zeɪdʒənt], **newsdealer** *US* ['nju:zdi:lər] *n* marchand *m* de journaux.

news bulletin *n* bulletin *m* d'informations.

newscast ['nju:zkɑ:st] *n esp US* **- 1.** RADIO informations *fpl* **- 2.** TV actualités *fpl*.

newscaster ['nju:zkɑ:stə^r] *n* présentateur *m*, -trice *f*.

news conference *n* conférence *f* de presse.

newsdealer *US* = **newsagent**.

newsflash ['nju:zflæʃ] *n* flash *m* d'information.

newsgroup ['nju:zgru:p] *n* COMPUT [on Internet] newsgroup *m*, groupe *m* de discussion.

newshound ['nju:zhaʊnd] *n* reporter *m*.

newsletter ['nju:z,letər] *n* bulletin *m.*

newsman ['nju:zmæn] (*pl* **-men** [-mən]) *n* journaliste *m*, reporter *m.*

New South Wales *n* Nouvelle-Galles du Sud *f* ; **in ~** en Nouvelle-Galles du Sud.

newspaper ['nju:z,peɪpər] *n* journal *m.*

newspaperman ['nju:z,peɪpəmæn] (*pl* **-men** [-men]) *n* journaliste *m.*

newspaperwoman ['nju:z,peɪpəwʊmæn] (*pl* **-women** [wɪmɪn]) *n* journaliste *f.*

newsprint ['nju:zprɪnt] *n* papier *m* journal.

newsreader ['nju:z,ri:dər] *n UK* présentateur *m*, -trice *f.*

newsreel ['nju:zri:l] *n* actualités *fpl* filmées.

newsroom ['nju:zru:m] *n* **- 1.** PRESS salle *f* de rédaction **- 2.** RADIO & TV studio *m.*

newssheet ['nju:zʃi:t] *n UK* feuille *f* d'informations.

newsstand ['nju:zstænd] *n* kiosque *m* à journaux.

newswoman ['nju:z,wʊmæn] (*pl* **-women** [wɪmɪn]) *n* journaliste *f.*

newsworthy ['nju:z,wɜ:ðɪ] *adj* qui vaut la peine d'être publié OR qu'on en parle.

newt [nju:t] *n* triton *m.*

new technology *n* nouvelle technologie *f*, technologie de pointe.

New Testament *n* : **the ~** le Nouveau Testament.

new town *n UK* ville *f* nouvelle.

new wave *n* nouvelle vague *f.*

New World *n* : **the ~** le Nouveau Monde.

New Year *n* nouvel an *m*, nouvelle année *f* ; **Happy ~!** bonne année!

New Year's Day *n* jour *m* de l'an, premier *m* de l'an.

New Year's Eve *n* la Saint-Sylvestre.

New York [-'jɔ:k] *n* **- 1.** [city] : **~ (City)** New York **- 2.** [state] : **~ (State)** l'État *m* de New York ; **in (the State of) ~, in ~ (State)** dans l'État de New York.

New Yorker [-'jɔ:kər] *n* New-Yorkais *m*, -e *f.*

New Zealand [-'zi:lənd] *n* Nouvelle-Zélande *f* ; **in ~** en Nouvelle-Zélande.

New Zealander [-'zi:ləndər] *n* Néo-Zélandais *m*, -e *f.*

next [nekst] ◇ *adj* prochain(e) ; [room] d'à côté ; [page] suivant(e) ; **~ Tuesday** mardi prochain ; **~ time** la prochaine fois ; **~ week** la semaine prochaine ; **the ~ week** la semaine suivante OR d'après ; **~ year** l'année prochaine ; **~, please!** au suivant! ; **the day after ~** le surlendemain ; **the week after ~** dans deux semaines. ◇ *adv* **- 1.** [afterwards] ensuite, après **- 2.** [again] la prochaine fois **- 3.** (*with superlatives*) **he's the ~ biggest after Dan** c'est le plus grand après OR à part Dan. ◇ *prep US* à côté de.

◆ **next to** *prep* à côté de ; **it cost ~ to nothing** cela a coûté une bagatelle OR trois fois rien ; **I know ~ to nothing** je ne sais presque OR pratiquement rien.

next door *adv* à côté.

◆ **next-door** *adj* : **next-door neighbour** voisin *m*, -e *f* d'à côté.

next of kin *n* plus proche parent *m.*

NF ◇ *n* (*abbr of* **National Front**) ≃ FN *m.* ◇ *see also* **Newfoundland.**

NFL (*abbr of* **National Football League**) *n fédération nationale de football américain.*

NFU (*abbr of* **National Farmers' Union**) *n syndicat britannique d'exploitants agricoles.*

NG *see also* **National Guard.**

NGO (*abbr of* **non-governmental organization**) *n* ONG *f.*

NH *see also* **New Hampshire.**

NHL (*abbr of* **National Hockey League**) *n fédération nationale américaine de hockey sur glace.*

NHS (*abbr of* **National Health Service**) *n service national de santé en Grande-Bretagne*, ≃ sécurité sociale *f.*

NI ◇ *n see also* **National Insurance.** ◇ *see also* **Northern Ireland.**

Niagara [naɪ'ægrə] *n* : **~ Falls** les chutes *fpl* du Niagara.

nib [nɪb] *n* plume *f.*

nibble ['nɪbl] ◇ *vt* grignoter, mordiller. ◇ *vi* : **to ~ at sthg** grignoter qqch.

Nicaragua [,nɪkə'rægjʊə] *n* Nicaragua *m* ; **in ~** au Nicaragua.

Nicaraguan [,nɪkə'rægjʊən] ◇ *adj* nicaraguayen(enne). ◇ *n* Nicaraguayen *m*, -enne *f.*

nice [naɪs] *adj* **- 1.** [holiday, food] bon (bonne) ; [day, picture] beau (belle) ; [dress] joli(e) **- 2.** [person] gentil(ille), sympathique ; **to be ~ to sb** être gentil OR aimable avec qqn.

nice-looking [-'lʊkɪŋ] *adj* joli(e), beau (belle).

nicely ['naɪslɪ] *adv* **- 1.** [made, manage etc] bien ; [dressed] joliment ; **that will do ~** cela fera très bien l'affaire **- 2.** [politely - ask] poliment, gentiment ; [- behave] bien.

nicety ['naɪsətɪ] (*pl* **-ies**) *n* délicatesse *f*, subtilité *f.*

niche [ni:ʃ] *n* [in wall] niche *f* ; *fig* bonne situation *f*, voie *f.*

nick [nɪk] ◇ *n* - **1.** [cut] entaille *f*, coupure *f* - **2.** *UK prison sl* [jail] : **the ~** la taule *OR* tôle - **3.** *UK inf* [condition] : **in good/bad ~** en bon/mauvais état - **4.** *phr* **in the ~ of time** juste à temps. ◇ *vt* - **1.** [cut] couper, entailler - **2.** *UK inf* [steal] piquer, faucher - **3.** *UK inf* [arrest] pincer, choper.

nickel ['nɪkl] *n* - **1.** [metal] nickel *m* - **2.** *US* [coin] pièce *f* de cinq cents.

nickname ['nɪkneɪm] ◇ *n* sobriquet *m*, surnom *m*. ◇ *vt* surnommer.

Nicosia [ˌnɪkə'si:ə] *n* Nicosie.

nicotine ['nɪkəti:n] *n* nicotine *f*.

niece [ni:s] *n* nièce *f*.

nifty ['nɪftɪ] (*comp* **-ier**, *superl* **-iest**) *adj inf* génial(e), super *(inv)*.

Niger ['naɪdʒəʳ] *n* - **1.** [country] Niger *m* ; **in ~** au Niger - **2.** [river] : **the (River)~** le Niger.

Nigeria [naɪ'dʒɪərɪə] *n* Nigeria *m* ; **in ~** au Nigeria.

Nigerian [naɪ'dʒɪərɪən] ◇ *adj* nigérian(e). ◇ *n* Nigérian *m*, -e *f*.

Nigerien [naɪ'dʒɪərɪən] ◇ *adj* nigérien(enne). ◇ *n* Nigérien *m*, -enne *f*.

niggardly ['nɪgədlɪ] *adj* [person] pingre, avare ; [gift, amount] mesquin(e), chiche.

niggle ['nɪgl] ◇ *n UK* [worry] souci *m*, tracas *m*. ◇ *vt* - **1.** *UK* [worry] tracasser - **2.** [criticize] faire des réflexions à, critiquer. ◇ *vi* - **1.** [worry] : **to ~ at sb** tracasser qqn - **2.** [criticize] faire des réflexions, critiquer.

nigh [naɪ] *adv lit* près, proche ; **well ~** presque.

night [naɪt] *n* - **1.** [not day] nuit *f* ; **at ~** la nuit ; **~ and day, day and ~** nuit et jour - **2.** [evening] soir *m* ; **at ~** le soir - **3.** *phr* **to have an early ~** se coucher de bonne heure ; **to have a late ~** veiller, se coucher tard.

◆ **nights** *adv* - **1.** *US* [at night] la nuit - **2.** *UK* [nightshift] : **to work ~s** travailler *OR* être de nuit.

night class *n US* = **evening class**.

nightcap ['naɪtkæp] *n* - **1.** [drink] *boisson alcoolisée prise avant de se coucher* - **2.** [hat] bonnet *m* de nuit.

nightclothes ['naɪtkləʊðz] *npl* vêtements *mpl* de nuit.

nightclub ['naɪtklʌb] *n* boîte *f* de nuit.

nightdress ['naɪtdres] *n* chemise *f* de nuit.

nightfall ['naɪtfɔ:l] *n* tombée *f* de la nuit *OR* du jour.

nightgown ['naɪtgaʊn] *n* chemise *f* de nuit.

nightie ['naɪtɪ] *n inf* chemise *f* de nuit.

nightingale ['naɪtɪŋgeɪl] *n* rossignol *m*.

nightlife ['naɪtlaɪf] *n* vie *f* nocturne, activités *fpl* nocturnes.

nightlight ['naɪtlaɪt] *n* veilleuse *f*.

nightly ['naɪtlɪ] ◇ *adj* (de) toutes les nuits *OR* tous les soirs. ◇ *adv* toutes les nuits, tous les soirs.

nightmare ['naɪtmeəʳ] *n lit* & *fig* cauchemar *m*.

nightmarish ['naɪtmeərɪʃ] *adj* cauchemardesque, de cauchemar.

night owl *n fig* couche-tard *m inv*, noctambule *mf*.

night porter *n UK* veilleur *m* de nuit.

night safe *n* coffre *m* de nuit.

night school *n (U)* cours *mpl* du soir.

night shift *n* [period] poste *m* de nuit.

nightshirt ['naɪtʃɜ:t] *n* chemise *f* de nuit d'homme.

nightspot ['naɪtˌspɒt] *n* boîte *f* de nuit.

nightstick ['naɪtˌstɪk] *n US* matraque *f*.

nighttime ['naɪttaɪm] *n* nuit *f*.

night watchman *n* gardien *m* de nuit.

nightwear ['naɪtweəʳ] *n (U)* vêtements *mpl* de nuit.

nihilism ['naɪəlɪzm] *n* nihilisme *m*.

nil [nɪl] *n* néant *m* ; *UK* SPORT zéro *m*.

Nile [naɪl] *n* : **the ~** le Nil.

nimble ['nɪmbl] *adj* agile, leste ; *fig* [mind] vif (vive).

nimbly ['nɪmblɪ] *adv* agilement, lestement.

NIMBY (*abbr of* **not in my back yard**) pas près de chez moi.

nine [naɪn] *num* neuf, *see also* **six**.

nineteen [ˌnaɪn'ti:n] *num* dix-neuf, *see also* **six**.

nineteenth [naɪn'ti:nθ] *num* dix-neuvième, *see also* **sixth**.

ninetieth ['naɪntɪəθ] *num* quatre-vingt-dixième, *see also* **sixth**.

ninety ['naɪntɪ] *num* quatre-vingt-dix, *see also* **sixty**.

ninny ['nɪnɪ] (*pl* **-ies**) *n inf* nigaud *m*, -e *f*.

ninth [naɪnθ] *num* neuvième, *see also* **sixth**.

nip [nɪp] ◇ *n* - **1.** [pinch] pinçon *m* ; [bite] morsure *f* - **2.** [of drink] goutte *f*, doigt *m*. ◇ *vt* (*pt* & *pp* **-ped**, *cont* **-ping**) [pinch] pincer ; [bite] mordre. ◇ *vi* (*pt* & *pp* **-ped**, *cont* **-ping**) *UK inf* **to ~ down to the pub** faire un saut au pub.

nipper ['nɪpəʳ] *n UK inf* gamin *m*, -e *f*, gosse *mf*.

nipple ['nɪpl] *n* - **1.** ANAT bout *m* de sein, mamelon *m* - **2.** [of bottle] tétine *f*.

nippy ['nɪpɪ] (*comp* **-ier**, *superl* **-iest**) *adj inf* - **1.** [cold] froid(e), frisquet(ette) - **2.** *UK* [quick - person] vif (vive) ; [- car] nerveux(euse).

Nissen hut ['nɪsn-] *n* hutte *f* préfabriquée en tôle.

NIST (*abbr of* **National Institute of Standards and Technology**) *n service américain des poids et mesures.*

nit [nɪt] *n* - **1.** [in hair] lente *f* - **2.** *UK inf* [idiot] idiot *m*, -e *f*, crétin *m*, -e *f*.

nitpicking ['nɪtpɪkɪŋ] *n inf* ergotage *m*, pinaillage *m*.

nitrate ['naɪtreɪt] *n* nitrate *m*.

nitric acid ['naɪtrɪk-] *n* acide *m* nitrique.

nitrogen ['naɪtrədʒən] *n* azote *m*.

nitroglycerin(e) [ˌnaɪtrəʊ'glɪsəri:n] *n* nitroglycérine *f*.

nitty-gritty [ˌnɪtɪ'grɪtɪ] *n inf* **to get down to the ~** en venir à l'essentiel *OR* aux choses sérieuses.

nitwit ['nɪtwɪt] *n inf* imbécile *mf*, idiot *m*, -e *f*.

nix [nɪks] *US* <> *n* [nothing] rien. <> *adv* non. <> *vt* [say no to] mettre son veto à.

NJ *see also* **New Jersey**.

NLF (*abbr of* **National Liberation Front**) *n* FLN *m*.

NLQ (*abbr of* **near letter quality**) *qualité quasi-courrier.*

NLRB (*abbr of* **National Labor Relations Board**) *n commission américaine d'arbitrage en matière d'emploi.*

NM *see also* **New Mexico**.

no [nəʊ] <> *adv* - **1.** [gen] non ; [expressing disagreement] mais non - **2.** [not any] : **~ bigger/smaller** pas plus grand/petit ; **~ better** pas mieux. <> *adj* aucun(e), pas de ; **there's ~ telling what will happen** impossible de dire ce qui va se passer ; **he's ~ friend of mine** je ne le compte pas parmi mes amis. <> *n* (*pl* **noes** [nəʊz]) non *m* ; **she won't take ~ for an answer** elle n'accepte pas de refus *OR* qu'on lui dise non.

No., no. (*abbr of* **number**) No, no.

Noah's ark ['nəʊəz-] *n* l'arche *f* de Noé.

nobble ['nɒbl] *vt UK inf* - **1.** [racehorse] droguer - **2.** [bribe] soudoyer, acheter - **3.** [detain - person] accrocher.

Nobel prize [nəʊ'bel-] *n* prix *m* Nobel.

nobility [nə'bɪlətɪ] *n* noblesse *f*.

noble ['nəʊbl] <> *adj* noble. <> *n* noble *m*.

nobleman ['nəʊblmən] (*pl* **-men** [-mən]) *n* noble *m*, aristocrate *m*.

noblewoman ['nəʊblˌwʊmən] (*pl* **-women** [-ˌwɪmɪn]) *n* (femme) noble *f*, aristocrate *f*.

nobly ['nəʊblɪ] *adv* noblement.

nobody ['nəʊbədɪ] <> *pron* personne, aucun(e). <> *n* (*pl* **-ies**) *pej* rien-du-tout *mf*, moins que rien *mf*.

no-claim bonus *n UK* bonus *m*.

nocturnal [nɒk'tɜ:nl] *adj* nocturne.

nod [nɒd] <> *n* signe *m OR* inclination *f* de la tête. <> *vt* (*pt & pp* **-ded**, *cont* **-ding**) : **to ~ one's head** incliner la tête, faire un signe de tête. <> *vi* (*pt & pp* **-ded**, *cont* **-ding**) - **1.** [in agreement] faire un signe de tête affirmatif, faire signe que oui - **2.** [to indicate sthg] faire un signe de tête - **3.** [as greeting] : **to ~ to sb** saluer qqn d'un signe de tête.

◆ **nod off** *vi* somnoler, s'assoupir.

node [nəʊd] *n* nœud *m*.

nodule ['nɒdju:l] *n* nodule *m*.

no-frills [-'frɪlz] *adj* [service] minimum ; [airline] à bas prix.

no-go area *n UK* zone *f* interdite.

noise [nɔɪz] *n* bruit *m*.

noiseless ['nɔɪzlɪs] *adj* silencieux(euse).

noiselessly ['nɔɪzlɪslɪ] *adv* sans bruit, silencieusement.

noisily ['nɔɪzɪlɪ] *adv* bruyamment.

noisy ['nɔɪzɪ] (*comp* **-ier**, *superl* **-iest**) *adj* bruyant(e).

nomad ['nəʊmæd] *n* nomade *mf*.

nomadic [nə'mædɪk] *adj* nomade.

no-man's-land *n* no man's land *m*.

nominal ['nɒmɪnl] *adj* - **1.** [in name only] de nom seulement, nominal(e) - **2.** [very small] nominal(e), insignifiant(e).

nominally ['nɒmɪnəlɪ] *adv* nominalement, de nom.

nominate ['nɒmɪneɪt] *vt* - **1.** [propose] : **to ~ sb (for/as sthg)** proposer qqn (pour/comme qqch) - **2.** [appoint] : **to ~ sb (as sthg)** nommer qqn (qqch) ; **to ~ sb (to sthg)** nominer qqn (à qqch).

nomination [ˌnɒmɪ'neɪʃn] *n* nomination *f*.

nominee [ˌnɒmɪ'ni:] *n* personne *f* nommée *OR* désignée.

non- [nɒn] *prefix* non-.

nonaddictive [ˌnɒnə'dɪktɪv] *adj* qui ne provoque pas d'accoutumance *OR* de dépendance.

nonaggression [ˌnɒnə'greʃn] *n* non-agression *f*.

nonalcoholic [ˌnɒnælkə'hɒlɪk] *adj* non-alcoolisé(e).

nonaligned [ˌnɒnə'laɪnd] *adj* non-aligné(e).

nonbeliever [ˌnɒnbɪ'li:vər] *n* incroyant *m*, -e *f*, athée *mf*.

nonchalant [*UK* 'nɒnʃələnt, *US* ˌnɒnʃə'lɑ:nt] *adj* nonchalant(e).

nonchalantly [*UK* 'nɒnʃələntlɪ, *US* ˌnɒnʃə'lɑ:ntlɪ] *adv* nonchalamment.

noncombatant [*UK* ˌnɒn'kɒmbətənt, *US* ˌnɒnkəm'bætənt] *n* non-combattant *m*, -e *f*.

noncommissioned officer [ˌnɒnkə'mɪʃənd-] *n* sous-officier *m*.

noncommittal [ˌnɒnkə'mɪtl] *adj* évasif(ive).

noncompetitive [ˌnɒnkəm'petɪtɪv] *adj* qui n'est pas basé(e) sur la compétition.

non compos mentis [-ˌkɒmpəs'mentɪs] *adj* : **to be ~** ne pas avoir toute sa raison.

nonconformist [ˌnɒnkən'fɔːmɪst] <> *adj* non-conformiste. <> *n* non-conformiste *mf*.

nonconformity [ˌnɒnkən'fɔːmətɪ] *n* non-conformité *f*.

noncontributory [ˌnɒnkən'trɪbjʊtərɪ] *adj* sans versements de la part des bénéficiaires.

noncooperation ['nɒnkəʊˌɒpə'reɪʃn] *n* refus *m* de coopération.

nondescript [*UK* 'nɒndɪskrɪpt, *US* ˌnɒndɪ'skrɪpt] *adj* quelconque, terne.

nondrinker [ˌnɒn'drɪŋkər] *n* personne *f* qui ne boit pas d'alcool.

nondrip [ˌnɒn'drɪp] *adj* qui ne coule pas.

nondriver [ˌnɒn'draɪvər] *n* personne *f* qui n'a pas le permis de conduire.

none [nʌn] <> *pron* **- 1.** [gen] aucun(e) ; **there was ~ left** il n'y en avait plus, il n'en restait plus ; **I'll have ~ of your nonsense** je ne tolérerai pas de bêtises de ta part **- 2.** [nobody] personne, nul (nulle). <> *adv* : **~ the worse/wiser** pas plus mal/avancé ; **~ the better** pas mieux.

◆ **none too** *adv* pas tellement *OR* trop.

nonentity [nɒ'nentətɪ] (*pl* **-ies**) *n* nullité *f*, zéro *m*.

nonessential [ˌnɒnɪ'senʃl] *adj* non-essentiel(elle), peu important(e).

nonetheless [ˌnʌnðə'les] *adv* néanmoins, pourtant.

non-event *n* événement *m* raté *OR* décevant.

nonexecutive director [ˌnɒnɪgsekjətɪv-] *n* administrateur *m*, -trice *f*.

nonexistent [ˌnɒnɪg'zɪstənt] *adj* inexistant(e).

nonfattening [ˌnɒn'fætnɪŋ] *adj* qui ne fait pas grossir.

nonfiction [ˌnɒn'fɪkʃn] *n (U)* ouvrages *mpl* généraux.

nonflammable [ˌnɒn'flæməbl] *adj* ininflammable.

noninfectious [ˌnɒnɪn'fekʃəs] *adj* qui n'est pas infectieux(euse).

noninflammable [ˌnɒnɪn'flæməbl] = **nonflammable**.

noninterference [ˌnɒnɪntə'fɪərəns], **nonintervention** [ˌnɒnɪntə'venʃn] *n* non-ingérence *f*, non-intervention *f*.

non-iron *adj* qui ne se repasse pas.

nonmalignant [ˌnɒnmə'lɪgnənt] *adj* bénin(igne).

non-member *n* [of club] personne *f* qui n'est pas membre.

non-negotiable *adj* qu'on ne peut pas négocier *OR* débattre.

no-no *n inf* **it's a ~** c'est interdit *OR* défendu.

no-nonsense *adj* direct(e), sérieux(euse).

nonoperational [ˌnɒnɒpə'reɪʃənl] *adj* non-opérationnel(elle).

nonparticipation [ˌnɒnpɑːtɪsə'peɪʃən] *n* non-participation *f*.

nonpayment [ˌnɒn'peɪmənt] *n* non-paiement *m*.

nonplussed, *US* **nonplused** [ˌnɒn'plʌst] *adj* déconcerté(e), perplexe.

non-profit-making *UK*, **non-profit** *US* *adj* à but non lucratif.

nonproliferation ['nɒnprəˌlɪfə'reɪʃn] *n* non-prolifération *f*.

nonrenewable [ˌnɒnrɪ'njuːəbl] *adj* non renouvelable.

nonresident [ˌnɒn'rezɪdənt] *n* **- 1.** [of country] non-résident *m*, -e *f* **- 2.** [of hotel] client *m*, -e *f* de passage.

nonreturnable [ˌnɒnrɪ'tɜːnəbl] *adj* [bottle] non consigné(e).

nonsense ['nɒnsəns] <> *n (U)* **- 1.** [meaningless words] charabia *m* **- 2.** [foolish idea] : **it was ~ to suggest...** il était absurde de suggérer... **- 3.** [foolish behaviour] bêtises *fpl*, idioties *fpl* ; **to make (a) ~ of sthg** gâcher *OR* saboter qqch. <> *excl* quelles bêtises *OR* foutaises!

nonsensical [nɒn'sensɪkl] *adj* absurde, qui n'a pas de sens.

non sequitur [-'sekwɪtər] *n* remarque *f* qui manque de suite.

nonshrink [ˌnɒn'ʃrɪŋk] *adj* irrétrécissable.

nonskid [ˌnɒn'skɪd] *adj* [tyre] antidérapant(e).

nonslip [ˌnɒn'slɪp] *adj* antidérapant(e).

nonsmoker [ˌnɒn'sməʊkər] *n* non-fumeur *m*, -euse *f*, personne *f* qui ne fume pas.

nonstarter [ˌnɒn'stɑːtər] *n* **- 1.** *UK inf* [plan etc] : **this is a ~** ceci n'a aucune chance de réussir **- 2.** [in race] non-partant *m*.

nonstick [ˌnɒn'stɪk] *adj* qui n'attache pas, téflonisé(e).

nonstop [ˌnɒn'stɒp] <> *adj* [flight] direct(e), sans escale ; [activity] continu(e) ; [rain] continuel(elle). <> *adv* [talk, work] sans arrêt ; [rain] sans discontinuer.

nontaxable [ˌnɒn'tæksəbl] *adj* non imposable.

nontoxic [ˌnɒn'tɒksɪk] *adj* non toxique.

nontransferable [ˌnɒntrænz'fɜːrəbl] *adj* non transmissible.

non-U *adj UK dated* qui n'est pas très distingué(e), vulgaire.

nonviolence [ˌnɒn'vaɪələns] *n* non-violence *f*.

nonvoter [ˌnɒn'vəʊtəʳ] *n* abstentionniste *mf*, personne *f* qui ne vote pas.

nonvoting [ˌnɒn'vəʊtɪŋ] *adj* - **1.** [person] abstentionniste, qui ne vote pas - **2.** FIN [shares] sans droit de vote.

nonwhite [ˌnɒn'waɪt] <> *adj* de couleur. <> *n* personne *f* de couleur.

noodles ['nuːdlz] *npl* nouilles *fpl*.

nook [nʊk] *n* [of room] coin *m*, recoin *m* ; **every ~ and cranny** tous les coins, les coins et les recoins.

noon [nuːn] <> *n* midi *m*. <> *comp* de midi.

noonday ['nuːndeɪ] *lit* = **noon**.

no one *pron* = **nobody**.

noose [nuːs] *n* nœud *m* coulant.

noplace *US* = **nowhere**.

nor [nɔːʳ] *conj* : **~ do I** moi non plus, ▻ **neither**.

Nordic ['nɔːdɪk] *adj* nordique.

Norf (*written abbrev of* **Norfolk**) *comté anglais*.

norm [nɔːm] *n* norme *f*.

normal ['nɔːml] *adj* normal(e).

normality [nɔː'mælɪtɪ], *US* **normalcy** ['nɔːmlsɪ] *n* normalité *f*.

normalize, *UK* **-ise** ['nɔːməlaɪz] <> *vt* normaliser. <> *vi* se normaliser, redevenir normal.

normally ['nɔːməlɪ] *adv* normalement.

Norman ['nɔːmən] <> *adj* normand(e). <> *n* Normand *m*, -e *f*.

Normandy ['nɔːməndɪ] *n* Normandie *f* ; **in ~** en Normandie.

Norse [nɔːs] *adj* nordique, scandinave.

north [nɔːθ] <> *n* - **1.** [direction] nord *m* - **2.** [region] : **the ~** le nord. <> *adj* nord *(inv)* ; [wind] du nord. <> *adv* au nord, vers le nord ; **~ of** au nord de.

North Africa *n* Afrique *f* du Nord ; **in ~** en Afrique du Nord.

North America *n* Amérique *f* du Nord.

North American <> *adj* nord-américain(e). <> *n* Nord-Américain *m*, -e *f*.

Northants [nɔː'θænts] (*abbr of* **Northamptonshire**) *comté anglais*.

northbound ['nɔːθbaʊnd] *adj* en direction du nord ; **~ carriageway** *UK* chaussée (du) nord.

North Carolina [-ˌkærə'laɪnə] *n* Caroline *f* du Nord ; **in ~** en Caroline du Nord.

North Country *n* : **the ~** le Nord de l'Angleterre.

Northd (*written abbrev of* **Northumberland**) *comté anglais*.

North Dakota [-də'kəʊtə] *n* Dakota *m* du Nord ; **in ~** dans le Dakota du Nord.

northeast [ˌnɔːθ'iːst] <> *n* - **1.** [direction] nord-est *m* - **2.** [region] : **the ~** le nord-est. <> *adj* nord-est *(inv)* ; [wind] du nord-est. <> *adv* au nord-est, vers le nord-est ; **~ of** au nord-est de.

northeasterly [ˌnɔːθ'iːstəlɪ] *adj* au nord-est, du nord-est ; **in a ~ direction** vers le nord-est.

northerly ['nɔːðəlɪ] *adj* du nord ; **in a ~ direction** vers le nord, en direction du nord.

northern ['nɔːðən] *adj* du nord, nord *(inv)*.

Northerner ['nɔːðənəʳ] *n* habitant *m*, -e *f* du Nord.

Northern Ireland *n* Irlande *f* du Nord ; **in ~** en Irlande du Nord.

Northern Lights *npl* : **the ~** l'aurore *f* boréale.

northernmost ['nɔːðənməʊst] *adj* le plus au nord (la plus au nord), à l'extrême nord.

Northern Territory *n* Territoire *m* du Nord ; **in ~** dans le Territoire du Nord.

North Korea *n* Corée *f* du Nord.

North Korean <> *adj* nord-coréen(enne). <> *n* Nord-Coréen *m*, -enne *f*.

North Pole *n* : **the ~** le pôle Nord.

North Sea <> *n* : **the ~** la mer du Nord. <> *comp* de la mer du Nord.

North Star *n* : **the ~** l'étoile *f* polaire.

North Vietnam *n* Nord Viêt-Nam *m* ; **in ~** au Nord Viêt-Nam.

North Vietnamese <> *adj* nord-vietnamien(enne). <> *n* Nord-Vietnamien *m*, -enne *f*.

northward ['nɔːθwəd] <> *adj* au nord ; **in a ~ direction** vers le nord. <> *adv* = **northwards**.

northwards ['nɔːθwədz] *adv* au nord, vers le nord.

northwest [ˌnɔːθ'west] <> *n* - **1.** [direction] nord-ouest *m* - **2.** [region] : **the ~** le nord-ouest.

◇ *adj* nord-ouest *(inv)* ; [wind] du nord-ouest. ◇ *adv* au nord-ouest, vers le nord-ouest ; ~ of au nord-ouest de.

northwesterly [ˌnɔːθ'westəlɪ] *adj* au nord-ouest, du nord-ouest ; **in a ~ direction** vers le nord-ouest.

Northwest Territories *npl Canada* : **the ~** les Territoires *mpl* du Nord-Ouest.

North Yemen *n* Yemen *m* du Nord ; **in ~** au Yemen du Nord.

Norway ['nɔːweɪ] *n* Norvège *f* ; **in ~** en Norvège.

Norwegian [nɔː'wiːdʒən] ◇ *adj* norvégien(enne). ◇ *n* - **1.** [person] Norvégien *m*, -enne *f* - **2.** [language] norvégien *m*.

Nos., **nos.** (*abbr of* **numbers**) no.

nose [nəʊz] *n* nez *m* ; **under one's ~** sous le nez ; **you're just cutting your ~ off to spite your face** c'est toi qui en pâtis ; **to have a ~ for sthg** flairer qqch, savoir reconnaître qqch ; **he gets up my ~** *UK inf* il me tape sur les nerfs ; **keep your ~ out of my business** occupe-toi OR mêle-toi de tes affaires, occupe-toi OR mêle-toi de tes oignons ; **to look down one's ~ at sb** *fig* traiter qqn de haut ; **to look down one's ~ at sthg** *fig* considérer qqch avec mépris ; **on the ~** *US inf* dans le mille ; **to pay through the ~** payer les yeux de la tête ; **to poke** OR **stick one's ~ into sthg** mettre OR fourrer son nez dans qqch ; **to turn up one's ~ at sthg** dédaigner qqch.

◆ **nose about**, **nose around** *vi* fouiner, fureter.

nosebag ['nəʊzbæg] *n* musette *f* (mangeoire).

nosebleed ['nəʊzbliːd] *n* : **to have a ~** saigner du nez.

nosecone ['nəʊzkəʊn] *n* [of rocket] coiffe *f* ; [of plane] nez *m*.

nosedive ['nəʊzdaɪv] ◇ *n* [of plane] piqué *m*. ◇ *vi* - **1.** [plane] descendre en piqué, piquer du nez - **2.** *fig* [prices] dégringoler ; [hopes] s'écrouler.

nosey ['nəʊzɪ] = **nosy**.

nosh [nɒʃ] *n UK inf* [food] bouffe *f*.

nosh-up *n UK inf* gueuleton *m*, bouffe *f*.

nostalgia [nɒ'stældʒə] *n* : **~ (for sthg)** nostalgie *f* (de qqch).

nostalgic [nɒ'stældʒɪk] *adj* nostalgique.

nostril ['nɒstrəl] *n* narine *f*.

nosy ['nəʊzɪ] (*comp* **-ier**, *superl* **-iest**) *adj* curieux(euse), fouinard(e).

not [nɒt] *adv* ne pas, pas ; **I think ~** je ne crois pas ; **I'm afraid ~** je crains que non ; **~ always** pas toujours ; **~ that...** ce n'est pas que..., non pas que... ; **~ at all** [no] pas du tout ; [to acknowledge thanks] de rien, je vous en prie.

notable ['nəʊtəbl] ◇ *adj* notable, remarquable ; **to be ~ for sthg** être célèbre pour qqch. ◇ *n* notable *m*.

notably ['nəʊtəblɪ] *adv* - **1.** [in particular] notamment, particulièrement - **2.** [noticeably] sensiblement, nettement.

notary ['nəʊtərɪ] (*pl* **-ies**) *n* : **~ (public)** notaire *m*.

notation [nəʊ'teɪʃn] *n* notation *f*.

notch [nɒtʃ] *n* - **1.** [cut] entaille *f*, encoche *f* - **2.** *fig* [on scale] cran *m*.

◆ **notch up** *vt insep* marquer.

note [nəʊt] ◇ *n* - **1.** [gen & MUS] note *f* ; [short letter] mot *m* ; **to take ~ of sthg** prendre note de qqch ; **to compare ~s** échanger ses impressions OR ses vues - **2.** *UK* [money] billet *m* (de banque) - **3.** [importance] : **of ~** de marque, éminent(e). ◇ *vt* - **1.** [notice] remarquer, constater - **2.** [mention] mentionner, signaler.

◆ **notes** *npl* [in book] notes *fpl*.

◆ **note down** *vt sep* noter, inscrire.

notebook ['nəʊtbʊk] *n* - **1.** [for notes] carnet *m*, calepin *m* - **2.** COMPUT ordinateur *m* portable compact.

noted ['nəʊtɪd] *adj* célèbre, éminent(e).

notepad ['nəʊtpæd] *n* bloc-notes *m*.

notepaper ['nəʊtpeɪpəʳ] *n* papier *m* à lettres.

noteworthy ['nəʊtˌwɜːðɪ] (*comp* **-ier**, *superl* **-iest**) *adj* remarquable, notable.

nothing ['nʌθɪŋ] ◇ *pron* rien ; **I've got ~ to do** je n'ai rien à faire ; **there's ~ in it** ce n'est pas vrai du tout, il n'y a pas un brin de vérité là-dedans ; **there's ~ to it** c'est facile comme tout OR simple comme bonjour ; **for ~** pour rien ; **~ if not** avant tout, surtout ; **~ but** ne... que, rien que ; **there's ~ for it (but to do sthg)** *UK* il n'y a rien d'autre à faire (que de faire qqch). ◇ *adv* : **you're ~ like your brother** tu ne ressembles pas du tout OR en rien à ton frère ; **I'm ~ like finished** je suis loin d'avoir fini.

nothingness ['nʌθɪŋnɪs] *n* néant *m*.

notice ['nəʊtɪs] ◇ *n* - **1.** [written announcement] affiche *f*, placard *m* - **2.** [attention] : **it has come to my ~ that...** mon attention a été attirée par le fait que... ; **it escaped my ~** je ne l'ai pas remarqué, je ne m'en suis pas aperçu ; **to take ~ (of sb/sthg)** faire OR prêter attention (à qqn/qqch) ; **to take no ~ (of sb/sthg)** ne pas faire attention (à qqn/qqch) ; **he didn't take a blind bit of ~** *UK* il n'y a tenu aucun compte - **3.** [warning] avis *m*, avertissement *m* ; **at short ~** dans un bref délai ; **until further ~** jusqu'à nouvel ordre - **4.** [at work] : **to be given one's ~** recevoir son congé, être renvoyé(e) ; **to hand in one's ~** donner sa démission, demander son congé. ◇ *vt* remarquer, s'apercevoir de.

noticeable ['nəʊtɪsəbl] *adj* sensible, perceptible.

noticeably ['nəʊtɪsəblɪ] *adv* sensiblement, nettement.

notice board *n UK* panneau *m* d'affichage.

notification [ˌnəʊtɪfɪ'keɪʃn] *n* notification *f*, avis *m*.

notify ['nəʊtɪfaɪ] (*pt & pp* **-ied**) *vt* : **to ~ sb (of sthg)** avertir *OR* aviser qqn (de qqch).

notion ['nəʊʃn] *n* idée *f*, notion *f*.
◆ **notions** *npl US* mercerie *f*.

notional ['nəʊʃənl] *adj* imaginaire, fictif(ive).

notoriety [ˌnəʊtə'raɪətɪ] *n* mauvaise *OR* triste réputation *f*.

notorious [nəʊ'tɔːrɪəs] *adj* [criminal] notoire ; [place] mal famé(e) ; **to be ~ for sthg** être réputé pour qqch.

notoriously [nəʊ'tɔːrɪəslɪ] *adv* notoirement.

Notts [nɒts] (*abbr of* **Nottinghamshire**) *comté anglais*.

notwithstanding [ˌnɒtwɪð'stændɪŋ] *fml* <> *prep* malgré, en dépit de. <> *adv* néanmoins, malgré tout.

nougat ['nuːgɑː] *n* nougat *m*.

nought [nɔːt] *num* zéro *m* ; **~s and crosses** *UK* morpion *m*.

noun [naʊn] *n* nom *m*.

nourish ['nʌrɪʃ] *vt* nourrir.

nourishing ['nʌrɪʃɪŋ] *adj* nourrissant(e).

nourishment ['nʌrɪʃmənt] *n (U)* nourriture *f*, aliments *mpl*.

Nov. (*abbr of* **November**) nov.

Nova Scotia [ˌnəʊvə'skəʊʃə] *n* Nouvelle-Écosse *f* ; **in ~** en Nouvelle-Écosse.

Nova Scotian [ˌnəʊvə'skəʊʃn] <> *n* Néo-Écossais *m*, -e *f*. <> *adj* néo-écossais(e).

novel ['nɒvl] <> *adj* nouveau (nouvelle), original(e). <> *n* roman *m*.

novelist ['nɒvəlɪst] *n* romancier *m*, -ère *f*.

novelty ['nɒvltɪ] (*pl* **-ies**) *n* - **1.** [gen] nouveauté *f* - **2.** [cheap object] gadget *m*.

November [nə'vembəʳ] *n* novembre *m*, *see also* **September**.

novice ['nɒvɪs] *n* novice *mf*.

Novocaine® ['nəʊvəkeɪn] *n* novocaïne® *f*.

now [naʊ] <> *adv* - **1.** [at this time, at once] maintenant ; **any day/time ~** d'un jour/moment à l'autre ; **~ and then** *OR* **again** de temps en temps, de temps à autre - **2.** [in past] à ce moment-là, alors - **3.** [to introduce statement] : **~ let's just calm down** bon, on se calme maintenant. <> *conj* : **~ (that)** maintenant que. <> *n* : **for ~** pour le présent ; **from ~ on** à partir de maintenant, désormais ; **up until ~** jusqu'à présent ; **by ~** déjà.

NOW [naʊ] (*abbr of* **National Organization for Women**) *n organisation féministe américaine*.

nowadays ['naʊədeɪz] *adv* actuellement, aujourd'hui.

nowhere ['nəʊweəʳ], **no place** *US adv* nulle part ; **to appear out of** *OR* **from ~** apparaître tout d'un coup ; **~ near** loin de ; **we're getting ~** on n'avance pas, on n'arrive à rien ; **this is getting us ~** cela ne nous avance à rien.

no-win situation *n* impasse *f*.

noxious ['nɒkʃəs] *adj* toxique.

nozzle ['nɒzl] *n* ajutage *m*, buse *f*.

NP *see also* **notary public**.

NS *see also* **Nova Scotia**.

NSC (*abbr of* **National Security Council**) *n conseil national américain de sécurité*.

NSF <> *n* (*abbr of* **National Science Foundation**) *fondation nationale américaine pour la science*. <> *see also* **not sufficient funds**.

NSPCC (*abbr of* **National Society for the Prevention of Cruelty to Children**) *n association britannique de protection de l'enfance*.

NSU (*abbr of* **nonspecific urethritis**) *n* urétrite *f* non spécifique.

NSW *see also* **New South Wales**.

NT *n* - **1.** (*abbr of* **New Testament**) NT *m* - **2.** *see also* **National Trust**.

nth [enθ] *adj inf* énième.

nuance ['njuːɒns] *n* nuance *f*.

nub [nʌb] *n* nœud *m*, fond *m*.

Nubian Desert ['njuːbjən-] *n* : **the ~** le désert de Nubie.

nubile [*UK* 'njuːbaɪl, *US* 'nuːbəl] *adj* nubile.

nuclear ['njuːklɪəʳ] *adj* nucléaire.

nuclear bomb *n* bombe *f* nucléaire.

nuclear disarmament *n* désarmement *m* nucléaire.

nuclear energy *n* énergie *f* nucléaire.

nuclear family *n* famille *f* nucléaire.

nuclear fission *n* fission *f* nucléaire.

nuclear-free zone *n* zone *f* antinucléaire.

nuclear fusion *n* fusion *f* nucléaire.

nuclear physics *n* physique *f* nucléaire.

nuclear power *n* énergie *f* nucléaire.

nuclear reactor *n* réacteur *m* nucléaire.

nuclear winter *n* hiver *m* nucléaire.

nucleus ['njuːklɪəs] (*pl* **-lei** [-lɪaɪ]) *n lit & fig* noyau *m*.

NUCPS (*abbr of* **National Union of Civil and Public Servants**) *n syndicat britannique des employés de la fonction publique.*

nude [nju:d] ◇ *adj* nu(e). ◇ *n* nu *m* ; **in the ~** nu(e).

nudge [nʌdʒ] ◇ *n* coup *m* de coude ; *fig* encouragement *m*, incitation *f*. ◇ *vt* pousser du coude ; *fig* encourager, pousser.

nudist ['nju:dɪst] ◇ *adj* nudiste. ◇ *n* nudiste *mf*.

nudity ['nju:dətɪ] *n* nudité *f*.

nugget ['nʌgɪt] *n* pépite *f* ; **~ of information** *fig* information *f* précieuse.

nuisance ['nju:sns] *n* ennui *m*, embêtement *m* ; **he's such a ~** il est vraiment casse-pieds ; **to make a ~ of o.s.** embêter le monde ; **what a ~!** quelle plaie!

NUJ (*abbr of* **National Union of Journalists**) *n syndicat britannique des journalistes.*

nuke [nju:k] *inf* ◇ *n* bombe *f* nucléaire. ◇ *vt* atomiser.

null [nʌl] *adj* : **~ and void** nul et non avenu.

nullify ['nʌlɪfaɪ] (*pt & pp* **-ied**) *vt* annuler.

NUM (*abbr of* **National Union of Mineworkers**) *n syndicat britannique des mineurs.*

numb [nʌm] ◇ *adj* engourdi(e) ; **to be ~ with** [fear] être paralysé par ; [cold] être transi de. ◇ *vt* engourdir.

number ['nʌmbəʳ] ◇ *n* **- 1.** [numeral] chiffre *m* **- 2.** [of telephone, house, car] numéro *m* **- 3.** [quantity] nombre *m* ; **a ~ of** un certain nombre de, plusieurs ; **any ~ of** un grand nombre de, bon nombre de **- 4.** [song] chanson *f*. ◇ *vt* **- 1.** [amount to, include] compter ; **to ~ among** compter parmi **- 2.** [give number to] numéroter.

number-crunching [-ˌkrʌntʃɪŋ] *n inf* calcul *m* numérique.

numberless ['nʌmbəlɪs] *adj* sans nombre, innombrable.

number one ◇ *adj* premier(ère), principal(e). ◇ *n* **- 1.** [priority] priorité *f* **- 2.** *inf* [oneself] soi, sa pomme.

numberplate ['nʌmbəpleɪt] *n UK* plaque *f* d'immatriculation.

Number Ten *n la résidence officielle du premier ministre britannique.*

numbness ['nʌmnɪs] *n* engourdissement *m*.

numbskull ['nʌmskʌl] = **numskull**.

numeracy ['nju:mərəsɪ] *n UK* compétence *f* en calcul.

numeral ['nju:mərəl] *n* chiffre *m*.

numerate ['nju:mərət] *adj UK* [person] qui sait compter.

numerical [nju:'merɪkl] *adj* numérique.

numerous ['nju:mərəs] *adj* nombreux(euse).

numskull ['nʌmskʌl] *n inf* crétin(e), imbécile *mf*.

nun [nʌn] *n* religieuse *f*, sœur *f*.

NUPE ['nju:pɪ] (*abbr of* **National Union of Public Employees**) *n ancien syndicat britannique des employés de la fonction publique.*

nuptial ['nʌpʃl] *adj fml* nuptial(e).

NURMTW (*abbr of* **National Union of Rail, Maritime and Transport Workers**) *n syndicat britannique des transports.*

nurse [nɜ:s] ◇ *n* infirmière *f* ; **(male) ~** infirmier *m*. ◇ *vt* **- 1.** [patient, cold] soigner **- 2.** *fig* [desires, hopes] nourrir **- 3.** [subj: mother] allaiter.

nursemaid ['nɜ:smeɪd] *n* gouvernante *f*, nurse *f*.

nursery ['nɜ:sərɪ] ◇ *adj* de maternelle. ◇ *n* (*pl* **-ies**) **- 1.** [for children] garderie *f* **- 2.** [for plants] pépinière *f*.

nursery nurse *n UK* puéricultrice *f*.

nursery rhyme *n* comptine *f*.

nursery school *n* (école *f*) maternelle *f*.

nursery slopes *npl UK* pistes *fpl* pour débutants.

nursing ['nɜ:sɪŋ] *n* métier *m* d'infirmière.

nursing home *n* [for old people] maison *f* de retraite privée ; *UK* [for childbirth] maternité *f* privée.

nurture ['nɜ:tʃəʳ] *vt* **- 1.** [children] élever ; [plants] soigner **- 2.** *fig* [hopes etc] nourrir.

NUS (*abbr of* **National Union of Students**) *n union nationale des étudiants de Grande-Bretagne.*

nut [nʌt] *n* **- 1.** [to eat] *terme générique désignant les fruits tels que les noix, noisettes etc* **- 2.** [of metal] écrou *m* ; **~s and bolts** *fig* rudiments *mpl* **- 3.** *inf* [mad person] cinglé *m*, -e *f* **- 4.** *inf* [enthusiast] fana *mf*, mordu *m*, -e *f* **- 5.** *inf* [head] caboche *f*.

◆ **nuts** ◇ *adj inf* **to be ~s** être dingue. ◇ *excl US inf* zut!

NUT (*abbr of* **National Union of Teachers**) *n syndicat britannique d'enseignants.*

nutcase ['nʌtkeɪs] *n inf* cinglé *m*, -e *f*.

nutcrackers ['nʌtˌkrækəz] *npl* casse-noix *m inv*, casse-noisettes *m inv*.

nutmeg ['nʌtmeg] *n* (noix *f* de) muscade *f*.

nutrient ['nju:trɪənt] *n* élément *m* nutritif.

nutrition [nju:'trɪʃn] *n* nutrition *f*.

nutritional [nju:'trɪʃənl] *adj* nutritif(ive).

nutritionist [nju:'trɪʃənɪst] *n* nutritionniste *mf*.

nutritious [nju:'trɪʃəs] *adj* nourrissant(e).

nutshell ['nʌtʃel] *n* : **in a ~** en un mot.

nutter ['nʌtəʳ] *n UK inf* cinglé *m*, -e *f*.

nuzzle ['nʌzl] <> *vt* frotter son nez contre. <> *vi* : **to ~ (up) against** se frotter contre, frotter son nez contre.

NV *see also* **Nevada**.

NVQ (*abbr of* **National Vocational Qualification**) *n examen sanctionnant une formation professionnelle*.

NW (*abbr of* **north-west**) N.O.

NWT *see also* **Northwest Territories**.

NY *see also* **New York**.

Nyasaland [naɪ'æsəlænd] *n* Nyassaland *m*.

NYC *see also* **New York City**.

nylon ['naɪlɒn] <> *n* Nylon® *m*. <> *comp* en Nylon®.
◆ **nylons** *npl dated* [stockings] bas *mpl* nylon.

nymph [nɪmf] *n* nymphe *f*.

nymphomaniac [ˌnɪmfə'meɪnɪæk] *n* nymphomane *f*.

NYSE (*abbr of* **New York Stock Exchange**) *n la première place boursière des États-Unis*.

NZ *see also* **New Zealand**.

o (*pl* **o's** *OR* **os**), **O** (*pl* **O's** *OR* **Os**) [əʊ] *n* - **1.** [letter] o *m inv*, O *m inv* - **2.** [zero] zéro *m*.

oaf [əʊf] *n* butor *m*.

oak [əʊk] <> *n* chêne *m*. <> *comp* de *OR* en chêne.

OAP (*abbr of* **old age pensioner**) *n UK* retraité *m*, -e *f*.

oar [ɔːʳ] *n* rame *f*, aviron *m* ; **to put** *OR* **stick one's ~ in** mettre son grain de sel.

oarlock ['ɔːlɒk] *n US* [rowlock] dame *f* de nage.

oarsman ['ɔːzmən] (*pl* **-men** [-mən]) *n* rameur *m*.

oarswoman ['ɔːzˌwʊmən] (*pl* **-women** [-ˌwɪmɪn]) *n* rameuse *f*.

OAS (*abbr of* **Organization of American States**) *n* OEA *f*.

oasis [əʊ'eɪsɪs] (*pl* **oases** [əʊ'eɪsiːz]) *n* oasis *f*.

oatcake ['əʊtkeɪk] *n* galette *f* d'avoine.

oath [əʊθ] *n* - **1.** [promise] serment *m* ; **on** *OR* **under ~** sous serment - **2.** [swearword] juron *m*.

oatmeal ['əʊtmiːl] <> *n (U)* flocons *mpl* d'avoine. <> *comp* d'avoine.

oats [əʊts] *npl* [grain] avoine *f*.

OAU (*abbr of* **Organization of African Unity**) *n* OUA *f*.

OB *see also* **outside broadcast**.

obdurate ['ɒbdjʊrət] *adj fml* opiniâtre.

OBE (*abbr of* **Order of the British Empire**) *n distinction honorifique britannique*.

obedience [ə'biːdjəns] *n* obéissance *f*.

obedient [ə'biːdjənt] *adj* obéissant(e), docile.

obediently [ə'biːdjəntlɪ] *adv* docilement.

obelisk ['ɒbəlɪsk] *n* obélisque *m*.

obese [əʊ'biːs] *adj fml* obèse.

obesity [əʊ'biːsətɪ] *n* obésité *f*.

obey [ə'beɪ] <> *vt* obéir à. <> *vi* obéir.

obfuscate ['ɒbfʌskeɪt] *vt fml* obscurcir.

obituary [ə'bɪtʃʊərɪ] (*pl* **-ies**) *n* nécrologie *f*.

object <> *n* ['ɒbdʒɪkt] - **1.** [gen] objet *m* - **2.** [aim] objectif *m*, but *m* - **3.** GRAM complément *m* d'objet. <> *vt* [ɒb'dʒekt] objecter. <> *vi* [ɒb'dʒekt] protester ; **to ~ to sthg** faire objection à qqch, s'opposer à qqch ; **to ~ to doing sthg** se refuser à faire qqch.

objection [əb'dʒekʃn] *n* objection *f* ; **to have no ~ to sthg/to doing sthg** ne voir aucune objection à qqch/à faire qqch.

objectionable [əb'dʒekʃənəbl] *adj* [person, behaviour] désagréable ; [language] choquant(e).

objective [əb'dʒektɪv] <> *adj* objectif(ive). <> *n* objectif *m*.

objectively [əb'dʒektɪvlɪ] *adv* d'une manière objective.

objectivity [ˌɒbdʒek'tɪvətɪ] *n* objectivité *f*.

object lesson ['ɒbdʒɪkt-] *n* : **an ~ in sthg** une illustration de qqch.

objector [əb'dʒektəʳ] *n* opposant *m*, -e *f*.

obligate ['ɒblɪgeɪt] *vt fml* obliger.

obligation [ˌɒblɪ'geɪʃn] *n* obligation *f*.

obligatory [ə'blɪgətrɪ] *adj* obligatoire.

oblige [ə'blaɪdʒ] <> *vt* - **1.** [force] : **to ~ sb to do sthg** forcer *OR* obliger qqn à faire qqch - **2.** *fml* [do a favour to] obliger. <> *vi* rendre service.

obliging [ə'blaɪdʒɪŋ] *adj* obligeant(e).

oblique [ə'bliːk] <> *adj* oblique ; [reference, hint] indirect(e). <> *n* TYPO barre *f* oblique.

obliquely [ə'bli:klɪ] *adv* indirectement.

obliterate [ə'blɪtəreɪt] *vt* [destroy] détruire, raser.

obliteration [əˌblɪtə'reɪʃn] *n* destruction *f*.

oblivion [ə'blɪvɪən] *n* oubli *m*.

oblivious [ə'blɪvɪəs] *adj* : **to be ~ to** *OR* **of** être inconscient(e) de.

oblong ['ɒblɒŋ] ◇ *adj* rectangulaire. ◇ *n* rectangle *m*.

obnoxious [əb'nɒkʃəs] *adj* [person] odieux(euse) ; [smell] infect(e), fétide ; [comment] désobligeant(e).

o.b.o. (*abbr of* **or best offer**) à déb.

oboe ['əʊbəʊ] *n* hautbois *m*.

oboist ['əʊbəʊɪst] *n* hautboïste *mf*.

obscene [əb'si:n] *adj* obscène.

obscenity [əb'senətɪ] (*pl* **-ies**) *n* obscénité *f*.

obscure [əb'skjʊə^r] ◇ *adj* obscur(e). ◇ *vt* **- 1.** [gen] obscurcir **- 2.** [view] masquer.

obscurity [əb'skjʊərətɪ] *n* obscurité *f*.

obsequious [əb'si:kwɪəs] *adj fml & pej* obséquieux(euse).

observable [əb'zɜ:vəbl] *adj* [appreciable] notable, sensible ; [visible] qu'on peut observer.

observably [əb'zɜ:vəblɪ] *adv* sensiblement.

observance [əb'zɜ:vəns] *n* observation *f*.

observant [əb'zɜ:vnt] *adj* observateur (trice).

observation [ˌɒbzə'veɪʃn] *n* observation *f*.

observation post *n* poste *m* d'observation.

observatory [əb'zɜ:vətrɪ] (*pl* **-ies**) *n* observatoire *m*.

observe [əb'zɜ:v] *vt* **- 1.** [gen] observer **- 2.** [remark] remarquer, faire observer.

observer [əb'zɜ:və^r] *n* observateur *m*, -trice *f*.

obsess [əb'ses] *vt* obséder ; **to be ~ed by** *OR* **with sb/sthg** être obsédé par qqn/qqch.

obsession [əb'seʃn] *n* obsession *f*.

obsessional [əb'seʃənl] *adj* obsessionnel(elle).

obsessive [əb'sesɪv] *adj* [person] obsessionnel(elle) ; [need etc] qui est une obsession.

obsolescence [ˌɒbsə'lesns] *n* obsolescence *f*.

obsolescent [ˌɒbsə'lesnt] *adj* [system] qui tombe en désuétude ; [machine] obsolescent(e).

obsolete ['ɒbsəli:t] *adj* obsolète.

obstacle ['ɒbstəkl] *n* obstacle *m*.

obstacle race *n* course *f* d'obstacles.

obstetrician [ˌɒbstə'trɪʃn] *n* obstétricien *m*, -enne *f*.

obstetrics [ɒb'stetrɪks] *n* obstétrique *f*.

obstinacy ['ɒbstɪnəsɪ] *n* obstination *f*.

obstinate ['ɒbstənət] *adj* **- 1.** [stubborn] obstiné(e) **- 2.** [cough] persistant(e) ; [stain, resistance] tenace.

obstinately ['ɒbstənətlɪ] *adv* obstinément.

obstreperous [əb'strepərəs] *adj* turbulent(e).

obstruct [əb'strʌkt] *vt* **- 1.** [block] obstruer **- 2.** [hinder] entraver, gêner.

obstruction [əb'strʌkʃn] *n* **- 1.** [in road] encombrement *m* ; [in pipe] engorgement *m* **- 2.** SPORT obstruction *f*.

obstructive [əb'strʌktɪv] *adj* [tactics] d'obstruction ; [person] contrariant(e).

obtain [əb'teɪn] *vt* obtenir.

obtainable [əb'teɪnəbl] *adj* que l'on peut obtenir.

obtrusive [əb'tru:sɪv] *adj* [behaviour] qui attire l'attention ; [smell] fort(e).

obtrusively [əb'tru:sɪvlɪ] *adv* de façon indiscrète.

obtuse [əb'tju:s] *adj* obtus(e).

obverse ['ɒbvɜ:s] *n* **- 1.** [of coin] : **the ~** la face **- 2.** [opposite] inverse *m*.

obviate ['ɒbvɪeɪt] *vt fml* parer à.

obvious ['ɒbvɪəs] ◇ *adj* évident(e). ◇ *n* : **to state the ~** enfoncer des portes ouvertes.

obviously ['ɒbvɪəslɪ] *adv* **- 1.** [of course] bien sûr **- 2.** [clearly] manifestement.

obviousness ['ɒbvɪəsnɪs] *n* évidence *f*.

OCAS (*abbr of* **Organization of Central American States**) *n* ODEAC *f*.

occasion [ə'keɪʒn] ◇ *n* **- 1.** [gen] occasion *f* ; **on ~** *fml* de temps en temps, quelquefois **- 2.** [important event] événement *m* ; **to rise to the ~** se montrer à la hauteur de la situation. ◇ *vt* [cause] provoquer, occasionner.

occasional [ə'keɪʒənl] *adj* [showers] passager(ère) ; [visit] occasionnel(elle) ; **I have the ~ drink/cigarette** je bois un verre/je fume une cigarette de temps à autre.

occasionally [ə'keɪʒnəlɪ] *adv* de temps en temps, quelquefois.

occasional table *n* table *f* basse.

occluded front [ə'klu:dɪd-] *n* METEOR front *m* occlus.

occult [ɒ'kʌlt] ◇ *adj* occulte. ◇ *n* : **the ~** le surnaturel.

occupancy ['ɒkjʊpənsɪ] *n* occupation *f*.

occupant ['ɒkjʊpənt] *n* occupant *m*, -e *f* ; [of vehicle] passager *m*.

occupation [ˌɒkjʊ'peɪʃn] *n* - **1.** [job] profession *f* - **2.** [pastime, by army] occupation *f*.

occupational [ˌɒkjʊ'peɪʃənl] *adj* [accident, injury] du travail ; [pension] professionnel(elle).

occupational hazard *n* risque *m* du métier.

occupational therapist *n* ergothérapeute *mf*.

occupational therapy *n* thérapeutique *f* occupationnelle, ergothérapie *f*.

occupied ['ɒkjʊpaɪd] *adj* occupé(e).

occupier ['ɒkjʊpaɪəʳ] *n* occupant *m*, -e *f*.

occupy ['ɒkjʊpaɪ] (*pt & pp* **-ied**) *vt* occuper ; **to ~ o.s.** s'occuper.

occur [ə'kɜːʳ] (*pt & pp* **-red**, *cont* **-ring**) *vi* - **1.** [happen - gen] avoir lieu, se produire ; [- difficulty] se présenter - **2.** [be present] se trouver, être présent(e) - **3.** [thought, idea] : **to ~ to sb** venir à l'esprit de qqn.

occurrence [ə'kʌrəns] *n* [event] événement *m*, circonstance *f*.

ocean ['əʊʃn] *n* océan *m* ; : **~s of** *inf fig* des tonnes de.

oceangoing ['əʊʃnˌgəʊɪŋ] *adj* au long cours.

Oceania [ˌəʊʃɪ'eɪnɪə] *n* Océanie *f* ; **in ~** en Océanie.

Oceanian [ˌəʊʃɪ'eɪnɪən] ◇ *adj* océanien(enne). ◇ *n* Océanien *m*, -enne *f*.

ochre *UK*, **ocher** *US* ['əʊkəʳ] *adj* ocre (*inv*).

o'clock [ə'klɒk] *adv* : **two ~** deux heures.

OCR *n* - **1.** *see also* **optical character reader** - **2.** *see also* **optical character recognition**.

Oct. (*abbr of* **October**) oct.

octagon ['ɒktəgən] *n* octogone *m*.

octagonal [ɒk'tægənl] *adj* octogonal(e).

octane ['ɒkteɪn] *n* octane *m*.

octane number, **octane rating** *n* indice *m* d'octane.

octave ['ɒktɪv] *n* octave *f*.

octet [ɒk'tet] *n* octuor *m*.

October [ɒk'təʊbəʳ] *n* octobre *m*, *see also* **September**.

octogenarian [ˌɒktəʊdʒɪ'neərɪən] *n* octogénaire *mf*.

octopus ['ɒktəpəs] (*pl* **-puses** *OR* **-pi** [-paɪ]) *n* pieuvre *f*.

OD - **1.** *see also* **overdose** - **2.** *see also* **overdrawn**.

odd [ɒd] *adj* - **1.** [strange] bizarre, étrange - **2.** [leftover] qui reste - **3.** [occasional] : **I play the ~ game of tennis** je joue au tennis de temps en temps - **4.** [not part of pair] dépareillé(e) - **5.** [number] impair(e) - **6.** *phr* **twenty ~ years** une vingtaine d'années.

◆ **odds** *npl* : **the ~s** les chances *fpl* ; **the ~s are that...** il y a des chances pour que... (*+ subjunctive*), il est probable que... ; **against the ~s** envers et contre tout ; **~s and ends** petites choses *fpl*, petits bouts *mpl* ; **to be at ~s with sb** être en désaccord avec qqn ; **to be at ~s with sthg** ne pas concorder avec qqch.

oddball ['ɒdbɔːl] *n inf* excentrique *mf*.

oddity ['ɒdɪtɪ] (*pl* **-ies**) *n* - **1.** [person] personne *f* bizarre ; [thing] chose *f* bizarre - **2.** [strangeness] étrangeté *f*.

odd-job man *UK*, **odd jobber** *US* *n* homme *m* à tout faire.

odd jobs *npl* petits travaux *mpl*.

oddly ['ɒdlɪ] *adv* curieusement ; **~ enough** chose curieuse.

oddments ['ɒdmənts] *npl* fins *fpl* de série.

odds-on ['ɒdz-] *adj inf* **~ favourite** grand favori.

ode [əʊd] *n* ode *f*.

odious ['əʊdjəs] *adj* odieux(euse).

odometer [əʊ'dɒmɪtəʳ] *n* odomètre *m*.

odor *US* = **odour**.

odorless *US* = **odourless**.

odour *UK* ['əʊdəʳ] *n* odeur *f*.

odourless *UK*, **odorless** *US* ['əʊdəlɪs] *adj* inodore.

odyssey ['ɒdɪsɪ] *n* odyssée *f*.

OECD (*abbr of* **Organization for Economic Cooperation and Development**) *n* OCDE *f*.

oesophagus *UK*, **esophagus** *US* [ɪ'sɒfəgəs] *n* œsophage *m*.

oestrogen *UK*, **estrogen** *US* ['iːstrədʒən] *n* œstrogène *m*.

of [(*stressed*) ɒv (*unstressed*) əv] *prep* - **1.** [gen] de ; **the cover ~ a book** la couverture d'un livre ; **the King ~ England** le roi d'Angleterre ; **to die ~ cancer** mourir d'un cancer - **2.** [expressing quantity, amount, age etc] de ; **thousands ~ people** des milliers de gens ; **a piece ~ cake** un morceau de gâteau ; **a pound ~ tomatoes** une livre de tomates ; **a gang ~ criminals** une bande de malfaiteurs ; **a child ~ five** un enfant de cinq ans ; **a cup ~ coffee** une tasse de café - **3.** [made from] en ; **to be made ~ sthg** être en qqch - **4.** [with dates, periods of time] : **the 12th ~ February** le 12 février ; **the night ~ the disaster** la nuit de la catastrophe.

off [ɒf] ◇ *adv* - **1.** [at a distance, away] : **10 miles ~** à 16 kilomètres ; **two days ~** dans deux jours ; **a long time ~** encore loin ; **far ~** au loin ; **to keep ~** se tenir éloigné(e) ; **to be ~** partir, s'en aller - **2.** [so as to remove] : **to take ~** enlever ; **to cut sthg ~** couper qqch ; **could you help me ~ with my coat?** pouvez-vous m'aider à enlever mon manteau? - **3.** [so as to complete] : **to finish ~** terminer ; **to kill ~** achever - **4.** [not at work etc] : **a day/week ~** un jour/une semaine de congé - **5.** [so as to separate] : **to fence/curtain sthg ~** séparer qqch par une clôture/un rideau - **6.** [discounted] : **£10 ~** 10 livres de remise *OR* réduction - **7.** [financially] : **to be well ~** être aisé(e) *OR* riche ; **to be badly ~** être pauvre. <> *prep* - **1.** [at a distance from, away from] de ; **to get ~ a bus** descendre d'un bus ; **to jump ~ a wall** sauter d'un mur ; **to take a book ~ a shelf** prendre un livre sur une étagère ; **~ the coast** près de la côte - **2.** [so as to remove from] : **to cut a branch ~ a tree** couper une branche d'un arbre - **3.** [not attending] : **to be ~ work** ne pas travailler ; **~ school** absent de l'école - **4.** [no longer liking] : **she's ~ her food** elle n'a pas d'appétit - **5.** [deducted from] sur - **6.** *inf* [from] : **to buy sthg ~ sb** acheter qqch à qqn. <> *adj* - **1.** *UK* [food] avarié(e), gâté(e) ; [milk] tourné(e) - **2.** [TV, light] éteint(e) ; [engine] coupé(e) - **3.** [cancelled] annulé(e) - **4.** [not at work etc] absent(e) ; **I'll be ~ next week** je serai absent la semaine prochaine - **5.** *UK inf* [offhand] : **he was a bit ~ with me** il n'a pas été sympa avec moi.

offal ['ɒfl] *n (U)* abats *mpl*.

off-balance *adv* : **to throw/push sb ~** faire perdre l'équilibre à qqn.

offbeat ['ɒfbi:t] *adj inf* original(e), excentrique.

off-centre *UK*, **off-center** *US* <> *adj* décentré(e), décalé(e). <> *adv* de côté.

off-chance *n* : **on the ~ that...** au cas où...

off colour *adj UK* [ill] patraque.

offcut ['ɒfkʌt] *n* chute *f*.

off-day *n UK inf* **I'm having an ~ today** je ne suis pas dans mon assiette aujourd'hui.

off duty *adj* qui n'est pas de service ; [doctor, nurse] qui n'est pas de garde.

offence *UK*, **offense** *US* [ə'fens] *n* - **1.** [crime] délit *m* - **2.** [upset] : **to cause sb ~** vexer qqn ; **to take ~** se vexer.

offend [ə'fend] <> *vt* offenser. <> *vi* commettre un délit ; **to ~ against** enfreindre.

offended [ə'fendɪd] *adj* offensé(e), froissé(e).

offender [ə'fendəʳ] *n* - **1.** [criminal] criminel *m*, -elle *f* - **2.** [culprit] coupable *mf*.

offending [ə'fendɪŋ] *adj* qui est la cause *OR* à l'origine du problème.

offense *n US* ['ɒfens] - **1.** = offence - **2.** SPORT attaque *f*.

offensive [ə'fensɪv] <> *adj* - **1.** [behaviour, comment] blessant(e) - **2.** [weapon, action] offensif(ive). <> *n* offensive *f* ; **to go on** *OR* **take the ~** passer à *OR* prendre l'offensive.

offensiveness [ə'fensɪvnɪs] *n* caractère *m* choquant.

offer ['ɒfəʳ] <> *n* - **1.** [gen] offre *f*, proposition *f* - **2.** [price, bid] offre *f* - **3.** [in shop] promotion *f* ; **on ~** [available] en vente ; [at a special price] en réclame, en promotion. <> *vt* - **1.** [gen] offrir ; **to ~ sthg to sb, to ~ sb sthg** offrir qqch à qqn ; **to ~ to do sthg** proposer *OR* offrir de faire qqch - **2.** [provide - services etc] proposer ; [- hope] donner. <> *vi* s'offrir.

OFFER ['ɒfəʳ] (*abbr of* **Office of Electricity Regulation**) *n organisme britannique chargé de contrôler les activités des compagnies régionales de la distribution d'électricité.*

offering ['ɒfərɪŋ] *n* RELIG offrande *f*.

off-guard *adv* au dépourvu.

offhand [ˌɒf'hænd] <> *adj* cavalier(ère). <> *adv* tout de suite.

office ['ɒfɪs] *n* - **1.** [place, staff] bureau *m* - **2.** [department] département *m*, service *m* - **3.** [position] fonction *f*, poste *m* ; **in ~** en fonction ; **to take ~** entrer en fonction.

office automation *n* bureautique *f*.

office block *n UK* immeuble *m* de bureaux.

office boy *n* garçon *m* de bureau.

officeholder ['ɒfɪsˌhəʊldəʳ] *n* fonctionnaire *mf*.

office hours *npl* heures *fpl* de bureau.

office junior *n UK* employé *m*, -e *f* subalterne.

Office of Fair Trading *n UK organisme de défense des consommateurs.*

officer ['ɒfɪsəʳ] *n* - **1.** [in armed forces] officier *m* - **2.** [in organization] agent *mf*, fonctionnaire *mf* - **3.** [in police force] officier *m* (de police).

office work *n* travail *m* de bureau.

office worker *n* employé *m*, -e *f* de bureau.

official [ə'fɪʃl] <> *adj* officiel(elle). <> *n* fonctionnaire *mf*.

officialdom [ə'fɪʃəldəm] *n* bureaucratie *f*.

officially [ə'fɪʃəlɪ] *adv* - **1.** [formally] officiellement - **2.** [supposedly] en principe.

official receiver *n* syndic *m* de faillite.

officiate [ə'fɪʃɪeɪt] *vi* officier ; **to ~ at a wedding** célébrer un mariage.

officious [ə'fɪʃəs] *adj pej* trop zélé(e).

offing ['ɒfɪŋ] *n* : **in the ~** en vue, en perspective.

off-key <> *adj* faux (fausse). <> *adv* faux.

off-licence *n UK magasin autorisé à vendre des boissons alcoolisées à emporter.*

off limits *adj esp US* interdit(e).

off-line *adj* COMPUT non connecté(e).

offload [ɒf'ləʊd] *vt UK inf* **to ~ sthg (onto sb)** se décharger de qqch (sur qqn).

off-peak ◇ *adj* [electricity] utilisé(e) aux heures creuses ; [fare] réduit(e) aux heures creuses. ◇ *adv* [travel] aux heures creuses.

off-putting [-ˌpʊtɪŋ] *adj* désagréable, rébarbatif(ive).

off sales *npl UK* vente *f* de boissons alcoolisées à emporter.

off season *n* : **the ~** la morte-saison.
◆ **off-season** *adj* hors saison.

offset [ˌɒf'set] (*pt & pp* **offset**, *cont* **-ting**) *vt* [losses] compenser.

offshoot ['ɒfʃuːt] *n* : **to be an ~ of sthg** être né(e) *OR* provenir de qqch.

offshore ['ɒfʃɔːr] ◇ *adj* [oil rig] en mer, offshore *(inv)* ; [island] proche de la côte ; [fishing] côtier(ère). ◇ *adv* au large.

offside ◇ *adj* [ˌɒf'saɪd] **- 1.** [right-hand drive] de droite ; [left-hand drive] de gauche **- 2.** SPORT hors-jeu *(inv)*. ◇ *adv* [ˌɒf'saɪd] SPORT hors-jeu. ◇ *n* ['ɒfsaɪd] [right-hand drive] côté *m* droit ; [left-hand drive] côté gauche.

offspring ['ɒfsprɪŋ] (*pl* **offspring**) *n* rejeton *m*.

offstage [ˌɒf'steɪdʒ] *adj & adv* dans les coulisses.

off-the-peg *UK*, **off-the-rack** *US* *adj* de prêt-à-porter.

off-the-record ◇ *adj* officieux(euse). ◇ *adv* confidentiellement.

off-the-wall *adj inf* loufoque.

off-white *adj* blanc cassé *(inv)*.

OFGAS ['ɒfgæs] (*abbr of* **Office of Gas Supply**) *n organisme britannique chargé de contrôler les activités des compagnies régionales de la distribution du gaz.*

OFLOT ['ɒflɒt] (*abbr of* **Office of the National Lottery**) *n organisme britannique chargé de contrôler la loterie nationale.*

OFSTED ['ɒfsted] (*abbr of* **Office for Standards in Education**) *n organisme britannique chargé de contrôler les établissements scolaires.*

OFT *see also* **Office of Fair Trading**.

OFTEL ['ɒftel] (*abbr of* **Office of Telecommunications**) *n organisme britannique chargé de contrôler les activités des compagnies de télécommunications.*

often ['ɒfn, 'ɒftn] *adv* souvent, fréquemment ; **how ~ do you visit her?** vous la voyez tous les combien? ; **as ~ as not** assez souvent ; **every so ~** de temps en temps ; **more ~ than not** le plus souvent, la plupart du temps.

OFWAT ['ɒfwɒt] (*abbr of* **Office of Water Supply**) *n organisme britannique chargé de contrôler les activités des compagnies régionales de la distribution de l'eau.*

ogle ['əʊgl] *vt* reluquer.

ogre ['əʊgər] *n* ogre *m*.

oh [əʊ] *excl* oh! ; [expressing hesitation] euh!

OH *see also* **Ohio**.

Ohio [əʊ'haɪəʊ] *n* Ohio *m* ; **in ~** dans l'Ohio.

ohm [əʊm] *n* ohm *m*.

OHMS (*abbr of* **On His (or Her) Majesty's Service**) *expression indiquant le caractère officiel d'un document en Grande-Bretagne.*

oil [ɔɪl] ◇ *n* **- 1.** [gen] huile *f* **- 2.** [for heating] mazout *m* **- 3.** [petroleum] pétrole *m*. ◇ *vt* graisser, lubrifier.
◆ **oils** *npl* ART huiles *fpl*.

oilcan ['ɔɪlkæn] *n* burette *f* d'huile.

oil change *n* vidange *f*.

oilcloth ['ɔɪlklɒθ] *n* toile *f* cirée.

oilfield ['ɔɪlfiːld] *n* gisement *m* pétrolifère.

oil filter *n* filtre *m* à huile.

oil-fired [-ˌfaɪəd] *adj* au mazout.

oil industry *n* : **the ~** l'industrie *f* pétrolière.

oilman ['ɔɪlmən] (*pl* **-men** [-mən]) *n* pétrolier *m*.

oil paint *n* peinture *f* à l'huile *(produit)*.

oil painting *n* peinture *f* à l'huile.

oilrig ['ɔɪlrɪg] *n* [at sea] plate-forme *f* de forage *OR* pétrolière ; [on land] derrick *m*.

oilskins ['ɔɪlskɪnz] *npl* ciré *m*.

oil slick *n* marée *f* noire.

oil tanker *n* **- 1.** [ship] pétrolier *m*, tanker *m* **- 2.** [lorry] camion-citerne *m*.

oil well *n* puits *m* de pétrole.

oily ['ɔɪlɪ] (*comp* **-ier**, *superl* **-iest**) *adj* **- 1.** [rag etc] graisseux(euse) ; [food] gras (grasse) **- 2.** *pej* [smarmy] onctueux(euse), mielleux(euse).

ointment ['ɔɪntmənt] *n* pommade *f*.

oiro (*abbr of* **offers in the region of**) : **~ £100** 100 livres à débattre.

OK[1], **okay** *inf* [ˌəʊ'keɪ] ◇ *adj* : **is it ~ with** *OR* **by you?** ça vous va?, vous êtes d'accord? ; **are you ~?** ça va? ◇ *n* (*pl* **OKs**) : **to give (sb) the ~** donner le feu vert (à qqn). ◇ *excl* **- 1.** [expressing agreement] d'accord, O.K. **- 2.** [to introduce new topic] : **~, can we start now?** bon, on commence? ◇ *vt* (*pt & pp* **OKed**, *cont* **OKing**) approuver, donner le feu vert à.

OK[2] *see also* **Oklahoma**.

Oklahoma [ˌəʊklə'həʊmə] *n* Oklahoma *m* ; **in ~** dans l'Oklahoma.

okra ['əʊkrə] *n* gombo *m*.

old [əʊld] ◇ *adj* - **1.** [gen] vieux (vieille), âgé(e) ; **I'm 20 years ~** j'ai 20 ans ; **how ~ are you?** quel âge as-tu? - **2.** [former] ancien(enne) ; **in the ~ days** dans le temps, autrefois - **3.** *inf* [as intensifier] : **any ~** n'importe quel (n'importe quelle). ◇ *npl* : **the ~** les personnes *fpl* âgées.

old age *n* vieillesse *f*.

old age pension *n UK* pension *f* de vieillesse.

old age pensioner *n UK* retraité *m*, -e *f*.

Old Bailey [-'beɪlɪ] *n* : **the ~** *la Cour d'assises de Londres.*

olden ['əʊldn] *adj lit* **in the ~ days** au temps jadis.

old-fashioned [-'fæʃnd] *adj* - **1.** [outmoded] démodé(e), passé(e) de mode - **2.** [traditional] vieux jeu *(inv)*.

old flame *n fig* ancien flirt *m*.

old hat *adj inf pej* dépassé(e).

old maid *n pej* vieille fille *f*.

old master *n* - **1.** [painter] maître *m* - **2.** [painting] tableau *m* de maître.

old people's home *n* hospice *m* de vieillards.

Old Testament *n* : **the ~** l'Ancien Testament *m*.

old-time *adj* d'autrefois.

old-timer *n* - **1.** [veteran] vieux routier *m*, vétéran *m* - **2.** *esp US* [old man] vieillard *m*.

old wives' tale *n* histoires *fpl* de bonne femme.

Old World *n* : **the ~** l'Ancien monde *m*.

O level *n UK examen optionnel destiné, jusqu'en 1988, aux élèves de niveau seconde ayant obtenu de bons résultats.*

oligarchy ['ɒlɪgɑːkɪ] (*pl* **-ies**) *n* oligarchie *f*.

olive ['ɒlɪv] ◇ *adj* olive *(inv)*. ◇ *n* olive *f* ; **~ (tree)** olivier *m*.

olive green *adj* vert olive *(inv)*.

olive oil *n* huile *f* d'olive.

Olympic [ə'lɪmpɪk] *adj* olympique.
◆ **Olympics** *npl* : **the ~s** les Jeux *mpl* Olympiques.

Olympic Games *npl* : **the ~** les Jeux *mpl* Olympiques.

OM (*abbr of* **Order of Merit**) *n distinction honorifique britannique.*

O & M (*abbr of* **organization and method**) *n* O et M.

Oman [əʊ'mɑːn] *n* Oman *m* ; **in ~** à Oman.

OMB (*abbr of* **Office of Management and Budget**) *n organisme fédéral américain chargé de préparer le budget.*

ombudsman ['ɒmbʊdzmən] (*pl* **-men** [-mən]) *n* ombudsman *m*.

omelet(te) ['ɒmlɪt] *n* omelette *f* ; **mushroom ~** omelette aux champignons.

omen ['əʊmen] *n* augure *m*, présage *m*.

ominous ['ɒmɪnəs] *adj* [event, situation] de mauvais augure ; [sign] inquiétant(e) ; [look, silence] menaçant(e).

ominously ['ɒmɪnəslɪ] *adv* [speak] d'un ton menaçant ; [happen, change] de façon inquiétante.

omission [ə'mɪʃn] *n* omission *f*.

omit [ə'mɪt] (*pt & pp* **-ted**, *cont* **-ting**) *vt* omettre ; **to ~ to do sthg** oublier de faire qqch.

omnibus ['ɒmnɪbəs] *n* - **1.** [book] recueil *m* - **2.** *UK* RADIO & TV *diffusion groupée des épisodes de la semaine.*

omnipotence [ɒm'nɪpətəns] *n* omnipotence *f*.

omnipotent [ɒm'nɪpətənt] *adj* tout-puissant (toute-puissante), omnipotent(e).

omnipresent [ˌɒmnɪ'prezənt] *adj* omniprésent(e).

omniscient [ɒm'nɪsɪənt] *adj* omniscient(e).

omnivorous [ɒm'nɪvərəs] *adj* omnivore.

on [ɒn] ◇ *prep* - **1.** [indicating position, location] sur ; **~ a chair/the wall** sur une chaise/le mur ; **to stand ~ one leg** se tenir sur une jambe ; **~ the ceiling** au plafond ; **the information is ~ disk** l'information est sur disquette ; **she had a strange look ~ her face** elle avait une drôle d'expression ; **~ the left/right** à gauche/droite - **2.** [indicating means] : **the car runs ~ petrol** la voiture marche à l'essence ; **to be shown ~ TV** passer à la télé ; **~ the radio** à la radio ; **~ the telephone** au téléphone ; **to live ~ fruit** vivre OR se nourrir de fruits ; **to hurt o.s. ~ sthg** se faire mal avec qqch - **3.** [indicating mode of transport] : **to travel ~ a bus/train/ship** voyager en bus/par le train/en bateau ; **I was ~ the bus** j'étais dans le bus ; **~ foot** à pied - **4.** [concerning] sur ; **a book ~ astronomy** un livre sur l'astronomie - **5.** [indicating time, activity] : **~ Thursday** jeudi ; **~ the 10th of February** le 10 février ; **~ my birthday** le jour de mon anniversaire ; **~ my return, ~ returning** à mon retour ; **~ holiday** *UK* OR **vacation** *US* en vacances ; **to be ~ night shift** être de nuit - **6.** [indicating influence] sur ; **the impact ~ the environment** l'impact sur l'environnement - **7.** [indicating membership] : **to be ~ a committee** faire partie OR être membre d'un comité - **8.** [using, supported by] : **to be ~ social security** recevoir l'aide sociale ; **he's ~ tranquillizers** il prend des tranquillisants ; **to be ~ drugs**

se droguer - **9.** [earning] : **to be ~ £25,000 a year** gagner 25 000 livres par an ; **to be ~ a low income** avoir un faible revenu - **10.** [obtained from] : **interest ~ investments** intérêts de placements ; **a tax ~ alcohol** une taxe sur l'alcool - **11.** [in ratios] : **25 cents ~ the dollar** 25 cents par dollar - **12.** [referring to musical instrument] à ; **to play sthg ~ the violin/flute/guitar** jouer qqch au violon/à la flûte/à la guitare - **13.** *inf* [paid by] : **the drinks are ~ me** c'est moi qui régale, c'est ma tournée. ◇ *adv* - **1.** [indicating covering, clothing] : **put the lid ~** mettez le couvercle ; **to put a sweater ~** mettre un pull ; **what did she have ~?** qu'est-ce qu'elle portait? ; **he had nothing ~** il était tout nu - **2.** [taking place] : **when the war was ~** quand c'était la guerre, pendant la guerre - **3.** [being shown] : **what's ~ at the Ritz?** qu'est-ce qu'on joue *OR* donne au Ritz? - **4.** [working - radio, TV, light] allumé(e) ; [- machine] en marche ; [- tap] ouvert(e) ; **turn ~ the power** mets le courant - **5.** [indicating continuing action] : **to work ~** continuer à travailler ; **we talked ~ into the night** nous avons parlé jusque tard dans la nuit ; **he kept ~ walking** il continua à marcher - **6.** [forward] : **send my mail ~ (to me)** faites suivre mon courrier ; **later ~** plus tard ; **earlier ~** plus tôt - **7.** [of transport] : **the train stopped and we all got ~** le train s'est arrêté et nous sommes tous montés - **8.** *UK inf* [referring to behaviour] : **it's just not ~!** cela ne se fait pas! - **9.** *UK inf* **to be** *OR* **go ~ at sb (to do sthg)** harceler qqn (pour qu'il fasse qqch).

◆ **from... on** *adv* : **from now ~** dorénavant, désormais ; **from then ~** à partir de ce moment-là.

◆ **on and on** *adv* : **to go ~ and ~ (about)** parler sans arrêt (de) ; **the list goes ~ and ~** la liste n'en finit plus.

◆ **on and off** *adv* de temps en temps ; **it happened ~ and off throughout the day** cela s'est produit par intervalles *OR* intermittence toute la journée.

◆ **on to, onto** *prep (written as onto for senses 4 and 5 only)* - **1.** [to a position on top of] sur ; **she jumped ~ to the chair** elle a sauté sur la chaise - **2.** [to a position on a vehicle] dans ; **she got ~ to the bus** elle est montée dans le bus ; **he jumped ~ to his bicycle** il a sauté sur sa bicyclette - **3.** [to a position attached to] : **stick the photo ~ to the page with glue** colle la photo sur la page - **4.** [aware of wrongdoing] : **to be onto sb** être sur la piste de qqn - **5.** *UK* [into contact with] : **get onto the factory** contactez l'usine.

ON *see also* **Ontario**.

ONC (*abbr of* **Ordinary National Certificate**) *n brevet de technicien en Grande-Bretagne.*

once [wʌns] ◇ *adv* - **1.** [on one occasion] une fois ; **~ a day** une fois par jour ; **~ again** *OR* **more** encore une fois ; **~ and for all** une fois pour toutes ; **~ in a while** de temps en temps ; **~ or twice** une ou deux fois ; **for ~** pour une fois - **2.** [previously] autrefois, jadis ; **~ upon a time** il était une fois. ◇ *conj* dès que.

◆ **at once** *adv* - **1.** [immediately] immédiatement - **2.** [at the same time] en même temps ; **all at ~** tout d'un coup.

once-over *n inf* **to give sb the ~** jauger qqn d'un coup d'œil ; **to give sthg the ~** jeter un coup d'œil à qqch.

oncoming ['ɒn,kʌmɪŋ] *adj* [traffic] venant en sens inverse ; [danger] imminent(e).

OND (*abbr of* **Ordinary National Diploma**) *n brevet de technicien supérieur en Grande-Bretagne.*

one [wʌn] ◇ *num* [the number 1] un (une) ; **~ hundred** cent ; **~ thousand** mille ; **page ~** page un ; **~ of my friends** l'un de mes amis, un ami à moi ; **~ fifth** un cinquième ; **in ~s and twos** par petits groupes. ◇ *adj* - **1.** [only] seul(e), unique ; **it's her ~ ambition/love** c'est son unique ambition/son seul amour - **2.** [indefinite] : **~ day we went to Athens** un jour nous sommes allés à Athènes ; **~ of these days** un de ces jours - **3.** *inf* [a] : **I've got ~ awful hangover!** j'ai une de ces gueules de bois! ; **~ hell of a bang** une détonation de tous les diables. ◇ *pron* - **1.** [referring to a particular thing or person] : **which ~ do you want?** lequel voulez-vous? ; **this ~** celui-ci ; **that ~** celui-là ; **she's the ~ I told you about** c'est celle dont je vous ai parlé ; **I'm not** *OR* **I've never been ~ to gossip but...** je ne suis pas du genre à cancaner, mais... - **2.** *inf* [blow] coup *m* ; **she really thumped him ~** elle lui a flanqué un de ces coups - **3.** *fml* [you, anyone] on ; **to do ~'s duty** faire son devoir.

◆ **at one** *adv* : **to be at ~ with sb/sthg** être d'accord avec qqn/en accord avec qqch.

◆ **for one** *adv* pour ma/sa *etc* part ; **I for ~ remain unconvinced** pour ma part je ne suis pas convaincu.

◆ **one up on** *adv* : **to be** *OR* **have ~ up on sb** avoir l'avantage sur qqn.

one-armed bandit *n* machine *f* à sous.

one-liner *n* bon mot *m*.

one-man *adj* [business] dirigé(e) par un seul homme ; **~ show** one-man show *m inv*, spectacle solo *m*.

one-man band *n* - **1.** [musician] homme-orchestre *m* - **2.** *fig* [business] entreprise *f* dirigée par un seul homme.

oneness ['wʌnnɪs] *n (U)* [harmony] accord *m*, harmonie *f*.

one-night stand *n* - **1.** THEAT représentation *f* unique - **2.** *inf* [sexual relationship] aventure *f* d'un soir.

one-off *UK inf* <> *adj* [offer, event, product] unique. <> *n* : **a ~** [product] un exemplaire unique ; [event] un événement unique.

one-on-one *US* = **one-to-one**.

one-parent family *n* famille *f* monoparentale.

one-piece *adj* [swimsuit] une pièce *(inv)*.

onerous ['əʊnərəs] *adj* [task] pénible ; [responsibility] lourd(e), pesant(e).

oneself [wʌn'self] *pron* **- 1.** *(reflexive)* se ; *(after prep)* soi **- 2.** *(emphatic)* soi-même.

one-sided [-'saɪdɪd] *adj* **- 1.** [unequal] inégal(e) **- 2.** [biased] partial(e).

onetime ['wʌntaɪm] *adj* ancien(enne).

one-to-one *UK*, **one-on-one** *US adj* [discussion] en tête-à-tête ; **~ tuition** cours *mpl* particuliers.

one-touch dialling *UK*, **one-touch dialing** *US n* numérotation *f* rapide.

one-upmanship [ˌwʌn'ʌpmənʃɪp] *n* art *m* de faire toujours mieux que les autres.

one-way *adj* **- 1.** [street] à sens unique **- 2.** [ticket] simple.

ongoing ['ɒnˌgəʊɪŋ] *adj* en cours, continu(e).

onion ['ʌnjən] *n* oignon *m*.

online ['ɒnlaɪn] *adj* & *adv* COMPUT en ligne, connecté(e).

online banking *n* gestion *f* de compte ligne.

online shopping *n* téléachats *mpl*.

onlooker ['ɒnˌlʊkər] *n* spectateur *m*, -trice *f*.

only ['əʊnlɪ] <> *adj* seul(e), unique ; **an ~ child** un enfant unique. <> *adv* **- 1.** [gen] ne... que, seulement ; **he ~ reads science fiction** il ne lit que de la science fiction ; **it's ~ a scratch** c'est juste une égratignure ; **he left ~ a few minutes ago** il est parti il n'y a pas deux minutes **- 2.** [for emphasis] : **I ~ wish I could** je voudrais bien ; **it's ~ natural (that)...** c'est tout à fait normal que... ; **I was ~ too willing to help** je ne demandais qu'à aider ; **not ~... but also** non seulement... mais encore ; **I ~ just caught the train** j'ai eu le train de justesse. <> *conj* seulement, mais ; **he looks like his brother, ~ smaller** il ressemble à son frère, mais en plus petit.

o.n.o., **ono** (*abbr of* **or near(est) offer**) *UK* à déb.

onrush ['ɒnrʌʃ] *n* [of emotion] vague *f*, montée *f*.

on-screen *adj* & *adv* COMPUT à l'écran.

onset ['ɒnset] *n* début *m*, commencement *m*.

onshore ['ɒnʃɔːr] *adj* & *adv* [from sea] du large ; [on land] à terre.

onside [ɒn'saɪd] *adj* & *adv* SPORT en jeu.

onslaught ['ɒnslɔːt] *n* attaque *f*.

Ont. *see also* **Ontario**.

Ontario [ɒn'teərɪəʊ] *n* Ontario *m* ; **in ~** dans l'Ontario.

on-the-job *adj* [training] sur le tas.

on-the-spot *adj* [interview] sur place.

onto [*(stressed)* 'ɒntuː *(unstressed before consonant)* 'ɒntə *(unstressed before vowel)* 'ɒntʊ] = **on to**.

onus ['əʊnəs] *n* responsabilité *f*, charge *f*.

onward ['ɒnwəd] *adj* & *adv* en avant.

onwards ['ɒnwədz] *adv* en avant ; **from now ~** dorénavant, désormais ; **from then ~** à partir de ce moment-là.

onyx ['ɒnɪks] *n* onyx *m*.

oodles ['uːdlz] *npl inf* **~ of** plein de, un tas de.

oof [ʊf] *excl inf* ouïe!, ouille!, aïe!

ooh [uː] *excl inf* oh!

oops [ʊps, uːps] *excl inf* houp!, hop là!

ooze [uːz] <> *vt fig* [charm, confidence] respirer. <> *vi* : **to ~ from** OR **out of sthg** suinter de qqch. <> *n* vase *f*.

opacity [ə'pæsətɪ] *n* opacité *f* ; *fig* obscurité *f*.

opal ['əʊpl] *n* [gem] opale *f*.

opaque [əʊ'peɪk] *adj* opaque ; *fig* obscur(e).

OPEC ['əʊpek] (*abbr of* **Organization of Petroleum Exporting Countries**) *n* OPEP *f*.

open ['əʊpn] <> *adj* **- 1.** [gen] ouvert(e) **- 2.** [receptive] : **to be ~ (to)** être réceptif(ive) (à) ; **to lay o.s. ~ to criticism** s'exposer aux critiques **- 3.** [view, road, space] dégagé(e) **- 4.** [uncovered - car] découvert(e) ; **an ~ fire** un feu de cheminée **- 5.** [meeting] public(ique) ; [competition] ouvert(e) à tous **- 6.** [disbelief, honesty] manifeste, évident(e) **- 7.** [unresolved] non résolu(e). <> *n* : **in the ~** [sleep] à la belle étoile ; [eat] au grand air ; **to bring sthg out into the ~** divulguer qqch, exposer qqch au grand jour. <> *vt* **- 1.** [gen] ouvrir **- 2.** [inaugurate] inaugurer **- 3.** COMPUT ouvrir *(programme)*, démarrer. <> *vi* **- 1.** [door, flower] s'ouvrir **- 2.** [shop, library etc] ouvrir **- 3.** [meeting, play etc] commencer.

◆ **open on to** *vt insep* [subj: room, door] donner sur.

◆ **open out** *vi* [road, river] s'élargir.

◆ **open up** <> *vt sep* [develop] exploiter, développer. <> *vi* **- 1.** [possibilities etc] s'offrir, se présenter **- 2.** [unlock door] ouvrir.

open-air *adj* en plein air.

open-and-shut *adj* clair(e), évident(e).

opencast ['əʊpnkɑːst] *adj* [mining] à ciel ouvert.

open day *n* journée *f* portes ouvertes.

open-ended [-'endɪd] *adj* [meeting] sans limite de durée.

opener ['əʊpnəʳ] *n* [for cans] ouvre-boîtes *m inv* ; [for bottles] ouvre-bouteilles *m inv*, décapsuleur *m*.

open-handed [-'hændɪd] *adj* généreux (euse).

openhearted [,əʊpn'hɑ:tɪd] *adj* franc (franche).

open-heart surgery *n* chirurgie *f* à cœur ouvert.

opening ['əʊpnɪŋ] ◇ *adj* [first] premier(ère) ; [remarks] préliminaire. ◇ *n* - **1.** [beginning] commencement *m*, début *m* - **2.** [in fence] trou *m*, percée *f* ; [in clouds] trouée *f*, déchirure *f* - **3.** [opportunity - gen] occasion *f* ; COMM débouché *m* - **4.** [job vacancy] poste *m*.

opening hours *npl* heures *fpl* d'ouverture.

opening night *n* première *f*.

opening time *n UK* [of pub] heure *f* d'ouverture.

open letter *n* lettre *f* ouverte.

openly ['əʊpənlɪ] *adv* ouvertement, franchement.

open market *n* marché *m* libre.

open marriage *n* mariage *m* moderne *(où chacun est libre d'avoir des aventures)*.

open-minded [-'maɪndɪd] *adj* [person] qui a l'esprit large ; [attitude] large.

open-mouthed [-'maʊðd] *adj & adv* bouche bée *(inv)*.

open-necked [-'nekt] *adj* à col ouvert.

openness ['əʊpənnɪs] *n* [frankness] franchise *f*.

open-plan *adj* non cloisonné(e).

open prison *n* prison *f* ouverte.

open sandwich *n* canapé *m*.

open season *n* saison *f* de la chasse.

open shop *n absence de monopole syndical*.

Open University *n UK* : **the ~** ≃ centre *m* national d'enseignement à distance.

open verdict *n* LAW *jugement qui enregistre un décès sans en spécifier la cause*.

opera ['ɒpərə] *n* opéra *m*.

opera glasses *npl* jumelles *fpl* de théâtre.

opera house *n* opéra *m*.

opera singer *n* chanteur *m*, -euse *f* d'opéra.

operate ['ɒpəreɪt] ◇ *vt* - **1.** [machine] faire marcher, faire fonctionner - **2.** COMM diriger. ◇ *vi* - **1.** [rule, law, system] jouer, être appliqué(e) ; [machine] fonctionner, marcher - **2.** COMM opérer, travailler - **3.** MED opérer ; **to ~ on sb/sthg** opérer qqn/de qqch.

operatic [,ɒpə'rætɪk] *adj* d'opéra.

operating room ['ɒpəreɪtɪŋ-] *n US* salle *f* d'opération.

operating system ['ɒpəreɪtɪŋ-] *n* COMPUT système *m* d'exploitation.

operating theatre *UK*, **operating room** *US* ['ɒpəreɪtɪŋ-] *n* salle *f* d'opération.

operation [,ɒpə'reɪʃn] *n* - **1.** [gen & MED] opération *f* ; **to have an ~ (for)** se faire opérer (de) - **2.** [of machine] marche *f*, fonctionnement *m* ; **to be in ~** [machine] être en marche OR en service ; [law, system] être en vigueur - **3.** [COMM - company] exploitation *f* ; [- management] administration *f*, gestion *f*.

operational [,ɒpə'reɪʃənl] *adj* - **1.** [machine] en état de marche - **2.** [difficulty, costs] d'exploitation.

operative ['ɒprətɪv] ◇ *adj* en vigueur. ◇ *n* ouvrier *m*, -ère *f*.

operator ['ɒpəreɪtəʳ] *n* - **1.** TELEC standardiste *mf* - **2.** [of machine] opérateur *m*, -trice *f* - **3.** COMM directeur *m*, -trice *f*.

operetta [,ɒpə'retə] *n* opérette *f*.

ophthalmic optician [ɒf'θælmɪk-] *n* opticien *m*, -enne *f*.

ophthalmologist [,ɒfθæl'mɒlədʒɪst] *n* ophtalmologue *mf*, ophtalmologiste *mf*.

opinion [ə'pɪnjən] *n* opinion *f*, avis *m* ; **to be of the ~ that** être d'avis que, estimer que ; **in my ~** à mon avis.

opinionated [ə'pɪnjəneɪtɪd] *adj pej* dogmatique.

opinion poll *n* sondage *m* d'opinion.

opium ['əʊpjəm] *n* opium *m*.

opponent [ə'pəʊnənt] *n* adversaire *mf*.

opportune ['ɒpətju:n] *adj* opportun(e).

opportunism [,ɒpə'tju:nɪzm] *n* opportunisme *m*.

opportunist [,ɒpə'tju:nɪst] *n* opportuniste *mf*.

opportunity [,ɒpə'tju:nətɪ] (*pl* **-ies**) *n* occasion *f* ; **to take the ~ to do** OR **of doing sthg** profiter de l'occasion pour faire qqch ; **to get the ~** avoir l'occasion.

oppose [ə'pəʊz] *vt* s'opposer à.

opposed [ə'pəʊzd] *adj* opposé(e) ; **to be ~ to** être contre, être opposé à ; **as ~ to** par opposition à.

opposing [ə'pəʊzɪŋ] *adj* opposé(e).

opposite ['ɒpəzɪt] ◇ *adj* opposé(e) ; [house] d'en face. ◇ *adv* en face. ◇ *prep* en face de. ◇ *n* contraire *m*.

opposite number *n* homologue *mf*.

opposite sex *n* : **the ~** le sexe opposé.

opposition [,ɒpə'zɪʃn] *n* - **1.** [gen] opposition *f* - **2.** [opposing team] adversaire *mf*.

◆ **Opposition** *n UK* POL : **the Opposition** l'opposition.

oppress [ə'pres] *vt* - **1.** [persecute] opprimer - **2.** [depress] oppresser.

oppressed [ə'prest] <> *adj* opprimé(e). <> *npl* : **the ~** les opprimés *mpl*.

oppression [ə'preʃn] *n* oppression *f*.

oppressive [ə'presɪv] *adj* - **1.** [unjust] oppressif(ive) - **2.** [weather, heat] étouffant(e), lourd(e) - **3.** [silence] oppressant(e).

oppressor [ə'presəʳ] *n* oppresseur *m*.

opprobrium [ə'prəʊbrɪəm] *n* opprobre *m*.

opt [ɒpt] <> *vt* : **to ~ to do sthg** choisir de faire qqch. <> *vi* : **to ~ for** opter pour.

◆ **opt in** *vi* : **to ~ in (to)** choisir de participer (à).

◆ **opt out** *vi* : **to ~ out (of)** [gen] choisir de ne pas participer (à) ; [of responsibility] se dérober (à) ; [of NHS] ne plus faire partie (de).

optic ['ɒptɪk] *adj* optique.

optical ['ɒptɪkl] *adj* optique.

optical character reader *n* COMPUT lecteur *m* optique de caractères.

optical character recognition *n* COMPUT reconnaissance *f* optique de caractères.

optical fibre *UK*, **optical fiber** *US* *n* TELEC fibre *f* optique.

optical illusion *n* illusion *f* d'optique.

optician [ɒp'tɪʃn] *n* - **1.** [who sells glasses] opticien *m*, -enne *f* - **2.** [ophthalmologist] ophtalmologiste *mf*.

optics ['ɒptɪks] *n (U)* optique *f*.

optimism ['ɒptɪmɪzm] *n* optimisme *m*.

optimist ['ɒptɪmɪst] *n* optimiste *mf*.

optimistic [ˌɒptɪ'mɪstɪk] *adj* optimiste ; **to be ~ about** être optimiste pour.

optimize, *UK* **-ise** ['ɒptɪmaɪz] *vt* optimaliser.

optimum ['ɒptɪməm] *adj* optimum.

option ['ɒpʃn] *n* option *f*, choix *m* ; **she had no ~ but to pay up** elle n'a pas pu faire autrement que de payer ; **to have the ~ to do** *OR* **of doing sthg** pouvoir faire qqch, avoir la possibilité de faire qqch.

optional ['ɒpʃənl] *adj* facultatif(ive) ; **an ~ extra** un accessoire.

opulence ['ɒpjʊləns] *n* - **1.** [wealth] opulence *f* - **2.** [sumptuousness] magnificence *f*.

opulent ['ɒpjʊlənt] *adj* - **1.** [wealthy] opulent(e) - **2.** [sumptuous] magnifique.

opus ['əʊpəs] (*pl* **-es** [-i:z] , *pl* **opera** ['ɒpərə]) *n* MUS opus *m*.

or [ɔːʳ] *conj* - **1.** [gen] ou - **2.** [after negative] : **he can't read ~ write** il ne sait ni lire ni écrire - **3.** [otherwise] sinon - **4.** [as correction] ou plutôt.

OR *see also* **Oregon**.

oracle ['ɒrəkl] *n* [prophet] oracle *m*.

oral ['ɔːrəl] <> *adj* - **1.** [spoken] oral(e) - **2.** [MED - medicine] par voie orale, par la bouche ; [- hygiene] buccal(e). <> *n* oral *m*, épreuve *f* orale.

orally ['ɔːrəlɪ] *adv* - **1.** [in spoken form] oralement - **2.** MED par voie orale.

orange ['ɒrɪndʒ] <> *adj* orange *(inv)*. <> *n* - **1.** [fruit] orange *f* - **2.** [colour] orange *m*.

orangeade [ˌɒrɪndʒ'eɪd] *n* orangeade *f*.

orange blossom *n (U)* fleur *f* d'oranger.

Orangeman ['ɒrɪndʒmən] (*pl* **-men** [-mən]) *n UK* orangiste *m*.

orang-outang [ɔːˌræŋuː'tæŋ] *n* orang-outang *m*.

oration [ɔː'reɪʃn] *n fml* discours *m*.

orator ['ɒrətəʳ] *n* orateur *m*, -trice *f*.

oratorio [ˌɒrə'tɔːrɪəʊ] (*pl* **-s**) *n* oratorio *m*.

oratory ['ɒrətrɪ] *n* art *m* oratoire, éloquence *f*.

orb [ɔːb] *n* globe *m*.

orbit ['ɔːbɪt] <> *n* orbite *f* ; **to be in/go into ~ (around)** être/entrer sur orbite (autour de), être/entrer en orbite (autour de). <> *vt* décrire une orbite autour de.

orchard ['ɔːtʃəd] *n* verger *m* ; **apple ~** champ *m* de pommiers, pommeraie *f*.

orchestra ['ɔːkɪstrə] *n* orchestre *m*.

orchestral [ɔː'kestrəl] *adj* orchestral(e).

orchestra pit *n* fosse *f* d'orchestre.

orchestrate ['ɔːkɪstreɪt] *vt lit* & *fig* orchestrer.

orchestration [ˌɔːke'streɪʃn] *n lit* & *fig* orchestration *f*.

orchid ['ɔːkɪd] *n* orchidée *f*.

ordain [ɔː'deɪn] *vt* - **1.** [decree] ordonner, décréter - **2.** RELIG : **to be ~ed** être ordonné prêtre.

ordeal [ɔː'diːl] *n* épreuve *f*.

order ['ɔːdəʳ] <> *n* - **1.** [gen] ordre *m* ; **to be under ~s to do sthg** avoir (reçu) l'ordre de faire qqch - **2.** COMM commande *f* ; **to place an ~ with sb for sthg** passer une commande de qqch à qqn ; **on ~** commandé ; **to ~** sur commande - **3.** [sequence] ordre *m* ; **in ~** dans l'ordre ; **in ~ of importance** par ordre d'importance - **4.** [fitness for use] : **in working ~** en état de marche ; **out of ~** [machine] en panne ; [behaviour] déplacé(e) ; **in ~** [correct] en ordre - **5.** *(U)* [discipline - gen] ordre *m* ; [- in classroom] discipline *f* ; **to keep ~** maintenir l'ordre - **6.** *US* [portion] part *f*. <> *vt* - **1.** [command] ordonner ; **to ~ sb to do sthg** ordonner à qqn de faire qqch ; **to ~ that** ordonner que - **2.** COMM commander. <> *vi* commander.

◆ **orders** *npl* RELIG : **to take holy ~s** entrer dans les ordres.

◆ **in the order of** *UK*, **on the order of** *US* *adv* environ, de l'ordre de.
◆ **in order that** *conj* pour que, afin que (+ *subjunctive*).
◆ **in order to** *conj* pour, afin de.
◆ **order about, order around** *vt sep* commander.

order book *n* carnet *m* de commandes.

order form *n* bulletin *m* de commande.

orderly ['ɔːdəlɪ] (*pl* **-ies**) ◇ *adj* [person] ordonné(e) ; [crowd] discipliné(e) ; [office, room] en ordre. ◇ *n* [in hospital] garçon *m* de salle.

order number *n* numéro *m* de commande.

ordinal ['ɔːdɪnl] ◇ *adj* ordinal(e). ◇ *n* nombre *m* ordinal.

ordinarily ['ɔːdənrəlɪ] *adv* d'habitude, d'ordinaire.

ordinary ['ɔːdənrɪ] ◇ *adj* - **1.** [normal] ordinaire - **2.** *pej* [unexceptional] ordinaire, quelconque. ◇ *n* : **out of the ~** qui sort de l'ordinaire, exceptionnel(elle).

ordinary level *n UK* ≃ brevet *m* des collèges.

ordinary seaman *n UK* simple matelot *m*.

ordinary shares *npl UK* FIN actions *fpl* ordinaires.

ordination [,ɔːdɪ'neɪʃn] *n* ordination *f*.

ordnance ['ɔːdnəns] *n* (*U*) - **1.** [supplies] matériel *m* militaire - **2.** [artillery] artillerie *f*.

Ordnance Survey *n service cartographique national en Grande-Bretagne*, ≃ IGN *m*.

ore [ɔːʳ] *n* minerai *m*.

oregano [,ɒrɪ'gɑːnəʊ] *n* origan *m*.

Oregon ['ɒrɪgən] *n* Oregon *m* ; **in ~** dans l'Oregon.

organ ['ɔːgən] *n* - **1.** [gen] organe *m* - **2.** MUS orgue *m*.

organic [ɔː'gænɪk] *adj* - **1.** [of animals, plants] organique - **2.** [farming, food] biologique, bio - **3.** *fig* [development] naturel(elle).

organically [ɔː'gænɪklɪ] *adv* [farm, grow] sans engrais chimiques.

organic chemistry *n* chimie *f* organique.

organism ['ɔːgənɪzm] *n* organisme *m*.

organist ['ɔːgənɪst] *n* organiste *mf*.

organization [,ɔːgənaɪ'zeɪʃn] *n* organisation *f*.

organizational [,ɔːgənaɪ'zeɪʃnl] *adj* - **1.** [structure, links] organisationnel(elle) - **2.** [skill] d'organisation.

organization chart *n* organigramme *m*.

organize, *UK* **-ise** ['ɔːgənaɪz] ◇ *vt* organiser. ◇ *vi* [workers] se syndiquer.

organized ['ɔːgənaɪzd] *adj* organisé(e).

organized crime *n* crime *m* organisé.

organized labour *UK*, **organized labor** *US n* main d'œuvre *f* syndiquée.

organizer ['ɔːgənaɪzəʳ] *n* - **1.** [person] organisateur *m*, -trice *f* - **2.** [diary] organiseur *m*.

organza [ɔː'gænzə] *n* organza *m*.

orgasm ['ɔːgæzm] *n* orgasme *m*.

orgy ['ɔːdʒɪ] (*pl* **-ies**) *n lit* & *fig* orgie *f*.

orient ['ɔːrɪənt] = **orientate**.

Orient ['ɔːrɪənt] *n* : **the ~** l'Orient *m*.

oriental [,ɔːrɪ'entl] ◇ *adj* oriental(e). ◇ *n* Oriental *m*, -e *f (attention: le terme 'oriental' est considéré raciste)*.

orientate ['ɔːrɪenteɪt] *vt* : **to be ~d towards** viser, s'adresser à ; **to ~ o.s.** s'orienter.

orientation [,ɔːrɪen'teɪʃn] *n* orientation *f*.

orienteering [,ɔːrɪən'tɪərɪŋ] *n* (*U*) course *f* d'orientation.

orifice ['ɒrɪfɪs] *n* orifice *m*.

origami [,ɒrɪ'gɑːmɪ] *n* origami *m*.

origin ['ɒrɪdʒɪn] *n* - **1.** [of river] source *f* ; [of word, conflict] origine *f* - **2.** [birth] : **country of ~** pays *m* d'origine.
◆ **origins** *npl* origines *fpl*.

original [ɒ'rɪdʒənl] ◇ *adj* original(e) ; [owner] premier(ère). ◇ *n* original *m*.

originality [ə,rɪdʒə'nælətɪ] *n* originalité *f*.

originally [ə'rɪdʒənəlɪ] *adv* à l'origine, au départ.

original sin *n* péché *m* originel.

originate [ə'rɪdʒəneɪt] ◇ *vt* être l'auteur de, être à l'origine de. ◇ *vi* [belief, custom] : **to ~ (in)** prendre naissance (dans) ; **to ~ from** provenir de.

origination [ə,rɪdʒə'neɪʃn] *n* (*U*) origine *f*.

originator [ə'rɪdʒəneɪtəʳ] *n* auteur *m*, initiateur *m*, -trice *f*.

Orinoco [,ɒrɪ'nəʊkəʊ] *n* : **the (River) ~** l'Orénoque *m*.

Orkney Islands ['ɔːknɪ-], **Orkneys** ['ɔːknɪz] *npl* : **the ~** les Orcades *fpl* ; **in the ~s** dans les Orcades.

ornament ['ɔːnəmənt] *n* - **1.** [object] bibelot *m* - **2.** (*U*) [decoration] ornement *m*.

ornamental [,ɔːnə'mentl] *adj* [garden, pond] d'agrément ; [design] décoratif(ive).

ornamentation [,ɔːnəmen'teɪʃn] *n* décoration *f*.

ornate [ɔː'neɪt] *adj* orné(e).

ornately [ɔː'neɪtlɪ] *adv* avec beaucoup d'ornements.

ornery ['ɔːnərɪ] *adj US inf* désagréable.

ornithologist [ˌɔːnɪ'θɒlədʒɪst] *n* ornithologue *mf*, ornithologiste *mf*.

ornithology [ˌɔːnɪ'θɒlədʒɪ] *n* ornithologie *f*.

orphan ['ɔːfn] ◇ *n* orphelin *m*, -e *f*. ◇ *vt* : **to be ~ed** devenir orphelin(e).

orphanage ['ɔːfənɪdʒ] *n* orphelinat *m*.

orthodontist [ˌɔːθə'dɒntɪst] *n* orthodontiste *mf*.

orthodox ['ɔːθədɒks] *adj* - **1.** [conventional] orthodoxe - **2.** RELIG [traditional] traditionaliste.

Orthodox Church *n* : **the ~** l'Église *f* orthodoxe.

orthodoxy ['ɔːθədɒksɪ] *n* orthodoxie *f*.

orthopa(e)dic [ˌɔːθə'piːdɪk] *adj* orthopédique.

orthopa(e)dics [ˌɔːθə'piːdɪks] *n (U)* orthopédie *f*.

orthopa(e)dist [ˌɔːθə'piːdɪst] *n* orthopédiste *mf*.

orthopedic *etc* [ˌɔːθə'piːdɪk] = **orthopaedic** *etc* .

OS ◇ *n* (*abbr of* **Ordnance Survey**) ≃ IGN *m*. ◇ *see also* **outsize**.

O/S *see also* **out of stock**.

Oscar ['ɒskəʳ] *n* CIN Oscar *m*.

oscillate ['ɒsɪleɪt] *vi lit & fig* osciller.

oscilloscope [ɒ'sɪləskəʊp] *n* oscilloscope *m*.

OSD (*abbr of* **optical scanning device**) *n lecteur optique*.

OSHA (*abbr of* **Occupational Safety and Health Administration**) *n direction de la sécurité et de l'hygiène au travail aux États-Unis*.

Oslo ['ɒzləʊ] *n* Oslo.

osmosis [ɒz'məʊsɪs] *n* osmose *f*.

osprey ['ɒsprɪ] (*pl* **-s**) *n* balbuzard *m*.

Ostend [ɒs'tend] *n* Ostende.

ostensible [ɒ'stensəbl] *adj* prétendu(e).

ostensibly [ɒ'stensəblɪ] *adv* en apparence, soi-disant.

ostentation [ˌɒstən'teɪʃn] *n* ostentation *f*.

ostentatious [ˌɒstən'teɪʃəs] *adj* ostentatoire.

osteoarthritis [ˌɒstɪəʊɑː'θraɪtɪs] *n (U)* ostéoarthrose *f*.

osteopath ['ɒstɪəpæθ] *n* ostéopathe *mf*.

osteopathy [ˌɒstɪ'ɒpəθɪ] *n* ostéopathie *f*.

osteoporosis [ˌɒstɪəpɔː'rəʊsɪs] *n* ostéoporose *f*.

ostracize, *UK* **-ise** ['ɒstrəsaɪz] *vt* frapper d'ostracisme, mettre au ban.

ostrich ['ɒstrɪtʃ] *n* autruche *f*.

OT *n* - **1.** (*abbr of* **Old Testament**) AT *m* - **2.** *see also* **occupational therapy**.

OTC (*abbr of* **Officer Training Corps**) *n section de formation des officiers en Grande-Bretagne*.

other ['ʌðəʳ] ◇ *adj* autre ; **the ~ one** l'autre ; **the ~ day/week** l'autre jour/semaine. ◇ *adv* : **there was nothing to do ~ than confess** il ne pouvait faire autrement que d'avouer ; **~ than John** John à part. ◇ *pron* : **~s** d'autres ; **the ~** l'autre ; **the ~s** les autres ; **one after the ~** l'un après l'autre (l'une après l'autre) ; **one or ~ of you** l'un (l'une) de vous deux ; **none ~ than** nul (nulle) autre que.

◆ **something or other** *pron* quelque chose, je ne sais quoi.

◆ **somehow or other** *adv* d'une manière ou d'une autre.

otherwise ['ʌðəwaɪz] ◇ *adv* autrement ; **or ~** [or not] ou non. ◇ *conj* sinon.

other world *n* : **the ~** l'au-delà *m*.

otherworldly [ˌʌðə'wɜːldlɪ] *adj* détaché(e) des biens de ce monde.

OTT (*abbr of* **over the top**) *adj UK inf* : **it's a bit ~** c'est un peu trop.

Ottawa ['ɒtəwə] *n* Ottawa.

otter ['ɒtəʳ] *n* loutre *f*.

OU *see also* **Open University**.

ouch [aʊtʃ] *excl* aïe!, ouïe!

ought [ɔːt] *aux vb* - **1.** [sensibly] : **I really ~ to go** il faut absolument que je m'en aille ; **you ~ to see a doctor** tu devrais aller chez le docteur - **2.** [morally] : **you ~ not to have done that** tu n'aurais pas dû faire cela ; **you ~ to look after your children better** tu devrais t'occuper un peu mieux de tes enfants - **3.** [expressing probability] : **she ~ to pass her exam** elle devrait réussir à son examen.

oughtn't ['ɔːtnt] = **ought not**.

Ouija board® ['wiːdʒə-] *n* oui-ja *m*.

ounce [aʊns] *n = 28,35 g*, once *f*.

our ['aʊəʳ] *poss adj* notre, nos *(pl)* ; **~ money/house** notre argent/maison ; **~ children** nos enfants ; **it wasn't OUR fault** ce n'était pas de notre faute à nous.

ours ['aʊəz] *poss pron* le nôtre (la nôtre), les nôtres *(pl)* ; **that money is ~** cet argent est à nous OR est le nôtre ; **it wasn't their fault, it was OURS** ce n'était pas de leur faute, c'était de notre faute à nous OR de la nôtre ; **a friend of ~** un ami à nous, un de nos amis.

ourselves [aʊə'selvz] *pron pl* - **1.** *(reflexive)* nous - **2.** *(for emphasis)* nous-mêmes ; **we did it by ~** nous l'avons fait tout seuls.

oust [aʊst] *vt* : **to ~ sb (from)** évincer qqn (de).

ouster ['aʊstər] *n* *US* [from country] expulsion *f* ; [from office] renvoi *m*.

out [aʊt] *adv* - **1.** [not inside, out of doors] dehors ; **we all got ~** [of car] nous sommes tous sortis ; **I'm going ~ for a walk** je sors me promener ; **to run ~** sortir en courant ; **~ here** ici ; **~ there** là-bas ; **~ you go!** sors!, file! - **2.** [away from home, office, published] sorti(e) ; **John's ~ at the moment** John est sorti, John n'est pas là en ce moment ; **don't stay ~ too late** ne rentre pas trop tard ; **an afternoon ~** une sortie l'après-midi ; **let's have an evening ~** et si on sortait ce soir? - **3.** [extinguished] éteint(e) ; **the lights went ~** les lumières se sont éteintes - **4.** [of tides] : **the tide is ~** la marée est basse - **5.** [out of fashion] démodé(e), passé(e) de mode - **6.** [in flower] en fleur ; **the crocuses are ~** les crocus sont sortis - **7.** [visible - moon] levé(e) ; **the sun is ~** il fait du soleil ; **the stars are ~** les étoiles brillent - **8.** *inf* [on strike] en grève - **9.** [not possible] : **sorry, that's ~** désolé, cela ne va pas OR n'est pas possible - **10.** [determined] : **to be ~ to do sthg** être résolu(e) OR décidé(e) à faire qqch.

◆ **out of** *prep* - **1.** [outside] en dehors de ; **to go ~ of the room** sortir de la pièce ; **to be ~ of the country** être à l'étranger - **2.** [indicating cause] par ; **~ of spite/love/boredom** par dépit/amour/ennui - **3.** [indicating origin, source] de, dans ; **a page ~ of a book** une page d'un livre ; **to drink ~ of a glass** boire dans un verre ; **to get information ~ of sb** arracher OR soutirer des renseignements à qqn ; **it's made ~ of plastic** c'est en plastique ; **we can pay for it ~ of petty cash** on peut le payer avec l'argent des dépenses courantes - **4.** [without] sans ; **~ of petrol/money** à court d'essence/d'argent ; **we're ~ of sugar** nous n'avons plus de sucre - **5.** [sheltered from] à l'abri de ; **we're ~ of the wind here** nous sommes à l'abri du vent ici - **6.** [to indicate proportion] sur ; **one ~ of ten people** une personne sur dix ; **ten ~ of ten** dix sur dix.

out-and-out *adj* [liar] fieffé(e) ; [disgrace] complet(ète).

outback ['aʊtbæk] *n* : **the ~** l'intérieur *m* du pays *(en Australie)*.

outbid [aʊt'bɪd] (*pt* & *pp* **outbid**, *cont* **-ding**) *vt* : **to ~ sb (for)** enchérir sur qqn (pour).

outboard (motor) ['aʊtbɔːd-] *n* (moteur *m*) hors-bord *m*.

outbound ['aʊtbaʊnd] *adj* [train, flight] en partance.

outbreak ['aʊtbreɪk] *n* [of war, crime] début *m*, déclenchement *m* ; [of spots etc] éruption *f*.

outbuildings ['aʊtbɪldɪŋz] *npl* dépendances *fpl*.

outburst ['aʊtbɜːst] *n* explosion *f*.

outcast ['aʊtkɑːst] *n* paria *m*.

outclass [ˌaʊt'klɑːs] *vt* surclasser.

outcome ['aʊtkʌm] *n* issue *f*, résultat *m*.

outcrop ['aʊtkrɒp] *n* affleurement *m*.

outcry ['aʊtkraɪ] (*pl* **-ies**) *n* tollé *m*.

outdated [ˌaʊt'deɪtɪd] *adj* démodé(e), vieilli(e).

outdid [ˌaʊt'dɪd] *pt* ▷ **outdo**.

outdistance [ˌaʊt'dɪstəns] *vt lit* & *fig* distancer.

outdo [ˌaʊt'duː] (*pt* **-did**, *pp* **-done** [-'dʌn]) *vt* surpasser.

outdoor ['aʊtdɔːr] *adj* [life, swimming pool] en plein air ; [activities] de plein air.

outdoors [aʊt'dɔːz] *adv* dehors.

outer ['aʊtər] *adj* extérieur(e) ; **Outer London** la grande banlieue de Londres.

Outer Mongolia *n* Mongolie-Extérieure *f*.

outermost ['aʊtəməʊst] *adj* [area] le plus éloigné (la plus éloignée) ; [layer] le plus (la plus) à l'extérieur.

outer space *n* cosmos *m*.

outfit ['aʊtfɪt] *n* - **1.** [clothes] tenue *f* - **2.** *inf* [organization] équipe *f*.

outfitters ['aʊtˌfɪtəz] *n* *UK dated* [for clothes] magasin *m* spécialisé de confection pour hommes.

outflank [ˌaʊt'flæŋk] *vt* MIL déborder, prendre à revers ; *fig* déjouer les manœuvres de.

outgoing ['aʊtˌgəʊɪŋ] *adj* - **1.** [chairman etc] sortant(e) ; [mail] à expédier ; [train] en partance - **2.** [friendly, sociable] ouvert(e).

◆ **outgoings** *npl* *UK* dépenses *fpl*.

outgrow [ˌaʊt'grəʊ] (*pt* **-grew**, *pp* **-grown**) *vt* - **1.** [clothes] devenir trop grand(e) pour - **2.** [habit] se défaire de.

outhouse ['aʊthaʊs] (*pl* [-haʊzɪz]) *n* - **1.** *UK* [outbuilding] remise *f* - **2.** *US* [toilet] toilettes *fpl* extérieures.

outing ['aʊtɪŋ] *n* - **1.** [trip] sortie *f* - **2.** [of homosexuals] *campagne, menée par des militants homosexuels, destinée à dévoiler l'homosexualité d'une personne publique.*

outlandish [aʊt'lændɪʃ] *adj* bizarre.

outlast [ˌaʊt'lɑːst] *vt* survivre à.

outlaw ['aʊtlɔː] ◇ *n* hors-la-loi *m inv.* ◇ *vt* - **1.** [practice] proscrire - **2.** [person] mettre hors la loi.

outlay ['aʊtleɪ] *n* dépenses *fpl*.

outlet ['aʊtlet] *n* - **1.** [for emotion] exutoire *m* - **2.** [hole, pipe] sortie *f* - **3.** [shop] : **retail ~** point *m* de vente - **4.** *US* ELEC prise *f* (de courant).

outline ['aʊtlaɪn] ◇ *n* - **1.** [brief description] grandes lignes *fpl* ; **in ~** en gros - **2.** [silhouette]

silhouette *f.* ◇ *vt* - **1.** [describe briefly] exposer les grandes lignes de - **2.** [silhouette] : **to be ~d against** se dessiner OR se découper sur.

outlive [ˌaʊtˈlɪv] *vt* - **1.** [subj: person] survivre à - **2.** [subj: idea, object] : **it's ~d its usefulness** cela a fait son temps.

outlook [ˈaʊtlʊk] *n* - **1.** [disposition] attitude *f*, conception *f* - **2.** [prospect] perspective *f*.

outlying [ˈaʊtˌlaɪɪŋ] *adj* [village] reculé(e) ; [suburbs] écarté(e).

outmanoeuvre *UK*, **outmaneuver** *US* [ˌaʊtməˈnuːvəʳ] *vt* [competitor, rival] l'emporter sur.

outmoded [ˌaʊtˈməʊdɪd] *adj* démodé(e).

outnumber [ˌaʊtˈnʌmbəʳ] *vt* surpasser en nombre.

out-of-date *adj* [passport] périmé(e) ; [clothes] démodé(e) ; [belief] dépassé(e).

out of doors *adv* dehors.

out-of-the-way *adj* [village] perdu(e) ; [pub] peu fréquenté(e).

outpace [ˌaʊtˈpeɪs] *vt* - **1.** [subj: person] devancer - **2.** *fig* [subj: technology] dépasser.

outpatient [ˈaʊtˌpeɪʃnt] *n* malade *mf* en consultation externe.

outplay [ˌaʊtˈpleɪ] *vt* SPORT dominer.

outpost [ˈaʊtpəʊst] *n* avant-poste *m*.

outpouring [ˌaʊtˈpɔːrɪŋ] *n lit* [of emotion] effusion *f*.

output [ˈaʊtpʊt] ◇ *n* - **1.** [production] production *f* - **2.** COMPUT sortie *f*. ◇ *vt* COMPUT sortir.

outrage [ˈaʊtreɪdʒ] ◇ *n* - **1.** [emotion] indignation *f* - **2.** [act] atrocité *f*. ◇ *vt* outrager.

outraged [ˈaʊtreɪdʒd] *adj* outré(e).

outrageous [aʊtˈreɪdʒəs] *adj* - **1.** [offensive, shocking] scandaleux(euse), monstrueux (euse) - **2.** [very unusual] choquant(e) - **3.** *US inf* [extravagant] extravagant.

outran [ˌaʊtˈræn] *pt* ▷ **outrun**.

outrank [aʊtˈræŋk] *vt* être le supérieur de ; MIL avoir un grade supérieur à.

outrider [ˈaʊtˌraɪdəʳ] *n* [on motorcycle] motocycliste *m* d'escorte.

outright ◇ *adj* [ˈaʊtraɪt] absolu(e), total(e). ◇ *adv* [ˌaʊtˈraɪt] - **1.** [deny] carrément, franchement - **2.** [win, fail] complètement, totalement ; **to be killed ~** être tué sur le coup.

outrun [ˌaʊtˈrʌn] (*pt* **-ran**, *pp* **-run**, *cont* **-ning**) *vt* distancer.

outsell [ˌaʊtˈsel] (*pt & pp* **-sold**) *vt* dépasser les ventes de.

outset [ˈaʊtset] *n* : **at the ~** au commencement, au début ; **from the ~** depuis le commencement OR début.

outshine [ˌaʊtˈʃaɪn] (*pt & pp* **-shone** [-ˈʃɒn]) *vt fig* éclipser, surpasser.

outside ◇ *adj* [ˈaʊtsaɪd] - **1.** [gen] extérieur(e) ; **an ~ opinion** une opinion indépendante - **2.** [unlikely - chance, possibility] faible. ◇ *adv* [ˌaʊtˈsaɪd] à l'extérieur ; **to go/run/look ~** aller/courir/regarder dehors. ◇ *prep* [ˈaʊtsaɪd] - **1.** [not inside] à l'extérieur de, en dehors de - **2.** [beyond] : **~ office hours** en dehors des heures de bureau. ◇ *n* [ˈaʊtsaɪd] extérieur *m* ; **at the ~** *fig* au plus, au maximum.

◆ **outside of** *prep US* [apart from] à part.

outside broadcast *n UK* RADIO & TV émission *f* réalisée à l'extérieur.

outside lane *n* AUT [in UK] voie *f* de droite ; [in Europe, US] voie *f* de gauche.

outside line *n* TELEC ligne *f* extérieure.

outsider [ˌaʊtˈsaɪdəʳ] *n* - **1.** [in race] outsider *m* - **2.** [from society] étranger *m*, -ère *f*.

outsize [ˈaʊtsaɪz] *adj* - **1.** [bigger than usual] énorme, colossal(e) - **2.** [clothes] grande taille *(inv)*.

outsized [ˈaʊtsaɪzd] *adj* énorme, colossal(e).

outskirts [ˈaʊtskɜːts] *npl* : **the ~** la banlieue.

outsmart [ˌaʊtˈsmɑːt] *vt* être plus malin(igne) que.

outsold [ˌaʊtˈsəʊld] *pt & pp* ▷ **outsell**.

outsource [ˈaʊtsɔːs] *vt* COMM sous-traiter, externaliser.

outspoken [ˌaʊtˈspəʊkn] *adj* franc (franche).

outspread [ˌaʊtˈspred] *adj* [arms, legs] écarté(e) ; [wings, newspaper] déployé(e).

outstanding [ˌaʊtˈstændɪŋ] *adj* - **1.** [excellent] exceptionnel(elle), remarquable - **2.** [example] marquant(e) - **3.** [not paid] impayé(e) - **4.** [unfinished - work, problem] en suspens.

outstay [ˌaʊtˈsteɪ] *vt* : **I don't want to ~ my welcome** je ne veux pas abuser de votre hospitalité.

outstretched [ˌaʊtˈstretʃt] *adj* [arms, hands] tendu(e) ; [wings] déployé(e).

outstrip [ˌaʊtˈstrɪp] (*pt & pp* **-ped**, *cont* **-ping**) *vt* devancer.

out-take *n* CIN & TV prise *f* ratée.

out-tray *n* corbeille *f* pour le courrier à expédier.

outvote [ˌaʊtˈvəʊt] *vt* : **to be ~d** ne pas obtenir la majorité.

outward [ˈaʊtwəd] ◇ *adj* - **1.** [going away] : **~ journey** aller *m* - **2.** [apparent, visible] extérieur(e). ◇ *adv US* = **outwards**.

outwardly [ˈaʊtwədlɪ] *adv* [apparently] en apparence.

outwards ['aʊtwədz], **outward** *US adv* vers l'extérieur.

outweigh [ˌaʊt'weɪ] *vt fig* primer sur.

outwit [ˌaʊt'wɪt] (*pt & pp* **-ted**, *cont* **-ting**) *vt* se montrer plus malin(igne) que.

outworker ['aʊtˌwɜːkəʳ] *n* travailleur *m*, -euse *f* à domicile.

oval ['əʊvl] ◇ *adj* ovale. ◇ *n* ovale *m*.

Oval Office *n* : **the ~** *bureau du président des États-Unis à la Maison-Blanche.*

ovarian [əʊ'veərɪən] *adj* ovarien(enne).

ovary ['əʊvərɪ] (*pl* **-ies**) *n* ovaire *m*.

ovation [əʊ'veɪʃn] *n* ovation *f* ; **the audience gave her a standing ~** le public l'a ovationnée.

oven ['ʌvn] *n* [for cooking] four *m*.

oven glove *n* gant *m* de cuisine.

ovenproof ['ʌvnpruːf] *adj* qui va au four.

oven-ready *adj* prêt(e) à cuire.

ovenware ['ʌvnweəʳ] *n (U)* plats *mpl* qui vont au four.

over ['əʊvəʳ] ◇ *prep* **- 1.** [above] au-dessus de **- 2.** [on top of] sur **- 3.** [on other side of] de l'autre côté de ; **they live ~ the road** ils habitent en face **- 4.** [to other side of] par-dessus ; **to go ~ the border** franchir la frontière **- 5.** [more than] plus de ; **~ and above** en plus de **- 6.** [senior to] : **he's ~ me at work** il occupe un poste plus élevé que le mien **- 7.** [concerning] à propos de, au sujet de **- 8.** [during] pendant. ◇ *adv* **- 1.** [distance away] : **~ here** ici ; **~ there** là-bas **- 2.** [across] : **they flew ~ to America** ils se sont envolés pour les États-Unis ; **we invited them ~** nous les avons invités chez nous **- 3.** [to the ground] : **to lean ~** se pencher ; **she pushed the pile of books ~** elle a renversé la pile de livres **- 4.** [more] plus **- 5.** [remaining] : **there's nothing (left) ~** il ne reste rien **- 6.** RADIO : **~ and out!** à vous! **- 7.** [involving repetitions] : **(all)~ again** (tout) au début ; **~ and ~ again** à maintes reprises, maintes fois ; **to do sthg ~** *US* recommencer qqch. ◇ *adj* [finished] fini(e), terminé(e). ◇ *n* over *m*.

◆ **all over** ◇ *prep* **- 1.** [covering] : **the child had chocolate all ~ her face** l'enfant avait du chocolat sur toute la figure **- 2.** [throughout] partout, dans tout ; **all ~ the world** dans le monde entier. ◇ *adv* [everywhere] partout. ◇ *adj* [finished] fini(e).

over- ['əʊvəʳ] *prefix* sur-.

overabundance [ˌəʊvərə'bʌndəns] *n* surabondance *f*.

overact [ˌəʊvər'ækt] *vi pej* THEAT en faire trop.

overactive [ˌəʊvər'æktɪv] *adj* trop actif(ive).

overall ◇ *adj* ['əʊvərɔːl] [general] d'ensemble. ◇ *adv* [ˌəʊvər'ɔːl] en général. ◇ *n* ['əʊvərɔːl] **- 1.** *UK* [gen] tablier *m* **- 2.** *US* [for work] bleu *m* de travail.

◆ **overalls** *npl* **- 1.** [for work] bleu *m* de travail **- 2.** *US* [dungarees] salopette *f*.

overambitious [ˌəʊvəræm'bɪʃəs] *adj* trop ambitieux(euse).

overanxious [ˌəʊvər'æŋkʃəs] *adj* trop inquiet(ète), trop anxieux(euse).

overarm ['əʊvərɑːm] *adj & adv* par en-dessus.

overate [ˌəʊvər'et] *pt* ▷ **overeat**.

overawe [ˌəʊvər'ɔː] *vt* impressionner.

overbalance [ˌəʊvə'bæləns] *vi* basculer.

overbearing [ˌəʊvə'beərɪŋ] *adj* autoritaire.

overblown [ˌəʊvə'bləʊn] *adj pej* exagéré(e).

overboard ['əʊvəbɔːd] *adv* : **to fall ~** tomber par-dessus bord ; **to go ~** *inf fig* en faire trop ; **to go ~ about** *inf fig* s'enthousiasmer pour.

overbook [ˌəʊvə'bʊk] *vi* surréserver.

overburden [ˌəʊvə'bɜːdn] *vt* : **to be ~ed with sthg** être surchargé(e) de qqch.

overcame [ˌəʊvə'keɪm] *pt* ▷ **overcome**.

overcapitalize, *UK* **-ise** [ˌəʊvə'kæpɪtəlaɪz] *vt & vi* FIN surcapitaliser.

overcast [ˌəʊvə'kɑːst] *adj* couvert(e).

overcharge [ˌəʊvə'tʃɑːdʒ] ◇ *vt* : **to ~ sb (for sthg)** faire payer (qqch) trop cher à qqn. ◇ *vi* : **to ~ (for sthg)** demander un prix excessif (pour qqch).

overcoat ['əʊvəkəʊt] *n* pardessus *m*.

overcome [ˌəʊvə'kʌm] (*pt* **-came**, *pp* **-come**) *vt* **- 1.** [fears, difficulties] surmonter **- 2.** [overwhelm] : **to be ~ (by** *OR* **with)** [emotion] être submergé(e) (de) ; [grief] être accablé(e) (de).

overcompensate [ˌəʊvə'kɒmpənseɪt] *vi* : **to ~ (for sthg)** surcompenser (qqch).

overconfident [ˌəʊvə'kɒnfɪdənt] *adj* [too certain] trop sûr(e) de soi ; [arrogant] suffisant(e).

overcook [ˌəʊvə'kʊk] *vt* faire trop cuire.

overcrowded [ˌəʊvə'kraʊdɪd] *adj* bondé(e).

overcrowding [ˌəʊvə'kraʊdɪŋ] *n* surpeuplement *m*.

overdeveloped [ˌəʊvədɪ'veləpt] *adj* PHOT *fig* trop développé(e).

overdo [ˌəʊvə'duː] (*pt* **-did** [-'dɪd], *pp* **-done**) *vt* **- 1.** [exaggerate] exagérer **- 2.** [do too much] trop faire ; **to ~ it** se surmener **- 3.** [overcook] trop cuire.

overdone [ˌəʊvə'dʌn] ◇ *pp* ▷ **overdo**. ◇ *adj* [food] trop cuit(e).

overdose ◇ *n* ['əʊvədəʊs] overdose *f*. ◇ *vi* [ˌəʊvə'dəʊs] : **to ~ on** prendre une dose excessive de.

overdraft ['əʊvədrɑ:ft] *n* découvert *m*.

overdrawn [ˌəʊvə'drɔ:n] *adj* à découvert.

overdress [ˌəʊvə'dres] *vi* être trop bien habillé(e) (pour l'occasion).

overdrive ['əʊvədraɪv] *n fig* **to go into ~** mettre les bouchées doubles.

overdue [ˌəʊvə'dju:] *adj* - **1.** [late] : **~ (for)** en retard (pour) - **2.** [change, reform] : **(long) ~** attendu(e) (depuis longtemps) - **3.** [unpaid] arriéré(e), impayé(e).

overeager [ˌəʊvər'i:gər] *adj* trop zélé(e).

overeat [ˌəʊvər'i:t] (*pt* **-ate**, *pp* **-eaten**) *vi* trop manger.

overemphasize, *UK* **-ise** [ˌəʊvər'emfəsaɪz] *vt* donner trop d'importance à.

overenthusiastic ['əʊvərɪnˌθju:zɪ'æstɪk] *adj* trop enthousiaste.

overestimate [ˌəʊvər'estɪmeɪt] *vt* surestimer.

overexcited [ˌəʊvərɪk'saɪtɪd] *adj* surexcité(e).

overexpose [ˌəʊvərɪk'spəʊz] *vt* PHOT surexposer.

overfeed [ˌəʊvə'fi:d] (*pt* & *pp* **-fed** [-fed]) *vt* suralimenter.

overfill [ˌəʊvə'fɪl] *vt* trop remplir.

overflow ◇ *vi* [ˌəʊvə'fləʊ] - **1.** [gen] déborder - **2.** [streets, box] : **to be ~ing (with)** regorger (de) ; **full to ~ing** plein à craquer. ◇ *vt* [ˌəʊvə'fləʊ] déborder de. ◇ *n* ['əʊvəfləʊ] [pipe, hole] trop-plein *m*.

overgrown [ˌəʊvə'grəʊn] *adj* [garden] envahi(e) par les mauvaises herbes.

overhang ◇ *n* ['əʊvəhæŋ] surplomb *m*. ◇ *vt* (*pt* & *pp* **-hung**) [ˌəʊvə'hæŋ] surplomber. ◇ *vi* (*pt* & *pp* **-hung**) [ˌəʊvə'hæŋ] être en surplomb.

overhaul ◇ *n* ['əʊvəhɔ:l] - **1.** [of car, machine] révision *f* - **2.** *fig* [of system] refonte *f*, remaniement *m*. ◇ *vt* [ˌəʊvə'hɔ:l] - **1.** [car, machine] réviser - **2.** *fig* [system] refondre, remanier.

overhead ◇ *adj* ['əʊvəhed] aérien(enne). ◇ *adv* [ˌəʊvə'hed] au-dessus. ◇ *n (U)* ['əʊvəhed] *US* frais *mpl* généraux.

◆ **overheads** *npl UK* frais *mpl* généraux.

overhead projector *n* rétroprojecteur *m*.

overhear [ˌəʊvə'hɪər] (*pt* & *pp* **-heard** [-'hɜ:d]) *vt* entendre par hasard.

overheat [ˌəʊvə'hi:t] ◇ *vt* surchauffer. ◇ *vi* [engine] chauffer.

overhung [ˌəʊvə'hʌŋ] *pt* & *pp* ▷ **overhang**.

overindulge [ˌəʊvərɪn'dʌldʒ] ◇ *vt* trop gâter. ◇ *vi* : **to ~ (in)** abuser (de).

overjoyed [ˌəʊvə'dʒɔɪd] *adj* : **~ (at)** transporté(e) de joie (à).

overkill ['əʊvəkɪl] *n* [excess] : **that would be ~** ce serait de trop.

overladen [ˌəʊvə'leɪdn] ◇ *pp* ▷ **overload**. ◇ *adj* surchargé(e).

overlaid [ˌəʊvə'leɪd] *pt* & *pp* ▷ **overlay**.

overland ['əʊvəlænd] *adj* & *adv* par voie de terre.

overlap ◇ *n* ['əʊvəlæp] *lit* & *fig* chevauchement *m*. ◇ *vt* (*pt* & *pp* **-ped**, *cont* **-ping**) [ˌəʊvə'læp] [edge] dépasser de. ◇ *vi* (*pt* & *pp* **-ped**, *cont* **-ping**) [ˌəʊvə'læp] *lit* & *fig* se chevaucher.

overlay [ˌəʊvə'leɪ] (*pt* & *pp* **-laid**) *vt* : **to be overlaid with** être recouvert(e) de.

overleaf [ˌəʊvə'li:f] *adv* au verso, au dos.

overload [ˌəʊvə'ləʊd] (*pp* **-loaded** OR **-laden**) *vt* surcharger.

overlong [ˌəʊvə'lɒŋ] ◇ *adj* long (trop longue). ◇ *adv* trop longtemps.

overlook [ˌəʊvə'lʊk] *vt* - **1.** [subj: building, room] donner sur - **2.** [disregard, miss] oublier, négliger - **3.** [excuse] passer sur, fermer les yeux sur.

overlord ['əʊvəlɔ:d] *n* suzerain *m*.

overly ['əʊvəlɪ] *adv* trop.

overmanning [ˌəʊvə'mænɪŋ] *n (U)* sureffectifs *mpl*.

overnight ◇ *adj* ['əʊvənaɪt] - **1.** [journey, parking] de nuit ; [stay] d'une nuit - **2.** *fig* [sudden] : **~ success** succès *m* immédiat. ◇ *adv* [ˌəʊvə'naɪt] - **1.** [stay, leave] la nuit - **2.** [suddenly] du jour au lendemain.

overpaid [ˌəʊvə'peɪd] ◇ *pt* & *pp* ▷ **overpay**. ◇ *adj* trop payé(e), surpayé(e).

overpass ['əʊvəpɑ:s] *n US* ≃ saut-de-mouton *m*.

overpay [ˌəʊvə'peɪ] (*pt* & *pp* **-paid**) *vt* trop payer.

overplay [ˌəʊvə'pleɪ] *vt* [exaggerate] exagérer.

overpopulated [ˌəʊvə'pɒpjʊleɪtɪd] *adj* surpeuplé(e).

overpower [ˌəʊvə'paʊər] *vt* - **1.** [in fight] vaincre - **2.** *fig* [overwhelm] accabler, terrasser.

overpowering [ˌəʊvə'paʊərɪŋ] *adj* [desire] irrésistible ; [smell] entêtant(e).

overpriced [ˌəʊvə'praɪst] *adj pej* excessivement cher (chère).

overproduction [ˌəʊvəprə'dʌkʃn] *n* surproduction *f*.

overprotective [ˌəʊvəprə'tektɪv] *adj* protecteur(trice) à l'excès.

overran [ˌəʊvə'ræn] *pt* ▷ **overrun**.

overrated [ˌəʊvə'reɪtɪd] *adj* surfait(e).

overreach [ˌəʊvə'riːtʃ] *vt* : **to ~ o.s.** trop entreprendre.

overreact [ˌəʊvərɪ'ækt] *vi* : **to ~ (to sthg)** réagir (à qqch) de façon excessive.

override [ˌəʊvə'raɪd] (*pt* **-rode**, *pp* **-ridden**) *vt* **- 1.** [be more important than] l'emporter sur, prévaloir sur **- 2.** [overrule - decision] annuler.

overriding [ˌəʊvə'raɪdɪŋ] *adj* [need, importance] primordial(e).

overripe [ˌəʊvə'raɪp] *adj* trop mûr(e).

overrode [ˌəʊvə'rəʊd] *pt* ▷ **override**.

overrule [ˌəʊvə'ruːl] *vt* [person] prévaloir contre ; [decision] annuler ; [objection] rejeter.

overrun [ˌəʊvə'rʌn] (*pt* **-ran**, *pp* **-run**, *cont* **-running**) ◇ *vt* **- 1.** MIL [occupy] occuper **- 2.** *fig* [cover, fill] : **to be ~ with** [weeds] être envahi(e) de ; [rats] être infesté(e) de. ◇ *vi* dépasser (le temps alloué).

oversaw [ˌəʊvə'sɔː] *pt* ▷ **oversee**.

overseas ◇ *adj* ['əʊvəsiːz] [sales, company] à l'étranger ; [market] extérieur(e) ; [visitor, student] étranger(ère) ; **~ aid** aide *f* aux pays étrangers. ◇ *adv* [ˌəʊvə'siːz] à l'étranger.

oversee [ˌəʊvə'siː] (*pt* **-saw**, *pp* **-seen** [-'siːn]) *vt* surveiller.

overseer ['əʊvəˌsiːəʳ] *n* contremaître *m*.

overshadow [ˌəʊvə'ʃædəʊ] *vt* [subj: building, tree] dominer ; *fig* éclipser.

overshoot [ˌəʊvə'ʃuːt] (*pt* & *pp* **-shot**) *vt* dépasser, rater.

oversight ['əʊvəsaɪt] *n* oubli *m* ; **through ~** par mégarde.

oversimplification ['əʊvəˌsɪmplɪfɪ'keɪʃn] *n* simplification *f* excessive.

oversimplify [ˌəʊvə'sɪmplɪfaɪ] (*pt* & *pp* **-ied**) *vt* & *vi* trop simplifier.

oversleep [ˌəʊvə'sliːp] (*pt* & *pp* **-slept** [-'slept]) *vi* ne pas se réveiller à temps.

overspend [ˌəʊvə'spend] (*pt* & *pp* **-spent** [-'spent]) *vi* trop dépenser.

overspill ['əʊvəspɪl] *n* [of population] excédent *m*.

overstaffed [ˌəʊvə'stɑːft] *adj* : **to be ~** avoir un excédent de personnel.

overstate [ˌəʊvə'steɪt] *vt* exagérer.

overstay [ˌəʊvə'steɪ] *vt* : **I don't want to ~ my welcome** je ne veux pas abuser de votre hospitalité.

overstep [ˌəʊvə'step] (*pt* & *pp* **-ped**, *cont* **-ping**) *vt* dépasser ; **to ~ the mark** dépasser la mesure.

overstock [ˌəʊvə'stɒk] *vt* stocker à l'excès.

overstrike ['əʊvəstraɪk] COMPUT ◇ *n* surimpression *f*. ◇ *vt* surimprimer.

oversubscribed [ˌəʊvəsʌb'skraɪbd] *adj* : **the share offer was ~** la demande d'achats a dépassé le nombre de titres émis.

overt ['əʊvɜːt] *adj* déclaré(e), non déguisé(e).

overtake [ˌəʊvə'teɪk] (*pt* **-took**, *pp* **-taken** [-'teɪkn]) ◇ *vt* **- 1.** *UK* AUT doubler, dépasser **- 2.** [subj: misfortune, emotion] frapper. ◇ *vi UK* AUT doubler.

overtaking [ˌəʊvə'teɪkɪŋ] *n UK* dépassement *m* ; **'no ~'** 'défense de doubler'.

overthrow ◇ *n* ['əʊvəθrəʊ] [of government] coup *m* d'État. ◇ *vt* (*pt* **-threw** [-'θruː], *pp* **-thrown** [-'θrəʊn]) [ˌəʊvə'θrəʊ] **- 1.** [government] renverser **- 2.** [idea] rejeter, écarter.

overtime ['əʊvətaɪm] ◇ *n (U)* **- 1.** [extra work] heures *fpl* supplémentaires **- 2.** *US* SPORT prolongations *fpl*. ◇ *adv* : **to work ~** faire des heures supplémentaires.

overtly [əʊ'vɜːtlɪ] *adv* ouvertement.

overtones ['əʊvətəʊnz] *npl* notes *fpl*, accents *mpl*.

overtook [ˌəʊvə'tʊk] *pt* ▷ **overtake**.

overture ['əʊvəˌtjʊəʳ] *n* MUS ouverture *f*.

◆ **overtures** *npl* : **to make ~s to sb** faire des ouvertures à qqn.

overturn [ˌəʊvə'tɜːn] ◇ *vt* **- 1.** [gen] renverser **- 2.** [decision] annuler. ◇ *vi* [vehicle] se renverser ; [boat] chavirer.

overuse [ˌəʊvə'juːz] *vt* abuser de.

overview ['əʊvəvjuː] *n* vue *f* d'ensemble.

overweening [ˌəʊvə'wiːnɪŋ] *adj* démesuré(e).

overweight [ˌəʊvə'weɪt] *adj* trop gros (grosse).

overwhelm [ˌəʊvə'welm] *vt* **- 1.** [subj: grief, despair] accabler ; **to be ~ed with joy** être au comble de la joie **- 2.** MIL [gain control of] écraser.

overwhelming [ˌəʊvə'welmɪŋ] *adj* **- 1.** [overpowering] irrésistible, irrépressible **- 2.** [defeat, majority] écrasant(e).

overwhelmingly [ˌəʊvə'welmɪŋlɪ] *adv* **- 1.** [generous, happy] immensément **- 2.** [in large numbers] en masse.

overwork [ˌəʊvə'wɜːk] ◇ *n* surmenage *m*. ◇ *vt* **- 1.** [person, staff] surmener **- 2.** *fig* [idea] exploiter. ◇ *vi* se surmener.

overwrought [ˌəʊvə'rɔːt] *adj* excédé(e), à bout.

ovulate ['ɒvjʊleɪt] *vi* ovuler.

ovulation [ˌɒvjʊ'leɪʃn] *n* ovulation *f*.

ow [aʊ] *excl* aïe!

owe [əʊ] *vt* : **to ~ sthg to sb, to ~ sb sthg** devoir qqch à qqn.

owing ['əʊɪŋ] *adj* dû (due).
◆ **owing to** *prep* à cause de, en raison de.

owl [aʊl] *n* hibou *m*.

own [əʊn] ◇ *adj* propre ; **my ~ car** ma propre voiture ; **she has her ~ style** elle a son style à elle. ◇ *pron* : **I've got my ~** j'ai le mien ; **he has a house of his ~** il a une maison à lui, il a sa propre maison ; **on one's ~** tout seul (toute seule) ; **to get one's ~ back** *inf* prendre sa revanche. ◇ *vt* posséder.
◆ **own up** *vi* : **to ~ up (to sthg)** avouer OR confesser (qqch).

own brand *n* COMM *produit qui porte la marque de la maison.*

owner ['əʊnər] *n* propriétaire *mf*.

owner-occupier *n esp UK* occupant *m* propriétaire.

ownership ['əʊnəʃɪp] *n* propriété *f*.

own goal *n UK* - **1.** FTBL : **to score an ~** marquer contre son camp - **2.** *fig* [foolish mistake] gaffe *f*.

ox [ɒks] (*pl* **oxen** ['ɒksn]) *n* bœuf *m*.

Oxbridge ['ɒksbrɪdʒ] *n désignation collective des universités d'Oxford et de Cambridge.*

oxen ['ɒksn] *pl* ▷ **ox**.

Oxfam ['ɒksfæm] *n association humanitaire contre la faim.*

oxide ['ɒksaɪd] *n* oxyde *m*.

oxidize, *UK* **-ise** ['ɒksɪdaɪz] *vi* s'oxyder.

Oxon (*abbr of* **Oxfordshire**) *comté anglais.*

Oxon. (*abbr of* **Oxoniensis**) *de l'université d'Oxford.*

oxtail soup ['ɒksteɪl-] *n* soupe *f* à la queue de bœuf.

ox tongue *n* langue *f* de bœuf.

oxyacetylene [ˌɒksɪə'setɪli:n] ◇ *n* mélange *m* d'oxygène et d'acétylène. ◇ *comp* [torch] oxyacétylénique.

oxygen ['ɒksɪdʒən] *n* oxygène *m*.

oxygenate ['ɒksɪdʒəneɪt] *vt* oxygéner.

oxygen mask *n* masque *m* à oxygène.

oxygen tent *n* tente *f* à oxygène.

oyster ['ɔɪstər] *n* huître *f*.

oz. *see also* **ounce**.

ozone ['əʊzəʊn] *n* ozone *m*.

ozone-friendly *adj* qui préserve la couche d'ozone.

ozone layer *n* couche *f* d'ozone.

p[1] (*pl* **p's** OR **ps**), **P** (*pl* **P's** OR **Ps**) [pi:] *n* [letter] p *m inv*, P *m inv*.
◆ **P** - **1.** *see also* **president** - **2.** (*abbr of* **prince**) Pce.

p[2] - **1.** (*abbr of* **page**) p - **2.** *see also* **penny**, *see also* **pence**.

pa [pɑ:] *n esp US inf* papa *m*.

p.a. (*abbr of* **per annum**) p.a.

PA ◇ *n* - **1.** *UK see also* **personal assistant** - **2.** (*abbr of* **public address system**) sono *f* - **3.** (*abbr of* **Press Association**) *agence de presse britannique.* ◇ *see also* **Pennsylvania**.

PABX (*abbr of* **private automatic branch exchange**) *n* autocommutateur *m* privé.

PAC (*abbr of* **political action committee**) *n comité américain de promotion du recours à l'action politique.*

pace [peɪs] ◇ *n* - **1.** [speed, rate] vitesse *f*, allure *f* ; **at one's own ~** à son propre rythme ; **to keep ~ (with sb)** marcher à la même allure (que qqn) ; **to keep ~ (with sthg)** se maintenir au même niveau (que qqch) - **2.** [step] pas *m*. ◇ *vt* [room etc] arpenter. ◇ *vi* : **to ~ (up and down)** faire les cent pas.

pacemaker ['peɪsˌmeɪkər] *n* - **1.** MED stimulateur *m* cardiaque - **2.** SPORT meneur *m*, -euse *f*.

pacesetter ['peɪsˌsetər] *n US* SPORT meneur *m*, -euse *f*.

pachyderm ['pækɪdɜ:m] *n* pachyderme *m*.

Pacific [pə'sɪfɪk] ◇ *adj* du Pacifique. ◇ *n* : **the ~ (Ocean)** l'océan *m* Pacifique, le Pacifique.

pacification [ˌpæsɪfɪ'keɪʃn] *n* - **1.** [of person, baby] apaisement *m* - **2.** [of country] pacification *f*.

pacifier ['pæsɪfaɪər] *n US* [for child] tétine *f*, sucette *f*.

pacifism ['pæsɪfɪzm] *n* pacifisme *m*.

pacifist ['pæsɪfɪst] *n* pacifiste *mf*.

pacify ['pæsɪfaɪ] (*pt* & *pp* **-ied**) *vt* - **1.** [person, baby] apaiser - **2.** [country] pacifier.

pack [pæk] ◇ *n* - **1.** [bag] sac *m* - **2.** *esp US* [packet] paquet *m* - **3.** [of cards] jeu *m* - **4.** [of dogs] meute *f* ; [of wolves, thieves] bande *f* - **5.** RUGBY pack *m*. ◇ *vt* - **1.** [clothes, belongings] emballer ;

to ~ one's bags faire ses bagages - 2. [fill] remplir ; **to be ~ed into** être entassé dans. ◇ *vi* [for journey] faire ses bagages *OR* sa valise.

◆ **pack in** *UK inf* ◇ *vt sep* [stop] plaquer ; **~ it in!** [stop annoying me] arrête!, ça suffit maintenant! ; [shut up] la ferme! ◇ *vi* tomber en panne.

◆ **pack off** *vt sep inf* [send away] expédier.

◆ **pack up** ◇ *vt* [clothes, belongings] mettre dans une valise. ◇ *vi* - **1.** [for journey] faire sa valise - **2.** *inf* [finish work] se casser - **3.** *UK inf* [car, washing machine] tomber en panne.

package ['pækɪdʒ] ◇ *n* - **1.** [of books, goods] paquet *m* - **2.** *fig* [of proposals etc] ensemble *m*, série *f* - **3.** COMPUT progiciel *m*. ◇ *vt* [wrap up] conditionner.

package deal *n* forfait *m* global.

package holiday *n UK* vacances *fpl* organisées.

packager ['pækɪdʒəʳ] *n* - **1.** [person] emballeur *m*, -euse *f* - **2.** COMM *maison d'édition qui crée des livres sur commande pour d'autres maisons.*

package tour *n* vacances *fpl* organisées.

packaging ['pækɪdʒɪŋ] *n* conditionnement *m*.

packed [pækt] *adj* : **~ (with)** bourré(e) (de).

packed lunch *n UK* panier-repas *m*.

packed-out *adj UK inf* bourré(e).

packet ['pækɪt] *n* - **1.** [gen] paquet *m* - **2.** *UK inf* [lot of money] : **their new car cost a ~** leur nouvelle voiture leur a coûté un paquet *OR* très cher.

packhorse ['pækhɔːs] *n* cheval *m* de charge.

pack ice *n* pack *m*.

packing ['pækɪŋ] *n* [material] emballage *m*.

packing case *n* caisse *f* d'emballage.

pact [pækt] *n* pacte *m*.

pad [pæd] ◇ *n* - **1.** [of cotton wool etc] morceau *m* ; **shin ~** FTBL protège-tibia *m* ; **shoulder ~s** épaulettes *fpl* - **2.** [of paper] bloc *m* - **3.** space : **(launch)~** pas *m* de tir - **4.** [of cat, dog] coussinet *m* - **5.** *inf* [home] pénates *mpl*. ◇ *vt* (*pt & pp* **-ded**, *cont* **-ding**) [furniture, jacket] rembourrer ; [wound] tamponner. ◇ *vi* (*pt & pp* **-ded**, *cont* **-ding**) [walk softly] marcher à pas feutrés.

◆ **pad out** *vt sep fig* [speech, letter] délayer.

padded ['pædɪd] *adj* rembourré(e).

padded cell *n* cellule *f* matelassée.

padding ['pædɪŋ] *n* - **1.** [material] rembourrage *m* - **2.** *fig* [in speech, letter] délayage *m*.

paddle ['pædl] ◇ *n* - **1.** [for canoe etc] pagaie *f* - **2.** [in sea] : **to have a ~** faire trempette - **3.** [table-tennis bat] raquette *f* (de ping-pong). ◇ *vi* - **1.** [in canoe etc] avancer en pagayant - **2.** [duck] barboter - **3.** *UK* [in sea] faire trempette.

paddle boat, **paddle steamer** *n* bateau *m* à aubes.

paddling pool ['pædlɪŋ-] *n UK* - **1.** [in park etc] pataugeoire *f* - **2.** [inflatable] piscine *f* gonflable.

paddock ['pædək] *n* - **1.** [small field] enclos *m* - **2.** [at racecourse] paddock *m*.

paddy field ['pædɪ-] *n* rizière *f*.

paddy wagon ['pædɪ-] *n US* [Black Maria] panier *m* à salade.

padlock ['pædlɒk] ◇ *n* cadenas *m*. ◇ *vt* cadenasser.

paederast ['pedəræst] *UK* = **pederast**.

paediatric [,piːdɪ'ætrɪk] *UK* = **pediatric**.

paediatrician [,piːdɪə'trɪʃn] *UK* = **pediatrician**.

paediatrics [,piːdɪ'ætrɪks] *UK* = **pediatrics**.

paedophile ['piːdəfaɪl] *UK* = **pedophile**.

paella [paɪ'elə] *n* paella *f*.

paeony *UK* = **peony**.

pagan ['peɪgən] ◇ *adj* païen(enne). ◇ *n* païen *m*, -enne *f*.

paganism ['peɪgənɪzm] *n* paganisme *m*.

page [peɪdʒ] ◇ *n* - **1.** [of book] page *f* - **2.** [sheet of paper] feuille *f*. ◇ *vt* - **1.** [using a pager] biper - **2.** [in airport] appeler au micro.

pageant ['pædʒənt] *n* [show] spectacle *m* historique.

pageantry ['pædʒəntrɪ] *n* apparat *m*.

page boy *n* - **1.** *UK* [at wedding] garçon *m* d'honneur - **2.** [hairstyle] coiffure *f* à la page.

pager ['peɪdʒəʳ] *n* récepteur *m* de poche.

pagination [,pædʒɪ'neɪʃn] *n* pagination *f*.

pagoda [pə'gəʊdə] *n* pagode *f*.

paid [peɪd] ◇ *pt & pp* ▷ **pay**. ◇ *adj* [work, holiday, staff] rémunéré(e), payé(e) ; **badly/well ~** mal/bien payé.

paid-up *adj UK* qui a payé sa cotisation.

pail [peɪl] *n* seau *m*.

pain [peɪn] ◇ *n* - **1.** [hurt] douleur *f* ; **to be in ~** souffrir ; **a ~ in the neck** *inf* un enquiquineur, une enquiquineuse *f*, un casse-pieds *m inv* - **2.** *inf* [annoyance] : **it's/he is such a ~** c'est/il est vraiment assommant. ◇ *vt* : **it ~s me (to do sthg)** je suis peiné (de faire qqch).

◆ **pains** *npl* [effort, care] : **to be at ~s to do sthg** vouloir absolument faire qqch ; **to take ~s to do sthg** se donner beaucoup de mal *OR* peine pour faire qqch ; **for one's ~s** pour sa peine.

pained [peɪnd] *adj* peiné(e).

painful ['peɪnfʊl] *adj* - **1.** [physically] douloureux(euse) - **2.** [emotionally] pénible.

painfully ['peɪnfʊlɪ] *adv* - **1.** [fall, hit] douloureusement - **2.** [remember, feel] péniblement.

painkiller ['peɪn,kɪlər] *n* calmant *m*, analgésique *m*.

painless ['peɪnlɪs] *adj* - **1.** [without hurt] indolore, sans douleur - **2.** *fig* [changeover] sans heurt.

painlessly ['peɪnlɪslɪ] *adv* sans douleur.

painstaking ['peɪnz,teɪkɪŋ] *adj* [worker] assidu(e) ; [detail, work] soigné(e).

painstakingly ['peɪnz,teɪkɪŋlɪ] *adv* assidûment, avec soin.

paint [peɪnt] ◇ *n* peinture *f*. ◇ *vt* - **1.** [gen] peindre - **2.** [with make-up] : **to ~ one's nails** se vernir les ongles.

paintbox ['peɪntbɒks] *n* ART boîte *f* de couleurs.

paintbrush ['peɪntbrʌʃ] *n* pinceau *m*.

painted ['peɪntɪd] *adj* peint(e).

painter ['peɪntər] *n* peintre *mf*.

painting ['peɪntɪŋ] *n* - **1.** *(U)* [gen] peinture *f* - **2.** [picture] toile *f*, tableau *m*.

paint stripper *n* décapant *m*.

paintwork ['peɪntwɜːk] *n (U)* surfaces *fpl* peintes.

pair [peər] *n* - **1.** [of shoes, wings etc] paire *f* ; **a ~ of trousers** un pantalon ; **a ~ of compasses** un compas - **2.** [couple] couple *m*.
◆ **pair off** ◇ *vt sep* mettre par paires OR deux. ◇ *vi* se mettre par paires OR deux par deux.

paisley (pattern) ['peɪzlɪ-] ◇ *n (U)* (motif *m*) cachemire *m*. ◇ *comp* cachemire.

pajamas [pə'dʒɑːməz] *US* = **pyjamas**.

Paki *v inf* ['pækɪ] *n UK terme raciste désignant un Pakistanais.*

Pakistan [*UK* ,pɑːkɪ'stɑːn, *US* ,pækɪ'stæn] *n* Pakistan *m* ; **in ~** au Pakistan.

Pakistani [*UK* ,pɑːkɪ'stɑːnɪ, *US* 'pækɪstænɪ] ◇ *adj* pakistanais(e). ◇ *n* Pakistanais *m*, -e *f*.

pal [pæl] *n inf* - **1.** [friend] copain *m*, copine *f* - **2.** [as term of address] mon vieux *m*.

PAL (*abbr of* **phase alternation line**) *n* PAL *m*.

palace ['pælɪs] *n* palais *m*.

palaeontology *UK*, **paleontology** *US* [,pælɪɒn'tɒlədʒɪ] *n* paléontologie *f*.

palatable ['pælətəbl] *adj* - **1.** [food] agréable au goût - **2.** *fig* [idea] acceptable, agréable.

palate ['pælət] *n* palais *m*.

palatial [pə'leɪʃl] *adj* pareil(eille) à un palais.

palaver [pə'lɑːvər] *n (U) inf* - **1.** [talk] palabres *fpl* - **2.** [fuss] histoire *f*, affaire *f*.

pale [peɪl] ◇ *adj* pâle. ◇ *vi* : **to ~ into insignificance (beside)** n'être rien (à côté de).

pale ale *n UK* pale-ale *f*.

paleness ['peɪlnɪs] *n* pâleur *f*.

paleontology *US* = **palaeontology**.

Palestine ['pælə,staɪn] *n* Palestine *f*.

Palestinian [,pælə'stɪnɪən] ◇ *adj* palestinien(enne). ◇ *n* Palestinien *m*, -enne *f*.

palette ['pælət] *n* palette *f*.

palette knife *n* ART couteau *m* à palette ; CULIN spatule *f* (en métal).

palimony ['pælɪmənɪ] *n pension alimentaire versée à un concubin.*

palindrome ['pælɪndrəʊm] *n* palindrome *m*.

palings ['peɪlɪŋz] *npl* palissade *f*.

pall [pɔːl] ◇ *n* - **1.** [of smoke] voile *m* - **2.** *US* [coffin] cercueil *m*. ◇ *vi* perdre de son charme.

pallbearer ['pɔːl,beərər] *n* porteur *m* de cercueil.

pallet ['pælɪt] *n* palette *f*.

palliative ['pælɪətɪv] *n* palliatif *m*.

palliative care *n (U)* MED soins *mpl* palliatifs.

pallid ['pælɪd] *adj lit* pâle, blafard(e).

pallor ['pælər] *n lit* pâleur *f*.

palm [pɑːm] *n* - **1.** [tree] palmier *m* - **2.** [of hand] paume *f*.
◆ **palm off** *vt sep inf* : **to ~ sthg off on sb** refiler qqch à qqn ; **to ~ sb off with sthg** se débarrasser de qqn avec qqch ; **to ~ sthg off as** faire passer qqch pour.

palmistry ['pɑːmɪstrɪ] *n* chiromancie *f*.

palm oil *n* huile *f* de palme.

Palm Sunday *n* dimanche *m* des Rameaux.

palmtop *n* COMPUT ordinateur *m* de poche.

palm tree *n* palmier *m*.

palomino [,pælə'miːnəʊ] (*pl* **-s**) *n cheval doré à crinière et queue blanches.*

palpable ['pælpəbl] *adj* évident(e), manifeste.

palpably ['pælpəblɪ] *adv* de façon évidente, manifestement.

palpitate ['pælpɪteɪt] *vi* palpiter.

palpitations [,pælpɪ'teɪʃənz] *npl* palpitations *fpl*.

palsy ['pɔːlzɪ] *n* paralysie *f*.

paltry ['pɔːltrɪ] (*comp* **-ier**, *superl* **-iest**) *adj* dérisoire.

pampas ['pæmpəz] *n* : **the ~** la pampa.

pampas grass *n* herbe *f* de la pampa.

pamper ['pæmpər] *vt* choyer, dorloter.

pamphlet ['pæmflɪt] ◇ *n* brochure *f.* ◇ *vi* distribuer des brochures.

pamphleteer [ˌpæmflə'tɪəʳ] *n* POL pamphlétaire *mf.*

pan [pæn] ◇ *n* - **1.** [gen] casserole *f* - **2.** *US* [for bread, cakes etc] moule *m.* ◇ *vt* (*pt & pp* **-ned**, *cont* **-ning**) *inf* [criticize] démolir. ◇ *vi* (*pt & pp* **-ned**, *cont* **-ning**) - **1.** [prospect] : **to ~ for gold** laver l'or - **2.** CIN faire un panoramique.

panacea [ˌpænə'sɪə] *n* panacée *f.*

panache [pə'næʃ] *n* panache *m.*

panama [ˌpænə'mɑː] *n* : **~ (hat)** panama *m.*

Panama ['pænəmɑː] *n* Panama *m* ; **in ~** au Panama.

Panama Canal *n* : **the ~** le canal de Panama.

Panama City *n* Panama.

Panamanian [ˌpænə'meɪnjən] ◇ *adj* panaméen(enne). ◇ *n* Panaméen *m*, -enne *f.*

pan-American *adj* panaméricain(e).

pancake ['pænkeɪk] *n* crêpe *f.*

Pancake Day *n UK* mardi gras *m.*

pancake roll *n UK* rouleau *m* de printemps.

Pancake Tuesday *n* mardi gras *m.*

pancreas ['pæŋkrɪəs] *n* pancréas *m.*

panda ['pændə] (*pl* **panda** *OR* **-s**) *n* panda *m.*

panda car *n UK* voiture *f* de patrouille.

pandemonium [ˌpændɪ'məʊnjəm] *n* tohu-bohu *m inv.*

pander ['pændəʳ] *vi* : **to ~ to sb** se prêter aux exigences de qqn ; **to ~ to sthg** se plier à qqch.

pane [peɪn] *n* vitre *f*, carreau *m.*

panel ['pænl] *n* - **1.** TV & RADIO invités *mpl* ; [of experts] comité *m* - **2.** [of wood] panneau *m* - **3.** [of machine] tableau *m* de bord.

panel game *n UK jeu télévisé où rivalisent des équipes d'invités célèbres.*

panelling *UK*, **paneling** *US* ['pænəlɪŋ] *n (U)* lambris *m.*

panellist *UK*, **panelist** *US* ['pænəlɪst] *n* invité *m*, -e *f.*

panel pin *n UK* clou *m* sans tête.

pang [pæŋ] *n* tiraillement *m.*

panic ['pænɪk] ◇ *n* panique *f.* ◇ *vi* (*pt & pp* **-ked**, *cont* **-king**) paniquer.

panicky ['pænɪkɪ] *adj* [person] paniqué(e) ; [feeling] de panique.

panic stations *n inf* **it was ~** c'était la panique générale.

panic-stricken *adj* affolé(e), pris(e) de panique.

pannier ['pænɪəʳ] *n* [on horse] bât *m* ; [on bicycle] sacoche *f.*

panoply ['pænəplɪ] *n* panoplie *f.*

panorama [ˌpænə'rɑːmə] *n* panorama *m.*

panoramic [ˌpænə'ræmɪk] *adj* panoramique.

pansy ['pænzɪ] (*pl* **-ies**) *n* - **1.** [flower] pensée *f* - **2.** *inf pej* [man] tante *f*, tapette *f.*

pant [pænt] *vi* haleter.

panther ['pænθəʳ] (*pl* **panther** *OR* **-s**) *n* panthère *f.*

panties ['pæntɪz] *npl inf* culotte *f.*

pantihose ['pæntɪhəʊz] = **panty hose**.

panto ['pæntəʊ] (*pl* **-s**) *n UK inf genre théâtral pour enfants.*

pantomime ['pæntəmaɪm] *n UK spectacle de Noël pour enfants, généralement inspiré de contes de fées* ; **~ dame** *rôle travesti outré et ridicule dans la 'pantomime'.*

Pantomime

Le genre typiquement britannique de la *pantomime* est très conventionnel; certains personnages types (*pantomime dame, principal boy*) et certaines rengaines (*Look behind you!, Oh yes he is! - oh no he isn't!*) apparaissent dans toutes les pièces. Jouées au moment des fêtes de fin d'année, celles-ci sont généralement inspirées d'un conte de fées.

pantry ['pæntrɪ] (*pl* **-ies**) *n* garde-manger *m inv.*

pants [pænts] *npl* - **1.** *UK* [underpants - for men] slip *m* ; [- for women] culotte *f*, slip - **2.** *US* [trousers] pantalon *m.*

panty hose ['pæntɪhəʊz] *npl US* collant *m.*

Pap smear *US* = **cervical smear**.

papa [*UK* pə'pɑː, *US* 'pæpə] *n* papa *m.*

papacy ['peɪpəsɪ] (*pl* **-ies**) *n* : **the ~** la papauté.

papadum ['pæpədəm] = **popadum**.

papal ['peɪpl] *adj* papal(e).

paparazzi [ˌpæpə'rætsɪ] *npl usu pej* paparazzi *mpl.*

papaya [pə'paɪə] *n* papaye *f.*

paper ['peɪpəʳ] ◇ *n* - **1.** *(U)* [for writing on] papier *m* ; **a piece of ~** [sheet] une feuille de papier ; [scrap] un bout de papier ; **on ~** [written down] par écrit ; [in theory] sur le papier - **2.** [newspaper] journal *m* - **3.** [in exam - test] épreuve *f* ; [- answers] copie *f* - **4.** [essay] : **~ (on)** essai *m* (sur). ◇ *adj* [hat, bag etc] en papier ; *fig* [profits] théorique. ◇ *vt* tapisser.

◆ **papers** *npl* [official documents] papiers *mpl.*

◆ **paper over** *vt insep fig* dissimuler.

paperback ['peɪpəbæk] *n* : **~ (book)** livre *m* de poche ; **in ~** en poche.

paperboy ['peɪpəbɔɪ] *n* livreur *m* de journaux.

paper clip *n* trombone *m*.

papergirl ['peɪpəgɜːl] *n* livreuse *f* de journaux.

paper handkerchief *n* mouchoir *m* en papier.

paper knife *n* coupe-papier *m inv*.

paper money *n (U)* papier-monnaie *m*.

paper shop *n UK* marchand *m* de journaux.

paper tray *n* COMPUT bac *m* à papier.

paperweight ['peɪpəweɪt] *n* presse-papiers *m inv*.

paperwork ['peɪpəwɜːk] *n* paperasserie *f*.

papier-mâché [,pæpjeɪ'mæʃeɪ] <> *n* papier mâché *m*. <> *comp* en papier mâché.

papist ['peɪpɪst] *n pej* papiste *mf*.

paprika ['pæprɪkə] *n* paprika *m*.

Papua ['pæpjʊə] *n* Papouasie *f*.

Papuan ['pæpjʊən] <> *adj* papou(e). <> *n* Papou *m*, -e *f*.

Papua New Guinea *n* Papouasie-Nouvelle-Guinée *f* ; **in ~** en Papouasie-Nouvelle-Guinée.

par [pɑːʳ] *n* - **1.** [parity] : **on a ~ with** à égalité avec - **2.** GOLF par *m*, normale *f Québec* ; **under/over ~** en-dessous/en-dessus du par - **3.** [good health] : **below** OR **under ~** pas en forme.

para ['pærə] *n UK inf* para *m*.

parable ['pærəbl] *n* parabole *f*.

parabola [pə'ræbələ] *n* parabole *f*.

paracetamol [,pærə'siːtəmɒl] *n* paracétamol *m*.

parachute ['pærəʃuːt] <> *n* parachute *m*. <> *vi* sauter en parachute.

parade [pə'reɪd] <> *n* - **1.** [celebratory] parade *f*, revue *f* - **2.** MIL défilé *m* ; **to be on ~** défiler - **3.** *UK* [street of shops] : **shopping ~** rue *f* commerçante. <> *vt* - **1.** [people] faire défiler - **2.** [object] montrer - **3.** *fig* [flaunt] afficher. <> *vi* défiler.

parade ground *n* terrain *m* de manœuvres.

paradigm ['pærədaɪm] *n* paradigme *m*.

paradigmatic [,pærədɪg'mætɪk] *adj* paradigmatique.

paradise ['pærədaɪs] *n* paradis *m*.
◆ **Paradise** *n* Paradis *m*.

paradox ['pærədɒks] *n* paradoxe *m*.

paradoxical [,pærə'dɒksɪkl] *adj* paradoxal(e).

paradoxically [,pærə'dɒksɪklɪ] *adv* paradoxalement.

paraffin ['pærəfɪn] *n UK* paraffine *f*.

paraffin wax *n* paraffine *f*.

paragliding ['pærə,glaɪdɪŋ] *n* parapente *m*.

paragon ['pærəgən] *n* modèle *m*, parangon *m*.

paragraph ['pærəgrɑːf] *n* paragraphe *m*.

Paraguay ['pærəgwaɪ] *n* Paraguay *m* ; **in ~** au Paraguay.

Paraguayan [,pærə'gwaɪən] <> *adj* paraguayen(enne). <> *n* Paraguayen *m*, -enne *f*.

parakeet ['pærəkiːt] *n* perruche *f*.

parallel ['pærəlel] <> *adj lit* & *fig* **~ (to** OR **with)** parallèle (à). <> *n* - **1.** GEOM parallèle *f* - **2.** [similarity & GEOG] parallèle *m* - **3.** *fig* [similar person, object] équivalent *m* ; **to have no ~** ne pas avoir d'équivalent. <> *vt fig* être semblable à.

parallel bars *npl* barres *fpl* parallèles.

paralyse *UK*, **paralyze** *US* ['pærəlaɪz] *vt lit* & *fig* paralyser.

paralysed *UK*, **paralyzed** *US* ['pærəlaɪzd] *adj lit* & *fig* paralysé(e).

paralysis [pə'rælɪsɪs] (*pl* **-lyses** [-lɪsiːz]) *n* paralysie *f*.

paralytic [,pærə'lɪtɪk] <> *adj* - **1.** MED paralytique - **2.** *UK inf* [drunk] ivre mort(e). <> *n* paralytique *mf*.

paramedic [,pærə'medɪk] *n esp US* auxiliaire médical *m*, auxiliaire médicale *f*.

paramedical [,pærə'medɪkl] *adj esp US* paramédical(e).

parameter [pə'ræmɪtəʳ] *n* paramètre *m*.

paramilitary [,pærə'mɪlɪtrɪ] *adj* paramilitaire.

paramount ['pærəmaʊnt] *adj* primordial(e) ; **of ~ importance** d'une importance suprême.

paranoia [,pærə'nɔɪə] *n* paranoïa *f*.

paranoiac [,pærə'nɔɪæk] <> *adj* paranoïaque. <> *n* paranoïaque *mf*.

paranoid ['pærənɔɪd] *adj* paranoïaque.

paranormal [,pærə'nɔːml] *adj* paranormal(e).

parapet ['pærəpɪt] *n* parapet *m*.

paraphernalia [,pærəfə'neɪljə] *n (U)* attirail *m*, bazar *m*.

paraphrase ['pærəfreɪz] <> *n* paraphrase *f*. <> *vt* paraphraser. <> *vi* faire une paraphrase.

paraplegia [,pærə'pliːdʒə] *n* paraplégie *f*.

paraplegic [ˌpærə'pli:dʒɪk] ◇ *adj* paraplégique. ◇ *n* paraplégique *mf*.

parapsychology [ˌpærəsaɪ'kɒlədʒɪ] *n* parapsychologie *f*.

Paraquat® ['pærəkwɒt] *n* Paraquat® *m*.

parasite ['pærəsaɪt] *n lit* & *fig* parasite *m*.

parasitic [ˌpærə'sɪtɪk] *adj lit* & *fig* parasite.

parasol ['pærəsɒl] *n* [above table] parasol *m* ; [hand-held] ombrelle *f*.

paratrooper ['pærətru:pəʳ] *n* parachutiste *mf*.

parboil ['pɑ:bɔɪl] *vt* faire bouillir *OR* cuire à demi.

parcel ['pɑ:sl] *UK n* paquet *m*.

◆ **parcel up** *vt sep* (*pt & pp* **-led up**, *cont* **-ling up**, *US*, *pt & pp* **-ed up**, *cont* **-ing up**) empaqueter.

parcel post *n* : **to send sthg ~** envoyer qqch par colis postal.

parched [pɑ:tʃt] *adj* **- 1.** [gen] desséché(e) **- 2.** *inf* [very thirsty] assoiffé(e), mort(e) de soif.

parchment ['pɑ:tʃmənt] *n* parchemin *m*.

pardon ['pɑ:dn] ◇ *n* **- 1.** LAW grâce *f* **- 2.** *(U)* [forgiveness] pardon *m* ; **I beg your ~?** [showing surprise, asking for repetition] comment?, pardon? ; **I beg your ~!** [to apologize] je vous demande pardon! ◇ *vt* **- 1.** [forgive] pardonner ; **to ~ sb for sthg** pardonner qqch à qqn ; **~ me!** pardon!, excusez-moi! **- 2.** LAW gracier. ◇ *excl* comment?

pardonable ['pɑ:dnəbl] *adj* pardonnable.

pare [peəʳ] *vt* [apple] peler, éplucher ; [fingernails] couper.

◆ **pare down** *vt sep* **- 1.** [stick, fingernails] couper **- 2.** *fig* [reduce] réduire.

parent ['peərənt] *n* père *m*, mère *f*.

◆ **parents** *npl* parents *mpl*.

parentage ['peərəntɪdʒ] *n (U)* naissance *f*.

parental [pə'rentl] *adj* parental(e).

parent company *n* société *f* mère.

parenthesis [pə'renθɪsɪs] (*pl* **-theses** [-θɪsi:z]) *n* parenthèse *f*.

parenthetical [ˌpærən'θetɪkl] *adj* entre parenthèses.

parenthood ['peərənthʊd] *n* condition *f* de parent.

parenting ['peərəntɪŋ] *n* l'art *m* d'être parent.

parent-teacher association *n* association *f* des parents d'élèves et des professeurs.

pariah [pə'raɪə] *n* paria *m*.

Paris ['pærɪs] *n* Paris.

parish ['pærɪʃ] *n* **- 1.** RELIG paroisse *f* **- 2.** *UK* [area of local government] commune *f*.

parish council *n UK* conseil *m* municipal.

parishioner [pə'rɪʃənəʳ] *n* paroissien *m*, -enne *f*.

Parisian [pə'rɪzjən] ◇ *adj* parisien(enne). ◇ *n* Parisien *m*, -enne *f*.

parity ['pærətɪ] *n* égalité *f*.

park [pɑ:k] ◇ *n* parc *m*, jardin *m* public ; : **industrial ~ = industrial estate**. ◇ *vt* garer. ◇ *vi* se garer, stationner.

parka ['pɑ:kə] *n* parka *f*.

parking ['pɑ:kɪŋ] *n* stationnement *m* ; **'no ~'** 'défense de stationner', 'stationnement interdit'.

parking garage *n US* parking *m* couvert.

parking light *n US* feu *m* de position.

parking lot *n US* parking *m*.

parking meter *n* parcmètre *m*.

parking place *n* place *f* de stationnement.

parking ticket *n* contravention *f*, PV *m*.

Parkinson's disease ['pɑ:kɪnsnz-] *n* maladie *f* de Parkinson.

park keeper *n UK* gardien *m*, -enne *f* de parc.

parkland ['pɑ:klænd] *n (U)* parc *m*.

parkway ['pɑ:kweɪ] *n US large route divisée ou bordée d'arbres*.

parky ['pɑ:kɪ] (*comp* **-ier**, *superl* **-iest**) *adj UK inf* **it's ~** il fait frisquet.

parlance ['pɑ:ləns] *n* : **in common/legal ~** *etc* en langage courant/juridique *etc*.

parliament ['pɑ:ləmənt] *n* parlement *m*.

parliamentarian [ˌpɑ:ləmen'teərɪən] *n* parlementaire *mf*.

parliamentary [ˌpɑ:lə'mentərɪ] *adj* parlementaire.

parlour *UK*, **parlor** *US* ['pɑ:ləʳ] *n dated* salon *m*.

parlour game *UK*, **parlor game** *US n* jeu *m* de salon.

parlous ['pɑ:ləs] *adj fml* précaire.

Parmesan (cheese) [ˌpɑ:mɪ'zæn-] *n* parmesan *m*.

parochial [pə'rəʊkjəl] *adj pej* de clocher.

parody ['pærədɪ] ◇ *n* (*pl* **-ies**) parodie *f*. ◇ *vt* (*pt & pp* **-ied**) parodier.

parole [pə'rəʊl] ◇ *n (U)* parole *f* ; **on ~** en liberté conditionnelle. ◇ *vt* mettre en liberté conditionnelle.

paroxysm ['pærəksɪzm] *n* [of rage] accès *m* ; **a ~ of laughter** un fou rire.

parquet ['pɑ:keɪ] *n* parquet *m*.

parrot ['pærət] *n* perroquet *m*.

parrot fashion *adv* comme un perroquet.

parry ['pærɪ] (*pt & pp* **-ied**) *vt* **- 1.** [blow] parer **- 2.** [question] éluder.

parsimonious [ˌpɑːsɪ'məʊnjəs] *adj fml & pej* parcimonieux(euse).

parsley ['pɑːslɪ] *n* persil *m*.

parsnip ['pɑːsnɪp] *n* panais *m*.

parson ['pɑːsn] *n* pasteur *m*.

parson's nose *n UK* croupion *m*.

part [pɑːt] ◇ *n* **- 1.** [gen] partie *f* ; **the best** OR **better ~ of** la plus grande partie de ; **for the most ~** dans l'ensemble ; **in ~** en partie ; **~ and parcel of** partie intégrante de **- 2.** [of TV serial etc] épisode *m* **- 3.** [component] pièce *f* **- 4.** [in proportions] mesure *f* **- 5.** THEAT rôle *m* **- 6.** [involvement] : **~ in** participation *f* à ; **to play an important ~ in** jouer un rôle important dans ; **to take ~ in** participer à ; **to want no ~ in** ne pas vouloir se mêler de ; **for my ~** en ce qui me concerne ; **on my/his** *etc* **~** de ma/sa *etc* part **- 7.** *US* [hair parting] raie *f*. ◇ *adv* en partie. ◇ *vt* : **to ~ one's hair** se faire une raie. ◇ *vi* **- 1.** [couple] se séparer **- 2.** [curtains] s'écarter, s'ouvrir.
◆ **parts** *npl* : **in these ~s** dans cette région.
◆ **part with** *vt insep* [money] débourser ; [possession] se défaire de.

partake [pɑː'teɪk] (*pt* **-took**, *pp* **-taken**) *vi fml* **to ~ of** prendre.

part exchange *n UK* reprise *f* ; **to take sthg in ~** reprendre qqch.

partial ['pɑːʃl] *adj* **- 1.** [incomplete] partiel(elle) **- 2.** [biased] partial(e) **- 3.** [fond] : **to be ~ to** avoir un penchant pour.

partiality [ˌpɑːʃɪ'ælətɪ] *n* **- 1.** [bias] partialité *f* **- 2.** [fondness] : **~ for** prédilection *f* OR penchant *m* pour.

partially ['pɑːʃəlɪ] *adv* partiellement.

participant [pɑː'tɪsɪpənt] *n* participant *m*, -e *f*.

participate [pɑː'tɪsɪpeɪt] *vi* : **to ~ (in)** participer (à).

participation [pɑːˌtɪsɪ'peɪʃn] *n* participation *f*.

participle ['pɑːtɪsɪpl] *n* participe *m*.

particle ['pɑːtɪkl] *n* particule *f*.

parti-coloured *UK*, **parti-colored** *US* ['pɑːtɪ-] *adj* bariolé(e).

particular [pə'tɪkjʊlər] *adj* **- 1.** [gen] particulier(ère) **- 2.** [fussy] pointilleux(euse) ; **~ about** exigeant(e) à propos de.
◆ **particulars** *npl* renseignements *mpl*.
◆ **in particular** *adv* en particulier.

particularity [pəˌtɪkjʊ'lærətɪ] (*pl* **-ies**) *n* particularité *f*.

particularly [pə'tɪkjʊləlɪ] *adv* particulièrement.

parting ['pɑːtɪŋ] *n* **- 1.** [separation] séparation *f* **- 2.** *UK* [in hair] raie *f*.

parting shot *n* flèche *f* du Parthe.

partisan [ˌpɑːtɪ'zæn] ◇ *adj* partisan(e). ◇ *n* partisan *m*, -e *f*.

partition [pɑː'tɪʃn] ◇ *n* **- 1.** [wall, screen] cloison *f* **- 2.** [of country] partition *f*. ◇ *vt* **- 1.** [room] cloisonner **- 2.** [country] partager.

partly ['pɑːtlɪ] *adv* partiellement, en partie.

partner ['pɑːtnər] ◇ *n* **- 1.** [in game dance] partenaire *mf* ; [spouse] conjoint *m*, -e *f* ; [not married] compagnon *m*, compagne *f* **- 2.** [in a business, crime] associé *m*, -e *f*. ◇ *vt* être le partenaire de.

partnership ['pɑːtnəʃɪp] *n* association *f* ; **to enter into ~ (with)** s'associer (avec).

partook [pɑː'teɪk] *pt* ▻ **partake**.

partridge ['pɑːtrɪdʒ] *n* perdrix *f*.

part-time *adj & adv* à temps partiel.

part-timer *n* travailleur *m*, -euse *f* à temps partiel.

party ['pɑːtɪ] ◇ *n* (*pl* **-ies**) **- 1.** POL parti *m* **- 2.** [social gathering] fête *f*, réception *f* ; **to have** OR **throw a ~** donner une fête **- 3.** [group] groupe *m* **- 4.** LAW partie *f* ; **to be a ~ to** être complice de. ◇ *vi inf* faire la fête.

party line *n* **- 1.** POL ligne *f* du parti **- 2.** TELEC ligne *f* commune à deux abonnés.

party piece *n inf* numéro *m* habituel.

party political broadcast *n UK moment d'antenne réservé à un parti politique.*

party politics *n (U)* politique *f* politicienne.

party wall *n* mur *m* mitoyen.

parvenu(e) ['pɑːvənjuː] *n pej* parvenu *m*, -e *f*.

pass [pɑːs] ◇ *n* **- 1.** SPORT passe *f* **- 2.** [document - for security] laissez-passer *m inv* ; [- for travel] carte *f* d'abonnement **- 3.** *UK* [in exam] mention *f* passable **- 4.** [between mountains] col *m* **- 5.** *phr* **to make a ~ at sb** faire du plat à qqn. ◇ *vt* **- 1.** [object, time] passer ; **to ~ sthg to sb, to ~ sb sthg** passer qqch à qqn **- 2.** [person in street etc] croiser **- 3.** [place] passer devant **- 4.** AUT dépasser, doubler **- 5.** [exceed] dépasser **- 6.** [exam] réussir (à) ; [driving test] passer **- 7.** [candidate] recevoir, admettre **- 8.** [law, motion] voter **- 9.** [opinion] émettre ; [judgment] rendre, prononcer. ◇ *vi* **- 1.** [gen] passer **- 2.** AUT doubler, dépasser **- 3.** SPORT faire une passe **- 4.** [in exam] réussir, être reçu(e) **- 5.** [occur] se dérouler, avoir lieu.
◆ **pass around** = **pass round**.
◆ **pass as** *vt insep* passer pour.

◆ **pass away** *vi* s'éteindre.

◆ **pass by** ◇ *vt sep* : **the news ~ed him by** la nouvelle ne l'a pas affecté. ◇ *vi* passer à côté.

◆ **pass for** = **pass as.**

◆ **pass off** *vt sep* : **to ~ sb/sthg off as** faire passer qqn/qqch pour.

◆ **pass on** ◇ *vt sep* : **to ~ sthg on (to)** [object] faire passer qqch (à) ; [tradition, information] transmettre qqch (à). ◇ *vi* - **1.** [move on] continuer son chemin - **2.** = **pass away.**

◆ **pass out** *vi* - **1.** [faint] s'évanouir - **2.** *UK* MIL finir *OR* terminer les classes.

◆ **pass over** *vt insep* [problem, topic] passer sous silence.

◆ **pass round** *vt sep UK* faire passer.

◆ **pass to** *vt insep* passer à, revenir à.

◆ **pass up** *vt sep* [opportunity, invitation] laisser passer.

passable ['pɑ:səbl] *adj* - **1.** [satisfactory] passable - **2.** [road] praticable ; [river] franchissable.

passably ['pɑ:səblɪ] *adv* passablement.

passage ['pæsɪdʒ] *n* - **1.** [gen] passage *m* - **2.** [between rooms] couloir *m* - **3.** [sea journey] traversée *f*.

passageway ['pæsɪdʒweɪ] *n* [between houses] passage *m* ; [between rooms] couloir *m*.

passbook ['pɑ:sbʊk] *n* livret *m* (d'épargne).

passé [pæ'seɪ] *adj pej* démodé(e).

passenger ['pæsɪndʒəʳ] *n* passager *m*, -ère *f*.

passerby [,pɑ:sə'baɪ] (*pl* **passersby** [,pɑ:səz'baɪ]) *n* passant *m*, -e *f*.

passing ['pɑ:sɪŋ] ◇ *adj* [remark] en passant ; [trend] passager(ère). ◇ *n* : **with the ~ of time** avec le temps.

◆ **in passing** *adv* en passant.

passion ['pæʃn] *n* passion *f* ; **to have a ~ for** avoir la passion de.

◆ **Passion** *n* : **the Passion** la Passion.

passionate ['pæʃənət] *adj* passionné(e).

passionately ['pæʃənətlɪ] *adv* avec passion.

passionfruit ['pæʃənfru:t] *n* fruit *m* de la passion.

passive ['pæsɪv] ◇ *adj* passif(ive). ◇ *n* GRAM : **the ~** le passif.

passively ['pæsɪvlɪ] *adv* passivement.

passive resistance *n* résistance *f* passive.

passive smoking *n* tabagisme *m* passif.

passivity [pæ'sɪvətɪ] *n* passivité *f*.

passkey ['pɑ:ski:] *n* passe *m*.

Passover ['pɑ:s,əʊvəʳ] *n* : **(the) ~** la Pâque juive.

passport ['pɑ:spɔ:t] *n* - **1.** [document] passeport *m* - **2.** *fig* [means] : **~ to** clef *f* de.

passport control *n* contrôle *m* des passeports.

password ['pɑ:swɜ:d] *n* mot *m* de passe.

past [pɑ:st] ◇ *adj* - **1.** [former] passé(e) ; **for the ~ five years** ces cinq dernières années ; **the ~ week** la semaine passée *OR* dernière - **2.** [finished] fini(e). ◇ *adv* - **1.** [in times] : **it's ten ~** il est dix - **2.** [in front] : **to drive ~** passer (devant) en voiture ; **to run ~** passer (devant) en courant. ◇ *n* passé *m* ; **in the ~** dans le temps. ◇ *prep* - **1.** [in times] : **it's half ~ eight** il est huit heures et demie ; **it's five ~ nine** il est neuf heures cinq - **2.** [in front of] devant ; **we drove ~ them** nous les avons dépassés en voiture - **3.** [beyond] après, au-delà de ; **to be ~ it** *inf* être trop vieux pour ça ; **I wouldn't put it ~ him** *inf pej* cela ne m'étonnerait pas de lui.

pasta ['pæstə] *n (U)* pâtes *fpl*.

paste [peɪst] ◇ *n* - **1.** [gen] pâte *f* - **2.** CULIN pâté *m* - **3.** *(U)* [glue] colle *f* - **4.** *(U)* [jewellery] strass *m*. ◇ *vt* coller.

pastel ['pæstl] ◇ *adj* pastel *(inv)*. ◇ *n* pastel *m*.

paste-up *n* TYPO collage *m*.

pasteurize, *UK* **-ise** ['pɑ:stʃəraɪz] *vt* pasteuriser.

pastiche [pæ'sti:ʃ] *n* pastiche *m*.

pastille ['pæstɪl] *n* pastille *f*.

pastime ['pɑ:staɪm] *n* passe-temps *m inv*.

pasting ['peɪstɪŋ] *n inf* [beating] rossée *f*.

pastor ['pɑ:stəʳ] *n* pasteur *m*.

pastoral ['pɑ:stərəl] *adj* pastoral(e).

past participle *n* participe *m* passé.

pastrami [pə'strɑ:mɪ] *n viande de bœuf fumée et épicée*.

pastry ['peɪstrɪ] (*pl* **-ies**) *n* - **1.** [mixture] pâte *f* - **2.** [cake] pâtisserie *f*.

past tense *n* passé *m*.

pasture ['pɑ:stʃəʳ] *n* pâturage *m*, pré *m*.

pastureland ['pɑ:stʃəlænd] *n* pâturage *m*, herbage *m*.

pasty[1] ['peɪstɪ] (*comp* **-ier**, *superl* **-iest**) *adj* blafard(e), terreux(euse).

pasty[2] ['pæstɪ] (*pl* **-ies**) *n UK* petit pâté *m*, friand *m*.

pasty-faced ['peɪstɪ,feɪst] *adj* au teint blafard *OR* terreux.

pat [pæt] ◇ *adj* (*comp* **-ter**, *superl* **-test**) tout prêt (toute prête), tout fait (toute faite). ◇ *n* - **1.** [light stroke] petite tape *f* ; [to animal] caresse *f* - **2.** [of butter] noix *f*, noisette *f*. ◇ *vt* (*pt & pp* **-ted**, *cont* **-ting**) [person] tapoter, donner une tape à ; [animal] caresser.

Patagonia [ˌpætəˈgəʊnjə] *n* Patagonie *f* ; **in ~** en Patagonie.

Patagonian [ˌpætəˈgəʊnjən] <> *adj* patagon(onne). <> *n* Patagon *m*, -onne *f*.

patch [pætʃ] <> *n* - **1.** [piece of material] pièce *f* ; [to cover eye] bandeau *m* - **2.** [small area - of snow, ice] plaque *f* - **3.** [of land] parcelle *f*, lopin *m* ; **vegetable ~** carré *m* de légumes - **4.** MED patch *m* - **5.** [period of time] : **a difficult ~** une mauvaise passe - **6.** *phr* **not to be a ~ on sb** *UK inf* ne pas arriver OR venir à la cheville de qqn ; **not to be a ~ on sthg** *UK inf* ne pas valoir qqch. <> *vt* rapiécer.

◆ **patch together** *vt sep* faire à la va-vite.

◆ **patch up** *vt sep* - **1.** [mend] rafistoler, bricoler - **2.** *fig* [quarrel] régler, arranger ; **to ~ up a relationship** se raccommoder.

patchwork [ˈpætʃwɜːk] <> *adj* en patchwork. <> *n* patchwork *m*.

patchy [ˈpætʃɪ] (*comp* **-ier**, *superl* **-iest**) *adj* [gen] inégal(e) ; [knowledge] insuffisant(e), imparfait(e).

pâté [ˈpæteɪ] *n* pâté *m*.

patent [*UK* ˈpeɪtənt, *US* ˈpætənt] <> *adj* [obvious] évident(e), manifeste. <> *n* brevet *m* (d'invention). <> *vt* faire breveter.

patented [*UK* ˈpeɪtəntɪd, *US* ˈpætəntɪd] *adj* breveté(e).

patentee [*UK* ˌpeɪtənˈtiː, *US* ˌpætənˈtiː] *n* titulaire *m* d'un brevet.

patent leather *n* cuir *m* verni.

patently [*UK* ˈpeɪtəntlɪ, *US* ˈpætəntlɪ] *adv* manifestement.

Patent Office *n* bureau *m* des brevets.

paternal [pəˈtɜːnl] *adj* paternel(elle).

paternalistic [pəˌtɜːnəˈlɪstɪk] *adj pej* paternaliste.

paternity [pəˈtɜːnətɪ] *n* paternité *f*.

paternity leave *n* congé *m* parental *(pour pères)*.

paternity suit *n* LAW action *f* en recherche de paternité.

path [pɑːθ] (*pl* [pɑːðz]) *n* - **1.** [track] chemin *m*, sentier *m* - **2.** [way ahead, course of action] voie *f*, chemin *m* - **3.** [trajectory] trajectoire *f* - **4.** COMPUT chemin *m* (d'accès) - **5.** *phr* **our ~s had crossed before** nos chemins s'étaient déjà croisés.

pathetic [pəˈθetɪk] *adj* - **1.** [causing pity] pitoyable, attendrissant(e) - **2.** [useless - efforts, person] pitoyable, minable.

pathetically [pəˈθetɪklɪ] *adv* - **1.** [cry, whimper] pitoyablement - **2.** [inadequate, feeble] lamentablement.

pathname [ˈpɑːθneɪm] *n* chemin *m* (d'accès).

pathological [ˌpæθəˈlɒdʒɪkl] *adj* pathologique.

pathologist [pəˈθɒlədʒɪst] *n* pathologiste *mf*.

pathology [pəˈθɒlədʒɪ] *n* pathologie *f*.

pathos [ˈpeɪθɒs] *n* pathétique *m*.

pathway [ˈpɑːθweɪ] *n* chemin *m*, sentier *m*.

patience [ˈpeɪʃns] *n* - **1.** [of person] patience *f* ; **to try sb's ~** mettre la patience de qqn à l'épreuve, éprouver la patience de qqn - **2.** *UK* [card game] réussite *f*.

patient [ˈpeɪʃnt] <> *adj* patient(e). <> *n* [in hospital] patient *m*, -e *f*, malade *mf* ; [of doctor] patient.

patiently [ˈpeɪʃntlɪ] *adv* patiemment.

patina [ˈpætɪnə] *n* patine *f*.

patio [ˈpætɪəʊ] (*pl* **-s**) *n* patio *m*.

patio doors *npl portes vitrées coulissantes.*

Patna rice [ˈpætnə-] *n* riz *m* Patna (à grains longs).

patois [ˈpætwɑː] (*pl* **patois**) *n* patois *m*.

patriarch [ˈpeɪtrɪɑːk] *n* patriarche *m*.

patriarchy [ˈpeɪtrɪɑːkɪ] (*pl* **-ies**) *n* patriarcat *m*.

patrimony [*UK* ˈpætrɪmənɪ, *US* ˈpætrɪməʊnɪ] *n fml* patrimoine *m*, héritage *m*.

patriot [*UK* ˈpætrɪət, *US* ˈpeɪtrɪət] *n* patriote *mf*.

patriotic [*UK* ˌpætrɪˈɒtɪk, *US* ˌpeɪtrɪˈɒtɪk] *adj* [gen] patriotique ; [person] patriote.

patriotism [*UK* ˈpætrɪətɪzm, *US* ˈpeɪtrɪətɪzm] *n* patriotisme *m*.

patrol [pəˈtrəʊl] <> *n* patrouille *f* ; **to be on ~** être de patrouille ; **to go on ~** aller en patrouille. <> *vt* (*pt & pp* **-led**, *cont* **-ling**) patrouiller dans, faire une patrouille dans.

patrol car *n* voiture *f* de police.

patrolman [pəˈtrəʊlmən] (*pl* **-men** [-mən]) *n* *US* agent *m* de police.

patrol wagon *n* *US* fourgon *m* cellulaire.

patrolwoman [pəˈtrəʊlˌwʊmən] (*pl* **-women** [-ˌwɪmɪn]) *n* *US* femme *f* agent de police.

patron [ˈpeɪtrən] *n* - **1.** [of arts] mécène *m*, protecteur *m*, -trice *f* - **2.** *UK* [of charity] patron *m*, -onne *f* - **3.** *fml* [customer] client *m*, -e *f*.

patronage [ˈpeɪtrənɪdʒ] *n* patronage *m*.

patronize, *UK* **-ise** [ˈpætrənaɪz] *vt* - **1.** [talk down to] traiter avec condescendance - **2.** *fml* [back financially] patronner, protéger.

patronizing [ˈpætrənaɪzɪŋ] *adj* condescendant(e).

patron saint *n* saint patron *m*, sainte patronne *f*.

patter ['pætəʳ] ◇ *n* - **1.** [sound - of rain] crépitement *m* - **2.** [talk] baratin *m*, bavardage *m*. ◇ *vi* [feet, paws] trottiner ; [rain] frapper, fouetter.

pattern ['pætən] *n* - **1.** [design] motif *m*, dessin *m* - **2.** [of distribution, population] schéma *m* ; [of life, behaviour] mode *m* - **3.** [diagram] : **(sewing) ~** patron *m* - **4.** [model] modèle *m*.

patterned ['pætənd] *adj* à motifs.

patty ['pætɪ] (*pl* **-ies**) *n* petit pâté *m*.

paucity ['pɔːsətɪ] *n* indigence *f*.

paunch [pɔːntʃ] *n* bedaine *f*.

paunchy ['pɔːntʃɪ] (*comp* **-ier**, *superl* **-iest**) *adj* ventru(e), ventripotent(e).

pauper ['pɔːpəʳ] *n* indigent *m*, -e *f*, nécessiteux *m*, -euse *f*.

pause [pɔːz] ◇ *n* - **1.** [short silence] pause *f*, silence *m* - **2.** [break] pause *f*, arrêt *m*. ◇ *vi* - **1.** [stop speaking] marquer un temps - **2.** [stop moving, doing] faire une pause, s'arrêter.

pave [peɪv] *vt* paver ; **to ~ the way for sb/sthg** ouvrir la voie à qqn/qqch.

paved [peɪvd] *adj* pavé(e).

pavement ['peɪvmənt] *n* - **1.** *UK* [at side of road] trottoir *m* - **2.** *US* [roadway] chaussée *f*.

pavement artist *n UK* artiste *mf* des rues.

pavilion [pə'vɪljən] *n* pavillon *m*.

paving ['peɪvɪŋ] *n (U)* pavé *m*.

paving stone *n* pavé *m*.

paw [pɔː] ◇ *n* patte *f*. ◇ *vt* - **1.** [subj: animal] donner des coups de patte à - **2.** *pej* [subj: person] tripoter, peloter.

pawn [pɔːn] ◇ *n lit & fig* pion *m*. ◇ *vt* mettre en gage.

pawnbroker ['pɔːn,brəʊkəʳ] *n* prêteur *m*, -euse *f* sur gages.

pawnshop ['pɔːnʃɒp] *n* boutique *f* de prêteur sur gages.

pay [peɪ] ◇ *vt* (*pt & pp* **paid**) - **1.** [gen] payer ; **to ~ sb for sthg** payer qqn pour qqch, payer qqch à qqn ; **I paid £20 for that shirt** j'ai payé cette chemise 20 livres ; **to ~ money into an account** verser de l'argent sur un compte ; **to ~ a cheque into an account** déposer un chèque sur un compte ; **to ~ one's way** payer sa part - **2.** [be profitable to] rapporter à ; **it will ~ you not to say anything** *fig* tu as intérêt OR tu gagneras à ne rien dire - **3.** [give, make] : **to ~ attention (to sb/sthg)** prêter attention (à qqn/qqch) ; **to ~ sb a compliment** faire un compliment à qqn ; **to ~ sb a visit** rendre visite à qqn. ◇ *vi* (*pt & pp* **paid**) payer ; **to ~ dearly for sthg** *fig* payer qqch cher. ◇ *n* salaire *m*, traitement *m*.

◆ **pay back** *vt sep* - **1.** [return loan of money] rembourser - **2.** [revenge oneself on] revaloir ; **I'll ~ you back for that** tu me le paieras, je te le revaudrai.

◆ **pay off** ◇ *vt sep* - **1.** [repay - debt] s'acquitter de, régler ; [- loan] rembourser - **2.** [dismiss] licencier, congédier - **3.** [bribe] soudoyer, acheter. ◇ *vi* [course of action] être payant(e).

◆ **pay out** ◇ *vt sep* - **1.** [money] dépenser, débourser - **2.** [rope] laisser filer, lâcher. ◇ *vi* dépenser, débourser.

◆ **pay up** *vi* payer.

payable ['peɪəbl] *adj* - **1.** [gen] payable - **2.** [on cheque] : **~ to** à l'ordre de.

pay-as-you-go [,piːdiː'ef] *n* système *m* sans forfait.

paybed ['peɪbed] *n UK* lit *m* privé.

paycheck ['peɪtʃek] *n US* paie *f*.

payday ['peɪdeɪ] *n* jour *m* de paie.

PAYE (*abbr of* **pay as you earn**) *n en Grande-Bretagne, système de retenue à la source des impôts sur le revenu.*

payee [peɪ'iː] *n* bénéficiaire *mf*.

pay envelope *n US* salaire *m*.

payer ['peɪəʳ] *n* payeur *m*, -euse *f*.

paying guest ['peɪɪŋ-] *n* hôte *m* payant.

paying-in book ['peɪɪŋ-] *n UK* carnet *m* de versements.

payload ['peɪləʊd] *n* charge *f* utile.

paymaster ['peɪ,mɑːstəʳ] *n* intendant *m*.

paymaster general *n* trésorier-payeur *m*.

payment ['peɪmənt] *n* paiement *m*.

payoff ['peɪɒf] *n* - **1.** [result] résultat *m* - **2.** *UK* [redundancy payment] indemnité *f* de licenciement.

payola [peɪ'əʊlə] *n esp US inf* pot-de-vin *m*, dessous *m* de table.

pay packet *n UK* - **1.** [envelope] enveloppe *f* de paie - **2.** [wages] paie *f*.

pay-per-view *adj* [television, distributor] à péage.

pay phone, *US* **pay station** *n* téléphone *m* public, cabine *f* téléphonique.

payroll ['peɪrəʊl] *n* registre *m* du personnel ; **they have 100 people on the ~** ils ont 100 employés OR salariés.

payslip ['peɪslɪp] *n UK* feuille *f* OR bulletin *m* de paie.

pay station *US* = **pay phone**.

pay television, **pay TV** *n* chaîne *f* à péage.

PBS (*abbr of* **Public Broadcasting Service**) *n société américaine de production télévisuelle.*

PBX (*abbr of* **private branch exchange**) *n* autocommutateur *m* privé.

pc <> *n see also* **postcard**. <> (*abbr of* **per cent**) p. cent.

p/c *see also* **petty cash**.

PC <> *n* - **1.** (*abbr of* **personal computer**) PC *m*, micro *m* - **2.** *see also* **police constable** - **3.** (*abbr of* **privy councillor**) *membre du conseil privé*. <> *adj see also* **politically correct**.

PCB (*abbr of* **printed circuit board**) *n* plaquette *f* à circuits imprimés.

PCV (*abbr of* **passenger carrying vehicle**) *n véhicule de transport en commun (en Grande-Bretagne)*.

pd *see also* **paid**.

PD *see also* **police department**.

PDF (*abbr of* **portable document format**) *n* COMPUT PDF *m*.

pdq (*abbr of* **pretty damn quick**) *adv inf* illico presto.

PDSA (*abbr of* **People's Dispensary for Sick Animals**) *n association britannique de soins aux animaux malades*.

PDT (*abbr of* **Pacific Daylight Time**) *n heure d'été du Pacifique*.

PE (*abbr of* **physical education**) *n UK* EPS *f*.

pea [pi:] *n* pois *m*.

peace [pi:s] *n (U)* paix *f* ; [quiet, calm] calme *m*, tranquillité *f* ; **to be at ~ with sthg/sb/o.s.** être en paix avec qqch/qqn/soi-même, être en accord avec qqch/qqn/soi-même ; **to make (one's) ~ with sb** faire la paix avec qqn.

peaceable ['pi:səbl] *adj* paisible, pacifique.

peaceably ['pi:səblɪ] *adv* paisiblement, pacifiquement.

Peace Corps *n organisation américaine de coopération avec les pays en voie de développement*.

peaceful ['pi:sfʊl] *adj* - **1.** [quiet, calm] paisible, calme - **2.** [not aggressive - person] pacifique ; [- demonstration] non-violent(e).

peacefully ['pi:sfʊlɪ] *adv* paisiblement.

peacefulness ['pi:sfʊlnɪs] *n* paix *f*, calme *m*.

peacekeeping force ['pi:sˌki:pɪŋ-] *n* force *f* de maintien de la paix.

peacemaker ['pi:sˌmeɪkəʳ] *n* pacificateur *m*, -trice *f*.

peace offering *n inf* gage *m* de paix, cadeau *m* (pour faire la paix).

peacetime ['pi:staɪm] *n* temps *m* de paix.

peach [pi:tʃ] <> *adj* couleur pêche *(inv)*. <> *n* pêche *f*.

peach Melba [-'melbə] *n* pêche *f* Melba.

peacock ['pi:kɒk] *n* paon *m*.

peahen ['pi:hen] *n* paonne *f*.

peak [pi:k] <> *n* - **1.** [mountain top] sommet *m*, cime *f* - **2.** *fig* [of career, success] apogée *m*, sommet *m* - **3.** [of cap] visière *f*. <> *adj* [condition] optimum. <> *vi* atteindre un niveau maximum.

peaked [pi:kt] *adj* [cap] à visière.

peak hours *npl* heures *fpl* d'affluence OR de pointe.

peak period *n* période *f* de pointe.

peak rate *n* tarif *m* normal.

peaky ['pi:kɪ] (*comp* **-ier**, *superl* **-iest**) *adj UK inf* souffrant(e), fatigué(e).

peal [pi:l] <> *n* [of bells] carillonnement *m* ; [of laughter] éclat *m* ; [of thunder] coup *m*. <> *vi* [bells] carillonner.

peanut ['pi:nʌt] *n* cacahuète *f*.

peanut butter *n* beurre *m* de cacahuètes.

pear [peəʳ] *n* poire *f*.

pearl [pɜ:l] *n* perle *f*.

pearly ['pɜ:lɪ] (*comp* **-ier**, *superl* **-iest**) *adj* nacré(e).

peasant ['peznt] *n* - **1.** [in countryside] paysan *m*, -anne *f* - **2.** *pej* [ignorant person] péquenaud *m*, -e *f*.

peasantry ['pezntrɪ] *n* : **the ~** la paysannerie, les paysans *mpl*.

peashooter ['pi:ˌʃu:təʳ] *n* sarbacane *f*.

peat [pi:t] *n* tourbe *f*.

peaty ['pi:tɪ] (*comp* **-ier**, *superl* **-iest**) *adj* tourbeux(euse).

pebble ['pebl] *n* galet *m*, caillou *m*.

pebbledash [ˌpebl'dæʃ] *n UK* crépi *m*.

pecan (nut) [pɪ'kæn-] *n* noix *f* de pecan OR pacane.

peck [pek] <> *n* - **1.** [with beak] coup *m* de bec - **2.** [kiss] bise *f*. <> *vt* - **1.** [with beak] picoter, becqueter - **2.** [kiss] : **to ~ sb on the cheek** faire une bise à qqn.

pecking order ['pekɪŋ-] *n* hiérarchie *f*.

peckish ['pekɪʃ] *adj UK inf* **to feel ~** avoir un petit creux.

pectin ['pektɪn] *n* pectine *f*.

pectoral ['pektərəl] *adj* pectoral(e).

peculiar [pɪ'kju:ljəʳ] *adj* - **1.** [odd] bizarre, curieux(euse) - **2.** [slightly ill] : **to feel ~** se sentir tout drôle (toute drôle) OR tout chose (toute chose) - **3.** [characteristic] : **~ to** propre à, particulier(ère) à.

peculiarity [pɪˌkju:lɪ'ærətɪ] (*pl* **-ies**) *n* - **1.** [oddness] bizarrerie *f*, singularité *f* - **2.** [characteristic] particularité *f*, caractéristique *f*.

peculiarly [pɪ'kju:ljəlɪ] *adv* - **1.** [especially] particulièrement - **2.** [oddly] curieusement, bizarrement - **3.** [characteristically] typiquement.

pecuniary [pɪ'kju:njərɪ] *adj* pécuniaire.

pedagogical [ˌpedə'gɒdʒɪkl] *adj* pédagogique.

pedagogy ['pedəgɒdʒɪ] *n* pédagogie *f*.

pedal ['pedl] ◇ *n* pédale *f*. ◇ *vi* (*UK*, *pt & pp* **-led**, *cont* **-ling**, *US*, *pt & pp* **-ed**, *cont* **-ing**) pédaler.

pedal bin *n UK* poubelle *f* à pédale.

pedalo ['pedələʊ] *n UK* pédalo *m*.

pedant ['pedənt] *n* pédant *m*, -e *f*.

pedantic [pɪ'dæntɪk] *adj pej* pédant(e).

pedantry ['pedəntrɪ] *n pej* pédantisme *m*, pédanterie *f*.

peddle ['pedl] *vt* - **1.** [drugs] faire le trafic de - **2.** [gossip, rumour] colporter, répandre.

peddler ['pedlər] *n* - **1.** [drug dealer] trafiquant *m* de drogue - **2.** *US* = **pedlar**.

pederast ['pedəræst] *n* pédéraste *m*.

pedestal ['pedɪstl] *n* piédestal *m* ; **to put sb on a ~** mettre qqn sur un piédestal.

pedestrian [pɪ'destrɪən] ◇ *adj pej* médiocre, dépourvu(e) d'intérêt. ◇ *n* piéton *m*.

pedestrian crossing *n UK* passage *m* pour piétons, passage clouté.

pedestrianize, *UK* **-ise** [pɪ'destrɪənaɪz] *vt* transformer en zone piétonne.

pedestrian precinct *UK*, **pedestrian zone** *US n* zone *f* piétonne.

pediatric [ˌpi:dɪ'ætrɪk] *adj* de pédiatrie.

pediatrician [ˌpi:dɪə'trɪʃn] *n* pédiatre *mf*.

pediatrics [ˌpi:dɪ'ætrɪks] *n* pédiatrie *f*.

pedicure ['pedɪˌkjʊər] *n* pédicurie *f*.

pedigree ['pedɪgri:] ◇ *adj* [animal] de race. ◇ *n* - **1.** [of animal] pedigree *m* - **2.** [of person] ascendance *f*, généalogie *f*.

pedlar *UK*, **peddler** *US* ['pedlər] *n* colporteur *m*.

pedophile ['pi:dəfaɪl] *n* pédophile *m*.

pee [pi:] *inf* ◇ *n* pipi *m*, pisse *f* ; **to go for a ~** aller pisser un coup. ◇ *vi* faire pipi, pisser.

peek [pi:k] *inf* ◇ *n* coup *m* d'œil furtif. ◇ *vi* jeter un coup d'œil furtif.

peel [pi:l] ◇ *n* [of apple, potato] peau *f* ; [of orange, lemon] écorce *f*. ◇ *vt* éplucher, peler. ◇ *vi* - **1.** [paint] s'écailler - **2.** [wallpaper] se décoller - **3.** [skin] peler.

◆ **peel off** *vt sep* [gen] enlever ; [label] décoller, détacher.

peeler ['pi:lər] *n* couteau-éplucheur *m*.

peelings ['pi:lɪŋz] *npl* épluchures *fpl*.

peep [pi:p] ◇ *n* - **1.** [look] coup *m* d'œil OR regard *m* furtif - **2.** *inf* [sound] bruit *m*. ◇ *vi* jeter un coup d'œil furtif.

◆ **peep out** *vi* apparaître, se montrer.

peephole ['pi:phəʊl] *n* judas *m*.

peeping Tom [ˌpi:pɪŋ'tɒm] *n* voyeur *m*.

peep show *n* visionneuse *f*.

peer [pɪər] ◇ *n* pair *m*. ◇ *vi* scruter, regarder attentivement.

peerage ['pɪərɪdʒ] *n* [rank] pairie *f* ; **the ~** les pairs *mpl*.

peeress ['pɪərɪs] *n* pairesse *f*.

peer group *n* pairs *mpl*.

peer pressure *n* influence *f* de ses pairs.

peeved [pi:vd] *adj inf* fâché(e), irrité(e).

peevish ['pi:vɪʃ] *adj* grincheux(euse).

peg [peg] ◇ *n* - **1.** [hook] cheville *f* - **2.** *UK* [for clothes] pince *f* à linge - **3.** [for tent] piquet *m*. ◇ *vt* (*pt & pp* **-ged**, *cont* **-ging**) *fig* [prices] bloquer.

◆ **peg out** *vi UK inf* casser sa pipe.

pegboard ['pegbɔ:d] *n* tableau *m* à trous.

PEI *see also* **Prince Edward Island**.

pejorative [pɪ'dʒɒrətɪv] *adj* péjoratif(ive).

pekinese [ˌpi:kə'ni:z], **pekingese** [ˌpi:kɪŋ'i:z] *n* (*pl* **pekinese**) [dog] pékinois *m*.

◆ **Pekinese**, **Pekingese** ◇ *adj* pékinois(e). ◇ *n* Pékinois *m*, -e *f*.

Peking [pi:'kɪŋ] *n* Pékin.

pekingese = **pekinese**.

pelican ['pelɪkən] (*pl* **pelican** OR **-s**) *n* pélican *m*.

pelican crossing *n UK passage pour piétons avec feux de circulation*.

pellet ['pelɪt] *n* - **1.** [small ball] boulette *f* - **2.** [for gun] plomb *m*.

pell-mell [ˌpel'mel] *adv* à la débandade.

pelmet ['pelmɪt] *n UK* lambrequin *m*.

Peloponnese [ˌpeləpə'ni:z] *npl* : **the ~** le Péloponnèse.

pelt [pelt] ◇ *n* - **1.** [animal skin] peau *f*, fourrure *f* - **2.** [speed] : **at full ~** à fond de train, à toute vitesse. ◇ *vt* : **to ~ sb (with sthg)** bombarder qqn (de qqch). ◇ *vi* [run fast] : **to ~ along** courir ventre à terre ; **to ~ down the stairs** dévaler l'escalier.

◆ **pelt down** *impers vb* [rain] : **it's ~ing down** il pleut à verse.

pelvic ['pelvɪk] *adj* pelvien(enne).

pelvis ['pelvɪs] (*pl* **-vises** OR **-ves** [-vi:z]) *n* pelvis *m*, bassin *m*.

pen [pen] ◇ *n* - **1.** [for writing] stylo *m* - **2.** [enclosure] parc *m*, enclos *m* - **3.** *US inf* (*abbr of* **penitentiary**) taule *f*. ◇ *vt* (*pt & pp* **-ned**, *cont* **-ning**) - **1.** *lit* [write] écrire - **2.** [enclose] parquer.

penal ['pi:nl] *adj* pénal(e).

penalize, *UK* **-ise** ['pi:nəlaɪz] *vt* - **1.** [gen] pénaliser - **2.** [put at a disadvantage] désavantager.

penal settlement *n* colonie *f* pénitentiaire.

penalty ['penltɪ] (*pl* **-ies**) *n* - **1.** [punishment] pénalité *f* ; **to pay the ~ (for sthg)** *fig* supporter *OR* subir les conséquences (de qqch) - **2.** [fine] amende *f* - **3.** HOCKEY pénalité *f* ; **~ (kick)** FTBL penalty *m* ; RUGBY (coup *m* de pied de) pénalité *f*.

penalty area *n UK* FTBL surface *f* de réparation.

penalty box *n* - **1.** *UK* FTBL = **penalty area** - **2.** HOCKEY banc *m* des pénalités.

penalty clause *n* clause *f* pénale.

penalty goal *n* RUGBY but *m* de pénalité.

penalty kick ▭▷ **penalty**.

penance ['penəns] *n* - **1.** RELIG pénitence *f* - **2.** *fig* [punishment] corvée *f*, pensum *m*.

pen-and-ink *adj* à la plume.

pence [pens] *UK pl* ▭▷ **penny**.

penchant [*UK* pɑ̃ʃɑ̃, *US* 'pentʃənt] *n* : **to have a ~ for sthg** avoir un faible pour qqch ; **to have a ~ for doing sthg** avoir tendance à *OR* bien aimer faire qqch.

pencil ['pensl] ◇ *n* crayon *m* ; **in ~** au crayon. ◇ *vt* (*UK*, *pt & pp* **-led**, *cont* **-ling**, *US*, *pt & pp* **-ed**, *cont* **-ing**) griffonner au crayon, crayonner.

pencil case *n* trousse *f (d'écolier)*.

pencil sharpener *n* taille-crayon *m*.

pendant ['pendənt] *n* [jewel on chain] pendentif *m*.

pending ['pendɪŋ] *fml* ◇ *adj* - **1.** [imminent] imminent(e) - **2.** [court case] en instance. ◇ *prep* en attendant.

pending tray *n UK* (corbeille *f* des) affaires *fpl* en attente *OR* à traiter.

pendulum ['pendjʊləm] (*pl* **-s**) *n* balancier *m*.

penetrate ['penɪtreɪt] ◇ *vt* - **1.** [gen] pénétrer dans ; [subj: light] percer ; [subj: rain] s'infiltrer dans - **2.** [subj: spy] infiltrer. ◇ *vi inf* [be understood] : **it didn't ~** c'est resté sans effet sur lui/elle *etc*.

penetrating ['penɪtreɪtɪŋ] *adj* pénétrant(e) ; [scream, voice] perçant(e).

penetration [,penɪ'treɪʃn] *n* pénétration *f*.

pen friend *n UK* correspondant *m*, -e *f*.

penguin ['peŋgwɪn] *n* manchot *m*.

penicillin [,penɪ'sɪlɪn] *n* pénicilline *f*.

peninsula [pə'nɪnsjʊlə] (*pl* **-s**) *n* péninsule *f*.

penis ['pi:nɪs] (*pl* **penises** [-ɪz]) *n* pénis *m*.

penitent ['penɪtənt] *adj* repentant(e), contrit(e).

penitentiary [,penɪ'tenʃərɪ] (*pl* **-ies**) *n US* prison *f*.

penknife ['pennaɪf] (*pl* **-knives** [-naɪvz]) *n* canif *m*.

pen name *n* pseudonyme *m*.

pennant ['penənt] *n* fanion *m*, flamme *f*.

penniless ['penɪlɪs] *adj* sans le sou.

Pennines ['penaɪnz] *npl* : **the ~** les Pennines, la chaîne Pennine.

Pennsylvania [,pensɪl'veɪnjə] *n* Pennsylvanie *f* ; **in ~** en Pennsylvanie.

penny ['penɪ] (*pl* **-ies**, *pl* **pence** [pens]) *n* - **1.** [coin] *UK* penny *m* ; *US* cent *m* - **2.** *UK* [value] pence *m* - **3.** *phr* **a ~ for your thoughts** à quoi penses-tu? ; **the ~ dropped** *UK inf* j'ai compris *OR* pigé, ça a fait tilt ; **to spend a ~** *UK* aller au petit coin ; **they are two** *OR* **ten a ~** *UK inf* il y en a à la pelle.

penny-pinching [-,pɪntʃɪŋ] ◇ *adj* [person] radin(e), pingre ; [attitude] mesquin(e). ◇ *n (U)* économies *fpl* de bouts de chandelle.

pen pal *n inf* correspondant *m*, -e *f*.

pension ['penʃn] *n* - **1.** *UK* [on retirement] retraite *f* - **2.** [from disability] pension *f*.

◆ **pension off** *vt sep* mettre à la retraite.

pensionable ['penʃənəbl] *adj* : **to be of ~ age** avoir l'âge de la retraite.

pension book *n UK* livret *m* de retraite.

pensioner ['penʃənər] *n UK* : **(old-age) ~** retraité *m*, -e *f*.

pension fund *n* caisse *f* de retraite.

pension plan, **pension scheme** *n* plan *m OR* régime *m* de retraite.

pensive ['pensɪv] *adj* songeur(euse).

pentagon ['pentəgən] *n* pentagone *m*.

◆ **Pentagon** *n US* : **the Pentagon** le Pentagone *(siège du ministère américain de la Défense)*.

Pentagon

Le Pentagone, immense bâtiment à cinq façades situé à Washington, abrite le ministère américain de la Défense; plus généralement, ce terme désigne le pouvoir militaire américain.

pentathlon [pen'tæθlən] (*pl* **-s**) *n* pentathlon *m*.

Pentecost ['pentɪkɒst] *n* Pentecôte *f*.

penthouse ['penthaʊs] (*pl* [-haʊzɪz]) *n* appartement *m* de luxe (au dernier étage).

pent-up ['pent-] *adj* [emotions] refoulé(e) ; [energy] contenu(e).

penultimate [pe'nʌltɪmət] *adj* avant-dernier(ère).

penury ['penjʊrɪ] *n* indigence *f*, misère *f*.

peony ['pɪənɪ] (*pl* **-ies**) *n* pivoine *f*.

people ['pi:pl] ◇ *n* [nation, race] nation *f*, peuple *m*. ◇ *npl* **- 1.** [persons] personnes *fpl* ; **few/a lot of ~** peu/beaucoup de monde, peu/beaucoup de gens ; **there were a lot of ~ present** il y avait beaucoup de monde **- 2.** [in general] gens *mpl* ; **~ say that...** on dit que... **- 3.** [inhabitants] habitants *mpl* **- 4.** POL : **the ~** le peuple. ◇ *vt* : **to be ~d by** *OR* **with** être peuplé(e) de.

people carrier *n UK* monospace *m*.

pep [pep] (*pt & pp* **-ped**, *cont* **-ping**) *n (U) inf (U)* entrain *m*, pep *m*.

◆ **pep up** *vt sep inf* **- 1.** [person] remonter, requinquer **- 2.** [party, event] animer.

PEP (*abbr of* **personal equity plan**) *n en Grande-Bretagne, plan d'épargne en actions exonéré d'impôt.*

pepper ['pepəʳ] *n* **- 1.** [spice] poivre *m* ; **black/white ~** poivre noir/blanc **- 2.** [vegetable] poivron *m* ; **red/green ~** poivron *m* rouge/vert.

pepperbox *n US* = **pepper pot**.

peppercorn ['pepəkɔ:n] *n* grain *m* de poivre.

peppered ['pepəd] *adj* **- 1.** [essay, speech] : **~ (with)** truffé(e) (de) **- 2.** [walls] : **~ (with)** criblé(e) (de).

pepper mill *n* moulin *m* à poivre.

peppermint ['pepəmɪnt] *n* **- 1.** [sweet] bonbon *m* à la menthe **- 2.** [herb] menthe *f* poivrée.

pepper pot *UK*, **pepperbox** *US* ['pepəbɒks] *n* poivrier *m*.

peppery ['pepərɪ] *adj* poivré(e).

pep talk *n inf* paroles *fpl OR* discours *m* d'encouragement.

peptic ulcer ['peptɪk-] *n* ulcère *m* gastro-duodénal.

per [pɜ:ʳ] *prep* : **~ person** par personne ; **to be paid £10 ~ hour** être payé 10 livres de l'heure ; **~ kilo** le kilo ; **as ~ instructions** conformément aux instructions.

per annum *adv* par an.

P-E ratio (*abbr of* **price-earnings ratio**) *n indice de rentabilité d'une valeur.*

per capita [pə'kæpɪtə] *adj & adv* par habitant *OR* tête.

perceive [pə'si:v] *vt* **- 1.** [notice] percevoir **- 2.** [understand, realize] remarquer, s'apercevoir de **- 3.** [consider] : **to ~ sb/sthg as** considérer qqn/qqch comme.

percent *adv* pour cent.

percentage [pə'sentɪdʒ] *n* pourcentage *m*.

perceptible [pə'septəbl] *adj* sensible.

perception [pə'sepʃn] *n* **- 1.** [aural, visual] perception *f* **- 2.** [insight] perspicacité *f*, intuition *f* **- 3.** [opinion] opinion *f*.

perceptive [pə'septɪv] *adj* perspicace.

perceptively [pə'septɪvlɪ] *adv* de manière perspicace.

perch [pɜ:tʃ] ◇ *n* **- 1.** *lit & fig* [position] perchoir *m* **- 2.** (*pl* **perch** *OR* **-es**) [fish] perche *f*. ◇ *vi* se percher.

percolate ['pɜ:kəleɪt] *vi* **- 1.** [coffee] passer **- 2.** *fig* [news] s'infiltrer, filtrer.

percolator ['pɜ:kəleɪtəʳ] *n* cafetière *f* à pression.

percussion [pə'kʌʃn] *n* MUS percussion *f* ; **the ~ (section)** la batterie, la percussion.

percussionist [pə'kʌʃənɪst] *n* percussionniste *mf*.

peremptory [pə'remptərɪ] *adj* péremptoire.

perennial [pə'renjəl] ◇ *adj* permanent(e), perpétuel(elle) ; BOT vivace. ◇ *n* BOT plante *f* vivace.

perestroika [ˌperə'strɔɪkə] *n* perestroïka *f*.

perfect ◇ *adj* ['pɜ:fɪkt] parfait(e) ; **he's a ~ nuisance** il est absolument insupportable. ◇ *n* ['pɜ:fɪkt] GRAM : **~ (tense)** parfait *m*. ◇ *vt* [pə'fekt] parfaire, mettre au point.

perfect competition ['pɜ:fɪkt-] *n* ECON concurrence *f* parfaite.

perfection [pə'fekʃn] *n* perfection *f* ; **to ~** parfaitement (bien).

perfectionist [pə'fekʃənɪst] *n* perfectionniste *mf*.

perfectly ['pɜ:fɪktlɪ] *adv* parfaitement ; **you know ~ well** tu sais très bien.

perforate ['pɜ:fəreɪt] *vt* perforer.

perforations [ˌpɜ:fə'reɪʃnz] *npl* [in paper] pointillés *mpl*.

perform [pə'fɔ:m] ◇ *vt* **- 1.** [carry out - gen] exécuter ; [- function] remplir ; **to ~ an operation** MED opérer **- 2.** [play, concert] jouer. ◇ *vi* **- 1.** [machine] marcher, fonctionner ; [team, person] : **to ~ well/badly** avoir de bons/mauvais résultats **- 2.** [actor] jouer ; [singer] chanter.

performance [pə'fɔ:məns] *n* **- 1.** [carrying out] exécution *f* **- 2.** [show] représentation *f* **- 3.** [by actor, singer etc] interprétation *f* **- 4.** [of car, engine] performance *f*.

performance art *n* art *m* de représentation.

performance car *n* voiture *f* à hautes performances *OR* très performante.

performer [pəˈfɔːməʳ] *n* artiste *mf*, interprète *mf*.

performing arts [pəˈfɔːmɪŋ-] *npl* : **the ~** les arts *mpl* du spectacle.

perfume [ˈpɜːfjuːm] *n* parfum *m*.

perfumed [*UK* ˈpɜːfjuːmd, *US* pərˈfjuːmd] *adj* parfumé(e).

perfunctory [pəˈfʌŋktərɪ] *adj* rapide, superficiel(elle).

perhaps [pəˈhæps] *adv* peut-être ; **~ so/not** peut-être que oui/non.

peril [ˈperɪl] *n* danger *m*, péril *m* ; **at one's ~** à ses risques et périls.

perilous [ˈperələs] *adj* dangereux(euse), périlleux(euse).

perilously [ˈperələslɪ] *adv* dangereusement.

perimeter [pəˈrɪmɪtəʳ] *n* périmètre *m* ; **~ fence** clôture *f* ; **~ wall** mur *m* d'enceinte.

period [ˈpɪərɪəd] ◇ *n* - **1.** [gen] période *f* - **2.** SCH ≃ heure *f* - **3.** [menstruation] règles *fpl* - **4.** *US* [full stop] point *m*. ◇ *comp* [dress, house] d'époque.

periodic [ˌpɪərɪˈɒdɪk] *adj* périodique.

periodical [ˌpɪərɪˈɒdɪkl] ◇ *adj* = **periodic**. ◇ *n* [magazine] périodique *m*.

periodic table *n* tableau *m* de Mendéleïev.

period pains *npl* règles *fpl* douloureuses.

period piece *n* [furniture] meuble *m* d'époque.

peripatetic [ˌperɪpəˈtetɪk] *adj* [salesman] itinérant(e) ; [teacher] qui enseigne dans plusieurs écoles.

peripheral [pəˈrɪfərəl] ◇ *adj* - **1.** [unimportant] secondaire - **2.** [at edge] périphérique. ◇ *n* COMPUT périphérique *m*.

periphery [pəˈrɪfərɪ] (*pl* **-ies**) *n* [edge] périphérie *f*.

periscope [ˈperɪskəʊp] *n* périscope *m*.

perish [ˈperɪʃ] *vi* - **1.** [die] périr, mourir - **2.** [food] pourrir, se gâter ; [rubber] se détériorer.

perishable [ˈperɪʃəbl] *adj* périssable.
◆ **perishables** *npl* denrées *fpl* périssables.

perishing [ˈperɪʃɪŋ] *adj* *UK* *inf* - **1.** [cold] très froid(e) - **2.** [damn] sacré(e).

peritonitis [ˌperɪtəˈnaɪtɪs] *n* (*U*) péritonite *f*.

perjure [ˈpɜːdʒəʳ] *vt* LAW : **to ~ o.s.** se parjurer.

perjury [ˈpɜːdʒərɪ] *n* (*U*) LAW parjure *m*, faux témoignage *m*.

perk [pɜːk] *n* *inf* à-côté *m*, avantage *m*.
◆ **perk up** *vi* se ragaillardir.

perky [ˈpɜːkɪ] (*comp* **-ier**, *superl* **-iest**) *adj* *inf* [cheerful] guilleret(ette) ; [lively] plein(e) d'entrain.

perm [pɜːm] ◇ *n* permanente *f*. ◇ *vt* : **to have one's hair ~ed** se faire faire une permanente.

permanence [ˈpɜːmənəns] *n* permanence *f*.

permanent [ˈpɜːmənənt] ◇ *adj* permanent(e). ◇ *n* *US* [perm] permanente *f*.

permanently [ˈpɜːmənəntlɪ] *adv* - **1.** [blind, damaged] définitivement, de manière permanente - **2.** [closed, available] en permanence.

permeable [ˈpɜːmjəbl] *adj* perméable.

permeate [ˈpɜːmɪeɪt] *vt* - **1.** [subj: liquid, smell] s'infiltrer dans, pénétrer - **2.** [subj: feeling, idea] se répandre dans.

permissible [pəˈmɪsəbl] *adj* acceptable, admissible.

permission [pəˈmɪʃn] *n* permission *f*, autorisation *f* ; **to give sb ~ to do sthg** donner à qqn la permission de faire qqch.

permissive [pəˈmɪsɪv] *adj* permissif(ive).

permissiveness [pəˈmɪsɪvnɪs] *n* permissivité *f*.

permit ◇ *vt* (*pt* & *pp* **-ted**, *cont* **-ting**) [pəˈmɪt] permettre ; **to ~ sb to do sthg** permettre à qqn de faire qqch, autoriser qqn à faire qqch ; **to ~ sb sthg** permettre qqch à qqn ; **weather permitting** si le temps le permet. ◇ *n* [ˈpɜːmɪt] permis *m*.

permutation [ˌpɜːmjuːˈteɪʃn] *n* permutation *f*.

pernicious [pəˈnɪʃəs] *adj* *fml* [harmful] pernicieux(euse).

pernickety [pəˈnɪkətɪ] *adj* *inf* [fussy] tatillon(onne), pointilleux(euse).

peroxide [pəˈrɒksaɪd] *n* peroxyde *m*.

peroxide blonde *n* blonde *f* décolorée.

perpendicular [ˌpɜːpənˈdɪkjʊləʳ] ◇ *adj* perpendiculaire. ◇ *n* perpendiculaire *f*.

perpetrate [ˈpɜːpɪtreɪt] *vt* perpétrer, commettre.

perpetration [ˌpɜːpɪˈtreɪʃn] *n* perpétration *f*.

perpetrator [ˈpɜːpɪtreɪtəʳ] *n* auteur *m*.

perpetual [pəˈpetʃʊəl] *adj* - **1.** *pej* [continuous] continuel(elle), incessant(e) - **2.** [long-lasting] perpétuel(elle).

perpetually [pəˈpetʃʊəlɪ] *adv* - **1.** *pej* [continuously] sans cesse, continuellement - **2.** [for ever] toujours, constamment.

perpetual motion *n* mouvement *m* perpétuel.

perpetuate [pəˈpetʃʊeɪt] *vt* perpétuer.

perpetuation [pə,petʃʊ'eɪʃn] *n* perpétuation *f*.

perpetuity [,pɜːpɪ'tjuːətɪ] *n* : **in ~** *fml* à perpétuité.

perplex [pə'pleks] *vt* rendre perplexe.

perplexed [pə'plekst] *adj* perplexe.

perplexing [pə'pleksɪŋ] *adj* déroutant(e), déconcertant(e).

perplexity [pə'pleksətɪ] *n* perplexité *f*.

perquisite ['pɜːkwɪzɪt] *n fml* à-côté *m*, avantage *m*.

per se [pɜː'seɪ] *adv* en tant que tel (telle), en soi.

persecute ['pɜːsɪkjuːt] *vt* persécuter, tourmenter.

persecution [,pɜːsɪ'kjuːʃn] *n* persécution *f*.

persecutor ['pɜːsɪkjuːtəʳ] *n* persécuteur *m*, -trice *f*.

perseverance [,pɜːsɪ'vɪərəns] *n* persévérance *f*, ténacité *f*.

persevere [,pɜːsɪ'vɪəʳ] *vi* - **1.** [with difficulty] persévérer, persister ; **to ~ with** persévérer OR persister dans - **2.** [with determination] : **to ~ in doing sthg** persister à faire qqch.

Persia ['pɜːʃə] *n* Perse *f* ; **in ~** en Perse.

Persian ['pɜːʃn] ◇ *adj* persan(e) ; HIST perse. ◇ *n* - **1.** [person] Persan *m*, -e *f* ; HIST Perse *mf* - **2.** [language] persan *m*.

Persian cat *n* chat *m* persan.

Persian Gulf *n* : **the ~** le golfe Persique.

persist [pə'sɪst] *vi* : **to ~ (in doing sthg)** persister OR s'obstiner (à faire qqch).

persistence [pə'sɪstəns] *n* persistance *f*.

persistent [pə'sɪstənt] *adj* - **1.** [noise, rain] continuel(elle) ; [problem] constant(e) - **2.** [determined] tenace, obstiné(e).

persistently [pə'sɪstəntlɪ] *adv* - **1.** [constantly] continuellement, constamment - **2.** [determinedly] obstinément, avec persévérance.

persnickety [pə'snɪkɪtɪ] *adj US* tatillon (onne), pointilleux(euse).

person ['pɜːsn] (*pl* **people** ['piːpl] , *pl* **persons** *fml*) *n* - **1.** [man or woman] personne *f* ; **in ~** en personne ; **in the ~ of** en la personne de - **2.** *fml* [body] : **about one's ~** sur soi.

persona [pə'səʊnə] (*pl* **-s** OR **-ae** [-iː]) *n* personnage *m*.

personable ['pɜːsnəbl] *adj* sympathique, agréable.

personage ['pɜːsənɪdʒ] *n* personnage *m*.

personal ['pɜːsənl] ◇ *adj* - **1.** [gen] personnel(elle) - **2.** *pej* [rude] désobligeant(e). ◇ *n US* petite annonce *f* (pour rencontres).

personal account *n* compte *m* personnel.

personal allowance *n UK* [tax] abattement *m*.

personal assistant *n* secrétaire *mf* de direction.

personal call *n* communication *f* téléphonique privée.

personal column *n* petites annonces *fpl*.

personal computer *n* ordinateur *m* personnel OR individuel.

personal estate *n (U)* biens *mpl* personnels.

personal hygiene *n* hygiène *f* corporelle.

personality [,pɜːsə'nælətɪ] (*pl* **-ies**) *n* personnalité *f*.

personalize, *UK* **-ise** ['pɜːsənəlaɪz] *vt* - **1.** [mark with name] personnaliser - **2.** [make too personal] rendre trop personnel(elle).

personalized ['pɜːsənəlaɪzd] *adj* - **1.** [marked with name] personnalisé(e) - **2.** [for one person] personnel(elle).

personally ['pɜːsnəlɪ] *adv* personnellement ; **to take sthg ~** se sentir visé par qqch.

personal organizer *n* organiseur *m*.

personal pension plan *n* retraite *f* personnelle.

personal pronoun *n* pronom *m* personnel.

personal property *n (U)* LAW biens *mpl* personnels.

personal stereo *n* baladeur *m*, Walkman® *m*.

persona non grata [-'grɑːtə] (*pl* **personae non gratae** [-'grɑːtiː]) *n* persona non grata.

person-hour *n* = **man-hour**.

personify [pə'sɒnɪfaɪ] (*pt & pp* **-ied**) *vt* personnifier.

personnel [,pɜːsə'nel] ◇ *n (U)* [department] service *m* du personnel. ◇ *npl* [staff] personnel *m*.

personnel department *n* service *m* du personnel.

personnel officer *n* responsable *mf* du personnel.

person-to-person *adj esp US* avec préavis.

perspective [pə'spektɪv] *n* - **1.** ART perspective *f* ; **to get sthg in ~** *fig* mettre qqch dans son contexte - **2.** [view, judgment] point *m* de vue, optique *f*.

Perspex® ['pɜːspeks] *n UK* ≃ Plexiglas® *m*.

perspicacious [,pɜːspɪ'keɪʃəs] *adj* perspicace.

perspiration [,pɜːspə'reɪʃn] *n* - **1.** [sweat] sueur *f* - **2.** [act of perspiring] transpiration *f*.

perspire [pə'spaɪəʳ] *vi* transpirer, suer.

persuade [pə'sweɪd] *vt* : **to ~ sb to do sthg** persuader *OR* convaincre qqn de faire qqch ; **to ~ sb that** convaincre qqn que ; **to ~ sb of** convaincre qqn de.

persuasion [pə'sweɪʒn] *n* - **1.** [act of persuading] persuasion *f* - **2.** [belief - religious] confession *f* ; [- political] opinion *f*, conviction *f*.

persuasive [pə'sweɪsɪv] *adj* [person] persuasif(ive) ; [argument] convaincant(e).

persuasively [pə'sweɪsɪvlɪ] *adv* d'un ton persuasif, d'une manière convaincante.

pert [pɜːt] *adj* mutin(e), coquin(e).

pertain [pə'teɪn] *vi fml* **~ing to** concernant, relatif(ive) à.

pertinence ['pɜːtɪnəns] *n* pertinence *f*.

pertinent ['pɜːtɪnənt] *adj* pertinent(e), approprié(e).

perturb [pə'tɜːb] *vt* inquiéter, troubler.

perturbed [pə'tɜːbd] *adj fml* inquiet(ète), troublé(e).

Peru [pə'ruː] *n* Pérou *m* ; **in ~** au Pérou.

perusal [pə'ruːzl] *n* lecture *f* attentive.

peruse [pə'ruːz] *vt* lire attentivement.

Peruvian [pə'ruːvjən] ◇ *adj* péruvien (enne). ◇ *n* [person] Péruvien *m*, -enne *f*.

pervade [pə'veɪd] *vt* [subj: smell] se répandre dans ; [subj: feeling, influence] envahir.

pervasive [pə'veɪsɪv] *adj* pénétrant(e), envahissant(e).

perverse [pə'vɜːs] *adj* [contrary - person] contrariant(e) ; [- enjoyment] malin(igne).

perversely [pə'vɜːslɪ] *adv* [contrarily] par esprit de contradiction.

perversion [*UK* pə'vɜːʃn, *US* pə'vɜːrʒn] *n* - **1.** [sexual] perversion *f* - **2.** [of truth] travestissement *m*.

perversity [pə'vɜːsətɪ] *n* [contrariness] caractère *m* contrariant, esprit *m* de contradiction.

pervert ◇ *n* ['pɜːvɜːt] pervers *m*, -e *f*. ◇ *vt* [pə'vɜːt] - **1.** [truth, meaning] travestir, déformer ; [course of justice] entraver - **2.** [sexually] pervertir.

perverted [pə'vɜːtɪd] *adj* - **1.** [sexually] pervers(e) - **2.** [reasoning] tordu(e).

peseta [pə'seɪtə] *n* peseta *f*.

peso ['peɪsəʊ] (*pl* **-s**) *n* peso *m*.

pessary ['pesərɪ] (*pl* **-ies**) *n* [medicine] ovule *m*.

pessimism ['pesɪmɪzm] *n* pessimisme *m*.

pessimist ['pesɪmɪst] *n* pessimiste *mf*.

pessimistic [ˌpesɪ'mɪstɪk] *adj* pessimiste.

pest [pest] *n* - **1.** [insect] insecte *m* nuisible ; [animal] animal *m* nuisible - **2.** *inf* [nuisance] casse-pieds *mf inv*.

pester ['pestəʳ] *vt* harceler, importuner.

pesticide ['pestɪsaɪd] *n* pesticide *m*.

pestle ['pesl] *n* pilon *m*.

pet [pet] ◇ *adj* [favourite] : **~ subject** dada *m* ; **~ hate** bête *f* noire. ◇ *n* - **1.** [animal] animal *m* (familier) - **2.** [favourite person] chouchou *m*, -oute *f*. ◇ *vt* (*pt & pp* **-ted**, *cont* **-ting**) caresser, câliner. ◇ *vi* (*pt & pp* **-ted**, *cont* **-ting**) se peloter, se caresser.

petal ['petl] *n* pétale *m*.

peter ['piːtəʳ] ◆ **peter out** *vi* [path] s'arrêter, se perdre ; [interest] diminuer, décliner.

pethidine ['peθɪdiːn] *n* péthidine *f*.

petit bourgeois [pəˌtiː'bʊəʒwɑː] ◇ *adj* petit-bourgeois (petite-bourgeoise). ◇ *n* (*pl* **petits bourgeois** [pəˌtiː'bʊəʒwɑː]) petit-bourgeois *m*, petite-bourgeoise *f*.

petite [pə'tiːt] *adj* menu(e).

petit four [ˌpeti'fɔː] (*pl* **petits fours** [peti'fɔːz]) *n* petit-four *m*.

petition [pɪ'tɪʃn] ◇ *n* pétition *f*. ◇ *vt* adresser une pétition à. ◇ *vi* - **1.** [campaign] : **to ~ for/against** faire une pétition en faveur de/contre - **2.** LAW : **to ~ for divorce** faire une demande en divorce.

petitioner [pɪ'tɪʃənəʳ] *n* pétitionnaire *mf*.

pet name *n* petit nom *m*.

petrified ['petrɪfaɪd] *adj* [terrified] paralysé(e) *OR* pétrifié(e) de peur.

petrify ['petrɪfaɪ] (*pt & pp* **-ied**) *vt* [terrify] paralyser *OR* pétrifier de peur.

petrochemical [ˌpetrəʊ'kemɪkl] *adj* pétrochimique.

petrodollar ['petrəʊˌdɒləʳ] *n* FIN pétrodollar *m*.

petrol ['petrəl] *n UK* essence *f*.

petrolatum [ˌpetrə'leɪtəm] *n US* vaseline *f*.

petrol bomb *n UK* cocktail *m* Molotov.

petrol can *n UK* bidon *m* à essence.

petroleum [pɪ'trəʊljəm] *n* pétrole *m*.

petroleum jelly *n UK* vaseline *f*.

petrol pump *n UK* pompe *f* à essence.

petrol station *n UK* station-service *f*.

petrol tank *n UK* réservoir *m* d'essence.

pet shop *n* animalerie *f*.

petticoat ['petɪkəʊt] *n* jupon *m*.

pettiness ['petɪnɪs] *n* [small-mindedness] mesquinerie *f*, étroitesse *f* d'esprit.

petty ['petɪ] (*comp* **-ier**, *superl* **-iest**) *adj* - **1.** [small-minded] mesquin(e) - **2.** [trivial] insignifiant(e), sans importance.

petty cash *n (U)* caisse *f* des dépenses courantes.

petty officer *n* second maître *m*.

petulant ['petjʊlənt] *adj* irritable.

pew [pju:] *n* banc *m* d'église.

pewter ['pju:təʳ] *n* étain *m*.

PG (*abbr of* **parental guidance**) *en Grande-Bretagne, désigne un film pour lequel l'avis des parents est recommandé.*

PGA (*abbr of* **Professional Golfers' Association**) *n association de joueurs de golf professionnels.*

p & h (*abbr of* **postage and handling**) *n* **US** *frais de port.*

PH (*abbr of* **Purple Heart**) *n distinction militaire américaine.*

PHA (*abbr of* **Public Housing Administration**) *n services du logement social aux États-Unis.*

phallic ['fælɪk] *adj* phallique ; **~ symbol** symbole *m* phallique.

phallus ['fæləs] (*pl* **-es** [-i:z] , *pl* **phalli** ['fælaɪ]) *n* phallus *m*.

phantom ['fæntəm] ◇ *adj* fantomatique, spectral(e). ◇ *n* [ghost] fantôme *m*.

phantom pregnancy *n* grossesse *f* nerveuse, fausse grossesse.

pharaoh ['feərəʊ] *n* pharaon *m*.

Pharisee ['færɪsi:] *n* Pharisien *m*, -enne *f*.

pharmaceutical [ˌfɑ:mə'sju:tɪkl] *adj* pharmaceutique.

◆ **pharmaceuticals** *npl* produits *mpl* pharmaceutiques.

pharmacist ['fɑ:məsɪst] *n* pharmacien *m*, -enne *f*.

pharmacology [ˌfɑ:mə'kɒlədʒɪ] *n* pharmacologie *f*.

pharmacy ['fɑ:məsɪ] (*pl* **-ies**) *n* pharmacie *f*.

phase [feɪz] ◇ *n* phase *f*. ◇ *vt* faire progressivement.

◆ **phase in** *vt sep* introduire progressivement.

◆ **phase out** *vt sep* supprimer progressivement.

PhD (*abbr of* **Doctor of Philosophy**) *n (titulaire d'un) doctorat de 3ᵉ cycle.*

pheasant ['feznt] (*pl* **pheasant** OR **-s**) *n* faisan *m*.

phenobarbitone *UK* [ˌfi:nəʊ'bɑ:bɪtəʊn], **phenobarbitol** *US* [ˌfi:nəʊ'bɑ:bɪtl] *n* phénobarbital *m*.

phenomena [fɪ'nɒmɪnə] *pl* ▷ **phenomenon**.

phenomenal [fɪ'nɒmɪnl] *adj* phénoménal(e), extraordinaire.

phenomenon [fɪ'nɒmɪnən] (*pl* **-mena** [-mɪnə]) *n* phénomène *m*.

phew [fju:] *excl* ouf!

phial ['faɪəl] *n* fiole *f*.

Philadelphia [ˌfɪlə'delfjə] *n* Philadelphie ; **in ~** à Philadelphie.

philanderer [fɪ'lændərəʳ] *n* coureur *m*, don Juan *m*.

philanthropic [ˌfɪlən'θrɒpɪk] *adj* philanthropique.

philanthropist [fɪ'lænθrəpɪst] *n* philanthrope *mf*.

philately [fɪ'lætəlɪ] *n* philatélie *f*.

philharmonic [ˌfɪlɑ:'mɒnɪk] *adj* philharmonique.

Philippine ['fɪlɪpi:n] *adj* philippin(e) ; **the ~ Islands** les Philippines *fpl*.

◆ **Philippines** *npl* : **the ~s** les Philippines *fpl*.

philistine [*UK* 'fɪlɪstaɪn, *US* 'fɪlɪsti:n] *n* philistin *m*, béotien *m*, -enne *f*.

Phillips® ['fɪlɪps] *comp* : **~ screw** vis *f* cruciforme ; **~ screwdriver** tournevis *m* cruciforme.

philosopher [fɪ'lɒsəfəʳ] *n* philosophe *mf*.

philosophical [ˌfɪlə'sɒfɪkl] *adj* **- 1.** [gen] philosophique **- 2.** [stoical] philosophe.

philosophize, *UK* **-ise** [fɪ'lɒsəfaɪz] *vi* philosopher.

philosophy [fɪ'lɒsəfɪ] (*pl* **-ies**) *n* philosophie *f*.

phlegm [flem] *n* flegme *m*.

phlegmatic [fleg'mætɪk] *adj* flegmatique.

Phnom Penh [ˌnɒm'pen] *n* Phnom Penh.

phobia ['fəʊbjə] *n* phobie *f* ; **to have a ~ about** avoir la phobie de.

phoenix ['fi:nɪks] *n* phénix *m*.

phone [fəʊn] ◇ *n* téléphone *m* ; **to be on the ~** [speaking] être au téléphone ; *UK* [connected to network] avoir le téléphone. ◇ *comp* téléphonique. ◇ *vt* téléphoner à, appeler. ◇ *vi* téléphoner.

◆ **phone up** *vt sep & vi UK* téléphoner.

phone book *n* annuaire *m* (du téléphone).

phone booth, **phone box** *UK n* cabine *f* téléphonique.

phone call *n* coup *m* de téléphone OR fil ; **to make a ~** passer OR donner un coup de fil.

phonecard ['fəʊnkɑ:d] *n* ≃ Télécarte® *f*.

phone-in *n* RADIO & TV programme *m* à ligne ouverte.

phone line *n* **- 1.** [wire] câble *m* téléphonique **- 2.** [connection] ligne *f* téléphonique.

phone number *n* numéro *m* de téléphone.

phone-tapping [-ˌtæpɪŋ] *n* écoute *f* téléphonique.

phonetics [fə'netɪks] *n (U)* phonétique *f*.

phoney, phony *US inf* ['fəʊnɪ] <> *adj* (*comp* **-ier**, *superl* **-iest**) **- 1.** [passport, address] bidon *(inv)* **- 2.** [person] hypocrite, pas franc (pas franche). <> *n* (*pl* **-ies**) poseur *m*, -euse *f*.

phoney war *n* drôle de guerre *f*.

phony *US* = **phoney**.

phosphate ['fɒsfeɪt] *n* phosphate *m*.

phosphorus ['fɒsfərəs] *n* phosphore *m*.

photo ['fəʊtəʊ] *n* photo *f* ; **to take a ~ of sb/sthg** photographier qqn/qqch, prendre qqn/qqch en photo.

photocall ['fəʊtəʊkɔːl] *n UK* séance *f* de photos.

photocopier ['fəʊtəʊˌkɒpɪəʳ] *n* photocopieur *m*, copieur *m*.

photocopy ['fəʊtəʊˌkɒpɪ] <> *n* (*pl* **-ies**) photocopie *f*. <> *vt* (*pt & pp* **-ied**) photocopier.

photoelectric cell [ˌfəʊtəʊɪ'lektrɪk-] *n* cellule *f* photoélectrique.

photo finish *n* SPORT photo-finish *f*.

Photofit® ['fəʊtəʊfɪt] *n* : **~ (picture)** portrait-robot *m*, photo-robot *f*.

photogenic [ˌfəʊtəʊ'dʒenɪk] *adj* photogénique.

photograph ['fəʊtəgrɑːf] <> *n* photographie *f* ; **to take a ~ (of sb/sthg)** prendre (qqn/qqch) en photo, photographier (qqn/qqch). <> *vt* photographier, prendre en photo.

photographer [fə'tɒgrəfəʳ] *n* photographe *mf*.

photographic [ˌfəʊtə'græfɪk] *adj* photographique.

photographic memory *n* mémoire *f* photographique.

photography [fə'tɒgrəfɪ] *n* photographie *f*.

photojournalism [ˌfəʊtəʊ'dʒɜːnəlɪzm] *n* photojournalisme *m*.

photon ['fəʊtɒn] *n* photon *m*.

photo opportunity *n* séance *f* photoprotocolaire.

photosensitive [ˌfəʊtəʊ'sensɪtɪv] *adj* photosensible.

photoshoot ['fəʊtəʊʃuːt] *n* prise de vue.

Photostat® ['fəʊtəstæt] (*pt & pp* **-ted**, *cont* **-ting**) *n* photostat *m*, photocopie *f*.

◆ **photostat** *vt* photocopier, faire un photostat de.

photosynthesis [ˌfəʊtəʊ'sɪnθəsɪs] *n* photosynthèse *f*.

phrasal verb ['freɪzl-] *n* verbe *m* à postposition.

phrase [freɪz] <> *n* expression *f*. <> *vt* exprimer, tourner.

phrasebook ['freɪzbʊk] *n* guide *m* de conversation *(pour touristes)*.

phraseology [ˌfreɪzɪ'ɒlədʒɪ] *n* phraséologie *f*.

phys ed (*abbr of* **physical education**) *US inf* éducation *f* physique.

physical ['fɪzɪkl] <> *adj* **- 1.** [gen] physique **- 2.** [world, objects] matériel(elle). <> *n* [examination] visite *f* médicale.

physical chemistry *n* chimie *f* physique.

physical education *n* éducation *f* physique.

physical examination *n* visite *f* médicale.

physical geography *n* géographie *f* physique.

physical jerks *npl UK hum* exercices *mpl*, gymnastique *f*.

physically ['fɪzɪklɪ] *adv* physiquement.

physically handicapped <> *adj* : **to be ~** être handicapé(e) physique. <> *npl* : **the ~** les handicapés *mpl* physiques.

physical science *n* science *f* physique.

physical training *n* éducation *f* physique.

physician [fɪ'zɪʃn] *n* médecin *m*.

physicist ['fɪzɪsɪst] *n* physicien *m*, -enne *f*.

physics ['fɪzɪks] *n (U)* physique *f*.

physio ['fɪzɪəʊ] (*pl* **-s**) *n UK inf* **- 1.** (*abbr of* **physiotherapist**) kiné *mf* **- 2.** (*abbr of* **physiotherapy**) kiné *f*.

physiognomy [ˌfɪzɪ'ɒnəmɪ] (*pl* **-ies**) *n* physionomie *f*.

physiology [ˌfɪzɪ'ɒlədʒɪ] *n* physiologie *f*.

physiotherapist [ˌfɪzɪəʊ'θerəpɪst] *n* kinésithérapeute *mf*.

physiotherapy [ˌfɪzɪəʊ'θerəpɪ] *n* kinésithérapie *f*.

physique [fɪ'ziːk] *n* physique *m*.

pianist ['pɪənɪst] *n* pianiste *mf*.

piano [pɪ'ænəʊ] (*pl* **-s**) *n* piano *m*.

piano accordion *n* accordéon *m* à clavier.

Picardy ['pɪkədɪ] *n* Picardie *f* ; **in ~** en Picardie.

piccalilli [ˌpɪkə'lɪlɪ] *n* piccalilli *f*.

piccolo ['pɪkələʊ] (*pl* **-s**) *n* piccolo *m*.

pick [pɪk] <> *n* **- 1.** [tool] pioche *f*, pic *m* **- 2.** [selection] : **to take one's ~** choisir, faire son choix **- 3.** [best] : **the ~ of** le meilleur (la meilleure) de. <> *vt* **- 1.** [select, choose] choisir, sélectionner ; **to ~ one's way across** OR **through sthg** traverser avec précaution **- 2.** [gather] cueillir **- 3.** [remove] enlever

- **4.** [nose] : **to ~ one's nose** se décrotter le nez ; **to ~ one's teeth** se curer les dents - **5.** [fight, quarrel] chercher ; **to ~ a fight (with sb)** chercher la bagarre (à qqn) - **6.** [lock] crocheter. <> *vi* : **to ~ and choose** faire le/la difficile.

◆ **pick at** *vt insep* [food] picorer.

◆ **pick on** *vt insep* s'en prendre à, être sur le dos de.

◆ **pick out** *vt sep* - **1.** [recognize] repérer, reconnaître - **2.** [select, choose] choisir, désigner.

◆ **pick up** <> *vt sep* - **1.** [lift up] ramasser ; **to ~ up the pieces** *fig* recoller les morceaux, recommencer comme avant - **2.** [collect] aller chercher, passer prendre - **3.** [collect in car] prendre, chercher - **4.** [skill, language] apprendre ; [habit] prendre ; [bargain] découvrir ; **to ~ up speed** prendre de la vitesse - **5.** [subj: police] : **to ~ sb up for sthg** arrêter OR cueillir qqn pour qqch - **6.** *inf* [sexually - woman, man] draguer - **7.** RADIO & TELEC [detect, receive] capter, recevoir - **8.** [conversation, work] reprendre, continuer. <> *vi* [improve, start again] reprendre.

pickaxe *UK*, **pickax** *US* ['pɪkæks] *n* pioche *f*, pic *m*.

picker ['pɪkəʳ] *n* cueilleur *m*, -euse *f*.

picket ['pɪkɪt] <> *n* piquet *m* de grève. <> *vt* mettre un piquet de grève devant.

picketing ['pɪkətɪŋ] *n (U)* piquets *mpl* de grève.

picket line *n* piquet *m* de grève.

pickings ['pɪkɪŋz] *npl* : **there are rich ~ to be had** ça peut rapporter beaucoup d'argent.

pickle ['pɪkl] <> *n UK* [in the UK] pickles *mpl* ; [in the US] cornichon *m* ; : **to be in a ~** être dans le pétrin. <> *vt* conserver dans du vinaigre, de la saumure *etc*.

pickled ['pɪkld] *adj* - **1.** [food] au vinaigre - **2.** *inf* [drunk] rond(e), pompette.

pick-me-up *n inf* remontant *m*.

pickpocket ['pɪk,pɒkɪt] *n* pickpocket *m*, voleur *m* à la tire.

pick-up *n* - **1.** [of record player] pick-up *m* - **2.** [truck] camionnette *f*.

pick-up truck *n* camionnette *f*.

picky ['pɪkɪ] (*comp* **-ier**, *superl* **-iest**) *adj* difficile.

picnic ['pɪknɪk] <> *n* pique-nique *m*. <> *vi* (*pt & pp* **-ked**, *cont* **-king**) pique-niquer.

picnicker ['pɪknɪkəʳ] *n* pique-niqueur *m*, -euse *f*.

Pict [pɪkt] *n* : **the ~s** les Pictes *mpl*.

pictorial [pɪk'tɔːrɪəl] *adj* illustré(e).

picture ['pɪktʃəʳ] <> *n* - **1.** [painting] tableau *m*, peinture *f* ; [drawing] dessin *m* - **2.** [photograph] photo *f*, photographie *f* - **3.** TV image *f* - **4.** CIN film *m* - **5.** [in mind] tableau *m*, image *f* - **6.** *fig* [situation] tableau *m* - **7.** [epitome] : **she's the ~ of health** elle respire la santé - **8.** *phr* **to get the ~** *inf* piger ; **to be in/out of the ~** être/ne pas être au courant ; **to put sb in the ~** mettre qqn au courant. <> *vt* - **1.** [in mind] imaginer, s'imaginer, se représenter - **2.** [in photo] photographier - **3.** [in painting] représenter, peindre.

◆ **pictures** *npl UK* : **the ~s** le cinéma.

picture book *n* livre *m* d'images.

picture rail *n* cimaise *f*.

picturesque [,pɪktʃə'resk] *adj* pittoresque.

picture window *n* fenêtre *f* panoramique.

piddling ['pɪdlɪŋ] *adj inf pej* dérisoire, insignifiant(e).

pidgin ['pɪdʒɪn] <> *n* pidgin *m*. <> *comp* : **~ English** pidgin english *m* ; **~ French** petit nègre *m*.

pie [paɪ] *n* [savoury] *UK* tourte *f* ; [sweet] tarte *f* ; **it's just ~ in the sky** ce ne sont que des projets en l'air.

piebald ['paɪbɔːld] *adj* pie *(inv)*.

piece [piːs] *n* - **1.** [gen] morceau *m* ; [of string] bout *m* ; **a ~ of furniture** un meuble ; **a ~ of clothing** un vêtement ; **a ~ of advice** un conseil ; **a ~ of information** un renseignement ; **a ~ of work** un travail ; **to fall to ~s** tomber en morceaux ; **to be smashed to ~s** être cassé en mille morceaux ; **to take sthg to ~s** démonter qqch ; **in ~s** en morceaux ; **in one ~** [intact] intact(e) ; [unharmed] sain et sauf (saine et sauve) ; **to go to ~s** *fig* s'effondrer, craquer - **2.** [coin, item, in chess] pièce *f* ; [in draughts] pion *m* - **3.** PRESS article *m*.

◆ **piece together** *vt sep* [facts] coordonner.

pièce de résistance [,pjesdərezɪs'tɑ̃ːs] (*pl* **pièces de résistance** [,pjesdərezɪs'tɑ̃ːs]) *n* pièce *f* de résistance.

piecemeal ['piːsmiːl] <> *adj* fait(e) petit à petit. <> *adv* petit à petit, peu à peu.

piecework ['piːswɜːk] *n (U)* travail *m* à la pièce OR aux pièces.

pie chart *n* camembert *m*, graphique *m* rond.

pied-a-terre [,pɪeɪdæ'teəʳ] (*pl* **pieds-a-terre** [,pɪeɪdæ'teəʳ]) *n* pied-à-terre *m inv*.

pie-eyed [-'aɪd] *adj inf* rond(e), gris(e).

pie plate *n US* moule *m* à tarte.

pier [pɪəʳ] *n* [at seaside] jetée *f*.

pierce [pɪəs] *vt* percer, transpercer ; **to have one's ears ~d** se faire percer les oreilles.

pierced [pɪəst] *adj* percé(e).

piercing ['pɪəsɪŋ] *adj* - **1.** [sound, look] perçant(e) - **2.** [wind] pénétrant(e).

piety ['paɪətɪ] *n* piété *f*.

piffle ['pɪfl] *n (U) inf* bêtises *fpl*, balivernes *fpl*.

piffling ['pɪflɪŋ] *adj inf* insignifiant(e).

pig [pɪg] (*pt & pp* **-ged**, *cont* **-ging**) *n* - **1.** [animal] porc *m*, cochon *m* - **2.** *inf pej* [greedy eater] goinfre *m*, glouton *m* ; **to make a ~ of o.s.** se goinfrer - **3.** *inf pej* [unkind person] sale type *m*.
◆ **pig out** *vi inf* s'empiffrer.

pigeon ['pɪdʒɪn] (*pl* **pigeon** OR **-s**) *n* pigeon *m*.

pigeon-chested [-ˌtʃestɪd] *adj* à la poitrine bombée.

pigeonhole ['pɪdʒɪnhəʊl] ◇ *n* [compartment] casier *m*. ◇ *vt* [classify] étiqueter, cataloguer.

pigeon-toed [-ˌtəʊd] *adj* qui a les pieds en dedans.

piggish ['pɪgɪʃ] *adj inf* cochon(onne), dégoûtant(e).

piggy ['pɪgɪ] ◇ *adj* (*comp* **-ier**, *superl* **-iest**) de cochon. ◇ *n* (*pl* **-ies**) *inf* cochon *m*.

piggyback ['pɪgɪbæk] *n* : **to give sb a ~** porter qqn sur son dos.

piggy bank ['pɪgɪbæŋk] *n* tirelire *f*.

pigheaded [ˌpɪg'hedɪd] *adj* têtu(e).

piglet ['pɪglɪt] *n* porcelet *m*.

pigment ['pɪgmənt] *n* pigment *m*.

pigmentation [ˌpɪgmən'teɪʃn] *n* pigmentation *f*.

pigmy ['pɪgmɪ] (*pl* **-ies**) = **pygmy**.

pigpen *US* = **pigsty**.

pigskin ['pɪgskɪn] ◇ *n* (peau *f* de) porc *m*. ◇ *comp* en peau de porc.

pigsty ['pɪgstaɪ] (*pl* **-ies**), *US* **pigpen** ['pɪgpen] *n lit & fig* porcherie *f*.

pigswill ['pɪgswɪl] *n lit & fig* pâtée *f* pour les porcs.

pigtail ['pɪgteɪl] *n* natte *f*.

pike [paɪk] (*pl* **pike** OR **-s**) *n* - **1.** [fish] brochet *m* - **2.** [spear] pique *f*.

pikestaff ['paɪkstɑːf] *n* manche *m* d'une pique.

pilaster [pɪ'læstəʳ] *n* pilastre *m*.

pilchard ['pɪltʃəd] *n* pilchard *m*.

pile [paɪl] ◇ *n* - **1.** [heap] tas *m* ; **a ~ of, ~s of** un tas OR des tas de - **2.** [neat stack] pile *f* - **3.** [of carpet] poil *m*. ◇ *vt* empiler.
◆ **piles** *npl* MED hémorroïdes *fpl*.
◆ **pile in** *vi inf* s'empiler.
◆ **pile into** *vt insep inf* s'entasser dans, s'empiler dans.
◆ **pile out** *vi inf* sortir en se bousculant.
◆ **pile up** ◇ *vt sep* empiler, entasser. ◇ *vi* - **1.** [form a heap] s'entasser - **2.** *fig* [work, debts] s'accumuler.

pile driver *n* sonnette *f*.

pileup ['paɪlʌp] *n* AUT carambolage *m*.

pilfer ['pɪlfəʳ] ◇ *vt* chaparder. ◇ *vi* : **to ~ (from)** faire du chapardage (dans).

pilgrim ['pɪlgrɪm] *n* pèlerin *m*.

pilgrimage ['pɪlgrɪmɪdʒ] *n* pèlerinage *m*.

pill [pɪl] *n* - **1.** [gen] pilule *f* - **2.** [contraceptive] : **the ~** la pilule ; **to be on the ~** prendre la pilule.

pillage ['pɪlɪdʒ] ◇ *n* pillage *m*. ◇ *vt* piller.

pillar ['pɪləʳ] *n lit & fig* pilier *m*.

pillar box *n UK* boîte *f* aux lettres.

pillbox ['pɪlbɒks] *n* - **1.** [box for pills] boîte *f* à pilules - **2.** MIL casemate *f*.

pillion ['pɪljən] *n* siège *m* arrière ; **to ride ~** monter derrière.

pillock ['pɪlək] *n UK inf* imbécile *mf*.

pillory ['pɪlərɪ] ◇ *n* (*pl* **-ies**) pilori *m*. ◇ *vt* (*pt & pp* **-ied**) : **to be pilloried** être mis(e) au pilori.

pillow ['pɪləʊ] *n* - **1.** [for bed] oreiller *m* - **2.** *US* [on sofa, chair] coussin *m*.

pillowcase ['pɪləʊkeɪs], **pillowslip** ['pɪləʊslɪp] *n* taie *f* d'oreiller.

pilot ['paɪlət] ◇ *n* - **1.** AERON & NAUT pilote *mf* - **2.** TV émission *f* pilote. ◇ *comp* pilote. ◇ *vt* piloter.

pilot burner, **pilot light** *n* veilleuse *f*.

pilot scheme *n* projet-pilote *m*.

pilot study *n* étude *f* pilote OR expérimentale.

pimento [pɪ'mentəʊ] (*pl* **pimento** OR **-s**) *n* piment *m*.

pimp [pɪmp] *n inf* maquereau *m*, souteneur *m*.

pimple ['pɪmpl] *n* bouton *m*.

pimply ['pɪmplɪ] (*comp* **-ier**, *superl* **-iest**) *adj* boutonneux(euse).

pin [pɪn] ◇ *n* - **1.** [for sewing] épingle *f* ; **to have ~s and needles** avoir des fourmis ; **to be on ~s and needles** *US* être sur des charbons ardents - **2.** *US* [brooch] broche *f* - **3.** *UK* [drawing pin] punaise *f* - **4.** [safety pin] épingle *f* de nourrice OR de sûreté - **5.** [of plug] fiche *f* - **6.** TECH goupille *f*, cheville *f* - **7.** [in grenade] goupille *f* - **8.** GOLF : **the ~** le drapeau de trou. ◇ *vt* (*pt & pp* **-ned**, *cont* **-ning**) : **to ~ sthg to/on sthg** épingler qqch à/sur qqch ; **to ~ sb against** OR **to** clouer qqn contre ; **to ~ sthg on sb** [blame] mettre OR coller qqch sur le dos de qqn ; **to ~ one's hopes on sb/sthg** mettre tous ses espoirs en qqn/dans qqch.
◆ **pin down** *vt sep* - **1.** [identify] définir, identifier - **2.** [force to make a decision] : **to ~ sb down** obliger qqn à prendre une décision.
◆ **pin up** *vt sep* épingler.

PIN [pɪn] (*abbr of* **personal identification number**) *n* code *m* confidentiel.

pinafore ['pɪnəfɔːr] *n* - **1.** [apron] tablier *m* - **2.** *UK* [dress] chasuble *f*.

pinball ['pɪnbɔːl] *n* flipper *m*.

pinball machine *n* flipper *m*.

pincer movement ['pɪnsər-] *n* mouvement *m* de tenailles.

pincers ['pɪnsəz] *npl* - **1.** [tool] tenailles *fpl* - **2.** [of crab] pinces *fpl*.

pinch [pɪntʃ] ◇ *n* - **1.** [nip] pincement *m* ; **to feel the ~** tirer le diable par la queue - **2.** [of salt] pincée *f*. ◇ *vt* - **1.** [nip] pincer - **2.** [subj: shoes] serrer - **3.** *UK inf* [steal] piquer, faucher.
◆ **at a pinch** *UK*, **in a pinch** *US adv* à la rigueur.

pinched [pɪntʃt] *adj* [features] tiré(e) ; **to be ~ for time/money** être à court de temps/d'argent ; **~ with cold** transi de froid.

pincushion ['pɪn,kʊʃn] *n* pelote *f* à épingles.

pine [paɪn] ◇ *n* pin *m*. ◇ *comp* en pin. ◇ *vi* : **to ~ for** désirer ardemment.
◆ **pine away** *vi* languir.

pineapple ['paɪnæpl] *n* ananas *m*.

pinecone ['paɪnkəʊn] *n* pomme *f* de pin.

pine needle *n* aiguille *f* de pin.

pinetree ['paɪntriː] *n* pin *m*.

pinewood ['paɪnwʊd] *n* - **1.** [forest] pinède *f* - **2.** *(U)* [material] bois *m* de pin.

ping [pɪŋ] ◇ *n* [of bell] tintement *m* ; [of metal] bruit *m* métallique. ◇ *vi* [bell] tinter ; [metal] faire un bruit métallique.

Ping-Pong® [-pɒŋ] *n* ping-pong *m*.

pinhole ['pɪnhəʊl] *n* trou *m* d'épingle.

pinion ['pɪnjən] ◇ *n* pignon *m*. ◇ *vt* [person] clouer.

pink [pɪŋk] ◇ *adj* rose ; **to go** *OR* **turn ~** rosir, rougir. ◇ *n* - **1.** [colour] rose *m* ; **in ~** en rose - **2.** [flower] mignardise *f*.

pink gin *n UK boisson alcoolisée contenant du gin et de l'angusture.*

pinkeye *US* = **conjunctivitis**.

pinkie ['pɪŋkɪ] *n US* & *Scotland* petit doigt *m*.

pinking ['pɪŋkɪŋ] *n UK* AUT cliquettement *m*.

pinking scissors, **pinking shears** *npl* ciseaux *mpl* à cranter.

pin money *n* argent *m* de poche.

pinnacle ['pɪnəkl] *n* - **1.** [mountain peak, spire] pic *m*, cime *f* - **2.** *fig* [high point] apogée *m*.

pinny ['pɪnɪ] (*pl* **-ies**) *n UK inf* tablier *m*.

pinpoint ['pɪnpɔɪnt] *vt* - **1.** [cause, problem] définir, mettre le doigt sur - **2.** [position] localiser.

pinprick ['pɪnprɪk] *n* piqûre *f* d'épingle ; *fig* petit désagrément *m*.

pin-striped [-,straɪpt] *adj* à très fines rayures.

pint [paɪnt] *n* - **1.** *UK* [unit of measurement] = *0,568 litre*, ≃ demi-litre *m* - **2.** *US* [unit of measurement] = *0,473 litre*, ≃ demi-litre *m* - **3.** *UK* [beer] ≃ demi *m*.

pintable ['pɪnteɪbl] *n UK* flipper *m*.

pinto ['pɪntəʊ] *US* ◇ *adj* pie *(inv)*. ◇ *n* (*pl* **-s** *OR* **-es**) cheval *m* pie.

pint-size(d) *adj inf* minuscule.

pinup ['pɪnʌp] *n* pin-up *f inv*.

pioneer [,paɪə'nɪər] ◇ *n lit* & *fig* pionnier *m*. ◇ *vt* : **to ~ sthg** être un des premiers (une des premières) à faire qqch.

pioneering [,paɪə'nɪərɪŋ] *adj* [work, research] de pionnier.

pious ['paɪəs] *adj* - **1.** RELIG pieux (pieuse) - **2.** *pej* [sanctimonious] moralisateur(trice).

piously ['paɪəslɪ] *adv* pieusement.

pip [pɪp] *n* - **1.** [seed] pépin *m* - **2.** *UK* RADIO top *m*.

pipe [paɪp] ◇ *n* - **1.** [for gas, water] tuyau *m* - **2.** [for smoking] pipe *f*. ◇ *vt* acheminer par tuyau.
◆ **pipes** *npl* MUS cornemuse *f*.
◆ **pipe down** *vi inf* se taire, la fermer.
◆ **pipe up** *vi inf* se faire entendre.

pipe cleaner *n* cure-pipe *m*.

piped music *n UK* musique *f* de fond.

pipe dream *n* projet *m* chimérique.

pipeline ['paɪplaɪn] *n* [for gas] gazoduc *m* ; [for oil] oléoduc *m*, pipeline *m* ; **to be in the ~** *fig* être imminent *OR* proche.

piper ['paɪpər] *n* joueur *m*, -euse *f* de cornemuse.

piping hot ['paɪpɪŋ-] *adj* bouillant(e).

pipsqueak ['pɪpskwiːk] *n pej* moins *m* que rien.

piquant ['piːkənt] *adj* piquant(e).

pique [piːk] *n* dépit *m* ; **a fit of ~** un accès de dépit.

piracy ['paɪrəsɪ] *n* - **1.** [at sea] piraterie *f* - **2.** [of video, program] piratage *m*.

piranha [pɪ'rɑːnə] *n* piranha *m*.

pirate ['paɪrət] ◇ *adj* [video, program] pirate. ◇ *n* pirate *m*. ◇ *vt* [video, program] pirater.

pirate radio *n UK* radio *f* pirate.

pirouette [,pɪrʊ'et] ◇ *n* pirouette *f*. ◇ *vi* pirouetter.

Pisces ['paɪsi:z] *n* Poissons *mpl* ; **to be (a) ~** être Poissons.

piss [pɪs] *vulg* <> *n* - **1.** [urine] pisse *f* ; **to have a ~** pisser - **2.** *phr* **to take the ~ out of** *UK* se foutre de. <> *vi* pisser.

◆ **piss down** *impers vb UK vulg* pleuvoir comme vache qui pisse.

◆ **piss off** *vulg* <> *vt sep* emmerder. <> *vi UK* foutre le camp ; **~ off!** fous le camp!

pissed [pɪst] *adj vulg* - **1.** *UK* [drunk] bourré(e) - **2.** *US* [annoyed] en boule.

pissed off *adj vulg* qui en a plein le cul.

pistachio [pɪ'stɑ:ʃɪəʊ] (*pl* **-s**) *n* pistache *f*.

pistol ['pɪstl] *n* pistolet *m*.

pistol-whip *vt US* frapper avec un pistolet.

piston ['pɪstən] *n* piston *m*.

pit [pɪt] <> *n* - **1.** [hole] trou *m* ; [in road] petit trou ; [on face] marque *f* - **2.** [for orchestra] fosse *f* - **3.** [mine] mine *f* - **4.** [quarry] carrière *f* - **5.** *US* [of fruit] noyau *m* - **6.** *phr* **the ~ of one's stomach** le creux de l'estomac. <> *vt* (*pt* & *pp* **-ted**, *cont* **-ting**) : **to ~ sb against sb** opposer qqn à qqn ; **to ~ one's wits against sb** se mesurer avec qqn.

◆ **pits** *npl* - **1.** [in motor racing] : **the ~s** les stands *mpl* - **2.** *inf* [awful] : **the ~s** l'horreur *f* complète OR totale.

pit bull (terrier) *n* pitbull *m*, pit-bull *m*.

pitch [pɪtʃ] <> *n* - **1.** *UK* SPORT terrain *m* - **2.** MUS ton *m* - **3.** [level, degree] degré *m* - **4.** *UK* [selling place] place *f* - **5.** *inf* [sales talk] baratin *m* - **6.** AERON & NAUT tangage *m* - **7.** [throw] lancement *m*. <> *vt* - **1.** [throw] lancer ; **to be ~ed into sthg** être catapulté dans qqch - **2.** [set - price] fixer ; [- speech] adapter - **3.** [tent] dresser ; [camp] établir. <> *vi* - **1.** [ball] rebondir - **2.** [fall] : **to ~ forward** être projeté(e) en avant - **3.** AERON & NAUT tanguer.

◆ **pitch in** *vi* s'y mettre.

pitch-black *adj* : **it's ~ in here** il fait noir comme dans un four.

pitched [pɪtʃt] *adj* [sloping] penché(e).

pitched battle [ˌpɪtʃt-] *n* bataille *f* rangée.

pitcher ['pɪtʃər] *n US* - **1.** [jug] cruche *f* - **2.** [in baseball] lanceur *m*.

pitchfork ['pɪtʃfɔ:k] *n* fourche *f*.

piteous ['pɪtɪəs] *adj* pitoyable.

piteously ['pɪtɪəslɪ] *adv* pitoyablement.

pitfall ['pɪtfɔ:l] *n* piège *m*.

pith [pɪθ] *n* - **1.** [in plant] moelle *f* - **2.** [of fruit] peau *f* blanche - **3.** *fig* [crux] essence *f*.

pithead ['pɪthed] *n* carreau *m* de mine.

pith helmet *n* casque *m* colonial.

pithy ['pɪθɪ] (*comp* **-ier**, *superl* **-iest**) *adj* [brief] concis(e) ; [terse] piquant(e).

pitiable ['pɪtɪəbl] *adj* pitoyable.

pitiful ['pɪtɪfʊl] *adj* [condition] pitoyable ; [excuse, effort] lamentable.

pitifully ['pɪtɪfʊlɪ] *adv* [look, cry] pitoyablement ; [poor] lamentablement.

pitiless ['pɪtɪlɪs] *adj* sans pitié, impitoyable.

pitman ['pɪtmən] (*pl* **-men** [-mən]) *n* mineur *m* de fond.

pit pony *n UK* cheval *m* de mine.

pit prop *n* poteau *m* de mine.

pit stop *n* - **1.** [in motor racing] arrêt *m* aux stands - **2.** *US hum* arrêt *m* pipi.

pitta bread ['pɪtə-] *n* pain *m* grec, pita *m*.

pittance ['pɪtəns] *n* [wage] salaire *m* de misère.

pitted ['pɪtɪd] *adj* : **~ (with)** [face] grêlé(e) (par) ; [metal] piqué(e) (de).

pitter-patter ['pɪtəˌpætər] *n* [of rain] crépitement *m*.

pituitary [pɪ'tjʊɪtrɪ] (*pl* **-ies**) *n* : **~ (gland)** glande *f* pituitaire.

pity ['pɪtɪ] <> *n* pitié *f* ; **what a ~!** quel dommage! ; **it's a ~** c'est dommage ; **to take** OR **have ~ on sb** prendre qqn en pitié, avoir pitié de qqn. <> *vt* (*pt* & *pp* **-ied**) plaindre.

pitying ['pɪtɪɪŋ] *adj* compatissant(e).

pivot ['pɪvət] <> *n lit* & *fig* pivot *m*. <> *vi* : **to ~ (on)** pivoter (sur).

pixel ['pɪksl] *n* COMPUT pixel *m*.

pixie, **pixy** (*pl* **-ies**) ['pɪksɪ] *n* lutin *m*.

pizza ['pi:tsə] *n* pizza *f*.

pizzazz [pɪ'zæz] *n inf* vitalité *f*, énergie *f*.

Pl. (*abbr of* **Place**) *rue*.

P & L (*abbr of* **profit and loss**) *n pertes et profits*.

placard ['plækɑ:d] *n* placard *m*, affiche *f*.

placate [plə'keɪt] *vt* calmer, apaiser.

placatory [plə'keɪtərɪ] *adj* apaisant(e).

place [pleɪs] <> *n* - **1.** [location] endroit *m*, lieu *m* ; **~ of birth** lieu de naissance - **2.** [proper position, seat, vacancy, rank] place *f* ; **everything fell into ~** *fig* tout s'éclaircit ; **to put sb in their ~** remettre qqn à sa place - **3.** [home] : **at/to my ~** chez moi - **4.** [in book] : **to lose one's ~** perdre sa page - **5.** MATHS : **decimal ~** décimale *f* - **6.** [instance] : **in the first ~** tout de suite ; **in the first ~... and in the second ~...** premièrement... et deuxièmement... - **7.** *phr* **to take ~** avoir lieu ; **to take the ~ of** prendre la place de, remplacer. <> *vt* - **1.** [position, put] placer, mettre - **2.** [apportion] : **to ~ the responsibility for sthg on sb** tenir qqn pour responsable de qqch - **3.** [identify] remettre - **4.** [an order] passer ; **to ~ a bet** parier - **5.** [in race] : **to be ~d** être placé(e).

◆ **all over the place** *adv* [everywhere] partout.

◆ **in place** *adv* - **1.** [in proper position] à sa place - **2.** [established] mis en place.

◆ **in place of** *prep* à la place de.

◆ **out of place** *adv* pas à sa place ; *fig* déplacé(e).

placebo [plə'si:bəʊ] (*pl* **-s** OR **-es**) *n* placebo *m*.

place card *n* carte *f* marque-place.

placed [pleɪst] *adj* : **how are we ~ for time?** est-ce qu'on a assez de temps? ; **how are you ~ for money?** qu'est-ce que tu as comme argent?

placekick ['pleɪskɪk] *n* coup *m* de pied placé.

place mat *n* set *m* (de table).

placement ['pleɪsmənt] *n* placement *m*.

placename ['pleɪsneɪm] *n* toponyme *m*.

placenta [plə'sentə] (*pl* **-s** OR **-tae** [-ti:]) *n* placenta *m*.

place setting *n* couvert *m*.

placid ['plæsɪd] *adj* - **1.** [person] placide - **2.** [sea, place] calme.

placidly ['plæsɪdlɪ] *adv* avec placidité.

plagiarism ['pleɪdʒjərɪzm] *n* plagiat *m*.

plagiarist ['pleɪdʒərɪst] *n* plagiaire *mf*.

plagiarize, *UK* **-ise** ['pleɪdʒəraɪz] *vt* plagier.

plague [pleɪg] ◇ *n* - **1.** MED peste *f* ; **to avoid sb/sthg like the ~** fuir qqn/qqch comme la peste - **2.** *fig* [nuisance] fléau *m*. ◇ *vt* : **to be ~d by** [bad luck] être poursuivi(e) par ; [doubt] être rongé(e) par ; **to ~ sb with questions** harceler qqn de questions.

plaice [pleɪs] (*pl* **plaice**) *n* carrelet *m*.

plaid [plæd] *n* plaid *m*.

Plaid Cymru [,plaɪd'kʌmrɪ] *n parti nationaliste gallois.*

plain [pleɪn] ◇ *adj* - **1.** [not patterned] uni(e) - **2.** [simple] simple - **3.** [clear] clair(e), évident(e) ; **to make sthg ~ to sb** (bien) faire comprendre qqch à qqn - **4.** [blunt] carré(e), franc (franche) - **5.** [absolute] pur(e) (et simple) - **6.** [not pretty] quelconque, ordinaire. ◇ *adv inf* complètement. ◇ *n* GEOG plaine *f*.

plain chocolate *n UK* chocolat *m* à croquer.

plain-clothes *adj* en civil.

plain flour *n UK* farine *f* (sans levure).

plainly ['pleɪnlɪ] *adv* - **1.** [obviously] manifestement - **2.** [distinctly] clairement - **3.** [frankly] carrément, sans détours - **4.** [simply] simplement.

plain sailing *n* : **it should be ~ from now on** ça devrait aller comme sur des roulettes maintenant.

plainspoken [,pleɪn'spəʊkən] *adj* au franc-parler.

plaintiff ['pleɪntɪf] *n* demandeur *m*, -eresse *f*.

plaintive ['pleɪntɪv] *adj* plaintif(ive).

plait [plæt] ◇ *n* natte *f*. ◇ *vt* natter, tresser.

plan [plæn] ◇ *n* plan *m*, projet *m* ; **to go according to ~** se passer OR aller comme prévu. ◇ *vt* (*pt* & *pp* **-ned**, *cont* **-ning**) - **1.** [organize] préparer - **2.** [propose] : **to ~ to do sthg** projeter de faire qqch, avoir l'intention de faire qqch - **3.** [design] concevoir. ◇ *vi* (*pt* & *pp* **-ned**, *cont* **-ning**) : **to ~ (for sthg)** faire des projets (pour qqch).

◆ **plans** *npl* plans *mpl*, projets *mpl* ; **have you any ~s for tonight?** avez-vous prévu quelque chose pour ce soir?

◆ **plan on** *vt insep* : **to ~ on doing sthg** prévoir de faire qqch.

◆ **plan out** *vt sep* préparer dans le détail.

plane [pleɪn] ◇ *adj* plan(e). ◇ *n* - **1.** [aircraft] avion *m* - **2.** GEOM plan *m* - **3.** *fig* [level] niveau *m* - **4.** [tool] rabot *m* - **5.** [tree] platane *m*. ◇ *vt* raboter.

planet ['plænɪt] *n* planète *f*.

planetarium [,plænɪ'teərɪəm] (*pl* **-riums** OR **-ria** [-rɪə]) *n* planétarium *m*.

planetary ['plænɪtrɪ] *adj* planétaire.

plane tree *n* platane *m*.

plangent ['plændʒənt] *adj lit* retentissant(e).

plank [plæŋk] *n* - **1.** [of wood] planche *f* - **2.** POL [policy] point *m*.

plankton ['plæŋktən] *n* plancton *m*.

planned [plænd] *adj* [crime] prémédité(e) ; [economy] planifié(e), dirigé(e).

planner ['plænə^r] *n* - **1.** [designer] : **town** *UK* OR **city** *US* **~** urbaniste *mf* - **2.** [strategist] planificateur *m*, -trice *f*.

planning ['plænɪŋ] *n* - **1.** [designing] planification *f* - **2.** [preparation] préparation *f*, organisation *f*.

planning permission *n UK* permis *m* de construire.

plan of action *n* plan *m* d'action.

plant [plɑ:nt] ◇ *n* - **1.** BOT plante *f* - **2.** [factory] usine *f* - **3.** *(U)* [heavy machinery] matériel *m*. ◇ *vt* - **1.** [gen] planter - **2.** [bomb] poser ; **to ~ sthg on sb** cacher qqch sur qqn.

◆ **plant out** *vt sep* repiquer.

plantain ['plæntɪn] *n* plantain *m*.

plantation [plæn'teɪʃn] *n* plantation *f*.

planter ['plɑ:ntə^r] *n* [farmer] planteur *m*, -euse *f*.

plant pot *n* pot *m* de fleurs.

plaque [plɑ:k] *n* - **1.** [commemorative sign] plaque *f* - **2.** *(U)* [on teeth] plaque *f* dentaire.

plasma ['plæzmə] *n* plasma *m*.

plaster ['plɑːstəʳ] ◇ *n* - **1.** [material] plâtre *m* ; **in ~** dans le plâtre - **2.** *UK* [bandage] pansement *m* adhésif. ◇ *vt* - **1.** [wall, ceiling] plâtrer - **2.** [cover] : **to ~ sthg (with)** couvrir qqch (de).

plasterboard ['plɑːstəbɔːd] *n* placoplâtre® *m*.

plaster cast *n* - **1.** [for broken bones] plâtre *m* - **2.** [model, statue] moule *m*.

plastered ['plɑːstəd] *adj inf* [drunk] bourré(e).

plasterer ['plɑːstərəʳ] *n* plâtrier *m*.

plastering ['plɑːstərɪŋ] *n* plâtrage *m*.

plaster of Paris *n* plâtre *m* de moulage.

plastic ['plæstɪk] ◇ *adj* plastique. ◇ *n* plastique *m*.

plastic bullet *n* balle *f* de plastique.

plastic explosive *n* plastic *m*.

Plasticine® *UK* ['plæstɪsiːn] *n* pâte *f* à modeler.

plasticize, *UK* **-ise** ['plæstɪsaɪz] *vt* plastifier.

plastic money *n (U)* cartes *fpl* de crédit.

plastic surgeon *n* spécialiste *mf* en chirurgie esthétique.

plastic surgery *n* chirurgie *f* esthétique *OR* plastique.

plastic wrap *n US* film *m* alimentaire.

plate [pleɪt] ◇ *n* - **1.** [dish] assiette *f* ; **to have a lot on one's ~** *fig* avoir du pain sur la planche ; **you can't expect everything to be handed to you on a ~** *fig* on ne peut pas tout t'apporter sur un plateau - **2.** [sheet of metal, plaque] tôle *f* - **3.** *(U)* [metal covering] : **gold/silver ~** plaqué *m* or/argent - **4.** [in book] planche *f* - **5.** [in dentistry] dentier *m*. ◇ *vt* : **to be ~d (with)** être plaqué(e) (de).

Plate *n* : **the River ~** le Rio de la Plata.

plateau ['plætəʊ] (*pl* **-s** *OR* **-x** [-z]) *n* plateau *m* ; *fig* phase *f OR* période *f* de stabilité.

plateful ['pleɪtfʊl] *n* assiettée *f*.

plate-glass *adj* vitré(e).

plate rack *n* égouttoir *m*.

platform ['plætfɔːm] *n* - **1.** [stage] estrade *f* ; [for speaker] tribune *f* - **2.** [raised structure, of bus, of political party] plate-forme *f* - **3.** RAIL quai *m*.

platform ticket *n UK* ticket *m* de quai.

plating ['pleɪtɪŋ] *n* placage *m*.

platinum ['plætɪnəm] ◇ *adj* [hair] platiné(e). ◇ *n* platine *m*. ◇ *comp* en platine.

platinum blonde *n* blonde *f* platinée.

platitude ['plætɪtjuːd] *n* platitude *f*.

platonic [plə'tɒnɪk] *adj* platonique.

platoon [plə'tuːn] *n* section *f*.

platter ['plætəʳ] *n* [dish] plat *m*.

platypus ['plætɪpəs] (*pl* **-es** [-iːz]) *n* ornithorynque *m*.

plaudits ['plɔːdɪts] *npl* louanges *fpl*, éloges *mpl*.

plausible ['plɔːzəbl] *adj* plausible.

plausibly ['plɔːzəblɪ] *adv* de façon plausible.

play [pleɪ] ◇ *n* - **1.** *(U)* [amusement] jeu *m*, amusement *m* - **2.** THEAT pièce *f* (de théâtre) ; **a radio ~** une pièce radiophonique - **3.** SPORT : **in/out of ~** en/hors jeu - **4.** [consideration] : **to come into ~** *fig* entrer en jeu - **5.** [game] : **~ on words** jeu *m* de mots - **6.** TECH jeu *m*. ◇ *vt* - **1.** [gen] jouer ; **to ~ a part** *OR* **role in** *fig* jouer un rôle dans - **2.** [game, sport] jouer à - **3.** [team, opponent] jouer contre - **4.** MUS [instrument] jouer de - **5.** *phr* **to ~ it safe** ne pas prendre de risques. ◇ *vi* jouer.

◆ **play along** *vi* : **to ~ along (with sb)** entrer dans le jeu (de qqn).

◆ **play at** *vt insep* jouer à ; **what's he ~ing at?** *inf* à quoi joue-t-il?

◆ **play back** *vt sep* [tape] réécouter ; [film] repasser.

◆ **play down** *vt sep* minimiser.

◆ **play off** ◇ *vt sep* : **to ~ sb/sthg off against** monter qqn/qqch contre. ◇ *vi* SPORT jouer la belle.

◆ **play (up)on** *vt insep* jouer sur.

◆ **play up** ◇ *vt sep* [emphasize] insister sur. ◇ *vi UK* - **1.** [machine] faire des siennes - **2.** [child] ne pas être sage.

playable ['pleɪəbl] *adj* [pitch] praticable.

play-act *vi* jouer la comédie.

playbill ['pleɪbɪl] *n* affiche *f*.

playboy ['pleɪbɔɪ] *n* playboy *m*.

play dough *US* pâte *f* à modeler.

player ['pleɪəʳ] *n* - **1.** [gen] joueur *m*, -euse *f* - **2.** THEAT acteur *m*, -trice *f*.

playfellow ['pleɪˌfeləʊ] *n* camarade *mf*.

playful ['pleɪfʊl] *adj* - **1.** [person, mood] taquin(e) - **2.** [kitten, puppy] joueur(euse).

playfully ['pleɪfʊlɪ] *adv* en badinant.

playgoer ['pleɪˌgəʊəʳ] *n* amateur *m* de théâtre.

playground ['pleɪgraʊnd] *n* - **1.** *UK* cour *f* de récréation - **2.** [in park] aire *f* de jeu.

playgroup ['pleɪgruːp] *n UK* jardin *m* d'enfants.

playhouse ['pleɪhaʊs] (*pl* [-haʊzɪz]) *n US* maison *f* en modèle réduit *(pour jouer)*.

playing card ['pleɪɪŋ-] *n* carte *f* à jouer.

playing field ['pleɪɪŋ-] *n* terrain *m* de sport.

playlist ['pleɪlɪst] *n UK* liste *f* de disques à passer *(à la radio)*.

playmate ['pleɪmeɪt] *n* camarade *mf*.

playoff *n* - **1.** SPORT belle *f* - **2.** *US* finale *f* de championnat.

playpen ['pleɪpen] *n* parc *m*.

playroom ['pleɪrʊm] *n* salle *f* de jeu.

playschool ['pleɪsku:l] *n UK* jardin *m* d'enfants.

plaything ['pleɪθɪŋ] *n lit & fig* jouet *m*.

playtime ['pleɪtaɪm] *n UK* récréation *f*.

playwright ['pleɪraɪt] *n* dramaturge *m*.

plaza ['plɑ:zə] *n* [square] place *f* ; **shopping ~** centre *m* commercial.

plc *UK see also* **public limited company**.

plea [pli:] *n* - **1.** [for forgiveness, mercy] supplication *f* ; [for help, quiet] appel *m* - **2.** LAW : **to enter a ~ of not guilty** plaider non coupable.

plea bargaining *n possibilité pour un inculpé de se voir notifier un chef d'inculpation moins grave s'il accepte de plaider coupable.*

plead [pli:d] (*pt & pp* **-ed** OR **pled**) ◇ *vt* - **1.** LAW plaider - **2.** [give as excuse] invoquer. ◇ *vi* - **1.** [beg] : **to ~ with sb (to do sthg)** supplier qqn (de faire qqch) ; **to ~ for sthg** implorer qqch - **2.** LAW plaider.

pleading ['pli:dɪŋ] ◇ *adj* suppliant(e). ◇ *n (U)* supplications *fpl*.

pleasant ['pleznt] *adj* agréable.

pleasantly ['plezntlɪ] *adv* [smile, speak] aimablement ; [surprised] agréablement.

pleasantry ['plezntrɪ] (*pl* **-ies**) *n* : **to exchange pleasantries** échanger des propos aimables.

please [pli:z] ◇ *vt* plaire à, faire plaisir à ; **to ~ o.s.** faire comme on veut ; **~ yourself!** comme vous voulez! ◇ *vi* plaire, faire plaisir ; **to do as one ~s** faire comme on veut ; **if you ~** s'il vous plaît. ◇ *adv* s'il vous plaît.

pleased [pli:zd] *adj* - **1.** [satisfied] : **to be ~ (with)** être content(e) (de) - **2.** [happy] : **to be ~ (about)** être heureux(euse) (de) ; **~ to meet you!** enchanté(e) !

pleasing ['pli:zɪŋ] *adj* plaisant(e).

pleasingly ['pli:zɪŋlɪ] *adv* agréablement.

pleasurable ['pleʒərəbl] *adj* agréable.

pleasure ['pleʒər] *n* plaisir *m* ; **with ~** avec plaisir, volontiers ; **it's a ~, my ~** je vous en prie.

pleat [pli:t] ◇ *n* pli *m*. ◇ *vt* plisser.

pleated ['pli:tɪd] *adj* plissé(e).

plebiscite ['plebɪsaɪt] *n* plébiscite *m*.

plectrum ['plektrəm] (*pl* **-s**) *n* plectre *m*.

pled [pled] *pt & pp* ▷ **plead**.

pledge [pledʒ] ◇ *n* - **1.** [promise] promesse *f* - **2.** [token] gage *m*. ◇ *vt* - **1.** [promise] promettre - **2.** [make promise] : **to ~ o.s. to** s'engager à ; **to ~ sb to secrecy** faire promettre le secret à qqn - **3.** [pawn] mettre en gage.

plenary session ['pli:nərɪ-] *n* séance *f* plénière.

plenitude ['plenɪtju:d] *n* plénitude *f*.

plentiful ['plentɪfʊl] *adj* abondant(e).

plenty ['plentɪ] ◇ *n (U)* abondance *f*. ◇ *pron* : **~ of** beaucoup de ; **we've got ~ of time** nous avons largement le temps. ◇ *adv US* [very] très.

plethora ['pleθərə] *n* pléthore *f*.

pleurisy ['plʊərəsɪ] *n* pleurésie *f*.

Plexiglas® ['pleksɪglɑ:s] *n US* Plexiglas® *m*.

pliable ['plaɪəbl], **pliant** ['plaɪənt] *adj* - **1.** [material] pliable, souple - **2.** *fig* [person] docile.

pliers ['plaɪəz] *npl* tenailles *fpl*, pinces *fpl*.

plight [plaɪt] *n* condition *f* critique.

plimsoll ['plɪmsəl] *n UK* tennis *m*.

Plimsoll line *n* ligne *f* de flottaison en charge.

plinth [plɪnθ] *n* socle *m*.

PLO (*abbr of* **Palestine Liberation Organization**) *n* OLP *f*.

plod [plɒd] (*pt & pp* **-ded**, *cont* **-ding**) *vi* - **1.** [walk slowly] marcher lentement OR péniblement - **2.** [work slowly] peiner.

plodder ['plɒdər] *n pej* bûcheur *m*, -euse *f*.

plonk [plɒŋk] *n (U) UK inf* [wine] pinard *m*, vin *m* ordinaire.

◆ **plonk down** *vt sep inf* poser brutalement.

plop [plɒp] ◇ *n* ploc *m*. ◇ *vi* (*pt & pp* **-ped**, *cont* **-ping**) faire ploc.

plot [plɒt] ◇ *n* - **1.** [plan] complot *m*, conspiration *f* - **2.** [story] intrigue *f* - **3.** [of land] (parcelle *f* de) terrain *m*, lopin *m* - **4.** *US* [house plan] plan *m*. ◇ *vt* (*pt & pp* **-ted**, *cont* **-ting**) - **1.** [plan] comploter ; **to ~ to do sthg** comploter de faire qqch - **2.** [chart] déterminer, marquer - **3.** MATHS tracer, marquer. ◇ *vi* (*pt & pp* **-ted**, *cont* **-ting**) comploter.

plotter ['plɒtər] *n* [schemer] conspirateur *m*, -trice *f*.

plough *UK*, **plow** *US* [plaʊ] ◇ *n* charrue *f*. ◇ *vt* [field] labourer.

◆ **plough into** ◇ *vt sep* [money] investir. ◇ *vt insep* [subj: car] rentrer dans.

◆ **plough on** *vi* continuer péniblement OR laborieusement.

◆ **plough up** *vt sep* [field] labourer.

ploughman's ['plaʊmənz] (*pl* **ploughman's**) *n UK* : **~ (lunch)** *repas de pain, fromage et pickles.*

ploughshare *UK*, **plowshare** *US* ['plaʊʃeəʳ] *n* soc *m* de charrue.

plow *etc US* = **plough** *etc* .

ploy [plɔɪ] *n* stratagème *m*, ruse *f*.

PLR (*abbr of* **Public Lending Right**) *n droit d'auteur versé pour les ouvrages prêtés par les bibliothèques.*

pls (*abbr of* **please**) *adv* [in an email] svp.

pluck [plʌk] <> *vt* - **1.** [flower, fruit] cueillir - **2.** [pull sharply] arracher - **3.** [chicken, turkey] plumer - **4.** [eyebrows] épiler - **5.** MUS pincer. <> *n (U) dated* courage *m*, cran *m*.

◆ **pluck up** *vt insep* : **to ~ up the courage to do sthg** rassembler son courage pour faire qqch.

plucky ['plʌkɪ] (*comp* **-ier**, *superl* **-iest**) *adj dated* qui a du cran, courageux(euse).

plug [plʌg] <> *n* - **1.** ELEC prise *f* de courant - **2.** *US* TELEC jack *m* - **3.** [for bath, sink] bonde *f* - **4.** *inf* [for new book, film etc] pub *f*, publicité *f* ; : **to pull the ~ on sb** *inf* couper l'herbe sous le pied de qqn. <> *vt* (*pt & pp* **-ged**, *cont* **-ging**) - **1.** [hole] boucher, obturer - **2.** *inf* [new book, film etc] faire de la publicité pour.

◆ **plug in** *vt sep* brancher.

◆ **plug away** *vi insep* travailler dur.

plughole ['plʌghəʊl] *n* bonde *f*, trou *m* d'écoulement.

plum [plʌm] <> *adj* - **1.** [colour] prune *(inv)* - **2.** [very good] : **a ~ job** un poste en or. <> *n* [fruit] prune *f*.

plumage ['plu:mɪdʒ] *n* plumage *m*.

plumb [plʌm] <> *adv* - **1.** *UK* [exactly] exactement, en plein - **2.** *US* [completely] complètement. <> *vt* : **to ~ the depths of** toucher le fond de.

◆ **plumb in** *vt sep UK* raccorder.

plumber ['plʌməʳ] *n* plombier *m*.

plumbing ['plʌmɪŋ] *n (U)* - **1.** [fittings] plomberie *f*, tuyauterie *f* - **2.** [work] plomberie *f*.

plumb line *n* fil *m* à plomb.

plume [plu:m] *n* - **1.** [feather] plume *f* - **2.** [on hat] panache *m* - **3.** [column] : **a ~ of smoke** un panache de fumée.

plummet ['plʌmɪt] *vi* - **1.** [bird, plane] plonger - **2.** *fig* [decrease] dégringoler.

plummy ['plʌmɪ] (*comp* **-ier**, *superl* **-iest**) *adj UK pej* [voice] de la haute, snob.

plump [plʌmp] *adj* bien en chair, grassouillet(ette).

◆ **plump for** *vt insep* opter pour, choisir.

◆ **plump up** *vt sep* [cushion] secouer.

plumpness ['plʌmpnɪs] *n* corpulence *f*, embonpoint *m*.

plum pudding *n* pudding *m* de Noël.

plunder ['plʌndəʳ] <> *n (U)* - **1.** [stealing, raiding] pillage *m* - **2.** [stolen goods] butin *m*. <> *vt* piller.

plunge [plʌndʒ] <> *n* - **1.** [dive] plongeon *m* ; **to take the ~** se jeter à l'eau - **2.** *fig* [decrease] dégringolade *f*, chute *f*. <> *vt* : **to ~ sthg into** plonger qqch dans. <> *vi* - **1.** [dive] plonger, tomber - **2.** *fig* [decrease] dégringoler.

plunger ['plʌndʒəʳ] *n* débouchoir *m* à ventouse.

plunging ['plʌndʒɪŋ] *adj* [neckline] plongeant(e).

pluperfect [ˌplu:'pɜ:fɪkt] *n* : **~ (tense)** plus-que-parfait *m*.

plural ['plʊərəl] <> *adj* - **1.** GRAM pluriel(elle) - **2.** [not individual] collectif(ive) - **3.** [multicultural] multiculturel(elle). <> *n* pluriel *m*.

pluralistic [ˌplʊərə'lɪstɪk] *adj* pluraliste.

plurality [plʊ'rælətɪ] *n* - **1.** [large number] : **a ~ of** une multiplicité de - **2.** *US* [majority] majorité *f*.

plus [plʌs] <> *adj* : **30 ~** 30 ou plus. <> *n* (*pl* **pluses** *OR* **plusses** [plʌsi:z]) - **1.** MATHS signe *m* plus - **2.** *inf* [bonus] plus *m*, atout *m*. <> *prep* et. <> *conj* [moreover] de plus.

plus fours *npl* pantalon *m* de golf.

plush [plʌʃ] *adj* luxueux(euse), somptueux(euse).

plus sign *n* signe *m* plus.

Pluto ['plu:təʊ] *n* [planet] Pluton *f*.

plutocrat ['plu:təkræt] *n* ploutocrate *m*.

plutonium [plu:'təʊnɪəm] *n* plutonium *m*.

ply [plaɪ] <> *adj* : **four ~** [wool] à quatre fils ; [wood] à quatre plis. <> *n* [of wool] fil *m* ; [of wood] pli *m*. <> *vt* (*pt & pp* **plied**) - **1.** [trade] exercer - **2.** [supply] : **to ~ sb with drink** ne pas arrêter de remplir le verre de qqn. <> *vi* (*pt & pp* **plied**) [ship etc] faire la navette.

plywood ['plaɪwʊd] *n* contreplaqué *m*.

p.m., **pm** (*abbr of* **post meridiem**) : **at 3 ~** à 15 h.

PM *see also* **prime minister**.

PMS *see also* **premenstrual syndrome**.

PMT *see also* **premenstrual tension**.

pneumatic [nju:'mætɪk] *adj* pneumatique.

pneumatic drill *n UK* marteau piqueur *m*.

pneumonia [nju:'məʊnjə] *n (U)* pneumonie *f*.

po = PO².

Po [pəʊ] *n* : **the (River) ~** le Pô.

PO¹ *see also* **Post Office**.

PO², **po** *see also* **postal order**.

POA (*abbr of* **Prison Officers' Association**) *n syndicat des agents pénitentiaires en Grande-Bretagne.*

poach [pəʊtʃ] ◇ *vt* - **1.** [fish] pêcher sans permis ; [deer etc] chasser sans permis - **2.** *fig* [idea] voler - **3.** CULIN pocher. ◇ *vi* braconner.

poacher ['pəʊtʃər] *n* braconnier *m*.

poaching ['pəʊtʃɪŋ] *n* braconnage *m*.

PO Box (*abbr of* **Post Office Box**) *n* BP *f*.

pocket ['pɒkɪt] ◇ *n lit & fig* poche *f* ; **to be out of ~** *UK* en être de sa poche ; **to live in each other's ~s** être trop ensemble ; **to pick sb's ~** faire les poches à qqn. ◇ *adj* de poche. ◇ *vt* empocher.

pocketbook ['pɒkɪtbʊk] *n* - **1.** [notebook] carnet *m* - **2.** *US* [handbag] sac *m* à main.

pocket calculator *n* calculatrice *f* de poche, calculette *f*.

pocketful ['pɒkɪtfʊl] *n* pleine poche *f*.

pocket-handkerchief *n* mouchoir *m* de poche.

pocketknife ['pɒkɪtnaɪf] (*pl* **-knives** [-naɪvz]) *n* canif *m*.

pocket money *n UK* argent *m* de poche.

pocket-size(d) *adj* de poche.

pockmark ['pɒkmɑːk] *n* marque *f* de la petite vérole.

pod [pɒd] *n* - **1.** [of plants] cosse *f* - **2.** [of spacecraft] nacelle *f*.

podgy ['pɒdʒɪ] (*comp* **-ier**, *superl* **-iest**) *adj UK inf* boulot(otte), rondelet(ette).

podiatrist [pə'daɪətrɪst] *n US* pédicure *mf*.

podiatry [pə'daɪətrɪ] *n US* pédicure *f*.

podium ['pəʊdɪəm] (*pl* **-diums** OR **-dia** [-dɪə]) *n* podium *m*.

POE (*abbr of* **port of entry**) *n port d'arrivée*.

poem ['pəʊɪm] *n* poème *m*.

poet ['pəʊɪt] *n* poète *m*.

poetic [pəʊ'etɪk] *adj* poétique.

poetic justice *n* justice *f* immanente.

poet laureate *n* poète *m* lauréat.

poetry ['pəʊɪtrɪ] *n* poésie *f*.

pogo stick ['pəʊgəʊ-] *n* échasse *f* à ressort.

pogrom ['pɒgrəm] *n* pogrom *m*, pogrome *m*.

poignancy ['pɔɪnjənsɪ] *n* caractère *m* poignant.

poignant ['pɔɪnjənt] *adj* poignant(e).

poinsettia [pɔɪn'setɪə] *n* poinsettia *m*.

point [pɔɪnt] ◇ *n* - **1.** [tip] pointe *f* - **2.** [place] endroit *m*, point *m* - **3.** [time] stade *m*, moment *m* ; **~ of no return** point *m* de non-retour - **4.** [detail, argument] question *f*, détail *m* ; **you have a ~** il y a du vrai dans ce que vous dites ; **to make a ~** faire une remarque ; **to make one's ~** dire ce qu'on a à dire, dire son mot ; **it's a sore ~ with her** *fig* elle est très sensible sur ce point - **5.** [main idea] point *m* essentiel ; **to get** OR **come to the ~** en venir au fait ; **to miss the ~** ne pas comprendre ; **beside the ~** à côté de la question ; **to the ~** pertinent(e), approprié(e) - **6.** [feature] : **good ~** qualité *f* ; **bad ~** défaut *m* - **7.** [purpose] : **what's the ~ in buying a new car?** à quoi bon acheter une nouvelle voiture? ; **there's no ~ in having a meeting** cela ne sert à rien d'avoir une réunion - **8.** [on scale, in scores] point *m* - **9.** MATHS : **two ~ six** deux virgule six - **10.** [of compass] aire *f* du vent - **11.** *UK* ELEC prise *f* (de courant) - **12.** [punctuation mark] point *m* ; [in decimals] virgule - **13.** *phr* **to make a ~ of doing sthg** ne pas manquer de faire qqch. ◇ *vt* : **to ~ sthg (at)** [gun, camera] braquer qqch (sur) ; [finger, hose] pointer qqch (sur). ◇ *vi* - **1.** [indicate with finger] : **to ~ (at sb/sthg), to ~ (to sb/sthg)** montrer (qqn/qqch) du doigt, indiquer (qqn/qqch) du doigt - **2.** [face] : **to ~ north/south** indiquer le nord/le sud - **3.** *fig* [suggest] : **to ~ to sthg** suggérer qqch, laisser supposer qqch.

◆ **points** *npl UK* RAIL aiguillage *m*.

◆ **up to a point** *adv* jusqu'à un certain point, dans une certaine mesure.

◆ **on the point of** *prep* sur le point de.

◆ **point out** *vt sep* [person, place] montrer, indiquer ; [fact, mistake] signaler.

point-blank ◇ *adj* [refusal] catégorique ; [question] de but en blanc ; **at ~ range** à bout portant. ◇ *adv* - **1.** [refuse] catégoriquement ; [ask] de but en blanc - **2.** [shoot] à bout portant.

point duty *n UK* service *m* de la circulation.

pointed ['pɔɪntɪd] *adj* - **1.** [sharp] pointu(e) - **2.** *fig* [remark] mordant(e), incisif(ive).

pointedly ['pɔɪntɪdlɪ] *adv* d'un ton mordant.

pointer ['pɔɪntər] *n* - **1.** [piece of advice] tuyau *m*, conseil *m* - **2.** [needle] aiguille *f* - **3.** [stick] baguette *f* - **4.** COMPUT pointeur *m*.

pointing ['pɔɪntɪŋ] *n* [on wall] jointoiement *m*.

pointless ['pɔɪntlɪs] *adj* inutile, vain(e).

point of order (*pl* **points of order**) *n* question *f* de procédure OR de droit.

point of sale (*pl* **points of sale**) *n* point *m* de vente.

point of view (*pl* **points of view**) *n* point *m* de vue.

point-to-point *n UK* steeple-chase *m* pour cavaliers amateurs.

poise [pɔɪz] *n fig* calme *m*, sang-froid *m inv*.

poised [pɔɪzd] *adj* - **1.** [ready] : **~ (for)** prêt(e) (pour) ; **to be ~ to do sthg** se tenir prêt à faire qqch - **2.** *fig* [calm] calme, posé(e).

poison ['pɔɪzn] ◇ *n* poison *m*. ◇ *vt* - **1.** [gen] empoisonner - **2.** [pollute] polluer.

poisoning ['pɔɪznɪŋ] *n* empoisonnement *m* ; **food ~** intoxication *f* alimentaire.

poisonous ['pɔɪznəs] *adj* **- 1.** [fumes] toxique ; [plant] vénéneux(euse) **- 2.** [snake] venimeux(euse) **- 3.** *fig* [rumours, influence] pernicieux(euse).

poison-pen letter *n* lettre *f* anonyme venimeuse.

poke [pəʊk] ◇ *n* [prod, jab] coup *m*. ◇ *vt* **- 1.** [prod] pousser, donner un coup de coude à **- 2.** [put] fourrer **- 3.** [fire] attiser, tisonner **- 4.** [stretch] : **he ~d his head round the door** il a passé la tête dans l'embrasure de la porte. ◇ *vi* [protrude] sortir, dépasser.

◆ **poke about, poke around** *vi inf* fouiller, fourrager.

◆ **poke at** *vt insep* [with finger] pousser (du doigt) ; [with stick] pousser (avec un bâton).

poker ['pəʊkər] *n* **- 1.** [game] poker *m* **- 2.** [for fire] tisonnier *m*.

poker-faced [-ˌfeɪst] *adj* au visage impassible.

poky ['pəʊkɪ] (*comp* **-ier**, *superl* **-iest**) *adj pej* [room] exigu(ë), minuscule.

Poland ['pəʊlənd] *n* Pologne *f* ; **in ~** en Pologne.

polar ['pəʊlər] *adj* polaire.

polar bear *n* ours *m* polaire OR blanc.

polar fleece *n* laine *f* polaire.

polarity [pəʊ'lærətɪ] *n* polarité *f*.

polarization [ˌpəʊləraɪ'zeɪʃn] *n* polarisation *f*.

polarize, *UK* **-ise** ['pəʊləraɪz] *vt* polariser.

Polaroid® ['pəʊlərɔɪd] *n* **- 1.** [camera] Polaroïd® *m* **- 2.** [photograph] photo *f* polaroïd.

Polaroids® ['pəʊlərɔɪdz] *npl* lunettes *fpl* polaroïd.

pole [pəʊl] *n* **- 1.** [rod, post] perche *f*, mât *m* **- 2.** ELEC & GEOG pôle *m* ; **~s apart** aux antipodes (l'un de l'autre).

Pole [pəʊl] *n* Polonais *m*, -e *f*.

poleaxed ['pəʊlækst] *adj* assommé(e).

polecat ['pəʊlkæt] *n* putois *m*.

polemic [pə'lemɪk] *n* polémique *f*.

pole position *n* pole position *f*.

Pole Star *n* : **the ~** l'Étoile *f* Polaire.

pole vault *n* : **the ~** le saut à la perche.

◆ **pole-vault** *vi* sauter à la perche.

pole-vaulter [-ˌvɔːltər] *n* sauteur *m*, -euse *f* à la perche.

police [pə'liːs] ◇ *npl* **- 1.** [police force] : **the ~** la police **- 2.** [policemen] agents *mpl* de police. ◇ *vt* maintenir l'ordre dans.

police car *n* voiture *f* de police.

police constable *n UK* agent *m* de police.

police department *n US* service *m* de police.

police dog *n* chien *m* policier.

police force *n* police *f*.

policeman [pə'liːsmən] (*pl* **-men** [-mən]) *n* agent *m* de police.

police officer *n* policier *m*.

police record *n* casier *m* judiciaire.

police state *n* état *m* policier.

police station *n* commissariat *m* (de police).

policewoman [pə'liːsˌwʊmən] (*pl* **-women** [-ˌwɪmɪn]) *n* femme *f* agent de police.

policy ['pɒləsɪ] (*pl* **-ies**) *n* **- 1.** [plan] politique *f* **- 2.** [document] police *f*.

policy-holder *n* assuré *m*, -e *f*.

polio ['pəʊlɪəʊ] *n* polio *f*.

polish ['pɒlɪʃ] ◇ *n* **- 1.** [for shoes] cirage *m* ; [for floor] cire *f*, encaustique *f* **- 2.** [shine] brillant *m*, lustre *m* **- 3.** *fig* [refinement] raffinement *m*. ◇ *vt* [shoes, floor] cirer ; [car] astiquer ; [cutlery, glasses] faire briller.

◆ **polish off** *vt sep inf* expédier.

◆ **polish up** *vt sep* [maths, language] perfectionner ; [travail] peaufiner.

Polish ['pəʊlɪʃ] ◇ *adj* polonais(e). ◇ *n* [language] polonais *m*. ◇ *npl* : **the ~** les Polonais *mpl*.

polished ['pɒlɪʃt] *adj* **- 1.** [refined] raffiné(e) **- 2.** [accomplished] accompli(e), parfait(e).

polite [pə'laɪt] *adj* **- 1.** [courteous] poli(e) **- 2.** [refined] bien élevé(e), qui a du savoir-vivre.

politely [pə'laɪtlɪ] *adv* poliment.

politeness [pə'laɪtnɪs] *n (U)* politesse *f*.

politic ['pɒlətɪk] *adj* politique.

political [pə'lɪtɪkl] *adj* politique.

political asylum *n* droit *m* d'asile (politique).

political football *n* : **the abortion issue has become a ~** les partis politiques se renvoient la balle au sujet de l'avortement.

political geography *n* géographie *f* politique.

politically [pə'lɪtɪklɪ] *adv* politiquement.

politically correct [pə,lɪtɪklɪ-] *adj conforme au mouvement qui préconise de remplacer les termes jugés discriminants par d'autres 'politiquement corrects'.*

Politically correct

Le mouvement *PC* est un mouvement intellectuel, surtout américain, qui vise à établir une éthique bannissant de la langue certains termes jugés discriminants. Aux États-Unis, ce mouvement prône le remplacement, par exemple, de *American Indian* par *Native American*, de *Black* par *African American*, de *short* par *vertically challenged*.

political prisoner *n* prisonnier *m* politique.

political science *n (U)* sciences *fpl* politiques.

politician [,pɒlɪ'tɪʃn] *n* homme *m* politique, femme *f* politique.

politicize, *UK* **-ise** [pə'lɪtɪsaɪz] *vt* politiser.

politics ['pɒlətɪks] ◇ *n (U)* politique *f*. ◇ *npl* - **1.** [personal beliefs] : **what are his ~?** de quel bord est-il? - **2.** [of group, area] politique *f*.

polka ['pɒlkə] *n* polka *f*.

polka dot *n* pois *m*.

poll [pəʊl] ◇ *n* vote *m*, scrutin *m*. ◇ *vt* - **1.** [people] interroger, sonder - **2.** [votes] obtenir.

◆ **polls** *npl* : **to go to the ~s** aller aux urnes.

pollen ['pɒlən] *n* pollen *m*.

pollen count *n* taux *m* de pollen.

pollinate ['pɒləneɪt] *vt* féconder avec du pollen.

pollination [,pɒlɪ'neɪʃn] *n* pollinisation *f*.

polling ['pəʊlɪŋ] *n (U)* élections *fpl*.

polling booth *n* isoloir *m*.

polling day *n UK* jour *m* du scrutin OR des élections.

polling station *n UK* bureau *m* de vote.

pollster ['pəʊlstəʳ] *n* enquêteur *m*, -euse *f*.

poll tax *n UK* ≃ impôts *mpl* locaux.

pollutant [pə'lu:tnt] *n* polluant *m*.

pollute [pə'lu:t] *vt* polluer.

pollution [pə'lu:ʃn] *n* pollution *f*.

polo ['pəʊləʊ] *n* polo *m*.

polo neck *n UK* - **1.** [neck] col *m* roulé - **2.** [jumper] pull *m* à col roulé.

◆ **polo-neck** *adj UK* à col roulé.

poltergeist ['pɒltəgaɪst] *n* esprit *m* frappeur.

poly ['pɒlɪ] (*pl* **-s**) *n UK inf see also* **polytechnic**.

polyanthus [,pɒlɪ'ænθəs] (*pl* **-thuses** [-θəsi:z], *pl* **-thi** [-θaɪ]) *n* primevère *f*.

poly bag *n UK inf* sac *m* en plastique.

polyester [,pɒlɪ'estəʳ] *n* polyester *m*.

polyethylene *US* = **polythene**.

polygamist [pə'lɪgəmɪst] *n* polygame *mf*.

polygamy [pə'lɪgəmɪ] *n* polygamie *f*.

polygon ['pɒlɪgɒn] *n* polygone *m*.

polymer ['pɒlɪməʳ] *n* polymère *m*.

Polynesia [,pɒlɪ'ni:zjə] *n* Polynésie *f* ; **in ~** en Polynésie ; **French ~** Polynésie française.

Polynesian [,pɒlɪ'ni:zjən] ◇ *adj* polynésien(enne). ◇ *n* - **1.** [person] Polynésien *m*, -enne *f* - **2.** [language] polynésien *m*.

polyp ['pɒlɪp] *n* polype *m*.

polyphony [pə'lɪfənɪ] *n fml* polyphonie *f*.

polystyrene [,pɒlɪ'staɪri:n] *n* polystyrène *m*.

polytechnic [,pɒlɪ'teknɪk] *n UK établissement d'enseignement supérieur; en 1993, les 'polytechnics' ont été transformés en universités.*

polythene *UK* ['pɒlɪθi:n], **polyethylene** *US* [,pɒlɪ'eθɪli:n] *n* polyéthylène *m*.

polythene bag *n UK* sac *m* en plastique.

polyunsaturated [,pɒlɪʌn'sætʃəreɪtɪd] *adj* polyinsaturé(e).

polyurethane [,pɒlɪ'jʊərəθeɪn] *n* polyuréthane *m*.

pom [pɒm] *n Australia inf terme péjoratif désignant un Anglais.*

pomander [pə'mændəʳ] *n* diffuseur *m* de parfum.

pomegranate ['pɒmɪ,grænɪt] *n* grenade *f*.

pommel ['pɒml] *n* pommeau *m*.

pomp [pɒmp] *n* pompe *f*, faste *m*.

pompom ['pɒmpɒm] *n* pompon *m*.

pompous ['pɒmpəs] *adj* - **1.** [person] fat, suffisant(e) - **2.** [style, speech] pompeux(euse).

ponce [pɒns] *n UK v inf pej* - **1.** [effeminate man] homme *m* efféminé - **2.** [pimp] maquereau *m*.

poncho ['pɒntʃəʊ] (*pl* **-s**) *n* poncho *m*.

pond [pɒnd] *n* étang *m*, mare *f*.

ponder ['pɒndəʳ] ◇ *vt* considérer, peser. ◇ *vi* : **to ~ (on** OR **over)** réfléchir (sur).

ponderous ['pɒndərəs] *adj* - **1.** [dull] lourd(e) - **2.** [large, heavy] pesant(e).

pong [pɒŋ] *UK inf* ◇ *n* puanteur *f*. ◇ *vi* puer, schlinguer.

pontiff ['pɒntɪf] *n* souverain *m* pontife.

pontificate [pɒn'tɪfɪkeɪt] *vi pej* **to ~ (on)** pontifier (sur).

pontoon [pɒn'tu:n] *n* - **1.** [bridge] ponton *m* - **2.** *UK* [game] vingt-et-un *m*.

pony ['pəʊnɪ] (*pl* **-ies**) *n* poney *m*.

ponytail ['pəʊnɪteɪl] *n* queue-de-cheval *f*.

pony-trekking [-ˌtrekɪŋ] *n* randonnée *f* à cheval *OR* en poney.

poodle ['pu:dl] *n* caniche *m*.

poof [pʊf] *n UK v inf pej* tapette *f*, pédé *m*.

pooh [pu:] *excl* berk!, pouah!

pooh-pooh *vt inf* dédaigner.

pool [pu:l] ◇ *n* - **1.** [pond, of blood] mare *f* ; [of rain, light] flaque *f* - **2.** [swimming pool] piscine *f* - **3.** SPORT billard *m* américain. ◇ *vt* [resources etc] mettre en commun.

◆ **pools** *npl UK* : **the ~s** ≃ le loto sportif.

pooped [pu:pt] *adj inf* crevé(e).

poor [pɔːʳ] ◇ *adj* - **1.** [gen] pauvre - **2.** [not very good] médiocre, mauvais(e). ◇ *npl* : **the ~** les pauvres *mpl*.

poorhouse ['pɔːhaʊs] (*pl* [-haʊzɪz]) *n* hospice *m* des pauvres.

poorly ['pɔːlɪ] ◇ *adj UK* souffrant(e). ◇ *adv* mal, médiocrement.

poorness ['pɔːnɪs] *n* médiocrité *f*.

poor relation *n fig* parent *m* pauvre.

pop [pɒp] ◇ *n* - **1.** *(U)* [music] pop *m* - **2.** *(U) inf* [fizzy drink] boisson *f* gazeuse - **3.** *esp US inf* [father] papa *m* - **4.** [sound] pan *m*. ◇ *vt* (*pt & pp* **-ped**, *cont* **-ping**) - **1.** [burst] faire éclater, crever - **2.** [put quickly] mettre, fourrer. ◇ *vi* (*pt & pp* **-ped**, *cont* **-ping**) - **1.** [balloon] éclater, crever ; [cork, button] sauter - **2.** [eyes] : **his eyes popped** il a écarquillé les yeux - **3.** [go quickly] : **I'm just popping to the newsagent's** je fais un saut chez le marchand de journaux.

◆ **pop in** *vi* faire une petite visite.

◆ **pop up** *vi* surgir.

popadum ['pɒpədəm] *n* poppadum *m*.

pop art *n* pop art *m*.

pop concert *n* concert *m* pop.

popcorn ['pɒpkɔːn] *n* pop-corn *m*.

pope [pəʊp] *n* pape *m*.

pop group *n* groupe *m* pop.

poplar ['pɒpləʳ] *n* peuplier *m*.

poplin ['pɒplɪn] *n* popeline *f*.

popper ['pɒpəʳ] *n UK* pression *f*.

poppy ['pɒpɪ] (*pl* **-ies**) *n* coquelicot *m*, pavot *m*.

poppycock ['pɒpɪkɒk] *n (U) inf pej* idioties *fpl*, bêtises *fpl*.

Poppy Day *n UK* anniversaire *m* de l'armistice.

Poppy Day

Journée de commémoration pendant laquelle on porte un coquelicot en papier en souvenir des soldats britanniques morts lors des guerres mondiales.

Popsicle® ['pɒpsɪkl] *n US* sucette *f* glacée.

pop singer *n* chanteur *m*, -euse *f* pop.

populace ['pɒpjʊləs] *n* : **the ~** le peuple.

popular ['pɒpjʊləʳ] *adj* - **1.** [gen] populaire - **2.** [name, holiday resort] à la mode.

popularity [ˌpɒpjʊ'lærətɪ] *n* popularité *f*.

popularize, *UK* **-ise** ['pɒpjʊləraɪz] *vt* - **1.** [make popular] populariser - **2.** [simplify] vulgariser.

popularly ['pɒpjʊləlɪ] *adv* communément.

populate ['pɒpjʊleɪt] *vt* peupler.

populated ['pɒpjʊleɪtɪd] *adj* peuplé(e).

population [ˌpɒpjʊ'leɪʃn] *n* population *f*.

population explosion *n* explosion *f* démographique.

populist ['pɒpjʊlɪst] *n* populiste *mf*.

pop-up *adj* - **1.** [toaster] automatique - **2.** [book] dont les images se déplient.

porcelain ['pɔːsəlɪn] *n* porcelaine *f*.

porch [pɔːtʃ] *n* - **1.** [entrance] porche *m* - **2.** *US* [verandah] véranda *f*.

porcupine ['pɔːkjʊpaɪn] *n* porc-épic *m*.

pore [pɔːʳ] *n* pore *m*.

◆ **pore over** *vt insep* examiner de près.

pork [pɔːk] *n* porc *m*.

pork chop *n* côtelette *f* de porc.

pork pie *n* pâté *m* de porc en croûte.

porn [pɔːn] (*abbr of* **pornography**) *n (U) inf* porno *m* ; **hard ~** porno *m* hard, hard *m* ; **soft ~** porno *m* soft, soft *m*.

pornographic [ˌpɔːnə'græfɪk] *adj* pornographique.

pornography [pɔː'nɒgrəfɪ] *n* pornographie *f*.

porous ['pɔːrəs] *adj* poreux(euse).

porpoise ['pɔːpəs] *n* marsouin *m*.

porridge ['pɒrɪdʒ] *n* porridge *m*.

port [pɔːt] ◇ *n* - **1.** [town, harbour] port *m* - **2.** NAUT [left-hand side] bâbord *m* ; **to ~** à bâbord - **3.** [drink] porto *m* - **4.** COMPUT port *m*. ◇ *comp* - **1.** [of a port] portuaire, du port - **2.** NAUT [left-hand] de bâbord.

portable ['pɔːtəbl] *adj* portatif(ive).

Portacrib® ['pɔːtəˌkrɪb] *n US* lit *m* pliant.

portal ['pɔːtl] *n lit* portail *m*.

Port-au-Prince [ˌpɔːtəʊ'prɪns] *n* Port-au-Prince.

portcullis [ˌpɔːt'kʌlɪs] *n* herse *f*.

portend [pɔː'tend] *vt* présager, augurer.

portent ['pɔːtənt] *n* présage *m*.

porter ['pɔːtə^r] *n* - **1.** *UK* [doorman] concierge *m*, portier *m* - **2.** [for luggage] porteur *m* - **3.** *US* [on train] employé *m*, -e *f* des wagons-lits.

portfolio [ˌpɔːt'fəʊljəʊ] (*pl* **-s**) *n* - **1.** [case] serviette *f* - **2.** [sample of work] portfolio *m* - **3.** FIN portefeuille *m*.

porthole ['pɔːthəʊl] *n* hublot *m*.

portion ['pɔːʃn] *n* - **1.** [section] portion *f*, part *f* - **2.** [of food] portion *f*.

portly ['pɔːtlɪ] (*comp* **-ier**, *superl* **-iest**) *adj* corpulent(e).

port of call *n* - **1.** NAUT port *m* d'escale - **2.** *fig* [on journey] endroit *m*.

Port of Spain *n* Port of Spain.

portrait ['pɔːtreɪt] *n* portrait *m*.

portraitist ['pɔːtreɪtɪst] *n* portraitiste *mf*.

portray [pɔː'treɪ] *vt* - **1.** CIN & THEAT jouer, interpréter - **2.** [describe] dépeindre - **3.** [paint] faire le portrait de.

portrayal [pɔː'treɪəl] *n* - **1.** CIN & THEAT interprétation *f* - **2.** [painting, photograph] portrait *m* - **3.** [description] description *f*.

Portugal ['pɔːtʃʊgl] *n* Portugal *m* ; **in ~** au Portugal.

Portuguese [ˌpɔːtʃʊ'giːz] ◇ *adj* portugais(e). ◇ *n* [language] portugais *m*. ◇ *npl* : **the ~** les Portugais *mpl*.

Portuguese man-of-war *n* galère *f*.

pose [pəʊz] ◇ *n* - **1.** [stance] pose *f* - **2.** *pej* [affectation] pose *f*, affectation *f*. ◇ *vt* - **1.** [danger] présenter - **2.** [problem, question] poser. ◇ *vi* - **1.** ART *pej* poser - **2.** [pretend to be] : **to ~ as** se faire passer pour.

poser ['pəʊzə^r] *n* - **1.** *pej* [person] poseur *m*, -euse *f* - **2.** *inf* [hard question] question *f* difficile, colle *f*.

poseur [pəʊ'zɜː^r] *n pej* poseur *m*, -euse *f*.

posh [pɒʃ] *adj inf* - **1.** [hotel, clothes etc] chic (*inv*) - **2.** *UK* [accent, person] de la haute.

posit ['pɒzɪt] *vt fml* énoncer, poser en principe.

position [pə'zɪʃn] ◇ *n* - **1.** [gen] position *f* ; **in ~** en place, en position - **2.** [job] poste *m*, emploi *m* - **3.** [state] situation *f* ; **to be in a/no ~ to do sthg** être/ne pas être à même de faire qqch. ◇ *vt* placer, mettre en position ; **to ~ o.s.** se placer, se mettre.

positive ['pɒzətɪv] *adj* - **1.** [gen] positif(ive) - **2.** [sure] sûr(e), certain(e) ; **to be ~ about sthg** être sûr de qqch - **3.** [optimistic] positif(ive), optimiste ; **to be ~ about sthg** avoir une attitude positive au sujet de qqch - **4.** [definite] formel(elle), précis(e) - **5.** [evidence] irréfutable, indéniable - **6.** [downright] véritable.

positive discrimination *n* discrimination *f* positive.

positively ['pɒzətɪvlɪ] *adv* - **1.** [optimistically] avec optimisme, de façon positive - **2.** [definitely] formellement - **3.** [favourably] favorablement - **4.** [irrefutably] d'une manière irréfutable - **5.** [completely] absolument, complètement.

positive vetting *n UK enquête sur une personne pour des raisons de sécurité.*

positivism ['pɒzɪtɪvɪzm] *n* positivisme *m*.

posse ['pɒsɪ] *n US* détachement *m*, troupe *f*.

possess [pə'zes] *vt* posséder.

possessed [pə'zest] *adj* [mad] possédé(e).

possession [pə'zeʃn] *n* possession *f*.
◆ **possessions** *npl* possessions *fpl*, biens *mpl*.

possessive [pə'zesɪv] ◇ *adj* possessif(ive). ◇ *n* GRAM possessif *m*.

possessively [pə'zesɪvlɪ] *adv* d'une manière possessive.

possessor [pə'zesə^r] *n* possesseur *m*, propriétaire *mf*.

possibility [ˌpɒsə'bɪlətɪ] (*pl* **-ies**) *n* - **1.** [chance, likelihood] possibilité *f*, chances *fpl* ; **there is a ~ that...** il se peut que... (*+ subjunctive*) - **2.** [option] possibilité *f*, option *f*.

possible ['pɒsəbl] ◇ *adj* possible ; **as much as ~** autant que possible ; **as soon as ~** dès que possible ; **the best/worst ~** le meilleur/pire possible. ◇ *n* possible *m*.

possibly ['pɒsəblɪ] *adv* - **1.** [perhaps] peut-être - **2.** [within one's power] : **I'll do all I ~ can** je ferai tout mon possible - **3.** [expressing surprise] : **how could he ~ have known?** mais comment a-t-il pu le savoir? - **4.** [for emphasis] : **I can't ~ accept your money** je ne peux vraiment pas accepter cet argent.

possum ['pɒsəm] (*pl* **possum** OR **-s**) *n US* opossum *m*.

post [pəʊst] ◇ *n* - **1.** *UK* [service] : **the ~** la poste ; **the letter is in the ~** la lettre a été postée ; **by ~** par la poste - **2.** *UK* [letters, delivery] courrier *m* - **3.** *UK* [collection] levée *f* - **4.** [pole] poteau *m* - **5.** [position, job] poste *m*, emploi *m* - **6.** MIL poste *m* - **7.** *phr* **to pip sb at the ~** *UK* coiffer qqn au poteau. ◇ *vt* - **1.** *UK* [by mail] poster, mettre à la poste - **2.** [employee] muter - **3.** COMPUT [message, question, advertisement] envoyer sur Internet - **4.** *phr* **to keep sb ~ed** tenir qqn au courant.

post- [pəʊst] *prefix* post-.

postage ['pəʊstɪdʒ] *n* affranchissement *m* ; **~ and packing** frais *mpl* de port et d'emballage.

postage stamp *n* timbre-poste *m*.

postal ['pəʊstl] *adj* postal(e).

postal order *n UK* mandat *m* postal.

postbag ['pəʊstbæg] *n UK* **- 1.** [bag] sac *m* postal **- 2.** *inf* [letters received] courrier *m*, lettres *fpl*.

postbox ['pəʊstbɒks] *n UK* boîte *f* aux lettres.

postcard ['pəʊstkɑːd] *n* carte *f* postale.

postcode ['pəʊstkəʊd] *n UK* code *m* postal.

postdate [ˌpəʊst'deɪt] *vt* postdater.

poster ['pəʊstəʳ] *n* [for advertising] affiche *f* ; [for decoration] poster *m*.

poste restante [ˌpəʊst'restɑːnt] *n* poste *f* restante.

posterior [pɒ'stɪərɪəʳ] ◇ *adj* postérieur(e). ◇ *n hum* postérieur *m*, derrière *m*.

posterity [pɒ'sterətɪ] *n* postérité *f*.

poster paint *n* gouache *f*.

post-free *adj esp UK* franco (de port) *(inv)*.

postgraduate [ˌpəʊst'grædʒʊət] ◇ *adj* de troisième cycle. ◇ *n* étudiant *m*, -e *f* de troisième cycle.

posthaste [ˌpəʊst'heɪst] *adv* très vite, en toute hâte.

posthumous ['pɒstjʊməs] *adj* posthume.

posthumously ['pɒstjʊməslɪ] *adv* à titre posthume.

post-industrial *adj* post-industriel(elle).

posting ['pəʊstɪŋ] *n* [assignment] affectation *f*.

Post-it (note)® *n* Post-it® *m*, becquet *m*.

postman ['pəʊstmən] (*pl* **-men** [-mən]) *n UK* facteur *m*, -rice *f*.

postmark ['pəʊstmɑːk] ◇ *n* cachet *m* de la poste. ◇ *vt* timbrer, tamponner.

postmaster ['pəʊstˌmɑːstəʳ] *n* receveur *m* des postes.

Postmaster General (*pl* **Postmasters General**) *n* ≃ ministre *m* des Postes et Télécommunications.

postmistress ['pəʊstˌmɪstrɪs] *n* receveuse *f* des postes.

postmortem [ˌpəʊst'mɔːtəm] ◇ *adj* : **~ examination** autopsie *f*. ◇ *n lit* & *fig* autopsie *f*.

postnatal [ˌpəʊst'neɪtl] *adj* post-natal(e).

post office *n* **- 1.** [organization] : **the Post Office** les Postes et Télécommunications *fpl* **- 2.** [building] (bureau *m* de) poste *f*.

post-office box *n* boîte *f* postale.

postoperative [ˌpəʊst'ɒpərətɪv] *adj* postopératoire.

postpaid [ˌpəʊst'peɪd] *adj* port payé.

postpone [ˌpəʊst'pəʊn] *vt* reporter, remettre.

postponement [ˌpəʊst'pəʊnmənt] *n* renvoi *m*, report *m*.

postscript ['pəʊstskrɪpt] *n* post-scriptum *m inv* ; *fig* supplément *m*, addenda *m inv*.

postulate ◇ *n* ['pɒstjʊlət] postulat *m*. ◇ *vt* ['pɒstjʊleɪt] [theory] avancer.

posture ['pɒstʃəʳ] ◇ *n* **- 1.** *(U)* [pose] position *f*, posture *f* **- 2.** *fig* [attitude] attitude *f*. ◇ *vi* poser, prendre des attitudes.

posturing ['pɒstʃərɪŋ] *n* pose *f*, affectation *f*.

postviral syndrome [ˌpəʊst'vaɪərl-] *n* syndrome *m* de fatigue chronique.

postwar [ˌpəʊst'wɔːʳ] *adj* d'après-guerre.

posy ['pəʊzɪ] (*pl* **-ies**) *n* petit bouquet *m* de fleurs.

pot [pɒt] ◇ *n* **- 1.** [for cooking] marmite *f*, casserole *f* **- 2.** [for tea] théière *f* ; [for coffee] cafetière *f* **- 3.** [for paint, jam, plant] pot *m* **- 4.** *(U) inf* [cannabis] herbe *f*. ◇ *vt* (*pt* & *pp* **-ted**, *cont* **-ting**) [plant] mettre en pot.

potash ['pɒtæʃ] *n* potasse *f*.

potassium [pə'tæsɪəm] *n* potassium *m*.

potato [pə'teɪtəʊ] (*pl* **-es**) *n* pomme *f* de terre.

potato crisps *UK*, **potato chips** *US npl* (pommes *fpl*) chips *fpl*.

potato peeler [-ˌpiːləʳ] *n* (couteau *m*) éplucheur *m*.

pot-bellied [-ˌbelɪd] *adj* [from overeating] ventru(e) ; [from malnutrition] au ventre gonflé.

potboiler ['pɒtˌbɔɪləʳ] *n fig* œuvre *f* alimentaire.

potbound ['pɒtbaʊnd] *adj* : **a ~ plant** *une plante qui est devenue trop grande pour son pot*.

potency ['pəʊtənsɪ] *(U) n* **- 1.** [power, influence] puissance *f* **- 2.** [of drink] teneur *f* en alcool **- 3.** [of man] virilité *f*.

potent ['pəʊtənt] *adj* **- 1.** [powerful, influential] puissant(e) **- 2.** [drink] fort(e) **- 3.** [man] viril.

potentate ['pəʊtənteɪt] *n* potentat *m*.

potential [pə'tenʃl] ◇ *adj* [energy, success] potentiel(elle) ; [uses, danger] possible ; [enemy] en puissance. ◇ *n (U)* [of person] capacités *fpl* latentes ; **to have ~** [person] promettre ; [company] avoir de l'avenir ; [scheme] offrir des possibilités.

potentially [pə'tenʃəlɪ] *adv* potentiellement.

pothole ['pɒthəʊl] *n* - **1.** [in road] nid-de-poule *m* - **2.** [underground] caverne *f*, grotte *f*.

potholer ['pɒt,həʊləʳ] *n UK* spéléologue *mf*.

potholing ['pɒt,həʊlɪŋ] *n UK* spéléologie *f* ; **to go ~** faire de la spéléologie.

potion ['pəʊʃn] *n* [magic] breuvage *m* ; **love ~** philtre *m*.

potluck [,pɒt'lʌk] *n* : **to take ~** [gen] choisir au hasard ; [at meal] manger à la fortune du pot.

pot plant *n* plante *f* d'appartement.

potpourri [,pəʊ'pʊərɪ] *n* - **1.** *(U)* [dried flowers] fleurs *fpl* séchées - **2.** [meadley] pot-pourri *m*.

pot roast *n* rôti *m* braisé.

potshot ['pɒt,ʃɒt] *n* : **to take a ~ (at sthg)** tirer (sur qqch) sans viser.

potted ['pɒtɪd] *adj* - **1.** [plant] : **~ plant** plante *f* d'appartement - **2.** [food] conservé(e) en pot - **3.** *UK fig* [condensed] condensé(e), abrégé(e).

potter ['pɒtəʳ] *n* potier *m*, -ière *f*.

◆ **potter about, potter around** *vi UK* bricoler.

Potteries ['pɒtərɪz] *npl* : **the ~** *la région des poteries dans le Staffordshire (en Angleterre)*.

potter's wheel *n* tour *m* de potier.

pottery ['pɒtərɪ] (*pl* **-ies**) *n* poterie *f* ; **a piece of ~** une poterie.

potting compost ['pɒtɪŋ-] *n* terreau *m*.

potty ['pɒtɪ] *UK inf* ◇ *adj* (*comp* **-ier**, *superl* **-iest**) : **~ (about)** toqué(e) (de). ◇ *n* (*pl* **-ies**) pot *m* (de chambre).

potty-trained *adj UK* propre.

pouch [paʊtʃ] *n* - **1.** [small bag] petit sac *m* ; **tobacco ~** blague *f* à tabac - **2.** [of kangaroo] poche *f* ventrale.

pouffe [pu:f] *n UK* [seat] pouf *m*.

poultice ['pəʊltɪs] *n* cataplasme *m*.

poultry ['pəʊltrɪ] ◇ *n (U)* [meat] volaille *f*. ◇ *npl* [birds] volailles *fpl*.

pounce [paʊns] *vi* : **to ~ (on)** [bird] fondre (sur) ; [person] se jeter (sur) ; **to ~ on** *fig* sauter sur.

pound [paʊnd] ◇ *n* - **1.** *UK* [money] livre *f* - **2.** [weight] = *453,6 grammes*, ≃ livre *f* - **3.** [for cars, dogs] fourrière *f*. ◇ *vt* - **1.** [strike loudly] marteler - **2.** [crush] piler, broyer. ◇ *vi* - **1.** [strike loudly] : **to ~ on** donner de grands coups à - **2.** [heart] battre fort ; **my head is ~ing** j'ai des élancements dans la tête.

pounding ['paʊndɪŋ] *n (U)* - **1.** [of fists] martèlement *m* - **2.** [of heart] battement *m* violent ; **to get** OR **take a ~** [city] être pilonné ; [team] être battu à plate couture OR à plates coutures.

pound sterling *n* livre *f* sterling.

pour [pɔːʳ] ◇ *vt* verser ; **shall I ~ you a drink?** je te sers quelque chose à boire? ; **to ~ money into sthg** *fig* investir beaucoup d'argent dans qqch. ◇ *vi* - **1.** [liquid] couler à flots - **2.** *fig* [rush] : **to ~ in/out** entrer/sortir en foule. ◇ *impers vb* [rain hard] pleuvoir à verse.

◆ **pour in** *vi* [letters, news] affluer.

◆ **pour out** *vt sep* - **1.** [empty] vider - **2.** [serve - drink] verser, servir - **3.** *fig* [emotions] épancher.

pouring ['pɔːrɪŋ] *adj* [rain] torrentiel(elle).

pout [paʊt] ◇ *n* moue *f*. ◇ *vi* faire la moue.

poverty ['pɒvətɪ] *n* pauvreté *f* ; *fig* [of ideas] indigence *f*, manque *m*.

poverty line *n* seuil *m* de pauvreté.

poverty-stricken *adj* [person] dans la misère ; [area] misérable, très pauvre.

poverty trap *n UK situation dans laquelle, du fait d'une augmentation d'un revenu faible, on ne peut plus toucher les prestations sociales.*

pow [paʊ] *excl inf* pan!, paf!

POW *see also* **prisoner of war**.

powder ['paʊdəʳ] ◇ *n* poudre *f*. ◇ *vt* [face, body] poudrer.

powder compact *n* poudrier *m*.

powdered ['paʊdəd] *adj* - **1.** [milk, eggs] en poudre - **2.** [face] poudré(e).

powdered sugar *n US* sucre *m* en poudre.

powder puff *n* houppette *f*.

powder room *n* toilettes *fpl* pour dames.

powdery ['paʊdərɪ] *adj* [snow etc] poudreux(euse).

power ['paʊəʳ] ◇ *n* - **1.** *(U)* [authority, ability] pouvoir *m* ; **to have ~ over sb** avoir de l'autorité sur qqn ; **to take ~** prendre le pouvoir ; **to come to ~** parvenir au pouvoir ; **to be in ~** être au pouvoir ; **to be in** OR **within one's ~ to do sthg** être en son pouvoir de faire qqch ; **~ of speech** parole *f* ; **the ~s that be** les autorités *fpl* - **2.** [strength, powerful person] puissance *f*, force *f* - **3.** *(U)* [energy] énergie *f* - **4.** [electricity] courant *m*, électricité *f*. ◇ *vt* faire marcher, actionner.

power base *n* support *m* politique.

powerboat ['paʊəbəʊt] *n* hors-bord *m inv*.

power broker *n* négociateur *m*, -trice *f*.

power cut *n* coupure *f* de courant.

power failure *n* panne *f* de courant.

powerful ['paʊəfʊl] *adj* - **1.** [gen] puissant(e) - **2.** [smell, voice] fort(e) - **3.** [speech, novel] émouvant(e).

powerhouse ['paʊəhaʊs] (*pl* [-haʊzɪz]) *n fig* personne *f* dynamique OR énergique.

powerless ['pauəlɪs] *adj* impuissant(e) ; **to be ~ to do sthg** être dans l'impossibilité de faire qqch, ne pas pouvoir faire qqch.

power line *n* ligne *f* à haute tension.

power of attorney *n* procuration *f*.

power plant *n* centrale *f* électrique.

power point *n UK* prise *f* de courant.

power-sharing [-ˌʃeərɪŋ] *n* partage *m* du pouvoir.

power station *n* centrale *f* électrique.

power steering *n* direction *f* assistée.

power worker *n* employé *m*, -e *f* de l'électricité.

pp (*abbr of* **per procurationem**) pp.

p & p *see also* **postage and packing**.

PPE (*abbr of* **philosophy, politics and economics**) *n philosophie, science politique et science économique (cours à l'université)*.

ppm (*abbr of* **parts per million**) ppm.

PPS <> *n* (*abbr of* **parliamentary private secretary**) *parlementaire britannique assurant la liaison entre un ministre et les députés de son parti.* <> (*abbr of* **post postscriptum**) PPS.

PQ *see also* **Province of Quebec**.

Pr. (*written abbrev of* **Prince**) Pce.

PR <> *n* - **1.** *see also* **proportional representation** - **2.** *see also* **public relations**. <> *n see also* **Puerto Rico**.

practicable ['præktɪkəbl] *adj* réalisable, faisable.

practical ['præktɪkl] <> *adj* - **1.** [gen] pratique - **2.** [plan, solution] réalisable. <> *n* épreuve *f* pratique.

practicality [ˌpræktɪ'kælətɪ] *n (U)* aspect *m* pratique.

◆ **practicalities** *npl* détails *mpl* pratiques.

practical joke *n* farce *f*.

practically ['præktɪklɪ] *adv* - **1.** [in a practical way] d'une manière pratique - **2.** [almost] presque, pratiquement.

practice ['præktɪs] *n* - **1.** *(U)* [at sport] entraînement *m* ; [at music etc] répétition *f* ; **to be out of ~** être rouillé(e) - **2.** [training session - at sport] séance *f* d'entraînement ; [- at music etc] répétition *f* - **3.** [act of doing] : **to put sthg into ~** mettre qqch en pratique ; **in ~** [in fact] en réalité, en fait - **4.** [habit] pratique *f*, coutume *f* - **5.** *(U)* [of profession] exercice *m* - **6.** [of doctor] cabinet *m* ; [of lawyer] étude *f*.

practiced *US* = **practised**.

practicing *US* = **practising**.

practise *UK*, **practice** *US* ['præktɪs] <> *vt* - **1.** [sport] s'entraîner à ; [piano etc] s'exercer à - **2.** [custom] suivre, pratiquer ; [religion] pratiquer ; **to ~ what one preaches** prêcher par l'exemple - **3.** [profession] exercer. <> *vi* - **1.** SPORT s'entraîner ; MUS s'exercer - **2.** [doctor, lawyer] exercer.

practised *UK*, **practiced** *US* ['præktɪst] *adj* [teacher, nurse] expérimenté(e) ; [liar] fieffé(e) ; **to be ~ at doing sthg** être expert à faire qqch ; **a ~ eye** un œil exercé.

practising *UK*, **practicing** *US* ['præktɪsɪŋ] *adj* [doctor, lawyer] en exercice ; [Christian etc] pratiquant(e) ; [homosexual] déclaré(e).

practitioner [præk'tɪʃnəʳ] *n* praticien *m*, -enne *f* ; **medical ~** médecin *m*.

pragmatic [præg'mætɪk] *adj* pragmatique.

pragmatism ['prægmətɪzm] *n* pragmatisme *m*.

pragmatist ['prægmətɪst] *n* pragmatiste *mf*.

Prague [prɑːg] *n* Prague.

prairie ['preərɪ] *n* prairie *f*.

praise [preɪz] <> *n (U)* louange *f*, louanges *fpl*, éloge *m*, éloges *mpl* ; **to sing sb's ~s** chanter les louanges de qqn. <> *vt* louer, faire l'éloge de.

praiseworthy ['preɪzˌwɜːðɪ] *adj* louable, méritoire.

praline ['prɑːliːn] *n* praline *f*.

pram [præm] *n UK* landau *m*.

PRAM [præm] (*abbr of* **programmable random access memory**) *n* RAM *f* programmable.

prance [prɑːns] *vi* - **1.** [person] se pavaner - **2.** [horse] caracoler.

prang [præŋ] *UK inf dated* <> *n* [of car] accrochage *m* ; [of plane] collision *f*. <> *vt* emboutir, bousiller.

prank [præŋk] *n* tour *m*, niche *f*.

prat [præt] *n UK v inf pej* crétin *m*, -e *f*.

prattle ['prætl] *pej* <> *n (U)* bavardage *m*, babillage *m*. <> *vi* babiller ; **to ~ on about sthg** parler sans fin de qqch.

prawn [prɔːn] *n* crevette *f* rose.

prawn cocktail *n* crevettes *fpl* mayonnaise.

prawn cracker *n genre de chips au goût de crevette*.

pray [preɪ] *vi* : **to ~ (to sb)** prier (qqn) ; **to ~ for rain** prier pour qu'il pleuve.

prayer [preəʳ] *n lit & fig* prière *f* ; **to say one's ~s** faire sa prière.

◆ **prayers** *npl* [service] office *m*.

prayer book *n* livre *m* de messe.

prayer meeting *n* réunion *f* pour dire des prières.

pre- [priː] *prefix* pré-.

preach [priːtʃ] <> *vt* [gen] prêcher ; [sermon] prononcer. <> *vi* - **1.** RELIG : **to ~ (to sb)** prêcher (qqn) - **2.** *pej* [pontificate] : **to ~ (at sb)** sermonner (qqn).

preacher ['priːtʃəʳ] *n* prédicateur *m*, -trice *f*, pasteur *m*, -(e) *f*.

preamble [priː'æmbl] *n* préambule *m*, avant-propos *m inv*.

prearrange [ˌpriːə'reɪndʒ] *vt* organiser *OR* fixer à l'avance.

precarious [prɪ'keərɪəs] *adj* précaire.

precariously [prɪ'keərɪəslɪ] *adv* d'une manière précaire.

precast [ˌpriː'kɑːst] *adj* : **~ concrete** béton *m* précoulé.

precaution [prɪ'kɔːʃn] *n* précaution *f* ; **as a ~ (against)** par précaution (contre).

precautionary [prɪ'kɔːʃənərɪ] *adj* de précaution, préventif(ive).

precede [prɪ'siːd] *vt* précéder.

precedence ['presɪdəns] *n* : **to take ~ over sthg** avoir la priorité sur qqch ; **to have** *OR* **take ~ over sb** avoir la préséance sur qqn.

precedent ['presɪdənt] *n* précédent *m*.

preceding [prɪ'siːdɪŋ] *adj* précédent(e).

precept ['priːsept] *n* précepte *m*.

precinct ['priːsɪŋkt] *n* - **1.** *UK* [area] : **pedestrian ~** zone *f* piétonne ; **shopping ~** centre *m* commercial - **2.** *US* [district] circonscription *f* (administrative).

◆ **precincts** *npl* [of institution] enceinte *f*.

precious ['preʃəs] *adj* - **1.** [gen] précieux (euse) - **2.** *inf iron* [damned] sacré(e) ; **~ little** très peu, bien peu - **3.** [affected] affecté(e).

precious metal *n* métal *m* précieux.

precious stone *n* pierre *f* précieuse.

precipice ['presɪpɪs] *n* précipice *m*, paroi *f* à pic.

precipitate *fml* <> *adj* [prɪ'sɪpɪtət] hâtif(ive). <> *vt* [prɪ'sɪpɪteɪt] [hasten] hâter, précipiter.

precipitation [prɪˌsɪpɪ'teɪʃn] *n* précipitation *f*.

precipitous [prɪ'sɪpɪtəs] *adj* - **1.** [very steep] escarpé(e), à pic - **2.** [hasty] hâtif(ive).

précis [*UK* 'preɪsiː, *US* 'presiː] *n* résumé *m*.

precise [prɪ'saɪs] *adj* précis(e) ; [measurement, date] exact(e) ; **49.5 to be ~** 49,5 pour être exact.

precisely [prɪ'saɪslɪ] *adv* précisément, exactement.

precision [prɪ'sɪʒn] <> *n* précision *f*, exactitude *f*. <> *comp* de précision.

preclude [prɪ'kluːd] *vt fml* empêcher ; [possibility] écarter ; **to ~ sb from doing sthg** empêcher qqn de faire qqch.

precocious [prɪ'kəʊʃəs] *adj* précoce.

precocity [prɪ'kɒsətɪ] *n* précocité *f*.

precognition [ˌpriːkɒg'nɪʃn] *n* connaissance *f* anticipée.

preconceived [ˌpriːkən'siːvd] *adj* préconçu(e).

preconception [ˌpriːkən'sepʃn] *n* préjugé *m*, idée *f* préconçue.

precondition [ˌpriːkən'dɪʃn] *n fml* condition *f* sine qua non.

precooked [priː'kʊkt] *adj* précuit(e).

precursor [ˌpriː'kɜːsəʳ] *n fml* précurseur *m*.

predate [priː'deɪt] *vt* précéder.

predator ['predətəʳ] *n* - **1.** [animal, bird] prédateur *m*, rapace *m* - **2.** *fig* [person] corbeau *m*.

predatory ['predətrɪ] *adj* - **1.** [animal, bird] prédateur(trice) - **2.** *fig* [person] rapace.

predecease [ˌpriːdɪ'siːs] *vt* décéder avant.

predecessor ['priːdɪsesəʳ] *n* - **1.** [person] prédécesseur *m* - **2.** [thing] précédent *m*, -e *f*.

predestination [priːˌdestɪ'neɪʃn] *n* prédestination *f*.

predestine [ˌpriː'destɪn] *vt* : **to be ~d to sthg/to do sthg** être prédestiné(e) à qqch/à faire qqch.

predetermine [ˌpriːdɪ'tɜːmɪn] *vt* - **1.** [predestine] déterminer d'avance - **2.** [prearrange] organiser *OR* fixer à l'avance.

predetermined [ˌpriːdɪ'tɜːmɪnd] *adj* - **1.** [predestined] déterminé(e) d'avance - **2.** [prearranged] organisé(e) *OR* fixé(e) à l'avance.

predicament [prɪ'dɪkəmənt] *n* situation *f* difficile ; **to be in a ~** être dans de beaux draps.

predict [prɪ'dɪkt] *vt* prédire.

predictable [prɪ'dɪktəbl] *adj* prévisible.

predictably [prɪ'dɪktəblɪ] *adv* [react, behave] d'une manière prévisible ; **~, he was late** comme c'était à prévoir, il est arrivé en retard.

prediction [prɪ'dɪkʃn] *n* prédiction *f*.

predictor [prɪ'dɪktəʳ] *n* indicateur *m*.

predigest [ˌpriːdaɪ'dʒest] *vt fig* prédigérer.

predilection [ˌpriːdɪ'lekʃn] *n* : **~ for sthg** prédilection *f* pour qqch.

predispose [ˌpriːdɪs'pəʊz] *vt* : **to be ~d to sthg/to do sthg** être prédisposé(e) à qqch/à faire qqch.

predisposition ['priː,dɪspə'zɪʃn] *n* : **~ to sthg/to do sthg, ~ towards sthg/towards doing sthg** prédisposition *f* à qqch/à faire qqch.

predominance [prɪ'dɒmɪnəns] *n* prédominance *f*.

predominant [prɪ'dɒmɪnənt] *adj* prédominant(e).

predominantly [prɪ'dɒmɪnəntlɪ] *adv* principalement, surtout.

predominate [prɪ'dɒmɪneɪt] *vi* prédominer.

preeminent [priː'emɪnənt] *adj* le plus en vue (la plus en vue).

preempt [,priː'empt] *vt* - **1.** [action, decision] devancer, prévenir - **2.** [land] acquérir par droit de préemption.

preemptive [,priː'emptɪv] *adj* préventif(ive).

preemptive strike *n* attaque *f* préventive.

preen [priːn] *vt* - **1.** [subj: bird] lisser, nettoyer - **2.** *fig* [subj: person] : **to ~ o.s.** se faire beau (belle).

preexist [,priːɪg'zɪst] *vi* préexister.

prefab ['priːfæb] *n inf* maison *f* préfabriquée.

prefabricate [,priː'fæbrɪkeɪt] *vt* préfabriquer.

preface ['prefɪs] ◇ *n* : **~ (to)** préface *f* (de), préambule *m* (de). ◇ *vt* : **to ~ sthg with sthg** faire précéder qqch de qqch.

prefect ['priːfekt] *n UK* [pupil] *élève de terminale qui aide les professeurs à maintenir la discipline.*

prefer [prɪ'fɜːʳ] (*pt & pp* **-red**, *cont* **-ring**) *vt* préférer ; **to ~ sthg to sthg** préférer qqch à qqch, aimer mieux qqch que qqch ; **to ~ to do sthg** préférer faire qqch, aimer mieux faire qqch.

preferable ['prefrəbl] *adj* : **~ (to)** préférable (à).

preferably ['prefrəblɪ] *adv* de préférence.

preference ['prefərəns] *n* préférence *f*.

preference shares *UK npl*, **preferred stock** *US n (U)* actions *fpl* privilégiées OR de priorité.

preferential [,prefə'renʃl] *adj* préférentiel(elle).

preferred [prɪ'fɜːd] *adj* préféré(e).

preferred stock *US* = preference shares.

prefigure [priː'fɪgəʳ] *vt* annoncer, préfigurer.

prefix ['priːfɪks] *n* préfixe *m*.

pregnancy ['pregnənsɪ] (*pl* **-ies**) *n* grossesse *f*.

pregnancy test *n* test *m* de grossesse.

pregnant ['pregnənt] *adj* - **1.** [woman] enceinte ; [animal] pleine, gravide - **2.** *fig* [pause] lourd(e) de sens.

preheated [,priː'hiːtɪd] *adj* préchauffé(e).

prehistoric [,priːhɪ'stɒrɪk] *adj* préhistorique.

prehistory [,priː'hɪstərɪ] *n* préhistoire *f*.

pre-industrial *adj* pré-industriel(elle).

prejudge [,priː'dʒʌdʒ] *vt* [situation, issue] préjuger de ; [person] juger d'avance.

prejudice ['predʒʊdɪs] ◇ *n* - **1.** [biased view] : **~ (in favour of/against)** préjugé *m* (en faveur de/contre), préjugés *mpl* (en faveur de/contre) - **2.** *(U)* [harm] préjudice *m*, tort *m*. ◇ *vt* - **1.** [bias] : **to ~ sb (in favour of/against)** prévenir qqn (en faveur de/contre), influencer qqn (en faveur de/contre) - **2.** [harm] porter préjudice à.

prejudiced ['predʒʊdɪst] *adj* [person] qui a des préjugés ; [opinion] préconçu(e) ; **to be ~ in favour of/against** avoir des préjugés en faveur de/contre.

prejudicial [,predʒʊ'dɪʃl] *adj* : **~ (to)** préjudiciable (à), nuisible (à).

prelate ['prelɪt] *n* prélat *m*.

preliminary [prɪ'lɪmɪnərɪ] (*pl* **-ies**) *adj* préliminaire.

◆ **preliminaries** *npl* préliminaires *mpl*.

prelims ['priːlɪmz] *npl UK* [exams] examens *mpl* préliminaires.

prelude ['preljuːd] *n* [event] : **~ to sthg** prélude *m* de qqch.

premarital [,priː'mærɪtl] *adj* avant le mariage.

premature ['premə,tjʊəʳ] *adj* prématuré(e).

prematurely ['premə,tjʊəlɪ] *adv* prématurément.

premeditated [,priː'medɪteɪtɪd] *adj* prémédité(e).

premenstrual syndrome, **premenstrual tension** [priː'menstrʊəl-] *n* syndrome *m* prémenstruel.

premier ['premjəʳ] ◇ *adj* primordial(e), premier(ère). ◇ *n* premier ministre *m*.

premiere ['premɪeəʳ] *n* première *f*.

Premier League *n en Angleterre, ligue indépendante regroupant les meilleurs clubs de football.*

premiership ['premɪəʃɪp] *n* fonction *f* de premier ministre.

premise ['premɪs] *n* prémisse *f* ; **on the ~ that** en partant du principe que.

◆ **premises** *npl* local *m*, locaux *mpl* ; **on the ~s** sur place, sur les lieux.

premium ['pri:mjəm] *n* prime *f* ; **at a ~** [above usual value] à prix d'or ; [in great demand] très recherché OR demandé ; **to put** OR **place a high ~ on sthg** accorder OR attacher beaucoup d'importance à qqch.

premium bond *n UK* ≃ billet *m* de loterie.

premonition [,premə'nɪʃn] *n* prémonition *f*, pressentiment *m*.

prenatal [,pri:'neɪtl] *adj US* prénatal(e).

prenatal clinic *n* service *m* de consultation prénatale.

pre-nup (*abbr of* **pre-nuptial contract**) *n inf* contrat *m* de mariage.

preoccupation [pri:,ɒkjʊ'peɪʃn] *n* préoccupation *f* ; **~ with sthg** souci de qqch.

preoccupied [pri:'ɒkjʊpaɪd] *adj* : **~ (with)** préoccupé(e) (de).

preoccupy [pri:'ɒkjʊpaɪ] (*pt & pp* **-ied**) *vt* préoccuper.

preordain [,pri:ɔ:'deɪn] *vt* décider OR déterminer d'avance ; **to be ~ed to do sthg** être prédestiné à faire qqch.

prep [prep] *n (U) UK inf* devoirs *mpl*.

prepacked [,pri:'pækt] *adj* préconditionné(e).

prepaid ['pri:peɪd] *adj* payé(e) d'avance ; [envelope] affranchi(e).

preparation [,prepə'reɪʃn] *n* préparation *f* ; **in ~ for** en vue de.

◆ **preparations** *npl* préparatifs *mpl* ; **to make ~s for** faire des préparatifs pour, prendre ses dispositions pour.

preparatory [prɪ'pærətrɪ] *adj* [work, classes] préparatoire ; [actions, measures] préliminaire.

preparatory school *n* [in UK] école *f* primaire privée ; [in US] *école privée qui prépare à l'enseignement supérieur.*

prepare [prɪ'peəʳ] ◇ *vt* préparer. ◇ *vi* : **to ~ for sthg/to do sthg** se préparer à qqch/à faire qqch.

prepared [prɪ'peəd] *adj* **- 1.** [done beforehand] préparé(e) d'avance **- 2.** [willing] : **to be ~ to do sthg** être prêt(e) OR disposé(e) à faire qqch **- 3.** [ready] : **to be ~ for sthg** être prêt(e) pour qqch.

preponderance [prɪ'pɒndərəns] *n* majorité *f*.

preponderantly [prɪ'pɒndərəntlɪ] *adv* surtout, pour la plupart.

preposition [,prepə'zɪʃn] *n* préposition *f*.

prepossessing [,pri:pə'zesɪŋ] *adj fml* agréable, attrayant(e).

preposterous [prɪ'pɒstərəs] *adj* ridicule, absurde.

preppy ['prepɪ] *US inf* ◇ *adj* bon chic bon genre. ◇ *n* (*pl* **-ies**) personne *f* bon chic bon genre.

prep school *see also* **preparatory school**.

Pre-Raphaelite [,pri:'ræfəlaɪt] ◇ *adj* préraphaélite. ◇ *n* préraphaélite *mf*.

prerecorded [,pri:rɪ'kɔ:dɪd] *adj* enregistré(e) à l'avance, préenregistré(e).

prerequisite [,pri:'rekwɪzɪt] *n* condition *f* préalable.

prerogative [prɪ'rɒgətɪv] *n* prérogative *f*, privilège *m*.

presage ['presɪdʒ] *vt* présager.

Presbyterian [,prezbɪ'tɪərɪən] ◇ *adj* presbytérien(enne). ◇ *n* presbytérien *m*, -enne *f*.

presbytery ['prezbɪtrɪ] *n* [residence] presbytère *m*.

preschool [,pri:'sku:l] ◇ *adj* préscolaire. ◇ *n US* école *f* maternelle.

prescient ['presɪənt] *adj* prescient(e).

prescribe [prɪ'skraɪb] *vt* **- 1.** MED prescrire **- 2.** [order] ordonner, imposer.

prescription [prɪ'skrɪpʃn] *n* [MED - written form] ordonnance *f* ; [- medicine] médicament *m* ; **on ~** sur ordonnance.

prescription charge *n UK prix (fixe) à payer pour chaque médicament figurant sur une ordonnance.*

prescriptive [prɪ'skrɪptɪv] *adj* normatif(ive).

presence ['prezns] *n* présence *f* ; **to be in sb's ~** OR **in the ~ of sb** être en présence de qqn ; **to have ~** avoir de la présence.

presence of mind *n* présence *f* d'esprit.

present ◇ *adj* ['preznt] **- 1.** [current] actuel (elle) **- 2.** [in attendance] présent(e) ; **to be ~ at** assister à. ◇ *n* ['preznt] **- 1.** [current time] : **the ~** le présent ; **at ~** actuellement, en ce moment ; **for the ~** pour le moment **- 2.** [gift] cadeau *m* **- 3.** GRAM : **~ (tense)** présent *m*. ◇ *vt* [prɪ'zent] **- 1.** [gen] présenter ; [opportunity] donner **- 2.** [give] donner, remettre ; **to ~ sb with sthg, to ~ sthg to sb** donner OR remettre qqch à qqn **- 3.** [portray] représenter, décrire **- 4.** [arrive] : **to ~ o.s.** se présenter.

presentable [prɪ'zentəbl] *adj* présentable.

presentation [,prezn'teɪʃn] *n* **- 1.** [gen] présentation *f* **- 2.** [ceremony] remise *f* (de récompense/prix) **- 3.** [talk] exposé *m* **- 4.** [of play] représentation *f*.

presentation copy *n* exemplaire *m* offert gracieusement.

present day *n* : **the ~** aujourd'hui.

◆ **present-day** *adj* d'aujourd'hui, contemporain(e).

presenter [prɪ'zentər] *n UK* présentateur *m*, -trice *f*.

presentiment [prɪ'zentɪmənt] *n* pressentiment *m*.

presently ['prezəntlɪ] *adv* - **1.** [soon] bientôt, tout à l'heure - **2.** [at present] actuellement, en ce moment.

preservation [,prezə'veɪʃn] *n (U)* - **1.** [maintenance] maintien *m* - **2.** [protection] protection *f*, conservation *f*.

preservation order *n esp UK décret ordonnant la conservation d'un monument, édifice etc.*

preservative [prɪ'zɜːvətɪv] *n* conservateur *m*.

preserve [prɪ'zɜːv] ◇ *vt* - **1.** [maintain] maintenir - **2.** [protect] conserver - **3.** [food] conserver, mettre en conserve. ◇ *n* [jam] confiture *f*.

◆ **preserves** *npl* [jam] confiture *f* ; [vegetables] pickles *mpl*, condiments *mpl*.

preserved [prɪ'zɜːvd] *adj* conservé(e).

preset [,priː'set] (*pt & pp* **preset**, *cont* **-ting**) *vt* prérégler.

preshrunk [,priː'ʃrʌŋk] *adj* irrétrécissable.

preside [prɪ'zaɪd] *vi* : **to ~ (over** *OR* **at sthg)** présider (qqch).

presidency ['prezɪdənsɪ] (*pl* **-ies**) *n* présidence *f*.

president ['prezɪdənt] *n* - **1.** [gen] président *m* - **2.** *US* [company chairman] P-DG *m*.

president-elect *n titre du président des États-Unis nouvellement élu (en novembre) jusqu'à la cérémonie d'investiture présidentielle (le 20 janvier).*

presidential [,prezɪ'denʃl] *adj* présidentiel(elle).

press [pres] ◇ *n* - **1.** [push] pression *f* - **2.** [journalism] : **the ~** [newspapers] la presse, les journaux *mpl* ; [reporters] les journalistes *mpl* ; **to get a good/bad ~** avoir bonne/mauvaise presse - **3.** [printing machine] presse *f* ; [for wine] pressoir *m*. ◇ *vt* - **1.** [push] appuyer sur ; **to ~ sthg against sthg** appuyer qqch sur qqch - **2.** [squeeze] serrer - **3.** [iron] repasser, donner un coup de fer à - **4.** [urge] : **to ~ sb (to do sthg** *OR* **into doing sthg)** presser qqn (de faire qqch) ; **to ~ sb for sthg** demander qqch à qqn avec insistance - **5.** [force] : **to ~ sthg on** *OR* **upon sb** offrir qqch à qqn avec insistance - **6.** [pursue - claim] insister sur - **7.** LAW : **to ~ charges (against sb)** porter plainte (contre qqn). ◇ *vi* - **1.** [push] : **to ~ (on sthg)** appuyer (sur qqch) - **2.** [squeeze] : **to ~ (on sthg)** serrer (qqch) - **3.** [crowd] se presser.

◆ **press for** *vt insep* demander avec insistance.

◆ **press on** *vi* [continue] : **to ~ on (with sthg)** continuer (qqch), ne pas abandonner (qqch).

press agency *n* agence *f* de presse.

press agent *n* agent *m* de publicité.

press baron *n UK* baron *m OR* magnat *m* de la presse.

press box *n* tribune *f* de la presse.

press clipping *n US* = **press cutting**.

press conference *n* conférence *f* de presse.

press corps *n US* journalistes *mpl*.

press cutting *UK*, **press clipping** *US n* coupure *f* de journal.

pressed [prest] *adj* : **to be ~ for time/money** être à court de temps/d'argent.

press fastener *n UK* pression *f*.

press gallery *n* tribune *f* de la presse.

pressgang ['presgæŋ] ◇ *n* enrôleurs *mpl*, racoleurs *mpl*. ◇ *vt UK* **to ~ sb into doing sthg** forcer la main à qqn pour qu'il fasse qqch.

pressing ['presɪŋ] *adj* urgent(e).

pressman ['presmæn] (*pl* **-men** [-men]) *n UK* journaliste *m*.

press officer *n* attaché *m* de presse.

press release *n* communiqué *m* de presse.

press stud *n UK* pression *f*.

press-up *n UK* pompe *f*, traction *f*.

pressure ['preʃər] ◇ *n (U)* - **1.** [gen] pression *f* ; **to put ~ on sb (to do sthg)** faire pression sur qqn (pour qu'il fasse qqch) - **2.** [stress] tension *f*. ◇ *vt* : **to ~ sb to do** *OR* **into doing sthg** forcer qqn à faire qqch.

pressure cooker *n* Cocotte-Minute® *f*, autocuiseur *m*.

pressure gauge *n* manomètre *m*.

pressure group *n* groupe *m* de pression.

pressurize, *UK* **-ise** ['preʃəraɪz] *vt* - **1.** TECH pressuriser - **2.** *UK* [force] : **to ~ sb to do** *OR* **into doing sthg** forcer qqn à faire qqch.

Prestel® ['prestel] *n UK* ≃ Télétel® *m*.

prestige [pre'stiːʒ] ◇ *n* prestige *m*. ◇ *comp* de prestige.

prestigious [pre'stɪdʒəs] *adj* prestigieux(euse).

presto [prestəʊ] *excl US* **(hey) ~!** passez muscade!

prestressed concrete [,priː'strest-] *n* béton *m* précontraint.

presumably [prɪ'zjuːməblɪ] *adv* vraisemblablement.

presume [prɪ'zjuːm] *vt* présumer ; **to ~ (that)...** supposer que...

presumption [prɪ'zʌmpʃn] *n* **- 1.** [assumption] supposition *f*, présomption *f* **- 2.** *(U)* [audacity] présomption *f*.

presumptuous [prɪ'zʌmptʃʊəs] *adj* présomptueux(euse).

presuppose [ˌpriːsə'pəʊz] *vt* présupposer.

pretax [ˌpriː'tæks] *adj* avant impôts.

pretence *UK*, **pretense** *US* [prɪ'tens] *n* prétention *f* ; **to make a ~ of doing sthg** faire semblant de faire qqch ; **under false ~s** sous des prétextes fallacieux.

pretend [prɪ'tend] ◇ *vt* : **to ~ to do sthg** faire semblant de faire qqch. ◇ *vi* faire semblant.

pretense *US* = **pretence.**

pretension [prɪ'tenʃn] *n* prétention *f* ; **to have ~s to sthg** avoir des prétentions à qqch.

pretentious [prɪ'tenʃəs] *adj* prétentieux(euse).

pretentiously [prɪ'tenʃəslɪ] *adv* de façon prétentieuse.

pretentiousness [prɪ'tenʃəsnɪs] *n (U)* prétention *f*.

preterite ['pretərət] *n* prétérit *m*.

pretext ['priːtekst] *n* prétexte *m* ; **on** *OR* **under the ~ that...** sous prétexte que... ; **on** *OR* **under the ~ of doing sthg** sous prétexte de faire qqch.

Pretoria [prɪ'tɔːrɪə] *n* Pretoria.

prettify ['prɪtɪfaɪ] (*pt & pp* **-ied**) *vt* enjoliver.

prettily ['prɪtɪlɪ] *adv* joliment.

pretty ['prɪtɪ] ◇ *adj* (*comp* **-ier**, *superl* **-iest**) joli(e). ◇ *adv* [quite] plutôt ; **~ much** *OR* **well** pratiquement, presque.

pretzel ['pretsl] *n* bretzel *m*.

prevail [prɪ'veɪl] *vi* **- 1.** [be widespread] avoir cours, régner **- 2.** [triumph] : **to ~ (over)** prévaloir (sur), l'emporter (sur) **- 3.** [persuade] : **to ~ on** *OR* **upon sb to do sthg** persuader qqn de faire qqch.

prevailing [prɪ'veɪlɪŋ] *adj* **- 1.** [current] actuel(elle) **- 2.** [wind] dominant(e).

prevalence ['prevələns] *n (U)* fréquence *f*.

prevalent ['prevələnt] *adj* courant(e), répandu(e).

prevaricate [prɪ'værɪkeɪt] *vi* tergiverser.

prevent [prɪ'vent] *vt* : **to ~ sb/sthg (from doing sthg)** empêcher qqn/qqch (de faire qqch).

preventable [prɪ'ventəbl] *adj* qui peut être évité(e).

preventative [prɪ'ventətɪv] = **preventive.**

prevention [prɪ'venʃn] *n (U)* prévention *f*.

preventive [prɪ'ventɪv] *adj* préventif(ive).

preview ['priːvjuː] *n* avant-première *f*.

previous ['priːvjəs] *adj* **- 1.** [earlier] antérieur(e) **- 2.** [preceding] précédent(e).

previously ['priːvjəslɪ] *adv* avant, auparavant.

prewar [ˌpriː'wɔːʳ] *adj* d'avant-guerre.

prey [preɪ] *n* proie *f* ; **to fall ~ to** devenir la proie de.

◆ **prey on** *vt insep* **- 1.** [live off] faire sa proie de **- 2.** [trouble] : **to ~ on sb's mind** ronger qqn, tracasser qqn.

price [praɪs] ◇ *n* **- 1.** [cost] prix *m* ; **at any ~** à tout prix ; **she achieved fame, but at a ~** elle est devenue célèbre, mais ça lui a coûté cher **- 2.** [penalty] : **to pay the ~ for sthg** payer le prix pour qqch. ◇ *vt* fixer le prix de.

price-cutting *n (U)* réductions *fpl* de prix.

price-fixing [-fɪksɪŋ] *n (U)* contrôle *m* des prix.

priceless ['praɪslɪs] *adj* sans prix, inestimable.

price list *n* tarif *m*.

price tag *n* [label] étiquette *f*.

price war *n* guerre *f* des prix.

pricey ['praɪsɪ] (*comp* **-ier**, *superl* **-iest**) *adj inf* chérot.

prick [prɪk] ◇ *n* **- 1.** [scratch, wound] piqûre *f* **- 2.** *vulg* [stupid person] con *m*, conne *f*. ◇ *vt* piquer.

◆ **prick up** *vt insep* : **to ~ up one's ears** [animal] dresser les oreilles ; [person] dresser *OR* tendre l'oreille.

prickle ['prɪkl] ◇ *n* **- 1.** [thorn] épine *f* **- 2.** [sensation on skin] picotement *m*. ◇ *vi* picoter.

prickly ['prɪklɪ] (*comp* **-ier**, *superl* **-iest**) *adj* **- 1.** [plant, bush] épineux(euse) **- 2.** *fig* [person] irritable.

prickly heat *n (U)* boutons *mpl* de chaleur.

pride [praɪd] ◇ *n (U)* **- 1.** [satisfaction] fierté *f* ; **to take ~ in sthg/in doing sthg** être fier de qqch/de faire qqch ; **it was his ~ and joy** c'était sa fierté ; **to have ~ of place** avoir la place d'honneur **- 2.** [self-esteem] orgueil *m*, amour-propre *m* ; **to swallow one's ~** ravaler son orgueil **- 3.** *pej* [arrogance] orgueil *m*. ◇ *vt* : **to ~ o.s. on sthg** être fier (fière) de qqch.

priest [priːst] *n* prêtre *m*.

priestess ['priːstɪs] *n* prêtresse *f*.

priesthood ['priːsthʊd] *n* **- 1.** [position, office] : **the ~** le sacerdoce **- 2.** [priests] : **the ~** le clergé.

prig [prɪg] *n* petit saint *m*, petite sainte *f*.

prim [prɪm] (*comp* **-mer**, *superl* **-mest**) *adj* guindé(e).

primacy ['praɪməsɪ] *n* primauté *f*.

prima donna [ˌpri:mə'dɒnə] (*pl* **-s**) *n* prima donna *f inv* ; **to be a ~** *fig* & *pej* se prendre pour le nombril du monde.

primaeval [praɪ'mi:vəl] *UK* = **primeval**.

prima facie [ˌpraɪmə'feɪʃi:] *adj* : **~ evidence** commencement *m* de preuve ; **~ case** affaire *f* qui, de prime abord, paraît fondée.

primal ['praɪml] *adj* **- 1.** [original] primitif(ive) **- 2.** [most important] primordial(e).

primarily ['praɪmərɪlɪ] *adv* principalement.

primary ['praɪmərɪ] ◇ *adj* **- 1.** [main] premier(ère), principal(e) **- 2.** SCH primaire. ◇ *n* (*pl* **-ies**) *US* POL primaire *f*.

Primaries

Les primaires américaines sont des élections (directes ou indirectes selon les États) aboutissant à la sélection des candidats qui seront en lice pour représenter les deux partis nationaux à l'élection présidentielle.

primary colour *UK*, **primary color** *US n* couleur *f* primaire.

primary election *n US* primaire *f*.

primary school *n* école *f* primaire.

primate ['praɪmeɪt] *n* **- 1.** ZOOL primate *m* **- 2.** RELIG primat *m*.

prime [praɪm] ◇ *adj* **- 1.** [main] principal(e), primordial(e) **- 2.** [excellent] excellent(e) ; **~ quality** première qualité ; **~ cut of meat** morceau de premier choix. ◇ *n* : **to be in one's ~** être dans la fleur de l'âge ; **to be past one's ~** être sur le retour. ◇ *vt* **- 1.** [gun, pump] amorcer **- 2.** [paint] apprêter **- 3.** [inform] : **to ~ sb about sthg** mettre qqn au courant de qqch.

prime minister *n* premier ministre *m*.

prime mover [-'mu:vəʳ] *n fig* instigateur *m*, -trice *f*.

prime number *n* nombre *m* premier.

primer ['praɪməʳ] *n* **- 1.** [paint] apprêt *m* **- 2.** [textbook] introduction *f*.

prime time *n* *(U)* RADIO & TV heures *fpl* de grande écoute.

◆ **prime-time** *adj* aux heures de grande écoute.

primeval [praɪ'mi:vl] *adj* [ancient] primitif(ive).

primitive ['prɪmɪtɪv] *adj* primitif(ive).

primordial [praɪ'mɔ:djəl] *adj* primordial(e).

primrose ['prɪmrəʊz] *n* primevère *f*.

Primus stove® ['praɪməs-] *n* réchaud *m* de camping.

prince [prɪns] *n* prince *m*.

◆ **Prince** *n* : **Prince of Wales** Prince de Galles.

Prince Charming *n hum* prince *m* charmant.

Prince Edward Island [-'edwəd-] *n* l'île *f* du Prince-Édouard.

princely ['prɪnslɪ] (*comp* **-ier**, *superl* **-iest**) *adj* princier(ère).

princess [prɪn'ses] *n* princesse *f*.

◆ **Princess** *n* : **Princess Royal** princesse royale.

principal ['prɪnsəpl] ◇ *adj* principal(e). ◇ *n* SCH directeur *m*, -trice *f* ; UNIV doyen *m*, -enne *f*.

principality [ˌprɪnsɪ'pælətɪ] (*pl* **-ies**) *n* principauté *f*.

principally ['prɪnsəplɪ] *adv* principalement.

principle ['prɪnsəpl] *n* principe *m* ; **on ~, as a matter of ~** par principe.

◆ **in principle** *adv* en principe.

principled ['prɪnsəpld] *adj* [behaviour] dicté(e) par des principes ; [person] qui a des principes.

print [prɪnt] ◇ *n* **- 1.** *(U)* [type] caractères *mpl* ; **to be in ~** être disponible ; **to be out of ~** être épuisé **- 2.** ART gravure *f* **- 3.** [photograph] épreuve *f* **- 4.** [fabric] imprimé *m* **- 5.** [mark] empreinte *f*. ◇ *vt* **- 1.** [produce by printing] imprimer **- 2.** [publish] publier **- 3.** [write in block letters] écrire en caractères d'imprimerie. ◇ *vi* [printer] imprimer.

◆ **print out** *vt sep* COMPUT imprimer.

printed circuit ['prɪntɪd-] *n* circuit *m* imprimé.

printed matter ['prɪntɪd-] *n* *(U)* imprimés *mpl*.

printer ['prɪntəʳ] *n* **- 1.** [person, firm] imprimeur *mf* **- 2.** COMPUT imprimante *f*.

printing ['prɪntɪŋ] *n* *(U)* **- 1.** [act of printing] impression *f* **- 2.** [trade] imprimerie *f*.

printing press *n* presse *f* typographique.

printout ['prɪntaʊt] *n* COMPUT sortie *f* d'imprimante, listing *m*.

prior ['praɪəʳ] ◇ *adj* antérieur(e), précédent(e). ◇ *n* [monk] prieur *m*.

◆ **prior to** *prep* avant ; **~ to doing sthg** avant de faire qqch.

prioritize, *UK* **-ise** [praɪ'ɒrɪtaɪz] *vt* donner la priorité à.

priority [praɪ'ɒrətɪ] ◇ *adj* prioritaire. ◇ *n* (*pl* **-ies**) priorité *f* ; **to have** *OR* **take ~ (over)** avoir la priorité (sur).

◆ **priorities** *npl* priorités *fpl*.

priory ['praɪərɪ] (*pl* **-ies**) *n* prieuré *m*.

prise [praɪz] *vt* : **to ~ sthg away from sb** arracher qqch à qqn ; **to ~ sthg open** forcer qqch.

prism ['prɪzm] *n* prisme *m*.

prison ['prɪzn] *n* prison *f*.

prison camp *n* camp *m* de prisonniers.

prisoner ['prɪznəʳ] *n* prisonnier *m*, -ère *f* ; **to be taken ~** être fait prisonnier.

prisoner of war (*pl* **prisoners of war**) *n* prisonnier *m*, -ère *f* de guerre.

prissy ['prɪsɪ] (*comp* **-ier**, *superl* **-iest**) *adj* prude, guindé(e).

pristine ['prɪsti:n] *adj* [condition] parfait(e) ; [clean] immaculé(e).

privacy [*UK* 'prɪvəsɪ, *US* 'praɪvəsɪ] *n* intimité *f*.

private ['praɪvɪt] <> *adj* **- 1.** [not public] privé(e) **- 2.** [confidential] confidentiel(elle) **- 3.** [personal] personnel(elle) **- 4.** [unsociable - person] secret(ète). <> *n* **- 1.** [soldier] (simple) soldat *m* **- 2.** [secrecy] : **in ~** en privé.
◆ **privates** *npl inf* parties *fpl*.

private company *n* société *f* privée.

private detective *n* détective *m* privé.

private enterprise *n (U)* entreprise *f* privée.

private eye *n* détective *m* privé.

private income *n UK* revenu *m* personnel.

private investigator *n* détective *m* privé.

privately ['praɪvɪtlɪ] *adv* **- 1.** [not by the state] : **~ owned** du secteur privé **- 2.** [confidentially] en privé **- 3.** [personally] intérieurement, dans son for intérieur.

private member *n UK* simple député *m*.

private parts *npl inf* parties *fpl*.

private practice *n (U) UK* cabinet *m* de médecin non conventionné.

private property *n* propriété *f* privée.

private school *n* école *f* privée.

private sector *n* : **the ~** le secteur privé.

privation [praɪ'veɪʃn] *n* privation *f*.

privatization [ˌpraɪvɪtaɪ'zeɪʃn] *n* privatisation *f*.

privatize, *UK* **-ise** ['praɪvɪtaɪz] *vt* privatiser.

privet ['prɪvɪt] *n* troène *m*.

privilege ['prɪvɪlɪdʒ] *n* privilège *m*.

privileged ['prɪvɪlɪdʒd] *adj* privilégié(e).

privy ['prɪvɪ] *adj* : **to be ~ to sthg** être dans le secret de qqch.

Privy Council *n UK* : **the ~** le Conseil privé.

Privy Council

En font partie tous les ministres du gouvernement ainsi que d'autres personnalités du Commonwealth. Le *Privy Council* compte environ 400 membres, qui ne se réunissent toutefois en assemblé plénière que dans des circonstances exceptionnelles.

Privy Purse *n UK* : **the ~** la cassette du souverain.

prize [praɪz] <> *adj* [possession] très précieux(euse) ; [animal] primé(e) ; [idiot, example] parfait(e). <> *n* prix *m*. <> *vt* priser.

prize day *n UK* jour *m* de la distribution des prix.

prizefight ['praɪzfaɪt] *n* combat *m* professionnel.

prize-giving [-ˌgɪvɪŋ] *n UK* distribution *f* des prix.

prizewinner ['praɪzˌwɪnəʳ] *n* gagnant *m*, -e *f*.

pro [prəʊ] (*pl* **-s**) *n* **- 1.** *inf* [professional] pro *mf* **- 2.** [advantage] : **the ~s and cons** le pour et le contre.

pro- [prəʊ] *prefix* pro-.

PRO (*abbr of* **public relations officer**) *n responsable des relations publiques*.

pro-am ['prəʊ'æm] <> *adj* pro-am. <> *n* tournoi *m* pro-am.

probability [ˌprɒbə'bɪlətɪ] (*pl* **-ies**) *n* probabilité *f* ; **in all ~** selon toute probabilité.

probable ['prɒbəbl] *adj* probable.

probably ['prɒbəblɪ] *adv* probablement.

probate ['prəʊbeɪt] LAW <> *n* homologation *f*. <> *vt US* homologuer.

probation [prə'beɪʃn] *n (U)* **- 1.** LAW mise *f* à l'épreuve ; **to put sb on ~** mettre qqn en sursis avec mise à l'épreuve **- 2.** [trial period] essai *m* ; **to be on ~** être à l'essai.

probationary [prə'beɪʃnrɪ] *adj* [teacher, nurse] à l'essai ; [period, year] d'essai.

probationer [prə'beɪʃnəʳ] *n* **- 1.** [employee] stagiaire *mf* **- 2.** LAW sursitaire *mf* avec mise à l'épreuve.

probation officer *n* agent *m* de probation.

probe [prəʊb] <> *n* **- 1.** [investigation] : **~ (into)** enquête *f* (sur) **- 2.** MED & TECH sonde *f*. <> *vt* sonder. <> *vi* : **to ~ for** OR **into sthg** chercher à découvrir qqch.

probing ['prəʊbɪŋ] *adj* [question] pénétrant(e) ; [look] inquisiteur(trice).

probity ['prəʊbətɪ] *n* probité *f*.

problem ['prɒbləm] <> *n* problème *m* ; **no ~!** *inf* pas de problème! <> *comp* difficile.

problematic(al) [ˌprɒblə'mætɪk(l)] *adj* problématique.

procedural [prə'si:dʒərəl] *adj* de procédure.

procedure [prə'si:dʒər] *n* procédure *f*.

proceed <> *vt* [prə'si:d] [do subsequently] : **to ~ to do sthg** se mettre à faire qqch. <> *vi* [prə'si:d] - **1.** [continue] : **to ~ (with sthg)** continuer (qqch), poursuivre (qqch) - **2.** *fml* [advance] avancer.

◆ **proceeds** *npl* ['prəʊsi:dz] recette *f*.

proceedings [prə'si:dɪŋz] *npl* - **1.** [of meeting] débats *mpl* - **2.** LAW poursuites *fpl*.

process ['prəʊses] <> *n* - **1.** [series of actions] processus *m* ; **in the ~** ce faisant ; **to be in the ~ of doing sthg** être en train de faire qqch - **2.** [method] procédé *m*. <> *vt* [raw materials, food, data] traiter, transformer ; [application] s'occuper de.

processed cheese ['prəʊsest-] *n fromage en minces lamelles préemballé.*

processing ['prəʊsesɪŋ] *n* traitement *m*, transformation *f*.

procession [prə'seʃn] *n* cortège *m*, procession *f*.

processor ['prəʊsesər] *n* - **1.** COMPUT processeur *m* - **2.** CULIN robot *m* ménager *OR* de cuisine.

pro-choice *adj* pour le droit d'avortement.

proclaim [prə'kleɪm] *vt* [declare] proclamer.

proclamation [ˌprɒklə'meɪʃn] *n* proclamation *f*.

proclivity [prə'klɪvətɪ] (*pl* **-ies**) *n fml* **~ to** *OR* **towards sthg** propension *f* à qqch.

procrastinate [prə'kræstɪneɪt] *vi* faire traîner les choses.

procrastination [prəˌkræstɪ'neɪʃn] *n* procrastination *f*.

procreate ['prəʊkrɪəɪt] *vi* procréer.

procreation [ˌprəʊkrɪ'eɪʃn] *n* procréation *f*.

proctor ['prɒktər] *US* <> *n* = **invigilator**. <> *vb Scotland* = **invigilate**.

procurator fiscal ['prɒkjʊreɪtər-] *n Scotland* ≃ procureur *m*.

procure [prə'kjʊər] *vt* [for oneself] se procurer ; [for someone else] procurer ; [release] obtenir.

procurement [prə'kjʊəmənt] *n* obtention *f*.

prod [prɒd] <> *n* petit coup *m* ; **to give sb a ~** *fig* faire rappeler à qqn. <> *vt* (*pt* & *pp* **-ded**, *cont* **-ding**) - **1.** [push, poke] pousser doucement - **2.** [remind, prompt] : **to ~ sb (into doing sthg)** pousser *OR* inciter qqn (à faire qqch).

prodigal ['prɒdɪgl] *adj* prodigue.

prodigious [prə'dɪdʒəs] *adj* prodigieux (euse).

prodigy ['prɒdɪdʒɪ] (*pl* **-ies**) *n* prodige *m*.

produce <> *n* ['prɒdju:s] (*U*) produits *mpl*. <> *vt* [prə'dju:s] - **1.** [gen] produire - **2.** [cause] provoquer, causer - **3.** [show] présenter - **4.** *UK* THEAT mettre en scène.

producer [prə'dju:sər] *n* - **1.** [of film, manufacturer] producteur *m*, -trice *f* - **2.** *UK* THEAT metteur *m* en scène.

product ['prɒdʌkt] *n* produit *m* ; **to be a ~ of sthg** être le produit *OR* le résultat de qqch.

production [prə'dʌkʃn] *n* - **1.** (*U*) [manufacture, of film] production *f* ; **to go into ~** entrer en production ; **to put sthg into ~** entreprendre la fabrication de qqch - **2.** (*U*) [output] rendement *m* - **3.** *UK* (*U*) THEAT [of play] mise *f* en scène - **4.** [show - gen] production *f* ; THEAT pièce *f*.

production line *n* chaîne *f* de fabrication.

production manager *n* directeur *m*, -trice *f* de la production.

productive [prə'dʌktɪv] *adj* - **1.** [land, business, workers] productif(ive) - **2.** [meeting, experience] fructueux(euse).

productively [prə'dʌktɪvlɪ] *adv* - **1.** [operate, use] de façon productive - **2.** [spend time] de façon fructueuse.

productivity [ˌprɒdʌk'tɪvətɪ] *n* productivité *f*.

productivity deal *n* accord *m* de productivité.

Prof. (*abbr of* **Professor**) Pr.

profane [prə'feɪn] *adj* impie.

profanity [prə'fænətɪ] (*pl* **-ies**) *n* impiété *f*.

profess [prə'fes] *vt* professer ; **to ~ to do/be** prétendre faire/être.

professed [prə'fest] *adj* déclaré(e).

profession [prə'feʃn] *n* profession *f* ; **by ~** de son métier.

professional [prə'feʃənl] <> *adj* - **1.** [gen] professionnel(elle) - **2.** [of high standard] de (haute) qualité. <> *n* professionnel *m*, -elle *f*.

professional foul *n* faute *f* délibérée.

professionalism [prə'feʃnəlɪzm] *n* professionnalisme *m*.

professionally [prə'feʃnəlɪ] *adv* - **1.** [as professional] en professionnel ; **~ qualified** diplômé(e) - **2.** [skilfully] de façon professionnelle.

professor [prə'fesər] *n* - **1.** *UK* UNIV professeur *m*, -(e) *f* (de faculté) - **2.** *US* & *Canada* [teacher] professeur *m*.

professorship [prə'fesəʃɪp] *n* chaire *f*.

proffer ['prɒfəʳ] *vt* : **to ~ sthg (to sb)** offrir qqch (à qqn) ; **to ~ one's hand (to sb)** tendre la main (à qqn).

proficiency [prə'fɪʃənsɪ] *n* : **~ (in)** compétence *f* (en).

proficient [prə'fɪʃənt] *adj* : **~ (in** *OR* **at sthg)** compétent(e) (en qqch).

profile ['prəʊfaɪl] *n* profil *m* ; **in ~** de profil ; **to keep a low ~** adopter un profil bas.

profit ['prɒfɪt] ◇ *n* **- 1.** [financial] bénéfice *m*, profit *m* ; **to make a ~** faire un bénéfice ; **to sell sthg at a ~** vendre qqch à profit **- 2.** [advantage] profit *m*. ◇ *vi* [financially] être le bénéficiaire ; [gain advantage] tirer avantage *OR* profit.

profitability [ˌprɒfɪtə'bɪlətɪ] *n* rentabilité *f*.

profitable ['prɒfɪtəbl] *adj* **- 1.** [financially] rentable, lucratif(ive) **- 2.** [beneficial] fructueux(euse), profitable.

profitably ['prɒfɪtəblɪ] *adv* **- 1.** [at a profit] de façon rentable **- 2.** [spend time] utilement.

profiteering [ˌprɒfɪ'tɪərɪŋ] *n* affairisme *m*, mercantilisme *m*.

profit-making ◇ *adj* à but lucratif. ◇ *n* réalisation *f* de bénéfices.

profit margin *n* marge *f* bénéficiaire.

profit-related pay *n* salaire *m* indexé sur les résultats.

profit sharing [-ˌʃeərɪŋ] *n* participation *f* aux bénéfices.

profligate ['prɒflɪgɪt] *adj* **- 1.** [extravagant] prodigue **- 2.** [immoral] débauché(e).

pro forma [-'fɔːmə] *adj* pro forma.

profound [prə'faʊnd] *adj* profond(e).

profoundly [prə'faʊndlɪ] *adv* profondément.

profuse [prə'fjuːs] *adj* [apologies, praise] profus(e) ; [bleeding] abondant(e).

profusely [prə'fjuːslɪ] *adv* [sweat, bleed] abondamment ; **to apologize ~** se confondre en excuses.

profusion [prə'fjuːʒn] *n* profusion *f*.

progeny ['prɒdʒənɪ] (*pl* **-ies**) *n* progéniture *f*.

progesterone [prə'dʒestərəʊn] *n* progestérone *f*.

prognosis [prɒg'nəʊsɪs] (*pl* **-ses** [-siːz]) *n* pronostic *m*.

prognostication [prɒgˌnɒstɪ'keɪʃn] *n* pronostic *m*.

program ['prəʊgræm] ◇ *n* **- 1.** COMPUT programme *m* **- 2.** *US* = **programme**. ◇ *vt* (*pt & pp* **-med** *OR* **-ed**, *cont* **-ming** *OR* **-ing**) **- 1.** COMPUT programmer **- 2.** *US* = **programme**.

programer *US* = **programmer**.

programmable [prəʊ'græməbl] *adj* programmable.

programme *UK*, **program** *US* ['prəʊgræm] ◇ *n* **- 1.** [schedule, booklet] programme *m* **- 2.** RADIO & TV émission *f*. ◇ *vt* programmer ; **to ~ sthg to do sthg** programmer qqch pour faire qqch.

programmer, **programer** *US* ['prəʊgræməʳ] *n* COMPUT programmeur *m*, -euse *f*.

programming ['prəʊgræmɪŋ] *n* programmation *f*.

programming language *n* langage *m* de programmation.

progress ◇ *n* ['prəʊgres] progrès *m* ; **to make ~** [improve] faire des progrès ; **to make ~ in sthg** avancer dans qqch ; **in ~** en cours. ◇ *vi* [prə'gres] **- 1.** [improve - gen] progresser, avancer ; [- person] faire des progrès **- 2.** [continue] avancer **- 3.** [move on] : **to ~ to sthg** passer à qqch.

progression [prə'greʃn] *n* progression *f*.

progressive [prə'gresɪv] *adj* **- 1.** [enlightened] progressiste **- 2.** [gradual] progressif(ive).

progressively [prə'gresɪvlɪ] *adv* progressivement.

progress report *n* [on patient] bulletin *m* de santé ; [on student] bulletin scolaire ; [on work] compte-rendu *m*.

prohibit [prə'hɪbɪt] *vt* prohiber ; **to ~ sb from doing sthg** interdire *OR* défendre à qqn de faire qqch.

prohibition [ˌprəʊɪ'bɪʃn] *n* **- 1.** [law, rule] prohibition *f* **- 2.** *(U)* [act of prohibiting] interdiction *f*, défense *f*.

prohibitive [prə'hɪbətɪv] *adj* prohibitif(ive).

project ◇ *n* ['prɒdʒekt] **- 1.** [plan, idea] projet *m*, plan *m* **- 2.** SCH [study] : **~ (on)** dossier *m* (sur), projet *m* (sur). ◇ *vt* [prə'dʒekt] **- 1.** [gen] projeter **- 2.** [estimate] prévoir. ◇ *vi* [prə'dʒekt] [jut out] faire saillie.

projectile [prə'dʒektaɪl] *n* projectile *m*.

projection [prə'dʒekʃn] *n* **- 1.** [estimate] prévision *f* **- 2.** [protrusion] saillie *f* **- 3.** *(U)* [display, showing] projection *f*.

projectionist [prə'dʒekʃənɪst] *n* projectionniste *mf*.

projection room *n* cabine *f* de projection.

projector [prə'dʒektəʳ] *n* projecteur *m*.

proletarian [ˌprəʊlɪ'teərɪən] *adj* prolétarien(enne).

proletariat [ˌprəʊlɪ'teərɪət] *n* prolétariat *m*.

pro-life *adj* pour le respect de la vie.

proliferate [prə'lɪfəreɪt] *vi* proliférer.

prolific [prə'lɪfɪk] *adj* prolifique.

prologue, *US* **prolog** ['prəʊlɒg] *n lit & fig* prologue *m*.

prolong [prə'lɒŋ] *vt* prolonger.

prom [prɒm] *n* - **1.** *UK inf* (*abbr of* **promenade**) promenade *f*, front *m* de mer - **2.** *US* [ball] bal *m* d'étudiants - **3.** *UK inf* (*abbr of* **promenade concert**) concert *m* promenade.

promenade [ˌprɒmə'nɑ:d] *n UK* [road by sea] promenade *f*, front *m* de mer.

promenade concert *n UK* concert *m* promenade.

prominence ['prɒmɪnəns] *n* - **1.** [importance] importance *f* - **2.** [conspicuousness] proéminence *f*.

prominent ['prɒmɪnənt] *adj* - **1.** [important] important(e) - **2.** [noticeable] proéminent(e).

prominently ['prɒmɪnəntlɪ] *adv* au premier plan, bien en vue.

promiscuity [ˌprɒmɪs'kju:ətɪ] *n* promiscuité *f*.

promiscuous [prɒ'mɪskjʊəs] *adj* [person] aux mœurs légères ; [behaviour] immoral(e).

promise ['prɒmɪs] <> *n* promesse *f* ; **to make (sb) a ~** faire une promesse (à qqn) ; **to show ~** avoir de l'avenir, promettre. <> *vt* : **to ~ (sb) to do sthg** promettre (à qqn) de faire qqch ; **to ~ sb sthg** promettre qqch à qqn. <> *vi* promettre.

promising ['prɒmɪsɪŋ] *adj* prometteur (euse).

promissory note ['prɒmɪsərɪ-] *n* billet *m* à ordre.

promo ['prəʊməʊ] (*pl* **-s**) (*abbr of* **promotion**) *n inf* promo *f*.

promontory ['prɒməntrɪ] (*pl* **-ies**) *n* promontoire *m*.

promote [prə'məʊt] *vt* - **1.** [foster] promouvoir - **2.** [push, advertise] promouvoir, lancer - **3.** [in job] promouvoir.

promoter [prə'məʊtə^r] *n* - **1.** [organizer] organisateur *m*, -trice *f* - **2.** [supporter] promoteur *m*, -trice *f*.

promotion [prə'məʊʃn] *n* promotion *f*, avancement *m* ; **to get** *OR* **be given ~** être promu, obtenir de l'avancement.

prompt [prɒmpt] <> *adj* rapide, prompt(e). <> *adv* : **at nine o'clock ~** à neuf heures précises *OR* tapantes. <> *vt* - **1.** [motivate, encourage] : **to ~ sb (to do sthg)** pousser *OR* inciter qqn (à faire qqch) - **2.** THEAT souffler sa réplique à. <> *n* THEAT réplique *f*.

prompter ['prɒmptə^r] *n* THEAT souffleur *m*, -euse *f*.

promptly ['prɒmptlɪ] *adv* - **1.** [immediately] rapidement, promptement - **2.** [punctually] ponctuellement.

promptness ['prɒmptnɪs] *n* - **1.** [speediness] promptitude *f* - **2.** [punctuality] ponctualité *f*.

promulgate ['prɒmlgeɪt] *vt* promulguer.

prone [prəʊn] *adj* - **1.** [susceptible] : **to be ~ to sthg** être sujet(ette) à qqch ; **to be ~ to do sthg** avoir tendance à faire qqch - **2.** [lying flat] étendu(e) face contre terre.

prong [prɒŋ] *n* [of fork] dent *f*.

pronoun ['prəʊnaʊn] *n* pronom *m*.

pronounce [prə'naʊns] <> *vt* prononcer. <> *vi* : **to ~ on** se prononcer sur.

pronounced [prə'naʊnst] *adj* prononcé(e).

pronouncement [prə'naʊnsmənt] *n* déclaration *f*.

pronunciation [prəˌnʌnsɪ'eɪʃn] *n* prononciation *f*.

proof [pru:f] *n* - **1.** [evidence] preuve *f* - **2.** [of book etc] épreuve *f* - **3.** [of alcohol] teneur *f* en alcool.

proofread ['pru:fri:d] (*pt & pp* **-read** [-red]) *vt* corriger les épreuves de.

proofreader ['pru:fˌri:də^r] *n* correcteur *m*, -trice *f* d'épreuves.

prop [prɒp] <> *n* - **1.** [physical support] support *m*, étai *m* - **2.** *fig* [supporting thing, person] soutien *m* - **3.** RUGBY pilier *m*. <> *vt* (*pt & pp* **-ped**, *cont* **-ping**) : **to ~ sthg against** appuyer qqch contre *OR* à.

◆ **props** *npl* accessoires *mpl*.

◆ **prop up** *vt sep* - **1.** [physically support] soutenir, étayer - **2.** *fig* [sustain] soutenir.

Prop. *see also* **proprietor**.

propaganda [ˌprɒpə'gændə] *n* propagande *f*.

propagate ['prɒpəgeɪt] <> *vt* propager. <> *vi* se propager.

propagation [ˌprɒpə'geɪʃn] *n* propagation *f*.

propane ['prəʊpeɪn] *n* propane *m*.

propel [prə'pel] (*pt & pp* **-led**, *cont* **-ling**) *vt* propulser ; *fig* pousser.

propeller [prə'pelə^r] *n* hélice *f*.

propelling pencil [prə'pelɪŋ-] *n UK* portemine *m*.

propensity [prə'pensətɪ] (*pl* **-ies**) *n* : **~ (for** *OR* **to)** propension *f* (à).

proper ['prɒpə^r] *adj* - **1.** [real] vrai(e) - **2.** [correct] correct(e), bon (bonne) - **3.** [decent - behaviour etc] convenable - **4.** *UK inf* [for emphasis] : **he's a ~ idiot!** c'est un imbécile fini!

properly ['prɒpəlɪ] *adv* - **1.** [satisfactorily, correctly] correctement, comme il faut - **2.** [decently] convenablement, comme il faut.

proper noun *n* nom *m* propre.

property ['prɒpətɪ] (*pl* **-ies**) *n* - **1.** *(U)* [possessions] biens *mpl*, propriété *f* - **2.** [building] bien *m* immobilier ; [land] terres *fpl* - **3.** [quality] propriété *f*.

property developer *n* promoteur *m* immobilier.

property owner *n* propriétaire *m* (foncier).

property tax *n* impôt *m* foncier.

prophecy ['prɒfɪsɪ] (*pl* **-ies**) *n* prophétie *f*.

prophesy ['prɒfɪsaɪ] (*pt & pp* **-ied**) *vt* prédire.

prophet ['prɒfɪt] *n* prophète *m*.

prophetic [prə'fetɪk] *adj* prophétique.

propitious [prə'pɪʃəs] *adj fml* propice, favorable.

proponent [prə'pəʊnənt] *n* adepte *mf*, partisan *m*, -e *f*.

proportion [prə'pɔːʃn] *n* - **1.** [part] part *f*, partie *f* - **2.** [ratio] rapport *m*, proportion *f* ; **in ~ to** proportionnellement à ; **out of all ~ to** sans commune mesure avec - **3.** ART : **in ~** proportionné(e) ; **out of ~** mal proportionné ; **to get sthg out of ~** *fig* exagérer qqch ; **a sense of ~** *fig* le sens de la mesure.

proportional [prə'pɔːʃənl] *adj* proportionnel(elle).

proportional representation *n* représentation *f* proportionnelle.

proportionate [prə'pɔːʃnət] *adj* proportionnel(elle).

proposal [prə'pəʊzl] *n* - **1.** [suggestion] proposition *f*, offre *f* - **2.** [offer of marriage] demande *f* en mariage.

propose [prə'pəʊz] <> *vt* - **1.** [suggest] proposer - **2.** [intend] : **to ~ to do** OR **doing sthg** avoir l'intention de faire qqch, se proposer de faire qqch - **3.** [toast] porter. <> *vi* faire une demande en mariage ; **to ~ to sb** demander qqn en mariage.

proposed [prə'pəʊzd] *adj* proposé(e).

proposition [ˌprɒpə'zɪʃn] <> *n* proposition *f* ; **to make sb a ~** faire une proposition à qqn. <> *vt* faire des propositions à.

propound [prə'paʊnd] *vt fml* soumettre, proposer.

proprietary [prə'praɪətrɪ] *adj* de marque déposée ; **~ brand** marque *f* déposée.

proprietor [prə'praɪətəʳ] *n* propriétaire *mf*.

propriety [prə'praɪətɪ] *fml n (U)* [moral correctness] bienséance *f*.

propulsion [prə'pʌlʃn] *n* propulsion *f*.

pro rata [-'rɑːtə] <> *adj* proportionnel(elle). <> *adv* au prorata.

prosaic [prəʊ'zeɪɪk] *adj* prosaïque, banal(e).

Pros. Atty (*abbr of* **prosecuting attorney**) *avocat général*.

proscenium [prə'siːnjəm] (*pl* **-niums** OR **-nia** [-njə]) *n* : **~ (arch)** proscenium *m*.

proscribe [prəʊ'skraɪb] *vt* proscrire.

prose [prəʊz] <> *n (U)* prose *f*. <> *comp* en prose.

prosecute ['prɒsɪkjuːt] <> *vt* poursuivre (en justice). <> *vi* [police] engager des poursuites judiciaires ; [lawyer] représenter la partie plaignante.

prosecution [ˌprɒsɪ'kjuːʃn] *n* poursuites *fpl* judiciaires, accusation *f* ; **the ~** la partie plaignante ; [in Crown case] ≃ le ministère public.

prosecutor ['prɒsɪkjuːtəʳ] *n esp US* plaignant *m*, -e *f*.

prospect <> *n* ['prɒspekt] - **1.** [hope] possibilité *f*, chances *fpl* - **2.** [probability] perspective *f*. <> *vi* [prə'spekt] : **to ~ (for sthg)** prospecter (pour chercher qqch).

◆ **prospects** *npl* : **~s (for)** chances *fpl* (de), perspectives *fpl* (de).

prospecting [prə'spektɪŋ] *n* prospection *f*.

prospective [prə'spektɪv] *adj* éventuel (elle).

prospector [prə'spektəʳ] *n* prospecteur *m*, -trice *f*.

prospectus [prə'spektəs] (*pl* **-es**) *n* prospectus *m*.

prosper ['prɒspəʳ] *vi* prospérer.

prosperity [prɒ'sperətɪ] *n* prospérité *f*.

prosperous ['prɒspərəs] *adj* prospère.

prostate (gland) ['prɒsteɪt-] *n* prostate *f*.

prosthesis [prɒs'θiːsɪs] (*pl* **-ses** [-siːz]) *n* prothèse *f*.

prostitute ['prɒstɪtjuːt] *n* prostituée *f* ; **male ~** prostitué *m*.

prostitution [ˌprɒstɪ'tjuːʃn] *n* prostitution *f*.

prostrate <> *adj* ['prɒstreɪt] - **1.** [lying down] à plat ventre - **2.** [with grief etc] prostré(e). <> *vt* [prɒ'streɪt] : **to ~ o.s. (before sb)** se prosterner (devant qqn).

protagonist [prə'tægənɪst] *n* protagoniste *mf*.

protect [prə'tekt] *vt* : **to ~ sb/sthg (against), to ~ sb/sthg (from)** protéger qqn/qqch (contre), protéger qqn/qqch (de).

protection [prə'tekʃn] *n* : **~ (from** OR **against)** protection *f* (contre), défense *f* (contre).

protectionism [prə'tekʃənɪzm] *n* protectionnisme *m*.

protectionist [prə'tekʃənɪst] *adj* protectionniste.

protection money *n argent versé par les victimes d'un racket.*

protective [prə'tektɪv] *adj* - **1.** [layer, clothing] de protection - **2.** [person, feelings] protecteur(trice) ; **to feel ~ towards sb** se montrer protecteur envers qqn.

protective custody *n détention d'une personne pour sa propre sécurité.*

protectiveness [prə'tektɪvnɪs] *n* attitude *f* protectrice.

protector [prə'tektəʳ] *n* - **1.** [person] protecteur *m*, -trice *f* - **2.** [object] dispositif *m* de protection.

protectorate [prə'tektərət] *n* protectorat *m*.

protégé ['prɒteʒeɪ] *n* protégé *m*.

protégée ['prɒteʒeɪ] *n* protégée *f*.

protein ['prəʊti:n] *n* protéine *f*.

protest ◇ *n* ['prəʊtest] protestation *f*. ◇ *vt* [prə'test] - **1.** [state] protester de - **2.** *US* [protest against] protester contre. ◇ *vi* [prə'test] : **to ~ (about/against)** protester (à propos de/contre).

Protestant ['prɒtɪstənt] ◇ *adj* protestant(e). ◇ *n* protestant *m*, -e *f*.

Protestantism ['prɒtɪstəntɪzm] *n* protestantisme *m*.

protestation [,prɒte'steɪʃn] *n* protestation *f*.

protester [prə'testəʳ] *n* [on march, at demonstration] manifestant *m*, -e *f*.

protest march *n* manifestation *f*, marche *f* de protestation.

protocol ['prəʊtəkɒl] *n* protocole *m*.

proton ['prəʊtɒn] *n* proton *m*.

prototype ['prəʊtətaɪp] *n* prototype *m*.

protracted [prə'træktɪd] *adj* prolongé(e).

protractor [prə'træktəʳ] *n* rapporteur *m*.

protrude [prə'tru:d] *vi* avancer, dépasser.

protrusion [prə'tru:ʒn] *n* avancée *f*, saillie *f*.

protuberance [prə'tju:bərəns] *n* protubérance *f*.

proud [praʊd] *adj* - **1.** [satisfied, dignified] fier (fière) ; **to be ~ to do sthg** être fier de faire qqch - **2.** *pej* [arrogant] orgueilleux(euse), fier (fière).

proudly ['praʊdlɪ] *adv* - **1.** [with satisfaction, dignity] fièrement, avec fierté - **2.** *pej* [arrogantly] orgueilleusement.

provable ['pru:vəbl] *adj* qui peut être prouvé(e), prouvable.

prove [pru:v] (*pp* **-d** OR **proven**) *vt* - **1.** [show to be true] prouver - **2.** [turn out] : **to ~ (to be) false/useful** s'avérer faux/utile ; **to ~ o.s. to be sthg** se révéler être qqch.

proven ['pru:vn, 'prəʊvn] ◇ *pp* ⊳ **prove**. ◇ *adj* [fact] avéré(e), établi(e) ; [liar] fieffé(e).

Provençal [,prɒvɒn'sɑ:l] ◇ *adj* provençal(e). ◇ *n* - **1.** [person] Provençal *m*, -e *f* - **2.** [language] Provençal *m*.

Provence [prɒ'vɑ:ns] *n* Provence *f* ; **in ~** en Provence.

proverb ['prɒvɜ:b] *n* proverbe *m*.

proverbial [prə'vɜ:bjəl] *adj* proverbial(e).

provide [prə'vaɪd] *vt* fournir ; **to ~ sb with sthg** fournir qqch à qqn ; **to ~ sthg for sb** fournir qqch à qqn.

◆ **provide for** *vt insep* - **1.** [support] subvenir aux besoins de - **2.** *fml* [make arrangements for] prévoir.

provided [prə'vaɪdɪd] ◆ **provided (that)** *conj* à condition que *(+ subjunctive)*, pourvu que *(+ subjunctive)*.

providence ['prɒvɪdəns] *n* providence *f*.

providential [,prɒvɪ'denʃl] *adj* providentiel(elle).

provider [prə'vaɪdəʳ] *n* pourvoyeur *m*, -euse *f*.

providing [prə'vaɪdɪŋ] ◆ **providing (that)** *conj* à condition que *(+ subjunctive)*, pourvu que *(+ subjunctive)*.

province ['prɒvɪns] *n* - **1.** [part of country] province *f* - **2.** [speciality] domaine *m*, compétence *f*.

◆ **provinces** *npl* : **the ~s** la province.

provincial [prə'vɪnʃl] *adj* - **1.** [town, newspaper] de province - **2.** *pej* [narrow-minded] provincial(e).

provision [prə'vɪʒn] *n* - **1.** *(U)* [act of supplying] : **~ (of)** approvisionnement *m* (en), fourniture *f* (de) - **2.** [supply] provision *f*, réserve *f* - **3.** *(U)* [arrangements] : **to make ~ for** [the future] prendre des mesures pour ; [one's family] pourvoir aux besoins de - **4.** [in agreement, law] clause *f*, disposition *f*.

◆ **provisions** *npl* [supplies] provisions *fpl*.

provisional [prə'vɪʒənl] *adj* provisoire.

Provisional IRA *n branche de l'IRA qui pratique le terrorisme.*

provisional licence *n UK* permis *m* de conduire provisoire *(jusqu'à l'obtention du permis de conduire).*

provisionally [prə'vɪʒnəlɪ] *adv* provisoirement, à titre provisoire.

proviso [prəˈvaɪzəʊ] (*pl* **-s**) *n* condition *f*, stipulation *f* ; **with the ~ that** à (la) condition que *(+ subjunctive)*.

Provo [ˈprəʊvəʊ] (*pl* **-s**) (*abbr of* **Provisional**) *n inf membre de la branche de l'IRA pratiquant le terrorisme.*

provocation [ˌprɒvəˈkeɪʃn] *n* provocation *f*.

provocative [prəˈvɒkətɪv] *adj* provocant(e).

provocatively [prəˈvɒkətɪvlɪ] *adv* d'une manière provocante.

provoke [prəˈvəʊk] *vt* **- 1.** [annoy] agacer, contrarier **- 2.** [cause - fight, argument] provoquer ; [- reaction] susciter.

provoking [prəˈvəʊkɪŋ] *adj* agaçant(e), énervant(e).

provost [ˈprɒvəst] *n* **- 1.** *UK* UNIV doyen *m* **- 2.** *Scotland* [head of town council] maire *m*.

prow [praʊ] *n* proue *f*.

prowess [ˈpraʊɪs] *n* prouesse *f*.

prowl [praʊl] ◇ *n* : **to be on the ~** rôder. ◇ *vt* [streets etc] rôder dans. ◇ *vi* rôder.

prowl car *n US* voiture *f* de police en patrouille.

prowler [ˈpraʊləʳ] *n* rôdeur *m*, -euse *f*.

proximity [prɒkˈsɪmətɪ] *n* : **~ (to)** proximité *f* (de) ; **in the ~ of** à proximité de.

proxy [ˈprɒksɪ] (*pl* **-ies**) *n* : **by ~** par procuration.

prude [pru:d] *n* prude *f*.

prudence [ˈpru:dns] *n* prudence *f*.

prudent [ˈpru:dnt] *adj* prudent(e).

prudently [ˈpru:dntlɪ] *adv* prudemment, avec prudence.

prudish [ˈpru:dɪʃ] *adj* prude, pudibond(e).

prune [pru:n] ◇ *n* [fruit] pruneau *m*. ◇ *vt* [tree, bush] tailler.

prurient [ˈprʊərɪənt] *adj* lascif(ive).

Prussian [ˈprʌʃn] ◇ *adj* prussien(enne). ◇ *n* Prussien *m*, -enne *f*.

pry [praɪ] (*pt & pp* **pried**) *vi* se mêler de ce qui ne vous regarde pas ; **to ~ into sthg** chercher à découvrir qqch.

PS (*abbr of* **postscript**) *n* PS *m*.

psalm [sɑ:m] *n* psaume *m*.

PsbR (*abbr of* **public sector borrowing requirement**) *n partie du budget de l'État non couverte par les impôts en Grande-Bretagne.*

pseud [sju:d] *n UK inf* frimeur *m*, -euse *f*.

pseudo- [ˌsju:dəʊ] *prefix* pseudo-.

pseudonym [ˈsju:dənɪm] *n* pseudonyme *m*.

psi (*abbr of* **pounds per square inch**) *livres au pouce carré (mesure de pression).*

psoriasis [sɒˈraɪəsɪs] *n* psoriasis *m*.

psst [pst] *excl* psitt!

PST (*abbr of* **Pacific Standard Time**) *n heure du Pacifique.*

psych [saɪk] ◆ **psych up** *vt sep inf* préparer psychologiquement ; **to ~ o.s. up** se préparer psychologiquement.

psyche [ˈsaɪkɪ] *n* psyché *f*.

psychedelic [ˌsaɪkɪˈdelɪk] *adj* psychédélique.

psychiatric [ˌsaɪkɪˈætrɪk] *adj* psychiatrique.

psychiatric nurse *n* infirmière *f* en psychiatrie.

psychiatrist [saɪˈkaɪətrɪst] *n* psychiatre *mf*.

psychiatry [saɪˈkaɪətrɪ] *n* psychiatrie *f*.

psychic [ˈsaɪkɪk] ◇ *adj* **- 1.** [clairvoyant - person] doué(e) de seconde vue ; [- powers] parapsychique **- 2.** MED psychique. ◇ *n* médium *m*.

psychoanalyse *UK*, **-yze**, *US* [ˌsaɪkəʊˈænəlaɪz] *vt* psychanalyser.

psychoanalysis [ˌsaɪkəʊəˈnæləsɪs] *n* psychanalyse *f*.

psychoanalyst [ˌsaɪkəʊˈænəlɪst] *n* psychanalyste *mf*.

psychological [ˌsaɪkəˈlɒdʒɪkl] *adj* psychologique.

psychological warfare *n (U)* guerre *f* psychologique.

psychologist [saɪˈkɒlədʒɪst] *n* psychologue *mf*.

psychology [saɪˈkɒlədʒɪ] *n* psychologie *f*.

psychopath [ˈsaɪkəpæθ] *n* psychopathe *mf*.

psychosis [saɪˈkəʊsɪs] (*pl* **-ses** [-si:z]) *n* psychose *f*.

psychosomatic [ˌsaɪkəʊsəˈmætɪk] *adj* psychosomatique.

psychotherapy [ˌsaɪkəʊˈθerəpɪ] *n* psychothérapie *f*.

psychotic [saɪˈkɒtɪk] ◇ *adj* psychotique. ◇ *n* psychotique *mf*.

pt - 1. *see also* **pint - 2.** *see also* **point**.

Pt. (*abbr of* **Point**) [on map] Pte.

PT (*abbr of* **physical training**) *n UK* EPS *f*.

PTA (*abbr of* **parent-teacher association**) *n association de parents d'élèves et de professeurs.*

Pte. *see also* **Private**.

PTO ◇ *n* (*abbr of* **parent-teacher organization**) *aux États-Unis, association de parents d'élèves et de professeurs.* ◇ (*abbr of* **please turn over**) TSVP.

PTV *n* - **1.** (*abbr of* **pay television**) *télévision payante* - **2.** (*abbr of* **public television**) *programmes télévisés éducatifs*.

pub [pʌb] *n* pub *m*.

Pub

Dans l'ensemble des îles Britanniques, le pub est un des grands foyers de la vie sociale. Jusqu'en 1988, les pubs – interdits aux personnes de moins de 16 ans non accompagnées – étaient soumis à des horaires stricts (voir *licensing hours*). Du simple débit de boissons qu'il était, le pub a évolué vers une sorte de brasserie servant des repas légers.

pub. *see also* **published**.

pub-crawl *n UK* : **to go on a ~** faire la tournée des pubs.

puberty ['pju:bətɪ] *n* puberté *f*.

pubescent [pju:'besnt] *adj* pubescent(e).

pubic ['pju:bɪk] *adj* du pubis.

public ['pʌblɪk] ◇ *adj* public(ique) ; [library] municipal(e) ; **it's ~ knowledge that...** tout le monde sait que..., il est de notoriété publique que... ; **to make sthg ~** rendre qqch public ; **to go ~** COMM émettre des actions dans le public. ◇ *n* : **the ~** le public ; **in ~** en public.

public-address system *n* système *m* de sonorisation.

publican ['pʌblɪkən] *n UK & Australia* gérant *m*, -e *f* d'un pub.

publication [,pʌblɪ'keɪʃn] *n* publication *f*.

public bar *n UK* bar *m*.

public company *n* société *f* anonyme *(cotée en Bourse)*.

public convenience *n UK* toilettes *fpl* publiques.

public domain *n* : **in the ~** dans le domaine public.

public holiday *n UK* jour *m* férié.

public house *n UK* pub *m*.

publicist ['pʌblɪsɪst] *n* agent *m* de publicité.

publicity [pʌb'lɪsɪtɪ] ◇ *n (U)* publicité *f*. ◇ *comp* de publicité.

publicity stunt *n* coup *m* publicitaire.

publicize, *UK* **-ise** ['pʌblɪsaɪz] *vt* faire connaître au public.

public limited company *n UK* société *f* anonyme *(cotée en Bourse)*.

publicly ['pʌblɪklɪ] *adv* publiquement, en public.

public office *n* fonctions *fpl* officielles.

public opinion *n (U)* opinion *f* publique.

public ownership *n* nationalisation *f*.

public prosecutor *n* ≃ procureur *m* de la République.

public relations ◇ *n (U)* relations *fpl* publiques. ◇ *npl* relations *fpl* publiques.

public relations officer *n* responsable *mf* des relations publiques.

public school *n* - **1.** *UK* [private school] école *f* privée - **2.** *US* [state school] école *f* publique.

Public school

En Angleterre et au pays de Galles, le terme *public school* désigne une école privée de type traditionnel; certaines de ces écoles (Eton et Harrow, par exemple) sont très réputées et recherchées. La *public school* est censée former l'élite de la nation. Aux États-Unis et parfois en Écosse, le terme désigne une école publique.

public sector *n* secteur *m* public.

public servant *n* fonctionnaire *mf*.

public service vehicle *n UK* autobus *m*.

public-spirited *adj* qui fait preuve de civisme.

public transport *n (U)* transports *mpl* en commun.

public utility *n* service *m* public.

public works *npl* travaux *mpl* publics.

publish ['pʌblɪʃ] *vt* publier.

publisher ['pʌblɪʃəʳ] *n* éditeur *m*, -trice *f*.

publishing ['pʌblɪʃɪŋ] *n (U)* [industry] édition *f*.

publishing company, **publishing house** *n* société *f* OR maison *f* d'édition.

pub lunch *n repas de midi servi dans un pub*.

puce [pju:s] *adj* puce *(inv)*.

puck [pʌk] *n* HOCKEY palet *m*, rondelle *f* **Québec**.

pucker ['pʌkəʳ] ◇ *vt* plisser. ◇ *vi* se plisser.

pudding ['pʊdɪŋ] *n* - **1.** [food - sweet] entremets *m* ; [- savoury] pudding *m* - **2.** *(U) UK* [course] dessert *m*.

puddle ['pʌdl] *n* flaque *f*.

pudgy ['pʌdʒɪ] = **podgy**.

puerile ['pjʊəraɪl] *adj* puéril(e).

Puerto Rican [,pwɜ:təʊ'ri:kən] ◇ *adj* portoricain(e). ◇ *n* Portoricain *m*, -e *f*.

Puerto Rico [,pwɜ:təʊ'ri:kəʊ] *n* Porto Rico, Puerto Rico.

puff [pʌf] ◇ *n* - **1.** [of cigarette, smoke] bouffée *f* - **2.** [gasp] souffle *m*. ◇ *vt* [cigarette etc] tirer sur. ◇ *vi* - **1.** [smoke] : **to ~ at** OR **on sthg** fumer qqch - **2.** [pant] haleter.

◆ **puff out** *vt sep* [cheeks, chest] gonfler.

◆ **puff up** *vi* se gonfler.

puffed [pʌft] *adj* - **1.** [swollen] : ~ **(up)** gonflé(e) - **2.** *UK inf* [out of breath] : ~ **(out)** essoufflé(e).

puffed sleeve *n* manche *f* ballon.

puffin ['pʌfɪn] *n* macareux *m*.

puffiness ['pʌfɪnɪs] *n* gonflement *m*, bouffissure *f*.

puff pastry, *US* **puff paste** *n (U)* pâte *f* feuilletée.

puffy ['pʌfɪ] (*comp* **-ier**, *superl* **-iest**) *adj* gonflé(e), bouffi(e).

pug [pʌg] *n* carlin *m*.

pugnacious [pʌg'neɪʃəs] *adj fml* querelleur(euse), batailleur(euse).

puke [pju:k] *vi inf* dégobiller.

Pulitzer Prize [pʊlɪtsə-] *n* [in US] prix *m* Pulitzer.

Pulitzer Prize

Prix institués par le journaliste américain Joseph Pulitzer, propriétaire du *New York World* et fondateur d'une école de journalisme. Décernés depuis 1917 par le conseil d'administration de l'université Columbia, ils récompensent chaque année en mai, entre autres, des journalistes, des écrivains et des compositeurs de musique.

pull [pʊl] ◇ *vt* - **1.** [gen] tirer - **2.** [strain - muscle, hamstring] se froisser - **3.** [tooth] arracher ; **to have a tooth ~ed** *US* se faire arracher une dent - **4.** [attract] attirer - **5.** [gun] sortir. ◇ *vi* tirer. ◇ *n* - **1.** [tug with hand] : **to give sthg a ~** tirer sur qqch - **2.** *(U)* [influence] influence *f*.

◆ **pull ahead** *vi* : **to ~ ahead (of)** prendre la tête (devant).

◆ **pull apart** *vt sep* [separate] séparer.

◆ **pull at** *vt insep* tirer sur.

◆ **pull away** *vi* - **1.** AUT démarrer - **2.** [in race] prendre de l'avance.

◆ **pull back** *vi* reculer.

◆ **pull down** *vt sep* [building] démolir.

◆ **pull in** *vi* AUT se ranger.

◆ **pull off** *vt sep* - **1.** [take off] enlever, ôter - **2.** [succeed in] réussir.

◆ **pull on** *vt sep* [clothes] mettre, enfiler.

◆ **pull out** ◇ *vt sep* [troops etc] retirer. ◇ *vi* - **1.** RAIL partir, démarrer - **2.** AUT déboîter - **3.** [withdraw] se retirer.

◆ **pull over** *vi* AUT se ranger.

◆ **pull through** ◇ *vi* s'en sortir, s'en tirer. ◇ *vt sep* tirer d'affaire.

◆ **pull together** ◇ *vt sep* : **to ~ o.s. together** se ressaisir, se reprendre. ◇ *vi fig* faire un effort.

◆ **pull up** ◇ *vt sep* - **1.** [raise] remonter - **2.** [chair] avancer - **3.** [stop] : **to ~ sb up short** arrêter qqn court. ◇ *vi* s'arrêter.

pull-down menu *n* COMPUT menu *m* déroulant.

pulley ['pʊlɪ] (*pl* **-s**) *n* poulie *f*.

pullout ['pʊlaʊt] *n* supplément *m* détachable.

pullover ['pʊl,əʊvər] *n* pull *m*.

pulp [pʌlp] ◇ *adj* [fiction, novel] de quatre sous. ◇ *n* - **1.** [for paper] pâte *f* à papier - **2.** [of fruit] pulpe *f*. ◇ *vt* [food] réduire en pulpe.

pulpit ['pʊlpɪt] *n* chaire *f*.

pulsar ['pʌlsɑ:r] *n* pulsar *m*.

pulsate [pʌl'seɪt] *vi* [heart] battre fort ; [air, music] vibrer.

pulse [pʌls] ◇ *n* - **1.** MED pouls *m* ; **to take sb's ~** prendre le pouls de qqn - **2.** TECH impulsion *f*. ◇ *vi* battre, palpiter.

◆ **pulses** *npl* [food] légumes *mpl* secs.

pulverize, *UK* **-ise** ['pʌlvəraɪz] *vt* - **1.** [crush] pulvériser - **2.** *fig* [destroy - town] détruire ; [- person] démolir.

puma ['pju:mə] (*pl* **puma** *OR* **-s**) *n* puma *m*.

pumice (stone) ['pʌmɪs-] *n* pierre *f* ponce.

pummel ['pʌml] (*UK*, *pt & pp* **-led**, *cont* **-ling**, *US*, *pt & pp* **-ed**, *cont* **-ing**) *vt* bourrer de coups.

pump [pʌmp] ◇ *n US* pompe *f*. ◇ *vt* - **1.** [water, gas etc] pomper - **2.** *inf* [invest] : **to ~ money into sthg** injecter des capitaux dans qqch - **3.** *inf* [interrogate] essayer de tirer les vers du nez à. ◇ *vi* [heart] battre fort.

◆ **pumps** *npl* [shoes] escarpins *mpl*.

pumpernickel ['pʌmpənɪkl] *n* pain *m* de seigle noir.

pumpkin ['pʌmpkɪn] *n* potiron *m*.

pumpkin pie *n* tarte *f* au potiron *(dessert achevant traditionnellement le dîner de Thanksgiving)*.

pun [pʌn] *n* jeu *m* de mots, calembour *m*.

punch [pʌntʃ] ◇ *n* - **1.** [blow] coup *m* de poing - **2.** [tool] poinçonneuse *f* - **3.** [drink] punch *m*. ◇ *vt* - **1.** [hit - once] donner un coup de poing à ; [- repeatedly] donner des coups de poing à ; **to ~ a hole in sthg** faire un trou dans qqch - **2.** [ticket] poinçonner ; [paper] perforer.

◆ **punch in** *vi US* pointer (en arrivant).

◆ **punch out** *vi US* pointer (en partant).

Punch-and-Judy show [-'dʒu:dɪ-] *n* guignol *m*.

punch bag *UK*, **punchball** *UK*, **punching bag** *US* ['pʌntʃɪŋ-] *n* punching-ball *m*.

punch bowl *n* coupe *f* à punch.

punch-drunk *adj* sonné(e), groggy *(inv)*.

punch(ed) card [pʌntʃ(t)-] *n* carte *f* perforée.

punching bag *US* = **punch bag.**

punch line *n* chute *f.*

punch-up *n UK inf* bagarre *f.*

punchy ['pʌntʃɪ] (*comp* **-ier**, *superl* **-iest**) *adj inf* [style] incisif(ive).

punctilious [pʌŋk'tɪlɪəs] *adj* pointilleux(euse).

punctual ['pʌŋktʃʊəl] *adj* ponctuel(elle).

punctually ['pʌŋktʃʊəlɪ] *adv* à l'heure.

punctuate ['pʌŋktʃʊeɪt] *vt* ponctuer.

punctuation [ˌpʌŋktʃʊ'eɪʃn] *n* ponctuation *f.*

punctuation mark *n* signe *m* de ponctuation.

puncture ['pʌŋktʃəʳ] ◇ *n* crevaison *f.* ◇ *vt* [tyre, ball] crever ; [skin] piquer.

pundit ['pʌndɪt] *n* pontife *m.*

pungent ['pʌndʒənt] *adj* **- 1.** [smell] âcre ; [taste] piquant(e) **- 2.** *fig* [criticism] caustique, acerbe.

punish ['pʌnɪʃ] *vt* punir ; **to ~ sb for sthg/for doing sthg** punir qqn pour qqch/pour avoir fait qqch.

punishable ['pʌnɪʃəbl] *adj* punissable.

punishing ['pʌnɪʃɪŋ] *adj* [schedule, work] épuisant(e), éreintant(e) ; [defeat] cuisant(e).

punishment ['pʌnɪʃmənt] *n* punition *f*, châtiment *m* ; **to take a lot of ~** [car, furniture] être malmené.

punitive ['pju:nətɪv] *adj* [action] punitif(ive) ; [tax] très lourd(e).

Punjab [ˌpʌn'dʒɑ:b] *n* : **the ~** le Pendjab ; **in the ~** au Pendjab.

Punjabi [ˌpʌn'dʒɑ:bɪ] ◇ *adj* du Pendjab. ◇ *n* **- 1.** [person] habitant *m*, -e *f* du Pendjab **- 2.** [language] pendjabi *m.*

punk [pʌŋk] ◇ *adj* punk *(inv).* ◇ *n* **- 1.** *(U)* [music] : **~ (rock)** punk *m* **- 2.** : **~ (rocker)** punk *mf* **- 3.** *US inf* [lout] loubard *m.*

punnet ['pʌnɪt] *n UK* barquette *f.*

punt [pʌnt] ◇ *n* [boat] bateau *m* à fond plat. ◇ *vi* [in boat] se promener en bateau à fond plat.

punter ['pʌntəʳ] *n UK* **- 1.** [gambler] parieur *m*, -euse *f* **- 2.** *inf* [customer] client *m*, -e *f.*

puny ['pju:nɪ] (*comp* **-ier**, *superl* **-iest**) *adj* chétif(ive).

pup [pʌp] *n* **- 1.** [young dog] chiot *m* **- 2.** [young seal] bébé phoque *m.*

pupil ['pju:pl] *n* **- 1.** [student] élève *mf* **- 2.** [of eye] pupille *f.*

puppet ['pʌpɪt] *n* **- 1.** [toy] marionnette *f* **- 2.** *pej* [person, country] fantoche *m*, pantin *m.*

puppet government *n* gouvernement *m* fantoche.

puppet show *n* spectacle *m* de marionnettes.

puppy ['pʌpɪ] (*pl* **-ies**) *n* chiot *m.*

puppy fat *n (U) inf* rondeurs *fpl* d'adolescence.

purchase ['pɜ:tʃəs] ◇ *n* achat *m.* ◇ *vt* acheter.

purchase order *n* bon *m* de commande OR d'achat.

purchase price *n* prix *m* d'achat.

purchaser ['pɜ:tʃəsəʳ] *n* acheteur *m*, -euse *f.*

purchase tax *n UK* taxe *f* à l'achat.

purchasing power ['pɜ:tʃəsɪŋ-] *n* pouvoir *m* d'achat.

purdah ['pɜ:də] *n système qui oblige les femmes musulmanes à vivre à l'écart du monde.*

pure [pjʊəʳ] *adj* pur(e).

purebred ['pjʊəbred] *adj* de race.

puree ['pjʊəreɪ] ◇ *n* purée *f.* ◇ *vt* écraser en purée.

purely ['pjʊəlɪ] *adv* purement.

pureness ['pjʊənɪs] *n* pureté *f.*

purgative ['pɜ:gətɪv] *n* purgatif *m.*

purgatory ['pɜ:gətrɪ] *(U) n hum* [suffering] purgatoire *m.*

◆ **Purgatory** *n* [place] purgatoire *m.*

purge [pɜ:dʒ] ◇ *n* POL purge *f.* ◇ *vt* **- 1.** POL purger **- 2.** [rid] débarrasser, purger.

purification [ˌpjʊərɪfɪ'keɪʃn] *n* purification *f*, épuration *f.*

purifier ['pjʊərɪfaɪəʳ] *n* épurateur *m.*

purify ['pjʊərɪfaɪ] (*pt & pp* **-ied**) *vt* purifier, épurer.

purist ['pjʊərɪst] *n* puriste *mf.*

puritan ['pjʊərɪtən] ◇ *adj* puritain(e). ◇ *n* puritain *m*, -e *f.*

puritanical [ˌpjʊərɪ'tænɪkl] *adj pej* puritain(e).

purity ['pjʊərətɪ] *n* pureté *f.*

purl [pɜ:l] ◇ *n* maille *f* à l'envers. ◇ *vt* tricoter à l'envers.

purloin [pɜ:'lɔɪn] *vt fml & hum* voler, dérober.

purple ['pɜ:pl] ◇ *adj* violet(ette). ◇ *n* violet *m.*

purport [pə'pɔ:t] *vi fml* **to ~ to do/be sthg** prétendre faire/être qqch.

purpose ['pɜ:pəs] *n* **- 1.** [reason] raison *f*, motif *m* **- 2.** [aim] but *m*, objet *m* ; **to no ~** en vain, pour rien **- 3.** [determination] détermination *f.*

◆ **on purpose** *adv* exprès.

purpose-built *adj UK* construit(e) spécialement.

purposeful ['pɜ:pəsfʊl] *adj* résolu(e), déterminé(e).

purposely ['pɜːpəslɪ] *adv* exprès.

purr [pɜːʳ] ◇ *n* ronronnement *m*. ◇ *vi* ronronner.

purse [pɜːs] ◇ *n* - **1.** [for money] porte-monnaie *m inv*, bourse *f* - **2.** *US* [handbag] sac *m* à main. ◇ *vt* [lips] pincer.

purser ['pɜːsəʳ] *n* commissaire *m* de bord.

purse snatcher [-ˌsnætʃər] *n US* voleur *m*, -euse *f* à la tire.

purse strings *npl* : **to hold the ~** tenir les cordons de la bourse.

pursue [pə'sjuː] *vt* - **1.** [follow] poursuivre, pourchasser - **2.** [policy, aim] poursuivre ; [question] continuer à débattre ; [matter] approfondir ; [project] donner suite à ; **to ~ an interest in sthg** se livrer à qqch.

pursuer [pə'sjuːəʳ] *n* poursuivant *m*, -e *f*.

pursuit [pə'sjuːt] *n* - **1.** *(U) fml* [attempt to obtain] recherche *f*, poursuite *f* - **2.** [chase, in sport] poursuite *f* ; **in ~ of** à la poursuite de ; **in hot ~** aux trousses - **3.** [occupation] occupation *f*, activité *f*.

purveyor [pə'veɪəʳ] *n fml* fournisseur *m*.

pus [pʌs] *n* pus *m*.

push [pʊʃ] ◇ *vt* - **1.** [press, move - gen] pousser ; [- button] appuyer sur - **2.** [encourage] : **to ~ sb (to do sthg)** inciter OR pousser qqn (à faire qqch) - **3.** [force] : **to ~ sb (into doing sthg)** forcer OR obliger qqn (à faire qqch) - **4.** *inf* [promote] faire de la réclame pour - **5.** *drug sl* vendre, fournir. ◇ *vi* - **1.** [gen] pousser ; [on button] appuyer - **2.** [campaign] : **to ~ for sthg** faire pression pour obtenir qqch. ◇ *n* - **1.** [with hand] poussée *f* - **2.** [forceful effort] effort *m* - **3.** *phr* **to give sb the ~** *UK inf* [end relationship] plaquer qqn ; [dismiss] ficher qqn à la porte.

◆ **push ahead** *vi* continuer, persévérer ; **to ~ ahead with sthg** persévérer dans qqch, continuer (à faire) qqch.

◆ **push around** *vt sep inf fig* marcher sur les pieds de.

◆ **push in** *vi* [in queue] resquiller.

◆ **push off** *vi inf* filer, se sauver.

◆ **push on** *vi* continuer.

◆ **push over** *vt sep* faire tomber.

◆ **push through** *vt sep* [law, reform] faire accepter.

pushbike ['pʊʃbaɪk] *n UK* vélo *m*.

push-button *adj* à touches.

pushcart ['pʊʃkɑːt] *n* charrette *f* à bras.

pushchair ['pʊʃtʃeəʳ] *n UK* poussette *f*.

pushed [pʊʃt] *adj inf* **to be ~ for sthg** être à court de qqch ; **to be hard ~ to do sthg** avoir du mal OR de la peine à faire qqch.

pusher ['pʊʃəʳ] *n drug sl* dealer *m*.

pushing ['pʊʃɪŋ] *prep inf* **he's ~ 40** il frise la quarantaine.

pushover ['pʊʃˌəʊvəʳ] *n inf* **it's a ~** c'est un jeu d'enfant.

push-start *vt* faire démarrer en poussant.

push-up *n* pompe *f*, traction *f*.

pushy ['pʊʃɪ] (*comp* **-ier**, *superl* **-iest**) *adj pej* qui se met toujours en avant.

puss [pʊs], **pussy (cat)** ['pʊsɪ-] *n inf* minet *m*, minou *m*.

pussy willow *n* saule *m*.

put [pʊt] (*pt & pp* **put**, *cont* **-ting**) *vt* - **1.** [gen] mettre ; **to ~ responsibility on sb** donner des responsabilités à qqn - **2.** [place] mettre, poser, placer ; **to ~ the children to bed** coucher les enfants - **3.** [express] dire, exprimer - **4.** [question] poser ; **to ~ it to sb that...** suggérer à qqn que... - **5.** [estimate] estimer, évaluer - **6.** [invest] : **to ~ money into** investir de l'argent dans ; **I've ~ a lot of time into this work** j'ai passé beaucoup de temps à faire ce travail.

◆ **put across** *vt sep* [ideas] faire comprendre.

◆ **put aside** *vt sep* - **1.** [place on one side] mettre de côté, poser - **2.** *fig* [money] mettre de côté ; [differences] ne pas tenir compte de.

◆ **put away** *vt sep* - **1.** [tidy away] ranger - **2.** *inf* [lock up] enfermer.

◆ **put back** *vt sep* - **1.** [replace] remettre (à sa place OR en place) - **2.** [postpone] remettre - **3.** [clock, watch] retarder.

◆ **put by** *vt sep* [money] mettre de côté.

◆ **put down** *vt sep* - **1.** [lay down] poser, déposer - **2.** [quell - rebellion] réprimer - **3.** *inf* [criticize] humilier - **4.** [write down] inscrire, noter - **5.** *UK* [kill] : **to have a dog/cat ~ down** faire piquer un chien/chat.

◆ **put down to** *vt sep* attribuer à.

◆ **put forward** *vt sep* - **1.** [propose] proposer, avancer - **2.** [meeting, clock, watch] avancer.

◆ **put in** *vt sep* - **1.** [spend - time] passer - **2.** [submit] présenter.

◆ **put off** *vt sep* - **1.** [postpone] remettre (à plus tard) - **2.** [cause to wait] décommander - **3.** [discourage] dissuader - **4.** [disturb] déconcerter, troubler - **5.** [cause to dislike] dégoûter - **6.** [switch off - radio, TV] éteindre.

◆ **put on** *vt sep* - **1.** [clothes] mettre, enfiler - **2.** [arrange - exhibition etc] organiser ; [- play] monter - **3.** [gain] : **to ~ on weight** prendre du poids, grossir - **4.** [switch on - radio, TV] allumer, mettre ; **to ~ the light on** allumer (la lumière) ; **to ~ the brake on** freiner - **5.** [record, CD, tape] passer, mettre - **6.** [start cooking] mettre à cuire - **7.** [pretend - gen] feindre ; [- accent etc] prendre - **8.** [bet] parier, miser - **9.** [add] ajouter - **10.** *inf* [tease] faire marcher.

◆ **put onto** *vt sep* : **to ~ sb onto sb/sthg** indiquer qqn/qqch à qqn.

◆ **put out** *vt sep* - **1.** [place outside] mettre dehors - **2.** [book, statement] publier ; [record] sortir - **3.** [fire, cigarette] éteindre ; **to ~ the light out** éteindre (la lumière) **- 4.** [extend - hand] tendre **- 5.** *inf* [injure] : **to ~ one's back/hip out** se démettre le dos/la hanche **- 6.** [annoy, upset] : **to be ~ out** être contrarié(e) **- 7.** [inconvenience] déranger ; **to ~ o.s. out** se donner du mal.

◆ **put over** *vt sep* [ideas] faire comprendre.

◆ **put through** *vt sep* TELEC passer.

◆ **put together** *vt sep* **- 1.** [assemble - machine, furniture] monter, assembler ; [- team] réunir ; [- report] composer **- 2.** [combine] mettre ensemble ; **more than all the others ~ together** plus que tous les autres réunis **- 3.** [organize] monter, organiser.

◆ **put up** ◇ *vt sep* **- 1.** [build - gen] ériger ; [- tent] dresser **- 2.** [umbrella] ouvrir ; [flag] hisser **- 3.** [fix to wall] accrocher **- 4.** [provide - money] fournir **- 5.** [propose - candidate] proposer **- 6.** *UK* [increase] augmenter **- 7.** [provide accommodation for] loger, héberger. ◇ *vt insep* : **to ~ up a fight** se défendre.

◆ **put upon** *vt insep* : **to be ~ upon** se laisser faire.

◆ **put up to** *vt sep* : **to ~ sb up to sthg** pousser OR inciter qqn à faire qqch.

◆ **put up with** *vt insep* supporter.

putative ['pju:tətɪv] *adj* putatif(ive).

put-down *n inf* rebuffade *f*.

putrefaction [ˌpju:trɪ'fækʃn] *n* putréfaction *f*.

putrefy ['pju:trɪfaɪ] (*pt & pp* **-ied**) *vi* se putréfier.

putrid ['pju:trɪd] *adj* putride.

putsch [pʊtʃ] *n* putsch *m*.

putt [pʌt] ◇ *n* putt *m*. ◇ *vt & vi* putter.

putter ['pʌtəʳ] *n* [club] putter *m*.

◆ **putter about, putter around** *vi US* bricoler.

putting green ['pʌtɪŋ-] *n* green *m*.

putty ['pʌtɪ] *n* mastic *m*.

put-up job *n inf* coup *m* monté.

put-upon *adj inf* qui se laisse marcher sur les pieds.

puzzle ['pʌzl] ◇ *n* **- 1.** [toy] puzzle *m* ; [mental] devinette *f* **- 2.** [mystery] mystère *m*, énigme *f*. ◇ *vt* rendre perplexe. ◇ *vi* : **to ~ over sthg** essayer de comprendre qqch.

◆ **puzzle out** *vt sep* comprendre.

puzzled ['pʌzld] *adj* perplexe.

puzzling ['pʌzlɪŋ] *adj* curieux(euse).

PVC (*abbr of* **polyvinyl chloride**) *n* PVC *m*.

Pvt. *see also* **Private**.

pw (*abbr of* **per week**) p.sem.

PWR (*abbr of* **pressurized-water reactor**) *n* REP *m*.

PX (*abbr of* **post exchange**) *n magasin de l'armée*.

pygmy ['pɪgmɪ] (*pl* **-ies**) *n* pygmée *m*.

pyjama [pə'dʒɑ:mə] *comp UK* de pyjama.

pyjamas [pə'dʒɑ:məz] *npl UK* pyjama *m* ; **a pair of ~** un pyjama.

pylon ['paɪlən] *n* pylône *m*.

pyramid ['pɪrəmɪd] *n* pyramide *f*.

pyramid selling *n* vente *f* en pyramide.

pyre ['paɪəʳ] *n* bûcher *m* funéraire.

Pyrenean [ˌpɪrə'ni:ən] *adj* pyrénéen(enne).

Pyrenees [ˌpɪrə'ni:z] *npl* : **the ~** les Pyrénées *fpl*.

Pyrex® ['paɪreks] ◇ *n* Pyrex® *m*. ◇ *comp* en Pyrex®.

pyromaniac [ˌpaɪrə'meɪnɪæk] *n* pyromane *mf*.

pyrotechnics [ˌpaɪrəʊ'teknɪks] ◇ *n (U)* pyrotechnie *f*. ◇ *npl fig* [skill] feu *m* d'artifice.

python ['paɪθn] (*pl* **python** OR **-s**) *n* python *m*.

q (*pl* **q's** OR **qs**), **Q** (*pl* **Q's** OR **Qs**) [kju:] *n* [letter] q *m inv*, Q *m inv*.

Qatar [kæ'tɑ:r] Qatar *m*, Katar *m* ; **in ~** au Qatar.

QC (*abbr of* **Queen's Counsel**) *n UK* ≃ bâtonnier *m* de l'ordre.

QED (*abbr of* **quod erat demonstrandum**) CQFD.

QM *see also* **quartermaster**.

q.t., QT (*abbr of* **quiet**) *inf* : **on the ~** en douce.

qty (*abbr of* **quantity**) qté.

quack [kwæk] ◇ *n* **- 1.** [noise] coin-coin *m inv* **- 2.** *inf pej* [doctor] charlatan *m*. ◇ *vi* faire coincoin.

quad [kwɒd] **- 1.** *see also* **quadruple - 2.** *see also* **quadruplet - 3.** *see also* **quadrangle**.

quadrangle ['kwɒdræŋgl] *n* **- 1.** [figure] quadrilatère *m* **- 2.** [courtyard] cour *f*.

quadrant ['kwɒdrənt] *n* quadrant *m*.

quadraphonic [ˌkwɒdrə'fɒnɪk] *adj* quadriphonique.

quadrilateral [ˌkwɒdrɪ'lætərəl] ◇ *adj* quadrilatéral(e). ◇ *n* quadrilatère *m*.

quadruped ['kwɒdrʊped] *n* quadrupède *m*.

quadruple [kwɒ'dru:pl] ◇ *adj* quadruple. ◇ *vt & vi* quadrupler.

quadruplets ['kwɒdrʊplɪts] *npl* quadruplés *mpl*.

quads [kwɒdz] *npl inf* quadruplés *mpl*.

quaff [kwɒf] *vt dated* boire (à longs traits).

quagmire ['kwægmaɪəʳ] *n* bourbier *m*.

quail [kweɪl] ◇ *n (pl* **quail** *OR* **-s**) caille *f*. ◇ *vi lit* reculer.

quaint [kweɪnt] *adj* pittoresque.

quaintness ['kweɪntnɪs] *n* pittoresque *m*.

quake [kweɪk] ◇ *n (abbr of* **earthquake**) *inf* tremblement *m* de terre. ◇ *vi* trembler.

Quaker ['kweɪkəʳ] *n* quaker *m*, -eresse *f*.

qualification [ˌkwɒlɪfɪ'keɪʃn] *n* - **1.** [certificate] diplôme *m* - **2.** [quality, skill] compétence *f* - **3.** [qualifying statement] réserve *f*.

qualified ['kwɒlɪfaɪd] *adj* - **1.** [trained] diplômé(e) - **2.** [able] : **to be ~ to do sthg** avoir la compétence nécessaire pour faire qqch - **3.** [limited] restreint(e), modéré(e).

qualify ['kwɒlɪfaɪ] *(pt & pp* **-ied**) ◇ *vt* - **1.** [modify] apporter des réserves à - **2.** [entitle] : **to ~ sb to do sthg** qualifier qqn pour faire qqch. ◇ *vi* - **1.** [pass exams] obtenir un diplôme - **2.** [be entitled] : **to ~ (for sthg)** avoir droit (à qqch), remplir les conditions requises (pour qqch) - **3.** SPORT se qualifier.

qualifying ['kwɒlɪfaɪɪŋ] *adj* - **1.** [modifying] nuancé(e) - **2.** [entitling] : **~ exam** examen *m* d'entrée - **3.** SPORT [time] qui permet de se qualifier ; **~ round** série *f* éliminatoire.

qualitative ['kwɒlɪtətɪv] *adj* qualitatif(ive).

quality ['kwɒlətɪ] ◇ *n (pl* **-ies**) qualité *f*. ◇ *comp* de qualité.

quality control *n* contrôle *m* de qualité.

quality press *n UK* : **the ~** la presse sérieuse.

qualms [kwɑ:mz] *npl* doutes *mpl*.

quandary ['kwɒndərɪ] *(pl* **-ies**) *n* embarras *m* ; **to be in a ~ about** *OR* **over sthg** être bien embarrassé à propos de qqch.

quango ['kwæŋgəʊ] *(pl* **-s**) *n (abbr of* **quasiautonomous non-governmental organization**) *UK usu pej commission indépendante financée par l'État.*

quantifiable [kwɒntɪ'faɪəbl] *adj* quantifiable.

quantify ['kwɒntɪfaɪ] *(pt & pp* **-ied**) *vt* quantifier.

quantitative ['kwɒntɪtətɪv] *adj* quantitatif(ive).

quantity ['kwɒntətɪ] *(pl* **-ies**) *n* quantité *f* ; **in ~** en quantité ; **an unknown ~** une inconnue.

quantity surveyor *n* métreur *m*, -euse *f*.

quantum leap ['kwɒntəm-] *n fig* bond *m* en avant.

quantum theory ['kwɒntəm-] *n* théorie *f* des quanta.

quarantine ['kwɒrənti:n] ◇ *n* quarantaine *f* ; **to be in ~** être en quarantaine. ◇ *vt* mettre en quarantaine.

quark [kwɑ:k] *n* quark *m*.

quarrel ['kwɒrəl] ◇ *n* querelle *f*, dispute *f* ; **I have no ~ with her** je n'ai rien contre elle. ◇ *vi (UK, pt & pp* **-led**, *cont* **-ling**, *US, pt & pp* **-ed**, *cont* **-ing**) : **to ~ (with)** se quereller (avec), se disputer (avec).

quarrelsome ['kwɒrəlsəm] *adj* querelleur(euse).

quarry ['kwɒrɪ] ◇ *n (pl* **-ies**) - **1.** [place] carrière *f* - **2.** [prey] proie *f*. ◇ *vt (pt & pp* **-ied**) extraire.

quarry tile *n* carreau *m*.

quart [kwɔ:t] *n UK = 1,136 litre US = 0,946 litre*, ≃ litre *m*.

quarter ['kwɔ:təʳ] *n* - **1.** [fraction, weight] quart *m* ; **a ~ past two, a ~ after two** *US* deux heures et quart ; **a ~ to two, a ~ of two** *US* deux heures moins le quart - **2.** [of year] trimestre *m* - **3.** *US* [coin] pièce *f* de 25 cents - **4.** [area in town] quartier *m* - **5.** [direction] : **from all ~s** de tous côtés.

◆ **quarters** *npl* [rooms] quartiers *mpl*.

◆ **at close quarters** *adv* de près.

quarterback ['kwɔ:təbæk] *n* SPORT quarterback *m*, quart-arrière *mf Québec*.

quarterdeck ['kwɔ:tədek] *n* gaillard *m* d'arrière.

quarterfinal [ˌkwɔ:tə'faɪnl] *n* quart *m* de finale.

quarter-hour *adj* [intervals] d'un quart d'heure.

quarterlight *n UK* AUT déflecteur *m*.

quarterly ['kwɔ:təlɪ] ◇ *adj* trimestriel (elle). ◇ *adv* trimestriellement. ◇ *n (pl* **-ies**) publication *f* trimestrielle.

quartermaster ['kwɔ:təˌmɑ:stəʳ] *n* MIL intendant *m*.

quarter note *n US* MUS noire *f*.

quarter sessions *npl* [in UK] tribunal *m* de grande instance ; [in US] *dans certains États, tribunal local à compétence criminelle, pouvant avoir des fonctions administratives.*

quartet [kwɔ:'tet] *n* quatuor *m*.

quarto ['kwɔ:təʊ] *(pl* **-s**) *n* in-quarto *m inv*.

quartz [kwɔ:ts] *n* quartz *m*.

quartz watch *n* montre *f* à quartz.

quasar ['kweɪzɑ:ʳ] *n* quasar *m*.

quash [kwɒʃ] *vt* - **1.** [sentence] annuler, casser - **2.** [rebellion] réprimer.

quasi- ['kweɪzaɪ] *prefix* quasi-.

quaver ['kweɪvəʳ] ◇ *n* - **1.** MUS croche *f* - **2.** [in voice] tremblement *m*, chevrotement *m*. ◇ *vi* trembler, chevroter.

quavering ['kweɪvərɪŋ] *adj* tremblant(e), chevrotant(e).

quay [ki:] *n* quai *m*.

quayside ['ki:saɪd] *n* bord *m* du quai.

queasy ['kwi:zɪ] (*comp* **-ier**, *superl* **-iest**) *adj* : **to feel ~** avoir mal au cœur.

Quebec [kwɪ'bek] *n* - **1.** [province] Québec *m* ; **in ~** au Québec - **2.** [city] Québec.

Quebecer, **Quebecker** [kwɪ'bekəʳ] *n* Québécois *m*, -e *f*.

queen [kwi:n] *n* - **1.** [gen] reine *f* - **2.** [playing card] dame *f*.

Queen Mother *n* : **the ~** la reine mère.

Queen's Counsel *n UK* avocat *m* de la Couronne.

Queen's English *n UK* : **the ~** l'anglais *m* correct.

queen's evidence *n UK* : **to turn ~** témoigner contre ses complices.

queer [kwɪəʳ] ◇ *adj* [odd] étrange, bizarre ; **I'm feeling a bit ~** je ne me sens pas très bien. ◇ *n inf pej* pédé *m*, homosexuel *m*.

quell [kwel] *vt* réprimer, étouffer.

quench [kwentʃ] *vt* : **to ~ one's thirst** se désaltérer.

querulous ['kwerʊləs] *adj* [child] ronchonneur(euse) ; [voice] plaintif(ive).

query ['kwɪərɪ] ◇ *n* (*pl* **-ies**) question *f*. ◇ *vt* (*pt & pp* **-ied**) mettre en doute, douter de.

quest [kwest] *n lit* **~ (for)** quête *f* (de).

question ['kwestʃn] ◇ *n* - **1.** [gen] question *f* ; **to ask (sb) a ~** poser une question (à qqn) - **2.** [doubt] doute *m* ; **to call** OR **bring sthg into ~** mettre qqch en doute ; **it's open to ~ whether...** on peut se demander si... ; **without ~** incontestablement, sans aucun doute ; **beyond ~** [know] sans aucun doute - **3.** *phr* **there's no ~ of...** il n'est pas question de... ◇ *vt* - **1.** [interrogate] questionner - **2.** [express doubt about] mettre en question OR doute.

◆ **in question** *adv* : **the... in ~** le/la/les... en question.

◆ **out of the question** *adv* hors de question.

questionable ['kwestʃənəbl] *adj* - **1.** [uncertain] discutable - **2.** [not right, not honest] douteux(euse).

questioner ['kwestʃənəʳ] *n* personne *f* qui pose une question.

questioning ['kwestʃənɪŋ] ◇ *adj* interrogateur(trice). ◇ *n (U)* interrogation *f*.

question mark *n* point *m* d'interrogation.

question master *UK*, **quizmaster** *US* ['kwɪz,mɑ:stəʳ] *n* meneur *m* de jeu.

questionnaire [,kwestʃə'neəʳ] *n* questionnaire *m*.

question time *n UK* POL *heure réservée aux questions des députés.*

queue [kju:] *UK* ◇ *n* queue *f*, file *f* ; **to jump the ~** resquiller, passer avant son tour. ◇ *vi* faire la queue.

queue-jump *vi UK* resquiller.

quibble ['kwɪbl] *pej* ◇ *n* chicane *f*. ◇ *vi* : **to ~ (over** OR **about)** chicaner (à propos de).

quiche [ki:ʃ] *n* quiche *f*.

quick [kwɪk] ◇ *adj* - **1.** [gen] rapide - **2.** [response, decision] prompt(e), rapide. ◇ *adv* vite, rapidement.

quicken ['kwɪkn] ◇ *vt* accélérer, presser. ◇ *vi* s'accélérer.

quickly ['kwɪklɪ] *adv* - **1.** [rapidly] vite, rapidement - **2.** [without delay] promptement, immédiatement.

quickness ['kwɪknɪs] *n* [speed] rapidité *f*.

quicksand ['kwɪksænd] *n* sables *mpl* mouvants.

quicksilver ['kwɪk,sɪlvəʳ] *n* vif-argent *m*, mercure *m*.

quickstep ['kwɪkstep] *n* : **the ~** le fox-trot.

quick-tempered *adj* emporté(e).

quick-witted [-'wɪtɪd] *adj* [person] à l'esprit vif.

quid [kwɪd] (*pl* **quid**) *n UK inf* livre *f*.

quid pro quo [-'kwəʊ] (*pl* **quid pro quos** [-'kwəʊz]) *n* contrepartie *f*.

quiescent [kwaɪ'esnt] *adj fml* immobile.

quiet ['kwaɪət] ◇ *adj* - **1.** [not noisy] tranquille ; [voice] bas (basse) ; [engine] silencieux(euse) ; **be ~!** taisez-vous! - **2.** [not busy] calme - **3.** [silent] silencieux(euse) ; **to keep ~ about sthg** ne rien dire à propos de qqch, garder qqch secret - **4.** [intimate] intime ; **to have a ~ word with sb** dire deux mots en particulier à qqn - **5.** [colour] discret(ète), sobre. ◇ *n* tranquillité *f* ; **on the ~** *inf* en douce. ◇ *vt US* calmer, apaiser.

◆ **quiet down** ◇ *vt sep* calmer, apaiser. ◇ *vi* se calmer.

quieten ['kwaɪətn] *UK vt* calmer, apaiser.

◆ **quieten down** ◇ *vt sep* calmer, apaiser. ◇ *vi* se calmer.

quietly ['kwaɪətlɪ] *adv* - **1.** [without noise] sans faire de bruit, silencieusement ; [say] doucement - **2.** [without excitement] tranquillement, calmement - **3.** [without fuss - leave] discrètement.

quietness ['kwaɪətnɪs] *(U) n* **- 1.** [silence] silence *m* **- 2.** [peacefulness] calme *m*, tranquillité *f*.

quiff [kwɪf] *n UK* mèche *f*.

quill (pen) [kwɪl-] *n* plume *f* d'oie.

quilt [kwɪlt] *n* [padded] édredon *m* ; **(continental)** *UK* **~** couette *f*.

quilted ['kwɪltɪd] *adj* matelassé(e).

quince [kwɪns] *n* coing *m*.

quinine [kwɪ'ni:n] *n* quinine *f*.

quins *UK* [kwɪnz], **quints** *US* [kwɪnts] *npl inf* quintuplés *mpl*.

quintessential [kwɪntə'senʃl] *adj* typique.

quintet [kwɪn'tet] *n* quintette *m*.

quints *US* = **quins**.

quintuplets [kwɪn'tju:plɪts] *npl* quintuplés *mpl*.

quip [kwɪp] <> *n* raillerie *f*. <> *vi* (*pt & pp* **-ped**, *cont* **-ping**) railler.

quire ['kwaɪəʳ] *n* cahier *m*.

quirk [kwɜ:k] *n* bizarrerie *f* ; **a ~ of fate** un caprice du sort.

quirky ['kwɜ:kɪ] (*comp* **-ier**, *superl* **-iest**) *adj* étrange, bizarre.

quit [kwɪt] (*UK, pt & pp* **quit** *OR* **-ted**, *cont* **-ting**, *US, pt & pp* **quit**, *cont* **-ting**) <> *vt* **- 1.** [resign from] quitter **- 2.** [stop] : **to ~ smoking** arrêter de fumer **- 3.** COMPUT quitter ; **to ~quit an application** quitter une application. <> *vi* **- 1.** [resign] démissionner **- 2.** [give up] abandonner **- 3.** COMPUT quitter.

quite [kwaɪt] *adv* **- 1.** [completely] tout à fait, complètement ; **I ~ agree** je suis entièrement d'accord ; **not ~** pas tout à fait ; **I don't ~ understand** je ne comprends pas bien **- 2.** [fairly] assez, plutôt **- 3.** [for emphasis] : **she's ~ a singer** c'est une chanteuse formidable ; **it was ~ a surprise** c'était une drôle de surprise **- 4.** *UK* [to express agreement] : **~ (so)!** exactement!

Quito ['ki:təʊ] *n* Quito.

quits [kwɪts] *adj inf* **to be ~ (with sb)** être quitte (envers qqn) ; **to call it ~** en rester là.

quitter ['kwɪtəʳ] *n inf pej* dégonflé *m*, -e *f*.

quiver ['kwɪvəʳ] <> *n* **- 1.** [shiver] frisson *m* **- 2.** [for arrows] carquois *m*. <> *vi* frissonner.

quivering ['kwɪvərɪŋ] *adj* frissonnant(e).

quixotic [kwɪk'sɒtɪk] *adj* chevaleresque.

quiz [kwɪz] <> *n* (*pl* **quizzes**) **- 1.** [gen] quiz *m*, jeu-concours *m* **- 2.** *US* SCH interrogation *f*. <> *vt* (*pt & pp* **-zed**, *cont* **-zing**) : **to ~ sb (about sthg)** interroger qqn (au sujet de qqch).

quizmaster *esp US* = **question master**.

quizzical ['kwɪzɪkl] *adj* narquois(e), moqueur(euse).

quoits [kwɔɪts] *n (U)* jeu *m* de palet.

Quonset hut ['kwɒnsɪt-] *n US* hutte *f* préfabriquée en tôle.

quorate ['kwɔ:reɪt] *adj UK* dont le quorum est atteint.

quorum ['kwɔ:rəm] *n* quorum *m*.

quota ['kwəʊtə] *n* quota *m*.

quotation [kwəʊ'teɪʃn] *n* **- 1.** [citation] citation *f* **- 2.** COMM devis *m*.

quotation marks *npl* guillemets *mpl* ; **in ~** entre guillemets.

quote [kwəʊt] <> *n* **- 1.** [citation] citation *f* **- 2.** COMM devis *m*. <> *vt* **- 1.** [cite] citer **- 2.** COMM indiquer, spécifier. <> *vi* **- 1.** [cite] : **to ~ (from sthg)** citer (qqch) **- 2.** COMM : **to ~ for sthg** établir un devis pour qqch.

◆ **quotes** *npl inf* guillemets *mpl*.

quoted company ['kwəʊtɪd-] *n UK* société *f* cotée en Bourse.

quotient ['kwəʊʃnt] *n* quotient *m*.

qv (*abbr of* **quod vide**) *expression renvoyant le lecteur à une autre entrée dans une encyclopédie.*

qwerty keyboard ['kwɜ:tɪ-] *n* clavier *m* QWERTY.

R

r (*pl* **r's** *OR* **rs**), **R** (*pl* **R's** *OR* **Rs**) [ɑ:ʳ] *n* [letter] r *m inv*, R *m inv*.

◆ **R - 1.** (*abbr of* **right**) dr. **- 2.** *see also* **River** **- 3.** (*written abbrev of* **Réaumur**) R **- 4.** (*abbr of* **restricted**) *aux États-Unis, indique qu'un film est interdit aux moins de 17 ans* **- 5.** *US see also* **Republican** **- 6.** *UK* (*abbr of* **Rex**) *suit le nom d'un roi* **- 7.** *UK* (*abbr of* **Regina**) *suit le nom d'une reine.*

RA (*abbr of* **Royal Academy**) *n académie britannique des beaux-arts (organisant notamment un salon annuel).*

RAAF (*abbr of* **Royal Australian Air Force**) *n armée de l'air australienne.*

Rabat [rə'bɑ:t] *n* Rabat.

rabbi ['ræbaɪ] *n* rabbin *m*.

rabbit ['ræbɪt] *n* lapin *m*.

rabbit hole *n* terrier *m*.

rabbit hutch *n* clapier *m*.

rabbit warren *n* garenne *f*.

rabble ['ræbl] *n* cohue *f*.

rabble-rousing *adj* [speech] qui incite à la violence.

rabid ['ræbɪd, 'reɪbɪd] *adj lit* & *fig* enragé(e).

rabies ['reɪbi:z] *n* rage *f*.

RAC (*abbr of* **Royal Automobile Club**) *n club automobile britannique*, ≃ TCF *m*, ≃ ACF *m*.

raccoon [rə'ku:n] *n* raton *m* laveur, chat *m* sauvage *Québec*.

race [reɪs] ◇ *n* - **1.** [competition] course *f* - **2.** [people, ethnic background] race *f*. ◇ *vt* - **1.** [compete against] faire la course avec - **2.** [horse] faire courir. ◇ *vi* - **1.** [compete] courir ; **to ~ against sb** faire la course avec qqn - **2.** [rush] : **to ~ in/out** entrer/sortir à toute allure - **3.** [pulse] être très rapide - **4.** [engine] s'emballer.

race car *US* = **racing car**.

racecourse ['reɪskɔ:s] *n* champ *m* de courses.

race driver *US* = **racing driver**.

racehorse ['reɪshɔ:s] *n* cheval *m* de course.

race meeting *n UK* courses *fpl*.

race relations *npl* relations *fpl* interraciales.

race riot *n* émeute *f* raciale.

racetrack ['reɪstræk] *n* piste *f* ; *US* [racecourse] champ *m* de course.

racewalking ['reɪswɔ:kɪŋ] *n* marche *f* athlétique.

racial discrimination ['reɪʃl-] *n* discrimination *f* raciale.

racialism *etc* ['reɪʃəlɪzm] *UK* = **racism** *etc*.

racing ['reɪsɪŋ] *n (U)* **(horse) ~** les courses *fpl*.

racing car *UK*, **race car** *US n* voiture *f* de course.

racing driver *UK*, **race driver** *US n* coureur *m* automobile, pilote *m* de course.

racism ['reɪsɪzm] *n* racisme *m*.

racist ['reɪsɪst] ◇ *adj* raciste. ◇ *n* raciste *mf*.

rack [ræk] ◇ *n* - **1.** [shelf - for bottles] casier *m* ; [- for luggage] porte-bagages *m inv* ; [- for plates] égouttoir *m* ; **toast ~** porte-toasts *m inv* - **2.** CULIN : **~ of lamb** carré *m* d'agneau. ◇ *vt lit* **to be ~ed by** *OR* **with sthg** être tenaillé(e) par qqch.

racket ['rækɪt] *n* - **1.** *inf* [noise] boucan *m* - **2.** [illegal activity] racket *m* - **3.** SPORT raquette *f*.

racketeering [,rækə'tɪərɪŋ] *n* racket *m*.

raconteur [,rækɒn'tɜ:ʳ] *n* conteur *m*, -euse *f*.

racquet ['rækɪt] *n* raquette *f*.

racy ['reɪsɪ] (*comp* **-ier**, *superl* **-iest**) *adj* [novel, style] osé(e).

RADA ['rɑ:də] (*abbr of* **Royal Academy of Dramatic Art**) *n conservatoire britannique d'art dramatique*.

radar ['reɪdɑ:ʳ] *n* radar *m*.

radar trap *n* piège *m* radar.

radial (tyre) *UK*, **radial (tire)** *US* ['reɪdjəl-] *n* pneu *m* à carcasse radiale.

radian ['reɪdjən] *n* radian *m*.

radiance ['reɪdjəns] *n (U)* rayonnement *m*, éclat *m*.

radiant ['reɪdjənt] *adj* - **1.** [happy] radieux (euse) - **2.** *lit* [brilliant] rayonnant(e) - **3.** TECH radiant(e).

radiate ['reɪdɪeɪt] ◇ *vt* - **1.** [heat, light] émettre, dégager - **2.** *fig* [confidence, health] respirer. ◇ *vi* - **1.** [heat, light] irradier - **2.** [roads, lines] rayonner.

radiation [,reɪdɪ'eɪʃn] *n* [radioactive] radiation *f*.

radiation sickness *n* mal *m* des rayons.

radiator ['reɪdɪeɪtəʳ] *n* radiateur *m*.

radiator grille *n* calandre *f*.

radical ['rædɪkl] ◇ *adj* radical(e). ◇ *n* POL radical *m*, -e *f*.

radically ['rædɪklɪ] *adv* radicalement.

radii ['reɪdɪaɪ] *pl* ⊳ **radius**.

radio ['reɪdɪəʊ] ◇ *n* (*pl* **-s**) radio *f* ; **on the ~** à la radio. ◇ *comp* de radio. ◇ *vt* [person] appeler par radio ; [information] envoyer par radio.

radioactive [,reɪdɪəʊ'æktɪv] *adj* radioactif(ive).

radioactive waste *n (U)* déchets *mpl* radioactifs.

radioactivity [,reɪdɪəʊæk'tɪvətɪ] *n* radioactivité *f*.

radio alarm *n* radio-réveil *m*.

radio-controlled [-kən'trəʊld] *adj* téléguidé(e).

radio frequency *n* radiofréquence *f*.

radiogram ['reɪdɪəʊ,græm] *n* [message] radiogramme *m*.

radiographer [,reɪdɪ'ɒgrəfəʳ] *n* radiologue *mf*.

radiography [,reɪdɪ'ɒgrəfɪ] *n* radiographie *f*.

radiology [,reɪdɪ'ɒlədʒɪ] *n* radiologie *f*.

radiopaging ['reɪdɪəʊ,peɪdʒɪŋ] *n système d'appel par récepteur de poche*.

radiotelephone [,reɪdɪəʊ'telɪfəʊn] *n* radiotéléphone *m*.

radiotherapist [ˌreɪdɪəʊ'θerəpɪst] *n* radiothérapeute *mf*.

radiotherapy [ˌreɪdɪəʊ'θerəpɪ] *n* radiothérapie *f*.

radish ['rædɪʃ] *n* radis *m*.

radium ['reɪdɪəm] *n* radium *m*.

radius ['reɪdɪəs] (*pl* **radii** ['reɪdɪaɪ]) *n* - **1.** MATHS rayon *m* - **2.** ANAT radius *m*.

radon ['reɪdɒn] *n* radon *m*.

RAF [ɑːreɪ'ef, ræf] *n UK see also* **Royal Air Force**.

raffia ['ræfɪə] *n* raphia *m*.

raffish ['ræfɪʃ] *adj* dissolu(e).

raffle ['ræfl] <> *n* tombola *f*. <> *vt* mettre en tombola.

raft [rɑːft] *n* - **1.** [of wood] radeau *m* - **2.** [large number] tas *m* ; **a ~ of policies** POL un train de mesures.

rafter ['rɑːftər] *n* chevron *m*.

rag [ræg] *n* - **1.** [piece of cloth] chiffon *m* ; **it's like a red ~ to a bull** c'est comme la couleur rouge pour le taureau - **2.** *pej* [newspaper] torchon *m*.

◆ **rags** *npl* [clothes] guenilles *fpl* ; **from ~s to riches** de la misère à la richesse.

ragamuffin ['rægəˌmʌfɪn] *n* galopin *m*.

rag-and-bone man *n UK* chiffonnier *m*.

ragbag ['rægbæg] *n fig* ramassis *m*.

rag doll *n* poupée *f* de chiffon.

rage [reɪdʒ] <> *n* - **1.** [fury] rage *f*, fureur *f* - **2.** *inf* [fashion] : **to be (all) the ~** faire fureur. <> *vi* - **1.** [person] être furieux(euse) - **2.** [storm, argument] faire rage.

ragged ['rægɪd] *adj* - **1.** [person] en haillons ; [clothes] en lambeaux - **2.** [line, edge, performance] inégal(e).

raging ['reɪdʒɪŋ] *adj* [thirst, headache] atroce ; [storm] déchaîné(e).

ragout ['rægu:] *n* ragoût *m*.

ragtime ['rægtaɪm] *n* ragtime *m*.

rag trade *n inf* the ~ la confection.

rag week *n UK semaine de carnaval organisée par des étudiants afin de collecter des fonds pour des œuvres charitables*.

raid [reɪd] <> *n* - **1.** MIL raid *m* - **2.** [by criminals] hold-up *m inv* ; [by police] descente *f*. <> *vt* - **1.** MIL faire un raid sur - **2.** [subj: criminals] faire un hold-up dans ; [subj: police] faire une descente dans.

raider ['reɪdər] *n* - **1.** [attacker] agresseur *m* - **2.** [thief] braqueur *m*.

rail [reɪl] <> *n* - **1.** [on ship] bastingage *m* ; [on staircase] rampe *f* ; [on walkway] garde-fou *m* - **2.** [bar] barre *f* - **3.** RAIL rail *m* ; **by ~** en train. <> *comp* [transport, travel] par le train ; [strike] des cheminots.

railcard ['reɪlkɑːd] *n UK carte donnant droit à des tarifs préférentiels sur les chemins de fer*.

railing ['reɪlɪŋ] *n* [fence] grille *f* ; [on ship] bastingage *m* ; [on staircase] rampe *f* ; [on walkway] garde-fou *m*.

railway *UK* ['reɪlweɪ], **railroad** *US* ['reɪlrəʊd] *n* [system, company] chemin *m* de fer ; [track] voie *f* ferrée.

railway engine *UK*, **railroad engine** *US* *n* locomotive *f*.

railway line *UK*, **railroad line** *US* *n* [route] ligne *f* de chemin de fer ; [track] voie *f* ferrée.

railwayman ['reɪlweɪmən] (*pl* **-men** [-mən]) *n UK* cheminot *m*.

railway station *UK*, **railroad station** *US* *n* gare *f*.

railway track *UK*, **railroad track** *US* *n* voie *f* ferrée.

rain [reɪn] <> *n* pluie *f*. <> *impers vb* METEOR pleuvoir ; **it's ~ing** il pleut. <> *vi* [fall like rain] pleuvoir.

◆ **rain down** *vi* pleuvoir.

◆ **rain off** *UK*, **rain out** *US* *vt sep* annuler à cause de la pluie.

rainbow ['reɪnbəʊ] *n* arc-en-ciel *m*.

rain check *n US* : **I'll take a ~ (on that)** une autre fois peut-être.

raincoat ['reɪnkəʊt] *n* imperméable *m*.

raindrop ['reɪndrɒp] *n* goutte *f* de pluie.

rainfall ['reɪnfɔːl] *n* [shower] chute *f* de pluie ; [amount] précipitations *fpl*.

rain forest *n* forêt *f* tropicale humide.

rain gauge *n* pluviomètre *m*.

rainproof ['reɪnpruːf] *adj* imperméable.

rainstorm ['reɪnstɔːm] *n* trombe *f* d'eau, pluie *f* torrentielle.

rainwater ['reɪnˌwɔːtər] *n* eau *f* de pluie.

rainy ['reɪnɪ] (*comp* **-ier**, *superl* **-iest**) *adj* pluvieux(euse).

raise [reɪz] <> *vt* - **1.** [lift up] lever ; **to ~ o.s.** se lever - **2.** [increase - gen] augmenter ; [- standards] élever ; **to ~ one's voice** élever la voix - **3.** [obtain] : **to ~ money** [from donations] collecter des fonds ; [by selling, borrowing] se procurer de l'argent - **4.** [subject, doubt] soulever ; [memories] évoquer - **5.** [children, cattle] élever - **6.** [crops] cultiver - **7.** [build] ériger, élever. <> *n US* augmentation *f* (de salaire).

raisin ['reɪzn] *n* raisin *m* sec.

Raj [rɑːdʒ] *n* : **the ~** l'empire britannique aux Indes.

rajah ['rɑːdʒə] *n* raja *m*, rajah *m*.

rake [reɪk] ◇ *n* - **1.** [implement] râteau *m* - **2.** *dated* & *lit* [immoral man] débauché *m*. ◇ *vt* [path, lawn] ratisser ; [leaves] râteler.
◆ **rake in** *vt sep inf* amasser.
◆ **rake up** *vt sep* [past] fouiller dans.

rake-off *n inf* pourcentage *m*, commission *f*.

rakish ['reɪkɪʃ] *adj* - **1.** [dissolute] dissolu(e) - **2.** [jaunty] désinvolte.

rally ['rælɪ] ◇ *n* (*pl* **-ies**) - **1.** [meeting] rassemblement *m* - **2.** [car race] rallye *m* - **3.** SPORT [exchange of shots] échange *m*. ◇ *vt* (*pt* & *pp* **-ied**) rallier. ◇ *vi* (*pt* & *pp* **-ied**) - **1.** [supporters] se rallier - **2.** [patient] aller mieux ; [prices] remonter.
◆ **rally round** *UK*, **rally around** *US* ◇ *vt insep* apporter son soutien à. ◇ *vi inf* venir en aide.

rallying ['rælɪɪŋ] *n (U)* rallye *m*.

rallying cry *n* cri *m* de ralliement.

rallying point *n* point *m* de rassemblement.

ram [ræm] ◇ *n* bélier *m*. ◇ *vt* (*pt* & *pp* **-med**, *cont* **-ming**) - **1.** [crash into] percuter contre, emboutir - **2.** [force] tasser - **3.** *phr* **to ~ sthg home** beaucoup insister sur qqch.

RAM [ræm] (*abbr of* **random access memory**) *n* RAM *f*.

Ramadan [ˌræmə'dæn] *n* ramadan *m*.

ramble ['ræmbl] ◇ *n* randonnée *f*, promenade *f* à pied. ◇ *vi* - **1.** [walk] faire une promenade à pied - **2.** *pej* [talk] radoter.
◆ **ramble on** *vi pej* radoter.

rambler ['ræmblər] *n* [walker] randonneur *m*, -euse *f*.

rambling ['ræmblɪŋ] *adj* - **1.** [house] plein(e) de coins et recoins - **2.** [speech] décousu(e).

RAMC (*abbr of* **Royal Army Medical Corps**) *n* *service de santé des armées britanniques*.

ramekin ['ræmɪkɪn] *n* ramequin *m*.

ramification [ˌræmɪfɪ'keɪʃn] *n* ramification *f*.

ramp [ræmp] *n* - **1.** [slope] rampe *f* - **2.** *UK* AUT [to slow traffic down] ralentisseur *m* ; **'ramp'** 'dénivellation' - **3.** *US* AUT [to or from highway] bretelle *f*.

rampage [ræm'peɪdʒ] ◇ *n* : **to go on the ~** tout saccager. ◇ *vi* se déchaîner.

rampant ['ræmpənt] *adj* qui sévit.

ramparts ['ræmpɑːts] *npl* rempart *m*.

ramshackle ['ræmˌʃækl] *adj* branlant(e).

ran [ræn] *pt* ▷ **run**.

RAN (*abbr of* **Royal Australian Navy**) *n marine de guerre australienne*.

ranch [rɑːntʃ] *n* ranch *m*.

rancher ['rɑːntʃər] *n* propriétaire *mf* de ranch.

ranch house *n US* ranch *m*.

rancid ['rænsɪd] *adj* rance.

rancour *UK*, **rancor** *US* ['ræŋkər] *n* rancœur *f*.

random ['rændəm] ◇ *adj* fait(e) au hasard ; [number] aléatoire. ◇ *n* : **at ~** au hasard.

random access memory *n* COMPUT mémoire *f* vive.

randomly ['rændəmlɪ] *adv* au hasard.

R and R (*abbr of* **rest and recreation**) *n US* permission *f*.

randy ['rændɪ] (*comp* **-ier**, *superl* **-iest**) *adj inf* excité(e).

rang [ræŋ] *pt* ▷ **ring**.

range [reɪndʒ] ◇ *n* - **1.** [of plane, telescope etc] portée *f* ; **at close ~** à bout portant ; **to be out of ~** être hors de portée ; **to be within ~ of** être à portée de - **2.** [of subjects, goods] gamme *f* ; **price ~** éventail *m* des prix - **3.** [of mountains] chaîne *f* - **4.** [shooting area] champ *m* de tir - **5.** MUS [of voice] tessiture *f*. ◇ *vt* (*cont* **rangeing**) [place in row] mettre en rang. ◇ *vi* (*cont* **rangeing**) - **1.** [vary] : **to ~ between... and...** varier entre... et... ; **to ~ from... to...** varier de... à... - **2.** [include] : **to ~ over sthg** couvrir qqch.

ranger ['reɪndʒər] *n* garde *m* forestier.

Rangoon [ræŋ'guːn] *n* Rangoon.

rangy ['reɪndʒɪ] (*comp* **-ier**, *superl* **-iest**) *adj* élancé(e).

rank [ræŋk] ◇ *adj* - **1.** [absolute - disgrace, stupidity] complet(ète) ; [- injustice] flagrant(e) ; **he's a ~ outsider** il n'a aucune chance - **2.** [smell] fétide. ◇ *n* - **1.** [in army, police etc] grade *m* ; **to pull ~** user de sa supériorité hiérarchique (pour faire faire qqch à qqn) - **2.** [social class] rang *m* - **3.** [row] rangée *f* ; **taxi ~** *UK* station *f* de taxis ; **to close ~s** serrer les rangs - **4.** *phr* **the ~ and file** la masse ; [of union] la base. ◇ *vt* - **1.** [classify] classer - **2.** *US* [outrank] avoir un grade supérieur à. ◇ *vi* : **to ~ among** compter parmi ; **to ~ as** être aux rangs de.
◆ **ranks** *npl* - **1.** MIL : **the ~s** le rang - **2.** *fig* [members] rangs *mpl*.

ranking ['ræŋkɪŋ] ◇ *n* [rating] classement *m*. ◇ *adj US* [high-ranking] du plus haut rang.

rankle ['ræŋkl] *vi* : **it ~d with him** ça lui est resté sur l'estomac OR le cœur.

ransack ['rænsæk] *vt* [search through] mettre tout sens dessus dessous dans ; [damage] saccager.

ransom ['rænsəm] *n* rançon *f* ; **to hold sb to ~** [keep prisoner] mettre qqn à rançon ; *fig* exercer un chantage sur qqn.

rant [rænt] *vi* déblatérer.

ranting ['ræntɪŋ] *n (U)* invectives *fpl*.

rap [ræp] <> *n* - **1.** [knock] coup *m* sec - **2.** MUS rap *m* - **3.** *phr* **to take the ~** *inf* trinquer, payer les pots cassés. <> *vt* (*pt & pp* **-ped**, *cont* **-ping**) [table] frapper sur ; [knuckles] taper sur. <> *vi* (*pt & pp* **-ped**, *cont* **-ping**) - **1.** [knock] : **to ~ on** [door] frapper à ; [table] frapper sur - **2.** MUS rapper.

rapacious [rə'peɪʃəs] *adj* rapace.

rapacity [rə'pæsətɪ] *n* rapacité *f*.

rape [reɪp] <> *n* - **1.** [crime, attack] viol *m* - **2.** *fig* [of countryside etc] destruction *f* - **3.** [plant] colza *m*. <> *vt* violer.

rapeseed ['reɪpsi:d] *n* graine *f* de colza.

rapid ['ræpɪd] *adj* rapide.

◆ **rapids** *npl* rapides *mpl*.

rapid-fire *adj* [gun] à tir rapide ; **~ questions** un feu roulant de questions.

rapidity [rə'pɪdətɪ] *n* rapidité *f*.

rapidly ['ræpɪdlɪ] *adv* rapidement.

rapidness ['ræpɪdnɪs] = **rapidity**.

rapist ['reɪpɪst] *n* violeur *m*.

rapper ['ræpəʳ] *n* rappeur *m*, -euse *f*.

rapport [ræ'pɔːʳ] *n* rapport *m*.

rapprochement [ræ'prɒʃmɑ̃] *n* rapprochement *m*.

rapt [ræpt] *adj* [interest, attention] profond(e) ; **to be ~ in thought** être plongé dans ses pensées.

rapture ['ræptʃəʳ] *n* ravissement *m* ; **to go into ~s over** OR **about** s'extasier sur.

rapturous ['ræptʃərəs] *adj* [applause, welcome] enthousiaste.

rare [reəʳ] *adj* - **1.** [gen] rare - **2.** [meat] saignant(e).

rarefied ['reərɪfaɪd] *adj* - **1.** [air] raréfié(e) - **2.** *fig* [place, atmosphere] raffiné(e).

rarely ['reəlɪ] *adv* rarement.

rareness ['reənɪs] *n* rareté *f*.

raring ['reərɪŋ] *adj* : **to be ~ to go** être impatient(e) de commencer.

rarity ['reərətɪ] (*pl* **-ies**) *n* rareté *f*.

rascal ['rɑːskl] *n* polisson *m*, -onne *f*.

rash [ræʃ] <> *adj* irréfléchi(e), imprudent(e). <> *n* - **1.** MED éruption *f* - **2.** [spate] succession *f*, série *f*.

rasher ['ræʃəʳ] *n* tranche *f*.

rashly ['ræʃlɪ] *adv* sans réfléchir.

rashness ['ræʃnɪs] *n* imprudence *f*.

rasp [rɑːsp] <> *n* [harsh sound] grincement *m*. <> *vi* dire d'une voix âpre.

raspberry ['rɑːzbərɪ] (*pl* **-ies**) *n* - **1.** [fruit] framboise *f* - **2.** [rude sound] : **to blow a ~** faire pfft.

rasping ['rɑːspɪŋ] *adj* [voice] âpre ; [sound] grinçant(e).

rasta ['ræstə] *n inf* rasta *mf*.

rastafarian [ˌræstə'feərɪən] *n* rastafari *mf*.

rat [ræt] *n* - **1.** [animal] rat *m* ; **to smell a ~** soupçonner anguille sous roche - **2.** *inf pej* [person] ordure *f*, salaud *m*.

ratbag ['rætbæg] *n UK inf pej* salope *f*.

ratchet ['rætʃɪt] *n* rochet *m*.

rate [reɪt] <> *n* - **1.** [speed] vitesse *f* ; [of pulse] fréquence *f* ; **~ of flow** débit *m* ; **at this ~** à ce train-là - **2.** [ratio, proportion] taux *m* - **3.** [price] tarif *m*. <> *vt* - **1.** [consider] : **I ~ her very highly** je la tiens en haute estime ; **to ~ sb/sthg as** considérer qqn/qqch comme ; **to ~ sb/sthg among** classer qqn/qqch parmi - **2.** [deserve] mériter.

◆ **rates** *npl UK* impôts *mpl* locaux.

◆ **at any rate** *adv* en tout cas.

rateable value ['reɪtəbl-] *n UK* valeur *f* locative imposable.

rate of exchange *n* taux *m* OR cours *m* du change.

ratepayer ['reɪtˌpeɪəʳ] *n UK* contribuable *mf*.

rather ['rɑːðəʳ] *adv* - **1.** [somewhat, more exactly] plutôt - **2.** [to small extent] un peu - **3.** [preferably] : **I'd ~ wait** je préférerais attendre ; **she'd ~ not go** elle préférerait ne pas y aller - **4.** [on the contrary] : **(but) ~...** au contraire...

◆ **rather than** *conj* plutôt que.

ratification [ˌrætɪfɪ'keɪʃn] *n* ratification *f*.

ratify ['rætɪfaɪ] (*pt & pp* **-ied**) *vt* ratifier, approuver.

rating ['reɪtɪŋ] *n* - **1.** [of popularity etc] cote *f* - **2.** *UK* [sailor] matelot *m*.

◆ **ratings** *npl* RADIO & TV indice *m* d'écoute.

ratio ['reɪʃɪəʊ] (*pl* **-s**) *n* rapport *m*.

ration ['ræʃn] <> *n* ration *f*. <> *vt* rationner.

◆ **rations** *npl* vivres *mpl*.

rational ['ræʃənl] *adj* rationnel(elle).

rationale [ˌræʃə'nɑːl] *n* logique *f*.

rationalization [ˌræʃənəlaɪ'zeɪʃn] *n* rationalisation *f*.

rationalize, *UK* **-ise** ['ræʃənəlaɪz] *vt* rationaliser.

rationing ['ræʃənɪŋ] *n* rationnement *m*.

rat race *n* jungle *f*.

rattle ['rætl] <> *n* - **1.** [of bottles, typewriter keys] cliquetis *m* ; [of engine] bruit *m* de ferraille - **2.** [toy] hochet *m*. <> *vt* - **1.** [bottles] faire s'entrechoquer ; [keys] faire cliqueter - **2.** [unsettle] secouer. <> *vi* [bottles] s'entrechoquer ; [keys, machine] cliqueter ; [engine] faire un bruit de ferraille.

◆ **rattle off** *vt sep* réciter à toute vitesse.

◆ **rattle on** *vi* : **to ~ on (about sthg)** parler sans arrêt (de qqch).

◆ **rattle through** *vt insep* [work] expédier ; [speech, list] lire à toute allure.

rattlesnake ['rætlsneɪk], *US* **rattler** ['rætlər] *n* serpent *m* à sonnettes.

ratty ['rætɪ] (*comp* **-ier**, *superl* **-iest**) *adj inf* - **1.** *UK* [in bad mood] de mauvais poil - **2.** *US* [in bad condition] pourri(e).

raucous ['rɔːkəs] *adj* [voice, laughter] rauque ; [behaviour] bruyant(e).

raunchy ['rɔːntʃɪ] (*comp* **-ier**, *superl* **-iest**) *adj* d'un sensualité brute.

ravage ['rævɪdʒ] *vt* ravager.

◆ **ravages** *npl* ravages *mpl*.

rave [reɪv] <> *adj* [review] élogieux(euse). <> *n UK inf* [party] rave *f*. <> *vi* - **1.** [talk angrily] : **to ~ at** *OR* **against** tempêter *OR* fulminer contre - **2.** [talk enthusiastically] : **to ~ about** parler avec enthousiasme de.

raven ['reɪvn] <> *adj* [hair] de jais. <> *n* corbeau *m*.

ravenous ['rævənəs] *adj* [person] affamé(e) ; [animal, appetite] vorace.

raver ['reɪvər] *n UK inf* **she's a ~** elle aime faire la fête.

rave-up *n UK inf* fête *f*.

ravine [rə'viːn] *n* ravin *m*.

raving ['reɪvɪŋ] *adj* : **~ lunatic** fou furieux (folle furieuse).

◆ **ravings** *npl* délire *m*.

ravioli [ˌrævɪ'əʊlɪ] *n (U)* ravioli *mpl*.

ravish ['rævɪʃ] *vt* [delight] ravir, enchanter.

ravishing ['rævɪʃɪŋ] *adj* ravissant(e), enchanteur(eresse).

raw [rɔː] *adj* - **1.** [uncooked] cru(e) - **2.** [untreated] brut(e) - **3.** [painful] à vif - **4.** [inexperienced] novice ; **~ recruit** bleu *m* - **5.** [weather] froid(e) ; [wind] âpre.

raw deal *n* : **to get a ~** être défavorisé(e).

raw material *n* matière *f* première.

ray [reɪ] *n* [beam] rayon *m* ; *fig* [of hope] lueur *f*.

rayon ['reɪɒn] *n* rayonne *f*.

raze [reɪz] *vt* raser.

razor ['reɪzər] *n* rasoir *m*.

razor blade *n* lame *f* de rasoir.

razor-sharp *adj* coupant(e) comme un rasoir ; *fig* [person, mind] vif (vive).

razzle ['ræzl] *n UK inf* **to go on the ~** faire les quatre cents coups.

razzmatazz ['ræzmətæz] *n inf* tape-à-l'œil *m inv*.

R & B (*abbr of* **rhythm and blues**) *n* R & B *m*.

RC *see also* **Roman Catholic**.

RCA (*abbr of* **Royal College of Art**) *n école de beaux-arts à Londres.*

RCAF (*abbr of* **Royal Canadian Air Force**) *n armée de l'air canadienne.*

RCMP (*abbr of* **Royal Canadian Mounted Police**) *n police montée canadienne.*

RCN *n* - **1.** (*abbr of* **Royal College of Nursing**) *syndicat britannique des infirmières et des infirmiers* - **2.** (*abbr of* **Royal Canadian Navy**) *marine de guerre canadienne.*

Rd *see also* **Road**.

R & D (*abbr of* **research and development**) *n* R-D *f*.

RDC (*abbr of* **rural district council**) *n municipalité en zone rurale en Grande-Bretagne.*

re [riː] *prep* concernant.

RE *n* - **1.** (*abbr of* **religious education**) instruction *f* religieuse - **2.** (*abbr of* **Royal Engineers**) *le génie militaire britannique.*

reach [riːtʃ] <> *vt* - **1.** [gen] atteindre ; [place, destination] arriver à ; [agreement, decision] parvenir à - **2.** [contact] joindre, contacter. <> *vi* [land] s'étendre ; **to ~ out** tendre le bras ; **to ~ down to pick sthg up** se pencher pour ramasser qqch. <> *n* [of arm, boxer] allonge *f* ; **within ~** [object] à portée ; [place] à proximité ; **out of** *OR* **beyond sb's ~** [object] hors de portée ; [place] d'accès difficile, difficilement accessible.

◆ **reaches** *npl* étendue *f*.

reachable ['riːtʃəbl] *adj* - **1.** [place] accessible ; [object] à portée - **2.** [contactable] joignable.

react [rɪ'ækt] *vi* - **1.** [gen] réagir - **2.** MED : **to ~ to sthg** avoir une réaction à qqch.

reaction [rɪ'ækʃn] *n* réaction *f*.

reactionary [rɪ'ækʃənrɪ] <> *adj* réactionnaire. <> *n* réactionnaire *mf*.

reactivate [rɪ'æktɪveɪt] *vt* réactiver.

reactor [rɪ'æktər] *n* réacteur *m*.

read [riːd] <> *vt* (*pt & pp* **read** [red]) - **1.** [gen] lire - **2.** [subj: sign, letter] dire - **3.** [interpret, judge] interpréter - **4.** [subj: meter, thermometer etc] indiquer - **5.** *UK* UNIV étudier. <> *vi* (*pt & pp* **read** [red]) lire ; **the book ~s well** le livre se lit bien. <> *n* : **to be a good ~** être un bon livre, être d'une lecture agréable.

◆ **read into** *vt sep* : **to ~ a lot into sthg** attacher beaucoup d'importance à qqch.

◆ **read out** *vt sep* lire à haute voix.

◆ **read up on** *vt insep* étudier.

readable ['riːdəbl] *adj* agréable à lire.

readdress [ˌriːə'dres] *vt* faire suivre.

reader ['ri:dər] *n* [of book, newspaper] lecteur *m*, -trice *f*.

readership ['ri:dəʃɪp] *n* [of newspaper] nombre *m* de lecteurs.

readily ['redɪlɪ] *adv* - **1.** [willingly] volontiers - **2.** [easily] facilement.

readiness ['redɪnɪs] *n* - **1.** [preparation] : **to be in ~** être prêt(e) - **2.** [willingness] empressement *m*.

reading ['ri:dɪŋ] *n* - **1.** *(U)* [gen] lecture *f* - **2.** [interpretation] interprétation *f* - **3.** [on thermometer, meter etc] indications *fpl*.

reading lamp *n* lampe *f* de lecture OR de bureau.

reading room *n* salle *f* de lecture.

readjust [,ri:ə'dʒʌst] ◇ *vt* [instrument] régler (de nouveau) ; [mirror] rajuster ; [policy] rectifier. ◇ *vi* [person] : **to ~ (to)** se réadapter (à).

readmit [,ri:əd'mɪt] *vt* réadmettre.

readout ['ri:daʊt] *n* COMPUT affichage *m*.

read-through [ri:d-] *n* : **to have a ~ of sthg** parcourir qqch.

ready ['redɪ] ◇ *adj* - **1.** [prepared] prêt(e) ; **to be ~ to do sthg** être prêt à faire qqch ; **to get ~** se préparer ; **to get sthg ~** préparer qqch - **2.** [willing] : **to be ~ to do sthg** être prêt(e) OR disposé(e) à faire qqch. ◇ *vt* (*pt* & *pp* **-ied**) préparer.

ready cash *n* liquide *m*.

ready-made *adj lit* & *fig* tout fait (toute faite).

ready meal *n* plat *m* préparé.

ready money *n* liquide *m*.

ready-to-wear *adj* prêt-à-porter.

reaffirm [,ri:ə'fɜ:m] *vt* réaffirmer.

reafforest [,ri:ə'fɒrɪst] *vt UK* reboiser.

reafforestation ['ri:ə,fɒrɪ'steɪʃn] *n UK* reboisement *m*.

real ['rɪəl] ◇ *adj* - **1.** [gen] vrai(e), véritable ; **~ life** réalité *f* ; **for ~** pour de vrai ; **this is the ~ thing** [object] c'est de l'authentique ; [situation] c'est pour de vrai OR de bon - **2.** [actual] réel(elle) ; **in ~ terms** dans la pratique. ◇ *adv US* très.

real ale *n UK* ale *f* véritable.

real estate *n (U)* biens *mpl* immobiliers.

realign [,ri:ə'laɪn] *vt* POL regrouper.

realignment [,ri:ə'laɪnmənt] *n* POL regroupement *m*.

realism ['rɪəlɪzm] *n* réalisme *m*.

realist ['rɪəlɪst] *n* réaliste *mf*.

realistic [,rɪə'lɪstɪk] *adj* réaliste.

realistically [,rɪə'lɪstɪklɪ] *adv* d'une manière réaliste, avec réalisme.

reality [rɪ'ælətɪ] (*pl* **-ies**) *n* réalité *f* ; **in ~** en réalité.

reality TV *n (U)* télévision &barre; TV *f* réalité.

realization [,rɪəlaɪ'zeɪʃn] *n* réalisation *f*.

realize, *UK* **-ise** ['rɪəlaɪz] *vt* - **1.** [understand] se rendre compte de, réaliser - **2.** [sum of money, idea, ambition] réaliser.

reallocate [,ri:'æləkeɪt] *vt* réattribuer.

really ['rɪəlɪ] ◇ *adv* - **1.** [gen] vraiment - **2.** [in fact] en réalité. ◇ *excl* - **1.** [expressing doubt] vraiment? - **2.** [expressing surprise] pas possible! - **3.** [expressing disapproval] franchement!, ça alors!

realm [relm] *n* - **1.** *fig* [subject area] domaine *m* - **2.** [kingdom] royaume *m*.

real-time *adj* COMPUT en temps réel.

realtor ['rɪəltər] *n US* agent *m* immobilier.

ream [ri:m] *n* [of papers] rame *f*.
◆ **reams** *npl* des pages et des pages.

reap [ri:p] *vt* - **1.** [harvest] moissonner - **2.** *fig* [obtain] récolter.

reappear [,ri:ə'pɪər] *vi* réapparaître, reparaître.

reappearance [,ri:ə'pɪərəns] *n* réapparition *f*.

reapply [,ri:ə'plaɪ] (*pt* & *pp* **-ied**) *vi* : **to ~ (for a job)** postuler de nouveau (à un emploi).

reappraisal [,ri:ə'preɪzl] *n* réévaluation *f*.

reappraise [,ri:ə'preɪz] *vt* réévaluer.

rear [rɪər] ◇ *adj* arrière *(inv)*, de derrière. ◇ *n* - **1.** [back] arrière *m* ; **to bring up the ~** fermer la marche - **2.** *inf* [bottom] derrière *m*. ◇ *vt* [children, animals] élever. ◇ *vi* [horse] : **to ~ (up)** se cabrer.

rear admiral *n* vice-amiral *m*.

rearguard action ['rɪəgɑ:d-] *n* combat *m* d'arrière-garde.

rear light *n* feu *m* arrière.

rearm [ri:'ɑ:m] *vt* & *vi* réarmer.

rearmament [rɪ'ɑ:məmənt] *n* réarmement *m*.

rearmost ['rɪəməʊst] *adj* dernier(ère).

rearrange [,ri:ə'reɪndʒ] *vt* - **1.** [furniture, room] réarranger ; [plans] changer - **2.** [meeting - to new time] changer l'heure de ; [- to new date] changer la date de.

rearrangement [,ri:ə'reɪndʒmənt] *n* - **1.** [of furniture etc] réarrangement *m* - **2.** [of meeting - to new time] changement *m* de l'heure ; [- to new date] changement de la date.

rearview mirror ['rɪəvju:-] *n* rétroviseur *m*.

reason ['ri:zn] <> *n* - **1.** [cause] : **~ (for)** raison *f* (de) ; **by ~ of** *fml* en raison de ; **for some ~** pour une raison ou pour une autre - **2.** *(U)* [justification] : **to have ~ to do sthg** avoir de bonnes raisons de faire qqch ; **I have ~ to believe (that)...** j'ai lieu de croire que... - **3.** [common sense] bon sens *m* ; **he won't listen to ~** on ne peut pas lui faire entendre raison ; **it stands to ~** c'est logique. <> *vt* déduire. <> *vi* raisonner.

◆ **reason with** *vt insep* raisonner (avec).

reasonable ['ri:znəbl] *adj* raisonnable.

reasonably ['ri:znəblı] *adv* - **1.** [quite] assez - **2.** [sensibly] raisonnablement.

reasoned ['ri:znd] *adj* raisonné(e).

reasoning ['ri:znıŋ] *n* raisonnement *m*.

reassemble [ˌri:ə'sembl] <> *vt* - **1.** [reconstruct] remonter - **2.** [regroup] rassembler. <> *vi* se rassembler.

reassess [ˌri:ə'ses] *vt* réexaminer.

reassessment [ˌri:ə'sesmənt] *n* réexamen *m*.

reassurance [ˌri:ə'ʃʊərəns] *n* - **1.** [comfort] réconfort *m* - **2.** [promise] assurance *f*.

reassure [ˌri:ə'ʃʊər] *vt* rassurer.

reassuring [ˌri:ə'ʃʊərıŋ] *adj* rassurant(e).

reawaken [ˌri:ə'weıkn] *vt* [interest] faire renaître.

rebate ['ri:beıt] *n* [on product] rabais *m* ; **tax ~** ≃ dégrèvement *m* fiscal.

rebel <> *n* ['rebl] rebelle *m ou f*. <> *vi* (*pt & pp* **-led**, *cont* **-ling**) [rı'bel] : **to ~ (against)** se rebeller (contre).

rebellion [rı'beljən] *n* rébellion *f*.

rebellious [rı'beljəs] *adj* rebelle.

rebirth [ˌri:'bɜ:θ] *n* renaissance *f*.

reboot [ˌri:'bu:t] *vi* redémarrer, réamorcer *offic*.

rebound <> *n* ['ri:baʊnd] [of ball] rebond *m* ; **to be on the ~** [person] être sous le coup d'une déception sentimentale. <> *vi* [rı'baʊnd] - **1.** [ball] rebondir - **2.** *fig* [action, joke] : **to ~ on** *OR* **upon sb** se retourner contre qqn.

re-brand *vt* effectuer le rebranding de.

rebuff [rı'bʌf] <> *n* rebuffade *f*. <> *vt* repousser.

rebuild [ˌri:'bıld] (*pt & pp* **rebuilt** [ˌri:'bılt]) *vt* reconstruire.

rebuke [rı'bju:k] <> *n* réprimande *f*. <> *vt* réprimander.

rebut [ri:'bʌt] (*pt & pp* **-ted**, *cont* **-ting**) *vt* réfuter.

rebuttal [ri:'bʌtl] *n* réfutation *f*.

rec. *see also* **received**.

recalcitrant [rı'kælsıtrənt] *adj* récalcitrant(e).

recall [rı'kɔ:l] <> *n* - **1.** [memory] rappel *m* - **2.** [change] : **beyond ~** irrévocable. <> *vt* - **1.** [remember] se rappeler, se souvenir de - **2.** [summon back] rappeler ; **to ~ Parliament** convoquer le Parlement.

recant [rı'kænt] <> *vt* [statement] rétracter ; RELIG abjurer. <> *vi* se rétracter ; RELIG abjurer.

recap ['ri:kæp] <> *n* récapitulation *f*. <> *vt* (*pt & pp* **-ped**, *cont* **-ping**) - **1.** [summarize] récapituler - **2.** *US* [tyre] rechaper. <> *vi* (*pt & pp* **-ped**, *cont* **-ping**) récapituler.

recapitulate [ˌri:kə'pıtjʊleıt] *vt & vi* récapituler.

recapture [ˌri:'kæptʃər] <> *n* reprise *f*. <> *vt* - **1.** [feeling] retrouver - **2.** [territory, prisoner] reprendre.

recd, **rec'd** *see also* **received**.

recede [ri:'si:d] *vi* - **1.** [person, car etc] s'éloigner ; [hopes] s'envoler - **2.** [hair] : **his hair is receding** son front se dégarnit.

receding [rı'si:dıŋ] *adj* [hairline] dégarni(e) ; [chin, forehead] fuyant(e).

receipt [rı'si:t] *n* - **1.** [piece of paper] reçu *m* - **2.** *(U)* [act of receiving] réception *f*.

◆ **receipts** *npl* recettes *fpl*.

receivable [rı'si:vəbl] *adj* - **1.** [able to be received] recevable - **2.** FIN à recevoir.

receive [rı'si:v] <> *vt* - **1.** [gen] recevoir ; [news] apprendre - **2.** [welcome] accueillir, recevoir ; **to be well/badly ~d** [film, speech etc] être bien/mal accueilli. <> *vi* [in tennis etc] recevoir le service.

receiver [rı'si:vər] *n* - **1.** [of telephone] récepteur *m*, combiné *m* - **2.** [radio, TV set] récepteur *m* - **3.** [criminal] receleur *m*, -euse *f* - **4.** FIN [official] administrateur *m*, -trice *f* judiciaire.

receivership [rı'si:vəʃıp] *n* : **to go into ~** être mis(e) en liquidation.

receiving end [rı'si:vıŋ-] *n* : **to be on the ~ (of sthg)** faire les frais (de qqch).

recent ['ri:snt] *adj* récent(e).

recently ['ri:sntlı] *adv* récemment ; **until ~** jusqu'à ces derniers temps.

receptacle [rı'septəkl] *n* récipient *m*.

reception [rı'sepʃn] *n* - **1.** [gen] réception *f* - **2.** [welcome] accueil *m*, réception *f*.

reception centre *n UK* centre *m* d'accueil.

reception class *n UK* cours *m* préparatoire.

reception desk *n* réception *f*.

receptionist [rı'sepʃənıst] *n* réceptionniste *mf*.

reception room *n UK* salon *m*.

receptive [rı'septıv] *adj* réceptif(ive).

receptiveness [rɪ'septɪvnɪs] *n* réceptivité *f*.

recess ['ri:ses, rɪ'ses] *n* - **1.** [alcove] niche *f* - **2.** [secret place] recoin *m* - **3.** POL : **to be in ~** être en vacances - **4.** *US* SCH récréation *f*.

recessed ['ri:sest, rɪ'sest] *adj* [window] dans un renfoncement ; [door handle, light] encastré(e).

recession [rɪ'seʃn] *n* récession *f*.

recessionary [rɪ'seʃənrɪ] *adj* de récession.

recessive [rɪ'sesɪv] *adj* BIOL récessif(ive).

recharge [ˌri:'tʃɑ:dʒ] *vt* recharger.

rechargeable [ˌri:'tʃɑ:dʒəbl] *adj* rechargeable.

recipe ['resɪpɪ] *n lit* & *fig* recette *f*.

recipient [rɪ'sɪpɪənt] *n* [of letter] destinataire *mf* ; [of cheque] bénéficiaire *mf* ; [of award] récipiendaire *mf*.

reciprocal [rɪ'sɪprəkl] *adj* réciproque.

reciprocate [rɪ'sɪprəkeɪt] ◇ *vt* rendre, retourner. ◇ *vi* en faire autant.

recital [rɪ'saɪtl] *n* récital *m*.

recitation [ˌresɪ'teɪʃn] *n* récitation *f*.

recite [rɪ'saɪt] *vt* - **1.** [say aloud] réciter - **2.** [list] énumérer.

reckless ['reklɪs] *adj* imprudent(e).

recklessness ['reklɪsnɪs] *n* imprudence *f*.

reckon ['rekn] *vt* - **1.** *inf* [think] penser - **2.** [consider, judge] considérer - **3.** [expect] : **to ~ to do sthg** compter faire qqch - **4.** [calculate] calculer.

◆ **reckon on** *vt insep* compter sur.

◆ **reckon with** *vt insep* [expect] s'attendre à ; **he's a person to be ~ed with** il faut compter avec lui.

◆ **reckon without** *vt insep* compter sans.

reckoning ['rekənɪŋ] *n (U)* [calculation] calculs *mpl* ; **day of ~** jour *m* de vérité.

reclaim [rɪ'kleɪm] *vt* - **1.** [claim back] réclamer - **2.** [land] assécher.

reclamation [ˌreklə'meɪʃn] *n* [of land] assèchement *m*.

recline [rɪ'klaɪn] *vi* [person] être allongé(e).

reclining [rɪ'klaɪnɪŋ] *adj* [chair] à dossier réglable.

recluse [rɪ'klu:s] *n* reclus *m*, -e *f*.

reclusive [rɪ'klu:sɪv] *adj* reclus(e).

recognition [ˌrekəg'nɪʃn] *n* reconnaissance *f* ; **in ~ of** en reconnaissance de ; **the town has changed beyond** *OR* **out of all ~** la ville est méconnaissable.

recognizable ['rekəgnaɪzəbl] *adj* reconnaissable.

recognize, *UK* **-ise** ['rekəgnaɪz] *vt* reconnaître.

recoil ◇ *vi* [rɪ'kɔɪl] : **to ~ (from)** reculer (devant). ◇ *n* ['ri:kɔɪl] [of gun] recul *m*.

recollect [ˌrekə'lekt] *vt* se rappeler.

recollection [ˌrekə'lekʃn] *n* souvenir *m*.

recommence [ˌri:kə'mens] *vt* & *vi* recommencer.

recommend [ˌrekə'mend] *vt* - **1.** [commend] : **to ~ sb/sthg (to sb)** recommander qqn/qqch (à qqn) - **2.** [advise] conseiller, recommander.

recommendation [ˌrekəmen'deɪʃn] *n* recommandation *f*.

recommended retail price [ˌrekə'mendɪd-] *n* prix *m* de vente conseillé.

recompense ['rekəmpens] ◇ *n* dédommagement *m*. ◇ *vt* dédommager.

reconcile ['rekənsaɪl] *vt* - **1.** [beliefs, ideas] concilier - **2.** [people] réconcilier ; **to be ~d with sb** se réconcilier avec qqn - **3.** [accept] : **to ~ o.s. to sthg** se faire à l'idée de qqch.

reconciliation [ˌrekənsɪlɪ'eɪʃn] *n* - **1.** [of beliefs, ideas] conciliation *f* - **2.** [of people] réconciliation *f*.

recondite ['rekəndaɪt] *adj fml* obscur(e).

reconditioned [ˌri:kən'dɪʃnd] *adj* remis(e) en état.

reconnaissance [rɪ'kɒnɪsəns] *n* reconnaissance *f*.

reconnect [ˌri:kə'nekt] *vt* rebrancher.

reconnoitre *UK*, **reconnoiter** *US* [ˌrekə'nɔɪtəʳ] ◇ *vt* reconnaître. ◇ *vi* aller en reconnaissance.

reconsider [ˌri:kən'sɪdəʳ] ◇ *vt* reconsidérer. ◇ *vi* reconsidérer la question.

reconstitute [ˌri:'kɒnstɪtju:t] *vt* reconstituer.

reconstruct [ˌri:kən'strʌkt] *vt* - **1.** [gen] reconstruire - **2.** [crime, event] reconstituer.

reconstruction [ˌri:kən'strʌkʃn] *n* - **1.** [gen] reconstruction *f* - **2.** [of crime, event] reconstitution *f*.

reconvene [ˌri:kən'vi:n] *vt* convoquer de nouveau.

record [rɪ'kɔ:d] ◇ *n* ['rekɔ:d] - **1.** [written account] rapport *m* ; [file] dossier *m* ; **to keep sthg on ~** archiver qqch ; **to go on ~ as saying (that)...** déclarer publiquement que... ; **(police) ~** casier *m* judiciaire ; **off the ~** non officiel ; **to set** *OR* **put the ~ straight** mettre les choses au clair - **2.** [vinyl disc] disque *m* - **3.** [best achievement] record *m*. ◇ *adj* ['rekɔ:d] record *(inv)*. ◇ *vt* [rɪ'kɔ:d] - **1.** [write down] noter - **2.** [put on tape] enregistrer.

record-breaker *n* personne *f* qui bat le record.

record-breaking *adj* qui bat tous les records.

recorded delivery [rɪ'kɔːdɪd-] *n* : **to send sthg by ~** envoyer qqch en recommandé.

recorder [rɪ'kɔːdəʳ] *n* [musical instrument] flûte *f* à bec.

record holder *n* détenteur *m*, -trice *f* du record.

recording [rɪ'kɔːdɪŋ] *n* enregistrement *m*.

recording studio *n* studio *m* d'enregistrement.

record library *n* discothèque *f*.

record player *n* tourne-disque *m*.

recount <> *n* ['riːkaʊnt] [of vote] deuxième dépouillement *m* du scrutin. <> *vt* - **1.** [rɪ'kaʊnt] [narrate] raconter - **2.** [ˌriː'kaʊnt] [count again] recompter.

recoup [rɪ'kuːp] *vt* récupérer.

recourse [rɪ'kɔːs] *n* : **to have ~ to** avoir recours à.

recover [rɪ'kʌvəʳ] <> *vt* - **1.** [retrieve] récupérer ; **to ~ sthg from sb** reprendre qqch à qqn - **2.** [one's balance] retrouver ; [consciousness] reprendre ; **to ~ o.s.** se ressaisir. <> *vi* - **1.** [from illness] se rétablir ; [from shock, divorce] se remettre - **2.** *fig* [economy] se redresser ; [trade] reprendre.

recoverable [riː'kʌvrəbl] *adj* FIN récupérable.

recovery [rɪ'kʌvərɪ] (*pl* **-ies**) *n* - **1.** [from illness] guérison *f*, rétablissement *m* - **2.** *fig* [of economy] redressement *m*, reprise *f* - **3.** [retrieval] récupération *f*.

recovery vehicle *n UK* dépanneuse *f*.

recreate [ˌriːkrɪ'eɪt] *vt* recréer.

recreation [ˌrekrɪ'eɪʃn] *n (U)* [leisure] récréation *f*, loisirs *mpl*.

recreational [ˌrekrɪ'eɪʃənl] *adj* de récréation.

recreation room *n* salle *f* de récréation ; *US* [in house] salle de jeu.

recrimination [rɪˌkrɪmɪ'neɪʃn] *n* récrimination *f*.

recrudescence [ˌriːkruː'desns] *n* recrudescence *f*.

recruit [rɪ'kruːt] <> *n* recrue *f*. <> *vt* recruter ; **to ~ sb to do sthg** *fig* embaucher qqn pour faire qqch. <> *vi* recruter.

recruitment [rɪ'kruːtmənt] *n* recrutement *m*.

rectangle ['rekˌtæŋgl] *n* rectangle *m*.

rectangular [rek'tæŋgjʊləʳ] *adj* rectangulaire.

rectification [ˌrektɪfɪ'keɪʃn] *n* rectification *f*.

rectify ['rektɪfaɪ] (*pt & pp* **-ied**) *vt* [mistake] rectifier.

rectitude ['rektɪtjuːd] *n* rectitude *f*.

rector ['rektəʳ] *n* - **1.** [priest] pasteur *m* - **2.** *Scotland* [head - of school] directeur *m* ; [- of college, university] *président élu par les étudiants*.

rectory ['rektərɪ] (*pl* **-ies**) *n* presbytère *m*.

rectum ['rektəm] *n* rectum *m*.

recuperate [rɪ'kuːpəreɪt] *vi* se rétablir.

recuperation [rɪˌkuːpə'reɪʃn] *n* rétablissement *m*.

recur [rɪ'kɜːʳ] (*pt & pp* **-red**, *cont* **-ring**) *vi* [error, problem] se reproduire ; [dream] revenir ; [pain] réapparaître.

recurrence [rɪ'kʌrəns] *n* répétition *f*.

recurrent [rɪ'kʌrənt] *adj* [error, problem] qui se reproduit souvent ; [dream] qui revient souvent.

recurring [rɪ'kɜːrɪŋ] *adj* - **1.** [error, problem] qui se reproduit souvent ; [dream] qui revient souvent - **2.** MATHS périodique.

recyclable [ˌriː'saɪkləbl] *adj* recyclable.

recycle [ˌriː'saɪkl] *vt* recycler.

recycle bin *n* COMPUT poubelle *f*, corbeille *f*.

recycling [ˌriː'saɪklɪŋ] *n* recyclage *m*.

red [red] <> *adj* (*comp* **-der**, *superl* **-dest**) rouge ; [hair] roux (rousse). <> *n* rouge *m* ; **to be in the ~** *inf* être à découvert ; **to see ~** voir rouge.

◆ **Red** *pej* <> *adj* rouge. <> *n* rouge *mf*.

red alert *n* alerte *f* maximale ; **to be on ~** être en état d'alerte maximale.

red blood cell *n* globule *m* rouge.

red-blooded [-'blʌdɪd] *adj hum* viril(e).

red-brick *adj UK* [building] en brique rouge.

◆ **redbrick** *adj UK* : **redbrick university** université *f* moderne.

red card *n* FTBL : **to be shown the ~, to get a ~** recevoir un carton rouge.

red carpet *n* : **to roll out the ~ for sb** dérouler le tapis rouge pour qqn.

◆ **red-carpet** *adj* : **to give sb the red-carpet treatment** recevoir qqn en grande pompe.

Red Crescent *n* : **the ~** le Croissant Rouge.

Red Cross *n* : **the ~** la Croix-Rouge.

redcurrant ['redˌkʌrənt] *n* [fruit] groseille *f* ; [bush] groseillier *m*.

red deer *n* cerf *m*.

redden ['redn] *vt & vi* rougir.

redecorate [ˌriː'dekəreɪt] <> *vt* repeindre et retapisser. <> *vi* refaire la peinture et les papiers peints.

redeem [rɪ'di:m] *vt* - **1.** [save, rescue] racheter ; **to ~ o.s.** se racheter - **2.** [from pawnbroker] dégager.

redeeming [rɪ'di:mɪŋ] *adj* qui rachète (les défauts).

redefine [ˌri:dɪ'faɪn] *vt* redéfinir.

redemption [rɪ'dempʃn] *n* rédemption *f* ; **beyond** *OR* **past ~** *fig* irrémédiable.

redeploy [ˌri:dɪ'plɔɪ] *vt* MIL redéployer ; [staff] réorganiser, réaffecter.

redeployment [ˌri:dɪ'plɔɪmənt] *n* MIL redéploiement *m* ; [of staff] réorganisation *f*, réaffectation *f*.

redesign [ˌri:dɪ'zaɪn] *vt* [room] redessiner ; [system] réorganiser.

redevelop [ˌri:dɪ'veləp] *vt* réaménager.

redevelopment [ˌri:dɪ'veləpmənt] *n* réaménagement *m*.

red-faced [-'feɪst] *adj* rougeaud(e), rubicond(e) ; [with embarrassment] rouge de confusion.

red-haired [-'heəd] *adj* roux (rousse).

red-handed [-'hændɪd] *adj* : **to catch sb ~** prendre qqn en flagrant délit *OR* la main dans le sac.

redhead ['redhed] *n* roux *m*, rousse *f*.

red herring *n fig* fausse piste *f*.

red-hot *adj* - **1.** [extremely hot] brûlant(e) ; [metal] chauffé(e) au rouge - **2.** [very enthusiastic] ardent(e).

redid [ˌri:'dɪd] *pt* ▻ **redo**.

Red Indian ◇ *adj* de Peau-Rouge. ◇ *n* Peau-Rouge *mf (attention: le terme 'Red Indian' est considéré comme raciste)*.

redirect [ˌri:dɪ'rekt] *vt* - **1.** [energy, money] réorienter - **2.** [traffic] détourner - **3.** *UK* [letters] faire suivre.

rediscover [ˌri:dɪ'skʌvəʳ] *vt* redécouvrir.

redistribute [ˌri:dɪ'strɪbju:t] *vt* redistribuer.

red-letter day *n* jour *m* mémorable, jour à marquer d'une pierre blanche.

red light *n* [traffic signal] feu *m* rouge.

red-light district *n* quartier *m* chaud.

red meat *n* viande *f* rouge.

redneck ['rednek] *US inf pej n Américain d'origine modeste qui a des idées réactionnaires et des préjugés racistes.*

redness ['rednɪs] *n* rougeur *f*.

redo [ˌri:'du:] (*pt* **-did**, *pp* **-done**) *vt* refaire.

redolent ['redələnt] *adj lit* - **1.** [reminiscent] : **~ of** qui rappelle, évocateur(trice) de - **2.** [smelling] : **~ of** qui sent.

redone [ˌri:'dʌn] *pp* ▻ **redo**.

redouble [ˌri:'dʌbl] *vt* : **to ~ one's efforts (to do sthg)** redoubler d'efforts (pour faire qqch).

redoubtable [rɪ'daʊtəbl] *adj* redoutable, formidable.

redraft [ˌri:'drɑ:ft] *vt* rédiger à nouveau.

redraw [ˌri:'drɔ:] (*pt* **-drew**, *pp* **-drawn**) *vt* dessiner à nouveau.

redress [rɪ'dres] ◇ *n (U) fml* réparation *f*. ◇ *vt* : **to ~ the balance** rétablir l'équilibre.

redrew [ˌri:'dru:] *pt* ▻ **redraw**.

Red Sea *n* : **the ~** la mer Rouge.

Red Square *n* la place Rouge.

red squirrel *n* écureuil *m*.

red tape *n fig* paperasserie *f* administrative.

reduce [rɪ'dju:s] ◇ *vt* réduire ; **to be ~d to doing sthg** en être réduit à faire qqch ; **to ~ sb to tears** faire pleurer qqn. ◇ *vi US* [diet] suivre un régime amaigrissant.

reduced [rɪ'dju:st] *adj* réduit(e) ; **in ~ circumstances** dans la gêne.

reduction [rɪ'dʌkʃn] *n* - **1.** [decrease] : **~ (in)** réduction *f* (de), baisse *f* (de) - **2.** [discount] rabais *m*, réduction *f*.

redundancy [rɪ'dʌndənsɪ] (*pl* **-ies**) *n UK* [dismissal] licenciement *m* ; [unemployment] chômage *m*.

redundancy payment *n UK* indemnité *f* de licenciement.

redundant [rɪ'dʌndənt] *adj* - **1.** *UK* [jobless] : **to be made ~** être licencié(e) - **2.** [not required] superflu(e).

redwood ['redwʊd] *n* : **~ (tree)** séquoia *m*.

reecho [ˌri:'ekəʊ] ◇ *vt* [repeat] répéter. ◇ *vi* [echo again] retentir.

reed [ri:d] ◇ *n* - **1.** [plant] roseau *m* - **2.** MUS anche *f*. ◇ *comp* [basket etc] en roseau.

reeducate [ˌri:'edjʊkeɪt] *vt* rééduquer.

reedy ['ri:dɪ] (*comp* **-ier**, *superl* **-iest**) *adj* [voice] flûté(e), aigu(ë).

reef [ri:f] *n* récif *m*, écueil *m*.

reek [ri:k] ◇ *n* relent *m*. ◇ *vi* : **to ~ (of sthg)** puer (qqch), empester (qqch).

reel [ri:l] ◇ *n* - **1.** [roll] bobine *f* - **2.** [on fishing rod] moulinet *m*. ◇ *vi* - **1.** [stagger] chanceler - **2.** [whirl] : **my mind was ~ing** j'avais la tête qui tournait.

◆ **reel in** *vt sep* remonter.

◆ **reel off** *vt sep* [list] débiter.

reelect [ˌri:ɪ'lekt] *vt* : **to ~ sb (as) sthg** réélire qqn qqch.

reelection [ˌri:ɪ'lekʃn] *n* réélection *f*.

reemphasize [ˌri:'emfəsaɪz] *vt* souligner de nouveau.

reenact [ˌriːɪ'nækt] *vt* [play] reproduire ; [event] reconstituer.

reenter [ˌriː'entəʳ] *vt* [room, earth's atmosphere] rentrer dans ; [country] retourner dans.

reentry [ˌriː'entrɪ] *n* [into earth's atmosphere] rentrée *f* ; [into country] retour *m*.

reexamine [ˌriːɪg'zæmɪn] *vt* examiner de nouveau.

reexport [ˌriː'ekspɔːt] COMM ◇ *n* réexportation *f*. ◇ *vt* réexporter.

ref [ref] *n* - **1.** *inf* (*abbr of* **referee**) arbitre *m* - **2.** (*abbr of* **reference**) ADMIN réf. *f*

refectory [rɪ'fektərɪ] (*pl* **-ies**) *n* réfectoire *m*.

refer [rɪ'fɜːʳ] (*pt & pp* **-red**, *cont* **-ring**) *vt* - **1.** [person] : **to ~ sb to** [hospital] envoyer qqn à ; [specialist] adresser qqn à ; ADMIN renvoyer qqn à - **2.** [report, case, decision] : **to ~ sthg to** soumettre qqch à.

◆ **refer to** *vt insep* - **1.** [speak about] parler de, faire allusion à *OR* mention de - **2.** [apply to] s'appliquer à, concerner - **3.** [consult] se référer à, se reporter à.

referee [ˌrefə'riː] ◇ *n* - **1.** SPORT arbitre *mf* - **2.** *UK* [for job application] répondant *m*, -e *f*. ◇ *vt* SPORT arbitrer. ◇ *vi* SPORT être arbitre.

reference ['refrəns] *n* - **1.** [mention] : **~ (to)** allusion *f* (à), mention *f* (de) ; **with ~ to** comme suite à - **2.** *(U)* [for advice, information] : **~ (to)** consultation *f* (de), référence *f* (à) ; **for future ~** à titre d'information - **3.** COMM référence *f* - **4.** [in book] renvoi *m* ; **map ~** coordonnées *fpl* - **5.** [for job application - letter] référence *f* ; [- person] répondant *m*, -e *f*.

reference book *n* ouvrage *m* de référence.

reference library *n* bibliothèque *f* d'ouvrages à consulter.

reference number *n* numéro *m* de référence.

referendum [ˌrefə'rendəm] (*pl* **-s** *OR* **-da** [-də]) *n* référendum *m*.

referral [rɪ'fɜːrəl] *n fml* - **1.** *(U)* [act of referring] envoi *m* - **2.** [patient referred] malade envoyé *m*, malade envoyée *f*.

refill ◇ *n* ['riːfɪl] - **1.** [for pen] recharge *f* - **2.** *inf* [drink] : **would you like a ~?** vous voulez encore un verre? ◇ *vt* [ˌriː'fɪl] remplir à nouveau.

refillable [ˌriː'fɪləbl] *adj* [pen] rechargeable ; [bottle] qu'on peut faire remplir à nouveau.

refine [rɪ'faɪn] *vt* raffiner ; *fig* peaufiner.

refined [rɪ'faɪnd] *adj* raffiné(e) ; [system, theory] perfectionné(e).

refinement [rɪ'faɪnmənt] *n* - **1.** [improvement] perfectionnement *m* - **2.** *(U)* [gentility] raffinement *m*.

refinery [rɪ'faɪnərɪ] (*pl* **-ies**) *n* raffinerie *f*.

refit ◇ *n* ['riːfɪt] [of ship] réparation *f*, remise *f* en état. ◇ *vt* [ˌriː'fɪt] (*pt & pp* **-ted**, *cont* **-ting**) [ship] réparer, remettre en état.

reflate [ˌriː'fleɪt] ECON ◇ *vt* relancer. ◇ *vi* effectuer une relance (de l'économie).

reflation [ˌriː'fleɪʃn] *n* ECON relance *f*.

reflationary [riː'fleɪʃənrɪ] *adj* ECON de relance.

reflect [rɪ'flekt] ◇ *vt* - **1.** [be a sign of] refléter - **2.** [light, image] réfléchir, refléter ; [heat] réverbérer ; **to be ~ed in** se refléter dans - **3.** [think] : **to ~ that...** se dire que... ◇ *vi* [think] : **to ~ (on** *OR* **upon)** réfléchir (sur), penser (à).

reflection [rɪ'flekʃn] *n* - **1.** [sign] indication *f*, signe *m* - **2.** [criticism] : **~ on** critique *f* de - **3.** [image] reflet *m* - **4.** *(U)* [of light, heat] réflexion *f* - **5.** [thought] réflexion *f* ; **on ~** réflexion faite.

reflective [rɪ'flektɪv] *adj* - **1.** [surface, material] réfléchissant(e) - **2.** [thoughtful] pensif(ive).

reflector [rɪ'flektəʳ] *n* réflecteur *m*.

reflex ['riːfleks] *n* : **~ (action)** réflexe *m*.

◆ **reflexes** *npl* réflexes *mpl*.

reflex camera *n* appareil *m* reflex.

reflexive [rɪ'fleksɪv] *adj* GRAM [pronoun] réfléchi(e) ; **~ verb** verbe *m* pronominal réfléchi.

reflexology [ˌriːflek'sɒlədʒɪ] *n* réflexothérapie *f*.

reforest [ˌriː'fɒrɪst] *US* = **reafforest**.

reforestation [riːˌfɒrɪ'steɪʃn] *US* = **reafforestation**.

reform [rɪ'fɔːm] ◇ *n* réforme *f*. ◇ *vt* [gen] réformer ; [person] corriger. ◇ *vi* [behave better] se corriger, s'amender.

reformat [ˌriː'fɔːmæt] (*pt & pp* **-ted**, *cont* **-ting**) *vt* COMPUT reformater.

Reformation [ˌrefə'meɪʃn] *n* : **the ~** la Réforme.

reformatory [rɪ'fɔːmətrɪ] *n US* centre *m* d'éducation surveillée (pour jeunes délinquants).

reformed [rɪ'fɔːmd] *adj* [better behaved] qui s'est corrigé(e) *OR* amendé(e).

reformer [rɪ'fɔːməʳ] *n* réformateur *m*, -trice *f*.

reformist [rɪ'fɔːmɪst] ◇ *adj* réformiste. ◇ *n* réformiste *mf*.

refract [rɪ'frækt] ◇ *vt* réfracter. ◇ *vi* se réfracter.

refrain [rɪ'freɪn] ◇ *n* refrain *m*. ◇ *vi* : **to ~ from doing sthg** s'abstenir de faire qqch.

refresh [rɪ'freʃ] *vt* rafraîchir, revigorer ; **to ~ sb's memory** rafraîchir la mémoire de qqn.

refreshed [rɪ'freʃt] *adj* reposé(e).

refresher course [rɪ'freʃəʳ-] *n* cours *m* de recyclage OR remise à niveau.

refreshing [rɪ'freʃɪŋ] *adj* - **1.** [pleasantly different] agréable, réconfortant(e) - **2.** [drink, swim] rafraîchissant(e).

refreshments [rɪ'freʃmənts] *npl* rafraîchissements *mpl*.

refrigerate [rɪ'frɪdʒəreɪt] *vt* réfrigérer.

refrigeration [rɪ,frɪdʒə'reɪʃn] *n* réfrigération *f*.

refrigerator [rɪ'frɪdʒəreɪtəʳ] *n* réfrigérateur *m*, Frigidaire® *m*.

refrigerator-freezer *esp US* = **fridge-freezer**.

refuel [,ri:'fjʊəl] (*UK*, *pt & pp* **-led**, *cont* **-ling**, *US*, *pt & pp* **-ed**, *cont* **-ing**) ◇ *vt* ravitailler. ◇ *vi* se ravitailler en carburant.

refuge ['refju:dʒ] *n lit & fig* refuge *m*, abri *m* ; **to take ~ in** se réfugier dans.

refugee [,refjʊ'dʒi:] *n* réfugié *m*, -e *f*.

refugee camp *n* camp *m* de réfugiés.

refund ◇ *n* ['ri:fʌnd] remboursement *m*. ◇ *vt* [rɪ'fʌnd] : **to ~ sthg to sb, to ~ sb sthg** rembourser qqch à qqn.

refurbish [,ri:'fɜ:bɪʃ] *vt* remettre à neuf, rénover.

refurbishment [,ri:'fɜ:bɪʃmənt] *n* rénovation *f*.

refurnish [,ri:'fɜ:nɪʃ] *vt* remeubler.

refusal [rɪ'fju:zl] *n* : **~ (to do sthg)** refus *m* (de faire qqch).

refuse[1] [rɪ'fju:z] ◇ *vt* refuser ; **to ~ to do sthg** refuser de faire qqch. ◇ *vi* refuser.

refuse[2] ['refju:s] *n (U)* [rubbish] ordures *fpl*, détritus *mpl*.

refuse collection ['refju:s-] *n UK* enlèvement *m* des ordures ménagères.

refuse collector ['refju:s-] *n UK* éboueur *m*.

refuse dump ['refju:s-] *n UK* décharge *f* (publique).

refute [rɪ'fju:t] *vt* réfuter.

reg., regd. (*abbr of* **registered**) : **~ trademark** marque *f* déposée.

regain [rɪ'geɪn] *vt* [composure, health] retrouver ; [leadership] reprendre.

regal ['ri:gl] *adj* majestueux(euse), royal(e).

regale [rɪ'geɪl] *vt* : **to ~ sb with sthg** divertir qqn en lui racontant qqch.

regalia [rɪ'geɪljə] *n (U)* insignes *mpl*.

regard [rɪ'gɑ:d] ◇ *n* - **1.** *(U)* [respect] estime *f*, respect *m* - **2.** [aspect] : **in this/that ~** à cet égard. ◇ *vt* considérer ; **to ~ o.s. as** se considérer comme ; **to be highly ~ed** être tenu(e) en haute estime.

◆ **regards** *npl* : **(with best)~s** bien amicalement ; **give her my ~s** faites-lui mes amitiés.

◆ **as regards** *prep* en ce qui concerne.

◆ **in regard to, with regard to** *prep* en ce qui concerne, relativement à.

regarding [rɪ'gɑ:dɪŋ] *prep* concernant, en ce qui concerne.

regardless [rɪ'gɑ:dlɪs] *adv* quand même.

◆ **regardless of** *prep* sans tenir compte de, sans se soucier de.

regatta [rɪ'gætə] *n* régate *f*.

regd. = **reg.**

Regency ['ri:dʒənsɪ] *adj* Régence (anglaise).

regenerate [rɪ'dʒenəreɪt] *vt* [economy, project] relancer.

regeneration [rɪ,dʒenə'reɪʃn] *n* [of economy, project] relance *f*.

regent ['ri:dʒənt] *n* régent *m*, -e *f*.

reggae ['regeɪ] *n* reggae *m*.

regime [reɪ'ʒi:m] *n* régime *m*.

regiment ['redʒɪmənt] *n* régiment *m*.

regimental [,redʒɪ'mentl] *adj* du régiment.

regimented ['redʒɪmentɪd] *adj* [organization] trop rigide ; [life] strict(e).

region ['ri:dʒən] *n* région *f* ; **in the ~ of** environ.

regional ['ri:dʒənl] *adj* régional(e).

register ['redʒɪstəʳ] ◇ *n* [record] registre *m*. ◇ *vt* - **1.** [record officially] déclarer - **2.** [show, measure] indiquer, montrer - **3.** [express] exprimer. ◇ *vi* - **1.** [on official list] s'inscrire, se faire inscrire - **2.** [at hotel] signer le registre - **3.** *inf* [advice, fact] : **it didn't ~** je n'ai pas compris.

registered ['redʒɪstəd] *adj* - **1.** [person] inscrit(e) ; [car] immatriculé(e) ; [charity] agréé(e) par le gouvernement - **2.** [letter, parcel] recommandé(e).

registered nurse *n* infirmier diplômé d'État *m*, infirmière diplômée d'État *f*.

registered post *UK*, **registered mail** *US* *n* : **to send sthg by ~** envoyer qqch en recommandé.

registered trademark *n* marque *f* déposée.

registrar [,redʒɪ'strɑ:ʳ] *n* - **1.** [keeper of records] officier *m* de l'état civil - **2.** UNIV secrétaire *m* général - **3.** *UK* [doctor] chef *m* de clinique.

registration [,redʒɪ'streɪʃn] *n* - **1.** [gen] enregistrement *m*, inscription *f* - **2.** AUT = **registration number**.

registration document *n UK* ≃ carte *f* grise.

registration number *n UK* AUT numéro *m* d'immatriculation.

registry ['redʒɪstrɪ] (*pl* **-ies**) *n UK* bureau *m* de l'enregistrement.

registry office *n UK* bureau *m* de l'état civil.

regress [rɪ'gres] *vi* : **to ~ (to)** régresser (au stade de).

regression [rɪ'greʃn] *n* régression *f*.

regressive [rɪ'gresɪv] *adj* régressif(ive).

regret [rɪ'gret] ◇ *n* regret *m*. ◇ *vt* (*pt & pp* **-ted**, *cont* **-ting**) [be sorry about] : **to ~ sthg/doing sthg** regretter qqch/d'avoir fait qqch ; **we ~ to announce...** nous sommes au regret d'annoncer...

regretful [rɪ'gretfʊl] *adj* [person] plein(e) de regrets ; [look] de regret.

regretfully [rɪ'gretfʊlɪ] *adv* à regret.

regrettable [rɪ'gretəbl] *adj* regrettable, fâcheux(euse).

regrettably [rɪ'gretəblɪ] *adv* malheureusement.

regroup [ˌri:'gru:p] *vi* se regrouper.

regt *see also* **regiment**.

regular ['regjʊləʳ] ◇ *adj* **- 1.** [gen] régulier(ère) ; [customer] fidèle **- 2.** [usual] habituel(elle) **- 3.** *US* [normal - size] standard *(inv)* **- 4.** *US* [pleasant] sympa *(inv)*. ◇ *n* [at pub] habitué *m*, -e *f* ; [at shop] client *m*, -e *f* fidèle.

regular army *n* armée *f* de métier.

regularity [ˌregjʊ'lærətɪ] *n* régularité *f*.

regularly ['regjʊləlɪ] *adv* régulièrement.

regulate ['regjʊleɪt] *vt* régler.

regulation [ˌregjʊ'leɪʃn] ◇ *adj* [standard] réglementaire. ◇ *n* **- 1.** [rule] règlement *m* **- 2.** *(U)* [control] réglementation *f*.

regurgitate [rɪ'gɜ:dʒɪteɪt] *vt* régurgiter ; *fig & pej* ressortir, répéter.

rehabilitate [ˌri:ə'bɪlɪteɪt] *vt* [criminal] réinsérer, réhabiliter ; [patient] rééduquer.

rehabilitation ['ri:əˌbɪlɪ'teɪʃn] *n* [of criminal] réinsertion *f*, réhabilitation *f* ; [of patient] rééducation *f*.

rehash [ˌri:'hæʃ] *vt inf pej* remanier.

rehearsal [rɪ'hɜ:sl] *n* répétition *f*.

rehearse [rɪ'hɜ:s] *vt & vi* répéter.

rehouse [ˌri:'haʊz] *vt* reloger.

reign [reɪn] ◇ *n* règne *m*. ◇ *vi* : **to ~ (over)** *lit & fig* régner (sur).

reigning ['reɪnɪŋ] *adj* [champion] actuel(elle).

reimburse [ˌri:ɪm'bɜ:s] *vt* : **to ~ sb (for)** rembourser qqn (de).

reimbursement [ˌri:ɪm'bɜ:smənt] *n* remboursement *m*.

Reims [ri:mz] *n* Reims.

rein [reɪn] *n fig* **to give (a) free ~ to sb, to give sb free ~** laisser la bride sur le cou à qqn ; **to keep a tight ~ on sb** tenir la bride haute à qqn ; **to keep a tight ~ on sthg** contrôler étroitement qqch.

◆ **reins** *npl* **- 1.** [for horse] rênes *fpl* **- 2.** [for child] laisse *f*.

◆ **rein in** *vt sep* [horse] serrer la bride à ; *fig* modérer.

reincarnation [ˌri:ɪnkɑ:'neɪʃn] *n* réincarnation *f*.

reindeer ['reɪnˌdɪəʳ] (*pl* **reindeer**) *n* renne *m*.

reinforce [ˌri:ɪn'fɔ:s] *vt* **- 1.** [strengthen] renforcer **- 2.** [back up, confirm] appuyer, étayer.

reinforced concrete [ˌri:ɪn'fɔ:st-] *n* béton *m* armé.

reinforcement [ˌri:ɪn'fɔ:smənt] *n* **- 1.** *(U)* [strengthening] renforcement *m* **- 2.** [strengthener] renfort *m*.

◆ **reinforcements** *npl* renforts *mpl*.

re-install *vt* COMPUT réinstaller.

reinstate [ˌri:ɪn'steɪt] *vt* [employee] rétablir dans ses fonctions, réintégrer ; [policy, method] rétablir.

reinstatement [ˌri:ɪn'steɪtmənt] *n* réintégration *f*, rétablissement *m*.

reinterpret [ˌri:ɪn'tɜ:prɪt] *vt* interpréter de nouveau (différemment).

reintroduce ['ri:ˌɪntrə'dju:s] *vt* réintroduire.

reintroduction [ˌri:ɪntrə'dʌkʃn] *n* réintroduction *f*.

reissue [ri:'ɪʃu:] ◇ *n* [of book] réédition *f*. ◇ *vt* [book] rééditer ; [film, record] ressortir.

reiterate [ri:'ɪtəreɪt] *vt* réitérer, répéter.

reiteration [ri:ˌɪtə'reɪʃn] *n* réitération *f*.

reject ◇ *n* ['ri:dʒekt] [product] article *m* de rebut. ◇ *vt* [rɪ'dʒekt] **- 1.** [not accept] rejeter **- 2.** [candidate, coin] refuser.

rejection [rɪ'dʒekʃn] *n* **- 1.** [non-acceptance] rejet *m* **- 2.** [of candidate] refus *m*.

rejig [ˌri:'dʒɪg] (*pt & pp* **-ged**, *cont* **-ging**) *vt UK inf* réorganiser.

rejoice [rɪ'dʒɔɪs] *vi* : **to ~ (at** OR **in)** se réjouir (de).

rejoicing [rɪ'dʒɔɪsɪŋ] *n (U)* réjouissance *f*.

rejoin[1] [ˌri:'dʒɔɪn] *vt* rejoindre ; [club] adhérer de nouveau à.

rejoin[2] [rɪ'dʒɔɪn] *vt* [reply] répondre, répliquer.

rejoinder [rɪ'dʒɔɪndəʳ] *n* réplique *f*, riposte *f*.

rejuvenate [rɪ'dʒu:vəneɪt] *vt* rajeunir.

rejuvenation [rɪˌdʒuːvəˈneɪʃn] *n* rajeunissement *m*.

rekindle [ˌriːˈkɪndl] *vt fig* ranimer, raviver.

relapse [rɪˈlæps] ◇ *n* rechute *f* ; **to have a ~** faire une rechute, rechuter. ◇ *vi* : **to ~ into** retomber dans.

relate [rɪˈleɪt] ◇ *vt* **- 1.** [connect] : **to ~ sthg to sthg** établir un lien OR rapport entre qqch et qqch **- 2.** [tell] raconter. ◇ *vi* **- 1.** [be connected] : **to ~ to** avoir un rapport avec **- 2.** [concern] : **to ~ to** se rapporter à **- 3.** [empathize] : **to ~ (to sb)** s'entendre (avec qqn).

◆ **relating to** *prep* concernant.

related [rɪˈleɪtɪd] *adj* **- 1.** [people] apparenté(e) **- 2.** [issues, problems etc] lié(e).

relation [rɪˈleɪʃn] *n* **- 1.** [connection] : **~ (to/between)** rapport *m* (avec/entre) ; **in ~ to** par rapport à **- 2.** [person] parent *m*, -e *f*.

◆ **relations** *npl* [relationship] relations *fpl*, rapports *mpl*.

relational [rɪˈleɪʃənl] *adj* COMPUT relationnel(elle).

relationship [rɪˈleɪʃnʃɪp] *n* **- 1.** [between people, countries] relations *fpl*, rapports *mpl* ; [romantic] liaison *f* **- 2.** [connection] rapport *m*, lien *m*.

relative [ˈrelətɪv] ◇ *adj* relatif(ive). ◇ *n* parent *m*, -e *f*.

◆ **relative to** *prep* [compared with] relativement à ; [connected with] se rapportant à, relatif(ive) à.

relatively [ˈrelətɪvlɪ] *adv* relativement.

relativity [ˌreləˈtɪvətɪ] *n* relativité *f*.

relax [rɪˈlæks] ◇ *vt* **- 1.** [person] détendre, relaxer **- 2.** [muscle, body] décontracter, relâcher ; [one's grip] desserrer **- 3.** [rule] relâcher. ◇ *vi* **- 1.** [person] se détendre, se décontracter **- 2.** [muscle, body] se relâcher, se décontracter **- 3.** [one's grip] se desserrer.

relaxation [ˌriːlækˈseɪʃn] *n* **- 1.** [of person] relaxation *f*, détente *f* **- 2.** [of rule] relâchement *m*.

relaxed [rɪˈlækst] *adj* détendu(e), décontracté(e).

relaxing [rɪˈlæksɪŋ] *adj* relaxant(e), qui détend.

relay [ˈriːleɪ] ◇ *n* **- 1.** SPORT : **~ (race)** course *f* de relais ; **in ~s** *fig* en se relayant **- 2.** RADIO & TV [broadcast] retransmission *f*. ◇ *vt* **- 1.** (*pt & pp* **-ed**) RADIO & TV [broadcast] relayer **- 2.** (*pt & pp* **-ed**) [message, information] transmettre, communiquer **- 3.** (*pt & pp* **relaid**) [carpet, tiles] poser à nouveau, reposer.

release [rɪˈliːs] ◇ *n* **- 1.** [from prison, cage] libération *f* **- 2.** [from pain, misery] délivrance *f* **- 3.** [statement] communiqué *m* **- 4.** [of gas, heat] échappement *m* **- 5.** *(U)* [of film, record] sortie *f* ; **to be on ~** CIN passer dans les salles de cinéma **- 6.** [film] nouveau film *m* ; [record] nouveau disque *m*. ◇ *vt* **- 1.** [set free] libérer **- 2.** [lift restriction on] : **to ~ sb from** dégager qqn de **- 3.** [make available - supplies] libérer ; [- funds] débloquer **- 4.** [let go of] lâcher **- 5.** [TECH - brake, handle] desserrer ; [- mechanism] déclencher **- 6.** [gas, heat] : **to be ~d (from/into)** se dégager (de/dans), s'échapper (de/dans) **- 7.** [film, record] sortir ; [statement, report] publier.

relegate [ˈrelɪgeɪt] *vt* reléguer ; **to be ~d** *UK* SPORT être relégué à la division inférieure.

relegation [ˌrelɪˈgeɪʃn] *n* relégation *f*.

relent [rɪˈlent] *vi* [person] se laisser fléchir ; [wind, storm] se calmer.

relentless [rɪˈlentlɪs] *adj* implacable.

relentlessly [rɪˈlentlɪslɪ] *adv* implacablement.

relevance [ˈreləvəns] *(U) n* **- 1.** [connection] : **~ (to)** rapport *m* (avec) **- 2.** [significance] : **~ (to)** importance *f* (pour).

relevant [ˈreləvənt] *adj* **- 1.** [connected] : **~ (to)** qui a un rapport (avec) **- 2.** [significant] : **~ (to)** important(e) (pour) **- 3.** [appropriate - information] utile ; [- document] justificatif(ive).

reliability [rɪˌlaɪəˈbɪlətɪ] *n* fiabilité *f*.

reliable [rɪˈlaɪəbl] *adj* [person] sur qui on peut compter, fiable ; [device] fiable ; [company, information] sérieux(euse).

reliably [rɪˈlaɪəblɪ] *adv* de façon fiable ; **to be ~ informed (that)...** savoir de source sûre que...

reliance [rɪˈlaɪəns] *n* : **~ (on)** dépendance *f* (de).

reliant [rɪˈlaɪənt] *adj* : **to be ~ on** être dépendant(e) de.

relic [ˈrelɪk] *n* relique *f* ; [of past] vestige *m*.

relief [rɪˈliːf] *n* **- 1.** [comfort] soulagement *m* **- 2.** [for poor, refugees] aide *f*, assistance *f* **- 3.** *US* [social security] aide *f* sociale.

relief map *n* carte *f* en relief.

relief road *n UK* route *f* de délestage.

relieve [rɪˈliːv] *vt* **- 1.** [pain, anxiety] soulager ; **to ~ sb of sthg** [take away from] délivrer qqn de qqch **- 2.** [take over from] relayer **- 3.** [give help to] secourir, venir en aide à.

relieved [rɪˈliːvd] *adj* soulagé(e).

religion [rɪˈlɪdʒn] *n* religion *f*.

religious [rɪˈlɪdʒəs] *adj* religieux(euse) ; [book] de piété.

reline [ˌriːˈlaɪn] *vt* [clothes, bag] redoubler ; [brakes] changer les garnitures de.

relinquish [rɪˈlɪŋkwɪʃ] *vt* [power] abandonner ; [claim, plan] renoncer à ; [post] quitter.

relish [ˈrelɪʃ] ◇ *n* **- 1.** [enjoyment] : **with (great) ~** avec délectation **- 2.** [pickle] condiment *m*. ◇ *vt* [enjoy] prendre plaisir à ; **I don't**

~ the thought *OR* **idea** *OR* **prospect of seeing him** la perspective de le voir ne m'enchante *OR* ne me sourit guère.

relive [ˌriːˈlɪv] *vt* revivre.

relocate [ˌriːləʊˈkeɪt] ◇ *vt* installer ailleurs, transférer. ◇ *vi* s'installer ailleurs, déménager.

relocation [ˌrɪləʊˈkeɪʃn] *n* transfert *m*, déménagement *m*.

relocation expenses *npl* frais *mpl* de déménagement.

reluctance [rɪˈlʌktəns] *n* répugnance *f*.

reluctant [rɪˈlʌktənt] *adj* peu enthousiaste ; **to be ~ to do sthg** rechigner à faire qqch, être peu disposé à faire qqch.

reluctantly [rɪˈlʌktəntlɪ] *adv* à contrecœur, avec répugnance.

rely [rɪˈlaɪ] (*pt & pp* **-ied**) ◆ **rely on** *vt insep* **- 1.** [count on] compter sur ; **to ~ on sb to do sthg** compter sur qqn *OR* faire confiance à qqn pour faire qqch **- 2.** [be dependent on] dépendre de.

REM (*abbr of* **rapid eye movement**) *n activité oculaire intense durant le sommeil paradoxal.*

remain [rɪˈmeɪn] ◇ *vt* rester ; **to ~ to be done** rester à faire ; **it ~s to be seen...** reste à savoir... ◇ *vi* rester.

◆ **remains** *npl* **- 1.** [remnants] restes *mpl* **- 2.** [antiquities] ruines *fpl*, vestiges *mpl*.

remainder [rɪˈmeɪndəʳ] *n* reste *m*.

remaining [rɪˈmeɪnɪŋ] *adj* qui reste ; **last ~** dernier(ère).

remake CIN ◇ *n* [ˈriːmeɪk] remake *m*. ◇ *vt* [ˌriːˈmeɪk] refaire.

remand [rɪˈmɑːnd] LAW ◇ *n* : **on ~** en détention préventive. ◇ *vt* : **to ~ sb (in custody)** placer qqn en détention préventive.

remand centre *n UK* maison *f* de détention préventive.

remark [rɪˈmɑːk] ◇ *n* [comment] remarque *f*, observation *f*. ◇ *vt* [comment] : **to ~ that...** faire remarquer que... ◇ *vi* : **to ~ on** faire des remarques sur.

remarkable [rɪˈmɑːkəbl] *adj* remarquable.

remarkably [rɪˈmɑːkəblɪ] *adv* remarquablement.

remarry [ˌriːˈmærɪ] (*pt & pp* **-ied**) *vi* se remarier.

remedial [rɪˈmiːdjəl] *adj* **- 1.** [pupil, class] de rattrapage **- 2.** [exercise] correctif(ive) ; [action] de rectification.

remedy [ˈremədɪ] ◇ *n* (*pl* **-ies**) : **~ (for)** MED remède *m* (pour *OR* contre) ; *fig* remède (à *OR* contre). ◇ *vt* (*pt & pp* **-ied**) remédier à.

remember [rɪˈmembəʳ] ◇ *vt* **- 1.** [gen] se souvenir de, se rappeler ; **to ~ to do sthg** ne pas oublier de faire qqch, penser à faire qqch ; **to ~ doing sthg** se souvenir d'avoir fait qqch, se rappeler avoir fait qqch **- 2.** [as greeting] : **to ~ sb to sb** rappeler qqn au bon souvenir de qqn. ◇ *vi* se souvenir, se rappeler.

remembrance [rɪˈmembrəns] *n* : **in ~ of** en souvenir *OR* mémoire de.

Remembrance Day *n UK* l'Armistice *m*.

remind [rɪˈmaɪnd] *vt* : **to ~ sb of** *OR* **about sthg** rappeler qqch à qqn ; **to ~ sb to do sthg** rappeler à qqn de faire qqch, faire penser à qqn à faire qqch.

reminder [rɪˈmaɪndəʳ] *n* **- 1.** [to jog memory] : **to give sb a ~ (to do sthg)** faire penser à qqn (à faire qqch) **- 2.** [letter, note] rappel *m*.

reminisce [ˌremɪˈnɪs] *vi* évoquer des souvenirs ; **to ~ about sthg** évoquer qqch.

reminiscences [ˌremɪˈnɪsənsɪz] *npl* souvenirs *mpl*.

reminiscent [ˌremɪˈnɪsnt] *adj* : **~ of** qui rappelle, qui fait penser à.

remiss [rɪˈmɪs] *adj* négligent(e).

remission [rɪˈmɪʃn] *n (U)* **- 1.** LAW remise *f* **- 2.** MED rémission *f*.

remit[1] [rɪˈmɪt] (*pt & pp* **-ted**, *cont* **-ting**) *vt* [money] envoyer, verser.

remit[2] [ˈriːmɪt] *n UK* [responsibility] attributions *fpl*.

remittance [rɪˈmɪtns] *n* **- 1.** [amount of money] versement *m* **- 2.** COMM règlement *m*, paiement *m*.

remnant [ˈremnənt] *n* **- 1.** [remaining part] reste *m*, restant *m* **- 2.** [of cloth] coupon *m*.

remodel [ˌriːˈmɒdl] (*UK*, *pt & pp* **-led**, *cont* **-ling**, *US*, *pt & pp* **-ed**, *cont* **-ing**) *vt* remodeler.

remonstrate [ˈremənstreɪt] *vi* : **to ~ (with sb about sthg)** faire des remontrances (à qqn au sujet de qqch).

remorse [rɪˈmɔːs] *n (U)* remords *m*.

remorseful [rɪˈmɔːsfʊl] *adj* plein(e) de remords.

remorseless [rɪˈmɔːslɪs] *adj* implacable.

remorselessly [rɪˈmɔːslɪslɪ] *adv* implacablement.

remote [rɪˈməʊt] *adj* **- 1.** [far-off - place] éloigné(e) ; [- time] lointain(e) **- 2.** [person] distant(e) **- 3.** [possibility, chance] vague.

remote control *n* télécommande *f*.

remote-controlled [-kənˈtrəʊld] *adj* télécommandé(e).

remotely [rɪˈməʊtlɪ] *adv* **- 1.** [in the slightest] : **not ~** pas le moins du monde, absolument pas **- 2.** [far off] au loin.

remoteness [rɪ'məʊtnɪs] *n* - **1.** [of place] éloignement *m*, isolement *m* - **2.** [of person] attitude *f* distante.

remould *UK*, **remold** *US* ['ri:məʊld] *n* pneu *m* rechapé.

removable [rɪ'mu:vəbl] *adj* [detachable] détachable, amovible.

removal [rɪ'mu:vl] *n* - **1.** *(U)* [act of removing] enlèvement *m* - **2.** *UK* [change of house] déménagement *m*.

removal man *n UK* déménageur *m*, -euse *f*.

removal van *n UK* camion *m* de déménagement.

remove [rɪ'mu:v] *vt* - **1.** [take away - gen] enlever ; [- stain] faire partir, enlever ; [- problem] résoudre ; [- suspicion] dissiper - **2.** [clothes] ôter, enlever - **3.** [employee] renvoyer.

removed [rɪ'mu:vd] *adj* : **to be far ~ from** être très éloigné(e) *OR* différent(e) de.

remover [rɪ'mu:vəʳ] *n* [for paint] décapant *m* ; [for stains] détachant *m* ; [for nailvarnish] dissolvant *m*.

remuneration [rɪˌmju:nə'reɪʃn] *n* rémunération *f*.

Renaissance [rə'neɪsəns] ◇ *n* : **the ~** la Renaissance. ◇ *comp* (de la) Renaissance.

rename [ˌri:'neɪm] *vt* rebaptiser.

rend [rend] (*pt & pp* **rent**) *vt* déchirer.

render ['rendəʳ] *vt* rendre ; [assistance] porter ; FIN [account] présenter.

rendering ['rendərɪŋ] *n* [of play, music etc] interprétation *f*.

rendezvous ['rɒndɪvu:] (*pl* **rendezvous**) *n* rendez-vous *m inv*.

rendition [ren'dɪʃn] *n* interprétation *f*.

renegade ['renɪgeɪd] *n* renégat *m*, -e *f*.

renege [rɪ'ni:g] *vi* : **to ~ on** manquer à, revenir sur.

renegotiate [ˌri:nɪ'gəʊʃɪeɪt] ◇ *vt* renégocier. ◇ *vi* négocier à nouveau.

renew [rɪ'nju:] *vt* - **1.** [gen] renouveler ; [negotiations, strength] reprendre ; [interest] faire renaître ; **to ~ acquaintance with sb** renouer connaissance avec qqn - **2.** [replace] remplacer.

renewable [rɪ'nju:əbl] *adj* renouvelable.

renewal [rɪ'nju:əl] *n* - **1.** [of activity] reprise *f* - **2.** [of contract, licence etc] renouvellement *m*.

rennet ['renɪt] *n* présure *f*.

renounce [rɪ'naʊns] *vt* [reject] renoncer à.

renovate ['renəveɪt] *vt* rénover.

renovation [ˌrenə'veɪʃn] *n* rénovation *f*.

renown [rɪ'naʊn] *n* renommée *f*, renom *m*.

renowned [rɪ'naʊnd] *adj* : **~ (for)** renommé(e) (pour).

rent [rent] ◇ *pt & pp* ▷ **rend**. ◇ *n* [for house] loyer *m*. ◇ *vt* louer.

◆ **rent out** *vt sep* louer.

rental ['rentl] ◇ *adj* de location. ◇ *n* [for car, television, video] prix *m* de location ; [for house] loyer *m*.

rental car *n US* voiture *f* de location.

rent book *n* carnet *m* de quittances de loyer.

rent boy *n UK inf* jeune garçon *m* qui se prostitue.

rented ['rentɪd] *adj* loué(e).

rent-free ◇ *adj* gratuit(e). ◇ *adv* sans payer de loyer.

renumber [ˌri:'nʌmbəʳ] *vt* renuméroter.

renunciation [rɪˌnʌnsɪ'eɪʃn] *n* renonciation *f*.

reoccurrence [ˌri:ə'kʌrəns] *n* : **if there's a ~**... si cela se reproduit...

reopen [ˌri:'əʊpn] ◇ *vt* rouvrir ; [negotiations] reprendre. ◇ *vi* rouvrir ; [negotiations] reprendre ; [wound] se rouvrir.

reorganization ['ri:ˌɔ:gənaɪ'zeɪʃn] *n* réorganisation *f*.

reorganize, *UK* **-ise** [ˌri:'ɔ:gənaɪz] ◇ *vt* réorganiser. ◇ *vi* se réorganiser.

rep [rep] *n inf* - **1.** (*abbr of* **representative**) VRP *m* - **2.** *see also* **repertory** - **3.** *see also* **repertory company**.

Rep. *US* - **1.** *see also* **Representative** - **2.** *see also* **Republican**.

repaid [ri:'peɪd] *pt & pp* ▷ **repay**.

repaint [ˌri:'peɪnt] *vt* repeindre.

repair [rɪ'peəʳ] ◇ *n* réparation *f* ; **in good/bad ~** en bon/mauvais état. ◇ *vt* réparer.

repair kit *n* trousse *f* à outils.

repaper [ˌri:'peɪpəʳ] *vt* retapisser.

reparations [ˌrepə'reɪʃnz] *npl* réparations *fpl*.

repartee [ˌrepɑ:'ti:] *n* repartie *f*.

repatriate [ˌri:'pætrɪeɪt] *vt* rapatrier.

repay [ri:'peɪ] (*pt & pp* **repaid**) *vt* - **1.** [money] : **to ~ sb sthg, to ~ sthg to sb** rembourser qqch à qqn - **2.** [favour] payer de retour, récompenser ; **to ~ sb for sthg** récompenser qqn de *OR* pour qqch.

repayment [ri:'peɪmənt] *n* remboursement *m*.

repeal [rɪ'pi:l] ◇ *n* abrogation *f*. ◇ *vt* abroger.

repeat [rɪ'pi:t] <> *vt* - **1.** [gen] répéter ; **to ~ o.s.** se répéter - **2.** RADIO & TV rediffuser. <> *n* RADIO & TV reprise *f*, rediffusion *f*.

repeated [rɪ'pi:tɪd] *adj* répété(e).

repeatedly [rɪ'pi:tɪdlɪ] *adv* à maintes reprises, très souvent.

repel [rɪ'pel] (*pt & pp* **-led**, *cont* **-ling**) *vt* repousser.

repellent [rɪ'pelənt] <> *adj* répugnant(e), repoussant(e). <> *n* : **insect ~** crème *f* anti-insecte.

repent [rɪ'pent] <> *vt* se repentir de. <> *vi* : **to ~ (of)** se repentir (de).

repentance [rɪ'pentəns] *n (U)* repentir *m*.

repentant [rɪ'pentənt] *adj* repentant(e).

repercussions [,ri:pə'kʌʃnz] *npl* répercussions *fpl*.

repertoire ['repətwɑ:ʳ] *n* répertoire *m*.

repertory ['repətrɪ] *n* répertoire *m*.

repertory company *n* compagnie *f* OR troupe *f* de répertoire.

repetition [,repɪ'tɪʃn] *n* répétition *f*.

repetitious [,repɪ'tɪʃəs], **repetitive** [rɪ'petɪtɪv] *adj* [action, job] répétitif(ive) ; [article, speech] qui a des redites.

rephrase [,ri:'freɪz] *vt* réécrire, tourner autrement.

replace [rɪ'pleɪs] *vt* - **1.** [gen] remplacer - **2.** [put back] remettre (à sa place).

replacement [rɪ'pleɪsmənt] *n* - **1.** [substituting] remplacement *m* ; [putting back] replacement *m* - **2.** [new person] : **~ (for sb)** remplaçant *m*, -e *f* (de qqn).

replacement part *n* pièce *f* de rechange.

replay <> *n* ['ri:pleɪ] match *m* rejoué. <> *vt* [,ri:'pleɪ] - **1.** [match, game] rejouer - **2.** [film, tape] repasser.

replenish [rɪ'plenɪʃ] *vt* : **to ~ one's supply of sthg** se réapprovisionner en qqch.

replete [rɪ'pli:t] *adj fml* rempli(e) ; [person] rassasié(e).

replica ['replɪkə] *n* copie *f* exacte, réplique *f*.

replicate ['replɪkeɪt] *vt fml* reproduire.

replication [,replɪ'keɪʃn] *n fml* reproduction *f*.

reply [rɪ'plaɪ] <> *n* (*pl* **-ies**) : **~ (to)** réponse *f* (à) ; **in ~ (to)** en réponse (à). <> *vt* (*pt & pp* **-ied**) *vi* répondre.

reply coupon *n* coupon-réponse *m*.

reply-paid *adj* réponse payée.

report [rɪ'pɔ:t] <> *n* - **1.** [account] rapport *m*, compte *m* rendu ; PRESS reportage *m* - **2.** *UK* SCH bulletin *m*. <> *vt* - **1.** [news, crime] rapporter, signaler - **2.** [make known] : **to ~ that...** annoncer que... - **3.** [complain about] : **to ~ sb (to)** dénoncer qqn (à). <> *vi* - **1.** [give account] : **to ~ (on)** faire un rapport (sur) ; PRESS faire un reportage (sur) - **2.** [present oneself] : **to ~ (to sb/for sthg)** se présenter (à qqn/pour qqch).

◆ **report back** *vi* : **to ~ back (to)** présenter son rapport (à).

reportage [,repɔ:'tɑ:ʒ] *(U) n* reportage *m*.

report card *n US* bulletin *m* scolaire.

reportedly [rɪ'pɔ:tɪdlɪ] *adv* à ce qu'il paraît.

reported speech [rɪ'pɔ:tɪd-] *n* style *m* indirect.

reporter [rɪ'pɔ:təʳ] *n* reporter *m*.

repose [rɪ'pəʊz] *n lit* repos *m*.

repository [rɪ'pɒzɪtrɪ] (*pl* **-ies**) *n* dépôt *m*.

repossess [,ri:pə'zes] *vt* saisir.

repossession [,ri:pə'zeʃn] *n* saisie *f*.

repossession order *n* ordre *m* de saisie.

reprehensible [,reprɪ'hensəbl] *adj* répréhensible.

represent [,reprɪ'zent] *vt* - **1.** [gen] représenter ; **to be well** OR **strongly ~ed** être bien représenté - **2.** [describe] : **to ~ sb/sthg as** décrire qqn/qqch comme.

representation [,reprɪzen'teɪʃn] *n* [gen] représentation *f*.

◆ **representations** *npl* : **to make ~s to sb** faire une démarche auprès de qqn.

representative [,reprɪ'zentətɪv] <> *adj* représentatif(ive). <> *n* représentant *m*, -e *f*.

repress [rɪ'pres] *vt* réprimer.

repressed [rɪ'prest] *adj* - **1.** [person - sexually] refoulé(e) - **2.** [feelings] réprimé(e), contenu(e).

repression [rɪ'preʃn] *n* répression *f* ; [sexual] refoulement *m*.

repressive [rɪ'presɪv] *adj* répressif(ive).

reprieve [rɪ'pri:v] <> *n* - **1.** *fig* [delay] sursis *m*, répit *m* - **2.** LAW sursis *m*. <> *vt* accorder un sursis à.

reprimand ['reprɪmɑ:nd] <> *n* réprimande *f*. <> *vt* réprimander.

reprint <> *n* ['ri:prɪnt] réimpression *f*. <> *vt* [,ri:'prɪnt] réimprimer.

reprisal [rɪ'praɪzl] *n* représailles *fpl*.

reproach [rɪ'prəʊtʃ] <> *n* reproche *m*. <> *vt* : **to ~ sb for** OR **with sthg** reprocher qqch à qqn.

reproachful [rɪ'prəʊtʃfʊl] *adj* [look, words] de reproche.

reprobate ['reprəbeɪt] *n hum* dépravé *m*, -e *f*.

reproduce [,ri:prə'dju:s] <> *vt* reproduire. <> *vi* se reproduire.

reproduction [ˌri:prəˈdʌkʃn] *n* reproduction *f*.

reproductive [ˌri:prəˈdʌktɪv] *adj* reproducteur(trice).

reprogram [ˌri:ˈprəʊgræm] (*pt & pp* **-ed** *OR* **-med**, *cont* **-ing** *OR* **-ming**) *vt* reprogrammer.

reproof [rɪˈpru:f] *n* reproche *m*, blâme *m*.

reprove [rɪˈpru:v] *vt* : **to ~ sb (for)** blâmer qqn (pour *OR* de), réprimander qqn (pour).

reproving [rɪˈpru:vɪŋ] *adj* réprobateur(trice).

reptile [ˈreptaɪl] *n* reptile *m*.

Repub. *US see also* **Republican**.

republic [rɪˈpʌblɪk] *n* république *f*.

republican [rɪˈpʌblɪkən] ◇ *adj* républicain(e). ◇ *n* républicain *m*, -e *f*.
◆ **Republican** ◇ *adj* républicain(e) ; **the Republican Party** *US* le parti républicain. ◇ *n* républicain *m*, -e *f*.

repudiate [rɪˈpju:dɪeɪt] *vt fml* [offer, suggestion] rejeter ; [friend] renier.

repudiation [rɪˌpju:dɪˈeɪʃn] *n fml* [of offer, suggestion] rejet *m* ; [of friend] reniement *m*.

repugnant [rɪˈpʌgnənt] *adj* répugnant(e).

repulse [rɪˈpʌls] *vt* repousser.

repulsion [rɪˈpʌlʃn] *n* répulsion *f*.

repulsive [rɪˈpʌlsɪv] *adj* repoussant(e).

reputable [ˈrepjʊtəbl] *adj* de bonne réputation.

reputation [ˌrepjʊˈteɪʃn] *n* réputation *f* ; **to have a ~ for sthg** être réputé pour qqch ; **to have a ~ for being...** avoir la réputation d'être...

repute [rɪˈpju:t] *n* : **of ~** de renom ; **of good ~** de bonne réputation.

reputed [rɪˈpju:tɪd] *adj* réputé(e) ; **to be ~ to be sthg** être réputé pour être qqch, avoir la réputation d'être qqch.

reputedly [rɪˈpju:tɪdlɪ] *adv* à *OR* d'après ce qu'on dit.

reqd *see also* **required**.

request [rɪˈkwest] ◇ *n* : **~ (for)** demande *f* (de) ; **on ~** sur demande ; **at sb's ~** sur *OR* à la demande de qqn. ◇ *vt* demander ; **to ~ sb to do sthg** demander à qqn de faire qqch.

request stop *n UK* arrêt *m* facultatif.

requiem (mass) [ˈrekwɪəm-] *n* messe *f* de requiem.

require [rɪˈkwaɪəʳ] *vt* [subj: person] avoir besoin de ; [subj: situation] nécessiter ; **to ~ sb to do sthg** exiger de qqn qu'il fasse qqch.

required [rɪˈkwaɪəd] *adj* exigé(e), requis(e).

requirement [rɪˈkwaɪəmənt] *n* besoin *m*.

requisite [ˈrekwɪzɪt] *adj fml* requis(e).

requisition [ˌrekwɪˈzɪʃn] *vt* réquisitionner.

reran [ˌri:ˈræn] *pt* ▷ **rerun**.

reread [ˌri:ˈri:d] (*pt & pp* **reread** [ˌri:ˈred]) *vt* relire.

rerecord [ˌri:ˈrɪkɔ:d] *vt* réenregistrer.

reroute [ˌri:ˈru:t] *vt* dérouter.

rerun ◇ *n* [ˈri:rʌn] [of TV programme] rediffusion *f*, reprise *f* ; *fig* répétition *f*. ◇ *vt* [ˌri:ˈrʌn] (*pt* **-ran**, *pp* **-run**, *cont* **-ning**) **- 1.** [race] réorganiser **- 2.** [TV programme] rediffuser ; [tape] passer à nouveau, repasser.

resale price maintenance [ˈri:seɪl-] *n UK prix imposé aux distributeurs par le fabricant.*

resat [ˌri:ˈsæt] *pt & pp* ▷ **resit**.

reschedule [*UK* ˌri:ˈʃedjʊl, *US* ˌri:ˈskedʒʊl] *vt* [to new date] changer la date de ; [to new time] changer l'heure de ; *FIN* rééchelonner.

rescind [rɪˈsɪnd] *vt* [contract] annuler ; [law] abroger.

rescue [ˈreskju:] ◇ *n* **- 1.** *(U)* [help] secours *mpl* ; **to go/come to sb's ~** aller/venir au secours de qqn **- 2.** [successful attempt] sauvetage *m*. ◇ *vt* sauver, secourir.

rescue operation *n* opération *f* de sauvetage.

rescuer [ˈreskjʊəʳ] *n* sauveteur *m*, -euse *f*.

reseal [ˌri:ˈsi:l] *vt* [letter] recacheter.

resealable [ˌri:ˈsi:ləbl] *adj* [envelope] qui peut être recacheté(e).

research [ˌrɪˈsɜ:tʃ] ◇ *n (U)* **~ (on** *OR* **into)** recherche *f* (sur), recherches *fpl* (sur) ; **~ and development** recherche et développement. ◇ *vt* faire des recherches sur. ◇ *vi* : **to ~ (into)** faire des recherches (sur).

researcher [rɪˈsɜ:tʃəʳ] *n* chercheur *m*, -euse *f*.

research work *n (U)* recherches *fpl*.

resell [ˌri:ˈsel] (*pt & pp* **resold**) *vt* revendre.

resemblance [rɪˈzembləns] *n* : **~ (to)** ressemblance *f* (avec).

resemble [rɪˈzembl] *vt* ressembler à.

resent [rɪˈzent] *vt* être indigné(e) par ; **I ~ that!** je n'apprécie pas (ça) du tout!

resentful [rɪˈzentfʊl] *adj* plein(e) de ressentiment.

resentfully [rɪˈzentfʊlɪ] *adv* avec ressentiment.

resentment [rɪˈzentmənt] *n* ressentiment *m*.

reservation [ˌrezəˈveɪʃn] *n* **- 1.** [booking] réservation *f* **- 2.** [uncertainty] : **without ~** sans réserve **- 3.** *US* [for Native Americans] réserve *f* indienne.
◆ **reservations** *npl* [doubts] réserves *fpl*.

reserve [rɪ'zɜːv] ◇ *n* - **1.** [gen] réserve *f* ; **in ~** en réserve - **2.** SPORT remplaçant *m*, -e *f*. ◇ *vt* - **1.** [save] garder, réserver - **2.** [book] réserver - **3.** [retain] : **to ~ the right to do sthg** se réserver le droit de faire qqch.

reserve bank *n US* banque *f* de réserve.

reserve currency *n* monnaie *f* de réserve.

reserved [rɪ'zɜːvd] *adj* réservé(e).

reserve price *n UK* prix *m* minimum.

reserve team *n UK* deuxième équipe *f*.

reservist [rɪ'zɜːvɪst] *n* réserviste *m*.

reservoir ['rezəvwɑːʳ] *n* réservoir *m*.

reset [ˌriː'set] (*pt & pp* **reset**, *cont* **-ting**) ◇ *vt* - **1.** [clock, watch] remettre à l'heure ; [meter, controls] remettre à zéro - **2.** [bone] remettre - **3.** COMPUT ré-initialiser. ◇ *vi* COMPUT ré-initialiser.

resettle [ˌriː'setl] ◇ *vt* [land] repeupler ; [people] établir, implanter. ◇ *vi* [people] se fixer (ailleurs), s'établir (ailleurs).

resettlement [ˌriː'setlmənt] *n* [of land] repeuplement *m* ; [of people] établissement *m*, implantation *f*.

reshape [ˌriː'ʃeɪp] *vt* [policy, thinking] réorganiser.

reshuffle [ˌriː'ʃʌfl] ◇ *n* remaniement *m* ; **cabinet ~** remaniement ministériel. ◇ *vt* remanier.

reside [rɪ'zaɪd] *vi fml* résider.

residence ['rezɪdəns] *n* résidence *f* ; **in ~** en résidence ; **to take up ~** s'installer.

redidence hall *US* = **hall of residence**.

residence permit *n* permis *m* de séjour.

resident ['rezɪdənt] ◇ *adj* résidant(e) ; [chaplain, doctor] à demeure. ◇ *n* résident *m*, -e *f*.

residential [ˌrezɪ'denʃl] *adj* : **~ course** *stage ou formation avec logement sur place* ; **~ institution** internat *m*.

residential area *n* quartier *m* résidentiel.

residents' association *n* association *f* de quartier.

residual [rɪ'zɪdjʊəl] *adj* restant(e) ; CHEM résiduel(elle).

residue ['rezɪdjuː] *n* reste *m* ; CHEM résidu *m*.

resign [rɪ'zaɪn] ◇ *vt* - **1.** [job] démissionner de - **2.** [accept calmly] : **to ~ o.s. to** se résigner à. ◇ *vi* : **to ~ (from)** démissionner (de).

resignation [ˌrezɪg'neɪʃn] *n* - **1.** [from job] démission *f* - **2.** [calm acceptance] résignation *f*.

resigned [rɪ'zaɪnd] *adj* : **~ (to)** résigné(e) (à).

resilience [rɪ'zɪlɪəns] *n* [of material] élasticité *f* ; [of person] ressort *m*.

resilient [rɪ'zɪlɪənt] *adj* [material] élastique ; [person] qui a du ressort.

resin ['rezɪn] *n* résine *f*.

resist [rɪ'zɪst] *vt* résister à.

resistance [rɪ'zɪstəns] *n* résistance *f*.

resistant [rɪ'zɪstənt] *adj* - **1.** [opposed] : **to be ~ to** [gen] résister à ; [change] s'opposer à - **2.** [immune] : **~ (to)** rebelle (à).

resistor [rɪ'zɪstəʳ] *n* ELEC résistance *f*.

resit *UK* ◇ *n* ['riːsɪt] deuxième session *f*. ◇ *vt* [ˌriː'sɪt] (*pt & pp* **-sat**, *cont* **-ting**) repasser, se représenter à.

resold [ˌriː'səʊld] *pt & pp* ▷ **resell**.

resolute ['rezəluːt] *adj* résolu(e).

resolutely ['rezəluːtlɪ] *adv* résolument.

resolution [ˌrezə'luːʃn] *n* résolution *f*.

resolve [rɪ'zɒlv] ◇ *n (U)* [determination] résolution *f*. ◇ *vt* - **1.** [decide] : **to ~ (that)...** décider que... ; **to ~ to do sthg** résoudre *OR* décider de faire qqch - **2.** [solve] résoudre.

resonance ['rezənəns] *n* résonance *f*.

resonant ['rezənənt] *adj* résonnant(e).

resonate ['rezəneɪt] *vi* résonner.

resort [rɪ'zɔːt] *n* - **1.** [for holidays] lieu *m* de vacances - **2.** [recourse] recours *m* ; **as a last ~, in the last ~** en dernier ressort *OR* recours.

◆ **resort to** *vt insep* recourir à, avoir recours à.

resound [rɪ'zaʊnd] *vi* - **1.** [noise] résonner - **2.** [place] : **to ~ with** retentir de.

resounding [rɪ'zaʊndɪŋ] *adj* retentissant(e).

resource [rɪ'sɔːs] *n* ressource *f*.

resourceful [rɪ'sɔːsfʊl] *adj* plein(e) de ressources, débrouillard(e).

resourcefulness [rɪ'sɔːsfʊlnɪs] *n (U)* ressource *f*.

respect [rɪ'spekt] ◇ *n* - **1.** [gen] : **~ (for)** respect *m* (pour) ; **to have ~ for sb** avoir du respect à *OR* pour qqn ; **to show ~ for sb** témoigner du respect à *OR* pour qqn ; **with ~** avec respect ; **with ~,...** sauf votre respect,... - **2.** [aspect] : **in this** *OR* **that ~** à cet égard ; **in every ~** à tous égards ; **in some ~s** à certains égards. ◇ *vt* respecter ; **to ~ sb for sthg** respecter qqn pour qqch.

◆ **respects** *npl* respects *mpl*, hommages *mpl* ; **to pay one's last ~s to sb** rendre un dernier hommage à qqn.

◆ **with respect to** *prep* en ce qui concerne, quant à.

respectability [rɪˌspektə'bɪlətɪ] *n* respectabilité *f*.

respectable [rɪ'spektəbl] *adj* **- 1.** [morally correct] respectable **- 2.** [adequate] raisonnable, honorable.

respectably [rɪ'spektəblɪ] *adv* [correctly] convenablement.

respectful [rɪ'spektfʊl] *adj* respectueux(euse).

respectfully [rɪ'spektfʊlɪ] *adv* avec respect, respectueusement.

respective [rɪ'spektɪv] *adj* respectif(ive).

respectively [rɪ'spektɪvlɪ] *adv* respectivement.

respiration [ˌrespə'reɪʃn] *n* respiration *f*.

respirator ['respəreɪtə^r] *n* respirateur *m*.

respiratory [*UK* rɪ'spɪrətrɪ, *US* 'respərətɔːrɪ] *adj* respiratoire.

respire [rɪ'spaɪə^r] *vi* respirer.

respite ['respaɪt] *n* répit *m*.

resplendent [rɪ'splendənt] *adj* resplendissant(e).

respond [rɪ'spɒnd] ◇ *vt* répondre. ◇ *vi* : **to ~ (to)** répondre (à).

response [rɪ'spɒns] *n* réponse *f* ; **in ~** en réponse.

responsibility [rɪˌspɒnsə'bɪlətɪ] (*pl* **-ies**) *n* : **~ (for)** responsabilité *f* (de) ; **to accept** *OR* **take ~ for sthg** prendre *OR* accepter la responsabilité de qqch.

responsible [rɪ'spɒnsəbl] *adj* **- 1.** [gen] : **~ (for sthg)** responsable (de qqch) ; **to be ~ to sb** être responsable devant qqn **- 2.** [job, position] qui comporte des responsabilités.

responsibly [rɪ'spɒnsəblɪ] *adv* de façon responsable.

responsive [rɪ'spɒnsɪv] *adj* **- 1.** [quick to react] qui réagit bien **- 2.** [aware] : **~ (to)** attentif(ive) (à).

respray ◇ *n* ['riːspreɪ] : **to give a car a ~** repeindre une voiture. ◇ *vt* [ˌriː'spreɪ] repeindre.

rest [rest] ◇ *n* **- 1.** [remainder] : **the ~ (of)** le reste (de) ; **the ~ (of them)** les autres *mf pl* **- 2.** [relaxation, break] repos *m* ; **to have a ~** se reposer **- 3.** [support] support *m*, appui *m* **- 4.** *phr* **to come to ~** s'arrêter. ◇ *vt* **- 1.** [relax] faire *OR* laisser reposer **- 2.** [support] : **to ~ sthg on/against** appuyer qqch sur/contre **- 3.** *phr* **~ assured** soyez certain(e). ◇ *vi* **- 1.** [relax] se reposer **- 2.** [be supported] : **to ~ on/against** s'appuyer sur/contre **- 3.** *fig* [argument, result] : **to ~ on** reposer sur ; **the responsibility ~s with you** c'est vous qui êtes responsable ; **the decision ~s with you** il vous appartient de décider.

rest area *n US* & *Australia* aire *f* de repos.

restart [ˌriː'stɑːt] ◇ *vt* [engine] remettre en marche ; [work] reprendre, recommencer. ◇ *vi* **- 1.** [play, film] reprendre **- 2.** [engine] se remettre en marche.

restate [ˌriː'steɪt] *vt* répéter.

restaurant ['restərɒnt] *n* restaurant *m*.

restaurant car *n UK* wagon-restaurant *m*.

rest cure *n* cure *f* de repos.

rested ['restɪd] *adj* reposé(e).

restful ['restfʊl] *adj* reposant(e).

rest home *n* maison *f* de repos.

resting place ['restɪŋ-] *n* lieu *m* de repos.

restitution [ˌrestɪ'tjuːʃn] *n* [returning] restitution *f* ; [compensation] réparation *f*.

restive ['restɪv] *adj* agité(e).

restless ['restlɪs] *adj* agité(e).

restlessly ['restlɪslɪ] *adv* avec agitation.

restock [ˌriː'stɒk] ◇ *vt* réapprovisionner. ◇ *vi* se réapprovisionner.

restoration [ˌrestə'reɪʃn] *n* **- 1.** [of law and order, monarchy] rétablissement *m* **- 2.** [renovation] restauration *f*.

restorative [rɪ'stɒrətɪv] *adj* fortifiant(e).

restore [rɪ'stɔː^r] *vt* **- 1.** [law and order, monarchy] rétablir ; [confidence] redonner **- 2.** [renovate] restaurer **- 3.** [give back] rendre, restituer.

restorer [rɪ'stɔːrə^r] *n* [person] restaurateur *m*, -trice *f*.

restrain [rɪ'streɪn] *vt* [person, crowd] contenir, retenir ; [emotions] maîtriser, contenir ; **to ~ o.s. from doing sthg** se retenir de faire qqch.

restrained [rɪ'streɪnd] *adj* [tone] mesuré(e) ; [person] qui se domine.

restraint [rɪ'streɪnt] *n* **- 1.** [restriction] restriction *f*, entrave *f* **- 2.** *(U)* [self-control] mesure *f*, retenue *f*.

restrict [rɪ'strɪkt] *vt* restreindre, limiter ; **to ~ o.s. to** se limiter à.

restricted [rɪ'strɪktɪd] *adj* **- 1.** [limited, small] limité(e) **- 2.** [not public - document] confidentiel(elle) ; [- area] interdit(e).

restriction [rɪ'strɪkʃn] *n* restriction *f*, limitation *f* ; **to place ~s on sthg** apporter des restrictions à qqch.

restrictive [rɪ'strɪktɪv] *adj* restrictif(ive).

restrictive practices *npl* pratiques *fpl* restrictives.

rest room *n US* toilettes *fpl*.

restructure [ˌriː'strʌktʃə^r] *vt* restructurer.

result [rɪ'zʌlt] ◇ *n* résultat *m* ; **as a ~** en conséquence ; **as a ~ of** [as a consequence of] à la suite de ; [because of] à cause de. <> *vi* - **1.** [cause] : **to ~ in** aboutir à - **2.** [be caused] : **to ~ (from)** résulter (de).

resultant [rɪ'zʌltənt] *adj fml* qui (en) résulte.

resume [rɪ'zjuːm] *vt* & *vi* reprendre.

résumé ['rezjuːmeɪ] *n* - **1.** [summary] résumé *m* - **2.** *US* [curriculum vitae] curriculum vitae *m inv*, CV *m*.

resumption [rɪ'zʌmpʃn] *n* reprise *f*.

resurface [ˌriː'sɜːfɪs] <> *vt* [road] regoudronner. <> *vi* [rivalries, problems] réapparaître.

resurgence [rɪ'sɜːdʒəns] *n* réapparition *f*.

resurrect [ˌrezə'rekt] *vt fig* ressusciter.

resurrection [ˌrezə'rekʃn] *n fig* résurrection *f*.

◆ **Resurrection** *n* : **the Resurrection** la Résurrection.

resuscitate [rɪ'sʌsɪteɪt] *vt* réanimer.

resuscitation [rɪˌsʌsɪ'teɪʃn] *n* réanimation *f*.

retail ['riːteɪl] <> *n (U)* détail *m*. <> *adv* au détail.

retailer ['riːteɪlər] *n* détaillant *m*, -e *f*.

retail outlet *n* magasin *m* de détail.

retail price *n* prix *m* de détail.

retail price index *n UK* indice *m* des prix.

retain [rɪ'teɪn] *vt* conserver.

retainer [rɪ'teɪnər] *n* - **1.** [fee] provision *f* - **2.** [servant] serviteur *m*.

retaining wall [rɪ'teɪnɪŋ-] *n* mur *m* de soutènement.

retaliate [rɪ'tælɪeɪt] *vi* rendre la pareille, se venger.

retaliation [rɪˌtælɪ'eɪʃn] *n (U)* vengeance *f*, représailles *fpl*.

retarded [rɪ'tɑːdɪd] *adj* retardé(e).

retch [retʃ] *vi* avoir des haut-le-cœur.

retention [rɪ'tenʃn] *n* maintien *m*, conservation *f* ; MED rétention *f*.

retentive [rɪ'tentɪv] *adj* [memory] fidèle.

rethink <> *n* ['riːθɪŋk] : **to have a ~ (on** OR **about sthg)** repenser (qqch). <> *vt* & *vi* [ˌriː'θɪŋk] (*pt* & *pp* **-thought** [-'θɔːt]) repenser.

reticence ['retɪsəns] *n* réticence *f*.

reticent ['retɪsənt] *adj* peu communicatif(ive) ; **to be ~ about sthg** ne pas beaucoup parler de qqch.

retina ['retɪnə] (*pl* **-nas** OR **-nae** [-niː]) *n* rétine *f*.

retinue ['retɪnjuː] *n* suite *f*.

retire [rɪ'taɪər] *vi* - **1.** [from work] prendre sa retraite - **2.** [withdraw] se retirer - **3.** [to bed] (aller) se coucher.

retired [rɪ'taɪəd] *adj* à la retraite, retraité(e).

retirement [rɪ'taɪəmənt] *n* retraite *f*.

retirement age *n* âge *m* de la retraite.

retirement pension *n* retraite *f*.

retiring [rɪ'taɪərɪŋ] *adj* - **1.** [shy] réservé(e) - **2.** [from work] sur le point de prendre sa retraite.

retort [rɪ'tɔːt] <> *n* [sharp reply] riposte *f*. <> *vt* riposter.

retouch [ˌriː'tʌtʃ] *vt* retoucher.

retrace [rɪ'treɪs] *vt* : **to ~ one's steps** revenir sur ses pas.

retract [rɪ'trækt] <> *vt* - **1.** [statement] rétracter - **2.** [undercarriage] rentrer, escamoter ; [claws] rentrer. <> *vi* [undercarriage] rentrer, s'escamoter.

retractable [rɪ'træktəbl] *adj* escamotable.

retraction [rɪ'trækʃn] *n* [of statement] rétractation *f*.

retrain [ˌriː'treɪn] <> *vt* recycler. <> *vi* se recycler.

retraining [ˌriː'treɪnɪŋ] *n* recyclage *m*.

retread <> *n* ['riːtred] pneu *m* rechapé. <> *vt* [ˌriː'tred] rechaper.

retreat [rɪ'triːt] <> *n* retraite *f* ; **to beat a hasty ~** partir en vitesse. <> *vi* [move away] se retirer ; MIL battre en retraite.

retrenchment [riː'trentʃmənt] *n* [of spending] réduction *f*.

retrial [ˌriː'traɪəl] *n* nouveau procès *m*.

retribution [ˌretrɪ'bjuːʃn] *n* châtiment *m*.

retrieval [rɪ'triːvl] *n (U)* COMPUT recherche *f* et extraction *f*.

retrieve [rɪ'triːv] *vt* - **1.** [get back] récupérer - **2.** COMPUT rechercher et extraire - **3.** [situation] sauver.

retriever [rɪ'triːvər] *n* [dog] retriever *m*.

retroactive [ˌretrəʊ'æktɪv] *adj* rétroactif(ive).

retrograde ['retrəgreɪd] *adj* rétrograde.

retrogressive [ˌretrə'gresɪv] *adj* rétrograde.

retrospect ['retrəspekt] *n* : **in ~** après coup.

retrospective [ˌretrə'spektɪv] <> *adj* - **1.** [mood, look] rétrospectif(ive) - **2.** LAW [law, pay rise] rétroactif(ive). <> *n* rétrospective *f*.

retrospectively [ˌretrə'spektɪvlɪ] *adv* - **1.** [looking back] rétrospectivement - **2.** LAW rétroactivement.

return [rɪ'tɜːn] <> *n* - **1.** *(U)* [arrival back, giving back] retour *m* - **2.** TENNIS renvoi *m* - **3.** *UK* [ticket]

aller et retour *m* - **4.** [profit] rapport *m*, rendement *m*. ◇ *comp* [journey] de retour. ◇ *vt* - **1.** [gen] rendre ; [a loan] rembourser ; [library book] rapporter - **2.** [send back] renvoyer - **3.** [replace] remettre - **4.** POL élire. ◇ *vi* [come back] revenir ; [go back] retourner.
◆ **returns** *npl* COMM recettes *fpl* ; **many happy ~s (of the day)!** bon anniversaire!
◆ **in return** *adv* en retour, en échange.
◆ **in return for** *prep* en échange de.

returnable [rɪ'tɜːnəbl] *adj* [bottle] consigné(e).

returning officer [rɪ'tɜːnɪŋ-] *n UK* responsable *mf* du scrutin.

return key *n* COMPUT touche *f* entrée.

return match *n* match *m* retour.

return ticket *n UK* aller et retour *m*.

reunification [ˌriːjuːnɪfɪ'keɪʃn] *n* réunification *f*.

reunion [ˌriː'juːnjən] *n* réunion *f*.

Reunion [ˌriː'juːnjən] *n* : **~ (Island)** (l'île *f* de) la Réunion ; **in ~** à la Réunion.

reunite [ˌriːjuː'naɪt] *vt* : **to be ~d with sb** retrouver qqn.

reupholster [ˌriːʌp'həʊlstəʳ] *vt* recouvrir.

reusable [riː'juːzəbl] *adj* réutilisable.

reuse ◇ *n* [ˌriː'juːs] réutilisation *f*. ◇ *vt* [ˌriː'juːz] réutiliser.

rev [rev] *inf* ◇ *n* (*abbr of* **revolution**) tour *m*. ◇ *vt* (*pt & pp* **-ved**, *cont* **-ving**) : **to ~ the engine (up)** emballer le moteur. ◇ *vi* (*pt & pp* **-ved**, *cont* **-ving**) : **to ~ (up)** s'emballer.

revalue [ˌriː'væljuː] *vt* FIN réévaluer.

revamp [ˌriː'væmp] *vt inf* [system, department] réorganiser ; [house] retaper.

rev counter *n* compte-tours *m inv*.

reveal [rɪ'viːl] *vt* révéler.

revealing [rɪ'viːlɪŋ] *adj* - **1.** [clothes - low-cut] décolleté(e) ; [- transparent] qui laisse deviner le corps - **2.** [comment] révélateur(trice).

reveille [*UK* rɪ'vælɪ, *US* 'revəlɪ] *n* réveil *m*.

revel ['revl] (*UK*, *pt & pp* **-led**, *cont* **-ling**, *US*, *pt & pp* **-ed**, *cont* **-ing**) *vi* : **to ~ in sthg** se délecter de qqch.

revelation [ˌrevə'leɪʃn] *n* révélation *f*.

reveller *UK*, **reveler** *US* ['revələʳ] *n* fêtard *m*, -e *f*.

revelry ['revəlrɪ] *n (U)* festivités *fpl*.

revenge [rɪ'vendʒ] ◇ *n* vengeance *f* ; **to take ~ (on sb)** se venger (de qqn). ◇ *comp* [killing, attack] suscité(e) par la vengeance. ◇ *vt* venger ; **to ~ o.s. on sb** se venger de qqn.

revenue ['revənjuː] *n* revenu *m*.

reverberate [rɪ'vɜːbəreɪt] *vi* retentir, se répercuter ; *fig* avoir des répercussions.

reverberations [rɪˌvɜːbə'reɪʃnz] *npl* réverbérations *fpl* ; *fig* répercussions *fpl*.

revere [rɪ'vɪəʳ] *vt* révérer, vénérer.

reverence ['revərəns] *n* révérence *f*, vénération *f*.

Reverend ['revərənd] *n* révérend *m*.

Reverend Mother *n* révérende mère *f*.

reverent ['revərənt] *adj* respectueux(euse).

reverential [ˌrevə'renʃl] *adj* révérencieux(euse).

reverie ['revərɪ] *n* rêverie *f*.

revers [rɪ'vɪə] (*pl* **revers**) *n* revers *m*.

reversal [rɪ'vɜːsl] *n* - **1.** [of policy, decision] revirement *m* - **2.** [ill fortune] revers *m* de fortune.

reverse [rɪ'vɜːs] ◇ *adj* [order, process] inverse. ◇ *n* - **1.** AUT : **~ (gear)** marche *f* arrière ; **to be in ~** être en marche arrière ; **to go into ~** faire marche arrière - **2.** [opposite] : **the ~** le contraire - **3.** [back] : **the ~** [of paper] le verso, le dos ; [of coin] le revers. ◇ *vt* - **1.** [order, positions] inverser ; [decision, trend] renverser - **2.** [turn over] retourner - **3.** *UK* TELEC : **to ~ the charges** téléphoner en PCV. ◇ *vi* AUT faire marche arrière ; **to ~ into a wall** rentrer dans un mur en faisant marche arrière.

reverse-charge call *n UK* appel *m* en PCV.

reversible [rɪ'vɜːsəbl] *adj* réversible.

reversing light [rɪ'vɜːsɪŋ-] *n UK* feu *m* de marche arrière.

reversion [rɪ'vɜːʃn] *n (U)* retour *m*.

revert [rɪ'vɜːt] *vi* : **to ~ to** retourner à.

review [rɪ'vjuː] ◇ *n* - **1.** [of salary, spending] révision *f* ; [of situation] examen *m* ; **salaries come up for ~ in December** les salaires doivent être révisés en décembre ; **the situation is under ~** on est en train d'examiner la situation - **2.** [of book, play etc] critique *f*, compte rendu *m*. ◇ *vt* - **1.** [salary] réviser ; [situation] examiner - **2.** [book, play etc] faire la critique de - **3.** [troops] passer en revue - **4.** *US* [study again] réviser.

reviewer [rɪ'vjuːəʳ] *n* critique *mf*.

revile [rɪ'vaɪl] *vt* injurier.

revise [rɪ'vaɪz] ◇ *vt* - **1.** [reconsider] modifier - **2.** [rewrite] corriger - **3.** *UK* [study again] réviser. ◇ *vi UK* : **to ~ (for)** réviser (pour).

revised [rɪ'vaɪzd] *adj* [estimate, figure] nouveau(elle) ; [version] revu(e) et corrigé(e).

revision [rɪ'vɪʒn] *n* révision *f*.

revisionist [rɪ'vɪʒnɪst] ◇ *adj* révisionniste. ◇ *n* révisionniste *mf*.

revisit [ˌriː'vɪzɪt] *vt* visiter de nouveau.

revitalize, *UK* **-ise** [ˌriːˈvaɪtəlaɪz] *vt* revitaliser.

revival [rɪˈvaɪvl] *n* [of economy, trade] reprise *f* ; [of interest] regain *m*.

revive [rɪˈvaɪv] ◇ *vt* **- 1.** [person] ranimer **- 2.** *fig* [economy] relancer ; [interest] faire renaître ; [tradition] rétablir ; [musical, play] reprendre ; [memories] ranimer, raviver. ◇ *vi* **- 1.** [person] reprendre connaissance **- 2.** *fig* [economy] repartir, reprendre ; [hopes] renaître.

revoke [rɪˈvəʊk] *vt* [law] abroger ; [order] annuler ; [licence] retirer.

revolt [rɪˈvəʊlt] ◇ *n* révolte *f*. ◇ *vt* révolter, dégoûter. ◇ *vi* se révolter.

revolting [rɪˈvəʊltɪŋ] *adj* dégoûtant(e) ; [smell] infect(e).

revolution [ˌrevəˈluːʃn] *n* **- 1.** [gen] révolution *f* **- 2.** TECH tour *m*, révolution *f*.

revolutionary [ˌrevəˈluːʃnərɪ] ◇ *adj* révolutionnaire. ◇ *n* (*pl* **-ies**) révolutionnaire *mf*.

revolutionize, *UK* **-ise** [ˌrevəˈluːʃənaɪz] *vt* révolutionner.

revolve [rɪˈvɒlv] *vi* : **to ~ (around)** tourner (autour de).

revolver [rɪˈvɒlvəʳ] *n* revolver *m*.

revolving [rɪˈvɒlvɪŋ] *adj* tournant(e) ; [chair] pivotant(e).

revolving door *n* tambour *m*.

revue [rɪˈvjuː] *n* revue *f*.

revulsion [rɪˈvʌlʃn] *n* répugnance *f*.

reward [rɪˈwɔːd] ◇ *n* récompense *f*. ◇ *vt* : **to ~ sb (for/with sthg)** récompenser qqn (de/par qqch).

rewarding [rɪˈwɔːdɪŋ] *adj* [job] qui donne de grandes satisfactions ; [book] qui vaut la peine d'être lu(e).

rewind [ˌriːˈwaɪnd] (*pt* & *pp* **rewound**) *vt* [tape] rembobiner.

rewire [ˌriːˈwaɪəʳ] *vt* [house] refaire l'installation électrique de.

reword [ˌriːˈwɜːd] *vt* reformuler.

rework [ˌriːˈwɜːk] *vt* retravailler.

rewound [ˌriːˈwaʊnd] *pt* & *pp* ▷ **rewind**.

rewrite [ˌriːˈraɪt] (*pt* **rewrote** [ˌriːˈrəʊt], *pp* **rewritten** [ˌriːˈrɪtn]) *vt* récrire.

REX (*abbr of* **real-time executive routine**) *n superviseur en temps réel.*

Reykjavik [ˈrekjəvɪk] *n* Reykjavik.

RFC (*abbr of* **Rugby Football Club**) *n fédération de rugby.*

RGN (*abbr of* **registered general nurse**) *n en Grande-Bretagne, infirmier ou infirmière diplômé(e) d'État.*

Rh (*abbr of* **rhesus**) Rh.

rhapsody [ˈræpsədɪ] (*pl* **-ies**) *n* rhapsodie *f* ; **to go into rhapsodies about sthg** s'extasier sur qqch.

Rheims = **Reims**.

Rhesus [ˈriːsəs] *n* : **~ positive/negative** rhésus *m* positif/négatif.

rhetoric [ˈretərɪk] *n* rhétorique *f*.

rhetorical question [rɪˈtɒrɪkl-] *n* question *f* pour la forme.

rheumatic [ruːˈmætɪk] *adj* [pain, joint] rhumatismal(e) ; [person] rhumatisant(e).

rheumatism [ˈruːmətɪzm] *n* (*U*) rhumatisme *m*.

rheumatoid arthritis [ˈruːmətɔɪd-] *n* polyarthrite *f* rhumatoïde.

Rhine [raɪn] *n* : **the ~** le Rhin.

Rhineland [ˈraɪnlænd] *n* Rhénanie *f*.

rhinestone [ˈraɪnstəʊn] *n* faux diamant *m*.

rhino [ˈraɪnəʊ] (*pl inv* OR **-s**), **rhinoceros** [raɪˈnɒsərəs] (*pl inv* OR **-es**) *n* rhinocéros *m*.

Rhode Island [rəʊd-] *n* Rhode Island *m* ; **in ~** dans le Rhode Island.

Rhodes [rəʊdz] *n* Rhodes.

Rhodesia [rəʊˈdiːʃə] *n* Rhodésie *f* ; **in ~** en Rhodésie.

Rhodesian [rəʊˈdiːʃn] ◇ *adj* rhodésien (enne). ◇ *n* Rhodésien *m*, -enne *f*.

rhododendron [ˌrəʊdəˈdendrən] *n* rhododendron *m*.

Rhône [rəʊn] *n* : **the (River) ~** le Rhône.

rhubarb [ˈruːbɑːb] *n* rhubarbe *f*.

rhyme [raɪm] ◇ *n* **- 1.** [word, technique] rime *f* ; **in ~** en vers **- 2.** [poem] poème *m*. ◇ *vi* : **to ~ (with)** rimer (avec).

rhyming slang [ˈraɪmɪŋ-] *n UK sorte d'argot traditionnellement employé par les Cockneys qui consiste à remplacer un mot par un groupe de mots choisis pour la rime.*

rhythm [ˈrɪðm] *n* rythme *m*.

rhythm and blues *n* rhythm and blues *m*.

rhythmic(al) [ˈrɪðmɪk(l)] *adj* rythmique.

RI ◇ *n* (*abbr of* **religious instruction**) instruction *f* religieuse. ◇ *see also* **Rhode Island**.

rib [rɪb] *n* **- 1.** ANAT côte *f* **- 2.** [of umbrella] baleine *f* ; [of structure] membrure *f*.

ribald [ˈrɪbəld] *adj* paillard(e).

ribbed [rɪbd] *adj* [jumper, fabric] à côtes.

ribbon [ˈrɪbən] *n* ruban *m*.

rib cage *n* cage *f* thoracique.

rice [raɪs] *n* riz *m*.

rice field *n* rizière *f*.

rice paper *n* papier *m* de riz.

rice pudding *n* riz *m* au lait.

rich [rɪtʃ] <> *adj* riche ; [clothes, fabrics] somptueux(euse) ; **to be ~ in** être riche en. <> *npl* : **the ~** les riches *mpl*.

◆ **riches** *npl* richesses *fpl*, richesse *f*.

richly ['rɪtʃlɪ] *adv* **- 1.** [rewarded] largement ; [provided] très bien ; **~ deserved** bien mérité **- 2.** [sumptuously] richement.

richness ['rɪtʃnɪs] *n (U)* richesse *f*.

Richter scale ['rɪktəʳ-] *n* : **the ~** l'échelle *f* de Richter.

rickets ['rɪkɪts] *n (U)* rachitisme *m*.

rickety ['rɪkətɪ] *adj* branlant(e).

rickshaw ['rɪkʃɔː] *n* pousse-pousse *m inv*.

ricochet ['rɪkəʃeɪ] <> *n* ricochet *m*. <> *vi* (*pt & pp* **-ed** OR **-ted**, *cont* **-ing** OR **-ting**) : **to ~ (off)** ricocher (sur).

rid [rɪd] <> *adj* : **to be ~ of** être débarrassé(e) de. <> *vt* (*pt* **rid** OR **-ded**, *pp* **rid**, *cont* **-ding**) : **to ~ sb/sthg of** débarrasser qqn/qqch de ; **to get ~ of** se débarrasser de.

riddance ['rɪdəns] *n inf* **good ~!** bon débarras!

ridden ['rɪdn] *pp* ▷ **ride**.

riddle ['rɪdl] *n* énigme *f*.

riddled ['rɪdld] *adj* : **to be ~ with** être criblé(e) de.

ride [raɪd] <> *n* promenade *f*, tour *m* ; **to go for a ~** [on horse] faire une promenade à cheval ; [on bike] faire une promenade à vélo ; [in car] faire un tour en voiture ; **to take sb for a ~** *inf fig* faire marcher qqn. <> *vt* (*pt* **rode**, *pp* **ridden**) **- 1.** [travel on] : **to ~ a horse/a bicycle** monter à cheval/à bicyclette **- 2.** *US* [travel in - bus, train, elevator] prendre **- 3.** [distance] parcourir, faire. <> *vi* (*pt* **rode**, *pp* **ridden**) [on horseback] monter à cheval, faire du cheval ; [on bicycle] faire de la bicyclette OR du vélo ; **to ~ in a car/bus** aller en voiture/bus.

◆ **ride up** *vi* remonter.

rider ['raɪdəʳ] *n* [of horse] cavalier *m*, -ère *f* ; [of bicycle] cycliste *mf* ; [of motorbike] motocycliste *mf*.

ridge [rɪdʒ] *n* **- 1.** [of mountain, roof] crête *f*, arête *f* **- 2.** [on surface] strie *f*.

ridicule ['rɪdɪkjuːl] <> *n* ridicule *m*. <> *vt* ridiculiser.

ridiculous [rɪ'dɪkjʊləs] *adj* ridicule.

ridiculously [rɪ'dɪkjʊləslɪ] *adv* ridiculement.

riding ['raɪdɪŋ] <> *n* équitation *f* ; **to go ~** faire de l'équitation OR du cheval. <> *comp* d'équitation.

riding crop *n* cravache *f*.

riding habit *n* habit *m* d'amazone.

riding school *n* école *f* d'équitation.

rife [raɪf] *adj* répandu(e) ; **the city was ~ with rumours** des bruits couraient dans toute la ville.

riffraff ['rɪfræf] *n* racaille *f*.

rifle ['raɪfl] <> *n* fusil *m*. <> *vt* [drawer, bag] vider.

◆ **rifle through** *vt insep* fouiller dans.

rifle range *n* [indoor] stand *m* de tir ; [outdoor] champ *m* de tir.

rift [rɪft] *n* **- 1.** GEOL fissure *f* **- 2.** [quarrel] désaccord *m*.

Rift Valley *n* : **the ~** le Rift Valley.

rig [rɪg] <> *n* **- 1.** : **(oil) ~** [on land] derrick *m* ; [at sea] plate-forme *f* de forage **- 2.** *US* [truck] semi-remorque *m*. <> *vt* (*pt & pp* **-ged**, *cont* **-ging**) [match, election] truquer.

◆ **rig up** *vt sep* installer avec les moyens du bord.

rigging ['rɪgɪŋ] *n* [of ship] gréement *m*.

right [raɪt] <> *adj* **- 1.** [correct - answer, time] juste, exact(e) ; [- decision, direction, idea] bon (bonne) ; **to be ~ (about)** avoir raison (au sujet de) ; **to get a question ~** donner la bonne réponse ; **to get one's facts ~** être sûr de ce qu'on avance **- 2.** [morally correct] bien *(inv)* ; **to be ~ to do sthg** avoir raison de faire qqch **- 3.** [appropriate] qui convient **- 4.** [not left] droit(e) **- 5.** *UK inf* [complete] véritable. <> *n* **- 1.** *(U)* [moral correctness] bien *m* ; **to be in the ~** avoir raison **- 2.** [entitlement, claim] droit *m* ; **by ~s** en toute justice ; **in one's own ~** soi-même **- 3.** [not left] droite *f*. <> *adv* **- 1.** [correctly] correctement **- 2.** [not left] à droite **- 3.** [emphatic use] : **~ down/up** tout en bas/en haut ; **~ here** ici (même) ; **~ in the middle** en plein milieu ; **go ~ to the end of the street** allez tout au bout de la rue ; **to turn ~ round** se retourner ; **~ after Christmas** tout de suite après Noël ; **~ now** tout de suite ; **~ away** immédiatement. <> *vt* **- 1.** [injustice, wrong] réparer **- 2.** [ship] redresser. <> *excl* bon!

◆ **Right** *n* POL : **the Right** la droite.

right angle *n* angle *m* droit ; **to be at ~s (to)** faire un angle droit (avec).

righteous ['raɪtʃəs] *adj* [person] droit(e) ; [indignation] justifié(e).

righteousness ['raɪtʃəsnɪs] *n* vertu *f*.

rightful ['raɪtfʊl] *adj* légitime.

rightfully ['raɪtfʊlɪ] *adv* légitimement.

right-hand *adj* de droite ; **~ side** droite *f*, côté *m* droit.

right-hand drive *adj* avec conduite à droite.

right-handed [-'hændɪd] *adj* [person] droitier(ère).

right-hand man *n* bras *m* droit.

rightly ['raɪtlɪ] *adv* - **1.** [answer, believe] correctement - **2.** [behave] bien - **3.** [angry, worried etc] à juste titre.

right-minded [-'maɪndɪd] *adj* sensé(e).

rightness ['raɪtnɪs] *n* - **1.** [correctness] justesse *f* - **2.** [moral correctness] droiture *f*.

righto ['raɪtəʊ] *excl UK inf* d'accord!

right of way *n* - **1.** AUT priorité *f* - **2.** [access] droit *m* de passage.

right-on *adj inf* branché(e).

rights issue *n* émission *f* de droits de souscription.

right-thinking [-'θɪŋkɪŋ] *adj* sensé(e).

right wing *n* : **the ~** la droite.
◆ **right-wing** *adj* de droite.

right-winger *n* POL personne *f* qui est de droite.

rigid ['rɪdʒɪd] *adj* - **1.** [gen] rigide - **2.** [harsh] strict(e).

rigidity [rɪ'dʒɪdətɪ] *n* rigidité *f*.

rigidly ['rɪdʒɪdlɪ] *adv* - **1.** [gen] rigidement - **2.** [harshly] strictement.

rigmarole ['rɪgmərəʊl] *n pej* - **1.** [process] comédie *f* - **2.** [story] galimatias *m*.

rigor *US* = **rigour**.

rigor mortis [-'mɔːtɪs] *n* rigidité *f* cadavérique.

rigorous ['rɪgərəs] *adj* rigoureux(euse).

rigorously ['rɪgərəslɪ] *adv* rigoureusement.

rigour *UK*, **rigor** *US* ['rɪgər] *n* rigueur *f*.

rig-out *n UK inf* accoutrement *m*.

rile [raɪl] *vt* agacer.

rim [rɪm] *n* [of container] bord *m* ; [of wheel] jante *f* ; [of spectacles] monture *f*.

rind [raɪnd] *n* [of fruit] peau *f* ; [of cheese] croûte *f* ; [of bacon] couenne *f*.

ring [rɪŋ] ◇ *n* - **1.** [telephone call] : **to give sb a ~** donner OR passer un coup de téléphone à qqn - **2.** [sound of bell] sonnerie *f* ; **the name has a familiar ~** ce nom me dit quelque chose - **3.** [circular object] anneau *m* ; [on finger] bague *f* ; [for napkin] rond *m* - **4.** [of people, trees etc] cercle *m* - **5.** [for boxing] ring *m* - **6.** [of criminals, spies] réseau *m*. ◇ *vt* (*pt* **rang**, *pp* **rung**) - **1.** *UK* [make phone call to] téléphoner à, appeler - **2.** [bell] (faire) sonner ; **to ~ the doorbell** sonner à la porte - **3.** (*pt & pp* **ringed**) [draw a circle round, surround] entourer. ◇ *vi* (*pt* **rang**, *pp* **rung**) - **1.** *UK* [make phone call] téléphoner - **2.** [bell, telephone, person] sonner ; **to ~ for sb** sonner qqn - **3.** [resound] : **to ~ with** résonner de - **4.** *phr* **to ~ true** sonner juste.
◆ **ring back** *vt sep & vi UK* rappeler.
◆ **ring off** *vi UK* raccrocher.
◆ **ring out** *vi* - **1.** [sound] retentir - **2.** *UK* TELEC téléphoner à l'extérieur.
◆ **ring up** *vt sep UK* téléphoner à, appeler.

ring binder *n* classeur *m* à anneaux.

ringer ['rɪŋər] *n* : **to be a dead ~ for sb** être le sosie de qqn.

ring finger *n* annulaire *m*.

ringing ['rɪŋɪŋ] ◇ *adj* retentissant(e). ◇ *n* [of bell] sonnerie *f* ; [in ears] tintement *m*.

ringing tone *n* sonnerie *f*.

ringleader ['rɪŋˌliːdər] *n* chef *m*.

ringlet ['rɪŋlɪt] *n* anglaise *f*.

ringmaster ['rɪŋˌmɑːstər] *n* présentateur *m*.

ring road *n UK* (route *f*) périphérique *m*.

ringside ['rɪŋsaɪd] ◇ *n* : **the ~** le premier rang. ◇ *comp* [seat] au premier rang.

ringway ['rɪŋweɪ] *n UK* (route *f*) périphérique *m*.

ringworm ['rɪŋwɜːm] *n* teigne *f*.

rink [rɪŋk] *n* [for ice skating] patinoire *f* ; [for roller-skating] skating *m*.

rinse [rɪns] ◇ *n* : **to give sthg a ~** rincer qqch. ◇ *vt* rincer ; **to ~ one's mouth out** se rincer la bouche.

Rio (de Janeiro) [ˌriːəʊ(dədʒə'nɪərəʊ)] *n* Rio de Janeiro.

Rio Grande [ˌriːəʊ'grændɪ] *n* : **the ~** le Rio Grande.

Rio Negro [ˌriːəʊ'neɪgrəʊ] *n* : **the ~** le Rio Negro.

riot ['raɪət] ◇ *n* émeute *f* ; **to run ~** se déchaîner. ◇ *vi* participer à une émeute.

rioter ['raɪətər] *n* émeutier *m*, -ère *f*.

rioting ['raɪətɪŋ] *n (U)* émeutes *fpl*.

riotous ['raɪətəs] *adj* [crowd] tapageur(euse) ; [behaviour] séditieux(euse) ; [party] bruyant(e).

riot police *npl* ≃ CRS *mpl*.

riot shield *n* bouclier *m* anti-émeute.

rip [rɪp] ◇ *n* déchirure *f*, accroc *m*. ◇ *vt* (*pt & pp* **-ped**, *cont* **-ping**) - **1.** [tear] déchirer - **2.** [remove violently] arracher. ◇ *vi* (*pt & pp* **-ped**, *cont* **-ping**) se déchirer.
◆ **rip off** *vt sep inf* - **1.** [person] arnaquer - **2.** [product, idea] copier.
◆ **rip up** *vt sep* déchirer.

RIP (*abbr of* **rest in peace**) qu'il/elle repose en paix.

ripcord ['rɪpkɔːd] *n* poignée *f* d'ouverture.

ripe [raɪp] *adj* mûr(e).

ripen ['raɪpn] *vt & vi* mûrir.

ripeness ['raɪpnɪs] *n* maturité *f*.

rip-off *n inf* **that's a ~!** c'est de l'escroquerie *OR* de l'arnaque!

ripple ['rɪpl] ◇ *n* ondulation *f*, ride *f* ; **a ~ of applause** des applaudissements discrets. ◇ *vt* rider.

rip-roaring *adj inf* [party] de tous les diables ; [success] monstre.

rise [raɪz] ◇ *n* - **1.** [increase] augmentation *f*, hausse *f* ; [in temperature] élévation *f*, hausse - **2.** *UK* [increase in salary] augmentation *f* (de salaire) - **3.** [to power, fame] ascension *f* - **4.** [slope] côte *f*, pente *f* - **5.** *phr* **to give ~ to** donner lieu à. ◇ *vi* (*pt* **rose**, *pp* **risen** ['rɪzn]) - **1.** [move upwards] s'élever, monter ; **to ~ to power** arriver au pouvoir ; **to ~ to fame** devenir célèbre ; **to ~ to a challenge/to the occasion** se montrer à la hauteur d'un défi/de la situation - **2.** [from chair, bed] se lever - **3.** [increase - gen] monter, augmenter ; [- voice, level] s'élever - **4.** [rebel] se soulever.

◆ **rise above** *vt insep* [problem] surmonter ; [argument] ne pas faire cas de.

riser ['raɪzəʳ] *n* : **early ~** lève-tôt *mf inv* ; **late ~** lève-tard *mf inv*.

risible ['rɪzəbl] *adj* risible.

rising ['raɪzɪŋ] ◇ *adj* - **1.** [ground, tide] montant(e) - **2.** [prices, inflation, temperature] en hausse - **3.** [star, politician etc] à l'avenir prometteur. ◇ *n* [revolt] soulèvement *m*.

rising damp *n* humidité *f (qui monte du sol)*.

risk [rɪsk] ◇ *n* risque *m*, danger *m* ; **at one's own ~** à ses risques et périls ; **to run the ~ of doing sthg** courir le risque de faire qqch ; **to take a ~** prendre un risque ; **at ~** en danger ; **at the ~ of** au risque de. ◇ *vt* [health, life etc] risquer ; **to ~ doing sthg** courir le risque de faire qqch ; **to ~ it** tenter *OR* risquer le coup.

risk capital *n* capital *m* à risque.

risk-taking *n (U) le fait de prendre des risques*.

risky ['rɪskɪ] (*comp* **-ier**, *superl* **-iest**) *adj* risqué(e).

risotto [rɪ'zɒtəʊ] (*pl* **-s**) *n* risotto *m*.

risqué ['ri:skeɪ] *adj* risqué(e), osé(e).

rissole ['rɪsəʊl] *n UK* rissole *f*.

rite [raɪt] *n* rite *m*.

ritual ['rɪtʃʊəl] ◇ *adj* rituel(elle). ◇ *n* rituel *m*.

rival ['raɪvl] ◇ *adj* rival(e), concurrent(e). ◇ *n* rival *m*, -e *f*. ◇ *vt* (*UK*, *pt & pp* **-led**, *cont* **-ling**, *US*, *pt & pp* **-ed**, *cont* **-ing**) rivaliser avec.

rivalry ['raɪvlrɪ] *n* rivalité *f*.

river ['rɪvəʳ] *n* rivière *f*, fleuve *m*.

river bank *n* berge *f*, rive *f*.

riverbed ['rɪvəbed] *n* lit *m* (de rivière *OR* de fleuve).

riverside ['rɪvəsaɪd] *n* : **the ~** le bord de la rivière *OR* du fleuve.

rivet ['rɪvɪt] ◇ *n* rivet *m*. ◇ *vt* - **1.** [fasten with rivets] river, riveter - **2.** *fig* [fascinate] : **to be ~ed by** être fasciné(e) par.

riveting ['rɪvɪtɪŋ] *adj fig* fascinant(e).

Riviera [,rɪvɪ'eərə] *n* : **the French ~** la Côte d'Azur ; **the Italian ~** la Riviera italienne.

Riyadh ['ri:æd] *n* Riyad, Riad.

RN *n* - **1.** *see also* **Royal Navy** - **2.** *see also* **registered nurse**.

RNA (*abbr of* **ribonucleic acid**) *n* ARN *m*.

RNLI (*abbr of* **Royal National Lifeboat Institution**) *n société britannique de sauvetage en mer*.

RNZAF (*abbr of* **Royal New Zealand Air Force**) *n armée de l'air néo-zélandaise*.

RNZN (*abbr of* **Royal New Zealand Navy**) *n marine de guerre néo-zélandaise*.

roach [rəʊtʃ] *n US* [cockroach] cafard *m*.

road [rəʊd] *n* route *f* ; [small] chemin *m* ; [in town] rue *f* ; **by ~** par la route ; **on the ~ to** *fig* sur le chemin de ; **on the ~** sur la route ; **we've been on the ~ for two days** on voyage depuis deux jours.

road atlas *n* atlas *m* routier.

roadblock ['rəʊdblɒk] *n* barrage *m* routier.

road-fund licence *n UK* ≃ vignette *f*.

road hog *n inf pej* chauffard *m*.

roadholding ['rəʊd,həʊldɪŋ] *n* AUT tenue *f* de route.

roadie ['rəʊdɪ] *n inf membre de l'équipe technique d'un groupe en tournée*.

roadkill ['rəʊdkɪl] *n* animal *m* tué sur une route.

road map *n* carte *f* routière.

road rage *n accès de colère de la part d'un automobiliste, se traduisant parfois par un acte de violence*.

road roller [-,rəʊləʳl] *n* rouleau *m* compresseur.

road safety *n* sécurité *f* routière.

road sense *n* [of driver] notion *f* de la conduite.

roadshow ['rəʊdʃəʊ] *n* spectacle *m* de tournée.

roadside ['rəʊdsaɪd] ◇ *n* : **the ~** le bord de la route. ◇ *comp* au bord de la route.

road sign *n* panneau *m* routier *OR* de signalisation.

roadsweeper ['rəʊd,swi:pəʳ] *n* [vehicle] balayeuse *f*.

road tax *n UK* ≃ vignette *f*.

road test *n* essai *m* sur route.
◆ **road-test** *vt* essayer sur route.

road transport *n* transport *m* routier.

roadway ['rəʊdweɪ] *n* chaussée *f*.

roadworks *UK*, **roadwork** *US* [-wɜːks] *npl* travaux *mpl* (de réfection des routes).

roadworthy ['rəʊd,wɜːðɪ] *adj* en bon état de marche.

roam [rəʊm] ◇ *vt* errer dans. ◇ *vi* errer.

roar [rɔːʳ] ◇ *vi* [person, lion] rugir ; [wind] hurler ; [car] gronder ; [plane] vrombir ; **to ~ with laughter** se tordre de rire. ◇ *vt* hurler. ◇ *n* [of person, lion] rugissement *m* ; [of traffic] grondement *m* ; [of plane, engine] vrombissement *m*.

roaring ['rɔːrɪŋ] *adj* : **a ~ fire** une belle flambée ; **~ drunk** complètement saoul(e) ; **a ~ success** un succès monstre *OR* fou ; **to do a ~ trade** faire des affaires en or.

roast [rəʊst] ◇ *adj* rôti(e). ◇ *n* rôti *m*. ◇ *vt* **- 1.** [meat, potatoes] rôtir **- 2.** [coffee, nuts etc] griller.

roast beef *n* rôti *m* de bœuf, rosbif *m*.

roasting ['rəʊstɪŋ] *inf* ◇ *adj* torride. ◇ *adv* : **a ~ hot day** une journée torride.

roasting tin *n UK* plat *m* à rôtir.

rob [rɒb] (*pt & pp* **-bed**, *cont* **-bing**) *vt* [person] voler ; [bank] dévaliser ; **to ~ sb of sthg** [money, goods] voler *OR* dérober qqch à qqn ; [opportunity, glory] enlever qqch à qqn.

robber ['rɒbəʳ] *n* voleur *m*, -euse *f*.

robbery ['rɒbərɪ] (*pl* **-ies**) *n* vol *m*.

robe [rəʊb] *n* **- 1.** [gen] robe *f* **- 2.** *US* [dressing gown] peignoir *m*.

robin ['rɒbɪn] *n* rouge-gorge *m*.

robot ['rəʊbɒt] *n* robot *m*.

robotics [rəʊ'bɒtɪks] *n (U)* robotique *f*.

robust [rəʊ'bʌst] *adj* robuste.

robustly [rəʊ'bʌstlɪ] *adv* robustement.

rock [rɒk] ◇ *n* **- 1.** *(U)* [substance] roche *f* **- 2.** [boulder] rocher *m* **- 3.** *US* [pebble] caillou *m* **- 4.** [music] rock *m* **- 5.** *UK* [sweet] sucre *m* d'orge. ◇ *comp* [music, band] de rock. ◇ *vt* **- 1.** [baby] bercer ; [cradle, boat] balancer **- 2.** [shock] secouer. ◇ *vi* (se) balancer.
◆ **on the rocks** *adv* **- 1.** [drink] avec de la glace *OR* des glaçons **- 2.** [marriage, relationship] près de la rupture.

rock and roll *n* rock *m*, rock and roll *m*.

rock bottom *n* : **at ~** au plus bas ; **to hit ~** toucher le fond.
◆ **rock-bottom** *adj* [price] sacrifié(e).

rock cake *n UK* rocher *m*.

rock climber *n* varappeur *m*, -euse *f*.

rock climbing *n* varappe *f* ; **to go ~** faire de la varappe.

rock dash *n US* crépi *m*.

rocker ['rɒkəʳ] *n* **- 1.** [chair] fauteuil *m* à bascule, rocking-chair *m* **- 2.** *phr* **to be off one's ~** *inf* être fêlé.

rockery ['rɒkərɪ] (*pl* **-ies**) *n* rocaille *f*.

rocket ['rɒkɪt] ◇ *n* **- 1.** [gen] fusée *f* **- 2.** MIL fusée *f*, roquette *f*. ◇ *vi* monter en flèche.

rocket launcher [-,lɔːntʃəʳ] *n* lance-fusées *m inv*, lance-roquettes *m inv*.

rock face *n* paroi *f* rocheuse.

rockfall ['rɒkfɔːl] *n* chute *f* de pierres.

rock-hard *adj* dur(e) comme de la pierre.

Rockies ['rɒkɪz] *npl* : **the ~** les Rocheuses *fpl*.

rocking chair ['rɒkɪŋ-] *n* fauteuil *m* à bascule, rocking-chair *m*.

rocking horse ['rɒkɪŋ-] *n* cheval *m* à bascule.

rock music *n* rock *m*.

rock'n'roll [,rɒkən'rəʊl] = **rock and roll**.

rock pool *n* mare *f* dans les rochers.

rock salt *n* sel *m* gemme.

rocky ['rɒkɪ] (*comp* **-ier**, *superl* **-iest**) *adj* **- 1.** [ground, road] rocailleux(euse), caillouteux(euse) **- 2.** *fig* [economy, marriage] précaire.

Rocky Mountains *npl* : **the ~** les montagnes *fpl* Rocheuses.

rococo [rə'kəʊkəʊ] *adj* rococo *(inv)*.

rod [rɒd] *n* [metal] tige *f* ; [wooden] baguette *f* ; **(fishing) ~** canne *f* à pêche.

rode [rəʊd] *pt* ▷ **ride**.

rodent ['rəʊdənt] *n* rongeur *m*.

rodeo ['rəʊdɪəʊ] (*pl* **-s**) *n* rodéo *m*.

roe [rəʊ] *n (U)* œufs *mpl* de poisson.

roe deer *n* chevreuil *m*.

rogue [rəʊg] ◇ *adj* **- 1.** [animal] solitaire **- 2.** *fig* [person] dissident(e). ◇ *n* **- 1.** [likeable rascal] coquin *m* **- 2.** *dated* [dishonest person] filou *m*, crapule *f*.

roguish ['rəʊgɪʃ] *adj* espiègle.

role [rəʊl] *n* rôle *m*.

roll [rəʊl] ◇ *n* **- 1.** [of material, paper etc] rouleau *m* **- 2.** [of bread] petit pain *m* **- 3.** [list] liste *f* **- 4.** [of drums, thunder] roulement *m*. ◇ *vt* rouler ; [log, ball etc] faire rouler ; **to ~ one's eyes** [in fear, despair] rouler les yeux ; **~ed into one** tout à la fois. ◇ *vi* rouler.
◆ **roll about** *UK*, **roll around** *vi* [person] se rouler ; [object] rouler çà et là.
◆ **roll back** *vt sep US* [prices] baisser.
◆ **roll in** *vi inf* [money] couler à flots.

◆ **roll over** *vi* se retourner.

◆ **roll up** ◇ *vt sep* - **1.** [carpet, paper etc] rouler - **2.** [sleeves] retrousser. ◇ *vi inf* [arrive] s'amener, se pointer.

roll bar *n* arceau *m* de sécurité.

roll call *n* appel *m*.

rolled gold [rəʊld-] *n* plaqué *m* or.

roller ['rəʊlər] *n* rouleau *m*.

Rollerblades® ['rəʊləbleɪd] *n* rollers *mpl*, patins *mpl* en ligne.

rollerblading ['rəʊləbleɪdɪŋ] *n* roller *m* ; **to go ~** faire du roller.

roller blind *n* store *m*.

roller coaster *n* montagnes *fpl* russes.

roller skate *n* patin *m* à roulettes.

◆ **roller-skate** *vi* faire du patin à roulettes.

roller towel *n* essuie-main *m* à rouleau.

rollicking ['rɒlɪkɪŋ] *adj* : **we had a ~ good time** on s'est amusé comme des (petits) fous.

rolling ['rəʊlɪŋ] *adj* - **1.** [hills] onduleux(euse) - **2.** *phr* **to be ~ in it** *inf* rouler sur l'or.

rolling mill *n* laminoir *m*.

rolling pin *n* rouleau *m* à pâtisserie.

rolling stock *n* matériel *m* roulant.

rollneck ['rəʊlnek] *adj UK* à col roulé.

roll of honour *UK*, **roll of honor** *US n* liste *f* des combattants morts au champ d'honneur.

roll-on *adj* [deodorant] à bille.

roll-on roll-off *adj UK* : **~ ferry** roll on-roll off *m inv*, roulier *m*.

roly-poly [ˌrəʊlɪ'pəʊlɪ] (*pl* **-ies**) *n UK* : **~ (pudding)** roulé *m* à la confiture.

ROM [rɒm] (*abbr of* **read only memory**) *n* ROM *f*.

romaine lettuce [rəʊ'meɪn-] *n US* romaine *f (laitue)*.

Roman ['rəʊmən] ◇ *adj* romain(e). ◇ *n* Romain *m*, -e *f*.

Roman candle *n* chandelle *f* romaine.

Roman Catholic ◇ *adj* catholique. ◇ *n* catholique *mf*.

romance [rəʊ'mæns] *n* - **1.** *(U)* [romantic quality] charme *m* - **2.** [love affair] idylle *f* - **3.** [book] roman *m* (d'amour).

Romanesque [ˌrəʊmə'nesk] *adj* roman(e).

Romani ['rəʊmənɪ] = **Romany**.

Romania [ru:'meɪnjə] *n* Roumanie *f* ; **in ~** en Roumanie.

Romanian [ru:'meɪnjən] ◇ *adj* roumain(e). ◇ *n* - **1.** [person] Roumain *m*, -e *f* - **2.** [language] roumain *m*.

Roman numerals *npl* chiffres *mpl* romains.

romantic [rəʊ'mæntɪk] *adj* romantique.

romanticism [rəʊ'mæntɪsɪzm] *n* romantisme *m*.

romanticize, *UK* **-ise** [rəʊ'mæntɪsaɪz] *vt & vi* romancer.

Romany ['rəʊmənɪ] ◇ *adj* de bohémien. ◇ *n* (*pl* **-ies**) - **1.** [person] bohémien *m*, -enne *f* - **2.** [language] romani *m*.

Rome [rəʊm] *n* Rome.

romp [rɒmp] ◇ *n* ébats *mpl*. ◇ *vi* s'ébattre.

rompers ['rɒmpəz] *npl*, **romper suit** ['rɒmpər-] *n* barboteuse *f*.

roof [ru:f] *n* toit *m* ; [of cave, tunnel] plafond *m* ; **the ~ of the mouth** la voûte du palais ; **to have a ~ over one's head** avoir *OR* posséder un toit ; **to go through** *OR* **hit the ~** *fig* exploser.

roof garden *n* jardin *m* sur le toit.

roofing ['ru:fɪŋ] *n* toiture *f*.

roof rack *n UK* galerie *f*.

rooftop ['ru:ftɒp] *n* toit *m*.

rook [rʊk] *n* - **1.** [bird] freux *m* - **2.** [chess piece] tour *f*.

rookie ['rʊkɪ] *n US inf* bleu *m*.

room [ru:m, rʊm] *n* - **1.** [in building] pièce *f* - **2.** [bedroom] chambre *f* - **3.** *(U)* [space] place *f* ; **there is ~ for improvement** on peut faire mieux ; **~ to** *OR* **for manoeuvre** marge *f* de manœuvre.

roomer ['ru:mər] *n US* locataire *mf* de rapport.

rooming house ['ru:mɪŋ-] *n US* maison *f* de rapport.

roommate ['ru:mmeɪt] *n* camarade *mf* de chambre.

room service *n* service *m* dans les chambres.

room temperature *n* température *f* ambiante.

roomy ['ru:mɪ] (*comp* **-ier**, *superl* **-iest**) *adj* spacieux(euse).

roost [ru:st] ◇ *n* perchoir *m*, juchoir *m* ; **to rule the ~** faire la loi. ◇ *vi* se percher, se jucher.

rooster ['ru:stər] *n* coq *m*.

root [ru:t] ◇ *adj* [fundamental] principal(e), fondamental(e). ◇ *n* racine *f* ; *fig* [of problem] origine *f* ; **to take ~** *lit & fig* prendre racine ; **to put down ~s** [person] s'enraciner. ◇ *vi* : **to ~ through** fouiller dans.

◆ **roots** *npl* racines *fpl*.

◆ **root for** *vt insep US inf* encourager.
◆ **root out** *vt sep* [eradicate] extirper.

root beer *n US boisson gazeuse à base de racines de plantes.*

root crop *n* racine *f*.

rooted ['ru:tɪd] *adj* : **to be ~ to the spot** être cloué(e) sur place.

rootless ['ru:tlɪs] *adj* sans racines.

root vegetable *n* racine *f*.

rope [rəʊp] ◇ *n* corde *f* ; **to know the ~s** connaître son affaire, être au courant. ◇ *vt* corder ; [climbers] encorder.
◆ **rope in** *vt sep inf fig* enrôler.
◆ **rope off** *vt sep* délimiter par une corde.

rop(e)y ['rəʊpɪ] (*comp* **-ier**, *superl* **-iest**) *adj UK inf* - **1.** [poor-quality] pas fameux(euse), pas brillant(e) - **2.** [unwell] : **I feel a bit ~ today** je me sens un peu patraque aujourd'hui.

rosary ['rəʊzərɪ] (*pl* **-ies**) *n* rosaire *m*.

rose [rəʊz] ◇ *pt* ▷ **rise**. ◇ *adj* [pink] rose. ◇ *n* [flower] rose *f*.

rosé ['rəʊzeɪ] *n* rosé *m*.

rosebed ['rəʊzbed] *n* massif *m* de rosiers.

rosebud ['rəʊzbʌd] *n* bouton *m* de rose.

rose bush *n* rosier *m*.

rose hip *n* gratte-cul *m*.

rosemary ['rəʊzmərɪ] *n* romarin *m*.

rosette [rəʊ'zet] *n* rosette *f*.

rosewater ['rəʊz,wɔːtər] *n* eau *f* de rose.

rosewood ['rəʊzwʊd] *n* bois *m* de rose.

ROSPA ['rɒspə] (*abbr of* **Royal Society for the Prevention of Accidents**) *n association britannique pour la prévention des accidents.*

roster ['rɒstər] *n* liste *f*, tableau *m*.

rostrum ['rɒstrəm] (*pl* **-trums** OR **-tra** [-trə]) *n* tribune *f*.

rosy ['rəʊzɪ] (*comp* **-ier**, *superl* **-iest**) *adj* rose.

rot [rɒt] ◇ *n (U)* - **1.** [decay] pourriture *f* - **2.** *UK dated* [nonsense] bêtises *fpl*, balivernes *fpl*. ◇ *vt & vi* (*pt & pp* **-ted**, *cont* **-ting**) pourrir.

rota ['rəʊtə] *n UK* liste *f*, tableau *m*.

rotary ['rəʊtərɪ] ◇ *adj* rotatif(ive). ◇ *n US* [roundabout] rond-point *m*.

Rotary Club *n* : **the ~** le Rotary Club.

rotate [rəʊ'teɪt] ◇ *vt* - **1.** [turn] faire tourner - **2.** [alternate - jobs] faire à tour de rôle ; [- crops] alterner. ◇ *vi* [turn] tourner.

rotation [rəʊ'teɪʃn] *n* - **1.** [turning movement] rotation *f* - **2.** [alternation] alternance *f* ; **in ~** à tour de rôle.

rote [rəʊt] *n* : **by ~** de façon machinale, par cœur.

rote learning *n* apprentissage *m* machinal OR par cœur.

rotor ['rəʊtər] *n* rotor *m*.

rotten ['rɒtn] *adj* - **1.** [decayed] pourri(e) - **2.** *inf* [bad] moche - **3.** *inf* [unwell] : **to feel ~** se sentir mal fichu(e) - **4.** [unhappy] : **I feel ~ about it** ça me contrarie.

rotund [rəʊ'tʌnd] *adj* rondelet(ette).

rouble ['ru:bl] *n* rouble *m*.

rouge [ru:ʒ] *n* rouge *m* à joues.

rough [rʌf] ◇ *adj* - **1.** [not smooth - surface] rugueux(euse), rêche ; [- road] accidenté(e) ; [- sea] agité(e), houleux(euse) ; [- crossing] mauvais(e) - **2.** [person, treatment] brutal(e) ; [manners, conditions] rude ; [area] mal fréquenté(e) - **3.** [guess] approximatif(ive) ; **~ copy**, **~ draft** brouillon *m* ; **~ sketch** ébauche *f* - **4.** [harsh - voice, wine] âpre ; [- life] dur(e) ; **to have a ~ time** en baver - **5.** [tired, ill] mal fichu(e). ◇ *adv* : **to sleep ~** *UK* coucher à la dure. ◇ *n* - **1.** GOLF rough *m* - **2.** [undetailed form] : **in ~** au brouillon. ◇ *vt phr* **to ~ it** vivre à la dure.
◆ **rough out** *vt sep* ébaucher.

roughage ['rʌfɪdʒ] *n (U)* fibres *fpl* alimentaires.

rough and ready *adj* rudimentaire.

rough-and-tumble *n (U)* bagarre *f*.

roughcast ['rʌfkɑ:st] *n* crépi *m*.

rough diamond *n UK fig* **he's a ~** sous ses dehors frustes, il a beaucoup de qualités.

roughen ['rʌfn] *vt* rendre rugueux(euse) OR rêche.

rough justice *n* justice *f* sommaire.

roughly ['rʌflɪ] *adv* - **1.** [approximately] approximativement - **2.** [handle, treat] brutalement - **3.** [built, made] grossièrement.

roughneck ['rʌfnek] *n* - **1.** [oil-rig worker] *personne travaillant sur une plate-forme pétrolière* - **2.** *US inf* [ruffian] dur *m*.

roughness ['rʌfnɪs] *n* - **1.** [of skin, surface] rugosité *f* - **2.** [of treatment, person] brutalité *f*.

roughshod ['rʌfʃɒd] *adv* : **to ride ~ over sthg** passer outre à qqch ; **to ride ~ over sb** traiter qqn cavalièrement.

roulette [ru:'let] *n* roulette *f*.

round [raʊnd] ◇ *adj* rond(e). ◇ *UK prep* autour de ; **~ here** par ici ; **all ~ the country** dans tout le pays ; **just ~ the corner** au coin de la rue ; *fig* tout près ; **to go ~ sthg** [obstacle] contourner qqch ; **to go ~ a museum** visiter un musée. ◇ *UK adv* - **1.** [surrounding] : **all ~** tout autour - **2.** [near] : **~ about** dans le coin - **3.** [in measurements] : **10 metres ~** 10 mètres de diamètre - **4.** [to other side] : **to go ~** faire le tour ; **to turn ~** se retourner ; **to look ~** se retourner (pour regarder) - **5.** [at or to nearby place] :

come ~ and see us venez OR passez nous voir ; he's ~ at her house il est chez elle ; I'm just going ~ to the shop je vais juste faire une course - 6. [approximately] : ~ (about) vers, environ. ◇ n - 1. [of talks etc] série f ; a ~ of applause une salve d'applaudissements - 2. [of competition] manche f - 3. [of doctor] visites fpl ; [of postman, milkman] tournée f - 4. [of ammunition] cartouche f - 5. [of drinks] tournée f - 6. BOX reprise f, round m - 7. GOLF partie f. ◇ vt [corner] tourner ; [bend] prendre.

◆ **rounds** npl [of doctor] visites fpl ; **to do** OR **go the ~s** [story, joke] circuler ; [illness] faire des ravages.

◆ **round off** vt sep terminer, conclure.

◆ **round up** vt sep - 1. [gather together] rassembler - 2. MATHS arrondir.

roundabout ['raʊndəbaʊt] ◇ adj détourné(e). ◇ n UK - 1. [on road] rond-point m - 2. [at fairground] manège m - 3. [at playground] tourniquet m.

rounded ['raʊndɪd] adj arrondi(e).

rounders ['raʊndəz] n UK *sorte de baseball.*

Roundhead ['raʊndhed] n Tête f ronde.

roundly ['raʊndlɪ] adv [beaten] complètement ; [condemned etc] franchement, carrément.

round-shouldered [-'ʃəʊldəd] adj voûté(e).

round-table adj : **~ talks** table f ronde.

round the clock adv vingt-quatre heures sur vingt-quatre.

◆ **round-the-clock** adj vingt-quatre heures sur vingt-quatre.

round trip ◇ adj US aller-retour. ◇ n aller et retour m.

roundup ['raʊndʌp] n [summary] résumé m.

rouse [raʊz] vt - 1. [wake up] réveiller - 2. [impel] : **to ~ o.s. to do sthg** se forcer à faire qqch ; **to ~ sb to action** pousser OR inciter qqn à agir - 3. [emotions] susciter, provoquer.

rousing ['raʊzɪŋ] adj [speech] vibrant(e), passionné(e) ; [welcome] enthousiaste.

rout [raʊt] ◇ n déroute f. ◇ vt mettre en déroute.

route [ru:t] ◇ n - 1. [gen] itinéraire m - 2. fig [way] chemin m, voie f. ◇ vt [goods] acheminer.

route map n [for journey] croquis m d'itinéraire ; [for buses, trains] carte f du réseau.

route march n marche f d'entraînement.

routine [ru:'ti:n] ◇ adj - 1. [normal] habituel(elle), de routine - 2. pej [uninteresting] de routine. ◇ n routine f.

routinely [ru:'ti:nlɪ] adv de façon systématique.

rove [rəʊv] lit ◇ vt errer dans. ◇ vi : **to ~ around** errer.

roving ['rəʊvɪŋ] adj itinérant(e).

row[1] [rəʊ] ◇ n - 1. [line] rangée f ; [of seats] rang m - 2. fig [of defeats, victories] série f ; **in a ~** d'affilée, de suite. ◇ vt [boat] faire aller à la rame ; [person] transporter en canot OR bateau. ◇ vi ramer.

row[2] [raʊ] ◇ n - 1. [quarrel] dispute f, querelle f - 2. inf [noise] vacarme m, raffut m. ◇ vi [quarrel] se disputer, se quereller.

rowboat ['rəʊbəʊt] n US canot m.

rowdiness ['raʊdɪnɪs] n chahut m, tapage m.

rowdy ['raʊdɪ] (comp -ier, superl -iest) adj chahuteur(euse), tapageur(euse).

rower ['rəʊəʳ] n rameur m, -euse f.

row house [rəʊ-] n US *maison attenante aux maisons voisines.*

rowing ['rəʊɪŋ] n SPORT aviron m.

rowing boat n UK canot m.

rowing machine n machine f à ramer.

royal ['rɔɪəl] ◇ adj royal(e). ◇ n inf membre m de la famille royale.

Royal Air Force n : **the ~** l'armée f de l'air britannique.

royal blue adj bleu roi (inv).

royal family n famille f royale.

royalist ['rɔɪəlɪst] n royaliste mf.

royal jelly n gelée f royale.

Royal Mail n UK : **the ~** ≃ la Poste.

Royal Marines n UK : **the ~** les Marines mpl.

Royal Navy n : **the ~** la marine de guerre britannique.

royalty ['rɔɪəltɪ] n royauté f.

◆ **royalties** npl droits mpl d'auteur.

RP (abbr of **received pronunciation**) n *prononciation standard de l'anglais britannique.*

RPI (abbr of **retail price index**) n IPC m.

rpm npl (abbr of **revolutions per minute**) tours mpl par minute, tr/min.

RR see also **railroad**.

RRP n see also **recommended retail price**.

RSA (abbr of **Royal Society of Arts**) n *société britannique pour la promotion des arts, de l'industrie et du commerce.*

RSC (abbr of **Royal Shakespeare Company**) n *compagnie de théâtre britannique.*

RSI (abbr of **repetitive strain injury**) n *douleur de poignet provoquée par les mouvements effectués au clavier d'un ordinateur.*

RSPB (abbr of **Royal Society for the Protection of Birds**) n *ligue britannique pour la protection des oiseaux.*

RSPCA (*abbr of* **Royal Society for the Prevention of Cruelty to Animals**) *n société britannique protectrice des animaux,* ≃ SPA *f.*

RST (*abbr of* **Royal Shakespeare Theatre**) *n célèbre théâtre à Stratford-upon-Avon.*

RSVP (*abbr of* **répondez s'il vous plaît**) RSVP.

Rt Hon (*abbr of* **Right Honourable**) *expression utilisée pour des titres nobiliaires.*

Rt Rev (*abbr of* **Right Reverend**) *expression utilisée pour un évêque de l'Église anglicane.*

rub [rʌb] (*pt & pp* **-bed**, *cont* **-bing**) <> *vt* frotter ; **to ~ sthg in** [cream etc] faire pénétrer qqch (en frottant) ; **to ~ one's eyes/hands** se frotter les yeux/les mains ; **to ~ it in** *inf fig* remuer le couteau dans la plaie ; **to ~ sb up the wrong way** *UK*, **to ~ sb the wrong way** *US fig* prendre qqn à rebrousse-poil. <> *vi* frotter.

◆ **rub off on** *vt insep* [subj: quality] déteindre sur.

◆ **rub out** *vt sep* [erase] effacer.

rubber ['rʌbəʳ] <> *adj* en caoutchouc. <> *n* **- 1.** [substance] caoutchouc *m* **- 2.** *UK* [eraser] gomme *f* **- 3.** *US inf* [condom] préservatif *m* **- 4.** [in bridge] robre *m*, rob *m* **- 5.** *US* [overshoe] caoutchouc *m.*

rubber band *n* élastique *m.*

rubber plant *n* caoutchouc *m.*

rubber boot *n US* botte *f* de caoutchouc.

rubber dinghy *n* canot *m* pneumatique.

rubberize, *UK* **-ise** ['rʌbəraɪz] *vt* caoutchouter.

rubberneck ['rʌbənek] *vi US inf* faire le badaud.

rubber ring *n* anneau *m* en caoutchouc ; [for swimmer] bouée *f.*

rubber stamp *n* tampon *m.*

◆ **rubber-stamp** *vt fig* approuver sans discussion.

rubber tree *n* hévéa *m.*

rubbery ['rʌbərɪ] *adj* caoutchouteux(euse).

rubbing ['rʌbɪŋ] *n* [of brass] décalque *m.*

rubbish ['rʌbɪʃ] *UK* <> *n (U)* **- 1.** [refuse] détritus *mpl*, ordures *fpl* **- 2.** *inf fig* [worthless objects] camelote *f* ; **the play was ~** la pièce était nulle **- 3.** *inf* [nonsense] bêtises *fpl*, inepties *fpl.* <> *vt inf* débiner.

rubbish bin *n UK* poubelle *f.*

rubbish dump *n UK* dépotoir *m.*

rubbishy ['rʌbɪʃɪ] *adj inf* qui ne vaut rien, nul (nulle).

rubble ['rʌbl] *n (U)* décombres *mpl.*

rubella [ru:'belə] *n* rubéole *f.*

ruby ['ru:bɪ] (*pl* **-ies**) *n* rubis *m.*

RUC (*abbr of* **Royal Ulster Constabulary**) *n corps de police d'Irlande du Nord.*

ruched [ru:ʃt] *adj* garni(e) d'un ruché.

ruck [rʌk] *n* **- 1.** *inf* [fight] bagarre *f* **- 2.** RUGBY mêlée *f* ouverte.

rucksack ['rʌksæk] *n* sac *m* à dos.

ructions ['rʌkʃnz] *npl inf* grabuge *m.*

rudder ['rʌdəʳ] *n* gouvernail *m.*

ruddy ['rʌdɪ] (*comp* **-ier**, *superl* **-iest**) *adj* **- 1.** [complexion, face] coloré(e) **- 2.** *UK inf dated* [damned] sacré(e).

rude [ru:d] *adj* **- 1.** [impolite - gen] impoli(e) ; [- word] grossier(ère) ; [- noise] incongru(e) **- 2.** [sudden] : **it was a ~ awakening** le réveil fut pénible **- 3.** *lit* [primitive] grossier(ère), rudimentaire.

rudely ['ru:dlɪ] *adv* **- 1.** [impolitely] impoliment **- 2.** [suddenly] brusquement.

rudeness ['ru:dnɪs] *n* [impoliteness] impolitesse *f* ; [of joke] grossièreté *f.*

rudimentary [ˌru:dɪ'mentərɪ] *adj* rudimentaire.

rudiments ['ru:dɪmənts] *npl* rudiments *mpl.*

rue [ru:] *vt* regretter (amèrement).

rueful ['ru:fʊl] *adj* triste.

ruff [rʌf] *n* fraise *f.*

ruffian ['rʌfjən] *n* voyou *m.*

ruffle ['rʌfl] *vt* **- 1.** [hair] ébouriffer ; [water] troubler **- 2.** [person] froisser ; [composure] faire perdre.

rug [rʌg] *n* **- 1.** [carpet] tapis *m* **- 2.** [blanket] couverture *f.*

rugby ['rʌgbɪ] *n* rugby *m.*

Rugby League *n* rugby *m* à treize.

Rugby Union *n* rugby *m* à quinze.

rugged ['rʌgɪd] *adj* **- 1.** [landscape] accidenté(e) ; [features] rude **- 2.** [vehicle etc] robuste.

ruggedness ['rʌgɪdnɪs] *n* [of landscape] aspect *m* accidenté.

rugger ['rʌgəʳ] *n UK inf* rugby *m.*

ruin ['ru:ɪn] <> *n* ruine *f.* <> *vt* ruiner ; [clothes, shoes] abîmer.

◆ **in ruin(s)** *adv lit & fig* en ruine.

ruination [ru:ɪ'neɪʃn] *n* ruine *f.*

ruinous ['ru:ɪnəs] *adj* [expensive] ruineux(euse).

rule [ru:l] <> *n* **- 1.** [gen] règle *f* ; **as a ~** en règle générale **- 2.** [regulation] règlement *m* ; **to bend the ~s** faire une entorse au règlement **- 3.** *(U)* [control] autorité *f.* <> *vt* **- 1.** [control] dominer **- 2.** [govern] gouverner **- 3.** [decide] : **to ~ (that)...** décider que... <> *vi* **- 1.** [give decision - gen] décider ; LAW statuer **- 2.** *fml* [be paramount] prévaloir **- 3.** [king, queen] régner ; POL gouverner.

◆ **rule out** *vt sep* exclure, écarter.

rulebook ['ru:lbʊk] *n* : **the ~** le règlement.

ruled [ru:ld] *adj* [paper] réglé(e).

ruler ['ru:ləʳ] *n* - **1.** [for measurement] règle *f* - **2.** [leader] chef *m* d'État.

ruling ['ru:lɪŋ] ◇ *adj* au pouvoir. ◇ *n* décision *f*.

rum [rʌm] ◇ *n* rhum *m*. ◇ *adj* (*comp* **-mer**, *superl* **-mest**) *UK dated* bizarre.

Rumania [ru:'meɪnjə] = **Romania**.

Rumanian [ru:'meɪnjən] = **Romanian**.

rumba ['rʌmbə] *n* rumba *f*.

rumble ['rʌmbl] ◇ *n* - **1.** [of thunder, traffic] grondement *m* ; [in stomach] gargouillement *m* - **2.** *US inf* [fight] bagarre *f*. ◇ *vt UK inf dated* **to ~ sb** voir clair dans le jeu de qqn. ◇ *vi* [thunder, traffic] gronder ; [stomach] gargouiller.

rumbustious [rʌm'bʌstɪəs] *adj UK* bruyant(e).

ruminate ['ru:mɪneɪt] *vi* : **to ~ (about** *OR* **on sthg)** ruminer (qqch).

rummage ['rʌmɪdʒ] *vi* fouiller.

rummage sale *n US* vente *f* de charité.

rummy ['rʌmɪ] *n* rami *m*.

rumour *UK*, **rumor** *US* ['ru:məʳ] *n* rumeur *f*.

rumoured *UK*, **rumored** *US* ['ru:məd] *adj* : **he is ~ to be very wealthy** le bruit court *OR* on dit qu'il est très riche.

rump [rʌmp] *n* - **1.** [of animal] croupe *f* - **2.** *inf* [of person] derrière *m* - **3.** POL restant *m*.

rumple ['rʌmpl] *vt* froisser, chiffonner.

rump steak *n* romsteck *m*.

rumpus ['rʌmpəs] *n inf* chahut *m*.

rumpus room *n US* salle *f* de jeu.

run [rʌn] ◇ *n* - **1.** [on foot] course *f* ; **to go for a ~** faire un petit peu de course à pied ; **to break into a ~** se mettre à courir ; **on the ~** en fuite, en cavale ; **to make a ~ for it** se sauver - **2.** [in car - for pleasure] tour *m* ; [- journey] trajet *m* - **3.** [series] suite *f*, série *f* ; **a ~ of bad luck** une période de déveine ; **in the short/long ~** à court/long terme - **4.** THEAT : **to have a long ~** tenir longtemps l'affiche - **5.** [great demand] : **~ on** ruée *f* sur - **6.** [in tights] échelle *f* - **7.** [in cricket, baseball] point *m* - **8.** [track - for skiing, bobsleigh] piste *f*. ◇ *vt* (*pt* **ran**, *pp* **run**, *cont* **-ning**) - **1.** [race, distance] courir ; **to ~ errands (for sb)** faire des courses *OR* commissions (pour qqn) - **2.** [manage - business] diriger ; [- shop, hotel] tenir ; [- course] organiser - **3.** [operate] faire marcher - **4.** [car] avoir, entretenir - **5.** [water, bath] faire couler - **6.** [publish] publier - **7.** *inf* [drive] : **can you ~ me to the station?** tu peux m'amener *OR* me conduire à la gare? - **8.** [move] : **to ~ sthg along/over sthg** passer qqch le long de/sur qqch. ◇ *vi* (*pt* **ran**, *pp* **run**, *cont* **-ning**) - **1.** [on foot] courir ; **to ~ for it** se sauver - **2.** [pass - road, river, pipe] passer ; **to ~ through sthg** traverser qqch - **3.** *US* [in election] : **to ~ (for)** être candidat (à) - **4.** [operate - machine, factory] marcher ; [- engine] tourner ; **everything is running smoothly** tout va comme sur des roulettes, tout va bien ; **to ~ on sthg** marcher à qqch ; **to ~ off sthg** marcher sur qqch - **5.** [bus, train] faire le service ; **trains ~ every hour** il y a un train toutes les heures ; **to be running late** [person] être en retard ; [bus, train] avoir du retard - **6.** [flow] couler ; **my nose is running** j'ai le nez qui coule ; **to ~ dry** se tarir - **7.** [colour] déteindre ; [ink] baver - **8.** [continue - contract, insurance policy] être valide ; THEAT se jouer ; **output is running at 100 units a day** la production est de 100 unités par jour.

◆ **run across** *vt insep* [meet] tomber sur.

◆ **run along** *vi dated* **~ along now!** filez maintenant!

◆ **run away** *vi* - **1.** [flee] : **to ~ away (from)** s'enfuir (de) ; **to ~ away from home** faire une fugue - **2.** *fig* [avoid] : **to ~ away from sthg** éviter qqch.

◆ **run away with** *vt insep* : **don't let your enthusiasm ~ away with you!** ne t'emballe pas trop!

◆ **run down** ◇ *vt sep* - **1.** [in vehicle] renverser - **2.** [criticize] dénigrer - **3.** [production] restreindre ; [industry] réduire l'activité de. ◇ *vi* [clock] s'arrêter ; [battery] se décharger.

◆ **run into** *vt insep* - **1.** [encounter - problem] se heurter à ; [- person] tomber sur ; **to ~ into debt** s'endetter, faire des dettes - **2.** [in vehicle] rentrer dans - **3.** [amount to] se monter à, s'élever à.

◆ **run off** ◇ *vt sep* [a copy] tirer. ◇ *vi* : **to ~ off (with)** s'enfuir (avec).

◆ **run on** *vi* [meeting] durer ; **time is running on** le temps passe.

◆ **run out** *vi* - **1.** [food, supplies] s'épuiser ; **time is running out** il ne reste plus beaucoup de temps - **2.** [licence, contract] expirer.

◆ **run out of** *vt insep* manquer de ; **to ~ out of petrol** tomber en panne d'essence, tomber en panne sèche.

◆ **run over** *vt sep* renverser.

◆ **run through** *vt insep* - **1.** [practise] répéter - **2.** [read through] parcourir.

◆ **run to** *vt insep* - **1.** [amount to] monter à, s'élever à - **2.** *UK* [afford] : **I think I could ~ to a new suit** je crois bien que je pourrais me payer *OR* m'offrir un nouveau costume.

◆ **run up** *vt insep* [bill, debt] laisser accumuler.

◆ **run up against** *vt insep* se heurter à.

run-around *n inf* **to give sb the ~** faire des réponses de Normand à qqn.

runaway ['rʌnəweɪ] ◇ *adj* [train, lorry] fou (folle) ; [horse] emballé(e) ; [victory] haut la main ; [inflation] galopant(e). ◇ *n* fuyard *m*, fugitif *m*, -ive *f*.

rundown ['rʌndaʊn] *n* - **1.** [report] bref résumé *m* - **2.** [of industry] réduction *f* délibérée.
◆ **run-down** *adj* - **1.** [building] délabré(e) - **2.** [person] épuisé(e).

rung [rʌŋ] ◇ *pp* ⊳ **ring.** ◇ *n* échelon *m*, barreau *m*.

run-in *n inf* prise *f* de bec.

runnel ['rʌnl] *n* ruisseau *m*.

runner ['rʌnə^r] *n* - **1.** [athlete] coureur *m*, -euse *f* - **2.** [of guns, drugs] contrebandier *m* - **3.** [of sledge] patin *m* ; [for car seat] glissière *f* ; [for drawer] coulisseau *m*.

runner bean *n UK* haricot *m* à rames.

runner-up (*pl* **runners-up**) *n* second *m*, -e *f*.

running ['rʌnɪŋ] ◇ *adj* - **1.** [argument, battle] continu(e) - **2.** [consecutive] : **three weeks ~** trois semaines de suite - **3.** [water] courant(e). ◇ *n* - **1.** *(U)* SPORT course *f* ; **to go ~** faire de la course - **2.** [management] direction *f*, administration *f* - **3.** [of machine] marche *f*, fonctionnement *m* - **4.** *phr* **to be in the ~ (for)** avoir des chances de réussir (dans) ; **to be out of the ~ (for)** n'avoir aucune chance de réussir (dans) ; **to make the ~** [in race] mener la course ; [in relationship] prendre l'initiative. ◇ *comp* de course.

running commentary *n* commentaire *m* suivi.

running costs *npl* frais *mpl* d'exploitation.

running mate *n US* candidat *m* à la vice-présidence.

running repairs *npl* réparations *fpl* courantes.

runny ['rʌnɪ] (*comp* **-ier**, *superl* **-iest**) *adj* - **1.** [food] liquide - **2.** [nose] qui coule.

run-of-the-mill *adj* banal(e), ordinaire.

runt [rʌnt] *n* avorton *m*.

run-through *n* répétition *f*.

run-up *n* - **1.** [preceding time] : **in the ~ to sthg** dans la période qui précède qqch - **2.** SPORT course *f* d'élan.

runway ['rʌnweɪ] *n* piste *f*.

rupture ['rʌptʃə^r] *n* rupture *f*.

rural ['rʊərəl] *adj* rural(e).

ruse [ru:z] *n* ruse *f*.

rush [rʌʃ] ◇ *n* - **1.** [hurry] hâte *f* ; **there's no ~** ça ne presse pas, ce n'est pas pressé - **2.** [surge] ruée *f*, bousculade *f* ; **to make a ~ for sthg** se ruer OR se précipiter vers qqch ; **a ~ of air** une bouffée d'air ; **a ~ of blood to the head** un coup de sang - **3.** [demand] : **~ (on OR for)** ruée *f* (sur). ◇ *vt* - **1.** [hurry - work] faire à la hâte ; [- person] bousculer ; [- meal] expédier ; **to ~ sb into doing sthg** forcer qqn à faire qqch à la hâte - **2.** [send quickly] transporter OR envoyer d'urgence - **3.** [attack suddenly] prendre d'assaut. ◇ *vi* - **1.** [hurry] se dépêcher ; **to ~ into sthg** faire qqch sans réfléchir - **2.** [move quickly, suddenly] se précipiter, se ruer ; **the blood ~ed to her head** le sang lui monta à la tête.
◆ **rushes** *npl* - **1.** BOT joncs *mpl* - **2.** CIN épreuves *fpl* de tournage, rushes *mpl*.

rushed [rʌʃt] *adj* [person] pressé(e) ; [work] fait(e) à la hâte.

rush hour *n* heures *fpl* de pointe OR d'affluence.

rush job *n* travail *m* d'urgence.

rusk [rʌsk] *n* biscotte *f*.

russet ['rʌsɪt] *adj* feuille-morte *(inv)*.

Russia ['rʌʃə] *n* Russie *f* ; **in ~** en Russie.

Russian ['rʌʃn] ◇ *adj* russe. ◇ *n* - **1.** [person] Russe *mf* - **2.** [language] russe *m*.

Russian Federation *pr n* : **the Russian ~** la Fédération de Russie.

Russian roulette *n* roulette *f* russe.

rust [rʌst] ◇ *n* rouille *f*. ◇ *vi* se rouiller.

rustic ['rʌstɪk] *adj* rustique.

rustle ['rʌsl] ◇ *n* [of leaves] bruissement *m* ; [of papers] froissement *m*. ◇ *vt* - **1.** [paper] froisser - **2.** *US* [cattle] voler. ◇ *vi* [leaves] bruire ; [papers] produire un froissement.

rustproof ['rʌstpru:f] *adj* inoxydable.

rusty ['rʌstɪ] (*comp* **-ier**, *superl* **-iest**) *adj lit & fig* rouillé(e).

rut [rʌt] *n* ornière *f* ; **to get into a ~** s'encroûter ; **to be in a ~** être prisonnier de la routine.

rutabaga [ˌru:tə'beɪgə] *n US* rutabaga *m*.

ruthless ['ru:θlɪs] *adj* impitoyable.

ruthlessly ['ru:θlɪslɪ] *adv* de façon impitoyable.

ruthlessness ['ru:θlɪsnɪs] *n* caractère *m* impitoyable.

RV *n* - **1.** (*abbr of* **revised version**) *traduction de la Bible de 1611 révisée entre 1881 et 1895* - **2.** *US* (*abbr of* **recreational vehicle**) camping-car *m*.

Rwanda [rʊ'ændə] *n* Ruanda *m*, Rwanda *m* ; **in ~** au Ruanda.

Rwandan [rʊ'ændən] ◇ *adj* ruandais(e). ◇ *n* Ruandais *m*, -e *f*.

rye [raɪ] *n* - **1.** [grain] seigle *m* - **2.** [bread] pain *m* de seigle.

rye bread *n* pain *m* de seigle.

rye grass *n* ivraie *f*.

rye whiskey *n* whisky *m* à base de seigle.

S

s (*pl* **ss** *OR* **s's**), **S** (*pl* **Ss** *OR* **S's**) [es] *n* [letter] s *m inv*, S *m inv*.

◆ **S** (*abbr of* **south**) S.

SA - **1.** *see also* **South Africa** - **2.** *see also* **South America**.

Saar [sɑːʳ] *n* : **the ~** la Sarre.

Sabbath ['sæbəθ] *n* : **the ~** le sabbat.

sabbatical [sə'bætɪkl] *n* année *f* sabbatique ; **to be on ~** faire une année sabbatique.

saber *US* = **sabre**.

sabotage ['sæbətɑːʒ] <> *n* sabotage *m*. <> *vt* saboter.

saboteur [ˌsæbə'tɜːʳ] *n* saboteur *m*.

sabre *UK*, **saber** *US* ['seɪbəʳ] *n* sabre *m*.

saccharin(e) ['sækərɪn] *n* saccharine *f*.

sachet ['sæʃeɪ] *n* sachet *m*.

sack [sæk] <> *n* - **1.** [bag] sac *m* - **2.** *UK inf* [dismissal] : **to get** *OR* **be given the ~** être renvoyé(e), se faire virer. <> *vt UK inf* [dismiss] renvoyer, virer.

sackful ['sækfʊl] *n* sac *m*.

sacking ['sækɪŋ] *n* [fabric] toile *f* à sac.

sacrament ['sækrəmənt] *n* sacrement *m*.

sacred ['seɪkrɪd] *adj* sacré(e).

sacrifice ['sækrɪfaɪs] *lit* & *fig* <> *n* sacrifice *m*. <> *vt* sacrifier.

sacrilege ['sækrɪlɪdʒ] *n lit* & *fig* sacrilège *m*.

sacrilegious [ˌsækrɪ'lɪdʒəs] *adj* sacrilège.

sacrosanct ['sækrəʊsæŋkt] *adj* sacro-saint(e).

sad [sæd] (*comp* **-der**, *superl* **-dest**) *adj* triste.

sadden ['sædn] *vt* attrister, affliger.

saddle ['sædl] <> *n* selle *f*. <> *vt* - **1.** [horse] seller - **2.** *fig* [burden] : **to ~ sb with sthg** coller qqch à qqn.

◆ **saddle up** <> *vt insep* seller. <> *vi* seller son cheval.

saddlebag ['sædlbæg] *n* sacoche *f (de selle ou de bicyclette)*.

saddler ['sædləʳ] *n* sellier *m*.

sadism ['seɪdɪzm] *n* sadisme *m*.

sadist ['seɪdɪst] *n* sadique *mf*.

sadistic [sə'dɪstɪk] *adj* sadique.

sadly ['sædlɪ] *adv* - **1.** [unhappily] tristement - **2.** [unfortunately] malheureusement.

sadness ['sædnɪs] *n* tristesse *f*.

s.a.e., **sae** *see also* **stamped addressed envelope**.

safari [sə'fɑːrɪ] *n* safari *m* ; **to go on ~** aller en safari.

safari park *n* réserve *f*.

safe [seɪf] <> *adj* - **1.** [not dangerous - gen] sans danger ; [- driver, play, guess] prudent(e) ; **it's not ~** c'est dangereux ; **it's ~ to say (that)...** on peut dire à coup sûr que... ; **in ~ hands** en bonnes mains - **2.** [not in danger] hors de danger, en sécurité ; **your secret is ~ with me** je saurai garder votre secret ; **~ and sound** sain et sauf (saine et sauve) - **3.** [not risky - bet, method] sans risque ; [- investment] sûr(e) ; **to be on the ~ side** par précaution. <> *n* coffre-fort *m*.

safebreaker ['seɪfˌbreɪkəʳ] *n* perceur *m* de coffre-fort.

safe-conduct *n* sauf-conduit *m*.

safe-deposit box *n* coffre-fort *m*.

safeguard ['seɪfgɑːd] <> *n* : **~ (against)** sauvegarde *f* (contre). <> *vt* : **to ~ sb/sthg (against)** sauvegarder qqn/qqch (contre), protéger qqn/qqch (contre).

safe haven *n* havre *m*.

safe house *n* lieu *m* sûr.

safekeeping [ˌseɪf'kiːpɪŋ] *n* bonne garde *f*.

safely ['seɪflɪ] *adv* - **1.** [not dangerously] sans danger - **2.** [not in danger] en toute sécurité, à l'abri du danger - **3.** [arrive - person] à bon port, sain et sauf (saine et sauve) ; [- parcel] à bon port - **4.** [for certain] : **I can ~ say (that)...** je peux dire à coup sûr que...

safe sex *n* sexe *m* sans risques, S.S.R. *m*

safety ['seɪftɪ] <> *n* sécurité *f*. <> *comp* de sécurité.

safety belt *n* ceinture *f* de sécurité.

safety catch *n* cran *m* de sûreté.

safety curtain *n* rideau *m* de fer.

safety-deposit box = **safe-deposit box**.

safety island *n US* refuge *m*.

safety match *n* allumette *f* de sûreté.

safety net *n* filet *m* (de protection).

safety pin *n* épingle *f* de sûreté *OR* de nourrice.

safety valve *n* soupape *f* de sûreté.

saffron ['sæfrən] *n* safran *m*.

sag [sæg] (*pt* & *pp* **-ged**, *cont* **-ging**) *vi* - **1.** [sink downwards] s'affaisser, fléchir - **2.** *fig* [decrease] baisser.

saga ['sɑːgə] *n* saga *f* ; *fig & pej* histoire *f*.

sage [seɪdʒ] ◇ *adj* sage. ◇ *n* - **1.** *(U)* [herb] sauge *f* - **2.** [wise man] sage *m*.

saggy ['sægɪ] (*comp* **-gier**, *superl* **-giest**) *adj* [bed] affaissé(e) ; [breasts] pendant(e).

Sagittarius [ˌsædʒɪ'teərɪəs] *n* Sagittaire *m* ; **to be (a) ~** être Sagittaire.

Sahara [sə'hɑːrə] *n* : **the ~ (Desert)** le (désert du) Sahara.

Saharan [sə'hɑːrən] *adj* saharien(enne).

said [sed] *pt & pp* ▻ **say**.

sail [seɪl] ◇ *n* - **1.** [of boat] voile *f* ; **to set ~** faire voile, prendre la mer - **2.** [journey] tour *m* en bateau. ◇ *vt* - **1.** [boat] piloter, manœuvrer - **2.** [sea] parcourir. ◇ *vi* - **1.** [person - gen] aller en bateau ; SPORT faire de la voile - **2.** [boat - move] naviguer ; [- leave] partir, prendre la mer ; **the ship ~ed into harbour** le bateau est entré au port - **3.** *fig* [through air] voler.

◆ **sail through** *vt insep fig* réussir les doigts dans le nez.

sailboard ['seɪlbɔːd] *n* planche *f* à voile.

sailboat *US* = **sailing boat**.

sailcloth ['seɪlklɒθ] *n* toile *f* à voile.

sailing ['seɪlɪŋ] *n* - **1.** *(U)* SPORT voile *f* ; **to go ~** faire de la voile - **2.** [departure] départ *m*.

sailing boat *UK*, **sailboat** *US* ['seɪlbəʊt] *n* bateau *m* à voiles, voilier *m*.

sailing ship *n* voilier *m*.

sailor ['seɪləʳ] *n* marin *m*, matelot *m* ; **to be a good ~** avoir le pied marin.

saint [seɪnt] *n* saint *m*, -e *f*.

Saint Helena [-ɪ'liːnə] *n* Sainte-Hélène *f* ; **on ~** à Sainte-Hélène.

Saint Lawrence [-'lɒrəns] *n* : **the ~ (River)** le Saint-Laurent.

Saint Lucia [-'luːʃə] *n* Sainte-Lucie.

saintly ['seɪntlɪ] (*comp* **-ier**, *superl* **-iest**) *adj* [person] saint(e) ; [life] de saint.

Saint Patrick's Day [-'pætrɪks-] *n* la Saint-Patrick.

Saint Patrick's Day

La Saint-Patrick (17 mars) est une fête célébrée par les Irlandais et descendants d'Irlandais du monde entier. De grands défilés se tiennent dans les rues de Dublin, New York et Sydney. La coutume veut que chacun arbore une feuille de trèfle à la boutonnière ou porte un vêtement de couleur verte, le vert symbolisant l'Irlande. À cette occasion, certains bars américains servent même de la bière verte.

sake [seɪk] *n* : **for the ~ of sb** par égard pour qqn, pour (l'amour de) qqn ; **for the children's ~** pour les enfants ; **for the ~ of my health** pour ma santé ; **for the ~ of argument** à titre d'exemple ; **to do sthg for its own ~** faire qqch pour le plaisir ; **for God's** OR **heaven's ~** pour l'amour de Dieu OR du ciel.

salad ['sæləd] *n* salade *f*.

salad bowl *n* saladier *m*.

salad cream *n UK sorte de mayonnaise douce.*

salad dressing *n* vinaigrette *f*.

salad oil *n* huile *f* de table.

salamander ['sæləˌmændəʳ] *n* salamandre *f*.

salami [sə'lɑːmɪ] *n* salami *m*.

salaried ['sælərɪd] *adj* salarié(e).

salary ['sælərɪ] (*pl* **-ies**) *n* salaire *m*, traitement *m*.

salary scale *n* échelle *f* des salaires.

sale [seɪl] *n* - **1.** [gen] vente *f* ; **on ~** *UK*, **for ~** *US* en vente ; **(up) for ~** à vendre - **2.** [at reduced prices] soldes *mpl* ; **the shop is having a ~** le magasin fait des soldes ; **in a ~** *UK*, **on ~** *US* en solde.

◆ **sales** ◇ *npl* - **1.** [quantity sold] ventes *fpl* - **2.** [at reduced prices] : **the ~s** les soldes *mpl*. ◇ *comp* [figures, department] des ventes ; **~s manager** directeur commercial *m*, directrice commerciale *f*.

saleroom *UK* ['seɪlrʊm], **salesroom** *US* ['seɪlzrʊm] *n* salle *f* des ventes.

sales assistant ['seɪlz-] *UK*, **salesclerk** ['seɪlzklɜːrk] *US n* vendeur *m*, -euse *f*.

sales conference *n* conférence *f* du personnel des ventes.

sales drive *n* campagne *f* de vente.

sales force *n* force *f* de vente.

salesman ['seɪlzmən] (*pl* **-men** [-mən]) *n* [in shop] vendeur *m* ; [travelling] représentant *m* de commerce.

sales pitch *n* boniment *m*.

sales rep *n inf* représentant *m* de commerce.

sales representative *n* représentant *m* de commerce.

salesroom *US* = **saleroom**.

sales slip *n US* [receipt] ticket *m* de caisse.

sales tax *n* taxe *f* à l'achat.

sales team *n* équipe *f* de vente.

saleswoman ['seɪlzˌwʊmən] (*pl* **-women** [-ˌwɪmɪn]) *n* [in shop] vendeuse *f* ; [travelling] représentante *f* de commerce.

salient ['seɪljənt] *adj fml* qui ressort.

saline ['seɪlaɪn] *adj* salin(e) ; **~ drip** perfusion *f* de sérum artificiel.

saliva [sə'laɪvə] *n* salive *f*.

salivate ['sælɪveɪt] *vi* saliver.

sallow ['sæləʊ] *adj* cireux(euse).

sally ['sælɪ] *esp UK n* (*pl* **-ies**) [sortie] sortie *f*.
◆ **sally forth** *vi* (*pt & pp* **-ied**) *hum & lit* sortir.

salmon ['sæmən] (*pl* **salmon** OR **-s**) *n* saumon *m*.

salmonella [ˌsælmə'nelə] *n* salmonelle *f*.

salmon pink ◇ *adj* rose saumon (*inv*). ◇ *n* rose *m* saumon.

salon ['sælɒn] *n* salon *m*.

saloon [sə'lu:n] *n* - **1.** *UK* [car] berline *f* - **2.** *US* [bar] saloon *m* - **3.** *UK* [in pub] : **~ (bar)** bar *m* - **4.** [in ship] salon *m*.

salopettes [ˌsælə'pets] *npl* combinaison *f* de ski.

salt [sɔ:lt, sɒlt] ◇ *n* sel *m* ; **the ~ of the earth** le sel de la terre ; **to rub ~ into sb's wounds** remuer OR retourner le couteau dans la plaie ; **take what he says with a pinch of ~** ne prenez pas ce qu'il dit au pied de la lettre. ◇ *comp* [food] salé(e). ◇ *vt* [food] saler ; [roads] mettre du sel sur.
◆ **salt away** *vt sep* mettre de côté.

SALT [sɔ:lt] (*abbr of* **Strategic Arms Limitation Talks/Treaty**) *n* SALT *m négociations américano-soviétiques sur la limitation des armes stratégiques.*

saltcellar, *US* **saltshaker** [-ˌʃeɪkəʳ] *n* salière *f*.

salted ['sɔ:ltɪd] *adj* salé(e).

saltpetre *UK*, **saltpeter** *US* [ˌsɔ:lt'pi:təʳ] *n* salpêtre *m*.

saltshaker *US* = saltcellar.

saltwater ['sɔ:ltˌwɔ:təʳ] ◇ *n* eau *f* de mer. ◇ *adj* de mer.

salty ['sɔ:ltɪ] (*comp* **-ier**, *superl* **-iest**) *adj* [food] salé(e) ; [water] saumâtre.

salubrious [sə'lu:brɪəs] *adj* salubre.

salutary ['sæljʊtrɪ] *adj* salutaire.

salute [sə'lu:t] ◇ *n* salut *m*. ◇ *vt* saluer. ◇ *vi* faire un salut.

Salvadorean, **Salvadorian** [ˌsælvə'dɔ:rɪən] ◇ *adj* salvadorien(enne). ◇ *n* Salvadorien *m*, -enne *f*.

salvage ['sælvɪdʒ] ◇ *n* (*U*) - **1.** [rescue of ship] sauvetage *m* - **2.** [property rescued] biens *mpl* sauvés. ◇ *vt* sauver.

salvage vessel *n* bateau *m* de sauvetage.

salvation [sæl'veɪʃn] *n* salut *m*.

Salvation Army *n* : **the ~** l'Armée *f* du Salut.

salve [sælv] *vt* : **to do sthg to ~ one's conscience** faire qqch pour avoir la conscience en paix.

salver ['sælvəʳ] *n* plateau *m*.

salvo ['sælvəʊ] (*pl* **-s** OR **-es**) *n* salve *f*.

Samaritan [sə'mærɪtn] *n* : **good ~** bon Samaritain *m*.

samba ['sæmbə] *n* samba *f*.

same [seɪm] ◇ *adj* même ; **she was wearing the ~ jumper as I was** elle portait le même pull que moi ; **at the ~ time** en même temps ; **one and the ~** un seul et même (une seule et même). ◇ *pron* : **the ~** le même (la même), les mêmes (*pl*) ; **I'll have the ~ as you** je prendrai la même chose que toi ; **she earns the ~ as I do** elle gagne autant que moi ; **to do the ~** faire de même, en faire autant ; **all** OR **just the ~** [anyway] quand même, tout de même ; **it's all the ~ to me** ça m'est égal ; **it's not the ~** ce n'est pas pareil. ◇ *adv* : **the ~** [treat, spelled] de la même manière.

sameness ['seɪmnɪs] *n pej* monotonie *f*.

Samoa [sə'məʊə] *n* Samoa *m* ; **in ~** à Samoa ; **American ~** les Samoa américaines *fpl*.

Samoan [sə'məʊən] ◇ *adj* samoan(e). ◇ *n* Samoan *m*, -e *f*.

samosa [sə'məʊsə] *n genre de brick indien aux légumes.*

sample ['sɑ:mpl] ◇ *n* échantillon *m*. ◇ *vt* - **1.** [taste] goûter - **2.** MUS faire le sampling de.

sampler ['sɑ:mpləʳ] *n* SEW modèle *m* de broderie.

sanatorium, *US* **sanitorium** (*pl* **-riums** OR **-ria** [-rɪə]) [ˌsænə'tɔ:rɪəm] *n* sanatorium *m*.

sanctify ['sæŋktɪfaɪ] (*pt & pp* **-ied**) *vt* sanctifier.

sanctimonious [ˌsæŋktɪ'məʊnjəs] *adj* moralisateur(trice).

sanction ['sæŋkʃn] ◇ *n* sanction *f*. ◇ *vt* sanctionner.
◆ **sanctions** *npl* sanctions *fpl*.

sanctity ['sæŋktətɪ] *n* sainteté *f*.

sanctuary ['sæŋktʃʊərɪ] (*pl* **-ies**) *n* - **1.** [for birds, wildlife] réserve *f* - **2.** [refuge] asile *m* - **3.** [holy place] sanctuaire *m*.

sanctum ['sæŋktəm] (*pl* **-s**) *n fig* [private place] retraite *f*.

sand [sænd] ◇ *n* sable *m*. ◇ *vt* [wood] poncer.
◆ **sands** *npl* plage *f* de sable.

sandal ['sændl] *n* sandale *f*.

sandalwood ['sændlwʊd] *n* (bois *m* de) santal *m*.

sandbag ['sændbæg] *n* sac *m* de sable.

sandbank ['sændbæŋk] *n* banc *m* de sable.

sandblast ['sændblɑ:st] *vt* décaper à la sableuse, sabler.

sandbox *US* = **sandpit**.

sandcastle ['sænd,kɑ:sl] *n* château *m* de sable.

sand dune *n* dune *f*.

sander ['sændər] *n* - **1.** [tool] ponceuse *f* - **2.** [truck] camion *m* de sablage.

sandpaper ['sænd,peɪpər] <> *n (U)* papier *m* de verre. <> *vt* poncer (au papier de verre).

sandpit *UK* ['sændpɪt], **sandbox** *US* ['sændbɒks] *n* bac *m* à sable.

sandstone ['sændstəʊn] *n* grès *m*.

sandstorm ['sændstɔ:m] *n* tempête *f* de sable.

sand trap *n US & Canada* GOLF bunker *m*, fosse *f* de sable *Québec*.

sandwich ['sænwɪdʒ] <> *n* sandwich *m*. <> *vt fig* **to be ~ed between** être (pris(e)) en sandwich entre.

sandwich board *n* panneau *m* publicitaire *(d'homme sandwich ou posé comme un tréteau)*.

sandwich course *n UK* stage *m* de formation professionnelle.

sandy ['sændɪ] (*comp* **-ier**, *superl* **-iest**) *adj* - **1.** [beach] de sable ; [earth] sableux(euse) - **2.** [sand-coloured] sable *(inv)*.

sane [seɪn] *adj* - **1.** [not mad] sain(e) d'esprit - **2.** [sensible] raisonnable, sensé(e).

sang [sæŋ] *pt* ⊳ **sing**.

sanguine ['sæŋgwɪn] *adj* optimiste.

sanitary ['sænɪtrɪ] *adj* - **1.** [method, system] sanitaire - **2.** [clean] hygiénique, salubre.

sanitary towel *UK*, **sanitary napkin** *US* *n* serviette *f* hygiénique.

sanitation [,sænɪ'teɪʃn] *n (U)* [in house] installations *fpl* sanitaires.

sanitation worker *n US* éboueur *m*.

sanitize, *UK* **-ise** ['sænɪtaɪz] *vt fig* expurger.

sanitorium *US* = **sanatorium**.

sanity ['sænətɪ] *n (U)* - **1.** [saneness] santé *f* mentale, raison *f* - **2.** [good sense] bon sens *m*.

sank [sæŋk] *pt* ⊳ **sink**.

San Marino [,sænmə'ri:nəʊ] *n* Saint-Marin *m* ; **in ~** à Saint-Marin.

San Salvador [,sæn'sælvədɔ:r] *n* San Salvador.

Sanskrit ['sænskrɪt] *n* sanskrit *m*, sanscrit *m*.

Santa (Claus) ['sæntə(,klɔ:z)] *n* le père Noël.

São Paulo [,saʊ'paʊləʊ] *n* - **1.** [city] São Paulo - **2.** [state] : **~ (State)** São Paulo *m*, l'État *m* de São Paulo ; **in ~** dans le São Paulo.

sap [sæp] <> *n* - **1.** [of plant] sève *f* - **2.** *US inf* [gullible person] nigaud *m*, -e *f*. <> *vt* (*pt & pp* **-ped**, *cont* **-ping**) [weaken] saper.

sapling ['sæplɪŋ] *n* jeune arbre *m*.

sapphire ['sæfaɪər] *n* saphir *m*.

Sarajevo [,særə'jeɪvəʊ] *n* Sarajevo.

sarcasm ['sɑ:kæzm] *n* sarcasme *m*.

sarcastic [sɑ:'kæstɪk] *adj* sarcastique.

sarcophagus [sɑ:'kɒfəgəs] (*pl* **-gi** [-gaɪ] , *pl* **-guses** [-gəsi:z]) *n* sarcophage *m*.

sardine [sɑ:'di:n] *n* sardine *f*.

Sardinia [sɑ:'dɪnjə] *n* Sardaigne *f* ; **in ~** en Sardaigne.

sardonic [sɑ:'dɒnɪk] *adj* sardonique.

Sargasso Sea [sɑ:'gæsəʊ-] *n* : **the ~** la mer des Sargasses.

sari ['sɑ:rɪ] *n* sari *m*.

sarong [sə'rɒŋ] *n* sarong *m*.

sarsaparilla [,sɑ:spə'rɪlə] *n* salsepareille *f*.

sartorial [sɑ:'tɔ:rɪəl] *adj fml* vestimentaire.

SAS (*abbr of* **Special Air Service**) *n commando d'intervention spéciale de l'armée britannique*.

SASE *see also* **self-addressed stamped envelope**.

sash [sæʃ] *n* [of cloth] écharpe *f*.

sash window *n* fenêtre *f* à guillotine.

Saskatchewan [,sæs'kætʃɪ,wən] *n* Saskatchewan *m*.

sassy ['sæsɪ] *adj US inf* culotté(e).

sat [sæt] *pt & pp* ⊳ **sit**.

Sat. (*abbr of* **Saturday**) sam.

SAT [sæt] *n* - **1.** (*abbr of* **Standard Assessment Test**) *examen national en Grande-Bretagne pour les élèves de 7 ans, 11 ans et 14 ans* - **2.** (*abbr of* **Scholastic Aptitude Test**) *examen d'entrée à l'université aux États-Unis*.

Satan ['seɪtn] *n* Satan *m*.

satanic [sə'tænɪk] *adj* satanique.

satchel ['sætʃəl] *n* cartable *m*.

sated ['seɪtɪd] *adj* [person, hunger] : **~ (with)** rassasié(e) (de).

satellite ['sætəlaɪt] <> *n* satellite *m*. <> *comp* - **1.** [link] par satellite ; **~ dish** antenne *f* parabolique - **2.** [country, company] satellite.

satellite TV *n* télévision *f* par satellite.

satiate ['seɪʃɪeɪt] *vt* [person, hunger] rassasier.

satin ['sætɪn] <> *n* satin *m*. <> *comp* [sheets, pyjamas] de *OR* en satin ; [wallpaper, finish] satiné(e).

satire ['sætaɪər] *n* satire *f*.

satirical [sə'tɪrɪkl] *adj* satirique.

satirist ['sætərɪst] *n* satiriste *mf.*

satirize, *UK* **-ise** ['sætəraɪz] *vt* faire la satire de.

satisfaction [ˌsætɪs'fækʃn] *n* satisfaction *f.*

satisfactory [ˌsætɪs'fæktərɪ] *adj* satisfaisant(e).

satisfied ['sætɪsfaɪd] *adj* **- 1.** [happy] **: ~ (with)** satisfait(e) (de) **- 2.** [convinced] **: to be ~ that** être sûr(e) que.

satisfy ['sætɪsfaɪ] (*pt & pp* **-ied**) *vt* **- 1.** [gen] satisfaire **- 2.** [convince] convaincre, persuader ; **to ~ sb that** convaincre qqn que ; **to ~ o.s. that** s'assurer que.

satisfying ['sætɪsfaɪɪŋ] *adj* satisfaisant(e).

satsuma [ˌsæt'suːmə] *n* satsuma *f.*

saturate ['sætʃəreɪt] *vt* **: to ~ sthg (with)** saturer qqch (de).

saturated fat ['sætʃəreɪtɪd-] *n* matière *f* grasse saturée.

saturation [ˌsætʃə'reɪʃn] <> *n* saturation *f.* <> *comp* [bombing] en masse.

saturation point *n* **: to reach ~** arriver à saturation *f.*

Saturday ['sætədɪ] <> *n* samedi *m* ; **it's ~** on est samedi ; **are you going ~?** *inf* tu y vas samedi? ; **see you ~!** *inf* à samedi! ; **on ~** samedi ; **on ~s** le samedi ; **last ~** samedi dernier ; **this ~** ce samedi ; **next ~** samedi prochain ; **every ~** tous les samedis ; **every other ~** un samedi sur deux ; **the ~ before** l'autre samedi ; **the ~ before last** pas samedi dernier, mais le samedi d'avant ; **the ~ after next, ~ week** *UK*, **a week on ~** *UK* samedi en huit ; **to work ~s** travailler le samedi. <> *comp* [paper] du *OR* de samedi ; **I have a ~ appointment** j'ai un rendez-vous samedi ; **~ morning/afternoon/evening** samedi matin/après-midi/soir ; **a ~ job** un petit boulot *(le samedi pour gagner de l'argent de poche).*

Saturn ['sætən] *n* [planet] Saturne *f.*

sauce [sɔːs] *n* **- 1.** CULIN sauce *f* **- 2.** *UK inf* [cheek] toupet *m.*

sauce boat *n* saucière *f.*

saucepan ['sɔːspən] *n* casserole *f.*

saucer ['sɔːsəʳ] *n* sous-tasse *f*, soucoupe *f.*

saucy ['sɔːsɪ] (*comp* **-ier**, *superl* **-iest**) *adj inf* coquin(e).

Saudi Arabia ['saʊdɪ-] *n* Arabie *f* Saoudite ; **in ~** en Arabie Saoudite.

Saudi (Arabian) ['saʊdɪ-] <> *adj* saoudien(enne). <> *n* [person] Saoudien *m*, -enne *f.*

sauna ['sɔːnə] *n* sauna *m.*

saunter ['sɔːntəʳ] *vi* flâner.

sausage ['sɒsɪdʒ] *n* saucisse *f.*

sausage roll *n UK* feuilleté *m* à la saucisse.

sauté [*UK* 'səʊteɪ, *US* səʊ'teɪ] <> *adj* sauté(e). <> *vt* (*pt & pp* **sautéed** *OR* **sautéd**) [potatoes] faire sauter ; [onions] faire revenir.

savage ['sævɪdʒ] <> *adj* [fierce] féroce. <> *n* sauvage *mf.* <> *vt* attaquer avec férocité.

savageness ['sævɪdʒnɪs], **savagery** ['sævɪdʒrɪ] *n* férocité *f.*

savanna(h) [sə'vænə] *n* savane *f.*

save [seɪv] <> *vt* **- 1.** [rescue] sauver ; **to ~ sb's life** sauver la vie à *OR* de qqn **- 2.** [money - set aside] mettre de côté ; [- spend less] économiser ; **we ~d £10 by buying in bulk** on a économisé 10 livres en achetant en grosses quantités **- 3.** [time] gagner ; [strength] économiser ; [food] garder **- 4.** [avoid] éviter, épargner ; **to ~ sb sthg** épargner qqch à qqn ; **to ~ sb from doing sthg** éviter à qqn de faire qqch **- 5.** SPORT arrêter **- 6.** COMPUT sauvegarder. <> *vi* [save money] mettre de l'argent de côté. <> *n* SPORT arrêt *m.* <> *prep fml* **~ (for)** sauf, à l'exception de.

◆ **save up** *vi* mettre de l'argent de côté.

save as you earn *n UK plan d'épargne national par prélèvements mensuels.*

saveloy ['sævəlɔɪ] *n UK* cervelas *m.*

saver ['seɪvəʳ] *n* **- 1.** [object] **: it's a money ~** ça me fait économiser de l'argent **- 2.** FIN épargnant *m*, -e *f.*

saving grace ['seɪvɪŋ-] *n* **: its ~ was...** ce qui le rachetait, c'était...

savings ['seɪvɪŋz] *npl* économies *fpl.*

savings account *n US* compte *m* d'épargne.

savings and loan association *n US* société *f* de crédit immobilier.

savings bank *n* caisse *f* d'épargne.

saviour *UK*, **savior** *US* ['seɪvjəʳ] *n* sauveur *m.*

◆ **Saviour** *n* **: the Saviour** le Sauveur.

savoir-faire [ˌsævwɑː'feəʳ] *n* savoir-vivre *m.*

savour *UK*, **savor** *US* ['seɪvəʳ] *vt lit & fig* savourer.

savoury *UK*, **savory** *US* <> *adj* **- 1.** [food] salé(e) **- 2.** [respectable] recommandable. <> *n* (*pl* **-ies**) ['seɪvərɪ] *UK* petit plat *m* salé.

Savoy [sə'vɔɪ] *n* Savoie *f* ; **in ~** en Savoie.

saw [sɔː] <> *pt* ▻ **see.** <> *n* scie *f.* <> *vt* (*UK*, *pt* **-ed**, *pp* **sawn**, *US*, *pt & pp* **-ed**) scier.

sawdust ['sɔːdʌst] *n* sciure *f* (de bois).

sawed-off shotgun *US* = **sawn-off shotgun.**

sawmill ['sɔːmɪl] *n* scierie *f*, moulin *m* à scie *Québec.*

sawn [sɔːn] *UK pp* ▻ **saw.**

sawn-off shotgun *UK*, **sawed-off shotgun** ['sɔːd-] *US n* carabine *f* à canon scié.

sax [sæks] *n inf* saxo *m*.

Saxon ['sæksn] ◇ *adj* saxon(onne). ◇ *n* Saxon *m*, -onne *f*.

saxophone ['sæksəfəʊn] *n* saxophone *m*.

saxophonist [*UK* sæk'sɒfənɪst, *US* 'sæksəfəʊnɪst] *n* saxophoniste *mf*.

say [seɪ] ◇ *vt* (*pt & pp* **said**) **- 1.** [gen] dire ; **could you ~ that again?** vous pouvez répéter ce que vous venez de dire? ; **(let's) ~ you won a lottery...** supposons que tu gagnes le gros lot... ; **it ~s a lot about him** cela en dit long sur lui ; **she's said to be...** on dit qu'elle est... ; **to ~ to o.s.** se dire ; **to ~ nothing of** sans parler de ; **that goes without ~ing** cela va sans dire ; **I'll ~ this for him...** je dois lui rendre cette justice que... ; **it has a lot to be said for it** cela a beaucoup d'avantages ; **she didn't have much to ~ for herself** *inf* elle n'avait pas grand-chose à dire **- 2.** [subj: clock, watch] indiquer. ◇ *n* : **to have a/no ~** avoir/ne pas avoir voix au chapitre ; **to have a ~ in sthg** avoir son mot à dire sur qqch ; **to have one's ~** dire ce que l'on a à dire, dire son mot.

◆ **that is to say** *adv* c'est-à-dire.

SAYE *n see also* **save as you earn**.

saying ['seɪɪŋ] *n* dicton *m*.

say-so *n inf* [permission] autorisation *f*.

SBA (*abbr of* **Small Business Administration**) *n organisme fédéral américain d'aide aux petites entreprises*.

s/c *see also* **self-contained**.

SC ◇ *n see also* **supreme court**. ◇ *see also* **South Carolina**.

scab [skæb] *n* **- 1.** [of wound] croûte *f* **- 2.** *inf pej* [non-striker] jaune *m*.

scabby ['skæbɪ] (*comp* **-ier**, *superl* **-iest**) *adj* couvert(e) de croûtes.

scabies ['skeɪbiːz] *n (U)* gale *f*.

scaffold ['skæfəʊld] *n* échafaud *m*.

scaffolding ['skæfəldɪŋ] *n* échafaudage *m*.

scalawag *US* = **scallywag**.

scald [skɔːld] ◇ *n* brûlure *f*. ◇ *vt* ébouillanter ; **to ~ one's arm** s'ébouillanter le bras.

scalding ['skɔːldɪŋ] *adj* bouillant(e).

scale [skeɪl] ◇ *n* **- 1.** [gen] échelle *f* ; **to ~** [map, drawing] à l'échelle **- 2.** [of ruler, thermometer] graduation *f* **- 3.** MUS gamme *f* **- 4.** [of fish, snake] écaille *f* **- 5.** *US* = **scales**. ◇ *vt* **- 1.** [cliff, mountain, fence] escalader **- 2.** [fish] écailler.

◆ **scales** *npl* balance *f*.

◆ **scale down** *vt insep* réduire.

scale diagram *n* plan *m* à l'échelle.

scale model *n* modèle *m* réduit.

scallion ['skæljən] *n US* [spring onion] ciboule *f*.

scallop ['skɒləp] ◇ *n* [shellfish] coquille *f* Saint-Jacques. ◇ *vt* [edge, garment] festonner.

scallywag *UK* ['skælɪwæg], **scalawag** *US* ['skæləwæg] *n inf* polisson *m*, -onne *f*.

scalp [skælp] ◇ *n* **- 1.** ANAT cuir *m* chevelu **- 2.** [trophy] scalp *m*. ◇ *vt* scalper.

scalpel ['skælpəl] *n* scalpel *m*.

scalper ['skælpər] *n US* [tout] revendeur *m* de billets.

scam [skæm] *n inf* arnaque *f*.

scamp [skæmp] *n inf* coquin *m*, -e *f*.

scamper ['skæmpəʳ] *vi* trottiner.

scampi ['skæmpɪ] *n (U)* scampi *mpl*.

scan [skæn] ◇ *n* MED scanographie *f* ; [during pregnancy] échographie *f*. ◇ *vt* (*pt & pp* **-ned**, *cont* **-ning**) **- 1.** [examine carefully] scruter **- 2.** [glance at] parcourir **- 3.** TECH balayer **- 4.** COMPUT faire un scannage de. ◇ *vi* (*pt & pp* **-ned**, *cont* **-ning**) **- 1.** LIT se scander **- 2.** COMPUT scanner.

scandal ['skændl] *n* **- 1.** [gen] scandale *m* **- 2.** [gossip] médisance *f*.

scandalize, *UK* **-ise** ['skændəlaɪz] *vt* scandaliser.

scandalous ['skændələs] *adj* scandaleux(euse).

Scandinavia [ˌskændɪ'neɪvjə] *n* Scandinavie *f* ; **in ~** en Scandinavie.

Scandinavian [ˌskændɪ'neɪvjən] ◇ *adj* scandinave. ◇ *n* [person] Scandinave *mf*.

scanner ['skænəʳ] *n* [gen & COMPUT] scanner *m*.

scant [skænt] *adj* insuffisant(e).

scanty ['skæntɪ] (*comp* **-ier**, *superl* **-iest**) *adj* [amount, resources] insuffisant(e) ; [income] maigre ; [dress] minuscule.

scapegoat ['skeɪpgəʊt] *n* bouc *m* émissaire.

scar [skɑːʳ] ◇ *n* cicatrice *f*. ◇ *vt* (*pt & pp* **-red**, *cont* **-ring**) **- 1.** [skin, face] marquer d'une cicatrice ; [landscape] défigurer **- 2.** *fig* [mentally] marquer.

scarce ['skeəs] *adj* rare, peu abondant(e) ; **to make o.s. ~** s'esquiver.

scarcely ['skeəslɪ] *adv* à peine ; **~ anyone** presque personne ; **I ~ ever go there now** je n'y vais presque OR pratiquement plus jamais.

scarcity ['skeəsətɪ] *n* manque *m*.

scare [skeəʳ] ◇ *n* **- 1.** [sudden fear] **: to give sb a ~** faire peur à qqn **- 2.** [public fear] panique *f* ; **bomb ~** alerte *f* à la bombe. ◇ *vt* faire peur à, effrayer.

◆ **scare away**, **scare off** *vt sep* faire fuir.

scarecrow ['skeəkrəʊ] *n* épouvantail *m*.

scared ['skeəd] *adj* apeuré(e) ; **to be ~** avoir peur ; **to be ~ stiff** OR **to death** être mort de peur.

scarey ['skeərɪ] = **scary**.

scarf [skɑ:f] (*pl* **-s** OR **scarves** [skɑ:vz]) *n* [wool] écharpe *f* ; [silk etc] foulard *m*.

scarlet ['skɑ:lət] ◇ *adj* écarlate. ◇ *n* écarlate *f*.

scarlet fever *n* scarlatine *f*.

scarves [skɑ:vz] *pl* ▷ **scarf**.

scary [skeərɪ] (*comp* **-ier**, *superl* **-iest**) *adj inf* qui fait peur.

scathing ['skeɪðɪŋ] *adj* [criticism] acerbe ; [reply] cinglant(e) ; **to be ~ about sb/sthg** critiquer qqn/qqch de manière acerbe.

scatter ['skætəʳ] ◇ *vt* [clothes, paper etc] éparpiller ; [seeds] semer à la volée. ◇ *vi* se disperser.

scatterbrained ['skætəbreɪnd] *adj inf* écervelé(e).

scattered ['skætəd] *adj* [wreckage, population] dispersé(e) ; [paper] éparpillé(e) ; [showers] intermittent(e).

scattering ['skætərɪŋ] *n* [small number] petit nombre *m* ; [small amount] petite quantité *f*.

scatty ['skætɪ] (*comp* **-ier**, *superl* **-iest**) *adj UK inf* écervelé(e).

scavenge ['skævɪndʒ] ◇ *vt* [object] récupérer. ◇ *vi* [person] : **to ~ for sthg** faire les poubelles pour trouver qqch.

scavenger ['skævɪndʒəʳ] *n* - **1.** [animal] animal *m* nécrophage - **2.** [person] personne *f* qui fait les poubelles.

SCE (*abbr of* **Scottish Certificate of Education**) *n certificat de fin d'études secondaires en Écosse*.

scenario [sɪ'nɑ:rɪəʊ] (*pl* **-s**) *n* - **1.** [possible situation] hypothèse *f*, scénario *m* - **2.** [of film, play] scénario *m*.

scene [si:n] *n* - **1.** [in play, film, book] scène *f* ; **to make a ~** *fig* faire une scène ; **behind the ~s** dans les coulisses - **2.** [sight] spectacle *m*, vue *f* ; [picture] tableau *m* - **3.** [location] lieu *m*, endroit *m* ; **on the ~** sur les lieux ; **a change of ~** un changement de décor - **4.** [area of activity] : **the political ~** la scène politique ; **the music ~** le monde de la musique ; **it's not my ~** *inf* ce n'est pas mon truc - **5.** *phr* **to set the ~ for sb** mettre qqn au courant de la situation ; **to set the ~ for sthg** préparer la voie à qqch.

scenery ['si:nərɪ] *n (U)* - **1.** [of countryside] paysage *m* - **2.** THEAT décor *m*, décors *mpl*.

scenic ['si:nɪk] *adj* [tour] touristique ; **a ~ view** un beau panorama.

scenic route *n* route *f* touristique.

scent [sent] ◇ *n* - **1.** [smell - of flowers] senteur *f*, parfum *m* ; [- of animal] odeur *f*, fumet *m* - **2.** *fig* [track] piste *f* - **3.** *(U)* [perfume] parfum *m*. ◇ *vt lit & fig* sentir.

scented ['sentɪd] *adj* parfumé(e).

scepter *US* = **sceptre**.

sceptic *UK*, **skeptic** *US* ['skeptɪk] *n* sceptique *mf*.

sceptical *UK*, **skeptical** *US* ['skeptɪkl] *adj* : **~ (about)** sceptique (sur).

scepticism *UK*, **skepticism** *US* ['skeptɪsɪzm] *n* scepticisme *m*.

sceptre *UK*, **scepter** *US* ['septəʳ] *n* sceptre *m*.

SCF (*abbr of* **Save the Children Fund**) *n association caritative britannique s'occupant des enfants*.

schedule [*UK* 'ʃedju:l, *US* 'skedʒʊl] ◇ *n* - **1.** [plan] programme *m*, plan *m* ; **(according) to ~** selon le programme, comme prévu ; **on ~** [at expected time] à l'heure (prévue) ; [on expected day] à la date prévue ; **ahead of/behind ~** en avance/en retard (sur le programme) - **2.** [list - of times] horaire *m* ; [- of prices] tarif *m* - **3.** *US* [calendar] calendrier *m* ; **calendar** emploi *m* du temps. ◇ *vt* : **to ~ sthg (for)** prévoir qqch (pour).

scheduled flight [*UK* 'ʃedju:ld-, *US* 'skedjʊld-] *n* vol *m* régulier.

schematic [skɪ'mætɪk] *adj* schématique.

scheme [ski:m] ◇ *n* - **1.** [plan] plan *m*, projet *m* - **2.** *pej* [dishonest plan] combine *f* - **3.** [arrangement] arrangement *m* ; **colour ~** combinaison *f* de couleurs ; **the ~ of things** l'ordre des choses. ◇ *vt pej* **to ~ to do sthg** conspirer pour faire qqch. ◇ *vi pej* conspirer.

scheming ['ski:mɪŋ] *adj* intrigant(e).

schism ['sɪzm, 'skɪzm] *n* schisme *m*.

schizophrenia [ˌskɪtsə'fri:njə] *n* schizophrénie *f*.

schizophrenic [ˌskɪtsə'frenɪk] ◇ *adj* schizophrène. ◇ *n* schizophrène *mf*.

schlepp [ʃlep] *US inf* ◇ *vt* trimbaler. ◇ *vi* : **to ~ (around)** se trimbaler.

schmal(t)z [ʃmɔ:lts] *n inf* sentimentalité *f* à la guimauve.

schmuck [ʃmʌk] *n US vulg* connard *m*.

scholar ['skɒləʳ] *n* - **1.** [expert] érudit *m*, -e *f*, savant *m*, -e *f* - **2.** *dated* [student] écolier *m*, -ère *f*, élève *mf* - **3.** [holder of scholarship] boursier *m*, -ère *f*.

scholarship ['skɒləʃɪp] *n* - **1.** [grant] bourse *f* (d'études) - **2.** [learning] érudition *f*.

scholastic [skə'læstɪk] *adj fml* scolaire.

school [sku:l] *n* - **1.** [gen] école *f* ; [secondary school] lycée *m*, collège *m* - **2.** [university department] faculté *f* - **3.** *US* [university] université *f* - **4.** [of fish] banc *m*.

school age *n* âge *m* scolaire.

schoolbook ['sku:lbʊk] *n* livre *m* scolaire *OR* de classe.

schoolboy ['sku:lbɔɪ] *n* écolier *m*, élève *m*.

schoolchild ['sku:ltʃaɪld] (*pl* **-children** [-tʃɪldrən]) *n* écolier *m*, -ère *f*, élève *mf*.

schooldays ['sku:ldeɪz] *npl* années *fpl* d'école.

school district *n US aux États-Unis, autorité locale décisionnaire dans le domaine de l'enseignement primaire et secondaire.*

school friend *n* camarade *mf* d'école.

schoolgirl ['sku:lgɜ:l] *n* écolière *f*, élève *f*.

schooling ['sku:lɪŋ] *n* instruction *f*.

schoolkid ['sku:lkɪd] *n inf* écolier *m*, -ère *f*, élève *mf*.

school-leaver [-ˌli:vəʳ] *n UK élève qui a fini ses études secondaires.*

school-leaving age [-'li:vɪŋ-] *n UK* âge *m* de fin de scolarité.

schoolmarm ['sku:lmɑ:m] *n US* institutrice *f*.

schoolmaster ['sku:lˌmɑ:stəʳ] *n* [primary] instituteur *m*, maître *m* d'école ; [secondary] professeur *m*.

schoolmistress ['sku:lˌmɪstrɪs] *n* [primary] institutrice *f*, maîtresse *f* d'école ; [secondary] professeur *m*.

school of thought *n* école *f* (de pensée).

school report *n UK* bulletin *m*.

schoolroom ['sku:lrʊm] *n* salle *f* de classe.

schoolteacher ['sku:lˌti:tʃəʳ] *n* [primary] instituteur *m*, -trice *f* ; [secondary] professeur *m*.

school uniform *n* uniforme *m* scolaire.

schoolwork ['sku:lwɜ:k] *n (U)* travail *m* scolaire *OR* de classe.

schoolyard *n US* cour *f* de récréation.

school year *n* année *f* scolaire.

schooner ['sku:nəʳ] *n* - **1.** [ship] schooner *m*, goélette *f* - **2.** *UK* [sherry glass] grand verre *m* à xérès.

sciatica [saɪ'ætɪkə] *n* sciatique *f*.

science ['saɪəns] ◇ *n* science *f*. ◇ *comp* [student] en sciences ; [degree] de *OR* ès sciences ; [course] de sciences.

science fiction *n* science-fiction *f*.

science park *n* parc *m* scientifique.

scientific [ˌsaɪən'tɪfɪk] *adj* scientifique.

scientist ['saɪəntɪst] *n* scientifique *mf*.

sci-fi [ˌsaɪ'faɪ] (*abbr of* **science fiction**) *n inf* science-fiction *f*, S.F. *f*

Scilly Isles ['sɪlɪ-], **Scillies** ['sɪlɪz] *npl* : **the ~** les îles *fpl* Sorlingues ; **in the ~** aux îles Sorlingues.

scintillating ['sɪntɪleɪtɪŋ] *adj* brillant(e).

scissors ['sɪzəz] *npl* ciseaux *mpl* ; **a pair of ~** une paire de ciseaux.

sclerosis [sklɪ'rəʊsɪs] ▷ **multiple sclerosis**.

scoff [skɒf] ◇ *vt UK inf* bouffer, boulotter. ◇ *vi* : **to ~ (at)** se moquer (de).

scold [skəʊld] *vt* gronder, réprimander.

scone [skɒn] *n* scone *m*.

scoop [sku:p] ◇ *n* - **1.** [for sugar] pelle *f* à main ; [for ice cream] cuiller *f* à glace - **2.** [of ice cream] boule *f* - **3.** [news report] exclusivité *f*, scoop *m*. ◇ *vt* [with hands] prendre avec les mains ; [with scoop] prendre avec une pelle à main.

◆ **scoop out** *vt sep* évider.

scoot [sku:t] *vi inf* filer.

scooter ['sku:təʳ] *n* - **1.** [toy] trottinette *f* - **2.** [motorcycle] scooter *m*.

scope [skəʊp] *n (U)* - **1.** [opportunity] occasion *f*, possibilité *f* - **2.** [of report, inquiry] étendue *f*, portée *f*.

scorch [skɔ:tʃ] ◇ *vt* [clothes] brûler légèrement, roussir ; [skin] brûler ; [land, grass] dessécher. ◇ *vi* roussir.

scorched earth policy [skɔ:tʃt-] *n* politique *f* de la terre brûlée.

scorcher ['skɔ:tʃəʳ] *n inf* [day] journée *f* torride.

scorching ['skɔ:tʃɪŋ] *adj inf* [day] torride ; [sun] brûlant(e).

score [skɔ:ʳ] ◇ *n* - **1.** SPORT score *m* - **2.** [in test] note *f* - **3.** *dated* [twenty] vingt - **4.** MUS partition *f* - **5.** [subject] : **on that ~** à ce sujet, sur ce point. ◇ *vt* - **1.** [goal, point etc] marquer ; **to ~ 100%** avoir 100 sur 100 - **2.** [success, victory] remporter - **3.** [cut] entailler. ◇ *vi* - **1.** SPORT marquer (un but/point *etc*) - **2.** [in an argument] : **to ~ over sb** marquer un point contre qqn.

◆ **scores** *npl* : **~s of** des tas de, plein de.

◆ **score out** *vt sep UK* barrer, rayer.

scoreboard ['skɔ:bɔ:d] *n* tableau *m*.

scorecard ['skɔ:kɑ:d] *n* carte *f* de score.

scorer ['skɔ:rəʳ] *n* marqueur *m*.

scorn [skɔ:n] ◇ *n (U)* mépris *m*, dédain *m* ; **to pour ~ on sb** accabler qqn de mépris. ◇ *vt* - **1.** [person, attitude] mépriser - **2.** [help, offer] rejeter, dédaigner.

scornful ['skɔ:nfʊl] *adj* méprisant(e) ; **to be ~ of sthg** mépriser qqch, dédaigner qqch.

Scorpio ['skɔːpɪəʊ] (*pl* **-s**) *n* Scorpion *m* ; **to be (a) ~** être Scorpion.

scorpion ['skɔːpjən] *n* scorpion *m*.

Scot [skɒt] *n* Écossais *m*, -e *f*.

scotch [skɒtʃ] *vt* [rumour] étouffer ; [plan] faire échouer.

Scotch [skɒtʃ] ◇ *adj* écossais(e). ◇ *n* scotch *m*, whisky *m*.

Scotch egg *n* UK *œuf dur enrobé de chair à saucisse et recouvert de chapelure.*

Scotch (tape)® *n* US Scotch® *m*.

scot-free *adj inf* **to get off ~** s'en tirer sans être puni(e).

Scotland ['skɒtlənd] *n* Écosse *f* ; **in ~** en Écosse.

Scotland Yard *n ancien nom du siège de la police à Londres (aujourd'hui New Scotland Yard).*

Scots [skɒts] ◇ *adj* écossais(e). ◇ *n* [dialect] écossais *m*.

Scotsman ['skɒtsmən] (*pl* **-men** [-mən]) *n* Écossais *m*.

Scotswoman ['skɒtswʊmən] (*pl* **-women** [-ˌwɪmɪn]) *n* Écossaise *f*.

Scottish ['skɒtɪʃ] *adj* écossais(e).

Scottish National Party *n parti nationaliste écossais.*

Scottish Parliament *n* Parlement *m* écossais.

The Scottish Parliament

Le Parlement écossais fut inauguré officiellement le 1er juillet 1999. Siégeant à Édimbourg, il est constitué de 129 membres (*Members of the Scottish Parliament* ou *MSPs*) dirigés par le président du Parlement (*First Minister*). Il est chargé de voter la plupart des lois en matière de politique intérieure, notamment celles concernant les impôts. En revanche, les lois concernant la politique étrangère, l'économie, la défense et les affaires européennes demeurent sous le contrôle du gouvernement britannique à Londres.

scoundrel ['skaʊndrəl] *n dated* gredin *m*.

scour [skaʊər] *vt* - **1.** [clean] récurer - **2.** [search - town etc] parcourir ; [- countryside] battre.

scourer ['skaʊrər] *n* [pad] tampon *m* à récurer ; [powder] poudre *f* à récurer.

scourge [skɜːdʒ] *n* fléau *m*.

Scouse [skaʊs] *n* UK *inf* - **1.** [person] habitant *m*, -e *f* de Liverpool - **2.** [accent] accent *m* de Liverpool.

scout [skaʊt] *n* MIL éclaireur *m*.

◆ **Scout** *n* [boy scout] Scout *m*.

◆ **scout around** *vi* : **to ~ around (for)** aller à la recherche (de).

scoutmaster ['skaʊtˌmɑːstər] *n* chef *m* scout.

scowl [skaʊl] ◇ *n* regard *m* noir, air *m* renfrogné. ◇ *vi* se renfrogner, froncer les sourcils ; **to ~ at sb** jeter des regards noirs à qqn.

SCR (*abbr of* **senior common room**) *n* UK *salle des étudiants de 3e cycle.*

scrabble ['skræbl] *vi* - **1.** [scrape] : **to ~ at sthg** gratter qqch - **2.** [feel around] : **to ~ around for sthg** tâtonner pour trouver qqch.

Scrabble® ['skræbl] *n* Scrabble® *m*.

scraggy ['skrægɪ] (*comp* **-ier**, *superl* **-iest**) *adj* décharné(e), maigre.

scram [skræm] (*pt & pp* **-med**, *cont* **-ming**) *vi inf* filer, ficher le camp.

scramble ['skræmbl] ◇ *n* [rush] bousculade *f*, ruée *f*. ◇ *vi* - **1.** [climb] : **to ~ up a hill** grimper une colline en s'aidant des mains OR à quatre pattes - **2.** [compete] : **to ~ for sthg** se disputer qqch.

scrambled eggs ['skræmbld-] *npl* œufs *mpl* brouillés.

scrambler ['skræmblər] *n* COMPUT brouilleur *m*.

scrap [skræp] ◇ *n* - **1.** [of paper, material] bout *m* ; [of information] fragment *m* ; [of conversation] bribe *f* ; **it won't make a ~ of difference** cela ne changera absolument rien - **2.** [metal] ferraille *f* - **3.** *inf* [fight, quarrel] bagarre *f*. ◇ *vt* (*pt & pp* **-ped**, *cont* **-ping**) [car] mettre à la ferraille ; [plan, system] abandonner, laisser tomber.

◆ **scraps** *npl* [food] restes *mpl*.

scrapbook ['skræpbʊk] *n* album *m* (*de coupures de journaux etc*).

scrap dealer *n* ferrailleur *m*, marchand *m* de ferraille.

scrape [skreɪp] ◇ *n* - **1.** [scraping noise] raclement *m*, grattement *m* - **2.** *inf dated* [difficult situation] : **to get into a ~** se fourrer dans le pétrin. ◇ *vt* - **1.** [clean, rub] gratter, racler ; **to ~ sthg off sthg** enlever qqch de qqch en grattant OR raclant - **2.** [surface, car, skin] érafler. ◇ *vi* gratter.

◆ **scrape through** *vt insep* réussir de justesse.

◆ **scrape together**, **scrape up** *vt sep* : **to ~ some money together** réunir de l'argent en raclant les fonds de tiroirs.

scraper ['skreɪpər] *n* grattoir *m*, racloir *m*.

scrap heap *n* tas *m* de ferraille ; **on the ~** *fig* au rebut, au placard.

scrapings ['skreɪpɪŋz] *npl* raclures *fpl*.

scrap merchant *n* *UK* ferrailleur *m*, marchand *m* de ferraille.

scrap metal *n* ferraille *f*.

scrap paper *UK*, **scratch paper** *US* *n* (papier *m*) brouillon *m*.

scrappy ['skræpɪ] (*comp* **-ier**, *superl* **-iest**) *adj* **- 1.** [work, speech] décousu(e) **- 2.** *US* *inf* [feisty] bagarreur (euse).

scrapyard ['skræpjɑ:d] *n* parc *m* à ferraille.

scratch [skrætʃ] ◇ *n* **- 1.** [wound] égratignure *f*, éraflure *f* **- 2.** [on glass, paint etc] éraflure *f* **- 3.** *phr* **to be up to ~** être à la hauteur ; **to do sthg from ~** faire qqch à partir de rien. ◇ *vt* **- 1.** [wound] écorcher, égratigner **- 2.** [mark - paint, glass etc] rayer, érafler **- 3.** [rub] gratter ; **to ~ o.s.** se gratter **- 4.** SPORT [cancel] annuler. ◇ *vi* gratter ; [person] se gratter.

scratch card *n* carte *f* à gratter.

scratchpad ['skrætʃpæd] *n* *US* bloc-notes *m*.

scratch paper *US* = scrap paper.

scratchy ['skrætʃɪ] (*comp* **-ier**, *superl* **-iest**) *adj* **- 1.** [record] qui grésille, qui craque **- 2.** [material] qui gratte.

scrawl [skrɔ:l] ◇ *n* griffonnage *m*, gribouillage *m*. ◇ *vt* griffonner, gribouiller.

scrawny ['skrɔ:nɪ] (*comp* **-ier**, *superl* **-iest**) *adj* [person] efflanqué(e) ; [body, animal] décharné(e).

scream [skri:m] ◇ *n* **- 1.** [cry] cri *m* perçant, hurlement *m* ; [of laughter] éclat *m* **- 2.** *inf* [funny person] : **he's a ~** il est tordant. ◇ *vt* hurler. ◇ *vi* [cry out] crier, hurler.

scree [skri:] *n* éboulis *m*.

screech [skri:tʃ] ◇ *n* **- 1.** [cry] cri *m* perçant **- 2.** [of tyres] crissement *m*. ◇ *vt* hurler. ◇ *vi* **- 1.** [cry out] pousser des cris perçants **- 2.** [tyres] crisser.

screen [skri:n] ◇ *n* **- 1.** [gen] écran *m* **- 2.** [panel] paravent *m*. ◇ *vt* **- 1.** CIN projeter, passer ; TV téléviser, passer **- 2.** [hide] cacher, masquer **- 3.** [shield] protéger **- 4.** [candidate, employee] passer au crible, filtrer **- 5.** MED : **to ~ sb for sthg** faire subir à qqn un test de dépistage pour qqch.

◆ **screen off** *vt sep* séparer par un paravent.

screen break *n* COMPUT pause *f*.

screen door *n* porte *f* avec moustiquaire.

screen dump *n* COMPUT vidage *m* d'écran.

screening ['skri:nɪŋ] *n* **- 1.** CIN projection *f* ; TV passage *m* à la télévision **- 2.** [for security] sélection *f*, tri *m* **- 3.** MED dépistage *m*.

screenplay ['skri:npleɪ] *n* scénario *m*.

screen print *n* sérigraphie *f*.

screen saver *n* COMPUT économiseur *m* (d'écran).

screenshot ['skri:nʃɑt] *n* copie *f* d'écran ; capture *f* d'écran.

screen test *n* bout *m* d'essai.

screenwriter ['skri:nˌraɪtəʳ] *n* scénariste *mf*.

screw [skru:] ◇ *n* [for fastening] vis *f*. ◇ *vt* **- 1.** [fix with screws] : **to ~ sthg to sthg** visser qqch à OR sur qqch **- 2.** [twist] visser **- 3.** *vulg* [woman] baiser. ◇ *vi* [bolt, lid] se visser.

◆ **screw up** *vt sep* **- 1.** [crumple up] froisser, chiffonner **- 2.** [eyes] plisser ; [face] tordre **- 3.** *v inf* [ruin] gâcher, bousiller.

screwball ['skru:bɔ:l] *n* *US* *inf* [person] cinglé *m*, -e *f*.

screwdriver ['skru:ˌdraɪvəʳ] *n* [tool] tournevis *m*.

screwtop jar ['skru:tɒp-] *n* pot *m* à couvercle à pas de vis.

screwy ['skru:ɪ] *adj* *US* *inf* fou (folle), cinglé(e).

scribble ['skrɪbl] ◇ *n* gribouillage *m*, griffonnage *m*. ◇ *vt* & *vi* gribouiller, griffonner.

scribe [skraɪb] *n* scribe *m*.

scrimp [skrɪmp] *vi* : **to ~ and save** économiser OR lésiner sur tout.

script [skrɪpt] *n* **- 1.** [of play, film etc] scénario *m*, script *m* **- 2.** [writing system] écriture *f* **- 3.** [handwriting] (écriture *f*) script *m*.

scripted ['skrɪptɪd] *adj* préparé(e) à l'avance.

Scriptures ['skrɪptʃəz] *npl* : **the ~** les (saintes) Écritures *fpl*.

scriptwriter ['skrɪptˌraɪtəʳ] *n* scénariste *mf*.

scroll [skrəʊl] ◇ *n* rouleau *m*. ◇ *vt* COMPUT faire défiler.

◆ **scroll down** *vi* COMPUT défiler vers le bas.

◆ **scroll up** *vi* COMPUT défiler vers le haut.

scroll bar *n* COMPUT barre *f* de défilement.

scrooge [skru:dʒ] *n* *inf* *pej* grippe-sou *m*.

scrotum ['skrəʊtəm] (*pl* **-ta** [-tə] , *pl* **-tums**) *n* scrotum *m*.

scrounge [skraʊndʒ] *inf* ◇ *vt* : **to ~ money off sb** taper qqn ; **can I ~ a cigarette off you?** je peux te piquer une cigarette? ◇ *vi* faire le parasite ; **to ~ off sb** *UK* vivre aux crochets de qqn.

scrounger ['skraʊndʒəʳ] *n* *inf* parasite *m*.

scrub [skrʌb] ◇ *n* **- 1.** [rub] : **to give sthg a ~** nettoyer qqch à la brosse **- 2.** *(U)* [undergrowth] broussailles *fpl*. ◇ *vt* (*pt* & *pp* **-bed**, *cont* **-bing**) [floor, clothes etc] laver OR nettoyer à la brosse ; [hands, back] frotter ; [saucepan] récurer.

scrubbing brush *UK* ['skrʌbɪŋ-], **scrub brush** *US* *n* brosse *f* dure.

scruff [skrʌf] *n* : **by the ~ of the neck** par la peau du cou.

scruffy ['skrʌfɪ] (*comp* **-ier**, *superl* **-iest**) *adj* mal soigné(e), débraillé(e).

scrum(mage) ['skrʌm(ɪdʒ)] *n* RUGBY mêlée *f*.

scrumptious ['skrʌmpʃəs] *adj inf* délicieux(euse), fameux(euse).

scrunch [skrʌntʃ] ◇ *vt* écraser, faire craquer. ◇ *vi* craquer, crisser.

scrunchie, **scrunchy** ['skrʌntʃɪ] *n* chouchou *m*.

scruples ['skru:plz] *npl* scrupules *mpl*.

scrupulous ['skru:pjʊləs] *adj* scrupuleux(euse).

scrupulously ['skru:pjʊləslɪ] *adv* scrupuleusement ; **~ clean** d'une propreté méticuleuse ; **~ honest** d'une honnêteté scrupuleuse.

scrutinize, *UK* **-ise** ['skru:tɪnaɪz] *vt* scruter, examiner attentivement.

scrutiny ['skru:tɪnɪ] *n (U)* examen *m* attentif.

scuba diving ['sku:bə-] *n* plongée *f* sous-marine *(avec bouteilles)*.

scud [skʌd] (*pt & pp* **-ded**, *cont* **-ding**) *vi lit* [clouds] courir.

scuff [skʌf] *vt* **- 1.** [damage] érafler **- 2.** [drag] : **to ~ one's feet** traîner les pieds.

scuffle ['skʌfl] ◇ *n* bagarre *f*, échauffourée *f*. ◇ *vi* se bagarrer, se battre.

scull [skʌl] ◇ *n* aviron *m*. ◇ *vi* ramer.

scullery ['skʌlərɪ] (*pl* **-ies**) *n* arrière-cuisine *f*.

sculpt [skʌlpt] *vt* sculpter.

sculptor ['skʌlptəʳ] *n* sculpteur *m*, -eur(e) *f* OR -trice *f*.

sculpture ['skʌlptʃəʳ] ◇ *n* sculpture *f*. ◇ *vt* sculpter.

scum [skʌm] *n* **- 1.** *(U)* [froth] écume *f*, mousse *f* **- 2.** *v inf pej* [person] salaud *m* **- 3.** *(U) v inf pej* [people] déchets *mpl*.

scupper ['skʌpəʳ] *vt* **- 1.** NAUT couler **- 2.** *UK fig* [plan] saboter, faire tomber à l'eau.

scurf [skɜ:f] *n (U)* pellicules *fpl*.

scurrilous ['skʌrələs] *adj* calomnieux(euse).

scurry ['skʌrɪ] (*pt & pp* **-ied**) *vi* se précipiter ; **to ~ away** OR **off** se sauver, détaler.

scurvy ['skɜ:vɪ] *n* scorbut *m*.

scuttle ['skʌtl] ◇ *n* seau *m* à charbon. ◇ *vi* courir précipitamment OR à pas précipités.

scythe [saɪð] ◇ *n* faux *f*. ◇ *vt* faucher.

SD *see also* **South Dakota**.

SDI (*abbr of* **Strategic Defense Initiative**) *n* IDS *f*.

SDLP (*abbr of* **Social Democratic and Labour Party**) *n parti travailliste d'Irlande du Nord.*

SDP (*abbr of* **Social Democratic Party**) *n parti social-démocrate en Grande-Bretagne.*

SE (*abbr of* **south-east**) S-E.

sea [si:] ◇ *n* **- 1.** [gen] mer *f* ; **at ~** en mer ; **by ~** par mer ; **by the ~** au bord de la mer ; **out to ~** au large **- 2.** *phr* **to be all at ~** nager complètement **- 3.** *fig* [large number] multitude *f*. ◇ *comp* [voyage] en mer ; [animal] marin(e), de mer.

◆ **seas** *npl* : **the ~s** les mers *fpl*.

sea air *n* air *m* marin OR de la mer.

sea anemone *n* anémone *f* de mer.

seabed ['si:bed] *n* : **the ~** le fond de la mer.

seabird ['si:bɜ:d] *n* oiseau *m* marin OR de mer.

seaboard ['si:bɔ:d] *n* littoral *m*, côte *f*.

sea breeze *n* brise *f* de mer.

seafaring ['si:ˌfeərɪŋ] *adj* [nation] maritime ; **a ~ man** un marin.

seafood ['si:fu:d] *n (U)* fruits *mpl* de mer.

seafront ['si:frʌnt] *n* front *m* de mer.

seagoing ['si:ˌgəʊɪŋ] *adj* [boat] de mer.

seagull ['si:gʌl] *n* mouette *f*.

seahorse ['si:hɔ:s] *n* hippocampe *m*.

seal [si:l] ◇ *n* (*pl* **seal** OR **-s**) **- 1.** [animal] phoque *m* **- 2.** [official mark] cachet *m*, sceau *m* ; **~ of approval** approbation *f* ; **to put** OR **set the ~ on sthg** sceller qqch **- 3.** [official fastening] cachet *m* **- 4.** [TECH - device] joint *m* d'étanchéité ; [- join] joint *m* étanche. ◇ *vt* **- 1.** [envelope] coller, fermer **- 2.** [document, letter] sceller, cacheter **- 3.** [block off] obturer, boucher.

◆ **seal off** *vt sep* [area, entrance] interdire l'accès de.

sealable ['si:lɪbl] *adj* qui peut être fermé(e) hermétiquement.

sea lane *n* couloir *m* maritime.

sealant ['si:lənt] *n* enduit *m* étanche.

sea level *n* niveau *m* de la mer.

sealing wax ['si:lɪŋ-] *n* cire *f* à cacheter.

sea lion (*pl* **sea lion** OR **-s**) *n* otarie *f*.

sealskin ['si:lskɪn] *n* peau *f* de phoque.

seam [si:m] *n* **- 1.** SEW couture *f* ; **to be bursting at the ~s** *fig* être plein à craquer **- 2.** [of coal] couche *f*, veine *f*.

seaman ['si:mən] (*pl* **-men** [-mən]) *n* marin *m*.

seamanship ['si:mənʃɪp] *n* habileté *f* de marin.

sea mist *n* brume *f* de mer.

seamless ['si:mlɪs] *adj* - **1.** SEW sans coutures - **2.** *fig* [faultless] parfait(e), irréprochable.

seamstress ['semstrɪs] *n* couturière *f*.

seamy ['si:mɪ] (*comp* **-ier**, *superl* **-iest**) *adj* sordide.

séance ['seɪɒns] *n* séance *f* de spiritisme.

seaplane ['si:pleɪn] *n* hydravion *m*.

seaport ['si:pɔ:t] *n* port *m* de mer.

search [sɜ:tʃ] <> *n* [of person, luggage, house] fouille *f* ; [for lost person, thing] recherche *f*, recherches *fpl* ; **~ for** recherche de ; **in ~ of** à la recherche de. <> *vt* [house, area, person] fouiller ; [memory, mind, drawer] fouiller dans ; **to ~ one's bag/pocket for sthg** fouiller dans son sac/sa poche pour essayer de retrouver qqch ; **to ~ a house/an area for sthg** fouiller une maison/un quartier pour essayer de retrouver qqch. <> *vi* : **to ~ (for sb/sthg)** chercher (qqn/qqch).

◆ **search out** *vt sep* découvrir.

search engine *n* COMPUT moteur *m* de recherche.

searcher ['sɜ:tʃəʳ] *n* chercheur *m*, -euse *f*.

searching ['sɜ:tʃɪŋ] *adj* [question] poussé(e), approfondi(e) ; [look] pénétrant(e) ; [review, examination] minutieux(euse).

searchlight ['sɜ:tʃlaɪt] *n* projecteur *m*.

search party *n* équipe *f* de secours.

search warrant *n* mandat *m* de perquisition.

searing ['sɪərɪŋ] *adj* - **1.** [pain] fulgurant(e) ; [heat] torride - **2.** *fig* [exposure, attack] virulent(e).

sea salt *n* sel *m* marin OR de mer.

seashell ['si:ʃel] *n* coquillage *m*.

seashore ['si:ʃɔ:ʳ] *n* : **the ~** le rivage, la plage.

seasick ['si:sɪk] *adj* : **to be** OR **feel ~** avoir le mal de mer.

seaside ['si:saɪd] *n* : **the ~** le bord de la mer.

seaside resort *n* station *f* balnéaire.

season ['si:zn] <> *n* - **1.** [gen] saison *f* ; **in ~** [food] de saison ; **out of ~** [holiday] hors saison ; [food] hors de saison - **2.** [of films] cycle *m*. <> *vt* assaisonner, relever.

seasonal ['si:zənl] *adj* saisonnier(ère).

seasoned ['si:znd] *adj* [traveller, campaigner] chevronné(e), expérimenté(e) ; [soldier] aguerri(e).

seasoning ['si:znɪŋ] *n* assaisonnement *m*.

season ticket *n* carte *f* d'abonnement.

seat [si:t] <> *n* - **1.** [gen] siège *m* ; [in theatre] fauteuil *m* ; **take a ~!** asseyez-vous! - **2.** [place to sit - in bus, train] place *f* - **3.** [of trousers] fond *m*. <> *vt* - **1.** [sit down] faire asseoir, placer ; **please be ~ed** veuillez vous asseoir ; **to ~ o.s.** s'asseoir - **2.** [have room for] : **the car ~s five** on tient à cinq dans cette voiture ; **the hall ~s 200** il y a 200 places assises dans cette salle.

seat belt *n* ceinture *f* de sécurité.

seated ['si:tɪd] *adj* assis(e).

-seater ['si:təʳ] *suffix* : **a two~ (car)** une voiture à deux places.

seating ['si:tɪŋ] <> *n* (*U*) [capacity] sièges *mpl*, places *fpl* (assises). <> *comp* [plan] de table ; **~ capacity** nombre *m* de places assises.

SEATO ['si:təʊ] (*abbr of* **Southeast Asia Treaty Organization**) *n* OTASE *f*.

sea urchin *n* oursin *m*.

seawall [ˌsi:'wɔ:l] *n* digue *f*.

seawater ['si:ˌwɔ:təʳ] *n* eau *f* de mer.

seaweed ['si:wi:d] *n* (*U*) algue *f*.

seaworthy ['si:ˌwɜ:ðɪ] *adj* en bon état de navigabilité.

sebaceous [sɪ'beɪʃəs] *adj* sébacé(e).

sec. *see also* **second**.

SEC (*abbr of* **Securities and Exchange Commission**) *n* *commission américaine des opérations de Bourse*, ≃ COB *f*.

secateurs [ˌsekə'tɜ:z] *npl* *UK* sécateur *m*.

secede [sɪ'si:d] *vi fml* **to ~ (from)** se séparer (de), faire sécession (de).

secession [sɪ'seʃn] *n fml* sécession *f*.

secluded [sɪ'klu:dɪd] *adj* retiré(e), écarté(e).

seclusion [sɪ'klu:ʒn] *n* solitude *f*, retraite *f*.

second[1] ['sekənd] <> *n* - **1.** [gen] seconde *f* ; **wait a ~!** une seconde!, (attendez) un instant! ; **~ (gear)** seconde - **2.** *UK* UNIV ≃ licence *f* avec mention assez bien. <> *num* deuxième, second(e) ; **his score was ~ only to hers** il n'y a qu'elle qui ait fait mieux que lui OR qui l'ait surpassé, *see also* **sixth**. <> *vt* [proposal, motion] appuyer.

◆ **seconds** *npl* - **1.** COMM articles *mpl* de second choix - **2.** [of food] rabiot *m*.

second[2] [sɪ'kɒnd] *vt UK* [employee] affecter temporairement.

secondary ['sekəndrɪ] *adj* secondaire ; **to be ~ to** être moins important(e) que.

secondary modern *n UK* ≃ collège *m*.

secondary picketing *n UK* (*U*) piquets *mpl* de grève de solidarité.

secondary school *n UK* école *f* secondaire, lycée *m*.

second best ['sekənd-] *adj* deuxième ; **to come off ~** se faire battre, perdre ; **don't settle for ~** ne choisis que ce qu'il y a de mieux.

second-class ['sekənd-] *adj* - **1.** *pej* [citizen] de deuxième zone ; [product] de second choix

- **2.** [ticket] de seconde *OR* deuxième classe - **3.** [stamp] à tarif réduit - **4.** *UK* UNIV [degree] ≃ avec mention assez bien.

second cousin ['sekənd-] *n* petit cousin *m*, petite cousine *f*.

second-degree burn ['sekənd-] *n* brûlure *f* du deuxième degré.

seconder ['sekəndər] *n personne qui appuie une proposition.*

second floor ['sekənd-] *n UK* troisième étage *m* ; *US* deuxième étage.

second-guess ['sekənd-] *vt esp US inf* - **1.** [with hindsight] juger avec le recul - **2.** [predict] anticiper, prévoir.

second-hand ['sekənd-] ◇ *adj* - **1.** [goods, shop] d'occasion - **2.** *fig* [information] de seconde main. ◇ *adv* - **1.** [not new] d'occasion - **2.** *fig* [indirectly] : **to hear sthg ~** apprendre qqch de seconde main *OR* indirectement.

second hand ['sekənd-] *n* [of clock] trotteuse *f*.

second-in-command ['sekənd-] *n* commandant *m* en second.

secondly ['sekəndlɪ] *adv* deuxièmement, en second lieu.

secondment [sɪ'kɒndmənt] *n UK* affectation *f* temporaire.

second nature ['sekənd-] *n* seconde nature *f*.

second-rate ['sekənd-] *adj pej* de deuxième ordre, médiocre.

second thought ['sekənd-] *n* : **to have ~s about sthg** avoir des doutes sur qqch ; **on ~s** *UK*, **on ~** *US* réflexion faite, tout bien réfléchi.

secrecy ['si:krəsɪ] *n (U)* secret *m*.

secret ['si:krɪt] ◇ *adj* secret(ète). ◇ *n* secret *m* ; **in ~** en secret.

secret agent *n* agent *m* secret.

secretarial [ˌsekrə'teərɪəl] *adj* [course, training] de secrétariat, de secrétaire ; **~ staff** secrétaires *mpl*.

secretariat [ˌsekrə'teərɪət] *n* secrétariat *m*.

secretary [*UK* 'sekrətrɪ, *US* 'sekrəˌterɪ] (*pl* **-ies**) *n* - **1.** [gen] secrétaire *mf* - **2.** POL [minister] ministre *mf*.

secretary-general (*pl* **secretaries-general**) *n* secrétaire *m* général.

Secretary of State *n* - **1.** *UK* **~ (for)** ministre *m* (de) - **2.** *US* ≃ ministre *m* des Affaires étrangères.

secrete [sɪ'kri:t] *vt* - **1.** [produce] sécréter - **2.** *fml* [hide] cacher.

secretion [sɪ'kri:ʃn] *n* sécrétion *f*.

secretive ['si:krətɪv] *adj* secret(ète), dissimulé(e).

secretly ['si:krɪtlɪ] *adv* secrètement.

secret police *n* police *f* secrète.

secret service *n* [in UK] ≃ Deuxième Bureau *m* ; [in US] *service de protection du président, du vice-président et de leur famille.*

sect [sekt] *n* secte *f*.

sectarian [sek'teərɪən] *adj* [killing, violence] d'ordre religieux.

section ['sekʃn] ◇ *n* - **1.** [portion - gen] section *f*, partie *f* ; [- of road, pipe] tronçon *m* ; [- of document, law] article *m* ; **the sports ~** PRESS la rubrique des sports - **2.** GEOM coupe *f*, section *f*. ◇ *vt* sectionner.

sector ['sektər] *n* secteur *m*.

secular ['sekjʊlər] *adj* [life] séculier(ère) ; [education] laïque ; [music] profane.

secure [sɪ'kjʊər] ◇ *adj* - **1.** [fixed - gen] fixe ; [- windows, building] bien fermé(e) - **2.** [safe - job, future] sûr(e) ; [- valuable object] en sécurité, en lieu sûr - **3.** [free of anxiety - childhood] sécurisant(e) ; [- marriage] solide ; **to feel ~** se sentir en sécurité. ◇ *vt* - **1.** [obtain] obtenir - **2.** [fasten - gen] attacher ; [- door, window] bien fermer - **3.** [make safe] assurer la sécurité de.

securely [sɪ'kjʊəlɪ] *adv* [fixed, locked] solidement, bien.

security [sɪ'kjʊərətɪ] ◇ *n* (*pl* **-ies**) sécurité *f*. ◇ *comp* de sécurité.

◆ **securities** *npl* FIN titres *mpl*, valeurs *fpl*.

security blanket *n* doudou *m*.

Security Council *n* : **the ~** le Conseil de Sécurité.

security forces *npl* forces *fpl* de sécurité.

security gate *n* [at airport] portique *m*.

security guard *n* garde *m* de sécurité.

security risk *n personne qui présente un risque pour la sécurité nationale ou d'une organisation.*

secy (*abbr of* **secretary**) secr.

sedan [sɪ'dæn] *n US* berline *f*.

sedan chair *n* chaise *f* à porteurs.

sedate [sɪ'deɪt] ◇ *adj* posé(e), calme. ◇ *vt* donner un sédatif à.

sedation [sɪ'deɪʃn] *n (U)* sédation *f* ; **under ~** sous calmants.

sedative ['sedətɪv] ◇ *adj* sédatif(ive). ◇ *n* sédatif *m*, calmant *m*.

sedentary ['sedntrɪ] *adj* sédentaire.

sediment ['sedɪmənt] *n* sédiment *m*, dépôt *m*.

sedition [sɪ'dɪʃn] *n* sédition *f*.

seditious [sɪ'dɪʃəs] *adj* séditieux(euse).

seduce [sɪ'dju:s] *vt* séduire ; **to ~ sb into doing sthg** amener *OR* entraîner qqn à faire qqch.

seduction [sɪ'dʌkʃn] *n* séduction *f*.

seductive [sɪ'dʌktɪv] *adj* séduisant(e).

see [si:] (*pt* **saw**, *pp* **seen**) ◇ *vt* - **1.** [gen] voir ; **~ you!** au revoir! ; **~ you soon/later/tomorrow!** *etc* à bientôt/tout à l'heure/demain! *etc* ; **I'll ~ what I can do** je vais voir ce que je peux faire - **2.** [accompany] : **I saw her to the door** je l'ai accompagnée *OR* reconduite jusqu'à la porte ; **I saw her onto the train** je l'ai accompagnée au train - **3.** [like] : **what do you ~ in him?** qu'est-ce que tu lui trouves? - **4.** [make sure] : **to ~ (that)...** s'assurer que... ◇ *vi* voir ; **you ~,...** voyez-vous,... ; **I ~** je vois, je comprends ; **let's ~, let me ~** voyons, voyons voir.

◆ **seeing as, seeing that** *conj inf* vu que, étant donné que.

◆ **see about** *vt insep* [arrange] s'occuper de.

◆ **see off** *vt sep* - **1.** [say goodbye to] accompagner (pour dire au revoir) - **2.** *UK* [chase away] faire partir *OR* fuir.

◆ **see through** ◇ *vt insep* [scheme] voir clair dans ; **to ~ through sb** voir dans le jeu de qqn. ◇ *vt sep* [deal, project] mener à terme, mener à bien.

◆ **see to** *vt insep* s'occuper de, se charger de.

seed [si:d] *n* - **1.** [of plant] graine *f* - **2.** SPORT : **fifth ~** joueur classé cinquième *m*, joueuse classée cinquième *f*.

◆ **seeds** *npl fig* germes *mpl*, semences *fpl*.

seedless ['si:dlɪs] *adj* sans pépins.

seedling ['si:dlɪŋ] *n* jeune plant *m*, semis *m*.

seedy ['si:dɪ] (*comp* **-ier**, *superl* **-iest**) *adj* miteux(euse).

seek [si:k] (*pt & pp* **sought**) *vt* - **1.** [gen] chercher ; [peace, happiness] rechercher ; **to ~ to do sthg** chercher à faire qqch ; **to ~ revenge** chercher à se venger - **2.** [advice, help] demander.

◆ **seek out** *vt sep* chercher.

seem [si:m] ◇ *vi* sembler, paraître ; **to ~ bored** avoir l'air de s'ennuyer ; **to ~ sad/tired** avoir l'air triste/fatigué ; **I ~ to remember...** je crois me rappeler... ◇ *impers vb* : **it ~s (that)...** il semble *OR* paraît que...

seeming ['si:mɪŋ] *adj fml* apparent(e).

seemingly ['si:mɪŋlɪ] *adv* apparemment.

seemly ['si:mlɪ] (*comp* **-ier**, *superl* **-iest**) *adj dated & lit* convenable.

seen [si:n] *pp* ▷ **see**.

seep [si:p] *vi* suinter.

seersucker ['sɪə,sʌkər] *n* crépon *m* de coton.

seesaw ['si:sɔ:] *n* bascule *f*.

seethe [si:ð] *vi* - **1.** [person] bouillir, être furieux(euse) - **2.** [place] : **to be seething with** grouiller de.

seething ['si:ðɪŋ] *adj* [furious] furieux(euse).

see-through *adj* transparent(e).

segment ['segmənt] *n* - **1.** [section] partie *f*, section *f* - **2.** [of fruit] quartier *m*.

segregate ['segrɪgeɪt] *vt* séparer.

segregation [,segrɪ'geɪʃn] *n* ségrégation *f*.

Seine [seɪn] *n* : **the (River) ~** la Seine.

seismic ['saɪzmɪk] *adj* sismique.

seize [si:z] *vt* - **1.** [grab] saisir, attraper - **2.** [capture] s'emparer de, prendre - **3.** [arrest] arrêter - **4.** *fig* [opportunity, chance] saisir, sauter sur.

◆ **seize (up)on** *vt insep* saisir, sauter sur.

◆ **seize up** *vi* - **1.** [body] s'ankyloser - **2.** [engine, part] se gripper.

seizure ['si:ʒər] *n* - **1.** MED crise *f*, attaque *f* - **2.** *(U)* [of town] capture *f* ; [of power] prise *f*.

seldom ['seldəm] *adv* peu souvent, rarement.

select [sɪ'lekt] ◇ *adj* - **1.** [carefully chosen] choisi(e) - **2.** [exclusive] de premier ordre, d'élite. ◇ *vt* sélectionner, choisir.

select committee *n UK* commission *f* d'enquête.

selected [sɪ'lektɪd] *adj* choisi(e).

selection [sɪ'lekʃn] *n* sélection *f*, choix *m*.

selective [sɪ'lektɪv] *adj* sélectif(ive) ; [person] difficile.

selector [sɪ'lektər] *n* [person] sélectionneur *m*, -euse *f*.

self [self] (*pl* **selves** [selvz]) *n* moi *m* ; **she's her old ~ again** elle est redevenue elle-même.

self- [self] *prefix* auto-.

self-addressed envelope [-ə'drest-] *n* enveloppe *f* portant ses propres nom et adresse.

self-addressed stamped envelope [-ə'drest-] *n US* enveloppe *f* affranchie pour la réponse.

self-adhesive *adj* autocollant(e).

self-appointed [-ə'pɔɪntɪd] *adj pej* **she's the ~ leader** elle se pose en chef.

self-assembly *adj UK* qu'on monte *OR* assemble soi-même.

self-assertive *adj* qui sait s'affirmer.

self-assurance *n* confiance *f* en soi, assurance *f*.

self-assured *adj* sûr(e) de soi, plein(e) d'assurance.

self-catering *adj UK* [holiday - in house] en maison louée ; [- in flat] en appartement loué.

self-centred *UK*, **self-centered** *US* [-'sentəd] *adj* égocentrique.

self-cleaning *adj* autonettoyant(e).

self-coloured *UK*, **self-colored** *US* *adj* uni(e).

self-confessed [-kən'fest] *adj* de son propre aveu.

self-confident *adj* sûr(e) de soi, plein(e) d'assurance.

self-conscious *adj* timide, embarrassé(e).

self-contained [-kən'teɪnd] *adj* [flat] indépendant(e), avec entrée particulière ; [person] qui se suffit à soi-même.

self-control *n* maîtrise *f* de soi.

self-controlled *adj* maître (maîtresse) de soi.

self-defence *UK*, **self-defense** *US* *n* autodéfense *f* ; **in ~** LAW en légitime défense ; [reply] pour sa défense.

self-denial *n* abnégation *f*.

self-destruct [-dɪs'trʌkt] ◇ *adj* autodestructeur(trice). ◇ *vi* s'autodétruire.

self-determination *n* autodétermination *f*.

self-discipline *n* autodiscipline *f*.

self-doubt *n* manque *m* de confiance en soi.

self-drive *adj* *UK* sans chauffeur.

self-educated *adj* autodidacte.

self-effacing [-ɪ'feɪsɪŋ] *adj* qui cherche à s'effacer.

self-employed [-ɪm'plɔɪd] *adj* qui travaille à son propre compte.

self-esteem *n* respect *m* de soi, estime *f* de soi.

self-evident *adj* qui va de soi, évident(e).

self-explanatory *adj* évident(e), qui ne nécessite pas d'explication.

self-expression *n* libre expression *f*.

self-focusing [-'fəʊkəsɪŋ] *adj* autofocus *(inv)*, à mise au point automatique.

self-government *n* autonomie *f*.

self-help *n (U)* initiative *f* personnelle.

self-important *adj* suffisant(e).

self-imposed [-ɪm'pəʊzd] *adj* que l'on s'impose à soi-même.

self-indulgent *adj* ***pej*** [person] qui ne se refuse rien ; [film, book, writer] nombriliste.

self-inflicted [-ɪn'flɪktɪd] *adj* que l'on s'inflige à soi-même, volontaire.

self-interest *n (U)* ***pej*** intérêt *m* personnel.

selfish ['selfɪʃ] *adj* égoïste.

selfishness ['selfɪʃnɪs] *n* égoïsme *m*.

selfless ['selflɪs] *adj* désintéressé(e).

self-locking [-'lɒkɪŋ] *adj* à fermeture automatique.

self-made *adj* : **~ man** self-made-man *m*.

self-medication *n* automédication *f*.

self-opinionated *adj* opiniâtre.

self-perpetuating [-pə'petʃʊeɪtɪŋ] *adj* qui se perpétue indéfiniment.

self-pity *n* apitoiement *m* sur soi-même.

self-portrait *n* autoportrait *m*.

self-possessed *adj* maître (maîtresse) de soi.

self-proclaimed [-prə'kleɪmd] *adj* ***pej*** soi-disant *(inv)*, prétendu(e).

self-raising flour *UK* [-ˌreɪzɪŋ-], **self-rising flour** *US* *n* farine *f* avec levure incorporée.

self-regard *(U)* *n* **- 1.** ***pej*** [self-interest] intérêt *m* personnel **- 2.** [self-respect] respect *m* de soi.

self-regulating [-'regjʊleɪtɪŋ] *adj* qui se réglemente soi-même.

self-reliant *adj* indépendant(e), qui ne compte que sur soi.

self-respect *n* respect *m* de soi.

self-respecting [-rɪs'pektɪŋ] *adj* qui se respecte.

self-restraint *n (U)* retenue *f*, mesure *f*.

self-righteous *adj* satisfait(e) de soi.

self-rising flour *US* = **self-raising flour**.

self-rule *n* autonomie *f*.

self-sacrifice *n* abnégation *f*.

selfsame ['selfseɪm] *adj* exactement le même (exactement la même).

self-satisfied *adj* suffisant(e), content(e) de soi.

self-sealing [-'si:lɪŋ] *adj* [envelope] autocollant(e).

self-seeking [-'si:kɪŋ] *adj* égoïste.

self-service ◇ *n* libre-service *m*, self-service *m*. ◇ *comp* libre-service, self-service.

self-starter *n* AUT démarreur *m* automatique.

self-study ◇ *n* autoformation *f*. ◇ *adj* d'autoformation.

self-styled [-'staɪld] *adj* ***pej*** soi-disant *(inv)*, prétendu(e).

self-sufficient *adj* autosuffisant(e) ; **to be ~ in** satisfaire à ses besoins en.

self-supporting [-sə'pɔ:tɪŋ] *adj* [business, industry] financièrement indépendant(e).

self-taught *adj* autodidacte.

self-test *vi* COMPUT faire un autotest.

self-will *n* obstination *f*.

sell [sel] (*pt & pp* **sold**) ◇ *vt* - **1.** [gen] vendre ; **to ~ sthg for £100** vendre qqch 100 livres ; **to ~ sthg to sb, to ~ sb sthg** vendre qqch à qqn - **2.** *fig* [make acceptable] : **to ~ sthg to sb, to ~ sb sthg** faire accepter qqch à qqn ; **to ~ o.s.** se faire valoir. ◇ *vi* - **1.** [person] vendre - **2.** [product] se vendre ; **it ~s for** *OR* **at £10** il se vend 10 livres.

◆ **sell off** *vt sep* vendre, liquider.

◆ **sell out** ◇ *vt sep* : **the performance is sold out** il ne reste plus de places, tous les billets ont été vendus. ◇ *vi* - **1.** [shop] : **we've sold out** on n'en a plus - **2.** [betray one's principles] être infidèle à ses principes.

◆ **sell up** *vi UK* vendre son affaire.

sell-by date *n UK* date *f* limite de vente.

seller ['selər] *n* vendeur *m*, -euse *f*.

seller's market *n* marché *m* à la hausse.

selling ['selɪŋ] *n (U)* vente *f*.

selling price *n* prix *m* de vente.

Sellotape® ['seləteɪp] *n UK* ≃ Scotch® *m*, ruban *m* adhésif.

◆ **sellotape** *vt* scotcher.

sell-out *n* : **the match was a ~** on a joué à guichets fermés.

seltzer ['seltsər] *n US* eau *f* de seltz.

selves [selvz] *pl* ▷ **self**.

semantic [sɪ'mæntɪk] *adj* sémantique.

semantics [sɪ'mæntɪks] *n (U)* sémantique *f*.

semaphore ['seməfɔːr] *n (U)* signaux *mpl* à bras.

semblance ['sembləns] *n* semblant *m*.

semen ['siːmen] *n (U)* sperme *m*, semence *f*.

semester [sɪ'mestər] *n* semestre *m*.

semi ['semɪ] *n UK* - **1.** *inf* (*abbr of* **semidetached house**) maison *f* jumelée - **2.** *see also* **semitrailer**.

semi- [ˌsemɪ] *prefix* semi-, demi-.

semiannual *US* = **half-yearly**.

semiautomatic [ˌsemɪˌɔːtə'mætɪk] *adj* semi-automatique.

semicircle ['semɪˌsɜːkl] *n* demi-cercle *m*.

semicircular [ˌsemɪ'sɜːkjʊlər] *adj* semi-circulaire, demi-circulaire.

semicolon [ˌsemɪ'kəʊlən] *n* point-virgule *m*.

semiconscious [ˌsemɪ'kɒnʃəs] *adj* à demi conscient(e).

semidetached [ˌsemɪdɪ'tætʃt] *UK* ◇ *adj* jumelé(e). ◇ *n* maison *f* jumelée.

semifinal [ˌsemɪ'faɪnl] *n* demi-finale *f*.

semifinalist [ˌsemɪ'faɪnəlɪst] *n* demi-finaliste *mf*.

seminal ['semɪnl] *adj* - **1.** [of semen] séminal(e) - **2.** [influential] qui fait école.

seminar ['semɪnɑːr] *n* séminaire *m*.

seminary ['semɪnərɪ] (*pl* **-ies**) *n* RELIG séminaire *m*.

semiotics [ˌsemɪ'ɒtɪks] *n (U)* sémiotique *f*.

semiprecious ['semɪˌpreʃəs] *adj* semi-précieux(euse).

semiskilled [ˌsemɪ'skɪld] *adj* spécialisé(e).

semi-skimmed [-skɪmd] *adj* [milk] demi-écrémé.

semitrailer [ˌsemɪ'treɪlər] *n* - **1.** [trailer] semi-remorque *f* - **2.** *US* [lorry] semi-remorque *m*.

semolina [ˌsemə'liːnə] *n* semoule *f*.

Sen. - **1.** *see also* **senator** - **2.** *see also* **Senior**.

SEN (*abbr of* **State Enrolled Nurse**) *n en Grande-Bretagne, infirmier ou infirmière diplômé(e) d'État.*

Senate ['senɪt] *n* POL : **the ~** le sénat ; **the United States ~** le Sénat américain.

Senate

Le Sénat constitue, avec la Chambre des représentants, l'organe législatif américain; composé de 100 membres (deux par État), il détient l'exclusivité du droit d'impeachment.

senator ['senətər] *n* sénateur *m*, -trice *f*.

send [send] (*pt & pp* **sent**) *vt* - **1.** [gen] envoyer ; [letter] expédier, envoyer ; **to ~ sb sthg, to ~ sthg to sb** envoyer qqch à qqn ; **~ her my love** embrasse-la pour moi ; **to ~ sb for sthg** envoyer qqn chercher qqch ; **to ~ sb home** renvoyer qqn (chez lui) ; **to ~ sb to the doctor's/to prison** envoyer qqn chez le médecin/en prison - **2.** [cause to move] : **the explosion sent glass everywhere** l'explosion a projeté des débris de verre partout.

◆ **send down** *vt sep UK* [send to prison] coffrer.

◆ **send for** *vt insep* - **1.** [person] appeler, faire venir - **2.** [by post] commander par correspondance.

◆ **send in** *vt sep* [report, application] envoyer, soumettre.

◆ **send off** *vt sep* - **1.** [by post] expédier - **2.** *UK* SPORT expulser.

◆ **send off for** *vt insep* commander par correspondance.

◆ **send up** *vt sep* - **1.** *UK inf* [imitate] parodier, ridiculiser - **2.** *US* [send to prison] coffrer.

sender ['sendər] *n* expéditeur *m*, -trice *f*.

send-off *n* fête *f* d'adieu.

send-up *n UK inf* parodie *f*.

Senegal [ˌsenɪ'gɔːl] *n* Sénégal *m* ; **in ~** au Sénégal.

Senegalese [ˌsenɪgə'liːz] <> *adj* sénégalais(e). <> *npl* : **the ~** les Sénégalais *mpl*.

senile ['siːnaɪl] *adj* sénile.

senile dementia *n* démence *f* sénile.

senility [sɪ'nɪlətɪ] *n* sénilité *f*.

senior ['siːnjəʳ] <> *adj* - **1.** [highest-ranking] plus haut placé(e) - **2.** [higher-ranking] : **~ to sb** d'un rang plus élevé que qqn - **3.** SCH [pupils, classes] grand(e) ; **~ year** *US* dernière année. <> *n* - **1.** [older person] aîné *m*, -e *f* - **2.** SCH grand *m*, -e *f*.

senior citizen *n* personne *f* âgée OR du troisième âge.

senior high school *n US* ≃ lycée *m*.

seniority [ˌsiːnɪ'ɒrətɪ] *n* [in rank] supériorité *f*, ancienneté *f*.

sensation [sen'seɪʃn] *n* sensation *f*.

sensational [sen'seɪʃənl] *adj* - **1.** [gen] sensationnel(elle) - **2.** [pej & PRESS] à sensation.

sensationalist [sen'seɪʃnəlɪst] *adj pej* à sensation.

sense [sens] <> *n* - **1.** [ability, meaning] sens *m* ; **to make ~** [have meaning] avoir un sens ; **to make ~ of sthg** comprendre qqch ; **~ of humour** sens de l'humour ; **~ of smell** odorat *m* - **2.** [feeling] sentiment *m* - **3.** [wisdom] bon sens *m*, intelligence *f* ; **to make ~** [be sensible] être logique ; **to talk ~** parler raison ; **there's no ~ in arguing/fighting** cela ne sert à rien de discuter/se battre - **4.** *phr* **to come to one's ~s** [be sensible again] revenir à la raison ; [regain consciousness] reprendre connaissance. <> *vt* [feel] sentir.

◆ **in a sense** *adv* dans un sens.

senseless ['senslɪs] *adj* - **1.** [stupid] stupide - **2.** [unconscious] sans connaissance.

sensibilities [ˌsensɪ'bɪlətɪz] *npl* susceptibilité *f*.

sensible ['sensəbl] *adj* [reasonable] raisonnable, judicieux(euse).

sensibly ['sensəblɪ] *adv* raisonnablement, judicieusement.

sensitive ['sensɪtɪv] *adj* - **1.** [gen] : **~ (to)** sensible (à) - **2.** [subject] délicat(e) - **3.** [easily offended] : **~ (about)** susceptible (en ce qui concerne).

sensitivity [ˌsensɪ'tɪvətɪ] *n* sensibilité *f*.

sensor ['sensəʳ] *n* détecteur *m*.

sensual ['sensjʊəl] *adj* sensuel(elle).

sensuous ['sensjʊəs] *adj* qui affecte les sens.

sent [sent] *pt* & *pp* ▭ **send**.

sentence ['sentəns] <> *n* - **1.** GRAM phrase *f* - **2.** LAW condamnation *f*, sentence *f* - **3.** SCH : **to have to write a ~ 100 times** avoir 100 lignes à faire. <> *vt* : **to ~ sb (to)** condamner qqn (à).

sententious [sen'tenʃəs] *adj* sentencieux(euse).

sentiment ['sentɪmənt] *n* - **1.** [feeling] sentiment *m* - **2.** [opinion] opinion *f*, avis *m* - **3.** *pej* [sentimentality] sentimentalité *f*, sensiblerie *f*.

sentimental [ˌsentɪ'mentl] *adj* sentimental(e).

sentimentality [ˌsentɪmen'tælətɪ] *n pej* sentimentalité *f*, sensiblerie *f*.

sentinel ['sentɪnl] *n* sentinelle *f*.

sentry ['sentrɪ] (*pl* **-ies**) *n* sentinelle *f*.

Seoul [səʊl] *n* Séoul.

separable ['seprəbl] *adj* : **~ (from)** séparable (de).

separate <> *adj* ['seprət] - **1.** [not joined] : **~ (from)** séparé(e) (de) - **2.** [individual, distinct] distinct(e). <> *vt* ['sepəreɪt] - **1.** [gen] : **to ~ sb/sthg (from)** séparer qqn/qqch (de) ; **to ~ sthg into** diviser OR séparer qqch en - **2.** [distinguish] : **to ~ sb/sthg (from)** distinguer qqn/qqch (de). <> *vi* ['sepəreɪt] se séparer ; **to ~ into** se diviser OR se séparer en.

◆ **separates** ['seprəts] *npl UK* coordonnés *mpl*.

separated ['sepəreɪtɪd] *adj* [not living together] séparé(e).

separately ['seprətlɪ] *adv* séparément.

separation [ˌsepə'reɪʃn] *n* séparation *f*.

separatist ['seprətɪst] *n* séparatiste *mf*.

sepia ['siːpjə] *adj* sépia *(inv)*.

Sept. (*abbr of* **September**) sept.

September [sep'tembəʳ] <> *n* septembre *m* ; **when are you going? - ~** quand partez-vous? - en septembre ; **one of the hottest ~s on record** un des mois de septembre les plus chauds qu'on ait connus ; **in ~** en septembre ; **last ~** en septembre dernier ; **this ~** en septembre de cette année ; **next ~** en septembre prochain ; **by ~** en septembre, d'ici septembre ; **every ~** tous les ans en septembre ; **during ~** pendant le mois de septembre ; **at the beginning of ~** au début du mois de septembre, début septembre ; **at the end of ~** à la fin du mois de septembre, fin septembre ; **in the middle of ~** au milieu du mois de septembre, à la mi-septembre. <> *comp* (du mois) de septembre ; [election] au mois de septembre, en septembre.

septet [sep'tet] *n* septuor *m*.

septic ['septɪk] *adj* infecté(e).

septicaemia *UK*, **septicemia** *US* [ˌseptɪ'siːmɪə] *n* septicémie *f*.

septic tank *n* fosse *f* septique.

sepulchre *UK* ['sepəlkəʳ], **sepulcher** *US* ['sepəlkər] *n lit* sépulcre *m*, tombeau *m*.

sequel ['si:kwəl] *n* - **1.** [book, film] : **~ (to)** suite *f* (de) - **2.** [consequence] : **~ (to)** conséquence *f* (de).

sequence ['si:kwəns] *n* - **1.** [series] suite *f*, succession *f* - **2.** [order] ordre *m* ; **in ~** par ordre - **3.** [of film] séquence *f*.

sequester [sɪ'kwestəʳ], **sequestrate** [sɪ'kwestreɪt] *vt* séquestrer, mettre sous séquestre.

sequin ['si:kwɪn] *n* paillette *f*.

Serb = Serbian.

Serbia ['sɜ:bjə] *n* Serbie *f* ; **in ~** en Serbie.

Serbian ['sɜ:bjən], **Serb** [sɜ:b] ◇ *adj* serbe. ◇ *n* - **1.** [person] Serbe *mf* - **2.** [dialect] serbe *m*.

Serbo-Croat [ˌsɜ:bəʊ'krəʊæt], **Serbo-Croatian** [ˌsɜ:bəʊkrəʊ'eɪʃn] ◇ *adj* serbo-croate. ◇ *n* [language] serbo-croate *m*.

serenade [ˌserə'neɪd] ◇ *n* sérénade *f*. ◇ *vt* donner la sérénade à.

serene [sɪ'ri:n] *adj* [calm] serein(e), tranquille.

serenely [sɪ'ri:nlɪ] *adv* sereinement, avec sérénité.

serenity [sɪ'renətɪ] *n* sérénité *f*, tranquillité *f*.

serf [sɜ:f] *n* serf *m*, serve *f*.

serge [sɜ:dʒ] *n* serge *f*.

sergeant ['sɑ:dʒənt] *n* - **1.** MIL sergent *m*, -e *f* - **2.** [in police] brigadier *m*, -ière *f*.

sergeant major *n* sergent-major *m*.

serial ['sɪərɪəl] *n* feuilleton *m*.

serial cable *n* câble *f* série.

serialize, *UK* **-ise** ['sɪərɪəlaɪz] *vt* [on TV] diffuser en feuilleton ; [in newspaper etc] publier en feuilleton.

serial killer *n* tueur *m* en série.

serial number *n* numéro *m* de série.

series ['sɪəri:z] (*pl* **series**) *n* série *f*.

serious ['sɪərɪəs] *adj* sérieux(euse) ; [illness, accident, trouble] grave ; **to be ~ about doing sthg** songer sérieusement à faire qqch.

seriously ['sɪərɪəslɪ] *adv* sérieusement ; [ill] gravement ; [wounded] grièvement, gravement ; **to take sb/sthg ~** prendre qqn/qqch au sérieux.

seriousness ['sɪərɪəsnɪs] *n* - **1.** [of mistake, illness] gravité *f* ; **in all ~** en toute sincérité - **2.** [of person, speech] sérieux *m*.

sermon ['sɜ:mən] *n* sermon *m*.

serpent ['sɜ:pənt] *n lit* serpent *m*.

serrated [sɪ'reɪtɪd] *adj* en dents de scie.

serum ['sɪərəm] (*pl* **-s**) *n* sérum *m*.

servant ['sɜ:vənt] *n* domestique *mf*.

serve [sɜ:v] ◇ *vt* - **1.** [work for] servir - **2.** [have effect] : **to ~ to do sthg** servir à faire qqch ; **to ~ a purpose** [subj: device etc] servir à un usage ; **it ~s my purpose** cela fait l'affaire - **3.** [provide for] desservir - **4.** [meal, drink, customer] servir ; **to ~ sthg to sb, to ~ sb sthg** servir qqch à qqn - **5.** LAW : **to ~ sb with a summons/writ, to ~ a summons/writ on sb** signifier une assignation/une citation à qqn, notifier une assignation/une citation à qqn - **6.** [prison sentence] purger, faire ; [apprenticeship] faire - **7.** SPORT servir - **8.** *phr* **it ~s him/you right** c'est bien fait pour lui/toi. ◇ *vi* servir ; **to ~ as** servir de ; **to ~ on a committee** être membre d'un comité. ◇ *n* SPORT service *m*.

◆ **serve out**, **serve up** *vt sep* [food] servir.

server ['sɜ:vəʳ] *n* COMPUT serveur *m*.

service ['sɜ:vɪs] ◇ *n* - **1.** [gen] service *m* ; **in/out of ~** en/hors service ; **to be of ~ (to sb)** être utile (à qqn), rendre service (à qqn) - **2.** [of car] révision *f* ; [of machine] entretien *m*. ◇ *vt* - **1.** [car] réviser ; [machine] assurer l'entretien de - **2.** FIN [debt] rembourser.

◆ **services** *npl* - **1.** *UK* [on motorway] aire *f* de services - **2.** [armed forces] : **the ~s** les forces *fpl* armées - **3.** [help] service *m*.

serviceable ['sɜ:vɪsəbl] *adj* pratique.

service area *n* aire *f* de services.

service charge *n* service *m*.

service industries *npl* : **the ~** le secteur tertiaire.

serviceman ['sɜ:vɪsmən] (*pl* **-men** [-mən]) *n* soldat *m*, militaire *m*.

service provider *n* COMPUT fournisseur *m* d'accès.

service station *n* station-service *f*.

servicewoman ['sɜ:vɪsˌwʊmən] (*pl* **-women** [-ˌwɪmɪn]) *n* femme *f* soldat.

serviette [ˌsɜ:vɪ'et] *n* serviette *f* (de table).

servile ['sɜ:vaɪl] *adj* servile, obséquieux (euse).

servility [sɜ:'vɪlətɪ] *n* servilité *f*.

serving ['sɜ:vɪŋ] ◇ *adj* [spoon, dish] de service. ◇ *n* [of food] portion *f*.

sesame ['sesəmɪ] *n* sésame *m*.

session ['seʃn] *n* - **1.** [gen] séance *f* ; **in ~** en séance - **2.** *US* [school term] trimestre *m*.

set [set] ◇ *adj* - **1.** [fixed - gen] fixe ; [- phrase] figé(e) - **2.** *UK* SCH [book] au programme - **3.** [ready] : **~ (for sthg/to do sthg)** prêt(e) (à qqch/à faire qqch) - **4.** [determined] : **to be ~ on sthg** vouloir absolument qqch ; **to be ~ on doing sthg** être résolu(e) à faire qqch ; **to be dead ~ against sthg** s'opposer formellement à qqch - **5.** *phr* **to be ~ in one's ways** tenir à ses habitudes. ◇ *n* - **1.** [of keys, tools, golf clubs etc] jeu *m* ; [of stamps, books] collection *f* ; [of saucepans] série *f* ; [of tyres] train *m* ; **a ~ of teeth** [natural] une dentition, une denture ; [false] un dentier - **2.** [television, radio] poste *m* - **3.** CIN plateau *m* ; THEAT scène *f* - **4.** TENNIS manche *f*, set *m*. ◇ *vt* (*pt & pp* **set**, *cont* **-ting**) - **1.** [place] placer, poser, mettre ; [jewel] sertir, monter ; **to be ~ back from sthg** être en retrait de qqch - **2.** [cause to be] : **to ~ sb free** libérer qqn, mettre qqn en liberté ; **to ~ sthg in motion** mettre qqch en branle OR en route ; **to ~ sb's mind at rest** tranquilliser qqn ; **to ~ sthg on fire** mettre le feu à qqch - **3.** [prepare - trap] tendre ; [- table] mettre - **4.** [adjust] régler - **5.** [fix - date, deadline, target] fixer - **6.** [establish - example] donner ; [- trend] lancer ; [- record] établir - **7.** [homework, task] donner ; [problem] poser - **8.** MED [bone, leg] remettre - **9.** [arrange] : **to ~ sthg to music** mettre qqch en musique - **10.** [story] : **to be ~** se passer, se dérouler. ◇ *vi* (*pt & pp* **set**, *cont* **-ting**) - **1.** [sun] se coucher - **2.** [jelly] prendre ; [glue, cement] durcir.

◆ **set about** *vt insep* [start] entreprendre, se mettre à ; **to ~ about doing sthg** se mettre à faire qqch.

◆ **set against** *vt sep* - **1.** [compare] mettre en balance ; **to ~ expenses against tax** déduire les dépenses des impôts - **2.** [cause to oppose] : **to ~ sb against sb** monter qqn contre qqn.

◆ **set ahead** *vt sep US* [clock] avancer.

◆ **set apart** *vt sep* [distinguish] distinguer.

◆ **set aside** *vt sep* - **1.** [save] mettre de côté - **2.** [not consider] rejeter, écarter.

◆ **set back** *vt sep* - **1.** [delay] retarder - **2.** *inf* [cost] : **it ~ me back £300** cela m'a coûté 300 livres.

◆ **set down** *vt sep* - **1.** [write down] : **to ~ sthg down (in writing)** coucher qqch par écrit - **2.** [put down] déposer.

◆ **set in** *vi* [weather, feeling] commencer, s'installer ; [infection] se déclarer.

◆ **set off** ◇ *vt sep* - **1.** [cause] déclencher, provoquer - **2.** [bomb] faire exploser ; [firework] faire partir. ◇ *vi* se mettre en route, partir.

◆ **set on** *vt sep* : **to ~ a dog on sb** lâcher un chien contre OR sur qqn.

◆ **set out** ◇ *vt sep* - **1.** [arrange] disposer - **2.** [explain] présenter, exposer. ◇ *vt insep* [intend] : **to ~ out to do sthg** entreprendre OR tenter de faire qqch. ◇ *vi* [on journey] se mettre en route, partir.

◆ **set up** ◇ *vt sep* - **1.** [organization] créer, fonder ; [committee, procedure] constituer, mettre en place ; [meeting] arranger, organiser ; **to ~ o.s. up** s'établir à son compte ; **to ~ up house** OR **home** s'installer - **2.** [statue, monument] dresser, ériger ; [roadblock] placer, installer - **3.** [equipment] préparer, installer - **4.** *inf* [make appear guilty] monter un coup contre. ◇ *vi* [in business] s'établir.

setback ['setbæk] *n* contretemps *m*, revers *m*.

set menu *n* menu *m* fixe.

set piece *n* ART & LIT morceau *m* traditionnel.

setsquare ['setskweəʳ] *n UK* équerre *f*.

settee [se'ti:] *n* canapé *m*.

setter ['setəʳ] *n* [dog] setter *m*.

setting ['setɪŋ] *n* - **1.** [surroundings] décor *m*, cadre *m* - **2.** [of dial, machine] réglage *m*.

settle ['setl] ◇ *vt* - **1.** [argument] régler ; **that's ~d then** (c'est) entendu - **2.** [bill, account] régler, payer - **3.** [calm - nerves] calmer ; **to ~ one's stomach** calmer les douleurs d'estomac - **4.** [make comfortable] installer ; **to ~ o.s.** s'installer. ◇ *vi* - **1.** [make one's home] s'installer, se fixer - **2.** [make oneself comfortable] s'installer - **3.** [dust] retomber ; [sediment] se déposer - **4.** [bird, insect] se poser.

◆ **settle down** *vi* - **1.** [give one's attention] : **to ~ down to sthg/to doing sthg** se mettre à qqch/à faire qqch - **2.** [make oneself comfortable] s'installer - **3.** [become respectable] se ranger - **4.** [become calm] se calmer.

◆ **settle for** *vt insep* accepter, se contenter de.

◆ **settle in** *vi* s'adapter.

◆ **settle on** *vt insep* [choose] fixer son choix sur, se décider pour.

◆ **settle up** *vi* : **to ~ up (with sb)** régler (qqn).

settled ['setld] *adj* [weather] au beau fixe.

settlement ['setlmənt] *n* - **1.** [agreement] accord *m* - **2.** [colony] colonie *f* - **3.** [payment] règlement *m*.

settler ['setləʳ] *n* colon *m*.

set-to *n inf* bagarre *f*.

set-top box *n* boîtier *m* électronique.

set-up *n inf* - **1.** [system] : **what's the ~?** comment est-ce que c'est organisé? - **2.** [deception to incriminate] coup *m* monté.

seven ['sevn] *num* sept, *see also* **six**.

seventeen [,sevn'ti:n] *num* dix-sept, *see also* **six**.

seventeenth [,sevn'ti:nθ] *num* dix-septième, *see also* **sixth**.

seventh ['sevnθ] *num* septième, *see also* **sixth**.

seventh heaven *n* : **to be in (one's) ~** être au septième ciel.

seventieth ['sevntjəθ] *num* soixante-dixième, *see also* **sixth**.

seventy ['sevntɪ] *num* soixante-dix, *see also* **sixty**.

sever ['sevəʳ] *vt* - **1.** [cut through] couper - **2.** *fig* [relationship, ties] rompre.

several ['sevrəl] ◇ *adj* plusieurs. ◇ *pron* plusieurs *mf pl*.

severance ['sevrəns] *n* [of relations] rupture *f*.

severance pay *n* indemnité *f* de licenciement.

severe [sɪ'vɪəʳ] *adj* - **1.** [weather] rude, rigoureux(euse) ; [shock] gros (grosse), dur(e) ; [pain] violent(e) ; [illness, injury] grave - **2.** [person, criticism] sévère.

severely [sɪ'vɪəlɪ] *adv* - **1.** [injured] grièvement ; [damaged] sérieusement - **2.** [sternly] sévèrement.

severity [sɪ'verətɪ] *n* - **1.** [of storm] violence *f* ; [of problem, illness] gravité *f* - **2.** [sternness] sévérité *f*.

sew [səʊ] (*UK, pp* **sewn**, *pt & pp* **-ied**, *US, pp* **sewed** *OR* **sewn**) *vt & vi* coudre.

◆ **sew up** *vt sep* - **1.** [join] recoudre - **2.** *inf* [deal] : **it's (all) sewn up!** c'est dans la poche!

sewage ['su:ɪdʒ] *n (U)* eaux *fpl* d'égout, eaux usées.

sewage farm *n* champs *mpl* d'épandage.

sewer ['sʊəʳ] *n* égout *m*.

sewerage ['sʊərɪdʒ] *n* système *m* d'égouts.

sewing ['səʊɪŋ] *n (U)* - **1.** [activity] couture *f* - **2.** [work] ouvrage *m*.

sewing machine *n* machine *f* à coudre.

sewn [səʊn] *pp* ▷ **sew**.

sex [seks] *n* - **1.** [gender] sexe *m* - **2.** *(U)* [sexual intercourse] rapports *mpl* (sexuels) ; **to have ~ with** avoir des rapports (sexuels) avec.

sex appeal *n* sex-appeal *m*.

sex education *n* éducation *f* sexuelle.

sexism ['seksɪzm] *n* sexisme *m*.

sexist ['seksɪst] ◇ *adj* sexiste. ◇ *n* sexiste *mf*.

sex life *n* vie *f* sexuelle.

sex object *n* objet *m* sexuel.

sex shop *n* sex-shop *m*.

sextet [seks'tet] *n* sextuor *m*.

sextuplet [seks'tju:plɪt] *n* sextuplé *m*, -e *f*.

sexual ['sekʃʊəl] *adj* sexuel(elle).

sexual assault *n* agression *f* sexuelle, tentative *f* de viol.

sexual harassment *n* harcèlement *m* sexuel.

sexual intercourse *n (U)* rapports *mpl* (sexuels).

sexuality [ˌsekʃʊ'ælətɪ] *n* sexualité *f*.

sexy ['seksɪ] (*comp* **-ier**, *superl* **-iest**) *adj inf* sexy *(inv)*.

Seychelles [seɪ'ʃelz] *npl* : **the ~** les Seychelles *fpl* ; **in the ~** aux Seychelles.

SF, **sf** (*abbr of* **science fiction**) *n* SF *f*.

SFO (*abbr of* **Serious Fraud Office**) *n service britannique de la répression des fraudes.*

SG (*abbr of* **Surgeon General**) *n directeur fédéral américain de la santé publique.*

Sgt (*abbr of* **sergeant**) Sgt.

sh [ʃ] *excl* chut!

shabby ['ʃæbɪ] (*comp* **-ier**, *superl* **-iest**) *adj* - **1.** [clothes] élimé(e), râpé(e) ; [furniture] minable ; [person, street] miteux(euse) - **2.** [behaviour] moche, méprisable.

shack [ʃæk] *n* cabane *f*, hutte *f*.

shackle ['ʃækl] *vt* enchaîner ; *fig* entraver.

◆ **shackles** *npl* fers *mpl* ; *fig* entraves *fpl*.

shade [ʃeɪd] ◇ *n* - **1.** *(U)* [shadow] ombre *f* - **2.** [lampshade] abat-jour *m inv* - **3.** [colour] nuance *f*, ton *m* - **4.** [of meaning, opinion] nuance *f*. ◇ *vt* [from light] abriter ; **to ~ one's eyes** s'abriter les yeux. ◇ *vi* : **to ~ into** se fondre en.

◆ **shades** *npl inf* [sunglasses] lunettes *fpl* de soleil.

shading ['ʃeɪdɪŋ] *(U) n* ombres *fpl*.

shadow ['ʃædəʊ] ◇ *adj UK* POL fantôme, de l'opposition. ◇ *n* ombre *f* ; **to be a ~ of one's former self** n'être plus que l'ombre de soi-même ; **there's not a** *OR* **the ~ of a doubt** il n'y a pas l'ombre d'un doute.

shadow cabinet *n UK* cabinet *m* fantôme.

shadowy ['ʃædəʊɪ] *adj* - **1.** [dark] ombreux(euse) - **2.** [hard to see] indistinct(e) - **3.** [sinister] mystérieux(euse).

shady ['ʃeɪdɪ] (*comp* **-ier**, *superl* **-iest**) *adj* - **1.** [garden, street etc] ombragé(e) ; [tree] qui donne de l'ombre - **2.** *inf* [dishonest] louche.

shaft [ʃɑ:ft] ◇ *n* - **1.** [vertical passage] puits *m* ; [of lift] cage *f* - **2.** TECH arbre *m* - **3.** [of light] rayon *m* - **4.** [of tool, golf club] manche *m*. ◇ *vt v inf* - **1.** [dupe] avoir, baiser - **2.** *US* [treat unfairly] s'en prendre à.

shaggy ['ʃægɪ] (*comp* **-ier**, *superl* **-iest**) *adj* hirsute.

shaggy-dog story *n* histoire *f* farfelue *OR* à dormir debout.

shake [ʃeɪk] ◇ *vt* (*pt* **shook**, *pp* **shaken**) - **1.** [move vigorously - gen] secouer ; [- bottle] agiter ; **to ~ sb's hand** serrer la main de *OR* à qqn ; **to ~ hands** se serrer la main ; **to ~ one's head** secouer la tête ; [- to say no] faire non de la tête - **2.** [shock] ébranler, secouer. ◇ *vi* (*pt* **shook**, *pp* **shaken**) trembler. ◇ *n* [tremble] tremblement *m* ; **to give sthg a ~** secouer qqch.

◆ **shake down** *vt sep US inf* - **1.** [rob] racketter - **2.** [search] fouiller.

◆ **shake off** *vt sep* [police, pursuers] semer ; [illness] se débarrasser de.

shakedown ['ʃeɪkdaʊn] *n US inf* - **1.** [extortion] racket *m* - **2.** [search] fouille *f*.

shaken ['ʃeɪkn] *pp* ⊳ **shake.**

shakeout ['ʃeɪkaʊt] *n* FIN récession *f*.

Shakespearean [ʃeɪk'spɪərɪən] *adj* shakespearien(enne).

shake-up *n inf* remaniement *m*.

shaky ['ʃeɪkɪ] (*comp* **-ier**, *superl* **-iest**) *adj* [building, table] branlant(e) ; [hand] tremblant(e) ; [person] faible ; [argument, start] incertain(e).

shale [ʃeɪl] *n* schiste *m*.

shall (*weak form* [ʃəl], *strong form* [ʃæl]) *aux vb* - **1.** (*1st person sg & 1st person pl*) (*to express future tense*) **I ~ be...** je serai... - **2.** (*esp 1st person sg & 1st person pl*) (*in questions*) **~ we have lunch now?** tu veux qu'on déjeune maintenant? ; **where ~ I put this?** où est-ce qu'il faut mettre ça? - **3.** [will definitely] : **we ~ succeed** nous réussirons - **4.** (*in orders*) **you ~ tell me!** tu vas OR dois me le dire!

shallot [ʃə'lɒt] *n* échalote *f*.

shallow ['ʃæləʊ] *adj* - **1.** [water, dish, hole] peu profond(e) - **2.** *pej* [superficial] superficiel(elle).
◆ **shallows** *npl* bas-fond *m*.

sham [ʃæm] ◇ *adj* feint(e), simulé(e). ◇ *n* comédie *f*. ◇ *vi* (*pt & pp* **-med**, *cont* **-ming**) faire semblant, jouer la comédie.

shambles ['ʃæmblz] *n* désordre *m*, pagaille *f*.

shame [ʃeɪm] ◇ *n* - **1.** (*U*) [remorse, humiliation] honte *f* ; **to bring ~ on** OR **upon sb** faire la honte de qqn - **2.** [pity] : **it's a ~ (that...)** c'est dommage (que... (*+ subjunctive*)) ; **what a ~!** quel dommage! ◇ *vt* faire honte à, mortifier ; **to ~ sb into doing sthg** obliger qqn à faire qqch en lui faisant honte.

shamefaced [ˌʃeɪm'feɪst] *adj* honteux(euse), penaud(e).

shameful ['ʃeɪmfʊl] *adj* honteux(euse), scandaleux(euse).

shameless ['ʃeɪmlɪs] *adj* effronté(e), éhonté(e).

shammy ['ʃæmɪ] (*pl* **-ies**) *n* : **~ (leather)** peau *f* de chamois.

shampoo [ʃæm'puː] ◇ *n* (*pl* **-s**) shampooing *m*. ◇ *vt* (*pt & pp* **-ed**, *cont* **-ing**) : **to ~ sb** OR **sb's hair** faire un shampooing à qqn.

shamrock ['ʃæmrɒk] *n* trèfle *m*.

shandy ['ʃændɪ] (*pl* **-ies**) *n* panaché *m*.

shan't [ʃɑːnt] *see also* **shall not.**

shantytown ['ʃæntɪtaʊn] *n* bidonville *m*.

shape [ʃeɪp] ◇ *n* - **1.** [gen] forme *f* ; **in the ~ of a T** en forme de T ; **to take ~** prendre forme OR tournure - **2.** [guise] : **in the ~ of** sous forme de ; **in any ~ or form** de n'importe quelle sorte - **3.** [health] : **to be in good/bad ~** être en bonne/mauvaise forme ; **to lick** OR **knock sb into ~** dresser qqn. ◇ *vt* - **1.** [pastry, clay etc] : **to ~ sthg (into)** façonner OR modeler qqch (en) - **2.** [ideas, project, character] former.
◆ **shape up** *vi* [person, plans] se développer, progresser ; [job, events] prendre tournure OR forme.

SHAPE [ʃeɪp] (*abbr of* **Supreme Headquarters Allied Powers, Europe**) *n quartier général des forces alliées en Europe.*

-shaped ['ʃeɪpt] *suffix* : **egg~** en forme d'œuf ; **L~** en forme de L.

shapeless ['ʃeɪplɪs] *adj* informe.

shapely ['ʃeɪplɪ] (*comp* **-ier**, *superl* **-iest**) *adj* bien fait(e).

shard [ʃɑːd] *n* tesson *m*.

share [ʃeəʳ] ◇ *n* [portion, contribution] part *f* ; **to have a ~ in the profits** participer aux bénéfices. ◇ *vt* partager ; **to ~ the news with sb** faire part d'une nouvelle à qqn. ◇ *vi* : **to ~ (in sthg)** partager (qqch).
◆ **shares** *npl* actions *fpl*.
◆ **share out** *vt sep* partager, répartir.

share capital *n* capital *m* actions.

share certificate *n* titre *m* OR certificat *m* d'actions.

shareholder ['ʃeəˌhəʊldəʳ] *n* actionnaire *mf*.

share index *n* indice *m* des valeurs boursières.

share-out *n* partage *m*, répartition *f*.

shareware ['ʃeəweəʳ] *n* COMPUT shareware *m*.

shark [ʃɑːk] (*pl* **shark** OR **-s**) *n* - **1.** [fish] requin *m* - **2.** *fig* [dishonest person] escroc *m*, pirate *m*.

sharp [ʃɑːp] ◇ *adj* - **1.** [knife, razor] tranchant(e), affilé(e) ; [needle, pencil, teeth] pointu(e) - **2.** [image, outline, contrast] net (nette) - **3.** [person, mind] vif (vive) ; [eyesight] perçant(e) - **4.** [sudden - change, rise] brusque, soudain(e) ; [- hit, tap] sec (sèche) - **5.** [words, order, voice] cinglant(e) - **6.** [cry, sound] perçant(e) ; [pain, cold] vif (vive) ; [taste] piquant(e) - **7.** MUS : **C/D ~** do/ré dièse. ◇ *adv* - **1.** [punctually] : **at 8 o'clock ~** à 8 heures pile OR tapantes - **2.** [immediately] : **~ left/right** tout à fait à gauche/droite. ◇ *n* MUS dièse *m*.

sharpen ['ʃɑːpn] ◇ *vt* - **1.** [knife, tool] aiguiser ; [pencil] tailler - **2.** *fig* [senses] aiguiser ; [mind] affiner ; [disagreement, conflict] aviver, envenimer. ◇ *vi* [senses] s'aiguiser.

sharp end *n UK fig* **to be at the ~** être en première ligne.

sharpener ['ʃɑːpnəʳ] *n* [for pencil] taille-crayon *m* ; [for knife] aiguisoir *m* (pour couteaux).

sharp-eyed [-'aɪd] *adj* : **she's very ~** elle remarque tout, rien ne lui échappe.

sharply ['ʃɑːplɪ] *adv* - **1.** [distinctly] nettement - **2.** [suddenly] brusquement - **3.** [harshly] sévèrement, durement.

sharpness ['ʃɑːpnɪs] *n* - **1.** [of image, outline] netteté *f* - **2.** [of mind] vivacité *f* - **3.** [of remarks, criticism] dureté *f*, sévérité *f*.

sharpshooter ['ʃɑːpˌʃuːtəʳ] *n* tireur *m* d'élite.

sharp-tongued [-'tʌŋd] *adj* qui a la langue acérée.

sharp-witted [-'wɪtɪd] *adj* à l'esprit vif.

shat [ʃæt] *pt & pp* ▷ **shit**.

shatter ['ʃætəʳ] ◇ *vt* - **1.** [window, glass] briser, fracasser - **2.** *fig* [hopes, dreams] détruire - **3.** *fig* [upset] : **to be ~ed (by)** être bouleversé(e) (par). ◇ *vi* se fracasser, voler en éclats.

shattered ['ʃætəd] *adj* - **1.** [upset] bouleversé(e) - **2.** *UK inf* [very tired] flapi(e).

shattering ['ʃætərɪŋ] *adj* - **1.** [upsetting] bouleversant(e) - **2.** *UK* [tiring] crevant(e), épuisant(e).

shatterproof ['ʃætəpruːf] *adj* anti-éclats.

shave [ʃeɪv] ◇ *n* : **to have a ~** se raser ; **that was a close ~** *fig* on l'a échappé belle, il était moins cinq. ◇ *vt* - **1.** [remove hair from] raser ; **to ~ one's legs** se raser les jambes - **2.** [wood] planer, raboter. ◇ *vi* se raser.

◆ **shave off** *vt sep* [beard, hair] se raser.

shaven ['ʃeɪvn] *adj* rasé(e).

shaver ['ʃeɪvəʳ] *n* rasoir *m* électrique.

shaving brush ['ʃeɪvɪŋ-] *n* blaireau *m*.

shaving cream ['ʃeɪvɪŋ-] *n* crème *f* à raser.

shaving foam ['ʃeɪvɪŋ-] *n* mousse *f* à raser.

shavings ['ʃeɪvɪŋz] *npl* [of wood, metal] copeaux *mpl*.

shaving soap ['ʃeɪvɪŋ-] *n* savon *m* à barbe.

shawl [ʃɔːl] *n* châle *m*.

she [ʃiː] ◇ *pers pron* - **1.** [referring to woman, girl, animal] elle ; **~'s tall** elle est grande ; **SHE can't do it** elle, elle ne peut pas le faire ; **there ~ is** la voilà ; **if I were** OR **was ~** *fml* si j'étais elle, à sa place - **2.** [referring to boat, car, country] *follow the gender of your translation.* ◇ *n* : **it's a ~** [animal] c'est une femelle ; [baby] c'est une fille. ◇ *comp* : **~-elephant** éléphant *m* femelle ; **~-wolf** louve *f*.

sheaf [ʃiːf] (*pl* **sheaves** [ʃiːvz]) *n* - **1.** [of papers, letters] liasse *f* - **2.** [of corn, grain] gerbe *f*.

shear [ʃɪəʳ] (*pt* **-ed**, *pp* **-ed** OR **shorn**) *vt* [sheep] tondre.

◆ **shears** *npl* - **1.** [for garden] sécateur *m*, cisaille *f* - **2.** [for dressmaking] ciseaux *mpl*.

◆ **shear off** ◇ *vt sep* [branch] couper ; [piece of metal] cisailler. ◇ *vi* se détacher.

sheath [ʃiːθ] (*pl* **sheaths** [ʃiːðz]) *n* - **1.** [for knife, cable] gaine *f* - **2.** *UK* [condom] préservatif *m*.

sheathe *vt* - **1.** [knife] engainer, rengainer - **2.** [cover - gen] recouvrir ; [- cable] gainer.

sheath knife *n* couteau *m* à gaine.

sheaves [ʃiːvz] *pl* ▷ **sheaf**.

shed [ʃed] ◇ *n* [small] remise *f*, cabane *f* ; [larger] hangar *m*. ◇ *vt* (*pt & pp* **shed**, *cont* **-ding**) - **1.** [hair, skin, leaves] perdre - **2.** [tears] verser, répandre ; **to ~ blood** verser le sang - **3.** [employees] se défaire de, congédier - **4.** [load - subj: lorry] déverser, perdre.

she'd (*weak form* [ʃɪd], *strong form* [ʃiːd]) *abbr of* **she had, she would**.

sheen [ʃiːn] *n* lustre *m*, éclat *m*.

sheep [ʃiːp] (*pl* **sheep**) *n* mouton *m*.

sheepdog ['ʃiːpdɒg] *n* chien *m* de berger.

sheepfold ['ʃiːpfəʊld] *n* parc *m* à moutons.

sheepish ['ʃiːpɪʃ] *adj* penaud(e).

sheepishly ['ʃiːpɪʃlɪ] *adv* d'un air penaud.

sheepskin ['ʃiːpskɪn] *n* peau *f* de mouton.

sheepskin jacket *n* veste *f* en mouton.

sheepskin rug *n* (petit tapis *m* en) peau *f* de mouton.

sheer [ʃɪəʳ] *adj* - **1.** [absolute] pur(e) - **2.** [very steep] à pic, abrupt(e) - **3.** [material] fin(e).

sheet [ʃiːt] *n* - **1.** [for bed] drap *m* ; **as white as a ~** blanc (blanche) comme un linge - **2.** [of paper, glass, wood] feuille *f* ; [of metal] plaque *f*.

sheet feed *n* COMPUT alimentation *f* feuille à feuille.

sheet ice *n* verglas *m*.

sheeting ['ʃiːtɪŋ] *n (U)* [metal] tôles *fpl* ; [plastic etc] feuilles *fpl*.

sheet lightning *n (U)* éclair *m* diffus.

sheet metal *n (U)* tôle *f*.

sheet music *n (U)* partition *f*.

sheik(h) [ʃeɪk] *n* cheik *m*.

shelf [ʃelf] (*pl* **shelves** [ʃelvz]) *n* [for storage] rayon *m*, étagère *f*.

shelf life *n* durée *f* de conservation.

shell [ʃel] ◇ *n* - **1.** [of egg, nut, snail] coquille *f* - **2.** [of tortoise, crab] carapace *f* - **3.** [on beach] coquillage *m* - **4.** [of building, car] carcasse *f* - **5.** MIL obus *m*. ◇ *vt* - **1.** [peas] écosser ; [nuts, prawns] décortiquer ; [eggs] enlever la coquille de, écaler - **2.** MIL bombarder.

◆ **shell out** *inf* ◇ *vt sep* débourser. ◇ *vi* : **to ~ out (for)** casquer (pour).

she'll [ʃiːl] *abbr of* **she will, she shall**.

shellfish [ˈʃelfɪʃ] (*pl* **shellfish**) *n* - **1.** [creature] crustacé *m*, coquillage *m* - **2.** *(U)* [food] fruits *mpl* de mer.

shelling [ˈʃelɪŋ] *n* MIL bombardement *m*.

shellshock [ˈʃelʃɒk] *n (U)* psychose *f* traumatique.

shell suit *n UK* survêtement *m (en) Nylon®* imperméabilisé.

shelter [ˈʃeltəʳ] ◇ *n* abri *m*. ◇ *vt* - **1.** [protect] abriter, protéger - **2.** [refugee, homeless person] offrir un asile à ; [criminal, fugitive] cacher. ◇ *vi* s'abriter, se mettre à l'abri.

sheltered [ˈʃeltəd] *adj* - **1.** [from weather] abrité(e) - **2.** [life, childhood] protégé(e), sans soucis ; **~ housing** *US* foyers-logements *mpl (pour personnes âgées ou handicapées)*.

shelve [ʃelv] ◇ *vt fig* mettre au Frigidaire®, mettre en sommeil. ◇ *vi* descendre en pente.

shelves [ʃelvz] *pl* ▷ **shelf**.

shelving [ˈʃelvɪŋ] *n (U)* étagères *fpl*, rayonnages *mpl*.

shenanigans [ʃɪˈnænɪɡənz] *npl inf* [trickery] micmacs *mpl*, manigances *fpl*.

shepherd [ˈʃepəd] ◇ *n* berger *m*. ◇ *vt fig* conduire.

shepherd's pie [ˈʃepədz-] *n* ≃ hachis *m* Parmentier.

sherbet [ˈʃɜːbət] *n* - **1.** *UK* [sweet powder] poudre *f* aromatisée - **2.** *US* [sorbet] sorbet *m*.

sheriff [ˈʃerɪf] *n US* shérif *m*.

sherry [ˈʃerɪ] (*pl* **-ies**) *n* xérès *m*, sherry *m*.

she's [ʃiːz] *abbr of* **she is, she has**.

Shetland [ˈʃetlənd] *n* : **(the) ~ (Islands)** les (îles) Shetland *fpl* ; **in (the) ~ (Islands)** dans les Shetland.

sh(h) [ʃ] *excl* chut!

shield [ʃiːld] ◇ *n* - **1.** [armour] bouclier *m* - **2.** *UK* [sports trophy] plaque *f*. ◇ *vt* : **to ~ sb (from)** protéger qqn (de OR contre).

shift [ʃɪft] ◇ *n* - **1.** [change] changement *m*, modification *f* - **2.** [period of work] poste *m* ; [workers] équipe *f*. ◇ *vt* - **1.** [move] déplacer, changer de place ; **to ~ the blame onto sb** rejeter la responsabilité sur qqn - **2.** [change] changer, modifier. ◇ *vi* - **1.** [move - gen] changer de place ; [- wind] tourner, changer - **2.** [change] changer, se modifier - **3.** *US* AUT changer de vitesse.

shift key *n* [on typewriter] touche *f* de majuscules.

shiftless [ˈʃɪftlɪs] *adj* fainéant(e), paresseux(euse).

shift stick *n US* levier *m* de vitesse.

shifty [ˈʃɪftɪ] (*comp* **-ier**, *superl* **-iest**) *adj inf* sournois(e), louche.

Shiite [ˈʃiːaɪt] ◇ *adj* chiite. ◇ *n* Chiite *mf*.

shilling [ˈʃɪlɪŋ] *n* shilling *m*.

shilly-shally [ˈʃɪlɪˌʃælɪ] (*pt & pp* **-ied**) *vi* hésiter, être indécis(e).

shimmer [ˈʃɪməʳ] ◇ *n* reflet *m*, miroitement *m*. ◇ *vi* miroiter.

shin [ʃɪn] (*pt & pp* **-ned**, *cont* **-ning**) *n* tibia *m*.
◆ **shin up** *UK*, **shinny up** *US vt insep* grimper à.

shinbone [ˈʃɪnbəʊn] *n* tibia *m*.

shine [ʃaɪn] ◇ *n* brillant *m*. ◇ *vt* (*pt & pp* **shone**) - **1.** [direct] : **to ~ a torch on sthg** éclairer qqch - **2.** [polish] faire briller, astiquer. ◇ *vi* (*pt & pp* **shone**) briller ; **to ~ at sthg** *fig* briller dans qqch.

shingle [ˈʃɪŋɡl] *n (U)* [on beach] galets *mpl*.
◆ **shingles** *n (U)* zona *m*.

shining [ˈʃaɪnɪŋ] *adj* - **1.** [gleaming] brillant(e), luisant(e) - **2.** [achievement] extraordinaire ; **to be a ~ example of sthg** être un modèle de qqch.

shinny [ˈʃɪnɪ] *US* ◆ **shinny up** = **shin up**.

shiny [ˈʃaɪnɪ] (*comp* **-ier**, *superl* **-iest**) *adj* brillant(e).

ship [ʃɪp] ◇ *n* bateau *m* ; [larger] navire *m*. ◇ *vt* (*pt & pp* **-ped**, *cont* **-ping**) [goods] expédier ; [troops, passengers] transporter.

shipbuilder [ˈʃɪpˌbɪldəʳ] *n* constructeur *m* de navires.

shipbuilding [ˈʃɪpˌbɪldɪŋ] *n* construction *f* navale.

ship canal *n* canal *m* maritime.

shipment [ˈʃɪpmənt] *n* [cargo] cargaison *f*, chargement *m*.

shipper [ˈʃɪpəʳ] *n* affréteur *m*, chargeur *m*.

shipping [ˈʃɪpɪŋ] *n (U)* - **1.** [transport] transport *m* maritime - **2.** [ships] navires *mpl*.

shipping agent *n* agent *m* maritime.

shipping company *n* compagnie *f* de navigation.

shipping forecast *n* météo *f* marine.

shipping lane *n* voie *f* de navigation.

shipshape [ˈʃɪpʃeɪp] *adj* bien rangé(e), en ordre.

shipwreck [ˈʃɪprek] ◇ *n* - **1.** [destruction of ship] naufrage *m* - **2.** [wrecked ship] épave *f*. ◇ *vt* : **to be ~ed** faire naufrage.

shipwrecked [ˈʃɪprekt] *adj* naufragé(e).

shipyard [ˈʃɪpjɑːd] *n* chantier *m* naval.

shire [ʃaɪəʳ] *n* [county] comté *m*.
◆ **Shire** *n* : **the Shires** *les Comtés du centre de l'Angleterre*.

shire horse *n* cheval *m* de gros trait.

shirk [ʃɜːk] *vt* se dérober à.

shirker ['ʃɜːkəʳ] *n* tire-au-flanc *m inv.*

shirt [ʃɜːt] *n* chemise *f.*

shirtsleeves ['ʃɜːtsliːvz] *npl* : **to be in (one's) ~** être en manches OR en bras de chemise.

shirttail ['ʃɜːtteɪl] *n* pan *m* de chemise.

shirty ['ʃɜːtɪ] (*comp* **-ier**, *superl* **-iest**) *adj UK inf* de mauvais poil, de mauvaise humeur.

shit [ʃɪt] *vulg* ◇ *n* **- 1.** [excrement] merde *f* **- 2.** *(U)* [nonsense] conneries *fpl* **- 3.** [person] salaud *m.* ◇ *vi* (*pt & pp* **-ted** OR **shat**, *cont* **-ting**) chier. ◇ *excl* merde!

shiver ['ʃɪvəʳ] ◇ *n* frisson *m* ; **to give sb the ~s** *fig* donner le frisson OR la chair de poule à qqn. ◇ *vi* : **to ~ (with)** trembler (de), frissonner (de).

shoal [ʃəʊl] *n* [of fish] banc *m.*

shock [ʃɒk] ◇ *n* **- 1.** [surprise] choc *m*, coup *m* **- 2.** *(U)* MED : **to be suffering from ~, to be in (a state of) ~** être en état de choc **- 3.** [impact] choc *m*, heurt *m* **- 4.** ELEC décharge *f* électrique. ◇ *vt* **- 1.** [upset] bouleverser **- 2.** [offend] choquer, scandaliser.

shock absorber [-əbˌzɔːbəʳ] *n* amortisseur *m.*

shocked [ʃɒkt] *adj* **- 1.** [upset] bouleversé(e) **- 2.** [offended] choqué(e), scandalisé(e).

shocking ['ʃɒkɪŋ] *adj* **- 1.** *UK* [very bad] épouvantable, terrible **- 2.** [outrageous] scandaleux(euse).

shockproof ['ʃɒkpruːf] *adj* antichoc *(inv).*

shock tactics *npl* tactique *f* de choc.

shock therapy, **shock treatment** *n* traitement *m* par électrochocs.

shock troops *npl* troupes *fpl* de choc.

shock wave *n* onde *f* de choc.

shod [ʃɒd] ◇ *pt & pp* ▷ **shoe.** ◇ *adj* chaussé(e).

shoddy ['ʃɒdɪ] (*comp* **-ier**, *superl* **-iest**) *adj* [goods, work] de mauvaise qualité ; [treatment] indigne, méprisable.

shoe [ʃuː] ◇ *n* chaussure *f*, soulier *m.* ◇ *vt* (*pt & pp* **-ed** OR **shod**, *cont* **-ing**) [horse] ferrer.

shoebrush ['ʃuːbrʌʃ] *n* brosse *f* à chaussures.

shoe cleaner *n* produit *m* pour chaussures.

shoehorn ['ʃuːhɔːn] *n* chausse-pied *m.*

shoelace ['ʃuːleɪs] *n* lacet *m* de soulier.

shoemaker ['ʃuːˌmeɪkəʳ] *n* [repairer] cordonnier *m* ; [manufacturer] fabricant *m*, -e *f* de chaussures.

shoe polish *n* cirage *m.*

shoe repairer [-rɪˌpeərəʳ] *n* cordonnier *m.*

shoe shop *n* magasin *m* de chaussures.

shoestring ['ʃuːstrɪŋ] ◇ *adj* [budget] étroit(e). ◇ *n fig* **on a ~** à peu de frais.

shoetree ['ʃuːtriː] *n* embauchoir *m.*

shone [ʃɒn] *pt & pp* ▷ **shine.**

shoo [ʃuː] ◇ *vt* chasser. ◇ *excl* ouste!

shook [ʃʊk] *pt* ▷ **shake.**

shoot [ʃuːt] ◇ *vt* (*pt & pp* **shot**) **- 1.** [kill with gun] tuer d'un coup de feu ; [wound with gun] blesser d'un coup de feu ; **to ~ o.s.** [kill o.s.] se tuer avec une arme à feu **- 2.** *UK* [hunt] chasser **- 3.** [arrow] décocher, tirer **- 4.** [direct - glance, look] lancer, décocher ; **to ~ questions at sb** bombarder qqn de questions **- 5.** CIN tourner **- 6.** *US* [play - pool] jouer à. ◇ *vi* (*pt & pp* **shot**) **- 1.** [fire gun] : **to ~ (at)** tirer (sur) **- 2.** *UK* [hunt] chasser **- 3.** [move quickly] : **to ~ in/out/past** entrer/sortir/passer en trombe, entrer/sortir/passer comme un bolide **- 4.** CIN tourner **- 5.** SPORT tirer, shooter. ◇ *n* **- 1.** *UK* [hunting expedition] partie *f* de chasse **- 2.** [of plant] pousse *f.* ◇ *excl US inf* **- 1.** [go ahead] vas-y! **- 2.** [damn] zut!

◆ **shoot down** *vt sep* **- 1.** [aeroplane] descendre, abattre **- 2.** [person] abattre **- 3.** *fig* [proposal] démolir ; [person] descendre en flammes.

◆ **shoot up** *vi* **- 1.** [child, plant] pousser vite **- 2.** [price, inflation] monter en flèche **- 3.** *drug sl* se shooter.

shooting ['ʃuːtɪŋ] *n* **- 1.** [killing] meurtre *m* **- 2.** *UK (U)* [hunting] chasse *f.*

shooting range *n* champ *m* de tir.

shooting star *n* étoile *f* filante.

shooting stick *n* canne-siège *f.*

shoot-out *n* fusillade *f.*

shop [ʃɒp] ◇ *n* **- 1.** [store] magasin *m*, boutique *f* ; **to talk ~** parler métier OR boutique **- 2.** [workshop] atelier *m.* ◇ *vi* (*pt & pp* **-ped**, *cont* **-ping**) faire ses courses ; **to go shopping** aller faire les courses OR commissions.

◆ **shop around** *vi* comparer les prix.

shop assistant *n UK* vendeur *m*, -euse *f.*

shop floor *n* : **the ~** *fig* les ouvriers *mpl.*

shopkeeper ['ʃɒpˌkiːpəʳ] *n* commerçant *m*, -e *f.*

shoplifter ['ʃɒpˌlɪftəʳ] *n* voleur *m*, -euse *f* à l'étalage.

shoplifting ['ʃɒpˌlɪftɪŋ] *n (U)* vol *m* à l'étalage.

shopper ['ʃɒpəʳ] *n* personne *f* qui fait ses courses.

shopping ['ʃɒpɪŋ] *n (U)* [purchases] achats *mpl.*

shopping bag *n* sac *m* à provisions.

shopping basket *n* panier *m* de course.

shopping cart *n US* caddie® *m.*

shopping centre *UK*, **shopping mall** *US*, **shopping plaza** *US* [-ˌplɑːzə] *n* centre *m* commercial.

shopping list *n* liste *f* des commissions.

shopping mall *US*, **shopping plaza** *US* = **shopping centre**.

shopsoiled *UK* [ˈʃɒpsɔɪld], **shopworn** *US* [ˈʃɒpwɔːn] *adj* qui a fait l'étalage, abîmé(e) (en magasin).

shop steward *n* délégué syndical *m*, déléguée syndicale *f*.

shopwalker [ˈʃɒpˌwɔːkəʳ] *n* *UK* surveillant *m*, -e *f* de magasin.

shopwindow [ˌʃɒpˈwɪndəʊ] *n* vitrine *f*.

shopworn *US* = **shopsoiled**.

shore [ʃɔːʳ] *n* rivage *m*, bord *m* ; **on ~** à terre.
◆ **shore up** *vt sep* étayer, étançonner ; *fig* consolider.

shore leave *n* permission *f* à terre.

shoreline [ˈʃɔːlaɪn] *n* côte *f*.

shorn [ʃɔːn] ◇ *pp* ▷ **shear**. ◇ *adj* tondu(e).

short [ʃɔːt] ◇ *adj* - **1.** [not long - in time] court(e), bref (brève) ; [- in space] court - **2.** [not tall] petit(e) - **3.** [curt] brusque, sec (sèche) - **4.** [lacking] : **time/money is ~** nous manquons de temps/d'argent ; **we're £10 ~** il nous manque 10 livres ; **to be ~ of** manquer de ; **to be ~ of breath** être essoufflé(e) - **5.** [abbreviated] : **to be ~ for** être le diminutif de. ◇ *adv* : **to be running ~ of** [running out of] commencer à manquer de, commencer à être à court de ; **to cut sthg ~** [visit, speech] écourter qqch ; [discussion] couper court à qqch ; **to stop ~** s'arrêter net ; **to bring** OR **pull sb up ~** arrêter qqn net. ◇ *n* - **1.** *UK* [alcoholic drink] alcool *m* fort - **2.** [film] court métrage *m*.
◆ **shorts** *npl* - **1.** [gen] short *m* - **2.** *US* [underwear] caleçon *m*.
◆ **for short** *adv* : **he's called Bob for ~** Bob est son diminutif.
◆ **in short** *adv* (enfin) bref.
◆ **nothing short of** *prep* rien moins que, pratiquement.
◆ **short of** *prep* [unless, without] : **~ of doing sthg** à moins de faire qqch, à part faire qqch.

shortage [ˈʃɔːtɪdʒ] *n* manque *m*, insuffisance *f*.

short back and sides *n* *UK* coupe *f* bien dégagée.

shortbread [ˈʃɔːtbred] *n* sablé *m*.

short-change *vt* - **1.** [subj: shopkeeper] : **to ~ sb** ne pas rendre assez à qqn - **2.** *fig* [cheat] tromper, rouler.

short circuit *n* court-circuit *m*.
◆ **short-circuit** ◇ *vt* court-circuiter. ◇ *vi* se mettre en court-circuit.

shortcomings [ˈʃɔːtˌkʌmɪŋz] *npl* défauts *mpl*.

shortcrust pastry [ˈʃɔːtkrʌst-] *n* pâte *f* brisée.

shortcut *n* - **1.** [quick route] raccourci *m* - **2.** [quick method] solution *f* miracle.

shorten [ˈʃɔːtn] ◇ *vt* - **1.** [holiday, time] écourter - **2.** [skirt, rope etc] raccourcir. ◇ *vi* [days] raccourcir.

shortening [ˈʃɔːtnɪŋ] *n (U)* CULIN matière *f* grasse.

shortfall [ˈʃɔːtfɔːl] *n* déficit *m*.

shorthand [ˈʃɔːthænd] *n (U)* - **1.** [writing system] sténographie *f* - **2.** [abbreviation] forme *f* abrégée.

shorthanded [ˌʃɔːtˈhændɪd] *adj* : **to be ~** manquer de personnel.

shorthand typist *n* *UK dated* sténodactylo *f*.

short-haul *adj* court-courrier *(inv)*.

short list *n* *UK* liste *f* des candidats sélectionnés.
◆ **short-list** *vt* *UK* : **to be short-listed (for)** être au nombre des candidats sélectionnés (pour).

short-lived [-ˈlɪvd] *adj* de courte durée.

shortly [ˈʃɔːtlɪ] *adv* - **1.** [soon] bientôt - **2.** [curtly] d'une manière brusque, sèchement.

shortness [ˈʃɔːtnɪs] *n* - **1.** [of visit etc] brièveté *f* - **2.** [of person] petite taille *f* ; [of skirt, hair] peu *m* de longueur.

short-range *adj* à courte portée.

short shrift [-ˈʃrɪft] *n* : **to give sb ~** envoyer promener qqn.

shortsighted [ˌʃɔːtˈsaɪtɪd] *adj* *UK* myope ; *fig* imprévoyant(e).

short-staffed [-ˈstɑːft] *adj* : **to be ~** manquer de personnel.

short story *n* nouvelle *f*.

short-tempered [-ˈtempəd] *adj* emporté(e), irascible.

short-term *adj* [effects, solution] à court terme ; [problem] de courte durée.

short time *n* *UK* : **on ~** en chômage partiel.

short wave *n (U)* ondes *fpl* courtes.

shot [ʃɒt] ◇ *pt* & *pp* ▷ **shoot**. ◇ *n* - **1.** [gunshot] coup *m* de feu ; **like a ~** sans tarder, sans hésiter - **2.** [marksman] tireur *m* - **3.** SPORT coup *m* - **4.** [photograph] photo *f* ; CIN plan *m* - **5.** *inf* [attempt] : **to have a ~ at sthg** essayer de faire qqch - **6.** [injection] piqûre *f* - **7.** [of alcohol] coup *m*.

shotgun [ˈʃɒtgʌn] *n* fusil *m* de chasse.

shot put *n* [event] lancer *m* du poids ; [object] poids *m*.

should [ʃʊd] *aux vb* - **1.** [indicating duty] : **we ~ leave now** il faudrait partir maintenant - **2.** [seeking advice, permission] : **~ I go too?** est-ce que je devrais y aller aussi? - **3.** [as suggestion] : **I ~ deny everything** moi, je nierais tout - **4.** [indicating probability] : **she ~ be home soon** elle devrait être de retour bientôt, elle va bientôt rentrer - **5.** [was or were expected] : **they ~ have won the match** ils auraient dû gagner le match - **6.** [indicating intention, wish] : **I ~ like to come with you** j'aimerais bien venir avec vous - **7.** *(as conditional)* **you ~ go if you're invited** tu devrais y aller si tu es invité - **8.** *(in subordinate clauses)* **we decided that you ~ meet him** nous avons décidé que ce serait toi qui irais le chercher - **9.** [expressing uncertain opinion] : **I ~ think he's about 50 (years old)** je pense qu'il doit avoir dans les 50 ans.

shoulder ['ʃəʊldəʳ] ◇ *n* - **1.** [body] épaule *f* ; **to look over one's ~** se retourner ; **he needed a ~ to cry on** il avait besoin de réconfort ; **to rub ~s with sb** *fig* côtoyer qqn - **2.** [road] accotement *m*, bas côté *m* ; *US* bande *f* d'arrêt d'urgence. ◇ *vt* - **1.** [carry] porter - **2.** [responsibility] endosser.

shoulder bag *n* sac *m* en bandoulière.

shoulder blade *n* omoplate *f*.

shoulder-length *adj* : **~ hair** cheveux mi-longs.

shoulder strap *n* - **1.** [on dress] bretelle *f* - **2.** [on bag] bandoulière *f*.

shouldn't ['ʃʊdnt] *abbr of* **should not**.

should've ['ʃʊdəv] *abbr of* **should have**.

shout [ʃaʊt] ◇ *n* [cry] cri *m*. ◇ *vt* & *vi* crier.

◆ **shout down** *vt sep* huer, conspuer.

◆ **shout out** *vt sep* crier.

shouting ['ʃaʊtɪŋ] *n (U)* cris *mpl*.

shove [ʃʌv] ◇ *n* : **to give sb/sthg a ~** pousser qqn/qqch. ◇ *vt* pousser ; **to ~ sb about** bousculer qqn ; **to ~ clothes into a bag** fourrer des vêtements dans un sac.

◆ **shove off** *vi* - **1.** [in boat] pousser au large - **2.** *inf* [go away] ficher le camp, filer.

shovel ['ʃʌvl] ◇ *n* [tool] pelle *f*. ◇ *vt* (*UK, pt & pp* **-led**, *cont* **-ling**, *US, pt & pp* **-ed**, *cont* **-ing**) enlever à la pelle, pelleter.

show [ʃəʊ] ◇ *n* - **1.** [display] démonstration *f*, manifestation *f* - **2.** [at theatre] spectacle *m* ; [on radio, TV] émission *f* - **3.** CIN séance *f* - **4.** [exhibition] exposition *f* ; **on ~** exposé(e) ; **for ~** pour (faire de) l'effet ; **flower ~** floralies *fpl*. ◇ *vt* (*pt* **-ed**, *pp* **shown** OR **-ed**) - **1.** [gen] montrer ; [profit, loss] indiquer ; [respect] témoigner ; [courage, mercy] faire preuve de ; **he has nothing to ~ for all his hard work** tout son travail n'a rien donné ; **to ~ sb sthg, to ~ sthg to sb** montrer qqch à qqn ; **to ~ sb how to do sthg** montrer OR faire voir à qqn comment faire qqch ; **it just goes to ~ that...** cela prouve que... - **2.** [escort] : **to ~ sb to his seat/table** conduire qqn à sa place/sa table - **3.** [film] projeter, passer ; [TV programme] donner, passer. ◇ *vi* (*pt* **-ed**, *pp* **shown** OR **-ed**) - **1.** [indicate] indiquer, montrer - **2.** [be visible] se voir, être visible - **3.** CIN : **what's ~ing tonight?** qu'est-ce qu'on joue comme film ce soir?

◆ **show around** = **show round**.

◆ **show off** ◇ *vt sep* exhiber. ◇ *vi* faire l'intéressant(e).

◆ **show round** *vt sep UK* **to ~ sb round a town/a house** faire visiter une ville/une maison à qqn.

◆ **show up** ◇ *vt sep* [embarrass] embarrasser, faire honte à. ◇ *vi* - **1.** [stand out] se voir, ressortir - **2.** [arrive] s'amener, rappliquer.

showbiz ['ʃəʊbɪz] *n inf* show-biz *m*.

show business *n (U)* monde *m* du spectacle, show-business *m*.

showcase ['ʃəʊkeɪs] *n lit* & *fig* vitrine *f*.

showdown ['ʃəʊdaʊn] *n* : **to have a ~ with sb** s'expliquer avec qqn, mettre les choses au point avec qqn.

shower ['ʃaʊəʳ] ◇ *n* - **1.** [device, act] douche *f* ; **to have** OR **take a ~** prendre une douche, se doucher - **2.** [of rain] averse *f* - **3.** *fig* [of questions, confetti] avalanche *f*, déluge *m* - **4.** *US* [party] *fête organisée en l'honneur d'une femme qui va se marier, par exemple, et à laquelle chacun des invités offre un petit cadeau.* ◇ *vt* : **to ~ sb with** couvrir qqn de. ◇ *vi* [wash] prendre une douche, se doucher.

shower cap *n* bonnet *m* de douche.

showerproof ['ʃaʊəpru:f] *adj* imperméable.

shower room *n* salle *f* d'eau.

showery ['ʃaʊərɪ] *adj* pluvieux(euse).

showing ['ʃəʊɪŋ] *n* CIN projection *f*.

show jumping [-ˌdʒʌmpɪŋ] *n* jumping *m*.

showman ['ʃəʊmən] (*pl* **-men** [-mən]) *n* - **1.** [at fair, circus] forain *m* - **2.** *fig* [publicity-seeker] : **he's a real ~** il a le sens du spectacle.

showmanship ['ʃəʊmənʃɪp] *n* sens *m* du spectacle.

shown [ʃəʊn] *pp* ▷ **show**.

show-off *n inf* m'as-tu-vu *m*, -e *f*.

show of hands *n* : **to have a ~** voter à main levée.

showpiece ['ʃəʊpi:s] *n* [main attraction] joyau *m*, trésor *m*.

showroom ['ʃəʊrʊm] *n* salle *f* OR magasin *m* d'exposition ; [for cars] salle de démonstration.

showy ['ʃəʊɪ] (*comp* **-ier**, *superl* **-iest**) *adj* voyant(e) ; [person] prétentieux(euse).

shrank [ʃræŋk] *pt* ▷ **shrink**.

shrapnel ['ʃræpnl] *n (U)* éclats *mpl* d'obus.

shred [ʃred] ◇ *n* - **1.** [of material, paper] lambeau *m*, brin *m* - **2.** *fig* [of evidence] parcelle *f* ; [of truth] once *f*, grain *m*. ◇ *vt (pt & pp* **-ded**, *cont* **-ding**) [food] râper ; [paper] déchirer en lambeaux.

shredder ['ʃredər] *n* [machine] destructeur *m* de documents.

shrew [ʃru:] *n* [animal] musaraigne *f*.

shrewd [ʃru:d] *adj* fin(e), astucieux(euse).

shrewdness ['ʃru:dnɪs] *n* finesse *f*, perspicacité *f*.

shriek [ʃri:k] ◇ *n* cri *m* perçant, hurlement *m* ; [of laughter] éclat *m*. ◇ *vt* hurler, crier. ◇ *vi* pousser un cri perçant ; **to ~ with laughter** éclater de rire.

shrill [ʃrɪl] *adj* [sound, voice] aigu(ë) ; [whistle] strident(e).

shrimp [ʃrɪmp] *n* crevette *f*.

shrine [ʃraɪn] *n* [place of worship] lieu *m* saint.

shrink [ʃrɪŋk] ◇ *n inf hum* psy *mf*. ◇ *vt (pt* **shrank**, *pp* **shrunk**) rétrécir. ◇ *vi (pt* **shrank**, *pp* **shrunk**) - **1.** [cloth, garment] rétrécir ; [person] rapetisser ; *fig* [income, popularity *etc*] baisser, diminuer - **2.** [recoil] : **to ~ away from sthg** reculer devant qqch ; **to ~ from doing sthg** rechigner OR répugner à faire qqch.

shrinkage ['ʃrɪŋkɪdʒ] *n* rétrécissement *m* ; *fig* diminution *f*, baisse *f*.

shrink-wrap *vt* emballer sous film plastique.

shrivel ['ʃrɪvl] (*UK*, *pt & pp* **-led**, *cont* **-ling**, *US*, *pt & pp* **-ed**, *cont* **-ing**) ◇ *vt* : **to ~ (up)** rider, flétrir. ◇ *vi* : **to ~ (up)** se rider, se flétrir.

shroud [ʃraʊd] ◇ *n* [cloth] linceul *m*. ◇ *vt* : **to be ~ed in** [darkness, fog] être enseveli(e) sous ; [mystery] être enveloppé(e) de.

Shrove Tuesday ['ʃrəʊv-] *n* Mardi *m* gras.

shrub [ʃrʌb] *n* arbuste *m*.

shrubbery ['ʃrʌbərɪ] *n* massif *m* d'arbustes.

shrug [ʃrʌg] ◇ *n* haussement *m* d'épaules. ◇ *vt (pt & pp* **-ged**, *cont* **-ging**, *pt & pp* **-ged**, *cont* **-ging**) : **to ~ one's shoulders** hausser les épaules. ◇ *vi (pt & pp* **-ged**, *cont* **-ging**) hausser les épaules.

◆ **shrug off** *vt sep* ignorer.

shrunk [ʃrʌŋk] *pp* ▷ **shrink**.

shrunken ['ʃrʌŋkn] *adj* [person] ratatiné(e).

shucks [ʃʌks] *excl US inf* - **1.** [it was nothing] de rien! - **2.** [damn] zut!

shudder ['ʃʌdər] *US* ◇ *n* frisson *m*, frémissement *m*. ◇ *vi* - **1.** [tremble] : **to ~ (with)** frémir (de), frissonner (de) ; **I ~ to think** je n'ose pas y penser - **2.** [shake] vibrer, trembler.

shuffle ['ʃʌfl] ◇ *n* - **1.** [of feet] marche *f* traînante - **2.** [of cards] : **to give the cards a ~** battre les cartes. ◇ *vt* - **1.** [drag] : **to ~ one's feet** traîner les pieds - **2.** [cards] mélanger, battre. ◇ *vi* - **1.** [walk] : **to ~ in/out** entrer/sortir en traînant les pieds - **2.** [fidget] remuer.

shun [ʃʌn] (*pt & pp* **-ned**, *cont* **-ning**) *vt* fuir, éviter.

shunt [ʃʌnt] *vt* - **1.** RAIL aiguiller - **2.** *fig* [move] transférer, déplacer.

shunter ['ʃʌntər] *n* RAIL [engine] locomotive *f* de manœuvre.

shush [ʃʊʃ] *excl* chut!

shut [ʃʌt] ◇ *adj* [closed] fermé(e). ◇ *vt (pt & pp* **shut**, *cont* **-ting**) fermer ; **~ your mouth** OR **face !** *v inf* ta gueule!, la ferme! ◇ *vi (pt & pp* **shut**, *cont* **-ting**) - **1.** [door, window] se fermer - **2.** [shop] fermer.

◆ **shut away** *vt sep* [valuables, papers] mettre sous clef ; **to ~ o.s. away** s'enfermer.

◆ **shut down** ◇ *vt sep & vi* [close] fermer. ◇ *vt* COMPUT éteindre.

◆ **shut in** *vt sep* enfermer ; **to ~ o.s. in** s'enfermer.

◆ **shut out** *vt sep* - **1.** [noise] supprimer ; [light] ne pas laisser entrer ; **to ~ sb out** laisser qqn à la porte - **2.** [feelings, thoughts] chasser.

◆ **shut up** *inf* ◇ *vt sep* [silence] faire taire. ◇ *vi* se taire.

shutdown ['ʃʌtdaʊn] *n* fermeture *f*.

shutter ['ʃʌtər] *n* - **1.** [on window] volet *m* - **2.** [in camera] obturateur *m*.

shuttle ['ʃʌtl] ◇ *adj* : **~ service** (service *m* de) navette *f*. ◇ *n* [train, bus, plane] navette *f*. ◇ *vi* faire la navette.

shuttlecock ['ʃʌtlkɒk] *n* volant *m*.

shy [ʃaɪ] ◇ *adj* - **1.** [timid] timide - **2.** [wary] : **to be ~ of doing sthg** avoir peur de faire qqch, hésiter à faire qqch. ◇ *vi (pt & pp* **shied**) [horse] s'effaroucher.

◆ **shy away from** *vt insep* : **to away from sthg** reculer devant qqch ; **to ~ away from doing sthg** répugner à faire qqch.

shyly ['ʃaɪlɪ] *adv* timidement.

shyness ['ʃaɪnɪs] *n* timidité *f*.

Siam [ˌsaɪ'æm] *n* Siam *m* ; **in ~** au Siam.

Siamese [ˌsaɪə'mi:z] ◇ *adj* siamois(e). ◇ *n* (*pl* **Siamese**) - **1.** [person] Siamois *m*, -e *f* - **2.** : **~ (cat)** chat *m* siamois.

Siamese twins *npl* [brothers] frères *mpl* siamois ; [sisters] sœurs *fpl* siamoises.

SIB (*abbr of* **Securities and Investment Board**) *n organisme britannique qui fait appliquer la réglementation concernant les investissements.*

Siberia [saɪ'bɪərɪə] *n* Sibérie *f* ; **in ~** en Sibérie.

Siberian [saɪ'bɪərɪən] ◇ *adj* sibérien(enne). ◇ *n* Sibérien *m*, -enne *f*.

sibling ['sɪblɪŋ] *n* [brother] frère *m* ; [sister] sœur *f*.

Sicilian [sɪ'sɪljən] ◇ *adj* sicilien(enne). ◇ *n* [person] Sicilien *m*, -enne *f*.

Sicily ['sɪsɪlɪ] *n* Sicile *f* ; **in ~** en Sicile.

sick [sɪk] *adj* - **1.** [ill] malade - **2.** [nauseous] : **to feel ~** *UK* avoir envie de vomir, avoir mal au cœur ; **to be ~** *UK* [vomit] vomir ; **to make sb ~** *fig* écœurer qqn, dégoûter qqn - **3.** [fed up] : **to be ~ of** en avoir assez *OR* marre de - **4.** [joke, humour] macabre.

sickbay ['sɪkbeɪ] *n* infirmerie *f*.

sickbed ['sɪkbed] *n* lit *m* de malade.

sicken ['sɪkn] ◇ *vt* écœurer, dégoûter. ◇ *vi UK* : **to be ~ing for sthg** couver qqch.

sickening ['sɪknɪŋ] *adj* [disgusting] écœurant(e), dégoûtant(e).

sickle ['sɪkl] *n* faucille *f*.

sick leave *n (U)* congé *m* de maladie.

sickly ['sɪklɪ] (*comp* **-ier**, *superl* **-iest**) *adj* - **1.** [unhealthy] maladif(ive), souffreteux(euse) - **2.** [smell, taste] écœurant(e).

sickness ['sɪknɪs] *n UK* - **1.** [illness] maladie *f* - **2.** *UK (U)* [nausea] nausée *f*, nausées *fpl* ; [vomiting] vomissement *m*, vomissements *mpl*.

sickness benefit *n UK (U)* prestations *fpl* en cas de maladie.

sick pay *n (U)* indemnité *f OR* allocation *f* de maladie.

sickroom ['sɪkrʊm] *n* chambre *f* de malade.

side [saɪd] ◇ *n* - **1.** [gen] côté *m* ; **at** *OR* **by my/her** *etc* **~** à mes/ses *etc* côtés ; **to stand to one ~** se tenir sur le côté ; **on every ~, on all ~s** de tous côtés ; **from ~ to ~** d'un côté à l'autre ; **~ by ~** côte à côte ; **to put sthg to** *OR* **on one ~** mettre qqch de côté - **2.** [of table, river] bord *m* - **3.** [of hill, valley] versant *m*, flanc *m* - **4.** [in war, debate] camp *m*, côté *m* ; SPORT équipe *f*, camp ; [of argument] point *m* de vue ; **to be on sb's ~** être avec qqn, soutenir qqn ; **to take sb's ~** prendre le parti de qqn - **5.** [aspect - gen] aspect *m* ; [- of character] facette *f* ; **to be on the safe ~** pour plus de sûreté, par précaution - **6.** *phr* **on the large/small ~** plutôt grand/petit, un peu trop grand/petit ; **to do sthg on the ~** faire qqch en plus ; **to keep** *OR* **stay on the right ~ of sb** se faire bien voir de qqn. ◇ *adj* [situated on side] latéral(e).

◆ **side with** *vt insep* prendre le parti de, se ranger du côté de.

sideboard ['saɪdbɔːd] *n* [cupboard] buffet *m*.

sideboards *UK* ['saɪdbɔːdz], **sideburns** *US* ['saɪdbɜːnz] *npl* favoris *mpl*, rouflaquettes *fpl*.

sidecar ['saɪdkɑːʳ] *n* side-car *m*.

side dish *n* accompagnement *m*, garniture *f*.

side effect *n* - **1.** MED effet *m* secondaire *OR* indésirable - **2.** [unplanned result] effet *m* secondaire, répercussion *f*.

sidekick ['saɪdkɪk] *n inf* [friend] copain *m*, copine *f* ; *pej* acolyte *mf*.

sidelight ['saɪdlaɪt] *n* AUT feu *m* de position.

sideline ['saɪdlaɪn] *n* - **1.** [extra business] activité *f* secondaire - **2.** SPORT ligne *f* de touche ; **on the ~** *fig* dans la coulisse.

sidelong ['saɪdlɒŋ] *adj & adv* de côté.

side-on *adj & adv* de côté.

side plate *n* assiette *f* à pain, petite assiette.

side road *n* [not main road] route *f* secondaire ; [off main road] route transversale.

sidesaddle ['saɪd,sædl] *adv* : **to ride ~** monter en amazone.

sideshow ['saɪdʃəʊ] *n* spectacle *m* forain.

sidestep ['saɪdstep] (*pt & pp* **-ped**, *cont* **-ping**) *vt* faire un pas de côté pour éviter *OR* esquiver ; *fig* éviter.

side street *n* [not main street] petite rue *f* ; [off main street] rue transversale.

sidetrack ['saɪdtræk] *vt* : **to be ~ed** se laisser distraire.

sidewalk ['saɪdwɔːk] *n US* trottoir *m*.

sideways ['saɪdweɪz] *adj & adv* de côté.

siding ['saɪdɪŋ] *n* voie *f* de garage.

sidle ['saɪdl] ◆ **sidle up** *vi* : **to ~ up to sb** se glisser vers qqn.

SIDS (*abbr of* **sudden infant death syndrome**) *n mort subite du nourrisson*.

siege [siːdʒ] *n* siège *m*.

Sierra Leone [sɪ'erəlɪ'əʊn] *n* Sierra Leone *f* ; **in ~** en Sierra Leone.

Sierra Leonean [sɪ'erəlɪ'əʊnjən] ◇ *adj* de la Sierra Leone. ◇ *n* habitant *m*, -e *f* de la Sierra Leone.

sieve [sɪv] ◇ *n* [for flour, sand etc] tamis *m* ; [for liquids] passoire *f* ; **I've got a head** *OR* **memory like a ~** ma mémoire est une passoire. ◇ *vt* [flour etc] tamiser ; [liquid] passer.

sift [sɪft] ◇ *vt* - **1.** [flour, sand] tamiser - **2.** *fig* [evidence] passer au crible. ◇ *vi* : **to ~ through** examiner, éplucher.

sigh [saɪ] ◇ *n* soupir *m* ; **to heave a ~ of relief** pousser un soupir de soulagement. ◇ *vi* [person] soupirer, pousser un soupir.

sight [saɪt] ◇ *n* - **1.** [seeing] vue *f* ; **in ~** en vue ; **in/out of ~** en/hors de vue ; **to catch ~ of** apercevoir ; **to know sb by ~** connaître qqn de vue ; **to lose ~ of** perdre de vue ; **to shoot on ~** tirer à vue ; **at first ~** à première vue, au premier abord - **2.** [spectacle] spectacle *m* - **3.** [on gun] mire *f* ; **to set one's ~s on sthg** décider d'obtenir qqch, viser qqch ; **to set one's ~s on doing sthg** décider de faire qqch - **4.** [a lot] : **a ~ better/worse** bien mieux/pire. ◇ *vt* apercevoir.

◆ **sights** *npl* [of city] attractions *fpl* touristiques.

sighting ['saɪtɪŋ] *n* : **there has been a ~ of the escaped criminal** on a vu le fugitif.

sightseeing ['saɪt,si:ɪŋ] *n* tourisme *m* ; **to go ~** faire du tourisme.

sightseer ['saɪt,si:əʳ] *n* touriste *mf*.

sign [saɪn] ◇ *n* - **1.** [gen] signe *m* ; **no ~ of** aucune trace de ; **there's no ~ of him yet** il n'est pas encore arrivé - **2.** [notice] enseigne *f* ; AUT panneau *m*. ◇ *vt* signer ; **to ~ one's name** signer.

◆ **sign away** *vt sep* signer la renonciation à.

◆ **sign for** *vt insep* - **1.** [letter, parcel] signer à la réception de - **2.** SPORT [team] signer un contrat avec.

◆ **sign in** *vi* signer à l'arrivée OR en arrivant.

◆ **sign on** *vi* - **1.** [enrol MIL s'engager ; [- for course] s'inscrire - **2.** *UK* [register as unemployed] s'inscrire au chômage.

◆ **sign out** *vi* signer à la sortie OR en sortant.

◆ **sign up** ◇ *vt sep* [worker] embaucher ; [soldier] engager. ◇ *vi* MIL s'engager ; [for course] s'inscrire.

signal ['sɪgnl] ◇ *n* signal *m*. ◇ *adj fml* remarquable. ◇ *vt* (*UK, pt & pp* **-led**, *cont* **-ling**, *US, pt & pp* **-ed**, *cont* **-ing**) - **1.** [indicate] indiquer - **2.** [gesture to] : **to ~ sb (to do sthg)** faire signe à qqn (de faire qqch). ◇ *vi* (*UK, pt & pp* **-led**, *cont* **-ling**, *US, pt & pp* **-ed**, *cont* **-ing**) - **1.** AUT clignoter, mettre son clignotant - **2.** [gesture] : **to ~ to sb (to do sthg)** faire signe à qqn (de faire qqch).

signal box *UK*, **signal tower** *US n* poste *m* d'aiguillage.

signally ['sɪgnəlɪ] *adv fml* remarquablement, singulièrement.

signalman ['sɪgnlmən] (*pl* **-men** [-mən]) *n* RAIL aiguilleur *m*.

signal tower *US* = **signal box**.

signatory ['sɪgnətrɪ] (*pl* **-ies**) *n* signataire *mf*.

signature ['sɪgnətʃəʳ] *n* [name] signature *f*.

signature tune *n* indicatif *m*.

signet ring ['sɪgnɪt-] *n* chevalière *f*.

significance [sɪg'nɪfɪkəns] *n* - **1.** [importance] importance *f*, portée *f* - **2.** [meaning] signification *f*.

significant [sɪg'nɪfɪkənt] *adj* - **1.** [considerable] considérable - **2.** [important] important(e) - **3.** [meaningful] significatif(ive).

significantly [sɪg'nɪfɪkəntlɪ] *adv* - **1.** [considerably] considérablement, énormément - **2.** [meaningfully] d'une manière significative.

signify ['sɪgnɪfaɪ] (*pt & pp* **-ied**) *vt* signifier, indiquer.

signing ['saɪnɪŋ] *n UK* SPORT *footballeur etc qui a signé un contrat avec un club*.

sign language *n* langage *m* des signes.

signpost ['saɪnpəʊst] *n* poteau *m* indicateur.

Sikh [si:k] ◇ *adj* sikh (*inv*). ◇ *n* [person] Sikh *mf*.

Sikhism ['si:kɪzm] *n* sikhisme *m*.

silage ['saɪlɪdʒ] *n* fourrage *m* ensilé.

silence ['saɪləns] ◇ *n* silence *m*. ◇ *vt* réduire au silence, faire taire.

silencer ['saɪlənsəʳ] *n* silencieux *m*.

silent ['saɪlənt] *adj* - **1.** [person, place] silencieux(euse) ; **to be ~ about sthg** garder le silence sur qqch - **2.** CIN & LING muet(ette).

silently ['saɪləntlɪ] *adv* silencieusement.

silent partner *n US* (associé *m*) commanditaire *m*, bailleur *m* de fonds.

silhouette [,sɪlu:'et] ◇ *n* silhouette *f*. ◇ *vt* : **to be ~d against** se profiler sur, se silhouetter sur.

silicon ['sɪlɪkən] *n* silicium *m*.

silicon chip [,sɪlɪkən-] *n* puce *f*, pastille *f* de silicium.

silicone ['sɪlɪkəʊn] *n* silicone *f*.

Silicon Valley *n* Silicon Valley *f* (*centre de l'industrie électronique américaine*).

silk [sɪlk] ◇ *n* soie *f*. ◇ *comp* en OR de soie.

silk screen printing *n* sérigraphie *f*.

silkworm ['sɪlkwɜ:m] *n* ver *m* à soie.

silky ['sɪlkɪ] (*comp* **-ier**, *superl* **-iest**) *adj* soyeux(euse).

sill [sɪl] *n* [of window] rebord *m*.

silliness ['sɪlɪnɪs] *n* (*U*) stupidité *f*, bêtise *f*.

silly ['sɪlɪ] (*comp* **-ier**, *superl* **-iest**) *adj* stupide, bête.

silo ['saɪləʊ] (*pl* **-s**) *n* silo *m*.

silt [sɪlt] *n* vase *f*, limon *m*.

◆ **silt up** *vi* s'envaser.

silver ['sɪlvəʳ] ◇ *adj* [colour] argenté(e). ◇ *n* (*U*) - **1.** [metal] argent *m* - **2.** [coins] pièces *fpl* d'argent - **3.** [silverware] argenterie *f*. ◇ *comp* en argent, d'argent.

silver foil, **silver paper** *n* (*U*) papier *m* d'argent OR d'étain.

silver-plated [-'pleɪtɪd] *adj* plaqué(e) argent.

silver screen *n inf* the ~ le grand écran.

silversmith ['sɪlvəsmɪθ] *n* orfèvre *mf*.

silverware ['sɪlvəweəʳ] *n (U)* **- 1.** [dishes, spoons, etc] argenterie *f* **- 2.** *US* [cutlery] couverts *mpl*.

silver wedding *n* noces *fpl* d'argent.

similar ['sɪmɪləʳ] *adj* : ~ **(to)** semblable (à), similaire (à).

similarity [,sɪmɪ'lærətɪ] (*pl* **-ies**) *n* : ~ **(between/to)** similitude *f* (entre/avec), ressemblance *f* (entre/avec).

similarly ['sɪmɪləlɪ] *adv* de la même manière, pareillement.

simile ['sɪmɪlɪ] *n* comparaison *f*.

simmer ['sɪməʳ] ◇ *vt* faire cuire à feu doux, mijoter. ◇ *vi* cuire à feu doux, mijoter.
◆ **simmer down** *vi inf* se calmer.

simper ['sɪmpəʳ] ◇ *n* sourire *m* affecté. ◇ *vi* minauder.

simpering ['sɪmpərɪŋ] *adj* affecté(e).

simple ['sɪmpl] *adj* **- 1.** [gen] simple **- 2.** *dated* [mentally retarded] simplet(ette), simple d'esprit.

simple-minded [-'maɪndɪd] *adj* simplet (ette), simple d'esprit.

simpleton ['sɪmpltən] *n dated* niais *m*, -e *f*.

simplicity [sɪm'plɪsətɪ] *n* simplicité *f*.

simplification [,sɪmplɪfɪ'keɪʃn] *n* simplification *f*.

simplify ['sɪmplɪfaɪ] (*pt & pp* **-ied**) *vt* simplifier.

simplistic [sɪm'plɪstɪk] *adj* simpliste.

simply ['sɪmplɪ] *adv* **- 1.** [gen] simplement **- 2.** [for emphasis] absolument ; **quite** ~ tout simplement.

simulate ['sɪmjʊleɪt] *vt* simuler.

simulation [,sɪmjʊ'leɪʃn] *n* simulation *f*.

simulator ['sɪmjʊleɪtəʳ] *n* simulateur *m*.

simultaneous [*UK* ,sɪmʊl'teɪnjəs, *US* ,saɪməl'teɪnjəs] *adj* simultané(e).

simultaneously [*UK* ,sɪmʊl'teɪnjəslɪ, *US* ,saɪməl'teɪnjəslɪ] *adv* simultanément, en même temps.

sin [sɪn] ◇ *n* péché *m* ; **to live in** ~ vivre en concubinage. ◇ *vi* (*pt & pp* **-ned**, *cont* **-ning**) : **to** ~ **(against)** pécher (contre).

sin bin *n inf* HOCKEY prison *f*.

since [sɪns] ◇ *adv* depuis ; **long** ~ il y a longtemps. ◇ *prep* depuis. ◇ *conj* **- 1.** [in time] depuis que **- 2.** [because] comme, puisque.

sincere [sɪn'sɪəʳ] *adj* sincère.

sincerely [sɪn'sɪəlɪ] *adv* sincèrement ; **Yours** ~ [at end of letter] veuillez agréer, Monsieur/Madame, l'expression de mes sentiments les meilleurs.

sincerity [sɪn'serətɪ] *n* sincérité *f*.

sinecure ['saɪnɪ,kjʊəʳ] *n* sinécure *f*.

sinew ['sɪnju:] *n* tendon *m*.

sinewy ['sɪnju:ɪ] *adj* musclé(e).

sinful ['sɪnfʊl] *adj* [thought] mauvais(e) ; [desire, act] coupable ; ~ **person** pécheur *m*, -eresse *f*.

sing [sɪŋ] (*pt* **sang**, *pp* **sung**) *vt & vi* chanter.

Singapore [,sɪŋə'pɔːʳ] *n* Singapour *m*.

Singaporean [,sɪŋə'pɔːrɪən] ◇ *adj* singapourien(enne). ◇ *n* [person] Singapourien *m*, -enne *f*.

singe [sɪndʒ] ◇ *n* légère brûlure *f*. ◇ *vt* (*cont* **singeing**) brûler légèrement ; [cloth] roussir.

singer ['sɪŋəʳ] *n* chanteur *m*, -euse *f*.

Singhalese [,sɪŋhə'li:z] ◇ *adj* cingalais(e), ceylanais(e). ◇ *n* **- 1.** [person] Cingalais *m*, -e *f*, Ceylanais *m*, -e *f* **- 2.** [language] cingalais *m*.

singing ['sɪŋɪŋ] ◇ *adj* [lesson, teacher] de chant. ◇ *n (U)* chant *m*.

singing telegram *n* télégramme *m* chanté.

single ['sɪŋgl] ◇ *adj* **- 1.** [only one] seul(e), unique ; **every** ~ chaque **- 2.** [unmarried] célibataire **- 3.** *UK* [ticket] simple. ◇ *n* **- 1.** *UK* [one-way ticket] billet *m* simple, aller *m* (simple) **- 2.** MUS (disque *m*) 45 tours *m*.
◆ **singles** *npl* TENNIS simples *mpl*.
◆ **single out** *vt sep* : **to** ~ **sb out (for)** choisir qqn (pour).

single bed *n* lit *m* à une place.

single-breasted [-'brestɪd] *adj* [jacket] droit(e).

single-click ◇ *n* clic *m*. ◇ *vi* : **to** ~ **on smthg** cliquer une fois sur qqc. ◇ *vi* cliquer une fois.

single cream *n UK* crème *f* liquide.

single currency *n* monnaie *f* unique.

single-decker (bus) [-'dekəʳ-] *n UK* bus *m* sans impériale.

Single European Market *n* : **the** ~ le Marché unique.

single file *n* : **in** ~ en file indienne, à la file.

single-handed [-'hændɪd] *adv* tout seul (toute seule).

single-minded [-'maɪndɪd] *adj* résolu(e) ; **to be** ~ **about sthg** concentrer toute son attention sur qqch.

single parent *n* père *m* OR mère *f* célibataire.

single-parent family *n* famille *f* monoparentale.

single quotes *npl* guillemets *mpl*.

single room *n* chambre *f* pour une personne *OR* à un lit.

singles bar *n* club *m* pour célibataires.

singlet ['sɪŋglɪt] *n UK* tricot *m* de peau ; SPORT maillot *m*.

single ticket *n UK* billet *m* simple, aller *m* (simple).

singsong ['sɪŋsɒŋ] ◇ *adj* [voice] chantant(e). ◇ *n UK inf* **to have a ~** chanter en chœur.

singular ['sɪŋgjʊlər] ◇ *adj* singulier(ère). ◇ *n* singulier *m*.

singularly ['sɪŋgjʊləlɪ] *adv* singulièrement.

Sinhalese ['sɪnəli:z] = **Singhalese**.

sinister ['sɪnɪstər] *adj* sinistre.

sink [sɪŋk] ◇ *n* [in kitchen] évier *m* ; [in bathroom] lavabo *m*. ◇ *vt* (*pt* **sank**, *pp* **sunk**) **- 1.** [ship] couler **- 2.** [teeth, claws] **: to ~ sthg into** enfoncer qqch dans. ◇ *vi* (*pt* **sank**, *pp* **sunk**) **- 1.** [in water - ship] couler, sombrer ; [- person, object] couler **- 2.** [ground] s'affaisser ; [sun] baisser ; **his spirits sank** il a été pris de découragement ; **to ~ into a chair** se laisser tomber dans un fauteuil ; **to ~ to one's knees** tomber à genoux ; **to ~ into poverty/despair** sombrer dans la misère/le désespoir **- 3.** [value, amount] baisser, diminuer ; [voice] faiblir.

◆ **sink in** *vi* **: it hasn't sunk in yet** je n'ai pas encore réalisé.

sink board *n US* égouttoir *m*.

sinking ['sɪŋkɪŋ] *n* naufrage *m*.

sinking fund *n* fonds *m OR* caisse *f* d'amortissement.

sink school *n* dépotoir *m pej*.

sink unit *n* bloc-évier *m*.

sinner ['sɪnər] *n* pécheur *m*, -eresse *f*.

Sinn Féin [ˌʃɪn'feɪn] *n* Sinn Féin *m*.

sinuous ['sɪnjʊəs] *adj* sinueux(euse).

sinus ['saɪnəs] (*pl* **-es** [-i:z]) *n* sinus *m inv*.

sip [sɪp] ◇ *n* petite gorgée *f*. ◇ *vt* (*pt & pp* **-ped**, *cont* **-ping**) siroter, boire à petits coups.

siphon ['saɪfn] ◇ *n* siphon *m*. ◇ *vt* **- 1.** [liquid] siphonner **- 2.** *fig* [money] canaliser.

◆ **siphon off** *vt sep* **- 1.** [liquid] siphonner **- 2.** *fig* [money] canaliser.

sir [sɜ:r] *n* **- 1.** [form of address] monsieur *m* **- 2.** [in titles] **: Sir Phillip Holden** sir Phillip Holden.

siren ['saɪərən] *n* sirène *f*.

sirloin (steak) ['sɜ:lɔɪn-] *n* bifteck *m* dans l'aloyau *OR* d'aloyau.

sissy ['sɪsɪ] (*pl* **-ies**) *n inf* poule *f* mouillée, dégonflé *m*, -e *f*.

sister ['sɪstər] ◇ *adj* [organization] sœur ; **~ ship** navire *m* jumeau. ◇ *n* **- 1.** [sibling] sœur *f* **- 2.** [nun] sœur *f*, religieuse *f* **- 3.** *UK* [senior nurse] infirmière *f* chef.

sisterhood ['sɪstəhʊd] *n* RELIG communauté *f* religieuse.

sister-in-law (*pl* **sisters-in-law**) *n* belle-sœur *f*.

sisterly ['sɪstəlɪ] *adj* de sœur, fraternel (elle).

sit [sɪt] (*pt & pp* **sat**, *cont* **-ting**) ◇ *vt UK* [exam] passer. ◇ *vi* **- 1.** [person] s'asseoir ; **to be sitting** être assis(e) ; **to ~ on a committee** faire partie *OR* être membre d'un comité **- 2.** [court, parliament] siéger, être en séance **- 3.** [be situated] se trouver, être **- 4.** *phr* **to ~ tight** ne pas bouger.

◆ **sit about, sit around** *vi* rester assis(e) à ne rien faire.

◆ **sit back** *vi* [relax] se détendre ; **to ~ back in a chair** se caler dans un fauteuil ; **we can't just ~ back and do nothing!** il faut que nous fassions quelque chose!

◆ **sit down** ◇ *vt sep* asseoir. ◇ *vi* s'asseoir.

◆ **sit in on** *vt insep* assister à.

◆ **sit out** *vt sep* **- 1.** [meeting, play etc] rester jusqu'à la fin de **- 2.** [dance] **: to ~ out a dance** ne pas danser.

◆ **sit through** *vt insep* rester jusqu'à la fin de.

◆ **sit up** *vi* **- 1.** [sit upright] se redresser, s'asseoir **- 2.** [stay up] veiller.

sitcom ['sɪtkɒm] *n inf* sitcom *f*.

sit-down ◇ *adj* [meal] servi(e) à la table ; [protest] sur le tas. ◇ *n UK inf* **to have a ~** (s'asseoir pour) se reposer.

site [saɪt] ◇ *n* [of town, building] emplacement *m* ; [archaeological] site *m* ; CONSTR chantier *m*. ◇ *vt* situer, placer.

sit-in *n* sit-in *m*, occupation *f* des locaux.

sitter ['sɪtər] *n* **- 1.** ART modèle *m* **- 2.** [babysitter] baby-sitter *mf*.

sitting ['sɪtɪŋ] *n* **- 1.** [of meal] service *m* **- 2.** [of court, parliament] séance *f*.

sitting duck *n inf* cible *f OR* proie *f* facile.

sitting room *n* salon *m*.

sitting tenant *n UK* locataire *mf* en possession des lieux.

situate ['sɪtjʊeɪt] *vt* situer.

situated ['sɪtjʊeɪtɪd] *adj* **: to be ~** être situé(e), se trouver.

situation [ˌsɪtjʊ'eɪʃn] *n* **- 1.** [gen] situation *f* **- 2.** [job] situation *f*, emploi *m* ; **'~s vacant'** *UK* 'offres d'emploi'.

situation comedy *n* sitcom *f*.

sit-up *n* redressement *m* assis.

six [sɪks] ◇ *num adj* six *(inv)* ; **she's ~ (years old)** elle a six ans. ◇ *num pron* six *mf pl* ; **I want ~** j'en veux six ; **~ of us went** six d'entre nous sont allés ; **there were ~ of us** nous étions six. ◇ *num n* - **1.** [gen] six *m inv* ; **two hundred and ~** deux cent six ; **we sell them in ~es** on les vend par paquets de six - **2.** [six o'clock] : **it's ~** il est six heures ; **we arrived at ~** nous sommes arrivés à six heures - **3.** [six degrees] : **it's ~ below** il fait moins six.

six-shooter [-'ʃu:tər] *n US* revolver *m* à six coups.

sixteen [sɪks'ti:n] *num* seize, *see also* **six**.

sixteenth [sɪks'ti:nθ] *num* seizième, *see also* **sixth**.

sixth [sɪksθ] ◇ *num adj* sixième. ◇ *num adv* - **1.** [in race, competition] sixième, en sixième place - **2.** [in list] sixièmement. ◇ *num pron* sixième *mf*. ◇ *n* - **1.** [fraction] sixième *m* - **2.** [in dates] : **the ~ (of September)** le six (septembre).

sixth form *n UK* SCH ≃ (classe *f*) terminale *f*.

sixth form college *n UK établissement préparant aux A-levels.*

sixth sense *n* sixième sens *m*.

sixtieth ['sɪkstɪəθ] *num* soixantième, *see also* **sixth**.

sixty ['sɪkstɪ] (*pl* **-ies**) *num* soixante, *see also* **six**.

◆ **sixties** *npl* - **1.** [decade] : **the sixties** les années *fpl* soixante - **2.** [in ages] : **to be in one's sixties** être sexagénaire - **3.** [in temperatures] : **in the sixties** ≃ entre 15 et 20 degrés.

size [saɪz] *n* [of person, clothes, company] taille *f* ; [of building] grandeur *f*, dimensions *fpl* ; [of problem] ampleur *f*, taille ; [of shoes] pointure *f* ; **to cut sb down to ~** rabattre le caquet à qqn.

◆ **size up** *vt sep* [person] jauger ; [situation] apprécier, peser.

sizeable ['saɪzəbl] *adj* assez important(e).

-sized [-saɪzd] *suffix* : **medium~** de taille moyenne.

sizzle ['sɪzl] *vi* grésiller.

SK *see also* **Saskatchewan**.

skate [skeɪt] ◇ *n* - **1.** [ice skate, roller skate] patin *m* - **2.** (*pl* **skate** *OR* **-s**) [fish] raie *f*. ◇ *vi* [on ice skates] faire du patin à glace, patiner ; [on roller skates] faire du patin à roulettes.

◆ **skate over, skate round** *UK vt insep* [problem] éluder, éviter.

skateboard ['skeɪtbɔ:d] *n* planche *f* à roulettes, skateboard *m*, skate *m*.

skateboarder ['skeɪtbɔ:dər] *n* personne *f* qui fait du skateboard *OR* du skate *OR* de la planche à roulettes.

skater ['skeɪtər] *n* [on ice] patineur *m*, -euse *f* ; [on roller skates] patineur à roulettes.

skating ['skeɪtɪŋ] *n* [on ice] patinage *m* ; [on roller skates] patinage à roulettes.

skating rink *n* patinoire *f*.

skein [skeɪn] *n* [of thread] écheveau *m*.

skeletal ['skelɪtl] *adj* [emaciated] squelettique.

skeleton ['skelɪtn] ◇ *adj* [crew, service] squelettique, réduit(e). ◇ *n* squelette *m* ; **to have a ~ in the cupboard** *fig* avoir un secret honteux.

skeleton key *n* passe *m*, passe-partout *m inv*.

skeleton staff *n* personnel *m* réduit.

skeptic *etc US* = **sceptic** *etc* .

sketch [sketʃ] ◇ *n* - **1.** [drawing] croquis *m*, esquisse *f* - **2.** [description] aperçu *m*, résumé *m* - **3.** [by comedian] sketch *m*. ◇ *vt* - **1.** [draw] dessiner, faire un croquis de - **2.** [describe] donner un aperçu de, décrire à grands traits. ◇ *vi* dessiner.

◆ **sketch in** *vt sep* [details] ajouter, donner.

◆ **sketch out** *vt sep* esquisser, décrire à grands traits.

sketchbook ['sketʃbʊk] *n* carnet *m* à dessins.

sketchpad ['sketʃpæd] *n* bloc *m* à dessins.

sketchy ['sketʃɪ] (*comp* **-ier**, *superl* **-iest**) *adj* incomplet(ète).

skew [skju:] ◇ *n UK* : **on the ~** de travers, en biais. ◇ *vt* [distort] fausser.

skewer ['skjʊər] ◇ *n* brochette *f*, broche *f*. ◇ *vt* embrocher.

skew-whiff [ˌskju:'wɪf] *adj UK inf* de guingois, de traviole.

ski [ski:] ◇ *n* ski *m*. ◇ *comp* de ski. ◇ *vi* (*pt & pp* **skied**, *cont* **skiing**) skier, faire du ski.

ski boots *npl* chaussures *fpl* de ski.

skid [skɪd] ◇ *n* dérapage *m* ; **to go into a ~** déraper. ◇ *vi* (*pt & pp* **-ded**, *cont* **-ding**) déraper.

skid mark *n* trace *f* de frein *OR* dérapage.

skid row *n US inf* **to be on ~** être sur le pavé.

skier ['ski:ər] *n* skieur *m*, -euse *f*.

skies [skaɪz] *pl* ▷ **sky**.

skiing ['ski:ɪŋ] ◇ *n (U)* ski *m* ; **to go ~** faire du ski. ◇ *comp* de ski.

ski instructor *n* moniteur *m*, -trice *f* de ski.

ski jump *n* [slope] tremplin *m* ; [event] saut *m* à *OR* en skis.

skilful *UK*, **skillful** *US* ['skɪlfʊl] *adj* habile, adroit(e).

skilfully *UK*, **skillfully** *US* ['skɪlfʊlɪ] *adv* habilement, adroitement.

ski lift *n* remonte-pente *m*.

skill [skɪl] *n* - **1.** *(U)* [ability] habileté *f*, adresse *f* - **2.** [technique] technique *f*, art *m*.

skilled [skɪld] *adj* - **1.** [skilful] : **~ (in** *OR* **at doing sthg)** habile *OR* adroit(e) (pour faire qqch) - **2.** [trained] qualifié(e).

skillet ['skɪlɪt] *n US* poêle *f* à frire.

skillful *etc US* = **skilful** *etc*.

skim [skɪm] (*pt & pp* **-med**, *cont* **-ming**) ◇ *vt* - **1.** [cream] écrémer ; [soup] écumer - **2.** [move above] effleurer, raser - **3.** [newspaper, book] parcourir. ◇ *vi* : **to ~ through sthg** [newspaper, book] parcourir qqch.

skim(med) milk [skɪm(d)-] *n* lait *m* écrémé.

skimp [skɪmp] ◇ *vt* lésiner sur. ◇ *vi* : **to ~ on** lésiner sur.

skimpy ['skɪmpɪ] (*comp* **-ier**, *superl* **-iest**) *adj* [meal] maigre ; [clothes] étriqué(e) ; [facts] insuffisant(e).

skin [skɪn] ◇ *n* peau *f* ; **by the ~ of one's teeth** de justesse ; **to jump out of one's ~** *UK* sursauter, sauter au plafond ; **to make sb's ~ crawl** donner la chair de poule à qqn ; **to save** *OR* **protect one's own ~** sauver sa peau. ◇ *vt* (*pt & pp* **-ned**, *cont* **-ning**) - **1.** [dead animal] écorcher, dépouiller ; [fruit] éplucher, peler - **2.** [graze] : **to ~ one's knee** s'érafler *OR* s'écorcher le genou.

skincare ['skɪnkeəʳ] *n (U)* soins *mpl* pour la peau.

skin-deep *adj* superficiel(elle).

skin diver *n* plongeur sous-marin *m*, plongeuse sous-marine *f*.

skin diving *n* plongée *f* sous-marine.

skinflint ['skɪnflɪnt] *n inf* grippe-sou *m*, avare *mf*.

skin graft *n* greffe *f* de la peau.

skinhead ['skɪnhed] *n UK* skinhead *m*, skin *m*.

skinny ['skɪnɪ] (*comp* **-ier**, *superl* **-iest**) *adj* maigre.

skint [skɪnt] *adj UK v inf* fauché(e), à sec.

skin test *n* cuti *f*, cutiréaction *f*.

skin-tight *adj* moulant(e), collant(e).

skip [skɪp] ◇ *n* - **1.** [jump] petit saut *m* - **2.** *UK* [container] benne *f*. ◇ *vt* (*pt & pp* **-ped**, *cont* **-ping**) [page, class, meal] sauter. ◇ *vi* (*pt & pp* **-ped**, *cont* **-ping**) - **1.** [gen] sauter, sautiller - **2.** *UK* [over rope] sauter à la corde.

ski pants *npl* fuseau *m*.

ski pole *n* bâton *m* de ski.

skipper ['skɪpəʳ] *n* NAUT & SPORT capitaine *m*.

skipping ['skɪpɪŋ] *n UK (U)* saut *m* à la corde.

skipping rope *n UK* corde *f* à sauter.

ski resort *n* station *f* de ski.

skirmish ['skɜːmɪʃ] ◇ *n* escarmouche *f*. ◇ *vi* s'engager dans une escarmouche ; *fig* avoir une escarmouche.

skirt [skɜːt] ◇ *n* [garment] jupe *f*. ◇ *vt* - **1.** [town, obstacle] contourner - **2.** [problem] éviter.

◆ **skirt round** *UK vt insep* - **1.** [town, obstacle] contourner - **2.** [problem] éviter.

skirting board ['skɜːtɪŋ-] *n UK* plinthe *f*.

ski stick *n* bâton *m* de ski.

skit [skɪt] *n* sketch *m*.

skittish ['skɪtɪʃ] *adj* [person] frivole ; [animal] ombrageux(euse).

skittle ['skɪtl] *n UK* quille *f*.

◆ **skittles** *n (U)* [game] quilles *fpl*.

skive [skaɪv] *vi UK inf* **to ~ (off)** s'esquiver, tirer au flanc.

skivvy ['skɪvɪ] *UK inf* ◇ *n* (*pl* **-ies**) boniche *f*, bonne *f* à tout faire. ◇ *vi* (*pt & pp* **-ied**) faire la boniche.

skulduggery [skʌl'dʌgərɪ] *n (U)* magouilles *fpl*.

skulk [skʌlk] *vi* [hide] se cacher ; [prowl] rôder.

skull [skʌl] *n* crâne *m*.

skullcap ['skʌlkæp] *n* calotte *f*.

skunk [skʌŋk] *n* [animal] mouffette *f*.

sky [skaɪ] (*pl* **skies**) *n* ciel *m*.

skycap ['skaɪkæp] *n US* porteur *m* *(dans un aéroport)*.

skydiver ['skaɪˌdaɪvəʳ] *n* parachutiste *mf* qui fait de la chute libre.

skydiving ['skaɪˌdaɪvɪŋ] *n* parachutisme *m* en chute libre.

sky-high *inf* ◇ *adj* [prices] astronomique, exorbitant(e). ◇ *adv* : **to blow sthg ~** [building etc] faire sauter qqch ; [argument, theory] démolir qqch ; **to go ~** [prices] monter en flèche.

skylark ['skaɪlɑːk] *n* alouette *f*.

skylight ['skaɪlaɪt] *n* lucarne *f*.

skyline ['skaɪlaɪn] *n* ligne *f* d'horizon.

skyscraper ['skaɪˌskreɪpəʳ] *n* gratte-ciel *m inv*.

sky marshal *n* garde *m* de sécurité *(à bord d'un avion)*.

slab [slæb] *n* [of concrete] dalle *f* ; [of stone] bloc *m* ; [of cake] pavé *m*.

slack [slæk] ◇ *adj* - **1.** [not tight] lâche - **2.** [not busy] calme - **3.** [person] négligent(e), pas sérieux(euse). ◇ *n* [in rope] mou *m*.
◆ **slacks** *npl* pantalon *m*.

slacken ['slækn] ◇ *vt* [speed, pace] ralentir ; [rope] relâcher. ◇ *vi* [speed, pace] ralentir.

slag [slæg] *n (U)* [waste material] scories *fpl*.

slagheap ['slæghi:p] *n* terril *m*.

slain [sleɪn] *pp* ⊳ **slay**.

slalom ['slɑ:ləm] *n* slalom *m*.

slam [slæm] (*pt & pp* **-med**, *cont* **-ming**) ◇ *vt* - **1.** [shut] claquer - **2.** [criticize] éreinter - **3.** [place with force] : **to ~ sthg on** *OR* **onto** jeter qqch brutalement sur, flanquer qqch sur. ◇ *vi* claquer.

slander ['slɑ:ndəʳ] ◇ *n* calomnie *f* ; LAW diffamation *f*. ◇ *vt* calomnier ; LAW diffamer.

slanderous ['slɑ:ndrəs] *adj* calomnieux(euse) ; LAW diffamatoire.

slang [slæŋ] ◇ *adj* argotique. ◇ *n (U)* argot *m*.

slant [slɑ:nt] ◇ *n* - **1.** [angle] inclinaison *f* ; **on** *OR* **at a ~** de biais - **2.** [perspective] point *m* de vue, perspective *f*. ◇ *vt* [bias] présenter d'une manière tendancieuse. ◇ *vi* [slope] être incliné(e), pencher.

slanting ['slɑ:ntɪŋ] *adj* [roof] en pente.

slap [slæp] ◇ *n* claque *f*, tape *f* ; [on face] gifle *f* ; **a ~ in the face** *fig* une gifle. ◇ *vt* (*pt & pp* **-ped**, *cont* **-ping**) - **1.** [person, face] gifler ; [back] donner une claque *OR* une tape à - **2.** [place with force] : **to ~ sthg on** *OR* **onto** jeter qqch brutalement sur, flanquer qqch sur. ◇ *adv inf* [directly] en plein.

slapdash ['slæpdæʃ] *adj inf* [work] bâclé(e) ; [person, attitude] néglignent(e).

slapstick ['slæpstɪk] *n (U)* grosse farce *f*.

slap-up *adj UK inf* [meal] fameux(euse).

slash [slæʃ] ◇ *n* - **1.** [long cut] entaille *f* - **2.** *esp US* [oblique stroke] barre *f* oblique. ◇ *vt* - **1.** [cut] entailler - **2.** *inf* [prices] casser ; [budget, unemployment] réduire considérablement.

slasher movie *n* film *m* d'horreur *inf*.

slat [slæt] *n* lame *f* ; [wooden] latte *f*.

slate [sleɪt] ◇ *n* ardoise *f*. ◇ *vt inf* [criticize] descendre en flammes.

slatted ['slætɪd] *adj* à lames ; [wooden] en lattes de bois.

slaughter ['slɔ:təʳ] ◇ *n* - **1.** [of animals] abattage *m* - **2.** [of people] massacre *m*, carnage *m*. ◇ *vt* - **1.** [animals] abattre - **2.** [people] massacrer.

slaughterhouse ['slɔ:təhaʊs] (*pl* [-haʊzɪz]) *n* abattoir *m*.

Slav [slɑ:v] ◇ *adj* slave. ◇ *n* Slave *mf*.

slave [sleɪv] ◇ *n* esclave *mf* ; **to be a ~ to sthg** *fig* être esclave de qqch. ◇ *vi* travailler comme un nègre ; **to ~ over sthg** peiner sur qqch.

slaver ['sleɪvəʳ] *vi* [salivate] baver.

slavery ['sleɪvərɪ] *n* esclavage *m*.

slave trade *n* : **the ~** la traite des noirs.

Slavic ['slɑ:vɪk] ◇ *adj* slave. ◇ *n* [language] slave *m* ; HIST slavon *m*.

slavish ['sleɪvɪʃ] *adj* servile.

Slavonic [slə'vɒnɪk] = **Slavic**.

slay [sleɪ] (*pt* **slew**, *pp* **slain**) *vt lit* tuer.

sleazy ['sli:zɪ] (*comp* **-ier**, *superl* **-iest**) *adj* [disreputable] mal famé(e).

sledge *UK* [sledʒ], **sled** *US* [sled] *n* luge *f* ; [larger] traîneau *m*.

sledgehammer ['sledʒ,hæməʳ] *n* masse *f*.

sleek [sli:k] *adj* - **1.** [hair, fur] lisse, luisant(e) - **2.** [shape] aux lignes pures.

sleep [sli:p] ◇ *n* sommeil *m* ; **to go to ~** s'endormir ; **my foot has gone to ~** j'ai le pied engourdi *OR* endormi ; **to put an animal to ~** *euph* piquer un animal. ◇ *vi* (*pt & pp* **slept**) - **1.** [be asleep] dormir - **2.** [spend night] coucher.
◆ **sleep around** *vi inf pej* coucher à droite et à gauche.
◆ **sleep in** *vi UK* faire la grasse matinée.
◆ **sleep off** *vt sep* dormir pour faire passer.
◆ **sleep through** *vt insep* : **I slept through the alarm** je n'ai pas entendu le réveil.
◆ **sleep together** *vi euph* coucher ensemble.
◆ **sleep with** *vt insep euph* coucher avec.

sleeper ['sli:pəʳ] *n* - **1.** [person] : **to be a heavy/light ~** avoir le sommeil lourd/léger - **2.** [RAIL - berth] couchette *f* ; [- carriage] wagon-lit *m* ; [- train] train-couchettes *m* - **3.** *UK* [on railway track] traverse *f*.

sleepily ['sli:pɪlɪ] *adv* d'un air endormi.

sleeping bag ['sli:pɪŋ-] *n* sac *m* de couchage.

sleeping car ['sli:pɪŋ-] *n* wagon-lit *m*.

sleeping partner ['sli:pɪŋ-] *n UK* (associé *m*) commanditaire *m*, bailleur *m* de fonds.

sleeping pill ['sli:pɪŋ-] *n* somnifère *m*.

sleeping policeman ['sli:pɪŋ-] *n UK inf* ralentisseur *m*.

sleeping tablet ['sli:pɪŋ-] *n* somnifère *m*.

sleepless ['sli:plɪs] *adj* : **to have a ~ night** passer une nuit blanche.

sleeplessness ['sli:plɪsnɪs] *n* insomnie *f*.

sleep mode *n* COMPUT mode *m* veille.

sleepwalk ['sli:pwɔ:k] *vi* être somnambule.

sleepy ['sli:pɪ] (*comp* **-ier**, *superl* **-iest**) *adj* **- 1.** [person] qui a envie de dormir **- 2.** [place] endormi(e).

sleet [sli:t] ◇ *n* neige *f* fondue. ◇ *impers vb* : **it's ~ing** il tombe de la neige fondue.

sleeve [sli:v] *n* **- 1.** [of garment] manche *f* ; **to have sthg up one's ~** *fig* avoir qqch en réserve **- 2.** [for record] pochette *f*.

sleeveless ['sli:vlɪs] *adj* sans manches.

sleigh [sleɪ] *n* traîneau *m*.

sleight of hand [ˌslaɪt-] *n (U)* **- 1.** [skill] habileté *f* **- 2.** [trick] tour *m* de passe-passe.

slender ['slendəʳ] *adj* **- 1.** [thin] mince **- 2.** *fig* [resources, income] modeste, maigre ; [hope, chance] faible.

slept [slept] *pt & pp* ▷ **sleep**.

sleuth [slu:θ] *n inf hum* limier *m*.

S level (*abbr of* **Special level**) *n* [in UK] *examen optionnel de niveau supérieur au A level, sanctionnant la fin des études secondaires.*

slew [slu:] ◇ *pt* ▷ **slay**. ◇ *vi* [car] déraper.

slice [slaɪs] ◇ *n* **- 1.** [thin piece] tranche *f* **- 2.** *fig* [of profits, glory] part *f* **- 3.** SPORT slice *m*. ◇ *vt* **- 1.** [cut into slices] couper en tranches **- 2.** [cut cleanly] trancher **- 3.** SPORT slicer. ◇ *vi* : **to ~ through sthg** trancher qqch.

sliced bread [slaɪst-] *n (U)* pain *m* en tranches.

slick [slɪk] ◇ *adj* **- 1.** [skilful] bien mené(e), habile **- 2.** *pej* [superficial - talk] facile ; [- person] rusé(e). ◇ *n* nappe *f* de pétrole, marée *f* noire.

slicker ['slɪkəʳ] *n US* [raincoat] ciré *m*.

slide [slaɪd] ◇ *n* **- 1.** [in playground] toboggan *m* **- 2.** PHOT diapositive *f*, diapo *f* **- 3.** [for microscope] porte-objet *m* **- 4.** *UK* [for hair] barrette *f* **- 5.** [decline] déclin *m* ; [in prices] baisse *f*. ◇ *vt* (*pt & pp* **slid** [slɪd]) faire glisser. ◇ *vi* (*pt & pp* **slid** [slɪd]) glisser ; **to let things ~** *fig* laisser les choses aller à vau-l'eau.

slide projector *n* projecteur *m* de diapositives.

slide rule *n* règle *f* à calcul.

sliding door [ˌslaɪdɪŋ-] *n* porte *f* coulissante.

sliding scale [ˌslaɪdɪŋ-] *n* échelle *f* mobile.

slight [slaɪt] ◇ *adj* **- 1.** [minor] léger(ère) ; **the ~est** le moindre (la moindre) ; **not in the ~est** pas du tout **- 2.** [thin] mince. ◇ *n* affront *m*. ◇ *vt* offenser, faire un affront à.

slightly ['slaɪtlɪ] *adv* **- 1.** [to small extent] légèrement **- 2.** [slenderly] : **~ built** mince.

slim [slɪm] ◇ *adj* (*comp* **-mer**, *superl* **-mest**) **- 1.** [person, object] mince **- 2.** [chance, possibility] faible. ◇ *vi* (*pt & pp* **-med**, *cont* **-ming**) maigrir ; [diet] suivre un régime amaigrissant.

slime [slaɪm] *n (U)* substance *f* visqueuse ; [of snail] bave *f*.

slimmer ['slɪməʳ] *n UK* personne *f* suivant un régime amaigrissant.

slimming ['slɪmɪŋ] ◇ *n* amaigrissement *m*. ◇ *adj* [product] amaigrissant(e), pour maigrir.

slimness ['slɪmnɪs] *n* minceur *f*.

slimy ['slaɪmɪ] (*comp* **-ier**, *superl* **-iest**) *adj lit & fig* visqueux(euse).

sling [slɪŋ] ◇ *n* **- 1.** [for arm] écharpe *f* **- 2.** NAUT [for loads] élingue *f*. ◇ *vt* (*pt & pp* **slung**) **- 1.** [hammock etc] suspendre ; **to ~ a bag over one's shoulder** mettre son sac en bandoulière **- 2.** *inf* [throw] lancer.

slingback ['slɪŋbæk] *n* chaussure *f* à talon ouvert.

slingshot ['slɪŋʃɒt] *n US* lance-pierres *m inv*.

slink [slɪŋk] (*pt & pp* **slunk**) *vi* : **to ~ away** OR **off** s'en aller furtivement.

slip [slɪp] ◇ *n* **- 1.** [mistake] erreur *f* ; **a ~ of the pen** un lapsus ; **a ~ of the tongue** un lapsus **- 2.** [of paper - gen] morceau *m* ; [- strip] bande *f* **- 3.** [underwear] combinaison *f* **- 4.** *phr* **to give sb the ~** *inf* fausser compagnie à qqn. ◇ *vt* (*pt & pp* **-ped**, *cont* **-ping**) glisser ; **to ~ sthg on** enfiler qqch. ◇ *vi* (*pt & pp* **-ped**, *cont* **-ping**) **- 1.** [slide] glisser ; **to ~ into sthg** se glisser dans qqch **- 2.** [decline] décliner ; **to let things ~** laisser les choses aller à vau-l'eau **- 3.** *phr* **to let sthg ~** laisser échapper qqch.

◆ **slip up** *vi fig* faire une erreur.

slip-on *adj* : **~ shoes** mocassins *mpl*.

◆ **slip-ons** *npl* mocassins *mpl*.

slippage ['slɪpɪdʒ] *n* baisse *f*.

slipped disc *UK*, **slipped disk** *US* [ˌslɪpt-] *n* hernie *f* discale.

slipper ['slɪpəʳ] *n* pantoufle *f*, chausson *m*.

slippery ['slɪpərɪ] *adj* glissant(e).

slip road *n UK* bretelle *f*.

slipshod ['slɪpʃɒd] *adj* peu soigné(e).

slipstream ['slɪpstri:m] *n* sillage *m*.

slip-up *n inf* gaffe *f*.

slipway ['slɪpweɪ] *n* cale *f* de lancement.

slit [slɪt] ◇ *n* [opening] fente *f* ; [cut] incision *f*. ◇ *vt* (*pt & pp* **slit**, *cont* **-ting**) [make opening in] faire une fente dans, fendre ; [cut] inciser.

slither ['slɪðəʳ] *vi* [person] glisser ; [snake] onduler.

sliver ['slɪvəʳ] *n* [of glass, wood] éclat *m* ; [of meat, cheese] lamelle *f*.

slob [slɒb] *n inf* [in habits] saligaud *m* ; [in appearance] gros lard *m*.

slobber ['slɒbəʳ] *vi* baver.

slog [slɒg] *inf* ◇ *n* - **1.** [tiring work] corvée *f* - **2.** [tiring journey] voyage *m* pénible. ◇ *vi* (*pt & pp* **-ged**, *cont* **-ging**) - **1.** [work] travailler comme un bœuf *OR* un nègre - **2.** [move] avancer péniblement.

slogan ['sləʊgən] *n* slogan *m*.

sloop [slu:p] *n* sloop *m*.

slop [slɒp] (*pt & pp* **-ped**, *cont* **-ping**) ◇ *vt* renverser. ◇ *vi* déborder.

slope [sləʊp] ◇ *n* pente *f* ; **to be on a slippery ~** *fig* être sur une pente savonneuse. ◇ *vi* [land] être en pente ; [handwriting, table] pencher.

sloping ['sləʊpɪŋ] *adj* [land, shelf] en pente ; [handwriting] penché(e).

sloppy ['slɒpɪ] (*comp* **-ier**, *superl* **-iest**) *adj* - **1.** [careless] peu soigné(e) - **2.** *inf* [sentimental] sentimental(e), à l'eau de rose.

slosh [slɒʃ] ◇ *vt* renverser. ◇ *vi* : **to ~ about** [liquid] clapoter ; [person] patauger.

sloshed [slɒʃt] *adj inf* bourré(e).

slot [slɒt] *n* - **1.** [opening] fente *f* - **2.** [groove] rainure *f* - **3.** [in schedule] créneau *m*.

◆ **slot in** (*pt & pp* **-ted in**, *cont* **-ting in**) ◇ *vt sep* [part] insérer. ◇ *vi* [part] s'emboîter.

sloth [sləʊθ] *n* - **1.** [animal] paresseux *m* - **2.** *lit* [laziness] paresse *f*.

slot machine *n* - **1.** [vending machine] distributeur *m* automatique - **2.** [for gambling] machine *f* à sous.

slot meter *n UK* compteur *m* à pièces.

slouch [slaʊtʃ] ◇ *n* [posture] allure *f* avachie. ◇ *vi* être avachi(e).

slough [slaʊ] ◆ **slough off** *vt sep* - **1.** [skin] : **to ~ off one's skin** muer - **2.** *fig* [get rid of] se débarrasser de.

Slovak ['sləʊvæk] ◇ *adj* slovaque. ◇ *n* - **1.** [person] Slovaque *mf* - **2.** [language] slovaque *m*.

Slovakia [slə'vækɪə] *n* Slovaquie *f* ; **in ~** en Slovaquie.

Slovakian [slə'vækɪən] ◇ *adj* slovaque. ◇ *n* Slovaque *mf*.

Slovenia [slə'vi:njə] *n* Slovénie *f* ; **in ~** en Slovénie.

Slovenian [slə'vi:njən] ◇ *adj* slovène. ◇ *n* Slovène *mf*.

slovenly ['slʌvnlɪ] *adj* négligé(e).

slow [sləʊ] ◇ *adj* - **1.** [gen] lent(e) - **2.** [clock, watch] : **to be ~** retarder - **3.** [not busy] calme. ◇ *adv* lentement ; **to go ~** [driver] aller lentement ; [workers] faire la grève perlée. ◇ *vt & vi* ralentir.

◆ **slow down**, **slow up** *vt sep & vi* ralentir.

slow-acting *adj* à action lente.

slowcoach *UK* ['sləʊkəʊtʃ], **slowpoke** *US n inf* lambin *m*, -e *f*.

slowdown ['sləʊdaʊn] *n* ralentissement *m*.

slow handclap *n* applaudissements *mpl* rythmés *(pour montrer sa désapprobation)*.

slowly ['sləʊlɪ] *adv* lentement ; **~ but surely** lentement mais sûrement.

slow motion *n* : **in ~** au ralenti *m*.

◆ **slow-motion** *adj* au ralenti.

slowpoke ['sləʊpəʊk] *US* = **slowcoach**.

SLR (*abbr of* **single-lens reflex**) *n* reflex *m*.

sludge [slʌdʒ] *n* boue *f*.

slug [slʌg] ◇ *n* - **1.** [animal] limace *f* - **2.** *inf* [of alcohol] rasade *f* - **3.** *US inf* [bullet] balle *f*. ◇ *vt* (*pt & pp* **-ged**, *cont* **-ging**) *inf* donner un coup de poing violent à.

sluggish ['slʌgɪʃ] *adj* [person] apathique ; [movement, growth] lent(e) ; [business] calme, stagnant(e).

sluice [slu:s] ◇ *n* écluse *f*. ◇ *vt* : **to ~ sthg down** *OR* **out** laver qqch à grande eau.

slum [slʌm] ◇ *n* [area] quartier *m* pauvre. ◇ *vt* (*pt & pp* **-med**, *cont* **-ming**) : **to ~ it** *inf hum* s'encanailler.

slumber ['slʌmbəʳ] *lit* ◇ *n* sommeil *m*. ◇ *vi* dormir paisiblement.

slump [slʌmp] ◇ *n* - **1.** [decline] : **~ (in)** baisse *f* (de) - **2.** [period of poverty] crise *f* (économique). ◇ *vi lit & fig* s'effondrer.

slung [slʌŋ] *pt & pp* ▷ **sling**.

slunk [slʌŋk] *pt & pp* ▷ **slink**.

slur [slɜːʳ] ◇ *n* - **1.** [of voice] : **to speak with a ~** mal articuler - **2.** [slight] : **~ (on)** atteinte *f* (à) - **3.** [insult] affront *m*, insulte *f*. ◇ *vt* (*pt & pp* **-red**, *cont* **-ring**) mal articuler.

slurp [slɜːp] *vt* boire avec bruit.

slurred [slɜːd] *adj* mal articulé(e).

slurry ['slʌrɪ] *n* AGRIC purin *m*.

slush [slʌʃ] *n* [snow] neige *f* fondue, sloche *f Québec*.

slush fund, *US* **slush money** *n* fonds *mpl* secrets, caisse *f* noire.

slut [slʌt] *n* - **1.** *inf* [dirty, untidy] souillon *f* - **2.** *v inf* [sexually immoral] salope *f*.

sly [slaɪ] ◇ *adj* (*comp* **slyer**, *comp* **slier**, *superl* **slyest**, *superl* **sliest**) - **1.** [look, smile] entendu(e) - **2.** [person] rusé(e), sournois(e). ◇ *n* : **on the ~** en cachette.

slyness ['slaɪnɪs] *n (U)* ruse *f*.

smack [smæk] ◇ *n* - **1.** [slap] claque *f* ; [on face] gifle *f* - **2.** [impact] claquement *m*. ◇ *vt* - **1.** [slap] donner une claque à ; [face] gifler - **2.** [place violently] poser violemment - **3.** *phr* **to ~ one's lips** se lécher les babines. ◇ *adv inf* [directly] en plein ; **~ in the middle** en plein milieu.

small [smɔːl] ◇ *adj* - **1.** [gen] petit(e) - **2.** [trivial] petit, insignifiant(e). ◇ *n* : **the ~ of the back** le creux *OR* le bas des reins.

◆ **smalls** *npl UK inf dated* dessous *mpl*.

small ads [-ædz] *npl UK* petites annonces *fpl*.

small arms *npl* armes *fpl* (à feu) portatives.

small change *n* petite monnaie *f*.

small fry *n* menu fretin *m*.

smallholder ['smɔːlˌhəʊldəʳ] *n UK* petit cultivateur *m*, petit exploitant *m* agricole.

smallholding ['smɔːlˌhəʊldɪŋ] *n UK* petite exploitation *f* agricole.

small hours *npl* : **in the ~** au petit jour *OR* matin.

smallness ['smɔːlnɪs] *n* [of building, person] petite taille *f* ; [of amount, income] modicité *f*, petitesse *f*.

smallpox ['smɔːlpɒks] *n* variole *f*, petite vérole *f*.

small print *n* : **the ~** les clauses *fpl* écrites en petits caractères.

small-scale *adj* [activity, organization] peu important(e).

small talk *n (U)* papotage *m*, bavardage *m*.

small-time *adj* de second ordre.

smarmy ['smɑːmɪ] (*comp* **-ier**, *superl* **-iest**) *adj* mielleux(euse).

smart [smɑːt] ◇ *adj* - **1.** [stylish - person, clothes, car] élégant(e) - **2.** *esp US* [clever] intelligent(e) - **3.** [fashionable - club, society, hotel] à la mode, in *(inv)* - **4.** [quick - answer, tap] vif (vive), rapide. ◇ *vi* - **1.** [eyes, skin] brûler, piquer - **2.** [person] être blessé(e).

smart card *n* carte *f* à mémoire.

smart drug *n médicament agissant comme un stimulant mental*, nootrope *m*.

smarten ['smɑːtn] ◆ **smarten up** *vt sep* [room] arranger ; **to ~ o.s. up** se faire beau (belle).

smash [smæʃ] ◇ *n* - **1.** [sound] fracas *m* - **2.** *inf* [car crash] collision *f*, accident *m* - **3.** *inf* [success] succès *m* fou - **4.** SPORT smash *m*. ◇ *vt* - **1.** [glass, plate etc] casser, briser - **2.** *fig* [defeat] détruire. ◇ *vi* - **1.** [glass, plate etc] se briser - **2.** [crash] : **to ~ through sthg** défoncer qqch ; **to ~ into sthg** s'écraser contre qqch.

◆ **smash up** *vt sep* casser, briser ; [car] bousiller.

smash-and-grab (raid) *n UK vol effectué après avoir brisé une vitrine*.

smashed [smæʃt] *adj inf* bourré(e).

smash hit *n* succès *m* fou.

smashing ['smæʃɪŋ] *adj inf* super *(inv)*.

smash-up *n* collision *f*, accident *m*.

smattering ['smætərɪŋ] *n* : **to have a ~ of German** savoir quelques mots d'allemand.

SME (*abbr of* **small and medium-sized enterprise**) *n* PME *f*.

smear [smɪəʳ] ◇ *n* - **1.** [dirty mark] tache *f* - **2.** MED frottis *m* - **3.** [slander] diffamation *f*. ◇ *vt* - **1.** [smudge] barbouiller, maculer - **2.** [spread] : **to ~ sthg onto sthg** étaler qqch sur qqch ; **to ~ sthg with sthg** enduire qqch de qqch - **3.** [slander] calomnier.

smear campaign *n* campagne *f* de diffamation.

smear test *n* frottis *m*.

smell [smel] ◇ *n* - **1.** [odour] odeur *f* - **2.** [sense of smell] odorat *m*. ◇ *vt* (*pt* & *pp* **-ed** *OR* **smelt**) sentir. ◇ *vi* (*pt* & *pp* **-ed** *OR* **smelt**) - **1.** [flower, food] sentir ; **I can't ~** je ne sens rien du tout ; **to ~ of sthg** sentir qqch ; **to ~ good/bad** sentir bon/mauvais - **2.** [smell unpleasantly] sentir (mauvais), puer.

smelly ['smelɪ] (*comp* **-ier**, *superl* **-iest**) *adj* qui sent mauvais, qui pue.

smelt [smelt] ◇ *pt* & *pp* ▷ **smell**. ◇ *vt* [metal] extraire par fusion ; [ore] fondre.

smile [smaɪl] ◇ *n* sourire *m*. ◇ *vi* sourire. ◇ *vt* : **to ~ one's agreement** acquiescer d'un sourire.

smiley ['smaɪlɪ] *n* smiley.

smiling ['smaɪlɪŋ] *adj* souriant(e).

smirk [smɜːk] ◇ *n* sourire *m* narquois. ◇ *vi* sourire d'un air narquois.

smith [smɪθ] *n* forgeron *m*.

smithereens [ˌsmɪðə'riːnz] *npl inf* **to be smashed to ~** être brisé(e) en mille morceaux.

smithy ['smɪðɪ] (*pl* **-ies**) *n* forge *f*.

smitten ['smɪtn] *adj hum* **to be ~ (with)** être fou (folle) (de).

smock [smɒk] *n* blouse *f*.

smog [smɒg] *n* smog *m*.

smoke [sməʊk] ◇ *n* - **1.** *(U)* [from fire] fumée *f* - **2.** [act of smoking] : **to have a ~** [cigarette] fumer une cigarette ; [cigar] fumer un cigare. ◇ *vt* & *vi* fumer.

smoked [sməʊkt] *adj* [food] fumé(e).

smokeless fuel ['sməʊklɪs-] *n combustible qui ne produit pas de fumée*.

smokeless zone ['sməʊklɪs-] *n zone où la combustion de matériaux est réglementée*.

smoker ['sməʊkəʳ] *n* - **1.** [person] fumeur *m*, -euse *f* - **2.** RAIL compartiment *m* fumeurs.

smokescreen ['sməʊkskriːn] *n fig* couverture *f*.

smoke shop *n US* bureau *m* de tabac.

smokestack ['sməʊkstæk] *n* cheminée *f*.

smokestack industry *n US* industrie *f* lourde.

smoking ['sməʊkɪŋ] *n* tabagisme *m* ; **'no ~'** 'défense de fumer'.

smoking compartment *UK*, **smoking car** *US n* compartiment *m* fumeurs.

smoking gun *n* l'arme *f* du crime *fig*.

smoky ['sməʊkɪ] (*comp* **-ier**, *superl* **-iest**) *adj* **- 1.** [room, air] enfumé(e) **- 2.** [taste] fumé(e).

smolder *US* = **smoulder**.

smooch [smu:tʃ] *vi inf* se bécoter et se peloter.

smooth [smu:ð] ◇ *adj* **- 1.** [surface] lisse **- 2.** [sauce] homogène, onctueux(euse) **- 3.** [movement] régulier(ère) **- 4.** [taste] moelleux (euse) **- 5.** [flight, ride] confortable ; [landing, take-off] en douceur **- 6.** *pej* [person, manner] doucereux(euse), mielleux(euse) **- 7.** [operation, progress] sans problèmes. ◇ *vt* [hair] lisser ; [clothes, tablecloth] défroisser ; **to ~ the way** aplanir les difficultés *OR* les obstacles.

◆ **smooth out** *vt sep* défroisser.

◆ **smooth over** *vt insep* [difficulties] aplanir ; [disagreements] arranger.

smoothly ['smu:ðlɪ] *adv* **- 1.** [move] sans heurt **- 2.** *pej* [suavely] d'un ton doucereux **- 3.** [without problems] sans problèmes.

smoothness ['smu:ðnɪs] *(U) n* **- 1.** [of surface] aspect *m* lisse **- 2.** [of mixture] onctuosité *f* **- 3.** [of movement] régularité *f* **- 4.** [of flight, ride] confort *m* **- 5.** *pej* [of person] caractère *m* doucereux.

smooth-talking [-ˌtɔːkɪŋ] *adj* doucereux(euse), mielleux(euse).

smother ['smʌðə^r] *vt* **- 1.** [cover thickly] **: to ~ sb/sthg with** couvrir qqn/qqch de **- 2.** [person, fire] étouffer **- 3.** *fig* [emotions] cacher, étouffer.

smoulder, *US* **smolder** ['sməʊldə^r] *vi lit & fig* couver.

SMS [ˌesem'es] (*abbr of* **short message system**) *n* sms *m*, texto *m*, mini-message *m*.

smudge [smʌdʒ] ◇ *n* tache *f* ; [of ink] bavure *f*. ◇ *vt* [drawing, painting] maculer ; [paper] faire une marque *OR* trace sur ; [face] salir.

smug [smʌg] (*comp* **-ger**, *superl* **-gest**) *adj* suffisant(e).

smuggle ['smʌgl] *vt* **- 1.** [across frontiers] faire passer en contrebande **- 2.** [against rules] **: to ~ sthg in/out** faire entrer/sortir qqch clandestinement.

smuggler ['smʌglə^r] *n* contrebandier *m*, -ère *f*.

smuggling ['smʌglɪŋ] *n (U)* contrebande *f*.

smugness ['smʌgnɪs] *n* suffisance *f*.

smut [smʌt] *n* **- 1.** [dirty mark] tache *f* de suie **- 2.** *(U) pej* [books, talk etc] obscénités *fpl*.

smutty ['smʌtɪ] (*comp* **-ier**, *superl* **-iest**) *adj pej* [book, language] cochon(onne).

snack [snæk] ◇ *n* casse-croûte *m inv*. ◇ *vi US* manger un morceau.

snack bar *n* snack *m*, snack-bar *m*.

snag [snæg] ◇ *n* [problem] inconvénient *m*, écueil *m*. ◇ *vt* (*pt & pp* **-ged**, *cont* **-ging**) accrocher. ◇ *vi* (*pt & pp* **-ged**, *cont* **-ging**) **: to ~ (on)** s'accrocher (à).

snail [sneɪl] *n* escargot *m*.

snail mail *n inf* poste *f*.

snake [sneɪk] ◇ *n* serpent *m*. ◇ *vi* serpenter.

snap [snæp] ◇ *adj* [decision, election] subit(e) ; [judgment] irréfléchi(e). ◇ *n* **- 1.** [of branch] craquement *m* ; [of fingers] claquement *m* **- 2.** [photograph] photo *f* **- 3.** *UK* [card game] ≃ bataille *f* **- 4.** *US inf* [easy task] **: it's a ~!** c'est simple comme bonjour! ◇ *vt* (*pt & pp* **-ped**, *cont* **-ping**) **- 1.** [break] casser net **- 2.** [move] **: to ~ sthg open/shut** ouvrir/fermer qqch avec un bruit sec ; **to ~ one's fingers** claquer des doigts **- 3.** [speak sharply] dire d'un ton sec. ◇ *vi* (*pt & pp* **-ped**, *cont* **-ping**) **- 1.** [break] se casser net **- 2.** [move] **: to ~ into place** s'emboîter avec un bruit sec **- 3.** [dog] **: to ~ at** essayer de mordre **- 4.** [speak sharply] **: to ~ (at sb)** parler (à qqn) d'un ton sec **- 5.** *phr* **to ~ out of it** *inf* réagir, se secouer.

◆ **snap up** *vt sep* [bargain] sauter sur.

snap fastener *n esp US* pression *f*.

snappish ['snæpɪʃ] *adj* hargneux(euse).

snappy ['snæpɪ] (*comp* **-ier**, *superl* **-iest**) *adj inf* **- 1.** [stylish] chic **- 2.** [quick] prompt(e) ; **make it ~!** dépêche-toi!, et que ça saute!

snapshot ['snæpʃɒt] *n* photo *f*.

snare [sneə^r] ◇ *n* piège *m*, collet *m*. ◇ *vt* prendre au piège, attraper.

snarl [snɑ:l] ◇ *n* grondement *m*. ◇ *vi* gronder.

snarl-up *n* enchevêtrement *m* ; [of traffic] embouteillage *m*.

snatch [snætʃ] ◇ *n* [of conversation] bribe *f* ; [of song] extrait *m*. ◇ *vt* **- 1.** [grab] saisir **- 2.** *fig* [time] réussir à avoir ; [opportunity] saisir ; **to ~ a look at sthg** regarder qqch à la dérobée. ◇ *vi* **: to ~ at sthg** essayer de saisir qqch.

snazzy ['snæzɪ] (*comp* **-ier**, *superl* **-iest**) *adj inf* [clothes, car] beau (belle), super *(inv)* ; [dresser] qui s'habille chic.

sneak [sni:k] ◇ *n UK inf* rapporteur *m*, -euse *f*. ◇ *vt* (*US*, *pt & pp* **snuck**) **: to ~ a look at sb/sthg** regarder qqn/qqch à la dérobée.

◇ *vi* (*US*, *pt & pp* **snuck**) [move quietly] se glisser ; **to ~ up on sb** s'approcher de qqn sans faire de bruit.

sneakers ['sni:kəz] *npl US* tennis *mpl*, baskets *fpl*.

sneaking ['sni:kɪŋ] *adj* secret(ète).

sneak preview *n* avant-première *f*.

sneaky ['sni:kɪ] (*comp* **-ier**, *superl* **-iest**) *adj inf* sournois(e).

sneer [snɪə^r] ◇ *n* [smile] sourire *m* dédaigneux ; [laugh] ricanement *m*. ◇ *vi* **- 1.** [smile] sourire dédaigneusement **- 2.** [ridicule] : **to ~ at sthg** tourner qqch en ridicule.

sneeze [sni:z] ◇ *n* éternuement *m*. ◇ *vi* éternuer ; **it's not to be ~d at!** *inf* il ne faut pas cracher dessus!

snicker ['snɪkə^r] *vi US* ricaner.

snide [snaɪd] *adj* sournois(e).

sniff [snɪf] ◇ *n* reniflement *m*. ◇ *vt* **- 1.** [smell] renifler **- 2.** [inhale - drug] sniffer. ◇ *vi* **- 1.** [to clear nose] renifler **- 2.** [to show disapproval] faire la grimace.

◆ **sniff out** *vt sep* **- 1.** [detect by sniffing] flairer **- 2.** *inf* [seek out] rechercher.

sniffer dog ['snɪfə^r-] *n* chien *m* renifleur.

sniffle ['snɪfl] *vi* renifler.

snigger ['snɪgə^r] ◇ *n* rire *m* en dessous. ◇ *vi* ricaner.

snip [snɪp] ◇ *n UK inf* [bargain] bonne affaire *f*. ◇ *vt* (*pt & pp* **-ped**, *cont* **-ping**) couper.

snipe [snaɪp] *vi* **- 1.** [shoot] : **to ~ at sb/sthg** canarder qqn/qqch **- 2.** [criticize] : **to ~ at sb** critiquer qqn sournoisement.

sniper ['snaɪpə^r] *n* tireur *m* isolé.

snippet ['snɪpɪt] *n* fragment *m*.

snivel ['snɪvl] (*UK*, *pt & pp* **-led**, *cont* **-ling**, *US*, *pt & pp* **-ed**, *cont* **-ing**) *vi* geindre.

snob [snɒb] *n* snob *mf*.

snobbery ['snɒbərɪ] *n* snobisme *m*.

snobbish ['snɒbɪʃ], **snobby** ['snɒbɪ] (*comp* **-ier**, *superl* **-iest**) *adj* snob *(inv)*.

snooker ['snu:kə^r] ◇ *n* [game] ≃ jeu *m* de billard. ◇ *vt UK inf fig* **to be ~ed** être coincé(e).

snoop [snu:p] *vi inf* fureter.

snooper ['snu:pə^r] *n inf* fouineur *m*, -euse *f*.

snooty ['snu:tɪ] (*comp* **-ier**, *superl* **-iest**) *adj inf* prétentieux(euse).

snooze [snu:z] ◇ *n* petit somme *m*. ◇ *vi* faire un petit somme.

snore [snɔ:^r] ◇ *n* ronflement *m*. ◇ *vi* ronfler.

snoring ['snɔ:rɪŋ] *n (U)* ronflement *m*, ronflements *mpl*.

snorkel ['snɔ:kl] *n* tuba *m*.

snorkelling *UK*, **snorkeling** *US* ['snɔ:klɪŋ] *n* : **to go ~** faire de la plongée avec un tuba.

snort [snɔ:t] ◇ *n* [of person] grognement *m* ; [of horse, bull] ébrouement *m*. ◇ *vi* [person] grogner ; [horse] s'ébrouer. ◇ *vt drug sl* sniffer.

snotty ['snɒtɪ] (*comp* **-ier**, *superl* **-iest**) *adj inf* **- 1.** [snooty] prétentieux(euse) **- 2.** [face, child] morveux(euse).

snout [snaʊt] *n* groin *m*.

snow [snəʊ] ◇ *n* neige *f*. ◇ *impers vb* neiger.

◆ **snow in** *vt sep* : **to be ~ed in** être bloqué(e) par la neige.

◆ **snow under** *vt sep fig* **to be ~ed under (with)** être submergé(e) (de).

snowball ['snəʊbɔ:l] ◇ *n* boule *f* de neige. ◇ *vi fig* faire boule de neige.

snowbank ['snəʊbæŋk] *n* congère *f*, banc *m* de neige *Québec*.

snow blindness *n* cécité *f* des neiges.

snowboard ['snəʊˌbɔ:d] *n* surf *m* des neiges.

snowboarding ['snəʊˌbɔ:dɪŋ] *n* surf *m* (des neiges).

snowbound ['snəʊbaʊnd] *adj* bloqué(e) par la neige.

snow-capped [-kæpt] *adj* couronné(e) de neige.

snowdrift ['snəʊdrɪft] *n* congère *f*.

snowdrop ['snəʊdrɒp] *n* perce-neige *m inv*.

snowfall ['snəʊfɔ:l] *n* chute *f* de neige.

snowflake ['snəʊfleɪk] *n* flocon *m* de neige.

snowman ['snəʊmæn] (*pl* **-men** [-men]) *n* bonhomme *m* de neige.

snowmobile ['snəʊməbi:l] *n* scooter *m* des neiges, motoneige *f Québec*.

snow pea *n US* mange-tout *m inv*.

snowplough *UK*, **snowplow** *US* ['snəʊplaʊ] *n* chasse-neige *m inv*.

snowshoe ['snəʊʃu:] *n* raquette *f*.

snowstorm ['snəʊstɔ:m] *n* tempête *f* de neige.

snowy ['snəʊɪ] (*comp* **-ier**, *superl* **-iest**) *adj* neigeux(euse).

SNP (*abbr of* **Scottish National Party**) *n parti nationaliste écossais*.

Snr, **snr** *see also* **senior**.

snub [snʌb] ◇ *n* rebuffade *f*. ◇ *vt* (*pt & pp* **-bed**, *cont* **-bing**) snober, ignorer.

snuck [snʌk] *US pt & pp* ▷ **sneak**.

snuff [snʌf] *n* tabac *m* à priser.

snuffle ['snʌfl] *vi* renifler.

snuff movie *n film porno où l'acteur est tué à la fin*.

snug [snʌg] (*comp* **-ger**, *superl* **-gest**) *adj* **- 1.** [person] à l'aise, confortable ; [in bed] bien au chaud **- 2.** [place] douillet(ette) **- 3.** [close-fitting] bien ajusté(e).

snuggle ['snʌgl] *vi* se blottir.

so [səʊ] ◇ *adv* **- 1.** [to such a degree] si, tellement ; **~ difficult (that)...** si *OR* tellement difficile que... ; **don't be ~ stupid!** ne sois pas si bête! ; **he's not ~ stupid as he looks** il n'est pas si *OR* aussi bête qu'il en a l'air ; **we're ~ glad you could come** nous sommes si contents que vous ayez pu venir ; **he's ~ sweet/kind** il est tellement mignon/gentil ; **we had ~ much work!** nous avions tant de travail! ; **I've never seen ~ much money/ many cars** je n'ai jamais vu autant d'argent/ de voitures **- 2.** [in referring back to previous statement, event etc] **: ~ what's the point then?** alors à quoi bon? ; **~ you knew already?** alors tu le savais déjà? ; **I don't think ~** je ne crois pas ; **I'm afraid ~** je crains bien que oui ; **if ~** si oui ; **is that ~?** vraiment? **- 3.** [also] aussi ; **~ can/do/would** *etc* **I** moi aussi ; **she speaks French and ~ does her husband** elle parle français et son mari aussi ; **as with..., ~ with** il en va pour... comme pour ; **just as some people like family holidays, ~ others prefer to holiday alone** de même que certains aiment les vacances en famille, de même d'autres préfèrent passer leurs vacances tout seuls **- 4.** [in this way] **: (like) ~** comme cela *OR* ça, de cette façon ; **hold your arm out, ~** étendez votre bras, comme cela *OR* ça **- 5.** [in expressing agreement] **: ~ there is** en effet, c'est vrai ; **~ I see** c'est ce que je vois **- 6.** [unspecified amount, limit] **: they pay us ~ much a week** ils nous payent tant par semaine ; **not ~ much... as** pas tant... que ; **it's not ~ much the money as the time involved** ce n'est pas tant l'argent que le temps que ça demande ; **or ~** environ, à peu près ; **a year/week or ~ ago** il y a environ un an/une semaine. ◇ *conj* alors ; **he said yes and ~ we got married** il a dit oui, alors on s'est mariés ; **I'm away next week ~ I won't be there** je suis en voyage la semaine prochaine donc *OR* par conséquent je ne serai pas là ; **~ what have you been up to?** alors, qu'est-ce que vous devenez? ; **~ what?** *inf* et alors?, et après? ; **~ there!** *inf* là!, et voilà!

◆ **so as** *conj* afin de, pour ; **we didn't knock ~ as not to disturb them** nous n'avons pas frappé pour ne pas les déranger.

◆ **so that** *conj* [for the purpose that] pour que (+ *subjunctive*) ; **he lied ~ that she would go free** il a menti pour qu'elle soit relâchée.

SO *see also* **standing order**.

soak [səʊk] ◇ *vt* laisser *OR* faire tremper. ◇ *vi* **- 1.** [become thoroughly wet] **: to leave sthg to ~, to let sthg ~** laisser *OR* faire tremper qqch **- 2.** [spread] **: to ~ into sthg** tremper dans qqch ; **to ~ through (sthg)** traverser (qqch).

◆ **soak up** *vt sep* absorber.

soaked [səʊkt] *adj* trempé(e) ; **to be ~ through** être trempé (jusqu'aux os).

soaking ['səʊkɪŋ] *adj* trempé(e).

so-and-so *n inf* **- 1.** [to replace a name] **: Mr ~** Monsieur Untel **- 2.** [annoying person] enquiquineur *m*, -euse *f*.

soap [səʊp] ◇ *n* **- 1.** *(U)* [for washing] savon *m* **- 2.** TV soap opera *m*. ◇ *vt* savonner.

soap bubble *n* bulle *f* de savon.

soap flakes *npl* savon *m* en paillettes.

soap opera *n* soap opera *m*.

soap powder *n* lessive *f*.

soapsuds ['səʊpsʌdz] *npl* mousse *f* de savon.

soapy ['səʊpɪ] (*comp* **-ier**, *superl* **-iest**) *adj* [water] savonneux(euse) ; [taste] de savon.

soar [sɔːʳ] *vi* **- 1.** [bird] planer **- 2.** [balloon, kite] monter **- 3.** [prices, temperature] monter en flèche **- 4.** [building, tree, mountain] s'élever, s'élancer **- 5.** [music, voice] monter.

soaring ['sɔːrɪŋ] *adj* **- 1.** [prices, temperature] qui monte en flèche **- 2.** [building, tree, mountain] qui s'élève **- 3.** [music, voice] qui monte.

sob [sɒb] ◇ *n* sanglot *m*. ◇ *vt* (*pt & pp* **-bed**, *cont* **-bing**) dire en sanglotant. ◇ *vi* (*pt & pp* **-bed**, *cont* **-bing**) sangloter.

sobbing ['sɒbɪŋ] *n (U)* sanglots *mpl*.

sober ['səʊbəʳ] *adj* **- 1.** [not drunk] qui n'est pas ivre **- 2.** [serious] sérieux(euse) **- 3.** [plain - clothes, colours] sobre.

◆ **sober up** *vi* dessoûler.

sobering ['səʊbərɪŋ] *adj* qui donne à réfléchir.

sobriety [səʊ'braɪətɪ] *n fml* [seriousness] sérieux *m*.

Soc. *see also* **Society**.

so-called [-kɔːld] *adj* **- 1.** [misleadingly named] soi-disant *(inv)* **- 2.** [widely known as] ainsi appelé(e).

soccer ['sɒkəʳ] *n* football *m*.

sociable ['səʊʃəbl] *adj* sociable.

social ['səʊʃl] *adj* social(e).

social climber *n pej* arriviste *mf*.

social club *n* club *m*.

social conscience *n* conscience *f* sociale.

social democracy *n* social-démocratie *f*.

social event *n* événement *m* social.

social fund *n* fonds *m* d'entraide.

socialism ['səʊʃəlɪzm] *n* socialisme *m*.

socialist ['səʊʃəlɪst] ◇ *adj* socialiste. ◇ *n* socialiste *mf*.

socialite ['səʊʃəlaɪt] *n* mondain *m*, -e *f*.

socialize, *UK* **-ise** ['səʊʃəlaɪz] *vi* fréquenter des gens ; **to ~ with sb** fréquenter qqn, frayer avec qqn.

socialized medicine ['səʊʃəlaɪzd-] *n US soins médicaux payés par les impôts.*

social life *n* vie *f* sociale.

socially ['səʊʃəlɪ] *adv* **- 1.** [in society] socialement, en société **- 2.** [outside business] en dehors du travail.

social order *n* ordre *m* social.

social science *n* sciences *fpl* humaines.

social security *n* aide *f* sociale.

social services *npl* services *mpl* sociaux.

social studies *n* sciences *fpl* sociales.

social work *n (U)* assistance *f* sociale.

social worker *n* assistant social *m*, assistante sociale *f*.

society [sə'saɪətɪ] (*pl* **-ies**) *n* **- 1.** [gen] société *f* **- 2.** [club] association *f*, club *m*.

socioeconomic ['səʊsɪəʊˌi:kə'nɒmɪk] *adj* socio-économique.

sociological [ˌsəʊsjə'lɒdʒɪkl] *adj* sociologique.

sociologist [ˌsəʊsɪ'ɒlədʒɪst] *n* sociologue *mf*.

sociology [ˌsəʊsɪ'ɒlədʒɪ] *n* sociologie *f*.

sock [sɒk] *n* chaussette *f* ; **to pull one's ~s up** *inf fig* se secouer.

socket ['sɒkɪt] *n* **- 1.** [for light bulb] douille *f* ; [for plug] prise *f* de courant **- 2.** [of eye] orbite *f* ; [for bone] cavité *f* articulaire.

sod [sɒd] *n* **- 1.** [of turf] motte *f* de gazon **- 2.** *UK v inf* [person] con *m*.

soda ['səʊdə] *n* **- 1.** CHEM soude *f* **- 2.** [soda water] eau *f* de Seltz **- 3.** *US* [fizzy drink] soda *m*.

soda syphon *n* siphon *m* d'eau de Seltz.

soda water *n* eau *f* de Seltz.

sodden ['sɒdn] *adj* trempé(e), détrempé(e).

sodium ['səʊdɪəm] *n* sodium *m*.

sofa ['səʊfə] *n* canapé *m*.

sofa bed *n* canapé-lit *m*.

Sofia ['səʊfjə] *n* Sofia.

soft [sɒft] *adj* **- 1.** [not hard] doux (douce), mou (molle) **- 2.** [smooth, not loud, not bright] doux (douce) **- 3.** [without force] léger(ère) **- 4.** [caring] tendre **- 5.** [lenient] faible, indulgent(e).

soft-boiled *adj* à la coque.

soft drink *n* boisson *f* non alcoolisée.

soft drugs *npl* drogues *fpl* douces.

soften ['sɒfn] ◇ *vt* **- 1.** [fabric] assouplir ; [substance] ramollir ; [skin] adoucir **- 2.** [shock, blow] atténuer, adoucir **- 3.** [attitude] modérer, adoucir. ◇ *vi* **- 1.** [substance] se ramollir **- 2.** [attitude, person] s'adoucir, se radoucir.

◆ **soften up** *vt sep inf* [persuade] amadouer.

softener ['sɒfnəʳ] *n* [for washing] adoucissant *m*.

soft focus *n* flou *m* ; **in ~** en flou.

soft furnishings *npl UK* tissus *mpl* d'ameublement.

softhearted [ˌsɒft'hɑ:tɪd] *adj* au cœur tendre.

softly ['sɒftlɪ] *adv* **- 1.** [gently, quietly] doucement **- 2.** [not brightly] faiblement **- 3.** [leniently] avec indulgence.

softness ['sɒftnɪs] *n* **- 1.** [of bed, ground, substance] mollesse *f*, moelleux *m* **- 2.** [of skin, sound, light] douceur *f* **- 3.** [lenience] indulgence *f*.

soft-pedal *vi inf* y aller doucement.

soft sell *n inf* méthode *f* de vente discrète OR non agressive.

soft-spoken *adj* à la voix douce.

soft toy *n* jouet *m* en peluche.

software ['sɒftweəʳ] *n (U)* COMPUT logiciel *m*.

software package *n* COMPUT logiciel *m*, progiciel *m*.

softwood ['sɒftwʊd] *n* bois *m* tendre.

softy ['sɒftɪ] (*pl* **-ies**) *n inf* **- 1.** *pej* [weak person] mauviette *f*, poule *f* mouillée **- 2.** [sensitive person] : **he's a big ~** c'est un tendre.

soggy ['sɒgɪ] (*comp* **-ier**, *superl* **-iest**) *adj* trempé(e), détrempé(e).

soil [sɔɪl] ◇ *n (U)* **- 1.** [earth] sol *m*, terre *f* **- 2.** *fig* [territory] sol *m*, territoire *m*. ◇ *vt* souiller, salir.

soiled [sɔɪld] *adj* sale.

solace ['sɒləs] *n lit* consolation *f*, réconfort *m*.

solar ['səʊləʳ] *adj* solaire.

solarium [sə'leərɪəm] (*pl* **-riums** OR **-ria** [-rɪə]) *n* solarium *m*.

solar panel *n* panneau *m* solaire.

solar plexus [-'pleksəs] *n* plexus *m* solaire.

solar system *n* système *m* solaire.

sold [səʊld] *pt* & *pp* ▷ **sell**.

solder ['səʊldəʳ] ◇ *n (U)* soudure *f*. ◇ *vt* souder.

soldering iron ['səʊldərɪŋ-] *n* fer *m* à souder.

soldier ['səʊldʒəʳ] *n* soldat *m*.

◆ **soldier on** *vi UK* persévérer.

sold-out *adj* [tickets] qui ont tous été vendus ; [play, concert] qui joue à guichets fermés.

sole [səʊl] <> *adj* - **1.** [only] seul(e), unique - **2.** [exclusive] exclusif(ive). <> *n* - **1.** [of foot] semelle *f* - **2.** (*pl* **sole** *OR* **-s**) [fish] sole *f*.

solely ['səʊllɪ] *adv* seulement, uniquement ; **~ responsible** seul *OR* entièrement responsable.

solemn ['sɒləm] *adj* solennel(elle) ; [person] sérieux(euse).

solemnly ['sɒləmlɪ] *adv* - **1.** [speak, behave] avec solennité, sérieusement - **2.** [promise, swear] solennellement.

sole trader *n UK* COMM entreprise *f* unipersonnelle *OR* individuelle.

solicit [sə'lɪsɪt] <> *vt* [request] solliciter. <> *vi* [prostitute] racoler.

solicitor [sə'lɪsɪtəʳ] *n UK* LAW notaire *m*.

solicitous [sə'lɪsɪtəs] *adj* - **1.** [caring] plein(e) de sollicitude - **2.** [anxious] : **~ about** *OR* **for** préoccupé(e) de, soucieux(euse) de.

solid ['sɒlɪd] <> *adj* - **1.** [not fluid, sturdy, reliable] solide - **2.** [not hollow - tyres] plein(e) ; [- wood, rock, gold] massif(ive) - **3.** [without interruption] : **two hours ~** deux heures d'affilée. <> *n* solide *m*.

solidarity [ˌsɒlɪ'dærətɪ] *n* solidarité *f*.

solid fuel *n* combustible *m* solide.

solidify [sə'lɪdɪfaɪ] (*pt* & *pp* **-ied**) *vi* se solidifier.

solidly ['sɒlɪdlɪ] *adv* - **1.** [sturdily] solidement - **2.** [completely] tout à fait, absolument - **3.** [without interruption] sans s'arrêter, sans interruption.

soliloquy [sə'lɪləkwɪ] (*pl* **-ies**) *n* soliloque *m*.

solitaire [ˌsɒlɪ'teəʳ] *n* - **1.** [jewel, board game] solitaire *m* - **2.** *US* [card game] réussite *f*, patience *f*.

solitary ['sɒlɪtrɪ] *adj* - **1.** [lonely, alone] solitaire - **2.** [just one] seul(e).

solitary confinement *n* isolement *m* cellulaire.

solitude ['sɒlɪtju:d] *n* solitude *f*.

solo ['səʊləʊ] <> *adj* solo (*inv*). <> *n* (*pl* **-s**) solo *m*. <> *adv* en solo.

soloist ['səʊləʊɪst] *n* soliste *mf*.

Solomon Islands ['sɒləmən-] *npl* : **the ~** les îles *fpl* Salomon ; **in the ~** dans les îles Salomon.

solstice ['sɒlstɪs] *n* solstice *m*.

soluble ['sɒljʊbl] *adj* soluble.

solution [sə'lu:ʃn] *n* - **1.** [to problem] : **~ (to)** solution *f* (de) - **2.** [liquid] solution *f*.

solve [sɒlv] *vt* résoudre.

solvency ['sɒlvənsɪ] *n* solvabilité *f*.

solvent ['sɒlvənt] <> *adj* FIN solvable. <> *n* dissolvant *m*, solvant *m*.

solvent abuse *n* usage *m* de solvants.

Som. (*abbr of* **Somerset**) *comté anglais*.

Somali [sə'mɑ:lɪ] <> *adj* somali(e), somalien(enne). <> *n* - **1.** [person] Somali *m*, -e *f*, Somalien *m*, -enne *f* - **2.** [language] somali *m*.

Somalia [sə'mɑ:lɪə] *n* Somalie *f* ; **in ~** en Somalie.

sombre *UK*, **somber** *US* ['sɒmbəʳ] *adj* sombre.

some [sʌm] <> *adj* - **1.** [a certain amount, number of] : **~ meat** de la viande ; **~ money** de l'argent ; **~ coffee** du café ; **~ sweets** des bonbons - **2.** [fairly large number or quantity of] quelque ; **I had ~ difficulty getting here** j'ai eu quelque mal à venir ici ; **I've known him for ~ years** je le connais depuis plusieurs années *OR* pas mal d'années ; **we haven't seen them for ~ time** ça fait quelque temps qu'on ne les a pas vus - **3.** (*contrastive use*) [certain] : **~ jobs are better paid than others** certains boulots sont mieux rémunérés que d'autres ; **~ people like his music** il y en a qui aiment sa musique - **4.** [in imprecise statements] quelque, quelconque ; **she married ~ writer or other** elle a épousé un écrivain quelconque *OR* quelque écrivain ; **there must be ~ mistake** il doit y avoir erreur - **5.** *inf* [very good] : **that was ~ party!** c'était une soirée formidable!, quelle soirée! - **6.** *inf iron* [not very good] : **~ party that was!** tu parles d'une soirée! ; **~ help you are!** tu parles d'une aide!, beaucoup tu m'aides! <> *pron* - **1.** [a certain amount] : **can I have ~?** [money, milk, coffee etc] est-ce que je peux en prendre? ; **~ of it is mine** une partie est à moi - **2.** [a certain number] quelques-uns (quelques-unes), certains (certaines) ; **can I have ~?** [books, pens, potatoes etc] est-ce que je peux en prendre (quelques-uns)? ; **~ (of them) left early** quelques-uns d'entre eux sont partis tôt ; **~ say he lied** certains disent *OR* il y en a qui disent qu'il a menti. <> *adv* quelque, environ ; **there were ~ 7,000 people there** il y avait quelque *OR* environ 7 000 personnes.

somebody ['sʌmbədɪ] <> *pron* quelqu'un. <> *n* : **he really thinks he's ~** il se prend pour *OR* se croit quelqu'un.

someday ['sʌmdeɪ] *adv* un jour, un de ces jours.

somehow ['sʌmhaʊ], *US* **someway** ['sʌmweɪ] *adv* - **1.** [by some action] d'une manière ou d'une autre - **2.** [for some reason] pour une raison ou pour une autre.

someone ['sʌmwʌn] *pron* quelqu'un.

someplace *US* = **somewhere**.

somersault ['sʌməsɔ:lt] <> *n* cabriole *f*, culbute *f*. <> *vi* faire une cabriole *OR* culbute.

something ['sʌmθɪŋ] <> *pron* - **1.** [unknown thing] quelque chose ; **~ odd/interesting** quelque chose de bizarre/d'intéressant ; **or ~** *inf* ou quelque chose comme ça - **2.** [useful thing] : **(at least) that's ~** c'est toujours ça, c'est déjà quelque chose ; **there's ~ in what you say** il y a du vrai dans ce que vous dites - **3.** *phr* **that's really ~!** ce n'est pas rien! ; **she's ~ of a cook** elle est assez bonne cuisinière. ◇ *adv* : **~ like, ~ in the region of** environ, à peu près.

sometime ['sʌmtaɪm] ◇ *adj* ancien(enne). ◇ *adv* un de ces jours ; **~ last week** la semaine dernière.

sometimes ['sʌmtaɪmz] *adv* quelquefois, parfois.

someway *US* = somehow.

somewhat ['sʌmwɒt] *adv* quelque peu.

somewhere ['sʌmweəʳ], *US* **someplace** ['sʌmpleɪs] *adv* - **1.** [unknown place] quelque part ; **~ else** ailleurs ; **~ near here** près d'ici - **2.** [used in approximations] environ, à peu près - **3.** *phr* **to be getting ~** avancer, faire des progrès.

son [sʌn] *n* fils *m*.

sonar ['səʊnɑːʳ] *n* sonar *m*.

sonata [sə'nɑːtə] *n* sonate *f*.

song [sɒŋ] *n* chanson *f* ; [of bird] chant *m*, ramage *m* ; **for a ~** *inf* [cheaply] pour une bouchée de pain ; **to make a ~ and dance about sthg** *inf* faire toute une histoire *OR* tout un plat à propos de qqch.

songbook ['sɒŋbʊk] *n* recueil *m* de chansons.

sonic ['sɒnɪk] *adj* sonique.

sonic boom *n* bang *m*.

son-in-law (*pl* **sons-in-law**) *n* gendre *m*, beau-fils *m*.

sonnet ['sɒnɪt] *n* sonnet *m*.

sonny ['sʌnɪ] *n inf* fiston *m*.

soon [suːn] *adv* - **1.** [before long] bientôt ; **~ after** peu après - **2.** [early] tôt ; **write back ~** réponds-moi vite ; **how ~ will it be ready?** ce sera prêt quand?, dans combien de temps est-ce que ce sera prêt? ; **as ~ as** dès que, aussitôt que - **3.** *phr* **I'd just as ~...** je préférerais..., j'aimerais autant...

sooner ['suːnəʳ] *adv* - **1.** [in time] plus tôt ; **no ~... than...** à peine... que... ; **~ or later** tôt ou tard ; **the ~ the better** le plus tôt sera le mieux - **2.** [expressing preference] : **I would ~...** je préférerais..., j'aimerais mieux...

soot [sʊt] *n* suie *f*.

soothe [suːð] *vt* calmer, apaiser.

soothing ['suːðɪŋ] *adj* - **1.** [pain-relieving] lénifiant(e), lénitif(ive) - **2.** [music, words] apaisant(e).

sooty ['sʊtɪ] (*comp* **-ier**, *superl* **-iest**) *adj* couvert(e) de suie.

sop [sɒp] *n pej* **~ (to)** concession *f* (à).

SOP (*abbr of* **standard operating procedure**) *n marche à suivre normale*.

sophisticated [sə'fɪstɪkeɪtɪd] *adj* - **1.** [stylish] raffiné(e), sophistiqué(e) - **2.** [intelligent] averti(e) - **3.** [complicated] sophistiqué(e), très perfectionné(e).

sophistication [səˌfɪstɪ'keɪʃn] *n* - **1.** [stylishness] raffinement *m*, sophistication *f* - **2.** [intelligence] intelligence *f* - **3.** [complexity] sophistication *f*, perfectionnement *m*.

sophomore ['sɒfəmɔːʳ] *n US* [in high school] étudiant *m*, -e *f* de seconde année.

soporific [ˌsɒpə'rɪfɪk] *adj* soporifique.

sopping ['sɒpɪŋ] *adj* : **~ (wet)** tout trempé (toute trempée).

soppy ['sɒpɪ] (*comp* **-ier**, *superl* **-iest**) *adj inf* - **1.** [sentimental - book, film] à l'eau de rose ; [- person] sentimental(e) - **2.** [silly] bêta(asse), bête.

soprano [sə'prɑːnəʊ] (*pl* **-s**) *n* [person] soprano *mf* ; [voice] soprano *m*.

sorbet ['sɔːbeɪ] *n UK* sorbet *m*.

sorcerer ['sɔːsərəʳ] *n* sorcier *m*.

sordid ['sɔːdɪd] *adj* sordide.

sore [sɔːʳ] ◇ *adj* - **1.** [painful] douloureux (euse) ; **to have a ~ throat** avoir mal à la gorge - **2.** *US* [upset] fâché(e), contrarié(e) - **3.** *lit* [great] : **to be in ~ need of sthg** avoir grandement besoin de qqch. ◇ *n* plaie *f*.

sorely ['sɔːlɪ] *adv lit* [needed] grandement.

sorority [sə'rɒrətɪ] *n US* club *m* d'étudiantes.

sorrel ['sɒrəl] *n* oseille *f*.

sorrow ['sɒrəʊ] *n* peine *f*, chagrin *m*.

sorrowful ['sɒrəʊfʊl] *adj* triste, affligé(e).

sorry ['sɒrɪ] ◇ *adj* (*comp* **-ier**, *superl* **-iest**) - **1.** [expressing apology, disappointment, sympathy] désolé(e) ; **to be ~ about sthg** s'excuser pour qqch ; **to be ~ for sthg** regretter qqch ; **to be ~ to do sthg** être désolé *OR* regretter de faire qqch ; **to be *OR* feel ~ for sb** plaindre qqn ; **to be *OR* feel ~ for o.s.** s'apitoyer sur son sort - **2.** [poor] : **in a ~ state** en piteux état, dans un triste état. ◇ *excl* - **1.** [expressing apology] pardon!, excusez-moi! ; **~, we're sold out** désolé, on n'en a plus - **2.** [asking for repetition] pardon?, comment? - **3.** [to correct oneself] non, pardon *OR* je veux dire.

sort [sɔːt] ◇ *n* genre *m*, sorte *f*, espèce *f* ; **what ~ of car have you got?** qu'est-ce que tu as comme voiture? ; **~ of** [rather] plutôt, quelque peu ; **a ~ of** une espèce *OR* sorte de. ◇ *vt* trier, classer.

◆ **sorts** *npl* : **of ~s** si on veut, si on peut dire ; **to be out of ~s** ne pas être dans son assiette, être patraque.

◆ **sort out** *vt sep* - **1.** [classify] ranger, classer - **2.** [solve] résoudre.

sortie ['sɔ:ti:] *n* sortie *f*.

sorting office ['sɔ:tɪŋ-] *n* centre *m* de tri.

sort-out *n UK inf* **to have a ~** faire du rangement.

SOS (*abbr of* **save our souls**) *n* SOS *m*.

so-so *inf* ◇ *adj* quelconque. ◇ *adv* comme ci comme ça.

soufflé ['su:fleɪ] *n* soufflé *m*.

sought [sɔ:t] *pt* & *pp* ▻ **seek**.

sought-after *adj* recherché(e), demandé(e).

soul [səʊl] *n* - **1.** [gen] âme *f* ; **I didn't see a ~** je n'ai pas vu âme qui vive - **2.** [music] soul *m*.

soul-destroying [-dɪˌstrɔɪɪŋ] *adj* abrutissant(e).

soulful ['səʊlfʊl] *adj* [look] expressif(ive) ; [song etc] sentimental(e).

soulless ['səʊllɪs] *adj* [job] abrutissant(e) ; [place] sans âme.

soul mate *n* âme *f* sœur.

soul music *n* soul *m*.

soul-searching *n (U)* examen *m* de conscience.

sound [saʊnd] ◇ *adj* - **1.** [healthy - body] sain(e), en bonne santé ; [- mind] sain - **2.** [sturdy] solide - **3.** [reliable - advice] judicieux(euse), sage ; [- investment] sûr(e). ◇ *adv* : **to be ~ asleep** dormir à poings fermés, dormir d'un sommeil profond. ◇ *n* son *m* ; [particular sound] bruit *m*, son *m* ; **I don't like the ~ of that** *fig* cela ne me dit rien qui vaille ; **by the ~ of it...** d'après ce que j'ai compris... ◇ *vt* [alarm, bell] sonner ; **to ~ one's horn** klaxonner. ◇ *vi* - **1.** [make a noise] sonner, retentir ; **to ~ like sthg** ressembler à qqch - **2.** [seem] sembler, avoir l'air ; **to ~ like sthg** avoir l'air de qqch, sembler être qqch.

◆ **sound out** *vt sep* : **to ~ sb out (on** OR **about)** sonder qqn (sur).

sound barrier *n* mur *m* du son.

sound bite *n* petite phrase *f (prononcée par un homme politique etc à la radio ou à la télévision pour frapper les esprits)*.

soundcard ['saʊndkɑ:d] *n* COMPUT carte *f* son.

sound effects *npl* bruitage *m*, effets *mpl* sonores.

sounding ['saʊndɪŋ] *n* NAUT *fig* sondage *m*.

sounding board *n* - **1.** THEAT abat-voix *m inv* - **2.** *fig* [person] *personne sur laquelle on peut essayer une nouvelle idée.*

soundly ['saʊndlɪ] *adv* - **1.** [beaten] à plates coutures - **2.** [sleep] profondément.

soundness ['saʊndnɪs] *n* [of argument] solidité *f*, validité *f* ; [of theory, method] fiabilité *f*.

soundproof ['saʊndpru:f] *adj* insonorisé(e).

soundtrack ['saʊndtræk] *n* bande-son *f*.

sound wave *n* onde *f* sonore.

soup [su:p] *n* soupe *f*, potage *m*.

◆ **soup up** *vt sep inf* [car] gonfler le moteur de.

soup kitchen *n* soupe *f* populaire.

soup plate *n* assiette *f* creuse OR à soupe.

soup spoon *n* cuiller *f* à soupe.

sour ['saʊəʳ] ◇ *adj* - **1.** [taste, fruit] acide, aigre - **2.** [milk] aigre ; **to go** OR **turn ~** tourner à l'aigre ; *fig* [relationship] mal tourner, tourner au vinaigre - **3.** [ill-tempered] aigre, acerbe. ◇ *vt fig* faire tourner au vinaigre, faire mal tourner. ◇ *vi* tourner au vinaigre, mal tourner.

source [sɔ:s] *n* - **1.** [gen] source *f* - **2.** [cause] origine *f*, cause *f*.

sour cream *n* crème *f* aigre.

sour grapes *n (U) inf* **what he said was just ~** il a dit ça par dépit.

sourness ['saʊənɪs] *n* - **1.** [of taste, fruit] aigreur *f*, acidité *f* - **2.** [of milk, person] aigreur *f*.

south [saʊθ] ◇ *n* - **1.** [direction] sud *m* - **2.** [region] : **the ~** le sud ; **the South of France** le Sud de la France, le Midi (de la France). ◇ *adj* sud *(inv)* ; [wind] du sud. ◇ *adv* au sud, vers le sud ; **~ of** au sud de.

South Africa *n* Afrique *f* du Sud ; **in ~** en Afrique du Sud ; **the Republic of ~** la République d'Afrique du Sud.

South African ◇ *adj* sud-africain(e). ◇ *n* [person] Sud-Africain *m*, -e *f*.

South America *n* Amérique *f* du Sud ; **in ~** en Amérique du Sud.

South American ◇ *adj* sud-américain(e). ◇ *n* [person] Sud-Américain *m*, -e *f*.

southbound ['saʊθbaʊnd] *adj* qui se dirige vers le sud ; [carriageway] sud *(inv)*.

South Carolina [-ˌkærə'laɪnə] *n* Caroline *f* du Sud ; **in ~** en Caroline du Sud.

South Dakota [-də'kəʊtə] *n* Dakota *m* du Sud ; **in ~** dans le Dakota du Sud.

southeast [ˌsaʊθ'i:st] ◇ *n* - **1.** [direction] sud-est *m* - **2.** [region] : **the ~** le sud-est. ◇ *adj* au sud-est, du sud-est ; [wind] du sud-est. ◇ *adv* au sud-est, vers le sud-est ; **~ of** au sud-est de.

Southeast Asia *n* Asie *f* du Sud-Est ; **in ~** en Asie du Sud-Est.

southeasterly [ˌsaʊθ'i:stəlɪ] *adj* au sud-est, du sud-est ; [wind] du sud-est ; **in a ~ direction** vers le sud-est.

southeastern [ˌsaʊθ'i:stən] *adj* du sud-est, au sud-est.

southerly ['sʌðəlɪ] *adj* au sud, du sud ; [wind] du sud ; **in a ~ direction** vers le sud.

southern ['sʌðən] *adj* du sud ; [France] du Midi.

Southern Africa *n* Afrique *f* australe ; **in ~** en Afrique australe.

Southerner ['sʌðənəʳ] *n* habitant *m*, -e *f* du Sud.

South Korea *n* Corée *f* du Sud ; **in ~** en Corée du Sud.

South Korean ◇ *adj* sud-coréen(enne). ◇ *n* Sud-Coréen *m*, -enne *f*.

South Pole *n* : **the ~** le pôle Sud.

South Vietnam *n* Sud Viêt-Nam *m* ; **in ~** au Sud Viêt-Nam.

South Vietnamese ◇ *adj* sud-vietnamien(enne). ◇ *n* Sud-Vietnamien *m*, -enne *f*.

southward ['saʊθwəd] ◇ *adj* au sud, du sud. ◇ *adv* = **southwards**.

southwards ['saʊθwədz] *adv* vers le sud.

southwest [ˌsaʊθ'west] ◇ *n* - **1.** [direction] sud-ouest *m* - **2.** [region] : **the ~** le sud-ouest. ◇ *adj* au sud-ouest, du sud-ouest ; [wind] du sud-ouest. ◇ *adv* au sud-ouest, vers le sud-ouest ; **~ of** au sud-ouest de.

southwesterly [ˌsaʊθ'westəlɪ] *adj* au sud-ouest, du sud-ouest ; [wind] du sud-ouest ; **in a ~ direction** vers le sud-ouest.

southwestern [ˌsaʊθ'westən] *adj* au sud-ouest, du sud-ouest.

South Yemen *n* Yémen *m* du Sud ; **in ~** au Yémen du Sud.

souvenir [ˌsu:və'nɪəʳ] *n* souvenir *m*.

sou'wester [saʊ'westəʳ] *n* [hat] suroît *m*.

sovereign ['sɒvrɪn] ◇ *adj* souverain(e). ◇ *n* - **1.** [ruler] souverain *m*, -e *f* - **2.** [coin] souverain *m*.

sovereignty ['sɒvrɪntɪ] *n* souveraineté *f*.

soviet ['səʊvɪət] *n* soviet *m*.

◆ **Soviet** ◇ *adj* soviétique. ◇ *n* [person] Soviétique *mf*.

Soviet Union *n* : **the (former) ~** l'(ex-)Union *f* soviétique.

sow[1] [səʊ] (*pt* **-ed**, *pp* **sown** OR **-ed**) *vt lit & fig* semer.

sow[2] [saʊ] *n* truie *f*.

sown [səʊn] *pp* ▷ **sow**[1].

sox [sɒks] ▷ **bobby sox**.

soya ['sɔɪə] *n* soja *m*.

soy(a) bean ['sɔɪ(ə)-] *n* graine *f* de soja.

soy sauce [sɔɪ-] *n* sauce *f* au soja.

sozzled ['sɒzld] *adj UK inf* rond(e), pompette.

spa [spɑ:] *n* station *f* thermale.

spa bath *n* Jacuzzi® *m*.

space [speɪs] ◇ *n* - **1.** [gap, roominess, outer space] espace *m* ; [on form] blanc *m*, espace ; **to stare into ~** regarder dans le vide - **2.** [room] place *f* - **3.** [of time] : **within** OR **in the ~ of ten minutes** en l'espace de dix minutes ; **~ of time** laps *m* de temps. ◇ *comp* spatial(e). ◇ *vt* espacer.

◆ **space out** *vt sep* espacer.

space age *n* : **the ~** l'ère *f* spatiale.

◆ **space-age** *adj* de l'ère spatiale.

space bar *n* barre *f* d'espacement.

space capsule *n* capsule *f* spatiale.

spacecraft ['speɪskrɑ:ft] (*pl* **spacecraft**) *n* vaisseau *m* spatial.

spaceman ['speɪsmæn] (*pl* **-men** [-men]) *n* astronaute *m*, cosmonaute *m*.

space probe *n* sonde *f* spatiale.

spaceship ['speɪsʃɪp] *n* vaisseau *m* spatial.

space shuttle *n* navette *f* spatiale.

space station *n* station *f* orbitale OR spatiale.

spacesuit ['speɪssu:t] *n* combinaison *f* spatiale.

spacewoman ['speɪsˌwʊmən] (*pl* **-women** [-ˌwɪmɪn]) *n* astronaute *f*, cosmonaute *f*.

spacing ['speɪsɪŋ] *n* TYPO espacement *m*.

spacious ['speɪʃəs] *adj* spacieux(euse).

spade [speɪd] *n* - **1.** [tool] pelle *f* - **2.** [playing card] pique *m*.

◆ **spades** *npl* pique *m* ; **the six of ~s** le six de pique.

spadework ['speɪdwɜ:k] *n inf* gros *m* du travail.

spaghetti [spə'getɪ] *n (U)* spaghettis *mpl*.

Spain [speɪn] *n* Espagne *f* ; **in ~** en Espagne.

spam [spæm] (*pt & pp* **-med**, *cont* **-ming**) *n inf* pourriel *m*.

spammer ['spæməʳ] *n* spammeur *m*.

spamming ['spæmɪŋ] *n (U)* spam *m*, arrosage *m offic*.

span [spæn] ◇ *pt* ▷ **spin**. ◇ *n* - **1.** [in time] espace *m* de temps, durée *f* - **2.** [range] éventail *m*, gamme *f* - **3.** [of bird, plane] envergure *f* - **4.** [of bridge] travée *f* ; [of arch] ouverture *f*. ◇ *vt* (*pt & pp* **-ned**, *cont* **-ning**) - **1.** [in time] embrasser, couvrir - **2.** [subj: bridge] franchir.

spandex ['spændeks] *n US textile proche du Lycra©co.*

spangled ['spæŋgld] *adj* : **~ (with)** pailleté(e) (de).

Spaniard ['spænjəd] *n* Espagnol *m*, -e *f*.

spaniel ['spænjəl] *n* épagneul *m*.

Spanish ['spænɪʃ] ◇ *adj* espagnol(e). ◇ *n* [language] espagnol *m*. ◇ *npl* : **the ~** les Espagnols.

Spanish America *n* Amérique *f* hispanophone.

Spanish American ◇ *adj* - **1.** [in US] hispanique - **2.** [in Latin America] hispano-américain(e). ◇ *n* - **1.** [in US] Hispanique *mf* - **2.** [in Latin America] Hispano-Américain *m*, -e *f*.

spank [spæŋk] ◇ *n* fessée *f*. ◇ *vt* donner une fessée à, fesser.

spanner ['spænəʳ] *n UK* clé *f* à écrous.

spar [spɑːʳ] ◇ *n* espar *m*. ◇ *vi* (*pt & pp* **-red**, *cont* **-ring**) - **1.** BOX s'entraîner à la boxe - **2.** [verbally] : **to ~ (with)** se disputer (avec).

spare [speəʳ] ◇ *adj* - **1.** [surplus] de trop ; [component, clothing etc] de réserve, de rechange ; **~ bed** lit *m* d'appoint - **2.** [available - seat, time, tickets] disponible. ◇ *n* - **1.** [tyre] pneu *m* de rechange OR de secours - **2.** [part] pièce *f* détachée OR de rechange. ◇ *vt* - **1.** [make available - staff, money] se passer de ; [- time] disposer de ; **to have an hour to ~** avoir une heure de battement OR de libre ; **with a minute to ~** avec une minute d'avance ; **with £2 to ~** et il nous/lui *etc* reste encore deux livres - **2.** [not harm] épargner - **3.** [not use] épargner, ménager ; **to ~ no expense** ne pas regarder à la dépense - **4.** [save from] : **to ~ sb sthg** épargner qqch à qqn, éviter qqch à qqn.

spare part *n* pièce *f* détachée OR de rechange.

spare room *n* chambre *f* d'amis.

spare time *n (U)* temps *m* libre, loisirs *mpl*.

spare tyre *UK*, **spare tire** *US n* - **1.** AUT pneu *m* de rechange OR de secours - **2.** *hum* [fat waist] bourrelet *m* (de graisse).

spare wheel *n* roue *f* de secours.

sparing ['speərɪŋ] *adj* : **to be ~ with** OR **of sthg** être économe de qqch, ménager qqch.

sparingly ['speərɪŋlɪ] *adv* [use] avec modération ; [spend] avec parcimonie.

spark [spɑːk] ◇ *n lit & fig* étincelle *f*. ◇ *vt* [interest] susciter, éveiller ; [scandal] provoquer ; [debate] déclencher.

sparking plug ['spɑːkɪŋ-] *UK* = **spark plug**.

sparkle ['spɑːkl] ◇ *n (U)* [of eyes, jewel] éclat *m* ; [of stars] scintillement *m*. ◇ *vi* étinceler, scintiller.

sparkler ['spɑːkləʳ] *n* [firework] cierge *m* merveilleux.

sparkling wine ['spɑːklɪŋ-] *n* vin *m* mousseux.

spark plug *n* bougie *f*.

sparrow ['spærəʊ] *n* moineau *m*.

sparse ['spɑːs] *adj* clairsemé(e), épars(e).

spartan ['spɑːtn] *adj* austère, de spartiate.

spasm ['spæzm] *n* - **1.** MED spasme *m* ; [of coughing] quinte *f* - **2.** [of emotion] accès *m*.

spasmodic [spæz'mɒdɪk] *adj* spasmodique.

spastic ['spæstɪk] MED ◇ *adj* handicapé(e) moteur. ◇ *n* handicapé *m*, -e *f* moteur.

spat [spæt] *pt & pp* ▻ **spit**.

spate [speɪt] *n* [of attacks etc] série *f*.

spatial ['speɪʃl] *adj* spatial(e).

spatter ['spætəʳ] ◇ *vt* éclabousser. ◇ *vi* gicler.

spatula ['spætjʊlə] *n* spatule *f*.

spawn [spɔːn] ◇ *n (U)* frai *m*, œufs *mpl*. ◇ *vt fig* donner naissance à, engendrer. ◇ *vi* [fish, frog] frayer.

spay [speɪ] *vt* châtrer.

SPCA (*abbr of* **Society for the Prevention of Cruelty to Animals**) *n société américaine protectrice des animaux*, ≃ SPA *f*.

SPCC (*abbr of* **Society for the Prevention of Cruelty to Children**) *n société américaine pour la protection de l'enfance*.

speak [spiːk] (*pt* **spoke**, *pp* **spoken**) ◇ *vt* - **1.** [say] dire ; **to ~ ill of sb** dire du mal de qqn - **2.** [language] parler. ◇ *vi* parler ; **to ~ to** OR **with sb** parler à qqn ; **to ~ to sb about sthg** parler de qqch à qqn ; **to ~ about sb/sthg** parler de qqn/qqch ; **to ~ well/highly of sb** dire du bien/beaucoup de bien de qqn ; **nobody to ~ of** pas grand-monde ; **nothing to ~ of** pas grand-chose.

◆ **so to speak** *adv* pour ainsi dire.

◆ **speak for** *vt insep* [represent] parler pour, parler au nom de ; **~ for yourself!** parle pour toi! ; **it ~s for itself** cela tombe sous le sens, c'est évident.

◆ **speak out** *vi* oser prendre la parole ; **to ~ out against** s'élever contre, se dresser contre.

◆ **speak up** *vi* - **1.** [support] : **to ~ up for sb/sthg** parler en faveur de qqn/qqch, soutenir qqn/qqch - **2.** [speak louder] parler plus fort.

speaker ['spiːkəʳ] *n* - **1.** [person talking] personne *f* qui parle - **2.** [person making speech] orateur *m* - **3.** [of language] : **a German ~** une personne qui parle allemand - **4.** [loudspeaker] haut-parleur *m*.

speaking ['spiːkɪŋ] ◇ *adv* : **politically ~** politiquement parlant ; **~ as** [in the position of] en tant que ; **~ of** [on the subject of] à propos de. ◇ *n (U)* discours *m*, parole *f*.

speaking clock *n UK* horloge *f* parlante.

spear [spɪəʳ] ◇ *n* lance *f*. ◇ *vt* transpercer d'un coup de lance.

spearhead ['spɪəhed] ◇ *n* fer *m* de lance. ◇ *vt* [campaign] mener ; [attack] être le fer de lance de.

spec [spek] *n UK inf* **on ~** à tout hasard.

special ['speʃl] <> *adj* - **1.** [gen] spécial(e) - **2.** [needs, effort, attention] particulier(ère). <> *n* - **1.** [on menu] plat *m* du jour - **2.** TV émission *f* spéciale.

special agent *n* [spy] agent *m* secret.

special constable *n UK* auxiliaire *m* de police.

special correspondent *n* envoyé *m* spécial.

special delivery *n (U)* [service] exprès *m*, envoi *m* par exprès ; **by ~** en exprès.

special effects *npl* effets *mpl* spéciaux.

specialist ['speʃəlɪst] <> *adj* spécialisé(e). <> *n* spécialiste *mf*.

speciality *UK* [ˌspeʃɪ'ælətɪ] (*pl* **-ies**), **specialty** *US* ['speʃltɪ] (*pl* **-ies**) *n* spécialité *f*.

specialize, *UK* **-ise** ['speʃəlaɪz] *vi* : **to ~ (in)** se spécialiser (dans).

specially ['speʃəlɪ] *adv* - **1.** [specifically] spécialement ; [on purpose] exprès - **2.** [particularly] particulièrement.

special needs [- ni:dz] *n UK* **~ children** enfants ayant des difficultés scolaires ; : **~ teacher** *enseignant spécialisé s'occupant d'enfants ayant des difficultés scolaires.*

special offer *n* promotion *f*.

special school *n UK* école *f* pour enfants handicapés, établissement *m* spécialisé.

specialty *n US* = **speciality**.

species ['spi:ʃi:z] (*pl* **species**) *n* espèce *f*.

specific [spə'sɪfɪk] *adj* - **1.** [particular] particulier(ère), précis(e) - **2.** [precise] précis(e) - **3.** [unique] : **~ to** propre à.
◆ **specifics** *npl* détails *mpl*.

specifically [spə'sɪfɪklɪ] *adv* - **1.** [particularly] particulièrement, spécialement - **2.** [precisely] précisément.

specification [ˌspesɪfɪ'keɪʃn] *n* stipulation *f*.
◆ **specifications** *npl* TECH caractéristiques *fpl* techniques, spécification *f*.

specify ['spesɪfaɪ] (*pt & pp* **-ied**) *vt* préciser, spécifier.

specimen ['spesɪmən] *n* - **1.** [example] exemple *m*, spécimen *m* - **2.** [of blood] prélèvement *m* ; [of urine] échantillon *m*.

specimen copy *n* spécimen *m*.

specimen signature *n* spécimen *m* de signature.

speck [spek] *n* - **1.** [small stain] toute petite tache *f* - **2.** [of dust] grain *m*.

speckled ['spekld] *adj* : **~ (with)** tacheté(e) de.

specs [speks] *npl inf* [glasses] lunettes *fpl*.

spectacle ['spektəkl] *n* spectacle *m*.
◆ **spectacles** *npl* [glasses] lunettes *fpl*.

spectacular [spek'tækjʊlər] <> *adj* spectaculaire. <> *n* pièce *f* OR revue *f* à grand spectacle.

spectate [spek'teɪt] *vi* regarder, être là en tant que spectateur.

spectator [spek'teɪtər] *n* spectateur *m*, -trice *f*.

spectator sport *n* sport *m* que l'on regarde en tant que spectateur.

spectre *UK*, **specter** *US* ['spektər] *n* spectre *m*.

spectrum ['spektrəm] (*pl* **-tra** [-trə]) *n* - **1.** PHYS spectre *m* - **2.** *fig* [variety] gamme *f*.

speculate ['spekjʊleɪt] <> *vt* : **to ~ that...** émettre l'hypothèse que... <> *vi* - **1.** [wonder] faire des conjectures - **2.** FIN spéculer.

speculation [ˌspekjʊ'leɪʃn] *n* - **1.** [gen] spéculation *f* - **2.** [conjecture] conjectures *fpl*.

speculative ['spekjʊlətɪv] *adj* spéculatif(ive).

speculator ['spekjʊleɪtər] *n* FIN spéculateur *m*, -trice *f*.

sped [sped] *pt & pp* ▷ **speed**.

speech [spi:tʃ] *n* - **1.** *(U)* [ability] parole *f* - **2.** [formal talk] discours *m* ; **to give** OR **make a ~** faire un discours - **3.** THEAT texte *m* - **4.** [manner of speaking] façon *f* de parler - **5.** [dialect] parler *m*.

speech day *n UK* distribution *f* des prix.

speech impediment *n* défaut *m* d'élocution.

speechless ['spi:tʃlɪs] *adj* : **~ (with)** muet (ette) (de).

speech processing *n* traitement *m* de la parole.

speech recognition *n* COMPUT reconnaissance *f* de la parole.

speech therapist *n* orthophoniste *mf*.

speech therapy *n* orthophonie *f*.

speed [spi:d] <> *n* vitesse *f* ; [of reply, action] vitesse, rapidité *f*. <> *vi* (*pt & pp* **-ed** OR **sped**) - **1.** [move fast] : **to ~ along** aller à toute allure OR vitesse ; **to ~ away** démarrer à toute allure - **2.** AUT [go too fast] rouler trop vite, faire un excès de vitesse.
◆ **speed up** <> *vt sep* [person] faire aller plus vite ; [work, production] accélérer. <> *vi* aller plus vite ; [car] accélérer.

speedboat ['spi:dbəʊt] *n* hors-bord *m inv*.

speed bump *n* dos-d'âne *m inv*.

speed-dialling *UK*, **speed-dialing** *US* *n (U)* TELEC numérotation rapide.

speeding ['spi:dɪŋ] *n (U)* excès *m* de vitesse.

speed limit *n* limitation *f* de vitesse.

speedo ['spi:dəʊ] (*pl* **-s**) *n UK inf* compteur *m* (de vitesse).

Speedo® ['spi:dəʊ] *n US inf* caleçon *m* de bain.

speedometer [spɪ'dɒmɪtəʳ] *n* compteur *m* (de vitesse).

speed trap *n* radar *m* de contrôle.

speedway ['spi:dweɪ] *n* **- 1.** *(U)* SPORT course *f* de motos **- 2.** *US* [road] voie *f* express.

speedy ['spi:dɪ] (*comp* **-ier**, *superl* **-iest**) *adj* rapide.

speleology [,spi:lɪ'ɒlədʒɪ] *n* spéléologie *f*.

spell [spel] ◇ *n* **- 1.** [period of time] période *f* **- 2.** [enchantment] charme *m* ; [words] formule *f* magique ; **to cast** *OR* **put a ~ on sb** jeter un sort à qqn, envoûter qqn. ◇ *vt* (*UK, pt & pp* **spelt** *OR* **-ed**, *US, pt & pp* **-ed**) **- 1.** [word, name] écrire **- 2.** *fig* [signify] signifier. ◇ *vi* (*UK, pt & pp* **spelt** *OR* **-ed**, *US, pt & pp* **-ed**) épeler.

◆ **spell out** *vt sep* **- 1.** [read aloud] épeler **- 2.** [explain] : **to ~ sthg out (for** *OR* **to sb)** expliquer qqch clairement (à qqn).

spellbound ['spelbaʊnd] *adj* subjugué(e).

spell-check ◇ *vt* [text, file, document] vérifier l'orthographe de. ◇ *n* vérification *f* orthographique.

spell-checker [-tʃekəʳ] *n* correcteur *m OR* vérificateur *m* orthographique.

spelling ['spelɪŋ] *n* orthographe *f*.

spelt [spelt] *UK pt & pp* ▷ **spell**.

spelunking [spe'lʌnkɪŋ] *n US* spéléologie *f*.

spend [spend] (*pt & pp* **spent**) *vt* **- 1.** [pay out] : **to ~ money (on)** dépenser de l'argent (pour) **- 2.** [time, life] passer ; [effort] consacrer.

spender ['spendəʳ] *n* : **to be a big ~** être très dépensier(ère), dépenser beaucoup.

spending ['spendɪŋ] *n (U)* dépenses *fpl*.

spending money *n* argent *m* de poche.

spending power *n (U)* pouvoir *m* d'achat.

spendthrift ['spendθrɪft] *n* dépensier *m*, -ère *f*.

spent [spent] ◇ *pt & pp* ▷ **spend**. ◇ *adj* [fuel, match, ammunition] utilisé(e) ; [patience, energy] épuisé(e).

sperm [spɜ:m] (*pl* **sperm** *OR* **-s**) *n* sperme *m*.

spermicidal cream [,spɜ:mɪ'saɪdl-] *n* crème *f* spermicide.

sperm whale *n* cachalot *m*.

spew [spju:] *vt & vi* vomir.

sphere [sfɪəʳ] *n* sphère *f*.

spherical ['sferɪkl] *adj* sphérique.

sphincter ['sfɪŋktəʳ] *n* sphincter *m*.

sphinx [sfɪŋks] (*pl* **-es** [-i:z]) *n* sphinx *m*.

spice [spaɪs] ◇ *n* **- 1.** CULIN épice *f* **- 2.** *(U) fig* [excitement] piment *m*. ◇ *vt* **- 1.** CULIN épicer **- 2.** *fig* [add excitement to] pimenter, relever.

spick-and-span [,spɪkən'spæn] *adj* impeccable, nickel *(inv)*.

spicy ['spaɪsɪ] (*comp* **-ier**, *superl* **-iest**) *adj* **- 1.** CULIN épicé(e) **- 2.** *fig* [story] pimenté(e), piquant(e).

spider ['spaɪdəʳ] *n* araignée *f*.

spider's web, *US* **spiderweb** ['spaɪdəweb] *n* toile *f* d'araignée.

spidery ['spaɪdərɪ] *adj* en pattes d'araignée.

spiel [ʃpi:l] *n inf* baratin *m*.

spike [spaɪk] *n* [metal] pointe *f*, lance *f* ; [of plant] piquant *m* ; [of hair] épi *m*.

◆ **spikes** *npl* chaussures *fpl* à pointes.

spiky ['spaɪkɪ] (*comp* **-ier**, *superl* **-iest**) *adj* [branch, plant] hérissé(e) de piquants ; [hair] en épi.

spill [spɪl] (*UK, pt & pp* **spilt** *OR* **-ed**, *US, pt & pp* **-ed**) ◇ *vt* renverser. ◇ *vi* **- 1.** [liquid] se répandre **- 2.** [people] : **to ~ out of a building** sortir d'un bâtiment en masse.

spillage ['spɪlɪdʒ] *n* [of oil] déversement *m*.

spilt [spɪlt] *UK pt & pp* ▷ **spill**.

spin [spɪn] ◇ *n* **- 1.** [turn] : **to give sthg a ~** faire tourner qqch **- 2.** AERON vrille *f* **- 3.** *inf* [in car] tour *m* **- 4.** SPORT effet *m*. ◇ *vt* (*pt* **span** *OR* **spun**, *pp* **spun**, *cont* **-ning**) **- 1.** [wheel] faire tourner ; **to ~ a coin** jouer à pile ou face **- 2.** [washing] essorer **- 3.** [thread, wool, cloth] filer **- 4.** SPORT [ball] donner de l'effet à. ◇ *vi* (*pt* **span** *OR* **spun**, *pp* **spun**, *cont* **-ning**) tourner, tournoyer ; **my head is spinning** j'ai la tête qui tourne.

◆ **spin out** *vt sep* [money, story] faire durer.

spina bifida [,spaɪnə'bɪfɪdə] *n* spina-bifida *m*.

spinach ['spɪnɪdʒ] *n (U)* épinards *mpl*.

spinal column ['spaɪnl-] *n* colonne *f* vertébrale.

spinal cord ['spaɪnl-] *n* moelle *f* épinière.

spindle ['spɪndl] *n* **- 1.** TECH broche *f*, axe *m* **- 2.** [for textiles] fuseau *m*.

spindly ['spɪndlɪ] (*comp* **-ier**, *superl* **-iest**) *adj* grêle, chétif(ive).

spin doctor *n pej expression désignant la personne qui au sein d'un parti politique est chargée de promouvoir l'image de celui-ci.*

spin-dry *vt UK* essorer.

spin-dryer *n UK* essoreuse *f*.

spine [spaɪn] *n* **- 1.** ANAT colonne *f* vertébrale **- 2.** [of book] dos *m* **- 3.** [of plant, hedgehog] piquant *m*.

spine-chilling *adj* qui glace le sang.

spineless ['spaɪnlɪs] *adj* [feeble] faible, qui manque de cran.

spinner ['spɪnəʳ] *n* [of thread] fileur *m*, -euse *f*.

spinning ['spɪnɪŋ] *n* [of thread] filage *m*.

spinning top *n* toupie *f*.

spin-off *n* [by-product] dérivé *m*.

spinster ['spɪnstəʳ] *n* célibataire *f* ; *pej* vieille fille *f*.

spiral ['spaɪərəl] ◇ *adj* spiral(e). ◇ *n* spirale *f*. ◇ *vi* (*UK*, *pt & pp* **-led**, *cont* **-ling**, *US*, *pt & pp* **-ed**, *cont* **-ing**) **- 1.** [staircase, smoke] monter en spirale **- 2.** [amount, prices] monter en flèche ; **to ~ downwards** descendre en flèche.

spiral staircase *n* escalier *m* en colimaçon.

spire ['spaɪəʳ] *n* flèche *f*.

spirit ['spɪrɪt] ◇ *n* **- 1.** [gen] esprit *m* ; **to enter into the ~ of sthg** participer à qqch de bon cœur **- 2.** *(U)* [determination] caractère *m*, courage *m*. ◇ *vt* : **to ~ sb out of a building** faire sortir qqn d'un bâtiment de façon secrète.

◆ **spirits** *npl* **- 1.** [mood] humeur *f* ; **to be in high ~s** être gai(e) ; **to be in low ~s** être déprimé(e) **- 2.** [alcohol] spiritueux *mpl*.

spirited ['spɪrɪtɪd] *adj* fougueux(euse) ; [performance] interprété(e) avec brio.

spirit level *n* niveau *m* à bulle d'air.

spiritual ['spɪrɪtʃʊəl] *adj* spirituel(elle).

spiritualism ['spɪrɪtʃʊəlɪzm] *n* spiritisme *m*.

spiritualist ['spɪrɪtʃʊəlɪst] *n* spirite *mf*.

spit [spɪt] ◇ *n* **- 1.** *(U)* [spittle] crachat *m* ; [saliva] salive *f* **- 2.** [skewer] broche *f*. ◇ *vi* (*UK*, *pt & pp* **spat**, *cont* **-ting**, *US*, *pt & pp* **spit**, *cont* **-ting**) cracher. ◇ *impers vb* (*pt & pp* **spat**, *cont* **-ting**) *UK* : **it's spitting** il tombe quelques gouttes.

◆ **spit out** *vt sep* cracher ; **~ it out!** *inf* accouche!

spite [spaɪt] ◇ *n* rancune *f* ; **to do sthg out of** *OR* **from ~** faire qqch par malice. ◇ *vt* contrarier.

◆ **in spite of** *prep* en dépit de, malgré ; **to do sthg in ~ of o.s.** faire qqch malgré soi.

spiteful ['spaɪtfʊl] *adj* malveillant(e).

spitting image ['spɪtɪŋ-] *n* : **to be the ~ of sb** être le portrait (tout) craché de qqn.

spittle ['spɪtl] *n (U)* crachat *m*.

splash [splæʃ] ◇ *n* **- 1.** [sound] plouf *m* **- 2.** [small quantity] goutte *f* **- 3.** [of colour, light] tache *f*. ◇ *vt* éclabousser. ◇ *vi* **- 1.** [person] : **to ~ about** *OR* **around** barboter **- 2.** [liquid] jaillir.

◆ **splash out** *inf* ◇ *vt sep* [money] claquer. ◇ *vi* : **to ~ out (on)** dépenser une fortune (pour).

splashdown ['splæʃdaʊn] *n* amerrissage *m*.

splashguard ['splæʃgɑ:d] *n US* garde-boue *m inv*.

splay [spleɪ] ◇ *vt* écarter. ◇ *vi* : **to ~ (out)** s'écarter.

spleen [spli:n] *n* **- 1.** ANAT rate *f* **- 2.** *(U) fig* [anger] mauvaise humeur *f*.

splendid ['splendɪd] *adj* splendide ; [work, holiday, idea] excellent(e).

splendidly ['splendɪdlɪ] *adv* **- 1.** [marvellously] de façon splendide, splendidement **- 2.** [magnificently] magnifiquement.

splendour *UK*, **splendor** *US* ['splendəʳ] *n* splendeur *f*.

splice [splaɪs] *vt* [join - gen] coller ; [- rope] épisser.

splint [splɪnt] *n* attelle *f*.

splinter ['splɪntəʳ] ◇ *n* éclat *m*. ◇ *vt* [wood] fendre en éclats ; [glass] briser en éclats. ◇ *vi* [wood] se fendre en éclats ; [glass] se briser en éclats.

splinter group *n* groupe *m* dissident.

split [splɪt] ◇ *n* **- 1.** [in wood] fente *f* **- 2.** [in garment - tear] déchirure *f* ; [- by design] échancrure *f* **- 3.** POL : **~ (in)** division *f OR* scission *f* (au sein de) **- 4.** [difference] : **~ between** écart *m* entre. ◇ *vt* (*pt & pp* **split**, *cont* **-ting**) **- 1.** [wood] fendre ; [clothes] déchirer **- 2.** POL diviser **- 3.** [share] partager ; **to ~ the difference** *fig* couper la poire en deux. ◇ *vi* (*pt & pp* **split**, *cont* **-ting**) **- 1.** [wood] se fendre ; [clothes] se déchirer **- 2.** POL se diviser ; [road, path] se séparer **- 3.** *US inf* [leave] se casser.

◆ **splits** *npl* : **to do the ~s** faire le grand écart.

◆ **split off** ◇ *vt sep* : **to ~ sthg off (from)** enlever *OR* détacher qqch (de). ◇ *vi* : **to ~ off (from)** se détacher (de).

◆ **split up** ◇ *vt sep* : **to ~ sthg up (into)** diviser *OR* séparer qqch (en). ◇ *vi* [group, couple] se séparer.

split end *n* [in hair] fourche *f*.

split-level *adj* [house] à deux niveaux.

split pea *n* pois *m* cassé.

split personality *n* : **to have a ~** souffrir d'un dédoublement de la personnalité.

split screen *n* écran *m* divisé.

split second *n* fraction *f* de seconde.

splitting ['splɪtɪŋ] *adj* : **I've got a ~ headache** j'ai un mal de tête épouvantable *OR* atroce.

splutter ['splʌtəʳ] ◇ *n* [of person] bafouillage *m*. ◇ *vi* [person] bredouiller, bafouiller ; [engine] tousser ; [fire] crépiter.

spoil [spɔɪl] (*pt & pp* **-ed** *OR UK*, *pt & pp* **spoilt**) *vt* **- 1.** [ruin - holiday] gâcher, gâter ; [- view]

gâter ; [- food] gâter, abîmer **- 2.** [over-indulge, treat well] gâter ; **to ~ o.s.** s'offrir une gâterie, se faire plaisir.
◆ **spoils** *npl* butin *m.*

spoiled [spɔɪld] *adj* = **spoilt.**

spoilsport ['spɔɪlspɔːt] *n* trouble-fête *mf inv.*

spoilt [spɔɪlt] ◇ *pt & pp UK* ▷ **spoil.** ◇ *adj* [child] gâté(e).

spoke [spəʊk] ◇ *pt* ▷ **speak.** ◇ *n* rayon *m.*

spoken ['spəʊkn] *pp* ▷ **speak.**

spokesman ['spəʊksmən] (*pl* **-men** [-mən]) *n* porte-parole *m inv.*

spokesperson ['spəʊks,pɜːsn] *n* porte-parole *mf inv.*

spokeswoman ['spəʊks,wʊmən] (*pl* **-women** [-,wɪmɪn]) *n* porte-parole *f inv.*

sponge [spʌndʒ] ◇ *n* **- 1.** [for cleaning, washing] éponge *f* **- 2.** [cake] gâteau *m* OR biscuit *m* de Savoie. ◇ *vt* (*UK, cont* **spongeing**, *US, cont* **sponging**) éponger. ◇ *vi* (*UK, cont* **spongeing**, *US, cont* **sponging**) *inf* **to ~ off sb** taper qqn.

sponge bag *n UK* trousse *f* de toilette.

sponge bath *n* toilette *f* d'un malade.

sponge cake *n* gâteau *m* OR biscuit *m* de Savoie.

sponge pudding *n UK* pudding *m.*

sponger ['spʌndʒəʳ] *n inf pej* parasite *m.*

spongy ['spʌndʒɪ] (*comp* **-ier**, *superl* **-iest**) *adj* spongieux(euse).

sponsor ['spɒnsəʳ] ◇ *n* sponsor *m.* ◇ *vt* **- 1.** [finance, for charity] sponsoriser, parrainer **- 2.** [support] soutenir.

sponsored walk [,spɒnsəd-] *n UK marche organisée pour recueillir des fonds.*

Sponsored walk

Les *sponsored walks* sont destinées à rassembler des fonds, chaque marcheur établissant une liste de personnes ayant accepté de donner une certaine somme d'argent par kilomètre parcouru. Le terme *sponsored* s'applique également à d'autres activités, sportives ou non : *sponsored swim, sponsored parachute jump, etc.*

sponsorship ['spɒnsəʃɪp] *n* sponsoring *m*, parrainage *m.*

spontaneity [,spɒntə'neɪətɪ] *n* spontanéité *f.*

spontaneous [spɒn'teɪnjəs] *adj* spontané(e).

spontaneously [spɒn'teɪnjəslɪ] *adv* spontanément.

spoof [spuːf] *n* : **~ (of** OR **on)** parodie *f* (de).

spook [spuːk] *vt US* faire peur à.

spooky ['spuːkɪ] (*comp* **-ier**, *superl* **-iest**) *adj inf* qui donne la chair de poule.

spool [spuːl] ◇ *n* [gen & COMPUT] bobine *f.* ◇ *vi* faire un spooling.

spoon [spuːn] ◇ *n* cuillère *f*, cuiller *f.* ◇ *vt* : **to ~ sthg onto a plate** verser qqch dans une assiette avec une cuillère.

spoon-feed *vt* nourrir à la cuillère ; **to ~ sb** *fig* mâcher le travail à qqn.

spoonful ['spuːnfʊl] (*pl* **-s** OR **spoonsful** ['spuːnsfʊl]) *n* cuillerée *f.*

sporadic [spə'rædɪk] *adj* sporadique.

sport [spɔːt] ◇ *n* **- 1.** [game] sport *m* **- 2.** *dated* [cheerful person] chic type *m* /fille *f.* ◇ *vt* arborer, exhiber.
◆ **sports** ◇ *npl UK* [sports day] réunion *f* sportive scolaire. ◇ *comp* de sport.

sporting ['spɔːtɪŋ] *adj* **- 1.** [relating to sport] sportif(ive) **- 2.** [generous, fair] chic *(inv)* ; **to have a ~ chance of doing sthg** avoir des chances de faire qqch.

sports car ['spɔːts-] *n* voiture *f* de sport.

sports day *n UK* réunion *f* sportive scolaire.

sports jacket ['spɔːts-] *n* veste *f* sport.

sportsman ['spɔːtsmən] (*pl* **-men** [-mən]) *n* sportif *m.*

sportsmanship ['spɔːtsmənʃɪp] *n* sportivité *f*, esprit *m* sportif.

sports pages *npl* pages *fpl* des sports.

sports personality *n* personnalité *f* sportive.

sportswear ['spɔːtsweəʳ] *n (U)* vêtements *mpl* de sport.

sportswoman ['spɔːts,wʊmən] (*pl* **-women** [-,wɪmɪn]) *n* sportive *f.*

sporty ['spɔːtɪ] (*comp* **-ier**, *superl* **-iest**) *adj inf* **- 1.** [person] sportif(ive) **- 2.** [car, clothes etc] chic *(inv)*.

spot [spɒt] ◇ *n* **- 1.** [mark, dot] tache *f* **- 2.** *UK* [pimple] bouton *m* **- 3.** [drop] goutte *f* **- 4.** *UK inf* [small amount] **: to have a ~ of lunch** manger un morceau ; **to have a ~ of bother** avoir quelques ennuis **- 5.** [place] endroit *m* ; **on the ~** sur place ; **to do sthg on the ~** faire qqch immédiatement OR sur-le-champ **- 6.** RADIO & TV numéro *m* **- 7.** *phr* **to have a soft ~ for sb** avoir un faible pour qqn ; **to put sb on the ~** embarrasser qqn par des questions. ◇ *vt* (*pt & pp* **-ted**, *cont* **-ting**) [notice] apercevoir.

spot check *n* contrôle *m* au hasard OR intermittent.

spotless ['spɒtlɪs] *adj* [clean] impeccable.

spotlight ['spɒtlaɪt] *n* [in theatre] projecteur *m*, spot *m* ; [in home] spot *m* ; **to be in the ~** *fig* être en vedette.

spot-on *adj UK inf* absolument exact(e) *OR* juste, dans le mille.

spot price *n* prix *m* comptant.

spotted ['spɒtɪd] *adj* [pattern, material] à pois.

spotty ['spɒtɪ] (*comp* **-ier**, *superl* **-iest**) *adj* **- 1.** *UK* [skin] boutonneux(euse) **- 2.** *US* [patchy] irrégulier(ère).

spouse [spaʊs] *n* époux *m*, épouse *f*.

spout [spaʊt] ◇ *n* bec *m*. ◇ *vt pej* débiter. ◇ *vi* : **to ~ from** *OR* **out of** jaillir de.

sprain [spreɪn] ◇ *n* entorse *f*. ◇ *vt* : **to ~ one's ankle/wrist** se faire une entorse à la cheville/au poignet, se fouler la cheville/le poignet.

sprang [spræŋ] *pt* ⊳ **spring**.

sprat [spræt] *n* sprat *m*.

sprawl [sprɔːl] ◇ *n (U)* étendue *f*. ◇ *vi* **- 1.** [person] être affalé(e) **- 2.** [city] s'étaler.

sprawling ['sprɔːlɪŋ] *adj* [city] tentaculaire.

spray [spreɪ] ◇ *n* **- 1.** *(U)* [of water] gouttelettes *fpl* ; [from sea] embruns *mpl* **- 2.** [container] bombe *f*, pulvérisateur *m* **- 3.** [of flowers] gerbe *f*. ◇ *vt* [product] pulvériser ; [plants, crops] pulvériser de l'insecticide sur. ◇ *vi* : **to ~ over sb/sthg** asperger qqn/qqch.

spray can *n* bombe *f*.

spray paint *n* peinture *f* en bombe.

spread [spred] ◇ *n* **- 1.** *(U)* [food] pâte *f* à tartiner **- 2.** [of fire, disease] propagation *f* **- 3.** [of opinions] gamme *f* **- 4.** PRESS double page *f*. ◇ *vt* (*pt & pp* **spread**) **- 1.** [map, rug] étaler, étendre ; [fingers, arms, legs] écarter **- 2.** [butter, jam etc] : **to ~ sthg (over)** étaler qqch (sur) **- 3.** [disease, rumour, germs] répandre, propager **- 4.** [in time] : **to be ~ over** s'étaler sur **- 5.** [wealth, work] distribuer, répartir. ◇ *vi* (*pt & pp* **spread**) **- 1.** [disease, rumour] se propager, se répandre **- 2.** [water, cloud] s'étaler.

◆ **spread out** ◇ *vt sep* **- 1.** [distribute] : **to be ~ out** [people, houses etc] être dispersé(e) ; [city, forest] être étendu(e) **- 2.** [map, rug] étaler, étendre **- 3.** [fingers, arms, legs] écarter. ◇ *vi* se disperser.

spread-eagled [-,iːgld] *adj* affalé(e).

spreadsheet ['spredʃiːt] *n* COMPUT tableur *m*.

spree [spriː] *n* : **to go on a spending** *OR* **shopping ~** faire des folies.

sprig [sprɪg] *n* brin *m*.

sprightly ['spraɪtlɪ] (*comp* **-ier**, *superl* **-iest**) *adj* alerte, fringant(e).

spring [sprɪŋ] ◇ *n* **- 1.** [season] printemps *m* ; **in ~** au printemps **- 2.** [coil] ressort *m* **- 3.** [jump] saut *m*, bond *m* **- 4.** [water source] source *f*. ◇ *comp* de printemps. ◇ *vt* (*pt* **sprang**, *pp* **sprung**) **- 1.** [make known suddenly] : **to ~ sthg on sb** annoncer qqch à qqn de but en blanc ; **to ~ a surprise on sb** surprendre qqn **- 2.** [develop] : **to ~ a leak** faire eau. ◇ *vi* (*pt* **sprang**, *pp* **sprung**) **- 1.** [jump] sauter, bondir **- 2.** [move suddenly] : **to ~ to one's feet** se lever d'un bond ; **to ~ into action** passer à l'action ; **to ~ to life** se mettre en marche **- 3.** [originate] : **to ~ from** provenir de.

◆ **spring up** *vi* [problem] surgir, se présenter ; [friendship] naître ; [wind] se lever.

springboard ['sprɪŋbɔːd] *n lit & fig* tremplin *m*.

spring-clean ◇ *vt* nettoyer de fond en comble. ◇ *vi* faire le nettoyage de printemps.

spring onion *n UK* ciboule *f*.

spring roll *n* rouleau *m* de printemps.

spring tide *n* marée *f* de vive-eau.

springtime ['sprɪŋtaɪm] *n* : **in (the) ~** au printemps.

springy ['sprɪŋɪ] (*comp* **-ier**, *superl* **-iest**) *adj* [carpet] moelleux(euse) ; [mattress, rubber] élastique.

sprinkle ['sprɪŋkl] *vt* : **to ~ water over** *OR* **on sthg, to ~ sthg with water** asperger qqch d'eau ; **to ~ salt** *etc* **over** *OR* **on sthg, to ~ sthg with salt** *etc* saupoudrer qqch de sel *etc*.

sprinkler ['sprɪŋkləʳ] *n* [for water] arroseur *m*.

sprinkling ['sprɪŋklɪŋ] *n* [of water] quelques gouttes *fpl* ; [of sand] couche *f* légère ; **a ~ of people** quelques personnes.

sprint [sprɪnt] ◇ *n* sprint *m*. ◇ *vi* sprinter.

sprinter ['sprɪntəʳ] *n* sprinter *m*.

sprite [spraɪt] *n* lutin *m*.

spritzer ['sprɪtsəʳ] *n* : **a white wine ~** du vin blanc additionné d'eau de Seltz.

sprocket ['sprɒkɪt] *n* pignon *m*.

sprout [spraʊt] ◇ *n* **- 1.** [vegetable] : **(Brussels) ~s** choux *mpl* de Bruxelles **- 2.** [shoot] pousse *f*. ◇ *vt* [leaves] produire ; **to ~ shoots** germer. ◇ *vi* **- 1.** [grow] pousser **- 2.** *fig* [buildings] : **to ~ (up)** surgir.

spruce [spruːs] ◇ *adj* net (nette), pimpant(e). ◇ *n* épicéa *m*.

◆ **spruce up** *vt sep* astiquer, briquer ; **to ~ o.s. up** se faire tout beau.

sprung [sprʌŋ] *pp* ⊳ **spring**.

spry [spraɪ] (*comp* **-ier**, *superl* **-iest**) *adj* vif (vive).

SPUC (*abbr of* **Society for the Protection of the Unborn Child**) *n ligue contre l'avortement*.

spud [spʌd] *n inf* patate *f*.

spun [spʌn] *pt & pp* ⊳ **spin**.

spunk [spʌŋk] *n (U) inf* [courage] cran *m*.

spur [spɜːʳ] ◇ *n* **- 1.** [incentive] incitation *f* **- 2.** [on rider's boot] éperon *m*. ◇ *vt* (*pt & pp* **-red**, *cont* **-ring)** - **1.** [encourage] : **to ~ sb to do sthg** encourager *OR* inciter qqn à faire qqch - **2.** [bring about] provoquer.

◆ **on the spur of the moment** *adv* sur un coup de tête, sous l'impulsion du moment.

◆ **spur on** *vt sep* encourager.

spurious ['spʊərɪəs] *adj* - **1.** [affection, interest] feint(e) - **2.** [argument, logic] faux (fausse).

spurn [spɜːn] *vt* repousser.

spurt [spɜːt] ◇ *n* - **1.** [gush] jaillissement *m* - **2.** [of activity, energy] sursaut *m* - **3.** [burst of speed] accélération *f* ; **to put on a ~** sprinter. ◇ *vi* - **1.** [gush] : **to ~ (out of** *OR* **from)** jaillir (de) - **2.** [run] foncer, sprinter.

sputter ['spʌtəʳ] *vi* [engine] tousser, bafouiller ; [fire] crépiter.

spy [spaɪ] ◇ *n* (*pl* **spies**) espion *m*. ◇ *vt* (*pt* & *pp* **spied**) *inf* apercevoir. ◇ *vi* (*pt* & *pp* **spied**) espionner, faire de l'espionnage ; **to ~ on sb** espionner qqn.

spying ['spaɪɪŋ] *n (U)* espionnage *m*.

spy satellite *n* satellite *m* espion.

Sq., sq. *see also* square.

squabble ['skwɒbl] ◇ *n* querelle *f*. ◇ *vi* : **to ~ (about** *OR* **over)** se quereller (à propos de).

squad [skwɒd] *n* - **1.** [of police] brigade *f* - **2.** MIL peloton *m* - **3.** SPORT [group of players] équipe *f* *(parmi laquelle la sélection sera faite)*.

squad car *n* voiture *f* de police.

squadron ['skwɒdrən] *n* escadron *m*.

squadron leader *n UK* commandant *m*.

squalid ['skwɒlɪd] *adj* sordide, ignoble.

squall [skwɔːl] *n* [storm] bourrasque *f*.

squalor ['skwɒləʳ] *n (U)* conditions *fpl* sordides.

squander ['skwɒndəʳ] *vt* gaspiller.

square [skweəʳ] ◇ *adj* - **1.** [in shape] carré(e) ; **one ~ metre** *UK* un mètre carré ; **three metres ~** trois mètres sur trois - **2.** [not owing money] : **to be ~** être quitte - **3.** *inf* [unfashionable] vieux jeu *(inv)*. ◇ *n* - **1.** [shape] carré *m* - **2.** [in town] place *f* - **3.** *inf* [unfashionable person] : **he's a ~** il est vieux jeu - **4.** *phr* **to be back to ~ one** se retrouver au point de départ. ◇ *vt* - **1.** MATHS élever au carré - **2.** [reconcile] accorder.

◆ **square up** *vi* - **1.** [settle up] : **to ~ up with sb** régler ses comptes avec qqn - **2.** [for fight] : **to ~ up to sb** se mettre en posture de combat face à qqn ; **to ~ up to a problem** faire face à un problème.

squared ['skweəd] *adj* quadrillé(e).

square dance *n* quadrille *m*.

square deal *n* arrangement *m* équitable.

squarely ['skweəlɪ] *adv* - **1.** [directly] carrément - **2.** [honestly] honnêtement.

square meal *n* bon repas *m*.

square root *n* racine *f* carrée.

squash [skwɒʃ] ◇ *n* - **1.** SPORT squash *m* - **2.** *UK* [drink] : **orange ~** orangeade *f* - **3.** *US* [vegetable] courge *f*. ◇ *vt* écraser.

squat [skwɒt] ◇ *adj* (*comp* **-ter**, *superl* **-test**) courtaud(e), ramassé(e). ◇ *n* [building] squat *m*. ◇ *vi* (*pt* & *pp* **-ted**, *cont* **-ting**) - **1.** [crouch] : **to ~ (down)** s'accroupir - **2.** [in building] squatter.

squatter ['skwɒtəʳ] *n* squatter *m*.

squawk [skwɔːk] ◇ *n* cri *m* strident *OR* perçant. ◇ *vi* pousser un cri strident *OR* perçant.

squeak [skwiːk] ◇ *n* - **1.** [of animal] petit cri *m* aigu - **2.** [of door, hinge] grincement *m*. ◇ *vi* - **1.** [mouse] pousser un petit cri aigu - **2.** [door, hinge] grincer.

squeaky ['skwiːkɪ] (*comp* **-ier**, *superl* **-iest**) *adj* [voice, door] grinçant(e) ; [shoes] qui craquent.

squeal [skwiːl] ◇ *n* - **1.** [of person, animal] cri *m* aigu - **2.** [of brakes] grincement *m* ; [of tyres] crissement *m*. ◇ *vi* - **1.** [person, animal] pousser des cris aigus - **2.** [brakes] grincer ; [tyres] crisser.

squeamish ['skwiːmɪʃ] *adj* facilement dégoûté(e).

squeeze [skwiːz] ◇ *n* - **1.** [pressure] pression *f* - **2.** *inf* [squash] : **it was a ~** on était serrés comme des sardines. ◇ *vt* - **1.** [press firmly] presser - **2.** [liquid, toothpaste] exprimer ; **to ~ information out of sb** soutirer *OR* arracher des informations à qqn - **3.** [cram] : **to ~ sthg into sthg** entasser qqch dans qqch. ◇ *vi* : **to ~ into/under** se glisser dans/sous.

squeezebox ['skwiːzbɒks] *n UK* accordéon *m*.

squeezer ['skwiːzəʳ] *n* : **orange/lemon ~** presse-citron *m inv*.

squelch [skweltʃ] *vi* : **to ~ through mud** patauger dans la boue.

squib [skwɪb] *n* [firework] pétard *m* ; **it was a damp ~** *UK* ça a été une déception.

squid [skwɪd] (*pl* **squid** *OR* **-s**) *n* calmar *m*.

squiffy ['skwɪfɪ] (*comp* **-ier**, *superl* **-iest**) *adj* *UK inf dated* pompette.

squiggle ['skwɪgl] *n* gribouillis *m*.

squint [skwɪnt] ◇ *n* : **to have a ~** loucher, être atteint(e) de strabisme. ◇ *vi* : **to ~ at sthg** regarder qqch en plissant les yeux.

squire ['skwaɪəʳ] *n* [landowner] propriétaire *m*.

squirm [skwɜːm] *vi* - **1.** [wriggle] se tortiller - **2.** *fig* [wince] avoir des haut-le-cœur ; **to ~ with embarrassment** ne plus savoir où se mettre.

squirrel [*UK* 'skwɪrəl, *US* 'skwɜːrəl] *n* écureuil *m*.

squirt [skwɜːt] ◇ *vt* [water, oil] faire jaillir, faire gicler ; **to ~ sb/sthg with sthg** asperger qqn/qqch de qqch. ◇ *vi* : **to ~ (out of)** jaillir (de), gicler (de).

Sr - **1.** *see also* **senior** - **2.** *see also* **sister**.

SRC *n* - **1.** (*abbr of* **Students' Representative Council**) *comité étudiant* - **2.** (*abbr of* **Science Research Council**) *conseil britannique de la recherche scientifique*.

Sri Lanka [ˌsriː'læŋkə] *n* Sri Lanka *m* ; **in ~** au Sri Lanka.

Sri Lankan [ˌsriː'læŋkn] ◇ *adj* sri lankais(e). ◇ *n* [person] Sri Lankais *m*, -e *f*.

SRN (*abbr of* **State Registered Nurse**) *n en Grande-Bretagne, infirmier ou infirmière diplômé(e) d'État*.

SS (*abbr of* **steamship**) SS.

SSA (*abbr of* **Social Security Administration**) *n sécurité sociale américaine*.

ssh [ʃ] *excl* chut!

SSSI (*abbr of* **Site of Special Scientific Interest**) *n en Grande-Bretagne, site déclaré d'intérêt scientifique*.

St - **1.** (*abbr of* **saint**) St, Ste - **2.** *see also* **Street**.

ST (*abbr of* **Standard Time**) *n heure légale*.

stab ◇ *n* - **1.** [with knife] coup *m* de couteau - **2.** *inf* [attempt] : **to have a ~ (at sthg)** essayer (qqch), tenter (qqch) - **3.** [twinge] : **~ of pain** élancement *m* ; **~ of guilt** remords *m*. ◇ *vt* [stæb] (*pt & pp* **-bed**, *cont* **-bing**) - **1.** [person] poignarder ; **to ~ sb to death** tuer qqn d'un coup/à coups de poignard - **2.** [food] piquer. ◇ *vi* [stæb] (*pt & pp* **-bed**, *cont* **-bing**) : **to ~ at sthg** frapper qqch.

stabbing ['stæbɪŋ] ◇ *adj* [pain] lancinant(e). ◇ *n* agression *f* à coups de couteau.

stability [stə'bɪlətɪ] *n* stabilité *f*.

stabilize, *UK* **-ise** ['steɪbəlaɪz] ◇ *vt* stabiliser. ◇ *vi* se stabiliser.

stabilizer ['steɪbəlaɪzəʳ] *n* stabilisateur *m*.

stable ['steɪbl] ◇ *adj* stable. ◇ *n* écurie *f*.

stable lad *n UK* garçon *m* d'écurie.

staccato [stə'kɑːtəʊ] *adj* [note] piqué(e) ; [sound, voice] saccadé(e).

stack [stæk] ◇ *n* - **1.** [pile] pile *f* - **2.** *inf* [large amount] : **~s** *OR* **a ~ of** des tas de, un tas de. ◇ *vt* - **1.** [pile up] empiler - **2.** [fill] : **to be ~ed with** être encombré de.

◆ **stack up** *vi US inf* être à la hauteur.

stadium ['steɪdjəm] (*pl* **-diums** *OR* **-dia** [-djə]) *n* stade *m*.

staff [stɑːf] ◇ *n* [employees] personnel *m* ; [of school] personnel enseignant, professeurs *mpl*. ◇ *vt* pourvoir en personnel.

staffing ['stɑːfɪŋ] *n* dotation *f* en personnel ; **~ levels** les besoins *mpl* en personnel.

staff nurse *n UK* infirmier *m*, -ère *f*.

staff room *n UK* salle *f* des professeurs.

Staffs [stæfs] (*abbr of* **Staffordshire**) *comté anglais*.

stag [stæg] (*pl* **stag** *OR* **-s**) *n* cerf *m*.

stage [steɪdʒ] ◇ *n* - **1.** [phase] étape *f*, phase *f*, stade *m* - **2.** [platform] scène *f* ; **on ~** sur scène ; **to set the ~ for sthg** préparer la voie à qqch - **3.** [acting profession] : **the ~** le théâtre. ◇ *vt* - **1.** THEAT monter, mettre en scène - **2.** [organize] organiser.

stagecoach ['steɪdʒkəʊtʃ] *n* diligence *f*.

stage door *n* entrée *f* des artistes.

stage fright *n* trac *m*.

stagehand ['steɪdʒhænd] *n* machiniste *m*.

stage-manage *vt lit & fig* mettre en scène.

stage name *n* nom *m* de scène.

stagflation [stæg'fleɪʃn] *n* stagflation *f*.

stagger ['stægəʳ] ◇ *vt* - **1.** [astound] stupéfier - **2.** [working hours] échelonner ; [holidays] étaler. ◇ *vi* tituber.

staggering ['stægərɪŋ] *adj* stupéfiant(e).

staging ['steɪdʒɪŋ] *n* mise *f* en scène.

stagnant ['stægnənt] *adj* stagnant(e).

stagnate [stæg'neɪt] *vi* stagner.

stagnation [stæg'neɪʃn] *n* stagnation *f*.

stag party *n* soirée *f* entre hommes ; [before wedding] *soirée où un futur marié enterre sa vie de garçon avec ses amis*.

staid [steɪd] *adj* guindé(e), collet monté.

stain [steɪn] ◇ *n* [mark] tache *f*. ◇ *vt* [discolour] tacher.

stained [steɪnd] *adj* - **1.** [marked] taché(e) - **2.** [coloured] coloré(e).

stained glass [ˌsteɪnd-] *n (U)* [windows] vitraux *mpl*.

stainless steel ['steɪnlɪs-] *n* acier *m* inoxydable, Inox® *m*.

stain remover [-ˌrɪmuːvəʳ] *n* détachant *m*.

stair [steəʳ] *n* marche *f*.

◆ **stairs** *npl* escalier *m*.

staircase ['steəkeɪs] *n* escalier *m*.

stairway ['steəweɪ] *n* escalier *m*.

stairwell ['steəwel] *n* cage *f* d'escalier.

stake [steɪk] ◇ *n* - **1.** [share] : **to have a ~ in sthg** avoir des intérêts dans qqch - **2.** [wooden post] poteau *m* - **3.** [in gambling] enjeu *m*. ◇ *vt* : **to ~ money (on** *OR* **upon)** jouer *OR* miser de l'argent (sur) ; **to ~ one's reputation (on)** jouer *OR* risquer sa réputation (sur) ; **to ~ a claim to sthg** revendiquer qqch.

◆ **stakes** *npl* enjeux *mpl*.

◆ **at stake** *adv* en jeu.

stakeout ['steɪkaʊt] *n esp US* [police surveillance] surveillance *f*.

stalactite ['stæləktaɪt] *n* stalactite *f*.

stalagmite ['stæləgmaɪt] *n* stalagmite *f*.

stale [steɪl] *adj* - **1.** [food, water] pas frais (fraîche) ; [bread] rassis(e) ; [air] qui sent le renfermé - **2.** [person] qui manque d'entrain.

stalemate ['steɪlmeɪt] *n* - **1.** [deadlock] impasse *f* - **2.** CHESS pat *m*.

staleness ['steɪlnɪs] *n* [of food] manque *m* de fraîcheur.

stalk [stɔːk] ◇ *n* - **1.** [of flower, plant] tige *f* - **2.** [of leaf, fruit] queue *f*. ◇ *vt* [hunt] traquer. ◇ *vi* : **to ~ in/out** entrer/sortir d'un air hautain.

stall [stɔːl] ◇ *n* - **1.** [in street, market] éventaire *m*, étal *m* ; [at exhibition] stand *m* - **2.** [in stable] stalle *f*. ◇ *vt* - **1.** AUT caler - **2.** [delay - person] faire patienter. ◇ *vi* - **1.** AUT caler - **2.** [delay] essayer de gagner du temps.

◆ **stalls** *npl UK* [in cinema, theatre] orchestre *m*.

stallholder ['stɔːlˌhəʊldəʳ] *n UK* marchand *m* qui possède un éventaire.

stallion ['stæljən] *n* étalon *m*.

stalwart ['stɔːlwət] ◇ *adj* [loyal] fidèle. ◇ *n* pilier *m*.

stamen ['steɪmən] *n* étamine *f*.

stamina ['stæmɪnə] *n (U)* résistance *f*.

stammer ['stæməʳ] ◇ *n* bégaiement *m*. ◇ *vi* bégayer.

stamp [stæmp] ◇ *n* - **1.** [for letter] timbre *m* - **2.** [tool] tampon *m* - **3.** *fig* [of authority etc] marque *f*. ◇ *vt* - **1.** [mark by stamping] tamponner - **2.** [stomp] : **to ~ one's foot** taper du pied - **3.** [envelope, postcard] timbrer, affranchir. ◇ *vi* - **1.** [stomp] taper du pied - **2.** [tread heavily] : **to ~ on sthg** marcher sur qqch.

◆ **stamp out** *vt sep* [fire] éteindre en piétinant ; [opposition] éliminer ; [corruption, crime] supprimer ; [disease] éradiquer.

stamp album *n* album *m* de timbres.

stamp-collecting [-kəˌlektɪŋ] *n* philatélie *f*.

stamp collector *n* collectionneur *m*, -euse *f* de timbres, philatéliste *mf*.

stamp duty *n UK* droit *m* de timbre.

stamped addressed envelope ['stæmptəˌdrest-] *n* enveloppe *f* affranchie pour la réponse.

stampede [stæm'piːd] ◇ *n* débandade *f*. ◇ *vi* s'enfuir à la débandade.

stamp machine *n* distributeur *m* de timbres-poste.

stance [stæns] *n lit & fig* position *f*.

stand [stænd] ◇ *n* - **1.** [stall] stand *m* ; [selling newspapers] kiosque *m* - **2.** [supporting object] : **umbrella ~** porte-parapluies *m inv* ; **hat ~** porte-chapeaux *m inv* - **3.** SPORT tribune *f* - **4.** MIL résistance *f* ; **to make a ~** résister - **5.** [public position] position *f* ; **to take a ~ on sthg** prendre position sur qqch - **6.** *US* LAW barre *f* ; **to take the ~** comparaître à la barre. ◇ *vt* (*pt & pp* **stood**) - **1.** [place] mettre (debout), poser (debout) - **2.** [withstand, tolerate] supporter - **3.** [treat] : **to ~ sb a meal/a drink** payer à déjeuner/à boire à qqn - **4.** LAW : **to ~ trial** comparaître en jugement - **5.** [be likely] : **to ~ to do sthg** risquer de faire qqch. ◇ *vi* (*pt & pp* **stood**) - **1.** [be upright - person] être *OR* se tenir debout ; [- object] se trouver ; [- building] se dresser ; **~ still!** ne bouge pas!, reste tranquille! - **2.** [stand up] se lever - **3.** [liquid] reposer - **4.** [offer] tenir toujours ; [decision] demeurer valable - **5.** [be in particular state] : **as things ~...** vu l'état actuel des choses... ; **unemployment/production ~s at...** le nombre de chômeurs/la production est de... - **6.** [have opinion] : **where do you ~ on...?** quelle est votre position sur...? - **7.** *UK* POL se présenter - **8.** *US* [park car] : **'no ~ing'** 'stationnement interdit'.

◆ **stand aside** *vi* s'écarter.

◆ **stand back** *vi* reculer.

◆ **stand by** ◇ *vt insep* - **1.** [person] soutenir - **2.** [statement, decision] s'en tenir à. ◇ *vi* - **1.** [in readiness] : **to ~ by (for sthg/to do sthg)** être prêt(e) (pour qqch/pour faire qqch) - **2.** [remain inactive] rester là.

◆ **stand down** *vi UK* [resign] démissionner.

◆ **stand for** *vt insep* - **1.** [signify] représenter - **2.** [tolerate] supporter, tolérer.

◆ **stand in** *vi* : **to ~ in for sb** remplacer qqn.

◆ **stand out** *vi* ressortir.

◆ **stand up** ◇ *vt sep inf* [boyfriend, girlfriend] poser un lapin à. ◇ *vi* - **1.** [rise from seat] se lever ; **~ up!** debout! - **2.** [claim, evidence] être accepté(e).

◆ **stand up for** *vt insep* défendre.

◆ **stand up to** *vt insep* - **1.** [weather, heat etc] résister à - **2.** [person, boss] tenir tête à.

standard ['stændəd] ◇ *adj* - **1.** [normal - gen] normal(e) ; [- size] standard *(inv)* - **2.** [accepted] correct(e) - **3.** [basic] de base. ◇ *n* - **1.** [level] niveau *m* - **2.** [point of reference] critère *m* ; TECH norme *f* - **3.** [flag] étendard *m*.

◆ **standards** *npl* [principles] valeurs *fpl*.

standard-bearer *n fig* porte-drapeau *m*.

standardize, *UK* **-ise** ['stændədaɪz] *vt* standardiser.

standard lamp *n UK* lampadaire *m*.

standard of living (*pl* **standards of living**) *n* niveau *m* de vie.

standard time *n* heure *f* légale.

standby ['stændbaɪ] ◇ *n* (*pl* **-s**) [person] remplaçant *m*, -e *f* ; **on ~** prêt à intervenir. ◇ *comp* [ticket, flight] stand-by *(inv)*.

stand-in *n* remplaçant *m*, -e *f*.

standing ['stændɪŋ] ◇ *adj* [invitation, army] permanent(e) ; [joke] continuel(elle). ◇ *n* **- 1.** [reputation] importance *f*, réputation *f* **- 2.** [duration] : **of long ~** de longue date ; **we're friends of 20 years' ~** nous sommes amis depuis 20 ans.

standing committee *n* comité *m* permanent.

standing order *n* UK prélèvement *m* automatique.

standing ovation *n* : **to give sb a ~** se lever pour applaudir qqn.

standing room *n (U)* places *fpl* debout.

standoffish [ˌstænd'ɒfɪʃ] *adj* distant(e).

standpipe ['stændpaɪp] *n* colonne *f* d'alimentation.

standpoint ['stændpɔɪnt] *n* point *m* de vue.

standstill ['stændstɪl] *n* : **at a ~** [traffic, train] à l'arrêt ; [negotiations, work] paralysé(e) ; **to come to a ~** [traffic, train] s'immobiliser ; [negotiations, work] cesser.

stank [stæŋk] *pt* ▷ **stink**.

stanza ['stænzə] *n* strophe *f*.

staple ['steɪpl] ◇ *adj* [principal] principal(e), de base. ◇ *n* **- 1.** [for paper] agrafe *f* **- 2.** [principal commodity] produit *m* de base. ◇ *vt* agrafer.

staple diet *n* nourriture *f* de base.

staple gun *n* agrafeuse *f* (professionnelle).

stapler ['steɪplə^r] *n* agrafeuse *f*.

star [stɑː^r] ◇ *n* **- 1.** [gen] étoile *f* **- 2.** [celebrity] vedette *f*, star *f* **- 3.** [asterisk] astérisque *m*. ◇ *comp* [quality] de star ; **~ performer** vedette *f*. ◇ *vt* (*pt & pp* **-red**, *cont* **-ring**) CIN & THEAT avoir pour vedette. ◇ *vi* (*pt & pp* **-red**, *cont* **-ring**) : **to ~ (in)** être la vedette (de).
◆ **stars** *npl* horoscope *m*.

star attraction *n* attraction *f* principale, clou *m*.

starboard ['stɑːbəd] ◇ *adj* de tribord. ◇ *n* : **to ~** à tribord.

starch [stɑːtʃ] *n* amidon *m*.

starched [stɑːtʃt] *adj* amidonné(e).

starchy ['stɑːtʃɪ] (*comp* **-ier**, *superl* **-iest**) *adj* [food] féculent(e).

stardom ['stɑːdəm] *n (U)* célébrité *f*.

stare [steə^r] ◇ *n* regard *m* fixe. ◇ *vi* : **to ~ at sb/sthg** fixer qqn/qqch du regard.

starfish ['stɑːfɪʃ] (*pl* **starfish** OR **-es** [-iːz]) *n* étoile *f* de mer.

stark [stɑːk] ◇ *adj* **- 1.** [room, decoration] austère ; [landscape] désolé(e) **- 2.** [reality, fact] à l'état brut ; [contrast] dur(e). ◇ *adv* : **~ naked** tout nu (toute nue), à poil.

starlight ['stɑːlaɪt] *n* lumière *f* des étoiles.

starling ['stɑːlɪŋ] *n* étourneau *m*.

starlit ['stɑːlɪt] *adj* [night] étoilé(e) ; [countryside] illuminé(e) par les étoiles.

starry ['stɑːrɪ] (*comp* **-ier**, *superl* **-iest**) *adj* étoilé(e).

starry-eyed [-'aɪd] *adj* innocent(e).

Stars and Stripes *n* : **the ~** le drapeau des États-Unis, la bannière étoilée.

The Stars and Stripes

Ceci n'est que l'une des nombreuses appellations populaires du drapeau américain, au même titre que "Old Glory" ou "Stars and Bars". Les 50 étoiles représentent les 50 États actuels, alors que les rayures rouges et blanches symbolisent les 13 États fondateurs de l'Union. Les Américains sont très fiers de leur bannière étoilée et il n'est pas rare de la voir flotter devant les maisons particulières.

star sign *n* signe *m* du zodiaque.

star-studded *adj* avec de nombreuses vedettes.

start [stɑːt] ◇ *n* **- 1.** [beginning] début *m* ; **to make a good/bad ~** bien/mal commencer ; **for a ~** pour commencer, d'abord **- 2.** [jump] sursaut *m* **- 3.** [starting place] départ *m* **- 4.** [time advantage] avance *f*. ◇ *vt* **- 1.** [begin] commencer ; **to ~ doing** OR **to do sthg** commencer à faire qqch **- 2.** [turn on - machine] mettre en marche ; [- engine, vehicle] démarrer, mettre en marche **- 3.** [set up - business, band] créer. ◇ *vi* **- 1.** [begin] commencer, débuter ; **to ~ with** pour commencer, d'abord **- 2.** [function - machine] se mettre en marche ; [- car] démarrer **- 3.** [begin journey] partir **- 4.** [jump] sursauter **- 5.** *inf* [be annoying] : **don't (you) ~!** ne commence pas, toi!
◆ **start off** ◇ *vt sep* [meeting] ouvrir, commencer ; [rumour] faire naître ; [discussion] entamer, commencer. ◇ *vi* **- 1.** [begin] commencer ; [begin job] débuter **- 2.** [leave on journey] partir.
◆ **start on** *vt insep* entamer.
◆ **start out** *vi* **- 1.** [in job] débuter **- 2.** [leave on journey] partir.
◆ **start up** ◇ *vt sep* **- 1.** [business] créer ; [shop] ouvrir **- 2.** [car, engine] mettre en marche. ◇ *vi* **- 1.** [begin] commencer **- 2.** [machine] se mettre en route ; [car, engine] démarrer.

starter ['stɑːtə^r] *n* **- 1.** UK [of meal] hors-d'œuvre *m inv* **- 2.** AUT démarreur *m* **- 3.** [to begin race] starter *m*.

starter motor *n* démarreur *m*.

starter pack *n* [information] *informations de base nécessaires pour commencer une activité ;* [equipment] kit *m* de base.

starting block ['stɑ:tɪŋ-] *n* starting-block *m*, bloc *m* de départ.

starting point ['stɑ:tɪŋ-] *n* point *m* de départ.

starting price ['stɑ:tɪŋ-] *n* cote *f* de départ.

startle ['stɑ:tl] *vt* faire sursauter.

startling ['stɑ:tlɪŋ] *adj* surprenant(e).

start-up *n (U)* - **1.** [launch] création *f* (d'entreprise) ; **~ costs** frais *mpl* de création d'une entreprise - **2.** [new company] start-up *f*, jeune pousse *f*.

starvation [stɑ:'veɪʃn] *n* faim *f*.

starve [stɑ:v] <> *vt* - **1.** [deprive of food] affamer - **2.** *fig* [deprive] : **to ~ sb of sthg** priver qqn de qqch. <> *vi* - **1.** [have no food] être affamé(e) ; **to ~ to death** mourir de faim - **2.** *inf* [be hungry] avoir très faim, crever OR mourir de faim.

Star Wars *n* la Guerre des Étoiles *(nom populaire de l'Initiative de Défense Stratégique, programme militaire spatial du Président Reagan).*

state [steɪt] <> *n* état *m* ; **he's not in a fit ~ to drive** il n'est pas en état de conduire ; **to be in a ~** être dans tous ses états. <> *comp* d'État. <> *vt* - **1.** [express - reason] donner ; [- name and address] décliner ; **to ~ that...** déclarer que... - **2.** [specify] préciser.

◆ **State** *n* : **the State** l'État *m*.

◆ **States** *npl* : **the States** *inf* les États-Unis *mpl*.

state-controlled *adj* étatisé(e), sous contrôle de l'État.

State Department *n US* ≃ ministère *m* des Affaires étrangères.

state education *n UK* enseignement *m* public.

stateless ['steɪtlɪs] *adj* apatride.

stately ['steɪtlɪ] (*comp* **-ier**, *superl* **-iest**) *adj* majestueux(euse).

stately home *n UK* château *m*.

statement ['steɪtmənt] *n* - **1.** [declaration] déclaration *f* - **2.** LAW déposition *f* - **3.** [from bank] relevé *m* de compte.

state of affairs *n* état *m* des choses.

state of emergency *n* état *m* d'urgence.

state of mind (*pl* **states of mind**) *n* humeur *f*.

state-of-the-art *adj* tout dernier (toute dernière) ; [technology] de pointe.

state-owned [-'əʊnd] *adj* national(e), d'État.

state school *n UK* école *f* publique.

state secret *n* secret *m* d'État.

state's evidence *n US* : **to turn ~** témoigner contre ses complices.

stateside ['steɪtsaɪd] *US* <> *adj* des États-Unis. <> *adv* aux États-Unis.

statesman ['steɪtsmən] (*pl* **-men** [-mən]) *n* homme *m* d'État.

statesmanship ['steɪtsmənʃɪp] *n (U)* habileté *f* politique.

static ['stætɪk] <> *adj* statique. <> *n (U)* parasites *mpl*.

static electricity *n* électricité *f* statique.

station ['steɪʃn] <> *n* - **1.** RAIL gare *f* ; [for buses, coaches] gare routière - **2.** RADIO station *f* - **3.** [building] poste *m* - **4.** *fml* [rank] rang *m*. <> *vt* - **1.** [position] placer, poster - **2.** MIL poster.

stationary ['steɪʃnərɪ] *adj* immobile.

stationer ['steɪʃnə^r] *n* papetier *m*, -ère *f* ; **~'s (shop)** papeterie *f*.

stationery ['steɪʃnərɪ] *n (U)* [equipment] fournitures *fpl* de bureau ; [paper] papier *m* à lettres.

station house *n US* poste *m* de police, caserne *m* de pompiers.

stationmaster ['steɪʃn,mɑ:stə^r] *n* chef *m* de gare.

station wagon *n US* break *m*.

statistic [stə'tɪstɪk] *n* statistique *f*.

◆ **statistics** *n (U)* [science] statistique *f*.

statistical [stə'tɪstɪkl] *adj* statistique ; [expert] en statistiques ; [report] de statistiques.

statistician [,stætɪ'stɪʃn] *n* statisticien *m*, -enne *f*.

statue ['stætʃu:] *n* statue *f*.

statuesque [,stætjʊ'esk] *adj* sculptural(e).

statuette [,stætjʊ'et] *n* statuette *f*.

stature ['stætʃə^r] *n* - **1.** [height, size] stature *f*, taille *f* - **2.** [importance] envergure *f*.

status ['steɪtəs] *n (U)* - **1.** [legal or social position] statut *m* - **2.** [prestige] prestige *m*.

status bar *n* COMPUT barre *f* d'état.

status quo [-'kwəʊ] *n* : **the ~** le statu quo.

status symbol *n* signe *m* extérieur de richesse.

statute ['stætju:t] *n* loi *f*.

statute book *n* : **the ~** ≃ le code, les textes *mpl* de loi.

statutory ['stætjʊtrɪ] *adj* statutaire.

staunch [stɔ:ntʃ] <> *adj* loyal(e). <> *vt* [flow] arrêter ; [blood] étancher.

stave [steɪv] (*pt & pp* **-d** OR **stove**) *n* MUS portée *f*.

◆ **stave off** *vt sep* [disaster, defeat] éviter ; [hunger] tromper.

stay [steɪ] ◇ *vi* - **1.** [not move away] rester ; **to ~ put** ne pas bouger - **2.** [as visitor - with friends] passer quelques jours ; [- in town, country] séjourner ; **to ~ in a hotel** descendre à l'hôtel - **3.** [continue, remain] rester, demeurer ; **to ~ away from sb** ne pas s'approcher de qqn ; **to ~ away from a place** ne pas aller à un endroit ; **to ~ out of sthg** ne pas se mêler de qqch - **4.** *Scotland* [reside] habiter. ◇ *n* [visit] séjour *m*.

◆ **stay in** *vi* rester chez soi, ne pas sortir.

◆ **stay on** *vi* rester (plus longtemps).

◆ **stay out** *vi* - **1.** [from home] ne pas rentrer - **2.** [strikers] rester en grève.

◆ **stay up** *vi* ne pas se coucher, veiller ; **to ~ up late** se coucher tard.

stayer ['steɪəʳ] *n UK* [horse] stayer *m* ; [person] personne *f* qui a de l'endurance.

staying power ['steɪɪŋ-] *n* endurance *f*.

St Bernard [*UK* -'bɜːnəd, *US* -bər'nɑːrd] *n* saint-bernard *m inv*.

STD *n* - **1.** (*abbr of* **subscriber trunk dialling**) *UK téléphone interurbain* - **2.** (*abbr of* **sexually transmitted disease**) MST *f*.

stead [sted] *n* : **to stand sb in good ~** être utile à qqn.

steadfast ['stedfɑːst] *adj* ferme, résolu(e) ; [supporter] loyal(e).

steadily ['stedɪlɪ] *adv* - **1.** [gradually] progressivement - **2.** [regularly - breathe] régulièrement ; [- move] sans arrêt - **3.** [calmly] de manière imperturbable.

steady ['stedɪ] ◇ *adj* (*comp* **-ier**, *superl* **-iest**) - **1.** [gradual] progressif(ive) - **2.** [regular] régulier(ère) - **3.** [not shaking] ferme ; **to hold sthg ~** tenir qqch bien *OR* sans bouger - **4.** [calm - voice] calme ; [- stare] imperturbable - **5.** [stable - job, relationship] stable - **6.** [sensible] sérieux(euse). ◇ *vt* (*pt & pp* **-ied**) - **1.** [stop from shaking] empêcher de bouger ; **to ~ o.s.** se remettre d'aplomb - **2.** [control - nerves] calmer ; **to ~ o.s.** retrouver son calme.

steak [steɪk] *n* steak *m*, bifteck *m* ; [of fish] darne *f*.

steakhouse ['steɪkhaʊs] (*pl* [-haʊzɪz]) *n* grill *m*, grill-room *m*.

steal [stiːl] (*pt* **stole**, *pp* **stolen**) ◇ *vt* voler, dérober ; **to ~ a look at** jeter un regard furtif à. ◇ *vi* - **1.** [take illegally] voler - **2.** [move secretly] se glisser.

stealing ['stiːlɪŋ] *n (U)* vol *m*.

stealth [stelθ] *n* : **by ~** en secret, discrètement.

stealthy ['stelθɪ] (*comp* **-ier**, *superl* **-iest**) *adj* furtif(ive).

steam [stiːm] ◇ *n (U)* vapeur *f* ; **to let off ~** *fig* se défouler ; **to run out of ~** *fig* s'essouffler. ◇ *comp* à vapeur. ◇ *vt* CULIN cuire à la vapeur. ◇ *vi* - **1.** [give off steam] fumer - **2.** [ship] avancer.

◆ **steam up** ◇ *vt sep* - **1.** [mist up] embuer - **2.** *fig* [get angry] : **to get ~ed up (about)** s'énerver (pour). ◇ *vi* se couvrir de buée.

steamboat ['stiːmbəʊt] *n* (bateau *m* à) vapeur *m*.

steam engine *n* locomotive *f* à vapeur.

steamer ['stiːməʳ] *n* - **1.** [ship] (bateau *m* à) vapeur *m* - **2.** CULIN cuiseur-vapeur *m*.

steam iron *n* fer *m* à vapeur.

steamroller ['stiːmˌrəʊləʳ] *n* rouleau *m* compresseur.

steam shovel *n US* bulldozer *m*.

steamy ['stiːmɪ] (*comp* **-ier**, *superl* **-iest**) *adj* - **1.** [full of steam] embué(e) - **2.** *inf* [erotic] érotique.

steel [stiːl] ◇ *n (U)* acier *m*. ◇ *comp* en acier, d'acier. ◇ *vt* : **to ~ o.s. (for)** s'armer de courage (pour).

steel industry *n* industrie *f* sidérurgique, sidérurgie *f*.

steel wool *n* paille *f* de fer.

steelworker ['stiːlˌwɜːkəʳ] *n* sidérurgiste *mf*.

steelworks ['stiːlwɜːks] (*pl* **steelworks**) *n* aciérie *f*.

steely ['stiːlɪ] (*comp* **-ier**, *superl* **-iest**) *adj* - **1.** [steel-coloured] acier *(inv)* - **2.** [strong - person] dur(e) ; [- determination, will] de fer.

steep [stiːp] *adj* - **1.** [hill, road] raide, abrupt(e) - **2.** [increase, decline] énorme - **3.** *inf* [expensive] excessif(ive).

steeped [stiːpt] *adj fig* **~ in** imprégné(e) de.

steeple ['stiːpl] *n* clocher *m*, flèche *f*.

steeplechase ['stiːpltʃeɪs] *n* - **1.** [horse race] steeple-chase *m* - **2.** [athletics race] steeple *m*.

steeplejack ['stiːpldʒæk] *n* réparateur *m* de cheminées industrielles et de clochers.

steeply ['stiːplɪ] *adv* - **1.** [at steep angle] en pente raide - **2.** [considerably] en flèche.

steer ['stɪəʳ] ◇ *n* bœuf *m*. ◇ *vt* - **1.** [ship] gouverner ; [car, aeroplane] conduire, diriger - **2.** [person] diriger, guider. ◇ *vi* : **to ~ well** [ship] gouverner bien ; [car] être facile à manœuvrer ; **to ~ clear of sb/sthg** éviter qqn/qqch.

steering ['stɪərɪŋ] *n (U)* direction *f*.

steering column *n* colonne *f* de direction.

steering committee *n* comité *m* d'organisation.

steering lock *n* rayon *m* de braquage.

steering wheel *n* volant *m*.

stellar ['stelər] *adj* stellaire.

stem [stem] ◇ *n* - **1.** [of plant] tige *f* - **2.** [of glass] pied *m* - **3.** [of pipe] tuyau *m* - **4.** GRAM radical *m*. ◇ *vt* (*pt* & *pp* **-med**, *cont* **-ming**) [stop] arrêter.
◆ **stem from** *vt insep* provenir de.

stem cell *n* MED cellule *f* souche.

stench [stentʃ] *n* puanteur *f*.

stencil ['stensl] ◇ *n* pochoir *m*. ◇ *vt* (*UK*, *pt* & *pp* **-led**, *cont* **-ling**, *US*, *pt* & *pp* **-ed**, *cont* **-ing**) faire au pochoir.

stenographer [stə'nɒgrəfər] *n US* sténographe *mf*.

stenography [stə'nɒgrəfɪ] *n US* sténographie *f*.

step [step] ◇ *n* - **1.** [pace] pas *m* ; **in/out of ~ with** *fig* en accord/désaccord avec ; **to watch one's ~** faire attention où l'on marche ; *fig* faire attention à ce que l'on fait - **2.** [action] mesure *f* - **3.** [stage] étape *f* ; **~ by ~** petit à petit, progressivement - **4.** [stair] marche *f* - **5.** [of ladder] barreau *m*, échelon *m* - **6.** *US* MUS ton *m*. ◇ *vi* (*pt* & *pp* **-ped**, *cont* **-ping**) - **1.** [move foot] : **to ~ forward** avancer ; **to ~ off** OR **down from sthg** descendre de qqch ; **to ~ back** reculer - **2.** [tread] : **to ~ on/in sthg** marcher sur/dans qqch.
◆ **steps** *npl* - **1.** [stairs] marches *fpl* - **2.** *UK* [stepladder] escabeau *m*.
◆ **step aside** *vi* - **1.** [move away] s'écarter - **2.** [leave job] démissionner.
◆ **step back** *vi* [pause to reflect] prendre du recul.
◆ **step down** *vi* [leave job] démissionner.
◆ **step in** *vi* intervenir.
◆ **step up** *vt sep* intensifier.

stepbrother ['step,brʌðər] *n* demi-frère *m*.

stepchild ['steptʃaɪld] (*pl* **-children** [-,tʃɪldrən]) *n* beau-fils *m*, belle-fille *f*.

stepdaughter ['step,dɔːtər] *n* belle-fille *f*.

stepfather ['step,fɑːðər] *n* beau-père *m*.

stepladder ['step,lædər] *n* escabeau *m*.

stepmother ['step,mʌðər] *n* belle-mère *f*.

stepping-stone ['stepɪŋ-] *n* pierre *f* de gué ; *fig* tremplin *m*.

stepsister ['step,sɪstər] *n* demi-sœur *f*.

stepson ['stepsʌn] *n* beau-fils *m*.

stereo ['sterɪəʊ] ◇ *adj* stéréo (*inv*). ◇ *n* (*pl* **-s**) - **1.** [appliance] chaîne *f* stéréo - **2.** [sound] : **in ~** en stéréo.

stereophonic [,sterɪə'fɒnɪk] *adj* stéréophonique.

stereotype ['sterɪətaɪp] ◇ *n* stéréotype *m*. ◇ *vt* stéréotyper.

sterile ['steraɪl] *adj* stérile.

sterility [ste'rɪlətɪ] *n* stérilité *f*.

sterilization [,sterəlaɪ'zeɪʃn] *n* stérilisation *f*.

sterilize, *UK* **-ise** ['sterəlaɪz] *vt* stériliser.

sterilized milk ['sterəlaɪzd-] *n* lait *m* stérilisé.

sterling ['stɜːlɪŋ] ◇ *adj* - **1.** [of British money] sterling (*inv*) - **2.** [excellent] exceptionnel(elle). ◇ *n* (*U*) livre *f* sterling. ◇ *comp* [traveller's cheques] en livres sterling.

sterling silver *n* argent *m* fin.

stern [stɜːn] ◇ *adj* sévère. ◇ *n* NAUT arrière *m*.

sternly ['stɜːnlɪ] *adv* sévèrement.

steroid ['stɪərɔɪd] *n* stéroïde *m*.

stethoscope ['steθəskəʊp] *n* stéthoscope *m*.

stetson ['stetsn] *n* chapeau *m* de cow-boy.

stevedore ['stiːvədɔːr] *n US* docker *m*.

stew [stjuː] ◇ *n* ragoût *m*. ◇ *vt* [meat] cuire en ragoût ; [fruit] faire cuire. ◇ *vi* : **to let sb ~** *fig* laisser mariner qqn.

steward ['stjʊəd] *n* - **1.** [on plane, ship, train] steward *m* - **2.** *UK* [at demonstration, meeting] membre *m* du service d'ordre.

stewardess ['stjʊədɪs] *n dated* hôtesse *f*.

stewing steak ['stjuːɪŋ-] *n UK (U)* bœuf *m* à braiser.

St. Ex. *see also* **stock exchange**.

stg *see also* **sterling**.

stick [stɪk] ◇ *n* - **1.** [of wood, dynamite, candy] bâton *m* - **2.** [walking stick] canne *f* - **3.** SPORT crosse *f* - **4.** *phr* **to get the wrong end of the ~** *UK* mal comprendre. ◇ *vt* (*pt* & *pp* **stuck**) - **1.** [push] : **to ~ sthg in** OR **into** planter qqch dans ; **to ~ sthg through sthg** transpercer qqch avec qqch - **2.** [with glue, adhesive tape] : **to ~ sthg (on** OR **to)** coller qqch (sur) - **3.** *inf* [put] mettre - **4.** *UK inf* [tolerate] supporter ; **to ~ it** tenir le coup. ◇ *vi* (*pt* & *pp* **stuck**) - **1.** [adhere] : **to ~ (to)** coller (à) - **2.** [jam] se coincer - **3.** [remain] : **to ~ in sb's mind** marquer qqn.
◆ **stick around** *vi inf* rester dans les parages.
◆ **stick at** *vt insep* [activity] persévérer dans ; **to ~ at a job** rester dans un emploi.
◆ **stick by** *vt insep* [statement] s'en tenir à ; [person] ne pas abandonner.
◆ **stick out** ◇ *vt sep* - **1.** [head] sortir ; [hand] lever ; [tongue] tirer - **2.** *inf* [endure] : **to ~ it out** tenir le coup. ◇ *vi* - **1.** [protrude] dépasser - **2.** *inf* [be noticeable] se remarquer.
◆ **stick out for** *vt insep UK* exiger.
◆ **stick to** *vt insep* - **1.** [follow closely] suivre - **2.** [principles] rester fidèle à ; [decision] s'en tenir à ; [promise] tenir.

◆ **stick together** *vi* rester ensemble ; *fig* se serrer les coudes.

◆ **stick up** ◇ *vt sep* - **1.** [poster, notice] afficher - **2.** [with gun] attaquer à main armée. ◇ *vi* dépasser.

◆ **stick up for** *vt insep* défendre.

◆ **stick with** *vt insep* - **1.** [decision, choice] s'en tenir à - **2.** [follow closely] rester avec.

sticker ['stɪkəʳ] *n* [label] autocollant *m*.

sticking plaster ['stɪkɪŋ-] *n* **UK** sparadrap *m*.

stick insect *n* phasme *m*.

stick-in-the-mud *n inf* réac *mf*.

stickleback ['stɪklbæk] *n* épinoche *f*.

stickler ['stɪkləʳ] *n* : **to be a ~ for** être à cheval sur.

stick-on *adj* autocollant(e), adhésif(ive).

stickpin ['stɪkpɪn] *n* **US** épingle *f* de cravate.

stick shift *n* **US** levier *m* de vitesses.

stick-up *n inf* vol *m* à main armée.

sticky ['stɪkɪ] (*comp* **-ier**, *superl* **-iest**) *adj* - **1.** [hands, sweets] poisseux(euse) ; [label, tape] adhésif(ive) - **2.** *inf* [awkward] délicat(e) - **3.** [humid] humide.

stiff [stɪf] ◇ *adj* - **1.** [rod, paper, material] rigide ; [shoes, brush] dur(e) ; [fabric] raide - **2.** [door, drawer, window] dur(e) (à ouvrir/fermer) ; [joint] ankylosé(e) ; **to have a ~ back** avoir des courbatures dans le dos ; **to have a ~ neck** avoir le torticolis - **3.** [formal] guindé(e) - **4.** [severe - penalty] sévère ; [- resistance] tenace ; [- competition] serré(e) - **5.** [difficult - task] difficile - **6.** [drink] bien tassé(e) ; [wind] fort(e). ◇ *adv inf* **to be bored ~** s'ennuyer à mourir ; **to be frozen/scared ~** mourir de froid/peur.

stiffen ['stɪfn] ◇ *vt* - **1.** [material] raidir ; [with starch] empeser - **2.** [resolve] renforcer. ◇ *vi* - **1.** [body] se raidir ; [joints] s'ankyloser - **2.** [competition, resistance] s'intensifier - **3.** [wind] devenir plus fort, fraîchir.

stiffener ['stɪfnəʳ] *n* - **1.** [starch] amidon *m* - **2.** TECH raidisseur *m*.

stiffness ['stɪfnɪs] *(U) n* - **1.** [inflexibility] raideur *f*, rigidité *f* - **2.** [of body, joint] ankylose *f* - **3.** [formality] froideur *f*.

stifle ['staɪfl] *vt* & *vi* étouffer.

stifling ['staɪflɪŋ] *adj* étouffant(e).

stigma ['stɪgmə] *n* - **1.** [disgrace] honte *f*, stigmate *m* - **2.** BOT stigmate *m*.

stigmatize, **UK -ise** ['stɪgmətaɪz] *vt* stigmatiser.

stile [staɪl] *n* échalier *m*.

stiletto heel [stɪ'letəʊ-] *n* talon *m* aiguille.

still [stɪl] ◇ *adv* - **1.** [up to now, up to then] encore, toujours ; **I've ~ got £5 left** il me reste encore 5 livres - **2.** [even now] encore - **3.** [nevertheless] tout de même - **4.** *(with compar)* **~ bigger/more important** encore plus grand/plus important. ◇ *adj* - **1.** [not moving] immobile - **2.** [calm] calme, tranquille - **3.** [not windy] sans vent - **4.** [not fizzy - gen] non gazeux(euse) ; [- mineral water] plat(e). ◇ *n* - **1.** PHOT photo *f* - **2.** [for making alcohol] alambic *m*.

stillborn ['stɪlbɔːn] *adj* mort-né(e).

still life (*pl* **-s**) *n* nature *f* morte.

stillness ['stɪlnɪs] *n* [calmness] tranquillité *f*.

stilted ['stɪltɪd] *adj* emprunté(e), qui manque de naturel.

stilts ['stɪlts] *npl* - **1.** [for person] échasses *fpl* - **2.** [for building] pilotis *mpl*.

stimulant ['stɪmjʊlənt] *n* stimulant *m*.

stimulate ['stɪmjʊleɪt] *vt* stimuler.

stimulating ['stɪmjʊleɪtɪŋ] *adj* stimulant(e).

stimulation [ˌstɪmjʊ'leɪʃn] *n* stimulation *f*.

stimulus ['stɪmjʊləs] (*pl* **-li** [-laɪ]) *n* - **1.** [encouragement] stimulant *m* - **2.** BIOL & PSYCHOL stimulus *m*.

sting [stɪŋ] ◇ *n* - **1.** [by bee] piqûre *f* ; [of bee] dard *m* - **2.** [sharp pain] brûlure *f* ; **to take the ~ out of sthg** adoucir OR atténuer qqch. ◇ *vt* (*pt & pp* **stung**) - **1.** [gen] piquer - **2.** [subj: criticism] blesser. ◇ *vi* (*pt & pp* **stung**) piquer.

stinging nettle ['stɪŋɪŋ-] *n* **UK** ortie *f*.

stingray ['stɪŋreɪ] *n* pastenague *f*.

stingy ['stɪndʒɪ] (*comp* **-ier**, *superl* **-iest**) *adj inf* radin(e).

stink [stɪŋk] ◇ *n* puanteur *f*. ◇ *vi* (*pt* **stank** OR **stunk**, *pp* **stunk**) - **1.** [smell] puer, empester - **2.** *inf fig* [be worthless] ne rien valoir.

stink-bomb *n* boule *f* puante.

stinking ['stɪŋkɪŋ] *inf* ◇ *adj* [cold] gros (grosse) ; [weather] pourri(e) ; [place] infect(e). ◇ *adv* : **to be ~ rich** être plein(e) aux as.

stint [stɪnt] ◇ *n* [period of work] part *f* de travail. ◇ *vi* : **to ~ on** lésiner sur.

stipend ['staɪpend] *n* traitement *m*, salaire *m*.

stipulate ['stɪpjʊleɪt] *vt* stipuler.

stipulation [ˌstɪpjʊ'leɪʃn] *n* - **1.** [statement] stipulation *f* - **2.** [condition] condition *f*.

stir [stɜːʳ] ◇ *n* - **1.** [act of stirring] : **to give sthg a ~** remuer qqch - **2.** [public excitement] sensation *f*. ◇ *vt* (*pt & pp* **-red**, *cont* **-ring**) - **1.** [mix] remuer - **2.** [move gently] agiter - **3.** [move emotionally] émouvoir - **4.** [move] : **to ~ o.s.** se remuer. ◇ *vi* (*pt & pp* **-red**, *cont* **-ring**) bouger, remuer.

◆ **stir up** *vt sep* - **1.** [dust] soulever - **2.** [trouble] provoquer ; [resentment, dissatisfaction] susciter ; [rumour] faire naître.

stir-fry *vt* faire sauter à feu très vif.

stirring ['stɜːrɪŋ] <> *adj* excitant(e), émouvant(e). <> *n* [of interest, emotion] éveil *m*.

stirrup ['stɪrəp] *n* étrier *m*.

stitch [stɪtʃ] <> *n* - **1.** SEW point *m* ; [in knitting] maille *f* - **2.** MED point *m* de suture - **3.** [stomach pain] : **to have a ~** avoir un point de côté - **4.** *phr* **to be in ~es** être plié(e) en deux (de rire), se tenir les côtes. <> *vt* - **1.** SEW coudre - **2.** MED suturer.

stitching ['stɪtʃɪŋ] *n (U)* points *mpl*, piqûres *fpl*.

stoat [stəʊt] *n* hermine *f*.

stock [stɒk] <> *n* - **1.** [supply] réserve *f* - **2.** *(U)* COMM stock *m*, réserve *f* ; **in ~** en stock ; **out of ~** épuisé(e) - **3.** FIN valeurs *fpl* **united states**, actions *fpl* **united kingdom** ; **~s and shares** titres *mpl* - **4.** [ancestry] souche *f* - **5.** CULIN bouillon *m* - **6.** [livestock] cheptel *m* - **7.** *phr* **to take ~ (of)** faire le point (de). <> *adj* classique. <> *vt* - **1.** COMM vendre, avoir en stock - **2.** [fill - shelves] garnir ; [- lake] empoissonner.

◆ **stock up** *vi* : **to ~ up (with)** faire des provisions (de).

stockade [stɒ'keɪd] *n* palissade *f*.

stockbroker ['stɒk,brəʊkəʳ] *n* agent *m* de change.

stockbroking ['stɒk,brəʊkɪŋ] *n* commerce *m* des valeurs en Bourse.

stockcar ['stɒkkɑːʳ] *n* stock-car *m*.

stock company *n US* société *f* anonyme par actions.

stock control *n* contrôle *m* des stocks.

stock cube *n UK* bouillon-cube *m*.

stock exchange *n* Bourse *f*.

stockholder ['stɒk,həʊldəʳ] *n US* actionnaire *mf*.

Stockholm ['stɒkhəʊm] *n* Stockholm.

stocking ['stɒkɪŋ] *n* [for woman] bas *m*.

stock-in-trade *n* rudiments *mpl* du métier.

stockist ['stɒkɪst] *n UK* dépositaire *m*, stockiste *m*.

stock market *n* Bourse *f*.

stock phrase *n* cliché *m*.

stockpile ['stɒkpaɪl] <> *n* stock *m*. <> *vt* [weapons] amasser ; [food] stocker.

stockroom ['stɒkrʊm] *n* réserve *f*.

stock-still *adv* sans bouger.

stocktaking ['stɒk,teɪkɪŋ] *n UK (U)* inventaire *m*.

stocky ['stɒkɪ] (*comp* **-ier**, *superl* **-iest**) *adj* trapu(e).

stodgy ['stɒdʒɪ] (*comp* **-ier**, *superl* **-iest**) *adj* - **1.** [food] lourd(e) (à digérer) - **2.** *pej* [book] indigeste.

stoic ['stəʊɪk] <> *adj* stoïque. <> *n* stoïque *mf*.

stoical ['stəʊɪkl] *adj* stoïque.

stoicism ['stəʊɪsɪzm] *n* stoïcisme *m*.

stoke [stəʊk] *vt* [fire] entretenir.

stole [stəʊl] <> *pt* ▷ **steal**. <> *n* étole *f*.

stolen ['stəʊln] *pp* ▷ **steal**.

stolid ['stɒlɪd] *adj* impassible.

stomach ['stʌmək] <> *n* [organ] estomac *m* ; [abdomen] ventre *m*. <> *vt* [tolerate] encaisser, supporter.

stomachache ['stʌməkeɪk] *n* : **to have ~** *UK* *OR* **a ~** *US* avoir mal au ventre.

stomach pump *n* pompe *f* stomacale.

stomach ulcer *n* ulcère *m* de l'estomac.

stomach upset *n* embarras *m* gastrique.

stomp [stɒmp] *vi* : **to ~ in/out** entrer/sortir d'un pas bruyant, entrer/sortir d'un pas lourd.

stone [stəʊn] <> *n* - **1.** [rock] pierre *f* ; [smaller] caillou *m* ; **a ~'s throw from** à deux pas de - **2.** *UK* [seed] noyau *m* - **3.** (*pl* **stone** *OR* **-s**) *UK* [unit of measurement] = *6,348 kg*. <> *comp* de *OR* en pierre. <> *vt* [person, car etc] jeter des pierres sur.

Stone Age *n* : **the ~** l'âge *m* de pierre.

stone-cold *adj* complètement froid(e) *OR* glacé(e).

stoned [stəʊnd] *adj inf* - **1.** **drug sl** défoncé(e) - **2.** [drunk] soûl(e), bourré(e).

stonemason ['stəʊn,meɪsn] *n* tailleur *m* de pierre *OR* pierres.

stonewall [,stəʊn'wɔːl] *vi* être évasif(ive).

stoneware ['stəʊnweəʳ] *n* poterie *f* en grès.

stonewashed ['stəʊnwɒʃt] *adj* délavé(e).

stonework ['stəʊnwɜːk] *n* maçonnerie *f*.

stony ['stəʊnɪ] (*comp* **-ier**, *superl* **-iest**) *adj* - **1.** [ground] pierreux(euse) - **2.** [unfriendly] froid(e).

stood [stʊd] *pt & pp* ▷ **stand**.

stooge [stuːdʒ] *n* [in comedy act] comparse *m* ; *fig* pantin *m*, fantoche *m*.

stool [stuːl] *n* [seat] tabouret *m*.

stoop [stuːp] <> *n* - **1.** [bent back] : **to walk with a ~** marcher le dos voûté - **2.** *US* [of house] porche *m*. <> *vi* - **1.** [bend down] se pencher - **2.** [hunch shoulders] être voûté(e) - **3.** *fig* [debase oneself] : **to ~ to doing sthg** s'abaisser jusqu'à faire qqch.

stop [stɒp] <> *n* - **1.** [gen] arrêt *m* ; **to come to a ~** [car, train etc] s'arrêter ; [production, growth] cesser ; **to put a ~ to sthg** mettre un terme à qqch - **2.** [full stop] point *m*. <> *vt* (*pt & pp* **-ped**, *cont* **-ping**) - **1.** [gen] arrêter ; [end] mettre fin à ; **to ~ doing sthg** arrêter de faire qqch ; **to ~ work** arrêter de travailler, cesser le travail **- 2.** [prevent] : **to ~ sb/sthg (from doing sthg)** empêcher qqn/qqch (de faire qqch) **- 3.** *UK* [wages] retenir ; [cheque] faire opposition à **- 4.** [block] boucher. ◇ *vi* (*pt* & *pp* **-ped**, *cont* **-ping**) s'arrêter, cesser ; **to ~ at nothing (to do sthg)** ne reculer devant rien (pour faire qqch).

◆ **stop off** *vi* s'arrêter, faire halte.

◆ **stop over** *vi* s'arrêter un jour/quelques jours.

◆ **stop up** ◇ *vt sep* [block] boucher. ◇ *vi UK* veiller.

stopcock ['stɒpkɒk] *n* robinet *m* d'arrêt.

stopgap ['stɒpgæp] *n* bouche-trou *m*.

stopover ['stɒpˌəʊvəʳ] *n* halte *f*.

stoppage ['stɒpɪdʒ] *n* **- 1.** [strike] grève *f* **- 2.** *UK* [deduction] retenue *f*.

stopper ['stɒpəʳ] *n* bouchon *m*.

stopping ['stɒpɪŋ] *adj UK* : **~ train** train *m* omnibus.

stop press *n* nouvelles *fpl* de dernière heure.

stopwatch ['stɒpwɒtʃ] *n* chronomètre *m*.

storage ['stɔːrɪdʒ] *n* **- 1.** [of goods] entreposage *m*, emmagasinage *m* ; [of household objects] rangement *m* **- 2.** COMPUT stockage *m*, mémorisation *f*.

storage heater *n UK* radiateur *m* à accumulation.

store [stɔːʳ] ◇ *n* **- 1.** *esp US* [shop] magasin *m* **- 2.** [supply] provision *f* **- 3.** [place of storage] réserve *f* **- 4.** *phr* **to set great ~ by** *OR* **on** accorder *OR* attacher beaucoup d'importance à, faire grand cas de. ◇ *vt* **- 1.** [save] mettre en réserve ; [goods] entreposer, emmagasiner **- 2.** COMPUT stocker, mémoriser.

◆ **in store** *adv* : **who knows what the future holds in ~?** qui sait ce que nous réserve l'avenir? ; **there's a shock in ~ for him** un choc l'attend.

◆ **store up** *vt sep* [provisions] mettre en réserve ; [goods] emmagasiner ; [information] mettre en mémoire, noter.

store detective *n UK* surveillant *m*, -e *f* de magasin.

storehouse ['stɔːhaʊs] (*pl* [-haʊzɪz]) *n* entrepôt *m* ; *fig* mine *f*.

storekeeper ['stɔːˌkiːpəʳ] *n US* commerçant *m*, -e *f*.

storeroom ['stɔːrʊm] *n* magasin *m*.

storey *UK* (*pl* **-s**), **story** *US* (*pl* **-ies**) ['stɔːrɪ] *n* étage *m*.

stork [stɔːk] *n* cigogne *f*.

storm [stɔːm] ◇ *n* **- 1.** [bad weather] orage *m* ; **a ~ in a teacup** une tempête dans un verre d'eau **- 2.** *fig* [of abuse] torrent *m* ; [of applause] tempête *f*. ◇ *vt* MIL prendre d'assaut. ◇ *vi* **- 1.** [go angrily] : **to ~ in/out** entrer/sortir comme un ouragan **- 2.** [speak angrily] fulminer.

storm cloud *n* nuage *m* orageux.

storming ['stɔːmɪŋ] *n* prise *f* d'assaut.

stormy ['stɔːmɪ] (*comp* **-ier**, *superl* **-iest**) *adj lit* & *fig* orageux(euse).

story ['stɔːrɪ] (*pl* **-ies**) *n* **- 1.** [gen] histoire *f* ; **it's the (same) old ~** c'est toujours la même histoire, c'est toujours pareil ; **to cut a long ~ short** (enfin) bref **- 2.** PRESS article *m* ; RADIO & TV nouvelle *f* **- 3.** *US* = **storey**.

storybook ['stɔːrɪbʊk] *adj* [romance etc] de conte de fées.

storyteller ['stɔːrɪˌteləʳ] *n* **- 1.** [narrator] conteur *m*, -euse *f* **- 2.** *euph* [liar] menteur *m*, -euse *f*.

stout [staʊt] ◇ *adj* **- 1.** [rather fat] corpulent(e) **- 2.** [strong] solide **- 3.** [resolute] ferme, résolu(e). ◇ *n (U)* stout *m*, bière *f* brune.

stoutness ['staʊtnɪs] *n* [fatness] corpulence *f*.

stove [stəʊv] ◇ *pt* & *pp* ▷ **stave**. ◇ *n* [for cooking] cuisinière *f* ; [for heating] poêle *m*, calorifère *m Québec*.

stow [stəʊ] *vt* : **to ~ sthg (away)** ranger qqch.

◆ **stow away** *vi* embarquer clandestinement.

stowaway ['stəʊəweɪ] *n* passager *m* clandestin.

straddle ['strædl] *vt* enjamber ; [chair] s'asseoir à califourchon sur.

strafe [strɑːf] *vt* MIL mitrailler.

straggle ['strægl] *vi* **- 1.** [buildings] s'étendre, s'étaler ; [hair] être en désordre **- 2.** [person] traîner, lambiner.

straggler ['strægləʳ] *n* traînard *m*, -e *f*.

straggly ['strægl ɪ] (*comp* **-ier**, *superl* **-iest**) *adj* [hair] en désordre.

straight [streɪt] ◇ *adj* **- 1.** [not bent] droit(e) ; [hair] raide **- 2.** [frank] franc (franche), honnête **- 3.** [tidy] en ordre **- 4.** [choice, exchange] simple **- 5.** [alcoholic drink] sec, sans eau **- 6.** *inf* [conventional] normal(e) **- 7.** *gay sl* hétéro *(inv)* **- 8.** *phr* **let's get this ~** entendons-nous bien. ◇ *adv* **- 1.** [in a straight line] droit **- 2.** [directly, immediately] droit, tout de suite **- 3.** [frankly] carrément, franchement **- 4.** [undiluted] sec, sans eau **- 5.** *phr* **to go ~** [criminal] rester dans le droit chemin. ◇ *n* SPORT : **the ~** la ligne droite.

◆ **straight off** *adv* tout de suite, sur-le-champ.

◆ **straight out** *adv* sans mâcher ses mots.

straightaway [ˌstreɪtə'weɪ] *adv* tout de suite, immédiatement.

straighten ['streɪtn] <> *vt* - **1.** [tidy - hair, dress] arranger ; [- room] mettre de l'ordre dans - **2.** [make straight - horizontally] rendre droit(e) ; [- vertically] redresser. <> *vi* [person] : **to ~ (up)** se redresser.
◆ **straighten out** *vt sep* [problem] résoudre ; **to ~ things out** arranger les choses.

straight face *n* : **to keep a ~** garder son sérieux.

straightforward [ˌstreɪt'fɔːwəd] *adj* - **1.** [easy] simple - **2.** [frank] honnête, franc (franche).

strain [streɪn] <> *n* - **1.** [mental] tension *f*, stress *m* - **2.** MED foulure *f* ; **back ~** tour *m* de reins - **3.** TECH contrainte *f*, effort *m* - **4.** [type - of plant] variété *f* ; [- of virus] souche *f*. <> *vt* - **1.** [work hard - eyes] plisser fort ; **to ~ one's ears** tendre l'oreille - **2.** [MED - muscle] se froisser ; [- eyes] se fatiguer ; **to ~ one's back** se faire un tour de reins - **3.** [patience] mettre à rude épreuve ; [budget] grever - **4.** [drain] passer - **5.** TECH exercer une contrainte sur. <> *vi* [try very hard] : **to ~ to do sthg** faire un gros effort pour faire qqch, se donner du mal pour faire qqch.
◆ **strains** *npl* [of music] accords *mpl*, airs *mpl*.

strained [streɪnd] *adj* - **1.** [worried] contracté(e), tendu(e) - **2.** [relations, relationship] tendu(e) - **3.** [unnatural] forcé(e).

strainer ['streɪnəʳ] *n* passoire *f*.

strait [streɪt] *n* détroit *m*.
◆ **straits** *npl* : **in dire** OR **desperate ~s** dans une situation désespérée.

straitened ['streɪtnd] *adj fml* **in ~ circumstances** dans la gêne, dans le besoin.

straitjacket ['streɪtˌdʒækɪt] *n* camisole *f* de force.

straitlaced [ˌstreɪt'leɪst] *adj* collet monté *(inv)*.

Strait of Gibraltar *n* : **the ~** le détroit de Gibraltar.

Strait of Hormuz [ˌhɔː'muːʰ] *n* : **the ~** le détroit d'Hormuz OR Ormuz.

strand [strænd] *n* - **1.** [of cotton, wool] brin *m*, fil *m* ; [of hair] mèche *f* - **2.** [theme] fil *m*.

stranded ['strændɪd] *adj* [boat] échoué(e) ; [people] abandonné(e), en rade.

strange [streɪndʒ] *adj* - **1.** [odd] étrange, bizarre - **2.** [unfamiliar] inconnu(e).

strangely ['streɪndʒlɪ] *adv* étrangement, bizarrement ; **~ (enough)** chose curieuse.

stranger ['streɪndʒəʳ] *n* - **1.** [unfamiliar person] inconnu *m*, -e *f* ; **to be a ~ to sthg** ne pas connaître qqch ; **to be no ~ to sthg** bien connaître qqch - **2.** [from another place] étranger *m*, -ère *f*.

strangle ['stræŋgl] *vt* étrangler ; *fig* étouffer.

stranglehold ['stræŋglhəʊld] *n* - **1.** [round neck] étranglement *m* - **2.** *fig* [control] : **~ (on)** domination *f* (de).

strangulation [ˌstræŋgjʊ'leɪʃn] *n* strangulation *f*.

strap [stræp] <> *n* [for fastening] sangle *f*, courroie *f* ; [of bag] bandoulière *f* ; [of rifle, dress, bra] bretelle *f* ; [of watch] bracelet *m*. <> *vt* (*pt & pp* **-ped**, *cont* **-ping**) [fasten] attacher.

strapless ['stræplɪs] *adj* sans bretelles.

strapping ['stræpɪŋ] *adj* bien bâti(e), robuste.

Strasbourg ['stræzbɜːg] *n* Strasbourg.

strata ['strɑːtə] *pl* ▷ **stratum**.

stratagem ['strætədʒəm] *n* stratagème *m*.

strategic [strə'tiːdʒɪk] *adj* stratégique.

strategist ['strætɪdʒɪst] *n* stratège *m*.

strategy ['strætɪdʒɪ] (*pl* **-ies**) *n* stratégie *f*.

stratified ['strætɪfaɪd] *adj* - **1.** GEOL stratifié(e) - **2.** *fig* [society] divisé(e) en différentes couches sociales.

stratosphere ['strætəˌsfɪəʳ] *n* : **the ~** la stratosphère.

stratum ['strɑːtəm] (*pl* **-ta** [-tə]) *n* - **1.** GEOL strate *f*, couche *f* - **2.** *fig* [of society] couche *f*.

straw [strɔː] <> *n* paille *f* ; **to clutch at ~s** se raccrocher à n'importe quoi ; **the last ~** la goutte qui fait déborder le vase ; **that's the last ~!** ça c'est le comble! <> *comp* de OR en paille.

strawberry ['strɔːbərɪ] <> *n* (*pl* **-ies**) [fruit] fraise *f*. <> *comp* [tart, yoghurt] aux fraises ; [jam] de fraises.

straw poll *n* sondage *m* d'opinion.

stray [streɪ] <> *adj* - **1.** [animal] errant(e), perdu(e) - **2.** [bullet] perdu(e) ; [example] isolé(e). <> *n* [animal] animal *m* errant. <> *vi* - **1.** [person, animal] errer, s'égarer - **2.** [thoughts] vagabonder, errer.

streak [striːk] <> *n* - **1.** [line] bande *f*, marque *f* ; **~ of lightning** éclair *m* - **2.** [in character] côté *m* ; **a ~ of cruelty** une propension à la cruauté - **3.** [period] : **a winning/losing ~** une période de succès/d'échecs, une série de succès/d'échecs. <> *vi* [move quickly] se déplacer comme un éclair.

streaked [striːkt] *adj* [marked] : **to be ~ with** être maculé(e) de, porter des traces de.

streaky ['striːkɪ] (*comp* **-ier**, *superl* **-iest**) *adj* [paint] qui n'est pas uniforme ; [surface] couvert(e) de traces.

streaky bacon *n* UK bacon *m* assez gras.

stream [striːm] <> *n* - **1.** [small river] ruisseau *m* - **2.** [of liquid, light] flot *m*, jet *m* - **3.** [of people, cars] flot *m* ; [of complaints, abuse] torrent *m* - **4.** UK SCH classe *f* de niveau. <> *vi* - **1.** [liquid] couler à flots, ruisseler ; [light] entrer à flots - **2.** [people, cars] affluer ; **to ~ past** passer à flots. <> *vt UK* SCH répartir par niveau.

streamer ['stri:mər] *n* [for party] serpentin *m*.

streamline ['stri:mlaɪn] *vt* - **1.** [make aerodynamic] caréner, donner un profil aérodynamique à - **2.** [make efficient] rationaliser.

streamlined ['stri:mlaɪnd] *adj* - **1.** [aerodynamic] au profil aérodynamique - **2.** [efficient] rationalisé(e).

street [stri:t] *n* rue *f* ; **it's right up his ~** *inf* c'est son rayon ; **to be ~s ahead of sb** *UK* devancer *OR* dépasser qqn de loin.

streetcar ['stri:tkɑ:r] *n US* tramway *m*.

street-credibility *n (U) inf* image *f* (de marque).

street lamp, street light *n* réverbère *m*.

street lighting *n* éclairage *m* des rues.

street map *n* plan *m*.

street market *n* marché *m* en plein air.

street plan *n* plan *m*.

street value *n* [of drugs] valeur *f* à la revente.

streetwise ['stri:twaɪz] *adj inf* averti(e), futé(e).

strength [streŋθ] *n* - **1.** [gen] force *f* ; **on the ~ of** [evidence] sur la foi de ; [advice] en s'appuyant sur, en vertu de - **2.** [power, influence] puissance *f* ; **to go from ~ to ~** connaître un succès de plus en plus éclatant, prospérer - **3.** [solidity, of currency] solidité *f* - **4.** [number] effectif *m* ; **in ~** en force, en grand nombre ; **at full ~** au (grand) complet ; **to be below ~** avoir un effectif insuffisant.

strengthen ['streŋθn] <> *vt* - **1.** [structure, team, argument] renforcer - **2.** [economy, currency, friendship] consolider - **3.** [resolve, dislike] fortifier, affermir - **4.** [person] enhardir. <> *vi* - **1.** [sales, economy] s'améliorer - **2.** [opposition] s'affermir, se renforcer - **3.** [friendship] se cimenter, se consolider - **4.** [currency] se raffermir.

strenuous ['strenjʊəs] *adj* [exercise, activity] fatigant(e), dur(e) ; [effort] vigoureux(euse), acharné(e).

stress [stres] <> *n* - **1.** [emphasis] : **~ (on)** accent *m* (sur) - **2.** [mental] stress *m*, tension *f* ; **to be under ~** être stressé(e) - **3.** TECH : **~ (on)** contrainte *f* (sur), effort *m* (sur) - **4.** LING accent *m*. <> *vt* - **1.** [emphasize] souligner, insister sur - **2.** LING accentuer. <> *vi inf* stresser.

stress-buster *n inf* éliminateur *m* de stress.

stressed [strest] *adj* [tense] stressé(e).

stressful ['stresfʊl] *adj* stressant(e).

stress management *n* gestion *f* du stress.

stress out, stress *vt inf* stresser.

stretch [stretʃ] <> *n* - **1.** [of land, water] étendue *f* ; [of road, river] partie *f*, section *f* - **2.** [of time] période *f* - **3.** [effort] : **by no ~ of the imagination** même avec beaucoup d'imagination. <> *vt* - **1.** [arms] allonger ; [legs] se dégourdir ; [muscles] distendre - **2.** [pull taut] tendre, étirer - **3.** [overwork - person] surmener ; [- resources, budget] grever - **4.** [challenge] : **to ~ sb** pousser qqn à la limite de ses capacités. <> *vi* - **1.** [area] : **to ~ over** s'étendre sur ; **to ~ from... to** s'étendre de... à - **2.** [person, animal] s'étirer - **3.** [material, elastic] se tendre, s'étirer. <> *adj* extensible.

◆ **at a stretch** *adv* d'affilée, sans interruption.

◆ **stretch out** <> *vt sep* [arm, leg, hand] tendre. <> *vi* [lie down] s'étendre, s'allonger.

stretcher ['stretʃər] *n* brancard *m*, civière *f*.

stretcher party *n* équipe *f* de brancardiers.

stretchmarks ['stretʃmɑ:ks] *npl* vergetures *fpl*.

stretchy ['stretʃɪ] (*comp* **-ier**, *superl* **-iest**) *adj* extensible, élastique.

strew [stru:] (*pt* **-ed**, *pp* **strewn** [stru:n] , *pp* **-ed**) *vt* : **to be strewn on** *OR* **over** être éparpillé(e) sur ; **to be strewn with** être jonché(e) de.

stricken ['strɪkn] *adj* : **to be ~ by** *OR* **with panic** être pris(e) de panique ; **to be ~ by an illness** souffrir *OR* être atteint(e) d'une maladie.

strict [strɪkt] *adj* - **1.** [gen] strict(e) - **2.** [faithful] : **she's a ~ Catholic** elle observe rigoureusement la foi catholique.

strictly ['strɪktlɪ] *adv* - **1.** [gen] strictement ; **~ speaking** à proprement parler - **2.** [severely] d'une manière stricte, sévèrement.

strictness ['strɪktnɪs] *n* sévérité *f*.

stride [straɪd] <> *n* - **1.** [long step] grand pas *m*, enjambée *f* - **2.** *phr* **to take sthg in one's ~** ne pas se laisser démonter par qqch. <> *vi* (*pt* **strode**, *pp* **stridden** ['strɪdn]) marcher à grandes enjambées *OR* à grands pas.

◆ **strides** *npl* [progress] : **to make (great) ~s** faire des progrès rapides.

strident ['straɪdnt] *adj* - **1.** [voice, sound] strident(e) - **2.** [demand, attack] véhément(e), bruyant(e).

strife [straɪf] *n (U)* conflit *m*, lutte *f*.

strike [straɪk] <> *n* - **1.** [by workers] grève *f* ; **to be (out) on ~** être en grève ; **to go on ~** faire grève, se mettre en grève - **2.** MIL raid *m* - **3.** [of oil, gold] découverte *f*. <> *comp* de grève. <> *vt* (*pt & pp* **struck**) - **1.** [hit - deliberately] frapper ; [- accidentally] heurter - **2.** [subj: thought] venir à l'esprit de ; **she ~s me as (being) very capable** elle me fait l'impression d'être très capable, elle me paraît très capable

- 3. [impress] **: to be struck by** *OR* **with** être frappé(e) par **- 4.** [conclude - deal, bargain] conclure **- 5.** [light - match] frotter **- 6.** [find] découvrir, trouver ; **to ~ a balance (between)** trouver le juste milieu (entre) ; **to ~ a serious/happy** *etc* **note** adopter un ton sérieux/gai *etc* **- 7.** *phr* **to be struck blind** être frappé(e) de cécité, devenir aveugle ; **to be struck dumb** rester muet ; **to ~ fear** *OR* **terror into sb** frapper qqn de terreur ; **to ~ (it) lucky** avoir de la veine ; **to ~ it rich** trouver le filon. <> *vi* (*pt & pp* **struck**) **- 1.** [workers] faire grève **- 2.** [hit] frapper **- 3.** [attack] attaquer **- 4.** [chime] sonner.

◆ **strike back** *vi* se venger, exercer des représailles.

◆ **strike down** *vt sep* terrasser.

◆ **strike off** *vt sep* **: to be struck off** être radié(e) *OR* rayé(e).

◆ **strike out** <> *vt sep* rayer, barrer. <> *vi* [head out] se mettre en route, partir ; **to ~ out on one's own** [in business] se mettre à son compte.

◆ **strike up** <> *vt insep* **- 1.** [conversation] commencer, engager ; **to ~ up a friendship (with)** se lier d'amitié (avec) **- 2.** [music] commencer à jouer. <> *vi* commencer à jouer.

strikebound ['straɪkbaʊnd] *adj* paralysé(e) par la grève.

strikebreaker ['straɪk,breɪkəʳ] *n* briseur *m* de grève.

strike pay *n (U)* allocation *f* de grève, allocation-gréviste *f*.

striker ['straɪkəʳ] *n* **- 1.** [person on strike] gréviste *mf* **- 2.** FTBL buteur *m*.

striking ['straɪkɪŋ] *adj* **- 1.** [noticeable] frappant(e), saisissant(e) **- 2.** [attractive] d'une beauté frappante.

striking distance *n* **: to be within ~ (of)** être à deux pas (de) ; **to be within ~ of doing sthg** *fig* être à deux doigts de faire qqch.

string [strɪŋ] <> *n* **- 1.** *(U)* [thin rope] ficelle *f* **- 2.** [piece of thin rope] bout *m* de ficelle ; **(with) no ~s attached** sans conditions ; **to pull ~s** faire jouer le piston **- 3.** [of beads, pearls] rang *m* **- 4.** [series] série *f*, suite *f* **- 5.** [of musical instrument] corde *f*. <> *comp* **: ~ vest** tricot *m* de peau à grosses mailles ; **~ bag** filet *m* à provisions.

◆ **strings** *npl* MUS **: the ~s** les cordes *fpl*.

◆ **string along** (*pt & pp* **strung along**) *vt sep inf* [deceive] faire marcher, tromper.

◆ **string out** (*pt & pp* **strung out**) *vt insep* échelonner.

◆ **string together** (*pt & pp* **strung together**) *vt sep fig* aligner.

◆ **string up** *vt sep inf* [kill by hanging] pendre.

string bean *n* haricot *m* vert.

stringed instrument [,strɪŋd-] *n* instrument *m* à cordes.

stringent ['strɪndʒənt] *adj* strict(e), rigoureux(euse).

string quartet *n* quatuor *m* à cordes.

strip [strɪp] <> *n* **- 1.** [narrow piece] bande *f* ; **to tear a ~ off sb, to tear sb off a ~** *UK* passer un bon savon à qqn, sonner les cloches à qqn **- 2.** *UK* SPORT tenue *f*. <> *vt* (*pt & pp* **-ped**, *cont* **-ping**) **- 1.** [undress] déshabiller, dévêtir **- 2.** [paint, wallpaper] enlever **- 3.** [take away from] **: to ~ sb of sthg** dépouiller qqn de qqch. <> *vi* (*pt & pp* **-ped**, *cont* **-ping**) **- 1.** [undress] se déshabiller, se dévêtir **- 2.** [do a striptease] faire un strip-tease.

◆ **strip off** <> *vt sep* enlever, ôter. <> *vi* se déshabiller, se dévêtir.

strip cartoon *n UK* bande *f* dessinée.

stripe [straɪp] *n* **- 1.** [band of colour] rayure *f* **- 2.** [sign of rank] galon *m*.

striped [straɪpt] *adj* à rayures, rayé(e).

strip lighting *n* éclairage *m* au néon.

stripper ['strɪpəʳ] *n* **- 1.** [performer of striptease] strip-teaseuse *f*, effeuilleuse *f* **- 2.** [for paint] décapant *m*.

strip-search <> *n* fouille *f* d'une personne dévêtue. <> *vt* **: to ~ sb** obliger qqn à se déshabiller pour le fouiller.

strip show *n* (spectacle *m* de) strip-tease *m*.

striptease ['stripti:z] *n* strip-tease *m*.

stripy ['straɪpɪ] (*comp* **-ier**, *superl* **-iest**) *adj* à rayures, rayé(e).

strive [straɪv] (*pt* **strove**, *pp* **striven** ['strɪvn]) *vi* **: to ~ for sthg** essayer d'obtenir qqch ; **to ~ to do sthg** s'efforcer de faire qqch.

strobe (light) ['strəʊb-] *n* lumière *f* stroboscopique.

strode [strəʊd] *pt* ▷ **stride**.

stroke [strəʊk] <> *n* **- 1.** MED attaque *f* cérébrale **- 2.** [of pen, brush] trait *m* **- 3.** [in swimming - movement] mouvement *m* des bras ; [- style] nage *f* **- 4.** [in rowing] coup *m* d'aviron **- 5.** [in golf, tennis etc] coup *m* **- 6.** [of clock] **: on the third ~** ≃ au quatrième top ; **at the ~ of 12** sur le coup de minuit **- 7.** *UK* TYPO [oblique] barre *f* **- 8.** [piece] **: a ~ of genius** un trait de génie ; **a ~ of luck** un coup de chance *OR* de veine ; **not to do a ~ of work** ne pas en ficher une datte *OR* rame, ne rien faire ; **at a ~** d'un seul coup. <> *vt* caresser.

stroll [strəʊl] <> *n* petite promenade *f*, petit tour *m*. <> *vi* se promener, flâner.

stroller ['strəʊləʳ] *n US* [for baby] poussette *f*.

strong [strɒŋ] *adj* **- 1.** [gen] fort(e) ; **to be ~ at sthg** être fort en qqch ; **~ point** point *m* fort **- 2.** [structure, argument, friendship] solide **- 3.** [healthy] robuste, vigoureux(euse) ; **to be still going ~** [person, group] être toujours d'attaque, être solide au poste ; [machine] marcher toujours bien - **4.** [policy, measures] énergique - **5.** [in numbers] : **the crowd was 2,000 ~** il y avait une foule de 2 000 personnes - **6.** [team, candidate] sérieux(euse), qui a des chances de gagner.

strongarm ['strɒŋɑ:m] *adj* : **~ tactics** la méthode forte.

strongbox ['strɒŋbɒks] *n* coffre-fort *m*.

stronghold ['strɒŋhəʊld] *n fig* bastion *m*.

strong language *n (U) euph* grossièretés *fpl*.

strongly ['strɒŋlɪ] *adv* - **1.** [gen] fortement - **2.** [solidly] solidement.

strong man *n* [in circus] homme *m* fort, hercule *m*.

strong-minded [-'maɪndɪd] *adj* résolu(e).

strong room *n* chambre *f* forte.

strong-willed [-'wɪld] *adj* têtu(e), volontaire.

stroppy ['strɒpɪ] (*comp* **-ier**, *superl* **-iest**) *adj UK inf* difficile.

strove [strəʊv] *pt* ▷ **strive**.

struck [strʌk] *pt & pp* ▷ **strike**.

structural ['strʌktʃərəl] *adj* de construction.

structurally ['strʌktʃərəlɪ] *adv* du point de vue de la construction.

structure ['strʌktʃəʳ] ◇ *n* - **1.** [organization] structure *f* - **2.** [building] construction *f*. ◇ *vt* structurer.

struggle ['strʌgl] ◇ *n* - **1.** [great effort] : **~ (for sthg/to do sthg)** lutte *f* (pour qqch/pour faire qqch) - **2.** [fight] bagarre *f*. ◇ *vi* - **1.** [make great effort] : **to ~ (for)** lutter (pour) ; **to ~ to do sthg** s'efforcer de faire qqch - **2.** [to free oneself] se débattre ; [fight] se battre - **3.** [move with difficulty] : **to ~ to one's feet** se lever avec difficulté.

◆ **struggle on** *vi* : **to ~ on (with)** persévérer (dans).

struggling ['strʌglɪŋ] *adj* qui a du mal OR des difficultés.

strum [strʌm] (*pt & pp* **-med**, *cont* **-ming**) *vt* [guitar] gratter de ; [tune] jouer.

strung [strʌŋ] *pt & pp* ▷ **string**.

strut [strʌt] ◇ *n* - **1.** CONSTR étai *m*, support *m* - **2.** AERON pilier *m*. ◇ *vi* (*pt & pp* **-ted**, *cont* **-ting**) se pavaner.

strychnine ['strɪkni:n] *n* strychnine *f*.

stub [stʌb] ◇ *n* - **1.** [of cigarette] mégot *m* ; [of pencil] morceau *m* - **2.** [of ticket, cheque] talon *m*. ◇ *vt* (*pt & pp* **-bed**, *cont* **-bing**) : **to ~ one's toe** se cogner le doigt de pied.

◆ **stub out** *vt sep* écraser.

stubble ['stʌbl] *n (U)* - **1.** [in field] chaume *m* - **2.** [on chin] barbe *f* de plusieurs jours.

stubborn ['stʌbən] *adj* - **1.** [person] têtu(e), obstiné(e) - **2.** [stain] qui ne veut pas partir, rebelle.

stubbornly ['stʌbənlɪ] *adv* obstinément.

stubby ['stʌbɪ] (*comp* **-ier**, *superl* **-iest**) *adj* boudiné(e).

stucco ['stʌkəʊ] *n* stuc *m*.

stuck [stʌk] ◇ *pt & pp* ▷ **stick**. ◇ *adj* - **1.** [jammed, trapped] coincé(e) - **2.** [stumped] : **to be ~** sécher - **3.** [stranded] bloqué(e), en rade.

stuck-up *adj inf pej* bêcheur(euse).

stud [stʌd] *n* - **1.** [metal decoration] clou *m* décoratif - **2.** [earring] clou *m* d'oreille - **3.** *UK* [on boot, shoe] clou *m* ; [on sports boots] crampon *m* - **4.** [of horses] haras *m* ; **to be put out to ~** être utilisé comme étalon.

studded ['stʌdɪd] *adj* : **~ (with)** parsemé(e) (de), constellé(e) (de).

student ['stju:dnt] ◇ *n* étudiant *m*, -e *f*. ◇ *comp* [life] estudiantin(e) ; [politics] des étudiants ; [disco] pour étudiants ; **~ nurse** élève-infirmière *f* ; **~ teacher** professeur *m* stagiaire.

students' union *n* - **1.** [organization] union *f* des étudiants - **2.** [building] club *m* (des étudiants).

stud farm *n* haras *m*.

studied ['stʌdɪd] *adj* étudié(e), calculé(e).

studio ['stju:dɪəʊ] (*pl* **-s**) *n* studio *m* ; [of artist] atelier *m*.

studio apartment *n US* = **studio flat**.

studio audience *n* public *m* invité.

studio flat *UK*, **studio apartment** *US n* studio *m*.

studious ['stju:djəs] *adj* studieux(euse).

studiously ['stju:djəslɪ] *adv* studieusement.

study ['stʌdɪ] ◇ *n* (*pl* **-ies**) - **1.** [gen] étude *f* - **2.** [room] bureau *m*. ◇ *vt* (*pt & pp* **-ied**) - **1.** [learn] étudier, faire des études de - **2.** [examine] examiner, étudier. ◇ *vi* (*pt & pp* **-ied**) étudier, faire ses études.

stuff [stʌf] ◇ *n (U)* - **1.** *inf* [things] choses *fpl* ; **and all that ~** et tout ça ; **to know one's ~** s'y connaître - **2.** [substance] substance *f* - **3.** *inf* [belongings] affaires *fpl*. ◇ *vt* - **1.** [push] fourrer - **2.** [fill] : **to ~ sthg (with)** remplir OR bourrer qqch (de) - **3.** *inf* [with food] : **to ~ o.s. (with** OR **on)** se gaver (de), s'empiffrer (de) - **4.** CULIN farcir.

stuffed [stʌft] *adj* - **1.** [filled] : **~ with** bourré(e) de - **2.** *inf* [with food] gavé(e) - **3.** CULIN farci(e) - **4.** [toy] en peluche ; **he loves ~ animals** il adore les peluches - **5.** [preserved - animal] empaillé(e) - **6.** *phr* **get ~!** *UK inf* va te faire foutre!

stuffing ['stʌfɪŋ] *n (U)* - **1.** [filling] bourre *f*, rembourrage *m* - **2.** CULIN farce *f*.

stuffy ['stʌfɪ] (*comp* **-ier**, *superl* **-iest**) *adj* **- 1.** [room] mal aéré(e), qui manque d'air **- 2.** [person, club] vieux jeu *(inv)*.

stumble ['stʌmbl] *vi* trébucher.
◆ **stumble across, stumble on** *vt insep* tomber sur.

stumbling block ['stʌmblɪŋ-] *n* pierre *f* d'achoppement.

stump [stʌmp] ◇ *n* [of tree] souche *f* ; [of arm, leg] moignon *m*. ◇ *vt* [subj: question, problem] dérouter, rendre perplexe. ◇ *vi* : **to ~ in/out** entrer/sortir à pas lourds.
◆ **stumps** *npl* CRICKET piquets *mpl*.
◆ **stump up** *vt insep UK inf* cracher, payer.

stun [stʌn] (*pt* & *pp* **-ned**, *cont* **-ning**) *vt* **- 1.** [knock unconscious] étourdir, assommer **- 2.** [surprise] stupéfier, renverser.

stung [stʌŋ] *pt* & *pp* ⊳ **sting**.

stun grenade *n* grenade *f* cataplexiante.

stunk [stʌŋk] *pt* & *pp* ⊳ **stink**.

stunning ['stʌnɪŋ] *adj* **- 1.** [very beautiful] ravissant(e) ; [scenery] merveilleux(euse) **- 2.** [surprising] stupéfiant(e), renversant(e).

stunt [stʌnt] ◇ *n* **- 1.** [for publicity] coup *m* **- 2.** CIN cascade *f*. ◇ *vt* retarder, arrêter.

stunted ['stʌntɪd] *adj* rabougri(e).

stunt man *n* cascadeur *m*.

stupefy ['stju:pɪfaɪ] (*pt* & *pp* **-ied**) *vt* **- 1.** [tire] abrutir **- 2.** [surprise] stupéfier, abasourdir.

stupendous [stju:'pendəs] *adj* extraordinaire, prodigieux(euse).

stupid ['stju:pɪd] *adj* **- 1.** [foolish] stupide, bête **- 2.** *inf* [annoying] fichu(e).

stupidity [stju:'pɪdətɪ] *n (U)* bêtise *f*, stupidité *f*.

stupidly ['stju:pɪdlɪ] *adv* stupidement.

stupor ['stju:pəʳ] *n* stupeur *f*, hébétude *f*.

sturdy ['stɜ:dɪ] (*comp* **-ier**, *superl* **-iest**) *adj* [person] robuste ; [furniture, structure] solide.

sturgeon ['stɜ:dʒən] (*pl* **sturgeon**) *n* esturgeon *m*.

stutter ['stʌtəʳ] ◇ *n* bégaiement *m*. ◇ *vi* bégayer.

sty [staɪ] (*pl* **sties**) *n* [pigsty] porcherie *f*.

stye [staɪ] *n* orgelet *m*, compère-loriot *m*.

style [staɪl] ◇ *n* **- 1.** [characteristic manner] style *m* **- 2.** *(U)* [elegance] chic *m*, élégance *f* **- 3.** [design] genre *m*, modèle *m*. ◇ *vt* [hair] coiffer.

styling mousse ['staɪlɪŋ-] *n* mousse *f* coiffante.

stylish ['staɪlɪʃ] *adj* chic *(inv)*, élégant(e).

stylist ['staɪlɪst] *n* [hairdresser] coiffeur *m*, -euse *f*.

stylized, *UK* **-ised** ['staɪlaɪzd] *adj* stylisé(e).

stylus ['staɪləs] (*pl* **-es**) *n* [on record player] pointe *f* de lecture, saphir *m*.

stymie ['staɪmɪ] *vt inf* [plan] contrarier, contrecarrer ; **to be ~d** [person] être coincé(e).

styrofoam® ['staɪrəfəʊm] *n US* polystyrène *m*.

suave [swɑ:v] *adj* doucereux(euse).

sub [sʌb] *n inf* **- 1.** SPORT (*abbr of* **substitute**) remplaçant *m*, -e *f* **- 2.** (*abbr of* **submarine**) sous-marin *m* **- 3.** *UK* (*abbr of* **subscription**) cotisation *f* **- 4.** *US* [sandwich] sandwich *m* (de baguette).

sub- [sʌb] *prefix* sous-, sub-.

subcommittee ['sʌbkə,mɪtɪ] *n* sous-comité *m*.

subconscious [,sʌb'kɒnʃəs] ◇ *adj* inconscient(e). ◇ *n* : **the ~** l'inconscient *m*.

subconsciously [,sʌb'kɒnʃəslɪ] *adv* inconsciemment.

subcontinent [,sʌb'kɒntɪnənt] *n* sous-continent *m*.

subcontract [,sʌbkən'trækt] *vt* sous-traiter.

subculture ['sʌb,kʌltʃəʳ] *n* sous-culture *f*.

subdivide [,sʌbdɪ'vaɪd] *vt* subdiviser.

subdue [səb'dju:] *vt* **- 1.** [control - rioters, enemy] soumettre, subjuguer ; [- temper, anger] maîtriser, réprimer **- 2.** [light, colour] adoucir, atténuer.

subdued [səb'dju:d] *adj* **- 1.** [person] abattu(e) **- 2.** [anger, emotion] contenu(e) **- 3.** [colour] doux (douce) ; [light] tamisé(e).

subeditor [,sʌb'edɪtəʳ] *n UK* secrétaire *mf* de rédaction.

subgroup ['sʌbgru:p] *n* sous-groupe *m*.

subheading ['sʌb,hedɪŋ] *n* sous-titre *m*.

subhuman [,sʌb'hju:mən] *adj pej* [crime] brutal(e), bestial(e).

subject ◇ *adj* ['sʌbdʒekt] soumis(e) ; **to be ~ to** [tax, law] être soumis à ; [disease, headaches] être sujet (sujette) à. ◇ *n* ['sʌbdʒekt] **- 1.** [gen] sujet *m* **- 2.** SCH & UNIV matière *f*. ◇ *vt* [səb'dʒekt] **- 1.** [control] soumettre, assujettir **- 2.** [force to experience] : **to ~ sb to sthg** exposer *OR* soumettre qqn à qqch.
◆ **subject to** *prep* ['sʌbdʒekt] sous réserve de.

subjection [səb'dʒekʃn] *n* sujétion *f*, soumission *f*.

subjective [səb'dʒektɪv] *adj* subjectif(ive).

subjectively [səb'dʒektɪvlɪ] *adv* subjectivement.

subject matter *n (U)* sujet *m*.

sub judice [-'dʒu:dɪsɪ] *adj* LAW en train de passer devant le tribunal.

subjugate ['sʌbdʒʊgeɪt] *vt* [people, country] conquérir, subjuguer.

subjunctive [səb'dʒʌŋktɪv] *n* GRAM : **~ (mood)** (mode *m*) subjonctif *m*.

sublet [ˌsʌb'let] (*pt & pp* **sublet**, *cont* **-ting**) *vt* sous-louer.

sublime [sə'blaɪm] *adj* sublime ; **from the ~ to the ridiculous** du sublime au ridicule *OR* grotesque.

sublimely [sə'blaɪmlɪ] *adv* suprêmement, souverainement.

subliminal [ˌsʌb'lɪmɪnl] *adj* subliminal(e).

submachine gun [ˌsʌbmə'ʃi:n-] *n* mitraillette *f*.

submarine [ˌsʌbmə'ri:n] *n* sous-marin *m*.

submenu ['sʌbˌmenju:] *n* COMPUT sous-menu *m*.

submerge [səb'mɜ:dʒ] ◇ *vt* immerger, plonger ; **to ~ o.s. in sthg** *fig* se plonger dans qqch. ◇ *vi* s'immerger, plonger.

submission [səb'mɪʃn] *n* **- 1.** [obedience] soumission *f* **- 2.** [presentation] présentation *f*, soumission *f*.

submissive [səb'mɪsɪv] *adj* soumis(e), docile.

submit [səb'mɪt] (*pt & pp* **-ted**, *cont* **-ting**) ◇ *vt* soumettre. ◇ *vi* : **to ~ (to)** se soumettre (à).

subnormal [ˌsʌb'nɔ:ml] *adj* arriéré(e), attardé(e).

subordinate ◇ *adj* [sə'bɔ:dɪnət] *fml* [less important] : **~ (to)** subordonné(e) (à), moins important(e) (que). ◇ *n* [sə'bɔ:dɪnət] subordonné *m*, -e *f*. ◇ *vt* [sə'bɔ:dɪneɪt] subordonner, faire passer après.

subordinate clause [sə'bɔ:dɪnət-] *n* proposition *f* subordonnée.

subordination [səˌbɔ:dɪ'neɪʃn] *n* subordination *f*.

subpoena [sə'pi:nə] LAW ◇ *n* citation *f*, assignation *f*. ◇ *vt* (*pt & pp* **-ed**) citer *OR* assigner à comparaître.

sub-post office *n UK* petit bureau *m* de poste.

subroutine ['sʌbru:ˌti:n] *n* COMPUT sous-programme *m*.

subscribe [səb'skraɪb] ◇ *vi* **- 1.** [to magazine, newspaper] s'abonner, être abonné(e) **- 2.** [to view, belief] : **to ~ to** être d'accord avec, approuver. ◇ *vt* [money] donner.

subscriber [səb'skraɪbər] *n* **- 1.** [to magazine, service] abonné *m*, -e *f* **- 2.** [to charity, campaign] souscripteur *m*, -trice *f*.

subscription [səb'skrɪpʃn] *n* **- 1.** [to magazine] abonnement *m* **- 2.** *UK* [to charity, campaign] souscription *f* **- 3.** *UK* [to club] cotisation *f*.

subsection ['sʌbˌsekʃn] *n* subdivision *f*, paragraphe *m*.

subsequent ['sʌbsɪkwənt] *adj* ultérieur(e), suivant(e).

subsequently ['sʌbsɪkwəntlɪ] *adv* par la suite, plus tard.

subservient [səb'sɜ:vjənt] *adj* [servile] : **~ (to)** servile (vis-à-vis de), obséquieux(euse) (envers).

subset ['sʌbset] *n* MATHS sous-ensemble *m*.

subside [səb'saɪd] *vi* **- 1.** [pain, anger] se calmer, s'atténuer ; [noise] diminuer **- 2.** [CONSTR - building] s'affaisser ; [- ground] se tasser.

subsidence [səb'saɪdns, 'sʌbsɪdns] *n* [CONSTR - of building] affaissement *m* ; [- of ground] tassement *m*.

subsidiarity [səbsɪdɪ'ærɪtɪ] *n* subsidiarité *f*.

subsidiary [səb'sɪdjərɪ] ◇ *adj* subsidiaire. ◇ *n* (*pl* **-ies**) : **~ (company)** filiale *f*.

subsidize, *UK* **-ise** ['sʌbsɪdaɪz] *vt* subventionner.

subsidy ['sʌbsɪdɪ] (*pl* **-ies**) *n* subvention *f*, subside *m*.

subsist [səb'sɪst] *vi* : **to ~ (on)** vivre (de).

subsistence [səb'sɪstəns] *n* subsistance *f*, existence *f*.

subsistence allowance *n (U) UK* frais *mpl* de subsistance.

subsistence farming *n* agriculture *f* d'autoconsommation.

subsistence level *n* minimum *m* vital.

substance ['sʌbstəns] *n* **- 1.** [gen] substance *f* **- 2.** [importance] importance *f*.

substandard [ˌsʌb'stændəd] *adj* de qualité inférieure.

substantial [səb'stænʃl] *adj* **- 1.** [considerable] considérable, important(e) ; [meal] substantiel(elle) **- 2.** [solid, well-built] solide.

substantially [səb'stænʃəlɪ] *adv* **- 1.** [considerably] considérablement ; **~ better** bien mieux ; **~ bigger** beaucoup plus grand **- 2.** [mainly] en grande partie.

substantiate [səb'stænʃɪeɪt] *vt fml* prouver, établir.

substantive [sʌb'stæntɪv] *adj fml* [meaningful] positif(ive), constructif(ive).

substitute ['sʌbstɪtju:t] ◇ *n* **- 1.** [replacement] : **~ (for)** [person] remplaçant *m*, -e *f* (de) ; [thing] succédané *m* (de) ; **to be no ~ for sthg** ne pas pouvoir remplacer qqch **- 2.** SPORT remplaçant *m*, -e *f*. ◇ *vt* : **to ~ A for B** substituer A à B, remplacer B par A. ◇ *vi* : **to ~ for sb/sthg** remplacer qqn/qqch.

substitute teacher *n US* suppléant *m*, -e *f*.

substitution [ˌsʌbstɪ'tju:ʃn] *n* substitution *f*, remplacement *m*.

subterfuge ['sʌbtəfju:dʒ] *n* subterfuge *m*.

subterranean [ˌsʌbtə'reɪnjən] *adj* souterrain(e).

subtitle ['sʌbˌtaɪtl] *n* sous-titre *m*.

subtle ['sʌtl] *adj* subtil(e).

subtlety ['sʌtltɪ] *n* subtilité *f*.

subtly ['sʌtlɪ] *adv* subtilement.

subtotal ['sʌbˌtəʊtl] *n* total *m* partiel.

subtract [səb'trækt] *vt* : **to ~ sthg (from)** soustraire qqch (de).

subtraction [səb'trækʃn] *n* soustraction *f*.

subtropical [ˌsʌb'trɒpɪkl] *adj* subtropical(e).

suburb ['sʌbɜ:b] *n* faubourg *m*.
◆ **suburbs** *npl* : **the ~s** la banlieue.

suburban [sə'bɜ:bn] *adj* - **1.** [of suburbs] de banlieue - **2.** *pej* [life] étriqué(e) ; [person] à l'esprit étroit.

suburbia [sə'bɜ:bɪə] *n (U)* la banlieue.

subversion [səb'vɜ:ʃn] *n* subversion *f*.

subversive [səb'vɜ:sɪv] ◇ *adj* subversif(ive). ◇ *n* personne *f* qui agit de façon subversive.

subvert [səb'vɜ:t] *vt* subvertir, renverser.

subway ['sʌbweɪ] *n* - **1.** *UK* [underground walkway] passage *m* souterrain - **2.** *US* [underground railway] métro *m*.

sub-zero *adj* au-dessous de zéro.

succeed [sək'si:d] ◇ *vt* succéder à. ◇ *vi* réussir ; **to ~ in doing sthg** réussir à faire qqch.

succeeding [sək'si:dɪŋ] *adj fml* [in future] à venir ; [in past] suivant(e).

success [sək'ses] *n* succès *m*, réussite *f*.

successful [sək'sesfʊl] *adj* - **1.** [attempt] couronné(e) de succès - **2.** [film, book etc] à succès ; [person] qui a du succès.

successfully [sək'sesfʊlɪ] *adv* avec succès.

succession [sək'seʃn] *n* succession *f* ; **in (quick** *OR* **close) ~** coup sur soup.

successive [sək'sesɪv] *adj* successif(ive).

successor [sək'sesəʳ] *n* successeur *m*.

success story *n* réussite *f*.

succinct [sək'sɪŋkt] *adj* succinct(e).

succinctly [sək'sɪŋktlɪ] *adv* succinctement, de façon succincte.

succour *UK*, **succor** *US* ['sʌkəʳ] *n (U) lit* secours *m*.

succulent ['sʌkjʊlənt] *adj* succulent(e).

succumb [sə'kʌm] *vi* : **to ~ (to)** succomber (à).

such [sʌtʃ] ◇ *adj* tel (telle), pareil(eille) ; **~ nonsense** de telles inepties ; **do you have ~ a thing as a tin-opener?** est-ce que tu aurais un ouvre-boîtes par hasard? ; **~ money/books as I have** le peu d'argent/de livres que j'ai ; **~... that** tel... que. ◇ *adv* - **1.** [for emphasis] si, tellement ; **it's ~ a horrible day!** quelle journée épouvantable! ; **~ a lot of books** tellement de livres ; **~ a long time** si *OR* tellement longtemps - **2.** [in comparisons] aussi. ◇ *pron* : **and ~ (like)** et autres choses de ce genre ; **this is my car, ~ as it is** voilà ma voiture, pour ce qu'elle vaut ; **have some wine, ~ as there is** prenez un peu de vin, il en reste un petit fond.
◆ **as such** *adv* en tant que tel (telle), en soi.
◆ **such and such** *adj* tel et tel (telle et telle).

suchlike ['sʌtʃlaɪk] ◇ *adj* de ce genre, de la sorte. ◇ *pron* : **and ~** [people] et autres gens de ce genre ; [things] et autres choses de ce genre.

suck [sʌk] *vt* - **1.** [with mouth] sucer - **2.** [draw in] aspirer - **3.** *fig* [involve] : **to be ~ed into sthg** être impliqué(e) dans qqch.
◆ **suck up** *vi UK inf* **to ~ up (to sb)** faire de la lèche (à qqn).

sucker ['sʌkəʳ] *n* - **1.** [suction pad] ventouse *f* - **2.** *inf* [gullible person] poire *f*.

suckle ['sʌkl] ◇ *vt* allaiter. ◇ *vi* téter.

sucrose ['su:krəʊz] *n* saccharose *m*.

suction ['sʌkʃn] *n* succion *f*.

suction pump *n* pompe *f* aspirante.

Sudan [su:'dɑ:n] *n* Soudan *m* ; **in (the) ~** au Soudan.

Sudanese [ˌsu:də'ni:z] ◇ *adj* soudanais(e). ◇ *npl* : **the ~** les Soudanais *mpl*.

sudden ['sʌdn] *adj* soudain(e), brusque ; **all of a ~** tout d'un coup, soudain.

sudden death *n* SPORT *jeu pour départager les ex aequo (le premier point perdu entraîne l'élimination immédiate)*.

suddenly ['sʌdnlɪ] *adv* soudainement, tout d'un coup.

suddenness ['sʌdnnɪs] *n* soudaineté *f*.

suds [sʌdz] *npl* mousse *f* de savon.

sue [su:] *vt* : **to ~ sb (for)** poursuivre qqn en justice (pour).

suede [sweɪd] ◇ *n* daim *m*. ◇ *comp* en daim.

suet ['sʊɪt] *n* graisse *f* de rognon.

Suez ['sʊɪz] *n* Suez.

Suez Canal *n* : **the ~** le canal de Suez.

suffer ['sʌfəʳ] ◇ *vt* - **1.** [pain, injury] souffrir de - **2.** [consequences, setback, loss] subir. ◇ *vi* souffrir ; **to ~ from** MED souffrir de.

sufferance ['sʌfrəns] *n* : **on ~** par tolérance.

sufferer ['sʌfrəʳ] *n* MED malade *mf*.

suffering ['sʌfrɪŋ] *n* souffrance *f*.

suffice [sə'faɪs] *vi fml* suffire.

sufficient [sə'fɪʃnt] *adj* suffisant(e).

sufficiently [sə'fɪʃntlɪ] *adv* suffisamment.

suffix ['sʌfɪks] *n* suffixe *m*.

suffocate ['sʌfəkeɪt] *vt & vi* suffoquer.

suffocation [ˌsʌfə'keɪʃn] *n* suffocation *f*.

suffrage ['sʌfrɪdʒ] *n* suffrage *m*.

suffuse [sə'fju:z] *vt* baigner.

sugar ['ʃʊgəʳ] ◇ *n* sucre *m*. ◇ *vt* sucrer.

sugar beet *n* betterave *f* à sucre.

sugar bowl *n* sucrier *m*.

sugarcane ['ʃʊgəkeɪn] *n (U)* canne *f* à sucre.

sugar-coated [-'kəʊtɪd] *adj* dragéifié(e).

sugared ['ʃʊgəd] *adj* sucré(e).

sugar lump *n* morceau *m* de sucre.

sugar refinery *n* raffinerie *f* de sucre.

sugary ['ʃʊgərɪ] *adj* - **1.** [food] sucré(e) - **2.** *pej* [sentimental] doucereux(euse).

suggest [sə'dʒest] *vt* - **1.** [propose] proposer, suggérer - **2.** [imply] suggérer.

suggestion [sə'dʒestʃn] *n* - **1.** [proposal] proposition *f*, suggestion *f* - **2.** *(U)* [implication] suggestion *f*.

suggestive [sə'dʒestɪv] *adj* suggestif(ive) ; **to be ~ of sthg** suggérer qqch.

suicidal [sʊɪ'saɪdl] *adj* suicidaire.

suicide ['sʊɪsaɪd] *n* suicide *m* ; **to commit ~** se suicider.

suicide attempt *n* tentative *f* de suicide.

suit [su:t] ◇ *n* - **1.** [for man] costume *m*, complet *m* ; [for woman] tailleur *m* - **2.** [outfit] : **ski/diving ~** combinaison *f* de ski/de plongée - **3.** [in cards] couleur *f* - **4.** LAW procès *m*, action *f* - **5.** *phr* **to follow ~** *fig* faire de même. ◇ *vt* - **1.** [subj: clothes, hairstyle] aller à - **2.** [be convenient, appropriate to] convenir à ; **to ~ o.s.** faire comme on veut. ◇ *vi* convenir, aller.

suitability [ˌsu:tə'bɪlətɪ] *n* convenance *f* ; [of candidate] aptitude *f*.

suitable ['su:təbl] *adj* qui convient, qui va.

suitably ['su:təblɪ] *adv* convenablement ; **~ impressed** favorablement impressionné.

suitcase ['su:tkeɪs] *n* valise *f*.

suite [swi:t] *n* - **1.** [of rooms] suite *f* - **2.** [of furniture] ensemble *m*.

suited ['su:tɪd] *adj* - **1.** [suitable] : **to be ~ to/for** convenir à/pour, aller à/pour - **2.** [couple] : **well ~** très bien assortis ; **ideally ~** faits l'un pour l'autre.

suitor ['su:təʳ] *n dated* soupirant *m*.

sulfate *US* = **sulphate**.

sulfur *US* = **sulphur**.

sulfuric acid *US* = **sulphuric acid**.

sulk [sʌlk] ◇ *n* bouderie *f*. ◇ *vi* bouder.

sulky ['sʌlkɪ] (*comp* **-ier**, *superl* **-iest**) *adj* boudeur(euse).

sullen ['sʌlən] *adj* maussade.

sulphate *UK*, **sulfate** *US* ['sʌlfeɪt] *n* sulfate *m*.

sulphur *UK*, **sulfur** *US* ['sʌlfəʳ] *n* soufre *m*.

sulphuric acid *UK*, **sulfuric acid** *US* [sʌl'fjʊərɪk-] *n* acide *m* sulfurique.

sultan ['sʌltən] *n* sultan *m*.

sultana [səl'tɑ:nə] *n UK* [dried grape] raisin *m* sec.

sultry ['sʌltrɪ] (*comp* **-ier**, *superl* **-iest**) *adj* - **1.** [weather] lourd(e) - **2.** [sexual] sensuel(elle).

sum [sʌm] *n* - **1.** [amount of money] somme *f* - **2.** [calculation] calcul *m*.

◆ **sum up** (*pt & pp* **-med up**, *cont* **-ming up**) ◇ *vt sep* [summarize] résumer. ◇ *vi* récapituler.

Sumatra [sʊ'mɑ:trə] *n* Sumatra *f* ; **in ~** à Sumatra.

Sumatran [sʊ'mɑ:trən] ◇ *adj* sumatranais(e). ◇ *n* Sumatranais *m*, -e *f*.

summarily ['sʌmərəlɪ] *adv* sommairement.

summarize, *UK* **-ise** ['sʌməraɪz] ◇ *vt* résumer. ◇ *vi* récapituler.

summary ['sʌmərɪ] ◇ *adj* sommaire. ◇ *n* (*pl* **-ies**) résumé *m*.

summation [sʌ'meɪʃn] *n* - **1.** [total] addition *f* - **2.** [summary] résumé *m*.

summer ['sʌməʳ] ◇ *n* été *m* ; **in ~** en été. ◇ *comp* d'été ; **the ~ holidays** *UK* OR **vacation** *US* les grandes vacances *fpl*.

summer camp *n US* colonie *f* de vacances.

summerhouse ['sʌməhaʊs] (*pl* [-haʊzɪz]) *n* pavillon *m* (de verdure).

summer school *n* université *f* d'été.

summertime ['sʌmətaɪm] ◇ *adj* d'été. ◇ *n* été *m*.

Summer Time *n UK* heure *f* d'été.

summery ['sʌmərɪ] *adj* estival(e).

summing-up [ˌsʌmɪŋ-] (*pl* **summings-up** [ˌsʌmɪŋz-]) *n* LAW résumé *m*.

summit ['sʌmɪt] *n* sommet *m*.

summon ['sʌmən] *vt* appeler, convoquer.

◆ **summon up** *vt sep* rassembler.

summons ['sʌmənz] LAW ◇ *n* (*pl* **-es** [-i:z]) assignation *f*. ◇ *vt* assigner.

sumo (wrestling) ['su:məʊ-] *n* sumo *m*.

sump [sʌmp] *n UK* carter *m*.

sumptuous ['sʌmptʃʊəs] *adj* somptueux(euse).

sum total *n* somme *f* totale.

sun [sʌn] ◇ *n* soleil *m* ; **in the ~** au soleil. ◇ *vt* (*pt & pp* **-ned**, *cont* **-ning**) : **to ~ o.s.** se chauffer au soleil.

Sun. (*written abbrev of* **Sunday**) dim.

sunbathe ['sʌnbeɪð] *vi* prendre un bain de soleil.

sunbather ['sʌnbeɪðə^r] *n* personne *f* qui prend un bain de soleil.

sunbeam ['sʌnbi:m] *n* rayon *m* de soleil.

sunbed ['sʌnbed] *n* lit *m* à ultra-violets.

sunburn ['sʌnbɜ:n] *n (U)* coup *m* de soleil.

sunburned ['sʌnbɜ:nd], **sunburnt** ['sʌnbɜ:nt] *adj* brûlé(e) par le soleil, qui a attrapé un coup de soleil.

sun cream *n* crème *f* solaire.

sundae ['sʌndeɪ] *n coupe de glace aux fruits et à la Chantilly*.

Sunday ['sʌndɪ] *n* dimanche *m* ; **~ lunch** déjeuner *m* du dimanche OR dominical ; *see also* **Saturday**.

Sunday paper *n UK journal hebdomadaire paraissant le dimanche*.

Sunday paper

Les principaux hebdomadaires britanniques paraissant le dimanche sont les suivants :
The Independent on Sunday
The Mail on Sunday (à tendance conservatrice)
The News of the World (à sensation)
The Observer (à tendance centre-gauche)
The People (à sensation)
The Sunday Express (à tendance conservatrice)
The Sunday Mirror (à tendance centre-gauche)
The Sunday Telegraph (à tendance conservatrice)
The Sunday Times.

Sunday school *n* catéchisme *m*.

sundial ['sʌndaɪəl] *n* cadran *m* solaire.

sundown ['sʌndaʊn] *n* coucher *m* du soleil.

sundries ['sʌndrɪz] *npl fml* articles *mpl* divers, objets *mpl* divers.

sundry ['sʌndrɪ] *adj fml* divers ; **all and ~** tout le monde, n'importe qui.

sunflower ['sʌn,flaʊə^r] *n* tournesol *m*.

sung [sʌŋ] *pp* ▷ **sing**.

sunglasses ['sʌn,glɑ:sɪz] *npl* lunettes *fpl* de soleil.

sunhat ['sʌnhæt] *n* chapeau *m* de soleil.

sunk [sʌŋk] *pp* ▷ **sink**.

sunken ['sʌŋkən] *adj* - **1.** [in water] coulé(e), submergé(e) - **2.** [garden] en contrebas ; [cheeks, eyes] creux(euse).

sunlamp ['sʌnlæmp] *n* lampe *f* à ultra-violets.

sunlight ['sʌnlaɪt] *n* lumière *f* du soleil.

Sunni ['sʊnɪ] (*pl* **-s**) *n* Sunnite *mf*.

sunny ['sʌnɪ] (*comp* **-ier**, *superl* **-iest**) *adj* - **1.** [day, place] ensoleillé(e) ; **it's ~** il fait beau, il fait (du) soleil - **2.** [cheerful] radieux(euse), heureux(euse) - **3.** *phr* **~ side up** *US* [egg] sur le plat.

sunray lamp *n* lampe *f* à ultra-violets.

sunrise ['sʌnraɪz] *n* lever *m* du soleil.

sunroof ['sʌnru:f] *n* toit *m* ouvrant.

sunscreen ['sʌnskri:n] *n* écran *m* OR filtre *m* solaire.

sunset ['sʌnset] *n* coucher *m* du soleil.

sunshade ['sʌnʃeɪd] *n* parasol *m*.

sunshine ['sʌnʃaɪn] *n* lumière *f* du soleil.

sunspot ['sʌnspɒt] *n* tache *f* solaire.

sunstroke ['sʌnstrəʊk] *n (U)* insolation *f*.

suntan ['sʌntæn] ◇ *n* bronzage *m*. ◇ *comp* [lotion, cream] solaire.

suntanned ['sʌntænd] *adj* bronzé(e).

suntrap ['sʌntræp] *n UK* endroit très ensoleillé.

sunup ['sʌnʌp] *n US inf* lever *m* du soleil.

super ['su:pə^r] *adj inf* génial(e), super (*inv*).

superabundance [,su:pərə'bʌndəns] *n* surabondance *f*.

superannuation ['su:pə,rænjʊ'eɪʃn] *n (U)* pension *f* de retraite.

superb [su:'pɜ:b] *adj* superbe.

superbly [su:'pɜ:blɪ] *adv* superbement.

Super Bowl *n US* **the ~** le Super Bowl ; *finale du championnat des États-Unis de football américain*.

The Super Bowl

Le Super Bowl est un match de football américain qui oppose les vainqueurs des deux principaux championnats professionnels, ou *conferences*, des États-Unis. Il a lieu chaque année à la clôture de la saison, fin janvier, et sa retransmission télévisée attire un nombre considérable de spectateurs.

superbug ['su:pəbʌg] *n germe résistant aux traitements antibiotiques*.

supercilious [ˌsuːpəˈsɪlɪəs] *adj* hautain(e).

supercomputer [ˌsuːpəkəmˈpjuːtəʳ] *n* superordinateur *m*, supercalculateur *m*.

superficial [ˌsuːpəˈfɪʃl] *adj* superficiel(elle).

superfluous [suːˈpɜːflʊəs] *adj* superflu(e).

superglue [ˈsuːpəgluː] *n* colle *f* forte.

superhero [ˈsuːpəˌhɪərəʊ] *n* superman *m*, surhomme *m*.

superhighway [ˈsuːpəˌhaɪweɪ] *n* **- 1.** *US* autoroute *f* **- 2.** = **information highway**.

superhuman [ˌsuːpəˈhjuːmən] *adj* surhumain(e).

superimpose [ˌsuːpərɪmˈpəʊz] *vt* : **to ~ sthg (on)** superposer qqch (à).

superintend [ˌsuːpərɪnˈtend] *vt* diriger.

superintendent [ˌsuːpərɪnˈtendənt] *n* **- 1.** *UK* [of police] ≃ commissaire *m* **- 2.** [of department] directeur *m*, -trice *f*.

superior [suːˈpɪərɪəʳ] ◇ *adj* **- 1.** [gen] : **~ (to)** supérieur(e) (à) **- 2.** [goods, craftsmanship] de qualité supérieure. ◇ *n* supérieur *m*, -e *f*.

superiority [suːˌpɪərɪˈɒrətɪ] *n* supériorité *f*.

superlative [suːˈpɜːlətɪv] ◇ *adj* exceptionnel(elle), sans pareil(eille). ◇ *n* GRAM superlatif *m*.

supermarket [ˈsuːpəˌmɑːkɪt] *n* supermarché *m*.

supernatural [ˌsuːpəˈnætʃrəl] ◇ *adj* surnaturel(elle). ◇ *n* : **the ~** le surnaturel *m*.

superpower [ˈsuːpəˌpaʊəʳ] *n* superpuissance *f*.

superscript [ˈsuːpəskrɪpt] *adj* écrit(e) /imprimé(e) au-dessus de la ligne.

supersede [ˌsuːpəˈsiːd] *vt* remplacer.

supersonic [ˌsuːpəˈsɒnɪk] *adj* supersonique.

superstar [ˈsuːpəstɑːʳ] *n* superstar *f*.

superstition [ˌsuːpəˈstɪʃn] *n* superstition *f*.

superstitious [ˌsuːpəˈstɪʃəs] *adj* superstitieux(euse).

superstore [ˈsuːpəstɔːʳ] *n* hypermarché *m*.

superstructure [ˈsuːpəˌstrʌktʃəʳ] *n* superstructure *f*.

supertanker [ˈsuːpəˌtæŋkəʳ] *n* supertanker *m*, pétrolier *m* géant.

supertax [ˈsuːpətæks] *n* tranche *f* supérieure de l'impôt.

supervise [ˈsuːpəvaɪz] *vt* surveiller ; [work] superviser.

supervision [ˌsuːpəˈvɪʒn] *n* surveillance *f* ; [of work] supervision *f*.

supervisor [ˈsuːpəvaɪzəʳ] *n* surveillant *m*, -e *f*.

supine [ˈsuːpaɪn] *adj lit* [on one's back] couché OR étendu sur le dos.

supper [ˈsʌpəʳ] *n* **- 1.** [evening meal] dîner *m* **- 2.** [before bedtime] collation *f*.

supplant [səˈplɑːnt] *vt* supplanter.

supple [ˈsʌpl] *adj* souple.

supplement ◇ *n* [ˈsʌplɪmənt] supplément *m*. ◇ *vt* [ˈsʌplɪment] compléter.

supplementary [ˌsʌplɪˈmentərɪ] *adj* supplémentaire.

supplementary benefit *n UK ancien nom des allocations supplémentaires accordées aux personnes ayant un faible revenu.*

supplier [səˈplaɪəʳ] *n* fournisseur *m*, -euse *f*.

supply [səˈplaɪ] ◇ *n* (*pl* **-ies**) **- 1.** [store] réserve *f*, provision *f* ; **to be in short ~** manquer **- 2.** [system] alimentation *f* **- 3.** *(U)* ECON offre *f*. ◇ *vt* (*pt & pp* **-ied**) **- 1.** [provide] : **to ~ sthg (to sb)** fournir qqch (à qqn) **- 2.** [provide to] : **to ~ sb (with)** fournir qqn (en), approvisionner qqn (en) ; **to ~ sthg with sthg** alimenter qqch en qqch.

◆ **supplies** *npl* [food] vivres *mpl* ; MIL approvisionnements *mpl* ; **office supplies** fournitures *fpl* de bureau.

supply teacher *n UK* suppléant *m*, -e *f*.

support [səˈpɔːt] ◇ *n* **- 1.** *(U)* [physical help] appui *m* **- 2.** *(U)* [emotional, financial help] soutien *m* **- 3.** [object] support *m*, appui *m* **- 4.** *(U)* COMPUT assistance *f*. ◇ *vt* **- 1.** [physically] soutenir, supporter ; [weight] supporter **- 2.** [emotionally] soutenir **- 3.** [financially] subvenir aux besoins de ; **to ~ o.s.** subvenir à ses propres besoins **- 4.** [theory] être en faveur de, être partisan de ; [political party, candidate] appuyer ; SPORT être un supporter de.

supporter [səˈpɔːtəʳ] *n* **- 1.** [of person, plan] partisan *m*, -e *f* **- 2.** SPORT supporter *m*.

support group *n* groupe *m* d'entraide.

supportive [səˈpɔːtɪv] *adj* qui est d'un grand secours, qui soutient.

suppose [səˈpəʊz] ◇ *vt* supposer ; **I don't ~ you could...?** [in polite requests] vous ne pourriez pas... par hasard? ; **you don't ~...?** [asking opinion] vous ne pensez pas que...? ◇ *vi* supposer ; **I ~ (so)** je suppose que oui ; **I ~ not** je suppose que non. ◇ *conj* et si, à supposer que *(+ subjunctive)*.

supposed [səˈpəʊzd] *adj* **- 1.** [doubtful] supposé(e) **- 2.** [reputed, intended] : **to be ~ to be** être censé(e) être.

supposedly [səˈpəʊzɪdlɪ] *adv* soi-disant.

supposing [səˈpəʊzɪŋ] *conj* et si, à supposer que *(+ subjunctive)*.

supposition [ˌsʌpəˈzɪʃn] *n* supposition *f*.

suppository [səˈpɒzɪtrɪ] (*pl* **-ies**) *n* suppositoire *m*.

suppress [sə'pres] *vt* **- 1.** [uprising] réprimer **- 2.** [information] supprimer **- 3.** [emotions] réprimer, étouffer.

suppression [sə'preʃn] *n* **- 1.** [of uprising, emotions] répression *f* **- 2.** [of information] suppression *f*.

suppressor [sə'presəʳ] *n* ELEC dispositif *m* antiparasite.

supranational [ˌsu:prə'næʃənl] *adj* supranational(e).

supremacy [sʊ'preməsɪ] *n* suprématie *f*.

supreme [sʊ'pri:m] *adj* suprême.

Supreme Court *n* [in US] : **the ~** la Cour suprême.

The Supreme Court

La Cour suprême, organe supérieur du pouvoir judiciaire, est composée de membres nommés par le président des États-Unis; elle détient le pouvoir de décision finale ainsi que le droit d'interpréter la Constitution.

supremely [sʊ'pri:mlɪ] *adv* suprêmement.

supremo [sʊ'pri:məʊ] (*pl* **-s**) *n UK inf* grand chef *m*.

Supt. *see also* **superintendent**.

surcharge ['sɜ:tʃɑ:dʒ] ◇ *n* [extra payment] surcharge *f* ; [extra tax] surtaxe *f*. ◇ *vt* surcharger.

sure [ʃʊəʳ] ◇ *adj* **- 1.** [gen] sûr(e) ; **to be ~ of o.s.** être sûr de soi **- 2.** [certain] : **to be ~ (of sthg/of doing sthg)** être sûr(e) (de qqch/de faire qqch), être certain(e) (de qqch/de faire qqch) ; **to make ~ (that)...** s'assurer OR vérifier que... **- 3.** *phr* **to be ~ to do sthg** [remember] s'assurer de faire qqch ; **I am** OR **I'm ~ (that)...** je suis bien certain que..., je ne doute pas que... ◇ *adv* **- 1.** *inf* [yes] bien sûr **- 2.** *US* [really] vraiment.

◆ **for sure** *adv* sans aucun doute.

◆ **sure enough** *adv* en effet, effectivement.

surefire ['ʃʊəfaɪəʳ] *adj inf* certain(e), infaillible.

surefooted ['ʃʊəˌfʊtɪd] *adj* d'un pied sûr.

surely ['ʃʊəlɪ] *adv* sûrement.

sure thing *excl US inf* d'accord!

surety ['ʃʊərətɪ] *n (U)* caution *f*.

surf [sɜ:f] ◇ *n* ressac *m*. ◇ *vt* surfer ; **to surf the Web** naviguer sur le Web. ◇ *vi* surfer.

surface ['sɜ:fɪs] ◇ *n* surface *f* ; **on the ~** *fig* à première vue, vu de l'extérieur ; **below** OR **beneath the ~** *fig* au fond ; **to scratch the ~** *fig* [of problem] effleurer le problème ; [of subject] effleurer le sujet. ◇ *vi* **- 1.** [diver] remonter à la surface ; [submarine] faire surface **- 2.** [problem, rumour] apparaître OR s'étaler au grand jour **- 3.** *inf hum* [after absence] refaire surface.

surface mail *n* courrier *m* par voie de terre/de mer.

surface-to-air *adj* sol-air *(inv)*.

surfboard ['sɜ:fbɔ:d] *n* planche *f* de surf.

surfeit ['sɜ:fɪt] *n fml* excès *m*.

surfer ['sɜ:fəʳ] *n* surfeur *m*, -euse *f*.

surfing ['sɜ:fɪŋ] *n* surf *m*.

surge [sɜ:dʒ] ◇ *n* **- 1.** [of people, vehicles] déferlement *m* ; ELEC surtension *f* **- 2.** [of emotion, interest] vague *f*, montée *f* ; [of anger] bouffée *f* ; [of sales, applications] afflux *m*. ◇ *vi* **- 1.** [people, vehicles] déferler **- 2.** [emotion] monter.

surgeon ['sɜ:dʒən] *n* chirurgien *m*, -ienne *f*.

surgery ['sɜ:dʒərɪ] (*pl* **-ies**) *n* **- 1.** *(U)* MED [performing operations] chirurgie *f* **- 2.** *UK* MED [place] cabinet *m* de consultation **- 3.** *UK* MED & POL [consulting period] consultation *f*.

surgical ['sɜ:dʒɪkl] *adj* chirurgical(e) ; **~ stocking** bas *m* orthopédique.

surgical spirit *n UK* alcool *m* à 90°.

Surinam [ˌsʊərɪ'næm] *n* Surinam *m*, Suriname *m* ; **in ~** au Surinam.

surly ['sɜ:lɪ] (*comp* **-ier**, *superl* **-iest**) *adj* revêche, renfrogné(e).

surmise [sɜ:'maɪz] *vt fml* présumer.

surmount [sɜ:'maʊnt] *vt* surmonter.

surname ['sɜ:neɪm] *n* nom *m* de famille.

surpass [sə'pɑ:s] *vt fml* dépasser.

surplus ['sɜ:pləs] ◇ *adj* en surplus. ◇ *n* surplus *m*.

surprise [sə'praɪz] ◇ *n* surprise *f* ; **to take sb by ~** prendre qqn au dépourvu. ◇ *vt* surprendre.

surprised [sə'praɪzd] *adj* surpris(e) ; **I wouldn't be ~ (if...)** ça ne m'étonnerait pas (que...)

surprising [sə'praɪzɪŋ] *adj* surprenant(e).

surprisingly [sə'praɪzɪŋlɪ] *adv* étonnamment.

surreal [sə'rɪəl] *adj* surréaliste.

surrealism [sə'rɪəlɪzm] *n* surréalisme *m*.

surrealist [sə'rɪəlɪst] ◇ *adj* surréaliste. ◇ *n* surréaliste *mf*.

surrender [sə'rendəʳ] ◇ *n* reddition *f*, capitulation *f*. ◇ *vt fml* [weapons, passport] rendre ; [claim, rights] renoncer à. ◇ *vi* **- 1.** [stop fighting] : **to ~ (to)** se rendre (à) **- 2.** *fig* [give in] : **to ~ (to)** se laisser aller (à), se livrer (à).

surreptitious [ˌsʌrəp'tɪʃəs] *adj* subreptice.

surrogate ['sʌrəgeɪt] ◇ *adj* de substitution. ◇ *n* substitut *m*.

surrogate mother *n* mère *f* porteuse.

surround [sə'raʊnd] ◇ *n* bordure *f*. ◇ *vt* entourer ; [subj: police, army] cerner.

surrounding [sə'raʊndɪŋ] *adj* environnant(e).

surroundings [sə'raʊndɪŋz] *npl* environnement *m*.

surtax ['sɜːtæks] *n* surtaxe *f*.

surveillance [sɜː'veɪləns] *n* surveillance *f*.

survey ◇ *n* ['sɜːveɪ] - **1.** [investigation] étude *f* ; [of public opinion] sondage *m* - **2.** [of land] levé *m* ; [of building] inspection *f*. ◇ *vt* [sə'veɪ] - **1.** [contemplate] passer en revue - **2.** [investigate] faire une étude de, enquêter sur - **3.** [land] faire le levé de ; [building] inspecter.

surveyor [sə'veɪəʳ] *n* [of building] expert *m*, -e *f* ; [of land] géomètre *m*.

survival [sə'vaɪvl] *n* - **1.** [continuing to live] survie *f* - **2.** [relic] vestige *m*.

survive [sə'vaɪv] ◇ *vt* survivre à. ◇ *vi* survivre.

◆ **survive on** *vt insep* vivre de.

survivor [sə'vaɪvəʳ] *n* survivant *m*, -e *f* ; *fig* battant *m*, -e *f*.

susceptible [sə'septəbl] *adj* : ~ **(to)** sensible (à).

suspect ◇ *adj* ['sʌspekt] suspect(e). ◇ *n* ['sʌspekt] suspect *m*, -e *f*. ◇ *vt* [sə'spekt] - **1.** [distrust] douter de - **2.** [think likely, consider guilty] soupçonner ; **to ~ sb of sthg** soupçonner qqn de qqch.

suspend [sə'spend] *vt* - **1.** [gen] suspendre - **2.** [from school] renvoyer temporairement.

suspended animation [sə'spendɪd-] *n* hibernation *f*.

suspended sentence [sə'spendɪd-] *n* condamnation *f* avec sursis.

suspender belt [sə'spendəʳ-] *n UK* porte-jarretelles *m inv*.

suspenders [sə'spendəz] *npl* - **1.** *UK* [for stockings] jarretelles *fpl* - **2.** *US* [for trousers] bretelles *fpl*.

suspense [sə'spens] *n* suspense *m* ; **to keep sb in ~** tenir qqn en suspens.

suspension [sə'spenʃn] *n* - **1.** [gen & AUT] suspension *f* - **2.** [from school] renvoi *m* temporaire.

suspension bridge *n* pont *m* suspendu.

suspicion [sə'spɪʃn] *n* soupçon *m* ; **to be under ~** être considéré comme suspect ; **to have one's ~s (about)** avoir des soupçons OR des doutes (sur).

suspicious [sə'spɪʃəs] *adj* - **1.** [having suspicions] soupçonneux(euse) - **2.** [causing suspicion] suspect(e), louche.

suspiciously [sə'spɪʃəslɪ] *adv* - **1.** [with suspicious attitude] de façon soupçonneuse, avec méfiance - **2.** [causing suspicion] de façon suspecte OR louche.

suss [sʌs] ◆ **suss out** *vt sep UK inf* piger, comprendre.

sustain [sə'steɪn] *vt* - **1.** [maintain] soutenir - **2.** [nourish] nourrir - **3.** *fml* [suffer - damage] subir ; [- injury] recevoir - **4.** *fml* [weight] supporter.

sustenance ['sʌstɪnəns] *n (U) fml* nourriture *f*.

suture ['suːtʃəʳ] *n* suture *f*.

svelte [svelt] *adj* svelte.

SW - **1.** (*abbr of* **short wave**) OC - **2.** (*abbr of* **south-west**) S-O.

swab [swɒb] *n* MED tampon *m*.

swagger ['swægəʳ] ◇ *n* air *m* de parade. ◇ *vi* parader.

Swahili [swɑː'hiːlɪ] ◇ *adj* swahili(e). ◇ *n* [language] swahili *m*.

swallow ['swɒləʊ] ◇ *n* - **1.** [bird] hirondelle *f* - **2.** [of food] bouchée *f* ; [of drink] gorgée *f*. ◇ *vt* avaler ; *fig* [anger, tears] ravaler. ◇ *vi* avaler.

swam [swæm] *pt* ▷ **swim**.

swamp [swɒmp] ◇ *n* marais *m*. ◇ *vt* - **1.** [flood] submerger - **2.** [overwhelm] déborder, submerger.

swan [swɒn] *n* cygne *m*.

swap [swɒp] ◇ *n* [exchange] échange *m*. ◇ *vt* (*pt & pp* **-ped**, *cont* **-ping**) : **to ~ sthg (with sb/ for sthg)** échanger qqch (avec qqn/contre qqch). ◇ *vi* (*pt & pp* **-ped**, *cont* **-ping**) échanger.

swap meet *n US* foire *f* au troc.

SWAPO ['swɑːpəʊ] (*abbr of* **South West Africa People's Organization**) *n* SWAPO *f*.

swarm [swɔːm] ◇ *n* essaim *m*. ◇ *vi* - **1.** [bees] essaimer - **2.** *fig* [people] grouiller ; **to be ~ing (with)** [place] grouiller (de).

swarthy ['swɔːðɪ] (*comp* **-ier**, *superl* **-iest**) *adj* basané(e).

swashbuckling ['swɒʃˌbʌklɪŋ] *adj* de cape et d'épée.

swastika ['swɒstɪkə] *n* croix *f* gammée.

swat [swɒt] (*pt & pp* **-ted**, *cont* **-ting**) *vt* écraser.

swatch [swɒtʃ] *n* échantillon *m*.

swathe [sweɪð] ◇ *n* [large area] étendue *f*. ◇ *vt lit* emmailloter, envelopper.

swathed [sweɪðd] *adj lit* ~ **(in)** emmailloté(e) (de), enveloppé(e) (de).

swatter ['swɒtəʳ] *n* tapette *f*.

sway [sweɪ] ◇ *vt* - **1.** [cause to swing] balancer - **2.** [influence] influencer. ◇ *vi* se balancer. ◇ *n fml* **to hold ~ over sb** tenir qqn sous son empire ; **to come under the ~ of** se laisser influencer par.

Swazi ['swɑːzɪ] *n* Swazi *mf*.

Swaziland ['swɑːzɪlænd] *n* Swaziland *m* ; **in ~** au Swaziland.

swear [sweəʳ] (*pt* **swore**, *pp* **sworn**) ◇ *vt* jurer ; **to ~ to do sthg** jurer de faire qqch ; **to ~ an oath** prêter serment. ◇ *vi* jurer.
◆ **swear by** *vt insep* [have confidence in] jurer par.
◆ **swear in** *vt sep* LAW assermenter.

swearword ['sweəwɜ:d] *n* juron *m*, gros mot *m*.

sweat [swet] ◇ *n* - **1.** [perspiration] transpiration *f*, sueur *f* ; **to be in a cold ~** avoir des sueurs froides - **2.** *(U) inf* [hard work] corvée *f*. ◇ *vi* - **1.** [perspire] transpirer, suer - **2.** *inf* [worry] se faire du mouron.

sweatband ['swetbænd] *n* SPORT bandeau *m* ; [of hat] cuir *m* intérieur.

sweater ['swetəʳ] *n* pullover *m*.

sweat pants *n US* pantalon *m* de jogging OR survêtement.

sweatshirt ['swetʃɜ:t] *n* sweat-shirt *m*.

sweatshop ['swetʃɒp] *n* ≃ atelier *m* clandestin.

sweatsuit [swεtsju:t] *n* jogging *m*, survêtement *m*.

sweaty ['swetɪ] (*comp* **-ier**, *superl* **-iest**) *adj* - **1.** [skin, clothes] mouillé(e) de sueur - **2.** [place] chaud(e) et humide ; [activity] qui fait transpirer.

swede [swi:d] *n UK* rutabaga *m*.

Swede [swi:d] *n* Suédois *m*, -e *f*.

Sweden ['swi:dn] *n* Suède *f* ; **in ~** en Suède.

Swedish ['swi:dɪʃ] ◇ *adj* suédois(e). ◇ *n* [language] suédois *m*. ◇ *npl* : **the ~** les Suédois *mpl*.

sweep [swi:p] ◇ *n* - **1.** [sweeping movement] grand geste *m* - **2.** [with brush] : **to give sthg a ~** donner un coup de balai à qqch, balayer qqch - **3.** [electronic] balayage *m* - **4.** [chimney sweep] ramoneur *m*. ◇ *vt* (*pt & pp* **swept**) - **1.** [gen] balayer ; [scan with eyes] parcourir des yeux - **2.** [move] : **to ~ sthg off sthg** enlever qqch de qqch d'un grand geste ; **to be swept out to sea** être emporté vers le large. ◇ *vi* (*pt & pp* **swept**) - **1.** [wind] s'engouffrer - **2.** [emotion] : **to ~ through sb** s'emparer de qqn - **3.** [person] : **to ~ along/in** avancer/entrer rapidement.
◆ **sweep aside** *vt sep* écarter, rejeter.
◆ **sweep away** *vt sep* [destroy] emporter, entraîner.
◆ **sweep up** ◇ *vt sep* [with brush] balayer. ◇ *vi* balayer.

sweeper ['swi:pəʳ] *n* FTBL libero *m*.

sweeping ['swi:pɪŋ] *adj* - **1.** [effect, change] radical(e) - **2.** [statement] hâtif(ive) - **3.** [curve] large.

sweepstake ['swi:psteɪk] *n* sweepstake *m*.

sweet [swi:t] ◇ *adj* - **1.** [gen] doux (douce) ; [cake, flavour, pudding] sucré(e) - **2.** [kind] gentil(ille) - **3.** [attractive] adorable, mignon(onne). ◇ *n UK* - **1.** [candy] bonbon *m* - **2.** [dessert] dessert *m*.

sweet-and-sour *adj* aigre-doux (aigre-douce).

sweet corn *n* maïs *m*.

sweeten ['swi:tn] *vt* sucrer.

sweetener ['swi:tnəʳ] *n* - **1.** [substance] édulcorant *m* - **2.** *inf* [bribe] pot-de-vin *m*.

sweetheart ['swi:thɑ:t] *n* - **1.** [term of endearment] chéri *m*, -e *f*, mon cœur *m* - **2.** [boyfriend, girlfriend] petit ami *m*, petite amie *f*.

sweetness ['swi:tnɪs] *n* - **1.** [gen] douceur *f* ; [of taste] goût *m* sucré, douceur - **2.** [attractiveness] charme *m*.

sweet pea *n* pois *m* de senteur.

sweet potato *n* patate *f* douce.

sweet shop *n UK* confiserie *f*.

sweet tooth *n* : **to have a ~** aimer les sucreries.

swell [swel] ◇ *vi* (*pt* **-ed**, *pp* **swollen** OR **-ed**) - **1.** [leg, face etc] enfler ; [lungs, balloon] se gonfler ; **to ~ with pride** se gonfler d'orgueil - **2.** [crowd, population etc] grossir, augmenter ; [sound] grossir, s'enfler. ◇ *vt* (*pt* **-ed**, *pp* **swollen** OR **-ed**) grossir, augmenter. ◇ *n* [of sea] houle *f*. ◇ *adj US inf dated* chouette, épatant(e).

swelling ['swelɪŋ] *n* enflure *f*.

sweltering ['sweltərɪŋ] *adj* étouffant(e), suffocant(e).

swept [swept] *pt & pp* ▷ **sweep**.

swerve [swɜ:v] *vi* faire une embardée.

swift [swɪft] ◇ *adj* - **1.** [fast] rapide - **2.** [prompt] prompt(e). ◇ *n* [bird] martinet *m*.

swiftly ['swɪftlɪ] *adv* - **1.** [quickly] rapidement, vite - **2.** [promptly] promptement.

swiftness ['swɪftnɪs] *n* - **1.** [quickness] rapidité *f* - **2.** [promptness] promptitude *f*.

swig [swɪg] *inf* ◇ *vt* (*pt & pp* **-ged**, *cont* **-ging**) lamper. ◇ *n* lampée *f*.

swill [swɪl] ◇ *n (U)* [pig food] pâtée *f*. ◇ *vt UK* [wash] laver à grande eau.

swim [swɪm] ◇ *n* : **to have a ~** nager ; **to go for a ~** aller se baigner, aller nager. ◇ *vi* (*pt* **swam**, *pp* **swum**, *cont* **-ming**) - **1.** [person, fish, animal] nager - **2.** [room] tourner ; **my head was swimming** j'avais la tête qui tournait, la tête me tournait.

swimmer ['swɪməʳ] *n* nageur *m*, -euse *f*.

swimming ['swɪmɪŋ] ◇ *n* natation *f* ; **to go ~** aller nager. ◇ *comp* [club, competition] de natation.

swimming baths *npl UK* piscine *f*.

swimming cap *n* bonnet *m* de bain.

swimming costume *n UK* maillot *m* de bain.

swimming pool *n* piscine *f*.

swimming trunks *npl* maillot *m* OR slip *m* de bain.

swimsuit ['swɪmsuːt] *n* maillot *m* de bain.

swindle ['swɪndl] ◇ *n* escroquerie *f*. ◇ *vt* escroquer, rouler ; **to ~ sb out of sthg** escroquer qqch à qqn.

swine [swaɪn] *n inf* [person] salaud *m*.

swing [swɪŋ] ◇ *n* - **1.** [child's toy] balançoire *f* - **2.** [change - of opinion] revirement *m* ; [- of mood] changement *m*, saute *f* - **3.** [sway] balancement *m* - **4.** *inf* [blow] : **to take a ~ at sb** lancer OR envoyer un coup de poing à qqn - **5.** *phr* **to be in full ~** battre son plein ; **to get into the ~ of things** se mettre dans le bain. ◇ *vt* (*pt & pp* **swung**) - **1.** [move back and forth] balancer - **2.** [move in a curve] faire virer. ◇ *vi* (*pt & pp* **swung**) - **1.** [move back and forth] se balancer - **2.** [turn - vehicle] virer, tourner ; **to ~ round** *UK* OR **around** *US* [person] se retourner - **3.** [hit out] : **to ~ at sb** lancer OR envoyer un coup de poing à qqn - **4.** [change] changer.

swing bridge *n* pont *m* tournant.

swing door *UK*, **swinging door** *US* *n* porte *f* battante.

swingeing ['swɪndʒɪŋ] *adj UK* très sévère.

swinging ['swɪŋɪŋ] *adj inf* - **1.** [lively] animé(e), plein(e) d'entrain - **2.** [uninhibited] dans le vent.

swipe [swaɪp] ◇ *n* : **to take a ~ at** envoyer OR donner un coup à. ◇ *vt inf* [steal] faucher, piquer. ◇ *vi* : **to ~ at** envoyer OR donner un coup à.

swipe card *n* carte *f* magnétique.

swirl [swɜːl] ◇ *n* tourbillon *m*. ◇ *vt* agiter, remuer. ◇ *vi* tourbillonner, tournoyer.

swish [swɪʃ] ◇ *n* [of tail] battement *m* ; [of dress] froufrou *m*. ◇ *vt* [tail] battre l'air de. ◇ *vi* bruire, froufrouter.

Swiss [swɪs] ◇ *adj* suisse. ◇ *n* [person] Suisse *mf*. ◇ *npl* : **the ~** les Suisses *mpl*.

swiss roll *n UK* gâteau *m* roulé.

switch [swɪtʃ] ◇ *n* - **1.** [control device] interrupteur *m*, commutateur *m* ; [on radio, stereo etc] bouton *m* - **2.** [change] changement *m* - **3.** *US* RAIL aiguillage *m*. ◇ *vt* [swap] échanger ; [jobs] changer de. ◇ *vi* : **to ~ to/from** passer à/de.

◆ **switch off** ◇ *vt sep* éteindre. ◇ *vi inf fig* décrocher.

◆ **switch on** *vt sep* allumer.

Switch® *n système de paiement non différé par carte bancaire.*

switchblade ['swɪtʃbleɪd] *n US* couteau *m* à cran d'arrêt.

switchboard ['swɪtʃbɔːd] *n* standard *m*.

switchboard operator *n* standardiste *mf*.

switched-on [ˌswɪtʃt-] *adj inf* branché(e).

Switzerland ['swɪtsələnd] *n* Suisse *f* ; **in ~** en Suisse.

swivel ['swɪvl] (*UK*, *pt & pp* **-led**, *cont* **-ling**, *US*, *pt & pp* **-ed**, *cont* **-ing**) ◇ *vt* [chair] faire pivoter ; [head, eyes] faire tourner. ◇ *vi* [chair] pivoter ; [head, eyes] tourner.

swivel chair *n* fauteuil *m* pivotant OR tournant.

swollen ['swəʊln] ◇ *pp* ▷ **swell**. ◇ *adj* [ankle, face] enflé(e) ; [river] en crue.

swoon [swuːn] *vi lit* s'évanouir ; *hum* se pâmer.

swoop [swuːp] ◇ *n* - **1.** [downward flight] descente *f* en piqué ; **in one fell ~** d'un seul coup - **2.** [raid] descente *f*. ◇ *vi* - **1.** [bird, plane] piquer - **2.** [police, army] faire une descente.

swop [swɒp] = **swap**.

sword [sɔːd] *n* épée *f* ; **to cross ~s (with sb)** croiser le fer (avec qqn).

swordfish ['sɔːdfɪʃ] (*pl* **swordfish** OR **-es** [-iːz]) *n* espadon *m*.

swordsman ['sɔːdzmən] (*pl* **-men** [-mən]) *n* tireur *m* d'épée.

swore [swɔːʳ] *pt* ▷ **swear**.

sworn [swɔːn] ◇ *pp* ▷ **swear**. ◇ *adj* - **1.** [committed] : **to be ~ enemies** être ennemis jurés - **2.** LAW sous serment.

swot [swɒt] *UK inf* ◇ *n pej* bûcheur *m*, -euse *f*. ◇ *vi* (*pt & pp* **-ted**, *cont* **-ting**) : **to ~ (for)** bûcher (pour).

◆ **swot up** *vt sep & vi UK inf* potasser, bûcher.

swum [swʌm] *pp* ▷ **swim**.

swung [swʌŋ] *pt & pp* ▷ **swing**.

sycamore ['sɪkəmɔːʳ] *n* sycomore *m*.

sycophant ['sɪkəfænt] *n* flagorneur *m*, -euse *f*, lèche-bottes *mf inv*.

Sydney ['sɪdnɪ] *n* Sydney.

syllable ['sɪləbl] *n* syllabe *f*.

syllabub ['sɪləbʌb] *n* ≃ sabayon *m*.

syllabus ['sɪləbəs] (*pl* **-buses** [-bəsiːz], *pl* **-bi** [-baɪ]) *n* programme *m*.

symbol ['sɪmbl] *n* symbole *m*.

symbolic [sɪm'bɒlɪk] *adj* symbolique ; **to be ~ of** être le symbole de.

symbolism ['sɪmbəlɪzm] *n* symbolisme *m*.

symbolize, *UK* **-ise** ['sɪmbəlaɪz] *vt* symboliser.

symmetrical [sɪ'metrɪkl] *adj* symétrique.

symmetry ['sɪmətrɪ] *n* symétrie *f*.

sympathetic [ˌsɪmpə'θetɪk] *adj* - **1.** [understanding] compatissant(e), compréhensif(ive) - **2.** [willing to support] : **~ (to)** bien disposé(e) (à l'égard de) - **3.** [likable] sympathique.

sympathize, *UK* **-ise** ['sɪmpəθaɪz] *vi* - **1.** [feel sorry] compatir ; **to ~ with sb** plaindre qqn ;

[in grief] compatir à la douleur de qqn - **2.** [understand] : **to ~ with sthg** comprendre qqch - **3.** [support] : **to ~ with sthg** approuver qqch, soutenir qqch.

sympathizer, *UK* **-iser** ['sɪmpəθaɪzəʳ] *n* sympathisant *m*, -e *f*.

sympathy ['sɪmpəθɪ] *n (U)* - **1.** [understanding] : **~ (for)** compassion *f* (pour), sympathie *f* (pour) - **2.** [agreement] approbation *f*, sympathie *f* ; **to be in ~ (with sthg)** être d'accord (avec qqch) - **3.** [support] : **in ~ (with sb)** en solidarité (avec qqn).

◆ **sympathies** *npl* - **1.** [support] soutien *m*, loyauté *f* - **2.** [to bereaved person] condoléances *fpl*.

symphonic [sɪm'fɒnɪk] *adj* symphonique.

symphony ['simfənɪ] (*pl* **-ies**) *n* symphonie *f*.

symphony orchestra *n* orchestre *m* symphonique.

symposium [sɪm'pəʊzjəm] (*pl* **-siums** *OR* **-sia** [-zjə]) *n* symposium *m*.

symptom ['sɪmptəm] *n* symptôme *m*.

symptomatic [,sɪmptə'mætɪk] *adj* symptomatique.

synagogue ['sɪnəgɒg] *n* synagogue *f*.

sync [sɪŋk] *n inf* **out of ~** mal synchronisé(e) ; **in ~** bien synchronisé.

synchromesh gearbox ['sɪŋkrəʊmeʃ-] *n* boîte *f* de vitesses synchronisées.

synchronize, *UK* **-ise** ['sɪŋkrənaɪz] ◇ *vt* synchroniser. ◇ *vi* être synchronisés(es).

synchronized swimming ['sɪŋkrənaɪzd-] *n* natation *f* synchronisée.

syncopated ['sɪŋkəpeɪtɪd] *adj* syncopé(e).

syncopation [,sɪŋkə'peɪʃn] *n* syncope *f*.

syndicate ◇ *n* ['sɪndɪkət] syndicat *m*, consortium *m*. ◇ *vt* ['sɪndɪkeɪt] PRESS publier dans plusieurs journaux.

syndrome ['sɪndrəʊm] *n* syndrome *m*.

synod ['sɪnəd] *n* synode *m*.

synonym ['sɪnənɪm] *n* : **~ (for** *OR* **of)** synonyme *m* (de).

synonymous [sɪ'nɒnɪməs] *adj* : **~ (with)** synonyme (de).

synopsis [sɪ'nɒpsɪs] (*pl* **-ses** [-si:z]) *n* résumé *m* ; [film] synopsis *m*.

syntax ['sɪntæks] *n* syntaxe *f*.

synthesis ['sɪnθəsɪs] (*pl* **-ses** [-si:z]) *n* synthèse *f*.

synthesize, *UK* **-ise** ['sɪnθəsaɪz] *vt* synthétiser ; CHEM faire la synthèse de.

synthesizer ['sɪnθəsaɪzəʳ] *n* MUS synthétiseur *m*.

synthetic [sɪn'θetɪk] *adj* - **1.** [man-made] synthétique - **2.** *pej* [insincere] artificiel(elle), forcé(e).

syphilis ['sɪfɪlɪs] *n* syphilis *f*.

syphon ['saɪfn] = **siphon**.

Syria ['sɪrɪə] *n* Syrie *f* ; **in ~** en Syrie.

Syrian ['sɪrɪən] ◇ *adj* syrien(enne). ◇ *n* [person] Syrien *m*, -enne *f*.

syringe [sɪ'rɪndʒ] ◇ *n* seringue *f*. ◇ *vt* (*cont* **syringeing**) [wound] seringuer ; [ear] nettoyer à l'aide d'une seringue.

syrup ['sɪrəp] *n (U)* - **1.** [sugar and water] sirop *m* - **2.** *UK* [golden syrup] mélasse *f* raffinée.

system ['sɪstəm] *n* - **1.** [gen] système *m* ; **road/railway ~** réseau *m* routier/de chemins de fer ; **transport ~** réseau *m* des transports ; **digestive ~** appareil *m* digestif - **2.** [equipment - gen] installation *f* ; [- electric, electronic] appareil *m* - **3.** *(U)* [methodical approach] système *m*, méthode *f* - **4.** *phr* **to get sthg out of one's ~** *inf* laisser *OR* donner libre cours à qqch ; **to get it out of one's ~** *inf* se défouler.

systematic [,sɪstə'mætɪk] *adj* systématique.

systematize, *UK* **-ise** ['sɪstəmətaɪz] *vt* systématiser.

system disk *n* COMPUT disque *m* système.

systems analyst ['sɪstəmz-] *n* COMPUT analyste fonctionnel *m*, analyste fonctionnelle *f*.

systems engineer ['sɪstəmz-] *n* COMPUT ingénieur *m* de système.

system software *n (U)* COMPUT logiciel *m* d'exploitation.

t (*pl* **t's** *OR* **ts**), **T** (*pl* **T's** *OR* **Ts**) [ti:] *n* [letter] t *m inv*, T *m inv*.

ta [tɑ:] *excl UK inf* merci!

TA (*abbr of* **Territorial Army**) *n armée de réserve britannique*.

tab [tæb] *n* - **1.** [of cloth] étiquette *f* - **2.** [of metal] languette *f* - **3.** *US* [bill] addition *f* - **4.** (*abbr of* **tabulator**) [on typewriter] tabulateur *m* - **5.** *phr* **to keep ~s on sb** tenir *OR* avoir qqn à l'œil, surveiller qqn.

Tabasco sauce® [tə'bæskəʊ-] *n* sauce *f* Tabasco.

tabby ['tæbɪ] (*pl* **-ies**) *n* : **~ (cat)** chat tigré *m*, chatte tigrée *f*.

tabernacle ['tæbənækl] *n* tabernacle *m*.

tab key *n* touche *f* de tabulation.

table ['teɪbl] <> *n* table *f* ; **to turn the ~s on sb** *fig* renverser les rôles, retourner la situation. <> *vt* **- 1.** *UK* [propose] présenter, proposer **- 2.** *US* [postpone] ajourner la discussion de.

tableau ['tæbləʊ] (*pl* **-x** [-z], *pl* **-s**) *n* tableau *m* vivant.

tablecloth ['teɪblklɒθ] *n* nappe *f*.

table d'hôte ['tɑ:bl,dəʊt] *n* : **the ~** le menu à prix fixe.

table lamp *n* lampe *f*.

table licence *n licence autorisant la vente de boissons alcoolisées seulement aux repas.*

table linen *n* linge *m* de table.

table manners *npl* : **to have good/bad ~** savoir/ne pas savoir se tenir à table.

tablemat ['teɪblmæt] *n* dessous-de-plat *m inv*.

table salt *n* sel *m* fin.

tablespoon ['teɪblspu:n] *n* **- 1.** [spoon] cuiller *f* de service **- 2.** [spoonful] cuillerée *f* à soupe.

tablet ['tæblɪt] *n* **- 1.** [pill] comprimé *m*, cachet *m* **- 2.** [of stone] plaque *f* commémorative **- 3.** [of soap] savonnette *f*, pain *m* de savon.

table tennis *n* ping-pong *m*, tennis *m* de table.

tableware ['teɪblweəʳ] *n* vaisselle *f*.

table wine *n* vin *m* de table.

tabloid ['tæblɔɪd] *n* : **~ (newspaper)** tabloïd *m*, tabloïde *m* ; **the ~ press** la presse populaire.

Tabloid

Dans les pays anglo-saxons, le format tabloïde est caractéristique des journaux populaires. Les principaux journaux populaires britanniques sont : *the Daily Express*, *the Daily Mail*, *the Daily Mirror*, *The Star*, *The Sun* et *Today*.

taboo [tə'bu:] <> *adj* tabou(e). <> *n* (*pl* **-s**) tabou *m*.

tabulate ['tæbjʊleɪt] *vt* présenter sous forme de tableau.

tachograph ['tækəgrɑ:f] *n* tachygraphe *m*.

tachometer [tæ'kɒmɪtəʳ] *n* tachymètre *m*.

tacit ['tæsɪt] *adj* tacite.

taciturn ['tæsɪtɜ:n] *adj* taciturne.

tack [tæk] <> *n* **- 1.** [nail] clou *m* **- 2.** *US* [thumbtack] punaise *f* **- 3.** NAUT bord *m*, bordée *f* **- 4.** *fig* [course of action] tactique *f*, méthode *f* ; **to change ~** changer de tactique. <> *vt* **- 1.** [fasten with nail - gen] clouer ; [- notice] punaiser **- 2.** SEW faufiler. <> *vi* NAUT tirer une bordée.
◆ **tack on** *vt sep inf* ajouter, rajouter.

tackle ['tækl] <> *n* **- 1.** FTBL tacle *m* ; RUGBY plaquage *m* **- 2.** [equipment] équipement *m*, matériel *m* **- 3.** [for lifting] palan *m*, appareil *m* de levage. <> *vt* **- 1.** [deal with] s'attaquer à **- 2.** FTBL tacler ; RUGBY plaquer **- 3.** [attack] empoigner **- 4.** [talk to] : **to ~ sb about** OR **on sthg** parler franchement à qqn de qqch, entreprendre qqn sur qqch.

tacky ['tækɪ] (*comp* **-ier**, *superl* **-iest**) *adj* **- 1.** *inf* [film, remark] d'un goût douteux ; [jewellery] de pacotille **- 2.** [sticky] collant(e), pas encore sec (sèche).

taco ['tækəʊ] (*pl* **-s**) *n galette de maïs fourrée à la viande et au fromage.*

tact [tækt] *n (U)* tact *m*, délicatesse *f*.

tactful ['tæktfʊl] *adj* [remark] plein(e) de tact ; [person] qui a du tact OR de la délicatesse.

tactfully ['tæktfʊlɪ] *adv* avec tact, avec délicatesse.

tactic ['tæktɪk] *n* tactique *f*.
◆ **tactics** *n (U)* MIL tactique *f*.

tactical ['tæktɪkl] *adj* tactique.

tactical voting *n UK* vote *m* tactique.

tactless ['tæktlɪs] *adj* qui manque de tact OR délicatesse.

tactlessly ['tæktlɪslɪ] *adv* sans tact, sans délicatesse.

tadpole ['tædpəʊl] *n* têtard *m*.

Tadzhikistan [tɑ:,dʒɪkɪ'stɑ:n] *n* Tadjikistan *m* ; **in ~** au Tadjikistan.

taffeta ['tæfɪtə] *n (U)* taffetas *m*.

taffy ['tæfɪ] (*pl* **-ies**) *n US* caramel *m*.

tag [tæg] <> *n* **- 1.** [of cloth] marque *f* **- 2.** [of paper] étiquette *f* **- 3.** *(U)* [game] jeu *m* du chat **- 4.** COMPUT balise *f*. <> *vt* (*pt & pp* **-ged**, *cont* **-ging**) marquer, étiqueter.
◆ **tag along** *vi inf* suivre.

Tagus ['teɪgəs] *n* : **the ~** le Tage.

Tahiti [tɑ:'hi:tɪ] *n* Tahiti *m* ; **in ~** à Tahiti.

Tahitian [tɑ:'hi:ʃn] <> *adj* tahitien(enne). <> *n* Tahitien *m*, -enne *f*.

tail [teɪl] <> *n* **- 1.** [gen] queue *f* ; **with one's ~ between one's legs** *fig* la queue entre les jambes **- 2.** [of coat] basque *f*, pan *m* ; [of shirt] pan. <> *comp* arrière. <> *vt inf* [follow] filer.
◆ **tails** <> *n* [side of coin] pile *f*. <> *npl* [formal dress] queue-de-pie *f*, habit *m*.
◆ **tail off** *vi* **- 1.** [voice] s'affaiblir ; [noise] diminuer **- 2.** [figures, sales] diminuer, baisser.

tailback ['teɪlbæk] *n UK* bouchon *m*.

tailcoat [ˌteɪl'kəʊt] *n* habit *m*, queue-de-pie *f*.

tail end *n* fin *f*.

tailfin ['teɪlfɪn] *n* dérive *f*.

tailgate ['teɪlgeɪt] *n* AUT hayon *m*.

talk time *n (U)* crédit *m* de communication.

taillight ['teɪllaɪt] *n* feu *m* arrière.

tailor ['teɪləʳ] ◇ *n* tailleur *m*. ◇ *vt fig* adapter.

tailored ['teɪləd] *adj* ajusté(e), cintré(e).

tailor-made *adj fig* sur mesure.

tail pipe *n US* tuyau *m* d'échappement.

tailplane ['teɪlpleɪn] *n* plan *m* fixe horizontal.

tailwind ['teɪlwɪnd] *n* vent *m* arrière.

taint [teɪnt] ◇ *n* souillure *f*. ◇ *vt* [reputation] souiller, entacher.

tainted ['teɪntɪd] *adj* - **1.** [reputation] souillé(e), entaché(e) - **2.** *US* [food] avarié(e).

Taiwan [ˌtaɪ'wɑːn] *n* Taiwan ; **in ~** à Taiwan.

Taiwanese [ˌtaɪwə'niːz] ◇ *adj* taiwanais(e). ◇ *n* Taiwanais *m*, -e *f*.

take [teɪk] (*pt* **took**, *pp* **taken**) ◇ *vt* - **1.** [gen] prendre ; **to ~ a seat** prendre un siège, s'asseoir ; **to ~ control/command** prendre le contrôle/le commandement ; **to ~ an exam** passer un examen ; **to ~ a walk** se promener, faire une promenade ; **to ~ a bath/photo** prendre un bain/une photo ; **to ~ a lot of criticism** être très critiqué(e) ; **to ~ pity on sb** prendre qqn en pitié, avoir pitié de qqn ; **to ~ offence** se vexer, s'offenser ; **to ~ an interest in** s'intéresser à - **2.** [lead, drive] emmener - **3.** [accept] accepter - **4.** [contain] contenir, avoir une capacité de - **5.** [tolerate] supporter - **6.** [require] demander ; **how long will it ~?** combien de temps cela va-t-il prendre? - **7.** [wear] : **what size do you ~?** [clothes] quelle taille faites-vous? ; [shoes] vous chaussez du combien? - **8.** [assume] : **I ~ it (that)...** je suppose que..., je pense que... - **9.** [rent] prendre, louer. ◇ *vi* [dye, vaccine, fire] prendre. ◇ *n* CIN prise *f* de vues.

◆ **take aback** *vt sep* surprendre, décontenancer ; **to be taken aback** être décontenancé(e) OR surpris(e).

◆ **take after** *vt insep* tenir de, ressembler à.

◆ **take apart** *vt sep* [dismantle] démonter.

◆ **take away** *vt sep* - **1.** [remove] enlever - **2.** [deduct] retrancher, soustraire.

◆ **take back** *vt sep* - **1.** [return] rendre, rapporter - **2.** [accept] reprendre - **3.** [statement, accusation] retirer.

◆ **take down** *vt sep* - **1.** [dismantle] démonter - **2.** [write down] prendre - **3.** [lower] baisser.

◆ **take in** *vt sep* - **1.** [deceive] rouler, tromper - **2.** [understand] comprendre - **3.** [include] englober, couvrir - **4.** [provide accommodation for] recueillir.

◆ **take off** ◇ *vt sep* - **1.** [remove] enlever, ôter - **2.** [have as holiday] : **to ~ a week/day off** prendre une semaine/un jour de congé ; **to ~ time off** prendre un congé - **3.** *UK* [imitate] imiter - **4.** [go away suddenly] : **to ~ o.s. off** s'en aller, partir. ◇ *vi* - **1.** [plane] décoller - **2.** [go away suddenly] partir - **3.** [be successful] démarrer.

◆ **take on** ◇ *vt sep* - **1.** [accept] accepter, prendre - **2.** [employ] embaucher, prendre - **3.** [confront] s'attaquer à ; [competitor] faire concurrence à ; SPORT jouer contre. ◇ *vt insep* [assume] prendre.

◆ **take out** *vt sep* - **1.** [from container] sortir ; [from pocket] prendre - **2.** [delete] enlever, supprimer - **3.** [go out with] emmener, sortir avec ; **to ~ it** OR **a lot out of sb** *inf* épuiser qqn, vider qqn.

◆ **take out on** *vt sep* : **to ~ sthg out on sb** passer qqch sur qqn ; **don't ~ it out on me!** ne t'en prends pas à moi!

◆ **take over** ◇ *vt sep* - **1.** [take control of] reprendre, prendre la direction de - **2.** [job] : **to ~ over sb's job** remplacer qqn, prendre la suite de qqn. ◇ *vi* - **1.** [take control] prendre le pouvoir - **2.** [in job] prendre la relève.

◆ **take to** *vt insep* - **1.** [person] éprouver de la sympathie pour, sympathiser avec ; [activity] prendre goût à - **2.** [begin] : **to ~ to doing sthg** se mettre à faire qqch.

◆ **take up** *vt sep* - **1.** [begin - job] prendre ; **to ~ up singing** se mettre au chant - **2.** [continue - story] reprendre, continuer - **3.** [discuss] : **to ~ an issue up with sb** aborder une question avec qqn - **4.** [use up] prendre, occuper.

◆ **take up on** *vt sep* - **1.** [accept] : **to ~ sb up on an offer** accepter l'offre de qqn - **2.** [ask to explain] : **to ~ sb up on sthg** demander à qqn d'expliquer qqch.

◆ **take upon** *vt sep* : **to ~ it upon o.s. to do sthg** prendre sur soi de faire qqch.

takeaway *UK* ['teɪkəˌweɪ], **takeout** *US* ['teɪkaʊt] *n* - **1.** [shop] restaurant *m* qui fait des plats à emporter - **2.** [food] plat *m* à emporter.

take-home pay *n* salaire *m* net (après déductions).

taken ['teɪkn] ◇ *pp* ▷ **take**. ◇ *adj* : **she was very ~ with him/the idea** il/l'idée lui plaisait beaucoup.

takeoff ['teɪkɒf] *n* [of plane] décollage *m*.

takeout *US* = **takeaway**.

takeover ['teɪkˌəʊvəʳ] *n* - **1.** [of company] prise *f* de contrôle, rachat *m* - **2.** [of government] prise *f* de pouvoir.

takeover bid *n* offre *f* publique d'achat, OPA *f*.

taker ['teɪkəʳ] *n* preneur *m*, -euse *f*.

takeup ['teɪkʌp] *n* [of shares] souscription *f*.

takings ['teɪkɪŋz] *npl* recette *f*.

talc [tælk], **talcum (powder)** ['tælkəm-] *n* talc *m*.

tale [teɪl] *n* - **1.** [fictional story] histoire *f*, conte *m* - **2.** [anecdote] récit *m*, histoire *f*.

talent ['tælənt] *n* : ~ **(for)** talent *m* (pour).

talented ['tæləntɪd] *adj* qui a du talent, talentueux(euse).

talent scout *n* dénicheur *m*, -euse *f* de talents.

talisman ['tælɪzmən] (*pl* **-s**) *n* talisman *m*.

talk [tɔːk] ◇ *n* - **1.** [conversation] discussion *f*, conversation *f* - **2.** *(U)* [gossip] bavardages *mpl*, racontars *mpl* - **3.** [lecture] conférence *f*, causerie *f*. ◇ *vi* - **1.** [speak] : **to ~ (to sb)** parler (à qqn) ; **to ~ about** parler de ; **~ing of Lucy,...** à propos de Lucy,... ; **to ~ big** se vanter - **2.** [gossip] bavarder, jaser - **3.** [make a speech] faire un discours, parler ; **to ~ on** *OR* **about** parler de. ◇ *vt* parler.
◆ **talk down to** *vt insep* parler avec condescendance à.
◆ **talk into** *vt sep* : **to ~ sb into doing sthg** persuader qqn de faire qqch.
◆ **talk out of** *vt sep* : **to ~ sb out of doing sthg** dissuader qqn de faire qqch.
◆ **talk over** *vt sep* discuter de.
◆ **talks** *npl* entretiens *mpl*, pourparlers *mpl*.

talkative ['tɔːkətɪv] *adj* bavard(e), loquace.

talker ['tɔːkəʳ] *n* causeur *m*, -euse *f*, bavard *m*, -e *f*.

talking point ['tɔːkɪŋ-] *n* sujet *m* de conversation *OR* discussion.

talking-to ['tɔːkɪŋ-] *n inf* savon *m*, réprimande *f* ; **to give sb a good ~** passer un bon savon à qqn.

talk show *n US* talk-show *m*, causerie *f*.

tall [tɔːl] *adj* grand(e) ; **how ~ are you?** combien mesurez-vous? ; **she's 5 feet ~** elle mesure 1,50 m.

tallboy ['tɔːlbɔɪ] *n* commode *f*.

tall order *n* : **that's a ~** c'est demander beaucoup, cela va être difficile.

tall story *n* histoire *f* à dormir debout.

tally ['tælɪ] ◇ *n* (*pl* **-ies**) compte *m*. ◇ *vi* (*pt & pp* **-ied**) correspondre, concorder.

talon ['tælən] *n* serre *f*, griffe *f*.

tambourine [ˌtæmbə'riːn] *n* tambourin *m*.

tame [teɪm] ◇ *adj* - **1.** [animal, bird] apprivoisé(e) - **2.** *pej* [person] docile ; [party, story, life] terne, morne. ◇ *vt* - **1.** [animal, bird] apprivoiser - **2.** [people] mater, dresser.

tamely ['teɪmlɪ] *adv* [accept, agree] docilement.

tamer ['teɪməʳ] *n* dompteur *m*, -euse *f*.

Tamil ['tæmɪl] ◇ *adj* tamoul(e), tamil(e). ◇ *n* - **1.** [person] Tamoul *m*, -e *f*, Tamil *m*, -e *f* - **2.** [language] tamoul *m*, tamil *m*.

tamper ['tæmpəʳ] ◆ **tamper with** *vt insep* [machine] toucher à ; [records, file] altérer, falsifier ; [lock] essayer de crocheter.

tampon ['tæmpɒn] *n* tampon *m*.

tan [tæn] ◇ *adj* brun clair *(inv)*. ◇ *n* bronzage *m*, hâle *m*. ◇ *vi* (*pt & pp* **-ned**, *cont* **-ning**) bronzer.

tandem ['tændəm] *n* [bicycle] tandem *m* ; **in ~** en tandem.

tandoori [tæn'dʊərɪ] ◇ *n* tandouri *m*, tandoori *m*. ◇ *comp* tandouri, tandoori.

tang [tæŋ] *n* [taste] saveur *f* forte *OR* piquante ; [smell] odeur *f* forte *OR* piquante.

tangent ['tændʒənt] *n* GEOM tangente *f* ; **to go off at a ~** *fig* changer de sujet, faire une digression.

tangerine [ˌtændʒə'riːn] *n* mandarine *f*.

tangible ['tændʒəbl] *adj* tangible.

Tangier [tæn'dʒɪəʳ] *n* Tanger.

tangle ['tæŋgl] ◇ *n* - **1.** [mass] enchevêtrement *m*, emmêlement *m* - **2.** *fig* [confusion] embrouillamini *m* ; **to get into a ~** s'empêtrer, s'embrouiller. ◇ *vt* : **to get ~d (up)** s'emmêler. ◇ *vi* s'emmêler, s'enchevêtrer.
◆ **tangle with** *vt insep inf* se frotter à.

tangled ['tæŋgld] *adj* emmêlé(e) ; *fig* embrouillé(e).

tango ['tæŋgəʊ] ◇ *n* (*pl* **-es**) tango *m*. ◇ *vi* danser le tango.

tangy ['tæŋɪ] (*comp* **-ier**, *superl* **-iest**) *adj* piquant(e), fort(e).

tank [tæŋk] *n* - **1.** [container] réservoir *m* ; **fish ~** aquarium *m* - **2.** MIL tank *m*, char *m* (d'assaut).

tankard ['tæŋkəd] *n* chope *f*.

tanker ['tæŋkəʳ] *n* - **1.** [ship - for oil] pétrolier *m* - **2.** [truck] camion-citerne *m* - **3.** [train] wagon-citerne *m*.

tankful ['tæŋkfʊl] *n* [of petrol] réservoir *m* plein d'essence.

tanned [tænd] *adj* bronzé(e), hâlé(e).

tannin ['tænɪn] *n* tannin *m*, tanin *m*.

Tannoy® ['tænɔɪ] *n* système *m* de haut-parleurs.

tantalize, *UK* **-ise** ['tæntəlaɪz] *vt* mettre au supplice.

tantalizing ['tæntəlaɪzɪŋ] *adj* [smell] très appétissant(e) ; [possibility, thought] très tentant(e).

tantamount ['tæntəmaʊnt] *adj* : **~ to** équivalent(e) à.

tantrum ['tæntrəm] (*pl* **-s**) *n* crise *f* de colère ; **to have** *OR* **throw a ~** faire *OR* piquer une colère.

Tanzania [ˌtænzə'nɪə] *n* Tanzanie *f* ; **in ~** en Tanzanie.

Tanzanian [ˌtænzə'nɪən] ◇ *adj* tanzanien(enne). ◇ *n* Tanzanien *m*, -enne *f*.

tap [tæp] ◇ *n* - **1.** *UK* [device] robinet *m* - **2.** [light blow] petite tape *f*, petit coup *m*. ◇ *vt* (*pt & pp* **-ped**, *cont* **-ping**) - **1.** [hit] tapoter, taper - **2.** [resources, energy] exploiter, utiliser - **3.** [telephone, wire] mettre sur écoute. ◇ *vi* (*pt & pp* **-ped**, *cont* **-ping**) taper, frapper.

tap dance *n* claquettes *fpl*.

tap dancer *n* danseur *m*, -euse *f* de claquettes.

tape [teɪp] ◇ *n* - **1.** [magnetic tape] bande *f* magnétique ; [cassette] cassette *f* - **2.** [strip of cloth, adhesive material] ruban *m* - **3.** SPORT bande *f* d'arrivée. ◇ *vt* - **1.** [record] enregistrer ; [on video] magnétoscoper, enregistrer au magnétoscope - **2.** [stick] scotcher - **3.** *US* [bandage] bander.

tape deck *n* dérouleur *m* de bande magnétique.

tape measure *n* centimètre *m*, mètre *m*.

taper ['teɪpər] ◇ *n* [candle] bougie *f* fine. ◇ *vi* s'effiler ; [trousers] se terminer en fuseau.
◆ **taper off** *vi* diminuer.

tape-record [-rɪˌkɔːd] *vt* enregistrer (au magnétophone).

tape recorder *n* magnétophone *m*.

tape recording *n* enregistrement *m* (au magnétophone).

tapered ['teɪpəd] *adj* [fingers] effilé(e), fuselé(e) ; [trousers] en fuseau.

tapestry ['tæpɪstrɪ] (*pl* **-ies**) *n* tapisserie *f*.

tapeworm ['teɪpwɜːm] *n* ténia *m*.

tapioca [ˌtæpɪ'əʊkə] *n* tapioca *m*.

tapir ['teɪpər] (*pl* **tapir** *OR* **-s**) *n* tapir *m*.

tappet ['tæpɪt] *n* poussoir *m*.

tar [tɑːr] *n* (*U*) goudron *m*.

tarantula [tə'ræntjʊlə] *n* tarentule *f*.

target ['tɑːgɪt] ◇ *n* - **1.** [of missile, bomb] objectif *m* ; [for archery, shooting] cible *f* - **2.** *fig* [for criticism] cible *f* - **3.** *fig* [goal] objectif *m* ; **on ~** dans les temps. ◇ *vt* - **1.** [city, building] viser - **2.** *fig* [subj: policy] s'adresser à, viser ; [subj: advertising] cibler.

tariff ['tærɪf] *n* - **1.** [tax] tarif *m* douanier - **2.** [list] tableau *m* *OR* liste *f* des prix.

Tarmac® ['tɑːmæk] *n* [material] macadam *m*.
◆ **tarmac** *n* AERON : **the tarmac** la piste.

tarnish ['tɑːnɪʃ] ◇ *vt lit & fig* ternir. ◇ *vi* se ternir.

tarnished ['tɑːnɪʃt] *adj lit & fig* terni(e).

tarot ['tærəʊ] *n* : **the ~** le tarot, les tarots *mpl*.

tarot card *n* tarot *m*.

tarpaulin [tɑː'pɔːlɪn] *n* [material] toile *f* goudronnée ; [sheet] bâche *f*.

tarragon ['tærəgən] *n* estragon *m*.

tart [tɑːt] ◇ *adj* - **1.** [bitter] acide - **2.** [sarcastic] acide, acerbe. ◇ *n* - **1.** CULIN tarte *f* - **2.** *v inf* [prostitute] pute *f*, grue *f*.
◆ **tart up** *vt sep UK inf pej* [room] retaper, rénover ; **to ~ o.s. up** se faire beau (belle).

tartan ['tɑːtn] ◇ *n* tartan *m*. ◇ *comp* écossais(e).

tartar(e) sauce ['tɑːtər-] *n* sauce *f* tartare.

tartness ['tɑːtnɪs] *n* acidité *f*.

task [tɑːsk] *n* tâche *f*, besogne *f*.

task force *n* MIL corps *m* expéditionnaire.

taskmaster ['tɑːskˌmɑːstər] *n* : **hard ~** tyran *m*.

Tasmania [tæz'meɪnjə] *n* Tasmanie *f*.

Tasmanian [tæz'meɪnjən] ◇ *adj* tasmanien(enne). ◇ *n* Tasmanien *m*, -enne *f*.

tassel ['tæsl] *n* pompon *m*, gland *m*.

taste [teɪst] ◇ *n* - **1.** [gen] goût *m* ; **have a ~!** goûte! ; **in good/bad ~** de bon/mauvais goût - **2.** *fig* [liking] : **~ (for)** penchant *m* (pour), goût *m* (pour) - **3.** *fig* [experience] aperçu *m* ; **to have had a ~ of sthg** avoir tâté *OR* goûté de qqch. ◇ *vt* - **1.** [sense - food] sentir - **2.** [test, try] déguster, goûter - **3.** *fig* [experience] tâter de, goûter de. ◇ *vi* : **to ~ of/like** avoir le goût de ; **to ~ good/odd** *etc* avoir bon goût/un drôle de goût *etc*.

taste bud *n* papille *f* gustative.

tasteful ['teɪstfʊl] *adj* de bon goût.

tastefully ['teɪstfʊlɪ] *adv* avec goût.

tasteless ['teɪstlɪs] *adj* - **1.** [object, decor, remark] de mauvais goût - **2.** [food] qui n'a aucun goût, fade.

taster ['teɪstər] *n* dégustateur *m*, -trice *f*.

tasty ['teɪstɪ] (*comp* **-ier**, *superl* **-iest**) *adj* [delicious] délicieux(euse), succulent(e).

tat [tæt] *n* (*U*) *UK inf pej* camelote *f*.

tattered ['tætəd] *adj* en lambeaux.

tatters ['tætəz] *npl* : **in ~** [clothes] en lambeaux ; [confidence] brisé(e) ; [reputation] ruiné(e).

tattoo [tə'tuː] ◇ *n* (*pl* **-s**) - **1.** [design] tatouage *m* - **2.** *UK* [military display] parade *f* *OR* défilé *m* militaire. ◇ *vt* tatouer.

tattooist [tə'tuːɪst] *n* tatoueur *m*.

tatty ['tætɪ] (*comp* **-ier**, *superl* **-iest**) *adj UK inf pej* [clothes] défraîchi(e), usé(e) ; [flat, area] miteux(euse), minable.

taught [tɔːt] *pt* & *pp* ▷ **teach**.

taunt [tɔːnt] ◇ *vt* railler, se moquer de. ◇ *n* raillerie *f*, moquerie *f*.

Taurus ['tɔːrəs] *n* Taureau *m* ; **to be (a) ~** être Taureau.

taut [tɔːt] *adj* tendu(e).

tauten ['tɔːtn] ◇ *vt* tendre. ◇ *vi* se tendre.

tautology [tɔː'tɒlədʒɪ] *n* tautologie *f*.

tavern ['tævn] *n* taverne *f*.

tawdry ['tɔːdrɪ] (*comp* **-ier**, *superl* **-iest**) *adj pej* [jewellery] clinquant(e) ; [clothes] voyant(e), criard(e).

tawny ['tɔːnɪ] *adj* fauve.

tax [tæks] ◇ *n*. taxe *f*, impôt *m*. ◇ *vt* **- 1.** [goods] taxer **- 2.** [profits, business, person] imposer **- 3.** [strain] mettre à l'épreuve.

taxable ['tæksəbl] *adj* imposable.

tax allowance *n UK* abattement *m* fiscal.

taxation [tæk'seɪʃn] *n (U)* **- 1.** [system] imposition *f* **- 2.** [amount] impôts *mpl*.

tax avoidance [-ə'vɔɪdəns] *n* évasion *f* fiscale.

tax collector *n* percepteur *m*.

tax cut *n* baisse *f* de l'impôt.

tax-deductible [-dɪ'dʌktəbl] *adj* déductible des impôts.

tax disc *n UK* vignette *f*.

tax evasion *n* fraude *f* fiscale.

tax-exempt *US* = **tax-free**.

tax exemption *n* exonération *f* d'impôt.

tax exile *n UK personne qui vit à l'étranger pour échapper au fisc.*

tax-free, *US* **tax-exempt** *adj* exonéré(e) (d'impôt).

tax haven *n* paradis *m* fiscal.

taxi ['tæksɪ] ◇ *n* taxi *m*. ◇ *vi* [plane] rouler au sol.

taxicab ['tæksɪkæb] *n* taxi *m*.

taxidermist ['tæksɪdɜːmɪst] *n* taxidermiste *mf*.

taxi driver *n* chauffeur *m* de taxi.

taximeter ['tæksɪˌmiːtəʳ] *n* taximètre *m*.

taxing ['tæksɪŋ] *adj* éprouvant(e).

tax inspector *n* inspecteur *m* des impôts.

taxi rank *UK*, **taxi stand** *n* station *f* de taxis.

taxman ['tæksmæn] (*pl* **-men** [-men]) *n* percepteur *m*.

taxpayer ['tæksˌpeɪəʳ] *n* contribuable *mf*.

tax relief *n* allègement *m* OR dégrèvement *m* fiscal.

tax return *n* déclaration *f* d'impôts.

tax year *n* année *f* fiscale.

TB *n see also* **tuberculosis**.

T-bone steak *n* steak *m* dans l'aloyau.

tbs., **tbsp.** (*abbr of* **tablespoon(ful)**) cs.

TD *n* **- 1.** (*abbr of* **Treasury Department**) *ministère américain de l'Économie et des Finances* **- 2.** *see also* **touchdown**.

tea [tiː] *n* **- 1.** [drink, leaves] thé *m* **- 2.** *UK* [afternoon meal] goûter *m* ; [evening meal] dîner *m*.

teabag ['tiːbæg] *n* sachet *m* de thé.

tea ball *n US* boule *f* à thé.

tea break *n UK pause pour prendre le thé*, ≃ pause-café *f*.

tea caddy [-ˌkædɪ] *n* boîte *f* à thé.

teacake ['tiːkeɪk] *n UK petit pain rond avec des raisins secs.*

teach [tiːtʃ] (*pt* & *pp* **taught**) ◇ *vt* **- 1.** [instruct] apprendre ; **to ~ sb sthg, to ~ sthg to sb** apprendre qqch à qqn ; **to ~ sb to do sthg** apprendre à qqn à faire qqch ; **to ~ (sb) that...** apprendre (à qqn) que... **- 2.** [subj: teacher] enseigner ; **to ~ sb sthg, to ~ sthg to sb** enseigner qqch à qqn. ◇ *vi* enseigner.

teacher ['tiːtʃəʳ] *n* [in primary school] instituteur *m*, -trice *f*, maître *m*, maîtresse *f* ; [in secondary school] professeur *m*, -(e) *f*.

teachers college *US* = **teacher training college**.

teacher's pet *n pej* chouchou *m*, chouchoute *f*.

teacher training college *UK*, **teachers college** *US n* ≃ institut *m* universitaire de formation des maîtres, ≃ IUFM *m*.

teaching ['tiːtʃɪŋ] *n* enseignement *m*.

teaching aid *n* support *m* pédagogique.

teaching hospital *n UK* centre *m* hospitalo-universitaire, C.H.U. *m*

teaching practice *n (U)* stage *m* de formation.

teaching staff *npl* enseignants *mpl*.

tea cloth *n UK* **- 1.** [tablecloth] nappe *f* **- 2.** [tea towel] torchon *m*.

tea cosy, *US* **tea cozy** *n* couvre-théière *m inv*, cosy *m*.

teacup ['tiːkʌp] *n* tasse *f* à thé.

teak [tiːk] ◇ *n* teck *m*. ◇ *comp* en teck.

tea leaves *npl* feuilles *fpl* de thé.

team [tiːm] *n* équipe *f*.

◆ **team up** *vi* : **to ~ up (with sb)** faire équipe (avec qqn).

team games *npl* jeux *mpl* d'équipe.

teammate ['ti:mmeɪt] *n* co-équipier *m*, -ère *f*.

team spirit *n* esprit *m* d'équipe.

teamster ['ti:mstəʳ] *n* **US** routier *m*, camionneur *m*.

teamwork ['ti:mwɜ:k] *n (U)* travail *m* d'équipe, collaboration *f*.

tea party *n* thé *m*.

teapot ['ti:pɒt] *n* théière *f*.

tear[1] [tɪəʳ] *n* larme *f* ; **in ~s** en larmes.

tear[2] [teəʳ] ◇ *vt* (*pt* **tore**, *pp* **torn**) - **1.** [rip] déchirer ; **to ~ sthg open** ouvrir qqch (en le déchirant) ; **to ~ sb/sthg to pieces** *fig* éreinter qqn/qqch - **2.** [remove roughly] arracher - **3.** *phr* **to be torn between** être tiraillé(e) entre. ◇ *vi* (*pt* **tore**, *pp* **torn**) - **1.** [rip] se déchirer - **2.** [move quickly] foncer, aller à toute allure - **3.** *phr* **to ~ loose** s'échapper. ◇ *n* déchirure *f*, accroc *m*.

◆ **tear apart** *vt sep* - **1.** [rip up] déchirer, mettre en morceaux - **2.** *fig* [country, company] diviser ; [person] déchirer.

◆ **tear at** *vt insep* déchirer.

◆ **tear away** *vt sep* : **to ~ o.s. away (from)** s'arracher (de OR à).

◆ **tear down** *vt sep* [building] démolir ; [poster] arracher.

◆ **tear off** *vt sep* [clothes] enlever à la hâte.

◆ **tear up** *vt sep* déchirer.

tearaway ['teərə,weɪ] *n* **UK** *inf* casse-cou *mf inv*.

teardrop ['tɪədrɒp] *n* larme *f*.

tearful ['tɪəfʊl] *adj* - **1.** [person] en larmes - **2.** [event] larmoyant(e).

tear gas [tɪəʳ-] *n (U)* gaz *m* lacrymogène.

tearing ['teərɪŋ] *adj inf* terrible, fou (folle).

tearjerker ['tɪə,dʒɜ:kəʳ] *n hum* roman *m* OR film *m* qui fait pleurer dans les chaumières.

tearoom ['ti:rʊm] *n* salon *m* de thé.

tease [ti:z] ◇ *n* taquin *m*, -e *f*. ◇ *vt* [mock] : **to ~ sb (about sthg)** taquiner qqn (à propos de qqch).

tea service, **tea set** *n* service *m* à thé.

tea shop *n* **UK** salon *m* de thé.

teasing ['ti:zɪŋ] *adj* taquin(e).

Teasmaid® ['ti:zmeɪd] *n* **UK** théière *f* automatique avec horloge incorporée.

teaspoon ['ti:spu:n] *n* - **1.** [utensil] petite cuillère *f*, cuillère à café - **2.** [amount] cuillerée *f* à café.

tea strainer *n* passoire *f*.

teat [ti:t] *n* tétine *f*.

teatime ['ti:taɪm] *n* **UK** l'heure *f* du thé.

tea towel *n* **UK** torchon *m*.

tea urn *n* fontaine *f* à thé.

technical ['teknɪkl] *adj* technique.

technical college *n* **UK** collège *m* technique.

technical drawing *n (U)* dessin *m* industriel.

technicality [,teknɪ'kælətɪ] (*pl* **-ies**) *n* - **1.** [intricacy] technicité *f* - **2.** [detail] détail *m* technique.

technically ['teknɪklɪ] *adv* - **1.** [gen] techniquement - **2.** [theoretically] en théorie.

technician [tek'nɪʃn] *n* technicien *m*, -enne *f*.

Technicolor® ['teknɪ,kʌləʳ] *n (U)* Technicolor® *m*.

technique [tek'ni:k] *n* technique *f*.

techno ['teknəʊ] *n* MUS techno *f*.

technobabble ['teknəʊ,bæbl] *n inf* jargon *m* technique.

technocrat ['teknəkræt] *n* technocrate *mf*.

technological [,teknə'lɒdʒɪkl] *adj* technologique.

technologist [tek'nɒlədʒɪst] *n* technologue *mf*.

technology [tek'nɒlədʒɪ] (*pl* **-ies**) *n* technologie *f*.

technophobe ['tɛknəfoʊb] *n* technophobe.

teddy ['tedɪ] (*pl* **-ies**) *n* : **~ (bear)** ours *m* en peluche, nounours *m*.

tedious ['ti:djəs] *adj* ennuyeux(euse).

tedium ['ti:djəm] *n fml* ennui *m*.

tee [ti:] *n* GOLF tee *m*.

◆ **tee off** *vi* GOLF partir du tee.

teem [ti:m] *vi* - **1.** [rain] pleuvoir à verse - **2.** [place] : **to be ~ing with** grouiller de.

teen [ti:n] *adj inf* [fashion] pour ados ; [music, problems] d'ados.

teenage ['ti:neɪdʒ] *adj* adolescent(e).

teenager ['ti:n,eɪdʒəʳ] *n* adolescent *m*, -e *f*.

teens [ti:nz] *npl* adolescence *f*.

teeny (weeny) [,ti:nɪ('wi:nɪ)], **teensy (weensy)** [,ti:nzɪ('wi:nzɪ)] *adj inf* minuscule, tout petit (toute petite).

tee shirt *n* tee-shirt *m*.

teeter ['ti:təʳ] *vi* vaciller ; **to ~ on the brink of** *fig* être au bord de.

teeter-totter *n* **US** bascule *f*.

teeth [ti:θ] *pl* ▷ **tooth**.

teethe [ti:ð] *vi* [baby] percer ses dents.

teething ring ['ti:ðɪŋ-] *n* anneau *m* de dentition.

teething troubles ['ti:ðɪŋ-] *npl fig* difficultés *fpl* initiales.

teetotal [ti:'təʊtl] *adj* qui ne boit jamais d'alcool.

teetotaller *UK*, **teetotaler** *US* [ti:'təʊtlər] *n* personne *f* qui ne boit jamais d'alcool.

TEFL ['tefl] (*abbr of* **teaching of English as a foreign language**) *n enseignement de l'anglais langue étrangère.*

Teflon® ['teflɒn] ◇ *n* Téflon® *m*. ◇ *comp* en Téflon®.

Tehran, **Teheran** [ˌteə'rɑ:n] *n* Téhéran.

tel. (*abbr of* **telephone**) tél.

Tel-Aviv [ˌtelə'vi:v] *n*: **~(-Jaffa)** Tel-Aviv(-Jaffa).

tele- ['telɪ] *prefix* télé-.

telebanking ['telɪˌbæŋkɪŋ] *n* télébanque *f*.

telecast ['telɪkɑ:st] *n* émission *f* de télévision.

telecom ['telɪkɒm] *n*, **telecoms** ['telɪkɒmz] *npl UK inf* télécommunications *fpl*.

telecommunications ['telɪkəˌmju:nɪ'keɪʃnz] *npl* télécommunications *fpl*.

teleconference ['telɪˌkɒnfərəns] *n* téléconférence *f*.

telegram ['telɪgræm] *n* télégramme *m*.

telegraph ['telɪgrɑ:f] ◇ *n* télégraphe *m*. ◇ *vt* télégraphier.

telegraph pole *UK*, **telegraph post** *UK*, **telephone pole** *US n* poteau *m* télégraphique.

telepathic [ˌtelɪ'pæθɪk] *adj* télépathique.

telepathy [tɪ'lepəθɪ] *n* télépathie *f*.

telephone ['telɪfəʊn] ◇ *n* téléphone *m* ; **to be on the ~** *UK* [connected] avoir le téléphone ; [speaking] être au téléphone. ◇ *vt* téléphoner à. ◇ *vi* téléphoner.

telephone book *n* annuaire *m*.

telephone booth *n* cabine *f* téléphonique.

telephone box *n UK* cabine *f* téléphonique.

telephone call *n* appel *m* téléphonique, coup *m* de téléphone.

telephone directory *n* annuaire *m*.

telephone exchange *n* central *m* téléphonique.

telephone kiosk *n UK* cabine *f* téléphonique.

telephone number *n* numéro *m* de téléphone.

telephone operator *n* standardiste *mf*.

telephone pole *US* = **telegraph pole**.

telephone tapping [-'tæpɪŋ] *n* mise *f* sur écoute.

telephonist [tɪ'lefənɪst] *n UK* téléphoniste *mf*.

telephoto lens [ˌtelɪ'fəʊtəʊ-] *n* téléobjectif *m*.

teleprinter ['telɪˌprɪntər], *US* **teletypewriter** [ˌtelɪ'taɪpˌraɪtər] *n* téléscripteur *m*.

Teleprompter® [ˌtelɪ'prɒmptər] *n* téléprompteur *m*.

telesales ['telɪseɪlz] *npl* vente *f* par téléphone.

telescope ['telɪskəʊp] *n* télescope *m*.

telescopic [ˌtelɪ'skɒpɪk] *adj* télescopique.

teleshopping [ˌtelɪ'ʃɒpɪŋ] *n* téléachat *m*.

teletext ['telɪtekst] *n* télétexte *m*.

telethon ['telɪθɒn] *n* téléthon *m*.

teletypewriter *US* = **teleprinter**.

televideo [telɪ'vɪdəʊ] *n* combiné *m* télémagnétoscope.

televise ['telɪvaɪz] *vt* téléviser.

television ['telɪˌvɪʒn] *n* - **1.** *(U)* [medium, industry] télévision *f* ; **on ~** à la télévision - **2.** [apparatus] (poste *m* de) télévision *f*, téléviseur *m*.

television licence *n UK* redevance *f*.

television programme *UK*, **television program** *US n* émission *f* de télévision.

television set *n* poste *m* de télévision, téléviseur *m*.

teleworker ['telɪwɜ:kər] *n* télétravailleur *m*, -euse *f*.

teleworking ['telɪˌwɜ:kɪŋ] *n* télétravail *m*.

telex ['teleks] ◇ *n* télex *m*. ◇ *vt* [message] envoyer par télex, télexer ; [person] envoyer un télex à.

tell [tel] (*pt & pp* **told**) ◇ *vt* - **1.** [gen] dire ; [story] raconter ; **to ~ sb (that)...** dire à qqn que... ; **to ~ sb sthg, to ~ sthg to sb** dire qqch à qqn ; **to ~ sb to do sthg** dire *OR* ordonner à qqn de faire qqch ; **I told you so!** je te l'avais bien dit! - **2.** [judge, recognize] savoir, voir ; **he can't ~ the time** il ne sait pas lire l'heure ; **could you ~ me the time?** tu peux me dire l'heure (qu'il est)? ; **there's no ~ing...** on ne peut pas savoir... ◇ *vi* - **1.** [speak] parler - **2.** [judge] savoir - **3.** [have effect] se faire sentir.

◆ **tell apart** *vt sep* distinguer.

◆ **tell off** *vt sep* gronder.

teller ['telər] *n* - **1.** [of votes] scrutateur *m*, -trice *f* - **2.** *esp US* [in bank] caissier *m*, -ère *f*.

telling ['telɪŋ] *adj* [remark] révélateur(trice).

telling-off (*pl* **tellings-off**) *n* réprimande *f*.

telltale ['telteɪl] ◇ *adj* révélateur(trice). ◇ *n* rapporteur *m*, -euse *f*, mouchard *m*, -e *f*.

telly ['telɪ] (*pl* **-ies**) (*abbr of* **television**) *n UK inf* télé *f* ; **on ~** à la télé.

temerity [tɪ'merətɪ] *n* témérité *f.*

temp [temp] *inf* <> *n* (*abbr of* **temporary (employee)**) intérimaire *mf.* <> *vi UK* travailler comme intérimaire.

temp. (*abbr of* **temperature**) temp.

temper ['tempəʳ] <> *n* - **1.** [angry state] : **to be in a ~** être en colère ; **to lose one's ~** se mettre en colère ; **to have a short ~** être emporté - **2.** [mood] humeur *f* - **3.** [temperament] tempérament *m.* <> *vt* [moderate] tempérer.

temperament ['temprəmənt] *n* tempérament *m.*

temperamental [ˌtemprə'mentl] *adj* [volatile, unreliable] capricieux(euse).

temperance ['temprəns] *(U) n* [moderation] modération *f* ; [from alcohol] tempérance *f.*

temperate ['temprət] *adj* tempéré(e).

temperature ['temprətʃəʳ] *n* température *f* ; **to take sb's ~** prendre la température de qqn ; **to have a ~** avoir de la température OR de la fièvre.

tempered ['tempəd] *adj* - **1.** [steel] trempé(e) - **2.** [moderated] tempéré(e), modéré(e).

tempest ['tempɪst] *n lit* tempête *f.*

tempestuous [tem'pestjʊəs] *adj lit* & *fig* orageux(euse).

tempi ['tempi:] *pl* ⊳ **tempo.**

template ['templɪt] *n* gabarit *m.*

temple ['templ] *n* - **1.** RELIG temple *m* - **2.** ANAT tempe *f.*

templet ['templɪt] = **template.**

tempo ['tempəʊ] (*pl* **-pos** OR **-pi** [-pi:]) *n* tempo *m.*

temporarily [ˌtempə'rerəlɪ] *adv* temporairement, provisoirement.

temporary ['tempərərɪ] *adj* temporaire, provisoire.

tempt [tempt] *vt* tenter ; **to ~ sb to do sthg** donner à qqn l'envie de faire qqch ; **to be** OR **feel ~ed to do sthg** être tenté OR avoir envie de faire qqch.

temptation [temp'teɪʃn] *n* tentation *f.*

tempting ['temptɪŋ] *adj* tentant(e).

ten [ten] *num* dix, *see also* **six.**

tenable ['tenəbl] *adj* - **1.** [argument, position] défendable - **2.** [job, post] : **~ for** auquel on est nommé(e) pour.

tenacious [tɪ'neɪʃəs] *adj* tenace.

tenacity [tɪ'næsətɪ] *n (U)* ténacité *f.*

tenancy ['tenənsɪ] (*pl* **-ies**) *n* location *f.*

tenant ['tenənt] *n* locataire *mf.*

Ten Commandments *npl* : **the ~** les dix commandements *mpl.*

tend [tend] *vt* - **1.** [have tendency] : **to ~ to do sthg** avoir tendance à faire qqch ; **I ~ to think (that)...** j'ai tendance à penser que... - **2.** [look after] s'occuper de, garder.

tendency ['tendənsɪ] (*pl* **-ies**) *n* : **~ (to do sthg)** tendance *f* (à faire qqch) ; **a ~ towards fascism** une tendance fasciste.

tender ['tendəʳ] <> *adj* tendre ; [bruise, part of body] sensible, douloureux(euse). <> *n* COMM soumission *f.* <> *vt fml* [apology, money] offrir ; [resignation] donner.

tenderize, *UK* **-ise** ['tendəraɪz] *vt* attendrir.

tenderly ['tendəlɪ] *adv* [caringly] tendrement.

tenderness ['tendənɪs] *(U) n* - **1.** [compassion] tendresse *f* - **2.** [soreness] sensibilité *f.*

tendon ['tendən] *n* tendon *m.*

tendril ['tendrəl] *n* vrille *f.*

tenement ['tenəmənt] *n* immeuble *m.*

Tenerife [ˌtenə'ri:f] *n* Tenerife ; **in ~** à Tenerife.

tenet ['tenɪt] *n fml* principe *m.*

tenner ['tenəʳ] *n UK inf* [amount] dix livres ; [note] billet *m* de dix livres.

Tennessee [ˌtenə'si:] *n* Tennessee *m* ; **in ~** dans le Tennessee.

tennis ['tenɪs] <> *n (U)* tennis *m.* <> *comp* de tennis.

tennis ball *n* balle *f* de tennis.

tennis court *n* court *m* de tennis.

tennis racket *n* raquette *f* de tennis.

tenor ['tenəʳ] <> *adj* [saxophone, recorder] ténor *(inv)* ; [voice] de ténor. <> *n* - **1.** [singer] ténor *m* - **2.** *fml* [meaning] sens *m*, substance *f.*

tenpin bowling *UK* ['tenpɪn-], **tenpins** *US* ['tenpɪnz] *n (U)* bowling *m* (à dix quilles).

tense [tens] <> *adj* tendu(e). <> *n* temps *m.* <> *vt* tendre. <> *vi* se contracter.

tensed up [tenst-] *adj* contracté(e), tendu(e).

tension ['tenʃn] *n* tension *f.*

ten-spot *n US* billet *m* de dix dollars.

tent [tent] *n* tente *f.*

tentacle ['tentəkl] *n* tentacule *m.*

tentative ['tentətɪv] *adj* - **1.** [hesitant] hésitant(e) - **2.** [not final] provisoire.

tentatively ['tentətɪvlɪ] *adv* - **1.** [hesitantly] de façon hésitante - **2.** [not finally] provisoirement.

tenterhooks ['tentəhʊks] *npl* : **to be on ~** être sur des charbons ardents.

tenth [tenθ] *num* dixième, *see also* **sixth**.

tent peg *n* piquet *m* de tente.

tent pole *n* montant *m* OR mât *m* de tente.

tenuous ['tenjʊəs] *adj* ténu(e).

tenuously ['tenjʊəslɪ] *adv* de façon ténue.

tenure ['tenjə^r] *n (U) fml* - **1.** [of property] bail *m* - **2.** [of job] : **to have ~** être titulaire.

tepee ['ti:pi:] *n* tipi *m*.

tepid ['tepɪd] *adj* tiède.

tequila [tɪ'ki:lə] *n* tequila *f*.

Ter., **Terr.** *see also* **Terrace**.

term [tɜ:m] ◇ *n* - **1.** [word, expression] terme *m* - **2.** *UK* SCH & UNIV trimestre *m* - **3.** [period of time] durée *f*, période *f* ; **a prison ~** une peine de prison ; **in the long/short ~** à long/court terme. ◇ *vt* appeler.

◆ **terms** *npl* - **1.** [of contract, agreement] conditions *fpl* - **2.** [basis] : **in international/real ~s** en termes internationaux/réels ; **on equal** OR **the same ~s** d'égal à égal ; **to be on good ~s (with sb)** être en bons termes (avec qqn) ; **to be on speaking ~s** s'adresser la parole, se parler ; **to be on speaking ~s with sb** adresser la parole à qqn, parler à qqn ; **to come to ~s with sthg** accepter qqch - **3.** *phr* **to think in ~s of doing sthg** envisager de OR penser faire qqch.

◆ **in terms of** *prep* sur le plan de, en termes de.

terminal ['tɜ:mɪnl] ◇ *adj* MED en phase terminale. ◇ *n* - **1.** AERON, COMPUT & RAIL terminal *m* - **2.** ELEC borne *f*.

terminally ['tɜ:mɪnəlɪ] *adv* : **to be ~ ill** être en phase terminale.

terminate ['tɜ:mɪneɪt] ◇ *vt* - **1.** *fml* [end - gen] terminer, mettre fin à ; [- contract] résilier - **2.** [pregnancy] interrompre. ◇ *vi* - **1.** [bus, train] s'arrêter - **2.** [contract] se terminer.

termination [,tɜ:mɪ'neɪʃn] *n* - **1.** *(U) fml* [ending - gen] conclusion *f* ; [- of contract] résiliation *f* - **2.** [of pregnancy] interruption *f* (volontaire) de grossesse.

termini ['tɜ:mɪnaɪ] *pl* ▻ **terminus**.

terminology [,tɜ:mɪ'nɒlədʒɪ] *n* terminologie *f*.

terminus ['tɜ:mɪnəs] (*pl* **-ni** [-naɪ] , *pl* **-nuses** [-nəsi:z]) *n* terminus *m*.

termite ['tɜ:maɪt] *n* termite *m*.

Terr. = **Ter.**

terrace ['terəs] *n* - **1.** [patio, on hillside] terrasse *f* - **2.** *UK* [of houses] rangée *f* de maisons.

◆ **terraces** *npl* FTBL : **the ~s** les gradins *mpl*.

terraced ['terəst] *adj* [hillside] en terrasses.

terraced house *n UK maison attenante aux maisons voisines*.

terracotta [,terə'kɒtə] *n* terre *f* cuite.

terrain [te'reɪn] *n* terrain *m*.

terrapin ['terəpɪn] (*pl* **terrapin** OR **-s**) *n* tortue *f* d'eau douce.

terrestrial [tə'restrɪəl] *adj fml* terrestre.

terrible ['terəbl] *adj* terrible ; [holiday, headache, weather] affreux(euse), épouvantable.

terribly ['terəblɪ] *adv* terriblement ; [sing, write, organized] affreusement mal ; [injured] affreusement.

terrier ['terɪə^r] *n* terrier *m*.

terrific [tə'rɪfɪk] *adj* - **1.** *inf* [wonderful] fantastique, formidable - **2.** [enormous] énorme, fantastique.

terrified ['terɪfaɪd] *adj* terrifié(e) ; **to be ~ of** avoir une terreur folle OR peur folle de.

terrify ['terɪfaɪ] (*pt* & *pp* **-ied**) *vt* terrifier.

terrifying ['terɪfaɪɪŋ] *adj* terrifiant(e).

terrine [te'ri:n] *n* terrine *f*.

territorial [,terɪ'tɔ:rɪəl] *adj* territorial(e).

Territorial Army *n UK* : **the ~** l'armée territoriale.

territorial waters *npl* eaux *fpl* territoriales.

territory ['terətrɪ] (*pl* **-ies**) *n* territoire *m*.

terror ['terə^r] *n* terreur *f*.

terrorism ['terərɪzm] *n* terrorisme *m*.

terrorist ['terərɪst] *n* terroriste *mf*.

terrorize, *UK* **-ise** ['terəraɪz] *vt* terroriser.

terror-stricken *adj* épouvanté(e).

terry(cloth) ['terɪ(klɒθ)] *n* tissu *m* éponge.

terse [tɜ:s] *adj* brusque.

tersely ['tɜ:slɪ] *adv* avec brusquerie.

tertiary ['tɜ:ʃərɪ] *adj* tertiaire.

tertiary education *n* enseignement *m* supérieur.

Terylene® ['terəli:n] *n* Térylène® *m*.

TESL ['tesl] (*abbr of* **teaching of English as a second language**) *n enseignement de l'anglais seconde langue*.

TESSA ['tesə] (*abbr of* **tax-exempt special savings account**) *n en Grande-Bretagne, plan d'épargne exonéré d'impôt*.

test [test] ◇ *n* - **1.** [trial] essai *m* ; [of friendship, courage] épreuve *f* ; **to put sb/sthg to the ~** mettre qqn/qqch à l'épreuve - **2.** [examination - of aptitude, psychological] test *m* ; SCH & UNIV interrogation *f* écrite/orale ; [- of driving] (examen *m* du) permis *m* de conduire - **3.** [MED - of blood, urine] analyse *f* ; [- of eyes] examen *m*. ◇ *vt* - **1.** [try] essayer ; [determination, friendship] mettre à l'épreuve - **2.** SCH & UNIV faire faire une interrogation écrite/orale à ; **to ~ sb on**

sthg interroger qqn sur qqch - **3.** [MED - blood, urine] analyser ; [- eyes, reflexes] faire un examen de.

testament ['testəmənt] *n* - **1.** [will] testament *m* - **2.** [proof] : **~ to** témoignage *m* de.

test ban *n* interdiction *f* d'essais nucléaires.

test card *n UK* mire *f*.

test case *n* LAW affaire-test *f*.

test-drive *vt* essayer.

tester ['testər] *n* - **1.** [person] contrôleur *m*, -euse *f* - **2.** [sample] échantillon *m*.

test flight *n* vol *m* d'essai.

testicles ['testɪklz] *npl* testicules *mpl*.

testify ['testɪfaɪ] (*pt & pp* **-ied**) ◇ *vt* : **to ~ that...** témoigner que... ◇ *vi* - **1.** LAW témoigner - **2.** [be proof] : **to ~ to sthg** témoigner de qqch.

testimonial [ˌtestɪ'məʊnjəl] *n* - **1.** [character reference] recommandation *f* - **2.** [tribute] témoignage *m* d'estime.

testimony [*UK* 'testɪmənɪ, *US* 'testəməʊnɪ] *n* témoignage *m*.

testing ['testɪŋ] *adj* éprouvant(e).

testing ground *n* banc *m* d'essai.

test match *n UK* match *m* international.

test paper *n* - **1.** SCH interrogation *f* écrite - **2.** CHEM papier *m* réactif.

test pattern *n US* mire *f*.

test pilot *n* pilote *m* d'essai.

test tube *n* éprouvette *f*.

test-tube baby *n* bébé-éprouvette *m*.

testy ['testɪ] (*comp* **-ier**, *superl* **-iest**) *adj* [person] irritable ; [remark] désobligeant(e).

tetanus ['tetənəs] *n* tétanos *m*.

tetchy ['tetʃɪ] (*comp* **-ier**, *superl* **-iest**) *adj* ombrageux(euse), qui prend ombrage facilement.

tête-à-tête [ˌteɪtɑ:'teɪt] *n* tête-à-tête *m inv*.

tether ['teðər] ◇ *vt* attacher. ◇ *n* : **to be at the end of one's ~** être au bout du rouleau.

Texan ['teksn] *n* Texan *m*, -e *f*.

Texas ['teksəs] *n* Texas *m* ; **in ~** au Texas.

Tex-Mex [ˌteks'meks] *adj* Tex-Mex *(inv)*.

text [tekst] ◇ *n* - **1.** [gen] texte *m* - **2.** TELEC mini-message *m*. ◇ *vi* TELEC envoyer un mini-message (à qn).

textbook ['tekstbʊk] *n* livre *m* OR manuel *m* scolaire.

textile ['tekstaɪl] ◇ *n* textile *m*. ◇ *comp* textile.

◆ **textiles** *npl* [industry] textile *m*.

texting ['tekstɪŋ] *n (U)* TELEC service *m* de mini-messages.

text message *n* TELEC mini-message *m*.

text messaging *n (U)* TELEC service *m* de mini-messages.

texture ['tekstʃər] *n* texture *f* ; [of paper, wood] grain *m*.

TFT [ˌti:ef'ti:] (*abbr of* **thin-film transistor**) *adj* TFT ; **TFT screen** écran *m* TFT.

TGIF *inf* (*abbr of* **thank God it's Friday!**) *encore une semaine de tirée!*

TGWU (*abbr of* **Transport and General Workers' Union**) *n le plus grand syndicat interprofessionnel britannique*.

Thai [taɪ] ◇ *adj* thaïlandais(e). ◇ *n* - **1.** [person] Thaïlandais *m*, -e *f* - **2.** [language] thaï *m*.

Thailand ['taɪlænd] *n* Thaïlande *f* ; **in ~** en Thaïlande.

thalidomide [θə'lɪdəmaɪd] *n* thalidomide *f*.

Thames [temz] *n* : **the ~** la Tamise.

than (*weak form* [ðən], *strong form* [ðæn]) *conj* que ; **Sarah is younger ~ her sister** Sarah est plus jeune que sa sœur ; **more ~ three days/50 people** plus de trois jours/50 personnes.

thank [θæŋk] *vt* : **to ~ sb (for)** remercier qqn (pour OR de) ; **~ God** OR **goodness** OR **heavens!** Dieu merci!

◆ **thanks** ◇ *npl* remerciements *mpl*. ◇ *excl* merci!

◆ **thanks to** *prep* grâce à.

thankful ['θæŋkfʊl] *adj* - **1.** [grateful] : **~ (for)** reconnaissant(e) (de) - **2.** [relieved] soulagé(e).

thankfully ['θæŋkfʊlɪ] *adv* - **1.** [with relief] avec soulagement - **2.** [with gratitude] avec reconnaissance.

thankless ['θæŋklɪs] *adj* ingrat(e).

thanksgiving ['θæŋksˌgɪvɪŋ] *n* action *f* de grâce.

◆ **Thanksgiving (Day)** *n fête nationale américaine commémorant l'installation des premiers colons en Amérique*.

Thanksgiving

Thanksgiving commémore, le 4e jeudi de novembre, l'installation des premiers colons en Amérique; le dîner en famille qui a généralement lieu à cette occasion est traditionnellement composé d'une dinde aux airelles accompagnée de patates douces, avec, comme dessert, une tarte au potiron.

thank you *excl* : **~ (for)** merci (pour OR de).

◆ **thankyou** *n* merci *m*.

that [ðæt] ◇ *pron* (*pl* **those** [ðəʊz]) - **1.** (*demonstrative use: pl 'those'*) ce, cela, ça ; (*as opposed to 'this'*) celui-là (celle-là) ; **who's ~?** qui est-ce? ; **is ~ Maureen?** c'est Maureen? ; **what's ~?** qu'est-ce que c'est que ça? ; **~'s a shame**

c'est dommage ; **I had never seen ~ before** je n'avais jamais vu cela *OR* ça auparavant ; **which shoes are you going to wear, these or those?** quelles chaussures vas-tu mettre, celles-ci ou celles-là? ; **those who** ceux (celles) qui **- 2.** *(weak form* [ðət], *strong form* [ðæt]*)* [to introduce relative clauses - subject] qui ; [- object] que ; [- with prep] ; lequel (laquelle), lesquels (lesquelles) *(pl)* ; **we came to a path ~ led into the woods** nous arrivâmes à un sentier qui menait dans les bois ; **show me the book ~ you bought** montre-moi le livre que tu as acheté ; **on the day ~ we left** le jour où nous sommes partis. ◇ *adj (demonstrative: pl 'those')* ce (cette), cet *(before vowel or silent 'h')*, ces *(pl)* ; *(as opposed to 'this')* ce (cette)...-là, ces...-là *(pl)* ; **those chocolates are delicious** ces chocolats sont délicieux ; **later ~ day** plus tard ce jour-là ; **I prefer ~ book** je préfère ce livre-là ; **I'll have ~ one** je prendrai celui-là. ◇ *adv* aussi, si ; **it wasn't ~ bad/good** ce n'était pas si mal/bien que ça. ◇ *conj* [ðət] que ; **tell him ~ the children aren't coming** dites-lui que les enfants ne viennent pas ; **he recommended ~ I phone you** il m'a conseillé de vous appeler.

◆ **at that** *adv* en plus, par surcroît.

◆ **that is (to say)** *adv* c'est-à-dire.

◆ **that's it** *adv* [that's all] c'est tout ; **~'s it, I'm leaving** ça y est, je m'en vais.

◆ **that's that** *adv* : **and ~'s ~** un point c'est tout.

thatched [θætʃt] *adj* de chaume.

Thatcherism ['θætʃərɪzm] *n* thatcherisme *m*.

that's [ðæts] *abbr of* **that is.**

thaw [θɔː] ◇ *vt* [ice] faire fondre *OR* dégeler ; [frozen food] décongeler. ◇ *vi* **- 1.** [ice] dégeler, fondre ; [frozen food] décongeler **- 2.** *fig* [people, relations] se dégeler. ◇ *n* dégel *m*.

the [*(weak form)* ðə *(before vowel)* ðɪ *(strong form)* ðiː] *def art* **- 1.** [gen] le (la), l' *(+ vowel or silent 'h')*, les *(pl)* ; **~ book** le livre ; **~ sea** la mer ; **~ man** l'homme ; **~ boys/girls** les garçons/filles ; **~ highest mountain in ~ world** la montagne la plus haute du monde ; **has ~ postman been?** *UK* est-ce que le facteur est passé? ; **~ monkey is a primate** le singe est un primate ; **~ Joneses are coming to supper** les Jones viennent dîner ; **you're not THE John Smith, are you?** vous n'êtes pas le célèbre John Smith, si? ; **it's THE place to go to in Paris** c'est l'endroit à la mode *OR* l'endroit chic de Paris (où il faut aller) ; **to play ~ piano** jouer du piano **- 2.** *(with an adjective to form a noun)* **~ British** les Britanniques ; **~ old/young** les vieux/jeunes ; **~ impossible** l'impossible **- 3.** [in dates] : **~ twelfth of May** le douze mai ; **~ forties** les années quarante **- 4.** [in comparisons] : **~ more... ~ less** plus... moins ; **~ sooner ~ better** le plus tôt sera le mieux **- 5.** [in titles] : **Alexander ~ Great** Alexandre le Grand ; **George ~ First** Georges Premier.

theatre *UK*, **theater** *US* ['θɪətəʳ] *n* **- 1.** THEAT théâtre *m* **- 2.** *UK* MED salle *f* d'opération **- 3.** *US* [cinema] cinéma *m*.

theatregoer *UK*, **theatergoer** *US* ['θɪətəˌgəʊəʳ] *n* habitué *m*, -e *f* du théâtre.

theatrical [θɪ'ætrɪkl] *adj* théâtral(e) ; [company] de théâtre.

theft [θeft] *n* vol *m*.

their [ðeəʳ] *poss adj* leur, leurs *(pl)* ; **~ house** leur maison ; **~ children** leurs enfants ; **it wasn't THEIR fault** ce n'était pas de leur faute à eux.

theirs [ðeəz] *poss pron* le leur (la leur), les leurs *(pl)* ; **that house is ~** cette maison est la leur, cette maison est à eux/elles ; **it wasn't our fault, it was THEIRS** ce n'était pas de notre faute, c'était de la leur ; **a friend of ~** un de leurs amis, un ami à eux/elles.

them *(weak form* [ðəm], *strong form* [ðem]*)* *pers pron ; pl* **- 1.** *(direct)* les ; **I know ~** je les connais ; **if I were** *OR* **was ~** si j'étais eux/elles, à leur place **- 2.** *(indirect)* leur ; **we spoke to ~** nous leur avons parlé ; **she sent ~ a letter** elle leur a envoyé une lettre ; **I gave it to ~** je le leur ai donné **- 3.** *(stressed, after prep, in comparisons etc)* eux (elles) ; **you can't expect THEM to do it** tu ne peux pas exiger que ce soit eux qui le fassent ; **with ~** avec eux/elles ; **without ~** sans eux/elles ; **we're not as wealthy as ~** nous ne sommes pas aussi riches qu'eux/qu'elles.

thematic [θɪ'mætɪk] *adj* thématique.

theme [θiːm] *n* **- 1.** [topic, motif] thème *m*, sujet *m* **- 2.** MUS thème *m* ; [signature tune] indicatif *m*.

theme park *n* parc *m* à thème.

theme song *n* chanson *f* principale, thème *m* principal.

theme pub *n UK* pub à thème *m*.

theme tune *n* chanson *f* principale, thème *m* principal.

themselves [ðem'selvz] *pron* **- 1.** *(reflexive)* se ; *(after prep)* eux (elles) **- 2.** *(for emphasis)* eux-mêmes *mpl*, elles-mêmes *f* ; **they did it ~** ils l'ont fait tout seuls.

then [ðen] *adv* **- 1.** [not now] alors, à cette époque **- 2.** [next] puis, ensuite **- 3.** [in that case] alors, dans ce cas **- 4.** [therefore] donc **- 5.** [also] d'ailleurs, et puis.

thence [ðens] *adv fml* & *lit* de là.

theologian [θɪə'ləʊdʒən] *n* théologien *m*, -ienne *f*.

theology [θɪ'ɒlədʒɪ] *n* théologie *f*.

theorem ['θɪərəm] *n* théorème *m*.

theoretical [θɪə'retɪkl] *adj* théorique.

theoretically [θɪə'retɪklɪ] *adv* théoriquement.

theorist ['θɪərɪst] *n* théoricien *m*, -enne *f*.

theorize, *UK* **-ise** ['θɪəraɪz] *vi* : **to ~ (about)** émettre une théorie (sur), théoriser (sur).

theory ['θɪərɪ] (*pl* **-ies**) *n* théorie *f* ; **in ~** en théorie.

therapeutic [ˌθerə'pju:tɪk] *adj* thérapeutique.

therapeutic cloning *n* clonage *m* thérapeutique.

therapist ['θerəpɪst] *n* thérapeute *mf*, psychothérapeute *mf*.

therapy ['θerəpɪ] *n (U)* thérapie *f*.

there [ðeər] ◇ *pron* **- 1.** [indicating existence of sthg] : **~ is/are** il y a ; **~'s someone at the door** il y a quelqu'un à la porte ; **~ must be some mistake** il doit y avoir erreur **- 2.** *fml (with vb)* **~ followed an ominous silence** un silence lourd de menaces suivit. ◇ *adv* **- 1.** [in existence, available] y, là ; **is anybody ~?** il y a quelqu'un? ; **is John ~, please?** [when telephoning] est-ce que John est là, s'il vous plaît? **- 2.** [referring to place] y, là ; **I'm going ~ next week** j'y vais la semaine prochaine ; **~ it is** c'est là ; **~ he is!** le voilà! ; **over ~** là-bas ; **it's six kilometres ~ and back** cela fait six kilomètres aller-retour **- 3.** [point in conversation, particular stage] là ; **can I stop you ~?** est-ce que je peux vous arrêter là? ; **we're getting ~** on y arrive **- 4.** *inf phr* **all/not all ~** qui a/n'a plus toute sa tête. ◇ *excl* : **~, I knew he'd turn up** tiens *OR* voilà, je savais bien qu'il s'amènerait ; **~, ~** allons, allons.

◆ **there and then, then and there** *adv* immédiatement, sur-le-champ.

◆ **there you are** *adv* **- 1.** [handing over something] voilà **- 2.** [emphasizing that one is right] vous voyez bien ; **~ you are, what did I tell you!** tu vois, qu'est-ce que je t'avais dit! **- 3.** [expressing reluctant acceptance] c'est comme ça, que voulez-vous?

thereabouts [ðeərə'baʊts], *US* **thereabout** [ðeərə'baʊt] *adv* : **or ~** [nearby] par là ; [approximately] environ.

thereafter [ˌðeər'ɑ:ftər] *adv fml* après cela, par la suite.

thereby [ˌðeər'baɪ] *adv fml* ainsi, de cette façon.

therefore ['ðeəfɔ:r] *adv* donc, par conséquent.

therein [ˌðeər'ɪn] *adv fml* [inside] dedans ; [in that matter] en cela.

there's [ðeəz] *abbr of* **there is**.

thereupon [ˌðeərə'pɒn] *adv fml* sur ce, sur quoi.

thermal ['θɜ:ml] *adj* thermique ; [clothes] en Thermolactyl®.

thermal reactor *n* réacteur *m* thermique.

thermal underwear *n (U)* sous-vêtements *mpl* en thermolactyl.

thermodynamics [ˌθɜ:məʊdaɪ'næmɪks] *n (U)* thermodynamique *f*.

thermoelectric [ˌθɜ:məʊɪ'lektrɪk] *adj* thermoélectrique.

thermometer [θə'mɒmɪtər] *n* thermomètre *m*.

thermonuclear [ˌθɜ:məʊ'nju:klɪər] *adj* thermonucléaire.

thermoplastic [ˌθɜ:məʊ'plæstɪk] ◇ *adj* thermoplastique. ◇ *n* thermoplastique *m*, thermoplaste *m*.

Thermos (flask)® ['θɜ:məs-] *n* (bouteille *f*) Thermos® *m ou f*.

thermostat ['θɜ:məstæt] *n* thermostat *m*.

thesaurus [θɪ'sɔ:rəs] (*pl* **-es** [-i:z]) *n* dictionnaire *m* de synonymes.

these [ði:z] *pl* ▷ **this**.

thesis ['θi:sɪs] (*pl* **theses** ['θi:si:z]) *n* thèse *f*.

they [ðeɪ] *pers pron ; pl* **- 1.** [people, things, animals - unstressed] ils (elles) ; [- stressed] eux (elles) ; **~'re pleased** ils sont contents (elles sont contentes) ; **~'re pretty earrings** ce sont de jolies boucles d'oreille ; **THEY can't do it** eux (elles), ils (elles) ne peuvent pas le faire ; **there ~ are** les voilà **- 2.** [unspecified people] on, ils ; **~ say it's going to snow** on dit qu'il va neiger ; **~'re going to put up petrol prices** ils vont augmenter le prix de l'essence.

they'd [ðeɪd] *see also* **they had**, *see also* **they would**.

they'll [ðeɪl] *see also* **they shall**, *see also* **they will**.

they're [ðeər] *see also* **they are**.

they've [ðeɪv] *see also* **they have**.

thick [θɪk] ◇ *adj* **- 1.** [gen] épais (épaisse) ; [forest, hedge, fog] dense ; [voice] indistinct(e) ; **to be 6 inches ~** avoir 15 cm d'épaisseur **- 2.** *inf* [stupid] bouché(e) **- 3.** [full, covered] : **to be ~ with** [dust] être couvert(e) de ; [people] être plein(e) de ; **~ with smoke** [from cigarettes] enfumé(e) ; [from fire] plein d'une fumée épaisse. ◇ *n* : **in the ~ of** au plus fort de, en plein *OR* au beau milieu de.

◆ **thick and fast** *adv* : **questions came ~ and fast** les questions pleuvaient.

◆ **through thick and thin** *adv* envers et contre tout, quoi qu'il advienne.

thicken ['θɪkn] ◇ *vt* épaissir. ◇ *vi* s'épaissir.

thickening ['θɪknɪŋ] *n* épaississant *m*.

thicket ['θɪkɪt] *n* fourré *m*.

thickly ['θɪklɪ] *adv* - **1.** [not thinly - spread] en couche épaisse ; [- cut] en tranches épaisses - **2.** [densely - wooded, populated] très - **3.** [speak, say] d'une voix indistincte.

thickness ['θɪknɪs] *n* épaisseur *f.*

thickset [ˌθɪk'set] *adj* trapu(e).

thick-skinned [-'skɪnd] *adj* qui a la peau dure.

thief [θi:f] (*pl* **thieves** [θi:vz]) *n* voleur *m*, -euse *f.*

thieve [θi:v] *vt* & *vi* voler.

thieves [θi:vz] *pl* ▷ **thief.**

thieving ['θi:vɪŋ] ◇ *adj* voleur(euse). ◇ *n* *(U)* vol *m.*

thigh [θaɪ] *n* cuisse *f.*

thighbone ['θaɪbəʊn] *n* fémur *m.*

thimble ['θɪmbl] *n* dé *m* (à coudre).

thin [θɪn] ◇ *adj* (*comp* **-ner**, *superl* **-nest**) - **1.** [slice, layer, paper] mince ; [cloth] léger(ère) ; [person] maigre - **2.** [liquid, sauce] clair(e), peu épais (peu épaisse) - **3.** [sparse - crowd] épars(e) ; [- vegetation, hair] clairsemé(e) ; **to be ~ on top** [person] se dégarnir. ◇ *adv* : **to be wearing ~** [joke] n'être plus amusant(e) ; **my patience is wearing ~** je suis à bout de patience. ◇ *vi* (*pt* & *pp* **-ned**, *cont* **-ning**) [hair] : **to be thinning** s'éclaircir, se dégarnir.

◆ **thin down** *vt sep* [liquid, paint] délayer, diluer ; [sauce] éclaircir.

thin air *n* : **to appear out of ~** apparaître tout d'un coup ; **to disappear into ~** disparaître complètement, se volatiliser.

thing [θɪŋ] *n* - **1.** [gen] chose *f* ; **the (best) ~ to do would be...** le mieux serait de... ; **for one ~** en premier lieu, pour commencer ; **(what) with one ~ and another** au bout du compte ; **the ~ is...** le problème, c'est que... ; **it's just one of those ~s** *inf* c'est comme ça, ce sont des choses qui arrivent ; **this is just the ~** *US inf* c'est exactement OR tout à fait ce qu'il faut ; **to have a ~ about sb/sthg** *inf* [like] adorer qqn/qqch, être fou de qqn/qqch ; [dislike] avoir qqn/qqch en horreur ; **to make a ~ (out) of** *inf* faire tout un plat OR toute une histoire de - **2.** [anything] : **I don't know a ~** je n'y connais absolument rien - **3.** [object] chose *f*, objet *m* - **4.** [person] : **you poor ~!** mon pauvre! - **5.** *inf* [fashion] : **the ~** la mode.

◆ **things** *npl* - **1.** [clothes, possessions] affaires *fpl* - **2.** *inf* [life] : **how are ~s?** comment ça va?

thingamabob ['θɪŋəməˌbɒb], **thingamajig** ['θɪŋəmədʒɪg], *UK* **thingummy (jig)** ['θɪŋəmɪ-], *UK* **thingie**, *UK* **thingy** ['θɪŋɪ] *n inf* truc *m*, machin *m.*

think [θɪŋk] ◇ *vt* (*pt* & *pp* **thought**) - **1.** [believe] : **to ~ (that)** croire que, penser que ; **I ~ so/not** je crois que oui/non, je pense que oui/non - **2.** [have in mind] penser à - **3.** [imagine] s'imaginer ; **I can't ~ why you agreed to do it** je ne comprends pas OR je me demande bien pourquoi tu as accepté de le faire - **4.** [remember] : **did you ~ to bring any money?** avez-vous pensé à apporter de l'argent? - **5.** [in polite requests] : **do you ~ you could help me?** tu pourrais m'aider? ◇ *vi* (*pt* & *pp* **thought**) - **1.** [use mind] réfléchir, penser - **2.** [have stated opinion] : **what do you ~ of** OR **about his new film?** que pensez-vous de son dernier film? ; **to ~ a lot of sb/sthg** penser beaucoup de bien de qqn/qqch - **3.** *phr* **to ~ better of sthg/of doing sthg** décider après tout de ne pas faire qqch ; **to ~ nothing of doing sthg** trouver tout à fait normal OR tout naturel de faire qqch ; **to ~ twice** y réfléchir à deux fois. ◇ *n inf* **to have a ~ (about sthg)** réfléchir (à qqch).

◆ **think about** *vt insep* : **to ~ about sb/sthg** songer à OR penser à qqn/qqch ; **to ~ about doing sthg** songer à faire qqch ; **I'll ~ about it** je vais y réfléchir.

◆ **think back** *vi* : **to ~ back (to)** repenser (à).

◆ **think of** *vt insep* - **1.** [consider] = **think about** - **2.** [remember] se rappeler - **3.** [conceive] penser à, avoir l'idée de ; **to ~ of doing sthg** avoir l'idée de faire qqch - **4.** [show consideration for] penser à.

◆ **think out**, **think through** *vt sep* bien étudier, bien considérer.

◆ **think over** *vt sep* réfléchir à.

◆ **think up** *vt sep* imaginer.

thinker ['θɪŋkəʳ] *n* penseur *m.*

thinking ['θɪŋkɪŋ] ◇ *adj* qui pense, qui réfléchit. ◇ *n (U)* opinion *f*, pensée *f* ; **to do some ~** réfléchir ; **to my way of ~** à mon avis.

think tank *n* comité *m* d'experts.

thinly ['θɪnlɪ] *adv* - **1.** [not thickly - spread] en couche mince ; [- cut] en tranches minces - **2.** [sparsely - wooded, populated] peu.

thinner ['θɪnəʳ] *n* diluant *m.*

thinness ['θɪnnɪs] *n (U)* [of slice, layer, paper] minceur *f* ; [of person] maigreur *f* ; [of cloth] légèreté *f.*

thin-skinned [-'skɪnd] *adj* susceptible, très sensible.

third [θɜ:d] ◇ *num* troisième, *see also* **sixth.** ◇ *n* UNIV ≃ licence *f* mention passable.

third-class *adj UK* UNIV : **~ degree** ≃ licence *f* mention passable.

third-degree burns *npl* brûlures *fpl* du troisième degré.

thirdly ['θɜ:dlɪ] *adv* troisièmement, tertio.

third party *n* tiers *m*, tierce personne *f.*

third-party insurance *n* assurance *f* de responsabilité civile.

third-rate *adj pej* de dernier *OR* troisième ordre.

Third World *n* : **the ~** le tiers-monde.

thirst [θɜːst] *n* soif *f* ; **~ for** *fig* soif de.

thirsty ['θɜːstɪ] (*comp* **-ier**, *superl* **-iest**) *adj* **- 1.** [person] : **to be** *OR* **feel ~** avoir soif **- 2.** [work] qui donne soif.

thirteen [ˌθɜː'tiːn] *num* treize, *see also* **six**.

thirteenth [ˌθɜː'tiːnθ] *num* treizième, *see also* **sixth**.

thirtieth ['θɜːtɪəθ] *num* trentième, *see also* **sixth**.

thirty ['θɜːtɪ] (*pl* **-ies**) *num* trente, *see also* **sixty**.

thirty-something *adj caractéristique de certaines personnes ayant la trentaine et issues d'un milieu aisé.*

this [ðɪs] ◇ *pron* (*pl* **these** [ðiːz]) *(demonstrative use)* ce, ceci ; *(as opposed to 'that')* celui-ci (celle-ci) ; **~ is for you** c'est pour vous ; **who's ~?** qui est-ce? ; **what's ~?** qu'est-ce que c'est? ; **which sweets does she prefer, these or those?** quels bonbons préfère-t-elle, ceux-ci ou ceux-là? ; **~ is Daphne Logan** [introducing another person] je vous présente Daphne Logan ; [introducing oneself on phone] ici Daphne Logan, Daphne Logan à l'appareil ; **to talk about ~ and that** parler de choses et d'autres ; **to do ~ and that** faire toutes sortes de choses. ◇ *adj* **- 1.** *(demonstrative use)* ce (cette), cet *(before vowel or silent 'h')*, ces *(pl)* ; *(as opposed to 'that')* ce (cette)...-ci, ces...-ci *(pl)* ; **these chocolates are delicious** ces chocolats sont délicieux ; **I prefer ~ book** je préfère ce livre-ci ; **I'll have ~ one** je prendrai celui-ci ; **~ afternoon** cet après-midi ; **~ morning** ce matin ; **~ week** cette semaine **- 2.** *inf* [a certain] un certain (une certaine). ◇ *adv* aussi ; **it was ~ big** c'était aussi grand que ça ; **you'll need about ~ much** il vous en faudra à peu près comme ceci.

thistle ['θɪsl] *n* chardon *m*.

thither ['ðɪðəʳ] ▷ **hither**.

tho' [ðəʊ] = **though**.

thong [θɒŋ] *n* **- 1.** [of leather] lanière *f* **- 2.** *US* [flip-flop] tong *f*.

thorn [θɔːn] *n* épine *f* ; **to be a ~ in sb's flesh** *OR* **side** être une source continuelle d'exaspération pour qqn.

thorny ['θɔːnɪ] (*comp* **-ier**, *superl* **-iest**) *adj lit & fig* épineux(euse).

thorough ['θʌrə] *adj* **- 1.** [exhaustive - search, inspection] minutieux(euse) ; [- investigation, knowledge] approfondi(e) **- 2.** [meticulous] méticuleux(euse) **- 3.** [complete, utter] complet(ète), absolu(e).

thoroughbred ['θʌrəbred] *n* pur-sang *m inv*.

thoroughfare ['θʌrəfeəʳ] *n fml* rue *f*, voie *f* publique.

thoroughly ['θʌrəlɪ] *adv* **- 1.** [fully, in detail] à fond **- 2.** [completely, utterly] absolument, complètement.

thoroughness ['θʌrənɪs] *(U) n* **- 1.** [exhaustiveness] minutie *f* **- 2.** [meticulousness] soin *m* méticuleux.

those [ðəʊz] *pl* ▷ **that**.

though [ðəʊ] ◇ *conj* bien que *(+ subjunctive)*, quoique *(+ subjunctive)*. ◇ *adv* pourtant, cependant.

thought [θɔːt] ◇ *pt & pp* ▷ **think**. ◇ *n* **- 1.** [gen] pensée *f* ; [idea] idée *f*, pensée ; **after much ~** après avoir mûrement réfléchi **- 2.** [intention] intention *f*.

◆ **thoughts** *npl* **- 1.** [reflections] pensées *fpl*, réflexions *fpl* ; **to collect one's ~s** rassembler ses idées **- 2.** [views] opinions *fpl*, idées *fpl*.

thoughtful ['θɔːtfʊl] *adj* **- 1.** [pensive] pensif(ive) **- 2.** [considerate - person] prévenant(e), attentionné(e) ; [- remark, act] plein(e) de gentillesse.

thoughtfulness ['θɔːtfʊlnɪs] *(U) n* **- 1.** [pensiveness] air *m* pensif **- 2.** [considerateness - of person] prévenance *f* ; [- of remark, act] délicatesse *f*.

thoughtless ['θɔːtlɪs] *adj* [person] qui manque d'égards (pour les autres) ; [remark, behaviour] irréfléchi(e).

thoughtlessness ['θɔːtlɪsnɪs] *n (U)* manque *m* d'égards *OR* de prévenance.

thousand ['θaʊznd] *num* mille ; **a** *OR* **one ~** mille ; **~s of** des milliers de, *see also* **six**.

thousandth ['θaʊzntθ] *num* millième, *see also* **sixth**.

thrash [θræʃ] *vt* **- 1.** [hit] battre, rosser **- 2.** *inf* [defeat] écraser, battre à plates coutures.

◆ **thrash about**, **thrash around** *vi* s'agiter.

◆ **thrash out** *vt sep* [problem] débrouiller, démêler ; [idea] débattre, discuter.

thrashing ['θræʃɪŋ] *n* **- 1.** [hitting] rossée *f*, correction *f* **- 2.** *inf* [defeat] défaite *f*.

thread [θred] ◇ *n* **- 1.** [gen] fil *m* **- 2.** [of screw] filet *m*, pas *m*. ◇ *vt* **- 1.** [needle] enfiler **- 2.** [move] : **to ~ one's way through the crowd** se faufiler parmi la foule.

threadbare ['θredbeəʳ] *adj* usé(e) jusqu'à la corde.

threat [θret] *n* : **~ (to)** menace *f* (pour).

threaten ['θretn] ◇ *vt* : **to ~ sb (with)** menacer qqn (de) ; **to ~ to do sthg** menacer de faire qqch. ◇ *vi* menacer.

threatening ['θretnɪŋ] *adj* menaçant(e) ; [letter] de menace.

three [θri:] *num* trois, *see also* **six**.

three-D *adj* [film, picture] en relief.

three-day event *n* concours *m* complet d'équitation.

three-dimensional [-dɪ'menʃənl] *adj* [film, picture] en relief ; [object] à trois dimensions.

threefold ['θri:fəʊld] ◇ *adj* triple. ◇ *adv* : **to increase ~** tripler.

three-legged race [-'legɪd-] *n* course *f* à trois pieds.

three-piece *adj* : **~ suit** (costume *m*) trois pièces *m* ; **~ suite** canapé *m* et deux fauteuils assortis.

three-ply *adj* [wool] à trois fils.

three-point turn *n UK* demi-tour *m* en trois manœuvres.

three-quarters *npl* [fraction] trois quarts *mpl*.

threesome ['θri:səm] *n* trio *m*, groupe *m* de trois personnes.

three-star *adj* trois étoiles.

three-wheeler [-'wi:lə^r] *n* voiture *f* à trois roues.

thresh [θreʃ] *vt* battre.

threshing machine ['θreʃɪŋ-] *n* batteuse *f*.

threshold ['θreʃhəʊld] *n* seuil *m* ; **to be on the ~ of** *fig* être au bord *OR* seuil de.

threshold agreement *n UK* accord *m* d'indexation des salaires sur le coût de la vie.

threw [θru:] *pt* ▷ **throw**.

thrift [θrɪft] *n* **- 1.** [gen] *(U)* économie *f*, épargne *f* **- 2.** *US* [savings bank] = **thrift institution**.

thrift institution *n US* caisse *f* d'épargne.

thrift shop, **thrift store** *n US magasin vendant des articles d'occasion au profit d'œuvres charitables*.

thrifty ['θrɪftɪ] (*comp* **-ier**, *superl* **-iest**) *adj* économe.

thrill [θrɪl] ◇ *n* **- 1.** [sudden feeling] frisson *m*, sensation *f* **- 2.** [enjoyable experience] plaisir *m*. ◇ *vt* transporter, exciter. ◇ *vi* : **to ~ to a story/the music** être transporté(e) par une histoire/la musique.

thrilled [θrɪld] *adj* : **~ (with sthg/to do sthg)** ravi(e) (de qqch/de faire qqch), enchanté(e) (de qqch/de faire qqch).

thriller ['θrɪlə^r] *n* thriller *m*.

thrilling ['θrɪlɪŋ] *adj* saisissant(e), palpitant(e).

thrive [θraɪv] (*pt* **-d** *OR* **throve**, *pp* **-d**) *vi* [person] bien se porter ; [plant] pousser bien ; [business] prospérer.

thriving ['θraɪvɪŋ] *adj* [person] bien portant(e) ; [plant] qui pousse bien ; [business] prospère.

throat [θrəʊt] *n* gorge *f* ; **to ram** *OR* **force sthg down sb's ~** *fig* rebattre les oreilles de qqn avec qqch ; **it stuck in my ~** *fig* ça m'est resté en travers de la gorge ; **to be at each other's ~s** se disputer, se battre.

throaty ['θrəʊtɪ] (*comp* **-ier**, *superl* **-iest**) *adj* guttural(e).

throb [θrɒb] ◇ *n* [of drums] battement *m* ; [of pulse] pulsation *f* ; [of engine] vibration *f*. ◇ *vi* (*pt & pp* **-bed**, *cont* **-bing**) [heart] palpiter, battre fort ; [engine] vibrer ; [music] taper ; **my head is throbbing** j'ai des élancements dans la tête.

throes [θrəʊz] *npl* : **to be in the ~ of** [war, disease] être en proie à ; **to be in the ~ of an argument** être en pleine dispute.

thrombosis [θrɒm'bəʊsɪs] (*pl* **-boses** [-'bəʊsi:z]) *n* thrombose *f*.

throne [θrəʊn] *n* trône *m*.

throng [θrɒŋ] ◇ *n* foule *f*, multitude *f*. ◇ *vt* remplir, encombrer. ◇ *vi* affluer.

throttle ['θrɒtl] ◇ *n* [valve] papillon *m* des gaz ; [lever] commande *f* des gaz. ◇ *vt* [strangle] étrangler.

through [θru:] ◇ *adj* [finished] : **are you ~?** tu as fini? ; **to be ~ with sthg** avoir fini qqch. ◇ *adv* : **to let sb ~** laisser passer qqn ; **to read sthg ~** lire qqch jusqu'au bout ; **to sleep ~ till ten** dormir jusqu'à dix heures. ◇ *prep* **- 1.** [relating to place, position] à travers ; **to travel ~ sthg** traverser qqch ; **to cut ~ sthg** couper qqch **- 2.** [during] pendant **- 3.** [because of] à cause de **- 4.** [by means of] par l'intermédiaire de, par l'entremise de **- 5.** *US* [up till and including] : **Monday ~ Friday** du lundi au vendredi.

◆ **through and through** *adv* [completely] jusqu'au bout des ongles ; [thoroughly] par cœur, à fond.

throughout [θru:'aʊt] ◇ *prep* **- 1.** [during] pendant, durant ; **~ the meeting** pendant toute la réunion **- 2.** [everywhere in] partout dans. ◇ *adv* **- 1.** [all the time] tout le temps **- 2.** [everywhere] partout.

throve [θrəʊv] *pt* ▷ **thrive**.

throw [θrəʊ] ◇ *vt* (*pt* **threw**, *pp* **thrown**) **- 1.** [gen] jeter ; [ball, javelin] lancer ; **to ~ one's arms around sb** jeter ses bras autour de qqn ; **to ~ o.s. into sthg** *fig* se jeter à corps perdu dans qqch **- 2.** [rider] désarçonner **- 3.** [have suddenly - tantrum, fit] piquer **- 4.** *fig* [confuse] déconcerter, décontenancer. ◇ *n* lancement *m*, jet *m*.

◆ **throw away** *vt sep* **- 1.** [discard] jeter **- 2.** *fig* [money] gaspiller ; [opportunity] perdre.

◆ **throw in** *vt sep* [include] donner en plus *OR* en prime.

◆ **throw out** *vt sep* **- 1.** [discard] jeter **- 2.** *fig* [reject] rejeter **- 3.** [from house] mettre à la porte ; [from army, school] expulser, renvoyer.

◆ **throw up** ◇ *vt sep* [dust, water] jeter, projeter. ◇ *vi inf* [vomit] dégobiller, vomir.

throwaway ['θrəʊəˌweɪ] *adj* **- 1.** [disposable] jetable, à jeter **- 2.** [remark] désinvolte.

throwback ['θrəʊbæk] *n* : **~ (to)** retour *m* (à).

throw-in *n UK* FTBL rentrée *f* en touche, remise *f* en jeu.

thrown [θrəʊn] *pp* ▷ **throw**.

thru [θru:] *US inf* = **through**.

thrush [θrʌʃ] *n* **- 1.** [bird] grive *f* **- 2.** MED muguet *m*.

thrust [θrʌst] ◇ *n* **- 1.** [forward movement] poussée *f* ; [of knife] coup *m* **- 2.** [main aspect] idée *f* principale, aspect *m* principal. ◇ *vt* **- 1.** [shove] enfoncer, fourrer **- 2.** [jostle] : **to ~ one's way** se frayer un passage.

◆ **thrust upon** *vt sep* : **to ~ sthg upon sb** imposer qqch à qqn.

thrusting ['θrʌstɪŋ] *adj* [person] qui se met en avant.

thruway ['θru:weɪ] *n US* voie *f* express.

thud [θʌd] ◇ *n* bruit *m* sourd. ◇ *vi* (*pt & pp* **-ded**, *cont* **-ding**) tomber en faisant un bruit sourd.

thug [θʌg] *n* brute *f*, voyou *m*.

thumb [θʌm] ◇ *n* pouce *m* ; **to twiddle one's ~s** se tourner les pouces. ◇ *vt inf* [hitch] : **to ~ a lift** faire du stop OR de l'auto-stop.

◆ **thumb through** *vt insep* feuilleter, parcourir.

thumb index *n* répertoire *m* à onglets.

thumbnail ['θʌmneɪl] ◇ *adj* bref (brève), concis(e). ◇ *n* ongle *m* du pouce.

thumbnail sketch *n* croquis *m* rapide.

thumbs down [ˌθʌmz-] *n* : **to get** OR **be given the ~** être rejeté(e).

thumbs up [ˌθʌmz-] *n* [go-ahead] : **to give sb the ~** donner le feu vert à qqn.

thumbtack ['θʌmtæk] *n US* punaise *f*.

thump [θʌmp] ◇ *n* **- 1.** [blow] grand coup *m* **- 2.** [thud] bruit *m* sourd. ◇ *vt* **- 1.** [hit] cogner, taper sur **- 2.** [place heavily] poser violemment. ◇ *vi* **- 1.** [move heavily] : **to ~ in/out** entrer/sortir à pas pesants **- 2.** [heart] battre fort.

thunder ['θʌndəʳ] ◇ *n (U)* **- 1.** METEOR tonnerre *m* **- 2.** *fig* [of traffic] vacarme *m* ; [of applause] tonnerre *m*. ◇ *vt* tonner, tonitruer. ◇ *impers vb* METEOR tonner. ◇ *vi fig* [traffic] tonner, gronder.

thunderbolt ['θʌndəbəʊlt] *n* coup *m* de foudre.

thunderclap ['θʌndəklæp] *n* coup *m* de tonnerre.

thundercloud ['θʌndəklaʊd] *n* nuage *m* orageux.

thundering ['θʌndərɪŋ] *adj UK inf dated* terrible, monstre.

thunderous ['θʌndərəs] *adj* [noise] assourdissant(e) ; **~ applause** un tonnerre d'applaudissements.

thunderstorm ['θʌndəstɔ:m] *n* orage *m*.

thunderstruck ['θʌndəstrʌk] *adj fig* stupéfait(e), sidéré(e).

thundery ['θʌndərɪ] *adj* orageux(euse).

Thur, **Thurs** (*abbr of* **Thursday**) jeu.

Thursday ['θɜ:zdɪ] *n* jeudi *m*, *see also* **Saturday**.

thus [ðʌs] *adv fml* **- 1.** [therefore] par conséquent, donc, ainsi **- 2.** [in this way] ainsi, de cette façon, comme ceci.

thwart [θwɔ:t] *vt* contrecarrer, contrarier.

thyme [taɪm] *n* thym *m*.

thyroid ['θaɪrɔɪd] *n* thyroïde *f*.

tiara [tɪ'ɑ:rə] *n* [worn by woman] diadème *m*.

Tiber ['taɪbəʳ] *n* : **the (River) ~** le Tibre.

Tibet [tɪ'bet] *n* Tibet *m* ; **in ~** au Tibet.

Tibetan [tɪ'betn] ◇ *adj* tibétain(e). ◇ *n* **- 1.** [person] Tibétain *m*, -e *f* **- 2.** [language] tibétain *m*.

tibia ['tɪbɪə] (*pl* **-biae** [-bii:], *pl* **-s**) *n* tibia *m*.

tic [tɪk] *n* tic *m*.

tick [tɪk] ◇ *n* **- 1.** *UK* [written mark] coche *f* ; **to put a ~ beside sthg** cocher qqch **- 2.** [sound] tic-tac *m* **- 3.** [insect] tique *f*. ◇ *vt UK* cocher. ◇ *vi* faire tic-tac ; **what makes him ~?** *fig* je me demande comment il fonctionne.

◆ **tick away**, **tick by** *vi* passer.

◆ **tick off** *vt sep* **- 1.** *UK* [mark off] cocher **- 2.** *UK inf* [tell off] passer un savon à, enguirlander.

◆ **tick over** *vi UK* [engine, business] tourner au ralenti.

ticked [tɪkt] *adj US* en rogne.

tickertape ['tɪkəteɪp] *n (U)* bande *f* de téléimprimeur.

ticket ['tɪkɪt] *n* **- 1.** [for access, train, plane] billet *m* ; [for bus] ticket *m* ; [for library] carte *f* ; [label on product] étiquette *f* **- 2.** [for traffic offence] P.-V. *m*, papillon *m* **- 3.** POL liste *f*.

ticket agency *n* billetterie *f*.

ticket collector *n UK* contrôleur *m*, -euse *f*.

ticket holder *n* personne *f* munie d'un billet.

ticket inspector *n UK* contrôleur *m*, -euse *f*.

ticket machine *n* distributeur *m* de billets.

ticket office *n* bureau *m* de vente des billets.

ticking off ['tɪkɪŋ-] (*pl* **tickings off** ['tɪkɪŋz-]) *n UK inf* **to give sb a ~** passer un savon à qqn, enguirlander qqn ; **to get a ~** recevoir un savon, se faire enguirlander.

tickle ['tɪkl] ◇ *vt* - **1.** [touch lightly] chatouiller - **2.** *fig* [amuse] amuser. ◇ *vi* chatouiller.

ticklish ['tɪklɪʃ] *adj* - **1.** [person] qui craint les chatouilles, chatouilleux(euse) - **2.** *fig* [delicate] délicat(e), difficile.

tick-tack-toe *n US* [game] ≃ morpion *m*.

tidal ['taɪdl] *adj* [force] de la marée ; [river] à marées ; [barrier] contre la marée.

tidal wave *n* raz-de-marée *m inv*.

tidbit *US* = **titbit**.

tiddler ['tɪdlər] *n UK* [fish] petit poisson *m*.

tiddly ['tɪdlɪ] (*comp* **-ier**, *superl* **-iest**) *adj UK inf* - **1.** [tipsy] pompette, gai(e) - **2.** [tiny] minuscule.

tiddlywinks ['tɪdlɪwɪŋks], *US* **tiddledywinks** ['tɪdldɪwɪŋks] *n* jeu *m* de puce.

tide [taɪd] *n* - **1.** [of sea] marée *f* - **2.** *fig* [of opinion, fashion] courant *m*, tendance *f* ; [of protest] vague *f*.

◆ **tide over** *vt sep* dépanner.

tidemark ['taɪdmɑːk] *n* - **1.** [of sea] ligne *f* de marée haute - **2.** *UK* [round bath, neck] ligne *f* de crasse.

tidily ['taɪdɪlɪ] *adv* soigneusement, avec ordre.

tidiness ['taɪdɪnɪs] *n (U)* ordre *m*.

tidings ['taɪdɪŋz] *npl lit* nouvelles *fpl*.

tidy ['taɪdɪ] ◇ *adj* (*comp* **-ier**, *superl* **-iest**) - **1.** [room, desk] en ordre, bien rangé(e) ; [hair, dress] soigné(e) - **2.** [person - in habits] ordonné(e) ; [- in appearance] soigné(e) - **3.** *inf* [sizeable] coquet(ette), rondelet(ette). ◇ *vt* (*pt & pp* **-ied**) ranger, mettre de l'ordre dans.

◆ **tidy away** *vt sep* ranger.

◆ **tidy up** ◇ *vt sep* ranger, mettre de l'ordre dans. ◇ *vi* ranger.

tie [taɪ] ◇ *n* - **1.** [necktie] cravate *f* - **2.** [string, cord] cordon *m* - **3.** *fig* [link] lien *m* - **4.** [in game, competition] égalité *f* de points - **5.** *US* RAIL traverse *f*. ◇ *vt* (*pt & pp* **tied**, *cont* **tying**) - **1.** [fasten] attacher - **2.** [shoelaces] nouer, attacher ; **to ~ a knot** faire un nœud - **3.** *fig* [link] : **to be ~d to** être lié(e) à - **4.** *fig* [restricted] : **to be ~d to** être cloué(e) à. ◇ *vi* (*pt & pp* **tied**, *cont* **tying**) [draw] être à égalité.

◆ **tie down** *vt sep fig* [restrict] restreindre la liberté de.

◆ **tie in with** *vt insep* concorder avec, coïncider avec.

◆ **tie up** *vt sep* - **1.** [with string, rope] attacher - **2.** [shoelaces] nouer, attacher - **3.** *fig* [money, resources] immobiliser - **4.** *fig* [link] : **to be ~d up with** être lié(e) à.

tiebreak(er) ['taɪbreɪk(ər)] *n* - **1.** TENNIS tie-break *m*, jeu *m* décisif - **2.** [in game, competition] question *f* subsidiaire.

tied [taɪd] *adj* SPORT : **a ~ match** un match nul.

tied cottage *n UK* logement *m* de fonction *(mis à la disposition d'un employé agricole etc)*.

tied up *adj* [busy] occupé(e), pris(e).

tie-dye *vt* nouer et teindre.

tie-in *n* - **1.** [link] lien *m*, rapport *m* - **2.** [product] : **the book is a ~ with the TV series** le livre est tiré de la série télévisée.

tiepin ['taɪpɪn] *n* épingle *f* de cravate.

tier [tɪər] *n* [of seats] gradin *m* ; [of cake] étage *m*.

Tierra del Fuego [tɪˌerədel'fweɪgəʊ] *n* Terre de Feu *f* ; **in ~** en Terre de Feu.

tie-up *n* - **1.** [link] lien *m*, rapport *m* - **2.** *US* [interruption] interruption *f*, arrêt *m*.

tiff [tɪf] *n* bisbille *f*, petite querelle *f*.

tiger ['taɪgər] *n* tigre *m*.

tiger cub *n* petit *m* du tigre.

tight [taɪt] ◇ *adj* - **1.** [clothes, group, competition, knot] serré(e) ; **the dress was a ~ fit** la robe était un peu juste - **2.** [taut] tendu(e) - **3.** [painful - chest] oppressé(e) ; [- stomach] noué(e) - **4.** [schedule] serré(e), minuté(e) - **5.** [strict] strict(e), sévère - **6.** [corner, bend] raide - **7.** *inf* [drunk] soûl(e), rond(e) - **8.** *inf* [miserly] radin(e), avare. ◇ *adv* - **1.** [firmly, securely] bien, fort ; **to hold ~** tenir bien ; **hold ~!** tiens bon! ; **to shut** OR **close sthg ~** bien fermer qqch - **2.** [tautly] à fond.

◆ **tights** *npl UK* collant *m*, collants *mpl*.

tighten ['taɪtn] ◇ *vt* - **1.** [belt, knot, screw] resserrer ; **to ~ one's hold** OR **grip on** resserrer sa prise sur - **2.** [pull tauter] tendre - **3.** [make stricter] renforcer. ◇ *vi* - **1.** [rope] se tendre - **2.** [grip, hold] se resserrer.

◆ **tighten up** *vt sep* - **1.** [belt, screw] resserrer - **2.** [make stricter] renforcer.

tightfisted [ˌtaɪt'fɪstɪd] *adj pej* radin(e), pingre.

tightknit [ˌtaɪt'nɪt] *adj* [family, community] uni(e).

tight-lipped [-'lɪpt] *adj* - **1.** [in anger] les lèvres serrées - **2.** [silent] qui ne dit rien, qui garde le silence.

tightly ['taɪtlɪ] *adv* - **1.** [closely] : **to fit ~** être juste ; **to pack ~** entasser, tasser - **2.** [firmly] bien, fort - **3.** [tautly] à fond.

tightness ['taɪtnɪs] *n* - **1.** [of clothes] étroitesse *f* - **2.** [in chest] oppression *f* - **3.** [strictness] sévérité *f*, rigueur *f*.

tightrope ['taɪtrəʊp] *n* corde *f* raide ; **to be on** OR **walking a ~** *fig* être sur la corde raide.

tightrope walker *n* funambule *mf*.

Tigré ['ti:greɪ] *n* Tigré *m* ; **in ~** dans le Tigré.

tigress ['taɪgrɪs] *n* tigresse *f*.

Tigris ['taɪgrɪs] *n* : **the (River) ~** le Tigre.

tilde ['tɪldə] *n* tilde *m*.

tile [taɪl] *n* [on roof] tuile *f* ; [on floor, wall] carreau *m*.

tiled [taɪld] *adj* [floor, wall] carrelé(e) ; [roof] couvert de tuiles.

tiling ['taɪlɪŋ] *n* [of floor, wall] carrelage *m* ; [of roof - action] pose *f* de tuiles ; [- tuiles] tuiles *fpl*.

till [tɪl] ◇ *prep* jusqu'à ; **from six ~ ten o'clock** de six heures à dix heures. ◇ *conj* jusqu'à ce que *(+ subjunctive)* ; **wait ~ I come back** attends que je revienne ; *(after negative)* avant que *(+ subjunctive)* ; **it won't be ready ~ tomorrow** ça ne sera pas prêt avant demain. ◇ *n* tiroir-caisse *m*.

tiller ['tɪləʳ] *n* NAUT barre *f*.

tilt [tɪlt] ◇ *n* inclinaison *f*. ◇ *vt* incliner, pencher. ◇ *vi* s'incliner, pencher.

timber ['tɪmbəʳ] *n* - **1.** *(U)* [wood] bois *m* de charpente OR de construction - **2.** [beam] poutre *f*, madrier *m*.

timbered ['tɪmbəd] *adj* en bois.

time [taɪm] ◇ *n* - **1.** [gen] temps *m* ; **a long ~** longtemps ; **in a short ~** dans peu de temps, sous peu ; **to take ~** prendre du temps ; **to be ~ for sthg** être l'heure de qqch ; **to get the ~ to do sthg** prendre le temps de faire qqch ; **it's a good ~ to do sthg** c'est le moment de faire qqch ; **to have a good ~** s'amuser bien ; **to have a hard ~ doing sthg** avoir du mal à faire qqch ; **in good ~** de bonne heure ; **ahead of ~** en avance, avant l'heure ; **on ~** à l'heure ; **it's high ~ (that)...** il est grand temps que... ; **~ and a half** une fois et demie le tarif normal ; **to have no ~ for sb/sthg** ne pas supporter qqn/qqch ; **to make good ~** [on journey] bien rouler OR marcher ; [in schedule] bien avancer ; **to pass the ~** passer le temps ; **to play for ~** essayer de gagner du temps ; **to take one's ~ (doing sthg)** prendre son temps (pour faire qqch) - **2.** [as measured by clock] heure *f* ; **what's the ~?** quelle heure est-il? ; **in a week's/year's ~** dans une semaine/un an ; **to keep ~** être toujours à l'heure ; **to lose ~** retarder - **3.** [point in time in past] époque *f* ; **to be ahead of one's ~** être en avance sur son temps ; **before my ~** avant que j'arrive ici - **4.** [occasion] fois *f* ; **from ~ to ~** de temps en temps, de temps à autre ; **~ after ~, ~ and again** à maintes reprises, maintes et maintes fois ; **at the best of ~s** même quand tout va bien - **5.** MUS mesure *f*. ◇ *vt* - **1.** [schedule] fixer, prévoir - **2.** [race, runner] chronométrer - **3.** [arrival, remark] choisir le moment de.

◆ **times** ◇ *npl* fois *fpl* ; **four ~s as much as me** quatre fois plus que moi. ◇ *prep* MATHS fois.

◆ **at a time** *adv* d'affilée ; **one at a ~** un par un, un seul à la fois ; **months at a ~** des mois et des mois.

◆ **at (any) one time** *adv* à la fois.

◆ **at times** *adv* quelquefois, parfois.

◆ **at the same time** *adv* en même temps.

◆ **about time** *adv* : **it's about ~ (that)...** il est grand temps que... ; **about ~ too!** ce n'est pas trop tôt!

◆ **for the time being** *adv* pour le moment.

◆ **in time** *adv* - **1.** [not late] : **in ~ (for)** à l'heure (pour) - **2.** [eventually] à la fin, à la longue ; [after a while] avec le temps, à la longue.

time-and-motion study *n* étude *f* de productivité *(axée sur l'efficacité des employés)*.

time bomb *n lit & fig* bombe *f* à retardement.

time-consuming [-kən,sju:mɪŋ] *adj* qui prend beaucoup de temps.

time-critical *adj* critique en termes de temps.

timed [taɪmd] *adj* [race, test] chronométré(e) ; **well ~** opportun(e) ; **badly ~** inopportun(e).

time difference *n* décalage *m* horaire.

time-expired *adj* périmé(e), obsolète.

time-honoured UK, **time-honored** US [-,ɒnəd] *adj* consacré(e).

timekeeping ['taɪm,ki:pɪŋ] *n* ponctualité *f*.

time lag *n* décalage *m*.

time-lapse *adj* : **~ photography** accéléré *m*.

timeless ['taɪmlɪs] *adj* éternel(elle).

time limit *n* délai *m*.

timely ['taɪmlɪ] (*comp* **-ier**, *superl* **-iest**) *adj* opportun(e).

time machine *n* machine *f* à voyager dans le temps.

time off *n* temps *m* libre.

time out *n* - **1.** SPORT temps *m* mort - **2.** [break] : **to take ~ to do sthg** trouver le temps de faire qqch.

timepiece ['taɪmpi:s] *n* **dated** [watch] montre *f* ; [clock] horloge *f*.

timer ['taɪməʳ] *n* minuteur *m*.

timesaving ['taɪm,seɪvɪŋ] *adj* qui fait gagner du temps.

time scale *n* période *f* ; [of project] délai *m*.

time-share *n* logement *m* en multipropriété.

time-sharing [-'ʃeərɪŋ] *n* - **1.** [in holiday home] multipropriété *f* - **2.** COMPUT (travail *m* en) temps *m* partagé.

time sheet *n* feuille *f* de présence.

time signal *n* top *m* horaire.

time switch *n* minuterie *f*.

timetable ['taɪm,teɪbl] *n* - **1.** *UK* SCH emploi *m* du temps - **2.** [of buses, trains] horaire *m* - **3.** *UK* [schedule] calendrier *m*.

time zone *n* fuseau *m* horaire.

timid ['tɪmɪd] *adj* timide.

timidly ['tɪmɪdlɪ] *adv* timidement.

timing ['taɪmɪŋ] *n (U)* - **1.** [of remark] à-propos *m inv* - **2.** [scheduling] : **the ~ of the election** le moment choisi pour l'élection - **3.** [measuring] chronométrage *m*.

timing device *n* mouvement *m* d'horlogerie.

timpani ['tɪmpənɪ] *npl* timbales *fpl*.

tin [tɪn] <> *n* - **1.** *(U)* [metal] étain *m* ; [in sheets] fer-blanc *m* - **2.** *UK* [can] boîte *f* de conserve - **3.** *UK* [small container] boîte *f* ; **cake ~** [for baking] moule *m* à gâteau ; [for storing] boîte *f* à gâteaux. <> *comp* en étain, d'étain.

tin can *n* boîte *f* de conserve.

tinder ['tɪndə[r]] *n* petit bois *m*.

tinfoil ['tɪnfɔɪl] *n (U)* papier *m* (d')aluminium.

tinge [tɪndʒ] *n* - **1.** [of colour] teinte *f*, nuance *f* - **2.** [of feeling] nuance *f*.

tinged [tɪndʒd] *adj* : **~ with** teinté(e) de.

tingle ['tɪŋgl] *vi* picoter ; **to ~ with** brûler de.

tingling ['tɪŋglɪŋ] *n (U)* picotement *m*.

tinker ['tɪŋkə[r]] <> *n UK* - **1.** *pej* [gypsy] romanichel *m*, -elle *f* - **2.** [rascal] polisson *m*, -onne *f*. <> *vi* : **to ~ (with sthg)** bricoler (qqch).

tinkle ['tɪŋkl] <> *n* - **1.** [sound] tintement *m* - **2.** *UK inf* [phone call] : **to give sb a ~** passer un coup de fil à qqn. <> *vi* [ring] tinter.

tin mine *n* mine *f* d'étain.

tinned [tɪnd] *adj UK* en boîte.

tinnitus [tɪ'naɪtəs] *n* acouphène *m*.

tinny ['tɪnɪ] (*comp* **-ier**, *superl* **-iest**) <> *adj* - **1.** [sound] métallique - **2.** *inf pej* [badly made] : **a ~ car** un tas de ferraille, une vraie casserole. <> *n esp Australia* canette de bière *f inf*.

tin opener *n UK* ouvre-boîtes *m inv*.

tin-pot *adj UK inf pej* [country, dictator] de rien du tout.

tinsel ['tɪnsl] *n (U)* guirlandes *fpl* de Noël.

tint [tɪnt] <> *n* teinte *f*, nuance *f* ; [in hair] rinçage *m*. <> *vt* teinter.

tinted ['tɪntɪd] *adj* [glasses, windows] teinté(e).

tiny ['taɪnɪ] (*comp* **-ier**, *superl* **-iest**) *adj* minuscule.

tip [tɪp] <> *n* - **1.** [end] bout *m* ; **it's on the ~ of my tongue** je l'ai sur le bout de la langue - **2.** *UK* [dump] décharge *f* - **3.** [to waiter etc] pourboire *m* - **4.** [piece of advice] tuyau *m*. <> *vt* (*pt & pp* **-ped**, *cont* **-ping**) - **1.** [tilt] faire basculer - **2.** *UK* [spill] renverser - **3.** [waiter etc] donner un pourboire à. <> *vi* (*pt & pp* **-ped**, *cont* **-ping**) - **1.** [tilt] basculer - **2.** *UK* [spill] se renverser - **3.** [give money to waiter etc] laisser un pourboire.

◆ **tip off** *vt sep* prévenir.

◆ **tip over** <> *vt sep* renverser. <> *vi* se renverser.

tip-off *n* tuyau *m* ; [to police] dénonciation *f*.

tipped ['tɪpt] *adj* [cigarette] qui a un embout, à bout filtre.

Tipp-Ex® ['tɪpeks] *UK* <> *n* Tipp-ex® *m*. <> *vt* effacer avec du Tipp-Ex®.

tipple ['tɪpl] *n inf* **what's your ~?** qu'est-ce que tu aimes boire d'habitude?

tipsy ['tɪpsɪ] (*comp* **-ier**, *superl* **-iest**) *adj inf* gai(e).

tiptoe ['tɪptəʊ] <> *n* : **on ~** sur la pointe des pieds. <> *vi* marcher sur la pointe des pieds.

tip-top *adj inf dated* excellent(e).

TIR (*abbr of* **Transports Internationaux Routiers**) TIR.

tirade [taɪ'reɪd] *n* diatribe *f*.

Tirana, **Tiranë** [tɪ'rɑːnə] *n* Tirana.

tire ['taɪə[r]] <> *n US* = **tyre**. <> *vt* fatiguer. <> *vi* - **1.** [get tired] se fatiguer - **2.** [get fed up] : **to ~ of** se lasser de.

◆ **tire out** *vt sep* épuiser.

tired ['taɪəd] *adj* - **1.** [sleepy] fatigué(e), las (lasse) - **2.** [fed up] : **to be ~ of sthg/of doing sthg** en avoir assez de qqch/de faire qqch.

tiredness ['taɪədnɪs] *n* fatigue *f*.

tireless ['taɪəlɪs] *adj* infatigable.

tiresome ['taɪəsəm] *adj* ennuyeux(euse).

tiring ['taɪərɪŋ] *adj* fatigant(e).

Tirol = **Tyrol**.

tissue ['tɪʃuː] *n* - **1.** [paper handkerchief] mouchoir *m* en papier - **2.** *(U)* BIOL tissu *m* - **3.** *phr* **a ~ of lies** un tissu de mensonges.

tissue paper *n (U)* papier *m* de soie.

tit [tɪt] *n* - **1.** [bird] mésange *f* - **2.** *vulg* [breast] nichon *m*, néné *m*.

titbit *UK* ['tɪtbɪt], **tidbit** *US* ['tɪdbɪt] *n* - **1.** [of food] bon morceau *m* - **2.** *fig* [of news] petite nouvelle *f* ; **a ~ of gossip** un petit potin.

tit for tat [-'tæt] *n* un prêté pour un rendu.

titillate ['tɪtɪleɪt] <> *vt* titiller. <> *vi* titiller les sens.

titivate ['tɪtɪveɪt] *vt* pomponner.

title ['taɪtl] *n* titre *m*.

titled ['taɪtld] *adj* titré(e).

title deed *n* titre *m* de propriété.

titleholder ['taɪtl,həʊldəʳ] *n* SPORT tenant *m*, -e *f* du titre.

title page *n* page *f* de titre.

title role *n* rôle *m* principal.

titter ['tɪtəʳ] *vi* rire bêtement.

tittle-tattle ['tɪtl,tatl] *n (U) inf pej* ragots *mpl*, cancans *mpl*.

titular ['tɪtjʊləʳ] *adj* nominal(e).

T-junction *n* intersection *f* en T.

TLS (*abbr of* **Times Literary Supplement**) *n édition littéraire du Times.*

TM <> *n* (*abbr of* **transcendental meditation**) MT *f*. <> *see also* **trademark**.

TN *see also* **Tennessee**.

TNT (*abbr of* **trinitrotoluene**) *n* TNT *m*.

to [(*stressed* [tu:], *unstressed before consonant* [tə], *unstressed before vowel* [tʊ])] <> *prep* - **1.** [indicating place, direction] à ; **to go ~ Liverpool/Spain/school** aller à Liverpool/en Espagne/à l'école ; **to go ~ the butcher's** aller chez le boucher ; **~ the left/right** à gauche/droite - **2.** (*to express indirect object*) à ; **to give sthg ~ sb** donner qqch à qqn ; **we were listening ~ the radio** nous écoutions la radio ; **he refused to give an answer ~ my question** il refusa de répondre à ma question - **3.** [indicating reaction, effect] à ; **~ my delight/surprise** à ma grande joie/surprise ; **it worked ~ our advantage** cela a tourné à notre avantage ; **to be ~ sb's liking** être au goût de qqn - **4.** [in stating opinion] : **~ me,...** à mon avis,... ; **it seemed quite unnecessary ~ me/him** *etc* cela me/lui *etc* semblait tout à fait inutile - **5.** [indicating state, process] : **to drive sb ~ drink** pousser qqn à boire ; **to shoot ~ fame** devenir célèbre du jour au lendemain ; **it could lead ~ trouble** cela pourrait causer des ennuis - **6.** [as far as] à, jusqu'à ; **to count ~ 10** compter jusqu'à 10 ; **we work from 9 ~ 5** nous travaillons de 9 heures à 17 heures - **7.** [in expressions of time] moins ; **it's ten ~ three/quarter ~ one** il est trois heures moins dix/une heure moins le quart - **8.** [per] à ; **40 miles ~ the gallon** ≃ 7 litres aux cent (km) - **9.** [accompanied by] : **a poem set ~ music** un poème mis en musique ; **we danced ~ the sound of guitars** on a dansé au son des guitares - **10.** [of, for] de ; **the key ~ the car** la clé de la voiture ; **a letter ~ my daughter** une lettre à ma fille. <> *adv* [shut] : **push the door ~** fermez la porte. <> *with inf* - **1.** (*forming simple infinitive*) **~ walk** marcher ; **~ laugh** rire - **2.** (*following another verb*) **to begin ~ do sthg** commencer à faire qqch ; **to try ~ do sthg** essayer de faire qqch ; **to want ~ do sthg** vouloir faire qqch - **3.** (*following an adjective*) **difficult ~ do** difficile à faire ; **ready ~ go** prêt à partir - **4.** (*indicating purpose*) pour ; **he worked hard ~ pass his exam** il a travaillé dur pour réussir son examen - **5.** (*substituting for a relative clause*) **I have a lot ~ do** j'ai beaucoup à faire ; **he told me ~ leave** il m'a dit de partir - **6.** (*to avoid repetition of infinitive*) **I meant to call him but I forgot ~** je voulais l'appeler, mais j'ai oublié - **7.** [in comments] : **~ be honest...** en toute franchise... ; **~ sum up,...** en résumé,..., pour récapituler,...

toad [təʊd] *n* crapaud *m*.

toadstool ['təʊdstu:l] *n* champignon *m* vénéneux.

toady ['təʊdɪ] *pej* <> *n* (*pl* **-ies**) lèche-bottes *mf inv*. <> *vi* (*pt & pp* **-ied**) : **to ~ (to sb)** lécher les bottes (de qqn).

to and fro *adv* : **to go ~** aller et venir ; **to walk ~** marcher de long en large.

◆ **to-and-fro** *adj* de va-et-vient.

toast [təʊst] <> *n* - **1.** *(U)* [bread] pain *m* grillé, toast *m* - **2.** [drink] toast *m* ; **to drink a ~ to sb/sthg** lever son verre en l'honneur de qqn/à qqch. <> *vt* - **1.** [bread] (faire) griller - **2.** [person] porter un toast à.

toasted sandwich [,təʊstɪd-] *n* sandwich *m* grillé.

toaster ['təʊstəʳ] *n* grille-pain *m inv*.

toast rack *n* porte-toasts *m inv*.

tobacco [tə'bækəʊ] *n (U)* tabac *m*.

tobacconist [tə'bækənɪst] *n UK* buraliste *mf* ; **~'s (shop)** bureau *m* de tabac.

Tobago [tə'beɪgəʊ] ▷ **Trinidad and Tobago**.

toboggan [tə'bɒgən] <> *n* luge *f*, traîne *f* sauvage *Québec*. <> *vi* faire de la luge, faire de la traîne sauvage *Québec*.

today [tə'deɪ] <> *n* aujourd'hui *m*. <> *adv* aujourd'hui.

toddle ['tɒdl] *vi* [child] marcher d'un pas hésitant.

toddler ['tɒdləʳ] *n* tout-petit *m (qui commence à marcher)*.

toddy ['tɒdɪ] (*pl* **-ies**) *n* grog *m*.

to-do (*pl* **-s**) *n inf dated* histoire *f*.

toe [təʊ] <> *n* [of foot] orteil *m*, doigt *m* de pied ; [of sock, shoe] bout *m*. <> *vt* : **to ~ the line** se plier.

TOEFL [tɔfl] (*abbr of* **Test of English as a Foreign Language**) *n test d'anglais passé par les étudiants étrangers désirant faire des études dans une université américaine.*

toehold ['təʊhəʊld] *n* prise *f* ; **to have a ~ in a market** *fig* avoir un pied dans un marché.

toenail ['təʊneɪl] *n* ongle *m* d'orteil.

toffee ['tɒfɪ] *n UK* caramel *m*.

toffee apple *n UK* pomme *f* caramélisée.

tofu ['təʊfu:] *n* tofu *m*.

toga ['təʊgə] *n* toge *f*.

together [tə'geðəʳ] ◇ *adv* - **1.** [gen] ensemble - **2.** [at the same time] en même temps. ◇ *adj inf* équilibré(e).
◆ **together with** *prep* ainsi que.

togetherness [tə'geðənɪs] *n (U)* unité *f.*

toggle ['tɒgl] *n* bouton *m* de duffle-coat.

toggle switch *n* ELECTRON & COMPUT interrupteur *m* à bascule.

Togo ['təʊgəʊ] *n* Togo *m* ; **in ~** au Togo.

Togolese [ˌtəʊgə'li:z] ◇ *adj* togolais(e). ◇ *n* Togolais *m*, -e *f.*

togs [tɒgz] *npl inf* fringues *fpl.*

toil [tɔɪl] *lit* ◇ *n* labeur *m.* ◇ *vi* travailler dur.
◆ **toil away** *vi* : **to ~ away (at sthg)** travailler dur (à qqch).

toilet ['tɔɪlɪt] *n* [lavatory] toilettes *fpl*, cabinets *mpl* ; **to go to the ~** aller aux toilettes OR aux cabinets.

toilet bag *n* trousse *f* de toilette.

toilet paper *n (U)* papier *m* hygiénique.

toiletries ['tɔɪlɪtrɪz] *npl* articles *mpl* de toilette.

toilet roll *n* rouleau *m* de papier hygiénique.

toilet soap *n* savonnette *f.*

toilet tissue *n (U)* papier *m* hygiénique.

toilet-trained [-ˌtreɪnd] *adj* propre.

toilet water *n* eau *f* de toilette.

to-ing and fro-ing [ˌtu:ɪŋən'frəʊɪŋ] *n (U)* allées *fpl* et venues.

token ['təʊkn] ◇ *adj* symbolique. ◇ *n* - **1.** [voucher] bon *m* - **2.** [symbol] marque *f.*
◆ **by the same token** *adv* de même.

Tokyo ['təʊkjəʊ] *n* Tokyo.

told [təʊld] *pt* & *pp* ▷ **tell.**

tolerable ['tɒlərəbl] *adj* passable.

tolerably ['tɒlərəblɪ] *adv* passablement.

tolerance ['tɒlərəns] *n* tolérance *f.*

tolerant ['tɒlərənt] *adj* tolérant(e).

tolerate ['tɒləreɪt] *vt* - **1.** [put up with] supporter - **2.** [permit] tolérer.

toleration [ˌtɒlə'reɪʃn] *n (U)* tolérance *f.*

toll [təʊl] ◇ *n* - **1.** [number] nombre *m* - **2.** [fee] péage *m* - **3.** *phr* **to take its ~** se faire sentir. ◇ *vt* & *vi* sonner.

tollbooth ['təʊlbu:θ] *n* poste *m* de péage.

toll bridge *n* pont *m* à péage.

tollfree US ◇ *adj* : **~ number** numéro *m* vert. ◇ *adv* : **to call ~** appeler un numéro vert.

tomato [UK tə'mɑ:təʊ, US tə'meɪtəʊ] (*pl* -es) *n* tomate *f.*

tomb [tu:m] *n* tombe *f.*

tombola [tɒm'bəʊlə] *n esp UK* tombola *f.*

tomboy ['tɒmbɔɪ] *n* garçon *m* manqué.

tombstone ['tu:mstəʊn] *n* pierre *f* tombale.

tomcat ['tɒmkæt] *n* matou *m.*

tomfoolery [tɒm'fu:lərɪ] *n (U)* bêtises *fpl.*

tomorrow [tə'mɒrəʊ] ◇ *n* demain *m.* ◇ *adv* demain.

ton [tʌn] (*pl* **ton** OR **-s**) *n* - **1.** [imperial] *UK = 1016 kg US = 907,2 kg*, ≃ tonne *f* - **2.** [metric] *= 1000 kg* tonne *f* - **3.** *phr* **to weigh a ~** *inf* peser une tonne ; **to come down on sb like a ~ of bricks** tomber sur qqn à bras raccourcis.
◆ **tons** *npl inf* **~s (of)** des tas (de), plein (de).

tonal ['təʊnl] *adj* tonal(e).

tone [təʊn] *n* - **1.** [gen] ton *m* - **2.** [on phone] tonalité *f* ; [on answering machine] bip *m* sonore - **3.** *phr* **to lower the ~ (of)** rabaisser le ton (de).
◆ **tone down** *vt sep* modérer.
◆ **tone in** *vi* : **to ~ in (with)** s'harmoniser (avec).
◆ **tone up** *vt sep* tonifier.

tone-deaf *adj* qui n'a aucune oreille.

toner ['təʊnəʳ] *n* - **1.** [for photocopier, printer] toner *m* - **2.** [cosmetic] astringent *m*, lotion *f* tonique.

Tonga ['tɒŋgə] *n* Tonga ; **in ~** à Tonga.

tongs [tɒŋz] *npl* pinces *fpl* ; [for hair] fer *m* à friser.

tongue [tʌŋ] *n* - **1.** [gen] langue *f* ; **to have a sharp ~** avoir la langue bien acérée OR affilée ; **to have one's ~ in one's cheek** *inf* ne pas être sérieux ; **to hold one's ~** *fig* tenir sa langue ; **~s will wag** on va jaser - **2.** [of shoe] languette *f.*

tongue-in-cheek *adj* ironique.

tongue-tied [-ˌtaɪd] *adj* muet(ette).

tongue twister [-ˌtwɪstəʳ] *n* phrase *f* difficile à dire.

tonic ['tɒnɪk] *n* - **1.** [tonic water] Schweppes® *m* - **2.** [medicine] tonique *m* ; **the holiday was a real ~** *fig* ces vacances m'ont fait beaucoup de bien.

tonic water *n* Schweppes® *m.*

tonight [tə'naɪt] ◇ *n* ce soir *m* ; [late] cette nuit *f.* ◇ *adv* ce soir ; [late] cette nuit.

tonnage ['tʌnɪdʒ] *n* tonnage *m.*

tonne [tʌn] (*pl* **tonne** OR **-s**) *n* tonne *f.*

tonsil ['tɒnsl] *n* amygdale *f.*

tonsil(l)itis [ˌtɒnsɪ'laɪtɪs] *n (U)* amygdalite *f.*

too [tu:] *adv* - **1.** [also] aussi - **2.** [excessively] trop ; **~ many people** trop de gens ; **it was over all**

~ **soon** ça s'était terminé bien trop tôt ; **I'd be only ~ happy to help** je serais trop heureux de vous aider ; **I wasn't ~ impressed** ça ne m'a pas impressionné outre mesure.

took [tʊk] *pt* ▷ **take**.

tool [tu:l] *n lit* & *fig* outil *m* ; **to down ~s** *UK* cesser le travail ; **the ~s of sb's trade** les outils du métier de qqn.

◆ **tool around** *vi US inf* traîner.

tool bar *n* COMPUT barre *f* d'outils.

tool box *n* boîte *f* à outils.

tool kit *n* trousse *f* à outils.

toot [tu:t] ◇ *n* coup *m* de Klaxon®. ◇ *vt* : **to ~ one's horn** klaxonner. ◇ *vi* klaxonner.

tooth [tu:θ] (*pl* **teeth** [ti:θ]) *n* dent *f* ; **to be long in the ~** *UK pej* n'être plus tout jeune ; **to be fed up to the back teeth with** *UK inf* en avoir ras le bol de ; **to grit one's teeth** serrer les dents ; **to lie through one's teeth** mentir comme un arracheur de dents.

◆ **teeth** *npl fig* [power] : **to have no teeth** être impuissant.

toothache ['tu:θeɪk] *n* mal *m* OR rage *f* de dents ; **to have ~** *UK*, **to have a ~** *US* avoir mal aux dents.

toothbrush ['tu:θbrʌʃ] *n* brosse *f* à dents.

toothless ['tu:θlɪs] *adj* édenté(e).

toothpaste ['tu:θpeɪst] *n* (pâte *f*) dentifrice *m*.

toothpick ['tu:θpɪk] *n* cure-dents *m inv*.

tooth powder *n* poudre *f* dentifrice.

tootle ['tu:tl] *vi inf* **to ~ off** se sauver.

top [tɒp] ◇ *adj* - **1.** [highest] du haut - **2.** [most important, successful - officials] important(e) ; [- executives] supérieur(e) ; [- pop singer] fameux(euse) ; [- sportsman, sportswoman] meilleur(e) ; [- in exam] premier(ère) - **3.** [maximum] maximum ; **at ~ speed** à toute vitesse. ◇ *n* - **1.** [highest point - of hill] sommet *m* ; [- of page, pile] haut *m* ; [- of tree] cime *f* ; [- of list] début *m*, tête *f* ; **at the ~ of the stairs/the street** en haut de l'escalier/la rue ; **on ~** dessus ; **to go over the ~** *UK* en faire un peu trop, exagérer ; **at the ~ of one's voice** à tue-tête - **2.** [lid - of bottle, tube] bouchon *m* ; [- of pen] capuchon *m* ; [- of jar] couvercle *m* - **3.** [of table, box] dessus *m* - **4.** [clothing] haut *m* - **5.** [toy] toupie *f* - **6.** [highest rank - in league] tête *f* ; [- in scale] haut *m* ; SCH premier *m*, -ère *f*. ◇ *vt* (*pt* & *pp* **-ped**, *cont* **-ping**) - **1.** [be first in] être en tête de - **2.** [better] surpasser ; **to ~ an offer** surenchérir - **3.** [exceed] dépasser.

◆ **on top of** *prep* - **1.** [in space] sur - **2.** [in addition to] en plus de - **3.** [in control of] : **to be on ~ of one's work** avoir son travail bien en main - **4.** *phr* **my work is getting on ~ of me** je me suis laissé dépasser par mon travail ; **things are getting on ~ of me** je suis complètement dépassé.

◆ **top up** *UK*, **top off** *US vt sep* remplir.

topaz ['təʊpæz] *n* topaze *f*.

top brass *n (U) inf* **the ~** les gros bonnets *mpl*.

topcoat ['tɒpkəʊt] *n* - **1.** [item of clothing] manteau *m* - **2.** [paint] dernière couche *f*.

top dog *n inf* chef *m*.

top-flight *adj* de premier ordre.

top floor *n* dernier étage *m*.

top gear *n UK* quatrième/cinquième vitesse *f*.

top hat *n* haut-de-forme *m*.

top-heavy *adj* mal équilibré(e).

topic ['tɒpɪk] *n* sujet *m*.

topical ['tɒpɪkl] *adj* d'actualité.

topknot ['tɒpnɒt] *n* [in hair] houppe *f*.

topless ['tɒplɪs] *adj* [woman] aux seins nus ; **~ swimsuit** monokini *m*.

top-level *adj* au plus haut niveau.

topmost ['tɒpməʊst] *adj* le plus haut (la plus haute).

top-notch *adj inf* de premier choix.

topographer [tə'pɒgrəfəʳ] *n* topographe *mf*.

topography [tə'pɒgrəfɪ] *n* topographie *f*.

topped [tɒpt] *adj* : **~ by** OR **with** recouvert(e) de.

topping ['tɒpɪŋ] *n* garniture *f*.

topple ['tɒpl] ◇ *vt* renverser. ◇ *vi* basculer.

◆ **topple over** *vi* tomber.

top-ranking [-'ræŋkɪŋ] *adj* [official] haut placé(e) ; [player] haut classé(e).

TOPS [tɒps] (*abbr of* **Training Opportunities Scheme**) *n programme de recyclage professionnel en Grande-Bretagne*.

top-secret *adj* top secret (top secrète).

top-security *adj* de haute surveillance.

topsoil ['tɒpsɔɪl] *n* terre *f*.

topspin ['tɒpspɪn] *n* lift *m*.

topsy-turvy [,tɒpsɪ'tɜ:vɪ] ◇ *adj* - **1.** [messy] sens dessus dessous - **2.** [confused] : **to be ~** ne pas tourner rond. ◇ *adv* [messily] sens dessus dessous.

top-up card *n* TELEC recharge *f* de téléphone mobile.

tor [tɔ:ʳ] *n esp UK* [hill] colline *f* rocheuse.

torch [tɔ:tʃ] *n* - **1.** *UK* [electric] lampe *f* électrique - **2.** [burning] torche *f*.

tore [tɔ:ʳ] *pt* ▷ **tear**[2].

torment ◇ *n* [ˈtɔːment] tourment *m*. ◇ *vt* [tɔːˈment] tourmenter.

tormentor [tɔːˈmentəʳ] *n* bourreau *m*.

torn [tɔːn] *pp* ▷ **tear** ².

tornado [tɔːˈneɪdəʊ] (*pl* **-es** OR **-s**) *n* tornade *f*.

Toronto [təˈrɒntəʊ] *n* Toronto.

torpedo [tɔːˈpiːdəʊ] ◇ *n* (*pl* **-es**) torpille *f*. ◇ *vt* torpiller.

torpedo boat *n* torpilleur *m*.

torpor [ˈtɔːpəʳ] *n* torpeur *f*.

torque [tɔːk] *n* couple *m* (de torsion).

torrent [ˈtɒrənt] *n* torrent *m*.

torrential [təˈrenʃl] *adj* torrentiel(elle).

torrid [ˈtɒrɪd] *adj* **- 1.** [hot] torride **- 2.** *fig* [passionate] ardent(e).

torso [ˈtɔːsəʊ] (*pl* **-s**) *n* torse *m*.

tortoise [ˈtɔːtəs] *n* tortue *f*.

tortoiseshell [ˈtɔːtəʃel] ◇ *adj* : **~ cat** chat *m* roux tigré. ◇ *n* (*U*) [material] écaille *f*. ◇ *comp* en écaille.

tortuous [ˈtɔːtʃʊəs] *adj* **- 1.** [winding] tortueux(euse) **- 2.** [over-complicated] alambiqué(e).

torture [ˈtɔːtʃəʳ] ◇ *n* torture *f*. ◇ *vt* torturer.

torturer [ˈtɔːtʃərəʳ] *n* tortionnaire *mf*.

Tory [ˈtɔːrɪ] *UK* ◇ *adj* tory, conservateur (trice). ◇ *n* (*pl* **-ies**) tory *mf*, conservateur *m*, -trice *f*.

toss [tɒs] ◇ *vt* **- 1.** [throw] jeter ; **to ~ a coin** jouer à pile ou face ; **to ~ one's head** rejeter la tête en arrière **- 2.** [salad] fatiguer ; [pancake] faire sauter **- 3.** [throw about] ballotter. ◇ *vi* **- 1.** [with coin] jouer à pile ou face **- 2.** [move about] : **to ~ and turn** se tourner et se retourner. ◇ *n* **- 1.** [of coin] coup *m* de pile ou face **- 2.** [of head] mouvement *m* brusque.
◆ **toss up** *vi* jouer à pile ou face.

toss-up *n inf* **it was a ~ who'd win** il était impossible de savoir qui allait gagner.

tot [tɒt] (*pt & pp* **-ted**, *cont* **-ting**) *n* **- 1.** *inf* [small child] tout-petit *m* **- 2.** [of drink] larme *f*, goutte *f*.
◆ **tot up** *vt sep inf* additionner.

total [ˈtəʊtl] ◇ *adj* total(e) ; [disgrace, failure] complet(ète) ; **a ~ fool** un abruti fini. ◇ *n* total *m* ; **in ~** au total. ◇ *vt* (*UK*, *pt & pp* **-led**, *cont* **-ling**, *US*, *pt & pp* **-ed**, *cont* **-ing**) **- 1.** [add up] additionner **- 2.** [amount to] s'élever à **- 3.** *US inf* [wreck] bousiller, détruire.

totalitarian [ˌtəʊtælɪˈteərɪən] *adj* totalitaire.

totality [təʊˈtælətɪ] *n* totalité *f*.

totally [ˈtəʊtəlɪ] *adv* totalement ; **I ~ agree** je suis entièrement d'accord.

tote bag [təʊt-] *n US* sac *m* (à provisions).

totem pole [ˈtəʊtəm-] *n* mât *m* totémique.

toto [ˈtəʊtəʊ] ◆ **in toto** *adv fml* entièrement, complètement.

totter [ˈtɒtəʳ] *vi lit & fig* chanceler.

toucan [ˈtuːkən] *n* toucan *m*.

toucan crossing *n* passage *m* mixte piétons-cyclistes.

touch [tʌtʃ] ◇ *n* **- 1.** (*U*) [sense] toucher *m* **- 2.** [detail] touche *f* ; **to put the finishing ~es to sthg** mettre la dernière main à qqch **- 3.** (*U*) [skill] marque *f*, note *f* **- 4.** [contact] : **to keep in ~ (with sb)** rester en contact (avec qqn) ; **to get in ~ with sb** entrer en contact avec qqn ; **to lose ~** [friends] se perdre de vue ; **to lose ~ with sb** perdre qqn de vue ; **to be out of ~ with** ne plus être au courant de **- 5.** SPORT : **in ~** en touche **- 6.** [small amount] : **a ~** un petit peu **- 7.** *phr* **it was ~ and go** c'était tangent ; **it was ~ and go whether...** il n'était pas sûr que... ; **he's a soft ~** [for money] on peut le taper facilement. ◇ *vt* toucher. ◇ *vi* **- 1.** [with fingers etc] toucher **- 2.** [be in contact] se toucher.
◆ **a touch** *adv* [loud, bright] un peu trop.
◆ **touch down** *vi* [plane] atterrir.
◆ **touch on** *vt insep* effleurer.

touch-and-go *adj* incertain(e).

touchdown [ˈtʌtʃdaʊn] *n* **- 1.** [of plane] atterrissage *m* **- 2.** [in American football] but *m*.

touched [tʌtʃt] *adj* **- 1.** [grateful] touché(e) **- 2.** *inf* [slightly mad] fêlé(e).

touching [ˈtʌtʃɪŋ] *adj* touchant(e).

touch judge *n* RUGBY juge *m* de touche.

touchline [ˈtʌtʃlaɪn] *n* ligne *f* de touche.

touchpaper [ˈtʌtʃˌpeɪpəʳ] *n* papier *m* nitraté.

touch screen *n* écran *m* tactile.

touch-type *vi* taper au toucher.

touchy [ˈtʌtʃɪ] (*comp* **-ier**, *superl* **-iest**) *adj* **- 1.** [person] susceptible ; **to be ~ about sthg** ne pas aimer parler de qqch **- 2.** [subject, question] délicat(e).

tough [tʌf] *adj* **- 1.** [material, vehicle, person] solide ; [character, life] dur(e) **- 2.** [meat] dur(e) **- 3.** [decision, problem, task] difficile **- 4.** [rough area of town] dangereux(euse) **- 5.** [strict] sévère **- 6.** *inf* [unfortunate] : **~ luck!** pas de veine! ; **that's ~!** c'est vache!, c'est dur!

toughen [ˈtʌfn] *vt* **- 1.** [character] endurcir **- 2.** [material] renforcer.

toughened [ˈtʌfnd] *adj* [glass] trempé(e).

toughness [ˈtʌfnɪs] (*U*) *n* **- 1.** [resilience] dureté *f* **- 2.** [of material] solidité *f* **- 3.** [of decision, problem, task] difficulté *f* **- 4.** [strictness] sévérité *f*.

toupee [ˈtuːpeɪ] *n* postiche *m*.

tour [tʊəʳ] ◇ *n* - **1.** [journey] voyage *m* ; [by pop group etc] tournée *f* - **2.** [of town, museum] visite *f*, tour *m*. ◇ *vt* visiter. ◇ *vi* : **to ~ round a country** *UK* visiter un pays.

tourer *UK* ['tʊərəʳ], **touring car** *US n* voiture *f* de tourisme.

touring ['tʊərɪŋ] ◇ *adj* [show, theatre group] en tournée ; [exhibition] ambulant(e). ◇ *n* tourisme *m* ; **to go ~** faire du tourisme.

tourism ['tʊərɪzm] *n* tourisme *m*.

tourist ['tʊərɪst] *n* touriste *mf*.

tourist class *n* classe *f* touriste.

tourist (information) office *n* office *m* de tourisme.

touristy ['tʊərɪstɪ] *adj pej* touristique.

tournament ['tɔːnəmənt] *n* tournoi *m*.

tourniquet ['tʊənɪkeɪ] *n* tourniquet *m*.

tour operator *n* voyagiste *m*.

tousle ['taʊzl] *vt* ébouriffer.

tout [taʊt] ◇ *n* revendeur *m* de billets. ◇ *vt* [tickets] revendre ; [goods] vendre. ◇ *vi* : **to ~ for trade** racoler les clients.

tow [təʊ] ◇ *n* : **to give sb a ~** remorquer qqn ; **'on ~'** *UK* 'véhicule en remorque' ; **with sb in ~** à la suite de qqn. ◇ *vt* remorquer.

towards [tə'wɔːdz], *US* **toward** [tə'wɔːd] *prep* - **1.** [gen] vers ; [movement] vers, en direction de - **2.** [in attitude] envers - **3.** [for the purpose of] pour.

towaway zone ['təʊəweɪ-] *n US zone de stationnement interdit sous peine de mise à la fourrière.*

towbar ['təʊbɑː] *n* barre *f* de remorquage.

towel ['taʊəl] *n* serviette *f* ; [tea towel] torchon *m*.

towelling *UK*, **toweling** *US* ['taʊəlɪŋ] ◇ *n (U)* tissu *m* éponge. ◇ *comp* en tissu éponge.

towel rail *n* porte-serviettes *m inv*.

tower ['taʊəʳ] ◇ *n* tour *f* ; **a ~ of strength** un appui solide. ◇ *vi* s'élever ; **to ~ over sb/sthg** dominer qqn/qqch.

tower block *n UK* tour *f*.

towering ['taʊərɪŋ] *adj* imposant(e).

town [taʊn] *n* ville *f* ; **to go out on the ~** faire la tournée des grands ducs ; **to go to ~ on sthg** *fig* ne pas lésiner sur qqch.

town centre *n UK* centre-ville *m*.

town clerk *n* ≃ secrétaire *mf* de mairie.

town council *n UK* conseil *m* municipal.

town hall *n UK* mairie *f*.

town house *n* [fashionable house] hôtel *m* particulier.

town plan *n UK* plan *m* de ville.

town planner *n UK* urbaniste *mf*.

town planning *n UK* urbanisme *m*.

townsfolk ['taʊnzfəʊk], **townspeople** ['taʊnzˌpiːpl] *npl* citadins *mpl*.

township ['taʊnʃɪp] *n* - **1.** [in South Africa] township *f* - **2.** [in US] ≃ canton *m*.

towpath ['təʊpɑːθ] (*pl* [-pɑːðz]) *n* chemin *m* de halage.

towrope ['təʊrəʊp] *n* câble *m* de remorquage.

tow truck *n US* dépanneuse *f*.

toxic ['tɒksɪk] *adj* toxique.

toxin ['tɒksɪn] *n* toxine *f*.

toy [tɔɪ] *n* jouet *m*.

◆ **toy with** *vt insep* - **1.** [idea] caresser - **2.** [coin etc] jouer avec ; **to ~ with one's food** manger du bout des dents.

toy boy *n inf* étalon *m*, *jeune amant d'une femme plus âgée.*

toy shop *n* magasin *m* de jouets.

trace [treɪs] ◇ *n* trace *f* ; **without ~** sans laisser de traces. ◇ *vt* - **1.** [relatives, criminal] retrouver ; [development, progress] suivre ; [history, life] retracer - **2.** [on paper] tracer.

trace element *n* oligo-élément *m*.

tracer bullet ['treɪsəʳ-] *n* balle *f* traçante.

tracing ['treɪsɪŋ] *n* [copy] calque *m*.

tracing paper ['treɪsɪŋ-] *n (U)* papier-calque *m*.

track [træk] ◇ *n* - **1.** [path] chemin *m* ; **off the beaten ~** hors des sentiers battus - **2.** SPORT piste *f* - **3.** RAIL voie *f* ferrée - **4.** [of animal, person] trace *f* ; **to hide** *OR* **cover one's ~s** brouiller les pistes ; **to stop dead in one's ~s** s'arrêter net - **5.** [on record, tape] piste *f* - **6.** *phr* **to keep ~ of sb** rester en contact avec qqn ; **to keep ~ of** [events] suivre ; **to lose ~ of sb** perdre contact avec qqn ; **to lose ~ of** [events] ne plus suivre ; **to lose ~ of time** perdre la notion du temps ; **to be on the right ~** être sur la bonne voie ; **to be on the wrong ~** être sur la mauvaise piste. ◇ *vt* suivre la trace de. ◇ *vi* [camera] faire un travelling.

◆ **track down** *vt sep* [criminal, animal] dépister ; [object, address etc] retrouver.

track and field *n US* athlétisme *m*.

trackball ['trækbɔːl] *n* COMPUT boule *f* de commande.

tracker dog ['trækəʳ-] *n* chien *m* policier.

track event *n* épreuve *f* sur piste.

tracking station ['trækɪŋ-] *n* station *f* d'observation.

track record *n* palmarès *m*.

track shoes *npl* chaussures *fpl* à pointes.

tracksuit ['træksu:t] *n* survêtement *m*.

tract [trækt] *n* - **1.** [pamphlet] tract *m* - **2.** [of land, forest] étendue *f* - **3.** MED appareil *m*, système *m*.

traction ['trækʃn] *n (U)* - **1.** PHYS traction *f* - **2.** MED extension *f* ; **in ~** en extension.

traction engine *n* locomobile *f*.

tractor ['træktəʳ] *n* tracteur *m*.

tractor-trailer *n US* semi-remorque *m*.

trade [treɪd] <> *n* - **1.** *(U)* [commerce] commerce *m* - **2.** [job] métier *m* ; **by ~** de son état. <> *vt* [exchange] : **to ~ sthg (for)** échanger qqch (contre). <> *vi* - **1.** COMM : **to ~ (with sb)** commercer (avec qqn) - **2.** *US* [shop] : **to ~ at** *OR* **with** faire ses courses à *OR* chez.

◆ **trade in** *vt sep* [exchange] échanger, faire reprendre.

trade barrier *n* barrière *f* douanière.

trade deficit *n* déficit *m* commercial.

trade discount *n* remise *f* confraternelle *OR* à la profession.

trade fair *n* exposition *f* commerciale.

trade gap *n* déficit *m* commercial.

trade-in *n* reprise *f*.

trademark ['treɪdmɑ:k] *n* - **1.** COMM marque *f* de fabrique - **2.** *fig* [characteristic] marque *f*.

trade name *n* nom *m* de marque.

trade-off *n* compromis *m*.

trade price *n* prix *m* de gros.

trader ['treɪdəʳ] *n* marchand *m*, -e *f*, commerçant *m*, -e *f*.

trade route *n* route *f* commerciale.

trade secret *n* secret *m* de fabrication.

tradesman ['treɪdzmən] *(pl* **-men** [-mən]*)* *n* commerçant *m*.

tradespeople ['treɪdz,pi:pl] *npl* commerçants *mpl*.

trade(s) union *n UK* syndicat *m*.

Trades Union Congress *n UK* : **the ~** la Confédération des syndicats britanniques.

trade(s) unionist [-'ju:njənɪst] *n UK* syndicaliste *mf*.

trade wind *n* alizé *m*.

trading ['treɪdɪŋ] *n (U)* commerce *m*.

trading estate *n UK* zone *f* industrielle.

trading stamp *n* timbre-prime *m*.

trading standards officer *n UK* fonctionnaire *m* du service de la répression des fraudes.

tradition [trə'dɪʃn] *n* tradition *f*.

traditional [trə'dɪʃənl] *adj* traditionnel (elle).

traditionally [trə'dɪʃnəlɪ] *adv* traditionnellement.

traffic ['træfɪk] <> *n (U)* - **1.** [vehicles] circulation *f* - **2.** [illegal trade] : **~ (in)** trafic *m* (de). <> *vi* *(pt & pp* **-ked**, *cont* **-king***)* : **to ~ in** faire le trafic de.

traffic circle *n US* rond-point *m*.

traffic island *n* refuge *m*.

traffic jam *n* embouteillage *m*.

trafficker ['træfɪkəʳ] *n* : **~ (in)** trafiquant *m*, -e *f* (de).

traffic lights *npl* feux *mpl* de signalisation.

traffic offence *UK*, **traffic violation** *US* *n* infraction *f* au code de la route.

traffic sign *n* panneau *m* de signalisation.

traffic violation *US* = **traffic offence**.

traffic warden *n UK* contractuel *m*, -elle *f*.

tragedy ['trædʒədɪ] *(pl* **-ies***)* *n* tragédie *f*.

tragic ['trædʒɪk] *adj* tragique.

tragically ['trædʒɪklɪ] *adv* tragiquement, de façon tragique.

trail [treɪl] <> *n* - **1.** [path] sentier *m* ; **to blaze a ~** *fig* faire œuvre de pionnier - **2.** [trace] piste *f* ; **on the ~ of** sur la piste de. <> *vt* - **1.** [drag] traîner - **2.** [follow] suivre. <> *vi* - **1.** [drag, move slowly] traîner - **2.** SPORT [lose] : **to be ~ing** être mené(e).

◆ **trail away**, **trail off** *vi* s'estomper.

trailblazing ['treɪl,bleɪzɪŋ] *adj* de pionnier.

trailer ['treɪləʳ] *n* - **1.** [vehicle - for luggage] remorque *f* ; [- for living in] caravane *f* - **2.** CIN bande-annonce *f*.

trailer park *n US terrain aménagé pour les camping-cars.*

train [treɪn] <> *n* - **1.** RAIL train *m* - **2.** [of dress] traîne *f*. <> *vt* - **1.** [teach] : **to ~ sb to do sthg** apprendre à qqn à faire qqch - **2.** [for job] former ; **to ~ sb as/in** former qqn comme/dans - **3.** SPORT : **to ~ sb (for)** entraîner qqn (pour) - **4.** [plant] faire grimper - **5.** [gun, camera] braquer. <> *vi* - **1.** [for job] : **to ~ (as)** recevoir *OR* faire une formation (de) - **2.** SPORT : **to ~ (for)** s'entraîner (pour).

trained [treɪnd] *adj* formé(e).

trainee [treɪ'ni:] <> *adj* stagiaire, apprenti(e). <> *n* stagiaire *mf*.

trainer ['treɪnəʳ] *n* - **1.** [of animals] dresseur *m*, -euse *f* - **2.** SPORT entraîneur *m*.

◆ **trainers** *npl UK* chaussures *fpl* de sport.

training ['treɪnɪŋ] *n (U)* - **1.** [for job] : **~ (in)** formation *f* (de) - **2.** SPORT entraînement *m*.

training college *n UK* école *f* professionnelle.

training course *n* cours *m OR* stage *m* de formation.

training shoes *npl UK* chaussures *fpl* de sport.

train of thought *n* : **my/his ~** le fil de mes/ses pensées.

train set *n* train *m* électrique.

train-spotter [-spɒtəʳ] *n UK* - **1.** passionné *m*, -e *f* de trains - **2.** *inf* [nerd] crétin *m*, -e *f*.

train station *n US* gare *f*.

traipse [treɪps] *vi* traîner.

trait [treɪt] *n* trait *m*.

traitor ['treɪtəʳ] *n* traître *m*.

trajectory [trə'dʒektərɪ] (*pl* **-ies**) *n* trajectoire *f*.

tram [træm], **tramcar** ['træmkɑːʳ] *n UK* tram *m*, tramway *m*.

tramlines ['træmlaɪnz] *npl UK* - **1.** [for trams] voies *fpl* de tram - **2.** TENNIS lignes *fpl* de côté.

tramp [træmp] ◇ *n* - **1.** [homeless person] clochard *m*, -e *f* - **2.** *US inf* [woman] traînée *f*. ◇ *vt* [countryside] parcourir, battre ; **to ~ the streets** battre le pavé. ◇ *vi* marcher d'un pas lourd.

trample ['træmpl] ◇ *vt* piétiner. ◇ *vi* : **to ~ on sthg** piétiner qqch ; **to ~ on sb** *fig* bafouer qqn.

trampoline ['træmpəliːn] *n* trampoline *m*.

trance [trɑːns] *n* transe *f* ; **in a ~** en transe.

tranquil ['træŋkwɪl] *adj* tranquille.

tranquility *US* = **tranquillity**.

tranquilize *US* = **tranquillize**.

tranquilizer *US* = **tranquillizer**.

tranquillity *UK*, **tranquility** *US* [træŋ'kwɪlətɪ] *n* tranquillité *f*.

tranquillize, *UK* **-ise**, *US* **tranquilize** ['træŋkwɪlaɪz] *vt* mettre sous tranquillisants *OR* calmants.

tranquillizer *UK*, **tranquilizer** *US* ['træŋkwɪlaɪzəʳ] *n* tranquillisant *m*, calmant *m*.

transact [træn'zækt] *vt* traiter, régler.

transaction [træn'zækʃn] *n* transaction *f*.

transatlantic [ˌtrænzət'læntɪk] *adj* [flight, crossing] transatlantique ; [politics] d'outre-Atlantique.

transceiver [træn'siːvəʳ] *n* émetteur-récepteur *m*.

transcend [træn'send] *vt* transcender.

transcendental meditation [ˌtrænsen'dentl-] *n* méditation *f* transcendantale.

transcribe [træn'skraɪb] *vt* transcrire.

transcript ['trænskrɪpt] *n* transcription *f*.

transept ['trænsept] *n* transept *m*.

transfer ◇ *n* ['trænsfɜːʳ] - **1.** [gen] transfert *m* ; [of power] passation *f* ; [of money] virement *m* - **2.** *UK* [design] décalcomanie *f* - **3.** *US* [ticket] *ticket permettant de changer de train ou de bus sans payer de supplément.* ◇ *vt* [træns'fɜːʳ] (*pt* & *pp* **-red**, *cont* **-ring**) - **1.** [gen] transférer ; [power, control] faire passer ; [money] virer - **2.** [employee] transférer, muter. ◇ *vi* [træns'fɜːʳ] (*pt* & *pp* **-red**, *cont* **-ring**) être transféré.

transferable [træns'fɜːrəbl] *adj* transférable, transmissible ; **not ~** [ticket] non cessible.

transference ['trænsfərəns] *n* [of power] passation *f*.

transfer fee *n UK* SPORT prix *m* d'un transfert.

transfigure [træns'fɪgəʳ] *vt* transfigurer.

transfix [træns'fɪks] *vt* : **to be ~ed with fear** être paralysé(e) par la peur.

transform [træns'fɔːm] *vt* : **to ~ sb/sthg (into)** transformer qqn/qqch (en).

transformation [ˌtrænsfə'meɪʃn] *n* transformation *f*.

transformer [træns'fɔːməʳ] *n* ELEC transformateur *m*.

transfusion [træns'fjuːʒn] *n* transfusion *f*.

transgenic [trænz'dʒenɪk] *adj* transgénique.

transgress [træns'gres] *fml* ◇ *vt* transgresser. ◇ *vi* pécher.

transgression [træns'greʃn] *n fml* - **1.** [fault] faute *f* - **2.** *(U)* [doing wrong] transgression *f*.

transient ['trænzɪənt] ◇ *adj* passager(ère). ◇ *n US* [person] voyageur *m*, -euse *f* en transit.

transistor [træn'zɪstəʳ] *n* transistor *m*.

transistor radio *n* transistor *m*.

transit ['trænsɪt] *n* : **in ~** en transit.

transit camp *n* camp *m* volant.

transition [træn'zɪʃn] *n* transition *f* ; **in ~** en transition.

transitional [træn'zɪʃənl] *adj* de transition.

transitive ['trænzɪtɪv] *adj* GRAM transitif(ive).

transit lounge *n* salle *f* de transit.

transitory ['trænzɪtrɪ] *adj* transitoire.

translate [træns'leɪt] ◇ *vt* traduire. ◇ *vi* [person] traduire ; [expression, word] se traduire.

translation [træns'leɪʃn] *n* traduction *f*.

translator [træns'leɪtəʳ] *n* traducteur *m*, -trice *f*.

translucent [trænz'luːsnt] *adj* translucide.

transmission [trænz'mɪʃn] *n* - **1.** [gen] transmission *f* - **2.** RADIO & TV [programme] émission *f* - **3.** *US* AUT boîte *f* de vitesses.

transmit [trænz'mɪt] (*pt* & *pp* **-ted**, *cont* **-ting**) *vt* transmettre.

transmitter [trænz'mɪtəʳ] *n* émetteur *m*.

transparency [trans'pærənsɪ] (*pl* **-ies**) *n* **- 1.** PHOT diapositive *f* ; [for overhead projector] transparent *m* **- 2.** *(U)* [quality] transparence *f*.

transparent [træns'pærənt] *adj* transparent(e).

transpire [træn'spaɪəʳ] *fml* ◇ *vt* : **it ~s that...** on a appris que... ◇ *vi* [happen] se passer, arriver.

transplant ◇ *n* ['trænsplɑːnt] MED greffe *f*, transplantation *f*. ◇ *vt* [træns'plɑːnt] **- 1.** MED greffer, transplanter **- 2.** [seedlings] repiquer **- 3.** [move] transplanter.

transport ◇ *n* ['trænspɔːt] transport *m*. ◇ *vt* [træn'spɔːt] transporter.

transportable [træn'spɔːtəbl] *adj* transportable.

transportation [ˌtrænspɔː'teɪʃn] *n esp US* transport *m*.

transport cafe *n UK* restaurant *m* de routiers, routier *m*.

transporter [træn'spɔːtəʳ] *n* [for cars] transporteur *m* de voitures.

transpose [træns'pəʊz] *vt* transposer.

transsexual [træns'sekʃʊəl] *n* transsexuel(elle).

transvestite [trænz'vestaɪt] *n* travesti *m*, -e *f*.

trap [træp] ◇ *n* piège *m*. ◇ *vt* (*pt & pp* **-ped**, *cont* **-ping**) prendre au piège ; **to be trapped** être coincé ; **to be trapped in a relationship** être piégé dans une relation.

trapdoor [ˌtræp'dɔːʳ] *n* trappe *f*.

trapeze [trə'piːz] *n* trapèze *m*.

trapper ['træpəʳ] *n* trappeur *m*, -euse *f*.

trappings ['træpɪŋz] *npl* signes *mpl* extérieurs.

trash [træʃ] *n (U)* **- 1.** *US* [refuse] ordures *fpl* **- 2.** *inf pej* [poor-quality thing] camelote *f*.

trash collector *n US* éboueur *m*, éboueuse *f*.

trashcan ['træʃkæn] *n US* poubelle *f*.

trashy ['træʃɪ] (*comp* **-ier**, *superl* **-iest**) *adj inf* qui ne vaut rien, nul (nulle).

trauma ['trɔːmə] *n* MED trauma *m* ; *fig* traumatisme *m*.

traumatic [trɔː'mætɪk] *adj* traumatisant(e).

traumatize, *UK* **-ise** ['trɔːmətaɪz] *vt* traumatiser.

travel ['trævl] ◇ *n (U)* voyage *m*, voyages *mpl*. ◇ *vt* (*UK*, *pt & pp* **-led**, *cont* **-ling**, *US*, *pt & pp* **-ed**, *cont* **-ing**) parcourir. ◇ *vi* (*UK*, *pt & pp* **-led**, *cont* **-ling**, *US*, *pt & pp* **-ed**, *cont* **-ing**) **- 1.** [make journey] voyager **- 2.** [move - current, signal] aller, passer ; [- news] se répandre, circuler.

◆ **travels** *npl* voyages *mpl*.

travel agency *n* agence *f* de voyages.

travel agent *n* agent *m* de voyages ; **to/at the ~'s** à l'agence *f* de voyages.

travel brochure *n* dépliant *m* touristique.

traveler *etc US* = **traveller** *etc*.

travelled *UK*, **traveled** *US* ['trævld] *adj* **- 1.** [person] qui a beaucoup voyagé **- 2.** [road, route] : **much ~** très fréquenté(e).

traveller *UK*, **traveler** *US* ['trævləʳ] *n* **- 1.** [person on journey] voyageur *m*, -euse *f* **- 2.** [sales representative] représentant *m* **- 3.** = **New Age travel(l)er**.

traveller's cheque *UK*, **traveler's check** *US n* chèque *m* de voyage.

travelling *UK*, **traveling** *US* ['trævlɪŋ] *adj* **- 1.** [theatre, circus] ambulant(e) **- 2.** [clock, bag etc] de voyage ; [allowance] de déplacement ; **~ time** durée *f* du voyage.

travelling expenses *UK*, **traveling expenses** *US npl* frais *mpl* de déplacement.

travelling salesman *UK*, **traveling salesman** *US n* représentant *m*.

travelogue, *US* **travelog** ['trævəlɒg] *n* **- 1.** [talk] compte-rendu *m* OR récit *m* de voyage **- 2.** [film] documentaire *m*.

travelsick ['trævəlsɪk] *adj* : **to be ~** avoir le mal de la route/de l'air/de mer.

traverse ['trævəs, ˌtrə'vɜːs] *vt fml* traverser.

travesty ['trævəstɪ] (*pl* **-ies**) *n* parodie *f*.

trawl [trɔːl] ◇ *n* [fishing net] chalut *m*. ◇ *vt* [area of sea] pêcher au chalut dans. ◇ *vi* : **to ~ for cod/mackerel** pêcher la morue/le hareng au chalut.

trawler ['trɔːləʳ] *n* chalutier *m*.

tray [treɪ] *n* plateau *m*.

treacherous ['tretʃərəs] *adj* traître (traîtresse).

treachery ['tretʃərɪ] *n* traîtrise *f*.

treacle ['triːkl] *n UK* mélasse *f*.

tread [tred] ◇ *n* **- 1.** [on tyre] bande *f* de roulement ; [of shoe] semelle *f* **- 2.** [way of walking] pas *m* ; [sound] bruit *m* de pas. ◇ *vt* (*pt* **trod**, *pp* **trodden**) [crush] : **to ~ sthg into** écraser qqch dans. ◇ *vi* (*pt* **trod**, *pp* **trodden**) : **to ~ (on)** marcher (sur) ; **to ~ carefully** *fig* y aller doucement.

treadle ['tredl] *n* pédale *f*.

treadmill ['tredmɪl] *n* **- 1.** [wheel] trépigneuse *f* **- 2.** *fig* [dull routine] routine *f*, train-train *m*.

treas. (*abbr of* **treasurer**) trés.

treason ['triːzn] *n* trahison *f*.

treasure ['treʒəʳ] ◇ *n* trésor *m*. ◇ *vt* [object] garder précieusement ; [memory] chérir.

treasure hunt *n* chasse *f* au trésor.

treasurer ['treʒərəʳ] *n* trésorier *m*, -ère *f*.

treasure trove *n* LAW trésor *m*, *objets de valeur trouvés et que personne n'a réclamés.*

treasury ['treʒərɪ] (*pl* **-ies**) *n* [room] trésorerie *f*.

◆ **Treasury** *n* : **the Treasury** le ministère des Finances.

treasury bill *n* bon *m* du Trésor.

treat [tri:t] ◇ *vt* **- 1.** [gen] traiter ; **to ~ sb like a child** traiter qqn en enfant ; **to ~ sthg as a joke** prendre qqch à la rigolade **- 2.** [on special occasion] : **to ~ sb to sthg** offrir *OR* payer qqch à qqn ; **to ~ o.s. to sthg** s'offrir qqch, se payer qqch. ◇ *n* **- 1.** [gift] cadeau *m* ; **to give sb a ~** faire plaisir à qqn ; **this is my ~** [pay for meal, drink] c'est moi qui régale **- 2.** [delight] plaisir *m*.

treatise ['tri:tɪz] *n* : **~ (on)** traité *m* (de).

treatment ['tri:tmənt] *n* traitement *m*.

treaty ['tri:tɪ] (*pl* **-ies**) *n* traité *m*.

treble ['trebl] ◇ *adj* **- 1.** [MUS - voice] de soprano ; [- recorder] aigu (aiguë) **- 2.** [triple] triple. ◇ *n* [on stereo control] aigu *m* ; [boy singer] soprano *m*. ◇ *vt* & *vi* tripler.

treble clef *n* clef *f* de sol.

tree [tri:] *n* **- 1.** [gen] arbre *m* ; **to be barking up the wrong ~** *fig* se tromper d'adresse **- 2.** COMPUT arbre *m*, arborescence *f*.

tree-hugger *n* écolo *mf inf hum* & *pej*.

tree-lined *adj* bordé(e) d'arbres.

tree surgeon *n* arboriculteur *m*, -trice *f*.

treetop ['tri:tɒp] *n* cime *f*.

tree trunk *n* tronc *m* d'arbre.

trek [trek] ◇ *n* randonnée *f*. ◇ *vi* (*pt* & *pp* **-ked**, *cont* **-king**) faire une randonnée ; *fig* se traîner.

trellis ['trelɪs] *n* treillis *m*.

tremble ['trembl] *vi* trembler.

tremendous [trɪ'mendəs] *adj* **- 1.** [size, success, difference] énorme ; [noise] terrible **- 2.** *inf* [really good] formidable.

tremendously [trɪ'mendəslɪ] *adv* [exciting, expensive, big] extrêmement ; [loud] terriblement.

tremor ['treməʳ] *n* tremblement *m*.

tremulous ['tremjʊləs] *adj lit* [voice] tremblant(e) ; [smile] timide.

trench [trentʃ] *n* tranchée *f*.

trenchant ['trentʃənt] *adj* mordant(e), incisif(ive).

trench coat *n* trench-coat *m*.

trench warfare *n (U)* guerre *f* de tranchées.

trend [trend] *n* [tendency] tendance *f*.

trendsetter ['trend,setəʳ] *n* personne *f* qui lance une mode.

trendy [trendɪ] *inf* ◇ *adj* (*comp* **-ier**, *superl* **-iest**) branché(e), à la mode. ◇ *n* (*pl* **-ies**) personne *f* branchée.

trepidation [,trepɪ'deɪʃn] *n fml* **in** *OR* **with ~** avec inquiétude.

trespass ['trespəs] *vi* [on land] entrer sans permission ; **'no ~ing'** 'défense d'entrer'.

trespasser ['trespəsəʳ] *n* intrus *m*, -e *f* ; **'~s will be prosecuted'** 'défense d'entrer sous peine de poursuites'.

trestle ['tresl] *n* tréteau *m*.

trestle table *n* table *f* à tréteaux.

trial ['traɪəl] *n* **- 1.** LAW procès *m* ; **to be on ~ (for)** passer en justice (pour) **- 2.** [test, experiment] essai *m* ; **on ~** à l'essai ; **by ~ and error** en tâtonnant **- 3.** [unpleasant experience] épreuve *f* ; **~s and tribulations** tribulations *fpl*.

trial basis *n* : **on a ~** à l'essai.

trial period *n* période *f* d'essai.

trial run *n* essai *m*.

trial-size(d) *adj* [pack, box] d'essai.

triangle ['traɪæŋgl] *n* **- 1.** [gen] triangle *m* **- 2.** *US* [set square] équerre *f*.

triangular [traɪ'æŋgjʊləʳ] *adj* triangulaire.

triathlon [traɪ'æθlɒn] (*pl* **-s**) *n* triathlon *m*.

tribal ['traɪbl] *adj* tribal(e).

tribe [traɪb] *n* tribu *f*.

tribulation [,trɪbjʊ'leɪʃn] *n* ▷ **trial**.

tribunal [traɪ'bju:nl] *n* tribunal *m*.

tribune ['trɪbju:n] *n* HIST tribun *m*.

tributary ['trɪbjʊtrɪ] (*pl* **-ies**) *n* affluent *m*.

tribute ['trɪbju:t] *n* tribut *m*, hommage *m* ; **to pay ~ to** payer tribut à, rendre hommage à ; **to be a ~ to sthg** témoigner de qqch.

trice [traɪs] *n* : **in a ~** en un clin d'œil.

triceps ['traɪseps] (*pl* **triceps** *OR* **-es** [-i:z]) *n* triceps *m*.

trick [trɪk] ◇ *n* **- 1.** [to deceive] tour *m*, farce *f* ; **to play a ~ on sb** jouer un tour à qqn **- 2.** [to entertain] tour *m* **- 3.** [knack] truc *m* ; **that will do the ~** *inf* ça fera l'affaire. ◇ *comp* [knife, moustache etc] truqué(e), faux (fausse). ◇ *vt* attraper, rouler ; **to ~ sb into doing sthg** amener qqn à faire qqch (par la ruse).

trickery ['trɪkərɪ] *n (U)* ruse *f*.

trickle ['trɪkl] ◇ *n* [of liquid] filet *m* ; **a ~ of people/letters** quelques personnes/lettres. ◇ *vi* [liquid] dégouliner ; **to ~ in/out** [people] entrer/sortir par petits groupes.

trick or treat *n* une gâterie ou une farce *(phrase rituelle des enfants déguisés qui font la quête le soir de Halloween).*

trick question *n* question-piège *f*.

tricky ['trɪkɪ] (*comp* **-ier**, *superl* **-iest**) *adj* [difficult] difficile.

tricycle ['traɪsɪkl] *n* tricycle *m*.

trident ['traɪdnt] *n* trident *m*.

tried [traɪd] <> *pt & pp* ▷ **try**. <> *adj* : **~ and tested** [method, system] qui a fait ses preuves.

trier ['traɪəʳ] *n* : **to be a ~** être persévérant(e).

trifle ['traɪfl] *n* - **1.** *UK* CULIN ≃ diplomate *m* - **2.** [unimportant thing] bagatelle *f*.

◆ **a trifle** *adv* un peu, un tantinet.

◆ **trifle with** *vt insep* badiner avec ; [sb's affections] se jouer de.

trifling ['traɪflɪŋ] *adj* insignifiant(e).

trigger ['trɪgəʳ] <> *n* [on gun] détente *f*, gâchette *f*. <> *vt* déclencher, provoquer.

◆ **trigger off** *vt sep* déclencher, provoquer.

trigonometry [ˌtrɪgə'nɒmətrɪ] *n* trigonométrie *f*.

trilby ['trɪlbɪ] (*pl* **-ies**) *n UK* feutre *m*.

trill [trɪl] <> *n* trille *m*. <> *vi* triller.

trillions ['trɪljənz] *npl inf* **~ (of)** tout un tas (de), plein (de).

trilogy ['trɪlədʒɪ] (*pl* **-ies**) *n* trilogie *f*.

trim [trɪm] <> *adj* (*comp* **-mer**, *superl* **-mest**) - **1.** [neat and tidy] net (nette) - **2.** [slim] svelte. <> *n* - **1.** [of hair] coupe *f* - **2.** [on clothes] garniture *f* ; [inside car] garniture intérieure. <> *vt* (*pt & pp* **-med**, *cont* **-ming**) - **1.** [cut - gen] couper ; [- hedge] tailler - **2.** [decorate] : **to ~ sthg (with)** garnir OR orner qqch (de).

◆ **trim away**, **trim off** *vt sep* couper.

trimmed [trimd] *adj* : **~ with** [clothes] orné(e) de.

trimming ['trɪmɪŋ] *n* - **1.** [on clothing] parement *m* - **2.** CULIN garniture *f*.

Trinidad and Tobago ['trɪnɪdæd-] *n* Trinité-et-Tobago *f* ; **in ~** à Trinité-et-Tobago.

Trinidadian [ˌtrɪnɪ'dædɪən] <> *adj* trinidadien(enne). <> *n* Trinidadien *m*, -enne *f*.

Trinity ['trɪnətɪ] *n* RELIG : **the ~** la Trinité.

trinket ['trɪŋkɪt] *n* bibelot *m*.

trio ['tri:əʊ] (*pl* **-s**) *n* trio *m*.

trip [trɪp] <> *n* - **1.** [journey] voyage *m* - **2.** *drug sl* trip *m*. <> *vt* (*pt & pp* **-ped**, *cont* **-ping**) [make stumble] faire un croche-pied à. <> *vi* (*pt & pp* **-ped**, *cont* **-ping**) [stumble] : **to ~ (over)** trébucher (sur).

◆ **trip up** *vt sep* - **1.** [make stumble] faire un croche-pied à - **2.** [catch out] prendre en défaut.

tripartite [ˌtraɪ'pɑ:taɪt] *adj* triparti(e), tripartite.

tripe [traɪp] *n (U)* - **1.** CULIN tripe *f* - **2.** *inf* [nonsense] bêtises *fpl*, idioties *fpl*.

triple ['trɪpl] <> *adj* triple. <> *vt & vi* tripler.

triple jump *n* : **the ~** le triple saut.

triplets ['trɪplɪts] *npl* triplés *mpl*, triplées *fpl*.

triplicate ['trɪplɪkət] <> *adj* en trois exemplaires. <> *n* : **in ~** en trois exemplaires.

tripod ['traɪpɒd] *n* trépied *m*.

Tripoli ['trɪpəlɪ] *n* Tripoli.

tripper ['trɪpəʳ] *n UK* excursionniste *mf*.

tripwire ['trɪpwaɪəʳ] *n* fil *m* de détente.

trite [traɪt] *adj pej* banal(e).

triumph ['traɪəmf] <> *n* triomphe *m*. <> *vi* : **to ~ (over)** triompher (de).

triumphal [traɪ'ʌmfl] *adj* triomphal(e).

triumphant [traɪ'ʌmfənt] *adj* [exultant] triomphant(e).

triumphantly [trɪ'ʌmfəntlɪ] *adv* de façon triomphante, triomphalement.

triumvirate [traɪ'ʌmvɪrət] *n* HIST triumvirat *m*.

trivet ['trɪvɪt] *n* - **1.** [over fire] trépied *m* - **2.** [to protect table] dessous-de-plat *m inv*.

trivia ['trɪvɪə] *n (U)* [trifles] vétilles *fpl*, riens *mpl*.

trivial ['trɪvɪəl] *adj* insignifiant(e).

triviality [ˌtrɪvɪ'ælətɪ] (*pl* **-ies**) *n* banalité *f*.

trivialize, *UK* **-ise** ['trɪvɪəlaɪz] *vt* banaliser.

trod [trɒd] *pt* ▷ **tread**.

trodden ['trɒdn] *pp* ▷ **tread**.

Trojan ['trəʊdʒən] <> *adj* troyen(enne). <> *n* Troyen *m*, -enne *f* ; **to work like a ~** travailler comme un nègre OR une bête de somme.

troll [trəʊl] *n* troll *m*.

trolley ['trɒlɪ] (*pl* **-s**) *n* - **1.** *UK* [for shopping, luggage] chariot *m*, caddie® *m* - **2.** *UK* [for food, drinks] chariot *m*, table *f* roulante - **3.** *US* [tram] tramway *m*, tram *m*.

trolleybus ['trɒlɪbʌs] *n* trolleybus *m*.

trolley case *n UK* valise *f* à roulettes.

trombone [trɒm'bəʊn] *n* MUS trombone *m*.

troop [tru:p] <> *n* bande *f*, troupe *f*. <> *vi* : **to ~ in/out/off** entrer/sortir/partir en groupe.

◆ **troops** *npl* troupes *fpl*.

trooper ['tru:pəʳ] *n* - **1.** MIL soldat *m* - **2.** *US* [policeman] policier *m* (*appartenant à la police d'un État*).

troopship ['tru:pʃɪp] *n* transport *m*.

trophy ['trəʊfɪ] (*pl* **-ies**) *n* trophée *m*.

tropical ['trɒpɪkl] *adj* tropical(e).

Tropic of Cancer ['trɒpɪk-] *n* : **the ~** le tropique du Cancer.

Tropic of Capricorn ['trɒpɪk-] *n* : **the ~** le tropique du Capricorne.

tropics ['trɒpɪks] *npl* : **the ~** les tropiques *mpl*.

trot [trɒt] ◇ *n* [of horse] trot *m*. ◇ *vi* (*pt & pp* **-ted**, *cont* **-ting**) trotter.
◆ **on the trot** *adv inf* de suite, d'affilée.
◆ **trot out** *vt sep pej* débiter.

Trotskyism ['trɒtskɪɪzm] *n* trotskisme *m*.

trotter ['trɒtəʳ] *n* [pig's foot] pied *m* de porc.

trouble ['trʌbl] ◇ *n (U)* **- 1.** [difficulty] problème *m*, difficulté *f* ; **to be in ~** avoir des ennuis ; **to get into ~** s'attirer des ennuis ; **the ~ (with sb/sthg) is...** l'ennui (avec qqn/qqch), c'est que... **- 2.** [bother] peine *f*, mal *m* ; **to take the ~ to do sthg** se donner la peine de faire qqch ; **it's no ~!** ça ne me dérange pas! ; **to be asking for ~** chercher les ennuis **- 3.** [pain, illness] mal *m*, ennui *m* **- 4.** [fighting] bagarre *f* ; POL troubles *mpl*, conflits *mpl*. ◇ *vt* **- 1.** [worry, upset] peiner, troubler **- 2.** [bother] déranger **- 3.** [give pain to] faire mal à.
◆ **troubles** *npl* **- 1.** [worries] ennuis *mpl* **- 2.** POL troubles *mpl*, conflits *mpl*.

troubled ['trʌbld] *adj* **- 1.** [worried] inquiet(ète) **- 2.** [disturbed - period] de troubles, agité(e) ; [- country] qui connaît une période de troubles.

trouble-free *adj* sans problèmes.

troublemaker ['trʌbl,meɪkəʳ] *n* fauteur *m*, -trice *f* de troubles.

troubleshooter ['trʌbl,ʃu:təʳ] *n* expert *m*, spécialiste *mf*.

troublesome ['trʌblsəm] *adj* [job] pénible ; [cold] gênant(e) ; [back, knee] qui fait souffrir.

trouble spot *n* point *m* chaud.

trough [trɒf] *n* **- 1.** [for animals - with water] abreuvoir *m* ; [- with food] auge *f* **- 2.** [low point - of wave] creux *m* ; *fig* point *m* bas **- 3.** METEOR dépression *f*.

trounce [traʊns] *vt inf* écraser.

troupe [tru:p] *n* troupe *f*.

trouser press ['traʊzəʳ-] *n* presse *f* à pantalons.

trousers ['traʊzəz] *npl* pantalon *m*.

trouser suit ['traʊzəʳ-] *n UK* tailleur-pantalon *m*.

trousseau ['tru:səʊ] (*pl* **-x** [-z] , *pl* **-s**) *n* trousseau *m*.

trout [traʊt] (*pl* **trout** OR **-s**) *n* truite *f*.

trove [trəʊv] ▷ **treasure trove**.

trowel ['traʊəl] *n* [for gardening] déplantoir *m* ; [for cement, plaster] truelle *f*.

truancy ['tru:ənsɪ] *n* absentéisme *m*.

truant ['tru:ənt] *n* [child] élève *mf* absentéiste ; **to play ~** *UK* faire l'école buissonnière.

truce [tru:s] *n* trêve *f*.

truck [trʌk] ◇ *n* **- 1.** *esp US* [lorry] camion *m* **- 2.** RAIL wagon *m* à plate-forme. ◇ *vt US* transporter par camion.

truck driver *n esp US* routier *m*.

trucker ['trʌkəʳ] *n US* routier *m*, -ière *f*.

truck farm *n US* jardin *m* maraîcher.

trucking ['trʌkɪŋ] *n US* camionnage *m*.

truck stop *n US* relais *m* routier.

truculent ['trʌkjʊlənt] *adj* agressif(ive).

trudge [trʌdʒ] ◇ *n* marche *f* pénible. ◇ *vi* marcher péniblement.

true ['tru:] *adj* **- 1.** [factual] vrai(e) ; **to come ~** se réaliser **- 2.** [genuine] vrai(e), authentique ; **~ love** le grand amour **- 3.** [exact] exact(e) **- 4.** [faithful] fidèle, loyal(e) **- 5.** TECH droit(e) ; [wheel] dans l'axe.

true-life *adj* vrai(e), vécu(e).

truffle ['trʌfl] *n* truffe *f*.

truism ['tru:ɪzm] *n* truisme *m*.

truly ['tru:lɪ] *adv* **- 1.** [gen] vraiment **- 2.** [sincerely] vraiment, sincèrement **- 3.** *phr* **yours ~** [at end of letter] je vous prie de croire à l'expression de mes sentiments distingués.

trump [trʌmp] ◇ *n* atout *m*. ◇ *vt* couper.

trump card *n fig* atout *m*.

trumped-up ['trʌmpt-] *adj pej* inventé(e) de toutes pièces.

trumpet ['trʌmpɪt] ◇ *n* trompette *f*. ◇ *vi* [elephant] barrir.

trumpeter ['trʌmpɪtəʳ] *n* trompettiste *mf*.

truncate [trʌŋ'keɪt] *vt* tronquer.

truncheon ['trʌntʃən] *n UK* matraque *f*.

trundle ['trʌndl] ◇ *vt* [cart, wheelbarrow] pousser lentement. ◇ *vi* aller lentement.

trunk [trʌŋk] *n* **- 1.** [of tree, person] tronc *m* **- 2.** [of elephant] trompe *f* **- 3.** [box] malle *f* **- 4.** *US* [of car] coffre *m*.
◆ **trunks** *npl* maillot *m* de bain.

trunk call *n UK* communication *f* interurbaine.

trunk road *n UK* (route *f*) nationale *f*.

truss [trʌs] *n* **- 1.** MED bandage *m* herniaire **- 2.** CONSTR ferme *f*.

trust [trʌst] ◇ *vt* **- 1.** [have confidence in] avoir confiance en, se fier à ; **to ~ sb to do sthg** compter sur qqn pour faire qqch **- 2.** [entrust] : **to ~ sb with sthg** confier qqch à qqn **- 3.** *fml* [hope] : **to ~ (that)...** espérer que... ◇ *n* **- 1.** *(U)* [faith] : **~ (in sb/sthg)** confiance *f* (en qqn/dans qqch) ; **to take sthg on ~** accepter qqch les yeux fermés ; **to put** *OR* **place one's ~ in sb** faire confiance à qqn - **2.** *(U)* [responsibility] responsabilité *f* ; **a position of ~** un poste de confiance - **3.** FIN : **in ~** en dépôt - **4.** COMM trust *m*.

trust company *n* société *f* fiduciaire.

trusted ['trʌstɪd] *adj* [person] de confiance ; [method] qui a fait ses preuves.

trustee [trʌs'ti:] *n* FIN & LAW fidéicommissaire *mf* ; [of institution] administrateur *m*, -trice *f*.

trusteeship [,trʌs'ti:ʃɪp] *n* FIN & LAW fidéicommis *m* ; [of institution] fonction *f* d'administrateur.

trust fund *n* fonds *m* en fidéicommis.

trusting ['trʌstɪŋ] *adj* confiant(e).

trustworthy ['trʌst,wɜ:ðɪ] *adj* digne de confiance.

trusty ['trʌstɪ] (*comp* **-ier**, *superl* **-iest**) *adj hum* fidèle.

truth [tru:θ] *n* vérité *f* ; **in (all) ~** à dire vrai, en vérité.

truth drug *n* sérum *m* de vérité.

truthful ['tru:θfʊl] *adj* [person, reply] honnête ; [story] véridique.

try [traɪ] ◇ *vt* (*pt* & *pp* **-ied**) - **1.** [attempt, test] essayer ; [food, drink] goûter ; **to ~ to do sthg** essayer de faire qqch - **2.** LAW juger - **3.** [put to the test] éprouver, mettre à l'épreuve. ◇ *vi* (*pt* & *pp* **-ied**) essayer ; **to ~ for sthg** essayer d'obtenir qqch. ◇ *n* (*pl* **-ies**) - **1.** [attempt] essai *m*, tentative *f* ; **to have a ~ at sthg** essayer de faire qqch ; **to give sthg a ~** essayer qqch - **2.** RUGBY essai *m*.

◆ **try on** *vt sep* [clothes] essayer.

◆ **try out** *vt sep* essayer.

trying ['traɪɪŋ] *adj* pénible, éprouvant(e).

try-out *n inf* essai *m*.

tsar [zɑ:ʳ] *n* tsar *m*.

T-shirt *n* tee-shirt *m*.

tsp. (*abbr of* **teaspoon**) cc.

T-square *n* té *m*.

TT *see also* **teetotal**.

Tuareg ['twɑ:reg] *n* [person] Touareg *m*, -ègue *f*.

tub [tʌb] *n* - **1.** [of ice cream - large] boîte *f* ; [- small] petit pot *m* ; [of margarine] barquette *f* - **2.** [bath] baignoire *f*.

tuba ['tju:bə] *n* tuba *m*.

tubby ['tʌbɪ] (*comp* **-ier**, *superl* **-iest**) *adj inf* rondouillard(e), boulot(otte).

tube [tju:b] *n* - **1.** [cylinder, container] tube *m* - **2.** ANAT : **bronchial ~s** bronches *fpl* - **3.** *UK* [underground train] métro *m* ; **the ~** [system] le métro ; **by ~** en métro.

tubeless ['tju:blɪs] *adj* [tyre] sans chambre à air.

tuber ['tju:bəʳ] *n* tubercule *m*.

tuberculosis [tju:,bɜ:kjʊ'ləʊsɪs] *n* tuberculose *f*.

tube station *n UK* station *f* de métro.

tubing ['tju:bɪŋ] *n (U)* tubes *mpl*, tuyaux *mpl*.

tubular ['tju:bjʊləʳ] *adj* tubulaire.

TUC *n UK see also* **Trades Union Congress**.

tuck [tʌk] ◇ *n* SEW rempli *m*. ◇ *vt* [place neatly] ranger.

◆ **tuck away** *vt sep* [store] mettre de côté *OR* en lieu sûr ; **to be ~ed away** [village, house] être caché(e) *OR* blotti(e).

◆ **tuck in** ◇ *vt* - **1.** [child, patient] border - **2.** [clothes] rentrer. ◇ *vi inf* boulotter ; **~ in!** allez-y, mangez!

◆ **tuck up** *vt sep* [child, patient] border.

tuck shop *n UK* [at school] *petite boutique qui vend des bonbons et des gâteaux.*

Tudor ['tju:dəʳ] *adj* - **1.** HIST des Tudors - **2.** ARCHIT Tudor *(inv)*.

Tue., **Tues.** (*abbr of* **Tuesday**) mar.

Tuesday ['tju:zdɪ] *n* mardi *m*, *see also* **Saturday**.

tuft [tʌft] *n* touffe *f*.

tug [tʌg] ◇ *n* - **1.** [pull] : **to give sthg a ~** tirer sur qqch - **2.** [boat] remorqueur *m*. ◇ *vt* (*pt* & *pp* **-ged**, *cont* **-ging**) tirer. ◇ *vi* (*pt* & *pp* **-ged**, *cont* **-ging**) : **to ~ (at)** tirer (sur).

tugboat ['tʌgbəʊt] *n* remorqueur *m*.

tug-of-love *n UK inf conflit entre des parents pour obtenir la garde des enfants.*

tug-of-war *n* lutte *f* de traction à la corde ; *fig* lutte acharnée.

tuition [tju:'ɪʃn] *n (U)* cours *mpl*.

tulip ['tju:lɪp] *n* tulipe *f*.

tulle [tju:l] *n* tulle *m*.

tumble ['tʌmbl] ◇ *vi* - **1.** [person] tomber, faire une chute ; [water] tomber en cascades - **2.** *fig* [prices] tomber, chuter. ◇ *n* chute *f*, culbute *f*.

◆ **tumble to** *vt insep UK inf* piger.

tumbledown ['tʌmbldaʊn] *adj* délabré(e), qui tombe en ruines.

tumble-dry *vt* faire sécher en machine.

tumble-dryer [-,draɪəʳ] *n* sèche-linge *m inv*.

tumbler ['tʌmbləʳ] *n* [glass] verre *m* (droit).

tummy ['tʌmɪ] (*pl* **-ies**) *n inf* ventre *m*.

tumour *UK*, **tumor** *US* ['tju:məʳ] *n* tumeur *f*.

tumult ['tju:mʌlt] *n* tumulte *m*.

tumultuous ['tju:mʌltjʊəs] *adj* tumultueux(euse) ; [applause] frénétique.

tuna [*UK* 'tjuːnə, *US* 'tuːnə] (*pl* **tuna** *OR* **-s**) *n* thon *m*.

tundra ['tʌndrə] *n* toundra *f*.

tune [tjuːn] ◇ *n* **- 1.** [song, melody] air *m* **- 2.** [harmony] **: in ~** [instrument] accordé(e), juste ; [play, sing] juste ; **out of ~** [instrument] mal accordé(e) ; [play, sing] faux ; **to the ~ of** *fig* d'un montant de ; **to be in/out of ~ (with)** *fig* être en accord/désaccord (avec) ; **to change one's ~** *inf* changer de ton. ◇ *vt* **- 1.** MUS accorder **- 2.** RADIO & TV régler **- 3.** [engine] régler. ◇ *vi* RADIO & TV **: to ~ to a channel** se mettre sur une chaîne.

◆ **tune in** *vi* RADIO & TV être à l'écoute ; **to ~ in to** se mettre sur.

◆ **tune up** *vi* MUS accorder son instrument.

tuneful ['tjuːnfʊl] *adj* mélodieux(euse).

tuneless ['tjuːnlɪs] *adj* discordant(e).

tuner ['tjuːnə^r] *n* **- 1.** RADIO & TV syntoniseur *m*, tuner *m* **- 2.** MUS [person] accordeur *m*.

tuner amplifier *n* ampli-tuner *m*.

tungsten ['tʌŋstən] ◇ *n* tungstène *m*. ◇ *comp* au tungstène.

tunic ['tjuːnɪk] *n* tunique *f*.

tuning fork ['tjuːnɪŋ-] *n* diapason *m*.

Tunis ['tjuːnɪs] *n* Tunis.

Tunisia [tjuː'nɪzɪə] *n* Tunisie *f* ; **in ~** en Tunisie.

Tunisian [tjuː'nɪzɪən] ◇ *adj* tunisien(enne). ◇ *n* [person] Tunisien *m*, -enne *f*.

tunnel ['tʌnl] ◇ *n* tunnel *m*. ◇ *vi* (*UK*, *pt* & *pp* **-led**, *cont* **-ling**, *US*, *pt* & *pp* **-ed**, *cont* **-ing**) faire *OR* creuser un tunnel.

tunnel vision *n* rétrécissement *m* du champ visuel ; *fig* & *pej* vues *fpl* étroites.

tunny ['tʌnɪ] (*pl* **tunny** *OR* **-ies**) *n* thon *m*.

tuppence ['tʌpəns] *n UK dated* deux pence *mpl*.

turban ['tɜːbən] *n* turban *m*.

turbid ['tɜːbɪd] *adj* trouble.

turbine ['tɜːbaɪn] *n* turbine *f*.

turbo ['tɜːbəʊ] (*pl* **-s**) *n* turbo *m*.

turbocharged ['tɜːbəʊtʃɑːdʒd] *adj* turbo (*inv*).

turbodiesel [ˌtɜːbəʊ'diːzl] *n* turbodiesel *m*.

turbojet [ˌtɜːbəʊ'dʒet] *n* [engine] turboréacteur *m* ; [plane] avion *m* à turboréacteur.

turboprop [ˌtɜːbəʊ'prɒp] *n* [engine] turbopropulseur *m* ; [plane] avion *m* à turbopropulseur.

turbot ['tɜːbət] (*pl* **turbot** *OR* **-s**) *n* turbot *m*.

turbulence ['tɜːbjʊləns] *n (U)* **- 1.** [in air, water] turbulence *f* **- 2.** *fig* [unrest] agitation *f*.

turbulent ['tɜːbjʊlənt] *adj* **- 1.** [air, water] agité(e) **- 2.** *fig* [disorderly] tumultueux(euse), agité(e).

tureen [tə'riːn] *n* soupière *f*.

turf [tɜːf] ◇ *n* (*pl* **-s** *OR UK*, *pl* **turves** [tɜːvz]) **- 1.** [grass surface] gazon *m* **- 2.** *US inf* [of gang] territoire *m* réservé [clod] motte *f* de gazon. ◇ *vt* gazonner.

◆ **turf out** *vt sep UK inf* [person] virer ; [old clothes] balancer, bazarder.

turf accountant *n UK* bookmaker *m*.

turgid ['tɜːdʒɪd] *adj fml* [style, writing] pompeux(euse), ampoulé(e).

Turk [tɜːk] *n* Turc *m*, Turque *f*.

Turkestan, **Turkistan** [ˌtɜːkɪ'stɑːn] *n* Turkistan *m* ; **in ~** au Turkistan.

turkey ['tɜːkɪ] (*pl* **-s**) *n* dinde *f*.

Turkey ['tɜːkɪ] *n* Turquie *f* ; **in ~** en Turquie.

Turkish ['tɜːkɪʃ] ◇ *adj* turc (turque). ◇ *n* [language] turc *m*. ◇ *npl* **: the ~** les Turcs *mpl*.

Turkish bath *n* bain *m* turc.

Turkish delight *n* loukoum *m*.

Turkmenian [ˌtɜːk'menɪən] *adj* turkmène.

Turkmenistan [ˌtɜːkmenɪ'stɑːn] *n* Turkménistan *m*.

turmeric ['tɜːmərɪk] *n* curcuma *m*.

turmoil ['tɜːmɔɪl] *n* agitation *f*, trouble *m*.

turn ['tɜːn] ◇ *n* **- 1.** [in road] virage *m*, tournant *m* ; [in river] méandre *m* **- 2.** [revolution, twist] tour *m* **- 3.** [change] tournure *f*, tour *m* **- 4.** [in game] tour *m* ; **it's my ~** c'est (à) mon tour ; **in ~** tour à tour, chacun (à) son tour ; **to take (it in)~s to do sthg** *UK* faire qqch à tour de rôle **- 5.** [end - of year, century] fin *f* **- 6.** *UK* [performance] numéro *m* **- 7.** *UK* MED crise *f*, attaque *f* **- 8.** *phr* **to do sb a good ~** rendre (un) service à qqn. ◇ *vt* **- 1.** [gen] tourner ; [omelette, steak etc] retourner ; **to ~ sthg inside out** retourner qqch ; **to ~ one's thoughts/attention to sthg** tourner ses pensées/son attention vers qqch **- 2.** [change] **: to ~ sthg into** changer qqch en **- 3.** [become] **: to ~ red** rougir ; **his hair is ~ing grey** ses cheveux grisonnent ; **the demonstration ~ed nasty** la manifestation a mal tourné. ◇ *vi* **- 1.** [gen] tourner ; [person] se tourner, se retourner **- 2.** [in book] **: to ~ to a page** se reporter *OR* aller à une page **- 3.** [for consolation] **: to ~ to sb/sthg** se tourner vers qqn/qqch **- 4.** [change] **: to ~ into** se changer en, se transformer en.

◆ **turn against** *vt insep* se retourner contre.

◆ **turn around** = **turn round**.

◆ **turn away** ◇ *vt sep* [refuse entry to] refuser. ◇ *vi* se détourner.

◆ **turn back** ◇ *vt sep* [sheets] replier ; [person, vehicle] refouler. ◇ *vi* rebrousser chemin.

◆ **turn down** *vt sep* **- 1.** [reject] rejeter, refuser **- 2.** [radio, volume, gas] baisser.

◆ **turn in** *vi inf* [go to bed] se pieuter.

◆ **turn off** ◇ *vt insep* [road, path] quitter. ◇ *vt sep* [radio, TV, engine, gas] éteindre ; [tap] fermer. ◇ *vi* [leave path, road] tourner.

◆ **turn on** ◇ *vt sep* - **1.** [radio, TV, engine, gas] allumer ; [tap] ouvrir ; **to ~ the light on** allumer la lumière - **2.** *inf* [excite sexually] exciter. ◇ *vt insep* [attack] attaquer.

◆ **turn out** ◇ *vt sep* - **1.** [light, gas fire] éteindre - **2.** [produce] produire - **3.** [eject - person] mettre dehors - **4.** [empty - pocket, bag] retourner, vider. ◇ *vt insep* : **to ~ out to be** s'avérer ; **it ~ed out to be a success** en fin de compte, cela a été une réussite ; **it ~s out that...** il s'avère *OR* se trouve que... ◇ *vi* - **1.** [end up] finir - **2.** [arrive - person] venir.

◆ **turn over** ◇ *vt sep* - **1.** [playing card, stone] retourner ; [page] tourner - **2.** [consider] retourner dans sa tête - **3.** [hand over] rendre, remettre. ◇ *vi* - **1.** [roll over] se retourner - **2.** *UK* TV changer de chaîne.

◆ **turn round** *UK*, **turn around** *US* ◇ *vt sep* - **1.** [reverse] retourner - **2.** [wheel, words] tourner. ◇ *vi* [person] se retourner.

◆ **turn up** ◇ *vt sep* [TV, radio] mettre plus fort ; [gas] monter. ◇ *vi* - **1.** [arrive - person] se pointer - **2.** [be found - person, object] être retrouvé ; [- opportunity] se présenter.

turnabout ['tɜːnəbaʊt] *n* [of situation] revirement *m* ; [of policy] changement *m*.

turnaround *US* = **turnround**.

turncoat ['tɜːnkəʊt] *n pej* renégat *m*.

turning ['tɜːnɪŋ] *n UK* [off road] route *f* latérale ; **take the first ~ on the left** prenez la première à gauche.

turning circle *n* rayon *m* de braquage.

turning point *n* tournant *m*, moment *m* décisif.

turnip ['tɜːnɪp] *n* navet *m*.

turnout ['tɜːnaʊt] *n* [at election] taux *m* de participation ; [at meeting] assistance *f*.

turnover ['tɜːn,əʊvəʳ] *n (U)* - **1.** [of personnel] renouvellement *m* - **2.** FIN chiffre *m* d'affaires.

turnpike ['tɜːnpaɪk] *n US* autoroute *f* à péage.

turnround *UK* ['tɜːnraʊnd], **turnaround** *US* ['tɜːnəraʊnd] *n* - **1.** COMM : **~ (time)** délai *m* - **2.** [change] retournement *m*.

turn signal lever *n US* (manette *f* de) clignotant *m*.

turnstile ['tɜːnstaɪl] *n* tourniquet *m*.

turntable ['tɜːn,teɪbl] *n* platine *f*.

turn-up *n UK* [on trousers] revers *m inv* ; **a ~ for the books** *inf* une sacrée surprise.

turpentine ['tɜːpəntaɪn] *n* térébenthine *f*.

turps [tɜːps] *n UK inf* térébenthine *f*.

turquoise ['tɜːkwɔɪz] ◇ *adj* turquoise *(inv)*. ◇ *n* - **1.** [mineral, gem] turquoise *f* - **2.** [colour] turquoise *m*.

turret ['tʌrɪt] *n* tourelle *f*.

turtle ['tɜːtl] (*pl* **turtle** *OR* **-s**) *n* tortue *f* de mer.

turtledove ['tɜːtldʌv] *n* tourterelle *f*.

turtleneck ['tɜːtlnek] *n* [garment] pull *m* à col montant ; [neck] col *m* montant.

turves [tɜːvz] *UK pl* ▷ **turf**.

tusk [tʌsk] *n* défense *f*.

tussle ['tʌsl] ◇ *n* lutte *f*. ◇ *vi* se battre ; **to ~ over sthg** se disputer qqch.

tut [tʌt] *excl* mais non!, allons donc!

tutor ['tjuːtəʳ] ◇ *n* - **1.** [private] professeur *m* particulier - **2.** *UK* UNIV directeur *m*, -trice *f* d'études. ◇ *vt* : **to ~ sb (in sthg)** donner à qqn des cours particuliers (de qqch).

tutorial [tjuː'tɔːrɪəl] ◇ *adj* [group, class] de travaux dirigés. ◇ *n* travaux *mpl* dirigés.

tutu ['tuːtuː] *n* tutu *m*.

tux ['tʌks] *n UK inf* smoking *m*.

tuxedo [tʌk'siːdəʊ] (*pl* **-s**) *n UK* smoking *m*.

TV (*abbr of* **television**) ◇ *n* - **1.** *(U)* [medium, industry] télé *f* ; **on ~** à la télé - **2.** [apparatus] (poste *m* de) télé *f*. ◇ *comp* de télé.

TV dinner *n* repas *m* surgelé *(sur un plateau)*.

TV movie *n* téléfilm *m*.

twaddle ['twɒdl] *n (U) inf* bêtises *fpl*, fadaises *fpl*.

twang [twæŋ] ◇ *n* - **1.** [sound] bruit *m* de pincement - **2.** [accent] nasillement *m*. ◇ *vt* [guitar] pincer. ◇ *vi* [wire, string] vibrer.

tweak [twiːk] *vt inf* [ear] tirer ; [nose] tordre.

twee [twiː] *adj UK pej* mièvre.

tweed [twiːd] ◇ *n* tweed *m*. ◇ *comp* de *OR* en tweed.

tweenage ['twiːneɪdʒ] *adj inf* préadolescence *f*.

tweenager ['twiːneɪdʒəʳ] *n* préadolescent *m inf*, -e *f*.

tweet [twiːt] *vi* gazouiller.

tweezers ['twiːzəz] *npl* pince *f* à épiler.

twelfth [twelfθ] *num* douzième, *see also* **sixth**.

Twelfth Night *n* la fête des Rois.

twelve [twelv] *num* douze, *see also* **six**.

twentieth ['twentɪəθ] *num* vingtième, *see also* **sixth**.

twenty ['twentɪ] (*pl* **-ies**) *num* vingt, *see also* **six**.

twenty-twenty vision *n* vision *f* de dix dixièmes à chaque œil.

twerp [twɜːp] *n inf* crétin *m*, -e *f*, andouille *f*.

twice [twaɪs] *adv* deux fois ; **~ a day** deux fois par jour ; **he earns ~ as much as me** il gagne deux fois plus que moi ; **~ as big** deux fois plus grand ; **~ my size/age** le double de ma taille/mon âge.

twiddle ['twɪdl] <> *vt* jouer avec. <> *vi* : **to ~ with sthg** jouer avec qqch.

twig [twɪg] *n* brindille *f*, petite branche *f*.

twilight ['twaɪlaɪt] *n* crépuscule *m*.

twill [twɪl] *n* sergé *m*.

twin [twɪn] <> *adj* jumeau (jumelle) ; *UK* [town] jumelé(e) ; **~ beds** lits *mpl* jumeaux. <> *n* jumeau *m*, jumelle *f*.

twin-bedded [-'bedɪd] *adj* à deux lits.

twin carburettor *n UK* carburateur *m* double-corps.

twine [twaɪn] <> *n (U)* ficelle *f*. <> *vt* : **to ~ sthg round** *UK* OR **around** *US* **sthg** enrouler qqch autour de qqch.

twin-engined [-'endʒɪnd] *adj* bimoteur.

twinge [twɪndʒ] *n* [of pain] élancement *m* ; **a ~ of guilt** un remords.

twinkie ['twɪŋkɪ] *n US* [cake] *petit gâteau fourré à la crème*.

twinkle ['twɪŋkl] <> *n* [of stars, lights] scintillement *m* ; [in eyes] pétillement *m*. <> *vi* [star, lights] scintiller ; [eyes] briller, pétiller.

twin room *n* chambre *f* à deux lits.

twin set *n UK* twin-set *m*.

twin town *n UK* ville *f* jumelée.

twin tub *n* machine *f* à double tambour.

twirl [twɜːl] <> *vt* faire tourner. <> *vi* tournoyer.

twist [twɪst] <> *n* - **1.** [in road] zigzag *m*, tournant *m* ; [in river] méandre *m*, coude *m* ; [in rope] entortillement *m* - **2.** [turn] : **to give the lid a ~** [to open] dévisser le couvercle ; [to close] visser le couvercle - **3.** *fig* [in plot] rebondissement *m*. <> *vt* - **1.** [wind, curl] entortiller - **2.** [contort] tordre - **3.** [turn] tourner ; [lid - to open] dévisser ; [- to close] visser - **4.** [sprain] : **to ~ one's ankle** se tordre OR se fouler la cheville - **5.** [words, meaning] déformer. <> *vi* - **1.** [river, path] zigzaguer - **2.** [be contorted] se tordre - **3.** [turn] : **to ~ round** *UK* OR **around** *US* se retourner.

twisted ['twɪstɪd] *adj pej* tordu(e).

twister ['twɪstər] *n US* tornade *f*.

twisty ['twɪstɪ] (*comp* **-ier**, *superl* **-iest**) *adj inf* sinueux(euse), en zigzag.

twit [twɪt] *n UK inf* crétin *m*, -e *f*.

twitch [twɪtʃ] <> *n* tic *m*. <> *vt* [rope] tirer d'un coup sec ; [ears - subj: animal] remuer. <> *vi* [muscle, eye, face] se contracter.

twitter ['twɪtər] *vi* - **1.** [bird] gazouiller - **2.** *pej* [person] jacasser.

two [tuː] *num* deux ; **in ~** en deux, *see also* **six**.

two-bit *adj pej* de pacotille.

two-dimensional *adj* à deux dimensions ; *pej* superficiel(elle), simpliste.

two-door *adj* [car] à deux portes.

twofaced [,tuː'feɪst] *adj pej* fourbe.

twofold ['tuːfəʊld] <> *adj* double. <> *adv* doublement ; **to increase ~** doubler.

two-handed [-'hændɪd] *adj* à deux poignées.

two-piece *adj* : **~ swimsuit** deux-pièces *m inv* ; **~ suit** [for man] costume *m* (deux-pièces).

two-ply *adj* [yarn] à deux fils ; [wood] à deux épaisseurs.

two-seater *n* [car] voiture *f* à deux places ; [plane] biplace *m*.

twosome ['tuːsəm] *n inf* couple *m*.

two-stroke <> *adj* à deux temps. <> *n* deux-temps *m inv*.

two-time *vt inf* tromper.

two-tone *adj* de deux tons.

two-way *adj* [traffic, trade] dans les deux sens ; **~ radio** poste *m* émetteur-récepteur.

two-way street *n* rue *f* à circulation dans les deux sens ; *phr* ça doit fonctionner dans les deux sens.

TX *see also* **Texas**.

tycoon [taɪ'kuːn] *n* magnat *m*.

Tyneside *UK* = **Geordie**.

type [taɪp] <> *n* - **1.** [sort, kind] genre *m*, sorte *f* ; [model] modèle *m* ; [in classification] type *m* - **2.** [person] : **he's not the marrying ~** il n'est pas du genre à se marier ; **he's/she's not my ~** *inf* lui/elle, ce n'est pas mon genre OR type - **3.** *(U)* TYPO caractères *mpl*. <> *vt* [letter, reply] taper (à la machine) ; **to ~ data into a computer** introduire des données dans un ordinateur. <> *vi* taper (à la machine).

◆ **type up** *vt sep* taper.

typecast ['taɪpkɑːst] (*pt & pp* **typecast**) *vt* : **to be ~ as** être cantonné dans le rôle de ; **to be ~** être cantonné aux mêmes rôles.

typeface ['taɪpfeɪs] *n* TYPO œil *m* de caractère.

typescript ['taɪpskrɪpt] *n* texte *m* dactylographié.

typeset ['taɪpset] (*pt & pp* **typeset**, *cont* **-ting**) *vt* composer.

typewriter ['taɪp,raɪtər] *n* machine *f* à écrire.

typhoid (fever) ['taɪfɔɪd-] *n* typhoïde *f*.

typhoon [taɪ'fuːn] *n* typhon *m*.

typhus ['taɪfəs] *n* typhus *m*.

typical ['tɪpɪkl] *adj* : **~ (of)** typique (de), caractéristique (de) ; **that's ~ (of him/her) !** c'est bien de lui/d'elle!

typically ['tɪpɪklɪ] *adv* typiquement.

typify ['tɪpɪfaɪ] (*pt & pp* **-ied**) *vt* - **1.** [characterize] être caractéristique de - **2.** [represent] représenter.

typing ['taɪpɪŋ] *n* dactylo *f*, dactylographie *f*.

typing error *n* faute *f* de frappe.

typing pool *n* bureau *m* OR pool *m* des dactylos.

typist ['taɪpɪst] *n* dactylo *mf*, dactylographe *mf*.

typo ['taɪpəʊ] *n inf* coquille *f*.

typographic(al) error [ˌtaɪpə'græfɪk(l)-] *n* faute *f* typographique.

typography [taɪ'pɒgrəfɪ] *n* typographie *f*.

tyrannical [tɪ'rænɪkl] *adj* tyrannique.

tyranny ['tɪrənɪ] *n* tyrannie *f*.

tyrant ['taɪrənt] *n* tyran *m*.

tyre *UK*, **tire** *US* ['taɪəʳ] *n* pneu *m*.

tyre pressure *UK*, **tire pressure** *US* *n* pression *f* (de gonflage).

Tyrol, **Tirol** ['tɪrɒl] *n* Tyrol *m*.

Tyrolean [tɪrə'li:ən], **Tyrolese** [ˌtɪrə'li:z] <> *adj* tyrolien(enne). <> *n* Tyrolien *m*, -enne *f*.

Tyrrhenian Sea [tɪ'ri:nɪən-] *n* : **the ~** la mer Tyrrhénienne.

tzar [zɑ:ʳ] = **tsar**.

u (*pl* **u's** OR **us**), **U** (*pl* **U's** OR **Us**) [ju:] *n* [letter] u *m inv*, U *m inv*.

◆ **U** (*abbr of* **universal**) *en Grande-Bretagne, désigne un film tous publics.*

UAW (*abbr of* **United Automobile Workers**) *n syndicat américain de l'industrie automobile.*

UB40 (*abbr of* **unemployment benefit form 40**) *n en Grande-Bretagne, carte de pointage pour bénéficier de l'allocation de chômage.*

U-bend *n* siphon *m*.

ubiquitous [ju:'bɪkwɪtəs] *adj* omniprésent(e).

UCAS ['ju:kas] (*abbr of* **Universities and Colleges Admissions Service**) *n organisme gérant les inscriptions dans les universités au Royaume-Uni.*

UCATT [ju:kæt] (*abbr of* **Union of Construction, Allied Trades and Technicians**) *n syndicat britannique des employés du bâtiment.*

UCCA ['ʌkə] (*abbr of* **Universities Central Council on Admissions**) *n ancien organisme centralisant les demandes d'inscription dans les universités britanniques, maintenant remplacé par l'UCAS.*

UCL (*abbr of* **University College, London**) *n université londonienne.*

UCW (*abbr of* **The Union of Communication Workers**) *n syndicat britannique des communications.*

UDA (*abbr of* **Ulster Defence Association**) *n ancienne organisation paramilitaire protestante en Irlande du Nord.*

UDC (*abbr of* **Urban District Council**) *n conseil d'une communauté urbaine.*

udder ['ʌdəʳ] *n* mamelle *f*.

UDI (*abbr of* **unilateral declaration of independence**) *n déclaration unilatérale d'indépendance.*

UDR (*abbr of* **Ulster Defence Regiment**) *n régiment de réservistes en Irlande du Nord.*

UEFA [ju:'eɪfə] (*abbr of* **Union of European Football Associations**) *n* UEFA *f*.

UFC (*abbr of* **Universities Funding Council**) *n organisme répartissant les crédits entre les universités en Grande-Bretagne.*

UFO (*abbr of* **unidentified flying object**) *n* OVNI *m*, ovni *m*.

Uganda [ju:'gændə] *n* Ouganda *m* ; **in ~** en Ouganda.

Ugandan [ju:'gændən] <> *adj* ougandais(e). <> *n* [person] Ougandais *m*, -e *f*.

ugh [ʌg] *excl* pouah!, beurk!

ugliness ['ʌglɪnɪs] *(U) n* - **1.** [unattractiveness] laideur *f* - **2.** *fig* [unpleasantness] caractère *m* pénible OR désagréable.

ugly ['ʌglɪ] (*comp* **-ier**, *superl* **-iest**) *adj* - **1.** [unattractive] laid(e) - **2.** *fig* [unpleasant] pénible, désagréable.

UHF (*abbr of* **ultra-high frequency**) *n* UHF.

UHT (*abbr of* **ultra-heat treated**) UHT.

UK (*abbr of* **United Kingdom**) *n* Royaume-Uni *m*, R.U. *m*

Ukraine [ju:'kreɪn] *n* : **the ~** l'Ukraine *f* ; **in the ~** en Ukraine.

Ukrainian [ju:'kreɪnjən] <> *adj* ukrainien(enne). <> *n* - **1.** [person] Ukrainien *m*, -enne *f* - **2.** [language] ukrainien *m*.

ukulele [ˌju:kə'leɪlɪ] *n* guitare *f* hawaïenne, ukulélé *m*.

Ulan Bator [u'lɑ:n'bɑ:tɔ] *n* Oulan-Bator.

ulcer ['ʌlsəʳ] *n* ulcère *m*.

ulcerated ['ʌlsəreɪtɪd] *adj* ulcéré(e).

Ulster ['ʌlstəʳ] *n* Ulster *m* ; **in ~** dans l'Ulster.

Ulsterman ['ʌlstəmən] (*pl* **-men** [-mən]) *n* habitant *m* OR natif *m* de l'Ulster.

Ulster Unionist Party *n parti politique essentiellement protestant favorable au maintien de l'Ulster au sein du Royaume-Uni.*

ulterior [ʌl'tɪərɪəʳ] *adj* : **~ motive** arrière-pensée *f*.

ultimata [,ʌltɪ'meɪtə] *pl* ▷ **ultimatum**.

ultimate ['ʌltɪmət] ◇ *adj* **- 1.** [final] final(e), ultime **- 2.** [most powerful] ultime, suprême. ◇ *n* : **the ~ in** le fin du fin dans.

ultimately ['ʌltɪmətlɪ] *adv* [finally] finalement.

ultimatum [,ʌltɪ'meɪtəm] (*pl* **-tums** OR **-ta** [-tə]) *n* ultimatum *m*.

ultra- ['ʌltrə] *prefix* ultra-.

ultramarine [,ʌltrəmə'ri:n] *adj* (bleu) outremer *(inv)*.

ultrasonic [,ʌltrə'sɒnɪk] *adj* ultrasonique.

ultrasound ['ʌltrəsaʊnd] *n (U)* ultrasons *mpl*.

ultraviolet [,ʌltrə'vaɪələt] *adj* ultra-violet(ette).

um [ʌm] *excl* heu!

umbilical cord [ʌm'bɪlɪkl-] *n* cordon *m* ombilical.

umbrage ['ʌmbrɪdʒ] *n* : **to take ~ (at)** prendre ombrage (de).

umbrella [ʌm'brelə] ◇ *n* [portable] parapluie *m* ; [fixed] parasol *m*. ◇ *adj* [organization] qui en regroupe plusieurs autres.

UMIST ['ju:mɪst] (*abbr of* **University of Manchester Institute of Science and Technology**) *n institut de science et de technologie de l'université de Manchester.*

umpire ['ʌmpaɪəʳ] ◇ *n* arbitre *m*. ◇ *vt* arbitrer. ◇ *vi* être l'arbitre.

umpteen [,ʌmp'ti:n] *num adj inf* je ne sais combien de.

umpteenth [,ʌmp'ti:nθ] *num adj inf* énième.

UMW (*abbr of* **United Mineworkers of America**) *n syndicat américain de mineurs.*

UN (*abbr of* **United Nations**) *n* : **the ~** l'ONU *f*, l'Onu *f*.

unabashed [,ʌnə'bæʃt] *adj* nullement décontenancé(e).

unabated [,ʌnə'beɪtɪd] *adj* : **the rain continued ~** la pluie continua de tomber sans répit.

unable [ʌn'eɪbl] *adj* : **to be ~ to do sthg** ne pas pouvoir faire qqch, être incapable de faire qqch.

unabridged [,ʌnə'brɪdʒd] *adj* intégral(e).

unacceptable [,ʌnək'septəbl] *adj* inacceptable.

unaccompanied [,ʌnə'kʌmpənɪd] *adj* **- 1.** [child] non accompagné(e) ; [luggage] sans surveillance **- 2.** [song] a cappella, sans accompagnement.

unaccountable [,ʌnə'kaʊntəbl] *adj* **- 1.** [inexplicable] inexplicable **- 2.** [not responsible] : **to be ~ for sthg** ne pas être responsable de qqch ; **to be ~ to sb** ne pas être responsable envers OR devant qqn.

unaccountably [,ʌnə'kaʊntəblɪ] *adv* [inexplicably] de façon inexplicable, inexplicablement.

unaccounted [,ʌnə'kaʊntɪd] *adj* : **to be ~ for** manquer.

unaccustomed [,ʌnə'kʌstəmd] *adj* **- 1.** [unused] : **to be ~ to sthg/to doing sthg** ne pas être habitué(e) à qqch/à faire qqch **- 2.** [not usual] inaccoutumé(e), inhabituel(elle).

unacquainted [,ʌnə'kweɪntɪd] *adj* : **to be ~ with sb/sthg** ne pas connaître qqn/qqch.

unadulterated [,ʌnə'dʌltəreɪtɪd] *adj* **- 1.** [unspoilt - wine] non frelaté(e) ; [- food] naturel(elle) **- 2.** [absolute - joy] sans mélange ; [- nonsense, truth] pur et simple (pure et simple).

unadventurous [,ʌnəd'ventʃərəs] *adj* qui manque d'audace.

unaffected [,ʌnə'fektɪd] *adj* **- 1.** [unchanged] : **~ (by)** non affecté(e) (par) **- 2.** [natural] naturel(elle).

unafraid [,ʌnə'freɪd] *adj* sans crainte, sans peur.

unaided [,ʌn'eɪdɪd] *adj* sans aide.

unambiguous [,ʌnæm'bɪgjʊəs] *adj* non équivoque.

un-American ['ʌn-] *adj* anti-américain(e).

unanimity [,ju:nə'nɪmətɪ] *n* unanimité *f*.

unanimous [ju:'nænɪməs] *adj* unanime.

unanimously [ju:'nænɪməslɪ] *adv* à l'unanimité.

unannounced [,ʌnə'naʊnst] *adj* sans tambour ni trompette.

unanswered [,ʌn'ɑ:nsəd] *adj* qui reste sans réponse.

unappealing [,ʌnə'pi:lɪŋ] *adj* peu attirant(e).

unappetizing, UK **-ising** [,ʌn'æpɪtaɪzɪŋ] *adj* peu appétissant(e).

unappreciated [,ʌnə'pri:ʃɪeɪtɪd] *adj* peu apprécié(e).

unappreciative [ˌʌnəˈpriːʃɪətɪv] *adj* : **~ (of)** indifférent(e) (à).

unapproachable [ˌʌnəˈprəʊtʃəbl] *adj* inabordable, d'un abord difficile.

unarmed [ˌʌnˈɑːmd] *adj* non armé(e).

unarmed combat *n* combat *m* sans armes.

unashamed [ˌʌnəˈʃeɪmd] *adj* [luxury] insolent(e) ; [liar, lie] effronté(e), éhonté(e).

unassisted [ˌʌnəˈsɪstɪd] *adj* sans aide.

unassuming [ˌʌnəˈsjuːmɪŋ] *adj* modeste, effacé(e).

unattached [ˌʌnəˈtætʃt] *adj* **- 1.** [not fastened, linked] : **~ (to)** indépendant(e) (de) **- 2.** [without partner] libre, sans attaches.

unattainable [ˌʌnəˈteɪnəbl] *adj* inaccessible.

unattended [ˌʌnəˈtendɪd] *adj* [luggage, shop] sans surveillance ; [child] seul(e).

unattractive [ˌʌnəˈtræktɪv] *adj* **- 1.** [not beautiful] peu attrayant(e), peu séduisant(e) **- 2.** [not pleasant] déplaisant(e).

unauthorized, *UK* **-ised** [ˌʌnˈɔːθəraɪzd] *adj* non autorisé(e).

unavailable [ˌʌnəˈveɪləbl] *adj* qui n'est pas disponible, indisponible.

unavoidable [ˌʌnəˈvɔɪdəbl] *adj* inévitable.

unavoidably [ˌʌnəˈvɔɪdəblɪ] *adj* inévitablement ; **to be ~ detained** être retardé pour des raisons indépendantes de sa volonté.

unaware [ˌʌnəˈweəʳ] *adj* ignorant(e), inconscient(e) ; **to be ~ of sthg** ne pas avoir conscience de qqch, ignorer qqch.

unawares [ˌʌnəˈweəz] *adv* : **to catch** *OR* **take sb ~** prendre qqn au dépourvu.

unbalanced [ˌʌnˈbælənst] *adj* **- 1.** [biased] tendancieux(euse), partial(e) **- 2.** [deranged] déséquilibré(e).

unbearable [ʌnˈbeərəbl] *adj* insupportable.

unbearably [ʌnˈbeərəblɪ] *adv* insupportablement ; **it's ~ hot** il fait une chaleur insupportable.

unbeatable [ˌʌnˈbiːtəbl] *adj* imbattable.

unbecoming [ˌʌnbɪˈkʌmɪŋ] *adj* [unattractive] peu seyant(e).

unbeknown(st) [ˌʌnbɪˈnəʊn(st)] *adv* : **~ to** à l'insu de.

unbelievable [ˌʌnbɪˈliːvəbl] *adj* incroyable.

unbelievably [ˌʌnbɪˈliːvəblɪ] *adv* incroyablement ; **to be ~ stupid** être d'une bêtise incroyable.

unbend [ˌʌnˈbend] (*pt & pp* **unbent**) *vi* [relax] se détendre.

unbending [ˌʌnˈbendɪŋ] *adj* inflexible, intransigeant(e).

unbent [ˌʌnˈbent] *pt & pp* ⊳ **unbend**.

unbia(s)sed [ˌʌnˈbaɪəst] *adj* impartial(e).

unblemished [ˌʌnˈblemɪʃt] *adj fig* sans tache.

unblock [ˌʌnˈblɒk] *vt* déboucher.

unbolt [ˌʌnˈbəʊlt] *vt* déverrouiller.

unborn [ˌʌnˈbɔːn] *adj* [child] qui n'est pas encore né(e).

unbreakable [ˌʌnˈbreɪkəbl] *adj* incassable.

unbridled [ˌʌnˈbraɪdld] *adj* effréné(e), débridé(e).

unbuckle [ˌʌnˈbʌkl] *vt* déboucler.

unbutton [ˌʌnˈbʌtn] *vt* déboutonner.

uncalled-for [ˌʌnˈkɔːld-] *adj* [remark] déplacé(e) ; [criticism] injustifié(e).

uncanny [ʌnˈkænɪ] (*comp* **-ier**, *superl* **-iest**) *adj* étrange, mystérieux(euse) ; [resemblance] troublant(e).

uncared-for [ˌʌnˈkeəd-] *adj* délaissé(e), négligé(e).

uncaring [ˌʌnˈkeərɪŋ] *adj* qui ne se soucie pas des autres.

unceasing [ˌʌnˈsiːsɪŋ] *adj fml* incessant(e), continuel(elle).

unceremonious [ˈʌnˌserɪˈməʊnjəs] *adj* brusque.

unceremoniously [ˈʌnˌserɪˈməʊnjəslɪ] *adj* brusquement.

uncertain [ʌnˈsɜːtn] *adj* incertain(e) ; **in no ~ terms** sans mâcher ses mots.

unchain [ˌʌnˈtʃeɪn] *vt* désenchaîner.

unchallenged [ˌʌnˈtʃælɪndʒd] *adj* incontesté(e), indiscuté(e).

unchanged [ˌʌnˈtʃeɪndʒd] *adj* inchangé(e).

unchanging [ˌʌnˈtʃeɪndʒɪŋ] *adj* invariable, immuable.

uncharacteristic [ˈʌnˌkærəktəˈrɪstɪk] *adj* inhabituel(elle).

uncharitable [ˌʌnˈtʃærɪtəbl] *adj* peu charitable.

uncharted [ˌʌnˈtʃɑːtɪd] *adj* [land, sea] qui n'est pas sur la carte ; **~ territory** *fig* domaine inexploré.

unchecked [ˌʌnˈtʃekt] *adj* non maîtrisé(e), sans frein.

uncivilized, *UK* **-ised** [ˌʌnˈsɪvɪlaɪzd] *adj* non civilisé(e), barbare.

unclassified [ˌʌnˈklæsɪfaɪd] *adj* [documents] non classé(e) ; [information] non secret(ète).

uncle [ˈʌŋkl] *n* oncle *m*.

unclean [ˌʌnˈkliːn] *adj* **- 1.** [dirty] sale **- 2.** RELIG impur(e).

unclear [ˌʌn'klɪəʳ] *adj* - **1.** [message, meaning, motive] qui n'est pas clair(e) - **2.** [uncertain - person, future] incertain(e).

Uncle Sam l'Oncle Sam *(personnage représentant les États-Unis dans la propagande pour l'armée).*

unclothed [ˌʌn'kləʊðd] *adj* nu(e), sans vêtements.

uncomfortable [ˌʌn'kʌmftəbl] *adj* - **1.** [shoes, chair, clothes etc] inconfortable ; *fig* [fact, truth] désagréable - **2.** [person - physically] qui n'est pas à l'aise ; [- ill at ease] mal à l'aise.

uncomfortably [ˌʌn'kʌmftəblɪ] *adv* - **1.** [in physical discomfort] inconfortablement - **2.** *fig* [uneasily] avec gêne.

uncommitted [ˌʌnkə'mɪtɪd] *adj* non engagé(e).

uncommon [ʌn'kɒmən] *adj* - **1.** [rare] rare - **2.** *fml* [extreme] extraordinaire.

uncommonly [ʌn'kɒmənlɪ] *adv fml* extraordinairement.

uncommunicative [ˌʌnkə'mju:nɪkətɪv] *adj* peu expansif(ive), peu communicatif(ive).

uncomplicated [ˌʌn'kɒmplɪkeɪtɪd] *adj* simple, peu compliqué(e).

uncomprehending ['ʌnˌkɒmprɪ'hendɪŋ] *adj* qui ne comprend pas.

uncompromising [ˌʌn'kɒmprəmaɪzɪŋ] *adj* intransigeant(e).

unconcerned [ˌʌnkən'sɜ:nd] *adj* [not anxious] qui ne s'inquiète pas.

unconditional [ˌʌnkən'dɪʃənl] *adj* inconditionnel(elle).

uncongenial [ˌʌnkən'dʒi:njəl] *adj fml* peu agréable.

unconnected [ˌʌnkə'nektɪd] *adj* [facts, events] sans rapport.

unconquered [ˌʌn'kɒŋkəd] *adj* qui n'a pas été conquis(e).

unconscious [ʌn'kɒnʃəs] ◇ *adj* - **1.** [having lost consciousness] sans connaissance - **2.** *fig* [unaware] : **to be ~ of** ne pas avoir conscience de, ne pas se rendre compte de - **3.** [unnoticed - desires, feelings] inconscient(e). ◇ *n* PSYCHOL inconscient *m*.

unconsciously [ʌn'kɒnʃəslɪ] *adv* inconsciemment.

unconstitutional ['ʌnˌkɒnstɪ'tju:ʃənl] *adj* inconstitutionnel(elle), anticonstitutionnel(elle).

uncontested [ˌʌnkən'testɪd] *adj* incontesté(e) ; [election] sans opposition.

uncontrollable [ˌʌnkən'trəʊləbl] *adj* - **1.** [unrestrainable - emotion, urge] irrépressible, irrésistible ; [- increase, epidemic] qui ne peut être enrayé(e) - **2.** [unmanageable - person] impossible, difficile.

uncontrolled [ˌʌnkən'trəʊld] *adj* [emotion, urge] non contenu(e) ; [increase] effréné(e) ; [inflation, epidemic] galopant(e).

unconventional [ˌʌnkən'venʃənl] *adj* peu conventionnel(elle), original(e).

unconvinced [ˌʌnkən'vɪnst] *adj* qui n'est pas convaincu(e), sceptique.

unconvincing [ˌʌnkən'vɪnsɪŋ] *adj* peu convaincant(e).

uncooked [ˌʌn'kʊkt] *adj* non cuit(e), cru(e).

uncooperative [ˌʌnkəʊ'ɒpərətɪv] *adj* peu coopératif(ive).

uncork [ˌʌn'kɔ:k] *vt* déboucher.

uncorroborated [ˌʌnkə'rɒbəreɪtɪd] *adj* non corroboré(e).

uncouth [ʌn'ku:θ] *adj* grossier(ère).

uncover [ʌn'kʌvəʳ] *vt* découvrir.

uncurl [ˌʌn'kɜ:l] *vi* [hair] se défriser, se déboucler ; [wire, snake] se dérouler.

uncut [ˌʌn'kʌt] *adj* - **1.** [film] intégral(e), sans coupures - **2.** [jewel] brut(e), non taillé(e).

undamaged [ˌʌn'dæmɪdʒd] *adj* non endommagé(e), intact(e).

undaunted [ˌʌn'dɔ:ntɪd] *adj* non découragé(e).

undecided [ˌʌndɪ'saɪdɪd] *adj* [person] indécis(e), irrésolu(e) ; [issue] indécis(e).

undemanding [ˌʌndɪ'mɑ:ndɪŋ] *adj* [task] peu astreignant(e), peu exigeant(e) ; [person] peu exigeant(e).

undemonstrative [ˌʌndɪ'mɒnstrətɪv] *adj* peu expansif(ive), peu démonstratif(ive).

undeniable [ˌʌndɪ'naɪəbl] *adj* indéniable, incontestable.

under ['ʌndəʳ] ◇ *prep* - **1.** [gen] sous - **2.** [less than] moins de ; **children ~ five** les enfants de moins de cinq ans - **3.** [subject to - effect, influence] sous ; **~ the circumstances** dans ces circonstances, étant donné les circonstances ; **to be ~ an obligation to sb** être redevable à qqn, avoir une dette de reconnaissance envers qqn ; **to be ~ the impression that...** avoir l'impression que... - **4.** [undergoing] : **~ discussion** en discussion ; **~ consideration** à l'étude, à l'examen ; **~ review** qui doit être révisé - **5.** [according to] selon, conformément à. ◇ *adv* - **1.** [underneath] dessous ; [underwater] sous l'eau ; **to go ~** [company] couler, faire faillite - **2.** [less] au-dessous.

under- ['ʌndəʳ] *prefix* sous-.

underachiever [ˌʌndərə'tʃi:vəʳ] *n personne dont les résultats ne correspondent pas à ses possibilités.*

underage [ʌndər'eɪdʒ] *adj* mineur(e) ; **~ drinking** consommation *f* d'alcool par les mineurs ; **~ sex** rapports *mpl* sexuels entre des mineurs.

underarm ['ʌndərɑ:m] ◇ *adj* [deodorant] pour les aisselles. ◇ *adv* [throw, bowl] par en-dessous.

underbrush ['ʌndəbrʌʃ] *n (U)* **US** sous-bois *m inv.*

undercarriage ['ʌndə,kærɪdʒ] *n* train *m* d'atterrissage.

undercharge [,ʌndə'tʃɑ:dʒ] *vt* faire payer insuffisamment à.

underclothes ['ʌndəkləʊðz] *npl* sous-vêtements *mpl.*

undercoat ['ʌndəkəʊt] *n* [of paint] couche *f* de fond.

undercook [,ʌndə'kʊk] *vt* ne pas assez cuire.

undercover ['ʌndə,kʌvər] ◇ *adj* secret(ète). ◇ *adv* clandestinement.

undercurrent ['ʌndə,kʌrənt] *n fig* [tendency] courant *m* sous-jacent.

undercut [,ʌndə'kʌt] (*pt & pp* **undercut**, *cont* **-ting**) *vt* [in price] vendre moins cher que.

underdeveloped [,ʌndədɪ'veləpt] *adj* [country] sous-développé(e) ; [person] qui n'est pas complètement développé(e) OR formé(e).

underdog ['ʌndədɒg] *n* : **the ~** l'opprimé *m* ; SPORT celui (celle) que l'on donne perdant(e).

underdone [,ʌndə'dʌn] *adj* [food] pas assez cuit(e) ; [steak] saignant(e).

underemployment [,ʌndərɪm'plɔɪmənt] *n* sous-emploi *m.*

underestimate ◇ *n* [ʌndər'estɪmət] sous-estimation *f.* ◇ *vt* [,ʌndər'estɪmeɪt] sous-estimer.

underexposed [,ʌndərɪk'spəʊzd] *adj* PHOT sous-exposé(e).

underfinanced [,ʌndə'faɪnænst] *adj* insuffisamment financé(e).

underfoot [,ʌndə'fʊt] *adv* sous les pieds ; **to trample sthg ~** fouler qqch aux pieds ; **the ground ~** le sol.

undergo [,ʌndə'gəʊ] (*pt* **-went**, *pp* **-gone** [-'gɒn]) *vt* subir ; [pain, difficulties] éprouver.

undergraduate [,ʌndə'grædjʊət] ◇ *adj* [course, studies] pour étudiants de licence. ◇ *n* étudiant *m*, -e *f* qui prépare la licence.

underground ◇ *adj* ['ʌndəgraʊnd] **- 1.** [below the ground] souterrain(e) **- 2.** *fig* [secret] clandestin(e). ◇ *adv* [,ʌndə'graʊnd] : **to go/be forced ~** entrer dans la clandestinité. ◇ *n* ['ʌndəgraʊnd] **- 1.** *UK* [subway] métro *m* **- 2.** [activist movement] résistance *f.*

undergrowth ['ʌndəgrəʊθ] *n (U)* sous-bois *m inv.*

underhand [,ʌndə'hænd] *adj* sournois(e), en dessous.

underinsured [,ʌndərɪn'ʃʊəd] *adj* sous-assuré(e).

underlay ['ʌndəleɪ] *n* [for carpet] thibaude *f.*

underline [,ʌndə'laɪn] *vt* souligner.

underlying [,ʌndə'laɪɪŋ] *adj* sous-jacent(e).

undermanned [,ʌndə'mænd] *adj* à court de personnel OR de main d'œuvre.

undermentioned [,ʌndə'menʃnd] *adj fml* (cité(e)) ci-dessous.

undermine [,ʌndə'maɪn] *vt fig* [weaken] saper, ébranler.

underneath [,ʌndə'ni:θ] ◇ *prep* **- 1.** [beneath] sous, au-dessous de **- 2.** [in movements] sous. ◇ *adv* **- 1.** [beneath] en dessous, dessous **- 2.** *fig* [fundamentally] au fond. ◇ *adj inf* d'en dessous. ◇ *n* [underside] : **the ~** le dessous.

undernourished [,ʌndə'nʌrɪʃt] *adj* sous-alimenté(e).

underpaid ◇ *pt & pp* [,ʌndə'peɪd] ▷ **underpay**. ◇ *adj* ['ʌndəpeɪd] sous-payé(e).

underpants ['ʌndəpænts] *npl* slip *m.*

underpass ['ʌndəpɑ:s] *n* [for cars] passage *m* inférieur ; [for pedestrians] passage *m* souterrain.

underpay [,ʌndə'peɪ] (*pt & pp* **-paid**) *vt* sous-payer.

underpin [,ʌndə'pɪn] (*pt & pp* **-ned**, *cont* **-ning**) *vt* étayer.

underplay [,ʌndə'pleɪ] *vt* réduire l'importance de, minimiser.

underprice [,ʌndə'praɪs] *vt* mettre un prix trop bas à.

underprivileged [,ʌndə'prɪvɪlɪdʒd] *adj* défavorisé(e), déshérité(e).

underproduction [,ʌndəprə'dʌkʃn] *n* sous-production *f.*

underrated [,ʌndə'reɪtɪd] *adj* sous-estimé(e).

underscore [,ʌndə'skɔ:r] *vt lit & fig* souligner.

undersea ['ʌndəsi:] *adj* sous-marin(e).

undersecretary [,ʌndə'sekrətərɪ] (*pl* **-ies**) *n* sous-secrétaire *m.*

undersell [,ʌndə'sel] (*pt & pp* **-sold**) *vt* COMM vendre moins cher que ; **to ~ o.s.** *fig* ne pas se mettre assez en valeur.

undershirt ['ʌndəʃɜ:t] *n* **US** maillot *m* de corps.

underside ['ʌndəsaɪd] *n* : **the ~** le dessous.

undersigned ['ʌndəsaɪnd] *n fml* **I, the ~** je soussigné(e).

undersize(d) [ˌʌndə'saɪz(d)] *adj* trop petit(e).

underskirt ['ʌndəskɜːt] *n* jupon *m*.

undersold [ˌʌndə'səʊld] *pt & pp* ▷ **undersell**.

understaffed [ˌʌndə'stɑːft] *adj* à court de personnel.

understand [ˌʌndə'stænd] (*pt & pp* **-stood**) ◇ *vt* - **1.** [gen] comprendre ; **to make o.s. understood** se faire comprendre - **2.** *fml* [be informed] : **I ~ (that)...** je crois comprendre que..., il paraît que... ◇ *vi* comprendre.

understandable [ˌʌndə'stændəbl] *adj* compréhensible.

understandably [ˌʌndə'stændəblɪ] *adv* - **1.** [speak] de façon compréhensible - **2.** [naturally] naturellement.

understanding [ˌʌndə'stændɪŋ] ◇ *n* - **1.** [knowledge, sympathy] compréhension *f* ; **it was my ~ that...** j'avais compris que... - **2.** [agreement] accord *m*, arrangement *m* ; **to come to an ~ (over)** s'entendre (sur) ; **on the ~ that...** à condition que... *(+ subjunctive)*. ◇ *adj* [sympathetic] compréhensif(ive).

understate [ˌʌndə'steɪt] *vt* réduire l'importance de, minimiser.

understatement [ˌʌndə'steɪtmənt] *n* - **1.** [inadequate statement] affirmation *f* en dessous de la vérité - **2.** *(U)* [quality of understating] euphémisme *m*.

understood [ˌʌndə'stʊd] *pt & pp* ▷ **understand**.

understudy ['ʌndəˌstʌdɪ] (*pl* **-ies**) *n* doublure *f*.

undertake [ˌʌndə'teɪk] (*pt* **-took**, *pp* **-taken** [-'teɪkn]) *vt* - **1.** [take on - gen] entreprendre ; [- responsibility] assumer - **2.** [promise] : **to ~ to do sthg** promettre de faire qqch, s'engager à faire qqch.

undertaker ['ʌndəˌteɪkəʳ] *n* entrepreneur *m* des pompes funèbres.

undertaking [ˌʌndə'teɪkɪŋ] *n* - **1.** [task] entreprise *f* - **2.** [promise] promesse *f*.

undertone ['ʌndətəʊn] *n* - **1.** [quiet voice] voix *f* basse - **2.** [vague feeling] courant *m*.

undertook [ˌʌndə'tʊk] *pt* ▷ **undertake**.

undertow ['ʌndətəʊ] *n* courant *m* sous-marin.

undervalue [ˌʌndə'væljuː] *vt* [house, antique etc] sous-évaluer ; [person] sous-estimer, mésestimer.

underwater [ˌʌndə'wɔːtəʳ] ◇ *adj* sous-marin(e). ◇ *adv* sous l'eau.

underwear ['ʌndəweəʳ] *n (U)* sous-vêtements *mpl*.

underweight [ˌʌndə'weɪt] *adj* qui ne pèse pas assez, qui est trop maigre.

underwent [ˌʌndə'went] *pt* ▷ **undergo**.

underworld ['ʌndəˌwɜːld] *n* [criminal society] : **the ~** le milieu, la pègre.

underwrite ['ʌndəraɪt] (*pt* **-wrote**, *pp* **-written**) *vt* - **1.** FIN garantir - **2.** [in insurance] garantir, assurer contre.

underwriter ['ʌndəˌraɪtəʳ] *n* assureur *m*.

underwritten ['ʌndəˌrɪtn] *pp* ▷ **underwrite**.

underwrote ['ʌndərəʊt] *pt* ▷ **underwrite**.

undeserved [ˌʌndɪ'zɜːvd] *adj* immérité(e).

undesirable [ˌʌndɪ'zaɪərəbl] *adj* indésirable.

undeveloped [ˌʌndɪ'veləpt] *adj* [land] non exploité(e), inexploité(e).

undid [ˌʌn'dɪd] *pt* ▷ **undo**.

undies ['ʌndɪz] *npl inf* dessous *mpl*, lingerie *f*.

undignified [ʌn'dɪgnɪfaɪd] *adj* peu digne, qui manque de dignité.

undiluted [ˌʌndaɪ'ljuːtɪd] *adj* - **1.** [quality, emotion] sans mélange - **2.** [liquid] non dilué(e).

undiplomatic [ˌʌndɪplə'mætɪk] *adj* peu diplomate.

undischarged [ˌʌndɪs'tʃɑːdʒd] *adj* [debt] non acquitté(e), non liquidé(e) ; **~ bankrupt** [person] failli *m* non réhabilité.

undisciplined [ʌn'dɪsɪplɪnd] *adj* indiscipliné(e).

undiscovered [ˌʌndɪ'skʌvəd] *adj* non découvert(e).

undisputed [ˌʌndɪ'spjuːtɪd] *adj* incontesté(e).

undistinguished [ˌʌndɪ'stɪŋgwɪʃt] *adj* médiocre, quelconque.

undivided [ˌʌndɪ'vaɪdɪd] *adj* indivisé(e), entier(ère).

undo [ˌʌn'duː] (*pt* **-did**, *pp* **-done**) *vt* - **1.** [unfasten] défaire - **2.** [nullify] annuler, détruire.

undoing [ˌʌn'duːɪŋ] *n (U) fml* perte *f*, ruine *f*.

undone [ˌʌn'dʌn] ◇ *pp* ▷ **undo**. ◇ *adj* - **1.** [unfastened] défait(e) - **2.** [task] non accompli(e).

undoubted [ʌn'daʊtɪd] *adj* indubitable, certain(e).

undoubtedly [ʌn'daʊtɪdlɪ] *adv* sans aucun doute.

undreamed-of [ʌn'driːmdɒv], **undreamt-of** [ʌn'dremtɒv] *adj* inimaginable.

undress [ˌʌn'dres] ◇ *vt* déshabiller. ◇ *vi* se déshabiller.

undressed [ˌʌn'drest] *adj* déshabillé(e) ; **to get ~** se déshabiller.

undrinkable [ˌʌn'drɪŋkəbl] *adj* [unfit to drink] non potable ; [disgusting] imbuvable.

undue [ˌʌn'dju:] *adj fml* excessif(ive).

undulate ['ʌndjʊleɪt] *vi* onduler.

unduly [ˌʌn'dju:lɪ] *adv fml* trop, excessivement.

undying [ʌn'daɪɪŋ] *adj lit* éternel(elle).

unearned income [ˌʌnɜ:nd-] *n (U)* rentes *fpl*.

unearth [ˌʌn'ɜ:θ] *vt* **- 1.** [dig up] déterrer **- 2.** *fig* [discover] découvrir, dénicher.

unearthly [ʌn'ɜ:θlɪ] *adj* **- 1.** [ghostly] mystérieux(euse) **- 2.** *inf* [uncivilized - time of day] indu(e), impossible.

unease [ʌn'i:z] *n (U)* malaise *m*.

uneasy [ʌn'i:zɪ] (*comp* **-ier**, *superl* **-iest**) *adj* [person, feeling] mal à l'aise, gêné(e) ; [peace] troublé(e), incertain(e) ; [silence] gêné(e).

uneatable [ˌʌn'i:təbl] *adj* [not fit to eat] non comestible ; [disgusting] immangeable.

uneaten [ˌʌn'i:tn] *adj* non mangé(e).

uneconomic ['ʌnˌi:kə'nɒmɪk] *adj* peu économique, peu rentable.

uneducated [ˌʌn'edjʊkeɪtɪd] *adj* [person] sans instruction.

unemotional [ˌʌnɪ'məʊʃənl] *adj* qui ne montre *OR* trahit aucune émotion.

unemployable [ˌʌnɪm'plɔɪəbl] *adj* inapte au travail.

unemployed [ˌʌnɪm'plɔɪd] ◇ *adj* au chômage, sans travail. ◇ *npl* : **the ~** les chômeurs *mpl*.

unemployment [ˌʌnɪm'plɔɪmənt] *n* chômage *m*.

unemployment benefit *UK*, **unemployment compensation** *US n* allocation *f* de chômage.

unenviable [ˌʌn'envɪəbl] *adj* peu enviable.

unequal [ˌʌn'i:kwəl] *adj* **- 1.** [different] inégal(e) **- 2.** [unfair] injuste.

unequalled *UK*, **unequaled** *US* [ˌʌn'i:kwəld] *adj* inégalé(e).

unequivocal [ˌʌnɪ'kwɪvəkl] *adj* sans équivoque.

unerring [ˌʌn'ɜ:rɪŋ] *adj* sûr(e), infaillible.

UNESCO [ju:'neskəʊ] (*abbr of* **United Nations Educational, Scientific and Cultural Organization**) *n* UNESCO *f*, Unesco *f*.

unethical [ʌn'eθɪkl] *adj* immoral(e).

uneven [ˌʌn'i:vn] *adj* **- 1.** [not flat - surface] inégal(e) ; [- ground] accidenté(e) **- 2.** [inconsistent] inégal(e) **- 3.** [unfair] injuste.

uneventful [ˌʌnɪ'ventfʊl] *adj* sans incidents.

unexceptional [ˌʌnɪk'sepʃənl] *adj* qui n'a rien d'exceptionnel.

unexpected [ˌʌnɪk'spektɪd] *adj* inattendu(e), imprévu(e).

unexpectedly [ˌʌnɪk'spektɪdlɪ] *adv* subitement, d'une manière imprévue.

unexplained [ˌʌnɪk'spleɪnd] *adj* inexpliqué(e).

unexploded [ˌʌnɪk'spləʊdɪd] *adj* [bomb] non explosé(e), non éclaté(e).

unexpurgated [ˌʌn'ekspəgeɪtɪd] *adj* non expurgé(e), intégral(e).

unfailing [ʌn'feɪlɪŋ] *adj* qui ne se dément pas, constant(e).

unfair [ˌʌn'feəʳ] *adj* injuste.

unfair dismissal *n* licenciement *m* injuste *OR* abusif.

unfairness [ˌʌn'feənɪs] *n* injustice *f*.

unfaithful [ˌʌn'feɪθfʊl] *adj* infidèle.

unfamiliar [ˌʌnfə'mɪljəʳ] *adj* **- 1.** [not well-known] peu familier(ère), peu connu(e) **- 2.** [not acquainted] : **to be ~ with sb/sthg** mal connaître qqn/qqch, ne pas connaître qqn/qqch.

unfashionable [ˌʌn'fæʃnəbl] *adj* démodé(e), passé(e) de mode ; [person] qui n'est plus à la mode.

unfasten [ˌʌn'fɑ:sn] *vt* défaire.

unfavourable *UK*, **unfavorable** *US* [ˌʌn'feɪvrəbl] *adj* défavorable.

unfazed [ʌn'feɪzd] *adj inf* imperturbable, impassible.

unfeeling [ʌn'fi:lɪŋ] *adj* impitoyable, insensible.

unfinished [ˌʌn'fɪnɪʃt] *adj* inachevé(e).

unfit [ˌʌn'fɪt] *adj* **- 1.** [not in good health] qui n'est pas en forme **- 2.** [not suitable] : **~ (for)** impropre (à) ; [person] inapte (à).

unflagging [ˌʌn'flægɪŋ] *adj* inlassable, infatigable.

unflappable [ˌʌn'flæpəbl] *adj esp UK* imperturbable, flegmatique.

unflattering [ˌʌn'flætərɪŋ] *adj* peu flatteur(euse).

unflinching [ʌn'flɪntʃɪŋ] *adj* inébranlable.

unfold [ʌn'fəʊld] ◇ *vt* **- 1.** [map, newspaper] déplier **- 2.** [explain - plan, proposal] exposer. ◇ *vi* [become clear] se dérouler.

unforeseeable [ˌʌnfɔ:'si:əbl] *adj* imprévisible.

unforeseen [ˌʌnfɔ:'si:n] *adj* imprévu(e).

unforgettable [ˌʌnfə'getəbl] *adj* inoubliable.

unforgivable [ˌʌnfə'gɪvəbl] *adj* impardonnable.

unformatted [ˌʌn'fɔːmætɪd] *adj* COMPUT non formaté(e).

unfortunate [ʌn'fɔːtʃnət] *adj* - **1.** [unlucky] malheureux(euse), malchanceux(euse) - **2.** [regrettable] regrettable, fâcheux(euse).

unfortunately [ʌn'fɔːtʃnətlɪ] *adv* malheureusement.

unfounded [ˌʌn'faʊndɪd] *adj* sans fondement, dénué(e) de tout fondement.

unfriendly [ˌʌn'frendlɪ] (*comp* **-ier**, *superl* **-iest**) *adj* hostile, malveillant(e).

unfulfilled [ˌʌnfʊl'fɪld] *adj* - **1.** [ambition, potential, prophecy] non réalisé(e), inaccompli(e) ; [promise] non tenu(e) - **2.** [person, life] insatisfait(e), frustré(e).

unfurl [ˌʌn'fɜːl] *vt* déployer.

unfurnished [ˌʌn'fɜːnɪʃt] *adj* non meublé(e).

ungainly [ʌn'geɪnlɪ] *adj* gauche.

ungenerous [ˌʌn'dʒenərəs] *adj* - **1.** [mean - person] peu généreux(euse) ; [- amount] mesquin(e) - **2.** [unkind] peu charitable, mesquin(e).

ungodly [ˌʌn'gɒdlɪ] *adj* - **1.** [irreligious] impie, irréligieux(euse) - **2.** *inf* [unreasonable] indu(e), impossible.

ungrateful [ʌn'greɪtfʊl] *adj* ingrat(e), peu reconnaissant(e).

ungratefulness [ʌn'greɪtfʊlnɪs] *n* ingratitude *f*.

unguarded [ˌʌn'gɑːdɪd] *adj* - **1.** [house, camp etc] sans surveillance - **2.** [careless] : **in an ~ moment** dans un moment d'inattention.

unhappily [ʌn'hæpɪlɪ] *adv* - **1.** [sadly] tristement - **2.** [unfortunately] malheureusement.

unhappiness [ʌn'hæpɪnɪs] *n (U)* tristesse *f*, chagrin *m*.

unhappy [ʌn'hæpɪ] (*comp* **-ier**, *superl* **-iest**) *adj* - **1.** [sad] triste, malheureux(euse) - **2.** [uneasy] : **to be ~ (with** *OR* **about)** être inquiet(ète) (au sujet de) - **3.** [unfortunate] malheureux(euse), regrettable.

unharmed [ˌʌn'hɑːmd] *adj* indemne, sain et sauf (saine et sauve).

UNHCR (*abbr of* **United Nations High Commission for Refugees**) *n* HCR *m*.

unhealthy [ʌn'helθɪ] (*comp* **-ier**, *superl* **-iest**) *adj* - **1.** [person, skin] maladif(ive) ; [conditions, place] insalubre, malsain(e) ; [habit] malsain - **2.** *fig* [undesirable] malsain(e).

unheard [ˌʌn'hɜːd] *adj* : **her warning went ~** on n'a pas tenu compte de son avertissement.

unheard-of [ʌn'hɜːdɒv] *adj* - **1.** [unknown] inconnu(e) - **2.** [unprecedented] sans précédent, inouï(e).

unheeded [ˌʌn'hiːdɪd] *adj* : **his advice went ~** on n'a pas suivi *OR* écouté ses conseils.

unhelpful [ˌʌn'helpfʊl] *adj* - **1.** [person, attitude] peu serviable, peu obligeant(e) - **2.** [advice, book] qui n'aide en rien, peu utile.

unhindered [ʌn'hɪndəd] *adj* sans obstacles, sans encombre.

unhook [ˌʌn'hʊk] *vt* - **1.** [dress, bra] dégrafer - **2.** [coat, picture, trailer] décrocher.

unhurt [ˌʌn'hɜːt] *adj* indemne, sain et sauf (saine et sauve).

unhygienic [ˌʌnhaɪ'dʒiːnɪk] *adj* non hygiénique.

UNICEF ['juːnɪˌsef] (*abbr of* **United Nations International Children's Emergency Fund**) *n* UNICEF *m*, Unicef *m*.

unicorn ['juːnɪkɔːn] *n* licorne *f*.

unicycle ['juːnɪsaɪkl] *n* monocyle *m*.

unidentified *adj* non identifié(e).

unidentified flying object [ˌʌnaɪ'dentɪfaɪd-] *n* objet *m* volant non identifié.

unification [ˌjuːnɪfɪ'keɪʃn] *n* unification *f*.

uniform ['juːnɪfɔːm] ◇ *adj* [rate, colour] uniforme ; [size] même. ◇ *n* uniforme *m*.

uniformity [ˌjuːnɪ'fɔːmətɪ] *n* uniformité *f*.

uniformly ['juːnɪfɔːmlɪ] *adv* uniformément.

unify ['juːnɪfaɪ] (*pt & pp* **-ied**) *vt* unifier.

unifying ['juːnɪfaɪɪŋ] *adj* qui unifie, unificateur(trice).

unilateral [ˌjuːnɪ'lætərəl] *adj* unilatéral(e).

unimaginable [ˌʌnɪ'mædʒɪnəbl] *adj* inimaginable, inconcevable.

unimaginative [ˌʌnɪ'mædʒɪnətɪv] *adj* qui manque d'imagination, peu imaginatif(ive).

unimpaired [ˌʌnɪm'peəd] *adj* intact(e).

unimpeded [ˌʌnɪm'piːdɪd] *adj* sans entrave.

unimportant [ˌʌnɪm'pɔːtənt] *adj* sans importance, peu important(e).

unimpressed [ˌʌnɪm'prest] *adj* qui n'est pas impressionné(e).

uninhabited [ˌʌnɪn'hæbɪtɪd] *adj* inhabité(e).

uninhibited [ˌʌnɪn'hɪbɪtɪd] *adj* sans inhibitions, qui n'a pas d'inhibitions.

uninitiated [ˌʌnɪ'nɪʃɪeɪtɪd] *npl* : **the ~** les non-initiés, les profanes.

uninjured [ˌʌn'ɪndʒəd] *adj* qui n'est pas blessé(e), indemne.

uninspiring [ˌʌnɪn'spaɪrɪŋ] *adj* qui n'a rien d'inspirant.

uninstall [ˌʌnɪn'stɔːl] *vt* désinstaller.

unintelligent [ˌʌnɪn'telɪdʒənt] *adj* inintelligent(e).

unintentional [ˌʌnɪn'tenʃənl] *adj* involontaire, non intentionnel(elle).

uninterested [ˌʌn'ɪntrəstɪd] *adj* indifférent(e).

uninterrupted ['ʌnˌɪntə'rʌptɪd] *adj* ininterrompu(e), continu(e).

uninvited [ˌʌnɪn'vaɪtɪd] *adj* qui n'a pas été invité(e).

union ['juːnjən] ◇ *n* - **1.** [trade union] syndicat *m* - **2.** [alliance] union *f.* ◇ *comp* syndical(e).

Unionist ['juːnjənɪst] *n UK* POL unioniste *mf.*

unionize, *UK* **-ise** ['juːnjənaɪz] *vt* syndiquer.

Union Jack *n UK* **the ~** l'Union Jack *m*, le drapeau britannique.

The Union Jack

Le drapeau du Royaume-Uni est composé de trois éléments. Il rassemble en effet la croix de Saint-Georges anglaise (rouge sur fond blanc), la croix de Saint-André écossaise (blanche sur fond bleu) et la croix de Saint-Patrick irlandaise (rouge). Le drapeau gallois, avec son dragon rouge sur fond vert, ne fait pas partie de l'Union Jack.

union shop *n US* atelier *m* d'ouvriers syndiqués.

unique [juː'niːk] *adj* - **1.** [exceptional] unique, exceptionnel(elle) - **2.** [exclusive] : **~ to** propre à - **3.** [very special] unique.

uniquely [juː'niːklɪ] *adv* - **1.** [exclusively] uniquement - **2.** [exceptionally] exceptionnellement.

unisex ['juːnɪseks] *adj* unisexe.

unison ['juːnɪzn] *n* unisson *m* ; **in ~** à l'unisson ; [say] en chœur, en même temps.

UNISON ['juːnɪzn] *n "super-syndicat" britannique des services publics.*

unit ['juːnɪt] *n* - **1.** [gen] unité *f* - **2.** [machine part] élément *m*, bloc *m* - **3.** [of furniture] élément *m* ; **storage ~** meuble *m* de rangement - **4.** [department] service *m* - **5.** [chapter] chapitre *m.*

unit cost *n* prix *m* de revient unitaire.

unite [juː'naɪt] ◇ *vt* unifier. ◇ *vi* s'unir.

united [juː'naɪtɪd] *adj* - **1.** [in harmony] uni(e) ; **to be ~ in sthg** être uni dans qqch - **2.** [unified] unifié(e).

United Arab Emirates *npl* : **the ~** les Émirats *mpl* arabes unis.

united front *n* : **to present a ~** montrer un front uni.

United Kingdom *n* : **the ~** le Royaume-Uni.

United Nations *n* : **the ~** les Nations *fpl* Unies.

United States *n* : **the ~ (of America)** les États-Unis *mpl* (d'Amérique) ; **in the ~** aux États-Unis.

unit price *n* prix *m* unitaire.

unit trust *n UK* société *f* d'investissement à capital variable.

unity ['juːnətɪ] *n (U)* unité *f.*

Univ. *see also* **University**.

universal [ˌjuːnɪ'vɜːsl] *adj* universel(elle).

universal joint *n* joint *m* universel *OR* de cardan.

universe ['juːnɪvɜːs] *n* univers *m.*

university [ˌjuːnɪ'vɜːsətɪ] ◇ *n (pl* **-ies***)* université *f.* ◇ *comp* universitaire ; [lecturer] d'université ; **~ student** étudiant *m*, -e *f* à l'université.

unjust [ˌʌn'dʒʌst] *adj* injuste.

unjustifiable [ʌn'dʒʌstɪfaɪəbl] *adj* injustifiable.

unjustified [ʌn'dʒʌstɪfaɪd] *adj* injustifié(e).

unkempt [ˌʌn'kempt] *adj* [clothes, person] négligé(e), débraillé(e) ; [hair] mal peigné(e).

unkind [ʌn'kaɪnd] *adj* - **1.** [uncharitable] méchant(e), pas gentil(ille) - **2.** *fig* [weather, climate] rude, rigoureux(euse).

unkindly [ʌn'kaɪndlɪ] *adv* méchamment.

unknown [ˌʌn'nəʊn] ◇ *adj* inconnu(e). ◇ *n* [person] inconnu *m*, -e *f* ; **the ~** l'inconnu *m.*

unlace [ˌʌn'leɪs] *vt* défaire, délacer.

unladen [ˌʌn'leɪdn] *adj* sans charge ; **~ weight** poids *m* à vide.

unlawful [ˌʌn'lɔːfʊl] *adj* illégal(e).

unleaded [ˌʌn'ledɪd] ◇ *adj* sans plomb. ◇ *n* essence *f* sans plomb.

unleash [ˌʌn'liːʃ] *vt lit* déchaîner.

unleavened [ˌʌn'levnd] *adj* sans levain, azyme.

unless [ən'les] *conj* à moins que *(+ subjunctive)* ; **~ I'm mistaken** à moins que je (ne) me trompe ; **~ otherwise informed** sauf avis contraire.

unlicensed [ˌʌn'laɪsənst] *adj* [person] qui ne détient pas de licence ; [activity] non autorisé(e), illicite ; [vehicle] sans vignette ; [restaurant, premises] qui ne détient pas de licence de débit de boissons.

unlike [ˌʌn'laɪk] *prep* - **1.** [different from] différent(e) de - **2.** [in contrast to] contrairement à, à la différence de **- 3.** [not typical of] **: it's ~ you to complain** cela ne te ressemble pas de te plaindre.

unlikely [ʌn'laɪklɪ] *adj* **- 1.** [event, result] peu probable, improbable ; [story] invraisemblable **- 2.** [bizarre - clothes etc] invraisemblable.

unlimited [ʌn'lɪmɪtɪd] *adj* illimité(e).

unlisted [ʌn'lɪstɪd] *adj US* [phone number] qui est sur la liste rouge.

unlit [ˌʌn'lɪt] *adj* **- 1.** [lamp, fire, cigarette] non allumé(e) **- 2.** [street, building] non éclairé(e).

unload [ˌʌn'ləʊd] *vt* décharger ; **to ~ sthg on** *OR* **onto sb** *fig* se décharger de qqch sur qqn.

unlock [ˌʌn'lɒk] *vt* ouvrir.

unloved [ˌʌn'lʌvd] *adj* qui n'est pas aimé(e) ; **to feel ~** ne pas se sentir aimé.

unluckily [ʌn'lʌkɪlɪ] *adv* malheureusement.

unlucky [ʌn'lʌkɪ] (*comp* **-ier**, *superl* **-iest**) *adj* **- 1.** [unfortunate - person] malchanceux(euse), qui n'a pas de chance ; [- experience, choice] malheureux(euse) **- 2.** [object, number etc] qui porte malheur.

unmanageable [ʌn'mænɪdʒəbl] *adj* [vehicle, parcel] peu maniable ; [hair] difficiles à coiffer.

unmanly [ˌʌn'mænlɪ] (*comp* **-ier**, *superl* **-iest**) *adj* qui n'est pas viril.

unmanned [ˌʌn'mænd] *adj* sans équipage.

unmarked [ˌʌn'mɑːkt] *adj* **- 1.** [uninjured - body, face] sans marque **- 2.** [unidentified - box, suitcase] sans marque d'identification ; [- police car] banalisé(e).

unmarried [ˌʌn'mærɪd] *adj* célibataire, qui n'est pas marié(e).

unmask [ˌʌn'mɑːsk] *vt* démasquer ; [truth, hypocrisy] dévoiler.

unmatched [ˌʌn'mætʃt] *adj* sans pareil (eille).

unmentionable [ʌn'menʃnəbl] *adj* [subject] dont il ne faut pas parler ; [word] qu'il ne faut pas dire.

unmetered [ʌn'miːtəd] *adj* illimité(e).

unmistakable [ˌʌnmɪ'steɪkəbl] *adj* facilement reconnaissable.

unmitigated [ʌn'mɪtɪgeɪtɪd] *adj* [disaster] total(e) ; [evil] non mitigé(e).

unmoved [ˌʌn'muːvd] *adj* : **~ (by)** indifférent(e) (à).

unnamed [ˌʌn'neɪmd] *adj* [person] anonyme ; [object] sans dénomination.

unnatural [ʌn'nætʃrəl] *adj* **- 1.** [unusual] anormal(e), qui n'est pas naturel(elle) **- 2.** [affected] peu naturel(elle) ; [smile] forcé(e).

unnecessary [ʌn'nesəsərɪ] *adj* [remark, expense, delay] inutile ; **it's ~ to do sthg** ce n'est pas la peine de faire qqch.

unnerving [ˌʌn'nɜːvɪŋ] *adj* troublant(e).

unnoticed [ˌʌn'nəʊtɪst] *adj* inaperçu(e).

UNO (*abbr of* **United Nations Organization**) *n* ONU *m*, Onu *m*.

unobserved [ˌʌnəb'zɜːvd] *adj* inaperçu(e).

unobtainable [ˌʌnəb'teɪnəbl] *adj* impossible à obtenir.

unobtrusive [ˌʌnəb'truːsɪv] *adj* [person] effacé(e) ; [object] discret(ète) ; [building] que l'on remarque à peine.

unoccupied [ˌʌn'ɒkjʊpaɪd] *adj* [house] inhabité(e) ; [seat] libre.

unofficial [ˌʌnə'fɪʃl] *adj* non officiel(elle).

unopened [ˌʌn'əʊpənd] *adj* non ouvert(e), qui n'a pas été ouvert(e).

unorthodox [ˌʌn'ɔːθədɒks] *adj* peu orthodoxe.

unpack [ˌʌn'pæk] ◇ *vt* [suitcase] défaire ; [box] vider ; [clothes] déballer. ◇ *vi* défaire ses bagages.

unpaid [ˌʌn'peɪd] *adj* **- 1.** [person] bénévole ; [work] sans rémunération, bénévole **- 2.** [rent] non acquitté(e) ; [bill] impayé(e).

unpalatable [ʌn'pælətəbl] *adj* d'un goût désagréable ; *fig* dur(e) à avaler.

unparalleled [ʌn'pærəleld] *adj* [success, crisis] sans précédent ; [beauty] sans égal.

unpatriotic ['ʌnˌpætrɪ'ɒtɪk] *adj* [person] peu patriote ; [act] antipatriotique.

unpick [ˌʌn'pɪk] *vt* découdre.

unpin [ˌʌn'pɪn] (*pt & pp* **-ned**, *cont* **-ning**) *vt* [sewing, hair] retirer les épingles de.

unplanned [ˌʌn'plænd] *adj* imprévu(e) ; [pregnancy] accidentel(elle).

unpleasant [ʌn'pleznt] *adj* désagréable.

unpleasantness [ʌn'plezntnɪs] *n* caractère *m* désagréable.

unplug [ʌn'plʌg] (*pt & pp* **-ged**, *cont* **-ging**) *vt* débrancher.

unpolished [ˌʌn'pɒlɪʃt] *adj* **- 1.** [not shined - floor] non poli(e) ; [- furniture, shoes] non ciré(e) **- 2.** [not accomplished] peu raffiné(e).

unpolluted [ˌʌnpə'luːtɪd] *adj* non pollué(e).

unpopular [ˌʌn'pɒpjʊləʳ] *adj* impopulaire.

unprecedented [ʌn'presɪdəntɪd] *adj* sans précédent.

unpredictable [ˌʌnprɪ'dɪktəbl] *adj* imprévisible.

unprejudiced [ˌʌn'predʒʊdɪst] *adj* sans préjugés.

unprepared [ˌʌnprɪ'peəd] *adj* non préparé(e) ; **to be ~ for sthg** ne pas s'attendre à qqch.

unprepossessing ['ʌn,pri:pə'zesɪŋ] *adj* peu avenant(e).

unpretentious [,ʌnprɪ'tenʃəs] *adj* sans prétention.

unprincipled [ʌn'prɪnsəpld] *adj* sans scrupules.

unprintable [,ʌn'prɪntəbl] *adj fig* qu'on ne peut pas répéter, grossier(ère).

unproductive [,ʌnprə'dʌktɪv] *adj* improductif(ive).

unprofessional [,ʌnprə'feʃənl] *adj* [person, work] peu professionnel(elle) ; [attitude] contraire à l'éthique de la profession.

unprofitable [,ʌn'prɒfɪtəbl] *adj* peu rentable.

UNPROFOR ['ʌnprəfɔ:] (*abbr of* **United Nations Protection Force**) *n* FORPRONU *f*.

unprompted [,ʌn'prɒmptɪd] *adj* spontané(e).

unpronounceable [,ʌnprə'naʊnsəbl] *adj* imprononçable.

unprotected [,ʌnprə'tektɪd] *adj* sans protection.

unprovoked [,ʌnprə'vəʊkt] *adj* sans provocation.

unpublished [,ʌn'pʌblɪʃt] *adj* inédit(e).

unpunished [,ʌn'pʌnɪʃt] *adj* : **to go ~** rester impuni(e).

unqualified [,ʌn'kwɒlɪfaɪd] *adj* **- 1.** [person] non qualifié(e) ; [teacher, doctor] non diplômé(e) **- 2.** [success] formidable ; [support] inconditionnel(elle).

unquestionable [ʌn'kwestʃənəbl] *adj* [fact] incontestable ; [honesty] certain(e).

unquestioning [ʌn'kwestʃənɪŋ] *adj* aveugle, absolu(e).

unravel [ʌn'rævl] (*UK, pt & pp* **-led**, *cont* **-ling**, *US, pt & pp* **-ed**, *cont* **-ing**) *vt* **- 1.** [undo - knitting] défaire ; [- fabric] effiler ; [- threads] démêler **- 2.** *fig* [solve] éclaircir.

unreadable [,ʌn'ri:dəbl] *adj* illisible.

unreal [,ʌn'rɪəl] *adj* [strange] irréel(elle).

unrealistic [,ʌnrɪə'lɪstɪk] *adj* irréaliste.

unreasonable [ʌn'ri:znəbl] *adj* qui n'est pas raisonnable, déraisonnable.

unrecognizable [,ʌn'rekəgnaɪzəbl] *adj* méconnaissable.

unrecognized [,ʌn'rekəgnaɪzd] *adj* **- 1.** [person] non reconnu(e) **- 2.** [achievement, talent] méconnu(e).

unrecorded [,ʌnrɪ'kɔ:dɪd] *adj* non enregistré(e).

unrefined [,ʌnrɪ'faɪnd] *adj* **- 1.** [not processed] non raffiné(e), brut(e) **- 2.** [vulgar] peu raffiné(e).

unrehearsed [,ʌnrɪ'hɜ:st] *adj* [performance] sans répétition ; [speech, response] improvisé(e).

unrelated [,ʌnrɪ'leɪtɪd] *adj* : **to be ~ (to)** n'avoir aucun rapport (avec).

unrelenting [,ʌnrɪ'lentɪŋ] *adj* implacable.

unreliable [,ʌnrɪ'laɪəbl] *adj* [machine, method] peu fiable ; [person] sur qui on ne peut pas compter.

unrelieved [,ʌnrɪ'li:vd] *adj* [pain, gloom] constant(e).

unremarkable [,ʌnrɪ'mɑ:kəbl] *adj* quelconque.

unremitting [,ʌnrɪ'mɪtɪŋ] *adj* inlassable.

unrepeatable [,ʌnrɪ'pi:təbl] *adj* [comment] qu'on ne peut pas répéter.

unrepentant [,ʌnrɪ'pentənt] *adj* impénitent(e).

unrepresentative [,ʌnreprɪ'zentətɪv] *adj* : **~ (of)** peu représentatif(ive) (de).

unrequited [,ʌnrɪ'kwaɪtɪd] *adj* non partagé(e).

unreserved [,ʌnrɪ'zɜ:vd] *adj* **- 1.** [support, admiration] sans réserve **- 2.** [seat] non réservé(e).

unresolved [,ʌnrɪ'zɒlvd] *adj* non résolu(e).

unresponsive [,ʌnrɪ'spɒnsɪv] *adj* : **to be ~ to** ne pas réagir à.

unrest [,ʌn'rest] *n (U)* troubles *mpl*.

unrestrained [,ʌnrɪ'streɪnd] *adj* effréné(e).

unrestricted [,ʌnrɪ'strɪktɪd] *adj* sans restriction, illimité(e).

unrewarding [,ʌnrɪ'wɔ:dɪŋ] *adj* ingrat(e).

unripe [,ʌn'raɪp] *adj* qui n'est pas mûr(e).

unrivalled *UK*, **unrivaled** *US* [ʌn'raɪvld] *adj* sans égal(e).

unroll [,ʌn'rəʊl] *vt* dérouler.

unruffled [,ʌn'rʌfld] *adj* [person] imperturbable.

unruly [ʌn'ru:lɪ] (*comp* **-ier**, *superl* **-iest**) *adj* [crowd, child] turbulent(e) ; [hair] indisciplinés.

unsafe [,ʌn'seɪf] *adj* **- 1.** [dangerous] dangereux(euse) **- 2.** [in danger] : **to feel ~** ne pas se sentir en sécurité.

unsaid [,ʌn'sed] *adj* : **to leave sthg ~** passer qqch sous silence.

unsaleable, *US* **unsalable** [,ʌn'seɪləbl] *adj* invendable.

unsatisfactory ['ʌn,sætɪs'fæktərɪ] *adj* qui laisse à désirer, peu satisfaisant(e).

unsavoury *UK*, **unsavory** *US* [,ʌn'seɪvərɪ] *adj* [person] peu recommandable ; [district] mal famé(e).

unscathed [,ʌn'skeɪðd] *adj* indemne.

unscheduled [*UK* ˌʌn'ʃedju:ld, *US* ˌʌn'skedʒʊld] *adj* non prévu(e).

unscientific ['ʌnˌsaɪən'tɪfɪk] *adj* peu scientifique.

unscrew [ˌʌn'skru:] *vt* dévisser.

unscripted [ˌʌn'skrɪptɪd] *adj* improvisé(e).

unscrupulous [ʌn'skru:pjʊləs] *adj* sans scrupules.

unseat [ˌʌn'si:t] *vt* - **1.** [rider] désarçonner - **2.** *fig* [MP] faire perdre son siège à ; [leader] faire perdre sa position à.

unseeded [ˌʌn'si:dɪd] *adj* qui n'est pas classé(e) en tête de série.

unseemly [ʌn'si:mlɪ] (*comp* **-ier**, *superl* **-iest**) *adj* inconvenant(e).

unseen [ˌʌn'si:n] *adj* [not observed] inaperçu(e).

unselfish [ˌʌn'selfɪʃ] *adj* désintéressé(e).

unselfishly [ˌʌn'selfɪʃlɪ] *adv* de manière désintéressée.

unsettle [ˌʌn'setl] *vt* perturber.

unsettled [ˌʌn'setld] *adj* - **1.** [person] perturbé(e), troublé(e) - **2.** [weather] variable, incertain(e) - **3.** [argument] qui n'a pas été résolu(e) ; [situation] incertain(e).

unsettling [ˌʌn'setlɪŋ] *adj* inquiétant(e).

unshak(e)able [ʌn'ʃeɪkəbl] *adj* inébranlable.

unshaven [ˌʌn'ʃeɪvn] *adj* non rasé(e).

unsheathe [ˌʌn'ʃi:ð] *vt* dégainer.

unsightly [ʌn'saɪtlɪ] *adj* laid(e).

unskilled [ˌʌn'skɪld] *adj* non qualifié(e).

unsociable [ʌn'səʊʃəbl] *adj* sauvage.

unsocial [ˌʌn'səʊʃl] *adj* : **to work ~ hours** *UK* travailler en dehors des heures normales.

unsold [ˌʌn'səʊld] *adj* invendu(e).

unsolicited [ˌʌnsə'lɪsɪtɪd] *adj* non sollicité(e).

unsolved [ˌʌn'sɒlvd] *adj* non résolu(e).

unsophisticated [ˌʌnsə'fɪstɪkeɪtɪd] *adj* simple.

unsound [ˌʌn'saʊnd] *adj* - **1.** [theory] mal fondé(e) ; [decision] peu judicieux(euse) - **2.** [building, structure] en mauvais état.

unspeakable [ʌn'spi:kəbl] *adj* indescriptible.

unspeakably [ʌn'spi:kəblɪ] *adv* indescriptiblement.

unspecified [ˌʌn'spesɪfaɪd] *adj* non spécifié(e).

unspoiled [ˌʌn'spɔɪld], **unspoilt** [ˌʌn'spɔɪlt] *adj* intact(e) ; [countryside] qui n'a pas été défiguré(e).

unspoken [ˌʌn'spəʊkən] *adj* [thought, wish] inexprimé(e) ; [agreement] tacite.

unsporting [ˌʌn'spɔ:tɪŋ] *adj* qui n'est pas fair-play.

unstable [ˌʌn'steɪbl] *adj* instable.

unstated [ˌʌn'steɪtɪd] *adj* non déclaré(e).

unsteady [ˌʌn'stedɪ] (*comp* **-ier**, *superl* **-iest**) *adj* [hand] tremblant(e) ; [table, ladder] instable.

unstinting [ˌʌn'stɪntɪŋ] *adj* [praise, support] sans réserve ; [person] généreux(euse), prodigue.

unstoppable [ˌʌn'stɒpəbl] *adj* qu'on ne peut pas arrêter.

unstrap [ˌʌn'stræp] (*pt & pp* **-ped**, *cont* **-ping**) *vt* défaire les attaches de.

unstructured [ˌʌn'strʌktʃəd] *adj* non structuré(e).

unstuck [ˌʌn'stʌk] *adj* : **to come ~** [notice, stamp, label] se décoller ; *fig* [plan, system] s'effondrer ; *fig* [person] essuyer un échec.

unsubstantiated [ˌʌnsəb'stænʃɪeɪtɪd] *adj* sans fondement.

unsuccessful [ˌʌnsək'sesfʊl] *adj* [attempt] vain(e) ; [meeting] infructueux(euse) ; [candidate] refusé(e).

unsuccessfully [ˌʌnsək'sesfʊlɪ] *adv* en vain, sans succès.

unsuitable [ˌʌn'su:təbl] *adj* qui ne convient pas ; [clothes] peu approprié(e) ; **to be ~ for** ne pas convenir à.

unsuited [ˌʌn'su:tɪd] *adj* - **1.** [not appropriate] : **to be ~ to/for** ne pas convenir à/pour - **2.** [not compatible] : **to be ~ (to each other)** ne pas aller ensemble.

unsung [ˌʌn'sʌŋ] *adj* [hero] méconnu(e).

unsure [ˌʌn'ʃɔ:r] *adj* - **1.** [not certain] : **to be ~ (about/of)** ne pas être sûr(e) (de) - **2.** [not confident] : **to be ~ (of o.s.)** ne pas être sûr(e) de soi.

unsurpassed [ˌʌnsə'pɑ:st] *adj* non surpassé(e).

unsubscribe [ˌʌnsəb'skraɪb] *vi* : **to unsubscribe (from sth)** se désinscrire (de qqc).

unsuspecting [ˌʌnsə'spektɪŋ] *adj* qui ne se doute de rien.

unsweetened [ˌʌn'swi:tnd] *adj* non sucré(e).

unswerving [ʌn'swɜ:vɪŋ] *adj* [loyalty, determination] inébranlable.

unsympathetic ['ʌnˌsɪmpə'θetɪk] *adj* [unfeeling] indifférent(e).

untamed [ˌʌn'teɪmd] *adj* [animal] sauvage ; *fig* [person] farouche.

untangle [ˌʌn'tæŋgl] *vt* [string, hair] démêler.

untapped [ˌʌn'tæpt] *adj* inexploité(e).

untaxed [ˌʌn'tækst] *adj* non imposé(e).

untenable [ˌʌn'tenəbl] *adj* indéfendable.

unthinkable [ʌn'θɪŋkəbl] *adj* impensable.

unthinkingly [ʌn'θɪŋkɪŋlɪ] *adv* sans réfléchir.

untidy [ʌn'taɪdɪ] (*comp* **-ier**, *superl* **-iest**) *adj* [room, desk] en désordre ; [work, handwriting] brouillon *(inv)* ; [person, appearance] négligé(e).

untie [ˌʌn'taɪ] (*cont* **untying**) *vt* [knot, parcel, shoelaces] défaire ; [prisoner] détacher.

until [ən'tɪl] ◇ *prep* - **1.** [gen] jusqu'à ; **~ now** jusqu'ici - **2.** *(after negative)* avant ; **not ~ tomorrow** pas avant demain ; **we weren't told the news ~ four o'clock** on ne nous a appris la nouvelle qu'à quatre heures. ◇ *conj* - **1.** [gen] jusqu'à ce que *(+ subjunctive)* - **2.** *(after negative)* avant que *(+ subjunctive)* ; **don't sign ~ you've checked everything** ne signe rien avant d'avoir tout vérifié.

untimely [ʌn'taɪmlɪ] *adj* [death] prématuré(e) ; [arrival] intempestif(ive) ; [remark] mal à propos ; [moment] mal choisi(e).

untiring [ʌn'taɪərɪŋ] *adj* infatigable.

untold [ˌʌn'təʊld] *adj* [amount, wealth] incalculable ; [suffering, joy] indescriptible.

untouched [ˌʌn'tʌtʃt] *adj* - **1.** [unharmed - person] indemne ; [- thing] intact(e) - **2.** [uneaten - meal] auquel on n'a pas touché.

untoward [ˌʌntə'wɔːd] *adj* malencontreux(euse).

untrained [ˌʌn'treɪnd] *adj* - **1.** [person, worker] sans formation - **2.** [voice] non travaillé(e) ; [mind] non formé(e).

untrammelled *UK*, **untrammeled** *US* [ʌn'træməld] *adj fml* libre.

untranslatable [ˌʌntræns'leɪtəbl] *adj* intraduisible.

untreated [ˌʌn'triːtɪd] *adj* - **1.** MED non soigné(e) - **2.** [sewage, chemical] non traité(e).

untried [ˌʌn'traɪd] *adj* [method] qui n'a pas été mis(e) à l'épreuve ; [product] qui n'a pas été essayé(e).

untroubled [ˌʌn'trʌbld] *adj* [undisturbed] : **to be ~ by sthg** rester impassible devant qqch.

untrue [ˌʌn'truː] *adj* - **1.** [not accurate] faux (fausse), qui n'est pas vrai(e) - **2.** [unfaithful] : **to be ~ to sb** être infidèle à qqn.

untrustworthy [ˌʌn'trʌstˌwɜːðɪ] *adj* [person] qui n'est pas digne de confiance.

untruth [ˌʌn'truːθ] *n* mensonge *m*.

untruthful [ˌʌn'truːθfʊl] *adj* [person] menteur(euse) ; [statement] mensonger(ère).

untutored [ˌʌn'tjuːtəd] *adj* [person] peu instruit(e).

unusable [ˌʌn'juːzəbl] *adj* inutilisable.

unused *adj* - **1.** [ˌʌn'juːzd] [clothes] neuf (neuve) ; [machine] qui n'a jamais servi ; [land] qui n'est pas exploité - **2.** [ʌn'juːst] [unaccustomed] : **to be ~ to sthg/to doing sthg** ne pas avoir l'habitude de qqch/de faire qqch.

unusual [ʌn'juːʒl] *adj* rare, inhabituel(elle).

unusually [ʌn'juːʒəlɪ] *adv* exceptionnellement.

unvarnished [ʌn'vɑːnɪʃt] *adj fig* [truth] tout nu (toute nue) ; [account] sans embellissement.

unveil [ˌʌn'veɪl] *vt lit & fig* dévoiler.

unwaged [ˌʌn'weɪdʒd] *adj UK* non salarié(e).

unwanted [ˌʌn'wɒntɪd] *adj* [object] dont on ne se sert pas ; [child] non désiré(e) ; **to feel ~** se sentir mal-aimé(e).

unwarranted [ʌn'wɒrəntɪd] *adj* injustifié(e).

unwavering [ʌn'weɪvərɪŋ] *adj* [determination] inébranlable.

unwelcome [ʌn'welkəm] *adj* [news, situation] fâcheux(euse) ; [visitor] importun(e) ; **to make sb feel ~** faire sentir à qqn qu'il dérange.

unwell [ˌʌn'wel] *adj* : **to be/feel ~** ne pas être/se sentir bien.

unwholesome [ˌʌn'həʊlsəm] *adj* malsain(e).

unwieldy [ʌn'wiːldɪ] (*comp* **-ier**, *superl* **-iest**) *adj* - **1.** [cumbersome] peu maniable - **2.** *fig* [system] lourd(e) ; [method] trop complexe.

unwilling [ˌʌn'wɪlɪŋ] *adj* : **to be ~ to do sthg** ne pas vouloir faire qqch ; **to be an ~ helper** aider à contrecœur.

unwind [ˌʌn'waɪnd] (*pt & pp* **-wound**) ◇ *vt* dérouler. ◇ *vi fig* [person] se détendre.

unwise [ˌʌn'waɪz] *adj* imprudent(e), peu sage.

unwitting [ʌn'wɪtɪŋ] *adj fml* involontaire.

unwittingly [ʌn'wɪtɪŋlɪ] *adv fml* involontairement.

unworkable [ˌʌn'wɜːkəbl] *adj* impraticable.

unworldly [ˌʌn'wɜːldlɪ] *adj* détaché(e) de ce monde.

unworthy [ʌn'wɜːðɪ] (*comp* **-ier**, *superl* **-iest**) *adj* [undeserving] : **~ (of)** indigne (de).

unwound [ˌʌn'waʊnd] *pt & pp* ▷ **unwind**.

unwrap [ˌʌn'ræp] (*pt & pp* **-ped**, *cont* **-ping**) *vt* défaire.

unwritten law [ˌʌnrɪtn-] *n* droit *m* coutumier.

unyielding [ʌn'jiːldɪŋ] *adj* inflexible.

unzip [ˌʌn'zɪp] (*pt & pp* **-ped**, *cont* **-ping**) *vt* ouvrir la fermeture éclair de.

up [ʌp] <> *adv* - **1.** [towards or in a higher position] en haut ; **she's ~ in her bedroom** elle est en haut dans sa chambre ; **we walked ~ to the top** on est montés jusqu'en haut ; **a house ~ in the mountains** une maison à la montagne ; **pick it ~!** ramasse-le! ; **the sun came ~** le soleil s'est levé ; **prices are going ~** les prix augmentent ; **~ there** là-haut - **2.** [into an upright position] : **to stand ~** se lever ; **to sit ~** s'asseoir (bien droit) ; **~ you get!** allez, lève-toi! - **3.** [northwards] : **I'm coming ~ to York next week** je viens à York la semaine prochaine ; **~ north** dans le nord - **4.** [along a road, river] : **their house is a little further ~** leur maison est un peu plus loin - **5.** [close up, towards] : **to come ~ to sb** s'approcher de qqn. <> *prep* - **1.** [towards or in a higher position] en haut de ; **~ a hill/mountain** en haut d'une colline/ d'une montagne ; **~ a ladder** sur une échelle ; **I went ~ the stairs** j'ai monté l'escalier - **2.** [at far end of] : **they live ~ the road from us** ils habitent un peu plus haut *OR* loin que nous (dans la même rue) ; **her flat is just ~ the corridor** son appartement est juste au bout du couloir - **3.** [against current of river] : **to sail ~ the Amazon** remonter l'Amazone en bateau. <> *adj* - **1.** [out of bed] levé(e) ; **I was ~ at six today** je me suis levé à six heures aujourd'hui - **2.** [at an end] : **the five weeks are ~ next Monday** les cinq semaines finissent *OR* se terminent lundi prochain ; **time's ~** c'est l'heure - **3.** *UK* [under repair] : **'road ~'** 'attention travaux' - **4.** *inf* [wrong] : **is something ~?** il y a quelque chose qui ne va pas? ; **what's ~?** qu'est-ce qui ne va pas?, qu'est-ce qu'il y a? <> *n* : **~s and downs** hauts et bas *mpl*. <> *vt* (*pt & pp* **-ped**, *cont* **-ping**) *inf* [price, cost] augmenter.

◆ **up against** *prep* : **we came ~ against a lot of opposition** nous nous sommes heurtés à une forte opposition ; **to be ~ against it** avoir beaucoup de mal (à s'en sortir).

◆ **up and down** <> *adv* : **to jump ~ and down** sauter ; **to walk ~ and down** faire les cent pas. <> *prep* : **she's ~ and down the stairs all day** elle n'arrête pas de monter et descendre l'escalier toute la journée ; **she looked ~ and down the ranks of soldiers** elle passa les troupes en revue ; **we walked ~ and down the avenue** nous avons arpenté l'avenue.

◆ **up to** *prep* - **1.** [as far as] jusqu'à - **2.** [indicating level] jusqu'à ; **it could take ~ to six weeks** cela peut prendre jusqu'à six semaines ; **it's not ~ to standard** ce n'est pas de la qualité voulue, ceci n'a pas le niveau requis - **3.** [well or able enough for] : **to be ~ to doing sthg** [able to] être capable de faire qqch ; [well enough for] être en état de faire qqch ; **my French isn't ~ to much** mon français ne vaut pas grand-chose *OR* n'est pas fameux - **4.** *inf* [secretly doing something] : **what are you ~ to?** qu'est-ce que tu fabriques? ; **they're ~ to something** ils mijotent quelque chose, ils préparent un coup - **5.** [indicating responsibility] : **it's not ~ to me to decide** ce n'est pas moi qui décide, il ne m'appartient pas de décider ; **it's ~ to you** c'est à vous de voir.

◆ **up until** *prep* jusqu'à.

up-and-coming *adj* à l'avenir prometteur.

up-and-up *n* : **to be on the ~** *UK* [improving] aller de mieux en mieux ; **on the ~** *US* [honest] honnête.

upbeat ['ʌpbi:t] *adj* optimiste.

upbraid [ʌp'breɪd] *vt* : **to ~ sb (for sthg/for doing sthg)** réprimander qqn (pour qqch/ pour avoir fait qqch).

upbringing ['ʌp,brɪŋɪŋ] *n* éducation *f*.

update [,ʌp'deɪt] *vt* mettre à jour.

upend [ʌp'end] *vt* - **1.** *liter* [object] mettre debout ; [person] mettre la tête en bas - **2.** *fig* [upset] bouleverser.

upfront [,ʌp'frʌnt] <> *adj* : **~ (about)** franc (franche) (au sujet de). <> *adv* [in advance] d'avance.

upgrade [,ʌp'greɪd] *vt* [facilities] améliorer ; [employee] promouvoir ; [pay] augmenter.

upheaval [ʌp'hi:vl] *n* bouleversement *m*.

upheld [ʌp'held] *pt & pp* ▷ **uphold**.

uphill [,ʌp'hɪl] <> *adj* - **1.** [slope, path] qui monte - **2.** *fig* [task] ardu(e). <> *adv* : **to go ~** monter.

uphold [ʌp'həʊld] (*pt & pp* **-held**) *vt* [law] maintenir ; [decision, system] soutenir.

upholster [ʌp'həʊlstə^r] *vt* rembourrer.

upholstery [ʌp'həʊlstərɪ] *n* rembourrage *m* ; [of car] garniture *f* intérieure.

upkeep ['ʌpki:p] *n* entretien *m*.

upland ['ʌplənd] *adj* des hautes terres.

◆ **uplands** *npl* hautes terres *fpl*.

uplift [ʌp'lɪft] *vt* élever ; [person] élever l'âme de.

uplifting [ʌp'lɪftɪŋ] *adj* édifiant(e).

uplighter ['ʌplaɪtə^r] *n* *applique qui diffuse une lumière dirigée vers le haut*.

up-market *adj* haut de gamme *(inv)*.

upon [ə'pɒn] *prep fml* sur ; **~ hearing the news...** à ces nouvelles... ; **summer/the weekend is ~ us** l'été/le week-end approche.

upper ['ʌpə^r] <> *adj* supérieur(e). <> *n* [of shoe] empeigne *f*.

upper class *n* : **the ~** la haute société.

◆ **upper-class** *adj* [accent, person] aristocratique.

uppercut ['ʌpəkʌt] *n* uppercut *m*.

upper hand *n* : **to have the ~** avoir le dessus ; **to gain** *OR* **get the ~** prendre le dessus.

uppermost ['ʌpəməʊst] *adj* le plus haut (la plus haute) ; **it was ~ in his mind** c'était sa préoccupation majeure.

Upper Volta [-'vɒltə] *n* Haute-Volta *f* ; **in ~** en Haute-Volta.

uppity ['ʌpətɪ] *adj inf* prétentieux(euse).

upright <> *adj* - **1.** [ˌʌp'raɪt] [person] droit(e) ; [structure] vertical(e) ; [chair] à dossier droit ; **~ freezer** congélateur *m* armoire ; **~ vacuum cleaner** aspirateur *m* balai - **2.** ['ʌpraɪt] *fig* [honest] droit(e). <> *adv* [ˌʌp'raɪt] [stand, sit] droit. <> *n* ['ʌpraɪt] montant *m*.

upright piano *n* piano *m* droit.

uprising ['ʌpˌraɪzɪŋ] *n* soulèvement *m*.

uproar ['ʌprɔːr] *n* - **1.** *(U)* [commotion] tumulte *m* - **2.** [protest] protestations *fpl*.

uproarious [ʌp'rɔːrɪəs] *adj* - **1.** [noisy] tumultueux(euse) - **2.** [amusing] tordant(e).

uproot [ʌp'ruːt] *vt lit & fig* déraciner.

upset [ʌp'set] <> *adj* - **1.** [distressed] peiné(e), triste ; [offended] vexé(e) - **2.** MED : **to have an ~ stomach** avoir l'estomac dérangé. <> *n* : **to have a stomach ~** avoir l'estomac dérangé. <> *vt* (*pt & pp* **upset**, *cont* **-ting**) - **1.** [distress] faire de la peine à - **2.** [plan, operation] déranger - **3.** [overturn] renverser.

upsetting [ʌp'setɪŋ] *adj* [distressing] bouleversant(e).

upshot ['ʌpʃɒt] *n* résultat *m*.

upside ['ʌpsaɪd] *n* [of situation] avantage *m*.

upside down [ˌʌpsaɪd-] <> *adj* à l'envers. <> *adv* à l'envers ; **to turn sthg ~** *fig* mettre qqch sens dessus dessous.

upstage [ˌʌp'steɪdʒ] *vt* éclipser.

upstairs [ˌʌp'steəz] <> *adj* d'en haut, du dessus. <> *adv* en haut. <> *n* étage *m*.

upstanding [ˌʌp'stændɪŋ] *adj* droit(e).

upstart ['ʌpstɑːt] *n* parvenu *m*, -e *f*.

upstate [ˌʌp'steɪt] *US* <> *adj* : **~ New York** la partie nord de l'État de New York. <> *adv* dans/vers le nord de l'État.

upstream [ˌʌp'striːm] <> *adj* d'amont ; **to be ~ (from)** être en amont (de). <> *adv* vers l'amont ; [swim] contre le courant.

upsurge ['ʌpsɜːdʒ] *n* : **~ (of/in)** recrudescence *f* (de).

upswing ['ʌpswɪŋ] *n* : **~ (in)** [popularity] remontée *f* (de) ; **an ~ in economic activity** une reprise de l'activité économique.

uptake ['ʌpteɪk] *n* : **to be quick on the ~** saisir vite ; **to be slow on the ~** être lent(e) à comprendre.

uptight [ʌp'taɪt] *adj inf* tendu(e).

up-to-date *adj* - **1.** [modern] moderne - **2.** [most recent - news] tout dernier (toute dernière) - **3.** [informed] : **to keep ~ with** se tenir au courant de.

up-to-the-minute *adj* de dernière minute.

uptown [ˌʌp'taʊn] *US* <> *adj* [area] résidentiel(elle). <> *adv* dans/vers les quartiers résidentiels.

upturn ['ʌptɜːn] *n* : **~ (in)** reprise *f* (de).

upturned [ʌp'tɜːnd] *adj* [car, cup] renversé(e) ; [nose] retroussé(e).

upward ['ʌpwəd] <> *adj* [movement] ascendant(e) ; [look, rise] vers le haut. <> *adv US* = **upwards**.

upwardly-mobile ['ʌpwədlɪ-] *adj* susceptible de promotion sociale.

upwards ['ʌpwədz] *adv* vers le haut.
◆ **upwards of** *prep* plus de.

upwind [ˌʌp'wɪnd] *adj* : **to be ~ of sthg** être dans le vent *OR* au vent par rapport à qqch.

URA (*abbr of* **Urban Renewal Administration**) *n administration américaine des rénovations urbaines.*

Urals ['jʊərəlz] *npl* : **the ~** l'Oural *m* ; **in the ~** dans l'Oural.

uranium [jʊ'reɪnjəm] *n* uranium *m*.

Uranus ['jʊərənəs] *n* [planet] Uranus *f*.

urban ['ɜːbən] *adj* urbain(e).

urbane [ɜː'beɪn] *adj* courtois(e).

urbanize, *UK* **-ise** ['ɜːbənaɪz] *vt* urbaniser.

urban renewal *n* réaménagement *m* des zones urbaines.

urchin ['ɜːtʃɪn] *n dated* gamin *m*, -e *f*.

Urdu ['ʊəduː] *n* ourdou *m*.

urge [ɜːdʒ] <> *n* forte envie *f* ; **to have an ~ to do sthg** avoir une forte envie de faire qqch. <> *vt* - **1.** [try to persuade] : **to ~ sb to do sthg** pousser qqn à faire qqch, presser qqn de faire qqch - **2.** [advocate] conseiller.

urgency ['ɜːdʒənsɪ] *n (U)* urgence *f*.

urgent ['ɜːdʒənt] *adj* [letter, case, request] urgent(e) ; [plea, voice, need] pressant(e).

urgently ['ɜːdʒəntlɪ] *adv* d'urgence ; [appeal] d'une manière pressante.

urinal [ˌjʊə'raɪnl] *n* urinoir *m*.

urinary ['jʊərɪnərɪ] *adj* urinaire.

urinate ['jʊərɪneɪt] *vi* uriner.

urine ['jʊərɪn] *n* urine *f*.

URL (*abbr of* **uniform resource locator**) *n* COMPUT URL *m (adresse électronique)*.

urn [ɜːn] *n* - **1.** [for ashes] urne *f* - **2.** [for tea] : **tea ~** fontaine *f* à thé.

Uruguay ['jʊərəgwaɪ] *n* Uruguay *m* ; **in ~** en Uruguay.

Uruguayan [ˌjʊərə'gwaɪən] ◇ *adj* uruguayen(enne). ◇ *n* Uruguayen *m*, -enne *f*.

us [ʌs] *pers pron* nous ; **can you see/hear~?** vous nous voyez/entendez? ; **it's ~** c'est nous ; **you can't expect US to do it** vous ne pouvez pas exiger que ce soit nous qui le fassions ; **she gave it to ~** elle nous l'a donné ; **with/without ~** avec/sans nous ; **they are more wealthy than ~** ils sont plus riches que nous ; **some of ~** quelques-uns d'entre nous.

US *n see also* **United States.**

USA *n* **- 1.** *see also* **United States of America - 2.** (*abbr of* **United States Army**) *armée de terre américaine.*

usable ['ju:zəbl] *adj* utilisable.

USAF (*abbr of* **United States Air Force**) *n armée de l'air américaine.*

usage ['ju:zɪdʒ] *n* **- 1.** LING usage *m* **- 2.** *(U)* [handling, treatment] traitement *m*.

USCG (*abbr of* **United States Coast Guard**) *n service de surveillance côtière américain.*

USDA (*abbr of* **United States Department of Agriculture**) *n ministère américain de l'Agriculture.*

USDAW ['ʌzdɔ:] (*abbr of* **Union of Shop, Distributive and Allied Workers**) *n syndicat britannique des personnels de la distribution.*

USDI (*abbr of* **United States Department of the Interior**) *n ministère américain de l'Intérieur.*

use ◇ *n* [ju:s] **- 1.** [act of using] utilisation *f*, emploi *m* ; **to be in ~** être utilisé ; **to be out of ~** être hors d'usage ; **to make ~ of sthg** utiliser qqch **- 2.** [ability to use] usage *m* ; **to let sb have the ~ of sthg** prêter qqch à qqn **- 3.** [usefulness] **: to be of ~** être utile ; **it's no ~** ça ne sert à rien ; **what's the ~ (of doing sthg)?** à quoi bon (faire qqch)? ◇ *aux vb* [ju:s] **: I ~d to live in London** avant j'habitais à Londres ; **he didn't ~ to be so fat** il n'était pas si gros avant ; **there ~d to be a tree here** (autrefois) il y avait un arbre ici. ◇ *vt* [ju:z] **- 1.** [gen] utiliser, se servir de, employer **- 2.** *pej* [exploit] se servir de.

◆ **use up** *vt sep* [supply] épuiser ; [food] finir ; [money] dépenser.

used *adj* **- 1.** [ju:zd] [handkerchief, towel] sale **- 2.** [ju:zd] [car] d'occasion **- 3.** [ju:st] [accustomed] **: to be ~ to sthg/to doing sthg** avoir l'habitude de qqch/de faire qqch ; **to get ~ to sthg** s'habituer à qqch.

useful ['ju:sfʊl] *adj* utile ; **to come in ~** être utile.

usefulness ['ju:sfʊlnɪs] *n (U)* utilité *f*.

useless ['ju:slɪs] *adj* **- 1.** [gen] inutile **- 2.** *inf* [person] incompétent(e), nul (nulle).

uselessness ['ju:slɪsnɪs] *n (U)* inutilité *f*.

Usenet® ['ju:znet] *n* Usenet® *m*, forum *m* électronique.

user ['ju:zər] *n* [of product, machine] utilisateur *m*, -trice *f* ; [of service] usager *m*.

user-friendly *adj* convivial(e), facile à utiliser.

USES (*abbr of* **United States Employment Service**) *n services américains de l'emploi.*

usher ['ʌʃər] ◇ *n* placeur *m*. ◇ *vt* **: to ~ sb in/out** faire entrer/sortir qqn.

usherette [ˌʌʃə'ret] *n* ouvreuse *f*.

USIA (*abbr of* **United States Information Agency**) *n agence américaine de renseignements.*

USM *n* **- 1.** (*abbr of* **United States Mail**) ≃ la Poste **- 2.** (*abbr of* **United States Mint**) ≃ la Monnaie.

USN (*abbr of* **United States Navy**) *n marine de guerre américaine.*

USPHS (*abbr of* **United States Public Health Service**) *n aux États-Unis, Direction des affaires sanitaires et sociales.*

USS (*abbr of* **United States Ship**) *expression précédant le nom d'un bâtiment de la marine américaine.*

USSR (*abbr of* **Union of Soviet Socialist Republics**) *n* **: the (former)~** l'(ex-)URSS *f* ; **in the ~** en URSS.

usu. *see also* **usually.**

usual ['ju:ʒəl] *adj* habituel(elle) ; **as ~** comme d'habitude.

usually ['ju:ʒəlɪ] *adv* d'habitude, d'ordinaire.

usurp [ju:'zɜ:p] *vt* usurper.

usury ['ju:ʒʊrɪ] *n (U)* usure *f*.

UT *see also* **Utah.**

Utah ['ju:tɑ:] *n* Utah *m* ; **in ~** dans l'Utah.

utensil [ju:'tensl] *n* ustensile *m*.

uterus ['ju:tərəs] (*pl* **-ri** [-raɪ] , *pl* **-ruses** [-rəsi:z]) *n* utérus *m*.

utilitarian [ˌju:tɪlɪ'teərɪən] *adj* utilitaire.

utility [ju:'tɪlətɪ] (*pl* **-ies**) *n* **- 1.** *(U)* [usefulness] utilité *f* **- 2.** [public service] service *m* public **- 3.** COMPUT utilitaire *m*.

utility room *n* buanderie *f*.

utilize, *UK* **-ise** ['ju:təlaɪz] *vt* utiliser ; [resources] exploiter, utiliser.

utmost ['ʌtməʊst] ◇ *adj* le plus grand (la plus grande). ◇ *n* **: to do one's ~** faire tout son possible, faire l'impossible ; **to the ~** au plus haut point.

utopia [juː'təʊpjə] *n* utopie *f*.

utter ['ʌtər] <> *adj* total(e), complet(ète). <> *vt* prononcer ; [cry] pousser.

utterly ['ʌtəlɪ] *adv* complètement.

U-turn *n* demi-tour *m* ; *fig* revirement *m*.

UV (*abbr of* **ultra-violet**) UV.

UV-A, **UVA** (*abbr of* **ultra-violet-A**) UVA.

UV-B, **UVB** (*abbr of* **ultra-violet-B**) UVB.

UWIST ['juːwɪst] (*abbr of* **University of Wales Institute of Science and Technology**) *n institut de science et de technologie de l'université du pays de Galles.*

Uzbek ['ʊzbek] <> *adj* ouzbek. <> *n* - **1.** [person] Ouzbek *mf* - **2.** [language] ouzbek *m*.

Uzbekistan [ʊz,bekɪ'stɑːn] *n* Ouzbékistan *m* ; **in ~** en Ouzbékistan.

v[1] (*pl* **v's** OR **vs**), **V** (*pl* **V's** OR **Vs**) [viː] *n* [letter] v *m inv*, V *m inv*.

v[2] - **1.** (*abbr of* **verse**) v. - **2.** (*abbr of* **vide**) [cross-reference] v. - **3.** *see also* **versus** - **4.** (*abbr of* **volt**) v.

VA *see also* **Virginia**.

vac (*abbr of* **vacation**) *n UK inf* vacances *fpl*.

vacancy ['veɪkənsɪ] (*pl* **-ies**) *n* - **1.** [job] poste *m* vacant - **2.** [room available] chambre *f* à louer ; **'vacancies'** 'chambres à louer' ; **'no vacancies'** 'complet'.

vacant ['veɪkənt] *adj* - **1.** [room] inoccupé(e) ; [chair, toilet] libre - **2.** [job, post] vacant(e) - **3.** [look, expression] distrait(e).

vacant lot *n* terrain *m* inoccupé ; *US* terrain *m* vague ; [for sale] terrain *m* à vendre.

vacantly ['veɪkəntlɪ] *adv* d'un air distrait.

vacate [və'keɪt] *vt* quitter.

vacation [və'keɪʃn] *n US* vacances *fpl*.

vacationer [və'keɪʃənər] *n US* vacancier *m*, -ère *f*.

vacation resort *n US* camp *m* de vacances.

vaccinate ['væksɪneɪt] *vt* vacciner.

vaccination [,væksɪ'neɪʃn] *n* vaccination *f*.

vaccine [*UK* 'væksiːn, *US* væk'siːn] *n* vaccin *m*.

vacillate ['væsəleɪt] *vi* hésiter.

vacuum ['vækjʊəm] <> *n* - **1.** TECH *fig* vide *m* - **2.** [cleaner] aspirateur *m*. <> *vt* [room] passer l'aspirateur dans ; [carpet] passer à l'aspirateur.

vacuum cleaner *n* aspirateur *m*.

vacuum-packed *adj* emballé(e) sous vide.

vacuum pump *n* pompe *f* à vide.

vagabond ['vægəbɒnd] *n lit* vagabond *m*, -e *f*.

vagaries ['veɪgərɪz] *npl* caprices *mpl*.

vagina [və'dʒaɪnə] *n* vagin *m*.

vagrancy ['veɪgrənsɪ] *n* vagabondage *m*.

vagrant ['veɪgrənt] *n* vagabond *m*, -e *f*.

vague [veɪg] *adj* - **1.** [gen] vague, imprécis(e) - **2.** [absent-minded] distrait(e).

vaguely ['veɪglɪ] *adv* vaguement.

vain [veɪn] *adj* - **1.** [futile, worthless] vain(e) - **2.** *pej* [conceited] vaniteux(euse).

◆ **in vain** *adv* en vain, vainement.

vainly ['veɪnlɪ] *adv* - **1.** [in vain] en vain, vainement - **2.** [conceitedly] avec vanité.

valance ['væləns] *n* - **1.** [on bed] tour *m* de lit - **2.** *US* [over window] cantonnière *f*.

vale [veɪl] *n lit* val *m*.

valedictory [,vælɪ'dɪktərɪ] *adj fml* d'adieu.

valentine card ['væləntaɪn-] *n* carte *f* de la Saint-Valentin.

Valentine's Day ['væləntaɪnz-] *n* : **(St) ~** la Saint-Valentin.

valet ['væleɪ, 'vælɪt] *n* valet *m* de chambre.

valet parking *n* : **'~'** 'voiturier'.

valet service *n* - **1.** [for clothes] service *m* pressing - **2.** [for cars] nettoyage *m* complet.

Valetta, **Valleta** [və'letə] *n* la Valette.

valiant ['væljənt] *adj* vaillant(e).

valid ['vælɪd] *adj* - **1.** [reasonable] valable - **2.** [legally usable] valide.

validate ['vælɪdeɪt] *vt* valider.

validity [və'lɪdətɪ] *n* validité *f*.

Valium® ['vælɪəm] *n* Valium® *m*.

Valletta = **Valetta**.

valley ['vælɪ] (*pl* **-s**) *n* vallée *f*.

valour *UK*, **valor** *US* ['vælər] *n (U) fml* & *lit* bravoure *f*.

valuable ['væljʊəbl] *adj* - **1.** [advice, time, information] précieux(euse) - **2.** [object, jewel] de valeur.

◆ **valuables** *npl* objets *mpl* de valeur.

valuation [ˌvæljʊ'eɪʃn] *n* **- 1.** *(U)* [pricing] estimation *f*, expertise *f* **- 2.** [estimated price] valeur *f* estimée **- 3.** [opinion] opinion *f*.

value ['vælju:] ◇ *n* valeur *f* ; **to be good ~** être d'un bon rapport qualité-prix ; **to place a high ~ on sthg** accorder beaucoup de valeur à qqch ; **to get ~ for money** en avoir pour son argent ; **to take sb/sthg at face ~** prendre qqn/qqch au pied de la lettre. ◇ *vt* **- 1.** [estimate price of] expertiser **- 2.** [cherish] apprécier.
◆ **values** *npl* [morals] valeurs *fpl*.

value-added tax [-ædɪd-] *n* taxe *f* sur la valeur ajoutée.

valued ['vælju:d] *adj* précieux(euse).

value judg(e)ment *n* jugement *m* de valeur.

valuer ['væljʊəʳ] *n* expert *m*.

valve [vælv] *n* [on tyre] valve *f* ; TECH soupape *f*.

vamoose [və'mu:s] *vi inf* s'éclipser.

vampire ['væmpaɪəʳ] *n* vampire *m*.

van [væn] *n* **- 1.** AUT camionnette *f* **- 2.** *UK* RAIL fourgon *m*.

V and A (*abbr of* **Victoria and Albert Museum**) *n grand musée londonien des arts décoratifs*.

vandal ['vændl] *n* vandale *mf*.

vandalism ['vændəlɪzm] *n* vandalisme *m*.

vandalize, *UK* **-ise** ['vændəlaɪz] *vt* saccager.

vanguard ['væŋgɑ:d] *n* avant-garde *f* ; **in the ~ of** à l'avant-garde de.

vanilla [və'nɪlə] ◇ *n* vanille *f*. ◇ *comp* [ice cream, yoghurt] à la vanille.

vanish ['vænɪʃ] *vi* disparaître.

vanishing point ['vænɪʃɪŋ-] *n* point *m* de fuite.

vanity ['vænətɪ] *n* **- 1.** *(U) pej* vanité *f* **- 2.** [furniture] *US* coiffeuse *f*.

vanity unit *n élément de salle de bains avec lavabo encastré*.

vanquish ['væŋkwɪʃ] *vt lit* vaincre.

vantagepoint ['vɑ:ntɪdʒˌpɔɪnt] *n* [for view] bon endroit *m* ; *fig* position *f* avantageuse.

vapour *UK*, **vapor** *US* ['veɪpəʳ] *n (U)* vapeur *f* ; [condensation] buée *f*.

vapour trail *UK*, **vapor trail** *US n* traînée *f* de vapeur.

variable ['veərɪəbl] ◇ *adj* variable ; [mood] changeant(e). ◇ *n* variable *f*.

variance ['veərɪəns] *n fml* **at ~ (with)** en désaccord (avec).

variant ['veərɪənt] ◇ *adj* différent(e). ◇ *n* variante *f*.

variation [ˌveərɪ'eɪʃn] *n* : **~ (in)** variation *f* (de).

varicose veins ['værɪkəʊs-] *npl* varices *fpl*.

varied ['veərɪd] *adj* varié(e).

variety [və'raɪətɪ] (*pl* **-ies**) *n* **- 1.** [gen] variété *f* **- 2.** [type] variété *f*, sorte *f*.

variety show *n* spectacle *m* de variétés.

various ['veərɪəs] *adj* **- 1.** [several] plusieurs **- 2.** [different] divers.

varnish ['vɑ:nɪʃ] ◇ *n* vernis *m*. ◇ *vt* vernir.

varnished ['vɑ:nɪʃt] *adj* verni(e).

vary ['veərɪ] (*pt & pp* **-ied**) ◇ *vt* varier. ◇ *vi* : **to ~ (in/with)** varier (en/selon), changer (en/selon).

varying ['veərɪɪŋ] *adj* qui varie, variable.

vascular ['væskjʊləʳ] *adj* vasculaire.

vase [*UK* vɑ:z, *US* veɪz] *n* vase *m*.

vasectomy [və'sektəmɪ] (*pl* **-ies**) *n* vasectomie *f*.

Vaseline® ['væsəli:n] *n* vaseline *f*.

vast [vɑ:st] *adj* vaste, immense.

vastly ['vɑ:stlɪ] *adv* extrêmement, infiniment.

vastness ['vɑ:stnɪs] *n* immensité *f*.

vat [væt] *n* cuve *f*.

VAT [væt, vi:eɪ'ti:] (*abbr of* **value-added tax**) *n* TVA *f*.

Vatican ['vætɪkən] *n* : **the ~** le Vatican.

Vatican City *n* l'État *m* de la cité du Vatican, le Vatican ; **in ~** au Vatican.

vault [vɔ:lt] ◇ *n* **- 1.** [in bank] chambre *f* forte **- 2.** [roof] voûte *f* **- 3.** [jump] saut *m* **- 4.** [in church] caveau *m*. ◇ *vt* sauter. ◇ *vi* : **to ~ over sthg** sauter (par-dessus) qqch.

vaulted ['vɔ:ltɪd] *adj* voûté(e).

vaulting horse ['vɔ:ltɪŋ-] *n* cheval-d'arçons *m inv*.

vaunted ['vɔ:ntɪd] *adj fml* **much ~** tant vanté(e).

VC *n* **- 1.** (*abbr of* **vice-chairman**) vice-président *m* **- 2.** (*abbr of* **Victoria Cross**) *la plus haute distinction militaire britannique*.

VCR (*abbr of* **video cassette recorder**) *n* magnétoscope *m*.

VD (*abbr of* **venereal disease**) *n (U)* MST *f*.

VDU (*abbr of* **visual display unit**) *n* moniteur *m*.

veal [vi:l] *n (U)* veau *m*.

veer [vɪəʳ] *vi* virer.

veg [vedʒ] *n inf* **- 1.** (*abbr of* **vegetable**) légume *m* **- 2.** *(U)* (*abbr of* **vegetables**) légumes *mpl*.

vegan ['vi:gən] ◇ *adj* végétalien(enne). ◇ *n* végétalien *m*, -enne *f*.

vegetable ['vedʒtəbl] ◇ *n* légume *m*. ◇ *adj* [matter, protein] végétal(e) ; [soup, casserole] de *OR* aux légumes.

vegetable garden *n* jardin *m* potager.

vegetable knife *n* couteau *m* à légumes.

vegetable oil *n* huile *f* végétale.

vegetarian [ˌvedʒɪ'teərɪən] ◇ *adj* végétarien(enne). ◇ *n* végétarien *m*, -enne *f*.

vegetarianism [ˌvedʒɪ'teərɪənɪzm] *n* végétarisme *m*.

vegetate ['vedʒɪteɪt] *vi pej* végéter.

vegetation [ˌvedʒɪ'teɪʃn] *n (U)* végétation *f*.

veggie ['vedʒɪ] (*abbr of* **vegetarian**) *UK inf* ◇ *adj* végétarien(enne). ◇ *n* végétarien *m*, -enne *f*.

vehement ['viːɪmənt] *adj* véhément(e).

vehemently ['viːɪməntlɪ] *adv* avec véhémence.

vehicle ['viːɪkl] *n lit & fig* véhicule *m*.

vehicular [vɪ'hɪkjʊlər] *adj fml* [transport] de véhicules ; **~ traffic** circulation *f*.

veil [veɪl] *n lit & fig* voile *m*.

veiled [veɪld] *adj* [threat, reference] voilé(e).

vein [veɪn] *n* - **1.** ANAT veine *f* - **2.** [of leaf] nervure *f* - **3.** [of mineral] filon *m* - **4.** [mood] : **in the same ~** dans le même style.

Velcro® ['velkrəʊ] *n* Velcro® *m*.

vellum ['veləm] *n* vélin *m*.

velocity [vɪ'lɒsətɪ] (*pl* **-ies**) *n* vélocité *f*.

velour [və'lʊər] *n* velours *m*.

velvet ['velvɪt] ◇ *n* velours *m*. ◇ *comp* de *OR* en velours.

vend [vend] *vt fml* & LAW vendre.

vendetta [ven'detə] *n* vendetta *f*.

vending machine ['vendɪŋ-] *n* distributeur *m* automatique.

vendor ['vendər] *n* - **1.** *fml* [salesperson] marchand *m*, -e *f* - **2.** LAW vendeur *m*, -eresse *f*.

veneer [və'nɪər] *n* placage *m* ; *fig* apparence *f*.

venerable ['venərəbl] *adj* vénérable.

venerate ['venəreɪt] *vt* vénérer.

venereal disease [vɪ'nɪərɪəl-] *n* maladie *f* vénérienne.

Venetian [vɪ'niːʃn] ◇ *adj* vénitien(enne). ◇ *n* Vénitien *m*, -enne *f*.

venetian blind [vɪˌniːʃn-] *n* store *m* vénitien.

Venezuela [ˌvenɪz'weɪlə] *n* Venezuela *m* ; **in ~** au Venezuela.

Venezuelan [ˌvenɪz'weɪlən] ◇ *adj* vénézuélien(enne). ◇ *n* Vénézuélien *m*, -enne *f*.

vengeance ['vendʒəns] *n* vengeance *f* ; **it began raining with a ~** il a commencé à pleuvoir très fort ; **she's back with a ~** elle fait un retour en force.

vengeful ['vendʒfʊl] *adj* vengeur(eresse).

Venice ['venɪs] *n* Venise.

venison ['venɪzn] *n* venaison *f*.

venom ['venəm] *n lit & fig* venin *m*.

venomous ['venəməs] *adj lit & fig* venimeux(euse).

vent [vent] ◇ *n* [pipe] tuyau *m* ; [opening] orifice *m* ; **to give ~ to** donner libre cours à. ◇ *vt* [anger, feelings] donner libre cours à ; **to ~ sthg on sb** décharger qqch sur qqn.

ventilate ['ventɪleɪt] *vt* ventiler.

ventilation [ˌventɪ'leɪʃn] *n* ventilation *f*.

ventilator ['ventɪleɪtər] *n* ventilateur *m*.

Ventimiglia [ventɪ'mɪljə] *n* Vintimille.

ventriloquist [ven'trɪləkwɪst] *n* ventriloque *mf*.

venture ['ventʃər] ◇ *n* entreprise *f*. ◇ *vt* risquer ; **to ~ to do sthg** se permettre de faire qqch. ◇ *vi* s'aventurer.

venture capital *n* capital-risque *m*.

venturesome ['ventʃəsəm] *adj* - **1.** [person] téméraire - **2.** [action] risqué(e).

venue ['venjuː] *n* lieu *m*.

Venus ['viːnəs] *n* [planet] Vénus *f*.

veracity [və'ræsətɪ] *n* véracité *f*.

veranda(h) [və'rændə] *n* véranda *f*.

verb [vɜːb] *n* verbe *m*.

verbal ['vɜːbl] *adj* verbal(e).

verbally ['vɜːbəlɪ] *adv* verbalement.

verbatim [vɜː'beɪtɪm] *adj & adv* mot pour mot.

verbose [vɜː'bəʊs] *adj* verbeux(euse).

verdict ['vɜːdɪkt] *n* - **1.** LAW verdict *m* - **2.** [opinion] : **~ (on)** avis *m* (sur).

verge [vɜːdʒ] *n* - **1.** [of lawn] bordure *f* ; [of road] *UK* bas-côté *m*, accotement *m* - **2.** [brink] : **on the ~ of sthg** au bord de qqch ; **on the ~ of doing sthg** sur le point de faire qqch.

◆ **verge (up)on** *vt insep* friser, approcher de.

verger ['vɜːdʒər] *n* bedeau *m*.

verification [ˌverɪfɪ'keɪʃn] *n* vérification *f*.

verify ['verɪfaɪ] (*pt & pp* **-ied**) *vt* vérifier.

veritable ['verɪtəbl] *adj hum & fml* véritable.

vermilion [və'mɪljən] ◇ *adj* vermillon *(inv)*. ◇ *n* vermillon *m*.

vermin ['vɜːmɪn] *npl* vermine *f*.

Vermont [vɜː'mɒnt] *n* Vermont *m* ; **in ~** dans le Vermont.

vermouth ['vɜːməθ] *n* vermouth *m*.

vernacular [və'nækjʊlər] <> *adj* vernaculaire. <> *n* dialecte *m*.

verruca [və'ruːkə] (*pl* **-cas** OR **-cae** [-kaɪ]) *n* verrue *f* plantaire.

versa ▻ **vice versa.**

versatile ['vɜːsətaɪl] *adj* [person, player] aux talents multiples ; [machine, tool, food] souple d'emploi.

versatility [ˌvɜːsə'tɪlətɪ] *n* [of person] variété *f* de talents ; [of machine, tool] souplesse *f* d'emploi.

verse [vɜːs] *n* - **1.** *(U)* [poetry] vers *mpl* - **2.** [stanza] strophe *f* - **3.** [in Bible] verset *m*.

versed [vɜːst] *adj* : **to be well ~ in sthg** être versé(e) dans qqch.

version ['vɜːʃn] *n* version *f*.

versus ['vɜːsəs] *prep* - **1.** SPORT contre - **2.** [as opposed to] par opposition à.

vertebra ['vɜːtɪbrə] (*pl* **-brae** [-briː]) *n* vertèbre *f*.

vertebrate ['vɜːtɪbreɪt] *n* vertébré *m*.

vertical ['vɜːtɪkl] *adj* vertical(e).

vertical integration *n* FIN intégration *f* verticale.

vertically ['vɜːtɪklɪ] *adv* verticalement.

vertigo ['vɜːtɪgəʊ] *n (U)* vertige *m* ; **to suffer from ~** avoir le vertige.

verve [vɜːv] *n* verve *f*.

very ['verɪ] <> *adv* - **1.** [as intensifier] très ; **~ much** beaucoup - **2.** [as euphemism] : **not ~** pas très. <> *adj* : **the ~ room/book** la pièce/le livre même ; **the ~ man/thing I've been looking for** juste l'homme/la chose que je cherchais ; **at the ~ least** tout au moins ; **~ last/first** tout dernier/premier ; **of one's ~ own** bien à soi.

◆ **very well** *adv* très bien ; **I can't ~ well tell him...** je ne peux tout de même pas lui dire que...

vespers ['vespəz] *n (U)* vêpres *fpl*.

vessel ['vesl] *n fml* - **1.** [boat] vaisseau *m* - **2.** [container] récipient *m*.

vest [vest] *n* - **1.** *UK* [undershirt] maillot *m* de corps - **2.** *US* [waistcoat] gilet *m*.

vested interest ['vestɪd-] *n* : **~ (in)** intérêt *m* particulier (à).

vestibule ['vestɪbjuːl] *n* - **1.** *fml* [entrance hall] vestibule *m* - **2.** *US* [on train] sas *m*.

vestige ['vestɪdʒ] *n* vestige *m*.

vestry ['vestrɪ] (*pl* **-ies**) *n* sacristie *f*.

Vesuvius [vɪ'suːvjəs] *n* le Vésuve.

vet [vet] (*pt & pp* **-ted**, *cont* **-ting**) <> *n* - **1.** *UK* (*abbr of* **veterinary surgeon**) vétérinaire *mf* - **2.** *US* (*abbr of* **veteran**) ancien combattant *m*, vétéran *mf*. <> *vt UK* [candidates] examiner avec soin.

veteran ['vetrən] <> *adj* [experienced] chevronné(e). <> *n* - **1.** MIL ancien combattant *m*, vétéran *mf* - **2.** [experienced person] vétéran *m*.

veteran car *n UK* voiture *f* d'époque *(construite avant 1905)*.

Veteran's Day *n aux États-Unis, fête nationale en l'honneur des anciens combattants (le 11 novembre)*.

veterinarian [ˌvetərɪ'neərɪən] *n US* vétérinaire *mf*.

veterinary science ['vetərɪnrɪ-] *n* science *f* vétérinaire.

veterinary surgeon ['vetərɪnrɪ-] *n UK fml* vétérinaire *mf*.

veto ['viːtəʊ] <> *n* (*pl* **-es**) veto *m*. <> *vt* (*pt & pp* **-ed**, *cont* **-ing**) opposer son veto à.

vetting ['vetɪŋ] *n UK (U)* [of candidates] examen *m* minutieux.

vex [veks] *vt* contrarier.

vexed question [ˌvekst-] *n* question *f* controversée.

VFD (*abbr of* **voluntary fire department**) *n pompiers bénévoles aux États-Unis*.

vg (*abbr of* **very good**) tb.

VGA [ˌviːdʒiː'eɪ] (*abbr of* **video graphics array/adapter**) *n* COMPUT VGA *m*.

vgc (*abbr of* **very good condition**) TBE, tbe.

VHF (*abbr of* **very high frequency**) VHF.

VHS (*abbr of* **video home system**) *n* VHS *m*.

VI *see also* **Virgin Islands**.

via ['vaɪə] *prep* - **1.** [travelling through] via, par - **2.** [by means of] au moyen de.

viability [ˌvaɪə'bɪlətɪ] *n* viabilité *f*.

viable ['vaɪəbl] *adj* viable.

viaduct ['vaɪədʌkt] *n* viaduc *m*.

vibrant ['vaɪbrənt] *adj* vibrant(e).

vibrate [vaɪ'breɪt] *vi* vibrer.

vibration [vaɪ'breɪʃn] *n* vibration *f*.

vicar ['vɪkər] *n* [in Church of England] pasteur *m*.

vicarage ['vɪkərɪdʒ] *n* presbytère *m*.

vicarious [vɪ'keərɪəs] *adj* : **to take a ~ pleasure in sthg** retirer du plaisir indirectement de qqch.

vice [vaɪs] *n* - **1.** [immorality, fault] vice *m* - **2.** [tool] étau *m*.

vice- [vaɪs] *prefix* vice-.

vice-admiral *n* vice-amiral *m*.

vice-chairman *n* vice-président *m*, -e *f*.

vice-chancellor *n UK* UNIV président *m*, -e *f*.

vice-president *n* vice-président *m*, -e *f*.

vice squad *n* brigade *f* des mœurs.

vice versa [ˌvaɪsɪ'vɜːsə] *adv* vice versa.

vicinity [vɪ'sɪnətɪ] *n* : **in the ~ (of)** aux alentours (de), dans les environs (de).

vicious ['vɪʃəs] *adj* violent(e), brutal(e).

vicious circle *n* cercle *m* vicieux.

viciousness ['vɪʃəsnɪs] *n* violence *f*, brutalité *f*.

vicissitudes [vɪ'sɪsɪtjuːdz] *npl fml* vicissitudes *fpl*.

victim ['vɪktɪm] *n* victime *f*.

victimize, *UK* **-ise** ['vɪktɪmaɪz] *vt* faire une victime de.

victor ['vɪktəʳ] *n* vainqueur *m*.

Victoria Cross [vɪk'tɔːrɪə-] *n* Croix *f* de Victoria.

Victoria Falls [vɪk'tɔːrɪə-] *npl* les chutes *fpl* Victoria.

Victorian [vɪk'tɔːrɪən] *adj* victorien(enne).

Victoriana [ˌvɪktɔːrɪ'ɑːnə] *n (U)* objets *mpl* de l'époque victorienne.

victorious [vɪk'tɔːrɪəs] *adj* victorieux (euse).

victory ['vɪktərɪ] (*pl* **-ies**) *n* : **~ (over)** victoire *f* (sur).

video ['vɪdɪəʊ] ◇ *n* (*pl* **-s**) **- 1.** [medium, recording] vidéo *f* **- 2.** *UK* [machine] magnétoscope *m* **- 3.** [cassette] vidéocassette *f*. ◇ *comp* vidéo *(inv)*. ◇ *vt* (*pt & pp* **-ed**, *cont* **-ing**) **- 1.** [using video recorder] enregistrer sur magnétoscope **- 2.** [using camera] faire une vidéo de, filmer.

video camera *n* caméra *f* vidéo.

video cassette *n* vidéocassette *f*.

videoconference ['vɪdɪəʊ'kɒnfərəns] *n* vidéoconférence *f*.

videodisc *UK*, **videodisk** *US* ['vɪdɪəʊdɪsk] *n* vidéodisque *m*.

video game *n* jeu *m* vidéo.

video machine *n* magnétoscope *m*.

video-on-demand *n service de location de vidéos par câble*.

videophone ['vɪdɪəʊfəʊn] *n* vidéophone *m*, visiophone *m*.

videorecorder ['vɪdɪəʊrɪˌkɔːdəʳ] *n* magnétoscope *m*.

video recording *n* enregistrement *m* vidéo.

video shop *UK*, **video store** *US* *n* vidéoclub *m*.

videotape ['vɪdɪəʊteɪp] *n* **- 1.** [cassette] vidéocassette *f* **- 2.** *(U)* [ribbon] bande *f* vidéo.

vie [vaɪ] (*pt & pp* **vied**, *cont* **vying**) *vi* : **to ~ for sthg** lutter pour qqch ; **to ~ with sb (for sthg/to do sthg)** rivaliser avec qqn (pour qqch/pour faire qqch).

Vienna [vɪ'enə] *n* Vienne.

Viennese [ˌvɪə'niːz] ◇ *adj* viennois(e). ◇ *n* Viennois *m*, -e *f*.

Vietnam [*UK* ˌvjet'næm, *US* ˌvjet'nɑːm] *n* Viêt-nam *m* ; **in ~** au Viêt-nam.

Vietnamese [ˌvjetnə'miːz] ◇ *adj* vietnamien(enne). ◇ *n* [language] vietnamien *m*. ◇ *npl* : **the ~** les Vietnamiens.

view [vjuː] ◇ *n* **- 1.** [opinion] opinion *f*, avis *m* ; **~ on sthg** opinion sur qqch ; **in my ~** à mon avis ; **to take the ~ that...** être d'avis que... **- 2.** [scene, ability to see] vue *f* ; **to come into ~** apparaître. ◇ *vt* **- 1.** [consider] considérer **- 2.** [examine - gen] examiner ; [- house] visiter.

◆ **in view of** *prep* vu, étant donné.

◆ **with a view to** *conj* dans l'intention de, avec l'idée de.

viewdata ['vjuːˌdeɪtə] *n* vidéotex *m*.

viewer ['vjuːəʳ] *n* **- 1.** TV téléspectateur *m*, -trice *f* **- 2.** [for slides] visionneuse *f*.

viewfinder ['vjuːˌfaɪndəʳ] *n* viseur *m*.

viewpoint ['vjuːpɔɪnt] *n* point *m* de vue.

vigil ['vɪdʒɪl] *n* veille *f* ; RELIG vigile *f*.

vigilance ['vɪdʒɪləns] *n* vigilance *f*.

vigilant ['vɪdʒɪlənt] *adj* vigilant(e).

vigilante [ˌvɪdʒɪ'læntɪ] *n* membre *m* d'un groupe d'autodéfense.

vigor *US* = **vigour**.

vigorous ['vɪɡərəs] *adj* vigoureux(euse).

vigour *UK*, **vigor** *US* ['vɪɡəʳ] *n* vigueur *f*.

Viking ['vaɪkɪŋ] ◇ *adj* viking *(inv)*. ◇ *n* Viking *mf*.

vile [vaɪl] *adj* [mood] massacrant(e), exécrable ; [person, act] vil(e), ignoble ; [food] infect(e), exécrable.

vilify ['vɪlɪfaɪ] (*pt & pp* **-ied**) *vt* calomnier.

villa ['vɪlə] *n* villa *f* ; [bungalow] pavillon *m*.

village ['vɪlɪdʒ] *n* village *m*.

villager ['vɪlɪdʒəʳ] *n* villageois *m*, -e *f*.

villain ['vɪlən] *n* **- 1.** [of film, book] méchant *m*, -e *f* ; [of play] traître *m* **- 2.** [criminal] bandit *m*.

Vilnius ['vɪlnɪəs] *n* Vilnious.

VIN (*abbr of* **vehicle identification number**) *n numéro d'immatriculation*.

vinaigrette [ˌvɪnɪ'ɡret] *n* vinaigrette *f*.

vindicate ['vɪndɪkeɪt] *vt* justifier.

vindication [ˌvɪndɪ'keɪʃn] *n* justification *f*.

vindictive [vɪn'dɪktɪv] *adj* vindicatif(ive).

vine [vaɪn] *n* vigne *f*.

vinegar ['vɪnɪgəʳ] *n* vinaigre *m*.

vine leaf *n* feuille *f* de vigne.

vineyard ['vɪnjəd] *n* vignoble *m*.

vintage ['vɪntɪdʒ] ◇ *adj* **- 1.** [wine] de grand cru **- 2.** [classic] typique. ◇ *n* année *f*, millésime *m*.

vintage car *n* *UK* voiture *f* d'époque *(construite entre 1919 et 1930)*.

vintage wine *n* vin *m* de grand cru.

vintner ['vɪntnəʳ] *n* négociant *m* en vins.

vinyl ['vaɪnɪl] ◇ *n* vinyle *m*. ◇ *comp* de OR en vinyle.

viola [vɪ'əʊlə] *n* alto *m*.

violate ['vaɪəleɪt] *vt* violer.

violation [ˌvaɪə'leɪʃn] *n* violation *f*.

violence ['vaɪələns] *n* violence *f*.

violent ['vaɪələnt] *adj* **- 1.** [gen] violent(e) **- 2.** [colour] criard(e).

violently ['vaɪələntlɪ] *adv* violemment ; [die] de mort violente.

violet ['vaɪələt] ◇ *adj* violet(ette). ◇ *n* **- 1.** [flower] violette *f* **- 2.** [colour] violet *m*.

violin [ˌvaɪə'lɪn] *n* violon *m*.

violinist [ˌvaɪə'lɪnɪst] *n* violoniste *mf*.

VIP (*abbr of* **very important person**) *n* VIP *mf*.

viper ['vaɪpəʳ] *n* vipère *f*.

viral ['vaɪrəl] *adj* viral(e).

virgin ['vɜːdʒɪn] ◇ *adj lit* [land, forest, soil] vierge. ◇ *n* [woman] vierge *f* ; [man] garçon *m* OR homme *m* vierge.

Virginia [və'dʒɪnjə] *n* Virginie *f* ; **in ~** en Virginie.

Virgin Islands *n* : **the ~** les îles *fpl* Vierges ; **in the ~** dans les îles Vierges.

virginity [və'dʒɪnətɪ] *n* virginité *f*.

Virgo ['vɜːgəʊ] (*pl* **-s**) *n* Vierge *f* ; **to be (a) ~** être Vierge.

virile ['vɪraɪl] *adj* viril(e).

virility [vɪ'rɪlətɪ] *n* virilité *f*.

virtual ['vɜːtʃʊəl] *adj* virtuel(elle) ; **it's a ~ certainty** c'est quasiment OR pratiquement certain.

virtually ['vɜːtʃʊəlɪ] *adv* virtuellement, pratiquement.

virtual memory *n* COMPUT mémoire *f* virtuelle.

virtual reality *n* réalité *f* virtuelle.

virtue ['vɜːtjuː] *n* **- 1.** [good quality] vertu *f* **- 2.** [benefit] : **~ (in doing sthg)** mérite *m* (à faire qqch).

◆ **by virtue of** *prep fml* en vertu de.

virtuoso [ˌvɜːtjʊ'əʊzəʊ] (*pl* **-sos** OR **-si** [-siː]) *n* virtuose *mf*.

virtuous ['vɜːtʃʊəs] *adj* vertueux(euse).

virulent ['vɪrʊlənt] *adj* virulent(e).

virus ['vaɪrəs] *n* COMPUT & MED virus *m*.

visa ['viːzə] *n* visa *m*.

vis-à-vis [ˌviːzɑː'viː] *prep fml* par rapport à.

viscose ['vɪskəʊs] *n* viscose *f*.

viscosity [vɪ'skɒsətɪ] *n* viscosité *f*.

viscount ['vaɪkaʊnt] *n* vicomte *m*.

viscous ['vɪskəs] *adj* visqueux(euse).

vise [vaɪs] *n* *US* étau *m*.

visibility [ˌvɪzɪ'bɪlətɪ] *n* visibilité *f*.

visible ['vɪzəbl] *adj* visible.

visibly ['vɪzəblɪ] *adv* visiblement.

vision ['vɪʒn] *n* **- 1.** *(U)* [ability to see] vue *f* **- 2.** [foresight, dream] vision *f* **- 3.** *(U)* TV image *f*.

visionary ['vɪʒənrɪ] ◇ *adj* visionnaire. ◇ *n* (*pl* **-ies**) visionnaire *mf*.

visit ['vɪzɪt] ◇ *n* visite *f* ; **on a ~** en visite ; **~ of a website** visite d'un site. ◇ *vt* [person] rendre visite à ; [place] visiter.

◆ **visit with** *vt insep US* **- 1.** [go and see] aller voir **- 2.** [chat to] parler avec.

visiting card ['vɪzɪtɪŋ-] *n UK* carte *f* de visite.

visiting hours ['vɪzɪtɪŋ-] *npl* heures *fpl* de visite.

visitor ['vɪzɪtəʳ] *n* [to person] invité *m*, -e *f* ; [to place] visiteur *m*, -euse *f* ; [to hotel] client *m*, -e *f*.

visitors' book *n UK* livre *m* d'or ; [in hotel] registre *m*.

visitor's passport *n UK* passeport *m* temporaire.

visor ['vaɪzəʳ] *n* visière *f*.

vista ['vɪstə] *n* [view] vue *f*.

VISTA ['vɪstə] (*abbr of* **Volunteers in Service to America**) *n programme américain d'aide aux personnes les plus défavorisées*.

visual ['vɪʒʊəl] *adj* visuel(elle).

visual aids *npl* supports *mpl* visuels.

visual display unit *n* écran *m* de visualisation.

visualize, *UK* **-ise** ['vɪʒʊəlaɪz] *vt* se représenter, s'imaginer.

visually ['vɪʒʊəlɪ] *adv* visuellement ; **~ handicapped** *UK*, **~ impaired** *US* malvoyant(e).

vital ['vaɪtl] *adj* **- 1.** [essential] essentiel(elle) **- 2.** [full of life] plein(e) d'entrain.

vitality [vaɪ'tælətɪ] *n* vitalité *f*.

vitally ['vaɪtəlɪ] *adv* absolument.

vital statistics *npl inf* [of woman] mensurations *fpl*.

vitamin [*UK* 'vɪtəmɪn, *US* 'vaɪtəmɪn] *n* vitamine *f*.

vitriolic [ˌvɪtrɪ'ɒlɪk] *adj* au vitriol.

viva ['vaɪvə] *UK* = **viva voce**.

vivacious [vɪ'veɪʃəs] *adj* enjoué(e).

vivacity [vɪ'væsətɪ] *n* vivacité *f*.

viva voce [ˌvaɪvə'vəʊsɪ] *n UK* examen *m* oral.

vivid ['vɪvɪd] *adj* - **1.** [bright] vif (vive) - **2.** [clear - description] vivant(e) ; [- memory] net (nette), précis(e).

vividly ['vɪvɪdlɪ] *adv* [describe] d'une manière vivante ; [remember] clairement.

vivisection [ˌvɪvɪ'sekʃn] *n* vivisection *f*.

vixen ['vɪksn] *n* [fox] renarde *f*.

viz [vɪz] (*abbr of* **vide licet**) c.-à-d.

VLF (*abbr of* **very low frequency**) *n très basse fréquence*.

V-neck *n* [neck] décolleté *m* en V ; [sweater] pull *m* à décolleté en V.

VOA (*abbr of* **Voice of America**) *n station radiophonique américaine à destination de l'étranger*.

vocabulary [və'kæbjʊlərɪ] (*pl* **-ies**) *n* vocabulaire *m*.

vocal ['vəʊkl] *adj* - **1.** [outspoken] qui se fait entendre - **2.** [of the voice] vocal(e).
◆ **vocals** *npl* chant *m*.

vocal cords *npl* cordes *fpl* vocales.

vocalist ['vəʊkəlɪst] *n* chanteur *m*, -euse *f* (*dans un groupe*).

vocation [vəʊ'keɪʃn] *n* vocation *f*.

vocational [vəʊ'keɪʃənl] *adj* professionnel(elle).

vociferous [və'sɪfərəs] *adj* bruyant(e).

vodka ['vɒdkə] *n* vodka *f*.

vogue [vəʊg] ◇ *adj* en vogue, à la mode. ◇ *n* vogue *f*, mode *f* ; **in ~** en vogue, à la mode.

voice [vɔɪs] ◇ *n* - **1.** [gen] voix *f* ; **to raise/lower one's ~** élever/baisser la voix ; **to keep one's ~ down** parler bas - **2.** [influence] : **to have a ~ in** avoir son mot à dire dans. ◇ *vt* [opinion, emotion] exprimer.

voice box *n* larynx *m*.

voice mail *n* COMPUT messagerie *f* vocale ; **to send/receive ~** envoyer/recevoir un message sur une boîte vocale.

voice-over *n* voix *f* off.

void [vɔɪd] ◇ *adj* - **1.** [invalid] nul (nulle), ▷ **null** - **2.** *fml* [empty] : **~ of** dépourvu(e) de, dénué(e) de. ◇ *n* vide *m*.

voile [vɔɪl] *n (U)* voile *m*.

vol. (*abbr of* **volume**) vol.

volatile [*UK* 'vɒlətaɪl, *US* 'vɒlətl] *adj* [situation] explosif(ive) ; [person] lunatique, versatile ; [market] instable.

vol-au-vent ['vɒləʊvɑ̃] *n* vol-au-vent *m inv*.

volcanic [vɒl'kænɪk] *adj* volcanique.

volcano [vɒl'keɪnəʊ] (*pl* **-es** OR **-s**) *n* volcan *m*.

vole [vəʊl] *n* campagnol *m*.

Volga ['vɒlgə] *n* : **the (River) ~** la Volga.

volition [və'lɪʃn] *n fml* **of one's own ~** de son propre gré.

volley ['vɒlɪ] ◇ *n* (*pl* **-s**) - **1.** [of gunfire] salve *f* - **2.** *fig* [of questions, curses] torrent *m* ; [of blows] volée *f*, pluie *f* - **3.** SPORT volée *f*. ◇ *vt* frapper à la volée, reprendre de volée.

volleyball ['vɒlɪbɔːl] *n* volley-ball *m*.

volt [vəʊlt] *n* volt *m*.

Volta ['vɒltə] *n* Volta *f*.

voltage ['vəʊltɪdʒ] *n* voltage *m*, tension *f*.

voluble ['vɒljʊbl] *adj* volubile, loquace.

volume ['vɒljuːm] *n* - **1.** [gen] volume *m* - **2.** [of work, letters] quantité *f* ; [of traffic] densité *f*.

volume control *n* réglage *m* du volume.

voluminous [və'luːmɪnəs] *adj fml* - **1.** [garment] immense - **2.** [container] volumineux(euse).

voluntarily [*UK* 'vɒləntrɪlɪ, *US* ˌvɒlən'terəlɪ] *adv* volontairement.

voluntary ['vɒləntrɪ] *adj* - **1.** [not obligatory] volontaire - **2.** [unpaid] bénévole.

voluntary liquidation *n* liquidation *f* volontaire.

voluntary redundancy *n UK* départ *m* volontaire.

volunteer [ˌvɒlən'tɪə^r] ◇ *n* - **1.** [gen & MIL] volontaire *mf* - **2.** [unpaid worker] bénévole *mf*. ◇ *vt* - **1.** [offer] : **to ~ to do sthg** se proposer OR se porter volontaire pour faire qqch - **2.** [information, advice] donner spontanément. ◇ *vi* - **1.** [offer one's services] : **to ~ (for)** se porter volontaire (pour), proposer ses services (pour) - **2.** MIL s'engager comme volontaire.

voluptuous [və'lʌptʃʊəs] *adj* voluptueux(euse).

vomit ['vɒmɪt] ◇ *n* vomi *m*. ◇ *vi* vomir.

voracious [və'reɪʃəs] *adj* vorace.

vortex ['vɔːteks] (*pl* **-texes** [-teksiːz] , *pl* **-tices** [-tɪsiːz]) *n* vortex *m* ; *fig* [of events] tourbillon *m*.

vote [vəʊt] ◇ *n* - **1.** [individual decision] : **~ (for/against)** vote *m* (pour/contre), voix *f* (pour/contre) - **2.** [ballot] vote *m* ; **to put sthg to the ~** procéder à un vote sur qqch - **3.** [right

to vote] droit *m* de vote. ◇ *vt* - **1.** [declare] élire - **2.** [choose] : **to ~ to do sthg** voter *OR* se prononcer pour faire qqch ; **they ~d to return to work** ils ont voté le retour au travail. ◇ *vi* : **to ~ (for/against)** voter (pour/contre).
◆ **vote in** *vt sep* élire.
◆ **vote out** *vt sep* évincer par un vote.

vote of confidence (*pl* **votes of confidence**) *n* vote *m* de confiance.

vote of no confidence (*pl* **votes of no confidence**) *n* motion *f* de censure.

vote of thanks (*pl* **votes of thanks**) *n* discours *m* de remerciement.

voter ['vəʊtəʳ] *n* électeur *m*, -trice *f*.

voting ['vəʊtɪŋ] *n* scrutin *m*.

vouch [vaʊtʃ] ◆ **vouch for** *vt insep* répondre de, se porter garant de.

voucher ['vaʊtʃəʳ] *n* bon *m*, coupon *m*.

vow [vaʊ] ◇ *n* vœu *m*, serment *m*. ◇ *vt* : **to ~ to do sthg** jurer de faire qqch ; **to ~ (that)...** jurer que...

vowel ['vaʊəl] *n* voyelle *f*.

voyage ['vɔɪɪdʒ] *n* voyage *m* en mer ; [in space] vol *m*.

voyeur [vwɑː'jɜːʳ] *n* voyeur *m*, -euse *f*.

voyeurism [vwɑː'jɜːrɪzm] *n* voyeurisme *m*.

VP *n see also* **vice-president**.

vs *see also* **versus**.

VSO (*abbr of* **Voluntary Service Overseas**) *n organisation britannique envoyant des travailleurs bénévoles dans des pays en voie de développement pour contribuer à leur développement technique.*

VSOP (*abbr of* **very special old pale**) *appellation réservée à certains cognacs et armagnacs.*

VT *see also* **Vermont**.

VTOL ['viːtɒl] (*abbr of* **vertical takeoff and landing**) *n* ADAV *m*.

VTR (*abbr of* **video tape recorder**) *n* magnétoscope *m*.

vulgar ['vʌlgəʳ] *adj* - **1.** [in bad taste] vulgaire - **2.** [offensive] grossier(ère).

vulgarity [vʌl'gærətɪ] *(U) n* - **1.** [poor taste] vulgarité *f* - **2.** [offensiveness] grossièreté *f*.

vulnerability [ˌvʌlnərə'bɪlətɪ] *n* vulnérabilité *f*.

vulnerable ['vʌlnərəbl] *adj* vulnérable ; **~ to** [attack] exposé(e) à ; [colds] sensible à.

vulture ['vʌltʃəʳ] *n lit & fig* vautour *m*.

w (*pl* **w's** *OR* **ws**), **W** (*pl* **W's** *OR* **Ws**) ['dʌbljuː] *n* [letter] w *m inv*, W *m inv*.
◆ **W** - **1.** (*abbr of* **west**) O, W - **2.** (*abbr of* **watt**) W.

WA *see also* **Washington**.

wacky ['wækɪ] (*comp* **-ier**, *superl* **-iest**) *adj inf* farfelu(e).

wad [wɒd] *n* - **1.** [of cotton wool, paper] tampon *m* - **2.** [of banknotes, documents] liasse *f* - **3.** [of tobacco] chique *f* ; [of chewing-gum] boulette *f*.

wadding ['wɒdɪŋ] *n* rembourrage *m*, capitonnage *m*.

waddle ['wɒdl] *vi* se dandiner.

wade [weɪd] *vi* patauger.
◆ **wade through** *vt insep fig* se taper.

wadge [wɒdʒ] *n UK inf* morceau *m* ; [of papers] tas *m*.

wading pool ['weɪdɪŋ-] *n US* pataugeoire *f*.

wafer ['weɪfəʳ] *n* [thin biscuit] gaufrette *f*.

wafer-thin *adj* mince comme du papier à cigarette *OR* une pelure d'oignon.

waffle ['wɒfl] ◇ *n* - **1.** CULIN gaufre *f* - **2.** *UK inf* [vague talk] verbiage *m*. ◇ *vi* parler pour ne rien dire.

waft [wɑːft, wɒft] *vi* flotter.

wag [wæg] (*pt & pp* **-ged**, *cont* **-ging**) ◇ *vt* remuer, agiter. ◇ *vi* [tail] remuer.

wage [weɪdʒ] ◇ *n* salaire *m*, paie *f*, paye *f*. ◇ *vt* : **to ~ war against** faire la guerre à.
◆ **wages** *npl* salaire *m*.

wage claim *n* revendication *f* salariale.

wage differential *n* écart *m* des salaires.

wage earner [-ˌɜːnəʳ] *n* salarié *m*, -e *f*.

wage freeze *n* blocage *m* des salaires.

wage packet *n UK* - **1.** [envelope] enveloppe *f* de paye - **2.** *fig* [pay] paie *f*, paye *f*.

wager ['weɪdʒəʳ] *n* pari *m*.

wage rise *n UK* augmentation *f* de salaire.

waggish ['wægɪʃ] *adj inf* facétieux(euse), plaisant(e).

waggle ['wægl] *inf* ◇ *vt* agiter, remuer ; [ears] remuer. ◇ *vi* remuer.

waggon ['wægən] *UK* = **wagon**.

wagon ['wægən] *n* - **1.** [horse-drawn] chariot *m*, charrette *f* - **2.** *UK* RAIL wagon *m*.

waif [weif] *n* enfant abandonné *m*, enfant abandonnée *f*.

wail [weɪl] <> *n* gémissement *m*. <> *vi* gémir.

wailing ['weɪlɪŋ] *n* *(U)* gémissements *mpl*, plaintes *fpl*.

waist [weɪst] *n* taille *f*.

waistband ['weɪstbænd] *n* ceinture *f*.

waistcoat ['weɪskəʊt] *n* *esp UK* gilet *m*.

waistline ['weɪstlaɪn] *n* taille *f*.

wait [weɪt] <> *n* attente *f* ; **to have a long ~** attendre longtemps. <> *vi* attendre ; **I can't ~ to see you** je brûle d'impatience de te voir ; **(just) you ~!** tu ne perds rien pour attendre! ; **~ and see!** tu vas bien voir! ; **~ a minute** *OR* **second** *OR* **moment!** [interrupting person] minute (papillon)! ; [interrupting oneself] attends voir! <> *vt* *US* *inf* [delay] retarder.

◆ **wait about** *UK*, **wait around** *vi* attendre ; [waste time] perdre son temps à attendre.

◆ **wait for** *vt insep* attendre ; **to ~ for sb to do sthg** attendre que qqn fasse qqch.

◆ **wait on** *vt insep* [serve food to] servir.

◆ **wait up** *vi* veiller, ne pas se coucher.

waiter ['weɪtəʳ] *n* garçon *m*, serveur *m*.

waiting game ['weɪtɪŋ-] *n* politique *f* d'attente.

waiting list ['weɪtɪŋ-] *n* liste *f* d'attente.

waiting room ['weɪtɪŋ-] *n* salle *f* d'attente.

waitress ['weɪtrɪs] *n* serveuse *f*.

waive [weɪv] *vt* [fee] renoncer à ; [rule] prévoir une dérogation à.

waiver ['weɪvəʳ] *n* LAW dérogation *f*.

wake [weɪk] <> *n* [of ship] sillage *m* ; **in one's ~** *fig* dans son sillage ; **in the ~ of** *fig* à la suite de. <> *vt* (*pt* **woke** *OR* **-d**, *pp* **woken** *OR* **-d**) réveiller. <> *vi* (*pt* **woke** *OR* **-d**, *pp* **woken** *OR* **-d**) se réveiller.

◆ **wake up** <> *vt sep* réveiller. <> *vi* - **1.** [wake] se réveiller - **2.** *fig* [become aware] : **to ~ up (to sthg)** prendre conscience (de qqch), se sensibiliser (à qqch).

waken ['weɪkən] *fml* <> *vt* réveiller. <> *vi* se réveiller.

waking hours ['weɪkɪŋ-] *npl* heures *fpl* de veille.

Wales [weɪlz] *n* pays *m* de Galles ; **in ~** au pays de Galles.

walk [wɔːk] <> *n* - **1.** [way of walking] démarche *f*, façon *f* de marcher - **2.** [journey - for pleasure] promenade *f* ; [- long distance] marche *f* ; **it's a long ~** c'est loin à pied ; **to go for a ~** aller se promener, aller faire une promenade - **3.** [route] promenade *f*. <> *vt* - **1.** [accompany - person] accompagner ; [- dog] promener - **2.** [distance] faire à pied ; **to ~ the streets** [homeless] être sur le pavé ; [in search] arpenter la ville ; [prostitute] faire le trottoir. <> *vi* - **1.** [gen] marcher - **2.** [for pleasure] se promener.

◆ **walk away with** *vt insep inf fig* gagner *OR* remporter haut la main.

◆ **walk in on** *vt insep* [interrupt] déranger ; [in embarrassing situation] prendre en flagrant délit.

◆ **walk off** *vt sep* [headache, cramp] faire une promenade pour se débarrasser de.

◆ **walk off with** *vt insep inf* - **1.** [steal] faucher - **2.** [win easily] gagner *OR* remporter haut la main.

◆ **walk out** *vi* - **1.** [leave suddenly] partir - **2.** [go on strike] se mettre en grève, faire grève.

◆ **walk out on** *vt insep* quitter.

walkabout ['wɔːkə,baʊt] *n* *UK* [by president etc] bain *m* de foule.

walker ['wɔːkəʳ] *n* [for pleasure] promeneur *m*, -euse *f* ; [long-distance] marcheur *m*, -euse *f*.

walkie-talkie [,wɔːkɪ'tɔːkɪ] *n* talkie-walkie *m*.

walk-in *adj* - **1.** [cupboard] assez grand(e) pour qu'on puisse y entrer - **2.** *US* [easy] facile.

walking ['wɔːkɪŋ] *n* *(U)* marche *f* (à pied), promenade *f*.

walking shoes *npl* chaussures *fpl* de marche.

walking stick *n* canne *f*.

Walkman® ['wɔːkmən] *n* baladeur *m*, Walkman® *m*.

walk of life (*pl* **walks of life**) *n* milieu *m*.

walk-on *adj* [part, role] de figurant(e).

walkout ['wɔːkaʊt] *n* [strike] grève *f*, débrayage *m*.

walkover ['wɔːk,əʊvəʳ] *n* victoire *f* facile.

walkway ['wɔːkweɪ] *n* passage *m* ; [between buildings] passerelle *f*.

wall [wɔːl] *n* - **1.** [of room, building] mur *m* ; [of rock, cave] paroi *f* ; **to come up against a brick ~** se heurter à un mur ; **to drive sb up the ~** *inf* rendre qqn fou, taper sur le système de qqn - **2.** ANAT paroi *f*.

wallchart ['wɔːltʃɑːt] *n* planche *f* murale.

wall cupboard *n* placard *m* mural.

wall hanging *n* tenture *f*.

walled [wɔːld] *adj* fortifié(e).

wallet ['wɒlɪt] *n* portefeuille *m*.

wallflower ['wɔːl,flaʊəʳ] *n* - **1.** [plant] giroflée *f* - **2.** *inf fig* [person] : **to be a ~** faire tapisserie.

Walloon [wɒ'lu:n] <> *adj* wallon(onne). <> *n* - **1.** [person] Wallon *m*, -onne *f* - **2.** [language] wallon *m*.

wallop ['wɒləp] *inf* <> *n* gros coup *m*. <> *vt* [person] flanquer un coup à ; [ball] taper fort dans.

wallow ['wɒləʊ] *vi* - **1.** [in liquid] se vautrer - **2.** [in emotion] : **to ~ in** se complaire dans.

wall painting *n* peinture *f* murale.

wallpaper ['wɔ:l,peɪpəʳ] <> *n* papier *m* peint. <> *vt* tapisser.

Wall Street *n* Wall Street *m (quartier financier de New York).*

Wall Street

Wall Street est le quartier de la finance à New York et le nom est souvent employé pour désigner le monde américain de la finance.

wall-to-wall *adj* : **~ carpet** moquette *f*.

wally ['wɒlɪ] (*pl* **-ies**) *n UK inf* idiot *m*, -e *f*, andouille *f*.

walnut ['wɔ:lnʌt] *n* - **1.** [nut] noix *f* - **2.** [tree, wood] noyer *m*.

walrus ['wɔ:lrəs] (*pl* **walrus** *OR* **-es** [-i:z]) *n* morse *m*.

waltz [wɔ:ls] <> *n* valse *f*. <> *vi* - **1.** [dance] valser, danser la valse - **2.** *inf* [walk confidently] marcher d'un air dégagé *OR* de façon désinvolte.

wan [wɒn] (*comp* **-ner**, *superl* **-nest**) *adj* pâle, blême.

wand [wɒnd] *n* baguette *f*.

wander ['wɒndəʳ] *vi* - **1.** [person] errer - **2.** [mind] divaguer ; [thoughts] vagabonder.

wanderer ['wɒndərəʳ] *n* vagabond *m*, -e *f*.

wandering ['wɒndərɪŋ] *adj* ambulant(e).

wanderlust ['wɒndəlʌst] *n* bougeotte *f*, envie *f* de voyager.

wane [weɪn] <> *n* : **on the ~** en déclin ; [power, interest] faiblissant(e). <> *vi* - **1.** [influence, interest] diminuer, faiblir - **2.** [moon] décroître.

wangle ['wæŋgl] *vt inf* se débrouiller pour obtenir.

wanna ['wɒnə] *esp US see also* **want a**, *see also* **want to**.

wannabe ['wɒnə,bi:] *n inf se dit de quelqu'un qui veut être ce qu'il ne peut pas être* ; **a Michael Jackson ~** un clone de Michael Jackson.

want [wɒnt] <> *n* - **1.** [need] besoin *m* - **2.** [lack] manque *m* ; **for ~ of** faute de, par manque de - **3.** [deprivation] pauvreté *f*, besoin *m*. <> *vt* - **1.** [desire] vouloir ; **to ~ to do sthg** vouloir faire qqch ; **to ~ sb to do sthg** vouloir que qqn fasse qqch - **2.** *inf* [need] avoir besoin de ; **you ~ to be more careful** tu devrais être plus prudent.

want ad *n US inf* petite annonce *f*.

wanted ['wɒntɪd] *adj* : **to be ~ (by the police)** être recherché(e) (par la police).

wanting ['wɒntɪŋ] *adj* : **to be ~ in** manquer de ; **to be found ~** ne pas être à la hauteur ; **not to be found ~** être à la hauteur.

wanton ['wɒntən] *adj* [destruction, neglect] gratuit(e).

war [wɔ:ʳ] <> *n* guerre *f* ; **to go to ~** entrer *OR* se mettre en guerre ; **to have been in the ~s** *UK* être dans un sale état. <> *vi* (*pt & pp* **-red**, *cont* **-ring**) se battre.

War., **Warks.** (*written abbrev of* **Warwickshire**) *comté anglais*.

warble ['wɔ:bl] *vi* [bird] gazouiller.

war crime *n* crime *m* de guerre.

war criminal *n* criminel *m* de guerre.

war cry *n* cri *m* de guerre.

ward [wɔ:d] *n* - **1.** [in hospital] salle *f* - **2.** *UK* POL circonscription *f* électorale - **3.** LAW pupille *mf*.

◆ **ward off** *vt insep* [danger] écarter ; [disease, blow] éviter ; [evil spirits] éloigner.

war dance *n* danse *f* guerrière.

warden ['wɔ:dn] *n* - **1.** [of park etc] gardien *m*, -enne *f* - **2.** *UK* [of youth hostel, hall of residence] directeur *m*, -trice *f* - **3.** *US* [of prison] directeur *m*, -trice *f*.

warder ['wɔ:dəʳ] *n UK* [in prison] gardien *m*, -enne *f*.

ward of court *n* pupille *mf* sous tutelle judiciaire.

wardrobe ['wɔ:drəʊb] *n* garde-robe *f*.

wardrobe mistress *n UK* costumière *f*.

warehouse ['weəhaʊs] (*pl* [-haʊzɪz]) *n* entrepôt *m*, magasin *m*.

wares [weəz] *npl* marchandises *fpl*.

warfare ['wɔ:feəʳ] *n (U)* guerre *f*.

war game *n* - **1.** [military exercise] manœuvres *fpl* militaires - **2.** [game of strategy] jeu *m* de stratégie militaire.

warhead ['wɔ:hed] *n* ogive *f*, tête *f*.

warily ['weərəlɪ] *adv* avec précaution *OR* circonspection.

warlike ['wɔ:laɪk] *adj* belliqueux(euse).

warm [wɔ:m] <> *adj* - **1.** [gen] chaud(e) ; **are you ~ enough?** tu as assez chaud? ; **it's ~ today** il fait chaud aujourd'hui - **2.** [friendly] chaleureux(euse). <> *vt* chauffer.

◆ **warm over** *vt sep US lit & fig* resservir.

◆ **warm to** *vt insep* [person] se prendre de sympathie pour ; [idea, place] se mettre à aimer.

◆ **warm up** ◇ *vt sep* réchauffer. ◇ *vi* **- 1.** [person, room] se réchauffer **- 2.** [machine, engine] chauffer **- 3.** SPORT s'échauffer.

warm-blooded [-'blʌdɪd] *adj* à sang chaud.

war memorial *n* monument *m* aux morts.

warm front *n* METEOR front *m* chaud.

warm-hearted [-'hɑːtɪd] *adj* chaleureux(euse), affectueux(euse).

warmly ['wɔːmlɪ] *adv* **- 1.** [in warm clothes] **: to dress ~** s'habiller chaudement **- 2.** [in a friendly way] chaleureusement.

warmness ['wɔːmnɪs] *n* chaleur *f*.

warmonger ['wɔːˌmʌŋgəʳ] *n* belliciste *mf*.

warmth [wɔːmθ] *n* chaleur *f*.

warm-up *n* SPORT échauffement *m*.

warn [wɔːn] ◇ *vt* avertir, prévenir ; **to ~ sb of sthg** avertir qqn de qqch ; **to ~ sb not to do sthg** conseiller à qqn de ne pas faire qqch, déconseiller à qqn de faire qqch. ◇ *vi* : **to ~ of sthg** annoncer un risque de qqch.

warning ['wɔːnɪŋ] ◇ *adj* d'avertissement. ◇ *n* avertissement *m*.

warning light *n* voyant *m*, avertisseur *m* lumineux.

warning triangle *n UK* triangle *m* de signalisation.

warp [wɔːp] ◇ *vt* **- 1.** [wood] gauchir, voiler **- 2.** [personality] fausser, pervertir. ◇ *vi* [wood] gauchir, se voiler. ◇ *n* [of cloth] chaîne *f*.

warpath ['wɔːpɑːθ] *n* **: to be on the ~** *fig* être sur le sentier de la guerre.

warped [wɔːpt] *adj* **- 1.** [wood] gauchi(e) **- 2.** [personality, idea] perverti(e).

warrant ['wɒrənt] ◇ *n* LAW mandat *m*. ◇ *vt* **- 1.** [justify] justifier **- 2.** [guarantee] garantir.

warrant officer *n* adjudant *m*, -e *f*.

warranty ['wɒrəntɪ] (*pl* **-ies**) *n* garantie *f*.

warren ['wɒrən] *n* terrier *m*.

warring ['wɔːrɪŋ] *adj* en guerre.

warrior ['wɒrɪəʳ] *n* guerrier *m*, -ère *f*.

Warsaw ['wɔːsɔː] *n* Varsovie ; **the ~ Pact** le pacte de Varsovie.

warship ['wɔːʃɪp] *n* navire *m* de guerre.

wart [wɔːt] *n* verrue *f*.

wartime ['wɔːtaɪm] ◇ *adj* de guerre. ◇ *n* : **in ~** en temps de guerre.

war-torn *adj* déchiré(e) par la guerre.

war widow *n* veuve *f* de guerre.

wary ['weərɪ] (*comp* **-ier**, *superl* **-iest**) *adj* prudent(e), circonspect(e) ; **to be ~ of** se méfier de ; **to be ~ of doing sthg** hésiter à faire qqch.

was (*weak form* [wəz], *strong form* [wɒz]) *pt* ▷ **be**.

wash [wɒʃ] ◇ *n* **- 1.** [act] lavage *m* ; **to have a ~** *UK* se laver ; **to give sthg a ~** laver qqch **- 2.** [clothes] lessive *f* **- 3.** [from boat] remous *m*. ◇ *vt* **- 1.** [clean] laver ; **to ~ one's hands** se laver les mains **- 2.** [carry] **: the waves ~ed the oil/body onto the beach** les vagues ont rejeté le pétrole/corps sur la plage. ◇ *vi* se laver.

◆ **wash away** *vt sep* emporter.

◆ **wash down** *vt sep* **- 1.** [food] arroser **- 2.** [clean] laver à grande eau.

◆ **wash out** *vt sep* **- 1.** [stain, dye] faire partir, enlever **- 2.** [container] laver.

◆ **wash up** ◇ *vt sep* **- 1.** *UK* [dishes] **: to ~ the dishes up** faire *OR* laver la vaisselle **- 2.** [subj: sea, river] rejeter. ◇ *vi* **- 1.** *UK* [wash dishes] faire *OR* laver la vaisselle **- 2.** *US* [wash oneself] se laver.

washable ['wɒʃəbl] *adj* lavable.

wash-and-wear *adj* qui ne nécessite aucun repassage.

washbasin *UK* ['wɒʃˌbeɪsn], **washbowl** *US* ['wɒʃbəʊl] *n* lavabo *m*.

washcloth ['wɒʃˌklɒθ] *n US* gant *m* de toilette.

washed-out [ˌwɒʃt-] *adj* **- 1.** [pale] délavé(e) **- 2.** [exhausted] lessivé(e).

washed-up [ˌwɒʃt-] *adj inf* [person] fini(e) ; [project] fichu(e).

washer ['wɒʃəʳ] *n* **- 1.** TECH rondelle *f* **- 2.** [washing machine] machine *f* à laver.

washer-dryer *n* machine *f* à laver séchante.

washing ['wɒʃɪŋ] *n (U)* **- 1.** [action] lessive *f* **- 2.** [clothes] linge *m*, lessive *f*.

washing line *n* corde *f* à linge.

washing machine *n* machine *f* à laver.

washing powder *n UK* lessive *f*, détergent *m*.

Washington ['wɒʃɪŋtən] *n* **- 1.** [state] **: ~ State** l'État *m* de Washington **- 2.** [city] **: ~ D.C.** Washington.

washing-up *n UK* vaisselle *f*.

washing-up liquid *n UK* liquide *m* pour la vaisselle.

washout ['wɒʃaʊt] *n inf* fiasco *m*.

washroom ['wɒʃrʊm] *n US* toilettes *fpl*.

wasn't [wɒznt] *abbr of* **was not**.

wasp [wɒsp] *n* guêpe *f*.

Wasp, **WASP** [wɒsp] (*abbr of* **White Anglo-Saxon Protestant**) *n inf personne de race blanche, d'origine anglo-saxonne et protestante.*

waspish ['wɒspɪʃ] *adj* revêche, grincheux(euse).

wastage ['weɪstɪdʒ] *n* gaspillage *m*.

waste [weɪst] <> *adj* [material] de rebut ; [fuel] perdu(e) ; [area of land] en friche. <> *n* - **1.** [misuse] gaspillage *m* ; **it's a ~ of money** [extravagance] c'est du gaspillage ; [bad investment] c'est de l'argent perdu ; **to go to ~** [gen] être gaspillé ; [food] se perdre ; [work] ne servir à rien ; **a ~ of time** une perte de temps - **2.** *(U)* [refuse] déchets *mpl*, ordures *fpl*. <> *vt* [money, food, energy] gaspiller ; [time, opportunity] perdre.
◆ **wastes** *npl lit* étendues *fpl* désertes.

wastebasket *US* = **wastepaper basket**.

waste disposal unit *n* broyeur *m* d'ordures.

wasteful ['weɪstfʊl] *adj* [person] gaspilleur(euse) ; [activity] peu économique.

waste ground *n UK (U)* terrain *m* vague.

wasteland ['weɪst,lænd] *n* [in country] terre *f* à l'abandon ; *UK* [in city] terrain *m* vague.

waste paper *n* papier *m* de rebut.

wastepaper basket, **wastepaper bin** *UK* [,weɪst'peɪpəʳ-], **wastebasket** *US* ['weɪst,bɑːskɪt] *n* corbeille *f* à papier.

watch [wɒtʃ] <> *n* - **1.** [timepiece] montre *f* - **2.** [act of watching] : **to keep ~** faire le guet, monter la garde ; **to keep ~ on sb/sthg** surveiller qqn/qqch - **3.** [guard] garde *f* ; NAUT [shift] quart *m*. <> *vt* - **1.** [look at] regarder - **2.** [spy on, guard] surveiller - **3.** [be careful about] faire attention à ; **~ your language!** surveille ton langage! ; **~ it!** *inf* attention! <> *vi* regarder.
◆ **watch out** *vi* faire attention, prendre garde.
◆ **watch over** *vt insep* veiller sur.

watchdog ['wɒtʃdɒg] *n* - **1.** [dog] chien *m* de garde - **2.** *fig* [organization] organisation *f* de contrôle.

watchful ['wɒtʃfʊl] *adj* vigilant(e).

watchmaker ['wɒtʃ,meɪkəʳ] *n* horloger *m*, -ère *f*.

watchman ['wɒtʃmən] (*pl* **-men** [-mən]) *n* gardien *m*.

watchword ['wɒtʃwɜːd] *n* mot *m* d'ordre.

water ['wɔːtəʳ] <> *n* - **1.** [liquid] eau *f* ; **to pour** OR **throw cold ~ on sthg** *fig* se montrer négatif à l'égard de qqch ; **to tread ~** flotter ; **that's all ~ under the bridge** tout ça, c'est du passé - **2.** [urine] : **to pass ~** uriner. <> *vt* arroser. <> *vi* - **1.** [eyes] pleurer, larmoyer - **2.** [mouth] : **my mouth was ~ing** j'en avais l'eau à la bouche ; **it made my mouth ~** cela m'a fait venir l'eau à la bouche.
◆ **waters** *npl* [sea] eaux *fpl*.
◆ **water down** *vt sep* - **1.** [dilute] diluer ; [alcohol] couper d'eau - **2.** *usu pej* [plan, demand] atténuer, modérer ; [play, novel] édulcorer.

water bed *n* lit *m* d'eau.

water bird *n* oiseau *m* aquatique.

water biscuit *n* cracker *m*, craquelin *m*.

waterborne ['wɔːtəbɔːn] *adj* [disease] d'origine hydrique.

water bottle *n* gourde *f*, bidon *m* (à eau).

water buffalo *n* karbau *m*, kérabau *m*.

water cannon *n* canon *m* à eau.

water chestnut *n* châtaigne *f* d'eau.

water closet *n dated* toilettes *fpl*, waters *mpl*.

watercolour *UK*, **watercolor** *US* ['wɔːtə,kʌləʳ] *n* - **1.** [picture] aquarelle *f* - **2.** [paint] peinture *f* à l'eau, couleur *f* pour aquarelle.

water-cooled [-,kuːld] *adj* à refroidissement par eau.

watercourse ['wɔːtəkɔːs] *n* cours *m* d'eau.

watercress ['wɔːtəkres] *n* cresson *m*.

watered-down [,wɔːtəd-] *adj usu pej* modéré(e), atténué(e) ; [version] édulcoré(e).

waterfall ['wɔːtəfɔːl] *n* chute *f* d'eau, cascade *f*.

waterfront ['wɔːtəfrʌnt] *n* quais *mpl*.

water heater *n* chauffe-eau *m inv*.

waterhole ['wɔːtəhəʊl] *n* mare *f*, point *m* d'eau.

watering can ['wɔːtərɪŋ-] *n* arrosoir *m*.

water jump *n* brook *m*.

water level *n* niveau *m* de l'eau.

water lily *n* nénuphar *m*.

waterline ['wɔːtəlaɪn] *n* NAUT ligne *f* de flottaison.

waterlogged ['wɔːtəlɒgd] *adj* - **1.** [land] détrempé(e) - **2.** [vessel] plein(e) d'eau.

water main *n* conduite *f* principale d'eau.

watermark ['wɔːtəmɑːk] *n* - **1.** [in paper] filigrane *m* - **2.** [showing water level] laisse *f*.

watermelon ['wɔːtə,melən] *n* pastèque *f*.

water pipe *n* conduite *f* d'eau.

water pistol *n* pistolet *m* à eau.

water polo *n* water-polo *m*.

waterproof ['wɔːtəpruːf] <> *adj* imperméable. <> *n UK* imperméable *m*. <> *vt* imperméabiliser.

water rates *npl UK* taxe *f* sur l'eau.

water-resistant *adj* qui résiste à l'eau.

watershed ['wɔːtəʃed] *n fig* [turning point] tournant *m*, moment *m* critique.

waterside ['wɔːtəsaɪd] ◇ *adj* au bord de l'eau. ◇ *n* : **the ~** le bord de l'eau.

water skiing *n* ski *m* nautique.

water softener *n* adoucisseur *m* d'eau.

water-soluble *adj* soluble dans l'eau.

waterspout ['wɔːtəspaʊt] *n* trombe *f*.

water supply *n* alimentation *f* en eau, approvisionnement *m* d'eau.

water table *n* niveau *m* hydrostatique.

water tank *n* réservoir *m* d'eau, citerne *f*.

watertight ['wɔːtətaɪt] *adj* **- 1.** [waterproof] étanche **- 2.** *fig* [excuse, contract] parfait(e) ; [argument] irréfutable ; [plan] infaillible.

water tower *n* château *m* d'eau.

waterway ['wɔːtəweɪ] *n* voie *f* navigable.

waterworks ['wɔːtəwɜːks] (*pl* **waterworks**) *n* [building] installation *f* hydraulique, usine *f* de distribution d'eau.

watery ['wɔːtərɪ] *adj* **- 1.** [food, drink] trop dilué(e) ; [tea, coffee] pas assez fort(e) **- 2.** [pale] pâle.

watt [wɒt] *n* watt *m*.

wattage ['wɒtɪdʒ] *n* puissance *f* OR consommation *f* en watts.

wave [weɪv] ◇ *n* **- 1.** [of hand] geste *m*, signe *m* **- 2.** [of water, emotion, nausea] vague *f* **- 3.** [of light, sound] onde *f* ; [of heat] bouffée *f* **- 4.** [in hair] cran *m*, ondulation *f*. ◇ *vt* **- 1.** [arm, handkerchief] agiter ; [flag, stick] brandir **- 2.** [signal to] : **he ~d the car on** il a fait signe à la voiture d'avancer. ◇ *vi* **- 1.** [with hand] faire signe de la main ; **to ~ at** OR **to sb** faire signe à qqn, saluer qqn de la main **- 2.** [flags, trees] flotter.

◆ **wave aside** *vt sep fig* [dismiss] écarter, rejeter.

◆ **wave down** *vt sep* : **to ~ down a vehicle** faire signe à un véhicule de s'arrêter.

wave band *n* bande *f* de fréquences, gamme *f* d'ondes.

wavelength ['weɪvleŋθ] *n* longueur *f* d'ondes ; **to be on the same ~** *fig* être sur la même longueur d'ondes.

waver ['weɪvəʳ] *vi* **- 1.** [falter] vaciller, chanceler **- 2.** [hesitate] hésiter, vaciller **- 3.** [fluctuate] fluctuer, varier.

wavy ['weɪvɪ] (*comp* **-i**, *superl* **-iest**) *adj* [hair] ondulé(e) ; [line] onduleux(euse).

wax [wæks] ◇ *n (U)* **- 1.** [in candles, polish] cire *f* ; [for skis] fart *m* **- 2.** [in ears] cérumen *m*. ◇ *vt* cirer ; [skis] farter. ◇ *vi* **- 1.** *dated & hum* [become] devenir ; **to ~ and wane** connaître des hauts et des bas **- 2.** [moon] croître.

waxen ['wæksən] *adj* cireux(euse).

wax paper *n US* papier *m* sulfurisé.

waxworks ['wækswɜːks] (*pl* **waxworks**) *n* [museum] musée *m* de cire.

way [weɪ] ◇ *n* **- 1.** [means, method] façon *f* ; **~s and means** moyens *mpl* ; **to get** OR **have one's ~** obtenir ce qu'on veut ; **she expects to have everything her own ~** elle s'attend à ce qu'on lui fasse ses quatre volontés **- 2.** [manner, style] façon *f*, manière *f* ; **in the same ~** de la même manière OR façon ; **this/that ~** comme ça, de cette façon ; **in a ~** d'une certaine manière, en quelque sorte ; **in a big/small ~** à un haut/moindre degré **- 3.** [skill] : **to have a ~ with** savoir comment s'y prendre avec ; **to have a ~ of doing sthg** avoir le chic pour faire qqch **- 4.** [route, path] chemin *m* ; **~ in** entrée *f* ; **~ out** sortie *f* ; **to be out of one's ~** [place] ne pas être sur sa route ; **on the** OR **one's ~** sur le OR son chemin ; **across** OR **over the ~** juste en face ; **to be under ~** [ship] faire route ; *fig* [meeting] être en cours ; **to get under ~** [ship] se mettre en route ; *fig* [meeting] démarrer ; **'give ~'** *UK* AUT 'vous n'avez pas la priorité' ; **to be in the ~** gêner ; **to be out of the ~** [finished] être fini ; [not blocking] ne pas gêner ; **to go out of one's ~ to do sthg** se donner du mal pour faire qqch ; **to keep out of sb's ~** éviter qqn ; **keep out of the ~!** restez à l'écart! ; **to make one's ~** aller ; **to make one's ~ towards** se diriger vers ; **to make ~ for** faire place à ; **to stand in sb's ~** *fig* [subj: obstacle] gêner qqn ; [subj: person] s'opposer à la volonté de qqn ; **to work one's ~** progresser **- 5.** [direction] **: to go/look/come this ~** aller/regarder/venir par ici ; **the right/wrong ~ round** [in sequence] dans le bon/mauvais ordre ; **she had her hat on the wrong ~ round** elle avait mis son chapeau à l'envers ; **the right/wrong ~ up** dans le bon/mauvais sens **- 6.** [distance] **: all the ~** tout le trajet ; *fig* [support etc] jusqu'au bout ; **most of the ~** presque tout le trajet OR chemin ; **a long ~** loin ; **to go a long ~ towards doing sthg** *fig* contribuer largement à faire qqch **- 7.** *phr* **to give ~** [under weight, pressure] céder ; **no ~!** pas question! ◇ *adv inf* [a lot] largement ; **~ better** bien mieux.

◆ **ways** *npl* [customs, habits] coutumes *fpl*.

◆ **by the way** *adv* au fait.

◆ **by way of** *prep* **- 1.** [via] par **- 2.** [as a sort of] en guise de.

◆ **in the way of** *prep* comme.

waylay [ˌweɪ'leɪ] (*pt & pp* **-laid** [-'leɪd]) *vt* arrêter (au passage).

way of life *n* façon *f* de vivre.

way-out *adj inf* excentrique.

wayside ['weɪsaɪd] *n* [roadside] bord *m* (de la route) ; **to fall by the ~** *fig* tomber à l'eau.

wayward ['weɪwəd] *adj* qui n'en fait qu'à sa tête ; [behaviour] capricieux(euse).

WC (*abbr of* **water closet**) *n* W.-C. *mpl*

WCC (*abbr of* **World Council of Churches**) *n assemblée mondiale des Églises.*

we [wi:] *pers pron* nous ; **WE can't do it** nous, nous ne pouvons pas le faire ; **as ~ say in France** comme on dit en France ; **~ British** nous autres Britanniques.

weak [wi:k] *adj* **- 1.** [gen] faible **- 2.** [delicate] fragile **- 3.** [unconvincing] peu convaincant(e) **- 4.** [drink] léger(ère).

weaken ['wi:kn] ◇ *vt* **- 1.** [undermine] affaiblir **- 2.** [reduce] diminuer **- 3.** [physically - person] affaiblir ; [- structure] fragiliser. ◇ *vi* faiblir.

weak-kneed [-ni:d] *adj inf pej* lâche.

weakling ['wi:klɪŋ] *n pej* mauviette *f.*

weakly ['wɪ:klɪ] *adv* faiblement.

weak-minded [-'maɪndɪd] *adj* [weak-willed] faible de caractère.

weakness ['wi:knɪs] *n* **- 1.** *(U)* [physical - of person] faiblesse *f* ; [- of structure] fragilité *f* **- 2.** [liking] **: to have a ~ for sthg** avoir un faible pour qqch **- 3.** [imperfect point] point *m* faible, faiblesse *f.*

weal [wi:l] *n* marque *f.*

wealth [welθ] *n* **- 1.** *(U)* [riches] richesse *f* **- 2.** [abundance] **: a ~ of** une profusion de.

wealth tax *n UK* impôt *m* sur la fortune.

wealthy ['welθɪ] (*comp* **-ier**, *superl* **-iest**) *adj* riche.

wean [wi:n] *vt* **- 1.** [baby, lamb] sevrer **- 2.** [discourage] **: to ~ sb from** *OR* **off sthg** [interest, habit] faire perdre qqch à qqn ; [drugs, alcohol] détourner qqn de qqch.

weapon ['wepən] *n* arme *f.*

weaponize ['wepənaɪz] *vt* militariser.

weaponry ['wepənrɪ] *n (U)* armement *m.*

weapons-grade *adj* militaire.

wear [weəʳ] ◇ *n (U)* **- 1.** [type of clothes] tenue *f* **- 2.** [damage] usure *f* ; **~ and tear** usure **- 3.** [use] **: these shoes have had a lot of ~** ces chaussures ont fait beaucoup d'usage ; **to be the worse for ~** être fatigué ; [drunk] être mûr. ◇ *vt* (*pt* **wore**, *pp* **worn**) **- 1.** [clothes, hair] porter ; **she ~s her hair in a bun** elle porte un chignon **- 2.** [damage] user. ◇ *vi* (*pt* **wore**, *pp* **worn**) **- 1.** [deteriorate] s'user **- 2.** [last] **: to ~ well** durer longtemps, faire de l'usage ; **to ~ badly** ne pas durer longtemps **- 3.** *phr* **to ~ thin** [excuse] ne plus marcher.

◆ **wear away** ◇ *vt sep* [rock, wood] user ; [grass] abîmer. ◇ *vi* [rock, wood] s'user ; [grass] s'abîmer.

◆ **wear down** ◇ *vt sep* **- 1.** [material] user **- 2.** [person, resistance] épuiser. ◇ *vi* s'user.

◆ **wear off** *vi* disparaître.

◆ **wear on** *vi* [time] passer lentement ; [evening, afternoon] se traîner ; [discussion] traîner en longueur.

◆ **wear out** ◇ *vt sep* **- 1.** [shoes, clothes] user **- 2.** [person] épuiser. ◇ *vi* s'user.

wearable ['weərəbl] *adj* mettable.

wearily ['wɪərɪlɪ] *adv* péniblement ; **to sigh ~** pousser un soupir de lassitude.

weariness ['wɪərɪnɪs] *n* lassitude *f.*

wearing ['weərɪŋ] *adj* [exhausting] épuisant(e).

weary ['wɪərɪ] (*comp* **-ier**, *superl* **-iest**) *adj* **- 1.** [exhausted] las (lasse) ; [sigh] de lassitude **- 2.** [fed up] **: to be ~ of sthg/of doing sthg** être las de qqch/de faire qqch.

weasel ['wɪ:zl] *n* belette *f.*

weather ['weðəʳ] ◇ *n* temps *m* ; **what's the ~ like?** quel temps fait-il? ; **good ~** beau temps ; **to make heavy ~ of it** se compliquer la tâche ; **to be under the ~** être patraque. ◇ *vt* [crisis, problem] surmonter. ◇ *vi* [rock] s'éroder ; [wood] s'user.

weather-beaten [-ˌbi:tn] *adj* **- 1.** [face, skin] tanné(e) **- 2.** [building, stone] abîmé(e) par les intempéries.

weathercock ['weðəkɒk] *n* girouette *f.*

weathered ['weðəd] *adj* [stone] érodé(e) ; [building, wood] qui a souffert des intempéries.

weather forecast *n* météo *f*, prévisions *fpl* météorologiques.

weatherman ['weðəmæn] (*pl* **-men** [-men]) *n* météorologue *m.*

weather map *n* carte *f* météorologique.

weatherproof ['weðəpru:f] *adj* [clothing] imperméable ; [building] à l'épreuve des intempéries.

weather report *n* bulletin *m* météorologique.

weather ship *n* navire *m* météo.

weather vane [-veɪn] *n* girouette *f.*

weave [wi:v] ◇ *n* tissage *m.* ◇ *vt* (*pt* **wove**, *pp* **woven**) **- 1.** [using loom] tisser **- 2.** [move] **: to ~ one's way** se faufiler. ◇ *vi* (*pt* **wove**, *pp* **woven**) [move] se faufiler.

weaver ['wi:vəʳ] *n* tisserand *m*, -e *f.*

web, **Web** [web] *n* **- 1.** [cobweb] toile *f* (d'araignée) **- 2.** COMPUT **: the ~** le Web, la Toile **- 3.** *fig* [of lies] tissu *m.*

webbed [webd] *adj* palmé(e).

webbing ['webɪŋ] *n (U)* sangles *fpl.*

web browser *n* COMPUT navigateur *m.*

webcam ['webkæm] *n* webcam *f.*

web designer *n* concepteur *m* de site web.

web-footed [-'fʊtɪd] *adj* aux pieds palmés.

webmaster ['webˌmɑstəʳ] *n* webmaster *m*, webmestre *m.*

web page, **Web page** *n* page *f* Web.

website, **Web site** *n* COMPUT site *m* Internet *OR* Web.

wed [wed] (*pt & pp* **wed** *OR* **-ded**) *lit* ◇ *vt* épouser. ◇ *vi* se marier.

we'd [wi:d] *see also* **we had**, *see also* **we would**.

Wed. (*abbr of* **Wednesday**) mer.

wedded ['wedɪd] *adj* [committed] : **~ to** dévoué(e) à.

wedding ['wedɪŋ] *n* mariage *m*.

wedding anniversary *n* anniversaire *m* de mariage.

wedding cake *n* pièce *f* montée.

wedding dress *n* robe *f* de mariée.

wedding reception *n* réception *f* de mariage.

wedding ring *n* alliance *f*.

wedge [wedʒ] ◇ *n* - **1.** [for steadying] cale *f* - **2.** [for splitting] coin *m* ; **to drive a ~ between** *fig* semer la discorde entre ; **the thin end of the ~** *fig* le commencement de la fin - **3.** [of cake, cheese] morceau *m*. ◇ *vt* caler.

wedlock ['wedlɒk] *n (U) lit* mariage *m*.

Wednesday ['wenzdɪ] *n* mercredi *m*, *see also* **Saturday**.

wee [wi:] ◇ *adj Scotland* petit(e). ◇ *n UK inf* pipi *m*. ◇ *vi UK inf* faire pipi.

weed [wi:d] ◇ *n* - **1.** [plant] mauvaise herbe *f* - **2.** *UK inf* [feeble person] mauviette *f*. ◇ *vt* désherber.

◆ **weed out** *vt sep* éliminer.

weeding ['wi:dɪŋ] *n* désherbage *m*.

weedkiller ['wi:dˌkɪləʳ] *n* désherbant *m*.

weedy ['wi:dɪ] (*comp* **-ier**, *superl* **-iest**) *adj UK inf* [feeble] qui agit comme une mauviette.

week [wi:k] *n* semaine *f* ; **Saturday ~** *UK*, **a ~ on Saturday** *UK*, **à ~ from Saturday** *US* samedi en huit.

weekday ['wi:kdeɪ] *n* jour *m* de semaine.

weekend [ˌwi:k'end] *n* week-end *m*, fin *m* de semaine ; **on** *OR* **at the ~** le week-end.

weekend bag *n* sac *m* de voyage.

weekly ['wi:klɪ] ◇ *adj* hebdomadaire. ◇ *adv* chaque semaine. ◇ *n* hebdomadaire *m*.

weeny ['wi:nɪ] *adj UK inf* tout petit (toute petite).

weep [wi:p] ◇ *n* : **to have a ~** pleurer. ◇ *vt & vi* (*pt & pp* **wept**) pleurer.

weeping willow [ˌwi:pɪŋ-] *n* saule *m* pleureur.

weepy ['wi:pɪ] (*comp* **-ier**, *superl* **-iest**) *adj* [person] pleurnicheur(euse) ; [film] sentimental(e).

weewee *n & vi* = **wee**.

weft [weft] *n* trame *f*.

weigh [weɪ] *vt* - **1.** [gen] peser - **2.** NAUT : **to ~ anchor** lever l'ancre.

◆ **weigh down** *vt sep* - **1.** [physically] : **to be ~ed down with sthg** plier sous le poids de qqch - **2.** [mentally] : **to be ~ed down by** *OR* **with sthg** être accablé par qqch.

◆ **weigh (up)on** *vt insep* peser à.

◆ **weigh out** *vt sep* peser.

◆ **weigh up** *vt sep* - **1.** *UK* [consider carefully] examiner ; **to ~ up the pros and cons** peser le pour et le contre - **2.** [size up] juger, évaluer.

weighbridge ['weɪbrɪdʒ] *n UK* pont-bascule *m*.

weighing machine ['weɪɪŋ-] *n* balance *f*.

weight [weɪt] ◇ *n lit & fig* poids *m* ; **to put on** *OR* **gain ~** prendre du poids, grossir ; **to lose ~** perdre du poids, maigrir ; **to pull one's ~** faire sa part du travail, participer à la tâche ; **to take the ~ off one's feet** se reposer, s'asseoir ; **to throw one's ~ about** faire l'important ; **to carry ~** avoir du poids. ◇ *vt* : **to ~ sthg (down)** [hold in place] maintenir qqch avec un poids ; [make heavier] alourdir qqch.

weighted ['weɪtɪd] *adj* : **to be ~ in favour of/against** être favorable/défavorable à.

weighting ['weɪtɪŋ] *n* indemnité *f*.

weightlessness ['weɪtlɪsnɪs] *n* apesanteur *f*.

weightlifter ['weɪtˌlɪftəʳ] *n* haltérophile *m*.

weightlifting ['weɪtˌlɪftɪŋ] *n* haltérophilie *f*.

weight training *n* musculation *f*.

weighty ['weɪtɪ] (*comp* **-ier**, *superl* **-iest**) *adj* [serious] important(e), de poids.

weir [wɪəʳ] *n UK* barrage *m*.

weird [wɪəd] *adj* bizarre.

weirdo ['wɪədəʊ] (*pl* **-s**) *n inf* drôle de type *m*.

welcome ['welkəm] ◇ *adj* - **1.** [guest, help etc] bienvenu(e) ; **to make sb ~** faire bon accueil à qqn - **2.** [free] : **you're ~ to...** n'hésitez pas à... - **3.** [in reply to thanks] : **you're ~** il n'y a pas de quoi, de rien. ◇ *n* accueil *m*. ◇ *vt* - **1.** [receive] accueillir - **2.** [approve of] se réjouir de. ◇ *excl* bienvenue!

welcoming ['welkəmɪŋ] *adj* accueillant(e).

weld [weld] ◇ *n* soudure *f*. ◇ *vt* souder.

welder [weldəʳ] *n* soudeur *m*, -euse *f*.

welfare ['welfeəʳ] ◇ *adj* social(e). ◇ *n* - **1.** [well-being] bien-être *m* - **2.** *US* [income support] assistance *f* publique.

welfare state *n* État-providence *m*.

well [wel] ◇ *adj* (*comp* **better**, *superl* **best**) bien ; **I'm very ~, thanks** je vais très bien, merci ; **all is ~** tout va bien ; **(all) ~ and good** très bien ; **just as ~** aussi bien. ◇ *adv* bien ;

the team was ~ beaten l'équipe a été battue à plates coutures ; **to go ~** aller bien ; **~ done!** bravo! ; **~ and truly** bel et bien ; **to be ~ in with sb** *inf* être bien avec qqn ; **you're ~ out of it** *inf* c'est mieux comme ça pour toi. ◇ *n* [for water, oil] puits *m*. ◇ *excl* - **1.** [in hesitation] heu!, eh bien! - **2.** [to correct oneself] bon!, enfin! - **3.** [to express resignation] **: oh ~!** eh bien! - **4.** [in surprise] tiens!

◆ **as well** *adv* - **1.** [in addition] aussi, également - **2.** [with same result] **: I/you** *etc* **may** *OR* **might as ~ (do sthg)** je/tu *etc* ferais aussi bien (de faire qqch).

◆ **as well as** *conj* en plus de, aussi bien que.

◆ **well up** *vi* **: tears ~ed up in her eyes** les larmes lui montaient aux yeux.

we'll [wi:l] *abbr of* **we shall, we will.**

well-adjusted *adj* bien dans sa peau.

well-advised [-əd'vaɪzd] *adj* sage ; **you would be ~ to do sthg** tu ferais bien de faire qqch.

well-appointed [-ə'pɔɪntɪd] *adj* bien équipé(e).

well-balanced *adj* (bien) équilibré(e).

well-behaved [-bɪ'heɪvd] *adj* sage.

wellbeing [ˌwel'bi:ɪŋ] *n* bien-être *m*.

well-bred [-'bred] *adj* bien élevé(e).

well-built *adj* bien bâti(e).

well-chosen *adj* bien choisi(e).

well-disposed *adj* **: to be ~ to** *OR* **towards sb** être bien disposé(e) envers qqn ; **to be ~ towards sthg** être favorable à qqch.

well-done *adj* CULIN bien cuit(e).

well-dressed [-'drest] *adj* bien habillé(e).

well-earned [-ɜ:nd] *adj* bien mérité(e).

well-established *adj* bien établi(e).

well-fed *adj* bien nourri(e).

well-groomed [-'gru:md] *adj* soigné(e).

wellhead ['welhed] *n* source *f*.

well-heeled [-'hi:ld] *adj inf* nanti(e).

wellies ['welɪz] *npl UK inf* = **wellington boots.**

well-informed *adj* **: to be ~ (about/on)** être bien informé(e) (sur).

Wellington ['welɪŋtən] *n* Wellington.

wellington boots ['welɪŋtən-], **wellingtons** ['welɪŋtənz] *npl UK* bottes *fpl* de caoutchouc.

well-intentioned [-ɪn'tenʃnd] *adj* bien intentionné(e).

well-kept *adj* - **1.** [building, garden] bien tenu(e) - **2.** [secret] bien gardé(e).

well-known *adj* bien connu(e).

well-mannered [-'mænəd] *adj* bien élevé(e).

well-meaning *adj* bien intentionné(e).

well-nigh [-naɪ] *adv* presque, pratiquement.

well-off *adj* - **1.** [rich] riche - **2.** [well-provided] **: to be ~ for sthg** être bien pourvu(e) en qqch ; **he doesn't know when he is ~** *inf* il ne connaît pas son bonheur.

well-paid *adj* bien payé(e).

well-preserved *adj fig* bien conservé(e).

well-proportioned [-prə'pɔ:ʃnd] *adj* bien proportionné(e).

well-read [-'red] *adj* cultivé(e).

well-rounded [-'raʊndɪd] *adj* [education, background] complet(ète).

well-spoken *adj* qui parle bien.

well-thought-of *adj* qui a une bonne réputation.

well-thought-out *adj* bien conçu(e).

well-timed [-'taɪmd] *adj* bien calculé(e), qui vient à point nommé.

well-to-do *adj* riche.

wellwisher ['welˌwɪʃər] *n* admirateur *m*, -trice *f*.

well-woman clinic *n UK* centre *m* de santé pour femmes.

Welsh [welʃ] ◇ *adj* gallois(e). ◇ *n* [language] gallois *m*. ◇ *npl* **: the ~** les Gallois *mpl*.

Welsh Assembly *n* Assemblée *f* galloise.

The Welsh Assembly

L'Assemblée galloise, qui siège à Cardiff, est constituée de 60 membres (*Members of Parliament* ou *MPs*) dirigés par le président de l'Assemblée *(First Secretary)*. Elle est chargée de voter la plupart des lois en matière de politique intérieure, mais, contrairement au Parlement écossais, elle n'est pas compétente dans le domaine des impôts. La politique étrangère, l'économie, la défense et les affaires européennes demeurent sous le contrôle du gouvernement britannique à Londres.

Welshman ['welʃmən] (*pl* **-men** [-mən]) *n* Gallois *m*.

Welsh rarebit [-'reəbɪt] *n* toast *m* au fromage chaud.

Welshwoman ['welʃˌwʊmən] (*pl* **-women** [-ˌwɪmɪn]) *n* Galloise *f*.

welter ['weltər] *n* [of ideas, emotions] confusion *f*.

welterweight ['weltəweɪt] *n* poids *m* welter.

wend [wend] *vt lit* **to ~ one's way homewards** [set off] se mettre en route pour rentrer à la maison ; [be on one's way] être sur le chemin de la maison.

wendy house ['wendɪ-] *n UK* maison *f* en modèle réduit *(pour jouer)*.

went [went] *pt* ▷ **go**.

wept [wept] *pt & pp* ▷ **weep**.

were [wɜːʳ] ▷ **be**.

we're [wɪəʳ] *abbr of* **we are**.

weren't [wɜːnt] *abbr of* **were not**.

werewolf ['wɪəwʊlf] (*pl* **-wolves** [-wʊlvz]) *n* loup-garou *m*.

west [west] ◇ *n* **- 1.** [direction] ouest *m* **- 2.** [region] : **the ~** l'ouest *m*. ◇ *adj* ouest *(inv)* ; [wind] d'ouest. ◇ *adv* de l'ouest, vers l'ouest ; **~ of** à l'ouest de.
◆ **West** *n* POL : **the West** l'Occident *m*.

West Bank *n* : **the ~** la Cisjordanie ; **on the ~** en Cisjordanie.

westbound ['westbaʊnd] *adj* en direction de l'ouest.

West Country *n UK* : **the ~** le sud-ouest de l'Angleterre.

West End *n UK* : **the ~** le West-End *(quartier des grands magasins et des théâtres, à Londres)*.

westerly ['westəlɪ] *adj* à l'ouest ; [wind] de l'ouest ; **in a ~ direction** vers l'ouest.

western ['westən] ◇ *adj* **- 1.** [gen] de l'ouest **- 2.** POL occidental(e). ◇ *n* [book, film] western *m*.

Westerner ['westənəʳ] *n* **- 1.** POL Occidental *m*, -e *f* **- 2.** [inhabitant of west of country] personne *f* de l'ouest.

westernize, *UK* **-ise** ['westənaɪz] *vt* occidentaliser.

Western Samoa *n* Samoa *fpl* occidentales ; **in ~** dans les Samoa occidentales.

West German ◇ *adj* ouest-allemand(e). ◇ *n* Allemand *m*, -e *f* de l'Ouest.

West Germany *n* : **(former) ~** (ex-)Allemagne *f* de l'Ouest ; **in ~** en Allemagne de l'Ouest.

West Indian ◇ *adj* antillais(e). ◇ *n* Antillais *m*, -e *f*.

West Indies [-'ɪndiːz] *npl* : **the ~** les Antilles *fpl* ; **in the ~** aux Antilles.

Westminster ['westmɪnstəʳ] *n quartier de Londres où se situe le Parlement britannique.*

Westminster

C'est dans ce quartier que se trouvent le Parlement et le palais de Buckingham. Le nom *Westminster* est également employé pour désigner le Parlement lui-même.

West Virginia *n* Virginie-Occidentale *f* ; **in ~** en Virginie-Occidentale.

westward ['westwəd] *adj & adv* vers l'ouest.

westwards ['westwədz] *adv* vers l'ouest.

wet [wet] (*cont* **-ting**) ◇ *adj* (*comp* **-ter**, *superl* **-test**) **- 1.** [damp, soaked] mouillé(e) **- 2.** [rainy] pluvieux(euse) **- 3.** [not dry - paint, cement] frais (fraîche) **- 4.** *UK inf pej* [weak, feeble] ramolli(e). ◇ *n UK inf* POL modéré *m*, -e *f*. ◇ *vt* (*pt & pp* **wet** OR **-ted**) mouiller ; **to ~ o.s.** [child] mouiller sa culotte ; *inf* [be terrified] pisser dans son froc.

wet blanket *n inf pej* rabat-joie *m inv*.

wet-look *adj* brillant(e).

wetness ['wetnɪs] *n* **- 1.** [dampness] humidité *f* **- 2.** *UK inf pej* [feebleness] faiblesse *f*.

wet nurse *n* nourrice *f*.

wet rot *n* pourriture *f* humide.

wet suit *n* combinaison *f* de plongée.

WEU (*abbr of* **Western European Union**) *n* UEO *f*.

we've [wiːv] *abbr of* **we have**.

whack [wæk] *inf* ◇ *n* **- 1.** *UK* [share] part *f* **- 2.** [hit] grand coup *m*. ◇ *vt* donner un grand coup à, frapper fort.

whacked [wækt] *adj UK inf* [exhausted] crevé(e).

whacky ['wækɪ] *adj* = **wacky**.

whale [weɪl] *n* baleine *f* ; **to have a ~ of a time** *inf* drôlement bien s'amuser.

whaling ['weɪlɪŋ] *n* pêche *f* à la baleine.

wham [wæm] *excl inf* vlan!

wharf [wɔːf] (*pl* **-s** OR **wharves** [wɔːvz]) *n* quai *m*.

what [wɒt] ◇ *adj* **- 1.** *(in direct, indirect questions)* quel (quelle), quels (quelles) *(pl)* ; **~ colour is it?** c'est de quelle couleur? ; **he asked me ~ colour it was** il m'a demandé de quelle couleur c'était **- 2.** *(in exclamations)* quel (quelle), quels (quelles) *(pl)* ; **~ a surprise!** quelle surprise! ; **~ an idiot I am!** ce que je peux être bête! ◇ *pron* **- 1.** [interrogative - subject] qu'est-ce qui ; [- object] qu'est-ce que, que ; [- after prep] quoi ; **~ are they doing?** qu'est-ce qu'ils font?, que font-ils? ; **~ is going on?** qu'est-ce qui se passe? ; **~ are they talking about?** de quoi parlent-ils? ; **~ about another drink/going out for a meal?** et si on prenait un autre verre/allait manger au restaurant? ; **~ about the rest of us?** et nous alors? ; **~ if...?** et si...? **- 2.** [relative - subject] ce qui ; [- object] ce que ; **I saw ~ happened/fell** j'ai vu ce qui s'était passé/était tombé ; **you can't have ~ you want** tu ne peux pas avoir ce que tu veux. ◇ *excl* [expressing disbelief] comment!, quoi!

whatever [wɒt'evəʳ] ◇ *adj* quel (quelle) que soit ; **any book ~** n'importe quel livre ; **no chance ~** pas la moindre chance ; **nothing ~** rien du tout. ◇ *pron* quoi que *(+ subjunctive)* ; **I'll do ~ I can** je ferai tout ce que je peux ; **~ can this be?** qu'est-ce que cela peut-il bien être? ; **~ that may mean** quoi que cela puisse bien vouloir dire ; **or ~** ou n'importe quoi d'autre.

whatnot ['wɒtnɒt] *n inf* **- 1.** [thing] machin *m* **- 2.** [other things] **: and ~** et d'autres bricoles.

whatsoever [,wɒtsəʊ'evəʳ] *adj* **: I had no interest ~** je n'éprouvais pas le moindre intérêt ; **nothing ~** rien du tout.

wheat [wi:t] *n* blé *m*.

wheat germ *n* germe *m* de blé.

wheatmeal ['wi:tmi:l] *n* farine *f* de blé.

wheedle ['wi:dl] *vt* **: to ~ sb into doing sthg** enjôler qqn pour qu'il fasse qqch ; **to ~ sthg out of sb** enjôler qqn pour obtenir qqch.

wheel [wi:l] ◇ *n* **- 1.** [gen] roue *f* **- 2.** [steering wheel] volant *m*. ◇ *vt* pousser. ◇ *vi* **: to ~ (round)** *UK* *OR* **around** *US* se retourner brusquement.

wheelbarrow ['wi:l,bærəʊ] *n* brouette *f*.

wheelbase ['wi:lbeɪs] *n* empattement *m*.

wheelchair ['wi:l,tʃeəʳ] *n* fauteuil *m* roulant.

wheelclamp ['wi:l,klæmp] ◇ *n* sabot *m* de Denver. ◇ *vt* **: my car was ~ed** on a mis un sabot à ma voiture.

wheeler-dealer ['wi:ləʳ-] *n pej* combinard *m*.

wheeling and dealing ['wi:lɪŋ-] *n (U) pej* combines *fpl*.

wheeze [wi:z] ◇ *n* [sound] respiration *f* sifflante. ◇ *vi* respirer avec un bruit sifflant.

wheezy ['wi:zɪ] (*comp* **-ier**, *superl* **-iest**) *adj* [person] poussif(ive) ; [cough] sifflant(e) ; [voice, chest] d'asthmatique.

whelk [welk] *n* bulot *m*, buccin *m*.

when [wen] ◇ *adv (in direct, indirect questions)* quand ; **~ does the plane arrive?** quand *OR* à quelle heure arrive l'avion? ; **he asked me ~ I would be in London** il m'a demandé quand je serais à Londres. ◇ *conj* **- 1.** [referring to time] quand, lorsque ; **he came to see me ~ I was abroad** il est venu me voir quand j'étais à l'étranger ; **one day ~ I was on my own** un jour que *OR* où j'étais tout seul ; **on the day ~ it happened** le jour où cela s'est passé **- 2.** [whereas, considering that] alors que.

whenever [wen'evəʳ] ◇ *conj* quand ; [each time that] chaque fois que. ◇ *adv* n'importe quand.

where [weəʳ] ◇ *adv (in direct, indirect questions)* où ; **~ do you live?** où habitez-vous? ; **do you know ~ he lives?** est-ce que vous savez où il habite? ◇ *conj* **- 1.** [referring to place, situation] où ; **this is ~...** c'est là que... **- 2.** [whereas] alors que.

whereabouts ◇ *adv* [,weərə'baʊts] où. ◇ *npl* ['weərəbaʊts] **: their ~ are still unknown** on ne sait toujours pas où ils se trouvent.

whereas [weər'æz] *conj* alors que.

whereby [weə'baɪ] *conj fml* par lequel (laquelle), au moyen duquel (de laquelle).

wheresoever [,weəsəʊ'evəʳ] *conj* = **wherever**.

whereupon [,weərə'pɒn] *conj fml* après quoi, sur quoi.

wherever [weər'evəʳ] ◇ *conj* où que *(+ subjunctive)*. ◇ *adv* **- 1.** [no matter where] n'importe où **- 2.** [where] où donc ; **~ did you hear that?** mais où donc as-tu entendu dire cela?

wherewithal ['weəwɪðɔ:l] *n fml* **to have the ~ to do sthg** avoir les moyens de faire qqch.

whet [wet] (*pt & pp* **-ted**, *cont* **-ting**) *vt* **: to ~ sb's appetite for sthg** donner à qqn envie de qqch.

whether ['weðəʳ] *conj* **- 1.** [indicating choice, doubt] si **- 2.** [no matter if] **: ~ I want to or not** que je le veuille ou non.

whew [hwju:] *excl* ouf!

whey [weɪ] *n* petit-lait *m*.

which [wɪtʃ] ◇ *adj* **- 1.** *(in direct, indirect questions)* quel (quelle), quels (quelles) *(pl)* ; **~ house is yours?** quelle maison est la tienne? ; **~ one?** lequel (laquelle) ? **- 2.** [to refer back to sthg] **: in ~ case** auquel cas. ◇ *pron* **- 1.** *(in direct, indirect questions)* lequel (laquelle), lesquels (lesquelles) *(pl)* ; **~ do you prefer?** lequel préférez-vous? ; **I can't decide ~ to have** je ne sais vraiment pas lequel prendre **- 2.** [in relative clauses - subject] qui ; [- object] que ; [- after prep] lequel (laquelle), lesquels (lesquelles) *(pl)* ; **take the slice ~ is nearer to you** prends la tranche qui est le plus près de toi ; **the television ~ we bought** le téléviseur que nous avons acheté ; **the settee on ~ I am sitting** le canapé sur lequel je suis assis ; **the film of ~ you spoke** le film dont vous avez parlé **- 3.** [referring back] [subject] ce qui ; [object] ce que ; **why did you say you were ill, ~ nobody believed?** pourquoi as-tu dit que tu étais malade, ce que personne n'a cru?

whichever [wɪtʃ'evəʳ] ◇ *adj* quel (quelle) que soit ; **choose ~ colour you prefer** choisissez la couleur que vous préférez, n'importe laquelle. ◇ *pron* n'importe lequel (laquelle).

whiff [wɪf] *n* - **1.** [of perfume, smoke] bouffée *f* ; [of food] odeur *f* - **2.** *fig* [sign] signe *m*.

while [waɪl] ◇ *n* moment *m* ; **let's stay here for a ~** restons ici un moment ; **we've been waiting for a ~** nous attendons depuis un moment ; **for a long ~** longtemps ; **after a ~** après quelque temps ; **to be worth one's ~** valoir la peine. ◇ *conj* - **1.** [during the time that] pendant que - **2.** [as long as] tant que - **3.** [whereas] alors que.

◆ **while away** *vt sep* passer.

whilst [waɪlst] *conj US* = **while**.

whim [wɪm] *n* lubie *f*.

whimper ['wɪmpəʳ] ◇ *n* gémissement *m*. ◇ *vt* & *vi* gémir.

whimsical ['wɪmzɪkl] *adj* saugrenu(e).

whine [waɪn] ◇ *n* gémissement *m*, longue plainte *f*. ◇ *vi* - **1.** [make sound] gémir - **2.** [complain] : **to ~ (about)** se plaindre (de).

whinge [wɪndʒ] (*cont* **whingeing**) *vi UK* : **to ~ (about)** se plaindre (de).

whip [wɪp] ◇ *n* - **1.** [for hitting] fouet *m* - **2.** POL chef *m* de file *(d'un groupe parlementaire)*. ◇ *vt* (*pt* & *pp* **-ped**, *cont* **-ping**) - **1.** [gen] fouetter - **2.** [take quickly] : **to ~ sthg out** sortir qqch brusquement ; **to ~ sthg off** ôter *OR* enlever qqch brusquement.

◆ **whip up** *vt sep* [provoke] stimuler, attiser.

whiplash injury ['wɪplæʃ-] *n* coup *m* du lapin.

whipped cream [wɪpt-] *n* crème *f* fouettée.

whippet ['wɪpɪt] *n* whippet *m*.

whip-round *n UK inf* **to have a ~** faire une collecte.

whirl [wɜːl] ◇ *n* - **1.** *lit* & *fig* tourbillon *m* ; **I/my mind was in a ~** tout tourbillonnait en moi/dans ma tête - **2.** *phr* **let's give it a ~** *inf* tentons le coup. ◇ *vt* : **to ~ sb/sthg round** *UK*, *OR* **around** *US* [spin round] faire tourbillonner qqn/qqch. ◇ *vi* tourbillonner ; *fig* [head, mind] tourner.

whirlpool ['wɜːlpuːl] *n* tourbillon *m*.

whirlpool bath *n* = **spa bath**.

whirlwind ['wɜːlwɪnd] ◇ *adj fig* éclair *(inv)*. ◇ *n* tornade *f*.

whirr [wɜːʳ] ◇ *n* [of engine] ronronnement *m*. ◇ *vi* [engine] ronronner.

whisk [wɪsk] ◇ *n* CULIN fouet *m*, batteur *m* (à œufs). ◇ *vt* - **1.** [move quickly] emmener *OR* emporter rapidement - **2.** CULIN battre.

whisker ['wɪskəʳ] *n* moustache *f*.

◆ **whiskers** *npl* favoris *mpl*.

whisky *UK* (*pl* **-ies**), **whiskey** *US* & *Ireland* (*pl* **-s**) ['wɪskɪ] *n* whisky *m*.

whisper ['wɪspəʳ] ◇ *n* murmure *m*. ◇ *vt* murmurer, chuchoter. ◇ *vi* chuchoter.

whispering ['wɪspərɪŋ] *n* chuchotement *m*.

whist [wɪst] *n* whist *m*.

whistle ['wɪsl] ◇ *n* - **1.** [sound] sifflement *m* - **2.** [device] sifflet *m*. ◇ *vt* & *vi* siffler.

whistle-stop tour *n* : **to make a ~ of** [subj: politician] faire une tournée éclair dans.

whit [wɪt] *n* brin *m*.

Whit [wɪt] *n UK* Pentecôte *f*.

white [waɪt] ◇ *adj* - **1.** [in colour] blanc (blanche) ; **to go** *OR* **turn ~** [hair] blanchir ; [face] pâlir - **2.** *US* [coffee, tea] au lait. ◇ *n* - **1.** [colour, of egg, eye] blanc *m* - **2.** [person] Blanc *m*, Blanche *f*.

◆ **whites** *npl* - **1.** SPORT tenue *f* blanche - **2.** [washing] linge *m* blanc.

white blood cell *n* globule *m* blanc.

whiteboard ['waɪtbɔːd] *n* tableau *m* blanc.

whitecaps *n US* = **white horses**.

white Christmas *n* Noël *m* blanc.

white-collar *adj* de bureau.

white elephant *n fig* objet *m* coûteux et inutile.

white goods *npl* - **1.** [linen] articles *mpl* de blanc - **2.** [household machines] électroménager *m*.

white-haired [-'heəd] *adj* aux cheveux blancs.

Whitehall ['waɪthɔːl] *n rue de Londres, centre administratif du gouvernement britannique*.

Whitehall

Cette rue réunit de nombreux services gouvernementaux, et son nom est souvent employé pour désigner le gouvernement lui-même.

white horses *npl UK* [of waves] moutons *mpl*.

white-hot *adj* chauffé(e) à blanc.

White House *n* : **the ~** la Maison-Blanche.

white knight *n* chevalier *m* blanc.

white lie *n* pieux mensonge *m*.

white light *n* lumière *f* blanche.

white magic *n* magie *f* blanche.

white meat *n* viande *f* blanche.

whiten ['waɪtn] *vt* & *vi* blanchir.

whitener ['waɪtnəʳ] *n* agent *m* blanchissant.

whiteness ['waɪtnɪs] *n* blancheur *f*.

white noise *n* son *m* blanc.

whiteout ['waɪtaʊt] *n* jour *m* blanc.

white paper *n* POL livre *m* blanc.

white sauce *n* sauce *f* blanche.

White Sea *n* : **the ~** la mer Blanche.

white spirit *n UK* white-spirit *m*.

white-tie *adj* [dinner] en habit.

whitewash ['waɪtwɒʃ] <> *n* - **1.** *(U)* [paint] chaux *f* - **2.** *pej* [cover-up] : **a government ~** une combine du gouvernement pour étouffer l'affaire. <> *vt* - **1.** [paint] blanchir à la chaux - **2.** *pej* [cover up] blanchir.

whitewater rafting ['waɪt,wɔːtəʳ-] *n* raft *m*, rafting *m*.

white wedding *n* mariage *m* en blanc.

white wine *n* vin *m* blanc.

whiting ['waɪtɪŋ] (*pl* **whiting** OR **-s**) *n* merlan *m*.

Whit Monday [wɪt-] *n* le lundi *m* de Pentecôte.

Whitsun ['wɪtsn] *n* Pentecôte *f*.

whittle ['wɪtl] *vt* [reduce] : **to ~ sthg away** OR **down** réduire qqch.

whiz, **whizz** [wɪz] <> *n inf* **to be a ~ at sthg** être un as de qqch. <> *vi* (*pt & pp* **-zed**, *cont* **-zing**) [go fast] aller à toute allure.

whiz(z) kid *n inf* petit prodige *m*.

who [huː] *pron* - **1.** *(in direct, indirect questions)* qui ; **~ are you?** qui êtes-vous? ; **I didn't know ~ she was** je ne savais pas qui c'était - **2.** *(in relative clauses)* qui ; **he's the doctor ~ treated me** c'est le médecin qui m'a soigné ; **I don't know the person ~ came to see you** je ne connais pas la personne qui est venue vous voir.

WHO (*abbr of* **World Health Organization**) *n* OMS *f*.

who'd [huːd] *see also* **who had, who would**.

whodu(n)nit [,huː'dʌnɪt] *n inf* polar *m*.

whoever [huː'evəʳ] *pron* - **1.** [unknown person] quiconque - **2.** [indicating surprise, astonishment] qui donc - **3.** [no matter who] qui que *(+ subjunctive)* ; **~ you are** qui que vous soyez ; **~ wins** qui que ce soit qui gagne.

whole [həʊl] <> *adj* - **1.** [entire, complete] entier(ère) - **2.** [for emphasis] : **a ~ lot of questions** toute une série de questions ; **a ~ lot bigger** bien plus gros ; **a ~ new idea** une idée tout à fait nouvelle. <> *n* - **1.** [all] : **the ~ of the school** toute l'école ; **the ~ of the summer** tout l'été - **2.** [unit, complete thing] tout *m*.

◆ **as a whole** *adv* dans son ensemble.

◆ **on the whole** *adv* dans l'ensemble.

wholefood ['həʊlfuːd] *n UK* aliments *mpl* complets.

whole-hearted [-'hɑːtɪd] *adj* sans réserve, total(e).

wholemeal ['həʊlmiːl] *UK*, **whole wheat** *US adj* complet(ète).

wholemeal bread *n UK (U)* pain *m* complet.

whole note *n US* ronde *f*.

wholesale ['həʊlseɪl] <> *adj* - **1.** [buying, selling] en gros ; [price] de gros - **2.** *pej* [excessive] en masse. <> *adv* - **1.** [in bulk] en gros - **2.** *pej* [excessively] en masse.

wholesaler ['həʊl,seɪləʳ] *n* marchand *m* de gros, grossiste *mf*.

wholesome ['həʊlsəm] *adj* sain(e).

whole wheat *US* = **wholemeal**.

who'll [huːl] *see also* **who will**.

wholly ['həʊlɪ] *adv* totalement.

whom [huːm] *pron fml* - **1.** *(in direct, indirect questions)* qui ; **~ did you phone?** qui avez-vous appelé au téléphone? ; **for/of/to ~** pour/de/à qui - **2.** *(in relative clauses)* que ; **the girl ~ he married** la jeune fille qu'il a épousée ; **the man of ~ you speak** l'homme dont vous parlez ; **the man to ~ you were speaking** l'homme à qui vous parliez.

whoop [wuːp] <> *n* cri *m*. <> *vi* pousser des cris (de joie/de triomphe).

whoopee [wʊ'piː] *excl* youpi!

whooping cough ['huːpɪŋ-] *n* coqueluche *f*.

whoops [wʊps] *excl* oups!

whoosh [wʊʃ] *inf* <> *n* [of water, air] jet *m*. <> *vi* [water] jaillir.

whop [wɒp] *vt inf* battre à plates coutures.

whopper ['wɒpəʳ] *n inf* - **1.** [something big] : **it's a real ~** c'est absolument énorme - **2.** [lie] mensonge *m* énorme.

whopping ['wɒpɪŋ] *inf* <> *adj* énorme. <> *adv* : **a ~ great lorry/lie** un camion/mensonge absolument énorme.

whore [hɔːʳ] *n offens* putain *f*.

who're ['huːəʳ] *see also* **who are**.

whose [huːz] <> *pron (in direct, indirect questions)* à qui ; **~ is this?** à qui est ceci? <> *adj* - **1.** à qui ; **~ car is that?** à qui est cette voiture? ; **~ son is he?** de qui est-il le fils? - **2.** *(in relative clauses)* dont ; **that's the boy ~ father's an MP** c'est le garçon dont le père est député ; **the girl ~ mother you phoned yesterday** la fille à la mère de qui OR de laquelle tu as téléphoné hier.

whosoever [,huːsəʊ'evəʳ] *pron dated* quiconque.

who's who [huːz-] *n* [book] Bottin® *m* mondain.

who've [huːv] *see also* **who have**.

why [waɪ] <> *adv (in direct questions)* pourquoi ; **~ did you lie to me?** pourquoi m'as-tu menti? ; **~ don't you all come?** pourquoi ne pas tous venir?, pourquoi est-ce que vous ne viendriez pas tous? ; **~ not?** pourquoi pas? <> *conj* pourquoi ; **I don't know ~ he said that** je ne sais pas pourquoi il a dit cela. <> *pron* : **there are several reasons ~ he left** il est parti pour plusieurs raisons, les raisons pour lesquelles il est parti sont nombreuses ; **I don't know the reason ~** je ne sais pas pourquoi. <> *excl* tiens!

◆ **why ever** *adv* pourquoi donc.

WI <> *n see also* **Women's Institute.** <> **- 1.** *see also* **West Indies - 2.** *see also* **Wisconsin.**

wick [wɪk] *n* **- 1.** [of candle, lighter] mèche *f* **- 2.** *phr* **to get on sb's ~** *UK inf* taper sur les nerfs de qqn.

wicked ['wɪkɪd] *adj* **- 1.** [evil] mauvais(e) **- 2.** [mischievous, devilish] malicieux(euse) **- 3.** *inf* [very good] génial(e), super *(inv)*.

wicker ['wɪkəʳ] *adj* en osier.

wickerwork ['wɪkəwɜːk] <> *n* vannerie *f*. <> *comp* en osier.

wicket ['wɪkɪt] *n* CRICKET **- 1.** [stumps, dismissal] guichet *m* **- 2.** [pitch] terrain *m* entre les guichets.

wicket keeper *n* CRICKET gardien *m* de guichet.

wide [waɪd] <> *adj* **- 1.** [gen] large ; **how ~ is the room?** quelle est la largeur de la pièce? ; **to be six metres ~** faire six mètres de large *OR* de largeur **- 2.** [gap, difference] grand(e) **- 3.** [experience, knowledge, issue] vaste **- 4.** [eyes] écarquillé(e) **- 5.** [off-target] qui passe à côté. <> *adv* **- 1.** [broadly] largement ; **open ~!** ouvrez grand! **- 2.** [off-target] : **the shot went ~** le coup est passé loin du but *OR* à côté.

wide-angle lens *n* PHOT objectif *m* grand angle.

wide-awake *adj* tout à fait réveillé(e).

wide boy *n UK inf pej* escroc *m*.

wide-eyed [-'aɪd] *adj* **- 1.** [surprised, frightened] aux yeux écarquillés **- 2.** [innocent] aux yeux grands ouverts.

widely ['waɪdlɪ] *adv* **- 1.** [smile, vary] largement **- 2.** [extensively] beaucoup ; **to be ~ read** avoir beaucoup lu ; **it is ~ believed that...** beaucoup pensent que..., nombreux sont ceux qui pensent que... ; **~ known** largement *OR* bien connu, largement *OR* bien connue.

widen ['waɪdn] <> *vt* **- 1.** [make broader] élargir **- 2.** [gap, difference] agrandir, élargir. <> *vi* **- 1.** [become broader] s'élargir **- 2.** [gap, difference] s'agrandir, s'élargir **- 3.** [eyes] s'agrandir.

wide open *adj* grand ouvert (grande ouverte) ; **the ~ spaces** les grands espaces.

wide-ranging [-'reɪndʒɪŋ] *adj* varié(e) ; [consequences] de grande envergure.

wide screen *n* TV & CIN écran *m* 16/9.

wide-screen *adj* [television, film, format] 16/9.

widespread ['waɪdspred] *adj* très répandu(e).

widow ['wɪdəʊ] *n* veuve *f*.

widowed ['wɪdəʊd] *adj* veuf (veuve).

widower ['wɪdəʊəʳ] *n* veuf *m*.

width [wɪdθ] *n* largeur *f* ; **in ~** de large.

widthways ['wɪdθweɪz] *adv* en largeur.

wield [wiːld] *vt* **- 1.** [weapon] manier **- 2.** [power] exercer.

wife [waɪf] (*pl* **wives** [waɪvz]) *n* femme *f*, épouse *f*.

wig [wɪg] *n* perruque *f*.

wiggle ['wɪgl] *inf* <> *n* **- 1.** [movement] tortillement *m* **- 2.** [wavy line] ondulation *f*. <> *vt* remuer. <> *vi* se tortiller.

wiggly ['wɪglɪ] (*comp* **-ier**, *superl* **-iest**) *adj inf* [line] ondulé(e).

wigwam ['wɪgwæm] *n* wigwam *m*.

wild [waɪld] <> *adj* **- 1.** [animal, attack, scenery, flower] sauvage **- 2.** [weather, sea] déchaîné(e) **- 3.** [laughter, hope, plan] fou (folle) ; **the crowd went ~** la foule s'est déchaînée ; **to run ~** être déchaîné **- 4.** [eyes] de fou (de folle) ; [hair] en bataille **- 5.** [random - estimate] fantaisiste ; **I made a ~ guess** j'ai dit ça au hasard **- 6.** *inf* [very enthusiastic] : **to be ~ about** être dingue de. <> *n* : **in the ~** dans la nature.

◆ **wilds** *npl* : **the ~s of** le fin fond de ; **to live in the ~s** habiter en pleine nature.

wild card *n* COMPUT caractère *m* joker.

wildcat ['waɪldkæt] *n* [animal] chat *m* sauvage.

wildcat strike *n* grève *f* sauvage.

wildebeest ['wɪldɪbiːst] (*pl* **wildebeest** *OR* **-s**) *n* gnou *m*.

wilderness ['wɪldənɪs] *n* étendue *f* sauvage ; **to be in the ~** *fig* faire une traversée du désert.

wildfire ['waɪld,faɪəʳ] *n* : **to spread like ~** se répandre comme une traînée de poudre.

wild flower *n* fleur *f* sauvage.

wild-goose chase *n inf* **it turned out to be a ~** ça s'est révélé être totalement inutile.

wildlife ['waɪldlaɪf] *n (U)* faune *f* et flore *f*.

wildly ['waɪldlɪ] *adv* **- 1.** [enthusiastically, fanatically] frénétiquement **- 2.** [guess, suggest] au hasard ; [shoot] dans tous les sens **- 3.** [very - different, impractical] tout à fait **- 4.** [menacingly] farouchement.

wild rice *n* riz *m* sauvage.

wild West *n inf* the ~ le Far West.

wiles [waɪlz] *npl* artifices *mpl*.

wilful *UK*, **willful** *US* ['wɪlfʊl] *adj* - **1.** [determined] obstiné(e) - **2.** [deliberate] délibéré(e).

will[1] [wɪl] <> *n* - **1.** [mental] volonté *f* ; **against one's ~** contre son gré ; **at ~** à volonté - **2.** [document] testament *m*. <> *vt* : **to ~ sthg to happen** prier de toutes ses forces pour que qqch se passe ; **to ~ sb to do sthg** concentrer toute sa volonté sur qqn pour qu'il fasse qqch.

will[2] [wɪl] *modal vb* - **1.** *(to express future tense)* **I ~ see you next week** je te verrai la semaine prochaine ; **when ~ you have finished it?** quand est-ce que vous l'aurez fini? ; **I'll be arriving at six** j'arriverai à six heures ; **~ you be here next week? yes I ~/no I won't** est-ce que tu seras là la semaine prochaine? oui/non - **2.** [indicating willingness] : **~ you have some more tea?** voulez-vous encore du thé? ; **I won't do it** je refuse de le faire, je ne veux pas le faire - **3.** [in commands, requests] : **you ~ leave this house at once** tu vas quitter cette maison tout de suite ; **close that window, ~ you?** ferme cette fenêtre, veux-tu? ; **~ you be quiet!** veux-tu te taire!, tu vas te taire! - **4.** [indicating possibility, what usually happens] : **the hall ~ hold up to 1000 people** la salle peut abriter jusqu'à 1000 personnes ; **this ~ stop any draughts** ceci supprimera tous les courants d'air ; **pensions ~ be paid monthly** les pensions sont payées tous les mois - **5.** [expressing an assumption] : **that'll be your father** cela doit être ton père - **6.** [indicating irritation] : **well, if you ~ leave your toys everywhere...** que veux-tu, si tu t'obstines à laisser traîner tes jouets partout... ; **she ~ keep phoning me** elle n'arrête pas de me téléphoner.

willful *US* = **wilful**.

willing ['wɪlɪŋ] *adj* - **1.** [prepared] : **if you're ~** si vous voulez bien ; **to be ~ to do sthg** être disposé(e) *OR* prêt(e) à faire qqch - **2.** [eager] enthousiaste.

willingly ['wɪlɪŋlɪ] *adv* volontiers.

willingness ['wɪlɪŋnɪs] *n* - **1.** [preparedness] : **~ to do sthg** bonne volonté *f* à faire qqch - **2.** [keenness] enthousiasme *m*.

willow (tree) ['wɪləʊ-] *n* saule *m*.

willowy ['wɪləʊɪ] *adj* svelte.

willpower ['wɪl,paʊəʳ] *n* volonté *f*.

willy ['wɪlɪ] (*pl* **-ies**) *n UK inf* zizi *m*.

willy-nilly [,wɪlɪ'nɪlɪ] *adv* - **1.** [at random] n'importe comment - **2.** [wanting to or not] bon gré mal gré.

wilt [wɪlt] *vi* [plant] se faner ; *fig* [person] dépérir.

Wilts [wɪlts] (*abbr of* **Wiltshire**) *comté anglais*.

wily ['waɪlɪ] (*comp* **-ier**, *superl* **-iest**) *adj* rusé(e).

wimp [wɪmp] *n pej* mauviette *f*.

win [wɪn] (*cont* **-ning**) <> *n* victoire *f*. <> *vt* (*pt & pp* **won**) - **1.** [game, prize, competition] gagner - **2.** [support, approval] obtenir ; [love, friendship] gagner. <> *vi* gagner ; **you/I** *etc* **can't ~** il n'y a rien à faire.

◆ **win over, win round** *UK vt sep* convaincre, gagner à sa cause.

wince [wɪns] <> *vi* : **to ~ (at/with)** [with body] tressaillir (à/de) ; [with face] grimacer (à/de). <> *n* tressaillement *m*.

winch [wɪntʃ] <> *n* treuil *m*. <> *vt* hisser à l'aide d'un treuil.

Winchester disk ['wɪntʃestəʳ-] *n* disque *m* (dur) Winchester.

wind[1] [wɪnd] <> *n* - **1.** METEOR vent *m* - **2.** [breath] souffle *m* - **3.** *(U)* [in stomach] gaz *mpl* ; **to break ~** *euph* lâcher un vent - **4.** [in orchestra] : **the ~** les instruments *mpl* à vent - **5.** *phr* **to get ~ of sthg** *inf* avoir vent de qqch. <> *vt* - **1.** [knock breath out of] couper le souffle à - **2.** *UK* [baby] faire faire son rot à.

wind[2] [waɪnd] (*pt & pp* **wound**) <> *vt* - **1.** [string, thread] enrouler - **2.** [clock] remonter - **3.** *phr* **to ~ its way** [river, road] serpenter. <> *vi* [river, road] serpenter.

◆ **wind back** *vt sep* [tape] rembobiner.

◆ **wind down** <> *vt sep* - **1.** *UK* [car window] baisser - **2.** [business] cesser graduellement. <> *vi* - **1.** [clock] ralentir - **2.** [relax] se détendre.

◆ **wind forward** *vt sep* [tape] embobiner.

◆ **wind up** <> *vt sep* - **1.** [finish - meeting] clôturer ; [- business] liquider - **2.** *UK* [clock, car window] remonter - **3.** *UK inf* [deliberately annoy] faire marcher - **4.** *inf* [end up] : **to ~ up doing sthg** finir par faire qqch. <> *vi inf* [end up] finir.

windbreak ['wɪndbreɪk] *n* pare-vent *m inv*.

windcheater *UK* ['wɪnd,tʃi:təʳ], **windbreaker** *US* ['wɪnd,breɪkəʳ] *n* coupe-vent *m inv*.

windchill factor ['wɪndtʃɪl-] *n* *facteur d'abaissement de la température provoqué par le vent* facteur *m* vent *Québec*, indice *m* de refroidissement *Québec*.

winded ['wɪndɪd] *adj* essoufflé(e).

windfall ['wɪndfɔ:l] *n* - **1.** [fruit] fruit *m* que le vent a fait tomber - **2.** [unexpected gift] aubaine *f*.

winding ['waɪndɪŋ] *adj* sinueux(euse).

wind instrument [wɪnd-] *n* instrument *m* à vent.

windmill ['wɪndmɪl] *n* moulin *m* à vent.

window ['wɪndəʊ] *n* - **1.** [gen & COMPUT] fenêtre *f* - **2.** [pane of glass, in car] vitre *f* - **3.** [of shop] vitrine *f*.

window box *n* jardinière *f*.

window cleaner *n* laveur *m*, -euse *f* de vitres.

window dressing *n (U)* **- 1.** [in shop] étalage *m* **- 2.** *fig* [non-essentials] façade *f*.

window envelope *n* enveloppe *f* à fenêtre.

window frame *n* châssis *m* de fenêtre.

window ledge *n* rebord *m* de fenêtre.

windowpane *n* vitre *f*.

window shade *n US* store *m*.

window-shopping *n* lèche-vitrines *m inv* ; **to go ~** (aller) faire du lèche-vitrines.

windowsill ['wɪndəʊsɪl] *n* [outside] rebord *m* de fenêtre ; [inside] appui *m* de fenêtre.

windpipe ['wɪndpaɪp] *n* trachée *f*.

windscreen *UK* ['wɪndskri:n], **windshield** *US* ['wɪndʃi:ld] *n* pare-brise *m inv*.

windscreen washer *n UK* lave-glace *m*.

windscreen wiper [-ˌwaɪpəʳ] *n UK* essuie-glace *m*.

windshield *US* = **windscreen**.

windsock ['wɪndsɒk] *n* manche *f* à air.

windsurfer ['wɪndˌsɜ:fəʳ] *n* **- 1.** [person] véliplanchiste *mf* **- 2.** [board] planche *f* à voile.

windsurfing ['wɪndˌsɜ:fɪŋ] *n* : **to go ~** faire de la planche à voile.

windswept ['wɪndswept] *adj* **- 1.** [scenery] balayé(e) par les vents **- 2.** [person] échevelé(e) ; [hair] ébouriffé(e).

wind tunnel [wɪnd-] *n* soufflerie *f*, tunnel *m* aérodynamique.

wind turbine *n* éolienne *f*.

Windward Islands ['wɪndwəd-] *n* : **the ~** les îles *fpl* du Vent.

windy ['wɪndɪ] (*comp* **-ier**, *superl* **-iest**) *adj* venteux(euse) ; **it's ~** il fait *OR* il y a du vent.

wine [waɪn] *n* vin *m*.

wine bar *n UK* bar *m* à vin.

wine bottle *n* bouteille *f* à vin.

wine box *n* Cubitainer® *m*.

wine cellar *n* cave *f* (à vin).

wineglass ['waɪnglɑ:s] *n* verre *m* à vin.

wine list *n* carte *f* des vins.

wine merchant *n UK* marchand *m* de vins.

winepress ['waɪnpres] *n* pressoir *m*.

wine tasting [-ˌteɪstɪŋ] *n* dégustation *f* (de vins).

wine waiter *n* sommelier *m*.

wing [wɪŋ] *n* aile *f*.
◆ **wings** *npl* **- 1.** THEAT : **the ~s** les coulisses *fpl* **- 2.** [pilot's badge] galons *mpl*.

wing commander *n UK* lieutenant-colonel *m*.

winger ['wɪŋəʳ] *n* SPORT ailier *m*.

wing nut *n* vis *f* à ailettes.

wingspan ['wɪŋspæn] *n* envergure *f*.

wink [wɪŋk] ◇ *n* clin *m* d'œil ; **to have forty ~s** *inf* faire un petit roupillon ; **not to sleep a ~, not to get a ~ of sleep** *inf* ne pas fermer l'œil. ◇ *vi* **- 1.** [with eyes] : **to ~ (at sb)** faire un clin d'œil (à qqn) **- 2.** *lit* [lights] clignoter.

winkle ['wɪŋkl] *n* bigorneau *m*.
◆ **winkle out** *vt sep* extirper ; **to ~ sthg out of sb** arracher qqch à qqn.

Winnebago® [ˌwɪnɪ'beɪgəʊ] *n* camping-car *m*, autocaravane *f offic*.

winner ['wɪnəʳ] *n* [person] gagnant *m*, -e *f*.

winning ['wɪnɪŋ] *adj* **- 1.** [victorious, successful] gagnant(e) **- 2.** [pleasing] charmeur(euse).
◆ **winnings** *npl* gains *mpl*.

winning post *n* poteau *m* d'arrivée.

Winnipeg ['wɪnɪˌpeg] *n* Winnipeg.

winsome ['wɪnsəm] *adj lit* séduisant(e).

winter ['wɪntəʳ] ◇ *n* hiver *m* ; **in ~** en hiver. ◇ *comp* d'hiver.

winter sports *npl* sports *mpl* d'hiver.

wintertime ['wɪntətaɪm] *n (U)* hiver *m* ; **in ~** en hiver.

wint(e)ry ['wɪntrɪ] *adj* d'hiver.

wipe [waɪp] ◇ *n* **- 1.** [action of wiping] : **to give sthg a ~** essuyer qqch, donner un coup de torchon à qqch **- 2.** [cloth] lingette *f*. ◇ *vt* essuyer.
◆ **wipe away** *vt sep* [tears] essuyer.
◆ **wipe out** *vt sep* **- 1.** [erase] effacer **- 2.** [eradicate] anéantir.
◆ **wipe up** *vt sep* & *vi* essuyer.

wiper ['waɪpəʳ] *n* [windscreen wiper] essuie-glace *m*.

wire ['waɪəʳ] ◇ *n* **- 1.** *(U)* [metal] fil *m* de fer **- 2.** [cable etc] fil *m* **- 3.** *esp US* [telegram] télégramme *m*. ◇ *comp* en fil de fer. ◇ *vt* **- 1.** [fasten, connect] : **to ~ sthg to sthg** relier qqch à qqch avec du fil de fer **- 2.** [ELEC - plug] installer ; [- house] faire l'installation électrique de **- 3.** *esp US* [send telegram to] télégraphier à.

wire brush *n* brosse *f* métallique.

wire cutters *npl* cisaille *f*.

wireless ['waɪəlɪs] *n dated* T.S.F. *f*

wirefree ['waɪəfri:] *adj* sans fil.

wire netting *n (U)* grillage *m*.

wire-tapping [-ˌtæpɪŋ] *n (U)* écoute *f* téléphonique.

wire wool *n UK* paille *f* de fer.

wiring ['waɪərɪŋ] *n (U)* installation *f* électrique.

wiry ['waɪərɪ] (*comp* **-ier**, *superl* **-iest**) *adj* - **1.** [hair] crépu(e) - **2.** [body, man] noueux(euse).

Wisconsin [wɪs'kɒnsɪn] *n* Wisconsin *m* ; **in ~** dans le Wisconsin.

wisdom ['wɪzdəm] *n* sagesse *f*.

wisdom tooth *n* dent *f* de sagesse.

wise [waɪz] *adj* sage ; **to get ~ to sthg** *inf* piger qqch ; **to be no ~r, to be none the ~r** ne pas en savoir plus (pour autant), ne pas être plus avancé.

◆ **wise up** *vi esp US* piger.

wisecrack ['waɪzkræk] *n pej* vanne *f*.

wise guy *n inf* malin *m* (e).

wish [wɪʃ] ◇ *n* - **1.** [desire] souhait *m*, désir *m* ; **~ for sthg/to do sthg** désir de qqch/de faire qqch - **2.** [magic request] vœu *m*. ◇ *vt* - **1.** [want] : **to ~ to do sthg** souhaiter faire qqch ; **I ~ (that) he'd come** j'aimerais bien qu'il vienne ; **I ~ I could** si seulement je pouvais - **2.** [expressing hope] : **to ~ sb sthg** souhaiter qqch à qqn. ◇ *vi* [by magic] : **to ~ for sthg** souhaiter qqch.

◆ **wishes** *npl* : **best ~es** meilleurs vœux ; **(with) best ~es** [at end of letter] bien amicalement.

◆ **wish on** *vt sep* : **to ~ sthg on sb** souhaiter qqch à qqn.

wishbone ['wɪʃbəʊn] *n* bréchet *m*.

wishful thinking [,wɪʃful-] *n* : **that's just ~** c'est prendre mes/ses *etc* désirs pour des réalités.

wishy-washy ['wɪʃɪ,wɒʃɪ] *adj inf pej* [person] sans personnalité ; [ideas] vague.

wisp [wɪsp] *n* - **1.** [tuft] mèche *f* - **2.** [small cloud] mince filet *m* OR volute *f*.

wispy ['wɪspɪ] (*comp* **-ier**, *superl* **-iest**) *adj* [hair] fin(e).

wistful ['wɪstful] *adj* nostalgique.

wit [wɪt] *n* - **1.** [humour] esprit *m* - **2.** [funny person] homme *m* d'esprit, femme *f* d'esprit - **3.** [intelligence] : **to have the ~ to do sthg** avoir l'intelligence de faire qqch.

◆ **wits** *npl* : **to have** OR **keep one's ~s about one** être attentif(ive) OR sur ses gardes ; **to be scared out of one's ~s** *inf* avoir une peur bleue ; **to be at one's ~s' end** ne plus savoir que faire.

witch [wɪtʃ] *n* sorcière *f*.

witchcraft ['wɪtʃkrɑ:ft] *n* sorcellerie *f*.

witchdoctor ['wɪtʃ,dɒktəʳ] *n* sorcier *m*.

witch-hazel *n* hamamélis *m*.

witch-hunt *n pej* chasse *f* aux sorcières.

with [wɪð] *prep* - **1.** [in company of] avec ; **I play tennis ~ his wife** je joue au tennis avec sa femme ; **we stayed ~ them for a week** nous avons passé une semaine chez eux ; **you can leave it ~ me** je m'en occupe, laissez-moi faire - **2.** [indicating opposition] avec ; **to argue ~ sb** discuter avec qqn ; **the war ~ Germany** la guerre avec OR contre l'Allemagne - **3.** [indicating means, manner, feelings] avec ; **I washed it ~ detergent** je l'ai lavé avec un détergent ; **the room was hung ~ balloons** la pièce était ornée de ballons ; **"All right", she said ~ a smile** "Très bien", dit-elle en souriant OR avec un sourire ; **she was trembling ~ fright** elle tremblait de peur ; **~ care** avec soin - **4.** [having] avec ; **a man ~ a beard** un homme avec une barbe, un barbu ; **the man ~ the moustache** l'homme à la moustache ; **a city ~ many churches** une ville qui a de nombreuses églises ; **the computer comes ~ a printer** l'ordinateur est vendu avec une imprimante - **5.** [regarding] : **he's very mean ~ money** il est très près de ses sous, il est très avare ; **what will you do ~ the house?** qu'est-ce que tu vas faire de la maison? ; **the trouble ~ her is that...** l'ennui avec elle OR ce qu'il y a avec elle c'est que... - **6.** [indicating simultaneity] : **I can't do it ~ you watching me** je ne peux pas le faire quand OR pendant que tu me regardes - **7.** [because of] : **~ the weather as it is, we've decided to stay at home** vu le temps qu'il fait OR étant donné le temps, nous avons décidé de rester à la maison ; **~ my luck, I'll probably lose** avec ma chance habituelle, je suis sûr de perdre - **8.** *phr* **I'm ~ you** [I understand] je vous suis ; [I'm on your side] je suis des vôtres ; [I agree] je suis d'accord avec vous.

withdraw [wɪð'drɔ:] (*pt* **-drew**, *pp* **-drawn**) ◇ *vt* - **1.** *fml* [remove] : **to ~ sthg (from)** enlever qqch (de) - **2.** [money, troops, remark] retirer. ◇ *vi* - **1.** *fml* [leave] : **to ~ (from)** se retirer (de) - **2.** MIL se replier ; **to ~ from** évacuer ; **to ~ to safety** se mettre à l'abri - **3.** [quit, give up] : **to ~ (from)** se retirer (de).

withdrawal [wɪð'drɔ:əl] *n* - **1.** [gen] : **~ (from)** retrait *m* (de) - **2.** MIL repli *m* - **3.** MED manque *m*.

withdrawal symptoms *npl* crise *f* de manque.

withdrawn [wɪð'drɔ:n] ◇ *pp* ▷ **withdraw**. ◇ *adj* [shy, quiet] renfermé(e).

withdrew [wɪð'dru:] *pt* ▷ **withdraw**.

wither ['wɪðəʳ] ◇ *vt* flétrir. ◇ *vi* - **1.** [dry up] se flétrir - **2.** [weaken] mourir.

withered ['wɪðəd] *adj* flétri(e).

withering ['wɪðərɪŋ] *adj* [look] foudroyant(e).

withhold [wɪð'həʊld] (*pt & pp* **-held** [-'held]) *vt* [services] refuser ; [information] cacher ; [salary] retenir.

within [wɪ'ðɪn] ◇ *prep* - **1.** [inside] à l'intérieur de, dans ; **~ her** en elle, à l'intérieur d'elle-même - **2.** [budget, comprehension] dans les limites de ; [limits] dans - **3.** [less than - distance] à moins de ; [- time] d'ici, en moins de ; **~ the week** avant la fin de la semaine. ◇ *adv* à l'intérieur.

without [wɪð'aʊt] ◇ *prep* sans ; **~ a coat** sans manteau ; **I left ~ seeing him** je suis parti sans l'avoir vu ; **I left ~ him seeing me** je suis parti sans qu'il m'ait vu ; **to go ~ sthg** se passer de qqch. ◇ *adv* : **to go** *OR* **do ~** s'en passer.

withstand [wɪð'stænd] (*pt & pp* **-stood** [-'stʊd]) *vt* résister à.

witness ['wɪtnɪs] ◇ *n* - **1.** [gen] témoin *mf* ; **to be ~ to sthg** être témoin de qqch - **2.** [testimony] : **to bear ~ to sthg** témoigner de qqch. ◇ *vt* - **1.** [accident, crime] être témoin de - **2.** *fig* [changes, rise in birth rate] assister à - **3.** [countersign] contresigner.

witness box *UK*, **witness stand** *US n* barre *f* des témoins.

witter ['wɪtəʳ] *vi UK inf pej* radoter, parler pour ne rien dire.

witticism ['wɪtɪsɪzm] *n* mot *m* d'esprit.

witty ['wɪtɪ] (*comp* **-ier**, *superl* **-iest**) *adj* plein(e) d'esprit, spirituel(elle).

wives [waɪvz] *pl* ▷ **wife**.

wizard ['wɪzəd] *n* magicien *m* ; *fig* as *m*, champion *m*, -onne *f*.

wizened ['wɪznd] *adj* ratatiné(e).

wk (*abbr of* **week**) sem.

Wm. (*written abbrev of* **William**) *Guillaume*.

WO *n see also* **warrant officer**.

wobble ['wɒbl] *vi* [hand, wings] trembler ; [chair, table] branler.

wobbly ['wɒblɪ] (*comp* **-ier**, *superl* **-iest**) *adj inf* [jelly] tremblant(e) ; [table] branlant(e).

woe [wəʊ] *n lit* malheur *m*.

wok [wɒk] *n* wok *m*.

woke [wəʊk] *pt* ▷ **wake**.

woken ['wəʊkn] *pp* ▷ **wake**.

wolf [wʊlf] (*pl* **wolves** ['wʊlvz]) *n* [animal] loup *m*.

◆ **wolf down** *vt sep inf* engloutir.

wolf whistle *n* sifflement *m* admiratif (*à l'adresse d'une femme*).

wolves ['wʊlvz] *pl* ▷ **wolf**.

woman ['wʊmən] (*pl* **women**) ◇ *n* femme *f*. ◇ *comp* : **~ doctor** femme *f* médecin ; **~ footballer** footballeuse *f* ; **~ taxi driver** femme *f* chauffeur de taxi ; **~ teacher** professeur *m* femme.

womanhood ['wʊmənhʊd] *n (U)* - **1.** [adult life] : **to reach ~** devenir une femme - **2.** [women] femmes *fpl*.

womanize, *UK* **-ise** ['wʊmənaɪz] *vi pej* courir les femmes.

womanly ['wʊmənlɪ] *adj* féminin(e).

womb [wu:m] *n* utérus *m*.

wombat ['wɒmbæt] *n* wombat *m*.

women ['wɪmɪn] *pl* ▷ **woman**.

women's group *n* groupe *m* féministe.

Women's Institute *n UK* : **the ~** l'association locale des femmes.

women's lib *n* libération *f* de la femme.

women's liberation *n* libération *f* de la femme.

won [wʌn] *pt & pp* ▷ **win**.

wonder ['wʌndəʳ] ◇ *n* - **1.** *(U)* [amazement] étonnement *m* - **2.** [cause for surprise] : **it's a ~ (that)...** c'est un miracle que... ; **it's no** *OR* **little** *OR* **small ~ (that)...** il n'est pas étonnant que... - **3.** [amazing thing, person] merveille *f* ; **to work** *OR* **do ~s** faire des merveilles. ◇ *vt* - **1.** [speculate] : **to ~ (if** *OR* **whether)** se demander (si) - **2.** [in polite requests] : **I ~ whether you would mind shutting the window?** est-ce que cela ne vous ennuierait pas de fermer la fenêtre? ◇ *vi* - **1.** [speculate] se demander ; **to ~ about sthg** s'interroger sur qqch - **2.** *lit* [be amazed] : **to ~ at sthg** s'étonner de qqch.

wonderful ['wʌndəfʊl] *adj* merveilleux(euse).

wonderfully ['wʌndəfʊlɪ] *adv* - **1.** [very well] merveilleusement, à merveille - **2.** [for emphasis] extrêmement.

wonderland ['wʌndəlænd] *n* pays *m* merveilleux.

wonky ['wɒŋkɪ] (*comp* **-ier**, *superl* **-iest**) *adj UK inf* bancal(e).

wont [wəʊnt] ◇ *adj* : **to be ~ to do sthg** avoir l'habitude de faire qqch. ◇ *n dated & lit* **as is one's ~** comme à son habitude *OR* à l'accoutumée.

won't [wəʊnt] = **will not**.

woo [wu:] *vt* - **1.** *lit* [court] courtiser - **2.** [try to win over] chercher à rallier (à soi *OR* à sa cause).

wood [wʊd] ◇ *n* bois *m* ; **touch** *UK OR* **knock on** *US* **~!** touchons du bois! ; **you can't see the ~ for the trees** *UK* ce sont les arbres qui cachent la forêt. ◇ *comp* en bois.

◆ **woods** *npl* bois *mpl*.

wooded ['wʊdɪd] *adj* boisé(e).

wooden ['wʊdn] *adj* - **1.** [of wood] en bois - **2.** *pej* [actor] gauche.

wooden spoon *n* cuillère *f* de bois ; **to win** *OR* **get the ~** *UK fig* être classé dernier.

woodland ['wʊdlənd] *n* région *f* boisée.

woodpecker ['wʊd,pekəʳ] *n* pivert *m*.

wood pigeon *n* ramier *m*.

woodshed ['wʊdʃed] *n* bûcher *m*.

woodwind ['wʊdwɪnd] *n*: **the ~** les bois *mpl*.

woodwork ['wʊdwɜːk] *n* menuiserie *f*.

woodworm ['wʊdwɜːm] *n* ver *m* du bois ; **to have ~** être piqué par les vers.

woof [wʊf] ◇ *n* aboiement *m*. ◇ *excl* ouah!

wool [wʊl] *n* laine *f* ; **to pull the ~ over sb's eyes** *inf* rouler qqn (dans la farine).

woollen *UK*, **woolen** *US* ['wʊlən] *adj* en laine, de laine.
◆ **woollens** *npl* lainages *mpl*.

woolly, *US* **wooly** ['wʊlɪ] ◇ *adj* (*comp* **-ier**, *superl* **-iest**) - **1.** [woollen] en laine, de laine - **2.** *inf* [idea, thinking] confus(e). ◇ *n inf* lainage *m*.

woolly-headed [-'hedɪd] *adj inf pej* confus(e).

woozy ['wuːzɪ] (*comp* **-ier**, *superl* **-iest**) *adj inf* sonné(e).

Worcester sauce ['wʊstəʳ-] *n (U) sauce épicée à base de soja et de vinaigre.*

Worcs (*written abbrev of* **Worcestershire**) *ancien comté anglais.*

word [wɜːd] ◇ *n* - **1.** LING mot *m* ; **in your own ~s** dans vos mots à vous ; **too stupid for ~s** vraiment trop bête ; **~ for ~** [repeat, copy] mot pour mot ; [translate] mot à mot ; **in other ~s** en d'autres mots *OR* termes ; **not in so many ~s** pas exactement ; **in a ~** en un mot ; **by ~ of mouth** de bouche à oreille ; **to put in a (good) ~ for sb** glisser un mot en faveur de qqn ; **just say the ~** vous n'avez qu'un mot à dire ; **to have a ~ (with sb)** parler (à qqn) ; **to have ~s with sb** *inf* avoir des mots avec qqn ; **to have the last ~** avoir le dernier mot ; **she doesn't mince her ~s** elle ne mâche pas ses mots ; **to weigh one's ~s** peser ses mots ; **I couldn't get a ~ in edgeways** je n'ai pas réussi à placer un seul mot - **2.** *(U)* [news] nouvelles *fpl* - **3.** [promise] parole *f* ; **to give sb one's ~** donner sa parole à qqn ; **to be as good as one's ~, to be true to one's ~** tenir (sa) parole. ◇ *vt* [letter, reply] rédiger.

word game *n* jeu *m* de lettres.

wording ['wɜːdɪŋ] *n (U)* termes *mpl*.

word-perfect *adj*: **he had his lines ~** il connaissait ses répliques au mot près.

wordplay ['wɜːdpleɪ] *n (U)* jeux *mpl* de mots.

word processing *n (U)* COMPUT traitement *m* de texte.

word processor [-,prəʊsesəʳ] *n* COMPUT machine *f* à traitement de texte.

wordwrap ['wɜːdræp] *n* COMPUT retour *m* à la ligne automatique.

wordy ['wɜːdɪ] (*comp* **-ier**, *superl* **-iest**) *adj pej* verbeux(euse).

wore [wɔːʳ] *pt* ▷ **wear**.

work [wɜːk] ◇ *n* - **1.** *(U)* [employment] travail *m*, emploi *m* ; **to be in ~** avoir un emploi ; **out of ~** sans emploi, au chômage ; **at ~** au travail - **2.** [activity, tasks] travail *m* ; **at ~** au travail ; **to have one's ~ cut out doing sthg** *OR* **to do sthg** avoir du mal *OR* de la peine à faire qqch - **3.** ART & LIT œuvre *f* - **4.** *phr* **he's a nasty piece of ~** *UK inf* c'est un salaud. ◇ *vt* - **1.** [person, staff] faire travailler - **2.** [machine] faire marcher - **3.** [wood, metal, land] travailler - **4.** [cause to become] : **to ~ o.s. into a rage** se mettre en rage - **5.** [make] : **to ~ one's way through a crowd** se frayer un chemin à travers une foule ; **to ~ one's way along** avancer petit à petit ; **he ~ed his way to the top** il est parvenu au sommet à la force du poignet. ◇ *vi* - **1.** [do a job] travailler ; **to ~ on sthg** travailler à qqch - **2.** [function] fonctionner, marcher - **3.** [succeed] marcher - **4.** [have effect] : **to ~ against sb** jouer contre qqn ; **to ~ against sthg** aller à l'encontre de qqch - **5.** [become] : **to ~ loose** se desserrer.
◆ **works** ◇ *n* [factory] usine *f*. ◇ *npl* - **1.** [mechanism] mécanisme *m* - **2.** [digging, building] travaux *mpl* - **3.** *inf* [everything] : **the ~s** tout le tralala.
◆ **work off** *vt sep* [anger etc] passer.
◆ **work on** *vt insep* - **1.** [pay attention to] travailler à - **2.** [take as basis] se baser sur.
◆ **work out** ◇ *vt sep* - **1.** [plan, schedule] mettre au point - **2.** [total, answer] trouver. ◇ *vi* - **1.** [figure, total] : **to ~ out at** *UK OR* **to** *US* se monter à - **2.** [turn out] se dérouler - **3.** [be successful] (bien) marcher - **4.** [train, exercise] s'entraîner.
◆ **work up** *vt sep* - **1.** [excite] : **to ~ o.s. up into** se mettre dans - **2.** [generate] : **to ~ up an appetite** s'ouvrir l'appétit ; **to ~ up enthusiasm** s'enthousiasmer ; **to ~ up courage** trouver du courage.

workable ['wɜːkəbl] *adj* [plan] réalisable ; [system] fonctionnel(elle).

workaday ['wɜːkədeɪ] *adj pej* ordinaire, commun(e).

workaholic [,wɜːkə'hɒlɪk] *n* bourreau *m* de travail.

workbasket ['wɜːk,bɑːskɪt] *n* corbeille *f* à ouvrage.

workbench ['wɜːkbentʃ] *n* établi *m*.

workbook ['wɜːkbʊk] *n* cahier *m* d'exercices.

workday ['wɜːkdeɪ] *n* - **1.** [day's work] journée *f* de travail - **2.** [not weekend] jour *m* ouvrable.

worked up [,wɜːkt-] *adj* dans tous ses états.

worker ['wɜːkəʳ] *n* travailleur *m*, -euse *f*, ouvrier *m*, -ère *f* ; **to be a hard/fast ~** travailler dur/vite ; **to be a good ~** bien travailler.

workforce ['wɜːkfɔːs] *n* main *f* d'œuvre.

workhouse ['wɜːkhaʊs] *n* **- 1.** *UK* [poorhouse] hospice *m* **- 2.** *US* [prison] maison *f* de correction.

working ['wɜːkɪŋ] *adj* **- 1.** [in operation] qui marche **- 2.** [having employment] qui travaille **- 3.** [conditions, clothes, hours] de travail.
◆ **workings** *npl* [of system, machine] mécanisme *m* ; **I'll never understand the ~s of his mind** *fig* je ne comprendrai jamais ce qui se passe dans sa tête.

working capital *n (U)* **- 1.** [assets minus liabilities] fonds *mpl* de roulement **- 2.** [available money] capital *m* d'exploitation.

working class *n* : **the ~** la classe ouvrière.
◆ **working-class** *adj* ouvrier(ère).

working day *n UK* = **workday**.

working group *n UK* groupe *m* de travail.

working knowledge *n* connaissance *f* pratique.

working man *n* ouvrier *m*.

working model *n* modèle *m* opérationnel.

working order *n* : **in ~** en état de marche.

working party *n UK* groupe *m* de travail.

working week *n UK* semaine *f* de travail.

work-in-progress *n* travail *m* en cours.

workload ['wɜːkləʊd] *n* quantité *f* de travail.

workman ['wɜːkmən] (*pl* **-men** [-mən]) *n* ouvrier *m*.

workmanship ['wɜːkmənʃɪp] *n (U)* travail *m*.

workmate ['wɜːkmeɪt] *n* camarade *mf* OR collègue *mf* de travail.

work of art *n lit* & *fig* œuvre *f* d'art.

workout ['wɜːkaʊt] *n* séance *f* d'entraînement.

work permit [-ˌpɜːmɪt] *n* permis *m* de travail.

workplace ['wɜːkpleɪs] *n* lieu *m* de travail.

workroom ['wɜːkrʊm] *n* salle *f* de travail.

works council *n UK* comité *m* d'entreprise.

workshop ['wɜːkʃɒp] *n* atelier *m*.

workshy ['wɜːkʃaɪ] *adj UK* fainéant(e).

workspace ['wɜːkspeɪs] *n* COMPUT bureau *m*.

workstation ['wɜːkˌsteɪʃn] *n* COMPUT poste *m* de travail.

work surface *n* plan *m* de travail.

worktable ['wɜːkˌteɪbl] *n* table *f* de travail.

worktop ['wɜːktɒp] *n UK* plan *m* de travail.

work-to-rule *n UK* grève *f* du zèle.

workweek *n US* = **working week**.

world [wɜːld] ◇ *n* **- 1.** [gen] monde *m* ; **what/where in the ~...?** que/où diable...? ; **the ~ over** dans le monde entier **- 2.** *phr* **to be dead to the ~** dormir profondément ; **to get the best of both ~s** gagner sur tous les plans ; **to think the ~ of sb** admirer qqn énormément, ne jurer que par qqn ; **to do sb the** *UK* OR **a ~ of good** faire un bien fou à qqn, faire énormément de bien à qqn ; **a ~ of difference** une énorme différence. ◇ *comp* [power] mondial(e) ; [language] universel(elle) ; [tour] du monde.

World Bank *n* : **the ~** la Banque mondiale.

world-class *adj* de niveau international.

World Cup ◇ *n* : **the ~** la Coupe du monde. ◇ *comp* de Coupe du monde.

world-famous *adj* de renommée mondiale ; **to become ~** acquérir une renommée mondiale.

worldly ['wɜːldlɪ] *adj* de ce monde, matériel(elle) ; **~ goods** *lit* biens *mpl*.

world music *n* world music *f*.

world power *n* puissance *f* mondiale.

World Series *n US* : **the ~** *le championnat américain de baseball.*

World Trade Organization *n* Organisation *f* mondiale du commerce.

World War I *n* la Première Guerre mondiale.

World War II *n* la Deuxième Guerre mondiale.

world-weary *adj* [person] las (lasse) du monde ; [cynicism, sigh] blasé(e).

worldwide ['wɜːldwaɪd] ◇ *adj* mondial(e). ◇ *adv* dans le monde entier.

World Wide Web *n* : **the ~** le World Wide Web.

worm [wɜːm] ◇ *n* [animal] ver *m*. ◇ *vt* : **to ~ one's way** [move] avancer à plat ventre OR en rampant ; **to ~ one's way into sb's affections** gagner insidieusement l'affection de qqn.
◆ **worms** *npl* [parasites] vers *mpl*.
◆ **worm out** *vt sep* : **to ~ sthg out of sb** soutirer qqch à qqn.

worn [wɔːn] ◇ *pp* ▷ **wear**. ◇ *adj* **- 1.** [threadbare] usé(e) **- 2.** [tired] las (lasse).

worn-out *adj* **- 1.** [old, threadbare] usé(e) **- 2.** [tired] épuisé(e).

worried ['wʌrɪd] *adj* soucieux(euse), inquiet(ète) ; **you really had me ~** vous m'avez fait faire bien du souci ; **to be ~ (about)** se faire du souci (à propos de) ; **to be ~ sick** se faire un sang d'encre.

worrier ['wʌrɪəʳ] *n* anxieux *m*, -euse *f*.

worry ['wʌrɪ] ◇ *n* (*pl* **-ies**) **- 1.** [feeling] souci *m* **- 2.** [problem] souci *m*, ennui *m*. ◇ *vt* (*pt* & *pp* **-ied**) inquiéter, tracasser. ◇ *vi* s'inquiéter ; **to ~ about** se faire du souci au sujet de ; **don't ~!, not to ~!** ne vous en faites pas!

worrying ['wʌrɪɪŋ] *adj* inquiétant(e).

worse [wɜːs] ◇ *adj* - **1.** [not as good] pire ; **to get ~** [situation] empirer - **2.** [more ill] : **he's ~ today** il va plus mal aujourd'hui. ◇ *adv* plus mal ; **they're even ~ off** c'est encore pire pour eux ; **~ off** [financially] plus pauvre. ◇ *n* pire *m* ; **for the ~** pour le pire ; **a change for the ~** une détérioration.

worsen ['wɜːsn] *vt & vi* empirer.

worsening ['wɜːsnɪŋ] *adj* qui va en empirant.

worship ['wɜːʃɪp] ◇ *vt* (*US, pt & pp* **-ed**, *cont* **-ing**) (*UK, pt & pp* **-ped**, *cont* **-ping**) adorer. ◇ *n* - **1.** *(U)* RELIG culte *m* - **2.** [adoration] adoration *f*.

◆ **Worship** *n* : **Your/Her/His Worship** Votre/Son Honneur *m*.

worshipper *UK*, **worshiper** *US* ['wɜːʃɪpəʳ] *n* - **1.** RELIG fidèle *mf* - **2.** [admirer] adorateur *m*, -trice *f*.

worst [wɜːst] ◇ *adj* : **the ~** le pire (la pire), le plus mauvais (la plus mauvaise) ; **his ~ enemy** son pire ennemi. ◇ *adv* le plus mal ; **the ~ affected area** la zone la plus touchée. ◇ *n* : **the ~** le pire ; **to get the ~ of it** [in fight] avoir le dessous ; **if the ~ comes to the ~** au pire.

◆ **at (the) worst** *adv* au pire.

worsted ['wʊstɪd] *n* laine *f* peignée.

worth [wɜːθ] ◇ *prep* - **1.** [in value] : **to be ~ sthg** valoir qqch ; **how much is it ~?** combien cela vaut-il? - **2.** [deserving of] : **it's ~ a visit** cela vaut une visite ; **it's/she is ~ it** cela/elle en vaut la peine ; **to be ~ doing sthg** valoir la peine de faire qqch. ◇ *n* valeur *f* ; **a week's/£20 ~ of groceries** pour une semaine/20 livres d'épicerie.

worthless ['wɜːθlɪs] *adj* - **1.** [object] sans valeur, qui ne vaut rien - **2.** [person] qui n'est bon à rien.

worthwhile [ˌwɜːθ'waɪl] *adj* [job, visit] qui en vaut la peine ; [charity] louable.

worthy ['wɜːðɪ] (*comp* **-ier**, *superl* **-iest**) *adj* - **1.** [deserving of respect] digne - **2.** [deserving] : **to be ~ of sthg** mériter qqch - **3.** *pej* [good but unexciting] méritant(e).

would [wʊd] *modal vb* - **1.** *(in reported speech)* **she said she ~ come** elle a dit qu'elle viendrait - **2.** [indicating likelihood] : **what ~ you do?** que ferais-tu? ; **what ~ you have done?** qu'aurais-tu fait? ; **I ~ be most grateful** je vous en serais très reconnaissant - **3.** [indicating willingness] : **she ~n't go** elle ne voulait pas y aller ; **he ~ do anything for her** il ferait n'importe quoi pour elle - **4.** *(in polite questions)* **~ you like a drink?** voulez-vous OR voudriez-vous à boire? ; **~ you mind closing the window?** cela vous ennuierait de fermer la fenêtre? - **5.** [indicating inevitability] : **he ~ say that** j'étais sûr qu'il allait dire ça, ça ne m'étonne pas de lui - **6.** [giving advice] : **I ~ report it if I were you** si j'étais vous je préviendrais les autorités - **7.** [expressing opinions] : **I ~ prefer** je préférerais ; **I ~ have thought (that)...** j'aurais pensé que... - **8.** [indicating habit] : **he ~ smoke a cigar after dinner** il fumait un cigare après le dîner ; **she ~ often complain about the neighbours** elle se plaignait souvent des voisins.

would-be *adj* prétendu(e).

wouldn't ['wʊdnt] = **would not**.

would've ['wʊdəv] = **would have**.

wound[1] [wuːnd] ◇ *n* blessure *f* ; **to lick one's ~s** *fig* panser ses plaies. ◇ *vt* blesser.

wound[2] [waʊnd] *pt & pp* ▷ **wind**[2].

wounded ['wuːndɪd] ◇ *adj* blessé(e). ◇ *npl* : **the ~** les blessés *mpl*.

wounding ['wuːndɪŋ] *adj* blessant(e).

wove [wəʊv] *pt* ▷ **weave**.

woven ['wəʊvn] *pp* ▷ **weave**.

wow [waʊ] *excl inf* oh là là!

WP ◇ *n* (*abbr of* **word processing, word processor**) TTX *m*. ◇ (*abbr of* **weather permitting**) *si le temps le permet*.

WPC (*abbr of* **woman police constable**) *n UK femme agent de police* ; **~ Roberts** l'agent Roberts.

wpm (*abbr of* **words per minute**) mots/min.

WRAC [ræk] (*abbr of* **Women's Royal Army Corps**) *n section féminine de l'armée de terre britannique*.

WRAF [ræf] (*abbr of* **Women's Royal Air Force**) *n section féminine de l'armée de l'air britannique*.

wrangle ['ræŋgl] ◇ *n* dispute *f*. ◇ *vi* : **to ~ (with sb over sthg)** se disputer (avec qqn à propos de qqch).

wrap [ræp] ◇ *vt* (*pt & pp* **-ped**, *cont* **-ping**) - **1.** [cover in paper, cloth] : **to ~ sthg (in)** envelopper OR emballer qqch (dans) ; **to ~ sthg around** OR **round** *UK* **sthg** enrouler qqch autour de qqch - **2.** [encircle] : **to ~ one's hands around** OR **round** *UK* **sthg** entourer qqch de ses mains ; **to wrap one's fingers around** OR **round** *UK* **sthg** entourer qqch de ses doigts ; **to ~ one's arms around** OR **round** *UK* **sb** enlacer qqn. ◇ *n* [garment] châle *m*.

◆ **wrap up** ◇ *vt sep* - **1.** [cover in paper or cloth] envelopper, emballer - **2.** *inf* [complete] conclure, régler. ◇ *vi* [put warm clothes on] : **~ up well** OR **warmly!** couvrez-vous bien!

wrapped up [ræpt-] *adj inf* **to be ~ in sthg** être absorbé(e) par qqch ; **to be ~ in sb** ne penser qu'à qqn.

wrapper ['ræpəʳ] *n* papier *m* ; *UK* [of book] jaquette *f*, couverture *f*.

wrapping ['ræpɪŋ] *n* emballage *m*.

wrapping paper *n (U)* papier *m* d'emballage.

wrath [rɒθ] *n (U) lit* courroux *m*.

wreak [riːk] *vt* [destruction, havoc] entraîner.

wreath [riːθ] *n* couronne *f*.

wreathe [riːð] *vt lit* couronner.

wreck [rek] ◇ *n* **- 1.** [car, plane, ship] épave *f* **- 2.** *inf* [person] loque *f* ; **I feel a ~** je me sens épuisé ; **I look a ~** j'ai l'air d'une véritable loque. ◇ *vt* **- 1.** [destroy] détruire **- 2.** NAUT provoquer le naufrage de ; **to be ~ed** s'échouer **- 3.** [spoil - holiday] gâcher ; [- health, hopes, plan] ruiner.

wreckage ['rekɪdʒ] *n (U)* débris *mpl*.

wrecker ['rekər] *n US* [vehicle] dépanneuse *f*.

wren [ren] *n* roitelet *m*.

wrench [rentʃ] ◇ *n* **- 1.** [tool] clef *f* anglaise **- 2.** [injury] entorse *f* **- 3.** [emotional] déchirement *m*. ◇ *vt* **- 1.** [pull violently] tirer violemment ; **to ~ sthg off** arracher qqch **- 2.** [arm, leg, knee] se tordre.

wrest [rest] *vt lit* **to ~ sthg from sb** arracher violemment qqch à qqn.

wrestle ['resl] ◇ *vt* lutter. ◇ *vi* **- 1.** [fight] : **to ~ (with sb)** lutter (contre qqn) **- 2.** *fig* [struggle] : **to ~ with sthg** se débattre OR lutter contre qqch.

wrestler ['reslər] *n* lutteur *m*, -euse *f*.

wrestling ['reslɪŋ] *n* lutte *f*.

wretch [retʃ] *n* pauvre diable *m*.

wretched ['retʃɪd] *adj* **- 1.** [miserable] misérable **- 2.** *inf* [damned] fichu(e), maudit(e).

wriggle ['rɪgl] ◇ *vt* remuer, tortiller. ◇ *vi* remuer, se tortiller.

◆ **wriggle out of** *vt insep* : **to ~ out of sthg** se tirer de qqch ; **to ~ out of doing sthg** éviter de faire qqch.

wring [rɪŋ] (*pt & pp* **wrung**) *vt* **- 1.** [washing] essorer, tordre **- 2.** [hands, neck] tordre.

◆ **wring out** *vt sep* essorer, tordre.

wringing ['rɪŋɪŋ] *adj* : **~ (wet)** [person] trempé(e) ; [clothes] mouillé(e), à tordre.

wrinkle ['rɪŋkl] ◇ *n* **- 1.** [on skin] ride *f* **- 2.** [in cloth] pli *m*. ◇ *vt* plisser. ◇ *vi* se plisser, faire des plis.

wrinkled ['rɪŋkld], **wrinkly** ['rɪŋklɪ] *adj* **- 1.** [skin] ridé(e) **- 2.** [cloth] froissé(e).

wrist [rɪst] *n* poignet *m*.

wristband ['rɪstbænd] *n* [of watch] bracelet *m*.

wristwatch ['rɪstwɒtʃ] *n* montre-bracelet *f*.

writ [rɪt] *n* acte *m* judiciaire.

write [raɪt] (*pt* **wrote**, *pp* **written**) ◇ *vt* **- 1.** [gen & COMPUT] écrire ; **to ~ sb a letter** écrire une lettre à qqn **- 2.** *US* [person] écrire à **- 3.** [cheque, prescription] faire. ◇ *vi* [gen & COMPUT] écrire ; **to ~ to sb** *UK* écrire à qqn.

◆ **write back** ◇ *vt sep* : **to ~ a letter back** répondre par une lettre. ◇ *vi* répondre.

◆ **write down** *vt sep* écrire, noter.

◆ **write in** *vi* écrire.

◆ **write into** *vt sep* : **to ~ a clause into a contract** insérer une clause dans un contrat.

◆ **write off** ◇ *vt sep* **- 1.** [project] considérer comme fichu **- 2.** [debt, investment] passer aux profits et pertes **- 3.** [person] considérer comme fini **- 4.** *UK inf* [vehicle] bousiller. ◇ *vi* écrire pour demander des renseignements ; **to ~ off to sb** écrire à qqn ; **to ~ off for sthg** écrire pour demander qqch.

◆ **write up** *vt sep* [notes] mettre au propre.

write-off *n* [vehicle] : **to be a ~** *UK inf* être complètement démoli(e).

write-protect *vt* COMPUT protéger en écriture.

writer ['raɪtər] *n* **- 1.** [as profession] écrivain *m*, -e *f* **- 2.** [of letter, article, story] auteur *m*, -(e) *f*.

write-up *n inf* critique *f*.

writhe [raɪð] *vi* se tordre.

writing ['raɪtɪŋ] *n (U)* **- 1.** [handwriting, activity] écriture *f* ; **in ~** par écrit **- 2.** [something written] écrit *m*.

◆ **writings** *npl* écrits *mpl*.

writing case *n UK* nécessaire *m* de correspondance.

writing desk *n* secrétaire *m*.

writing paper *n (U)* papier *m* à lettres.

written ['rɪtn] ◇ *pp* ▷ **write**. ◇ *adj* écrit(e).

WRNS (*abbr of* **Women's Royal Naval Service**) *n section féminine de la marine de guerre britannique.*

wrong [rɒŋ] ◇ *adj* **- 1.** [not normal, not satisfactory] qui ne va pas ; **is something ~?** y a-t-il quelque chose qui ne va pas? ; **what's ~?** qu'est-ce qui ne va pas? ; **there's something ~ with the switch** l'interrupteur ne marche pas bien **- 2.** [not suitable] qui ne convient pas **- 3.** [not correct - answer, address] faux (fausse), mauvais (e) ; [- decision] mauvais ; **to be ~** [person] avoir tort ; **to be ~ to do sthg** avoir tort de faire qqch **- 4.** [morally bad] : **it's ~ to...** c'est mal de... ◇ *adv* [incorrectly] mal ; **to get sthg ~** se tromper à propos de qqch ; **to go ~** [make a mistake] se tromper, faire une erreur ; [stop functioning] se détraquer ; **don't get me ~** *inf* comprenez-moi bien. ◇ *n* mal *m* ; **to be in the ~** être dans son tort. ◇ *vt* faire du tort à.

wrong-foot *UK vt* **- 1.** SPORT prendre à contre-pied **- 2.** *fig* [surprise] prendre par surprise OR au dépourvu.

wrongful ['rɒŋfʊl] *adj* [unfair] injuste ; [arrest, dismissal] injustifié(e).

wrongly ['rɒŋlɪ] *adv* **- 1.** [unsuitably] mal **- 2.** [mistakenly] à tort.

wrong number *n* faux numéro *m*.

wrote [rəʊt] *pt* ▷ **write**.

wrought iron [rɔːt-] *n* fer *m* forgé.

wrung [rʌŋ] *pt & pp* ▷ **wring**.

WRVS (*abbr of* **Women's Royal Voluntary Service**) *n association de femmes au service des déshérités.*

wry [raɪ] *adj* - **1.** [amused - smile, look] amusé(e) ; [- humour] ironique - **2.** [displeased] désabusé(e).

wt. (*abbr of* **weight**) pds.

WTO (*abbr of* **World Trade Organization**) *n* OMC *f*.

WV *see also* **West Virginia**.

WW *see also* **world war**.

WWW (*abbr of* **World Wide Web**) *n* WWW *m*.

WY *see also* **Wyoming**.

Wyoming [waɪ'əʊmɪŋ] *n* Wyoming *m* ; **in ~** dans le Wyoming.

WYSIWYG ['wɪzɪwɪg] (*abbr of* **what you see is what you get**) WYSIWYG, tel écran, tel écrit.

x (*pl* **x's** OR **xs**), **X** (*pl* **X's** OR **Xs**) [eks] *n* - **1.** [letter] x *m inv*, X *m inv* - **2.** [unknown thing] x *m inv* - **3.** [to mark place] croix *f* - **4.** [at end of letter] : **XXX** grosses bises.

xenophobia [ˌzenə'fəʊbjə] *n* xénophobie *f*.

Xerox® ['zɪərɒks] ◇ *n* - **1.** [machine] photocopieuse *f* - **2.** [copy] photocopie *f*. ◇ *vt* photocopier.

Xmas ['eksməs] ◇ *n* Noël *m*. ◇ *comp* de Noël.

XML [ˌeksem'el] (*abbr of* **Extensible Markup Language**) *n* COMPUT XML *m*.

X-ray ◇ *n* - **1.** [ray] rayon *m* X - **2.** [picture] radiographie *f*, radio *f*. ◇ *vt* radiographier.

xylophone ['zaɪləfəʊn] *n* xylophone *m*.

y (*pl* **y's** OR **ys**), **Y** (*pl* **Y's** OR **Ys**) [waɪ] *n* - **1.** [letter] y *m inv*, Y *m inv* - **2.** MATHS y *m inv*.

Y2K (*abbr of* **the year 2000**) *n* - **1.** [year] l'an 2000 - **2.** COMPUT le bogue de l'an 2000.

yacht [jɒt] *n* yacht *m*.

yachting ['jɒtɪŋ] *n* yachting *m*.

yachtsman ['jɒtsmən] (*pl* **-men** [-mən]) *n* yachtman *m*.

yachtswoman ['jɒtsˌwʊmən] (*pl* **-women** [-ˌwɪmɪn]) *n* yachtwoman *f*.

yahoo [jɑː'huː] *n* rustre *m*.

yak [jæk] *n* yack *m*.

Yale lock® [jeɪ-] *n* serrure *f* à barillet.

yam [jæm] *n* igname *f*.

Yangtze ['jæŋtsɪ] *n* : **the ~** le Yang-tseu-kiang, le Yangzi Jiang *m*.

yank [jæŋk] *vt* tirer d'un coup sec.

Yank [jæŋk] *n UK inf terme péjoratif désignant un Américain,* Amerloque *mf*.

Yankee ['jæŋkɪ] *n* - **1.** *UK inf* [American] *terme péjoratif désignant un Américain,* Amerloque *mf* - **2.** *US* [citizen] Yankee *mf*.

yap [jæp] (*pt & pp* **-ped**, *cont* **-ping**) *vi* - **1.** [dog] japper - **2.** *pej* [person] jacasser.

yard [jɑːd] *n* - **1.** [unit of measurement] = *91,44 cm* yard *m* - **2.** [walled area] cour *f* - **3.** [area of work] chantier *m* - **4.** *US* [attached to house] jardin *m*.

yardstick ['jɑːdstɪk] *n* mesure *f*.

yarn [jɑːn] *n* - **1.** [thread] fil *m* - **2.** *inf* [story] histoire *f* ; **to spin sb a ~** raconter une histoire à qqn.

yashmak ['jæʃmæk] *n* litham *m*.

yawn [jɔːn] ◇ *n* - **1.** [when tired] bâillement *m* ; **to give a ~** bâiller - **2.** *UK inf* [boring event] : **it was a real ~** c'était vraiment ennuyeux. ◇ *vi* - **1.** [when tired] bâiller - **2.** [gape] s'ouvrir, béer.

yd *see also* **yard**.

yeah [jeə] *adv inf* ouais.

year [jɪəʳ] *n* - **1.** [calendar year] année *f* ; **all (the) ~ round** toute l'année ; **~ in ~ out** année après année - **2.** [period of 12 months] année *f*, an *m* ; **to be 21 ~s old** avoir 21 ans - **3.** [financial year] année *f* ; **the ~ 1992-93** l'exercice 1992-93.

◆ **years** *npl* [long time] années *fpl*.

yearbook ['jɪəbʊk] *n* annuaire *m*, almanach *m*.

yearling ['jɪəlɪŋ] *n* yearling *m*.

yearly ['jɪəlɪ] ◇ *adj* annuel(elle). ◇ *adv* **- 1.** [once a year] annuellement **- 2.** [every year] chaque année ; **twice ~** deux fois par an.

yearn [jɜːn] *vi* : **to ~ for sthg/to do sthg** aspirer à qqch/à faire qqch.

yearning ['jɜːnɪŋ] *n* : **~ (for sb/sthg)** désir *m* ardent (pour qqn/de qqch).

yeast [jiːst] *n* levure *f*.

yell [jel] ◇ *n* hurlement *m*. ◇ *vi & vt* hurler.

yellow ['jeləʊ] ◇ *adj* **- 1.** [colour] jaune **- 2.** [cowardly] lâche. ◇ *n* jaune *m*. ◇ *vi* jaunir.

yellow card *n* FTBL carton *m* jaune.

yellow fever *n* fièvre *f* jaune.

yellow lines *n* bandes *fpl* jaunes.

Yellow lines

En Grande-Bretagne, une ligne jaune parallèle au trottoir signifie « arrêt autorisé réglementé » ; une double ligne jaune signifie « stationnement interdit ».

yellowness ['jeləʊnɪs] *n (U)* couleur *f* jaune.

Yellow Pages® *n* : **the ~** les pages *fpl* jaunes.

Yellow River *n* : **the ~** le fleuve Jaune.

Yellow Sea *n* : **the ~** la mer Jaune.

yelp [jelp] ◇ *n* jappement *m*. ◇ *vi* japper.

Yemen ['jemən] *n* Yémen *m* ; **in ~** au Yémen.

Yemeni ['jemənɪ] ◇ *adj* yéménite. ◇ *n* Yéménite *mf*.

yen [jen] *n* **- 1.** (*pl* **yen**) [Japanese currency] yen *m* **- 2.** (*pl* **-s**) [longing] : **to have a ~ for sthg/to do sthg** avoir une forte envie de qqch/de faire qqch.

yeoman of the guard ['jəʊmən-] (*pl* **yeomen of the guard** ['jəʊmən-]) *n UK* hallebardier *m* de la garde royale.

yep [jep] *adv inf* ouais.

yer [jɜː] *adj* [e-mail] votre *inf*, ton (ta, tes).

yes [jes] ◇ *adv* **- 1.** [gen] oui ; **~, please** oui, s'il te/vous plaît **- 2.** [expressing disagreement] si. ◇ *n* oui *m inv*.

yes-man *n pej* béni-oui-oui *m inv*.

yesterday ['jestədɪ] ◇ *n* hier *m* ; **the day before ~** avant-hier. ◇ *adv* hier.

yet [jet] ◇ *adv* **- 1.** [gen] encore ; **~ faster** encore plus vite ; **not ~** pas encore ; **~ again** encore une fois ; **as ~** jusqu'ici **- 2.** déjà ; **have they finished ~?** est-ce qu'ils ont déjà fini? ◇ *conj* et cependant, mais.

yeti ['jetɪ] *n* yéti *m*.

yew [juː] *n* if *m*.

Y-fronts *npl UK* slip *m*.

YHA (*abbr of* **Youth Hostels Association**) *n association britannique des auberges de jeunesse.*

Yiddish ['jɪdɪʃ] ◇ *adj* yiddish *(inv)*. ◇ *n* [language] yiddish *m*.

yield [jiːld] ◇ *n* rendement *m*. ◇ *vt* **- 1.** [produce] produire **- 2.** [give up] céder. ◇ *vi* **- 1.** [gen] : **to ~ (to)** céder (à) **- 2.** *US* AUT [give way] : **'~'** 'cédez le passage'.

yippee [*UK* jɪ'piː, *US* 'jɪpɪ] *excl* hourra!

YMCA (*abbr of* **Young Men's Christian Association**) *n union chrétienne de jeunes gens (proposant notamment des services d'hébergement).*

yo [jəʊ] *excl inf* salut!

yob(bo) ['jɒb(əʊ)] *n UK inf* voyou *m*, loubard *m*.

yodel ['jəʊdl] (*UK, pt & pp* **-led**, *cont* **-ling**, *US, pt & pp* **-ed**, *cont* **-ing**) *vi* iodler, jodler.

yoga ['jəʊgə] *n* yoga *m*.

yoghourt, **yoghurt**, **yogurt** [*UK* 'jɒgət, *US* 'jəʊgərt] *n* yaourt *m*.

yoke [jəʊk] *n lit & fig* joug *m*.

yokel ['jəʊkl] *n pej* péquenaud *m*, -e *f*.

yolk [jəʊk] *n* jaune *m* (d'œuf).

yonder ['jɒndər] *adv lit* là-bas.

Yorks. [jɔːks] (*written abbrev of* **Yorkshire**) *comté anglais.*

Yorkshire pudding ['jɔːkʃər-] *n pâte à choux cuite qui accompagne le rosbif.*

Yorkshire terrier ['jɔːkʃər-] *n* Yorkshire-terrier *m*.

you [juː] *pers pron* **- 1.** [subject - sg] tu ; [- polite form, pl] vous ; **~'re a good cook** tu es/vous êtes bonne cuisinière ; **are ~ French?** tu es/vous êtes français? ; **~ French** vous autres Français ; **~ idiot!** espèce d'idiot! ; **if I were** OR **was ~** si j'étais toi/vous, à ta/votre place ; **there ~ are** [- you've appeared] te/vous voilà ; [- have this] voilà, tiens/tenez ; **that jacket really isn't ~** cette veste n'est pas vraiment ton/votre style **- 2.** [object - unstressed, sg] te ; [- polite form, pl] vous ; **I can see ~** je te/vous vois ; **I gave it to ~** je te/vous l'ai donné **- 3.** [object - stressed, sg] toi ; [- polite form, pl] vous ; **I don't expect YOU to do it** je n'exige pas que ce soit toi qui le fasses/vous qui le fassiez **- 4.** [after prep, in comparisons *etc* - sg] toi ; [- polite form, pl] vous ; **we shall go without ~** nous irons sans toi/vous ; **I'm shorter than ~** je suis plus petit que toi/vous **- 5.** [anyone, one] on ; **~ have to be careful** on doit faire attention ; **exercise is good for ~** l'exercice est bon pour la santé.

you'd [juːd] *see also* **you had**, *see also* **you would**.

you'll [juːl] *see also* **you will**.

young [jʌŋ] ◇ *adj* jeune. ◇ *npl* - **1.** [young people] : **the ~** les jeunes *mpl* - **2.** [baby animals] les petits *mpl*.

younger ['jʌŋgəʳ] *adj* plus jeune.

youngish ['jʌŋɪʃ] *adj* assez jeune.

young man *n* jeune homme *m*.

youngster ['jʌŋstəʳ] *n* jeune *m*.

young woman *n* jeune femme *f*.

your [jɔːʳ] *poss adj* - **1.** *(referring to one person)* ton (ta), tes *(pl)* ; *(polite form, pl)* votre, vos *(pl)* ; **~ dog** ton/votre chien ; **~ house** ta/votre maison ; **~ children** tes/vos enfants ; **what's ~ name?** comment t'appelles-tu/vous appelez-vous? ; **it wasn't YOUR fault** ce n'était pas de ta faute à toi/de votre faute à vous - **2.** *(impersonal, one's)* son (sa), ses *(pl)* ; **~ attitude changes as you get older** on change sa manière de voir en vieillissant ; **it's good for ~ teeth/hair** c'est bon pour les dents/les cheveux ; **~ average Englishman** l'Anglais moyen.

you're [jɔːʳ] *see also* **you are**.

yours [jɔːz] *poss pron (referring to one person)* le tien (la tienne), les tiens (les tiennes) *(pl)* ; *(polite form, pl)* le vôtre (la vôtre), les vôtres *(pl)* ; **that desk is ~** ce bureau est à toi/à vous, ce bureau est le tien/le vôtre ; **it wasn't her fault, it was YOURS** ce n'était pas de sa faute, c'était de ta faute à toi/de votre faute à vous ; **a friend of ~** un ami à toi/vous, un de tes/vos amis.

◆ **Yours** *adv* [in letter] ▷**faithfully**, ▷**sincerely** *etc*.

yourself [jɔː'self] (*pl* **-selves** [-'selvz]) *pron* - **1.** [reflexive - sg] te ; [- polite form, pl] vous ; [after preposition *(sg)*] toi ; [- polite form, pl] vous - **2.** [for emphasis - sg] toi-même ; [- polite form] vous-même ; [- pl] vous-mêmes ; **did you do it ~?** tu l'as/vous l'avez fait tout seul?

youth [juːθ] *n* - **1.** *(U)* [period, quality] jeunesse *f* - **2.** [young man] jeune homme *m* - **3.** *(U)* [young people] jeunesse *f*, jeunes *mpl*.

youth club *n* centre *m* de jeunes.

youthful ['juːθfʊl] *adj* - **1.** [eager, innocent] de jeunesse, juvénile - **2.** [young] jeune.

youthfulness ['juːθfʊlnɪs] *n* jeunesse *f*.

youth hostel *n* auberge *f* de jeunesse.

youth hostelling [-'hɒstəlɪŋ] *n UK* : **to go ~** voyager en dormant dans des auberges de jeunesse.

you've [juːv] *see also* **you have**.

yowl [jaʊl] ◇ *n* [of dog, person] hurlement *m* ; [of cat] miaulement *m*. ◇ *vi* [dog, person] hurler ; [cat] miauler.

yo-yo ['jəʊjəʊ] *n* yo-yo *m*.

yr *see also* **year**.

YTS (*abbr of* **Youth Training Scheme**) *n programme gouvernemental britannique d'insertion des jeunes dans la vie professionnelle.*

Yucatan [ˌjʌkə'tɑːn] *n* Yucatán *m*.

yuck [jʌk] *excl inf* berk!

Yugoslav = **Yugoslavian**.

Yugoslavia [ˌjuːgə'slɑːvɪə] *n* Yougoslavie *f* ; **in ~** en Yougoslavie ; **the former ~** l'ex-Yougoslavie.

Yugoslavian [ˌjuːgə'slɑːvɪən], **Yugoslav** [ˌjuːgə'slɑːv] ◇ *adj* yougoslave. ◇ *n* Yougoslave *mf*.

yule log [juːl-] *n* - **1.** [piece of wood] bûche *f* - **2.** [cake] bûche *f* de Noël.

yuletide ['juːltaɪd] *n (U) lit* époque *f* de Noël.

yummy ['jʌmɪ] (*comp* **-ier**, *superl* **-iest**) *adj inf* délicieux(euse).

yuppie, **yuppy** (*pl* **-ies**) ['jʌpɪ] *n inf* yuppie *mf*.

YWCA (*abbr of* **Young Women's Christian Association**) *n union chrétienne de jeunes filles (proposant notamment des services d'hébergement).*

yrs (*abbr of* **yours**) *pron* [e-mail] votre.

Z

z (*pl* **z's** OR **zs**), *US* **Z** (*pl* **Z's** OR **Zs**) [*UK* zed, *US* ziː] *n* [letter] z *m inv*, Z *m inv*.

Zagreb ['zɑːgreb] *n* Zagreb.

Zaïre [zɑː'ɪəʳ] *n* Zaïre *m* ; **in ~** au Zaïre.

Zaïrese [zɑː'ɪəriːz] ◇ *adj* zaïrois(e). ◇ *n* Zaïrois *m*, -e *f*.

Zambesi, **Zambezi** [zæm'biːzɪ] *n* : **the ~** le Zambèze.

Zambia ['zæmbɪə] *n* Zambie *f* ; **in ~** en Zambie.

Zambian ['zæmbɪən] ◇ *adj* zambien(enne). ◇ *n* Zambien *m*, -enne *f*.

zany ['zeɪnɪ] (*comp* **-ier**, *superl* **-iest**) *adj inf* dingue.

Zanzibar [ˌzænzɪ'bɑː] *n* Zanzibar *m*.

zap [zæp] (*pt & pp* **-ped**, *cont* **-ping**) <> *vt* [kill] descendre, tuer. <> *vi* - **1.** *inf* **to ~ (off) somewhere** foncer quelque part - **2.** TV zapper.

zeal [zi:l] *n* zèle *m*.

zealot ['zelət] *n fml* fanatique *mf*.

zealous ['zeləs] *adj* zélé(e).

zebra [*UK* 'zebrə, *US* 'zi:brə] (*pl* **zebra** OR **-s**) *n* zèbre *m*.

zebra crossing *n UK* passage *m* pour piétons.

Zen (Buddhism) [zen-] *n* bouddhisme *m* zen.

zenith [*UK* 'zenɪθ, *US* 'zi:nəθ] *n lit & fig* zénith *m*.

zeppelin ['zepəlɪn] *n* zeppelin *m*.

zero [*UK* 'zɪərəʊ, *US* 'zi:rəʊ] <> *adj* zéro, aucun(e). <> *n* (*pl* **zero** OR **-es**) zéro *m*.

◆ **zero in on** *vt insep* - **1.** [subj: weapon] se diriger droit sur - **2.** [subj: person] s'attaquer (d'entrée de jeu) à.

zero-rated [-ˌreɪtɪd] *adj UK* exempt(e) de TVA.

zest [zest] *n (U)* - **1.** [excitement] piquant *m* - **2.** [eagerness] entrain *m* - **3.** [of orange, lemon] zeste *m*.

zigzag ['zɪgzæg] <> *n* zigzag *m*. <> *vi* (*pt & pp* **-ged**, *cont* **-ging**) zigzaguer.

zilch [zɪltʃ] *n US inf* zéro *m*, que dalle.

Zimbabwe [zɪm'bɑ:bwɪ] *n* Zimbabwe *m* ; **in ~** au Zimbabwe.

Zimbabwean [zɪm'bɑ:bwɪən] <> *adj* zimbabwéen(enne). <> *n* Zimbabwéen *m*, -enne *f*.

Zimmer frame® ['zɪmər-] *n* déambulateur *m*.

zinc [zɪŋk] *n* zinc *m*.

Zionism ['zaɪənɪzm] *n* sionisme *m*.

Zionist ['zaɪənɪst] <> *adj* sioniste. <> *n* Sioniste *mf*.

zip [zɪp] *n UK* [fastener] fermeture *f* Éclair®.

◆ **zip up** *vt sep* (*pt & pp* **-ped**, *cont* **-ping**) [jacket] remonter la fermeture Éclair® de ; [bag] fermer la fermeture Éclair® de.

zip code *n US* code *m* postal.

Zip disk® *n* COMPUT disque *m* zip.

zip fastener *n UK* = **zip**.

zipper ['zɪpər] *n US* = **zip**.

zit [zɪt] *n esp US inf* bouton *m*.

zither ['zɪðər] *n* cithare *f*.

zodiac ['zəʊdɪæk] *n* : **the ~** le zodiaque ; **sign of the ~** signe *m* du zodiaque.

zombie ['zɒmbɪ] *n fig & pej* zombi *m*.

zone [zəʊn] *n* zone *f*.

zoo [zu:] *n* zoo *m*.

zoological [ˌzəʊə'lɒdʒɪkl] *adj* zoologique.

zoologist [zəʊ'ɒlədʒɪst] *n* zoologiste *mf*.

zoology [zəʊ'ɒlədʒɪ] *n* zoologie *f*.

zoom [zu:m] <> *vi inf* - **1.** [move quickly] aller en trombe - **2.** [rise rapidly] monter en flèche. <> *n* PHOT zoom *m*.

◆ **zoom in** *vi* CIN : **to ~ in (on)** faire un zoom (sur).

◆ **zoom off** *vi inf* partir en trombe.

zoom lens *n* zoom *m*.

zucchini [zu:'ki:nɪ] (*pl* **zucchini**) *n US* courgette *f*.

Zulu ['zu:lu:] <> *adj* zoulou(e). <> *n* - **1.** [person] Zoulou *m*, -e *f* - **2.** [language] zoulou *m*.

Zürich ['zjʊərɪk] *n* Zurich.

CONJUGAISONS

	1 avoir	2 être	3 chanter
Ind. prés.	j'ai tu as il, elle a nous avons vous avez ils, elles ont	je suis tu es il, elle est nous sommes vous êtes ils, elles sont	je chante tu chantes il, elle chante nous chantons vous chantez ils, elles chantent
Ind. imparf.	il, elle avait	il, elle était	il, elle chantait
Passé s.	il, elle eut ils, elles eurent	il, elle fut ils, elles furent	il, elle chanta ils, elles chantèrent
Fut.	j'aurai il, elle aura	je serai il, elle sera	je chanterai il, elle chantera
Cond. prés.	j'aurais il, elle aurait	je serais il, elle serait	je chanterais il, elle chanterait
Subj. prés.	que j'aie qu'il, elle ait que nous ayons qu'ils, elles aient	que je sois qu'il, elle soit que nous soyons qu'ils, elles soient	que je chante qu'il, elle chante que nous chantions qu'ils, elles chantent
Subj. imparf.	qu'il, elle eût qu'ils, elles eussent	qu'il, elle fût qu'ils, elles fussent	qu'il, elle chantât qu'ils, elles chantassent
Impér.	aie ayons, ayez	sois soyons, soyez	chante chantons, chantez
P. prés.	ayant	étant	chantant
P. passé	eu(e)	été	chanté(e)

	4 baisser	5 pleurer	6 jouer
Ind. prés.	je baisse tu baisses il, elle baisse nous baissons vous baissez ils, elles baissent	je pleure tu pleures il, elle pleure nous pleurons vous pleurez ils, elles pleurent	je joue tu joues il, elle joue nous jouons vous jouez ils, elles jouent
Ind. imparf.	il, elle baissait	il, elle pleurait	il, elle jouait
Passé s.	il, elle baissa ils, elles baissèrent	il, elle pleura ils, elles pleurèrent	il, elle joua ils, elles jouèrent
Fut.	je baisserai il, elle baissera	je pleurerai il, elle pleurera	je jouerai il, elle jouera
Cond. prés.	je baisserais il, elle baisserait	je pleurerais il, elle pleurerait	je jouerais il, elle jouerait
Subj. prés.	que je baisse qu'il, elle baisse que nous baissions qu'ils, elles baissent	que je pleure qu'il, elle pleure que nous pleurions qu'ils, elles pleurent	que je joue qu'il, elle joue que nous jouions qu'ils, elles jouent
Subj. imparf.	qu'il, elle baissât qu'ils, elles baissassent	qu'il, elle pleurât qu'ils, elles pleurassent	qu'il, elle jouât qu'ils, elles jouassent
Impér.	baisse baissons, baissez	pleure pleurons, pleurez	joue jouons, jouez
P. prés.	baissant	pleurant	jouant
P. passé	baissé(e)	pleuré(e)	joué(e)

	7 saluer	8 arguer	9 copier
Ind. prés.	je salue tu salues il, elle salue nous saluons vous saluez ils, elles saluent	j'argue *ou* arguë tu argues *ou* arguës il, elle argue *ou* arguë nous arguons vous arguez ils, elles arguent *ou* arguënt	je copie tu copies il, elle copie nous copions vous copiez ils, elles copient
Ind. imparf.	il, elle saluait	il, elle arguait	il, elle copiait
Passé s.	il, elle salua ils, elles saluèrent	il, elle argua ils, elles arguèrent	il, elle copia ils, elles copièrent
Fut.	je saluerai il, elle saluera	j'arguerai *ou* arguërai il, elle arguera *ou* arguëra	je copierai il, elle copiera
Cond. prés.	je saluerais il, elle saluerait	j'arguerais *ou* arguërais il, elle arguerait *ou* arguërait	je copierais il, elle copierait
Subj. prés.	que je salue qu'il, elle salue que nous saluions qu'ils, elles saluent	que j'argue *ou* arguë qu'il, elle argue *ou* arguë que nous arguions qu'ils, elles arguent *ou* arguënt	que je copie qu'il, elle copie que nous copiions qu'ils, elles copient
Subj. imparf.	qu'il, elle saluât qu'ils, elles saluassent	qu'il, elle arguât qu'ils, elles arguassent	qu'il, elle copiât qu'ils, elles copiassent
Impér.	salue saluons, saluez	argue *ou* arguë arguons, arguez	copie copions, copiez
P. prés.	saluant	arguant	copiant
P. passé	salué(e)	argué(e)	copié(e)

	10 prier	11 payer	12 grasseyer
Ind. prés.	je prie tu pries il, elle prie nous prions vous priez ils, elles prient	je paie *ou* paye tu paies *ou* payes il, elle paie *ou* paye nous payons vous payez ils, elles paient *ou* payent	je grasseye tu grasseyes il, elle grasseye nous grasseyons vous grasseyez ils, elles grasseyent
Ind. imparf.	il, elle priait	il, elle payait	il, elle grasseyait
Passé s.	il, elle pria ils, elles prièrent	il, elle paya ils, elles payèrent	il, elle grasseya ils, elles grasseyèrent
Fut.	je prierai il, elle priera	je paierai *ou* payerai il, elle paiera *ou* payera	je grasseyerai il, elle grasseyera
Cond. prés.	je prierais il, elle prierait	je paierais *ou* payerais il, elle paierait *ou* payerait	je grasseyerais il, elle grasseyerait
Subj. prés.	que je prie qu'il, elle prie que nous priions qu'ils, elles prient	que je paie *ou* paye qu'il, elle paie *ou* paye que nous payions qu'ils, elles paient *ou* payent	que je grasseye qu'il, elle grasseye que nous grasseyions qu'ils, elles grasseyent
Subj. imparf.	qu'il, elle priât qu'ils, elles priassent	qu'il, elle payât qu'ils, elles payassent	qu'il, elle grasseyât qu'ils, elles grasseyassent
Impér.	prie prions, priez	paie *ou* paye payons, payez	grasseye grasseyons, grasseyez
P. prés.	priant	payant	grasseyant
P. passé	prié(e)	payé(e)	grasseyé(e)

	13 ployer	14 essuyer	15 créer
Ind. prés.	je ploie tu ploies il, elle ploie nous ployons vous ployez ils, elles ploient	j'essuie tu essuies il, elle essuie nous essuyons vous essuyez ils, elles essuient	je crée tu crées il, elle crée nous créons vous créez ils, elles créent
Ind. imparf.	il, elle ployait	il, elle essuyait	il, elle créait
Passé s.	il, elle ploya ils, elles ployèrent	il, elle essuya ils, elles essuyèrent	il, elle créa ils, elles créèrent
Fut.	je ploierai il, elle ploiera	j'essuierai il, elle essuiera	je créerai il, elle créera
Cond. prés.	je ploierais il, elle ploierait	j'essuierais il, elle essuierait	je créerais il, elle créerait
Subj. prés.	que je ploie qu'il, elle ploie que nous ployions qu'ils, elles ploient	que j'essuie qu'il, elle essuie que nous essuyions qu'ils, elles essuient	que je crée qu'il, elle crée que nous créions qu'ils, elles créent
Subj. imparf.	qu'il, elle ployât qu'ils, elles ployassent	qu'il, elle essuyât qu'ils, elles essuyassent	qu'il, elle créât qu'ils, elles créassent
Impér.	ploie ployons, ployez	essuie essuyons, essuyez	crée créons, créez
P. prés.	ployant	essuyant	créant
P. passé	ployé(e)	essuyé(e)	créé(e)

	16 avancer	17 manger	18 céder
Ind. prés.	j'avance tu avances il, elle avance nous avançons vous avancez ils, elles avancent	je mange tu manges il, elle mange nous mangeons vous mangez ils, elles mangent	je cède tu cèdes il, elle cède nous cédons vous cédez ils, elles cèdent
Ind. imparf.	il, elle avançait	il, elle mangeait	il, elle cédait
Passé s.	il, elle avança ils, elles avancèrent	il, elle mangea ils, elles mangèrent	il, elle céda ils, elles cédèrent
Fut.	j'avancerai il, elle avancera	je mangerai il, elle mangera	je céderai *ou* cèderai il, elle cédera *ou* cèdera
Cond. prés.	j'avancerais il, elle avancerait	je mangerais il, elle mangerait	je céderais *ou* cèderais il, elle céderait *ou* cèderait
Subj. prés.	que j'avance qu'il, elle avance que nous avancions qu'ils, elles avancent	que je mange qu'il, elle mange que nous mangions qu'ils, elles mangent	que je cède qu'il, elle cède que nous cédions qu'ils, elles cèdent
Subj. imparf.	qu'il, elle avançât qu'ils, elles avançassent	qu'il, elle mangeât qu'ils, elles mangeassent	qu'il, elle cédât qu'ils, elles cédassent
Impér.	avance avançons, avancez	mange mangeons, mangez	cède cédons, cédez
P. prés.	avançant	mangeant	cédant
P. passé	avancé(e)	mangé(e)	cédé(e)

	19 semer	20 rapiécer	21 acquiescer
Ind. prés.	je sème tu sèmes il, elle sème nous semons vous semez ils, elles sèment	je rapièce tu rapièces il, elle rapièce nous rapiéçons vous rapiécez ils, elles rapiècent	j'acquiesce tu acquiesces il, elle acquiesce nous acquiesçons vous acquiescez ils, elles acquiescent
Ind. imparf.	il, elle semait	il, elle rapiéçait	il, elle acquiesçait
Passé s.	il, elle sema ils, elles semèrent	il, elle rapiéça ils, elles rapiécèrent	il, elle acquiesça ils, elles acquiescèrent
Fut.	je sèmerai il, elle sèmera	je rapiécerai *ou* rapiècerai il, elle rapiécera *ou* rapiècera	j'acquiescerai il, elle acquiescera
Cond. prés.	je sèmerais il, elle sèmerait	je rapiécerais *ou* rapiècerais il, elle rapiécerait *ou* rapiècerait	j'acquiescerais il, elle acquiescerait
Subj. prés.	que je sème qu'il, elle sème que nous semions qu'ils, elles sèment	que je rapièce qu'il, elle rapièce que nous rapiécions qu'ils, elles rapiècent	que j'acquiesce qu'il, elle acquiesce que nous acquiescions qu'ils, elles acquiescent
Subj. imparf.	qu'il, elle semât qu'ils, elles semassent	qu'il, elle rapiéçât qu'ils, elles rapiéçassent	qu'il, elle acquiesçât qu'ils, elles acquiesçassent
Impér.	sème semons, semez	rapièce rapiéçons, rapiécez	acquiesce acquiesçons, acquiescez
P. prés.	semant	rapiéçant	acquiesçant
P. passé	semé(e)	rapiécé(e)	acquiescé

	22 siéger	23 déneiger	24 appeler
Ind. prés.	je siège tu sièges il, elle siège nous siégeons vous siégez ils, elles siègent	je déneige tu déneiges il, elle déneige nous déneigeons vous déneigez ils, elles déneigent	j'appelle tu appelles il, elle appelle nous appelons vous appelez ils, elles appellent
Ind. imparf.	il, elle siégeait	il, elle déneigeait	il, elle appelait
Passé s.	il, elle siégea ils, elles siégèrent	il, elle déneigea ils, elles déneigèrent	il, elle appela ils, elles appelèrent
Fut.	je siégerai *ou* siègerai il, elle siégera *ou* siègera	je déneigerai il, elle déneigera	j'appellerai il, elle appellera
Cond. prés.	je siégerais *ou* siègerais il, elle siégerait *ou* siègerait	je déneigerais il, elle déneigerait	j'appellerais il, elle appellerait
Subj. prés.	que je siège qu'il, elle siège que nous siégions qu'ils, elles siègent	que je déneige qu'il, elle déneige que nous déneigions qu'ils, elles déneigent	que j'appelle qu'il, elle appelle que nous appelions qu'ils, elles appellent
Impér.	qu'il, elle siégeât qu'ils, elles siégeassent	qu'il, elle déneigeât qu'ils, elles déneigeassent	qu'il, elle appelât qu'ils, elles appelassent
Impér.	siège siégeons, siégez	déneige déneigeons, déneigez	appelle appelons, appelez
P. prés.	siégeant	déneigeant	appelant
P. passé	siégé	déneigé(e)	appelé(e)

	25 peler	26 interpeller	27 jeter
Ind. prés.	je pèle tu pèles il, elle pèle nous pelons vous pelez ils, elles pèlent	j'interpelle tu interpelles il, elle interpelle nous interpellons vous interpellez ils, elles interpellent	je jette tu jettes il, elle jette nous jetons vous jetez ils, elles jettent
Ind. imparf.	il, elle pelait	il, elle interpellait	il, elle jetait
Passé s.	il, elle pela ils, elles pelèrent	il, elle interpella ils, elles interpellèrent	il, elle jeta ils, elles jetèrent
Fut.	je pèlerai il, elle pèlera	j'interpellerai il, elle interpellera	je jetterai il, elle jettera
Cond. prés.	je pèlerais il, elle pèlerait	j'interpellerais il, elle interpellerait	je jetterais il, elle jetterait
Subj. prés.	que je pèle qu'il, elle pèle que nous pelions qu'ils, elles pèlent	que j'interpelle qu'il, elle interpelle que nous interpellions qu'ils, elles interpellent	que je jette qu'il, elle jette que nous jetions qu'ils, elles jettent
Subj. imparf.	qu'il, elle pelât qu'ils, elles pelassent	qu'il, elle interpellât qu'ils, elles interpellassent	qu'il, elle jetât qu'ils, elles jetassent
Impér.	pèle pelons, pelez	interpelle interpellons, interpellez	jette jetons, jetez
P. prés.	pelant	interpellant	jetant
P. passé	pelé(e)	interpellé(e)	jeté(e)

	28 acheter	29 dépecer	30 envoyer
Ind. prés.	j'achète tu achètes il, elle achète nous achetons vous achetez ils, elles achètent	je dépèce tu dépèces il, elle dépèce nous dépeçons vous dépecez ils, elles dépècent	j'envoie tu envoies il, elle envoie nous envoyons vous envoyez ils, elles envoient
Ind. imparf.	il, elle achetait	il, elle dépeçait	il, elle envoyait
Passé s.	il, elle acheta ils, elles achetèrent	il, elle dépeça ils, elles dépecèrent	il, elle envoya ils, elles envoyèrent
Fut.	j'achèterai il, elle achètera	je dépècerai il, elle dépècera	j'enverrai il, elle enverra
Cond. prés.	j'achèterais il, elle achèterait	je dépècerais il, elle dépècerait	j'enverrais il, elle enverrait
Subj. prés.	que j'achète qu'il, elle achète que nous achetions qu'ils, elles achètent	que je dépèce qu'il, elle dépèce que nous dépecions qu'ils, elles dépècent	que j'envoie qu'il, elle envoie que nous envoyions qu'ils, elles envoient
Subj. imparf.	qu'il, elle achetât qu'ils, elles achetassent	qu'il, elle dépeçât qu'ils, elles dépeçassent	qu'il, elle envoyât qu'ils, elles envoyassent
Impér.	achète achetons, achetez	dépèce dépeçons, dépecez	envoie envoyons, envoyez
P. prés.	achetant	dépeçant	envoyant
P. passé	acheté(e)	dépecé(e)	envoyé(e)

	31 aller	32 finir	33 haïr
Ind. prés.	je vais tu vas il, elle va nous allons vous allez ils, elles vont	je finis tu finis il, elle finit nous finissons vous finissez ils, elles finissent	je hais tu hais il, elle hait nous haïssons vous haïssez ils, elles haïssent
Ind. imparf.	il, elle allait	il, elle finissait	il, elle haïssait
Passé s.	il, elle alla ils, elles allèrent	il, elle finit ils, elles finirent	il, elle haït ils, elles haïrent
Fut.	j'irai il, elle ira	je finirai il, elle finira	je haïrai il, elle haïra
Cond. prés.	j'irais il, elle irait	je finirais il, elle finirait	je haïrais il, elle haïrait
Subj. prés.	que j'aille qu'il, elle aille que nous allions qu'ils, elles aillent	que je finisse qu'il, elle finisse que nous finissions qu'ils, elles finissent	que je haïsse qu'il, elle haïsse que nous haïssions qu'ils, elles haïssent
Subj. imparf.	qu'il, elle allât qu'ils, elles allassent	qu'il, elle finît qu'ils, elles finissent	qu'il, elle haït qu'ils, elles haïssent
Impér.	va allons, allez	finis finissons, finissez	hais haïssons, haïssez
P. prés.	allant	finissant	haïssant
P. passé	allé(e)	fini(e)	haï(e)

	34 ouvrir	35 fuir	36 dormir
Ind. prés.	j'ouvre tu ouvres il, elle ouvre nous ouvrons vous ouvrez ils, elles ouvrent	je fuis tu fuis il, elle fuit nous fuyons vous fuyez ils, elles fuient	je dors tu dors il, elle dort nous dormons vous dormez ils, elles dorment
Ind. imparf.	il, elle ouvrait	il, elle fuyait	il, elle dormait
Passé s.	il, elle ouvrit ils, elles ouvrirent	il, elle fuit ils, elles fuirent	il, elle dormit ils, elles dormirent
Fut.	j'ouvrirai il, elle ouvrira	je fuirai il, elle fuira	je dormirai il, elle dormira
Cond. prés.	j'ouvrirais il, elle ouvrirait	je fuirais il, elle fuirait	je dormirais il, elle dormirait
Subj. prés.	que j'ouvre qu'il, elle ouvre que nous ouvrions qu'ils, elles ouvrent	que je fuie qu'il, elle fuie que nous fuyions qu'ils, elles fuient	que je dorme qu'il, elle dorme que nous dormions qu'ils, elles dorment
Subj. imparf.	qu'il, elle ouvrît qu'ils, elles ouvrissent	qu'il, elle fuît qu'ils, elles fuissent	qu'il, elle dormît qu'ils, elles dormissent
Impér.	ouvre ouvrons, ouvrez	fuis fuyons, fuyez	dors dormons, dormez
P. prés.	ouvrant	fuyant	dormant
P. passé	ouvert(e)	fui(e)	dormi

	37 mentir	38 servir	39 acquérir
Ind. prés.	je mens tu mens il, elle ment nous mentons vous mentez ils, elles mentent	je sers tu sers il, elle sert nous servons vous servez ils, elles servent	j'acquiers tu acquiers il, elle acquiert nous acquérons vous acquérez ils, elles acquièrent
Ind. imparf.	il, elle mentait	il, elle servait	il, elle acquérait
Passé s.	il, elle mentit ils, elles mentirent	il, elle servit ils, elles servirent	il, elle acquit ils, elles acquirent
Fut.	je mentirai il, elle mentira	je servirai il, elle servira	j'acquerrai il, elle acquerra
Cond. prés.	je mentirais il, elle mentirait	je servirais il, elle servirait	j'acquerrais il, elle acquerrait
Subj. prés.	que je mente qu'il, elle mente que nous mentions qu'ils, elles mentent	que je serve qu'il, elle serve que nous servions qu'ils, elles servent	que j'acquière qu'il, elle acquière que nous acquérions qu'ils, elles acquièrent
Subj. imparf.	qu'il, elle mentît qu'ils, elles mentissent	qu'il, elle servît qu'ils, elles servissent	qu'il, elle acquît qu'ils, elles acquissent
Impér.	mens mentons, mentez	sers servons, servez	acquiers acquérons, acquérez
P. prés.	mentant	servant	acquérant
P. passé	menti	servi(e)	acquis(e)

	40 venir	41 cueillir	42 mourir
Ind. prés.	je viens tu viens il, elle vient nous venons vous venez ils, elles viennent	je cueille tu cueilles il, elle cueille nous cueillons vous cueillez ils, elles cueillent	je meurs tu meurs il, elle meurt nous mourons vous mourez ils, elles meurent
Ind. imparf.	il, elle venait	il, elle cueillait	il, elle mourait
Passé s.	il, elle vint ils, elles vinrent	il, elle cueillit ils, elles cueillirent	il, elle mourut ils, elles moururent
Fut.	je viendrai il, elle viendra	je cueillerai il, elle cueillera	je mourrai il, elle mourra
Cond. prés.	je viendrais il, elle viendrait	je cueillerais il, elle cueillerait	je mourrais il, elle mourrait
Subj. prés.	que je vienne qu'il, elle vienne que nous venions qu'ils, elles viennent	que je cueille qu'il, elle cueille que nous cueillions qu'ils, elles cueillent	que je meure qu'il, elle meure que nous mourions qu'ils, elles meurent
Subj. imparf.	qu'il, elle vînt qu'ils, elles vinssent	qu'il, elle cueillît qu'ils, elles cueillissent	qu'il, elle mourût qu'ils, elles mourussent
Impér.	viens venons, venez	cueille cueillons, cueillez	meurs mourons, mourez
P. prés.	venant	cueillant	mourant
P. passé	venu(e)	cueilli(e)	mort(e)

	43 partir	44 revêtir	45 courir
Ind. prés.	je pars tu pars il, elle part nous partons vous partez ils, elles partent	je revêts tu revêts il, elle revêt nous revêtons vous revêtez ils, elles revêtent	je cours tu cours il, elle court nous courons vous courez ils, elles courent
Ind. imparf.	il, elle partait	il, elle revêtait	il, elle courait
Passé s.	il, elle partit ils, elles partirent	il, elle revêtit ils, elles revêtirent	il, elle courut ils, elles coururent
Fut.	je partirai il, elle partira	je revêtirai il, elle revêtira	je courrai il, elle courra
Cond. prés.	je partirais il, elle partirait	je revêtirais il, elle revêtirait	je courrais il, elle courrait
Subj. prés.	que je parte qu'il, elle parte que nous partions qu'ils, elles partent	que je revête qu'il, elle revête que nous revêtions qu'ils, elles revêtent	que je coure qu'il, elle coure que nous courions qu'ils, elles courent
Subj. imparf.	qu'il, elle partît qu'ils, elles partissent	qu'il, elle revêtît qu'ils, elles revêtissent	qu'il, elle courût qu'ils, elles courussent
Impér.	pars partons, partez	revêts revêtons, revêtez	cours courons, courez
P. prés.	partant	revêtant	courant
P. passé	parti(e)	revêtu(e)	couru(e)

	46 faillir	47 défaillir	48 bouillir
Ind. prés.	je faillis *ou* faux tu faillis *ou* faux il, elle faillit *ou* faut nous faillissons *ou* faillons vous faillissez *ou* faillez ils, elles faillissent *ou* faillent	je défaille tu défailles il, elle défaille nous défaillons vous défaillez ils, elles défaillent	je bous tu bous il, elle bout nous bouillons vous bouillez ils, elles bouillent
Ind. imparf.	il, elle faillissait *ou* faillait	il, elle défaillait	il, elle bouillait
Passé s.	il, elle faillit ils, elles faillirent	il, elle défaillit ils, elles défaillirent	il, elle bouillit ils, elles bouillirent
Fut.	je faillirai *ou* faudrai il, elle faillira *ou* faudra	je défaillirai *ou* défaillerai il, elle défaillira *ou* défaillera	je bouillirai il, elle bouillira
Cond. prés.	je faillirais *ou* faudrais il, elle faillirait *ou* faudrait	je défaillirais *ou* défaillerais il, elle défaillirait *ou* défaillerait	je bouillirais il, elle bouillirait
Subj. prés.	que je faillisse *ou* faille qu'il, elle faillisse *ou* faille que nous faillissions *ou* faillions qu'ils, elles faillissent *ou* faillent	que je défaille qu'il, elle défaille que nous défaillions qu'ils, elles défaillent	que je bouille qu'il, elle bouille que nous bouillions qu'ils, elles bouillent
Subj. imparf.	qu'il, elle faillît qu'ils, elles faillissent	qu'il, elle défaillît qu'ils, elles défaillissent	qu'il, elle bouillît qu'ils, elles bouillissent
Impér.	faillis *ou* faux, faillissons *ou* faillons, faillissez *ou* faillez	défaille défaillons, défaillez	bous bouillons, bouillez
P. prés.	faillissant *ou* faillant	défaillons, défaillez	bouillons, bouillez
P. passé	failli	défailli	bouilli(e)

	49 gésir	50 saillir	51 ouïr
Ind. prés.	je gis tu gis il, elle gît nous gisons vous gisez ils, elles gisent	- - il, elle saille - - ils, elles saillent	j'ouïs *ou* ois tu ouïs *ou* ois il, elle ouït *ou* oit nous ouïssons *ou* oyons vous ouïssez *ou* oyez ils, elles ouïssent *ou* oient
Ind. imparf.	il, elle gisait	il, elle saillait	il, elle ouïssait *ou* oyait
Passé s.	-	il, elle saillit ils, elles saillirent	il, elle ouït ils, elles ouïrent
Fut.	-	- il, elle saillera	j'ouïrai *ou* orrai il, elle ouïra *ou* orra
Cond. prés.	-	- il, elle saillerait	j'ouïrais il, elle ouïrait *ou* orrait
Subj. prés.	-	- qu'il, elle saille qu'ils, elles saillent	que j'ouïsse *ou* oie qu'il, elle ouïsse *ou* oie que nous ouïssions *ou* oyions qu'ils, elles ouïssent *ou* oient
Subj. imparf.	-	qu'il, elle saillît qu'ils, elles saillissent	qu'il, elle ouït qu'ils, elles ouïssent
Impér.	-	-	ouïs *ou* ois, ouïssons *ou* oyons ouïssez *ou* oyez
P. prés.	gisant	saillant	oyant
P. passé	-	sailli(e)	ouï(e)

	52 recevoir	53 devoir	54 mouvoir
Ind. prés.	je reçois tu reçois il, elle reçoit nous recevons vous recevez ils, elles reçoivent	je dois tu dois il, elle doit nous devons vous devez ils, elles doivent	je meus tu meus il, elle meut nous mouvons vous mouvez ils, elles meuvent
Ind. imparf.	il, elle recevait	il, elle devait	il, elle mouvait
Passé s.	il, elle reçut ils, elles reçurent	il, elle dut ils, elles durent	il, elle mut ils, elles murent
Fut.	je recevrai il, elle recevra	je devrai il, elle devra	je mouvrai il, elle mouvra
Cond. prés.	je recevrais il, elle recevrait	je devrais il, elle devrait	je mouvrais il, elle mouvrait
Subj. prés.	que je reçoive qu'il, elle reçoive que nous recevions qu'ils, elles reçoivent	que je doive qu'il, elle doive que nous devions qu'ils, elles doivent	que je meuve qu'il, elle meuve que nous mouvions qu'ils, elles meuvent
Subj. imparf.	qu'il, elle reçût qu'ils, elles reçussent	qu'il, elle dût qu'ils, elles dussent	qu'il, elle mût qu'ils, elles mussent
Impér.	reçois recevons, recevez	dois devons, devez	meus mouvons, mouvez
P. prés.	recevant	devant	mouvant
P. passé	reçu(e)	dû, due, dus, dues	mû, mue, mus, mues

	55 émouvoir	56 promouvoir	57 vouloir
Ind. prés.	j'émeus tu émeus il, elle émeut nous émouvons vous émouvez ils, elles émeuvent	je promeus tu promeus il, elle promeut nous promouvons vous promouvez ils, elles promeuvent	je veux tu veux il, elle veut nous voulons vous voulez ils, elles veulent
Ind. imparf.	il, elle émouvait	il, elle promouvait	il, elle voulait
Passé s.	il, elle émut ils, elles émurent	il, elle promut ils, elles promurent	il, elle voulut ils, elles voulurent
Fut.	j'émouvrai il, elle émouvra	je promouvrai il, elle promouvra	je voudrai il, elle voudra
Cond. prés.	j'émouvrais il, elle émouvrait	je promouvrais il, elle promouvrait	je voudrais il, elle voudrait
Subj. prés.	que j'émeuve qu'il, elle émeuve que nous émouvions qu'ils, elles émeuvent	que je promeuve qu'il, elle promeuve que nous promouvions qu'ils, elles promeuvent	que je veuille qu'il, elle veuille que nous voulions qu'ils, elles veuillent
Subj. imparf.	qu'il, elle émût qu'ils, elles émussent	qu'il, elle promût qu'ils, elles promussent	qu'il, elle voulût qu'ils, elles voulussent
Impér.	émeus émouvons, émouvez	promeus promouvons, promouvez	veux *ou* veuille, voulons *ou* veuillons, voulez *ou* veuillez
P. passé	émouvant	promouvant	voulant
P. prés.	ému(e)	promu(e)	voulu(e)

	58 pouvoir	59 savoir	60 valoir
Ind. prés.	je peux *ou* puis tu peux il peut nous pouvons vous pouvez ils, elles peuvent	je sais tu sais il, elle sait nous savons vous savez ils, elles savent	je vaux tu vaux il, elle vaut nous valons vous valez ils, elles valent
Ind. imparf.	il, elle pouvait	il, elle savait	il, elle valait
Passé s.	il, elle put ils, elles purent	il, elle sut ils, elles surent	il, elle valut ils, elles valurent
Fut.	je pourrai il, elle pourra	je saurai il, elle saura	je vaudrai il, elle vaudra
Cond. prés.	je pourrais il, elle pourrait	je saurais il, elle saurait	je vaudrais il, elle vaudrait
Subj. prés.	que je puisse qu'il, elle puisse que nous puissions qu'ils, elles puissent	que je sache qu'il, elle sache que nous sachions qu'ils, elles sachent	que je vaille qu'il, elle vaille que nous valions qu'ils, elles vaillent
Subj. imparf.	qu'il, elle pût qu'ils, elles pussent	qu'il, elle sût qu'ils, elles sussent	qu'il, elle valût qu'ils, elles valussent
Impér.	-	sache sachons, sachez	vaux valons, valez
P. prés.	pouvant	sachant	valant
P. passé	pu	su(e)	valu(e)

	61 prévaloir	62 voir	63 prévoir
Ind. prés.	je prévaux tu prévaux il, elle prévaut nous prévalons vous prévalez ils, elles prévalent	je vois tu vois il, elle voit nous voyons vous voyez ils, elles voient	je prévois tu prévois il, elle prévoit nous prévoyons vous prévoyez ils, elles prévoient
Ind. imparf.	il, elle prévalait	il, elle voyait	il, elle prévoyait
Passé s.	il, elle prévalut ils, elles prévalurent	il, elle vit ils, elles virent	il, elle prévit ils, elles prévirent
Fut.	je prévaudrai il, elle prévaudra	je verrai il, elle verra	je prévoirai il, elle prévoira
Cond. prés.	je prévaudrais il, elle prévaudrait	je verrais il, elle verrait	je prévoirais il, elle prévoirait
Subj. prés.	que je prévale qu'il, elle prévale que nous prévalions qu'ils, elles prévalent	que je voie qu'il, elle voie que nous voyions qu'ils, elles voient	que je prévoie qu'il, elle prévoie que nous prévoyions qu'ils, elles prévoient
Subj. imparf.	qu'il, elle prévalût qu'ils, elles prévalussent	qu'il, elle vît qu'ils, elles vissent	qu'il, elle prévît qu'ils, elles prévissent
Impér.	prévaux prévalons, prévalez	vois voyons, voyez	prévois prévoyons, prévoyez
P. prés.	prévalant	voyant	prévoyant
P. passé	prévalu(e)	vu(e)	prévu(e)

	64 pourvoir	65 asseoir	66 surseoir
Ind. prés.	je pourvois tu pourvois il, elle pourvoit nous pourvoyons vous pourvoyez ils, elles pourvoient	j'assieds *ou* assois tu assieds *ou* assois il, elle assied *ou* assoit nous asseyons *ou* assoyons vous asseyez *ou* assoyez ils, elles asseyent *ou* assoient	je sursois tu sursois il, elle sursoit nous sursoyons vous sursoyez ils, elles sursoient
Ind. imparf.	il, elle pourvoyait	il, elle asseyait *ou* assoyait	il, elle sursoyait
Passé s.	il, elle pourvut ils, elles pourvurent	il, elle assit ils, elles assirent	il, elle sursit ils, elles sursirent
Fut.	je pourvoirai il, elle pourvoira	j'assiérai *ou* assoirai il, elle assiéra *ou* assoira	je surseoirai il, elle surseoira
Cond. prés.	je pourvoirais il, elle pourvoirait	j'assiérais *ou* j'assoirais il, elle assiérait *ou* assoirait	je surseoirais il, elle surseoirait
Subj. prés.	que je pourvoie qu'il, elle pourvoie que nous pourvoyions qu'ils, elles pourvoient	que j'asseye *ou* j'assoie qu'il, elle asseye *ou* assoie que nous asseyions *ou* assoyions qu'ils, elles asseyent *ou* assoient	que je sursoie qu'il, elle sursoie que nous sursoyions qu'ils, elles sursoient
Subj. imparf.	qu'il, elle pourvût qu'ils, elles pourvussent	qu'il, elle assît qu'ils, elles assissent	qu'il, elle sursît qu'ils, elles sursissent
Impér.	pourvois pourvoyons, pourvoyez	assieds *ou* assois, asseyons *ou* assoyons, asseyez *ou* assoyez	sursois sursoyons, sursoyez
P. prés.	pourvoyant	asseyant *ou* assoyant	sursoyant
P. passé	pourvu(e)	assis(e)	sursis

	67 seoir	68 pleuvoir	69 falloir
Ind. prés.	- - il, elle sied - - ils, elles siéent	- - il pleut - - -	- - il faut - - -
Ind. imparf.	il, elle seyait	il pleuvait	il fallait
Passé s.	-	il plut -	il fallut -
Fut.	- il, elle siéra	- il pleuvra	- il faudra
Cond. prés.	- il, elle siérait	- il pleuvrait	- il faudrait
Subj. prés.	- qu'il, elle siée - qu'ils, elles siéent	- qu'il pleuve - -	- qu'il faille - -
Subj. imparf.	-	qu'il plût -	qu'il fallût
Impér.	-	-	- -
P. passé	seyant	pleuvant	fallu
P. passé	-	plu	

	70 échoir	71 déchoir	72 choir
Ind. prés.	- - il, elle échoit - - ils, elles échoient	je déchois tu déchois il, elle déchoit nous déchoyons vous déchoyez ils, elles déchoient	je chois tu chois il, elle choit - - ils, elles choient
Ind. imparf.	il, elle échoyait	-	-
Passé s.	il, elle échut ils, elles échurent	il, elle déchut ils, elles déchurent	il, elle chut ils, elles churent
Fut.	- il, elle échoira *ou* écherra	je déchoirai il, elle déchoira	je choirai *ou* cherrai il, elle choira *ou* cherra
Cond. prés.	- il, elle échoirait *ou* écherrait	je déchoirais il, elle déchoirait	je choirais *ou* cherrais il, elle choirait *ou* cherrait
Subj. prés.	- qu'il, elle échoie - qu'ils, elles échoient	que je déchoie qu'il, elle déchoie que nous déchoyions qu'ils, elles déchoient	-
Subj. imparf.	qu'il, elle échût qu'ils, elles échussent	qu'il, elle déchût qu'ils, elles déchussent	qu'il, elle chût -
Impér.	-	-	-
P. prés.	échéant	-	-
P. passé	échu(e)	déchu(e)	chu(e)

	73 vendre	74 répandre	75 répondre
Ind. prés.	je vends tu vends il, elle vend nous vendons vous vendez ils, elles vendent	je répands tu répands il, elle répand nous répandons vous répandez ils, elles répandent	je réponds tu réponds il, elle répond nous répondons vous répondez ils, elles répondent
Ind. imparf.	il, elle vendait	il, elle répandait	il, elle répondait
Passé s.	il, elle vendit ils, elles vendirent	il, elle répandit ils, elles répandirent	il, elle répondit ils, elles répondirent
Fut.	je vendrai il, elle vendra	je répandrai il, elle répandra	je répondrai il, elle répondra
Cond. prés.	je vendrais il, elle vendrait	je répandrais il, elle répandrait	je répondrais il, elle répondrait
Subj. prés.	que je vende qu'il, elle vende que nous vendions qu'ils, elles vendent	que je répande qu'il, elle répande que nous répandions qu'ils, elles répandent	que je réponde qu'il, elle réponde que nous répondions qu'ils, elles répondent
Subj. imparf.	qu'il, elle vendît qu'ils, elles vendissent	qu'il, elle répandît qu'ils, elles répandissent	qu'il, elle répondît qu'ils, elles répondissent
Impér.	vends vendons, vendez	répands répandons, répandez	réponds répondons, répondez
P. prés.	vendant	répandant	répondant
P. passé	vendu(e)	répandu(e)	répondu(e)

	76 mordre	77 perdre	78 rompre
Ind. prés.	je mords tu mords il, elle mord nous mordons vous mordez ils, elles mordent	je perds tu perds il, elle perd nous perdons vous perdez ils, elles perdent	je romps tu romps il, elle rompt nous rompons vous rompez ils, elles rompent
Ind. imparf.	il, elle mordait	il, elle perdait	il, elle rompait
Passé s.	il, elle mordit ils, elles mordirent	il, elle perdit ils, elles perdirent	il, elle rompit ils, elles rompirent
Fut.	je mordrai il, elle mordra	je perdrai il, elle perdra	je romprai il, elle rompra
Cond. prés.	je mordrais il, elle mordrait	je perdrais il, elle perdrait	je romprais il, elle romprait
Subj. prés.	que je morde qu'il, elle morde que nous mordions qu'ils, elles mordent	que je perde qu'il, elle perde que nous perdions qu'ils, elles perdent	que je rompe qu'il, elle rompe que nous rompions qu'ils, elles rompent
Subj. imparf.	qu'il, elle mordît qu'ils, elles mordissent	qu'il, elle perdît qu'ils, elles perdissent	qu'il, elle rompît qu'ils, elles rompissent
Impér.	mords mordons, mordez	perds perdons, perdez	romps rompons, rompez
P. prés.	mordant	perdant	rompant
P. passé	mordu(e)	perdu(e)	rompu(e)

	79 prendre	80 craindre	81 peindre
Ind. prés.	je prends tu prends il, elle prend nous prenons vous prenez ils, elles prennent	je crains tu crains il, elle craint nous craignons vous craignez ils, elles craignent	je peins tu peins il, elle peint nous peignons vous peignez ils, elles peignent
Ind. imparf.	il, elle prenait	il, elle craignait	il, elle peignait
Passé s.	il, elle prit ils, elles prirent	il, elle craignit ils, elles craignirent	il, elle peignit ils, elles peignirent
Fut.	je prendrai il, elle prendra	je craindrai il, elle craindra	je peindrai il, elle peindra
Cond. prés.	je prendrais il, elle prendrait	je craindrais il, elle craindrait	je peindrais il, elle peindrait
Subj. prés.	que je prenne qu'il, elle prenne que nous prenions qu'ils, elles prennent	que je craigne qu'il, elle craigne que nous craignions qu'ils, elles craignent	que je peigne qu'il, elle peigne que nous peignions qu'ils, elles peignent
Subj. imparf.	qu'il, elle prît qu'ils, elles prissent	qu'il, elle craignît qu'ils, elles craignissent	qu'il, elle peignît qu'ils, elles peignissent
Impér.	prends prenons, prenez	crains craignons, craignez	peins peignons, peignez
P. prés.	prenant	craignant	peignant
P. passé	pris(e)	craint(e)	peint(e)

	82 joindre	83 battre	84 mettre
Ind. prés.	je joins tu joins il, elle joint nous joignons vous joignez ils, elles joignent	je bats tu bats il, elle bat nous battons vous battez ils, elles battent	je mets tu mets il, elle met nous mettons vous mettez ils, elles mettent
Ind. imparf.	il, elle joignait	il, elle battait	il, elle mettait
Passé s.	il, elle joignit ils, elles joignirent	il, elle battit ils, elles battirent	il, elle mit ils, elles mirent
Fut.	je joindrai il, elle joindra	je battrai il, elle battra	je mettrai il, elle mettra
Cond. prés.	je joindrais il, elle joindrait	je battrais il, elle battrait	je mettrais il, elle mettrait
Subj. prés.	que je joigne qu'il, elle joigne que nous joignions qu'ils, elles joignent	que je batte qu'il, elle batte que nous battions qu'ils, elles battent	que je mette qu'il, elle mette que nous mettions qu'ils, elles mettent
Subj. imparf.	qu'il, elle joignît qu'ils, elles joignissent	qu'il, elle battît qu'ils, elles battissent	qu'il, elle mît qu'ils, elles missent
Impér.	joins joignons, joignez	bats battons, battez	mets mettons, mettez
P. prés.	joignant	battant	mettant
P. passé	joint(e)	battu(e)	mis(e)

	85 moudre	86 coudre	87 absoudre
Ind. prés.	je mouds tu mouds il, elle moud nous moulons vous moulez ils, elles moulent	je couds tu couds il, elle coud nous cousons vous cousez ils, elles cousent	j'absous tu absous il, elle absout nous absolvons vous absolvez ils, elles absolvent
Ind. imparf.	il, elle moulait	il, elle cousait	il, elle absolvait
Passé s.	il, elle moulut ils, elles moulurent	il, elle cousit ils, elles cousirent	il, elle absolut ils, elles absolurent
Fut.	je moudrai il, elle moudra	je coudrai il, elle coudra	j'absoudrai il, elle absoudra
Cond. prés.	je moudrais il, elle moudrait	je coudrais il, elle coudrait	j'absoudrais il, elle absoudrait
Subj. prés.	que je moule qu'il, elle moule que nous moulions qu'ils, elles moulent	que je couse qu'il, elle couse que nous cousions qu'ils, elles cousent	que j'absolve qu'il, elle absolve que nous absolvions qu'ils, elles absolvent
Subj. imparf.	qu'il, elle moulût qu'ils, elles moulussent	qu'il, elle cousît qu'ils, elles cousissent	qu'il, elle absolût qu'ils, elles absolussent
Impér.	mouds moulons, moulez	couds cousons, cousez	absous absolvons, absolvez
P. prés.	moulant	cousant	absolvant
P. passé	moulu(e)	cousu(e)	absous(oute)

	88 résoudre	89 suivre	90 vivre
Ind. prés.	je résous tu résous il, elle résout nous résolvons vous résolvez ils, elles résolvent	je suis tu suis il, elle suit nous suivons vous suivez ils, elles suivent	je vis tu vis il, elle vit nous vivons vous vivez ils, elles vivent
Ind. imparf.	il, elle résolvait	il, elle suivait	il, elle vivait
Passé s.	il, elle résolut ils, elles résolurent	il, elle suivit ils, elles suivirent	il, elle vécut ils, elles vécurent
Fut.	je résoudrai il, elle résoudra	je suivrai il, elle suivra	je vivrai il, elle vivra
Cond. prés.	je résoudrais il, elle résoudrait	je suivrais il, elle suivrait	je vivrais il, elle vivrait
Subj. prés.	que je résolve qu'il, elle résolve que nous résolvions qu'ils, elles résolvent	que je suive qu'il, elle suive que nous suivions qu'ils, elles suivent	que je vive qu'il, elle vive que nous vivions qu'ils, elles vivent
Subj. imparf.	qu'il, elle résolût qu'ils, elles résolussent	qu'il, elle suivît qu'ils, elles suivissent	qu'il, elle vécût qu'ils, elles vécussent
Impér.	résous résolvons, résolvez	suis suivons, suivez	vis vivons, vivez
P. prés.	résolvant	suivant	vivant
P. passé	résolu(e)	suivi(e)	vécu(e)

	91 paraître	92 naître	93 croître
Ind. prés.	je parais tu parais il, elle paraît nous paraissons vous paraissez ils, elles paraissent	je nais tu nais il, elle naît nous naissons vous naissez ils, elles naissent	je croîs tu croîs il, elle croît nous croissons vous croissez ils, elles croissent
Ind. imparf.	il, elle paraissait	il, elle naissait	il, elle croissait
Passé s.	il, elle parut ils, elles parurent	il, elle naquit ils, elles naquirent	il, elle crût ils, elles crûrent
Fut.	je paraîtrai il, elle paraîtra	je naîtrai il, elle naîtra	je croîtrai il, elle croîtra
Cond. prés.	je paraîtrais il, elle paraîtrait	je naîtrais il, elle naîtrait	je croîtrais il, elle croîtrait
Subj. prés.	que je paraisse qu'il, elle paraisse que nous paraissions qu'ils, elles paraissent	que je naisse qu'il, elle naisse que nous naissions qu'ils, elles naissent	que je croisse qu'il, elle croisse que nous croissions qu'ils, elles croissent
Subj. imparf.	qu'il, elle parût qu'ils, elles parussent	qu'il, elle naquît qu'ils, elles naquissent	qu'il, elle crût qu'ils, elles crûssent
Impér.	parais paraissons, paraissez	nais naissons, naissez	croîs croissons, croissez
P. prés.	paraissant	naissant	croissant
P. passé	paru(e)	né(e)	crû, crue, crus, crues

	94 accroître	95 rire	96 conclure
Ind. prés.	j'accrois tu accrois il, elle accroît nous accroissons vous accroissez ils, elles accroissent	je ris tu ris il, elle rit nous rions vous riez ils, elles rient	je conclus tu conclus il, elle conclut nous concluons vous concluez ils, elles concluent
Ind. imparf.	il, elle accroissait	il, elle riait	il, elle concluait
Passé s.	il, elle accrut ils, elles accrurent	il, elle rit ils, elles rirent	il, elle conclut ils, elles conclurent
Fut.	j'accroîtrai il, elle accroîtra	je rirai il, elle rira	je conclurai il, elle conclura
Cond. prés.	j'accroîtrais il, elle accroîtrait	je rirais il, elle rirait	je conclurais il, elle conclurait
Subj. prés.	que j'accroisse qu'il, elle accroisse que nous accroissions qu'ils, elles accroissent	que je rie qu'il, elle rie que nous riions qu'ils, elles rient	que je conclue qu'il, elle conclue que nous concluions qu'ils, elles concluent
Subj. imparf.	qu'il, elle accrût qu'ils, elles accrussent	qu'il, elle rît qu'ils, elles rissent	qu'il, elle conclût qu'ils, elles conclussent
Impér.	accrois accroissons, accroissez	ris rions, riez	conclus concluons, concluez
P. prés.	accroissant	riant	concluant
P. passé	accru(e)	ri	conclu(e)

	97 nuire	98 conduire	99 écrire
Ind. prés.	je nuis tu nuis il, elle nuit nous nuisons vous nuisez ils, elles nuisent	je conduis tu conduis il, elle conduit nous conduisons vous conduisez ils, elles conduisent	j'écris tu écris il, elle écrit nous écrivons vous écrivez ils, elles écrivent
Ind. imparf.	il, elle nuisait	il, elle conduisait	il, elle écrivait
Passé s.	il, elle nuisit ils, elles nuisirent	il, elle conduisit ils, elles conduisirent	il, elle écrivit ils, elles écrivirent
Fut.	je nuirai il, elle nuira	je conduirai il, elle conduira	j'écrirai il, elle écrira
Cond. prés.	je nuirais il, elle nuirait	je conduirais il, elle conduirait	j'écrirais il, elle écrirait
Subj. prés.	que je nuise qu'il, elle nuise que nous nuisions qu'ils, elles nuisent	que je conduise qu'il, elle conduise que nous conduisions qu'ils, elles conduisent	que j'écrive qu'il, elle écrive que nous écrivions qu'ils, elles écrivent
Subj. imparf.	qu'il, elle nuisît qu'ils, elles nuisissent	qu'il, elle conduisît qu'ils, elles conduisissent	qu'il, elle écrivît qu'ils, elles écrivissent
Impér.	nuis nuisons, nuisez	conduis conduisons, conduisez	écris écrivons, écrivez
P. prés.	nuisant	conduisant	écrivant
P. passé	nui	conduit(e)	écrit(e)

	100 suffire	101 confire	102 dire
Ind. prés.	je suffis tu suffis il, elle suffit nous suffisons vous suffisez ils, elles suffisent	je confis tu confis il, elle confit nous confisons vous confisez ils, elles confisent	je dis tu dis il, elle dit nous disons vous dites ils, elles disent
Ind. imparf.	il, elle suffisait	il, elle confisait	il, elle disait
Passé s.	il, elle suffit ils, elles suffirent	il, elle confit ils, elles confirent	il, elle dit ils, elles dirent
Fut.	je suffirai il, elle suffira	je confirai il, elle confira	je dirai il, elle dira
Cond. prés.	je suffirais il, elle suffirait	je confirais il, elle confirait	je dirais il, elle dirait
Subj. prés.	que je suffise qu'il, elle suffise que nous suffisions qu'ils, elles suffisent	que je confise qu'il, elle confise que nous confisions qu'ils, elles confisent	que je dise qu'il, elle dise que nous disions qu'ils, elles disent
Subj. imparf.	qu'il, elle suffît qu'ils, elles suffissent	qu'il, elle confît qu'ils, elles confissent	qu'il, elle dît qu'ils, elles dissent
Impér.	suffis suffisons, suffisez	confis confisons, confisez	dis disons, dites
P. prés.	suffisant	confisant	disant
P. passé	suffi	confit(e)	dit(e)

	103 contredire	104 maudire	105 bruire
Ind. prés.	je contredis tu contredis il, elle contredit nous contredisons vous contredisez ils, elles contredisent	je maudis tu maudis il, elle maudit nous maudissons vous maudissez ils, elles maudissent	je bruis tu bruis il, elle bruit - - -
Ind. imparf.	il, elle contredisait	il, elle maudissait	il, elle bruyait
Passé s.	il, elle contredit ils, elles contredirent	il, elle maudit ils, elles maudirent	-
Fut.	je contredirai il, elle contredira	je maudirai il, elle maudira	je bruirai il, elle bruira
Cond. prés.	je contredirais il, elle contredirait	je maudirais il, elle maudirait	je bruirais il, elle bruirait
Subj. prés.	que je contredise qu'il, elle contredise que nous contredisions qu'ils, elles contredisent	que je maudisse qu'il, elle maudisse que nous maudissions qu'ils, elles maudissent	-
Subj. imparf.	qu'il, elle contredît qu'ils, elles contredissent	qu'il, elle maudît qu'ils, elles maudissent	-
Impér.	contredis contredisons, contredisez	maudis maudissons, maudissez	-
P. prés.	contredisant	maudissant	-
P. passé	contredit(e)	maudit(e)	bruit

	106 lire	107 croire	108 boire
Ind. prés.	je lis tu lis il, elle lit nous lisons vous lisez ils, elles lisent	je crois tu crois il, elle croit nous croyons vous croyez ils, elles croient	je bois tu bois il, elle boit nous buvons vous buvez ils, elles boivent
Ind. imparf.	il, elle lisait	il, elle croyait	il, elle buvait
Passé s.	il, elle lut ils, elles lurent	il, elle crut ils, elles crurent	il, elle but ils, elles burent
Fut.	je lirai il, elle lira	je croirai il, elle croira	je boirai il, elle boira
Cond. prés.	je lirais il, elle lirait	je croirais il, elle croirait	je boirais il, elle boirait
Subj. prés.	que je lise qu'il, elle lise que nous lisions qu'ils, elles lisent	que je croie qu'il, elle croie que nous croyions qu'ils, elles croient	que je boive qu'il, elle boive que nous buvions qu'ils, elles boivent
Subj. imparf.	qu'il, elle lût qu'ils, elles lussent	qu'il, elle crût qu'ils, elles crussent	qu'il, elle bût qu'ils, elles bussent
Impér.	lis lisons, lisez	crois croyons, croyez	bois buvons, buvez
P. prés.	lisant	croyant	buvant
P. passé	lu(e)	cru(e)	bu(e)

	109 faire	110 plaire	111 taire
Ind. prés.	je fais tu fais il, elle fait nous faisons vous faites ils, elles font	je plais tu plais il, elle plaît nous plaisons vous plaisez ils, elles plaisent	je tais tu tais il, elle tait nous taisons vous taisez ils, elles taisent
Ind. imparf.	il, elle faisait	il, elle plaisait	il, elle taisait
Passé s.	il, elle fit ils, elles firent	il, elle plut ils, elles plurent	il, elle tut ils, elles turent
Fut.	je ferai il, elle fera	je plairai il, elle plaira	je tairai il, elle taira
Cond. prés.	je ferais il, elle ferait	je plairais il, elle plairait	je tairais il, elle tairait
Subj. prés.	que je fasse qu'il, elle fasse que nous fassions qu'ils, elles fassent	que je plaise qu'il, elle plaise que nous plaisions qu'ils, elles plaisent	que je taise qu'il, elle taise que nous taisions qu'ils, elles taisent
Subj. imparf.	qu'il, elle fît qu'ils, elles fissent	qu'il, elle plût qu'ils, elles plussent	qu'il, elle tût qu'ils, elles tussent
Impér.	fais faisons, faites	plais plaisons, plaisez	tais taisons, taisez
P. prés.	faisant	plaisant	taisant
P. passé	fait(e)	plu	tu(e)

	112 extraire	113 clore	114 vaincre
Ind. prés.	j'extrais tu extrais il, elle extrait nous extrayons vous extrayez ils, elles extraient	je clos tu clos il, elle clôt nous closons vous closez ils, elles closent	je vaincs tu vaincs il, elle vainc nous vainquons vous vainquez ils, elles vainquent
Ind. imparf.	il, elle extrayait	-	il, elle vainquait
Passé s.	-	-	il, elle vainquit ils, elles vainquirent
Fut.	j'extrairai il, elle extraira	je clorai il, elle clora	je vaincrai il, elle vaincra
Cond. prés.	j'extrairais il, elle extrairait	je clorais il, elle clorait	je vaincrais il, elle vaincrait
Subj. prés.	que j'extraie qu'il, elle extraie que nous extrayions qu'ils, elles extraient	que je close qu'il, elle close que nous closions qu'ils, elles closent	que je vainque qu'il, elle vainque que nous vainquions qu'ils, elles vainquent
Subj. imparf.	-	-	qu'il, elle vainquît qu'ils, elles vainquissent
Impér.	extrais extrayons, extrayez	clos -	vaincs vainquons, vainquez
P. prés.	extrayant	closant	vainquant
P. passé	extrait(e)	clos(e)	vaincu(e)

	115 frire	116 foutre
Ind. prés.	je fris tu fris il, elle frit - - -	je fous tu fous il, elle fout nous foutons vous foutez ils, elles foutent
Ind. imparf.	-	il, elle foutait
Passé s.	-	-
Fut.	je frirai il, elle frira	je foutrai il, elle foutra
Cond. prés.	je frirais il, elle frirait	je foutrais il, elle foutrait
Subj. prés.	-	que je foute qu'il, elle foute que nous foutions qu'ils, elles foutent
Subj. imparf.	-	-
Impér.	fris -	fous foutons, foutez
P. prés.	-	foutant
P. passé	frit(e)	foutu(e)

ENGLISH IRREGULAR VERBS

Infinitive	Past Tense	Past Participle
arise	arose	arisen
awake	awoke	awoken
be	was, were	been
bear	bore	born(e)
beat	beat	beaten
become	became	become
begin	began	begun
bend	bent	bent
beseech	besought	besought
bet	bet (*also* betted)	bet (*also* betted)
bid	bid (*also* bade)	bid (*also* bidden)
bind	bound	bound
bite	bit	bitten
bleed	bled	bled
blow	blew	blown
break	broke	broken
breed	bred	bred
bring	brought	brought
build	built	built
burn	burnt (*also* burned)	burnt (*also* burned)
burst	burst	burst
buy	bought	bought
can	could	-
cast	cast	cast
catch	caught	caught
choose	chose	chosen
cling	clung	clung
come	came	come
cost	cost	cost
creep	crept	crept
cut	cut	cut
deal	dealt	dealt
dig	dug	dug
do	did	done
draw	drew	drawn
dream	dreamed (*also* dreamt)	dreamed (*also* dreamt)
drink	drank	drunk
drive	drove	driven
dwell	dwelt	dwelt
eat	ate	eaten
fall	fell	fallen
feed	fed	fed
feel	felt	felt
fight	fought	fought
find	found	found
flee	fled	fled
fling	flung	flung
fly	flew	flown
forbid	forbade	forbidden
forget	forgot	forgotten
forsake	forsook	forsaken
freeze	froze	frozen
get	got	got (*Am* gotten)
give	gave	given

Infinitive	Past Tense	Past Participle
go	went	gone
grind	ground	ground
grow	grew	grown
hang	hung (*also* hanged)	hung (*also* hanged)
have	had	had
hear	heard	heard
hide	hid	hidden
hit	hit	hit
hold	held	held
hurt	hurt	hurt
keep	kept	kept
kneel	knelt (*also* kneeled)	knelt (*also* kneeled)
know	knew	known
lay	laid	laid
lead	led	led
lean	leant (*also* leaned)	leant (*also* leaned)
leap	leapt (*also* leaped)	leapt (*also* leaped)
learn	learnt (*also* learned)	learnt (*also* learned)
leave	left	left
lend	lent	lent
let	let	let
lie	lay	lain
light	lit (*also* lighted)	lit (*also* lighted)
lose	lost	lost
make	made	made
may	might	-
mean	meant	meant
meet	met	met
mistake	mistook	mistaken
mow	mowed	mown (*also* mowed)
pay	paid	paid
put	put	put
quit	quit (*also* quitted)	quit (*also* quitted)
read	read	read
rend	rent	rent
rid	rid	rid
ride	rode	ridden
ring	rang	rung
rise	rose	risen
run	ran	run
saw	sawed	sawn
say	said	said
see	saw	seen
seek	sought	sought
sell	sold	sold
send	sent	sent
set	set	set
shake	shook	shaken
shall	should	-
shear	sheared	shorn (*also* sheared)
shed	shed	shed
shine	shone	shone
shoot	shot	shot
show	showed	shown

Infinitive	Past Tense	Past Participle
shrink	shrank	shrunk
shut	shut	shut
sing	sang	sung
sink	sank	sunk
sit	sat	sat
slay	slew	slain
sleep	slept	slept
slide	slid	slid
sling	slung	slung
slit	slit	slit
smell	smelt (*also* smelled)	smelt (*also* smelled)
sow	sowed	sown (*also* sowed)
speak	spoke	spoken
speed	sped (*also* speeded)	sped (*also* speeded)
spell	spelt (*also* spelled)	spelt (*also* spelled)
spend	spent	spent
spill	spilt (*also* spilled)	spilt (*also* spilled)
spin	spun	spun
spit	spat	spat
split	split	split
spoil	spoiled (*also* spoilt)	spoiled (*also* spoilt)
spread	spread	spread
spring	sprang	sprung
stand	stood	stood
steal	stole	stolen
stick	stuck	stuck
sting	stung	stung
stink	stank	stunk
stride	strode	stridden
strike	struck	struck (*also* stricken)
strive	strove	striven
swear	swore	sworn
sweep	swept	swept
swell	swelled	swollen (*also* swelled)
swim	swam	swum
swing	swung	swung
take	took	taken
teach	taught	taught
tear	tore	torn
tell	told	told
think	thought	thought
throw	threw	thrown
thrust	thrust	thrust
tread	trod	trodden
wake	woke (*also* waked)	woken (*also* waked)
wear	wore	worn
weave	wove (*also* weaved)	woven (*also* weaved)
wed	wedded	wedded
weep	wept	wept
win	won	won
wind	wound	wound
wring	wrung	wrung
write	wrote	written